楊伯峻編著

春秋左傳注

（修訂本）

一

隱公　桓公
莊公　閔公

中華書局

圖書在版編目(CIP)數據

春秋左傳注/楊伯峻編著. -4版(修訂本). —北京:中華書局,2016.11(2024.11重印)
(中國古典名著譯注叢書)
ISBN 978-7-101-11597-0

Ⅰ.春… Ⅱ.楊… Ⅲ.①中國-古代史-春秋時代-編年體②左傳-注釋 Ⅳ.K225.04

中國版本圖書館CIP數據核字(2016)第042594號

封面題簽:沈雁冰
責任編輯:石　玉
封面設計:許麗娟
責任印製:陳麗娜

中國古典名著譯注叢書
春秋左傳注
修訂本
(全六册)
楊伯峻 編著
*
中華書局出版發行
(北京市豐臺區太平橋西里38號 100073)
http://www.zhbc.com.cn
E-mail:zhbc@zhbc.com.cn
三河市中晟雅豪印務有限公司印刷
*
880×1230毫米 1/32 · 64印張 · 12插頁 · 1300千字
1981年3月第1版　1990年5月第2版
2009年10月第3版　2016年11月第4版
2024年11月第25次印刷
印數:178001-184000册　定價:248.00元

ISBN 978-7-101-11597-0

春秋左傳注目録

修訂小記

此書初版初印本以各種原因，錯字衍文以及脱奪倒轉之文字語句，幾乎數不勝數。既不願求全責備於人，亦非過盡在我。愧對讀者，内疚實深。重印時，又限於紙型，不能盡如己意加以訂正。幸而未嘗三印，讀者或能諒此苦心。

重排之先，力求掃除訛脱。其有誤注者，亦加改正。亦有新意或新資料，儘可能補入。惟春秋左傳詞典附注頁碼，必使詞典頁碼與先後各版都能符合，故增補時必須兼顧及此。或利用空白，或删舊補新，求其適當而已。

責任編輯李解民同志細心通讀，並提供新資料，盡心竭力，期有益於讀者，亦使編著者爲之感動。河北師範大學張文質同志，於本書手民之誤外，並爲所徵引書與原書比勘，眉批行批，惠我寔多。江蘇溧陽縣浦金瑞同志寄來校語一厚册，用心甚細，用功實勤，彌足感人。此外蘇州晏嗣平同志、新疆奎屯市第三中學何容同志、鐵嶺市銀州區物價局周維綱同志等曾先後來信，有所指正。特此記叙，以表謝忱。

一九八六年二月二十七夜　編著者

前言

（一）春秋名義

春秋本是當時各國史書的通名，所以國語晉語七説：「羊舌肸習於春秋。」楚語上也説：「教之春秋。」墨子明鬼篇也曾記各國鬼怪之事，一則説：「著在周之春秋。」二則説：「著在燕之春秋。」三則説：「著在宋之春秋。」四則説：「著在齊之春秋。」隋書李德林傳載其答魏收書也説：「墨子又云：『吾見百國春秋。』」（今本無此文，孫詒讓閒詁輯入佚文中）

春秋之名，似乎其來已久。據唐劉知幾史通六家篇説：

春秋家者，其先出於三代。按汲冢瑣語，記太丁時事，目爲夏殷春秋。

由此，劉知幾論定：「知春秋始作，與尚書同時。」但這種推理，很難使人信服。汲冢瑣語現在我們已經看不到。劉知幾看到其中有夏殷春秋之名，而記的是太丁時事，這個不必懷疑。然夏殷春秋之名，是太丁時原有的呢，還是汲冢瑣語作者所後加的呢，則難以肯定。據史記殷本紀，殷商有兩個太丁，第一個是商湯的兒子，殷本紀說：

湯崩，太子太丁未立而卒，於是迺立太丁之弟外丙，是爲帝外丙。

這個太丁既未曾坐過朝廷，自無時事可記。第二個太丁是紂的祖父。殷本紀說：

武乙震死，子帝太丁立。帝太丁崩，子帝乙立。帝乙崩，子辛立，是爲帝辛，天下謂之紂。

兩個太丁，後一個太丁，龜甲文實作文丁。王國維所作殷卜辭中所見先公先王考和續考未曾考及這一個文丁。據後漢書西羌傳和注及通鑑外紀，都引有大丁，或太丁，可能沿襲史記殷本紀把文丁作太丁之誤，唐劉知幾史通也誤把文丁作太丁，而其人爲紂之祖則甚明。但並無夏殷春秋之名。偏考卜辭，確如于省吾歲時起源初考所言，「有春、秋而無冬、夏」，更沒有「春秋」這一雙音名詞，足見所謂夏殷春秋者，是汲冢瑣語作者所加，並不是如劉知幾所云「其先出於三代」。

據墨子，各國的史書都叫春秋，所以左傳昭公二年傳説：

晉侯使韓宣子來聘……觀書於大史氏，見易、象與魯春秋。

孟子離婁下也説：

晉之乘，楚之檮杌，魯之春秋，一也。

那麽，「春秋」既是各國史書的通名，也是魯國史書的專名。因爲各國史書，有的各有專名，晉國的叫乘，楚國的叫檮杌，它們和魯國的春秋，是性質相同的書。

爲什麽叫「春秋」呢？根據春秋經，一般在一年四季（古人叫四時）的第一個月，縱是無事可記，也寫「春正月」或「春王正月」、「夏四月」、「秋七月」、「冬十月」。春、夏、秋、冬四時之名，至遲起於西周。以詩而論，我認爲豳風作於西周，七月有「春日載陽」；小雅出車也作於西周，有「春日遲遲」。

說文夊部說：「夏，中國之人也。」而朱駿聲說文通訓定聲却說：「春、夏、秋、冬四時並本字本義。」林義光文源徵引這一說法，並引右戲鬲「夏」作「□」爲證。

秋季本爲穀熟季節，所以說文禾部說：「秋，禾穀熟也。」尚書盤庚上「若農服田力穡，乃亦有秋」，「秋」字正是這意義。左傳僖公十五年：「歲云秋矣，我落其實，而取其材。」這個秋字，正是四時的秋。古鉨（璽印之璽）文常見「千秋」字，「千秋」正如詩王風采葛「一日不見，如三秋兮」的「三秋」。古人每年莊稼只收一次，所以「千秋」猶如「千年」，「三秋」猶如「三年」。

冬，說文仌（冰本字）部云：「四時盡也。」四季最末一季自是冬季。金文有□字，即冬字，却假借爲終，如頌鼎「頌其萬年眉壽，畯臣天子霝冬」，「霝冬」即「靈終」，和詩大雅既醉

「高朗令終」的「令終」同。井（邢）人安鐘云「永冬于吉」，即「永終于吉」。詩唐風葛生：「夏之日，冬之夜。百歲之後，歸於其居。」「冬之夜，夏之日。百歲之後，歸於其室。」這「夏」和「冬」，才是四季的夏和冬。

古人記事，標明春夏秋冬的，據趙汸春秋屬辭卷一說：

> 近代或有以書「王」爲夫子（孔丘）特筆者，按殷人鐘鼎曰「唯正月王春吉日」之文，可見時日稱「王」，乃三代恒辭。

趙汸說的重點在「王」字，我引他的文字重點在「春」字。陸粲春秋胡氏傳辨疑也說：

> 商鐘銘曰「惟正月王春吉日」，又曰「惟王夾鐘春吉月」，是三代之時皆然。

然而他們所舉的商鐘，不曾傳到今天。而在傳世彝器中，欒書缶有「正月季春」的記載。「正月」是晉用夏正的「正月」，對周正來說就是季春三月。還有商鞅量標有「冬」字，這個商鞅量自己說作於秦孝公十八年冬十二月乙酉，便在春秋之後一百三十多年。古本竹書紀年大半輯自前人所引，引文不但不完全，可能還有修改變動，然而原本既已喪失，現在不能不依靠輯本。而輯本也絕大多數不標春夏秋冬四時。唯初學記二、太平御覽十四、北堂書鈔一五二引西周時一條，說：

> 夷王七年冬，雨雹，大如礪。

這一條不知道是否紀年作者鈔自西周夷王原始記載，還是他本人改寫。但這條的「冬」字，依情理論，後人難以妄加或妄改。如果這個推斷不錯，那麽，古代史書於每季的第一月或者最初記事之月，標明春、夏、秋、冬，從西周已是如此。

古人於四季中，較多地重視春、秋二季，所以經常把「春」「秋」二字連用。如周禮天官宫正說：「春秋以木鐸修火禁。」又地官州長說：「春秋以禮會民。」詩經魯頌閟宫說：「春秋匪解。」（左傳文公二年引有此語）禮記中庸說：「春秋修其祖廟。」其餘如左傳僖公十二年管仲之言「若節春秋來承王命」，周語上「諸侯春秋受職於王以臨其民」，楚語上「唯是春秋所以從先王者」，春秋二字連用的多得很。

這些辭語有些在春秋經文既成以前，而大多寫於春秋經文既成之後，更是寫在韓宣子所見的魯春秋之後，但它反映春秋和春秋時代以前的現象是不容置疑的，無怪乎杜預春秋經傳集解序說：「故史之所記必表年以首事，年有四時，則錯舉以爲所記之名也。」意思是史書之名爲「春秋」，即是節取「春夏秋冬」四字中「春秋」二字。

至於公羊傳隱公元年徐彦疏引春秋說說孔丘以其書「春作秋成，故云春秋」；又引三統曆說「春爲陽中，萬物以生；秋爲陰中，萬物以成，故名春秋」，恐怕都不足信。

後來別的書也叫做「春秋」，現存的有晏子春秋、吕氏春秋等，「春秋」意義和史書的

「春秋」不同，不在本文討論範圍之内。

(二)春秋和孔丘

據史記、漢書和陸德明經典釋文序録等書，春秋有三種傳授本，也就是三種講解本。三種傳授本，第一種是左氏春秋，它是用秦以前的文字寫的，所以漢書藝文志(以後簡稱漢志)春秋類列它於第一，名之曰「春秋古經十二篇」；其他二種是公羊春秋和穀梁春秋，據漢志説，這兩種本子是口耳相傳，到漢代才用當時文字寫出來，漢志稱之曰「經十一卷」，班固又自注説：「公羊、穀梁二家。」詳細情況，可以參看王先謙漢書補注和王應麟漢藝文志考證(二十五史補編本)。古代經自經，傳自傳，各自單行。傳是對經加以講解的，所以有三種傳授本，也就有三種講解本。漢志列有「左氏傳三十卷，公羊傳十一卷，穀梁傳十一卷」。其餘還有鄒氏傳十一卷，夾氏傳十一卷。鄒氏傳没有老師傳授，夾氏傳只見於劉向别録、劉歆七略的著録，班固不曾見到書。梁阮孝緒七録説：「建武(後漢光武帝年號，公元二五—五六年)中鄒、夾氏皆絶。」那麽，更不必談它了。

因爲公羊和穀梁經、傳是用漢代當時文字隸書寫的，所以稱爲「今文」，並且「立於學官」，即在國立大學中有「博士」講授。左氏傳是用先秦文字寫的，所以稱爲「古文」，却不得立於學官。左氏傳當西漢時，雖然未能在國立大學開科傳授，却從戰國直到後代，相當盛行。即使在西漢，傳授注解的也很多，如漢書儒林傳說：「漢興，北平侯張蒼及梁太傅賈誼、京兆尹張敞皆修春秋左氏傳。」

三種經文，大體相同。自然也有差異很大的。而最重要的差異，一是公羊經於魯襄公二十一年寫道：

十有一月庚子，孔子生。

穀梁經也寫道：

庚子，孔子生。

而左氏經却没有這一條。二是公羊和穀梁經、傳寫到魯哀公十四年「西狩獲麟」，左氏經却繼續寫到魯哀公十六年「夏四月己丑，孔丘卒」。傳不但寫到魯哀公二十七年出走至越國，而且還大略叙述了趙襄子和韓、魏二家共同滅亡智伯，這是春秋以後幾年的事了。由於三種春秋傳授本，二種記載「孔子生」，一種記載「孔丘卒」，左傳還記載了魯哀公弔唁孔丘之辭，又加上孔丘學生子貢的評論。就從這個現象看，不能説春秋和孔丘没有關係。

首先提出春秋是孔丘所修的，是左傳作者。僖公二十八年說：

是會也，晉侯召王，以諸侯見，且使王狩。仲尼曰：「以臣召君，不可以訓，故書曰：『天王狩于河陽。』」

根據杜預春秋經傳集解後序所引竹書紀年，紀年作「周襄王會諸侯于河陽」，既没有以臣召君的文字，不知魯史原先怎樣叙述的。史記晉世家云：「孔子讀史記（當即魯春秋或者晉乘），至文公，曰：『諸侯無召王。王狩河陽者，春秋諱之也。』」那麽，今本「天王狩于河陽」，司馬遷便以爲孔子所讀原文如此。紀年記載和春秋不同，紀年是以晉和魏爲主的史書，自然可能和魯史不一樣。但左傳强調春秋爲孔丘所修，不止一次。又如成公十四年傳説：

君子曰：「春秋之稱，微而顯，志而晦，婉而成章，盡而不汙，懲惡而勸善，非聖人，誰能脩之？」

這君子之口的聖人，即是孔丘，猶如公羊的「君子」。公羊莊公七年傳説：

不脩春秋曰：「雨星不及地尺而復。」君子脩之曰：「星霣如雨。」何以書？記異也。

這是公元前六八七年三月十六日所發生的流星雨現象，並且是世界上最古的天琴流星雨記事。那麽「星霣（亦作「隕」）如雨」是紀實。流星雨也有不曾達到地面而消滅的現象，那是西漢成帝永始二年，即公元前十五年三月二十五日的天琴流星雨，即公羊傳所謂不修春秋「雨星不及地尺而復」，而不是公元前六八七年的流星雨。公羊傳作者認爲有所謂不修春秋，大概就是魯國史官所記載的原本春秋。孔丘曾經修改它，便是今日的春秋。公羊所謂「君子脩之」，王充論衡藝增篇和説日篇都説：「君子者，孔子。」這是一語破的。孟子滕文公下更説：

世衰道微，邪説暴行有（同又）作。臣弑其君者有之，子弑其父者有之。孔子懼，作春秋。春秋，天子之事也，是故孔子曰：「知我者其惟春秋乎！罪我者其惟春秋乎！」

左傳和公羊傳只説孔丘「脩」春秋，孟子竟説孔丘「作」春秋，越説越遠。孔丘自己説過「述而不作」（論語述而），孟軻硬説他「作春秋」，豈不和孔聖人自己的話矛盾嗎？

我認爲莊子齊物論是莊周自己的筆墨。他也説：

六合之外，聖人存而不論；六合之内，聖人論而不議。春秋經世先王之志，聖人議而不辯。

莊周這裏所謂「聖人」指的是孔丘。天下篇也是莊周自己寫的，他又説：「春秋以道名分。」細玩莊周的文字，似乎也肯定春秋有孔丘的思想意識，即有孔丘的筆墨，不過只「議」而不「辯」，目的在「經世先王之志」而「道名分」。

那麼，孔丘在什麼時代修或者作春秋呢？史記孔子世家列之於哀公十四年西狩獲麟以後，而且説：

> 子曰：「弗乎弗乎！君子病没世而名不稱焉，吾道不行矣，吾何以自見於後世哉？」乃因史記，作春秋。

如果這話可信，孔丘作春秋，動機起於獲麟。而孔丘於二年後即病逝。以古代簡策的繁重，筆寫刀削，成二百四十二年的史書，過了七十歲的老翁，僅用兩年的時間（據第一節所引春秋説，僅用半年的時間），未必能完成這艱巨任務罷。同樣是司馬遷作的史記，十二諸侯年表序却説：

> 是以孔子明王道，干七十餘君莫能用，故西觀周室，論史記舊聞，興於魯而次春秋。

這一段話又和孔子世家相矛盾。世家記孔丘到周王朝在孔丘三十歲以前，其後未載再去周室。孔丘三十歲以前去周室，在魯昭公之世，如何能作春秋至哀公之世？論語是專記孔丘和他門下弟子言行的書，却没有一個字提到春秋，更不曾説孔丘修或作過春秋。論語中記載孔丘讀過易，而且引用過詩和書，並且自己説：「吾自衞反魯，然後樂正，雅、頌各得其所。」（子罕）那麽，他確實整理過詩經的雅和頌的篇章。他若寫了或者修了春秋，這比整理雅、頌篇章貢獻還大，爲什麽他和他學生都一字不提呢？

春秋經文記載二百四十二年的大事，在魯國經歷十二個君主，尤其是當時形勢經過很大的變化。春秋爲魯國史書，又不曉得經過若干人的手筆。這些史官（當時叫太史）一方面不得不適應當時的形勢，一方面也有他自己的觀點和文風，這在春秋經文中表現得相當明顯，下文將舉例證明。如果孔丘果真修或作了春秋，爲什麽不把文風統一，尤其不把體例統一呢？

以形勢論，春秋初期，黄河下流諸國比較富强，而鄭國以爲王卿士之故，稱强稱霸，甚至和周桓王相戰而獲勝。不久，齊桓稱霸，楚也日見强盛，宋襄争霸未成。秦穆霸西戎而晉文、晉襄久霸中原。這是一變。晉國政出多門，吴國突起，越又滅吴。這是後期形勢。因之，魯史紀事便有不同體例，在注中都曾注出。現在我略舉出幾條：

一、隱、桓二公時，若不是魯國之卿大夫，無論盟會、征伐都不寫卿大夫之名。莊公二十二年春秋「及齊高傒盟于防」，這是和外國卿結盟寫出他姓名的開始。文公八年春秋經「公子遂會晉趙盾盟于衡雍」，這是盟會魯國和魯以外之國卿都寫上姓名的開始。

二、征伐，非魯大夫書名（寫出姓名），詳隱公二·九注。

三、諸侯書某人，詳隱公一〇·二注。

四、書「帥師」，見文公三·七注。

五、楚國君，春秋在文公九年以前都稱「楚人」，文公九年一則書「楚人（實是楚穆王）伐鄭」，一則書「楚子使椒來聘」，書「楚人」「楚子」同在一年。宣公五年以後就都書「楚子」。而且楚大夫書名，也從「使椒來聘」開始，椒是鬬椒，却不寫他的姓氏。孔穎達疏説：「推尋經文，自莊公以上諸弒君者皆不書氏，閔公以下皆書氏，亦足以明時史之異同，非仲尼所皆貶也。」（見隱四年經、莊十二年經、文九年經孔疏。文九年疏「亦」下衍「不」字，應依校勘記删正。）孔穎達説「時史有同異，非仲尼所皆貶」，這是確有心得的話。

不但孔穎達有這論點，其他人也有相類似或者更進一步的看法。前文曾徵引趙汸的看法，「王」字並不是孔丘的特筆。陸粲也徵引金文，認爲：

今世所傳古器物銘，往往有稱「王月」者，如周仲稱父鼎銘則「王五月」，父己鼎銘則「王九月」，敔毁銘則「王十月」，是周之時凡月皆稱「王」，不獨正月也。商鐘銘曰「惟正月王春吉日」，又曰「惟王夾鐘春吉月」，是三代之時皆然，亦不獨周矣。以爲立法創制裁自聖（孔丘）心者，殆未考於此耶？

彝器銘文標年月時有「王」字，在現今傳世古器物中可以得到證明。而且這「王」字有不同意義，如乖伯敦（王國維觀堂別集補遺羌伯敦跋讀乖爲羌）云「唯王九年九月甲寅，王命□公征眉敖」云云，彔伯𢦏敦云「唯王正月，辰在庚寅，王若曰：『彔伯𢦏！繇自厥祖考有勞于周邦』」云云，這種「王」字，是指周王，即周王所頒曆法之年月，絕不是如公羊傳所云「何言乎王正月，大一統也」。叔夷鐘銘云「唯王五月，辰在戊寅，師于淄涶」云云，齊子仲姜鎛（楊樹達先生積微居金文説改稱⿱陶革⿰堇侖鎛）「唯王五月初吉丁亥」云云，也是表明齊用周曆。至於楚王熊章鐘銘之「唯王五十有六祀」，此「王」乃楚惠王自稱，器亦戰國時器。楚王頵鐘銘云「唯王正月初吉丁亥，楚王頵自作鈴鐘」云云，楚王頵即楚成王，文元年春秋「楚世子商臣弒其君頵」可證。則春秋時，楚所鑄器物，銘文之「王」，是楚王自稱，楚自用楚曆，非周王之曆，由此兩器可以斷言。而且我懷疑晉姜鼎銘之「唯王九月乙亥」之「王」也不是周王。晉姜乃姜姓女嫁于晉國者。銘有「勿廢文侯顥（顯）命」，文侯就是晉文侯仇，周平王東遷得到他的大力支援，現存尚書文侯之命足以爲證。晉用夏正，不得稱「王九月」，則「王九月」之「王」是指晉侯。王國維觀堂別集補遺有古諸侯稱王説，舉乖伯敦、彔伯𢦚敦蓋等彝器爲證，而不知楚之稱王，明見左傳，彝器中亦有之。晉器亦有稱王的。足見公羊傳所謂「大一統」之説只是秦漢大一統後想像之辭而已。

公羊傳昭公十二年云：

十有二年春，齊高偃帥師納北燕伯于陽。「伯于陽」者何？公子陽生也。子曰：「我乃知之矣。」在側者曰：「子苟知之，何以不革？」曰：「如爾所不知何？」」何休注云：「子謂孔子。時孔子年二十三，具知其事。」依孔子之意，「伯于陽」應作「公子陽生」。姑不論這點的是非。據何休注和徐彥疏，孔丘親見其事，魯史有誤而不改。那麼，明知史文有誤而不訂正，孔丘到底修了春秋没有？這不是不打自招，孔丘只是沿舊史文麽？俞正燮癸巳類稿卷二春秋不告不書義曾經問：「策書參錯，孔子何以不訂正之？」

穀梁傳於僖公十九年云：

梁亡，鄭棄其師，我無加損焉，正名而已矣。

「我無加損焉」，這也是穀梁傳作者僞託孔丘的話的自供狀，説明孔丘對魯春秋原文並没有增減。至於「正名而已矣」，不過爲孔子修春秋作一調停之筆罷了。

孔丘作或修春秋之説，到西漢所謂經師之手，越説越神奇。舉一個例子爲證。僖公經云：

十有六年春王正月戊申朔，隕（公羊作「霣」，同）石于宋五。

公羊傳説：

曷爲先言「霣」而後言石？霣石記聞，聞其磌然，視之，則石，察之，則五。

穀梁傳也說：

先隕而後石，何也？隕而後石也。于宋四竟（境）之內，曰宋。後數，散辭也。耳治（猶言聽而知之）也。

董仲舒春秋繁露深察名號篇說：

春秋辨物之理以正其名。名物如其真，不失秋毫之末。故名「霣石」，則後其五。……聖人之謹於正名如此。君子於其言，無所苟而已。

「君子於其言，無所苟而已」，本是孔丘對子路說的話，見論語子路篇。董仲舒就用來贊美春秋，以爲春秋真是孔丘所修或所作，一字的先後都有重大意義。殊不知史通惑經篇引竹書紀年也作「隕石于宋五」。竹書紀年難道也是孔丘所修或所作？無怪乎劉知幾於惑經篇對孔子作春秋提出很多疑問。劉氏真有高見特識！

我還可以從春秋、左傳本身提出春秋本是魯史本文的證據，孔丘不曾修改。左傳文十五年說：

宋華耦來盟……公與之宴。辭曰：「君之先臣督得罪於宋殤公，名在諸侯之策。臣承其祀，其敢辱君？」

宋華督殺宋殤公在魯桓公二年，春秋說：

宋督弒其君與夷及其大夫孔父。

華耦說「先臣督……名在諸侯之策」，可見各國史官都是這樣寫的。至於宣公二年春秋「晉趙盾弒其君夷皋」，襄公二十五年春秋「齊崔杼弒其君光」，都本於晉、齊兩國太史的直筆，左傳都有詳細的記述，孔丘何曾改動？另外再提幾個證據。襄公二十年傳說：

衞甯惠子疾，召悼子曰：「吾得罪於君，悔而無及也。名藏在諸侯之策，曰『孫林父、甯殖出其君』。君入則掩之。若能掩之，則吾子也。若不能，猶有鬼神，吾有餒而已，不來食矣。」悼子許諾。惠子遂卒。

由這段文字看，孫林父、甯殖當初逐出衞獻公，諸侯史書都書「衞孫林父、甯殖出其君」，這是甯殖自己也知道的。他臨死迫切期望他兒子替他洗刷、掩蓋這一醜名，惟有把衞獻公再送回國一法。他以「不來食」（不享受祭祀）要挾兒子這樣做，甯喜（即悼子）果於魯襄公二十六年殺掉衞殤公，復立衞獻公。現在的春秋於襄公十四年經把「孫林父、甯殖出其君」改爲「衞侯出奔齊」，不罪甯殖，而罪衞獻公，就是甯殖的「掩之」。這一定是甯殖把持衞國政權，改行通告諸侯，諸侯太史也依通告照改。孔子若真修或作春秋，爲什麼不保留「衞孫林父、甯殖出其君」的原文原事呢？足見孔子未曾修或作春秋。禮記坊記曾兩次引魯春秋，一次說：

故魯春秋記晉喪曰：「殺其君之子奚齊及其君卓。」

這是坊記作者引兩年之事並舉，因而文有省略。春秋僖公九年説：

冬，晉里克殺其君之子奚齊。

十年又説：

晉里克弒其君卓及其大夫荀息。

坊記作者所引爲魯春秋，即是魯史記，而基本上和今日春秋相同。一稱「殺其君之子奚齊」，一稱「其君卓」，可見魯史原文本來和今日春秋經文同。坊記還引魯春秋「孟子卒」，更和今日哀公十二年春秋經文一樣。由此，更可見孔丘未曾修或作春秋。坊記還曾引論語，足見其作者在論語書名已定之後，他引春秋而稱魯春秋，一種可能是當時他還能看魯史記，更可能是他不認爲孔丘曾修春秋，當時所傳的春秋就是魯史本文。竹書紀年「楚囊瓦奔鄭」（春秋集傳纂例一引劉貺書）和定公四年經「楚囊瓦出奔鄭」，只少一「出」字，可説基本相同。

由此看來，孔丘實未嘗修春秋，更不曾作春秋。後代學者也有不少人對孔丘曾修或作春秋表示懷疑，但他們怕背負得罪聖人之名，不敢直説，只能婉曲説出。縱是説得婉轉，他們的真意還是可以看出。今根據朱彝尊經義考引幾條：

鄭樵曰：「以春秋爲褒貶者，亂春秋者也。」

朱熹曰：「聖人作春秋，不過直書其事，善惡自見。」

劉克莊曰：「春秋，史克之舊文也。」

另外，清人袁穀芳春秋書法論説：

春秋者，魯史也。魯史氏書之，孔子録而藏之，以傳信於後世者也。

石韞玉獨學廬初稿春秋論也説：

吾則曰，春秋者，魯史之舊文也。春秋總十二公之事，歷二百四十年之久，秉筆而書者必更數十人。此數十人者，家自爲師，人自爲學，則其書法，豈能盡同？

那麽春秋和孔丘究竟有什麽關係呢？我認爲孔丘曾經用魯春秋作過教本，傳授弟子。論語述而曾經説「子以四教，文、行、忠、信」。在這四者之中，文自包括魯國歷史文獻，即當時的近代史和現代史。他必然看到魯春秋有闕文，所以又説「吾猶及史之闕文也」。春秋一定有闕文。僖公十四年經「冬，蔡侯肸卒」，無月無日，便是闕文。顧棟高大事表列入闕文篇，便是一例。

總而言之，春秋和孔丘有關，僅僅因爲孔丘用過魯春秋教授過弟子。仲尼弟子列傳所謂「子夏之徒不能贊一辭」。弟子，尤其是子夏，受授春秋，有幾分可能。第一，子夏是孔門晚期弟子，少於孔丘四十四歲，晚年爲魏文侯師，教授於西河。第二，春秋之傳又多出於子夏。第三，韓非子外儲説右上篇有明文：「患之可除，在子夏之説春秋也。」至於「孔丘生」「孔丘卒」，當爲後人傳春秋者所加，不是魯春秋舊文，加者不過藉以表示春秋和孔丘的關係罷了。

假定有人説，孔子修春秋，或者孔子作春秋，自戰國以來，便曾這麽説，難道能輕易否定？那我們可以徵引韓非子外儲説左上篇記晉文公伐原一事來論它。春秋經不載伐原事，左傳僖公二十五年却有這事，韓非子却説「孔子聞而記之」，這樣，左傳也是孔子所記的，難道左傳真是孔子所記的麽？縱是戰國人的説法，也是不可盡信的。

(三)春秋評價

春秋是魯國的一部自隱公元年至哀公十四年(後人又續至十六年)共二百四十四年間的不完備而可信的編年史。

第一，爲什麽説它可信呢？以天象而論，春秋的記載可信。以近代和現代天文學的發展，不但能推測未來的日蝕，還可以追測古代的日蝕。春秋記載日蝕三十六次，而襄公二十一年九月朔、十月朔的一連兩次日食，又二十四年七月朔、八月朔的兩次日蝕，相連兩月初一而日蝕，前人叫做「比食」，雖然有這種可能，但在一地兩次都能見到，可能性没有。尤其在前一次是全蝕或環蝕之後，絶不能於下一月又發生日蝕。因之襄公二十一年十月初一的日蝕可能是誤認或者是誤記；襄公二十四年八月的日蝕，可能是錯簡。除此二次而外，實三十四次，而三十三次是可靠的。這是古人所不能僞造的。又如春秋記載有「星隕如雨」（莊公七年經），這是公元前六八七年三月十六日所發生的天琴星座流星雨紀事，而且是世界上最早的一次記載。不是當時人看到，當時史官加以記載，誰也不能假造。還有文公十四年「秋七月，有星孛入于北斗」，這是世界上對哈雷彗星的最早記録，也是無法假造的。由於春秋有關天象的記載，根據近代和現代天文學家的研究，證明它基本上是真實的，也就證明春秋作爲歷史資料是可以相信的。

其次，由於彝器和古代文物不斷地被發現，很多能和春秋相印證。這在本書注中引用不少，也就不重複。

又其次，兩晉以至唐宋人所引用的竹書紀年，也有能和春秋相印證的，本書注中都加引用，然而所引不多。爲什麽呢？雷學淇於竹書紀年義證卷三十一「八年晉文公卒」條説：

紀年爲晉、魏之史記，其原本録晉、魏之事必詳。宋初傳本止記其異於左氏經、傳者，以備稽核，其同者則不録。而唐以前諸書徵引又皆取春秋經、傳，而不引紀年。故紀年之同於經、傳者多不傳於後。如文公之霸業，紀年豈有不詳記者？而今皆不見，即此之故。若史通惑經篇、唐書劉貺傳所引，皆其僅存者矣。

我認爲這話有一定道理，也足以説明春秋之可信。杜預春秋經傳集解後序説：

> 會汲郡汲縣有發其界内舊冢者，大得古書。……其紀年篇……大似春秋經，推此足見古者國史策書之常也。……略舉數條，以明國史皆承告。

劉知幾史通惑經篇也説：

> 觀汲冢所記（即竹書紀年），皆與魯史符同。

這些都是確鑿證據。一則證明春秋史料的可信；二則證明孔子未曾修，更未曾作春秋。

第二，爲什麽説它不完備呢？這可以從兩方面來説。一方面，古代史官記事本來簡略，宣公二年，「晉靈公被趙穿所殺，其中有一段經過，而晉太史僅僅寫「趙盾弑其君」五個字，魯太史才根據通報寫作「秋九月乙丑，晉趙盾弑其君夷皐」。而於具體情況，一字不寫。而且實際殺晉靈公的是趙穿，爲什麽太史歸罪於趙盾呢？這一道理，春秋也不曾提及。同樣，襄公二十五年，齊崔杼殺掉齊莊公，其中經過更爲曲折，也有醜事，而齊國太史也僅僅寫「崔杼弑其君」五個字。魯國史官才根據齊國通告，補上被殺日期和齊君之名，寫爲「夏五月乙亥，齊崔杼弑其君光」。我們再用古本竹書紀年相對，如桓公十八年齊人殺鄭國之君子亹，竹書紀年也僅僅寫「鄭殺其君某」五個字。杜預在春秋經傳集解後序論紀年説：「其著書文意，大似春秋經。」可見這樣簡略的記事，是當時各國太史的通例。這種大綫條的畫筆，連個輪廓都不完全，無怪乎桓譚新論（此書已佚，嚴可均全後漢文有輯本）説：

> 左氏傳于經，猶衣之表裏相待而成。經而無傳，使聖人閉門思之十年，不能知也。

這話完全正確。如莊公二十六年經「曹殺其大夫」、僖公二十五年經「宋殺其大夫」，兩條若没有傳來説明補充，則殺者是誰，被殺者又是誰，爲什麽被殺，其經過如何，一概無法知道。杜預作注，也只得説「其事則未聞」。

以上是一方面。還有一方面，春秋記事，可能本不完備，又加上後來抄寫有遺漏，因之有不少地方使人難以理解。

以日蝕爲例，在春秋自隱公至哀公二百四十二年間，日蝕在魯都可見到的在六十次以上，春秋記載僅一半。那一半就没記載。縱使日蝕那天逢密雲或大雨，其中有日全蝕，就是密雲大雨，也不至於不知是日蝕，可見失記的不少。據孟子離婁下，孟軻説：「天之高也，星辰之遠也，苟求其故，千歲之日至，可坐而致也。」那麽，在孟子時代，已經知道推算冬至、夏至的方法，不論那種推算方法是否完全正確，總之，能求其所以然，便有一套推算術。對於日蝕，春秋史官是不是也知其所以然，而有推算術呢？如果説没有，那麽，僖公十五年的那次日偏食，日月合朔在凌晨四時四十一分，日復圓在五點多，接近六點，而魯都曲阜要到七點鐘才見到日出，日蝕在日出以前，魯國境内人都見不到，又如何能够寫入春秋的呢？當時秦國地處西偏，日出晚於曲阜一個多小時，是否由於秦國見到日蝕通報各國，而魯史加以記載呢？這個問題，很難解答。若説有一定的推算術，不但文獻無徵，而且就當時文化水平論，連冬至都常常有誤測，更談不上推算日蝕了。何況既有推算日蝕術，哪能漏掉一半而不加記載呢？

春秋失記的不僅一兩件事，再略舉出幾點。

春秋歷魯國十二公，除閔公外，其餘在位年數，隱公雖僅十一年，而攝位時年已長大，其餘十公，長者三十多年，短者如定公十五年，然而他是昭公之弟，即位至少在三十二歲以上。這些魯公，總有不少女兒出嫁，但春秋載魯女出嫁的僅僅七次，可見遺略未記的很多。尤爲明顯的，如宣十六年書「秋，郯伯姬來歸」，她回娘家記載，她出嫁爲什麽不記載呢？成公五年書「春王正月，杞叔姬來歸」，也不寫其出嫁。當然，這兩個女子，都是被夫家拋棄而回娘家，但她們出嫁時，怎麽能知道她們將被離棄而不書呢？如果説，本是寫了的，因其被棄，史官便删去了，那麽，難道二百四十二年間魯國僅有不到十個女公子出嫁嗎？

春秋之時，周室固然已經衰落，但名義尚存，所以僖公二十五年載狐偃向晉文公説：「求諸侯，莫如勤王。諸侯信之，且大義也。」晉文公由此稱霸。而魯爲周室之最親近者，並且齊國仲孫湫説魯國「猶秉周禮」，「魯不棄周禮」（見閔元年傳）。既然魯國還實行周代禮制、禮節，爲什麽二百四十二年間，春秋書魯大夫到京師去的僅僅七次，聘問者僅僅二次呢？可見一定有漏載的。

其餘明顯失載的也不少。如昭公十八年，邾人入鄅。十九年，宋公伐邾，盡歸鄅俘。由此可以知道鄅國並未被滅亡。哀公三年，魯城啓陽。啓陽即是鄅國。三傳屢説春秋「重地也」（公羊傳襄二十一年，又昭公五年），重地故也（左傳昭公三十一年），而鄅國爲魯所有，爲什麽春秋不載一筆呢？到今天一直還不明白鄅國是哪年併於魯，用什麽方法併於魯。又如宣公十年傳説：「凡諸侯之大夫違，告於諸侯曰：『某氏之守臣某失守宗廟，敢告。』所有玉帛之使者則告；不然，則否。」然而文公六年經書「晉狐射姑出奔狄」，那麽，狐射姑應該曾經來魯，作爲「玉帛之使者」，但是經和傳都不曾記載。總而言之，春秋失載的事不少，拿輯本竹書紀年來看，就有若干條爲春秋所無，也應屬於失載之列。

至於春秋是否有傳寫脱漏，從古今所載春秋字數的差距來看，未嘗無此可能。史記太史公自序集解引張晏説，春秋一萬八千字。公羊傳昭公十二年「其詞則丘有罪焉耳」下徐彦疏引春秋説也説「春秋一萬八千字」。王觀國學林却説：「今世所傳春秋經，一萬六千五百餘字。」李燾爲謝疇作春秋古經序説：「張晏云春秋萬八千字，誤也。今細數之，更缺一千四百二十八字。」張晏爲曹魏時人，王觀國和李燾都爲南宋初時人。假若張晏的「萬八千字」的數字可靠，則相隔九百年光景，春秋便漏抄一千四百二十八字。據汪伋十三經紀字，依清乾隆甲寅（一七九四年）刻本，春秋爲一萬六千五百十二字，較之李燾所細數，又少了六十字。輾轉抄刻，字數難免有脱落。試想，春秋一條，多則二十餘字，少則幾個字；而自張晏以來，幾乎少了一千五百字，至少是脱了一百多條，是不是可以説，這也是造成春秋不完備原因之一。

公扈子曰：「春秋，國之鑑也。春秋之中，弑君三十六，亡國五十二。」（見説苑建本篇）董仲舒春秋繁露滅國上篇説春秋「弑君三十六，亡國五十二」，淮南子主術訓更明白地説：「春秋二百四十二年，亡國五十二，弑君三十六。」其後司馬遷於史記太史公自序、劉向於所上封事（見漢書楚元王傳）無不如此説。而按之春秋，實際都不够此數，也不知道漢人傳説是這樣，而不論春秋實際記載，還是漢人所見春秋，遠比今日所傳春秋爲多。所以我説，春秋所存史料並不完備。左傳雖然增補了些，即「無經之傳」，但還遠遠不够，春秋二百四十多年間的史實，有不少是失傳了。

（四）春秋和三傳

漢書藝文志：「春秋古經十二篇。經十一卷。」班固於「經十一卷」下自注：「公羊、穀梁二家。」那麽，春秋古經就是左氏傳的經，因爲它原來是用古代文字寫的，所以稱它爲「古經」。可能它以魯國一公爲一篇，魯國十二公，所以它爲十二篇。至於公羊經和穀梁經，是到漢朝才寫定的。藝文志説公羊和穀梁於戰國「末世口説流行」，公羊傳何休序徐彦疏引戴弘公羊序説公羊「至漢景帝時，壽（公羊壽）乃共弟子齊人胡母子都著於竹帛」，則公羊寫於西漢有明文可據。四庫全書提要直定公羊傳爲公羊壽所撰，而胡母子都助成之。穀梁寫定年代，雖然没有明文，但從藝文志及其内容看，也在西漢。要知道「十二篇」和「十一卷」，主要分别不在數字「十二」、「十一」和十二篇（十二公各一篇）、十一卷（或者以閔公僅二年，與莊公合爲一卷），而在於「篇」和「卷」。漢人用此兩字，大有分别。篇指寫在竹簡或木簡上的，每簡很窄，可寫二十多字到一百多字（據武威慶氏禮漢簡，木簡容字多，竹簡容字少），用素絲或青絲編聯爲篇。若寫在帛書上，則容字多，可能加軸捲起來，所以稱卷。漢書藝文志有篇有卷，篇指竹簡、木簡書，卷指帛書。另外還有紙本書，不過到今天未曾發現過實物。紙不能長久保存，自然不可能還有二千年以上的紙書存在。雖無實物，但當時有紙書，不能否定。另外還有石本，如漢石經，只存殘石。長沙馬王堆三號墓所發現的帛書，不曾用軸，也不捲，而是摺疊成方塊，置於盒中。那是殉葬物，應屬特例。現在回到本題。藝文志於春秋古經用「篇」計，於公羊、穀梁經用「卷」計，一則可見古經寫在簡上，公、穀寫在帛上；二則先秦書一般用簡，漢代絲業較發達，大都用帛和紙，由此可以證明左氏古經是先秦物，公、穀是漢代才寫定的。史記吴世家説「予讀古之春秋」云云，據下文，司馬遷所讀「古之春秋」就是中祕書所藏的古文寫的春秋左氏傳。

公羊、穀梁因爲都寫於漢代，自用漢代通行文字，所以稱爲今文。左傳一則出於屋壁，二則傳於民間，未得立學官。在西漢哀帝時，劉歆力爭，而被「今文家」所否定。否定理由之一，是「左氏不傳春秋」。左傳是否傳春秋，只有就左傳本身來考察。上文徵引過桓譚新論的話，「左氏傳於經，猶衣之表裏相待而成。經而無傳，使聖人閉户思之十年，不能知也」。反過來，若有傳無經，也有許多費解處，還有更多史事闕文。先舉費解的例子。

成十七年經云：「夏，公會尹子、單子、晉侯、齊侯、宋公、衞侯、曹伯、邾人伐鄭。」傳云：「公會尹武公、單襄公及諸侯伐鄭，自戲童至于曲洧。」傳僅云「諸侯」，若没有經所記載的「晉侯、齊侯」等，離開經，不知道「諸侯」是哪些國君。同樣，襄十年經云：「春，公會晉侯、宋公、衞侯、曹伯、莒子、邾子、滕子、薛伯、杞伯、小邾子、齊世子光會吴于柤。」襄十年傳云：「春，會于柤，會吴子壽夢也。」（下略）若没有經文，誰知道哪些人在柤地相會。桓譚説，經不能離開左傳，其實，左傳也不能離開春秋經。不過左傳的解經，不像公羊和穀梁。據漢書藝文志，春秋家有「公羊董仲舒治獄十六篇」，現存董仲舒春秋繁露，也足以窺見公羊學説之一斑。何休公羊解詁和唐人徐彦的疏都曾採用或徵引嚴彭祖、顔安樂的遺説，有所謂「五始、三科、九旨、七等、六輔、二類、七缺」之義（詳見公羊傳「隱公第一」徐彦疏），現在看來，不是穿鑿附會，便是迂腐迷信。試想，用春秋來判斷訴訟，來救旱、止雨，難道不是愚蠢之至麽？清代凌曙是通人，他著有公羊禮疏。他在公羊禮疏序中批評漢人講公羊者説：「公羊至漢，始著竹帛。鄒、夾無傳，嚴、顔最盛。然是非不明，句讀亦失。」無怪乎北史儒林傳説：「其公羊、穀梁二傳，儒者多不措懷。」隋書經籍志也講過：「晉時……公羊、穀梁，但試讀文，而不能通其義。」穀梁傳大多同於公羊，所以前人以兩傳並論。清人陳立作公羊義疏、鍾文烝作穀梁補注，近人柯劭忞還專用「九旨」爲全書綱領作春秋穀梁傳注。這些書，我都讀過，真是越讀越糊塗。不是這些學者糊塗，我認爲是公羊傳、穀梁傳本身糊塗。柯劭忞縱然費盡苦心，不惜改動原文，使它通順，但究竟是「可憐無補費精神」。

左傳直接解釋經文的話比較少，但基本上是必要的。如隱公「元年春王正月」，左傳不像公羊傳，把「元年」、「春」、「王」、「正月」先截成幾段，加以無謂的解釋，又綜合起來，從詞的順序加以臆測。左傳僅説：「不書即位，攝也。」所以司馬遷作史記，在魯世家中用左傳，而不用公羊和穀梁。沒有必要，左傳不但對經文不加任何解釋，而且連春秋經本文都不寫。所以左傳有不少的無傳之經。杜預很懂得左傳體例，假若經文和傳文相類，如文公元年傳「夏四月丁巳，葬僖公」，和春秋「夏四月丁巳，葬我君僖公」，好像無所增加和説明，而杜預却注云：「傳皆不虚載經文。」那麼，爲什麼這裏「虚載經文」呢？杜預認爲後文「穆伯如齊始聘焉……」這條傳文應在「葬僖公」下，就是孔穎達疏所説的「既葬除喪，即成君之吉位也」。我則認爲這是表示下一傳文「王使毛伯衞來錫公命。叔孫得臣如周拜」。若不寫僖公已葬，周王既不能使人錫命，文公也不得接受，並且使人答謝。正如宣十年經「公孫歸父帥師伐邾，取繹」，傳僅云：「師伐邾，取繹。」實際爲下文「冬，子家如齊，伐邾故也」作伏筆。因爲最初春秋自春秋，左傳自左傳，各自爲書，古人叫「別本單行」。把春秋經文和左傳分年合併，杜預春秋序自認是他自己「分經之年與傳之年相附，比其義類，各隨而解之」。若在經、傳未合併以前，作傳者於與其他傳文有關之經，不能不也寫一筆。這不叫「虚載」。

左傳還有時把幾條相關的經文,合併寫成一傳,如僖公三十二年「冬十有二月己卯,晉侯重耳卒」,三十三年「春王二月,秦人入滑」、「夏四月辛巳,晉人及姜戎敗秦師于殽」、「癸巳,葬晉文公」,一共四條經文,左傳寫成一傳,不過今本左傳因三十二年和三十三年之間插入經文,因而隔斷,文氣實際是相聯的。這又是左傳一種條例。

左傳有更多的無經之傳。因此魯史官雖然未必記載那事入春秋,而左傳作者却認爲不能不寫出來。讀者隨時可以發現,不再舉例。這又是左傳一種條例。

左傳有和經矛盾的,一般是左傳對經的糾正,如昭公八年左傳説「夏四月辛亥,哀公(陳哀公)縊」,辛亥爲四月二十日,而經文作「辛丑」,則爲初十日,兩者相差十天。孔疏説:「經、傳異者,多是傳實經虛。」就是傳文實在,經文虚假。又如一般日食,傳文不述。可是襄公二十七年經「十二月乙亥朔,日有食之」,傳文却作「十一月乙亥朔,日有食之」。按今法推算,這是當時公曆十月十三日之日全蝕,丁亥朔日應在十一月,日食也應在十一月,經寫成「十二月」是錯誤的。作左傳者大概掌握了更可靠的史料,才寫這一條傳文,以糾正經文。但他自己並不懂曆法,説什麽「辰在申」等等外行話。但他所掌握的日食日期的資料是比春秋還可靠的。

總而言之，公羊傳、穀梁傳，不是空話，便是怪話，極少具體的有價值的歷史資料。但偶然發現一兩點全經體例，爲漢人所重視，所抄襲，甚至加以附會。這種地方，還應該加以表彰和説明。

如公羊傳宣公十八年説：

甲戌，楚子旅卒。何以不書葬？吴、楚之君不書葬，辟（避）其號也。

禮記坊記因而附會説：

子云：「天無二日，土無二王，家無二主，尊無二上，示民有君臣之别也。春秋不稱楚、越之王喪。」

鄭玄注説：

楚、越之君僭號稱王。不稱其喪，謂不書葬也。春秋傳曰：「吴、楚之君不書葬，辟（避）其僭號也。」

我對春秋全部經文作過各種統計，以書「葬」而論，除葬周王、魯君、魯國夫人、魯國女公子以外，外國之君書「葬」的，一共八十四次，還不算定公四年經的「葬劉文公」，因爲劉文公是周王室大臣，並非諸侯。當然也有不書葬的，如左傳成公十年云「冬，葬晉景公」，春秋經，即魯史官便不書。據左傳的解釋是魯成公親去送葬，而其他諸侯没有一人親自去的，魯人認爲這是奇恥大辱，因此不但不記載魯成公去晉國，甚至連晉景公的葬也不寫。可見非魯國諸侯的葬，由於各種原因，魯國太史不記載的不少。吴、楚、越三國國君自稱王，若寫他們的葬，一定要出現「葬某某王」諸字，如左傳襄公二十九年書「葬楚康王」。這便違反坊記所説「土無二王」的原則了。春秋全經的確没有寫過楚、吴、越君之葬，公羊加以總結，成爲全經義例，還是有道理、有參考價值的。

穀梁傳也總結一條經例，也爲坊記所竊取、附會。穀梁哀公十二年傳説：

夏五月甲辰，孟子卒。孟子者何也？昭公夫人也。其不言夫人何也？諱取同姓也。

坊記因而説：

子云：取妻不取同姓，以厚别也，故買妾不知其姓，則卜之。以此坊民，魯春秋猶去夫人之姓曰吴，其死曰「孟子卒」。

其實，這事論語述而篇有記載：

陳司敗問昭公知禮乎。孔子曰：「知禮。」孔子退，揖巫馬期而進之，曰：「吾聞君子不黨，君子亦黨乎？君取於吴，爲同姓，謂之吴孟子。君而知禮，孰不知禮？」巫馬期以告。子曰：「丘也幸，苟有過，人必知之。」

左傳也有類似説明：

夏五月，昭夫人孟子卒。昭公娶于吴，故不書姓。

同姓不婚，雖是周禮，「猶秉周禮」的魯國也不遵守，各國早不理會了。晉獻公以驪姬爲夫人，晉文公的母親也姓姬，鄭國叔詹公開地説：「晉公子，姬出也。」（僖二十三年傳）正如齊國的盧蒲癸娶同宗女爲妻，别人説他：「男女辨姓，子不辟宗，何也？」盧蒲癸答説：「宗不余辟，余獨焉辟之？賦詩斷章，余取所求焉，惡識宗！」（左傳襄公二十八年）坊記雖然竊取論語和穀梁傳，並假託孔子的話來加説明，實是「孟子」之稱，在她爲昭公夫人時便已如此，魯國國君先和宋國通婚，桓公以後，多和齊國通婚，到昭公才和吴國通婚。可能這是第一次和同姓女子通婚，魯又是著名的遵守周禮的國家，才羞羞答答地不敢直稱「吴姬」，改稱「吴孟子」。魯太史寫其「卒」，連「吴」字都去掉，因爲吴爲太伯之後，自然也姓姬，存一「吴」字，還是表明同姓通婚，所以僅寫「孟子卒」。穀梁傳這一總結，並没有多少意義，只是表明魯國一些人的保守觀念而已。

除此之外，公羊、穀梁兩傳也偶有説得對的。如莊公七年經「夜中，星隕（公羊作「霣」，同）如雨」，二傳解「如」字便作像字解，和恒星雨天象符合。左傳解「如」爲「而」，説成是「與雨偕」，便錯解了。

然而左傳以具體史實來説明或者補正以至訂正經文，行文簡勁流暢，自東漢以後更爲盛行，自魏晉以後便壓倒公羊、穀梁二傳了。

最後引日本學者島田翰古文舊書考春秋經傳集解（卷子本）一段，補充説明春秋古經和左氏傳的來由：

據漢志，「春秋古經十二篇」，「左氏傳三十卷」。案：古經十二篇者，左氏之單經，蓋因十二公爲十二篇也。（自注云：史記吴世家「余讀春秋古經」。周官小宗伯注云古文春秋經「公即位」爲「公即立」……）而其三十卷者，左氏之單卷。（……以左氏傳名者，北平侯張蒼獻春秋左氏傳是也。）顧所謂春秋左氏傳者，當分别春秋與左氏傳而觀之。蓋張蒼所獻，有經有傳，而孔壁所得，有傳無經也。……夫始除挾書之律，在惠帝四年；則蒼之獻書，當在此際。而恭王壞孔子壁，則景、武之間也。乃知春秋經之出，必在恭王壞孔壁前矣。張蒼生於先秦，曾爲秦御史，主柱下方書，則其所藏左氏傳，即先秦舊書，當與孔壁所得無異矣。見後魏書江式傳所言，北平侯張蒼獻春秋左氏傳，書體與孔子相類，即前代之古文矣，而可徵也。

（五）左傳的作者

史記十二諸侯年表序説：

魯君子左丘明懼弟子人人異端，各安其意，失其真，故因孔子史記（即春秋）具論其語，成左氏春秋。

春秋左氏經傳集解序孔穎達疏引沈氏説：

嚴氏春秋引觀周篇（西漢本孔子家語中的一篇。今本孔子家語是曹魏王肅所僞作）云：

「孔子將修春秋，與左丘明乘，如周，觀書於周史，歸而修春秋之經，丘明爲之傳，共爲表裏。」

嚴彭祖要早於司馬遷，而兩説有同有異。同者，孔子修春秋，左丘明作傳。不同者，孔子作春秋在前，左丘明恐怕孔門學生各執己見，走失孔丘原意，因而作傳，是作傳在後。嚴彭祖却説孔子和左丘明同車到周太史那裏看書，一個作經，一個作傳，是經、傳寫作同時。

左丘明這個人，論語公冶長曾經提到：

子曰：「巧言、令色、足恭，左丘明恥之，丘亦恥之。匿怨而友其人，左丘明恥之，丘亦恥之。」

孔丘説話，引左丘明以自重，可見左丘明不是孔丘學生，所以司馬遷稱他爲「魯君子」，仲尼弟子列傳也没有他的名字。那麽，他至少是孔丘同時人，年歲也不至小於孔丘。唐人陸淳春秋集傳纂例趙氏損益例甚至説：

夫子（孔丘）自比，皆引往人，故曰「竊比於我老、彭」。又説伯夷等六人云：「我則異於是。」並非同時人也。丘明者，蓋夫子以前賢人，如史佚、遲任之流，見稱於當時爾。

這樣，把左丘明的生存年代提到孔子以前若干年，便是否定左丘明曾經作過左氏傳。

後人還有對左丘明的姓表示疑問的。司馬遷既説左丘明，又説「左丘失明」（報任安書，見漢書司馬遷傳；也見於史記太史公自序），而他的著作又叫左氏傳。究竟他姓左名丘明呢？還是複姓左丘名明呢？還是有其他説法呢？

朱彝尊經義考卷一六九便主張左丘爲複姓之説。他説：

司馬遷報任少卿書：「左丘失明，厥有國語。」應劭風俗通：「丘，姓，魯左丘明之後。」然則左丘爲複姓甚明。孔子作春秋，明爲作傳。春秋止獲麟，傳乃詳書孔子卒。周人以諱事神，名，終將諱之。爲弟子者自當諱師之名，此第稱左氏傳，而不書左丘也。

這種説法有兩不通。第一，左丘明不是孔丘學生，史記證據顯然，朱彝尊受杜預等影響，因爲杜預在春秋左氏經傳集解序中説：「左丘明受經於仲尼。」晉書荀崧傳引荀崧上疏也説：「孔子懼而作春秋……時左丘明、子夏造膝親受。」這樣，硬把左丘明變成孔門弟子，却和史記不相合。這是一不通。而且周人以諱事神，却「臨文不諱」。周文王名昌，武王名發，可是周初文獻，「昌」字「發」字並不避忌，詩周頌雝「克昌厥後」，又噫嘻「駿發爾私」，都可以爲證。何況左丘爲複姓，並不見於姓氏書。這是二不通。

第二種説法是，司馬遷既稱其書名爲左氏春秋，班固漢書藝文志又稱其名爲丘明，那麼，此人姓左名丘明。孔穎達在杜預春秋左氏傳序疏中說：

藝文志云：「左丘明，魯史也。」是言「丘明爲傳」，以其姓左，故號爲左氏傳也。

但怎樣解釋司馬遷之稱他爲「左丘」呢？有人說，古人本有複名單稱之例，如晉文公名重耳，左傳屢見，而定公四年左傳所引載書（盟約）省稱爲晉重。這種例子並不少。何況司馬遷是在作文章，並不曾考慮到因此引起後代爭議。楊樹達先生古書疑義舉例續補有二字之名省稱一字例，而且說：「史記中此例甚多。」那麼，司馬遷省左丘明爲左丘，便不足爲奇。何況若稱丘明，便和本句下文「失明」的「明」字重複。司馬遷這段文字既都是四字一逗，又要避免重複，其稱左丘明省爲左丘，竟是文勢所不得不然。

至於俞正燮癸巳類稿左丘明子孫姓氏論說：

廣韻十八尤「丘」字注引風俗通云：「魯左丘明之後。」丘明子孫爲丘姓，義最古無疑。丘明傳春秋，而曰左氏傳者，以爲左史官言之。

依俞氏之說，左丘明三字，左是官名，丘是姓，明是名。然而左史省稱左，自古沒見這例子。清乾隆年間便有人奏請立丘姓人爲左丘明之後，段玉裁替禮部寫了一篇駁山東巡撫以丘姓人充先賢左丘明後博士議，文見經韻樓集。俞氏考據之學號稱精審，但這種議論實在不高明。

無論左丘明的姓氏如何，無論左丘明是孔丘以前人或同時人，但左傳作者不可能是論語中的左丘明。

左傳最後記載到魯哀二十七年，而且還附加一段，説明智伯之被滅，還稱趙無恤爲襄子。智伯被滅在公元前四五三年，距孔丘之死已二十六年，趙襄子之死距孔丘死已五十三年。左丘明若和孔丘同時，不至於孔丘死後五十三年還能著書，於是有種種説法：

吕大圭説：「左氏者，意其世爲史官，與聖人同時者丘明也。其後爲春秋作傳者，丘明之子孫或其門弟子也。」這種説法很巧，可惜古人未曾説過，吕氏也舉不出任何論證來。「意其世」云云，便表明只是臆測。

姚鼐左傳補注序説：「左氏之書非出一人所成。自左丘明作傳以授曾申，申傳吴起，起傳其子期，期傳楚人鐸椒，椒傳趙人虞卿，虞卿傳荀卿。蓋後人屢有附益。其爲丘明説經之舊及爲後人所益者，今不知孰爲多寡矣。」這是説左傳經過後代傳習有所增加，但又指不出哪些是增加部分。至於「悼之四年」至「知伯貪而愎，故韓、魏反而喪之」一段是證成陳成子「知伯其能久乎」這句話，自是左傳作者應有之筆，未必爲後人所加。由於左傳成書於公元前四〇三年以後，自然看到趙襄子的死。

章炳麟春秋左傳讀説：「韓非外儲説右上曰：『吴起，衛左氏中人也。』左氏者，衛邑名。内儲説上曰：『衞嗣君之時，有胥靡逃之魏，因爲襄王之后治病。衞嗣君聞之，使人請以五十金買之。五反而魏王不予，乃以左氏易之。』注：『左氏，都邑名也。』左氏春秋者，固以左公名，或亦因吴起傳其學，故名曰左氏春秋。」錢穆因此及其他類似説法，竟作一結論説：「此左氏傳出吴起，不出左丘明之説也。」（見先秦諸子繫年考辨卷二，香港大學出版社版）這種結論我也不相信。據史記吴起傳，吴起治國，用法家；善用兵，幾乎戰無不勝。大凡古代的真法家和大軍事家，極少有迷信思想的。如果迷信，便會不知敵我，不講形勢。而左傳一書講「怪、力、亂、神」的地方很多，其不是吴起所著可知。但不能因此而否定他傳授過它。一則它是一部當時基本可信的近代史。二則左傳描寫戰争，不但生動，而且每一戰争，着重點各有不同，各有特色。許多軍事觀點，很值得軍事家學習。

我認爲，左傳作者不是左丘明，不但不是論語的左丘明，也没有另一位左丘明（有一説如此），因爲漢書古今人表以及其他任何史料都没有提到第二位左丘明。吴起雖然傳授過左傳，左氏傳之稱絶不是因爲吴起是左氏人。左傳採取很多原始資料，如成公十三年傳載晉侯使吕相絶秦書，這是一篇强辭奪理的文字，可是藝術性很高。秦國後來竟模倣這篇受辱的文章，寫了一篇詛楚文（見嚴可均所輯全上古文卷十四）。由詛楚文足以知道吕相絶秦一定是原始記録，或者原始文獻。左傳作者安排改寫這些史料，有始有終，從惠公生隱公和桓公至智伯之滅，首尾畢具，風格一致。其人可能受孔丘影響，但是爲儒家別派。韓非子顯學篇説：「故孔墨之後，儒分爲八，墨離爲三。」孔丘不講「怪、力、亂、神」，左傳作者至少没有排斥「怪、力、亂、神」，所以我認爲是儒家别派。他的改編史料，正和司馬光寫資治通鑑一樣。資治通鑑編一千三百六十二年之史，雖然有當時著名史學家劉恕、劉攽、范祖禹等人爲助，但據司馬光的進書表「臣既無他事，得以研精極慮，窮竭所有，日力不足，繼之以夜」云云，司馬光實曾把全書作了統一工夫，所以現在讀資治通鑑，真像一個人寫的。據宋陳振孫直齋書録解題，司馬光恐怕資治通鑑卷帙太多，内容太富，晚年又節縮著通鑑舉要歷八十卷（此書已不存）。由此足見司馬光於資治通鑑實曾通讀並加工。左傳作者雖然取材也多，但僅二百五十五年，全書除春秋經外，不過十八萬字左右。縱使當時寫作條件艱難，也不如司馬光有皇帝支持，公家供給，而未始不可以一人成書。從注中可以知道，後人所謂劉歆等增益者（如南宋林栗説「左傳凡言『君子曰』，是劉歆之辭」），都不可信。我們應該重視的，是左傳的成書年代。

（六）左傳成書年代

研究左傳成書年代，前人也曾用過力量，獲得一定的成績，可惜每每只用一種方法，没有從内及外，更没有搜集正反兩方面資料來解決矛盾，導致不能作出比較符合客觀實際的結論。我的這篇考證，對於前人研究成果有所取，也有所不取。但不是由於不合己意而不取，僅僅由於它缺乏科學性和邏輯推理不足而不取。就是符合己意的，也因此而不用，因爲用了它，反而不能够取信讀者。

論斷左傳成書年代，首先要引崔述洙泗考信餘録：

戰國之文恣横，而左傳文平易簡直，頗近論語及戴記之曲禮、檀弓諸篇，絶不類戰國時文，何況於秦？襄、昭之際，文詞繁蕪，遠過文、宣以前；而定、哀間反略，率多有事無詞，哀公之末事亦不備，此必定、哀之時，紀載之書行於世者尚少故爾。然則作書之時，上距定、哀未遠，亦不得以爲戰國後人也。

崔述這些話，有對有不對，現在不加討論。他推定左傳作書之時，上距定公、哀公不遠，下也不會在戰國後。雖然此段時間相距很長，但作爲第一位認真探討左傳成書年代的學者，其結論還是值得重視的。

史記十二諸侯年表序説：

鐸椒爲楚威王傅，爲王不能盡觀春秋，采取成敗，卒四十章，爲鐸氏微。趙孝成王時，其相虞卿上采春秋，下觀近世，亦著八篇，爲虞氏春秋。

司馬遷上文所謂春秋，實指左傳，前人已有定論，現在不再重複。讀者參考近人金德建司馬遷所見書考司馬遷所稱春秋係指左傳考也足以瞭如指掌。不然，春秋在當時最多不過一萬八千字，爲什麼「爲王不能盡觀」？春秋和左傳近二十萬字，才「爲王不能盡觀」。孔穎達在春秋左氏經傳集解序疏中引劉向別録也説：

鐸椒作抄撮八卷，授虞卿。虞卿作抄撮九卷，授荀卿。

别録的二種抄撮，就是司馬遷的鐸氏微和虞氏春秋。漢書藝文志有鐸氏微三篇，班固自注説：「楚太傅鐸椒也。」又有虞氏微傳二篇，班固自注説：「趙相虞卿。」那麽，鐸椒、虞卿節録左傳成書，不但武帝時司馬遷看過，劉向、劉歆整理西漢末皇家藏書時，並曾整理過，這是十分可信的。而且，戰國策楚策四並有下列一段文字：

虞卿謂春申君曰：「臣聞之春秋，『于安思危，危則慮安』。」

「于安思危」二語，實際就是對左傳襄公十一年「居安思危，有備無患」的引意。古人引書，一般不拘泥於文字，只是大意相同便够。

鐸椒爲楚威王太傅，因作這書。楚威王元年爲公元前三三九年，末年爲前三二九年，鐸椒作鐸氏微或抄撮，不出這十一年之間，足見戰國時代的上層人物都喜愛左傳。虞卿的年代大概在公元前三〇五—前二三五年。從這以後徵引左傳的更多。劉師培羣經大義相通論中有左傳荀子相通論，其中雖不免有附會之處，但荀子徵引左傳，實無可疑。現在僅舉二條爲例。荀子大略篇：

送死不及柩尸，弔生不及悲哀，非禮也。

這和隱元年傳「贈死不及尸，弔生不及哀，豫凶事，非禮也」基本相同。而且荀卿還怕後人誤會尸體爲未經入棺之尸，又加「柩」字表明它，足見這是荀卿引左傳，不是左傳用荀子。又致士篇説：

賞不欲僭，刑不欲濫。賞僭則利及小人，刑濫則害及君子。若不幸而過，寧僭無濫。與其害善，不若利淫。

襄公二十六年傳也有此文：

善爲國者，賞不僭而刑不濫。賞僭則懼及淫人，刑濫則懼及善人。若不幸而過，寧僭無濫。與其失善，寧其利淫。

兩者只有幾個字的差别，所以盧文弨説荀子致士篇「此數語全本左傳」。其後戰國策（如魏策三用僖公二年和五年左傳，稱左傳爲春秋）、吕氏春秋、韓非子無不徵引左傳文字。吕氏春秋、韓非子二書徵引尤多。劉師培有詳細考證，見讀左劄記。至於西漢，從漢高祖賜韓王信書用左傳哀十六年語以至淮南子、賈誼新書，文帝作詔書

（見史記文帝紀二年），武帝制令（見史記三王世家並索隱），也曾徵引左傳；司馬遷作史記，徵引更多。其後哀帝封册（見漢書王嘉傳）以至劉向作説苑、新序、列女傳，都用左傳故事。左傳從成書一直到今天，流行於世，未曾斷絶。

晉武帝咸寧五年（公元二七九年），汲郡人不準盜掘魏國古墓，發現不少竹簡古書。其中有一種叫師春的，據晉書束皙傳和杜預的春秋左氏經傳集解後序説，完全抄録左傳的卜筮事，連上下次第及其文義都和左傳相同。杜預和束皙都認爲「師春」是抄集者人名。師春不知何年代人，但汲郡魏墓很多人説是魏襄王（就是孟子梁惠王上的梁襄王）墓。墓中另一種書叫竹書紀年，記載魏史只到今王二十年。今王就是魏襄王，當時還活着，在王位，所以稱爲「今王」。魏襄王在位二十三年死去，那麽，師春的抄集左傳卜筮事至遲在魏昭王元年以前，即公元前二九五年以前。左傳在戰國的流行更獲得實物證明。雖然師春其書已不存在，而杜預、束皙二人是親自看到那批竹簡才記述下來的。

以上只是證明左傳在戰國時即已流行，還不能肯定左傳成書於何年。自然，成書在流行以前。

顧炎武日知録卷四有左氏不必盡信條，説：

> 昔人所言興亡禍福之故不必盡驗。左氏但記其信而有徵者爾，而亦不盡信也。三良殉

死，君子是以知秦之不復東征。至於孝公，而天子致伯，諸侯畢賀；其後始皇遂併天下。季札聞齊風以爲國未可量，乃不久而篡於陳氏；聞鄭風以爲其先亡乎，而鄭至三家分晉之後始滅於韓。渾罕言姬在列者，蔡及曹、滕其先亡乎，而滕滅於宋王偃，在諸姬爲最後；僖三十一年狄圍衞，衞遷於帝丘，卜曰三百年，而衞至秦二世元年始廢，歷四百二十一年。是左氏所記之言亦不盡信也。

後人因此認爲左傳作者每每借他人之口作預言。預言被證實的，是作者所親見的；預言不靈驗的，是作者所未及聞見的。由此可以測定左傳成書年代。預言不靈驗的，主要有下列諸項。

一、文公六年傳說：「秦伯任好卒，以子車氏之三子——奄息、仲行、鍼虎——爲殉，皆秦之良也。國人哀之，爲之賦黄鳥。……君子是以知秦之不復東征也。」史記秦本紀說：「周室微，諸侯力政，爭相併。秦僻在雍州，不與中國諸侯之會盟，夷翟遇之。」這是秦孝公以前的情況，也是左傳作者所見到的「不復東征」的情況。然而自秦孝公即位，「於是乃出兵，東圍陜城，西斬戎之獂王。二年，天子致胙」，這是左傳作者所不及見的。這時已是公元前三六〇年。

二、莊公二十二年傳說：「初，懿氏卜妻敬仲，其妻占之，曰：『吉。是謂鳳凰于飛，和嗚鏘鏘。有嬀之後，將育于姜。五世其昌，並於正卿。八世之後，莫之與京。』」末又說：「及陳之初亡也，陳桓子始大於齊；其後亡也，成子得政。」陳成子專姜齊之政，正是左傳筮者之言「此其代陳有國乎」。當時晏嬰也私自對晉國叔向說「此季世也。吾弗知齊其爲陳氏矣」（昭公三年傳）。然而不能肯定陳成子之曾孫太公和竟託人向周王請求，立他爲齊侯。所以卜辭只說「八世之後，莫之與京」；不言十世之後，爲侯代姜。昭公八年傳史趙的話也僅說陳之「繼守將在齊，其兆既存矣」。就是當時人多看到陳氏有代齊的苗頭，是否果真代齊爲侯爲王，誰都未敢作此預言。田和爲齊侯在公元前三八六年，這是左傳作者所未及知道的。

哀公十五年還有一段記載：

秋，齊陳瓘如楚，過衞。仲由見之，曰：「天或者以陳氏爲斧斤，既斲喪公室，而他人有之，不可知也。其使終饗之，亦不可知也。」（下略）

子路對齊國前途的推測，還不及晏嬰的肯定。他肯定姜齊的被陳氏斲喪，這是當時人所共見的，却是否終爲陳氏所享有，或者另外鑽出第三者（他人）攫取果實，都在「不可知」之列。由此表明，左傳作者未及見到陳氏篡齊。

三、宣公三年傳：「成王定鼎于郟鄏，卜世三十，卜年七百。」這裏有個問題：周的世數和年數，應從文王計算起，還是從武王滅紂後算起，還是根據這段文字從成王定鼎算起？我認爲，「成王定鼎于郟鄏」，只是説明卜世卜年的時間和背景，而卜世卜年應該包括周王朝所傳之世、所得之年，至遲應該從武王計算起。晉書裴楷傳説：「武帝初登阼，探策以卜世數多少。」也是從西晉初開國計算起，正和成王卜世相類。漢書律曆志説：「周凡三十六王，八百六十七歲。」西周自武王至幽王共十二王，但年數多少則各説不同。史記匈奴傳説自武王伐紂至犬戎殺幽王凡四百餘年。這説得最長。史記周本紀集解引汲冢紀年説：「自武王滅殷以至幽王，凡二百五十七年也。」通鑑外紀三引汲冢紀年也説：「西周二百五十七年。」這説得最短。介於兩者之間的，有漢書律曆志引劉歆世經説自伯禽至春秋凡三百八十六年，劉恕通鑑外紀載西周凡三百五十二年。鄭玄詩譜序説「夷、厲以上，歲數不明；太史年表，自共和始」，則無怪乎前人對西周年數無定論。東周自平王至赧王，不計哀王和思王，共二十二王。西、東周總共三十四王。律曆志説「三十六王」，可能是把哀王、思王計算在内。若説「卜世三十」，到安王便已三十王。平王元年爲公元前七七〇年，安王末年（二十六年）爲公元前三七六年，近四百年。加上西周約三百年，左傳成書年代很難到周安王時代。

四、閔公元年傳説：「賜畢萬魏。……卜偃曰：『畢萬之後必大。萬，盈數也；魏，大名也。以是始賞，天啓之矣。天子曰兆民，諸侯曰萬民。今名之大，以從盈數，其必有衆。』」又説：「『初，畢魏筮仕於晉……公侯之卦也。公侯之子孫，必復其始。』」「復其始」就是恢復爲公侯。這樣，左傳作者一定看到魏斯爲侯。那時是周威烈王二十三年，公元前四〇三年。但看不到魏文侯後代稱王。昭公二十八年傳説：「魏子之舉也義，其命也忠，其長有後於晉國乎！」「晉國就是魏國，作者行文避免「魏」字重複出現，因改「魏國」爲「晉國」。晉國本是魏國又一稱號，猶如孟子梁惠王上梁惠王（即魏惠王）自稱其國爲晉國。他曾對孟軻説：「晉國，天下莫强焉。」由此足見左傳作者只見到魏文侯爲侯，見不到魏後稱王，更看不到它的日益衰弱，「東敗於齊，西喪地於秦七百里」。

綜上所論，足以推測左傳成書在公元前四〇三年魏斯爲侯之後，周安王十三年（公元前三八九年）以前，離魯哀公末年約六十多年到八十年。和崔述的論斷相較，相距不遠，只是具體得多。

公羊傳和穀梁傳的成書在後，古人早有明文，詳玩史記及漢書儒林傳自然知道。陳澧東塾讀書記卷十説，穀梁傳僖公二十二年説：「故曰禮人而不答，則反其敬；愛人而不親，則反其仁；治人而不治，則反其知。」這是用孟子離婁下語，可見穀梁傳作於孟子流行之後。陳澧還舉出一些證據，認爲穀梁出於公羊傳之後。章炳麟春秋左傳讀叙録後序説，公羊宣十五年傳：「上變古易常，應是而有天災。」何休解詁曰：「上謂宣公。」六國時尚無直稱人君爲上者。以「上」之名斥人君，始於秦併天下以後，公羊遂用之稱宣公。若依陳澧之説，公羊寫於秦統一以後，穀梁傳又在公羊傳後。據漢書藝文志「末世口説流行，故有公羊、穀梁、鄒、夾之傳」，那麽，除左氏傳外，無論公羊傳、穀梁傳以及鄒氏傳、夾氏傳，都只是口耳相傳授，原本没有寫本。公羊傳注疏卷首有戴弘序，説公羊傳到漢景帝時，公羊壽「乃共弟子齊人胡母子都著於竹帛」，則公羊傳的寫定在西漢了。穀梁傳更在其後。

（七）左傳和國語

史記十二諸侯年表序説：「魯君子左丘明懼弟子人人異端，各安其意，失其真，故因孔子史記（即春秋）具論其語，成左氏春秋。」司馬遷所説的左氏春秋，就是今天的左傳。他又説：「左丘失明，厥有國語。」依司馬遷之意，左傳和國語都是左丘明一人所作。史記十二諸侯年表序説「於是譜十二諸侯，自共和訖孔子，表見春秋、國語」云云，可見司馬遷是根據春秋（實指左傳）和國語作十二諸侯年表的。漢書律曆志下引國語楚語下「少昊之衰」及周語下「顓頊之所建」等語都稱春秋外傳。因此許多人便把左傳稱爲春秋内傳，國語稱爲春秋外傳。甚至班固在漢書司馬遷傳贊便説：

> 孔子因魯史記而作春秋，而左丘明論輯其本事以爲之傳，又纂異同爲國語。

三國吴國韋昭作國語解序也同意這一説法，並且還解釋説：

> 其文不主於經，故號曰外傳。

論衡案書也跟着説：「國語，左氏之外傳也。」

而最可笑者莫如康有爲。他著新學僞經考，説：

> 左傳從國語分出，又何疑焉？

康有爲的所謂新學，换句話説，就是王莽之學，因爲王莽逼漢孺子嬰讓位，國號新。而劉歆爲王莽國師，康有爲接受劉逢禄左氏春秋考證的論點，更加以穿鑿附會，因此指左傳等書爲「僞經」。他寫了新學僞經考、孔子改制考等書。這些書在當時政治上起的作用，自然應該另行論定。至於在學術上，却毫無是處。章炳麟作春秋左傳讀叙録，一條一條地駁斥劉逢禄，讀者不妨把這兩部書大致翻看一遍。至於康有爲的書，既不必看，更不值得駁斥。崔適作史記探源和春秋復始也和康有爲之説同，同樣不值一駁，因爲他們只是臆測，不舉可靠的證據，不依合理的邏輯。這是某些今文經學者的通病，我們在這裏只提一下，若詳細剖析，便可能寫出一本相當厚的專書。

左傳和國語是兩書，國語更不是一人所作。過去有不少學者加以論定，我只不過加以編排整理，而插以自己心得，寫成此章罷了。

晉書束皙傳云：「初，太康二年，汲郡人不準盜發魏襄王墓，或言安釐王冢，得竹書數十車。……國語三篇，言楚、晉事。」汲郡所出的國語，應該就是今天的楚語和晉語的一部分。據荀勗穆天子傳序，所發現竹簡，爲古尺二尺四寸，當晉時通用尺二尺。每簡四十字。但不知道多少簡爲一編，因而也無從知道這三篇竹簡國語究竟多少字。總而言之，汲郡所發現的，師春是抄襲左傳的卜筮書，國語另是一部書。在戰國時，左傳自左傳，國語自國語。自然，這還不足以證明左傳取材於國語，更不能證明左傳作者先寫了左傳，「又篡異同爲國語」。因爲這時，左傳和國語都已經同時流行。

要研究這問題，唯有從現存左傳和國語本身作分析。

第一，我已經説明，左傳是一人手筆，取材雖然豐富，但行文風格完全一致，並無後人添加的字句。國語却不同。首先，他的文風與左傳不能相比。晁公武郡齋讀書志引陸淳的話説，國語「與左傳文體不倫，定非一人所爲」。李燾也説，國語「其辭多枝葉，不若内傳之簡單峻健，甚者駁雜不類，如出他手」。崔述洙泗考信録餘録説得更透徹：「左傳之文，年月井井，事多實録；而國語荒唐誣妄，自相矛盾者甚多。左傳紀事簡潔，措詞亦多體要；而國語文詞支蔓，冗弱無骨，斷不出於一人之手明甚。」這是從文章風格以左傳和國語相比。

其實，國語也不是一人之筆。崔述又説：「且國語周、魯（即周語和魯語）多平衍，晉、楚多尖穎，吴、越多恣放，即國語亦非一人之所爲也。」這又是從文章風格上論國語各國語言和文風的不同。

第二，左傳在舊的分類中列爲經書，國語却列爲雜史，若從兩書體例分類，左傳應屬於編年史，國語應屬於國别史。其不同於其他國别史的，一是言多事少；二是各國史實互相間很不相稱。鄭語只是一段文章，所敘自鄭國始封君桓公，而於其後僅敘晉文侯（非晉文公）定天下、齊僖公小霸、楚蚡冒始啓濮三句，這些事或者在春秋以前，或者在春秋初期。而齊桓公、晉文公之事却一字不提。以鄭國而論，鄭莊公在春秋初期亦是一霸，也不提及。而且據左傳襄公三十年，鄭子産引鄭書「安定國家，必大焉先」，又昭公二十八年傳，叔游引鄭書「惡直醜正，實蕃有徒」。然而這幾句鄭書語，不但不見於今之鄭語，也無從在今鄭語中安插進去。若説鄭語成書在前，不及見齊桓公、晉文公，更不及見子産。若今鄭語「羋姓夔、越，不足命也」，「閩羋蠻矣」（原作「蠻羋蠻矣」，今從汪遠孫國語發正據周禮職方氏鄭玄注引文訂正），足以證明鄭語作者看見楚威王伐越，殺王無疆，而越以此散（詳史記越世家）諸事。楚威王滅越，在公元前三三九年，則鄭語作於這年以後。尤其是鄭語又説「曹姓鄒、莒，皆爲采衞」。漢書韋賢傳説：「韋賢字長孺，魯國鄒人也。其先韋孟，家本彭城……其諫詩曰：『王赧聽譖，寔絶我邦。』」這樣，鄒國實在於王赧時被滅。王赧後人都作周赧王，實誤。「赧」非謚號，其人名「延」，音轉爲「赧」，朱希祖汲冢書考有周赧王周隱王考，言之甚詳，可信。韋詩云「王赧」，不云「赧王」，又可爲朱説添一證據。王赧即位於公元前三一四年，則鄭語之作，又在此後。不但鄭語内容與左傳無關，即鄭國大政治家、外交家子産，鄭語亦無所記載，難道左傳作者竟對鄭事不別「纂異同」麽？

左傳很少記載越事，可能左傳作者離越國很遠，看不到越國史料。今存越語上下二卷，都叙越王句踐和范蠡、大夫種謀報吴仇事。二篇文風又大不相同。越語下專叙范蠡，又多排體韻文。越滅吴，據左傳，在哀公二十二年。史記六國年表與左傳同。而據越語下，越滅吴在魯哀十年（依王引之經義述聞説），相差十二年。左傳作者既把越滅吴事詳盡地編纂於國語中，爲何不用其滅吴年代？更爲何連大夫種（或文種）、范蠡一字不提？

周語有三卷，自周穆王征犬戎至萇弘被殺。萇弘被殺在魯哀公三年。其他關於春秋時期史事，幾乎都不合於左傳。尤其是齊語一卷，完全叙齊桓公事，也和左傳不相同。而魯語二卷，晉語九卷，偏偏又多和左傳重複。只是左傳言簡意賅，國語囉嗦蕪穢，使人讀之産生厭倦。左傳作者爲什麽既不去其重複，又不採其異聞，使自己的兩種著作起互相配合的作用呢？

我現在徵引閻若璩尚書古文疏證卷六上一條以爲佐證：

地理之學爲從來作書與注書者所難。予嘗謂作國語之人便不如左氏，何況其他？或者怪其説。予曰：左氏昭十一年傳：「楚子城陳、蔡、不羹。」杜注云：「襄城縣東南有不羹城，定陵西北有不羹亭。」十二年傳：「今我大城陳、蔡、不羹。」對曰：「是四國者，專足畏也。」杜注云：「四國：陳，蔡，二不羹。」予考之漢地理志，潁川郡有東不羹，在定陵；有西不羹，在襄城，恰列爲二，杜氏之言蓋是也。作國語者不通地理，認不羹爲一，謂之城三國（見楚語上）。……以知左氏之作，杜氏之注，皆精於地理如此。或曰：「國語與左氏竟出二人手乎？」予曰：「先儒以其叙事互異，疑非一人。予亦偶因不羹事，頗有取其説云。」

最後，徵引葉適習學記言卷十二國語總論代替我的結論：

以國語、左氏二書參校，左氏雖有全用國語文字者（伯峻案：應作「左傳與國語相同者」），然所採（伯峻案：「所採」二字可商）僅十一而已。至齊語不復用，吴、越語則採用絶少，蓋徒空文，非事實也。左氏合諸國記載成一家之言，工拙繁簡自應若此。惜他書不存，無以遍觀也。而漢、魏相傳，乃以左氏、國語一人所爲，左氏雅志未盡，故别著外傳。餘人爲此語不足怪，若賈誼、司馬遷、劉向不加訂正，乃異事爾。

（八）左傳在西漢的流傳

左傳的成書年代在公羊、穀梁之前，而在西漢却没有「立學官」。雖然没有「立學官」，但有兩種傳本。一種是孔壁藏本，一種是民間私傳本。先説孔壁藏本。這事見於漢書楚元王交傳劉歆移讓太常博士書。這封信，對學術史説，是件重要文獻，可是不少人誤解了，因爲劉歆在這信中加了些插句。我們若用破折號把插句標出，這封信的原意便顯露出來了。現在我先把移讓太常博士書有關文字抄録重新標點於下：

及魯恭王壞孔子宅，欲以爲宫，而得古文於壞壁之中，逸禮有三十九，書十六篇——天漢之後，孔安國獻之，遭巫蠱倉卒之難，未及施行——及春秋左氏——丘明所修——，皆古文舊書，多者二十餘通，臧於祕府，伏而未發。……或懷妬嫉，不考情實，雷同相從，隨聲是非，抑此三學：以尚書爲備，謂左氏不傳春秋，豈不哀哉！

張心澂僞書通考把這段文字讀懂了。他説：

所云「得古文於壞壁之中」，即逸禮、書及春秋左氏。下文云「皆古文舊説，多者二十餘通，臧於祕府，伏而未發」，皆指此三書。故下文云「得此三事」也。因「書十六篇」之下加「天漢之後，孔安國獻之，遭巫蠱倉卒之難，未及施行」數語，以説逸禮及書（或專指書——原注）之經過，與下文「丘明所修」一語爲「春秋左氏」之説明同。但「天漢……」數語較長，讀者不察，以爲文氣已斷，下文乃另一事，與孔壁無關。然下文「及春秋左氏」之「及」字，即表示上之逸禮、書及此春秋共三書。此猶可謂與上文「及魯恭王」之「及」字用法同，爲另一段之證。但下文「皆古文」之「皆」，明指三書。若專言春秋左氏，何來一「皆」字乎？……惟其辭頗閃爍，讀者易誤會。故班固漢書藝文志不言春秋左氏傳出孔壁，而王充論衡言之，許慎説文叙則言春秋出孔壁，皆對歆移書讀法不同之故也。

這段話説得很明白。王充論衡案書篇説：

> 春秋左氏傳者，蓋出孔子壁中。孝武皇帝時，魯共王壞孔子教授堂以爲宮，得佚春秋二十篇，左氏傳也。

這裏要説明一點，古人對古書用「佚」和「亡」有分别。「佚」就是劉歆讓博士書「逸禮」的「逸」，正和論語微子篇的「逸民」，而許慎説文作「佚民」一樣。逸禮和佚春秋意即未立於學官的禮和春秋，西漢時只是公羊、穀梁得立學官，左傳未得立，所以王充稱左氏傳爲佚春秋。亡是亡失，書已無存。這是漢人用「佚」或「逸」和「亡」的區别。後人則把「佚」和

「亡」混同起來，不能用以解釋兩漢之書。孔子壁中所發現的左傳，司馬遷曾採以作史記，吴世家説：「余讀春秋古文，乃知中國之虞與荆蠻、句吴兄弟也。」司馬遷所説「春秋古文」，就是這壁中書。王國維觀堂集林卷七也曾論及此事。到劉向、劉歆整理古書時，在中祕書（意即皇家圖書館）發現這書，更加重視。劉向作説苑、新序和列女傳，採用很多左傳故事和文字，足爲堅强的證據。劉歆尤其愛好左傳，在移讓太常博士書中可以看出。劉向父子一家人喜愛左傳，見於馬總意林所引桓譚新論：

劉子政、子駿，子駿兄弟子伯玉，俱是通人，尤重左氏，教授子孫，下至婦女，無不讀誦。

王充論衡案書篇也説：

劉子政玩弄左氏，童僕妻子皆呻吟之。

子政是向之字，子駿是歆之字，足見父子和其全家都熟讀左傳。自然，孔壁中的左傳是用作者當時文字，所謂「古文」寫的。劉氏全家要誦讀它，不能不改寫爲漢代通行的隸書。這是左傳孔壁本的下落。

左傳還有民間傳讀本，上文已經説過。就是在戰國末年，不但韓非子採用了不少左傳文字，就是陷害韓非的李斯，也用左傳。他在上韓王書中説：「且臣聞之，『脣亡則齒寒』。」（附見韓非子存韓篇）這明明是用左傳僖公五年文。至於西漢，引用左傳者不勝數，劉師培左盦集有左氏學行於西漢考，可惜引用並不完備。吴承仕經典釋文序録疏證説：「蓋當高帝之時，故漢廷謨誥，皆引其（左傳）文。」可見左傳自成書後一直有誦讀引用者。至於其傳授、訓詁，陸德明經典釋文序録曾經採擇兩漢有關記載加以叙述，吴承仕爲之疏證。下文所引括弧内的都是吴承仕疏證文字：

左丘明作傳以授曾申，申傳衛人吴起（魏文侯相），起傳其子期，期傳楚人鐸椒（楚太傅），椒傳趙人虞卿（趙相），卿傳同郡荀卿名況，況傳武威張蒼（漢丞相、北平侯），蒼傳洛陽賈誼（長沙王太傅），誼傳至其孫嘉，嘉傳趙人貫公（漢書云，賈誼授貫公，爲河間獻王博士），貫公傳其少子長卿（蕩陰令），長卿傳京兆尹張敞（字子高，河東平陽人，徙杜陵）及侍御史張禹。禹數爲御史大夫蕭望之言左氏，望之善之，薦禹，徵待詔。未及問，會病死。禹傳尹更始，更始傳其子咸及翟方進、胡常。常授黎陽賈護（字季君，哀帝時待詔，爲郎），護授蒼梧陳欽（字子佚，以左氏授王莽，至將軍）。漢書儒林傳云：「漢興，北平侯張蒼及梁太傅賈誼、京兆尹張敞、太中大夫劉公子皆修春秋左氏傳。」始劉歆（字子駿，向之子，王莽國師）從尹咸及翟方進受左氏（哀帝時，歆與房鳳、王龔欲立左氏，爲師丹所奏，不果。平帝時始得立），由是言左氏者，本之賈護、劉歆。（下略）

左傳作者不是左丘明，但它的作者傳給曾申，再傳給吴起，未嘗没有可能。曾申是曾參的次子（見禮記檀弓上），曾參和他父親曾點（也叫曾皙）先後作孔丘學生，史記仲尼弟子列傳説曾參「少孔子四十六歲」，那麽，孔丘死時，曾參年二十七。假若曾申爲曾參晚年所生兒子，孟子公孫丑下説魯繆公尊禮賢人，其中有子思，子思爲孔丘孫，曾申爲曾點孫。魯繆公立於公元前四〇七年，死於公元前三七六年，當時左傳已經寫成，曾申得到作者傳授，是完全可能的。韓非子和氏篇説：「悼王行之朞年而薨矣，吴起枝解於楚。」楚悼王死於公元前三八一年，吴起即死於此年，接受左傳的傳授也是可能的。而且説苑建本篇曾載「魏武侯問元年於吴子」，吴子自是吴起，不久便由魏至楚。魏武侯即位於公元前三九五年，死於公元前三七〇年，那麽，吴起接受左傳的傳授，很可能在去楚以前。關於西漢時左傳的傳授，漢書有更多的證據。劉歆一方面得到孔壁本左傳，又從尹咸和翟方進學習民間私傳本左傳，甚至兩本並没有什麽歧異，於是兩種本子合爲一了。

（九）從左傳看春秋時代

西周，范文瀾中國通史簡編説是封建社會。郭沫若在青銅時代、奴隸制時代諸書中，則認爲：「依據史記，把絶對的年代定在周元王元年，即公元前四七五年。在這之前的春秋作爲奴隸社會的末期，在這之後的戰國作爲封建制的初期。」（奴隸制時代，一九七三年版第四十頁）李亞農則説：「中國古代的奴隸制，從周宣王的時代起，開始轉入封建制。」（西周與東周，一九五六年上海版一一五頁）

我認爲，從春秋左傳等書考察，奴隸制和封建制的交替，在各國間是不平衡的；即在同一國家中，也未必能一刀截。奴隸制向封建制的過渡，必然是由量變到質變的過渡。到農業生產者——當時主要的生產者——不再是奴隸或者農奴，而是佃農、傭農或者自耕農，上層建築也有相適應的變革，這個過渡才算完成。

以魯國而論，宣公十五年，即公元前五九四年，宣佈「初税畝」。按田畝抽税，便是承認土地私有的合法。以前是，如詩小雅北山所詠「溥天之下，莫非王土；率土之濱，莫非王臣」。那麽，天下土田的所有權，一概屬於天子或周王一人；甚至任何人，只要他在中國土地上生存，也都是他的臣屬，非聽他的擺佈不可。然而由左傳看，有不少矛盾現象，一種是諸侯居然抗拒周王的軍隊，公元前七〇七年，魯桓公五年，鄭莊公的臣子祝聃竟射中周桓王的肩膀。這是一方面。另一方面，周王還擁有虚名，諸侯利用它能起作用。隱公四年傳，衛國州吁殺掉衛桓公而自立，想要得到國内人的公認，石碏替他出主意，叫他朝覲周王。意思便是，得到周王的接受朝覲，便取得合法地位。僖公四年傳述齊桓公伐楚，表面理由，其一，不向周王納貢；其二，周昭王征伐楚國而溺死於漢水。僖公二十五年傳：「狐偃言於晉侯曰：『求諸侯，莫如勤王。諸侯信之，且大義也。』」對抗周王和擁護周王，同時都有，這種矛盾現象，正表示奴隸制社會正在向封建制過渡中。

在奴隸制社會，天子分封諸侯以土地和奴隸，並且附有寶物，甚至命以治理大綱。這在定公四年傳説得很清楚。在西周彝器銘文中，凡賜予田的，連同種田的奴隸一同賜予。如克鼎「錫女井家𤔲田于𤲞，以(與也)厥臣妾」。彝銘中單身奴隸稱若干人，或若干夫；有妻室兒女的奴隸稱若干家。如曶鼎「曶則拜稽首，受茲五夫」、「昔饉歲匡衆厥臣廿夫」、「用即曶田七田人五夫」，都以一人爲一夫。矢令簋：「姜賞令貝十朋，臣十家，鬲百人。」若把某幾塊地方聚居的奴隸賜人，則稱若干品，並説明地名。如周公毁「錫臣三品，州人、柬人、郭人」。而東周彝器却不見此等文字。左傳宣公十五年「晉侯賞狄臣千室」，變「家」言「室」，這是以落後民族的俘虜爲奴隸。至於定公十三年傳「歸我衛貢五百家」，這五百家是不是奴隸，尤其是農業奴隸，很難確定，只能存而不論。

在記述春秋时代的文獻中大量出現的是自耕農，甚至小地主，或者傭農，奴隸也有，但不是從事農業生產的奴隸，而是各種工匠甚至樂師。大夫以上家庭中有服務奴隸，甚至從事戰鬬的奴隸。因爲他們不是當時生產的主要力量，所以不能因此斷定春秋是奴隸社會。僖公二十三年傳述晉文公「出於五鹿，乞食於野人，野人與之塊」，這野人應是有自由身份的農民。論語微子篇，孔丘使子路問津於長沮、桀溺，這兩人有文化，有自己的人生觀，至少是自耕農。子路所碰到的「丈人」，能留子路住下，並且「殺雞爲黍」招待子路晚餐，可能還是小地主。襄公二十七年傳述齊國申鮮虞奔魯，「僕賃於野，以喪莊公」，那所傭的人或是傭農。襄公九年傳楚國子囊説晉國「其庶人力於農穡」，似乎此時在晉國的農業生産者都是自由民。襄公二十三年傳趙宣子的斐豹，才是家族中的奴隸。哀公二年傳的「人臣隸圉免」，被免者自是作戰的奴隸兵卒。成公二年傳所述魯賂楚的「執斲、執鍼、織紝皆百人」，這是從事手工業的奴隸。襄公十五年傳所述鄭賂宋的「師茷、師慧」，是奴隸而爲樂人者。

魯國雖然於宣公十五年就承認了田土私有制，但仍然不能完全廢棄奴隸制。昭公五年（公元前五三七年）三分公室、四分公室，還未必能完成封建所有制。可能要到哀公十二年（公元前四八三年）「用田賦」，才完全解放農業奴隸，這已近春秋末期了。

一個國家刑法公佈與否，和奴隸制、封建制很有關係，而這種鬬爭也相當激烈。若農業生産者奴隸多於自由民，奴隸根本没有人身自由可言，他們的主人可以任意處置他們，自然談不上有什麽成文刑法應該公佈。尚書有吕刑，可能是中國最早的成文刑法（昭公七年傳引有周文王之法，不知可信程度如何），却不是爲奴隸作的。若農業奴隸少了，自由民多了，那麽，那些從事農業經濟的自由民，不但要求有人身安全，還要求有其他保護規定，不管他們是小地主、自耕農甚至傭農。於是統治者不得不適應社會潮流，公佈刑法。鄭國子産於魯昭公六年（前五三六年）鑄刑書，晉國的所謂賢能之人叔向便給子産一信，表示失望。子産簡單地回信説：「吾以救世也。」這正和王安石答復司馬光的信相類似。到昭公二十九年（前五一三年），晉國趙鞅、荀寅等又鑄刑鼎。這就是表示晉國的農業生産已由奴隸制過渡到封建制了。孔丘是個保守派，發了一通反對的議論，怎麽能阻攔住社會潮流的趨勢？

在奴隸社會，最大奴隸主稱爲「天子」，意即上帝之子。而天象和人事有密切相關。這種天人關係兩種觀點的鬬争，從春秋時代便開始，因爲春秋時代是兩種社會制度的過渡。子産是當時進步派的代表，不但是位政治家、外交家，也是一位思想家。昭公十七年和十八年傳，鄭國裨竈請求子産禳火災，子産不肯，鄭國果然大火。裨竈又請求禳火災，説「不用吾言，鄭又將火」。鄭國人都請求聽用裨竈之謀，連鄭國人望所歸的子大叔也勸説子産。子産堅持不肯。子産説：「天道遠，人道邇，非所及也，何以知之？竈焉知天道？是亦多言矣，豈或不信？」子産不禳火災，鄭國也没有再發生火災。子産堅持真理，以一人之力排斥幾乎遍及朝廷的議論。從當時的科學水平看，的確是「天道遠」；就從今天的科學而論，天體距離我們不可想像地遠，而我們固然能够知道天文學、氣象學，但還是子産那個結論：天道和人事，非所及也。這種科學論點，也足以説明自殷商奴隸社會流傳下來的天人觀念還很盛行，就是到了漢代，早已是封建社會了，董仲舒的春秋繁露、漢書五行志引劉向説，還紛紛議論天人關係。春秋繁露玉杯篇説：「春秋之法，以人隨君，以君隨天。」這足以表示奴隸社會的上層意識並没有隨奴隸制的消滅而消滅，奴隸主的尸體還在發臭。然而在封建社會初期，不但有子産，其後更有荀卿。如果不是奴隸制完全爲封建制所代替，荀子天論這種唯物主義的文章是不可能産生的。一部戰國策，任何人都不講天人關係，也不迷信鬼神，只談形勢和政治、戰略，更多地談外交政策，足見戰國游説者的思想和當時形勢相適應。

左傳雖然講「怪、力、亂、神」，一方面是真實地反映當時社會和一些人的思想情況，另一方面，可能也是作者喜歡這一套。爲什麽全書所載卜筮，除偶然幾次外，都是很靈驗的？不能不使人懷疑，左傳作者於其中有些添枝畫葉。但左傳對於各種有關上層建築的鬭争，還是如實地反映出來。譬如僖公十六年傳，宋國有隕石，又六鷁退飛過宋都。宋襄公問周内史叔興「是何祥也」。内史叔興預言靈驗，但他自己認爲他的預言是由人事觀察得來，和隕石及六鷁不相干，因之「退而告人曰：『君失問。是陰陽之事，非吉凶所生也。吉凶由人，吾不敢逆君故也』」。

在奴隸社會，祭祀是國家的一件大事，這從殷商和最近發掘的西周初年的龜甲卜辭可以看出。左傳成公十三年傳引劉康公的話說：「國之大事，在祀與戎。」襄公二十六年傳載衛獻公謀回國復位，和甯喜談判，條件是「政由甯氏，祭則寡人」。衛獻公寧肯放棄政權，却不放鬆主祭權。這也是奴隸制社會遺留下來的一種現象。在全部左傳中，講「禮」的次數比講「仁」的次數多得多。甚至因爲某一人在行禮儀中有所過失，便斷定他不會得好結果。到春秋末期，奴隸制已近尾聲，孔丘這位哲學家、教育家，雖然在政治上是保守派，但他的某些思想，還是比當時一般人較爲進步，反映了封建制初期一些觀念。他重「仁」，昭公十二年傳引孔丘的話說：「古也有志，克己復禮，仁也。」而在論語顏淵篇中，「克己復禮爲仁」，便是孔丘自己的中心觀點。八佾篇，孔丘甚至說：「人而不仁，如禮何？」認爲仁是實質，是核心；禮僅僅是條文，是形式。這種觀念，也只能在封建制初期才能出現。

總而言之，左傳一書，是今天研究春秋時代一部最重要而必讀的書。它搜集了不少原始史料，雖然不免攙雜着一些迷信和作者個人的增飾，但是，研究任何一部史書，都應該「去粗取精、去僞存真」（毛澤東選集，一九六六年直排本二八〇頁）。我只是在校勘中對底本略有訂正；在注解中，搜集並且考慮了前人成果，有所取捨，有所增補，或者提不同意見和自己的心得，以供讀者參考而已。

關於左傳的整理工作，周恩來同志曾經予以關心。周恩來同志的關心給我以莫大力量，使我日夜以赴。現在雲霧已散，日月重輝，我謹把這部稿子作爲黨的六十誕辰獻禮，並藉以表示對周恩來同志的懷念和敬意。

同時，沈雁冰先生爲本書題簽，社會科學院語言研究所何樂士同志曾通看全書，並給我奔走借書；中華書局張忱石同志在工作上也替我借書還書，魏連科同志給我補充了幾條金文材料，還有史樹青、周紹良同志或借或贈我罕見書，都應在這裏表示謝意。

凡例

（一）經、傳都以阮元刻本爲底本，一則以其流通廣，影響大；二則以其有校勘記，可以利用。阮氏校勘記成於衆手，間有疏誤。如僖三年傳：「春不雨，夏六月雨。自十月不雨至于五月。」校勘記云：「石經『六』作『四』，是也。」此條錯誤有二。第一，石經仍作「夏六月雨」，「六」字並不作「四」。第二，傳明言「自十月不雨至于五月」，自應是「夏六月雨」，不得云「『六』作『四』是也」。復取校勘記所未見者補校，其中有敦煌各種殘卷，除據前人各家題記外，復取北京圖書館所藏照片覆校。有楊守敬所藏所謂六朝人手書殘本，據有正書局石印本。以其「中」字缺筆作「由」，蓋避隋文帝父楊忠諱，當是隋初寫本。楊守敬跋六朝人手書本記日本石山寺藏本三條，亦採入。而最可貴者，爲日本卷子本，以其曾有「金澤文庫」圖章，今稱金澤文庫本。此卷子本早已歸日本天皇宫内省圖書寮，其形制、來歷，可參島田翰古文舊書考卷一春秋經傳集解一文。島田翰之業師竹添光鴻作左傳會箋，即據此卷子本。此本首尾完具。吴闓生左傳微所謂「倭庫本」，疑即此本。然據其引文與會箋細校，頗有異同，不知其故。皆能於阮本有所校正。凡改正底本者，多於注中作校記。其文字有重要不同，雖不改動底本，亦注出，以供參考。至一般異文，則省而不出注，以避煩瑣。

（二）三傳經文，略有歧異。凡公羊、穀梁異於左氏者，必具列之。可以論其所以然或是非者，必略論之。惟某字，公羊或穀梁例作某者，則僅於初見時注明。如「螽」，公羊例作「蠓」之類。

（三）彙纂於每年之首列干支並列周室及重要諸侯紀年，甚便讀者。今用其法，並補公元前若干年，且增其可考者，如許、越之紀年。彙纂間有疏誤，則用可靠史料加以訂正，並列證據。

（四）各本所分章節，頗多歧異。今據經、傳義例並依文義史事，重爲釐定。

（五）注釋儘量採取前人及今人研究成果及近代發掘資料。前人解說，論證可信而文字不繁者，則引用原文。不然，則加改寫。若於原文有所删削，便注明「詳」某人某書；若於原文略有增改，則注明「見」某人某書；若因前人之說啓我之心，論證多自己出，則注明「本」某人某書；若於原說並不全用，則注明「參」某人某書。書名長者，初見時舉其全名，以後或用簡稱。簡稱亦載於引用書目。至融合前人之說，其論證爲前人所常見，或爲著者之心得，概不注明。注明者，示非剽竊。不注明者，示學術爲公器。

（六）春秋經、傳，禮制最難。以校周禮、儀禮、禮記，有合有不合。禮記王制疏引杜預釋例云：「禮記後儒所作，不必與春秋同。」考校春秋禮制，三禮僅作參考，取其可合者。而於左傳、國語及其他可信史料，自行歸納，反而符合史實。如春秋實有「殯廟」之禮（詳僖公八年傳注），則知禮記檀弓「周人朝而遂葬」之非；春秋之禘無定月，則知明堂位「季夏六月以禘」及雜記下「七月而禘，獻子爲之也」之非（詳僖公八年經注）。故此注釋，以求真爲本，於三禮之説有取有捨。

（七）古今學人作春秋長曆者多，惟王韜所推近是，而亦有疏失，如僖公二十八年七月丙申，誤排爲六月晦，實則七月朔。今多採其説而訂正其譌。

（八）春秋日食，説者亦多。馮澂集證，匯集諸説，而不明西法。朱文鑫著天文考古録、春秋日食考，全用今法考正。今兩取之，而以朱説爲主。

（九）注中引書，有節略而無改動者，仍用引號，不用删節號，以便觀覽。

（十）爲幫助讀者閱讀，另有左傳譯文，由沈玉成同志爲之。譯文自有體例。

（十一）另編春秋左傳詞典。詞典體例亦見於詞典前。

引用書目

(一)所披閲書數倍於此，僅列其曾徵引者。

(二)分類列目。徵引較頻者，有時不舉全名，因附簡稱。

(三)各類中以著者生卒先後爲序。不能知其生卒者，據其他資料約略推之，未必盡確。今人所著無定序。

一、關於春秋的專著

唐陸淳春秋集傳纂例

宋孫復(九九二——一〇五七)春秋尊王發微

劉敞(一〇一九——一〇六八)春秋權衡　春秋意林

孫覺(一〇二八——一〇九〇)春秋經解

蘇轍(一〇三九——一一一二)春秋集解

王晳（宋仁宗至和中〔一〇五四——一〇五六〕爲太常博士）皇綱論

胡安國（一〇七四——一一三八）春秋傳

葉夢得（一〇七七——一一四八）春秋傳

吕祖謙（一一三七——一一八一）春秋集解

陳傅良（一一三七——一二〇三）春秋後傳

黄仲炎（序作於一二三〇年）春秋通説

張洽（一二三四年進書）春秋集注

洪咨夔（？——一二三六）春秋説

趙鵬飛（宋末元初時作）春秋經筌　簡稱經筌

吕大圭（宋末被害）春秋或問

家鉉翁（？——一二九四）宋末北遷時作春秋集傳詳説

元

俞皋（元初人）春秋集傳釋義大成　簡稱釋義大成

陳則通春秋提綱

齊履謙（一二六三——一三二九）春秋諸國統紀

程端學（一二八〇——一三三六）春秋本義

陳深(一二九三——一三六二)讀春秋編
李廉(元末被害)春秋諸傳會通　簡稱會通
趙汸(一三一九——一三七四)春秋屬辭
明汪克寬(一三〇四——一三七二)春秋胡傳附録纂疏　簡稱纂疏
王樵(一五二一——一五九九)春秋輯傳
郝敬(一五五八——一六三九)春秋直解
清毛奇齡(一六二三——一七一六)春秋毛氏傳　春秋簡書刊誤　簡稱簡書刊誤
萬斯大(一六三三——一六八三)學春秋隨筆　簡稱隨筆
方苞(一六六八——一七九四)春秋直解
欽定春秋傳説彙纂(一六九九年敕撰)　簡稱彙纂
陶正靖(一六六九——一七三二)春秋説
張自超(?——一七一七)春秋宗朱辨義
惠士奇(一六七一——一七四一)春秋説
龔元玠(乾隆時進士)春秋客難(在十三經客難中)
李富孫(一七六四——一八四三)春秋三傳異文釋

趙坦（一七六五——一八二八）春秋異文箋　簡稱異文箋

黄式三（一七八九——一八六二）春秋釋

張應昌（一七九〇——一八七四）春秋屬辭辨例編

姚彦渠春秋會要

二、春秋左傳類

晉杜預（二二二——二八四）春秋左氏經傳集解　簡稱杜注　唐孔穎達（五七四——六四八）正義　簡稱孔疏

五代蜀馮繼先春秋名號歸一圖

宋葉夢得（一〇七七——一一四八）左傳讞

程公説（一一七一——一二〇七）春秋分紀，亦作分記

林堯叟左傳句解

明邵寶（一四六〇——一五二七）左觿

郝敬（一五五八——一六三九）讀左傳日鈔

清顧炎武（一六一三——一六八二）左傳杜解補正　簡稱補正

高士奇（一六四五——一七〇四）左傳紀事本末

顧棟高（一六七九——一七五九）春秋大事表　簡稱大事表

沈彤（一六八八——一七五二）春秋左傳小疏

惠棟（一六九七——一七五八）春秋左傳補注　簡稱惠補注

齊召南（一七〇三——一七六八）春秋左氏傳注疏考證　簡稱考證

倪倬讀左瑣言

陳樹華（一七三〇——一八〇一）春秋内傳考證　簡稱考證

姚鼐（一七三一——一八一五）左傳補注

邵瑛（一七三七——？）劉炫規杜持平

朱亦棟（乾隆中舉人）讀左札記（在十三經札記中）

武億（一七四五——一七九九）左傳讀考異（在經讀考異中）　左傳義證（在羣經義證中）　簡稱考異或義證

洪亮吉（一七四六——一八〇九）春秋左傳詁　簡稱洪詁

梁履繩（一七四八——一七九三）左通補釋　簡稱補釋

孫星衍（一七五三——一八一八）杜預春秋釋例（輯校）

石韞玉（一七五六——一八三七）讀左卮言
嚴可均（一七六二——一八四三）唐石經校文　簡稱校文
焦循（一七六三——一八二〇）左傳補疏　簡稱補疏
阮芝生（乾隆時人）左傳杜注拾遺　簡稱杜注拾遺
王引之（一七六六——一八三四）左傳述聞（在經義述聞中）　簡稱述聞
英和（一七七一——一八四〇）等欽定春秋左傳讀本　簡稱讀本
馬宗璉春秋左傳補注
沈欽韓（一七七五——一八三一）春秋左傳補注　簡稱補注
劉逢禄（一七七六——一八二九）左氏春秋考證
張聰咸（一七八三——一八一四）左傳杜注辨證　簡稱辨證
臧壽恭（一七八八——一八四六）春秋左氏古義
李貽德春秋左傳賈服注輯述　簡稱輯述
丁晏（一七九四——一八七五）左傳杜解集正
錢綺（一七九八——一八五八）左傳札記　簡稱札記
劉文淇（一七八九——一八五四）春秋左氏傳舊注疏證　簡稱舊注疏證

楊峴春秋左氏古義

俞樾（一八二一——一九〇六）春秋左傳平議　簡稱平議　左傳古本分年考

陶鴻慶（一八六〇——一九一八）左傳別疏

羅振玉（一八六六——?）春秋經傳集解殘卷（在鳴沙石室古籍叢殘羣經叢殘中）

章炳麟（一八六九——一九三六）春秋左傳讀　簡稱章讀

劉師培（一八八四——一九一九）讀左劄記　春秋左氏傳答問（在劉申叔先生遺書中）

楊樹達（一八八五——一九五六）讀左傳（在積微居讀書記中）　簡稱楊讀

孫人和（一八九六——一九六六）左宧漫録（文史第二輯）

童書業（一九〇八——一九六八）春秋左傳研究

王重民（一九〇三——一九七五）敦煌古籍叙録春秋經傳集解

徐孝宓春秋左氏傳鄭義輯述（文史第八輯）

并力（李解民）春秋左傳注商榷（文史第十六輯）

日本中井積德左傳雕題略

安井衡左傳輯釋

竹添光鴻左傳會箋　簡稱會箋

瑞典高本漢（一八七九——一九七八）左傳注釋

三、其他經書類

毛詩注疏（毛亨傳、鄭玄箋、孔穎達疏。）

陳啓源（康熙時人）毛詩稽古篇

李黼平（一七七〇——一八三二）毛詩紬義

胡承珙（一七七六——一八三二）毛詩後箋

馬瑞辰（一七八二——一八五三）毛詩傳箋通釋

陳奂（一七八六——一八六三）詩毛氏傳疏

魏源（一七九四——一八五七）詩古微

于省吾（一八九六——一九八四）澤螺居讀詩札記

尚書注疏（僞孔安國傳、孔穎達疏。）

金履祥（一二三二——一三〇三）尚書注

胡渭（一六三三——一七一四）禹貢錐指

王鳴盛（一七二二——一七九七）尚書後案

孫星衍（一七五三——一八一八）尚書今古文注疏

曾運乾（一八八四——一九四五）尚書正讀

顧頡剛（一八九三——一九八〇）劉起釪尚書甘誓校釋譯論（中國史研究第一期）

周易注疏（魏王弼、韓康伯注、孔穎達疏。）

尚秉和（一八七〇——一九五〇）周易尚氏學

高亨（一九〇一——一九八六）左傳國語周易説通解　周易古經今注

周禮注疏（鄭玄注、唐賈公彦疏。）

清孫詒讓（一八四八——一九〇八）周禮正義

儀禮注疏（鄭玄注、賈公彦疏。）

胡培翬（一七八二——一八四九）儀禮正義

胡匡衷儀禮釋官

黄以周（一八二八——一八九九）禮書通故

禮記注疏（鄭玄注、孔穎達疏。）

孫希旦（一七三六——？）禮記集解

公羊注疏（何休注、唐徐彦疏。）

孔廣森（一七五二——一七八六）春秋公羊通義
陳立（一八〇八——一八六九）公羊義疏
包慎言春秋公羊傳曆譜
穀梁注疏（晉范甯注、唐楊士勛疏。）
鍾文烝（一八一八——一八七七）穀梁補注
柯劭忞春秋穀梁傳注
論語注疏（魏何晏集解、宋邢昺疏。）
劉寶楠（一七九一——一八五五）論語正義
楊伯峻論語譯注
孟子注疏（趙岐注、宋孫奭疏。）
焦循（一七六三——一八二〇）孟子正義
楊伯峻孟子譯注
爾雅
宋羅願爾雅翼
朱彝尊（一六二九——一七〇九）經義考

大戴禮記北周盧辯注　清孔廣森（一七五二——一七八六）補注

余蕭客（一七二九——一七七七）古經解鈎沈

王度記（漢魏叢書本）

李惇（一七三四——一七八四）羣經識小録

四、史書類附有關史事考證書

司馬遷（公元前一四五——前八六）史記

錢大昕（一七二八——一八〇四）史記考異（在二十二史考異中）

梁玉繩（乾隆時增貢生）史記志疑　簡稱志疑

沈家本史記瑣言

班固（三二——九二）漢書

梁玉繩古今人表考

王先謙（一八四二——一九一七）漢書補注　後漢書集解

晉書

宋書

北齊魏收（五〇六——五七二）魏書
梁書
周書
隋書
唐李延壽南史、北史
逸周書集訓校釋　清朱右曾校釋並輯佚
國語集解　徐元誥集解
竹書紀年
雷學淇（嘉慶時進士）竹書紀年義證　簡稱紀年義證
朱右曾（道光進士）汲冢紀年存真
朱希祖（？——一九四四）汲冢書考
范祥雍古本竹書紀年輯校訂補
戰國策　鮑彪注本　吴師道（一二八三——一三四四）注本
金正煒戰國策補釋
山海經新校正　清畢沅（一七三〇——一七九七）校正

世本　雷學淇輯
晏子春秋　吴則虞集釋本
宋蘇轍（一〇三九——一一一二）古史
宋羅泌路史
後漢袁康越絶書
後漢趙曄吴越春秋
列女傳王照圓（一七六三——？）注本
新序
説苑
唐杜佑（七三五——八一二）通典
宋葉隆禮契丹國志
馬驌（一六二〇——一六七三）繹史
徐宗元帝王世紀輯存

五、子書類

老子

荀子　王先謙集解本
管子
莊子　郭慶藩集釋本
尸子
吕氏春秋　許維遹（一九〇四——一九五一）集釋本
韓非子　陳奇猷校注本
靈樞經
淮南子
新語　陸賈
新書　賈誼
法言　汪榮寶疏證本
論衡　劉盼遂集解本
中論
劉子　北齊劉晝

六、考證筆記之屬

唐劉知幾（六六一——七二一）史通

韋絢（唐長慶至大中時人）劉賓客嘉話録

蘇鶚（光啓時進士）蘇氏演義

五代丘光庭兼明書

宋孫奕（皇祐時進士）示兒編

沈括（一〇二九——一〇九三）夢溪筆談

王闢之（一〇三一——？）澠水燕談録

蘇軾（一〇三六——一一〇一）志林

姚寬（？——一一六二）西溪叢話

袁文（一一一九——一一九〇）甕牖閒評

洪邁（一一二三——一二〇二）容齋隨筆

朱熹（一一三〇——一二〇〇）朱子語類

葉適（一一五〇——一二二三）習學記言

王楙（一一五一——一二一三）野客叢書
魏了翁（一一七八——一二三七）讀書雜録
黄震（一二一三——一二八〇）黄氏日鈔
王應麟（一二二三——一二九六）困學紀聞
俞成螢雪叢説
邢凱坦齋通編
明李時珍（一五一八——一五九三）本草綱目
焦竑（一五四一——一六二〇）筆乘
何良俊四友齋叢説
清吴偉業（一六〇九——一六七一）梅村文集
黄宗羲（一六一〇——一六九五）南雷文案
周亮工（一六一二——一六七二）書影
顧炎武（一六一三——一六八二）日知録　黄汝成（一七九九——一八三七）集釋
黄生（一六二二——？）義府
姜宸英（一六二八——一六九九）湛園未定稿　湛園雜記

汪師韓（一六三二——一七〇五）韓門綴學續編
王士禎（一六三四——一七一一）居易録
閻若璩（一六三六——一七〇四）潛邱劄記　四書釋地、續、又續　尚書古文疏證
董含（一六六一——？）三岡識略
臧琳（一六五〇——一七一三）經義雜記
何焯（一六六一——一七二二）義門讀書記
張文檒（？——一七五八）螺江日記
姚範（一七〇二——一七七一）援鶉堂筆記
秦蕙田（一七〇五——一七六四）五禮通考
全祖望（一七〇五——一七五五）經史問答
盧文弨（一七一七——一七九五）鍾山雜記
程瑶田（一七二五——一八一四）通藝録
趙翼（一七二七——一八一四）陔餘叢考
錢大昕（一七二八——一八〇四）十駕齋養新録　潛研堂集
桂馥（一七三三——一八〇二）札樸

段玉裁（一七三五——一八一五）經韻樓集

崔述（一七四〇——一八一六）豐鎬考信録

汪中（一七四四——一七九四）述學　經義知新記

王念孫（一七四四——一八三二）讀書雜志

龔景瀚（一七四七——一八〇二）澹静齋文鈔

孫星衍（一七五三——一八一八）問字堂集

程大中（乾隆時人）在山堂集

梁玉繩瞥記　庭立紀聞

石韞玉（一七五六——一八三七）獨學廬初稿

徐養原（一七五八——一八二五）頑石廬經説

王紹蘭（一七六〇——一八三五）經説

阮元（一七六四——一八四九）揅經室集

趙坦（一七六五——一八二八）寶甓齋札記

洪頤煊（一七六五——一八三三）讀書叢録　經義叢鈔

許宗彦（一七六八——一八一八）鑑止水齋集

周中孚（一七六八——一八三一）鄭堂札記
俞正燮（一七七五——一八四〇）癸巳類稿　癸巳存稿
胡培翬（一七八二——一八四九）研六室雜著
雷學淇介菴經説
崔應榴吾亦廬稿
徐卓經義未詳説
劉履恂秋槎雜記
王端履重論文齋筆録
左暄三餘偶筆
沈濤銅熨斗齋隨筆
鄭珍（一八〇六——一八六四）巢經巢文集
陳喬樅（一八〇九——一八六九）禮堂經説
陳澧（一八一〇——一八八二）東塾讀書記
劉書年（一八一一——一八六一）劉貴陽經説
朱緒曾（道光舉人）開有益齋讀書志、續志　經説

周壽昌（一八一四——一八八四）思益堂札記
劉毓崧（一八一八——一八六七）通義堂文集
俞樾（一八二一——一九〇六）茶香室經説　羣經賸義　俞樓雜纂　湖樓筆談　經義
續篇　古書疑義舉例　賓萌集
何秋濤（一八二四——一八六二）一鐙精舍甲部稿
黄以周（一八二八——一八九九）禮説
李慈銘（一八三〇——一八九四）越縵堂日記
王闓運（一八三二——一九一六）湘綺樓日記
戴望（一八三七——一八七三）謫麐堂文集
汪之昌（一八三七——一八九五）青學齋集
孫詒讓（一八四八——一九〇八）籀高述林
胡玉縉（一八五八——一九四〇）許廎學林
任泰質疑（另有杭世駿質疑，未有所採。）
蘇時學爻山筆話
徐灝通介堂經説

成孺經學駢枝
曾廉（清末，或卒於民初）蠡庵集
章炳麟（一八六九——一九三六）國故論衡
章鴻釗（一八七七——一九五〇）石雅
王國維（一八七七——一九二七）觀堂集林
吴闓生（一八七七——一九四八）文史甄微
于鬯香草校書
金其源讀書管見
劉師培（一八八四——一九一九）左盦集
楊樹達古書疑義舉例續補
柯昌濟韡華閣集古録跋尾乙編
蒙文通孔子和今文學
孫人和（一八九六——一九六六）陳濮水考（文史第四輯）
顧頡剛（一八九三——一九八〇）史林雜識　有仍國考（古史辨第七册下篇）

唐蘭(一九〇一——一九七九)五祀衞鼎(文物一九七六年第五期)
劉節古史考存
楊寬古史新探
齊思和周代錫命禮考(燕京學報第三十二册)
李亞農西周與東周
高亨周代地租制度考
周祖謨問學集
洪誠大司馬固諫述評(南京大學學報一九七〇年第四期)

七、天文曆法類

隋書律曆志
新唐書曆志
陳厚耀(一六四八——一七二二)春秋長曆
盛百二(一七二〇——?)左傳歲星超辰辨

王韜（一八二八——一八九七）春秋曆學三種
日人新城新藏著、沈璿譯東洋天文學史研究
馮澂春秋日食集證
朱文鑫（一八八三——一九三八）天文考古録　春秋日食考
陳遵嬀（一九〇一——　）中國古代天文學簡史
董作賓（一八九五——一九六三）殷曆譜
鄭文光天文學源流
何幼琦左氏日南至辨惑（中山大學學報一九八〇年第一期）　曆術推步簡述

八、地理類

漢書地理志　王先謙補注本
水經注　王先謙合校本　楊守敬（一八三九——一九一五）注疏
唐李吉甫（七五八——八一四）元和郡縣志
宋樂史（九三〇——一〇〇七）太平寰宇記

王應麟（一二二三——一二九六）詩地理考　通鑑地理通釋

元于欽（一二八四——一三三三）齊乘

明李賢（一四〇八——一四六六）明一統志

清顧炎武（一六一三——一六八二）山東考古録

王夫之（一六一九——一六九二）春秋稗疏（此書考訂地理者多，其餘考訂本書極少採取，故列地理類。）

顧祖禹（一六二四——一六八〇）讀史方輿紀要　簡稱方輿紀要

高士奇（一六四五——一七〇四）春秋地名考略　簡稱考略或地名考略

江永（一六八一——一七六二）春秋地理考實　簡稱考實

尹繼善（一六九五——一七七一）主修江南通志

雍正七年至乾隆元年所修山東通志

乾隆大清一統志　簡稱清一統志

畢沅（一七三〇——一七九七）晉書地理志新補正

嘉慶重修一統志　簡稱嘉慶一統志

沈欽韓（一七七五——一八三二）春秋地名補注

程恩澤（一七八五——一八三七）戰國策地名考

高岱春秋地名考補

包慎言河外考

朝邑縣志

鮑鼎春秋國名考　釋圭外篇

童書業（一九〇八——一九六七）古巴國考

陳夢家（一九一一——一九六六）淮夷考（禹貢五卷十期）

中國地名大辭典

九、甲骨鐘鼎古器物之屬

吕大臨考古圖

徐堅（一七一二——一七九八）西京職官印譜自序

阮元積古齋鐘鼎彝器欵識

吴榮光(一七七三——一八四三)筠清館金文

徐同柏(一七七五——一八五四)從古堂欵識學

吴式芬(一七九六——一八五六)攈古録金文

方濬益(?——一八九九)綴遺齋彝器欵識

吴大澂(一八三五——一九〇二)窓齋集古録,又賸稾,又校勘記　古玉圖考

端方(一八六一——一九一一)陶齋吉金録

孫詒讓古籀拾遺　古籀餘論

劉心源奇觚室吉金文述

劉體智善齋吉金録　小校經閣金石文字

羅振玉(一八六六——?)殷虚書契考釋　三代吉金文存

吴闓生(一八七七——一九四八)吉金文録

王國維(一八七七——一九二七)觀堂金文考釋

周懋琦、劉翰荆南萃古編

鄒安周金文存

王襄簠室殷契徵文

馬衡(一八八一——一九五五)中國金石學概要

楊樹達積微居金文説

郭沫若(一八九二——一九七八)卜辭通纂　殷契粹編　兩周金文辭大系省稱大系

金文叢考　金文續考　金文餘釋之餘

于省吾甲骨文字釋林

唐蘭(一九〇一——一九七九)古樂器小記(燕京學報十四册)　晉公𥂕墓考釋

陳直(一九〇一——一九八〇)金文拾遺

陳夢家(一九一一——一九六六)蔡器三記(考古一九六三年第三期)

温廷敬沈子𣪘訂釋(中山大學文史研究所月刊三卷三期)

周緯中國兵器史稿

商承祚十二家吉金圖録　長沙古物聞見記上楚革帶

容庚(一八九四——一九八三)商周彝器通考　頌齋吉金圖録、續録

黄河水庫報告之三

文物考古工作三十年
劉翔王孫遺者鐘新釋(江漢論壇一九八三年第八期)

十、小學字書及語法修辭之屬

説文解字
徐鍇(九二〇——九七四)説文繫傳
徐灝説文解字注箋
桂馥(一七三三——一八〇二)説文義證
段玉裁(一七三五——一八一五)説文解字注
王筠(一七八四——一八五四)説文句讀
朱駿聲(一七八八——一八五八)説文通訓定聲
葉德輝(?——一九二七)説文讀若考
王念孫(一七四四——一八三二)廣雅疏證
梁顧野王(五一九——五八一)玉篇

唐顏師古（五八一——六四五）匡謬正俗

宋陸佃（一〇四二——一一〇二）埤雅

宋陳彭年（九六一——一〇一七）重修廣韻

明方以智（一六一一——一六七一）通雅

清王引之（一七六六——一八三四）經傳釋詞　簡稱釋詞

俞樾古書疑義舉例

王先謙釋名疏證補

馬建忠（一八四五——一八九九）馬氏文通

楊樹達積微居小學述林

楊樹達積微居小學金石論叢　詞詮　中國修辭學

楊伯峻文言語法

十一、姓氏世族之屬

潛夫論志氏姓

杜預世族譜

元和姓纂

通志氏族略

唐書宰相世系表

陳厚耀補春秋世族譜

吴其昌（一九〇四——一九四四）金文世族譜

春秋左傳注

隱公

春秋以魯國舊史爲據，故以魯君紀事。自孟子萬章下言有公、侯、伯、子、男五等諸侯爵位，禮記王制、白虎通爵篇相繼言之，然考之兩周彝器銘文，知銘文國君之名稱不但與春秋歧異，即在彝銘本身，雖同一國名，彼此互殊者仍甚多。楊樹達先生積微居小學述林古爵名無定稱説言之鑿鑿有據。魯有四器稱魯侯，一器稱魯公。尚書費誓爲魯侯伯禽誓師之辭，開首即云「公曰」。考之春秋經，於諸侯之葬皆稱「公」，左傳於諸侯亦嘗稱「公」，則「公」爲當時對諸侯之通稱。魯國姬姓，文王子周公旦之後。周公輔佐周王朝，成王封其子於曲阜，定四年傳「因商奄之民命以伯禽而封於少皞之虚」是也。龔景瀚謂魯都一爲曲阜，一爲奄城，古奄國都也。二城相距僅三里。曲阜在東而稍北，今山東曲阜縣北三里之古城村。奄城在西而稍南，即今曲阜縣治。初都曲阜，煬公遷奄城；春秋時又遷曲阜，蓋在僖公時。詳澹静齋文鈔魯都考。一九七七年曾於魯都進行勘探發掘，測得魯都城平面大致呈不規則横長方形，城東西最長處三點七公里，南北最寬處二點七公里，面積約十平方公里。周圍有城壕，西北兩面城壕利用古洙水河道。今日曲阜縣縣城僅佔魯故城西南角之一小部份。故城城門十一座，東、西、北各三座門，南兩座門。魯宮殿在城中。在東北部城牆下與城內西北、西南部有魯城以前之居民區，或即商奄遺址。依史記魯世家，伯禽至隱公凡十三君。隱公名息姑，魯世家作「息」，然詩魯頌疏、文十六年左傳疏及釋文、穀梁首篇疏證並引魯世家俱作「息姑」，則唐時史記魯世家作「息姑」明甚，且史記十二諸侯年表亦作「息姑」，年表及魯世家索隱均引世本謂隱公名息姑，則今本魯世家無「姑」字，蓋唐以後史記或本脱「姑」字。隱公爲伯禽七世孫，惠公弗皇子，聲子所生，於周平王四十九年即位。

傳

惠公元妃孟子。惠公，史記魯世家謂名弗湟，索隱引世本作「弗皇」，又引年表作「弗生」，隱公及桓公之父。惠公在位四十六年卒。據文二年傳「凡君即位，娶元妃以奉粢盛」，宣三年傳「姞，吉人也，后稷之元妃也」，則元妃爲第一次所娶正夫人。金文亦作「元配」，如陳逆簠銘云「睘（擇）氒（厥）吉金，以乍（作）氒元配季姜之祥器」。周代，即在春秋，女子生三月，命以名，如襄二十六年傳載宋平公嬖妾名棄，昭二十七年傳載齊景公夫人名重，禮記檀弓下載孔丘之母名徵在。至許嫁而笄（參胡培翬儀禮士昏禮正義及禮記內則注疏），則不稱名，惟介紹婚姻時用名，由禮記曲禮上「男女非有行媒不相知名」知之。其稱謂如「孟子」，孟是排行，即老大，所謂「孟、仲、叔、季」或作「伯、仲、叔、季」是也；子則母家姓。宋國姓子，則孟子乃宋國女。此及下文「仲子」，皆是以排行冠姓上，亦有變「季」稱「少」者，如少姜。其它則有以本國國名冠姓上者，如齊姜、陳嬀；有以丈夫之國冠姓上者，如韓姞、秦姬；有以丈夫之謚冠姓者，如莊姜、宣姜；有以夫家之氏冠母家之姓者，如欒祁；有別爲謚冠姓者，如下文聲子及厲嬀、戴嬀之類。魯自文姜後，夫人多不從夫謚，別爲謚以尊夫人。尚有因再嫁而改稱者，如秦穆公以女嫁晉懷公，因謂懷嬴；後又改嫁晉文公，乃改稱辰嬴。周王之女稱「王姬」。**孟子卒，繼室以聲子，**左傳凡四用「繼室」，皆作動詞語，續娶之意。昭三年傳載晉平公娶齊之少姜，少姜有寵而死，齊請繼室於晉。少姜非晉平公嫡夫人，而所續娶者反是嫡夫人。魯世家謂聲子爲賤妾，或有所據。哀二十四年傳云：「若以妾爲夫人，則固無其禮也。」似魯未曾以妾爲妻者，則聲子不能視爲正室夫人矣。僖公九年穀梁傳及孟子告子下均載葵丘盟約，有云「毋以妾爲妻」，是必先有以妾爲妻者，然後載於盟約以禁止之。但左傳無此言，或未必可信。**生隱公。**隱公非太子，十一年傳「公之爲公子也」，不言「爲太子」，可證。

宋武公生仲子。宋，國名，子姓，成湯之後裔。及周武王滅紂，封其子武庚。武庚企圖恢復殷商王室，與管叔、蔡叔聯絡舉兵，而爲周公旦所敗，改封紂父帝乙之長子微子啓爲宋公。或稱殷，或稱商，皆仍其舊稱。都商丘，今河南商丘市。傳至穆公七年，即魯隱公元年。昭公得之元年，即魯哀公二十七年，左傳止于此年。自昭公傳六世，一百七十年，據史記宋世家及漢書地理志下，爲齊、魏、楚三國所滅。但吳師道注戰國策曾疑之，顧棟高春秋大事表列國爵姓及存滅表則直云「滅於齊」。依宋世家，微子至武公凡十二君。武公名司空，微仲九世孫。傳世彝器有宋公誙鐘。史記十二諸侯年表云：「宋武公十八年生魯桓公母。」**仲子生而有文在其手，曰爲魯夫人，**文即字，而先秦書未有言字者。周禮外史、儀禮聘禮皆言名，左傳、論語、中庸並言文。以字爲文，始於史記秦始皇瑯邪臺石刻曰「同書文字」。詳顧炎武日知録及段玉裁説文解字叙注。手，手掌。論衡雷虚篇、紀妖篇並改作「文在掌」可證。自然篇仍作「手」，則用左傳原文。疑左傳本作「曰魯夫人」，與於成季「有文在其手曰友」（閔公二年、昭公三十二年傳）、於唐叔「有文在其手曰虞」（昭元年傳）同例。

故仲子歸于我。杜注：「婦人謂嫁曰歸。」孔穎達疏云：「石經古文『虞』作『[illegible]』，『魯』作『[illegible]』，手文容或似之。」據孔説，不以其手掌真有文字爲可信，蓋手紋有似「魯夫人」三字或似「虞」字者，當時人或後世人因而附會之。宋仲子之嫁於魯，蓋附會其手紋有似「魯夫人」三字耳。據下傳文，歸于我即嫁於惠公爲嫡妻。而魯世家云：「公賤妾聲子生子息。息長，爲娶於宋。宋女至而好，惠公奪而自妻之。」索隱云：「不知太史公何據而爲此説，譙周亦深不信。」**生桓公而惠公薨，**杜注：「言歸魯而生男，惠公不以桓生之年薨。」孔疏申杜注，理由有三。一謂元年傳云「惠公之薨也，有宋師，大子少」，大子即桓公，言其少，則非初生之稱。又謂本年冬十月改葬惠公，隱公弗臨，則桓公爲喪主。若其年不足二歲，不堪爲喪主。且羽父殺隱公，與桓公同謀。若桓年僅十二，未堪定殺君之謀云云。孔疏此説，甚有理。再考之史記十二諸侯年表及宋世家，宋武公生仲子在其十八年，宋武公亦死于此年，此時尚未入春秋，周平王之二十三年，即公元前七四八年。魯隱公元年爲周平王四十九年，此時仲子虚歲已二十七，其出嫁固早于此時，生子亦當早于此時。**是以隱公立而奉之。**杜注：「隱公追成父志，爲桓尚少，是以立爲大子，帥國人奉之。爲經元年春不書即位傳。」然據下文傳「公攝位而欲求好於邾」、「公立而求成焉」等句，是隱公行國君之政，而實奉桓公爲君，非立之爲太子。桓公之被立爲太子，惠公未死時已如此，不待隱公再立之。桓公雖非初生嬰兒，其年亦甚幼小，不能爲君，故隱公攝政焉耳。孔疏極力中杜，駁鄭衆、賈逵二説。鄭、賈之説亦謂立桓爲太子，與杜則同一謬誤。訖隱公之世，不稱即位，惠公之葬弗臨，于桓公母仲子之死則用夫人之禮，于己母則僅稱「君氏卒」，是不用夫人禮，處處皆足以明之。攝位稱公亦猶周公攝位稱王，固周禮也。此與下傳「元年春王正月不書即位，攝也」爲一傳，後人分傳之年，必以「某年」另起，故將此段提前而與下文隔絕。杜注云「爲經元年春不書即位傳」，則所見本已妄爲分割矣。左傳中此種例子不少，俞樾左傳古本分年考與楊樹達先生讀左傳、楊向奎論左傳之性質及其與國語之關係，均曾先後指出，本注亦將隨時論證之。

元年，己未，公元前七二二年。周平王四十九年、齊僖公祿父九年、晉鄂侯郄二年、曲沃莊伯鮮十一年、衛桓公完十三年、蔡宣公考父二十八年、鄭莊公寤生二十二年、曹桓公終生三十五年、陳桓公鮑二十三年、杞武公二十九年、宋穆公和七年、秦文公四十四年、楚武王熊通十九年。

經

一·一　元年春王正月。漢書律曆志引商書伊訓有「太甲元年」，則元年之稱，起源甚早。舀鼎（吳闓生吉金文録稱曶鼎）銘云「隹（惟）王元年六月既望乙亥，王才（在）周穆王大〔室〕」，此西周亦以第一年爲元年之實證。劉師培春秋左氏傳時月日古例考元年例自注云：「隱公以攝位稱元年者，説詳隋書李德林傳德林復魏收論齊書起元書。」又漢書律曆志下引劉歆世經有『周公攝政五年』之文，則攝位得紀年，自係古文説，天子與諸侯一也。」春秋紀月，必於每季之初標出春、夏、秋、冬四時，如「夏四月」、「秋七月」、「冬十月」。雖此季度無事可載，亦書之。考之卜辭、西周及春秋彝器銘文與尚書，書四時者，彝銘無一例。然詩小雅四月「四月維夏，六月徂暑」，「秋日淒淒，百卉具腓」，「冬日烈烈，飄風發發」，豳風七月「春日載陽，有鳴倉庚」，則四時之記，西周早已有之，且以建寅爲正，與實際時令相合。春秋之四時，則不合於實際時令。相傳有「三正」，夏以建寅之月（今農曆正月）爲正，殷以建丑之月（今農曆十二月）爲正，周以建子之月（今農曆十一月）爲正，而仍以正月爲春，則殷、周之春皆今之冬。漢書五行志亦云：「劉向以爲周春，今冬也。」論語衛靈公載孔丘之言，主「行夏之時」。則以詩經考之，民間之四時，皆夏時也。以傳文考之，晉即行夏時者。相傳周王朝于每年末頒明年曆書於諸侯，諸侯奉而行之。考之兩周彝銘，西周彝器大抵爲王朝卿士所作，記月日多言隹（惟）王某月某日，如晉姜鼎銘云「隹王九月乙亥」，悉用王曆。但東周彝器多爲列國諸侯或巨族所製，則有用本國之曆者，如鄀公簠銘云「唯鄀正二月初吉乙丑」，標明「鄀正」，以別於「王正」；鄧國器有「鄧八月」、「鄧九月」。鄀、鄧皆小國，俱不奉周曆，或者以其國小而不頒曆歟？抑或自行其是歟？魯爲周最親近之國，奉周曆唯謹。自隱公訖哀公歷十二公，二百四十二年，皆用王正，甚至哀公十二年經僅云「春用田賦」，傳必申明之曰「春王正月用田賦」。然當時修曆者不密，觀測亦難準確，雖曰「建子」，有時實非建子。本年實建丑，以冬至之日在去年十二月十二日癸亥也。大致春秋初期，誤算者多，其後日益密確，誤算者遂漸罕見矣。商鞅量云：「十八年，齊遣卿大夫衆來聘。冬十二月乙酉，大良造鞅爰積十六尊五分尊壹爲升。」則秦孝公時紀事亦標四時。陳騂壺銘云「隹王五年奠□陳旻再立事歲孟冬戊辰」云云，孟冬，則十月也。越王鐘銘云「隹正月孟春吉日丁亥」云云，既言正月，又言孟春。則戰國時器，有不僅言四時，且分孟、仲、季，如吕氏春秋及禮記月令所云矣。董作賓殷曆譜下編卷一云：「殷代之稱正月，始自祖甲，則無可疑。本譜所舉祖甲二年之曆版，首稱『月一正』（後編下一·五），即在改制之初稱正月，並列舉一月之舊名。」窓齋集古録有叔皮段銘爲「隹一月」。魰鼎「正月」作「征月」，極罕見。

一·二　**三月，公及邾儀父盟于蔑。**公即魯隱公。凡經文單稱「公」者，皆魯君。　邾，國名，曹姓。參見王國維觀堂集林邾公鐘跋。初都今曲阜縣東稍南，蓋魯之附庸，後都今鄒縣東南，春秋後八世楚滅之。禮記檀弓、公羊皆作「邾婁」，國語鄭語、晏子春秋内篇上三、孟子並作「鄒」，蓋邾婁速讀而音變。傳世彝器有邾公牼鐘、邾公華鐘（「邾」並作「鼄」）及邾公鐘、邾公釛鐘等。　儀父，邾君之字，名克。另一曹姓邾，楚之與國，在湖北黄岡（見陳直金文拾遺）。　盟法，先鑿地爲坎（穴、洞），以牛、羊或馬爲牲，殺於其上，割牲左耳，以盤盛之，取其血，以敦（音對，容器）盛之。讀盟約（古謂之載書，亦省稱載或書）以告神，然後參加盟會者一一微飲血，古人謂之歃血。歃血畢，加盟約正本于牲上埋之，副本則與盟者各持歸藏之。文物一九七二年第四期有侯馬東周盟誓遺址一文，可參閲。　蔑，魯地，即定公十二年之姑蔑，在今山東省泗水縣東四十五里之地。姑蔑，此省稱「蔑」者，惠棟左傳補注謂：「隱公名息姑，當時史官爲之諱也。」春秋經傳集解後序引竹書紀年云「魯隱公及邾莊公盟於姑蔑」，正作「姑蔑」。竹書紀年乃魏國史書，不必爲魯諱，因不省「姑」字，亦足以證成惠説。　蔑，公羊、穀梁俱作「眛」，蓋同音假借。猶戰國時楚之唐蔑，亦作唐眛。

一·三　**夏五月，鄭伯克段于鄢。**鄭，國名，姬姓，周宣王母弟桓公友之後。卜辭常見奠（鄭）地。有「矦奠」「南奠」「北奠」「多奠」「奠臣」諸詞。又有一片云「巳（祀）奠河邑」，則地當在今鄭州市南、新鄭縣北。西周彝器又有奠虢仲鼎、奠虢仲段等，是則鄭地早已有之。桓公初封鄭，在今陝西華縣東北。據鄭語，寄帑于虢、鄶之間。武公因取而都之，即今新鄭縣。春秋後又六世九十一年爲韓所滅。近年出土之哀成叔鼎則鑄於鄭亡後。史記有世家。鄭伯，鄭莊公。段，鄭莊公同母弟，古本竹書紀年作公子圣。鄢，本是妘姓之國，爲鄭武公所滅，地在今河南省鄢陵縣北而稍西。

一·四　**秋七月，天王使宰咺來歸惠公、仲子之賵。**天王，周平王。周王，經文或稱「天子」，如成公八年「天子使召伯來賜公命」；或稱「王」，如文公五年「王使榮叔歸含且賵」；或稱「天王」。統計稱「天子使」者一，「王使」者三，「天王使」者十二，其實一也。宰咺，宰，官名。周禮有太宰，卿，一人；小宰，中大夫，二人；宰夫，下大夫，四人。此宰不知是何宰。孔穎達正義以爲宰夫，章炳麟春秋左氏疑義答問四以周禮天官宰夫之職論證之，其説可信。咺，音宣。歸，同饋，贈送之意。惠公，魯惠公，此時已死。仲子，惠公夫人，此時尚未死。穀梁傳謂惠公仲子爲一人，乃惠公之母、孝公之妾。陳立公羊義疏駁之云：「然惠公既爲君矣，自必尊其母爲夫人，如成風之例，何以仍稱仲子？」足見穀梁之説不可信。賵，音鳳，助喪之物，用車馬束帛，既夕禮「公賵玄纁束馬兩」是也。依説苑修文篇，賵，天子乘馬六匹，乘車；諸侯四匹，乘輿；大夫三匹，參輿；元士二匹，下士一匹，不用輿。天子束帛五匹，玄三纁二，各五十尺；諸侯玄二纁二，各卅尺；大夫玄一纁二，各卅尺；元士玄一纁一，各二丈；下士綵、縵各一匹，庶人布、帛各一匹。

一·五　**九月，及宋人盟于宿。**此謂魯及宋人盟于宿。「及」上省「魯」字。與盟者姓名未書。春秋初期，外大夫盟會侵伐，皆不書名。莊公二十二年經云「及齊高傒盟于防」，此盟會外卿書名之始；文公八年經云「公子遂會晉趙盾盟于衡雍」，此盟會内外大夫書名之始。舊説謂若是命卿，則書名于經，否則書人。則豈莊公、文公以前代表列國參予盟會侵伐者，皆無一是命卿邪？恐未必然。宿，國名，風姓，地在今山東省東平縣稍東南二十里。與莊公十年「宋人遷宿」之「宿」爲兩地。此宿其後爲齊邑，定十年傳「駟赤先如宿」可證。

一·六 **冬十有二月，祭伯來。**祭，音債。祭伯，王朝卿士，祭是其食邑，即今河南省鄭州市祭城公社。伯，蓋其行次，説本孔廣森春秋公羊通義。杜注以爲伯是爵位，蓋由僖二十四年傳「凡、蔣、邢、茅、胙、祭，周公之胤也」之文，以爲此六者皆國。穀梁傳亦以祭伯爲「寰內諸侯」。公羊傳云「奔也」，漢書劉向傳引向封事用公羊義。

一·七 **公子益師卒。**益師，魯孝公之子，字衆父，後爲衆氏，衆仲之祖先。卒，大夫死曰卒。

傳

一·一 **元年春，王周正月，不書即位，**依春秋書法，魯國十二君，於其元年，應書「元年春王正月，公即位」。惟隱公、莊公、閔公、僖公四公之元年，只書「元年春王正月」，不書「公即位」，蓋各有緣由，傳文亦各有解釋。定公元年甚至未書「王正月」，則由於定公之即位，在此年之六月。并詳各公元年經、傳及注。**攝也。**攝，假代之義，下文「公攝位而欲求好於邾」可證。魯世家亦云：「惠公卒，爲允少故，魯人共令息攝政，不言即位。」

一·二 **三月，公及邾儀父盟于蔑——邾子克也。**全句應作「儀父，邾子克也」。儀父爲主語，承上省，古書多有此文法。克是邾君之名，莊公十六年經云「邾子克卒」，故左氏以此知克爲名。方苞春秋直解云「春秋從無書字之法」，且謂「意克爲儀父之子」云云。顧棟高因之而作春秋無書字之法論。春秋不書字，然亦非絶無例外，方、顧二説得其大概而遺其特例。**未王命，故不書爵。曰「儀父」，貴之也。**此是釋經語。莊十六年經既書「邾子克卒」，子是爵；而此不云邾子，左氏以爲此時尚未得王命。杜預注以爲附庸之君未王命，例稱名。而邾子克能自通於大國，繼好息民，故書字貴之。然考之經例，凡小國，或文化落後，或在邊裔，所謂蠻、夷、戎、狄者，皆稱其君爲子。考之彝銘，鼄公牼、鼄公華、鼄公釸三鐘自稱公，鼄伯鬲、鼄伯御戎鼎又稱伯。**公攝位而欲求好於邾，故爲蔑之盟。**

一·三　**夏四月，費伯帥師城郎。**「費」，釋文音「秘」。費伯，魯大夫，費亭當在今山東省魚臺縣舊治西南。郎，地名，當在今魚臺縣舊治東北八十里。**不書，非公命也。**經不書，傳記此事者，由於城郎意出費伯本人，非奉隱公命。

一·四　**初，鄭武公娶于申，曰武姜，**初，乃表追叙前事副詞。鄭武公名掘突。經稱鄭伯，傳稱公者，公是諸侯之通稱，無分於公、侯、伯、子、男。參張應昌春秋屬辭辨例編。尚書秦誓「公曰嗟」，秦伯也。詩碩人「覃公維私」，覃子也。禮大射經「公則釋獲」，大射者，諸侯之禮，伯子男皆在也。燕禮大射儀、聘禮，五等諸侯皆稱公，而「公食大夫禮」又以名篇，則凡君皆曰公，無五等之別明矣。申，國名，伯夷之後，姜姓。後爲楚所滅。故城在今河南省南陽市。莊六年傳載楚文王伐申，哀公十七年傳又云楚文王「實縣申、息」，則魯莊之時申已爲楚滅。然據昭十三年傳文，楚平王似曾復其國。武是武公之謚，姜爲姓。**生莊公及共叔段。**共音恭。

共，賈逵、服虔謂是謚號；杜注以爲段出奔共，故曰共叔。叔是排行，段是名。史記十二諸侯年表云「鄭武公十年取申侯女武姜，十四年生莊公寤生，十七年生大叔段」，則莊公長於大叔段三歲。**莊公寤生，驚姜氏，故名曰寤生，遂惡之。**寤生，杜注以爲寤寐而生，誤。寤字當屬莊公言，乃「牾」之借字，寤生猶言逆生，現代謂之足先出。明焦竑筆乘早已言之，即史記鄭世家所謂「生之難」。應劭謂生而開目能視曰寤生，則讀寤爲悟，亦誤。其他異説尚多，皆不足信。**愛共叔段，欲立之。**立之爲太子。**亟請於武公，公弗許。**亟音器，屢也。弗，義同于「不……之」，動詞下賓語包含在内，説本今人丁聲樹釋否定詞弗不，載慶祝蔡元培先生六十五歲論文集。其説於較早文獻大體適用。**及莊公即位，爲之請制。**制，地名，即今河南省滎陽縣汜水公社，亦名虎牢關。**公曰：「制，巖邑也，**巖邑即險邑。説參俔倬讀左瑣言。**虢叔死焉。**虢指東虢，制當爲其屬地。國語鄭語云：「虢叔恃勢。」勢謂地勢險阻。韋昭以東虢爲虢仲所封。虢叔者，又虢仲之後。胡玉縉許庼學林虢仲虢叔封國考曾申明此義。漢書地理志臣瓚注云「鄭桓公寄帑與賄於虢、會之間。幽王既敗，二年而滅會，四年而滅虢」，此蓋據竹書紀年，虢叔之死亦在此年。**佗邑唯命。」**當言佗邑唯命是聽，此是語言省略，乃當日常語，如僖三十三年及哀十三年傳云「遲速唯命」、宣十二年傳云「其俘諸江南以實海濱，亦唯命；其翦以賜諸侯，使臣妾之，亦唯命」皆是。**請京，使居之，謂之京城大叔。**大同太。京，故城在今滎陽縣東南二十餘里。京城大叔，詩鄭風有叔于田、大叔于田可證。鄭世家云：「莊公元年，封弟段于京，號太叔。」顧頡剛謂古人用太字，本指其位列之在前，叔段之稱太叔，以其爲鄭莊公之第一個弟弟也。詳史林雜識太公望年壽篇。**祭仲曰：**祭仲，鄭大夫，即隱公三年之祭足。祭爲其食邑，祭邑當即今河南中牟縣之祭亭，與祭伯之祭在鄭州市者爲兩地。**「都，城過百雉，國之害也。**都、城爲兩詞，都謂都邑，城謂城垣，與閔元年傳之「分之都城而位以卿」之都城爲一詞者不同。古之城邑皆可謂都，莊二十八年傳「凡邑有宗廟先君之主曰都，無曰邑」，實則可以通稱，説詳閻若璩四書釋地又續。雉，三堵也。長一丈，高一丈謂之堵，三堵爲雉，則雉高一丈長三丈。劉師培左盦集百雉説云：「戰國策趙策三引馬服君對田單云『且古者城雖大，無過三百丈』，與左傳不過百雉説互符。」侯伯之城方五里，計每面長九百丈，即三百雉。大都不過其三之一，故不能過百雉。雉之數，古人頗有異説，張聰咸左傳杜注辨證徵引尚詳，可參看。管子云「國小而都大者弒」，可爲「國之害也」注脚。**先王之制：大都，不過參國之一；中，五之一；小，九之一。**參同三。國，國都，與國家之國意義不同。中五之一，小九之一，謂中都，其城不過五分國都之一；小都，其城不過九分國都之一。**今京不度，非制也，**不度，猶言不合法度。不度與非制，語意似重複，不過强調其不可而已。**君將不堪。」**堪，勝也，任也。不堪，猶言受不了。**公曰：「姜氏欲之，焉辟害？」**莊公稱其母爲姜氏，亦猶趙盾稱其嫡母曰君姬氏，申生稱驪姬曰姬氏，此是當時習慣稱謂。焉，何處。辟，同避，逃避。**對曰：「姜氏何厭之有？**猶言有何厭；厭，足也；意思爲有何滿足。此是賓語（何厭）置於動詞（有）前之結構；之爲結構助詞，幫助倒裝，無義。**不如早爲之所，**所，處所，地方。早爲之所，猶言及早處置。之仍是代詞，代大叔。**無使滋蔓！蔓，難圖也。**滋蔓，同義連綿詞。説文作「兹」，云：「草木多益也。」比喻大叔段地益廣，勢益大。蔓，自成一讀，謂若使滋蔓。**蔓草猶不可除，況君之寵弟乎？」公曰：「多行不義，必自斃，子姑待之。」**斃，踣也，猶言跌跤，失敗。

既而大叔命西鄙、北鄙貳於己。既而，猶言不久。西鄙、北鄙，鄭國西部與北部邊境一帶地。貳於己，句法與隱公三年傳「王貳於虢」同；句意宜與成十三年傳之「君有二心於狄」同。杜注謂兩屬，蓋從其實際言之；洪亮吉左傳詁謂有二心，蓋就訓詁言之，皆是也。**公子呂曰：「國不堪貳，君將若之何？欲與大叔，**謂以國君之位讓與大叔。**臣請事之；若弗與，則請除之，無生民心。」公曰：「無庸，將自及。」**庸，用也。無庸，猶言用不着。將自及，謂禍將自及。**大叔又收貳以爲己邑，至于廩延。**此「貳」之義與上文同，但作名詞，猶言「貳者」（兩屬之邑），不能解爲二者（兩邑）。左傳凡數字皆用「二」，不用「貳」；「携貳」、「陪貳」之「貳」字皆用「貳」，不用「二」，分別極爲明顯。雖然此處兩解皆指西鄙、北鄙，但「貳」、「二」兩字之義不可混淆。廩延，劉文淇春秋左氏傳舊注疏證據水經注以爲即今滑縣舊治（在今治之東）。若據杜注，則當在今河南省延津縣北而稍東。杜說可信。**子封曰：「可矣。厚將得衆。」**子封，公子呂之字。厚，謂勢力雄厚。此爲語言緊縮後之分句，以意義言，宜作一逗。下「厚」字同。**公曰：「不義，不暱。厚將崩。」**不義不暱，杜注以爲不義於君，不親於兄，則不義與不暱平列。然暱爲親近之義不確，當解爲不義則不暱。「暱」，依說文當作「䵒」，黏連之義。猶今言不義則不能團結其衆。說本沈欽韓左傳補注。

大叔完、聚，完，謂完城郭，孟子離婁上「城郭不完」可證。完有堅牢之義，周禮考工記輪人云：「輪敝，三材不失職，謂之完。」聚，謂聚糧食，襄公三十年傳「聚禾粟」可證。杜注以爲聚人民，非。**繕甲、兵，**繕，修補也。甲兵，指武器。句亦見成十六年傳。亦單言繕，如哀二十四年傳「軍吏令繕，將進」。**具卒、乘，**具，備也，足也。卒乘指戰士。步兵曰卒，車兵曰乘。此猶言戰士滿員。**將襲鄭，夫人將啓之。**襲，行軍不用鐘鼓，今言偷襲。莊公二十九年傳云：「凡師，有鐘鼓曰伐，無曰侵，輕曰襲。」啓，開也。此謂開城門。僖公三十二年傳記杞子告秦之言云：「鄭人使我掌其北門之管，若潛師以來，國可得也。」則襲人城邑者，宜有內應爲之開門。**公聞其期，曰：「可矣。」命子封帥車二百乘以伐京。**春秋時多以車戰，車一輛謂之一乘。杜預本司馬法，謂車一乘有甲士三人，步卒七十二人。但司馬法爲戰國時書，未必合於春秋制度。以左傳考之，閔二年，齊侯使公子無虧帥車三百乘、甲兵三千人以戍曹，是一車用甲士十人。僖二十八年，晉文公獻楚俘于王，駟介百乘，徒兵千，一車徒兵亦十人。參之隱四年傳注所引禹鼎銘文，西周亦一乘徒兵十人。**京叛大叔段。段入於鄢。公伐諸鄢。五月辛丑，**古以干支紀日，自甲骨鐘鼎皆如此。辛丑爲二十三日。**大叔出奔共。**共即閔二年「益之以共、滕之民」之共，本爲國，後爲衞別邑，即今河南省輝縣。鄭伯于隱十一年猶云「寡人有弟，不能和協，而使餬其口於四方」，則段實未死。公羊、穀梁皆謂鄭伯殺段。唐陸淳春秋集傳纂例卷一謂：「竹書自是晉史，其中有鄭莊公殺公子圣（原注：春秋作段），又與公羊同。」史記全用左傳。

書曰：「鄭伯克段于鄢。」段不弟，故不言弟；不弟，猶言不像兄弟，與論語顏淵「父不父，子不子」句法同。弟，或破讀爲悌，亦通。**如二君，故曰克；**此言莊公與叔段之戰，可比兩國國君之相戰，莊公戰勝，故用「克」字。**稱鄭伯，譏失教也：**此言兄本有教弟之責，莊公於弟不加教誨，養成其惡，故不言兄，而書其爵。**謂之鄭志。**鄭志者，鄭莊公之意志也。桓十七年傳云「宋志也」，莊七年傳云「齊志也」，襄元年傳云「謂之宋志」，可以爲證。此言鄭莊公養成叔段之罪，意在誅之，書法探其本心言之。昭十六傳「宣子曰，二三君子請皆賦，起亦以知鄭志」，則鄭六卿之志。**不言出奔，難之也。**襄二十九年經云：「齊高止出奔北燕。」傳云：「書曰『出奔』，罪高止也。」昭三年經亦云：「北燕伯款出奔齊。」傳云：「書曰『北燕伯款出奔齊』，罪之也。」則出奔爲有罪之詞。此若書段出奔共，則有專罪叔段之嫌；其實莊公亦有罪，若言出奔，則難於下筆，故云難之也。

遂寘姜氏于城潁，寘，音義同「置」。城潁，當在今河南省臨潁縣西北。**而誓之曰：「不及黄泉，無相見也！」**黄泉，地下之泉。此二句猶言不死不相見。**既而悔之。**

潁考叔爲潁谷封人，潁，廣韻潁字下云：「又姓，左傳潁考叔。」然據水經潁水注「陽乾山之潁谷，潁考叔爲其封人」，似仍當從水，不當從禾。潁谷當在今河南省登封縣西南。封人爲鎮守邊疆之地方長官。**聞之，有獻於公。公賜之食。食舍肉。**舍音捨，置也。食舍肉，謂食時將肉另置一邊。**公問之。對曰：「小人有母，皆嘗小人之食矣，**張文虎螺江日記云：「皆者，備也，言小人之母備嘗小人之食。」**未嘗君之羹，請以遺之。」**羹，肉汁也。爾雅釋器及儀禮鄭注並云：「肉謂之羹。」此即指上文所舍之肉。蓋熟肉必有汁，故亦可曰羹。　遺，去聲，饋也，與也。**公曰：「爾有母遺，繄，我獨無！」**繄，發聲詞，無義。論語顏淵：「司馬牛憂曰：『人皆有兄弟，我獨無。』」意義與此類似，而無「繄」字。疑繄與噫古僅平入對轉，即今歎詞咳，可單獨爲一逗。**潁考叔曰：「敢問何謂也？」**考叔問鄭莊公此言何意，以其有母而曰無，明知故問也。**公語之故，且告之悔。對曰：「君何患焉？若闕地及泉，隧而相見，**闕，掘也。　隧，動詞，掘作隧道。**其誰曰不然？」**其，語氣副詞，此表疑問語氣。鄭世家亦用左傳。**公從之。公入而賦：**賦，賦詩。此疑各人隨口吟其自作辭句，餘詳隱三年傳「衛人所爲賦碩人也」注。**「大隧之中，其樂也融融。」**中、融爲韻，古音同在冬部。**姜出而賦：「大隧之外，其樂也洩洩。」**「洩」本作「泄」，今作「洩」者，蓋仍唐石經避唐太宗李世民諱改。金澤文庫本作「泄」。今「洩」已通行，故不改。　外、洩爲韻，古音同在曷部。**遂爲母子如初。君子曰：**「君子曰」云云，國語、國策及先秦諸子多有之，或爲作者自己之議論，或爲作者取他人之言論。文二年傳躋僖公「君子以爲失禮」云云，魯語作宗人有司之言；襄三年傳「君子謂祁奚於是能舉善矣」，二十一年傳作叔向之言，呂氏春秋去私篇則作孔丘之言。北史魏澹傳，魏澹以爲所稱「君子曰」者，皆左氏自爲論斷之辭。清人張照則云：「君子之稱，或以德，或以位。左氏所謂君子者，謂其時所謂君子其人者，皆如是云云也，非左氏意以如是云云者，乃可稱君子之論也。」兩說不同，俱有所偏，合之則較備。**「潁考叔，純孝也，愛其母，施及莊公。**施，去聲，讀難易之易，延及也。**詩曰『孝子不匱，永錫爾類』，**詩見今詩經大雅既醉。匱，竭盡也。永，長也，久也。錫，賜也。言孝子爲孝，無有竭盡之時，故能以此孝道長賜予汝之族類。**其是之謂乎！」**猶言「其謂是」，「是」指潁考叔。史記十二諸侯年表列「公悔，思母，不見，穿地相見」於下年。

一·五

秋七月，天王使宰咺來歸惠公、仲子之賵。緩，緩者，言惠公死已逾年（惠公之死不知何月。春秋時，舊君死，新君逾年始稱元年，此時是隱公元年七月，則已逾年矣），始來饋贈助喪之物，太遲緩矣。**且子氏未薨，**子氏即仲子。仲子此時猶在，未死而助其喪，尤不合理。**故名。**依春秋體例，天子之卿大夫不宜書名，而此稱宰咺者（咺是其名），即由此之故。

天子七月而葬，同軌畢至；諸侯五月，五月而葬也。「而葬」兩字承上省。**同盟至；大夫三月，同位至；士踰月，外姻至。**七月而葬，自死之月數至葬之月，經歷七個月份而已，非實七個月也。如文公八年八月天王（周襄王）崩，九年二月葬。五月、三月同。禮記禮器及雜記下並云「諸侯五月而葬」，然考春秋，三月而葬者多，亦有遲至六月始葬者，參昭二十八年經並注。踰月者，歷二月也。說苑修文篇云「大夫三日而殯，三月而葬；士庶人二日而殯，二月而葬」是也。此乃劉向左氏義。王制謂「士庶人三月而葬」，雜記亦云「士三月而葬」，則非左傳義。王制疏本鄭玄義謂大夫除死月爲三月，士則數死月爲三月，左傳除死月言之，故云踰月，王制並死月言之，故云三月，左傳之踰月，王制之三月，其實相同，以爲調和之論，恐非傳旨。同軌，指諸侯。軌謂轍廣，軌同則轍跡亦同，後人因謂車跡爲軌。輿廣六尺六寸（周尺較今尺小），兩輪離車廂各七寸，故轍以八尺爲度。天下車同軌，先秦早有此思想。　畢至者，言無不至者。昭三十年傳游吉之言曰：「靈王之喪，我先君簡公在楚，我先大夫印段實往，敝邑之少卿也。」孔疏引鄭玄云：「簡公若在，君當自行。」但杜預謂「天王喪葬，諸侯例皆不往」，以春秋證之亦可信。　同盟至，宜是同盟諸侯遣使會葬。　同位，同爲大夫者。　外姻，與結婚姻之親戚。　**贈死不及尸，弔生不及哀，**荀子大略篇云：「送（說苑修文篇作「贈」）死不及柩尸，弔生不及悲哀，非禮也。」正用此語。楊倞注云「皆謂葬時」，是也。尸本爲未葬之通稱，荀卿故加「柩」字以明之。自始死及殯（將葬停棺），自啓（將葬舉棺）及反哭（古禮，葬後返廟而哭），皆主人所至哀，此所謂哀者，指自始死至返哭時。參沈彤春秋左傳小疏。　**豫凶事，**此釋「子氏未薨」。仲子未死，而贈以助喪之車馬，豫贈以凶事之物也。隱二年十二月乙卯，夫人子氏薨，或此時已病重，周室聞之，故於賵惠公之便，而兼賵之。　**非禮也。**

一・六　**八月，紀人伐夷。**紀，國名，姜姓。故城當在今山東省壽光縣南。古器銘作「己」，有己侯鐘、己侯㲃、己侯貉子㲃等。己侯鐘出山東壽光縣（見阮元積古齋鐘鼎彝器款識卷三），尤可證「己」即「紀」。彝器又有㠱公壺，銘云：「㠱公乍爲子叔姜□盥壺。」又有㠱孟姜匜，郭沫若兩周金文辭大系圖録考釋、方濬益綴遺齋彝器考釋俱以爲「㠱」即「紀」。近年壽光、萊陽、煙臺等地皆有紀國青銅器出土，似紀國轄地甚廣。　夷，國名，妘姓。夷，金文作[illegible]，與「人」字形近，卜辭有「人方」，亦即夷國。又作[illegible]，形又與尸字近，故經典或作「尸」。夷之蹤跡，實徧及中國。此夷國之故城，即山東省即墨縣西六十一里壯武故城。古彝器有夷伯㲃，睘卣亦有「夷伯」之稱，又有「夷子」之稱，不知是何夷國之器。　**夷不告，故不書。**

一·七 **有蜚。** 蜚音匪。爾雅翼云：「蜚者，似蠊而輕小，能飛，生草中，好以清旦集稻上，食稻花。田家率以早作掇拾至他所。至日出，則皆散去，不可得矣。既食稻花，又其氣臭惡，能熯稻，使不穡。春秋書之，當由此爾。今人謂之蜚盤蟲，亦曰香娘子。」**不爲災，亦不書。** 以上二章皆無經有傳，傳且釋魯史「不書」之故。以下同。

一·八 **惠公之季年，** 季年，猶言晚年、末年。**敗宋師于黄。** 黄，宋國之邑，故城當在今河南省民權縣東十五里。**公立而求成焉。** 成，解怨結好也，今言媾和。**九月，及宋人盟于宿，** 宿，見經注。**始通也。** 隱公立，始與宋通好也。

一·九 **冬十月庚申，** 庚申，十四日。**改葬惠公。公弗臨，** 臨，臨喪哭泣也。爲喪主，則哭臨。隱公攝位，不敢以喪主自居，故弗臨。**故不書。惠公之薨也，有宋師，大子少，** 有宋師，服虔以爲即上文所謂敗宋師于黄之役，孔疏以爲宋人報黄之敗而來伐，服説近是。太子，桓公。由此可見惠公未死時，桓公已爲太子。**葬故有闕，** 闕謂缺失，不完備。**是以改葬。**

一·一〇 **衞侯來會葬，** 衞，國名，姬姓，文王子康叔封之後。傳世有康侯丰鼎，丰即封。「衞」字卜辭多見，足見其地名早已有之，金文亦有，字形不一。此時衞國都朝歌，即今河南省淇縣治。戴公廬曹，今河南舊滑縣治（新治已移至道口鎮）；文公遷楚丘，今滑縣東六十餘里；成公遷帝丘，今河南省濮陽縣。於春秋後十三世二百五十八年，爲秦二世所滅。**不見公，亦不書。**據昭十年傳，諸侯之大夫如晉會葬晉平公，欲見新君，而叔向辭之。不知隱公之不見衞侯，是否亦由此故。

一・一一　**鄭共叔之亂，公孫滑出奔衞。**共叔即共叔段。公孫滑，共叔段之子。**衞人爲之伐鄭，取廩延。鄭人以王師、虢師伐衞南鄙。**鄭人能用周王之師及虢師者，時鄭莊公爲王卿士，西虢公又與鄭莊公同仕王朝也。僖二十六年傳云：「凡師，能左右之曰以。」此用「以」，即謂鄭能指揮王師、虢師。虢，西虢國，故城在今河南省陝縣境。上傳「虢叔死焉」，孔疏：「案傳，燕國有二，則一稱北燕；邾國有二，則一稱小邾。此虢國有二，而經、傳不言東、西者，於時東虢已滅，故西虢不稱西。」**請師于邾，邾子使私于公子豫。**邾子當即邾子克。私于公子豫，謂向公子豫私人言之。公子豫，魯大夫。**豫請往，公弗許，遂行，及邾人、鄭人盟于翼。**翼，邾國之地，在今山東省費縣西南九十里。**不書，非公命也。**隱公既不允公子豫之請，則公子豫翼之盟，必非公命，故經文不書。

一・一二　**新作南門，不書，亦非公命也。**

一・一三　**十二月，祭伯來，非王命也。**

一・一四　**衆父卒，公不與小斂，**以衣衾加於死者之尸曰小斂，以死者之尸入棺曰大斂。襄公五年傳云「季文子卒，大夫入斂，公在位」，是卿大夫之喪，入斂公臨之證。與，去聲，音預，今言參加。**故不書日。**經僅云「公子益師卒」，未書卒於何日，故傳云云。大夫卒不書日，惟隱公經文三見，宣公四年一見，餘皆書日。可見大夫卒而國君親視小斂爲當時之禮。春秋魯君率能行此禮。而隱公不行此禮者，或係自謂攝位，謙讓不以國君自居。但文十四年經「九月甲申，公孫敖卒於齊」，魯文公不得與小斂，而書日，不審其故。説參孔廣森公羊通義。

二年，庚申，公元前七二一年。周平王五十年、齊僖十年、晉鄂三年、衛桓十四年、蔡宣二十九年、鄭莊二十三年、曹桓三十六年、陳桓二十四年、杞武三十年、宋穆八年、秦文四十五年、楚武二十年。

經

二·一　**二年春，**去年十二月二十三日戊辰冬至，實建丑，有閏月。**公會戎于潛。**春秋時，華、戎猶雜處。哀十七年傳叙衛莊公登城見戎州，可以爲證。水經濟水注：「濟瀆自濟陽縣故城南，東逕戎城北，春秋『公會戎于潛』是。」據清一統志，山東省曹縣西北有戎城。潛，以管子小匡篇返魯侵地常與潛證之，潛爲魯地，當在今濟寧市西南。

二·二　**夏五月，莒人入向。**莒，國名，鄭語「曹姓鄒、莒」，以莒爲曹姓，恐另一莒。此莒國，春秋後五十年爲楚所滅，見楚世家。傳世彝器有中子化盤，記楚簡王伐莒，見郭沫若兩周金文辭大系考釋。據文八年傳及世本，當爲己姓，舊都介根，在今山東省膠縣西南；後遷莒，今山東省莒縣。據魯語下「晉信蠻夷」之語，則當時人以蠻夷視之。向，國名，姜姓，據太平寰宇記，莒縣南七十里有向城，當即此向。杜注謂「譙國龍亢縣東南有向城」，則在今安徽懷遠縣西四十里，距莒甚遠，非也。懷遠之向當是襄十四年「會吳」之向。説詳江永春秋地理考實、顧炎武日知録卷三十一並黄汝成集釋。顧棟高大事表春秋入國滅國論云：「莒人入向，而宣四年伐莒取向，則向已爲莒邑，而隱二年向爲莒滅明矣。」

二·三 **無駭帥師入極。**無駭，魯國之卿，公子展之孫，展禽（柳下惠）父。極，魯附庸國。當在今山東省金鄉縣南而稍東三十五里。考極以後不再見，可能自此後遂爲魯所有。金文無極氏，有遽氏，其人有遽父己、遽白還、遽中、遽叔買等，吴其昌金文氏族譜以爲即此極氏。

二·四 **秋八月庚辰，**以長曆及今法推之，八月不應有庚辰之日，疑經有誤字。**公及戎盟于唐。**唐，據顧棟高大事表，在今山東省曹縣東南四十里。春秋時，以唐爲地名者有五處，此是魯國之唐。據讀史方輿紀要，今山東省魚臺縣舊治（今治已移駐谷亭）東北十二里有武唐亭，當即此地。與大事表説不同，似以此説爲長。

二·五 **九月，紀裂繻來逆女。**繻音須。杜注：「裂繻，紀大夫。」紀君娶魯惠公女，裂繻爲之來逆。據文四年傳「逆婦姜於齊，卿不行，非禮也」，此不言非禮，則裂繻實卿，大夫可以包卿言之。

二·六 **冬十月，伯姬歸于紀。**無傳。據曲禮「男女異長」之文，男子與女子行第不相混亂。伯姬是魯惠公長女，隱七年又歸于紀之叔姬，當是其妹。此歸于紀，蓋由裂繻來迎，故從之而行。

二·七 **紀子帛、莒子盟于密。**紀子帛，杜預以爲即紀裂繻，子帛爲其字。杜預又據左傳「魯故也」之文，以爲其與莒子盟，爲調解魯與莒間之不睦，故比之魯大夫，列其名於莒君之上。陸淳春秋集傳纂例一引趙匡據竹書紀年，亦證成其説。而水經注淮水篇云「游水又東北逕紀鄣故城南，故紀子帛之國」，則酈道元以帛爲紀子之名。考春秋經，於紀國之君，皆稱紀侯，無稱紀子者。且裂繻字子帛，名字實相應，則杜預之說是也。說本毛奇齡春秋簡書刊誤。密，莒地。據清一統志，今山東省昌邑縣東而稍南十五里有密鄉，當是此密。

二·八　**十有二月乙卯，**乙卯，十五日。**夫人子氏薨。**無傳。夫人子氏，杜預以爲即桓公之母仲子，是也。隱五年經云「九月，考仲子之宮」，蓋此時三年之喪已畢，故爲仲子之廟而落成之。穀梁傳以子氏爲隱公之妻，公羊傳以子氏爲隱公之母，皆不可信。諸侯之死曰薨，諸侯之夫人或母夫人死亦曰薨。春秋記魯公或魯夫人之死，除隱三年「君氏卒」及哀十二年「孟子卒」等特殊情況外，皆用「薨」字；記其他諸侯之死，則用「卒」字。

二·九　**鄭人伐衞。**春秋之初，外國大夫侵伐，稱某國人而不書名氏。僖十五年救徐，始書公孫敖及諸侯之大夫，猶未歷叙名氏。外國大夫獨帥師書名，自文三年晉陽處父始；外國大夫連兵書名，自宣六年晉趙盾、衞孫免始；至鞌之戰，然後本國及外國大夫之名歷書之。說詳張自超春秋辨義總論。春秋例：凡行軍，有鐘鼓曰伐。

傳

二·一　**二年春，公會戎于潛，脩惠公之好也。**戎與惠公，本有友好；今日又相會見，尋溫舊好，故曰修好。餘詳經注。**戎請盟，公辭。**

二·二　莒子娶于向，向姜不安莒而歸。夏，莒人入向，以姜氏還。入者，以兵深造其國邑之名。然有二義：有入而取其地者，有入而不取其地者。取其地，與滅同，閔二年「狄入衞」，哀八年春「宋公入曹」是也。不取其地，隱十年「宋人衞人入鄭」，桓二年「入杞」是也。此「入向」不知取地與否。據傳云云，是稱兵奪婦而入其國邑，未嘗取地，故公、穀亦曰「得而不居」。然僖二十六年公會莒兹丕公、寧莊子盟于向，宣四年魯伐莒取向，襄二十年仲孫速會莒人盟於向，向皆莒地，則又似滅其國而取其地。説本毛奇齡春秋傳。

二·三　司空無駭入極，魯有司空之官，爲卿，昭四年傳「孟孫爲司空以書勳」可證。費庈父勝之。庈音琴，父音甫。費庈父即元年傳「費伯帥師城郎」之費伯。王厚之鐘鼎款識有⿸广金父鼎。阮元引吴侃叔云：「⿸广金父疑即庈父。」據讀史方輿紀要廢魚臺縣西南有費亭，費與極均在今金鄉縣南而稍東。郎與極亦在廢魚臺縣附近。無駭入極，費庈父因城郎而滅極，勝極即滅極也。文十五年傳云「凡勝國曰滅之」，則滅國亦可曰「勝」。説本俞樾茶香室經説。

二·四　戎請盟。秋，盟于唐，復修戎好也。唐詳經注。

二·五　九月，紀裂繻來逆女，卿爲君逆也。詳莊公二十四年經注。

二·六　冬，紀子帛、莒子盟于密，魯故也。詳經注。

二·七　鄭人伐衞，討公孫滑之亂也。公孫滑爲大叔段之子，叔段失敗，滑奔衞，衞人爲之伐鄭，取廩延，見隱元年傳。

三年，辛酉，公元前七二〇年。周平王五十一年、齊僖十一年、晉鄂四年、衞桓十五年、蔡宣三十年、鄭莊二十四年、曹桓三十七年、陳桓二十五年、杞武三十一年、宋穆九年、秦文四十六年、楚武二十一年。

經

三·一 **三年春王二月，己巳，日有食之。** 無傳。此年亦實建丑，夏正則爲正月。己巳爲初一，日食必在初一，經不書「朔」，後人以爲史官失之。至于公羊以爲食二日，穀梁以爲食晦，皆不可信。此是建丑之二月，建子應爲三月。以今法推算，此公元前七二〇年二月二十二日之日全食。漢書五行志云「推隱三年之食，貫中央，上下竟而黑」，亦全食之象。「日有食之」，簡言之即「日食」。説文云：「有，不宜有也。」此言日食非所宜有，故加「有」字，蓋前人臆説。日食而作「日有食之」，乃當時習慣。此種習慣語本自西周。詩小雅十月之交云「十月之交，朔日辛卯，日有食之」，可以爲證。甲骨文記日食則略異，或云「日食」，或云「日㞢食」，或云「大食」。「日㞢食」即「日有食」。

三·二 **三月庚戌，天王崩。** 庚戌，十二日。天王，周平王。春秋之世，周歷十二王（王子猛及敬王不計），春秋書其崩並書其葬者五王：桓、襄、匡、簡、景；書其崩而不書其葬者四王：平、惠、定、靈；其崩及葬皆不書者三王：莊、僖、頃。

三·三 **夏四月辛卯，君氏卒。** 辛卯，二十四日。「君氏」，公羊、穀梁皆作「尹氏」，謂尹氏爲天子之大夫。

「尹」蓋「君」之殘誤字，公、穀蓋因字殘而誤。昭二十年傳「棠君尚」，釋文云「君或作『尹』」；荀子大略篇「堯學於君疇」，漢書古今人表作「尹疇」，皆「君」「尹」形近而誤之證。春秋除周王及魯侯外，列國諸侯以及卿大夫，其卒，常例皆書其名，而此尹氏若果爲周大夫，竟不書名，則不可解，以是可知公、穀之誤。吴偉業梅村文集謂此尹氏即十一年傳鄭大夫尹氏；毛奇齡春秋傳、春秋條貫篇亦主之，非左傳義。

三·四　**秋，武氏子來求賻。**釋文：「賻音附。」武氏子意謂武氏之子。武氏乃周室之大夫，其人不來，而使其子來。其子猶爲門子，無爵無官，故經書「武氏子」。説本孫詒讓周禮正義。賻，助喪之財物。此乃周平王死，周室使人來求賻。杜注以爲由于魯不供奉王喪，致使王室來有求，經文直書以示不敬。而公羊以爲「喪事無求，求賻非禮」，故書以譏之。穀梁則以爲「周雖不求，魯不可以不歸；魯雖不歸，周不可求之」，故書以「交譏之」。考周禮宰夫鄭玄注云：「凡喪，始死，弔而含襚（送死者口中所含之珠玉及所著衣），葬而賵贈，其間加恩厚則有賻焉，春秋譏武氏子求賻。」推鄭玄之意，則以爲含襚賵贈是正禮，魯已行之。賻以大量財幣是加禮，魯未如此，故使人求之，非禮。鄭説可採。僖二十七年傳云：「齊孝公卒，有齊怨，不廢喪紀，禮也。」齊一再伐魯，魯於齊侯之喪，仍致弔贈，於周王之喪，似更宜然。杜注以爲魯不供奉王喪，不知何據。

三·五　**八月庚辰，**庚辰，十五日。**宋公和卒。**宋公和，宋穆公。卒，死也，有廣狹兩義。禮記曲禮下云「天子死曰崩，諸侯曰薨，大夫曰卒」，此爲狹義。無論尊卑，人死均可謂卒，如孟子離婁下「舜卒於鳴條，文王卒於畢郢」。春秋之例，魯君死書「薨」，其它諸侯死書「卒」。一用狹義，一用廣義，似爲内（本國）外（他國）之别。

三·六 冬十有二月，齊侯、鄭伯盟於石門。齊，國名，姜姓，太公之後，國于營丘，在今山東省臨淄廢縣（今爲臨淄鎮）稍北八里。臨淄齊城包括大城、小城二部分，總面積三十餘平方公里。（詳文物考古工作三十年。）僖公九年入春秋。春秋後，田氏奪其國，是爲田齊。石門，齊地。據清一統志，石門在今山東省長清縣西南約七十里。

三·七 癸未，癸未，二十日。葬宋穆公。「穆」，公羊例作「繆」。凡謚「穆」者，史記亦多作「繆」。「穆」、「繆」字通。

傳

三·一 三年春，王三月，壬戌，壬戌，二十四日。平王崩。赴以庚戌，故書之。赴，今作「訃」，告喪也。此謂周平王實以三月壬戌日死，而赴告却云庚戌日（十二日），故春秋經從訃告，亦書庚戌日。赴告何以將死日誤提早十二日，杜注云「欲諸侯之速至，故遠日以赴」，恐是臆測之辭。襄二十八年經云：「十有二月甲寅，天王崩。」傳云：「癸巳，天王崩，未來赴，亦未書，禮也。王人來告喪，問崩日，以甲寅告，故書之，以徵過也。」與此可以互相發明。

三·二 夏，君氏卒。——聲子也。不赴于諸侯，不反哭于寢，不祔于姑，故不曰「薨」。不稱夫人，故不言葬，聲子雖是隱公之母，但非惠公之正夫人；隱公雖當時爲魯國之君，却自謂代桓攝位，有讓位桓公之志；故去年十二月，桓公之母仲子死，以夫人之禮爲之葬，春秋亦書云「夫人子氏薨」。而距此不過四五月，勢不能再以夫人之禮爲聲子治喪。所謂以夫人之禮治喪者，當其初死，訃告於同盟諸侯，一也；既葬，返哭於祖廟，虞於殯（虞爲葬後迎死者之魂，祭而安樂之之禮）——此從沈欽韓說——二也；卒哭（虞後三月，卒無時之哭——意謂以後哭死者有時），以死者之主祔（以後死者祔於祖廟曰祔）於祖姑，三也。若三禮皆備，則書曰「夫人某氏薨」，又書曰「葬我小君某氏」。聲子之死，既未向同盟諸侯訃告；葬後，隱公又未反哭於寢（祖廟）；卒哭後，亦未祔於祖姑，三者皆不具備，則是不以夫人看待聲子，故經書其死用「卒」字，而不用「薨」字；只云「某氏」，而不云「夫人某氏」；又不書其葬。**不書姓。爲公故，曰「君氏」。**聲子姓子，依慣例，宜曰「子氏卒」。但隱公當時正爲魯君，聲子是其生母，如此對待聲子，或者有傷隱公之心。據襄二十六年傳，當時習慣有「君夫人氏」之稱，此不便明言「夫人」，故省「夫人」兩字，改稱之曰「君氏」，故曰「爲公故，曰『君氏』」。國君曰君，君夫人曰小君，「君氏」者，猶言「小君氏」，「氏」亦猶「母氏」「舅氏」之義例。

三·三　**鄭武公、莊公爲平王卿士。**經書屢見卿士一詞，意義不一。尚書洪範「謀及卿士，謀及庶人」，顧命「卿士邦君麻冕蟻裳，入即位」，卿士似泛指在朝之卿大夫，此廣義之卿士。牧誓言「是以爲大夫卿士」，則卿士不包括大夫；此卿士義當同于詩小雅十月之交「皇父卿士，番維司徒」、商頌長發「降予卿士，實維阿衡」之「卿士」，此狹義之卿士。杜注謂「卿士，王卿之執政者」，蓋得之。左傳凡八用「卿士」，皆狹義。**王貳于虢。**虢，西虢公，亦仕於王朝。王貳於虢，謂王不專任鄭伯，偶亦以政權畀虢公。西虢，詳元年傳注。**鄭伯怨王。王曰：「無之。」**沈彤春秋左傳小疏謂「無之，約無怨與貳」，則以「無」爲表示禁止之否定副詞。但表禁止副詞「無」字下承代詞「之」字，古文無此語法。「無」當仍爲「無有」之義。**故周、鄭交質。**質，人質，以人爲抵押品，春秋、戰國時多盛行。交，互相之義。**王子狐爲質於鄭，鄭公子忽爲質於周。**王子狐，平王子。公子忽，鄭莊公太子。**王崩，**平王卒。平王死在今年三月，見前。**周人將畀虢公政。**畀，音比，去聲，予也。杜注：「周人遂成平王本意。」**四月，鄭祭足帥師取温之麥。**四月，夏正之四月，麥已熟，故鄭人帥師割取之。趙翼陔餘叢考卷二所謂「是鄭用夏正也」。杜預以爲周正之四月，即夏正之二月，麥未熟，鄭人故意芟踐之，誤。祭足，鄭國大夫，即隱公元年之祭仲。温，周王畿内之小國，當在今河南省温縣西稍南三十里之地。**秋，又取成周之禾。**秋，亦是夏正之秋。成周，尚書洛誥序所謂「召公既相宅，周公往營成周」者是也。其後遷殷之遺民於此。故城在今河南省洛陽市東約四十里，偃師縣西約三十里。禾有兩義，一爲百穀之通名，一爲稷類穀物之專名，此蓋第二義。詩兔爰疏引此作「取成周之粟」，蓋孔穎達以粟解禾，非所據本不同。粟亦有兩義，凡穀實皆可曰「粟」，通名也。稷實曰「粟」，今曰「小米」，專名也。**周、鄭交惡。**

君子曰：「信不由中，人言爲信。中同衷。左傳僖二十八年傳「今天誘其衷」，杜注：「衷，中也。」皆指中心。句意謂言不由衷心，非誠實之義。**質無益也。明恕而行，要之以禮，**要音腰，約也。論語屢言「約之以禮」，此要亦約束之義。**雖無有質，誰能間之？**間，離間也。**苟有明信，澗、谿、沼、沚之毛，**澗、谿，皆是山溝水。谿，今作「溪」。沼、沚，皆是池塘之義。凡地所生曰「毛」，詳陳立公羊宣十二年「錫之不毛之地」義疏。**蘋、蘩、薀藻之菜**，蘋，池塘淺水中小草本植物。蘩，白蒿，菊科多年生草本植物。薀，聚積也；藻，水中隱花植物；薀藻，藻草之聚積者。蘋、蘩、薀藻爲三種植物，與下隔句潢、汙、行潦爲三種水相對。洪亮吉左傳詁謂「薀亦水草之名」，恐誤。上文云「澗、谿、沼、沚之毛」，此又云「蘋、蘩、薀藻之菜」，毛即菜也，所以重複者，上句言其産地之陋，此句言其産物之薄，用意不同。**筐、筥、錡、釜之器**，筥音舉。筐、筥皆竹器，方者曰筐，圓者曰筥，本以盛飯，此言其用盛蘋藻。錡音奇，釜音輔，同爲烹飪之器，有足者曰錡，無足者曰釜。**潢、汙、行潦之水**，潢音黄，汙音烏，皆積水之義。大者曰潢，小者曰汙。行潦，行，道路也，行潦之行，與「行露」「行葦」之行同義；潦音老，雨水謂之潦；行潦乃大雨水之積於道路者。詩洞酌毛氏傳以行潦爲流潦，恐誤。**可薦於鬼神，可羞於王公**，薦，進也；羞亦進也，皆進獻之義。薦羞亦可連言，周禮宰夫「掌祭祀之戒具與其薦羞」，又庖人「與其薦羞之物」，皆其例。**而況君子結二國之信，行之以禮，又焉用質？風有采蘩、采蘋，**兩詩均見詩經召南。**雅有行葦、洞酌，**兩詩均見詩經大雅。釋文：「洞音迥。」**昭忠信也。」**昭，明也。明何良俊四友齋叢説卷二云：「左傳用詩，苟於義有合，不必盡依本旨。」

三·四　**武氏子來求賻，王未葬也。**

三·五　**宋穆公疾，**史記宋世家云：「武公卒，子宣公力立。宣公有太子與夷。十九年，宣公病，讓其弟和，曰：『父死子繼，兄死弟及，天下通義也。我其立和！』和亦三讓而受之。宣公卒，弟和立，是爲穆公。」據史記十二諸侯年表，穆公立於周平王四十三年（公元前七二八年）。**召大司馬孔父而屬殤公焉，**大司馬，宋國官名。孔父名嘉，桓二年傳亦稱孔父嘉，正考父之子，孔丘之祖先，詳見左傳昭七年杜注並孔疏。殤公即宣公之子與夷。屬，今囑託之「囑」字，音燭，古書皆作屬，囑是後起字。**曰：「先君舍與夷而立寡人，**舍同捨，上古多以舍爲捨。捨，棄也，廢也。寡人，諸侯自稱之謙詞。**寡人弗敢忘。**弗敢忘，猶言不敢忘之。說詳隱元年注。**若以大夫之靈，**靈，福也。說詳昭七年傳「寵靈」注。**得保首領以沒；**此當時套語，謂得善終。領，頸項。保首領，不遭殺戮之謂。没，終也。襄十三年傳叙楚共王臨死亦有此語。**先君若問與夷，**先君指宣公。**其將何辭以對？**其，語氣副詞。**請子奉之，以主社稷。**子，對稱敬稱代詞，猶今言您。奉，與元年傳「是以隱公立而奉之」之「奉」字義同。社稷即國家，國必有土，土神曰社；民必有食，穀神曰稷。故禮記王制謂天子以大牢祭社稷，諸侯以少牢祭社稷。禮記曲禮下「國君死社稷」，猶言爲國而死；檀弓下「能執干戈以衞社稷」，猶言保衞國家。**寡人雖死，亦無悔焉。」對曰：「羣臣願奉馮也。」**「馮」亦作「憑」，穆公之子，莊公也。**公曰：「不可。先君以寡人爲賢，使主社稷。若棄德不讓，是廢先君之舉也，豈曰能賢？**穆公之意，蓋以讓國是德，宣公以國讓於己，己亦讓位於人，是光昭先君之德舉。己不讓，則是廢棄此德舉。襄公十三年傳士匄亦云：「昔臣習於知伯，是以佐之，非能賢也。」能賢，蓋當時常語，猶今之言賢能也。**光昭先君之令德，**光昭，猶今言發揚。令，善也。**可不務乎？**說文：「務，趣也。」段注云：「趣者，急走也。務者，言其促疾於事也。」段說是。晏子春秋云：「景公起大臺，役者皆凍，晏子執朴，鞭其不務者。」淮南子修務訓云：「聖人知時之難得，務可趣也。」諸「務」字尤合此訓。吾子其無廢先君之功！」吾子，對稱代詞，既表恭敬，亦表親暱。上稱子，此稱吾子，表示其囑託之重且深。其，表命令副詞。使公子馮出居于鄭。杜注：「避殤公也。」八月庚辰，宋穆公卒，殤公即位。

君子曰：「宋宣公可謂知人矣。立穆公，其子饗之，命以義夫！饗與享同，受也。命，謂宣公不立子而讓弟之命。夫音扶，語氣詞。此句意謂其命出自道義。商頌曰『殷受命咸宜，百禄是荷』，其是之謂乎！」宋爲殷商後，故引商頌以贊之。詩見玄鳥之卒章。受、授古人多同用「受」，疑此受即授。殷商王位，早期多兄終弟及，宋宣公亦不傳子而傳弟，故引此詩。竊疑作者讀「咸宜」之「宜」爲「義」，「宜」與「義」古音全同，可通訓。「殷受命咸義，百禄是荷」者，亦謂殷王兄終弟及爲義，因而得各種福禄也。或讀「宜」如字，誤。杜注僅就殷湯、武丁爲言，亦誤。百禄是荷，荷百禄之倒裝式。百禄猶言多福。荷，毛詩用本字作「何」；去聲，負荷也。史記宋世家叙此事全取左傳。

三·六 冬，齊、鄭盟于石門，尋盧之盟也。尋，温也。尋盟，當時常語，即修舊好之義。盧盟在春秋前。盧，地名，據讀史方輿紀要，當在今山東省長清縣西南二十五里。庚戌，十二月無庚戌，日有誤。鄭伯之車僨于濟。僨，音奮，仆也。濟，古四瀆之一，今河道已奪。讀史方輿紀要云：「大清河在長清縣西南二十里，自平陰縣流入境，又東北入齊河縣境，即濟水也。鄭伯之車僨于濟，蓋在縣界。」杜注謂鄭伯之車所以傾覆于水，由遇大風之故，傳記其異。恐臆説。

三·七 **衞莊公娶于齊東宮得臣之妹，曰莊姜，**衞莊公名揚，據史記十二諸侯年表，即位于周平王十四年（公元前七五七年），即春秋前三十五年。又據衞世家，莊公五年娶齊女爲夫人，此齊女即莊姜，當是齊僖公之姊妹，齊莊公之嫡女。東宮，太子所居，故名太子曰東宮。得臣，齊莊公之太子，當是未得立而死，故齊莊公死，齊僖公得繼立。不曰僖公之妹，而曰東宮得臣之妹者，明得臣是嫡長子，其妹必是嫡女也。詩衞風碩人云「東宮之妹」，傳文本此。**美而無子，衞人所爲賦碩人也。**「賦」有二義，鄭玄曰「賦者或造篇，或誦古」，是也。此「賦」字及隱元年傳之「公入而賦」、「姜出而賦」，閔二年傳之「許穆夫人賦載馳」、「鄭人爲之賦清人」，文六年傳之「國人哀之，爲之賦黄鳥」，皆創作之義；其餘「賦」字，則多是誦古詩之義。衞人所爲賦碩人，即衞人爲之賦碩人，與閔二年「鄭人爲之賦清人」，文異義同。**又娶于陳，曰厲嬀，生孝伯，早死。**陳，國名，嬀姓，虞舜之後，故又稱虞，見逸周書王會篇，亦猶杞之稱夏，宋之稱殷或商。今河南省開封市以東，安徽省亳縣以北，皆其國土。都宛丘，即今河南省淮陽縣治。金文有陳侯鼎、陳子匜等，其字作「敶」。桓公二十三年入春秋，哀公三十五年，即魯昭公八年，爲楚所滅。魯昭公十三年，惠公復興。史記有陳世家。厲嬀、戴嬀可能爲桓公之姊妹行。左傳曰「又娶」，史記衞世家曰「又娶陳女爲夫人」，則厲嬀是莊公夫人無疑。諸侯是否應當再娶，三禮無文可徵。公羊傳謂諸侯不再娶，白虎通亦主是言，以左傳考之，不合史實。**其娣戴嬀，**「厲」、「戴」皆其人之謚。詩邶風燕燕云「仲氏任只」，毛氏傳云：「仲，戴嬀字也。」**生桓公，莊姜以爲己子。**桓公名完，衞世家云：「陳女女弟亦幸於莊公，而生子完。完母死，莊公命夫人齊女子之，立爲太子。」本傳孔疏云：「石碏言：『將立州吁，乃定之矣。』請定州吁，明太子之位未定。衞世家言立完爲太子，非也。」詩燕燕孔疏云：「左傳唯言戴嬀生桓公，莊姜養之以爲己子，不言其死，衞世家云『完母死』，亦非也。」

公子州吁，嬖人之子也。嬖音閉，得寵幸者曰嬖。詳宣十二年傳注。**有寵而好兵，**兵，武事。**公弗禁。莊姜惡之。石碏諫曰：**石碏，衞大夫。碏音鵲。**「臣聞愛子，教之以義方，**方，道也。義方猶義道。**弗納於邪。驕、奢、淫、泆，**泆與逸字通。尚書酒誥「淫泆于非彝」，釋文云：「泆，又作逸，亦作佚。」孔疏云：「驕謂恃己陵物，奢謂夸矜僭上，淫謂嗜欲過度，泆謂放恣無藝。」**所自邪也。**猶言邪所自也。謂由此四者，則必至于邪。**四者之來，寵禄過也。**意謂寵幸太過，其人必驕奢淫泆；驕奢淫泆，則無事不邪。**將立州吁，乃定之矣；若猶未也，階之爲禍。**階，階梯之意。此作動詞用，謂留作禍亂之階梯。**夫寵而不驕，驕而能降，**驕，指州吁目前情況言。降，暗指莊公死後，太子完繼位，州吁地位勢焰必不如目前言。能降，謂安於地位下降。**降而不憾，**憾，亦作「感」，音含，去聲，恨也。**憾而能眕者，**眕音軫，說文：「目有所恨而止也。」**鮮矣。**此數語謂寵之必驕，驕必難以貶黜，貶黜之必恨，恨必難自抑止，因而思亂。不如此者其人甚少。**且夫賤妨貴，**妨，害也。此以地位言，完爲夫人娣子，貴；州吁嬖人子，賤。**少陵長，**少，去聲。陵，侵也。此以年齡言，完長，州吁少。**遠間親，**間，去聲，代也。此以親疏言，完親，州吁疏。**新間舊，**此以歷史關係言。**小加大，**此以情勢言。加，亦侵陵之意。論語公冶長：「我不欲人之加諸我也，吾亦欲無加諸人。」馬融云：「加，陵也。」襄十三年傳云：「君子稱其功以加小人，小人伐其技以馮君子。」杜注云：「加，陵也；馮，亦陵也。」今言駕陵，駕即加。**淫破義，**此以義不義言。**所謂六逆也；君義，臣行，**臣行君之義。韓愈原道云「臣者，行君之令而致之民者也」，義蓋本此。**父慈，子孝，兄愛，弟敬，所謂六順也。**周語中富辰亦云：「夫禮，新不間舊。」管子五輔篇云：「是故聖王飭此八禮，以導其民。八者各得其義，則爲人君者中正而無私，爲人臣者忠言而不黨，爲人父者慈惠以教，爲人子者孝悌以肅，爲人兄者寬裕以誨，爲人弟者比順以敬，爲人夫者敦懞以固，爲人妻者勸勉以貞。夫然，則下不倍（背）上，臣不殺（同弒）君，賤不踰貴，少不陵長，遠不間親，新不間舊，小不加大，淫不破義。凡此八者，禮之經也。」與左傳文義略同。**去順效逆，**去，作及物動詞用，舊讀上聲。效謂效法而行之。僖二十四年、襄二十一年傳皆云「尤而效之」，亦作效。**所以速禍也。**速，動詞，使動用法。速禍，謂使禍害速來。**君人者，**意謂爲人民之君者。**將禍是務去，**禍是務去，乃務去禍之倒裝式。**而速之，無乃不可乎？」弗聽。其子厚與州吁游，禁之，不可。桓公立，**據年表，桓公立於平王三十七年。**乃老。**史記衞世家所記略同。老，謂告老致仕。此追叙衞桓公即位以前及初即位石碏告老事。而隱公三年，衞桓公即位十五年矣。本文當與「四年春，衞州吁弒桓公而立」以下傳文連接爲一篇，後人分經之年與傳之年相附，遂割裂分列，宜併下年傳文讀之。

四年，壬戌，公元前七一九年。周桓王元年、齊僖十二年、晉鄂五年、衞桓十六年、蔡宣三十一年、鄭莊二十五年、曹桓三十八年、陳桓二十六年、杞武三十二年、宋殤公與夷元年、秦文四十七年、楚武二十二年。

經

四·一 **四年春王二月，**冬至在去年十二月十六日己卯，此年實建丑。二月則建寅之月。**莒人伐杞，**杞，國名，姒姓。杞本舊國，湯封之，梁玉繩史記志疑卷二曾言之，證以卜辭中有杞侯（殷虚書契後編下三七·五），良信。周武王克殷紂，求禹之後，得東樓公，封之於杞，是爲重封，故亦稱夏（見逸周書王會解），猶宋之稱殷、稱商。國都初于今河南杞縣，春秋前即已東遷。清光緒間，山東新泰縣出土杞伯器多種，許瀚以爲新泰即杞都所在，詳見吳式芬攈古録金文卷二。其後又遷淳于，即今山東安丘縣東北三十里之杞城。據顧棟高大事表，杞武公二十九年入春秋。春秋後三十六年，即杞簡公元年，楚惠王滅之。史記有杞世家，傳世有杞伯鼎、杞伯豆等。一九六六年，山東滕縣木石公社南臺大隊又發現杞伯每比所作邾曹鼎，定爲西周厲王時物。**取牟婁。**無傳。據清一統志，牟、婁爲兩邑，牟城在今山東壽光縣東北二十里，婁鄉城在諸城縣西南四十里。杜預注以牟婁爲一邑，即諸城縣西之婁鄉。昭五年經及傳「莒牟夷以牟婁及防兹來奔」，如此，牟婁實一地，杜說可信。宣十五年經之「無婁」，公羊雖作「牟婁」，實另一地。外諸侯取邑，全部春秋唯此年及六年兩見。或以後疆埸之爭，此取彼奪，數見不鮮，故皆略之乎。

四·二 **戊申，衞州吁弒其君完。**二月無戊申日，戊申當是三月十六日。此條不蒙上文，故杜注云：「有日而無月。」州吁爲公子，此不言公子州吁者，正義本杜氏釋例云：「推尋經文，自莊公以上，諸弒君者皆不書氏；閔公以下皆書氏。」弒音試，以下殺上曰弒。完，衞桓公之名。此春秋書弒君之始。「州吁」，穀梁作「祝吁」，州與祝古音聲紐與元音俱同，惟有平入之異，故得通假。

四·三 **夏，公及宋公遇于清。**公，魯隱公。宋公，宋殤公。穀梁八年傳云：「不期而會曰遇。」曲禮下云：「諸侯未及期相見曰遇。」杜預此注云：「遇者，草次（草次即造次，猶言倉卒）之期，二國各簡其禮，若道路相逢遇也。」清，地名，據杜注是衞邑，當在今山東省東阿縣南約二十里之地。

四·四 **宋公、陳侯、蔡人、衞人伐鄭。**春秋傳說彙纂云：「此諸侯會伐之始，亦東諸侯分黨之始。」據傳衞州吁告宋之言「若伐鄭，以除君害，君爲主，敝邑以賦與陳、蔡從」云云，則是役以宋爲主，故首列宋公。宋與陳皆國君自將，故陳侯次之。蔡、衞則是大夫帥師，故稱人。詩邶風擊鼓序云：「衞州吁用兵暴亂，使公孫文仲將，而平陳與宋。」則衞州吁未嘗自將，可以知矣。蔡，國名，武王弟蔡叔度之後。此時都上蔡，今河南省上蔡縣西南附近有故蔡國城。故城長一〇四九〇米，略成南北長方形。平侯遷新蔡，今河南新蔡縣。昭侯遷州來，謂之下蔡，今安徽鳳臺縣。一九五五年五月曾在安徽壽縣發掘蔡侯墓，並出土有蔡侯鐘、蔡侯盤及吳王光鑑等遺物。此地離鳳臺縣極近，故蔡侯葬此。史記有蔡世家。宣公二十八年入春秋。春秋後二十一年，蔡侯齊四年滅於楚。然據程恩澤戰國策地名考及蘇時學爻山筆話，戰國時又復建國于今湖北巴東縣、建始縣一帶，更至楚宣王八年時，而蔡始亡。

四·五　秋，翬帥師會宋公、陳侯、蔡人、衛人伐鄭。翬，魯大夫公子翬，字羽父。其不稱公子者，史原有徒名之例，此與前二年「無駭帥師入極」、莊三年「溺會齊師伐衛」例同。説見毛奇齡春秋傳。彙纂曰：「此大夫會伐之始。」

四·六　九月，衛人殺州吁于濮。濮音卜，陳國地名，即昭公九年傳之「夷濮」，説詳孫人和陳濮水考（文史第二輯），其地當在今安徽亳縣東南。

四·七　冬十有二月，衛人立晉。晉，宣公名。

傳

四·一　四年春，衛州吁弑桓公而立。此句本緊接上年末傳文，爲後人所割裂。史記衛世家云：「十三年，鄭伯弟段攻其兄，不勝，亡，而州吁求與之友。十六年，州吁收聚衛亡人，以襲弑桓公，州吁自立爲衛君。」

四·二　公與宋公爲會，將尋宿之盟。宿盟在隱元年。未及期，衛人來告亂。夏，公及宋公遇于清。

四·三　宋殤公之即位也，公子馮出奔鄭。鄭人欲納之。及衛州吁立，將修先君之怨于鄭，鄭與衛世有戰争，此先君當包括莊公、桓公以上各君。修，治也。治怨猶報復怨仇。而求寵於諸侯，以和其民。使告於宋曰：「君若伐鄭，以除君害，君害，指宋公子馮，欲與宋殤公争君位者。

君爲主，敝邑以賦與陳、蔡從，敝邑以賦與陳、蔡從爲一句。賦，兵賦，即「悉索敝賦」之賦，蓋總指戰争之人力物力而言。從，舊讀去聲。則衛國之願也。」宋人許之。於是陳、蔡方睦於衛，於是，於此時也。故宋公、陳侯、蔡人、衛人伐鄭，圍其東門，五日而還。衛世家、鄭世家俱採左傳。詩擊鼓可能因此役而作。

公問於衆仲曰：衆仲，魯大夫。潛夫論志氏姓篇云：「魯之公族有衆氏。」「衛州吁其成乎？」其，將也。對曰：「臣聞以德和民，不聞以亂。亂謂用兵伐鄭。以亂，猶治絲而棼之也。棼，音汾，紛亂之意。夫州吁，阻兵而安忍。夫音扶，提挈之詞。阻，仗恃也。漢書朱建傳「不欲阻險」，不欲恃險也。安忍謂安於殘忍。阻兵，無衆；恃力則衆不附。安忍，無親。素行殘忍，則無親附之者。衆叛、親離，難以濟矣。濟，成功也。句猶言難於濟矣。夫兵，猶火也；弗戢，戢音緝，藏兵也，斂也，止也。將自焚也。夫州吁弑其君，而虐用其民，於是乎不務令德，令，善也。而欲以亂成，必不免矣。」古人於免禍、免刑皆曰免，亦猶史、漢謂免官曰免。

四·四 秋，諸侯復伐鄭。宋公使來乞師，考之春秋經，他國來魯乞師，除晉國外，皆不書，故此宋來乞師不見於春秋。公辭之。羽父請以師會之，羽父，公子翬之字。公弗許。固請而行。故書曰「翬帥師」，疾之也。疾之者，惡其不聽公命也。諸侯之師敗鄭徒兵，古皆車戰，此言僅敗其徒兵，足見鄭雖敗，未受大創。説本沈欽韓補注。　古者謂戰器爲兵，戰必令人執兵，執兵之人亦曰兵。　徒兵即步卒，在車下作戰者。　亦曰徒，如詩魯頌閟宮「公徒三萬」。　禹鼎銘「遣禹率公戎車百乘，斯馭二百，徒千」，則徒兵西周已有之。　**取其禾而還。**禾見三年傳「取成周之禾」注。

四·五　**州吁未能和其民，**上文衆仲對魯隱公之問，其言曰：「臣聞以德和民。」此「和民」即接上文而來。**厚問定君於石子。**厚，石厚，州吁黨羽，石碏之子，三年傳所謂「其子厚與州吁游」者是也。　定君，使君位安定。　州吁未能和民，君位不能穩定，石厚乃問計於其父。　石子即石碏。　**石子曰：「王覲爲可。」**諸侯朝見天子曰覲。　王覲猶言覲王，此種語法乃猶孔子家語篇名曰郊問，乃問郊之意；楚辭有天問，乃問天之意。　石子意謂如能朝覲周王，即取得合法（天子同意）地位。　**曰：「何以得覲？」曰：「陳桓公方有寵於王。**此時陳桓公未死，不應舉其謚，此或左傳作者偶疏之筆。　左傳全書僅此一例，而史記則多有之。**陳、衛方睦，若朝陳使請，**朝音潮。　諸侯見天子曰朝，諸侯相見亦曰朝。　**必可得也。」厚從州吁如陳。**　如，動詞，往也，適也。　**石碏使告于陳曰：「衛國褊小，**褊音貶，小也。　褊小，蓋當時常用詞。　孟子梁惠王上齊宣王亦曰：「齊國雖褊小。」**老夫耄矣，**據曲禮，大夫七十歲以上自稱老夫。　曲禮鄭注云：「耄，惛忘也。」**無能爲也。　此二人者，實弑寡君，敢即圖之。」**「弑」字各本作「殺」，今從石經、宋本改作「弑」。　敢，敢請之意。　即，就也，就此機會。　**陳人執之，而請涖于衛。**涖，音利，又音類，臨也。

此謂陳人執州吁與石厚，而請衞人自來討殺之。**九月，衞人使右宰醜涖殺州吁于濮。**右宰，衞國官名，或因以爲氏，襄十四年傳有右宰穀。醜，人名。濮，地名。詳經注。史記衞世家所記略異。**石碏使其宰獳羊肩涖殺石厚于陳。**獳，奴侯切。古卿大夫有家臣，家臣之長曰宰。

君子曰：「石碏，純臣也。此與隱元年之「潁叔考，純孝也」句法相同。此臣當有特別意義，晉語云「事君不貳是謂臣」是也。**惡州吁而厚與焉。**與音預，謂一同被戮。**『大義滅親』，**此蓋古語。**其是之謂乎！」**

四·六

衞人逆公子晉于邢。逆，迎也。衞世家云：「迎桓公弟晉於邢而立之。」以公子晉爲衞桓公之弟，當另有所據。此時或正避亂而在邢。邢，國名，姬姓。通志氏族略二云：「周公之第四子受封於邢。」傳世有邢侯彝，彝爲周天子册命邢侯時所作，銘末曰「作周公彝」，足證其爲周公之胤，故僖二十四年傳云云。金文常見「井侯」、「井伯」，劉節古史考存古邦國考謂井即邢。今河北省邢臺市境有襄國故城，即古邢國。太平寰宇記卷五十九邢州龍岡縣引北史，謂齊武平初掘古冢，得銅鼎，有銘邢侯夫人姜氏墓，足證邢在今邢臺。**冬十二月，宣公即位。**宣公即公子晉。依舊禮，新君即位必在舊君死之第二年，此不待第二年者，孔疏云：「賊討乃立，自繼前君，故不待踰年也。」**書曰「衞人立晉」，衆也。**言公子晉之立乃本多數人之意。

五年，癸亥，公元前七一八年。周桓王二年、齊僖十三年、晉鄂六年、衞宣公晉元年、蔡宣三十二年、鄭莊二十六年、曹桓三十九年、陳桓二十七年、杞武三十三年、宋殤二年、秦文四十八年、楚武二十三年。

經

五・一　**五年春**，去年十二月二十六日甲申冬至，建丑，有閏月。**公矢魚于棠。**「矢」，穀梁作「觀」，公羊或作「矢」，或作「觀」。矢，陳也。孔疏云：「陳魚者，獸獵之類，謂使捕魚之人，陳設取魚之備，觀其取魚以爲戲樂。」朱熹語類、俞成螢雪叢説、邢凱坦齋通編、黄仲炎春秋通説、葉夢得春秋考、王應麟困學紀聞卷六上以及毛奇齡簡書刊誤、趙翼陔餘叢考卷二據傳「則公不射」之文，又據他書射魚之事，因謂矢魚爲射魚，靜簋云「射于大池」尤可證。但傳文明云「陳魚而觀之」，則矢仍當訓陳。周祖謨問學集審母古讀考亦謂「矢，古與陳聲相近」。傳云「則公不射」，只屬上文「鳥獸之肉」而言，與矢魚無關。公羊、穀梁「矢魚」作「觀魚」。臧壽恭左傳古義云：「陳魚、觀魚事本相因，故經文雖異，而傳説則同。」史記魯世家作「觀漁于棠」，「魚」作「漁」，蓋以漁解魚，魚爲動詞。詩小雅采綠「其釣維何？維魴及鱮。維魴及鱮，薄言觀者」，亦見古有觀魚事。棠，地名，今山東省魚臺新縣治西南有觀魚臺址。

五・二　**夏四月，葬衛桓公。**

五・三　**秋，衛師入郕。**「郕」，公羊作「盛」，或本亦作「郕」。郕，國名。傳世器伯多父簋銘云「成姬多母」，成姬即郕姬。鮑鼎春秋國名考釋亦云：「泉文『成』不從邑。郕者，後起之字也。」周原甲骨有「宬叔用」三字，戚叔即成叔，則字又作「戚」。據管蔡世家，初受封者成叔武爲文王之子，武王與周公之弟。孔疏云：「後世無所見，既無世家，不知其君號謚。」一九七五年于陜西岐山縣董家村發現成伯孫父鬲，或疑郕本封于西周畿内，東遷後改封于山東。方輿紀要及顧棟高大事表並謂古郕國當在今山東省汶上縣西北二十里，然恐離衛太遠。元和郡縣志十二、太平寰宇記十四、路史國名紀五、王應麟詩地理考六並云東漢郕陽縣爲古郕伯國，則郕故城當在今山東濮縣廢縣治東南。或云在鄄城和鄆城之間。

五·四

九月，考仲子之宮。 古時宗廟宮室或重要器物初成，必舉行祭禮，或名曰考，此「考仲子之宮」及詩斯干序所云「宣王考室」是也。或名曰落，昭四年傳「叔孫爲孟鐘，饗大夫以落之」是也。或名曰成，禮記檀弓「晉獻文子成室」是也。或名曰釁，定四年傳「祓社釁鼓」是也。考與釁對文則異。禮記雜記下云：「成廟則釁之，路寢成則考之而不釁。」鄭玄注云：「考之者，設盛食以落之爾。」但仲子之宮亦是宗廟，非生人居室，故知此考即釁。釁宗廟之禮詳見禮記雜記下。春秋經例，周公之廟稱大廟，羣公之廟不稱廟而稱宮，故此仲子之宮，即仲子之廟。左傳文例不如此，周公太廟亦或稱宮，羣公之宮亦或稱廟。仲子，惠公夫人，桓公之母。隱公本代桓公執政，實奉桓公爲君，故爲桓公尊異其母，爲別立一廟。**初獻六羽。** 此與考仲子之宮雖相關，而是兩事。考仲子之宮是爲廟成而舉行落成之祭，所祭爲門、户、井、竈、中霤之神。考宮之禮不用樂舞，故知初獻六羽與上句不相蒙。初獻六羽者，仲子神主入廟，獻六羽樂舞也。六羽即六佾。古代樂舞，以八人爲一列，謂之一佾。舞時，文舞執翟，詩邶風簡兮「右手秉翟」是也。翟是雉（野雞）羽，樹之于竿，執之而舞，故亦稱爲羽。古禮制，天子八佾，諸侯六佾，大夫四佾，士二佾。魯公爲諸侯，但據禮記祭統與明堂位，成王、康王命魯公世世祭祀周公，特用天子之禮樂，因而相沿用八佾。而今獨于祭仲子時改用六佾，故云初獻六羽。知他處仍用八佾者，昭二十五年公羊傳述子家駒之言曰：「諸侯僭於天子，大夫僭於諸侯久矣。設兩觀，乘大路，朱干玉戚以舞大夏，八佾以舞大武，此皆天子之禮也。」論語八佾篇亦謂「季氏八佾舞於庭」，必魯不廢八佾，季氏始得而亦用八佾。俞樾湖樓筆談謂初獻六羽爲始供雁、鶩、鷃、雉、鳩、鴿等六禽，曲説不可從。

五·五 **邾人、鄭人伐宋。** 邾國小，且邾儀父此時猶未受王命，尚是附庸；鄭國大，且鄭莊公正爲王朝卿士，而序邾于鄭之上者，以邾爲戎首，傳文所云「敝邑爲道」是也。

五·六 **螟。** 無傳。　螟，蛾屬，昆蟲類鱗翅目，幼蟲曰螟，棲稻之葉腋或莖中，蛀食稻莖之髓部，爾雅釋蟲所謂「食苗心，螟」是也。螟害成災，故書。

五·七 **冬十有二月辛巳，** 辛巳，廿九日。 **公子彄卒。** 彄音摳。公子彄即傳之臧僖伯。

五·八 **宋人伐鄭，圍長葛。** 長葛，鄭國邑名，當在今河南省長葛縣治東北二十餘里。

傳

五·一 **五年春，公將如棠觀魚者。** 魚者意即捕魚者，與孟子「芻蕘者」「雉兔者」語法相同。 **臧僖伯諫曰：** 臧僖伯即公子彄，字子臧，本孝公之子，臧是其後代之姓氏。孔疏云：「諸侯之子稱公子，公子之子稱公孫。公孫之子不得祖諸侯，乃以王父之字爲氏。計僖伯之孫始得以臧爲氏，今於僖伯之上已加『臧』者，蓋以僖伯是臧氏之祖，傳家追言之也。」僖是其謚。**「凡物不足以講大事，**講謂講習、簡習。大事指祭祀與兵戎。**其材不足以備器用，**此器用非一般之器用，獨指用于大事之器用而言，觀下文可知。**則君不舉焉。**舉，舉動、行動。**君，將納民於軌、物者也。故講事以度軌量謂之軌，**此解釋軌字。度軌量，度，動詞，舊讀入聲，音鐸，正也；軌量爲其賓語。度軌量猶言揆正法度。**取材以章物采謂之物。**此釋物字。章，明也。物之本義爲雜色牛（見王國維觀堂集林釋物及楊樹達先生積微居小學述林釋物），引申之，凡雜色亦可曰物，此物采之物字即是其義。物采爲同義連綿詞，猶上文軌量爲同義連綿詞，故亦可倒言爲「采物」，文六年傳「分之采物」是也。**不軌不物，謂之亂政。**不軌謂舉事不合禮制法度，不物謂不關大事器用之物采而君主浪用之，如莊公二十三年「丹桓宮楹」。**亂政亟行，**亟，去聲，屢也。**所以敗也。**此謂亂政亟行爲敗亡之原因。所以，古爲表原因之詞，與今之用爲表結果者不同。**故春蒐、夏苗、秋獮、冬狩，**此春、夏、秋、冬皆是夏正。左傳全書凡引古典標時而不揭月者，皆是夏正。蒐、苗、獮、狩皆田獵名，亦以之習武，因四時而異。爾雅釋天、周禮大司馬與左傳同，公羊謂春苗、秋蒐、冬狩（夏不田，其意蓋以爲夏非農隙，一年之田獵惟三時行之。禮記王制「天子諸侯無事，則歲三田」是也），穀梁謂春田、夏苗、秋蒐、冬狩，與此異。蒐音搜。獮音癬。**皆於農隙以講事也。**農隙謂農功空隙，即農閒之時。周語：「蒐於農隙，獮於既烝，狩於畢時。」農隙謂既耕之後；既烝之烝讀如論語陽貨「新穀既升」之升，登場也，即已經收割之後；畢時，謂當農務完畢之時。講事，講習武事，所謂教民戰也。**三年而治兵，入而振旅。**平年於四時小習武，三年又大演習。入謂入國都，演習在郊外，入國而後振旅。振，杜注云，整也。旅，衆也。振旅意即整軍。此習武之振旅。作戰凱旋亦曰振旅，詳僖二十八年傳並注。**歸而飲至，**桓公二年傳：「凡公行，告于宗廟，反行飲至，舍爵策勳焉。」襄公十三年傳：「公至自晉，孟獻子書勞于廟。」桓公十六年經：「公至自伐鄭。」傳：「公至自伐鄭，以飲至之禮也。」綜合觀之，凡國君出外，行時必告于宗廟，還時亦必告於宗廟。還時之告，于從者有慰勞，謂之飲至。其有功者書之于策，謂之策勳或書勞。**以數軍實。**數，計算也。軍實之實與庭實、内實、官實諸實字同義。左傳凡四用軍實，或指士卒言，宣公十二年之「無日不討軍實而申儆之」及襄公二十四年「齊社蒐軍實」是也；或指囚俘言，僖公三十三年傳「墮軍實而長寇讎」是也。此軍實則兼指其他俘獲，依周禮天官獸人鄭司農注引此文，亦以軍實爲俘獲。**昭文章，**昭，明也。文章猶言文彩，此指車服旌旗而言。**明貴賤，辨等列，**辨，别也。等列，等級也。**順少長，**爾雅釋天：「出爲治兵，尚威武也；入爲振旅，反尊卑也。」孫炎注：「出則幼賤在前，貴勇力也；入則尊老在前，復常法也。」**習威儀也。**以上就講事而言，以下就取材而言。**鳥獸之肉不登於俎，**俎，祭器，肉可以爲俎實。**皮革、齒牙、骨角、毛羽不登於器，**有毛曰皮，去毛曰革；皮爲茵韔（茵，車中墊褥；韔，皮製箭袋），革爲甲冑。牙，壯齒也，所以爲弭（弭，弓末也。詩采薇云「象弭魚服」，則是以象牙爲弭）。骨所以飾弓兩頭，角所以爲弓弩。毛，旄牛尾，所以注竿首；羽，鳥羽，所以爲旌。不登於器，猶言不用於製成軍國之重要器物。**則公不射，**僖伯謂鳥獸固田獵所射，然若不用于祭祀與軍備車服，即不用之于大事，則公不射。惠棟以祭祀射牲爲説亦有據。戬壽堂所藏殷墟文字考釋九之二云：「其射二牢吏伊。」則殷禮祭祀射牲。楚語亦云「觀射父云『天子禘郊之事，必自射其牲』」云云尤可證。但此僅謂國君一舉一動，必與國家大事有關，而觀魚者乃戲樂之事。**古之制也。若夫山林、川澤之實，**山林、川澤之實，不僅指材木、樵薪、蔆芡、魚蟹之屬，實包括一切不登於俎、不登於器而産於山川者。**器用之資，**此器用是一般器用。**皁隸之事，**皁隸，古之賤役。昭公七年傳云：「士臣皁，皁臣輿，輿臣隸。」**官司之守，非君所及也。」**穀梁傳謂「禮，尊不親小事，卑不尸大功。魚，卑者之事也。公觀之，非正也」，與此意相同。意謂至於山川産物，一般器用之物資，乃皁隸賤者之所爲，有關官吏管守之事，而非君主所應涉及者。**公曰：「吾將略地焉。」**巡行視察邊境曰略。棠爲魯、宋兩國交界之地，故隱公以略地爲名。**遂往，陳魚而觀之，**陳，陳設。**僖伯稱疾不從。書曰「公矢魚于棠」，非禮也，且言遠地也。**棠距曲阜較遠。

五·二

曲沃莊伯以鄭人、邢人伐翼，晉國事始見於此，而春秋經不書，蓋以晉五世有内亂，不及來告之故。晉國，武王子唐叔虞之後。成王滅唐而封叔虞。翼，今山西省翼城縣東南。傳世有晉公盦，據唐蘭晉公雉盦考釋，定爲晉定公所作。銘文「我皇祖鄺（唐）公，膺受大命，左右武王」云云，與逸周書王會篇所言「成周之會」，「唐叔、荀叔、周公在左，太公望在右」之意相適應，加以晉語引叔向之言，唐叔以武力封，足證呂覽重言、説苑君道所傳桐葉封弟之不可信。唐叔之子燮父改唐爲晉，即今之太原市。（顧炎武日知録卷三十一謂唐叔之封在翼，黄汝成集釋引全祖望説辨其在今太原。）四世至成侯，南徙曲沃，今山西省聞喜縣東。又五世至穆侯，復遷於絳，絳即翼。魯成公六年，晉景公遷都新田，此後命新田爲絳，新田即今山西侯馬市，而以舊都爲故絳。自春秋後出公以下五世六十五年，韓、趙、魏三家瓜分晉地，遷靖公爲庶民，晉亡。曲沃莊伯及翼本末，詳桓公二年傳。　曲沃在今山西省聞喜縣東二十里。曲沃去翼一百餘里。　**王使尹氏、武氏助之。**　王，周桓王也。　尹氏、武氏皆周世族大夫。尹氏又詳昭公二十三年經、傳，蓋食邑於尹，因爲氏者。　**翼侯奔隨。**　水經注引鄭氏詩譜云：「穆侯遷絳，孝侯繼昭侯而立，改絳曰翼。武公子獻公廣其城，又命之曰絳，莊公二十六年『士蔿城絳以深其宮』是也。」據此，翼與絳是一地二名。故史記索隱云：「翼本晉都，自孝侯以下，一號翼侯。」則翼侯即是晉侯，此翼侯爲晉鄂侯。　隨，晉地，後爲士蔿食邑，今山西省介休縣東稍南約二十五里有古隨城。

五·三　**夏，葬衞桓公。衞亂，是以緩。**　經書「夏四月，葬衞桓公」。衞桓公被殺於隱公四年三月，至此已一年有餘，始能安葬。依隱公元年傳及禮記禮器、雜記下，諸侯五月而葬，此因衞有州吁之亂，葬故緩。

五·四　**四月，鄭人侵衞牧，**爾雅：「郊外謂之牧。」杜預以牧爲地名，誤，詳洪亮吉左傳詁。　**以報東門之役。**　東門之役見隱公四年傳。　**衞人以燕師伐鄭。**　燕有二，一爲北燕，史記有燕召世家者是也。此爲南燕，孔疏云：「南燕國，姞姓，黃帝之後也。小國無世家，不知其君號謚。」南燕國國都故址，據清嘉慶重修一統志，在今河南省延津縣東北約四十五里，俗呼爲城上。　**鄭祭足、原繁、洩駕以三軍軍其前，使曼伯與子元潛軍軍其後。**　曼伯疑即莊十四年傳之子儀。而顧炎武左傳補正及日人竹添光鴻左傳會箋謂爲鄭昭公忽之字，疑不確。子元則鄭厲公之字。　軍，動詞，駐也，列也。　**燕人畏鄭三軍，而不虞制人。**

虞，度也，備也。制人即曼伯與子元暗中繞道出于燕師之後者。**六月，鄭二公子以制人敗燕師于北制。**二公子，曼伯與子元。北制，即虎牢。**君子曰：「不備不虞，不可以師。」**此言不防備意外，則不可以率軍作戰。

五·五 **曲沃叛王。**不久前，周桓王使尹氏、武氏助曲沃莊伯伐翼。此時曲沃莊伯復叛王。**秋，王命虢公伐曲沃，而立哀侯於翼。**十二諸侯年表：「桓王二年，使虢公伐晉之曲沃。」又晉世家：「周平王（案：當作桓王）使虢公將兵伐曲沃莊伯，莊伯走保曲沃。晉人共立鄂侯子光，是爲哀侯。」是時，鄂侯已奔隨，故立其子光。明年，鄂侯又被迎立。

五·六 **衞之亂也，郕人侵衞，故衞師入郕。**郕見經注。

五·七 **九月，考仲子之宫，將萬焉。**萬，舞名，包括文舞與武舞。文舞執籥與翟，故亦名籥舞、羽舞，詩邶風簡兮所謂「公庭萬舞，左手執籥，右手秉翟」者是也；武舞執干與戚，故亦名干舞，莊二十八年傳「爲館於其宫側而振萬焉，夫人聞之，泣曰『先君以是舞也，習戎備也』」者是也。萬舞亦用於宗廟之祭祀，詩商頌那「萬舞有奕」，用之於祀成湯也；魯頌閟宫「籩豆大房，萬舞洋洋」，用之於祀周公也；此則用之於祭祀仲子，蓋考宫之後而擬用之。考宫、將萬爲二事，詳經注。**公問羽數於衆仲。**羽數，執羽之人數。**對曰：「天子用八，諸侯用六，大夫四，士二。**襄公十一年傳「鄭人賂晉以女樂二八」，「二八」即二佾。天子用八佾，諸侯用六佾，大夫用四佾，士用二佾。八、六、四、二皆指佾數。佾，列也。每佾八人，所謂「所以節八音而行八風」

者也。故白虎通禮樂篇云：「八佾者何謂也？佾，列也，以八人爲行列。」楚辭招魂「二八接舞」，王逸注云：「二八，二列也。」國語「女樂二八」，韋昭注亦云：「八人爲佾，備八音也。」杜注謂「八八六十四人，六六三十六人，四四十六人，二二四人」，誤。俞樾茶香室經説謂「用八直是八人，用六直是六人，大夫四直是四人，士二直是二人」，尤爲曲説，不可從。**夫舞，所以節八音而行八風，**八音，金、石、絲、竹、匏、土、革、木八種不同材料所製樂器之音。周禮大師職注云：「金，鐘鎛也；石，磬也；土，塤也；革，鼓、鞉也；絲，琴、瑟也；木，柷、敔也；匏，笙也；竹，管、簫也。」八風，八方之風也。吕氏春秋有始覽：「何謂八風？東北曰炎風，東方曰滔風，東南曰薰風，南方曰巨風，西南曰淒風，西方曰飂風，西北曰厲風，北方曰寒風。」八風之名，亦見淮南子墬形訓與史記律書，大同小異。此謂舞所以隨樂，樂則節以八音之器，而播八方之風者也。**故自八以下。」**此謂唯天子得用八佾，諸侯以下宜等而下之。**公從之。於是初獻六羽，始用六佾也。**

五・八　**宋人取邾田。邾人告於鄭曰：「請君釋憾於宋，**以打擊報復之道而泄忿曰釋憾，猶今言解恨。**敝邑爲道。」**道同導，嚮導也。**鄭人以王師會之，**鄭莊公爲王卿士，故能以王師會之。**伐宋，入其郛，**郛，音孚，郭也，即外城。管子度地篇云：「歸地之利，内爲之城，外爲之郭。」**以報東門之役。**東門之役在隱公四年。**宋人使來告命。**告命，以君命告急請救。**公聞其入郛也。將救之，問於使者曰：「師何及？」對曰：「未及國。」**國即郛内。周禮鄉大夫鄭注云：「國中，城郭中也。」使者之答詞如此，杜預以爲忿魯隱公知而故意問之，顧炎武則云「諱之不以實告」。**公怒，乃止。**止而不往救援。

辭使者曰：「君命寡人同恤社稷之難，恤，憂也。難，去聲。今問諸使者，曰『師未及國』，非寡人之所敢知也。」

五·九 冬十二月辛巳，臧僖伯卒。公曰：「叔父有憾於寡人，臧僖伯爲孝公之子，惠公之弟，於隱公爲親叔父。有憾於寡人者，謂諫往觀魚者而不從之。寡人弗敢忘。」葬之加一等。杜注：「加命服之等。」

五·一〇 宋人伐鄭，圍長葛，以報入郛之役也。

六年，甲子，公元前七一七年。周桓王三年、齊僖十四年、晉哀侯光元年、衞宣二年、蔡宣三十三年、鄭莊二十七年、曹桓四十年、陳桓二十八年、杞武三十四年、宋殤三年、秦文四十九年、楚武二十四年。

經

六·一 六年春，鄭人來渝平。去年十二月初七日己丑冬至，建丑。公羊、穀梁作「輸平」，「輸」與「渝」同從俞聲，本可通用。史記年表云「隱公六年，鄭人來渝平」，則用左傳。廣雅釋詁：「渝，更也。」渝平與渝盟不同。渝盟見桓元年、僖二十八年傳。渝盟謂毁棄盟約，渝平則謂棄舊怨而修新好。魯、鄭本有舊怨，此時則變舊怨爲新好。

六·二　**夏五月辛酉，**辛酉，十二日。**公會齊侯盟于艾。**艾，疑地在齊、魯之間，當在今山東省新泰縣西北約五十里。

六·三　**秋七月。**李廉春秋諸傳會通云：「無事書『春正月』者二十四，自隱元年始；書『夏四月』者十一，自桓九年始；書『秋七月』者十七，自隱六年始；書『冬十月』者十一，自桓元年始。」舊説，春秋雖某一季度無事，亦必書時與其首月。（周正之正、四、七、十諸月即夏正之十一、二、五、八諸月，固爲一季之第一月，亦爲冬至、春分、夏至、秋分所在之月。故漢書律曆志引三統曆以爲「月以記分、至」。）但亦有不如此者，如桓四年及七年不書秋七月，成十年不書冬十月，桓十七年直書五月不書夏，昭十年直書十月不書冬。其所以不具者，杜預以爲史之闕文。

六·四　**冬，宋人取長葛。**

傳

六·一　**六年春，鄭人來渝平，更成也。**公羊傳云：「輸平猶墮成也。」穀梁傳亦云：「輸者，墮也。來輸者，不果成也。」左傳則以渝平爲更成。兩義相反。考之史事，左傳爲是。隱公爲公子時，與鄭人戰於狐壤，爲鄭人所獲，賂尹氏而逃歸，固與鄭結仇。隱公四年，宋、陳、蔡、衛諸國伐鄭，魯公子翬率師會之伐鄭。宋、鄭世怨，而魯、宋則屢結同盟，是魯、鄭亦仇怨之國，無所謂成不成也。既本無成，又何從而毁敗之？此蓋鄭莊公見上年魯公拒絶宋使之求援，因而派使來，約棄前嫌而修新好。餘詳經注。

六·二 **翼九宗五正頃父之子嘉父逆晉侯于隨，** 此句只是説嘉父迎晉侯于隨，「翼九宗五正頃父之子」，皆所以説明嘉父之所自出。翼，地名，蓋頃父、嘉父所居。九宗五正，官名，蓋頃父之官職。定四年傳云「分唐叔以懷姓九宗，職官五正」，足見此乃殷商以來傳世之官職。頃父或係當時極著聲望之人，故叙其子嘉父，冠以其名位，與桓二年「靖侯之孫欒賓」爲一例。此只叙一人耳，而詳其地，詳其族，詳其官，詳其父，於以見晉之有强宗耳。 **納諸鄂，** 據一統志，鄂侯故壘在今山西省鄉寧縣南一里。 **晉人謂之鄂侯。** 晉侯即翼侯之奔隨者。依晉世家及年表，鄂侯已卒於桓王立哀侯之前，此時不應與其子哀侯並立，史記蓋另有所據。依左傳所叙，哀侯已立於翼，故鄂侯不得復入翼。

六·三 **夏，盟于艾，始平于齊也。** 艾見經注。杜注云：「春秋前，魯與齊不平，今乃棄惡結好，故言始平于齊。」

六·四 **五月庚申，** 庚申，十一日。 **鄭伯侵陳，大獲。** 大獲者，謂虜俘甚多。近人以爲以俘虜爲其奴隸者甚多。 **往歲，鄭伯請成于陳，陳侯不許。** 何焯義門讀書記云：「周、鄭交惡，陳桓公方有寵於王，故不許鄭成。」考是年爲鄭莊公之二十七年、陳桓公之二十八年，傳所謂往歲者，不能確指是何年。若依何説，則當在周、鄭交惡以後，只是近年之事。五父諫曰：五父即桓公五年傳之文公子佗，餘詳桓五年傳注。「親仁、善鄰，國之寶也。君其許鄭！」其，表祈請與命令之副詞。陳侯曰：「宋、衛實難，王引之經義述聞云：「實，是也；難，患也。宋、衛實難者，言唯宋、衛是患也。」實爲用於動賓倒裝之結構助詞。鄭何能爲？」遂不許。

君子曰：「善不可失，惡不可長，長，動詞，上聲。其陳桓公之謂乎！長惡不悛，悛音銓，悔改也。從自及也。從，隨從，猶今言跟着，表時間之速。王引之以爲當作徒，不可從。自及，謂自及於禍害。雖欲救之，其將能乎！其，用法同豈。商書曰：『惡之易也，王念孫曰：「易者，延也，謂惡之蔓延也。」詳經義述聞。如火之燎于原，不可鄉邇，其猶可撲滅？』今商書盤庚上篇有此文，而無「惡之易也」一句，疑「惡之易也」一句乃左傳作者所增。鄉同嚮。其作豈用。周任有言曰：馬融論語注云：「周任，古之良史。」江永羣經補義云：「疑即書盤庚遲任。」『爲國家者，見惡，如農夫之務去草焉，芟夷蘊崇之，「蘊」，阮刻本作「藴」，今從校勘記及金澤文庫本正。芟，説文引作「癹」。癹音潑，以足蹋夷草。另有「芟」字，音衫，刈草也。考古多芟夷連用，成十三年傳云「芟夷我農功」，尚書序「芟夷頒亂」。或作「芟薙」，周禮稻人云「凡稼澤，夏以水殄草而芟薙之」，皆是也。杜注：「芟，刈也；夷，殺也。」周禮薙氏鄭玄注：「夷之，以鉤鎌迫地芟之也。」芟夷爲同義連綿詞。蘊崇，積聚也。漢書食貨志：「播種於甽中，苗生葉以上，稍耨隴草，因隤其土，以附苗根。故其詩曰：『或芸或芓，黍稷儗儗。』芸，除草也；芓，附根也。言苗稍壯，每耨輒附根。比盛暑，隴盡而根深，能（耐）風與旱，故儗儗而盛也。」此蓋古人去雜草藉以肥田之法。芟夷即芸，薀崇即芓（亦作耔），堆積附着苗根，讓其發酵肥田也。説本章炳麟春秋左傳讀。絶其本根，勿使能殖，則善者信矣。』」信同伸。　善者，意義雙關，既指嘉穀，又指善人、善政、善事。

六·五　秋，宋人取長葛。經書「冬，宋人取長葛」，而傳書「秋」，蓋經用周正，傳則作者取各國史策爲之，於宋國可能用殷正，趙翼陔餘叢考卷二亦云：「是宋用殷正也。」然此年周亦建丑，傳蓋用寅正。　上年冬經、傳並云「宋人伐鄭，圍長葛」，宋劉敞云：「按前圍今取，諸家並云一役，杜氏分爲兩役，非。」

六·六　冬，京師來告饑，公爲之請糴於宋、衞、齊、鄭，禮也。糴，音狄，買穀也。

六·七　鄭伯如周，始朝桓王也。杜注：「桓王即位，周、鄭交惡，至是乃朝，故曰始。」何焯義門讀書記云：「鄭既結怨於陳，又懼王之將討己也，故朝周。」王不禮焉。鄭世家云：「二十七年，始朝周桓王。桓王怒其取禾，弗禮也。」周桓公言於王曰：周桓公即桓公十八年之周公黑肩。據詩周南召南譜，周公封於魯，召公封於燕，元子世襲君位，而次子則世守王畿内之采地，在王朝爲官，即春秋時之周公、召公。周公最初之采地當在今陝西省鳳翔縣境，杜注所謂「扶風雍縣東北有周城」者是也。周東遷以後，平王以西都賜秦，周公、召公當別於東都受采地，而存周、召之本名。周公東都采地當今何所，則無所聞。「我周之東遷，晉、鄭焉依。晉、鄭焉依，即晉、鄭是依，故國語周語及水經渭水注引「焉」字俱作「是」，焉、是均爲結構助詞，助賓語倒置動詞前者。襄三十年傳云「安定國家，必大焉先」，言必先大也；吴語云「今王播棄黎老，而孩童焉比謀」，言比謀孩童也。後漢書任光李忠劉植傳贊「委蛇還旅，二守焉依」，即襲用此文句法。杜注：「周幽王爲犬戎所殺，平王東徙，晉文侯、鄭武公左右王室，故曰晉、鄭焉依也。」**善鄭以勸來者，猶懼不蔇，**蔇同暨，及也，至也。**況不禮焉？**此「焉」字作「之」字用，代詞。**鄭不來矣。」**

七年，乙丑，公元前七一六年。周桓王四年、齊僖十五年、晉哀二年、衞宣三年、蔡宣三十四年、鄭莊二十八年、曹桓四十一年、陳桓二十九年、杞武三十五年、宋殤四年、秦文五十年、楚武二十五年。

經

七·一　**七年春王三月，**去年十二月十八日甲午冬至，建丑，有閏。**叔姬歸于紀。**無傳。古代諸侯娶女、嫁女，以姪女與妹陪嫁，所謂媵以姪娣也。注家見二年伯姬歸于紀，而此時伯姬未卒，叔姬又歸于紀，故何休注公羊、杜預注左傳、范寧注穀梁，皆以爲此叔姬即伯姬之妹而爲媵者。其所以當時未隨伯姬同行者，以其時年尚幼稚，故六年之後始行。媵妾卑賤，嫁往夫家而竟書於經者，或以叔姬爲紀侯所重之故，或以叔姬有賢德之故。惟萬斯大學春秋隨筆本唐陸淳之意謂叔姬所歸，不爲紀侯，而爲紀侯之弟紀季。但此皆猜測之辭，傳既無文，闕疑可也。

七·二　**滕侯卒。**滕，國名，周文王子錯叔繡，武王封之，居滕。今山東省滕縣西南十四里有古滕城，即滕國也。

自叔繡至滕宣公十七世，乃見於春秋；滕隱公卒于魯哀公之十一年，滕隱公以後，尚有六世爲君，孟軻猶得見滕文公。戰國策宋策謂宋康王滅滕。孔疏引世族譜謂齊滅滕。金正煒戰國策補釋主宋滅滕説。彝器有滕侯穌毁、滕虎毁。「滕」字並從舟從火作「⿰舟灷」。魏三體石經左傳殘石則作「滕」。一九八〇年於滕縣莊里西村發現一套青銅樂器。

七·三 **夏，城中丘。** 中丘故城，當在今山東省臨沂縣東北。

七·四 **齊侯使其弟年來聘。** 春秋所謂弟，皆同母弟。莊八年傳云「僖公之母弟曰夷仲年」，本傳亦云夷仲年，即是此人。凡天子於諸侯，諸侯於諸侯，使其卿大夫相訪問，皆曰聘。説文云：「聘，訪也。」隱公九年及宣公十年穀梁傳並云：「聘，問也。」汪克寬春秋胡傳附録纂疏云：「書諸侯來聘三十一，齊五，晉十一，宋、衞各四，陳、鄭、秦、吴各一，楚三。」

七·五 **秋，公伐邾。**

七·六 **冬，天王使凡伯來聘。** 凡，本國名，周公之後，僖二十四年傳「凡、蔣、邢、茅、胙、祭，周公之胤」是也。凡伯蓋世爲周王室卿士而食邑于凡。詩大雅板序云「板，凡伯刺厲王也」，此爲厲王時之凡伯；詩大雅瞻卬與召旻序俱云「凡伯刺幽王大壞也」，此爲幽王時之凡伯。此凡伯當係此二人之後代。據方輿紀要及春秋大事表，凡城在今河南省輝縣西南二十里。**戎伐凡伯于楚丘以歸。** 定公四年傳云「君行，師從；卿行，旅從」，則凡伯之出使，必非少數人，戎欲攔截而擊之，亦必用相當兵力，故曰伐。楚丘當爲戎州己氏之邑，地界曹國與宋國之間。據一統志，楚丘城在今山東省成武縣西南、曹縣東南三十里。杜注以爲衞地，誤，詳春秋大事表。以歸者，戎脅迫凡伯與之同歸，實執之也。春秋以及三傳凡伯不再見，蓋爲此歟？淮南子泰族訓云「周之衰也，戎伐凡伯于楚丘以歸」，即用此文。

傳

七·一 **七年春，滕侯卒。不書名，未同盟也。凡諸侯同盟，於是稱名，故薨則赴以名，**盟時以名告神，故其卒亦以名訃告同盟諸侯。成十三年滕公會魯公及諸侯同伐秦，不知是同盟之國否，而十六年滕子卒亦不名。**告終、稱嗣也。**本脱「稱」字，今依石經、宋本、岳本、足利本、金澤文庫本補。告終，謂告亡者之卒；稱嗣，謂告嗣位者爲何人。**以繼好息民，**繼同盟之舊好，取得各國承認，而安息人民。**謂之禮經。**禮經猶言禮之大法。隱十一年傳云：「恕而行之，德之則也，禮之經也。」襄二十一年傳云：「會朝，禮之經也。」樂記云：「著誠去僞，禮之經也。」此「禮經」即「禮之經也」之意。杜注謂周公所制禮經，誤。

七·二 **夏，城中丘。書，不時也。**中丘，見經注。不時者，謂既非國防之所急，而又妨害農功。

七·三 **齊侯使夷仲年來聘，結艾之盟也。**艾盟在六年。經書年而傳曰夷仲年，年是其名，經只書其名而已；仲蓋其排行，夷蓋其謚，傳則用其全稱。廣雅云：「結，續也。」戰國策秦策注云：「結，固也。」於艾之盟續而固之，故曰結艾之盟。

七·四 **秋，宋及鄭平。七月庚申，**庚申，十七日。**盟于宿。**宿，今山東省東平縣東南約二十里之地。

公伐邾，爲宋討也。五年，邾、鄭會同伐宋，公嘗拒絶宋使之請救；六年初，又與鄭棄舊嫌而媾和，欲依鄭爲援；今則鄭復與宋盟，故懼宋而伐邾，宋嘗報鄭，未嘗報邾也，故曰爲宋討。

七·五 **初，戎朝于周，發幣于公卿，凡伯弗賓。**初，不知何年，當在此以前而已。發幣猶致幣也。詳王引之經義述聞。據儀禮聘禮，貴賓於朝君以後，又訪問公卿，公卿接待之於祖廟，復又私相見面，兩次皆有財禮，則所謂致幣也。説文：「幣，帛也。」儀禮士相見禮「凡執幣者」，疏云：「玉、馬、皮、圭、璧、帛，皆稱幣。」此引申義。發幣之幣即引申義。戎朝周王，於周室公卿亦致送財幣。公卿受幣後，據儀禮聘禮注及詩大東鄭箋，應設宴招待，並回致財幣。凡伯爲周室世卿，戎致送禮物，而竟不回報，是不以貴賓之禮待戎，故曰弗賓。弗賓者，不以貴賓待之也。**冬，王使凡伯來聘。還，戎伐之于楚丘以歸。**王使凡伯聘魯，凡伯回返周室，道經楚丘，楚丘爲戎所據之邑，戎故得攔截而擊之，執之而歸。餘詳經注。

七·六 **陳及鄭平。**六年，鄭侵陳，大獲，今乃媾和。**十二月，陳五父如鄭涖盟。**五父見六年傳注。涖，臨也，猶今言參加。**壬申，**壬申，二日。**及鄭伯盟，歃如忘。**歃音煞，以口微飲血也。盟時必宰牛，割其左耳，取其血，以敦盛之，與盟者一一微飲其血，謂之歃血。互詳元年注。説文引「如」作「而」，如、而兩字古多通用。歃而忘，謂臨歃而意不在盟。或以爲忘其盟辭，不確。**洩伯曰：「五父必不免，不賴盟矣。」**洩伯，鄭大夫洩駕。不免，謂不免於禍。五父於桓公六年爲蔡人所殺。賴，善也，利也。**鄭良佐如陳涖盟，**良佐，鄭大夫。**辛巳，**辛巳，十一日。**及陳侯盟，亦知陳之將亂也。**陳亂在桓公五年與六年。

七·七 **鄭公子忽在王所，**隱公三年，鄭公子忽爲質於周。**故陳侯請妻之，**妻，動詞，去聲。四年傳云：「陳桓公方有寵于王。」**鄭伯許之，乃成昏。**古者娶妻必於黄昏，故曰昏禮。據儀禮士昏禮，古代結婚有六禮，納采、問名、納吉、納徵、請期、親迎。見于春秋及三傳者，唯納幣。納幣即納徵。納幣之後，婚姻即訂。古謂之聘，如昭元年傳「鄭徐吾犯之妹美，公孫楚聘之矣」。此言「成昏」，即男家已向女家納幣。成有定義，論語先進「春服既成」，猶言春服已定。鄭忽迎娶在明年四月。

八年，丙寅，公元前七一五年。周桓王五年、齊僖十六年、晉哀三年、曲沃武公稱元年、衛宣四年、蔡宣三十五年、鄭莊二十九年、曹桓四十二年、陳桓三十年、杞武三十六年、宋殤五年、秦寧公元年、楚武二十六年。

〔注〕據年表，曲沃武公元年在去年。司馬遷蓋以曲沃莊伯死年即其子武公即位之年，不知當年雖嗣位，翌年乃得改稱元年。校以古本竹書紀年，亦應以此年爲武公之元年。

經

八·一 **八年春，**此年仍建丑，冬至在去年十二月三十日庚子。**宋公、衛侯遇于垂。**遇字之義，見四年經注。　垂，衞地，即今山東省曹縣北之句陽店。或以爲在今鄄城縣東南十五里。

八·二　**三月，鄭伯使宛來歸祊。**「祊」，音崩，公羊、穀梁及漢書五行志引俱作「邴」。方與丙，古音同屬邦母陽韻，故從方之祊與從丙之邴，可得通假。　宛，鄭大夫。　祊，鄭祀泰山之邑，當今山東省費縣東約三十七里處。餘詳傳注。　**庚寅，**庚寅，二十一日。　**我入祊。**魯雖入祊，然猶未完全固定，桓公元年卒易祊田，祊始肯定歸魯。

八·三　**夏六月己亥，**己亥，二日。　**蔡侯考父卒。**無傳。　史記管蔡世家云：「戴侯十年卒，子宣侯措父立。宣侯二十八年，魯隱公初立。三十五年，宣侯卒。」所叙年代與春秋合，惟「考父」作「措父」耳。傳世器有正考父鼎，阮元定此爲蔡侯考父器，可信。云「正」者，考父時爲周卿士也。詳鐘鼎彝器款識。

八·四　**辛亥，**辛亥，十四日。　**宿男卒。**無傳。

八·五　**秋七月庚午，**庚午，三日。　**宋公、齊侯、衞侯盟于瓦屋。**此時宋序仍在齊上，自齊桓公以後，齊常序在宋上矣。　瓦屋，杜注云「周地」，依傳文，可知在今温縣西北。或以今河南省淯川廢治南瓦屋里當之，則是鄭地，誤。又或以今清豐縣東三十五里之瓦屋頭集當之，尤非。

八·六　**八月，葬蔡宣公。**無傳。　諸侯五月而葬，此僅三月即葬。據經，三月而葬者乃常事。

八·七　**九月辛卯，**辛卯，二十五日。　**公及莒人盟于浮來。**「浮來」，公、穀俱作「包來」，包與浮古音近，可通假。　浮來，今山東省莒縣西有浮來山，山半有莒子陵，則浮來爲莒邑。杜預注則云紀邑。今人又謂浮來在沂源、沂水沿沂水東岸兩縣之間。

八·八　**螟。**無傳。成災，故書。

八·九　**冬十有二月，無駭卒。**杜注云：「公不與小斂，故不書日。卒而後賜族，故不書氏。」「無駭」，穀梁作「無侅」，駭侅同從亥聲，得通假。

傳

八·一　**八年春，齊侯將平宋、衞，**下云「齊人卒平宋、衞于鄭」，以是知此平宋、衞者，平宋、衞於鄭也，使宋、衞兩國與鄭國和好，文省「于鄭」兩字。國語鄭語云：「齊莊、僖於是乎小伯。」韋昭注云：「小伯，小主諸侯盟會。」此或者亦是齊僖公小伯之一事。**有會期。**即下文四月會于溫、盟于瓦屋之期。**宋公以幣請於衞，請先相見。**莊三十二年，宋公請先見於齊侯，因爲梁丘之遇，宋未嘗以幣。或以幣請，或不以幣請。此乃宋殤公餽贈禮物于衞宣公，請兩人先相見。**衞侯許之，故遇于犬丘。**犬丘即垂，一地兩名。互參經注。

八·二　**鄭伯請釋泰山之祀而祀周公，以泰山之祊易許田。**鄭桓公爲周宣王母弟，因賜之以祊，使於天子祭泰山時，爲助祭湯沐之邑。周成王營王城（在今洛陽市），有遷都之意，故賜周公許田，以爲魯君朝見周王時朝宿之邑。詩魯頌閟宮「居常與許」是也。或據此以周公姬旦或伯禽本封在今許昌或今魯山縣者，誤。鄭莊公或者見周王泰山之祀廢棄已久，助祭湯沐之邑無所用之，祊又遠隔，而許則近，因欲以祊易許。許有周公之别廟，恐魯以廢祀周公爲辭拒之，故以捨泰山之祀而祀周公爲辭。釋，捨棄也。易，交易，互换也。許田，據太平寰宇記，今河南省許昌市南有魯城，即此許田。**三月，鄭伯使宛來歸祊，不祀泰山也。**鄭先歸祊，魯此時尚未以許田與鄭。至桓元年，鄭始以璧假許田。史記年表云：「隱公八年易許田，君子譏之。」蓋用穀梁義。

八·三 **夏，虢公忌父始作卿士于周。**三年傳云：「鄭武公、莊公爲平王卿士，王貳于虢。王崩，周人將畀虢公政。」則虢公之爲王卿士，周室有意已久，此時乃實現，故傳文用「始」字。顧棟高春秋大事表引程啓生云：「鄭伯爲左卿士，則虢公右卿士也。鄭伯奪政之後，蓋周公黑肩代之，故桓五年伐鄭之役，虢公將右軍，周公將左軍。」

八·四 **四月甲辰，**甲辰，六日。**鄭公子忽如陳逆婦嬀。**此文本與七年傳「乃成昏」連貫爲一，因後人改編左傳，「分經之年與傳之年相附」，遂斷爲兩截。古人娶婦，除天子外，必親迎。親迎者，新壻先至女家，迎新娘歸。公子忽至陳逆婦，即行此禮。嬀，陳國姓，即以此名其新婦。逆，迎也。**辛亥，**辛亥，十三日。**以嬀氏歸。甲寅，**甲寅，十六日。**入于鄭。陳鍼子送女。**陳鍼子，陳國大夫。公子忽雖親迎其婦，陳國亦必有送女之人。**先配而後祖。**先配而後祖，指新夫婦而言，其上主語省略，古人以爲不言可知。配，指同床共寢；祖，指返國時告祭祖廟。依禮，鄭公子忽率婦返國，當先祭祖廟，報告其迎娶歸來之事，然後同居，乃公子忽則先同居而後祭祖。說見沈欽韓補注。劉毓崧通義堂文集卷三有大夫以上廟後成昏說。孔疏引鄭玄說，以祖爲祓道之祭，俞正燮癸巳類稿主之，但與下文「誣其祖矣」祖字之義不合，今不從。**鍼子曰：「是不爲夫婦，**此言不能名爲夫婦，其意謂，若要名爲夫婦，必須一切依夫婦婚娶之禮而行。公子忽先配後祖，違背禮節，因此難以謂之夫婦。**誣其祖矣，**其意爲若承認公子忽與陳嬀爲夫婦，則是欺誣其祖先。**非禮也，何以能育？」**育，說文：「養子使作善也。」意謂其子孫何以蕃育爲善於鄭。鄭公子忽果不終享鄭國，則其縱有子孫，亦難以存於鄭。

八·五　**齊人卒平宋、衛于鄭。**平宋、衛于鄭者，使宋、衛與鄭言和也。以經文齊侯與盟觀之，齊人蓋指齊僖公。**秋，會于温，**温，在今河南省温縣西南三十里。會于温，經文未書，蓋書「盟于瓦屋」可以包括之。**盟于瓦屋，**瓦屋見經注。**以釋東門之役，**東門之役在四年。釋，丢却舊事不再置念。若宋、衛仍以曾經圍鄭東門爲念，惟恐鄭之報復，則難于言和。齊僖公早與鄭莊公相親而謀議，足以代表鄭國表示其盡棄舊嫌之心，故此會雖平宋、衛于鄭，而鄭莊公可以不與盟。**禮也。**

八·六　**八月丙戌，**據經，七月有庚午，九月又有辛卯，則八月不得再有丙戌。**鄭伯以齊人朝王，**齊人，當亦指齊僖公。經、傳固有稱某國君爲某人者，其例不鮮。以，介詞，表率領，亦表引導。**禮也。**鄭莊公爲王朝卿士，以他諸侯朝王，故曰禮也。

八·七　**公及莒人盟于浮來，**浮來見經注。**以成紀好也。**好，去聲。二年傳云：「紀子帛、莒子盟于密，魯故也。」紀、莒兩國既爲魯國而盟會，則魯與莒盟，亦與紀友好之表示，故云以成紀好。

八·八　**冬，齊侯使來告成三國。**謂以宋、衞與鄭講和事來告。此事實齊侯從中斡旋之力，故由齊侯使人來告。**公使衆仲對曰：「君釋三國之圖，**圖，謀也。釋三國之謀，謂使三國捨棄其互相侵伐報復之謀議。**以鳩其民，**定四年傳云：「若鳩楚境，敢不聽命。」杜注：「鳩，安集也。」此「鳩」字亦此義。**君之惠也。寡君聞命矣，敢不承受君之明德。」**

八·九　**無駭卒，羽父請謚與族。**謚，死後依其人之行事而賜名。此禮蓋起於宗周共王、懿王諸王之後（據王國維遹敦跋所作結論）。族與姓氏之氏同義。毛奇齡經問云：「氏與族原無分別。襄仲以『仲』爲氏，以『東門』爲族，而春秋呼襄仲之子爲東門氏，則族亦稱氏。晉叔向曰：『肸之宗十一族，惟羊舌氏在而已。』夫叔向以『叔』爲族，以『羊舌』爲氏，今併『羊舌』而族之，則氏亦稱族。無駭已是公孫之子，生前未嘗賜氏，故於其死，羽父爲之請氏。」顧炎武日知録云：「春秋隱、桓之時，卿大夫賜氏者尚少，故無駭卒而羽父爲之請族。莊、閔以下，其時無不賜氏者矣。」**公問族於衆仲。衆仲對曰：「天子建德，**據杜注，建德者，建立有德之人而以爲諸侯也。**因生以賜姓，**因生以賜姓，前人異説頗多。依王充論衡詰術篇，譬如夏禹祖先因其母吞薏苡而生，故夏姓苡（史記作姒）；商朝祖先契，其母曰簡狄，吞燕子（卵）而生契，故商姓子；周朝祖先棄，其母曰姜原，踐踏大人脚跡，懷孕以生棄，故周姓姬。此謂因其祖先所由孕而得姓。依杜注、孔疏及鄭樵通志氏族略序，譬如舜生于嬀汭，其後胡公滿有德，周朝故賜姓曰嬀；姜之得姓，居於姜水故也。此謂因其祖所生之地而得姓。此又一說。于鬯香草校書則以生讀爲性，性即德也。因生以賜姓，即以其德行而賜之姓。此又一說。上古姓氏起源具體情況已難推斷，不但以上各種解釋皆屬臆測，即衆仲天子賜姓之説亦是據當時傳説與典禮而爲之辭，恐亦未必合於太古情況。**胙之土而命之氏。**國語齊語韋注云：「胙，賜也。」韻會云：「建置社稷曰胙。」依杜注意，此謂天子封諸侯，既因其所由以賜之姓，又封以土地而命之氏。如周封舜後於陳，賜姓曰嬀，命氏曰陳。國語周語下云：「皇天嘉之，祚以天下，賜姓曰姒，氏曰有夏，謂其能以嘉祉殷富生物也。祚四嶽國，命以侯伯，賜姓曰姜，氏曰有吕，謂其能爲禹股肱心膂以養物豐民人也。」可與此文互相印證。劉師培左盦集卷二有釋氏，可參看。**諸侯以字爲謚，因以爲族。**諸侯以字爲謚，六字爲句，鄭玄如此讀。杜預讀「諸侯以字」爲句，非。詳阮元校勘記。此謂諸侯于大夫，以其字爲其謚，而其後人因之以爲族姓。以字爲族者，多用於公族。當時之制，諸侯之子稱公子，公子之子稱公孫，公孫之子不可再稱公孫，乃以其祖父之字爲氏，如鄭公子去疾，鄭穆公之子，字子良，其子爲公孫輒，其孫良霄即以良爲氏，良霄之子爲良止是也。又有以父之字爲族者，如衛之子叔、公孟，宋之石氏是也。謚法之起，既在周共王、懿王以後，最初惟天子諸侯有之，卿大夫尚無用此典禮者。至東周以後，卿大夫始漸有之。崔述嘗考之春秋傳，晉自文公以前，惟欒共叔有謚，狐偃、先軫有佐霸之功，而謚皆無聞。至襄公世，趙衰、欒枝始有謚，而先且居、胥臣之屬仍以字稱。成、景以後，卿始以謚爲常；先縠、三郤以罪誅，乃無謚。降於平、頃，則雖欒盈之以作亂死，荀寅、士吉射之失位出奔，而無不謚矣。魯國大夫有謚者，較他國爲獨多，然桓、莊以前，卿尚多無謚者。昭、定之間，則榮駕鵞、南宮説、子服公父之倫，下大夫無不謚者。鄭國大夫初皆無謚，至春秋之末，子思、子賸亦有謚。惟宋國大夫始終無謚。據此，春秋初年，大夫並無賜名之謚，故衆仲云以字爲謚。古人多不知此義。張文䖍螺江日記雖知此義，而論證不明，故略言之。于鬯不解此義，謂「以字爲謚」之「爲」當讀「與」，果如此，「諸侯以字與謚因以爲族」，句不可通矣。顧炎武杜解補正據陸粲左傳附注，謂鄭玄駁五經異義引此傳文作「諸侯以字爲氏」，因謂「今作謚者，傳寫誤也」。朱熹以至石韞玉讀左卮言、張聰咸左傳杜注辨證悉主此説。但以字爲氏，因以爲族，兩句不嫌重複乎？故不取。**官有世功，則有官族。**謂以先世有功之官名爲族姓，如司馬氏、司空氏、司徒氏、宋之司城氏，晉之士氏、中行氏之類。**邑亦如之。」**謂以先世所食之采邑以爲族姓，如晉韓氏、趙氏、魏氏之屬。**公命以字爲展氏。**杜注云：「公孫之子以王父（祖父）字爲氏，無駭，公子展之孫也，故爲展氏。」杜云以王父字爲氏，蓋本公羊傳之説。明傳遜則以「展」爲無駭本人之字。以文義觀之，傳遜之説較可信。自杜注而後，孔疏、鄭樵氏族略、唐書宰相世系表，均從杜氏誤説矣。

九年，丁卯，公元前七一四年。周桓王六年、齊僖十七年、晉哀四年、曲沃武公二年、衞宣五年、蔡桓侯封人元年、鄭莊三十年、曹桓四十三年、陳桓三十一年、杞武三十七年、宋殤六年、秦寧二年、楚武二十七年。

經

九·一 **九年春，**去年十二月十一日乙巳冬至，建丑。**天王使南季來聘。**無傳。「天王」本作「天子」，今依石經、岳本、足利本、金澤文庫本改。公羊、穀梁亦皆作「天王」。杜注：「南季，天子大夫也。南，氏；季，字也。」惠棟與孔廣森等均以南季爲文王子南季載之後，詳穀梁古義與公羊通義。

九·二　**三月癸酉，**癸酉，十日。**大雨，震電。**年表云：「隱公九年三月，大雨，震電。」

庚辰，庚辰，十七日。**大雨雪。**雨爲動詞，即下雪，傳文可證。

九·三　**挾卒。**無傳。公、穀「挾」皆作「俠」，挾、俠字得通用。挾爲魯大夫之名。不書氏族者，杜注以爲未賜族。元齊履謙春秋諸國統紀云：「魯卿之嗣不見於經者三人，然益師之後，傳有衆仲；無駭之後，傳有展禽、展嘉、展瑕、展叔、展王父；惟挾之後無見。」至章炳麟春秋左傳讀以莊公二十四年之御孫當挾之後，則純是臆測之辭。穀梁傳云：「俠者，所俠也。」楊疏轉引漢尹更始説，謂「所者，俠之氏」，但春秋無所氏，説未必可信。

九·四　**夏，城郎。**元年夏，費伯已城郎，而今年又城郎，蓋魯有兩郎。費伯城者爲舊魚臺縣治東北八十里之郎，去魯（曲阜）約二百里，爲遠。此年城者，蓋魯（曲阜）近郊之邑。説見江永春秋地理考實。又互詳莊三十一年經注。

九·五　**秋七月。**一季雖無事，亦書首月。

九·六　**冬，公會齊侯于防。**「防」，公羊作「邴」，從方聲之字與從丙聲之字，古音多同（方、丙二字古音同屬邦母陽韻），故防、邴得通假。魯有二防，此時西防尚未爲魯所有，故知此是東防，當在今山東省費縣東北四十餘里，世爲臧氏食邑。餘詳襄十三年經注。石韞玉讀左卮言謂「防」字或「祊」字之訛，祊爲鄭邑而新歸於魯，此時鄭告伐宋，魯會齊而謀之於祊也。姑録之以備參考。

傳

九·一 **九年春王三月癸酉，大雨霖以震，書始也。**「大雨霖以震」爲句。以，連詞，與也。尚書金縢「天大雷電以風」，與此句法同。臧琳經義雜記謂「大雨霖」爲句，「以震書始也」爲句，誤。書始也者，依杜注義，謂癸酉日爲開始霖雨之日。霖雨爲久雨，當不止一日。經作「大雨震電」，傳作「大雨霖以震」，文異而義同，所謂錯綜成辭。杜注、孔疏必謂經文脱「霖以」二字，「電」字乃後人妄加，考之公、穀與漢書五行志，知經文本作「大雨震電」，並無誤。說本臧琳經義雜記與洪頤煊讀書叢録。**庚辰，大雨雪，亦如之。**亦如之者，大雪不止一日，而以庚辰日開始，與上文所言書始也相同。**書，時失也。**意謂經文所以書此者，當時誤以王三月爲夏正正月，不當有雷電；既有雷電，則不當有大雪。乃雷電之後八日復有大雪，皆節候不得其正，故言時失。漢書五行志云「劉向以爲周三月，今正月也，當雨水，雪雜雨，雷電未可以發也。既已發也，則雪不當復降。皆失節，故謂之異」，可以爲證。

凡雨，自三日以往爲霖，此自解傳文「霖」字，杜注以爲解經文，非。**平地尺爲大雪。**此解經、傳「大雨雪」，平地雪深一尺，始能謂之大雪。

九·二　**夏，城郎。書，不時也。**此年建丑，周正之夏，當夏正之春，正農忙季節，若非急難，不宜大興土功，故云不時。

九·三　**宋公不王，**諸侯見於天子曰王。宋公不王，猶言宋公不朝。杜注謂不供王職，誤。説詳王引之經義述聞。然春秋之世，朝王者極少，以魯而論，十二公二百四十餘年，據春秋所載，惟僖公因晉文之霸，兩朝王所；成公因伐秦之役，一至京師；隱、桓二十九年間，王使來者不絶，而兩公未嘗一朝王。則鄭伯以宋之不王而討宋者，亦猶齊桓伐楚，責其包茅不入，皆藉辭而已。**鄭伯爲王左卿士，以王命討之。伐宋。宋以入郛之役怨公，不告命。**入郛之役在五年。公曾於七年爲宋伐邾，欲以悦宋，而宋猶不釋然，故雖見伐，而不來告。**公怒，絶宋使。**絶宋使者，探後言之，謂此後隱公與宋殤公不復有使者來往。

九·四　**秋，鄭人以王命來告伐宋。**前此鄭伐宋，恐未嘗得志，故鄭再謀伐宋，而以王命來告。

九·五　**冬，公會齊侯于防，謀伐宋也。**鄭伯未與會者，或以其國有北戎之役故。是以十年又有中丘之會。

九·六　**北戎侵鄭。**北戎疑即莊公二十八年之大戎、小戎（其地當在今山西省交城縣），或成公元年之茅戎（當在今山西省平陸縣），此數戎離鄭不遠，故能侵鄭。若以山戎（當在今河北省盧龍縣一帶）當之，則離鄭遠，恐未必是。説詳江永春秋地理考實。**鄭伯禦之，患戎師，曰：「彼徒我車，懼其侵軼我也。」**徒，步兵；車，車兵。淮南子覽冥訓高誘注云：「自後過前曰軼。」侵軼爲一詞，突然從後超越而來犯我之意。

公子突曰：「使勇而無剛者，嘗寇而速去之。公子突即後來之鄭厲公。嘗，試也，試探也。勇則能往，無剛則不以後退爲恥，此誘敵之兵。君爲三覆以待之。覆，埋伏之兵。伏兵分三處，故曰三覆。戎輕而不整，貪而無親；勝不相讓，敗不相救。輕率而無秩序，貪圖而不團結，故戰勝則争利而不相讓，戰敗則貪生而不相救。先者見獲，必務進；進而遇覆，必速奔。先行者見可以有所虜獲，必專一前進；進而遭遇伏兵突起，必馬上奔逃。後者不救，則無繼矣。後者見先行者之遇伏，奔潰而不相救助，則其兵無後援矣。乃可以逞。」逞，杜注：「解也。」解者，謂憂患可解。説本焦循左傳補疏。逞若作快意解，亦通。從之。

戎人之前遇覆者奔，祝聃逐之，祝聃，鄭大夫，疑是統帥伏兵者。衷戎師，衷借爲中，中斷之意。此謂因三處伏兵突起，將戎師折爲數段。洪頤煊經義叢鈔訓衷爲當，不可從。前後擊之，盡殪。殪音翳。盡殪猶今言全部殲滅。戎師大奔。戎師之先行遇伏者盡殪，其後軍不相救而奔潰。十一月甲寅，十一月無甲寅日。鄭人大敗戎師。盡殲其遇伏者，又敗其大奔者，故以大敗戎師總言之。

十年，戊辰，公元前七一三年。周桓王七年、齊僖十八年、晉哀五年、曲沃武公三年、衛宣六年、蔡桓二年、鄭莊三十一年、曹桓四十四年、陳桓三十二年、杞武三十八年、宋殤七年、秦寧三年、楚武二十八年。

經

一〇·一 **十年春王二月，**冬至在去年十二月二十一日庚戌，故實建丑。本年應有閏月。**公會齊侯、鄭伯于中丘。**中丘，魯地，見隱七年經注。

一〇·二 **夏，翬帥師會齊人、鄭人伐宋。**以傳文證之，齊人、鄭人實指齊僖公、鄭莊公。蓋魯僖公以前，多稱某國君爲某人；僖公而後，惟秦、楚兩國之君間稱秦人、楚人；宣公五年而後，即秦、楚之君亦不稱人。此自是時代不同，稱謂有異，無關所謂大義微言。

一〇·三 **六月壬戌，**壬戌，七日。**公敗宋師于菅。**菅本音姦，地名音關。宋國地名，疑當在今山東省單縣之北。**辛未，**辛未，十六日。**取郜。**郜，在今山東省成武縣東南十八里。**辛巳，**辛巳，二十六日。**取防。**防，據方輿紀要，在今山東省金鄉縣西南六十里。從此魯有二防邑，此爲西防，近齊國者爲東防。

一〇·四 **秋，宋人、衛人入鄭。宋人、蔡人、衛人伐戴。鄭伯伐取之。**戴音再，公、穀作「載」，釋文及正義亦作「載」。説文作「𢦔」。今河南省民權縣東而稍北四十五里，離宋都六十餘里，當即古載國之地。卜辭有𢦏方（見簠室殷契徵文二·八），則戴舊爲殷商時國，或周封以同姓。𢦏叔慶父鬲銘云「𢦏叔慶父作叔姬尊鬲」，故知戴，姬姓國也。郭沫若兩周金文辭大系考釋有𢦏叔朕鼎，亦此戴國所作鼎。

一〇・五 **冬十月壬午，**壬午，二十九日。**齊人、鄭人入郕。**郕，國名，見五年經、傳。

傳

一〇・一 **十年春王正月，公會齊侯、鄭伯于中丘。癸丑，**癸丑，以經證之，當是丑正二月（寅月）癸丑日，即二月二十五日。傳作正月，豈經用丑正，傳用寅正耶？**盟于鄧，爲師期。**鄧，魯地。九年爲防之會，鄭伯未與，故重爲此盟會。經僅書會而未書盟，杜注以爲魯公還國告祖廟時，告會而不告盟；劉師培春秋左氏傳答問以爲「盟鄧之役傳文爲師期，下言羽父先會齊、鄭，則出師之期不與盟符，經爲内諱，因不書盟」，皆是臆測。春秋全經盟會異地而並書者，僅襄公二十五年夏會于夷儀，秋同盟于重丘一次。此是大會，且會在夏而盟在秋，相距兩三月，其間又有鄭師入陳一事，故不能不分別書之。其餘則或以盟包會，如八年會于溫，盟于瓦屋，經只書盟；或以會包盟，如此經只書會于中丘，未必有深意。

一〇・二 **夏五月，羽父先會齊侯、鄭伯伐宋。**先會者，先公而行以會師也，杜注以爲非鄧盟所約之本期，恐非。

一〇・三 **六月戊申，**六月無戊申。如是戊午，則爲三日。**公會齊侯、鄭伯于老桃。**杜注：「老桃，宋地。」或云今山東省濟寧市東北有桃聚鄉即老桃，則地在魯、齊境上，恐非。此非盟會之會，蓋羽父已率師先公而行，公後至也。**壬戌，**壬戌，七日。**公敗宋師于菅。庚午，**庚午，十五日。**鄭師入郜。**郜本國名，爲周文王之子所封，春秋以前，爲宋所滅，其鼎自爲宋所取，魯故能得郜鼎。餘詳經注。辛未，歸于我。庚辰，庚辰，二十五日。鄭師入防。此防自是西防。辛巳，歸于我。

君子謂鄭莊公「于是乎可謂正矣，以王命討不庭，庭，動詞，朝于朝廷也。詩大雅常武「徐方來庭」，猶言徐國來朝。不庭即不朝。九年傳云「宋公不王」，故此云以討不庭。此不庭爲名詞，義謂不庭之國，即詩大雅韓奕之「不庭方」，毛公鼎之「不廷方」。管子明法解云：「廢其公法，專聽重臣，爲此，故羣臣皆務其黨，重臣而忘其主，趨重臣之門而不庭。故明法曰：十至於私人之門，不一至於庭。」則明以不至朝廷解不庭也。「庭」字亦作「寧」，易比卦云「不寧方來」，意即早先不來朝之國今來朝。易之「不寧方」又即周禮考工記梓人、大戴記投壺篇、白虎通義鄉射篇、説文矢部「侯」字之「不寧侯」。其祝辭曰「毋若不寧侯，不朝于王所，故伉而射女」，則不庭、不寧之訓不朝，尤顯然可證。杜預于成十二年「而討不庭」注云：「討背叛不來在王庭者。」以之解此，則合矣。惠棟、洪亮吉等依舊説謂不庭爲不直，非。説詳中國語文一九六三年第四期不廷不庭説。不貪其土，以勞王爵，正之體也」。勞，去聲，慰勞，犒勞也。「正」即「政」字。鄭伯爲王左卿士，以王命討宋，不宜接受此土，故以歸魯。故傳言以勞王爵，得治政之體。杜注未了。

一〇·四 蔡人、衛人、郕人不會王命。去年鄭伯以王命告伐宋，曾遍告有關各國，而蔡、衛、郕三國不以師會同伐宋。

秋七月庚寅，庚寅，五日。鄭師入郊，猶在郊。鄭師自郜、自防還國入于本國遠郊，停而未續進。宋人、衛人入鄭，宋、衛乘虛而入。蔡人從之伐戴。由下段傳文觀之，此六字宜作一句讀。八月壬戌，壬戌，八日。鄭伯圍戴。癸亥，癸亥，九日。克之，取三師焉。金澤文庫本「取」下有「其」字。三國已入戴，鄭伯圍而克之，故能取三國之師。

一〇·五 宋、衛既入鄭，而以伐戴召蔡人，蔡人怒，故不和而敗。此數語補充說明鄭師圍戴，第二日即克之故。

一〇·六 九月戊寅，九月無戊寅日。鄭伯入宋。杜注：「報入鄭也。」冬，齊人、鄭人入郕，討違王命也。以其不會師伐宋之故。

十有一年，己巳，公元前七一二年。周桓王八年、齊僖十九年、晉哀六年、曲沃武公四年、衛宣七年、蔡桓三年、鄭莊三十二年、曹桓四十五年、陳桓三十三年、杞武三十九年、宋殤八年、秦寧四年、楚武二十九年。

經

一一·一 十有一年春，冬至在去年十二月初二乙卯，建丑。有讀爲又，甲骨文、金文多作「又」。春秋經文凡整數與零數之間悉加「有」字，傳文則否。滕侯、薛侯來朝。滕見七年經注。薛，任姓國，杜注謂小國無傳記，其君之世不可知。定元年傳謂奚仲居薛；國語晉語四謂黃帝之子十二姓，任爲其一，則薛亦黃帝之後也。雷學淇竹書紀年義證卷三十八曾比輯薛史事而論之。蓋薛本居薛城，今山東滕縣南四十里；後遷邳，亦曰下邳，在今江蘇邳縣東北；旋又遷上邳，即仲虺城，在薛城之西。春秋以後又遷下邳。閻若璩四書釋地謂齊湣王三年，封田文于薛，即薛亡之歲。傳世器有薛侯匜、薛侯鼎，一九七三年山東滕縣官橋公社狄莊大隊在薛城遺址又發現薛仲銅簠四件。　朝有數義。臣下見君上曰朝，「孟子將朝王」是也，此日常之朝。諸侯朝見天子亦曰朝，此覲見之朝，儀禮有覲禮載其儀節。諸侯相見亦曰朝，其朝見之儀，大戴禮記朝事有「諸侯相朝之禮」。薛國朝魯僅此一見。此後小國於大國，尤於霸主，非朝不可。

一一·二　**夏，公會鄭伯于時來。**公羊、穀梁「夏」下有「五月」二字。時來，公羊作「祁黎」。時來當在今河南省鄭州市北三十里。

一一·三　**秋七月壬午，**壬午，三日。**公及齊侯、鄭伯入許。**許，姜姓國，周武王封文叔於許，故城在今河南省許昌市東三十六里。魯成十五年，許靈公遷於葉，即今河南省葉縣南稍西三十里。昭公九年，許悼公遷夷，實城父，今安徽省亳縣東南七十里之城父集。一九六二年在安徽宿縣許村公社蘆古城孜發現許國諸俞之器。許國君葬於許村，離城父集固不甚遠。十八年遷析，實白羽，即今河南省西峽縣。定公四年，許男斯遷容城，容城故城在今魯山縣南稍東約三十里。傳世器有許子鐘、許子妝簠等。「許」皆作「鄦」，與説文同。自文叔至莊公十一世，始見于春秋。戰國初滅于魏。詳漢書地理志潁川郡許王先謙補注。

一一·四　**冬十有一月壬辰，**壬辰，十五日。**公薨。**魯公被殺而死者三，隱公、桓公、閔公。而桓公被殺于齊人，唯隱、閔被殺於國内。桓公之死，書公薨于齊，又書葬；而隱、閔二公只書「公薨」，不言薨于何處，亦不書葬。

傳

一一·一 **十一年春，滕侯、薛侯來朝，爭長。** 長，上聲。爭長，爭行禮先後。**薛侯曰：「我先封。」** 薛之祖先奚仲居薛，爲夏朝車正之官，是薛封於夏代。**滕侯曰：「我，周之卜正也；** 卜正，官名，爲卜官之長。周禮春官有太卜，當即此。**薛，庶姓也，** 庶姓，非周之同姓也。詳後。**我不可以後之。」**

公使羽父請於薛侯曰：「君與滕君辱在寡人， 辱爲表敬副詞。在，存問也。說詳王引之經義述聞。**周諺有之曰：『山有木，工則度之；** 度音踱（入聲），爾雅釋器郭璞注引作「剫」，治木謂之剫。又可解爲丈量長短。漢書律曆志所謂「分、寸、尺、丈、引也，所以度長短也」。**賓有禮，主則擇之。』** 度、擇爲韻，古音元音相同。**周之宗盟，** 宗盟爲並列結構。周禮大宗伯：「以賓禮親邦伯，春見曰朝，夏見曰宗，秋見曰覲，冬見曰遇，時見曰會，殷見曰同。」是宗亦會同之名。尚書禹貢「江漢朝宗于海」，朝、宗亦以同義詞並列爲一詞。則宗盟者，猶言會盟也。前人皆未得其義。**異姓爲後。** 陶鴻慶左傳別疏云：「周禮秋官司儀職云：『土揖庶姓，時揖異姓，天揖同姓。』鄭注云：『庶姓，無親者也；異姓，昏姻也。』賈疏云：『土揖庶姓已下，先疏後親爲次。』哀二十四年傳，周公及武公娶於薛，薛於魯固昏姻也，故滕侯言『庶姓』，公言『異姓』，庶有卑稱，而異存敵體。滕侯意主指斥，公意主平亭。一語之殊，辭氣宛然。左氏修詞精當如此。」**寡人若朝于薛，不敢與諸任齒。**諸任，謂任姓諸國。正義引世本姓氏篇，任姓之國有十，謝、章、薛、舒、呂、祝、終、泉、畢、過。齒，列也。不敢與齒，謂不敢與並列。**君若辱貺寡人，**貺，加惠也。**則願以滕君爲請。」**猶言願薛侯從滕侯之請求。

薛侯許之，乃長滕侯。長，仍讀上聲，動詞使動用法。長滕侯，使滕侯先於薛侯。

一一·二

夏，公會鄭伯于郲，「郲」，經作「時來」。詳經注。**謀伐許也。**

鄭伯將伐許。五月甲辰，甲辰，二十四日。**授兵於大宮。**兵，武器。大同太。太宮，鄭國祖廟。文二年傳云「鄭祖厲王」，則鄭之大宮，周厲王廟也。互詳宣十二年傳注。古者兵器藏于國家，有兵事則頒發；事畢，仍須繳還。周禮夏官司兵所謂「掌五兵五盾，各辨其物與其等以待軍事。及授兵，從司馬之法以頒之；及其受兵輸，亦如之；及其用兵，亦如之」是也。詳孫詒讓周禮正義。**公孫閼與潁考叔爭車，**閼音遏。公孫閼，鄭大夫。**潁考叔挾輈以走，**輈音舟，車轅也。爲駕車所用之車槓，後端與車軸相連，用於載物之車者爲兩直木夾於牲畜旁，曰轅；用於乘車者爲一曲木，在中，曰輈。在太廟内頒發兵車及兵器，車尚未駕馬，故潁考叔爲爭奪此車，因挾輈以奔馳。走，古爲奔跑之義。徐行曰步，急步曰趨，急趨曰走。**子都拔棘以逐之。**棘即戟。戟爲戈矛兩種兵器之合體，柄前安有直刃以刺敵人，而旁又有横刃可以勾啄敵人，兼有勾刺兩種作用。形式詳周禮考工記。近年出土之戟多爲戰國銅戟，與考工記合。及大逵，寬闊能並容九具車馬者謂之逵。此種道路已能四通八達，故爾雅云：「九達謂之逵。」鄭國有此，桓十四年傳亦謂之大逵，莊二十八年傳謂之逵市，宣十二年傳謂之逵路，雖非同一道路，皆以逵名。魯國亦有此，莊三十二年傳所謂逵泉是也。蓋國都必有其最寬闊而又四通之道路，皆可謂之逵。孔疏謂鄭城獨有之，恐非。弗及，子都怒。

一一·三

秋七月，公會齊侯、鄭伯伐許。庚辰，庚辰，初一日。傅于許。傅，附着也。傅于許，謂大軍薄許城而攻之。宣十二年傳「傅于蕭」，襄六年傳「傅於堞」，襄九年傳「聞師將傅」，襄二十五年傳「傅諸其軍」，諸「傳」字皆同此義。潁考叔取鄭伯之旗蝥弧以先登，蝥弧，鄭伯旗名，亦猶齊侯之旗名靈姑鈚，見昭十年傳。子都自下射之，射，舊音石。顛。顛謂自城上墜下。從後傳文，知其墜死。瑕叔盈又以蝥弧登，瑕叔盈，鄭大夫。周麾而呼曰：周，遍也。麾謂揮動旗幟以招大軍。「君登矣！」鄭師畢登。壬午，遂入許。疑鄭莊公入許。許莊公奔衛。許莊公奔衛，經文不書，亦猶定公四年吴人入郢，而經不書楚昭王出奔。

齊侯以許讓公。魯本有許田，見八年傳「鄭伯以泰山之祊易許田」注，此或齊侯以許讓魯之故歟？公曰：「君謂許不共，共音恭，法也。不共猶言不法，與下文「無刑而伐之」無刑同義。説詳俞樾羣經平議。故從君討之。許既伏其罪矣，雖君有命，寡人弗敢與聞。」與音預。魯隱公一則曰許既伏罪，二則曰我不敢與聞，其意蓋欲保存許國而不私有之。乃與鄭人。

鄭伯使許大夫百里奉許叔以居許東偏，據杜注及其世族譜，許叔爲許莊公之弟，名鄭，謚桓公。姚彥渠春秋會要則以爲許穆公，名新臣。許東偏，謂許城東部。曰：「天禍許國，鬼神實不逞于許君，不逞猶言不快意、不滿。而假手于我寡人，假手，猶言借手，謂借我之手以討伐之。假手，古人常語，如國語晉語一云「無必假手于武王」。後漢書段熲傳引熲上言「上天震怒，假手行誅」，得其義矣。伐許之役，鄭力爲多，故莊公云云。寡人唯是一二父兄不能共億，共，王念孫讀去聲。共億猶言相安，詳王引之經義述聞。其敢以許自爲功乎？其，用法同「豈」。寡人有弟，不能和協，而使餬其口于四方，此指共叔段而言，見元年傳。餬口之餬，即今餬紙餬窗之餬，以薄粥塗物也。昭七年傳正考父鼎銘「饘於是，鬻於是，以餬余口」可證。餬口者，以薄粥供口食耳。餬口於四方，「於四方」三字始有寄食之意，方言云「餬，寄也」，說文云「餬，寄食也」，皆王筠說文句讀所云「約舉傳意以爲說耳」。不然，不但不能以之釋正考父之鼎銘，莊子人間世云「挫鍼治繲，足以餬口」，亦難解釋矣。其況能久有許乎？吾子其奉許叔以撫柔此民也，吾子，親而又尊之對稱代詞。其，命令副詞。柔，和也，安也。撫柔一詞，猶言撫安。吾將使獲也佐吾子。獲，即下文之公孫獲，鄭大夫。「獲」下加「也」字，以示語氣鄭重。若寡人得没于地，謂以壽終。天其以禮悔禍于許，謂天或者依禮撤回加于許之禍。無寧茲許公復奉其社稷，無寧，寧也。無爲發語詞，無義，不可作否定詞看。茲，使也。謂願使許公重執國政。唯我鄭國

之有請謁焉，謁，請也。此語有省略，全句當是唯我鄭國之有請謁而是聽。**如舊昏媾，**謂相親若舊通婚之國。**其能降以相從也。**其，語氣副詞，表示不肯定。降，降心也。**無滋他族實偪處此，**滋，同茲，使也。**以與我鄭國爭此土也。吾子孫其覆亡之不暇，**覆，詩生民「鳥覆翼之」之「覆」，引申爲救護意，覆亡猶言挽救危亡。覆亡之不暇，猶言不暇挽救危亡。此句承上文而來，謂若使他族逼近而居於此，以與鄭國相爭，則鄭國將忙於救護敗亡。**而況能禋祀許乎？**禋音因，誠敬清潔以祀祭爲禋。句意謂若鄭忙於自救，亦難以保持許國土也。**寡人之使吾子處此，不唯許國之爲，**不僅爲許國。**亦聊以固吾圉也。」**聊，姑且。圉音語，邊疆也。**乃使公孫獲處許西偏，曰：「凡而器用財賄，無寘於許。**而同爾。財賄猶言財貨。器用財賄，當時常語，左傳屢見。無，表禁止，猶今言不要。**我死，乃亟去之！**亟，急也。**吾先君新邑於此，**「新邑於此」之「此」，指新鄭一帶。鄭國初封於西周，國土在今陝西省華縣東北二十里。東遷而後，鄭桓公伐虢、檜而併其土地，因立國於此。**王室而既卑矣，周之子孫日失其序。**序謂緒業，即所承受之功業。詩周頌烈文「繼序其皇之」，閔予小子「繼序思不忘」，諸「序」字即此義。說本王引之經義述聞。鄭亦周之子孫，此謂姬姓力量已漸衰落。**夫許，大岳之胤也。**大同太。大岳即四岳，國語周語下「共之從孫四嶽佐之，申、呂雖衰，齊、許猶在」及周語中「齊、許、申、呂由太姜」可證。舊說許爲堯時四岳伯夷之後，不可信。說詳顧頡剛史林雜識四嶽與五嶽。胤音印，後代也。**天**

而既厭周德矣，厭，厭棄也。吾其能與許爭乎？」其作豈用。

君子謂鄭莊公「於是乎有禮。禮，經國家，定社稷，序民人，利後嗣者也。經謂經營治理。定，安定。序民人，謂使民人有一定秩序或次序、等級。許，無刑而伐之，無刑猶言不法，違背法度。服而舍之，舍同捨。度德而處之，度舊音踱，量也。處之謂處理此事。量力而行之。相時而動，相，去聲，此指「我死乃亟去之」而言。無累後人，無，用法同不。累，去聲，恐也，憂也。句謂不遺後人以憂懼。可謂知禮矣」。

一一·四　鄭伯使卒出豭，行出犬、雞，以詛射潁考叔者。百人爲卒。豭音加，雄猪。祭祀周不用牝。二十五人爲行。行讀行列之行。日人中井履軒春秋左傳雕題略云：「卒自卒，行自行，蓋不相領統者。百人爲卒，是奉一車者，然則行乃徒兵之伍列矣。」雖未必然，亦備一說。出犬雞，或出犬，或出雞。詩小雅何人斯「出此三物，以詛爾斯」，毛傳云：「三物，豕、犬、雞也。君以豕，臣以犬，民以雞。」是古人祭神以詛人用豕、犬、雞三物。詛爲祭神使之加禍于某人。昭二十年傳云「民人苦病，夫婦皆詛。祝有益也，詛亦有損」云云可證。射潁考叔者明知爲公孫閼，而鄭莊公佯爲不知，使軍士詛咒之。竊疑公孫閼即詩鄭風山有扶蘇「不見子都，乃見狂且」之子都。其人貌美，得莊公之寵幸，故莊公不欲加之以刑，爲平衆怒計，乃出此策。說參石韞玉讀左卮言。

君子謂鄭莊公「失政刑矣。政以治民，刑以正邪。既無德政，又無威刑，是以及邪。及邪者，大臣不睦，于戰陣之時射殺先登者。邪而詛之，將何益矣」！

一一·五　王取鄔、劉、蔿、邘之田于鄭，鄔音烏。劉邑在今河南省偃師縣南，鄔又劉之西南。蔿音偉。蔿邑當在今河南省孟津縣東北。邘音于。邘邑，今河南省沁陽縣西北有邘臺鎮，當是古邘城。而與鄭人蘇忿生之田——温、原、絺、樊、隰郕、欑茅、向、盟、州、陘、隤、懷。成公十一年傳云「昔周克商，使諸侯撫封，蘇忿生以温爲司寇」，則蘇忿生乃周武王時司寇而受封于温者也。温即隱公三年「取温之麥」之「温」，故城在今河南省温縣西稍南三十里。依莊公十九年傳觀之，温于莊公十九年仍爲蘇氏邑。以金文證之，如敔毁銘云「王賜田于敔五十田，于早五十田」，則此所謂温田者，亦王田之在温者耳，非以其全邑與鄭，故温仍得爲蘇氏邑。原，今河南省濟源縣北而稍西有原鄉，當即其地。顧棟高大事表以爲濟源之原爲莊十八年原莊公之原，此則另一原邑，疑未能明。絺音痴，今河南省沁陽縣西稍南三十里有故絺城。樊，亦名陽樊，今濟源縣東南約二十里有古陽城，當即其地。隰郕，據王引之經義述聞考證，本作「隰成」，即濕城，後人誤改爲郕。當在今河南省武陟縣西南。欑音鑽營之鑽。欑茅，今河南省修武縣有大陸村者當即其地。向，今河南省濟源縣南稍西二十餘里有故向城。盟音孟，地在今河南省孟縣南稍西數里。州，當在今河南省沁陽縣東稍南五十里之地，餘詳昭三年傳注。陘音形，當在今河南省沁陽縣西北三十里地。隤音頹，地當在今河南省獲嘉縣北約二十里。懷，地在今河南省武陟縣西南，隰郕之北。據杜注，共十二邑。沈欽韓地名補注據正義引括地志，謂欑茅爲二邑，杜預誤合爲一，則共十三邑。今依杜注。

君子是以知桓王之失鄭也。此「是以」與作連詞用之「是以」不同。作連詞用之「是以」，意義等於故，此「是以」爲介賓倒裝，猶言以是、因此。是爲代詞，指下文所言。恕而行之，德之則也，禮之經也。己弗能有，而以與人。人之不至，不亦宜乎？杜注：「蘇氏叛王，十二邑王所不能有，爲桓五年從王伐鄭張本。」論語衞靈公以「己所不欲，勿施於人」爲「恕」，則周桓王以己不能有者與鄭莊爲失恕道矣。

一一·六　鄭、息有違言。息，一作「鄎」，姬姓之國。不知初封於何時何人。莊十四年前爲楚所滅。息故城當在今河南省息縣。清一統志引息縣志，謂有古息里在縣治西南十五里，即息侯國。息侯伐鄭，鄭伯與戰于竟，竟，同境，疆境。息師大敗而還。

君子是以知息之將亡也：莊十四年傳述楚文王以息亡之故伐蔡，則息之亡當在莊公十四年以前數年，距此時不過二三十年。「不度德，沈欽韓補注謂：德，得事宜也，鄭莊公能自用其威福以令人，故息之德不如鄭。不量力，鄭大息小。不親親，鄭、息同爲姬姓國，宜相親。不徵辭，徵，審也，明也，問也。意謂言語不和，仍當明辨是非。不察有罪。意謂既不徵辭，則曲直未分。犯五不韙，韙音偉，是也。而以伐人，其喪師也，不亦宜乎？」

一一·七　冬十月，鄭伯以虢師伐宋。壬戌，壬戌，十四日。大敗宋師，以報其入鄭也。入鄭事見十年傳。

宋不告命，故不書。命，國之大事政令。**凡諸侯有命，告則書，不然則否。師出臧否，亦如之。**否音痞。臧否謂善惡得失。古人常以臧否二字用於師旅。如易師卦初六爻辭云：「師出以律，否臧凶。」宣十二年傳釋之云：「執事順成爲臧，逆爲否。」國語晉語云：「夫師，郤子之師也，其事臧。」韋昭注云：「臧，善也。」**雖及滅國，滅不告敗，勝不告克，不書于策。**此謂勝敗兩方，有一方告，即書，不待雙方告而後書之。策，假借爲册。古代書寫多用竹木。用木者曰方，曰牘，曰版；用竹者曰簡，曰册。析言之，單執一札謂之簡，連編諸簡乃名爲策。册字，甲骨、金文以及小篆皆象長短竹簡連編之形，可以爲證。然對文則異，散文則通，單簡亦可謂之策。

二·八 **羽父請殺桓公，將以求大宰。**大同太，大宰亦作太宰。大宰之名見于諸經傳記者，以侯國言之，其義有二。一爲一般官職名，一爲冢宰、執政、卿相之義。以左傳考之，宋之大宰其位實在卿相下，華父督以大宰殺殤公而相莊公可證。然韓非子説林下云「宋大宰貴而主斷」，考以内儲説上「叔孫相魯，貴而主斷」之文，則大宰又指卿相言，則是第二義。鄭之大宰石㚟爲良霄之副手使于楚，見襄十一年傳，則職位不高。然晉趙武又稱鄭執政子皮爲冢宰，見昭元年傳，則爲後一義。楚以令尹執政，然其下有大宰子商、大宰伯州犁。然蔿敖爲令尹，晉隨會稱之爲宰，見宣十二年傳。宰即大宰，則大宰又爲執政之通稱。魯本無大宰之官，此云將以求大宰者，謂欲以殺桓公求爲執政之卿。故十二諸侯年表述此事云：「大夫翬請殺桓公，求爲相。」魯世家亦云：「公子揮諂，謂隱公曰：『百姓便君，君其遂立，吾請爲君殺子允，君以我爲相。』」皆以相釋大宰，得其義矣。**公曰：「爲其少故也，吾將授之矣。**爲其少故也，史文有省略。史記魯世家所述較全。授之，謂授之

以君位。使營菟裘，吾將老焉。」營，讀如詩大雅靈臺「經之營之」之「營」，亦即營造之營，猶今言建築。菟音徒。史記秦本紀云：「秦之先爲嬴姓，其後分封，以國爲姓，有菟裘氏。」潛夫論志氏姓亦云：「鍾離、運掩、菟裘，皆嬴姓也。」則菟裘古爲嬴姓之國，其後土地併于魯。梁履繩左通補釋引張雲璈之言云：「山東省泰安縣東南九十里近梁父有菟裘城。」老謂終老。**羽父懼，反譖公于桓公而請弒之。**譖，音怎，去聲，以言語毁人也。

公之爲公子也，與鄭人戰于狐壤，止焉。狐壤，鄭國地名，當在今河南省許昌市北。杜注：「内諱獲，故言止。」止，俘獲也。**鄭人囚諸尹氏。**尹氏，鄭大夫。**賂尹氏，而禱於其主鍾巫。**鍾巫，神名。尹氏之家立以爲祭主。説詳焦循左傳補疏。**遂與尹氏歸，而立其主。**立鍾巫之主於魯。**十一月，公祭鍾巫，齊于社圃，**公祭鍾巫，公將祭鍾巫也。古人有時省略將字。齊同齋。古人祭祀前，先齋戒。社圃，園名。**館于寪氏。**館，住宿也。寪音委。寪氏，魯大夫。**壬辰，羽父使賊弒公于寪氏，**「寪氏」猶言「寪家」。**立桓公，而討寪氏，有死者。**陳澧東塾讀書記云：「云討寪氏有死者，言其冤也。」寪氏不書名，顧炎武云：「言非有名位之人。」**不書葬，不成喪也。**陳澧又云：「言桓不以人君之禮葬隱也。」

春秋左傳注

桓公

世本云名軌，史記魯世家云名允。説文有「穀」字，從夲，從屮，允聲。軌蓋穀字之譌，世人少見穀也。

元年，庚午，公元前七一一年。周桓王九年、齊僖二十年、晉哀七年、曲沃武公五年、衞宣八年、蔡桓四年、鄭莊三十三年、曹桓四十六年、陳桓三十四年、杞武四十年、宋殤九年、秦寧五年、楚武三十年。

經

一·一 **元年春王正月，**去年十二月十四日辛酉冬至，此年仍建丑。**公即位。**「位」，古文經作「立」。金文無位字，位皆作「立」。漢書劉歆傳謂左氏傳多古字，然今本絶少古字，錢大昕潛研堂文集答問四謂蓋魏、晉以後經師所改。

一·二　三月，公會鄭伯于垂，鄭伯以璧假許田。垂見隱八年經注。此事亦見於隱八年經與傳。史記魯世家云：「桓公元年，鄭伯以璧易天子之許田。」集解云：「鄭以祊不足當許田，故復加璧。」鄭伯以祊加璧與魯易許田，此實交換，而經、傳以假借言之者，蓋襲用當時辭令。穀梁傳則云：「非假而曰假，諱易地也。」春秋繁露王道篇亦云，蓋公、穀義。

一·三　夏四月丁未，丁未，二日。公及鄭伯盟于越。正義云：「成會禮於垂，既易許田，然後盟以結之。」越當在今山東省曹縣附近。

一·四　秋，大水。

一·五　冬十月。

傳

一·一　元年春，公即位，修好于鄭。鄭人請復祀周公，卒易祊田。隱公八年傳只云「使宛來歸祊」、「我入祊」，而未言以許田致鄭，故鄭復以再祀周公終此交易爲請。魯初受祊而不致許者，或以祊小許大，不足抵償之故，鄭故加以璧。公許之。三月，鄭伯以璧假許田，爲周公、祊故也。爲周公、祊故也，猶言爲鄭請祀周公且以祊歸我故也。周公與祊爲兩事，觀上文自明，故此文有省略。于鬯不解此，謂「爲周公祊」不辭，當作爲周公祀，無據。

一·二 **夏四月丁未，公及鄭伯盟于越，結祊成也。**結成之事見襄公二十五及二十六年傳。**盟曰：「渝盟，無享國！」**渝，變也。

一·三 **秋，大水。凡平原出水爲大水。**

一·四 **冬，鄭伯拜盟。**諸侯來魯，魯史應書，而經無之。毛奇齡經問云：「魯史于桓年獨多闕文，不知舊史故闕而夫子仍之，又不知夫子本完書而其後又從而闕之，皆不可考矣。」夫子即孔丘。孔丘與春秋之關係，前言已詳之。

一·五 **宋華父督見孔父之妻于路，目逆而送之，曰：「美而艷。」**此二十字應與下年傳文「二年春，宋督攻孔氏，殺孔父而取其妻」連讀。孔疏引世本云：「華父督，宋戴公之孫，好父説之子。」蓋名督，字華父。華，去聲。古人名與字連叙，先字後名。孔父見隱公三年傳。逆，迎也。人從對面來，先以目迎之；既過，則以目送之。美言其面目姣好，艷言其光彩動人。

二年，辛未，公元前七一〇年。周桓王十年、齊僖二十一年、晉哀八年、曲沃武公六年、衞宣九年、蔡桓五年、鄭莊三十四年、曹桓四十七年、陳桓三十五年、杞武四十一年、宋殤十年、秦寧六年、楚武三十一年。

經

二·一　二年春，王正月去年十二月二十五日丙寅冬至，此年建丑，有閏月。戊申，正月無戊申。宋督弑其君與夷及其大夫孔父。

二·二　滕子來朝。無傳。滕子即隱公十一年之滕侯，公、侯、伯、子、男皆古國君之通稱，故或稱「滕侯」，或稱「滕子」，亦猶僖公二十七年經云「杞子來朝」，而文公十二年經云「杞伯來朝」，或書「杞子」，或書「杞伯」，其實一也。

二·三　三月，公會齊侯、陳侯、鄭伯于稷，以成宋亂。稷，宋地，當在今河南省商丘地區商丘縣境內。成，成就也。説詳章炳麟春秋左傳讀。

二·四　夏四月，取郜大鼎于宋。郜，國名，姬姓，據僖公二十四年傳，初封者爲文王之子。國境在今山東省成武縣東南。鼎爲郜國所鑄，故曰郜鼎。據隱十年經，郜國早滅於宋，故鼎亦歸於宋。傳世有郜史碩父鼎，又有告仲尊。告即郜。告仲尊銘云：「⿱屮口中作父丁寶隮彝。」初著録於西清古鑑九·九，釋「⿱屮口」爲「古」，誤。今從吳其昌金文世族譜改釋「告」。戊申，戊申，四月九日。納于大廟。大同太。大廟，周公廟。

二·五　秋七月，杞侯來朝。杞見隱四年經注。「杞」，公、穀俱作「紀」。杞、紀爲兩國，故傳文各異。杞、紀兩字形相近，易誤。以「九月入杞」經文觀之，左傳爲是。

二·六 蔡侯、鄭伯會于鄧。鄧，蔡國地名，即昭十三年傳「蔡朝吴奉蔡公，召子干、子晳盟于鄧」之鄧。其地在蔡之北，鄭之南，據清一統志，今河南省郾城縣東南三十五里，即漯河市東南十餘里，有鄧城，當即此地。又參江永考實。

二·七 九月，入杞。不稱主帥，帥兵之人非卿也。入，入其國而不有其地。

二·八 公及戎盟于唐。唐見隱二年經注。

二·九 冬，公至自唐。孔疏引釋例云，全經「凡盟有一百五，公行一百七十六，書至者八十二，其不書至者九十四，皆不告廟也」，然則書至者，皆歸而告於廟者也。

傳

二·一 二年春，宋督攻孔氏，殺孔父而取其妻。孔父此時猶未以孔爲氏，「孔氏」是追書之辭。公怒，督懼，遂弑殤公。公、穀二傳記此事，以爲宋督欲弑殤公而先殺孔父，與左傳所叙有出入。宋世家全用左傳。

君子以督爲有無君之心，而後動於惡，故先書弑其君。此解經語。督殺孔父在前，弑君在後，而經書「弑其君與夷及其大夫孔父」者，孔父爲顧命大臣（見隱三年傳），督竟專殺之，則心目中早無君主矣。

會于稷，以成宋亂，爲賂故，立華氏也。據孔疏，唐人所見晉、宋古本往往無「故」字。以當時君臣之義言，華氏爲弒君之賊。然公子馮出居于鄭，鄭莊實欲納之。宋殤公及孔父之屢與鄭交戰，亦爲公子馮故。今華督殺殤公及孔父而迎立公子馮，實鄭莊之所欲。稷之會，實欲成就此事，且樹立華氏之政權，故華氏于各國皆有賄賂。宋督此時亦未以華爲氏，「華氏」亦是追書之辭。

宋殤公立，十年十一戰，孔疏引服虔云：「與夷，隱四年即位，一戰伐鄭，圍其東門；再戰取其禾，皆在隱四年。三戰取邾田；四戰邾、鄭入其郛；五戰伐鄭，圍長葛，皆在隱五年。六戰鄭伯以王命伐宋，在隱九年。七戰公敗宋師於菅；八戰宋、衞入鄭；九戰宋人、蔡人、衞人伐戴；十戰戊寅鄭伯入宋，皆在隱十年。十一戰鄭伯以虢師大敗宋師，在隱十一年。」十一戰中唯取邾田與鄭無關，餘皆宋、鄭交兵。民不堪命。不堪，猶今言不能忍受。孔父嘉爲司馬，督爲大宰，故因民之不堪命，先宣言曰：「司馬則然。」司馬則然，我則不然也。且司馬爲典軍之官長，督之宣言易於誘人。督以此表明自己于此事不負責任。「則」字此種用法詳詞詮。已殺孔父而弒殤公，召莊公于鄭而立之，以親鄭。以郜大鼎賂公，齊、陳、鄭皆有賂，故遂相宋公。華督雖于莊公十二年爲宋萬所殺，但華氏世執宋國政柄者二百餘年。

二·二　夏四月，取郜大鼎于宋。戊申，納于大廟，非禮也。臧哀伯諫曰：哀伯，魯大夫，名達，僖伯之子。「君人者，將昭德塞違，德與違爲對立之名詞，違，邪也，指不合德義而違禮之事。字亦作「回」。說詳王引之述聞。以臨照百官，猶懼或失之，故昭令德以示子孫：是以清廟茅屋，清廟即太廟，一曰明堂，一曰太室。屋之覆蓋以茅葦者謂之茅屋，周禮匠人謂之葺屋；覆蓋以瓦者謂之瓦屋。清廟茅屋者，謂清廟以茅草蓋屋，示節儉。**大路越席**，路亦作輅，車之一種，此處用以祀天。殷用木路，周用玉路。木路爲最樸素之車，以木爲之，不覆以革，唯漆之而已；玉路爲最華貴之車，既覆以革，又以玉飾諸末。　越席，結蒲草所成之席。　大路越席與清廟茅屋對文，則大路越席者，謂大路之中用蒲草之席爲茵藉。**大羹不致**，大羹，肉汁也。　不致，不以酸、苦、辛、鹹、甘五味爲調和，唯煮之而已。祭祀用大羹。**粢食不鑿**，粢音咨，食音嗣。粢食猶言主食。周禮小宗伯有六粢，即六種主食，黍、稷、稻、粱、麥、苽（音孤，今謂之茭米）。唯祭祀以用黍、稷爲常。　鑿，舂也。說文：「糳，糲米一斛舂爲九升曰糳。」糳即此文之鑿。雲夢秦簡倉律亦云：「糲米一石爲糳九斗。」韓非子五蠹篇云：「堯之王天下也，糲粢之食。」史記李斯傳亦有此語。淮南子主術訓又加詳，皆謂主食不用精米而用糙米。說見并力文，詳文史十六輯。**昭其儉也**。此四者以示節儉。

衮、冕、黻、珽，衮音滾，古代天子及上公之禮服，祭祀時用之，畫卷曲龍於衣上。　冕，古代禮帽，大夫以上服之。　黻字亦作韍或芾。以韋（熟治之皮革）爲之，用以遮蔽腹膝之間。古田獵時代，食獸肉，衣獸皮，先知蔽前，後知蔽後。後代易之以布帛，而獨存其蔽前。說本鄭玄易緯乾鑿度注。韍亦可謂之韠。據禮記玉藻，韠下寬二尺，上寬一尺，長三尺，頸寬五寸，肩革帶寬二寸（皆古尺，約今尺六折强）。　珽音挺，天子所用笏，長三尺，一名大圭。笏音忽，古代天子以至士，朝見皆執笏。天子之笏以玉爲之，諸侯以象牙爲之，大夫與士則用竹爲之，但大夫之笏以鮫魚之皮飾之。笏之用同於漢、魏以後之手版，有事則書於其上，以備遺忘。**帶、裳、**

幅、舄，此帶是大帶，杜注以爲革帶，誤。大帶寬四寸，以絲爲之，用以束腰，垂其餘以爲紳。大帶之制：天子素（生帛）帶，以大紅色爲裏，全帶兩側飾以繒彩。諸侯亦素帶，但無朱裏，亦以繒彩飾全帶之側。大夫素帶，唯下垂部分飾以繒彩。士練（已煮漂之熟帛）帶，密緝帶之兩邊，唯其末飾以繒彩。裳，古人上穿衣，下穿裳，裳亦曰裙。幅音逼，古人以布纏足背，上至於膝，以偪束其脛。纏時邪行而上，故亦名邪幅，漢人謂之行縢，似今之綁腿。舄音昔，古人謂鞋爲履，鞋底用一層者謂之屨，雙層者謂之舄。單底用皮，雙層底加木。古代天子諸侯，吉事皆着舄。舄有赤、白、黑諸色，所服不同，舄亦異色。赤舄者，冕服之舄；白舄者，皮弁之舄；黑舄者，玄端之舄。士皆着屨。卿大夫服冕者亦赤舄，餘服皆着屨。**衡、紞、紘、綖，**此四物皆冕之飾。衡即横笄。笄音鷄，簪也。笄有二，有安髮之笄，有固冠之笄。衡笄，固冠者也。固冠之笄，長一尺二寸，天子以玉，諸侯以似玉之石。紞音膽，懸瑱之繩，織線爲之，垂於冠之兩旁，當兩耳，下懸以瑱。瑱音填，去聲，又音鎮。以美石之似玉者爲之，紞與瑱皆可謂之充耳。紘音宏，冠冕之系，以一條繩先屬一頭于左耳笄上，以一頭繞于頤下，屈而向上，結于右旁之笄上，垂其餘以爲飾，亦所以固冕弁者。綖音延，以版爲質，以玄布裹之。冕之大體有二，加于首者曰卷，亦曰武；其覆于卷上者曰延，亦作綖，綖所以屬于武者。**昭其度也。**衮冕以下十二物，皆就祭服言之。此十二物，尊卑上下各有制度。疑此度有雙關義，一爲制度、法度之度，一爲德度、態度之度。哀伯意謂章明制度即所以表明德度也。**藻、率、鞞、鞛，**藻字亦可作繅，音早，薦玉之物，亦名繅藉。以木板爲之，外包熟皮，以粉白畫水藻之文於其上。率借爲帥，字亦作「帨」，佩巾。見王紹蘭經說。鞞音丙，刀鞘（音俏，盛刀之套）。鞛同琫，音崩，上聲，佩刀刀把處之裝飾。陳喬樅禮堂經説有藻率鞞鞛解。杜注以藻率爲一物，爲藉玉之韋，于古無徵，李慈銘日記（光緒戊子七月初十日）亦主之，不取。**鞶、厲、游、纓，**鞶，服虔、賈逵、許慎及杜預均以爲大帶。段玉裁説文解字注從鄭玄説，謂爲革帶。上文之帶既是大帶，則此或當爲革帶。厲，鞶帶之垂下成飾者。游，音流，字亦可作旒，古代旌旗上附着之飄帶。天子以至大夫、士，游數不同。纓即馬鞅，馬頸上之革用以駕車者。杜注謂纓在馬胸前，恐誤。詳僖二十八年傳注。**昭其數也。**繅藉等八物各依地位之高低而不同。以游而論，據周禮，天子十二斿（旒），上公九斿，侯伯七斿，子男五斿，卿大夫士之斿，各如其命數，即所謂昭其數也。**火、龍、黼、黻，**四者皆衣裳上之花紋。火形作半環。龍，畫爲龍形。黼音斧，用白黑兩色所刺繡之一對斧頭形。黻音紱，用黑與青兩色所刺繡之花紋，像兩個弓形相背，如亞。前人以爲兩己相背，恐不確。此用阮元與桂馥（説文義證）説。**昭其文也。**此四者均爲文彩，故云昭其文。**五色比象，**五色，青、黄、赤、白、黑，古代以此爲正色。比象，謂以五色繪山、龍、華、蟲之象。此仍指服章言。杜注謂「比象天地四方」，誤。今從劉文淇舊注疏證説。**昭其物也。**物即物色之物。周禮保章氏「以五雲之物」，注：「物，色也。」**錫、鸞、和、鈴，**錫音揚，馬額眉眼上飾物，以銅爲之，行走時有響聲。鸞，古代車上飾物，置於馬嚼子或車衡上方。馬衡中國金石學概要上云：「鑾之制如鐘鐸，上有鈕，腹有舌，與漢以後牛馬鐸同。」和，設於軾（車前横木）前之小鈴。阮元揅經室集有銅和考，證以孟津所出，阮説不誣。亦見馬衡金石學概要上。鈴，此指設在旌旗上之小鈴。毛公鼎銘云「朱旂二鈴」，即此。商承祚十二家吉金圖録載一鈴，通紐高一寸四分，口縱七分，横一寸半分，兩旁有棱。安陽出土。容庚商周彝器通考云：「器小，疑綴于旂上者。」**昭其聲也。**四者皆鈴之屬，車行時有聲。**三辰旂旗，**三辰，日、月、星。旂音祈。旗有九種，旂旗是其總稱。天子之旗名太常，其上畫日月，或云，亦畫星辰。**昭其明也。**旂旗所以爲標幟，且畫有日、月、星、辰，故曰昭明。**夫德，儉而有度，登降有數，**此德亦即上文昭德、下文滅德之德。以上所言皆是禮物，禮物所以表禮意，禮意不外上古之倫常，故以德言之。儉承大羹不致，粢食不鑿；有度承衮冕黻珽等十二物。登降猶言增減，説詳王引之述聞。有數承上文昭其數。**文、物以紀之，**文承火龍黼黻，物承五色比象。**聲、明以發之，**聲承錫鸞和鈴，明承三辰旂旗。**以臨照百官。百官於是乎戒懼，而不敢易紀律。**易，違也，反也。哀元年傳「吾先大夫子常易之」，杜注云：「易猶反也。」吕覽禁塞篇「不可易」，高注云：「易猶違也。」**今滅德立違，**與上文「昭德塞違」相對。**而寘其賂器於大廟，**寘音至，置也。**以明示百官。**上云「昭令德以示子孫」，而如此行爲，則適得其反。**百官象之，**謂百官以此爲榜樣。**其又何誅焉？國家之敗，由官邪也。官之失德，寵賂章也。郜鼎在廟，章孰甚焉？武王克商，遷九鼎于雒邑，**九鼎，宣三年傳謂爲夏代使九州貢金所鑄。戰國策東周策云「昔周之伐殷，得九鼎，凡一鼎而九萬人輓之，九九八十一萬人」云云，言雖誇張過甚，九鼎或是九個大鼎，當實有其事。宣三年傳王孫滿之言曰：「成王定鼎于郟鄏。」據尚書，武王亦無經營雒邑之事。成王之營雒邑，先卜其地，則遷鼎恐亦非武王事。一九六二年出土何尊爲成王五年器，云：「唯王初遷宅于成周。」又云：「唯珷王既克大邑商，則廷告于天，曰：余其宅兹中國，自之辟民。」似武王早有遷築王城意，成王不過稟承父命而行。昭二十八年傳言：「昔武王克商，其兄弟之國者十有五人，姬姓之國者四十人。」古人常以成王事歸武王。雒邑即成周，在河南省洛陽市西南。義士猶或非之，漢書王吉貢禹傳云「昔武王伐紂，遷九鼎於雒邑，伯夷、叔齊薄之，餓于首陽，不食其禄」云云，則以義士爲伯夷、叔齊，蓋古左傳義。宋葉適習學記言序目卷十謂「雜説乃有伯夷、叔齊不食周粟之事」，恐未必然。而況將昭違亂之賂器於大廟，此句無動詞，「將」或「器」下應有「寘」字。其若之何？」公不聽。

周内史聞之，内史，周王室官名。莊三十二年及僖十一年傳有内史過，僖十六年及二十八年傳有内史叔興，文元年及十四年傳有内史叔服，統諸記載觀之，内史既代表周室至諸侯行聘問慶弔之禮，亦代表周王行策命之禮；且以當時人觀之，通曉神道與天道，能言吉凶，故有神降于莘，周惠王問之；隕石于宋五，六鷁退飛，宋襄公問之；而文十四年有星孛於北斗，又預言宋、齊、晉之君皆將死亂。曰：「臧孫達其有後於魯乎！以魯大夫言，臧氏享世禄爲最久，哀二十四年猶有魯侯伐齊，乞靈於臧氏，臧石帥師會之，取廩丘之記載。君違，違，違背當時禮制，與論語諸「違」字同義。不忘諫之以德。」

二·三 秋七月，杞侯來朝，不敬。杞侯歸，乃謀伐之。

二·四 蔡侯、鄭伯會于鄧，始懼楚也。此年爲楚武王之三十一年，中原諸國患楚自此始。楚亦名荆，詳莊十年經注。初都丹陽，據史記楚世家集解及正義當在今湖北省枝江縣；水經注謂在今秭歸縣一帶，難信。武王遷郢，今江陵縣北十里之紀南城。定公六年，楚昭王因畏吳而遷鄀，旋後還郢，證之楚王酓章鐘銘，可信。武王十九年入春秋。楚王負芻五年，滅于秦。楚器傳世及出土者多見。

二·五　**九月，入杞，討不敬也。**僖二十七年傳云：「春，杞桓公來朝，用夷禮，故曰子。公卑杞，杞不共也。」又云：「秋，入杞，責無禮也。」與此傳事同而文異。

二·六　**公及戎盟于唐，修舊好也。**隱公於其二年嘗與戎盟，今又盟，即修舊好。

二·七　**冬，公至自唐，告于廟也。**此第一次書「至」，故説明其緣由。十六年又第一次書「至自伐鄭」，故申之曰「以飲至之禮也」。

凡公行，告于宗廟；反行，飲至、舍爵、策勳焉，禮也。據左傳及禮記曾子問，諸侯凡朝天子，朝諸侯，或與諸侯盟會，或出師攻伐，行前應親自祭告禰廟，或者並祭告祖廟，又遣祝史祭告其餘宗廟。返，又應親自祭告祖廟，並遣祝史祭告其餘宗廟。祭告後，合羣臣飲酒，謂之飲至。舍，去聲，音赦，置也。爵，古代酒杯，其形似雀，故謂之爵。爵，古雀字。設置酒杯，猶言飲酒。策，此作動詞用，意即書寫于簡策。勳，勳勞。策勳亦可謂之書勞，襄十三年傳「公至自晉，孟獻子書勞于廟，禮也」可證。

特相會，往來稱地，讓事也。特，獨也。特相會者，魯公與另一國相會也。相會必有主人，單獨二人相會，則莫肯爲主，兩人相讓，故云讓事。讓事之會，無論公往，或者他國來，皆稱舉所會之地。**自參以上，則往稱地，來稱會，成事也。**參同三，會者三國以上，必有一國擔任主人，成有當、任之義，此與讓事之讓相對成文，説詳章炳麟春秋左傳讀。凡三國以上之盟會，公往，則稱舉所會之地；他國來，則稱會而已。

二·八

初，晉穆侯之夫人姜氏以條之役生大子，命之曰仇。晉世家云：「獻侯十一年卒，子穆侯費生立(「費生」本作「費王」，今依十二諸侯年表及楓山本、三條本校正)。穆侯四年，取齊女爲夫人。七年，伐條，生太子仇。」據年表，穆侯伐條在周宣王二十三年，於魯，當孝公二年。條爲條戎，竹書紀年云：「王師及晉穆侯伐條戎、奔戎，王師敗逋。」王師敗逃，晉師亦必敗逃，故穆侯不悦，因名其子爲仇。山西省廢安邑縣治，今安邑鎮北三十里有鳴條岡，當即古條戎之地。以作於用，以條之役，猶言於條之役。命與名古音同聲同義，命之曰仇，即名之爲仇。**其弟以千畝之戰生，命之曰成師。**千畝之地有二，千畝戰役亦有二。一爲周地，戰役在周宣王之三十九年，國語周語所謂「宣王即位，不籍千畝。三十九年戰於千畝，王師敗績於姜氏之戎」者是也。一爲晉地，當在今山西省安澤縣北九十里。杜注以千畝在今之介休縣，恐不確。戰役在周宣王之二十六年，晉世家所謂「十年，伐千畝，有功，生少子，名曰成師」者是也。此役前於周宣王之役十三年，且晉戰而勝，與周宣王之戰而敗者不同，故不可不辨。參齊召南注疏考證。

師服曰：師服，晉國大夫。**「異哉，君之名子也！夫名以制義，**名必有義，且必合於義。論語子路篇孔丘之言「故君子名之，必可言也」，即此意。**義以出禮，**禮由義出，義爲禮之根源。**禮以體政，**體爲「體用」之體，意謂禮爲政治、政法之骨幹。**政以正民，**禮與體，政與正，皆以聲爲訓。定十五年傳「夫禮，死生存亡之體也」，論語顏淵篇「政者，正也」，皆此例。**是以政成而民聽。易則生亂。**易亦違反之義。**嘉耦曰妃，怨耦曰仇，**美好姻緣謂之妃，妃即配。孽緣謂之仇。**古之命也。**命即名。**今君命大子曰仇，弟曰成師，始兆亂矣。**命大子即名大子。兆亂謂爲禍亂之預兆。**兄其替乎！」**替，衰微也。晉世家云：「晉人師服曰：『異哉，君之命子也！大子曰仇，仇者，讎也。少子曰成師，成師大號，成之者也。名，自命也；物，自定也。今適庶名反逆，此後晉其能毋亂乎？』」司馬遷所引師服之語，與左傳有同有異。其謂「適庶名反逆」，自成一義，並非以此解「易則生亂」之易。傳文「易」字仍當訓違反。文侯仇平定王室，受秬鬯圭瓚之榮，尚書文侯之命是也。文侯卒而晉始亂，其後六十八年，曲沃武公盡併晉地，周僖王使虢公命曲沃伯以一軍爲晉侯。

惠之二十四年，晉始亂，故封桓叔于曲沃。石經凡經、傳「二十」俱作「廿」，「三十」均作「卅」。以下全同，不復注。惠，魯惠公。惠之二十四年，周平王之二十六年，春秋前二十三年。傳中追敘往事，有以魯年紀者，如惠之二十四年、惠之三十年、惠之四十五年、僖之元年、成之十六年、悼之四年；有以他國之年紀之者，如晉文公之季年、齊襄公之二年、記鄭事曰僖之四年、簡之元年。列國文告稱述，有以其本國年紀者，如寡君即位三年、十四年七月、十五年五月、文公二年六月、四年二月、我二年六月、我四年三月；有以所告之國之年紀者，如在晉先君悼公九年；亦有不以君年而舉其年之大事以紀者，如會於沙隨之歲、會於夷儀之歲、魯叔仲惠伯會郤成子於承匡之歲、溴梁之明年、鑄刑書之歲、齊燕平之月、范宣子爲政聘於諸侯之歲。當時諸侯之紀年，參差不齊，周名爲天下共主，却不聞以周某王某年紀事者。曲沃見隱公五年傳注。**靖侯之孫欒賓傅之。**晉世家云：「文侯仇卒，子昭侯伯立。昭侯元年，封文侯弟成師于曲沃。曲沃邑大於翼。翼，晉君都邑也。成師封曲沃，號爲桓叔，靖侯庶孫欒賓相桓叔。桓叔是時年五十八矣，好德，晉國之衆皆附焉。」是傳所謂傳之者，即相之也。索隱又引世本云：「欒叔，賓父也。」則賓父是欒叔之字。靖侯，據孔疏述晉世家，靖侯生僖侯，僖侯生獻侯，獻侯生穆侯，穆侯生桓叔，則靖侯乃桓叔之高祖。欒賓爲靖侯庶孫，則爲桓叔之叔祖父。

師服曰：「吾聞國家之立也，本大而末小，是以能固。晉世家、年表皆以師服語爲君子之辭。**故天子建國，**天子分封諸侯。**諸侯立家，**諸侯分采邑與卿大夫。卿大夫曰家。**卿置側室，**側室之義甚多。左傳凡三用側室一詞。杜預注此云：「側室，衆子也，得立此一官。」是以側室爲官名。文十二年傳云：「趙有側室曰穿。」杜注云：「側室，支子。」則又一義也。然亦未嘗不可解爲官名。當時趙盾爲晉國正卿，趙穿爲趙夙庶孫，於趙盾爲從父兄弟（說詳文十二年傳注），則被立爲側室者，不必親子弟，選其宗之庶者而爲之即可矣。此左氏側室之義也。韓非子八姦篇云「側室公子，人主之所親愛也；爲人臣者，事公子側室以音聲子女」，是側室又指諸侯之羣子言。韓非子亡徵篇云「君不肖而側室賢，太子輕而庶子伉，官吏弱而人民桀，如此則國躁。國躁者，可亡也」，是側室似又指人主之庶弟言（王先慎謂側室即君之父兄行）。此又一義也。至禮記檀弓下「有殯，聞遠兄弟之喪，哭於側室。無側室，哭于門內之右」，及內則「妻將生子及月辰，居側室。夫齋，則不入側室之門」等側室，又指房舍言，猶今之耳房。此又一義也。漢書南粵傳載文帝賜趙佗書「朕，高皇帝側室之子」，顏師古注云：「言非正嫡所生。」淮南子修務訓云：「側室爭鼓之。」南史梁宗室傳下云：「安成康王秀、秀母弟始興王憺，文帝哀其早孤，命側室陳氏並母二子。」又韋放傳云：「放與吳郡張率皆有側室懷孕，因指爲婚姻。」則側室又爲姬妾之通稱。左傳無此義。**大夫有貳宗，**貳宗亦官名，亦以大夫之宗室子弟爲之。**士有隸子弟，**「士」自以其子弟爲隸役。「士」自是「宗子」(家長)，説詳楊寬贊見禮新探。**庶人、工、商，各有分親，皆有等衰。**衰音摧，等差，恐即隱五年「等列」之義，等級也。此言庶民以及工商，其中不再分尊卑，而以親疏爲若干等級之分别。**是以民服事其上，**服事，詳僖公二十一年傳「以服事諸夏」注。**而下無覬覦。**覬音冀，覦音俞。覬覦，非分之冀望也。**今晉，甸侯也；**甸，甸服。國語周語上云：「夫先王之制，邦内甸服。」韋注云：「邦内謂天子畿内千里之地。」王制曰：『千里之内曰甸。』周襄王謂晉文公曰『昔我先王之有天下也，規方千里以爲甸服』是也。」顧頡剛曰：「晉何以在甸服？蓋汾、沁之域，王季已伐燕京之戎，西伯已戡黎，厲王亦流彘，宣王又料民太原，足證其爲周之王畿；叔虞封晉，自在甸服中矣。」説見史林雜識。**而建國，本既弱矣，其能久乎？」**其同豈。

惠之三十年，晉潘父弑昭侯而納桓叔，不克。晉人立孝侯。晉世家云：「昭侯七年，晉大臣潘父弑其君昭侯，而迎曲沃桓叔。桓叔欲入晉，晉人發兵攻桓叔。桓叔敗，還歸曲沃。晉人共立昭侯子平爲君，是爲孝侯。誅潘父。」年表亦云：「魯惠公之三十年，晉昭侯之七年，潘父殺昭侯，納成師，不克。昭侯子立，是爲孝侯。」**惠之四十五年，曲沃莊伯伐翼，弑孝侯。翼人立其弟鄂侯。**翼爲當時晉國都城，即故絳，故城在今山西省翼城縣東南，又詳隱五年傳並注。晉世家云：「孝侯八年，曲沃桓叔卒，子鱓代桓叔，是爲曲沃莊伯。孝侯十五年，曲沃莊伯弑其君晉孝侯於翼。晉人攻曲沃莊伯，莊伯復入曲沃。晉人復立孝侯子郄爲君，是爲鄂侯。」年表云：「孝侯九年，曲沃桓叔成師卒，子代立，爲莊伯。孝侯十六年，曲沃莊伯殺孝侯，晉人立孝侯子郄爲鄂侯。」年表所敍與世家差一年，蓋世家以昭侯之弒、孝侯之立爲昭侯七年，年表則以爲孝侯元年；若以魯年紀之，實無所差，皆與左傳合，取年表與世家細核，自可明白。唯史記晉世家、年表及漢書古今人表俱以鄂侯爲孝侯子，傳則以爲孝侯弟，自以傳爲可信。**鄂侯生哀侯。**曲沃莊伯又曾伐翼，鄂侯奔隨，周桓王立哀侯于翼，已見隱公五年傳，故此不復敍。**哀侯侵陘庭之田。**陘音刑。陘庭在今翼城縣東南七十五里，舊有熒庭城。**陘庭南鄙啓曲沃伐翼。**杜注謂爲下年曲沃伐翼張本。啓，引導也。

三年，壬申，公元前七〇九年。周桓王十一年、齊僖二十二年、晉哀九年、曲沃武公七年、衛宣十年、蔡桓六年、鄭莊三十五年、曹桓四十八年、陳桓三十六年、杞武四十二年、宋莊公馮元年、秦寧七年、楚武三十二年。

經

三·一 **三年春正月，**春秋有時、有月而不書王者共十五條，有時、無月而不書王者共一百餘條，史文有詳略，未必有義例。說詳毛奇齡春秋傳。去年閏十二月初六日辛未冬至，故此年仍建丑。**公會齊侯于嬴。**嬴故城在今山東省萊蕪縣西北，據一統志，俗名城子縣。

三·二　夏，齊侯、衛侯胥命于蒲。胥命者，諸侯相見，約言而不歃血。莊公二十年傳亦云：「春，胥命于弭。夏，同伐王城。」夫有約言然後能同伐。荀子大略篇云：「不足於行者，説過；不足於信者，誠言。故春秋善胥命，而詩非屢盟，其心一也。」依荀子之意，亦以胥命爲可信之約言，不待盟誓。公羊傳亦云：「胥命者何？相命也。何言乎相命？近正也。此其爲近正奈何？古者不盟，結言而退。」蒲，衛地，在今河南省長垣縣治稍東。

三·三　六月，公會杞侯于郕。公羊作「公會紀侯于盛」。杞、紀易誤，郕、盛可通。杜預無注，則以此「郕」即隱公五年之「郕」。穀梁范寧注云「郕，魯地」，與杜異。魯地之郕，左傳作「成」，故城當在今山東省寧陽縣東北。

三·四　秋七月壬辰朔，日有食之，既。無傳。既，盡也。日全食也。漢書五行志云「京房易傳以爲桓三年日食，貫中央，上下竟而黄」，亦全食之象。當爲公元前七〇九年七月十七日之日食。朱文鑫、何幼琦謂日食在周八月。

三·五　公子翬如齊逆女。舊禮，除天子外，取妻皆必親迎。但春秋無諸侯迎夫人之文，恐諸侯之親迎，不出國境，出國境則使卿代迎。

三·六　九月，齊侯送姜氏于讙。讙音歡。魯國地名，當在今山東省寧陽縣北而稍西三十餘里。

三·七　公會齊侯于讙。無傳。疑此桓公之親迎也。

三·八 夫人姜氏至自齊。無傳。公已親迎，故稱夫人。

三·九 冬，齊侯使其弟年來聘。年已見隱公七年經與傳。

三·一〇 有年。無傳。五穀皆熟爲有年。春秋經文中唯此書「有年」，宣公十六年書「大有年」，左傳俱無說。

傳

三·一 三年春，曲沃武公伐翼，次于陘庭。莊公三年傳云：「凡師，一宿爲舍，再宿爲信，過信爲次。」則次爲停留三宿以上。韓萬御戎，韓本國名，據竹書紀年，春秋前晉文侯二十一年滅之。僖二十四年傳云：「邘、晉、應、韓，武之穆也。」韓即此古韓國。漢書魏豹田儋韓王信傳及贊並注俱以古韓國與韓厥共祖，恐未深考。韓萬爲桓叔之子，受韓封以爲大夫，即戰國韓國之祖，國語晉語八載韓宣子拜叔向之言「其自桓叔以下，嘉吾子之賜」可證。韓，當在今山西省河津縣稍東。御戎，即駕馭戎車，周禮夏官謂之戎僕。梁弘爲右。僖公三十三年傳晉亦有梁弘，兩者相距八十三年，自非一人。爲右者，爲車右也，周禮夏官謂之戎右，掌戎車之兵革役者是也。戰時，與君同車，在車之右，執戈盾，備制非常，並充兵革使役，如執兵、著甲及其他在車中役使之事。成二年傳及公羊傳，齊頃公代逄丑父爲右，使公下取飲；穀梁成五年傳，晉伯尊遇輦者不避，使車右下而鞭之，皆可證。說詳周禮戎右孫詒讓正義。古代兵車，主將在中，御者在左，車右在右。逐翼侯于汾隰，翼侯即晉哀侯。汾隰猶言汾水下濕之地，亦以爲地名。後漢書西羌傳云：「後二年（周宣王三十八年）晉人敗北戎于汾隰。」章懷太子注以「汾隰」爲「二水名」，可商。汾水源出山西省寧武縣西南之管涔山，西南流經静樂縣西，東南流經太原市，折而西南，經介休、靈石、霍、洪洞、臨汾諸縣之西，至新絳東南折而西流，至河津縣西南入黄河。此逐翼侯之地當在今襄汾、曲沃之間，晉世家謂「伐晉於汾旁」，汾旁即汾隰。**驂絓而止，**成二年傳叙鞌之役云「驂絓於木而止」，則此亦謂驂馬爲樹木所絓礙，因不能逃。古者一駕四馬，兩馬在中謂之服，詩鄭風大叔于田「兩服上襄」、「兩服齊首」者是也。左右兩旁各一馬謂驂，詩大叔于田「兩驂如手」、「兩驂雁行」者是也。驂亦謂之騑，驂在旁，如道路狹側，則易爲樹木所絓礙。絓音卦，穀梁昭公八年傳云：「御轚者不得入。」范寧注云：「轚挂則不得入門。」陸德明釋文云：「轚，古帝反，挂也。劉兆云：絓也。挂，礙也。」則左傳之「絓」即穀梁之「轚」，皆爲挂礙之義。絓從圭聲，轚從毄聲，聲紐相同，韻爲平入對轉，于古音本有通假之理。**夜獲之，及欒共叔。**共叔，桓叔之傅欒賓之子，名成，爲哀侯大夫。國語晉語一云：「武公伐翼，殺哀侯，止欒共子曰：『苟無死！吾以子見天子，令子爲上卿，制晉國之政。』」共子辭而死之。晉世家云：「哀侯九年，伐晉于汾旁，虜哀侯。」則哀侯與欒共叔俱死。

三·二　**會于嬴，成昏于齊也。**成昏義見隱公七年傳注。

三·三　**夏，齊侯、衛侯胥命于蒲，不盟也。**不盟解釋所以書「胥命」之故。餘詳經注。

三·四　**公會杞侯于郕，杞求成也。**杜注：「二年入杞，故今來求成。」

三·五　**秋，公子翬如齊逆女。修先君之好，故曰「公子」。**此釋經文「公子」之義。此以前如隱

四、十年經僅書「翬」。

三·六 齊侯送姜氏于讙，非禮也。「于讙」二字本無，阮元校勘記云：「釋文云：『本或作送姜氏于讙。』水經注汶水篇引傳文作『齊侯送姜氏于下讙』。」此是釋經「齊侯送姜氏于讙」文，宜有「于讙」二字。楊守敬所藏六朝人手寫左氏傳及日本金澤文庫本俱有此兩字，今據補。史記年表云：「桓公三年，翬迎女，齊侯送女，君子譏之。」即用此傳之義。凡公女，嫁于敵國，姊妹，則上卿送之，以禮於先君；公子，則下卿送之。公子，男女通稱，此謂女公子。戰國策中山策：「公何不請公子傾以爲正妻？」公子傾爲魏文侯之女，則戰國時仍稱諸侯之女爲公子。於大國，雖公子，亦上卿送之。於天子，則諸卿皆行，公不自送。於小國，則上大夫送之。此釋「非禮」之義。士昏禮云：「舅饗送者以一獻之禮，酬以束錦。」鄭玄注云：「送者，女家有司也。」則縱大夫與士嫁女，主人亦不自送，賈公彦疏所謂「尊者無送卑者之法」。諸侯嫁女，更不自送，故以自送爲「非禮」。

三·七 冬，齊仲年來聘，致夫人也。古者，女出嫁，又使大夫隨加聘問，所謂「存謙敬，序殷勤」。在魯而出則曰致女，成公九年經、傳「季孫行父如宋致女」是也；在他國而來則總稱曰聘，故傳以致夫人釋之。

三·八 芮伯萬之母芮姜惡芮伯之多寵人也，故逐之，出居于魏。芮音鋭，國名。芮國有二，一爲殷商時之芮，與虞國爲鄰，詩大雅緜所謂「虞、芮質厥成」者是也。一爲周畿内國，姬姓，嘗爲王朝卿士，尚書序云「巢伯來朝，芮伯作旅巢命」，此武王時之芮伯也；顧命有芮伯，成王時也；詩桑柔序云「桑柔，芮伯刺厲王也」，逸周書有芮良夫篇，則厲王時也。此芮伯萬當是其後。據史記秦本紀，秦穆公二十年滅之。但據路史國名紀戊羅苹則云秦滅芮在繆（穆）公二年。未詳孰是。今陝西省舊朝邑縣（今朝邑鎮）南有芮城，離大荔縣治東南五十里，當即古芮國。古彝器有內公簠、內公鼎、內子仲□鼎等，「內」即「芮」。魏亦古國名，閔公元年晉獻公滅魏者是也。據方輿紀要，山西省芮城縣東北七里有河北城，一名魏城，故魏國城也。芮城縣西三十里鄭村有芮伯城，當爲芮伯萬被逐所居之地。水經河水注、路史國名紀戊注並引汲冢竹書紀年云：「晉武公七年，芮伯萬之母芮姜逐萬，萬出奔魏。」

四年，癸酉，公元前七〇八年。周桓王十二年、齊僖二十三年、晉小子侯元年、曲沃武公八年、衞宣十一年、蔡桓七年、鄭莊三十六年、曹桓四十九年、陳桓三十七年、杞武四十三年、宋莊二年、秦寧八年、楚武三十三年。

經

四·一 **四年春正月，**去年十二月十七日丙子冬至，此年仍建丑。**公狩于郎。**郎已見隱公元年傳注。

四·二 **夏，天王使宰渠伯糾來聘。**宰爲官名。據昭二十六年傳，渠是周室地名，則渠伯糾蓋以邑爲氏。伯蓋其行次，糾是其名，伯糾以行次冠名，猶論語伯達、伯适之類。桓公在位十八年之中，元年冬十月，九年夏四月，十二年春正月，十三年秋七月、冬十月，十八年秋七月，皆以無事書時及首月；而此年及七年經，秋、冬無事，並闕「秋七月」、「冬十月」六字。

傳

四·一　**四年春正月，公狩于郎。書，時，禮也。**周禮大司馬：「中冬教大閱，遂以狩田。」周正之春正月，正夏正之仲冬十一月。但此年實是建丑，春正月爲夏正之季冬十二月，亦農閒可以狩獵之時，故曰「時」。

四·二　**夏，周宰渠伯糾來聘。父在，故名。**宰是糾所任之官，其父另有官，蓋父子同仕王室者，猶晉國欒書專政，而其子黶亦以名通，成公十六年書「欒黶來乞師」是也。此與下年仍叔之子無列於朝者不同。

四·三　**秋，秦師侵芮，敗焉，小之也。**左傳秦事始見于此。春秋經則至僖公十五年韓原之戰始見。秦爲嬴姓國，周孝王封伯益之後非子爲附庸，邑之秦，今甘肅省天水市故秦城是。顧棟高大事表以爲今清水縣。襄公討西戎有功，平王賜以岐、豐之地，列爲諸侯，徙居汧，即今陝西省隴縣南三里之汧城。文公後卜居汧、渭之間，即今眉縣東北十五里之故眉城。寧公二年，即魯隱公九年，徙平陽，故城在今眉縣西四十六里。德公元年，即魯莊公十七年，徙居雍，今鳳翔縣治。一九七三年于鳳翔縣南四里發現其宮殿遺址及遺物。獻公十二年徙櫟陽，故城在今陝西省臨潼縣北五十里。孝公徙都咸陽，故城在今陝西省咸陽市東。王國維觀堂集林秦都邑考，其説有是有非，不能盡信。大事表云：「文公四十四年入春秋。春秋後二百六十年，始皇併天下。」史記有秦本紀。傳世古器有秦公𣪘、秦公鐘、秦子戈、秦子矛等。梁書劉之遴傳有秦容成侯樽。

四·四　**冬，王師、秦師圍魏，執芮伯以歸。**水經河水注、路史國名紀戊注並引竹書紀年云：「（晉武公）八年，周師、虢師圍魏，取芮伯萬而東之。九年，戎人逆芮伯萬于郊。」路史國名紀戊注又云：「桓王十二年秋，秦侵芮。冬，王師、秦師圍魏，取芮伯萬而東之。」餘參去年傳。

五年，甲戌，公元前七〇七年。周桓王十三年、齊僖二十四年、晉小子侯二年、曲沃武公九年、衞宣十二年、蔡桓八年、鄭莊三十七年、曹桓五十年、陳桓三十八年、杞武四十四年、宋莊三年、秦寧九年、楚武三十四年。

經

五·一　**五年春正月，**去年十二月二十八日壬午冬至，仍建丑。應有閏月，在年終。**甲戌、己丑，陳侯鮑卒。**甲戌，上年十二月二十一日；己丑，此年正月六日。赴告之日雖不同，但皆以正月起文，故但書正月。

五·二　**夏，齊侯、鄭伯如紀。**

五·三　**天王使仍叔之子來聘。**「仍叔」，穀梁作「任叔」。仍叔世爲周大夫。詩大雅雲漢序云「雲漢，仍叔美宣王也」，此周宣王時之仍叔。自此年上距周宣王之卒已七十六年，若當初年，則百二十年矣。周有尹氏、武氏、仍叔、榮叔、家父，曰氏、曰叔、曰父，皆世稱。如晉稱趙孟，世世稱之。此仍叔之子不書名，亦猶隱公三年經書「武氏子」，其人本于朝廷無爵位，父老而以門子代其事。顧頡剛謂仍爲國，即任國，有有仍國考，見古史辨七册下編，説似可商。

五·四 葬陳桓公。無傳。

五·五 城祝丘。無傳。 祝丘故城當在今山東省臨沂縣稍東約三十五里。

五·六 秋，蔡人、衛人、陳人從王伐鄭。 詩王風兔爰序云：「桓王失信，諸侯背叛，構怨連禍，王師傷敗。」所謂王師傷敗者，蓋指此役。春秋一代，天子親征，只此一役。

五·七 大雩。 雩音于，求雨之祭也。

五·八 螽。無傳。 螽音終。公羊例作「蝝」，説文以「蝝」爲「螽」之或體。古者螽、蝗不分，今則螽斯（蜇螽）、草螽屬螽斯科，蟲螽（蚱蜢）、蟿螽、土螽（土蟓）屬飛蝗科。春秋所書之螽，皆飛蝗。成災甚大，故書之。藝文類聚引春秋佐助期云：「螽之爲蟲，赤頭甲身而翼，飛行，陰中陽也。螽之爲言衆，暴衆也。」又引五行傳云：「介蟲有甲能蜚，陽之類，陽氣所生。於春秋爲螽，今謂之蝗。」皆以螽即飛蝗，與詩之螽斯、草蟲不同。

五·九 冬，州公如曹。 州，姜姓國，都淳于，今山東省安丘縣東北之淳于城。傳世古器有𦎫于公戈、𦎫不叔卣，或謂𦎫于、𦎫皆州國。西周康王時有周公𣪘，銘文有云「舍邢侯服，錫臣三品：州人、柬人、郭人」，此州人未審即此州否。若是，則州本封在西周畿内矣。 曹，國名，姬姓，武王封其弟叔振鐸於曹，都陶丘，故城當在今山東省定陶縣西南七里。説見雷學淇竹書紀年義證卷二十四。魯哀公八年，爲宋所滅。史記有曹世家。曹本地名或國名，卜辭已見。如殷墟書契前編二·五「在𣍘，貞」，後編上十五「𢦏伐𣗥，其𢦔」。𣍘、𣗥皆曹字，説文作

「彗」。但不知其地是否在陶丘。

傳

五·一 **五年春正月，甲戌、己丑，陳侯鮑卒。再赴也。**此解釋何以有甲戌、己丑兩日之故。甲戌與己丑，相距十六日。公羊傳云：「甲戌之日亡，己丑之日死（尸）而得，君子疑焉，故以二日卒之也。」穀梁傳云：「春秋之義，信以傳信，疑以傳疑。陳侯以甲戌之日出，己丑之日得，不知死之日，故舉二日以包也。」推二傳之意，蓋以陳桓公患精神病，甲戌之日一人出走，經十六日而後得其尸，不知其氣絶之日，故春秋作者舉二日以包之。左氏則以爲再赴，較爲可信，故史記從之。**於是陳亂，文公子佗殺大子免而代之。公疾病而亂作，國人分散，故再赴。**此説明再赴之故。於是，於此時也。佗，傳稱文公之子，則桓公之弟也。餘詳下年「蔡人殺陳佗」經注。免音問。疾病，病危。

五·二 **夏，齊侯、鄭伯朝于紀，欲以襲之。紀人知之。**齊、鄭大國，齊僖、鄭莊且當時雄主。紀，小國耳，竟連袂來朝，其别有用心可以知之。

五·三 **王奪鄭伯政，**孔疏云：「隱三年傳稱『王貳于虢』，謂欲分政于虢，不復專任鄭伯也。及平王崩，周人將畀虢公政，即周、鄭交惡，未得與之。八年傳曰『虢公忌父始作卿士于周』，於是始與之政，共鄭伯分王政矣。九年傳曰『鄭伯爲王左卿士』，則虢公爲右卿士，與鄭伯夾輔王也。此言王奪鄭伯政，全奪與虢，不使鄭伯復知王政。」鄭伯不朝。秋，王以諸侯伐鄭，鄭伯禦之。

王爲中軍；虢公林父將右軍，虢公林父，王卿士。蔡人、衞人屬焉；周公黑肩將左軍，黑肩，周桓公也，此時代鄭伯爲卿士。陳人屬焉。

鄭子元請爲左拒，子元，公子突之字。拒，方形陣勢。六朝手寫本作「矩」，下同。以當蔡人、衞人；爲右拒，以當陳人，曰：「陳亂，是時陳桓公死，國内爭殺。民莫有鬭心。若先犯之，必奔。王卒顧之，必亂。顧，今言照料、照顧，王軍一面照顧陳之潰兵，同時復與鄭戰，故必亂其陣容。蔡、衞不枝，枝亦可作支，戰國策西周策云：「魏不能支。」高誘注云：「支，猶拒也。」實則即今之支持、支撑。固將先奔。既而萃於王卒，可以集事。」萃，聚也。集，成也。蔡、衞、陳軍皆逃散，可以集中兵力于周王之軍，故能成事。從之。曼伯爲右拒，曼伯，公子忽之字。祭仲足爲左拒，原繁、高渠彌以中軍奉公，子元、曼伯、祭仲足、原繁俱已見隱五年傳。史記秦本紀云：「鄭高渠眯殺其君昭公。」高渠彌作高渠眯，彌眯通。爲魚麗之陳。陳即陣字。後漢書蓋勳傳云：「勳收餘衆百餘人，爲魚麗之陳。」似此陣法後漢仍有之。先偏後伍，杜注云：「司馬法，車戰二十五乘爲偏，以車居前，以伍次之，承偏之隙而彌縫闕漏也。五人爲伍。此蓋魚麗陳法。」江永引周禮夏官司右云：「凡軍旅會同，合其車之卒伍而比其乘。」注云：「車亦有卒伍。」又引司馬法云：「二十五乘爲偏，百二十五乘爲伍。」謂此蓋以二十五乘居前，以百二十五乘承其後而彌縫之，若魚之相麗而進。杜注謂五人爲伍，恐誤。說詳羣經補義。然司馬法既非春秋戰法，杜注固難從。即如江說，以百二十五乘而彌二十五乘之縫，於理亦未必合。後代頗多異說，莫衷一是。文獻不足徵，考古又難爲證，姑闕疑可也。伍承彌縫。伍之作用在于承偏之隙而彌縫闕漏。

戰于繻葛。繻音須。繻葛即隱公五年之長葛。命二拒曰：「旝動而鼓！」旝音檜，大將所用軍旗，執以爲號令者也，通用一絳帛，無畫飾。賈逵以旝爲發石，一曰飛石，段玉裁說文注云：「飛石起于范蠡兵法，在左傳云『親受矢石』，恐尚非飛石。」段說是也，故不取此義。蔡、衛、陳皆奔，王卒亂，鄭師合以攻之，王卒大敗。祝聃射王中肩，王亦能軍。王雖受肩傷，尚能指揮全軍。王引之述聞謂「亦」爲「不」字之誤，無據。祝聃請從之。從之，謂追逐之也。公曰：「君子不欲多上人，況敢陵天子乎？上亦駕陵之義。苟自救也，社稷無隕，多矣。」多矣，當時習語。成十六年傳亦云「我若羣臣輯睦以事君多矣」。此句猶云國家免于危亡，則足矣。

夜，鄭伯使祭足勞王，且問左右。勞，去聲，慰問也。

五·四　仍叔之子來聘，弱也。原脫「來聘」二字，劉文淇舊注疏證據杜預注說補，是也。此釋經書「仍叔之子」，謂其人年少。經書「天王使仍叔之子來聘」在夏季，而傳釋之於末秋者，或者仍叔之子來聘，桓王欲魯出師以從王伐鄭。魯實未出師，故傳釋之於繻葛之役後以見意乎！

五·五　秋，上文云「秋，王以諸侯伐鄭」，此又云「秋」，兩書「秋」字，唯本年傳有之。大雩。書，不時也。

雩有二，一爲龍見而雩，當夏正四月，預爲百穀祈雨，此常雩。常雩不書。一爲旱暵之雩，此不時之雩。春秋書雩者二十一，左傳於此年云「書，不時也」；于襄五年、八年、二十八年、昭三年、六年、十六年、二十四年，皆曰「旱也」；昭二十五年再雩，則曰「旱甚」；餘年無傳。首言不時而後皆言旱，互文見義，皆以旱而皆不時也。説本汪克寬纂疏。**凡祀，啓蟄而郊，**啓蟄猶今言驚蟄，宋王應麟所謂「改啓爲驚，蓋避景帝諱」。淮南子天文訓改驚蟄在雨水後，爲夏正二月節氣。古之驚蟄在雨水前，爲夏正正月之中氣。郊禮，古今異説紛繁。今以春秋、左傳解左傳。郊爲夏正正月祈穀之禮，襄公七年傳「夫郊祀后稷以祈農事」可證。然春秋書郊者九，宣三年、成七年、定十五年、哀元年之改卜牛俱在周正正月，即夏正十一月，蓋正月卜牛，四月五月用之，禮記郊特牲所謂「帝牛必在滌三月」者也。僖三十一年、成十年、襄十一年之卜郊則在周正四月，即夏正二月；定十五年之郊在夏正三月，哀元年之郊在夏正二月，其甚者成十七年書九月辛丑用郊，總之，卜郊及郊皆已過啓蟄之節，誠如襄七年孟獻子所云「故啓蟄而郊，郊而後耕，今既耕而卜郊」，是下文所云「過則書也」。**龍見而雩，**龍，蒼龍，東方角、亢、氐、房、心、尾、箕七宿之總稱，其中有室女座、天秤座、天蝎座、人馬座之星。見同現。龍見，非謂七宿盡出現，角、亢兩宿（角宿有室女座之二星，亢宿有室女座之四星）于黄昏出現東方，即可謂之「龍見」，是時當夏正四月，孟夏建巳之月。金鶚求古録禮説必謂蒼龍七宿盡見始謂「龍見」，因謂雩在午月，恐非。雩，祈雨之祭。**始殺而嘗，**始殺，謂秋氣至，開始肅殺。於時當孟秋建申之月，今之夏正七月。杜注以爲建酉之月，誤，王引之述聞已駁之。嘗，祭名，禮記月令所謂「孟秋之月，農乃登穀，天子嘗新，先薦寢廟」者也。嘗祭在七月行之者不書。春秋書嘗祭者，唯桓公十四年之「秋八月壬申，御廩災，己亥，嘗」一次。此年建丑，但當時誤以爲建子之周正秋八月乃夏正六月（實是夏正之七月），是不及七月而嘗祭，書其例外。**閉蟄而烝**。閉蟄謂昆蟲蟄伏，於時當建亥之月，夏正之孟冬十月。　烝，冬祭名，杜注所謂「萬物皆成，可薦者衆，故烝祭宗廟」。烝祭宜在冬十月行之，昭元年傳云：「十二月，晉既烝。」周正十二月乃夏正十月，足證晉亦孟冬烝祭。春秋書烝者，唯桓公八年正月己卯烝、夏五月丁丑又烝，兩烝左氏皆無傳，春秋書之者，以爲非禮。若孟冬之烝，乃常祀，則不書。**過則書**。過，謂非常祭。

五·六　**冬，淳于公如曹**。淳于公即州公，國名州，都淳于。淳于在今山東省安丘縣東北三十里，以都名代國名，古本有此例。戰國時，魏惠成王徙都大梁，古本竹書紀年稱之爲梁惠成王，孟子亦稱之梁惠王。韓遷於鄭，其國亦曰鄭，是其著例。**度其國危，遂不復**。國有危難，度無以自救，故出朝而不返國。

六年，乙亥，公元前七〇六年。周桓王十四年、齊僖二十五年、晉小子侯三年、曲沃武公十年、衞宣十三年、蔡桓九年、鄭莊三十八年、曹桓五十一年、陳厲公躍元年、杞武四十五年、宋莊四年、秦寧十年、楚武三十五年。

經

六·一　**六年春正月**，去年閏十二月初九丁亥冬至，建丑。**寔來**。古本經自經，傳自傳。此句本緊接上年經，全文爲「冬，州公如曹。六年春正月，寔來」。自分經之年（分經之年不知起於何時，觀公、穀兩傳，經年早已分裂）而後，一事而分隸兩年，「六年春正月寔來」則缺主詞。寔來者，寔亦作實，即虛實、確實之實。覲禮云「伯父實來」，成二年傳云「而鞏伯實來」，十八年傳云「知伯實來」，昭三年傳云「今子皮實來」，皆此類。昭三十年傳云「我先大夫印段實往」，亦此類。傳以「不復其國」解「寔」，乃解其書法，非解其訓詁。家鉉翁春秋詳説云：「『寔來』二字乃當時之常言，似不必過求。」

六·二　**夏四月，公會紀侯于成。**「成」，穀梁傳作「郕」，成、郕字通。古成邑在今山東省寧陽縣北。後爲孟氏采邑。定十二年仲由爲季氏宰，將墮成，公斂父謂孟孫，墮成，齊人必至於北門云云；哀十五年成叛入齊，既而齊歸成，是成爲魯北境近齊之邑。

六·三　**秋八月壬午，**壬午，八日。**大閱。**大閱，檢閱兵車及駕車之馬也。

六·四　**蔡人殺陳佗。**本年無此事之傳文，而莊公二十二年傳云「陳厲公，蔡出也，故蔡人殺五父而立之」，則雖是年無傳，而實未嘗無傳。五父即佗，爲一人。史記陳世家以五父與佗爲二人，於厲公之外又横添一利公，誤。

六·五　**九月丁卯，**丁卯，二十四日。**子同生。**子同即莊公。魯十二公，惟子同是嫡夫人之長子，備用太子之禮舉之，故書。稱「子同」者，魯國於公子，無論嫡庶，縱爲儲子，亦皆稱子，莊三十二年經書「子般卒」，襄三十一年經書「子野卒」，可證。尚書顧命云「乙丑，王崩，逆子釗于南門之外」，則雖王世子亦稱子。

六·六　**冬，紀侯來朝。**

傳

六·一　**六年春，自曹來朝。書曰「寔來」，不復其國也。**此承上年傳文連爲一章。餘詳經注。

六·二　**楚武王侵隨，**隨，國名，姬姓，然據姓纂四支「隨」下引風俗通、路史後紀謂隨爲神農之後，姜姓；路史後紀又謂隨爲堯後。或傳説不同，或另一隨國。不知始封爲誰，故城在今湖北省隨縣南。終春秋之世猶存。哀十年傳以爲羣蠻之一。**使薳章求成焉。**薳音委，亦可作「蔿」。潛夫論志氏姓云：「蚠冒生蔿章者，王子無鉤也。」通志氏族略云：「蔿章食邑於蔿，故以命氏。」**軍於瑕以待之。**瑕，隨國地名。成十六年傳「楚師還及瑕」，亦當是此地。**隨人使少師董成。**少師疑是官名，其人之姓名不可知。董猶今言主持，近代「董事」之「董」，正取此義。董成，主持和談。

鬭伯比言于楚子曰：鬭氏，芈姓，若敖之後。若敖生四子，曰廉，曰緡，曰祁，曰伯比。伯比，令尹子文之父。**「吾不得志於漢東也，**得志謂得逞其志，此則實指擴張國土。漢，即今漢水。漢東多姬姓小國，僖二十八年傳「漢陽諸姬」，定四年傳「周之子孫在漢川者」皆是。**我則使然。我張吾三軍，而被吾甲兵，**張三軍與尚書康王之誥「張皇六師」意同。張皇，擴大也。被吾甲兵即戰國策楚策一「吾被堅執鋭」，謂吾三軍「被堅執鋭」。**以武臨之，彼則懼而協以謀我，**「以」，阮刻本作「來」，今從校勘記及金澤文庫本訂正。**故難間也。**間去聲，音諫，今言離間。下文言「小國離，楚之利也」，足見離間同意。**漢東之國，隨爲大。隨張，**張，去聲，自高自大。**必棄小國。**棄有輕視之義，荀子修身篇云「怠慢僄棄」，不苟篇云「通則驕而偏，窮則棄而儑」，孟子離婁上「自棄者不可與有爲也」，諸「棄」字皆此義。不可解爲捨棄，蓋好大喜功者皆欲小國附己，必不捨棄之。説詳章炳麟春秋左傳讀。**小國離，**小國離隨。**楚之利也。少師侈，請羸師以張之。」**羸音雷，弱也。羸師者，藏其精鋭不使見，而以疲弱士卒代之，示之以弱，下文所謂「毁軍」即是。張亦可讀去聲，張之者，使少師自驕大。**熊率且比曰：**熊率且比，楚大夫。**「季梁在，何益？」**季梁，隨國賢者。**鬭伯比曰：「以爲後圖，少師得其君。」**少師得其君，句省表將來時之副詞，謂少師將得其君。古人多此句法，尚書盤庚上「盤庚遷于殷」，盤庚將遷殷也；麦鼎銘「王在成周，王徙于楚⿱林隶」，王將遷於楚⿱林隶也，故下文言「王至于徙居」。此言今所以羸師者，不求今日之效，爲日後少師得其君時之計。八年傳云「隨少師有寵」云云，正應此語。**王毁軍而納少師。**納者，迎之至于軍中也。

少師歸，請追楚師。隨侯將許之。季梁止之，曰：「天方授楚，楚之羸，其誘我也。其，將也。**君何急焉？臣聞小之能敵大也，小道大淫。所謂道，忠於民而信於神也。**信，誠也。**上思利民，忠也；祝史正辭，信也。**祝史，主持祭祀祈禱之官，哀二十五年傳有祝史揮。正辭，不虚稱君美。**今民餒而君逞欲，**逞欲謂力圖滿足其欲望以快己意。人民饑餓而君主惟快意於私慾，自是不忠於民。祝史矯舉以祭，矯舉，詐稱功德，自是不誠於神。臣不知其可也。」公曰：「吾牲牷肥腯，牷音全。說文：「牲，牛完全。」「牷，牛純色。」蓋古人祭祀，其重者必用肢體完具、毛色純一之牛，故牲牷可引申爲凡祭祀用牲之同義雙音詞，猶言犧牲。禮記表記亦云「牲牷禮樂齊盛」。腯音突，又音鈍，肥也。肥腯亦爲同義雙音詞。粢盛豐備，粢亦可作粢、齋，音咨，祭祀所用之黍稷等穀物。盛音成，祭物之在祭器中者也。粢盛亦同義雙音詞，借用爲祭祀所用穀物之通稱。何則不信？」對曰：「夫民，神之主也，杜注：「言鬼神之情，依民而行。」是以聖王先成民而後致力於神。故奉牲以告曰『博碩肥腯』，謂民力之普存也，此釋博字。謂其畜之碩大蕃滋也，畜，古讀蓄，今音觸，牲畜也。此釋碩字。謂其不疾瘯蠡也，瘯音蔟，借爲瘦。蠡借爲羸。不疾瘯蠡，猶言不病瘦弱，正釋肥字，說詳楊樹達先生讀左傳。謂其備腯咸有也；此釋腯字。奉盛以告曰『絜粢豐盛』，絜同潔。此言爲穀則潔清，在器則豐滿。謂其三時不害而民和年豐也；三時，春、夏、秋，此皆務農之時，三時不害，猶孟子之「不違農時」。奉酒醴以告曰『嘉栗旨酒』，嘉，善也。栗借爲洌，清也，潔也。說詳俞樾茶香室經說。旨，美也。嘉栗旨酒，猶言既好又清而美之酒。章炳麟謂嘉栗旨酒與上文絜粢豐盛文法同。嘉栗，嘉量也。言酒而及飲器之嘉，則酒之如量可知。說詳春秋左傳讀。亦可通。謂其上下皆有嘉德而無違心也。所謂馨香，無讒慝也。馨香，言祭品之芳香遠聞也。僖五年傳云：「黍稷非馨，明德惟馨。」又云：「若晉取虞，而明德以薦馨香。」國語周語上云：「國之將興，其君齊明衷正，清潔惠和，其德足以昭其馨香。」以此等言觀之，足見馨香既指祭品言，古人亦以爲祭品之馨香尤在祭者之德行有以副之。古人常以「讒慝」連文，左傳凡八見，爾雅釋訓有「崇讒慝」之語。又文十八年傳「服讒崇慝」，亦足爲同義或義近之證。**故務其三時，**務謂專力以赴。務其三時謂專力以赴農事。**修其五教，**文十八年傳云：「使布五教于四方，父義，母慈，兄友，弟共，子孝。」**親其九族，**九族之義，異説紛紜，尚書堯典「克明俊德，以親九族」，自是指自高祖至玄孫。而此上文有「修其五教」之文，五教有「母慈」，自不能排除母族。杜注：「九族謂外祖父、外祖母、從母子及妻父、妻母、姑之子、姊妹之子、女子之子並己之同族，皆外親有服而異族者也。」**以致其禋祀，**禋音因，潔祀也。禋祀爲同義雙音詞。**於是乎民和而神降之福，故動則有成。**有成即有功，古代成與功同義。説見楊樹達先生積微居金文説⿱陶革⿰革命鎛跋。**今民各有心，而鬼神乏主；**民各有心，民不和也。前云「民，神之主也」，民不和，則鬼神乏主。**君雖獨豐，**豐，包括牲牷肥腯與粢盛豐備。**其何福之有？**其有何福之倒裝語。其爲語氣副詞，無義。**君姑修政，而親兄弟之國，**兄弟之國指漢陽諸姬姓之國，此教其團結以對楚，正與鬭伯比「協以謀我故難間」之言相應。**庶免於難。」**庶，庶幾，表希冀之副詞。**隨侯懼而修政，楚不敢伐。**

六·三　**夏，會于成，紀來諮謀齊難也。**諮謀同義雙音詞，即詩小雅皇皇者華「周爰咨謀」之「咨謀」。齊欲滅紀，據隱二年「伯姬歸於紀」經文，紀爲魯甥，且魯新與齊成婚，故紀來共商。

六·四　北戎伐齊，據史記匈奴傳，北戎即莊三十年之山戎，詳莊三十年經、傳並注。齊使乞師于鄭。鄭大子忽帥師救齊。六月，大敗戎師，獲其二帥大良、少良，大良、少良或云人名，猶論語微子之有少連；或云官名，猶史記商君列傳秦之有大良造。章炳麟以爲大良、少良，大君、少君也，皆其酋豪之稱，猶左賢王、右賢王。説詳春秋左傳讀。以文義論之，上文既稱「二帥」，則「大良」、「少良」以人名爲確。甲首三百，甲首，被甲者之首。哀十一年傳云「師獲甲首八十」，又云「甲首三千」，皆同此義。以獻於齊。

於是諸侯之大夫戍齊，齊人饋之餼，餼本作氣，亦作既，禮記中庸「既廩稱事」是也。凡饋人以食物，其熟者曰饔，其生者曰餼。餼有牛、羊、豕、黍、粱、稷、禾等。亦可作動詞用，饋人以生食也。禮記聘義有「餼客於舍，五牢之具陳於內，米三十車，禾三十車，芻薪倍禾，皆陳於外。乘禽日五雙，羣介皆有餼牢」云云，可見其周到。使魯爲其班。班，次也。謂使魯定其先後之次序。使魯爲班，則魯亦遣大夫戍齊可知，經未書。後鄭。鄭忽以其有功也，怒，故有郎之師。郎之師在十年。

公之未昏於齊也，齊侯欲以文姜妻鄭大子忽。大子忽辭。人問其故。大子曰：「人各有耦，齊大，非吾耦也。詩云：『自求多福。』詩在大雅文王篇。在我而已，大國何爲？」君子曰：「善自爲謀。」此蓋美鄭忽辭文姜之詞。文姜淫亂，卒使魯桓被殺。章炳麟春秋左傳讀謂善讀爲嫿，説文，嫿，好枝格人語也，一曰靳也。則此乃譏鄭忽辭婚失援，卒致失國之言，不確。及其敗戎師也，齊侯又請妻之。此時文姜歸魯已四年，蓋以他女妻之。隱八年傳云

「鄭公子忽如陳逆婦嬀」，則忽早已娶正妻矣。**固辭。**僞古文尚書大禹謨「禹拜稽首固辭」，僞孔傳「再辭曰固」，可備一説。**人問其故。大子曰：「無事於齊，吾猶不敢。今以君命奔齊之急，而受室以歸，是以師昏也。民其謂我何？」**意謂勞民出師，而已成婚以歸，民將謂己所以勞民者，爲娶妻於齊耳。**遂辭諸鄭伯。**告之於鄭伯而辭之。此爲十一年鄭忽出奔衞張本。鄭忽辭齊婚者兩次。齊世家及鄭世家皆以忽第一次辭婚之言加於敗戎師第二次辭婚之時，不可從。説本劉文淇舊注疏證。説苑權謀篇同左傳。

六·五　**秋，大閱，簡車馬也。**

六·六　**九月丁卯，子同生。以大子生之禮舉之：接以大牢，**古代祭祀，牛、羊、豕三牲皆用曰大牢。大同太。其用一牲者曰特，其用羊與豕者曰少牢。接者，謂其父接見其子。禮記內則云：「國君世子生，告于君，接以大牢，宰掌具。」然子爲嬰兒，不可食大牢，故以享其母，鄭玄注：「謂食其母使補虚强氣。」至解接爲接待其母，恐非經義。禮記內則又云：「接子擇日。」鄭注云：「雖三日之內，尊卑必皆選其吉焉。」則接子多在初生三日之中。內則又云：「接子，庶人特豚，士特豕，大夫少牢，國君世子大牢，其非冢子則皆降一等。」**卜士負之，**占卜士人之吉者使抱負此子。漢書賈誼傳所謂「古之王者，太子乃生，因舉以禮，使士負之」。內則亦云：「三日，卜士負之。吉者宿齊（同齋），朝服寢門外，詩（持也、承也）負之。射人以桑弧蓬矢六射天地四方，保（保母）受乃負之。宰醴（禮）負子，賜之束帛。」**士妻食之，**內則又云：「卜士之妻、大夫之妾使食子。」

蓋其母不自乳其子，卜士之妻或大夫之妾之有乳汁者，其吉者使之乳太子。**公與文姜、宗婦命之。**宗婦，蓋同宗之婦也。　命同名，命之，爲太子取名。內則云：「世子生，則君沐浴朝服，夫人亦如之。皆立于阼階，西鄉。世婦抱子升自西階。君名之，乃降。」鄭注云：「子升自西階，則人君見世子於路寢也。」儀禮喪服傳云：「故子生三月，則父名之。」內則亦云：「三月之末，擇日，父執子之右手，咳而名之。」則名子之禮在子生三月之後。禮記曾子問君薨而世子生，三日，子升自西階，殯前北面，祝立于殯東南隅，祝聲三，曰：「某之子某從執事敢見。」夫云子某，則三日已有名矣。蓋此是變禮，欲死君之靈不及葬而見子，故三日即名之。若君已葬而世子生，仍三月後名於其父之廟。

公問名於申繻。繻音須。申繻，魯大夫。此問必在命名禮舉行前。**對曰：「名有五，有信，有義，有象，有假，有類。以名生爲信，**依論衡詰術篇及杜注之意，謂若唐叔虞之初生，其手掌有字形似「虞」，故名之曰虞；魯季友之初生，其手掌亦有字形似「友」，故名之曰友。沈欽韓左傳補注謂名生之子，所包甚廣，唐叔虞、公子友之事，其偶然者。殷家質直，以生日名子，或聽其聲，以律定其名，此所謂名生爲信也。**以德命爲義，**論衡詰術篇云：「以德名爲義，若文王爲昌，武王爲發也。」以祥瑞之字爲名者屬此類。**以類命爲象，**論衡詰術篇云：「以類名爲象，若孔子名丘也。」杜注：「若孔子首像尼丘。」孔子世家云：「禱於尼丘，得孔子。生而首上圩頂，故因名曰丘云。」**取於物爲假，**假借萬物之名以名子，如宋昭公名杵臼，孔丘名其子爲鯉。論衡詰術篇云：「取於物爲假，若宋公名杵臼也。」**取於父爲類。**論衡詰術篇云：「取於父爲類，有以類於父也。」莊公之生與桓公同日，故名曰同。**不以國，**不以國者，不以本國之名名子也，至於以他國國名名子者，春秋之時則數見不鮮矣，衞宣公名晉，成公名鄭，魯定公名宋，陳惠公名吴，晉悼公名周皆是。凡此諸國，當時皆在，晉悼公之名且與王室同，當時不以爲怪。**不以官，**不以本國官名名子，如司徒、司空之類。**不以山川，**不以本國山川之名名子，若魯獻公名具，武公名敖。**不以隱疾，**莊子外物篇釋文引李頤云：「隱，病患也。」此隱字當即此義。隱疾爲同義詞連用，猶言疾病。舊解隱疾爲衣中之疾（初見於禮記曲禮鄭玄注），周壽昌思益堂日札卷一且謂隱疾當如秦公孫痤（癤也，癰也）、漢酈疥（史記陸賈傳）、温疥（漢書功臣表）之類云云，恐不確。疾病，人所不免，口難以避諱，故不以爲名。**不以畜牲，**畜牲，馬、牛、羊、豕、狗、鷄也。養之則爲畜，用之以祭祀則爲牲。此亦同義詞連用，與上文隱疾相對。**不以器幣。**器指禮器，如俎、豆、罍、彝、鐘、磬之屬，下文云「以器幣則廢禮」可證。古者以禮物饋贈人曰「幣」。周禮小行人有六幣，圭、璋、璧、琮、琥、璜、馬、皮、帛、錦、繡、黼等是。禮記曲禮上云：「名子者，不以國，不以日月（如蔡莊公名甲午，魯僖公名申），不以隱疾，不以山川。」內則云：「凡名子不以日月，不以國，不以隱疾。」有「不以日月」，而無「不以畜牲，不以器幣」兩則。**周人以諱事神，**周人以諱事神，明殷商無避諱之禮俗。以諱事神者，生時不諱，死然後諱之，檀弓下所謂「卒哭而諱」。故衞襄公名惡，而其臣有石惡，君臣同名，不以爲嫌。周人雖避諱，遠不如漢以後禁忌日甚，嫌名、二名皆避，生時亦避。**名，終將諱之。**此解以諱事神之義，句讀從張聰咸杜注辨證。人死曰終，終則諱之，生則不諱。所諱世數，天子諸侯諱其父、祖、曾祖、高祖之名；高祖以上，五世親盡，其廟當遷，則不諱矣。檀弓下云「既卒哭，宰夫執木鐸以命于宮曰『舍故而諱新』」，即是此意。曲禮云：「逮事父母，則諱王父母；不逮事父母，則不諱王父母。」鄭玄云「此謂庶人、適士以上」，則自卿大夫以下皆諱一代。父在而諱祖者，以祖之名乃父所諱，故亦諱祖之名。**故以國則廢名，**如以國名爲名，國名不可廢，唯廢改其人之名耳。**以官則廢職，以山川則廢主，**以官名爲人名，則改其官名；以山川名爲人名，則改其山川之名，此言廢職、廢主，極言其不可。**以畜牲則廢祀，**以牛、羊、豕等爲人名，則不可以用之爲犧牲，是廢祭也。**以器幣則廢禮。**器幣皆爲行禮儀之物，以之爲人名，由于避諱而不用其物，是廢禮儀。**晉以僖侯廢司徒，**晉僖侯名司徒，廢之改爲中軍。**宋以武公廢司空，**宋武公名司空，宋廢之改爲司城。**先君獻、武廢二山，**二山，具山、敖山也。具山在今山東省蒙陰縣東北十五里，敖山在今蒙陰縣西北三十五里。魯獻公名具，武公名敖，由避諱故，廢具、敖兩山之名，改以其鄉名爲山名。國語晉語九云：「范獻子聘於魯，問具山、敖山，魯人以其鄉對。獻子曰：『不爲具、敖乎？』對曰：『先君獻、武之諱也。』」范獻子聘魯在昭公世，距獻公、武公，時代已遠，早已親盡遷廟矣，而猶諱具、敖者，山川之名既改，不便復舊，故魯人仍以其鄉對。魯有公孫敖（僖十五年經），則非山名不諱矣。**是以大物不可以命。」**大物包括上所言國、官、山、川、隱疾、畜牲、器幣。賈子胎教篇云：「然後卜王大子名，上毋取於天，下毋取於地，中毋取於名山通谷，毋悖於鄉俗，是故君子名難知而易諱也。」所言雖異，其意則同。命同名。**公曰：「是其生也，**是，此人，指子同。**與吾同物，**據昭七年傳，歲、時、日、月、星、辰爲六物。史記魯世家云：「夫人生子，與桓公同日，故名曰同。」改物作日，其義更明。

命之曰同。」

六·七 **冬，紀侯來朝，請王命以求成于齊。公告不能。**夏四月，紀侯來魯商謀齊難，冬又來朝，請魯轉求王命以與齊和。桓公告以不能，紀於是謀納王后以自固，而終不免爲齊所滅。

七年，丙子，公元前七〇五年。周桓王十五年、齊僖二十六年、晉小子侯四年、曲沃武公十一年、衞宣十四年、蔡桓十年、鄭莊三十九年、曹桓五十二年、陳厲二年、杞武四十六年、宋莊五年、秦寧十一年、楚武三十六年。

經

七·一 **七年春二月己亥，**冬至在去年十二月二十日壬辰，建丑，有閏。己亥，二十八日。**焚咸丘。**無傳。咸丘，魯地，在今山東省巨野縣東南。焚之者，以火焚地，驅使野獸外逃，然後羅網圍取之。禮記王制云：「昆蟲未蟄，不以火田。」此實周正之三月，夏正之二月，或者天仍寒涼，可用火燒法田獵。公羊、穀梁解咸丘爲邾地，焚咸丘爲焚邑，乃火攻之法，恐非。

七·二 **夏，穀伯綏來朝。鄧侯吾離來朝。**穀，國名。郭沫若殷契粹編有卜辭云「王氏[illegible]」，唐蘭、于省吾俱以爲「穀」字，詳于省吾雙劍誃殷契駢枝三編，似穀國殷商已有之。孔穎達云「不知何姓」，通志氏族略以爲嬴姓。故城在今湖北省穀城縣西北。鄧，曼姓國，莊公十六年楚文王滅之。故城在今河南省鄧縣，或謂在襄樊市北鄧城。古彝器今可知者有鄧公𣪘、鄧伯姬簋、鄧公子𣪘等。「鄧」字作「[illegible]」或「[illegible]」等形。杜注：「不總稱朝者，各自行朝禮也。」此與隱十一年經書「滕侯、薛侯來朝」不同。滕、薛同時朝，故争長；此則分別朝，故分書。是年無秋、冬兩時與月，説詳四年經注。

傳

七·一　七年春，穀伯、鄧侯來朝。經書「夏」而傳書「春」，杜注以爲「以春來，夏乃行朝禮」。趙翼陔餘叢考謂二國不用周正。經、傳書時，或有乖異，經用周正，傳用夏正，此亦宜然，此年實建丑，疑是夏正三月時事，於丑正爲四月，故經書「夏」。名，賤之也。經舉穀伯與鄧侯之名，此解釋其故。公羊、穀梁以爲兩國皆失地之君，故書其名，恐不可信。鄧之被滅在莊公十六年，魯史無由預知而書其名；穀之被滅，經、傳皆無文，亦不知由誰滅之。謂魯史修史而用此書法，則州公如曹而來朝，不復其國；紀侯來朝，終滅於齊，而皆不書名，何獨於穀伯、鄧侯則不然？是知公、穀爲臆説。

七·二　夏，盟、向求成于鄭，既而背之。據隱十一年傳，周桓王嘗以盟、向等十二邑易鄭田。君子謂桓王不能自有，而以與鄭，是鄭雖于名義上受盟、向諸邑，而實未必能有之，鄭與盟、向之主必有用兵之事。此盟、向之所以求和於鄭。

七·三　秋，鄭人、齊人、衛人伐盟、向。王遷盟、向之民于郟。盟、向叛鄭，則必親周。鄭以三國之軍伐盟、向，桓王不能抗而救之，則唯有遷其民，而以其地與鄭耳。郟音夾，以郟山得名（郟山即北邙山），即郟鄏，又曰王城，今河南省洛陽市。

七·四 **冬，曲沃伯誘晉小子侯殺之。**史記十二諸侯年表繫此事於桓公六年，云：「曲沃武公殺小子。周伐曲沃，立晉哀侯弟湣爲晉侯。」晉世家云：「曲沃益彊，晉無如之何。晉小子之四年，曲沃武公誘召晉小子殺之。」若小子侯四年，則仍是桓七年。

八年，丁丑，公元前七〇四年。周桓王十六年、齊僖二十七年、晉侯緡元年、曲沃武公十二年、衛宣十五年、蔡桓十一年、鄭莊四十年、曹桓五十三年、陳厲三年、杞武四十七年、宋莊六年、秦寧十二年、楚武三十七年。

經

八·一 **八年春正月己卯，**己卯，十四日。**烝。**無傳。桓五年傳云：「閉蟄而烝，過則書。」閉蟄當夏正之十月，去年閏十二月初一丁酉冬至，今年實建丑。此春正月當夏正之十二月，所謂「過則書」。穀梁傳云：「烝，冬事也；春興之，志不時也。」亦是此意。杜注云「爲下五月復烝見瀆也」，或亦有此意。孔疏引衞氏之說，所謂一責過時，二責見瀆。

八·二 **天王使家父來聘。**無傳。家父，天子大夫。詩小雅節南山之末章云：「家父作誦，以究王訩。」節南山爲刺幽王之詩，兩家父相距近百年，必非一人。孔穎達毛詩節南山正義以春秋之時，趙氏世稱「孟」，智氏世稱「伯」，仍氏亦或世字「叔」，則家父以父爲字，或累世同之。杜注以家爲氏，何休公羊注以家係以采邑爲氏。詩小雅十月之交「家伯維宰」，鄭玄注謂「家伯」是字。

八·三　**夏五月丁丑，**丁丑，十三日。**烝。**無傳。

八·四　**秋，伐邾。**無傳。「邾」，公羊例作「邾婁」。

八·五　**冬十月，雨雪。**無傳。此年建丑之十月，夏正之九月，不應有雪而雨雪，故書。

八·六　**祭公來，遂逆王后于紀。**隱元年有祭伯，疑即此人。此稱祭公，或此時爲天子三公。此是爲周桓王迎接王后，此時桓王立已十六年，豈有天子即位十六年然後娶后之事？其非初婚可知。白虎通與王度記皆謂「天子諸侯不再娶」，考之三禮，並無其文；徵之左傳，亦無其事，不足信。說詳毛奇齡春秋傳。古時通婚，男女雙方必須地位相稱。周室雖卑，名義上仍是天子，與諸侯通婚，地位不同，因之天子不自主婚，而託同姓諸侯代爲主持。故王姬下嫁，先送之至于魯，然後由魯遣嫁，莊元年經「單伯送王姬，築王姬之館于外」是也。周王娶后亦如此。由王室派遣公卿來魯，然後迎王后直歸京師，此祭公迎接王后之所以必須來魯之故。天子娶后不親迎，遣卿迎之，此古左氏說。襄十五傳云：「官師從單靖公逆王后于齊。卿不行，非禮也。」卿不行，指單靖公留途不行。卿不行非禮，則卿行合禮可知。至禮記哀公問謂「冕而親迎」，所謂親迎，恐非如卿大夫以下人物親迎于女家，而僅如王莽之娶杜陵史氏女爲皇后，親迎於前殿兩階間。說參章炳麟春秋左傳讀。

傳

八·一 八年春，滅翼。此句本與七年傳連接，宜合讀爲「冬，曲沃伯誘晉小子侯殺之。八年春，滅翼」。

八·二 隨少師有寵。楚鬭伯比曰：「可矣。讎有釁，杜注：「釁，瑕隙也。」猶今言空子。不可失也。」讎指隨國。有釁，指少師得其君，此大好機會，不可錯過。

夏，楚子合諸侯于沈鹿。沈，今作沉。沈鹿，楚地，在今湖北省鍾祥縣東六十里。黄、隨不會。黄，國名，嬴姓，廣韻「黄」字注謂爲「陸終之後，受封於黄」。僖十二年楚滅之。曾於河南潢川縣西北十二里處發掘其國都遺址。又在該縣發現五件黄國容器與兵器。傳世剌鼎銘云：「剌對揚王休，用作黄公尊䵼彝。」此黄公不知即此黄國之君否。又有黄大子伯克盤、黄君毁，當是黄國所造。使薳章讓黄。讓，責讓也。楚子伐隨。軍于漢、淮之間。隨國正在漢水之東、淮河之南，故楚軍駐紮于兩水之間。

季梁請下之：「弗許而後戰，所以怒我而怠寇也。」此季梁語。少師謂隨侯曰：「必速戰。不然，將失楚師。」隨侯禦之。望楚師。季梁曰：「楚人上左，春秋諸國，多以右爲上，左爲下。桓五年傳叙周王伐鄭，虢公林父將右軍，周公黑肩將左軍；鄭曼伯爲右拒，祭仲足爲左拒，皆先書右而後書左。文公七年傳叙宋之六官，亦先右師而後左師；僖二十八年傳叙晉作三行，亦先右行而後左行。惟叙楚師，則先左而後右，如僖二十八年傳云：「子西將左，子上將右。」是楚人以左爲上。君必左，君謂隨侯。隨侯之左師當楚軍之右師。杜注謂君指楚王，誤。説詳日知録卷二十七。無與王遇。戰國策齊策一云：「盼子復整其士卒與王遇。」高誘注云：「遇，敵也。」敵猶當也，故少師以爲「不當王」。説詳惠棟補注。且攻其右。且作「而」用。吕氏春秋察微篇：「使治亂存亡，若高山之與深谿，若白堊之與黑漆，則無所用智，雖愚猶可矣，且治亂存亡則不然。」論衡定賢篇云：「丘能仁且忍，辯且訥，勇且怯。」諸「且」字皆用作「而」。右無良焉，良指良將。必敗。偏敗，偏，偏師，猶言非主力軍。衆乃攜矣。」攜，離也。少師曰：「不當王，非敵也。」弗從。不從季梁之計。戰于速杞。速杞，隨地，當在今湖北省應山縣治西。隨師敗績。隨侯逸。逸，逃也。鬭丹獲其戎車，與其戎右少師。鬭丹，楚大夫。戎車，君所乘兵車也。戎右即車右，少師有寵，隨侯以之爲戎右。

秋，隨及楚平，楚子將不許。隨及楚平，隨將與楚和也；楚子將不許，欲滅之。鬭伯比曰：「天去其疾矣，謂少師爲楚所獲，不復當隨國之政。隨未可克也。」乃盟而還。楚世家云：「三十七年，與隨人盟而去，於是始開濮地而有之。」

八·三　冬，王命虢仲立晉哀侯之弟緡于晉。虢仲，王卿士虢公林父。晉世家云：「周桓王使虢仲伐曲沃武公。武公入于曲沃。乃立晉哀侯弟緡爲晉侯。」

八·四　祭公來，遂逆王后于紀，禮也。禮也者，謂祭公來受命於魯，然後往迎王后，合於天子娶於諸侯，使同姓諸侯爲其主之禮。周桓王娶后，魯爲之主；周惠王娶后，虢、晉、鄭三國爲之主，故莊十八年傳云「虢公、晉侯、鄭伯使原莊公逆王后于陳，陳嬀歸于京師」。

九年，戊寅，公元前七〇三年。周桓王十七年、齊僖二十八年、晉緡二年、曲沃武公十三年、衛宣十六年、蔡桓十二年、鄭莊四十一年、曹桓五十四年、陳厲四年、杞靖公元年、宋莊七年、秦出子元年、楚武三十八年。

經

九·一 **九年春**，去年十二月十二日壬寅冬至，仍建丑。**紀季姜歸于京師。**紀季姜即去年祭公所迎之桓王后，紀爲其國，季爲其姊妹排行，姜爲其姓。古代同姓不婚，故女子必著姓于下。迎時稱王后，歸時稱其母家姓，蓋當時書法如此。季姜之稱亦猶僖二十三年之稱叔隗、季隗。京師指洛邑，此時周室都洛邑。京本周祖公劉所居之地名，詩大雅公劉「篤公劉，于京斯依」是也。其後鎬京、洛邑俱亦稱京，亦猶絳本晉國所都，其後遷新田，新田亦稱絳；王充論衡正説篇所謂「本所興昌之地，重本不忘始」也。京復稱京師者，周人於地名之下往往加師爲稱，亦猶召誥稱洛，洛誥稱洛師。師，金文作「𠂤」。小臣單觶有成𠂤，小臣謎𣪘有牧𠂤，左傳莊九年亦有堂阜，皆可證。克鐘有京𠂤，當即京師，故知經典古文字作「𠂤」者，漢代經師或讀之爲師，故有洛師、京師之稱。説詳楊樹達先生積微居小學述林駁公羊傳京師説。

九·二 **夏四月。**

九·三　秋七月。

九·四　冬，曹伯使其世子射姑來朝。世子即大（太）子，世太古音同。經多作「世子」，傳多作「大子」。曹伯，曹桓公，即位已五十餘年，實老矣。以明年春卒，杜注謂「曹伯有疾，故使其子來朝」。

傳

九·一　九年春，紀季姜歸于京師。凡諸侯之女行，詩邶風泉水云：「女子有行，遠父母兄弟。」鄘風蝃蝀、衞風竹竿亦皆云：「女子有行，遠兄弟父母。」行，皆指出嫁。此行字義亦同。唯王后書。莊十八年傳載「原莊公逆王后于陳」，宣六年傳載「召桓公逆王后于齊」，而不書陳女、齊女歸于京師。是知諸侯之女行，雖王后或有不書，而書者必王后。

九·二　巴子使韓服告于楚，請與鄧爲好。巴，國名，據昭十三年傳「楚共王與巴姬埋璧」之文，則姬姓。舊説四川省重慶市有江州故城，即古巴國。然以傳文考之，巴必與鄧相近。莊十八年傳又云「巴人叛楚，而伐那處」，文十六年傳又云「秦人、巴人從楚師，遂滅庸」，是巴國當在楚之西北。春秋之世，巴國可能在今湖北省襄樊市附近，遷入夔門，則戰國時事。説參童書業古巴國考、顧頡剛史林雜識牧誓八國。好，去聲，友好也。楚子使道朔將巴客以聘於鄧。將，去聲，率領也。鄧南鄙鄾人攻而奪之幣，鄾音憂，顧棟高大事表以爲國名。據方輿紀要，鄾城在今湖北省襄陽舊城東北十二里。哀十八年傳「巴人伐楚圍鄾」之鄾，即此鄾，其時鄧早爲楚所滅，故鄾亦入於楚。之，用法同其，奪之幣，即奪其幣。幣指聘問禮品。**殺道朔及巴行人。**上言巴客，此言巴行人，皆即韓服，變文也。行人爲古代官名，周禮秋官有大行人，掌大賓之禮及大客之儀；小行人掌使適四方，協九儀賓客之事。諸侯之行人似通掌之。餘詳宣十二年傳注。**楚子使薳章讓於鄧。**讓於鄧，猶言讓鄧。於字不宜有，但古人多有此種語法。**鄧人弗受。**阮芝生左傳杜注拾遺云：「弗受者，不納也。自知理屈，故不使薳章入于鄧地。」阮說可商。弗受者，不受責讓，强詞拒之也，非不受使者。

夏，楚使鬭廉帥師及巴師圍鄾。鬭廉，楚大夫。**鄧養甥、聃甥帥師救鄾。**養甥、聃甥皆鄧大夫。**三逐巴師，不克。**猶言向巴師衝鋒三次，而不能敗之。**鬭廉衡陳其師於巴師之中，以戰，而北。**衡同横。北，軍敗奔走也。段玉裁説文解字注云：「謂背而走也。韋昭注國語云：『北者，古之背字。』」鬭廉以楚師於巴師之中列爲横陣，以與鄧戰，僞敗而逃走。**鄧人逐之，背巴師；**鄧人不知楚之詐，以爲楚真敗而追之，巴師乃在其後。**而夾攻之。**楚師回軍攻其前，巴師前進攻其後。**鄧師大敗。鄾人宵潰。**路史國名紀戊注引竹書紀年云：「〔周〕桓王十七年（當曲沃武公十三年），楚及巴伐鄧。」載年與傳合。

九·三 **秋，虢仲、芮伯、梁伯、荀侯、賈伯伐曲沃。**芮已見桓三年、四年傳。梁，國名。僖十七年傳云：「惠公之在梁也，梁伯妻之。梁嬴孕，過期。」則梁爲嬴姓。今陝西省韓城縣南二十二里有少梁城，當即古梁國。僖十九年，即秦穆公十九年，秦滅之。秦本紀謂穆公二十年滅梁、芮。雷學淇竹書義證調停其說，謂「亡在十九年冬，而取在二十年」，亦苦于用心矣。文十年地入于晉。傳世器有梁伯戈、梁其鐘、梁其鼎、梁邑幣等。荀，姬姓國，今山西省新絳縣東北二十五里有臨汾故城，即古荀國。漢書地理志注引汲郡古文云：「晉武公滅荀，以賜大夫原氏黯，是爲荀叔。」賈，姬姓國，元和姓纂三十五馬韻謂周康王封唐叔虞少子公明於此。當在今山西省襄汾縣東。顧棟高大事表本通志，以今陝西省蒲城縣西南之賈城當之，恐不確。賈亦爲晉所滅，賜狐射姑爲邑。

九·四

冬，曹大子來朝。賓之以上卿，謂以其本國上卿之禮接待之。**禮也。享曹大子。初獻，**酒始獻。**樂奏而歎。施父曰：**杜注：「施父，魯大夫。」**「曹大子其有憂乎！**其，表將來之時間副詞。爲下年其父死作預言。**非歎所也。」**昭二十八年傳云：「諺曰：『唯食亡憂。』」曹大子當食而歎，故云非歎所。說本楊樹達先生讀左傳說。

十年，己卯，公元前七〇二年。周桓王十八年、齊僖二十九年、晉緡三年、曲沃武公十四年、衞宣十七年、蔡桓十三年、鄭莊四十二年、曹桓五十五年、陳厲五年、杞靖二年、宋莊八年、秦出子二年、楚武三十九年。

經

一〇·一 十年春王正月，冬至在去年十二月二十三日戊申，此年仍建丑，且有閏月。庚申，庚申，六日。曹伯終生卒。

一〇·二 夏五月，葬曹桓公。無傳。

一〇·三 秋，公會衞侯于桃丘，弗遇。無傳。桃丘在今山東省東阿縣安平鎮東八十里。魯公本與衞侯相約於桃丘會晤，然衞既接受齊國之請，以軍隊助齊、鄭伐魯，衞侯乃背約而不來，因而不遇。不遇而經言「公會衞侯」者，公本以會禮往也。成公十六年，魯公往參加沙隨之會，晉侯不見魯公，經亦書云「公會晉侯、齊侯、衞侯、宋華元、邾人于沙隨，不見公」，與此同一例，但此用「弗」字。春秋經文只此一處用「弗」字。

一〇·四 冬十有二月丙午，丙午，二十七日。齊侯、衞侯、鄭伯來戰于郎。魯有兩郎，一爲隱元年「費伯帥師城郎」之郎，離曲阜約二百里。一爲魯近郊之郎，隱九年「夏城郎」，即此郎。公羊傳云：「郎者何？吾近邑也。」則三國之師已至曲阜近郊。

傳

一〇·一 十年春，曹桓公卒。史記曹世家云：「五十五年，桓公卒，子莊公夕姑立。」「夕姑」，經作「射姑」，見莊二十三年經。

一〇·二　虢仲譖其大夫詹父於王。虢仲爲王卿士，其屬有大夫。詹父又見莊公十九年傳。詹父有辭，有辭，猶今言有理。以王師伐虢。夏，虢公出奔虞。虞，姬姓國，僖公五年爲晉所滅。故城在今山西省平陸縣東北。金文作「虞」，亦作「吴」。今存虞器有虞司寇壺、吴龍父毁等。

一〇·三　秋，秦人納芮伯萬於芮。萬于四年爲秦所執，詳四年傳。

一〇·四　初，虞叔有玉，杜注：「虞叔，虞公之弟。」虞公求旃。旃，「之焉」兩字之合音。弗獻。既而悔之，曰：「周諺有之：『匹夫無罪，懷璧其罪。』吾焉用此，其以賈害也？」其，表將來可能之副詞，也讀爲耶。猶言我何必用此璧，將以之買禍耶。賈音古，買也。乃獻之。本無「之」字，今從石經、宋本、足利本、金澤文庫本補。又求其寶劍。叔曰：「是無厭也。無厭，將及我。」厭，平聲，足也。將及我，言禍難將及本身。古人言語簡略，及於難曰及，猶免於刑曰免。十八年傳云：「周公弗從，故及。」杜注「及於難也」，亦可證此及字之義。遂伐虞公。故虞公出奔共池。「共」，金澤文庫本作「洪」，釋文云：「共音洪，一音恭。」共池，當在今山西省平陸縣境。

一〇·五　冬，齊、衞、鄭來戰于郎，我有辭也。

初，北戎病齊，六年傳云：「北戎伐齊。」此改伐爲病，暗示齊不能抵禦而乞師之意。「病」，動詞使動用法。「病齊」，使齊困病。諸侯救之，鄭公子忽有功焉。齊人餼諸侯，饋送諸國援軍以牛羊芻米。使魯次之。次，排行饋送先後。魯以周班後鄭。依周室封爵之次，鄭應在後。鄭人怒，請師於齊。齊人以衛師助之，故不稱侵伐。先書齊、衛，王爵也。王爵即周班。齊人饋餼，魯以周班後鄭；三國來戰，鄭雖爲戎首，仍以周班後鄭，足見魯雖見伐，而其理仍直，以見「我有辭」之義。說詳六年傳並注。

十有一年，庚辰，公元前七〇一年。周桓王十九年、齊僖三十年、晉緡四年、曲沃武公十五年、衛宣十八年、蔡桓十四年、鄭莊四十三年、曹莊公射姑元年、陳厲六年、杞靖三年、宋莊九年、秦出子三年、楚武四十年。

經

一一·一　十有一年春正月，去年閏十二月四日癸丑冬至，此年仍建丑。齊人、衛人、鄭人盟于惡曹。惡曹，杜注以爲「地闕」（不知何地）。沈欽韓疑爲烏巢之異文，則在今河南省延津縣東南。

一一·二　夏五月癸未，癸未，七日。鄭伯寤生卒。

一一·三　秋七月，葬鄭莊公。無傳。隱元年傳謂諸侯五月而葬，此則三月即葬。諸侯三月而葬者甚多。

一一·四　九月，宋人執鄭祭仲。祭仲即祭足，亦稱祭仲足，蓋祭是氏，仲是行第，足是名。杜注以爲仲是名，足是字，誤。古人稱謂不以名冠字上。若名、字連言，先字後名。突歸于鄭。鄭忽出奔衛。公羊、穀梁則列三句爲三條，依左傳所敘史事，宜爲一條。

一一·五　柔會宋公、陳侯、蔡叔盟于折。無傳。柔，魯大夫。此内卿會盟諸侯之始。蔡叔，杜注以爲蔡大夫，名叔。張應昌春秋屬辭辨例編云：「桓十一年蔡叔，桓十七年蔡季，叔、季，弟之稱也，蔡叔、許叔、蔡季、紀季是也。」則蔡叔是蔡桓侯母弟。前人多主是説。折，不知今何地。

一一·六　公會宋公于夫鍾。無傳。夫音扶。「鍾」，公羊傳作「童」，童、鍾兩字可通假。據沈欽韓左傳地名補注，今山東省汶上縣治東北有夫鍾里，當即古夫鍾地。據文十一年傳，夫鍾爲郕邑。

一一·七　冬十有二月，公會宋公于闞。無傳。闞音瞰，魯地。據江永考實，汶上縣西有闞亭，在今南旺湖中。

傳

一一·一　十一年春，齊、衛、鄭、宋盟于惡曹。經文無「宋」，杜預以爲「經闕」，毛奇齡春秋傳以傳之「宋」字爲衍文。

一一·二　楚屈瑕將盟貳、軫。貳、軫兩國名。春秋傳説彙纂以爲貳在今湖北省應山縣境，軫在今應城縣西。兩國其後皆爲楚滅。鄖人軍於蒲騷，將與隨、絞、州、蓼伐楚師。鄖音云，國名，杜注謂「在江夏雲杜縣東南」，則當在今湖北省京山縣西北，然據括地志及元和郡縣志則當在今安陸縣，恐今安陸縣一帶皆古鄖國。程大中在山堂集有鄖子國考。蒲騷，鄖國地名，在今湖北省應城縣西北三十五里。絞，國名，在今湖北省鄖陽地區鄖縣西北。古器有交君子鼎（貞松堂三・三）、交君子壺（善齋禮器三・五一）、交君子簠（貞松堂六・二八），不知是此絞國器不。州，國名，即今湖北省監利縣東之州陵城。蓼，音了，國名，亦作「廖」，古爲飂國，詳高士奇春秋地名考略，在今河南省唐河縣南稍西八十里。**莫敖患之。**莫敖，楚國官名，即司馬。淮南子修務訓有「莫囂大心」，莫囂即莫敖。十二年傳即作「莫敖屈瑕」，官名與姓名連言。此時之莫敖，蓋相當大司馬之官，但以後楚又另設大司馬、右司馬、左司馬，莫敖則位降至左司馬之下，於襄十五年傳可以證之。**鬭廉曰：「鄖人軍其郊，必不誡。**誡音戒，警戒也。**且日虞四邑之至也。**虞，望也。說詳王念孫廣雅釋詁疏證、王引之述聞。四邑，即隨、絞、州、蓼。邑亦國也。散氏盤之散邑即散國。至謂至楚。蓋四國之師先行，鄖人將與之共伐，故下文云「君次於郊郢，以禦四邑」。說詳于鬯香草校書。**君次於郊郢，以禦四邑，**君指屈瑕，鄭玄注儀禮喪服所謂「天子諸侯及卿大夫有地者皆曰君」，則君除指國君外，亦爲一般對稱敬詞。郊郢，當即今湖北省鍾祥縣郢州故城。**我以銳師宵加於鄖。鄖有虞心而恃其城，**虞心，冀四國援兵之心。其城，蒲騷城。蒲騷爲鄖國小邑，亦有城保，詳香草校書。**莫有鬭志。若敗鄖師，四邑必離。」莫敖曰：「盍請濟師於王？」**盍，何不之合音字。濟，益也。**對曰：「師克在和，不在衆。商、周之不敵，君之所聞也。**商指殷王紂，周指周武王。據孟子盡心下，武王伐殷，革車三百輛，虎賁之士三千人。又據昭二十四年傳引大誓，紂有億兆夷人。則相傳紂王之軍多，武王之兵少，而武王卒滅紂。成軍以出，又何濟焉？」莫敖曰：「卜之？」對曰：「卜以決疑。不疑，何卜？」遂敗鄖師於蒲騷，卒盟而還。卒與貳、軫兩國盟。於此可見隨與諸國之伐楚師者，欲破壞楚與兩國之盟會。此年楚僅敗鄖，成七年傳楚有鄖公鍾儀，則其時鄖已早爲楚所滅，變爲一縣矣。哀公十七年傳謂觀丁父克州、蓼，未審即此役否。

一一·三　鄭昭公之敗北戎也，在六年。齊人將妻之。妻，動詞，去聲，妻以女也。昭公辭。祭仲曰：「必取之。君多内寵，君指鄭莊公。僖十七年傳云：「齊侯好内，多内寵，内嬖如夫人者六人。」則内寵指妻妾而言，此内寵當同義。子無大援，將不立。金澤文庫本「不」下有「得」字。三公子皆君也。」三公子，子突、子亹、子儀；其母皆有寵。史記鄭世家云：「所謂三公子者，大子忽，其弟突，次弟子亹也。」索隱云：「此文則數太子忽，而杜預不數太子，以子突、子亹、子儀爲三，蓋得之。」弗從。詩鄭風有女同車序云：「有女同車，刺忽也。鄭人刺忽之不昏于齊。太子忽嘗有功于齊，齊侯請妻之。齊女賢而不取，卒以無大國之助，至於見逐，故國人刺之。」

夏，鄭莊公卒。

初，祭封人仲足有寵於莊公，祭，鄭地，當在今河南省鄭州市東北。莊公使爲卿。爲公娶鄧曼，十三年及莊四年傳有楚武王夫人鄧曼，同是鄧國之女。生昭公。故祭仲立之。立之者，莊公卒立之爲君也。史記年表云：「鄭昭公元年，忽母，鄧女，祭仲取之。」**宋雍氏女於鄭莊公，曰雍姞，生厲公。**女，動詞，去聲，妻之也。雍氏，宋大夫。雍姞，姞是雍氏之姓。**雍氏宗，**宗，爲人所尊仰也。**有寵於宋莊公，故誘祭仲而執之，曰：「不立突，將死。」亦執厲公而求賂焉。祭仲與宋人盟，以厲公歸而立之。**

秋九月丁亥，丁亥，十三日。**昭公奔衞。己亥，**己亥，二十五日。**厲公立。**鄭世家取左傳而較詳。

十有二年，辛巳，公元前七〇〇年。周桓王二十年、齊僖三十一年、晉緡五年、曲沃武公十六年、衞宣十九年、蔡桓十五年、鄭厲公突元年、曹莊二年、陳厲七年、杞靖四年、宋莊十年、秦出子四年、楚武四十一年。

經

一二·一 **十有二年春正月。**去年十二月十五日戊午冬至，此年仍建丑，且有閏月。

一二·二 **夏六月壬寅，**壬寅，初二日。**公會杞侯、莒子盟于曲池。**「杞」，公羊、穀梁俱作「紀」，春秋啖趙集傳纂例一引竹書紀年亦作「紀」。然據左傳義，以作「杞」爲是。「曲池」，公羊傳作「毆蛇」，紀年作「區蛇」。區、毆與曲爲平入對轉，蛇與池古音亦同。曲池在今山東省寧陽縣東北。

一二·三 秋七月丁亥，丁亥，十七日。公會宋公、燕人盟于穀丘。燕，南燕。餘詳隱五年傳注。燕人疑係燕君。穀丘，宋邑，據方輿紀要，在今河南省商丘縣東南四十里。一説在今山東省菏澤東北三十里，但其地近曹國，恐非。

一二·四 八月壬辰，八月無壬辰。陳侯躍卒。無傳。躍，厲公。陳世家誤以五父與佗爲兩人，因謂佗爲厲公，躍爲利公，前人辨之詳矣。

一二·五 公會宋公于虛。「虛」，公羊作「郯」，宋地，在今河南省延津縣東。

一二·六 冬十有一月，公會宋公于龜。龜，宋地，疑在今河南省睢縣境内。

一二·七 丙戌，丙戌，十八日。公會鄭伯，盟于武父。武父，鄭地，在今山東省東明縣西南。傳世器有武父矛，銘云「武父敢」。劉心源奇觚室吉金文述卷十謂武父即此城。敢，人名。

一二·八 丙戌，衛侯晉卒。無傳。外諸侯死，全部春秋經中惟此一處書日。晉即宣公。

一二·九 十有二月，及鄭師伐宋。丁未，丁未，十日。戰于宋。

傳

一二·一 十二年夏，盟于曲池，平杞、莒也。隱四年，莒人伐杞，自是遂不和，魯與兩國相鄰，因而和之。

一二·二 **公欲平宋、鄭。** 宋多責賂於鄭，鄭不能堪，因不和。**秋，公及宋公盟于句瀆之丘。** 句音鉤，句瀆之丘即穀丘。急讀之爲穀，緩讀之爲句瀆。**宋成未可知也，故又會于虚；冬，又會于龜。宋公辭平，故與鄭伯盟于武父，遂帥師而伐宋，戰焉，宋無信也。**

君子曰：「苟信不繼，盟無益也。詩云『君子屢盟，亂是用長』， 詩小雅巧言句。**是**用，猶是以。**無信也。」**

一二·三 **楚伐絞，** 十一年傳云：「鄖人軍於蒲騷，將與隨、絞、州、蓼伐楚師。」則楚之伐絞，蓋由此。**軍其南門。莫敖屈瑕曰：「絞小而輕，輕則寡謀。請無扞采樵者以誘之。」** 行軍必有采樵之役徒，采樵之時又必有保衛之者。此則僅有采樵之人，而不設保衛，用以引誘敵軍。**從之。絞人獲三十人。** 獲楚之采樵者三十人。**明日，絞人争出，驅楚役徒於山中。** 役徒，即楚軍之采樵者。**楚人坐其北門，而覆諸山下。** 坐其北門，猶昭公二十七年傳所云「王使甲坐於道及其門」。坐即坐立之坐，意謂待。惠棟補注謂古有坐陣，孔廣森經學卮言亦主之，洪亮吉詁謂坐當訓止，杜預謂坐猶守也，皆求之過深。覆諸山下謂於山下設伏兵。楚既軍于絞南門，絞人之逐楚役徒而遇伏者必逃向北門，故楚軍先坐于其北門以待之。**大敗之。爲城下之盟而還。** 宣十五年傳述宋華元之言曰：「敝邑易子而食，析骸以爨。雖然，城下之盟，有以國斃，不能從也。」由此足見城下之盟爲奇恥大辱。

一二·四　**伐絞之役，楚師分涉於彭。**彭水，後名筑水，今名南河，源出於湖北省房縣西南。**羅人欲伐之。**羅，熊姓國。今湖北省宜城縣西二十里之羅川城乃羅國初封之故城。其後楚徙之于湖北省舊枝江縣（縣治今已遷馬家店鎮），後漢志所謂「枝江侯國本羅國」是也。今湖南省平江縣南三十里有羅城，又是羅國自枝江所徙處。至湘陰縣東六十里之羅城，乃其接界處。**使伯嘉諜之。**伯嘉，羅國大夫。諜音牒，今言偵察。**三巡數之。**巡，徧也。數，上聲。謂伯嘉數楚師之數。此段本與下年傳文「十三年春楚屈瑕伐羅」緊接，爲後人割裂在此。後人又誤連上章，不知上章叙楚伐絞，此章叙楚伐羅，各自獨立，今分別爲另一章。

十有三年，壬午，公元前六九九年。周桓王二十一年、齊僖三十二年、晉緡六年、曲沃武公十七年、衞惠公朔元年、蔡桓十六年、鄭厲二年、曹莊三年、陳莊公林元年、杞靖五年、宋莊十一年、秦出子五年、楚武四十二年。

經

一三·一　**十有三年春二月，**去年十二月二十六日癸亥冬至，又閏十二月，則此年實建寅。**公會紀侯、鄭伯。己巳，**己巳，三日。**及齊侯、宋公、衞侯、燕人戰。**衞侯，衞惠公朔。是時衞宣公雖未葬，然死于去年，新君踰年即位，例得稱爵。春秋之例，舊君死，新君立，當年稱子，踰年稱爵。當年稱子者，如僖公九年正月宋桓公卒，夏，宋襄公參與葵丘之會，故書曰宋子；僖公二十五年夏，衛文公卒，冬，衛成公與魯會，書曰衛子；僖公二十八年，陳穆公卒，冬，陳共公與溫之會，書曰陳子；定公四年二月，陳惠公卒，三月陳懷公與召陵之會，亦書曰陳子。踰年稱爵者，宣公十一年，陳成公與辰陵之盟，是時不但陳靈公未葬，且殺君者亦未討，然靈公死于去年，新君已改元，故經仍書陳侯；成三年經書「公會晉侯、宋公、衛侯、曹伯伐鄭」，宋公爲宋共公，衛侯爲衛定公，而是時宋文公、衛穆公俱未葬，但因新君已踰年即位，故仍稱爵。燕人實指南燕之君，不稱爵而稱人者，以南燕僻小，亦猶邾人、牟人、葛人、江人、黄人之稱人，實皆指其君而言。顧炎武謂「燕獨稱人，其君不在師」無據。南燕見隱五年傳注。**齊師、宋師、衛師、燕師敗績。**莊公十一年傳云：「大崩曰敗績。」春秋書「敗績」者十六次，其十四次皆稱某師敗績，唯莊二十八年稱「衛人敗績」，成公十六年稱「楚子、鄭師敗績」。

一三·二　**三月，葬衛宣公。**無傳。

一三·三　**夏，大水。**無傳。

一三·四　**秋七月。**

一三·五　**冬十月。**

傳

一三·一　**十三年春，楚屈瑕伐羅，**羅，已見上年傳注。**鬬伯比送之。還，謂其御曰：「莫敖必**

敗。舉趾高，心不固矣。」遂見楚子，曰：「必濟師！」鬬伯比之言必詳於此，此不過述者撮其大要而已。楚子辭焉。辭焉者，拒其所請也。入告夫人鄧曼。鄧曼曰：「大夫其非衆之謂，大夫指鬬伯比。其，傳疑副詞。其非衆之謂爲倒裝語，其非謂衆猶言不在師之多少。其謂君撫小民以信，訓諸司以德，而威莫敖以刑也。莫敖狃於蒲騷之役，將自用也，狃音紐，習也。蒲騷之役在十一年。特舉蒲騷之役者，莫敖本欲請濟師，以鬬廉之言而止，卒以少勝多。自用，自以爲是，獨斷專行之意。必小羅。小，猶言輕視。君若不鎮撫，其不設備乎！其，將也。夫固謂君訓衆而好鎮撫之，釋文：「好，呼報切；又如字。」然此宜如字讀。好鎮撫之，猶言善鎮撫之，不當破讀喜好之好。夫，他稱代詞，彼也。指伯比。召諸司而勸之以令德，見莫敖而告諸天之不假易也。令德，善德也。諸，用法同「之」，指莫敖。假易，猶寬縱。天不假易，謂天道不相寬縱。説詳王引之述聞。不然，夫豈不知楚師之盡行也？」楚子使賴人追之，賴，國名，今湖北省隨縣東北有厲山店，當即其地。或以爲在河南省商城縣南，恐不可信。杜注謂賴人乃賴國之人仕於楚者。不及。

莫敖使徇于師曰：「諫者有刑！」徇音殉，宣令也。莫敖拒諫證實鄧曼所謂自用。及鄢，亂次以濟，鄢，水名，源出湖北省保康縣西南，今名蠻河，流經南漳、宜城兩縣入于漢水。楚師濟渡處當在今宜城縣南三十里處。洪亮吉左傳詁謂杜預本「以濟」下脱「淇水」二字，又謂鄢爲地名，皆不可信。詳梁履繩補

釋。遂無次。無次，不爲次列也。**且不設備。及羅，羅與盧戎兩軍之，**盧戎（盧或作廬），南蠻國。據國語周語中「盧由荆嬀」，知爲嬀姓。據顧棟高大事表，今湖北省南漳縣東北五十里有中廬鎮，當即其地，其後爲楚所滅，爲廬邑，文公十六年傳所謂自廬以往是也。兩軍之，謂由兩面迫而擊之。**大敗之。莫敖縊于荒谷。**荒谷在今湖北省江陵縣西。**羣帥囚于冶父以聽刑。**冶父在今江陵縣南。聽刑，待楚王之處罰。**楚子曰：「孤之罪也。」皆免之。**列女傳卷三仁智傳楚武鄧曼全載此事，文與傳同，惟末有「君子謂鄧曼爲知人。詩云『曾是莫聽，大命以傾』，此之謂也」數語。

一三·二　**宋多責賂於鄭。**鄭厲公之立由于宋，宋因求賂，見十一年傳。**鄭不堪命，故以紀、魯及齊與宋、衛、燕戰。**僖二十六年傳：「凡師能左右之曰以。」謂主戰之國能統一指揮他國之兵。**不書所戰，後也。**經未書戰于何處，以桓公在約期後始至，至而後定戰期爲己巳日。魯師必參加此一戰事，故經書「及齊侯、宋公、衛侯、燕人戰」，傳亦云「以紀、魯及齊與宋、衛、燕戰」。公羊傳謂戰于魯，穀梁傳謂戰于紀，恐穀梁傳近是；不然，何以首書紀？

一三·三　**鄭人來請脩好。**此語當與傳文「十四年春會于曹」相聯，爲後人割裂置於此。

十有四年，癸未，公元前六九八年。周桓王二十二年、齊僖三十三年、晉緡七年、曲沃武公十八年、衛惠二年、蔡桓十七年、鄭厲三年、曹莊四年、陳莊二年、杞靖六年、宋莊十二年、秦出子六年、楚武四十三年。

經

一四·一 **十有四年春正月，**冬至在去年十二月初八己巳，此年仍建丑。**公會鄭伯于曹。**以傳「曹人致餼」推之，曹或亦參加此會。

一四·二 **無冰。**無傳。春秋書「無冰」者凡三次，此及襄二十八年不書月，成元年則書「二月」。以昭四年傳「日在北陸而藏冰」證之，此及襄二十八年皆當是二月，蓋「藏冰」爲古二月之禮，至此氣候仍暖，無冰可藏，故史官書之。

一四·三 **夏五，**「五」下當有闕文。**鄭伯使其弟語來盟。**「語」，穀梁傳作「禦」，語、禦同音相假。語，莊公之子，厲公之弟。

一四·四 **秋八月壬申，**壬申，十五日。**御廩災。**御廩有兩義，此則如杜注所云藏公所親耕以奉粢盛之倉也，月令謂之神倉。説苑反質篇述魏文侯之言曰：「夫御廩者，寡人寶之所藏也。」則諸侯之珍寶庫亦得曰御廩。宣十六年傳云：「凡火，人火曰火，天火曰災。」所謂天火，可能爲雷電所擊，可能爲自燃火，可能爲當時不知起因之火，無以歸之，歸之于天而已。

一四·五 **乙亥，**乙亥，十八日。**嘗。**參見五年傳「始殺而嘗」注。

一四·六 冬十有二月丁巳，丁巳，二日。齊侯禄父卒。無傳。

一四·七 宋人以齊人、蔡人、衛人、陳人伐鄭。經書「以」者僅三次，此及僖公二十六年「公以楚師伐齊」及定公四年「蔡侯以吴子及楚人戰于柏舉」。公羊作「衛人、蔡人」，衛人在蔡人之上，趙坦異文箋以爲公羊乃傳寫之譌。

傳

一四·一 十四年春，會于曹。曹人致餼，禮也。此文本與上年傳「鄭人來請脩好」聯爲一貫，故「會于曹」承上省略相會者。餼見六年傳「齊人饋之餼」注。哀公十二年傳述子服景伯之言曰：「夫諸侯之會，事既畢矣，侯伯致禮，地主歸餼，以相辭也。」此會曹既爲地主，亦于會畢致餼，故傳曰「禮也」。

一四·二 夏，鄭子人來尋盟，且脩曹之會。子人是鄭伯弟語之字，故其後人以字爲氏。僖公七年傳有子人氏，二十八年傳有子人九。尋盟，重温十二年武父之盟。

一四·三 秋八月壬申，御廩災。乙亥，嘗。書，不害也。不害，不以御廩之火災爲懼也。古人迷信，常以天道與人事相聯繫，以爲凡有災害，乃上天示警，人主必懼而反省。今壬申日御廩災，三日後仍舉行嘗祭，不以天災爲懼，故書之。杜注以爲不害乃指火災因救之而熄滅，未害及所儲之穀物而言，恐未必然。若於所藏穀物無害，則何必書？

一四·四　**冬，宋人以諸侯伐鄭，報宋之戰也。** 宋之戰在十二年。**焚渠門，** 渠門，鄭城門。**入，及大逵。** 入謂入其城。大逵，鄭城内四通八達之寬闊街道。詳隱十一年傳「及大逵」注。**伐東郊，取牛首。** 牛首，鄭郊。今河南省廢陳留縣治（今陳留鎮）西南十一里牛首鄉有牛首城，亦即在今通許縣稍東北。**以大宮之椽歸爲盧門之椽。** 大宮即太宮，鄭國祖廟。椽音傳遞之傳，今謂之椽子，木條用以支持房頂而托灰與瓦者，總名爲榱，其圓者名椽，方者名桷。章炳麟左傳讀謂椽假爲傳，即爾雅釋宮「植謂之傳」之傳，墨子非儒篇云「争門關抉植」，植即此。蓋古人於閉門之後，中植一木，加鎖其上者。其説亦可通。盧門，據吕氏春秋行論篇述楚莊王之圍宋，「乃爲却四十里，而舍於盧門之闔」云云，則宋實有盧門，乃宋郊之城門。昭二十年傳云「華氏居盧門以南里叛」，亦即此盧門。

十有五年，甲申，公元前六九七年。周桓王二十三年、齊襄諸兒元年、晉緡八年、曲沃武公十九年、衞惠三年、蔡桓十八年、鄭厲四年、曹莊五年、陳莊三年、杞靖七年、宋莊十三年、秦武公元年、楚武四十四年、許穆公新臣元年。

〔注〕「許穆公新臣元年」，據姚彦渠春秋會要説，參隱十一年傳「許叔」注。

經

一五·一　**十有五年春二月，** 此年仍建丑，冬至在去年十二月十九日甲戌。**天王使家父來求車。** 家父見桓八年經「天王使家父來聘」注。

一五·二 **三月乙未，**乙未，十一日。**天王崩。**無傳。天王，桓王也。平王立五十一年死，太子洩父早死，故立其子林，是爲桓王。桓王立二十三年死，子莊王佗立。

一五·三 **夏四月己巳，**己巳，十五日。**葬齊僖公。**無傳。

一五·四 **五月，鄭伯突出奔蔡。**

一五·五 **鄭世子忽復歸于鄭。**世子忽即鄭昭公。鄭莊公死，世子忽當年即出奔，四年後返國，不得稱君，故稱世子。詳顧炎武杜解補正。世子之稱，不必父在，故昭十一年經有蔡世子有，哀二年經有衞世子蒯聵，皆父死而稱世子。成公十八年傳云「復其位曰復歸」，僖二十八年經云「衞元咺自晉復歸于衞」，則大夫復其位亦可謂復歸。

一五·六 **許叔入于許。**三國入許，許莊公奔衞，鄭莊公使許大夫百里奉許叔以居許東偏，事見隱公十一年傳。今年許叔自東偏以入于許都。許叔，許穆公新臣，卒于僖四年。

一五·七 **公會齊侯于艾。**「艾」，公羊作「鄗」，穀梁作「蒿」。蓋艾與蒿同物，鄗與蒿同音。艾見隱六年經「公會齊侯盟于艾」注。

一五·八 **邾人、牟人、葛人來朝。**無傳。三國皆其君來朝，以國小，故稱人。牟，今山東省萊蕪東二十里有牟城，當即其故國。葛，嬴姓國，僖十七年傳齊桓公如夫人者六人中有葛嬴可證。據杜注，故城在今河南省寧陵縣北十五里，然王夫之稗疏、沈欽韓地名補注皆疑之。王以爲在今山東省棗莊市嶧城鎮，沈以爲泰山旁小國。

一五・九　秋九月，鄭伯突入于櫟。櫟爲鄭之大都，即今河南省禹縣，在鄭都西南九十里。

一五・一〇　冬十有一月，公會宋公、衛侯、陳侯于袲，伐鄭。公羊「宋公」上有「齊侯」二字，説文「袳」字下引春秋傳亦云「公會齊侯於袳」，許慎用左氏春秋，則今本或脱「齊侯」二字。袲、袳字同，形稍變，猶裏作裡。公羊作「侈」。袳、侈音同。據清一統志，袲在今安徽省宿縣西。陳立公羊義疏謂鄭在宋、陳西，宿縣在宋、陳東南，不知何以在此相會而伐鄭。此先行會禮，然後伐鄭，參宣元年經注。

傳

一五・一　十五年春，天王使家父來求車，非禮也。諸侯不貢車、服，車與戎服，乃在上者所以賜與在下者，故諸侯不用以貢於天子。周禮天官太宰九貢中有服貢，大行人因朝而貢亦有祭服，但所貢皆是製作衣服之材料，非謂已製成之衣服。天子不私求財。

一五・二　祭仲專，專謂個人把持政柄，即專權，專擅，不待君命而行。鄭伯患之，使其壻雍糾殺之。壻，女子之夫。雍糾，鄭大夫。將享諸郊。諸，「之於」之合音，謂雍糾擬在郊區宴請祭仲而殺之。雍姬知之，謂其母曰：「父與夫孰親？」其母曰：「人盡夫也，父一而已，胡可比也？」意謂女子未出嫁時，人人皆可以爲其丈夫；至于父親，爲天然骨血關係，只有一人，不能與夫相比。**遂告祭仲曰：「雍氏舍其室而將享子於郊，**舍同捨。謂不享之於室而於郊。**吾惑之，以告。」祭仲殺雍糾，尸諸周氏之汪。**謂以雍糾之尸陳之於周氏之汪。汪，池也。僖三十三年傳叙楚伐鄭，門于桔秩之門，公子瑕覆于周氏之汪，則周氏之汪與桔秩之門相近。**公載以出，**載雍糾之尸出奔。**曰：「謀及婦人，宜其死也。」**謀及婦人猶言與婦人謀。**夏，厲公出奔蔡。**鄭世家云：「夏，厲公出居邊邑櫟。」年表同，蓋以其定居言。

一五·三 **六月乙亥，**乙亥，二十二日。**昭公入。**史記鄭世家云：「祭仲迎昭公忽。六月乙亥，復入鄭，即位。」

一五·四 **許叔入于許。**

一五·五 **公會齊侯于艾，謀定許也。**

一五·六 **秋，鄭伯因櫟人殺檀伯，**昭公十一年傳云「五大不在邊」，又云「鄭京、櫟實殺曼伯」，足知櫟爲鄭國之大邑。檀伯，鄭守櫟大夫。史記作「單伯」。錢大昕史記考異、梁玉繩志疑、洪頤煊讀書叢録俱謂「單」、「檀」古多通用。或以櫟人殺檀伯爲人民起義，恐不然。經、傳稱人者，皆指國君或大夫。**而遂居櫟。**昭公十一年傳云：「鄭莊公城櫟而寘子元焉，使昭公不立。」子元即厲公，則櫟本厲公舊邑。

一五·七 **冬，會于袲，謀伐鄭，將納厲公也。弗克而還。**鄭世家云：「諸侯聞厲公出奔，伐鄭，弗克而去。宋頗予厲公兵，自守於櫟。鄭以故亦不伐櫟。」

十有六年，乙酉，公元前六九六年。周莊王元年、齊襄二年、晉緡九年、曲沃武公二十年、衞惠四年、蔡桓十九年、鄭厲五年、昭公忽元年、曹莊六年、陳莊四年、杞靖八年、宋莊十四年、秦武二年、楚武四十五年、許穆二年。

經

一六·一　十有六年春正月，此年仍建丑，冬至在去年十二月二十九日己卯。此年有閏，蓋閏十二月。公會宋公、蔡侯、衞侯于曹。

一六·二　夏四月，公會宋公、衞侯、陳侯、蔡侯伐鄭。正月曹之會爲盟會。所以會者，據傳，爲謀伐鄭，則此伐鄭之會爲會師。

一六·三　秋七月，公至自伐鄭。

一六·四　冬，城向。向已見隱二年經注，則此時向已由莒改屬魯。

一六·五　十有一月，衞侯朔出奔齊。朔即衞惠公，立於桓公十三年。

傳

一六・一 十六年春正月，會于曹，謀伐鄭也。史記十二諸侯年表云：「公會曹（各本誤作「晉」），謀伐鄭。」曹未出師，似未與會。

一六・二 夏，伐鄭。

一六・三 秋七月，公至自伐鄭，以飲至之禮也。參二年「冬，公至自唐」傳並注。

一六・四 冬，城向。書，時也。春秋經凡冬城者，傳皆曰時，書時者凡七次。莊二十九年城諸及防，文十二年城諸及鄆，並在十二月下；宣八年城平陽，在十月下；成九年城中城，在十一月下；唯襄十三年之城防，昭九年之築郎囿以及此經，有冬而難推其月。但襄十三年傳云：「冬，城防，書事，時也。於是將早城，臧武仲請俟畢農事，禮也。」則所謂時者，農事畢也。

一六・五 初，衛宣公烝於夷姜，生急子，上淫曰烝。宣公爲莊公子，桓公弟。夷姜之夷或是國名，説見楊樹達先生積微居金文説睘卣跋。隱元年紀人伐夷，亦姜姓，疑即此國。夷姜或是莊公妾，爲宣公庶母。宣公與夷姜通奸，必在莊公或桓公時，故傳文以初字别之。宣公既立，乃立夷姜爲夫人。故衛世家云：「初，宣公愛夫人夷姜。夷姜生子伋，以爲太子。」宋人洪邁容齋五筆誤認宣公與夷姜之通奸在宣公既立之後，因而懷疑此事，不可信。「急」，衛世家、詩邶風新臺及二子乘舟序、新序節士篇、漢書古今人表等皆作「伋」。急、伋同從及聲，同音通假。**屬諸右公子。**衛世家云「以爲太子，而令右公子傅之」，則所謂屬之者，使傅之也。此與隱公三年傳「宋穆公疾，召大司馬孔父而屬殤公焉」，僖公十七年傳「公與管仲屬孝公於宋襄公以爲大子」，其意則一，其囑託之方法則有不同，史記具言之。右公子名職，見下。何謂右公子，則不得其詳。杜注謂「左右媵之子，因以爲號」，孔疏謂「此左右公子，蓋宣公之兄弟也」，皆不知何據。**爲之娶於齊，而美，公取之。**詩邶風新臺序云：「新臺，刺衛宣公也。納伋之妻，作新臺于河上而要之，國人惡之，而作是詩也。」衛世家亦載此事。**生壽及朔。屬壽於左公子。夷姜縊。宣姜與公子朔構急子。**宣姜，即齊女。構，謂進讒言以挑撥離間，詩小雅青蠅「讒言罔極，構我二人」可以爲證。衛世家云「讒惡太子伋」，以讒惡解「構」字，甚確。**公使諸齊。使盜待諸莘，將殺之。**莘，衛地，爲衛、齊兩國邊界，其地狹隘，故詩邶風二子乘舟毛傳云「公令伋之齊，使賊先待於隘而殺之」。莘當在今山東省莘縣北八里。衛世家云：「宣公自以其奪太子妻也，心惡太子，欲廢之。及聞其惡，大怒，乃使太子伋於齊，而令盜遮界上殺之。與太子白旄，而告界盜，見持白旄者殺之。」甚詳贍。**壽子告之，使行。**行，猶逃走。**不可，曰：「棄父之命，惡用子矣？有無父之國則可也。」及行，飲以酒。壽子載其旌以先，盜殺之。急子至，曰：「我之求也，此何罪？請殺我乎！」又殺之。**詩二子乘舟序云：「二子乘舟，思伋、壽也。衛宣公之二子，争相爲死，國人傷而思之，作是詩也。」若如毛詩說，則伋與壽之適於齊，蓋由水道。列女傳卷七及新序節士篇俱載此事，與左傳各有不同。衛宣立於隱公四年，死於桓公十二年，在位十九年。若壽生於在位後二三年，則年十七八矣。**二公子故怨惠公。**二公子，右公子與左公子也。衛世家云「左、右公子不平朔之立也」云云。

十一月，左公子洩、右公子職立公子黔牟。公羊傳莊公三年何休注云：「衛朔背叛出奔，天子新立衛公子留。」徐彥疏云：「世本及史記並有其事。」則公子黔牟亦名留，且爲周莊王所支持。**惠公奔齊。**惠公即公子朔，齊爲其母舅家。

十有七年，丙戌，公元前六九五年。周莊王二年、齊襄三年、晉緡十年、曲沃武公二十一年、衛惠五年、黔牟元年、蔡桓二十年、鄭厲六年、昭二年、曹莊七年、陳莊五年、杞靖九年、宋莊十五年、秦武三年、楚武四十六年、許穆三年。

經

一七·一 **十有七年春正月丙辰，**此年仍建丑，冬至在去年閏十二月十日甲申。丙辰，十三日。**公會齊侯、紀侯盟于黄。**黄當即宣八年傳「公子遂如齊，至黄乃復」之黄，爲由魯至齊所經過之地。據水經注，當時之昌國縣有黄山、黄阜，或即春秋黄之故地，則其地當在今山東省廢淄川縣城（今爲淄川鎮）之東北。若以今之黄縣當之，則距齊、魯、紀三國均太遠，恐誤。互詳宣八年經注。

一七·二　二月丙午，二月無丙午，日或月必有一誤。公會邾儀父，盟于趡。「會」，公羊、穀梁俱作「及」，則當作一句讀。左氏經例，會是一事，盟又是一事；有會而不盟者，亦有既會且盟者，故此作兩句讀。　趡音崔，上聲，魯國地名，當在今山東省泗水縣與鄒縣之間。

一七·三　夏五月丙午，丙午，五日。及齊師戰于奚。孔穎達左氏序疏云「桓十七年五月無夏，昭十年十二月無冬」，則孔所據本無「夏」字。唐石經、宋本亦無「夏」字。公羊亦無「夏」字。惟穀梁有「夏」字。依經例當有「夏」字。「奚」，穀梁作「郎」，郎蓋「郋」之誤字。郋、奚同音，穀梁假郋爲奚，詳臧壽恭春秋左傳古義及葉德輝說文讀若考卷三。奚，當在今山東省滕縣南六十里之奚公山下。

一七·四　六月丁丑，丁丑，六日。蔡侯封人卒。

一七·五　秋八月，蔡季自陳歸于蔡。成公十八年傳云「諸侯納之曰歸」，則蔡季之立，雖蔡召之，亦由陳國納之。

一七·六　癸巳，癸巳，二十三日。葬蔡桓侯。無傳。　諸侯之卒，例書其爵，而葬則一律稱公。今不曰蔡桓公而曰蔡桓侯。據史記，蔡國歷代君主皆稱侯，此或仍其舊稱。然宣十七年經亦書「葬蔡文公」。

一七·七　及宋人、衛人伐邾。

一七·八　冬十月朔，日有食之。詳傳注。

傳

一七·一 十七年春，盟于黄，平齊、紀，齊欲滅紀，十三年紀又隨魯、鄭敗齊師，故魯爲間以使兩國和好。且謀衛故也。衛逐惠公，惠公奔齊，齊欲納之。

一七·二 及邾儀父盟于趡，尋蔑之盟也。蔑盟在隱公元年。

一七·三 夏，及齊師戰于奚，疆事也。此爲邊疆間局部戰争。於是齊人侵魯疆，於是，於此時。疆吏來告。公曰：「疆場之事，場音易，邊境也。疆場爲同義連綿詞。慎守其一，邊疆爲兩國或數國土地交接處，其一者，本國境界。而備其不虞。備爲預備、戒備之義。不虞，猶言意外，指他國之突然侵襲。隱五年傳云：「不備不虞，不可以師。」姑盡所備焉。事至而戰，事，戎事，指他國之武力。又何謁焉？」謁，請也，告也，猶言報告請示。魯桓意謂鄰國來侵犯，可自行抵抗，不必事先請示。

一七·四 蔡桓侯卒。蔡人召蔡季于陳。

一七·五 秋，蔡季自陳歸于蔡，蔡人嘉之也。蔡世家云「桓侯卒，弟哀侯獻舞立」，則蔡季者，哀侯獻舞也。

一七·六 伐邾，宋志也。魯背趡盟而用兵于邾，蓋屈從宋國意願之故。宋之伐邾，或報隱五年邾、鄭伐宋之役。

一七·七　冬十月朔，日有食之。不書日，官失之也。依長曆推之，是日爲庚午，入食限，相當於公元前六九五年十月十日之日環食。朱文鑫、何幼琦皆以爲在周十一月，何且謂庚午朔。天子有日官，諸侯有日御。日官居卿以厎日，禮也。「厎」本作「底」，今從校勘記訂正。居猶處也。天子日官蓋即太史，職掌天象，朝位特尊，雖不在六卿之數，而位從卿。賈子新書保傅篇謂史佚爲少師，大戴禮記保傅篇亦謂史佚爲承，或即史官居卿之義。説詳周禮春官太史孫詒讓正義。厎音旨，致也，周禮春官典瑞所謂「土圭以致四時日月」、馮相氏所謂「冬夏致日，春秋致月」是也。古代以土圭測日影，度其影之至與不至，用以推知日月之行，寒暑之候，此即致。日御不失日，以授百官于朝。天子之日官定曆以頒于諸侯，諸侯之日御奉之以授百官。

一七·八　初，鄭伯將以高渠彌爲卿，桓五年鄭與周王之戰，高渠彌曾以中軍奉鄭莊公。昭公惡之，固諫，不聽。昭公立，懼其殺己也，辛卯，辛卯，十月二十二日。弒昭公，而立公子亹。亹音尾。韓非子難四篇全用此文，「亹」作「亶」，蓋因形近而訛。鄭世家云：「昭公二年，自昭公爲太子時，父莊公欲以高渠彌爲卿，太子忽惡之，莊公弗聽，卒用渠彌爲卿。及昭公即位，懼其殺己，冬十月辛卯，渠彌與昭公出獵，射殺昭公于野。祭仲與渠彌不敢入厲公，乃更立昭公弟子亹爲君，是爲子亹也。無謚號。」

君子謂「昭公知所惡矣」。韓非子難四篇説此句云：「君子之舉（稱也）『知所惡』，非甚之也，曰：知之若是其明也，而不行誅焉，以及於死，故曰『知所惡』，以見其無權也。」公子達曰：杜預以公子達爲魯大夫，然此人不再見於傳，不知杜何據。韓非子難四篇作「公子圉」。**「高伯其爲戮乎！」**高伯，伯蓋渠彌之字，所謂五十以伯仲也。 其，將也。 爲，表被動。 **復惡已甚矣。」**復，報復。 報惡猶報怨。 已，太也。

十有八年，丁亥，公元前六九四年。周莊王三年、齊襄四年、晉緡十一年、曲沃武公二十二年、衞惠六年、黔牟二年、蔡哀侯獻舞元年、鄭厲七年、子亹元年、曹莊八年、陳莊六年、杞靖十年、宋莊十六年、秦武四年、楚武四十七年、許穆四年。

經

一八·一 **十有八年春王正月，**冬至在去年十二月二十二日庚寅，今年仍建丑。**公會齊侯于濼。**濼音洛，今山東省濟南市西北之洛口。**公與夫人姜氏遂如齊。**管子大匡篇述此事云：「遂以文姜會齊侯於濼。」則濼之會，文姜亦同行，唯未參與會禮。公羊公字下無「與」字，唐石經、穀梁亦無「與」字。段玉裁謂左氏經之「與」字疑俗人增之，春秋書「及」、書「暨」，未有書「與」者。

一八·二 **夏四月丙子，**丙子，十日。**公薨于齊。**桓公實被殺，而經書「薨」，蓋諱之。

一八·三 **丁酉，**丁酉，五月朔日。**公之喪至自齊。**無傳。 書之者，告于祖廟也。 喪，尸體，已入柩。

一八·四　秋七月。

一八·五　冬十有二月己丑，己丑，二十七日。葬我君桓公。無傳。九月乃葬，杜注以爲緩。阮芝生杜注拾遺則謂「桓公見戕鄰國，往返踰時，嗣子幼弱，國家多故，安得復拘此例五月而葬？蓋有不得已者」。

傳

一八·一　十八年春，公將有行，遂與姜氏如齊。此未行時之計議也。申繻曰：繻音須，又音儒。申繻，魯大夫。管子大匡篇作「申俞」。俞、繻古音同在侯部。列女傳孽嬖傳仍作「申繻」。「女有家，男有室，無相瀆也。孟子滕文公下云：「丈夫生而願爲之有室，女子生而願爲之有家。」禮記曲禮上云：「三十曰壯有室。」鄭注云：「有室，有妻也。妻稱室。」則家室猶夫妻也。瀆，慢也，易也，褻也。意謂男各有妻，女各有夫，宜界限謹嚴，不得輕易而褻瀆之。謂之有禮。易此，必敗。」易猶違反。文姜與齊襄公關係曖昧，不自此時始。

公會齊侯于濼，遂及文姜如齊。齊侯通焉。通猶今言通奸。昭二十年傳「公子朝通乎襄夫人宣姜」，詩鄘風牆有茨序云「公子頑通乎君母」，是以下淫上也；襄二十五年傳云「齊棠公之妻，東郭偃之姊也」，「莊公通焉」，三十年傳云「蔡景侯爲太子般娶于楚，通焉」，是以上淫下也。此則兄妹通奸，故服虔云：「凡淫曰通。」齊世家云：「四年，魯桓公與夫人如齊。齊襄公故嘗私通魯夫人。魯夫人者，襄公女弟也。自釐公時，嫁爲魯桓公婦。及桓公來，而襄公復通焉。」此則謂齊襄與文姜本已私通。詩齊風敝笱序、南山序亦記此事。**公謫之。**謫音摘，責也，怒也，罪也。**以告。**文姜以此告齊襄公。

夏四月丙子，享公。使公子彭生乘公，乘，去聲，助其登車。**公薨于車。**公羊莊元年傳云：「夫人譖公于齊侯曰：公曰『同非吾子，齊侯之子也』。齊侯怒，與之飲酒。於其出焉，使公子彭生送之；於其乘焉，搚幹而殺之。」齊世家云：「使力士彭生抱上魯君車，因拉殺魯桓公。桓公下車，則死矣。」

魯人告于齊曰：「寡君畏君之威，不敢寧居，來修舊好。禮成而不反，無所歸咎，惡於諸侯。請以彭生除之。」齊人殺彭生。管子大匡篇所述與左傳同，但其末又云：「豎曼曰：『賢者死忠以振疑，百姓寓焉；智者究理而長慮，身得免焉。今彭生二於君，無盡言，而諛行以戲我君，使我君失親戚之禮命，又力成我君之禍，以搆二國之怨。彭生其得免乎？禍理屬焉。夫君以怒遂禍，不畏惡親聞容，昏生無醜也。豈及彭生而能止之哉？魯若有誅，必以彭生爲說。』二月，魯人告齊曰：『寡君畏君之威，不敢寧居，來修舊好。禮成而不反，無所歸死。請以彭生除之。』齊人爲殺彭生，以謝於魯。」豎曼所云與長沙馬王堆三號墓出土帛書春秋事語醫寧之語大體一致。

一八·二　**秋，齊侯師于首止；**首止，衞地，近於鄭。當在今河南省睢縣東南。**子亹會之，高渠彌相。**相，去聲，爲助手。古代行朝聘、盟會、享讌、祭祀等禮儀，必有襄助之人。其人曰相，其事曰相禮，宣十六年傳「原襄公相禮」是也；亦省曰相，此是也。**七月戊戌，**戊戌，三日。**齊人殺子亹，**鄭世家云：「子亹自齊襄公爲公子之時，嘗會鬬相仇。及會諸侯，祭仲請子亹無行。子亹曰：『齊彊而厲公居櫟，即不往，是率諸侯伐我，納厲公。我不如往。往，何遽必辱？且又何至是！』卒行。子亹至，不謝齊侯。齊侯怒，遂伏甲而殺子亹。」然春秋啖趙集傳纂例一引劉貺書引紀年及釋，云：「鄭殺其君某。」釋云：「是子亹。」則子亹爲鄭所殺矣。而轘高渠彌。轘音患，以車裂人使肢體分散之刑，史記龜策列傳所謂「頭懸車軫，四馬曳行」者也。鄭世家謂高渠彌逃亡回鄭，且與祭仲謀立子儀，與傳不同，司馬遷或採異説。祭仲逆鄭子于陳而立之。杜注：「鄭子，昭公弟子儀也。」一九一八年新鄭鄭墓出土王子嬰次鑪，郭沫若兩周金文辭大系考釋謂即子儀之器，恐不確。子儀，鄭世家謂之公子嬰。

是行也，祭仲知之，故稱疾不往。鄭世家詳述此事。人曰：「祭仲以知免。」謂祭仲預料子亹之將被殺，己亦可能牽及，因稱病不往。仲曰：「信也。」信也猶言誠然。

周公欲弑莊王而立王子克。莊王，桓王太子。王子克，莊王弟子儀。虢公既于十年出奔虞，則周公黑肩獨執周政。辛伯告王，辛伯，周大夫。遂與王殺周公黑肩。王子克奔燕。莊王四年爲魯莊元年，左傳列于此年末者，蓋傳用夏正。此燕亦爲南燕。

一八・三　初，子儀有寵於桓王，桓王屬諸周公。辛伯諫曰：辛伯諫周公。「並后、匹嫡、兩政、耦國，亂之本也。」並后，妾如后。匹嫡，庶子同於嫡子。兩政，政謂正卿，朝廷之臣執宰相之權者二人。耦國，大城市足與國都相抗衡，所謂「都城過百雉，國之害也」。閔二年傳狐突之言曰：「昔辛伯諗周桓公云：『內寵並后，外寵二政，嬖子配適，大都耦國，亂之本也。』」韓非子說疑篇：「故曰，孽有擬適之子，配有擬妻之妾，廷有擬相之臣，臣有擬主之寵，此四者，國之所危也。故曰，內寵並后，外寵貳政，枝子配適，大臣擬主，亂之道也。故周記曰：『無尊妾而卑妻，無孽適子而尊小枝，無尊嬖臣而匹正卿，無尊大臣以擬其主也。』」管子君臣下篇云：「內有疑妻之妾，此宮亂也；庶有疑適之子，此家亂也；朝有疑相之臣，此國亂也；任官無能，此衆亂也。」語意皆與此同。惟韓非與管子不言大都耦國，蓋戰國以後書。說參王引之述聞。**周公弗從，故及。**閔二年傳云：「周公弗從，故及於難。」古人及于禍難曰及，不及于禍難曰不及，僖十年傳「故不及」，亦謂不及於難。

春秋左傳注

莊公

名同。桓公子，生於桓公六年。母爲文姜。

元年，戊子，公元前六九三年。周莊王四年、齊襄五年、晉緡十二年、曲沃武公二十三年、衞惠七年、黔牟三年、蔡哀二年、鄭厲八年、子儀元年、曹莊九年、陳莊七年、杞靖十一年、宋莊十七年、秦武五年、楚武四十八年、許穆五年。

經

一・一 元年春王正月。此年建子，正月初三乙未冬至，是年有閏。

一・二 三月，夫人孫于齊。孫同遜。當時人若言及國君或夫人之奔，不言奔而言遜。奔是直言其事，遜是婉曲成辭。

一·三　**夏，單伯送王姬。**無傳。　單音善，天子畿內地名。單伯，天子之卿，世仕三朝，比及文公之世皆稱單伯，成公以下常稱單子。宼齋集古録有揚𣪘，銘云「司徒𠦪伯」，𠦪伯即單伯，吴大澂釋爲「留伯」，誤。單伯之爲周人，而非魯大夫，於此得確證。説詳楊樹達先生積微居金文説揚𣪘跋。又據宋吕大臨考古圖，黄河岸崩，曾於河清（今河南孟縣西南五十里）得彝器十數物，皆曰「單作從彝」。郭沫若金文餘釋之餘壴卣因云「單乃成周畿內采邑」，亦即此單。　「送」，公羊、穀梁作「逆」，蓋字之誤。説詳毛奇齡簡書刊誤、趙坦異文箋。　王姬者，周王之女之通稱。天子嫁女於諸侯，必使同姓諸侯爲之主，己不主婚，以天子與諸侯尊卑不稱故也。周王將嫁女於齊，魯侯主婚，故天子之卿單伯送女來魯，以備出嫁。此王姬當是周平王之孫女，嫁與齊襄公或齊桓公（指莊十一年冬王姬歸於齊），故詩召南何彼襛矣詠之曰「平王之孫，齊侯之子」。説詳日知録集釋卷三。

一·四　**秋，築王姬之館于外。**館，舍也。

一·五　**冬十月乙亥，**乙亥，十七日。**陳侯林卒。**無傳。　陳侯林即陳莊公，明年二月葬。

一·六　**王使榮叔來錫桓公命。**無傳。　榮叔，周大夫。厲王時周有卿士榮夷公，見周語上，此當是其後。　錫，賜也。春秋之世，周天子賜諸侯命，有在即位時賜之者，於魯文公、晉惠公是也；有即位後八年始賜之者，於魯成公是也；於齊靈公，則天子將婚於齊乃賜之；於魯桓公、衞襄公，則既葬乃賜之。襄公十四年傳載有命齊靈之辭，昭七年傳載有追命衞襄公之辭。此賜桓公命，亦追命，其辭當與追命衞襄公者相近。互詳僖十一年傳注。

一·七　**王姬歸於齊。**無傳。

一·八 **齊師遷紀郱、鄑、郚。** 無傳。 郱、鄑、郚爲紀國邑名，齊欲滅紀，故遷徙其民而奪取其地。 郱音瓶，故城當在今山東省安丘縣西。 鄑音貲，故城當在今山東省昌邑縣西北二十里。 郚音吾，故城當在今安丘縣西南六十里。史記秦始皇本紀正義引竹書云：「齊襄公滅紀郱、鄑、郚。」

傳

一·一 **元年春，不稱即位，文姜出故也。** 魯世家云：「莊公母夫人因留齊，不敢歸魯。」則桓公之喪至自齊，文姜未隨喪歸。及莊公即位，文姜猶未歸。然下文云「三月，夫人孫于齊」，則文姜於莊公即位後一度回魯，故詩齊風南山序鄭玄箋云：「夫人久留於齊，莊公即位後乃來。」文姜回魯而不書者，前人以爲由於不告祖廟之故。石韞玉讀左卮言則以爲「夫人之禮降於君」。文九年三月亦書「夫人姜氏至自齊」。夫人書「至」雖僅此一次，然夫人亦可書「至」，其禮當如此。石氏説不可信。

一·二 **三月，夫人孫于齊。不稱姜氏，絶不爲親，禮也。** 公羊傳云：「夫人固在齊矣，其言遜于齊何？念母也。」此蓋臆説。孔穎達正義駁之云：「史之所書，據實而録，未有虚書其事者也。夫人若遂不還，則孫已久矣，何故至是三月始言孫于齊乎？」孔駁是也。 絶不爲親者，以文姜有殺夫之罪，莊公宜慟父之被殺而絶母子之親，説苑所謂「絶文姜之屬，而不爲不愛其母」，此即所謂「禮也」。

一·三 **秋，築王姬之館于外。** 于外者，孔疏引鄭玄箴膏肓云：「宮廟、朝廷各有定處，無所館天子之女，故宜築于宮外。」是以「外」爲宮外。然昭元年傳云：「楚公子圍聘於鄭，且娶於公孫段氏，伍舉爲介。將入館，鄭人惡之，使行人子羽與之言，乃館於外。」注云「舍城外」，則是單言「外」者，謂城外也。故孔疏亦謂此爲城外。

爲外，禮也。 此「外」字與上文「于外」之「外」不同。上條云「絶不爲親，禮也」，此云「爲外，禮也」，兩句相應。親指文姜，外指王姬。王姬非魯女，故云外。意謂爲外女禮當築室於城外也。說詳于鬯香草校書。俞樾古書疑義舉例卷一謂「爲外」即「于外」，不確。

二年，己丑，公元前六九二年。周莊王五年、齊襄六年、晉緡十三年、曲沃武公二十四年、衞惠八年、黔牟四年、蔡哀三年、鄭厲九年、子儀二年、曹莊十年、陳宣公杵臼元年、杞靖十二年、宋莊十八年、秦武六年、楚武四十九年、許穆六年。

經

二・一 **二年春王二月，** 去年閏十二月十四日庚子冬至，此年又建丑。**葬陳莊公。** 無傳。

二・二 **夏，公子慶父帥師伐於餘丘。** 無傳。公羊「於餘丘」無「於」字。公子慶父，據公羊莊二十七年及三十二年傳，是莊公之母弟。魯世家亦云：「莊公有三弟，長曰慶父，次曰叔牙，次曰季友。」惟杜預以爲是年莊公年十五，慶父若爲其弟，年更幼小，又無晉悼公、王孫滿自小聰明之文，不能統軍，因以爲是莊公庶兄。

陳立公羊義疏云：「慶父年幼將兵，本不必實有統兵之能，虛假其名，以爲統帥，當時自必有撫軍之人。」理或然也。於餘丘，公羊、穀梁以爲邾國之邑名，杜預注則以爲國名。孔疏謂春秋之例未有伐人之邑而不繫國者，此無所繫，故知是國。蓋近魯小國也。毛奇齡春秋傳謂此可與成公三年「晉郤克、衞孫良夫伐廧咎如」相比，廧咎如亦夷狄小國也。於餘丘之地未能確知。俞皋春秋集傳釋義大成謂在章丘縣（今屬山東省），高士奇春秋地名考略謂在今臨沂縣境。高説近是。

二·三　**秋七月，齊王姬卒。**無傳。禮記檀弓下云：「齊穀王姬之喪，魯莊公爲之大功。或曰：由魯嫁，故爲之服姊妹之服。或曰：外祖母也，故爲之服。」鄭玄注云：「穀當爲告，聲之誤也。王姬，周女，齊襄公之夫人。春秋周女由魯嫁，卒，服之如内女服姊妹是也。天子爲之無服。嫁於王者之後，乃服之。莊公，齊襄公女弟文姜之子，當爲舅之妻，非外祖母也。外祖母又小功也。」

二·四　**冬十有二月，夫人姜氏會齊侯于禚。**禚音酌，公羊作「郜」。齊國地名。據莊四年及定九年傳，當爲齊、魯、衞三國分界之地，疑在今山東省長清縣境内。

二·五　**乙酉，**乙酉，四日。**宋公馮卒。**無傳。

傳

二·一　**二年冬，夫人姜氏會齊侯于禚。書，姦也。**文姜於去年三月奔齊，今年冬會齊侯，歷時一年有半，似曾返魯。文姜返魯而不書，詳去年傳注。書姦也者，杜預以爲意出自夫人；七年傳云：「文姜會齊侯于防，齊志也。」齊志也者，杜預以爲意出自齊侯。

三年，庚寅，公元前六九一年。周莊王六年、齊襄七年、晉緡十四年、曲沃武公二十五年、衛惠九年、黔牟五年、蔡哀四年、鄭厲十年、子儀三年、曹莊十一年、陳宣二年、杞靖十三年、宋閔公捷元年、秦武七年、楚武五十年、許穆七年。

經

三·一 三年春王正月，去年十二月二十四日乙巳冬至，建丑，有閏。溺會齊師伐衞。溺，魯大夫。詳傳注。

三·二 夏四月，葬宋莊公。無傳。

三·三 五月，葬桓王。

三·四 秋，紀季以酅入于齊。紀季，紀侯弟。史例，諸侯之弟類以仲、叔、季稱，共仲、許叔、蔡季是也。秦始皇本紀贊云「紀季以酅，春秋不名」，則「季」非名可知。酅音攜，紀國邑名，當在今山東省淄博市東，與壽光縣相近。

三·五　**冬，公次于滑。**「滑」，公羊、穀梁皆作「郎」。滑，鄭國地名，當在今河南省睢縣西北。同時另有滑國，則當今之河南省偃師縣之緱氏鎮。東西相距甚遠，魯莊公無由到此，毛奇齡春秋傳混而一之，誤。

傳

三·一　**三年春，溺會齊師伐衞，疾之也。**隱四年傳云：「故書曰『翬帥師』，疾之也。」疾之者，嫌惡公子翬專命而行也。此亦當同，故漢書五行志引劉歆之説云：「魯公子溺專政會齊以犯王命。」劉歆治左氏，此當是左氏古義。穀梁傳則云：「溺者何也？公子溺也。其不稱公子何也？惡其會仇讎而伐同姓，故貶而名之也。」此自是穀梁義，與左氏義不同，宜分别觀之。

三·二　**夏五月，葬桓王，緩也。**杜注：「以桓十五年三月崩，七年乃葬，故曰緩。」章炳麟左傳讀則云：「緩至七年始葬，情理所無。公羊傳云『改葬也』。蓋緩本借爲爰，僖十五年『爰田』，服注：『爰，易也。』小爾雅廣詁同。書般庚『既爰宅于兹』，義亦同。『海鳥爰居』，能避風而他適，是亦易居之義也。然則爰者，即爰土易居之訓，正謂改葬也。」説雖辯，恐非左氏義。

三·三　**秋，紀季以酅入于齊，紀於是乎始判。**判，分也。紀分爲二，紀侯居紀，紀季以酅入齊而爲附庸。莊十二年經云：「紀叔姬歸于酅。」則知紀季入齊，猶奉紀祀。國語齊語述齊桓公初年正其封疆云「地南至於岱陰（岱陰或作陶陰），西至於濟，北至於河，東至於紀酅」是也。

三·四 **冬，公次于滑，將會鄭伯，謀紀故也。鄭伯辭以難。**齊之欲滅紀，蓋紀國處於齊都臨淄之東南，相距不過百餘里，齊欲擴張，非併紀不可。紀之不能保存，其情勢然也。紀侯雖多次向魯求助，魯亦多方爲之謀，十餘年間，經、傳屢書。今則紀岌岌可危，魯求助於鄭伯。鄭伯，即子儀。鄭伯辭以難，蓋厲公居櫟，虎視眈眈，謀欲入鄭，子儀自顧不暇，不能與齊大國爲敵也。難，去聲，國有禍難。此從釋文讀，義固如此。**凡師，一宿爲舍，再宿爲信，過信爲次。**「凡師」以下，金澤文庫本有「出」字。一宿爲舍者，古代師行一日三十里，三十里爲一舍，故一宿亦爲舍。詩周頌有客：「有客宿宿，有客信信。」毛傳云「一宿爲宿，再宿爲信」，則舍亦可謂之宿。諸侯之出，必以師從，故傳以師出釋經之次字。其實不必師出，凡出過三宿俱可謂之次，昭二十八年經「公如晉，次于乾侯」可證。

四年，辛卯，公元前六九〇年。周莊王七年、齊襄八年、晉緡十五年、曲沃武公二十六年、衞惠十年、黔牟六年、蔡哀五年、鄭厲十一年、子儀四年、曹莊十二年、陳宣三年、杞靖十四年、宋閔二年、秦武八年、楚武五十一年、許穆八年。

經

四·一 **四年春王二月，**冬至在去年閏十二月初六辛亥，此年仍建丑。**夫人姜氏享齊侯于祝丘。**無傳。「享」，公羊、穀梁作「饗」。享、饗兩字古音相同，古書用此兩字，各有其條例，説詳段玉裁説文解字注及其經韻樓集。祝丘，魯地，司馬彪郡國志以當時瑯琊之即丘當之。但即丘故城在今山東省臨沂縣之東南，與齊境相距頗遠，恐不可信。春秋經書享者僅此一見。諸侯之相享讌者多，魯公與諸國人物亦嘗享讌，但不書於經。即鄭伯享王、王享晉侯，經皆不書，足見夫人享齊襄公而書者，直書其事，以見其非禮。

四·二 **三月，紀伯姬卒。**無傳。紀伯姬，隱二年紀裂繻所迎去者。魯國君之女爲諸侯夫人者，據經、傳所載，計有九人。紀伯姬、宋共姬、紀叔姬書卒書葬，鄫季姬、子叔姬、杞叔姬僅書卒，而子叔姬、杞叔姬乃杞桓公所遺棄者；至郯伯姬、齊子叔姬、杞伯姬則不書卒，而郯伯姬、齊子叔姬亦被出而歸者也。

四·三 **夏，齊侯、陳侯、鄭伯遇于垂。**無傳。遇，見隱四年經並注。垂，見隱八年經並注。

四·四 **紀侯大去其國。**大去者，去而不返。猶婦人永歸母家曰大歸，故詩邶風燕燕疏云：「言大歸者，不返之辭。」

四·五 **六月乙丑，**乙丑，二十三日。**齊侯葬紀伯姬。**無傳。三年紀季以酅入齊，此年紀侯亦大去其國，故齊侯爲之葬伯姬。

四·六 **秋七月。**

四·七 **冬，公及齊人狩于禚。**無傳。「禚」，公羊、穀梁作「郜」。公羊、穀梁俱以齊人爲齊侯，杜注則以爲齊之微者，杜注恐無據。魯公不至與齊之賤吏共田獵。

傳

四·一　四年春王三月，楚武王荆尸，湖北雲夢縣睡虎地秦墓竹簡，有秦楚月名對照表，秦之正月，楚曰「刑夷」，于豪亮秦簡日書記時記月諸問題謂「刑夷」即「荆尸」。則「楚武王荆尸授師孑焉」作一句，楚武王正月授軍隊以戟也。見雲夢秦簡研究。疑此「荆尸」當作動詞，指軍事。授師孑焉，孑，戟也。戟爲戈矛合體之武器，柄前安置刃以刺，旁有横刃可以勾啄，兼有勾與刺兩種作用。以戟授與軍隊，則楚軍此刻始參用戟也。以伐隨。將齊，齊同齋。授兵於太廟，故先須齋戒。入告夫人鄧曼曰：「余心蕩。」蕩，動摇也。心蕩猶言心跳、怔忡。鄧曼歎曰：「王禄盡矣。盈而蕩，天之道也。物滿必動，故盈與蕩可以連類成義，莊子天運篇有商太宰蕩而名盈。先君其知之矣，故臨武事，將發大命，大命，征伐之令也。命令古通。而蕩王心焉。若師徒無虧，王薨於行，國之福也。」王遂行，卒於樠木之下。樠音門，又音瞞，又音朗，松心木也。傳文未言卒於何地，或謂今湖北省鍾祥縣東一里有樠木山，亦名武陵，因楚武王卒於此而得名，見大事表及清一統志；或謂今湖北省應城縣南有樠池，楚武王卒於樠木即此，見明一統志，恐皆不可信。史記年表與傳同。楚世家云：「五十一年，周召隨侯，數以立楚爲王。楚怒，以隨背己，伐隨。武王卒師中，而兵罷。」與傳損益不同，而「而兵罷」與後文所叙又異。列女傳卷三楚武鄧曼所載文與傳同。令尹鬬祁、莫敖屈重除道、梁溠，令尹，楚官名，相當於後世之宰相，楚世家陳軫對昭陽之言曰「今君已爲令尹矣，此國冠之上」可證。顧棟高謂桓六年武王侵隨，其時鬭伯比當國，主謀議，不著官稱。十一年有莫敖爲尊官，未有令尹，至莊四年令尹與莫敖並稱。嗣後莫敖或設或不設，且或又設左司馬與右司馬。而令尹以次相授，至戰國時猶仍其名。其官大都以公子或嗣君爲之。除道猶開路。戰國策西周策云「除道屬之於河」，韓非子説林下「除道將内之」，吕氏春秋去宥篇「姦人除路」，高誘注云：「除猶開通也。」梁，橋也，此作動詞用，修築橋梁之意。溠，音乍，水名，亦曰扶恭河，亦曰洑恭河，源出隨縣西北雞鳴山，南流注於涢水。梁溠，於溠水築橋。**營軍臨隨，**營亦動詞，營軍，爲軍隊築營壘也。楚武王新薨，軍欲速退，而祕不發喪，開道築橋，建築營壘，佯示敵人以久戰之計，促使敵人不戰而降，此應變之方。或曰營讀環，謂圍其四周。臨隨，兵臨隨國都下。**隨人懼，行成。**行成猶言求和。**莫敖以王命入盟隨侯，且請爲會於漢汭，而還。**漢即今之漢水。杜注謂漢汭即漢西，此時楚尚未有漢水，楚在漢水之西，隨在漢水之東，孔穎達疏謂「莫敖既與隨侯盟，且又請隨侯與楚爲會禮於漢水之汭，而後還楚」。**濟漢而後發喪。**孔疏又謂「會訖，隨侯因濟漢還國而後發王喪」。

四·二　**紀侯不能下齊，以與紀季。**下齊，屈己以服屬齊。宣十二年傳「其君能下人」，句法與此同。以與紀季者，紀自紀季以酅入齊後，已分爲二，此時紀侯又以其半與之也。**夏，紀侯大去其國，違齊難也。**違，避也。年表云：「齊襄八年伐紀，去其都邑。」然則紀侯之離國，由齊伐之。禮記曲禮下「國君去其國」，正義引五經異義云：「左傳説，昔大王居豳，狄人攻之，乃踰梁山，邑於岐山，故知有去國之義也。」公羊以爲齊襄公九世祖哀公，爲紀侯所譖，被烹於周，齊襄復仇而滅之。蘇轍春秋集解已疑其不可信。

五年，壬辰，公元前六八九年。周莊王八年、齊襄九年、晉緡十六年、曲沃武公二十七年、衞惠十一年、黔牟七年、蔡哀六年、鄭厲十二年、子儀五年、曹莊十三年、陳宣四年、杞靖十五年、宋閔三年、秦武九年、楚文王熊貲元年、許穆九年。

經

五·一　**五年春王正月。**冬至在去年十二月十七日丙辰，此年仍建丑。

五·二　**夏，夫人姜氏如齊師。**無傳。齊師，孔疏疑爲齊侯疆理紀地，有師在紀。于鬯香草校書駁之，謂爲齊伐衞之師。冬伐衞，而齊興師在夏，故夫人得夏如齊師。未詳孰是。

五·三　**秋，郳犂來來朝。**「郳」，公羊作「倪」；「犂」，穀梁作「黎」。倪與郳，犂與黎，字均得通假。據潛夫論志氏姓、孔疏所引世本及杜預世族譜，郳爲附庸國，其先世出於邾。邾君名顔字夷父者，有小子曰肥（世族譜作「友」，今有邾友父鬲，當即此人），邾顔封之於郳。犂來，肥之曾孫也。其後附從齊桓公以尊周室，周室命之爲小邾子。穆公之孫惠公以下春秋後六世，而楚滅之。郳與小邾一地二名。郳，據顧棟高大事表，當在今山東省滕縣東六里。然據太平寰宇記沂州承縣條，則當在今山東嶧城鎮西北一里。兩者相距百餘里，未詳孰是。卜辭兩見「兒白（伯）」，一見鐵雲藏龜，一見殷墟書契後編，或云即此郳國，不確。又有「郳始鬲」。方濬益綴遺齋彝器考釋卷二十七云：「郳始當是郳之夫人、始姓之女。」

五·四 **冬，公會齊人、宋人、陳人、蔡人伐衛。**齊人、宋人，穀梁傳謂即齊侯、宋公。

傳

五·一 **五年秋，郳犂來來朝。名，未王命也。**犂來，詳經注。爲附庸之國，此時猶未得周室之命，故稱名。

五·二 **冬，伐衛，納惠公也。**衛惠公朔於桓公十六年奔齊，故齊侯會諸侯之師以謀納之。

六年，癸巳，公元前六八八年。周莊王九年、齊襄十年、晉緡十七年、曲沃武公二十八年、衛惠十二年、黔牟八年、蔡哀七年、鄭厲十三年、子儀六年、曹莊十四年、陳宣五年、杞靖十六年、宋閔四年、秦武十年、楚文二年、許穆十年。

經

六·一 **六年春王正月，**去年十二月二十八日辛酉冬至，此年仍建丑。**王人子突救衛。**「正月」，公羊、穀梁俱作「三月」。王人猶言周王室之官。子突不知是名或字，正義謂「春秋之世，二字而子在上者皆是字」，未必盡然。左傳有王子朝、宋子朝、宋子哀，皆是其名。春秋書救始於此。

六·二　**夏六月，衛侯朔入于衛。**

六·三　**秋，公至自伐衛。**無傳。告廟，故書。

六·四　**螟。**無傳。

六·五　**冬，齊人來歸衛俘。**「俘」，公羊、穀梁俱作「寶」。左傳亦云「齊人來歸衛寶」，杜注疑此「俘」是誤字，孔疏謂古文保作保，即寶字，因而致誤，段玉裁左氏古經注謂「古者用兵所獲，人民器械皆曰俘，此所歸者寶器，故左傳以寶釋經之俘」。張聰咸杜注辨證亦謂「獲寶物亦得稱俘，周書世俘解『武王俘商舊玉億有百萬』，此明證也」云云。其實俘、保、寶古音皆近，得相通假。

傳

六·一　**六年春，王人救衛。**當與上年傳「冬，伐衛，納惠公也」連讀。

夏，衛侯入，衛侯入，承上年經、傳齊、魯、宋、陳、蔡諸國之師伐衛納惠公而言。**放公子黔牟于周，放甯跪于秦，**放，放逐也，流之於遠方也。甯跪，衛大夫。據世族譜，爲甯速之子。至哀公四年之甯跪，則世族譜列之於雜人，年代亦不相及。黔牟之立，見桓十六年傳。**殺左公子洩、右公子職，乃即**

位。衛世家云：「衛君黔牟立八年，齊襄公率諸侯奉王命共伐衛，納惠公，誅左、右公子，衛君黔牟犇于周。惠公復立。惠公立三年出亡，亡八年復入，與前通年凡十三年矣。」案之左傳，齊率諸侯之師伐衛，納衛惠公，而周莊王命子突救之，則諸侯之師顯與王命相違，而史記云「奉王命」，恐不確。年表繫此事於七年及八年。七年云：「齊立惠公，黔牟奔周。」八年云：「衛公朔復入。」依年表所計，與世家「與前通年凡十三年」之數合。但衛世家云黔牟立八年，則與左傳合。蓋太史公所據史料有矛盾處，於年表與世家有依有違。

君子以二公子之立黔牟「爲不度矣。事見桓十六年傳。不度即下文不度於本末。夫能固位者，必度於本末，而後立衷焉。呂氏春秋適音篇云「衷也者，適也。以適聽適，則和矣」，則衷有和適之義。意謂凡立君而能固其位，必於立其人之先，揣度其本末，而後選擇適當方法、適當時機而行。前人解本末者多矣，如孔疏云「度其本者，謂其人才德賢善、根本牢固；度其末者，謂其久終能保有邦國，蕃育子孫，知其堪能自固」。又引劉炫云：「度其本，謂思所立之人有母氏之寵，有先君之愛，有彊臣之援，爲國人所信服也；度其末，謂思所立之人有度量，有知謀，有治術，爲下民所愛樂也。」沈欽韓補注云：「度其本者，其人於義當立者也；度其末者，其人立後能安固國家者也。」劉炫之解太實，沈説近之。不知其本，不謀；不知其本，猶言其本之不足與立也。不謀，不爲之謀也。顧炎武謂不謀猶言失計，則與下文弗强不類，非。知本之不枝，弗强。本枝，根本與枝葉。本之不枝，猶言雖有根，而不生枝葉；即其人雖當立，然而孤立無助，不能安國家，固後世。弗强，不勉强爲之也。阮芝生拾遺謂「枝猶支」，解此句意爲其本不能支持，則與上文「不知其本」之意重複。**詩云：『本枝百世。』」**詩大雅文王篇句。原文云：「文王孫子，本支百世。」毛傳云：「本，本宗；支，支子也。」毛傳義與詩句原旨相合。左傳蓋斷章取義。古人引詩多如此，襄公二十八年傳所謂「賦詩斷章，余取所求焉」者也。

六·二　**冬，齊人來歸衞寶，**定公四年傳云：「分康叔以大路、少帛、綪茷、旃旌、大呂。」衞世家云：「成王長，用事，舉康叔爲周司寇，賜衞寶祭器，以章有德。」則此所謂衞寶者，其康叔所受之寶器乎？齊襄率諸侯之師以納惠公，惠公或報以其國之寶器。**文姜請之也。**莊公親與齊共伐衞，事畢而還。文姜淫於齊侯，故求其所獲珍寶，使以歸魯。然公羊傳云：「其讓乎我奈何？齊侯曰：『此非寡人之力，魯侯之力也。』」與左傳不同。

六·三　**楚文王伐申。**申國故城在今河南省南陽市。餘詳隱元年傳注。伐申之役，巴人從楚師，見莊十八年傳。據哀十七年傳，伐申之役曾獲彭仲爽，未審即此役否。**過鄧。鄧祁侯曰：「吾甥也。」**楚文王蓋武王夫人鄧曼之子，鄧曼與鄧祁侯或爲兄妹，或爲姊弟，姊妹之子曰甥。祁，鄧侯之謚。衞有石祁子，亦謚也。**止而享之。騅甥、聃甥、養甥請殺楚子。**年表作「鄧甥曰，楚可取」云云，則太史公以三甥之甥乃親戚之稱，杜注云「皆鄧甥仕於舅氏也」，蓋本此。**鄧侯弗許。三甥曰：「亡鄧國者，必此人也。若不早圖，後君噬齊。**齊假爲臍，今言肚臍。噬臍，當時俗語，人不能自咬其肚臍，比喻後悔不及。章炳麟左傳讀謂齊讀爲易噬嗑九四爻辭「噬乾胏」之胏（說文作䏶），不可信。**其及圖之乎！**其，表命令祈使之語氣副詞。及，及時之省略。後又補説一句，可證。**圖之，此爲時矣。」鄧侯曰：「人將不食吾餘。」**此句有省略，意謂吾若於此時殺楚王，人將唾棄我。不食餘，古代俗語，賤視唾棄之意。漢書元后傳云：「受人孤寄，乘便利時，奪取其國，不復顧恩義。人如此者，狗豬不食其餘。」世説新語賢媛篇亦載卞太后罵魏文帝之言曰：「狗鼠不食汝餘，死故應爾。」**對曰：「若不從三臣，抑社稷實不血食，而君焉取餘？」**抑，語首詞，無義。詳王引之經傳釋詞。**弗從。還年，**伐申還國之年。**楚子伐鄧。十六年，**魯莊公十六年。**楚復伐鄧，滅之。**楚世家並年表並取左傳而變其辭，年歲亦與左傳合。

七年，甲午，公元前六八七年。周莊王十年、齊襄十一年、晉緡十八年、曲沃武公二十九年、衞惠十三年、蔡哀八年、鄭厲十四年、子儀七年、曹莊十五年、陳宣六年、杞靖十七年、宋閔五年、秦武十一年、楚文三年、許穆十一年。

經

七·一 **七年春，**建子，正月九日丙寅冬至，有閏。**夫人姜氏會齊侯于防。**防，見隱九年經注。

七·二 **夏四月辛卯，**辛卯，五日。**夜，**「夜」，穀梁作「昔」。昔即夕。傳且云「日入至於星出謂之昔」，則夜與夕有所不同。**恒星不見。**恒星，常見之星也。穀梁楊士勛疏云：「周之四月，夏之二月，常列宿者，謂南方七宿也。」**夜中，星隕如雨。**「隕」，公羊作「霣」。兩字可相通假。公羊、穀梁皆謂星隕似雨。左氏義謂「與雨偕」，如，而也。法國天文數學家俾俄(Jean Baptiste 1774—1862)中國流星推爲公元前六八七年三月十六日所發生流星雨，並斷定此是世界上最古之天琴座流星雨紀事。詳陳遵嬀中國古代天文學簡史。天琴座流星雨，即近於天琴座之流星雨。我國古代關於流星雨之記載約百八十次，其中天琴座流星雨約九次。

七·三　**秋，大水。**無傳。

七·四　**無麥、苗。**詳傳注。

七·五　**冬，夫人姜氏會齊侯于穀。**無傳。　穀，齊地，今山東省東阿縣舊治東阿鎮。

傳

七·一　**七年春，文姜會齊侯于防，齊志也。**文姜數與齊襄相會。會于齊地，則發自文姜，故傳云「書姦」；會于魯境，則齊侯之志，故傳云云。

七·二　**夏，恒星不見，夜明也。**此因流星雨而夜明。夜明則不見星宿，故曰「恒星不見」。**星隕如雨，與雨偕也。**論衡説日篇述傳作「星霣如雨，與雨偕也」，杜預亦解「偕」爲「俱」，讀「如」爲「而」。漢永始二年「二月癸未夜，星隕如雨」，亦流星雨，可證成經義。王闢之澠水燕談録卷九記北宋建隆、景祐兩次流星雨，是公非左。

七·三 **秋，無麥、苗，不害嘉穀也。**周正之秋，夏正之夏也。是時麥已熟，因大雨而無收，故云無麥。至黍稷尚未成禾（禾初生曰苗，秀曰禾），故云無苗。苗漂没後，猶可更種，故云不害嘉穀。黍稷謂之嘉穀者，以供祭祀也。

八年，乙未，公元前六八六年。周莊王十一年、齊襄十二年、晉緡十九年、曲沃武公三十年、衞惠十四年、蔡哀九年、鄭厲十五年、子儀八年、曹莊十六年、陳宣七年、杞靖十八年、宋閔六年、秦武十二年、楚文四年、許穆十二年。

經

八·一 **八年春王正月，**冬至在去年閏十二月二十日壬申，仍建丑。**師次于郎，以俟陳人、蔡人。**無傳。凡師，三宿以上爲次。郎見隱元年傳注。俟陳人、蔡人者，杜預以爲期共伐郕，陳、蔡不至，故駐師于郎以待之。賈逵則用穀梁傳説，謂陳、蔡欲伐魯，故待之。孔疏駁之云：「俟者，相須同行之辭，非防寇拒敵之稱。若是畏其來伐，當謂之禦，不得稱俟，故知期共伐郕耳。」何休、服虔亦言欲其伐郕。杜注、孔疏之説近是。欲伐郕而陳、蔡終不至，故又迴師治兵大舉。

八·二 **甲午，**甲午，正月十三日。**治兵。**「治兵」，公羊作「祠兵」。五經異義引公羊説：「祠兵，祠五兵矛、戟、劍、楯、弓矢及祠蚩尤之造兵者。」鄭玄駁之云：「祠兵，公羊字之誤，以治爲祠，因而作説如此。」餘詳傳注。

八·三 **夏，師及齊師圍郕。**春秋書圍國者二十五次，始於此而終於哀七年之「宋人圍曹」。「郕」，公羊作「成」。郕見隱公五年經注。**郕降于齊師。**

八·四 **秋，師還。**

八·五 **冬十有一月癸未，**癸未，七日。**齊無知弒其君諸兒。**容庚頌齋吉金圖續錄載者（諸）兒罍，銘文云「者兒乍寶障彝」，疑即齊襄公所作。

傳

八·一 **八年春，治兵于廟，禮也。**春秋左傳言治兵者凡十一次，其中有每三年之大講武，隱五年傳「三年而治兵，入而振旅」是也；亦有將戰前之習武，僖二十七年傳「楚子將圍宋，使子文治兵於睽」、「子玉復治兵於蔿」是也；亦可用於外交辭令而引申作用兵解，僖二十三年傳「晉、楚治兵遇於中原」及昭五年傳「寡君聞君將治兵於敝邑」是也；亦可曰治戎，成三年傳「二國治戎」、成十六年傳「今兩國治戎」是也。此爲將戰前之治兵，蓋以伐郕。然與僖二十七年楚之治兵於睽、於蔿，宣十五年晉侯治兵於稷，襄十九年楚子庚帥師治兵於汾，昭十三年晉治兵於邾南等有所不同。諸治兵皆於郊野，而此則於廟。故五經異義引左氏説，甲午治兵爲授兵於廟。則此治兵僅指授兵而言。授兵必於太廟，隱十一年傳「鄭伯將伐許，五月甲辰，授兵于大宮」可證。

八·二 夏，師及齊師圍郕。郕降于齊師。仲慶父請伐齊師。仲慶父，據魯世家爲莊公之弟。杜預以爲莊公庶兄，恐不可信。請伐齊師者，與魯同伐郕，而齊獨受郕降也。公曰：「不可。我實不德，齊師何罪？罪我之由。罪我之由，乃罪由我之倒裝句。之字無義。夏書曰：『皐陶邁種德，德，乃降。』此爲逸書文。逸書者，在漢立尚書博士所傳二十八篇之外者也。當時或尚未亡，其後始亡。僞古文尚書以此兩句入大禹謨篇。邁借爲勱，勉也。此兩句原意已不可考，莊公引此，其意若謂，皐陶勉力種樹德行，德行具備，他人自來降服。姑務修德，以待時乎！」

秋，師還。君子是以善魯莊公。

八·三 齊侯使連稱、管至父戍葵丘，連稱、管至父皆齊大夫。戍，戍守，衛戍。葵丘即昭十一年傳「齊渠丘實殺無知」之渠丘，今山東省淄博市西有西安故城及蘧丘里，當即其地。水經淄水注引京相璠說，謂距齊都近，無庸戍之，因以僖九年會于葵丘之葵丘當之，蓋誤，酈道元已駁之。說參高士奇春秋地名考略。瓜時而往，詩豳風七月「七月食瓜」，則瓜時謂夏正七月，周正九月。曰：「及瓜而代。」至來年食瓜季節，當使人替代也。尉繚子：「兵戍過一歲，遂亡，不候代者，法比亡軍。」是古戍兵一歲而代。期戍，期同朞，音基，一周年。時戍已一歲。公問不至。問，音訊也。請代，弗許。故謀作亂。

僖公之母弟曰夷仲年，夷是其字或謚，仲是其行第，年其名。生公孫無知，無知爲莊公之孫，故曰公孫。有寵於僖公，衣服禮秩如適。秩借爲豒，説文：「豒，爵之次第也。」禮秩猶今言待遇之等級。適，音義與嫡同。管子君臣篇云：「選爲都佼，冒之以衣服，旌之以章旗，所以重其威也。」尹知章注云：「所立之嫡，必選其都雅佼好者，又以美衣麗服覆冒之，章表旗幟旌異之，凡此皆所以重嫡子之威也。」則古嫡子之衣服、章旗與衆子、庶子不同。襄公絀之。絀借爲黜。説文：「黜，貶下也。」二人因之以作亂。謂連稱、管至父憑藉無知作亂。史記年表並齊世家、管子大匡篇、吕氏春秋貴卒篇皆據左傳述此事。

連稱有從妹在公宫，從，去聲。從妹，今言伯叔妹或堂妹。在公宫，在宫爲妾。無寵，使間公。公孫無知因連稱使間公也。間，去聲，與孟子離婁下「王使人瞯夫子」之瞯同，偵察情況也。曰：「捷，吾以汝爲夫人。」此公孫無知之言，齊世家乃改爲連稱之言，誤。

冬十二月，齊侯游于姑棼，姑棼即薄姑，在今山東省博興縣東北十五里。遂田于貝丘。今博興縣南有貝中聚，當即其地。齊世家作「沛丘」，而管子大匡篇與論衡訂鬼篇仍作「貝丘」。見大豕。從者曰：「公子彭生也。」公怒，曰：「彭生敢見！」射之。豕人立而啼。後足立地，前足懸空，如人之立。公懼，隊于車。隊同墜。傷足，喪屨。屨音句，單底之鞋，夏用葛，冬用皮爲之。反，誅屨於徒人費。誅，責也。誅屨，責其覓屨也。徒人，「徒」當爲「侍」字之誤。侍人即寺人。漢書古今人表作「寺人費」，是其明證。偏考書傳，無徒人之官。説詳王引之述聞。齊世家作「主屨者茀」。茀、費通假。弗得，鞭之，見血。走出，遇賊于門。劫而束之。費曰：「我奚御哉？」御同禦，抵禦也。

其言若曰，我適被鞭，何故爲之抵禦也。章炳麟左傳讀强與齊世家比傳，解御爲驚愕，失之穿鑿。袒而示之背。古人鞭撻所施多於背，如莊子則陽篇「忌也出走，然後抶其背，折其脊」；漢書賈誼傳「行臣之計，請必係單于之頸而制其命，伏中行説而笞其背」；説文手部「撻，鄉飲酒罰不敬，撻其背」，皆可證。信之。費請先入。伏公而出，伏，藏匿也。鬭，死于門中。石之紛如死于階下。石之紛如當亦侍人，齊世家所謂公之幸臣也，亦鬭死。石之紛如之「之」字，蓋加以助音節者，莊傳有耿之不比，閔傳有舟之僑，僖傳有介之推、佚之狐、燭之武、宫之奇，文傳有文之毋畏，襄傳有上之登、夏之御寇、燭庸之越，哀傳有文之鍇、孟之側，皆此類。襄傳尹公佗、庾公差，孟子離婁下作尹公之他、庾公之斯，加「之」字可證。遂入，殺孟陽于牀。孟陽當亦侍人，僞裝爲襄公寢於牀。曰：「非君也，不類。」見公之足于户下，遂弑之，而立無知。年表及齊世家皆用左傳。

初，襄公立，無常。無常，謂言行無準則，使人莫知所措。齊世家云「初襄公之醉殺魯桓公，通其夫人，殺誅數不當，淫於婦人，數欺大臣」，此是太史公所解無常之義。杜預注爲政令無常，恐不確。説詳劉文淇疏證及章炳麟左傳讀。鮑叔牙曰：國語齊語韋注云：「鮑叔，齊大夫，姒姓之後，鮑敬叔之子叔牙也。」然章炳麟據潛夫論志氏姓「齊有鮑叔，世爲卿大夫」之文，謂「齊鮑氏始於鮑叔，則得氏蓋自牙始，鮑敬叔蓋譜家追稱耳」。説詳左傳讀。「君使民慢，慢，鬆弛放縱之意。阮芝生云：「此句從上『無常』看出。無常之人，朝暮百變，民情惶惑，而不知所從，則必相率而歸於慢易。蓋進退皆罪，轉不如坐以聽之，乃必然之情也。」説詳杜注拾遺。**亂將作矣。」奉公子小白出奔莒。**荀子宥坐篇：「孔子曰：『昔晉公子重耳霸心生於曹，越王句踐霸心生於會稽，齊桓公小白霸心生於莒。故居不隱者，思不遠；身不佚者，志不廣。』」謂重耳觀脅，句踐臣吴也。則小白亦爲莒所不禮可知。考十年傳，譚以不禮，而齊桓滅之，據管子小問篇，莒雖不滅，亦以無禮見伐矣，左傳未載耳。説詳章炳麟左傳讀。**亂作，管夷吾、召忽奉公子糾來奔。**據世本，莊仲山産敬仲夷吾。齊語注亦云：「管夷吾，齊卿，姬姓之後，管嚴仲（嚴仲即莊仲，漢人避明帝諱改）之子敬仲也。」年表及魯世家並云：「子糾來奔，與管仲俱避毋知亂。」齊世家云：「初襄公之醉殺魯桓公，通其夫人，殺誅數不當，淫於婦人，數欺大臣，羣弟恐禍及，故次弟糾奔魯。——其母，魯女也。——管仲、召忽傅之；次弟小白奔莒，鮑叔傅之。」鮑叔傳小白事，管子大匡篇有所記載，然未必可信。子糾爲桓公兄，觀齊世家所叙次第自明。荀子仲尼篇、莊子盜跖篇及韓非子、説苑、越絶書皆以子糾爲兄，桓公爲弟，固不誤也。唯漢書淮南厲王傳薄昭與厲王書曰：「齊桓殺其弟以返國。」蓋其時漢文帝於淮南王爲兄，故有所避而改之。説詳梁履繩左傳補釋。

八·四　**初，公孫無知虐于雍廩。**此與九年「雍廩殺無知」爲一傳。凡記今事而追溯其始事，則云初；記初而無今事，獨爲一傳，無此事理，此以年分傳者妄分耳。杜注云「爲殺無知傳」，知杜所據本已誤分，而杜已不知其當爲一傳矣。説詳楊樹達先生讀左傳。昭十一年傳云「齊渠丘實殺無知」，故知雍廩爲渠丘大夫。渠丘即葵丘。昭十一年疏又謂鄭衆以渠丘爲無知之邑。渠丘既爲無知之邑，又以雍廩爲其大夫者，晉封桓叔于曲沃而以欒賓傅之，鄭使許叔居許而以公孫獲佐之，楚使太子建居城父而以奮揚助之，並是一邑而有二人，則無知與雍廩同居一邑，當亦如是。説詳高士奇春秋地名考略。齊世家「齊君無知游於雍林」云云，「雍廩」作「雍林」，且以爲地名，與左傳異。然秦本紀又云「齊雍廩殺無知、管至父等」，則太史公又未嘗不以雍廩爲人名。說詳劉文淇疏證。無知又稱仲孫，見昭四年傳。

九年，丙申，公元前六八五年。周莊王十二年、齊桓公小白元年、晉緡二十年、曲沃武公三十一年、衞惠十五年、蔡哀十年、鄭厲十六年、子儀九年、曹莊十七年、陳宣八年、杞靖十九年、宋閔七年、秦武十三年、楚文五年、許穆十三年。

經

九·一 **九年春，**正月朔丁丑冬至，建子，有閏。**齊人殺無知。**此與隱四年「衞人殺州吁」同例，不書「君」，不以君視之。

九·二 **公及齊大夫盟于蔇。**「蔇」，公羊、穀梁俱作「暨」。蔇、暨通假字。春秋書魯公與大夫盟，大夫而不名者僅二例，此及文七年與趙盾盟是也。此則齊無君，文七年則晉靈公尚在抱也。

九·三 **夏，公伐齊，納子糾。**公羊、穀梁作「納糾」，無「子」字。臧琳經義雜記、趙坦異文箋以爲自漢至六朝以及隋、唐皆作「納糾」，今左氏作「納子糾」，乃爲唐定本所誤。然萬斯大學春秋隨筆則以爲公羊、穀梁之「納糾」而不稱「子」爲闕文，左氏經爲可據。考下經云「齊人取子糾殺之」（公羊、穀梁俱有「子」字），若此經左氏原無「子」字，杜預宜有注，而今杜氏無注，則知杜所據本必有「子」字。且上年傳云「公子糾」，而此年鮑叔之言曰子糾親也，則或稱糾或稱子糾，其實一也。如楚公子元亦稱子元，鄭世子華稱子華，齊公孫明稱子明，稱子不稱子，非義例所繫。**齊小白入于齊。**

九·四 **秋七月丁酉，**丁酉，二十四日。**葬齊襄公。**無傳。九月乃葬，以亂故。

九·五 **八月庚申，**庚申，十八日。**及齊師戰于乾時，**乾音干。時，水名，今曰烏河，一曰耏水，又曰如水，因水色黑，一曰黑水。出臨淄西南矮槐樹鋪，舊由桓臺、博興合小清河入海；今則不與小清河合，合澅水、系水北流，西折入桓臺縣，北注入麻大湖，其歧流旱則竭涸，故其地名曰乾時。魯師戰敗處當在今臨淄鎮西南與舊桓臺縣城（今桓臺縣治已徙于舊縣東北之索鎮）之間。**我師敗績。**

九·六 **九月，齊人取子糾殺之。**

九·七 **冬，浚洙。**無傳。洙音朱，又音殊。洙水今爲泗水支流，一出山東省費縣北，西流入泗；一出曲阜縣北，南流合沂水以達泗，與水經注所言故道不合。故道如何，今不可考。清一統志所言，亦揣測之辭。此所浚者，當在曲阜北，蓋以備齊難。

傳

九·一 **九年春，雍廩殺無知。**齊世家云：「桓公元年春，齊君無知游於雍林。雍林人嘗有怨無知。及其往游，雍林人襲殺無知。告齊大夫曰：『無知弒襄公自立，臣謹行誅，唯大夫更立公子之當立者，唯命是聽。』」與傳異。管子大匡篇亦載此事，與經、傳同。

九·二 **公及齊大夫盟于蔇，齊無君也。**昭十三年傳叔向論齊桓曰「有莒、衞以爲外主，有國、高以爲內主」，則齊國諸大夫有小白之黨，亦有子糾之黨。莊公所與盟者，黨于子糾之齊大夫也。

九·三 **夏，公伐齊，納子糾。桓公自莒先入。**詳見齊世家。

九·四 **秋，師及齊師戰于乾時，我師敗績。公喪戎路，傳乘而歸。**戎路爲兵車。喪戎路者，棄其所乘而逃也，與宣十二年趙旃棄車而走林相類。洪亮吉左傳詁讀傳爲驛傳之傳，則以傳乘爲名詞，恐誤。傳乘之乘應是動詞。晉書輿服志云：「追鋒車去小平蓋，加通幰，如軺車，駕二。追鋒之名，蓋取其迅速也，施於戎陣之間，是爲傳乘。軺車，古之軍車。一馬曰軺車，二馬曰軺傳。」傳乘疑即此之追鋒。或云轉乘他車，亦通。**秦子、梁子以公旗辟于下道，**秦子、梁子爲魯公戎路之御及戎右。辟同避。以公旗辟於下道者，欲以誘致齊師而使魯公得逃。**是以皆止。**止，獲也，爲齊師所俘獲。參見齊世家及管子大匡篇。

九·五 **鮑叔帥師來言曰：「子糾，親也，請君討之。**討，誅也，殺也。**管、召，讎也，請受而甘心焉。」**管仲曾射桓公，故曰讎。呂氏春秋贊能篇云：「於是乎使人告魯曰：『管夷吾，寡人之讎也，願得之而親加手焉。』」親加手以殺之即「甘心」也。**乃殺子糾于生竇。**竇音豆。生竇當在今山東省菏澤縣北二十餘里。齊桓之殺子糾在其初入國時，而韓非子說林下云：「公子糾將爲亂，桓公使使者視之。使者報曰：『笑不樂，視不見，必爲亂。』乃使魯人殺之。」此恐戰國時之流傳，未必合史實。**召忽死之。管仲請囚，鮑叔受之，及堂阜而税之。**堂阜，據文十五年傳「魯，爾親也，飾棺寘諸堂阜，魯必取之」之語，是知爲齊、魯交界處而地屬齊。一至齊境，即釋管仲之縛。詳洪亮吉左傳詁。堂阜在今山東蒙陰縣西北。**歸而以告曰：「管夷吾治於高傒，**此謂治事之才多於高傒。傒音奚。據唐書宰相世系表，高氏出自姜氏，齊太公六世孫文公赤生公子高，高傒爲其孫，以王父字爲氏。高傒即高敬仲，據僖十二年傳「有天子之二守國、高在」，則高氏世爲齊國上卿久矣。**使相可也。」公從之。**國語齊語以及管子大匡、小匡諸篇，史記齊、魯世家俱有記載，不具引。傳世有齊子仲姜鏄，見潘祖蔭攀古樓彝器款識，據楊樹達先生考釋，乃鮑叔之孫所作。由此銘文，足與管晏列傳「鮑叔子孫世禄於齊，有封邑者十餘世」及呂氏春秋贊能篇「桓公先賞鮑叔」語相印證。詳積微居金文説𩰫鎛跋。

十年，丁酉，公元前六八四年。周莊王十三年、齊桓二年、晉緡二十一年、曲沃武公三十二年、衞惠十六年、蔡哀十一年、鄭厲十七年、子儀十年、曹莊十八年、陳宣九年、杞靖二十年、宋閔八年、秦武十四年、楚文六年、許穆十四年。

經

一〇·一 **十年春王正月，**冬至在去年閏十二月十二日壬午，此年又建丑。**公敗齊師于長勺。**據定四年傳，成王分魯公以殷民六族，其中有長勺氏，則長勺原爲殷民所居之地。據山東通志，長勺在今曲阜縣北境。

一〇・二　二月，公侵宋。無傳。此春秋書「侵」之始。二十九年傳云：「凡師，有鐘鼓曰伐，無曰侵。」

一〇・三　三月，宋人遷宿。無傳。遷其民而取其地也，與莊元年經「齊師遷紀郱、鄑、郚」同例。此宿恐非隱元年經之宿，以宋不得至齊、魯境内也。「駟赤先如宿」，則宿其後又入於齊。疑此宿即戚，本宋地，初屬周，而後宋取之。元和郡縣志十泗州宿遷下云「春秋宋人遷宿之地」，則以今江蘇省宿遷縣爲宿民被迫遷徙之地。

一〇・四　夏六月，齊師、宋師次于郎。郎爲曲阜近邑。詳隱九年、桓十年經注。公敗宋師于乘丘。乘，去聲。乘丘在今山東省兖州縣境，應劭及清一統志以今巨野縣西南之古乘氏縣當之，誤。説參江永考實。

一〇・五　秋九月，荆敗蔡師于莘，荆即楚，詩小雅采芑「蠢爾蠻荆」，鼒毁「鼒從王伐荆」，昭二十六年傳王子朝之辭曰「兹不穀震盪播越，竄在荆蠻」，則知荆乃楚之本號。昭十二年傳述楚右尹子革之言曰：「昔我先王熊繹，辟在荆山。」此蓋所以稱荆之故，以地名爲國號。一九七七年四月於周原遺址（陝西岐山、扶風兩縣間）發現周初甲骨，中有云「楚子來告」，則周初即有楚稱。魯莊公世，經皆稱荆，至僖元年始稱楚。商頌殷武「奮伐荆楚」、「維女荆楚」，荆楚並言。莘，蔡地，當在今河南省汝南縣境。以蔡侯獻舞歸。獻舞即桓十七年「自陳歸于蔡」之蔡季，蔡哀侯也。

一〇・六　冬十月，齊師滅譚。文十五年傳云：「凡勝國（杜注：絶其社稷，有其土地）曰滅之。」又襄十三年傳云：「用大師焉曰滅。」此蓋用後一義，詳傳注。此春秋書「滅國」之始。譚，國名，説文作「鄿」。詩衛風碩人「譚公維私」，即此譚國。山東省濟南市東南舊有譚城，抗戰前曾發掘出遺址，見城子崖一書。譚子奔莒。

傳

一〇·一　十年春，齊師伐我。史記年表云：「齊伐我，爲糾故。」公將戰。曹劌請見。劌音桂。史記刺客列傳：「曹沫者，魯人也。」沫、劌音近。關於曹沫事，古代傳説不一，詳十三年「盟于柯」傳注。見，去聲，接見。其鄉人曰：「肉食者謀之，肉食蓋當時習語，大夫以上之人，每日必食肉也。孟子梁惠王論庶人，云「七十者可以食肉」，是一般人民非至七十難食肉。襄二十八年傳載子雅、子尾之食，云「公膳日雙雞」；昭四年傳載頒冰之法，云「食肉之禄，冰皆與焉。大夫命婦喪浴用冰」，則大夫例得食肉。哀十三年傳亦云「肉食者無墨」。又何間焉？」間，去聲，參與其間也。劌曰：「肉食者鄙，鄙，固陋不通。未能遠謀。」乃入見，問何以戰。公曰：「衣食所安，弗敢專也，必以分人。」對曰：「小惠未徧，以衣食分人，不能周徧。民弗從也。」公曰：「犧牲、玉帛，弗敢加也，犧牲玉帛皆祭神之物，必依禮爲之，不使超過規定。必以信。」説文：「信，誠也。」必以信，謂祭祀必誠。桓六年傳云：「祝史正辭，信也。」對曰：「小信未孚，孚借爲覆，古音平入通轉。孟子離婁上「而仁覆天下矣」，覆有蓋被之意，即徧及之意，與上文之偏異字同義，意謂祝史告於鬼神之言必誠實可信。**神弗福也。」公曰：「小大之獄，雖不能察，必以情。」**魯語上作「必以情斷之」。孟子離婁下「聲聞過情」，情謂實際情況，即此情字之義。或曰，情，忠誠也，見荀子禮論注，義較長。**對曰：「忠之屬也，可以一戰。**可憑此作戰也。**戰，則請從。」**國語魯語上云：「長勺之役，曹劌問所以戰於莊公。公曰：『余不愛衣食於民，不愛牲玉於神。』對曰：『夫惠大（各本大作本，依俞樾説訂正）而後民歸之志，民和而後神降之福。若布德於民，而平均其政事，君子務治，而小人務力，動不違時，財不過用，財用不匱，莫不共祀，是以用民無不聽，求福無不豐。今將惠以小賜，祀以獨恭；小賜不咸，獨恭不優。不咸，民不歸也；不優，神弗福也。將何以戰？夫民求不匱於財，而神求優裕於享者也，故不可以不大（大，各本亦誤作本）。』公曰：『余聽獄，雖不能察，必以情斷之。』對曰：『是則可矣。夫苟中心圖民，智雖弗及，必將至焉。』」

公與之乘。魯公與曹劌同乘一兵車。**戰于長勺。公將鼓之。**「之」字無義，詳文言語法。**劌曰：「未可。」齊人三鼓。劌曰：「可矣！」齊師敗績。公將馳之。**馳謂馳車而逐齊師。**劌曰：「未可。」下，**下，下車也。**視其轍，**轍，車轍也。**登軾而望之，曰：「可矣！」遂逐齊師。**

既克，公問其故。對曰：「夫戰，勇氣也。一鼓作氣，再而衰，三而竭。彼竭我盈，故克之。夫大國，難測也，懼有伏焉。有埋伏之兵，則其敗奔爲詐而誘我者。**吾視其轍**

亂，望其旗靡，靡，披靡也，偃也。轍亂則行列不整，旗倒是師失耳目，是知其爲真敗。**故逐之。」**

一〇·二 **夏六月，齊師、宋師次于郎。公子偃曰：**公子偃，魯大夫。**「宋師不整，可敗也。宋敗，齊必還。請擊之。」公弗許。自雩門竊出，**雩門，魯南城西門。蓋南城有三門，正南門曰稷門，見三十二年傳；東門曰鹿門，見公羊閔二年傳；西門則雩門也。或以雩門即稷門，誤。說詳梁履繩左通補釋。竊出，私自出擊。實爲公子偃竊出。**蒙皐比而先犯之。**皐比，虎皮。世謂蒙馬以虎皮，與僖二十八年傳「胥臣蒙馬以虎皮」同一伎倆。俞樾茶香室經說謂蒙人以虎皮，恐非。**公從之。**莊公率師隨其後。**大敗宋師于乘丘。**宋世家云：「十年夏，宋伐魯，戰於乘丘，魯生虜宋南宮萬。」**齊師乃還。**禮記檀弓上云：「魯莊公及宋人戰于乘丘，縣賁父御，卜國爲右。馬驚，敗績。公隊，佐車授綏。公曰：『末之卜也。』縣賁父曰：『他日不敗績，而今敗績，是無勇也。』遂死之。」蓋莊公雖敗於一時，而終獲大勝，可與此傳互相發明。

一〇·三 **蔡哀侯娶于陳，息侯亦娶焉。息嬀將歸，**蔡侯蓋先娶，息侯此時始娶。出嫁曰歸。**過蔡。**過，經過，舊讀平聲。陳都宛丘，今河南省淮陽縣；蔡都在今河南省上蔡縣西南，故息嬀由陳至息必過蔡。**蔡侯曰：「吾姨也。」**妻之姊妹曰姨，呂氏春秋長攻篇云：「蔡侯曰：『息夫人，吾妻之姨也。』」高誘注：「妻之女弟爲姨。」詩衛風碩人敘莊姜爲「邢侯之姨」，義與左傳同。餘詳襄二十三年傳注。**止而見之，弗賓。**杜注：「不禮敬也。」據十四年傳，息嬀甚美，則此所謂弗賓，蓋有輕佻之行。**息侯聞之，怒，使謂**

楚文王曰：「伐我，吾求救於蔡而伐之。」楚子從之。秋九月，楚敗蔡師于莘，以蔡侯獻舞歸。 蔡世家謂楚文王虜蔡哀侯以歸。哀侯留九歲，死於楚。然楚世家謂虜蔡哀侯以歸，已而釋之。此蓋太史公所據不同，故所說有異。

一〇·四 **齊侯之出也，過譚，譚不禮焉。及其入也，諸侯皆賀，譚又不至。冬，齊師滅譚，譚無禮也。譚子奔莒，同盟故也。** 齊世家云：「桓公二年，伐滅郯，郯子奔莒。初，桓公亡時，過郯，郯無禮，故伐之。」考郯與譚爲兩國。郯國故城當在今山東省郯城縣西南，與濟南之譚城相去甚遠。且襄公七年經、傳並云「郯子來朝」，則齊桓所滅者必非郯也。史記之作「郯」，蓋音誤。又管子小匡篇云：「伐譚、萊而不有也，諸侯稱仁焉。」此亦有據。譚處於臨淄至牽之間，爲東西通道之所必經，齊國不能不加控制而存其社稷，故齊國早期貨幣有「譚邦之法化（貨）」，稱「譚邦」，與其他齊國地方貨幣稱某邑者不同，似可以證成管子此說。

十有一年，戊戌，公元前六八三年。周莊王十四年、齊桓三年、晉緡二十二年、曲沃武公三十三年、衛惠十七年、蔡哀十二年、鄭厲十八年、子儀十一年、曹莊十九年、陳宣十年、杞靖二十一年、宋閔九年、秦武十五年、楚文七年、許穆十五年。

經

一一·一　十有一年春王正月。無傳。冬至在去年十二月二十三日丁亥，此年建丑，有閏月。

一一·二　夏五月，戊寅，戊寅，十七日。公敗宋師于鄑。鄑音貲，又音晉。此鄑爲魯地，而在宋、魯之間者，與元年紀邑之鄑非一地。

一一·三　秋，宋大水。杜注：「公使弔之，故書。」

一一·四　冬，王姬歸于齊。傳云：「齊侯來逆共姬。」則魯代周王爲婚主可知，公羊、穀梁並云「過我」，非。

傳

一一·一　十一年夏，宋爲乘丘之役故，侵我。公禦之。宋師未陳而薄之，薄，迫也，兵逼而壓迫之也。敗諸鄑。

凡師，敵未陳曰敗某師，此未必盡然。長勺之役，齊人三鼓，則已陣矣，而經仍書曰「敗齊師」。魯敗外國之師者八，悉書曰「敗某師」，是以知「敗某師」者，內勝外之辭也。外諸侯之勝敗偶亦用之，如僖三十三「夏四月辛巳，晉人及姜戎敗秦師于殽」是也。說參王晳春秋皇綱論、葉夢得左傳讞。皆陳曰戰，此亦未必盡然。春秋經書外諸侯之戰，多用「戰」字，如文七年「夏四月戊子，晉人及秦人戰于令狐」，而令狐之役，傳言晉人「背先蔑而立靈公，以禦秦師，濳師夜起」，則晉之所以勝者，在夜間偷襲耳，秦師未陣可知，而經亦書「戰」。**大崩曰敗績。**此亦未必盡然。成十六年，鄢陵之戰，楚未大崩，且擬復戰，而經書曰「楚子、鄭師敗績」；至僖三十三年殽之戰，晉盡生獲秦師之三帥，穀梁且謂「匹馬隻輪無反者」，而經又不言「敗績」。禮記檀弓上「馬驚，敗績」，鄭注云：「驚奔失列。」徵之襄三十一年傳「譬如田獵，射御貫則能獲禽。若未嘗登車射御，則敗績厭覆是懼，何暇思獲」，蓋得其義。離騷亦言「恐皇輿之敗績」。至國語晉語言「國無敗績」，則假借之辭耳。**得儁曰克，**春秋書「克」者，惟隱元年「鄭伯克段于鄢」一事。傳云「如二君，故曰克」，非「得儁」之比。得儁者，儁同俊，戰勝其師，獲得其軍内之雄儁也。殽之戰，晉得秦之三帥；乘丘之役，魯獲宋之南宫萬，皆不書「克」。**覆而敗之曰取某師，**覆，隱也，設覆兵而敗之也。春秋書「取某師」者僅二例，哀九年「宋皇瑗帥師取鄭師于雍丘」，哀十三年「鄭罕達帥師取宋師于嵒」是也。至襄公十二年傳又云「凡書取，言易也」，則又是一例。又設覆而敗敵者多矣，成三年丘輿之役，鄭「使東鄙覆諸鄤」；十六年汋陵之役，「鄭人覆之」，然經皆不書「取」。**京師敗曰王師敗績于某。**經書「王師敗績」者，唯成元年「王師敗績于貿戎」一條，國語周語亦云「王師敗績于姜氏之戎」。

一一·二　**秋，宋大水。公使弔焉，**周禮大宗伯云：「以弔禮哀禍烖。」鄭玄注云「禍烖謂遭水火」，乃用此。其實禍災不僅水火，凡凶災皆可弔，文十五年傳所謂「賀善弔災」，昭十一年傳所謂「賀其福而弔其凶」，文八年傳又云「弔喪」是也。**曰：「天作淫雨，**作讀如孟子梁惠王上「天油然作雲」之作。淫雨，霖雨也。隱公九年傳云：「凡雨，自三日以往爲霖。」**害於粢盛，**粢盛，黍稷以供祭祀者，此實指百穀言。**若之何不弔？」**若之何，如何也。襄十四年傳厚成叔弔衞侯之辭曰：「聞君不撫社稷，而越在他竟，若之何不弔？」措辭與此相似。年表云：「桓公十一年，臧文仲弔宋水。」又云：「宋湣公九年，宋大水，公自罪。魯使臧文仲來弔。」宋世家亦云：「湣公九年，宋水，魯使臧文仲往弔水。」太史公斷言使者即臧文仲。然據世本，臧文仲爲哀伯達之孫，以莊公二十八年始見於經，以文十年卒。文十年上距莊二十八年凡五十年，上距此年凡六十八年，若文仲卒年九十，此時不過二十二歲耳。史記之説或因下文臧文仲之言而誤。説參劉文淇疏證。**對曰：「孤實不敬，**禮記曲禮下云：「諸侯見天子曰臣某侯某，其與民言自稱曰寡人，其在凶服曰適子孤。」此宋公自稱孤，蓋用凶禮，故下文云「列國有凶，稱孤，禮也」。**天降之災，又以爲君憂，拜命之辱。」**拜命之辱爲當時慣語，成十六年傳作「君命之辱」，禮記聘義又作「拜君命之辱」，猶如後代「承蒙關注，實不敢當」。宋世家云：「湣公自罪曰：『寡人以不能事鬼神，政不脩，故水。』」是司馬遷以「不能事鬼神」與「政不脩」釋「不敬」，蓋古左氏義。

臧文仲曰：臧文仲即臧孫辰。禮記禮器疏、左傳莊公二十八年疏並引世本云：「孝公生僖伯彄，彄生哀伯達，達生伯氏瓶，瓶生文仲辰。」文仲之父伯氏瓶無謚，蓋早年逝世。**「宋其興乎！禹、湯罪己，**禹罪己之事，尚書無徵。而前人引説苑及後漢書陳蕃傳禹見罪人而泣之事以實之，不知皆因左傳此語而造作者，難以取證也。論語堯曰篇載湯禱雨之辭曰：「朕躬有罪，無以萬方；萬方有罪，罪在朕躬。」成孺經學駢枝以爲此乃古文尚書逸文，此湯之罪己是也。**其興也悖焉；**悖，同勃，興起貌。孟子梁惠王上云：「則苗浡然興之矣。」浡然即此悖焉。**桀、紂罪人，其亡也忽焉。**忽，速也，疾也。吕氏春秋論人篇云：「昔上世之亡主，以罪爲在人，故日殺僇而不止，以至於亡而不悟。三代之興王，以罪爲在己，故日功而不衰，以至於王。」蓋用此義。故高誘注云：「亡主，若桀、紂者也；三代，禹、湯、文王也。」**且列國有凶，**凶謂凶荒，因大水而年成不收也。**稱孤，禮也。言懼而名禮，**言懼指不敬而天降災之辭，名禮指自稱爲孤。**其庶乎！」**韓詩外傳三云：「傳曰：宋大水，魯人弔之，曰：『天降淫雨，害於粢盛，延及君地，以憂執政，使臣敬弔。』宋人應之曰：『寡人不仁，齋戒不脩，使民不時，天加以災，又遺君憂，拜命之辱。』孔子聞之曰：『宋國其庶幾矣！』弟子曰：『何謂？』孔子曰：『昔桀、紂不任其過，其亡也忽焉；成湯、文王知任其過，其興也勃焉。過而改之，是不過也。』」則是以此爲孔子之言。說苑君道篇亦載之，文辭與韓詩外傳大同，則以爲君子之言，蓋傳聞之異。**既而聞之曰公子御說之辭也。**「御」，史記及漢書古今人表俱作「禦」。御、禦通。說音悅。御說，宋莊公之子，閔公之弟，桓公也。宋世家云：「此言乃公子子魚教湣公也。」子魚即目夷，至僖八年始見左傳，距此尚三十餘年，史記之說於理未安，未知別有所據否。說詳劉文淇疏證。**臧孫達曰：**臧孫達即臧哀伯，已見桓二年傳。自桓二年至此二十七年，臧哀伯容或未死。上述文仲語，下引其祖之言，一稱宋之將興，一稱御說宜爲君，所說不同，何爲不可？惠棟以爲疑，實不必。**「是宜爲君，有恤民之心。」**孔疏云：「謂御說明年爲君之後，方始聞之。聞之時已爲君，故云是人宜其爲君也。」

一一·三 **冬，齊侯來逆共姬。**齊侯，齊桓公。共姬，王姬。齊桓公來親迎。高士奇紀事本末云：「魯主王姬之嫁舊矣，故桓公之娶王姬，亦逆于魯，蓋魯爲王室懿親也。」

一一·四 **乘丘之役，**在十年。**公以金僕姑射南宮長萬，**僕姑，矢名，矢之名僕姑，猶旗之名靈姑銔（昭十年傳），其義已不可强求。元人伊世珍瑯環記中、唐詩鼓吹杜牧詩廖注以及張聰咸杜注辨證、章炳麟左傳讀各有所解，皆穿鑿附會之談，不足信。南宮長萬，即宋萬，南宮是氏，萬是其名，長是其字。説參王引之春秋名字解詁。**公右歂孫生搏之。**據檀弓上，公戎車之右爲卜國，馬驚，敗績，公墜車下，佐車授綏。則歂孫者，或佐車之右。歂音遄。國君或元帥所乘車曰戎車，副車曰佐車。兵車亦可泛曰戎車，成二年傳「唯吾子戎車是利」是也。搏同捕，擊取也。生搏今言活捉。宋世家云：「生虜宋南宮萬。」**宋人請之。**宋世家云：「宋人請萬，萬歸宋。」**宋公靳之，**靳音近，戲而相愧也。漢人猶有此語，見禮記儒行篇鄭注。宋魏了翁讀書雜鈔引寇萊公言行録「有一青幃二十餘年，或以公孫弘事靳之」，即用此義。**曰：「始吾敬子；今子，魯囚也，吾弗敬子矣。」病之。**此與下年傳「十二年秋，宋萬弑閔公于蒙澤」本爲一傳，後人誤析，割裂在此。徵之史記宋世家尤可證。宋世家云：「十一年秋，湣公與南宮萬獵，因博爭行，湣公怒，辱之，曰：『始吾敬若；今若，魯虜也。』萬有力，病此言，遂以局殺湣公於蒙澤。」但史記言因博争行，蓋參用公羊傳。魏徐幹中論法象篇云「宋敏碎首于棋局」，亦用公羊。杜注云「爲宋萬弑君傳」，則割裂不始於杜。

十有二年，己亥，公元前六八二年。周莊王十五年、齊桓四年、晉緡二十三年、曲沃武公三十四年、衛惠十八年、蔡哀十三年、鄭厲十九年、子儀十二年、曹莊二十年、陳宣十一年、杞靖二十二年、宋閔十年、秦武十六年、楚文八年、許穆十六年。

經

一二·一　**十有二年春王三月，**去年十二月初五癸巳冬至，此年建丑。**紀叔姬歸于酅。**無傳。紀季以酅入于齊，見莊三年經、傳。公羊傳云：「其國亡矣，徒歸于叔爾也。」穀梁傳云：「國而曰歸。此邑也，其曰歸何也？吾女也。失國喜得其所，故言歸焉爾。」

一二·二　**夏四月。**

一二·三　**秋八月甲午，**甲午，十日。**宋萬弒其君捷及其大夫仇牧。**「捷」，公羊作「接」。捷、接字通。據傳，華督亦被殺，而經不書。毛奇齡以爲宋人不赴，故不書。顧棟高讀春秋偶筆以爲孔丘削之，則未必然。

一二·四　**冬十月，宋萬出奔陳。**自僖公二十八年經書衞元咺出奔晉以前，外大夫出奔於他國者，唯此一書。其餘非無奔者，蓋史官筆法隨時勢而異也。

傳

一二·一　**十二年秋，宋萬弒閔公于蒙澤。**萬即長萬，太平御覽七五四引亦作「長萬」，新序亦作「長萬」，釋文謂「本或作『長萬』，『長』，衍字也，下亦然」。餘詳上年傳注。公羊傳云：「萬嘗與莊公（魯莊公）戰，獲乎莊公。莊公歸，散舍諸宮中，數月然後歸之。歸反，爲大夫於宋。與閔公博，婦人皆在側。萬曰：『甚矣，魯侯之淑、魯侯之美也！天下諸侯宜爲君者，唯魯侯爾。』閔公矜此婦人，妒其言。顧曰：『此虜也。爾虜焉故？魯侯之美惡乎至？』萬怒，搏閔公，絶其脰。」韓詩外傳八、新序義勇篇亦皆叙此事，文多襲公羊傳，俱與左傳有異。　蒙澤，今河南省商丘縣北。**遇仇牧于門，批而殺之。**公羊傳曰：「仇牧聞君弑，趨而至，遇之于門，手劍而叱之。萬臂摋仇牧，碎其首，齒著乎門闔。」史記年表云：「萬殺君，仇牧有義。」又宋世家云：「大夫仇牧聞之，以兵造公門。萬搏牧，牧齒著門闔死。」是以門爲公門，疑蒙澤有離宮也。　批，玉篇及一切經音義並作「𢱧」。說文：「𢱧，反手擊也。」段玉裁注云：「今左傳作『批』，俗字也。」**遇大宰督于東宮之西，又殺之。**東宮，諸侯小寢。詳公羊僖二十年傳陳立義疏。　史記宋世家云：「因殺太宰華督。」**立子游。**宋世家云：「乃更立公子游爲君。」**羣公子奔蕭，**蕭，國名，附庸，子姓，當在今安徽省蕭縣治西北十五里。又詳宣十二年經注。**公子御說奔亳。**亳即僖二十一年與哀十四年之薄，在今河南省商丘市北四五十里。**南宮牛、猛獲帥師圍亳。**宋世家謂南宮牛爲萬之弟，而杜注謂牛爲萬之子，不知何據。　猛獲爲南宮萬之黨。

冬十月，阮刻本「冬」上誤衍一「〇」，是另爲一傳，依校勘記删之。**蕭叔大心及戴、武、宣、穆、莊之族以曹師伐之。**蕭叔大心者，蕭本宋邑，叔則其人之行第，大心其名。因叔大心此次討南宮萬有功，故宋封以蕭使爲附庸，蕭即今安徽蕭縣。二十三年經書「蕭叔朝公」是也。説本孔穎達正義及唐書宰相世系表。宋戴公、武公、宣公並在春秋前。武公爲戴公子，宣公爲武公子，穆公爲宣公弟，莊公爲穆公子。穆、莊之間尚有殤公，其族未參與，豈因殤公之被弒而族亦被滅耶？或者殤公無後耶？戴公之族有華氏、樂氏、老氏、皇氏；莊公之族有仲氏。其他則無所聞。**殺南宫牛于師，**于師即于亳，師在亳也。**殺子游于宋，**宋國都也。**立桓公。**宋世家云：「冬，蕭及宋之諸公子共擊殺南宫牛，弒宋新君游而立湣公弟御説，是爲桓公。」**猛獲奔衛。南宫萬奔陳，以乘車輦其母，一日而至。**乘車，乘人之車，天子諸侯曰乘輿，孟子梁惠王下「今乘輿已駕矣」是也。輦，以人駕之也，此當是南宫萬自輦。據杜注，宋去陳二百六十里，「一日而至」，言萬之多力。

宋人請猛獲于衛。衛人欲勿與。石祁子曰：石祁子爲石駘仲之子，見禮記檀弓下。石駘仲爲石碏之族，見檀弓下鄭玄注。春秋初期，各國卿大夫並以伯、仲、叔、季爲稱，此衛大夫稱石祁子，閻若璩謂「大夫稱子莫先於此」。參日知録集釋四。**「不可。天下之惡一也，惡於宋而保於我，保之何補？**此謂惡人爲天下所共嫉，我即保護之志無補益也。**得一夫而失一國，與惡而棄好，**與，黨與；此猶言袒護。宋與衛本同盟，故曰好。**非謀也。」衛人歸之。亦請南宫萬于陳，以賂。**當由此斷句。武億經讀考異謂連下陳人，「以賂陳人」四字爲句，不如此長。**陳人使婦人飲之酒，而以犀革裹之。比及宋，**比，去聲。「比及」連文，論語先進「比及三年」可證，猶言等到。**手足皆見。**見同現。

此言其有力，能破犀牛之革。宋人皆醢之。醢音海，肉醬也。此作動詞用，謂烹而醃之。史記魯仲連傳「吾將使秦王烹醢梁王」，「烹醢」連文可證。

十有三年，庚子，公元前六八一年。周僖王元年、齊桓五年、晉緡二十四年、曲沃武公三十五年、衞惠十九年、蔡哀十四年、鄭厲二十年、子儀十三年、曹莊二十一年、陳宣十二年、杞靖二十三年、宋桓公御説元年、秦武十七年、楚文九年、許穆十七年。

經

一三·一　十有三年春，去年十二月十六日戊戌冬至，此年建丑。齊侯、宋人、陳人、蔡人、邾人會于北杏。「齊侯」，穀梁作「齊人」。「邾」，公羊例作「邾婁」。宋人、陳人、蔡人、邾人俱稱人，其實或是各國之君。十四年經稱「齊人、陳人、曹人伐宋」，而傳云「諸侯伐宋」，足見經稱人未必是微者。以諸侯而主天下之盟會，以此爲始。經書「邾人」亦始於此。北杏，齊地，當在今山東省東阿縣境。

一三·二　夏六月，齊人滅遂。據昭三年及八年傳，遂爲虞舜之後，世本亦云「遂，嬀姓」。其地當在今山東省寧陽縣西北，與肥城縣接界。傳世器有遂攺諆鼎。齊世家云：「（桓公）五年伐魯，魯將師敗，魯莊公請獻遂邑以平。」與左傳異。

一三·三 秋七月。

一三·四 冬，公會齊侯盟于柯。柯，齊邑。今山東省陽穀縣東北五十里有阿城鎮，當是故城所在。

傳

一三·一 十三年春，會于北杏，以平宋亂。宋亂見十二年經、傳。遂人不至。夏，齊人滅遂而戍之。戍，守也。「夏」上阮刻本誤衍一「〇」，依校勘記删正。經分爲兩事，傳則以兩事相因，併爲一傳。

一三·二 冬，盟于柯，始及齊平也。莊十年敗齊師于長勺；齊、宋聯軍，又敗宋師于乘丘，此時方與齊言和。柯之盟及曹劌事，公羊傳、史記十二諸侯年表與齊世家所述，與左傳不同。齊世家云：「（桓公）五年，伐魯，魯將師敗。魯莊公請獻遂邑以平，桓公許，與魯會柯而盟。魯將盟，曹沫以匕首劫桓公於壇上，曰：『反魯之侵地！』桓公許之。於是遂與曹沫三敗所亡地於魯。」左傳此年既無齊伐魯之事，且長勺之役，魯勝齊敗，更無曹劌之三敗。然史記所述，頗流行於戰國。戰國策屢言曹沫劫桓公，齊策六載魯仲連遺燕將書且舉此事以勸燕將；荀子王制篇又云「桓公劫于魯莊」，復與管子大匡篇及呂氏春秋貴信篇所述相合。然而諸書所言，無不有破綻可尋。遂爲齊所滅，則史記所言「獻遂邑以平」者誤也。春秋無關内侯之稱，則管子及呂氏春秋所言「魯請比關内侯」者誤也。汶陽之田至成十年鞌之戰齊始歸魯，不但載之春秋經與左傳，史記亦載之于年表與世家，則公羊傳諸書所言「請汶陽之田」者誤也。葉適習學記言序目卷十曰：「是時東遷未百年，人材雖陋，未至便爲刺客。」盧文弨鍾山札記謂曹沫劫桓公事出于戰國之人所撰造，但以耳目所見，施之上世，而不知其有不合，誠哉是言也。司馬遷不取左傳曹劌論戰，而取其劫齊桓，已載之年表與齊世家、魯世家，復爲之作刺客列傳，蓋亦好奇之過。漢武梁祠畫像因有曹沫劫桓公圖像。

一三·三 **宋人背北杏之會。** 北杏之會即在今春，必有盟，而經、傳皆不書。背北杏之會，即背北杏之盟。此句本與下年傳「十四年春諸侯伐宋」爲一傳，爲後人割裂在此，致使單文孤義不成片段。

十有四年，辛丑，公元前六八〇年。周僖王二年、齊桓六年、晉緡二十五年、曲沃武公三十六年、衞惠二十年、蔡哀十五年、鄭厲二十一年、子儀十四年、曹莊二十二年、陳宣十三年、杞共公元年、宋桓二年、秦武十八年、楚文十年、許穆十八年。

經

一四·一 **十有四年春，** 去年十二月二十六日癸卯冬至，此年建丑，有閏月。**齊人、陳人、曹人伐宋。** 孔疏：「經書人而傳言諸侯，先儒以爲諸如此輩皆是諸侯之身。釋例曰：『諸侯在事傳有明文，而經稱人者，凡十一條，丘明不釋其義。』」

一四·二 **夏，單伯會伐宋。** 單音善。杜注：「既伐宋，單伯乃至，故曰會伐宋。單伯，周大夫。」當與莊元年送王姬之單伯爲同一人。

一四·三 **秋七月，荆入蔡。**文十五年傳云：「獲大城焉曰入之。」襄十三年傳云：「弗地曰入。」此或兼有兩義。

一四·四 **冬，單伯會齊侯、宋公、衛侯、鄭伯于鄄。**鄄音絹，至今鄄城縣人仍讀絹；又音真。衛地，後爲衛司寇齊豹之邑，見昭二十年傳。故城當在今山東省鄄城縣西北。亦即河南濮城鎮（舊濮縣治）之東，但隔黃河耳。單伯爲天子之卿，而魯未與會，故經以單伯爲主，書曰單伯會某某。若魯公與會，則以魯爲主，僖八年經「公會王人、齊侯、宋公、衛侯、許男、曹伯、陳世子款盟于洮」，九年經「公會宰周公、齊侯、宋子、衛侯、鄭伯、許男、曹伯于葵丘」是也。

傳

一四·一 **十四年春，諸侯伐宋。齊請師于周。**杜注：「齊欲崇天子，故請師，假王命以示大順。」**夏，單伯會之。取成于宋而還。**宋世家云：「桓公二年，諸侯伐宋，至郊而去。」

一四·二 **鄭厲公自櫟侵鄭，**鄭厲公出奔及居櫟始末，詳桓公十五年經、傳。櫟即今河南省禹縣，在鄭都之西南九十里。**及大陵，**大陵當在自密縣至新鄭（鄭國都城）之間。舊以今臨潁縣東北三十五里之巨陵亭當之，非道路所經，恐不確。**獲傅瑕。傅瑕曰：「苟舍我，**舍同捨。**吾請納君。」與之盟而赦之。**

六月甲子，甲子，二十日。**傅瑕殺鄭子及其二子，而納厲公。**鄭子即子儀，以無謚號，故稱鄭子。傳世器有王子嬰次盧，王國維謂爲楚公子嬰齊器，郭沫若則以爲即鄭子儀之器，詳殷周青銅器銘文研究第二册。然鄭子不得稱王子，郭説似可商。僖二十八年衞成公出奔，其弟居守，與於踐土之盟，經書衞子，與此有同有異。年表與鄭世家俱用左傳而異其文辭。

初，内蛇與外蛇鬬於鄭南門中，據水經注，鄭南門名時門。**内蛇死。六年而厲公入。**十六年傳云：「鄭伯自櫟入，緩告于楚。」則鄭伯入國已徧告諸侯，而經不書。**公聞之，問於申繻曰：**繻音須。**「猶有妖乎？」對曰：「人之所忌，其氣燄以取之。**「燄」，唐石經及金澤文庫本俱作「炎」，漢書五行志、藝文志及王符潛夫論引亦俱作「炎」。校勘記亦以作「炎」爲是。風俗通過譽篇云：「人之所忌，炎自取之。」則似以「其氣」二字作一停頓，不以氣燄爲一詞。**妖由人興也。人無釁焉，妖不自作。人棄常，則妖興，故有妖。」**申繻實際懷疑妖怪之客觀存在，認爲妖怪爲人所畏忌，由於其氣燄不能勝而謂有妖。妖不自作，人失常，而有釁隙，則妖怪興。

厲公入，遂殺傅瑕。使謂原繁曰：「傅瑕貳，從下文「納我而無二心者」云云推之，則傅瑕貳，蓋謂傅瑕於納己之後仍有二心也。然據鄭世家「厲公謂甫假曰『子之事君有二心矣』」云云，則此貳字意謂傅瑕既事子儀，而又殺之以納己。兩説皆可通。**周有常刑，既伏其罪矣。納我而無二心者，吾皆許之上大夫之事，吾願與伯父圖之。**伯父謂原繁。詩伐木篇毛傳云：「天子謂同姓諸侯、諸侯謂同姓大夫皆曰父，異姓則稱舅。」儀禮覲禮云：「天子呼諸侯同姓大國則曰伯父，其異姓則曰伯舅；同姓小邦則曰叔父，其異姓小邦則曰叔舅。」則天子於諸侯，以國之大小分伯叔；諸侯於大夫恐不必然，當以年之長幼分伯叔也。鄭世家云「入而讓其伯父原」，似以原繁實厲公之伯父，伯父非泛稱。章炳麟左傳讀亦如此云。且寡人出，伯父無裏言。裏言者，以國内情況告於在外之厲公也。襄二十六年傳，衞獻公使讓大叔文子曰：「寡人淹恤在外，二三子皆使寡人朝夕聞衞國之言。吾子獨不在寡人，寡人怨矣。」對曰：「臣不能貳，通外内之言以事君，臣之罪也。」不通外内之言即無裏言。説詳王引之述聞。俞樾羣經平議謂裏言即理言，即詒治之言，不可信。入，入謂自蔡入於櫟。又不念寡人，寡人憾焉。」對曰：「先君桓公命我先人典司宗祏。祏音石，宗廟中藏主石室也。典司宗祏乃宗人之官，説詳章炳麟左傳讀。社稷有主，而外其心，其何貳如之？其何貳如之謂此乃有二心之最大者。苟主社稷，國内之民，其誰不爲臣？臣無二心，天之制也。子儀在位，十四年矣；而謀召君者，庸非貳乎？庸，豈也，反詰副詞。莊公之子猶有八人，猶有八人者，謂除已死之子忽、子亹、子儀及厲公本人外，尚有八人在。桓十四年經「鄭伯使其弟語來盟」，語是厲公之弟，則其一。詩鄭風清人序有公子素，陳奐詩人考以爲亦是莊公之子；果然，則又其一。説本顧炎武補正。若皆以官爵行賂勸貳而可以濟事，君其若之何？臣聞命矣。」乃縊而死。鄭世家謂先殺原繁，後殺傅瑕，與左傳不同。

一四·三　蔡哀侯爲莘故，楚敗蔡於莘，以蔡哀侯歸，見十年傳。繩息嬀以語楚子。繩，譽也。呂氏春秋古樂篇「周公旦乃作詩以繩文王之德」，繩亦是此義。廣雅作「譝」，云：「譽也。」語，去聲。楚子如息，以食入享，遂滅息。此當是前數年之事，此年息嬀則已生二子矣。呂氏春秋長攻篇云：「楚王欲取息與蔡，乃先佯善蔡侯，而與之謀曰：『吾欲得息，奈何？』蔡侯曰：『息夫人，吾妻之姨也。吾請爲饗息侯與其妻者，而與王俱，因而襲之。』楚王曰：『諾。』於是與蔡侯以饗禮入於息，因與俱，遂取息。旋舍於蔡，又取蔡。」所叙與左傳不盡合，難以盡信。然楚子如息，以食入享，則有相近處。又宣四年傳云：「吾先君文王克息，獲三矢焉。」以息嬀歸，生堵敖及成王焉。「堵敖」，楚世家作「杜敖」（或本作「壯敖」，又作「莊敖」者，恐係字誤），堵、杜音近。楚辭天問「吾告堵敖以不長」，似堵敖先成王死。列女傳貞順傳謂息夫人自殺，息君亦自殺，與此異。然劉向頌語「楚虜息君，納其適妃」，「夫人持固，彌久不衰」，又與傳合。未言。禮記喪服四制云：「禮，斬衰之喪，唯而不對；齊衰之喪，對而不言。」鄭注云：「言謂先發口也。」正此言字之義。于鬯香草校書謂言當訓笑，誤。俞正燮癸巳存稿以未言爲守心喪禮，尤爲臆説。楚子問之。對曰：「吾一婦人，而事二夫，縱弗能死，其又奚言？」楚子以蔡侯滅息，遂伐蔡。秋七月，楚入蔡。

君子曰：「商書所謂『惡之易也，如火之燎于原，不可鄉邇，其猶可撲滅』者，商書云云，解已見隱六年傳。其如蔡哀侯乎！」

一四·四　冬，會于鄄，宋服故也。

十有五年，壬寅，公元前六七九年。周僖王三年、齊桓七年、晉緡二十六年、曲沃武公三十七年、衞惠二十一年、蔡哀十六年、鄭厲二十二年、曹莊二十三年、陳宣十四年、杞共二年、宋桓三年、秦武十九年、楚文十一年、許穆十九年。

經

一五·一 **十有五年春，**去年十二月七日戊申冬至，此年建丑。**齊侯、宋公、陳侯、衞侯、鄭伯會于鄄。**

一五·二 **夏，夫人姜氏如齊。**無傳。夫人姜氏，文姜也。文姜爲齊僖公之女，於襄公、桓公俱爲姊妹。父母在，則可歸寧，詩周南葛覃「歸寧父母」者是也；父母没，則使卿代爲至母家問好，襄十二年傳「秦嬴歸于楚，楚司馬子庚聘于秦，爲夫人寧，禮也」者是也。卿爲夫人寧爲禮，則夫人自行不合當時之禮可知。說參注疏。

一五·三 **秋，宋人、齊人、邾人伐郳。**「邾」，公羊例作「邾婁」。「郳」，公羊作「兒」。或云另是一郳，其地已不可考。說參呂大圭春秋或問及洪亮吉春秋左傳詁，未詳孰是。

一五·四 **鄭人侵宋。**

一五·五 **冬十月。**

傳

一五・一 十五年春，復會焉，齊始霸也。年表及齊世家皆用左傳。

一五・二 秋，諸侯爲宋伐郳。鄭人間之而侵宋。間，去聲，承其空隙也。各本皆以爲是二傳，今依文義合爲一傳。

十有六年，癸卯，公元前六七八年。周僖王四年、齊桓八年、晉緡二十七年、武公稱三十八年、衛惠二十二年、蔡哀十七年、鄭厲二十三年、曹莊二十四年、陳宣十五年、杞共三年、宋桓四年、秦武二十年、楚文十二年、許穆二十年。

經

一六・一 十有六年春王正月。去年十二月十九日甲寅冬至，此年建丑。

一六・二 夏，宋人、齊人、衛人伐鄭。征伐之事，諸侯序列，以主兵爲先。伐鄭以宋爲主，故序在齊上。詳杜注及孔疏。據傳，知是各國諸侯親自帥師。

一六・三 秋，荆伐鄭。

一六·四

冬十有二月，會齊侯、宋公、陳侯、衞侯、鄭伯、許男、滑伯、滕子同盟于幽。 今本公羊「會」上有「公」字，然春秋繁露滅國下篇云：「幽之會，莊公不往。」董仲舒爲公羊家，則其所據本無「公」字可知，今本公羊「公」字恐係誤衍。　今本公羊、穀梁「許男」下又有「曹伯」兩字，然滅國下篇云「幽之會，齊桓數合諸侯，曹小，未嘗來也」，則董仲舒所據公羊原無「曹伯」二字。說詳臧壽恭春秋左氏古義。　董仲舒雖以爲幽之會莊公未往，左氏義恐不如此。會上省略主語，自是魯往會可知。杜注謂「不書其人，微者也」，亦不必然。僖二十九年經云：「夏六月，會王人、晉人、宋人、齊人、陳人、蔡人、秦人盟于翟泉。」傳云：「公會王子虎、晉狐偃、宋公孫固、齊國歸父、陳轅濤塗、秦小子憖盟于翟泉。」是翟泉之盟，經僅書會，而傳以與會爲魯公。此會齊侯始霸，諸侯皆親往，齊、魯相鄰，魯斷無僅使大夫往會之理，是以知此會亦必莊公自往，經之書法與翟泉之盟相同。　滑，姬姓，國於費，故一名費滑，見成十三年、襄十八年傳，故城當在今河南省偃師縣之緱氏鎮。僖三十三年滅於秦，旋入晉，復又屬周。餘詳錢大昕潛研堂文集答問。　自隱元年至莊十四年四十三歲，衞與陳凡四會，衞在陳上；自莊十五年至僖十七年三十五歲，凡八會，陳在衞上，終春秋之世陳俱在衞上。杜預以爲陳所以改列在衞上者，由於齊桓公始霸，楚亦始强，陳侯介於兩大國之間，而爲三恪之客，故齊桓因而進之，以後遂著爲例，終於春秋之世。說詳杜注及孔疏。

一六·五

郳子克卒。

傳

一六・一 十六年夏，諸侯伐鄭，宋故也。釋文云：「或作『爲宋故也』。」金澤文庫本「宋」上正有「爲」字。

一六・二 鄭伯自櫟入，在十四年。緩告于楚。鄭厲入國已兩年，告楚較晚，楚以爲不敬，即下文之「不禮」。秋，楚伐鄭，及櫟，爲不禮故也。

一六・三 鄭伯治與於雍糾之亂者，在桓十五年。與，去聲。九月，殺公子閼，刖强鉏。兩人乃祭仲之黨羽。隱十一年有公孫閼，距此三十五年，不容復有公子閼，釋文因以爲疑，謂此公子字當爲公孫，蓋一人也。刖音月，斷足曰刖。公父定叔出奔衛。公父定叔爲共叔段之孫。段之子曰公孫滑，見隱元年傳，則此當是公孫滑之子，定爲其謚。顧棟高大事表列國謚法考云「春秋之世，通君臣皆有謚者，惟魯、衛、晉、齊四國爲然。然皆卿有謚，而大夫無謚；公族世卿有謚，而庶姓無謚。鄭之子皮、子産、子太叔皆赫然著見于春秋之世，而後世不聞以謚稱。二百四十二年，莊公世惟一公父定叔，僖公世惟一皇武子，襄公世惟一馮簡子」云云。三年而復之，曰：「不可使共叔無後於鄭。」使以十月入，曰：「良月也，古以奇數之月爲忌，偶數之月爲良，見顧炎武日知録。就盈數焉。」十爲滿數。公父定叔今年出奔，三年而復之，則是探後言之。

君子謂强鉏不能衛其足。此與楚伐鄭事全不相干，當另是一無經之傳，各本與「鄭伯自櫟入」合爲一傳，今分析別出之。

一六·四 **冬，同盟于幽，鄭成也。**

一六·五 **王使虢公命曲沃伯以一軍爲晉侯。**曲沃伯即曲沃武公，桓七年傳稱「曲沃伯誘晉小子侯殺之」，八年傳稱「滅翼」，又稱「王命虢仲立晉哀侯之弟緡于晉」。至此曲沃伯完全吞併晉國，僖王因命爲晉侯。周禮夏官叙官云：「凡制軍，萬有二千五百人爲軍。王六軍，大國三軍，次國二軍，小國一軍。」每軍蓋車五百乘。説詳孫詒讓正義。案水經河水注引紀年云：「晉武公元年，尚一軍。」則晉武公本一軍也。晉此時爲一軍，閔元年增爲二軍，後又增爲三軍，又增爲六軍。史記年表云：「曲沃武公滅晉侯緡，以寶獻周，周命武公爲晉君，併其地。晉武公稱併晉，已立三十八年，不更元，因其元年。」晉世家云：「晉侯（緡）二十八年，曲沃武公伐晉侯緡，滅之，盡以其寶器賂獻於周釐王。釐王命曲沃武公爲晉君，列爲諸侯，於是盡併晉地而有之。曲沃武公已即位三十七年矣，更號曰晉武公。晉武公始都晉國，前即位曲沃，通年三十八年。武公稱者，先晉穆侯曾孫也，曲沃桓叔孫也。桓叔者，始封曲沃。武公，莊伯子也。自桓叔初封曲沃以至武公滅晉也，凡六十七歲，而卒代晉爲諸侯。」桓二年傳叙師服之言，謂「兄（文侯仇）其替」，此載其驗。

一六·六 **初，晉武公伐夷，執夷詭諸。**夷，采地名，文六年傳晉蒐於夷，即此地。今地闕。至隱元年傳「紀人伐夷」之夷，則爲國名，與此非一。夷詭諸，周大夫，以采邑爲氏。積微居金文説卷七謂夷爲姜姓國。**蔿國請而免之。**蔿音洧，蔿國，周大夫，王子頹之師，見十九年傳。**既而弗報，**詭諸不向蔿國酬謝。**故子國作亂，**子國即蔿國。**謂晉人曰：「與我伐夷而取其地。」遂以晉師伐夷，殺夷詭諸。周公**

忌父出奔虢。周公忌父，王朝卿士。惠王立而復之。惠王恢復周公忌父之位當在後，此是探後言之。據史記，魯桓十五年經書桓王崩，莊三年經書葬桓王，自此以後，周有莊王，又有僖王，其崩、葬皆不見於經、傳。惠王立于明年，則周公忌父之復位在明年。此與命曲沃伯爲晉侯爲兩事，舊本合爲一傳，今別出之。

十有七年，甲辰，公元前六七七年。周僖王五年、齊桓九年、晉武三十九年、衞惠二十三年、蔡哀十八年、鄭厲二十四年、曹莊二十五年、陳宣十六年、杞共四年、宋桓五年、秦德公元年、楚文十三年、許穆二十一年。

經

一七・一 十有七年春，冬至在去年十二月二十九日己未，此年建丑，有閏月。齊人執鄭詹。「詹」，公羊作「瞻」，音同，字通。僖七年傳云：「鄭有叔詹、堵叔、師叔三良爲政。」杜預以此鄭詹即叔詹，故注云：「詹爲鄭執政大臣，詣齊見執。」又據鄭世家，叔詹爲鄭文公弟，則厲公之子也。而公羊、穀梁則以爲鄭詹爲鄭之卑微者，因佞被執，與左氏義異。

一七・二 夏，齊人殲于遂。殲，殺之而盡也。唐書劉貺傳及春秋啖趙集傳纂例一引劉貺書均云「齊人殲于遂」。

一七・三 秋，鄭詹自齊逃來。無傳。

一七·四 冬，多麋。無傳。周之冬，夏之秋也。麋多則害稼，故以災書。

傳

一七·一 十七年春，齊人執鄭詹，鄭不朝也。不朝，杜注以爲不朝齊，于鬯香草校書以爲不朝周。據僖五年傳「鄭伯懼其不朝於齊也」，杜注是。

一七·二 夏，遂因氏、頜氏、工婁氏、須遂氏饗齊戍，齊滅遂而戍之，在十三年。頜音閤，又音盍。因氏等四族，遂之强家。饗，以酒食享之也。醉而殺之，齊人殲焉。齊人殲焉，與僖二十二年傳「門官殲焉」句法相同，皆謂被殺盡也。

十有八年，乙巳，公元前六七六年。周惠王元年、齊桓十年、晉獻公詭諸元年、衞惠二十四年、蔡哀十九年、鄭厲二十五年、曹莊二十六年、陳宣十七年、杞共五年、宋桓六年、秦德二年、楚文十四年、許穆二十二年。

經

一八·一 十有八年春王三月，冬至在去年閏十二月十一日甲子，此年建丑。日有食之。無傳。不書朔與日，杜預依桓十七年、僖十五年傳例，謂「官失之」。　此相當於公元前六七六年四月十五日之日全食。元史曆志云：「周正當在五月壬子朔，入食限。經誤『五』爲『三』。」蓋誤以建丑爲建子，又月之大小有誤，非「誤『五』爲『三』」。陳厚耀補春秋長曆駁元史郭守敬説云「經明書『春三月』，則非『夏五月』可知」，甚有理。朱文鑫天文考古録、何幼琦曆術推步簡述亦以爲周五月，何且以爲壬子朔，王韜則以爲四月壬子朔。實則全食在十六時二十二分，盡在晝中，中原可見。

一八·二　**夏，公追戎于濟西。**周禮小司徒鄭注云：「追，逐寇也。」此蓋追字本義，説詳楊樹達先生積微居甲文説釋追逐。　僖三十一年傳云：「取濟西田，分曹地也。」故正義以「濟西」爲濟水之西，服虔以「濟西」爲曹地。此戎即己氏之戎，隱二年公會戎于潛，七年「戎伐凡伯」，皆此戎也。今曹縣西南乃其故城所在。

一八·三　**秋，有蜮。**蜮又作蜮，音域，又音或。　呂氏春秋任地篇云：「又無螟蜮。」高誘注云：「蜮或作螣。食心者螟，食葉者螣。兖州謂蜮爲螣，音相近也。」然則蜮即詩小雅大田「去其螟螣」之螣。後漢書明帝紀引詩作「去其螟蜮」，尤可證螣與蜮爲一物。説文云：「蟘，蟲食苗葉者，詩曰『去其螟蟘』。」則蜮又作蟘，而訓短狐之蜮別爲一物。漢書五行志引劉向説及服虔、杜預皆謂此蜮爲含沙射人之短狐，恐非。説參惠棟與馬宗璉之左傳補注。

一八·四　**冬十月。**

傳

一八·一　**十八年春，虢公、晉侯朝王。**虢公蓋爲僖五年傳之虢公醜，晉侯爲晉武公之子獻公詭諸。**王饗**

醴，周禮秋官大行人鄭注云：「饗，設盛禮以飲賓也。」沈欽韓謂「饗」即「享」，考之彝銘，作「鄉」，即「饗」之初文。師遽彝銘「隹正月既生霸丁酉，王在周康寝（寢）鄉醴，師遽蔑曆晉（侑）」可證。醴，用麥芽釀之，一宿而成，汁與糟不分，味極薄，濁而甜，若今之甜酒釀，詳周禮天官酒正孫詒讓正義。饗醴者，饗時用醴不用酒也。

命之宥。宥有四説。杜預以至沈欽韓等俱以侑幣酬幣當之，説詳沈氏左傳補注。蓋古代主人享讌賓客，於飲食之際，又致送禮品於賓客，杜預所謂「飲宴則命以幣物，宥，助也，所以助驩敬之意」是也。沈氏徵引周禮、儀禮以證之，其實左傳亦可證，昭元年傳所云「后子享晉侯，歸取酬幣，終事八反」是也。然不可以解此文，王引之駁之云：「且如杜説，命以幣物以助驩，則傳當云『命宥之』，不當云『命之宥』也。」王引之因謂宥與侑通，「侑與酬酢同義，命之宥者，其命虢公、晉侯與王相酬酢與？或獻或酢，有施報之義，故謂之侑。命之侑者，所以親之也。僖二十五年傳『晉侯朝王，王饗醴，命之宥』，晉語作『王饗醴，命公胙侑』。胙即酢之借字，蓋如賓酢主人之禮以勸侑於王，故謂之酢侑與？」詳經義述聞。王説較可信。蓋此享爲天子款待諸侯，必王命之，然後虢公、晉侯始敢於主人敬酒之後奉命回敬酒於主人。周禮秋官大行人孫詒讓正義實主此説，王國維觀堂集林釋宥論之尤詳。至吴闓生文史甄微謂「宥謂侑坐也，昭公二十五年『宋公使昭子右坐』，此宥即右坐之義」，不知昭二十五年宋公與昭公宴，因飲酒樂而命昭子右坐，乃乘一時之興，不可與此相比，故不可信也。朱彬經傳考證又謂僖二十八年「命晉侯宥」爲「既享之後，又加爵以勸之」。若如此解，亦當如王引之之駁杜注，當作「命宥晉侯」，不當作「命晉侯宥」，故知其誤。

皆賜玉五瑴，馬三匹，瑴亦作珏，雙玉爲珏。馬三匹當作馬四匹，四古作**亖**，因脱一劃而誤。太平御覽八十三引竹書紀年云：「三十四年，周王季歷來朝，武乙賜地三十里，玉十瑴，馬八四。」然則賜玉五瑴者，馬當四匹矣。說詳王引之經義述聞。此賜乃酬幣。古代享禮，先由主人獻賓，賓侑主人，主人又自酌自飲勸賓飲，謂之酬，酬有禮物，謂之酬幣。**非禮也。王命諸侯，名位不同，禮亦異數，不以禮假人。**虢公與晉侯名位不同，而所賜不異，故左氏以此爲以禮假人，而認爲非禮。昭六年傳叙述楚公子棄疾見鄭伯，「如見王，以其乘馬八匹私面；見子皮如上卿，以馬六匹；見子産以馬四匹，見子大叔以馬二匹」。故漢書韋玄成傳載王舜、劉歆之議曰：「春秋左氏傳曰『名位不同，禮亦異數』，自上以下，降殺以兩，禮也。」

一八·二　**虢公、晉侯、鄭伯使原莊公逆王后于陳。**通志氏族略云：「周有原莊公，世爲周卿士，故以邑爲氏。」餘詳隱十一年傳注。顧棟高大事表以今河南省濟源縣西北之原鄉爲其國，實則采邑也。**陳媯歸于京師，實惠后。**史記年表：「惠王元年，取陳后。」惠后寵愛少子事見僖二十四年傳。

一八·三　**夏，公追戎于濟西。**濟水爲古四瀆之一，所謂江、河、淮、濟是也。源出河南省濟源縣王屋山。春秋時濟水經曹、魏、齊、魯之界。以僖三十一年傳證之，濟西爲曹地，曹、魯分境之濟，當在今山東省巨野縣、壽張縣、東平縣之間。濟水今惟存發源處。**不言其來，諱之也。**經文只書追戎，不書戎來，故傳釋爲諱之。何爲諱之？杜注以爲戎來而魯不知，沈欽韓以爲戎狄爲中國之患，故諱言其來；喜其捍禦有素，故書追之。說詳左傳補注，近是。

一八·四　**秋，有蜮，爲災也。**

一八·五　**初，楚武王克權，**權，國名，據唐書宰相世系表，爲子姓，商武丁之後裔，今湖北省當陽縣東南有權城。

使鬬緡尹之，鬬緡，楚大夫。尹之，以權爲楚縣，使其爲縣尹也。襄二十六年傳「穿封戌，方城外之縣尹也」，則楚稱縣宰爲縣尹。亦稱縣公，宣十一年傳「諸侯縣公皆慶寡人」可證。淮南子覽冥訓高誘注云「楚僭號稱王，其守縣大夫皆稱公」是也。猶魯稱縣人或縣宰，晉稱縣大夫。**以叛，**鬬緡據權邑而叛楚，可能與周初管、蔡監殷而以殷叛情形相近。**圍而殺之。**楚武王殺鬬緡。**遷權於那處，**以權國原來之臣民遷之于那處，猶周遷殷「頑民」。那處，楚地，今湖北省荆門縣東南有那口城，當即其地。**使閻敖尹之。**尹之，主管那處之地方政治，亦即管理權國之舊臣民。以上楚武王時事。

及文王即位，文王，武王子。魯莊公五年爲楚文王元年。**與巴人伐申，**伐申事見莊公六年傳。**而驚其師。**楚師驚巴師也。陶鴻慶謂驚、警字通，此謂閻敖勠辱巴人以警懼之，故致叛。説見左傳別疏。**巴人叛楚而伐那處，取之，遂門于楚。**巴人取那處之後，又進而攻楚都之城門。其時楚文王已遷都於郢，郢在今湖北省江陵縣北之紀南城，那處即在其北。巴國當在襄陽附近。**閻敖游涌而逸。**涌，據水經江水三注及方輿紀要，即今湖北省監利縣東南俗名乾港湖者。**楚子殺之。其族爲亂。冬，巴人因之以伐楚。**此與下年傳文本爲一章，爲後人割裂分爲兩傳。

十有九年，丙午，公元前六七五年。周惠王二年、齊桓十一年、晉獻二年、衞惠二十五年、蔡哀二十年、鄭厲二十六年、曹莊二十七年、陳宣十八年、杞共六年、宋桓七年、秦宣公元年、楚文十五年、許穆二十三年。

經

一九·一　十有九年春王正月。去年十二月二十一日己巳冬至，此年建丑。

一九·二　夏四月。

一九·三　秋，公子結媵陳人之婦于鄄，遂及齊侯、宋公盟。無傳。公子結，魯大夫。鄄音絹，衞地，詳莊十四年經注。古代，諸侯娶于一國，二國以庶出之女陪嫁，曰媵。此當是衞國之女嫁與陳宣公爲夫人，魯國以女陪嫁，使公子結往送女，本應送至衞國都城，使與陳侯夫人同行，但公子結送之鄄，聞齊侯、宋公有會，遂臨時變更計劃，使他人往送女，已則代表魯國參與盟會。陳侯夫人稱陳人之婦者，以尚未嫁入陳國，猶不成爲夫人。説參杜注、孔疏及毛奇齡春秋傳。至劉敞春秋權衡、胡安國春秋傳謂「陳人」爲「陳大夫」，此是陳大夫娶婦。程頤則謂鄄之巨室嫁女於陳人，公子結以己之庶女媵之，因與齊、宋盟，遂挈之以往（據春秋傳説彙纂），皆主觀曲説。

一九·四　夫人姜氏如莒。無傳。夫人姜氏，文姜也。兩年之間爲何兩次至莒國，經、傳未言，已不可考。杜注云「書姦」，恐未必然。文姜於桓公三年嫁至魯國，至此已三十五年，則其年齡已五十餘矣。

一九·五　冬，齊人、宋人、陳人伐我西鄙。無傳。鄙者，邊陲之辭。經書齊伐我者十四，始於此。

傳

一九·一 **十九年春，楚子禦之，**此與去年傳文本爲一傳。禦之者，禦巴人伐楚之師也。**大敗於津。**杜注：「爲巴人所敗。」津，即今湖北省江陵縣江津戍（亦名奉城），詳沈欽韓地名補注。或云，即今枝江縣津鄉。**還，鬻拳弗納。**鬻音育。鬻拳，楚同姓，時爲楚大閽，主管城門，故能拒絶楚文王入城。**遂伐黄。**黄，嬴姓國，故城在今河南省潢川縣西。僖公十二年爲楚所滅。方濬益綴遺齋彝器款識考釋卷七黄太子盤釋文云：「此銘乃東遷以後書體，爲僖公以前之器。」**敗黄師于踖陵。**踖音鵲，又音積。踖陵，黄國地名，當在今潢川縣西南境。**還，及湫，**湫音剿。清一統志謂湫在湖北省鍾祥縣北，春秋大事表謂在湖北省宜城縣東南，其實一也。湫，楚靈王時爲伍舉采邑，國語有湫舉、湫鳴。今本「湫」或作「椒」。**有疾。夏六月庚申，**庚申，十五日。**卒。**楚文王在位十五年，史記楚世家及年表謂十三年，恐誤。**鬻拳葬諸夕室。**葬諸夕室，葬楚王於夕室也。杜注以夕室爲地名。沈欽韓補注、章炳麟左傳讀均謂夕室猶言柩臺，蓋楚國君主冢墓所在之稱。**亦自殺也，而葬於經皇。**經皇即宣十四年傳「屨及於窒皇」之窒皇。窒、經字通。蓋殿前之庭也。楚文王陵墓，必有地下宫殿，鬻拳之尸即葬於殿前之庭，所以示願侍君於地下爲守衛也。杜注解經皇爲冢前闕，不知冢前不得有闕，即冢前之門亦不能葬人。章炳麟左傳讀謂經皇爲墓門内庭中之道。

初，鬻拳强諫楚子。强，上聲，勉强也。**楚子弗從。臨之以兵，懼而從之。鬻拳曰：**

「吾懼君以兵，罪莫大焉。」金澤文庫本此下有「君不討，敢不自討乎」八字。遂自刖也。楚人以爲大閽，大閽，杜注謂相當於晉朝之城門校尉，爲典守城門之官，蓋因其拒納歸師而推知之。沈欽韓補注駁杜注，謂大閽主守宫門。若然，鬻拳雖以拒絶楚師入城。若謂楚師已入城，鬻拳守宫門，拒其入宫，尤不近理，故不取。哀十六年傳「石乞尹門」，則以勇力死士爲守門者。尹，主也。韓非子内儲説下篇云「倚於郎門，門者刖跪請曰」云云，吕氏春秋音初篇云「斧斫斬其足，遂爲守門者」云云，則古人常以刖者守門。周禮秋官掌戮謂「墨者使守門，劓者使守關，刖者使守囿」云云，非春秋史實。謂之大伯。大音泰。孔疏云：「鬻拳本是大臣，楚人以其賢而使典此職。」使其後掌之。使其子孫常主掌此官。

君子曰：「鬻拳可謂愛君矣：諫以自納於刑，刑猶不忘納君於善。」謂拒納文王師。

一九·二

初，王姚嬖于莊王，王姚，莊王之妾。王之妻妾通以王字與其母家姓連言；王姚，姚是其母家姓。生子頹。子頹有寵，蔿國爲之師。之作其用。宋程公説春秋分紀職官書一引周禮地官師氏職以相證，恐不合。蓋師氏掌以媺詔王，以三德教國子，此則蔿國僅爲子頹一人之師耳。及惠王即位，惠王，莊王之孫，僖王（史記作釐王）之子，史記云名閬，世本、國語韋注及皇甫謐帝王世紀均云名毋涼，蓋閬即毋涼之變音。惠王即位于去年。取蔿國之圃以爲囿。別言之，圃與囿有別。圃種菜蔬果蓏，以籬笆圍繞之；囿畜養禽獸。囿大圃小。然僖三十三年傳云「鄭之有原圃，猶秦之有具囿也，吾子取其麋鹿」云云，可見囿亦可名曰圃。**邊伯之宮近於王宮，**邊伯，周大夫。盂鼎銘「惟殷邊侯田」，劉心源奇觚室吉金文述卷二引路史國名紀謂邊爲商時侯國。此説不確，參陳夢家卜辭綜述。**王取之。王奪子禽祝跪與詹父田，**子禽祝跪，杜注以爲二人，誤。下文云「蔿國、邊伯、石速、詹父、子禽祝跪作亂」，又云「五大夫奉子穨以伐王」，五大夫即蔿國等五人，若以子禽祝跪爲兩人，則六大夫矣。杜預自圓其説云「石速士也，故不在五大夫數」，亦無據。國語周語上云：「邊伯、石速、蔿國出王而立子穨。」又云：「王子穨飲三大夫酒。」則石速亦大夫而非士。傳文於子禽祝跪與詹父間著一「與」字，正恐讀者以爲皆是二字名而誤分爲三人也。説參于鬯香草校書。詹父已見桓十年傳。周禮太宰「以八柄詔王馭羣臣」，六曰「奪以馭其貧」，孫詒讓正義引此文云：「亦爲奪其田禄耳，非必盡没其家財也。」孫説恐非。若然，則與下文「收秩」意複。奪其田未必盡没家財，則當如隱十一年傳取蘇忿生之田。**而收膳夫之秩，**膳夫，官名，周禮天官有膳夫，掌王之食飲膳羞以養王及后、世子。秩，俸禄也。膳夫即下文之石速。此言膳夫，下言石速，蓋變文。**故蔿國、邊伯、石速、詹父、子禽祝跪作亂，因蘇氏。**隱十一年傳叙桓王奪蘇忿生十二邑之田以與鄭，蘇氏或因此不滿王室。**秋，五大夫奉子穨以伐王，不克，出奔温。**温爲蘇氏邑。成十一年傳云「蘇忿生以温爲司寇」，則温爲蘇氏始封邑，故僖十年經云「狄滅温，温子奔衛」，而傳作「蘇子奔衛」；以邑言之則曰温子，以氏言之則曰蘇子，一也。周本紀、年表及衛、燕世家均謂惠王奔温，但以左傳文義言之，奔温者似是五大夫。**蘇子奉子穨以奔衛。衛師、燕師伐周。**衛世家云「二十五年，惠公怨周之容舍黔牟，與燕伐周」，則衛之伐周，由於洩助黔牟之忿。又燕召世家云：「莊公十六年，與宋、衞共伐周惠王。」據此，似伐周惠王者，除燕、衞外，尚有宋國。但左傳不言宋國。且十二諸侯年表云「惠王二年，燕、衞伐王」，亦不言宋。衞世家述此事只云「與燕伐周」。獨燕世家有宋國。恐史公之偶疏。又史公以燕爲北燕，杜注則以爲南燕，北燕路遠，恐南燕也。北燕姬姓，南燕姞姓。史記不列南燕於世家，而混兩燕爲一。**冬，立子頹。**國語周語上及史記周本紀、年表、燕召世家、衞世家所述與左傳同。

二十年，丁未，公元前六七四年。周惠王三年、齊桓十二年、晉獻三年、衞惠二十六年、蔡穆侯肸元年、鄭厲二十七年、曹莊二十八年、陳宣十九年、杞共七年、宋桓八年、秦宣二年、楚堵敖熊囏元年、許穆二十四年。

經

二〇・一 **二十年春王二月，**冬至在正月初三乙亥，故此年建子，有閏月。**夫人姜氏如莒。**無傳。

二〇・二 **夏，齊大災。**無傳。宣十六年傳云：「凡火，人火曰火，天火曰災。」許慎説文亦以此爲災之本義。偏考春秋之言災者，皆火災也。桓十四年之「御廩災」，僖二十年之「西宮災」，宣十六年之「成周宣榭災」，成三年之「新宮災」，定二年之「雉門及兩觀災」，哀三年之「桓宮、僖宮災」，四年之「亳社災」，其爲火災，固無論矣。

即襄九年及三十年之「宋災」，昭九年之「陳災」，十八年之「宋、衛、陳、鄭災」，以傳文觀之，亦皆火災。即昭六年傳之「鄭災」，亦火災也。足知此之齊大災，亦猶言齊大火。襄三十年之宋災，亦大火也，而經不書大，此言大者，齊來告以大也。

二〇·三　**秋，七月。**

二〇·四　**冬，齊人伐戎。**無傳。穀梁「戎」作「我」，字之誤也，詳鍾文烝穀梁補注。此爲經書伐戎之始。

傳

二〇·一　**二十年春，鄭伯和王室，**在惠王與子頹之間調和也。**不克。**克，能也。此處意謂調停不果。**執燕仲父。**服虔、杜預皆以燕仲父爲南燕之君。史記以爲北燕臣，恐不確。**夏，鄭伯遂以王歸。王處于櫟。**櫟見桓十五年傳並注。**秋，王及鄭伯入于鄔。**據隱十一年傳，鄔爲王所取鄭邑。**遂入成周，**據二十一年傳，王子頹在王城，成周在王城東。**取其寶器而還。**

冬，王子頹享五大夫，樂及徧舞。樂及徧舞，舊有兩義。一曰舞六代之樂。六代之樂者，黄帝之雲門、大卷，堯之大咸，舜之大韶，禹之大夏，湯之大濩，周武王之大武也。一曰諸侯及大夫徧舞。考樂及徧舞者，謂奏樂及於所有舞樂也。周禮春官大司樂云：「以樂舞教國子，舞雲門、大卷、大咸、大磬（韶）、大夏、大濩、大武。」孫詒讓正義云「六樂雖有歌奏，而以舞爲尤重」是也，則前一説爲長。**鄭伯聞之，見虢叔曰：**賈達、韋昭周語注均以虢叔爲虢公林父之字，然桓十年傳云「虢仲譖其大夫詹父」，則林父字仲不字叔也。疑此虢叔爲僖五年傳之虢公醜。**「寡人聞之：哀樂失時，殃咎必至。今王子頹歌舞不倦，樂禍也。夫司寇行戮，**武億經讀考異以「夫」字屬上讀，「樂禍也夫」，恐非。**君爲之不舉，**國語楚語下云：「祀加於舉。天子舉以大牢（牛羊豕三牲並用曰大牢），祀以會（三大牢舉四方之貢也）；諸侯舉以特牛，祀以大牢；卿舉以少牢（羊豕並用），祀以特牛；大夫舉以特牲（僅用一豕），祀以少牢；士食魚炙，祀以特牲；庶人食菜，祀以魚。」然則自天子以至大夫，其日食謂之舉，士庶人則謂食。古代王、后一日三餐，而早餐最爲重，周禮天官膳夫所謂「王日一舉」是也。至中餐、晚餐則僅食早餐之剩餘而已。惟齋戒之日每餐皆殺牲，膳夫「王齊日三舉」是也。舉爲盛饌，以樂助食。舉者，兼食與樂而言之。襄二十六年傳云：「古之治民者，將刑，爲之不舉，不舉則徹樂。」則不舉者，包括貶損膳食、撤除音樂兩事。韓非子五蠹篇云「司寇行刑，君爲之不舉樂」，則僅就徹樂言之。**而況敢樂禍乎？奸王之位，**奸同干，犯也。**禍孰大焉？臨禍忘憂，憂必及之。盍納王乎！」**盍，「何不」之合音。**虢公曰：「寡人之願也。」**周本紀云：「樂及偏舞，鄭、虢君怒。」國語周語上所載與傳同。此傳文與下年傳文貫穿一氣，知本緊接，後人因欲經、傳按年相配，故今爲下年經文隔開。由此足知原本左傳不載經文而單行。

二十有一年，戊申，公元前六七三年。周惠王四年、齊桓十三年、晉獻四年、衞惠二十七年、蔡穆二十年、鄭厲二十八年、曹莊二十九年、陳宣二十年、杞共八年、宋桓九年、秦宣三年、楚堵敖二年、許穆二十五年。

經

二一·一 二十有一年春，王正月。去年閏十二月十四日庚辰冬至，此年建丑。

二一·二 夏五月辛酉，辛酉，二十七日。鄭伯突卒。鄭世家記厲公之卒在秋季，與春秋異。

二一·三 秋七月戊戌，戊戌，五日。夫人姜氏薨。無傳。魯國君夫人見經者，文姜、哀姜、聲姜、穆姜、齊姜書薨，書葬；子氏以隱公在，不書葬；出姜歸齊，並不書薨；孟子以同姓諱而略之。妾母見經者，成風、敬嬴、定姒皆書薨與葬，稱夫人、小君，與正嫡無異。唯定十五年姒氏卒，以哀公未即位，故不成小君之禮。説本汪克寬春秋胡傳附録纂疏。

二一·四 冬十有二月，葬鄭厲公。無傳。杜注：「八月乃葬（原無「乃」字，依校勘記增），緩慢也。」

傳

二一·一 二十一年春，胥命于弭。此句本承上年傳文，主語承上省略，謂鄭伯、虢公在弭相約也。胥命者，諸侯相見，約言而不歃血也。詳桓三年經注。弭，鄭地，當在今河南省密縣境。夏，同伐王城。今河南省洛陽舊城西部即王城故址。自平王東遷至景王，十一世皆居此。敬王遷成周，王城廢，至王赧復居之。詳顧棟高春秋大事表。**鄭伯將王自圉門入。**詩周頌我將：「我將我享。」鄭箋云：「將猶奉也。」圉門，王城南門。據昭二十二年及二十六年傳，周有東圉及圉澤，圉門恐以此得名。說本高士奇地名考略。**虢叔自北門入。殺王子頹及五大夫。**國語周語上謂「殺子頹及三大夫，王乃入也」。年表、周本紀、鄭世家與傳文無異。

鄭伯享王於闕西辟，辟同僻，偏也。　闕亦謂之觀，亦謂之象魏。天子諸侯宮門皆築臺，臺上起屋，謂之臺門。臺門之兩旁特爲屋高出於門屋之上者謂之雙闕，亦謂之兩觀。闕或觀若今之城樓。闕西辟者，雙闕中之西闕也。張聰咸杜注辨證謂爲兩觀内道西，不確。姚鼐左傳補注謂此闕爲廟門之闕，非宮門之闕，無據，不可信。　禮記郊特牲：「天子無客禮，莫敢爲主焉。君適其臣，升自阼階，不敢有其室也。」鄭注：「明饗君非禮也。」正義：「春秋之時則有諸侯饗天子，故莊二十一年鄭伯享王於闕西辟，樂備，亂世非正法也。」郊特牲云云，不可爲據。下文原伯譏鄭伯，不在其享王，而在其樂備，享王於當時亦非不合禮。**樂備。**杜注：「備六代之樂也。」**王與之武公之略，自虎牢以東。**王以自虎牢以東鄭武公之舊土與鄭厲公也。武公，鄭武公，傳周平王，平王賜之地，自虎牢以東，後又失其地，今惠王復與之。說文：「略，經略土地也。」昭七年傳：「天子經略，諸侯正封，封略之内，何非君土？」封略之内，疆界之内也。僖十五年傳云「東盡虢略」，謂東以虢國之邊界爲盡頭也。　虎牢即北制，見隱五年傳注。**原伯曰：**原伯，原莊公也。**「鄭伯效尤，**尤，說文作「訧」，罪也，過也。僖二十四年、襄二十一年傳並云「尤而效之」，定六年傳云「尤人而效之」，皆此意。說見楊樹達先生讀左傳。鄭伯效尤指樂備而言。鄭伯既以王子頹樂及偏舞爲非，而已又於享王時備六代之樂，是所謂「尤人而效之」也。**其亦將有咎！」**其，語氣副詞，表示不肯定。咎，災也，殃也。詳襄四年傳注。**五月，鄭厲公卒。**

王巡虢守，守亦作狩，孟子梁惠王下云：「天子適諸侯曰巡狩。巡狩者，巡所守也。」王巡虢守者，王巡視虢公所守之土地也。**虢公爲王宫于玤，**玤音棒，虢地，當在今河南省澠池縣境。**王與之酒泉。**酒泉，周邑，不詳所在。顧棟高大事表以今陝西省大荔縣之酒泉莊當之，不確。江永考實駁之，是也。

鄭伯之享王也，王以后之鞶鑑予之。鞶是大帶，亦名紳帶；鑑，鏡也。鞶鑑爲一物，大帶而飾之以鑑者。管子輕重己篇之「帶玉監」、「帶錫監」，監即鑑也，可以爲證。説詳章炳麟左傳讀及楊樹達先生讀左傳。然至今未見實物。桂馥説文義證云：「王后之鞶，即夫人鞶絲也。」乃以絲組爲之。李貽德賈服注輯述謂鞶鑑爲以囊盛鏡者也；沈欽韓左傳補注謂鞶是小囊之盛帨巾者，鑑爲鏡，鞶鑑爲兩物，恐皆不可爲據。或謂鞶鑑是銅鑑，亦不知所據。**虢公請器，王予之爵。**爵，飲酒器。鄭世家云「惠王不賜厲公爵禄」，以爵禄解爵，恐不合傳意。**鄭伯由是始惡于王。**此鄭伯爲厲公之子文公。爵爲禮器，自貴于鞶鑑，鄭文因以爲小其父，而惡王。「于」爲介詞，實不必有。此爲僖公二十四年鄭文公執王使張本。

冬，王歸自虢。

二十有二年，己酉，公元前六七二年。周惠王五年、齊桓十四年、晉獻五年、衞惠二十八年、蔡穆三年、鄭文公捷元年、曹莊三十年、陳宣二十一年、杞惠公元年、宋桓十年、秦宣四年、楚堵敖三年、許穆二十六年。

經

二二·一 **二十有二年春王正月**，去年十二月二十五日乙酉冬至，建丑。**肆大眚**。無傳。眚音生，上聲，公羊作「省」，同音假借字。肆大眚，杜注：「赦有罪也。」肆有赦義，書舜典「眚災肆赦」，「眚災」同義連文，「肆赦」亦同義連文。襄九年傳云「肆眚，圍鄭」，言赦罪而圍鄭也。僖三十三年傳「且吾不以一眚掩大德」，杜注：「眚，過也。」孔疏引賈逵説，以爲文姜有罪，故魯大赦國中罪過，欲令文姜之過因是得除，以葬文姜，蓋臆説。

二二·二 **癸丑**，癸丑，二十三日。**葬我小君文姜**。無傳。

二二·三 **陳人殺其公子御寇**。「御」，公羊、穀梁作「禦」，字通。杜注謂陳惡殺太子之名，以公子告。

二二·四 **夏五月**。春秋體例，一季無事，亦書時與首月，此則當書「夏四月」。今書「夏五月」者，或以爲下有脱文，或以爲「五」乃「四」字之誤，疑不能明。至公羊何休注以爲「譏莊公娶仇國女」，李貽德賈服注輯述以爲「明登臺視朔備」，則顯是妄説。

二二·五 秋七月丙申，丙申，九日。及齊高傒盟于防。無傳。魯及齊高傒盟也。高傒詳莊九年傳注。防爲東防，詳隱九年經注。

二二·六 冬，公如齊納幣。無傳。納幣即儀禮士昏禮之納徵，亦即後代之納聘禮。幣，帛也。但古人於玉、馬、皮、圭、璧、帛皆稱幣，因此六種皆常用作禮物。士昏禮言昏禮有六，一納采，採擇女也；二問名，問女之姓氏歸以卜其吉凶；三納吉，卜於廟而吉，使使者往告；四納徵，使使者納幣以定婚；五請期，告婚期；六親迎，往迎婦。春秋於六者僅穀梁傳於此年書納采、問名、納徵、告期，左傳唯書納幣與親迎及成八年「聘共姬」，餘數者不知同于士昏禮否。納幣不自往，故文二年「公子遂如齊納幣」，傳曰「禮也」；成八年「宋公使公孫壽來納幣」，傳亦曰「禮也」，則此莊公親往納幣，其不合當時之禮可知。公羊、穀梁兩傳俱云：「親納幣，非禮也。」

傳

二二·一 二十二年春，陳人殺其大子御寇。陳公子完與顓孫奔齊。陳世家云：「二十一年，宣公後有嬖姬生子款，欲立之，乃殺其太子禦寇。禦寇素愛厲公子完，完懼禍及己，乃奔齊。」年表云：「齊桓公十四年，陳完自陳來奔，田常始此也。」顓孫自齊來奔。

齊侯使敬仲爲卿。田敬仲完世家云：「完卒，謚爲敬仲。」辭曰：「羈旅之臣幸若獲宥，羈同羈。羈旅，同義連綿詞，周禮地官遺人「掌野鄙之委積以待羈旅」，猶言行旅。幸，表敬副詞，無實義。及於寬政，赦其不閑於教訓，閑，習也。不閑於教訓，因而獲罪以奔逃。而免於罪戾，弛於負擔，弛於負擔猶今言放下包袱，實與免於罪戾同義。外交辭令，故不嫌重複。君之惠也。所獲多矣，敢辱高位以速官謗？豈敢受此高位以辱君而速召官謗也。請以死告。詩曰：『翹翹車乘，翹翹，高貌。廣雅以翹翹爲衆多，亦通。招我以弓。豈不欲往？畏我友朋。』」此逸詩，不見於今三百篇中。原詩本義已不可知。引者之意蓋以車乘指齊桓公，招我以弓，據昭二十年傳「弓以招士」，則敬仲自謙爲士以下，蓋羈旅之人已失祿位也。使爲工正。工正，掌百工。又詳宣四年傳注。田敬仲完世家、陳世家所叙與傳同。

飲桓公酒，樂。飲，去聲。禮記郊特牲云：「大夫而饗君，非禮也。」杜預據此，以爲陳完乃知禮之人，不致作非禮之事，因謂此乃齊桓公就陳完家飲酒，然不合此句語法。郊特牲乃戰國以後之作，所言未必符合春秋之禮俗。左傳記大夫享王之事多矣，未見有譏其非禮者，故知郊特牲所言不可信。晏子春秋内篇雜上亦兩言「晏子飲景公酒」。公曰：「以火繼之。」辭曰：「臣卜其晝，未卜其夜，不敢。」晏子春秋雜上及説苑反質篇以此爲齊景公與晏子事，管子中匡篇及呂氏春秋達鬱篇則以爲齊桓公與管子事，蓋皆襲用左傳而變其人。言卜者，服虔云：「臣將享君，必卜之，示戒慎也。」但此兩卜字，恐係虛説。君子曰：「酒以成禮，不繼以淫，凡事過度皆可謂淫。義也；以君成禮，弗納於淫，仁也。」此贊美陳完語。

初，懿氏卜妻敬仲。懿氏，陳大夫。陳世家及田敬仲完世家並以懿氏爲齊懿仲。但傳文明提一初字，且後文云「不在此，其在異國」，則敬仲成婚在陳。恐太史公誤解左傳。懿氏欲以女嫁陳完而卜其吉凶。**其妻占之，曰：「吉。是謂『鳳皇于飛，和鳴鏘鏘。**鳳皇，古代相傳爲神鳥，雄曰鳳，雌曰皇（亦作凰）。于飛，飛也；于爲語首詞，古人常置動詞前，無義。或曰：往也。和鳴，雌雄鳴聲相和也。鏘鏘狀其和鳴之聲。此兩語蓋言其夫妻必能和好。**有嬀之後，將育于姜。**陳爲舜後，嬀姓；姜，齊國之姓。古人於名詞之前有時加一「有」字以足音節，故嬀稱「有嬀」。隱八年傳云：「是不爲夫婦，誣其祖矣，非禮也，何以能育？」即此育字之義。**五世其昌，並于正卿。**據田敬仲完世家，敬仲生穉孟夷，穉孟夷生湣孟莊，湣孟莊生文子須無，文子生桓子無宇。則五世，陳無宇也。昭二年傳謂陳無宇非卿而爲上大夫，上大夫位即卿。邾公釛鐘云「樂我嘉賓，及我正卿」，足見正卿爲春秋各國通語。文七年、宣二年傳之正卿皆指晉之趙宣子，襄四年傳之正卿指魯之季文子，襄二十一年傳之正卿指魯之季武子，昭元年傳之正卿指晉之趙武，皆卿之當權者。詩小雅雨無正有正大夫，鄭箋云：「正，長也。」大夫之長曰正大夫，卿之長曰正卿，其意相同。雨無正之大夫是公卿之總名，則雨無正之正大夫與左傳之正卿，其實相同。**八世之後，莫之與京』。」**據田敬仲完世家，陳無宇生武子開與釐子乞，乞生成子常，成子常即殺齊簡公之陳恒。陳恒於敬仲爲七世，據其相代在位則八世。京，大也。與下文「物莫能兩大」之「大」字相照應。齊至陳恒，篡奪之勢已成。疑「鳳皇于飛，和鳴鏘鏘」兩句是卜書之辭，有嬀之後以下數句，則爲占者之辭，然相互叶韻。鏘、姜、卿、京古音皆在陽唐部。此是占卜之辭，今已無書可以稽考。左傳好言卜筮鬼神，而孔穎達作正義則致疑焉。詳玩孔疏可知。

陳厲公，蔡出也，爾雅釋親云：「男子謂姊妹之子曰出。」釋名云：「姊妹之子爲出，出嫁於異姓而生之也。」然則出者以舅言之，故王引之述聞解襄五年公羊傳「蓋舅出也」，以「舅出」爲相對之辭，猶言舅甥。出亦可解爲出生之出，猶言蔡女所生，蓋指其母言。晉語四云「同出九人，惟重耳在」，則此出又指其父言。**故蔡人殺五父而立之。**見桓六年經。**生敬仲。**陳厲公立於桓公六年，而生陳完，則陳完之年歲可以推知。**其少也，周史有以周易見陳侯者，**史，官名，古有大史、内史等官。周易爲占筮之書。**陳侯使筮之，**卜用龜，筮用蓍草。**遇觀䷓之否䷋，**觀，去聲，卦名。否音痞，卦名。觀卦爲坤（下）巽（上）兩卦所組成，故有六爻，爻自下向上數，其第四爻爲陰爻（⚊爲陽爻，⚋爲陰爻），今一變而爲陽爻，則成否卦矣。否卦爲坤下乾上。由觀卦變而爲否卦，當時術語謂之「觀之否」，今之周易謂之「觀之六四」。**曰：「是謂『觀國之光，利用賓于王』。**左傳、國語引用周易爻辭，本無「初六」、「上九」、「九四」、「六三」諸詞，本卦所變之爻，變爲何卦，即用其卦名以指其爻。如此占，本卦爲觀，變在第四爻，則變爲否卦，於是觀之否，即指觀六四爻辭。觀讀爲襄二十九年傳「請觀於周樂」、昭二年傳「觀書於大史氏」之觀，儀禮聘禮有請觀之舉，謂使者聘於他國，亦欲請觀其國之光也。用，於也。「利用賓于王」猶言利於爲君主之上客。説本高亨周易古經今注。**此其代陳有國乎？不在此，其在異國；非此其身，**此其身猶言此人之身。**在其子孫。**此筮者根據觀六四爻辭所作之具體論斷，下文則以卦象作説明。**光，遠而自他有耀者也。**先釋「觀國之光」中之「光」字。**坤，土也；巽，風也；乾，天也；**周易八卦，重之則爲六十四卦，故六十四卦之每卦俱由八卦中之兩卦構成。八卦各有所象徵之物。觀卦否卦之下卦均爲坤卦，坤卦可象徵土地，故云「坤，土也」；

觀卦上卦爲巽卦，巽爲風，故云「巽，風也」；否卦上卦爲乾卦，乾爲天，故云「乾，天也」。周易自下而上，故先言坤而及巽；先本卦（觀爲本卦）而及變卦（否爲變卦），故乾在後。**風爲天；於土上，山也。**杜注以爲巽☴變爲乾☰，即風變爲天，故曰風爲天。但坤☷未變，代表土地。而自否卦之第二爻至第四爻，古所謂互體，爲艮卦，艮爲山，故云「山也」。後人多不信互體之説，顧炎武日知録卷一互體、卦爻外無别象即言之，近人高亨左傳國語的周易説通解亦言之。然解此節，不用互體，甚難圓通。此採并力文，見文史十六輯。**有山之材，**中庸謂山「草木生之，禽獸居之，寶藏興焉」，山上有各種物産，故云「有山之材」。**而照之以天光，於是乎居土上，故曰『觀國之光，利用賓于王』。**劉用熙以「利用賓于王」五字爲衍文，是也，然孔疏已有此五字。此釋「觀國之光」，下文解釋「利用賓于王」。**庭實旅百，**諸侯朝於天子，或互相聘問，必將禮物陳列庭内，謂之庭實。艮有門庭之象，故云庭實。旅，陳也。百舉成數言之，以見其多耳。**奉之以玉帛，**庭實多以車馬等物爲之，另外加之以束帛玉璧，吕氏春秋權勳篇所謂「荀息以屈産之乘爲庭實，而加以垂棘之璧」是也。故云「奉之以玉帛」，説見惠棟補注。乾爲金、爲玉，坤爲布帛（俱見説卦傳），故云「奉之以玉帛」。**天地之美具焉，**有庭實，有玉帛，故云「天地之美具焉」。**故曰『利用賓于王』。**否，乾上坤下，乾爲君，坤爲臣，有臣朝見君作賓之象。**猶有觀焉，**就觀卦而言觀，觀者，視他人之所爲而非在己者也。**故曰其在後乎！風行而著於土，**觀卦巽（風）在坤（土）上，故曰風行著於土。風行，則自此處而落於他處。**故曰其在異國乎！若在異國，必姜姓也。姜，大嶽之後也。**大音泰。大嶽即四嶽。國語周語下云：「其後伯禹念前之非度，共之從孫四嶽佐之，祚四嶽國，命以侯伯，賜姓曰姜，氏曰有吕，謂其能爲禹股肱心膂以養物豐民人也。」是姜姓出自四嶽也。**山嶽則配天。**詩大雅崧高云「崧高維嶽，駿極于天」，言天之高大惟山嶽足以配之。**物莫能兩大。陳衰，此其昌乎！」**說見顧炎武杜解補正。

及陳之初亡也，昭八年楚滅陳。**陳桓子始大於齊；**此言「五世其昌，並于正卿」之徵應。**其後亡也，**哀十七年楚復滅陳。**成子得政。**此言「八世之後，莫之與京」之徵應。

二十有三年，庚戌，公元前六七一年。周惠王六年、齊桓十五年、晉獻六年、衛惠二十九年、蔡穆四年、鄭文二年、曹莊三十一年、陳宣二十二年、杞惠二年、宋桓十一年、秦宣五年、楚成王頵元年、許穆二十七年。

經

二三・一 **二十有三年春，**冬至在正月初六庚寅，建子，有閏。**公至自齊。**

二三・二 **祭叔來聘。**無傳。

二三・三 **夏，公如齊觀社。**

二三・四 **公至自齊。**無傳。

二三·五 **荆人來聘。**無傳。荆人，楚人。楚之通魯自此始。楚世家云：「成王惲元年，初即位，布德施惠，結舊好於諸侯。」

二三·六 **公及齊侯遇于穀。**無傳。穀，齊地，即今山東省東阿縣舊治，互見莊七年經注。

二三·七 **蕭叔朝公。**無傳。蕭，宋之附屬國。餘詳莊十二年傳注。

二三·八 **秋，丹桓宮楹。**

二三·九 **冬十有一月，曹伯射姑卒。**無傳。射音亦。「射姑」，曹世家作「夕姑」。

二三·一〇 **十有二月甲寅，**甲寅，五日。**公會齊侯盟于扈。**無傳。扈，杜注以鄭地之扈（今河南省原武廢縣西北有扈亭，當即其地）當之，恐相距太遠。此扈當是齊地，疑在今山東省觀城廢縣境。説本王夫之稗疏。

傳

二三·一 **二十三年夏，公如齊觀社，**社，祀社神也，詩小雅甫田「以社以方」可證。襄二十四年傳云：「楚子使薳啓彊如齊聘，且請期。齊社，蒐軍實，使客觀之。」則齊之祭社，亦可以藉以蒐軍實，此蓋特爲楚國使者爲之，未必祭社必檢閱軍隊。墨子明鬼下云：「燕之有祖，當齊之社稷、宋之有桑林、楚之有雲夢也，此男女之所屬而觀也。」則齊之社如宋之桑林，所以聚男女而相遊觀者也。參沈欽韓左傳補注。**非禮也。曹劌諫曰：「不可。夫禮，所以整民也。故會以訓上下之則，制財用之節；**盟會宜節用財物。

朝以正班爵之義，義讀如儀，正班爵之儀即周禮司士所云「正朝儀之位，辨其貴賤之等」，說詳王引之述聞。**帥長幼之序；**帥同率，循也。諸侯之序，依爵位之貴賤，不依年齡之長幼，此云帥長幼之序者，其爵位相同者，乃依年齡。**征伐以討其不然。**然讀爲戁。說文：「戁，敬也。」討其不然亦猶宣十二年傳之「伐不敬」、成二年傳之「懲不敬」。說詳楊樹達先生讀左傳。**諸侯有王，**詩曹風下泉「四國有王，郇伯勞之」，鄭箋云「有王謂朝聘於天子也」，正此有王之義。**王有巡守，以大習之。**管子幼官篇云：「千里之外，二千里之內，諸侯三年而朝習命。二千里之外，三千里之內，諸侯五年而會至習命。」此所謂大習者，蓋習會朝之教命也。說見惠棟補注。王巡守之大習，于古無徵。**非是，君不舉矣。**是指會、朝、征伐、有王、巡狩五者。舉，義與二十七年傳「諸侯非民事不舉」之「舉」同，謂出行也。周禮地官師氏云「王舉則從」，鄭注云：「舉猶行也。」實則一切舉動均可謂之舉，可各依上下文義解之。曲禮云「主人不問，客不先舉」，則舉猶問也；王制云「山川神祇有不舉者爲不敬」，則舉又指祭祀而言。**君舉必書。**史官必書於策。**書而不法，**不法猶言不合法度。**後嗣何觀？」**魯語上亦載此事，末云：「公不聽，遂如齊。」年表及魯世家省曹劌諫語。

二三·二　**晉桓、莊之族偪，**桓，桓叔；莊，莊伯，曲沃武公之父與祖也。莊伯又詳隱五年傳。偪謂强盛壓迫公室。**獻公患之。士蔿曰：**士蔿，晉大夫。通志氏族略四云：「士氏，陶唐之苗裔，歷虞、夏、商、周，至成王遷之杜，爲伯。宣王殺杜伯，其子隰叔奔晉，爲士師，故爲士氏。其子孫居隨及范，故又爲隨氏、范氏，有三族焉。隰叔生士蔿，字子輿，故亦謂之士輿。」晉語八云：「昔隰叔子違周難於晉國，生子輿，爲理。」理與士皆今之司法官。「去富子，富子爲桓、莊之族中多智術能爲謀畫者。彝器有富子登，方濬益綴遺齋彝器考釋卷二十五引此文，又引昭十六年傳鄭之富子，謂富爲氏族之稱，是也。但登則不知何國器。則羣公子可謀也已。」公曰：「爾試其事。」士蔿與羣公子謀，譖富子而去之。此蓋先譖富子於羣公子，復與羣公子謀而去之。

二三·三 **秋，丹桓宮之楹。**桓宮，桓公之廟也。楹音盈，柱也。丹，朱色漆之。據穀梁傳，天子諸侯之屋柱用微青黑色，大夫用青色，士用黃色，用赤色者爲非禮。此語與下年傳文「刻其桷」本爲一傳，爲後人所割裂。

二十有四年，辛亥，公元前六七〇年。周惠王七年、齊桓十六年、晉獻七年、衞惠三十年、蔡穆五年、鄭文三年、曹僖公赤元年、陳宣二十三年、杞惠三年、宋桓十二年、秦宣六年、楚成二年、許穆二十八年。

經

二四·一 **二十有四年春王三月，**去年閏十二月十六日乙未冬至，此年建丑。**刻桓宮桷。**

二四·二 **葬曹莊公。**無傳。

二四·三　夏，公如齊逆女。無傳。公羊傳云：「親迎，禮也。」穀梁傳云：「親迎，事也。」然考之春秋與左傳，諸侯出境親迎，未必爲當時之禮。文四年傳云：「逆婦姜於齊，卿不行，非禮也。」然則諸侯娶婦，必使卿出境迎迓，然後爲禮。故桓公三年娶婦，公子翬如齊逆女；宣公元年娶婦，公子遂如齊逆女；成十四年娶婦，叔孫僑如如齊逆女。隱二年，魯伯姬嫁於紀，紀使其卿裂繻來迎，故傳云「卿爲君逆」，尤可爲證。

二四·四　秋，公至自齊。無傳。

二四·五　八月丁丑，丁丑，二日。夫人姜氏入。

二四·六　戊寅，戊寅，三日。大夫宗婦覿，用幣。大夫宗婦爲一事，同姓大夫之婦也。穀梁傳分爲大夫與宗婦爲二事，誤。一則古無大夫見君夫人之禮，二則傳文只言宗婦，不言大夫，足見左氏亦以大夫宗婦爲一事。說參沈欽韓左傳補注。

二四·七　大水。無傳。

二四·八　冬，戎侵曹。無傳。

二四·九　曹羈出奔陳。無傳。公羊以「冬，戎侵曹。曹羈出奔陳」爲一節，又以羈爲曹大夫。賈逵以羈是曹君。杜注：「羈，蓋曹世子也。」桓十一年經云「鄭忽出奔衞」，忽是鄭太子，以彼例此，杜説爲近之。詳章炳麟左傳讀。

二四·一〇　赤歸于曹。無傳。賈逵以赤是戎之外孫，故戎侵曹，逐羈而立赤。杜注以赤是曹僖公之名。但曹世家及年表均謂釐公（僖公）名夷。自當以經爲正，曹僖公名赤也。

二四·二 **郭公。** 無傳。公羊、穀梁以「郭公」與上節「赤歸于曹」連讀，以爲赤即郭公，曲說不可通，杜預不用，而以此爲經有闕誤。洪亮吉左傳詁以爲郭即虢。但周公毁有「郭人」，古彝器又有郭伯馭毁，以銘文考之，郭國似在東方。彝器「虢」與「郭」字不相混，則此郭宜非虢矣。洪説誤。周公毁與郭伯馭毁俱西周器，則郭國於西周已有。新序雜事四載齊桓公過郭氏之墟，問郭所以滅亡，則郭於齊桓公時已亡。

傳

二四·一 **二十四年春，刻其桷，皆非禮也。** 此句本緊接上年「秋，丹桓宮楹」而來，爲後人所割裂，分爲兩截。刻其桷者，刻桓宮之桷也。刻，雕刻；桷，音角，椽之方形者。據穀梁傳，古禮，天子宮廟之桷，斲之礱之，又加以細磨；諸侯宮廟之桷，斲之礱之，不加細磨；大夫之桷，只斲不礱；士人之桷，砍斷樹根而已。自天子以至大夫士，皆不雕刻桷，亦不紅漆柱，則此丹楹、刻桷均非制，故傳云「皆非禮也」。莊公之所以如此者，歷來注家均以爲夫人哀姜將從齊國迎娶而來，即將廟見，故修飾宮廟以相誇。**御孫諫曰：** 御孫，魯大夫。魯語上作「匠師慶」。韋昭注云：「匠師慶，掌匠大夫，御孫之名也。」**「臣聞之：『儉，德之共也；** 共讀爲洪，大也。舊讀共爲恭，不妥。説詳俞樾平議。**侈，惡之大也。』先君有共德，而君納諸大惡，無乃不可乎？」** 魯語上亦載此事，諫語較長。

二四·二 秋，哀姜至，公使宗婦覿，宗婦，同姓大夫之婦。覿音狄，見也。公使宗婦與哀姜相見。用幣，幣，玉帛之屬。非禮也。御孫曰：御孫，魯語上作「宗人夏父展」。列女傳孽嬖傳作「大夫夏甫不忌」。「男贄，大者玉帛，小者禽鳥，贄本作摯，音至，古人相見，必手執物以表誠敬，所執之物謂之摯。公、侯、伯、子、男五等諸侯執玉，諸侯之太子及附庸國君與諸侯之孤卿執帛，卿執羔，大夫執雁，士執雉，庶人執鶩，工、商執雞。以章物也。章物與隱五年傳「取材以章物采謂之物」之「章物采」不同。此由各人所執之物類不同而顯示其貴賤等差。楊寬古史新探謂「在西周、春秋間貴族舉行的贄見禮中，贄實際上就是一種身份證，而且具有徽章的作用。它不僅用來表示來賓的身份，用來識別貴賤，並用作貴族中等級的標誌」，即此「章物」之義。女贄，不過榛、栗、棗、脩，榛，説文作「亲」，即詩鄘風定之方中「樹之榛栗」之「榛」，其果似栗而小。脩，經捶治而加薑桂之乾肉。以告虔也。表示誠敬耳。今男女同贄，是無別也。幣爲男子所用，今女亦用幣，即是男女同贄，而無所區別。贄何以男女有別，楊寬古史新探贄見禮新探有所解釋，可參看。男女之別，國之大節也；而由夫人亂之，無乃不可乎？」魯語上及穀梁傳皆載此事，並謂用幣非禮。

二四·三 晉士蔿又與羣公子謀，使殺游氏之二子。游氏二子亦桓、莊之族。士蔿告晉侯曰：「可矣。不過二年，君必無患。」

二十有五年，壬子，公元前六六九年。周惠王八年、齊桓十七年、晉獻八年、衛惠三十一年、蔡穆六年、鄭文四年、曹僖二年、陳宣二十四年、杞惠四年、宋桓十三年、秦宣七年、楚成三年、許穆二十九年。

經

二五·一 二十有五年春，冬至在去年十二月二十八日辛丑，此年建丑。陳侯使女叔來聘。女叔，陳卿。女爲其氏，彝器有女嫢彝；叔爲其字，傳云「不名」可證。彙纂云：「此諸侯交聘之始。」

二五·二 夏五月癸丑，癸丑，十二日。衞侯朔卒。無傳。朔，衞惠公也。

二五·三 六月辛未，朔，日有食之，鼓、用牲于社。伐鼓于社並用牲于社也。朱文鑫、何幼琦俱謂七月辛未朔。

二五·四 伯姬歸于杞。無傳。伯姬，魯莊公之長女，據杞世家索隱，蓋爲杞成公之夫人。

二五·五 秋，大水，鼓、用牲于社、于門。

二五·六 冬，公子友如陳。無傳。公子友，公羊傳以爲莊公之母弟。春秋經母弟稱弟者，有桓三年「齊侯使其弟年來聘」、十四年「鄭伯使其弟語來盟」、成十年「衞侯之弟黑背帥師侵鄭」三處，餘如陳昭爲陳哀公之母弟，而昭元年經號之會稱公子，八年經又稱陳侯之弟，或稱弟，或稱公子，恐未必有義例。公子友之如陳，答女叔之來聘。季友自此與陳私好，故三十二年子般見殺，季友奔陳。友爲莊公之幼弟，桓公之幼子，故字季，後以季爲氏，世專魯政。

傳

二五・一　二十五年春，陳女叔來聘，始結陳好也。嘉之，故不名。春秋之世，命卿來聘於魯者計三十次，不稱名者，惟女叔一人而已。今年以前，陳未嘗來聘，故此次來聘而嘉之。陳之來聘見於經、傳者亦僅此一次。

二五・二　夏六月辛未，朔，日有食之，以今法推算，相當於紀元前六六九年五月二十七日之日環食。鼓、用牲于社，非常也。非常即非禮之意，由文十五年傳「六月辛丑，朔，日有食之，鼓、用牲于社，非禮也」知之。唯正月之朔，正音政。正月，正陽之月也，即夏正之四月，周正之六月，詩小雅正月「正月繁霜」者是也。俞樾曲園雜纂達齋詩説謂正月非夏之四月，今不從。慝未作，慝，陰氣。古人以爲夏正之四月爲純陽用事，其時陰氣未作。日有食之，於是乎用幣于社，伐鼓于朝。此昭十七年傳季平子之言，左氏截取於此以爲釋者，明此次日食，魯于社只能用幣，伐鼓只能于朝，以明伐鼓、用牲於社，乃僭用天子之禮。俞樾茶香室經説本顧炎武杜解補正之説而推衍之，以「唯正月之朔」以下二十三字爲衍文，恐誤。

二五・三　秋，大水，鼓、用牲于社、于門，門，城門。亦非常也。凡天災，有幣，無牲。大水爲天災，古禮只能用幣，不能用牲，用牲則爲非禮。此蓋諸侯之禮，天子或不然。論語堯曰篇、墨子兼愛下篇、呂氏春秋順民篇俱載湯禱雨之辭，曰「敢用玄牡告于上天后土」云云，詩大雅雲漢「靡神不舉，靡愛斯牲」云云，旱亦天災，而湯與周宣王皆用牲，故知天子能用牲。**非日、月之眚不鼓。** 眚音生，上聲，微傷也。日月食始鼓，則大水鼓亦不合當時之禮。

二五·四 **晉士蔿使羣公子盡殺游氏之族，乃城聚而處之。** 聚，晉邑。據方輿紀要，即今山西省絳縣東南十里之車箱城。沈欽韓地名補注謂聚非邑名，乃鄉落之通名。聚固可爲鄉落之通名，但以此傳文觀之，仍宜解爲都邑之專名。處之，使之居於聚。

冬，晉侯圍聚，盡殺羣公子。 僖五年傳云：「桓、莊之族何罪？而以爲戮，不唯偪乎？」即此事也。晉世家云：「獻公八年，士蔿説公曰：『故晉之羣公子多，不誅，亂且起。』乃使盡殺諸公子，而城聚都之，命曰絳。」絳都爲今之翼城縣，聚在今絳縣東南，兩地非一；城聚在今年，城絳在明年，其時亦不同，而太史公合而一之，不合傳意。説見顧棟高大事表。

二十有六年，癸丑，公元前六六八年。周惠王九年、齊桓十八年、晉獻九年、衞懿公赤元年、蔡穆七年、鄭文五年、曹僖三年、陳宣二十五年、杞惠五年、宋桓十四年、秦宣八年、楚成四年、許穆三十年。

經

二六·一　**二十有六年春，**冬至在正月初九丙午，建子，有閏。**公伐戎。**無傳。公羊無「春」字。

二六·二　**夏，公至自伐戎。**無傳。

二六·三　**曹殺其大夫。**無傳。僖二十五年經：「宋殺其大夫。」杜注：「無傳。其事則未聞。」此亦當「其事未聞」類也。

二六·四　**秋，公會宋人、齊人伐徐。**無傳。徐，國名，嬴姓。古徐子國在今安徽省泗縣西北五十里。彝器有徐伯彝。又有郐王鍴、郐王量鼎，則作「郐」，與「徐」同。甲骨文有「余子國」，余國或即徐國。

二六·五　**冬十有二月癸亥，朔，日有食之。**無傳。據今法推算，相當於公曆十一月十日之日環食。詩小雅十月之交「朔日辛卯，日有食之」，至此相距一百有八年餘，三九五一二日，適合六交食周。

傳

二六·一　**二十六年春，晉士蔿爲大司空。**士蔿新有功，由大夫升爲卿，説詳沈欽韓補注。

二六·二　**夏，士蔿城絳，以深其宫。**士蔿爲大司空，主司土木。儀禮覲禮「四門壇十有二尋，深四尺」，鄭注：「深，高也。」文十二年傳「深壘」，猶高壘也。絳本晉國都城，在今翼城縣東南十五里，詳隱五年傳注，而年表云：「晉獻公九年，始城絳都。」似絳都本無城郭者，恐太史公誤會傳意。傳意僅謂士蔿爲高其宮而城絳，則所謂城者，加高加大而已。自成六年徙新田後，謂之故絳。　宮，牆垣也。

二六·三　**秋，虢人侵晉。冬，虢人又侵晉。**杜注：「爲傳明年晉將伐虢張本。」晉世家云：「獻公九年，晉羣公子既亡奔虢，虢以其故再伐晉，弗克。」

二十有七年，甲寅，公元前六六七年。周惠王十年、齊桓十九年、晉獻十年、衞懿二年、蔡穆八年、鄭文六年、曹僖四年、陳宣二十六年、杞惠六年、宋桓十五年、秦宣九年、楚成五年、許穆三十一年。

經

二七·一　**二十有七年春，**去年閏十二月二十日辛亥冬至，建丑。**公會杞伯姬于洮。**洮音叨，又音桃，魯地。大事表及方輿紀要俱謂在今山東省舊濮陽縣西南五十里。江永考實則以爲當即今山東省泗水縣東南舊名桃墟者。

二七·二　**夏六月，公會齊侯、宋公、陳侯、鄭伯同盟于幽。**十六年曾有幽之盟，至此十一年矣。

二七·三　**秋，公子友如陳，葬原仲。**原仲，陳大夫。公羊傳有所叙述，可參。柯昌濟韡華閣集古録跋尾乙編謂原仲爲叔邍父之後。

二七·四　**冬，杞伯姬來。**傳文云：「歸寧曰來。」

二七·五　**莒慶來逆叔姬。**無傳。慶，莒大夫。叔姬，莊公女。宣五年經云：「齊高固來逆叔姬。」傳云：「自爲也，故書曰逆叔姬，卿自逆也。」以彼例此，則亦是莒慶自來迎娶其妻。

二七·六　**杞伯來朝。**無傳。桓公二年經云「杞侯來朝」，十二年經云「公會杞侯、莒子盟于曲池」，俱稱「杞侯」；自此以至春秋之終又均改稱「杞伯」，亦稱「杞子」。

二七·七　**公會齊侯于城濮。**無傳。城濮，衞地，今山東省舊濮縣（一九五六年已併入范縣）南七十里有臨濮城，當即古城濮地。

傳

二七·一　**二十七年春，公會杞伯姬于洮，非事也。**會杞伯姬，與女相會也，與民事無關。**天子非展義不巡守，**展義猶言宣揚德義。巡守即巡狩。**諸侯非民事不舉，**舉謂出行，詳二十三年傳「君不舉矣」注。**卿非君命不越竟。**竟同境。

二七·二　**夏，同盟于幽，陳、鄭服也。**二十二年陳人殺其大子禦寇，陳完奔齊，桓公以爲工正，此時陳可能不服於齊。文十七年傳載鄭子家與趙宣子書有云「文公四年二月壬戌，爲齊侵蔡，亦獲成于楚」，鄭文公之四年，當魯莊公二十五年，鄭與楚交好，是以曾不服於齊。

二七·三 秋，公子友如陳葬原仲，非禮也。原仲，季友之舊也。季友即公子友。原仲僅是季友之私交，季友往會葬，非君命可知。上傳文云「卿非君命不越竟」，故云「非禮」。

二七·四 冬，杞伯姬來，歸寧也。詩周南葛覃：「害澣害否，歸寧父母。」寧，安也。女子出嫁，返回娘家問父母安曰歸寧。凡諸侯之女，歸寧曰來，來者，仍將返回夫家也。出曰來歸；出者，見棄於夫家。來歸者，來而不再返回。宣十六年經云「秋，郯伯姬來歸」，傳云「出也」，是其例。夫人歸寧曰如某，文九年經云「夫人姜氏如齊」，是其例。出曰歸于某。文十八年經云：「夫人姜氏歸于齊。」傳云：「大歸也。」哀姜之大歸，雖非見棄於夫，然以夫死子被殺，難以在魯安身，其爲不容於夫家則一也。歸者，亦不返之辭。

二七·五 晉侯將伐虢。士蔿曰：「不可。虢公驕，若驟得勝於我，必棄其民。無衆而後伐之，欲禦我，誰與？金澤文庫本「誰」上有「其」字。言雖欲抵禦我，無人從之也。與，從也。夫禮、樂、慈、愛，戰所畜也。夫民，讓事、樂和、愛親、哀喪，讓事謂禮，樂和謂樂，愛親謂慈，哀喪謂愛。而後可用也。虢弗畜也，亟戰，亟，去聲，屢也。將饑。」饑非指肚腹言，乃指民氣士氣言。孟子公孫丑上言養浩然之氣，亦云「配義與道，無是，餒也」，「行有不慊於心，則餒矣」，此「饑」字正與孟子之「餒」字相同。晉世家載此事，文有省略。

二七·六 王使召伯廖賜齊侯命，廖音聊。召伯廖，王卿士，召康公之後。今山西省垣曲縣東有邵亭，或是召公東遷以後之食邑。互詳文五年經注。周本紀云：「惠王十年，賜齊桓公爲伯。」年表：「惠王十年，賜齊侯命。」則賜命即賜爲侯伯也。章炳麟左傳讀云：「據齊語，賞服大輅、龍旗九旒等在葵丘之會，彼時命爲方伯，則此時命爲州牧也，特已攝方伯之任耳。」齊語不可盡據，章説亦近臆測。九命以下皆曰賜命，元年追錫桓公命、襄二十四年使劉定公賜齊侯命可證。此次賜命是否與僖二十八年策命晉侯爲侯伯同，則不可知。**且請伐衞，以其立子頹也。**立子頹在十九年。

二十有八年，乙卯，公元前六六六年。周惠王十一年、齊桓二十年、晉獻十一年、衞懿三年、蔡穆九年、鄭文七年、曹僖五年、陳宣二十七年、杞惠七年、宋桓十六年、秦宣十年、楚成六年、許穆三十二年。

經

二八·一　**二十有八年春，**冬至在正月丙辰朔，建子，且有閏。**王三月甲寅，**三月無甲寅。**齊人伐衞。衞人及齊人戰，**春秋書某及某戰，若魯與人戰，以魯爲主，桓十七年「及齊師戰于奚」、成二年「會晉郤克、衞孫良夫、曹公子首及齊侯戰于鞌」之屬是也。若晉與秦、楚戰，則先晉而後秦或楚，韓（僖十五年）、彭衙（文二年）、令狐（文七年）、河曲（文十二年）、城濮（僖二十八年）、邲（宣十二年）、鄢陵（成十六年）諸役皆是也。若宋與楚戰（僖二十二年泓之役）、蔡與楚戰（定四年柏舉之役）、齊與吳戰（哀十一年艾陵之役），皆先中原諸國而後楚或吳，所謂先諸夏而後夷狄也。若宋與齊、鄭戰，則先宋而後齊或鄭，僖十八年「宋師及齊師戰于甗」，宣二年「宋華元帥師及鄭公子歸生帥師戰于大棘」是也。即衛、齊相戰，亦先衛而後齊，成二年新築之役是也。楚、吳相戰，又先楚而後吳，昭十七年「楚人及吳戰于長岸」是也。公羊傳謂伐人者爲客，是伐者爲主，此是衛見伐，故是衛主之，按之經例，未必然。**衛人敗績。**春秋書敗績而言「人」者僅此一次，互詳桓十三年經注。

二八·二 **夏四月丁未，**丁未，二十三日。**邾子瑣卒。**無傳。

二八·三 **秋，荆伐鄭，公會齊人、宋人救鄭。**公羊「宋人」下有「邾婁人」三字，疑衍。

二八·四 **冬，築郿。**「郿」，公羊、穀梁作「微」，本相通假。郿當在今山東省壽張廢縣治南。

二八·五 **大無麥、禾，**麥熟於芒種、夏至之間，禾則爲黍稷之屬，熟於此後。此處麥、禾分言，猶莊七年「無麥、苗」之麥、苗分言。黍、稷、稻、苽、粱皆可名爲禾，唯麻與菽、麥則不稱禾。呂氏春秋任地篇「今茲美禾，來茲美麥」，亦以禾與麥對文。**臧孫辰告糴于齊。**臧孫辰即臧文仲，見莊十一年傳注。告，請也。糴音狄，買穀也。

傳

二八·一 **二十八年春，齊侯伐衛，戰，敗衛師，數之以王命，**數，責也。見二十七年傳。**取賂**

而還。

二八·二　晉獻公娶於賈，賈，姬姓國。餘詳桓九年傳注。無子。烝於齊姜，杜注云：「齊姜，武公妾。」然晉世家云：「太子申生，其母齊桓公女也，曰齊姜，早死。」似不以爲武公妾。然傳云「烝」，上淫曰烝，杜注蓋本此。齊桓立於魯莊九年，晉武死於魯莊十七年，似不及娶齊桓女，史記説不可信。顧棟高大事表卷五十衞夷姜齊姜辨疑之，謂齊姜爲獻公未即位時所娶之適夫人；章炳麟左傳讀卷八又謂齊姜非哀侯之妾，則小子侯之妾，皆臆説不足據。存疑可也。生秦穆夫人及大子申生。此以秦穆夫人先言，似以爲姊，而申生爲弟。秦本紀亦云：「繆（穆）公四年，迎婦於晉，晉太子申生姊也。」然晉世家云「申生同母女弟爲秦穆公夫人」，又以申生爲兄，誤。又娶二女於戎，大戎狐姬生重耳，大戎狐姬，昭十三年傳又謂之爲狐季姬。閻若璩四書釋地謂大戎地在今山西省交城縣。張澍姓氏辨誤卷六謂言狐姬者，明此姬出於王子狐之後，有居於戎者，此説較勝。小戎子生夷吾。晉世家云：「重耳母，翟之狐氏女也；夷吾母，重耳母女弟也。」則大戎狐姬與小戎子爲姐妹，小戎子蓋以娣爲媵者也。杜注謂狐姬與小戎子爲兩國之女，蓋本於晉語三，以虢射爲夷吾之舅，狐偃爲重耳之舅。綴遺齋卷二十七頁七有春秋時鬲，銘有晉姬，當即狐姬。晉語四云：「狐氏出自唐叔。狐姬，伯行（韋注：「伯行，狐突字。」）之子也，實生重耳。」晉世家云：「自獻公爲太子時，重耳固以成人矣。」然據晉語四「晉公子生十七年而亡」，史公説不可信。晉伐驪戎，驪戎，舊注俱以爲在今陝西省臨潼縣東之驪戎城，顧頡剛疑之，謂當在今山西省析城、王屋兩山之間，詳史林雜識驪戎不在驪山。驪戎男女以驪姬，女，納女於人。晉語一云「獻公伐驪戎，克之，滅驪子，獲驪姬以歸」，與傳不同。晉世家及年表列此事於獻公五年，實魯莊之二十二年。**歸，生奚齊，其娣生卓子。**「卓子」，史記作「悼子」。**驪姬嬖，欲立其子，賂外嬖梁五與東關嬖五，**外嬖對内嬖而言，女寵曰内嬖，僖十七年傳「内嬖如夫人者六人」是也。然則外嬖者殆男寵。外嬖統梁五與東關嬖五兩人言之。外嬖東關嬖五之稱，猶昭九年傳之「外嬖嬖叔」之稱，王引之述聞、錢綺札記據漢書古今人表、國語韋注引作「東關五」，謂「嬖五」之「嬖」字爲衍文，恐不可信。**使言於公曰：「曲沃，君之宗也；**襄二十七年傳云：「崔，宗邑也。」哀十四年傳亦云：「薄，宗邑也。」則此「君之宗也」即「君之宗邑也」之意。曲沃爲桓叔之封。桓叔，晉獻公之始祖，晉宗廟所在，故爲宗邑。故下文云「宗邑無主」。**蒲與二屈，君之疆也，**蒲，晉邑，在今山西省隰縣西北，其地俗名斬祛垣，相傳爲寺人披斬晉文公祛處。二屈，北屈、南屈，兩屈蓋毗鄰，故夷吾一人鎮之。北屈在今吉縣東北，南屈當在其南。據晉世家，蒲邊秦，二屈邊狄，故曰君之疆。疆，境也。**不可以無主。宗邑無主，則民不威；**不威猶言不畏，不畏，則民慢其政。**疆場無主，則啓戎心；**場音亦，邊境、疆界也。古人常以疆場連言。啓，開也。戎泛指蒲、屈境外之異國言。**戎之生心，民慢其政，國之患也。若使大子主曲沃，而重耳、夷吾主蒲與屈，則可以威民而懼戎，且旌君伐。」**旌，表彰也。伐，功也。**使俱曰：**使，驪姬使之也。以上梁五與東關嬖五各自爲言，「俱曰」以下則是異口同聲。沈欽韓補注謂俱曰以下爲假設衆人誇美之辭，説士之常調如此，恐非傳意。**「狄之廣莫，於晉爲都。**廣莫猶言廣大無邊，莊子逍遥遊篇云：「何不樹之無何有之鄉，廣莫之野？」意言戎狄曠野廣大無垠，歸於晉國，皆立爲都邑矣。**晉之啓土，不亦宜乎！」**啓土猶言開疆拓土。**晉侯説之。夏，使大子居曲沃，重耳居蒲城，夷吾居屈，**晉語四載僖負羈之言，謂晉文公生十七年而亡，晉文之亡，在僖之四年，則重耳、夷吾此時俱年幼小，所謂主、所謂居，未必親自治理軍民，不過使其居守，另有師相輔佐之耳。顧棟高以此爲疑，殊可不必。**羣公子皆鄙。**皆鄙者，皆居於邊鄙也。金澤文庫本作「皆在鄙」，「在」字蓋淺人妄增。僖二十四年傳謂獻公之子九人（晉世家謂獻公子八人），則除申生、重耳、夷吾、奚齊、卓子之外，尚有四人，即是羣公子也。**唯二姬之子在絳。**二姬即驪姬與其娣。子謂奚齊及卓子。**二五卒與驪姬譖羣公子而立奚齊，**謂立奚齊爲太子，蓋探後言之。**晉人謂之二五耦。**二五耦者，梁五與東關嬖五朋比爲奸也。古人兩人共作俱曰耦。詳顧炎武杜解補正。晉語一亦叙此事，與左傳同，而晉世家以二五之言作獻公之語。又年表及晉世家俱列此事於獻公十二年，即魯莊二十九年，較左傳遲一年。

二八·三　**楚令尹子元欲蠱文夫人，**子元，楚語上韋注云：「楚武王子，文王弟，王子善也。」三十年謂之公子元。蠱音古，蠱惑以淫事也。文夫人，文王夫人息嬀，見十年、十四年傳。**爲館於其宮側，而振萬焉。**禮記樂記云「天子夾振之」，注云：「夾振之者，上與大將夾舞者振鐸以爲節也。」然則武舞必振鐸以爲節，故舞萬曰振萬。萬爲舞名，詳隱五年傳注。此爲武舞，故下文云「習戎備也」。**夫人聞之，泣曰：「先君以是舞也，習戎備也。今令尹不尋諸仇讎，而於未亡人之側，**杜注：「尋，用也。」謂不用之於仇敵而用之於我側。尋字直貫「於未亡人之側」，劉文淇舊注疏證謂「而」下脱「置館」二字，誤。未亡人，古代寡婦自稱之辭。**不亦異乎！」御人以告子元。**御人疑是夫人之侍者。**子元曰：「婦人不忘襲讎，我反忘之！」**

秋，子元以車六百乘伐鄭，入于桔柣之門。桔柣音結迭。據下文，入自純門後又有懸而不發之門，可以推知此桔柣之門是遠郊之門。楚師突起，鄭國無備，故不戰而入門。**子元、鬬御彊、鬬梧、耿之不比爲旆，**據世本，若敖生鬬彊，鬬彊生鬬班。此鬬御彊當即世本之鬬彊。旆，前軍也。詳僖二十八年傳注。**鬬班、王孫游、王孫喜殿。**鬬班爲鬬彊之子，與宣四年傳之鬬般爲兩人。**衆車入自純門，**純門，鄭外郭門。**及逵市。**逵市，鄭國城外大路之市場。互詳隱十一年傳注。**縣門不發。**縣同懸。懸門猶今之閘門。此閘門施於内城門上，由楚軍已入桔柣之門及純門知之。墨子備城門篇云：「備城門爲縣門，沈機長二丈，廣八尺，爲之兩相如。門扇數，令相接三寸，施土扇上。」襄十年傳孔疏云：「縣門者，編版，廣長如門，施關機以縣門上，有寇則發機而下之。」太白陰經云：「縣門，縣木版以爲重門。」由此知縣門之制。縣門不發，此是鄭誘敵之空城計。**楚言而出。**楚子元等既入城，見其縣門不發，復操楚語退出。所以楚言者，明楚不中計。杜注謂鄭出兵而效楚言，誤。**子元曰：「鄭有人焉。」**此即楚言之内容也。人謂人才。**諸侯救鄭。**經云：「公會齊人、宋人救鄭。」**楚師夜遁。鄭人將奔桐丘，**桐丘，今河南省扶溝縣西二十里有桐丘亭，即其地。**諜告曰：「楚幕有烏。」**言楚軍拋棄帳幕而逃。幕無人居，烏鴉止其上。

乃止。

二八·四 **冬，饑，**穀不熟爲饑，即經之「大無麥禾」。**臧孫辰告糴于齊，禮也。**周書糴匡篇云：「大荒，卿參告糴。」魯語上叙臧文仲之言甚詳，可參看。

二八·五 **築郿，非都也。凡邑，有宗廟先君之主曰都，無曰邑。**金鶚云：「先君之廟有二，公卿大夫之采邑得立太祖廟，采邑若不廢，廟亦不毁；士無太祖，是無先君之廟矣。親王子弟采邑，有賜之得立出王廟者，是亦先君廟也。侯國如魯三家立桓公廟，惟卿有此，大夫則無之也。故王國公卿采邑稱大都，大夫采邑稱小都，士則稱邑而已。侯國卿之采邑得稱都，大夫士則稱邑而已。尊卑之别如此。若通而言之，都亦可稱邑，如季孫氏之費、孟孫氏之成、叔孫氏之郈，皆稱爲邑。邑亦可稱都，孟子言『王之爲都者臣知五人焉。知其罪者惟孔距心』，距心爲平陸宰，平陸，下邑，而亦曰都。月令孟夏之月『命農勉作，毋休於都』，此都即四井爲邑之邑，而亦曰都。」詳求古録禮説邑考。**邑曰築，都曰城。**詩小雅出車孔疏云：「春秋别大小之例，故城、築異文。散則城、築通。」春秋魯凡城二十四邑，惟郿書「築」。

二十有九年，丙辰，公元前六六五年。周惠王十二年、齊桓二十一年、晉獻十二年、衛懿四年、蔡穆十年、鄭文八年、曹僖六年、陳宣二十八年、杞惠八年、宋桓十七年、秦宣十一年、楚成七年、許穆三十三年。

經

二九·一 二十九年春，冬至在去年閏十二月十二日壬戌，建丑。新延廄。廄，馬棚。延是此馬棚之名。新，據傳爲新作之意。杜預以爲「更造之辭」。孔疏推杜意謂經闕「作」字，未必然。

二九·二 夏，鄭人侵許。

二九·三 秋，有蜚。

二九·四 冬十有二月，紀叔姬卒。無傳。叔姬以隱七年歸於紀。

二九·五 城諸及防。諸、防皆魯邑。據山東通志，諸故城在今山東省諸城縣西南三十里，石屋山東北，濰河南。防即東防，詳隱九年經注。

傳

二九·一 二十九年春，新作延廄，書，不時也。凡馬，日中而出，日中而入。日中者，春分、秋分也。其日之長短與夜中分，故曰日中。日中而出者，春分百草始繁，牧於坰野也。日中而入者，秋分農事始藏，水寒草枯，則皆還廄也。據周禮夏官圉師及牧師，知馬四季所居不同，春仲居牧，夏日居廡（音訝，涼棚），秋仲居廄。圉師又云「春除蓐釁廄始牧」，則必於始牧之時而後釁廄，其時爲夏正之二月，周正之夏矣。今實於殷正之春（丑、寅、卯三月）新廐，故云不時。公羊傳謂「新」爲「修舊」，非左傳意。

二九·二　**夏，鄭人侵許。凡師，有鐘鼓曰伐，無曰侵，輕曰襲。**聲罪致討，鐘鼓堂堂曰伐；鐘鼓不備或不用曰侵；以輕師掩其不備曰襲。晉語五云「是故伐備鐘鼓，襲、侵密聲」，亦此意也。然有時侵伐亦可互言，定四年經云「三月，公會劉子、晉侯、宋公、蔡侯、衞侯、陳子、鄭伯、許男、曹伯、莒子、邾子、頓子、胡子、滕子、薛伯、杞伯、小邾子、齊國夏于召陵侵楚」，計總十九國之師，豈可不備鐘鼓？而書用「侵」字，故傳云「三月，劉文公合諸侯于召陵，謀伐楚也」，則用「伐」字。

二九·三　**秋，有蜚，爲災也。凡物，不爲災，不書。**詳隱元年傳注。

二九·四　**冬十二月，城諸及防，書，時也。凡土功，**土功，土木工程。**龍見而畢務，戒事也；**龍即蒼龍，東方七宿（角、亢、氐、房、心、尾、箕）之總稱。見同現，下同。龍見者，謂夏正九月，周正十一月，蒼龍角、亢早晨出現於東方也。畢務，夏收、秋收俱已完畢。戒事之事指土功而言，謂土木之功必須準備矣。周語中云：「故夏令曰：『九月除道，十月成梁。』其時儆曰：收而場功，待而畚梮。』」此所謂戒事，亦猶夏令之「待而畚梮」也。**火見而致用，**襄九年傳云「心爲大火」，火即心宿，夏正十月之初，次角、亢之後，晨出現於東方。致用，板、臿、畚、梮諸用具致之於場地，周語中所謂「火之初見，期於司里」是也。**水昏正而栽，**水即昭十九年傳之大水，即定星，亦即營室，今飛馬座 α、β 二星，十月昏中（黃昏正見於南方）。栽，築牆立板。詩大雅緜「縮板以載」，馬瑞辰毛詩傳箋通釋謂載即「水昏正而栽」之栽，則縮板爲立板而以繩約束之，載即築土，今之打夯。互參定元年傳「庚寅栽」注。周語中所謂「營室之中，土功其始」，詩鄘風定之方中所謂「定之方中，作于「楚宮」，與此義近。**日至而畢。**日至，冬至。冬至以後不再施工。

二九·五 **樊皮叛王。**樊皮，周大夫。周宣王有卿士仲山父，封於樊，故周語上稱之爲樊仲山父、樊穆仲，晉語四稱之爲樊仲，樊皮當是其後。樊又爲蘇忿生之田，桓王又取以與鄭，見隱十一年傳。樊皮保有樊，王與鄭之樊田，爲樊邑田之一部分。此句本應與下年傳「王命虢公討樊皮」爲一傳，爲後人割裂分爲二傳。

三十年，丁巳，公元前六六四年。周惠王十三年、齊桓二十二年、晉獻十三年、衛懿五年、蔡穆十一年、鄭文九年、曹僖七年、陳宣二十九年、杞惠九年、宋桓十八年、秦宣十二年、楚成八年、許穆三十四年。

經

三〇·一 **三十年春王正月。**冬至在去年十二月二十三日丁卯，此年實建丑。

三〇·二 **夏，次于成。**無傳。公羊、穀梁作「師次于成」。穀梁以爲次成爲欲救鄣而不能。成地見桓六年經注。

三〇·三 **秋七月，齊人降鄣。**無傳。鄣音章，紀之遠邑，紀亡雖已二十七年，紀季猶保鄣，兼有鄣邑。至此，齊桓始降鄣而有之。鄣當即昭十九年傳之紀鄣，紀鄣者，本紀國之鄣邑也，當在今江蘇省贛榆舊城（贛榆縣今移治於其東南之青口鎮）北七十五里處。依杜注，則宜以今山東省東平縣東六十里之鄣城集當之，不知東平縣之鄣城集乃世本任姓之國，與紀國相隔遥遠，非紀國所能有。説參王夫之稗疏、段玉裁説文解字注、章炳麟左傳讀。

三〇·四 **八月癸亥，**癸亥，二十三日。**葬紀叔姬。**無傳。魯國女嫁於他國，卒與葬俱書者，紀伯姬、叔姬、宋伯姬而已。他如鄫季姬、杞叔姬，書卒不書葬。

三〇·五 **九月庚午朔，日有食之，**朱文鑫、何幼琦俱以爲十月庚午朔，但下文言「冬」，當時固以爲九月。以今法推算，相當於公曆八月二十八日之日全食。**鼓、用牲于社。**無傳。參二十五年傳。

三〇·六 **冬，公及齊侯遇于魯濟。**春秋時濟水經曹、衛、齊、魯之界，在齊界者爲齊濟，在魯界者爲魯濟。蓋流經今山東省巨野縣、廢壽張縣、東平縣之間，穿曹、魯之境者爲魯濟，其流在今東阿縣以下穿齊、衛之境者，則齊濟也。

三〇·七 **齊人伐山戎。**齊語云：「桓公曰：『吾欲北伐，何主？』管仲對曰：『以燕爲主。』遂北伐山戎、刜令支、斬孤竹而南歸。」晉語二亦云：「夫齊侯好示，務施與力而不務德，是以北伐山戎，南伐楚，西爲此會（葵丘之會）也。」令支故城在今河北省遷安縣西，孤竹當在盧龍、灤縣一帶，則山戎所在之處亦當距此不遠。左傳之伐山戎，與齊語之刜令支、斬孤竹，當是同年之役，故齊語分爲三事，而晉語仍以伐山戎包之。齊世家引齊桓之言曰「寡人北伐山戎、離支、孤竹」，亦以爲一時事。齊伐孤竹事又見管子小問篇、韓非子説林上。

傳

三〇·一　三十年春，王命虢公討樊皮。此句緊接上年「樊皮叛王」而來。夏四月丙辰，丙辰，十四日。虢公入樊，執樊仲皮，樊仲皮即樊皮，皮其名，仲其行次。歸于京師。

三〇·二　楚公子元歸自伐鄭，而處王宮。欲遂蠱文夫人。鬭射師諫，杜預以鬭射師即鬭廉（見桓九年及十一年），服虔以爲鬭射師即鬭班，未詳孰是，參章炳麟左傳讀卷七。則執而梏之。梏，手銬，此作動詞，施之以手銬。楚伐鄭是二十八年事，此亦當是二十八年事，距今二年。秋，申公鬭班殺子元。申，楚縣。餘詳隱元年及莊六年傳並注。楚子自稱王，稱其縣尹爲公。鬭穀於菟爲令尹，穀音搆，於音烏，菟音徒。鬭穀於菟即令尹子文。自毁其家，桂馥札樸二：「蒼頡篇：『毁，破也。』」以紓楚國之難。紓，緩也，使楚國之難得以緩和。左傳凡十四用「紓」字，皆此義。

三〇·三　冬，遇于魯濟，謀山戎也。金澤文庫本「謀」下有「伐」字。以其病燕故也。此燕是北燕，召公奭之後，穆侯七年入春秋，春秋後二百四十六年，燕王喜三十三年爲秦所滅。都薊，今北京市西南。彝器有匽侯鼎、匽公匜、匽侯旨鼎、郾侯載戈。「燕」作「匽」或「郾」。稱侯，亦稱公。戰國時期稱王，而字作「郾」，傳世有郾王戈、郾王戟、郾王大事劍。齊世家云：「桓公二十三年，山戎伐燕，燕告急於齊。齊桓公救燕，遂伐山戎，至於孤竹而還。燕莊公遂送桓公入齊境。桓公曰：『非天子，諸侯相送不出境，吾不可以無禮於燕。』於是分溝割燕君所至與燕，命燕君復修召公之政，納貢於周，如成、康之時。諸侯聞之，皆從齊。」年表云：「桓公二十三年，伐山戎，爲燕故也。」燕世家與年表並叙此事。又匈奴列傳：「當是之時，秦襄公伐戎至岐，始列爲諸侯。是後六十有五年，而山戎越燕而伐齊，齊釐公與戰於齊郊。其後四十四年，而山戎伐燕。燕告急於齊，齊桓公北伐山戎，山戎走。」齊釐公與戰於齊郊事，即桓六年之「北戎伐齊」，或曰北戎，或曰山戎，其實一也。據文物一九七三年三期唐蘭文，從河北盧龍至遼寧喀左正是孤竹國範圍。

三十有一年，戊午，公元前六六三年。周惠王十四年、齊桓二十三年、晉獻十四年、衛懿六年、蔡穆十二年、鄭文十年、曹僖八年、陳宣三十年、杞惠十年、宋桓十九年、秦成公元年、楚成九年、許穆三十五年。

經

三一·一　**三十有一年春，**正月初四壬申冬至，建子，有閏。**築臺于郎。**無傳。郎即隱公九年「城郎」之「郎」，據莊十年傳，齊師、宋師次于郎，魯自雩門竊出，大敗之。雩門爲魯南城門，則郎爲魯南郊之邑可知。公羊文十六年傳云：「泉臺者何？郎臺也。郎臺則曷爲謂之泉臺？未成爲郎臺，既成爲泉臺。」則此臺即泉臺也。泉臺即逵泉之臺，據寰宇記及清一統志，逵泉在曲阜縣東南。

三一·二　**夏四月，薛伯卒。**無傳。

三一·三　**築臺于薛。**無傳。薛，魯邑，今不詳所在。彙纂以今滕縣南之薛城當之。薛城是當時之薛國，魯無築臺於他國之理，恐非。沈欽韓地名補注謂此薛即齊世家之薛陵，當在今陽穀縣西南，魯更無築臺于齊國之理，亦不可信。

三一·四　**六月，齊侯來獻戎捷。**周禮天官玉府鄭注云：「古者致物於人，尊之則曰獻，通行曰饋。春秋曰：『齊侯來獻戎捷。』尊魯也。」戰勝而有所獲，獻其所獲曰獻捷，亦曰獻功。據傳云「諸侯不相遺俘」，則此是獻俘。若襄二十五年鄭子產之獻捷于晉，以鄭之入陳，司徒致民，司空致地，則無俘囚可獻，蓋獻所獲寶器耳。然據說苑權謀篇，此所獻者亦以山戎之寶器獻于周公之廟，蓋說苑所載乃戰國、秦、漢間之傳說，未必合史實。

三一·五　**秋，築臺于秦。**無傳。據清一統志，今山東省范縣舊城（今范縣已移治於舊縣北之櫻桃園）南三里古有秦亭。

三一·六　**冬，不雨。**無傳。僖三年傳云：「不曰旱，不爲災也。」

傳

三一·一　三十一年夏六月，齊侯來獻戎捷，非禮也。凡諸侯有四夷之功，則獻于王，王以警于夷；中國則否。成二年傳云：「晉侯使鞏朔獻齊捷于周，王弗見，使單襄公辭焉，曰：『蠻夷戎狄，不式王命，淫湎毁常，王命伐之，則有獻捷。王親受而勞之，所以懲不敬、勸有功也。兄弟甥舅，侵敗王略，王命伐之，告事而已，不獻其功，所以敬親暱、禁淫慝也。』」可與此文互證。**諸侯不相遺俘。**襄八年傳云「鄭伯獻捷于會」，又云「以討于蔡，獲司馬燮，獻于邢丘」，皆是遺俘之事。

三十有二年，己未，公元前六六二年。周惠王十五年、齊桓二十四年、晉獻十五年、衛懿七年、蔡穆十三年、鄭文十一年、曹僖九年、陳宣三十一年、杞惠十一年、宋桓二十年、秦成二年、楚成十年、許穆三十六年。

經

三二·一　**三十有二年春，**去年閏十二月十五日丁丑冬至，實建丑。**城小穀。**公羊傳徐彥疏云：「二傳作『小』字，與左氏異。」孫志祖讀書脞録、劉文淇舊注疏證、章炳麟左傳讀等因謂左氏本作「城穀」。但案之水經濟水篇「濟水側岸有尹卯壘，南去魚山四十餘里，是穀城縣界，故春秋之小穀城也，齊桓公以魯莊公二十三年（當作三十二年，楊守敬注疏已訂正）城之，邑管仲焉。城内有夷吾井」云云，則是酈道元所據左傳已有「小」字矣，孫等之説恐非。小穀即穀，齊邑，今山東省東阿縣治。顧炎武杜解補正據穀梁范寧注、孫復尊王發微謂小穀爲魯邑，曲阜西北有小穀城，不合傳意。

三二·二　**夏，宋公、齊侯遇于梁丘。**春秋書「遇」止於此。梁丘，宋邑，在今山東省成武縣東北三十里，其地今有梁丘山。穀梁傳云：「梁丘在曹、邾之間，去齊八百里。」

三二·三 **秋七月癸巳**，癸巳，四日。**公子牙卒。**

三二·四 **八月癸亥**，癸亥，五日。**公薨于路寢。**寢，寢室。古代天子有六寢，正寢一，燕寢五；諸侯有三寢，正寢一，燕寢二。正寢一曰路寢，一曰大寢；燕寢一曰小寢。平日居燕寢，齋戒及疾病則居路寢。疾病居路寢者，儀禮既夕禮所謂「男子不絕于婦人之手」也。春秋魯十二公，終於路寢者，莊、宣、成三公。成公十八年傳云：「公薨於路寢，言順也。」禮記喪大記亦云：「君夫人卒於路寢。」可見當時之禮，以諸侯及其夫人死於路寢爲得其正。

三二·五 **冬十月己未**，己未，二日。公羊、穀梁作「乙未」。十月不得有乙未，然春秋繁露楚莊王篇云「子般殺而書乙未，殺其恩也」，是董仲舒所據公羊早已作「乙未」。**子般卒。**通典凶禮篇引鄭玄駁五經異義云：「時父未葬也。子者，繫於父之稱也。言卒不言薨，未成君也。」

三二·六 **公子慶父如齊。**無傳。

三二·七 **狄伐邢。**無傳。　邢，姬姓國，周公之子所封，今河北省邢臺市西南有襄國故城，即其地。

傳

三二·一 **三十二年春，城小穀，爲管仲也。**昭十一年傳述申無宇之言云：「齊桓公城穀而寘管仲焉。」傳文本此。顧炎武日知録四、山東考古録疑之，無據。事亦見晏子春秋外上篇。據管子大匡篇，吴人伐穀，齊桓公因城穀，遂爲管仲采邑。

三二・二　齊侯爲楚伐鄭之故，請會于諸侯。楚伐鄭在二十八年；請會，謀爲鄭報復也。宋公請先見于齊侯。夏，遇于梁丘。

三二・三　秋七月，有神降于莘。莘，虢地。今河南省三門峽市西有峽石鎮，峽石鎮西十五里有莘原。惠王問諸内史過曰：内史過，周大夫，又見僖十一年傳。過，平聲。餘詳桓二年傳注。「是何故也？」對曰：「國之將興，明神降之，監其德也；説文：「監，臨下也。」段玉裁注：「小雅毛傳：『監，視也。』許書：『瞷，視也。』『監，臨下也。』」此監即説文之「瞷」，與下文「觀其惡」之「觀」變文見義。將亡，神又降之，觀其惡也。故有得神以興，亦有以亡，金澤文庫本作「亦有得神以亡」，重「得神」二字。後漢書楊賜傳云：「臣聞之經傳，或得神以昌，或得神以亡。」蓋撮述大意，不可據爲原文也。虞、夏、商、周皆有之。」周語上數夏、商、周三代之神，不及虞，蓋以虞夏同科，虞夏連言乃古人常語，此因夏事而連虞，説詳俞樾茶香室經説。但虞、夏究竟不同朝代，今仍隔開。王曰：「若之何？」對曰：「以其物享焉。物指祭品、祭服。其至之日，亦其物也。」古代祭神有一定制度，但此所降之神，如何祭祀，並不載於祀典，故内史過以爲惟有依其所至之日而以相當之祭品、祭服祭之。所至之日，指始至之日而言。古以干支紀日，甲乙丙丁等是也。據禮記月令，甲、乙日至，祭先脾，玉用蒼，服上青；丙、丁日至，祭用肺，玉、服皆赤；戊、己日至，祭用心，玉、服皆黄；庚、辛日至，祭用肝，玉、服皆白；壬、癸日至，祭用腎，玉、服皆玄。**王從之。內史過往，聞虢請命，**據下文，知是請命於神求賜土田。**反曰：「虢必亡矣。虐而聽於神。」**虐謂虢君暴虐。聽於神，則不以民爲心。

神居莘六月。孔疏：「上云七月降神，則今年七月降也。居莘六月，虢公使祝史享焉，則今年十二月也。內史過往，已聞虢請命，則過至虢亦十二月也。傳先説王事使了，後論虢事以終內史之言，故文倒耳。」**虢公使祝應、宗區、史嚚享焉。**祝，太祝；宗，宗人；史，太史。應、區、嚚其人之名。史嚚又見晉語二。嚚音銀。**神賜之土田。**神許以土田賜之也。漢書五行志：「谷永曰：『昔虢公爲無道，有神降曰，賜爾土田。』」是谷永以賜土田爲諸語。**史嚚曰：「虢其亡乎！吾聞之：國將興，聽於民；將亡，聽於神。神，聰明正直而壹者也，**壹即國語所謂「夫神壹，不遠徙遷」。韋注云：「言神壹心依憑於人，不遠遷也。」**依人而行。**謂善則福之，惡則禍之。**虢多涼德，**涼，薄也。**其何土之能得？」**周語上亦載此事，而內史過之言極詳。説苑辨物篇同。

三二·四 **初，公築臺，臨黨氏，**黨音掌。黨氏猶言黨家。其女稱孟任，知任是其姓。襄二十九年有黨叔，或是其後。據方輿紀要，莊公臺在曲阜縣東北八里。**見孟任，從之。閟。**閟音秘，閉門也。此謂莊公追孟任，孟任閉門以拒之。**而以夫人言，**莊公許孟任以夫人。莊八年傳無知謂連稱從妹曰「捷，吾以女爲夫人」，與此同意。許之，孟任許與莊公交好也。此從顧炎武補正讀。割臂盟公。孟任割臂與公相盟誓。割臂者，破臂出血以歃也，猶定四年傳「割子期之心以與隨人盟」，亦歃胸血而盟。割謂殘破之，非割斷之義。淮南子齊俗訓「越人契臂」，高誘注：「割臂出血。」割臂與契臂、刻臂同。靈樞經引黄帝曰「此先師之所禁坐私傳也，割臂歃血之盟也」云云，可爲割臂歃血之證。生子般焉。雩，講于梁氏，雩，求雨之祭。講，猶今言講習、預習。舉行雩祭之先，預行演習其禮也。梁氏，魯大夫。其家蓋近於雩門，故於此講肄也。女公子觀之。據史記魯世家，女公子爲梁氏女，然杜注以爲莊公女，子般之妹。諸侯之女亦稱公子，見公羊莊元年傳。「女公子」之稱僅此一見。圉人犖自牆外與之戲。圉人，職名，掌養馬芻牧之事；昭七年傳亦云「馬有圉，牛有牧」是也。宋亦有圉人，見襄二十六年傳；齊有圉人，見襄二十七、八兩年傳。犖爲其人之名。公羊作「鄧扈樂」。宣十二年公羊傳何注「養馬者曰扈」，是扈與圉人同義。鄧蓋其姓，樂、犖聲同。楚語下云「魯圉人犖殺子般於次」，亦作「圉人犖」。子般怒，使鞭之。金澤文庫本無「怒」字，則以「子般使鞭之」爲句。公曰：「不如殺之，是不可鞭。犖有力焉，能投蓋于稷門。」蓋借爲盍，荀子宥坐篇云：「還復瞻彼九蓋皆繼。」楊倞注云：「蓋音盍，户扇也。」此蓋謂稷門之門扇，城門門扇必重，能舉而投之，足見其力。説詳焦循補疏。劉炫以蓋爲車蓋，顧炎武補正謂有力者乃能投輕物使上，張聰咸杜注辨證謂投蓋並達常桯圍（達常，蓋斗柄下入扛中也；桯，蓋扛也）而去之，皆未得。稷門，魯城正南之門，僖公更高大之，改名高門。定十年，齊人陳女樂文馬於魯城高門外，即此門。

公疾，問後於叔牙。對曰：「慶父材。」魯世家云：「莊公有三弟，長曰慶父，次曰叔牙，次曰季友。」問於季友。對曰：「臣以死奉般。」公曰：「鄉者牙曰『慶父材』。」成季使以君命命僖叔，成季即季友，僖叔即叔牙。待于鍼巫氏，使鍼季酖之。鍼巫、鍼季之鍼皆音箝，非針字。鍼季即鍼巫，魯大夫，鍼蓋其姓，巫蓋其職或其名，氏者家也，季乃其字。説見梁履繩補釋。酖同鴆，音振。鴆，鳥名，其羽毛有毒，古人用以爲毒酒殺人。故以毒酒飲人亦曰鴆。曰：「飲此，則有後於魯國；不然，死且無後。」飲之，歸，及逵泉而卒。逵泉，據清一統志，在曲阜縣東南五里，水中石如伏黿怒鼉。立叔孫氏。魯世家叙此更詳，可參閱。

三二·五　八月癸亥，癸亥，五日。公薨于路寢。子般即位，次于黨氏。冬十月己未，己未，二日。共仲使圉人犖賊子般于黨氏。共音恭。共仲即慶父。據公羊傳「然後誅鄧扈樂而歸獄焉」之文，則圉人犖終被慶父作爲替罪羊。舊本自冬十月以下另爲一傳，今以文意相緊接，連爲一傳，或較近原貌。成季奔陳。立閔公。閔公，據閔二年傳，哀姜之娣叔姜之子也。哀姜以二十四年至魯，如翌年叔姜生閔公，則閔公此時不過八歲。魯世家云：「八月癸亥，莊公卒，季友竟立子斑爲君，如莊公命。侍喪，舍于黨氏。先時，慶父與哀姜私通，欲立哀姜娣子開。及莊公卒而季友立斑。十月己未，慶父使圉人犖殺魯公子斑於黨氏。季友奔陳。慶父竟立莊公子開，是爲湣公。」

春秋左傳注

閔　公

杜注從世本云名啓方，長沙馬王堆三號漢墓出土帛書春秋事語亦作「啓方」，史記魯世家云名開。孔疏云：「漢景帝諱啓，啓、開因是而亂。」漢書人表作「啓」，缺「方」字。叔姜之子。即位時，至多八歲。「閔」，史記作「湣」，漢書作「愍」。

元年，庚申，公元前六六一年。周惠王十六年、齊桓二十五年、晉獻十六年、衞懿八年、蔡穆十四年、鄭文十二年、曹昭公班元年、陳宣三十二年、杞惠十二年、宋桓二十一年、秦成三年、楚成十一年、許穆三十七年。

經

一・一 **元年春王正月。** 去年十二月二十六日癸未冬至，此年建丑。

一・二 齊人救邢。

一・三 夏六月辛酉，辛酉，七日。葬我君莊公。

一・四 秋八月，公及齊侯盟于落姑。「落姑」，公羊、穀梁作「洛姑」，落、洛字通。落姑，齊地。顧棟高謂在今山東省平陰縣境，沈欽韓則謂落姑即薄姑，在今博興縣東北十五里，未知孰是。季子來歸。季子即成季友。

一・五 冬，齊仲孫來。

傳

一・一 元年春，不書即位，亂故也。子般被殺，成季奔陳，杜注：「國亂不得成禮也。」

一・二 狄人伐邢。莊三十二年經云：「狄伐邢。」狄，赤狄，詳顧棟高大事表與梁履繩補釋。管敬仲言於齊侯曰：管敬仲即管仲，敬是其謚。「戎狄豺狼，不可厭也；厭，滿足也。諸夏親暱，不可棄也。中原諸侯，爲互相親近之國，不宜拋棄之。宴安酖毒，不可懷也。安逸等於毒藥，不可以懷戀。詩云：『豈不懷歸？畏此簡書。』詩小雅出車句。簡書，書於一片竹簡之文字，此指告急文書，沈欽韓補注云：「國有急難，不暇連簡爲策，單執簡往告，猶今之羽檄矣。」簡書，同惡相恤之謂也。告急文書，意義在於一國有惡，他國亦同以爲惡，是同惡也；一國有急難，他國同以爲憂而往救之，是相恤也。恤，憂也，救也。此釋簡書之意義與作用。請救邢以從簡書。」齊人救邢。

一·三 夏六月，葬莊公。亂故，是以緩。莊公死於上年八月，至此歷十一月。依古禮，諸侯五月而葬，而據春秋所載，多三月而葬。

一·四 秋八月，公及齊侯盟于落姑，請復季友也。齊侯許之，使召諸陳，公次于郎以待之。郎在魯近郊，詳隱九年及莊三十一年經注。「季子來歸」，嘉之也。其意若曰，春秋書曰「季子來歸」，嘉之也。桓十七年經云「秋八月，蔡季自陳歸于蔡」，傳曰「蔡人召蔡季於陳。秋，蔡季自陳歸于蔡，蔡人嘉之也」，與此同例。春秋經於人多書名，蔡季、季子，季均爲行次或字，故有褒意。季友稱季子者，排行或字殿以子字，爲古人稱人之習慣，亦猶孟明稱孟子（僖三十二年傳）、季札稱季子（襄三十一年及昭二十七年傳）也。

一·五 冬，齊仲孫湫來省難，書曰「仲孫」，亦嘉之也。湫爲仲孫之名，而不書名，亦嘉之之意。省，視察。

仲孫歸，曰：「不去慶父，魯難未已。」時慶父已還魯，故仲孫爲此言。公曰：「若之何而去之？」對曰：「難不已，將自斃，此與隱元年傳「多行不義，必自斃」義近。君其待之！」公曰：「魯可取乎？」對曰：「不可。猶秉周禮。秉，執也，持也，操也。周禮，所以本也。臣聞之：『國將亡，本必先顛，而後枝葉從之。』詩大雅蕩云：「人亦有言：顛沛之揭，枝葉未有害，本實先撥。」立言之角度雖有不同，而意有相似處。**魯不棄周禮，未可動也。君其務寧魯難而親之。親有禮，因重固，**重固兩義有相因相近處，此處連爲一詞，謂重厚堅固之國。因，依也，親也。**間攜貳，**他國內部離心離德，則因而離間之。**覆昏亂，**昏亂之國，因而敗亡之。**霸王之器也。」**成十六年傳云：「德、刑、詳、義、禮、信，戰之器也。」兩器之用法相同。杜注彼云：「器猶用也。」猶今言方法，策略。

一・六　**晉侯作二軍，**晉本一軍，見莊十六年傳。**公將上軍，大子申生將下軍。趙夙御戎，**秦本紀云「繆王（周穆王）以趙城封造父，造父族由此爲趙氏」，則趙以邑爲氏。趙城舊縣今已併入洪洞縣。晉語四云：「趙衰，其先君之戎御趙夙之弟也。」史記則以爲衰爲夙之孫，惟世本云「公明生孟及趙夙，夙生成季衰」。焦氏易林亦云：「伯夙奏獻，衰續厥緒。」以世次推之，夙與衰爲父子較合理。說詳惠棟補注。**畢萬爲右，**據僖二十四年傳，畢國之始祖爲周文王之子。魏世家云：「魏之先，畢公高之後也。畢公高與周同姓。武王之伐紂，而高封於畢，於是爲畢姓。其後絶封，爲庶人，或在中國，或在夷狄。其苗裔曰畢萬，事晉獻公。」據尚書顧命正義引世本，始封君爲文王庶子。**以滅耿、滅霍、滅魏。**耿，姬姓侯國，或云嬴姓國。今山西省河津縣東南有耿鄉城，當爲其故城。霍，姬姓國，文王子叔處所封。故城在今霍縣西南十六里。彝器有霍壺、霍作己公鼎等。文五年傳稱先且居爲霍伯，則晉嘗以霍爲先且居采邑。魏見桓三年傳注。晉語一云：「（獻公）十六年，公作二軍。公將上軍，太子申生將下軍，以伐霍。太子遂行，克霍而反。」則滅霍者，太子之下軍也。滅耿與魏者當係獻公之上軍，故賜趙夙以耿，賜畢萬以魏而勞之。**還，爲大子城曲沃，**太子居曲沃，見莊二十八年傳。賜趙夙耿，賜畢萬魏，以爲大夫。年表云：「晉獻公十六年，滅魏、耿、霍。始封趙夙耿、畢萬魏，始此。」（依中華書局校點本）趙、魏世家亦有記述，皆與左傳合。惟秦本紀書滅耿則在武公十三年，相隔二十四年，張文虎校史記札記以爲錯簡。梁玉繩史記志疑則引宋葉大慶考古質疑謂爲司馬遷之訛誤。

士蔿曰：「大子不得立矣。意謂將被廢黜。分之都城，都城指曲沃，邑有宗廟先君之主曰都。而位以卿，指將下軍。先爲之極，又焉得立？意謂身爲儲君而今位極人臣，則難以嗣君位矣。不如逃之，無使罪至。爲吴大伯，吴世家云：「吴太伯、太伯弟仲雍，皆周太王之子，而王季歷之兄也。季歷賢，而有聖子昌，太王欲立季歷以及昌，於是太伯、仲雍二人乃犇荆蠻，文身斷髮，示不可用，以避季歷。季歷果立，是爲王季，而昌爲文王。太伯之犇荆蠻，自號句吴。荆蠻義之，從而歸之千餘家，立爲吴太伯。」不亦可乎？猶有令名，與其及也。及謂及於罪刑。此兩句是因補充而倒説，順説之當爲「與其及也，不如逃之，無使罪至。爲吴太伯，不亦可乎？猶有令名」。參焦循補疏及楊樹達先生古書疑義舉例續補倒句例。且諺曰：『心苟無瑕，何恤乎無家？』瑕、家爲韻。恤，憂也。天若祚大子，其無晉乎？」意謂天若保祐太子得善終，必不致令其在晉國，蓋仍是勸太子逃亡之意。士蔿此語，晉語一謂説於伐霍之前。晉世家全用左傳。

卜偃曰：卜偃，晉掌卜大夫。以其職曰卜偃，以其姓氏則曰郭偃（晉語）。吕氏春秋當染篇云「文公染於咎犯、郄偃」，「郄」爲「郭」之形近誤，太平御覽治道部引正作「郭」。墨子所染篇作「高偃」，高乃郭音之轉耳。

參梁履繩補釋。商君書更法篇引有郭偃之法，韓非子南面篇亦云：「管仲毋易齊，郭偃毋更晉，則桓、文不霸矣。」參以墨子、呂覽，則卜偃之於晉文公，實變法稱霸之功臣。「畢萬之後必大。萬，盈數也；魏，大名也。魏，據古璽及説文本作「巍」，巍，高大也。以是始賞，天啓之矣。天子曰兆民，諸侯曰萬民。沈彤小疏曰：「天子曰兆民，若尚書呂刑所稱『兆民賴之』是也；諸侯曰萬民，若魯頌閟宫之美僖公曰『萬民是若』是也。但盤庚云『汝萬民乃不生生』，則天子亦有稱萬民者。」今名之大，以從盈數，其必有衆。」

初，畢萬筮仕於晉，遇屯䷂震下坎上。之比䷇。坤下坎上。屯卦之第一爻陽爻，即初九變爲陰爻初六也。辛廖占之，辛廖，杜注以爲晉大夫，劉炫用服虔説，以爲周大夫。劉炫云：「若在晉國而筮，何得云『筮仕於晉』？又有辛甲、辛有並是周人，何故辛廖獨爲晉大夫？」劉炫説是也，孔疏駁之申杜，不可信。曰：「吉。屯固、比入，屯，險難，所以爲堅固；比，親密，所以得入。俞樾平議讀屯固爲純固，非。吉孰大焉？其必蕃昌。震爲土，震爲土者，震卦變爲坤卦（土）也。車從馬，震爲車，坤爲馬。凡卦，變而之他曰從，此震變爲坤，故曰車從馬。足居之，震爲足。兄長之，長，上聲，震爲長男。母覆之，坤爲母。衆歸之，晉語四云：「坎，衆也。」以上解釋卦象。六體不易，尚秉和周易尚氏學附録謂「坎數六，遇卦、之卦皆有坎。不易者，坎卦不變也」。合而能固，比合而屯固，合集衆民而能固守之。安而能殺，坤爲地，故言安；震有威武之象，故言殺。安爲惠，殺爲威，有惠有威，能生能殺。俞樾茶香室經説謂殺當讀爲粲，散之也。安而能殺，即曲禮之「安安而能遷」之義。曲説不可從。**公侯之卦也。**高亨左傳國語的周易説通解云：「總之，屯、比兩卦卦象是有車馬，有土地，有兄的幫助，有母的覆育，有羣衆的歸附，又有足居其地，因此論定是『公侯之卦』。」**公侯之子孫，必復其始。**」畢萬爲畢公高之後，復其始，謂仍將爲諸侯也。

二年，辛酉，公元前六六〇年。周惠王十七年、齊桓二十六年、晉獻十七年、衛懿九年、蔡穆十五年、鄭文十三年、曹昭二年、陳宣三十三年、杞惠十三年、宋桓二十二年、秦成四年、楚成十二年、許穆三十八年。

經

二·一 **二年春王正月，**正月初七戊子冬至，建子，有閏月。**齊人遷陽。**無傳。陽，國名，據顧棟高大事表，姬姓，而洪亮吉左傳詁云偃姓。路史國名紀四又云御姓。周金文存卷二頁五九有鼎銘云：「叔姬作陽伯旅鼎，永用。」若此叔姬爲陽伯之女，則陽爲姬姓。陽故城在今山東省沂水縣西南。此蓋齊人逼徙其民而取其地。

二·二 **夏五月乙酉，**乙酉，六日。**吉禘于莊公。**

二·三 秋八月辛丑，辛丑，二十四日。公薨。

二·四 九月，夫人姜氏孫于邾。孫同遜。餘詳莊元年經注。

二·五 公子慶父出奔莒。

二·六 冬，齊高子來盟。無傳。杜注云：「蓋高傒也。」齊語云：「桓公憂天下諸侯，魯有夫人、慶父之亂，二君弑死，國無嗣。桓公聞之，使高子存之。」管子小匡篇文同。禮記曲禮下云：「列國之大夫入天子之國，曰某士，自稱曰陪臣某。於外曰子。」鄭玄注云：「子，有德之稱。魯春秋曰：『齊高子來盟。』」

二·七 十有二月，狄入衛。杜預後序引紀年云「衛懿公及赤狄戰于洞（當爲「泂」）澤」，則狄即赤狄也。

二·八 鄭棄其師。唐書劉貺傳引紀年亦云「鄭棄其師」。

傳

二·一 二年春，虢公敗犬戎于渭汭。犬戎即殷、周間之鬼方、昆夷。戰國以降，又稱曰胡、匈奴。詳王國維鬼方昆夷玁狁考。渭汭，渭水入河處，當今陝西省華陰縣東北。舟之僑曰：舟之僑，虢大夫。「無德而祿，殃也。殃將至矣。」遂奔晉。晉語二亦叙舟之僑以其族適晉事，與此不同。秦策云：「夫晉獻公欲伐郭（即虢），而憚舟之僑存。荀息曰：『周書有言：美女破舌。』乃遺之女樂而亂其政。舟之僑諫而不聽，遂去。」與傳說亦不同。蓋戰國縱橫家言，不足爲史實。

二·二 **夏，吉禘于莊公，速也。**禘，大祭也，郊祭、終王、時祭皆得禘名。此所以名吉禘者，蓋古者三年之喪二十五月而畢，致新死者之主於廟，因是大祭以審昭穆，禫而即吉也。莊公卒於三十二年八月，當於閔二年八月吉禘，而禘於五月，故傳云「速也」。説參孫人和左宧漫録禘祫申左（文史第二輯）。禮記王制疏引鄭玄答趙商云：「閔公心懼於難，務自尊大，以厭其禍。凡二十二月而除，又不禫，於禮少六月。」説略不同。文二年吉禘僖公，經云「大事于大廟」，則此亦當於太廟行之。

二·三 **初，公傅奪卜齮田，**齮音錡。卜齮，魯大夫。禮記檀弓上云：「魯莊公及宋人戰于乘丘，縣賁父御，卜國爲右。」則魯國有卜氏。**公不禁。秋八月辛丑，**辛丑，二十四日。**共仲使卜齮賊公于武闈。**宮中門曰闈。武闈，孫詒讓周禮考工記匠人正義疑爲魯武公廟之側門，但此時武公廟已毁，孫説不確。金鶚求古録禮説及孫人和左宧漫録俱謂「武」當作「虎」，周禮地官師氏、左昭十一年傳俱有虎門；虎門，路寢門也。則武闈者，路寢之旁門也。**成季以僖公適邾。**僖公，史記以爲閔公弟，而杜注以爲閔公庶兄，成風之子。**共仲奔莒。乃入，立之。**共仲奔莒之後，成季復入魯國而立僖公。**以賂求共仲于莒，莒人歸之。及密，**密，魯地，據杜注，當在今費縣北。水經注沂水以爲莒地，楊守敬水經注疏亦從之，實不可信。或以爲即隱二年之密，不知彼密當在今昌邑縣境，距曲阜甚遠，與「奚斯哭而往」之情態不合，自不足據。**使公子魚請。不許，哭而往。**慶父使公子魚請求赦罪，未被允許，公子魚哭而返也。**共仲曰：「奚斯之聲也。」**奚斯，公子魚之字。詩魯頌閟宮云：「新廟奕奕，奚斯所作。」即此奚斯。**乃縊。**共仲之葬禮以罪降，見文十五年傳並注。閔公，哀姜之娣叔姜之子也，故齊人立之。共仲通於哀姜，哀姜欲立之。閔公之死也，哀姜與知之，故孫于邾。齊人取而殺之于夷，夷疑即隱元年傳「紀人伐夷」之夷，杜注以爲魯地，誤。說詳王夫之稗疏。列女傳孽嬖傳云：「齊桓公立僖公，聞哀姜與慶父通以危魯，乃召哀姜，酖而殺之。」以其尸歸，僖公請而葬之。魯世家全取左傳情事。歸，歸于魯也。哀姜爲罪人，故僖公請於齊人而葬之。

二·四　成季之將生也，桓公使卜楚丘之父卜之，卜楚丘之父不知其名，故舉其子以稱之。卜楚丘見於文十八年及昭五年傳。昭三十二年傳云：「昔成季友，桓之季也，文姜之愛子也，始震而卜。」曰：「男也，其名曰友，在公之右；在右言用事。兩句友、右爲韻，古音同在之咍部。間于兩社，魯國有兩社，一爲周社，一爲亳社。天子諸侯皆有三朝，曰外朝，曰治朝，曰燕朝。諸侯之宮有三門，曰庫門，即外門；曰雉門，即中門；曰路門，即寢門。外朝在庫門之內，斷獄決訟及詢非常之處，君不常視；治朝在雉門之內，或謂之正朝，君臣日見之朝。古者視朝之儀，臣先君入，君出路門立於宁，徧揖羣臣，則朝禮畢，於是退釋路寢聽政，諸臣至官府治事處治文書。王朝有九室，諸侯之朝左右亦當有室。燕朝一曰內朝，如議論政事，君有命，臣有進言皆於內朝。雉門之外右有周社，左有亳社。間於兩社，外朝正當其地，其實亦總治朝內朝言之。治朝不但有君臣日見之朝，諸臣治官書亦在焉。說苑至公篇云：「季孫行父之戒其子也，曰：『吾欲室之俠（夾）於兩社之間也，使吾後世有不能事上者，使其替之益速。』」則間於兩社者，不僅朝廷之所在，亦執政大臣治事之所在也。間於兩社謂爲魯之大臣。**爲公室輔。**兩句社、輔爲韻，古音同在魚模部。**季氏亡，則魯不昌。」**此句古有兩解。史記魯世家作「季友亡，則魯不昌」，則季氏實指季友一人，亡必解爲逃亡，服虔所謂「謂季友出奔，魯弑二君（子般與閔公）」也。另一解則以爲季氏指季友之子孫，兩句言季氏與魯爲終始。費爲季氏私邑，孟子有費惠公，呂氏春秋慎勢篇謂「以滕、費則勞，以鄒、魯則逸」，楚世家謂「騶、費、郯、邳者，羅鸗也」，足見費國，頃襄王時尚存，蓋亦與魯國同滅於楚。說詳沈欽韓補注。亡、昌爲韻，古音同在陽唐部。**又筮之，**周禮春官筮人云：「凡國之大事，先筮而後卜。」考之左傳，則殊不然。成季之生固先卜後筮，其後僖公四年載晉獻公卜以驪姬爲夫人，僖二十五年晉文公卜内襄王，哀九年趙鞅卜救鄭，皆先卜後筮，唯哀十七年衞侯先筮後卜，蓋古卜用龜，筮用蓍，謂龜長筮短，以動物靈於植物，故以卜爲先。**遇大有**䷍乾卦在下，離卦在上。**之乾**䷀乾上，乾下。**曰：「同復于父，敬如君所。」**此筮者之言，非卦、爻辭。同復于父者，言其尊與父同也。敬如君所者，言國人敬之，其敬如君之所處，言其貴與君同也。說見孔疏。高亨左傳國語的周易說通解云：「大有卦是上離下乾，乾卦是上乾下乾。乾爲父，離爲子，大有上卦的離變爲乾，是象徵子與其父同德，『無改於父之道』，所以說『同復于父』。（復，行故道也。）乾又爲君，離又爲臣，大有上卦的離變爲乾，又象徵臣與其君同心，常在君的左右，所以又說『敬如君所』。（如，往也。所，處也。）」**及生，有文在其手曰「友」，遂以命之。**魯世家用傳意。

二·五　**冬十二月，狄人伐衛。衛懿公好鶴，鶴有乘軒者。**軒，曲輈（音侜，轅也）而有藩蔽之車，大夫以上乘之。鶴乘軒車，汪中述學釋三九中云：「謂以卿之秩寵之，以卿之禄食之也。」汪説可信。賈子春秋云：「衛懿公喜鶴，鶴有飾以文繡而乘軒者。」則以鶴乘軒車爲實有其事，恐不可信。清王端履重論文齋筆録謂鶴指鶴邑之人爲懿公外嬖者，左傳無此用詞法，不可信。**將戰，國人受甲者皆曰：「使鶴！鶴實有禄位，余焉能戰？」**「國人」與「庶民」不同。或曰「國人」是當時城市居民，即自由民；或曰凡城市及四郊居民均是「國人」，説較可信。「受甲」，見隱十一年傳「授兵」注。呂氏春秋忠廉篇云：「翟人攻衛。其民曰：『君之所予位禄者，鶴也；所貴富者，宫人也。君使宫人與鶴戰！余焉能戰？』遂潰而去。」韓詩外傳七、新序義勇篇、論衡儒增篇俱載此事。至呂氏春秋、新序等書所載弘演事，左傳所無。論衡儒增篇稱衛懿公爲衛哀公，梁玉繩瞥記謂其有哀公之號，以其爲狄所殺故也。**公與石祁子玦，**石祁子見莊十二年傳並注。**與甯莊子矢，**甯莊子，據晉語四韋注及杜氏世族譜，爲甯跪之孫，甯穆仲静之子，名速。**使守，曰：「以此贊國，**贊，助也。**擇利而爲之。」與夫人繡衣，曰：「聽於二子！」**二子，石祁子與甯莊子也。**渠孔御戎，子伯爲右；黄夷前驅，孔嬰齊殿。**孔嬰齊，孔達之父。孔達見文元年傳。**及狄人戰于熒澤，**此熒澤當在黄河之北，沈欽韓地名補注謂「歷考諸書，從無言熒在河北者，蓋懿公帥師迎狄師，望風而遁，至河南，狄人追及熒澤，乃盡覆之也」。然覈之傳文，沈説不可信。胡渭禹貢錐指八謂「衛、狄戰地，或河北自有一熒澤，如魏獻子之所田，别是一大陸（定元年），非禹貢之大陸，亦未可知」。胡説較是。**衛師敗績，**

遂滅衛。此滅字仍是滅亡之滅。下傳云「衛國忘亡」可證。經不書滅而書入者，以亡而復存也。**衛侯不去其旗，**胡渭及惠棟補注謂不去其旗爲不藏其旗，其實「去」如字解即可通。**是以甚敗。**呂氏春秋忠廉篇云：「翟人至，及懿公於榮澤，殺之，盡食其肉，獨捨其肝。」**狄人囚史華龍滑與禮孔，以逐衛人。二人曰：**二人，華龍滑與禮孔也。**「我，大史也，實掌其祭。不先，國不可得也。」**古人視祭祀與祭器極重，故太史爲此言以騙狄人。**乃先之。至，則告守曰：「不可待也。」**魯語下及楚語下韋注並云：「待猶禦也。」此不可待，亦不可抵禦之意。**夜與國人出。狄入衛，遂從之，**狄師追逐衛人也。**又敗諸河。**衛、狄相戰，終始在黄河之北。

初，惠公之即位也少，衛宣公以隱公四年立，桓公十二年卒，終始二十年。即位之後始納急子之妻，生壽及朔，朔即惠公。惠公既有兄，則即位之時，不過十五六歲。**齊人使昭伯烝於宣姜，**齊人蓋齊僖公，僖公於春秋前八年立，宣姜（宣公夫人，惠公之母）當是僖公女。衛惠公以桓公十三年立，以十六年十一月奔齊，而齊僖公卒於桓十四年十二月，推其年月可以知。昭伯，據史記，衛宣公之子，急子之弟公子頑。服虔以昭伯爲急子之兄，不知何據。詩鄘風牆有茨序云：「牆有茨，衛人刺其上也。公子頑通乎君母，國人疾之而不可道也。」鶉之奔奔序云：「鶉之奔奔，刺衛宣姜也。衛人以爲宣姜鶉鵲之不若也。」**不可，强之。生齊子、戴公、文公、宋桓夫人、許穆夫人。**齊子，會箋云：「齊子謂嫁於齊者。僖十七年『齊侯好內，多内寵。長衛姬，生武孟』。齊子即長衛姬也。」宋桓夫人即宋襄公之母。自惠公之立至此四十年。**文公爲衛之多患也，**衛世家云：「懿公即位好鶴，淫樂奢侈。」又云：「懿公之立也，百姓大臣皆不服。」**先適齊。及敗，宋桓公逆諸河，**衛懿公之敗死，宋桓公乃迎衛之敗衆於黄河。或以爲迎文公，文公已至齊，由齊至宋，不涉河，故知其誤。**宵濟。**夜渡，蓋畏狄師也。**衛之遺民男女七百有三十人，**蓋宋桓公所迎之敗衆也。**益之以共、滕之民爲五千人。**共爲衛邑，即今河南省輝縣。西周共伯和疑即衛武公，説詳顧頡剛史林雜識共和篇。滕亦衛邑，不詳所在。**立戴公以廬于曹。**曹，衛邑，當即今河南省滑縣西南之白馬故城。廬同旅，寄止也。據詩與左傳及毛、鄭、服、杜注與孔氏正義，可推知戴公實以閔二年十二月立，立而旋卒，文公繼立，踰年改元，當魯僖公之元年。衛世家云：「自懿公父惠公朔之讒殺太子伋代立至於懿公，常欲敗之，卒滅惠公之後而更立黔牟之弟昭伯頑之子申爲君，是爲戴公。」又云：「初，翟殺懿公也，衛人憐之，思復立宣公前死太子伋之後，伋子又死，而代伋死者子壽又無子。太子伋同母弟二人，其一曰黔牟，黔牟嘗代惠公爲君，八年復去；其二曰昭伯。昭伯、黔牟皆已前死，故立昭伯子申爲戴公。戴公卒，復立其弟燬爲文公。」據傳及史記，戴公爲昭伯子，無復可疑。而漢書古今人表以戴公爲黔牟子，不知何據。**許穆夫人賦載馳。**載馳見詩鄘風。**齊侯使公子無虧帥車三百乘、甲士三千人以戍曹。**無虧即公子武孟，其母爲衛姬。**歸公乘馬，祭服五稱，牛、羊、豕、雞、狗皆三百與門材。**歸讀爲饋。杜注：「四馬曰乘。」章炳麟左傳讀：「乘馬者，通指當乘之馬，非四馬爲乘之謂也。管子小匡云『狄人攻衛，衛人出旅於曹，桓公城楚丘封之，其畜以散亡，故桓公予之繫馬三百匹』，是不止四匹也。牛羊豕雞狗皆三百，故馬亦三百矣。」章説是也。昭六年傳云「以其乘馬八匹私面」，二十年傳云「衞侯以爲乘馬」，二十九年傳云「衞侯來獻其乘馬」，乘馬皆指駕車之馬，以傳證傳，足知杜注之誤。　門材，爲門户之材也。**歸夫人魚軒，**魚軒亦猶定九年之犀軒。犀軒，蓋以犀革爲飾者；魚軒，則以魚皮爲飾者。詩小雅采薇「象弭魚服」，孔疏引陸璣疏云：「魚服，魚獸之皮也。魚獸似猪，東海有之，其皮背上斑文，腹下純青。」章炳麟左傳讀謂史記禮書有鮫韅，乃以鮫魚皮爲馬腋之革，魚軒亦以因此得名。**重錦三十兩。**錦，用各種顏色之絲所織成之綢緞料。重錦，錦之熟細者。三十兩，三十匹。古代布帛，每匹四丈，分爲兩段，兩兩合捲，故謂之兩；若匹偶然，亦謂之匹。

二・六　**鄭人惡高克，使帥師次于河上，**詩鄭風清人疏云：「於時有狄侵衞，衞在河北，鄭在河南，恐其渡河侵鄭，故使高克將兵於河上，禦之。」**久而弗召，師潰而歸，高克奔陳。鄭人爲之賦清人。**清人今在詩鄭風。清，鄭邑名，高克及其所率師疑皆清邑之人，故詩云云。清邑當在今河南省中牟縣境。據清人序「刺文公也」，則鄭人者，鄭文公及公子素也。

二・七　**晉侯使大子申生伐東山皋落氏。**東山皋落氏，赤狄别種，今山西省垣曲縣東南有皋落鎮，當即故皋落氏地。山西省昔陽縣東南七十里亦有皋落鎮，寰宇記謂此即東山皋落氏之地，恐不確。晉語一謂此驪姬之計，述驪姬語甚詳。**里克諫曰：**里克，晉大夫里季也。**「大子奉冢祀、社稷之粢盛，以朝夕視君膳者也，**冢，大也；冢祀指宗廟之祀。膳，膳食。禮記文王世子云：「文王之爲世子，朝於王季日三。

食上，必在，視寒煖之節；食下，問所膳，命膳宰。」此蓋太子朝夕視君膳之儀節也。**故曰冢子。君行則守，有守則從。**從，舊讀去聲。李貽德賈服注輯述引文王世子「若有出疆之政，庶子以公族之無事者守於公宫，正室守太廟，諸父守貴宫、貴室，諸子諸孫守下宫、下室」以證有守，然文王世子所云，蓋太子未從之事。且覈之左傳，君行而守國者，蓋多由執政卿大夫之未從行者爲之。里克所言蓋古制。**從曰撫軍，守曰監國，古之制也。夫帥師，專行謀，**專斷謀略。**誓軍旅，**號令軍隊。**君與國政之所圖也。**國政，國之正卿。**非大子之事也。師在制命而已，**古代行師，主帥制命，所謂「自閫以外，將軍制之」，「將在外，君命有所不受」者是也。**稟命則不威，**主帥遇事請示，則失其威嚴。**專命則不孝，**專制命之權，而不受君命，又失父子之道。**故君之嗣適不可以帥師。**適同嫡。嗣適猶言適嗣。**君失其官，**猶言君失其官人之道，而以太子率師。**帥師不威，將焉用之？且臣聞皋落氏將戰。君其舍之！」**舍之，謂不遣太子行，非謂不伐東山也。**公曰：「寡人有子，未知其誰立焉！」不對而退。**晉語一叙里克語與傳有異，晉世家所叙則用左傳。

見大子。大子曰：「吾其廢乎？」對曰：「告之以臨民，謂使太子居曲沃，治曲沃之民。**教之以軍旅，**謂前令其將下軍，又令其主伐東山皋落氏。**不共是懼，**共，金澤文庫本作供。如讀爲供，不供則是不能完成任務之意；如讀爲恭，不恭則是臨事不嚴肅認真之意，國語周語韋注云：「夙夜敬事曰恭。」**何**

故廢乎？且子懼不孝，無懼弗得立。修己而不責人，則免於難。」晉語一敘此亦異於左傳。晉世家仍用左傳，但又云：「里克謝病，不從太子。」

大子帥師，公衣之偏衣，偏衣，晉語一亦作「偏裻之衣」。裻，背縫也，在背之中，當脊梁所在。自此中分，左右異色，故云偏裻之衣，省云偏衣。其色之一與公服同，故下文先友云「衣身之偏」；左右異色而不相對稱，故下文罕夷云「尨奇無常」。佩之金玦。玦，古代佩身之物，形如環而缺，多以玉爲之，而金玦則以青銅爲之。狐突御戎，先友爲右。狐突字伯行，狐偃之父，重耳外祖。先友，先丹木之族。此太子代晉侯將上軍。孔疏謂「傳之上下諸言某御戎、某爲右者，謂國君自將」云云，其實不然。詳文七年傳注。梁餘子養御罕夷，先丹木爲右。梁餘子養，梁是姓，餘子爲其字，養其名，若百里孟明視，皆姓、字、名連言。晉有梁五、梁由靡、梁丙、梁益耳，俱以梁爲姓。廣韻「梁」字注及通志氏族略序以梁餘爲複姓，恐誤。説參王引之名字解詁。罕夷當爲下軍將，蓋太子本將下軍，今代公將上軍，則以罕夷爲下軍將而從行。羊舌大夫爲尉。羊舌大夫，據唐書宰相世系表，名突。爲羊舌職父，叔向祖。尉，軍尉。襄十九年傳云「公享晉六卿于蒲圃，賜之三命之服；軍尉、司馬、司空、輿尉、候奄皆受一命之服」，則軍尉在軍帥之下，衆官之上。淮南子兵略篇云：「夫論除謹，動静時，吏卒辨，兵甲治，正行伍，連什伯，明鼓旗，此尉之官也。」蓋尉之職掌如此。先友曰：「衣身之偏，太子所衣之偏衣，半同公之服色，是以公服之偏衣太子也。握兵之要，佩金玦，將上軍，下軍又從行也。在此行也，子其勉之！偏躬無慝，分公衣之半爲其服，似無惡意。兵要遠災，遠，舊讀去聲。兵權在己，可以遠害。親以無災，親釋無慝，無災即遠災。又何患焉？」先友以此爲好事。或已心知其非，故意作此慰勉之語。狐突歎曰：「時，事之徵也；時指舉行之時間；徵，證也。其意謂獻公以冬季舉兵伐人，冬爲肅殺之時，下文所謂「冬殺」者是也。蓋心存殺意。衣，身之章也；古代服色所以表明各人身份貴賤者。佩，衷之旗也。佩以表德，衷猶言中心，故佩猶表明中心之旗幟。故敬其事，則命以始；命以始，謂當賞之於春夏。服其身，則衣之純；必以純色爲服。古代戎服，尤貴一色，故謂之均服。用其衷，則佩之度。欲使其人中心爲用，必以合乎禮度之物佩之。古人以佩玉爲常度。今命以時卒，閟其事也；十二月，四時之卒也，故曰命以時卒。閟，閉門也，引申爲凡閉之稱（見說文段注）。閟其事，謂使其事不得通達也。衣之尨服，遠其躬也；尨服，雜色之服，指偏衣。遠其躬與先友親字針鋒相對。佩以金玦，棄其衷也。不宜佩金玦而佩之，故云棄其中心。服以遠之，時以閟之；尨，涼；冬，殺；涼，說文引作「㹁」，亦雜色之義。此以涼訓尨。冬日肅殺，此以殺釋冬。金，寒；玦，離；古人謂玉之德溫，而金之德寒，故此以寒釋金。古人以玦表決絕與離別，荀子大略篇所謂「絕人以玦，反絕以環」，大戴禮記王度記所謂「人臣賜玦則去」，白虎通諫諍篇所謂「臣待放於郊，君賜之環則反，賜之玦則去」，皆可證。胡可恃也？雖欲勉之，狄可盡乎？」雖欲勉之，針對先友語「子其勉之」言。「狄可盡乎」，以獻公曾命太子曰「盡敵而反」也。梁餘子養曰：「帥師者，受命於廟，晉語韋注云：「將行告廟，受戎命也。」受脤於社，脤，說文作「祳」，云：「社肉，盛之以蜃，故謂之祳。」成十三年傳云：「公及諸侯朝王，遂從劉康公、成肅公會晉侯伐秦。成子受脤於社，不敬。」此出兵前受脤之事。古代出兵祭社，其名爲宜。祭畢，以社肉頒賜諸人，謂之受脤。有常服矣。不獲而尨，不獲謂不得常服。韋弁服爲戎服，成十六年傳「有韎韋之跗注，君子也」可證。蓋以淺赤色之柔韋爲弁，因爲服裝。尨指偏衣。命可知也。命指公命，謂獻公之命不懷善意。死而不孝，不如逃之。」罕夷曰：「尨奇無常，晉語一云：「是故使申生伐東山，衣之偏裻之衣，佩之以金玦。僕人贊聞之，曰：『太子殆哉！君賜之奇，奇生怪，怪生無常，無常不立。』」周禮閽人：「奇服怪民不入宮。」鄭注：「奇服，衣非常。」春秋傳曰：『尨奇無常。』」是以非常解無常。金玦不復。玦表決絕，故云不復。雖復何爲？君有心矣。」杜注：「有害大子之心。」先丹木曰：「是服也，狂夫阻之。晉語一云：「且是衣也，狂夫阻之衣也。」爾雅釋詁：「阻，難也。」狂夫阻之，謂狂夫亦難穿之。章炳麟則謂服虔、韋昭以周禮夏官之方相氏當之。然方相氏蒙玄衣朱裳，不著偏衣，故知章說非。阻之猶言著之，說詳左傳讀。于鬯香草校書謂「是服也狂」爲句，「夫阻之曰」連讀，晉侯以偏衣服太子時而詛之也。「盡敵而反」即其詛辭云云，尤爲臆說。曰『盡敵而反』，此晉獻公命申生之辭也。敵可盡乎？雖盡敵，猶有內讒，不如違之。」違，去也。與梁餘子養「不如逃之」相應。狐突欲行。羊舌大夫曰：「不可。違命不孝，棄事不忠。雖知其寒，此寒字與狐突語「金寒」寒字相應，寒涼猶言苦惡。惡不可取。惡指不孝不忠。子其死之！」又見晉語一。

大子將戰，狐突諫曰：「不可。昔辛伯諗周桓公云：諗音審，深諫也。『內寵並后，外寵二政，政即國政，正卿也。嬖子配嫡，指奚齊、卓子與申生相匹敵。大都耦國，辛伯語詳桓十八年傳注。狐突引辛伯之語以比附晉國時事，指驪姬擅寵，梁五與東關嬖五與正卿並用事。或以大都指曲沃，但居曲沃者爲申生本人，不爲晉國之害。古人援前聞證今事，皆取其大致，不必事事符同。亂之本也。』周公弗從，故及於難。詳桓十八年傳。今亂本成矣，立可必乎？孝而安民，子其圖之！狐突仍勸其行，杜注謂「奉身爲孝，不戰爲安民」也。與其危身以速罪也。」戰則危身而使罪戾速至也。此倒裝句法，正說宜是「與其危身以速罪也，不如孝而安民，子其圖之」。此種句法與元年士蔿語「與其及也」同。晉語一云：「至於稷桑，狄人出逆。申生欲戰。狐突諫曰：『不可。突聞之：國君好艾，大夫殆；好內，適子殆，社稷危。若惠於父而遠於死，惠於衆而利社稷，其可以圖之乎！況其危身於狄以起讒於內也？』申生曰：『不可。君之使我非歡也，抑欲測吾心也，是故賜我奇服，而告我權，又有甘言焉。言之大甘，其中必苦，譖在中矣。君故生心，雖蝎譖，焉避之？不若戰也。不戰而反，我罪滋厚。我戰死，猶有令名焉。』果敗狄於稷桑而反。讒言益起。狐突杜門不出。君子曰：『善深謀也。』」

二・八

成風聞成季之繇，成風，莊公妾，僖公之母。繇音宙，卦兆之占辭也，見前傳。乃事之，文十八年傳云「文公二妃，敬嬴生宣公，敬嬴嬖，而私事襄仲」，與此「事」字同，謂結之以爲援也。而屬僖公焉，故成季立之。

二・九 僖之元年，齊桓公遷邢于夷儀。夷儀，據馬宗璉補注、沈欽韓地名補注，當在今山東省聊城縣西十二里。或謂在河北省邢臺市西，誤。二年，封衞于楚丘。楚丘，衞地，在今河南省滑縣東。齊召南左傳注疏考證曰：「傳有追叙，有預叙，此類則預叙也。」呂氏春秋簡選篇：「齊桓公良車三百乘，教卒萬人，以爲兵首，橫行海内，天下莫之能禦。南至石梁，西至酆郭，北至令支。中山亡邢，狄人滅衞。桓公更立邢于夷儀，更立衞于楚丘。」邢遷如歸，衞國忘亡。劉知幾史通模擬篇曰：「言上下安堵，不失舊物也。」

二・一〇 衞文公大布之衣、大帛之冠，衞文公繼戴公，見前傳注。大帛，禮記雜記上鄭注引作「大白」，又云：「大白冠，大古之布冠也。」大布衣、大白冠，所以示儉。詳徐孝宦春秋左氏傳鄭義輯述（文史第八輯）。務材、訓農，孔疏云：「務材，務在植材用也；訓農，訓民勤（從宋本）農業也。」通商、惠工，孔疏云：「通商，通商販之路，令貨利往來也；惠工，加恩惠於百工，賞其利器用也。」敬教、勸學，孔疏云：「敬教，敬民五教也；勸學，勸民學問也。」授方、任能。此二事指官人言，方即成十八年及襄九年傳「官不易方」、昭二十九年傳「官修其方」之方，授方者，授之以百官之常法也；任能者，任用其材能之人也。不授以方，則無治法；不任其能，則無治人。説詳俞樾平議。元年，革車三十乘；季年，季年，末年也，杜注以爲在僖二十五年。乃三百乘。乃三百乘，竟至三百乘也。三十乘，齊桓所饋；三百乘，治國所得。

春秋左傳注

（修訂本）

楊伯峻編著

六

定公　哀公

中華書局

春秋左傳注

定公

名宋，襄公之子，昭公之弟。孔疏云：「史傳不言其母，不知誰所生也。」公羊定公釋文謂何休以定公爲昭公子，恐不確。

元年，壬辰，公元前五〇九年。周敬王十一年、晉定三年、齊景三十九年、衞靈二十六年、蔡昭十年、鄭獻五年、曹隱公通元年、陳惠二十一年、杞悼九年、宋景八年、秦哀二十八年、楚昭七年、吳闔廬六年、許男斯十四年。

經

一・一 元年春王。杜注：「公之始年而不書『正月』，公即位在六月故。」正月二十六日庚子冬至，建子。

一・二 **三月，晉人執宋仲幾于京師。**

一·三　夏六月癸亥，癸亥，二十一日。公之喪至自乾侯。杜注：「告於廟，故書至。」據隱元年傳及禮記禮器、雜記下，諸侯五月而葬。案之春秋經、傳，三月而葬者亦多。昭公死于去年十二月十四日，至此已踰六月，合傳文季平子之擬議推之，其辦喪事遲緩。

一·四　戊辰，戊辰，二十六日。公即位。

一·五　秋七月癸巳，癸巳，二十二日。葬我君昭公。

一·六　九月，大雩。無傳。

一·七　立煬宮。重建煬公之廟。

一·八　冬十月，隕霜殺菽。無傳。周之十月，今農曆之八月，而霜重至于傷害豆苗，乃異常之災，蓋禮記月令謂九月霜始降，菽又耐霜之穀物。

傳

一·一　元年春王正月辛巳，辛巳，七日。晉魏舒合諸侯之大夫于狄泉，將以城成周。魏子涖政。杜注：「涖，臨也。代天子大夫爲政。」衞彪傒曰：「將建天子，杜注：「立天子之居。」而易位以令，易位，謂魏舒本臣，去年傳云「魏子南面」，是改居君位以命令諸侯大夫。非義也。大事奸義，奸義即犯義、違義。必有大咎。晉不失諸侯，魏子其不免乎！」此段紀事與去年傳大致相同，王引之述聞謂此段所載皆去年十一月事，成周築城，「計當始于昭三十二年冬十一月十五日庚寅，畢于十二月十五日己未，非自定元年正月築城，至二月始畢」云云。顧炎武亦以爲傳兩收而失删其一。而日人安井衡左傳輯釋則謂：「三十二年會於狄泉之大夫，特聞徵會之命而來。及既盟之後，始知城成周，徒庸未至，材用未具，而今日屬役賦丈，明日即使栽，諸侯安能應其命哉？前年冬令之，至此年春城之，分明是兩事，傳各從實而書之，經則書令而不書事。若夫魏舒兩奸位，而衞彪傒兩議之，不足怪也。」安井衡之説不過就沈欽韓補注之説而發揮耳。是行也，魏獻子屬役於韓簡子及原壽過，杜注：「簡子，韓起孫不信也。原壽過，周大夫。」而田於大陸，大陸，今河南獲嘉縣西北，舊名吴澤陂。焚焉，還，卒於甯。甯，今獲嘉縣西，近吴澤。周語下云：「是歲也，魏獻子合諸侯之大夫於狄泉，遂田於大陸，焚而死。」與傳意不同。依傳，焚謂燒藪澤之草木便于田獵，非死于火。其死在獵畢返還途中。范獻子去其柏椁，以其未復命而田也。杜注：「范獻子代魏子爲政，去其柏椁，示貶之。」據禮記喪大記，人君以松木爲椁，大夫以柏木爲椁，士以雜木爲椁。

孟懿子會城成周，庚寅，栽。庚寅，十六日。杜注：「栽，設板築。」然詩大雅緜「縮板以載」，縮板即設板築，載乃夯土。古「載」、「栽」同音互通。互參莊二十九年傳「水昏正而栽」注。宋仲幾不受功，攈古録有仲幾𣪘，恐非此人。曰：「滕、薛、郳，吾役也。」杜注：「欲使三國代宋受功役也。」郳，小邾。薛宰曰：「宋爲無道，絶我小國於周，以我適楚，楚與諸國盟，始于僖十九年，而其時宋未與盟。

宋、薛與楚，在成二年。時屬晉，時屬楚，或晉、楚俱盟，則在襄二十七年以後。故我常從宋。晉文公爲踐土之盟，杜注：「在僖二十八年。」曰：『凡我同盟，各復舊職。』若從踐土，若從宋，亦唯命。」若，或也。或從踐土盟約，復舊職，直屬周天子；或從宋，爲其屬役，唯晉之命。亦爲語首助詞。仲幾曰：「踐土固然。」固然者固如此，謂復舊職之意，薛仍爲宋役。薛宰曰：「薛之皇祖奚仲居薛，以爲夏車正，奚仲爲薛之始祖。世本、文選演連珠注引尸子、荀子解蔽篇、呂氏春秋君守篇、淮南子修務篇並謂奚仲作車，譙周古史考則謂黃帝作車，其後少昊時駕牛，禹時奚仲駕馬。古史渺茫，俱未可信。薛，今山東省滕縣南四十里。奚仲遷于邳，邳，今江蘇邳縣東北邳城鎮，即邳縣舊治。仲虺居薛，以爲湯左相。杜注：「仲虺，奚仲之後。」若復舊職，將承王官，何故以役諸侯？」杜注：「承，奉也。」役諸侯，役於諸侯也。仲幾曰：「三代各異物，物猶事也。時不同，事各異。薛焉得有舊？杜注：「言居周世，不得以夏、殷爲舊。」爲宋役，亦其職也。」宋爲微子之後，故云亦其職。士彌牟曰：「晉之從政者新，上文云「魏獻子屬役於韓簡子」，則韓不信主持築成周城之事，此指韓不信新爲卿。子姑受功，歸，吾視諸故府。」故府蓋藏檔案之所，歸而查檔案以決之。仲幾曰：「縱子忘之，山川鬼神其忘諸乎？」其作豈用。杜注：「山川鬼神，盟所告。」士伯怒，謂韓簡子曰：「薛徵於人，杜注：「典籍故事，人所知也。」宋徵於鬼。杜注：「取證於鬼神。」宋罪大矣。且己無辭，而抑我以神，以山川鬼神向我施加壓力。誣我也。『啓寵納侮』，其此之謂矣。啓寵納侮蓋古語，故士伯引之。意謂己先寵宋，宋反壓己，是開寵端而終受侮也。必以仲幾爲戮。」戮，辱也。乃執仲幾以歸。三月，歸諸京師。此傳經「晉人執宋仲幾于京師」，先言其故，後言其終。俞樾平議云：「是時晉侯不在會，故先歸諸晉，而後以晉侯之命歸諸京師。」

城三旬而畢，乃歸諸侯之戍。齊高張後，不從諸侯。杜注：「後期不及諸侯之役。」晉女叔寬曰：「周萇弘、齊高張皆將不免。萇叔違天，高子違人。天之所壞，不可支也；周語下云「敬王十年，劉文公與萇弘欲城周，爲之告晉。魏獻子爲政，說萇弘而與之。衞彪傒適周，聞之，見單穆公曰：『萇、劉其不殁乎！』周詩有之曰：『天之所支，不可壞也；其所壞，亦不可支也』」云云，與此傳略異。衆之所爲，不可奸也。」高張違人，違人即犯衆，指其後期。杜注：「爲哀三年周人殺萇弘、六年高張來奔起。」

一·二 夏，叔孫成子逆公之喪于乾侯。杜注：「成子，叔孫婼之子。」季孫曰：「子家子亟言於我，未嘗不中吾志也。中，去聲，讀爲仲，合也。中吾志即合于吾心。吾欲與之從政，子必止之，留其不往他國。且聽命焉。」杜注：「衆事皆諮問子家子。」子家子不見叔孫，易幾而哭。詩小雅楚茨「如幾如式」，毛傳：「幾，期也。」古代喪禮，初喪，朝夕哭同在中庭北面。子家子不欲見叔孫，故改易己之哭時，或較早或較晚。說本沈欽韓補注。叔孫請見子家子。子家子辭，曰：「羈未得見，而從君以出。杜注：「出時成子未爲卿。」君不命而薨，羈不敢見。」杜注：「言未受昭公之命，託辭以距叔孫。」叔孫使告之曰：「公衍、公爲實使羣臣不得事君，據二十九年傳昭公之言，公爲實謀去季氏，公衍未嘗與聞。二十五年傳叙去季氏事亦無公衍。而季氏不欲立昭公之子，故誣公衍。若公子宋主社稷，則羣臣之願也。杜注：「宋，昭公弟定公。」凡從君出而可以入者，將唯子是聽。子家氏未有後，季孫願與子從政。子家羈爲歸父之子，歸父爲季文子所逐，見宣十八年傳及公羊成十五年傳。子家羈若不返魯，則其族或無人能嗣立者。「後」讀爲論語憲問「臧武仲以防求爲後於魯」之「後」，謂立其子孫繼承爲大夫，以奉其祀。此皆季孫之願也，立公子宋，一事；從昭公出者誰可以入，由子家羈決之，二事；願與羈從政，使子家氏有後于魯，三事。使不敢以告。」杜注：「不敢，叔孫成子名。」對曰：「若立君，則有卿士、大夫與守龜在，羈弗敢知。卿士爲一詞，書洪範「謀及卿士」、隱三年傳「鄭武公、莊公爲平王卿士」是也。守龜又見昭五年、哀二十三年傳，書洪範謂有大疑，謀及卜筮。龜，古以卜而決疑者，據周禮，龜人守之，故曰守龜。此謂不立太子公衍而另立君，則當謀及卿士與大夫，並卜之以守龜，周禮春官大卜所謂「卜立君」者也。若從君者，則貌而出者，入可也；則，假設連詞，若也。貌而出，謂表面從君以出，心未必忠于君。寇而出者，行可也。杜注：「與季氏爲寇讎者，自可去。」若羈也，若，今言至于。則君知其出也，而未知其入也，羈將逃也。」喪及壞隤，壞隤在今曲阜縣境内，互見成十六年傳「公出于壞隤」注。**公子宋先入，從公者皆自壞隤反。**反謂不入而返行。杜注：「出奔。」則無一從者入國矣。

一·三 **六月癸亥，公之喪至自乾侯。戊辰，公即位。**禮記王制：「天子七日而殯，諸侯五日而殯。」杜注因云：「殯則嗣子即位。」癸亥至戊辰凡六日。古代即位受命於殯，行奠殯之禮。尚書顧命乃周成王死，康王即位之文。成王死于乙丑，四月十七日；康王即位于癸酉，四月二十五日，除去死日，七日也。此亦除去癸亥，五日定公即位。踰年始改元，朝正後，再行即位之禮，經所書「元年春王正月，公即位」是也。至于昭公，去年死于國外，第二年六月柩至于國，則定公即位不能不于六月，而此年又不得不改元，以昭公並無三十三年也。此即經不書「正月」之故。**季孫使役如闞公氏，**闞，魯之羣公墓地名，以其爲公墓所在，故曰闞公氏。或以闞字斷句，誤。**將溝焉。**杜注：「季孫惡昭公，欲溝絶其兆域，不使與先君同。」**榮駕鵝曰：「生不能事，死又離之，以自旌也？**杜注：「駕鵝，魯大夫榮成伯也。旌，章也。」榮成伯見襄二十八年傳。也讀爲耶，謂如此，豈非自己彰明其惡？**縱子忍之，**謂狠心爲之。**後必或恥之。」**謂日後必有以爲恥者。**乃止。季孫問於榮駕鵝曰：「吾欲爲君謚，使子孫知之。」**杜注：「爲惡謚。」**對曰：「生弗能事，死又惡之，以自信也？**信同申、伸，也同耶，猶言以此自己表明己之惡乎，與上「以自旌也」意義同。説見楊樹達先生讀左傳。**將焉用之？」乃止。**古禮，葬乃加謚，此是未葬而先議之。

一·四 **秋七月癸巳，葬昭公於墓道南。**諸墓在北，季孫葬昭公於道南，則雖不溝，而實與魯諸先公墓相隔較遠。**孔子之爲司寇也，溝而合諸墓。**杜注：「明臣無貶君之義。」孔丘爲司寇，韓詩外傳八載其命辭曰：「宋公之子弗甫何孫魯孔丘，命爾爲司寇。」此事在何年，前人頗有爭論。江永孔子年譜定在定公十年，較近事理。司寇是卿位，詳毛奇齡西河經問。溝者，於昭公之墓外爲溝，擴大墓域，表示昭公墓與魯羣公之墓同一兆域。

一·五　**昭公出故，季平子禱於煬公。**據史記魯世家，伯禽卒，子考公酋立；考公四年卒，立弟熙，是謂煬公。然則煬公乃以弟繼兄位者。季氏亦欲廢公衍而立昭公之弟，效煬公嗣位故事，故禱之。**九月，立煬宮。**煬宮即煬公廟，早已廢毁，禱時僅于祧（遠祖之廟）中取出煬公神主爲祭。此時定公已即位，故别新立煬宮，以表示兄終弟及，魯有先例，非己私意。説本元趙汸春秋集傳引萬孝恭説。

一·六　**周鞏簡公棄其子弟而好用遠人。**杜注：「簡公，周卿士。遠人，異族也。」此句當與下傳「二年夏四月辛酉，鞏氏之羣子弟賊簡公」連讀，因經文分年而截爲兩節。

二年，癸巳，公元前五〇八年。周敬王十二年、晉定四年、齊景四十年、衛靈二十七年、蔡昭十一年、鄭獻六年、曹隱二年、陳惠二十二年、杞悼十年、宋景九年、秦哀二十九年、楚昭八年、吳闔廬七年、許男斯十五年。

經

二·一 二年春王正月。二月初七乙巳冬至，實建亥，有閏月。

二·二 夏五月壬辰，壬辰，二十五日。雉門及兩觀災。無傳。禮記明堂位：「雉門，天子應門。」此謂諸侯之雉門相當于天子之應門，諸侯宮之南門也。說文：「雉，古文作鮷。」或省作「弟」，亦作「第」，魯世家、韓非子外儲說右上、說苑至公篇皆有「茅門」，實即雉門。諸侯三門，庫門、雉門、路門是也。兩觀在雉門之兩旁，積土爲臺，臺上爲重屋曰樓（非今居人之樓），可以觀望，故曰觀。釋名釋宮室云：「觀，觀也，於上觀望也。」懸法於其上，故亦曰象魏。互詳莊二十一年「闕西辟」注。

二·三 秋，楚人伐吳。楚伐吳七次，止于此矣。

二·四 冬十月，新作雉門及兩觀。無傳。爲火所燒，不得不作。

傳

二·一 二年夏四月辛酉，辛酉，二十四日。鞏氏之羣子弟賊簡公。此句本與上年傳末「周鞏簡公棄其子弟而好用遠人」連讀。

二·二 桐叛楚。據宋王存等元豐九域志，桐，古國，世屬於楚。今安徽桐城縣北有古桐城，即其地。吳子

使舒鳩氏誘楚人，舒鳩于襄二十四年叛楚，二十五年楚滅之。今安徽舒城縣即其地，在桐北。**曰：「以師臨我，**杜注：「教舒鳩誘楚，使以師臨吴。」**我伐桐，爲我使之無忌。」**杜注：「吴伐桐也。僞若畏楚師之臨己，而爲其伐叛國以取媚者也，欲使楚不忌吴，所謂『多方以誤之』。」

秋，楚囊瓦伐吴，師于豫章。杜注：「從舒鳩言。」**吴人見舟于豫章，**杜注：「僞將爲楚伐桐。」**而潛師于巢。**杜注：「實欲以擊楚。」**冬十月，吴軍楚師于豫章，**軍，動詞，擊也。**敗之。**杜注：「楚不忌故。」**遂圍巢，克之，獲楚公子繁。**杜注：「繁，守巢大夫。」

二·三 **邾莊公與夷射姑飲酒，私出。**杜注：「射姑，邾大夫。」私，小便。**閽乞肉焉，奪之杖以敲之。**杜注：「奪閽杖以敲閽頭也。」奪之杖，奪其杖也。惠棟補注引儀禮燕禮「賓醉，北面坐，取其薦脯以降，奏陔。賓所執脯以賜鐘人于門内霤」釋此，未必然。彼是賓醉而出，出時且奏陔；此則因小便而出。但閽人以爲亦取脯，故向之乞肉，小便而出，豈能執脯？且脯以賜鐘人，非與閽者，故敲之。此段本與下年傳「三年春二月辛卯邾子在門臺」云云相連，爲經文所隔開。

三年，甲午，公元前五〇七年。周敬王十三年、晉定五年、齊景四十一年、衛靈二十八年、蔡昭十二年、鄭獻七年、曹隱三年、陳惠二十三年、杞悼十一年、宋景十年、秦哀三十年、楚昭九年、吴闔廬八年、許男斯十六年。

經

三·一　三年春王正月，正月十七日庚戌冬至，建子。公如晉，至河，乃復。無傳。孔疏：「三傳皆無其説，不知何故乃復。」魯君如晉止于此。

三·二　二月辛卯，辛卯，二十九日。邾子穿卒。「二月」，公羊、穀梁作「三月」，此年正月十七日庚戌冬至，二月癸亥朔，三月癸巳朔，則三月不得有辛卯。「三」字誤。

三·三　夏四月。

三·四　秋，葬邾莊公。

三·五　冬，仲孫何忌及邾子盟于拔。「拔」，傳作「郯」，江永考實謂即宣四年經「平莒及郯」之「郯」，在今山東郯城縣西南。杜注云「拔，地闕」。互詳宣四年經注。

傳

三·一　三年春二月辛卯，邾子在門臺，杜注：「門上有臺。」蓋即今之門樓。臨廷。諸侯三門，唯雉門有觀臺，似今之城門樓。雉門内爲治朝，外爲外朝，此廷蓋外朝廷。此傳當與去年傳「邾莊公與夷射姑飲酒，私出，閽乞肉焉，奪之杖以敲之」連讀。閽以缾水沃廷，以瓶盛水灑于廷也。邾子望見之，怒。閽曰：「夷射姑旋焉。」杜注：「旋，小便。」此謂因有尿而噴水。命執之。此言邾莊公之好潔而急躁。若夷射姑小便于飲酒私出時，則早已乾矣。且事隔較久，外廷未有不打掃清潔之事，因其好潔，聞小便而怒；因其卞急，故于事不加思索而信讒言。弗得，滋怒，自投于牀，廢于鑪炭，爛，遂卒。杜注：「廢，隋（墮）也。」蓋皮膚被灼燒，因感染細菌而死。先葬以車五乘，殉五人。杜注：「欲藏中之潔，故先内車及殉，别爲便房，蓋其遺命。」便房即墓中之耳房，猶正殿之有便殿。莊公卞急而好潔，故及是。杜注：「卞，躁疾也。」

三·二　秋九月，鮮虞人敗晉師於平中，顧棟高大事表謂昭十三年傳侵鮮虞，及中人，中人在今河北唐縣西北十三里，此平中當亦相近。獲晉觀虎，恃其勇也。杜注：謂觀虎之被俘，由于恃一人之勇故。「爲五年士鞅圍鮮虞張本。」

三·三　冬，盟于郯，杜注：「郯即拔也。」修邾好也。杜注：「公即位，故修好。」

三·四　蔡昭侯爲兩佩與兩裘以如楚，杜注：「佩，佩玉也。」獻一佩一裘於昭王。昭王服之，以享蔡侯。蔡侯亦服其一。子常欲之，子常，楚令尹囊瓦。弗與，三年止之。猶言止之三年，留之于楚三年也。公、穀于四年傳作「拘昭公于南郢數年」可證。唐成公如楚，有兩肅爽馬，子常欲之，杜注：「成公，唐惠侯之後。肅爽，駿馬名。」唐，楚附庸小國，昭王時滅之，故國在今湖北隨縣西北之唐縣鎮，詳宣十二年傳注。弗與，亦三年止之。唐人或相與謀，請代先從者，許之。孔疏以爲請楚，楚許之。或以爲請于唐成公，此時成公尚在扣留中，不得楚之許可，無能爲也。飲先從者酒，醉之，竊馬而獻之子常。子常歸唐侯。自拘於司敗，杜注：「竊馬者自拘。」司敗即司寇，詳文十年傳注。曰：「君以弄馬之故，弄，玩也。馬本玩弄之物，因曰弄馬。隱君身，隱有隱蔽、窮困之義，此諱言被拘，婉曲言之曰隱。棄國家。羣臣請相夫人以償馬，必如之。」杜注：「相，助也。夫人謂養馬者。」言必得好馬如舊馬以償唐侯。唐侯曰：「寡人之過也。二三子無辱！」無辱，不令其自拘也。皆賞之。蔡人聞之，固請，而獻佩于子常。楚語下有鬬且論子常蓄貨聚馬語，可參閱。子常朝，見蔡侯之徒，從蔡侯者。命有司曰：「蔡君之久也，官不共也。言蔡侯之所以久留于楚，由于有司不供給饋贈餞别之禮品。明日禮不畢，畢謂完備，將遣送蔡侯也。將死。」蔡侯歸，及漢，執玉而沈，曰：「余所有濟漢而南者，有若大川！」誓不再朝楚。公羊作「天下諸侯苟有能伐楚者，寡人請爲之前列」。穀梁亦同此意。蓋因四年蔡隨吳伐楚而以意爲此辭，非原辭也。蔡侯如晉，以其子元與其大夫之子爲質焉，而請伐楚。杜注：「爲明年會召陵張本。」六年傳衞公叔文子云：「公子與二三臣之子，諸侯苟憂之，將以爲之質。」此大夫之子亦執政大臣之子，所謂「二三臣之子」也。

四年，乙未，公元前五〇六年。周敬王十四年、晉定六年、齊景四十二年、衞靈二十九年、蔡昭十三年、鄭獻八年、曹隱四年、陳惠二十四年、杞悼十二年、宋景十一年、秦哀三十一年、楚昭十年、吳闔廬九年、許男斯十七年。

經

四·一 四年春王二月癸巳，正月二十八日乙卯冬至，建子，有閏月。癸巳，正月六日，書二月，杜注：「從赴。」陳侯吳卒。無傳。

四·二 三月，公會劉子、晉侯、宋公、蔡侯、衞侯、陳子、鄭伯、許男、曹伯、莒子、邾子、頓子、胡子、滕子、薛伯、杞伯、小邾子、齊國夏于召陵，侵楚。召陵在今河南郾城縣東，參僖四年經注。

四·三 夏四月庚辰，庚辰，二十四日。蔡公孫姓帥師滅沈，以沈子嘉歸，殺之。「姓」，公羊作「歸姓」。

四·四 五月，公及諸侯盟于皐鼬。杜注：「召陵會劉子、諸侯，總言之也。復稱『公』者，會、盟異處故。」鼬音柚。皐鼬在今河南臨潁縣南。

四·五 杞伯成卒于會。無傳。「成」，公羊作「戊」，蓋字形相近致誤。

四·六 六月，葬陳惠公。無傳。

四·七 許遷于容城。無傳。容城在今河南魯山縣南稍東約三十里。參隱十一年經注。

四·八 秋七月，公至自會。無傳。

四·九 劉卷卒。無傳。劉卷即劉蚠。

四·一〇 葬杞悼公。無傳。

四·一一 楚人圍蔡。

四·一二 晉士鞅、衛孔圉帥師伐鮮虞。無傳。「圉」，公羊作「圄」。杜注：「孔圉，孔羈孫。士鞅即范鞅。」

四·一三 葬劉文公。無傳。

四·一四 冬十有一月庚午，庚午，十八日。蔡侯以吳子及楚人戰于柏舉，柏舉，據彙纂引名勝志，在今湖北麻城縣東北。「柏舉」，公羊作「伯莒」，穀梁作「伯舉」，淮南子詮言作「柏莒」，而兵略仍作「柏舉」。楚師敗績。楚囊瓦出奔鄭。庚辰，庚辰，二十八日。吳入郢。「郢」，公羊、穀梁俱作「楚」。

傳

四·一　四年春三月，劉文公合諸侯于召陵，謀伐楚也。晉荀寅求貨於蔡侯，弗得，言於范獻子曰：「國家方危，諸侯方貳，將以襲敵，不亦難乎！水潦方降，疾瘧方起，中山不服，中山即鮮虞，戰國時爲中山國。一九七四至七七年于河北平山縣三汲公社發現中山王墓，當是戰國時墓，出土文物豐富。棄盟取怨，無損於楚，杜注：「晉、楚同盟，伐之爲取怨。」而失中山，不如辭蔡侯。吾自方城以來，杜注：「晉敗楚，侵方城，在襄十六年。」楚未可以得志，謂晉未可以得志于楚。祇取勤焉。」勤，勞也。意謂僅勞師費財耳。乃辭蔡侯。蔡侯以己子與大夫之子爲質，請晉伐楚，見去年傳。晉竟合諸侯而不伐楚。

晉人假羽旄於鄭，羽旄，亦作羽毛，可用作旌旗之裝飾，參襄十四年傳並注。鄭人與之。明日，或旆以會。旆，裝飾羽毛於旗桿首。晉於是乎失諸侯。襄十四年晉借羽毛于齊不歸，此年又借于鄭，且當時用之，又不歸還矣。

將會，衛子行敬子言於靈公曰：杜注：「子行敬子，衛大夫。」「會同難，杜注：「難得宜。」嘖有煩言，嘖，説文：「大呼也。」荀子正名篇「嘖然而不類」，楊倞注：「争言也。」又作讀，忿怒而責備之義。

煩言，争論不一。句謂互相怒争而言論分歧。莫之治也。其使祝佗從！」杜注：「祝佗，大祝子魚。」論語雍也「不有祝鮀之佞」，鮀、佗同音。可見其人口才甚好。公曰：「善。」乃使子魚。子魚辭，曰：「臣展四體，論語微子「四體不勤」，蓋四體當時常語，謂四肢也。展四體謂從事工作。以率舊職，率，循也。舊職謂繼承其先人之職。大祝爲世襲職位。猶懼不給而煩刑書。不給即襄三十年傳之「不給命」，彼云「猶懼不給命而不免於戾」，此與彼意同。若又共二，共今作供。共二，供二種職務。徼大罪也。且夫祝，社稷之常隸也。杜注：「隸，賤臣。」社稷謂社稷之神，大祝亦掌管祭宗廟之鬼，論語憲問「祝鮀治宗廟」可以爲證。社稷不動，祝不出竟，官之制也。官制即職官之法規。君以軍行，祓社、釁鼓，祝奉以從，於是乎出竟。謂有戰事，君率領軍旅出國，先祭社，並殺牲以血塗鼓，然後大祝奉社主從軍，此時始出國境。若嘉好之事，杜注：「謂朝會。」君行師從，杜注：「二千五百人。」卿行旅從，杜注：「五百人。」此師、旅僅以守衛及預防萬一。臣無事焉。」社稷宗廟之主不動也。公曰：「行也！」

及皋鼬，杜注：「將盟。」將長蔡於衞。杜注：「欲令蔡先衞歃。」衞侯使祝佗私於萇弘曰：「聞諸道路，不知信否。若聞蔡將先衞，信乎？」信，今言實在、真實。萇弘曰：「信。蔡叔，康叔之兄也，蔡叔，蔡國始封君；康叔，衞國始封君。此萇弘藉口，謂以始祖長幼爲次序。實則先蔡者，一則蔡本從楚，今改從晉；二則蔡請伐楚，而晉辭之，以此略慰之耳。先衞，不亦可乎？」子魚曰：「以先王觀之，則尚德也。貴德而不貴齒。昔武王克商，成王定之，選建明德，以蕃屏周。選明德之人，建立國家，爲周室藩屏。故周公相王室，以尹天下，說文：「尹，治也。從又丿，握事者也。」段注：「又爲握，丿爲事。」故主管其事曰尹。於周爲睦。杜注：「睦，親厚也。」以盛德見親厚。」分魯公以大路、大旂，魯公，伯禽也。據周禮春官巾車及司常並鄭注，大路爲金路，即以銅飾車中各零件之末者，王子母弟出封國以賜之。大旂，上畫交龍，建于金路。夏后氏之璜，禮記明堂位：「大璜，天子之器。」淮南子氾論訓及精神訓高誘注云：「半圭曰璋，半璧曰璜，夏后氏之珍器也。」封父之繁弱，禮記明堂位鄭玄注：「封父，國名。」唐書宰相世系表一下云：「封氏出自姜姓，至夏后氏之世，封父列爲諸侯。其地汴州封丘有封父亭，即封父所都。至周失國，子孫爲齊大夫。」封父國當即今河南封丘縣。荀子性惡篇云：「繁弱、鉅黍，古之良弓也。」殷民六族，條氏、徐氏、蕭氏、殷本紀索隱及隱元年傳孔疏引世本，商之後有蕭氏。索氏、或云，爲繩索之工。長勺氏、尾勺氏，或云，長勺氏、尾勺氏皆爲酒器之工。使帥其宗氏，輯其分族，宗氏，其大宗，即嫡長房之族。分族，其餘小宗之族。輯，集合也。將其類醜，類醜，同義詞連用，此謂附屬此六族之奴隸。以法則周公。棄殷商之法命，而服從周公之法命。用即命于周。用，因也。即命，受命也。此謂因此受周王庭之使命。是使之職事于魯，爲魯之工作者。以昭

周公之明德。分之土田陪敦、之指魯。土田陪敦即詩魯頌閟宮「乃命魯公，俾侯于東，錫之山川，土田附庸」之「土田附庸」，亦即召伯虎簋之「僕墉土田」。附庸，或謂即孟子萬章下「不能五十里，不達於天子，附於諸侯，曰附庸」之「附庸」。楊寬古史新探論西周時代的奴隸制生産關係則謂爲「附着於土田的被奴役、被剥削者」。恐仍以舊説爲可靠。參見孫詒讓古籀餘論及王國維毛公鼎考釋。**祝、宗、卜、史，**祝謂大祝，即祝鮀之祝。宗謂宗人，周禮春官有都宗人，掌都宗祀之禮。卜謂大卜，周禮春官有大卜，爲卜筮之長，據鄭玄注，爲殷時制，周繼之。史爲大史，即太史，記史事並掌典籍、星曆者。襄二十五年傳有齊大史書「崔杼弑其君」、宣二年傳晉太史董狐書「趙盾弑其君」及昭三十二年傳叙晉史墨，皆大史職。**備物、典策，**備物即服物，備與服古通用，説詳王引之述聞。國語周語中「亦唯是死生之服物采章」、「服物昭庸」，服物不僅指生與死所服所佩之物，且指所用之禮儀，亦即周語中「縮取備物以鎮撫百姓」之「備物」。典策謂典籍簡册，周禮盡在魯，必有典籍簡册賜之。**官司、彝器；**官司，百官。此謂賜魯應有若干卿、大夫、士。孟子滕文公上「百官有司莫敢不哀」，百官有司之義與此同中有異。彝器，杜注云「常用器」，或云「宗廟祭祀之器」，以今所見金文考之，杜説較長，宗廟器亦在常用器中。**因商奄之民，**杜注：「商奄，國名也。」馬宗璉云：「説文：『郁國在魯。』括地志：『曲阜縣奄里即奄國之地。』奄本殷諸侯，故曰『商奄』。」詳補注。**命以伯禽而封於少皞之虚。**顧炎武日知録二引孫寶侗説云：「祝佗告萇弘，其言魯也，曰『命以伯禽而封於少皞之虚』；其言衞也，曰『命以康誥而封於殷虚』；其言晉也，曰『命以唐誥而封於夏虚』；是則伯禽之命、康誥、唐誥，周書之三篇，今獨康誥存而二書亡。」此説並參梁履繩補釋、沈欽韓補注、馬宗璉補注及武億羣經義證。杜注：「少皞虚，曲阜也，在魯城内。」**分康叔以大路、少帛、綪茷、旃旌、大吕，**少白即小白，旗名，逸周書克殷篇「縣（懸）諸小白」是也。説詳王引之述聞。詩小雅六月釋文「繼旐曰茷」，爾雅釋天「繼旐曰旆」，是旆即茷也。説詳馬宗璉補注。綪音倩，大赤色。綪茷，即大赤色之旗。旃旌，皆旗幟，用帛製而無裝飾者爲旃，用析羽爲飾者爲旌。大吕，鐘名。**殷民七族，陶氏、**或曰陶工。**施氏、**或曰爲旌旗之工。**繁氏、**或曰爲馬纓之工。**錡氏、**或曰銼刀工，又曰釜工。**樊氏、**或曰籬笆工。**饑氏、終葵氏；**周禮考工記鄭玄注：「終葵，錐也。」**封畛土略，自武父以南及圃田之北竟，**詩周頌載芟毛傳：「畛，埸也。」土，封土。略，界也。武父未詳，桓十二年經、傳有武父，乃鄭地，非此武父。圃田亦見僖三十三年傳之原圃，亦鄭地。此圃田，以地望推之，或即鄭之原圃，蓋鄭、衞本交界。**取於有閻之土以共王職；**杜注：「有閻，衞所受朝宿邑，蓋近京畿。」江永考實謂「昭九年周甘人與晉閻嘉争閻田，及閻地近甘，則有閻之土亦當近其地」。當在今河南洛陽市附近。**取於相土之東都以會王之東蒐。**杜注：「爲湯沐邑，王東巡狩，以助祭泰山。」相土，殷商之祖，見襄九年傳「相土因之」注。太平御覽八十二引竹書紀年云：「后相即位，居商丘。」相土之東都爲今河南商丘市。然通鑑地理通釋四云：「商丘當作帝丘。」則東都當爲今河南濮陽縣。朱右曾汲冢紀年存真亦謂當作「帝丘」。**聃季授土，**杜注：「聃季，周公弟，司空。」史記管蔡世家作「冉季載」，並云「冉季載最少」。正義云：「冉亦作丹，音奴甘反。丹，國名；季載，人名也。」**陶叔授民，**杜注：「陶叔，司徒。」陶叔疑即曹叔振鐸，雷學淇竹書紀年義證「曹伯夷薨」下云「叔之封近定陶，故左傳又謂之陶叔」，此説是也。**命以康誥而封於殷虚。**杜注：「康誥，周書。殷虚，朝歌也。」今河南淇縣治。濬縣出土沬司徒迭簋銘「王來伐商邑，征（誕）令康叔鄙于衞」，可證殷墟之封。**皆啓以商政，疆以周索。**杜注：「皆，魯、衞也。啓，開也。居殷故地，因其風俗，開用其政。疆理土地以周法。索，法也。」據康誥「紹聞衣（殷）德言，往敷求于殷先哲王，用保乂民」，「王應保殷民」，「汝陳時臬事罰，蔽殷彝，用其義刑義殺」，禮記表記云：「殷人尊神，率民以事神，先鬼而後禮，先罰而後賞，尊而不親。」皆足爲「啓以商政」之證。疆以周索，依周制畫經界、分地理也。疆即詩小雅信南山「我疆我理」，陳奐毛詩傳疏云：「凡井牧其邱、甸、縣、都之田野，營造徑、畛、涂、道之通路，皆我疆事也。」**分唐叔以大路、密須之鼓、**密須，國名，在今甘肅靈臺縣西五十里。**闕鞏、**昭十五年傳作「闕鞏之甲」，闕鞏國出鎧甲，此以闕鞏代甲。密須、闕鞏並詳昭十五年傳並注。**沽洗，**杜注：「鐘名。」亦作姑洗。**懷姓九宗，**據杜注，懷姓爲唐之餘民。王國維觀堂集林鬼方昆夷玁狁考則認爲懷姓即隗國，云：「此隗國者，殆指晉之西北諸族，即唐叔所受之懷姓九宗，春秋隗姓諸狄之祖也。原其國姓之名，皆出於古之鬼方。案春秋左傳，凡狄女稱隗氏而見於古金文中，則皆作媿。」李亞農西周與東周西周幾個國家的奴隸制云：「懷姓九宗雖與隗姓諸狄同源，但他們早在西周初期，已是爲周族所奴役的未開化或半開化的蠻族。」從褱聲之字與從鬼聲之字古音相近，即謂懷姓爲隗姓之一支，未嘗不可。**職官五正。**杜注：「五官之長。」但若以隱六年傳「翼九宗五正頃父之子嘉父」論之，則五正只是一官。**命以唐誥而封於夏虚，**杜注：「唐誥，誥命篇名也。」國策楚策一云：「陳軫，夏人也，習於三晉之事。」陳軫三晉人而謂之夏人，足證晉封夏墟之説。夏墟，杜注以爲即太原。今太原西南晉祠，本爲祭祀唐叔之所。全祖望經史問答云：「燮父之改號曰晉，以晉水，則自在太原。」顧炎武日知録三十一則云：「竊疑唐叔之封以至侯緡之滅，並在於翼（今山西翼縣東二十里）。」洪亮吉詁亦從此説。互參隱六年傳注。**啓以夏政，**夏政究竟如何，雖文獻稍有記載，然未必全可信，以無出土文物可證。越絶書外傳記寶劍謂「禹穴之時，以銅爲兵」，然訖今未曾發現夏代銅兵。孟子滕文公上云：「夏后氏五十而貢。」則夏代施行定額貢納税制。禮記表記云「夏道尊命，事鬼敬神而遠之，近人而忠焉。先禄而後威，先賞而後罰，親而不尊」云云，則與商政不同。以商代卜辭推之，夏代恐尚無文字典籍，上列諸説，只是傳聞而已。**疆以戎索。**襄四年傳魏絳云：「戎狄荐居，貴貨易土。」則晉周圍之戎狄，尚處遊牧時代，逐水草而居，則田間小徑大路，自必與其遊牧生活相適應。相傳以建寅之月爲歲首者爲夏正，大戴禮記且有夏小正之篇。晉用夏正，左傳極爲明白，前人亦已言之詳矣。但四季仍用周法。商周彝器通考下册著録晉軍缶，銘云：「正月季春，元日己丑。」周正季春三月，正當夏正之正月，可爲明證。國語周語中引夏令，史記夏本紀謂「學者多傳夏小正」，凡此皆證夏正不絶于民間。**三者皆叔也，**三者，周公、康叔、唐叔也，或爲武王之弟，或爲成王之弟。**而有令德，故昭之以分物。**昭，顯也。以分物顯著其德。分物即上文「分之以」某物。**不然，文、武、成、康之伯猶多，**此謂四王之子年長于三叔者尚多，如周公兄有管叔（見史記管蔡世家），武王之子甚多，唐叔虞應有庶兄，故云。**而不獲是分也，唯不尚年也。管、蔡啓商，惎間王室，**惎，謀也；

間，犯也，謂謀犯王室也。説詳王引之述聞。王於是乎殺管叔而蔡蔡叔，上「蔡」字説文作「䊮」，詳昭元年傳並注。孟子公孫丑下云：「周公使管叔監殷，管叔以殷畔。」管蔡世家云：「管叔、蔡叔疑周公之爲不利於成王，乃挾武庚以作亂。周公旦承成王命伐誅武庚，殺管叔，而放蔡叔，遷之。」以車七乘、徒七十人。杜注：「與蔡叔車徒而放之。」其子蔡仲改行帥德，帥同率，史記即作「率」，循也。周公舉之，以爲己卿士，卿士有二義，一爲周王朝六卿之長，詩大雅常武「王命卿士，南仲大祖。大師皇父」，卿士在大師之上。小雅十月之交「皇父卿士，番維司徒」，卿士在司徒之上。周語上「既榮公爲卿士，諸侯不享」，爲卿士則執政矣。故江永羣經補義云：「周初官制，總百官者謂之卿士。」一爲卿大夫之通稱，書洪範「汝則有大疑，謀及乃心，謀及卿士，謀及庶人」，此卿士則兼指上文「八正」，即八大官職。此用第二義，言周公舉之，立于王朝，爲己助手也。見諸王，而命之以蔡。杜注：「命爲蔡侯。」其命書云：『王曰：「胡！無若爾考之違王命也！」』杜注：「胡，蔡仲名。」管蔡世家云：「蔡叔度既遷而死，其子曰胡。胡乃改行，率德馴善。周公聞之，而舉胡以爲魯卿士。魯國治，於是周公言於成王，復封胡於蔡，以奉蔡叔之祀，是爲蔡仲。」書序有蔡仲之命，鄭玄云：「蔡仲之命亡。」今尚書蔡仲之命爲僞作。若之何其使蔡先衛也？武王之母弟八人，周公爲大宰，康叔爲司寇，聃季爲司空，五叔無官，杜注：「五叔，管叔鮮、蔡叔度、成叔武、霍叔處、毛叔聃也。」然管蔡世家云：「餘五叔皆就國，無爲天子吏者。」索隱：「五叔，管叔、蔡叔、成叔、曹叔、霍叔。」無毛叔而有曹叔，蓋以霍叔爲三監之一，而尚書顧命有毛公，即毛叔，則毛叔固以三公兼領卿職，疑司馬貞説較妥。參李惇羣經識小五叔無官條。**豈尚年哉？曹，文之昭也；**杜注：「文王子，與周公異母。」史記有曹叔世家，附管蔡世家後，僅云「曹叔振鐸者，周武王弟也」，不言異母。杜或另有所據。**晉，武之穆也。**杜注：「武王子。」**曹爲伯甸，**杜注：「以伯爵居甸服。」然桓二年傳言「晉，甸侯也」，此又以晉、曹相比，而謂曹在甸服，似兩「甸」字義有不同。晉甸侯之甸已詳桓二年傳注。周禮大行人：「邦畿千里。其外方五百里謂之侯服，又其外方五百里謂之甸服。」以地望言之，曹在今山東定陶縣，距周初王畿較遠，與大行人甸服合。**非尚年也。**曹叔長于唐叔虞，而封地遠，故非尚年。**今將尚之，是反先王也。晉文公爲踐土之盟，衞成公不在，夷叔，其母弟也，猶先蔡。**杜注：「踐土、召陵二會，經書蔡在衞上，霸主以國大小爲（「爲」本作「之」，依金澤文庫本訂正）序也。子魚所言，盟歃之次。」**其載書云：『王若曰，晉重、**杜注：「文公。」晉文公名重耳，此省稱重，顧炎武日知録二十三云：「晉語四曹僖羈稱叔振鐸爲先君叔振，亦二名而稱其一也。」楊樹達先生古書疑義舉例續補因云：「蓋古人記二名，本有省稱一字之例。」會箋以爲「載書首冠『王若曰』，何等鄭重，豈得從省。蓋此時合諸侯于召陵，晉爲盟主，祝鮀之言雖告萇弘，而晉定公實在會，故爲盟主諱，單舉『重』字，正『二名不偏諱』之意」。阮芝生杜注拾遺説同。**魯申、**杜注：「僖公。」**衞武、**杜注：「叔武。」趙坦寶甓齋札記謂此祝鮀述其文，爲本國諱一字。**蔡甲午、**杜注：「莊侯。」**鄭捷、**杜注：「文公。」**齊潘、**杜注：「昭公。」**宋王臣、**杜注：「成公。」**莒期。』**杜注：「兹丕公也。齊序鄭下，周之宗盟，異姓爲後。」祝鮀僅舉歃血之人，其盟辭無關本題，故不言。**藏在周府，可覆視也。吾子欲復**

文、武之略，杜注：「略，道也。」而不正其德，將如之何？」萇弘説，告劉子，與范獻子謀之，乃長衛侯於盟。

四·二 反自召陵，鄭子大叔未至而卒。未至鄭國，死于道。晉趙簡子爲之臨，甚哀，曰：「黄父之會，杜注：「在昭二十五年。」夫子語我九言，曰：『無始亂，無怙富，無恃寵，無違同，無敖禮，敖同傲。謂勿向有禮傲。無驕能，杜注：「以能驕人。」無復怒，杜注：「復，重也。」無謀非德，杜注：「非所謀也。」謂不合德義者勿謀之。無犯非義。』」不義之事勿觸犯之。

四·三 沈人不會于召陵，晉人使蔡伐之。夏，蔡滅沈。秋，楚爲沈故，圍蔡。伍員爲吴行人以謀楚。楚之殺郤宛也，杜注：「在昭二十七年。」伯氏之族出。杜注：「郤宛黨。」伯州犂之孫嚭爲吴大宰以謀楚。吴越春秋闔閭内傳「伯嚭」作「白喜」，且誤以郤宛即伯州犂。楚自昭王即位，無歲不有吴師，蔡侯因之，以其子乾與其大夫之子爲質於吴。冬，蔡侯、吴子、唐侯伐楚。杜注：「唐侯不書，兵屬於吴、蔡。」蓋唐國小力弱，郯之戰，唐惠侯從楚，亦不書。舍舟于淮汭，杜注：「吴乘舟從淮來，過蔡而舍之。」自豫章與楚夾漢，左司馬戌謂子常曰：「子沿漢而與之上下，杜注：「沿，緣也。緣漢上下，遮使勿度（渡）。」我悉方城外以毁其舟，杜注：「以方城外人毁吴所舍舟。」還塞大隧、直轅、冥阨。「冥阨」，阮刻本作「寘阨」，今從釋文、石經、宋本，詳校勘記。杜注：「三者，漢東之隘道。」今豫鄂交界三關，東爲九里關，即古之大隧；中爲武勝關，即直轅；西爲平靖關，即冥阨。冥阨有大小石門，鑿山通道，極爲險隘。冥阨亦曰黽塞。子濟漢而伐之，我自後擊之，必大敗之。」吴越春秋闔閭内傳云：「遂使孫武、伍胥、白喜伐楚。子胥陰令宣言於楚曰：『楚用子期爲將，吾即侍而殺之；子常用兵，吾即去之。』」子期即公子結，此次抗吴，未嘗爲將帥，足見子胥畏之，而知囊瓦之無能也。沈尹戌此一戰略，足操勝算，而囊瓦敗之。既謀而行。武城黑謂子常曰：杜注：「黑，楚武城大夫。」武城，今河南信陽市東北。「吴用木也，我用革也，不可久也，不如速戰。」用木用革蓋指戰車而言。吴車無飾，純以木爲之。楚車以革漫之，須加膠筋。用革者滑易而固，然不耐雨濕，膠革解散，反不如徒木之無患，故曰不可久。説詳姚鼐補注。史皇謂子常：「楚人惡子而好司馬。杜注：「史皇，楚大夫。司馬，沈尹戌。」若司馬毁吴舟于淮，塞城口而入，杜注：「城口，三隘道之總名。」是獨克吴也。子必速戰！不然，不免。」乃濟漢而陳，自小別至于大別。洪亮吉云：「大別、小別皆淮南、漢北之山。」大別山，據鄭玄書禹貢注、漢書地理志、京相璠春秋土地名，俱謂即今安徽霍丘縣西南九十里之安陽山。今湖北英山縣北有大別山，亦此大別山脈之峯。小別則在今河南光山縣與湖北黄岡縣之間。洪亮吉卷施閣甲集釋大別及漢水釋言之甚詳。汪之昌青學齋集小別大別考謂今湖北天門縣城東南有大別山，土名大月山，其西有二小山，小別當在其中。似二山相距太近，未必確。三戰，子常知不可，欲奔。杜注：「知吳不可勝。」史皇曰：「安，求其事；杜注：「求知政事。」難而逃之，將何所入？子必死之，初罪必盡説。」杜注：「言致死以克吳，可以免貪賄致寇之罪。」

十一月庚午，二師陳于柏舉。杜注：「二師，吳、楚師。」闔廬之弟夫槩王晨請於闔廬曰：「楚瓦不仁，杜注：「瓦，子常名。」其臣莫有死志。先伐之，其卒必奔；而後大師繼之，必克。」弗許。夫槩王曰：「所謂『臣義而行，不待命』者，臣義而行不待命，蓋舊有此語，故加「所謂」。其此之謂也。今日我死，楚可入也。」此楚指楚國都郢。以其屬五千先擊子常之卒。子常之卒奔，楚師亂，吳師大敗之。子常奔鄭。春秋啖趙集傳纂例一引劉貺書引紀年云：「楚囊瓦奔鄭。」又引釋云：「是子常。」史皇以其乘廣死。杜注：「以戰死。」楚王或主帥所率之兵車曰乘廣，宣十二年傳「楚子爲乘廣三十乘，分爲左右」可證。吳從楚師，及清發，杜注：「清發，水名。」清水爲溳水支流，即清發，見水經溳水注，楊守敬水經注疏卷三十一謂溳水即清發水。在今湖北安陸縣。將擊之。夫槩王曰：「困獸猶鬬，況人乎？若知不免而致死，必敗我。若使先濟者知免，後者慕之，蔑有鬬心矣。半濟而後可擊也。」從之，又敗之。楚人爲食，吳人及之，説文：「及，逮也，从又人。」甲骨作、象追逐及而持之。殷墟書契前編卷五二十七頁之四云：「貞王追，及？」劉鶚鐵雲藏龜一一六頁之四云：「貞乎（呼）□追寇，及？」此皆「及」之本義，此「及」字亦本義。

奔。吳師追及之，楚師棄食而奔。此從俞樾平議讀。**食而從之，**吳師食楚師所爲之食而後又追逐之。**敗諸雍澨。**據彙纂，今湖北京山縣西南有三澨水，春秋之雍澨其一也。洪亮吉云：「今澨水在京山縣西南，南流入天門縣爲汊水。」疑雍澨即入天門河之支流。**五戰，及郢。**呂氏春秋簡選篇：「吳闔廬選多力者五百人，利趾者三千人，以爲前陳。與荆戰，五戰五勝，遂有郢。」

己卯，己卯，十一月二十七日。**楚子取其妹季羋畀我以出，**季即伯仲叔季之季；羋，楚之姓；畀我，其名。季羋畀我實一人。**涉睢。**睢水即今之沮水，楚子自紀南城西逃，渡沮水，當在今枝江縣東北。**鍼尹固與王同舟，**鍼尹亦作箴尹，固又見哀十六及十八年傳。**王使執燧象以奔吳師。**杜注：「燒火燧繫象尾，使赴吳師驚却之。」殷商時，中原有象，故呂氏春秋古樂篇謂「商人服象」。殷墟遺物有鏤象牙禮器、象齒及以象骨爲卜骨，一九七五年湖南醴陵縣曾發掘得殷商時象形青銅制酒器，尤爲確證。春秋時，象尚未絕跡于長江流域，楚語云「巴浦之犀、犛、兕、象，其可盡乎」及此有燧象，均可爲證。戰國楚尚有象，楚策三楚王曰：「黄金、珠璣、犀、象出于楚，寡人無求於晉國。」至長江以北，象則絕跡。孟子滕文公下「驅虎、豹、犀、象而遠之」，魏策三「白骨疑象」，韓非解老篇「人希見生象」，均足爲證。此燧象猶史記田單列傳之火牛。廣雅釋言：「執，脅也。」此謂迫使火象入吳軍使之奔逃。

庚辰，吳入郢，以班處宮。杜注：「以尊卑班次，處楚王宮室。」穀梁傳云：「君居其君之寢而妻其君之妻，大夫居其大夫之寢而妻其大夫之妻。」吳越春秋闔閭内傳亦謂「闔閭妻昭王夫人，伍胥、孫武、白喜亦妻子常、司馬城（戌）之妻，以辱楚之君臣也。」傳無此說。子山處令尹之宮，杜注：「子山，吳王子。」夫槩王欲攻之，懼而去之，夫槩王入之。杜注：「入令尹宮也。」吳入郢，傳僅叙子山、夫槩王之事，不及伍員。後人書如淮南子、吳越春秋，甚至史記，俱言伍員掘平王之墓，鞭其尸；列女傳且叙伯嬴之貞節，皆不足信。且云伯嬴爲秦穆公女，縱穆公晚年生女，亦過百歲矣，不辯自明。

左司馬戌及息而還，息即今河南息縣西南，亦見隱十一年傳並注。敗吳師于雍澨，傷。初，司馬臣闔廬，故恥爲禽焉，杜注：「司馬嘗在吳，爲闔廬臣，是以今恥於見禽。」謂其臣曰：「誰能免吾首？」謂不使吳得其尸與首也。吳句卑曰：「臣賤，可乎？」下文僅言「句卑」，似句卑爲吳人，而從司馬戌者。司馬曰：「我實失子，可哉！」杜注：「失不知子賢。」三戰皆傷，曰：「吾不可用也已。」阮刻本無「可」字，今從校勘記及金澤文庫本增正。言將死也。句卑布裳，剄而裹之，杜注：「司馬已死，剄取其首。」藏其身，而以其首免。

楚子涉睢，即今湖北之沮水。濟江，入于雲中。楚昭蓋由今枝江縣渡長江，傳説雲夢澤跨江南北，此江南之雲夢。王寢，盜攻之，以戈擊王，王孫由于以背受之，哀十八年傳有寢尹，杜注謂即由于，又曰吳由于，則不知其故。中肩。王奔鄖。鄖爲今湖北京山縣安陸縣一帶，詳桓十一年傳「鄖人軍於蒲騷」注。至雲夢縣志謂雲夢縣有楚王城，爲昭王奔鄖時所築，未審確否。此時昭王復由江南至江北。鍾建負季芈以從。杜注：「鍾建，楚大夫。」萬氏氏族略以成九年傳楚有泠人鍾儀，因疑鍾建以事爲氏。梁履繩通釋且云「鍾子期楚人，鍾儀之族，蓋世擅知音者也」。由于徐蘇而從。杜注：「以背受戈，故當時悶絶。」字書以死而復生曰蘇，此謂蘇醒。鄖公辛之弟懷將弑王，曰：「平王殺吾父，我殺其子，不亦可乎？」杜注：「辛，蔓成然之子鬭辛也。昭十四年楚平王殺成然。」辛曰：「君討臣，誰敢讎之？君命，天也。若死天命，將誰讎？詩曰『柔亦不茹，剛亦不吐。不侮矜寡，不畏彊禦』，詩大雅烝民。茹，食也。食與吐爲對文。矜同鰥。意謂不欺弱者、不畏强者。唯仁者能之。違彊陵弱，非勇也；彊指平王殺其父時。違，迴避也。乘人之約，非仁也；約指昭王此時正處困境。乘今作趁。滅宗廢祀，非孝也；杜注：「弑君罪應滅宗。」動無令名，非知也。必犯是，余將殺女。」鬭辛與其弟巢以王奔隨。隨在今湖北隨縣南，詳桓六年傳並注。吴人從之，謂隨人曰：「周之子孫在漢川者，楚實盡之。僖二十八年傳云：「漢陽諸姬，楚實盡之。」吴、隨皆姬姓，故作此語。天誘其衷，致罰於楚，而君又竄之，杜注：「竄，匿也。」周室何罪？君若顧報周室，施及寡人，以獎天衷，杜注：「獎，成也。」意謂助成天意。君之惠也。漢陽之田，君實有之。」楚子在公宫之北，吴人在其南。子期似王，杜注：「子期，昭王兄公子結也。」史記楚世家及説苑「期」作「綦」，蓋本字。逃王，逃於王，逃至王所。而已爲王，着王衣飾。曰：「以我與之，王必免。」隨人卜與之，不吉，乃辭吳曰：「以隨之辟小，辟同僻。而密邇於楚，楚實存之。世有盟誓，至于今未改。若難而棄之，何以事君？執事之患不唯一人，不僅在昭王一人，而在楚衆。若鳩楚竟，杜注：「鳩，安集也。」安集即安輯。敢不聽命？」吳人乃退。鑢金初宦於子期氏，「鑢」原作「鑪」，「宦」原作「官」，今從阮元校勘記訂正。爲子期家臣。實與隨人要言。要，約也。杜注：「要言無以楚王與吳，並欲脱子期。」王使見，杜注：「王喜其意，欲引見之以比王臣，且欲使盟隨人。」辭，曰：「不敢以約爲利。」謂不敢因王之困約而圖己之私利。說詳王引之述聞。王割子期之心以與隨人盟。杜注：「當心前割取血以盟，示其至心。」莊三十二年傳叙孟任割臂盟公，亦僅破膚取血。

初，伍員與申包胥友。其亡也，謂申包胥曰：「我必復楚國。」史記伍子胥傳作「我必覆楚」，復即覆，傾覆也。此復乃假借字。俞樾平議亦云。申包胥曰：「勉之！子能復之，我必能興之。」及昭王在隨，申包胥如秦乞師，戰國策楚策一作棼冒勃蘇，蓋即申包胥之異稱。棼冒即蚡冒，楚武王之兄，而申包胥之所自出。勃蘇疑其名。又稱申包胥者，或食邑于申，因以爲氏，包胥則其字乎。楚策所叙，亦與傳有同有異，自以傳爲據。說苑至公篇用左傳。曰：「吳爲封豕、長蛇，淮南子本經訓云：「堯之時，封豨、脩蛇爲民害，乃使羿斷脩蛇於洞庭，擒封豨於桑林。」「封豨」，文選辨命論注引作「封豕」。淮南子不用「長」字，改「長」爲「脩」，避其父諱。脩蛇即長蛇。此以喻吳之爲害。以荐食上國，杜注：「荐，數也。言吳貪害如蛇、豕。」虐始於楚。寡君失守社稷，越在草莽，使下臣告急，曰：『夷德無厭，若鄰於君，杜注：「吳有楚，則與秦鄰。」疆埸之患也。逮吳之未定，君其取分焉。杜注：「與吳共分楚地。」若楚之遂亡，君之土也。若以君靈撫之，杜注：「撫，存恤也。」世以事君。』」秦伯使辭焉，曰：「寡人聞命矣。子姑就館，將圖而告。」謂計議後再告之。對曰：「寡君越在草莽，未獲所伏，杜注：「伏猶處也。」處謂居處。下臣何敢即安？」就館即即安，意言往安逸之居。立，依於庭牆而哭，日夜不絶聲，勺飲不入口七日。此言或太過，以生理言之，七日不飲水，不能生存。秦哀公爲之賦無衣。杜注：「詩秦風。取其王于興師，修我戈矛，與子同仇；與子偕作；與子偕行。」據詩序及杜注，無衣乃秦早有此詩，秦哀賦之以表示將出師耳。若以傳隱三年「衞人所爲賦碩人也」、文六年「國人哀之，爲之賦黄鳥」文法例之，似無衣乃秦哀專爲救楚而作。詳阮芝生杜注拾遺。九頓首而坐。古無九頓首之禮，申包胥求救心切，秦哀肯出師，故特別感謝以至九頓首。閻若璩潛丘劄記卷五所謂「此禮之至變也」。秦師乃出。杜注：「爲明年包胥以秦師至張本。」公羊傳、穀梁傳、吕氏春秋、史記伍子胥傳、淮南子脩務訓及吳越春秋、越絶書等書叙此事有溢出左傳外者，或另有據，或非實録。

五年，丙申，公元前五〇五年。周敬王十五年、晉定七年、齊景四十三年、衞靈三十年、蔡昭十四年、鄭獻九年、曹靖公露元年、陳懷公柳元年、杞僖公過元年、宋景十二年、秦哀三十二年、楚昭十一年、吳闔廬十年、許男斯十八年。

經

五·一 五年春王三月辛亥朔，正月初九庚申冬至，建子。日有食之。無傳。「三月」，公羊作「正月」，誤。此爲公元前五〇五年二月十六日之日環食。

五·二 夏，歸粟于蔡。春秋例，不書主者，魯史自不書「魯」也。杜注謂「蔡爲楚所圍，飢乏，故魯歸之粟也」，甚知經旨。公羊、穀梁兩傳皆謂「諸侯歸之」，謬妄不足信。

五·三 於越入吳。杜注：「於，發聲也。」

五·四 六月丙申，丙申，十七日。季孫意如卒。

五·五 秋七月壬子，壬子，四日。叔孫不敢卒。無傳。

五·六 冬，晉士鞅帥師圍鮮虞。

傳

五·一 五年春，王人殺子朝于楚。杜注：「因楚亂也。終閔馬父之言。」

五·二　夏，歸粟于蔡，以周亟，周即賙，救也，給也。亟，杜注：「急也。」此謂救濟急難。矜無資。矜，憐憫也。資即僖三十三年傳「脯資餼牽竭矣」之「資」，杜彼注云：「資，糧也。」僖四年傳「共其資糧屝屨其可也」，資糧連文，尤可證。

五·三　越入吳，吳在楚也。此當越允常之世。昭三十二年吳始用師於越，越乃乘吳師在外而入吳。

五·四　六月，季平子行東野。行，巡行視察。杜注：「東野，季氏邑。」彙纂以爲近費之地。俞樾平議以爲東野非邑名，乃東鄙之義，經、傳皆無此文例，不足信。還，未至，丙申，卒于房。房即防，古房、防二字常通用，顧炎武日知録卷二十七已言之。魯有數防，江永以爲此即隱九年之防，不可信。隱九年經會齊侯之防在費縣東北，季平子歸途未至魯都而死，則其死必離曲阜較近，疑即僖十四年經、傳之防，在今曲阜縣東二十里，參阮芝生杜注拾遺。陽虎將以璵璠斂，璵璠音餘煩。説文：「璵璠，魯之寶玉。」杜注以爲「君所佩」，蓋據吕氏春秋安死篇高注。仲梁懷弗與，杜注：「懷亦季氏家臣。」據杜注，仲梁爲複姓。曰：「改步改玉。」杜注：「昭公之出，季孫行君事，佩璵璠，祭宗廟。今定公立，復臣位，改君步，則亦當去璵璠。」周語中，先民有言，改玉改行，亦此意。步即行步。據禮記玉藻，君與尸行接武，大夫繼武，士中武。據鄭注及孔疏，越是尊貴之人，步行越慢越短。接武者，第一步開始後第二步徐行過前半步；繼武者，第一步與第二步緊接；中武者，第一步第二步間須容一足之地，以其步履須廣闊。因其步履不同，故佩玉亦不同；改其步履之急徐長短，則改其佩玉之貴賤，此改步改玉之義。陽虎欲逐之，告公山不狃。不狃曰：「彼爲君也，子何怨焉？」杜注：「不狃，季氏臣費宰子洩也。爲君，不欲使僭。」論語陽貨篇「公山弗擾以費畔」，即此公山不狃。但所叙與傳文有異，詳論語譯注。潛夫論志氏姓：「魯之公族有公山氏，姬姓也。」通志氏族略：「公山氏以字爲氏。」既葬，桓子行東野，杜注：「桓子，意如子季孫斯。」及費。子洩爲費宰，逆勞於郊，桓子敬之。勞仲梁懷，仲梁懷弗敬。杜注：「懷時從桓子行，輕慢子洩。」子洩怒，謂陽虎：「子行之乎？」杜注：「行，逐懷也。爲下陽虎囚桓子起。」

五·五

申包胥以秦師至。秦子蒲、子虎帥車五百乘以救楚。淮南子修務訓謂「秦王乃發車千乘，步卒七萬人，屬之鍼虎」云云，自難信從。鍼虎爲三良之一，已殉秦穆，當爲子虎之誤。或本作「子虎」，不誤。楚策一謂「出革車千乘，卒萬人，屬之子滿與子虎」云云，「滿」蓋「蒲」之字誤。新序節士篇亦誤作「滿」。千乘、萬人，合一車十卒之制。子蒲曰：「吾未知吳道。」杜注：「道猶法術。」即指戰法戰術。使楚人先與吳人戰，而自稷會之，稷當在今河南桐柏縣境。大敗夫槩王于沂。沂，今河南正陽縣境，參宣十一年「城沂」傳並注。吳人獲薳射於柏舉，杜注：「薳射，楚大夫。」其子帥奔徒以從子西，杜注：「奔徒，楚散卒。」敗吳師於軍祥。軍祥當在隨縣西南。

秋七月，子期、子蒲滅唐。唐即今湖北棗陽縣東南唐縣鎮。

九月，夫槩王歸，自立也，以與王戰，而敗，杜注：「自立爲吳王，稱夫槩王。」前此稱夫槩王，蓋緣此。奔楚，爲堂谿氏。杜注：「傳終言之。」潛夫論志氏姓：「堂谿，谿谷名也，在汝南西平。」汪繼培箋謂「西平」當作「吳房」，蓋據水經濯水注，實不必。堂谿在今河南遂平縣西北，見楊守敬水經注疏卷三十一濯水。與後漢之西平接界，王符時或屬西平縣也。廣韻作「棠谿」，「堂」、「棠」字通。吳師敗楚師于雍澨。乃指楚師因秦兵至，反攻而敗。秦師又敗吳師。吳師居麇，據下文「父兄親暴骨焉」，則麇是吳、楚苦戰之地，疑在雍澨附近。清人續通典云「麇，當陽也」，亦未確。子期將焚之，子西曰：「父兄親暴骨焉，不能收，又焚之，不可。」收謂收斂楚師戰死之尸骨。杜注：「前年楚人與吳戰，多死麇中，言不可并焚。」子期曰：「國亡矣，死者若有知也，可以歆舊祀？豈憚焚之？」可借爲何，言國亡，死者若有知，何以享舊祭？因不畏焚之。詩小雅大東「糾糾葛屨，可以履霜」，何以履霜也。苕之華「牂羊墳首，三星三罶，人可以食，鮮可以飽」，人何以食，此何以飽也。陳風衡門「衡門之下，可以棲遲？泌之洋洋，可以樂飢」，何以棲遲，何以療飢也。焚之，而又戰，吳師敗，又戰于公壻之谿。楚策一云秦師「與吳戰於濁水而大敗之」，淮南子修務訓亦謂「擊吳濁水之上，果大破之」。高誘注淮南云：「濁水蓋江水，傳曰敗吳於公壻之谿。」則高誘疑公壻之谿爲近長江之地，不確。水經湞水注謂濁水即弱溝水，蓋當今白河入漢水處，在今襄樊市東。吳師大敗，吳子乃歸。囚闉輿罷。闉輿罷請先，遂逃歸。杜注：「闉輿罷，楚大夫。請先至吳，而逃歸，言吳唯得楚一大夫，復失之，所以不克。」葉公諸梁之弟后臧從其母於吳，不待而歸。杜注：「諸梁，司馬沈尹戌之子，葉公子高也。吳入楚，獲后臧之母。楚定，臧棄母而歸。」元和姓纂引應劭風俗通云：「楚沈尹戌生諸梁，食采於葉，因氏焉。」餘如呂氏春秋愼行篇高誘注、楚語下韋昭注皆以諸梁爲司馬戌之子，唯王符潛夫論志氏姓云：「葉公諸梁者，戌之第三弟也。」汪繼培箋謂「弟當作子」，竊謂王符自存異説，不足信，而非字誤。　葉公終不正視。杜注：「不義之。」

五·六　乙亥，乙亥，二十八日。陽虎囚季桓子及公父文伯，杜注：「文伯，季桓子從父昆弟也。陽虎欲爲亂，恐二子不從，故囚之。」而逐仲梁懷。　冬十月丁亥，丁亥，十日。殺公何藐。杜注：「藐，季氏族。」己丑，己丑，十二日。盟桓子于稷門之内。杜注：「魯南城門。」庚寅，庚寅，十三日。大詛。詛，祭神以加禍于某某。大詛者，與詛者多也。逐公父歜及秦遄，皆奔齊。杜注：「歜即文伯也。秦遄，平子姑壻也。傳言季氏之亂。」

五·七　楚子入于郢。杜注：「吳師已歸。」初，鬭辛聞吳人之爭宮也，曰：「吾聞之：『不讓，則不和；不和，不可以遠征。』吳爭於楚，必有亂；有亂，則必歸，焉能定楚？」

王之奔隨也，將涉於成臼。成臼即臼水，亦名臼成河。臼成河源出湖北京山縣聊屈山，古時此河西南流入于沔，據水經沔水注，昭王奔隨，即于此渡河，竊疑即今鍾祥縣南之舊口。臼成河今已改道。藍尹亹涉其帑，杜注：「亹，楚大夫。」其帑謂亹之妻子，楚語下亦載此事而較詳，可以爲證。廣韻「其」字下引世本以其帑爲人名，蓋誤讀世本。不與王舟。及寧，杜注：「寧，安定也。」王欲殺之。子西曰：「子常唯思舊怨以敗，君何效焉？」王曰：「善。使復其所，吾以志前惡。」前惡即子常爲政，使楚幾被滅亡，其時昭王不過十五歲。王賞鬬辛、王孫由于、王孫圉、鍾建、鬬巢、申包胥、王孫賈、宋木、鬬懷。杜注：「九子皆從王有大功者。」王孫圉，楚語下載其聘晉事。子西曰：「請舍懷也。」杜注：「以初謀弑王也。」王曰：「大德滅小怨，道也。」杜注：「終從其兄，免王大難，是大德。」申包胥曰：「吾爲君也，非爲身也。君既定矣，又何求？且吾尤子旗，其又爲諸？」杜注：「子旗，蔓成然也。以有德於平王，求欲無厭，平王殺之，在昭十四年。」諸，之乎合音字。遂逃賞。新序節士篇亦載此事，戰國策楚策一則云「自棄於磨山」，磨山亦作歷山，今湖北當陽縣東有磨山。王將嫁季羋，季羋辭曰：「所以爲女子，遠丈夫也。丈夫猶今言男子漢。鍾建負我矣。」以妻鍾建，以爲樂尹。杜注：「司樂大夫。」韓詩外傳卷八載屠羊說辭賞事。

王之在隨也，子西爲王輿服以保路，國于脾洩。杜注：「脾洩，楚邑也。失王，恐國人潰散，故僞爲王車服，立國脾洩，以保安道路人。」彙纂以爲脾洩當在今湖北江陵縣附近。聞王所在，而後從王。王使由于城麇，杜注：「於麇築城。」復命。子西問高厚焉，弗知。子西曰：「不能，如辭。杜注：「言自知不能，當辭勿行。」城不知高厚，小大何知？」言城牆之高低厚薄猶不能知，何由知其周圍之大小。此從孔疏引王肅讀。據上文只問高厚，此讀可從。對曰：「固辭不能，子使余也。人各有能有不能。王遇盜於雲中，余受其戈，其所猶在。」袒而示之背，「示」，阮刻本作「視」，校勘記且謂「古皆作視」，但今仍從金澤文庫本、宋本等作「示」。曰：「此余所能也。脾洩之事，余亦弗能也。」

五・八　晉士鞅圍鮮虞，報觀虎之敗也。「敗」，原作「役」，今從阮元校勘記及金澤文庫本訂正。杜注：「三年鮮虞獲晉觀虎。」

六年，丁酉，公元前五〇四年。周敬王十六年、晉定八年、齊景四十四年、衛靈三十一年、蔡昭十五年、鄭獻十年、曹靖二年、陳懷二年、杞僖二年、宋景十三年、秦哀三十三年、楚昭十二年、吳闔廬十一年、許男斯十九年。

經

六・一　六年春王正月癸亥，正月二十一日丙寅冬至，建子。癸亥，十八日。鄭游速帥師滅許，以許男斯歸。「速」，公羊作「遬」，後同。

六・二　二月，公侵鄭。

六・三　公至自侵鄭。無傳。

六·四 夏，季孫斯、仲孫何忌如晉。魯卿聘晉，始見于僖三十年之公子遂，終于此，共二十四次。此後無聞。

六·五 秋，晉人執宋行人樂祁犂。

六·六 冬，城中城。無傳。杜注：「公爲晉侵鄭，故懼而城之。」中城，内城。亦見成九年經並注。

六·七 季孫斯、仲孫忌帥師圍鄆。無傳。杜注：「何忌不言何，闕文。鄆貳於齊，故圍之。」公羊傳云：「此仲孫何忌也，曷爲謂之仲孫忌？譏二名。二名，非禮也。」此妄説，前人駁之多矣。

傳

六·一 六年春，鄭滅許，因楚敗也。是時許在容城，見四年經並注。鄭既滅舊許，吞併其地，今又滅其新都。容城在河南魯山縣東南約三十里，距許昌市不足四百里，故鄭能滅之。哀元年及十三年又皆書「許男」，孔疏以爲「許復見者，以許屬楚，故疑蓋楚封之」云云，或如此。

六·二 二月，公侵鄭，取匡，匡，今河南長垣縣之匡城，詳文元年傳「伐緜、訾及匡」注。爲晉討鄭之伐胥靡也。鄭伐胥靡見後傳。胥靡在今河南偃師縣東，亦見襄十八年傳並注。往不假道於衞；及還，陽虎使季、孟自南門入，出自東門，季謂季桓子，孟謂孟懿子。論語季氏孔丘所謂「陪臣執國命」，此時陽虎當權，故能强使魯之世卿。舍於豚澤。據傳文，豚澤蓋衞東門外小地名。衞侯怒，使彌子瑕追之。彌子瑕，衛靈公寵倖之臣，亦見韓非子諸書。哀二十五年傳謂之彭封彌子。世族譜列之雜人。公叔文子老矣，杜注：「文子，公叔發。」禮記檀弓下謂之貞惠文子。輦而如公，曰：「尤人而效之，非禮也。僖二十四年及襄二十一年傳俱云「尤而效之」，詳僖二十四年傳注。昭公之難，魯昭爲季氏所逐居外。君將以文之舒鼎，何焯義門讀書記謂「衛爲狄滅，大路、少帛埽地無遺，故言宗器自文公始」。文，衛文公。成之昭兆，杜注：「寶龜也。」衛成公，文公子，嗣文公立。定之鞶鑑，定，衛定公，文公曾孫。鞶鑑，詳莊二十一年傳注。苟可以納之，擇用一焉。言誰能使魯昭復入魯國，三寶可擇用其一。公子與二三臣之子，諸侯苟憂之，將以爲之質。杜注：「爲質求納魯昭公。」此羣臣之所聞也。今將以小忿蒙舊德，杜注：「蒙，覆也。」覆謂掩蓋。追魯兵是掩舊德。無乃不可乎？大姒之子，杜注：「大姒，文王妃。」詩大雅思齊「大姒嗣徽音，則百斯男」可以爲證。唯周公、康叔爲相睦也，周公、康叔，魯、衛之始祖，其和睦於書康誥猶能見之。而效小人以棄之，小人，據下文，實指陽虎。不亦誣乎？此實陽虎小人爲之，非魯本意，故曰誣妄。天將多陽虎之罪以斃之，君姑待之，若何？」乃止。杜注：「止不伐魯師。」

六·三　夏，季桓子如晉，獻鄭俘也。杜注：「獻此春取匡之俘。」陽虎强使孟懿子往報夫人之幣，當時諸侯夫人亦得派使者致聘。儀禮聘禮云「受夫人之聘璋享玄纁」，又云「夫人之聘享亦如之」，則聘君與夫人可以一使兼之，陽虎特强孟懿子專報晉夫人之聘，蓋欲求媚于晉。晉人兼享之。同時享讌季桓子與孟懿子。孟孫立于房外，謂范獻子曰：「陽虎若不能居魯，而息肩於晉，所不以爲中軍司馬者，有如先君！」孟孫知陽虎專權横强太甚，不能久在魯，乃因其取匡獻俘之功，私請于晉，爲之留一去路，而以誓言出之。獻子曰：「寡君有官，將使其人，杜注：「擇得其人。」鞅何知焉？」以爲獻子謂簡子曰：「魯人患陽虎矣。孟孫知其釁，釁，兆也。知陽虎有不容于魯之預兆。以爲必適晉，故强爲之請，出以誓言，故云强請。以取入焉。」求得入他國之禄位，故云取入。孟子離婁下述君之於臣云：「有故而去，則君使人導之出疆，又先於其所往。」陽虎逃亡，雖無導出疆者，此則孟孫先爲之佈置。陽虎後果逃往晉國。

六·四　四月己丑，己丑，十五日。吴大子終纍敗楚舟師，杜注：「終纍，闔廬子，夫差兄。」陸廣微吴地記云：「闔閭三子，長曰終纍。」獲潘子臣、小惟子及大夫七人。據杜注，潘子臣、小惟子爲楚舟師之帥。吕氏春秋察微篇誤以爲昭二十三年雞父之役。「小惟子」作「小帷子」。楚國大惕，懼亡。子期又以陵師敗于繁揚。杜注：「陵師，陸軍。」繁揚即襄四年傳之繁陽，在今河南新蔡縣北。令尹子西喜曰：「乃今可爲矣。」杜注：「言知懼而後可治。」於是乎遷郢於鄀，鄀，今湖北宜城縣東南九十里，據路史國名紀，又名北郢。而改紀其政，紀，治理。以定楚國。楚仍遷回紀南城，見漢書地理志。

阮元積古齋鐘鼎彝器款識有楚曾侯鐘，吴闓生吉金文録載其銘文云「唯王五十六祀徙自西陽」云云，似楚之復都紀南城在楚惠王五十六年，入戰國矣。然楚世家云：「楚昭王滅唐。九月，歸入郢。」而不載惠王遷都事。昭王仍都紀南城。吴世家誤大子終纍爲夫差，又謂獲潘子臣爲「取番」。

六·五　**周儋翩率王子朝之徒因鄭人將以作亂于周，**杜注：「儋翩，子朝餘黨。」萬氏氏族略云：「周簡王之後爲儋氏，王儋季（簡王子，靈王弟，見襄三十年傳）、儋括（季子，亦見襄三十年）、儋翩。」**鄭於是乎伐馮、滑、胥靡、負黍、狐人、闕外。**杜注：「鄭伐周六邑，在魯伐鄭取匡前。於此見者，爲成周起也。」後漢書馮魴傳注引東觀漢記謂魏之别封曰華侯，華侯孫長卿食采馮城，即此馮，當在洛陽市不遠之處。滑，今河南偃師縣緱氏鎮。詳莊十六年經、僖二十年傳並注。負黍，今河南登封縣西南。狐人，在今河南臨潁縣。闕外，即洛陽市南伊闕外地。當在今伊川縣北。**六月，晉閻没戍周，且城胥靡。**杜注：「爲下天王出居姑蕕起。」

六·六　**秋八月，宋樂祁言於景公曰：「諸侯唯我事晉，**自城濮之戰以來，宋事晉最無二心。**今使不往，晉其憾矣。」樂祁告其宰陳寅。**杜注：「以與公言告之。」**陳寅曰：「必使子往。」他日，公謂樂祁曰：「唯寡人説子之言，子必往！」**唯寡人悦其言，則無他人可使。**陳寅曰：「子立後而行，吾室亦不亡，**杜注：「寅知晉政多門，往必有難，故使樂祁立後而行。」**唯君亦以我爲知難而行也。」見溷而行。**杜注：「溷，樂祁子也。見於君，立以爲後。」**趙簡子逆，而飲之酒**

於緜上，緜上即山西翼城縣西之小緜山，説詳顧炎武補正及僖二十四年傳並注。獻楊楯六十於簡子。古代盾或以木爲之，此楊木非水楊。本草謂楊枝硬而揚起，柳枝弱而垂流，則此楊楯之楊或即黄楊，木材黄色，質堅緻，故以爲盾。陳寅曰：「昔吾主范氏，今子主趙氏，又有納焉，以楊楯賈禍，弗可爲也已。然子死晉國，子孫必得志於宋。」杜注：「以其爲國死。」范獻子言於晉侯曰：「以君命越疆而使，自宋至晉，必經鄭，故曰越疆。未致使而私飲酒，不敬二君，二君謂晉定公與宋景公。不可不討也。」乃執樂祁。

六・七　陽虎又盟公及三桓於周社，盟國人于亳社，詛于五父之衢。周社自是魯之國社，以其爲周公後也。魯因商奄之地，並因其遺民，故立亳社。餘詳閔二年傳「間於兩社」注。五父之衢在曲阜東南五里，餘詳襄十一年「詛諸五父之衢」注。

六・八　冬十二月，天王處于姑蕕，杜注：「姑蕕，周地。」辟儋翩之亂也。杜注：「爲明年單、劉逆王起。」

七年，戊戌，公元前五〇三年。周敬王十七年、晉定九年、齊景四十五年、衛靈三十二年、蔡昭十六年、鄭獻十一年、曹靖三年、陳懷三年、杞僖三年、宋景十四年、秦哀三十四年、楚昭十三年、吴闔廬十二年。

經

七·一 七年春王正月。二月初二辛未冬至，建亥，有閏月。

七·二 夏四月。

七·三 秋，齊侯、鄭伯盟于鹹。鹹在今河南濮陽縣東南六十里，餘詳僖十三年經注。

七·四 齊人執衞行人北宫結以侵衞。

七·五 齊侯、衞侯盟于沙。「沙」，傳作「瑣」，古音同也。公羊作「沙澤」，彙纂疑與成十二年之瑣澤同一地。據杜注，在今河北大名縣東。王夫之稗疏謂即今河北涉縣，此地離齊遠，恐不確。

七·六 大雩。無傳。

七·七 齊國夏帥師伐我西鄙。杜注：「夏，國佐孫。」

七·八 九月，大雩。無傳。

七·九 冬十月。

傳

七·一　七年春二月，周儋翩入于儀栗以叛。杜注：「儀栗，周邑。」高士奇地名考略以爲儀栗在今河南蘭考縣境，周王室僅七邑，絶不能越鄭而有鄭以東之地，此不待辯而明。

七·二　齊人歸鄆、陽關，陽虎居之以爲政。杜注：「鄆、陽關皆魯邑，中貳於齊，齊今歸之。」陽關在今山東寧陽縣東北八十餘里，泰安縣南約六十里，並參襄十七年傳「師自陽關」注。

七·三　夏四月，單武公、劉桓公敗尹氏于窮谷。據杜注，武公爲穆公子；桓公爲文公子。尹氏復黨儋翩，共爲亂。窮谷，江永考實謂即昭二十六年傳萑谷、施谷之類，在洛陽市東，詳彼注。或謂即襄四年傳之窮石，窮石在今洛陽市南，相距甚近。

七·四　秋，齊侯、鄭伯盟于鹹，徵會于衛。衛侯欲叛晉，杜注：「屬齊、鄭也。」諸大夫不可。使北宫結如齊，而私於齊侯曰：「執結以侵我。」齊侯從之，乃盟于瑣。杜注：「瑣即沙也。」爲明年涉佗捘衛侯手起。」

七·五　齊國夏伐我。杜注：「齊叛晉故。」陽虎御季桓子，公斂處父御孟懿子，杜注：「處父，孟氏家臣，成宰公斂陽。」廣韻「公」字注，公斂，複姓。將宵軍齊師。言將夕擊齊軍。齊師聞之，墮，伏而待之。杜注：「墮毁其軍以誘敵而設伏兵。」處父曰：「虎不圖禍，而必死。」杜注：「而，女也。」

苫夷曰：「虎陷二子於難，不待有司，余必殺女。」有司，謂執掌軍法者。虎懼，乃還，不敗。

七·六 冬十一月戊午，戊午，二十三日。單子、劉子逆王于慶氏。杜注：「慶氏，守姑蕕大夫。」晉籍秦送王。己巳，杜注：「己巳，十二月五日。有日無月。」王入于王城，館于公族黨氏，杜注：「黨氏，周大夫。」黨氏實義爲黨某之家。而後朝于莊宮。杜注：「莊王廟也。」

八年，己亥，公元前五〇二年。周敬王十八年、晉定十年、齊景四十六年、衞靈三十三年、蔡昭十七年、鄭獻十二年、曹靖四年、陳懷四年、杞僖四年、宋景十五年、秦哀三十五年、楚昭十四年、吳闔廬十三年。

經

八·一 八年春王正月，正月十三日丙子冬至，建子。公侵齊。杜注：「報前年伐我西鄙。」

八·二 公至自侵齊。無傳。

八·三 二月，公侵齊。杜注：「未得志故。」

八·四　三月，公至自侵齊。無傳。

八·五　曹伯露卒。無傳。

八·六　夏，齊國夏帥師伐我西鄙。

八·七　公會晉師于瓦。瓦即今河南滑縣南之瓦崗集。

八·八　公至自瓦。無傳。

八·九　秋七月戊辰，戊辰，七日。陳侯柳卒。無傳。

八·一〇　晉士鞅帥師侵鄭，遂侵衞。

八·一一　葬曹靖公。無傳。

八·一二　九月，葬陳懷公。無傳。

八·一三　季孫斯、仲孫何忌帥師侵衞。

八·一四　冬，衞侯、鄭伯盟于曲濮。無傳。杜注：「結叛晉。曲濮，衞地。」曲濮，彙纂云：「蓋濮水曲折之處，猶言河曲、汾曲也。」然古濮水有二，一出今山東濮縣廢治（濮縣已併入范縣）南，菏澤縣北，今之臨濮集，水已堙。彙纂以此濮水當之，恐不確。一出河南滑縣與延津縣境，本黄河支流，自黄河決遷後，亦堙。疑曲濮之濮即此。

八·一五 **從祀先公。** 杜注：「從，順也。先公，閔公、僖公也。將正二公之位次，所順非一，親盡，故通言先公。」參文二年「躋僖公」經、傳。

八·一六 **盜竊寶玉、大弓。** 杜注：「盜謂陽虎也。家臣賤，名氏不見，故曰盜。寶玉，夏后氏之璜。大弓，封父之繁弱。」

傳

八·一 **八年春王正月，公侵齊，門于陽州。** 杜注：「攻其門。」陽州，今山東東平縣北境，亦見昭二十五年經注。**士皆坐列，** 杜注：「言無鬬志。」**曰：「顏高之弓六鈞。」** 史記仲尼弟子列傳有顏高，自另一人。崔應榴吾亦廬稿謂此即孔丘弟子，不確。當時以三十斤爲一鈞，六鈞則百八十斤，合今亦不過六十斤。謂張滿弓用力六鈞。**皆取而傳觀之。陽州人出，顏高奪人弱弓，籍丘子鉏擊之，與一人俱斃。** 杜注：「子鉏，齊人。斃，仆也。」謂顏高及其他一人俱被擊而仆地。**偃，且射子鉏，中頰，殪。** 偃，自爲一讀，或連下文，誤。此謂顏高雖倒地，尚有弱弓，卧而仰射，中子鉏面頰，死之。**顏息射人中眉，** 杜注：「顏息，魯人。」**退曰：「我無勇，吾志其目也。」** 言吾本意在射其眼，而誤中其眉。無勇，不善射也。**師退，冉猛僞傷足而先。** 杜注：「猛，魯人，欲先歸。」**其兄會乃呼曰：「猛也殿！」** 杜注：「會見師退而猛不在列，乃大呼詐言猛在後爲殿。」然亦可解會不欲猛先行，呼之殿後。

八·二　二月己丑，二月無己丑，己丑，三月二十六日，疑「二」乃「三」之誤。單子伐穀城，穀城在今河南洛陽市西北，當時穀水、澗水、瀍水三者混稱，實則穀水爲澗水上游，澗河下流亦稱穀水。穀水出河南陝縣東崤山穀陽谷，東流經澠池，合澠水，又東合澗水爲澗河。當時則誤以其地臨穀水。劉子伐儀栗。杜注：「討儋翩之黨。」辛卯，三月二十八日。單子伐簡城，高士奇地名考略云：「周有簡師父（僖二十四年傳），簡城當是其食邑。」其地當王城不遠之處。劉子伐盂，盂即隱十一年傳之邘，今河南沁陽縣西北。以定王室。

八·三　趙鞅言於晉侯曰：「諸侯唯宋事晉，好逆其使，猶懼不至；今又執之，是絶諸侯也。」將歸樂祁，士鞅曰：「三年止之，謂扣留之三年。無故而歸之，宋必叛晉。」杜注：「執樂祁在六年。」獻子私謂子梁曰：杜注：「獻子，范鞅。子梁，樂祁。」「寡君懼不得事宋君，是以止子。子姑使溷代子。」杜注：「溷，樂祁子。」子梁以告陳寅。陳寅曰：「宋將叛晉，是棄溷也，不如待之。」杜注：「留待，勿以子自代。」樂祁歸，卒于大行。杜注：「大行，晉東南山。」大行詳襄二十三年傳並注。士鞅曰：「宋必叛，不如止其尸以求成焉。」乃止諸州。州在今河南沁陽縣東南五十里，餘詳昭三年傳並注。

八·四　公侵齊，攻廩丘之郛。廩丘，今山東鄄城縣東北約四十里。主人焚衝，主人，廩丘統治者。

衝，説文作轒，云：「陷陳車也。」然此文言攻齊廩丘外城，則衝爲攻城之車。詩大雅皇矣「與爾臨、衝，以伐崇墉」，則臨車、衝車皆可用作攻城。淮南子覽冥訓「隆衝以攻」，高誘注：「隆，高也。衝車大鐵著其轅端，馬被甲，車被兵，所以衝於敵城也。」當時城郭皆是夯土築成，尚無磚石結構，故不用炮火即可陷城。或濡馬褐以救之，馬褐，漢、晉人謂之馬衣，即以粗麻布所製之短衣，賤者所服。遂毁之。毁廩丘外城。主人出，師奔。廩丘守將出戰，魯師奔逃。陽虎僞不見冉猛者，曰：「猛在此，必敗。」言冉猛在此，必能敗廩丘之軍。猛逐之，猛受此激勵，故逐廩丘人。顧而無繼，僞顛。虎曰：「盡客氣也。」杜注：「言皆客氣，非勇。」客氣者言非出于衷心。冉猛之逐廩丘人，固激于陽虎一言；而廩丘人不殺冉猛，亦非真欲戰，故云「盡客氣」。

八·五　苫越生子，將待事而名之。陽州之役獲焉，有所俘獲。名之曰陽州。陽州之役見本年首章。

八·六　夏，金澤文庫本作「夏四月」，多「四月」二字。齊國夏、高張伐我西鄙。杜注：「報上二侵。」晉士鞅、趙鞅、荀寅救我。杜注：「救不書，齊師已去，未入竟。」公會晉師于瓦，范獻子執羔，趙簡子、中行文子皆執鴈。魯於是始尚羔。杜注據周禮大宗伯之文，謂「禮，卿執羔，大夫執雁（鵝），魯則同之，今始知執羔之尊也」。孔疏又引賈逵、鄭衆二説，不同于杜預，故皆駁之。俞樾亦云「以文義言，亦知賈、鄭兩説之皆非矣」。此古代贄見禮，即來賓須依自己身份與任務，手執某種禮物，舉行例行之相見儀式。

儀禮士相見禮云：「上大夫相見以羔。」又云：「下大夫相見以雁。」此所謂上大夫、下大夫者，諸侯之卿當天子之大夫也。白虎通瑞贄篇云：「卿大夫贄，古以麑鹿，今以羔雁。」然則早于春秋時代以野生小鹿爲贄，其後改用家禽。用家禽中，魯有三卿，本俱執羔。晉有六卿，唯首卿執羔，其餘執雁。魯自此始以羔爲貴，唯上卿執之。

八·七　**晉師將盟衛侯于鄟澤，**杜注：「自瓦還，就衛地盟。」鄟澤屬衛，不詳今所在。**趙簡子曰：「羣臣誰敢盟衛君者？」**杜注：「前年衛叛晉屬齊，簡子意欲摧辱之。」**涉佗、成何曰：「我能盟之。」**杜注：「二子，晉大夫。」**衛人請執牛耳。**盟法已略見于隱元年「盟于蔑」經注。孔疏據襄二十七年及哀十七年傳，知「盟用牛耳，卑者執之，尊者涖之」，是也。衛國固小，且弱於晉，但與衛侯相盟者爲晉之大夫，則衛侯爲尊。此句衛人請執牛耳者，請晉臣執牛耳，衛侯涖之。**成何曰：「衛，吾温、原也，焉得視諸侯？」**杜注：「言衛小，可比晉縣，不得從諸侯禮。」視讀爲孟子萬章下「天子之卿受地視侯」之視，比擬也。**將歃，涉佗捘衛侯之手，及捥。**説文：「捘，推也。」音尊去聲。及捥，杜注謂「血至捥」。捥今作腕。若如此，則衛侯已醮血，涉佗推之，血順流及腕。**衛侯怒，王孫賈趨進，**杜注：「賈，衛大夫。」春秋分紀世譜七謂「王孫牟（見昭十二年傳）之後曰賈，賈子齊」（見哀二十六年傳）。論語憲問謂「王孫賈治軍旅」。説苑權謀篇作「王孫商」，商或其字。**曰：「盟以信禮也，**杜注「信猶明也」，不確。信當讀爲伸。**有如衛君，**詩大雅召旻：「昔先王受命，有如召公，日辟國百里。」此言盟以伸禮有如衛君，亦謂衛君來盟伸禮，而晉之所爲，則非伸禮也。**其敢不唯禮是事而受此盟也？」**其用法同豈。言外之意將不受此盟。**衛侯欲**

叛晉，而患諸大夫。王孫賈使次于郊。衞侯駐郊不入城。大夫問故，杜注：「問不入故。」公以晉詬語之，杜注：「詬，恥也。」謂受晉之恥辱。且曰：「寡人辱社稷，國君受辱猶社稷受辱。其改卜嗣，寡人從焉。」杜注：「使改卜他公子以嗣先君，我從大夫所立。」大夫曰：「是衞之禍，豈君之過也？」公曰：「又有患焉，謂寡人『必以而子與大夫之子爲質』。」衞君述晉人之言。而同爾。爾子，衞君之子。大夫曰：「苟有益也，公子則往，則猶假若，假設連詞。羣臣之子敢不皆負羈絏以從？」「負羈絏」傳凡數見，僖二十四年傳云「行者爲羈絏之僕」，足知此爲從行者之常語。將行，王孫賈曰：「苟衞國有難，工商未嘗不爲患，使皆行而後可。」公以告大夫，乃皆將行之。行有日，已定起程之期。公朝國人，使賈問焉，曰：「若衞叛晉，晉五伐我，病何如矣？」謂危及國家將如何。周禮小司寇之職「掌外朝之政以致萬民而詢焉，一曰詢國危」，此即其證。詳孫詒讓周禮正義。皆曰：「五伐我，猶可以能戰。」可以能連用，强調之辭。賈曰：「然則如叛之，如，當也。謂應當先叛晉。病而後質焉，何遲之有？」乃叛晉。晉人請改盟，弗許。說苑權謀篇云「趙氏聞之，縛涉佗而斬之，以謝於衞。成何走燕」云云，此因十年傳並言之。

八·八 秋，晉士鞅會成桓公侵鄭，杜注：「桓公，周卿士。」經不書成桓公，杜以爲「監帥，不親侵」，未必可信。士鞅專晉政，執宋樂祁，且扣留其尸，何用周卿士監督之？蓋此役亦爲周報鄭仇，成桓公僅以個人臨師，例不書。**圍蟲牢，**蟲牢，今河南封丘縣北，亦見成五年經、傳並經注。**報伊闕也。**六年鄭伐周闕外，晉因以師爲其報復。**遂侵衞。**杜注：「討叛。」

八·九　**九月，師侵衞，晉故也。**杜注：「魯爲晉討衞。」

八·一〇　**季寤、公鉏極、公山不狃皆不得志於季氏，**杜氏世族譜：「季寤，子言，意如子。」杜注：「季桓子之弟。」公鉏極，杜注：「公彌曾孫，桓子族子。」據襄二十三年傳「季武子無適子，公彌長」，注「公彌，公鉏」，則公彌之後以公鉏爲氏。春秋分紀世譜六云「公彌生頃伯，頃伯生隱侯伯，隱侯伯生公鉏極」，與杜注合。**叔孫輒無寵於叔孫氏，**杜注：「輒，叔孫氏之庶子。」**叔仲志不得志於魯，**杜氏世族譜：「叔仲志，定伯帶之孫。」梁履繩補釋：「『帶，叔仲昭伯名，見襄七。』襄三十一年傳謂『叔仲帶竊其拱璧』，昭十二年傳敘帶之子小與南蒯、公子憖謀逐季氏，而季氏薄於叔仲帶之子與孫。**故五人因陽虎。**論語學而「因不失其親」，因有依靠、憑藉之義。**陽虎欲去三桓，以季寤更季氏，**杜注：「代桓子。」**以叔孫輒更叔孫氏，**杜注：「代武叔。」**己更孟氏。**杜注：「陽虎自代懿子。」**冬十月，順祀先公而祈焉。**杜注：「將作大事，欲以順祀取媚。」順祀即經之從祀，仍以閔公在僖公上，參經注。**辛卯，**辛卯，二日。**禘于僖公。**禘爲合祭羣先公之禮，宜于太廟行之，此于僖公廟行之者，杜注謂因順祀「當退僖公，懼於僖神，故於僖廟行順祀也」。或謂禘祭仍于太廟，此謂于僖公者，猶閔二年傳「吉禘于莊公」，爲莊公也。説亦有理有據。**壬辰，**壬辰，三日。**將享季氏于蒲圃而殺之，**蒲圃，魯城東門外地，亦見襄四年、十九年傳。**戒都車，**戒即宣十二年傳「軍政不戒而備」之戒，勑令也。**曰「癸巳至」。**癸巳，四日。杜注：「都邑之兵車也。陽虎欲以壬辰夜殺季孫，明日癸巳以都車攻二家。」**成宰公斂處父告孟孫，曰：「季氏戒都車，**陽虎戒都車，此言季氏，以陽虎爲季氏宰且劫持季氏也。**何故？」孟孫曰：「吾弗聞。」處父曰：「然則亂也，必及於子，先備諸。」**諸，之乎也。**與孟孫以壬辰爲期。**杜注：「處父期以兵救孟氏。壬辰先癸巳一日。」

陽虎前驅。將享季氏，前驅至蒲圃。**林楚御桓子，虞人以鈹、盾夾之，**據周禮山虞澤虞，每大山大澤俱有中士四人，下士若干，故能以鈹盾夾之。鈹爲長刃兵，盾爲防護牌。**陽越殿。將如蒲圃。**公羊此年傳云：「陽越者，陽虎之從弟也。」**桓子咋謂林楚曰：**咋同乍，即孟子公孫丑上「今人乍見孺子將入於井」之乍，突然也。說參錢大昕十駕齋養新録。**「而先皆季氏之良也，**良即良臣。季桓子謂林楚，爾之先輩皆我家之良臣。**爾以是繼之。」**桓子已知陽虎之謀，欲林楚使之脱於禍。**對曰：「臣聞命後。**謂桓子告之已遲。**陽虎爲政，魯國服焉，違之徵死，**徵，召也。言違陽虎之命，招死而已。**死無益於主。」桓子曰：「何後之有？而能以我適孟氏乎？」對曰：「不敢愛死，**愛，惜也。言死猶不惜。**懼不免主。」桓子曰：「往也！」孟氏選圉人之壯者三百人以爲公期築室於門外。**據僖十七年傳「男爲人臣，女爲人妾，故名男曰圉，女曰妾」，可知圉已成男奴通稱。此圉人亦奴隸，說詳楊寬古史新探。杜注：「實欲以備難，不欲使人知，故僞築室於門外，因得聚衆。公期，孟氏支子。」林楚怒馬，怒馬，使馬怒。馬怒則奔馳，故公羊傳作「驟馬」。及衢而騁。陽越射之，不中。築者闔門。有自門間射陽越，殺之。陽虎劫公與武叔，杜注：「武叔，叔孫不敢之子州仇也。」以伐孟氏。公斂處父帥成人自上東門入，杜注謂上東門爲魯東城之北門。與陽氏戰于南門之內，弗勝；又戰于棘下，杜注：「城内地名。」陽氏敗。陽虎説甲如公宮，取寶玉、大弓以出，舍于五父之衢，寢而爲食。己寢而命人爲食也。其徒曰：「追其將至。」虎曰：「魯人聞余出，喜於徵死，此徵死與上文徵死不同。此徵字當讀爲緼，緩也。即文十六年傳、定十四年傳之「紓死」。説詳楊樹達先生讀左傳。何暇追余？」從者曰：「嘻！速駕，公斂陽在。」陽，處父名。公斂陽請追之，孟孫弗許。陽欲殺桓子，孟孫懼而歸之。歸季桓子於季氏。子言辨舍爵於季氏之廟而出。杜注：「子言，季寤。辨猶周徧也。」徧實酒於爵，以置于祖禰之前，此古人將出奔告別之禮。公羊傳所叙與此有異。陽虎入于讙、陽關以叛。讙在今山東寧陽縣北而稍西，詳桓三年經注。陽關在今山東泰安縣東南，詳襄十七年傳注。

八·一一　鄭駟歂嗣子大叔爲政。杜注：「歂，駟乞子，子然也。爲明年殺鄧析張本。」

九年，庚子，公元前五〇一年。周敬王十九年、晉定十一年、齊景四十七年、衞靈三十四年、蔡昭十八年、鄭獻十三年、曹伯陽元年、陳閔公越元年、杞僖五年、宋景十六年、秦哀三十六年、楚昭十五年、吴闔廬十四年。

經

九·一 九年春王正月。正月二十三日辛巳冬至，建子。

九·二 夏四月戊申，戊申，二十二日。鄭伯蠆卒。無傳。「蠆」，公羊作「囆」。

九·三 得寶玉、大弓。

九·四 六月，葬鄭獻公。無傳。

九·五 秋，齊侯、衞侯次于五氏。據彙纂，五氏在今河北邯鄲市西。

九·六 秦伯卒。無傳。既無月日，又不書名，蓋未來告。

九·七 冬，葬秦哀公。無傳。

傳

九·一 九年春，宋公使樂大心盟于晉，且逆樂祁之尸。辭，僞有疾；乃使向巢如晉盟，且逆子梁之尸。子梁即樂祁。據杜注，向巢爲向戌曾孫，然禮記檀弓孔疏引世本云：「向戌生東鄰叔子超，超生左師眇。」眇即巢，則爲向戌孫。顧棟高大事表十二下云：「未知孰是。」子明謂桐門右師出，杜注：「子明，樂祁之子溷也。右師，樂大心，子明族父也。」出謂出國迎尸。曰：「吾猶衰絰，此子明謂樂大心之言。樂祁以八年客死于晉，尚未歸葬，故子明雖逾年仍不除首絰。而子擊鐘，何也？」此蓋樂大心辭去晉而未另派向巢時之言。樂大心辭以疾，子明知其疾僞裝，故激而責之，使其迎父喪。意謂我在喪中，不能出國，汝則擊鐘爲樂，何故不出國。右師曰：「喪不在此故也。」言喪在晉。既而告人曰：「己衰絰而生子，余何故舍鐘？」此樂大心告人之言，謂子明雖自言在衰絰之中，而仍生子。父未葬而己生子，我爲兄弟者自不必捨鐘。子明聞之，怒，言於公曰：「右師將不利戴氏。戴氏指宋國，與吕氏春秋壅塞篇「此戴氏所以絶也」之「戴氏」同義。說詳楊樹達先生積微居小學金石論叢左傳戴氏考。不肯適晉，將作亂也。不然，無疾。」意謂若不欲作亂，何故無疾而辭以疾。乃逐桐門右師。據春秋經，逐右師在明年，傳終言之耳。

九·二　鄭駟歂殺鄧析，而用其竹刑。鄧析作刑律，書於竹簡，故名曰竹刑。魯昭六年子產曾鑄刑書，竹刑後出，或較子產所鑄爲强，故駟歂用之。荀子宥坐篇、吕氏春秋離謂篇、淮南子氾論訓、説苑指武篇以及僞列子力命篇俱言子產殺鄧析，張湛注列子云：「此傳云子產誅鄧析，左傳云駟歂殺鄧析而用其竹刑，子產卒後二十年而鄧析死也。」任大椿列子釋文考異謂辨鄧析非子產所殺始於張湛。然今所傳劉歆校上鄧析子叙引春秋左氏傳亦辯之。氾論訓高誘注亦引傳「鄭駟歂殺鄧析」，但未辨非子產殺之。漢書藝文志名家有鄧析二篇，而今本鄧析子則僞作。君子謂子然：「於是不忠。苟有可以加於國家者，棄其邪可也。杜注：「加猶益也。棄，不責其邪惡也。」鄧析邪惡，吕氏春秋離謂篇曾載之，然未可盡信。靜女之三章，取彤管焉。詩邶風有靜女三章，此乃男女私約之詩，二章云：「靜女其孌，貽我彤管。」杜注：「彤管，赤管筆，女史記事規誨之所執。」竿旄『何以告之』，取其忠也。竿旄在詩鄘風中，末云：「彼姝者子，何以告之？」此君子謂取作詩者之忠心。故用其道，不棄其人。詩云：『蔽芾甘棠，勿翦勿伐，召伯所茇。』甘棠，在詩召南中。詩蓋思念召公而作。甘棠，爾雅謂之杜或棠。爲喬木，高達十公尺。蔽芾爲樹高大覆貌。翦、伐義近，謂去枝或砍伐。茇，説文作「废」，舍也。思其人，猶愛其樹，況用其道而不恤其人乎！恤，顧也。不顧其人即棄其人。子然無以勸能矣。」

九·三 夏，陽虎歸寶玉、大弓，書曰「得」，器用也。此釋經「得寶玉、大弓」。凡獲器用曰得，得用焉曰獲。意謂得一般器物，經用「得」字；得生物曰獲。孔疏云：「春秋書獲，唯有囚俘。除囚俘之外，唯有獲麟。」囚俘，人也；麟，獸也。

六月，伐陽關。杜注：「討陽虎也。」陽虎使焚萊門。杜注：「陽關邑門。」師驚，魯師驚駭。犯之而出，奔齊，陽虎因魯師之驚，突圍出而奔齊。請師以伐魯，曰：「三加，必取之。」謂三次加兵於魯，必取魯。齊侯將許之。鮑文子諫曰：「臣嘗爲隸於施氏矣，杜注：「施氏，魯大夫。文子，鮑國也。成十七年，齊人召而立之，至今七十四歲，於是文子蓋九十餘矣。」爲隸猶言爲臣。魯未可取也。上下猶和，衆庶猶睦，能事大國，而無天菑，菑，同災。若之何取之？陽虎欲勤齊師也，勤，勞也。齊師罷，大臣必多死亡，己於是乎奮其詐謀。己謂陽虎。夫陽虎有寵於季氏，而將殺季孫，以不利魯國，而求容焉。求容謂博取喜悅。說苑權謀篇云：「異日吾好音，此子遺吾琴；吾好佩，又遺吾玉，是不非吾過者也，自容於我者也，吾恐其以我求容也。」即此義。親富不親仁，孟子滕文公上引陽虎語曰：「爲富，不仁矣；爲仁，不富矣。」如此則陽虎乃爲富不仁。君焉用之？君富於季氏，而大於魯國，玆陽虎所欲傾覆也。謂陽虎欲傾覆齊侯之國。魯免其疾，疾猶言禍害。而君又收之，無乃害乎？」齊侯執陽虎，將東之。置之齊國東方。陽虎願東，杜注：「陽虎欲西奔晉，知齊必反己，故詐以東爲願。」乃囚諸西鄙。盡借邑人之車，鍥其軸，麻約而歸之。鍥即契，刻也。深刻車軸，以麻束之，而後還于借主。蓋知己逃，必用其車以追之，車軸被深刻，易折，則難追矣。載葱靈，寢於其中而逃。葱靈爲裝載衣物之車，此請裝載衣物於葱靈，而己寢于衣物之中，不使人見。追而得之，囚於齊。又以葱靈逃，奔宋，遂奔晉，阮刻本無「宋遂奔」三字，今從石經、宋本、淳熙本及金澤文庫本等增訂。適趙氏。此事亦見韓非子難四篇及說苑權謀篇，較此簡略。仲尼曰：

「趙氏其世有亂乎！」韓非子外儲説左下云：「陽虎議曰：『主賢明，則悉心以事之；不肖，則飾姦而試之。』逐於魯，疑於齊，走而之趙，趙簡主迎而相之。左右曰：『虎善竊人國政，何故相也？』簡主曰：『陽虎務取之，我務守之。』遂執術而御之，陽虎不敢爲非，以善事簡主，興主之强，幾至於霸也。」

九·四

秋，齊侯伐晉夷儀。杜注：「爲衞討也。」夷儀，今河北邢臺市西，餘詳襄二十四年傳注。敝無存之父將室之，辭，以與其弟，杜注：「無存，齊人也。室之，爲取婦。」曰：「此役也，不死，反，必娶於高、國。」杜注：「高氏、國氏，齊貴族也。無存欲必有功，還取卿相之女。」先登，求自門出，死於霤下。先登城牆，又欲自其城門出，戰死于城門檐溝之下。東郭書讓登，讓登者，搶登耳，讓借爲攘，實己欲先登。杜注謂「讓衆使後，而己先登」，不確。犂彌從之，曰：「子讓而左，我讓而右，使登者絶而後下。」犂彌告東郭書，書爭登而向左，己爭登而向右，登者盡而後齊下。書左，彌先下。書信其言而左行，犂彌則先下。書與王猛息。王猛即犂彌。杜注：「戰訖共止息。」猛曰：「我先登。」書斂甲，曰：「曩者之難，今又難焉！」東郭書取甲欲着而與王猛相鬬，且曰，昔汝欲我左，使我爲難；今日以此驕我，又使我爲難！猛笑曰：「吾從子，如驂之有靳。」古代戰車駕四馬，兩旁之馬曰驂，中間二馬曰服。服背有靳，靳亦曰游環，詩秦風小戎「游環脅驅」是也。兩驂之轡由外貫于游環中，而總於御者。則靳所以使驂隨服，不致外出或前行。王猛之意，吾必如驂，行在服馬後。

晉車千乘在中牟，中牟有二説，彙纂、江永考實、顧祖禹方輿紀要、高士奇地名考略、洪亮吉詁俱從史記趙世家正義之説，謂在今河南湯陰縣西。而顧棟高大事表九則謂約當在河北邢臺市與邯鄲市之間。衛侯將如五氏，五氏，今河北邯鄲市西。卜過之，經過中牟。龜焦。灼龜而龜焦，則不成兆。衛侯曰："可也！衛車當其半，寡人當其半，敵矣。"衛車五百輛，衛侯自謂己能當五百輛，則敵晉中牟之車千輛矣。乃過中牟。中牟人欲伐之。衛褚師圃亡在中牟，曰："衛雖小，其君在焉，未可勝也。齊師克城而驕，杜注："城謂夷儀。"其帥又賤，率齊師者不知何人，杜注謂爲東郭書，未必確。遇，必敗之，不如從齊。"乃伐齊師，敗之。杜注："獲齊車五百乘，事見哀十五年。"齊侯致禚、媚、杏於衛。杜注："三邑皆齊西界，以答謝衛意。"禚，疑在今山東長清縣境，餘詳莊二年經注。杏當在今山東茌平縣南博平廢治境内。媚在今山東禹城縣。

齊侯賞犂彌，犂彌辭，曰："有先登者，臣從之，晳幘而衣貍製。"蓋犂彌與東郭書本不相識，故僅言其衣著。幘，説文："髮有巾曰幘。"段玉裁注引方言："覆髻謂之幘巾。"晳，白色。杜注以幘爲齰，謂齒上下相值。製，今之斗篷，以貍爲之，故曰貍製。説見俞正燮癸巳類稿卷二製解。公使視東郭書，曰："乃夫子也——吾貺子。"言以齊侯之賞與之。"乃夫子也"係對他人語。"吾貺子"係向東郭書言。公賞東郭書，辭，曰："彼，賓旅也。"阮芝生杜注拾遺云："觀犂彌與書同事而不相識，疑係他國之人初仕于齊者，故書以賓旅稱之。"陶鴻慶别疏："賓旅，猶言羈旅之臣。"乃賞犂彌。

齊師之在夷儀也，齊侯謂夷儀人曰：「得敝無存者，以五家免。」杜注：「給其五家，令常不共役事。」乃得其尸。公三襚之，說文：「襚，衣死人也。」三襚，遷尸於襲上而衣之，爲一襚；小斂又衣之，二襚；大斂又衣，三襚。與之犀軒與直蓋，軒乃高貴者所乘之車，犀軒，則以犀皮爲飾者。直蓋，高蓋，即今之長柄傘，與之以殉葬。而先歸之。坐引者，以師哭之，出葬時，軍隊哭臨，挽車者不敢立，乃坐。古之坐，似今之跪。親推之三。親推喪車三次。

十年，辛丑，公元前五〇〇年。周敬王二十年、晉定十二年、齊景四十八年、衛靈三十五年、蔡昭十九年、鄭聲公勝元年、曹陽二年、陳閔二年、杞僖六年、宋景十七年、秦惠公元年、楚昭十六年、吳闔廬十五年。

經

一〇・一 十年春王三月，二月初五丁亥冬至，建亥，有閏月。及齊平。杜注：「平前八年再侵齊之怨。」

一〇・二 夏，公會齊侯于夾谷。公羊、穀梁作「頰谷」。杜注：「平故。」夾谷有三，此夾谷乃今山東萊蕪縣之夾谷峪，詳顧炎武日知録卷三十一夾谷。

一〇・三 公至自夾谷。無傳。

一〇·四　晉趙鞅帥師圍衞。

一〇·五　齊人來歸鄆、讙、龜陰田。杜注：「三邑，皆汶陽田也。」鄆，在今山東鄆城縣東十六里，餘詳成四年經注。讙在今山東寧陽縣西北三十餘里，參桓三年經注。龜陰，在新泰縣西南、泗水縣東北處。

一〇·六　叔孫州仇、仲孫何忌帥師圍郈。杜注：「郈，叔孫氏邑。」

一〇·七　秋，叔孫州仇、仲孫何忌帥師圍郈。圍郈兩次，而季節不同，故兩言之。「郈」，公羊作「費」，不足據。

一〇·八　宋樂大心出奔曹。公羊作「樂世心」。傳于去年已言之。

一〇·九　宋公子地出奔陳。「地」，公羊作「池」，後同。楊峴春秋左氏古義云：「『地』與『池』隸變形近，古書多渾。」

一〇·一〇　冬，齊侯、衞侯、鄭游速會于安甫。無傳。「安甫」，公羊作「箺」。杜注：「安甫，地闕。」

一〇·一一　叔孫州仇如齊。

一〇·一二　宋公之弟辰暨仲佗、石彄出奔陳。「暨」下，公羊、穀梁俱有「宋」字，金澤文庫本亦有。傳文叔孫州仇如齊在此後，乃依時紀實。經書辰奔在聘後，杜預謂「從告」。

傳

一〇·一 十年春，及齊平。

一〇·二 夏，公會齊侯于祝其，實夾谷。杜注：「夾谷即祝其也。」孔丘相，杜注：「相會儀也。」全祖望經史問答謂夾谷之相，正孔丘爲卿之證。春秋時，所重莫如相，凡相其君而行者，非卿不出。魯十二公之中，自僖而下，其相君者皆三家，皆卿也。魯之卿，非公族不得任。而是時以陽虎諸人之亂，孔丘遂由庶姓儼然得充其使，是破格而用之者也。犂彌言於齊侯曰：「孔丘知禮而無勇，若使萊人以兵劫魯侯，必得志焉。」杜注：「萊人，齊所滅萊夷也。」萊夷原在今山東煙臺地區一帶，今黄縣東南萊子城，爲萊國故城。襄公六年，齊滅萊，遷萊于郳。水經淄水注云「萊蕪故城在萊蕪谷。舊説云，齊靈公滅萊，萊民播流此谷，邑落荒蕪，故曰萊蕪」云云。則夾谷本爲萊人流落之地，齊侯可就地召用之。犂彌，齊世家作「犂鉏」。齊侯從之。孔丘以公退，曰：「士兵之！令魯戰士擊萊人。春秋時，雖盟會，亦有軍旅從，四年傳「君行師從」是也。兩君合好，而裔夷之俘以兵亂之，范文瀾通史簡編云：「裔指夏以外的地，夷指華以外的人。」據下文，此説可信。非齊君所以命諸侯也。裔不謀夏，夷不亂華，俘不干盟，萊人本齊國戰俘，故稱之爲俘。干，犯也。兵不偪好——於神爲不祥，杜注：「盟將告神，犯之爲不善。」於德爲愆義，於人爲失禮，君必不然。」齊侯聞之，遽辟之。使萊兵去。

將盟，齊人加於載書曰：「齊師出竟而不以甲車三百乘從我者，有如此盟！」此句乃齊單方面加于載書之辭。孔丘使茲無還揖對，杜注「無還，魯大夫」，則杜預以茲爲姓。廣韻「茲」字注同。然通志氏族略五謂茲毋爲複姓，舉此茲毋還爲例。「毋」、「無」二字古通用。曰：「而不反我汶陽之田，吾以共命者，亦如之！」杜注：「須齊歸汶陽田，乃當共齊命。」

齊侯將享公。孔丘謂梁丘據曰：「齊、魯之故，吾子何不聞焉？杜注：「故，舊典。」事既成矣，杜注：「會事成。」而又享之，是勤執事也。且犧、象不出門，嘉樂不野合。杜注：「犧、象，酒器，犧尊、象尊也。嘉樂，鐘、磬也。」南史劉杳傳：「杳嘗於沈約坐，語及宗廟犧尊。杳曰：『魏時，魯郡地中得齊大夫子尾送女器，有犧尊作犧牛形。晉永嘉中，賊曹嶷於青州發齊景公冢，又得二尊，形亦爲牛、象，二處皆古之遺器。』約大以爲然。」饗而既具，既，盡也。意謂在此夾谷行享禮，犧尊、象尊，鐘、磬盡備。是棄禮也；因犧、象不出國門，鐘、磬不合奏於野之故。若其不具，用秕稗也。杜注：「秕，穀不成者。稗，草之似穀者。言享不具禮，穢薄若秕稗。」用秕稗，君辱；君指齊侯。謂享不具禮，有辱齊君。棄禮，名惡。子盍圖之！夫享，所以昭德也。不昭，不如其已也。」已，止也。謂不如不享。乃不果享。江永鄉黨圖考云：「夾谷事以左氏爲信，穀梁、史記、家語皆有斬侏儒事，後儒僞造也。」

梁玉繩史記志疑云：「夾谷之會，左、穀述此事各異，史合採二傳又不同。」張文檒螺江日記續編云：「夾谷之會，史記孔子世家又添出晏子一人，實屬誣罔。晏子代父桓子爲大夫，在魯襄十七年，是時孔子尚未生。乃閲五十六年，而會於夾谷時，孔子已五十有二，晏子恐未必尚在。左氏記晏子事極詳，乃自魯昭二十六年以後，竟無一言見於內、外傳，意其人在昭、定之間已經物故。」其餘據左傳以駁穀梁、史記者，崔述洙泗考信録最詳。

一〇·三 **齊人來歸鄆、讙、龜陰之田。** 陽虎于去年以此奔齊。經叙歸田於「晉趙鞅帥師圍衞」後，傳叙于此，蓋因夾谷之會而傳其終，不以時爲次。

一〇·四 **晉趙鞅圍衞，報夷儀也。** 因去年齊爲衞取夷儀，故晉圍衞以報復。

初，衞侯伐邯鄲午於寒氏， 午爲晉邯鄲大夫。邯鄲本衞邑，後屬晉，午爲宰。戰國時趙肅侯都此，在今河北邯鄲市西南三十里。寒氏即去年經之五氏。**城其西北而守之，** 城爲動詞，攻城也。謂攻破寒氏城西北隅而以兵守之。**宵熸。** 杜注：「午衆宵散。」**及晉圍衞，午以徒七十人門於衞西門，殺人於門中，曰：「請報寒氏之役。」** 衞取寒氏爲過去事，故去年衞侯將去寒氏。今年午參與晉圍衞之役，乃以步兵七十人攻衞西門，衞不懼午，開門與之鬭，午曾殺傷衞兵，反自得意，言報寒氏之敗。**涉佗曰：「夫子則勇矣，然我往，必不敢啓門。」** 言衞人畏己甚於畏午。**亦以徒七十人旦門焉，步左右，皆至而立，如植。** 杜注：「至其門下，行步門左右，然後立待，如立木不動，以示整。」**日中不啓門，**

乃退。衛人畏之不敢開門，於是退。反役，圍衛而不能破之，又不敢久留，故兵返。晉人討衛之叛故，討，責問。曰：「由涉佗、成何。」見八年傳。於是執涉佗，以求成於衛。衛人不許。晉人遂殺涉佗，成何奔燕。此燕不知是南燕否。若是，則南燕尚存。然自桓十三年以後，南燕已不見于經；自莊十九、二十年後，亦不見于傳，恐此是北燕也。君子曰：「此之謂棄禮，必不鈞。欲辱衛侯，本趙鞅之意，涉佗、成何不過自告奮勇而往耳。成何言衛僅比晉之縣邑，涉佗則推衛侯之手，皆無禮，而罪之輕重不同，涉佗爲重。詩曰：『人而無禮，胡不遄死？』詩鄘風相鼠。杜注：「遄，速也。」涉佗亦遄矣哉！」

一〇·五　初，叔孫成子欲立武叔，公若藐固諫，曰：「不可。」成子立之而卒。公南使賊射之，不能殺。杜注：「公南，叔孫家臣，武叔之黨。」但楊樹達先生讀左傳以公南黨公若而射武叔，録以存參。公南爲馬正，使公若爲郈宰。武叔既定，使郈馬正侯犯殺公若，不能。其圉人曰：杜注：「武叔之圉人。」于鬯香草校書謂：「順文讀之，自足知爲侯犯之圉人矣。周禮校人職，掌王馬之政。王官校人之下有圉人，故家臣馬正之下亦有圉人。」「吾以劍過朝，朝謂郈宰之朝。公若必曰：『誰之劍也？』吾稱子以告，必觀之。吾僞固而授之末，則可殺也。」據禮記少儀，授人以刀劍，必以刀劍柄或環向受者，而以刀劍鋒刃向己。此圉人僞爲固陋不知禮者，而以劍刃授公若。使如之。公若曰：

「爾欲吴王我乎？」吴王謂吴王僚，爲鱄設諸所殺，見昭二十七年傳。公若見圉人以劍鋒向己，便呵斥之，謂爾欲以我爲吴王僚乎，即刺殺己也。遂殺公若。侯犯以郈叛，武叔、懿子圍郈，弗克。懿子即經文之「仲孫何忌」，孟懿子也。

秋，二子及齊師復圍郈，弗克。叔孫謂郈工師駟赤曰：杜注：「工師，掌工匠之官。」姚鼐補注云：「孔子弟子有壤駟赤，字子徒。」然鄭玄以其爲秦人，未必即此駟赤。「郈非唯叔孫氏之憂，社稷之患也，將若之何？」對曰：「臣之業在揚水卒章之四言矣。」業，事也。揚水即揚之水，釋文云：「或作揚之水。」在今詩唐風。杜注解四言爲「我聞有命」四字，是也，即許之之意。或謂揚之水末章四句，四言即末章之四句，不確。叔孫稽首。杜注：「謝其受己命。」駟赤謂侯犯曰：「居齊、魯之際而無事，必不可矣。無事，杜注：「無所服事。」子盍求事於齊以臨民？不然，將叛。」謂將有叛之者。侯犯從之。齊使至。駟赤與郈人爲之宣言於郈中曰：郈人，郈邑之羣吏而黨于駟赤者。爲之，因之也，因齊使至。「侯犯將以郈易于齊，易謂易地，下文「倍與子地」可證。杜注「謂易其民人」，誤。齊人將遷郈民。」衆兇懼。杜注：「不欲遷。」駟赤謂侯犯曰：「衆言異矣。異謂不與侯犯同。子不如易於齊，與其死也，此倒裝句，本應作「與其死也，不如易於齊」。猶是郈也，謂以郈換齊他邑，他邑亦郈也。而得紓焉，紓，禍害緩和。何必此？此指郈。齊人欲以此偪魯，必倍與子地。且盍多舍甲於子之門以備不虞。」甲，古代護身之衣。置甲於門，有事易於取用，故云備不虞。侯犯曰：「諾。」乃多舍甲焉。侯犯請易於齊，齊有司觀郈。將至，駟赤使周走呼曰：「齊師至矣！」時郈在被圍後，齊有關方面來觀察郈邑者必率多人，故駟赤能使人徧跑呼齊師至。郈人大駭，介侯犯之門甲，郈人取侯犯所置門内之甲而着之。以圍侯犯。駟赤將射之，杜注：「僞爲侯犯射郈人。」侯犯止之，曰：「謀免我。」侯犯請行，許之。駟赤先如宿，宿，齊邑，在今山東東平縣東南二十里。由郈往宿，不過西行十餘里。餘詳隱元年經注。侯犯殿。每出一門，郈人閉之。閉其已出之門，恐其復入也。及郭門，止之，曰：「子以叔孫氏之甲出，有司若誅之，杜注：「誅，責也。」之，指失叔孫之甲。羣臣懼死。」駟赤曰：「叔孫氏之甲有物，杜注：「物，識也。」謂叔孫氏之甲有標記。吾未敢以出。」犯謂駟赤曰：「子止而與之數。」杜注：「數甲以相付。」駟赤止，而納魯人。侯犯奔齊。齊人乃致郈。侯犯請易地時，曾以郈邑之地圖户籍等簿册與齊，此時齊人仍與魯。

一〇・六　宋公子地嬖蘧富獵，據下文，知地爲景公之庶母弟，景公胞弟辰之兄。十一分其室，而以其五與之。杜注：「與富獵也。」公子地有白馬四，公嬖向魋，魋欲之。杜注：「向魋，司馬桓魋也。」禮記檀弓上稱之爲桓司馬。公取而朱其尾、鬣以與之。鬣，馬頸上之長毛。地怒，使其徒抶魋而奪之。魋懼，將走，公閉門而泣之，向魋泣以留之。目盡腫。母弟辰曰：景公同母弟辰謂公子地曰：「子分室以與獵也，而獨卑魋，亦有頗焉。重獵而輕魋，故云有不公平。子爲君禮，杜注：「禮辟君也。」于鬯校書云：「爲君禮當指其平日事君以禮。」又一說，讀禮爲體，儀禮喪服傳云：「昆弟一體也。」不過出竟，君必止子。」公子地出奔陳，公弗止。辰爲之請，弗聽。辰曰：「是我迋吾兄也。迋，說文作誑，欺也。吾以國人出，君誰與處？」冬，母弟辰暨仲佗、石彄出奔陳。杜注：「佗，仲幾子；彄，褚師段子，皆宋卿，衆之所望，故言國人。」

一〇·七　武叔聘于齊，杜注：「謝致郈也。經書辰奔在聘後者，從告。」齊侯享之，曰：「子叔孫！若使郈在君之他竟，寡人何知焉？意謂他國可能取之，我不能預料。屬與敝邑際，際，交界。故敢助君憂之。」杜注：「以致郈德叔孫。」君皆指魯君。對曰：「非寡君之望也。意謂魯君不以此爲德。所以事君，封疆社稷是以，杜注：「以猶爲也。」意謂爲國家土地之安全，於是事齊。敢以家隸勤君之執事？家隸即家臣，此指侯犯。言中之意，侯犯之叛，齊亦參與。夫不令之臣，令，善也。天下之所惡也，君豈以爲寡君賜？」杜注：「言義在討惡，非所以賜寡君。」

十一年，壬寅，公元前四九九年。周敬王二十一年、晉定十三年、齊景四十九年、衛靈三十六年、蔡昭二十年、鄭聲二年、曹陽三年、陳閔三年、杞僖七年、宋景十八年、秦惠二年、楚昭十七年、吳闔廬十六年。

經

一一·一　十有一年春，正月十六日壬辰冬至，建子。宋公之弟辰及仲佗、石彄、公子地自陳入于蕭以叛。蕭，宋邑，今安徽蕭縣治西北十五里。參見莊十二年傳、宣十二年經並注。

一一·二　夏四月。

一一·三　秋，宋樂大心自曹入于蕭。

一一·四　冬，及鄭平。杜注：「平六年侵鄭取匡之怨。」叔還如鄭涖盟。杜注：「還，叔詣曾孫。」孔疏云：「世族譜云：『叔還，叔弓曾孫也。』又世本云：『叔弓生定伯閱，閱生西巷敬叔，叔生成子還。』還爲叔弓曾孫，杜云『叔詣曾孫』，傳寫誤耳。」

傳

一一·一　十一年春，宋公母弟辰暨仲佗、石彄、公子地入于蕭以叛。秋，樂大心從之，大爲宋患，寵向魋故也。

一一·二 **冬，及鄭平，始叛晉也。** 杜注：「魯自僖公以來，世服於晉，至今而叛，故曰始。」晉因趙、范内鬨，同盟解體，於是齊、鄭、衛、魯四國之好逐漸形成，晉遂失諸侯。

經

十二年，癸卯，公元前四九八年。周敬王二十二年、晉定十四年、齊景五十年、衛靈三十七年、蔡昭二十一年、鄭聲三年、曹陽四年、陳閔四年、杞僖八年、宋景十九年、秦惠三年、楚昭十八年、吳闔廬十七年。

一二·一 十有二年春，薛伯定卒。無傳。

一二·二 **夏，葬薛襄公。** 無傳。

一二·三 **叔孫州仇帥師墮郈。** 杜注：「墮，毁也。患其險固，故毁壞其城。」

一二·四 **衛公孟彄帥師伐曹。** 杜注：「彄，孟縶子。」孔疏：「世族譜云：『孟縶無子，靈公以其子彄爲之後也。』爲後則爲其子。縶字公孟，故即以公孟爲氏。」

一二·五 **季孫斯、仲孫何忌帥師墮費。**

一二·六 **秋，大雩。** 無傳。

一二・七　**冬十月癸亥，**癸亥，二十七日。**公會齊侯盟于黄。**無傳。「齊侯」，公羊作「晉侯」。毛奇齡簡書刊誤云：「魯定與齊景同謀叛晉，故爲此盟，乃又改『齊』作『晉』，茫然不知矣。」黄在今山東淄博市東北，互詳桓十七年及宣八年經並注。

一二・八　**十有一月丙寅朔，日有食之。**無傳。此爲公元前四九八年九月二十二日之日環食。王韜春秋日食辨正云：「是年正月二十七日丁酉冬至，中間有閏，推得十月丙寅朔日食。經書十一月，蓋失一閏也。」王夫之稗疏説同。馮澂春秋日食集證並云：「失五月一閏耳。」

一二・九　**公至自黄。**無傳。

一二・一〇　**十有二月，公圍成。**

一二・一一　**公至自圍成。**無傳。杜注：「國内而書『至』者，成彊若列國，興動大衆，故出入皆告廟。」並參孔疏引杜氏釋例。

傳

一二・一　**十二年夏，衛公孟彄伐曹，克郊。**杜注：「郊，曹邑。」據彙纂在今山東菏澤界。**還，滑羅殿。**杜注：「羅，衛大夫。」**未出，不退於列。**未出者，未出曹國邊境也，則殿後之師應退列在其他部隊之後，而羅不如此。**其御曰：「殿而在列，其爲無勇乎！」**滑羅之御者謂滑羅，斷後之部隊而在各部隊行列之中，將認爲無勇。**羅曰：「與其素厲，寧爲無勇。」**杜注：「素，空也。厲，猛也。」蓋斷後，意在敵兵追襲，掩護前進部隊。滑羅知曹不敢追，則斷後爲徒猛。與其如此，寧被無勇之名。

一二·二 **仲由爲季氏宰，**仲由字子路，論語記載其言行甚多，史記仲尼弟子列傳亦傳之。**將墮三都，**三都，魯三桓之采邑，季孫氏之費，叔孫氏之郈，孟孫氏之成也。此時三都之宰又各控制三都以凌三家，如南蒯以費叛，季孫甚苦之；侯犯據郈，兩次圍攻不能克，子路因勢利導，故叔孫、季氏能從其言。**於是叔孫氏墮郈。季氏將墮費，公山不狃、叔孫輒帥費人以襲魯。**杜注：「不狃，費宰也。輒不得志於叔孫氏。」蓋此時子路已率兵墮費，魯都空虛，不狃等因得而入魯。**公與三子入于季氏之宮，**論語憲問述魯哀公答孔丘請討陳恒之言曰「告夫三子」，則季孫、叔孫、孟孫三人稱爲「三子」，乃當時習語。**登武子之臺。**水經泗水注：「阜上有季氏宅，宅有武子臺。今雖崩夷，猶高數丈。」顧祖禹方輿紀要云：「季武子臺在曲阜城東北五里，舊志云在魯東門内。」**費人攻之，弗克。入及公側，**杜注：「至臺下。」俞樾茶香室經説謂「疑此『入』字乃『矢』字之誤。言費人自臺下仰攻，故矢及公側也。襄二十三年傳『矢及君屋』可以爲例」。**仲尼命申句須、樂頎下，伐之，**杜注：「二子，魯大夫。仲尼時爲司寇。」**費人北。國人追之，敗諸姑蔑。**姑蔑即隱元年經、傳之蔑，在今山東泗水縣東四十五里。此孔丘敗公山不狃，論語陽貨篇有「公山弗擾以費畔，召，子欲往」一事，則與此相反。前人論之者甚多。弗擾即不狃，確無可疑。雖係一人，事則兩時。某氏云「要之，不狃可以召孔子，而孔子實未往，其事當在定公八、九年之間」云云，或然也。**二子奔齊，**杜注：

「二子，不狃、叔孫輒。」遂墮費。

將墮成，公斂處父謂孟孫：服虔云：「公斂處父，成宰也。」「墮成，齊人必至于北門。成在今山東寧陽縣東北九里，在魯都稍西而北五十餘里，魯北境。且成，孟氏之保障也。無成，是無孟氏也。子僞不知，我將不墮。」孔子世家全採此傳。

冬十二月，公圍成，弗克。

十三年，甲辰，公元前四九七年。周敬王二十三年、晉定十五年、齊景五十一年、衞靈三十八年、蔡昭二十二年、鄭聲四年、曹陽五年、陳閔五年、杞僖九年、宋景二十年、秦惠四年、楚昭十九年、吳闔廬十八年。

經

一三·一　十有三年春，正月初八壬寅冬至，建子。齊侯、衞侯次于垂葭。公羊作「垂瑕」。穀梁無「衞侯」二字，趙坦異文箋云「脱」。沈欽韓地名補注云：「山東通志，垂葭在曹州府鉅野縣西南境。按：葭密城在菏澤縣西北二十五里葭密寨。疑垂葭即葭密，非是二處。」鉅野縣今作巨野縣。

一三·二　夏，築蛇淵囿。無傳。據水經汶水注，囿當在今肥城縣南汶河北岸。

一三·三 大蒐于比蒲。無傳。昭十一年亦大蒐于比蒲，明年亦大蒐于比蒲。

一三·四 衛公孟彄帥師伐曹。無傳。

一三·五 秋，晉趙鞅入于晉陽以叛。晉陽在今太原市西南二十餘里。

一三·六 冬，晉荀寅、士吉射入于朝歌以叛。公羊荀寅下有二「及」字，趙坦異文箋謂「衍」。杜注：「吉射，士鞅子。」朝歌，今河南淇縣治。

一三·七 晉趙鞅歸于晉。

一三·八 薛弒其君比。無傳。

傳

一三·一 十三年春，齊侯、衛侯次于垂葭，實郹氏。「郹」本作「郥」，誤，今從阮元校勘記及金澤文庫本訂。郹音決。使師伐晉。將濟河，諸大夫皆曰不可，邴意茲曰：「可。銳師伐河內，河內本衛國，衛遷楚丘後，河內屬晉，今河南汲縣。見大事表七之三。傳必數日而後及絳。傳謂傳車，即驛傳。河內距絳遠，驛車奔馳，亦必歷數日而後到。絳不三月不能出河，言絳聞警，整頓軍馬，且師行緩慢，至少三個月始能渡河。則我既濟水矣。」此時，我已返師回黃河之東矣。此時之黃河，經河南原陽、延津諸縣西北而東北流，又經濮陽西而北，齊、衞皆在河東。乃伐河内。以諸大夫皆言不可伐晉，唯邴意茲能料敵而主伐河内。

齊侯皆斂諸大夫之軒，唯邴意茲乘軒。

齊侯欲與衞侯乘，同乘一戰車。與之宴而駕乘廣，乘廣，本楚戰車名，齊亦有之。駕乘廣之駕與孟子梁惠王下「今乘輿已駕矣」之「駕」同義，謂車馬已套好。載甲焉。使告曰：「晉師至矣！」齊侯曰：「比君之駕也，寡人請攝。」言及君車駕好，我請攝御。攝，代也。代其駕御也。此乃齊侯明知晉師未至，作鎮定語，亦表面謙虛之辭。衞君在讌會中，戰車已解馬，突聞晉師至，自不待衞車之駕，而與齊侯共載。于鬯校書、陶鴻慶别疏、吴闓生文史甄微皆糾纏于「比」字之義，仍未得其解，故不述。楊樹達先生讀左傳始粗得其義。乃介而與之乘，介，着所載之甲。驅之。驅馳欲臨陣，齊侯僞示勇。或告曰：「無晉師。」乃止。

一三·二

晉趙鞅謂邯鄲午曰：孔疏引世族譜：「趙衰，趙夙之弟也。衰生盾，盾生朔，朔生武，武生成，成生鞅，其家爲趙氏。夙孫穿，穿生旃，旃生勝，勝生午，其家爲耿氏。」孔疏又云：「計衰至鞅、夙至午皆六代，今俗所謂五從兄弟，是同族也。别封邯鄲，世不絶祀。」「歸我衞貢五百家，吾舍諸晉陽。」午許諾。杜注：「十年，趙鞅圍衞，衞人懼，貢五百家，鞅置之邯鄲。今欲徙著晉陽。晉陽，趙鞅邑。」歸告其父兄。服虔云：「午之諸父兄即邯鄲中長老。」詳見李貽德賈服注輯述。父兄皆曰：「不可。衞是以爲邯鄲，言衛因此助邯鄲也。若五百家徙走，衛將仇邯鄲。而寘諸晉陽，絶衛之道也。絶和好往來之道。不如侵齊而謀之。」杜注：「侵齊，則齊當來報，欲因齊而徙，則衛與邯鄲好不絶。」乃如之，而歸之于晉陽。侵齊而後歸五百家於晉陽。姚鼐補注謂「乃侵齊，虜略齊人，歸之晉陽，以替衛貢」云云，傳所未言，可謂横生支節。趙孟怒，召午，而囚諸晉陽，杜注：「趙鞅不察其謀，謂午不用命，故囚之。」蓋午侵齊而後歸衛貢，鞅嫌其遲耳。使其從者説劍而入，涉賓不可。杜注：「涉賓，午家臣。」不肯解劍。乃使告邯鄲人曰：「吾私有討於午也，二三子唯所欲立。」趙鞅使人告邯鄲人，欲殺午，而聽邯鄲另立午之宗親以安之。遂殺午。趙稷、涉賓以邯鄲叛。杜注：「稷，趙午子。」夏六月，上軍司馬籍秦圍邯鄲。邯鄲午，荀寅之甥也；荀寅，范吉射之姻也，杜注：「壻父曰姻。荀寅子娶吉射女。」而相與睦，故不與圍邯鄲，將作亂。杜注：「作亂，攻趙鞅。」董安于聞之，韓非子十過篇：「董闕于，簡主之才臣。」闕于即安于，韓非子難言、觀行兩篇均作「安于」。董安于事散見韓非子各篇，亦見于史記趙世家、扁鵲倉公列傳、戰國策、吕氏春秋、淮南子及論衡率性篇等書中。告趙孟，曰：「先備諸？」趙孟曰：「晉國有命，始禍者死，爲後可也。」安于曰：「與其害於民，寧我獨死。」杜注：「懼見攻，必傷害民。」請以我説。」杜注云：「晉國若討，可殺我以自解説。」則杜以安于勸趙鞅先於荀、范發難。趙孟不可。以明年傳梁嬰父言觀之，趙氏實先發難，而安于亦死。秋七月，范氏、中行氏伐趙氏之宫，趙鞅奔晉陽，晉人圍之。范氏，士吉射也；中行氏，荀寅也。

范臯夷無寵於范吉射，而欲爲亂於范氏。杜注：「臯夷，范氏側室子。」梁嬰父嬖於知文子，賈逵云：「梁嬰父，晉大夫也。」杜注：「文子，荀躒。」文子欲以爲卿。韓簡子與中行文子相惡，杜注：「簡子，韓起孫不信也。中行文子，荀寅也。」魏襄子亦與范昭子相惡。杜注：「襄子，魏舒孫曼多也。昭子，士吉射。」故五子謀，杜注：「五子，范臯夷、梁嬰父、知文子、韓簡子、魏襄子。」將逐荀寅，而以梁嬰父代之；逐范吉射，而以范臯夷代之。荀躒言於晉侯曰：「君命大臣，始禍者死，載書在河。杜注：「爲盟書沈之河。」今三臣始禍，賈逵云：「范、中行、趙也。」而獨逐鞅，刑已不鈞矣。請皆逐之。」冬十一月，荀躒、韓不信、魏曼多奉公以伐范氏、中行氏，弗克。

二子將伐公。二子，范氏、中行氏。齊高彊曰：杜注：「高彊，齊子尾之子，昭十年奔魯，遂適晉。」高彊離齊三十六年，猶稱齊高彊，此例亦有之。「三折肱知爲良醫。此蓋古人常語，孔叢子嘉言篇「三折肱爲良醫」，説苑雜言篇「三折肱而成良醫」，楚辭惜誦「九折臂而成醫兮」，猶今言久病知醫。唯伐君爲不可，民弗與也。我以伐君在此矣。以己之教訓告之。三家未睦，杜注：「三家，知、韓、魏。」可盡克也。克之，君將誰與？言若盡克三家，晉公自與范、中行。若先伐君，是使睦也。」弗聽，遂伐公。國人助公，二子敗，從而伐之。三家從而伐范、中行。丁未，十八日。荀寅、士吉射奔朝歌。

韓、魏以趙氏爲請。爲趙氏請歸。十二月辛未，辛未，十二日。趙鞅入于絳，盟于公宮。

一三·三　初，衛公叔文子朝，世本：「衛獻公生成子當，當生文子拔（傳作發），拔生朱，爲公叔氏。」鄭玄云：「朱，春秋作『戍』。」據檀弓下，其謚全文應爲「貞惠文子」，「文子」蓋其省稱。而請享靈公。杜注：「欲令公臨其家。」退，見史鰌而告之。杜注：「史鰌，史魚。」論語衛靈公篇：「子曰：『直哉史魚！邦有道，如矢；邦無道，如矢。』」韓詩外傳七曾載其「尸諫」事。史鰌曰：「子必禍矣！子富而君貪，其及子乎！」言禍將及爾。文子曰：「然。吾不先告子，是吾罪也。君既許我矣，其若之何？」史鰌曰：「無害。子臣，可以免。杜注：「言能執臣禮。」于鬯校書謂「臣者，屈服之義也」，亦通。富而能臣，必免於難。上下同之。杜注：「言尊卑皆然。」戍也驕，杜注：「戍，文子之子。」「戍」，各本多誤作「戌」，依校勘記正。其亡乎！富而不驕者鮮，吾唯子之見。言唯見子富而不驕。驕而不亡者，未之有也。戍必與焉。」及文子卒，衛侯始惡於公叔戍，以其富也。公叔戍又將去夫人之黨，杜注：「靈公夫人，南子。黨，宋朝之徒。」夫人愬之曰：「戍將爲亂。」當與下年傳連讀，本經自經，傳自傳，自經傳相插，此傳遂爲經所隔開。

十四年，乙巳，公元前四九六年。周敬王二十四年、晉定十六年、齊景五十二年、衛靈三十九年、蔡昭二十三年、鄭聲五年、曹陽六年、陳閔六年、杞僖十年、宋景二十一年、秦惠五年、楚昭二十年、吳闔廬十九年、越句踐元年。

經

一四・一　**十有四年春**，正月十九日戊申冬至，建子，有閏。**衛公叔戌來奔。衛趙陽出奔宋。**「衛趙陽」，公羊、穀梁俱作「晉趙陽」。毛奇齡簡書刊誤云：「趙陽，衛大夫趙氏名陽者，以其黨于公叔文子之子公叔戌，故衛侯並逐之。杜氏謂趙陽即趙黶之孫，而正義據世本謂『懿子兼（即趙黶）生昭子舉，舉生趙陽』，是顯有明據。而公、穀極陋，祗知晉有趙氏，他國未必有，遂奮筆改此。此與前『齊樂施來奔』改『晉樂施』，同一笑話。」

一四・二　**二月辛巳**，辛巳，二十三日。**楚公子結、陳公孫佗人帥師滅頓，以頓子牂歸。**「二月」公羊作「三月」，誤。「公孫」作「公子」。「牂」作「牄」，蓋音近可通作。頓國即今河南項城縣稍西之南頓故城，餘詳僖二十三年傳注。

一四・三　**夏，衛北宮結來奔。**

一四·四 五月，於越敗吳于檇李。「檇李」，公羊作「醉李」。楊峴古義云：「公羊釋文云『醉李本又作「檇」，音同』，是公羊經亦有作『檇』之本，二字音同，故相通假。」 於越，於爲發聲詞。 檇李在今浙江嘉興縣南四十五里，舊有檇李城。

一四·五 吳子光卒。

一四·六 公會齊侯、衛侯于牽。「牽」，公羊作「堅」，趙坦異文箋云：「牽、堅音相近，故公羊作『堅』。」牽，今河南浚縣北十餘里之地。

一四·七 公至自會。無傳。

一四·八 秋，齊侯、宋公會于洮。杜注：「洮，曹地。」馬宗璉補注云：「酈元曰：『今甄城西南五十里有桃城，或謂之洮。』」餘詳僖八年經注。

一四·九 天王使石尚來歸脤。無傳。 杜注：「石尚，天子之士。脤，祭社之肉，盛以蜃（本作『脤』，今從段玉裁校本正）器，以賜同姓諸侯，親兄弟之國，與之共福。」徐孝宦左傳鄭義云：「周禮掌蜃：『祭祀共蜃器之蜃。』注：『飾祭器之屬也。蜃之器以蜃飾，因名焉。』又大宗伯：『以脤膰之禮親兄弟之國。』注：『脤膰，社稷宗廟之肉，以賜同姓之國，同福禄也。兄弟，有共先王者。』」王夫之稗疏則云：「若以蜃飾器，字當作蜃，大蛤也，蓋似今之螺飾。祭祀之器，未聞以蜃飾之。即令有之，亦不當捨肉而言器，捨器而言其飾。按：祭禮有脅，鄭司農云，脅，俎實也。禮所云先王之脅，折脅一、膚一是也。」王説不可取。脤，説文作祳，餘詳閔二年傳注。

一四·一〇　衞世子蒯聵出奔宋。

一四·一一　衞公孟彄出奔鄭。

一四·一二　宋公之弟辰自蕭來奔。無傳。

一四·一三　大蒐于比蒲。無傳。

一四·一四　邾子來會公。無傳。杜注：「會公于比蒲，來而不用朝禮，故曰會。」

一四·一五　城莒父及霄。無傳。杜注：「公叛晉，助范氏，故懼而城二邑也。此年無『冬』，史闕文。」據山東通志，今莒縣即莒國，一云，即魯之莒父邑。霄，江永考實謂亦在莒縣境。

傳

一四·一　十四年春，衞侯逐公叔戌與其黨，故趙陽奔宋，戌來奔。此文當與上年傳末章連讀，本是一傳。

一四·二　梁嬰父惡董安于，謂知文子曰：「不殺安于，使終爲政於趙氏，趙氏必得晉國，盍以其先發難也討於趙氏？」文子使告於趙孟曰：「范、中行氏雖信爲亂，安于則發之，是安于與謀亂也。晉國有命，始禍者死。二子既伏其罪矣，敢以告。」杜注：「告使討安于。」趙孟患之。安于曰：「我死而晉國寧，趙氏定，定猶安也。將焉用生？人誰不死？吾死莫矣。」莫，暮本字。言吾死遲矣，蓋此時董安于年已甚老。乃縊而死。趙孟尸諸市，而告於知氏曰：「主命戮罪人安于，既伏其罪矣，敢以告。」知伯從趙孟盟，杜注：「知伯，荀躒。」知氏主逐范、中行，而不與韓、魏之爲趙請，則其心可以知矣。而後趙氏定，祀安于於廟。杜注：「趙氏廟。」尚書盤庚上云：「茲予大享於先王，爾祖其從與享之。」僞孔安國傳：「古者天子録功臣配食於廟。」此趙鞅亦行配食之禮。趙鞅與趙稷等争，近年出土侯馬盟書可參看。

一四·三 頓子牂欲事晉，背楚而絶陳好。二月，楚滅頓。

一四·四 夏，衛北宮結來奔，公叔戌之故也。

一四·五 吳伐越，杜注：「報五年越入吳。」越世家云：「允常卒，子句踐立，是爲越王。元年，吳王闔廬聞允常死，乃與師伐越。」越子句踐禦之，陳于檇李。檇李當是越地，杜氏土地名「越地檇李」是也。高士奇攷略據吳越春秋，謂「與闔廬戰時越境猶未至檇李，檇李當爲吳地」云云，不知吳越春秋乃近小説家言，不可盡信。句踐患吳之整也，使死士再禽焉，死士，賈逵以爲「死罪人」，鄭衆以爲「欲以死報恩者」，戰國策秦策一蘇秦曰「厚養死士」，高注爲「勇戰之士」，此以鄭、高説爲長。墨子兼愛下云：「昔者越王句踐好勇，教其士臣三年，以其知（智）爲未足以知之也，焚舟失火，鼓而進之，其士偃前列，伏水火而死者不可勝數也。」亦足爲證。不動。顧炎武補正引傳遜云：「禽如鷙鳥之發，急持以衝其陳，吳陳堅不可動。」此以禽爲鷙鳥，而作動詞用。

此種訓詁，未免過于曲折。吴世家、越世家解此句均作「使死士挑戰」，以「挑戰」解「禽」，恐出於司馬遷意測。杜注則云：「使敢死之士往，輒爲吴所禽，欲使吴師爲取之，而吴不動。」俞樾平議云：「禽謂禽吴之士卒也。蓋句踐使敢死之士再犯吴陣，禽其前列者以歸，欲使吴師驚亂，而吴竟不動。」此説較妥。使罪人三行，屬劍於頸，杜注：「以劍注頸。」而辭曰：「二君有治，杜注：「治軍旅。」臣奸旗鼓。杜注：「犯軍令。」不敏於君之行前，不敢逃刑，敢歸死。」歸，自首。漢書申屠嘉傳「自歸上」，師古注：「歸首於天子。」遂自剄也。師屬之目，吴師皆注目視之。越子因而伐之，大敗之。靈姑浮以戈擊闔廬，杜注：「姑浮，越大夫。」闔廬傷將指，取其一屨。杜注：「其足大指見斬，遂失屨，姑浮取之。」古手足指皆曰指，足以大指爲將指，手以中指爲將指，見宣四年傳孔疏。還，卒於陘，去檇李七里。

一四·六　夫差使人立於庭，杜注：「夫差，闔廬嗣子。」苟出入，必謂己曰：「夫差！而忘越王之殺而父乎？」則對曰：「唯。不敢忘！」三年乃報越。此所謂三年，三個年頭而已，即此年、明年、後年耳。

晉人圍朝歌，公會齊侯、衞侯于脾、上梁之間，杜注：「脾、上梁間即牽。」謀救范、中行氏。析成鮒、小王桃甲率狄師以襲晉，杜注：「二子，晉大夫，范、中行氏之黨。」萬氏氏族略云：「通志略云，複姓析成氏，左傳晉有析成鮒。而傳又稱士鮒，蓋即士吉射之族。」通志氏族略四云：「小王氏，以族爲氏。」戰于絳中，不克而還。士鮒奔周，小王桃甲入于朝歌。

一四·七 秋，齊侯、宋公會于洮，范氏故也。杜注：「謀救范氏。」

一四·八 衞侯爲夫人南子召宋朝。莊子則陽篇云：「夫靈公有妻三人，同濫而浴。」南子蓋其最寵幸者。杜注：「南子，宋女也。朝，宋公子，舊通于南子，在宋呼之。」論語雍也「不有祝鮀之佞，而有宋朝之美」云云，足見其美。衞亦有公子朝，襄二十九年傳謂爲吳季札所悦，且稱之爲君子，當非此人。昭二十年傳通于襄夫人宣姜之公子朝疑亦非此人。宋另有公子朝，早卒于文公十八年。會于洮，大子蒯聵獻盂于齊，過宋野。杜注：「蒯聵，衞靈公大子。盂，邑名也。就會獻之，故自衞行而過宋野。」此時衞都帝丘，即今河南濮陽縣西南之顓頊城，距洮不過五十餘里，其經過宋國之郊野，或有他故，不然，不致繞道也。盂，江永考實謂「蓋衞東境之邑」，高士奇地名攷略疑即僖二十八年之斂盂，則即今濮陽縣東南之斂盂聚，必不可信。衞豈肯以國都郊外之地獻于他國？野人歌之曰：「既定爾婁豬，盍歸吾艾豭？」杜注：「婁豬，求子豬，以喻南子。艾豭喻宋朝。」孟子萬章上：「知好色，則慕少艾。」少艾，年輕美貌之人。秦始皇會稽刻石「夫爲寄豭」，史記索隱云：「豭，牡猪也。」大子羞之，謂戲陽速曰：杜注：「速，太子家臣。」「從我而朝少君，少君即小君，論語季氏「邦君之妻，邦人稱之曰君夫人，稱諸異邦曰寡小君」，禮記曲禮下「公侯有夫人，夫人自稱於諸侯曰寡小君」。少君見我，接見己。我顧，乃殺之。」速曰：「諾。」乃朝夫人。夫人見大子。大子三顧，速不進。夫人見其色，啼而走，杜注：「見大子色變，知其欲殺己。」曰：

「蒯聵將殺余。」公執其手以登臺。大子奔宋。劉向列女孽嬖傳僅言南子譏太子於靈公，不述謀殺南子事。章炳麟讀卷九云：「子政爲孽嬖作傳，深惡南子，故以譏言之耳。」盡逐其黨，故公孟彄出奔鄭，自鄭奔齊。

大子告人曰：「戲陽速禍余。」戲陽速告人曰：「大子則禍余。大子無道，使余殺其母。蒯聵必非南子所生，謂之母者，儀禮喪服子夏傳所謂「繼母如母」也。且南子既已爲其父夫人，則前妻之子不得不謂之母。余不許，將戕於余；杜注：「戕，殘殺也。」若殺夫人，將以余說。殺而歸罪於己以解脱其罪。余是故許而弗爲，以紓余死。諺曰『民保於信』，吾以信義也。」杜注：「使義可信，不必信言。」衛世家述此事則云戲陽後悔，未果。傳不載。

一四·九　冬十二月，晉人敗范、中行氏之師於潞，潞，今山西潞城縣東北四十里，餘詳宣十五年經注。獲籍秦、高彊。墨子所染篇：「范吉射染於長柳朔、王胜，中行寅染於籍秦、高彊。」呂氏春秋當染篇作「黄藉秦」，梁玉繩呂子校補及俞樾呂氏春秋平議皆謂「黄」字衍文。又敗鄭師及范氏之師于百泉。杜注：「鄭助范氏，故並敗。」百泉，在今河南輝縣西北七里。

十五年，丙午，公元前四九五年。周敬王二十五年、晉定十七年、齊景五十三年、衛靈四十年、蔡昭二十四年、鄭聲六年、曹陽七年、陳閔七年、杞僖十一年、宋景二十二年、秦惠六年、楚昭二十一年、吳夫差元年、越句踐二年。

經

一五・一 **十有五年春王正月，**正月朔癸丑冬至，建子。**邾子來朝。**

一五・二 **鼷鼠食郊牛，牛死，改卜牛。**無傳。凡三書鼷鼠，成七年曰食角，此及明年云食郊牛，則食其膚與肉。

一五・三 **二月辛丑，**辛丑，十九日。**楚子滅胡，以胡子豹歸。**胡見襄二十八年胡子朝于晉傳注，故國即今安徽阜陽縣治。

一五・四 **夏五月辛亥，**推得應爲朔日，而經不言朔，恐當時不以爲朔。**郊。**無傳。

一五・五 **壬申，**二十二日。**公薨于高寢。**說苑修文篇云：「春秋曰：『壬申，公薨于高寢。』傳曰：『高寢者何？正寢也。曷爲或言高寢，或言路寢？曰：諸侯正寢三，一曰高寢，二曰左路寢，三曰右路寢。高寢者，始封君之寢也。二路寢者，繼體之君寢也。其二何？曰：子不居父之寢，故二寢。繼體君世世不可居高祖之寢，故有高寢名曰高也。路寢其立柰何？高寢立中，路寢左右。』」劉向所謂「傳曰」，三傳皆無。公羊於此經無傳，左氏亦無貶責語，唯穀梁傳有「非正也」三字，劉氏習穀梁，此段或係闡明穀梁傳義。而胡培翬燕寢考則謂「魯有楚宮，晉有周宮，皆是隨意所欲爲之，不在燕寢之數。魯之高寢亦似此」。

一五·六　**鄭罕達帥師伐宋。**「罕」，公羊作「軒」。毛奇齡簡書刊誤云：「此鄭公子罕後，爲鄭穆七族之一，焉得有别出字？」「罕」、「軒」同從「干」聲，音近可通。

一五·七　**齊侯、衛侯次于渠蒢。**「渠」，公羊作「蘧」。傳亦作「蘧挐」。渠蒢，地未詳。

一五·八　**邾子來奔喪。**無傳。當時諸侯無相奔喪之禮，前此亦無言諸侯奔喪者。

一五·九　**秋七月壬申，**壬申，二十三日。**姒氏卒。**「姒」，穀梁作「弋」，古音平入對轉。姒氏，經書其卒之月日，劉師培春秋左氏傳答問云：「薨卒舊例，贈弔厚者，日月詳，薄者則從略。姒氏書日，亦以贈弔厚爲例，所謂緣人子之義也。」然依左傳文，姒氏不僅爲哀公母，且爲定公夫人，杜注亦云。公羊亦以爲夫人，唯穀梁傳以爲妾，恐不然。

一五·一〇　**八月庚辰朔，日有食之。**無傳。此公元前四九五年七月二十二日之日全蝕。

一五·一一　**九月，滕子來會葬。**無傳。

一五·一二　**丁巳，**九日。**葬我君定公，雨，不克葬。戊午，**十日。**日下昃，乃克葬。**「昃」，穀梁作「稷」。説文：「昃，日在西方時側也。从日，仄聲。」然漢人隸書多以「稷」字爲之。靈臺碑「日稷不夏」，郙閣頌「劬勞日稷」，費鳳别碑「乾乾日稷」，日稷皆日昃也。詳趙坦異文箋。當時葬禮用朝時，第二日日夕始葬，不得已也。

一五·一三　**辛巳，葬定姒。**杜注：「辛巳，十月三日。有日無月。」

一五·一四 冬，城漆。杜注：「邾庶其邑。」襄二十一年經云：「邾庶其以漆、閭丘來奔。」漆在今山東鄒縣北。杜注本襄二十一年經傳，然此時恐已非庶其邑矣。

傳

一五·一 十五年春，邾隱公來朝。杜注：「邾子益。」子貢觀焉。子貢（或作子贛），端木（或作沐）賜，衛人，孔丘弟子。其言行除見于論語外，史記仲尼弟子列傳及貨殖列傳並有之，又散見于十二諸侯年表、樂書、吴世家、魯世家、孔子世家、伍子胥傳、儒林列傳中，先秦及兩漢人書亦津津樂道之。邾子執玉高，其容仰；公受玉卑，其容俯。杜注：「玉，朝者之贄。」據周禮典瑞及禮記曲禮，諸侯相見，公、侯、伯執圭，子、男執璧，珪、璧形狀不同，均以玉爲之，故此云執玉。參見孔疏及徐孝寔春秋左傳鄭義。子貢曰：「以禮觀之，二君者，皆有死亡焉。夫禮，死生存亡之體也，將左右、周旋，進退、俯仰，於是乎取之，朝、祀、喪、戎，於是乎觀之。今正月相朝，而皆不度，杜注：「不合法度。」心已亡矣。嘉事不體，何以能久？杜注：「嘉事，朝禮。」漢書五行志中之上師古注云：「不體，不得身體之節。」然據上文禮爲死生存亡之體，此體字即上文體，體即禮也。禮與體古本可通，易繫辭上「知崇體卑」，集解云「今本體爲禮」可證。顔但就字解之，不切。高、仰，驕也；卑、俯，替也。漢書五行志中之上師古

注：「替，廢惰也。」驕近亂，替近病，疾病，近者言非在病中，而有病兆。君爲主，其先亡乎！」死亡也。五月定公死，哀七年以邾子益歸。

一五·二　吳之入楚也，見四年傳。胡子盡俘楚邑之近胡者。俘虜楚邑近胡者之人民。楚既定，胡子豹又不事楚，曰：「存亡有命，事楚何爲？多取費焉。」多猶祇也，適也。參見楊樹達先生詞詮。二月，楚滅胡。

一五·三　夏五月壬申，公薨。仲尼曰：「賜不幸言而中，魯公死，不幸事也，故云「不幸言而中」。是使賜多言者也。」

一五·四　鄭罕達敗宋師于老丘。杜注：「罕達，子齹之子。老丘，宋地。宋公子地奔鄭，鄭人爲之伐宋，欲取地以處之，事見哀十二年。」老丘，當在今開封市東南，陳留鎮東北四十五里。

一五·五　齊侯、衞侯次于蘧挐，蘧挐即渠蒢，音近而異字，非一地二名。謀救宋也。

一五·六　秋七月壬申，姒氏卒。不稱夫人，不赴，且不祔也。此解經不稱夫人之故。孔疏云：「夫人初薨，赴於同盟之國，其辭當云『夫人某氏薨』，是赴則成夫人也。禮，適妻祔於適祖姑，妾祔於妾祖姑。若得祔祖姑，則亦成夫人矣。此赴同祔姑，皆是夫人之禮。二者皆闕，故不曰夫人薨。二者課行一事，則得稱夫人。故此以不赴兼又不祔，解不稱夫人也。」

一五·七　葬定公，雨，不克襄事，禮也。杜注：「襄，成也。雨而成事，若汲汲於欲葬。」

一五·八 **葬定姒，不稱小君，不成喪也。** 杜注：「公未葬而夫人薨，煩於喪禮，不赴不祔，故不稱小君，臣子怠慢也。反哭於寢，故書葬。」

一五·九 **冬，城漆，書，不時告也。** 修築城邑，除非特殊情況，一般應在農閑時。此時以秋城漆，但不敢於秋日修築城時告祖廟，故意遲至冬閑始告祖，故經書「冬城漆」。

春秋左傳注

哀公

名蔣，魯世家「蔣」作「將」，定公之子。陸德明釋文云：「蓋夫人定姒所生。」梁玉繩史記志疑云：「人表於魯悼公下注云『出公子』，是哀公亦有出公之稱，以孫于越故也。」

元年，丁未，公元前四九四年。周敬王二十六年、晉定十八年、齊景五十四年、衞靈四十一年、蔡昭二十五年、鄭聲七年、曹陽八年、陳閔八年、杞僖十二年、宋景二十三年、秦惠七年、楚昭二十二年、吴夫差二年、越句踐三年。

經

一·一 **元年春王正月，**正月十二日戊午冬至，建子。**公即位。**無傳。

一·二 **楚子、陳侯、隨侯、許男圍蔡。**經書隨，僅見於僖二十年。定四年吴入郢，隨保護昭王有功，楚或復使隨列于諸侯，故經再見。

一·三 **鼷鼠食郊牛，改卜牛。**「郊牛」下穀梁有「角」字。**夏四月辛巳，**辛巳，六日。**郊。**無傳。

據杜注，改卜牛及郊係一條，或作二條，誤。郊之時日詳桓五年傳並注。

一·四 **秋，齊侯、衞侯伐晉。**

一·五 **冬，仲孫何忌帥師伐邾。**無傳。

傳

一·一 **元年春，楚子圍蔡，報柏舉也。**柏舉之戰，吳幾乎滅楚，而蔡實啓之，見定四年經並傳。**里而栽，**里，離蔡都一里。 栽，設版築爲保壘。**廣丈，高倍。**據杜注，壘厚當時長度一丈，高則二丈，即于蔡城之外，楚攻城兵又築一城。恐不然。此固可以防援蔡之兵，而阻礙己兵之進退。疑非築城，築碉堡耳。**夫屯晝夜九日，如子西之素。**杜注以夫爲兵，劉炫謂楚兵須攻須守，不能分散，「夫屯謂夫役屯聚」。沈欽韓補注謂「古者版築之役，即士卒爲之。劉謂別有城夫，非」。素，預定計劃，宣十一年傳「事三旬而成，不愆于素」是也。沈欽韓補注引儀禮士喪禮鄭注：「形法定爲素。」**蔡人男女以辨。**杜注：「辨，別也。男女各別係纍而出降。」惠棟補注云：「辨讀曰班，襄二十五年傳云『男女以班賂晉侯』，劉炫曰：『哀元年蔡人男女以辨與此同。』」**使疆于江、汝之間而還。**杜注：「楚欲使蔡徙國在江水（長江）之北，汝水之南，求田以自安也。蔡權聽命，故楚師還。」蔡於是乎請遷于吳。杜注：「楚既還，蔡人更叛楚就吳。爲明年蔡遷州來傳。」

一·二

吳王夫差敗越于夫椒，賈逵謂夫椒爲越地，是也。杜注謂「夫椒，吳郡吳縣西南大湖中椒山」，不足信。椒山即今太湖之西洞庭山，距吳國都近，越縱敗于此，退路仍寬廣。且此非越伐吳，乃吳報越，戰地自不應在吳都近地。沈欽韓地名補注云：「越絶越地記『夫山者，句踐絶糧困地，去山陰縣十五里』，此夫椒在越之證矣。」夫椒蓋在今紹興縣北。報檇李也。檇李之役見定十四年傳，夫差之父死焉。遂入越。越子以甲楯五千保于會稽，會稽山也，在今浙江紹興縣東南十二里。使大夫種因吳大宰嚭以行成。據吳越春秋、吕氏春秋當染篇高誘注、吳世家索隱及太平寰宇記，大夫爲官名，文其氏，種其名，字禽，楚之南郢人，楚平王時曾爲楚之宛令。吳子將許之。伍員曰：「不可。臣聞之：『樹德莫如滋，去疾莫如盡。』戰國策秦策三引書「樹德莫如滋，除害莫如盡」，今在僞古文泰誓中。昔有過澆殺斟灌以伐斟鄩，襄四年傳云寒浞殺羿，因其室而生澆，處澆于過。故此云「有過澆」。傳又云「澆用師滅斟灌」，此言「殺斟灌」，言殺其君而滅其國，二文各言其一。說詳孔疏。夏本紀太史公稱禹分封，用國爲姓，有斟尋氏、斟戈氏，即此斟鄩、斟灌。滅夏后相，杜注：「夏后相，啓孫也。后相失國，依於二斟，復爲澆所滅。」太平御覽八十二引紀年云：「后相即位，居商丘。」又水經巨洋水注、漢書地理志注、路史後紀十三俱引紀年云「相居斟灌」，則斟灌被滅，后相亦亡矣。后緡方娠，逃出自竇，杜注：「后緡，相妻也。娠，懷身也。」娠音震。歸于有仍，杜注：「后緡，有仍氏女。」生少康焉。服虔云：「少康，后緡遺腹子。」爲仍牧正，杜注：「牧官之長。」惎澆能戒之。杜注：「惎，毒也。戒，備也。」釋文：「惎音忌。」澆使椒求之，杜注：「椒，澆臣。」逃奔有虞，有虞，據云是虞舜之後一部落國家，相傳在今河南商丘地區虞城縣西南三里。馬宗璉補注則以爲應在山西平陸縣，不確。爲之庖正，爲有虞酋長掌管飲食之官。以除其害。其指少康，猶言以避己害也。虞思於是妻之以二姚，思，有虞酋長之名，姚姓，妻以二女，故謂之二姚。而邑諸綸，綸在今虞城縣東南三十里，與鄭國之綸氏不同，詳閻若璩尚書古文疏證六下。有田一成，有衆一旅。杜注：「方十里爲成，五百人爲旅。」能布其德，而兆其謀，杜注：「兆，始。」以收夏衆，撫其官職；杜注：「襄四年傳曰：『靡自有鬲氏收二國之燼，以滅浞，而立少康。』」使女艾諜澆，杜注：「女艾，少康臣。」言使女艾打入澆處爲間諜。使季杼誘豷。杜注：「豷，澆弟也。」魯語上云：「杼能帥禹者也，夏后氏報焉。」韋昭注：「杼，禹後七世，少康之子季杼也，能興夏道。」遂滅過、戈，復禹之績，杜注：「過，澆國。戈，豷國。」祀夏配天，不失舊物。依古禮，祀天以先祖配之，此則祀夏祖而同時祀天帝也。朱彬攷證謂「配天謂受天命爲天子」，可商。今吴不如過，而越大於少康，或將豐之，或者天將使越豐大。不亦難乎！若吴與越和，吴將難爲也。句踐能親而務施，施不失人，杜注：「所加惠賜，皆得其人。」親不棄勞。有功勞者不棄而親愛之。與我同壤，共五湖三江，今之浙江、江蘇同壤。而世爲仇讎。於是乎克而弗取，將又存之，違天而長寇讎，違天謂不取越。國語越語下范蠡曰：「臣聞之：『得時無怠，時不再來。天予不取，反爲之災。』」漢書蕭何傳亦云：「周書曰：『天予不取，反受其咎。』」皆此意。不取其國，則實使仇生長。後雖悔之，不可食已。不可食猶今言吃不消。于鬯校書謂「此食字蓋讀爲得」，舉秦策「後雖悔之，不可得也」爲證，似失之拘滯。姬之衰也，日可俟也。杜注：「姬，吴姓。」言可計日而待。介在蠻夷，吴居越與楚之間。而長寇讎，以是求伯，夫差有爲霸主之心。必不行矣。」弗聽。退而告人曰：「越十年生聚，而十年教訓，越語上云「『今寡人將帥二三子夫婦以蕃。』令壯者無取老婦，令老者無取壯妻；女子十七不嫁，其父母有罪；丈夫二十不娶，其父母有罪；將免者以告，公令醫守之」云云，此生聚事也。韓非子内儲説上云：「越王句踐見怒鼃而式（軾）之，曰：『鼃有氣如此，可無爲式乎！』士人聞之，曰：『鼃有氣，王猶爲式，況士人有勇者乎？』」此教訓之一例也。二十年之外，吴其爲沼乎！」杜注：「謂吴宮室廢壞，當爲汚池。爲二十二年越入吴起本。」三月，越及吴平。吴越春秋有句踐歸國外傳及句踐陰謀外傳，越絶書亦有叙述，皆後人傳説，多不足信，故不録。吴入越，不書，吴不告慶、越不告敗也。

一·三 夏四月，齊侯、衛侯救邯鄲，圍五鹿。杜注：「趙稷以邯鄲叛，范、中行氏之黨也。五鹿，晉邑。」五鹿有二，此今河北大名縣東之沙麓。互詳僖二十三年傳注。

一·四 吴之入楚也，杜注：「在定四年。」使召陳懷公。懷公朝國人而問焉，曰：「欲與楚者右，欲與吳者左。」陳人從田，無田從黨。杜注：「都邑之人無田者隨黨而立。不知所與，故直從所居。田在西者居右，田在東者居左。」陳侯南面，其右爲楚，其左爲吳。田在西者鄰楚，在東者鄰吳。逢滑當公而進，杜注：「當公，不左不右。」曰：「臣聞，國之興也以福，其亡也以禍。今吳未有福，楚未有禍，楚未可棄，吳未可從。而晉，盟主也；若以晉辭吳，若何？」公曰：「國勝君亡，楚國爲吳所勝，楚君逃亡。非禍而何？」駁楚未有禍。對曰：「國之有是多矣，何必不復？小國猶復，況大國乎？臣聞，國之興也，視民如傷，是其福也；其亡也，以民爲土芥，是其禍也。孟子離婁下「君之視民如土芥」及「文王視民如傷」，焦循正義以爲孟軻本諸逢滑，實則以「臣聞」二字觀之，逢滑前已有此語。楚雖無德，亦不艾殺其民。艾同刈。吳日敝於兵，暴骨如莽，如草莽，言其多。而未見德焉。天其或者正訓楚也，禍之適吳，其何日之有？」言不久將至。陳侯從之。及夫差克越，乃修先君之怨。召陳者爲闔廬，陳不應召，故曰先君之怨。

秋八月，吳侵陳，修舊怨也。禮記檀弓下云：「吳侵陳，斬祀殺厲。師還，出竟。陳大宰嚭使於師。夫差謂行人儀曰：『是夫也多言，盍嘗問焉。師必有名，人之稱斯師也者則謂之何？』大宰嚭曰：『古之侵伐者不斬祀，不殺厲，不獲二毛。今斯師也，殺厲與，其不謂之殺厲之師與？』曰：『反爾地，歸爾子，則謂之何？』曰：『君王討敝邑之罪，又矜而赦之，師與，有無名乎？』」鄭玄注及孔疏皆謂即此役。

一·五 齊侯、衛侯會于乾侯，救范氏也。師及齊師、衛孔圉、鮮虞人伐晉，取棘蒲。經僅言「齊侯、衛侯伐晉」，不書魯與鮮虞。杜注：「孔圉，孔烝鉏曾孫。」棘蒲，今河北趙縣治。

一·六 吴師在陳，楚大夫皆懼，曰：「闔廬惟能用其民，以敗我於柏舉。今聞其嗣又甚焉，將若之何？」子西曰：「二三子恤不相睦，無患吴矣。昔闔廬食不二味，居不重席，居即今之坐。古之坐若今之跪。席地而坐，地面有席。唯士僅一層席，此闔廬亦一層席。室不崇壇，古代貴族爲室，必先有壇，高于平地，然後起屋。闔廬平地作室，不起壇，言其儉。器不彤鏤，杜注：「彤，丹也。鏤，刻也。」此言器物不漆紅色，不雕刻花紋。陸粲附注後録謂「彤當作雕，文相近而譌」，校勘記又引惠棟云「彤，古彫字」，王引之述聞駁之甚力，是也。胡玉縉許廎學林有左傳器不彤鏤解，申陸、惠而駁王，不可信。宫室不觀，宫室不築樓臺亭閣。舟車不飾；衣服財用，擇不取費。杜注：「選取堅厚，不尚細靡。」在國，天有菑癘，僖十三年傳「天災流行」，天災謂水旱之災。癘，流行病疫。親巡孤寡而共其乏困。阮刻本「親巡」下有「其」字，今依石經、宋本、淳熙本、足利本等及金澤文庫本删。巡謂巡行安撫之。在軍，熟食者分而後敢食，惠棟補注云：「説苑載此事云，在軍，食熟者半而後食，故服虔注云：『以其半分軍士而後自食其餘。』杜注則云：『必須軍士皆分熟食，不敢先食。』杜説較勝。」分謂人人得其份，杜注：「分猶徧也。」其所嘗者，卒乘與焉。杜注：「所嘗，甘珍非常食。」宣四年傳「嘗異味」、「嘗之而出」，即此嘗。勤恤其民，而與之勞逸，是以民不罷勞，死知不曠。本作「死不知曠」，今從校勘記及金澤文庫本「不知」乙正。杜注：「知身死不見曠棄。」顧炎武補正云：「曠，空也。言不爲徒死，知上必有以恤之。」顧説勝。**吾先大夫子常易之，所以敗我也。**杜注：「易猶反也。」**今聞夫差，次有臺榭陂池焉，**吴語云：「今王高高下下以罷民於姑蘇。」韋昭注：「高高，起臺榭；下下，深污池。」姑蘇，臺名，在吴西，近湖。」墨子非攻中亦云：「至夫差之身，遂築姑蘇之臺，七年不成。」**宿有妃嬙、嬪御焉；**杜注：「妃嬙，貴者；嬪御，賤者，皆内官。」**一日之行，所欲必成，玩好必從；珍異是聚，觀樂是務；視民如讎，而用之日新。**使用民力，一事剛完，又有役使，無有完時，似以前未曾使用者。**夫先自敗也已，安能敗我？」**楚語下載此較略，唯首云「子西歎於朝，藍尹亹曰」云云，與傳不同。説苑權謀篇則襲此文，唯首云「吴王夫差破越，又將伐陳」，與傳稍異。

冬十一月，校勘記云：「石經、宋本、淳熙本、岳本、足利本無『一』字。」金澤文庫本則作「十二月」。

一·七 **晉趙鞅伐朝歌。**杜注：「討范、中行氏。」

二年，戊申，公元前四九三年。周敬王二十七年、晉定十九年、齊景五十五年、衞靈四十二年、蔡昭二十六年、鄭聲八年、曹陽九年、陳閔九年、杞僖十三年、宋景二十四年、秦惠八年、楚昭二十三年、吴夫差三年、越句踐四年。

經

二·一 二年春王二月，正月二十三日癸亥冬至，建子，有閏月。季孫斯、叔孫州仇、仲孫何忌帥師伐邾，取漷東田及沂西田。杜注：「邾人以賂，取之易也。」襄十九年取邾田，自漷水。則當時漷西田屬魯，今則並漷東田魯亦得之。沂有三，此邾之沂，亦即流經曲阜南之上游，論語先進「浴乎沂」，即此水之下游，入于泗水者也。一爲源出沂源縣西東南流入廢黄河者，襄十八年傳晉「東侵及濰，南及沂」者是也。一出滕縣，東流入費縣，至顓臾村之東北注於浚河，又東南入於大沂河，又名小沂河者。此河水源離小邾近，離邾較遠，然與漷水相望，顧棟高謂此即邾之沂，疑未能明。癸巳，癸巳，二十三日。叔孫州仇、仲孫何忌及邾子盟于句繹。句繹在今山東鄒縣東南嶧山之東南，距今鄒縣治不足四十里，此時或已爲邾所都。然此地鄒近小邾，故其田有屬小邾者，十四年經、傳「小邾射以句繹來奔」可證。劉炫及王夫之稗疏以句繹爲小邾邑，固誤。魯、邾相盟，何至以小邾爲盟地，且捨近就遠乎？孔疏謂「句繹所屬亦無定準」，亦屬臆測。

二·二 夏四月丙子，丙子，七日。衞侯元卒。

二·三 滕子來朝。無傳。彙纂云：「滕朝止此，諸侯來朝亦止此。」

二·四 晉趙鞅帥師納衞世子蒯聵于戚。蒯聵出奔見定十四年傳，至哀十六年，孔悝始納而立之。在位僅二年，復爲晉所逐。謚曰莊。戚，在今河南濮陽縣北。

二·五 **秋八月甲戌，**甲戌，七日。**晉趙鞅帥師及鄭罕達帥師戰于鐵。**「鐵」，公羊作「栗」，釋文：「栗，一本作秩。」鐵、栗、秩，古皆同韻部。杜注：「鐵在戚城南。罕達，子皮孫。」鐵，在今濮陽縣西北五里。**鄭師敗績。**杜注：「大崩曰敗績。」

二·六 **冬十月，葬衛靈公。**無傳。七月而葬，蓋有晉師故。

二·七 **十有一月，蔡遷于州來。**蔡本都上蔡，今河南上蔡縣；後遷都新蔡，今河南新蔡縣；今則入吳，因吳師遷州來，今安徽鳳臺縣，亦曰下蔡。**蔡殺其大夫公子駟。**國家遷徙，大非易事，依吳依楚，俱是賴人。哀四年傳云諸大夫恐其又遷，則羣臣蓋不欲遷徙。是年遷州來，公子駟亦爲反對者之一。參傳注。

傳

二·一 **二年春，伐邾，將伐絞。**杜注：「絞，邾邑。」顧棟高春秋輿圖謂在今滕縣北。**邾人愛其土，故賂以漷、沂之田而受盟。**

二·二 **初，衛侯遊于郊，子南僕。**杜注：「子南，靈公子郢也。」禮記檀弓上孔疏引世本亦云「靈公生昭子郢」云云，則郢爲靈公子無疑。姚鼐補注以下文有「公曰余無子」，乃謂「郢當是公庶弟」，不知靈公言「余無子」者，以太子蒯聵出奔，無其他適子也。郢則庶子耳。僕，駕御。**公曰：「余無子，**阮芝生拾遺：「謂無良子也。此自古人恒語，如叔向云肸又無子是也。」此有理。然郢不貪君位，可云良子，此僅云無他適子耳。

十七年傳「將以杞姒之子非我爲子」，杜注謂「爲適子」，尤可證。將立女。」不對。他日又謂之，對曰：「郢不足以辱社稷，君其改圖。君夫人在堂，三揖在下，杜注：「三揖，卿、大夫、士。」孔疏：「周禮司士云：『孤卿特揖，大夫以其等旅揖，士旁三揖。』鄭玄云：『特揖，一一揖之。旅，衆也，大夫爵同者，衆揖之。三揖者，士有上、中、下。』」因王揖上士、中士、下士，士位低下，不敢受，皆逡遁避開，故王從旁揖之。君命祇辱。」此言君不商之夫人與卿大夫而私命我爲嗣位者，我受之，祇辱君命耳。

夏，衞靈公卒。夫人曰：「命公子郢爲大子，君命也。」對曰：「郢異於他子，此意有二釋，杜注：「言用意不同。」蓋謂郢不欲居君位，以節操自高，吴季札所謂「守節」者也。竹添光鴻會箋云：「蓋郢母賤，不敢自同於他子，故云異於他子耳。」且君没於吾手，若有之，郢必聞之。杜注：「言當以臨没爲正。」且亡人之子輒在。」亡人指大子蒯聵。杜注：「輒，蒯聵之子出公也，靈公適孫。」乃立輒。

六月乙酉，乙酉，十七日。晉趙鞅納衞大子于戚。宵迷，臨夜迷路。陽虎曰：「右河而南，必至焉。」漢書溝洫志云：「周譜云『定王五年（公元前六〇二年）河徙』，則今所行，非禹之所穿也。」當時黄河流徑自河南滑縣東北流經浚縣、内黄、館陶之東。是時晉軍尚未渡河，其軍當自晉境直東行至今内黄縣南，其右爲河，渡河而南行即戚，再南行即鐵與帝丘。使大子絻，絻同免，音問，禮記檀弓上「公儀仲子之喪，檀弓免焉」，謂免冠也。免冠而後括髮。括髮者，釋文云：「以布廣一寸，從項中而前交於額上，又卻向後繞於髻。」八人衰絰，僞自衞逆者。服虔云：「衰絰，爲(僞)若從衞來迎大子也。」告於門，蒯聵使此八人告戚之守門者，開門迎之。哭而入，遂居之。史記衞世家云：「六月乙酉，趙簡子欲入蒯聵，乃令陽虎詐命衞十餘人衰絰歸。簡子送蒯聵。衞人聞之，發兵擊蒯聵，蒯聵不得入。入宿而保(宿即戚)，衞人亦罷兵。」此輒與親生父争君位，後人于此議論分歧。漢書雋不疑傳云：「不疑曰：『昔蒯聵違命出奔，輒距而不納，春秋是之。』」此乃公羊傳義。以當時情勢言之，衞、齊諸國俱反趙鞅，趙鞅之納蒯聵，實欲衞順己，衞人拒趙鞅，自不得不拒蒯聵。

二·三　秋八月，齊人輸范氏粟，鄭子姚、子般送之。杜注：「子姚，罕達；子般，駟弘。」士吉射逆之，趙鞅禦之，遇於戚。陽虎曰：「吾車少，以兵車之旆與罕、駟兵車先陳。沈欽韓補注云：「兵車之旆，所謂大將旗鼓也。先建旆于兵車，示中軍精鋭在是，則罕、駟兵車來者不得不分良列陣以當我。」罕、駟自後隨而從之，彼見吾貌，吾貌，陽虎自謂其容貌也。蓋陽虎專魯政時，齊、鄭實曾畏之。必有懼心，於是乎會之，杜注：「會，合戰。」必大敗之。」從之。卜戰，龜焦。杜注：「兆不成。」樂丁曰：杜注：「樂丁，晉大夫。」「詩曰：『爰始爰謀，爰契我龜。』詩大雅緜句。上二爰字爲語首助詞，無義。例證見詞詮。下爰字作焉字用，乃也，於是也。見中國語文六二年二期爰作焉字用。契，刻也。契龜即卜。謀協，以故兆詢可也。」武億經讀考異云：「釋文『謀協以故兆』絶句，愚謂上承詩言『爰始爰謀』，則『謀協』一讀，於義爲順。」杜注：「詢，諮詢也。故兆，始納衞大子，卜得吉兆。言今既謀同，可不須更卜。」詢，信也。杜誤。簡子誓曰：「范氏、中行氏反易天明，天明即天命，明與命，依江有誥二十一部諧聲表，古音同，自能通用。斬艾百姓，欲擅晉國而滅其君。寡君恃鄭而保焉。今鄭爲不道，棄君助臣，二三子順天明，從君命，經德義，宣十二年傳「武之善經也」，注云：「經，法也。」除詬恥，在此行也。克敵者，上大夫受縣，下大夫受郡，杜注：「周書作雒篇：『千里百縣，縣有四郡。』」春秋以前，縣大于郡，戰國時，則郡大于縣。戰國策秦策四及史記甘茂傳俱言「宜陽大縣，其實郡也」，則郡大于縣矣。餘詳顧炎武日知録二十二。士田十萬，十萬下無單位詞，古人習以爲常。張政烺謂爲十萬步，百步一畝，則千畝。詳見文史二十九輯士田十萬新解。國語晉語二載夷吾私於公子縶曰：「中大夫里克與我矣，吾命之以汾陽之田百萬；丕鄭與我矣，吾命之以負蔡之田七十萬。」庶人、工、商遂，杜注：「得遂進仕。」近人嵇文甫中國古代社會的早熟性（新建設四卷一期）謂遂爲「得遂其自由」，則與下文「免」無別。襄九年傳楚子囊論晉云：「其庶人力於農穡，商工皂隸不知遷業。」則此種人皆不得仕進，此則可因戰功而得入仕途也。並參俞樾平議。人臣隸圉免。人臣爲「男爲人臣」之「人臣」，謂奴隸。隸圉，亦奴隸，隸服雜役，圉養馬。襄二十三年傳：「斐豹，隸也，謂宣子曰：『苟焚丹書，我殺督戎。』」免即焚丹書，使爲自由民。說本武億義證。自「上大夫」至「隸圉」，當指克敵所獲各種身份之俘虜。志父無罪，君實圖之！志父即鞅，杜注謂一名志父，服虔及國語晉語九韋昭注均謂趙鞅入晉陽叛後改名志父。經、傳始終稱「鞅」，惟十七年傳，鞅自稱曰志父，二十年，其子無卹亦曰「先臣志父」。曲禮下「君子已孤不更名」，改名之說不足信也。崔杼、陳恒皆不更名，何況趙鞅？**若其有罪，絞縊以戮，**絞縊同義。**桐棺三寸，**荀子禮論：「刑餘罪人之喪，不得合族黨，獨屬妻子，棺椁三寸，衣衾三領，不得飾棺。」楊倞注：「刑餘，遭刑之餘死者。」墨子（節葬下）曰：『桐棺三寸，葛以爲緘。』趙簡子亦云，然則厚三寸，刑人之棺也。」**不設屬辟，**古代天子、諸侯及卿大夫之棺，皆有數重。椑爲親身之棺，音闢，此作「辟」，音近通借。椑從卑聲，與辟爲平入對轉。屬爲大棺內之次大棺，連于大棺。禮記喪服大記「君，大棺八寸（棺木厚八寸），屬六寸，椑四寸。上大夫，大棺八寸，屬六寸」云云，則上大夫無椑，此趙鞅云不設椑，可見當時諸侯之大臣善終亦有椑，蓋當時不依舊制，所謂「僭」。**素車、樸馬，**杜注：「以載柩。」孔疏謂「素車不以翣、柳飾車」。翣乃以羽毛爲傘形或扇形之物，有柄，靈車行時，持之兩旁隨行。說文謂天子八翣，諸侯六，大夫四。漢代則不用羽毛，而以木爲框，衣以畫布。柳，覆于柩車上下者，詳周禮天官縫人孫詒讓正義。樸馬，孔疏引禮記曲禮下「大夫士去國，爲位而哭，乘髦馬」，鄭玄注：「髦馬，不鬄落也。」孔疏以樸馬即髦馬，不翦飾馬鬣毛之馬。然荀子臣道篇「若馭樸馬」，楊倞注：「未調習之馬。」惠棟補注引之，蓋主張此說。**無入于兆，**古代同族之人叢葬一處，叢葬之地，其範圍曰兆域。孔疏云：「此言不入兆域，亦罰也。」楊樹達先生讀左傳云：「定元年季孫欲溝昭公之墓，亦是此意。」**下卿之罰也。」**杜注：「爲衆設賞，自設罰，所以能克敵。」齊召南注疏考證云：「此役簡子將兵，必已爲上卿，故其自誓以下卿之罰。」

甲戌，將戰，郵無恤御簡子，衞大子爲右。杜注：「郵無恤，王良也。」孟子滕文公下「昔者趙簡子使王良與嬖奚乘」，即此人。晉語九作「郵無正御」，王引之春秋名字解詁以「正」爲誤字，或謂趙襄子亦名無恤，其嗣簡子爲卿時，無恤乃改名無政。更名之説不足信，已見上文注。**登鐵上，**杜注：「鐵，丘名。」**望見鄭師衆，大子懼，自投于車下。子良授大子綏，**子良即郵無恤，荀子正論篇、論衡命義篇之王梁，即王良，論衡率性篇又作王良，可爲明證。至韓非子喻老篇「趙襄主學御於王子期」，外儲説右下「王子於期爲趙簡主取道爭千里之表」，王子期與王子於期皆王良，説詳劉師培韓非子斠補。綏，孔疏云：「挽以上車之索。」論語鄉黨「升車，必正立，執綏」是也。**而乘之，**使之登車也。**曰：「婦人也。」**諷刺其畏怯。**簡子巡列，**巡列，猶言視察隊伍。**曰：「畢萬，匹夫也，七戰皆獲，**經七次戰爭，皆俘馘。**有馬百乘，死於牖下。**畢萬爲晉獻公右，見閔元年傳「畢萬爲右」注。孔疏：「襄二十七年傳曰『唯卿備百邑』，注云：『一乘之邑也。』坊記云：『家富不過百乘。』百乘，卿之極制也。」然此時大國之卿已大大超過百乘。死于牖下謂得善終。簡子述此，勉人立功。**羣子勉之！死不在寇。」**言勇戰未必死于敵。**繁羽御趙羅，**程公説春秋分紀世譜六：「武生二子，曰獲（見昭三年傳）、曰成（見昭七年傳），獲之孫曰羅。」**宋勇爲右。**杜注：「三子，晉大夫。」**羅無勇，麇之。**洪亮吉詁：「説文：『稛，絭束也。』廣雅：『稛，束也。』案：稛、麇字同。」俞樾平議説同。**吏詰之，御對曰：「痁作而伏。」**杜注：「痁，瘧疾也。」**衞大子禱曰：「曾孫蒯聵敢昭告皇祖文王、**詩周頌維天之命「駿惠我文王，曾孫篤之」，鄭玄箋云：「曾猶重也，自孫之子而下，事先祖皆稱曾孫。」詩周頌閔予小子「念茲皇祖」，魯頌閟宮「皇祖后稷」，金文如晉邦盦、秦公毁、齊陶子綸鎛皆有「皇祖」。**烈祖康叔、**詩商頌那「奏鼓簡簡，衎我烈祖」，烈祖「嗟嗟烈祖」，烈祖皆謂商湯，商之始祖也。康叔亦衞之始封君。文祖襄公：杜注：「繼業守文，故曰文祖。」蒯聵，襄公之孫。」書堯典：「受終于文祖。」鄭勝亂從，杜注：「勝，鄭聲公名。」昭五年傳「竪牛禍叔孫氏，使亂大從」，謂亂順道。晉午在難，杜注：「午，晉定公名。」傳世有晉公𥂴，銘文有云「雁今小子」，楊樹達先生積微居金文説定爲晉定公所制器，「午」作「雁」。不能治亂，使鞅討之。蒯聵不敢自佚，佚同逸。備持矛焉。杜注：「戎右持矛。」以所發掘戰車觀之，車右不僅持矛，亦備弓矢與刀劍。備字詳十五年傳「備使」注。敢告無絶筋，無折骨，無面傷，國語晉語三韓之誓「將止不面夷，死」，韋昭注：「夷，傷也。」然彼不畏面傷，此求己不傷面耳。以集大事，杜注：「集，成也。」無作三祖羞。作，爲也。三祖，皇祖、烈祖、文祖。大命不敢請，大命謂死生之命，孔疏云：「謂己之身命，不敢私請苟以求生。」佩玉不敢愛。」孔疏云：「尚書金縢稱周公植璧秉珪以告大王、王季、文王，是禱請用玉也。在軍無珪璧，故以佩玉。」

鄭人擊簡子中肩，斃于車中，杜注：「斃，踣也。」獲其蠭旗。杜注：「蠭旗，旗名。」大子救之以戈。鄭師北，獲温大夫趙羅。于鬯校書云：「此趙羅蓋范氏之黨羽，與上趙羅異人也。故不第曰趙羅，而曰温大夫趙羅，乃所以別于上文之趙羅非温大夫也。此正與襄十九年傳有兩子孔，而一於子孔上特著『士』字；又二十五年傳有兩賈舉，而一於賈舉上特著『侍人』二字者同例。」大子復伐之，鄭師大敗，獲齊粟千車。趙孟喜曰：「可矣。」顧炎武補正云：「以中行氏失援糧竭，必將亡。」傅傁曰：

「雖克鄭，猶有知在，憂未艾也。」杜注：「傅傻，簡子屬也。言知氏將爲難，後竟有晉陽之患。」

初，周人與范氏田，公孫尨税焉，杜注：「尨，范氏臣，爲范氏收周人所與田之税。」趙氏得而獻之。杜注：「得尨以獻簡子。」吏請殺之。趙孟曰：「爲其主也，何罪？」止而與之田。此事疑在鐵戰前，定十三年荀寅、士吉射奔朝歌後。公孫尨爲范氏收田税，趙氏得之，不但不殺，且留之，與之以田。及鐵之戰，以徒五百人宵攻鄭師，取蠭旗於子姚之幕下，獻，曰：「請報主德。」此趙鞅所以勝鄭師者之一因。追鄭師。姚、般、公孫林殿而射，姚，子姚。般，子般。三人率掩護退却之軍以射追軍。前列多死。趙鞅追軍前鋒多戰死。趙孟曰：「國無小。」言不能輕視小國，雖小國，亦有善戰者。既戰，猶言戰罷。簡子曰：「吾伏弢嘔血，弢，盛弓之袋。嘔，吐也。鼓音不衰，今日我上也。」杜注：「我功爲上。」大子曰：「吾救主於車，退敵於下，我，右之上也。」郵良曰：「我兩靷將絶，吾能止之，靷當作靳，見僖二十八年傳「韅靷鞅靽」注。兩靷若斷絶，則驂馬必外出，不能約制。王良善御，能以將斷靳控制驂馬。我，御之上也。」駕而乘材，兩靷皆絶。王良恐人不信，材爲細小之木，復駕馬，而載細小之木，兩靷皆斷矣。

二·四 吳洩庸如蔡納聘，而稍納師。吳越春秋四、漢書董仲舒傳、王褒四子講德論皆以此洩庸即二十六年傳之舌庸，吳闓生文史甄微亦主之，實誤。杜氏世族譜以洩庸爲吳雜人，不言即舌庸。説詳梁履繩補釋引俞葆寅說。師畢入，吳師畢入新蔡。衆知之。蔡侯告大夫，殺公子駟以說。蔡侯欲遷于吳，故與吳謀，因聘而納吳師。諸大夫不欲遷者，蔡侯殺公子駟以向吳解説，於是無人敢阻止矣。哭而遷墓。杜注：「將遷，與先君辭，故哭。」冬，蔡遷于州來。

三年，己酉，公元前四九二年。周敬王二十八年、晉定二十年、齊景五十六年、衛出公輒元年、蔡昭二十七年、鄭聲九年、曹陽十年、陳閔十年、杞僖十四年、宋景二十五年、秦惠九年、楚昭二十四年、吳夫差四年、越句踐五年。

經

三·一　三年春，正月初四己巳冬至，建子。齊國夏、衛石曼姑帥師圍戚。蒯聵居戚故也。

三·二　夏四月甲午，朔日。經不書朔，或當時不以爲朔。地震。無傳。

三·三　五月辛卯，辛卯，二十八日。桓宮、僖宮災。

三·四　季孫斯、叔孫州仇帥師城啓陽。無傳。「啓」，公羊作「開」。趙坦異文箋云：「公羊疏引戴宏序云：『子夏傳與公羊高，高傳與其子平，平傳與其子地，地傳與其子敢，敢傳與其子壽。至漢景帝時，壽乃共弟子齊人胡母子都著于竹帛，與董仲舒皆見于圖讖。』是公羊經、傳正當景帝時出，故傳寫者遂改『啓』爲

『開』。」漢景帝名啓也。啓陽，據彙纂，今山東臨沂縣北十五里有開陽故城，本鄅國，後屬魯，名啓陽也。彙纂亦據水經沂水注。

三·五 **宋樂髡帥師伐曹。**無傳。

三·六 **秋七月丙子，**丙子，十四日。**季孫斯卒。**

三·七 **蔡人放其大夫公孫獵于吳。**無傳。杜注以爲獵爲公子駟之黨。

三·八 **冬十月癸卯，**癸卯，十三日。**秦伯卒。**無傳。秦惠公也。不書其名，不知何故。

三·九 **叔孫州仇、仲孫何忌帥師圍邾。**無傳。去年受邾漷、沂之田而相盟，僅隔一年有餘而又伐之，傳不書，闕疑可也。

傳

三·一 **三年春，齊、衞圍戚，求援于中山。**杜注：「中山，鮮虞。」戰國有中山國。

三·二 **夏五月辛卯，司鐸火。**杜注以司鐸爲宮名。章炳麟讀云：「司鐸，蓋官署之在宮城中者也，猶考工記所云『外有九室，九卿朝焉』，即後世之郎署也。其地宜在公宮之西，故火踰公宮而東，桓、僖災也。」**火踰公宮，桓、僖災。**桓公廟與僖公廟。桓公于哀公爲八世祖，僖公則六世祖。若據禮記王制「諸侯五廟，二昭二穆，與大祖之廟而五」及文王世子「五廟之孫，祖廟未毁」，則桓、僖之廟早應破毁。其猶存者，或者季、叔孫、孟三卿皆桓公之後，三家用事，尊其始祖也。三家之用事，始于僖公，僖廟不毁，亦報德之舉乎！春秋之時，祖廟當毁而不毁者，不僅魯國。晉悼之立，朝於武宫，自武公至悼公，已歷十君。晉自曲沃武公滅晉侯緡，其後君晉者皆其後代，晉已不以唐叔虞爲太祖，而以武公爲太祖矣。晉頃公時，獻俘於文宫，文公至頃公亦十君，不僅以文公爲當時盟主，且頃公用事之大臣，若韓起、荀吴、魏舒、范鞅、荀躒、趙鞅，其先代皆文公之所親任者也。**救火者皆曰顧府。**府庫，財物所在。**南宫敬叔至，命周人出御書，俟於宫，**杜注：「敬叔，孔子弟子南宫閲。周人，司周書典籍之官。御書，進於君者也。使待命於宫。」俞樾茶香室經説、章炳麟左傳讀俱謂周讀爲疇，家家世世相傳爲疇。然兩周之官，多世代相傳，豈典籍之官獨名疇人耶？亦不可通矣。章炳麟知其難通，又謂「或曰借爲壽人。禮樂志（漢書）『周有房中樂，至秦名曰壽人』，蓋春秋時相傳之舊稱」云云，則壽人爲樂官，不得掌進御之典籍也，亦難信。**曰：「庀女，而不在，死。」**杜注：「庀，具也。」然此義用于此實費解。吴闓生文史甄微謂「庀蓋譏察之意」，乃臆説。疑庀借爲庇，周禮地官遂師「庀其委積」，釋文謂「庀又作庇」，則庀、庇通用。省介詞於字，庇於女也。即以此寄託于汝保護之。不在即有失，則死罪。**子服景伯至，**禮記檀弓上鄭注：「子服伯子，蓋仲孫蔑之玄孫子服景伯。」孔疏引世本：「獻子蔑生孝伯（名它，見魯語上），孝伯生惠伯（名椒，見襄二十三年傳），惠伯生昭伯（名回，見昭十六年傳），昭伯生景伯。」哀十三年傳「景伯曰：『何也立後於魯矣』」，則景伯名何。詳梁履繩補釋。**命宰人出禮書，**宰人疑即周禮之宰夫。周禮天官宰夫「凡禮事，贊小宰比官府之具」，又云「凡朝覲、會同、賓客以牢禮之灋掌其牢禮」云云，即「掌治朝之瀍」也。既掌其法與禮數，必有其書。又春官太史云「大祭祀，與執事卜日戒及宿之日，與羣執事讀禮書而協事」，即此之禮書也。平日或由宰夫掌之，故此命宰夫出之。**以待命。命不共，有常刑。**命不共即書甘誓之「不恭命」。言奉命不盡職，則有一定之刑。此與襄三十一年傳「共命」意義有別。**校人乘馬，巾車脂轄，**周禮夏官校人，掌王馬之政，魯亦有此官，晉國、宋國則謂之校正，見成十八年及襄九年傳，故此命其駕好車馬以待。春官巾車云「掌公車之政令」，鄭玄注：「巾車，車官之長。」轄爲車軸兩頭之鍵，塗之以脂。古無機油，以動物脂肪代之，使車行滑利也。魯、晉皆有此官，參襄三十一年傳並注。**百官官備，**各種官吏無不在職位。**府庫慎守，**防有趁火盜竊者。**官人肅給。**俞樾平議謂古官、館同字，此謂司主館舍者。肅給，謂肅敬供給。**濟濡帷幕，鬱攸從之。**章炳麟左傳讀二云：「濟亦濡也。」濟濡帷幕，謂以透濕之帷幕覆蓋近火處，使之勿被火。杜注謂鬱攸爲火氣，王紹蘭經説謂「蓋救火具，從帷幕也。疑『火氣』即『火器』之譌」云云，亦可備一説。**蒙葺公屋，**杜注：「以濡物冒覆公物。」蓋先以濕幕冒覆近火或將火之處，再覆公屋。**自大廟始，外內以悛。**此言蒙葺公屋，先太廟，先內後外，依次覆蓋。杜注：「悛，次也。」先尊後卑，以次救之。」**助所不給。**其人力物力有不足者，他人助之。**有不用命，則有常刑，無赦。公父文伯至，**會箋云：「定五年被陽虎逐，意虎敗乃歸也。」**命校人駕乘車。**杜注：「乘車，公車。」**季桓子至，御公立于象魏之外，**太廟在雉門之內，火時在雉門之內，象魏在雉門之外，一時火所難及，故季桓子爲哀公執轡立于象魏外。命救火者傷人則止，財可爲也。人命重，財物輕，寧焚物而勿傷人。命藏象魏，曰：「舊章不可亡也。」此象魏可以藏，非指門闕。「象魏」爲門闕見莊二十一年傳注及定二年經注。當時象魏懸掛法令使萬民知曉之處，因名法令亦曰象魏，即舊章也。服虔主此說。富父槐至，杜注：「槐，富父終生之後。」曰：「無備而官辦者，猶拾瀋也。」無備謂滅火之備，官辦指上百官官辦諸事，事事有人負責，然不能滅火，猶羹汁傾覆於地，無法撿拾。於是乎去表之槀，説文：「槀，木枯也。」今作稿。此泛指一切乾枯易燃之物。表謂火之所向，表火道者。道還公宮。道，今謂火巷，隔絶火勢者。還同環，釋文：「還，本又作環。」謂環繞公宮開闢火巷，使火不致延及公宮。襄九年傳叙宋被火災，火所未至，徹小屋，亦隔火也。古代火災不易撲滅，此叙當時滅火部署，井然有序，可與襄九年宋災參看。

孔子在陳，聞火，曰：「其桓、僖乎！」王肅僞作孔子家語，記孔子對陳侯之言曰「禮，祖有功而宗有德，故不毁其廟焉。今桓、僖之親盡矣，又功德不足以存其廟，而魯不毁，是以天災加之」云云，亦本此而衍作。家語且有孔子在齊，聞周先王廟災，曰「此必僖王之廟」云云，亦是此意。

三·三　劉氏、范氏世爲昏姻，「昏」，原作「婚」，今從金澤文庫本、石經、宋本正。杜注：「劉氏，周卿士；范氏，晉大夫。」萇弘事劉文公，杜注：「爲之屬大夫。」故周與范氏。趙鞅以爲討。杜注：「責周與范氏。」周語下云：「及范、中行之難，萇弘與之。晉人以爲討。」似趙鞅所討者僅萇弘。六月癸卯，癸卯，十一日。周人殺萇弘。莊子胠篋篇、韓非子難言篇及淮南子氾論俱謂萇弘被裂而死。史記樂書、天官書、封禪書及蔡世家俱載萇弘言行，散見于先秦兩漢書者亦多。吕氏春秋必己篇且謂「萇弘死，藏其血三年而爲碧」，自屬不經。

三·四　秋，季孫有疾，命正常曰：「無死！杜注：「正常，桓子之寵臣，欲付以後事，故敕令勿從己死。」南孺子之子，男也，則以告而立之；杜注：「南孺子，季桓子之妻。」然俞正燮癸巳類稿：「秦策一云『某父某孺子納某士』，漢書王子侯表云『東城侯遺爲孺子所殺』，則王公至士民妾通名孺子。」章炳麟左傳讀卷七：「韓非子八姦云：『貴夫人，愛孺子，便僻好色，此人主之所惑也。』外儲説右上云：『齊威王夫人死，中有十孺子，皆貴於王。薛公欲知王所欲立，而請置一人以爲夫人。』然則君之孺子尊亞夫人，蓋猶禮之世婦，卿之妻尊與之等也。」又自注云：「春秋繁露爵國篇言孺子在夫人、世婦、左右娣、良人之下。此則甚卑，與傳及韓非所言皆異。」漢書外戚傳上謂太子有妃，有良娣，有孺子，凡三等，則孺子最下。女也，則肥也可。」杜注：「肥，康子也。」章炳麟讀云：「下文云：『季孫卒，康子即位。既葬，康子在朝。』南氏生男，而正常猶稱季孫遺言生男則立之，康子遂請辟位，然則康子之即位，特攝位耳。」季孫卒，康子即位。既葬，康子在朝。南氏生男，正常載以如朝，告曰：「夫子有遺言，命其圉臣曰：圉臣，正常自稱。正常於魯君，陪臣之不若，圉臣猶言賤臣也。『南氏生男，則以告於君與大夫而立之。』今生矣，男也，敢告。」遂奔衛。告畢即奔，知康子不能奉父遺言，正常畏被害也。康子請退。杜注：「退，辟位也。」公使共劉視之，杜注：「共劉，魯大夫。」則或殺之矣。自是康子使人爲之。乃討之。杜注：

「討殺者。」召正常，正常不反。

三·五 冬十月，晉趙鞅圍朝歌，師于其南，重軍在朝歌南。荀寅伐其郛，荀寅被圍在朝歌城内，而伐南門外城，欲使趙鞅兵力聚集于此。使其徒自北門入，已犯師而出。北門趙鞅兵力已減，荀寅之徒在朝歌外來救者因易攻入，荀寅乃轉徙兵力自北門突圍而出。此言荀寅，士吉射亦在其中。癸丑，癸丑，二十三日。奔邯鄲。趙稷仍堅守邯鄲。

十一月，趙鞅殺士皋夷，士皋夷即定十三年傳之范皋夷。惡范氏也。杜注：「惡范氏而殺其族，言遷怒。」杜注失之迂。此時范氏之敗局已定，皋夷雖爲首亂者之一，然終是范氏之族，趙鞅殺之，所以防其爲禍于後也。

四年，庚戌，公元前四九一年。周敬王二十九年、晉定二十一年、齊景五十七年、衞出二年、蔡昭二十八年、鄭聲十年、曹陽十一年、陳閔十一年、杞僖十五年、宋景二十六年、秦悼公元年、楚昭二十五年、吴夫差五年、越句踐六年。

經

四·一 四年春王二月庚戌，正月十五日甲戌冬至，建子。庚戌，二十一日。盜殺蔡侯申。「二月」，公羊作「三月」，誤。此年二月庚寅朔，三月不得有庚戌。「殺」，公羊、穀梁俱作「弑」，「殺」「弑」二字古書混亂者多矣。宣十七年經「蔡侯申卒」，蔡文侯也，于此蔡昭侯是曾祖，曾祖與曾孫同名，孔穎達疏以爲「必有誤者」。不知若以世次計，則相距六代；若以廟次計，則相距七公，其同名不足怪異。若魯武公名敖，亦魯不祧宗也，然而慶父之子名公孫敖。若周武王發爲周人共祖一代開國，而衞有公孫發，鄭有公子發。

四·二 **蔡公孫辰出奔吳。** 據傳，乃殺蔡昭侯之黨。

四·三 **葬秦惠公。** 無傳。

四·四 **宋人執小邾子。** 無傳。

四·五 **夏，蔡殺其大夫公孫姓、公孫霍。** 「公孫姓」，公羊作「公孫歸姓」。據傳，亦殺蔡侯之黨。

四·六 **晉人執戎蠻子赤歸于楚。** 「蠻」，公羊作「曼」。蠻、曼二字古同韻。

四·七 **城西郛。** 無傳。杜注：「魯西郭，備晉也。」

四·八 **六月辛丑，** 辛丑，十四日。**亳社災。** 無傳。「亳」，公羊作「蒲」。禮記郊特牲「薄社」，釋文，「薄，本又作『亳』。」餘詳趙坦異文箋。定六年傳「陽虎盟國人于亳社」，即此社也。公羊、穀梁二傳俱謂亳社爲亡國之社，即殷都亳之社，杜注因云「諸侯有之，所以戒亡國」。其實亳社，魯因商奄遺民立之，詳定六年傳注。亳社所在，詳閔二年傳注。

四·九 **秋八月甲寅，** 甲寅，二十八日。**滕子結卒。** 無傳。

四·一〇 冬十有二月，葬蔡昭公。無傳。杜注：「亂故，是以緩。」

四·一一 葬滕頃公。無傳。

傳

四·一 四年春，蔡昭侯將如吴。諸大夫恐其又遷也，承公孫翩逐而射之，入於家人而卒。詩秦風權輿毛傳云：「承，繼也。」屬下句。謂諸大夫跟隨公孫翩而逐蔡昭公。惠棟補注、洪亮吉詁、俞樾平議皆以承爲一字讀，惠引詩魯頌閟宮「則莫我敢承」毛傳「承，止也」，謂諸大夫皆欲止之也，雖勉强可通，但全部左傳無此句法。洪訓「承」爲「恐」，則與上「恐」字義複。俞謂「承字當爲乘（承、乘古音同，俞未言），乘謂乘車。昭侯乘車，即將如吴」云云，不知「承」字承「諸大夫」言，非承「蔡昭公」。若如俞氏此解，傳文當作「蔡昭公將如吴，承」。而如傳文，俞解顯不足信。沈欽韓補注以「承」屬下讀是也；謂「承，佐也」，則非。公孫翩，據下文乃蔡昭之黨，故以兩矢守門，而被殺。若諸大夫佐助之，則不致與諸大夫爲敵矣。諸大夫蓋尾隨公孫翩，公孫翩乃從後掩護蔡昭之人。蔡昭侯入于庶民家而死。沈欽韓補注云：「家人言民家。」又參楊樹達先生漢書窺管卷一。以兩矢門之，衆莫敢進。公孫翩以兩矢守蔡昭所入民家之門，蔡昭之衆畏死而不敢進。文之鍇後至，文之鍇，蔡昭之臣。曰：「如牆而進，多而殺二人。」告蔡昭之衆，併行如牆向前，翩只二矢，最多不過死二人。鍇執弓而先，翩射之，中肘，鍇遂殺之。故逐公孫辰而殺公孫姓、公孫盱。杜注：「盱，即霍也。」一九五五年發現安徽壽縣蔡侯墓，疑即昭侯墓。

四·二 夏，楚人既克夷虎，杜注：「夷虎，蠻夷叛楚者。」乃謀北方。左司馬眅、眅音攀，上聲。申公壽餘、葉公諸梁致蔡於負函，杜注：「三子，楚大夫也。此蔡之故地人民，楚因以爲邑。致之者，會其衆也。」負函，據彙纂，當在今河南信陽市。致方城之外於繒關，據江永考實，繒關在今河南方城縣。曰：「吳將泝江入郢，泝音素，逆流而上曰泝。或作溯。此謂逆長江而上。將奔命焉。」爲一昔之期，襲梁及霍。昔、夕古音同，此昔字即作夕用。杜注：「僞辭當備吳，夜結期，明日便襲梁、霍，使不知之。」梁在今河南臨汝縣西，與僖十九年傳之梁在今陝西韓城縣南者不同。霍在梁之西南，離臨汝縣稍遠。單浮餘圍蠻氏，蠻氏潰。蠻氏已見成六年、昭十六年傳並注，其地在霍之西三十餘里。蠻子赤奔晉陰地。陰地，在今河南盧氏縣東北。司馬起豐、析與狄戎，起，漢謂之興，徵召卒乘也。此謂徵召豐、析及狄戎之民爲兵。豐，據顧棟高大事表七之四，在今河南淅川縣廢治（今爲舊淅川）西南，與湖北十堰市相接界。今淅川縣及內鄉縣之西北境皆楚析地。以臨上雒。上雒即今陝西商縣。據敔毁銘上雒本屬周，後屬晉。左師軍于菟和，菟和山，據沈欽韓地名補注引商州志，在今陝西商縣東一百一十里。右師軍于倉野，倉野一作蒼野，據清一統志，在商縣東南一百四十里。使謂陰地之命大夫士蔑曰：命大夫者，曾經周王或晉侯所親命之大夫。命即一命、二命、三命之命，與一般守縣邑之大夫不同。陰地爲晉南之要道，此地失守，晉都新絳，即今山西侯馬市，門户大開，故士蔑以命大夫守之。「晉、楚有盟，好惡同之。此蓋晉、楚盟誓之辭。引之以逼晉交出蠻子。若將不廢，寡君之願也。不然，將通於少習以聽命。」少習山在今商縣東一百八十五里，山下即武關。打通少習山，即可西脅秦國，而與秦聯軍，東取陰地，北渡黄河，以逼晉都。士蔑請諸趙孟。趙孟曰：「晉國未寧，安能惡於楚？必速與之！」杜注：「未寧，時有范、中行之難。」士蔑乃致九州之戎，九州之戎亦見昭二十二年傳。杜注：「九州戎，在晉陰地、陸渾者。」致，猶言召集，謂召集九州戎各部落之長。將裂田以與蠻子而城之，杜注：「以詐蠻子。」且將爲之卜。書洛誥序云：「召公既相宅，周公往營成周，使來告卜，作洛誥。」文云：「予惟乙卯，朝至于洛師。我卜河朔黎水。我乃卜澗水東、瀍水西，惟洛食。」足見自古至春秋，築城必先卜龜。蠻子聽卜，遂執之與其五大夫，執蠻子赤及其五大夫也。五大夫，杜無注。疑此與莊十九、二十、二十一年傳及襄元年傳之「五大夫」不同。彼五大夫，大夫五人也。此或是一人，秦爵有五大夫，蓋本此。以畀楚師于三户。三户城在今河南淅川縣西南丹江之南。楊樹達先生讀左傳云：「時晉不競，畏楚殊甚，故有此事。金文有晉公盦，乃晉定公嫁女於楚事，以此文合勘，知嫁女所以求歡於楚。」又參其積微居金文説晉公盦與再跋。司馬致邑立宗焉，以誘其遺民，杜注：「楚復詐爲蠻子作邑，立其宗主。」而盡俘以歸。

四·三　秋七月，齊陳乞、弦施、衛甯跪救范氏。杜注：「陳乞，僖子。弦施，弦多。」梁履繩補釋引孔廣柟云：「説苑復恩篇衞有甯文子，與智伯同時，疑即此甯跪。」庚午，十四日。圍五鹿。五鹿在今河北大名縣東，見元年傳注。九月，趙鞅圍邯鄲。冬十一月，邯鄲降。荀寅奔鮮虞，趙稷奔臨。臨故城址在今河北臨城縣西南十里。時屬晉。十二月，弦施逆之，遂墮臨。拆毁臨邑城牆。國夏伐晉，取邢、任、欒、鄗、逆時、陰人、盂、壺口，邢即今河北邢臺市，參見隱四年傳並注。任，在今河北任縣東南，亦見襄三十年傳並注。欒，據江永考實，今河北欒城縣及趙縣北境皆古欒邑地。鄗，據江永考實，今河北高邑縣、柏鄉縣皆鄗邑地。逆時，江永考實謂酈道元水經滱水注以逆時爲曲逆，今曲逆故城在河北保定地區完縣東南二十里。陰人，江永考實謂「地無考」，沈欽韓地名補注以陰地關當之，陰地關即今山西靈石縣西南之南關村，齊師恐難遠至此處，未可信也。盂，高士奇地名攷略、江永考實皆主即昭二十八年傳「孟丙爲盂大夫」之盂，則在今山西太原市東北八十里，顧棟高大事表謂「晉爲大國，齊不應深入至此」，是也。又引顧炎武説，謂當在河北邢臺市與永年縣之間，亦無據。疑即今山西黎城縣東北二十八里太行山口吾兒峪。壺口，即今山西長治市東南之壺關。會鮮虞，納荀寅于柏人。柏人即今河北隆堯縣西南之堯城鎮。

五年，辛亥，公元前四九〇年。周敬王三十年、晉定二十二年、齊景五十八年、衞出三年、蔡成公朔元年、鄭聲十一年、曹陽十二年、陳閔十二年、杞僖十六年、宋景二十七年、秦悼二年、楚昭二十六年、吴夫差六年、越句踐七年。

經

五·一　五年春，正月二十六日己卯冬至，建子，有閏月。城毗。無傳。「毗」，公羊作「比」，音同相通假，其地無考。

五·二　夏，齊侯伐宋。無傳。

五·三　晉趙鞅帥師伐衞。

五·四　秋九月癸酉，癸酉，二十四日。齊侯杵臼卒。公羊作「處臼」，史記齊世家與左氏經同。

五·五　冬，叔還如齊。無傳。蓋弔齊景公之喪且會葬。

五·六　閏月，葬齊景公。無傳。

傳

五·一　五年春，晉圍柏人，荀寅、士吉射奔齊。

初，范氏之臣王生惡張柳朔，惠棟補注云：「墨子所染篇云：『范吉射染於長柳朔、王勝。』王勝即王生也。古『張』字省作『長』，見楚相孫叔敖碑。」孔廣森經學卮言六云：「長柳即張柳，古複姓，漢書藝文志有長柳占夢。」言諸昭子，使爲柏人。杜注：「爲柏人宰也。昭子，范吉射也。」昭子曰：「夫非而讎乎？」對曰：「私讎不及公，杜注：「公家之事也。」好不廢過，惡不去善，禮記曲禮上云「愛而知其惡，憎而知其善」，即此兩語意。義之經也，臣敢違之？」言不敢違也。及范氏出，杜注：「出柏人，奔齊。」張柳朔謂其子：「爾從主，勉之！我將止死，王生授我矣，杜注：「授我死節。」吾不可以僭之。」楊樹達先生讀左傳云：「僭，不信也。」遂死於柏人。杜注：「爲吉射距晉戰死。」

五·二　夏，趙鞅伐衛，范氏之故也，杜注：「衛助范氏故也。」遂圍中牟。中牟當即定九年傳「晉車千乘在中牟」之「中牟」，地詳彼注。江永考實云：「中牟當屬晉趙氏矣，而此時屬衛，豈因佛肸叛而中牟遂屬衛歟？」

五·三　齊燕姬生子，服虔云：「燕姬，齊景公嫡夫人，昭七年燕人所歸。」餘詳李貽德輯述。不成而死。據服虔及杜預説，不成即未成年，未及行冠禮。諸子鬻姒之子荼嬖，諸子，天子、諸侯姬妾之官稱，詳襄十九年傳「諸子仲子、戎子」注。晏子春秋内篇諫上云：「淳于人納女于景公，生孺子荼，景公愛之。」史記齊世家云：「景公五十八年夏，景公夫人燕姬適子死，景公寵妾芮姬生子荼。」或作「淳于人納女」，或作「芮姬」，皆與傳異。且晏子春秋叙晏子進諫事，此時晏嬰早死矣。齊世家叙燕姬所生子死與荼之生似爲同年事，亦難憑信。諸大夫恐其爲大子也，言於公曰：「君之齒長矣，未敢言其老，僅言其年長，實則景公立已五十八年，實老矣。未有大子，若之何？」公曰：「二三子間於憂虞，則有疾疢，間，參與，間廁之義，與莊十年傳「又何間焉」之「間」同。此言汝等若有憂慮，則生疾病。憂、虞同義，疾、疢亦同義，孟子盡心上「恒存乎疢疾」，疢疾亦疾疢也。說本武億義證。亦姑謀樂，何憂於無君？」此或非此年語，但亦非早年語，因傳文無「初」字也。杜注：「景公意欲立荼而未發，故以此言塞大夫請。」公疾，使國惠子、高昭子立荼，杜注：「惠子，國夏；昭子，高張。」寘羣公子於萊。萊，杜注「齊東鄙邑」，則非萊國之萊。今山東煙臺地區黄縣東南萊山。秋，齊景公卒。冬十月，公子嘉、公子駒、公子黔奔衞，「嘉」，史記齊世家作「壽」。公子鉏、公子陽生來奔。萊人歌之曰：「景公死乎不與埋，三軍之事乎不與謀，師乎師乎，何黨之乎？」杜注：「師，衆也。黨，所也。之，往也。稱謚，蓋葬後而爲此歌，哀羣公子失所。」此歌以埋、謀、之爲韻。王引之述聞謂第二句衍「之」字，第三句末衍「乎」字，不足信。梁書文學下劉杳傳謂「晉永嘉賊曹嶷於青州發齊景公冢」云云，則齊景之墓爲曹嶷所掘。

五·四　鄭駟秦富而侈，嬖大夫也，嬖大夫即下大夫，亦見昭七年傳。而常陳卿之車服於其庭。鄭人惡而殺之。子思曰：杜注：「子思，子産子國參也。」「詩曰：『不解于位，民之攸塈。』詩大雅假樂文。解同懈。攸，所也。塈，息也，安寧也。此謂百官勤于職守，民所以得安寧。不守其位而能久者鮮矣。不守其位，即僭越失度。商頌曰：『不僭不濫，不敢怠皇，命以多福。』」詩商頌殷武文。今詩作：「不僭不濫，不敢怠遑。命于下國，封建厥福。」孔疏謂：「命以多福，不復具引詩文，取其意而言之。」杜注：「僭，差也。濫，溢也。皇，暇也。言駟秦違詩商頌，故受禍。」

六年，壬子，公元前四八九年。周敬王三十一年、晉定二十三年、齊安孺子荼元年、衛出四年、蔡成二年、鄭聲十二年、曹陽十三年、陳閔十三年、杞僖十七年、宋景二十八年、秦悼三年、楚昭二十七年、吳夫差七年、越句踐八年。

經

六·一 六年春，正月初七甲申冬至，建子。城邾瑕。無傳。「邾瑕」，公羊作「邾婁葭」。邾，公羊例作邾婁；「瑕」「葭」同從叚得聲，可相通借，亦猶定十三年經左之「垂葭」，公羊作「垂瑕」。邾瑕，據杜注，在今山東濟寧市南十里，則未必爲邾邑，疑此説不足信，闕疑可也。定、哀十六年間，魯爲縣邑築城者凡八，杜多以「備晉」爲言，實則晉亦國内諸卿内争甚烈，無暇及外。

六·二 晉趙鞅帥師伐鮮虞。

六·三 吳伐陳。

六·四 夏，齊國夏及高張來奔。

六·五 叔還會吳于柤。無傳。柤本楚地，此時或已爲吳有，即今邳縣北之泇口。又見襄十年經注。

六・六　秋七月庚寅，庚寅，十六日。楚子軫卒。軫即昭二十六年之太子壬。壬其本名，楚君即位後例改名，軫其所改名。史記十二諸侯年表及楚世家俱作「珍」，「珍」、「軫」形音均近。

六・七　齊陽生入于齊。陽生，景公庶子，即悼公，去年孺子荼即位後奔魯者。

六・八　齊陳乞弒其君荼。「荼」，公羊作「舍」，古音同，相通假。據傳，荼實爲陽生使朱毛殺之，而經書陳乞者，以其迎立陽生，荼不得不被殺，且陳氏欲藉此擅權也。

六・九　冬，仲孫何忌帥師伐邾。無傳。

六・一〇　宋向巢帥師伐曹。無傳。

傳

六・一　六年春，晉伐鮮虞，治范氏之亂也。杜注：「四年，鮮虞納荀寅于柏人。」晉曾數伐鮮虞，終春秋之世未能得之，戰國策有中山策，其後爲趙所滅。

六・二　吴伐陳，復修舊怨也。元年傳云：「吴侵陳，修舊怨也。」然而未能得志，故此年又用兵，復修舊怨。會箋云：「夫差之所以亡也。定五年傳云：『子常唯思舊怨以敗。』」楚子曰：「吾先君與陳有盟，昭十三年，楚平王禮送陳侯吴歸于陳，必有盟。不可以不救。」乃救陳，師于城父。此乃北城父，詳昭十九年傳「大城城父」注，在今河南寶豐縣東，平頂山市西北。

齊陳乞僞事高、國者，杜注：「高張、國夏受命立荼，陳乞欲害之，故先僞事焉。」每朝，必驂乘焉。言與之同車上朝，己在車右。所從，從往之處。必言諸大夫曰：言於高、國，所言乃誣間諸大夫。「彼皆偃蹇，杜注：「偃蹇，驕敖。」彼指諸大夫。將棄子之命。皆曰：『高、國得君，荼爲高、國所立，高、國實掌政權。荼幼小，高、國足以挾之以令于國，即得君也。必偪我，盍去諸？』固將謀子，子早圖之！圖之，莫如盡滅之。需，事之下也。」杜注：「需，疑也。」孔疏：「需是懦弱之意。」説文：「需，頿也，遇雨不進止頿也。」即今言等待。此是陳乞在高、國之前誣告諸大夫之語。「彼」指諸大夫。言諸大夫皆自高自大，將不受子（高、國）之命。諸大夫且謀逐除高、國，因勸高、國盡滅諸大夫，遲疑等待乃下策。田齊世家叙此語僅撮取大意。及朝，則曰：「彼，虎狼也。又向高、國言，謂諸大夫是虎狼。見我在子之側，殺我無日矣，請就之位。」杜注：「欲與諸大夫謀高、國，故求就之。」蓋此時在朝，高、國在卿位，陳乞僞事高、國，在其側，不得與諸大夫言，因以己畏被殺，而請往諸大夫行列，就而與言。又謂諸大夫曰：「二子者禍矣，二子即高、國。禍矣，言將爲禍亂。恃得君而欲謀二三子，曰：『國之多難，貴寵之由，此僞造高、國之言而述于諸大夫，言高、國云，國之多患難，由于貴寵也。諸大夫中必有爲景公所貴寵者。盡去之而後君定。』既成謀矣，盍及其未作也，先諸？脅諸大夫先發難。作而後，悔亦無及也。」作即上文「未作」之作。言如高、國先發動，諸大夫後悔亦不及。大夫從之。

夏六月戊辰，戊辰，二十三日。陳乞、鮑牧及諸大夫以甲入于公宮。杜注：「牧，鮑國孫。」昭子聞之，與惠子乘如公。戰于莊，敗。莊，臨淄城内大街，詳昭十年傳「又敗諸莊」注。杜注：「高、國敗也。」國人追之，國夏奔莒，遂及高張、晏圉、弦施來奔。杜注：「圉，晏嬰之子。圉、施不書，非卿。」田齊世家云：「田乞、鮑牧乃與大夫以兵入公宮，攻高昭子。昭子聞之，與國惠子救公。公師敗。田乞之徒追之，奔莒，遂反殺高昭子。晏孺子奔魯。」田乞即陳乞，史記于齊之陳氏例作田。司馬遷所記與傳有不同，當依傳爲實。

六·四　秋七月，楚子在城父，將救陳。卜戰，不吉；卜退，不吉。王曰：「然則死也。再敗楚師，不如死；據杜注及孔疏，定四年吴敗楚於柏舉，是一敗；此次卜戰、卜退皆不吉，則戰固必敗，退亦不易，是再敗。棄盟、逃讎，不救陳，是拋棄盟國，且逃避讎敵吴國之兵。亦不如死。死一也，其死讎乎！」言同是死，將死于讎敵。命公子申爲王，不可；申，子西。則命公子結，結，子期。亦不可；則命公子啓，啓，子閭。五辭而後許。杜注以申等三人「皆昭王兄」，然列女節義傳謂「王病甚，讓位於三弟，三弟不聽」，又云「王弟子閭與子西、子期謀」，則申等三人劉向以爲昭王弟。將戰，王有疾。庚寅，昭王攻大冥，大冥，據彙纂，在今河南周口地區項城縣境。卒于城父。子閭退，曰：「君王舍其子而讓，羣臣敢忘君乎？從君之命，順也；杜注：「從命，許立。」立君之子，亦順也。二順不可失也。」與子西、子期謀，潛師，閉塗，潛師，秘密轉移師旅。閉塗，封閉有關道路，不使己情外洩。王引之述聞謂「『塗』當爲『壁』，字相似而誤」，不可信。逆越女之子章立之，越女，越王勾踐之女，即十六年傳之昭夫人。列女節義傳謂其于昭王死前自殺，傳説不可信。「章」，列女傳作「熊章」，楚王名常冠「熊」字，而左傳則省之。而後還。

是歲也，有雲如衆赤鳥，夾日以飛三日。楚子使問諸周大史。服虔于此有二説，一謂諸侯皆有太史，主周所賜典籍，故曰周太史。此説甚誤，周未嘗賜典籍與楚，王子朝奉周典籍奔楚，亦不得謂之周太史，如宣二年傳「大史書曰」、襄二十五年傳「大史書」，皆晉、齊本國之太史，楚有大史，亦不得稱周大史。一謂是時往問周太史，沈欽韓補注舉説苑君道篇爲證，是也。説苑云：「昭王患之，使人乘馹，東而問諸太史州黎。」且此時昭王在城父，距周室近，距楚反遠，故至王城問也。周大史曰：「其當王身乎！若禜之，杜注：「禜，禳祭。」秦蕙田五禮通考三十六云：「周禮（大宗伯）但言祀風師、雨師，無有言祭雲、雷神者，然觀左傳、楚辭九歌雲中君，則雲神之祭，三代已有之，唯雷神未見明文耳。」可移於令尹、司馬。」王曰：「除腹心之疾，而寘諸股肱，腹心，王自比；股肱，比令尹與司馬。説苑述昭王之言有云「楚國之有不穀也，由（猶）身之有匈脇也；其有令尹、司馬也，由身之有股肱也」，與此同意。何益？不穀不有大過，天其夭諸？言己有大過，天則夭折我。昭王幼年即位，在位二十七年，此時不過三十餘歲，故云夭折。有罪受罰，又焉移之？」遂弗禜。

初，昭王有疾，卜曰：「河爲祟。」王弗祭。大夫請祭諸郊。於郊野祭黄河之神。王曰：「三代命祀，祭不越望。江、漢、雎、漳，楚之望也。江見宣十二年傳，漢見莊四年傳，雎水見定四年傳並注，漳水見宣四年傳並注。禍福之至，不是過也。不穀雖不德，河非所獲罪也。」遂弗祭。

孔子曰：「楚昭王知大道矣。其不失國也，宜哉！夏書曰：『惟彼陶唐，帥彼天常，帥同率，循行也。天常，上天制予人之恒道。有此冀方。冀方即中國，説詳顧炎武日知録卷二。今失其行，亂其紀綱，乃滅而亡。』此逸書文，作僞古文尚書者輯入五子之歌。杜注謂「滅亡謂夏桀」。閻若璩據離騷「啓九辯與九歌兮，夏康娛以自縱」，謂指太康，説詳尚書古文疏證五下。又曰：『允出兹在兹。』此亦逸書，在今僞古文大禹謨中。由己率常，可矣。」楚世家全採左傳，唯讓王事叙在疾病時，與説苑同，自當以左傳爲依據。劉向或亦參史記。

六·五　八月，齊邴意兹來奔。杜注：「高、國黨。」參定十三年傳。齊世家云：「八月，齊秉意兹、田乞敗二相，乃使人之魯召公子陽生。」則司馬遷所見左傳無「奔」字。但列秉（邴）意兹於田乞上，且冠以「齊」字，非世家例，甚可疑。

六·六　陳僖子使召公子陽生。陽生駕而見南郭且于，杜注：「且于，齊公子鉏，在魯南郭。」曰：

「嘗獻馬於季孫，八年傳云：「齊悼公之來也，季康子以其妹妻之。」然則此時已是季孫妹夫。不入於上乘，故又獻此，請與子乘之。」杜注：「畏在家，人聞其言，故欲二人共載，以試馬爲辭。」出萊門而告之故。定九年傳「陽虎使焚萊門」，彼爲陽關邑門，此或不然。杜注：「魯郭門也。」江永考實謂與陽關邑門同名異地，是也。闞止知之，先待諸外。杜注：「闞止，陽生家臣子我也。待外，欲俱去。」仲尼弟子列傳、呂氏春秋慎勢篇、淮南子人間訓、鹽鐵論殊路篇、頌賢篇、説苑正諫篇、指武篇俱以闞止即孔丘弟子宰予，李斯上秦二世書（李斯傳）亦云：「田常爲簡公臣，陰取齊國，殺宰予於庭，即弑簡公於朝。」然史記弟子列傳索隱云：「左傳闞止字子我，爲陳恒所殺，字與宰予相涉，因誤。」主此説者，有蘇軾志林、蘇轍古史、孔平仲談苑、洪邁容齋隨筆、孫奕示兒編以及清人閻若璩四書釋地又續、趙翼陔餘叢考、惠棟左傳補注等。然亦有信闞止即宰予者，如全祖望經史問答、宋翔鳳過庭録。總之，記載凌亂，是非紛紜，置之不究可也。公子曰：「事未可知，反，與壬也處。」杜注：「壬，陽生子簡公。」戒之，戒闞止也。陽生不知陳僖子召之何意，心存疑惑，故于往齊前有所囑咐。遂行。逮夜，至於齊，國人知之。杜注：「故以昏至，不欲令人知也。」國人知而不言，言陳氏得衆。僖子使子士之母養之，杜注：「隱於僖子家内。」子士母，僖子妾。與饋者皆入。杜注：「陳僖子又令陽生隨饋食之人入處公宮。」

冬十月丁卯，丁卯，二十四日。立之。將盟，杜注：「盟諸大夫。」鮑子醉而往。其臣差車鮑點曰：杜注：「點，鮑牧臣也。差車，主車之官。」「此誰之命也？」陳子曰：「受命于鮑子。」

遂誣鮑子曰：「子之命也！」杜注：「見其醉，故誣之。」鮑子曰：「女忘君之爲孺子牛而折其齒乎，而背之也？」孺子謂已立之齊君荼，以其年幼小，故曰孺子，尚書金縢「武王既喪，管叔及其羣弟乃流言于國曰：『公將不利于孺子』」，時成王年幼，周公攝政，故以孺子稱成王。公羊僖十年傳「爾既殺夫二孺子矣」，二孺子謂奚齊及卓子，俱爲里克所殺也。孺子另一義，已見僖十五年傳注。蓋景公愛荼，嘗己爲牛，令荼牽之，仆，景公折齒。「也」讀爲「耶」亦可。悼公稽首，杜注：「悼公，陽生。」曰：「吾子，奉義而行者也。若我可，不必亡一大夫；杜注：「言己可爲君，必不怨鮑子。」亡一大夫，即殺鮑子也。若我不可，不必亡一公子。杜注：「公子，自謂也。恐鮑子殺己，故要之。」義則進，否則退，敢不唯子是從？廢興無以亂，廢謂廢荼，興謂立己。亡一大夫，亡一公子，皆亂。言廢立之際，勿使流血。則所願也。」鮑子曰：「誰非君之子？」言凡景公子皆可爲齊君，不必荼也。乃受盟。使胡姬以安孺子如賴，胡姬，胡國之女，姬姓，景公妾。胡見襄二十八年傳注。安孺子即荼，在位不及一年，且幼小即被殺，無謚，號之爲安孺子。賴，在今山東章丘縣西北。去鬻姒，杜注：「荼之母。」去蓋遣送他處。殺王甲，拘江說，囚王豹于句瀆之丘。杜注：「三子，景公嬖臣，荼之黨也。」孟子告子下云：「昔者王豹處於淇，而河西善謳。」趙岐以爲衞人，萬氏氏族略「疑即此人」，鄭珍巢經巢文集亦以爲即此人，且以爲齊人。

公使朱毛告於陳子，杜注：「朱毛，齊大夫。」曰：「微子，則不及此。然君異於器，不可以二。器二不匱，君二多難，敢布諸大夫。」僖子不對而泣，曰：「君舉不信羣臣乎？杜注：「舉，皆也。」顧炎武補正云：「悼公忌荼，恐諸大夫復立荼而廢己，欲使除之，故僖子以爲疑己。」以齊國之困，困又有憂，杜注：「內有飢荒之困，又有兵革之憂。」少君不可以訪，是以求長君，庶亦能容羣臣乎！不然，夫孺子何罪？」毛復命，公悔之。杜注：「悔失言。」毛曰：「君大訪於陳子，而圖其小可也。」杜注：「大謂國政，小謂殺荼。」使毛遷孺子於駘。駘，顧棟高大事表七之一云：「或曰，在今山東青州府臨朐縣界。」臨朐縣今屬山東昌濰地區。不至，殺諸野幕之下，葬諸殳冒淳。杜注：「殳冒淳，地名。」公羊傳與此略異。

七年，癸丑，公元前四八八年。周敬王三十二年、晉定二十四年、齊悼公陽生元年、衞出五年、蔡成三年、鄭聲十三年、曹陽十四年、陳閔十四年、杞僖十八年、宋景二十九年、秦悼四年、楚惠王章元年、吳夫差八年、越句踐九年。

經

七·一 **七年春**，正月十八日庚寅冬至，建子，有閏月。**宋皇瑗帥師侵鄭。**

七・二　晉魏曼多帥師侵衛。

七・三　夏，公會吴于鄫。「鄫」，穀梁作「繒」。釋文：「本又作『繒』。」鄫故城在今山東棗莊市東，蒼山縣西稍北，餘詳僖十四年經並注。

七・四　秋，公伐邾。八月己酉，己酉，十一日。入邾，以邾子益來。杜注：「他國言『歸』，於魯言『來』，内外之辭。」

七・五　宋人圍曹。

七・六　冬，鄭駟弘帥師救曹。

傳

七・一　七年春，宋師侵鄭，鄭叛晉故也。杜注：「定八年鄭始叛。」會箋云：「定十四年經，齊侯、宋公會於洮，是始從齊也。然經書鄭、衛之盟，而宋則無盟齊文，蓋宋雖叛晉，與鄭、衛自異。今觀齊之不競，又去齊即晉也。」所言似有據，然此時中原諸國已無霸主，强凌弱、大併小之風益甚，觀魯之伐邾可知。況定十五年鄭罕達曾敗宋師于老丘，鄭、宋相距不遠，糾紛時起耶？

七・二　晉師侵衛，衛不服也。杜注：「五年晉伐衛，至今未服。」蓋晉趙鞅欲納蒯聵，未得。即十四年、十五年兩次伐衛，亦欲納蒯聵，樹立事己之國。十六年蒯聵入國，趙鞅便欲使蒯聵朝晉。

七·三 夏，公會吳于鄫。杜注：「吳欲霸中國。」吳來徵百牢。子服景伯對曰：「先王未之有也。」吳人曰：「宋百牢我，杜注：「是時吳過宋，得百牢。」然吳若會魯哀于鄫，實不必繞道過宋，杜說不知何據。或宋享吳以百牢是以前事。魯不可以後宋。後宋猶言下於宋或薄于宋。且魯牢晉大夫過十，魯禮士鞅以十一牢，見昭二十一年傳。吳王百牢，不亦可乎？」景伯曰：「晉范鞅貪而棄禮，以大國懼敝邑，懼，使動用法，謂以晉爲大國使我恐懼也，見昭二十一年傳。故敝邑十一牢之。君若以禮命於諸侯，則有數矣。孔疏引周禮秋官大行人云：「上公九牢，侯伯七牢，子男五牢，是常數也。」若亦棄禮，則有淫者矣。有讀爲又。杜注：「淫，過也。」謂此棄禮之又過者。周之王也，制禮，上物不過十二，陸粲附注云：「上物亦通言之，如冕與旗俱十二旒，玉路樊纓十二就之類皆是。」據周禮秋官掌客「王合諸侯而饗禮，則具十有二牢」，鄭玄注謂「饗諸侯而用王禮之數」。以爲天之大數也。古代以天空唯十二次，故制禮以十二爲極數。今棄周禮，而曰必百牢，亦唯執事。」吳人弗聽。景伯曰：「吳將亡矣，棄天而背本。謂天只十二次，今徵百牢，故云棄天。吳本泰伯之後，違周禮，故云背本。不與，必棄疾於我。」說文：「棄，捐也。」棄疾猶今言加害。乃與之。

大宰嚭召季康子，杜注：「嚭，吳大夫。」定四年傳云：「伯州犁之孫嚭爲吳大宰。」康子使子貢辭。大宰嚭曰：「國君道長，長，說文云：「久遠也。」此謂國君稽留于道路甚久遠。蓋吳王自吳至鄫，路途千餘里；即魯哀自曲阜至鄫，亦四百餘里。**而大夫不出門，此何禮也？」對曰：「豈以爲禮，畏大國也。**杜注：「畏大國，不敢虚國盡行。」**大國不以禮命於諸侯，苟不以禮，豈可量也？**言其無事不可爲，非小國所能測量。**寡君既共命焉，其老豈敢棄其國？**其老謂季氏。魯君既親行，其大臣必留守國内。**大伯端委以治周禮，**端，玄端之衣；委，委貌之冠，皆周統一前禮服，其後仍之。大伯初至吴，或仍其舊服，即所謂治周禮也。**仲雍嗣之，斷髮文身，**翦斷其髮，身上刺畫魚龍。**臝以爲飾，**臝，説文作「嬴」，或作「裸」。仲雍不得已而從吴之舊俗。**豈禮也哉？有由然也。」反自鄫，以吴爲無能爲也。**楊樹達先生讀左傳謂「反自鄫」二語在此節之末，文氣未安，當移在次節「季康子欲伐邾」云云之首，乃申明康子以吴爲無能爲，而欲伐邾，傳文記其因耳。

七·四 **季康子欲伐邾，乃饗大夫以謀之。子服景伯曰：「小所以事大，信也；大所以保小，仁也。背大國，不信；**傳未嘗言邾屬吴，蓋鄫之會有約言，據下文茅成子請救於吴，且云「夏盟於鄫衍，秋而背之」可知。**伐小國，不仁。民保於城，城保於德。**城保民，德保城。**失二德者，危，將焉保？」**杜注：「二德，信與仁也。」**孟孫曰：「二三子以爲何如？惡賢而逆之？」**以六年經「仲孫何忌帥師伐邾」及八年傳景伯對孟孫「且召之而至」，知孟孫亦主伐邾。此問諸大夫之意，且言何者爲賢，我則迎之。惡音烏，何也。逆，迎也。杜注固誤，姚鼐補注、沈欽韓補注、于鬯校書、吴闓生文史甄微俱未得其解。**對曰：「禹合諸侯於塗山，**唐蘇鶚蘇氏演義及宋王楙野客叢書均謂塗山有四，一在會稽（今浙江紹興縣西北四十五里），一在渝州（今四川重慶市），一在濠州（今安徽懷遠縣東南八里），一在當塗（今安徽當塗縣）。國語、史記以及吴越春秋俱謂塗山在會稽，杜注左傳則謂「在壽春東北」，即今懷遠縣之當塗山，梁玉繩史記志疑卷二力主之，並舉柳宗元塗山銘、蘇軾塗山詩爲證，清一統志亦以在懷遠者爲正。然皆傳說，不必深究。而水經謂「伊水歷崖口，崖上有塢，伊水逕其下，歷峽北流」，注：「即古三塗山也。」方輿紀要亦謂：「三塗山在河南嵩縣西南十里。」似禹之塗山即三塗山。**執玉帛者萬國。**此以當時禮制說古史，即有大禹，與相會者不過部落酋長而已，不成爲國，亦必不執玉執帛相朝。**今其存者，無數十焉，**此所謂數十，依上文推之，乃禹時之部落，齊召南考證云：「晉書地理志（上）『春秋之初，尚有千二百國；迄獲麟之末，二百四十二年，見於經傳者百七十國。百三十九知其所居，三十一國盡亡其處』，此總論經、傳中所載國名耳，至哀公時，國之存者，原不過數十也。」齊氏引晉志以周封諸侯並計之，似非傳旨。荀子富國篇謂「古有萬國，今有十數焉」，則據周時所封國及以後所興國（如田齊、韓、趙、魏）併計之。戰國策齊策四顔斶云「大禹之時，諸侯萬國；及湯之時，諸侯三千；今之世，南面稱寡者乃二十四」，所謂二十四者，以戰國初期計之，除七雄外，尚有宋、衞、中山、魯、鄒、滕、郳、莒、鄭、陳、許、蔡、杞、隨、任、郯、越等，然大都非禹時之舊。**唯大不字小、小不事大也。知必危，何故不言？魯德如邾，而以衆加之，可乎？」**諸大夫亦反對伐邾，同意景伯。**不樂而出。**與季、孟之意相反，賓主不相投，故享畢不歡而散。

秋，伐邾，及范門，杜注：「邾郭門也。」**猶聞鐘聲。**杜注：「邾不禦寇。」**大夫諫，不聽。**此句可作兩解，依上文意，似是魯大夫勸阻季康子，不可伐其無備，免遺吳來報復之禍。依下句，亦可解爲邾大夫諫邾君，速止樂，整兵抵抗。**茅成子請告於吳，**杜注：「成子，邾大夫茅夷鴻。」**不許，曰：「魯擊柝聞於邾；**言相距太近。周禮天官宮正「夕擊柝而比之」，易繫辭下「重門擊柝以待暴客」，皆古以擊柝爲巡夜警戒之證。柝音託。孔疏引鄭玄云：「手持兩木以相敲，是爲擊柝。」**吳二千里，不三月不至，何及於我？**謂遠水救不得近火。**且國內豈不足？」**杜注：「言足以距魯。」**成子以茅叛，**茅，在今山東金鄉縣西北四十里，詳僖二十四年傳並注。**師遂入邾，處其公宮。衆師晝掠，**言衆師，則不止一軍，各軍皆如此，足見魯軍無紀律。杜注：「虜掠取財物也。」**邾衆保于繹。**今山東鄒縣東南之嶧山，詳文十三年傳「卜遷于繹」注。**師宵掠，以邾子益來，**杜注：「益，邾隱公也。」**獻于亳社，**杜注：「以其亡國與殷同。」**囚諸負瑕，負瑕故有繹。**據彙纂，負瑕在今山東兖州縣西二十五里。吳闓生文史甄微云：「此記者旁插之筆，因邾子之囚，故負瑕至今有繹民也。」

邾茅夷鴻以束帛乘韋自請救於吳，杜注：「無君命，故言『自』。」束帛，帛十端，即五匹爲一捆。乘韋，熟牛皮四張，亦見僖三十三年傳並注。儀禮聘禮「若有言，則以束帛如享禮」。鄭玄注：「有言，有所告請。」又惠棟補注據禮謂：「告請者無庭實，此云乘韋者，賈公彥（儀禮疏）曰：『求救非法，故有乘韋爲庭實也。』」**曰：「魯弱晉而遠吳，**弱、遠皆動詞意動用法，謂以晉國爲弱，以吳國爲遠。**馮恃其衆，而背**

君之盟，鄫之會當有不伐邾之盟。辟君之執事，杜注：「辟，陋。」謂以吳君爲淺陋、鄙陋。雖言「執事」，實指其君。左傳辭令如此。以陵我小國。邾非敢自愛也，懼君威之不立。君威之不立，小國之憂也。若夏盟於鄫衍，杜注：「鄫衍即鄫也。」秋而背之，成求而不違，杜注：「言魯成其所求，無違逆也。」四方諸侯其何以事君？且魯賦八百乘，賦謂軍賦，即論語公冶長「可使治其賦也」之「賦」。魯此時兵力僅八百輛兵車。君之貳也；貳即陪貳、副貳之貳。吳軍力大於八百乘，故魯僅足以爲吳之佐助，爲佐助者未必忠。邾賦六百乘，君之私也。以私奉貳，唯君圖之！」吳子從之。

七·五

宋人圍曹，鄭桓子思曰：「宋人有曹，鄭之患也，不可以不救。」杜注：「桓，謚。」冬，鄭師救曹，侵宋。

初，曹人或夢衆君子立于社宮，社是曹之國社，宮乃社之圍牆。禮記儒行「儒有一畝之宮」，鄭玄注：「宮爲牆垣也。」而謀亡曹。曹叔振鐸請待公孫彊，史記曹叔世家云：「曹叔振鐸者，周武王弟也。武王已克殷紂，封叔振鐸於曹。」許之。旦而求之，曹無之。「曹」屬上讀亦可，謂明晨于曹求彊其人。戒其子曰：「我死，爾聞公孫彊爲政，必去之。」言離曹也。及曹伯陽即位，好田弋。曹鄙人公孫彊好弋，獲白鴈，獻之，據説文，鴈爲鵝，雁爲候鳥，鴻雁之雁。然古書雁、鴈以音同形近，經常混亂。此當爲鴻雁之雁。雁一般爲茶褐色，惟腹部白。此獲蓋體色純白，稀見，故獻于曹君也。且言田弋之説，田弋有技巧，説謂其技巧也。説之。因訪政事，大説之。有寵，使爲司城以聽政。桓六年傳「宋以武公廢司空」，因改司空曰司城。曹或以宋故，亦改司空爲司城。聽政即上文「爲政」。夢者之子乃行。

彊言霸説於曹伯，曹伯從之，乃背晉而奸宋。背叛晉國。奸同干，犯也，侵犯宋國。宋人伐之，晉人不救，築五邑於其郊，曰黍丘、揖丘、大城、鍾、邗。此宋伐鄭，宋師退，公孫彊於曹郊築五城也。據杜注，黍丘在今河南夏邑縣西南，沈欽韓地名補注云：「曹是小國，既云築邑于其郊，必不得遠至梁國之下邑（今夏邑縣），彙纂及顧棟高表亦依仍之，恐誤後人。」沈説甚是。且此時曹都在今山東定陶縣，宋都在今河南商丘縣，夏邑又在商丘之東南九十餘里，曹不得而有之。揖丘，據彙纂，在今山東曹縣界。大城，據彙纂，在今菏澤縣界。鍾，據彙纂，在今定陶縣界。邗，據彙纂，亦在今定陶縣界，即曹郊。此段當與明年傳「八年春，宋公伐曹」連讀。

八年，甲寅，公元前四八七年。周敬王三十三年、晉定二十五年、齊悼二年、衞出六年、蔡成四年、鄭聲十四年、曹陽十五年、陳閔十五年、杞僖十九年、宋景三十年、秦悼五年、楚惠二年、吳夫差九年、越句踐十年。

經

八·一 八年春王正月，去年閏十二月二十九日乙未冬至，建丑。宋公入曹，以曹伯陽歸。

八·二 吳伐我。

八·三 夏，齊人取讙及闡。「闡」，公羊作「僤」，後同。讙在今山東泰安地區寧陽縣北而稍西，亦見桓三年經並注。闡，今寧陽縣東北三十里有堽城，即古剛城，闡又在其北。

八·四 歸邾子益于邾。

八·五 秋七月。

八·六 冬十有二月癸亥，癸亥，三日。杞伯過卒。無傳。此杞僖公，據杞世家，乃悼公之子。

八·七 齊人歸讙及闡。

傳

八·一 八年春，宋公伐曹將還，褚師子肥殿。杜注：「子肥，宋大夫。」曹人詬之，杜注：「詬，詈辱也。」不行。杜注：「殿兵止也。」師待之。宋大軍等待後軍。公聞之，怒，命反之，遂滅曹，執

曹伯陽及司城彊以歸，原無「陽」字，今從石經、金澤文庫本、文選運命論注引及錢綺左傳札記説增。**殺之。**史記曹世家採此文，並云「曹遂絶其祀」。戰國策魏策四謂曹恃齊而晉亡曹，與傳異，不足信。孟子告子下有曹交，趙岐注謂「曹交，曹君之弟」，似曹國猶存，梁玉繩庭立記聞卷二云：「墨子魯問篇有曹公子，是别封曹國之一證。」

八·二　**吴爲邾故，將伐魯，問於叔孫輒。**孔疏云：「定十二年叔孫輒與公山不狃帥費人以襲魯，兵敗，奔于齊，後自齊奔吴。」吴子自問之，下文「退」字可見。**叔孫輒對曰：「魯有名而無情，**情，實也。**伐之，必得志焉。」退而告公山不狃。公山不狃曰：「非禮也。君子違，**論語公冶長：「崔子弑齊君，陳文子有馬十乘，棄而違之。」違謂離開。**不適讎國。**不往與祖國爲讎之國。**未臣而有伐之，**未臣言于魯未盡臣禮。有同又。前人解此句多誤。**奔命焉，**即爲吴效力。**死之可也。**此言于魯未盡爲臣之道，又勸他國伐之，復爲效力，則不如死也。**所託也則隱。**託謂囑託，委任。所託即任以伐魯之役。沈欽韓補注云：「隱者，身不與焉。若鄭公子蘭無與圍鄭也。後漢書任光傳注：『隱，避也。』」**且夫人之行也，不以所惡廢鄉。**鄉謂鄉土、家鄉。雖于祖國之人有所惡，但不因此禍害國家。**今子以小惡而欲覆宗國，不亦難乎？**宗國有二義，一謂祖國，此及哀十五年傳子貢見公孫成曰「利不可得而喪宗國」是也。一謂同姓之國，孟子滕文公上「吾宗國魯先君」是也。説參劉書年劉貴陽經説及焦循孟子正義。**若使**

子率，此「率」字義非統率軍隊，乃是引道率領先行，説見孔疏。子必辭。王將使我。」子張疾之。杜注：「子張，輒也。」疾之猶言自恨前言之誤。王問於子洩。杜注：「子洩，不狃。」對曰：「魯雖無與立，言平日無可靠盟國。必有與斃；言急時必有同仇敵愾，願與同抵抗侵略而亡之國。諸侯將救之，未可以得志焉。晉與齊、楚輔之，是四讎也。若此，魯與晉、齊、楚變爲吳之四敵國。夫魯，齊、晉之脣。脣亡齒寒，君所知也，不救何爲？」

三月，吳伐我，子洩率，孔疏：「率謂在軍前引道率領先行，非爲軍之將帥。」故道險，故意從險道行軍。從武城。此武城爲南武城，即論語雍也子游爲宰之邑；又見昭二十三年傳。其地多山，故云險道。在今山東費縣西南，沂蒙山區之縣。初，武城人或有因於吳竟田焉，武城有人在吳邊界内種田。拘鄫人之漚菅者，菅爲禾本科植物，泡浸其莖，而後剥之，以爲繩索或編草鞋，細者又可以葺屋，詩陳風東門之池「可以漚菅」是也。曰：「何故使吾水滋？」漚菅之水流污武城種吳田人所飲用之水，蓋由沂水、泗水流入吳境。滋讀爲滓。説文：「滓，澱也。」段玉裁注：「釋名：『緇，滓也。泥之黑者曰滓，此色然也。』」沉澱者黑，楚辭「皭然泥而不滓」、太玄更化「白于泥滓」，諸「滓」字皆此義。及吳師至，拘者道之以伐武城，拘者即被拘之鄫人，吳師至，被拘者故得出。克之。王犯嘗爲之宰，杜注：「王犯，吳大夫，故嘗奔魯爲武城宰。」澹臺子羽之父好焉，杜注：「澹臺子羽，武城人，孔子弟子也，其父與王犯相善。」國人

懼。武城之被吳攻克，由于被拘鄫人引導吳師。魯都之人不知此情，誤以爲王犯助吳，且涉及子羽之父，故甚恐慌。**懿子謂景伯：**懿子即孟孫。**「若之何？」對曰：「吳師來，斯與之戰，**斯爲承接連詞，則也，乃也。**何患焉？且召之而至，又何求焉？」**杜注：「言犯盟伐邾，所以召吳。」**吳師克東陽而進，**東陽，彙纂及顧祖禹讀史方輿紀要俱謂即今之關陽鎮，則在今費縣西南八十里，清時曾設巡司于此。此說可疑。今費縣西北平邑縣南數里有東陽鎮，不知是否即此，待考。**舍於五梧。**五梧當在東陽西北。江永考實云：「哀二十五年五梧，杜注，魯南鄙。」據明日舍于蠶室，又明日舍于庚宗推之，其地當在今平邑縣西，蠶室之東。**明日，舍於蠶室。**彙纂：「或曰，今滕縣東三十里有蠶母山是也。案春秋滕不屬魯，亦應在費縣西北境。」以明日舍于庚宗推之，當在庚宗東南，今平邑縣境内。**公賓庚、公甲叔子與戰于夷，**公賓、公甲俱複姓，見廣韻「公」字注。梁履繩補釋云：「後漢書劉玄傳有東海人公賓就，注引風俗通曰：『魯大夫公賓庚之後。』」夷非閔二年傳之夷，此夷乃魯地，當在庚宗不遠處。**獲叔子與析朱鉏，**此蓋死獲。杜注：「公賓庚、公甲叔子并析朱鉏爲三人，皆同車，傳互言之。」吳闓生文史甄微云：「析朱鉏乃從衞靈公出走而有功者，今死于此。」**獻於王。王曰：「此同車，必使能，國未可望也。」**杜注：「同車能俱死，是國能使人，故不可望得。」望猶覬覦也。**明日，舍于庚宗，**庚宗在今泗水縣東，又見昭四年傳並注。**遂次於泗上。**泗上，今泗水縣。**微虎欲宵攻王舍，**杜注：「微虎，魯大夫。」**私屬徒七百人三踊於幕**

庭，杜注：「於帳前設格，令士試躍之。」屬今作囑，私自令其徒七百人於帳幕外之庭三踊也。于鬯校書謂「私屬徒」三字爲一詞，則句無動詞，誤說。卒三百人，有若與焉。杜注：「卒，終也，終得三百人任行。」于鬯復謂此卒三百人爲在上文七百人之外者，共千人，亦誤說。杜注又云：「有若，孔子弟子，與在三百人中。」及稷門之內，杜注：「三百人行至稷門。」或謂季孫曰：「不足以害吳，而多殺國士，多，衹也。國士，有知識者，說見孝經孝治章宋邢昺疏。不如已也。」乃止之。吳子聞之，一夕三遷。杜注：「畏微虎。」

吳人行成，將盟，杜注：「求與魯成。」顧炎武云：「此魯求成爾，而言『吳人行成』者，內外之辭。」疑顧說不確。吳知魯不可滅，因行成，而條件苛刻，盟約有如城下之盟，故景伯云云。景伯曰：「楚人圍宋，易子而食，析骸而爨，杜注：「在宣十五年。」猶無城下之盟；我未及虧，而有城下之盟，是棄國也。吳輕而遠，不能久，將歸矣，請少待之。」弗從。景伯負載，造於萊門。萊門爲魯郭門，亦見哀六年傳。　負載，杜注謂「以言不見從，故負載書，將欲出盟」。乃請釋子服何於吳，吳人許之，以王子姑曹當之，而後止。杜注：「釋，舍也。魯人不以盟爲了，欲因留景伯爲質於吳，既得吳之許，復求吳王之子以交質，吳人不欲留王子，故遂兩止。」吳人盟而還。

八·三　齊悼公之來也，杜注：「在五年。」季康子以其妹妻之，即位而逆之。季魴侯通焉，杜

注：「魴侯，康子叔父。」女言其情，弗敢與也。齊侯怒。夏五月，齊鮑牧帥師伐我，取讙及闡。魯世家及年表俱云「取三邑」，而齊世家仍云「取讙、闡」，疑「三」乃「二」之誤字。

八·四　或譖胡姬於齊侯曰：杜注：「胡姬，景公妾。」即六年傳「以安孺子如賴」者。「安孺子之黨也。」六月，齊侯殺胡姬。

八·五　齊侯使如吴請師，將以伐我，乃歸邾子。杜注：「齊未得季姬，故請師也。吴前爲邾討魯，懼二國同心，故歸邾子。」邾子又無道，吴子使大宰子餘討之，杜注：「子餘，大宰嚭。」囚諸樓臺，栫之以棘。栫音薦，廣韻：「圍也。」廣雅釋宫：「籬也。」此謂以棘鍼爲籬以圍之也。使諸大夫奉大子革以爲政。杜注：「革，邾大子，桓公也。爲十年邾子來奔傳。」

八·六　秋，及齊平。九月，臧賓如如齊涖盟。杜注：「賓如，臧會子。」齊閭丘明來涖盟，杜注：「明，閭丘嬰之子也。」且逆季姬以歸，嬖。杜注：「季姬，魴侯所通者。」

鮑牧又謂羣公子曰：「使女有馬千乘乎？」杜注：「有馬千乘，使爲君也。鮑牧本不欲立陽生，故諷勸羣公子。」論語季氏「齊景公有馬千駟」，千駟即千乘。公子愬之。公謂鮑子：「或譖子，子姑居於潞以察之。高士奇地名攷略謂此潞即哀十七年傳之潞，或曰，在齊郊外。若有之，則分室以行；若無之，則反子之所。」出門，使以三分之一行；半道，使以二乘。及潞，麇之八·七 以入，杜注：「麇亦束縛。」遂殺之。冬十二月，齊人歸讙及闡，季姬嬖故也。

九年，乙卯，公元前四八六年。周敬王三十四年、晉定二十六年、齊悼三年、衛出七年、蔡成五年、鄭聲十五年、陳閔十六年、杞閔公維元年、宋景三十一年、秦悼六年、楚惠三年、吴夫差十年、越句踐十一年。

經

九·一 九年春王二月，正月初十庚子冬至，建子。葬杞僖公。無傳。「僖」，史記例作「釐」。

九·二 宋皇瑗帥師取鄭師于雍丘。雍丘，今河南杞縣治。

九·三 夏，楚人伐陳。

九·四 秋，宋公伐鄭。

九·五 冬十月。

傳

九·一 九年春，齊侯使公孟綽辭師于吳。杜注：「齊與魯平，故辭吳師。」吳子曰：「昔歲寡人聞命，今又革之，革，更也，改也。不知所從，將進受命於君。」杜注：「爲十年吳伐齊傳。」

九·二 鄭武子賸之嬖許瑕求邑，武爲謚；子賸，其字，又曰子姚，亦即罕達。許瑕，武子之屬。無以與之。請外取，杜注：「瑕請取於他國。」許之，故圍宋雍丘。雍丘本杞所封，史記杞世家索隱云「春秋時，杞已遷東國，僖十四年傳云杞遷緣陵」，故雍丘爲宋所得。宋皇瑗圍鄭師，杜注：「許瑕師。」每日遷舍，每日作一堡壘，挖一壕溝，成則遷於他處又作。壘合。鄭師哭。內不能取雍丘，外又宋軍合圍，斷其援與糧。子姚救之，大敗。杜注：「子姚，武子賸也。」二月甲戌，甲戌，十四日。宋取鄭師于雍丘，使有能者無死，杜注：「惜其能也。」以郟張與鄭羅歸。杜注：「鄭之有能者。」

九·三 夏，楚人伐陳，陳即吳故也。六年吳伐陳，楚救之而不得。

九·四 宋公伐鄭。宋已敗鄭師，再伐鄭，下文晉趙鞅卜救鄭即爲此也。

九·五 秋，吳城邗，溝通江、淮。邗音寒，邗城當在今揚州市北，運河西岸。邗江即水經注之韓江，吳于邗江旁築城挖溝，連通長江與淮水，大致自今揚州市南長江北岸起，至今清江市淮水南岸止，今之運河即古邗溝水。

九·六

晉趙鞅卜救鄭，遇水適火，此古代龜卜之術語。卜法已早無傳，何謂「水適火」，難解釋。孔疏引服虔云：「兆南行適火。卜法：橫者爲土，立者爲木，邪向經者爲金，背經者爲火，因兆而細曲者爲水。」以兆象言之固不誤；然以五行言之，則未必爲古法。若如此，則灼龜之兆，先細曲，又背經而南行，故云「水適火」。占諸史趙、史墨、史龜。杜注：「皆晉史。」成六年傳引商書「三人占，從二人」，此亦然。互參彼注。史龜曰：「『是謂沈陽，杜注：「火陽，得水故沈。」可以興兵，利以伐姜，「以」作「於」用，言利於伐姜姓之國。不利子商。』杜注：「姜，齊姓。子商謂宋。」子乃宋之姓，宋乃商後，亦稱曰商，僖二十二年傳「天之棄商久矣」可證。阮元積古齋鐘鼎彝器款識載子商甗，云「子商謂殷商，在春秋時則謂宋耳」。四語疑卜書之辭，陽、兵、姜、商爲韻，古音同在陽唐部。下文乃斷語。閻若璩潛丘劄記謂變文協韻，不確。伐齊則可，敵宋不吉。」史墨曰：「盈，水名也；子，水位也。據杜注及孔疏，趙氏之先與秦同祖，同姓嬴，嬴、盈二字古音同，趙姓盈，盈即嬴也。盈何以爲水名，子何以爲水位，古今未有確解。名位敵，敵，猶言相當。不可干也。干，犯也。以宋爲水，謂不可伐宋。炎帝爲火師，此蓋古代傳說。杜注謂「神農有火瑞，以火名官」，蓋本于昭十七年傳「炎帝氏以火紀」。呂氏春秋孟夏紀、禮記月令及淮南子天文訓皆謂孟夏：「其帝炎帝，其神祝融。」祝融，後世謂爲火神。姜姓其後也。水勝火，伐姜則可。」史趙曰：「是謂如川之滿，不可游也。盈而水，則云如川之滿，游泅必溺。鄭方有罪，不可救也。杜注：

「鄭以嬖寵伐人，故以爲有罪。」**救鄭則不吉，不知其他。」** 救鄭必伐宋。其他謂伐齊也。**陽虎以周易筮之，遇泰䷊之需䷄，** 杜注：「乾下坤上，泰；乾下坎上，需。泰，六五變。」第五爻陰爻變爲陽爻。**曰：「宋方吉，不可與也。** 杜注：「泰六五曰：『帝乙歸妹，以祉，元吉。』帝乙，紂父，五爲天子，故稱帝乙。陰而得中，有似王者嫁妹，得如其願，受福祿而大吉。」妹，少女之稱也，非姊妹之妹，見高亨周易古經今注。不可與謂不可當，不可敵。襄二十五年傳：「一與一，誰能懼我？」一與一即一敵一也。**微子啓，帝乙之元子也。** 史記殷本紀云「帝乙長子曰微子啓」；宋世家亦云「微子開者（索隱云：「今此名開者，避漢景帝諱也」），殷帝乙之首子」，是司馬遷解元子爲長子、首子。**宋、鄭，甥舅也。** 宋女嫁于鄭，應「帝乙歸妹」之辭。**祉，祿也。若帝乙之元子歸妹而有吉祿，我安得吉焉？」乃止。** 止不救鄭。

九·七　**冬，吳子使來儆師伐齊。** 杜注：「前年齊與吳謀伐魯，齊既與魯成而止，故吳恨之，反與魯謀伐齊。」說文：「儆，戒也。」即今警戒字，此作告戒義。吳與魯嘗爲盟，故戒告魯出軍也。

十年，丙辰，公元前四八五年。周敬王三十五年、晉定二十七年、齊悼四年、衞出八年、蔡成六年、鄭聲十六年、陳閔十七年、杞閔二年、宋景三十二年、秦悼七年、楚惠四年、吳夫差十一年、越句踐十二年。

經

一〇·一　十年春王二月，正月二十日乙巳冬至，建子，有閏月。邾子益來奔。

一〇·二　公會吳伐齊。

一〇·三　三月戊戌，十四日。齊侯陽生卒。

一〇·四　夏，宋人伐鄭。無傳。

一〇·五　晉趙鞅帥師侵齊。

一〇·六　五月，公至自伐齊。無傳。

一〇·七　葬齊悼公。無傳。

一〇·八　衞公孟彄自齊歸于衞。無傳。元李廉春秋諸傳會通云：「彄，蒯聵之黨，今歸于衞，必從輒而叛蒯聵，故十五年蒯聵入國，彄復奔齊。」

一〇·九　薛伯夷卒。無傳。「夷」，公羊作「寅」。夷與寅僅同聲紐耳。

一〇·一〇　秋，葬薛惠公。無傳。

一〇·一一　冬，楚公子結帥師伐陳。

一〇・一三　吳救陳。春秋于吳，除與魯有關者，如襄二十九年經「吳子使札來聘」，例不書其卿大夫之名。此亦季札帥師，而不書名，非魯事也。

傳

一〇・一　十年春，邾隱公來奔；齊甥也，故遂奔齊。

一〇・二　公會吳子、邾子、郯子伐齊南鄙，師于鄎。鄎，齊南鄙邑。杜注：「邾、郯不書，兵並屬吳，不列於諸侯。」

一〇・三　齊人弒悼公，史記齊世家、衞世家、年表並謂殺悼公者爲鮑子，伍子胥傳則云「鮑氏」，田齊世家直云「鮑牧」，而據八年傳，鮑牧已爲悼公所殺。梁玉繩志疑據晏子春秋諫上篇「田氏殺陽生」，疑殺者爲陳恒。存疑可也。赴于師。杜注：「以說吳。」吳子三日哭于軍門之外。服虔云：「諸侯相臨之禮。」徐承帥舟師將自海入齊，齊人敗之，吳師乃還。杜注：「承，吳大夫。」

一〇・四　夏，趙鞅帥師伐齊，大夫請卜之。趙孟曰：「吾卜於此起兵，杜注：「謂往歲卜伐宋不吉，利以伐姜，故今興兵。」事不再令，令，命龜也。謂一事不再次卜。易蒙卦辭云：「初筮，告。再三，瀆；瀆則不告。」筮如此，卜亦同。卜不襲吉。杜注：「襲，重也。」謂再卜亦不致又得吉兆。行也！」於是乎取犁及轅，犁即二十三年傳之犂丘，在今山東德州地區臨邑縣西。轅，據顧祖禹方輿紀要，在今山東德州地區禹城縣西北，一云在禹城縣南百里。**毁高唐之郭，**高唐在今禹城縣西南，亦見襄十九年傳注。**侵及賴而還。**賴即六年傳之賴，在今山東章丘縣西北，濟南市東。或云在聊城縣西者，不確。

一〇·五 **秋，吴子使來復儆師。**杜注：「伐齊未得志故，爲明年吴伐齊傳。」

一〇·六 **冬，楚子期伐陳，**杜注：「陳即吴故。」**吴延州來季子救陳，**杜注：「季子，吴王壽夢少子也。壽夢以襄十二年卒，至今七十七歲。壽夢卒，季子已能讓國，年當十五六，至今蓋九十餘。」此延州來季子未必即季札本人，以近百歲老翁帥師，恐情理所難，或其子孫，仍受延、州來之封，故仍其稱乎。本孔疏引孫毓説。**謂子期曰：「二君不務德，**杜注：「二君，吴、楚。」**而力争諸侯，民何罪焉？我請退，以爲子名，務德而安民。」乃還。**

十一年，丁巳，公元前四八四年。周敬王三十六年、晉定二十八年、齊簡公壬元年、衞出九年、蔡成七年、鄭聲十七年、陳閔十八年、杞閔三年、宋景三十三年、秦悼八年、楚惠五年、吴夫差十二年、越句踐十三年。

經

一一·一 十有一年春，正月初二日辛亥冬至，建子。齊國書帥師伐我。

一一·二 夏，陳轅頗出奔鄭。「轅」，公羊作「袁」。

一一·三 五月，公會吳伐齊。甲戌，二十七日。齊國書帥師及吳戰于艾陵，艾陵，據江永考實，在今山東泰安縣南六十里；據沈欽韓地名補注引山東通志，即艾邑，在萊蕪縣東境，此說較確。齊師敗績，獲齊國書。楊樹達先生積微居金文說餘說國書鼎跋謂「戜者乍（作）旅鼎」，即此國書所作鼎。

一一·四 秋七月辛酉，辛酉，十五日。滕子虞毋卒。無傳。

一一·五 冬十有一月，葬滕隱公。無傳。

一一·六 衛世叔齊出奔宋。據傳，齊奔宋在向魋得寵時，當在此時，傳則終言其以後至死事耳。

傳

一一·一 十一年春，齊爲鄎故，鄎之役見去年傳。國書、高無丕帥師伐我，程公說春秋分紀世譜二謂國書爲國夏子，國夏見定七年傳；高無丕爲高張子；高張見昭二十九年傳。及清。據水經濟水注，清在今長清縣東，高士奇地名考略、江永考實皆主此說。沈欽韓地名攷略引山東通志，謂在今東阿縣，大清河西。以下文季孫謂冉求語推之，沈說較合理。季孫謂其宰冉求曰：杜注：「冉求，魯人，孔子弟子。」仲尼弟子列傳有傳，論語亦載其言行。「齊師在清，必魯故也，若之何？」求曰：「一子守，二子從公禦諸竟。」一子、二子，謂季、孟、叔三孫也。三人之中，一人留兵維持國内，二人從哀公至國境抗敵。季孫曰：「不能。」杜注：「自度力不能使二子禦諸竟。」求曰：「居封疆之間。」杜注：「封疆，竟内近郊地。」季孫告二子，杜注：「二子，叔孫、孟孫也。」二子不可。求曰：「若不可，則君無出。一子帥師，背城而戰，不屬者，非魯人也。杜注：「屬，臣屬也，言不戰爲不臣。」楊樹達先生讀左傳則謂「屬，會也」。兩義皆可。魯之羣室衆於齊之兵車，杜注：「羣室，都邑居家。」吴闓生甄微云：「羣室即謂三家。」會箋則以爲「羣室蓋指國都之大夫、士也」。據論語先進「以吾從大夫之後，不可徒行」，則大夫皆有車，士未必能專有車。羣室者，卿大夫之家也。一室敵車優矣，此一室指季氏，四分公室而有其二，見昭五年傳，則季孫之兵車獨多，而齊師所出少，故云以季孫之兵力敵齊甚有餘裕。子何患焉？二子之不欲戰也宜，政在季氏。杜注：「言二子恨季氏專政，故不盡力。」當子之身，齊人伐魯而不能戰，子之恥也，大不列於諸侯矣。」會箋以「大」字屬上讀，亦通。季氏專魯政，魯被大恥，不能與諸侯並列，即季氏不能列於諸侯。季孫使從於朝，杜注：「使冉求隨己之公朝。」俟於黨氏之溝。江永考實云：

「莊三十二年，公築臺，臨黨氏，則近公宮有黨氏。」黨氏溝，宮與黨氏間之溝也。武叔呼而問戰焉。杜注：「問冉求。」武叔名州仇，叔孫也。對曰：「君子有遠慮，小人何知？」懿子强問之，懿子，仲孫何忌也。對曰：「小人慮材而言，量力而共者也。」慮材、量力之材力，名指己，實指問方，謂考慮、衡量聽者之材力而後言，則我之不言，由對方不足與言也。武叔曰：「是謂我不成丈夫也。」杜注：「知冉求非己不欲戰，故不對。」退而蒐乘。杜注：「蒐，閱。」孟孺子洩帥右師，孟孺子，孟懿子之子，懿子不自率師，以其子帥，必已立爲後，故稱孺子，名彘，謚武伯。洩其字。顏羽御，邴洩爲右。杜注：「二子，孟氏臣。」冉求帥左師，管周父御，樊遲爲右。杜注：「樊遲，魯人，孔子弟子樊須。」仲尼弟子列傳有傳，論語亦載其言行。季孫曰：「須也弱。」弱謂少幼。據仲尼弟子列傳，樊須少孔丘三十六歲，則此時已三十二，不可謂弱。孔子家語謂須少孔丘四十六歲，則此時僅二十二，宜謂之弱。王肅作此書，或有所本。馬宗璉補注謂「愚懦不壯毅曰弱」，不確。有子曰：有子即冉求，説詳沈欽韓補注。「就用命焉。」杜注：「雖年少，能用命。」季氏之甲七千，冉有以武城人三百爲己徒卒，老幼守宮，次于雩門之外。杜注：「南城門也。」五日，右師從之。杜注：「五日乃從，言不欲戰。」公叔務人見保者而泣，杜注：「務人，公爲，昭公子。」禮記檀弓下作「公叔禺人遇負杖入保者息」。曰：「事充，杜注：「徭役煩。」政重，杜注：「賦税多。」政讀爲征。上不能謀，士不能死，士謂戰士。何以治民？

吾既言之矣，敢不勉乎！」杜注：「既言人不能死，己不敢不死。」

師及齊師戰于郊。齊師自稷曲，杜注：「稷曲，郊地名。」此謂自稷曲攻魯師。師不踰溝。魯衆不越溝迎戰。樊遲曰：「非不能也，不信子也，請三刻而踰之。」據家語王肅注及此杜注，刻有戒約之義，蓋謂申明號令者三次而冉有先踰溝。如之，衆從之。依樊遲之言行之，衆皆踰溝。師入齊軍。杜注：「冉求之師。」

右師奔，孟孺子所率師，既後五日，又無戰意，故奔。齊人從之。杜注：「逐右師。」陳瓘、陳莊涉泗。杜注：「二陳，齊大夫。」陳瓘，陳恒之兄子玉；陳莊，成子之兄弟昭子，俱見顧棟高大事表十二上。泗，經魯都城北及西。孟之側後入以爲殿，抽矢策其馬，曰：「馬不進也。」杜注：「之側，孟氏族也，字反。」論語雍也叙此事云：「孟之反不伐，奔而殿，將入門，策其馬，曰：『非敢後也，馬不進也。』」林不狃之伍曰：「走乎？」杜注：「不狃，魯士。五人爲伍，敗而欲走。」杜以不狃爲伍長，故云「魯士」；實則伍有多義，昭元年傳「伍於後」，服虔則以百二十五乘爲伍，雖未必合于彼傳義，然古有此義，服乃言之。行列亦可謂伍，猶今言行伍。此伍字之義，似可解爲同軍營者，不狃未必是伍長。于鬯校書謂林不狃即公山不狃，尤不足信。不狃曰：「誰不如？」章炳麟左傳讀卷七云：「能、如聲通，言走誰不能，豈我所爲乎？」然「如」通「能」，甚缺例證。疑如，當也。不狃言，我若走，誰不當走？曰：「然則止乎？」止謂留而抗敵。不狃曰：「惡賢？」杜注：「言止戰惡足爲賢，皆無戰志。」徐步而死。此叙右師雖有林不狃、孟之側，然主帥孟孺子不欲戰，終敗。

師獲甲首八十，杜注：「冉求所得。」齊人不能師。杜注：「不能整其師。」宵諜曰：「齊人遁。」冉有請從之三，請追逐齊師者三次。季孫弗許。此復接上文「師入齊軍」叙左師之勝。孟孺子語人曰：「我不如顏羽，而賢於邴洩。杜注：「二子與孟孺子同車。」子羽鋭敏，杜注：「子羽，顏羽。鋭，精也。敏，疾也。言欲戰。」我不欲戰而能默，杜注：「心雖不欲，口不言奔。」洩曰『驅之』。」杜注：「言驅馬欲奔。」此及下文皆雜叙戰時戰後情況與評論。公爲與其嬖僮汪錡乘，皆死，皆殯。孔子曰：「能執干戈以衞社稷，可無殤也。」檀弓下亦載此事，云「戰于郎」，郎當是魯郊地名，但公爲屬右師，戰場必不與左師同。齊亦分兩師，國書爲一師，高無丕爲一師，故魯亦以二師禦之。檀弓下且云「魯人欲勿殤汪踦，問於仲尼」云云，較傳爲詳。殤音商，未成人而死，其喪服降于成人，詳儀禮喪服大功章。冉有用矛於齊師，故能入其軍。孔子曰：「義也。」冉有用矛，非其一人用矛也，蓋冉有知齊軍之情，以用矛爲利，左師俱用矛也。

一一·二　夏，陳轅頗出奔鄭。據梁履繩引萬氏氏族譜、杜預世族譜，惟轅濤塗（僖四年傳）、轅選（文二年傳）列爲轅氏，餘並入雜人內。唐書宰相世系表以轅頗爲轅選之曾孫，與杜譜異，蓋附會之説。初，轅頗爲司徒，賦封田以嫁公女；杜注：「封內之田悉賦税之。」有餘，以爲己大器。杜注：「大器，鐘鼎之屬。」國人逐之，故出。道渴，其族轅咺進稻醴、粱糗、腶脯焉。族，屬也。稻醴，以稻米所釀之甜酒。粱糗，以精細小米所爲之乾飯。腶脯，雜有薑與桂所醃之乾肉。糗，音求，上聲。喜曰：「何其給也？」給，足也。言其不唯有酒，且有肉與飯。對曰：「器成而具。」意謂余早知將被逐，故大器鑄成，即具備食品。曰：「何不吾諫？」對曰：「懼先行。」杜注：「恐言不從，先見逐。」

11.3 爲郊戰故，公會吳子伐齊。去年吳夫差即欲伐齊，使來儆師；今又以齊師至郊，更欲應吳報齊。五月，克博。博，今泰安縣東南三十里舊縣村，本張雲璈說。壬申，二十五日。至于嬴。嬴在萊蕪縣西北，參桓三年經並注。中軍從王，杜注：「吳中軍。」胥門巢將上軍，胥門，吳城門名，以所居地爲氏，如魯有東門遂，宋有桐門右師，見日知録三十一。王子姑曹將下軍，展如將右軍。杜注：「三將，吳大夫。」魯師未書，蓋哀公及三卿俱在軍中。齊國書將中軍，高無丕將上軍，宗樓將下軍。陳僖子謂其弟書：「爾死，我必得志。」杜注：「書，子占也。欲獲死事之功。」宗子陽與閭丘明相厲也。杜注：「相勸厲致死。子陽，宗樓也。」桑掩胥御國子。杜注：「國子，國書。」公孫夏曰：「二子必死。」二子，當指桑掩胥與國書。下文死者不言掩胥，以其非將帥，僅御耳。將戰，公孫夏命其徒歌虞殯。虞殯即送葬之挽歌，唱之以示必死。挽歌之起，譙周法訓謂起于漢初田横之從者，見文選「挽歌」注引，其實不然。晉書禮志中摯虞引詩小雅四月「君子作歌，維以告哀」爲不廢葬歌之證，實則虞殯真葬歌也。參李貽德輯述、何焯義門讀書記。陳子行命其徒具含玉。杜注：「子行，陳逆也。具含玉，亦示必死。」公孫揮命其徒曰：「人尋約，吴髮短。」杜注：「約，繩也。八尺爲尋。吴髮短，欲以繩貫其首。」沈欽韓補注云：「蓋斬首數級，皆以髮結聯，吴髮短，則用繩耳。公孫揮欲以多獲爲功。北史爾朱榮傳令其衆辦長繩，至便縛取是也。」章炳麟左傳讀卷七云：「尋約者，每人各持八尺繩也。蓋縛人者，或散其髮使垂及背膂，因繫以數尺之繩，復反屈其兩臂于背，因以繫髮之繩交結之，則手首連而不得脱矣。今吴人髡首短髮，繩繫于髮，但在首而不在背，故必用長八尺者乃得下垂于背而反縛其手也。」八尺繩或綑敵首，或綑敵人，皆可，但未必能聯于短髮。東郭書曰：「三戰必死，於此三矣。」東郭書曾歷三次戰争，傳所載者僅夷儀與此役而已。三戰必死，或當時有此語，或古代相傳之語。使問弦多以琴，杜注：「弦多，齊人也，六年奔魯。」孔疏云：「禮以物遺人謂之問。二十六年，衞出公使以弓問子贛，論語（鄉黨）云『問人於他邦』皆是也。」問即問好，兼饋禮品。曰：「吾不復見子矣。」陳書曰：「此行也，吾聞鼓而已，不聞金矣。」杜注：「鼓以進軍，金以退軍。不聞金，言將死也。傳言吴師彊，齊人皆自知將敗。」淮南子繆稱訓云：「艾陵之戰也，夫差曰：『夷聲陽，句吴其庶乎！』」吴聲昂揚，傳所未叙。齊聲低沉，則傳詳言之，惟公孫揮異耳。

甲戌，戰于艾陵。展如敗高子，杜注：「齊上軍敗。」國子敗胥門巢，杜注：「吴上軍亦敗。」王卒助之，王卒，中軍及王自率之卒，助胥門巢。大敗齊師，獲國書、公孫夏、閭丘明、陳書、東郭書，越世家云「虜齊高、國以歸」，傳未言獲高無丕。革車八百乘，甲首三千，以獻于公。杜注：「公以兵從，故以勞公。」

將戰，吴子呼叔孫，杜注：「叔孫，武叔州仇。」曰：「而事何也？」杜注：「問何職。」對曰：「從司馬。」從司馬猶言爲司馬，言「從」者，當時謙詞，晉語九董安于自稱「以從司馬」，論語先進、憲問孔丘並自言「從大夫之後」，皆可爲證。說參馬宗璉補注、沈欽韓補注、錢綺札記。王賜之甲、劍鈹，甲爲護身具。劍鈹爲一物，說文：「鈹，大鍼也；一曰，劍而刀裝者。」段玉裁注：「劍兩刃，刀一刃，而裝不同。實劍而用刀削（袋）裹之，是曰鈹。」曰：「奉爾君事，敬無廢命！」叔孫未能對。君賜臣劍，是欲其死，疑古無受劍鈹之禮，故叔孫不知所對。下文子貢代對，亦只言受甲。衛賜進，杜注：「賜，子貢，孔子弟子。」孔疏：「子貢衛人，故稱衛賜。」論語載其言行甚多。曰：「州仇奉甲從君。」而拜。杜注：「拜受之。」

公使大史固歸國子之元，杜注：「歸於齊也。元，首也。吴以獻魯。」寘之新篋，褽之以玄纁，杜注：「褽，薦也。」此謂以紅黑色與淺紅色之帛作墊。加組帶焉。組帶即編絲爲組之帶，不知加于國書之頭顱上，抑篋上，文意不明。寘書于其上，曰：「天若不識不衷，何以使下國？」衷，正也。杜注：「言天識不善，故殺國子。」會箋云：「不衷，斥齊侯也，非斥國子。使下國者，使下國得克也。吴語，夫差釋言於齊曰：『天若不知有罪，則何以使下國勝？』此亦爲吴王之辭必矣。」會箋謂不衷指齊侯，是也。至引吴語因謂此加書爲吳王之辭，恐未必然。書爲魯所加，自是魯人語，何以爲吳王之辭？

一一·四　吳將伐齊，越子率其衆以朝焉，越子，越王句踐也。一九六五年在湖北江陵縣楚墓出土有越王鳩淺自作用劍，鳩淺即句踐。以青銅鑄，鳥篆文。王及列士皆有饋賂。吳人皆喜，唯子胥懼，曰：「是豢吳也夫！」杜注：「豢，養也。若人養犧牲，非愛之，將殺之。」吳世家「豢」作「棄」，章炳麟讀謂爲誤字。諫曰：「越在我，心腹之疾也，壤地同，而有欲於我。夫其柔服，求濟其欲也，不如早從事焉。得志於齊，猶獲石田也，王肅云：「石田不可耕。」無所用之。越不爲沼，吳其泯矣。猶言吳不亡越，越將滅吳。使醫除疾，而曰『必遺類焉』者，類同纇，戾也，即指所患之疾。未之有也。盤庚之誥曰『其有顛越不共，則劓殄無遺育，無俾易種于茲邑』，與今尚書盤庚中較，似引文有節略，古人常如是。「不共」，今作「不恭」，以今字改古字也。僞孔傳云：「劓，割也。殄，絶也。」曾運乾尚書正讀云：「育讀爲胄。易，延易也。」文意謂若有狂亂不聽命者，即割絶之，不遺留其後裔，毋使其延種於此地。是商所以興也。今君易之，易之，遠之也，反之也。將以求大，大謂强大，意實指霸業。不亦難乎！」弗聽。使於齊，顧炎武補正云：「子胥爲吳王使於齊也。古者兵交，使在其間。」屬其子於鮑氏，爲王孫氏。顧炎武補正云：「傳終言之，亦猶夫概王爲堂谿氏也。」杜氏世族譜謂伍員子，其在齊爲王孫氏，顧棟高大事表十二下謂伍員字名豐，梁履繩補釋云：「不知所據。」反役，王聞之，使賜之屬鏤以死。杜注：「艾陵役也。屬鏤，劍名。」章炳麟左傳讀引荀子成相篇「恐爲子胥身離凶，進諫不聽，到而獨鹿棄之江」，謂屬鏤、獨鹿一也；又引周書王會及漢書武帝紀，以獨鹿爲山名，在涿郡，因云「然則獨鹿，蓋其地所出之劍，以地名劍」云云。其言雖不盡可信，據淮南子氾論訓「大夫種身伏屬鏤而死」，則屬鏤非一劍之專名可知。將死，曰：「樹吾墓檟，檟可材也。檟即楸，落葉喬木，幹高三丈許，木材密緻，古人常以爲棺槨，襄二年傳穆姜使擇美檟以自爲櫬，又四年傳季孫爲己樹六檟俱足爲證。史記吳世家及伍子胥列傳「檟」作「梓」，梓木質輕，自古爲琴瑟良材，雖亦可供建築及製器具之用，然今江蘇不產此樹，或古今之異。吳其亡乎！三年，謂三年後。其始弱矣。盈必毁，天之道也。」杜注：「越人朝之，伐齊勝之，盈之極也。爲十三年越伐吳起。」此事又見于吳語、呂氏春秋知化篇、史記吳、越世家、伍子胥列傳、仲尼弟子列傳、説苑正諫篇、吳越春秋、越絶書等書篇，説有同有異，甚有近小説家言不足信者。

一一·五　秋，季孫命修守備，曰：「小勝大，魯小齊大，且魯以吳師勝。禍也，齊至無日矣。」杜注：「善有備。」

一一·六　冬，衞大叔疾出奔宋。杜注：「疾即齊也。」經書「世叔齊」。初，疾娶于宋子朝，娶子朝之女也。子朝參定十四年傳「子朝」注。其娣嬖。子朝出，杜注：「出奔。」孔文子使疾出其妻，而妻之。孔文子即衞卿孔圉。出其妻，出子朝之女及其媵，其娣亦出。「妻之」之「妻」，舊讀去聲，動詞，以女嫁之也，如論語公冶長「以其子妻之」。疾使侍人誘其初妻之娣寘於犂，杜注：「犂，衞邑。」一統志謂在今山東鄄城縣西，江永考實謂在今河南安陽地區范縣境，疑江説是，以距衛都較近也。初妻即所出之妻。**而爲之一宮，如二妻。**以待妻之禮待初妻之娣，則孔文子之女爲其妻，同時初妻之娣亦爲其妻。**文子怒，欲攻之，仲尼止之。**文子欲攻大叔疾，而孔丘勸阻之。孔丘曾稱文子「敏而好學，不恥下問」，見論語公治長。**遂奪其妻。**孔文子奪回其女。**或淫于外州，**謂疾又與他女通奸于外州。外州亦衛地，不詳所在。**外州人奪之軒以獻。**「之」作「其」用，奪疾所乘之軒，蓋往外州淫某女時奪之。于鬯校書謂「之」字句，「軒以獻」句，且云「即指其妻之淫於外州，非指疾也」。若指被奪之妻，與疾何涉？疾何必出？故知不然。**恥是二者，**以妻被奪，軒又被奪爲恥。**故出。衛人立遺，使室孔姞。**杜注：「遺，疾之弟。孔姞，孔文子女，疾之妻。」桓十八年傳「女有家，男有室」，室爲名詞；此則爲動詞，謂以孔姞爲其室，即娶其嫂。**疾臣向魋，**杜注：「爲宋向魋臣。」此出奔宋時事。**納美珠焉，與之城鉏。**疾獻美珠于向魋，向魋與疾城鉏。城鉏本宋邑，後屬衛，高士奇地名考略謂即襄四年傳「后羿自鉏」之鉏，在今河南滑縣東十五里。哀二十五年傳衛侯乃適城鉏，及二十六年傳衛以城鉏與越人，皆此城鉏。**宋公求珠，魋不與，由是得罪。**吕氏春秋必己篇云：「宋桓司馬有寶珠，抵罪出亡，王使人問珠之所在，曰：『投之池中。』於是竭池而求之，無得，魚死焉。」傳謂向魋以珠得罪出亡，吕覽謂向魋因出亡而宋公求珠。**及桓氏出，**杜注：「出在十四年。」**城鉏人攻大叔疾，衛莊公復之，**杜注：「聽使還。」莊公立于十六年。**使處巢，**舊説謂巢在今河南睢縣，則當爲宋邑，不得爲衛邑。近年所出周原甲骨有「征巢」語，此巢若爲衛邑，必不在今安徽。**死焉。殯於鄖，**

葬於少禘。杜注：「巢、鄖、少禘皆衛地。」此乃以後事，傳終言之。

初，晉悼公子憖亡在衛，使其女僕而田，杜注：「僕，御田獵。」以未聘女子駕御獵車，古所罕見。大叔懿子止而飲之酒，杜注：「懿子，大叔儀之孫。」昭三十二年經有衛世叔申，據杜世族譜，即此人，則其人名申。遂聘之，聘爲妻也。生悼子。杜注：「悼子，大叔疾。」悼子即位，故夏戊爲大夫。杜注：「夏戊，悼子之甥。」會箋云：「懿子娶憖女，生悼子及一女。女適夏氏，生戊，故戊是懿子之外孫（於悼子爲甥舅）。二十五年彌子飲公酒，納夏戊之女，嬖，以爲夫人；其弟期，大叔疾之從孫甥也。前後相照，而夏戊爲悼子姊妹之子審矣。」悼子亡，衛人翦夏戊。杜注：「翦，削其爵邑。」二十五年傳云「初，衛人翦夏丁氏」，夏戊字丁。以二十五年傳文觀之，翦不僅削其爵邑而已，且以其家室財産賜彌子瑕也。

孔文子之將攻大叔也，訪於仲尼。仲尼曰：「胡簋之事，則嘗學之矣；胡簋即簠簋，阮元積古齋鐘鼎彝器款識雖言之而未詳。簠，金文作[illegible]或[illegible]，與「胡」音同。積微居金文説叔家簠再跋謂「簠字古代之音讀，於唇音讀法外，别有淺喉一讀」。傳世器簋（即𣪘）多而簠少，簋皆圓腹，簠則長方，與周禮地官舍人鄭玄注「方曰簠，圓曰簋」合。簋有商、周、春秋、戰國時器，簠則不但未見殷器，即西周前期之簠亦未曾見，禮記明堂位言「殷之六瑚」，存疑可也。疑簋先則黍稷稻粱並盛，有簠以後，簠盛稻粱，周金文存載曾伯霥簠，其銘文云「用盛稻粱」，攈古録金文又載叔家父簠，銘文亦云「用成（盛）稻粱」，皆可證，簋則盛黍稷矣。文物一九八二年六期高明䀉簠考辨可參看。甲兵之事，未之聞也。」論語衛靈公篇載衛靈公問陳，與此不同，蓋一事相傳而歧異。退，命駕而行，曰：「鳥則擇木，木豈能擇鳥。」文子遽止之，曰：「圉豈敢度其私，杜注：「圉，文子名。度，謀也。」訪衞國之難也。」孔子家語「訪」作「防」，于文義爲順。將止，杜注：「仲尼止。」魯人以幣召之，乃歸。可參看孔子世家。

二·七　季孫欲以田賦，以田賦即下年之「用田賦」。宣十五年初稅畝，乃田畝稅之改革；成元年之作丘甲，乃兵役法之改革，此則兩者皆有之。古今人于此異說紛紜，賈逵以爲「欲令一井之間出一丘之稅，井別出馬一匹、牛三頭」，孔疏：「若其如此，則一丘之內有一十六井（據司馬法，方里爲井，四井爲邑，四邑爲丘），其出馬、牛乃多於常一十六倍，且直云用田賦，何知使井爲丘也？」孔駁賈有理，賈說不足信。杜預以爲此乃分別田賦與家財，但古代人民，其財富多出于田畝，田畝之外，又計其家財抽同等賦稅，不論加重負擔一倍，人民所不堪，亦實無此理，杜說亦不可信。張聰咸杜注辨證謂「田當讀爲甸，季孫欲令一丘之間出一甸車乘之賦」，說雖可通，然四丘爲甸，一丘出一甸之賦，無端四倍于常賦，亦不可能。其他如俞樾茶香室經說、劉師培左盦題跋引吳敏樹用田賦解，異說尚多，俱難相信，不具引。據下文孔丘語「則以丘亦足矣」，可知此爲兵役法改革，重于成元年之丘賦；據論語顏淵篇哀公之言「二，吾猶不足」及魯語下孔丘私於冉有之言，可知此爲田畝稅，爲十分抽二，或者甚于此。其他則無由臆測矣。沈欽韓補注引公羊何休注，謂爲貨幣地稅，今人有取此說者，則與兵役無關矣。使冉有訪諸仲尼。仲尼曰：「丘不識也。」論語孔丘答學生之問，無自稱己名者；此因冉有代表季孫，故仲尼自稱名。三發，杜注：「三發問。」卒曰：「子爲國老，「國老」見僖二十七年傳「國老皆賀子文」注。待子而行，若之何子之不言也？」仲尼不對，杜注：「不公答。」而私於冉有曰：「君子之行也，杜注：「行政事。」度於禮：施取其厚，事舉其中，斂從其薄。如是，則以丘亦足矣。杜注：「丘，十六井，出戎馬一疋，牛三頭，是賦之常法。」然自成元年作丘甲之後，兵役法已變，此當指成元年以後行之至今之兵役法。燕京學報十一期錢穆周官著作時代考云：「『以丘亦足矣』即是『丘不識也』之丘。是說照我看來也盡够了。」若不度於禮，而貪冒無厭，則雖以田賦，將又不足。且子季孫若欲行而法，則周公之典在；金澤文庫本作「則有周公之典在」。若欲苟而行，又何訪焉？」弗聽。此當與下年傳「用田賦」連讀。

十二年，戊午，公元前四八三年。周敬王三十七年、晉定二十九年、齊簡二年、衛出十年、蔡成八年、鄭聲十八年、陳閔十九年、杞閔四年、宋景三十四年、秦悼九年、楚惠六年、吳夫差十三年、越句踐十四年。

經

十二·一　十有二年春，正月十三日丙辰冬至，建子。用田賦。

十二·二　夏五月甲辰，甲辰，三日。孟子卒。禮記坊記引魯春秋亦曰「孟子卒」。

一二·三　公會吳于橐皋。橐皋，吳地，即今安徽巢縣西北六十里拓皋鎮。

一二·四　秋，公會衛侯、宋皇瑗于鄖。「鄖」，公羊作「運」。據杜注，鄖當在今江蘇如皋縣東，彙纂且謂即立發壩。王夫之稗疏以爲此地「僻在江海之隅，方春秋時，爲蹄輪之所不至，必非會盟之所。京相璠曰：『琅邪姑幕縣南四十里有員亭。』姑幕今莒州，乃吳、魯所繇通之徑。」依王説，則在今山東莒縣南。據傳文「侯伯致禮，地主歸餼」，會所自不在吳國，莒縣不屬吳，王説較可信。

一二·五　宋向巢帥師伐鄭。

一二·六　冬十有二月，螽。

傳

一二·一　十二年春王正月，用田賦。應與上年傳文連讀。用田賦之内容如何，其説不一。王夫之稗疏、章炳麟左傳讀亦皆有説，均未脱出舊説，上傳注已申明，不具引。總之，臆測之説多，皆不能舉出確鑿證據，存而不論可也。

一二·二　夏五月，昭夫人孟子卒。昭公娶于吳，故不書姓。論語述而陳司敗言曰：「君取於吳，爲同姓，謂之吳孟子。」陳司敗之言若在昭公時，則吳孟子爲當時稱號，死後亦以此稱之。國君夫人必繫以母家之姓，詳隱元年「孟子」傳注，此昭公夫人若稱「吳姬」或「孟姬」，顯然違「同姓不婚」之禮，故改稱「吳孟子」。禮記坊記亦云：「魯春秋猶去夫人之姓曰吳，其死曰『孟子卒』。」**死不赴，故不稱夫人。**杜注：「不稱夫人，故不言薨。」**不反哭，故不言葬小君。**此釋經不稱夫人、不書葬之故。何以不赴（訃）告諸侯，何以不書葬，傳以爲皆爲諱同姓之故，因赴告諸侯，必依禮依例稱其母家姓。其實，此時昭公死已十二年，孟子又非哀公生母，哀公又無實權，國政全由季氏，而昭公又以季氏之故，晚年寄居于外，實皆季氏敵視昭公之故而爲此也。餘參隱三年「君氏卒」傳並注。**孔子與弔，**孔丘嘗爲昭公臣，且哀公嫡母死，孔丘自必往弔。**適季氏。季氏不絻，**絻，詳哀二年傳注，此乃始發喪之禮，儀禮士喪禮亦云「主人免於房」，參武億義證。季氏不絻者，不行喪夫人之禮。**放絰而拜。**孔丘去絰而答拜也。絰亦喪服，以葛麻爲之。戴於頭者爲首絰，繫於腰者爲腰絰，腰絰亦曰帶。孔丘弔孟子時必去冠，括髮，着絰，適季氏亦如此。據杜注、孔疏，以爲季氏不行喪禮，孔丘從主人（孔丘往季氏家，則季氏爲主人），故亦去其絰。古代喪禮，主人拜，賓不答拜。季氏既不行喪禮，孔丘亦拜。武億義證引禮記檀弓上「公儀仲子之喪，檀弓免焉」及「司寇惠子之喪，子游爲之麻衰牡麻絰」鄭玄注皆以爲譏主人，因云「放絰而拜，亦用此意，以譏季氏」。

一二·三　**公會吳于槖皋，吳子使大宰嚭請尋盟。**杜注：「尋鄫盟。」魯哀會吳于鄫，見七年經、傳云「夏盟於鄫衍」是也。**公不欲，**鄫盟，吳徵百牢，且召季康子，故哀公及季氏皆不欲。**使子貢對曰：「盟，所以周信也，**杜注：「周，固。」**故心以制之，玉帛以奉之，言以結之，明神以要之。**四「之」字皆指盟。心制盟者，心不忘盟而自克制也。盟會必用玉帛，故云玉帛奉盟。盟必有辭，故云言以結盟。盟辭每誓明神，如僖二十八年傳云「有渝此盟，明神殛之」、「明神先君，是糾是殛」是也。以鬼神約束使信守盟辭。成九年傳「明神以要之」，「之」指諸侯，義實同。寡君以爲苟有盟焉，弗可改也已。若猶可改，日盟何益？謂盟約可不信守，即每日相盟，亦無益。今吾子曰『必尋盟』，若可尋也，亦可寒也。」尋與寒相反爲義。尋，温煖之義；寒，寒涼也。盟約毁廢，即是寒涼，故尋盟以温煖之，此尋盟之由。若不廢盟，何必尋盟？若必尋盟，則亦可寒盟。乃不尋盟。

一二·四　吴徵會于衞。初，衞人殺吴行人且姚而懼，謀於行人子羽。杜注：「子羽，衞大夫。」子羽曰：「吴方無道，無乃辱吾君，不如止也。」子木曰：杜注：「子木，衞大夫。」「吴方無道，國無道，必棄疾於人。棄疾猶言加害，亦見七年傳並注。吴雖無道，猶足以患衞。往也！長木之斃，無不摽也；長木今言大樹。説文：「摽，擊也。」此言大樹死而倒，所遇無不被擊。國狗之瘈，無不噬也，莊子徐無鬼：「是國馬也，而未若天下馬也。」國狗與國馬同，一國之名馬、一國之名狗也。瘈即襄十七年傳「國人逐瘈狗」之「瘈」，狂也。瘈狗今曰瘋狗，爲其所咬，血中毒，得恐水病，死極慘。而況大國乎！」

秋，衞侯會吴于鄖。公及衞侯、宋皇瑗盟，杜注：「盟不書，畏吴，竊盟。」而卒辭吴盟。吴人藩衞侯之舍。藩猶圍也。子服景伯謂子貢曰：「夫諸侯之會，事既畢矣，侯伯致禮，地主歸餼，侯伯謂盟主，此指吴。 致禮，禮賓也，與會諸侯爲賓。 歸餼亦曰致餼，見桓十四年傳，詳桓六年「饋之餼」注。 地主，會地所在國之諸侯。 以相辭也。 辭別，告別。 今吴不行禮於衛，吴于魯、宋蓋已致禮，而不致禮於衛。 而藩其君舍以難之，難之，今言使之爲難。 子盍見大宰？」乃請束錦以行。 語及衛故，故，事也。 若本不爲衛來，閑談中及此事。 大宰嚭曰：「寡君願事衛君，衛君之來也緩，寡君懼，故將止之。」止之，不許其歸，今言扣留。 子貢曰：「衛君之來，必謀於其衆，其衆或欲或否，有欲其來者，有不欲其來者。 是以緩來。 其欲來者，子之黨也；其不欲來者，子之讎也。 若執衛君，是墮黨而崇讎也，杜注：「墮，毁也。」夫墮子者得其志矣。 會箋云：「衛不欲來者其言驗，故得志也。」且合諸侯而執衛君，誰敢不懼？ 墮黨、崇讎，而懼諸侯，使諸侯懼。 或者難以霸乎！」大宰嚭説，乃舍衛侯。 舍，同捨，釋放。 衛侯歸，效夷言。 夷言，吴語。 子之尚幼，杜注：「子之，公孫彌牟。」禮記檀弓上孔疏引世本：「靈公生昭子郢，郢生文子木及惠叔蘭。」杜氏世族譜亦云：「子之，公孫彌牟文子。」然則彌牟、子之是其人之名與字，文則其謚。 梁履繩補釋云：「彌牟官衛之將軍，故檀弓稱將軍文子。」 曰：「君必不免，其死於夷乎！ 執焉而又説其言，從之固矣。」杜注：「出公輒後卒死於越。」 俞樾平議云：「固猶必也。」

一二·五 冬十二月，螽，螽，公羊例作「蠓」，即今蝗蟲爲災，已詳桓五年經注。 春秋經、傳凡十次書螽，穀梁僖十五年傳云：「螽，蟲災也。」蝗蟲羣飛蔽空，落地如雨，故文三年傳云：「雨螽于宋，隊（墜）而死也。」然其時多在秋八月或九月，至遲爲冬十月（文八年），無在十二月者。此次及明年蝗災俱在十二月，即今農曆之十月，于當時爲罕見，故季孫問。**季孫問諸仲尼。仲尼曰：「丘聞之，火伏而後蟄者畢。**火爲心宿二，一般夏正十月即不見于天空，此時天已寒冷，昆蟲盡蟄入地下。**今火猶西流，司曆過也。」**孔丘之意，謂時已十月，天空應不見心宿二，昆蟲應皆蟄伏，然心宿二猶遙見于西方天空，逐見沉没，乃司曆者之誤。杜注因之謂此年應閏而未閏，其實此年不當閏，明年亦十二月仍有飛蝗，而閏當在十二月後。

一二·六　**宋、鄭之間有隙地焉，**杜注：「隙地，閑田。」即可墾而未墾之田。**曰彌作、頃丘、玉暢、嵒、戈、鍚。**據彙纂，今河南杞縣東北三十里有玉帳，或云古玉暢。杞縣爲春秋宋地，北與陳留接壤（陳留，舊縣，今已廢），傳云「宋、鄭之間」，或即是也。鍚音羊。其餘五地或皆在今杞縣、通許縣與陳留鎮三角地區。**子産與宋人爲成，曰：「勿有是。」**杜注：「俱棄之。」史記匈奴傳云「東胡與匈奴間，中有棄地，莫居，千餘里，各居其邊爲甌脱」，似類此。**及宋平、元之族自蕭奔鄭，**定十四年宋景公之弟奔魯，十五年鄭罕達敗宋師于老丘，蓋以處宋公子地。宋平公、元公之子孫奔鄭當在定十五年。**鄭人爲之城嵒、戈、鍚。九月，宋向巢伐鄭，取鍚，殺元公之孫，遂圍嵒。十二月，鄭罕達救嵒。丙申，**丙申，二十八日。**圍宋師。**此當與下年傳連讀。經書宋伐鄭在前，螽在後；傳書螽在前，宋伐鄭在後，以宋伐鄭連及明年也。

十三年，己未，公元前四八二年。周敬王三十八年、晉定三十年、齊簡三年、衞出十一年、蔡成九年、鄭聲十九年、陳閔二十年、杞閔五年、宋景三十五年、秦悼十年、楚惠七年、吴夫差十四年、越句踐十五年。

經

一三·一 **十有三年春，**正月二十四日辛酉冬至，建子，有閏月。**鄭罕達帥師取宋師于嵒。**據傳，救師主帥向魋逃歸，明年向巢亦奔魯，則知鄭所取者無主帥之師也。

一三·二 **夏，許男成卒。**無傳。「成」，公羊作「戌」，趙坦異文箋謂「或字形相似而譌」。會箋云：「元公也，國滅後楚立之。」姚彥渠春秋會要云：「何人復封，何年所立，失考。」

一三·三 **公會晉侯及吴子于黄池。**吴世家作「春」，蓋吴用夏正。吴語云：「闕爲深溝，通於商、魯之間，北屬之沂，西屬之濟，以會晉公午於黄池。」如此説確實，則吴夫差又增長邗溝通沂水與濟水。黄池當在今河南封丘縣南，濟水故道南岸。傳世器，輝縣出土有趙孟庎壺二器，銘云：「禺（遇）邗王于黄池，爲趙孟庎（介），邗王之惖（錫）金，以爲祠器。」二器皆作于此時。詳積微居金文説趙孟庎壺跋。清同治中，山西代縣出土吴王夫差鑑，銘云：「攻吴王夫差擇厥吉金自作御監。」則不知作于何時。出土于代縣者，爲後人所埋藏也。彙纂云：「書會止此。」

一三·四 **楚公子申帥師伐陳。**無傳。

於越入吴。

一三·五　秋，公至自會。無傳。

一三·六　晉魏曼多帥師侵衛。無傳。公羊無「曼」字。彙纂云：「霸國侵伐止此。」

一三·七　葬許元公。無傳。會箋云：「卒葬日月皆不具，史略。」

一三·八　九月，螽。無傳。杜注：「書，災也。」原無「也」字，依金澤文庫本增。

一三·九　冬十有一月，有星孛于東方。無傳。杜注：「平旦衆星皆没，而孛乃見，故不言所在之次。」會箋云：「蓋長星亘天之類也。雖見於旦，必有宿可言，今曰東方，則初昏見東方，所加徧及東方諸宿，不可以宿名也。」公羊傳云：「孛者何？彗星也。其言于東方何？見於旦也。」日出于東方，若非陰沉雲厚，彗星光芒不易見，公羊之説可疑，而杜取之。

一三·一〇　盗殺陳夏區夫。無傳。「區」，公羊作「彄」。杜注：「稱盗，非大夫也。」「非大夫也」，「也」字依金澤文庫本增。宋趙鵬飛春秋經筌云：「春秋書盗者四，殺君者一，殺兄者一，殺大夫者二。」

一三·一一　十有二月，螽。無傳。

傳

一三·一　十三年春，宋向魋救其師。此當與上年傳末章合讀。吴闓生文史甄微謂「左氏古本，每事自爲一章；分傳者依經次第，割散傳文」，殊爲有識。**鄭子賸使徇曰：「得桓魋者有賞。」魋也逃歸。**左傳叙事中人名下加「也」字，前已多見。會箋謂僅此一見，國語亦僅見一次，晉語三「鄭（丕鄭）也與客將行」是也。實誤。**遂取宋師于嵒，獲成讙、郜延。**杜注：「二子，宋大夫。」**以六邑爲虚。**杜注：「空虚之，各不有。」

一三·二 **夏，公會單平公、晉定公、吴夫差于黄池。**杜注：「平公，周卿士也。不書，尊之，不與會也。」顧棟高大事表十二上云：「單平公，武公子。」

一三·三 **六月丙子，**丙子，十一日。**越子伐吴，爲二隧，**杜注：「隧，道也。」顧炎武補正云：「隧即古隊字。」兩説義異而實同，出兵異道，自各爲一隊。**疇無餘、謳陽自南方，**杜注：「二子，越大夫。」章炳麟左傳讀卷八云：「漢地理志會稽郡烏程有歐陽亭，蓋即謳陽所封之地也。古字謳、歐通。」**先及郊。**至吴國都郊區。**吴大子友、王子地、王孫彌庸、壽於姚自泓上觀之。**杜注：「觀越師。泓，水名。」江永考實云：「吴地之水。」沈欽韓地名補注謂胥門西五里有越來溪，越兵自此溪入吴。泓上即今之横山。横、泓聲近。横山在今江蘇吴縣西南。吴語云：「越王句踐乃命范蠡、舌庸率師沿海泝淮以絶吴路，敗王子友於姑熊夷。越王句踐乃率中軍泝江（即今松江）以襲吴。」與傳所云稍有不同，自以傳爲可信。**彌庸見姑蔑之旗，**杜注：「姑蔑，越地，今東陽大末縣。」據清一統志，姑蔑故城在今浙江衢州市龍游鎮之北。惠棟補注引墨子旗幟篇云：「建旗其署，令皆明白知之，曰某子旗。」**曰：「吾父之旗也。**」杜注：「彌庸父爲越所獲，故姑蔑人得其旌旗。」旌旗爲彌庸之父者，但已改署姑蔑。不可以見讎而弗殺也。」大子曰：「戰而不克，將亡國，請待之。」彌庸不可，屬徒五千，杜注：「屬，會也。」今言集合。王子地助之。乙酉，乙酉，二十日。戰，彌庸獲疇無餘，地獲謳陽。越子至，王子地守。丙戌，丙戌，二十一日。復戰，大敗吳師，獲大子友、王孫彌庸、壽於姚。杜注：「地守，故不獲。」越世家作「殺吳太子」，伍子胥傳作「襲殺」，吳越春秋作「虜殺」，而吳世家作「虜」，足見司馬遷見歧異而並存。丁亥，丁亥，二十二日。入吳。吳人告敗于王。王惡其聞也，杜注：「惡諸侯聞之。」即不欲使敗訊傳于外。其指「越入吳」，非指「諸侯」。自剄七人於幕下。滅知此事者之口。幕，會盟時于野，各國自立帳幕。

一三·四　秋七月辛丑盟，辛丑，六日。吳、晉爭先。杜注：「爭歃血先後。」先歃血者爲盟主也。吳人曰：「於周室，我爲長。」杜注：「吳爲大伯後，故爲長。」太伯爲古公亶父之長子，季歷之長兄，文王之大伯父，論語泰伯所謂「三以天下讓」者也。晉人曰：「於姬姓，我爲伯。」吳人、晉人，皆兩方談判之代表，非其君主，亦非卿，故稱「人」。伯即霸，晉文公之後，歷襄公以至悼公、平公皆稱霸。趙鞅呼司馬寅曰：杜注：「寅，晉大夫。」司馬蓋其官，吳語作「董褐」，韋注謂即司馬寅。「日旰矣，杜注：「旰，晚也。」大事未成，二臣之罪也。杜注：「大事，盟也。」二臣，鞅與寅。建鼓整列，二臣死之，長幼必可知也。」長幼猶言先後，謂先歃後歃。趙鞅欲以將戰之勢逼吳，不得已而戰，勝者自先歃。吳世家云「趙鞅怒，將伐吴」，即本此。吴語則叙夫差先爲戰勢。對曰：「請姑視之。」暫且觀察吴營。反，曰：「肉食者無墨。肉食者即莊十年傳「肉食者謀之」之肉食者，大夫以上之人，詳彼注。今吴王有墨，國勝乎？杜注：「國爲敵所勝。」吴語云「大則越入吴」。大子死乎？且夷德輕，不忍久，請少待之。」杜注：「少待無與争。」乃先晉人。吴語叙事與傳異，云「吴公先歃」，公羊傳謂「吴主會」，史記于秦紀、晉、趙世家均言「長吴」，吴世家則言「長晉定公」，司馬遷存異説。

吴人將以公見晉侯，子服景伯對使者曰：「王合諸侯，則伯帥侯牧以見於王；杜注：「伯，王官伯；侯牧，方伯。」伯即諸侯之長，僖二十八年傳「王策命晉侯爲侯伯」是也。伯合諸侯，則侯帥子、男以見於伯。杜注：「伯，諸侯長。」自王以下，朝聘玉帛不同；故敝邑之職貢於吴，有豐於晉，無不及焉，自吴夫差崛起，晉霸益衰，魯以齊故事吴。以爲伯也。以吴爲侯伯，爲霸主。今諸侯會，而君將以寡君見晉君，則晉成爲伯矣，敝邑將改職貢：魯賦於吴八百乘，見七年傳「魯賦八百乘」注。若爲子、男，則將半邾以屬於吴，上文云「侯帥子、男以見於伯」，今若吴率魯見於晉，是魯爲子、男矣。若魯爲子、男，則將以三百乘之所賦者貢吴。七年傳云「邾賦六百乘」，半邾是三百乘也。而如邾以事晉。杜注：「如邾，六百乘。」且執事以伯召諸侯，而以侯終之，何利之有焉？」吴人乃止。既而悔之，將囚景伯。景伯曰：「何也立後於魯矣，杜注：「何，景伯名。」　立後者，有不返魯之準備。**將以二乘與六人從，**一乘三人，二乘六人，皆從者。**遲速唯命。」遂囚以還。及户牖，**户牖，今河南蘭考縣東北。**謂大宰曰：「魯將以十月上辛有事於上帝、先王，**述聞引王念孫説，謂「先王」當從桓五年孔疏引作「先公」。魯固無祭先王之禮，然景伯純作謊言，云祭「先王」，則吴之祖亦受祭，可以恐吴。家語辯物篇亦作「先王」，足知非誤字。孔疏俱作「先公」，蓋以當時典禮繩之。知其爲虛言，而又校以當時典禮，是知二五而不知一十也。**季辛而畢，何世有職焉，自襄以來，未之改也。**孔疏云：「祭禮終朝而畢，無上辛盡於季辛之事，景伯以吴信鬼，皆虛言以恐吴耳。」襄謂魯襄公，據杜氏世族譜，子服氏出自孟氏，襄二十三年有孟椒，椒生昭伯回，回生景伯何，則子服氏之共祭事，在魯襄之世，迄于此時猶世世襲職。**若不會，**不與于祭上帝與先王。**祝宗將曰『吴實然』，**魯之祝宗將以吴囚子服何告鬼神。**且謂魯不共，而執其賤者七人，**何與從者六，皆非卿，故云「賤者七人」。魯縱不恭于吴，而吴僅執其賤者。**何損焉？」大宰嚭言於王曰：「無損於魯，**所執者賤者七人而已。**而祇爲名，**杜注：「適爲惡名。」**不如歸之。」乃歸景伯。**

吴申叔儀乞糧於公孫有山氏，杜注：「申叔儀，吴大夫；公孫有山，魯大夫，舊相識。」馬宗璉補注引王符曰：「有山氏，魯公族，姬姓。」（潛夫論志氏姓於魯未言有山氏，未審馬氏何據。然姓考云：「有山，魯大夫采邑，因氏。」）**曰：「佩玉縈兮，余無所繫之；**縈音鋭，上聲，下垂貌。言有佩玉而無繫着處。

旨酒一盛兮，盛即盛器，一盛猶一杯，説見述聞。余與褐之父睨之。」褐，賤者之服。褐之父，着褐之老翁。睨，邪視也。此以「繫」、「睨」爲韻。義在下句，言雖有甜酒一杯，我與老翁僅邪視而不得飲也。對曰：「粱則無矣，粱，精細小米，古以稻粱、膏粱並稱。麤則有之。麤同粗，謂麤糲、粗糙，與精細相反，此與粱相對。粱爲細糧，麤爲粗糧。若登首山以呼曰『庚癸乎』，河南襄城縣南五里有首山，不知是此首山不。則諾。」越絶書計倪内經分貨爲十等，甲乙爲高等貨，庚爲下等貨，癸更下。

王欲伐宋，殺其丈夫而囚其婦人。杜注：「以不會黄池故。」大宰嚭曰：「可勝也，而弗能居也。」言不能久留于宋。乃歸。

一三·五 冬，吴及越平。孔疏云：「終伍員所謂三年始弱也。」

十四年，庚申，公元前四八一年。周敬王三十九年、晉定三十一年、齊簡四年、衛出十二年、蔡成十年、鄭聲二十年、陳閔二十一年、杞閔六年、宋景三十六年、秦悼十一年、楚惠八年、吴夫差十五年、越句踐十六年。

經

一四·一 十有四年春，正月初五丙寅冬至，建子。西狩獲麟。公羊、穀梁皆終于此。公羊傳且云：「西狩獲麟，孔子曰：『吾道窮矣。』」麟即麒麟，何法盛徵祥説：「牡曰麒，牝曰麟。」説文本公羊，謂爲仁獸。爾雅釋獸作「麐」，云：「麕身，牛尾，一角。」然中國實無此獸，今非洲有名奇拉夫（Giraffe）之長頸鹿，有人疑即古之麒麟。杜預注云：「麟者仁獸，聖王之嘉瑞也。時無明王，出而遇獲。仲尼傷周道之不興，感嘉瑞之無應，故因魯春秋而修中興之教，絶筆於獲麟之一句，所感而作，固所以爲終也。」杜之此説本于史記三代世表序、十二諸侯年表序及孔子世家。夫春秋之文，記二百四十二年之事，豈能因獲麟而作，又因獲麟而止？公羊昭十二年傳徐彦疏引春秋説云：「孔子作春秋一萬八千字，九月而書成」，亦不可信。顧棟高大事表春秋絶筆獲麟論則謂「因是年請討陳恒之不行而絶筆也」，且引宋家鉉翁春秋詳説「陳恒弑君，孔子沐浴請討，公不能用，是歲春秋以獲麟絶筆」云云以「明余之非臆説」，實則皆臆説也。

一四·二　**小邾射以句繹來奔。**杜注：「射，小邾大夫。」賈逵、服虔、杜預皆以此下至十六年皆魯史記之文，孔丘弟子欲存「孔子卒」，故並録以續孔丘所修之經，亦臆説也。句繹詳二年經注。

一四·三　**夏四月，齊陳恒執其君，寘于舒州。**「舒州」，魯世家作「徐州」，亦作「俆州」。江永考實謂舒州在今河北廊坊地區大城縣界，此齊之極北，與燕界者也。此説有理。

一四·四　**庚戌，**庚戌，二十日。**叔還卒。**無傳。

一四·五　**五月庚申朔，日有食之。**無傳。　此乃四月十九日之日全食。

一四·六　**陳宗豎出奔楚。**無傳。

一四·七　**宋向魋入于曹以叛。**杜注：「曹，宋邑。」哀八年曹爲宋滅，因以爲魋采邑。

一四·八 莒子狂卒。無傳。狂，釋文云「其廷反」，音情，則從壬得聲，非「狂」字。他書無此字。

一四·九 六月，宋向魋自曹出奔衛。

一四·一〇 宋向巢來奔。

一四·一一 齊人弒其君壬于舒州。

一四·一二 秋，晉趙鞅帥師伐衛。無傳。

一四·一三 八月辛丑，辛丑，十三日。仲孫何忌卒。

一四·一四 冬，陳宗豎自楚復入于陳，陳人殺之。無傳。疑非善人，亦非善殺。

一四·一五 陳轅買出奔楚。無傳。疑與宗豎被殺有關。

一四·一六 有星孛。無傳。杜注：「不言所在，史失之。」

一四·一七 饑。無傳。

傳

一四·一 十四年春，西狩於大野，沈欽韓地名補注引山東通志等書謂巨野縣東十里鋪有麟臺，臺側有獲麟渡，縣東南三十里有麟冢云云，可能爲後人附會之談。古大野澤在巨野縣北，且跨東西兩郊野，又入嘉祥縣西北境。叔孫氏之車子鉏商獲麟，杜注以「車子」連文，鉏商爲人名。服虔以「車」爲御車者，「子」爲姓，「鉏商」爲名。王肅孔子家語用服説。王引之述聞則以「子鉏」爲氏，「商」爲名。王説有據有理，可從。以爲不祥，以賜虞人。杜注：「時所未嘗見，故怪之。虞人，掌山澤之官。」仲尼觀之，曰「麟也」，然後取之。

一四·二　小邾射以句繹來奔，曰：「使季路要我，吾無盟矣。」季路即子路，論語顔淵謂「子路無宿諾」，足見季路之誠信素著，故射寧與子路相約，而不欲與魯盟誓。要，約也。使子路，子路辭。季康子使冉有謂之曰：「千乘之國，不信其盟，其指千乘之國，即魯。謂不信魯國之盟約。而信子之言，子何辱焉？」謂子言重于魯盟，此乃光榮，于子無辱。對曰：「魯有事于小邾，有事，戎事，謂與小邾戰。不敢問故，故，戰事起因及其曲直。死其城下可也。彼不臣，以其國之地奔魯，是不臣於其國與君。而濟其言，杜注：「濟，成也。」射必有言，欲與子路相約。是義之也，此乃以其「不臣」爲義。由弗能。」

一四·三　齊簡公之在魯也，闞止有寵焉。杜注：「簡公，悼公陽生子壬也。闞止，子我也。事在六年。」參六年傳並注。及即位，使爲政。陳成子憚之，驟顧諸朝。杜注：「成子，陳常；心不安，故數顧之。」沈欽韓補注引禮記曲禮下云：「輟朝而顧，不有異事，必有異慮。」諸御鞅言於公曰：杜注：「鞅，齊大夫。」史記齊世家索隱引世本：「陳桓子無宇（見于襄六年傳）産子亹，亹産子獻，獻産鞅也。」若如此，則鞅亦陳氏。鞅蓋一般僕御之官，故曰諸御。**「陳、闞不可並也，君其擇焉。」**杜注：「擇用一人。」**弗聽。**

子我夕，子我即闞止。夕謂暮見齊君，昭十二年傳「子革夕」，杜注「夕，暮見」是也。説詳俞樾平議。**陳逆殺人，逢之，遂執以入。**陳逆字子行，劉體智小校經閣金石文字有陳逆作元配季姜簠，即此人爲其妻所作之祭器，亦見楊樹達先生積微居金文説增訂本陳逆簠跋。此器即阮元積古齋鐘鼎彝器款識之陳逆簠。句言闞止因公暮見齊簡公，于路中逢陳逆殺人，因執陳逆以入公宮。**陳氏方睦，**謂陳乞、陳恒等團結族人，全族同心。陳氏即陳族。睦，親睦。**使疾，而遺之潘沐，備酒肉焉，**杜注：「使詐病，因内（納）潘沐，並得内酒肉。潘，米汁，可以沐頭。」禮記内則云：「三日具沐，其間面垢，燂潘請靧。」潘即今淘米汁，古人爇之以洗頭洗面，謂可以去垢。**饗守囚者，醉而殺之，而逃。**陳逆以酒肉享看守者，使之醉而殺之以逃。**子我盟諸陳於陳宗。**杜注：「失陳逆，懼其反爲患，故盟之。」陳宗，陳氏宗主之家，説詳李貽德輯述。

初，陳豹欲爲子我臣，杜注：「豹亦陳氏族。」春秋分紀世譜二云：「陳豹字子皮，文子（見襄二十三年傳）之孫。」**使公孫言己，**賈逵云：「公孫，齊大夫也。」言己，謂使公孫推薦自己。**已有喪而止，**已，已而，言不久。陳豹有喪，公孫遂不言。**既，而言之，**杜注：「既，終喪也。」**曰：「有陳豹者，長而上僂，**長謂身高。杜注以上僂爲「肩背僂」，蓋謂背上部曲屈也。于鬯校書謂「上僂無義，疑二字誤倒」云云，無證據，不可信。**望視，**望視，仰視貌，詳梁履繩補釋引紀昀説。大概背駝者目皆向上。**事君子必得志，**言必得君子之意。**欲爲子臣。吾憚其爲人也，**杜注：「恐多詐。」爲人，指其作風與品德，于鬯謂指其貌，誤。**故緩以告。」子我曰：「何害，是其在我也。」使爲臣。他日，與之言政，説，遂有寵，**子我與陳豹言及國事，陳豹投合子我，子我悦，陳豹因有寵于子我。**謂之曰：「我盡逐陳氏而立女，若何？」**陳豹之事子我，蓋爲陳恒内諜；今盡得子我之心，子我安得不死。此子我之言。**對曰：「我遠於陳氏矣，**陳豹僅陳氏族人，陳完于莊二十二年，即齊桓十四年奔齊，至此已一百九十年。據田齊世家，陳文子生陳桓子，桓子生武子與僖子，陳恒爲僖子之子，程公説謂陳豹爲陳文子之孫，疑爲僖子之異母弟。而猶爲陳氏，足證「陳氏方睦」。**且其違者不過數人，**服虔云：「違者，不從子我者。」**何盡逐焉？」**此僞語，蓋以慰子我也。**遂告陳氏。子行曰：「彼得君，弗先，必禍子。」**陳氏既得陳豹所告消息，因此謀議。子行之言，服虔云：「彼謂闞止也，子謂陳常也。」**子行舍於公宫。**子行遷居于公宫，據下文子行在幄及殺侍人，蓋將爲内應。杜注謂「隱於公宫」，誤。參梁履繩補釋。

夏五月壬申，壬申，十三日。**成子兄弟四乘如公。**四乘有二解，杜注「成子之兄弟，昭子莊、簡子齒、宣子夷、穆子安、廩丘子意兹、芒子盈、惠子得，凡八人，二人共一乘」，則四乘爲四輛車。顧炎武補正引傅遜説、惠棟補注、沈欽韓補注皆用史記田齊世家索隱説駁之，謂四乘即駟乘，乘四人耳。此又一解。**子我在**

幄，杜注：「幄，帳也，聽政之處。」出，逆之，遂入，閉門。杜注：「成子入，反閉門，不内子我。」侍人禦之，侍人爲齊簡公之侍人，杜注以爲「子我侍人」，誤，服虔謂「闞豎以兵禦陳氏」是也。蓋簡公侍者見陳恒等來勢不善，故加抵抗。子行殺侍人。陳恒于公宫必先佈置私人，子我入宫爲内應，亦必率其私人。簡公侍者非一，若子我不率衆徒，安得殺之？公與婦人飲酒于檀臺，馬宗璉補注引史記田齊世家正義謂檀臺在臨淄東北一里。成子遷諸寢。服虔云：「欲徙公令居寢也。」公執戈，將擊之。杜注：「疑其欲作亂。」即不疑其作亂，依當時之禮，欲强迫使君主遷居，亦足使公怒。大史子餘曰：惠棟補注云：「子餘，陳氏黨，爲太史。」「非不利也，將除害也。」杜注：「言將爲公除害。」成子出舍于庫，杜注：「以公怒故。」聞公猶怒，將出，服虔云：「出奔也。」曰：「何所無君？」言各國皆有君，李貽德輯述云：「是欲奔異國之辭。」子行抽劍，曰：「需，事之賊也。六年傳云：「需，事之下也。」此與之同意，言遲疑不決反害大事。誰非陳宗？此時陳恒爲陳氏宗主，子行阻陳恒出奔，故言人人可得爲陳氏宗主。所不殺子者，有如陳宗！」杜注：「言子若欲出，我必殺子，明如陳宗。」有如某，誓辭常用語。此陳宗蓋指陳氏自陳完以下歷代宗主，猶言「有如先君」，説參孔穎達疏。乃止。不出奔。

子我歸，屬徒，子我不得入宫，乃歸而集中私卒。屬，會合也。攻闈與大門，闈，門之小者也，此非宫内之小門，乃宫牆之小門。宫牆四周皆有大門與小門，據周禮天官宫伯及地官保氏，大門、小門皆宫伯、保氏所輪流把守，説詳金鶚求古録禮説。皆不勝，乃出。陳氏追之，失道於弇中，弇中見襄二十五年傳並注，即臨淄西南之弇中峪。適豐丘。杜注：「豐丘，陳氏邑。」豐丘人執之，以告，告陳恒。殺諸郭關。高士奇地名攷略云：「齊郭門也。」成子將殺大陸子方，杜注：「子方，子我臣。」據下文，即東郭賈。通志氏族略云：「大陸氏，姜姓，齊太公之後，食邑陸鄉，因號大陸氏。」陳逆請而免之。以公命取車於道，杜注：「子方取道中行人車。」及耏，衆知而東之，耏即時，齊與魯交界之地，蓋子方擬奔魯、衞，因西行。衆，陳氏之人，知其假公命取車，故逼使東返。出雍門，杜注：「齊城門也。」陳豹與之車，弗受，曰：「逆爲余請，豹與余車，余有私焉。事子我而有私於其讎，何以見魯、衞之士？」子方將奔魯或衞，故云「何以見魯、衞之士」。東郭賈奔衞。杜注：「賈即子方。」庚辰，庚辰，二十一日。陳恒執公于舒州。公曰：「吾早從鞅之言，不及此。」杜注：「悔不誅陳氏。」

一四·四　宋桓魋之寵害於公，杜注：「恃寵驕盈。」疑不僅驕盈而已，蓋已勢不兩大。公使夫人驟請享焉，而將討之。杜注：「夫人，景公母也。數請享飲，欲因請討之。」吴闓生甄微云：「驟，急也。注訓數，非。」吴説是。未及，未及請享魋。魋先謀公，請以鞌易薄。杜注：「鞌，向魋邑；薄，公邑。欲因易邑爲公享宴而作亂。」鞌有二，成二年鞌之戰乃齊地，詳彼注；此爲宋邑。薄即亳，亦即莊十二年傳公子御説所奔之亳，在今河南商丘市北四五十里，接山東曹縣界。湯都于此，故宋景公謂之宗邑，參王國維觀堂集林説亳。王國維又云：「寧，桓魋之邑，地雖無考，當與薄近。是歲魋入於曹以叛，時曹地新入於宋，雖未必爲魋采邑，亦必與魋邑相近。」則寧當在今山東定陶縣之南、河南商邱市之北之某地。公曰：「不可。薄，宗邑也。」宗邑詳莊二十八年傳「曲沃君之宗也」注。曲沃于晉，亦猶亳之于宋，皆祖廟所在。乃益寧七邑，疑以七邑併于寧，而寧爲縣。而請享公焉，杜注：「僞喜於受賜。」以日中爲期，家備盡往。謂魋以其私家之兵甲盡往享所。武億義證亦云：「此魋家衆也。」公知之，告皇野曰：杜注：「皇野，司馬子仲。」據世族譜，野爲皇瑗兄弟。皇瑗見七年經。「余長魋也，謂向魋從小爲我所養育長大。今將禍余，請即救。」司馬子仲曰：子仲即皇野，司馬其現任官職。「有臣不順，神之所惡也，而況人乎？敢不承命。不得左師不可，杜注：「左師，向魋兄向巢也。」請以君命召之。」左師每食，擊鐘。聞鐘聲，公曰：「夫子將食。」既食，又奏。食畢又奏樂。公曰：「可矣。」以乘車往，皇野往。曰：「迹人來告曰：周禮夏官有迹人，掌管田獵足跡，知禽獸之處。爾雅釋獸亦言各種獸跡不同。『逢澤有介麇焉。』逢澤在今商丘縣南，即水經睢水注之逢洪陂，今已涸。介即莊子庚桑楚篇「夫函車之獸介而離山，則不免於罔罟之患」之「介」，方言：「獸無耦曰介。」公曰：『雖魋未來，得左師，吾與之田，若何？』杜注：「皇野稱公命。」君憚告子，杜注：「難以游戲煩大臣。」野曰：『嘗私焉。』謂以私人身份試與左師言。君欲速，故以乘車逆子。」與之乘，至，同乘至公所。公告之故，告魋將害己，己請之救。拜，不能起。向巢聞之，向公拜，恐而不能起。司馬曰：「君與之言。」皇野告公與向巢盟誓。言，誓也。成十三年傳「言誓未就」，言誓蓋同義詞連用。公曰：「所難子者，難子，今言使子爲難，或謂使子遭禍難也。俞樾平議謂「難子猶讎子也」，曲說不可從。上有天，下有先君。」天謂天神，故言上。先君爲鬼，故言下。對曰：「魋之不共，宋之禍也，敢不唯命是聽。」司馬請瑞焉，杜注：「瑞，符節，以發兵。」周禮春官有典瑞，云「牙璋以起軍旅」，據鄭衆說，牙璋者，璋邊爲鋸齒，似漢時之銅虎符，用之以發兵，即此瑞也，故說文云：「瑞，以玉爲信也。」段注謂信即符節。以命其徒攻桓氏。杜注：「桓氏，向魋。」其父兄故臣曰「不可」，其新臣曰「從吾君之命」。遂攻之。子頎騁而告桓司馬。杜注：「子頎，桓魋弟。桓司馬即魋也。」司馬欲入，此司馬爲向魋，非皇野。杜注：「入攻君。」子車止之，杜注：「車亦魋弟。」曰：「不能事君，而又伐國，民不與也，秖取死焉。」向魋遂入于曹以叛。杜注：「哀八年宋滅曹以爲邑。」六月，使左師巢伐之，欲質大夫以入焉。杜注：「巢不能克魋，恐公怒，欲得國内大夫爲質還入國。」不能，亦入于曹，取質。杜注：「不能得大夫，故入曹劫曹人子弟而質之，欲以自固。」魋曰：「不可。既不能事君，又得罪于民，劫曹人爲質，是得罪民。將若之何？」乃舍之。杜注：「舍曹子弟。」民遂叛之。向魋奔衞。韓詩外傳二謂奔魯。向巢來奔，宋公使止之，曰：「寡人與子有言矣，不可以絶向氏之祀。」止向巢出奔。「有言」指上文之誓辭。辭曰：「臣之罪大，盡滅桓氏可也。若以先臣之故，而使有後，君之惠也。若臣，則不可以入矣。」

司馬牛致其邑與珪焉，而適齊。杜注：「牛，桓魋弟也。珪，守邑符信。」此司馬牛前人皆謂即論語顔淵篇自歎「人皆有兄弟，我獨無」之司馬牛，恐不然，一則仲尼弟子列傳未嘗言及，二則兩人名不相同，詳論語譯注。向魋出於衞地，公文氏攻之，王符潛夫論志氏姓謂衞之公族有公文氏。求夏后氏之璜焉。梁玉繩瞥記云：「周分魯公以夏后氏之璜，此有一無二之寶也。乃哀十四年傳衞公文氏求向魋夏后氏之璜，豈流傳不止一璜耶？」蓋所謂夏后氏之璜，未必真爲夏代之物，不過當時有此稱耳，何爲不可以有二？與之他玉，而奔齊，以他玉與公文氏，然後奔齊。呂氏春秋必己篇云「宋桓司馬有寶珠，抵罪出亡，王使人問珠所在」云云，高誘注引此傳證之，蓋即由此相傳之誤。陳成子使爲次卿，司馬牛又致其邑焉，牛奔齊在魋先，已得邑，魋爲齊次卿，牛又致邑。而適吴。吴人惡之，而反。反宋國。趙簡子召之，陳成子亦召之，卒於魯郭門之外，阬氏葬諸丘輿。杜注：「阬氏，魯人也。」據彙纂，丘輿在今山東費縣西。清一統志謂費縣南有司馬牛墓，未可信。

一四·五 甲午，甲午，六月五日。齊陳恒弒其君壬于舒州。孔丘三日齊，齊同齋，齋戒也。而請伐齊三。公曰：「魯爲齊弱久矣，子之伐之，將若之何？」對曰：「陳恒弑其君，民之不與者半。以魯之衆加齊之半，可克也。」公曰：「子告季孫。」孔子辭，退而告人曰：「吾以從大夫之後也，故不敢不言。」論語憲問亦載此事，而謂孔丘曾告三卿，三卿不可，而後告人云云，蓋當時傳聞之異。

一四·六　初，孟孺子洩將圉馬於成，杜注：「洩，孟懿子之子孟武伯也。圉，畜養也。成，孟氏邑。」成宰公孫宿不受，曰：「孟孫爲成之病，孟孫指孟懿子。杜注：「病謂民貧困。」不圉馬焉。」孺子怒，襲成，從者不得入，乃反。成有司使，孺子鞭之。杜注：「恨恚，故鞭成有司之使人。」秋八月辛丑，孟懿子卒，成人奔喪，成人，成宰也。弗內；袒、免，哭于衢，聽共，杜注：「請聽命共使。」弗許；懼，不歸。杜注：「不敢歸成。」此當與下年傳文連讀。

十五年，辛酉，公元前四八〇年。周敬王四十年、晉定三十二年、齊平公驁元年、衞出十三年、蔡成十一年、鄭聲二十一年、陳閔二十二年、杞閔七年、宋景三十七年、秦悼十二年、楚惠九年、吳夫差十六年、越句踐十七年。

經

一五・一 十有五年春王正月，正月十六日壬申冬至，建子。成叛。

一五・二 夏五月，齊高無丕出奔北燕。無傳。

一五・三 鄭伯伐宋。無傳。

一五・四 秋八月，大雩。無傳。

一五・五 晉趙鞅帥師伐衞。無傳。

一五・六 冬，晉侯伐鄭。無傳。

一五・七 及齊平。杜注：「魯與齊平。」

一五・八 衞公孟彄出奔齊。無傳。

傳

一五・一 十五年春，成叛于齊。武伯伐成，不克，遂城輸。杜注：「以偪成。」江永考實云：「輸蓋近成之地。」此段當與上年最後一章傳文連讀。

一五·二

夏，楚子西、子期伐吳，及桐汭，桐汭即今桐水，源出安徽廣德縣，折西北流經郎溪縣南，匯於南綺湖，北入江蘇高淳縣，注入丹陽湖。陳侯使公孫貞子弔焉，杜注：「弔爲楚所伐。」孟子萬章上謂孔丘曾住司城貞子家，爲陳侯周之臣。司城貞子即此公孫貞子，陳侯周即陳閔公，説詳孟子譯注。及良而卒，公孫貞子死于良也。良，江永考實云：「疑近吳國都地，未必是昭十三年之良城。」江説可採，昭十三年傳之良，在今江蘇邳縣，距吳遠，難以尸入。將以尸入。禮記曲禮下謂「在牀曰尸，在棺曰柩」；李貽德輯述則以隱元年傳「贈死不及尸」爲證，「呼未葬之柩爲尸」，是也。據儀禮聘禮，使者死于所使國境而未入朝，所使國爲死者殯殮，上介代使者致命。至死者之柩，據王紹蘭經説，當造于殿門之外，故必以其柩入城。吳子使大宰嚭勞，且辭曰：「以水潦之不時，無乃廩然隕大夫之尸，廩當讀爲濫，謂恐或泛濫而隕大夫之尸也。説詳楊樹達先生讀左傳。以重寡君之憂，寡君敢辭。」釋文以下句首二字「上介」連此句讀，讀爲「寡君敢辭上介」。據杜注，吳所辭者非上介，而是「以尸將事」，觀下文上介答語自明。「上介」屬下讀爲是。若辭上介，是拒絶使團，失禮甚矣。上介芊尹蓋對曰：上介乃臨時之職，芊尹乃其本職，楚有芊尹之官，蓋乃其人名。「寡君聞楚爲不道，荐伐吳國，楚屢與吳戰，故言荐。荐，屢也。滅厥民人，寡君使蓋備使，説文有「葡」字，云具也，如近代「具文」之具。哀二年傳「蒯聵備持矛焉」，魯語上「辰也備卿」，又下「使僮子備官」，皆此義。「備使」、「備持矛」，皆自謙之詞，言無其才德，僅列其位而已。説本楊樹達先生讀左傳。弔君之下吏。無祿，使人逢天之慼，慼同慽，憂也。大命隕隊，隊同墜。絶世于良。杜

注：「絶世猶言棄世。」**廢日共積，一日遷次。今君命逆使人曰『無以尸造于門』，是我寡君之命委于草莽也。**王紹蘭經説云：「公孫貞子此行，是弔禮恤禍災事。雖非聘，爲賓則同。聘禮：『賓入竟而死，遂也。主人爲之具而殯，介攝其命。君弔，介爲主人。』又云：『若賓死，未將命，則既殯于棺，造于朝，介將命。』鄭注：『具謂始死至殯所當用。雖有臣子親因，猶不爲主人，以介與賓並命于君，尊也。未將命，謂俟閒之後也。以柩造朝，以已至朝，志在達君命。』此聘，賓死之禮也。今貞子及良而卒，是入境而死，吴子不親弔，乃使嚭辭其尸入，則非禮矣。嚭勞且辭，在將以尸入之後，則始死至殯之共積，皆賓所自爲，非吴爲之具殯，又非禮矣。一日遷次，即禮所謂『入竟則遂也』。俟閒之後而賓死時，已致館，未將命，以柩造朝；則入境賓死，更在俟閒之前，亦未將命，明當以柩造門。故禮云『歸介復命，柩止于門外』，鄭注：『門外，大門外也。』即知賓死而聘，其柩當造于主國君大門之外，以介將命，皆所以重君命也。吴人乃云『無以尸造于門』，更非禮矣。」大門外即宫門外。若柩不入城門，自不能以柩至宫門外，而無由致命，是棄君命。**且臣聞之曰：『事死如事生，禮也。』**梁履繩補釋引周氏附論云：「禮記祭義曰：『文王之祭也，事死者如事生，思死者如不欲生。』中庸曰：『事死如事生，事亡如事存，孝之至也。』此傳又引之，蓋古禮經之文。」**於是乎有朝聘而終，以尸將事之禮，**據上引王紹蘭説，乃以尸將事之禮。**又有朝聘而遭喪之禮。**此謂受聘國遭喪。聘禮云：「聘遭喪，入竟則遂也，不郊勞，不筵几，不禮賓，主人畢歸禮，不賄，不禮玉，不贈。」此乃聘而遭主國君喪之禮。文六年傳叙季文子將聘於晉，使求遭喪之禮以行，而果遇晉襄公之喪。**若不以尸將命，是**

遭喪而還也，受朝聘國有喪，則不以尸將命；唯聘國使者死，始以尸將命，故蓋爲此言。無乃不可乎！以禮防民，猶或踰之，今大夫曰『死而棄之』，是棄禮也，其何以爲諸侯主？先民有言曰：『無穢虐士。』杜注：「虐士，死者。」于鬯校書謂「『虐』爲『虚』字形近之誤，説文：『魖，秏鬼也。』故死者得有虚士之稱」。吴拒絶已死之使者入城，是以死者爲污穢也。備使奉尸將命，苟我寡君之命達于君所，雖隕于深淵，則天命也，非君與涉人之過也。」沈欽韓補注云：「涉人猶津吏。」吴人内之。

一五·三　秋，齊陳瓘如楚，據下文陳瓘「子使告我弟」之言，則知爲陳恒兄，字子玉。過衞，仲由見之，杜注：「仲由，子路。」曰：「天或者以陳氏爲斧斤，既斲喪公室，而他人有之，不可知也；其使終饗之，齊國終爲陳氏享有。亦不可知也。若善魯以待時，不亦可乎！何必惡焉？」杜注：「仲由事孔子，故爲魯言。」子玉曰：「然。吾受命矣，子使告我弟。」杜注：「弟，成子也。」

一五·四　冬，及齊平。子服景伯如齊，子贛爲介，見公孫成，杜注：「公孫成，成宰公孫宿也。」曰：「人皆臣人，而有背人之心，況齊人雖爲子役，其有不貳乎？杜注：「言子叛魯，齊人亦將叛子。」其作豈用。子，周公之孫也，孫猶後代之義，公孫宿之于周公，已六七百年矣。多饗大利，猶思不義。利不可得，而喪宗國，杜注：「喪宗國謂以邑入齊，使魯有危亡之禍。」宗國即祖國，公孫宿已在齊也，義見八年傳並注。將焉用之？」成曰：「善哉！吾不早聞命。」

陳成子館客，會箋云：「館客，就館見客也。」曰：「寡君使恒告曰：『寡人願事君如事衛君。』」杜注：「言衛與齊同好而魯未肯。」景伯揖子贛而進之，景伯向子貢揖，使子貢進而致答辭。對曰：「寡君之願也。昔晉人伐衛，杜注：「在定八年。」齊爲衛故，伐晉冠氏，冠氏地有今河北館陶縣及山東冠縣。據清一統志，冠氏故城址在今冠縣北。喪車五百。杜注：「在定九年。」因與衛地，自濟以西，禚、媚、杏以南，書社五百。書社即昭二十五年傳「請致千社」之「社」，賈逵、杜預皆以二十五家爲社，書其户籍。「書社」一詞又見管子小稱篇、晏子春秋内篇雜下、荀子仲尼篇、商君書賞刑篇、呂氏春秋慎大覽及知接篇、史記封禪書及孔子世家等，其説可參閻若璩四書釋地。高士奇地名攷略云：「言『以南』，則是割三邑之南境以與衛，非全致也。」吴人加敝邑以亂，杜注：「在八年。」齊因其病，取讙與闡，杜注：「亦在八年。」寡君是以寒心。若得視衛君之事君也，則固所願也。」成子病之，乃歸成，杜注：「病其言也。」公孫宿以其兵甲入于嬴。杜注：「嬴，齊邑。」當在今山東萊蕪縣西北，泰安縣東稍北。

一五·五 衛孔圉取大子蒯聵之姊，孔圉詳昭七年傳並注。生悝。禮記祭統有衛孔悝之鼎銘。孔氏之豎渾良夫長而美，據釋文，長，平、上兩聲皆可。若讀上聲，則謂良夫本豎子，長大而美；若讀平聲，則言其身高。孔文子卒，文子即孔圉。通於內。內即孔文子之妻，蒯聵之姊，下文之孔姬、孔伯姬。大子在戚，孔姬使之焉。杜注：「使良夫詣大子所。」大子與之言曰：「苟使我入獲國，服冕、乘軒，三死無與。」杜注：「冕，大夫服；軒，大夫車。三死，死罪三。」渾良夫本孔氏家奴，以通于孔文子之妻，故蒯聵求助其獲國，許其成事封爲大夫，並赦其三死罪。與之盟，爲請於伯姬。杜注：「良夫爲大子請。」

閏月，閏十二月。良夫與大子入，舍於孔氏之外圃。外圃，家外之菜園也。昏，二人蒙衣而乘，二人，蒯聵與渾良夫。禮記內則：「女子出門，必擁蔽其面。」下文云「稱姻妾以告」，則知蒙衣蓋以巾蒙頭僞裝爲婦人。説見李貽德輯述。寺人羅御，如孔氏。孔氏之老欒寧問之，稱姻妾以告，爾雅釋親：「壻之父爲姻，婦之父爲婚。」然古常以婚姻連言，如詩小雅我行其野「昏姻之故」、正月「昏姻孔云」、儀禮士昏禮「某以得爲外婚姻之數」。妾者，婢妾也。晉語七「納女工妾三十人」，即此義。此謂姻家之妾來耳。若是姻家來，孔氏之宰必先知之，不勞其問矣。遂入，服虔云：「入孔氏家。」適伯姬氏。服虔云：「適伯姬所居。」既食，孔伯姬杖戈而先，大子與五人介，賈逵云：「介，被甲也。」輿豭從之。蓋欲劫孔悝與之盟。諸侯盟用牛耳之血，亦有臨時不得牛而不用，如莊三十二年傳孟任割臂以盟莊公；亦有更示誠意者，如定四年傳楚昭王割子期之心以與隨人盟皆是也。此不以牛而以牡豬者，孔疏引鄭玄説，謂下人君一等，蓋其時蒯聵尚未得衞國也。孔疏則謂一時迫促難于得牲，不可以禮論。今日觀之，不必究其孰是孰非矣。

迫孔悝於厠，强盟之，杜注：「孔氏專政，故劫孔悝，欲令逐輒。」厠非盟所，俞樾平議讀厠爲側，謂「迫之至邊側之處，使無可走避，乃得與之盟」，其説是也。遂劫以登臺。登孔氏之家臺，非登衞宫中之臺也。説詳于鬯校書。欒寧將飲酒，炙未熟，聞亂，使告季子；仲尼弟子列傳云：「子路爲衞大夫孔悝之邑宰。」季子即子路，是時在外。召獲駕乘車，獲乃人名，不得其姓，亦欒寧召之。杜注以「召獲」爲衞大夫姓名，誤。此從俞樾平議。行爵食炙，王俅嘯堂集古録有周叔邦父簠，銘云：「叔邦父作簠，用征用行，用從君王。」又有叔夜鼎，銘云：「叔夜鑄其饋鼎，以征以行，用饎用羹。」可知古人有于行路中飲酒食肉之事。此行爵食炙而行，亦無懼也。説詳惠棟補注。奉衞侯輒來奔。欒寧奉衞侯奔魯，非獲奉之，舊注誤，當從俞樾説。

季子將入，遇子羔將出，杜注：「子羔，衞大夫高柴，孔子弟子，將出奔。」其人亦見仲尼弟子列傳及論語諸書。曰：「門已閉矣。」仲尼弟子列傳謂門爲城門，是也。或以爲宫門，于鬯校書以爲孔氏家門，皆不確。至洪亮吉詁據莊子盜跖篇「子路欲殺衞君，而事不成，身菹於東門之上」，因謂「子路所入之門，蓋東門也」，亦不然。子路死于孔氏臺下，非死于城門。季子曰：「吾姑至焉。」欲至孔悝處而救之。子羔曰：「弗及，不踐其難！」不作勿用，禁止之詞。衞世家叙此多用此傳文字，惟此作「不及，莫踐其難」，乃以「莫」譯「不」，可證。詩小雅甫田云「曾孫不怒，農夫克敏」，此田畯向曾孫之報告，勸曾孫勿怒也；孟子滕文公上「我且往見，夷子不來」，謂夷子勿來也，皆佐證。季子曰：「食焉，不辟其難。」子路謂食其禄，則不當逃避其難。**子羔遂出，子路入。**入城門。**及門，**此乃孔氏家門。**公孫敢門焉，**杜注：「守門。」**曰：「無入爲也。」**以下文子路答語觀之，公孫敢蓋亦孔悝之臣，此時守門，勸子路勿入，以孔悝已與蒯聵盟，不及救矣。**季子曰：「是公孫也，**原無「也」字，今從阮元校勘記及金澤文庫本增。會箋云「敢從門内言焉，子路識其聲，故曰是聲是公孫也」，衛世家作「公孫敢闔門曰」，亦可謂敢見子路至乃閉門，且勸其勿入。**求利焉，而逃其難。**指爲蒯聵守門。**由不然，利其禄，必救其患。」有使者出，乃入，**杜注：「因門開而入。」**曰：「大子焉用孔悝？雖殺之，必或繼之。」且曰：「大子無勇，若燔臺，半，必舍孔叔。」**孔叔即孔悝。**大子聞之，懼，下石乞、盂黶敵子路，**盂黶，弟子列傳作「壺黶」，衛世家仍作「盂黶」。會箋以石乞、盂黶爲介者五人之二人，或然。子路未着甲冑，故不能敵二人。**以戈擊之，斷纓。子路曰：「君子死，冠不免。」**禮記曲禮上云「冠毋免」，蓋本此。**結纓而死。**帽帶緊結，死仆地而帽不落，即不免。**孔子聞衛亂，曰：「柴也其來，由也死矣。」**

孔悝立莊公。杜注：「莊公，蒯聵也。」梁玉繩史記志疑云：「蒯聵之謚，史與左傳同，而人表（漢書）作『簡公』，豈有二謚歟？」**莊公害故政，**杜注：「故政，輒之臣。」政即成六年、昭七年傳「子爲大政」之「政」，大政即正卿，此政亦指卿也。故政即舊大臣。**欲盡去之，先謂司徒瞞成曰：**梁履繩補釋云：「下年經書『子還成』，杜云『即瞞成』，蓋子還其氏。」**「寡人離病於外久矣，**離同罹，今言遭遇，與僖二十三年傳「離外之患」之「離」字同義。**子請亦嘗之。」歸告褚師比，欲與之伐公，不果。**此當與下年傳「瞞成、褚師比出奔宋」連讀。

十六年，壬戌，公元前四七九年。周敬王四十一年、晉定三十三年、齊平二年、衛莊公蒯聵元年、蔡成十二年、鄭聲二十二年、陳閔二十三年、杞閔八年、宋景三十八年、秦悼十三年、楚惠十年、吳夫差十七年、越句踐十八年。

經

一六·一 **十有六年春王正月己卯，**正月二十七日丁丑冬至，建子，有閏月。己卯，二十九日。**衛世子蒯聵自戚入于衛，衛侯輒來奔。**

一六·二 **二月，衛子還成出奔宋。**杜注：「即瞞成。」

一六·三 **夏四月己丑，**十一日。**孔丘卒。**春秋經止于此。孔丘生年，左傳無文，公羊、穀梁俱謂生于魯襄二十一年，史記孔子世家謂生于二十二年。依前說，則孔丘終年七十三；依後說，則七十二。一歲之差，而古今聚訟二千餘年莫能定，亦不必也。

傳

一六·一　十六年春，瞞成、褚師比出奔宋。此句當與上年傳文末連讀。

一六·二　衞侯使鄢武子告于周曰：杜注：「武子，衞大夫肸也。」「蒯聵得罪于君父、君母，逋竄于晉。晉以王室之故，不棄兄弟，晉、衞同爲姬姓之國，故云兄弟。寘諸河上。杜注：「河上，戚也。」天誘其衷，獲嗣守封焉，使下臣肸敢告執事。」王使單平公對，曰：「肸以嘉命來告余一人，往謂叔父：叔父指衞侯蒯聵。余嘉乃成世，杜注：「繼父之世。」復爾禄次。禄次猶禄位，此指爲君。敬之哉！方天之休。詩召南鵲巢「維鳩方之」，毛傳：「方，有之也。」說詳俞樾平議。休，賜也。弗敬弗休，言己若不敬，則天不賜福。悔其可追？」「其」作「豈」用，言不可追悔也。

一六·三　夏四月己丑，孔丘卒。禮記檀弓上有記孔丘死前及臨死一章，可參看。公誄之曰：孔疏引鄭衆周禮大祝注：「誄謂積累生時德行以賜之，命主爲其辭。」誄猶今之致悼辭。「旻天不弔，弔即金文叔字，善也。不憖遺一老，憖，姑且，暫且。十一年傳魯謂孔丘爲國老。俾屏余一人以在位，杜注：「俾，使也。屏，蔽也。」僖二十四年傳「故封建親戚以蕃屏周」，此屏即扞蔽義。煢煢余在疚。梁履繩補釋引路史發揮五云：「不弔昊天，節南山也；不憖遺一老，俾守我王，十月之交也；嬛嬛在疚，閔予小子也。哀公顧亦集詩而誄之乎！」嗚呼哀哉尼父！稱尼父者，孔丘字仲尼，父猶仲山甫之甫也。且此時哀公年尚幼，其即位年齡傳固未言，然其父定公，爲昭公弟，襄公子。襄公在位三十一年，昭公在位三十二年，定公在位十五年，哀公雖非幼小，然于一七十餘老翁，宜其以父稱之。無自律。」杜注：「律，法也。」言喪尼父，無以自爲法。」檀弓上：「魯哀公誄孔丘，曰：『天不遺耆老，莫相予位焉，嗚呼哀哉尼父！』」孫希旦禮記集解云：「檀弓所載與左傳不同者，皆當以左氏爲確。」

子贛曰：「君其不没於魯乎！夫子之言曰：『禮失則昏，名失則愆。』失志爲昏，失所爲愆。生不能用，死而誄之，非禮也；稱一人，非名也。一人，余一人之省稱，當時天子之自稱詞。然齊侯鎛鐘銘有云「女敷余于囏（艱）卹，虔卹不易，左右余一人」云云，是齊侯亦自稱余一人。君兩失之。」失禮又失名也。孔子世家採此傳而無「君兩失之」句。

一六·四 六月，衛侯飲孔悝酒於平陽，據清一統志，平陽在今河南滑縣東南，距衛都約七十餘里。重酬之。禮記祭統有衛孔悝之鼎銘云「六月丁亥，公假于大廟」云云，鄭玄注云：「公，衛莊公蒯聵也，得孔悝之立己，依禮褒之，以靜國人自固也。假，至也。至于大廟，謂以夏之孟夏禘祭。」考六月己卯朔，丁亥爲初九，疑飲於平陽或在丁亥前後。大夫皆有納焉。衛侯使大夫皆納悝財貨。醉而送之，夜半而遣之。載伯姬於平陽而行，杜注：「載其母俱去。」及西門，杜注：「平陽門。」使貳車反祏於西圃。杜注：「使副車還取廟主。西圃，孔氏廟所在。祏，藏主石函。」魯語下云：「天子有虎賁，習武訓也；諸侯有旅賁，禦災害也；大夫有貳車，備承事也；士有陪乘，告奔走也。」則大夫之副車謂之貳車。副車乃後世之通稱，史記留侯世家「良與客狙擊秦皇帝博浪沙中，誤中副車」，則皇帝之虎賁亦曰副車。許慎五經異義謂「卿大夫無主」，鄭玄雖駁異義，亦云「禮，大夫無主」；然魏書禮志載清河王懌議有云：「孔悝反祏，載之左史；饋食設主，著於逸禮。大夫及士既得有廟，何得無主？」足以説明孔悝有廟有主，非當時特禮。子伯季子初爲孔氏臣，新登于公，據楊樹達先生讀左傳，登即論語憲問「公叔文子之臣大夫僎與文子同升諸公」之「升」。子伯季子本爲孔悝之臣，衛莊即位即升之爲己臣也。請追之，遇載祏者，殺而乘其車。杜注：「子伯殺載祏者。」許公爲反祏，杜注：「孔悝怪載祏者久不來，使公爲反逆之。」遇之，曰：「與不仁人争明，杜注以「明」字屬下讀，誤，今從王念孫讀，詳王引之述聞。争明，争强也。杜注：「不仁人謂子伯季子也。」無不勝。」必使先射，射三發，皆遠許爲。子伯季子先射，三矢皆距許爲遠。許爲射之，殪。一箭而中，子伯季子死。或以其車從，杜注：「從公爲。」得祏於橐中。孔悝出奔宋。

一六·五 楚大子建之遇讒也，自城父奔宋；太子建居城父在昭十九年，奔宋在二十年。又辟華氏之亂於鄭。杜注：「在昭二十年。」鄭人甚善之。又適晉，與晉人謀襲鄭，乃求復焉。求復居鄭國。鄭人復之如初。待之如未適晉以前。晉人使諜於子木，請行而期焉。子木即建之字。請行，晉之間諜請行回晉也。期，相約襲鄭之期也。俞樾平議謂「而字衍文，本作請行期焉」云云，不可信。子木暴虐於其私邑，邑人訴之。鄭人省之，省，今言考察。得晉諜焉，遂殺子木。

建爲鄭所殺始末，俱以前事，此追叙之。其子曰勝，在吳，子西欲召之。葉公曰：「吾聞勝也詐而亂，無乃害乎？」杜注：「葉公，子高，沈諸梁也。」子西曰：「吾聞勝也信而勇，不爲不利。舍諸邊竟，使衛藩焉。」邊防之任。葉公曰：「周仁之謂信，周乃密合之義，謂密合仁道始謂之信。杜注：「周，親也。」率義之謂勇。率，循行也，謂循義而行始謂之勇，駁子西謂勝信而勇。杜注：「率，行也。」吾聞勝也好復言，復言，出口爲言，必實踐之也。此當時常語，詳論語譯注學而篇。而求死士，殆有私乎！有私心。復言，非信也；與周仁不合。論語學而亦云：「信近於義，言可復也。」則不仁不義之言而復之，非信。期死，非勇也。杜注：「期，必也。」循義而行始謂勇，非義之死則非勇。——子必悔之。」猶言若召勝，子必後悔。弗從。召之，使處吳竟，爲白公。吳竟，楚與吳接界之境，非吳境内也。王念孫未明此理，舉七證謂「吳字乃涉上文『在吳』而衍」，説詳王引之述聞，實强言而辯，不可從。楚語上靈王時有白公子張，楚號縣邑之長曰尹曰公，白亦鄰吳之縣邑，據杜注，當在今河南息縣東七十餘里。楚世家云「惠王二年，子西召故平王太子建之子勝於吳，以爲巢大夫，號曰白公」，楚惠王二年，魯哀八年，巢已於昭二十四年爲吳所滅，且白公非巢公也。請伐鄭，子西曰：「楚未節也。「節」字義詳襄九年傳「國乃有節」注。不然，吾不忘也。」他日，又請，許之，未起師。晉人伐鄭，會箋云：「去年冬晉侯伐鄭蓋是也。」楚救之，與之盟。此事未見于經與傳。勝怒，曰：「鄭人在此，讎不遠矣。」勝以鄭有殺父之仇，子西救鄭，且與之盟，於是比子西如殺父仇人。

勝自厲劍，荀子性惡篇「鈍金必待礱厲然後利」，注：「厲，磨也。」子期之子平見之，曰：「王孫何自厲也？」勝爲平王之嫡孫，故稱之爲王孫。問之何故自己磨劍。曰：「勝以直聞，不告女，庸爲直乎？庸，豈也，反詰副詞。將以殺爾父。」爾父謂子期，仇子西，必仇子期。平以告子西。不告己父而告子西者，子西爲令尹也。子西曰：「勝如卵，余翼而長之。杜注：「以鳥爲喻。」楚國，第我死，令尹、司馬，非勝而誰？」杜預以「楚國第」爲句，注云「用士之次第」，實誤。今從武億經讀考異。第爲假設連詞，謂在楚國，若我死，令尹或司馬必勝也。子西不知勝在復父仇，而誤以爲僅在奪權，因以爲不必奪而自有之，故不信勝有殺心。勝聞之，曰：「令尹之狂也！得死，乃非我。」杜注：「言我必殺之，若得自死，我乃不復成人。」子西不悛。小爾雅廣言：「悛，覺也。」勝謂石乞曰：杜注：「石乞，勝之徒。」淮南子道應訓作「石乙」。「王與二卿士，杜注：「二卿士，子西、子期。」皆五百人當之，皆，今言共。則可矣。」乞曰：「不可得也。」曰：「市南有熊宜僚者，若得之，可以當五百人矣。」此亦石乞之言，説見俞樾古書疑義舉例一人之辭而加「曰」字例。乃從白公而見之。與之言，説。石乞與宜僚言，石乞悦也。主語承上省。告之故，以殺二卿士之事告之。故，事也。辭。宜僚拒絶。承之以劍，不動。勝曰：「不爲利諂，諂，勸也。説詳章炳麟讀。不爲威惕，不洩人言以求媚者，去之。」淮南子主術訓云：「市南宜僚弄丸，而兩家之難無所關其辭。」高誘注即引此事以解之。莊子山木、徐無鬼、則陽諸篇俱載市南宜僚事，山水篇又謂之市南子。吴人伐慎，據漢書地理志王先謙補注，今安徽潁上縣北江口集即古慎城。白公敗之。請以戰備獻，杜注：「與吴戰之所得鎧杖兵器皆備而獻之，欲因以爲亂。」杜解「備」字可商。惠棟補注引其父士奇説，謂「戰備猶家備」是也。此亦獻捷，然不於廟而於朝，則非大捷可知，故作戰所用之甲兵亦獻之。許之，遂作亂。秋七月，殺子西、子期于朝，而劫惠王。子西以袂掩面而死。杜注：「慙於葉公。」子期曰：「昔者吾以力事君，不可以弗終。」抉豫章以殺人而後死。抉，拔取也。豫章即今樟木，可爲建築材，亦可作器物，朝廷自無此樹，或生于庭，子期多力，拔取此樹以殺人而死。石乞曰：「焚庫、弒王。不然，不濟。」白公曰：「不可。弒王，不祥；「弒」原作「殺」，今從石經、宋本、金澤文庫本並據上文改正。焚庫，無聚，將何以守矣？」乞曰：「有楚國而治其民，以敬事神，可以得祥，且有聚矣，何患？」弗從。淮南子道應訓云：「白公勝得荆國，不能以府庫分人。七日，石乙入，曰：『不義得之，又不能布施，患必至矣。不能予人，不若焚之，毋令人害我。』白公弗聽也。九日，葉公入，乃發大府之貨以予衆，出高庫之兵以賦民，因而攻之，十有九日而禽白公。」可與此説互參。葉公在蔡，杜注：「蔡遷州來，楚併其地。」方城之外皆曰：「可以入矣。」謂入郢平禍亂也。

子高曰：「吾聞之，以險徼幸者，以犯險而求得逞于萬一者。其求無饜，偏重必離。」偏重，不平也。不平乃私心所致，衆心不附。聞其殺齊管脩也，惠棟補注引風俗通曰：「管脩自齊適楚，爲陰大夫。」梁履繩補釋引後漢書陰識傳云：「陰識，其先出自管仲。管仲七世孫脩自齊適楚，爲陰大夫，因而氏焉。」又引三國魏志管寧傳注引傅子曰：「昔田氏有齊，而管氏去之，或適魯，或適楚。」而後入。

白公欲以子閭爲王，杜注：「子閭，平王子啓，五辭王者。」事詳哀六年傳，嘗許爲王。子閭不可，遂劫以兵。子閭曰：「王孫若安靖楚國，匡正王室，而後庇焉，啓之願也，敢不聽從？若將專利以傾王室，不顧楚國，有死不能。」寧死而不從之。遂殺之，而以王如高府。淮南子泰族訓「闔閭伐楚，五戰入郢，燒高府之粟」云云，未審可信不，因戰國至兩漢諸書言吳入郢事者多夸張之談。若彼焚高府可信，則此高府係重新建造者。石乞尹門。主守高府之門也。圉公陽穴宮，負王以如昭夫人之宫。杜注：「公陽，楚大夫。昭夫人，王母，越女。」杜謂越女，蓋本六年傳「逆越女之子章立之」，列女傳載越姒自殺事不可信。梁玉繩瞥記謂哀六年之越女爲昭王妾，不得稱夫人，不知其子已立爲王，自得稱夫人，古所謂「母以子貴」也。

葉公亦至，及北門，或遇之，曰：「君胡不胄？國人望君如望慈父母焉，盜賊之矢若傷君，是絕民望也，若之何不胄？」乃胄而進。又遇一人曰：「君胡胄？國人望君如望歲焉，杜注：「歲，年穀也。」日日以幾，幾同冀，望君來也。若見君面，是得艾也。杜注：「艾，安也。」民知不死，其亦夫有奮心，謂人人有奮戰之心。猶將旌君以徇於國，杜注：「旌，表也。」而又掩面以絶民望，不亦甚乎！」古之頭盔兩旁長以掩面頰。章炳麟讀引荀子非相篇謂葉公子高微小短瘠，故戴胄且至掩面云云，葉公縱矮小，豈無適合之盔甲，章説不可信。乃免胄而進。遇箴尹固帥其屬，將與白公。與，從也，助也。子高曰：「微二子者，楚不國矣。杜注：「二子，子西、子期也。柏舉之敗，二子功多。」棄德從賊，其可保乎？」德指子西、子期；賊自指白公勝。箴尹固于柏舉之敗曾與昭王同舟，見定四年傳，故葉公以此動之。若固與葉公爲敵，是棄有德于楚之二卿士而從賊也。其義同豈。保，安也。乃從葉公。使與國人以攻白公，白公奔山而縊。其徒微之。微謂藏匿其尸體。吕氏春秋精論篇謂「此白公之所以死于法室」，淮南子道應訓及列子説符篇俱謂白公死于浴室。無論死于法室或浴室，皆難以藏匿其尸。且精論篇等書篇言白公欲與孔丘密談（微言），孔丘無與勝相見之可能，自是傳説，不足信。生拘石乞而問白公之死焉。死即尸，史記伍子胥傳作「而虜石乞，而問白公尸處」，是司馬遷以尸解死也。對曰：「余知其死所，而長者使余勿言。」杜注：「長者謂白公也。」曰：「不言，將烹。」乞曰：「此事克則爲卿，不克則烹，固其所也，何害？」乃烹石乞。王孫燕奔頯黄氏。杜注：「燕，勝弟。頯黄，吴地。」頯音逵。據春秋輿圖，頯黄在今安徽蕪湖地區宣城縣境。沈諸梁兼二事，阮刻本無「沈」字，今從校勘記及金澤文庫本增。杜注：「二事，令尹、司馬。」國寧，乃使寧爲令尹，杜注：「子西之子子國也。」使寬爲司馬，杜注：「子期之子。」高士奇左傳姓名同異考云：「公孫寬亦曰魯陽文子（見楚語下），亦曰魯陽公（見楚語下注、淮南子覽冥訓及注）。」而老於葉。杜注：「傳終言之。」

一六·六　衛侯占夢，嬖人求酒於大叔僖子，杜以「嬖人」屬首句，不通，今從武億經讀考異。杜注：「僖子，大叔遺。」不得，與卜人比，而告公曰：「君有大臣在西南隅，蓋大叔遺住其地。弗去，懼害。」乃逐大叔遺。遺奔晉。

一六·七　衛侯謂渾良夫曰：「吾繼先君而不得其器，若之何？」杜注：「國之寶器，輒皆將去。」良夫代執火者而言，杜注：「將密謀，屏左右。」執火即執燭，古不用蠟，而用荊燋，禮記少儀「主人執燭抱燋」是也。大概用荊條束之，灌以膏脂，小者用手執之，檀弓上「童子隅坐而執燭」、儀禮燕禮「宵則庶子執燭于阼階上」、管子弟子職「昏將舉火，執燭隅坐」皆可證；大則鋪之于地，曰燎，亦曰大燭，詩小雅庭燎「庭燎之光」，毛傳「庭燎，大燭」是也。宋玉招魂「蘭膏明燭，華鐙錯些」，則燭之有座在春秋後矣。積古齋鐘鼎彝器款識等書所收及余所見傳世古器物似無先秦燭座。兩漢有鐙，其後鐙傳世者尤多。曰：「疾與亡君，皆君之子也，召之而擇材焉可也。杜注：「召輒。」若不材，器可得也。」杜注：「輒若不材，可廢其身，因得其器。」暨告大子。杜注：「大子疾。」會箋云：「輒立時，公子郢第云亡人之子輒在，不言及疾，蓋疾與父俱亡也。至是輒亡，疾因有大子之稱。又惡良夫之欲召輒，故必殺之。」大子使五人輿豭從己，劫公而强盟之，杜注：「盟求必立己。」且請殺良夫。公曰：「其盟免三死。」曰：「請三之後有罪殺之。」公曰：「諾哉！」此與下年傳實爲一傳，應連讀。

十七年，癸亥，公元前四七八年。周敬王四十二年、晉定三十四年、齊平三年、衛莊二年、蔡成十三年、鄭聲二十三年、陳閔二十四年、杞閔九年、宋景三十九年、秦悼十四年、楚惠十一年、吳夫差十八年、越句踐十九年。

傳

一七·一 **十七年春，衛侯爲虎幄於藉圃，**杜注：「於藉田之圃新造幄幕，皆以虎獸爲飾。」惠棟補注云：「藉圃，圃名。」證之以二十五年傳「衛侯爲靈臺于藉圃」，惠説是也。會箋云：「幄幕可弛張移動，傳言『於藉圃』，又言『成』，是一定不動，非幄幕也。幄當讀爲楃。楃，木帳也。蓋衛侯作小屋於藉圃，其形如楃而刻虎。」**成，求令名者而與之始食焉。大子請使良夫。**杜注：「以良夫應爲令名。」**良夫乘衷甸兩牡，**杜注：「衷甸，一轅，卿車。」説文「佃」字下引春秋傳曰「乘中佃」，是許慎所據本「衷甸」作「中佃」。克鐘云：「易（錫）克佃車馬乘」，「佃車」當即此「衷甸」。金文無「甸」字，唯有「佃」字，林義光文源及容庚金文編謂甸、佃一字，是也。古代駕皆一輈四馬，十五年傳蒯聵與良夫盟，許其服冕乘軒，即許之乘大夫之車，大夫之車無異于卿車，杜說無據。而牡謂兩服用公馬耳。**紫衣狐裘。**韓非子外儲説左上云「齊桓公好服紫，一國盡服紫，當是時也，五素不得一紫」云云，論語陽貨云「惡紫之奪朱也」，似春秋末期紫衣已爲國君之服色，他人不得用。**至，袒裘，**據禮記玉藻孔疏引皇侃義疏，即朝服布衣，亦先以明衣親身，次加中衣，冬則次加裘，裘上加裼衣，裼衣之上加朝服。所謂裼衣者，袒正服，露裼衣也。良夫所着紫衣乃裼衣，論語鄉黨之「緇衣，羔裘；素衣，麑裘；黃衣，狐裘」也。良夫僅能袒朝衣而露裼衣，今裘亦袒，露出紫色裼衣外，尚露中衣，不敬也。**不釋劍而食。**孔疏云：「劍是害物之器，不得近至尊，故近君則解劍。良夫與君食而不釋劍，亦不敬也。」沈欽韓補注云：「漢制惟蕭何得劍履上殿，是人臣皆解劍也。」**大子使牽以退，數之以三罪而殺之。**杜注：「三罪，紫衣、袒裘、帶劍。」然十五年傳衞侯與良夫盟，「三死無與」；上年傳太子亦云「請三之後有罪殺之」，則數三罪者，免死之罪；殺之，另加罪。

一七·二　**三月，越子伐吳，吳子禦之笠澤，夾水而陳。**舊以笠澤爲太湖，然太湖周六百八十餘里，跨江蘇、浙江兩省，不得夾水而陣也。唐陸廣微吳地記謂松江一名笠澤，春秋時吳王禦越於此。以今吳淞江爲笠澤，較爲合理。太湖諸水以松江爲最大。**越子爲左右句卒，**杜注：「句卒，句伍相著，別爲左右屯。」句音溝。**使夜或左或右，鼓譟而進；吳師分以禦之。越子以三軍潛涉，**潛涉可有二義，一謂游水，説文所謂「潛行水中也」，韓非子十過篇記智伯事，「臣請試潛行」即此義。一謂今之偷渡，仍用舟船。二義皆可通。以情理度之，後説較安。**當吴中軍而鼓之，**越以三軍攻吴一軍，則左右句卒乃亂吴軍之偏師。**吴師大亂，遂敗之。**

一七·三 **晉趙鞅使告于衛，曰：「君之在晉也，志父爲主。**志父，即趙鞅。**請君若大子來，**若，或也。**以免志父。不然，寡君其曰志父之爲也。」**杜注：「恐晉君謂志父教使不來。」**衛侯辭以難，**以衛國未安定，己位未鞏固。**大子又使椓之。**顧炎武補正、沈欽韓補注、洪亮吉詁俱謂椓、諑古通用，方言：「諑，愬也。楚以南謂之諑。」又注云：「諑、譖，亦通語也。」此言大子疾于趙鞅使者前毁謗中傷其父。

夏六月，趙鞅圍衛。齊國觀、陳瓘救衛，杜注：「國觀，國書之子。」秦嘉謨所輯世本云：「〔國〕夏生書，書生觀。」禮記檀弓孔疏引世本云：「懿伯生貞孟，貞孟生成伯高父。」梁履繩補釋疑懿伯爲書謚，貞孟當即國觀之謚，不爲無理。齊救衛者，據下傳，衛莊公夫人齊女也。**得晉人之致師者。子玉使服而見之，**子玉，即陳瓘。杜注：「釋囚服，服其本服。」**曰：「國子實執齊柄，**此外交辭令耳。此時擅齊政者爲陳恒，陳子玉代其率師，齊之國、高世爲上卿，瓘故爲此言，實則僅有卿名耳。**而命瓘曰：『無辟晉師！』豈敢廢命？**杜注：「欲必敵晉。」**子又何辱？」**言此者，乃釋囚也，欲使之歸告，以退晉師。**簡子曰：「我卜伐衛，未卜與齊戰。」乃還。**杜注：「畏子玉。」

一七·四　楚白公之亂，陳人恃其聚而侵楚。杜注：「聚，積聚也。」聚謂聚糧食，襄三十年傳子産曰「陳，亡國也，聚禾粟」云云，自爲明證，又詳隱元年傳注。楚既寧，將取陳麥。奪其聚也。楚子問帥於大師子穀與葉公諸梁，子穀曰：「右領差車與左史老皆相令尹、司馬以伐陳，其可使也。」杜注：「言此二人皆嘗輔相子西、子期伐陳，今復可使。」子高曰：「率賤，民慢之，懼不用命焉。」杜注：「右領、左史皆楚賤官。」楊樹達先生讀左傳云：「據下文子穀語，二人蓋皆俘也，似非謂賤官。」楊說是也，右領、左史俱屢見傳，非賤官也。子穀曰：「觀丁父，鄀俘也，武王以爲軍率，杜注：「楚武王。」是以克州、蓼，服隨、唐，大啓羣蠻。彭仲爽，申俘也，文王以爲令尹，顧棟高大事表十云：「彭仲爽爲令尹，當在鬭祁之後，子元之前。楚令尹見傳者二十有八人，唯仲爽申俘，餘皆王族也。」實縣申、息，杜注：「楚文王滅申、息以爲縣。」朝陳、蔡，使陳、蔡二國來朝，句法與孟子梁惠王上「朝秦、楚」同，皆動詞使動用法。封畛於汝。謂開拓楚之封疆至于汝水。唯其任也，任謂勝任。何賤之有？」子高曰：「天命不謟。杜注：「謟，疑也。」參昭二十七年傳「天命不慆」注。令尹有憾於陳，杜注：「十五年子西伐吴，陳使貞子弔吴，以此爲憾。」天若亡之，其必令尹之子是與，君盍舍焉？杜注：「舍右領與左史。」杜讀舍爲捨棄之捨，義屬下句。疑舍當讀爲舍置之舍，義屬上句。葉公初云，天若亡陳，必將佑助令尹之子，故又云君何不置之爲軍帥。下句始言右領、左史難以勝任。臣懼右領與左史有二俘之賤而無其令德也。」王卜之，武城尹吉。杜注：「武城尹，子西子公孫朝。」使帥師取陳麥。陳人禦之，敗，遂圍陳。秋七月己卯，己卯，八日。楚公孫朝帥師滅陳。杜注：「終鄭裨竈言五及鶉火陳卒亡。」史記年表載陳亡于鄭聲公二十三年，是也。鄭世家謂爲鄭聲公二十二年，疑下「二」字乃「三」之誤。

王與葉公枚卜子良以爲令尹。杜注：「枚卜，不斥言所卜以令龜。子良，惠王弟。」沈尹朱曰：梁履繩補釋引汪繩祖曰：「淮南人間訓云『太宰子朱侍飯於令尹子國』，此沈尹朱即子朱，後復爲太宰之官。」「吉。過於其志。」杜注：「志，望也。」葉公曰：「王子而相國，過將何爲！」杜注：「過相，將爲王也。」他日，改卜子國而使爲令尹。杜注：「子國，寧也。」去年傳已言「使寧爲令尹」，乃終言之；此又叙其經過，實一事。

一七·五 衛侯夢于北宮，見人登昆吾之觀，被髮北面而譟曰：北宮，衛侯寢宮之在北者，孔疏謂爲衛侯之別宮，或是也。昆吾之觀必在北宮之南，築于昆吾廢址，故夢其人向北而叫。被髮即今披髮。譟，一切經音義引廣雅云：「鳴也。」「登此昆吾之虚，緜緜生之瓜。詩大雅緜「緜緜瓜瓞，民之初生」，緜緜，不斷貌。良夫譬衛初開國，至今未絶；衛侯之立，由己之力也。余爲渾良夫，叫天無辜。」杜注：「本盟當免三死，而並數一時之事爲三罪殺之，故自謂無辜。」此以虚、瓜、夫、辜爲韻，古音同在魚模部。公親筮之，胥彌赦占之，杜注：「赦，衛筮史。」曰：「不害。」與之邑，寘之而逃，奔宋。杜注：「言衛侯無道，卜人不敢以實對，懼難而逃也。」衛侯貞卜，貞字卜辭常見，云「某貞」，貞，卜問也。其繇曰：「如魚竀尾，詩周南汝墳：「魴魚赬尾，王室如燬。」竀即赬，説文作經，淺赤色。毛傳謂「魚勞則尾赤」，杜注用之。詩疏引鄭衆謂「魚肥而尾赤」，皆非其實。此蓋比喻，言魚勞者，比衛侯之暴虐也；言魚肥者，比衛侯縱樂也。衡流而方羊。衡同横。方羊即楚辭招魂「彷徉無所倚」之「彷徉」。横流而方羊，言其不自安也。裔焉大國，孔疏引劉炫説「卜繇之詞，文句相韻，以裔焉二字宜向下讀」，劉規杜是也。説參錢大昕十駕齋養新録。杜以「衡流而方羊裔焉」爲句，實不可通。「焉」用法同「於」，謂衛邊于大國也，其實亦如此。滅之，將亡。羊、亡爲韻，古音同屬陽唐部。闔門塞竇，乃自後踰。」竇、踰爲韻，古音同屬侯部。先筮後卜，左傳僅此一例。

冬十月，晉復伐衛，杜注：「春伐未得志故。」入其郛，將入城。簡子曰：「止！叔向有言曰：『怙亂滅國者無後。』」恃他國之亂而滅之者，其人無後，此趙鞅信叔向之言不欲滅衛也。衛人出莊公而與晉平。晉立襄公之孫般師而還。

十一月，衛侯自鄄入，鄄本衛邑，此時已入于齊；蓋衛莊公爲國人所逐，乃出走齊也。衛此時都帝丘，在今濮陽縣西南，鄄在濮城鎮東二十里，相距不遠，晉師退，莊公又入，但須渡黄河耳。互參莊十四年經注。般師出。杜注：「辟蒯聵也。」初，公登城以望，見戎州。呂氏春秋慎小篇亦載此事，作「登臺以望，見戎州」，高誘注謂「戎州，戎之邑也」。杜注同。下文且云「見己氏之妻髮美」，不論登城或登臺，皆不得見他邑人之髮，故江永考實謂「衞之城外有己氏人居之，謂之戎州」；沈欽韓地名補注又謂「州者，是其州黨之名」，皆合情理。問之，以告。公曰：「我，姬姓也，何戎之有焉？」翦之。宣十二年傳「其翦以賜諸侯」、成二年傳「余姑翦滅此」，翦，滅也。此謂毀其州黨聚落並掠其財物也，非謂殺其人。呂氏春秋作「殘之」。公使匠久。杜注：「久，不休息。」匠，一般專指木工，說文：「匠，木工也。」然百工亦可稱匠，此疑百工。公欲逐石圃，杜注：「石圃，衞卿，石惡從子。」未及而難作。辛巳，辛巳，十二日。石圃因匠氏攻公。公闔門而請，「闔」，一作「閉」。弗許。踰于北方而隊，折股。戎州人攻之，大子疾、公子青踰從公，杜注：「青，疾弟。」戎州人殺之。公入于戎州己氏。杜注：「己氏，戎人姓。」釋文：「己音紀，又音杞。」初，公自城上見己氏之妻髮美，使髡之，髡音坤，剃髮也。以爲呂姜髢。杜注：「呂姜，莊公夫人。髢，髮也。」髢音替，髮音被，皆假髮。既入焉，而示之璧，曰：「活我，吾與女璧。」己氏曰：「殺女，璧其焉往？」遂殺之，而取其璧。衞人復公孫般師而立之。十二月，齊人伐衞，衞人請平，立公子起，杜注：「起，靈公子。」執般師以歸，舍諸潞。潞疑在齊都郊外，互參八年傳並注。

一七·六 公會齊侯盟于蒙，杜注：「齊侯，簡公弟平公驁（本作「敖」，從釋文引一本訂正，或作「敬」者，誤）也。」蒙，在今山東蒙陰縣東十里。孟武伯相。齊侯稽首，公拜。齊侯向魯哀公叩頭，魯哀向齊侯僅彎腰作揖。荀子大略篇：「平衡曰拜，下衡曰稽首，至地曰稽顙。」賈子容經篇：「拜以磬折之容，吉事上左，凶事上右。」上左、上右者，拱手時左手在上或右手在上也。檀弓上：「孔子與門人立，拱而尚右，二三子亦皆尚右。孔子曰：『二三子之嗜學也，我則有姊之喪故也。』二三子皆尚左。」此足爲證。拜不僅拱，尚須躬腰，即賈子之「磬折」，荀子之「平衡」。齊人怒。武伯曰：「非天子，寡君無所稽首。」武伯問於高柴曰：「諸侯盟，誰執牛耳？」襄二十七年傳云「且諸侯盟，小國必有尸盟者」，齊、魯相盟，齊大魯小，齊自爲盟主，先歃血；魯國大夫則執牛耳，故武伯問高柴，誰當執牛耳。黄以周禮説謂執牛耳爲盟主之事，證之左傳，不合。季羔曰：「鄫衍之役，吴公子姑曹；杜注：「季羔，高柴也。」鄫衍之盟，七年傳僅言之，無詳文，不知吴主盟，抑晉主盟。發陽之役，衛石魋。」發陽之盟，乃魯、宋、衛相盟，盟主必非衛侯，故由衛大夫執牛耳。據杜氏世族譜，石買孫爲石曼姑，謚懿子，見于哀三年經；石魋謚昭子，當時爲衛卿，乃曼姑之子。武伯曰：「然則彘也。」杜注：「彘，武伯名也。」

一七·七　宋皇瑗之子麇有友曰田丙，杜注：「瑗，宋右師。」而奪其兄酁般邑以與之。其兄當是麇之兄。説文：「酁，宋地也，讀若讒。」傳或作「劖」，即酁之别體。則般封于酁，故曰酁般也。酁般慍而行，告桓司馬之臣子儀克。杜注：「克在下邑，不與魋之亂，故在。」子儀克適宋，由下邑適國都。告夫人曰：據十四年傳杜注，夫人爲景公母。「麇將納桓氏。」公問諸子仲。杜注：「子仲，皇野。」初，子仲將以杞姒之子非我爲子。杜注：「爲適子。杞姒，子仲妻。」麇曰：「必立伯也，杜注：「伯，非我兄。」是良材。」子仲怒，弗從，故對曰：「右師則老矣，不識麇也。」杜注：

「言右師老，不能爲亂，麇則不可知。」公執之。杜注：「執麇。」皇瑗奔晉，召之。杜注：「召令還。」此當與下年傳「宋殺皇瑗」云云連讀。

十八年，甲子，公元前四七七年。周敬王四十三年、晉定三十五年、齊平四年、衛君起元年、蔡成十四年、鄭聲二十四年、杞閔十年、宋景四十年、秦悼十五年、楚惠十二年、吳夫差十九年、越句踐二十年。

傳

一八·一　十八年春，宋殺皇瑗。公聞其情，知其父子之冤。復皇氏之族，使皇緩爲右師。杜注：「緩，瑗從子。」孔疏云：「世族譜，瑗，皇父充石八世孫；緩，充石十世孫，則爲從孫，非從子，二者必有一誤。」

一八·二　巴人伐楚，圍鄾。鄾，今湖北襄陽舊城東北十二里。互見桓九年傳並注。初，右司馬子國之卜也，觀瞻曰：「如志。」杜注：「子國未爲令尹時，卜爲右司馬，得吉兆，如其志。觀瞻，楚開卜大夫，觀從之後。」故命之。杜注：「命以爲右司馬。」及巴師至，將卜帥。王曰：「寧如志，何卜焉？」杜注：「寧，子國也。」使帥師而行。請承，請王任命輔佐者。王曰：「寢尹、工尹勤先君者

也。」據定四年傳，柏舉之役，寢尹吳由于以背受盜戈；鍼尹固爲王執燧象，哀十六年傳作箴尹固，此時又改官工尹，即薳固也。**三月，楚公孫寧、吳由于、薳固敗巴師于鄾，**薳固，史記楚世家及伍子胥傳俱作「屈固」，不知其故。**故封子國於析。**析已見僖二十五年傳並注，即今河南內鄉縣、淅川縣西北境。

君子曰：「惠王知志。夏書曰『官占唯能蔽志，昆命于元龜』，杜注：「逸書也。官占，卜筮之官。蔽，斷也。昆，後也。言當先斷意後用龜也。」僞古文用此二句入大禹謨。**其是之謂乎！志曰『聖人不煩卜筮』，惠王其有焉。」**謂命帥命承皆不用卜筮。

一八・三

夏，衞石圃逐其君起，起奔齊。杜注：「齊所立故。」**衞侯輒自齊復歸，逐石圃，而復石魋與大叔遺。**杜注：「皆蒯聵所逐。」

十九年，乙丑，公元前四七六年。周敬王四十四年、晉定三十六年、齊平五年、衞出公復元元年、蔡成十五年、鄭聲二十五年、杞閔十一年、宋景四十一年、秦厲共公元年、楚惠十三年、吳夫差二十年、越句踐二十一年。

【注】「周敬王四十四年」，按周敬王在位之年，史記周本紀及年表俱作四十二年，周本紀集解引皇甫謐曰四十四年，與左傳合，今以左傳爲據，因左傳早于史記。又詳張聰咸杜注辨證。「秦厲共公元年」，按秦本紀及年表俱謂悼公立十四年，子厲共公立，但史記紀年多後于左傳一年，而秦悼之卒

與厲共公之立，傳又無文，今從推算。

傳

一九·一 十九年春，越人侵楚，以誤吳也。杜注：「誤吳使不爲備。」吳世家謂此年「句踐復伐吳」，與傳及越世家皆不合，不知何據。夏，楚公子慶、公孫寬追越師，至冥，杜注：「冥，越地。」據顧祖禹方輿紀要，冥地蓋在苦嶺關（在今安徽廣德縣東南七十里）與泗安鎮（即今浙江長興縣西南之泗安鎮）之間。不及，乃還。越侵楚之原意僅在「誤吳」，故其退速。

一九·二 秋，楚沈諸梁伐東夷，杜注：「報越。」三夷男女及楚師盟于敖。江永考實謂三夷當在今浙江寧波、台州、温州三地區間。敖，東夷地，東夷亦在浙江濱海處。

一九·三 冬，叔青如京師，杜注：「叔青，叔還子。」叔還見定十一年經。杜氏世族譜謂叔青即僖仲，僖當是其謚，仲其排行。世譜一作「僖伯」，不知孰是。敬王崩故也。

二十年，丙寅，公元前四七五年。周元王仁元年、晉定三十七年、齊平六年、衞出復元二年、蔡成十六年、鄭聲二十六年、杞閔十二年、宋景四十二年、秦厲共二年、楚惠十四年、吳夫差二十一年、越句踐二十二年。

傳

二〇·一 二十年春，阮元積古齋鐘鼎彝器款識謂杜氏長曆，哀二十年正月丁亥朔，陳逆簠銘云「唯王正月初吉丁亥」，與杜氏長曆合。齊人來徵會。此時晉公室已卑，四卿分權，且爭權，早已失霸；楚又患吳、越。齊之陳恒欲因此主盟諸侯以樹己聲勢。夏，會于廩丘，廩丘，齊邑，在今山東范縣東，詳襄二十六年傳並注。爲鄭故，謀伐晉。杜注：「十五年晉伐鄭。」鄭人辭諸侯。秋，師還。鄭不欲伐晉，魯師還，他國之師亦必還。

二〇·二 吳公子慶忌驟諫吳子，梁履繩補釋引汪繩祖説，謂慶忌他書並稱王子慶忌，其爲吳王僚子無疑，而杜氏譜列公子慶忌於公子黨（見襄十三年傳）、公子苦雒（見昭二十一年傳）、王孫彌庸（見哀十三年傳）之後，而皆以爲雜人云云。余疑吳或有二慶忌，或同一慶忌，戰國以後傳説互異，如魯之曹劌，戰國皆以爲劫齊桓公者。吕氏春秋忠廉篇與吳越春秋皆以慶忌爲吳王闔廬時人，爲要離所殺。吳越春秋所敍尤詭怪，不足信。服虔云：「驟，數也。」曰：「不改，不改變當時所行之政令也。必亡。」弗聽。杜注：「吳子弗聽。」出居于艾，杜注：「艾，吳邑。豫章有艾縣。」方輿紀要謂艾即今江西修水縣西百里之龍岡坪。遂適楚。聞越將伐吳，冬，請歸平越，遂歸。欲除不忠者以説于越。慶忌返故國，欲除不忠于吳者以求與越構和。不忠者，疑指太宰嚭之流，受越賄且諂媚夫差者，越恃之而伐吳。吳人殺之。殺慶忌。杜注：「言其不量力。」

二〇·三 十一月，越圍吳，趙孟降於喪食。杜注：「趙孟，襄子無恤，時有父簡子之喪。」簡子趙鞅當死于此年，無恤繼承卿位。在父喪中，古禮，食品必須減殺，今因吳被圍，有滅亡之勢，而己不能救助，又降等于喪父之食。楚隆曰：杜注：「楚隆，襄子家臣。」「三年之喪，親暱之極也，主又降之，無乃有故乎？」趙孟曰：「黄池之役，先主與吳王有質，杜注：「黄池在十三年。先主，簡子。」質，盟信也。曰：『好惡同之。』今越圍吳，嗣子不廢舊業而敵之，杜注：「嗣子，襄子自謂，欲敵越救吳。」非晉之所能及也，吾是以爲降。」楚隆曰：「若使吳王知之，若何？」趙孟曰：「可乎？」隆曰：「請嘗之。」乃往，先造于越軍，吳已被越包圍，入吳城必須經過越軍，故隆先至越軍。據沈欽韓地名補注引吳縣志，吳國都在今蘇州市，西南胥門外有越城，乃越圍時所築，以逼吳者，城堞髣髴具在云云。曰：「吳犯間上國多矣，聞君親討焉，諸夏之人莫不欣喜，唯恐君志之不從，請入視之。」此對越王句踐之言。許之。告于吳王曰：「寡君之老無恤使陪臣隆，吳王與晉侯匹敵，趙無恤晉之正卿，故稱「老」，楚隆又無恤之臣，故自稱「陪臣」。敢展謝其不共：展，陳告也。謝，謝罪，今言道歉。黄池之役，君之先臣志父得承齊盟，曰『好惡同之』。今君在難，無恤不敢憚勞，非晉國之所能及也，使陪臣敢展布之。」王拜稽首曰：「寡人不佞，不能事越，以爲大夫憂，大夫指無恤。拜命之辱。」與之一簞珠，杜注：「簞，小笥。」使問趙孟，杜注：「問，遺也。」曰：「句踐將生憂寡人，寡人死之不得矣。」謂己不得善終。以上吳王答楚隆使命之辭。以下王對隆之私言。王曰：「溺人必笑，梁履繩補釋引尚靜齋經説云：「此蓋當時之諺。吕氏春秋大樂篇云：『溺者非不笑也。』高注引傳曰：『溺人必笑，雖笑不歡。』」吾將有問也。杜注：「以自喻所問不急，猶溺人不知所爲而反笑。」史黯何以得爲君子？」史黯即史墨。杜注以爲史墨曾預言不及四十年，吳當亡（見昭三十二年傳），吳王因感而問。以楚隆答語推之，杜注未必確。對曰：「黯也進不見惡，進於朝廷，不爲人所嫌惡。退無謗言。」不仕時，無毁謗之者。王曰：「宜哉！」

二十一年，丁卯，公元前四七四年。周元王二年、晉出公鑿元年、齊平七年、衞出復元三年、蔡成十七年、鄭聲二十七年、杞閔十三年、宋景四十三年、秦厲共三年、楚惠十五年、吳夫差二十二年、越句踐二十三年。

傳

二一・一　二十一年夏五月，越人始來。杜注：「越既勝吳，欲霸中國，始遣使適魯。」

二一·二　秋八月，公及齊侯、邾子盟于顧。據讀史方輿紀要，顧即詩商頌「韋、顧既伐」之「顧國」，在今河南范縣舊治東南五十里。齊地。齊人責稽首，杜注：「責十七年齊侯爲公稽首不見答。」因歌之曰：「魯人之皋，皋，王引之述聞謂「當讀爲咎，言魯人不答稽首之咎」云云；章炳麟讀卷五以爲當讀爲浩，即晏子春秋外篇下「彼浩裾自順」之「浩」，家語三恕篇謂「浩倨者則不親」，王肅注云：「浩倨，簡略不恭之貌。」二説中仍以王説爲長，一則皋與咎古音相同，與浩則尚有平入之別；二則古書重言浩倨或浩裾，無單言浩而解爲傲倨者。數年不覺，使我高蹈。蹈，跳躍。王引之述聞謂凡人喜甚則高躍，怒甚亦高躍，故呂氏春秋知化篇高注引傳並云「高蹈，瞋怒貌」也。洪亮吉詁謂皋、高通，但古音高、皋不同韻部。唯其儒書，以爲二國憂。」傳遜謂二國爲齊、魯，是也。謂魯拘泥于儒家禮書，「非天子，寡君無所稽首」，竟不答齊平之稽首，使二國不睦。此歌以皋、蹈、憂爲韻，古音同在幽部。覺爲幽部入聲字，亦可入韻。書則古屬魚模部。

是行也，公先至于陽穀。陽穀在今山東陽谷縣東北三十里，亦見僖三年經注。齊閭丘息曰：杜注：「息，閭丘明之後。」「君辱舉玉趾，以在寡君之軍，會箋云：「在，存也，謂存問之。」齊侯以師出，故云寡君之軍。」羣臣將傳遽以告寡君。説文「遽，傳也」，則傳遽同義詞連用，謂驛站車馬。比其復也，君無乃勤？勤，勞苦也。爲僕人之未次，杜注：「次，舍也。」然此作動詞，猶準備行館。請除館於舟道。」杜注：「舟道，齊地。」辭曰：「敢勤僕人？」杜注：「不敢勤齊僕爲魯除館。」

二十二年，戊辰，公元前四七三年。周元王三年、晉出二年、齊平八年、衞出復元四年、蔡成十八年、鄭聲二十八年、杞閔十四年、宋景四十四年、秦厲共四年、楚惠十六年、吴夫差二十三年、越句踐二十四年。

傳

二二·一　**二十二年夏四月，邾隱公自齊奔越，曰：「吴爲無道，執父立子。」越人歸之，大子革奔越。**邾隱公爲吴所囚，見八年傳；又奔魯，終奔齊，見十年傳。自八年至此，皆大子革爲邾君。越之國勢既强，邾隱求助，越人送之返國，其子革反奔越。

二二·二　**冬十一月丁卯，**丁卯，二十七日。**越滅吴，請使吴王居甬東。**會箋云：「二十年，越圍吴；二十二年滅吴，蓋首尾三年也。越語下曰『居軍三年，吴師自潰』，越世家亦曰『留圍之三年』，與左傳合。」甬東，今浙江定海縣東之翁山。**辭曰：「孤老矣，焉能事君？」乃縊。**事又見吴語、呂氏春秋適威篇、淮南子道應訓、吴世家、越世家、伍子胥傳、越絶書、吴越春秋、説苑正諫篇等。越世家、呂氏春秋知化篇、越絶書俱有吴王蒙面愧見子胥語。據傳，自哀元年夫差敗越於夫椒至此越滅吴，凡歷二十二年，即哀元年伍員所謂「二十年之外，吴其爲沼乎」；而依越語所叙，則自夫椒之役至吴亡，僅歷十年，即越語下范蠡所謂「十年謀之」。兩説不同，自當以左傳爲正。**越人以歸。**杜注：「以其尸歸。」越滅吴後，吴地盡爲越有，故二十七年越使舌庸來正郲、魯之界，魯哀公又嘗以越伐魯而去季氏，且竟出居於越。孟子離婁下「曾子居武城，有越寇」，則越境與魯相接矣。顧棟高大事表史記越句踐世家與吳越春秋越絶書竹書紀年所書越事各不同論可參看。

二十三年，己巳，公元前四七二年。周元王四年、晉出三年、齊平九年、衞出復元五年、蔡成十九年、鄭聲二十九年、杞閔十五年、宋景四十五年、秦厲共五年、楚惠十七年、越句踐二十五年。

傳

二三·一 **二十三年春，宋景曹卒。**杜注、孔疏據昭二十五年傳及此傳，知宋景曹爲宋元公夫人，景公之母。母謚景爲其謚，曹是其姓，爲小邾女。于季桓子爲外祖母，季桓子于景公爲親甥，故下文康子于景公自稱彌甥。母謚景，子亦謚景，兩不相妨，非子從母謚。妻從夫謚，春秋則有其例；子從母謚，無其例也。張文虎螺江日記謂景曹爲宋景夫人，不足信。**季康子使冉有弔，且送葬，曰：「敝邑有社稷之事，使肥與有職競焉，**此職競與詩小雅十月之交「職競由人」不同。杜注：「競，遽也。」職競猶言職務繁劇。洪亮吉詁謂競當訓趨，職趨二字連用，亦不詞。肥乃季康子之名。**是以不得助執紼，使求從輿人，**杜注：「求，冉有名。」楊樹達先生讀左傳謂即昭七年傳「皁臣輿，輿臣隸」之「輿」。輿或輿人皆賤役，僖二十五年傳「限入而係輿人」，則秦軍之執雜役者；二十八年傳「欒枝使輿曳柴而僞遁」，則晉軍之執雜役者；「聽輿人之謀」，「聽輿人之誦」，皆此等人。襄三十年傳「晉悼夫人食輿人之城杞者」，則築城亦用輿人。昭十八年傳「子産使輿三十人遷其柩」，遷柩亦用輿人。此輿人蓋即輂柩車者。從輿人蓋執紼之謙辭。曰：『以肥之得備彌甥也，杜注：「彌，遠也。」傳遜曰：「彌，增也。」有不腆先人之産馬，使求薦諸夫人之宰，其可以稱旌繁乎！』」稱，副也。馬宗璉補注引賈子新書審微篇云：「繁纓者，君之駕飾也。」又引説文及文選薛綜西京賦注謂「繁爲馬髦之飾，或以璿玉爲之」。此季康子賻以馬，謂能稱宋君太夫人之馬飾不。郭沫若兩周金文辭大系考釋云：「師虎毁銘文云『截（載）先王既令乃取（祖）考事啻（嫡）官𤔲ナ（左）右戲緐荆』。左右戲緐荆，許瀚云：『説文云：戲，三軍之偏也。戲之本義惟此銘足以當之。』案與師毀毁『耤𤔲我西偏東偏僕駇百工牧臣妾』辭例相同。東西偏即左右戲，緐荆則當與僕馭等相當。緐當即馬飾緐纓之緐，荆蓋叚爲旌。緐荆與左傳之旌緐殆是一事。」

二三·二　夏六月，晉荀瑶伐齊，杜注：「荀瑶，荀躒之孫，智伯襄子。」趙世家索隱引世本叙荀氏、智伯世系，雷學淇有説，參雷輯世本。晉語九云「智宣子將以瑶爲後，智果曰：『不如宵也。』宣子曰：『宵也佷。』對曰：『宵之佷在面，瑶之佷在心。』」弗聽」云云。高無丕帥師禦之。知伯視齊師，馬駭，遂驅之，曰：「齊人知余旗，其謂余畏而反也。」及壘而還。至齊師營壘而返。

將戰，長武子請卜。杜注：「武子，晉大夫。」吕氏春秋當染篇「智伯瑶染于智國、張武」，淮南子人間訓「張武教智伯奪韓、魏之地而擒于晉陽」，沈欽韓補注謂「長、張字通，即此長武子也」，是也。知伯曰：

「君告於天子，而卜之以守龜於宗祧，吉矣，吾又何卜焉？且齊人取我英丘，杜氏土地名謂英丘晉地，闕（不知在今何處）。顧棟高大事表七之三謂「是役爲報英丘之怨，傳稱戰于犂丘，則英丘當亦相近之地」。君命瑤，非敢燿武也，「燿」原作「耀」，今從石經、宋本及金澤文庫本。治英丘也。以辭伐罪足矣，何必卜？」

壬辰，壬辰，二十六日。戰于犂丘，二十七年傳稱此役爲隰之役，則犂丘即隰，江永考實謂即十年傳之犂，在今山東臨邑縣西。齊師敗績。知伯親禽顏庚。杜注：「顏庚，齊大夫顏涿聚。」呂氏春秋尊師篇云：「顏涿聚，梁父之大盜也，學於孔子。」韓非子十過篇云：「田成子所以遂有齊國者，顏涿聚之力也。」後漢書左原傳云：「昔顏涿聚梁甫之巨盜，卒爲齊之忠臣。」顏庚死於此役，見二十七年傳。

二三·三 秋八月，叔青如越，始使越也。第一次魯使者至越國。越諸鞅來聘，報叔青也。

二十四年，庚午，公元前四七一年。周元王五年、晉出四年、齊平十年、衞出復元六年、蔡聲侯產元年、鄭聲三十年、杞閔十六年、宋景四十六年、秦厲共六年、楚惠十八年、越句踐二十六年。

傳

二四·一 二十四年夏四月，晉侯將伐齊，使來乞師，曰：「昔臧文仲以楚師伐齊，取穀；杜

注：「在僖二十六年。」宣叔以晉師伐齊，取汶陽。杜注：「在成二年。」寡君欲徼福於周公，周公，魯之始封祖，此句言乞魯師之故。願乞靈於臧氏。」靈亦福也，見宣十二年傳注。此言欲使臧氏帥師。臧石帥師會之，取廩丘。杜注：「石，臧賓如之子。」軍吏令繕，將進。杜注：「晉軍吏也。繕治戰備。」繕即隱元年、成十六年傳「繕甲兵」之繕，參隱元年傳注。萊章曰：杜注：「萊章，齊大夫。」「君卑、政暴，往歲克敵，杜注：「禽顏庚。」今又勝都，杜注：「取廩丘。」天奉多矣，又焉能進？是躗言也。躗即譎之假借，躗言，大言也。說參錢大昕潛研堂集及章炳麟左傳讀卷四。役將班矣。」謂班師也。班師即還師。晉師乃還。餼臧石牛，杜注：「生曰餼。」言以活牛慰勞魯師。大史謝之，杜注：「晉大史。」謝，致歉，蓋所餼不多。曰：「以寡君之在行，杜注：「在軍行。」牢禮不度，杜注：「不如禮度。」敢展謝之。」

二四·二　邾子又無道，八年傳云「邾子又無道」云云，立大子革以爲政。二十二年越人歸之，大子革奔越。越人執之以歸，而立公子何。何亦無道。杜注：「何，大子革弟。」

二四·三　公子荆之母嬖，杜注：「荆，哀公庶子。」將以爲夫人，使宗人釁夏獻其禮。梁履繩補釋引尚靜齋經說云：「據雜記，釁廟、釁器皆宗人職之，故釁夏即以事爲氏。」錢綺左傳札記謂「釁夏當爲夏釁」，不知周禮春官鄭玄注引傳已作「釁夏」，錢說不可信。對曰：「無之。」無此儀節。公怒曰：「女爲宗司，宗司疑即宗人之别稱。**立夫人，國之大禮也，何故無之？」對曰：「周公及武公娶於薛，**杜注：「武公敖也。」**孝、惠娶於商，**杜注：「孝公稱，惠公弗皇。商，宋也。」**自桓以下娶於齊，**杜注：「桓公始娶文姜。」**此禮也則有。若以妾爲夫人，則固無其禮也。」**公羊僖三年傳叙齊桓陽穀之會有曰「無以妾爲妻」，孟子告子下述葵丘之會亦云「無以妾爲妻」，一則見以妾爲妻，古本無其禮；一則又見此常事也。**公卒立之，而以荆爲大子，國人始惡之。**

二四·四 **閏月，**杜氏經傳長曆云：「哀公二十四年庚午十月閏己丑大。」**公如越，得大子適郢，**杜注：「適郢，越王大子。得，相親説也。」**將妻公而多與之地。公孫有山使告于季孫。季孫懼，使因大宰嚭而納賂焉，乃止。**杜注：「嚭，故吴臣也。季孫恐公因越討己，故懼。」吴、越世家、伍子胥傳以及越絶書、吴越春秋俱言吴亡，越誅嚭；吕氏春秋順民篇言「戮吴相」，吴相即嚭。沈欽韓補注謂「獨此傳稱吴亡而猶用事于越，未詳」。孫志祖讀書脞録五則謂「越之誅嚭，當在季孫納賂之後」，斯蓋調停之論。戰國以後人述春秋事不同于左氏者，多不足信也。

二十五年，辛未，公元前四七〇年。周元王六年、晉出五年、齊平十一年、衛出復元七年、蔡聲二年、鄭聲三十一年、杞哀閼路元年、宋景四十七年、秦厲共七年、楚惠十九年、越句踐二十七年。

傳

二五·一 二十五年夏五月庚辰，庚辰，二十五日。衛侯出奔宋。杜注：「衛侯輒也。」實適城鉏而言奔宋者，城鉏在宋、衛之間，十四年桓魋出奔時，猶爲宋邑，此時屬衛。衛侯適城鉏，衛以奔宋告。

衛侯爲靈臺于藉圃，與諸大夫飲酒焉，褚師聲子韈而登席，聲子即褚師比，嘗欲伐蒯聵，不果而奔宋，見十六年傳。此時蓋早已返衛矣。杜注謂「古者見君解韈」，然于古禮文及他經俱無據。閻若璩潛丘劄記五、毛奇齡經問俱謂燕飲則解韈，惠棟補注亦主此說，是也。馮景解春集卷八別生異解以護杜，恐不確。公怒。辭曰：「臣有疾，異於人；杜注：「足有創疾。」若見之，君將㱿之，杜注：「㱿，嘔吐也。」是以不敢。」杜注：「不敢解韈。」公愈怒。大夫辭之，大夫俱爲聲子解說。不可。褚師出。公戟其手，以左手叉腰右手橫指如戟形，今人怒罵時猶有作此狀者。曰：「必斷而足！」而同爾，指褚師比，此乃詈褚師之辭也。聞之。褚師比聞之。褚師與司寇亥乘，禮記檀弓上孔疏引世本云：「靈公生昭子郢，郢生文子木及惠叔蘭，蘭生虎，爲司寇氏。」此言褚師比與司寇亥共乘。曰：「今日幸而後亡。」杜注：「恐死，以得亡爲幸。」

公之入也，奪南氏邑，梁玉繩史記志疑云：「周紀集解引臣瓚曰，汲冢古文謂衛將軍文子爲子南彌牟，故左傳稱彌牟爲南氏，戰國策衛策稱南文子。通志氏族略云，子南氏，衛靈公之子公子郢之後，蓋郢字子南也。」而奪司寇亥政。司寇亥時爲衛司寇，亦卿，奪其官，即奪其政。公使侍人納公文懿子之車于池。杜注：「懿子，公文要。公有忿，使人投其車于池水中。」初，衛人翦夏丁氏，十一年傳：「悼子亡，衛人翦夏戊。」此夏丁即夏戊。以其帑賜彭封彌子。杜注：「彭封彌子，彌子瑕。」彌子飲公酒，納夏戊之女，進夏戊之女于公。嬖，以爲夫人。其弟期，大叔疾之從孫甥也，杜注：「期，夏戊之子。姊妹之孫爲從孫甥，與孫同列。」期爲太叔疾之從外孫，其姊爲疾之從外孫女。少畜於公，以爲司徒。夫人寵衰，期得罪。期因姊之寵爲司徒，亦因姊寵衰而得罪。公使三匠久。三匠，蓋三種匠人。公使優狡盟拳彌，杜注：「優狡，俳優也。拳彌，衛大夫。使俳優盟之，欲恥辱也。」會箋云：「優狡以優施例之，優人名狡。以狡爲名者，宣十二年楚有唐狡。」而甚近信之。故褚師比、杜注：「輒登席者。」公孫彌牟、杜注：「喪邑者。」公文要、杜注：「失車者。」司寇亥、被奪官者。司徒期因三匠與拳彌以作亂，三匠與拳彌猶在公宮，故因之。皆執利兵，無者執斤。説文：「斤，斫木斧。」匠人所執。使拳彌入于公宮，杜注：「信近之，故得入。」而自大子疾之宮譟以攻公。褚師比等自太子疾之宮呼喊以攻衛侯。太子疾死于十七年，其宮猶在。鄄子士請禦之，杜注：「鄄子士，衛大夫。」彌援其手，曰：「子則勇矣，將若君何？言子禦敵而死，君將無保衛者矣。不見先君乎？杜注：「先君，蒯聵也。亂不速奔，故爲戎州所殺，欲令早去。」君何所不逞欲？君謂出公輒，言其出奔，亦可快意也。且君嘗在外矣，豈必不反？當今不可，不可敵作亂者。衆怒難犯。休而易間也。」休，定也。言亂定則易于離間。乃出。將適蒲，蒲，今河南長垣縣稍東，參桓三年經注。彌曰：「晉無信，不可。」蒲近于晉，往蒲者，欲求援于晉也，拳彌則以晉無信阻之。將適鄄，鄄，今山東鄄城縣西北，亦見莊十四年經注。彌曰：「齊、晉爭我，不可。」鄄，此時蓋屬衞，實近齊，又近於晉，彌又阻之。將適泠，杜注：「泠，近魯邑。」彌曰：「魯不足與。國小力弱，不足爲助。請適城鉏，城鉏在今河南滑縣東，亦見十一年傳注。城鉏近宋。沈欽韓地名補注謂「滑縣之鉏城去越遠矣，疑襄十年會吳于柤者也」，然柤地屬楚，沈説誤。以鉤越。越有君。」杜注：「宋南近越，轉相鉤牽。」乃適城鉏。彌曰：「衞盜不可知也，請速，自我始。」乃載寶以歸。杜注：「欺衞君。言君以寶自隨，將致衞盜，請速行，己爲先發，而因載寶歸衞也。」

公爲支離之卒，杜注：「支離，陳名。」會箋云：「支離，分散也，蓋分爲數隊以誤敵。」後説較長。因祝史揮以侵衞。祝與史本二職，此蓋揮兼二事，故稱祝史揮。衞人病之。懿子知之，杜注：「知揮爲内間。」見子之，杜注：「子之，公孫彌牟文子也。」請逐揮。文子曰：「無罪。」言揮無罪。懿子曰：「彼好專利而妄，杜注：「妄，不法。」夫見君之入也，將先道焉。杜注：「若見君有入勢，必道助之。」道同導。夫指揮。若逐之，必出於南門，而適君所。杜注：「雖知其爲君間，不審察，私共評之。」夫越新得諸侯，將必請師焉。」揮在朝，使吏遣諸其室。諸，之於合音；謂侯其下朝返家，然後使吏遣送之。揮出，信，弗内。杜注：「再宿爲信。」謂出居于城外再宿，欲返朝，而不許之入。五日，乃館諸外里，杜注：「外里，公所在。」杜氏土地名云：「衛地城鉏、外里二名闕。」今以城鉏在滑縣，則外里亦然。遂有寵，使如越請師。杜注：「請師伐衛求入。」

二五·二 六月，公至自越，魯哀于去年閏十月往越，歷九月始還。季康子、孟武伯逆於五梧。杜注：「魯南鄙也。」郭重僕，杜注：「爲公僕。」見二子，曰：「惡言多矣，君請盡之。」郭重蓋先見二子，然後向魯哀言曰，二子不臣之言甚多，君于此次相見可以盡詰之。杜注及其他解釋俱不了。公宴於五梧，武伯爲祝，祝，向魯哀上酒祝壽也。惡郭重，蓋已知郭重有挑撥離間之言。曰：「何肥也？」季孫曰：「請飲彘也！此罰酒，季孫蓋以武伯失言。以魯國之密邇仇讎，齊、魯常交惡。臣是以不獲從君，克免於大行，大行猶遠行。又謂重也肥？」杜注：「言重隨君遠行劬勞，不宜稱肥。」公曰：「是食言多矣，能無肥乎？」蓋季孫、孟孫屢許公而不踐約，故魯哀藉此指桑罵槐。飲酒不樂，公與大夫始有惡。

二十六年，壬申，公元前四六九年。周元王七年、晉出六年、齊平十二年、衛悼公黚元年、蔡聲三年、鄭聲三十二年、杞哀二年、宋景四十八年、秦厲共八年、楚惠二十年、越句踐二十八年。

傳

二六·一 二十六年夏五月，叔孫舒帥師會越皋如、舌庸、宋樂茷納衞侯，「舌」原作「后」，今從唐石經、宋本、金澤文庫本、段玉裁說及吳語訂正。楊樹達先生積微居金文説姑鵬句鑃再跋且謂舌庸即姑鵬句鑃銘文中之昏同，舌乃昏之隸變，非口舌之舌。沈欽韓補注亦云：「舌，吳越春秋作『曳』，或作『洩』，聲與舌近，此作『后』，誤。」舌、昏、曳古音俱相近。文子欲納之。懿子曰：「君愎而虐，少待之，必毒於民，乃睦於子矣。」師侵外州，大獲。杜注：「越納輒之師。」大獲，既勝外州之守衞，又大劫掠民家也。出禦之，大敗。衞師出抗越師，大敗。掘褚師定子之墓，焚之于平莊之上。杜注：「定子，褚師比之父也。平莊，陵名也。」梁履繩補釋引孔廣栻曰：「昭二十年衞公孟縶惡褚師圃，後與齊豹作亂，奔晉。又有褚師子申，有從靈公出亡之功，疑定子即子申之謚。」

文子使王孫齊私於皋如，杜注：「齊，衞大夫王孫賈之子昭子也。」又參定八年傳注。曰：「子將大滅衞乎？抑納君而已乎？」皋如曰：「寡君之命無他，納衞君而已。」文子致衆而問焉，曰：「君以蠻夷伐國，國幾亡矣，請納之。」衆曰：「勿納。」曰：「彌牟亡而有益，請自北門出。」自北門出，蓋以避越師及衞君，時衞君蓋在南郊。衆曰：「勿出。」重賂越人，申開、守陴而納公，國都城門有數重，有郭門，有内城門；内城亦不止一門。申開者，申，重也，郭門、城門俱大開也。然城上女牆守衛甚嚴，即守陴也。作納公之勢，實已重賂越人，不以兵甲隨之，此衛侯所以不敢入也。公不敢入。師還。越師退歸。立悼公，衛世家云：「出公季父黔攻出公子而自立，是爲悼公。」「黔」，衛世家索隱引世本作「虔」，杜注作「黚」，三字古音俱相近。南氏相之。以城鉏與越人。公曰：「期則爲此。」期即司徒期。令苟有怨於夫人者報之。杜注：「夫人，期姊也。怒期而不得加戮，故敕宮女令苦困期姊。」司徒期聘於越，杜注：「爲悼公聘。」公攻而奪之幣。聘越之幣。期告王，杜注：「越王也。」王命取之，期以衆取之。公怒，殺期之甥之爲大子者，杜注：「忿期而及其姊爲夫人者，遂復及夫人之子。」即已之妻與子。遂卒于越。杜注：「終言之也。」蓋未必死于此年。

二六·二

宋景公無子，取公孫周之子得與啓畜諸公宮，杜注：「周，元公孫子高也。得，昭公也。啓，得弟。畜，養也。」宋世家作「公子特」。索隱云：「『特』一作『得』。」未有立焉。於是皇緩爲右師，皇非我爲大司馬，皇懷爲司徒，杜注：「皇懷，非我從昆弟。」靈不緩爲左師，杜注：「不緩，子靈圍龜之後。」程公説春秋分紀世譜謂「公子圍龜字子靈（見成五年傳），四世孫不緩。」樂茷爲司城，杜注：「茷，樂溷之子。」樂朱鉏爲大司寇，杜注：「朱鉏，樂輓之子。」六卿三族降聽政，據文七年及成十五年傳，宋之官序，爲右師、左師、司馬、司徒、司城、司寇。此則以皇、靈、樂三族爲序，不以官序也。降聽政，共聽政也。說詳俞樾平議。因大尹以達。杜注謂「大尹，近官有寵者」，不知何據。戰國策宋策云：「謂大尹曰：『君日長矣，自知政，則公無事。公不如令楚賀君之孝，則君不奪太后之事矣，則公常用宋矣。』」高誘注因謂「太后，尹母」云云，則大尹與宋君爲兄弟矣，恐未必然。韓非子說林亦載此事而作「令尹」，蓋不知大尹之義爲後人所妄改，宋無令尹之官也。梁履繩補釋引周氏附論云：「或曰，太宰自襄十七年後不復見傳，疑省太宰而設之。」于鬯校書則謂「大尹疑是宋外戚之官名」，俱可備一說。大尹常不告，不告宋景公。而以其欲稱君命以令。國人惡之。司城欲去大尹，左師曰：「縱之，使盈其罪。杜注：「盈，滿也。」重而無基，能無敝乎？」杜注：「言勢重而無德以爲基，必敗也。」敝，敗也。

冬十月，公游于空澤，空澤即水經獲水注之空桐澤，在今河南商丘地區虞城縣南，舊爲汴水所經，今湮。辛巳，辛巳，四日。卒于連中。杜注：「連中，館名。」沈欽韓補注引名勝志云：「連中館在空澤後，遺址高二丈。」又藝文類聚引古文瑣語曰：「初，邢史子臣謂宋景公曰：『從今以往五祀，臣死。自臣死後五祀，五月丁亥，吳亡。以後五祀，八月辛巳，君薨。』邢史子臣至死日，朝見景公，夕而死。後吳亡。景公懼，思邢史子臣之言，將死日，乃逃于瓜圃，遂死焉。求得，已蟲矣。」此蓋小說家言，怪誕不足信，姑録之。大尹興空澤之士千甲，杜注：「甲士千人。」奉公自空桐入如沃宮，杜注：「奉公尸也。梁國虞縣東南有地名空桐。沃宮，宋都内宮名。」章炳麟左傳讀卷八云：「殷本紀，太史公曰，殷後有空桐氏。此即宋裔，以地爲氏者，語本世本，正可以證左。」使召六子，六子即上文六卿。曰：「聞下有師，下謂下邑。君請六子畫。」杜注：「畫，計策。」釋文：「畫音獲。」六子至，以甲劫之曰：「君有疾病，請二三子盟。」乃盟于少寢之庭，少寢即小寢，見禮記玉藻，爲諸侯退朝後燕息之處。曰：「無爲公室不利！」大尹立啓，奉喪殯于大宮，俞樾平議云：「大宮者，宋之祖廟也。」而殯于大宮者，當時之禮固如此，詳僖八年傳注。三日而後國人知之。司城茷使宣言于國曰：「大尹惑蠱其君，而專其利，今君無疾而死，「今」原作「令」，從石經、宋本、足利本、金澤文庫本訂正。宋景在位四十八年，其父元公在位雖十五年，然其祖平公在位四十四年，計其晚年蓋已老而倦于政事矣，故雖六卿不得見，大尹得以專權，此則欲加大尹以罪耳。死又匿之，是無他矣，大尹之罪也。」杜注：「言大尹所弒。」

得夢啓北首而寢於盧門之外，杜注：「盧門，宋東門。北首，死象。在門外，失國也。」馬宗璉補注云：「酈元曰，宋南門曰盧門（水經睢水注），此注盧門爲東門，非是。」杜注應同于昭二十一年傳注，作「盧門，宋東城南門」。己爲烏而集於其上，「烏」原作「鳥」，今從宋本、淳熙本、岳本、足利本、金澤文庫本。咮加於南門，尾加於桐門。杜注：「桐門，北門。」曰：「余夢美，必立。」

大尹謀曰：「我不在盟，杜注：「少寢盟但以君命盟六卿，大尹不盟。」無乃逐我？復盟之乎！」使祝爲載書。惠棟補注云：「周禮詛祝，作盟詛之載辭。」六子在唐盂，高士奇地名考略謂唐盂即僖二十一年經「會于孟」之「孟」，則在今河南睢縣，疑較遠，此時六卿必不致全皆輕離國都。唐孟或宋都郊鄙一地。將盟之。祝襄以載書告皇非我。杜注：「襄，祝名。」皇非我因子潞、杜注：「子潞，樂茷。」門尹得、杜注：「樂得。」程公説分紀世譜二云：「得，豫七世孫。」豫見于文七年傳。左師謀曰：「民與我，逐之乎！」皆歸授甲，使徇于國曰：「大尹惑蠱其君，以陵虐公室；與我者，救君者也。」衆曰：「與之！」大尹徇曰：「戴氏、皇氏將不利公室，與我者，無憂不富。」衆曰：「無別！」杜注：「惡其號令與君無別。」楊樹達先生讀左傳云：「此宋人因大尹之語而非之之辭，意謂女大尹詆他人不利公室，女大尹與不利公室者固無別也。」戴氏、皇氏欲伐公，杜注：「公謂啓。」樂得曰：「不可。彼以陵公有罪；我伐公，則甚焉。」使國人施于大尹，杜注：「施罪於大尹。」大尹奉啓以奔楚，乃立得。宋世家云：「宋公子特攻殺太子而自立，是爲昭公。」索隱云：「特一作『得』。按左傳，與此全乖，未知太史公據何而爲此説。」韓詩外傳六及賈子先醒篇言宋昭公出亡，歎曰：「吾外内不聞吾過，是以至此。」革心易行二年，宋人迎而復之。宋有兩昭公，若是此昭公，亦春秋後事矣，且史記亦無此事，未必可信。司城爲上卿，盟曰：「三族共政，無相害也！」三族即上文之皇、靈、樂三氏。

二六·三　衛出公自城鉏使以弓問子贛，且曰：「吾其入乎？」子贛稽首受弓，對曰：「臣不識也。」私於使者曰：「昔成公孫於陳，杜注：「僖二十八年衛成公奔楚，遂適陳。」甯武子、孫莊子爲宛濮之盟而君入。杜注：「盟在僖二十八年。」獻公孫於齊，阮刻本作「孫於衞、齊」，今從石經、宋本、足利本及金澤文庫本刪「衞」字。杜注：「在襄十四年。」子鮮、子展爲夷儀之盟而君入。杜注：「在襄二十六年。」今君再在孫矣，杜注：「謂十五年孫魯，今又孫宋。」內不聞獻之親，子鮮、子展從獻公於外，而與甯喜謀納公。外不聞成之卿，甯武子、孫莊子皆成公之卿。則賜不識所由入也。詩曰：『無競惟人，四方其順之。』詩周頌烈文句。順，今詩作「訓」。競，强也。言惟有人則强，四方將順從之。若得其人，四方以爲主，而國於何有？」何有，不難之詞，參論語譯注。此猶言得國有何難哉。

二十七年，癸酉，公元前四六八年。周貞定王（史記作定王）介元年、晉出七年、齊平十三年、衞悼二年、蔡聲四年、鄭聲三十三年、杞哀三年、宋昭公得元年、秦厲共九年、楚惠二十一年、越句踐二十九年。

傳

二七·一 二十七年春，越子使舌庸來聘，「舌」原作「后」，今訂正，說見去年傳注。且言邾田，封于駘上。魯曾侵奪邾國之土田，越以霸主身份派舌庸來與魯談，協定以駘上爲魯、邾交界處。駘上，據杜預土地名，即襄四年傳之狐駘，在今山東滕縣東南二十里。

二月，盟于平陽，杜注：「西平陽。」即今山東鄒縣城。三子皆從。杜注：「季康子、叔孫文子、孟武伯皆從舌庸盟。」杜誤，從魯哀公也。康子病之，杜注：「恥從蠻夷盟。」亦恥以公、卿從一大夫盟也。言及子贛，曰：「若在此，吾不及此夫！」蓋舌庸强三子從魯哀公與之盟，魯之兵力既不能敵越，又無善于辭令之人以拒之，故念及子貢，十二年子貢曾却吴王夫差之請尋盟也。武伯曰：「然。何不召？」曰：「固將召之。」文子曰：「他日請念。」杜注：「言季孫不能用子贛，臨難而思之。」

二七·二　夏四月己亥，己亥，二十五日。季康子卒。公弔焉，降禮。杜注謂「禮不備也，言公之多妄」；明陸粲左傳附注謂魯哀「過自貶屈」，二説相反。二十五年傳云「飲酒不樂，公與大夫始有惡」，則魯哀于季康子固已恨之矣；于其卒也，弔其喪減于常例，蓋合情理，且下傳明言「三桓亦患公之妄也」，乃杜注之所本。

二七·三　晉荀瑶帥師伐鄭，荀瑶即智襄子。次于桐丘。桐丘在今河南扶溝縣西二十里，又見莊二十八年傳「鄭人將奔桐丘」注。鄭駟弘請救于齊。杜注：「弘，駟歂子。」駟弘字子般，下文子思，爲子産之子國參，與駟弘同行者。不能誤以下文之子思即駟弘。齊師將興，陳成子屬孤子三日朝。屬，會也。孤子，曾爲國戰死者之子。聚集死事者之子，分别于三日内朝見之。設乘車兩馬，沈欽韓補注引儀禮既夕禮鄭玄注云：「兩馬，士制。」繫五邑焉。章炳麟左傳讀卷一云：「若爲國邑，則不得言繫；且下文『今君命女以是邑也』，命當以官言，不當以邑言。邑當爲裛之省文。説文：『裛，書囊也。』此乃策書之囊。竹簡繁重，故一策書分爲五囊也。時尚未見策文，故但舉著見者爲言耳。」召顔涿聚之子晉，曰：「隰之役，而父死焉。杜注：「隰役在二十三年。」以國之多難，未女恤也。今君命女以是邑也，服車而朝，毋廢前勞！」前勞指顔涿聚之功。顔涿聚即顔庚。乃救鄭。及留舒，詩小雅車攻鄭玄箋引作「柳舒」，水經濟水注亦作「柳舒」，皆留舒也。在今山東東阿縣舊治東北，下云「違穀七里」可證。違穀七里，穀人不知。穀見莊七年經注，即今山東東阿縣南之東阿鎮，本東阿舊治。穀亦齊地，師過本境而民不知，言其整肅。及濮，濮水有二，一在今山東菏澤縣北，一在今河南滑縣與延津縣境。此指後者，今皆湮。雨，不涉。子思曰：杜注：「子思，國參。」「大國在敝邑之宇下，大國指晉。是以告急。今師不行，恐無及也。」成子衣製、杖戈，杜注：「製，雨衣也。」俞正燮癸巳類稿製解謂製爲今之斗蓬。立於阪上，馬不出者，出謂出步前行。助之鞭之。知伯聞之，乃還，曰：「我卜伐鄭，不卜敵齊。」説苑指武篇叙此節云：「智伯曰：『吾聞田恒（即陳成子）新得國而愛其民，内同其財，外同其勤勞，治軍若此，此其得衆也，不可待也。』乃去之耳。」使謂成子曰：「大夫陳子，陳之自出。陳之不祀，鄭之罪也，十七年楚滅陳，與鄭無關，此言「鄭之罪」，蓋荀瑶用以説明伐鄭之故乃爲陳，並誣陳恒不恤祖國。故寡君使瑶察陳衷焉，顧炎武補正引傳遜曰：「衷，中也，察其中見滅之由。」會箋云：「衷，情實也。」傳說較長。杜訓衷爲善，誤。謂大夫其恤陳乎？若利本之顛，本指陳，陳恒之所自出也。此誣陳恒以陳亡爲己利。瑶何有焉？」猶言汝不恤陳，與我無害。成子怒曰：「多陵人者皆不在，沈欽韓補注、洪亮吉詁均引爾雅釋詁云：「在，終也。」終謂有好結果。知伯其能久乎！」其作豈用。

中行文子告成子曰：杜注：「文子，荀寅，此時奔在齊。」「有自晉師告寅者，將爲輕車千乘以厭齊師之門，則可盡也。」厭同壓。謂晉師將以輕車迫擊齊軍之門，可以盡殲齊軍。成子曰：「寡君命恒曰：『無及寡，及，攻擊、打擊之義。無畏衆。』雖過千乘，敢辟之乎？辟同避。將以子之命告寡君。」文子曰：「吾乃今知所以亡。杜注：「自恨己無知。」君子之謀也，始、衷、終皆舉之，衷同中。吕氏春秋異寶篇高注：「舉，謀也。」而後入焉。杜注：「謀一事，則當慮此三變，然後入而行之，所謂君子三思。」入謂入言于上，杜注可商。今我三不知而入之，不亦難乎！」

二七·四　公患三桓之侈也，欲以諸侯去之；說文：「侈，掩脅也。」段玉裁注云：「掩者，掩蓋其上；脅者，脅制其旁。凡自多以陵人曰侈，此侈之本義也。」三桓久無視公室，魯哀患被殺而失位也。杜注：「欲求諸侯師以逐三桓。」三桓亦患公之妄也，妄謂不自量而繆亂，魯世家云「三桓亦患公作難」。故君臣多間。間隙甚多。公游于陵阪，梁履繩補釋引孔廣栻曰：「黄帝陵在曲阜城東北，少皞陵在黄帝陵東，相傳陵阪即其地。」遇孟武伯於孟氏之衢，曰：「請有問於子：余及死乎？」杜注：「問己可得以壽死不。」對曰：「臣無由知之。」三問，卒辭不對。公欲以越伐魯而去三桓，秋八月甲戌，甲戌，朔日。公如公孫有陘氏。杜注：「有陘氏即有山氏。」氏猶家也。因孫於邾，乃遂如越。國人施公孫有山氏。杜注：「以公從其家出故也。」晉語九韋注：「施，劾捕也。」疑即二十六年傳「施于大尹」之施，罪之也。魯世家云：「國人迎哀公復歸，卒于有山氏。」若此言可信，則有山氏仍在，劾捕之後又釋放之。

二七·五

悼之四年，悼，魯悼公，哀公之子，名寧。哀公卒，魯人立之。悼之四年，晉出公十二年。晉荀瑶帥師圍鄭，未至，鄭駟弘曰：「知伯愎而好勝，早下之，則可行也。」杜注：「行，去也。」謂可使晉軍退去。乃先保南里以待之。杜注：「保，守也。南里在城外。」知伯入南里，門于桔柣之門。入南里，蓋鄭人稍戰而退入城，駟弘所謂「早下之」也。晉軍又攻鄭都桔柣之門。鄭人俘酅魁壘，杜注：「酅魁壘，晉士。」賂之以知政，欲使之爲鄭用，而許其爲鄭卿。閉其口而死。酅魁壘不同意，鄭人乃塞其口而殺之。將門，知伯謂趙孟：「入之！」趙孟，趙襄子無恤，亦見二十年傳並注。至魯悼四年爲晉卿者已十一年矣。對曰：「主在此。」杜注：「主謂知伯也。」言主在此，何不自入。杜解可商，趙孟蓋謙言，主在此，吾不能先也。知伯曰：「惡而無勇，何以爲子？」杜注：「惡，貌醜也。簡子廢嫡子伯魯而立襄子，故知伯言其醜且無勇，何故立以爲子。」子謂爲太子。無恤本賤妾之子，簡子廢嫡子伯魯而立之，事見趙世家。然趙世家所敍，不知太史公何所依據而多怪誕之談，未足盡信。**對曰：「以能忍恥，庶無害趙宗乎！」**趙世家云：「毋恤（即無恤）曰：『君所以置毋恤，爲能忍詢。』」説苑建本篇亦敍此事云「趙簡子以襄子爲後。董安于曰：『無恤不才，今以爲後，何也？』簡子曰：『是其人能爲社稷忍辱』」云云，則就史記而發揮之者。**知伯不悛，趙襄子由是惎知伯，**洪亮吉詁引小爾雅云：「惎，忌也。」**遂喪之。**謂知伯帥韓、魏之師圍趙襄子於晉陽，欲滅亡之。**知伯貪而愎，故韓、魏反而喪之。**韓、魏反潛與趙合謀，殺知伯，共分其地。此皆戰國時事，左傳敍之者，終陳恒之言耳。

中華書局
初版責編　李解民
再版責編　石　玉

楊伯峻編著

春秋左傳注

（修訂本）

五

昭公

中華書局

春秋左傳注

昭公

名裯，史記魯世家亦作「裯」，但年表作「稠」，世本、漢書古今人表亦俱作「稠」。唯索隱引徐廣云「一作袑」。襄公之子，齊歸所生，去年傳已詳述之。周景王四年即位，時年已過十九。在位二十五年，寄居于齊、晉八年，共三十三年，死時五十二。

元年，庚申，公元前五四一年。周景王四年、晉平十七年、齊景七年、衞襄三年、蔡靈二年、鄭簡二十五年、曹武十四年、陳哀二十八年、杞文九年、宋平三十五年、秦景三十六年、楚郟敖四年、吳夷末三年、許悼六年。

經

一·一 **元年春王正月，**二月初二日壬子冬至，建亥，有閏。**公即位。**無傳。

一·二 **叔孫豹會晉趙武、楚公子圍、齊國弱、宋向戌、衛齊惡、陳公子招、蔡公孫歸生、鄭罕虎、許人、曹人于虢。**「國弱」，公羊「弱」作「酌」，弱、酌古音同韻，可相通。「罕虎」，公羊作「軒虎」，罕、軒同從干聲，臧壽恭古義云：「定十五年經『罕達』，公羊亦作『軒達』；昭四年傳『渾罕』，韓子作『渾軒』，亦同音相假。」「虢」，公羊作「漷」，穀梁作「郭」。古義又云：「國策齊策『郭君』，高誘注云『古文言虢也』，是『虢』爲古文，『郭』爲今文，漷即郭之假借。」「齊惡」，公羊作「石惡」。齊召南考證云：「二傳作『齊惡』是也，石惡已於襄二十八年出奔晉矣。」校勘記云：「釋文不云二傳作『齊惡』，是公羊古本與二傳同。孫志祖說。」虢爲東虢，周文王弟虢叔所封，後爲鄭所滅，平王即以其地與鄭。故城在今河南鄭州市北古滎鎮。

一·三 **三月，取鄆。**「鄆」，公羊作「運」，音同通假。鄆在今山東沂水縣東北五十里，文十二年季孫行父城鄆，則鄆屬魯；成九年楚伐莒，入鄆，則又已屬莒。故傳謂「莒、魯爭鄆，爲日久矣」。餘詳文十二年經注。

一·四 **夏，秦伯之弟鍼出奔晉。**鍼音箝，非「針」字。

一·五 **六月丁巳，**丁巳，九日。**邾子華卒。**無傳。孔疏云：「華以襄十八年即位，十九年盟于祝柯，二十年于澶淵，二十五年于重丘，皆邾、魯俱在，是三同盟。」傳世有邾公華鐘，據銘文，爲此人所鑄。

一·六 **晉荀吳帥師敗狄于大鹵。**公羊、穀梁俱作「大原」。公羊傳、穀梁傳謂中國名此地爲大原，夷狄則名之爲大鹵，其實一地。大鹵在今太原市西南約二十五里。宋翔鳳過庭録謂即漢書地理志安定郡之鹵縣，今寧夏之固原縣，未必可信。

一·七 秋，莒去疾自齊入于莒。莒展輿出奔吳。公、穀無「輿」字。左一本亦無「輿」字。

一·八 叔弓帥師疆鄆田。杜注：「春取鄆，今正其封疆。」

一·九 葬邾悼公。無傳。

一·一〇 冬十有一月己酉，己酉，四日。楚子麇卒。麇音君。公、穀作「卷」，音權。古音近，可通假。史記楚世家作「員」。

一·一一 楚公子比出奔晉。本無「楚」字，今從校勘記及金澤文庫本增。

傳

一·一 元年春，楚公子圍聘于鄭，公子圍即襄二十九年、三十年傳之王子圍。或稱公子，或稱王子，固無一定。魯語下敘此亦稱公子圍。且娶於公孫段氏。伍舉爲介。杜注：「伍舉，椒舉。介，副也。」洪亮吉詁：「孫叔敖碑作『五舉』。案唐石經初刻亦作『五』，後加『人』旁，非也。」將入館，入城而住客館。鄭人惡之，杜注：「知楚懷詐。」使行人子羽與之言，乃館於外。杜注：「舍城外。」既聘，聘問之禮已畢。將以衆逆。逆，迎也。古代婚禮，最後爲親迎。衆，兵衆。率兵衆以迎新婦。子產患之，恐其因衆侵鄭。使子羽辭，辭謂拒絕。曰：「以敝邑褊小，不足以容從者，請墠聽命。」古代親迎，壻受婦於女家之祖廟。子産不欲其入城，欲除地爲墠，代豐氏之廟，行親迎之禮。墠音善。**令尹命大宰伯州犁對曰：**令尹即公子圍，時爲楚令尹。**「君辱貺寡大夫圍，**貺，賜也。寡大夫，州犁稱公子圍，猶異國人士稱其國君曰寡君。**謂圍將使豐氏撫有而室。**豐氏，即公孫段。段時已賜氏爲豐，其後有豐卷、豐施。禮記文王世子鄭注：「撫，有也。」撫有，同義詞連用。而同爾。室，禮記曲禮「三十曰壯有室」，鄭注：「有室，有妻也。」**圍布几筵，告於莊、共之廟而來。**古代席地而坐，几所以凭靠。禮記檀弓下孔疏：「几，依神也；筵，坐神席也。」布，陳列。莊王，圍之祖；共王，圍之父。句謂曾祭告于祖與父之廟而來娶婦。孔疏：「禮記文王世子：『取妻必告。』鄭玄注：『告於君也。』亦既告君，必須告廟。」**若野賜之，**墠僅係城外一平地，故曰野。**是委君貺於草莽也，**君指鄭君。應上文「君辱貺寡大夫圍」。草深曰莽。**是寡大夫不得列於諸卿也。**杜注：「言不得從卿禮。」**不寧唯是，**寧，語中助詞，無義。例見詞詮。言不僅此也。**又使圍蒙其先君，**杜注：「蒙，欺也。告先君而來，不得成禮於女氏之廟，故以爲欺先君。」**將不得爲寡君老，**禮記王制「屬於天子之老二人」，注：「老謂上公。」曲禮下「國君不名卿老世婦」，注：「卿老，上卿也。」儀禮聘禮「授老幣」，疏：「大夫家臣稱老。」則天子諸侯大夫之臣之長皆曰老。杜注：「大臣稱老。懼辱命而黜退。」**其蔑以復矣。**復，返也。作復命解亦可。言無以返國或復命。**唯大夫圖之。」**

子羽曰：「小國無罪，恃實其罪。杜注：「恃大國而無備，則是罪。」**將恃大國之安靖己，**納豐氏之女，亦是仰仗大國安定已國。而無乃包藏禍心以圖之？直接點明圍乃包藏禍心以謀侵鄭。禍心即下文「禍人之心」。小國失恃，而懲諸侯，懲諸侯，使諸侯因此懲戒。使莫不憾者，距違君命，而有所壅塞不行是懼。自「小國失恃」至「是懼」爲長句，亦一倒裝句。言懼鄭國失楚之依靠，又使諸侯對楚懲戒，使諸侯無不恨楚國，因而抗拒叛離，楚國之命將壅塞不行。不然，敝邑，館人之屬也，敝國即是楚國館人之屬。其敢愛豐氏之祧？」其，用法同豈。敝邑已是楚國之客館守者，豈敢惜豐氏之祖廟？祧音挑。杜注：「遠祖廟。」但大夫不得祖諸侯，故沈欽韓補注云：「豐氏但得有禰廟（父廟），襄公冠於成公之廟，而云『以先君之祧處之』，然則祧是廟之通稱，不必爲遠祖廟也。」俞樾茶香室經説云：「公孫段爲子豐之子，子豐爲穆公之子，則子豐乃别子爲祖者也。子豐死而立廟，即豐氏之祧矣。」此説甚確。伍舉知其有備也，請垂櫜而入。櫜音羔，古時裝兵器之口袋。垂櫜，表示内無兵器。許之。

正月乙未，乙未，十五日。入，逆而出。入，入城入廟。逆，迎婦。遂會於虢，虢見經注。尋宋之盟也。杜注：「宋盟在襄二十七年。」祁午謂趙文子曰：「宋之盟，楚人得志於晉。杜注：「得志謂先歃。」午，祁奚子。」今令尹之不信，諸侯之所聞也。子弗戒，戒，警惕戒備。懼又如宋。子木之信稱於諸侯，猶詐晉而駕焉，詐謂衷甲。駕，駕陵。況不信之尤者乎？楚重得志於晉，重，平聲，再次。晉之恥也。子相晉國，以爲盟主，於今七年矣。趙武以襄二十五年執晉國之政，至此滿七年而稍多。再合諸侯，杜注：「襄二十五年會夷儀，二十六年會澶淵。」三合大夫，杜注：「襄二十七年會於宋，三十年會澶淵及今會虢也。」服齊、狄，寧東夏，東夏，華夏東方之國，實指齊。襄二十五年同盟于重丘，襄二十八年齊侯、白狄朝晉。平秦亂，自殽之戰以後秦、晉不和，故曰秦亂，非言秦有亂。襄二十六年秦、晉爲成。城淳于，杜注：「襄二十九年城杞之淳于，杞遷都。」淳于在今山東安丘縣東北三十餘里。師徒不頓，頓，疲弊也，挫傷也。國家不罷，民無謗讟，讟音獨，誹謗也。諸侯無怨，天無大災，子之力也。有令名矣，而終之以恥，午也是懼，吾子其不可以不戒。」文子曰：「武受賜矣。杜注：「受午言。」然宋之盟，子木有禍人之心，武有仁人之心，是楚所以駕於晉也。今武猶是心也，楚又行僭，杜注：「僭，不信。」非所害也。武將信以爲本，循而行之。譬如農夫，是穮是蓘，穮音標，田中除草。蓘音滾，培土附苗根。雖有饑饉，必有豐年。言農夫勤勞不息，縱因水旱而饑饉，年年如此，終必有豐收之年。譬如已有仁信，楚雖一時駕陵晉國，晉終必得諸侯。且吾聞之，能信不爲人下，吾未能也。杜注：「自恐未能信也。」詩曰『不僭不賊，鮮不爲則』，詩大雅抑篇，僖九年傳亦引此二句。僭，不信也。不僭，則待人以信。賊，害也。鮮，上聲，少也。信也。能爲人則者，不爲人下矣。吾不能是難，此倒裝句，吾難於不能，言吾以不能信爲難。楚不爲患。」楚令尹圍請用牲讀舊書加于牲上而已，舊書即宋之盟約。正本已埋于宋盟之坎，此所讀者蓋宋盟諸國所藏之副本也。杜注：「楚恐晉先歃，故欲從舊書加于牲上，不歃血，經所以不書盟。」**晉人許之。**

三月甲辰，甲辰，二十五日。**盟。楚公子圍設服、離衛。**設，施陳也，今言設施、設立。服，凡衣飾器用品物皆可曰服，如周禮大行人「其貢服物」，謂玄纁絺纊；都宗人「正都禮與其服」，謂宮室車旗。此服泛指圍之一切陳設服飾。設服，設君服也。魯語下叙此事云「今大夫而設諸侯之服」，足爲明證。「離」與「麗」古音同在來母歌韻，可相通假。故易離彖辭：「離，麗也。」麗又與儷通。儷，並也，耦也（配偶即伉儷），兩也。儀禮士昏禮鄭注：「儷皮，兩鹿皮也。」禮記曲禮上「離坐離立毋往參焉」、「離立者不出中間」，離立、離坐謂兩人並坐、並立。離衛，衛即今之衛兵，衛兵成雙成對者，謂之儷衛，亦作離衛。據下文，似王子圍前有執戈者二人，後可能亦有二衛兵。據襄二十八年傳，慶舍之衛，前後各一人，盧蒲癸、王何是也。**叔孫穆子曰：「楚公子美矣，君哉！」**言圍已用楚君之一切服飾設施。**鄭子皮曰：「二執戈者前矣。」**禮記喪服大記：「君即位于阼，小臣二人執戈立于前，二人立于後。」杜注：「禮，國君行，有二執戈者在前。」**蔡子家曰：「蒲宮有前，不亦可乎？」**孔疏引服虔云：「蒲宮，楚君離宮。言令尹在國，已居君之宮，出有前戈，不亦可乎？」有前即有前戈。**楚伯州犁曰：「此行也，辭而假之寡君。」**杜注：「聞諸大夫譏之，故言『假』以飾令尹過。」**鄭行人揮曰：「假不反矣。」**杜注：「言將遂爲君。」反同返，歸還。孟子盡心上：「久假而不歸，惡知其非有也。」**伯州犁曰：「子姑憂子晳之欲背誕也。」**杜注：「襄三十年鄭子皙殺伯有，背命放誕，將爲國難。言子且自憂此，無爲憂令尹不反戈。」子羽曰：「當璧猶在，假而不反，子其無憂乎？」子羽，即行人揮之字。當璧謂楚平王，事見十三年傳。「其」用法同「豈」。句謂楚國將爲當璧者所有，今令尹假王之儀節品物而欲真爲王，子豈無憂乎？齊國子曰：「吾代二子愍矣。」杜注：「國子，國弱也。二子謂王子圍及伯州犁。圍此冬便篡位，不能自終；州犁亦尋爲圍所殺，故言可愍。」愍音閔，服虔注：「憂也。」孔疏引服虔云：「代伯州犁憂公子圍，代子羽憂子皙。」則二子指州犁與子羽。左傳作者好以後來事實作預言，故預言多驗。子羽並無禍，則杜説是。陳公子招曰：「不憂何成？二子樂矣。」言憂而後成事。二子仍指圍與州犁，今二子不憂而樂，謂其事不能成也。衛齊子曰：「苟或知之，雖憂何害？」齊子即齊惡，爲閔二年傳齊子之四世孫，見杜氏世族譜。時衛襄公名惡，而其臣有齊惡、石惡，君臣同名。禮記內則孔疏云：「先衛侯生，故得與衛侯同名，是知先生者不改也。」昭七年穀梁傳云：「此何爲君臣同名也？君子不奪人名，不奪人親之所名，重其所以來也，王父名子也。」杜注：「言先知爲備，雖有憂難，無所損害。」宋合左師曰：「大國令，小國共，吾知共而已。」共音恭，尚書舜典「汝共工」，共謂供職事。此謂大國發令，小國供職事。晉樂王鮒曰：「小旻之卒章善矣，吾從之。」小旻，小雅篇名。旻音民。其卒章云：「不敢暴虎，不敢馮河。人知其一，莫知其他。戰戰兢兢，如臨深淵，如履薄冰。」樂王鮒言此，意在不贊同諸大夫之公開譏評。

退會，子羽謂子皮曰：「叔孫絞而婉，叔孫穆子之言恰切而婉轉，譏圍其「美矣君哉」也。宋左師簡而禮，「吾知共而已」，言簡而合于禮。樂王鮒字而敬，杜注：「字，愛也。」「字」即「慈」字，説文：「慈，愛也。」子與子家持之，杜注：「子，子皮；子家，蔡公孫歸生。」孔疏：「子皮直云『二執戈者前矣』，雖意知不可，而辭無譏切。子家云『蒲宮有前，不亦可乎』，意雖並譏蒲宮，言乃謂之爲可，不如子羽之譏評，不同伯州犁之飾辭。持其兩端，無所取與，是持之也。奕棋謂不能相害爲持，意亦同於此也。」皆保世之主也。齊、衛、陳大夫其不免乎！國子代人憂，子招樂憂，齊子雖憂弗害。夫弗及而憂，代人憂，不及己。與可憂而樂，公子招意本謂二人樂，非謂己樂，此曲意解之。與憂而弗害，雖憂何害。皆取憂之道也，憂必及之。大誓曰：『民之所欲，天必從之。』詳去年傳並注。三大夫兆憂，杜注：「開憂兆也。」憂能無至乎？原無「憂」字，依校勘記及金澤文庫本增。言以知物，禮記緇衣「言有物」，鄭注：「物謂事驗。」八年陳招殺太子。國弱之子國夏以哀六年奔魯。齊惡之子齊豹被滅，見昭二十年傳。其是之謂矣。」

一·二 季武子伐莒，取鄆。莒人告於會。取鄆在三月，趙孟入于鄭在四月，則莒人告于虢之會，正楚公子圍未歸國時。告于會，主要告于楚，故楚請戮魯使。楚告於晉曰：「尋盟未退，杜注：「尋弭兵之盟。」而魯伐莒，瀆齊盟，齊同齋，餘詳成十一年傳注。成十六年傳亦云「瀆齊盟而食話言」，瀆，褻瀆、輕慢之意。請戮其使。」杜注：「時叔孫豹在會，欲戮之。」

樂桓子相趙文子，杜注：「桓子，樂王鮒。相，佐也。」欲求貨於叔孫，而爲之請。樂桓子欲賄，爲叔孫向趙武請免。使請帶焉，杜注：「難指求貨，故以帶爲辭。」弗與。梁其踁曰：「貨以藩身，子何愛焉？」杜注：「踁，叔孫家臣。」依杜注，以梁其爲複姓。廣韻梁字注云：「複姓，左傳有梁其踁，魯伯禽庶子梁其之後。」藩，保衛。愛，惜。叔孫曰：「諸侯之會，衞社稷也。我以貨免，魯必受師，杜注：「言不戮其使，必伐其國。」是禍之也，何衞之爲？人之有牆，以蔽惡也。惡猶盜賊之流。牆之隙壞，隙，裂縫。商君書修權篇「隙大而牆壞」，淮南子人間訓「牆之壞也於隙」，皆此意也。誰之咎也？衞而惡之，吾又甚焉。本衞社稷，今反使魯受伐，吾之罪又甚於牆隙。雖怨季孫，杜注：「怨季孫之伐莒。」魯國何罪？叔出季處，有自來矣，吾又誰怨？杜注：「季孫守國，叔孫出使，所從來久，今遇此戮，無所怨也。」自襄二十一年後，盟會聘問，皆書叔孫，而仲孫偶然參與，經未嘗書季孫，已十餘年矣。有自來，蓋就近年事言之。然鮒也賄，王鮒省稱鮒，雙名稱其一字，如薳富獵稱獵，例甚多。賄，好賄賂。弗與，不已。」不與之，將不止。召使者，裂裳帛而與之，曰：「帶其褊矣。」撕裂裙帛以爲帶，且歉言，帶恐狹小矣，故裂裳也。說參楊樹達先生讀左傳。趙孟聞之，曰：「臨患不忘國，忠也；寧被戮，不使魯受伐。思難不越官，信也；杜注：「謂言叔出季處。」信，誠也。圖國忘死，貞也；杜注：「謂不以貨免。」謀主三者，義也。計謀以忠、信、貞爲主。有是四者，又可戮乎？」乃請諸楚曰：「魯雖有罪，其執事不辟難，執事謂叔孫豹。畏威而敬命矣。畏楚威，敬楚命。子若免之，以勸左右，左右謂楚之羣臣。可也。若子之羣吏，處不辟污，污謂困難之事。處謂在國，對出而言。出不逃難，其何患之有？國無患也。患之所生，污而不治，難而不守，不守則逃。所由來也。能是二者，又何患焉？不靖其能，其誰從之？杜注：「安靖賢能，則衆附從。」魯叔孫豹可謂能矣，請免之，以靖能者。子會而赦有罪，不伐魯。又賞其賢，諸侯其誰不欣焉望楚而歸之，視遠如邇？楚國離中原諸國雖遠，而諸侯視之如近。疆埸之邑，一彼一此，何常之有？杜注：「言今衰世，疆埸無定主。」埸音易，疆也。王、伯之令也，三王，夏禹、商湯、周文武。五伯，即五霸，夏昆吾，商大彭、豕韋，周齊桓、晉文。令，善也。引其封疆，杜注：「引，正也。正封界。」而樹之官，舉之表旗，而著之制令，過則有刑，楊樹達先生讀左傳云：「官謂界上官寺。表旗即後世界碑之類。制令即後世所謂邊界章程。過謂越境。諸文皆承封疆而言。」猶不可壹。如此尚不能固定列國境界一成不變。於是乎虞有三苗，尚書舜典：「竄三苗于三危。」傳：「三苗，國名，縉雲氏之後，爲諸侯，號饕餮。」淮南子修務訓：「舜征三苗而道死蒼梧。」又有禹征三苗之説，出于墨子非攻篇下，蓋皆古代傳説。夏有觀、扈，觀，或謂即楚語上「啓有五觀」之觀，則爲啓之子。然據傳義，似爲夏之敵。漢書地理志東郡畔觀縣，應劭云：「夏有觀、扈，世祖更名衛國。」後漢書郡國志亦云「衛，本觀故國，姚姓」，則觀非啓子矣。扈亦稱有扈，逸周書史記解：「有夏之方興也，扈氏弱而不恭，身死國亡。」吕氏春秋先己篇亦有啓與有扈戰之叙述，史記夏本紀且引甘誓，謂「有扈氏不服，大戰于甘」云云。古書尚有異説，不備引。據漢志，觀國在山東觀城廢縣治西，今范縣境内。扈，今陝西户縣北。顧頡剛、劉起釪則認爲「在夏代時已向東北遷至今范縣一帶」。見中國史研究第一期尚書甘誓校釋譯論。商有姺、邳，姺亦作侁，即吕氏春秋本味篇之有侁氏，高誘注「姺讀曰莘」，文選辨命論李善注即引作有莘氏。僖二十八年傳「晉侯登有莘之虚」即此。其地相傳即今山東曹縣北之莘塚集。邳亦古國，據杜注，即今江蘇之邳縣舊治邳城鎮。今本竹書紀年「外壬元年，邳人、姺人叛」，蓋襲取左傳此文爲之。周有徐、奄。徐即詩大雅常武「濯征徐國」、「徐方震驚」之徐方或徐國，故址當在今江蘇泗洪縣南，近洪澤湖。奄亦古國名，尚書序云：「成王東伐淮夷，遂踐奄，作成王政。」則奄被滅於成王。山東通志：「奄里在曲阜縣東境，古奄國。」相傳徐、奄皆嬴姓，伯益之後，俱亡于西周。自無令王，令，善也。諸侯逐進，逐，追逐，競争也。進，前也，意謂侵鄰擴己。狎主齊盟，狎，更也，代也。襄二十七年傳「且晉、楚狎主天下之盟也久矣」，即此狎。其又可壹乎？恤大舍小，杜注：「大謂簒弑滅亡之禍。」杜意謂諸侯有爲大禍亂者憂之，若小過則捨而免之。足以爲盟主，又焉用之？杜注：「焉用治小事。」封疆之削，削，被削小。何國蔑有？主齊盟者，誰能辯焉？杜注：「辯，治也。」吴、濮有釁，吴在楚之東。濮即文十六年傳之百濮，詳彼注。在楚之南。釁，釁隙，間隙也。楚之執事豈其顧盟？意謂楚之鄰國有可乘之機，楚國豈將顧及盟約而不攻之？莒之疆事，楚勿與知，勿與知猶今言不要過問。諸侯無煩，不伐魯，則諸侯不勞動兵。不亦可乎？莒、魯争鄆，爲日久矣。苟無大害於其社稷，可無亢也。亢與下文「亢身」「亢宗」之義同，扞蔽、庇護之義。謂護莒。去煩宥善，去煩，免諸侯動衆之勞。宥善，赦免善人叔孫豹。莫不競勸。莫不競力爲善。子其圖之。」固請諸楚，楚人許之，乃免叔孫。魯語下及晉語八亦叙此事而有不同。

一·三 令尹享趙孟，賦大明之首章。杜注：「大明，詩大雅。首章言文王明明照於下，故能赫赫盛於上。令尹意在首章，故特稱首章，以自光大。」趙孟賦小宛之二章。杜注：「小宛，詩小雅。二章取其各敬爾儀，天命不又，言天命一去，不可復還，以戒令尹。」事畢，趙孟謂叔向曰：「令尹自以爲王矣，何如？」對曰：「王弱，令尹彊，其可哉！其猶殆也。可，可成。雖可，不終。」雖可爲王，終無善果。趙孟曰：「何故？」對曰：「彊以克弱而安之，彊不義也。恃己强而安心于殺弱者，彊而不義。不義而彊，其斃必速。詩曰『赫赫宗周，褒姒滅之』，彊不義也。杜注：「詩小雅。褒姒，周幽王后，幽王惑焉，而行不義，遂至滅亡。言雖赫赫盛彊，不義足以滅之。」令尹爲王，必求諸侯。晉少懦矣，杜注：「懦，弱也。」諸侯將往。若獲諸侯，其虐滋甚，其暴虐更甚。民弗堪也，將何以終？終謂善終。夫以彊取，不義而克，必以爲道。杜注：「以不義爲道。」道以淫虐，謂以淫虐爲方法。弗可久已矣。」杜注：「爲十三年楚弑靈王傳。」

一・四 **夏四月，趙孟、叔孫豹、曹大夫入于鄭，鄭伯兼享之。**同時享燕。**子皮戒趙孟，**戒，告也。公食大夫，先告以期。戒亦有禮節。**禮終，**戒禮畢。**趙孟賦瓠葉。**瓠葉，詩小雅。瓠音壺，又音護，葫蘆科植物，瓠果可食，葉則不食，而古代窮苦人或食之。瓠葉之詩，楊寬古史新探以爲「叙述低級貴族舉行飲酒禮的情況」。趙孟賦此詩，乃告子皮，享燕之食當從菲薄。**子皮遂戒穆叔，且告之。**告以趙孟賦瓠葉。**穆叔曰：「趙孟欲一獻，**據禮記樂記鄭玄注，一獻，士飲酒之禮。一獻，主人向賓進酒一次。進酒僅一次，其他食品儀節相應減少、減輕。餘詳下文「酬幣」注。**子其從之。」子皮曰：「敢乎？」**杜注：「言不敢。」**穆叔曰：「夫人之所欲也，**夫音扶，遠稱指示詞，今言那。**又何不敢？」及享，具五獻之籩豆於幕下。**據周禮秋官大行人，上公饗禮九獻，侯伯七獻，子男五獻。又春官典命，公侯伯之卿皆三獻。杜注此云「朝聘之制，大國之卿五獻」，不知何據。籩音邊，古代盛棗、桃、栗、梅、菱、芡、脯、脩、膴、鮑、糗、餌等類無羹之具，以竹爲之，形似豆，祭祀、享燕用之。豆則以木爲之，盛肉類之禮器，亦盛虀、醢、菹、醬等較濕之物。籩、豆皆形如舊時代之燃植物油用燈芯草之燈。沈欽韓補注云：「幕下，東房也。」**趙孟辭，**以爲過於豐盛，不合己意。**私於子産曰：「武請於冢宰矣。」**私，私語。請，請求。冢宰非鄭官名，子皮爲鄭上卿，故稱之爲冢宰。**乃用一獻。趙孟爲客。禮終乃宴。**古人饗禮，饗後必宴，宴即燕。鄂侯鼎銘：「噩侯馭方内豊于王，乃祼之，馭方畓（侑）王。王休（賜也）宴。」可證饗禮終即宴。饗禮只是形式，獻賓（向賓客進酒）不用酒而用醴（僅有酒味之甜汁），且不能飲盡，僅品嘗而已。是以饗後必宴，賓主始能盡歡。燕禮可以「無算爵」(不限杯數)。如果饗禮隆重,如九獻、七獻,則賓客向主人還敬次數相應增多,作樂與酬幣(主人勸客飲酒所給之禮品)亦繁重,爲時長,宴禮將隔日舉行。此次鄭君享趙孟,只用一獻,用時不長,故享禮完畢即行宴禮。**穆叔賦鵲巢,**鵲巢,詩召南篇。詩云:「維鵲有巢,維鳩居之。之子于歸,百兩御之。」蓋嫁女之樂歌。穆叔意或比趙孟爲鵲,以己爲鳩。大國主盟,已得安居,免于楚之請殺之也。宴禮,主人之司正奉命請賓客升坐,撤去折俎,進牲肉,與宴者可以彼此相賦相語。**趙孟曰:「武不堪也。」**言我難以當此。**又賦采蘩,**亦召南詩篇。詩云「于以(以,何處)采(採)蘩?于沼于沚。于以用之?公侯之事」云云。蘩音繁,白蒿,菊科植物。**曰:「小國爲蘩,**言小國貢品菲薄。**大國省穡而用之,**穡通嗇,愛惜也。**其何實非命?」**杜注:「何敢不從命?」自賦自解,僅見於此傳。**子皮賦野有死麕之卒章,**野有死麕,亦詩召南篇名。麕亦作麇,音君,即麞。其卒章云:「舒而脱脱兮,無感(通撼,撼動)我帨(佩巾)兮,無使尨(狗)也吠。」子皮賦此,杜云:「喻趙孟以義撫諸侯,無以非禮相加陵。」**趙孟賦常棣,**杜注:「常棣,詩小雅。取其凡今之人莫如兄弟,言欲親兄弟之國。」**且曰:「吾兄弟比以安,**説文:「比,密也。」段玉裁注云:「其本義謂相親密也。」句謂親密以安。**尨也可使無吠。」穆叔、子皮及曹大夫興,拜,**古宴禮皆坐席。興,起也,起而後拜。**舉兕爵,**爵,古代酒杯,形似雀。兕爵,以兕牛角爲之。**曰:「小國賴子,知免於戾矣。」飲酒樂,趙孟出,曰:「吾不復此矣。」**杜注:「不復見此樂。」

一·五　**天王使劉定公勞趙孟於潁,**天王,周景王。劉定公,劉夏。潁,本周邑,後屬鄭。隱元年傳

「潁考叔爲潁谷封人」之潁谷則在河南登封縣西南，潁邑在登封縣東。館於雒汭。雒汭，雒同洛。洛水曲流處。洛水經洛陽及偃師縣東南，折而北逕鞏縣，又北而入黄河。則雒汭或在今鞏縣西。劉子曰：「美哉禹功！杜注：「見河、雒而思禹功。」此倒裝句，言禹功美哉。明德遠矣。微禹，吾其魚乎！吾與子弁冕、端委，弁冕，古時卿大夫之禮帽。端委，古時之禮衣。端，正也。古布寬二尺二寸（周尺），爲衣不裁剪，故謂之端。文服袖長，故謂之委。此種衣稱端委。以治民、臨諸侯，禹之力也。子盍亦遠績禹功而大庇民乎！」爾雅釋詁：「績，繼也。」對曰：「老夫罪戾是懼，焉能恤遠？吾儕偷食，偷，苟且。句謂苟且度日。朝不謀夕，何其長也？」言早尚不能爲夕計謀，何能念及長遠庇民。劉子歸，以語王曰：「諺所謂老將知而耄及之者，釋文謂「知音智」。趙孟此時年未滿五十，而似八十九十之人。八十曰耄。其趙孟之謂乎！爲晉正卿，以主諸侯，而儕於隸人，朝不謀夕，説文：「儕，等輩也。」句謂趙孟自同于隸人朝不謀夕。棄神、人矣。杜注：「民爲神主，不恤民，故神人皆去。」神怒、民叛，何以能久？趙孟不復年矣。不復終今年。神怒，不歆其祀；民叛，不即其事。即，就也。不即事猶不從事，怠工。祀、事不從，又何以年？」杜注：「爲此冬趙孟卒起本。」

一·六　叔孫歸，自虢會返魯。曾夭御季孫以勞之。姓纂十七登引世本：「夏少康封少子曲烈於鄫，春秋時爲莒所滅，鄫太子巫仕魯，去邑爲曾氏。」曾夭，季孫之家臣。旦及日中不出。季孫以旦至叔孫家，候至中午，叔孫仍不出户接見。杜注：「恨季孫伐莒，使己幾被戮。」曾夭謂曾阜，據通志氏族略二，曾阜爲鄫太子巫之子。杜注：「曾阜，叔孫家臣。」曰：「旦及日中，吾知罪矣。季孫久候，不怒不去，故云知罪。魯以相忍爲國也。忍其外，猶言「忍之於外」。不忍其内，猶言「忿之於内」。焉用之？」杜注：「欲受楚戮，是忍其外；日中不出，是不忍其内之也。」注文「内之」、「之」字疑衍。阜曰：「數月於外，杜注：「言叔孫勞役在外數月。」一旦於是，上文數月於外，此文一旦於是，二句皆省略動詞。庸何傷？庸亦何也。庸何並用，與襄二十五年傳「將庸何歸」同。賈而欲贏，而惡囂乎？」賈音古。言商賈欲求贏利，而厭惡市肆之喧囂乎？贏，有餘也。阜謂叔孫曰：「可以出矣。」叔孫指楹，曰：「雖惡是，其可去乎？」楹爲堂上之大柱，在兩階之間，房屋賴支柱，以比季孫。「其」作「豈」用。乃出見之。魯語下亦記此事而略有不同。

一·七 鄭徐吾犯之妹美，杜注「犯，鄭大夫」，則徐吾爲複姓。成元年傳「王師敗績于徐吾氏」，廣韻「吾」字注：「鄭公子有食采於徐吾之鄉，後以爲氏。」公孫楚聘之矣，杜注：「楚，子南。穆公孫。」聘即近世之訂婚，古亦謂之成昏，見隱七年、昭三年傳。蓋已納幣。公孫黑又使强委禽焉。古代婚禮，第一事爲納采。納采用雁，故亦言委禽。犯懼，告子産。子産曰：「是國無政，非子之患也。唯所欲與。」子產意國政不修，故二大夫爭女，非女家之患，女欲與誰則與誰，聽其所欲。犯請於二子，請使女擇焉。皆許之。聽女自擇，二人皆同意。子皙盛飾入，布幣而出。子皙即公孫黑。盛飾，裝扮華麗。布幣，幣爲贄幣，初見時禮品，男用玉帛或禽鳥，陳于堂上。子南戎服入，左右射，超乘而出。子南已聘，故不復納幣。射于中庭。車在門外，超乘，一躍登上車以出。女自房觀之，曰：「子皙信美矣，信，誠也，實也。抑子南，夫也。爲丈夫氣象。夫夫婦婦，上夫字婦字爲名詞，指其身；下二字爲述語。此種句法同于論語顏淵「君君、臣臣、父父、子子」。此謂丈夫應有丈夫之行，妻室應有妻室之德。所謂順也。」順古所謂理。適子南氏。子皙怒，既而櫜甲以見子南，周禮考工記函人疏「以衣衷著甲謂之櫜」，則此櫜甲即襄二十年傳之衷甲，非藏甲于櫜中。釋文：「櫜本或作衷。」欲殺之而取其妻。子南知之，執戈逐之，及衝，衝，大道四交之處。擊之以戈。子皙傷而歸，告大夫曰：「我好見之，不知其有異志也，故傷。」

大夫皆謀之。子產曰：「直鈞，言各有理由。其實子皙無理，欲奪子南聘妻，不得，又欲殺其夫，子南不過自衞而傷之耳。曲直自分明。子產以子皙大族，故佯聽子皙之訴，而以子南傷之爲無理。幼賤有罪，年少而位下者有罪。罪在楚也。」乃執子南，而數之，僖二十八年傳「數之以其不用僖負羈而乘軒者三百人也」，數謂數其罪。此同。曰：「國之大節有五，女皆奸之。杜注：「奸，犯也。」畏君之威，聽其政，聽，聽從。尊其貴，事其長，養其親，五者所以爲國也。今君在國，女用兵焉，不畏威也；奸國之紀，紀，法紀。不聽政也；子晳，上大夫；女，嬖大夫，晉、鄭、吴皆謂下大夫爲嬖大夫。而弗下之，不尊貴也；幼而不忌，忌，敬也。與下文引史佚之言「非羈何忌」之忌同義。杜彼注云：「敬也。」不事長也；兵其從兄，同祖或同伯叔之子年長于己者皆得曰從兄。不養親也。君曰：『余不女忍殺，倒裝句，即不忍殺女。宥女以遠。』宥赦其死罪，逐于遠方以代死。勉，速行乎，無重而罪！』而同爾。不速行，則其罪加重。

五月庚辰，庚辰，二日。鄭放游楚於吴。游楚即子南。將行子南，將使子南行。行爲動詞使動用法。子産咨於大叔。大叔即游吉，爲游氏之宗主。古代宗主，一族之人皆聽之，大叔雖爲游楚之兄子，楚亦得順從之，故子産徵求其意見焉。大叔曰：「吉不能亢身，焉能亢宗？杜注：「亢，蔽也。」即扞蔽、保護之義。游吉爲宗子，任卿大夫，有「保族宜家」（襄三十一年傳）之責。文十六年傳亦云「棄官則族無所庇」。彼，國政也，非私難也。言子南之傷子晳，屬于國之政紀，非個人之難。子圖鄭國，圖，廣雅釋詁：「謀也。」謂爲鄭國謀。利則行之，利於國，則執行之。又何疑焉？周公殺管叔而蔡蔡叔，據史記管蔡世家，管叔鮮、周公旦、蔡叔度俱爲周文王正妃子，武王同母弟。管叔爲周公之兄，蔡叔則其弟。成王少，周公旦專政，管叔、蔡叔乃挾殷紂之子武庚以作亂。周公旦伐誅武庚，殺管叔而放蔡叔。蔡蔡叔上二「蔡」字，說文作「𢇁」，亦音蔡，蔡、𢇁古音同。張參五經文字謂「𢇁，春秋傳多借『蔡』爲之」。後漢書樊儵傳李賢注引傳則仍作「周公殺管叔而𢇁蔡叔」，則亦有他本作「𢇁」者。杜注：「蔡，放也。」史記周本紀、管蔡世家亦俱云「放蔡叔」，流放之也。周書作雒篇則謂「管叔經而卒」，亦非周公殺之。夫豈不愛？豈不憐愛其兄與弟。王室故也。鞏固王室之故。吉若獲戾，戾，罪也。子將行之，子亦將行罰。何有於諸游？」言不必顧慮游氏諸人。杜注：「爲二年鄭殺公孫黑傳。」

一·八 秦后子有寵於桓，如二君於景。杜注：「后子，秦桓公子，景公母弟鍼也。其權寵如兩君。」其母曰：「弗去，懼選。」說文：「選，遣也。」段注引此傳爲證。癸卯，癸卯，二十五日。鍼適晉，其車千乘。書曰「秦伯之弟鍼出奔晉」，罪秦伯也。

后子享晉侯，造舟于河，爾雅釋水郭璞注：造舟，「比船爲橋」。邢昺疏：「比船於水，加版於上，即今之浮橋。」元和郡縣志：「同州朝邑縣橋本秦后子奔晉造舟于河，通秦、晉之道。」唐之朝邑縣即今陝西大荔縣東之朝邑廢縣治。十里舍車，每隔十里，停車若干乘。自雍及絳。雍，秦國都，今陝西鳳翔縣。絳，晉國都，今侯馬市。杜注謂「雍、絳相去千里」，蓋古人道路迂曲。千里則每十里停車十乘。歸取酬幣，古代享禮，先由主人敬酒，曰獻；次由賓還敬，曰酢；再由主人先酌酒自飲，即勸賓隨飲，曰酬。獻、酢、酬合稱一獻。酬必主人贈禮物于賓以勸酒，謂之酬幣。終事八反。后子享晉侯，係用最隆重九獻之禮。九獻之禮，春秋時亦曾用之，皆招待國君，如僖二十二年，「楚子入于鄭，九獻」。晉重耳亡至楚，楚成王亦以國君禮待之，據晉語四，亦用九獻。九獻則須用酬幣九次。第一次酬幣，后子先載于車，餘八次酬幣，則須一次一次取於車，或后子欲藉酬幣而多獻賄於晉侯。終事八反者，終享禮，取幣往返八次也。司馬侯問焉，曰：「子之車盡於此而已乎？」對曰：「此之謂多矣。若能少此，吾何以得見？」言己車若少，則不致奔晉而見女也。女叔齊以告公，杜注：「叔齊，司馬侯。」且曰：「秦公子必歸。臣聞君子能知其過，必有令圖。令，善也。令圖，天所贊也。」

后子見趙孟。趙孟曰：「吾子其曷歸？」曷，何時。對曰：「鍼懼選於寡君，是以在此，將待嗣君。」趙孟曰：「秦君何如？」對曰：「無道。」趙孟曰：「亡乎？」君既無道，國將滅亡乎？對曰：「何爲？爲何滅亡。一世無道，國未艾也。杜注：「艾，絶也。」國於天地，有與立焉。立國於天地，必有與助之者。不數世淫，弗能斃也。」若非連續幾代君主淫亂，不能滅亡之。趙孟曰：「夭乎？」夭本作「天」，依校勘記、金澤文庫本及孔疏與錢大昕等人説改正。夭謂短命。對曰：「有焉。」趙孟曰：「其幾何？」對曰：「鍼聞之，國無道而年穀和熟，天贊之也。鮮不五稔。」杜注：「鮮，少也。」「鮮」實爲「斯」之借字，此也。杜説可商。秦景實於魯昭五年死，不過五年。趙孟視蔭，曰：「朝夕不相及，誰能待五？」言己不能等待五年。后子出，而告人曰：「趙孟將死矣。主民，翫歲而愒日，説文：「翫，習猒也。」同玩。愒音慨，急也。此言趙孟之習厭于日月之流逝，又急于己之難長久。其與幾何？」其幾何歟之變句。

一·九 鄭爲游楚亂故，游楚即子南。六月丁巳，丁巳，九日。鄭伯及其大夫盟于公孫段氏。罕虎、公孫僑、公孫段、印段、游吉、駟帶私盟于閨門之外，實薰隧。杜注：「閨門，鄭城門。薰隧，門外道名。」實之者，爲明年子産數子晳罪稱薰隧盟起本。公孫黑强與於盟，使大史書其名，且曰「七子」。杜注：「自欲同於六卿，故曰七子。」子産弗討。

一·一〇 晉中行穆子敗無終及羣狄于大原，無終詳襄四年傳並注。崇卒也。崇，尚也。將戰，魏舒曰：「彼徒我車，所遇又阨，杜注：「地險不便車。」以什共車，必克。據六韜均兵篇，有平坦地作戰法，則一車當步卒八十人，八十人當一車。有險阻隘道作戰法，則一車當步卒四十人，四十人當一車。今魏舒之戰法，則以十人當一車，蓋此十人乃極精鋭之兵，其地又狹小也。管子大匡篇云：「大侯車二百乘，卒二千人；小侯車百乘，卒千人。」則似其時每車之徒兵亦十人。困諸阨，又克。諸，之於之合音。困敵衆於阨地也。請皆卒，自我始。」不用車，純用步兵，自我開始。乃毁車以爲行，毁非破壞，乃去而不用。行，步卒行列。襄三年傳「亂行于曲梁」，亦謂步卒之行列，非車陳。晉早有步兵，僖十年傳有左行、右行，二十八年傳又作「三行以禦狄」。此蓋先用車兵，故臨時改車爲徒；或晉因少狄禍，已棄三行。五乘爲三伍。每乘三人，五乘十五人，改編爲三個伍。伍乃戰鬥之最小組織。荀吳之嬖人不肯即卒，即，就也。即卒，就步兵行列。**斬以徇。**魏舒斬之，且以巡行示衆。**爲五陳以相離，**離通麗，附麗也。五陳即五種陣勢。**兩於前，伍於後，專爲右角，參爲左角，偏爲前拒，**兩、伍、專、參、偏皆陳名。此步兵陣法，其詳已不可知。服虔引司馬法謂「五十乘爲兩，百二十乘爲伍，八十一乘爲專，二十九乘爲參，二十五乘爲偏」云云，乃車戰法，非傳意。疑此五陣，乃誘敵之陳，其徒卒必少，或以徒卒之數爲陣名。兩者，兩個伍，十人也；伍者，或一伍，或伍爲五之譌，五人或二十五人也；專，獨也，一也，即一伍，五人也；參，通三，三伍十五人也；偏，司馬法及周禮小司徒，百人爲卒，宣十二年傳謂卒爲二偏，則偏五十人，杜注亦如此。則五陣不過百許人耳，故翟人笑之。不知其後尚有大兵，使敵困于阨，而後又克之。**以誘之。翟人笑之。**翟同狄。**未陳而薄之，**待狄人未及結陣而迫近攻之。**大敗之。**

一·一二 **莒展輿立，而奪羣公子秩。**秩，俸禄，與莊十九年傳「收膳夫之秩」同意。古代秩禄，或以田，或以穀。**公子召去疾于齊。**公子即羣公子。餘詳去年傳。**秋，齊公子鉏納去疾，展輿奔吳。**其母爲吳國女。

叔弓帥師疆鄆田，因莒亂也。疆有兩解，杜注謂「正其疆界」。竹添光鴻會箋云：「疆者聚土爲塹，其外溝之，爲關以通出入也。周禮封人，凡封國，封其四疆。造都邑之封域亦如之。」此説雖辯，而傳凡四言疆田，文元年「晉侯疆戚田」、成四年「鄭帥師疆許田」、襄八年「莒人疆鄫田」及此，其義應同。前此皆作定疆界解，此不應獨異。且周禮封人言封爲聚土，疆仍是疆界義，竹添氏之説似是而非。自後鄆長爲魯所有，昭二十五年齊侯取鄆以居公，即此鄆也。於是莒務婁、瞀胡及公子滅明以大厖與常儀靡奔齊。瞀音茂，又音謀。務婁、瞀胡及滅明三人皆展輿之黨與。大厖、常儀靡，莒之二邑。當在今山東莒縣之西北。

君子曰：「莒展之不立，棄人也夫！展輿省稱展，猶晉重耳省稱重，古有此例。人可棄乎？詩曰『無競維人』，善矣。」詩句在周頌烈文。競，强也。無爲發語詞，無義。句言能强者惟人才。若競作争義，無競猶無與相争，即無敵之意，亦通。

一·一二　晉侯有疾，鄭伯使公孫僑如晉聘，且問疾。問疾，猶今言探視疾病。叔向問焉，叔向如子産所住處問之。曰：「寡君之疾病，卜人曰『實沈、臺駘爲祟』，史莫之知。敢問此何神也？」子産曰：「昔高辛氏有二子，據雷學淇所輯世本：「黄帝生玄囂，玄囂生僑極，僑極生高辛，是爲帝嚳。帝嚳生堯。」故杜注云「高辛，帝嚳」。然古史傳説，異説紛歧，不必深論。伯曰閼伯，閼音遏。季曰實沈，居于曠林，杜以「曠林」爲地名而不知所在，賈逵以爲曠，大也。文選注引作「曠野」。不相能也，不相能即不相得，不和睦。日尋干戈，杜注：「尋，用也。」以相征討。后帝不臧，杜注：「后帝，堯也。臧，善也。」堯不以爲善。遷閼伯于商丘，主辰。襄九年傳亦云「陶唐氏之火正閼伯居商丘，祀大火」，可與此相印證。杜注：「辰，大火也。」大火即心宿，亦名商星，有星三顆，即天蝎座σ、α、τ三星。心宿二爲赤色一等星，故因名曰大火。主辰及下文主參，謂以大火及參爲辰星而定時節，即襄九年傳「而火紀時焉」。參鄭文光中國天文學源流第一章第四節閼伯與實沈。商人是因，故辰爲商星。遷實沈于大夏，據杜注，大夏即今太原市。服虔以爲「大夏在汾、澮之間」，則當今山西翼城、隰縣、吉縣之區。主參，參宿，有星七顆，即獵户座ζ、ε、δ、α、γ、κ、β等星。唐人是因，以服事夏、商。其季世曰唐叔虞。此唐叔虞，乃唐國末期之君，服事殷商者也。當武王邑姜方震大叔，武王邑姜者，武王之邑姜也，以表明邑姜乃武王之后。其人爲齊大公之女。十二年傳言及吕伋，又云「齊，王舅也」可證。震，説文作娠，懷孕也。夢帝謂己：『余命而子曰虞，己謂邑姜，史記晉世家謂「夢天謂武王曰」云云，誤，孔疏已駁之。命，名也。而同爾。將與之唐，屬諸參，而蕃育其子孫。』唐，今山西太原市。顧炎武謂在今山西翼城縣南。餘詳隱五年傳「曲沃莊伯」注。參星屬之。及生，有文在其手曰虞，文，字也。據隱元年傳孔疏，石經古文「虞」作「㐺」，則掌紋或有此形。遂以命之。命，名也。及成王滅唐，而封大叔焉，大叔即叔虞，成王同母弟。據晉世家，叔虞封唐侯，子燮父改爲晉侯。故參爲晉星。由是觀之，則實沈，參神也。昔金天氏有裔子曰昧，雷學淇所輯世本云：「少昊，黄帝之子，名契，字青陽。黄帝殁，契立，王以金德，號曰金天氏。」杜注亦云：「金天氏，帝少皞。」昊、皞、皡俱相通。裔，遠也。爲玄冥師，杜注：「玄冥，水官。昧爲水官之長。」生允格、臺駘。駘音待，又音臺。臺駘能業其官，業，世也，謂能繼其世業也。竹添光鴻會箋云：「業讀爲𠞰。方言曰：𠞰，續也。」亦通。宣汾、洮，杜注：「宣猶通也。汾、洮，二水名。」宣謂疏通。汾水源出山西寧武縣西南管涔山，東南流經太原市至新絳縣折西流，至河津縣入於黃河。洮水在山西聞喜縣東南，與陳村峪水合。陳村峪水即涑水。**障大澤，**清一統志云：「臺駘澤在太原府南十里，舊爲晉水匯處，蒲魚所鍾，今久涸。」障即築堤防。**以處大原。**此大原非地名，乃指汾水流域高平之地。杜注以爲即今太原，可商。**帝用嘉之，封諸汾川，**服虔、杜預皆以帝爲顓頊。據雷學淇所輯世本，黃帝生昌意，昌意生高陽，是爲帝顓頊。則顓頊與金天氏，僅一輩之隔；而昧爲金天氏之遠子，臺駘又爲昧之子，故孔穎達疑之，疏云：「臣世多而帝世少。史籍散亡，無可檢勘。」其實，古代傳説，言人人殊，不足深究。用，因也。汾川即汾水流域。**沈、姒、蓐、黃實守其祀。**杜注：「四國，臺駘之後。」此四國都在晉國境内，已不能指其國境。姜宸英湛園未定稿卷五謂魏策犀首伐黃過衞即此黃國，亦疑似穿鑿之言。**今晉主汾而滅之矣。**主汾，爲汾水流域之主。杜注：「滅四國。」**由是觀之，則臺駘，汾神也。抑此二者，**二者，實沈與臺駘。**不及君身。**與晉君之疾病無關。**山川之神，則水旱癘疫之災於是乎禜之；**實沈、臺駘乃山川之神。癘疫謂傳染病。後漢獻帝建安二十二年曾流行傳染病，曹植集説疫氣云「建安二十二年癘氣流行，家家有僵屍之痛，室室有號泣之哀。或闔户而殪，或覆族而喪。或以爲疫者鬼神所作」云云，曰癘曰疫，足徵此文癘疫之義。禜音營。説文：「設綿蕝爲營，以禳風雨、雪霜、水旱、癘疫于日月、星辰、山川也。」周禮春官大祝：「掌六祈以同鬼神示，四曰禜。」賈逵以爲營攢用幣。杜注即用賈義，與説文同。蓋即聚草木而束之，設爲祭處，以祭品求神鬼，去禍祈福。祭品中有牲，有圭璧，以詩大雅雲漢「靡愛斯牲，圭璧既卒」可以知之。**日月星辰之神，則雪霜風雨之不時，於是乎禜之。**杜注：「星辰之神，若實沈者。」其實祭日月星辰與山川之神俱爲水旱癘疫，俱爲禜。子産分别言之者，蓋臺駘爲山川之神，實沈爲星辰之神耳。**若君身，則亦出入、飲食、哀樂之事也，**孔疏引家語「飲食不時、逸勞過度者，病共殺之」證此出入指逸勞。**山川、星辰之神又何爲焉？**杜注：「言實沈、臺駘不爲君疾。」**僑聞之，君子有四時：朝以聽政，晝以訪問，夕以脩令，**脩通修，修令謂確定政令。**夜以安身。於是乎節宣其氣，**氣謂血氣、體氣，孟子公孫丑上「氣，體之充也」之氣。節宣，有節制地散發。**勿使有所壅閉湫底以露其體，**壅閉湫底四字義近，意謂勿使血氣集中壅塞不通。露同羸，使身體羸弱。**茲心不爽，而昏亂百度。**上句「於是乎節宣」貫串至此。茲，若解爲此，固可通。然王引之經傳釋詞謂此茲字爲「承上起下之詞，猶今人言致令如此也」。楊樹達先生則云：「此種用法，乃是『茲用』之省略。」昭二十六年傳「師有濟也，君而繼之，茲無敵矣」；又「晉爲不道，是攝是贊，思肆其罔極，茲不穀震盪播越，竄在荆蠻」，諸茲字皆同此用法，義同「是以」。**今無乃壹之，則生疾矣。**壹之，專一之；謂人生精氣專用之於某一處，而生病也。**僑又聞之，内官不及同姓，其生不殖。**内官謂國君之姬妾。僖二十三年傳「男女同姓，其生不蕃」，晉語四「同姓不婚，惡不殖也」，禮記大傳「百世而昏姻不通者，周道然也」，則同姓不婚自西周始。**美先盡矣，則相生疾，**周時之禮，同姓不婚，今取同姓，必其人甚美，美者盡于一人，則生疾。**君子是以惡之。**惡娶同姓之女。**故志曰：『買妾不知其姓，則卜之。』**不知其女之姓，則問之龜卜。禮記曲禮上云：「取妻不取同姓，故買妾不知其姓則卜之。」坊記亦云：「取妻不取同姓，以厚别也。故買妾不知其姓，則卜之。」違此二者，古之所慎也。二者，一謂晝夜昏亂，一謂娶同姓之美女。男女辨姓，禮之大司也。司，主也。今君内實有四姬焉，襄二十八年傳「則以其内實遷于盧蒲嫳氏」，與此内實同義，皆謂宮内姬妾。有姬姓者四人，襄二十六年傳，衛歸衛姬于晉，或四姬之一。其無乃是也乎？若由是二者，弗可爲也已。杜注：「爲，治也。」言疾不可治療。四姬有省猶可，無則必生疾矣。」杜注：「據異姓，去同姓，故言省。」叔向曰：「善哉！肸未之聞也，此皆然矣。」言所言皆是。

叔向出，行人揮送之。揮即子羽，送叔向。叔向問鄭故焉，故，事也。問鄭之政情。且問子晳。對曰：「其與幾何！其幾何歟之變句，言其不能久也。無禮而好陵人，怙富而卑其上，弗能久矣。」不行禮節而喜駕陵人上，仗恃富足而輕賤其長上，不能久存。

晉侯聞子產之言，曰：「博物君子也。」博物謂事物知識淵博。重賄之。贈送以厚禮。此即贈賄之禮，爲聘禮之終，互參僖三十三年、昭五年傳。

晉侯求醫於秦，秦伯使醫和視之，曰：「疾不可爲也，是謂近女，室疾如蠱。王念孫謂當如此讀：「是謂近女，生疾如蠱。」女、蠱爲韻；下文則食、志、祐爲韻。蠱，惑也。王闓運湘綺樓日記同治八年十一月三日云：「室疾，今言房勞也。」非鬼非食，惑以喪志。言病非由于鬼神，非由于飲食，而是迷惑于女色，以喪失心志。良臣將死，天命不佑。」公曰：「女不可近乎？」對曰：「節之。先王之樂，所以節百事也，故有五節；杜注：「五聲之節。」遲速本末以相及，中聲以降。宫商角徵羽五聲，調和而得中和之聲，然後降于無聲。五降之後，不容彈矣。五聲皆降，不可再彈。杜注：「降，罷退。」於是有煩手淫聲，慆堙心耳，中和之聲既息，再奏，則變爲繁複之手法，靡靡之音。凡過度曰淫。慆音滔，又音陶，淫也。使心淫。堙音因，塞也，没也。使耳塞。蓋謂久聽嘈雜之音使耳没而難禁。乃忘平和，君子弗聽也。平和之聲即上文之中聲，過此，君子不聽。物亦如之。杜注：「言百事皆如樂，不可失節。」至于煩，煩謂過度。乃舍也已，舍同捨，捨棄，罷止。無以生疾。君子之近琴瑟，詩關雎「窈窕淑女，琴瑟友之」，又小雅常棣「妻子好合，如鼓瑟琴」，此亦以琴瑟比女色。以儀節也，儀節謂以禮節制。非以慆心也。天有六氣，氣，氣象。杜注：「謂陰陽、風雨、晦明也。」降生五味，辛、酸、鹹、苦、甘。發爲五色，白、青、黑、赤、黄。發謂表現。徵爲五聲。杜注：「徵，驗也。」淫生六疾。五味五色五聲，凡過度則生六疾。六疾即下文之寒、熱、末、腹、惑、心諸疾。六氣曰陰、陽、風、雨、晦、明也，分爲四時，四時有二解，孔疏謂春夏秋冬，依上文則一日有朝晝夕夜四時。序爲五節，杜謂五節爲五行之節，後人解爲金木水火配秋春冬夏，每時七十二日，餘日配土，是爲五節。此解甚牽强，非傳意，依上文，似應爲五聲之節。過則爲菑：陰淫寒疾，陽淫熱疾，風淫末疾，杜注：「末，四支（肢）也。」雨淫腹疾，晦淫惑疾，明淫心疾。女，陽物而晦時，據杜注，女陰常隨男陽，故云陽物。疑陽物當解作陽之物，女陰男陽，女待男而成室家，育子孫，故女爲陽之事。物，事也。顧炎武則以爲女，陰也。陰中有陽，其物屬火，故爲陽物。杜説較合常理。男女同寢常以夜，故云晦時。淫則生内熱惑蠱之疾。今君不節、不時，不節，謂女色過度。不時，謂近女無分晦明。能無及此乎？」

出，告趙孟。趙孟曰：「誰當良臣？」和前言「良臣將死」，故趙武問之。對曰：「主是謂矣。主相晉國，於今八年，晉國無亂，諸侯無闕，可謂良矣。和聞之，國之大臣，榮其寵禄，任其大節。「大節」，阮刻本誤作「寵節」，今從校勘記及金澤文庫本訂正。有菑禍興，災禍指晉侯好色。而無改焉，既任國之大節，必須改其招災禍之行爲，今汝無所改正之。必受其咎。今君至於淫以生疾，將不能圖恤社稷，禍孰大焉？主不能禦，爾雅釋言：「禦，禁也。」又邢疏：「禦，止也。」吾是以云也。」趙孟曰：「何謂蠱？」對曰：「淫溺惑亂之所生也。沈迷惑亂于某一事物。於文，文，字也。皿蟲爲蠱。穀之飛亦爲蠱。論衡商蟲篇：「穀蟲曰蠱，蠱若蛾矣。」積穀生蟲而能飛者爲蠱。在周易，女惑男、風落山謂之蠱☶☴。杜注：「巽下艮上，蠱。巽爲長女，爲風；艮爲少男，爲山。少男而説長女，非匹，故惑。山木得風而落。」皆同物也。」杜注：「物猶類也。」趙孟曰：「良醫也。」厚其禮而歸之。贈以重禮而返之秦。晉語八亦叙此，較略，且有所不同。

楚公子圍使公子黑肱、伯州犂城犨、櫟、郟。杜注：「黑肱，王子圍之弟子晳也。」犨、郟本鄭邑，後已屬楚。犨在今河南魯山縣東南五十里，即葉縣西。櫟在今河南新蔡縣北二十里。郟，今三門峽市西北之郟縣舊治。鄭人懼。子産曰：「不害。令尹將行大事，而先除二子也。禍不及鄭，何患焉？」

冬，楚公子圍將聘于鄭，伍舉爲介。未出竟，聞王有疾而還。伍舉遂聘。十一月己酉，公子圍至，至郢。入問王疾，縊而弑之，杜注引孫卿曰：「以冠纓絞之。」今荀子無此文。韓非子姦劫弑臣篇則云「因入問病，以其冠纓絞王而殺之」。戰國策楚策四文同。遂殺其二子幕及平夏。二子之名。右尹子干出奔晉，杜注：「子干，王子比。」宫廐尹子晳出奔鄭。杜注：「因築城而去。」殺大宰伯州犁于郟。葬王於郟，謂之郟敖。楚人于楚子麇不爲謚，乃以其葬地稱之。楚世家中號王爲敖者四，熊儀爲若敖，熊坎爲霄敖，此二人在有謚法以前；而杜敖（即天問之堵敖）、郟敖則在有謚後。馬融、鄭玄以敖爲獒，即今之酋長；顧頡剛以敖爲丘陵，某敖即某陵。詳顧頡剛史林雜識。使赴于鄭，赴今作訃。爲楚王之死訃告鄭國。伍舉問應爲後之辭焉，問於訃告使者。對曰：「寡大夫圍。」伍舉更之曰：「共王之子圍爲長。」

子干奔晉，從車五乘，叔向使與秦公子同食，杜注：「食禄同。」晉語八：「叔向爲大傅，實賦禄。」皆百人之餼。晉語八載叔向之言云：「大國之卿，一旅之田；上大夫，一卒之田。夫二公子者，上大夫也，皆一卒可也。」韋注：「上大夫一命，百人爲卒，爲田百畝。」**趙文子曰：「秦公子富。」叔向曰：「厎禄以德，**杜注：「厎，致也。」杜注「厎」本作「底」，今從阮元校勘記及金澤文庫本正。厎音旨。**德鈞以年，年同以尊。公子以國，**此謂授來奔者之禄田。若公子來奔，則以其國之大小。**不聞以富。且夫以千乘去其國，**秦公子鍼也。**彊禦已甚。**彊禦猶彊梁。詩大雅蕩「曾是彊禦」，公羊莊十二年傳「仇牧可謂不畏彊禦矣」，餘詳昭十二年傳注。已，太也。**詩曰：『不侮鰥寡，不畏彊禦。』**詩大雅烝民句。鰥，今詩作「矜」，定四年傳引亦作「矜」，矜、鰥通。**秦、楚，匹也。」**秦楚同爲大國。**使后子與子干齒，**隱十一年傳「不敢與諸任齒」，即此齒字之義，並列也。**辭曰：「鍼懼選，楚公子不獲，**孟子離婁上「居下位而不獲於上」，即此獲字之義。亦可作得，離婁上「不得乎親」、萬章上「不得於君」皆可證。不獲、不得皆謂被疑、被厭惡。**是以皆來，亦唯命。**唯命是聽。**且臣與羈齒，**后子先來，已仕晉爲臣。子干初至晉，猶羈旅之客。**無乃不可乎？**后子以主人自居，不敢與客並列。**史佚有言曰：『非羈，何忌？』」**杜注：「忌，敬也。欲謙以自別。」

一・一四　**楚靈王即位，薳罷爲令尹，**罷音皮。**薳啓彊爲大宰。**杜注：「靈王，公子圍也。即位易名熊虔。」**鄭游吉如楚葬郟敖，且聘立君。**聘新立之君。**歸，謂子産曰：「具行器矣。**準備行裝爲盟會之用。**楚王汏侈，**「汏」本作「汰」，汏汰本二字，古書多以形近互用，今從阮元校勘記。汏，驕也，侈也。**而自說其事，**說同悅，喜也。**必合諸侯，吾往無日矣。」**言不久將往與楚會。**子產曰：「不數年未能也。」**言數年之後始能合諸侯。杜注：「爲四年會申傳。」

一・一五 **十二月，晉既烝，**杜注：「烝，冬祭也。」**趙孟適南陽，將會孟子餘。**會讀爲禬。說文：「禬，會福祭也。」楊樹達先生讀左傳說。杜注：「孟子餘，趙衰，趙武之曾祖。其廟在南陽溫縣。」子餘乃趙衰之字，趙氏世稱趙孟，故謂其祖爲孟某某以明之。**甲辰朔，**甲辰上距十一月己酉五十六日。十一月有己酉，則十二月初一不得是甲辰。且以經、傳紀日推之，正月有乙未，三月有甲辰，五月有庚辰、癸卯，六月有丁巳，則十一月不得有甲辰。即其中有閏月，十一月得有己酉（王韜春秋長曆考正謂閏十月大，己酉爲十一月四日），而十二月則不得有甲辰朔。杜因以十二月誤，說詳孔疏。王韜謂「甲辰朔爲明年正月朔，傳特終言之」。以上文「十二月晉既烝」論之，似有理。然晉用夏正，寅月雖於周正爲今年，但不在年終，與上文「趙孟不復年矣」仍不合。禮記王制疏引服虔說，以甲辰朔爲夏正十一月，顧棟高以爲最有理，亦不可信。**烝于溫。**溫，今河南溫縣西南。**庚戌，**若以甲辰朔推之，庚戌，七日。**卒。鄭伯如晉弔，及雍乃復。**杜注：「弔趙氏，蓋趙氏辭之而還。」雍在今河南修武縣西，詳僖二十四年傳並注。

二年，辛酉，公元前五四〇年。周景王五年、晉平十八年、齊景八年、衞襄四年、蔡靈三年、鄭簡二十六年、曹武十五年、陳哀二十九年、杞文十年、宋平三十六年、秦景三十七年、楚靈王虔元年、吳夷末四年、許悼七年。

經

二·一 二年春，正月十四日丁巳冬至，建子。晉侯使韓起來聘。

二·二 夏，叔弓如晉。杜注：「叔弓，叔老子。」

二·三 秋，鄭殺其大夫公孫黑。

二·四 冬，公如晉，至河乃復。杜注：「弔少姜也，晉人辭之，故還。」

二·五 季孫宿如晉。杜注：「致襚服也。公實以秋行，冬還乃書。」

傳

二·一 二年春，晉侯使韓宣子來聘，杜注：「公即位故。」且告爲政，而來見，禮也。杜注：「代趙武爲政，雖盟主，而脩好同盟，故曰禮。」孔疏：「五年傳曰，韓起之下有趙成、中行吳、魏舒、范鞅、知盈，則六者，三軍之將佐也。韓起代趙武將中軍，趙成繼父爲卿，代韓起也。」觀書於大史氏，氏猶保氏、師氏、南史氏之氏。大史掌文獻檔案策書。見易、象與魯春秋，易乃周易，其六十四卦與卦辭、爻辭作于西周初，十翼則戰國至西漢之作品，韓起不及見。　人多以「易象」連讀，爲一事，今從宋王應麟困學紀聞卷六説分讀，與易爲二事。象即哀三年傳「命藏象魏」之象魏，因其懸掛于象魏，故以名之，亦省稱象。象魏亦名象闕，亦名魏闕，又曰觀，爲宫門外懸掛法令俾衆周知之地。據周禮大宰，正月一日公佈政治法令于象魏，此法令謂之治象；地官亦懸教象，爲教育法令；夏官公佈政象，秋官公佈刑象，即軍政法令、司法法令。公佈十日，然後藏之，此象當是魯國歷代之政令。　魯春秋即孟子離婁下「魯之春秋」。春秋爲列國史之通名，墨子明鬼下篇有周之春秋、燕之春秋、宋之春秋、齊之春秋，故魯史曰魯春秋。下言「吾乃今知周公之德與周之所以王」，則韓起所見魯春秋，必自周公姬旦以及伯禽叙起，今春秋起隱公，訖哀公，自惠公以上皆無存。公羊傳又有所謂不修春秋，即未經孔丘所改定之春秋。萬一其言可信，韓起所見必魯春秋簡策原本。曰：「周禮盡在魯矣，吾乃今知周公之德與周之所以王也。」公享之，季武子賦緜之卒章。緜，詩大雅篇名。卒章云：「虞、芮質厥成，文王蹶厥生。予曰有疏附，予曰有先後，予曰有奔奏，予曰有禦侮。」率下親上曰疏附，相道前後曰先後，喻德宣譽曰奔奏，武臣折衝曰禦侮。杜注謂「義取文王有四臣，故能以緜緜致興盛。以晉侯比文王，以韓子比四輔」。韓子賦角弓。角弓，詩小雅篇名。杜注：「取其『兄弟昏姻，無胥遠矣』，言兄弟之國宜相親。」季武子拜，享禮不坐，故拜不必起。曰：「敢拜子之彌縫敝邑，寡君有望矣。」杜注：「彌縫猶補合也。」謂以兄弟之義。僖二十六年傳「彌縫其闕」，亦此義。武子賦節之卒章。杜注：「節，詩小雅。卒章取『式訛爾心，以畜萬邦』，以言晉德可以畜萬邦。」節，今詩節南山。既享，宴于季氏。有嘉樹焉，宣子譽之。譽即讚美。武子曰：「宿敢不封殖此樹，以無忘角弓。」封殖猶培殖，九年傳「后稷封殖天下」，吴語「今天王既封殖越國」，皆此義。韋注吴語云「雍本曰封」，即今之培土。遂賦甘棠。杜注：「甘棠，詩召南。召伯息於甘棠之下，詩人思之，而愛其樹。武子欲封殖嘉樹如甘棠，以宣子比召公。」宣子曰：「起不堪也，無以及召公。」

宣子遂如齊納幣。杜注：「爲平公聘少姜。」見子雅。子雅召子旗，杜注：「子旗，子雅之子。」使見宣子。宣子曰：「非保家之主也，不臣。」蓋觀其言語動作有不順之心。見子尾。子尾見彊，杜注：「彊，子尾之子。」使彊見韓宣子也。宣子謂之如子旗。杜注：「亦不臣。」大夫多笑之，唯晏子信之，曰：「夫子，君子也。杜注：「夫子，韓起。」君子有信，其有以知之矣。」杜注：「爲十年齊欒施、高彊來奔張本。」

自齊聘於衛，衛侯享之。北宮文子賦淇澳，杜注：「淇澳，詩衛風，美武公也。言宣子有武公之德。」宣子賦木瓜。杜注：「木瓜亦衛風。義取於欲厚報以爲好。」

二·二　夏四月，韓須如齊逆女。逆，迎也。諸侯不親迎，使韓須迎之。所逆爲少姜，又非晉侯之正夫人。須，史記韓世家謂之貞子，索隱引世本謂謚平子，説苑敬慎篇亦有韓平子與叔向問答語，漢書古今人表又作「悼子」，梁玉繩史記志疑卷二十四因謂：「豈須有三謚乎？」齊陳無宇送女，致少姜。送女，女即少姜。但此送與致不同。説文：「送，遣也。」禮記曲禮上「拜送於門外」，詩邶風燕燕「之子于歸，遠送于野」，皆此送義。儀禮士昏禮「父送女，命之曰」云云，則又是一種遣嫁之禮。致則不然。説文：「致，送詣也。」即護送達到目的地，而致于受者，有時亦曰送。昭五年傳云「晉韓宣子如楚送女，叔向爲介」，薳啓彊則云「求昏而薦女，君親送之，上卿及上大夫致之」，足見送與致不同，此言送，又言致，即此之故。**少姜有寵於晉侯，晉侯謂之少齊。**于當時之禮，婦應稱母家姓。今不稱姜，而以其國名爲稱，所以表示寵異。**謂陳無宇非卿，**桓三年傳云：「凡公女嫁于敵國，姊妹則上卿送之，以禮於先君；公子則下卿送之。於大國，雖公子，亦上卿送之。」此或以諸侯娶正室而言，少姜則姬妾。**執諸中都。**江永云：「按一統志，中都城有二，一在介休東北五十里，一在榆次縣東十五里，俱云晉執陳無宇於此。」**少姜爲之請，曰：「送從逆班。**若非娶正夫人，則如此。逆班，迎女者位次之高下也。送者從迎者之位次，即迎者位高，送者同之。**畏大國也，猶有所易，**韓須僅公族大夫，陳無宇乃上大夫。齊畏晉，不敢亦使公族大夫送，而使上大夫送，故云尚有所改易。**是以亂作。」**亂謂陳無宇被執。少姜之語甚委婉。

二·三 **叔弓聘于晉，報宣子也。**杜注：「此春韓宣子來聘。」**晉侯使郊勞，**聘禮有郊勞，見僖三十三年傳注。**辭曰：「寡君使弓來繼舊好，固曰『女無敢爲賓』」，**受命不敢受迎賓之禮。**徹命於執事，敝邑弘矣，**杜注：「徹，達也。」**敢辱郊使？請辭。」致館，**使居賓館。**辭曰：「寡君命下臣來繼舊好，好合使成，使命完成。臣之禄也。說文：「禄，福也。」敢辱大館！」不敢居館。叔向曰：「子叔子知禮哉！吾聞之曰：『忠信，禮之器也；無忠無信，禮無所載。卑讓，禮之宗也。』杜注：「宗猶主也。」辭不忘國，忠信也；一再曰寡君繼舊好，又言敝邑，故云不忘國。先國後己，卑讓也。杜注：「始稱敝邑之弘，先國也；次稱臣之禄，後己也。」詩曰：『敬慎威儀，以近有德。』詩大雅民勞句。夫子近德矣。」

二·四　秋，鄭公孫黑將作亂，欲去游氏而代其位，游氏指游吉。游吉爲游氏宗主，故欲去游吉，必伐其宗。傷疾作而不果。去年爲子南所傷，正欲作亂，傷又發。駟氏與諸大夫欲殺之。駟氏，黑之族。亦欲殺之者，諸大夫皆惡之，恐其禍族。子產在鄙，聞之，懼弗及，乘遽而至。遽即傳車。路有驛站，換車馬，故速。使吏數之，杜注：「責數其罪。」曰：「伯有之亂，詳襄三十年傳，伯有爲黑所攻。以大國之事，而未爾討也。杜注：「務共大國之命，不暇治女罪。」爾有亂心無厭，國不女堪。專伐伯有，而罪一也；昆弟爭室，而罪二也；杜注：「謂爭徐吾犯之妹。」事在昭元年。薰隧之盟，女矯君位，而罪三也。亦見昭元年傳。有死罪三，何以堪之？不速死，大刑將至。」史記魯世家集解引馬融曰：「大刑，死刑。」再拜稽首，辭曰：「死在朝夕，無助天爲虐。」謂創傷復發，不久即將死，無需助天虐待自己。子產曰：「人誰不死？凶人不終，命也。不終，謂不得善終。作凶事，爲凶人。不助天，其助凶人乎！」「其」作「豈」用。請以印爲褚師。黑請也。杜注：「印，子皙之子。褚師，市官。」子産曰：「印也若才，君將任之；不才，將朝夕從女。謂不久亦將受刑。女罪之不恤，而又何請焉？不速死，司寇將至。」七月壬寅，壬寅，七月朔。縊。尸諸周氏之衢，桓十五年、僖三十三年傳並有周氏之汪。此又有周氏之衢，蓋同一地。有池，亦有道。加木焉。杜注：「書其罪於木，以加尸上。」

二·五

晉少姜卒，公如晉，及河，晉侯使士文伯來辭，曰：「非伉儷也，非正室，不能與夫相匹敵，即非伉儷。請君無辱。」依當時之禮，縱諸侯嫡配之喪，諸侯亦無親弔者。明年傳述游吉之言可以爲證。公還。季孫宿遂致服焉。杜注：「致少姜之襚服。」

叔向言陳無宇於晉侯曰：「彼何罪？君使公族逆之，公族，即公族大夫韓須，如齊迎少姜。齊使上大夫送之，猶曰不共，共同恭。君求以貪。以同已，太也。貪猶奢也。國則不共，而執其使。國謂己國，言晉使公族大夫逆婦爲不恭。君刑已頗，已，太也。頗，偏也。何以爲盟主？且少姜有辭。」少姜生前曾請釋陳無宇。冬十月，陳無宇歸。杜注：「晉侯赦之。」

十一月，鄭印段如晉弔。杜注：「弔少姜。」

三年，壬戌，公元前五三九年。周景王六年、晉平十九年、齊景九年、衞襄五年、蔡靈四年、鄭簡二十七年、曹武十六年、陳哀三十年、杞文十一年、宋平三十七年、秦景三十八年、楚靈二年、吴夷末五年、許悼八年。

經

三·一 三年春王正月丁未，正月二十四日壬戌冬至，建子。丁未，九日。滕子原卒。公羊「原」作「泉」。原即滕成公，據孔疏引杜預世族譜，是文公之子。文公死于成十六年，經書「滕子卒」，未書名。即隱七年書「滕侯卒」。宣九年昭公死，亦僅書「滕子卒」。昭公爲宣公之子，魯僖十九年宣公爲宋所執，未書卒。魯桓公二年滕子來朝，莊十六年盟于幽，此人當爲宣公之上一代，亦未書卒。自滕子原之死皆書卒、書名。原自襄五年于戚、九年于戲、十一年于亳城北、十九年于祝柯、二十年于澶淵、二十五年于重丘，凡與盟者六次。襄公卒，原來會葬；其葬，魯卿亦往會，相親好如此。

三·二 夏，叔弓如滕。

三·三 五月，葬滕成公。

三·四 秋，小邾子來朝。

三·五 八月，大雩。

三·六 冬，大雨雹。無傳。杜注：「記災。」

三·七 北燕伯款出奔齊。

傳

三·一 三年春王正月，鄭游吉如晉，送少姜之葬。梁丙與張趯見之。趯音逖。二人，晉大夫。梁丙曰：「甚矣哉，子之爲此來也！」杜注：「卿共妾葬，過禮甚。」子大叔曰：「將得已乎！將猶殆。已，止也。言不得不如此。昔文、襄之霸也，杜注：「晉文公、襄公。」其務不煩諸侯，令諸侯三歲而聘，五歲而朝，有事而會，不協而盟。列國間有事則會，有不和睦而相衝突則盟，無定期。十三年傳，叔向曰：「是故明王之制，使諸侯歲聘以志業（每年相聘），間朝以講禮（三年一朝），再朝而會以示威（六年一會），再會而盟以顯昭明（十二年一盟），自古以來未之或失也。」與此不同，或者叔向假託古制以使齊國聽命也。君薨，大夫弔，卿共葬事；夫人，士弔，大夫送葬。三十年傳游吉又言「先王之制，諸侯之喪，士弔，大夫送葬」，與此言文、襄之霸不同。蓋春秋時霸主之令又過於古。足以昭禮、命事、謀闕而已，此句總結朝聘盟會以及弔喪送葬之目的，足以昭明禮節、有所命令、謀議補救闕失，如此而已。無加命矣。除此而外，不再有令煩諸侯。今嬖寵之喪，不敢擇位，而數於守適，嬖寵之喪指少姜之喪。少姜僅寵姬耳。　不敢擇位，謂來弔者不敢如禮制及舊例選擇適當職位之人。　數，禮數也。　守適謂君之正夫人爲嫡配，守内宫爲長，故名爲守適。　依古禮甚至文、襄故事，夫人之喪僅士弔而大夫送葬，今鄭使卿來弔送妾喪，是禮數過于適夫人。唯懼獲戾，豈敢憚煩？少姜有寵而死，齊必繼室。今兹吾又將來賀，不唯此行也。」張趯曰：「善哉，吾得聞此數也！聞此朝會弔喪之禮數。然自今子其無事矣。譬如火焉，火，大火，即心宿二，天蝎座α星。火中，寒暑乃退。心宿二爲一等星，夏末于黄昏時在天空中，暑氣漸消；冬末在將天明時在天空中，寒氣漸消。此其極也，言晉平公於此已達極盛點，古人以爲盛極必衰，猶火中寒暑乃退。　此亦古代樸素辯證法。能無退乎？晉將失諸侯，諸侯求煩不獲。」諸侯縱欲求麻煩而不得。二大夫退。子大叔告人曰：「張趯有知，其猶在君子之後乎！」論語先進與憲問，孔丘兩言「以吾從大夫之後」，即自謂曾列大夫之班。　此言在君子之後，亦謂其在君子之類。　杜注謂「譏其無隱諱」，蓋不解「之後」之義。

三・二　丁未，滕子原卒。同盟，故書名。詳經注。

三・三　齊侯使晏嬰請繼室於晉，杜注：「復以女繼少姜。」曰：「寡君使嬰曰：『寡人願事君朝夕不倦，將奉質幣以無失時，將猶欲也。　無失時謂按時朝聘。則國家多難，是以不獲。杜注：「不得自來。」不腆先君之適以備内官，腆，厚也。　不腆，當時常用之謙詞，如僖三十三年傳「不腆敝邑」。少姜或爲齊莊公嫡夫人之女，故云先君之適。備内官亦謙詞，充晉國内宫之數也。焜燿寡人之望，焜音昆。焜，明也。燿音曜，照也。焜燿猶鄭語之「淳燿」。句謂照明我之所望。則又無禄，早世隕命，寡人失望。君若不忘先君之好，惠顧齊國，辱收寡人，收，綏輯也。與戰國策秦策「内收百姓，循撫其心」之「收」義同。徼福於大公、丁公，此種語均當時常用辭令，詳文十二年傳「寡人願徼福於周公、魯公以事君」注。徼，求也。照臨敝邑，鎮撫其社稷，則猶有先君之適及遺姑姊妹若而人。先君之適謂嫡配所生，遺姑姊妹則非嫡配所生。姑姊妹蓋靈公所生，則景公之大姑小姑也，互詳襄二十一年傳。若而人，即若干人，沈欽韓補注云。君若不棄敝邑，而辱使董振擇之，董振，同義詞連用。爾雅釋詁：「董，正也。」隱五年傳「入而振旅」注：「振，整也。」薛綜文選西京賦注：「振，整理也。」董振猶今慎重之意。以備嬪嬙，嬪音頻，嬙音詳。嬪嬙皆天子諸侯姬妾。句與上「以備内官」同義。寡人之望也。』」韓宣子使叔向對曰：「寡君之願也。寡君不能獨任其社稷之事，未有伉儷，在縗絰之中，孔疏云：「少姜本非正夫人，而云未有伉儷者，蓋晉侯當時無正夫人，其繼室者，使韓起上卿逆之，鄭罕虎如晉賀之，則後娶者爲夫人也。」在縗絰之中，即在喪服中。古制，爲妻齊衰杖朞，貴賤同之，或晉侯以正夫人之禮禮少姜之喪，或僅外交辭令耳。是以未敢請。君有辱命，惠莫大焉。若惠顧敝邑，撫有晉國，賜之内主，正夫人爲内官之主，故云内主。豈唯寡君，舉羣臣實受其貺，其自

唐叔以下實寵嘉之。」杜注：「唐叔，晉之祖。」齊言大公、丁公，故答言唐叔。**既成昏，**成昏即近代之定婚，互詳隱七年、昭元年傳並注。**晏子受禮，**杜注：「受賓享之禮。」**叔向從之宴，**享而後宴。**相與語。叔向曰：「齊其何如？」晏子曰：「此季世也，**季世猶言末代，衰微之世。**吾弗知齊其爲陳氏矣。**此猶云我不保齊其爲陳氏也。「弗知」古人成語，猶今人云「不保」。詳楊樹達先生積微居小學金石論叢及讀左傳。**公棄其民，而歸於陳氏。齊舊四量，**四種容積單位與量具。**豆、區、釜、鍾。四升爲豆，各自其四，以登於釜。**杜注：「四豆爲區，區，斗六升。四區爲釜，釜，六斗四升。登，成也。」疑登即升，由小量升至大量也。自，用也。以升至釜，各用四倍。**釜十則鍾。**杜注：「六斛四斗。」周禮考工記鄭注：「四升曰豆，四豆曰區，四區曰鬴，鬴十曰鍾。」鬴即釜，古同音。**陳氏三量皆登一焉，鍾乃大矣。**杜注：「登，加也。加一謂加舊量之一也。以五升爲豆，五豆爲區，五區爲釜。則區二斗，釜八斗，鍾八斛。」讀左傳云：「管子輕重丁篇云：『今齊西之粟釜百泉（錢），則鏂二十也；齊東之粟釜十泉，則鏂二泉也。』尹知章云：『五鏂爲釜。』鏂與區同。據管子五區爲釜，與傳文陳氏登一之説正合，此又足證明管子書晚出。」積微居金文説餘説子禾子釜再跋有陳介祺所藏齊量器實測數。**以家量貸，而以公量收之。**杜注：「貸厚而收薄。」**山木如市，弗加於山；魚、鹽、蜃、蛤，弗加於海。**蜃音腎，大蛤。蛤音鴿，蛤蜊。句意謂山上之木料運至市場，其價與在山同，魚鹽以及海內可食動物，在市場，其價亦不加于海上。但究爲陳氏收買人心，抑齊君强令奴隸爲之，以剥削其勞動價值？前人多主前說，惟郭沫若奴隸制時代主後說。似以前說較合理。**民參其力，二入於公，而衣食其一。**人民三分其力，以其二之所得入于齊公，自己及全家僅以其一用于衣食。杜注：「言公重賦斂。」**公聚朽蠹，**齊君所蓄聚以其太多，年久而腐朽，或生蛀蟲。**而三老凍餒，**三老舊有三解，杜注云：「三老謂上壽、中壽、下壽，皆八十已上，不見養遇。」孔疏引服虔云：「三老者，工老、商老、農老。」以上二說皆不足信。禮記樂記云：「食三老五更於大學。」文王世子云：「遂設三老五更，羣老之席位焉。」鄭注：「三老五更各一人，皆年老更事致仕者也。天子以父兄養之，示天下之孝悌也。」諸侯亦養三老，即此三老之義。惠棟補注以三老即三壽，引晉姜鼎銘「保其孫子，三壽是利」、魯頌「三壽作朋」爲證。但三壽，宗周鐘作「參壽」，猶高壽，郭沫若謂以參星之高比壽，後人更轉變爲山壽。因之不取。**國之諸市，屨賤踊貴。**屨，麻或革所製之鞋。踊，脚被斷者所用，一說爲假足，一說爲挾持之杖。此言被刑者之多。**民人痛疾，而或燠休之。**釋文引賈逵云：「燠，厚也。」休，賜也，見楊樹達先生積微居金文說。此謂陳氏于民人之痛苦，因厚賜之。杜注「燠休，痛念之聲」，服虔謂：「燠休，痛其痛而念之，若今時小兒痛，父母以口就之曰噢休，代其痛也。」皆不確。**其愛之如父母，而歸之如流水。欲無獲民，將焉辟之？**辟同避。言無處可避民之歸陳氏。**箕伯、直柄、虞遂、伯戲，**杜注：「四人皆舜後，陳氏之先。」遂見八年傳，餘人無可考。**其相胡公、大姬已在齊矣。」**杜注：「胡公，四人之後，周始封陳之祖；大姬，其妃也。」言陳氏雖爲人臣，然將有國，其先祖鬼神已與胡公共在齊。」孔疏引服虔云：「相，隨也。」叔向曰：「然。雖吾公室，今亦季世也。戎馬不駕，卿無軍行，公乘無人，卒列無長。四句言晉公室之軍備廢弛。作戰之馬已不駕兵車，諸卿已不率領公室之軍，公室之車乘亦無御者與戎右；百人爲卒，與軍之行列皆無可用之長。庶民罷敝，而宫室滋侈。杜注：「滋，益也。」道殣相望，殣音覲。説文云：「道中死人，人所覆也。」此言餓死于路者多。而女富溢尤。杜注：「女，嬖寵之家。」楊樹達先生讀左傳：「尤當讀爲訧。説文：『訧，罪也。』」民聞公命，如逃寇讎。欒、郤、胥、原、狐、續、慶、伯降在皁隸，此八氏之先，欒枝、郤缺、胥臣、先軫、狐偃五氏皆卿，續簡伯、慶鄭、伯宗皆大夫。本皆姬姓，王符潛夫論志氏姓曾略及之。政在家門，韓、趙諸氏專政。民無所依。君日不悛，以樂慆憂。詩唐風蟋蟀「日月其慆」，毛傳：「慆，過也。」言以娱樂度過憂患。説見竹添光鴻會箋。公室之卑，其何日之有？言公室不日將卑微。讒鼎之銘曰：楊樹達先生讀左傳云：「説文云：『鬻，大鬴也。一曰鼎大上小下若甑曰鬻。讀若岑。』讒鼎蓋即鬻鼎，鬻、讒音近通假耳。」讒鼎本是魯所有，韓非子説林上謂齊伐魯，索讒鼎云云，吕氏春秋審己篇、新序節士篇皆作「岑鼎」，不知是此鼎否。然魯之讒鼎早已在齊，叔向未必能暗誦其銘文，此或晉之讒鼎銘也。『昧旦丕顯，後世猶怠。』昧旦，欲明未明之時。言凌晨即起，可以大顯赫，而後世猶懈怠不爲。況日不悛，其能久乎？」晏子曰：「子將若何？」叔向曰：「晉之公族盡矣。肸聞之，公室將卑，其宗族枝葉先落，則公室從之。原無

「室」字，于文于義當有，今依金澤文庫本增。 隨之而落。 肸之宗十一族，杜注：「同祖爲宗。」與叔向同祖者共十一氏族，惟未知出何公。 唯羊舌氏在而已。 孔疏引杜氏世族譜云：「羊舌，食邑名。」毛奇齡經問云：「氏與族原無分別，肸之宗十一族，惟羊舌氏在而已。 夫叔向以叔爲族，以羊舌爲氏，今并羊舌而族之。」肸又無子，詳二十八年傳並注。 公室無度，幸而得死，得死即獲死、獲終，以老壽而善終也。 豈其獲祀？」其，將也。言必不得享祀。 晏嬰與叔向之論齊、晉，作晏子春秋者採入内篇問下，其文與傳文大同。

初，景公欲更晏子之宅，曰：「子之宅近市，湫隘囂塵，湫音剿，下濕也。 隘，狹小。 囂，喧鬧。 塵，塵土飛揚。 不可以居，請更諸爽塏者。」爽，明亮。 塏音愷。 説文：「高燥也。」辭曰：「君之先臣容焉，猶言我之先代居之。 臣不足以嗣之，於臣侈矣。 意謂我祖我父居之，我不足以繼承父祖，而我猶居之，于我尚以爲過份。 侈，説文：「掩脅也。」段玉裁注云：「掩者，掩蓋其上；脅者，脅制其旁。凡自多以陵人曰侈，此侈之本義也。」又莊子駢拇篇「而侈於德」，釋文引崔注：「侈，過也。」 且小人近市，朝夕得所求，小人之利也，敢煩里旅？」里旅即周語中、魯語上之司里，亦即魯語上之里人。其職掌卿大夫之家宅。 説參左傳會箋及讀左傳。 據景公云「子之宅近市」云云，似欲另擇地爲晏子另築宅，故韓非子難二篇云：「景公過晏子，曰：『子宮小，近市，請徙子家豫章之圃。』」孔疏亦引晏子春秋「將更於豫章之圃」（今晏子春秋無此文）。 然觀左傳下文景公以晏嬰近市之利之言，並未徙地，僅於原居毁他人之宅爲晏子築宅。 公笑曰：「子近市，識貴賤乎？」對曰：「既利之，敢不識乎？」公曰：「何貴？

何賤？」於是景公繁於刑，有鬻踊者，鬻音育，賣也。故對曰：「踊貴，屨賤。」既已告於君，故與叔向語而稱之。景公爲是省於刑。

君子曰：「仁人之言，其利博哉！晏子一言，而齊侯省刑。詩曰『君子如祉，亂庶遄已』，小雅巧言句。祉，喜也。遄，疾速也。已，止也。宣十七年傳亦嘗引此，參彼注。其是之謂乎！」

及晏子如晉，公更其宅。反，則成矣。新居已築成。既拜，向齊景拜謝新宅。乃毁之，而爲里室，皆如其舊，曾毁壞若干鄰户以擴大晏子新居，晏子仍毁新居，恢復所拆毁之鄰屋。則使宅人反之，使舊宅之居者仍返居舊宅。曰：「曰」原作「且」，沈彤小疏謂：「或且字爲曰字之誤。」金澤文庫本「且」正作「曰」，太平御覽一五七、初學記二十四並引左傳俱不作「且」，而作「曰」，今依以訂正。並參王引之述聞、汪之昌青學齋集且諺曰解。水經淄水注：「齊城」北門外東北二百步有齊相晏嬰塚、宅。左傳，晏子之宅近市，景公欲易之，而嬰弗更。爲誡曰：『吾生則近市，死豈易志？』乃葬故宅。後人名之清節里」。「諺曰：『非宅是卜，唯鄰是卜。』二三子先卜鄰矣。杜注：「二三子謂鄰人。」違卜不祥。君子不犯非禮，小人不犯不祥，古之制也。君子小人兩語蓋當時所傳古人之言，晏子用之，重在不犯非禮、不犯不祥。吾敢違諸乎？」「諸」作「之」用。卒復其舊宅，公弗許；因陳桓子以請，乃許之。晏子春秋内篇雜下採此文而較略。

三·四　夏四月，鄭伯如晉，公孫段相，甚敬而卑，禮無違者。晉侯嘉焉，授之以策，杜注：「策，賜命之書。」曰：「子豐有勞於晉國，子豐，公孫段之父。鄭僖公即位之年，曾偕之適晉，見襄七年傳。余聞而弗忘。賜女州田，州，今河南沁陽東稍南五十里，即温縣東北。隱十一年周桓王賜鄭，後晉得之。以胙乃舊勳。」胙，酬報也。伯石再拜稽首，受策以出。君子曰：「禮，其人之急也乎！伯石之汏也，杜注：「汏，驕也。」伯石欲爲卿而僞讓者三，子産惡之，見襄三十年傳。一爲禮於晉，猶荷其禄，況以禮終始乎！詩曰『人而無禮，胡不遄死』，詩鄘風相鼠句。其是之謂乎！」

初，州縣，欒豹之邑也。杜注：「豹，欒盈族。」及欒氏亡，見襄二十三年傳。范宣子、趙文子、韓宣子皆欲之。文子曰：「温，吾縣也。」杜注：「州本屬温，温，趙氏邑。」然據隱十一年傳，温、州爲二邑，或屬晉後，曾併爲一縣。州在今温縣北，温在今温縣南，其後又分爲二。二宣子曰：「自郤稱以別，三傳矣。郤稱爲晉大夫，劃州與温爲二，始受州，又傳于趙氏，又傳于欒豹，故云三傳。晉之別縣不唯州，晉將一縣區分爲二，不僅州邑。誰獲治之？」杜注：「言縣邑既別甚多，無有得追而治取之。」文子病之，范、韓二人之言，文子甚以爲愧。乃舍之。二宣子曰：「二宣子」原作「二子」，然據下文「二子」，杜始出注曰「二子，二宣子也」，則杜據本作「二宣子」。今從石經及金澤文庫本。「吾不可以正義而自與也。」皆舍之。及文子爲政，趙獲曰：「可以取州矣。」杜注：「獲，趙文子之子。」文子曰：「退！二子之言，義也。杜注：「二子，二宣子也。」違義，禍也。余不能治余縣，又焉用州，其以徼禍也？君子曰：『弗知實難。』杜注：「患不知禍所起。」知而弗從，禍莫大焉。有言州必死！」

豐氏故主韓氏，豐氏即公孫段之氏族，以子豐爲氏。主，住於其家也。列國大夫至他國，或住國之客館，謂公館；或住友朋之私宅，曰私館。禮記曾子問「自卿大夫之家曰私館，公館與公所爲曰公館」是也。此主即私館。定六年傳宋樂祁聘晉，「陳寅曰，昔吾主范氏，今子主趙氏」，亦主私館。孟子萬章上「吾聞觀近臣，以其所爲主；觀遠臣，以其所主」，即此主字義。伯石之獲州也，韓宣子爲之請之，爲其復取之之故。杜注：「後若還晉，因自欲取之。爲七年豐氏歸州張本。」

三·五　五月，叔弓如滕，葬滕成公，據三十年傳「先王之制，諸侯之喪，士弔，大夫送葬」，叔弓以卿送葬，蓋滕近魯，且恭，故厚禮。子服椒爲介。及郊，遇懿伯之忌，敬子不入。禮記檀弓下云：「滕成公之喪，使子叔敬叔弔，進書，子服惠伯爲介。及郊，爲懿伯之忌不入。」一謂弔喪，傳謂送葬，略異。檀弓孔疏引世本，叔肸生聲伯嬰齊，齊生叔老，老生叔弓。又云，慶父生穆伯敖，敖生文伯穀，穀生獻子蔑。又據杜氏世族譜，蔑生莊子速及懿伯叔仲，懿伯叔仲生惠伯椒。據此，懿伯乃子服椒（惠伯椒）之父。忌，逝世之日，亦曰忌日。禮記檀弓上：「故君子有終身之憂，而無一朝之患，故忌日不樂。」又祭義：「君子有終身之喪，忌日之謂也。忌日不用，非不祥也。」則古人于父母逝世紀念日，不作他事，不舉音樂，謂之不用。此時兩人已至滕、魯兩國相接之郊，又逢副使（介）父親之忌，正使（敬子，即叔弓）因之不入滕境，入滕境，則子服椒必受滕之郊勞、授館等禮儀，故爲之稽緩一日。惠伯曰：「公事有公利，無私忌。椒請先入。」乃先受館。惠伯不以己父之忌日廢公事。忌日不用，乃指私事言。若公事，則無私忌。敬子從之。檀弓下續云：「『政也，不可以叔父之私不將公事。』遂入。」依上所引世本及世族譜，懿伯于叔弓爲叔父。叔父之私即懿伯私忌也。

三·六 晉韓起如齊逆女。爲晉平公迎夫人。公孫蠆爲少姜之有寵也，以其子更公女，古人男女俱可稱子，詩周南桃夭「之子于歸」可證。而嫁公子。公孫蠆以己女換公之女嫁平公，而嫁公女于他人。人謂宣子：「子尾欺晉，晉胡受之？」子尾，公孫蠆之字。以己女換公女，是欺晉也。胡，何故。宣子曰：「我欲得齊，而遠其寵，寵，寵幸之人，指子尾。不受其女，是遠之也。寵將來乎？」

三·七 秋七月，鄭罕虎如晉，賀夫人，且告曰：「楚人日徵敝邑以不朝立王之故。楚靈王新立，鄭未嘗往，故楚日問之。徵，問也。敝邑之往，此以子句作假設句。則畏執事其謂寡君而固有外心；其不往，則宋之盟云。杜注：「云交相見。」進退，罪也。進退指朝楚或不朝。寡君使虎布之。」宣子使叔向對曰：「君若辱有寡君，有謂有心，下文可證。詩王風葛藟「亦莫我有」，謂無心于我。在楚何害？脩宋盟也。君苟思盟，寡君乃知免於戾矣。君若不有寡君，不有寡君謂心無我君。雖朝夕辱於敝邑，寡君猜焉。杜注：「猜，疑也。」君實有心，何辱命焉。杜注：「言若有事晉心，至楚可不須告。」君其往也！苟有寡君，在楚猶在晉也。」

張趯使謂大叔曰：「自子之歸也，小人糞除先人之敝廬，曰：『子其將來。』前傳游吉云「今茲吾又將來賀」。今子皮實來，小人失望。」大叔曰：「吉賤，不獲來，杜注：「賤，非上卿。」畏大國，尊夫人也。且孟曰『而將無事』，孟謂張趯，其語見前傳。吉庶幾焉。」庶幾可以無事也。

三·八　小邾穆公來朝，季武子欲卑之。杜注：「不欲以諸侯禮待之。」穆叔曰：「不可；曹、滕、二邾實不忘我好，敬以逆之，猶懼其貳，又卑一睦，杜注：「一睦謂小邾。」焉逆羣好也？杜以「焉」字屬上讀，今改屬下。其如舊而加敬焉。志曰：『能敬無災。』又曰：『敬逆來者，天所福也。』」季孫從之。小邾于魯，朝莊公、僖公、襄公各一次，至此復來朝。

三·九　八月，大雩，旱也。春秋魯書「雩」者共二十一次，而昭公佔其七，三之一矣。二十五年且旱甚而大雩，足見當時氣象之變化。

三·一〇　齊侯田於莒，杜注：「莒，齊東境。」十年傳陳桓子請老於莒，杜注「莒，齊邑」，當即此。盧蒲嫳見，泣，且請曰：「余髮如此種種，余奚能爲？」杜注：「嬰，慶封之黨，襄二十八年放之於境。種種，短也。自言衰老不能復爲害。」種種，疊字連緜詞，短貌。公曰：「諾。吾告二子。」杜注：「二子，子雅、子尾。」歸而告之。子尾欲復之，子雅不可，曰：「彼其髮短而心甚長，此「其」字與莊子山木篇「彼其道遠而險，又有江山，我無舟車，奈何」相近，可有兩讀，「彼」作一逗，左傳之彼指盧蒲嫳，莊子之「彼」指南越建德之國，特提一筆，爲大主語，下文「其髮」「其道」則爲小主語。就此兩句言之，甚順。然稽之他文，則不足取。莊子人間世篇云：「彼其所保與衆異，而以義譽之，不亦遠乎？」史記屈原傳云：「又怪屈原以彼其材游諸侯，何國不容，而自令若是！」「彼其」皆「彼之」意，「其」作「之」用。且「彼之」亦不乏句例。最早見於詩邶風柏舟「薄言往愬，逢彼之怒」。莊子天道篇云：「悲夫！世人以形色名聲爲足以得彼之情。」淮南子道應訓云：「若彼之所相者，乃有貴乎馬者。」皆足爲證，則此「彼其」，以「其」作「之」用爲確。「心長」與「髮短」對言，心長謂工於心計也。其或寢處我矣。」其、或皆表不肯定之副詞，其或連用，與襄二十一年傳「其或難焉」同。襄二十八年傳述慶封聞子雅、子尾怒，告盧蒲嫳。嫳曰：「譬之如禽獸，吾寢處之矣。」子雅此時亦以其語拒絕之。九月，子雅放盧蒲嫳于北燕。杜注：「恐其復作亂。」

三·一一　燕簡公多嬖寵，欲去諸大夫而立其寵人。史記燕世家謂「惠公多寵姬，公欲去諸大夫而立寵姬宋」云云，與傳有異。燕之世系，傳僅見其一二，史記雖有之，不與傳同，亦與世本有異，如史記謂「簡公十二年卒，獻公立」，索隱則云：「王劭按紀年，簡公後次孝公，無獻公。」傳謂燕簡公多嬖寵，史記則云「惠公多寵姬」，以史記論之，簡公後於惠公四代。索隱云：「與春秋經傳不相協，未可强言也。」冬，燕大夫比以殺公之外嬖。論語爲政「君子周而不比，小人比而不周」，則比乃勾結、朋比之義。比，舊讀去聲。外嬖謂寵臣，如莊二十八年傳晉有外嬖梁五；亦可謂外寵，閔二年傳「外寵二政」、昭二十年傳「外寵之臣僭令於鄙」可證。公懼，奔齊。書曰「北燕伯款出奔齊」，罪之也。

三·二　十月，鄭伯如楚，子產相。楚子享之，賦吉日。杜注：「吉日，詩小雅，宣王田獵之詩。楚王欲與鄭伯共田，故賦之。」既享，子產乃具田備，備，具也。田備即田獵用具。王以田江南之夢。以，與也。杜注：「楚之雲夢跨江南北。」然以近日科學考察，當時實無跨江南北之雲夢澤。

三·三　齊公孫竈卒。杜注：「竈，子雅。」司馬竈見晏子，杜注：「司馬竈，齊大夫。」曰：「又喪子雅矣。」晏子曰：「惜也！惜子雅之死。子旗不免，子旗，子雅之子。去年傳韓起謂之非保家之主，此晏嬰亦預料其不免禍。殆哉！謂欒氏之族危殆。姜族弱矣，而嬀將始昌。杜注：「嬀，陳氏。」餘詳莊二十二年傳。二惠競爽猶可，杜注：「子雅、子尾皆齊惠公之孫也。競，彊也。爽，明也。」又弱一个焉，姜其危哉！」

四年，癸亥，公元前五三八年。周景王七年、晉平二十年、齊景十年、衛襄六年、蔡靈五年、鄭簡二十八年、曹武十七年、陳哀三十一年、杞文十二年、宋平三十八年、秦景三十九年、楚靈三年、吳夷末六年、許悼九年。

經

四·一 四年春王正月，二月初五丁卯日冬至，建亥，有閏月。大雨雹。

四·二 夏，楚子、蔡侯、陳侯、鄭伯、許男、徐子、滕子、頓子、胡子、沈子、小邾子、宋世子佐、淮夷會于申。杜注：「楚靈王始合諸侯。」申，今河南南陽市北二十里。

四·三 楚人執徐子。

四·四 秋七月，楚子、蔡侯、陳侯、許男、頓子、胡子、沈子、淮夷伐吴，執齊慶封，殺之。齊慶封奔吴見襄二十八年傳。禮記曲禮下云：「去國三世，爵禄無列於朝，出入無詔於國，唯興之日，從新國之法。」鄭玄注云：「興言起爲卿大夫。」慶封奔吴雖歷八年，而未嘗爲吴卿大夫，故仍稱「齊慶封」。遂滅賴。「賴」，公羊作「厲」。賴即桓二年傳之賴國，今湖北隨縣東北之厲山店。

四·五 九月，取鄫。鄫本國，姒姓，襄六年滅于莒，今爲莒邑。鄫在今山東棗莊市東七十餘里。杜注：「傳例曰，克邑不用師徒曰取。」

四·六 冬十有二月乙卯，乙卯，二十八日。叔孫豹卒。

傳

四·一 四年春王正月,許男如楚,楚子止之,止,留之不使歸也。杜注:「欲與俱田。」遂止鄭伯,復田江南,許男與焉。

使椒舉如晉求諸侯,椒舉即伍舉,伍舉見襄二十六年傳。通志氏族略謂「伍參食邑於椒,故其後爲椒氏」,雖伍舉之子亦稱椒鳴(楚語下作湫舉、湫鳴,湫與椒古音可通轉),但其後尚有伍尚、伍員等,仍以伍爲氏。二君待之。杜注:「二君,鄭、許。」椒舉致命曰:「寡君使舉曰:日君有惠,賜盟于宋,日謂昔日。杜注:「宋盟在襄二十七年。」曰:『晉、楚之從交相見也。』以歲之不易,不易言多難,見襄三年傳注。寡人願結驩於二三君,驩同歡。使舉請間。間,暇也。請間,請其于閒暇時聽此言。君若苟無四方之虞,虞,戒備也,憂慮也,欺也。則願假寵以請於諸侯。」杜注:「欲借君之威寵以致諸侯。」其實,楚欲會諸侯爲盟主,徵晉同意。假寵,借其光耀也,乃外交辭令。晉侯欲勿許。司馬侯曰:「不可。楚王方侈,天或者欲逞其心,以厚其毒,而降之罰,未可知也。其使能終,能終即得終,得善終也。亦未可知也。晉、楚唯天所相,當時唯晉、楚爭霸。不可與爭。君其許之,而修德以待其歸。歸,今言歸宿。若歸於德,吾猶將事之,況諸侯

乎？若適淫虐，楚將棄之，吾又誰與争？」無誰與争，則不争自爲霸主。**公曰：**原無「公」字，從校勘記及金澤文庫本增。**「晉有三不殆，**杜注：「殆，危也。」**其何敵之有？國險而多馬，齊、楚多難；有是三者，何鄉而不濟？」**鄉同嚮，今作向。**對曰：「恃險與馬，而虞鄰國之難，**楊樹達先生讀左傳云：「虞讀爲娱。説文：『娱，樂也。』」**是三殆也。四嶽、**東嶽泰山，在今山東泰安北，高一千五百二十四公尺。西嶽華山，在今陝西潼關西，高一千九百九十七公尺。南嶽衡山，一説即今安徽霍山縣之天柱山，高一千七百五十一公尺；一説即今湖南衡山縣西之衡山，高一千二百六十六公尺。北嶽恒山，今山西渾源縣西，高二千零五十二公尺。**三塗、**杜注：「在河南陸渾縣南。」如杜注，則今河南嵩縣西南十里伊水北之三塗山，俗名崖口，又名水門者也。周本紀云「我南望三塗」，當即此。服虔則謂太行、轘轅、崤澠，總名曰三塗。**陽城、**古陽城在今河南登封縣東南，俗名曰城山嶺。一九七七年曾數次勘察其遺址，詳見一九七七年十二月文物。**大室、**即今河南登封縣北之嵩山。**荆山、**今湖北南漳縣西八十里之荆山。**中南，**即今陝西西安市南之終南山，又名中南、南山、秦山、秦嶺。**九州之險也，**古代分中國爲九州，而其説不一，可參尚書禹貢、爾雅釋地、周禮職方。**是不一姓。**諸險要之地，亦有滅亡者，亦有興國者，言險要不足恃。**冀之北土，馬之所生，**冀，冀州。冀之北土，杜注謂即燕、代。初學記八引盧毓冀州論云「冀州北接燕、代」，杜注本此。宋孫奕示兒編十五云：「冀北出良馬，則名馬曰驥。」説詳惠棟補注。**無興國焉。**以上言多馬不足恃。恃險與馬，不可以爲固也，從古以然。以同已。是以先王務修德音以亨神、人，亨即享，新序善謀篇節録此文即作「享神人」。襄二十七年傳「能歆神、人」，人謂鬼（祖先）。不聞其務險與馬也。鄰國之難，不可虞也。或多難以固其國，啓其疆土；或無難以喪其國，失其守宇，荀子王制篇「雖守者益」，注云：「守者謂地也。守國以地爲本，故曰守者。」宇，杜注「於國則四垂爲宇」，則邊境也。其實守宇與上文「疆土」同義。詩大雅卷阿「爾土宇昄章」，則土宇連言。若何虞難？齊有仲孫之難，事見莊八年、九年傳。仲孫即公孫無知也。而獲桓公，至今賴之。齊猶襲齊桓公之餘蔭。晉有里、丕之難，里，里克；丕，丕鄭。事見僖九年傳。而獲文公，是以爲盟主。衞、邢無難，敵亦喪之。喪，亡也，此謂亡其國。杜注：「閔二年狄滅衞，僖二十五年衞滅邢。」故人之難，不可虞也。恃此三者，而不修政德，亡於不暇，猶云不暇於救亡。又何能濟？君其許之！紂作淫虐，文王惠和，汲冢周書序云「紂作淫亂，民散無性習常（盧文弨羣書拾補謂六字中疑尚脱一字），文王惠和化服之」，即用此語。殷是以隕，周是以興，夫豈争諸侯？」乃許楚使。使叔向對曰：「寡君有社稷之事，是以不獲春秋時見。杜注：「言不得自往，謙辭。」諸侯，君實有之，何辱命焉？」言不必來徵求同意。椒舉遂請昏，杜注：「蓋楚子遣舉時，兼使求昏。」晉侯許之。

楚子問於子産曰：「晉其許我諸侯乎？」對曰：「許君。晉君少安，不在諸侯。

杜注：「安於小，小不能遠圖。」其大夫多求，莫匡其君。在宋之盟又曰如一。即「晉、楚之從交相見」之謂。若不許君，將焉用之？」杜注：「焉用宋盟。」王曰：「諸侯其來乎？」對曰：「必來。從宋之盟，承君之歡，不畏大國，杜注：「大國，晉也。」何故不來？不來者，其魯、衞、曹、邾乎！曹畏宋，邾畏魯，魯、衞偪於齊而親於晉，爲齊所逼，不得不與晉親。唯是不來。唯，因也。其餘，君之所及也，誰敢不至？」王曰：「然則吾所求者無不可乎？」對曰：「求逞於人，不可；杜注：「逞，快也。求人以快意，人必違之。」與人同欲，盡濟。」己所爲者，亦人之所期望于己者，則同欲而無不成。

四·二

大雨雹。季武子問於申豐曰：「雹可禦乎？」襄二十三年傳杜注謂申豐爲季氏屬大夫。禦，止也。對曰：「聖人在上，無雹。雖有，不爲災。古者日在北陸而藏冰，北陸指虛宿（有星二顆，即寶瓶座β和小馬座α）與危宿（有星三顆，寶瓶座α和飛馬座θ及ε）。地球公轉至此爲小寒與大寒。是時爲夏正十二月，正極冷之時。詩豳風七月「二之日鑿冰沖沖」，足證西周于夏正十二月挖冰塊。周禮淩人「正歲十有二月令斬冰」，周禮稱歲，即用夏正。禮記月令亦云：「季冬，冰方盛，水澤腹堅，命取冰。」皆足證古代取冰在十二月。西陸朝覿而出之。西陸指昴宿和畢宿。昴宿有星七顆，即金牛座17、19、21、20、23、η、27諸星。畢宿有星八顆，即金牛座ε、68、δ、γ、α、θ、71、λ諸星。諸星早晨出現，則出藏冰，其時應是清明、穀雨，當夏正四月。然據豳風七月及下文，似二月即開冰窖，此乃惟君王如此。若他人用冰，則三、四月移藏于冰窖。杜注謂在夏正三月，服虔以爲在二月，皆據奎星朝見而言。**其藏冰也，深山窮谷，固陰沍寒，**固，凝涸。陰，即寒氣。沍音互，凝也。固陰沍寒即寒氣凝涸。**於是乎取之。**此謂藏冰於深山窮谷，寒氣閉塞凝涸，取冰於此。**其出之也，朝之禄位，賓、食、喪、祭，於是乎用之。**朝之禄位謂卿大夫士。賓謂迎賓，食謂君之日食，喪謂大喪共夷盤冰，祭謂祭祀共冰鑑。參見周禮凌人並注。**其藏之也，黑牡、秬黍以享司寒。**黑牡，據下文，知是黑毛公羊。秬音巨，黑色黍子。據禮記月令，司寒爲冬神玄冥。冬在北陸，故用黑色。**其出之也，桃弧、棘矢以除其災。**出冰時，用桃木爲弓，以棘爲箭，置于儲冰室之户以禳災。**其出入也時。食肉之禄，冰皆與焉。**食肉之禄即其禄足以食肉者，莊十年傳「肉食者謀之」、哀十三年傳「肉食者無墨」之「肉食者」即是。**大夫命婦喪浴用冰。**大夫及命婦也。命婦，大夫之妻。既小斂，先置冰于盤中，乃設牀於盤上，不施席而移尸於堂，乃爲尸浴身。**祭寒而藏之，**寒即上文「以享司寒」之司寒，詩七月鄭箋及初學記七引作「祭司寒而藏之」。**獻羔而啓之，**詩豳風七月「四之日其蚤，獻羔祭韭」，故杜注云「謂二月春分獻羔祭韭，始開冰室」。**公始用之，**杜注：「公先用，優尊。」**火出而畢賦，**十七年傳云：「火出，於夏爲三月，於商爲四月，於周爲五月。」則夏正三月，天蝎座α星于黄昏時出現，於是食肉者皆可以得冰。然此時雖分得冰，未必用之，至夏季始用。**自命夫命婦至於老疾，無不受冰。山人取之，**山人，小官，春秋分紀職官書一謂即周禮地官之山虞。取冰于深山。**縣**

人傳之，縣人，杜注云「遂屬」，據周禮遂人，五縣爲遂，地官亦有縣正，縣人或即縣正。輿人納之，隸人藏之。春秋分紀職官書一云：「夏官之屬有隸僕，即輿人之類。」杜注：「輿、隸皆賤官。」夫冰以風壯，杜注：「冰因風寒而堅。」壯即壯實。而以風出。杜注：「順春風而散用。」其藏之也周，杜注：「周，密也。」其用之也偏，杜注：「及老疾。」則冬無愆陽，杜注：「愆，過也。謂冬温。」夏無伏陰，杜注：「伏陰謂夏寒。」春無淒風，杜注：「淒，寒也。」秋無苦雨，雷出不震，鳴雷而雹不擊傷。無菑霜雹，菑霜菑雹即有霜有雹，而不爲災。癘疾不降，癘疾即今之流行病。民不夭札。夭，短命而死。札，流行病死亡。周禮大司徒鄭玄注：「札，大疫病也。」今藏川池之冰棄而不用，風不越而殺，雷不發而震。杜注：「越，散也。」風不散而草木凋零，雷不鳴而雹傷亡人畜。雹之爲菑，誰能禦之？七月之卒章，藏冰之道也。」杜注：「七月，詩豳風。」卒章曰『二之日鑿冰沖沖』，謂十二月鑿而取之；『三之日納于凌陰』，凌陰，冰室也；『四之日其蚤，獻羔祭韭』，謂二月春分蚤開冰室，以薦宗廟。」

四·三

夏，諸侯如楚，魯、衞、曹、邾不會。曹、邾辭以難，國家不安定。公辭以時祭，祀祖。魯世家謂「稱病不往」，年表同，與傳異。衞侯辭以疾。鄭伯先待于申。六月丙午，丙午，十六日。楚子合諸侯于申。椒舉言於楚子曰：「臣聞諸侯無歸，禮以爲歸。大國之中，諸侯歸服于有禮者。今君始得諸侯，其慎禮矣。霸之濟否，在此會也。夏啓有鈞臺之享，鈞臺當即史記夏本紀桀囚湯之夏臺，在今河南禹縣境。地名大辭典謂在禹縣南，日講春秋解義及春秋傳説彙纂謂在禹縣北門外，續漢郡國志二注引帝王世紀則云「在縣西」，不知孰是，或近人説長。**商湯有景亳之命，**景亳，據史記殷本紀正義：「宋州北五十里大蒙城爲景亳，湯所盟地，因景山爲名。河南偃師爲西亳，帝嚳及湯所都，盤庚亦徙都之。」則景亳在今商丘市北五十里，山東曹縣南。杜注及彙纂均謂景亳即河南偃師之亳，王國維觀堂集林説亳已駁之。**周武有孟津之誓，**周武王兩次會諸侯于盟津，第二次會作太誓，見周本紀。孟津即盟津，在今河南孟縣南十八里。**成有岐陽之蒐，**杜注：「周成王歸自奄，大蒐於岐山之陽。」晉語八：「昔成王盟諸侯于岐陽。」岐陽即今陝西岐山縣治。**康有酆宮之朝，**古書皆未載周康王酆宮之朝，惟鄭樵通志及僞本竹書紀年有之，蓋本于此傳。酆宮即豐宮，當爲文王廟，在今陝西户縣東五里。**穆有塗山之會，**周穆王會塗山亦僅見僞本紀年。塗山即哀七年傳「禹合諸侯于塗山」之塗山，在今安徽懷遠縣東南八里，淮河東岸。**齊桓有召陵之師，**杜注：「在僖四年。」**晉文有踐土之盟。**杜注：「在僖二十八年。」**君其何用？宋向戌、鄭公孫僑在，諸侯之良也，**良，能也。此謂二人習於禮而多聞。**君其選焉。」**杜注：「選擇所用。」**王曰：「吾用齊桓。」**服虔注：「召陵之役，齊桓退舍以禮，楚靈王今感其意，是以用之。」**王使問禮於左師與子産。左師曰：「小國習之，大國用之，敢不薦聞？」**薦，進獻也。杜注：「言所聞，謙示所未行。」**獻公合諸侯之禮六。**杜注：「其禮六儀也（六種儀節）。宋爵公，故獻公禮。」孔疏：「不知六者何謂也。」子產曰：「小國共職，共同供。敢不薦守？」守，職守。獻伯子男會公之禮六。向戌所獻是盟主主會之儀節，子產所獻是諸侯會盟主之儀節，相合而全。君子謂合左師善守先代，宋襄公嘗欲稱霸，故有其禮儀，而向戌能守而進于楚。子產善相小國。鄭于春秋時，只是服于大國，故獻小國與會之儀。

王使椒舉侍於後以規過，楚王恐己于儀節有誤，使椒舉糾正之。卒事不規。王問其故，對曰：「禮，吾所未見者有六焉，阮刻本無「所」字，今依石經、宋本、淳熙本、纂圖本及金澤文庫本增。又何以規。」杜注：「左師、子產所獻六禮，楚皆未嘗行。」然左師、子產獻禮各六，椒舉未見者六，僅一半耳。

宋大子佐後至，王田於武城，武城當在今河南南陽市北。久而弗見。椒舉請辭焉。杜注：「請王辭謝之。」王使往，曰：「屬有宗祧之事於武城，杜注：「言爲宗廟田獵。」屬，適也。寡君將墮幣焉，服虔注：「墮，輸也。」王念孫云：「言將輸受宋之幣於宗廟。」敢謝後見。」

徐子，徐國在今安徽省泗縣西北五十里。吳出也，其母爲吳國女。以爲貳焉，故執諸申。杜注：「言楚子以疑罪執諸侯。」

楚子示諸侯侈。侈即下文之汏。椒舉曰：「夫六王、二公之事，六王，啓、湯、武、成、康、穆。二公，齊桓、晉文。皆所以示諸侯禮也，諸侯所由用命也。夏桀爲仍之會，有緡叛之；韓非子十過篇云：「昔者桀爲有戎之會，而有緡叛之。」「仍」誤作「戎」。仍即任，太昊風姓後，見雷學淇竹書紀年義證卷十。仍國當在今山東濟寧市附近。有緡即緡國，雷學淇云，帝舜後，姚姓。十一年傳「桀克有緡，以喪其國」，即此。並詳僖二十三年經並注。商紂爲黎之蒐，東夷叛之；韓非子十過篇：「紂爲黎丘之蒐，而戎狄叛之。」黎見宣十五年傳並注。周幽爲大室之盟，戎狄叛之，大室即嵩山。皆所以示諸侯汏也，諸侯所由棄命也。今君以汏，以同已，太也。無乃不濟乎！」王弗聽。子産見左師曰：「吾不患楚矣。汏而愎諫，周書謚法解注云：「去諫曰愎。」不過十年。」左師曰：「然。不十年侈，其惡不遠。遠惡而後棄。猶言其惡遠流而後見棄。善亦如之，德遠而後興。」諸遠字自指時間，因亦及地域。爲惡行善，時間長久，影響自亦深遠。杜注：「爲十三年楚弒其君傳。」

四·四　秋七月，楚子以諸侯伐吴，定四年傳云，「若嘉好之事（杜注：「謂朝會」），君行師從，卿行旅從」，則諸侯與盟皆各有師旅，此楚子所以帥也。宋大子、鄭伯先歸，宋華費遂、鄭大夫從。使屈申圍朱方，朱方，吴邑，今江蘇鎮江市丹徒鎮南，吴以賜齊慶封，詳襄二十八年傳。杜注：「屈申，屈蕩之子。」八月甲申，八月不應有甲申日，杜注：「日誤。」克之，執齊慶封而盡滅其族。將戮慶封，椒舉曰：「臣聞無瑕者可以戮人。慶封唯逆命，敦煌殘卷李鳴南藏本作「逆君命」。逆命即指下文之「弒其君，弱其孤」等。是以在此，其肯從於戮乎？「其」作「豈」用。杜注：「言不肯默而從戮。」播於諸侯，播揚醜惡也。焉用之？」王弗聽，負之斧鉞，大斧曰鉞。太公六韜云：「大柯斧，重八斤，一名天鉞。」以徇於諸侯，於諸侯各居處巡行以示衆。使言曰：「無或如齊慶封弒其君，弱其孤，以盟其大夫！」無同毋，禁止之詞。杜注：「齊崔杼弒君，慶封其黨也，故以弒君罪責之。」孤謂齊景公，慶封以其幼小而輕弱之。襄二十五年傳載盟國人於大宮，其初辭曰「所不與崔、慶者」，國人即大夫。慶封曰：「無或如楚共王之庶子圍弒其君——兄之子麇——而代之，以盟諸侯！」麇即郟敖，爲楚君，亦爲圍兄康王之子。圍殺郟敖見元年傳。王使速殺之。

遂以諸侯滅賴。克朱方與滅賴蓋以兩支軍同時進行。以地理言之，會于申，申在今南陽市北。賴在今湖北隨縣稍東而北；若朱方，則在鎮江市南。斷無先克朱方，又回師滅賴，軍旅來往數千里之理。依地理推測，楚師返郢，今湖北江陵縣北紀南城，可以經賴而滅之，然後沿清發水至今武漢市，循江東下至朱方，則師旅不至過於疲勞。傳先叙克朱方，由屈申爲帥，而滅賴，則楚子自帥，故知分爲二支軍。賴子面縛銜璧，士袒，輿櫬從之，造於中軍。杜注：「中軍，王所將。」王問諸椒舉，對曰：敦煌殘卷重「椒舉」二字。「成王克許，許僖公如是。事見僖六年傳。王親釋其縛，受其璧，焚其櫬。」王從之。杜

注：「從舉言。」遷賴於鄢。鄢，今湖北宜城縣南，桓十三年傳「及鄢」，即此。

楚子欲遷許於賴，使鬭韋龜與公子棄疾城之而還。杜注：「爲許城也。」韋龜，子文之玄孫。」

申無宇曰：「楚禍之首將在此矣。召諸侯而來，伐國而克，城，竟莫校，築城於邊境而諸侯無與争者。王心不違，王有何心，其事皆成，不違其意。民其居乎？呂氏春秋上農篇「無有居心」，高誘注：「居，安也。」此謂楚君將勞民，民不得安居。民之不處，處猶居，亦安居之意。其誰堪之？不堪王命，乃禍亂也。」

四·五　九月，取鄫，言易也。莒亂，著丘公立而不撫鄫，鄫叛而來，故曰取。凡克邑，不用師徒曰取。

四·六　鄭子産作丘賦，丘賦疑與魯成公元年之丘甲同意，謂一丘之人出軍賦若干。參成元年傳並注。國人謗之，曰：「其父死於路，杜注：「謂子國爲尉氏所殺。」事詳襄十年傳。己爲蠆尾，蠆爲蠍屬，通俗文「長尾爲蠆，短尾爲蠍」是也。後腹狹長如尾，其末端有毒鉤，孝經緯「蜂蠆垂芒，其毒在後」是也。此謗子産重賦毒害「國人」。以令於國，國將若之何？」子寬以告。杜注：「子寬，鄭大夫。」子産曰：「何害？苟利社稷，死生以之。以，由也。此作動詞，謂無論生死，不計較矣。且吾聞爲善者不

改其度，說文：「度，法制也。」**故能有濟也。民不可逞，**逞，縱也。**度不可改。詩曰：『禮義不愆，何恤於人言？』**愆，過失。杜注：「逸詩也。」荀子正名篇載此詩云：「長夜漫兮，永思騫兮。大古之不慢兮，禮義之不愆兮，何恤人之言兮？」漢書匡衡傳成帝引此詩作「傳」，以其不在三百篇中也。**吾不遷矣。」**遷移猶言變更。**渾罕曰：**杜注：「渾罕，子寬。」**「國氏其先亡乎！**鄭之公族，其人若是公孫，常以父之字爲氏。子産父字子國，此曰國氏；故子游之子稱游楚，子然之子稱然丹，子罕之子子展稱罕氏。**君子作法於涼，**杜注：「涼，薄也。」涼薄即不厚道。**其敝猶貪。**敝，終也，今言後果。餘詳楊樹達先生讀左傳。**作法於貪，敝將若之何？**言後果不堪設想。**姬在列者，**杜注：「在列國也。」**蔡及曹、滕其先亡乎，偪而無禮。鄭先衛亡，偪而無法。**蔡偪於楚，曹、滕偪於宋，鄭、衛偪於晉與楚。十一年楚滅蔡，十三年復封之，春秋後二十一年楚終滅之。哀八年宋滅曹，滕於春秋後六世爲齊所滅。鄭於春秋後六世九十一年爲韓所滅。衛於春秋後十三世二百五十八年爲秦所滅，最後亡。左傳於衛預言皆不中。**政不率法，而制於心。**渾罕所謂政，即政策；實指子産之作丘賦；所謂法，乃其先代之法。言子産丘賦不循舊法，而由己心制訂。**民各有心，何上之有？」**民有不同階級與階層，利害不同，故各有其心願。其言謂子産制政由己心，則民心不同，將無上矣。上謂執政者。

四·七 **冬，吴伐楚，入棘、櫟、麻，**棘，今河南永城縣南，亦見于襄二十六年傳。櫟，今河南新蔡縣北二十里。麻，在今安徽碭山縣東北二十五里，舊有麻成集。以報朱方之役。即此年秋楚克朱方。楚沈尹射奔命於夏汭，沈，縣名，即故沈國地，今安徽臨泉縣，見文三年經注。楚名縣長曰尹。射，其人之名。夏汭，杜注謂爲夏口，恐不確。今之西淝河古亦稱夏肥水，見漢書地理志城父縣。其下游入淮水處在今安徽鳳臺縣西南，此夏汭及五年傳「會于夏汭」，皆指此處，非漢口。葴尹宜咎城鍾離，「葴」，阮刻本作「咸」，或本作「箴」，今從校勘記及金澤文庫本。杜注：「宜咎本陳大夫，襄二十四年奔楚。」鍾離，今安徽鳳陽縣東北二十里，詳成十五年傳注。薳啓彊城巢，巢即居巢，在今壽縣南約一百里。然丹城州來。杜注：「然丹，鄭穆公孫，襄十九年奔楚。」州來，今安徽鳳臺縣。詳成七年經並注。東國水，楚以東部地區爲東國，鍾離、巢、州來以及賴皆東國地邑。不可以城。彭生罷賴之師。杜注：「彭生，楚大夫。罷鬭韋龜城賴之師。」

四·八

初，穆子去叔孫氏，穆子即魯之叔孫豹，據傳及杜氏世族譜，莊叔得臣生宣伯僑如及穆叔豹。得臣死，僑如嗣立爲魯卿，而與成公母穆姜私通，謀去季孫行父與孟孫蔑，詳成十六年傳。穆子（即穆叔）離魯適齊，或預見其兄之所爲將引患禍，私離其族，必在成十六年以前，傳未載耳。及庚宗，庚宗，魯地，當在今山東泗水縣東。見地名考略。遇婦人，僞孔子家語截取此傳，改「婦人」爲「寡婦」，不知何據。使私爲食而宿焉。與此婦人私通，故杜氏世族譜稱之爲叔孫豹外妻。問其行，婦人問叔孫豹。告之故，哭而送之。杜注：「婦人聞而哭之。」適齊，娶於國氏，生孟丙、仲壬。夢天壓己，弗勝，杜注：「穆子夢也。」

顧而見人，黑而上僂，僂音樓。上僂謂肩頸部向前彎曲。深目而豭喙，豭音加，公豬。喙音彗，嘴。杜注：「口象豬。」號之曰：「牛！助余！」乃勝之。以上叙夢境。旦而皆召其徒，杜注：「徒，從者。」蓋隨行之人頗多，且有平日所不識者，不然，何必召而認其貌？無之。無所夢之人。且曰：「志之！」囑其徒記牛之貌。及宣伯奔齊，饋之。杜注：「宣伯，僑如，穆子之兄。成十六年奔齊。穆子饋宣伯。」宣伯曰：「魯以先子之故，杜注：「先子，宣伯先人。」將存吾宗，謂將仍使叔孫氏之人爲卿。必召女。召女，何如？」對曰：「願之久矣。」

魯人召之，不告而歸。不告僑如也。僑如此時或已與齊聲孟子又私通，穆子更惡之。成十六年傳云「召叔孫豹於齊而立之」，然叔孫豹之名，襄二年始見春秋經，蓋召之在成十六年末，其歸必在第二年。既立，立爲卿也。所宿庚宗之婦人獻以雉。庚宗婦人或爲穆子召而來。古禮，士執雉，此婦人獻雉，示其有子矣，故穆子問其子。問其姓，廣雅及小爾雅俱云：「姓，子也。」王引之經義述聞謂詩周南麟之子「振振公姓」，公姓即公子。檀弓上「唯天子之喪，有別姓而哭」，別姓即別子，皆可證。對曰：「余子長矣，能奉雉而從我矣。」叔孫豹爲魯卿，當在成公十七年後，襄公二年前，經、傳無明文，其召庚宗婦人，又在爲魯卿之後。杜云「襄二年豎牛五六歲」，蓋以叔孫豹見經之年即爲卿之年，未必然也。此等處不必深究。召而見之，則所夢也。未問其名，號之曰：「牛！」曰：「唯。」禮記曲禮上：「父召無諾，唯而起。」

鄭注：「應辭，唯恭於諾。」玉藻亦云：「父命呼，唯而不諾。」孟子公孫丑下：「禮云，父召無諾。」豎牛應曰唯，則以子應父也。**皆召其徒使視之，遂使爲豎。**杜注：「豎，小臣。」周禮天官序官内豎注云：「豎，未冠者之官名。」段玉裁云：「豎之言孺也。」此蓋未冠爲官之義。**有寵，長使爲政。**杜注：「爲家政。」**公孫明知叔孫於齊，**杜注：「公孫明，齊大夫子明也，與叔孫相親知。」**歸，未逆國姜，子明取之，**國姜，孟丙、仲壬母。**故怒，其子長而後使逆之。**怒，怒其妻改嫁。子，孟丙、仲壬。

田於丘蕕，杜注：「丘蕕，地名。」**遂遇疾焉。豎牛欲亂其室而有之，强與孟盟，不可。**杜注：「欲使從己，孟不肯。」**叔孫爲孟鐘，曰：「爾未際，**際即孟子萬章下「交際」之際，莊子則陽篇謂衞靈公「田獵畢弋，不應諸侯之際」，即此「際」字之義。此謂以卿之適長子與當時卿大夫之酬應周旋。**饗大夫以落之。」**落與釁不同。古代凡器用，如鐘、鼓之類，及宗廟，先以豬、羊或雞之血祭之，曰釁（孟子梁惠王上謂以牛釁鐘，乃特例，詳焦循正義）。然後饗宴，則名之曰落，猶今言落成典禮。釁不必享，落則享客，此云「饗諸大夫」，七年傳「楚子成章華之臺，願與諸侯落之」，「楚子享公于新臺」，俱足爲證也。叔孫欲於此確定孟爲繼承人。**既具，**享禮準備已好。**使豎牛請日。**請穆子訂享日。因須先訂饗日，然後戒賓，享日讌賓。**入，弗謁，**入，入穆子室。爾雅釋詁：「謁，告也。」弗謁，不以請日之事白之。**出，命之日。**自穆子室出，詐以穆子命訂饗日。**及賓至，聞鐘聲。**釁鐘享賓，必撞鐘。穆子不知享日，聞而怪之。**牛曰：**

「孟有北婦人之客。」杜注：「北婦人，國姜也。客謂公孫明。」蓋享禮有上賓，牛謬言公孫明以激怒叔孫。怒，將往，牛止之。賓出，使拘而殺諸外。杜注：「殺孟丙。」牛又强與仲盟，不可。仲與公御萊書觀於公，杜注：「萊書，公御士名。仲與之私游觀於公宮。」公與之環，杜注：「賜玉環。」使牛入示之。杜注：「示叔孫。」入，不示；出，命佩之。詐以叔孫之命命仲佩之。牛謂叔孫：「見仲而何？」杜注：「而何，如何。」言使仲壬見昭公，確立其承嗣地位，如何也。叔孫曰：「何爲？」杜注：「怪牛言。」曰：「不見，既自見矣，杜注：「言仲已自往見公。」公與之環而佩之矣。」遂逐之，奔齊。仲奔齊。韓非子内儲説上云「叔孫怒而殺壬」，與傳異。疾急，命召仲，牛許而不召。杜洩見，告之飢渴，授之戈。杜注：「杜洩，叔孫氏宰也。」牛不食叔孫，叔孫怒，欲使杜洩殺之。」對曰：「求之而至，又何去焉？」言叔孫嘗求牛其人，牛已至，又何故去之。蓋杜洩憤懣語。杜注謂「蓋杜洩力不能去，設辭以免」，或者如此。豎牛曰：「夫子疾病，不欲見人。」使寘饋于个而退。杜注：「寘，置也。个，東西廂。」廂，今曰廂房，即正室兩旁之耳房。此个當爲東廂房，詳金鶚求古録禮説。沈欽韓補注則謂「个猶隔也」，亦作閣，置物之處。牛弗進，則置虚命徹。據杜注，置虚爲傾倒所送食品，令盛具空虚，表示叔孫已食，然後命徹去之。十二月癸丑，癸丑，二十六日。叔孫不食；乙卯，乙卯，二十八日。卒。絶食三日。牛立昭子而相之。立昭子婼亦在明年，由明年傳知之。

公使杜洩葬叔孫，豎牛賂叔仲昭子與南遺，杜注：「昭子，叔仲帶也。南遺，季氏家臣。」使惡杜洩于季孫而去之。杜洩將以路葬，且盡卿禮。杜注：「路，王所賜叔孫車。」南遺謂季孫曰：「叔孫未乘路，葬焉用之？且冢卿無路，介卿以葬，不亦左乎？」杜注：「冢卿謂季孫。介，次也。」左，邪也，不正也。季孫曰：「然。」使杜洩舍路。舍同捨，棄去不以葬。不可，杜洩不肯。曰：「夫子受命於朝而聘於王，杜注：「在襄二十四年。夫子謂叔孫。」王思舊勳而賜之路，杜注：「感其有禮以念其先人。」復命而致之君。杜注：「豹不敢自乘。」君不敢逆王命而復賜之，禮記玉藻：「君賜車馬，乘以拜賜；衣服，服以拜賜。君未有命，弗敢即乘服也。」鄭玄注：「謂卿大夫受賜於天子者，歸必致於其君，君有命乃服之。」與傳意同。使三官書之。吾子爲司徒，實書名；杜注：「謂季孫也。書名，定位號。」夫子爲司馬，與工正書服；杜注：「謂叔孫也。服，車服之器，工正所書。」孟孫爲司空以書勳。杜注：「勳，功也。」今死而弗以，以，用也，用之葬也。是棄君命也。書在公府而弗以，是廢三官也。若命服，生弗敢服，死又不以，將焉用之？」乃使以葬。葬在明年，此終言之。

季孫謀去中軍，豎牛曰：「夫子固欲去之。」杜注：「誣叔孫以媚季孫。」韓非子内儲説上：

「叔孫已死，豎牛因不發喪也，徙其府庫重寶，空之而奔齊。」與傳亦異，不足信。

五年，甲子，公元前五三七年。周景王八年、晉平二十一年、齊景十一年、衞襄七年、蔡靈六年、鄭簡二十九年、曹武十八年、陳哀三十二年、杞文十三年、宋平三十九年、秦景四十年、楚靈四年、吴夷末七年、許悼十年。

經

五·一 五年春王正月，正月十六日癸酉冬至，建子。舍中軍。杜注：「襄十一年始立中軍。」餘詳襄十一年傳注。

五·二 楚殺其大夫屈申。

五·三 公如晉。

五·四 夏，莒牟夷以牟婁及防、兹來奔。牟婁即隱四年經「莒人伐杞，取牟婁」之牟婁，在今山東諸城縣西。據彙纂，防在今山東省安丘縣西南六十里。兹在今諸城縣北，安丘縣稍西而南。

五·五 秋七月，公至自晉。昭公至晉凡七次，被留不遣歸者一次，及黄河而返者五次，惟此次得成禮而歸；然以受牟夷爲莒控訴于晉，幾乎又被扣，歷數月始返。

五·六　**戊辰，**戊辰，十四日。**叔弓帥師敗莒師于蚡泉。**「蚡」，公羊作「濆」，穀梁作「賁」。分、賁古音同，故從分聲與從賁聲之字得通假。蚡泉蓋莒、魯交界之地名。

五·七　**秦伯卒。**無傳。經未書其名，史記秦本紀亦無景公之名，徐廣引世本云「景公名后伯車也」，似名后，字伯車；然景公之母弟又名后子，則景公不致名后。索隱云：「景公以下，名又錯亂。」

五·八　**冬，楚子、蔡侯、陳侯、許男、頓子、沈子、徐人、越人伐吴。**

傳

五·一　**五年春王正月，舍中軍，卑公室也。**哀十一年傳魯有右師、左師，不知是臨時編制，或罷中軍後，以中軍之卒乘分别增爲右軍、左軍。右師、左師即右軍、左軍也。**毁中軍于施氏，成諸臧氏。**施氏爲公子施父之族，臧氏爲公子子臧之族。毁中軍於施氏者，於施氏之家討論此謀也。成之於臧氏者，立約於臧氏之家也。臧氏時爲司寇，古者兵獄同制之故。説參惠棟補注。**初，作中軍，三分公室，而各有其一。**三家各有一軍。**季氏盡征之，**魯國之兵，無論士卒車乘，皆出於國都近郊，於定八年傳陽虎於壬辰戒都車、令癸巳至可以知之。三家之私族兵，則出自其采邑。無論采邑或近郊之民，出卒乘者，季氏免其田賦；不出卒乘者，加倍征其田賦，見襄十一年傳。此所謂盡征之，或征卒乘，或征田賦也。**叔孫氏臣其子弟，**江永羣經補義云：「所謂子弟者，兵之壯者也；父兄者，兵之老者也。」臣者，仍以爲奴隸兵，其老弱者則爲自由民，蓋行半奴隸半封建制。**孟氏取其半焉。**一半爲自由民，或出軍賦，或出田賦；一半仍爲奴隸兵，或爲農業奴隸。**及其舍之也，四分公室，季氏擇二，二子各一，皆盡征之，而貢于公。**四分公室，分魯公室之郊遂也。季氏得其半，孟孫、叔孫各得其四之一，而皆爲自由民，或征軍賦，或征田賦，各家以其所入之若干貢於公。

以書使杜洩告於殯，杜注：「告叔孫之柩。」**曰：「子固欲毁中軍，既毁之矣，故告。」**因豎牛之言，見上年傳。**杜洩曰：「夫子唯不欲毁也，故盟諸僖閎，詛諸五父之衢。」**見襄十一年傳。**受其書而投之，**杜注：「投，擲地。」**帥士而哭之。**

叔仲子謂季孫曰：「帶受命於子叔孫曰：『葬鮮者自西門。』」句省動詞，言柩車自西門出。此與論語憲問「奚自」、「自孔氏」省動詞同例。杜注：「不以壽終爲鮮。西門非魯朝正門。」叔孫豹飢渴三日而死，雖其年齡或在七十左右（自其父莊叔死至此年已六十七年），仍可謂非壽終。章炳麟左傳讀引尚書大傳「西方者何也？鮮方也」，故葬鮮自西。「西」、「鮮」古音近，漢、唐猶然。曹丕燕歌行、曹植吁嗟篇之押韻，匡謬正俗卷八之「西」字條皆可證。**季孫命杜洩。**杜注：「命使從西門。」**杜洩曰：「卿喪自朝，魯禮也。**禮記檀弓下云：「喪之朝也，順死者之孝心也。其哀離其室也，故至於祖考之廟而後行。殷朝而殯於祖，周朝而遂葬。」則周代之禮，葬前必移柩於宗廟，從朝出正門，正門即爾雅釋宮之應門，郭璞注之朝門。由朝之路，出國都之南門。說參李貽德賈服注輯述。**吾子爲國政，未改禮而又遷之。**杜注：「遷，易也。」改變禮儀必有一定手續程序，季氏無此程序，故云未改禮而以己意變之。羣臣懼死，不敢自也。」杜注：「自，從也。」既葬而行。據唐書宰相世系表，「杜洩避季子之難奔於楚」。

仲至自齊，杜注：「聞喪而來。」季孫欲立之。南遺曰：「叔孫氏厚，則季氏薄。彼實家亂，子勿與知，不亦可乎？」南遺使國人助豎牛以攻諸大庫之庭，杜注：「攻仲壬也。魯城内有大庭氏之虚，於其上作庫。」江永考實及楊樹達先生讀左傳，俱據杜注及昭十八年傳「大庭氏之庫」，謂此文誤倒，當作「大庭之庫」；而俞樾平議則謂「疑魯國別有大庫，大庫猶長府（長府見論語先進）」。自六朝抄本以來俱作「大庫之庭」，文自可通，今從俞説。司宮射之，楊寬古史新探謂此司宮當爲季氏家臣。梁履繩補釋引周氏附論則云：「襄九年杜解『司宮，奄臣』，蓋内官也。宋、鄭（昭十八）、楚（昭五）並有之。」則公宮之人亦助豎牛，似不然。司宮，蓋季或叔之奄臣。中目而死。仲壬亦死。豎牛取東鄙三十邑以與南遺。

昭子即位，朝其家衆，曰：「豎牛禍叔孫氏，使亂大從，從，順也。謂其亂重要之順道也。説詳惠棟補注及王引之經義述聞。殺適立庶，又披其邑，披，析也。將以赦罪，赦與釋同，僞孔子家語正論篇作「以求舍罪」，舍即釋也。説見述聞成十三年傳「赦罪于穆公」條。罪莫大焉。必速殺之！」豎牛懼，奔齊。孟、仲之子殺諸塞關之外。塞關，據杜注，爲齊、魯界上關，則關外已入齊境。投其首於寧風之棘上。杜注：「寧風，齊地。」蓋亦齊邊境地。仲尼曰：「叔孫昭子之不勞，勞謂酬勞，蓋昭子爲豎牛所立，不酬其立己之功，而反殺之。不可能也。言難能。周任有言曰：『爲政者不賞私勞，不罰私怨。』私謂個人。詩云：『有覺德行，四國順之。』」詩大雅抑篇。覺，直也。

初，穆子之生也，莊叔以周易筮之，杜注：「莊叔，穆子父得臣也。」遇明夷䷣之謙䷎，離下坤上爲明夷，初九陽爻變陰爻，即艮下坤上爲謙卦。以示卜楚丘。閔二年傳載卜楚丘之父占季友於文姜胎內，得臣死于宣公五年，楚丘之卜當在前。楚丘曰：本無「楚丘」二字，敦煌殘卷伯三七二九及金澤文庫本重「楚丘」二字，今從之增。「是將行，杜注：「行，出奔。」而歸爲子祀。杜注：「奉祭祀。」以讒人入，猶言率讒人入於國。其名曰牛，卒以餒死。讒人名曰牛，穆子終以飢死。明夷，日也。明夷，離下坤上。離爲火爲日，坤爲地，日在地下，故曰明夷。日之數十，古代傳說謂堯時十日並出，然論衡說日篇謂儒者以日爲一，則「日有十」之說非左氏義。杜注：「甲至癸。」是以十干解「日之數十」。古人誤以日繞地，故以太陽之日與地球自轉一周之日混爲一。古人分一晝夜爲十時，靈樞經謂「漏水下百刻，以分晝夜」，説文謂「漏，以銅受水，晝夜百節」，百刻即百節，十節爲一時。據易、詩、書、三禮、左傳諸書考之，大概有鷄鳴（亦曰夜鄉晨、鷄初鳴）、昧爽（亦曰昧旦）、旦（亦曰日出、見日、質明）、大昕（亦曰晝日）、日中（亦曰日之方中）、日昃（亦曰日下昃）、夕、昏（亦曰日旰、日入）、宵（亦曰夜）、夜中（亦曰夜半）等名。古無一日分十二時之說。至以十二支紀時，南齊書天文志始有之。**故有十時，亦當十位。自王已下，其二爲公，其三爲卿。**謂第一時爲王，其次爲公，其三爲卿，則第四時爲士。杜預謂日中爲王，則以日中爲第一時，蓋想當然之辭。**日上其中，**杜注：「日中盛明，故以當王。」**食日爲二，**杜注：「公位。」**旦日爲三。**杜注：「卿位。」據史記天官書「旦至食」，則旦而後食。而據杜注，日中爲王，食日爲公，旦日爲卿，豈不先後倒次？蓋日上其中者，日由地中上，雞初鳴也；食日者，昧爽也；旦日者，日初出也。如此始得其序。**明夷之謙，明而未融，**服虔注云：「融，高也。」**其當旦乎，故曰『爲子祀』。**居卿位，必嗣莊叔而後可能。**日之謙，當鳥，故曰『明夷于飛』。**杜注：「離爲日，爲鳥。離變爲謙，日光不足，故當鳥。鳥飛行，故曰于飛。」**明而未融，故曰『垂其翼』。**杜注：「於日爲未融，於鳥爲垂翼。」**象日之動，故曰『君子于行』。**杜注：「明夷初九，得位有應，君子象也。在明傷之世，居謙下之位，故將辟難而行。」**當三在旦，故曰『三日不食』。離，火也；艮，山也。離爲火，火焚山，山敗。於人爲言。**杜注：「艮爲言。」**敗言爲讒，故曰『有攸往。主人有言』。言必讒也。**此解明夷初九爻辭「明夷于飛，垂其翼。君子于行，三日不食，有攸往。主人有言」。**純離爲牛，**焦循補疏云：「明夷上坤下離，以坤配離，故云『純離』。純，耦也，謂與離相耦者坤也，即牛也。易以坤爲牛。」**世亂讒勝，勝將適離，故曰『其名曰牛』。謙不足，飛不翔；**杜注：「謙道沖退，故飛不遠翔。」**垂不峻，翼不廣。**杜注：「峻，高也。翼垂下，故不能廣遠。」故曰『其爲子後乎』。杜注：「不遠翔，故知不遠去。」吾子，亞卿也；莊叔父子世爲魯亞卿。抑少不終。」抑，但也。少不終，言穆子雖老壽，而仍不得善死。少，小也。

五·二 楚子以屈申爲貳於吳，「申」本作「伸」，今從昭四年傳、五年經及敦煌伯三七二九殘卷、石經、宋本、金澤文庫本、淳熙本、岳本、足利本訂正。乃殺之。以屈生爲莫敖，杜注：「生，屈建子。」使與令尹子蕩如晉逆女。過鄭，鄭伯勞子蕩于汜，勞屈生于菟氏。杜注：「汜、菟氏皆鄭地。」汜在今河南襄城縣南，詳僖二十四年傳並注。菟氏在今河南尉氏縣西北四十里。據儀禮聘禮，他國之使過境，先由使者之副助手（次介）用束帛請求借道，東道國則由下大夫取其束帛入朝報告。若同意借道，便接受束帛，並給以飲食。今由國君親往慰勞，而且勞令尹於汜，勞莫敖於菟氏，是對楚表示特別恭敬。晉侯送女于邢丘。據桓三年傳，各國嫁女，國君皆不自送。又據儀禮士昏禮，父母送女不下堂。今晉侯親送女出國境，想亦是敬楚之故。子産相鄭伯會晉侯于邢丘。邢丘，今河南温縣東北。

五·三 公如晉，自郊勞至于贈賄，無失禮。小國君朝大國之君，至郊，先有郊迎。行朝聘之禮已畢，臨行，主國又有贈送。此言魯昭公於禮之始終、揖讓周旋皆合儀節。晉侯謂女叔齊曰：「魯侯不亦善於禮乎？」對曰：「魯侯焉知禮！」公曰：「何爲？自郊勞至于贈賄，禮無違者，何故不知？」對曰：「是儀也，不可謂禮。禮，所以守其國，行其政令，無失其民者也。今政令在家，大夫曰家。魯國此時之政權已在三家。不能取也；有子家羈，弗能用也；杜注：「羈，莊公玄孫懿伯也。」荀子大略篇有子家駒，公羊昭二十五年傳亦有子家駒，則羈爲名，駒爲字。奸大國之盟，陵虐小國；奸，犯也。凌虐小國謂伐莒取鄆。利人之難，謂去年利用莒國之亂取鄫。不知其私。杜注：「不自知有私難。」公室四分，見上傳。民食於他。二十五年傳，子家子曰：「政自之出久矣，隱民多取食焉。」以政令由季氏等，季氏等三家又瓜分公室，民故賴大夫爲生。思莫在公，民心已不在魯公，所謂失民者也。不圖其終。昭公本人亦不念及後果。爲國君，難將及身，不恤其所。不以其地位可危爲憂。禮之本末將於此乎在，將在於此乎之倒裝句。在守國、行政、無失民。而屑屑焉習儀以亟。後漢書崔駰傳注：「屑屑猶區區也。」亟，急也。言善於禮，不亦遠乎？」君子謂叔侯於是乎知禮。

五·四　晉韓宣子如楚送女，傳世器有晉公盞，銘有云「锥今小子，整辪爾容，宗婦楚邦」云云，方濬益綴遺齋彝器考釋卷二十八云：「晉公者，晉平公也。晉嫁女於楚，作器以爲媵也。」叔向爲介。鄭子皮、子大叔勞諸索氏。索氏在今河南滎陽縣（屬鄭州市）稍西。大叔謂叔向曰：「楚王汏侈已甚，已甚，太甚也。子其戒之！」叔向曰：「汏侈已甚，身之災也，焉能及人？若奉吾幣帛，慎吾威儀；守之以信，信，誠也。行之以禮；敬始而思終，終無不復。杜注：「事皆可復行。」從而不失儀，順從主人而不失儀度，順從而不過度。敬而不失威；恭敬主人而不失晉爲大國之風采，恭敬而有節制。道之以訓辭，道，引導也。訓辭謂前賢之言語。奉之以舊法，國語晉語二「是之不果奉」，韋注：「奉，行也。」舊法謂故事、舊禮。考之以先王，考，稽考。以先王之事稽考之。度之以二國，衡量晉、楚二國之强弱、利害、得失之關係。雖汏侈，若我何？」無奈我何。

及楚。楚子朝其大夫，曰：「晉，吾仇敵也。苟得志焉，無恤其他。恤，顧慮也。今其來者，上卿、上大夫也。韓起爲上卿，叔向爲上大夫。若吾以韓起爲閽，閽，守門人。莊十九年傳述鬻拳自刖，楚人以爲大閽，杜注謂楚亦將刖韓起之足，則未必然。以羊舌肸爲司宮，司宮爲宮内之官，故杜注云「加宮刑」。足以辱晉，吾亦得志矣。可乎？」大夫莫對。無答對者。薳啓彊曰：「可。苟有其備，何故不可？恥匹夫不可以無備，況恥國乎？是以聖王務行禮，不求恥人。朝聘有珪，珪，説文作圭，玉制禮器，手執之。享覜有璋，享，釋文云：「鄭、服皆以享爲獻。」覜亦作頫，音糶，見也。璋，圭屬禮器，據聘禮記及禮記雜記，削圭之上部左右各寸半，即爲璋。圭以見國君，璋以見后夫人。小有述職，小，小國。小國朝于大國，猶諸侯朝于天子。孟子梁惠王下：「諸侯朝於天子曰述職。述職者，述所職也。」大有巡功。大，大國。大國適小國，猶天子之巡守。梁惠王下又云：「天子適諸侯曰巡狩。巡狩者，巡所守也。」巡守即巡功。設机而不倚，机同几，賈公彦儀禮燕禮疏即作几。古人席地而坐，坐即屈膝而臀在踵上，几置側以倚靠。爵盈而不飲；宴有好貨，杜注：「宴飲以貨爲好，衣服車馬在客所無。」周禮太宰「九曰好用之式」，鄭玄注：「好用，燕好所賜予。」杜言「在客所無」，據孔疏「謂衣服車馬在客所無者與之也」。飧有陪鼎，杜注：「熟食曰飧。陪，加也。加鼎所以厚殷勤。」據儀禮聘禮，賓始入客館，宰夫即設飧，有九鼎，牛鼎一、羊鼎一、豕鼎一、魚鼎一、腊鼎（乾肉鼎）一、腸胃鼎一、膚鼎（切肉之鼎）一、鮮魚鼎一、鮮腊鼎一。陪鼎一曰羞鼎，有三，牛羹鼎、羊羹鼎、豕羹鼎各一。入有郊勞，杜注：「賓至，逆勞之於郊。」出有贈賄，杜注：「去則贈之以貨賄。」禮之至也。國家之敗，失之道也，之，此也。失此道也。則禍亂興。杜注：「失朝聘宴好之道。」城濮之役，見僖二十八年傳。晉無楚備，晉勝楚而不再設備。以敗於邲。見宣十二年傳。邲之役，楚無晉備，以敗於鄢。見成十六年傳。自鄢以來，晉不失備，而加之以禮，重之以睦，明陸粲左傳附注：「睦於楚。」是以楚弗能報，報鄢陵戰敗之恥。而求親焉。既獲姻親，又欲恥之，以召寇讎，備之若何，若何即如何。誰其重此？重猶任也。説參俞樾平議、章炳麟左傳讀。若有其人，恥之可也。杜注：「謂有賢人以敵晉，則可恥之。」若其未有，君亦圖之。晉之事君，臣曰可矣：求諸侯而麇至；杜注：「麇，羣也。」此指楚使椒舉如晉求諸侯，晉許之，而楚會諸侯於申，見去年傳。求昏而薦女，杜注：「薦，進也。」君親送之，上卿及上大夫致之。猶欲恥之，君其亦有備矣。不然，奈何？

韓起之下，趙成、中行吴、魏舒、范鞅、知盈；杜注：「五卿位在韓起之下，皆三軍之將佐也。成，趙武之子。吴，荀偃之子。」羊舌肸之下，祁午、張趯、籍談、女齊、梁丙、張骼、輔躒、苗賁皇，八人皆晉大夫。皆諸侯之選也。皆諸侯所應選拔之良臣。杜注：「言非凡人。」韓襄爲公族大夫，韓須受命而使矣；杜注：「襄，韓無忌子也，爲公族大夫。須，起之門子，年雖幼，已任出使。」孔疏：「三年傳云『韓須如齊逆少姜』，是受命出使之事。」又據三年傳叔向語，韓須亦公族大夫。箕襄、邢帶、杜注：「二人，韓氏族。」叔禽、叔椒、子羽，杜注：「皆韓起庶子。」然孔疏引劉炫説，以爲叔禽等亦是韓起之族。皆大家也。韓賦七邑，皆成縣也。韓氏收七邑之賦，此七邑皆大縣。釋名釋言語：「成，盛也。」襄十四年傳「成國不過半天子之軍」，杜曰「成國，大國也」。説詳俞樾平議。羊舌四族，皆彊家也。杜注：「四族，銅鞮伯華、叔向、叔魚、叔虎兄弟。」叔魚名鮒，後見；叔虎以襄二十一年見殺。俞樾平議謂傳文「羊舌四族」，本作「羊舌三族」，韓氏七，羊舌氏三，其數正十。晉人若喪韓起、楊肸，羊舌肸采邑爲楊，今山西洪洞縣東南十五里，以邑爲氏，因又曰楊肸。説參洪亮吉左傳詁。五卿、八大夫輔韓須、楊石，杜注：「石，叔向子食我也。」因其十家九縣，韓氏七縣，楊氏二縣。長轂九百，長轂爲兵車，每縣百乘，九縣九百乘。其餘四十縣，遺守四千，杜注：「計遺守國者尚有四千乘。」奮其武怒，以報其大恥。伯華謀之，杜注：「伯華，叔向兄。」中行伯、魏舒帥之，杜注：「伯，中行吴。」其蔑不濟矣。君將以親易怨，實無禮以速寇，而未有其備，使羣臣往遺之禽，謂羣臣往敵晉，是遺晉以俘虜。以逞君心，逞君心應楚王「吾亦得志矣」語。何不可之有？」王曰：「不穀之過也，大夫無辱。」杜注：「謝薳啓彊。」厚爲韓子禮。王欲敖叔向以其所不知，敖同傲。而不能，杜注：「言叔向之多知。」亦厚其禮。

韓起反，鄭伯勞諸圉。據明一統志，圉在今河南杞縣南五十里。今名圉鎮。然江永考實云：「韓起自楚返晉，鄭勞諸圉，其地當近鄭都，不得經杞縣之圉。疑非是。」辭不敢見，禮也。陶鴻慶別疏云：「不敢當國君親勞，與六年楚公子棄疾不敢見鄭伯例同。」

五·五　鄭罕虎如齊，娶於子尾氏。此時罕虎年已老，疑再娶，至齊親迎。晏子驟見之。驟，屢也。陳桓子問其故。對曰：「能用善人，民之主也。」杜注「謂授子産政」，則以子産爲善人；如成十五年傳以伯宗爲善人，襄三十年傳以蔿掩爲善人，皆經時濟世之才。

五·六　夏，莒牟夷以牟婁及防、茲來奔。三地詳經注。牟夷非卿而書，書，書其名。尊地也。莒人愬于晉，杜注：「愬魯受牟夷。」晉侯欲止公。扣留魯昭公不返國。范獻子曰：「不可。人朝而執之，誘也；似引誘其來而執之。討不以師，而誘以成之，惰也。怠慢于用兵以討伐不義。爲盟主而犯此二者，無乃不可乎！請歸之，間而以師討焉。」杜注：「間，暇也。」乃歸公。秋七月，公至自晉。據經，魯昭至晉在春，牟夷叛莒奔魯，魯受之在夏；此時魯昭在晉，受牟夷者三家也。

五·七 莒人來討，杜注：「討受牟夷。」不設備。莒不設備。戊辰，叔弓敗諸蚡泉，莒未陳也。莊十一年傳云：「凡師，敵未陳曰敗某師。」與此同例。

五·八 冬十月，楚子以諸侯及東夷伐吳，胡渭禹貢錐指五謂東夷，即淮南之夷，在今江蘇清江市至揚州市以東近海之夷。以報棘、櫟、麻之役。見四年傳。薳射以繁揚之師會於夏汭。杜注：「會楚子。」繁揚，定六年亦作「繁揚」，襄四年則作「繁陽」，漢書地理志亦作「繁陽」。梁履繩左通補釋引陳氏集解考證謂「應劭曰『在繁水之陽』，則作『陽』爲正。」繁揚在今河南新蔡縣。越大夫常壽過帥師會楚子于瑣。通志氏族略四謂常壽爲複姓，吳仲雍之後。瑣在今安徽霍丘縣東，楚地。聞吳師出，薳啓彊帥師從之，杜注：「從吳師也。」遽不設備，吳人敗諸鵲岸。鵲岸在今安徽無爲縣南至銅陵市北沿長江北岸一帶。楚子以馹至於羅汭。水經汨水注謂羅汭即汨羅江，在今湖南汨羅縣。而高士奇則云：「河南羅山縣舊有羅水，北入淮，楚子當至此。當時出師蓋分南北二道，所以楚子至羅汭也。」說詳地名考略九。

吳子使其弟蹶由犒師，犒勞楚師。韓非子說林下作沮衞、蹶融二人，蹶融即蹶由。漢書古今人表又作厥由。楚人執之，將以釁鼓。殺之以其血祭新鼓也。王使問焉，曰：「女卜來吉乎？」對曰：「吉。寡君聞君將治兵於敝邑，卜之以守龜，據下文「國之守龜」及哀二十三年傳「卜之以守龜於宗祧」，似天子、諸侯之龜曰守龜。互詳定元年傳注。曰：『余亟使人犒師，亟，急也。請行以觀王怒之疾徐，而爲之備，尚克知之！』尚，庶幾也。例詳詞詮。此卜龜時命辭。龜兆告吉，曰：『克可知也。』君若驩焉好逆使臣，滋敝邑休怠，滋，益也。休怠猶言懈怠。而忘其死，亡無日矣。今君奮焉震電馮怒，杜注：「馮，盛也。」楚辭天問「康回馮怒」，盛怒也。馮同憑。虐執使臣，將以釁鼓，則吳知所備矣。敝邑雖羸，若早脩完，脩城郭器備使堅固。其可以息師。杜注：「息楚之師。」難易有備，易讀爲禮記中庸「君子居易以俟命」之「易」，猶平安也。句謂無論患難或平安俱有所準備。可謂吉矣。且吳社稷是卜，豈爲一人？所卜者國家之吉凶，非一人之吉凶。使臣獲釁軍鼓，而敝邑知備，以禦不虞，不虞猶言意外，此指楚師之來。其爲吉，孰大焉？國之守龜，其何事不卜？一臧一否，臧否猶言吉凶。其誰能常之？常，一定。言吉凶所在無人能定其常在某事。城濮之兆，其報在邲。城濮晉、楚之戰，楚卜吉，而實敗，則此吉兆應在邲之勝。今此行也，其庸有報志？」其庸，反詰副詞連用，豈也。豈有報志，謂卜來雖吉，而已被殺，則吉之應驗在於戰而吳勝。乃弗殺。說苑奉使篇「秦楚轂兵」章與此情節相類似。

楚師濟於羅汭，沈尹赤會楚子，次於萊山，高士奇春秋地名考略九云：「河南光山縣南一百五十里有天臺山，或云即萊山。」薳射帥繁揚之師先入南懷，楚師從之，及汝清。彙纂謂南懷、汝清應在今江、淮間。吳不可入。杜注：「有備。」楚子遂觀兵於坻箕之山。觀兵，檢閱示威。坻箕山在今安徽巢縣南三十七里，即踟蹰山。是行也，吳早設備，楚無功而還，以蹶由歸。楚子懼吳，使沈尹射待命于巢，巢，今安徽巢縣東北五里居巢城。薳啓彊待命于雩婁，雩婁在今安徽金寨縣北，亦見於襄二十六年傳並注。禮也。杜注：「善有備。」

五・九　秦后子復歸於秦，杜注：「元年奔晉。」景公卒故也。

六年，乙丑，公元前五三六年。周景王九年、晉平二十二年、齊景十二年、衛襄八年、蔡靈七年、鄭簡三十年、曹武十九年、陳哀三十三年、杞文十四年、宋平四十年、秦哀公元年、楚靈五年、吳夷末八年、許悼十一年。

經

六・一　六年春王正月，正月二十七日戊寅冬至，建子，有閏月。杞伯益姑卒。

六・二　葬秦景公。秦君之葬至此始書。

六・三　夏，季孫宿如晉。

六·四 葬杞文公。無傳。

六·五 宋華合比出奔衛。

六·六 秋九月，大雩。

六·七 楚薳罷帥師伐吴。

六·八 冬，叔弓如楚。

六·九 齊侯伐北燕。

傳

六·一 六年春王正月，杞文公卒。弔如同盟，禮也。杜注：「魯怨杞因晉取其田，而今不廢喪紀，故禮之。」

六·二 大夫如秦，葬景公，禮也。杜注：「合先王士弔、大夫送葬之禮。」

六·三 三月，鄭人鑄刑書。杜注：「鑄刑書於鼎，以爲國之常法。」孔疏：「二十九年傳云『晉趙鞅、荀寅賦晉國一鼓鐵，以鑄刑鼎，著范宣子所爲刑書焉』，彼是鑄之於鼎，知此亦是鼎也。」叔向使詒子産書，杜注：「詒，遺也。」曰：

始吾有虞於子，廣雅：「虞，望也。」洪亮吉詁、吴闓生文史甄微並主此義。今則已矣。杜注：「已，止也。」昔先王議事以制，議讀爲儀；儀，度也。制，斷也。謂度量事之輕重，而據以斷其罪。說詳王引之述聞。不爲刑辟，辟，法也。刑辟即刑律。懼民之有争心也。猶不可禁禦，是故閑之以義，杜注：「閑，防也。」今猶言防閑，防備與限制也。糾之以政，周禮大司寇：「以五刑糾萬民。」鄭玄注：「糾猶察異之。」蓋謂糾有約束之義。行之以禮，守之以信，奉之以仁；杜注：「奉，養也。」制爲禄位，以勸其從；立官品高下俸禄厚薄之制以勉勵順從教誨者。嚴斷刑罰，以威其淫。嚴厲判刑以威脅放縱者。懼其未也，猶恐未能奏效。故誨之以忠，聳之以行，王念孫云：「謂舉善行以獎勸之。故楚語（上）『教之春秋而爲之聳善而抑惡焉，以戒勸其心』，韋注曰：『聳，獎也。』漢書刑法志作『雙』，師古注曰：『雙謂獎也。』」說詳王引之述聞。教之以務，務謂其專業。使之以和，杜注：「說（悦）以使民。」臨之以敬，敬即論語學而「敬事」之「敬」，謂嚴肅認真。涖之以彊，涖亦臨也。彊謂威嚴。言臨民嚴肅而有威。斷之以剛；有違犯者則堅決判刑。斷，即今之裁決、判斷，周禮秋官士師「司寇斷獄弊訟」可證。亦曰斷制，尚書吕刑「惟時庶威奪貨，斷制五刑」。猶求聖哲之上、明察之官、上謂執政之卿，官謂主事之官，如周禮秋官有鄉士，主六鄉之獄者。亦曰官司，隱五年傳「官司之守」是也；亦曰有司，論語泰伯「則有司存」、禮記曾子問

「則有司將書之以遺後世」皆足證。**忠信之長**、長如墨子尚同篇之鄉長，尚同云：「鄉長，固一鄉之賢者也。」**慈惠之師**，禮記樂記謂「古之教者，家有塾，黨有庠」，此掌教者之師也。**民於是乎可任使也，而不生禍亂。民知有辟，則不忌於上。**説文：「辟，法也。」謂民將依據法律，而於統治者不敬。忌，敬也。**並有争心，以徵於書，**王引之述聞謂並，徧也。人人有相争之心，各引刑律以爲己證。**而徼幸以成之，弗可爲矣。**此意可與宣十六年傳羊舌職「善人在上，則國無幸民。諺曰『民之多幸，國之不幸也』」等語相參。

夏有亂政，亂政謂民有犯政令者。**而作禹刑；**尚書呂刑序云：「呂命穆王訓夏贖刑，作呂刑。」曾運乾尚書正讀：「命，告也。訓夏贖刑者，申訓夏時贖刑之法耳。」是相傳夏有贖刑，亦曰禹刑，未必爲禹所作耳。**商有亂政，而作湯刑；**墨子非樂篇云：「湯之官刑有之曰，其恒舞於宫，是謂巫風，其刑，君子出絲二衞。」呂氏春秋孝行覽引商書曰「刑三百，罪莫重於不孝」，高誘注：「商湯所制法也。」韓非子内儲説上七術篇亦云：「殷之法，棄灰於公道者，斷其手。子貢曰：古人何太毅也？」是皆商湯有刑之説。**周有亂政，而作九刑：**文十八年傳引史克之言「在九刑不忘」。周書嘗麥解云：「四年孟夏，王命大正正刑書，太史筴刑書九篇以升，授大正。」則周初本有刑書，名曰九刑，故史克引誓命及之，至成王而又正之，至穆王又作呂刑。互參文十八年傳並注。**三辟之興，皆叔世也。**三辟，指禹刑、湯刑、九刑三種刑律。叔世，前人解爲衰亂之世，服虔且云「踰（愈）於季世」。其實不然。左傳凡三言「季世」，二處皆易「末世」「衰世」之義，「叔世」唯此一見。漢書刑法志引此文，師古注：「叔世言晚時也。」刑法志又云：「禹承堯、舜之后，自以德衰而制肉刑，湯、武順而行之者，以俗薄於唐、虞也。」王先謙補注云：「據此文，班以肉刑始於夏禹，而叔向所云叔世，對上世言之。」刑律古已有之，但由統治者掌握，高下由心。公佈於大衆，或自子產開始。此由奴隸社會過渡到封建社會應有之事，故二十九年晉亦鑄范宣子之法。

今吾子相鄭國，作封洫，見襄三十年傳。**立謗政，**指作丘賦，鄭人謗之，見四年傳。**制參辟，**參同三，晏子諫下篇云「三辟著於國」，雖晏子之三辟，據蘇輿晏子春秋校注乃指行暴、逆明、賊民三事，未必同於子產所制訂之三辟，疑子產之刑律亦分三大類。或者如晉書刑法志所云「大刑用甲兵，中刑用刀鋸，薄刑用鞭扑」，或者亦如刑法志所述魏文侯師李悝，著法經六篇，此僅三篇耳。吳闓生文史甄微謂「參辟與封洫、謗政並言，亦子產所作之法」，是也。三辟爲刑書之内容，鑄於鼎而宣佈之，又一事也，故分別言之。**鑄刑書，將以靖民，**靖，安也。**不亦難乎？詩曰：「儀式刑文王之德，日靖四方。」**詩周頌我將。「德」，今詩作「典」。儀、式、刑，皆法也，三字同義連用。**又曰：「儀刑文王，萬邦作孚。」**詩大雅文王。孚，信也。**如是，何辟之有？**言不必有法律。**民知争端矣，**争端指刑書。**將棄禮而徵於書，**徵引刑書以争論。**錐刀之末，將盡争之。**鑄刑書須先刻字於範，錐刀乃刻字之具。錐刀之末謂刑書之每字每句。沈欽韓補注引吕氏春秋下賢篇「錐刀之遺於道者莫之舉也」、韓非子外儲説左上「錐刀遺道，三日可反」以解此句，於上下文甚不恰切。亂獄滋豐，顧炎武補正云：「豐者，繁多之意。」賄賂並行。並亦徧也。終子之世，鄭其敗乎？肸聞之，「國將亡，必多制」，杜注：「數改法。」其此之謂乎！

復書曰：

若吾子之言——此語未竟。若，順也。言順吾子之言，吾不能。僑不才，不能及子孫，應上「終子之世鄭其敗」語。吾以救世也。既不承命，不受其言。敢忘大惠！杜注：「以見箴誡爲惠。」

士文伯曰：「火見，火即心宿。十七年傳云：「火出，於夏爲三月，於商爲四月，於周爲五月。」則周五月心宿昏見。鄭其火乎！火災也。火未出，此時尚是周正三月。而作火以鑄刑器，鑄鼎須熔青銅而用火。藏爭辟焉。言刑書將起爭端，故謂刑書爲爭辟，而藏於鼎。火如象之，如，用法同而，漢書五行志作「而」。不火何爲？」

六·四 夏，季孫宿如晉，拜莒田也。杜注：「謝前年受牟夷邑不見討。」晉侯享之，有加籩。杜注：「籩豆之數多於常禮。」武子退，使行人告曰：「小國之事大國也，苟免於討，不敢求貺。杜注：「貺，賜也。」得貺不過三獻。今豆有加，上文云「有加籩」，此則云「豆有加」，蓋有加籩必有加豆，豆盛濕物，籩盛乾食。下臣弗堪，無乃戾也？」杜注：「懼以不堪爲罪。」韓宣子曰：「寡君以爲驩也。」驩同歡。杜注：「以加禮致驩心。」對曰：「寡君猶未敢，杜注：「未敢當此加也。」況下臣，君之隸也，敢聞加貺？」固請徹加，而後卒事。行享宴之禮畢。晉人以爲知禮，重其好貨。杜注：「宴好之貨。」蓋即酬幣、侑幣之屬。

六·五　宋寺人柳有寵，杜注：「有寵於平公。」大子佐惡之。華合比曰：「我殺之。」杜注：「欲以求媚大子。」柳聞之，乃坎、用牲、埋書，挖坑，殺牲，置盟書於牲上而埋之，僞爲盟處。而告公曰：「合比將納亡人之族，亡人之族指華臣出奔陳者，詳襄十七年傳。既盟于北郭矣。」公使視之，有焉，有盟處。遂逐華合比。合比奔衞。於是華亥欲代右師，杜注：「亥，合比弟。」時合比爲右師，未出奔，亥即欲代之。乃與寺人柳比，從爲之徵，徵，證也。曰：「聞之久矣。」杜注：「聞合比欲納華臣。」公使代之。見於左師，杜注：「左師，向戌。」左師曰：「女夫也必亡。女夫，輕視之詞。亦作「而夫」，莊子列禦寇篇「如而夫者」，郭象注云：「而夫謂凡夫也。」參章炳麟左傳讀。女喪而宗室，宗室猶言宗子、宗主。於人何有？人亦於女何有？言於人無益，人於女則輕賤之。詩曰：『宗子維城，善鼎銘云：「余其用各我宗子雩(與)百生(姓)。」郭沫若云：「宗子而與百姓對列，似言本宗之子弟。」説誤。此以華合比爲華氏之宗子，即華族之城垣也。毋俾城壞，毋獨斯畏。』詩大雅板。

言若使此城傾壞，女則孤獨而足有可畏者。女其畏哉！」杜注：「爲二十年華亥出奔傳。」

六·六 六月丙戌，丙戌，七日。鄭災。火災也。杜注：「終士文伯之言。」

六·七 楚公子棄疾如晉，報韓子也。韓宣子去年如楚致女，此答禮。過鄭，鄭罕虎、公孫僑、游吉從鄭伯以勞諸柤，杜注：「柤，鄭地。」江永考實謂近鄭都。辭不敢見。杜注：「不敢當國君之勞。」固請，見之。鄭堅決請相見，棄疾乃從而相見。見如見王。杜注：「見鄭伯如見楚王，言棄疾共而有禮。」以其乘馬八匹私面。私面即私覿，謂外臣以私人身份見東道國之君。聘禮有私覿，可參劉寶楠論語鄉黨正義。但此棄疾乃過道而私覿。見子皮如上卿，子皮即罕虎，鄭之上卿，棄疾見之如楚上卿。以馬六匹；見子産以馬四匹；公孫僑乃亞卿，故以馬四匹見。見子大叔以馬二匹。游吉位次于子産，爲下卿，以馬二匹贈之。自八匹至二匹，所謂「降殺以兩」也。禁芻牧采樵，不入田，不樵樹，不伐樹爲柴。不采蓺，蓺今作藝，種植曰蓺。此謂不採摘所種植之菜果。不抽屋，襄二十八年傳「子尾抽桷擊扉」，詩小雅楚茨「言抽其棘」，抽皆拔出之義。此謂不撤屋宇之木爲用。不强匄。不就人强行乞討。誓曰：「有犯命者，君子廢，小人降！」君子謂有官職者，如上介、次介之類；小人謂給雜役者。廢謂撤職，降謂更使降級。小人亦有等級，如七年傳「皁臣輿，輿臣隸，隸臣僚，僚臣僕，僕臣臺」。聘禮：「若過邦，至於竟，使次介假道，誓於其境。賓南面，上介西面，衆介北面。史讀書（誓約），司馬執策立於其後。」鄭注云：「此使次介假道止而誓也。史於衆介之前北面讀書，以勑告士衆，爲其犯禮暴掠也。」沈欽韓補注云：「傳所云與禮合。」蓋一切皆聽東道國供給，不私取用。**舍不爲暴，**寄宿於東道國不作暴行。**主不慁賓。**杜注：「慁，患也。」此謂東道國不以過客爲患。**往來如是，鄭三卿皆知其將爲王也。**杜注：「三卿，罕虎、公孫僑、游吉。」

韓宣子之適楚也，楚人弗逆。不郊迎。**公子棄疾及晉竟，晉侯將亦弗逆。叔向曰：「楚辟，我衷，**杜注：「辟，邪也。衷，正也。」**若何效辟？詩曰：『爾之教矣，民胥效矣。』**詩小雅角弓。效，今詩作「傚」，而白虎通義、潛夫論、羣書治要引皆作「效」。胥，皆也。謂上以所行爲教，民皆效之。**從我而已，焉用效人之辟？書曰：『聖作則。』**杜注：「逸書。則，法也。」作僞古文尚書者取入説命。**無寧以善人爲則，**杜注：「無寧，寧也。」無乃語首助詞，無義。**而則人之辟乎？匹夫爲善，民猶則之，況國君乎？」晉侯説，乃逆之。**

六·八 **秋九月，大雩，旱也。**

六·九 **徐儀楚聘于楚，**清光緒十四年四月江西高安縣出土有䣄王義楚鍴，見羅振玉貞松堂吉金圖。銘云：「䣄王義楚睪（擇）余吉金自酢（作）祭鍴。」一九七九年江西靖安縣發現䣄王義楚盤。䣄王義楚即此徐儀楚。聘楚時或尚爲太子，其後繼承王位。杜注「儀楚，徐大夫」，臆説。徐國本在今江蘇泗洪縣南，昭三十年被吴所滅，楚遷之於城父，今安徽亳縣東南七十里。又有儆兒鐘，銘云「余義鄰之良臣」，義鄰即此儀楚。**楚子執**

之，逃歸。懼其叛也，使薳洩伐徐。杜注：「遠洩，楚大夫。」吳人救之。令尹子蕩帥師伐吳，師于豫章，左傳凡八言豫章，據成瓘篛園日札春秋豫章考，當起自今安徽之霍丘、六安、霍山諸縣之間，西逕河南光山、固始二縣，抵信陽市及湖北應山縣之東北。而次于乾谿。乾谿在今安徽亳縣東南七十里，與城父村相近。吳人敗其師於房鍾，房鍾即今安徽蒙城縣西南，西淝水北岸之闞疃集。獲宮廄尹棄疾。杜注：「鬬韋龜之父。」子蕩歸罪於薳洩而殺之。

六·一〇　冬，叔弓如楚，聘，且弔敗也。杜注：「弔爲吳所敗。」

六·一一　十一月，齊侯如晉，請伐北燕也。杜注：「告盟主。」士匄相士鞅逆諸河，禮也。杜注：「士匄，晉大夫。相，爲介，得敬逆來者之禮。」據釋文，古本「士匄」或作「王正」，董遇、王肅本同。且謂士匄與士鞅之父同名，士鞅不應取之爲介，當作「王正」，今傳本作「士匄」者誤。但自唐石經至北宋諸本均作「士匄」，無作「王正」者。張聰咸杜注辨證云：「檢漢書古今人表有兩士鞅，一列中上，一列中下，正疑士匄即范宣子，而士鞅非宣子之子明甚。」亦未必然。晉侯許之。十二月，齊侯遂伐北燕，將納簡公。杜注：「簡公，北燕伯，三年出奔齊。」晏子曰：「不入。燕有君矣，民不貳。吾君賄，左右諂諛，作大事不以信，未嘗可也。」杜注：「爲明年暨齊平傳。」此當與下年傳文連讀。史記燕世家謂「齊高偃如晉，請共伐燕，入其君」，則至晉者非齊侯也，又非請許而請共出師。燕世家又云：「晉平公許，與齊伐燕，入惠公。」則非納而未成也。晉世家、年表與燕世家同。近年長沙馬王堆三號墓所出帛書春秋事語云：「燕大夫子□率師以禦晉人，勝之。歸而飲至，而樂。（下文殘缺）處十一月，晉人□燕南，大敗（燕）人。」或即此事傳聞之異。

七年，丙寅，公元前五三五年。周景王十年、晉平二十三年、齊景十三年、衞襄九年、蔡靈八年、鄭簡三十一年、曹武二十年、陳哀三十四年、杞平公郁釐元年、宋平四十一年、秦哀二年、楚靈六年、吳夷末九年、許悼十二年。

經

七·一 **七年春王正月，**正月初八癸未冬至，建子。**暨齊平。**穀梁傳以爲魯與齊平，賈逵、何休主此說，許惠卿、服虔及杜預皆以爲燕與齊平，說詳孔疏。據傳文，當是燕與齊平，說詳李貽德賈服注輯述。崔應榴吾亦廬稿謂「當是齊、魯之平」，誤。

七·二 **三月，公如楚。**

七·三 **叔孫婼如齊涖盟。**無傳。「婼」，公羊作「舍」，蓋古韻部爲平入通轉。毛奇齡簡書刊誤謂公羊好作異，誤取武叔之子叔孫舒（見哀二十六年傳），「舒」「舍」轉音，可以別出，而作昭子（叔孫婼之謚）云云。亦未免武斷。蓋哀二十六年後此年六十七年，絶不致以叔孫舒當之。杜注：「公將遠適楚，故叔孫如齊尋舊好。」

七·四 夏四月甲辰朔，日有食之。此公曆三月十八日之日全蝕。

七·五 秋八月戊辰，戊辰，二十六日。衞侯惡卒。

七·六 九月，公至自楚。

七·七 冬十有一月癸未，癸未，十三日。季孫宿卒。

七·八 十有二月癸亥，癸亥，二十三日。葬衞襄公。

傳

七·一 七年春王正月，暨齊平，齊求之也。杜注：「齊代燕，燕人賂之，反從求平，如晏子言。」癸巳，癸巳，十八日。齊侯次于虢。杜注：「虢，燕竟。」在今河北任丘縣西北。燕人行成，曰：「敝邑知罪，敢不聽命？先君之敝器請以謝罪。」請以先君之敝器謝罪也。先言敝器者，重之也。公孫晳曰：「受服而退，俟釁而動，可也。」杜注：「晳，齊大夫。」應晏子所言「左右諂諛」。二月戊午，戊午，十四日。盟于濡上。杜注：「濡水出高陽縣東北，至河間鄚縣入易水。」晉之高陽縣即今河北高陽縣東二十五里之古城，鄚縣即今任丘縣北三十五里之鄚州鎮。則濡上當在任丘縣西北，與齊師駐地不遠。其他異説紛歧，皆不足爲據，因不具引。燕人歸燕姬，杜注：「嫁女與齊侯。」北燕，姬姓國。賂以

瑶𦉪、玉櫝、斝耳。詩衛風木瓜「報之以瓊瑶」，毛傳：「瓊瑶，美玉。」儀禮聘禮「醯醢百𦉪」，𦉪亦作甕，禮記檀弓上即作「醯醢百甕」，本陶器，以盛酒漿，此則以美玉爲之。論語季氏「龜玉毁於櫝中」，櫝音獨，即今之櫃，此亦以玉爲飾。斝音賈，孔疏云：「以玉爲之。言耳者，蓋此器旁有耳，若今之杯。」**不克而還。**林堯叟左傳句解云：「不克納簡公而歸。」即去年傳晏子所云「不入」也。

七·二 **楚子之爲令尹也，爲王旌以田。**旌，旗幟之一種。據周禮春官司常及鄭玄注，此種旗用五色鳥羽分開置于竿上。王旌，楚王所用。楚稱王，據新序義勇篇「臣以君旗拽地」之語，是楚王用周天子之旌。據左傳孔疏引禮緯稽命徵，又周禮夏官節服氏疏引禮緯含文嘉並謂旌有飄帶，古謂之旒。天子之旗，十二旒，長九仞（七尺曰仞），插於田車，旒曳地；諸侯旌九旒七仞，下端與軫（車後横木）齊高；卿大夫旌七旒五仞，下端與車較（車兩旁之横木，亦名車耳）齊高。王念孫頗疑此説，詳其廣雅疏證釋天旌旗。若此説可信，則楚令尹只能用七旒五仞之旌，而楚靈王爲令尹時却用十二旒九仞之旌，與昭元年傳述其「設服離衛」同意。**芋尹無宇斷之，**芋尹爲官名，哀公十五年傳陳國亦有芋尹。新序義勇篇誤作芊尹，云：「芊尹文者，荆之毆鹿彘者也。」新序所述人名雖不同，事實却類似，則芋尹爲毆獸之官。斷之，可能一則斷去五旒，一則斷其旒長。**曰：「一國兩君，其誰堪之？」及即位，**靈王即位。**爲章華之宫，**吴語謂楚靈王築宫於章華之上，韋注以章華爲地名。文選東京賦薛綜注謂章華之臺在乾谿，俞正燮癸巳類稿章華臺考力主此説。然乾谿在今安徽亳縣東南，離楚都太遠，恐不確。依杜注及宋范致明岳陽風土記，章華宫當在今湖北監利縣西北離湖上，寰宇記則謂在江陵縣東三十三里，未詳孰是。納亡人以實之。無宇之閽入焉。杜注：「有罪，亡入章華宮。」無宇執之，有司弗與，有司指管理章華宮之官員。曰：「執人於王宮，其罪大矣。」執而謁諸王。杜注：「執無宇也。」王將飲酒，杜注：「遇其歡也。」無宇辭曰：辭，申訴其理也。詳僖四年傳注。「天子經略，經，經營也，治理也。略，據下文「封略之內」，略與封同義。小爾雅廣詁云：「略，界也。」劉逵注文選吳都賦及孔疏、馬宗璉左傳補注皆以略爲界，惜未舉證。諸侯正封，正，治也。呂氏春秋順民篇「湯克夏而正天下」可證。經略與正封同義。古之制也。封略之內，何非君土？食土之毛，杜注：「毛，草也。」公羊宣十二年傳「不毛之地」，據何休注，毛謂五穀。此謂食生產於土者。誰非君臣？故詩曰：『普天之下，莫非王土；率土之濱，莫非王臣。』詩小雅北山。普同溥，徧也。率，循也，言循土之涯也。天有十日，與五年傳「日之數十」同義，不能以「堯時十日並出」解此，說見五年傳注。人有十等。下所以事上，上所以共神也。故王臣公，公臣大夫，大夫臣士，士臣皁，皁臣輿，輿臣隸，隸臣僚，僚臣僕，僕臣臺。俞正燮癸巳類稿僕臣臺義云：「皁者，趙策所云『補黑衣之隊』，衞士無爵而有員額者，非今皁役也。士則衞士之長，輿則衆也，謂衞士無爵又無員額者。隸則罪人，周官所謂『入於罪隸』，漢之城旦舂輸作。僚，勞也，入罪隸而任勞者，其分益下，若今充當苦差。僕則三代奴戮，今罪人爲奴矣。謂之臺者，罪人爲奴；又逃亡復獲之，則爲陪臺。自皁以下得相役使，故曰臣曰等也。」馬有圉，牛有牧，杜注：「養馬曰圉，養牛曰牧。」圉牧不在十等内。以待百事。今有司曰：『女胡執人於王宫？』將焉執之？人逃至王宫，而不能執之，將何處執之。周文王之法曰『有亡，荒閲』，范文瀾通史簡編第三章謂自皁至臺是各級奴隸，馬夫牛牧不列等，比臺更賤。此「有亡」，謂奴隸之有逃亡者。荒，大也。閲，今言搜索。所以得天下也。吾先君文王，杜注：「楚文王。」作僕區之法，服虔云：「僕，隱也。區，匿也。」今言窩藏。杜注：「僕區，刑書名。」所注未切。曰『盜所隱器，杜注：「隱盜所得器。」與盜同罪』，所以封汝也。杜注：「行善法，故能啓疆，北至汝水。」哀十七年傳云：「彭仲爽，申俘也，文王以爲令尹，實縣申、息，朝陳、蔡，封畛於汝。」若從有司，是無所執逃臣也。逃而舍之，舍同捨。是無陪臺也。陪臺義見前引俞正燮説。王事無乃闕乎？昔武王數紂之罪以告諸侯曰：『紂爲天下逋逃主，萃淵藪。』天下逃亡者，紂爲窩藏主，故羣集之，如淵爲魚之所藏、藪爲獸之所聚處。僞古文尚書武成篇云「今商王受無道，暴殄天物，害虐烝民，爲天下逋逃主，萃淵藪」，蓋取左傳此語。「夫」下金澤文庫本有「人」字，然六朝鈔本服注左傳及石經、宋本皆無「人」字，故不取。夫猶人也。故夫致死焉。杜注云：「人欲致死討紂。」君王始求諸侯而則紂，無乃不可乎？若以二文之法取之，二文，周文王與楚文王。盜有所在矣。」杜注：「言王亦爲盜。」因其窩藏逃亡者。王曰：「取而臣以往。許其執王宫之逃閽。往，去也。盜有寵，未可得也。」杜注：「盜有寵，王自謂。爲葬靈王張本。」說文：「寵，尊居也。」易師象辭「承天寵也」，孔疏謂恩寵，以解此「寵」字，亦通。**遂赦之。**無宇本被執，王乃赦之。

七·三 **楚子成章華之臺，願與諸侯落之。**王念孫解「落」爲「始」，引楚語上爲證，詳述聞。王引之則謂此「落」與四年傳「饗大夫以落之」之「落」同義，詳四年傳注。亦見述聞。水經沔水注云：「臺高十丈，基廣十五丈。」**大宰薳啓彊曰：「臣能得魯侯。」薳啓彊來召公，辭曰：「昔先君成公命我先大夫嬰齊曰：『吾不忘先君之好，將使衡父照臨楚國，鎮撫其社稷，以輯寧爾民。』**輯，安也。**嬰齊受命于蜀。**事詳成二年經傳。楚公子嬰齊侵衞，遂侵魯於蜀。魯請盟，公衡（即衡父）爲質。衡父逃歸。**奉承以來，弗敢失隕，而致諸宗祧。**杜注：「言奉成公此語以告宗廟。」**日我先君共王引領北望，**孔疏：「日，謂往日也。」**日月以冀，**杜注：「冀魯朝。」**傳序相授，於今四王矣。**杜注：「四王，共、康、郟敖及靈王。」**嘉惠未至，唯襄公之辱臨我喪。**杜注：「襄公二十八年如楚臨康王喪。」**孤與其二三臣悼心失圖，**孤指康王之子郟敖。悼當讀爲掉。說文：「掉，搖也。」掉心失圖，謂心搖撼不定失其所圖也。說詳楊樹達先生讀左傳。然悼如字讀亦通，杜注：「在哀喪故。」**社稷之不皇，況能懷思君德？**杜注：「皇，暇也。言有大喪，多不暇。」實則襄公臨楚康王之喪，在郟敖即位之初，而後靈王殺之自立，啓彊故詭言不能懷襄公如楚之德，以應上文「於今四王矣」。**今君若步玉趾，辱見寡君，**

寵靈楚國，廣雅云：「靈，福也。」凡傳稱「以君之靈」、「以大夫之靈」，靈皆謂福也。三十二年傳曰「今我欲徼福假靈於成王」，哀二十四年傳曰「寡君欲徼福於周公，願乞靈於臧氏」，靈亦福也。説詳王引之述聞。**以信蜀之役，**吳闓生文史甄微云：「信當讀伸。」**致君之嘉惠，是寡君既受貺矣，何蜀之敢望？**杜注：「言但欲使君來，不敢望如蜀復有質子。」**其先君鬼神實嘉賴之，豈唯寡君？君若不來，使臣請問行期，**王引之述聞謂「行期當謂會盟之期」，其實非也。下文云「而見於蜀」，蜀之盟，實楚侵魯，魯以賂請和而會盟，所云「將承質幣」云云，直是外交辭令，實則恐嚇魯，楚又將出兵耳。則此所謂「行期」，表面上言楚王出行會盟之期。杜注：「問魯見伐之期。」楚伐魯，固不必問魯；然魯若被楚兵，又不得不請盟，魯君不得不行，杜注言其實，惟所言不詳耳。**寡君將承質幣而見于蜀，**質，贄也。**以請先君之貺。」**杜注：「請，問也。」

公將往，夢襄公祖。杜注：「祖，祭道神。」古代出行必祭路神，孔疏引詩大雅韓奕「韓侯出祖」及烝民「仲山甫出祖」爲證，至漢以後因稱餞行爲祖道或祖餞。祖亦曰軷、軷祭，詩大雅生民「取羝以軷」可證。祖亦曰道，孔疏又云：「（禮記）曾子問曰諸侯適天子與諸侯相見皆云道而出，是祖與道爲一。」**梓慎曰：「君不果行。襄公之適楚也，夢周公祖而行。今襄公實祖，君其不行。」子服惠伯曰：「行！先君未嘗適楚，故周公祖以道之；**據此句意，似周公曾經至楚。道之，導之行也。逸周書作雒篇謂「武王崩，周公立，相成王，二年作師旅，凡所征熊、盈族十有七國」云云，盈爲淮夷之姓，熊爲楚人之氏。則周公之適楚，或在此時。襄公適楚矣，而祖以道君。不行，何之？」

三月，公如楚。楚語上云：「靈王爲章華之臺，數年乃成，願得諸侯與始升焉。諸侯皆距，無有至者。而後使大宰啓彊請於魯侯，懼之以蜀之役，而僅得以來。」可爲此事之證。昭公至楚實在七年，史記魯世家及年表書在八年，疑誤。鄭伯勞于師之梁。杜注：「鄭城門。」孟僖子爲介，杜注：「僖子，仲孫貜。」宋趙鵬飛春秋經筌云：「貜，蔑之子，速之弟。速無適子，以弟貜爲後。貜幼，速庶子羯攝之。襄三十一年，羯卒，貜乃嗣爵。」然宋程公説春秋分紀世譜又以貜爲孝伯羯之子。杜注所不知，宋人所言蓋臆説。不能相儀。及楚，不能答郊勞。

七·四　夏四月甲辰朔，日有食之。見經注。晉侯問於士文伯曰：「誰將當日食？」古人迷信，以日食爲天譴，人將受其禍。孔疏已詳論而駁之。對曰：「魯、衞惡之。杜注：「受其凶惡。」衞大，魯小。」衞受禍大，魯受禍小。公曰：「何故？」對曰：「去衞地如魯地，古代將天空星宿分爲十二次，配屬於各國，用以占卜其吉凶，名曰分野。娵訾爲衞之分野，降婁爲魯之分野。去衞地者，士文伯以此次日食，先始於娵訾之末。如魯地者，日行至降婁之始然後見日。孔廣森春秋公羊通義亦云「日食於娵訾、降婁之交」，即本此義。於是有災，魯實受之。杜注：「災發於衞，而魯受其餘禍。」其大咎其衞君乎！魯將上卿。」杜注：「八月衞侯卒，十一月季孫宿卒。」公曰：「詩所謂『彼日而食，于何不臧』者，何也？」詩小雅十月之交。「彼日」，今詩作「此日」。杜注：「感日食而問詩。」對曰：「不善政之謂也。國無政，不用善，無政，無善政也。不用善，不用善人也。則自取謫于日月之災，故政不可不慎也。務三而已：一曰擇人，杜注：「擇賢人。」二曰因民，杜注：「因民所利而利之。」三曰從時。」杜注：「順四時之所務。」說苑政理篇襲取此文而有變易。

七·五

晉人來治杞田，杜注：「前女叔侯不盡歸，今公適楚，晉人恨，故復來治杞田。」季孫將以成與之。成即郕，本杞田，後爲孟氏邑，今山東寧陽縣東北，並見隱五年經注。謝息爲孟孫守，爲成宰。不可，曰：「人有言曰：『雖有挈餅之知，守不假器，禮也。』知同智。餅今作瓶，古爲汲器。挈，垂也。挈餅即垂餅者，汲水者。挈餅之智猶言小智小慧。保守之而不與人爲禮。戰國策趙策一上黨守靳黈亦爲此言。夫子從君，而守臣喪邑，杜注：「夫子，謂孟僖子，從公如楚。」守臣，謝息自指。雖吾子亦有猜焉。」猜，猜疑。杜注：「言季孫亦將疑我不忠。」季孫曰：「君之在楚，於晉罪也。又不聽晉，不以所取杞田還杞。魯罪重矣。晉師必至，吾無以待之，待，禦也。說見宣十二年傳注。不如與之。間晉而取諸杞。杜注：「候晉間隙可復伐杞取之。」吾與子桃，桃，今山東汶上縣東北三十五里之桃鄉，亦見襄十七年經注。成反，應「間而取諸杞」句，其後成果復屬魯，但經傳未載取之之年月；定公八年傳有「成宰公斂處父告孟孫」語，足知定公時成又歸爲孟氏邑矣。誰敢有之？是得二成也。魯無憂，晉師不至。而孟孫益邑，子何病焉？」辭以無山，謝息言桃無山也。與之萊、柞。水經淄水注引應劭（當作闞駰，酈誤）十三州記謂太山萊蕪縣魯之萊柞邑。顧棟高大事表八上云：「萊柞在今萊蕪縣。萊、柞二山名，蓋邑有二小山也。」乃遷于桃。杜注：「謝息遷也。」晉人爲杞取成。

七·六　楚子享公于新臺，杜注：「章華臺也。」使長鬣者相。杜注：「鬣，鬚也。」楚語上韋注：「長鬣，美須顏也。」梁履繩補釋云：「北史，許惇美鬚下垂至帶，省中號爲長鬣公，本此。」然説文引作儠，云「長壯儠儠也。」證以十七年傳文，長鬣者當爲長壯之人。説詳焦循補疏、馬宗璉補注。國語楚語上云：「使富都、那豎贊焉，而使長鬣之士相焉。」富都，貴族中美子弟；那豎，綽約少年。好以大屈。杜注：「宴好之賜。大屈，弓名。」孔疏引魯連書曰「楚子享魯侯於章華之臺，與大曲之弓」云云，孔云：「大屈即大曲也。」梁簡文帝樂府詩「右把蘇合彈，旁持大屈弓」，即本此，而又以大屈爲彈弓。既而悔之。薳啓彊聞之，見公。往見魯公。公語之，拜賀。公曰：「何賀？」對曰：「齊與晉、越欲此久矣。寡君無適與也，適，劉淇助字辨略云：「專主之辭。」讀如「目的」之「的」。僖五年傳：「一國三公，吾誰適從？」詩衛風伯兮：「豈無膏沐，誰適爲容？」皆其例。並參詞詮。而傳諸君。傳，授也，送也。君其備禦三鄰，杜注：「言齊、晉、越將伐魯而取之。」慎守寶矣，敢不賀乎？」公懼，乃反之。

七·七　鄭子産聘于晉。晉語八作「鄭簡公使公孫成子來聘」云云，説苑辨物篇亦作公孫成子。子産謚成，春秋經、傳未嘗言之。晉侯有疾，韓宣子逆客，私焉，杜注：「私語。」曰：「寡君寢疾，於今三月矣，並走羣望，並，徧也。詳王引之述聞。杜注「晉所望祀山川，皆走往祈禱」，晉語八作「上下神祇，無不徧諭（祭祀告謝）也」，與傳意可互證。**有加而無瘳。**瘳，音抽，病愈曰瘳。又，減損也。晉語二：「君不度，而賀大國之襲於己也，何瘳？」韋昭注：「瘳，猶減也。」**今夢黃熊入于寢門，**釋文謂「熊」亦作「能」，作「能」者勝，王引之述聞已駁之。史通雜説篇引汲冢瑣語晉春秋謂「平公疾夢朱羆窺屏」，與傳略異。**其何厲鬼也？」對曰：「以君之明，子爲大政，**大政，正卿。成六年傳亦云「子爲大政」，杜注：「中軍元帥。」説詳王念孫讀書雜志。**其何厲之有？**厲鬼即惡鬼，亦單稱厲，襄二十六年傳「厲之不如」可證。**昔堯殛鯀于羽山，**説文：「殛，殊也。」山海經海内經云：「洪水滔天，鯀竊帝之息壤以堙洪水，不待帝命。帝令祝融殺鯀於羽郊。」此類傳説記載甚多，不備引。羽山亦有數説，江永考實云：「要之，此山在沂州（今山東臨沂縣）之東南，海州（今江蘇海州，即東海縣舊治）之西北，贛榆（江蘇贛榆縣新治西北之贛榆城）之西南，郯城（今山東郯城縣）之東北，實一山跨四州縣之境。」而四縣之間實無此大山。寰宇記謂在今山東蓬萊縣東南三十里。然此本傳説，不必實指何處，姑略引二説。**其神化爲黃熊，以入于羽淵，**羽山流水匯爲淵。**實爲夏郊，三代祀之。**孔疏云：「祭法云『夏后氏禘黃帝而郊鯀』，言郊祭天而以鯀配，是夏家郊祭之也。殷、周二代自以其祖配天，雖復不以鯀配郊，鯀有治水之功，又通在羣神之數，並亦見祀，通夏世爲三代祀之也。」**晉爲盟主，其或者未之祀也乎！」**晉語八云：「今周室少卑，晉實繼之，其或者未舉夏郊耶？」

韓子祀夏郊。晉語八云：「宣子以告，祀夏郊，董伯爲尸。」説苑辨物篇襲晉語。**晉侯有間，**病漸痊愈。**賜子産莒之二方鼎。**杜注：「方鼎，莒所貢。」孔疏引服虔云：「鼎三足則圓，四足則方。」沈欽韓補注云：「以宣和博古圖驗之，其文王鼎、南宮中鼎，皆四足方鼎，如服説。」今存世最大之司母戊鼎即爲方鼎，現藏中國歷史博物館。

七·八　子産爲豐施歸州田於韓宣子，杜注：「豐施，鄭公孫段之子。三年晉以州田賜段。」襄三十年傳云：「罕、駟、豐同生。」杜注：「豐，公孫段。」據十六年傳及杜氏世族譜，豐施字子旗。曰：「日君以夫公孫段爲能任其事，而賜之州田。今無禄早世，據下傳，公孫段死於此年正月。不獲久享君德。韓非子二柄篇云：「慶賞之謂德。」則久享君德猶言久享君賜，指州田。其子弗敢有，不敢以聞於君，私致諸子。」宣子辭。子産曰：「古人有言曰：『其父析薪，詩齊風南山：「析薪如之何？匪斧不克。」則析薪猶言劈柴。此譬喻語，猶其父勤勞以興家立業。其子弗克負荷。』施將懼不能任其先人之禄，其況能任大國之賜？任即負荷之意。縱吾子爲政而可，可免於罪。後之人若屬有疆埸之言，屬，副詞，會適，碰巧。疆埸之言謂以晉之州田與鄭人。敝邑獲戾，而豐氏受其大討。大討謂大治罪。吾子取州，是免敝邑於戾，而建置豐氏也。敢以爲請。」宣子受之，以告晉侯。晉侯以與宣子。宣子爲初言，病有之，初言指與趙文子争州田之言，見三年傳。以有州田爲愧。以易原縣於樂大心。樂大心，宋大夫。宣十五年傳有樂嬰齊，程公説春秋分紀世譜三謂大心爲嬰齊四世孫。此蓋以州田與樂大心換取原縣。原本晉邑，不知何時屬宋樂氏。

七·九

鄭人相驚以伯有，曰：「伯有至矣！」伯有被殺見襄三十年傳。蓋有人呼伯有之鬼來矣，衆人因而驚也。則皆走，走猶今之跑。不知所往。人各無一定方向而亂跑。鑄刑書之歲二月，去年二月。或夢伯有介而行，介，著甲。曰：「壬子，去年三月二日。余將殺帶也。帶，駟帶，助子晳殺伯有。亦見襄三十年傳。明年壬寅，今年正月二十七日。余又將殺段也。」段，公孫段。亦攻伯有。及壬子，駟帶卒，國人益懼。齊、燕平之月，此年正月。壬寅，公孫段卒，國人愈懼。其明月，段死之第二月。子產立公孫洩及良止以撫之，乃止。撫，安撫。「之」謂伯有之靈。公孫洩，子孔之子。子孔被殺，見襄十九年傳。良止，伯有之子。立者，立二人爲大夫，使得祭祀其父。子大叔問其故。子產曰：「鬼有所歸，鬼、歸古音同韻部，聲亦近。爾雅釋訓：「鬼之爲言歸也。」郭璞注及邢昺疏並引尸子云：「古者謂死人爲歸人。」（今本尸子無此文，汪繼培曾輯入之。）然子產謂鬼有所歸，言鬼有其歸宿處也。乃不爲厲，吾爲之歸也。」立其子爲大夫，則能受祭祀，有歸宿。大叔曰：「公孫洩何爲？」杜注：「子孔不爲厲，何爲復立洩。」子產曰：「説也。説同悦，謂取得歡心。爲身無義而圖説，言伯有、子孔皆身爲不義，而伯有爲鬼而求得歡。從政有所反之，以取媚也。子產從政，政者，正也，應依當時之禮義而行。子孔、伯有爲惡而被殺，宜無祀，今若僅立伯有子，是反當時禮義而行，同時立子孔之子，蓋以取愛於國人。媚，説（悦）也，愛也。不媚，不信。不得民歡悦，則民不信執政。不信，民不從也。」

及子產適晉，趙景子問焉，杜注：「景子，晉中軍佐趙成。」曰：「伯有猶能爲鬼乎？」子產曰：「能。人生始化曰魄，化猶死也。淮南子精神篇「故形有摩而神未嘗化者」，化即死也。佛教言坐化，道家言羽化，化皆此義。既生魄，陽曰魂。說文謂「魄，陰神也」，「魂，陽氣也」，蓋用此義。用物精多，物謂養生之物，衣食住所資者。既精美且多。則魂魄强，是以有精爽至於神明。匹夫匹婦强死，匹夫匹婦，指庶民中之個人。强死，不得善終。亦見文十年傳注。其魂魄猶能馮依於人，以爲淫厲，況良霄，良霄即伯有。我先君穆公之胄，胄，後代。子良之孫，子良，公子去疾。子耳之子，子耳，公孫輒。敝邑之卿，從政三世矣。鄭雖無腆，腆，厚也。此言鄭雖小國也。抑諺曰『蕞爾國』，杜注：「蕞，小貌。」後人亦以「蕞爾」爲細小、狹小形容詞組，可參朱起鳳辭通卷十二。而三世執其政柄，其用物也弘矣，弘猶多也，故古人弘多常連言，如詩小雅節南山「喪亂弘多」，襄三十一年傳「讒慝弘多」。其取精也多矣，取物之精亦多矣。其族又大，良氏爲鄭大族。所馮厚矣，所憑恃之勢力厚。而强死，能爲鬼，不亦宜乎！」子產不信天道，不禳火災，見昭十八年傳，而信鬼神，詳夢，甚爲矛盾。疑鬼神詳夢之言皆非子產之事，作左傳者好鬼神，好預言，妄加之耳。或者子產就當時人心而遷就爲之。

七·一〇 子皮之族飲酒無度，故馬師氏與子皮氏有惡。杜注：「馬師氏，公孫鉏之子罕朔也。襄三十年馬師頡出奔，公孫鉏代之爲馬師，與子皮俱同一族。」馬師氏惡子皮氏飲酒無度。齊師還自燕之月，杜注：「在此年二月。」罕朔殺罕魋。公孫鉏，子展之弟。展生子皮，鉏生罕朔。朔與魋爲從父兄弟。罕朔奔晉。韓宣子問其位於子産。此時子産正在晉。杜注：「問朔可使在何位。」子産曰：「君之羈臣，玉篇：「羈，旅也，寄止也。」苟得容以逃死，何位之敢擇？卿違，違讀爲論語公冶長「棄而違之」之違，離開本國。從大夫之位，杜注：「謂以禮去者，降位一等。」罪人以其罪降，有罪於本國，逃奔他國，則受之者依其罪之輕重降其位之多少。古之制也。朔於敝邑，亞大夫也；其官，馬師也，杜注：「大夫，位。馬師，職。」獲戾而逃，唯執政所寘之。執政指韓宣子，時爲晉中軍帥。得免其死，爲惠大矣，又敢求位？」宣子爲子産之敏也，敏，審也，今言恰當。使從嬖大夫。嬖大夫亦見昭元年傳，即下大夫。亞大夫與嬖大夫僅降一等，不以罪降。從猶論語先進「以吾從大夫之後」之「從」，隨也。此謂隨此班位。

七·一一 秋八月，衛襄公卒。晉大夫言於范獻子曰：「衛事晉爲睦，說文：「睦，目順也。一曰，敬和也。」尚書堯典注：「睦，親也。」晉不禮焉，庇其賊人而取其地，賊人指孫林父。據襄二十六年傳，晉疆戚田，取懿氏邑六十以與林父。故諸侯貳。詩曰：『鶺鴒在原，兄弟急難。』詩小雅常棣。

䳭鴒亦作脊令、鶺鴒，鳴禽類鳥，翼尾均長，飛行爲波狀。巢營水濱石隙間。䳭鴒本水濱鳥，今在平原，則互相救助。又曰：『死喪之威，兄弟孔懷。』亦常棣句。威，畏也。孔，甚也。懷，思也。言有死喪，兄弟甚懷念。兄弟之不睦，於是乎不弔；不弔即不淑、不善。況遠人，誰敢歸之？衞、晉本兄弟之國，而不相親睦，遠人誰敢服晉。今又不禮於衞之嗣，嗣即繼位之君。晉不往弔，是不禮於嗣君也。衞必叛我，是絶諸侯也。」獻子以告韓宣子。宣子説，使獻子如衞弔，且反戚田。襄公十四年，衞孫林父甯殖逐其君獻公衎，而立殤公剽，時荀偃爲晉中軍帥，聽而承認之。襄二十六年，甯喜殺其君剽，孫林父以戚如晉，獻公復位，晉又彊戚田，取衞西鄙懿氏六十以與孫氏，時趙武執晉政，至此蓋十三年矣。

衞齊惡告喪于周，且請命。王使郕簡公如衞弔，「郕」，原誤作「臣」，或本作「成」，今從金澤文庫本訂正。且追命襄公曰：「叔父陟恪，陟恪猶言登假，同義詞連用，謂升天也。説詳王引之述聞。在我先王之左右，以佐事上帝，余敢忘高圉、亞圉？」據史記周本紀，高圉爲公非之子，而據索隱引世本「高圉侯侔」，又集解引系(世)本「亞圉雲都」，蓋侯侔、雲都皆字。周本紀又云：「高圉卒，子亞圉立。」皆周之先代，殷時賢諸侯。此是追命，與莊公元年「王使榮叔來錫桓公命」應相同。追命，春秋經、傳僅見此二次。

七·一二　九月，公至自楚。孟僖子病不能相禮，釋文：「本或作『病不能禮』。」惠士奇春秋説、臧琳左傳雜記、王引之經義述聞俱謂「相」爲衍文。乃講學之，苟能禮者從之。及其將死也，杜注：「二十四年孟僖子卒，傳終言之。」**召其大夫，**杜注：「僖子屬大夫。」**曰：「禮，人之幹也。無禮，無以立。吾聞將有達者曰孔丘，**僖子死時，孔丘年三十四。據二十年傳載孔丘責琴張將往弔事，時年三十。**聖人之後也，**聖人指弗父何及正考父，說詳王引之述聞。**而滅於宋。**杜注：「孔子六代祖孔父嘉爲宋督所殺，其子奔魯。」杜此說取於服虔（服說見後漢書孔融傳注），然詩商頌那疏引世本謂：「正考父生孔父嘉，爲宋司馬，華督殺之，而絶其世。其子木金父降爲士。木金父生祁父，祁父生防叔，爲華氏所偪，奔魯，爲防大夫，故曰防叔。防叔生伯夏，伯夏生叔梁紇，叔梁紇生仲尼。」然明陸粲左傳附注及李貽德賈服注輯述俱謂服虔說可信，世本說不可信，是也。**其祖弗父何以有宋而授厲公。**詩商頌那疏引服虔云：「弗父何，宋湣公世子，厲公之兄。以『有宋』言，湣公之適嗣當有宋國，而讓與弟厲公也。」杜注略同。李貽德輯述云：「史記宋世家云：『湣公共卒，弟煬公熙立。湣公子鮒祀弒煬公而自立，是爲厲公。』按此則厲公實自立，非弗父何讓之，與傳違異。猗那詩序疏云：『何是湣公世子，父卒，當立，而煬公簒之。蓋厲公既殺煬公，將立弗父何，而何讓與厲公也。』孔氏之言雖由臆決，以傳所云，當有其事。史不敘讓國者，以世家於春秋以前諸君，僅撮世系，不甚詳事實故也。」宋世家索隱云：「據左氏，（鮒祀）即湣公庶子也。弒煬公，欲立太子弗父何，何讓不受。」即本此。**及正考父，**杜注：「弗父何之曾孫。」**佐戴、武、宣，**杜注：「三人皆宋君。」**三命茲益共，**茲同滋，滋益，同義詞連用。劉師培左盦集古用複詞考可參閱。共同恭。杜注：「三命，上卿也。言位高益共。」**故其鼎銘云：**杜注：「考父廟之鼎。」**『一命而僂，再命而傴，三命而俯，**杜注：「俯共於傴，傴共於僂。」

循牆而走，循牆，避道中央。急趨曰走，示恭敬。亦莫余敢侮。饘於是，鬻於是，以餬余口。』此文僂、傴、俯、走、口，古音俱在侯部，爲韻。惟侮字在模部，韻亦相近。杜注：「於是鼎中爲饘鬻，饘鬻餬屬，言至儉。」餬口又見隱十一年傳。其共也如是。臧孫紇有言曰：杜注：「紇，武仲也。」『聖人有明德者，若不當世，聖人仍指弗父何及正考父。當世，爲國君。其後必有達人。』今其將在孔丘乎！我若獲没，必屬説與何忌於夫子，夫子指孔丘。使事之，而學禮焉，以定其位。」杜注：「知禮則位安。」故孟懿子與南宫敬叔師事仲尼。孟懿子爲何忌，敬叔名閲。二人師事孔丘在昭公二十四年以後。史記孔子世家：「孔子年十七，孟釐子卒，懿子與魯人南宫敬叔往學禮焉。」太史公蓋誤以此年孟僖子（即釐子）卒，不知懿子及敬叔生於昭十一年，杜注且以爲似雙生子，昭七年，二人尚未生。即昭二十四年，二人亦年僅十三耳。梁玉繩史記志疑云：「是史公疎處，索隱、古史並糾其誤。」崔述洙泗考信録言之甚詳。仲尼曰：「能補過者，君子也。詩曰『君子是則是效』，詩小雅鹿鳴。效，今詩作「傚」。效、傚同。孟僖子可則效已矣。」

七·一三　單獻公棄親用羈。杜注：「獻公，周卿士，單靖公之子，頃公之孫。羈，寄客也。」冬十月辛酉，辛酉，二十日。襄、頃之族殺獻公而立成公。杜注：「襄公，頃公之父。成公，獻公弟。」

七·一四　十一月，季武子卒。禮記檀弓下云：「季武子寢疾，蟜固不説（脱）齊衰而入見，曰：『斯道也，將亡矣。士唯公門説齊衰。』武子曰：『不亦善乎！君子表微。』及其喪也，曾點倚其門而歌。」此事若確，足見季武子專制魯政，爲儒士所惡。晉侯謂伯瑕曰：杜注：「伯瑕，士文伯。」「吾所問日食，從矣。可常乎？」漢書五行志下之下注師古曰：「從謂如士文伯之言也。可常謂常可以此占之不。」對曰：「不可。六物不同，民心不壹，事序不類，官職不則，王引之云：「則猶等也。官職不則，謂賢否不同也。同也、壹也、類也、則也，皆謂同也。」説詳述聞。同始異終，胡可常也？詩曰『或燕燕居息，或憔悴事國』，詩小雅北山。憔悴，今毛詩作「盡瘁」，漢書五行志引作「盡顇」，周禮小司寇注云「憔悴以事國」，與傳同。其異終也如是。」公曰：「何謂六物？」對曰：「歲、時、日、月、星、辰，是謂也。」歲有二義，一，説文云：「歲，木星也。」二，爾雅釋天云：「夏曰歲，商曰祀，周曰年，唐、虞曰載。」其實，商亦用歲，如甲骨文録五七四「乙丑卜王貞，今歲受年十二月」可證。服虔、杜預並云：「時謂四時也。」日，服虔、杜預並以爲「天有十日」之日，即自甲至癸。服虔、杜預並云：「月，十二月也。」星，服虔、杜預並云：「星，二十八宿也。」然當時所見之星，實不僅二十八宿，即行星則不在二十八宿之內。詩小雅大東「東有啓明，西有長庚」，啓明、長庚皆金星。故星實指當時天空所能見之星。辰之義甚多，詳下文及注。公曰：「多語寡人辰而莫同，當時對辰有多種概念，如論語爲政之「北辰」，則北極也；公羊傳昭十七年云「大辰者何？大火也」，則心宿也；桓二年傳「三辰旂旗」，則日、月、星也；成九年傳「浹辰之間」，浹辰，十二日，疏謂「從子至亥爲十二辰」。僖五年傳「龍尾伏辰」，則日月之會也。何謂辰？」對曰：「日月之會是謂辰，此辰似又指從子至亥之十二支。故以配日。」日即自甲至癸之十干。自殷商以來即以甲子、乙丑六十干支紀日，春秋猶然。

七·一五 **衞襄公夫人姜氏無子，**杜注：「姜氏，宣姜。」**嬖人婤姶生孟縶。孔成子夢康叔謂己：「立元，**康叔，衞之始封祖。杜注：「成子，衞卿，孔達之孫烝鉏也。元，孟縶弟，夢時元未生。」**余使羈之孫圉與史苟相之。」**羈，孔成子烝鉏之子。圉，亦曰仲叔圉，亦曰孔文子，禮記祭統則稱曰文叔。史苟，史朝之子，亦曰文子，亦作史狗。見襄二十九年傳。**史朝亦夢康叔謂己：「余將命而子苟與孔烝鉏之曾孫圉相元。」史朝見成子，告之夢，夢協。**杜注：「協，合也。」**晉韓宣子爲政聘于諸侯之歲，**杜注：「在二年。」**婤姶生子，名之曰元。孟縶之足不良能行。**據二十年傳「無則取之」杜注「縶足不良」云云，杜以「不良」斷句，「能行」另爲句，似不確。當以「孟縶之足不良能行」爲句，良，善也，謂不善能行也。說本校勘記及朱彬經傳攷證。**孔成子以周易筮之，曰：「元尚享衞國，主其社稷。」**此命筮之辭。尚，表希冀之副詞。**遇屯䷂。**杜注：「震下坎上，屯。」**又曰：「余尚立縶，尚克嘉之。」**筮立元，又筮立縶，此亦命筮之辭。上尚字，猶也。下尚字，表希冀。嘉，善也。**遇屯䷂之比䷇。**杜注：「坤下坎上，比。屯初九爻變。」**以示史朝。史朝曰：「『元亨』，又何疑焉？」**「元亨」爲屯卦卦辭。史朝解「元」爲「元尚享衞國」之「元」。**成子曰：「非長之謂乎？」**孔成子則以爲「元亨」之「元」謂年長，乃指縶，非名元。**對曰：「康叔名之，可謂長矣。**元者，善之長也。

康叔名之，則善之長。**孟非人也，**非人猶言非其人。**將不列於宗，不可謂長。**杜注：「足跛非全人，不可列爲宗主。」**且其繇曰：『利建侯。』**「利建侯」亦屯卦卦辭。**嗣吉，何建？建非嗣也。**言若立孟縶，是爲嗣位，不爲建侯，則「利建侯」無所指。既云建侯，則非縶嗣位。**二卦皆云，**初得屯卦，用屯卦辭「元亨，利建侯」；又筮得屯之比，用屯初九爻辭，亦云「利建侯」。**子其建之！康叔命之，二卦告之，筮襲於夢，**筮與夢相合。**武王所用也，**國語周語下引大誓曰：「朕夢協朕卜，襲於休祥，戎商必克。」此武王之辭。**弗從何爲？**爲何不從之。**弱足者居。**杜注：「跛則偏弱，居其家，不能行。」此用屯初九爻辭「磐桓利居」，盤桓猶盤跚，跛行貌。**侯主社稷，臨祭祀，奉民人，事鬼神，從會朝，又焉得居？各以所利，不亦可乎？」**杜注：「孟跛利居，元吉利建。」**故孔成子立靈公。十二月癸亥，葬衞襄公。**史記衞世家叙此較簡略。

八年，丁卯，公元前五三四年。周景王十一年、晉平二十四年、齊景十四年、衞靈公元年、蔡靈九年、鄭簡三十二年、曹武二十一年、陳哀三十五年、杞平二年、宋平四十二年、秦哀三年、楚靈七年、吳夷末十年、許悼十三年。

經

八·一 八年春，正月十九日戊子冬至，建子，有閏月。陳侯之弟招殺陳世子偃師。

八·二 夏四月辛丑，辛丑，三日。陳侯溺卒。

八·三 叔弓如晉。

八·四 楚人執陳行人干徵師殺之。杜注：「稱行人，明非行人罪。」鄒安周金文存卷四有干氏叔子盤，不知是此干氏所作不。

八·五 陳公子留出奔鄭。杜注：「留爲招所立，未成君而出奔。」

八·六 秋，蒐于紅。詳傳注。

八·七 陳人殺其大夫公子過。杜注：「與招共殺偃師，書名，罪之。」然據傳，實公子招委罪於過而殺之。春秋書某人殺者若干次，桓六年、九年，莊二十二年，文七、八、九三年，宣十一年，襄二十四年及此，又哀十四年可比觀以求其義。

八·八 大雩。無傳。杜注：「不旱而秋雩，過也。」

八·九 冬十月壬午，壬午，十七日。楚師滅陳。執陳公子招，放之于越。傳未載此事。殺陳孔奐。金澤文庫本作「公奐」。「奐」，公羊作「瑗」，古音相近可通。此事傳亦未載，杜注以奐爲招之黨，不知其據。

八·一〇 葬陳哀公。杜注：「嬖人袁克葬之，魯往會，故書。」然孔疏引賈逵、服虔以爲楚葬哀公。傳明云「輿嬖袁克殺馬毁玉以葬」，則杜據傳言之。

傳

八·一 八年春，石言于晉魏榆。杜注：「魏榆，晉地。」戰國時屬趙，史記秦紀莊襄王三年攻趙榆次，即此魏榆，在今山西榆次市西北。晉侯問於師曠曰：「石何故言？」對曰：「石不能言，或馮焉。杜注：「謂有物憑依之而言也。」漢書五行志作「神或馮焉」，説苑辨物篇作「有神馮焉」。不然，民聽濫也。杜注：「濫，失也。」説苑辨物篇亦載此事，仍作「濫」，論衡紀妖篇「濫」作「偏」，義相同。抑臣又聞之曰：『作事不時，違農時。怨讟動于民，則有非言之物而言。』今宫室崇侈，民力彫盡，彫通凋，論語子罕「松柏之後彫」，釋文謂彫，依字當作凋。凋，廣韻，力盡貌。彫盡同義詞連用。怨讟並作，莫保其性，性之言生也，莫保其生，言無人能保其生活或生存。説本王引之述聞引王念孫説。石言，不亦宜乎？」於是晉侯方築虒祁之宫，虒音斯。水經汾水注云：「汾水西逕虒祁宫北，横水有故梁截汾水中，凡有三十柱，柱徑五尺，裁與水平，蓋晉平公之故梁也。物在水，故能持久而不敗也。」又澮水注云：「又西南過虒祁宮南，其宮也背汾面澮，西則兩川之交會也。」則當在今侯馬市附近。韓非子十過篇謂「晉平公觴之於施夷之臺」，盧文弨謂施夷之臺似即左傳虒祁之宮。王先慎云：「御覽引作虒祁之臺。」叔向曰：「子野之言君子哉！杜注：「子野，師曠字。」君子之言，信而有徵，故怨遠於其身。小人之言，僭而無徵，僭與信爲對文，不信也。故怨咎及之。詩曰『哀哉不能言，匪舌是出，唯躬是瘁。楊樹達先生讀左傳云：「『匪』當讀爲『彼』，詩意謂彼言出於舌，而惟病其身也。」哿矣能言，巧言如流，俾躬處休』，小雅雨無正。其是之謂乎！杜注：「哿，嘉也。巧言如流謂非正言而順叙以聽言見答者，言其可嘉以信而有徵，自取安逸。師曠此言，緣問流轉，終歸于諫，故以比巧言如流也。當叔向時，詩義如此，故與今説詩者小異。」是宮也成，諸侯必叛，十三年傳云：「晉成虒祁，諸侯朝而歸者皆有貳心。」君必有咎，夫子知之矣。」杜注：「爲十年晉侯彪卒傳。」

八·二　陳哀公元妃鄭姬生悼大子偃師，杜注：「元妃，嫡夫人也。」悼，偃師之謚。二妃生公子留，下妃生公子勝。禮記檀弓上云：「舜葬於蒼梧之野，蓋三妃未之從也。」則舜有三妃，陳亦立三妃。説本章炳麟左傳讀。大戴禮帝繫篇謂「帝嚳卜其四妃之子」，四妃有上妃，其餘三妃皆曰次妃。則元妃亦曰上妃，次妃則包括二妃下妃。二妃嬖，留有寵，屬諸司徒招與公子過。本無「司」字，今從校勘記及金澤文庫本增。杜注：「招及過皆哀公弟也。」哀公有癈疾，「癈」原作「廢」，今從校勘記及金澤文庫本正。説文：「癈，固病也。」三月甲申，甲申，十六日。公子招、公子過殺悼大子偃師而立公子留。夏四月辛亥，哀公縊。經書「辛丑」，杜注云「從赴」。辛亥後辛丑十日，孔疏云：「經、傳異者，多是傳實經虛。」干徵師赴于楚，且告有立君。有讀爲又。公子勝愬之于楚。杜注：「以招、過殺偃師告愬也。」楚人執而殺之。杜注：「殺干徵師。」公子留奔鄭。書曰「陳侯之弟招殺陳世子偃師」，罪在招也；「楚人執陳行人干徵師殺之」，罪不在行人也。

八·三 叔弓如晉，賀虒祁也。杜注：「賀宮成。」游吉相鄭伯以如晉，亦賀虒祁也。史趙見子大叔，子大叔，游吉。曰：「甚哉其相蒙也！杜注：「蒙，欺也。」可弔也，而又賀之。」可弔而不弔，則已矣；而又賀之，相欺實甚。子大叔曰：「若何弔也？其非唯我賀，將天下實賀。」蓋謂非但我賀，諸侯皆將來賀，我如何不賀而弔？一則自解，一則微言。臧琳雜記誤讀「我」字句斷，俞樾平議、于鬯校書皆云當作「若可弔也」，俱未得確解。

八·四 秋，大蒐于紅，自根牟至于商、衞，革車千乘。大檢閱。諸侯有遍境出軍之法。根牟，魯東境，今山東莒縣西南五十餘里。商即宋，惠士奇謂此文當紀於定公時，故避定公諱，不曰宋而曰商。魯西南邊境與宋鄰，西北邊境與衞鄰。自東至西，全國動員，而大蒐於紅，革車千乘。參馬宗璉春秋左傳補注。五年傳薳啓彊言晉事云：「因其十家九縣，長轂九百。其餘四十縣，遺守四千。」是晉每縣各有兵車百乘。魯亦自有地方兵，故全國大蒐。

八·五　七月甲戌，甲戌，八日。齊子尾卒。子旗欲治其室。杜注：「子旗，欒施也。欲並治子尾之家政。」丁丑，丁丑，十一日。殺梁嬰。杜注：「梁嬰，子尾家宰。」八月庚戌，庚戌，十四日。逐子成、子工、子車，杜注：「三子，齊大夫，子尾之屬。子成，頃公子固也；子工，成之弟鑄也；子車，頃公之孫捷也。」梁履繩左通補釋引梁英書云：「十年傳『反子城、子公、公孫捷』，『成』與『城』、『工』與『公』古並通用。」子車亦稱子淵捷，見二十六年傳，新序義勇篇誤作「子淵棲」。皆來奔，杜注：「不書，非卿。」而立子良氏之宰。杜注：「子良，子尾之子高彊也。子旗爲子良立宰。」其臣曰：「孺子長矣，杜注：「孺子謂子良。」而相吾室，欲兼我也。」杜注：「兼，併也。」授甲，將攻之。授甲，即授甲兵，文從省。下同。陳桓子善於子尾，亦授甲，將助之。將助子良氏之舊臣而攻子旗。或告子旗，子旗不信，不信子良氏攻己。則數人告。將往，孔疏：「將往子良之家。」又數人告於道，遂如陳氏。孔疏：「不復敢向子良之家，遂如陳氏。」桓子將出矣，將率甲出。聞之而還，聞子旗來而返家。游服而逆之，脱去戎衣，改着游服以迎接子旗。游服，燕游之服，玄端深衣之類。説見沈韓欽補注。請命。子旗問陳桓子有何意。對曰：「聞彊氏授甲將攻子，子聞諸？」彊氏即高彊，子良也。諸，「之乎」之合音字。曰：「弗聞。」「子盍亦授甲，無宇請從。」盍，何不也。無宇，陳桓子之名。此桓子試探子旗。**子旗曰：「子胡然？**何故如此。**彼，孺子也。**彼指子良。**吾誨之，猶懼其不濟，吾又寵秩之——**杜注：「謂爲之立宰。」**其若先人何？**此句上有省略。本意是，我若如你所言，亦出兵與子良氏戰，將無以對祖宗。因欒氏、高氏同出自惠公，詳下文並注釋。**子盍謂之。**子旗請陳無宇向子良氏言之，使勿攻己。**周書曰『惠不惠，茂不茂』，**尚書康誥文。茂，今書作「懋」，相同，勉也。言當惠其所不惠，勉其所不勉者。子旗引此，蓋謂子良氏雖不惠不勉，我仍惠之勉之，望無宇向其言之。**康叔所以服弘大也。」**康誥又云：「汝惟小子，乃服惟弘。」言汝（康叔）雖小子，所作當寬大。服，事也。弘同宏，寬大也。此句即所以釋康誥此句。**桓子稽顙曰：「頃、靈福子，**稽顙本凶禮之最重者，舊社會謂之磕響頭。無宇稽顙者，感于子旗之言，而已本擬助子良攻子旗，有愧于心也。惠公生頃公及公子欒、公子高，頃公生靈公。公子欒之子公孫竈即欒施之父子雅；公子高之子公孫蠆即高彊之父子尾，靈公與子雅、子尾爲從兄弟。頃公則子雅、子尾之伯父。故曰頃、靈福子。福子者，其神佑助子也。**吾猶有望。」**杜注：「望子旗惠及己。」**遂和之如初。**杜注：「和欒、高二家。」

八·六　**陳公子招歸罪於公子過而殺之。九月，楚公子棄疾帥師奉孫吳圍陳，**杜注：「孫吳，悼大子偃師之子惠公。」孫吳猶言太孫吳。**宋戴惡會之。**杜注：「戴惡，宋大夫。」**冬十一月壬午，**經作「冬十月壬午」，傳作「冬十一月」，誤。**滅陳。**參十一年傳晉叔向語。**輿嬖袁克殺馬毀玉以葬。**

顧炎武日知録二十七云：「輿嬖，嬖大夫也。言輿者，掌君之乘，如晉七輿大夫之類。」邵寶左觿云：「以馬玉爲殉。馬不殺，玉不毁，不可以殉。」楚人將殺之，請寘之，寘同置。說文：「置，赦也。」華嚴音義引廣雅云：「置，捨也。」謂袁克請赦己。既又請私。襄十五年傳「將私焉」，私謂小便，此私義同。說本俞樾茶香室經說。私於幄，杜注：「幄，帳也。」加絰於顙而逃。絰爲首絰。加首絰，爲哀公服喪。

使穿封戌爲陳公，杜注：「戌，楚大夫。滅陳爲縣，使戌爲縣公。」曰：「城麇之役不諂。」城麇之役，戌囚皇頡，時靈王爲公子，與之争之，詳襄二十六年傳。侍飲酒於王，王曰：「城麇之役，女知寡人之及此，女其辟寡人乎！」杜注：「及此謂爲王。」辟同避，謂避讓不與争。對曰：「若知君之及此，臣必致死禮以息楚。」杜注：「息，寧静也。」孔疏：「致死禮者，欲爲郟敖致死殺靈王也。」

晉侯問於史趙曰：「陳其遂亡乎！」對曰：「未也。」公曰：「何故？」對曰：「陳，顓頊之族也，杜注：「陳祖舜，舜出顓頊。」陳祖舜，史記陳世家言之。舜出顓頊，大戴禮帝繫篇言之。晉語四韋注：「族，嗣也。」言陳爲顓頊之後代。餘詳李貽德輯述。歲在鶉火，是以卒滅。孔疏云：「顓頊崩年，歲星在鶉火之次，於時猶有書專言之，故史趙得而知也。」陳將如之。今在析木之津，猶將復由。爾雅釋天：「析木之津，箕、斗之間漢津也。」漢津即銀河，古亦謂天河。由即說文之甹，木生條也。尚書盤庚「若顛木之有甹枿」可證。此謂尚將復生也。説本顧炎武引宋魏了翁説。**且陳氏得政于齊而後陳卒亡。自幕至于瞽瞍無違命，**幕爲顓頊之後，舜之祖先，見魯語上。漢劉耽呂梁碑謂「顓頊生幕，幕生窮蟬，窮蟬生敬康，敬康生喬牛，喬牛生瞽瞍」，大戴禮帝繫篇則謂「顓頊産窮蟬」，與魯語展禽之言不合。上古傳説各異，不足深究。**舜重之以明德，寘德於遂。**杜注：「遂，舜後。蓋殷之興，存舜之後而封遂。言舜德乃至於遂。」遂亦見三年傳，曰虞遂。**遂世守之。及胡公不淫，**杜注以不淫爲「胡公滿遂之後」，李慈銘則以爲不淫即滿之字，見越縵堂讀書記，但不知李氏何以不解「遂」字。**故周賜之姓，使祀虞帝。**襄二十五年傳云：「庸以元女大姬配胡公，而封諸陳。」孔本疏云：「世本，舜姓姚氏。」哀元年傳稱夏后少康奔虞，虞思妻之以二姚，虞思猶姓姚也。至胡公，周乃賜姓爲嬀耳。陳世家謂胡公之前已姓嬀矣，是馬遷之妄也。」**臣聞盛德必百世祀。虞之世數未也，繼守將在齊，其兆既存矣。」**存，在也，有也。莊二十二年傳述懿氏卜妻敬仲，言「八世之後，莫之與京」；昭三年傳又述晏嬰之言，「齊其爲陳氏矣」，皆兆存之謂。

九年，戊辰，公元前五三三年。周景王十二年、晉平二十五年、齊景十五年、衞靈二年、蔡靈十年、鄭簡三十三年、曹武二十二年、杞平三年、宋平四十三年、秦哀四年、楚靈八年、吴夷末十一年、許悼十四年。

經

九·一 九年春，正月初一甲午冬至，建子。叔弓會楚子于陳。杜注：「以事往，非行會禮。」孔疏：「此與宣十五年『公孫歸父會楚子於宋』其事同也。楚子在彼，魯敬大國，自往會之。」

九·二 許遷于夷。杜注：「許畏鄭欲遷，故以自遷爲文。」夷，今安徽亳縣東南七十里城父故城。許初立國于今河南許昌市與鄢陵縣之間，離鄭較近，可云畏鄭。成十五年遷於葉，在今葉縣南，則距鄭較遠矣。此復由葉遷夷，未必畏鄭也。十八年又遷于析，即今河南內鄉縣西北。定四年又遷於容城，則又在葉縣西。許凡四遷，俱楚所爲。

九·三 夏四月，陳災。公羊、穀梁「災」作「火」。

九·四 秋，仲孫貜如齊。

九·五 冬，築郎囿。囿，苑也。郎已見隱元年及九年。

傳

九·一 九年春，叔弓、宋華亥、鄭游吉、衞趙黶會楚子于陳。經僅書叔弓，傳書四國之大夫，杜注謂「非盟主所召，不行會禮，故不總書」。孔疏云：「服虔以爲此會宋、鄭、衞之大夫不書，叔弓後也。」孔疏主杜，李貽德輯述主服。

九·二 **二月庚申，**此月無庚申日，當係干支有誤。**楚公子棄疾遷許于夷，實城父。**楚有兩城父，此所謂夷城父，取自陳。僖二十三年楚伐陳，取焦、夷。杜云「夷一名城父」，即此。又有北城父，見十九年及哀六年傳，詳顧棟高大事表七之四。**取州來淮北之田以益之，**州來即今安徽鳳臺縣，亦在淮水北岸。淮北範圍甚廣，疑此僅指州來田之在淮北者。**伍舉授許男田。然丹遷城父人於陳，**城父之人本陳人，楚故遷之以實陳縣。**以夷濮西田益之。**杜注：「以夷田在濮水西者與城父人。」據水經淮水注，濮水即沙水之兼稱，舊在亳縣西境，今已堙。詳地名攷略。**遷方城外人於許。**杜注：「成十五年許遷於葉，因謂之許。今許遷於夷，故以方城外人實其處。傳言靈王使民不安。」

九·三 **周甘人與晉閻嘉爭閻田。**甘人，據下文，指甘大夫襄。甘在今洛陽市西南，亦見僖二十四年傳注。閻嘉，晉閻縣大夫。閻地未詳，據傳文及定四年傳「取於有閻之土以共王職」，當距甘不遠。**晉梁丙、張趯率陰戎伐潁。**陰戎，杜注謂即陸渾之戎。後漢書西羌傳云：「齊桓公徵諸侯戍周。後九年，陸渾戎自瓜州遷於伊川，允姓戎遷於渭汭，東及轘轅，在河南山北者號曰陰戎。」江永考實則謂陸渾近陰地，故曰陰戎。陰地詳宣二年傳並注。潁見隱元年傳並注，在今河南登封縣西南。**王使詹桓伯辭於晉，**據路史國名紀五，詹桓伯爲詹父（見桓十年傳）後。辭，杜注：「責讓之。」**曰：「我自夏以后稷，魏、駘、芮、岐、畢，吾西土也。**杜注：「在夏世以后稷功，受此五國，爲西土之長。」魏，據毛詩魏譜，「其封域南枕河曲，北涉汾水」，孔疏亦引汾沮洳「彼汾一曲」及伐檀「寘諸河之干兮」以證之，則其地當在汾水之南，黃河之北，大概當今山西芮城縣至萬榮縣之間。駘即郃，詩大雅生民「即有郃家室」，蓋后稷始封地，今陝西武功縣西南。芮，見桓三年，今山西芮城縣西二十里。岐，今陝西岐山縣。畢，亦見僖二十四年，今陝西咸陽市北。**及武王克商，蒲姑、商奄，吾東土也；**蒲姑亦作薄姑，今山東博興縣東南十五里。商奄即墨子耕柱篇「周公東處於商蓋」之商蓋，亦見定四年傳，在今山東曲阜縣東。**巴、濮、楚、鄧，吾南土也；**巴，疑即巴人之巴，或云今四川重慶市。濮，即文十六年傳之百濮，今湖北石首縣一帶。楚，即楚都，今湖北江陵縣。鄧，今河南鄧縣。**肅慎、燕、亳，吾北土也。**燕是北燕，都於今北京市，已爲解放後考古發掘所證實。由北京往北，經承德、凌源、寧城、喀左，再沿大淩河至朝陽、北票，通向遼闊之東北地區，此一帶爲周初由燕去肅慎之重要通道，又多有商、周遺物出土。舊以黑龍江寧安縣以北直至混同江南北岸之地爲肅慎國（混同江爲松花江會黑龍江以下之水域名），閻若璩尚書古文疏證五則又以爲肅慎之地即今寧古塔，恐皆不確。讀史方輿紀要一謂亳夷在陝西北境，秦紀寧公與亳戰者是也。亦未必確。當時以「亳」爲地名者甚多，蓋殷商都亳，而都城屢徙，亳名不變。如今河南商丘東南之南亳、偃師縣之西亳、商丘縣北之北亳，皆不足以爲「北土」之亳。**吾何邇封之有？**言周之封疆甚遠而不近。**文、武、成、康之建母弟，以蕃屏周，**建母弟，封母弟以土建國也。虢仲、虢叔爲文王母弟；管、蔡、郕、霍、魯、衛、毛、聃，史記以爲武王母弟；唐叔，成王母弟；惟康王母弟不見書傳。詳孔疏。**亦其廢隊是爲，**隊同墜。建母弟者，防周室之廢壞與墜落耳。**豈如弁髦，而**

因以敝之。弁髦有二說，小爾雅廣服云「弁髦，太古布冠冠而敝之者也」，則以弁髦即緇衣冠，爲一物。另一說，大多數注家則以弁爲緇布冠，古代男子行冠禮，先用緇布冠，次加皮弁，次加爵弁。三加之後，棄去緇布冠不復用矣。據儀禮既夕禮鄭注，「兒生三月，剪髮爲鬌（留而不翦者）」。如此，則剪去者爲髦。至詩鄘風柏舟「髧彼兩髦」，此乃假髮爲之，父母死則取去者，非此之髦。則弁、髦爲二物。敝，棄也，棄而不用也。禮記郊特牲「冠而敝之可也」，敝即棄義。先王居檮杌于四裔，以禦螭魅，杜注：「言檮杌，略舉四凶之一。下言四裔，則三苗在其中。」四凶詳文十八年傳。故允姓之姦居于瓜州。杜注：「允姓，陰戎之祖。」瓜州詳襄十四年傳注。伯父惠公歸自秦，而誘以來，此周王稱晉之先君惠公爲伯父，亦猶十五年傳景王稱晉先祖唐叔爲叔父。當時天子於同姓諸侯，無論其生其死，皆稱伯父或叔父。僖十五年晉惠公自秦歸，二十二年秦、晉始遷陸渾之戎于伊川，非自秦歸即遷戎。使偪我諸姬，入我郊甸，杜注：「邑外爲郊，郊外爲甸。」言戎取周郊甸之地。則戎焉取之。焉，於是也。戎有中國，誰之咎也？杜注：「咎在晉。」后稷封殖天下，今戎制之，不亦難乎？二年傳「封殖此樹」，封是培土，殖是生長五穀。此言后稷教天下之民稼穡，今爲戎狄制爲牧地，於我爲天子者甚難爲也。吴語「天王既封殖越國」，封殖爲締造、創立之義，則此句亦可解爲后稷創立天下，而今爲戎狄割據，於我甚難爲也。説本沈欽韓補注。伯父圖之！我在伯父，在猶於也。猶衣服之有冠冕，木水之有本原，民人之有謀主也。伯父若裂冠毁冕，拔本塞原，專棄謀主，雖戎狄，其何有余一人？」言晉本是保護周室之國，尚心目中無天子，戎狄更視我若不存在也。叔向謂宣子曰：「文之伯也，伯同霸。豈能改物？晉文爲霸主，周王尚不許其請隧，晉文亦不能改禮。翼戴天子，翼，輔佐。戴，擁戴。而加之以共。共同恭。自文以來，世有衰德，而暴蔑宗周，「蔑」本作「滅」，今從石經、宋本及惠士奇、洪亮吉説改。襄二十年傳「暴蔑其君」亦可證。宗周謂周王室，尚書多方「王來至奄，至于宗周」，宗周雖指鎬京，實乃王室所在。詩小雅正月「赫赫宗周」，則不僅鎬京而已。禮記祭統衞孔悝之鼎銘「即宮於宗周」，雖指洛邑，亦借周王室所在言之。以宣示其侈；説文：「侈，掩脅也。一曰奢泰也。」段注：「凡自多以陵人曰侈，此侈之本義也。」諸侯之貳，不亦宜乎！且王辭直，直謂有理。曲則無理。子其圖之。」宣子説。王有姻喪，杜注：「外親之喪。」服虔謂王之后喪父，於王亦有服。通典引馬融説，壻從妻而服緦，則王亦服緦麻。然古禮，天子無服緦麻之文，服説未必可信。使趙成如周弔，且致閻田與襚，襚，送死者之衣。反潁俘。遣返攻潁時之俘虜。王亦使賓滑執甘大夫襄以説於晉，杜注：「賓滑，周大夫。」説同悦。説於晉，討晉喜悦。晉人禮而歸之。

九·四　夏四月，陳災。鄭裨竈曰：「五年陳將復封，封五十二年而遂亡。」子産問其故。對曰：「陳，水屬也；杜注：「陳，顓頊之後，故爲水屬。」火，水妃也。妃同配。火與水相輔相成，故曰配。服虔以易卦解之，謂離爲火，爲中男；坎爲水，爲中女，故火爲水妃。十七年傳「水，火之牡也」與此同。

而楚所相也。杜注：「相，治也。楚之先祝融，爲高辛氏火正，主治火事。」今火出而火陳，火出之火指心宿。據十七年傳，火出，於周爲五月，而此時則四月而火出，杜預謂以長曆推之，去年誤置閏月。逐楚而建陳也。逐出楚人而復建陳國。妃以五成，古代講陰陽，亦講易數，亦講五行。所謂天以一生水，地以二生火，天以三生木，地以四生金，天以五生土；五位皆以五而合，而陰陽易位，故曰妃以五成。其他解釋尚多，不備舉。故曰五年。歲五及鶉火，而後陳卒亡，楚克有之，天之道也，故曰五十二年。」杜注：「是歲歲在星紀，五歲及大梁，而陳復封。自大梁四歲而及鶉火。後四周四十八歲，凡五及鶉火，五十二年。天數以五爲紀，故五及鶉火，火盛水衰。」陳復封於魯昭公十三年，自去年冬楚滅陳至十三年歷五年。陳亡於魯哀公十七年，即公元前四七八年，自復封於公元前五二九年至又爲楚所滅，歷五十二年。

九·五

晉荀盈如齊逆女，杜注：「自爲逆。」還，六月，卒于戲陽。戲陽，今河南內黄縣北。殯于絳，未葬。晉侯飲酒，樂。樂爲音樂之樂，此作動詞，奏樂也。禮記檀弓下亦載此事，所云「聞鐘聲」是也。說詳王引之述聞。膳宰屠蒯趨入，王觀國學林云：「檀弓作杜蕢，左傳作屠蒯，蓋本是杜蕢，而左傳訛其字耳。」然袁文甕牖閒評謂：「屠者，屠宰也。蒯爲庖人，職主屠宰，故曰屠蒯，如巫咸之巫、師曠之師也。則左傳所云屠蒯，乃其本字，而檀弓訛以爲杜蕢耳。」馬宗璉補注云：「屠、杜音同。史記（趙世家）晉大夫有屠岸賈，左傳晉有屠黍，是屠乃晉大夫之氏。」蕢、蒯古音亦同。請佐公使尊，尊爲古之酒杯。沈欽韓補注以燕禮釋之，不知晉平飲酒非宴賓也，膳宰不過請助公酌酒耳。許之。杜注：「公許之。」而遂酌以飲

工，杜預據檀弓下云：「工，樂師，師曠也。」工乃樂工，未必師曠。傳例，若是師曠，必舉其名。**曰：「女爲君耳，將司聰也。**杜注：「樂所以聰耳。」**辰在子、卯，謂之疾日，**甲子爲商紂滅亡死日，見漢書律曆志引武成與史記商本紀。乙卯爲夏桀亡日，見孔疏。當時人因此以甲子、乙卯爲疾日。疾日即忌日。禮記玉藻謂于此二日食粗糧菜湯，亦可證甲子、乙卯爲忌日。**君徹宴樂，學人舍業，**學人謂學習音樂者。舍同捨。舍業，則停止習樂。説詳梁履繩補釋。業爲樂器覆飾栒上之版，刻如鋸齒狀者。**爲疾故也。君之卿佐，是謂股肱。股肱或虧，何痛如之？**股肱或虧即卿佐有死者，指荀盈之喪，其痛甚于甲子、乙卯之忌。**女弗聞而樂，**弗聞，謂不使晉平公知之。樂亦奏樂之義。**是不聰也。」又飲外嬖嬖叔，**檀弓下作李調，孔疏、洪亮吉等因謂嬖叔即李調，似牽强。**曰：「女爲君目，將司明也。服以旌禮，**杜注：「旌，表也。」**禮以行事，事有其物，**杜注：「物，類也。」**物有其容。**杜注：「容，貌也。」**今君之容，非其物也；**杜注：「有卿佐之喪，無哀戚之容，而作樂歡會，故曰非其物。」謂當哀而樂。**而女不見，是不明也。」亦自飲也，曰：「味以行氣，**口味以使血氣流通。**氣以實志，**杜注：「氣和則志充。」**志以定言，**杜注：「在心爲志，發口爲言。」**言以出令。臣實司味，**膳宰爲司味之官。**二御失官，**二御指工與嬖叔，失官謂未能司耳、司目。**而君弗命，**司味者使二御失官，而君不發命以罪之。**臣之罪也。」公説，徹酒。**孔疏：「禮記（檀弓下）記此事，飲酒事同，而其言盡别。記是傳聞，故與此異。二者必有一謬，當傳實而記虛也。」高士奇紀事本末亦云「記之傳信不如傳之傳疑」。

初，公欲廢知氏而立其外嬖，荀盈即知盈。爲是悛而止。悛，改也。秋八月，使荀躒佐下軍以説焉。杜注：「躒，荀盈之子，知文子也。佐下軍，代父也。説，自解説。」

九·六　孟僖子如齊殷聘，周禮大行人云：「凡諸侯之邦交，歲相問也，殷相聘也。」殷相聘即此殷聘，易豫卦象辭「殷薦之上帝」，馬融注：「殷，盛也。」此謂用盛樂祭上帝。凡豐盛之舉古多曰殷，如大行人之「殷同」（全體諸侯朝天子）、春官宗伯之「殷見」（諸侯分別於四季朝見天子）、禮記曾子問之「殷事」（比之朝夕奠爲盛）等皆可證。魯自叔老聘齊，至此二十年，兩國之間聘問間闊既久，故此聘特爲豐盛。餘參周禮大行人孫詒讓正義。禮也。

九·七　冬，築郎囿。書，時也。言不誤農時，詳下。季平子欲其速成也，季平子即季孫意如，悼子之子，武子之孫。悼子見於襄二十三年，先於武子死。七年十一月季武子卒，平子以嫡孫嗣位。叔孫昭子曰：「詩曰：『經始勿亟，庶民子來。』詩大雅靈臺。言文王營造靈臺，命以「營造開始不必急於爲之」，百姓却踴躍而來，如同兒子。焉用速成，其以勦民也？杜注：「勦，勞也。」無囿猶可；無民，其可乎？」説苑反質篇載此，詞句頗有變動。

十年，己巳，公元前五三二年。周景王十三年、晉平二十六年、齊景十六年、衛靈三年、蔡靈十一年、鄭簡三十四年、曹武二十三年、杞平四年、宋平四十四年、秦哀五年、楚靈九年、吴夷末十二年、許悼十五年。

經

一〇·一 十年春王正月。正月十二日己亥冬至，建子。

一〇·二 夏，齊欒施來奔。「齊」，公羊誤作「晉」。

一〇·三 秋七月，季孫意如、叔弓、仲孫貜帥師伐莒。「意如」，公羊作「隱如」。萬斯大學春秋隨筆云：「自舍中軍之後，止二軍矣，何以三卿並將乎？季之一軍，己爲將而叔（叔弓氏也）爲佐。偏師而出，則迭將之，後凡書叔某帥師或季孫某帥師，皆季氏之偏師也；悉師以行，則同帥之，此行季孫意如、叔弓同帥師是也。二子之一軍，不分將佐，而各主其偏，或專行，或並出，不相隸也。」

一〇·四 戊子，七月三日。晉侯彪卒。

一〇·五 九月，叔孫婼如晉，「婼」，公羊作「舍」。葬晉平公。

一〇·六 十有二月甲子，甲子，二日。宋公成卒。杜注謂無「冬」字，是史之闕文。「成」，公羊作「戌」。博古圖録卷二十二有宋公戌鐘六器，銘云：「宋公戌之謌（歌）鐘。」阮元積古齋鐘鼎彝器款識引吴東發云：「今觀是銘，當以公羊爲正，是平公器也。左昭二十年傳『公子城』，杜注『平公子』。『成』與『城』同。若平公名成，其子不得名城也。」郭沫若兩周金文辭大系考釋云：「古文辰戌之『戌』與『成』字之差僅一筆，古器中每互譌。」

傳

一〇·一 **十年春王正月，有星出于婺女。**婺女即女宿，有星四顆，即寶瓶座ε、μ、3等星。此是古所謂客星從婺女宿出現。客星或爲新星，即特殊變星，光度突然增加，數日間，增加數千倍甚至數萬倍；不久又減小光度，終於成爲微光之星。亦可能爲變星，即光度强弱有時間性變化之恒星。杜注云：「客星也。不書，非孛。」蓋指此。**鄭裨竈言於子産曰：「七月戊子，晉君將死。今兹歲在顓頊之虚，**今兹，今年。歲，木星。顓頊之虚謂玄枵，見爾雅釋天。在二十八宿中爲女、虚、危三宿，與寶瓶宫相當。**姜氏、任氏實守其地，**杜注：「姜，齊姓；任，薛姓。齊、薛二國守玄枵之地。」**居其維首，**二十八宿分爲十二次，維即星次。古有分野之説，玄枵爲齊之分野。而婺女（女宿）又爲玄枵三宿之首也。**而有妖星焉，**妖星即客星，無論新星或變星，皆非常天象，古人乃以爲妖星。**告邑姜也。**邑姜，齊太公女，晉始封祖唐叔之母。古以婺女爲已嫁女，故言將告於邑姜。**邑姜，晉之妣也。**春秋以前皆以祖妣對言，如詩小雅斯干「似續妣祖」、周頌豐年及載芟「烝畀祖妣」、易小過六二爻辭「過其祖，遇其妣」皆可證。祖妣亦指先代祖宗夫婦。晉平公去邑姜已二十世。**天以七紀，**二十八宿分佈四方，每方七宿。**戊子逢公以登，星斯於是乎出，**二十年傳有晏嬰之言，謂齊地，「昔爽鳩氏始居此地，季萴因之，有逢伯陵因之，蒲姑氏因之，而後大公因之」，則逢公即有逢，齊地以前之諸侯。周語下則云：「則我皇妣大姜之姪，伯陵之後，逢公之所憑神也。」故杜注云：「逢公，殷諸侯，居齊地者。」然古史傳説紛紜，甚難究詰。登謂登天，即死。句謂逢公於戊子日死，而妖星出現。吾是以譏之。」譏同卟。説文：「卟，卜以問疑也。」此謂以星象卜之，吾因此知晉侯死日。

一〇·二　齊惠欒、高氏皆耆酒，欒氏、高氏皆出於齊惠公，故此云「齊惠欒、高氏」。昭三年傳「二惠競爽猶可」，杜注：「子雅、子尾皆齊惠公之孫也。」此欒氏謂欒施，字子旗；高氏謂高彊，字子良。一爲子雅之子，一爲子尾之子，則齊惠公之曾孫。耆，今作嗜。信內，多怨，杜注：「説婦人言，故多怨。」彊於陳、鮑氏而惡之。惠棟補注：「爾雅：『彊，當也。』言其族盛與陳、鮑相當值。」彊訓盛亦可。杜注：「惡陳、鮑。」夏，有告陳桓子曰：朱彬經傳攷證：「有，或也。」實則「有」與「或」古音極相近，相通。「子旗、子良將攻陳、鮑。」亦告鮑氏。桓子授甲而如鮑氏。一面準備作戰，一面親往鮑氏。遭子良醉而騁，杜注「欲及子良醉，故騁告鮑文子」，則當讀爲「遭子良醉，而騁」。實則子良因醉而馳騁於路，陳桓子遇之也。説本俞樾平議及吳闓生文史甄微、李慈銘讀書記。遂見文子，杜注：「文子，鮑國。」則亦授甲矣。使視二子，杜注：「二子，子旗、子良。」則皆將飲酒。「將」本作「從」，今從校勘記及金澤文庫本訂正。桓子曰：「彼雖不信，杜注：「彼，傳言者。」信，實也。聞我授甲，則必逐我。及其飲酒也，先伐諸？」諸，之乎之合音字。陳、鮑方睦，遂伐欒、高氏。子良曰：「先得公，陳、鮑焉往？」杜注：「欲以公自輔佐。」此蓋欲挾齊景公以令國人。遂伐虎門。杜注：「欲入，公不聽，故伐公門。」周禮師氏「居虎門之左」，鄭注：「虎門，路寢門也。」水經穀水注云：「路門，一曰畢門，亦曰虎門也。」據章炳麟左傳讀，周王宮，西門爲虎門；齊爲侯國，路寢但有南門云云，則此虎門爲齊景公路寢之南門。

晏平仲端委立于虎門之外，杜注：「端委，朝服。」端委亦見元年傳並注及哀七年傳。晏嬰着朝服者，示不與兵事。四族召之，杜注：「四族，欒、高、陳、鮑。」無所往。皆不往。其徒曰：「助陳、鮑乎？」曰：「何善焉？」杜注：「言無善義可助。」「助欒、高乎？」曰：「庸愈乎？」庸，豈也。陸粲云：「愈猶勝也。言欒、高庸勝於陳、鮑乎。」「然則歸乎？」曰：「君伐，君被子良攻伐。焉歸？」公召之，而後入。公卜使王黑以靈姑銔率，吉，請斷三尺焉而用之。據章炳麟左傳讀謂齊語述周王賞齊桓公以大輅、龍旗九旒，此靈姑銔即桓公之龍旗。王黑請斷三尺者，顧炎武補正引考工記輿人疏：「禮緯：『諸侯旗齊軫，大夫齊較。』軫至較五尺五寸，斷三尺得至較者，蓋天子與其臣乘重較之車，諸侯之車不重較，故有三尺之較也，或可服君誤與。」又引李雲霑曰：「此如芋尹無宇之斷王旌，斷其斿也。」然據禮緯含文嘉，諸侯之旗七仞九旒，齊軫；大夫五仞五旒（初學記卷二十二引作七旒，是也），齊較。王黑以大夫而用齊侯旗，實奉齊侯命，故不斷二仞，而請斷三尺，示恭敬而已耳。餘詳七年傳並注。五月庚辰，五月無庚辰日。戰于稷，昭二十二年傳「莒子如齊涖盟，盟於稷門之外」，杜注：「稷門，齊城門也。」當即此稷。

杜此注謂「稷，祀后稷之處」，恐誤。據水經淄水注，齊宣王時之稷下，亦即此處。當在今山東淄博市舊臨淄西。**欒、高敗，又敗諸莊。**「諸」字用法同「於」。莊即孟子告子下「引而置之莊、嶽之間」之莊。杜注「莊，六軌之道」，本爾雅釋宮，而於此則不確切。莊，蓋闤市名。**國人追之，又敗諸鹿門。**襄二十三年傳有鹿門，乃魯城關；此則齊城門。高士奇地名攷略謂「東南門曰鹿門」，或然。**欒施、高彊來奔。**杜注：「高彊不書，非卿。」**陳、鮑分其室。**

晏子謂桓子：「必致諸公！陳氏取於欒、高者，必交給齊景公。**讓，德之主也。讓之謂懿德。**本無「讓之」二字，今從阮元校勘記及金澤文庫本補。**凡有血氣，皆有爭心，故利不可强，**杜注：「不可强取。」**思義爲愈。義，利之本也。蘊利生孽。**說文：「蘊，積也。」大戴禮四代篇稱孔丘語作「委利生孽」，委亦積也。晏子春秋雜篇下作「怨利生孽」，怨借爲宛，方言：「宛，蓄也。」說參章炳麟左傳讀。孽，杜注：「妖害也。」**姑使無蘊乎！可以滋長。」桓子盡致諸公，**依晏嬰之言行之。**而請老于莒。**莒，齊邑，見三年傳注。晏子春秋雜下作「劇」。孫星衍晏子春秋音義云：「左傳作『莒』，與『劇』不同。括地志：『故劇城在青州壽光縣南三十一里，故紀國。密州莒縣，故莒子國。』」章炳麟則謂「莒即借爲劇」，見左傳讀，恐不確。

桓子召子山，杜注：「子山、子商、子周，襄三十一年子尾所逐羣公子。」**私具幄幕、器用、從者之衣屨，**杜注：「私具，不告公。」**而反棘焉。**據春秋輿圖，棘在今臨淄區西北，與稷門相近，說詳梁履繩左通補釋。子商亦如之，而反其邑。子周亦如之，而與之夫于。夫于在今山東長山廢縣附近。反子城、子公、公孫捷，杜注：「三子，八年子旗所逐。」而皆益其禄。凡公子、公孫之無禄者，私分之邑。杜注：「以己邑分之。」國之貧約孤寡者，私與之粟。曰：「詩云『陳錫載周』，詩大雅文王。今毛詩「載」作「哉」。詩言文王布陳所得賞賜以賜予人，所以載周，即造周也。能施也。桓公是以霸。」十三年傳謂齊桓施舍不倦，晉語二亦謂齊侯將施如出責，故杜注云：「齊桓亦能施以致霸。」公與桓子莒之旁邑，辭。杜注：「讓不受。」穆孟姬爲之請高唐，杜注：「穆孟姬，景公母。」高唐，今山東高唐縣東三十五里。陳氏始大。

一〇·三 秋七月，平子伐莒，取郠。杜注：「郠，莒邑。取郠不書，公見討於平丘，魯諱之。」郠音梗，在今山東沂水縣界。獻俘，始用人於亳社。古代獻俘於太廟，魯獻俘應于周公廟，故下文云「周公饗義」，則祭亳社時，周公或亦同享。臧武仲在齊，聞之，曰：「周公其不饗魯祭乎！周公饗義，合於義者，周公受其祭享。魯無義。殺人以祭爲無義。詩曰：『德音孔昭，視民不恌。』詩小雅鹿鳴。鄭玄箋云：「孔，甚；昭，明也。視，古示字。先王德教甚明，可以示天下之民，使之不愉（偷薄）於禮義。」恌之謂甚矣，言殺人以爲犧牲，比人於牛羊，可謂偷薄甚矣。而壹用之，説文：「壹，專壹也。」杜注謂「壹，同也」，誤。説見楊樹達先生讀左傳。將誰福哉？」

一〇·四 戊子，晉平公卒。鄭伯如晉，及河，晉人辭之。杜注：「禮，諸侯不相弔，故辭。」三年傳曾載鄭游吉之言：「君薨，大夫弔，卿共葬事。」游吉遂如晉。九月，叔孫婼、齊國弱、宋華定、衞北宫喜、鄭罕虎、許人、曹人、莒人、邾人、滕人、薛人、杞人、小邾人如晉，本無「滕人」二字，今從石經、宋本及金澤文庫本等本增。葬平公也。

鄭子皮將以幣行，杜注：「見新君之贄。」子産曰：「喪焉用幣？用幣必百兩，杜注：「載幣用車百乘。」俞樾茶香室經説讀「兩」爲兩端爲一兩之「兩」（今曰匹），誤。百兩必千人。據賈子大政篇，百乘必從以千人，平時則養之，出行則從之。詳章炳麟左傳讀。千人至，將不行。吕氏春秋貴因篇「膠鬲行」，高誘注云：「行猶還也。」此亦謂千人從百輛之重將不能返還也。不行，必盡用之。幾千人而國不亡？」百輛車之幣甚多，若如此浪費數次，國將亡也。子皮固請以行。

既葬，諸侯之大夫欲因見新君。叔孫昭子曰：「非禮也。」弗聽。叔向辭之，辭，婉言拒絶。曰：「大夫之事畢矣，杜注：「送葬禮畢。」而又命孤。孤，晉新君昭公自謂，叔向辭之，不過代昭公言。命孤，令我與諸國之卿相見。孤斬焉在衰絰之中，斬讀爲憯，説文：「憯，痛也。」斬焉，哀痛貌。説詳王引之述聞。其以嘉服見，此假設句，其爲假設連詞。則喪禮未畢；其以喪服見，是重受弔也，大夫將若之何？」皆無辭以見。

子皮盡用其幣。歸，謂子羽曰：「非知之實難，將在行之。夫子知之矣，我則不足。夫子指子產。杜注：「言己由子產之戒，既知其不可，而遂行之，是我之不足。」書曰『欲敗度，度，法度。縱敗禮』，縱謂縱心所欲而行。論語爲政「七十而從心所欲」，從即縱。杜注：「逸書。」作僞古文尚書者取入太甲中篇。我之謂矣。夫子知度與禮矣。我實縱欲，而不能自克也。」克，克制。

昭子至自晉，大夫皆見，高彊見而退。杜注：「高彊，子良。」定十三年高彊在晉，不知何年去魯。昭子語諸大夫曰：「爲人子不可不慎也哉！昔慶封亡，子尾多受邑，而稍致諸君，諸，之於之合音字。君，齊君。君以爲忠，而甚寵之。將死，疾于公宮，杜注：「在公宮被疾。」輦而歸，君親推之。杜注：「推其車而送之。」其子不能任，是以在此。忠爲令德，其子弗能任，罪猶及之，難不慎也？難爲奈何之合音，例見詞詮。喪夫人之力，夫人指子尾。力謂功勞。棄德、曠宗，顧炎武日知録卷二十七云：「曠宗謂使其廟曠而不祀。」以及其身，不亦害乎？本無「亦」字，今從阮元校勘記及金澤文庫本增。詩曰『不自我先，不自我後』，詩並見小雅正月、大雅瞻卬。其是之謂乎！」

一〇·五　冬十二月，宋平公卒。初，元公惡寺人柳，欲殺之。杜注：「元公，平公大子佐也。」及喪，柳熾炭于位，將至，則去之。位，太子佐之喪位。此時已漸涼，熾炭以暖地；去之，則元公便於坐。

比葬，又有寵。杜注：「言元公好惡無常。」一九八〇年北京發現一戈，銘云：「宋公差之所賠（造）柳□戈。」「差」即「佐」，「柳」即此「柳」。

十一年，庚午，公元前五三一年。周景王十四年、晉昭公夷元年、齊景十七年、衞靈四年、蔡靈十二年、鄭簡三十五年、曹武二十四年、杞平五年、宋元公佐元年、秦哀六年、楚靈十年、吴夷末十三年、許悼十六年。

經

一一・一　十有一年春王二月，正月二十二日甲辰冬至，建子，有閏。叔弓如宋。公羊作「正月」，毛奇齡簡書刊誤、惠士奇春秋説皆以爲當作「二月」。

一一・二　葬宋平公。

一一・三　夏四月丁巳，丁巳，七日。楚子虔誘蔡侯般殺之于申。「虔」，穀梁或作「乾」，乾、虔古音極近。楚子虔即靈王，即位後改名虔。

一一・四　楚公子棄疾帥師圍蔡。

一一・五　五月甲申，甲申，四日。夫人歸氏薨。杜注：「昭公母，胡女，歸姓。」據襄三十一年傳，此乃襄公嫡夫人敬歸之娣齊歸。

一一·六 **大蒐于比蒲。** 比蒲，杜無注，不知在今何地。定十三、十四年均大蒐於比蒲。李貽德賈服注輯述云：「以叔向論魯事曰『君有大喪（昭公生母死），國不廢蒐。國不恤君，不忌君也』，云『不忌君』，可見蒐事出於三家，明大衆盡在三家。」

一一·七 **仲孫貜會邾子，盟于祲祥。** 「祲祥」，公羊作「侵羊」，古同音通假。杜注：「祲祥，地闕。」據彙纂，或在今山東曲阜縣境。

一一·八 **秋，季孫意如會晉韓起、齊國弱、宋華亥、衞北宮佗、鄭罕虎、曹人、杞人于厥憖。** 「厥憖」，公羊作「屈銀」，皆以音近而通假。杜注：「厥憖，地闕。」高士奇地名考略七云「厥憖，衞地。或曰在今河南新鄉縣境」，不知何據。

一一·九 **九月己亥，** 己亥，二十一日。**葬我小君齊歸。** 杜注：「齊，謚。」齊歸本是襄公嫡夫人之娣，而書卒書葬，敬歸反不書者，或敬歸早死，其子又以毁，未即位而卒，齊歸則以娣繼爲夫人，且爲昭公母也。

一一·一〇 **冬十有一月丁酉，** 丁酉，二十日。**楚師滅蔡，執蔡世子有以歸，** 「有」，穀梁作「友」，史記蔡世家及集解引世本亦作「友」。兩字古同音通用。**用之。** 蔡世家云：「平侯立而殺隱太子。」隱太子即太子友（有），是有爲蔡所殺，且在楚平王、蔡平侯之世，不在此年爲楚靈王用作犧牲，與經、傳異，蓋司馬遷採異說也。

傳

一一·一　十一年春王二月，叔弓如宋，葬平公也。

一一·二　景王問於萇弘曰：杜注：「萇弘，周大夫。」萇弘又見定四年、周語下、淮南子、史記封禪書、漢書五行志等書篇。「今茲諸侯何實吉？何實凶？」對曰：「蔡凶。此蔡侯般弑其君之歲也，對周王，故於諸侯稱名。歲在豕韋，杜注：「襄三十年蔡世子般弑其君，歲（木星）在豕韋，至今十三歲，歲復在豕韋。般即靈侯也。」豕韋，廣雅云：「營室謂之豕韋。」營室即二十八宿之室宿，有星二顆，即飛馬座α、β。弗過此矣。杜注：「言蔡凶不過此年。」楚將有之，然壅也。下文子産云「楚大而不德，天將棄蔡以壅楚，盈而罰之」，是壅有積聚之義，謂積其惡德使其盈滿而後罰之。杜注：「蔡近楚，故知楚將有之。楚無德而享大利，所以壅積其惡。」亦以壅積連言，是也。顧炎武補正謂「壅如以土壅水，積之多而後決之驟也」，似嫌迂曲。至章炳麟左傳讀謂「蓋是時水火二星方合，萇弘以天道論之」云云，尤爲曲説，不可信。歲及大梁，蔡復，楚凶，天之道也。」杜注：「楚靈王弑立之歲，歲在大梁。到昭十三年，歲復在大梁。美惡周必復，故知楚凶。」大梁爲十二星次之一，與黄道十二宫之金牛宫相當，在二十八宿爲胃、昴、畢三宿。此事詳十三年傳並注。

楚子在申，召蔡靈侯。楚策四鮑彪注謂召靈侯者蓋子發。子發伐蔡，見荀子彊國篇、楚策四及淮南子道應訓、人間訓。與傳不同。靈侯將往，蔡大夫曰：「王貪而無信，唯蔡於感。杜注：「蔡，近楚之大國，故楚常恨其不服順。」感爲憾之省，故杜以恨字解之。說見焦循補疏。此句猶云「唯恨於蔡」。今幣重而言甘，誘我也，句亦見僖十年傳。不如無往。」蔡侯不可。三月丙申，「三」原作「五」，今依阮元校勘記及金澤文庫本訂。丙申，十五日。楚子伏甲而饗蔡侯於申，醉而執之。夏四月丁巳，殺之。刑其士七十人。公子棄疾帥師圍蔡。

韓宣子問於叔向曰：「楚其克乎？」對曰：「克哉！蔡侯獲罪於其君，杜注：「謂弑父而立。」而不能其民，朱駿聲說文通訓定聲云：「能猶得也。」天將假手於楚以斃之，杜注：「借楚手以討蔡。」何故不克？然肸聞之，不信以幸，不可再也。由於不信而得利，此種事不可以再有。楚王奉孫吳以討於陳，參八年傳，與下文所言可以互相補充。曰：『將定而國。』陳人聽命，而遂縣之。今又誘蔡而殺其君，以圍其國，雖幸而克，必受其咎，弗能久矣。桀克有緡，以喪其國。晉語一云：「昔夏桀伐有施，有施人以妹喜女焉。妹喜有寵，於是乎與伊尹比而亡夏。」四年傳云：「夏桀爲仍之會，有緡叛之。」餘則未聞。紂克東夷，而隕其身。此有卜辭可證，見郭沫若卜辭通纂及董作賓殷曆譜。楚小、位下，楚比之夏桀、商紂爲國既小，位亦卑下。而亟暴於二王，二王謂夏桀、商紂。能無咎乎？天之假助不善，假疑借爲嘏，廣韻：「福也。」若如字讀，亟，屢也。

即假手於不善之楚君以伐蔡，亦通。非祚之也，厚其凶惡而降之罰也。且譬之如天其有五材，而將用之，五材，金、木、水、火、土也。力盡而敝之，五材之力既盡，人則棄之。敝，棄也。是以無拯，杜注：「拯猶救助也。」不可沒振。」小爾雅廣言：「沒，終也。」振猶興也。猶云不可終興。句法與易序卦傳「物不可以終通，物不可以終否」等句相同。說詳俞樾茶香室經説。

一一·三　五月，齊歸薨。大蒐于比蒲，非禮也。

一一·四　孟僖子會邾莊公，盟于祲祥，修好，禮也。

泉丘人有女，據彙纂，泉丘當在今山東寧陽、泗水兩縣間。夢以其帷幕孟氏之廟，遂奔僖子，其僚從之。鄰女爲僚友者隨而奔僖子。此兩女自奔，不必以古禮解之。盟于清丘之社，清丘當去泉丘不遠。社爲土神之木主，此指土地廟。詳俞正燮癸巳類稿。古代凡村里皆可立社，周禮地官州長，大夫以下，其社之大者則二千五百家爲之，其小則二十五家亦爲之。傳有清丘之社、次睢之社（僖十九年傳）、亳社。禮記月令有民社，則人民有立社者，足見人民立社不始于秦。曰：「有子，無相棄也！」此蓋二女與僖子盟，杜注謂「二女自共盟」，不確。僖子使助薳氏之簉。沈欽韓補注云：「薳氏當是僖子正室，使二女助之，爲其簉。或薳氏是僖子別邑，使二女別居於此爲簉也，故下宿於薳氏。小爾雅廣言：『簉，倅也。』」沈後說較長，簉，即妾，後人稱妾爲簉室，即本於此。杜注謂「薳氏之女爲僖子副妾，別居在外，故僖子納泉丘人女令副助之」，蓋隨文生義。反自祲祥，宿于薳氏，生懿子及南宮敬叔於泉丘人。僖子宿薳氏不久，不得舉二子，故杜注及各家俱謂似雙生。其僚無子，使字敬叔。禮記檀弓上謂「南宮敬叔反，必載寶而朝」，鄭注云：「敬叔，魯孟僖子之子仲孫閱。」杜注：「字，養也。」

一一·五 楚師在蔡，晉荀吴謂韓宣子曰：「不能救陳，又不能救蔡，物以無親。顧炎武云：「物，人也。」晉之不能亦可知也已。爲盟主而不恤亡國，將焉用之？」

秋，會于厥慭，謀救蔡也。

鄭子皮將行。子産曰：「行不遠，不能救蔡也。蔡小而不順，楚大而不德，天將棄蔡以壅楚，盈而罰之，杜注：「盈楚惡。」蔡必亡矣。且喪君而能守者鮮矣。三年，王其有咎乎！美惡周必復，言無論美或惡，吉或凶，逢歲星繞一周必有報。復，報也，酬也，答也。王惡周矣。」謂將至歲星繞一周矣。杜注：「元年，楚子弒君而立，歲在大梁。後三年，十三歲，歲星周復於大梁。」

晉人使狐父請蔡于楚，弗許。杜注：「狐父，晉大夫。」

一一·六 單子會韓宣子于戚，杜注：「單子，單成公。」或者本赴厥慭之會，因遲行，至戚始會。下文「命事於會」，蓋單子代表周景王宣命於諸侯也。視下，言徐。叔向曰：「單子其將死乎！朝有著定，詩齊風著「俟我於著乎而」，毛傳：「門屏之間曰著。」「著」亦作「宁」，爾雅釋宫：「門屏之間謂之宁。」無論天子或諸侯之朝廷，卿、大夫、士各級官職皆有一定位置，都在門内屏外，周禮司士所謂「正朝儀之位，辨其貴賤之等」是也。朝位既定，故曰著定。餘詳孫詒讓周禮夏官司士正義。**會有表，**無論天子於野設宮會諸侯，或諸侯之霸主會諸侯，諸侯皆依次設位，位有標幟，周禮秋官司儀「諸侯皆就其旂而立」是也。**衣有襘，**襘音怪，衣衿交會之處。據方言及注，左右衿相交當胸。**帶有結。**帶繫於腰間，沈欽韓補注據禮記玉藻注，古人帶之交結處用紐，並以物穿紐，所以固之。**會朝之言必聞于表著之位，**言無論會或朝，出言必使在座者皆能聞之。**所以昭事序也；**事序猶言事理。序，緒也，今言條理。此謂吐辭明朗，所以表白言有條理。**視不過結襘之中，**禮記曲禮下「天子視，不上於袷，不下於帶」，即此。袷即謂襘。**所以道容貌也。**廣雅釋詁：「道，治也。」**言以命之，容貌以明之，失則有闕。今單子爲王官伯，**漢書五行志中之上用此句，師古注：「伯，長也。」**而命事於會，**在盟會宣告王命。**視不登帶，**視下，目光不高于帶。**言不過步，**言徐，其聲細小，過一步即聽不到。**貌不道容，**容、貌二字有時同義，有時有別。上文「容貌以明之」，則係同義詞連用；此文「貌不道容」，則義有别。貌指外相，容指威儀。周書芮良夫「王貌受之」，注云：「貌謂外相。」禮記雜記下「戚容稱其服」，鄭注：「容，威儀也。」可證。王引之述聞謂「貌」爲「視」字之訛，無據。**而言不昭矣。**不道猶言不整肅，即上文「道容貌」、此文「不道容」之道。**不道，不共；不昭，不從。**共同恭。昭謂明晳、明朗，即上文「昭事序」、此文「言不昭」之昭。言語不明晳，則人不順從。**無守氣矣。」**守氣謂保守身體之氣。古代生理醫學知識自不如今日，如孟子公孫丑上云：「夫志，氣之帥也；氣，體之充也。」無守氣言其將死，故杜注「爲此年冬單子卒起本」。

一一·七　九月，葬齊歸，公不慼。晉士之送葬者，孔疏云：「傳稱文、襄之制，夫人喪，士弔，大夫送葬（見昭三年傳）。此言晉士送葬者，蓋大夫來而士爲介，未必士獨行也。」此蓋揣測之言。三十年傳云：「先王之制，諸侯之喪，士弔，大夫送葬。」若晉以霸主送魯夫人葬，遣士亦未嘗不合所謂「先王之制」。歸以語史趙。史趙曰：「必爲魯郊。」杜注：「言昭公必出在郊野，不能有國。」章炳麟左傳讀駁之，謂據荀子禮論及春秋繁露，「聖王無後者，寄食于後王之郊。昭公寄食齊、晉，亦猶此也。言魯郊者，魯有郊祭，舉近者爲言耳」。昭公之後不立。侍者曰：「何故？」曰：「歸姓也，姓即四年傳「問其姓」之姓，子也。歸姓也，言係齊歸之子。不思親，母死無慼容。祖不歸也。」歸，依也，附也。謂祖不助佑。

叔向曰：「魯公室其卑乎！君有大喪，國不廢蒐；杜注：「謂蒐比蒲。」有三年之喪，而無一日之慼。國不恤喪，恤，憂也，哀也。不忌君也；杜注：「忌，畏也。」若解爲敬也，亦通。君無慼容，不顧親也。國不忌君，君不顧親，能無卑乎？殆其失國。」殆將失國也。杜注：「爲二十五年公孫於齊傳。」

一一·八　冬十一月，楚子滅蔡，四月楚棄疾圍蔡，楚靈王又以全師繼之，蔡固難支。用隱大子于岡山。用，殺之以祭。隱太子即蔡靈公之太子，堅守蔡者，蔡侯廬之父。隱，其追謚。申無宇曰：「不祥。五牲不相爲用，杜注：「五牲，牛、羊、豕、犬、雞。」據爾雅，加馬則爲六畜。僖十九年傳「古者六畜不相爲用」，亦即此意。餘詳彼傳並注。**況用諸侯乎！**隱太子雖未即蔡君之位，以太子帥國人以抗楚，可以諸侯待之也。**王必悔之！」**十三年傳述楚靈王之言云「余殺人子多矣」，即悔之也。

一一·九　**十二月，單成公卒。**杜注：「終叔向之言。」

一一·一〇　**楚子城陳、蔡、不羹。**不羹有二，據清一統志，在今河南襄城縣東南二十里者爲西不羹，在今舞陽縣北者爲東不羹。**使棄疾爲蔡公。王問於申無宇曰：「棄疾在蔡何如？」對曰：「擇子莫如父，擇臣莫如君。**管子大匡篇云：「先人有曰：『知子莫若父，知臣莫若君。』」晉語七亦云：「人有言曰：『擇臣莫若君，擇子莫若父。』」戰國策趙策二亦云：「選子莫若父，論臣莫若君。」此乃古語，無宇用之耳。**鄭莊公城櫟而寘子元焉，使昭公不立。**子元，左傳除此外，先見於隱五年，又見於桓五年。據隱五年傳「鄭二公子敗燕師於北制」之文，則子元爲鄭莊公之子。馬宗璉補注云：「疑子元即厲公之字，當日實自有自櫟侵鄭事，昭公出而厲公始入，故曰『使昭公不立』。」此說是也。鄭衆以子元爲檀伯，蓋拘於桓十五年傳「鄭伯因櫟人殺檀伯而遂居櫟」之文，固誤。劉炫又以子元爲曼伯，尤誤。櫟即今河南禹縣，亦見桓十五年傳注。**齊桓公城穀而寘管仲焉，至于今賴之。**莊三十二年傳云：「城小穀，爲管仲也。」則此穀即小穀，亦即莊七年之穀，在今山東東阿縣新治東南之東阿鎮。**臣聞五大不在邊，**賈逵云：「五大謂太子、母弟、貴寵公子、公孫、累世正卿也。」孔疏又引鄭衆云：「大子，晉申生居曲沃是也；母弟，鄭共叔段居京是也；貴寵公子，若棄疾在蔡是也；貴寵公孫，若無知食渠丘是也；累世正卿，衞甯殖居蒲、孫氏居戚是也。」李貽德輯述云：「下文歷引京、櫟、蕭、亳、渠丘、蒲、戚者，正爲五大之證。」杜注謂「五大言五官之長」，誤。**五細不在庭。**五細，孔疏引鄭衆説，即隱三年傳「賤妨貴，少陵長，遠間親，新間舊，小加大」之賤、少、遠、新與小者。**親不在外，羈不在内。**羈謂他國來此寄居之臣。**今棄疾在外，鄭丹在内，**杜注：「襄十九年丹奔楚。」謂鄭丹乃羈旅之臣，五細之内，而爲右尹。**君其少戒！」王曰：「國有大城，何如？」**言有大城，足禦叛亂。**對曰：「鄭京、櫟實殺曼伯，**竹添光鴻會箋疑曼伯爲昭公之字，然昭公之死，實爲高渠彌所殺，見桓十七年傳，故此説不足信。阮芝生杜注拾遺謂曼伯即子儀，據莊十四年傳文，可信。**宋蕭、亳實殺子游，**見莊十二年傳。**齊渠丘實殺無知，**渠丘即葵丘，今山東淄博市西三十里。鄭衆以渠丘爲無知之邑，江永考實云：「齊僖公寵之大邑，是以致亂而雍廩殺之。」此乃曲説。莊公九年傳云「雍廩殺無知」，故杜注謂渠丘「齊大夫雍廩邑」。齊世家「雍廩」作「雍林」，謂爲地名，與傳異。**衞蒲、戚實出獻公。**杜注：「蒲，甯殖邑；戚，孫林父邑。」出獻公在襄十四年。**若由是觀之，則害於國。**謂五大據大城實於國有害。**末大必折，**韓非子揚榷篇云：「枝大本小，將不勝春風；不勝春風，枝將害心。」戰國策秦策三云：「木實繁者披其枝，披其枝者傷其心。」賈子大都篇云：「本細末大，弛必至心。」皆用此義。**尾大不掉，**説文：「掉，摇也。」楚語上云：「夫邊境者，國之尾也。譬之如牛馬，處暑之既至，䖟䗈之既多，而不能掉其尾。」雖有發揮，未必盡合傳意。**君所知也。」**杜注：「爲十三年陳、蔡作亂傳。」楚語上亦載此事，有同有異。

十二年，辛未，公元前五三〇年。周景王十五年、晉昭二年、齊景十八年、衞靈五年、鄭簡三十六年、曹武二十五年、杞平六年、宋元二年、秦哀七年、楚靈十一年、吳夷末十四年、許悼十七年。

經

一二·一　十有二年春，正月初四己酉冬至，建子。**齊高偃帥師納北燕伯于陽。**高偃即襄二十九年傳之高酀，孔疏引世本「敬仲生莊子，莊子生傾子，傾子之孫酀」，故杜注謂「高偃，高傒（敬仲）玄孫」，襄二十九年傳云「敬仲之曾孫酀」者，凡曾孫以下皆可名曾孫，詩周頌維天之命「曾孫篤之」，鄭玄箋云「自孫之子而下，事先祖皆稱曾孫」是也。亦見襄二十九年傳注。宋高閌春秋集注云：「三年，北燕伯出奔齊；六年，齊將納之而不果。款播越在外蓋十年矣，不能自復，而藉齊之力，僅能納之於別邑而已。」「陽」，傳作「唐」，故杜注謂「陽即唐」。據杜注，則在今河北完縣西，唐縣東北。王夫之春秋稗疏以爲「唐縣在燕之西，自齊而往，絶燕而過之，高偃不能懸軍深入；與齊遠，燕伯不能恃以爲援。漢志涿郡有陽鄉縣，當是燕地，在文安、大城之間，爲燕、齊孔道，此陽是也」。公羊傳謂「伯于陽」當作「公子陽生」，妄説。

一二·二　三月壬申，壬申，二十七日。**鄭伯嘉卒。**

一二·三　**夏，宋公使華定來聘。**杜注：「定，華椒孫。」

一二·四　**公如晉，至河乃復。**杜注：「晉人以莒故辭公。」

一二·五 五月，葬鄭簡公。

一二·六 楚殺其大夫成熊。穀梁「成熊」作「成虎」，傳亦作「成虎」，王引之春秋名字解詁及趙坦春秋異文箋俱以爲「熊」爲名，「虎」爲字。傳及穀梁俱用其字。公羊作「成然」，王引之、趙坦俱謂字形之誤。杜注：「傳在葬簡公上，經從赴。」

一二·七 秋七月。

一二·八 冬十月，公子憖出奔齊。公羊「憖」作「整」。

一二·九 楚子伐徐。

一二·一〇 晉伐鮮虞。鮮虞，白狄別種之國，今河北正定縣北四十里新城鋪即其國都所在。戰國時爲中山國。據史記六國年表，魏文侯十七年擊守中山。魏世家亦云：「十七年，伐中山，使子擊守之。」則中山于戰國初已亡于魏；而趙武靈王所滅之中山，則魏之中山也。公元前四一四年中山武公初立，都城在顧，在今河北定縣。其後遷靈壽，據考古發掘，在今平山縣三汲公社。一九八二年河北學刊創刊號載夏自正、謝忠厚中山國史簡述，可參。

傳

一二·一 十二年春，齊高偃納北燕伯款于唐，因其衆也。杜注：「言因唐衆欲納之，故得先入唐。」

款以後情況，經、傳無載。

一二·二　三月，鄭簡公卒。將爲葬除，爲葬埋清除道路障礙。及游氏之廟，游氏之祖廟，故杜注：「游氏，子大叔族。」將毁焉。毁之以便喪車通過。子大叔使其除徒執用以立，除徒，清除道路之徒衆。用，毁廟工具，若今鍬鎬之類。而無庸毁，備而不毁。曰：「子産過女，而問何故不毁，而，猶如，假設連詞。乃曰：『不忍廟也。』諾，將毁矣。』」此子大叔教除徒之語。既如是，子産乃使辟之。辟同避。避開游氏之廟，另走他道。司墓之室有當道者，杜注：「簡公別營葬地，不在鄭先公舊墓，故道有臨時迂直也。」司墓之室，鄭之掌公墓大夫徒屬之家。孔疏云：「周禮：『墓大夫，下大夫二人，中士八人，掌凡邦墓之地域，爲之圖，令國民族葬。』鄭之司墓亦當如彼，此是掌公墓大夫也。」以下文「而民不害」推之，知是徒屬之家。毁之，則朝而塴；塴音泵，同堋。説文：「堋，喪葬下土也。春秋傳曰『朝而堋』。禮記謂之封，周官謂之窆。」段注：「謂葬時下棺于壙中也。」餘參徐孝宓春秋左傳鄭義。弗毁，則日中而塴。喪車須繞道，故遲至正午下棺。子大叔請毁之，曰：「無若諸侯之賓何？」諸侯之賓，各國所使來會葬者。遲至正午下棺，恐其不願。子産曰：「諸侯之賓能來會吾喪，豈憚日中？無損於賓，而民不害，何故不爲？」遂弗毁，日中而葬。君子謂子産於是乎知禮。禮，無毁人以自成也。

一二·三　夏，宋華定來聘，通嗣君也。杜注：「宋元公新即位。」享之，爲賦蓼蕭，蓼音六。蓼蕭，詩小雅篇名。**弗知，又不答賦。昭子曰：「必亡。**謂華定必將逃奔。**宴語之不懷，**蓼蕭有句云：「燕笑語兮，是以有譽處兮。」懷，思念也。**寵光之不宣，**又有句云：「爲龍爲光。」龍即寵，見惠棟周易古義下。杜注：「宣，揚也。」**令德之不知，**詩又云：「宜兄宜弟，令德壽凱（愷）。」令德，善德，以此讚美華定而彼不知。**同福之不受，**詩又云：「萬福攸同。」華定不答賦，是不受也。**將何以在？」**朱彬經傳攷證云：「在，存也。」翟灝爾雅補郭上云：「在，終也。左傳『將何以在』，言何以終其位。」翟説較勝。洪亮吉詁亦引爾雅：「在，終也。」華定於二十二年奔楚。

一二·四

齊侯、衛侯、鄭伯如晉，朝嗣君也。杜注：「晉昭公新立。」**公如晉，**杜注：「亦欲朝嗣君。」**至河，乃復。取郠之役，**見十年傳。**莒人愬于晉，晉有平公之喪，未之治也，故辭公。**辭，不受也。**公子慭遂如晉。**

晉侯享諸侯，子產相鄭伯，辭於享，請免喪而後聽命。鄭伯，鄭定公，簡公之子。時有父喪未畢，杜注謂「簡公未葬」，不確，説詳後。故請不參加享禮。**晉人許之，禮也。**

晉侯以齊侯宴，以猶與。與齊景公宴。**中行穆子相。**杜注：「穆子，荀吳。」**投壺，**古代主客讌飲娛樂，有投壺之禮。壺所以受矢，有口較大，有頸長而狹，有腹較大。腹中盛堅且滑之小豆。投以矢，矢用楛（莖似荆之植物）或棘爲之，不去皮，取其堅且重。矢中壺內，被小豆彈出。多中者勝，勝者酌飲負者。大戴禮、小戴禮各有投壺篇，可參。**晉侯先，**先投也。**穆子曰：「有酒如淮，有肉如坻，**詩小雅甫田「如坻如京」，坻音池，水中高地。桂馥札樸卷二謂：「坻當爲阺，説文：『秦謂陵阪曰阺。』傳下文云『有肉如陵』，則知坻當作陵阪之阺矣。」亦通。寡君中此，矢中壺。爲諸侯師。」師，長也。淮、坻、師古韻部同，押韻。中之。齊侯舉矢，曰：「有酒如澠，澠水出今山東淄博市西北古齊城外，西北流，經博興縣入時水。齊乘謂即申池水（見文十八年傳）。澠音繩。有肉如陵。寡人中此，與君代興。」代之而强盛。澠、陵、興古音同韻。亦中之。伯瑕謂穆子曰：杜注：「伯瑕，士文伯。」「子失辭。吾固師諸侯矣，壺何爲焉，其以中儁也？杜注：「言投壺中，不足爲儁異。」邵寶左觿云：「壺何爲焉，微讀（逗）不句。壺何爲焉而以其中爲異哉，言無與於師諸侯之事也。」此得其讀。齊君弱吾君，歸弗來矣。」杜注：「欲與晉君代興，是弱之。」穆子曰：「吾軍帥彊禦，詩大雅烝民「不畏彊禦」，蕩「曾是彊禦」，亦作「彊圉」，漢書王莽傳「不畏彊圉」，叙傳「曾是彊圉」，即用詩句。彊禦猶彊梁，後漢書蘇竟傳「彊梁不能與天争」，老子「强梁者不得其死」是也。卒、乘競勸，朱彬經傳攷證云：「競，争也。勸，勉也，助也。」今猶古也，齊將何事？」顧炎武補正云：「言晉强不異於昔，齊將何所爲。」公孫傁趨進，曰：「日旰君勤，旰音幹，日晚也。勤，勞也。可以出矣！」以齊侯出。以猶與也。杜注：「傁，齊大夫。」蓋公孫傁在堂下，聞晉卿相對之言，懼有變，故趨而與齊侯出。

一二·五　楚子謂成虎，若敖之餘也，若敖，若敖氏也。杜注：「成虎，令尹子玉之孫，與鬭氏同出於若敖。宣四年鬭椒作亂，今楚子信譖，而託討若敖之餘。」若敖氏之滅在宣四年，距此年七十餘年矣，故楚靈以若敖之餘殺成虎爲託詞。遂殺之。或譖成虎於楚子，成虎知之，而不能行。書曰「楚殺其大夫成虎」，懷寵也。

一二·六　六月，葬鄭簡公。杜注：「經書『五月』，誤。」惠棟補注則謂當從經作五月，「古文左傳當在『齊侯、衞侯、鄭伯如晉』之前」。兩説俱無據。姚範援鶉堂筆記云：「經書五月葬鄭簡公，傳言六月，或策書、簡書並有其文，抑或五月、六月，月有互異。傳書之以志其參差。」

一二·七　晉荀吴僞會齊師者，假道於鮮虞，遂入昔陽。昔陽在今河北晉縣西，孔疏引劉炫説，謂昔陽即是鼓國之都城。此入而未滅，至二十二年乃滅鼓。秋八月壬午，壬午，十日。滅肥，肥，國名，蓋鼓與肥皆鮮虞屬國，故經言「晉伐鮮虞」；十五年「圍鼓」，傳亦云「伐鮮虞、圍鼓」，皆以「鮮虞」貫之。肥在今河北藁城縣西南七里。或云，今山西昔陽縣東冶頭鎮有肥子故國城。以肥子緜皋歸。今河北盧龍縣西北有肥如城，山東有肥城縣，蓋皆晉滅肥後，肥民散處之地。江永考實謂燕封肥子于盧龍，不足據。

一二·八　周原伯絞虐，其輿臣使曹逃。杜注：「原伯絞，周大夫原公也。輿，衆也。曹，羣也。」冬十月壬申朔，原輿人逐絞，而立公子跪尋。杜注：「跪尋，絞弟。」絞奔郊。杜注：「郊，周地。」據二十二年傳，郊與鄩邑相近。

一二·九　甘簡公無子，立其弟過。杜注：「甘簡公，周卿士。」過將去成、景之族。杜注：「成公、景公，皆過之先君。」成、景之族賂劉獻公，杜注：「欲使殺過。劉獻公亦周卿士，劉定公子。」丙申，丙申，二十五日。**殺甘悼公，**杜注：「悼公即過。」**而立成公之孫鰌。**杜注：「鰌，平公。」鰌音秋。**丁酉，**丁酉，二十六日。**殺獻大子之傅庚皮之子過，**庚皮爲獻太子之傅，過爲庚皮子。杜注謂「過，劉獻公大子之傅」，有二誤。劉獻公大子不得謂獻大子，獻似太子之謚，或疑即十五年死之王大子壽。此一誤也。過明是庚皮之子，庚皮爲太子傅，此二誤也。**殺瑕辛于市，及宮嬖綽、王孫没、劉州鳩、陰忌、老陽子。**杜注：「六子，周大夫，及庚過，皆甘悼公之黨。」二十六年傳周又有陰忌，高亨老子年譜謂即此陰忌，因謂「『及』乃『反』之誤」云云。不知當時同姓名者多，二十六年傳之陰忌，非此陰忌。如衞有二甯跪，一在莊六年，爲衞大夫；一在哀四年，世本列于雜人。

一二·一〇　**季平子立，而不禮於南蒯。**杜注：「蒯，南遺之子，季氏費邑宰。」**南蒯謂子仲：**杜注：「子仲，公子慭。」**「吾出季氏，而歸其室於公，子更其位，**杜注：「更，代也。」此謂代季平子爲卿。**我以費爲公臣。」子仲許之。南蒯語叔仲穆子，且告之故。**杜注：「穆子，叔仲帶之子，叔仲小也。語以欲出季氏以不見禮故。」

季悼子之卒也，叔孫昭子以再命爲卿。悼子，季武子之子，平子之父。悼子之卒，經未書，又謚悼，張文虎螺江日記則謂悼子立未久而卒，然論語季氏「自大夫出，五世希不失矣」，注家俱指季友、文子、武子、平子、桓子，而不數悼子，疑未嗣位爲卿。季武子死于七年冬，疑平子以孫繼祖。叔孫昭子于五年即位，七年春見于經，季悼子當死于五年後，七年前。**及平子伐莒克之，更受三命。**據十年經，魯之季孫意如、叔弓、仲孫貜皆率師伐莒，不過季平子爲主帥而已。昭子雖未與師，其四分公室所得之師必出，或由叔弓率之，故亦以功受三命。杜注云「昭子不伐莒，亦以例加爲三命」，可商。叔仲子欲構二家，杜注：「欲構使相憎。」構乃離間義。叔仲子即叔仲小。二家，季平子與叔孫昭子。謂平子曰：「三命踰父兄，非禮也。」父兄指父輩兄輩，古代禮制，一命之官于鄉里中依年齡大小爲次，二命之官于父輩中論年齡大小，三命之官則不論年齡，其官大，可以在父輩兄輩之先，周禮地官黨正所謂「壹命齒于鄉里，再命齒于父族，三命而不齒」（文亦見禮記祭義）是也。叔仲子此言蓋以爲昭子伐莒未參加，不得有三命。平子曰：「然。」故使昭子。杜注：「使昭子自貶黜。」昭子曰：「叔孫氏有家禍，殺適立庶，故婼也及此。事見四年及五年傳。若因禍以斃之，則聞命矣。杜注：「言因亂討己，不敢辭。」若不廢君命，則固有著矣。」杜注：「著，位次。」此即去年傳「朝有著定」之著。昭子朝，而命吏曰：「婼將與季氏訟，書辭無頗。」辭，訴訟之辭。杜注：「頗，偏也。」季孫懼，而歸罪於叔仲子。故叔仲小、南蒯、公子慭謀季氏。慭告公，而遂從公如晉。杜注：「慭，子仲。」南蒯懼不克，姚鼐補注云：「公子慭與蒯蓋初謀假晉援以去季氏，故慭從公如晉。值晉拒公不得入，蒯所以懼不克而更叛附齊。」以費叛如齊。子仲還，及衞，聞亂，逃介而先。杜注：「介，副使也。」句謂棄介先逃還國。及郊，聞費叛，遂奔齊。

南蒯之將叛也，其鄉人或知之，過之而歎，且言曰：「恤恤乎，湫乎，攸乎！俞樾平議謂「恤，憂也。湫即愁之假字。攸即悠之假字。愁，憂也；悠，憂也。恤恤乎、愁乎、悠乎三句一意，深憂之，故重言之」。深思而淺謀，欲去累年專政之季氏，深思也。謀援於遠且惡魯之晉，則淺謀矣。邇身而遠志，身爲季氏家臣，而志欲去之，是身近志遠也。家臣而君圖，己爲家臣，而爲魯君謀以費及季氏室奉公。有人矣哉！」人謂人才，如詩小雅節南山「人之云亡」、論語雍也「女得人焉耳乎」、憲問「人也」，諸「人」字皆人才義。句言若如此，須大有爲之人，而南蒯非其人也。南蒯枚筮之，杜注：「不指其事，汎卜吉凶。」蓋古代卜筮必先述所卜筮之事，如儀禮特牲饋食禮有命筮之辭；若卜，則有命龜之辭。若不言所卜所筮之事，則曰枚卜或枚筮。俞樾平議謂：「枚當讀爲微，微，匿也。匿其事而使之筮，故爲微筮。」哀十七年傳『王與葉公枚卜子良以爲令尹』，義亦同此。」遇坤☷杜注：「坤下坤上，坤。」之比☵☷，杜注：「坤下坎上，比。坤六五爻變。」曰「黃裳元吉」，坤六五爻辭。以爲大吉也。示子服惠伯，曰：「即欲有事，何如？」惠伯曰：「吾嘗學此矣，謂學易。忠信之事則可，可如筮也。不然，必敗。外彊內溫，忠也，以卦言之，比外卦爲坎，坎，險也，故彊。內卦爲坤，坤，順也，故溫。彊于外而溫于內，故爲忠。和以率貞，信也，以比卦言之，坤爲土，坎爲水，水土相合則和。貞，卜問也。率，行也。以和順行卜問之事，故爲信。故曰『黃裳元吉』。黃，中之色也；此中字有雙關義，按下文有上中下之義，此則借爲衷，謂裏衣，褻衣。**裳，下之飾也；**古代男子着裳，猶今之裙。**元，善之長也。中不忠，**此中謂中心。**不得其色；下不共，**共同恭，謂爲下不恭。**不得其飾；**杜注：「不爲裳。」**事不善，不得其極。**極猶今標準、準則。**外内倡和爲忠，**外彊内温，比如古俗之夫婦倡和。**率事以信爲共，**杜注：「率猶行也。」信，誠也。**供養三德爲善，**惠棟補注云：「三德謂黄、裳、元也。」疑不確。三德謂忠、信、極。杜注以「正直、剛克、柔克」（尚書洪範）解之，尤無關連。**非此三者弗當。且夫易，不可以占險，將何事也？**南蒯僅言「有事」，惠伯明知而故問，易不可以占險事，汝將舉何事。**且可飾乎？**謂爲下恭乎不恭乎。**中美能黄，**能猶乃也，例證見詞詮。**上美爲元，下美則裳，參成可筮。**杜注：「參（三）美盡備，吉可如筮。」可即上文「忠信之事則可」之可。**猶有闕也，**猶，假設連詞，如果。句言若于三德有缺失。**筮雖吉，未也。」**

將適費，飲鄉人酒。鄉人或歌之曰：「我有圃，生之杞乎！圃即論語子路學圃之圃，謂種菜地。杞柳生于水旁，圃不生菜蔬而長杞柳。喻所得違其所欲。**從我者子乎，**子爲男子之美稱，意謂順從我者不失爲男子漢。**去我者鄙乎，**去猶違也。鄙謂鄙陋之人。**倍其鄰者恥乎！**倍與背通。杜注：「鄰猶親也。」意謂背叛其親（指季氏）將有恥。**已乎已乎！**論語公冶長：「已矣乎！吾未見能見其過而内自訟也。」又衛靈公：「已矣乎！吾未見好德如好色者也。」楚辭離騷：「已矣哉！國無人莫我知兮，又何懷乎故都？」已乎、已矣乎、已矣哉，皆絶望之詞。非吾黨之士乎！」此歌以杞、子、鄙、恥、已、士爲韻，古音同在咍部。

平子欲使昭子逐叔仲小。小離間二家，平子失理，欲逐小以自説解。小聞之，不敢朝。昭子命吏謂小待政於朝，曰：「吾不爲怨府。」季平子不自逐之，而使昭子逐之，故昭子云「不爲怨府」。杜注：「言不能爲季氏逐小，生怨禍之聚。」爲明年叔弓圍費傳。

一二·一一　楚子狩于州來，杜注：「狩，冬獵也。」州來，今安徽鳳臺縣。次于潁尾，潁水入淮處，亦曰潁口，今安徽正陽關。使蕩侯、潘子、司馬督、囂尹午、陵尹喜帥師圍徐以懼吴。杜注：「五子，楚大夫。徐，吴與國，故圍之以偪吴。」春秋分紀世譜二以潘子爲叔黨之子。據四年傳「徐子，吴出也」之文，則吴、徐爲舅甥之國。楚子次于乾谿，乾谿在今安徽亳縣東南七十五里，又見六年傳。以爲之援。雨雪，王皮冠，秦復陶，杜注：「秦所遺羽衣也。」疑復陶乃以禽獸毛絨爲之，衣以禦寒者。翠被，杜注：「以翠羽飾被。」被當讀爲帔，釋名釋衣服云：「帔，披也，披之肩背不及下也。」蓋以翠毛爲之，所以禦雨雪，若今之斗蓬或清時婦女所著之披風。俞正燮癸巳存稿以復陶翠被爲一名。以襄三十年傳「使爲君復陶」及説苑善説篇「襄成君始封之日衣翠衣」證之，俞説不確。豹舄，杜注：「以豹皮爲履。」執鞭以出。僕析父從。馬宗璉補注云：「析父爲大僕，故時在王左右。楚語作『僕夫』，虞箴曰『獸臣司原，敢告僕夫』，即太僕也。」右尹子革夕，杜注：「子革，鄭丹。夕，莫（暮）見。」王見之，去冠、被，舍鞭，杜注：「敬大臣。」衛獻公不脫皮冠與孫，甯言，二子怒，見襄十四年傳。與之語，曰：「昔我先王熊繹杜注：「楚始封君。」與呂伋、王孫牟、燮父、禽父並事康王，呂伋，姜太公子丁公。王孫牟，衞康叔子康伯。世本「衞康伯名髦」，宋衷云：「即王孫牟也。」馬融、王肅尚書傳皆云：「康，國名，在千里之畿內。既滅管叔，更封爲衞侯。」燮父，唐叔子。禽父即伯禽，姬旦子。康王，周成王子。四國皆有分，杜注：「四國，齊、晉、魯、衞。分，珍寶之器。」定四年傳述魯、衞、晉三國之分，齊之分未聞。我獨無有。今吾使人於周，求鼎以爲分，王其與我乎？」王謂周王。對曰：此子革之對，史記楚世家作「析父對曰」，索隱已指其誤。「與君王哉！昔我先王熊繹辟在荆山，楚熊繹都于丹陽，即今湖北秭歸縣東，荆山在其北。荆山又見昭四年傳。篳路藍縷以處草莽，宣十二年傳云「篳路藍縷以啓山林」，與此意略同。跋涉山林以事天子，跋履山林以事天子。唯是桃弧、棘矢以共禦王事。共同供，禦同御。供御猶言進奉、貢獻。說詳俞樾平議。齊，王舅也；成王母邑姜，齊太公女，故呂伋爲成王舅。晉及魯、衞，王母弟也。魯姬旦、衞康叔皆武王母弟；唐叔則成王母弟。楚是以無分，而彼皆有。今周與四國服事君王，將唯命是從，豈其愛鼎？」王曰：「昔我皇祖伯父昆吾，舊許是宅。據史記楚世家，陸終生子六人，一曰昆吾，六曰季連。季連爲羋姓，楚其後也，是昆吾爲楚遠祖之兄，故曰「皇祖伯父」。哀十七年傳云衞侯夢見人登昆吾之觀，是昆吾本在衞。國語鄭語「昆吾爲夏伯矣」，韋昭注：「其後夏衰，昆吾爲夏伯，遷於舊許。」舊許即許國，今河南許昌市，後遷于葉，又遷于夷，故其地爲鄭所得，謂之舊許。今鄭人貪賴其田，賴，利也。而不我與。我若求之，其與我乎？」對曰：「與君王哉！周不愛鼎，鄭敢愛田？」愛，惜也。王曰：「昔諸侯遠我而畏晉，「遠我」之「遠」爲動詞意動用法，以我爲僻遠也。詳文言語法。今我大城陳、蔡、不羹，不羹，二不羹也。詳上年傳注。賦皆千乘，子與有勞焉，諸侯其畏我乎！」對曰：「畏君王哉！是四國者，國謂大都大邑，蓋國之廣義。專足畏也。杜注：「四國，陳、蔡、二不羹。」然楚語上云「今吾城三國」，劉炫謂「四當爲三」，詳孔疏。賈子新書大都篇作「大城陳、蔡、葉與不羹」，顧炎武補正、洪亮吉詁等書俱謂上文「大城陳、蔡、不羹」「蔡」下脱「葉」字，王引之述聞力駁之，是也。然亦謂「四」爲「三」之誤，恐亦不確。閻若璩主杜注，説詳尚書古文疏證六上。汪中經義知新記亦申杜義。專，獨也，單也。謂僅此四國，已足可畏。又加之以楚，敢不畏君王哉！」工尹路請曰：「君王命剥圭以爲鏚柲，杜注：「鏚，斧也。柲，柄也。破圭玉以飾斧柄。」敢請命。」杜注：「請制度之命。」王入視之。析父謂子革：「吾子，楚國之望也。今與王言如響，應對王言若回聲。國其若之何？」言國將不堪也。子革曰：「摩厲以須，厲同礪，摩今作磨。謂磨刀劍以待之也。王出，吾刃將斬矣。」杜注：「以己喻鋒刃，欲自摩厲以斬王之淫慝。」王出，復語。左史倚相趨過，杜注：「倚相，楚史名。」倚相亦見國語楚語上、下。過王而趨，示恭敬。王曰：「是良史也，

子善視之！是能讀三墳、五典、八索、九丘。」杜注：「皆古書名。」古今解此四種書者甚多，其書既早已隻字無存，臆説何足據？**對曰：「臣嘗問焉，昔穆王欲肆其心，**穆王，周穆王。肆，放縱。**周行天下，將皆必有車轍馬跡焉。**汲冢書有穆天子傳。開元占經四引竹書紀年：「穆王東征天下二億二千五百里，西征億有九萬里，南征億有七百三里，北征二億七里。」又晉郭璞注山海經序頗述紀年穆王周遊事，足見戰國時據此作神怪之説。**祭公謀父作祈招之詩以止王心，**雷學淇竹書紀年義證云：「祭公謀父者，周公之孫。其父武公與昭王同没于漢。謀父，其名也。」逸周書有祭公篇，禮記緇衣引葉公之顧命，所云即見祭公篇。「葉」乃「祭」字之誤。「祈招」何義，馬融、王肅以及俞樾茶香室經説皆有説，糾葛紛紜，不必强求確解。**王是以獲没於祗宮。**穆天子傳注引竹書紀年：「穆王元年築祗宮于南鄭。」南鄭在今陝西華縣北。**臣問其詩而不知也。若問遠焉，其焉能知之？」王曰：「子能乎？」對曰：「能。其詩曰：『祈招之愔愔，**杜注：「愔愔，安和貌。」**式昭德音。**式，助動詞，應該之義，參史語所集刊六本四分丁聲樹文。**思我王度，式如玉，式如金。**杜注：「金玉取其堅重。」顧炎武補正：「猶言如金如錫，如圭如璧，謂令德也。」**形民之力，而無醉飽之心。』」**王引之述聞云：「形當讀爲刑，刑猶成也。言惟成民是務，而無縱欲之心也。」惠棟補注云：「家語『形』作『刑』。」李富孫春秋左傳異文釋云：「形爲型之假借字。謂程量其力之所能爲而不過也。」李説勝。**王揖而入，饋不食，寢不寐，數日，不能自克，**克制。**以及於難。**

仲尼曰：「古也有志：『克己復禮，仁也。』信善哉！信，誠也。楚靈王若能如是，豈其辱於乾谿？」

一二·一三　晉伐鮮虞，因肥之役也。蓋以滅肥歸而伐之。

十三年，壬申，公元前五二九年。周景王十六年、晉昭三年、齊景十九年、衞靈六年、蔡平公廬元年、鄭定公寧元年、曹武二十六年、陳惠公吴元年、杞平七年、宋元三年、秦哀八年、楚靈十二年、吴夷末十五年、許悼十八年。

經

一三·一　十有三年春，正月十五日乙卯冬至，建子。叔弓帥師圍費。

一三·二　夏四月，楚公子比自晉歸于楚，弒其君虔于乾谿。「谿」，穀梁作「溪」，「谿」、「溪」同。章炳麟云：「古書重字，亦有不作二畫，但就本字重讀之者。則經文『歸于楚』『楚』字當重讀，云『楚弒其君虔于乾谿』。」説詳左傳讀。

一三·三　楚公子棄疾殺公子比。「殺」，公羊作「弒」。元汪克寬春秋胡傳附録纂疏云：「夫弒者，下殺上之辭。故雖里克弒君之子，猶書曰殺，安有書公子某弒公子某之文哉？」

一三·四　秋，公會劉子、晉侯、齊侯、宋公、衛侯、鄭伯、曹伯、莒子、邾子、滕子、薛伯、杞伯、小邾子于平丘。據太平寰宇記，平丘在今河南封丘縣東四十里，即長垣縣南五十里。

一三·五　八月甲戌，甲戌，七日。同盟于平丘。公不與盟。

一三·六　晉人執季孫意如以歸。

一三·七　公至自會。無傳。

一三·八　蔡侯廬歸于蔡。漢書地理志「汝南郡新蔡縣」，班固自注：「蔡平公自蔡徙此，後二世徙下蔡。」王先謙補注引錢坫云：「吴遷昭侯於州來，即下蔡也。」又引吴卓信云：「平侯徙此（新蔡），事不見經、傳，惟見杜氏釋例。」傳世器有蔡子匜，楊樹達先生謂爲蔡平公所製，詳積微居金文説卷六。陳侯吴歸于陳。

一三·九　冬十月，葬蔡靈公。

一三·一〇　公如晉，至河乃復。杜注：「晉人辭公。」汪克寬胡傳附録纂疏云：「公之如晉，蓋以請季孫也。」

一三·一一　吴滅州來。杜注：「州來，楚邑。用大師焉曰滅。」王夫之稗疏云：「州來書『入』，又書『滅』，則其爲國無疑。前漢地理志：『下蔡，故州來國。』」

傳

一三·一　十三年春，叔弓圍費，弗克，敗焉。杜注：「爲費人所敗，不書，諱之。」平子怒，令見費人執之，令叔弓之軍見費人則執之。以爲囚俘。冶區夫曰：「非也。若見費人，寒者衣之，飢者食之，爲之令主，而共其乏困，共同供。費來如歸，言費邑之人來投季氏者如歸家然。南氏亡矣。南遺及南蒯相繼控制費邑。民將叛之，誰與居邑？誰與南氏居于圍城之中。若憚之以威，懼之以怒，民疾而叛，爲之聚也。若季氏執費人爲囚俘，費民將憎恨季氏而叛，是爲南氏聚民也。若諸侯皆然，然，如此。謂諸侯皆虐民。費人無歸，無歸依之處。不親南氏，將焉入矣？」言必親南蒯。平子從之，費人叛南氏。杜注：「費叛南氏在明年，傳善區夫之謀，終言其效。」

一三·二　楚子之爲令尹也，殺大司馬薳掩，而取其室。杜注：「在襄三十年。」及即位，奪薳居田；杜注：「居，掩之族。言薳氏所以怨。」遷許而質許圍。杜注：「遷許在九年。圍，許大夫。」蔡洧有寵於王，王之滅蔡也，其父死焉，杜注：「楚滅蔡在十一年。洧仕楚，其父在國，故死。」馬宗璉補注云：「父死，故怨王。」王使與於守而行。杜注：「使洧守國，王行至乾谿。」申之會，越大夫戮焉。杜注：「申會在四年。」史記楚世家：「初，靈王會兵於申，僇越大夫常壽過。」索隱：「僇，辱也。」戮、僇同。王奪鬬韋龜中犨，杜注：「韋龜，令尹子文玄孫。中犨，邑名。」顧棟高大事表七之四疑中犨在今河南南陽地區，無確證。又奪成然邑，而使爲郊尹。杜注：「成然，韋龜子。郊尹，治郊竟（郊區）大夫。」通志氏族略三：「楚有鬬成然，食采于蔓，曰蔓成然。」蔓成然故事蔡公。杜注：「蔡公，棄疾也。」故猶舊也。韋龜以棄疾有當璧之命，故使成然事之。」故薳氏之族及薳居、許圍、蔡洧、蔓成然，皆王所不禮也，因羣喪職之族啓越大夫常壽過作亂，啓，今言開導。楚世家云：「起子從亡在吳，乃勸吳王伐楚，爲間越大夫常壽過而作亂。」與傳有異。圍固城，克息舟，城而居之。顧炎武補正謂固城與息舟爲二城名，江永考實亦引之，是也。杜謂固城「城之堅固者」，不足信。梁履繩引某氏説謂息即申、息之息，與舟爲二邑，亦誤。

觀起之死也，其子從在蔡，事朝吳，杜注：「觀起死在襄二十二年。朝吳，故蔡大夫聲子之子。」曰：「今不封蔡，蔡不封矣。謂今不謀恢復蔡國，蔡將永遠被滅亡。我請試之。」杜注：「觀從以父死怨楚，故欲試作亂。」此説不確，觀從在報父仇，朝吳尤在恢復祖國。以蔡公之命召子干、子晳，杜注：「二子皆靈王弟，元年，子干奔晉，子晳奔鄭。」子干即公子比，子晳即公子黑肱。及郊，二子至于蔡郊。而告之情，觀從以真相告之。强與之盟，入襲蔡。蔡公將食，見之而逃。杜注：「不知其故，驚起辟之。」觀從使子干食，坎，挖坑。用牲，殺牲。加書，加盟書于牲上。而速行。使子干居蔡公之位，食蔡公之食，並以僞與蔡公盟之徵驗示衆。己徇於蔡，杜注：「己，觀從也。」曰：「蔡公召二子，將納之，送入楚。與之盟而遣之矣，將師而從之。」杜注：「詐言蔡公將以師助二子。」蔡人聚，將執之。杜注：「執觀從。」辭曰：「失賊成軍，而殺余，何益？」杜注：「賊謂子干、子晳也。言蔡公已成軍，殺己不解罪。」乃釋之。朝吴曰：「二三子若能死亡，則如違之，「如」即僖二十二年傳「若愛重傷，則如勿傷」之「如」，應當也。可參詞詮。下「如」字同。之指蔡公。以待所濟。杜注：「言若能爲靈王死亡，則可違蔡公之命，以待成敗所在。」若求安定，則如與之，以濟所欲。與之，贊助蔡公也。所欲，恢復祖國也。且違上，何適而可？」杜注：「言不可違上也。」上謂蔡公。衆曰：「與之！」乃奉蔡公，召二子而盟于鄧，鄧在今河南漯河市東南，蔡國舊都在今上蔡縣西北。依陳、蔡人以國。依，依賴。陳人、蔡人皆思乘機恢復祖國，依賴其復國之心。楚公子比、公子黑肱、公子棄疾、即蔡公。蔓成然、蔡朝吴帥陳、蔡、不羹、許、葉之師，因四族之徒，杜注：「四族，薳氏、許圍、蔡洧、蔓成然。」以入楚。及郊，陳、蔡欲爲名，故請爲武軍。傳凡三見武軍，宣十二年「君盍築武軍而收晉尸以爲京觀」，此蓋以收晉尸封土爲築武軍。襄二十三年「張武軍於熒庭」，杜注謂築壁壘，實則同于宣十二年。此請爲武軍，則築壁壘，樹陳、蔡軍旗。蔡公知之，曰：「欲速，且役病矣，築壁壘須勞役，而役人已疲勞。請藩而已。」乃藩爲軍。軍營以籬圍之。蔡公使須務牟與史猈先入，因正僕人殺大子祿及公子罷敵。杜注：「須務牟、史猈，楚大夫，蔡公之黨也。正僕，太子之近官。」周書序有太僕正，儀禮大射儀有僕人正，此正僕人即僕人正，僕人之長也。公子比爲王，公子黑肱爲令尹，次于魚陂。魚陂，在今湖北天門縣西北，秦策三「楚南有符離之塞，北有甘魚之陂」，即此魚陂。公子棄疾爲司馬，此蓋以長幼爲序，共王有寵子五人，康王爲長，靈王次之，然皆或死或廢，次則比，再次則黑肱，棄疾（平王）最幼。先除王宮，驅除靈王之親信，而安排一己之黨羽。使觀從從師于乾谿，而遂告之，杜注：「從乾谿之師，告使叛靈王。」據去年傳，靈王在乾谿，乃爲伐徐之師之後援，公羊則謂「作乾谿之臺，三年不成」，不可據信。且曰：「先歸復所，後者劓。」左傳屢言復所，襄十五年及二十二年傳「使復其所」、昭二十年傳「余知而無罪也，入復而所」皆是，謂復其祿位、居室、田里、資財也。杜注：「劓，截鼻。」俞樾平議謂「劓當讀爲劊，割也」，雖劓、劊古音難相通，俞說不可盡從，而劓本有割義。尚書多方「劓割夏邑」，劓割乃同義詞連用。盤庚中「我乃劓殄滅之無遺育」，劓亦割也。哀十一年傳「劓殄無遺育」，即用盤庚，杜注亦云「劓，割也」。師及訾梁而潰。杜注：「靈王還至訾梁而衆散。」據顧棟高大事表七之四，訾梁，梁名，在今河南信陽縣。衆潰者，固由靈王之侈泰而虐，亦由觀從之言，争欲先歸而復所。

王聞羣公子之死也，太子祿及公子罷敵。自投于車下，曰：「人之愛其子也，亦如余乎？」侍者曰：「甚焉，小人老而無子，知擠于溝壑矣。」擠，一曰墜也，一曰排也。蓋老而無子，將勢窮受逼至溝壑。王曰：「余殺人子多矣，能無及此乎？」右尹子革曰：「請待于郊，以聽國人。」欲靈王至郢郊聽國人之所擇。王曰：「衆怒不可犯也。」曰：「若入於大都，而乞師於諸侯。」若，傳疑副詞，或也。參見詞詮。「大都」，楚世家作「大縣」，義同。林堯叟解：「如陳、蔡、不羹、許、葉之屬。」王曰：「皆叛矣。」曰：「若亡於諸侯，以聽大國之圖君也。」王曰：「大福不再，大福謂爲君王。祇取辱焉。」然丹乃歸于楚。杜注：「然丹，子革。棄王歸。」王沿夏，將欲入鄢。杜注：「夏，漢別名。順流爲沿。順漢水南至鄢。」服虔云：「鄢，楚別都。」在今湖北宜城縣西南九里，鄢水北岸。芋尹無宇之子申亥曰：「吾父再奸王命，杜注：「謂斷王旌，執人於章華宫。」二事見七年傳。王弗誅，惠孰大焉？君不可忍，反慈爲忍，今言狠心。謂靈王有難，吾不可忍而不助。惠不可棄，吾其從王。」乃求王，遇諸棘闈以歸。「闈」本作「圍」，依阮氏校勘記及金澤文庫本正。杜注：「棘，里名。闈，門也。」國語吴語謂「王親獨行，屏營彷徨於山林之中，三日，乃見其涓人疇。王呼之，曰：『余不食三日矣。』疇趨而進，王枕其股以寢於地。王寐，疇枕王以墣而去之。王覺而無見也，乃匍匐將入於棘闈，棘闈不納，乃入芋尹申亥氏焉」。此申胥進諫夫差之言，故有誇大。楚世家作「遇王飢于釐澤，奉之以歸」。江永考實及汪遠孫國語發正俱以棘闈爲地名，是也。夏五月癸亥，癸亥，二十五日。王縊于芋尹申亥氏。杜注：「癸亥在乙卯、丙辰後，傳終言之。經書四月，誤。」阮芝生杜注拾遺云：「經書四月，從赴也。平王殺囚以欺國人，自必詭爲日月以赴列國。芋尹未以柩告之先，靈王之定死與否尚未知。日以四月，地以虔谿，一皆平王假設以赴者。及既得其實，又無重赴之理，故列國所書俱仍初告之日月耳。」賈子大都篇謂靈王「遂死於乾谿芋尹申亥之井」。淮南子泰族篇作「餓于乾谿，食莽飲水，枕塊而死」，皆傳説之異。申亥以其二女殉而葬之。吴語云：「王縊，申亥負王以歸而土埋之其室。」無以二女殉事。

觀從謂子干曰：「不殺棄疾，雖得國，猶受禍也。」子干曰：「余不忍也。」子玉曰：「人將忍子，杜注：「子玉，觀從。」吾不忍俟也。」乃行。國每夜駭曰：「王入矣！」時靈王生死不知，故以靈王至驚擾之。乙卯夜，乙卯，十七日。棄疾使周走而呼曰：「王至矣！」杜注：「周，徧也。」楚世家作「棄疾使船人從江上走呼曰」。章炳麟讀謂「此大史公讀傳文『周』爲『舟』也」。國人大驚。使蔓成然走告子干、子晳曰：「王至矣，國人殺君司馬，將來矣。君若早自圖也，可以無辱。衆怒如水火焉，不可爲謀。」又有呼而走至者，曰：「衆至矣！」二子皆自殺。丙辰，丙辰，十八日。棄疾即位，名曰熊居。據楚世家，楚君之名多用「熊」字，如其先有鬻熊、熊麗、熊狂、熊繹、熊艾、熊揚、熊䵣、熊渠、熊延、熊勇、熊嚴、熊霜、熊徇、熊儀、熊坎。入春秋後，武王名熊通，文王名熊貲，成王名熊惲。曾侯鐘銘稱楚王熊章，即哀六年傳「逆越女之子章立之」之「章」，足見楚大子或公子爲王後多冠以「熊」字。隨縣出土楚王鎛「熊章」作「酓章」，「酓」即「熊」。葬子干于訾，實訾敖。楚君王無謚者，多以葬地冠「敖」字，如楚世家有杜敖，僖二十八年傳有若敖，昭元年傳有郟敖。顧棟高大事表謂訾在河南信陽縣境。殺囚，衣之王服，而流諸漢，乃取而葬之，以靖國人。楊樹達讀左傳云：「時靈王之柩未出，恐國人疑靈王未死，或有異志，故爲此使國人安定也。」使子旗爲令尹。杜注：

「子旗，蔓成然。」

楚師還自徐，即去年圍徐之師。吴人敗諸豫章，豫章詳六年傳並注。焦循補疏謂豫章爲水名，不確。獲其五帥。即去年傳之率師伐徐者，蕩侯、潘子、司馬督、囂尹午、陵尹喜是也。

平王封陳、蔡，復遷邑，蔡都新蔡，見經注。致羣賂，杜注：「始舉事時所貨賂。」疑即賞有功之臣以財物。施舍、寬民，施舍，賜予也，詳宣十二年傳注。寬民，無苛政。宥罪、舉職。赦罪臣。舉職，杜注：「修廢官。」或云選賢才。召觀從，王曰：「唯爾所欲。」觀從勸子干殺棄疾，而棄疾召而用之，即宥罪舉職之例。對曰：「臣之先佐開卜。」詩大雅緜「爰契我龜」，毛傳：「契，開也。」周禮春官卜師「掌開龜之四兆」，鄭玄注：「開，開出其占書也，書金縢曰『開籥見書』。」則開有二義，刻龜曰開，取閱卜占書亦曰開。佐謂爲卜師之助手。乃使爲卜尹。楚世家集解引賈逵云，卜尹，即卜師，大夫官。使枝如子躬聘于鄭，廣韻「枝」字注，枝如，複姓。且致犨、櫟之田。杜注：「犨、櫟本鄭邑，楚中取之。平王新立，故還以賂鄭。」元年傳云「楚公子圍使公子黑肱、伯州犁城犨、櫟、郟」，杜注：「三邑本鄭地。」則楚取三邑在魯昭公即位前。事畢弗致。石韞玉讀左卮言云：「大夫出疆，苟利社稷，專之可也。」鄭人請曰：「聞諸道路，將命寡君以犨、櫟，命亦有賜予之義，禮記中庸「天命之謂性」，猶言自然所予者爲性。敢請命。」此「命」接上文「命」字，亦有雙關義，予也，令也。對曰：「臣未聞命。」未聞楚王有此令，詭言答之。既復，王問犨、櫟，降服而對，杜注：「降服，如今解冠也。謝違命。」然僖二十三年傳云「公子懼，降服而囚」，杜注謂「降服，去上服」，兩注不同。此降服亦請罪之表示，當同去上服之義，非漢、晉之免冠也。曰：「臣過失命，孔疏：「言臣罪過，漏失君命。」過與故爲雙聲，古韻讀亦近，疑此過猶言故意。未之致也。」王執其手，曰：「子毋勤！王念孫云：「勤猶辱也。」說詳王引之述聞。此辱指降服言。姑歸，不穀有事，其告子也。」其猶將也。杜注：「王善其有權，有事將復使之。」

他年，芋尹申亥以王柩告，乃改葬之。

初，靈王卜曰：「余尚得天下！」杜注：「尚，庶幾。」表希冀之副詞。此命龜之辭。不吉。投龜，詬天而呼曰：「是區區者而不余畀，杜注：「區區，小天下。」余必自取之。」民患王之無厭也，所欲無滿足時，既與晉爭霸，又屢興師、興役，又奪諸臣田邑。故從亂如歸。

初，共王無冢適，據襄十二年傳「秦嬴歸于楚。楚司馬子庚聘于秦，爲夫人寧」，則共王嫡配爲秦嬴，無子。有寵子五人，無適立焉。適，專主也。五人中不知立誰。乃大有事于羣望，徧祭名山大川。名山大川爲羣望。大有事，徧祭也。而祈曰：「請神擇於五人者，使主社稷。」乃徧以璧見於羣望，曰：「當璧而拜者，神所立也，誰敢違之？」既，既，盡也，謂望事已畢。乃與巴姬密埋璧於大室之庭，杜注：「巴姬，共王妾。大室，祖廟。」使五人齊，齊同齋。而長入拜。長本有次第之義，長入拜者，依長幼次第入拜也。説見章炳麟左傳讀。**康王跨之，**跨謂騎之，兩足各跨璧一邊。説詳李貽德輯述。**靈王肘加焉，子干、子晳皆遠之。**離璧遠。**平王弱，**弱，幼小。**抱而入，再拜，皆厭紐。**紐，廣雅釋器云：「印謂之璽，紐謂之鼻。」凡器物之隆起如鼻者皆謂之鼻，考工記玉人：「駔琮七寸，鼻寸有半寸。」鼻有孔，所以穿組。此璧當亦有鼻。厭同壓，壓紐即當璧。**鬬韋龜屬成然焉，**韋龜知平王必將爲楚君，故囑託其子蔓成然于平王。**且曰：「棄禮違命，楚其危哉！」**杜注：「棄立長之禮，違當璧之命，終致靈王之亂。」然共王死，康王立，是立長也。杜誤。疑棄禮違命言不當祈神立嗣也。

子干歸，韓宣子問於叔向曰：「子干其濟乎！」對曰：「難。」宣子曰：「同惡相求，如市賈焉，何難？」服虔謂「國人共惡靈王者如市賈之人求利也」，則同惡泛指惡靈王之人。顧炎武補正引傳遜曰：「同惡謂同謀造亂之人，如薳居、蔓成然之屬。」此又一説。杜注謂「棄疾親恃子干，共同好惡」。然召子干者非棄疾，其説更不足信。召子干者乃蔡之觀從，從求子干、子晳以復蔡。同惡固泛指惡靈王者，亦包括子干。**對曰：「無與同好，誰與同惡？**服虔曰：「言無黨於內，當與誰共同好惡。」**取國有五難：有寵而無人，一也；**杜注：「寵須賢人而固。」**有人而無主，二也；**杜注：「雖有賢人，當須內主爲應。」**有主而無謀，三也；**杜注：「謀，策謀也。」**有謀而無民，四也；**杜注：「民，衆。」**有民而無德，五也。**杜注：「四者既備，當以德成。」**子干在晉，十三年矣。**自昭元年至此，歷十三年。

晉、楚之從，不聞達者，可謂無人。杜注：「晉、楚之士從子干游，皆非達人。」族盡親叛，可謂無主。杜注：「無親族在楚。」無釁而動，可謂無謀。杜注：「召子干時，楚未有大釁。」爲羈終世，可謂無民。杜注：「終身羈客在晉，是無民。」亡無愛徵，可謂無德。杜注：「楚人無愛念之者。」王虐而不忌，俞樾平議：「靈王雖暴虐，而尚不忌刻，觀其赦芋尹無宇及使穿封戌爲陳公二事，殊有君人之度。」楚君子干，言楚以子干爲君。涉五難以弒舊君，誰能濟之？言無人能使之成功。有楚國者，其棄疾乎！君陳、蔡，城外屬焉。杜注：「城，方城。時穿封戌既死，棄疾並領陳、蔡。」楚世家作「方城外屬焉」。苛慝不作，苛，瑣細煩細；慝，邪惡污穢。此等事無有。盜賊伏隱，私欲不違，違，違禮，見論語譯注爲政「無違」注。此謂雖有私欲，而不違禮。民無怨心。先神命之，謂「再拜皆厭紐」。國民信之。羋姓有亂，必季實立，楚之常也。文元年傳云：「楚國之舉，恒在少者。」平王爲共王幼子。獲神，一也；杜注：「當璧拜。」有民，二也；杜注：「民信之。」令德，三也；杜注：「無苛慝。」寵貴，四也；杜注：「貴妃子。」或以當璧拜而特見寵愛。居常，五也。寵子五人，棄疾最幼，而楚以立幼者爲常。有五利以去五難，五難即子干之無人、無主、無謀、無民、無德。誰能害之？子干之官，則右尹也；數其貴寵，則庶子也；以神所命，則又遠之。其貴亡矣，其寵棄矣。民無懷焉，國無與焉，將何以立？」宣子曰：「齊桓、晉文不亦是乎？」服虔云：

「皆庶子而出奔。」對曰：「齊桓，衛姬之子也，有寵於僖；杜注：「衛姬，齊僖公妾。」此謂齊桓公有寵於其父齊僖公。有鮑叔牙、賓須無、隰朋以爲輔佐；管子小匡篇：「管仲曰：『升降揖讓進退閑習，辯辭之剛柔，臣不如隰朋，請立爲大行。決獄折中，不殺不辜，不誣無罪，臣不如賓須無，請立爲大司理。』」又見韓非子外儲說。鮑叔牙已見莊八年傳。有莒、衛以爲外主；杜注：「齊桓出奔莒，衛有舅氏之助。」有國、高以爲内主；杜注：「國氏、高氏，齊上卿。」從善如流，下善齊肅；古有上善、下善。老子：「上善若水，水利萬物而不争。」此「下善」似指一般行動。齊、肅並有疾速之義，故傳以齊肅連文。國語楚語下曰「敬不可久，民力不堪，故齊肅以承之」，韋注云：「肅，疾也。」王引之云「齊亦當訓爲疾」，是也。禮記玉藻云：「君子之容舒遲，見所尊者齊遬。」齊肅、齊遬義並同。說詳楊樹達先生讀。不藏賄，杜注：「清也。」不從欲，從讀爲縱，意與上文「私欲不違」義近。說本朱彬經傳考證。施舍不倦，求善不厭。是以有國，不亦宜乎？我先君文公，狐季姬之子也，有寵於獻；晉獻公，文公之父。好學而不貳，杜注：「言篤志。」生十七年，有士五人。杜注：「狐偃、趙衰、顛頡、魏武子、司空季子五士從出。」有先大夫子餘、子犯以爲腹心，杜注：「子餘，趙衰。子犯，狐偃。」有魏犨、賈佗以爲股肱，有齊、宋、秦、楚以爲外主，杜注：「齊妻以女，宋贈以馬，楚王享之，秦伯納之。」有欒、郤、狐、先以爲内主，杜注：「謂欒枝、郤縠、狐突、先軫也。」亡十九年，僖二十八年傳亦云：「晉侯在外，十九年矣。」守志彌篤。惠、懷棄民，杜注：「惠公、懷公不恤民也。」僖二十四年傳云：「惠、懷無親，外內棄之。」民從而與之。獻無異親，獻公之子九人，唯文公在，見僖二十四年傳。民無異望。天方相晉，將何以代文？此二君者，異於子干。以下論子干。共有寵子，謂棄疾。子干已無寵。國有奧主；奧謂深祕不易窺見，即今言深奧之奧。杜注奧主「謂棄疾」，是也。無施於民，無援於外；去晉而不送，晉不送之。歸楚而不逆，楚無迎接子干者。何以冀國？」謂子干以何希冀得享楚國。

一三·三　晉成虒祁，杜注：「在八年。」諸侯朝而歸者皆有貳心。杜注：「賤其奢也。」爲取郠故，杜注：「取郠在十年。」晉將以諸侯來討。叔向曰：「諸侯不可以不示威。」杜注：「知晉德薄，欲以威服之。」然杜所謂德薄，含義不明。楚靈與晉爭霸，晉不敢與鬬；楚滅陳滅蔡，晉不能救。子產謂「晉政多門，貳偷之不暇」，此合諸侯所以必示威也。晉合諸侯止於此，其後唯定公四年有召陵之會。乃並徵會，徵，召也。並，徧也，說本王引之。告于吳。不敢召楚而告吳。吳，楚之敵也。秋，晉侯會吳子于良，約會而未會。良，據杜注，在今江蘇省邳縣新治東南約百里。或曰，在今邳縣東南十餘里。水道不可，吳都今江蘇蘇州市，由吳至良，須船上溯邗溝，至今清江市轉入淮水，再上溯泗水入沂水，其道難通。吳子辭，乃還。吳辭不會，晉侯乃返。

七月丙寅，丙寅，二十九日。治兵于邾南。邾南，邾國之南境。甲車四千乘。所謂示威也。

羊舌鮒攝司馬，杜注：「鮒，叔向弟也。」攝，假也，代也。遂合諸侯于平丘。平丘已見經注。子產、子大叔相鄭伯以會，子產以幄、幕九張行，杜注：「幄幕，軍旅之帳。」孔疏引周禮幕人鄭玄注：「在旁曰帷，在上曰幕，皆以布爲之。四合象宫室曰幄，王所居之帳也。」又鄭玄注云：「以綬連繫焉。」孔疏又云：「幄幕九張，蓋九幄九幕也。」子大叔以四十，幄與幕各四十張。既而悔之，每舍，損焉。每住宿一次，減少幄幕一次。及會，亦如之。則鄭所携帶幄幕各共十八張，鄭伯及其隨從共居之。次于衞地，叔鮒求貨於衞，淫芻蕘者。朱彬經傳考證引文選陸機演連珠李善注：「淫，侵也。」則芻蕘者謂衞之刈草伐薪人，不確。楊樹達先生讀左傳云：「淫，縱也。」則芻蕘者指晉軍之刈草砍柴人，馬宗璉補注亦云「司馬執軍法者，執策示罰。叔鮒攝司馬，不禁樵採之事」，以「不禁」解「淫」，即放縱也，此義較勝。從下文「芻蕘者異於他日」，足知是晉之芻蕘者。衞人使屠伯饋叔向羹與一篋錦，篋，說文作匧，云：「藏也。」因藏物之器曰篋。據鄭玄儀禮士冠禮注，篋，狹長而方形。曰：「諸侯事晉，未敢攜貳；況衞在君之宇下，宇，屋邊，房檐。宇下亦見哀二十七年傳，義相類似，一喻相隔甚近，二喻受其庇護。而敢有異志？芻蕘者異於他日，敢請之。」杜注：「請止之。」叔向受羹反錦，杜注：「受羹示不逆其意，且非貨。」曰：「晉有羊舌鮒者，瀆貨無厭，朱駿聲說文通訓定聲云：「瀆又爲黷。」黷貨，謂貪求財物污辱其身。亦將及矣。杜注：「將及禍。」爲此役也，杜注：「役，事也。」子若以君命賜之，其已。」謂以衞君之命賜叔鮒以此篋錦，放縱芻蕘之事將止。客從之，客指屠伯，于晉爲客。未退而禁之。屠伯未退出叔鮒之庭，而叔鮒已禁芻蕘者。

晉人將尋盟，齊人不可。杜注：「有貳心故。」晉侯使叔向告劉獻公曰：杜注：「獻公，王卿士劉子。」「抑齊人不盟，抑，語首助詞，無義。說詳詞詮。若之何？」對曰：「盟以厎信，杜注：「厎，致也。」君苟有信，諸侯不貳，何患焉？告之以文辭，董之以武師，雖齊不許，君庸多矣。杜注：「董，督也。庸，功也。討之有辭，故功多也。」天子之老請帥王賦，詩小雅采芑「方叔元老」，毛傳：「方叔，卿士，受命而爲將。」孔疏因云「是卿士稱老也」，又云：「曲禮云『五官之長曰伯，自稱於諸侯曰天子之老』，彼謂三公也。曲禮又云：『諸侯使人於諸侯，使者曰寡君之老。』諸侯之使尚得稱老，明知天子之卿得稱天子之老也。」王賦謂王軍。『元戎十乘，以先啓行』，此引詩小雅六月。啓行猶言開道，願爲先鋒。遲速唯君。」杜注：「欲佐晉討齊。」叔向告于齊，曰：「諸侯求盟，已在此矣。今君弗利，弗利，不以盟爲利，猶言不欲參與盟。寡君以爲請。」對曰：「諸侯討貳，則有尋盟。若皆用命，何盟之尋？」杜注：「託用命以拒晉。」叔向曰：「國家之敗，有事而無業，事則不經；杜注：「業，貢賦之業。」據下文，指聘問。貢賦有或無，多或少，不經常。有業而無禮，經則不序；徒有一定之貢賦，而不行禮，則失高下之序。有禮而無威，序則不共；有禮而無威嚴，雖能分別高下，而不能恭敬。有威而不昭，共則不明。有威嚴而不顯著，其恭敬亦不明。據襄九年傳「昭大神要言焉」，則昭威者，告神也。明共者，信義著也。仍指尋盟。不明棄共，不明則棄恭。不明指不「昭大神」。百事不終，各項事業無結果。所由傾覆也。應上文「國家之敗」。是故明王之制，使諸侯歲聘以志業，杜注：「志，識也。歲聘以修其職業。」間朝以講禮，杜注：「三年而一朝，正班爵之義，率長幼之序。」再朝而會以示威，杜注：「六年而一會，以訓上下之則，制財用之節。」再會而盟以顯昭明。杜注：「十二年而一盟，所以昭信義也。凡八聘、四朝、再會，王一巡守，盟於方嶽之下。」志業於好，杜注：「聘也。」講禮於等，杜注：「朝也。」示威於衆，杜注：「會也。」昭明於神。杜注：「盟也。」自古以來，未之或失也。此種聘、朝、會、盟之數，據禮記王制孔疏，賈逵、服虔以爲朝天子之法，鄭玄則謂不知何代之禮，崔靈恩以爲朝霸主之法。此文及杜注與周禮大行人、禮記王制等文俱不合，張聰咸杜注辨證云：「叔向之語蓋舉文、襄時法而託言明王之制耳。」然又與三年傳所言文、襄霸時之制不合。尚書周官孔疏則云：「叔向盛陳此法以懼齊人使盟，若周無此禮，叔向妄説，齊人當以辭拒之，何所畏懼而敬以從命乎？」但周官爲僞古文，左傳疏及尚書疏皆孔穎達所主編，其言未必盡是，而叔向此言亦未必盡妄，惟古代文獻缺佚，不足確證之耳。存亡之道，恒由是興。晉禮主盟，杜注：「依先王先公舊禮主諸侯盟。」懼有不治，奉承齊犧，齊同齋。盟會謂之齊盟，見成十一年傳，則盟之犧牲亦謂之齊犧。而布諸君，求終事也。求其事得良好效果。君曰『余必廢之』，何齊之有？齊亦同齋，猶言何盟之有。唯君圖之。寡君聞命矣。」齊人懼，對曰：「小國言之，大國制之，小國，齊自謂。大國指晉。制，裁也，斷也。敢不聽從？既聞命矣，敬共以往，遲速唯君。」叔向曰：「諸侯有間矣，謂諸侯于晉有嫌隙，非真親睦也。間，隙也。不可以不示衆。」上文云：「示威于衆。」八月辛未，辛未，四日。治兵，建而不旆。杜注：「建立旌旗，不曳其旆。旆，游也。」游即旒，旌旗飄帶。馬衡凡將齋金石叢稿金石學概要上云：「余得一器，其體爲筩形，長今尺一寸七分（營造尺），圍徑四分半，空其中以待冒。兩旁有小穿，可以施丁（釘）。穿之上層，圍以蟬翼紋。頂上平處有旋紋。頸間綴以長方形之銅格，可以旋轉，格間又有一小鍵縱貫之，此蓋旆飾也。蓋古者旗旌之旆，可繫可解。觀此器銅鍵，一端綴於格間，而他端不相屬。知旆末亦必有一鍵，貫於格間，而互相爲固。」建而不旆者，建立旌旗而解其旆也。不復旆者，僅檢閱也。壬申，壬申，五日。復旆之。復旆，即再繫其飄帶（旆）。此蓋晉之先鋒旗，示將用兵。參僖二十八年傳「狐毛設二旆而退之」注。諸侯畏之。

邾人、莒人愬于晉曰：「魯朝夕伐我，幾亡矣。朝夕伐我猶言經常伐我。經、傳所載，昭公時僅取鄟、取鄫二事，餘多未載，蓋小戰也。我之不共，魯故之以。」共同供，指貢賦。魯故之以猶言因魯之故。晉侯不見公。使叔向來辭曰：「諸侯將以甲戌盟，寡君知不得事君矣，請君無勤。」杜注：「託謙詞以絶魯。」勤，勞也。子服惠伯對曰：「君信蠻夷之訴，杜注：「蠻夷謂邾、莒。」以絶兄弟之國，棄周公之後，亦唯君。寡君聞命矣。」叔向曰：「寡君有甲車四千乘在，雖以無道行之，必可畏也。況其率道，率，循也。其何敵之有？牛雖瘠，僨於豚上，其畏不死？杜注：「僨，仆也。」其作豈用，反詰詞。此譬喻語，瘦牛仆於小豕上，小豕必死。晉雖衰，加於魯，魯豈不懼？南蒯、子仲之憂，見十二年傳。其庸可棄乎？其庸二字同義，豈也。杜注：「棄猶忘也。」若奉晉之衆，用諸侯之師，因邾、莒、杞、鄫之怒，杜注：「四國近魯，數以小事相忿。鄫已滅，其民猶存，故並以恐魯。」以討魯罪，間其二憂，杜注：「因南蒯、子仲二憂爲間隙。」何求而弗克？」魯人懼，聽命。杜注：「不敢與盟。」

甲戌，同盟于平丘，齊服也。杜注：「經所以稱『同』。」令諸侯日中造于除。杜注：「除地爲墠，盟會處。」癸酉，癸酉，六日。退朝。六日朝晉而退，七日盟。子産命外僕速張於除，張，張幄幕。子大叔止之，使待明日。及夕，子産聞其未張也，使速往，乃無所張矣。杜注：「地已滿也。」傳言子産每事敏于大叔。

及盟，子産争承，杜注：「承，貢賦之次。」曰：「昔天子班貢，輕重以列。班貢，定貢獻之次序。班，次也，序也。杜注：「列，位也。」謂依位爲次。列尊貢重，周之制也。杜注：「公侯地廣，故所貢者多。」卑而貢重者，甸服也。杜注：「甸服謂天子畿内共職貢者。」詩商頌玄鳥「邦畿千里」，禮記王制「千里之内曰甸」。然則甸服在王畿内。禹貢謂「五百里甸服」，與王制不同。鄭伯，男也，此語極費解，古今約有數説。公羊桓十一年傳云：「春秋伯子男一也，辭無所貶。」何休注云：「春秋改周之文，從殷之質，合伯子男爲一。」然孟子萬章下云：「天子一位，公一位，侯一位，伯一位，子、男同一位。」至于殷商卜辭，不見伯子男同位之言，則此説不可信矣。詩鄭譜疏引鄭志答趙商云：「此鄭伯男者，非男爵，乃謂畿内子男也。先鄭之于王城，爲在畿内之諸侯。雖爵爲侯伯，周之舊俗皆食子男之地，故云鄭伯男也。」此又一説，然孔疏駁之云：「若西鄭之時食子男之地，則今爲大國，自當貢重。子産不得遠言上世國小以距今之貢重。」則此説又不足信。周語中富辰曰：「鄭伯南也，王而卑之，是不尊貴也。」劉台拱國語補校謂「南、男通」。韋昭注云：「子産争貢曰：『爵卑而貢重者，甸服也。鄭伯男也，而使從公侯之貢，懼弗給也。』以此言之，鄭在南服明矣。周公雖制土中，設九服，至康王而西都鄗京，其後衰微，土地損減，車服改易，故鄭在南服。」周禮夏官職方氏有九服，謂侯服、甸服、男服、采服、衞服、蠻服、夷服、鎮服、藩服。自王畿千里之外，每五百里依次爲别。服謂服事天子。孫詒讓正義云：「自采服以内，與書禹貢五服里數同，而服名則異。」此説雖未必精確，而較諸説爲圓通。證之以尚書康誥、酒誥、召誥、顧命及周公子明保尊俱有「侯甸男」或「侯田（即甸）侯」，足證諸服之分是西周史實。至朱熹文集卷三十七答程可久書、左暄三餘偶筆卷六諸侯稱王稱公，俱謂鄭自貶其爵，固不可通。俞樾春在堂全書經課續篇下鄭伯稱男解謂「鄭疑始封在宣王時，止爲男爵；至幽王時始賜伯爵」云云，實爲無據。至于古書疑義舉例因此及彼例舉王肅説，謂「鄭，伯爵而連男言之」，男爲「足内辭」，無義，尤不可信。范文瀾中國通史簡編謂「侯、甸、男、衞稱外服，鄭爲伯爵，在外服」。**而使從公侯之貢，懼弗給也，**給，足也。恐不能足此數。**敢以爲請。諸侯靖兵，**杜注：「靖，息也。」**好以爲事。**以友好爲事。**行理之命無月不**

至，行理亦作行旅，謂使人。言晉國使人來催問貢賦之命無月不至。**貢之無藝，**服虔云：「藝，極也。」即下文「貢獻無極」。**小國有闕，所以得罪也。諸侯修盟，存小國也。貢獻無極，亡可待也。**大國對小國之求無止境，則小國之危亡將立至。**存亡之制，將在今矣。」自日中以争，至于昏，晉人許之。既盟，子大叔咎之曰：「諸侯若討，其可瀆乎？」**「其」作「豈」用。瀆，杜注：「易也。」孔疏以「輕易」解之。章炳麟左傳讀云：「瀆借爲贖。若晉率諸侯討罪，雖增貢以爲賄賂，其可贖今之罪乎？」楊樹達先生讀左傳云：「瀆謂數而不敬。意言諸侯若見討於晉，子其能爲此瀆數之争乎？」三説仍以杜注孔疏爲較長。**子産曰：「晉政多門，**杜注：「政不出一家。」**貳偷之不暇，何暇討？**因政出多家，故不一致，因曰貳。偷，苟且。意謂晉政不一致而苟且，如是則無閒暇，更無暇出兵。**國不競亦陵，何國之爲？」**杜注：「不競争則爲人所侵陵，不成爲國。」

公不與盟。晉信邾、莒之控訴，不使魯與盟。**晉人執季孫意如，以幕蒙之，**杜注：「蒙，裹也。」姚鼐左傳補注云：「蓋晉以在行無牢獄，故以幕蒙閉之以爲獄，不必裹之也。」**使狄人守之。司鐸射懷錦，奉壺飲冰，以蒲伏焉。**司鐸射，杜注：「魯大夫。」蓋司鐸爲官名，其官署亦曰司鐸，哀三年「司鐸火」杜注「宫名」可證。説本吴闓生文史甄微。冰有二説，杜注「冰，箭筩蓋，可以取飲」，實則冰即矢筩，即掤之借字。詩鄭風大叔于田「抑釋掤忌」，廣雅釋器云：「掤，矢藏也。」二十五年傳「公徒釋甲執冰而踞」，冰即掤。郭沫若兩周金文辭大系考釋且云：「效父𣪘銘云『休王易（錫）效父𠦪三』，掤與冰實即葡之音變，『葡』字典籍多作『箙』，又多省作『服』。」明陸粲左傳附注云：「此夏至六月，晉人以幕蒙季孫，故當不堪其熱，而飲之以冰，不當以爲箭箙也。」亦有理。蒲伏即匍匐，謂爬行，懼人見而阻之也。守者御之，御同禦，阻止之。乃與之錦而入。晉人以平子歸，子服湫從。湫即三年傳之「椒」，湫、椒古音相近，能通作。杜注：「湫，子服惠伯，從至晉。」

子産歸，未至，聞子皮卒，哭，且曰：「吾已！無爲爲善矣。沈彤小疏云：「無爲，無助也。言無人助我爲善矣。」唯夫子知我。」

仲尼謂子産：「於是行也，足以爲國基矣。詩曰：『樂只君子，邦家之基。』詩小雅南山有臺。「樂只君子」爲倒裝句，即「君子樂只」，只爲語末助詞，無義。君子之所以樂，以其能爲國家之根基也。子産，君子之求樂者也。」且曰：「合諸侯，藝貢事，禮也。」藝貢事，即制定對霸主貢獻之極限，防止其貪求無厭。

一三·四 鮮虞人聞晉師之悉起也，杜注：「五年傳曰遺守四千，今甲車四千乘，故爲悉起。」而不警邊，且不修備。晉荀吴自著雍以上軍侵鮮虞，著雍見襄十年傳並注，晉邑。及中人，中人，今河北唐縣西北十三里。驅衝競，杜注：「驅衝車與狄争逐。」吕氏春秋召類篇高誘注：「衝車，所以衝突敵之軍能陷破之也。」大獲而歸。杜注：「爲十五年晉伐鮮虞起。」

一三·五 楚之滅蔡也，靈王遷許、胡、沈、道、房、申於荆焉。杜注：「滅蔡在十一年。許、胡、沈，小國也。道、房、申，皆故諸侯，楚滅以爲邑。」遷許于夷，見昭九年經傳並注，雖平王爲之，實靈王命之。胡，歸姓，故國在今安徽阜陽市及阜陽縣。沈，姬姓，故國在今河南沈丘縣東南沈丘城，即安徽阜陽市西北。又見文三年經注。道見僖五年傳並注。房，故國，在今河南遂平縣治。申，姜姓，故國在今河南南陽市北。荆即楚。平王即位，既封陳、蔡，而皆復之，禮也。隱大子之子廬歸于蔡，禮也。杜注：「隱大子，大子有也。廬，蔡平侯。」此時蔡已都于新蔡，即今河南新蔡縣，傳未書。悼大子之子吳歸于陳，禮也。杜注：「悼大子，偃師也。吳，陳惠公。」

一三·六　冬十月，葬蔡靈公，禮也。杜注：「國復，成禮以葬也。」

一三·七　公如晉。荀吳謂韓宣子曰：「諸侯相朝，講舊好也。講，習也。講習猶尋温。執其卿而朝其君，有不好焉，不如辭之。」乃使士景伯辭公于河。杜注：「景伯，士文伯之子彌牟也。」

一三·八　吳滅州來，州來見成七年經注。襄十三年傳云：「用大師焉曰滅。」令尹子旗請伐吳。王弗許，曰：「吾未撫民人，未事鬼神，未修守備，未定國家，而用民力，敗不可悔。州來在吳，猶在楚也。子姑待之。」

一三·九　季孫猶在晉，子服惠伯私於中行穆子曰：「魯事晉，何以不如夷之小國？夷之小國謂邾、莒。魯，兄弟也，魯與晉同出于周文王，故言兄弟之國也。土地猶大，所命能具。晉所命之貢賦皆能具備。若爲夷棄之，使事齊、楚，事齊或事楚。其何瘳於晉？杜注：「瘳，差也。」差即病稍痊可之差。瘳音抽。意謂魯事齊、楚不減于事晉，於晉有何好處。説文：「瘳，疾瘉也。」此僅有愈義。親親、與大，親其所當親之兄弟國，贊助土地猶大之國。賞共、罰否，獎賞能供貢者，魯自謂也；懲罰其不供者，謂邾、莒也。否即不共。所以爲盟主也。子其圖之！諺曰：『臣一主二。』杜注：「言一臣必有二主，道不合，得去事他國。」吾豈無大國？」杜注：「言非獨晉可事。」穆子告韓宣子，且曰：「楚滅陳、蔡，不能救，而爲夷執親，將焉用之？」謂無所用之也。乃歸季孫。惠伯曰：「寡君未知其罪，合諸侯而執其老。老指季孫，諸侯之卿亦稱老。若猶有罪，猶，若也。若猶，同義詞連用。死命可也。杜注：「死晉命也。」若曰無罪而惠免之，諸侯不聞，是逃命也，何免之爲？言不爲免也。請從君惠於會。」杜注：「欲得盟會見遣，不欲私去。」宣子患之，晉若許與魯盟而後歸季孫以告諸侯，不啻自認執季孫爲非。謂叔向曰：「子能歸季孫乎？」歸季孫，使季孫歸魯也。歸爲動詞使動用法。今晉欲歸季孫，而子服惠伯欲得盟會而後歸。對曰：「不能。鮒也能。」乃使叔魚。叔魚即鮒。叔魚見季孫，往見季孫。曰：「昔鮒也得罪於晉君，自歸於魯君，杜注：「蓋襄二十一年坐叔虎與欒氏黨，並得罪。」微武子之賜，不至於今。武子，季武子，季平子之祖父。雖獲歸骨於晉，猶子則肉之，言其祖實使之返晉，感恩其祖，因及其孫，猶平子使之再生也。敢不盡情？歸子而不歸，晉欲使子返魯，而子不肯行。鮒也聞諸吏，將爲子除館於西河，西河，今陝西大荔縣、華陰縣一帶，在黄河之西也。禮記檀弓上言子夏退而老于西河之上；戰國時魏有西河之地，吴起爲西河守，皆此地。武億左傳義證云：「西河是晉之西鄙，益遠于魯，故下文遂云『平子懼』，懼其遠。」除，修治也。此句猶言使子居住于西河。其若之何？」且泣。沈欽韓補注云：「孔叢子儒服篇『大姦之人，以泣自信』，故平子信以爲真。」平子懼，先歸。惠伯待禮。杜注：「待見遣之禮。」

十四年，癸酉，公元前五二八年。周景王十七年、晉昭四年、齊景二十年、衛靈七年、蔡平二年、鄭定二年、曹武二十七年、陳惠二年、杞平八年、宋元四年、秦哀九年、楚平王熊居元年、吴夷末十六年、許悼十九年。

經

一四·一 十有四年春，正月二十五日庚申冬至，建子。意如至自晉。

一四·二 三月，曹伯滕卒。無傳。

一四·三 夏四月。

一四·四 秋，葬曹武公。無傳。

一四·五 八月，莒子去疾卒。彙纂云：「在位十四年。子郊公嗣。」

一四·六 冬，莒殺其公子意恢。

傳

一四·一 十四年春，意如至自晉，尊晉、罪己也。此解釋經文不書「季孫意如」，僅書「意如」。杜注：「以舍族爲尊晉、罪己。」吴闓生文史甄微云：「此亦一事再見之恒例。」尊晉、罪己，禮也。

一四·二 南蒯之將叛也，盟費人。欲與費邑之有關諸官吏相盟誓，同心反季氏。司徒老祁、慮癸僞廢疾，孔疏引世族譜謂司徒老祁爲一人。司徒，服虔以爲姓，馬宗璉補注則云「此司徒蓋即小司徒，季氏家臣爲之」，亦有據。慮癸爲又一人。馬宗璉又云：「蓋老祁、慮癸二人皆爲司徒也。」二人服虔以爲皆季氏家臣，杜注以爲「南蒯家臣」，當從服説。杜預據下文二人於南蒯稱臣，故云「南蒯家臣」。顧炎武補正云：「其請於南蒯亦稱臣者，古人之謙辭爾。史記高祖紀注張晏曰：『古人相與言多自稱臣。』」此説是。俞樾平議云：「廢當讀爲發。僞發疾者，言僞爲疾發也。下文云『臣願受盟而疾興』，興即發也。若廢疾，則是痼病矣，豈能即愈乃曰『請待間而盟乎』？」此説是。使請於南蒯曰：「臣願受盟而疾興。若以君靈不死，請待間而盟。」間即論語子罕「病間」之間，病稍稍痊愈也。許之。二子因民之欲叛也，請朝衆而盟。衆即民，疑爲費城内自由民。遂劫南蒯曰：「羣臣不忘其君，杜注：「君謂季氏。」畏子以及今，

三年聽命矣。子若弗圖，費人不忍其君，忍，今言狠心，謂不能對季氏狠心。**將不能畏子矣。**杜注：「不能復畏子。」**子何所不逞欲？**言到處可以快其意願，不必在費。**請送子。」**杜注：「送使出奔。」**請期五日。**杜注：「南蒯請期，冀有變。」**遂奔齊。侍飲酒於景公。公曰：「叛夫！」**杜注：「戲之。」**對曰：「臣欲張公室也。」**杜注：「張，强也。」**子韓皙曰：**杜注：「齊大夫。」梁履繩補釋引周氏附論謂「七年傳齊有公孫皙，子韓疑是其字」。章炳麟左傳讀以周説爲是。**「家臣而欲張公室，罪莫大焉。」司徒老祁、慮癸來歸費，**杜注：「歸魯。」**齊侯使鮑文子致之。**費久爲季氏采邑，南蒯以費叛季氏而致齊，費人不欲從南蒯，故齊景公亦僞爲好，使人還費于魯。

一四·三　**夏，楚子使然丹簡上國之兵於宗丘，**襄三年傳「爲簡之師」，杜注：「簡，選練。」簡練者，選擇而治之也，與簡閱同義。杜注：「上國，在國都之西。西方居上流，故謂之上國。」下言「東國」，則此「上國」即謂楚之西部。兵，疑包括一切武備與卒乘。杜注：「宗丘，楚地。」據彙纂，當在今湖北秭歸縣。**且撫其民。分貧，振窮；**杜注：「分，與也。振，救也。」**長孤幼，養老疾；收介特，**杜注：「介特，單身民也。收聚不使流散。」馬宗璉補注謂介特爲傑出之材，則與下文「舉淹滯」重複，亦與「救災患」不連係，不可信。**救災患；宥孤寡，**説文：「宥，寬也。」故杜注云：「寬其賦稅。」孔疏云：「服虔以宥爲寬赦其罪，杜以下云『赦罪戾』，則此宥非寬罪，故以爲寬其賦稅也。」**赦罪戾；詰姦慝，**詰即襄二十一年傳「詰盜」之詰，禁而治之也。舉淹滯，杜注：「淹滯，有才德而未叙者。」禮新，叙舊；杜注：「新，羈旅也。」禄勳，合親；杜注：「勳，功也。親，九族。」此即賞有功，睦宗族。任良，物官。賈逵云：「物官，量能授官也。」俞樾平議云：「物謂物色之也。」物色，意即尋找難得之人才。使屈罷簡東國之兵於召陵，杜注：「兵在國都之東者。」西周策「令楚割東國以與齊」，高誘注：「楚東國，近齊南境者也。」義與此異。召陵，在今河南郾城縣東三十五里。亦見僖四年傳。亦如之。杜注：「如然丹。」好於邊疆。杜注：「結好四鄰。」然十七年吴伐楚，戰于長岸，則楚雖欲結好，而於吴未能。息民五年，而後用師，十七年長岸之役，非平王本意。至十九年，楚始主動出兵伐濮，城州來，則息民五年矣。禮也。

一四·四 秋八月，莒著丘公卒，郊公不慼，杜注：「郊公，著丘公子。」國人弗順，欲立著丘公之弟庚輿。「輿」原作「與」，今從阮元校勘記及金澤文庫本訂正。杜注：「庚輿，莒共公。」蒲餘侯惡公子意恢，而善於庚輿；杜注：「蒲餘侯，莒大夫兹夫也。意恢，莒羣公子。」郊公惡公子鐸，而善於意恢。杜注：「鐸亦羣公子。」公子鐸因蒲餘侯而與之謀，曰：「爾殺意恢，我出君而納庚輿。」許之。杜注：「爲下冬殺意恢傳。」

一四·五 楚令尹子旗有德於王，杜注：「有佐立之德。」詳去年傳。不知度，與養氏比，而求無厭。杜注：「養氏，子旗之黨，養由基之後。」王患之。九月甲午，甲午，三日。楚子殺鬭成然，鬭成然亦曰蔓成然，即子旗。而滅養氏之族。使鬭辛居鄖，以無忘舊勳。杜注：「辛，子旗之子鄖公辛。」鄖詳桓十一年傳並注。舊勳恐不僅指子旗佐立之功，令尹子文曰鬭穀於菟，爲楚令尹者二十八年，楚莊所謂「子文無後，何以勸善」者也。楚平蓋亦指此。

一四·六　冬十二月，蒲餘侯茲夫殺莒公子意恢。郊公奔齊。公子鐸逆庚輿於齊，齊隰黨、公子鉏送之，有賂田。杜注：「莒賂齊以田。」

一四·七　晉邢侯與雍子爭鄐田，杜注：「邢侯，楚申公巫臣之子也。雍子，亦故楚人。」馬宗璉補注云：「襄二十六年傳：『雍子奔晉，晉人與之鄐。』説文：『鄐，晉邢侯邑。』是雍子、邢侯共有鄐田，故二人爭其田界。下文又言『罪在雍子』，是邢侯兼有鄐田之證。」久而無成。成，平也。謂歷時甚久，調解無成。士景伯如楚，杜注：「士景伯，晉理官。」叔魚攝理。杜注：「攝代景伯。」韓宣子命斷舊獄，罪在雍子。雍子納其女於叔魚，叔魚蔽罪邢侯。杜注：「蔽，斷也。」周禮大司寇鄭司農注：「弊之，斷其獄訟也。」蔽、弊音近通作。邢侯怒，殺叔魚與雍子於朝。宣子問其罪於叔向。叔向曰：「三人同罪，施生戮死可也。晉語三「秦人殺冀芮而施之」，韋注：「陳尸曰施。」雍子自知其罪，而賂以買直；以女嫁于叔魚而得勝訴，故曰買直，購買勝訴也。鮒也鬻獄；鬻，賣也。司法官受賄而不以情理判曲直曰鬻獄。周書酆保之「佞説鬻獄」，亦此義。邢侯專殺，其罪一也。其罪相同。己惡而掠美爲

昏，杜注：「掠，取也。昏，亂也。」**貪以敗官爲墨，**杜注：「墨，不潔之稱。」**殺人不忌爲賊。**杜注：「忌，畏也。」昏謂雍子，墨謂叔魚，賊謂邢侯。**夏書曰『昏、墨、賊，殺』，**杜注：「三者皆死刑。」所引夏書自晉即已亡逸。**皋陶之刑也，請從之。」乃施邢侯而尸雍子與叔魚於市。**邢侯先殺之而後陳尸，雍子與叔魚則已死，故僅言陳尸。晉語九亦載此事，列女羊叔姬傳末段大致襲用晉語。

仲尼曰：「叔向，古之遺直也。杜注：「言叔向之直有古人遺風。」**治國制刑，不隱於親。**制刑亦治國之大事，而於其親不包庇隱蔽也。**三數叔魚之惡，不爲末減。**杜注：「末，薄也。減，輕也。」**曰義也夫，**王引之述聞謂「『曰』當爲『由』字之脱誤。家語正論篇載此正作『由』，則『曰』字亦當作『由』，寫者脱一直畫耳。由義，行義也。」**可謂直矣！平丘之會，數其賄也，**杜注：「謂言黷貨無厭。」數，責也。**以寬衞國，晉不爲暴。歸魯季孫，稱其詐也，**杜注：「謂言鮒也能。」**以寬魯國，晉不爲虐。邢侯之獄，言其貪也，以正刑書，晉不爲頗。**頗，偏也。**三言而除三惡，加三利。**三言謂言三次。杜注：「三惡，暴、虐、頗也。三惡除則三利加。」**殺親益榮，**殺親謂其弟叔魚因其言雖死而陳尸。益榮謂其名益顯著。**猶義也夫！」**猶讀爲由。由義，行義也。

十五年，甲戌，公元前五二七年。周景王十八年、晉昭五年、齊景二十一年、衞靈八年、蔡平三年、鄭定三年、曹平公須元年、陳惠三年、杞平九年、宋元五年、秦哀十年、楚平二年、吳夷末十七年、許悼二十年。

經

一五·一　**十有五年春王正月，**二月初七乙丑冬至，實建亥。有閏月，在八月後。**吳子夷末卒。**無傳。「夷末」，公羊作「夷眛」。夷末繼餘祭即位，當立于襄三十年，爲君十七年。吳越春秋謂餘昧（即夷末）立四年卒，不足信。

一五·二　**二月癸酉，**癸酉，十五日。**有事于武宫。**有事，祭祀之通稱。禮記明堂位：「魯公之廟，文世室也；武公之廟，武世室也。」鄭玄注：「此二廟象周有文王、武王之廟也。世室者，不毁之名。魯公，伯禽也；武公，伯禽之玄孫也，名敖。」至于成公六年所築之武宫，另是一事，詳彼注。**籥入，叔弓卒。**孔疏云：「祭必有樂，樂有文舞、武舞。文執羽籥，武執干鏚。其入廟也，必先文而後武。當籥始入，叔弓暴卒。」叔弓暴卒，疑今之腦溢血或心肌梗死病。**去樂，卒事。**撤去音樂，繼續祭祀完畢。

一五·三　**夏，蔡朝吳出奔鄭。**「朝吳」，公羊作「昭吳」；又無「出」字。

一五·四　**六月丁巳朔，日有食之。**無傳。此公元前五二七年四月十八日之日環蝕。此年實以周正之十二月爲正月，若以周正計算，當五月丁巳朔。去年應有閏月而未閏，因當時曆法固不甚精密。說見元史曆志二。

一五·五 秋，晉荀吳帥師伐鮮虞。

一五·六 冬，公如晉。

傳

一五·一 十五年春，將禘于武公，顧炎武補正云：「此乃時禘，記所謂『春禘秋嘗』（禮記祭義）之禘，而非五年大祭追遠之禘也。二十五年將禘於襄公，定八年禘于僖公並同。唯閔二年吉禘于莊公是大祭以審昭穆謂之禘。」戒百官。先期告戒百官，使之準備並齋戒。戒，儀禮士冠禮「主人戒賓」，鄭注云：「警也，告也。」梓慎曰：「禘之日其有咎乎！吾見赤黑之祲，非祭祥也，祲，杜注以爲妖惡之氣。赤黑，其色也。喪氛也。其在涖事乎！」杜注：「涖，臨也。」蓋指當時主持祭禮之人。二月癸酉，禘。叔弓涖事，籥入而卒。去樂，卒事，禮也。杜注：「大臣卒，故爲之去樂。」

一五·二 楚費無極害朝吳之在蔡也，費無極，楚世家、伍子胥傳及淮南子俱作「費無忌」。極、忌古音相近。杜注：「朝吳，蔡大夫，有功於楚平王，故無極恐其有寵，疾害之。」欲去之，乃謂之曰：「王唯信子，故處子於蔡。子亦長矣，而在下位，辱，必求之，吾助子請。」杜注：「請求上位。」又謂其上之人曰：其上之人，蔡人在朝吳位上者。「王唯信吳，故處諸蔡，二三子莫之如也，而在其上，不亦難乎？弗圖，必及於難。」夏，蔡人逐朝吳，朝吳出奔鄭。王怒，曰：「余唯信吳，故寘諸蔡。且微吳，吾不及此。女何故去之？」此平王對費無極之言，蓋平王已知朝吳之出奔由于無極也。無極對曰：「臣豈不欲吳？然而前知其爲人之異也。前猶早也。異，謂有異心，不忠于楚。意謂我早知朝吳之爲人之有異心。吳在蔡，蔡必速飛。去吳，所以翦其翼也。」杜注：「以鳥喻也。」言吳在蔡，必能使蔡速强而背楚。

一五·三 六月乙丑，乙丑，九日。王大子壽卒。杜注：「周景王子。」

一五·四 秋八月戊寅，戊寅，二十二日。王穆后崩。杜注：「大子壽之母也。」傳爲晉荀躒如周葬穆后起。

一五·五 晉荀吳帥師伐鮮虞，圍鼓。鼓，國名，姬姓，白狄之別種，時屬鮮虞。國境即今河北晉縣。鼓人或請以城叛，穆子弗許。左右曰：「師徒不勤，而可以獲城，何故不爲？」穆子曰：「吾聞諸叔向曰：『好惡不愆，愆，過也。好其所當好，惡其所當惡，是謂不愆。民知所適，杜注：「適，歸也。」此猶言民知行動方向。事無不濟。』或以吾城叛，吾所甚惡也；人以城來，吾獨何好焉？賞所甚惡，此謂或以吾城叛，固己之所惡；人以城叛，亦當爲己之所惡而不當賞。若所好何？若其弗賞，是失信也，何以庇民？僖二十五年傳載晉文公之言曰：「信，國之寶也，民之所庇也。得原失信，何以庇之？所亡滋多。」與此意同。力能則進，否則退，量力而行。吾不可以欲城而邇姦，所喪滋多。」使鼓人殺叛人而繕守備。圍鼓三月，鼓人或請降。使其民見，穆子使鼓國人民來見。曰：「猶有食色，姑修而城。」軍吏曰：「獲城而弗取，勤民而頓兵，襄四年傳「甲兵不頓」，孔疏「頓謂挫傷折壞」，此同。兵指兵器。何以事君？」穆子曰：「吾以事君也。獲一邑而教民怠，將焉用邑？邑以賈怠，猶言雖得邑，而買來者吏民懈怠。不如完舊。杜注：「完猶保守。」舊指不怠，勤慎。賈怠無卒，杜注：「卒，終也。」無卒謂事無好結果。棄舊不祥。鼓人能事其君，我亦能事吾君。率義不爽，率義，循義而行。爾雅釋言：「爽，忒也，差也。」好惡不愆，城可獲而民知義所，杜注：「知義所在也。」荀吳必其能獲，故因以示義。」有死命而無二心，不亦可乎？」鼓人告食竭、力盡，而後取之。克鼓而反，不戮一人，以鼓子䳒鞮歸。杜注：「䳒鞮，鼓君名。」䳒同鳶，音沿。

一五·六 冬，公如晉，平丘之會故也。杜注：「平丘會，公不與盟，季孫見執。今既得免，故往謝之。」

一五·七 十二月，晉荀躒如周，葬穆后，籍談爲介。既葬，除喪，姚鼐左傳補注云：「古人喪服，由重受輕，皆曰除喪。故曰『期而除喪，道也』（禮記喪服小記）。此除喪是除疏衰四升，受以成布七升，及除麻，服葛。齊景公卒于哀五年，公羊傳於哀六年曰除景公之喪。」以文伯宴，以，與也。文伯即荀躒。樽以魯壺。杜注：「魯壺，魯所獻壺樽。」樽即尊，古代盛酒器，壺亦爲古代盛酒器，但二者形狀不同。樽以魯壺，謂以魯所貢于周室之壺爲尊。孔疏云：「周禮司尊彝云：『秋嘗冬烝，其饋獻用兩壺樽。』鄭玄云：『壺者，以壺爲尊。』」王曰：「伯氏，諸侯皆有以鎮撫王室，晉獨無有，何也？」杜注：「感魯壺而言也。」鎮撫王室謂貢獻之物。周禮大宰之職「以九貢致邦國之用」，「三曰器貢」，即所謂鎮撫王室者。文伯揖籍談。杜注：「文伯無辭，揖籍談使對。」對曰：「諸侯之封也，皆受明器於王室，明器有二義，杜注此「謂明德之分器」。另一義，殉葬之器物亦曰明器，禮記檀弓上「孔子謂爲明器者，知喪道矣」是也。以鎮撫其社稷，故能薦彝器於王。杜注：「薦，獻也。」說文：「彝，宗廟常器也。」以青銅器銘文觀之，彝字用爲大共名，凡禮器至食用器皆曰彝。晉居深山，戎狄之與鄰，而遠於王室，王靈不及，拜戎不暇，靈，福也。焦循左傳補疏云：「拜，服也。拜戎不暇謂服戎不暇也。」據定四年傳，魯、衞之封，皆疆以周索，而晉則疆以戎索，乃知晉之先君自常與戎狄周旋。其何以獻器？」王曰：「叔氏，景王稱荀躒爲伯氏，稱籍談爲叔氏，自以二人皆姬姓之後，而伯、叔之稱，不論因其位之尊卑，抑年之大小。而忘諸乎！而同爾。諸作之用。姚鼐補注云「晉世家載曲沃武公伐晉侯緡，滅之，盡以其寶器賂獻於周釐王，釐王命武公爲晉君，則唐叔昔之分器，當籍談時，晉已無有矣，故談忘之」云云。然器雖不在，籍談之遠祖職掌典籍，應知此事，故下云數典忘祖。叔父唐叔，成王之母弟也，周王于諸侯，同姓者，無論行輩，俱稱伯父或叔父。于晉侯稱叔父者，或以唐叔而稱「叔」歟？僖二十八年、成二年傳皆用「叔父」之稱。昭九年、三十二年傳則用「伯父」之稱，蓋沿同姓大國之例。其反無分乎？其，豈也。密須之鼓與其大路，文所以大蒐也；密須即密，詩大雅皇矣「密人不恭，敢距大邦」，尚書大傳「文王受命，三年伐密須」，皆足證。國語周語中「密須由伯姞」，則密爲姞姓國。在今甘肅省靈台縣西五十里。互參僖十七年傳「密姬」注。周文王伐密須，得其鼓與大路(車)，因以田獵檢閱。闕鞏之甲，武所以克商也，杜注：「闕鞏國所出鎧。」西周僅有皮甲而無金屬鎧，杜注不確。參文物一九七七年十期楊泓甲和鎧一文。宋羅泌路史國名紀六謂「闕鞏，周世侯伯之國」，説文作「𢀜」。蓋本舊國，周武王滅之，爲周族卿之采邑，昭二十二年傳有鞏簡公可證。唐叔受之，以處參虚，杜注：「參虚，實沈之次，晉之分野。」匡有戎狄。匡疑當讀爲疆，即今之疆，謂其國境内有戎狄。其後襄之二路，杜注：「周襄王所賜晉文公大路、戎路。」鏚鉞、秬鬯，杜注：「鏚，斧也；鉞，金鉞也。秬，黑黍；鬯，香酒。」賜鏚鉞者，奉王命得專殺戮也；賜秬鬯者，使之祭先祖也。彤弓、虎賁，周襄賜物可與僖二十八年傳互參。文公受之，以有南陽之田，撫征東夏，撫，安撫。或安撫或征伐。晉服齊、魯、鄭、宋諸國，皆在晉東，故云東夏。非分而何？夫有勳而不廢，杜注：「加重賞。」有績而載，杜注：「書功於策。」奉之以土田，杜注：「有南陽。」撫之以彝器，旌之以車服，旌，表彰，表揚。車服謂襄之二路。明之以文章，杜注：「旌旗。」子孫不忘，所謂福也。福祚之不登，叔父焉在？顧炎武日知録卷二十七云：「言忘其彝器，是福祚之不登，惡在其爲叔父乎？」且昔而高祖孫伯黶司晉之典籍，以爲大政，故曰籍氏。顧炎武日知録二十四云：「漢儒以曾祖之父爲高祖，考之於傳，高祖者，遠祖之名耳。」閻若璩潛丘劄記四下云：「左傳昭公十七年，郯子曰『我高祖少皞摯之立也』，則以始祖爲高祖。昭公十五年王謂籍談曰『昔而高祖孫伯黶』，則謂其九世祖爲高祖。案周書康王之誥『無壞我高祖寡命』，高祖，文、武也。在康王之世稱文、武爲高祖，是又以曾祖父、祖父爲高祖矣。」孔疏引世本：「黶生司空頡，頡生南里叔子，子生叔正官伯，伯生司徒公，公生曲沃正少襄，襄生司功大伯，伯生侯季子，子生籍游，游生談，談生秦。」王符潛夫論志氏姓云：「孫黶，晉姬姓也。」及辛有之二子董之晉，辛有，平王時人，出僖二十二年傳。日人安井衡左傳輯釋云：「二子，次子也，謂第二子。文十八年傳，文公二妃敬嬴，生宣公；昭八年傳，陳哀公元妃鄭姬，生悼太子偃師，二妃生公子留，下妃生公子勝，皆謂次妃。次妃可言二妃，則次子亦可言二子。」沈欽韓補注云：「晉語（四）『秦伯納公子，董因迎公于河』，韋昭注：『董因，晉大夫，周太史辛有之後。傳曰辛有之二子董之晉，故晉有董史。』則『董』是人名顯然。」於是乎有董史。章炳麟左傳讀卷七云：「董氏世爲晉史官。晉語（九）董安于曰『方臣之少也，進秉筆贊爲名命，稱於前世，立義於諸侯』是也，不止一董狐。」女，司典之後也，司典指孫伯黶。何故忘之？」籍談不能對。賓出，賓，荀躒、籍談等人。王曰：「籍父其無後乎！數典而忘其祖。」數典即下文之舉典，典即上文之「典籍」。亦可解爲典故。孔疏云：「定十四年，晉人敗范、中行氏之師於潞，獲籍秦。秦即談之子，是無後。」

籍談歸，以告叔向。叔向曰：「王其不終乎！吾聞之：『所樂必卒焉。』所樂何事，必以何事死。今王樂憂，若卒以憂，不可謂終。終，善終，壽終也。王一歲而有三年之喪二焉，指太子壽卒與穆后死。王爲太子服三年喪，今儀禮喪服有明文；然夫于妻，則期而已矣，無服三年之文。唯墨子節葬下、非儒下、公孟篇俱有夫爲妻喪之三年之文，與儀禮異，與左傳合。惠棟補注引墨子而不得其說，顧頡剛史林雜識則謂：「喪服一經當有二本，甲本如墨子及左傳作者之所見，乙本則漢以來誦習者也。」於是乎以喪賓宴，又求彝器，樂憂甚矣，且非禮也。彝器之來，嘉功之由，由于嘉功之倒裝句。非由喪也。三年之喪，雖貴遂服，禮也。遂，終也，竟也。遂服謂如禮服喪三年。王雖弗遂，宴樂以早，以同已，太也，甚也。謂王雖不終三年喪服，與賓讌樂亦太早。亦非禮也。禮，王之大經也。一動而失二禮，顧炎武引朱申說及姚鼐補注俱謂失二禮爲以喪求器及宴樂太早。無大經矣。言以考典，杜注：「考，成也。」典謂典則。典以志經。經即禮。忘經而多言，忘經即失二禮。舉典，將焉用之？」舉典，即數舉典籍。與上文「考典」之「典」相應而義不同。

十六年，乙亥，公元前五二六年。周景王十九年、晉昭六年、齊景二十二年、衞靈九年、蔡平四年、鄭定四年、曹平二年、陳惠四年、杞平十年、宋元六年、秦哀十一年、楚平三年、吴僚元年、許悼二十一年。

經

一六·一　十有六年春，正月十七日庚午冬至，建子。齊侯伐徐。

一六·二　楚子誘戎蠻子殺之。「蠻」，公羊作「曼」。蠻、曼古音近。

一六·三　夏，公至自晉。

一六·四　秋八月己亥，己亥，二十日。晉侯夷卒。

一六·五　九月，大雩。

一六·六　季孫意如如晉。

一六·七　冬十月，葬晉昭公。

傳

一六·一　十六年春王正月，公在晉，晉人止公。不書，諱之也。

一六·二　齊侯伐徐。石韞玉讀左卮言云：「『齊侯伐徐』四字應接『二月丙申』之文，中間楚取蠻氏一段別是一事，而錯簡在此。經文本不相蒙，傳亦無所蟬聯也。」楊樹達先生讀左傳説同。

楚子聞蠻氏之亂也與蠻子之無質也，杜注：「質，信也。」**使然丹誘戎蠻子嘉殺之，遂取蠻氏。**蠻氏已見成六年傳並注，其國當在今河南汝陽縣東南，臨汝縣西南。餘參哀四年傳注。**既而復立其子焉，禮也。**自「楚子」至「禮也」三十八字，應另是一傳，在「其是之謂乎」後。錯簡已久，不復移訂。

二月丙申，丙申，十四日。應移上，「齊侯伐徐」在此下。**齊師至于蒲隧，**蒲隧在今江蘇睢寧縣西南。**徐人行成。徐子及郯人、莒人會齊侯，**郯國已見襄七年經並注。**盟于蒲隧，賂以甲父之鼎。**甲父，古國名，清一統志謂在今山東金鄉縣南，山東通志則謂在金鄉縣西北境。沈濤銅熨斗齋隨筆卷二謂「甲父」當作「父甲」，爲人名，不足信。杜注：「徐人得甲父鼎，以賂齊。」**叔孫昭子曰：「諸侯之無伯，害哉！**杜注：「爲小國害。」**齊君之無道也，興師而伐遠方，**吴闓生文史甄微云：「當以『而伐遠方』爲句。」今從之。**會之，**會徐也。**有成而還，莫之亢也。**無有抗禦之者。**無伯也夫！**由于無霸主。**詩曰『宗周既滅，靡所止戾。正大夫離居，莫知我肄』，**詩小雅雨無正。「宗周」，今詩作「周宗」，詩小雅正月「赫赫宗周，褒姒滅之」，亦作「宗周」，于省吾澤螺居詩義解結（載文史二期）謂本當作「宗周」是也。「肄」，今詩作「勩」。杜注：「戾，定也；肄，勞也。言周舊爲天下宗，今乃衰滅，亂無息定。執政大夫離居異心，無有念民勞者。」**其是之謂乎！」**杜注：「傳言晉之衰。」

一六·三　三月，「三」原作「二」，據金澤文庫本正。晉韓起聘于鄭，鄭伯享之。子產戒曰：「苟有位於朝，無有不共恪！」孔張後至，孔張，子孔之孫，以祖父字爲氏，字子張，故曰孔張。名申，又曰公孫申。其父公孫洩，見昭七年傳。後至，言賓已至，主與賓皆已至，孔張始至。立於客間，諸侯享賓之禮，儀禮不見，但可於公食大夫禮推之。此以晉韓起爲主客，其隨從爲一般賓客。子張爲鄭臣，應就其原有之位。姚鼐補注云：「公族在宗廟之中，如外朝之位。享行於廟，而於外朝位同。故子產曰『其祭在廟，已有著位』，其位蓋皆西面北上。」執政禦之；執政，杜注「掌位列者」，俞正燮癸巳類稿二執政解謂：「主司其事者，猶大射儀之爲政，謂爲射政者。」蓋亦猶鄉飲酒禮之司正。禦，拒也。今言阻擋。適客後，又禦之；適縣間。縣同懸，懸掛鐘、磬等樂器者也。樂器在西，子張先誤至客間，被拒，又誤後退，在客後；又被拒，又後退，不得已而至鐘磬之懸間。客從而笑之。笑其張皇失措，不知應至何處。事畢，富子諫曰：杜注：「富子，鄭大夫，諫子產也。」「夫大國之人，不可不慎也，幾爲之笑，而不陵我？幾，反詰副詞，豈也。例證見詞詮。言豈有被笑而不欺我之事。服虔解「幾」爲「近」；杜注云「數見笑」，顧炎武補正申之，皆誤。于鬯香草校書謂「若云爲之笑而幾不陵我」，仍未得。我皆有禮，夫猶鄙我。夫指韓起等晉人。國而無禮，何以求榮？孔張失位，吾子之恥也。」子產怒曰：「發命之不衷，杜注：「衷，當也。」出令之不信，刑之頗類，孔疏云：「服虔讀類爲纇。解云：『頗，偏也。纇，不平也。』」獄之放紛，杜注：「放，縱也。紛，亂也。」會朝之不敬，謂國無禮敬之心。使命之不聽，杜注：「下不從上命。」取陵於大國，罷民而無功，罪及而弗知，僑之恥也。孔張，君之昆孫子孔之後也，杜注：「昆，兄也。子孔，鄭襄公兄，孔張之祖父。」邵晉涵爾雅釋親正義則云：「孔張爲鄭穆公之曾孫，今云『昆孫』者，散文言之，遠孫俱得稱昆孫也。」執政之嗣也，杜注：「子孔嘗執鄭國之政。」爲嗣大夫，承命以使，周於諸侯，謂曾受命偏使于各國。國人所尊，諸侯所知。立於朝而祀於家，立於朝謂朝有官爵，祀於家謂家有祖廟。至于祖廟所祀，服虔以爲「祀其所自出之君，於家以爲太祖」，則鄭穆公也。孔穎達疏駁之，而李貽德輯述、武億義證又申之，今已不必究詰。有禄於國，杜注：「受禄邑。」有賦於軍，有采邑之卿大夫皆出軍賦，在國家戰爭時，率屬邑軍隊作戰。如襄二十五年傳叙楚、吴之戰，楚子彊「請以其私卒誘之」，宣十二年傳楚、晉邲之戰，晉知莊子以其族反戰，十七年傳叙郤克請以其私屬伐齊。「私卒」、「其族」、「私屬」皆卿大夫之采邑之軍賦。説詳宣十二年傳並注。喪、祭有職，國有大喪、大祭，孔張俱有職事。受脤、歸脤。俞樾茶香室經説云：「成十三年傳『成子受脤於社，不敬。劉子曰：「國之大事，在祀與戎。祀有執膰，戎有受脤。」』是左氏説以宗廟之肉曰膰，社稷之肉曰脤。禮記祭法篇『諸侯自爲立社曰侯社，大夫以下成羣立社曰置社』，然則諸侯有諸侯之社，大夫有大夫之社。諸侯祭社，以祭肉賜大夫，是曰受脤；大夫祭社，亦歸肉於公，是曰歸脤。」俞説可信，其餘諸説不録。其祭在廟，已有著位。杜注：「其祭在廟，謂助君祭。」著位，著即位也。在位數世，世守其業，而忘其所，僑焉得恥之？辟邪之人而皆及執政，是先王無刑罰也。杜注：「言爲過謬者，自應用刑罰。」子寧以他規我。」杜注：「規，正也。」宣子有環，其一在鄭商。王國維觀堂集林説環玦云：「余讀春秋左氏傳『宣子有環，其一在鄭商』，知環非一玉所成。歲在己未，見上虞羅氏所藏古玉一，共三片，每片上侈下斂，合三而成規。片之兩邊各有一孔，古蓋以物繫之，余謂此即古之環也。環者，完也；對玦而言，闕其一則爲玦。玦者，缺也。以此讀左氏，乃得其解。後世日趨簡易，環與玦皆以一玉爲之，遂失其制。」宣子謁諸鄭伯，杜注：「謁，請也。」子產弗與，曰：「非官府之守器也，寡君不知。」言不與聞。子大叔、子羽謂子產曰：「韓子亦無幾求，幾，猶言不多。晉國亦未可以貳。晉國、韓子不可偷也。杜注：「偷，薄也。」不可偷猶言不可輕視。若屬有讒人交鬭其間，屬，適也，表時間，猶正當此時。交鬭意即交構，謂離間晉、鄭。鬼神而助之，朱彬經傳考證云：「而，如也。」以興其凶怒，悔之何及？吾子何愛於一環，愛，惜也。其以取憎於大國也？盍求而與之？」子產曰：「吾非偷晉而有二心，將終事之，是以弗與，忠信故也。僑聞君子非無賄之難，立而無令名之患。難，患也。意謂君子不患無財賄，而患立爲卿而無善名。説詳王引之述聞。僑聞爲國非不能事大、字小之難，無禮以定其位之患。難亦患也。意謂治理國家，不患不能服事大國，字養小國，而患無禮以安定其位。「之難」「之患」諸「之」字皆作「是」用。夫大國之人令於小國，而皆獲其求，將何以給之？一共一否，爲罪滋大。大國有求必應，必求而不止，終不能滿其欲，勢必拒之。或供給，或拒絕，得罪更大。大國之求，無禮以斥之，言不依禮以駁斥之。何饜之有？吾且爲鄙邑，且，將也。爲鄙邑意謂爲晉邊鄙之縣。則失位矣。杜注：「不復成國。」若韓子奉命以使，而求玉焉，貪淫甚矣，獨非罪乎？獨，豈也。例證見詞詮。出一玉以起二罪，吾又失位，韓子成貪，將焉用之？且吾以玉賈罪，不亦鋭乎？」杜注：「鋭，細小也。」

韓子買諸賈人，既成賈矣。成賈疑即今之成交。陸德明釋文以賈即今之價字，成賈謂貨價議定。然就下文「辭玉」言，以成交義爲勝。商人曰：「必告君大夫！」沈欽韓補注據此以爲「蓋列國時亦有財物闌出界外之禁」，其實非也。據下文子産之言，乃韓宣子欲「强奪商人」也。韓子請諸子産曰：「日起請夫環，執政弗義，弗義，不以爲義也。弗敢復也。今買諸商人，商人曰『必以聞』，敢以爲請。」子産對曰：「昔我先君桓公與商人皆出自周，鄭語韋注：「桓公，鄭始封之君，周厲王之少子，宣王之弟桓公友也。」宣王封之於鄭，在西都畿内棫林之地，即今陝西華縣西北。周幽王之亂，桓公將家室財寶寄存於虢、鄶之間，其後因取二國之地，都于今之河南新鄭縣。杜注云：「桓公東遷，並與商人俱。」庸次比耦以艾殺此地，庸次比耦猶言共同合作。艾同刈。艾殺猶言清除。斬之蓬、蒿、藜、藋，之作其用，斬其蓬蒿藜藋也。蓬即詩衛風伯兮「首如飛蓬」之飛蓬，多年生菊科草本植物。蒿即詩小雅鹿鳴「食野之蒿」之蒿，亦稱青蒿，亦多年生菊科植物。藜，一年生草本，新葉及嫩苗可食，莖之堅老者可以爲杖。藋音調，一名灰藋，與藜同類異種。四名代表各種野生草木。而共處之；世有盟誓，以相信也，曰：『爾無我叛，我無强賈，杜注：「無强市其物。」毋或匄奪。不乞求，不掠奪。爾有利市寶賄，我勿與知。』利市猶言好買賣，寶賄猶言奇貨。恃此質誓，哀二十年傳「先主與吴王有質」，杜注：「質，盟信也。」故能相保，以至于今。今吾子以好來辱，而謂敝邑强奪商人，是教敝邑背盟誓也，毋乃不可乎！吾子得玉，而失諸侯，必不爲也。若大國令，而共無藝，若晉國有命令，使我供貢無法則。鄭鄙邑也，謂此乃視鄭國若晉邊鄙之邑。亦弗爲也。杜注：「不欲爲鄙邑之事。」僑若獻玉，不知所成。禮記少儀鄭注：「成，善也。」不知所成，猶言不知有何道理與好處。或云，周禮太宰有八法，五曰官成，鄭玄注：「成謂官府之成事品式也。」此猶鄭之官府無此條例與故事。敢私布之。」韓子辭玉，曰：「起不敏，敢求玉以徼二罪？敢辭之。」辭玉猶退玉，不受玉也。

夏四月，鄭六卿餞宣子於郊。杜注：「餞，送行飲酒。」宣子曰：「二三君子請皆賦，二三君子猶今言諸位大臣。起亦以知鄭志。」六卿，鄭之大臣。六卿之志即足以表示鄭國之志。杜注：「詩言志也。」子齹賦野有蔓草。杜注：「子齹，子皮之子嬰齊也。野有蔓草，詩鄭風。取其『邂逅相遇，適我願兮』。」宣子曰：「孺子善哉！子皮死於昭十三年，子齹嗣位，未滿三年喪，故宣子稱爲「孺子」，非以其年幼也。吾有望矣。」子産賦鄭之羔裘。詩有羔裘者三，鄭風有羔裘，唐風、檜風亦各有羔裘。言鄭之羔裘，所以別于唐、檜之羔裘。羔裘有云：「彼其之子，舍命不渝。」「彼其之子，邦之司直。」「彼其之子，邦之彥兮。」子產用以贊美韓起。**宣子曰：「起不堪也。」**不足以受此。**子大叔賦褰裳。**杜注：「褰裳詩曰：『子惠思我，褰裳涉溱。子不我思，豈無他人？』言宣子思己，將有褰裳之志；如不我思，亦豈無他人？」褰裳，撩起裙子。溱，鄭國之水。**宣子曰：「起在此，敢勤子至於他人乎？」**勤，勞也。言我在晉執政，不致使汝勞累服事他國，必能護鄭。**子大叔拜。**杜注：「謝宣子之有鄭。」**宣子曰：「善哉，子之言是！**杜注：「是，褰裳。」**不有是事，其能終乎？」**顧炎武補正引傅遜云：「人情相與翫習，恒不善其終。惟有是警戒，當能終於好。」**子游賦風雨。**杜注：「子游，駟帶之子駟偃也。風雨詩取其『既見君子，云胡不夷』。」**子旗賦有女同車。**杜注：「子旗，公孫段之子豐施也。有女同車取其『洵美且都』，愛樂宣子之志。」洵，誠也，信也。都，嫻雅也。言其貌既美好且風度嫻雅。**子柳賦蘀兮。**杜注：「子柳，印段之子印癸也。蘀兮詩取其『倡予和女』，言宣子倡，己將和從之。」**宣子喜，曰：「鄭其庶乎！**杜注：「庶幾於興盛。」**二三君子以君命貺起，賦不出鄭志，**鄭志即鄭詩，此經、傳以志爲詩也。説詳楊樹達先生積微居小學金石論叢釋詩。**皆昵燕好也。**杜注：「昵，親也。賦不出其國，以示親好。」**二三君子，數世之主也，可以無懼矣。」宣子皆獻馬焉，而賦我將。**我將，詩周頌。杜注：「取其『日靖四方，我其夙夜，畏天之威』，言志在靖亂畏懼天威。」蓋亦取「于時保之」，保小國也。**子產拜，使五卿皆拜，**

曰：「吾子靖亂，敢不拜德！」

宣子私覲於子產以玉與馬，爾雅釋詁：「覲，見也。」曰：「子命起舍夫玉，舍同捨。是賜我玉而免吾死也，賜我玉謂賜我金玉良言。敢不藉手以拜！」原脱「不」字，今據阮元校勘記及金澤文庫本訂增。杜注：「以玉馬藉手拜謝子產。」藉手者，借此手持或牽之贈品也。此蓋餞行前事，補叙於文末。

一六·四　公至自晉，杜注：「晉人聽公得歸。」子服昭伯語季平子曰：杜注：「昭伯，惠伯之子子服回也。隨公從晉還。」「晉之公室其將遂卑矣。君幼弱，六卿彊而奢傲，奢傲即侈泰。將因是以習，習實爲常，梁履繩補釋引尚靜齋經説云：「周書常訓解曰：『好惡生變，變習生常。』又曰：『民生而有習有常，以習爲常。』序曰：『積習生常。』傳義本此。」大戴禮保傅篇引孔子曰：「少成若天性，習貫之爲常。」漢書賈誼傳作「少成若天性，習貫成自然」。貫，今作慣。能無卑乎！」平子曰：「爾幼，惡識國？」

一六·五　秋八月，晉昭公卒。

一六·六　九月，大雩，旱也。

鄭大旱，使屠擊、祝款、豎柎有事於桑山。杜注：「三子，鄭大夫。有事，祭也。」杜氏世族譜列屠擊于雜人。僖二十八年傳另一屠擊，則晉人也。章炳麟左傳讀卷九云：「荀子宥坐云『子產誅鄧析、史付』。史付疑即豎柎。」斬其木，不雨。子產曰：「有事於山，蓺山林也；杜注：「蓺，養護令繁

殖。」而斬其木，其罪大矣。」漢書貢禹傳，禹言「斬伐林木，亡有時禁，水旱之災，未必不繇此也」。楊樹達先生讀左傳云：「森林足以防旱，古人蓋知之矣。」**奪之官邑。**之，其也。

一六·七 **冬十月，季平子如晉葬昭公。平子曰：「子服回之言猶信。**杜注：「自往見之，乃信回言。」**子服氏有子哉！」**杜注：「有賢子也。」

十七年，丙子，公元前五二五年。周景王二十年、晉頃公去疾元年、齊景二十三年、衞靈十年、蔡平五年、鄭定五年、曹平三年、陳惠五年、杞平十一年、宋元七年、秦哀十二年、楚平四年、吳僚二年、許悼二十二年。

經

一七·一 **十有七年春，**正月二十九日丙子冬至，建子。**小邾子來朝。**元汪克寬纂疏云：「魯既卑矣，小國猶有朝者；晉亦卑矣，諸侯猶有往者。此不畏其君，而畏彊臣耳。」

一七·二 **夏六月甲戌朔，日有食之。**此年六月無日食，日食在周正九月癸酉朔，而據傳文，亦在周正六月。傳文或是錯簡。此年應有閏，若閏在十月以後，則爲周正十月癸酉朔。餘參傳注。

一七·三 **秋，郯子來朝。**

一七·四 八月，晉荀吳帥師滅陸渾之戎。公羊作「賁渾戎」。穀梁亦無「之」字。説見宣三年經注。

一七·五 冬，有星孛于大辰。

一七·六 楚人及吳戰于長岸。宋陳傅良春秋後傳云：「五年，吳嘗敗楚於鵲岸，不書；六年，敗楚於房鍾，不書，書『伐吳』而已。於是始書『戰』，則以吳、楚敵言之也。」長岸見傳注。

傳

一七·一 十七年春，小邾穆公來朝，公與之燕。季平子賦采叔，「采叔」，今詩作「采菽」。杜注：「采叔，詩小雅。取其『君子來朝，何錫與之』，以穆公喻君子。」穆公賦菁菁者莪。杜注：「菁菁者莪，亦詩小雅。取其『既見君子，樂且有儀』，以答采叔。」昭子曰：「不有以國，不有，假設連詞，説見文言語法。此言若無治國之人才。以，爲也。其能久乎？」其，豈也。杜注：「嘉其能答賦，言其賢，故能久有國。」徐灝通介堂經説謂當從「以」字斷句。或謂以訓此。以固可以訓此，而無作賓語者，故不可信。

一七·二 夏六月甲戌朔，日有食之。祝史請所用幣。杜注：「禮，正陽之月日食，當用幣於社，故請之。」古人以夏正四月爲正陽之月，周正六月即夏正四月也。請所用幣即請示用何種物祭社。昭子曰：「日有食之，天子不舉，杜注：「不舉盛饌。」伐鼓於社；杜注：「責羣陰。」諸侯用幣於社，杜

注：「請上公。」**伐鼓於朝，**杜注：「退自責。」**禮也。」平子禦之，**杜注：「禦，禁也。」**曰：「止也。唯正月朔，慝未作，日有食之，於是乎有伐鼓、用幣，禮也。其餘則否。」大史曰：「在此月也。**杜注：「正月謂建巳正陽之月也，於周爲六月，於夏爲四月。慝，陰氣也。四月純陽用事，陰氣未動而侵陽，災重，故有伐鼓用幣之禮也。平子以爲六月非正月，故大史答言在此月也。」古人迷信，常以天象與人事相連，以夏正四月爲純陽之月，謂之正月，亦見于詩小雅正月。正月云：「正月繁霜，我心憂傷。」夏正四月不應繁霜，故繁霜則憂傷。若周正正月，即夏正十一月，本應繁霜，何必憂傷？ **日過分而未至，**杜注：「過春分而未夏至。」**三辰有災，**杜注：「三辰，日、月、星也。日月相侵，又犯是宿，故三辰皆爲災。」古人已知日食必在朔，是時日、月與地球成一直線，日光爲月所蔽。但不知地球爲行星，繞日而行，誤謂日環行地球耳。**於是乎百官降物，**杜注：「降物，素服。」**君不舉，辟移時，**辟同避。杜注：「辟正寢，過日食時。」**樂奏鼓，**杜注：「伐鼓。」**祝用幣，**杜注：「用幣於社。」**史用辭。**杜注：「用辭以自責。」古人迷信日食爲上天示譴，故自責。 **故夏書曰『辰不集于房，**杜注：「逸書也。」今僞古文尚書胤征作「辰弗集于房」。杜又云：「集，安也。房，舍也。日月不安其舍，則食。」杜未知日食，故誤注。周語「辰在斗柄」，韋注：「辰，日月之會。」此辰字亦此義。每月朔日，日月與地球成一直線，若月遮蔽日光，即月球中心離白道（月繞地球軌道平面與天球相交之大圓）與黃道（地球公轉軌道平面與天球相交之大圓）相交點入食限，則日食。若相交點在上限（十八度三十一分）外，則無食。 **瞽奏鼓，嗇夫馳，**嗇夫之名見於儀禮覲禮、管子臣道篇上、鶡冠子王鈇篇

等。鄭玄注覲禮，以爲司空之屬官；尹知章注管子，則以吏嗇夫爲檢束羣吏之官，人嗇夫爲檢束百姓之官；漢書五行志下之上則謂「嗇夫，掌幣吏」。韓非子説林下亦有嗇夫，爲縣邑官。疑此嗇夫爲鄉邑官。**庶人走』，此月朔之謂也。當夏四月，是謂孟夏。」平子弗從。昭子退，曰：「夫子將有異志，不君君矣。」**杜注：「安君之災，故曰有異志。」孔疏：「日食，陰侵陽，臣侵君之象。救日食，所以助君抑臣也。平子不肯救日食，劉炫云：『乃是不復以君爲君矣。』」江永補義云：「蓋明十五年有夏六月丁巳朔日有食之事。祝史之請、太史之言、平子之不從，皆彼年之事。左氏不審，誤繫之於此年。」王韜春秋日食辨正亦云：「不知此章傳文當在前十五年六月丁巳朔日食之下，乃由錯簡之誤。」江、王兩説皆臆説，蓋十五年六月丁巳朔日有食之，有經無傳。此年經亦載夏六月甲戌朔，日有食之，則非十五年之錯簡可知。此年本應有日食，惟在周正九月癸酉朔，不在六月朔耳。鄒伯奇則疑此簡在十二年，而脱於此。馮澂集證云：「當從鄒説爲是。」

一七·三　**秋，郯子來朝，**郯見宣四年傳並注。**公與之宴。昭子問焉，曰：「少皞氏鳥名官，何故也？」**少皞氏，古代傳説中之帝王，古書所載互有矛盾，今唯以左傳證左傳。左傳凡四言少皞氏，文十八年傳「少皞氏有不才子」、昭二十九年傳「少皞氏有四叔」及此傳兩言之。餘則互參文十八年傳、昭元年傳「昔金天氏有裔子曰昧」注。此皆不足爲信史，其他記載不引矣。據定四年左傳，魯封於少皞之墟，郯子又爲少皞之後，故昭子問焉。**郯子曰：「吾祖也，**祖即下文所言之高祖。**我知之。昔者黄帝氏以雲紀，故爲雲師而雲名；**杜注：「黄帝，姬姓之祖也。黄帝受命有雲瑞，故以雲紀事，百官師長皆以雲爲名號，縉雲氏蓋其一官也。」縉雲氏見文十八年傳並注。史記五帝本紀集解引應劭曰：「黄帝受命有雲瑞，故以雲紀事也。春官爲青雲，夏官爲縉雲，秋官爲白雲，冬官爲黑雲，中官爲黄雲。」服虔説同。此亦傳説。師，長也。意謂各官之長皆以雲爲名。**炎帝氏以火紀，故爲火師而火名；**杜注：「炎帝，神農氏，姜姓之祖也。亦有火瑞，以火紀事，名百官。」孔疏引服虔云：「炎帝以火名官，春官爲大火，夏官爲鶉火，秋官爲西火，冬官爲北火，中官爲中火。」其實關于炎帝與神農，古代文獻説各不同，不必深究。服虔此説亦無據。**共工氏以水紀，故爲水師而水名；**杜注：「共工以諸侯霸有九州者，在神農前，大皞後，亦受水瑞以水名官。」孔疏引服虔説：「共工以水名官，春官爲東水，夏官爲南水，秋官爲西水，冬官爲北水，中官爲中水。」服虔以東南西北中配春夏秋冬中，純是受後人五行影響之説。**大皞氏以龍紀，故爲龍師而龍名。**杜注：「大皞，伏犧氏，風姓之祖也，有龍瑞，故以龍命官。」漢書律曆志以炎帝爲神農，以大皞爲包犧（即伏犧），杜注本之，而後之人争論不休，古代傳説，已無可信史料足證。至孔疏引服虔説，「大皞以龍名官，春官爲青龍氏，夏官爲赤龍氏，秋官爲白龍氏，冬官爲黑龍氏，中官爲黄龍氏」，亦受五行説而作此臆測。**我高祖少皞摯之立也，**卜辭有「高祖夒」、「高祖亥」、「高祖乙」，尚書盤庚下「肆上帝將復我高祖之德」，陳侯因資敦銘文云：「其惟因資揚皇考，邵緟高祖黄帝。」諸高祖皆謂遠祖或始祖。互詳十五年傳並注。**鳳鳥適至，故紀於鳥，爲鳥師而鳥名：鳳鳥氏，曆正也；**杜注：「鳳鳥知天時，故以名曆正之官。」**玄鳥氏，司分者也；**玄鳥即燕。秋月分謂春分、秋分。燕以春分來，秋分去，故名。**伯趙氏，司至者也；**伯趙即伯勞，一名博勞，一名鵙。

以所捕動物貫於小枝，儲作冬糧。鳴聲甚壯。杜注云：「以夏至鳴，冬至止。」**青鳥氏，司啓者也；**杜注：「青鳥，鶬鷃也，以立春鳴，立夏止。」孔疏云：「立春、立夏謂之啓。」青鳥不知今何名，文選西京賦李善注引杜注謂「青鳥，鶬鶊也」。鶬鶊今作倉庚，俗稱黄鶯，然西京賦云「況青鳥與黄雀」，黄雀即黄鶯（據陸璣毛詩草木鳥獸蟲魚疏），則分青鳥與黄雀爲二，李注所引亦不足據也。**丹鳥氏，司閉者也。**杜注：「丹鳥，鷩雉也。」鷩雉今名錦鷄，亦名天鷄。杜又云：「以立秋來，立冬去。入大水爲蜃。」據此，則不似天鷄。天鷄出中國西南，山東未必能有之。杜説存疑。杜又云：「上四鳥皆曆正之屬官。」**祝鳩氏，司徒也；**杜注：「祝鳩，鵻鳩也。鵻鳩孝，故爲司徒，主教民。」鵻鳩即鵓鴣，爾雅釋鳥謂之鳺鴀，天將雨，鳴聲甚急。亦即詩小雅四牡「翩翩者鵻」之鵻。杜注謂之性孝，恐傅會之説。**鴡鳩氏，司馬也；**杜注：「鴡鳩，王鴡也。鷙而有別，故爲司馬主法制。」王鴡，鵰類，亦謂之鶚，毛詩草木鳥獸蟲魚疏云「幽州人謂之鷲」，是猛武之禽。杜注云「有別」，則未必如此。**鳲鳩氏，司空也；**杜注：「鳲鳩，鴶鵴也。鳲鳩平均，故爲司空平水土。」詩曹風鳲鳩序云：「鳲鳩，刺不壹也。」不壹即不平。毛傳云：「鳲鳩之養其子，朝從上下，莫（暮）從下上，平均如一。」鳲鳩即今之布穀，每穀雨後始鳴，夏至後乃止，農民以爲候鳥，其聲似布穀。**爽鳩氏，司寇也；**杜注：「鷞鳩，鷹也。鷙，故爲司寇，主盜賊。」**鶻鳩氏，司事也。**鶻鳩亦名鶌鳩、鶻鵃，杜注謂「鶻鳩，鶻鵰也」。鵰即鵃字，非鵰類禽。杜又云「春來冬去」，則司事蓋指農事，春夏秋忙，冬閑。**五鳩，鳩民者也。**杜注：「鳩，聚也。治民上聚，故以鳩爲名。」五鳩即上文之祝鳩、鴡鳩、鳲鳩、鷞鳩、鶻鳩。**五雉爲五工正，**杜注：「五雉，雉有五種，西方曰鷷雉，東方曰鶅雉，南方曰翟雉，北方曰鵗雉，伊、洛之南曰翬雉。」五工正，賈逵、樊光俱謂攻木之工、摶埴之工、攻金之工、攻皮之工、設五色之工。然此據爾雅釋鳥配考工記（考工記尚有利摩之工，凡六工，此僅言五工正，故省其一）爲説，蓋漢人相傳之説，不足以釋此，故杜不用。詳孔疏。**利器用、正度量，夷民者也。**孔疏云：「雉聲近夷（古同韻部），雉訓夷，夷爲平，故以雉名工正之官，使其利便民之器用，正丈尺之度、斗斛之量，所以平均下民也。」**九扈爲九農正，**沈欽韓補注云：「扈，説文作雇，或作鶚，籀文作鳸。蔡邕獨斷：『春扈氏農正，趣民耕種；夏扈氏農正，趣民芸除；秋扈氏農正，趣民收斂；冬扈氏農正，趣民蓋藏；棘扈氏農正，常謂茅氏，一曰掌人百果；行扈氏農正，晝爲民驅鳥；宵扈氏農正，夜爲民驅獸；桑扈氏農正，趣民養蠶；老扈氏農正，趣民收麥。』」其餘異説尚多，皆不足憑，姑引此説。**扈民無淫者也。**杜注：「扈，止也。止民使不淫放。」焦循補疏云：「扈，止，見小爾雅，與户訓止同也。」**自顓頊以來，不能紀遠，乃紀於近。爲民師而命以民事，則不能故也。」**楚語下云：「少皞之衰也，九黎亂德，顓頊受之，乃命南正重司天以屬神，命火正黎司地以屬民。」則顓頊乃繼少皞爲帝，其官有南正、火正，不用鳥、雲、龍、火、水等名爲官名，即「爲民師而命以民事」，其不能以龍、鳥紀者，無遠來之天瑞，故以就近之民事爲官名。

仲尼聞之，見於郯子而學之。此時孔丘年二十七。**既而告人曰：「吾聞之，『天子失官，官學在四夷』，**梁履繩補釋云：「案石經重一『官』字。家語辨物篇王肅注云：『孔子稱官學在四夷。』似正文本有官字，轉寫脱去。」金澤文庫重「官」字，與王肅本合，今依訂增。**猶信。」**宋家鉉翁春秋詳説云：

「所謂夷，非夷狄其人也。言周、魯俱衰，典章闕壞，而遠方小國之君乃知前古官名之沿革，蓋録之也。亦如孟子謂舜爲東夷之人，文王爲西夷之人，爲言遠也。或者遂以郯爲夷國，失之矣。」孔疏亦引王肅云：「郯，中國也。故吴伐郯，季文子歎曰：『中國不振旅，蠻夷入伐，吾亡無日矣。』」章炳麟左傳讀云：「劉子駿讓大常博士書云『夫禮失求之於野』，此左傳家釋官在四夷之義也。後漢書朱浮傳，浮上書曰『語曰，中國失禮，求之於野』，即本此。」

一七·四

晉侯使屠蒯如周，請有事於雒與三塗。屠蒯已見九年傳。杜注：「屠蒯，晉侯之膳宰也，以忠諫見進。」雒即雒水，今作洛水，段玉裁經韻樓集有伊雒字古不作洛考，亦見其説文解字注。三塗山在今河南嵩縣西南，伊水之北，詳四年傳注。有事，祭祀也。雒與三塗皆在成周，故請于周。**萇弘謂劉子曰：**淮南子氾論訓云：「昔者萇弘，周室之執數者也，天地之氣、日月之行、風雨之變、律曆之數，無所不通，然而不能自知，鈹（本作車，今從王念孫讀書雜志訂正）裂而死。」**「客容猛，非祭也，其伐戎乎！陸渾氏甚睦於楚，**陸渾氏即陸渾之戎，詳僖二十二年傳並注。**必是故也。君其備之！」**君爲敬稱之詞，不必國君始稱君。此於劉子稱君。此劉子當是劉獻公，即二十二年傳之劉子摯。**乃警戎備。九月丁卯，**丁卯，二十四日。**晉荀吴帥師涉自棘津，**棘津，顧棟高大事表據水經注以爲在今河南汲縣南七里，沈欽韓左傳地名補注引元和志，説與顧同。或又以爲即今汲縣南延津縣北之胙城。唯江永考實謂汲縣與陸渾戎相距甚遠，又非所由之道，乃從水經河水五注引服虔説，謂棘津猶孟津也。**使祭史先用牲于雒。**顧棟高大事表十謂「祭史」即「祝史」。陸渾人弗知，師從之。庚午，庚午，二十七日。遂滅陸渾，數之以其貳於楚也。數謂數其罪，句法與僖二十八年傳「數之以其不用僖負羈而乘軒者三百人也」相同。陸渾子奔楚，其衆奔甘鹿。顧祖禹方輿紀要及彙纂謂甘鹿在今河南宜陽縣東南五十里。水經甘水注謂鹿蹏山在河南陸渾故城西北，則甘鹿在今河南嵩縣西北，江永考實謂「以傳文證之，似亦可據」。其實兩者相距不遠。周大獲。杜注：「先警戎備，故獲。」周大獲所奔之戎衆爲俘囚。宣子夢文公攜荀吳而授之陸渾，故使穆子帥師，穆子即荀吳。獻俘于文宫。杜注：「欲以應夢。」文宫即晉文公廟。

一七·五

冬，有星孛于大辰，古人孛、彗不分，至晉書天文志始以光芒四射者爲孛，長尾者爲彗。此乃是彗星，即俗所謂掃帚星。大辰即心宿二，又名大火。西及漢。漢即銀河。謂彗星長尾光芒西及于銀河。申須曰：「彗所以除舊布新也。杜注：「申須，魯大夫。」彗爲掃帚，所以去塵，故云除舊布新。天事恒象，周語上内史過亦云「夫天事恒象」，韋昭注曰：「恒，常也。事善象吉，事惡象凶也。」此蓋古代迷信常用語。今除於火，言此時大火之星將不見。火出必布焉，大火星再出現，必布散爲災。諸侯其有火災乎！」梓慎曰：「往年吾見之，是其徵也。言去年亦見彗星，徵兆已見。火出而見，去年大火出現時而見彗星。今兹火出而章，今年大火星出而彗星更明亮。必火入而伏，秋季大火始入，火災亦即無有。其居火也久矣，彗星與大火相居二年來已二次。其與不然乎？其作豈用，與作句中助詞，無義。例證見詞詮。杜注：「言必然也。」**火出，於夏爲三月，**言夏正三月大火星昏見。**於商爲四月，**商正以丑月爲正月。**於周爲五月。夏數得天，**言夏正與自然氣象適應。夏正大體以立春之月爲正月，故周書周月云：「萬物春生、夏長、秋收、冬藏，天地之正，四時之極（猶言標準），不易之道。夏數得天。」互參白虎通三正篇、史記曆書、蔡邕獨斷。**若火作，其四國當之，在宋、衞、陳、鄭乎！宋，大辰之虚也；**古代將星宿分爲十二次，配屬于各國，謂之分野。大火爲宋分野。**陳，大皞之虚也，**大皞氏舊居陳。僖二十一年傳云：「任、宿、須句、顓臾，風姓也，實司大皞與有濟之祀。」陳爲舜後，任、宿諸國始是大皞之後，不過相傳大皞居陳而已。杜注「木，火所自出」，不得其解，恐傅會之談。**鄭，祝融之虚也，**杜注：「祝融，高辛氏之火正，居鄭。」**皆火房也。**杜注：「房，舍也。」**星孛及漢；**「及」原作「天」，今從校勘記及金澤文庫本正。**漢，水祥也。**杜注：「天漢，水也。」漢本水名。**衞，顓頊之虚也，故爲帝丘，**衞此時早已徙居帝丘，即今河南濮陽縣西南之顓頊城，相傳爲顓頊所居。**其星爲大水，**杜注：「衞星營室。營室，水也。」**水，火之牡也。**言水火相配，水爲雄，火爲雌。**其以丙子若壬午作乎！**若，或也。作謂發火災。**水火所以合也。**杜注：「丙午，火；壬子，水。水火合而相薄，水少而火多，故水不勝火。」**若火入而伏，必以壬午，不過其見之月。」**杜注：「火見，周之五月。」以上申須、梓慎之言，皆以天象關連人事迷信之語，早已不可解，且極不科學，亦不必解。杜注不得已而解之，亦未必確。

鄭裨竈言於子産曰：「宋、衞、陳、鄭將同日火。若我用瓘斝玉瓚，鄭必不火。」瓚，杓也。玉瓚即圭瓚。尚書文侯之命「圭瓚」傳云：「以圭爲杓柄，謂之圭瓚。」孔疏引鄭云：「圭瓚之狀，以圭爲柄，黄金爲勺，青金爲外，朱中央。」王國維觀堂集林説斝云：「斝，古人不獨以爲飲器，又以爲灌尊。周禮司尊彝『秋嘗冬烝，祼用斝彝黄彝』。余見日本住友男爵家所藏一斝，其器至大，殆與壺尊之大者所受同，蓋即古之灌尊。則斝彝者，其器即以斝爲之。明堂位『灌尊，夏后氏以雞夷，殷以斝，周以黄目』。左氏昭十七年傳『若我用瓘斝玉瓚』，案瓘當作灌，灌斝即灌尊。斝所以盛鬯，瓚所用以灌也。」裨竈請用瓘斝玉瓚，即用以祭神，禳除火災。

子産弗與。杜注：「爲明年宋、衞、陳、鄭災傳。」

一七·六

吴伐楚，陽匄爲令尹，卜戰，不吉。杜注：「陽匄，穆王曾孫，令尹子瑕。」孔疏引世本：「穆王生王子揚，揚生尹，尹生令尹匄。」司馬子魚曰：「我得上流，何故不吉？杜注：「子魚，公子魴也。順江而下，易用勝敵。」且楚故，楚故猶言楚國舊例。司馬令龜，楊樹達先生讀左傳云：「周禮春官大卜有『命龜』，令龜即命龜也。令、命同義。」卜前告以所卜之事曰命龜。我請改卜。」令曰：「魴也以其屬死之，楚師繼之，其屬，子魚之私卒。楚師，則國家師旅。尚大克之！」尚，表希冀副詞。吉。戰于長岸，張洽春秋集傳引地譜謂此乃水戰。長岸，大事表七之四謂今安徽當塗縣西南三十里有西梁山，與和縣南七十里東梁山夾江相對，如門之闕，亦曰天門山。據太平寰宇記，當塗西南有二山夾大江曰博望，楚獲吴餘皇於此。子魚先死，楚師繼之，大敗吴師，獲其乘舟餘皇。杜注：「餘皇，舟名。」使隨人與後至者守之，環而塹之，及泉，盈其隧炭，陳以待命。此楚人防吴人竊取餘皇。蓋移舟于岸，四周挖深溝，以至泉水。溝有出入道曰隧，以其及地下水而濕，故以炭填滿之，爲陳以待吴人。吴公子光請於其衆，杜注：「光，諸樊子闔廬。」光乃夷末子。杜預蓋據史記吴世家而誤。詳襄三十一年傳並注。曰：「喪先王之乘舟，豈唯光之罪，衆亦有焉。請藉取之以救死。」杜注：「藉衆之力以取舟。」衆許之。使長鬣者三人潛伏於舟側，長鬣者，長壯之人，參昭七年傳並注。曰：「我呼餘皇，則對。」「餘」字本無，據校勘記及金澤文庫本增。師夜從之。杜注：「師，吴師也。」三呼，皆迭對。杜注：「迭，更也。」楚人從而殺之。謂楚師追逐吴之呼應者，光率師殺楚師。楚師亂，吴人大敗之，取餘皇以歸。

十八年，丁丑，公元前五二四年。周景王二十一年、晉頃二年、齊景二十四年、衞靈十一年、蔡平六年、鄭定六年、曹平四年、陳惠六年、杞平十二年、宋元八年、秦哀十三年、楚平五年、吴僚三年、許悼二十三年。

經

一八・一　十有八年春王三月，正月初十辛巳冬至，建子。曹伯須卒。

一八・二 夏五月壬午，壬午，十三日。宋、衛、陳、鄭災。

一八・三 六月，邾人入鄅。鄅音禹。據顧棟高大事表，鄅國，妘姓，子爵，在今山東臨沂縣北十五里。明年宋以婚姻之國伐邾，邾盡歸鄅俘，則鄅又復存。不知何年其地入于魯，哀三年魯城啓陽，啓陽即鄅國。

一八・四 秋，葬曹平公。

一八・五 冬，許遷于白羽。成十五年許遷于葉，自後常以葉爲都。昭九年自葉遷于夷，十一年遷許于楚境内，十三年平王復之，又歸于葉。傳云「葉在楚方城之外蔽」，則足證楚自葉遷許。白羽在今河南西峽縣西關外。

傳

一八・一 十八年春王二月乙卯，乙卯，十五日。周毛得殺毛伯過，而代之。杜注：「代居其位。」萇弘曰：「毛得必亡。是昆吾稔之日也，詩商頌長發云「韋顧既伐，昆吾、夏桀」，故尚書湯誓孔疏引皇甫謐云：「左氏以爲昆吾與桀同以乙卯日亡。」昆吾本人名，韋昭鄭語「昆吾爲夏伯矣」注謂「昆吾，祝融之孫，陸終第一子」。吕氏春秋君守篇「昆吾作陶」，即此人也。又詳十二年傳「昔我皇祖伯父昆吾」注。初封于帝丘，故哀十七年傳衛有昆吾之觀、昆吾之虚。其後國仍名昆吾，其君亦曰昆吾。續漢書郡國志一注「安邑」下引帝王世紀曰：「縣西有鳴條陌，湯伐桀，戰昆吾亭。左傳，昆吾與桀同日亡。」尚書湯誓孔疏解之云：「明昆吾亦來安邑，欲以衞桀，故同日亡，而安邑有其亭也。」杜注：「稔，熟也，侈惡積熟。」即惡貫滿盈意。**侈故之以。**即「以侈之故」倒裝句，與十三年傳「魯故之以」同。**而毛得以濟侈於王都，不亡，何待？」**杜注：「爲二十六年毛伯奔楚傳。」

一八·二　**三月，曹平公卒。**杜注：「爲下會葬見原伯起本。」然亦説明經之曹伯須即曹平公。蓋左氏傳例，如於經無所補充或解釋，則不爲傳，故有有經無傳者。

一八·三　**夏五月，火始昏見。**火即大火，心宿二。**丙子，**丙子，七日。**風。梓慎曰：「是謂融風，火之始也；**淮南子地形訓曰：「東北曰炎風。」高誘曰：「艮氣所生也，一曰融風。」張晏曰：「融風，立春木風也，火之母也，火所始生也。」**七日，其火作乎！**」杜注：「從丙子至壬午七日。壬午，水火合之日，故知火當作。」**戊寅，**戊寅，九日。**風甚。壬午，大甚。宋、衞、陳、鄭皆火。梓慎登大庭氏之庫以望之，**杜注：「大庭氏，古國名，在魯城内，魯於其處作庫，高顯，故登以望氣。」莊子胠篋篇謂「昔者容成氏、大庭氏」云云，則大庭氏爲相傳古帝之名，或後以爲國也。續漢書郡國志亦云：「魯國有大庭氏之庫。」**曰：「宋、衞、陳、鄭也。」數日皆來告火。**

裨竈曰：「不用吾言，鄭又將火。」杜注：「前年（去年）裨竈欲用瓘斝禳火，子産不聽，今復請用之。」**鄭人請用之，子産不可。子大叔曰：「寶以保民也，**楊樹達先生讀左傳云：「寶、保古音同，此以聲爲訓。」若有火，有同又。國幾亡。幾，殆也。可以救亡，子何愛焉？」愛，惜也。子產曰：「天道遠，人道邇，非所及也，何以知之？自然之理幽遠，人世之理切近，兩不相關，如何由天道而知人道。竈焉知天道？是亦多言矣，是，此人，指裨竈。豈不或信？」亦有偶爾言中者。遂不與。亦不復火。

鄭之未災也，里析告子產曰：「將有大祥，杜注：「里析，鄭大夫。祥，變異之氣。」民震動，國幾亡。吾身泯焉，泯，滅也，盡也，猶言死亡。弗良及也。杜注：「言將先災死。」孔疏引服虔云：「良，能也。」國遷，國謂都城，即隱元年傳「大都不過參國之一」之「國」。此謂遷都。其可乎？」子產曰：「雖可，吾不足以定遷矣。」蓋謂遷都乃大事，一人不足以決定。吴闓生以子產死于二十年，因謂「子產亦將死，故不足以定遷也」，不知子產於後二年始病，病數月始死，此時何由預知其死。及火，里析死矣，未葬，子產使輿三十人遷其柩。

火作，子產辭晉公子、公孫于東門，晉在鄭西，而辭于東門者，蓋東門鄭之繁華區市，詩鄭風「出其東門，有女如雲」、「東門之墠」、「東門之栗」，屢言東門而不言西、南、北門，蓋雖有此三門，而不若東門道路之平易也。使司寇出新客，新客，杜注：「新來聘者。」禁舊客勿出於宮。舊客，諸侯之大夫已來者。宮猶宅也。自秦以後始以帝王所居擅宮名。禁之者，恐火而亂因受害也。其所居蓋已防火及之矣。

使子寬、子上巡羣屏攝，至于大宮。子寬，游吉之子游速。子上，世族譜列于雜人，非駟帶也。駟帶字子上，已死于六年。杜注：「二子，鄭大夫。屏攝，祭祀之位。大宮，鄭祖廟。巡行宗廟，不得使火及之。」使公孫登徙大龜，杜注：「登，開卜大夫。」使祝史徙主祏於周廟，告於先君。祏音石。杜注：「祏，廟主石函。周廟，厲王廟也。有火災，故合羣主於祖廟，易救護。」使府人、庫人各儆其事。杜注：「儆，備火也。」禮記曲禮下「在府言府，在庫言庫」，鄭玄注：「府謂寶藏貨賄之處也，庫謂車馬兵甲之處也。」蓋府庫亦可互通，周禮有大府、内府等而無掌庫之官。商成公儆司宮，杜注：「商成公，鄭大夫。司宮，巷伯、寺人之官。」亦子産使之。出舊宫人，寘諸火所不及。杜注：「舊宫人，先公宮女。」司馬、司寇列居火道，一則救火，一則禁盜。行火所焮。焮音欣，集韻：「爇也。」火所燒處，行而救助之。城下之人伍列登城。杜注：「爲部伍登城，備姦也。」楊寬古史新探謂「城下之人，當即鄉中的正卒」。明日，使野司寇各保其徵，杜注：「野司寇，縣士也。火之明日，四方乃聞災，故戒保所徵役之人。」孔疏云：「周禮司寇屬官有縣士，各掌其縣之民數而聽其獄訟。若邦有大役，聚衆庶。」各保其徵，使所徵發之徒役不散。郊人助祝史，除於國北，楊寬云：「郊人即是郊内鄉的長官。」杜注：「爲祭處於國北者，就大陰禳火。」除，除地爲祭祀之壇。禳火于玄冥、回禄，杜注：「玄冥，水神。回禄，火神。」祈于四鄘。杜注：「鄘，城也。城積土，陰氣所聚，故祈祭之，以禳火之餘災。」書焚室而寬其征，與之材。登記被燒之房舍，減免其賦稅，與以築室之材。**三日哭，國不市。**杜注：「示憂戚，不會市。」**使行人告於諸侯。宋、衞皆如是。陳不救火，許不弔災，君子是以知陳、許之先亡也。**哀十七年楚滅陳，定六年鄭滅許。

一八·四

六月，鄅人藉稻，鄅人即鄅君。藉有數説：孔疏引服虔云：「藉，耕種於藉田也。」即古代天子爲藉田千畝，諸侯爲藉田百畝，一般于立春前後，君王親耕一次，純係形式，掘發土塊而已，謂之藉禮。然此時已是夏正四月，種稻之時，非行藉禮之時，服説不可從。杜注云：「其君自出藉稻，蓋履行之。」孔疏云：「藉，踐履之義，故爲履行之。」即巡行踏勘其藉田以督農奴耕種。此説較可信。或謂藉即襄二十五年傳「賦車藉馬」之藉，謂督收田税。然一則此非收割之時，二則收税有專官，人君不親往。此妄説。**邾人襲鄅。鄅人將閉門，**關閉城門。**邾人羊羅攝其首焉，**杜注：「斬得閉門者頭。」孔疏：「攝訓爲持也，斬得閉門者首而持其頭。」焦循補疏亦云：「攝首者，手提其頭。」俞樾平議則云：「此蓋以手相搏，而攝持其頭，非斬之也。閉門者既爲所持，不能自脱，邾衆遂乘間而入耳。」竹添光鴻會箋云：「論語：『千乘之國攝乎大國之間。』攝，夾攝。羊羅攝其首，亦言其首爲門扇所夾攝也。蓋羅先鄅人未閉門，急以己首内於門，門扇爲首所礙，不得閉，因遂入之也。」然城門之扇甚重，頭伸入而爲城門所夾，必將破碎，此説不合情理。**遂入之，盡俘以歸。**鄅，國小民少，故邾人能盡俘其人。**鄅子曰：「余無歸矣。」從帑於邾，**其妻室亦被俘，故從之而至邾。**邾莊公反鄅夫人，而舍其女。**舍，據孔疏，止而留之。

一八·五　秋，葬曹平公。往者見周原伯魯焉，杜注：「原伯魯，周大夫。」與之語，不説學。説同悦。歸以語閔子馬。閔子馬曰：「周其亂乎！夫必多有是説，是説，不學之説。而後及其大人。杜注：「大人，在位者。」言不好學之説多，然後影響及在位者。大人患失而惑，患失即論語陽貨篇之「患失之」，患失位也。章炳麟左傳讀謂患借爲慣，失通佚；患失意即慣于安逸，不可信。惑，不明理也。又曰：『可以無學，無學不害。』不害而不學，以無知爲無害，因而不學。則苟而可，則一切政務苟且即可。於是乎下陵上替，在下者駕陵于上。替，廢也，惰也，弛也。在上者廢弛也。能無亂乎？夫學，殖也。殖，種植。言學習譬如種植。不學，將落，孔疏云：「夫學如殖草木也，不學則才知日退，將如草木之隊（墜）落枝葉也。」原氏其亡乎！」此章應王室亂，及二十九年殺原伯魯之子。

一八·六　七月，鄭子産爲火故，大爲社，竹添光鴻會箋云：「爲火特祭，蓋禮物備具，大於常祭，故稱大也。」然祭社未有作爲社者，此解無據。周禮典同注：「爲，作也。」句謂大築社廟也。祓禳於四方，祭四方之神以解除災患。振除火災，説文：「振，舉救之也。」易萃象辭「君子以除戎器，戒不虞」，孔疏：「除者，治也。脩治戎器。」振除猶言救治。禮也。乃簡兵大蒐，精選車乘徒兵，將大檢閲，大演習。將爲蒐除。爲檢閲清除場地。子大叔之廟在道南，其寢在道北，禮記喪大記云「君夫人卒於路寢，大夫世婦卒於適寢」，則此寢即適寢，子大叔家所居也。其庭小，其庭謂子大叔廟寢之庭。因其小，故必須拆毀其廟或寢。

過期三日，清除檢閲之場地，必須拆毁若干建築物，而有限期。使除徒陳於道南廟北，除徒，子大叔所命清除場地之徒卒。陳，列也。曰：「子産過女，而命速除，乃毁於而鄉。」鄉同向。除徒所向，子大叔之廟也。欲拆毁廟。子産朝，過而怒之。杜注：「怒不毁。」除者南毁。拆廟垣。子産及衝，衝，四通八達之處，即街道交叉之中心點。使從者止之，曰：「毁於北方。」不毁廟而毁其居室。

火之作也，子産授兵登陴。授以兵器，登于城牆。子大叔曰：「晉無乃討乎？」杜注：「辭晉公子公孫，而授兵，似若叛晉。」子産曰：「吾聞之，小國忘守則危，況有災乎？國之不可小，國家之不可被人輕視。有備故也。」既，晉之邊吏讓鄭曰：「鄭國有災，晉君、大夫不敢寧居，晉君及其大夫不敢安居。卜筮走望，走爲動詞，望爲名詞。哀六年傳「江、漢、睢、漳，楚之望也」，昭七年傳「並走羣望」，二十六年傳「並走其望以祈王身」皆可證。走望，謂四出祭祀名山大川。不愛牲玉。祭祀必用犧牲玉帛，晉不吝惜。鄭之有災，寡君之憂也。今執事撊然授兵登陴，孔疏引服虔云：「撊然，猛貌也。」將以誰罪？邊人恐懼，不敢不告。」子産對曰：「若吾子之言，敝邑之災，君之憂也。敝邑失政，天降之災，又懼讒慝之間謀之，以啓貪人，荐爲敝邑不利，杜注：「荐，重也。」重即再次。以重君之憂。幸而不亡，猶可説也；授兵之事，尚可解釋。不一八・七 幸而亡，君雖憂之，亦無及也。也作矣用。鄭有他竟，望走在晉。顧炎武日知録二十七云：「言鄭有他竟之憂也，則望晉走晉以救助之。」既事晉矣，其敢有二心？」

楚左尹王子勝言於楚子曰：「許於鄭，仇敵也，而居楚地，以不禮於鄭。十三年平王復遷邑，許自楚境還居葉，恃楚而不事鄭。葉亦楚邑。晉、鄭方睦，鄭若伐許，而晉助之，楚喪地矣。君盍遷許。許不專於楚，許若遷出楚境，則不爲楚所專有。鄭方有令政，令，善也。許曰：『余舊國也。』許舊在許昌市，後爲鄭所有。襄十一年傳言諸侯伐鄭，「東侵舊許」，昭十二年傳楚靈王云「伯父昆吾舊許是宅，今鄭人貪賴其田」，並可爲證。鄭曰：『余俘邑也。』隱十一年鄭莊公滅許而復存之，許遷後，鄭仍得其地。葉在楚國，方城外之蔽也。杜注：「爲方城外之蔽障。」會箋云：「是年楚子遷許于析，更以葉封沈諸梁，號曰葉公。定五年葉公始見于傳，哀四年再見，十六年又見，蓋自是爲楚重鎮矣。」土不可易，杜注：「易，輕也。」言國土不可輕視。國不可小，杜注：「謂鄭。」許不可俘，讎不可啓，君其圖之！」楚子説。説同悦。冬，楚子使王子勝遷許於析，實白羽。杜注：「於傳時，白羽改爲析。」蓋以經言白羽，則白羽爲舊名，析則作傳時名。

十九年，戊寅，公元前五二三年。周景王二十二年、晉頃三年、齊景二十五年、衞靈十二年、蔡平七年、鄭定七年、曹悼公午元年、陳惠七年、杞平十三年、宋元九年、秦哀十四年、楚平六年、吳僚四年、許悼二十四年。

經

一九·一 十有九年春，正月二十一日丙戌冬至，建子。宋公伐邾。杜注：「爲鄅。」

一九·二 夏五月戊辰，戊辰，五日。許世子止弑其君買。

一九·三 己卯，己卯，十六日。地震。無傳。

一九·四 秋，齊高發帥師伐莒。

一九·五 冬，葬許悼公。無傳。

傳

一九·一 十九年春，楚工尹赤遷陰于下陰，陰謂陰地之戎。陰本周邑，見二十二年傳並注。昭九年傳有陰戎，杜注謂即陸渾之戎，蓋屬晉矣。或者其散居伊川之外者，楚猶能遷之。下陰在今湖北光化縣（今已改爲老河口市）西，漢水北岸。令尹子瑕城郟。郟本鄭邑，後屬楚。元年楚城犨、櫟、郟三邑，鄭人懼。郟即今河南三門峽市稍西北舊郟縣治。叔孫昭子曰：「楚不在諸侯矣，其僅自完也，以持其世而已。」遷陰城郟，皆是防禦性措施，故云「僅自完」。完，保守也。持，守也，保也。

一九·二　楚子之在蔡也，郹陽封人之女奔之，生大子建。杜注：「蓋爲大夫時往聘蔡。」孔疏云：「賈逵云：『楚子在蔡，爲蔡公時也。』杜以楚子十一年爲蔡公，十三年而即位，若在蔡生子，唯一二歲耳，未堪立師傅也。至今七年，未得云『建可室矣』，故疑爲大夫時聘蔡也。」郹陽，郹音決，蔡邑，亦即二十三年傳之郹，當在今河南新蔡縣境。娶女不依禮曰奔，猶近代之姘居。及即位，使伍奢爲之師，杜注：「伍奢，伍舉之子，伍員（音云）之父。」費無極爲少師，無寵焉，太子建不喜之。欲譖諸王，曰：「建可室矣。」杜注：「室，妻也。」此作動詞，猶云成家，即娶妻。王爲之聘於秦，無極與逆，迎娶也。勸王取之。正月，楚夫人嬴氏至自秦。杜注：「王自取之，故稱『夫人至』，爲下拜夫人起。」

一九·三　鄅夫人，宋向戌之女也，向戌已見成十五年傳並注。故向寧請師。杜注：「寧，向戌子也。請於宋公伐邾。」程公説春秋分紀云：「戌生五子，曰勝，曰宣，曰鄭，曰行，曰寧。」二月，宋公伐邾，圍蟲。蟲，邾邑，當今山東濟寧縣境。三月，取之，乃盡歸鄅俘。

一九·四　夏，許悼公瘧。患瘧疾。五月戊辰，飲大子止之藥卒。大子奔晉。書曰「弒其君」，君子曰：「盡心力以事君，舍藥物可也。」服虔曰：「禮，醫不三世不使。君有疾，飲藥，臣先嘗之；親有疾，飲藥，子先嘗之。公疾未瘳，而止進藥，雖嘗而不由醫而卒，故國史書『弒』告於諸侯。」萬斯大學春秋隨筆云：「夫瘧非必死之疾，治瘧無立斃之劑。今藥出自止，飲之即卒，是有心毒殺之也。」

一九·五 邾人、郳人、徐人會宋公。乙亥，乙亥，五月十二日。同盟于蟲。杜注：「終宋公伐邾事。」

一九·六 楚子爲舟師以伐濮。杜注：「濮，南夷也。」詳見文十六年傳「百濮」注。費無極言於楚子曰：「晉之伯也，邇於諸夏，而楚辟陋，辟同僻。故弗能與争。若大城城父，春秋同名異地者多，城父亦有二，昭九年傳之城父，本陳國夷邑，漢于此置城父縣。此城父則本屬楚之邑，在今河南寶豐縣東四十里，漢以避同名故，改名父城縣，今名曰父城保。段玉裁校本、王引之述聞、孔廣林校經録、江永地理考實、沈欽韓地名補注皆據漢志、晉志、水經汝水注諸書説漢以後地理者謂此「城父」爲「父城」之誤倒，實難依據，況史記楚世家及張守節正義引括地志亦並作「城父」耶？唯顧棟高大事表謂楚有兩城父，甚確。史記正義引服虔説亦作「城父」。而寘大子焉，以通北方，王收南方，是得天下也。」王説，從之。故大子建居于城父。

令尹子瑕聘于秦，拜夫人也。

一九·七 秋，齊高發帥師伐莒，杜注：「莒不事齊故。」莒子奔紀鄣。杜注：「紀鄣，莒邑也。」當在今江蘇贛榆縣北，或在今柘汪與海頭之間。使孫書伐之。杜注：「孫書，陳無宇之子子占也。」初，莒有婦人，莒子殺其夫，已爲嫠婦。杜注：「寡婦爲嫠。」嫠音釐。及老，託於紀鄣，託，寄居。與襄二十七年傳「託於木門」義同。紡焉以度而去之。紡線或葛絲爲繩索也。度，量城之高度也。去，藏也，亦作弆，音莒。漢書陳遵傳「皆藏去以爲榮」，師古注：「去亦藏也。」説詳顧炎武補正下。及師至，則投諸外。孔疏：「當是繫繩城上而投其所垂於外。」杜注以爲「隨之而出」，劉炫云「婦人不出」，此則難追究，亦不必追究矣。或獻諸子占，子占使師夜縋而登。杜注：「緣繩登城。」登者六十人，縋絶。師鼓譟，城上之人亦譟。莒共公懼，啓西門而出。七月丙子，丙子，十四日。齊師入紀。孔疏云：「此紀即上紀鄣也。釋例土地名於莒地有紀鄣、紀二名。」

一九·八　是歲也，鄭駟偃卒。子游娶於晉大夫，生絲，弱，杜注：「子游，駟偃也。弱，幼少。」其父兄立子瑕。孔疏引世本「子游、子瑕並公孫夏之子」，則子瑕乃絲之叔父。世族譜云：「子瑕，駟乞，獻子。」子產憎其爲人也，杜注：「憎子瑕。」且以爲不順，應立子而立弟，非春秋時繼承之常法。弗許，亦弗止。杜注：「許之爲違禮，止之爲違衆，故中立。」駟氏聳。杜注：「聳，懼也。」他日，絲以告其舅。其舅即晉之大夫。冬，晉人使以幣如鄭，問駟乞之立故。駟氏懼，駟乞欲逃，子產弗遣；請龜以卜，亦弗予。大夫謀對，商量如何對答晉問。子產不待而對客曰：「鄭國不天，杜注：「不獲天福。」寡君之二三臣札瘥夭昏，因疫癘而死曰札，見周禮大司樂「大札令弛縣」鄭玄注。爾雅釋詁云「瘥，病也」，則病死曰瘥。短命而死曰夭。昏，王念孫云：「昏之言泯，没也。」詳王引之述聞。實則尚書益稷「下民昏墊」鄭玄注即云：「昏，没也。」亦作殙。廣雅：「殙，死也。」今又喪我先大夫偃。其子幼弱，其一二父兄懼隊宗主，隊同墜，落也，絶也。大夫之繼承者，爲一宗之主。駟偃，駟氏宗主。偃死，必有繼承之者。**私族於謀，**即謀於私族之倒文，陸粲附注已言之，王引之述聞言之更詳。**而立長親。**長親謂駟乞，親子之年長者。**寡君與其二三老曰：**孔疏云：「二三老者，鄭之卿大夫也。」儀禮聘禮記「延及二三老拜」，鄭注亦云：「大夫曰老。」實則天子、諸侯、卿大夫之用事臣均可曰老，詳元年傳注。此二三老，猶言二三大臣。**『抑天實剥亂是，吾何知焉？』**剥猶亂也，見後漢書董卓傳「因遭崩剥之勢」注。剥亂，同義詞連用。二十六年傳「單旗、劉狄剥亂天下」同。句言天欲亂繼承常法，吾等何能與聞。抑，語首助詞。**諺曰『無過亂門』，**二十二年傳：「人有言曰：『唯亂門之無過。』」周語下亦云：「人有言曰：『無過亂人之門。』」呂氏春秋原亂篇則云「故詩曰『毋過亂門』，所以遠之也」，以諺爲詩。**民有亂兵，**石經、宋本作「兵亂」，金澤文庫本作「亂兵」。**猶憚過之，而況敢知天之所亂？今大夫將問其故，抑寡君實不敢知，**抑，轉接連詞，猶而也。**其誰實知之？平丘之會，**杜注：「在十三年。」**君尋舊盟曰：『無或失職！』若寡君之二三臣，其即世者，**即世猶去世。**晉大夫而專制其位，是晉之縣鄙也，何國之爲？」**內政而爲他國干涉，是他國之縣邑也，鄭何爲國家？**辭客幣而報其使，**辭幣，示拒絕其責問。報使，示以禮待其人。**晉人舍之。**舍同捨，置而不再問也。

一九·九　**楚人城州來，沈尹戌曰：**惠棟補注云：「沈尹戌，杜注：『莊王曾孫，葉公諸梁父也。』王符潛夫論曰：『左司馬戌者，莊王之曾孫；葉公諸梁者，戌之第三弟也。』高誘呂覽注曰：『沈尹戌，莊王之孫，沈諸梁葉公子高之父也。』三說不同。」「楚人必敗。昔吳滅州來，杜注：「在十三年。」子旗請伐之。王曰：『吾未撫吾民。』今亦如之，而城州來以挑吳，能無敗乎？」侍者曰：「王施舍不倦，息民五年，可謂撫之矣。」戌曰：「吾聞撫民者，節用於內，而樹德於外，民樂其性，性同生。而無寇讎。今宮室無量，民人日駭，勞罷死轉，轉即孟子梁惠王下「老弱轉乎溝壑」之轉，尸體拋棄也。亦作轉尸，淮南子主術訓云：「死無轉尸。」死轉即死而轉尸也。忘寢與食，非撫之也。」杜注：「傳言平王所以不能霸。」

一九．一〇

鄭大水，龍鬭于時門之外洧淵，洧水源出河南登封縣東北陽城山，流經密縣，過新鄭縣南，爲洧淵。顧棟高大事表七之二云：「洧水在鄭城南，知〔時門〕是城南門也。」水經注洧水云：「洧水又東爲洧淵水，春秋傳曰『龍鬭于時門之外洧淵』，即此潭也。」國人請爲禜焉。孔疏云：「禜，祭名。元年傳曰：『山川之神，則水旱癘疫之不時，於是乎禜之。』」子產弗許，曰：「我鬭，龍不我覿也；龍鬭，我獨何覿焉？覿，見也。禳之，則彼其室也。顧炎武補正云：「言淵固龍之室也，豈能禳而去之？」彼其，其作之用。吾無求於龍，龍亦無求於我。」乃止也。

一九．一一

令尹子瑕言蹶由於楚子，杜注：「蹶由，吳王弟，五年，靈王執以歸。」曰：「彼何罪？諺所謂『室於怒市於色』者，楚之謂矣。室於怒市於色乃倒句，戰國策韓策二云「語曰『怒于室者色于市』」，即正常句。杜注：「言靈王怒吴子而執其弟，猶人忿於室家而作色於市人。」舍前之忿可也。」乃歸蹶由。

二十年，己卯，公元前五二二年。周景王二十三年、晉頃四年、齊景二十六年、衛靈十三年、蔡平八年、鄭定八年、曹悼二年、陳惠八年、杞平十四年、宋元十年、秦哀十五年、楚平七年、吴僚五年、許男斯元年。

經

二〇·一 二十年春王正月。二月初一己丑冬至，實建亥。此年有閏，詳傳注。

二〇·二 夏，曹公孫會自鄸出奔宋。無傳。「鄸」，穀梁作「夢」。杜注：「鄸，曹邑。」據山東通志，在今山東菏澤縣西北三里。會，宣公之孫，子臧之子。新序節士篇記子臧讓國之事，與成十五年傳同，唯末云「故春秋賢而褒其後」，章炳麟左傳讀謂公羊傳曰：「曷爲不書其畔？爲公子喜時之後諱也。」亦即新序「褒其後」之義。

二〇·三 秋，盜殺衛侯之兄縶。「縶」，公羊、穀梁作「輒」，縶、輒二字古音相近。王夫之稗疏云：「出公不應與伯祖父同名，左氏爲是。」

二〇・四 冬十月，宋華亥、向寧、華定出奔陳。「寧」，公羊作「甯」。

二〇・五 十有一月辛卯，辛卯，七日。蔡侯盧卒。無傳。「盧」本作「廬」，今從石經、宋殘本、金澤文庫本。

傳

二〇・一 二十年春王二月己丑，據隋書律曆志引張冑玄説、新唐書曆志一行説及王韜、新城新藏推算，朔日實爲庚寅，王韜且謂己丑爲正月晦。是年冬至，據張冑玄推算在辛卯，王韜、新城新藏同，則己丑爲二月初二也。日南至。孔疏：「曆法十九年爲一章，章首之歲必周之正月朔旦冬至。僖五年『正月辛亥朔，日南至』，是章首之歲年也。計僖五年至往年合一百三十三年，是爲七章。今年復爲章首，故云是歲朔日冬至之歲也。朔日冬至，謂正月之朔，當言正月己丑朔日南至。今傳乃云『二月己丑，日南至』，曆之正法，往年十二月宜置閏月，即此年正月當是往年閏月；此年二月乃是正月，故朔日己丑日南至也。時史失閏，往年錯不置閏，閏更在二月之後，傳於八月之下乃云閏月戊辰殺宣姜，是閏在二月後也。」但古曆粗疏，於天象未盡相合。王韜春秋朔閏日至考謂此年建亥，即認爲去年若置閏月，則此年建子矣。何幼琦左氏日南至辨惑論此甚詳。梓慎望氛，杜注：「氛，氣也。」墨子迎敵祠篇、史記文帝紀皆言望氣以覘吉凶。梓慎，魯之日官，故登臺望氣。曰：「今兹宋有亂，國幾亡，三年而後弭。蔡有大喪。」杜注：「爲宋華、向出奔，蔡侯卒傳。」叔孫昭子曰：「然則戴、桓也。杜注：「戴族，華氏；桓族，向氏。」汏侈，無禮已甚，已甚，太甚也。亂所在也。」

二〇·二 費無極言於楚子曰：「建與伍奢將以方城之外叛，自以爲猶宋、鄭也，言將割據，自成一國。齊、晉又交輔之，將以害楚，其事集矣。」襄二十六年傳「今日之事幸而集」，杜注：「集，成。」此言將成矣。王信之，問伍奢。伍奢對曰：「君一過多矣，杜注：「一過，納建妻。」說文：「多，重也。」何信於讒？」王執伍奢，使城父司馬奮揚殺大子。顧棟高大事表十云：「周禮夏官有都司馬，鄭云『都，王子弟所封及三公采地也；司馬主其軍賦』，則此城父司馬即周禮都司馬之職也。」通志氏族略四云：「奮氏，高辛氏才子八元伯奮之後。楚有奮揚。」未至，而使遣之。杜注：「知大子冤，故遣令去。」三月，大子建奔宋。王召奮揚，奮揚使城父人執己以至。服虔云：「城父人，城父大夫也。」王曰：「言出於余口，入於爾耳，誰告建也？」對曰：「臣告之。君王命臣曰：『事建如事余。』臣不佞，杜注：「佞，才也。」不能苟貳。奉初以還，杜注：「奉初命以周旋。」不忍後命，後命謂殺之。故遣之。既而悔之，亦無及已。」王曰：「而敢來，何也？」對曰：「使而失命，使命未完成故曰失命。召而不來，是再奸也。杜注：「奸，犯也。」再奸猶二次違命。逃無所入。」王曰：「歸，從政如他日。」杜注：「善其言，舍使還。」還歸城父仍爲司馬也。說苑立節篇襲取此段。

無極曰：「奢之子材，若在吳，必憂楚國，盍以免其父召之。彼仁，必來。不然，將爲患。」王使召之，曰：「來，吾免而父。」而同爾。棠君尚謂其弟員曰：棠，地名，路史國名紀三謂今之江蘇南京市之六合縣，恐不確。沈欽韓地名補注謂即棠谿城，據方輿紀要，在今河南遂平縣西北百里，或然。「棠君」，釋文云：「君或作尹。」王引之述聞以爲作「尹」者是，或謂「傳文本無『尚』字」，皆未必確。伍員，員音云，國語吳語作申胥，蓋以申爲氏，其字爲子胥。史記有伍子胥傳。「爾適吳，我將歸死。吾知不逮，知同智。自以爲才智不及其弟。我能死，爾能報。報謂報殺父之仇。聞免父之命，不可以莫之奔也；親戚爲戮，不可以莫之報也。王念孫謂「親戚謂其父也」，說詳王引之述聞。親戚古有多義，說詳顧炎武日知録卷二十四。奔死免父，孝也；度功而行，仁也；杜注：「仁者貴成功。」擇任而往，知也；員擇復仇之任，此爲智。知死不辟，勇也。尚自知往必死而仍往，爲勇。父不可棄，杜注：「俱去爲棄父。」名不可廢，杜注：「俱死爲廢名。」爾其勉之！相從爲愈。」從讀爲縱，各不相强也。從如字讀亦通，謂從我之言。伍尚歸。奢聞員不來，曰：「楚君、大夫其旰食乎！」旰音幹，晚也。謂楚之君臣將有吳國來攻之憂患，不得早食。楚人皆殺之。

員如吳，傳言伍員逕至吳，與費無極及伍尚之言合。而伍子胥傳、吕氏春秋異寶首時諸篇、吳越春秋、越絕書多言伍員經歷宋、鄭、許諸國，最後適吳，與傳異。**言伐楚之利於州于。**杜注：「州于，吳子僚。」吳、越之君無謚有號，吳子乘即壽夢，諸樊即遏，光即闔廬。史記吳世家以僚爲夷末子，然據公羊傳襄二十九年傳，則以僚（州于）爲壽夢庶長子。**公子光曰：「是宗爲戮，而欲反其讎，不可從也。」**反讎即報讎。言伍員之父兄被殺，伍員欲報其仇，伐楚非爲吳。**員曰：「彼將有他志，**杜注：「光欲弑僚，不利員用事，故破其議，而員亦知之。」**余姑爲之求士，而鄙以待之。」**杜注：「計未得用，故進勇士以求入於光。」王念孫云：「鄙以待之謂退處於野以待之也。」説詳王引之述聞。**乃見鱄設諸焉，**鱄音專，或即作「專」。「設」爲語詞，猶孟子離婁下庾公之斯、尹公之他諸「之」字，公孫丑上孟施舍之「施」字。公羊、史記、吳越春秋等書即作專諸。**而耕於鄙。**伍員事，又見呂氏春秋及諸子，而吳越春秋更多怪異之説，恐難信。

二〇·三　**宋元公無信多私，而惡華、向。華定、華亥與向寧謀曰：「亡愈於死，先諸？」**亡，逃亡。杜注：「恐元公殺己，欲先作亂。」**華亥僞有疾，以誘羣公子。公子問之，**問疾病。**則執之。夏六月丙申，**丙申，九日。**殺公子寅、公子御戎、公子朱、公子固、公孫援、公孫丁，**通志氏族略三：「宋平公子御戎字子邊。」**拘向勝、向行於其廩。**杜注：「八子皆公黨。」程公説春秋分紀世譜七云：「戌生五子，曰勝、曰宜（字子祿）、曰鄭、曰行（四子並無後）、曰寧。」互參十九年傳並注。**公如華氏請焉，弗許，遂劫之。癸卯，**癸卯，十六日。**取大子欒與母弟辰、公子地以爲質。**杜注：

「欒，景公也。」宋博古圖録三有宋公欒之鼎蓋，銘云：「宋公欒之餗鼎」，一九七八年河南固始縣掘得銅簠，銘云：「又(有)殷天乙唐(湯)孫宋公䜌乍其妹句吴夫人季子媵簠。」䜌即欒。史記宋世家謂宋景公名頭曼，或另一名。辰爲太子欒之同母弟，地是辰兄，皆宋元公之子，詳孔穎達疏及陸德明經典釋文。公亦取華亥之子無慼、向寧之子羅、華定之子啓，與華氏盟，以爲質。杜注：「爲此冬華、向出奔傳。」

二〇·四

衞公孟縶狎齊豹，杜注：「公孟，靈公兄也。齊豹，齊惡之子，爲衞司寇。狎，輕也。」奪之司寇與鄄。之猶其也。鄄，齊豹之邑，在今山東鄄城縣西北。互參莊十四年經注。有役則反之，無則取之。杜注：「縶足不良，故有役則以官邑還豹使行。」公孟惡北宫喜、褚師圃，欲去之。杜注：「喜，貞子。」公子朝通于襄夫人宣姜，杜注：「宣姜，靈公嫡母。」懼，而欲以作亂。故齊豹、北宫喜、褚師圃、公子朝作亂。

初，齊豹見宗魯於公孟，見音現，推薦也，介紹也。爲驂乘焉。杜注：「爲公孟驂乘。」馬宗璉補注：「月令鄭注：『人君之車必使勇士衣甲居右而參乘，備非常也。』宗魯爲公孟驂乘，亦是取其有勇力。」將作亂，而謂之曰：「公孟之不善，子所知也，勿與乘，吾將殺之。」對曰：「吾由子事公孟，子假吾名焉，故不吾遠也。假吾名猶言借我以善名譽，即爲我宣揚。不吾遠，不遠吾，即公孟親近我。雖其不善，吾亦知之；抑以利故，抑猶但也。不能去，是吾過也。今聞難而逃，是僭子也。僭，不信也。杜注：「使子言不信也。」子行事乎，吾將死之，以周事子；杜注：「周猶終竟也。」謂使殺公孟事成功。俞樾平議引説文，解「周」爲密，不泄言，亦通。而歸死於公孟，其可也。」丙辰，丙辰，二十九日。衞侯在平壽。杜注：「平壽，衞下邑。」公孟有事於蓋獲之門外，杜注：「有事，祭也。蓋獲，衞郭門。」齊子氏帷於門外，而伏甲焉。使祝鼃寘戈於車薪以當門，鼃同蛙。使一乘從公孟以出；使華齊御公孟，宗魯驂乘。及閎中，杜注謂「閎，曲門中」。蓋祝鼃以薪車當門，故從曲門出。齊氏用戈擊公孟，宗魯以背蔽之，斷肱，以中公孟之肩。皆殺之。公孟及宗魯皆被殺。

公聞亂，乘，驅自閱門入。慶比御公，公南楚驂乘。梁履繩補釋云：「謂公者，即公子、公孫之號，故傳又稱南楚。其後即以公南爲氏。潛夫論志氏姓云：『衞之公族公南氏。』廣韻『公』字下所引姓苑『衞大夫公南文子』是也。」使華寅乘貳車。杜注：「公副車。」及公宮，鴻駵魋駟乘于公。通志氏族略四云：「鴻氏，大鴻氏之後也。」杜注：「鴻駵魋復就公乘，一車四人。」公載寶以出。褚師子申遇公于馬路之衢，顧棟高大事表云：「此當爲城門内之衢路。」遂從。杜注：「從公出。」過齊氏，使華寅肉袒，執蓋以當其闕，杜預謂「肉袒示不敢與齊氏争」，顧炎武補正則謂「肉袒示必死」，後説較長。蓋，形似今之傘，本以遮日光或雨，此以擋兵器。闕，空闕處。齊氏射公，中南楚之背，公遂出。

鉏，見哀八年傳。

寅閉郭門，杜注：「不欲令追者出。」踰而從公。杜注：「踰郭出。」公如死鳥。顧棟高云：「死鳥當是郭門外東向適齊之地也。」析朱鉏宵從竇出，徒行從公。杜注：「朱鉏，成子，黑背孫。」魯亦有析朱鉏，見哀八年傳。

齊侯使公孫青聘于衛。杜注：「青，頃公之孫。」字子石，見下文。既出，聞衛亂，使請所聘。上文既出，是公孫青出齊都或齊境。塗中聞衛侯已出，不知應聘問否及向誰聘問，故遣使問齊侯。公曰：「猶在竟内，則衛君也。」未出國境，仍是國君。乃將事焉，杜注：「將事，行聘事。」遂從諸死鳥。請將事。行聘禮。辭曰：「亡人不佞，失守社稷，越在草莽，吾子無所辱君命。」賓曰：「寡君命下臣於朝曰：『阿下執事。』顧炎武補正引傅遜云：「阿下，親附而卑之。」執事指衛侯，説詳于鬯校書。臣不敢貳。」杜注：「貳，違命也。」主人曰：「君若惠顧先君之好，照臨敝邑，「照」原作「昭」，今從阮元校勘記及金澤文庫本正。鎮撫其社稷，則有宗祧在。」杜注：「言受聘當在宗廟也。」乃止。杜注：「止不行聘事。」衛侯固請見之。欲見公孫青。不獲命，以其良馬見，公孫青不得已，以己之良馬爲見衛侯之禮。爲未致使故也。杜注：「未致使，故不敢以客禮見。」未致使即未行聘禮，致使命。衛侯以爲乘馬。杜注：「喜其敬己，故貴其物。」乘馬，駕乘之馬。賓將掫，説文：「掫，夜戒有所擊也。」詳襄二十五年「干掫」傳並注。主人辭曰：「亡人之憂，不可以及吾子；草莽之中，不足以辱從者。從者即指公孫青，猶言執事，客套語。敢辭。」賓曰：「寡君之下臣，君之牧圉也。若不獲扞外役，是不有寡君也。臣懼不免於戾，請以除死。」親執鐸，說文：「鐸，大鈴也。」終夕與於燎。杜注：「設火燎以備守。」章炳麟讀燎爲僚，謂與于衞侯之巡夜者。

齊氏之宰渠子召北宮子。杜注：「北宮喜也。」北宮氏之宰不與聞，謀殺渠子，遂伐齊氏，滅之。丁巳晦，六月大，丁巳，三十日。公入，與北宮喜盟于彭水之上。杜注：「喜本與齊氏同謀，故公先與喜盟。」彭水當近衞都，今無存。秋七月戊午朔，遂盟國人。八月辛亥，辛亥，二十五日。公子朝、褚師圃、子玉霄、子高魴出奔晉。通志氏族略三：「子玉氏，姬姓，衞大夫子玉霄之後。」路史高辛紀下：「衞有子高、子玉之氏。」世族譜列霄、魴二人入雜人。杜注：「皆齊氏黨。」閏月戊辰，戊辰，十二日。殺宣姜。杜注：「與公子朝通謀故。」衞侯賜北宮喜謚曰貞子，賜析朱鉏謚曰成子，而以齊氏之墓予之。杜謂皆死而賜謚及墓田。然證以洹子孟姜壺銘，郭沫若謂陳無宇生時即稱洹子，謚可以生時即有，詳積微居金文說洹子孟姜壺跋。

衞侯告寧于齊，且言子石。杜注：「子石，公孫青，言其有禮。」孔疏引世本：「頃公生子夏勝，勝生子石青。」齊侯將飲酒，徧賜大夫曰：「二三子之教也。」杜注：「喜青敬衞侯。」苑何忌辭，不受賜酒。曰：「與於青之賞，必及於其罰。杜注：「何忌，齊大夫。言青若有罪，亦當並受其罰。」在康誥曰，父子兄弟，罪不相及，今尚書康誥文不同。所引乃其意，非原文。況在羣臣？臣敢貪君賜以干先王？」杜注：「言受賜則犯康誥之義。」先王指成王，成王封康叔爲衞之始封君，康誥乃爲此作。

琴張聞宗魯死，此琴張非孔丘弟子，此時孔丘年三十一，據史記仲尼弟子列傳，子張少孔丘四十餘歲，則此時猶未生。將往弔之。仲尼曰：「齊豹之盜，而孟縶之賊，女何弔焉？杜注：「言齊豹所以爲盜，孟縶所以見賊，皆由宗魯。」據孔丘止琴張之弔宗魯，或友朋相規勸。章炳麟讀引莊子大宗師篇以證琴張即子張，然莊子不足據也。君子不食姦，杜注：「如公孟不善而受其祿，是食姦也。」不受亂，杜注：「許豹行事，是受亂也。」不爲利疚於回，杜注：「疚，病；回，邪也。以利故不能去，是病身於邪。」不以回待人，陶鴻慶別疏云：「宗魯知死公孟，而不能諫阻齊豹使不爲難；以公孟之不善爲可殺，是以邪待公孟也。知齊豹將殺公孟而聽之，是以邪待齊豹也。皆所謂以回待人。」不蓋不義，蓋即掩蓋。齊豹殺公孟，不義也。而宗魯不洩其謀，蓋不義也。或曰：「廣雅釋言：『蓋，黨也。』言宗魯與齊豹爲黨也。」説本朱彬攷證及章炳麟左傳讀。雖可通，不如取掩蓋義。不犯非禮。」杜注：「以二心事縶，是非禮。」

二〇・五　宋華、向之亂，公子城、公孫忌、樂舍、司馬彊、向宜、向鄭、楚建、郳甲出奔鄭。杜注：「八子，宋大夫，皆公黨，辟難出。」公子城，杜注謂「平公子」，通志氏族略三謂「字子邊」。樂舍，杜注謂「欒喜孫」。向宜、向鄭，杜注謂「皆向戌子」。楚建，即楚平王之太子建，時逃亡在宋。郳甲，杜注謂「小邾穆公子」。其徒與華氏戰于鬼閻，杜注：「八子之徒衆也。」杜氏土地名云：「宋地鬼閻。」據彙纂，在今河南西華縣東北三十里。敗子城。子城適晉。杜注：「子城爲華氏所敗，別走至晉。爲明年子城以晉師至起本。」

華亥與其妻，必盥而食所質公子者而後食。所質公子即太子欒及其母弟辰與公子地。公與夫人每日必適華氏，食公子而後歸。華亥患之，欲歸公子。向寧曰：「唯不信，宋元公無信。故質其子。若又歸之，死無日矣。」公請於華費遂，將攻華氏。杜注：「費遂，大司馬，華氏族。」對曰：「臣不敢愛死，愛，惜也。無乃求去憂而滋長乎！杜注：「恐殺大子，憂益長。」臣是以懼，敢不聽命？」公曰：「子死亡有命，子謂太子欒及其弟公子辰、公子地。余不忍其詢。」杜注：「詢，恥也。」釋文：「本或作訽。」音候，又音冓。冬十月，公殺華、向之質而攻之。戊辰，戊辰，十三日。華、向奔陳，華登奔吳。杜注：「登，費遂之子，黨華、向者。」向寧欲殺大子。華亥曰：「干君而出，干，犯也。又殺其子，其誰納我？且歸之有庸。」杜注：「可以爲功善。」使少司寇牼以歸，杜注：「以三公子歸公也。牼，華亥庶兄。」據說文「牼」字引春秋傳，牼字牛。曰：「子之齒長矣，不能事人。言其年老，不能逃至他國爲人臣。以三公子爲質，杜注：「質，信也。送公子歸，可以自明不叛之信。」必免。」免於罪罰。公子既入，華牼將自門行。杜注：「從公門去。」公遽見之，執其手，曰：「余知而無罪也，入，復而所。」而同爾。杜注：「所，所居官。」

二〇·六 齊侯疥，疥音戒，即疥癬蟲寄生之傳染性皮膚病。梁元帝以爲當作痎，爲二日一發之瘧，顏之推家訓書證篇信之，孔疏亦引梁人袁狎語以明之，其實不可信。陸德明釋文既已駁之，王引之述聞、焦循補疏、沈欽韓補注、蘇輿晏子春秋校注皆申明陸説，是也。遂痁，痁音苫，又音店。説文：「有熱瘧。」正字通云：「多日之瘧爲痁。」此非由疥轉瘧，晏子春秋内諫上作「疥且痁」，明疥是疥，痁是痁，兩病同時有，非因此疾轉彼疾。期而不瘳。期同朞，一年也。諸侯之賓問疾者多在。杜注：「多在齊。」梁丘據與裔款言於公曰：梁丘據與裔款，據杜注，皆景公所寵倖之大夫。通志氏族略三云：「梁丘氏，齊大夫，食采梁丘。」然莊三十二年經「宋公、齊侯遇梁丘」，通志以梁丘爲宋邑，距齊都八百里，中間又隔魯國，此時未必入于齊，鄭樵此説未必可信。晏子春秋内諫上裔款作會譴，當另一人。裔款亦見晏子内篇與外篇。「吾事鬼神豐，於先君有加矣。今君疾病，爲諸侯憂，是祝、史之罪也。諸侯不知，其謂我不敬，君盍誅於祝固、史嚚以辭賓？」杜注：「欲殺嚚、固以辭謝來問疾之賓。」孔疏引服虔説，解固爲固陋，嚚爲嚚闇，非人名，不確，孔穎達已駁之。公説，告晏子。晏子曰：「日宋之盟，杜注：「日，往日也。」宋盟在襄二十七年。屈建問范會之德於趙武。范會，即士會。趙武曰：『夫子之家事治，言於晉國，竭情無私。其祝、史祭祀，陳信不愧；其家事無猜，其祝、史不祈。』杜注：「家無猜疑之事，故祝、史無求於鬼神。」建以語康王。杜注：「楚王。」康王曰：『神、人無怨，宜夫子之光輔五君以爲諸侯主也。』」杜注：「五君，文、襄、靈、成、景。」公曰：「據與款謂寡人能事鬼神，故欲誅于祝、史，子稱是語，何故？」疑晏嬰所答非其所問。對曰：「若有德之君，外內不廢，外指國事，內指宮中。不廢，無廢事也。上下無怨，孔疏引服虔云：「上下謂人神。」孔則云：「此猶如孝經『上下無怨』也，言人臣及民上下無相怨耳。」動無違事，違事，違禮之事。其祝、史薦信，薦信猶言陳其實情。薦，進也，此謂進言。無愧心矣。杜注：「君有功德，祝、史陳說之，無所愧。」是以鬼神用饗，用，因也。饗，饗其祭祀。國受其福，祝、史與焉。杜注：「與受國福。」其所以蕃祉老壽者，爲信君使也，其言忠信於鬼神。其適遇淫君，外內頗邪，上下怨疾，動作辟違，從欲厭私，吳闓生文史甄微云：「從音縱。」杜注：「使私情厭足。」高臺深池，撞鐘舞女。「鐘」原作「鍾」，今從石經、宋本、宋殘本、岳本、金澤文庫本。斬刈民力，哀二年傳云：「斬艾百姓。」淮南子覽冥訓高注：「斬艾百姓，以草木論也，不養之也。」斬刈即斬艾。輸掠其聚，章炳麟云：「輸讀爲偷。詩山有樞『他人是愉』，箋云：『愉，取也。』輸亦掠也。」説詳左傳讀。以成其違，不恤後人。暴虐淫從，從讀爲縱，放縱也。肆行非度，無所還忌，杜注：「還猶顧也。」秦策三「盡公不還私」，史記蔡澤傳作「盡公而不顧私」，可以證成杜義。不思謗讟，不憚鬼神。神怒民痛，無悛於心。其祝、史薦信，是言罪也；杜注：「以實白神，是爲言君之罪。」其蓋失數美，是矯誣也。孔疏云：「掩蓋愆失，妄數美善，是矯詐誣罔也。」進退無辭，則虚以求媚。杜注：「作虚辭以求媚於神。」虚謂虚辭，即與實際無關之言。是以鬼神不饗其國以禍之，俞樾平議云：「『之』字衍文也。此當以『鬼神不饗』爲句，『其國以禍』爲句。」然作一句讀可通，不必無據删字。祝、史與焉。所以夭昏孤疾者，爲暴君使也，其言僭嫚於鬼神。」説文：「僭，假也。」「嫚，侮傷（從段玉裁注）也。」僭嫚猶欺詐輕侮。公曰：「然則若之何？」對曰：「不可爲也。山林之木，衡鹿守之；楊樹達先生讀左傳云：「鹿讀爲麓。説文：『麓，守山林吏也。』」澤之萑蒲，萑音完，詩豳風七月「八月萑葦」，萑蒲即蘆葦之類，可以作葺屋、製簾、編席之用。舟鮫守之；莊述祖五經小學述、段玉裁説文解字注、沈欽韓補注、王紹蘭經説均謂「舟鮫」爲「舟鮫」之誤。鮫爲𩵋之重文。魯語下有舟虞，蓋即舟鮫。晏子春秋外篇亦作「舟鮫」，乃後人據左傳譌本改之，非舊文。宋翔鳳過庭録云：「唐文粹二十一卷王維京兆尹張公德政碑云『舟漁、衡麓之守廢』，漁與鮫通，知唐人所見本尚未誤也。」藪之薪蒸，薪蒸即柴木，釋文：「麄曰薪，細曰蒸。」虞候守之；海之鹽、蜃，蜃，大蛤也。祈望守之。杜注：「衡鹿、舟鮫、虞候、祈望皆官名也。言公專守山澤之利，不與民共。」縣鄙之人，入從其政；偪介之關，「偪介」本作「偪尒」，尒即邇字。此謂迫近國都之關卡。説詳王引之述聞。暴

徵其私；言私有財物過國都關卡，苛徵雜税重。**承嗣大夫，强易其賄。**承嗣大夫，謂大夫之世襲其位者。强易猶言强買。易，交易。賄，財物也。**布常無藝，**布謂公佈，常指政令。藝，準則。言所布政令毫無準則。**徵斂無度；宫室日更，淫樂不違。**違，離也。**内寵之妾，肆奪於市；**肆，放肆。**外寵之臣，僭令於鄙。**杜注：「詐爲教令於邊鄙。」**私欲養求，**竹添光鴻會箋云：「養謂口體之奉，求謂玩好之類，皆私欲也。」**不給則應。**杜注：「所求不給，則應之以罪。」**民人苦病，夫婦皆詛。祝有益也，詛亦有損。聊、攝以東，**杜注：「聊、攝，齊西界也。」聊在今山東聊城縣西北。「攝」亦作「聶」，僖元年經「次于聶北救邢」是也，當在今聊城縣境内。**姑、尤以西，**杜注：「姑、尤，齊東界也。」姑即今大姑河，源出山東招遠縣會仙山，南流經萊陽縣西南。尤即小姑河，源出掖縣北馬鞍山，南流注入大姑，合流南經平度縣爲沽河。至膠縣與膠萊河合流入海。**其爲人也多矣。雖其善祝，豈能勝億兆人之詛？**禮記内則孔疏云：「億之數有大小二法，其小數以十爲等，十萬爲億，十億爲兆也；其大數以萬爲等，萬萬爲億，萬億曰兆。」**君若欲誅於祝、史，修德而後可。」公説，使有司寬政，毁關，去禁，**山澤之利與民共。**薄斂，已責。**杜注：「除逋責。」責同債。李平心卜辭金文中所見社會經濟史實考釋云：「左傳之『已責』，實即豁免積欠租税。後漢書光武紀載建武二十二年九月地震詔，『其口賦逋税而廬宅尤破壞者勿收責』，正可與『已責』互證。」晏子春秋外篇上襲取此傳，而末有「公疾愈」三字。

二〇·七 **十二月，齊侯田于沛，**杜注：「言疾愈行獵。沛，澤名。」梁履繩補釋引尚静齋經説云：「沛即莊八年「田于貝丘」，史記作「沛丘」是也。蓋地多水草，故常田獵于此。」則在今山東博興縣南。江永考釋云：「水經注『時水至梁鄒城，入於沛』，則沛亦近齊國都之水名。」章炳麟左傳讀則云：「十二諸侯年表，魯昭公二十年『齊景公與晏子狩，入魯，問禮』，是年即齊景公二十六年，云獵魯界，因入魯，然則沛在齊、魯界上。凡水草相半者皆可言沛，非必一地矣。」然以文論，沛仍是地名。**招虞人以弓，不進。**杜注：「虞人，掌山澤之官。」**公使執之。辭曰：「昔我先君之田也，旃以招大夫，弓以招士，皮冠以招虞人。**孔疏云：「周禮，孤卿建旃，大夫尊，故麾旃以招之也。逸詩『翹翹車乘，招我以弓』，古者聘士以弓，故弓以招士也。諸侯服皮冠以田，虞人掌田獵，故皮冠以招虞人也。」然孟子萬章下謂招虞人「以皮冠，庶人以旃，士以旂，大夫以旌」。除招虞人以皮冠外，餘皆不同，不知其故。孔子家語襲此傳作「旌以招大夫」，乃據孟子改之。**臣不見皮冠，故不敢進。」乃舍之。仲尼曰：「守道不如守官。」**賈子道術云：「道者所從接物也。」實亦由君臣相接爲義，故所招不當其官，則可以不守是道。説詳章炳麟左傳讀。**君子韙之。**此句有兩解。如此用引號，則孔丘僅云「守道不如守官」，君子以其言爲是。若引號在「韙之」下，則孔丘引「守道不如守官」，而又謂「君子韙之」。

二〇·八　**齊侯至自田，晏子侍于遄臺，**沈欽韓地名補注云：「肇域志，遄臺在臨淄縣東一里。通志，在縣西五十里，今名歇馬亭。」總之，當在今山東臨淄區附近。江永考實則以爲在今博興縣東北。據「至自田」，至謂至國都，則遄臺當在臨淄不遠處。**子猶馳而造焉。**杜注：「子猶，梁丘據。」**公曰：「唯據與我和**

夫！」晏子對曰：「據亦同也，焉得爲和？」公曰：「和與同異乎？」對曰：「異。和如羹焉，水、火、醯、説文：「醯，酢也」酢即醋字。醢、醢音海，肉醬也。詩大雅行葦「醓醢以薦」，毛傳：「以肉曰醓醢。」爾雅李巡注：「以肉作醬曰醢。」鹽、梅，梅味酸，古人調味亦用梅醯。以烹魚肉，燀之以薪，燀音闡，音諂。説文：「炊也。」宰夫和之，調和其味。齊之以味，濟其不及，以洩其過。齊音劑，齊之，使酸鹹適中也。不及謂酸鹹不足，則加梅鹽。濟，增益之義。過謂太酸太鹹，則加水以減之。洩，減也。君子食之，以平其心。君臣亦然。君所謂可而有否焉，杜注：「否，不可也。」可中而有不可。臣獻其否以成其可；獻謂指出並糾正之，使去其不可，而得純可。君所謂否而有可焉，臣獻其可以去其否，獻謂指出並加益之，去其不可，轉否爲可。是以政平而不干，干，犯也。此可有兩解，一義政令本身不違禮制，一義民人不致違犯政令。民無爭心。故詩曰：『亦有和羹，既戒既平。鬷嘏無言，時靡有爭。』詩見商頌烈祖篇。和羹，調和之羹。戒，戒宰夫也。平，其味適中也。鬷，中庸引作奏，聲之轉也。嘏，今詩作「假」。鬷假即奏格，奏，獻羹；格，神至也。無言，無所指謫。因此則朝野皆無所爭。或謂奏假爲奏嘉樂，不確。先王之濟五味、和五聲也，五味，辛、酸、鹹、苦、甘。五聲，宮、商、角、徵、羽。以五味、五聲喻政。以平其心，平心則不致意氣用事，而從事宜。成其政也。聲亦如味，一氣，杜注：「須氣以動。」二體，杜注：「舞者有文、武。」古代奏樂多配以舞，文舞執羽籥，武體執干戚。三類，杜注：「風、雅、頌。」四物，杜注：「雜用四方之物以成器。」孔疏云：「樂之所用八音之器，金、石、絲、竹、匏、土、革、木，其物非一處能備，故雜用四方之物以成器。」五聲，六律，杜注：「黃鍾、大蔟、姑洗、蕤賓、夷則、無射也。陽聲爲律，陰聲爲吕。」律吕所以分別聲音之清濁、高下；樂器之音，以此爲準則。七音，釋文：「七音，宫、商、角、徵、羽、變宫、變徵也。」七音即今之音階，do、le、mi 等。八風，杜注：「八方之風。」吕氏春秋古樂篇云：「顓頊登爲帝，惟天之合，正風乃行，其音若熙熙淒淒鏘鏘，帝顓頊好其音，乃令飛龍作效八風之音。」九歌，杜注：「九功之德皆可歌也。六府三事謂之九功。」九歌、九功又見文七年傳。以相成也；清濁、小大，短長、疾徐，哀樂、剛柔，遲速、高下，出入、周疏，以相濟也。杜注：「周，密也。」高下疑即今之高音低音。君子聽之，以平其心。心平，德和。故詩曰『德音不瑕』。詩豳風狼跋。杜注：「義取心平則德音無瑕闕。」今據不然。君所謂可，據亦曰可；君所謂否，據亦曰否。若以水濟水，誰能食之？若琴瑟之專壹，禮記樂記孔疏云：「言琴瑟專一，唯有一聲，不得成樂。」誰能聽之？同之不可也如是。」晏子春秋外篇上襲取此段，末有「公曰善」三字，蓋後加。

飲酒樂。公曰：「古而無死，其樂若何！」而猶如也，假設連詞。晏子對曰：「古而無死，則古之樂也，君何得焉？昔爽鳩氏始居此地，杜注：「爽鳩氏，少皞氏之司寇也。」季萴因之，杜注：「季萴，虞、夏諸侯，代爽鳩氏者。」有逢伯陵因之，杜注：「逢伯陵，殷諸侯，姜姓。」據山東通志，逢陵城在今山東淄川廢治西南四十里。「有」爲名詞詞頭，如有周、有夏之類。蒲姑氏因之，「蒲姑」亦作「薄姑」，故城在今臨淄區西北五十里。而後大公因之。漢書地理志下師古注曰：「武王封太公于齊，初未得爽鳩氏之地，成王以益之也。」古若無死，「若」原作「者」，從阮元校勘記改正。爽鳩氏之樂，非君所願也。」韓詩外傳十、列子力命篇載類此。

二〇·九

鄭子產有疾，謂子大叔曰：「我死，子必爲政。唯有德者能以寬服民，其次莫如猛。夫火烈，民望而畏之，故鮮死焉；水懦弱，民狎而翫之，杜注：「狎，輕也。」翫借爲玩，弄也。則多死焉，故寬難。」杜注：「難以治。」疾數月而卒。自襄公三十年子皮授子產政，至此已二十一年有餘，呂氏春秋謂子產相鄭十八年，誤。子產墓在陘山，今新鄭縣西南，見晉書杜預傳、水經潩水注及寰宇記。韓詩外傳三有鄭哭子產事。

大叔爲政，不忍猛而寬。鄭國多盜，取人於萑苻之澤。取讀爲聚，人即盜也，謂羣盜聚於澤中。說詳王引之述聞。楊樹達先生讀左傳則云：「疑傳文本只作『聚於萑苻之澤』，『聚』下半字壞，故誤分爲『取人』二字耳。」萑苻之澤，舊說多謂即僖三十三年傳之原圃。然凡叢生蘆葦之水澤皆可謂之萑苻之澤，不必原圃。上章云「澤之萑蒲」，萑苻即萑蒲。大叔悔之，曰：「吾早從夫子，不及此。」興徒兵以攻萑苻之盜，盡殺之，盜少止。

仲尼曰：「善哉！政寬則民慢，慢則糾之以猛。猛則民殘，殘則施之以寬。寬以濟猛，猛以濟寬，政是以和。詩曰『民亦勞止，汔可小康；惠此中國，以綏四方』，施之以寬也。詩大雅民勞。止，語末助詞。汔，庶幾也。綏，安也。『毋從詭隨，「從」，毛詩作「縱」。詭隨，不顧是非而妄隨人者。以謹無良；吴闓生詩義會通云：「謹者，約敕之意。」式遏寇虐，慘不畏明』，式，助動詞，應也。遏，止也。「慘」，毛詩作「憯」，曾也。句謂寇虐不畏明法者，則應遏止之。糾之以猛也。『柔遠能邇，以定我王』，金文常以「康能」爲一詞，如毛公鼎「康能四或（國）」，又以「康柔」爲一詞，如晉姜鼎「用康[illegible]（柔）妥褱（懷）遠執君子」，則「能」「柔」同義。大克鼎「[illegible]遠能㺸」，即此詩之「柔遠能邇」，皆安遠定邇之意。參孫詒讓籀高述林三及王國維觀堂古金文考釋。平之以和也。又曰『不競不絿，不剛不柔，布政優優，百祿是遒』，詩商頌長發。競，强也。絿，音求，緩也。詩毛傳、説文俱謂「絿，急也」，則競與絿義近。然下文「不剛不柔」，剛柔相反，則競絿義亦當相反。徐灝箋知其相反成義，而不得其解。優優，寬裕之貌。遒，聚也。和之至也。」韓非子內儲説上亦載此事，而無「仲尼曰」云云。

及子産卒，仲尼聞之，出涕曰：「古之遺愛也。」王念孫云：「愛即仁也，謂子産之仁愛，有古人之遺風。」説詳王引之述聞。

二十一年，庚辰，公元前五二一年。周景王二十四年、晉頃五年、齊景二十七年、衞靈十四年、蔡悼

公東國元年、鄭定九年、曹悼三年、陳惠九年、杞平十五年、宋元十一年、秦哀十六年、楚平八年、吳僚六年、許男斯二年。

經

二一·一 二十有一年春王三月，正月十三日丁酉冬至，建子。葬蔡平公。

二一·二 夏，晉侯使士鞅來聘。彙纂云：「書聘止此。」

二一·三 宋華亥、向寧、華定自陳入于宋南里以叛。「叛」，公羊作「畔」，音同相通。杜注：「南里，宋城内里名。」見宣三年傳並注。

二一·四 秋七月壬午朔，日有食之。此爲公元前五二一年六月十日之日全蝕。

二一·五 八月乙亥，乙亥，二十五日。叔輒卒。「輒」，公羊作「痤」。杜注：「叔弓之子伯張。」

二一·六 冬，蔡侯朱出奔楚。「朱」，穀梁作「東」，蓋以爲東國也。朱與東國爲兩人，穀梁誤。史記蔡世家僅云：「靈侯般之孫東國攻平侯子而自立，是爲悼侯。」一則未言「平侯子」之名，一則不言其已爲君，似未曾嗣位者。春秋書蔡侯朱，傳亦云「蔡侯始即位」，據出土之蔡侯朱之缶證之，春秋及左傳皆足信，穀梁乃妄説，史記亦不足全信。詳陳夢家蔡器三記蔡侯朱之缶，載於考古一九六三年七期。

二一·七 公如晉，至河乃復。杜注：「晉人辭公，故還。」

傳

二一·一　二十一年春，天王將鑄無射，杜注：「周景王也。無射，鐘名，律中無射。」射音亦。無射，蓋大鐘，景王初鑄于王城，敬王移之洛陽。秦滅周，徙于咸陽，漢至晉常在今西安市。及劉裕滅姚泓，又遷之于今南京市，歷宋、齊、梁、陳，其鐘猶在。東魏使魏收聘梁，收作聘遊賦，有云「珍是淫器，無射高懸」，即是鐘也。隋開皇九年平陳，又遷于西安，置之于太常寺，至十五年，敕毁之。泠州鳩曰：「王其以心疾死乎！杜注：「泠，樂官。州鳩，其名也。」釋文：「泠或作伶。」夫樂，天子之職也；杜注：「職，所主也。」夫音，樂之輿也；此以車爲喻，輿爲車牀，所以居人。杜注：「樂因音而行。」而鐘，音之器也。杜注：「音由器以發。」天子省風以作樂，杜注：「省風俗，作樂以移之。」漢書五行志下之上注：「應劭曰：『風，土地風俗也。省中和之風以作樂，然後可移惡風、易惡俗也。』師古曰：『省，觀也。』」器以鍾之，「鍾」，原作「鐘」，今從校勘記及金澤文庫本訂。杜注：「鍾，聚也。以器聚音。」器謂各種樂器，備具各種樂音。輿以行之。杜注：「樂須音而行。」小者不窕，杜注：「窕，細不滿。」此謂小樂器而音不細。大者不摦，杜注：「摦，横大不入。」此謂大樂器而音不洪大難入耳。摦音化。則和於物。物，泛指人物、事物、器物。物和則嘉成。杜注：「嘉樂成也。」故和聲入於耳而藏於心，心億則樂。杜注：「億，安也。」樂，快樂，愉悦。**窕則不咸，**咸，徧也。莊子知北遊篇：「周、徧、咸三者，異名同實，其指一也。」此謂音細則能聞者不周徧。**摦則不容，**音太響而難容。**心是以感，**感借爲憾，不安也。**感實生疾。今鐘摦矣，**鐘聲粗大。**王心弗堪，其能久乎！」**杜注：「爲明年天王崩傳。」事亦載國語周語下。

二一·二　**三月，葬蔡平公。蔡大子朱失位，位在卑。**杜注：「不在適子位，以長幼齒。」儀禮士喪禮及既夕禮、禮記喪服大記俱載有父死，適子應在之位，而國君之葬，太子亦應有固定之位。而蔡平公葬，其太子朱不在其應在之位。**大夫送葬者歸，見昭子。**昭子，魯叔孫舍。**昭子問蔡故，**故，事也。**以告。昭子歎曰：「蔡其亡乎！若不亡，是君也必不終。詩曰：『不解于位，民之攸塈。』**詩大雅假樂。解同懈。失位則是懈怠不嚴肅。塈，息也。**今蔡侯始即位，而適卑，**所往非嗣承之位，而是卑位。**身將從之。」**杜注：「爲蔡侯朱出奔傳。」

二一·三　**夏，晉士鞅來聘，叔孫爲政。**爲政有四義，國君治理國家曰爲政，文十四年傳「齊公子元不順懿公之爲政也，終不曰公」是也。公卿主持國政曰爲政，宣元年傳「趙宣子爲政」是也。某人主持某一事亦可曰爲政，此叔孫主持接待士鞅也。宣二年宋羊斟謂華元曰「疇昔之事子爲政，今日之事我爲政」，亦即此義。服官亦可曰爲政，論語爲政「子奚不爲政」是也。**季孫欲惡諸晉，**諸，「之於」之合音。「之」指叔孫。**使有司以齊鮑國歸費之禮爲士鞅。**杜注：「鮑國歸費在十四年。魯人失禮，爲鮑國七牢。」鮑國本不當七牢，故杜云「魯人失禮」。據儀禮聘禮，鮑國僅當五牢。士鞅怒，曰：「鮑國之位下，其國小，而使鞅從其牢禮，是卑敝邑也，猶言輕視我國。將復諸寡君。」魯人恐，加四牢焉，爲十一牢。哀十一年吴徵魯百牢，即以此爲口實。

二一·四　宋華費遂生華貙、華多僚、華登。貙音魚。貙爲少司馬，多僚爲御士，杜注：「公御士也。」與貙相惡，乃譖諸公曰：「貙將納亡人。」杜注：「亡人，華亥等。」亟言之。亟音器，屢也。公曰：「司馬以吾故，亡其良子。杜注：「司馬謂費遂，爲大司馬。良子謂登。」華登奔吴，見二十年傳。死亡有命，吾不可以再亡之。」宋元公仍信譖言，但不願傷華費遂之心，再逐其子貙，故云彼雖納亡人，我之死亡有命。對曰：「君若愛司馬，則如亡。杜注：「言若愛大司馬，則當亡走失國。」死如可逃，何遠之有？」杜注：「言亡可以逃死，勿慮其遠，以恐動公。」公懼，使侍人召司馬之侍人宜僚，飲之酒，而使告司馬。杜注：「告司馬使逐貙。」司馬歎曰：「必多僚也。吾有讒子，而弗能殺，因宋公寵信之。吾又不死。華費遂蓋已年老而仍在世。抑君有命，可若何？」言無可奈何，唯從君命耳。乃與公謀逐華貙，將使田孟諸而遣之。公飲之酒，厚酬之，之，指宜僚。杜注：「酬，酒幣。」酬即勸酒，主人當給客人以禮品。厚酬言其禮物重。賜及從者。司馬亦如之。華費遂于宜僚及從者亦有厚賜。張匄尤之，杜注：「張匄，華貙臣。尤，怪賜之厚。」小爾雅云：「尤，怪也。」曰：「必有故。」使子皮承宜僚以劍而訊之。杜注：「子皮，華貙。訊，問也。」宜僚盡以告。盡以告者，自多僚之譖譺至公與費遂謀逐貙，無不告也。張匄欲殺多僚。子皮曰：「司馬老矣，登之謂甚，杜注：「言登亡傷司馬心已甚。」吾又重之，不如亡也。」言殺多僚則又傷老父之心，不若主動逃奔。五月丙申，丙申，十四日。子皮將見司馬而行，則遇多僚御司馬而朝。張匄不勝其怒，遂與子皮、臼任、鄭翩殺多僚，杜注：「任、翩亦貙家臣。」劫司馬以叛，而召亡人。壬寅，壬寅，二十日。華、向入。華氏、向氏。樂大心、豐愆、華牼禦諸横。高士奇地名考略謂今商丘縣西南有横城，世謂之光城。華氏居盧門，以南里叛。盧門，宋郊之城門，詳桓十四年傳並注。六月庚午，庚午，十九日。宋城舊鄘及桑林之門而守之。杜注：「舊鄘，故城也。」桑林，城門名。太平御覽五十五引帝王世紀謂湯時大旱，禱於桑林之野。後漢書張衡傳注及周舉傳注引帝王世紀俱作「禱於桑林之社」。是殷商早有桑林之地，立社于此。呂氏春秋誠廉篇「立湯後于宋，以奉桑林」，則此桑林之門，桑林社之圍城門也。當在宋都郊外，作外城據點以守之。

二一·五 秋七月壬午朔，日有食之。公問於梓慎曰：「是何物也？杜注：「物，事也。」魏、晉六朝常以「何物」作「何」字用，竊疑本此，惜「何物」于傳中僅此一見。禍福何爲？」言爲何種禍或何種福也。對曰：「二至二分，杜注：「二至，冬至、夏至。二分，春分、秋分。」日有食之，不爲災。日月之行也，分，同道也；至，相過也。談遷國榷引明李天經曰：「太陽行黄道中線，迨二分而黄道與赤道相交，是爲同道。二至則過赤道内外各二十三度，是謂相過。」黄道爲人類所見太陽于一年内在恒星之間行走之視路徑，赤道則爲與地球南北兩極距離相等之大圓，黄道與赤道成二十三度二十七分之角，相交于春、秋二分兩點。其他月則爲災，陽不克也，故常爲水。」古人知日蝕是日光爲月所蔽，又以爲日爲火爲陽，月爲水爲陰，故梓慎以爲日蝕是陽不勝陰，而常爲水災。今日視之，固爲妄謬，即以二十四年日蝕言之，梓慎曰「將水」，昭子曰「旱也」，雖俱爲妄謬，而其年八月大雩，亦足證梓慎之説誤。於是叔輒哭日食。杜注：「意在於憂災。」昭子曰：「子叔將死，非所哭也。」八月，叔輒卒。

冬十月，華登以吴師救華氏。華登去年奔吴。齊烏枝鳴戍宋。杜注：「烏枝鳴，齊大夫。」據廣韻「烏」字注，烏，姓。廚人濮曰：杜注：「濮，宋廚邑大夫。」「軍志有之：『先人有奪人之心，後人有待其衰。』先人有奪人之心已見文七年、宣十二年傳並注。後人有待其衰，周禮大司馬賈公彦疏引左傳注云：「待敵之衰乃攻。」盍及其勞且未定也伐諸！若入而固，入謂入南里。固謂軍心已定，軍陣已列，且内外二師會合，衆心難移。則華氏衆矣，華氏私族之軍加以華登所率吴師，則衆多矣。悔無及也。」從之。丙寅，丙寅，十七日。齊師、宋師敗吴師于鴻口，鴻口，今河南虞城縣西北。獲其二帥公子苦雂、偃州員。雂音𥳑。華登帥其餘以敗宋師。公欲出，杜注：「出奔。」廚人濮曰：「吾小人，可藉死，杜注：「可借使死難。」而不能送亡，不能護送君之逃亡。君請待之。」杜注：「請君待復戰決勝負。」服虔以「君」字屬上讀，今不從。乃徇曰：「揚徽者，公徒也。」杜注：「徽，識也。」識只是標識，究竟爲何物，古人有兩説。孔疏引禮記大傳「殊徽號」鄭玄注云：「徽號，旌旗之名也。」則以徽爲旗幟。張衡東京賦「戎士介而揚揮」，薛綜注云：「揮爲肩上絳幟，如燕尾。」或又引尉繚子兵教篇「左軍章左肩，右軍章右肩，中軍章胸前，書其章曰某甲某士」以爲證，則徽爲肩章或胸章。然肩章胸章難以揮揚，鄭玄義似較勝。衆從之。揮舞軍旗。公自揚門見之，「揚」原作「楊」，今從宋本及金澤文庫本。杜注：「見國人皆揚徽。睢陽正東門名揚門。」睢陽即今商丘縣。下而巡之，巡閱。曰：「國亡君死，二三子之恥也，豈專孤之罪也？」也作耶用。齊烏枝鳴曰：「用少莫如齊致死，齊致死莫如去備。二十三年傳云：「請先者去備薄威，後者敦陳整旅。」杜彼注云「示之以不整以誘之」。此去備若與彼義同，則乃不列陣，撤去守備之義。杜注此謂「備，長兵也」，蓋因下文用劍而云云，不知此去備與下文用劍並無密切關連，此「去備」仍當與二十三年傳之「去備」同義。彼兵多矣，請皆用劍。」此短兵相接，以勇者勝。從之。華氏北，復即之。杜注：「北，敗走。」即，就也，從也，即復追之。廚人濮以裳裹首，而荷以走，曰：「得華登矣！」此詐言。遂敗華氏于新里。杜注：「新里，華氏所取邑。」疑新里與南里同爲宋里名。翟僂新居于新里，新里，或以爲在今開封市，未必然。既戰，説甲于公而歸。説同脱。居華氏地，不助華氏而歸于宋公。華妵居于公里，亦如之。妵音偷，上聲，與黈同音。華姙亦華族，不從華氏而從公。

十一月癸未，癸未，四日。公子城以晉師至。杜注：「城以前年奔晉，今還救宋。」曹翰胡會晉荀吳、齊苑何忌、衞公子朝救宋。翰胡爲曹大夫，率曹軍者。荀吳即中行穆子，率晉師者。苑何忌，齊大夫。衞公子朝去年奔晉，此時已還衞國。各率其國之救兵。丙戌，丙戌，七日。與華氏戰于赭丘。杜注：「赭丘，宋地。」以下文「大敗華氏，圍諸南里」推之，赭丘蓋離南里不遠宋都郊外丘名。據清一統志，赭丘在今河南西華縣十八里，未必確。詳考實。鄭翩願爲鸛，其御願爲鵝。鸛音灌。杜注：「鄭翩，華氏黨。鸛、鵝皆陳名。」宋陸佃埤雅釋鳥云：「鵝自然有行列，故聘禮曰『出如舒鴈』（鴈即鵝）。古者兵有鸛、鵝之陳也。舊説江、淮謂羣鸛旋飛爲鸛井，則鸛善旋飛，盤薄霄漢，與鵝之成列正異，故古之陳法或願爲鸛也。」子禄御公子城，莊堇爲右。杜注：「子禄，向宜。」干犨御呂封人華豹，據江南通志，呂城在今徐州市北五十里。張匄爲右。杜注：「呂封人華豹，華氏黨也。」相遇，城還。華豹曰：「城也！」大聲呼其名以挑之。城怒，而反之。杜注：「怒其呼己，反還戰也。」將注，豹則關矣。注是置矢于弓上。關是已注引滿弓。曰：「平公之靈，尚輔相余！」此公子城臨戰祈禱之辭。平公爲公子城之父。豹射，出其間。華豹之箭出于子城、子禄之間。將注，城注矢。則又關矣。豹又發射。曰：「不狎，鄙。」杜注：「狎，更也。」孔疏：「城謂豹，女頻射我，不使我得更遞，是爲鄙也。豹服此言，故抽矢而止。」襄二十七年傳：「且晉、楚狎主諸侯之盟也久矣。」兩狎字義同。抽矢，杜注：「豹止不射。」豹自弓抽下其矢。城射之，殪。杜注：「豹死。」張匄抽殳而下，杜注：「殳長丈二，在車邊。」殳音殊。周緯中國兵器史稿云：「周時用戈、戟、殳、酋矛、夷矛五兵爲長兵，周官亦以爲車之五兵。今戈、戟、矛均易考實，而殳獨缺如。惟殳無刃，類于有首之杖以錘人，則似可信也。」射之，城射之。折股。扶伏而擊之，釋文：「扶伏或作匍匐，同。」折軫。杜注：「折城車軫。」又射之，死。杜注：「匄死。」干犨請一矢，杜注：「求死。」城曰：「余言汝於君。」杜注：「欲活之。」對曰：「不死伍乘，軍之大刑也。杜注：「同乘共伍，當皆死。」惠棟補注：「尉繚子（兵教上）云：『凡伍臨陳，若一人有不進死於敵，則教者如犯法者之罪。』」干刑而從子，君焉用之？子速諸！」乃射之，殪。杜注：「犨又死。」大敗華氏，圍諸南里。華亥搏膺而呼，搏膺猶椎胸。見華貙，曰：「吾爲欒氏矣！」杜注：「晉欒盈還入，作亂而死，事在襄二十三年。」貙曰：「子無我迋，杜注：「迋，恐也。」不幸而後亡。」王引之述聞云：「言子毋以是言恐懼我，今日之事，不幸而後死亡，幸猶不亡也。」使華登如楚乞師，華貙以車十五乘、徒七十人犯師而出，杜注：「犯公師出送華登。」食於睢上，睢水本舊蒗蕩渠支津，舊自河南杞縣流經睢縣北，東逕寧陵、商丘、夏邑、永城及安徽之蕭縣、宿縣、靈壁，入江蘇境，至宿遷縣南入泗水。今僅存惠濟河一段，餘俱堙。此睢上當在商邱縣境。哭而送之，乃復入。杜注：「入南里。」楚薳越帥師將逆華氏，大宰犯諫曰：「諸侯唯宋事其君。當時諸侯，政權多下移，如魯有三家，甚至陪臣干國政；晉政多門，國君僅虛名耳，唯宋之臣民事其君。今又爭國，釋君而臣是助，無乃不可乎！」王曰：「而告我也後，既許之矣。」杜注：「爲明年華、向出奔楚傳。」

二二·七　蔡侯朱出奔楚。費無極取貨於東國，杜注：「東國，隱大子之子，平侯廬之弟，朱叔父也。」而謂蔡人曰：「朱不用命於楚，君王將立東國。若不先從王欲，楚必圍蔡。」蔡人懼，出朱而立東國。朱愬于楚，楚子將討蔡。無極曰：「平侯與楚有盟，故封。杜注：「盟于鄧，依陳、蔡人以國。」其子有二心，故廢之。杜注：「子謂朱也。」靈王殺隱大子，其子與君同惡，德君必甚。其子，東國也。靈王殺東國之父，楚平王又殺靈王，是與東國同惡靈王，且德其爲父復仇。又使立之，不亦可乎！且廢置在君，蔡無他矣。」杜注：「言權在楚，則蔡無他心。」

二二·八　公如晉，及河。鼓叛晉，杜注：「叛晉屬鮮虞。」晉將伐鮮虞，故辭公。

二十二年，辛巳，公元前五二〇年。周景王二十五年、晉頃六年、齊景二十八年、衞靈十五年、蔡悼二年、鄭定十年、曹悼四年、陳惠十年、杞平十六年、宋元十二年、秦哀十七年、楚平九年、吴僚七年、許男斯三年。

經

二二·一 二十有二年春，正月二十四日壬寅冬至，建子。齊侯伐莒。

二二·二 宋華亥、向寧、華定自宋南里出奔楚。

二二·三 大蒐于昌間。無傳。「間」，公羊作「姦」。古音同，通假。江永考實云：「括地志：『昌平山在泗水縣南六十里，有昌平鄉，故山爲名。』然則昌間其在泗水縣境歟？」

二二·四 夏四月乙丑，乙丑，十八日。天王崩。

二二·五 六月，叔鞅如京師，葬景王。杜注：「叔鞅，叔弓子。三月而葬，亂，故速。」

二二·六 王室亂。

二二·七 劉子、單子以王猛居于皇。皇當在今洛陽市東，鞏縣西南。

二二·八 秋，劉子、單子以王猛入于王城。王城在今洛陽市西北隅。

二二·九 冬十月，王子猛卒。杜注：「未即位，故不言崩。」經書「十月」，傳書「十一月乙酉」，杜于傳注云：「經書『十月』，誤。雖未即位，周人謚曰悼王。」

二二·一〇 十有二月癸酉朔，日有食之。無傳。今年應置閏于五月，而史誤置閏于十二月，于傳文見之。

以傳文所載甲子推之，癸酉爲閏十二月朔。陳厚耀補春秋長曆云「經失一『閏』字」，是也。此是公元前五二〇年十一月二十三日之日全蝕，魯未能見全蝕。

傳

二二・一　二十二年春王二月甲子，甲子，十六日。齊北郭啓帥師伐莒。杜注：「啓，齊大夫北郭佐之後。」北郭佐見于襄二十八年，通志氏族略三謂「佐生北郭啓」，或可信。莒子將戰，苑羊牧之諫曰：杜注：「牧之，莒大夫。」王引之周秦名字解詁云：「昭二十年有苑何忌，則苑乃其氏，名牧之，字羊。古姓名與字並稱者，恒先字而後名。」「齊帥賤，其求不多，不如下之，大國不可怒也。」弗聽，敗齊師于壽餘。壽餘，據顧棟高大事表七之二，當在今山東安丘縣境內。齊侯伐莒，齊景公怒敗，故親率大軍。莒子行成。司馬竈如莒涖盟，杜注：「竈，齊大夫。」莒子如齊涖盟，盟于稷門之外。齊地記謂爲齊城西門。高士奇春秋地名考略則謂稷門爲齊國都南門。互參十年傳並注。惠棟補注云「稷，齊地」，則以地爲門名。莒於是乎大惡其君。杜注：「爲明年莒子來奔傳。」莒國小，齊初使北郭啓來伐，其求不多，易于講和。莒子好戰，不計後果，竟使齊侯親率師，然後求和，則所失甚大。齊使涖盟，不于城內，而于城外，是有意辱之，故莒大夫大惡莒子。

二二・二　楚薳越使告于宋曰：「寡君聞君有不令之臣爲君憂，不令之臣，詳宣十四年傳注。無寧以爲宗羞，無寧，無乃也。馬瑞辰毛詩傳箋通釋云：「寧、乃一聲之轉，詩中寧字多用爲乃。」其解詩雖不盡可信，但寧有時作乃用，則無疑。杜注：「言華氏爲宋宗廟之羞恥。」寡君請受而戮之。」楚欲接納華、向。對曰：「孤不佞，不能媚於父兄，杜注：「華、向，公族也，故稱父兄。」韓非子八姦篇云：「何謂父兄？曰：側室公子，人主之所親愛也。」戰國策韓策三：「今韓之父兄得衆者毋相。」公族言父兄可證杜義。以爲君憂，拜命之辱。抑君臣日戰，君曰『余必臣是助』，亦唯命。人有言曰：『唯亂門之無過。』十九年傳：「無過亂門。」君若惠保敝邑，無亢不衷，亢即元年傳「吉不能亢身，焉能亢族」之亢，扞蔽、保護之義。不衷，猶言不善、不誠、不忠，即上文之不令。以奬亂人，孤之望也。唯君圖之！」楚人患之。杜注：「患宋以義距之。」諸侯之戍謀曰：「若華氏知困而致死，楚恥無功而疾戰，非吾利也。楚索華、向諸人而不得，故恥無功。不如出之，撤圍使之出。以爲楚功，其亦無能爲也已。「無能」，本作「能無」，今從宋本、淳熙本、岳本及金澤文庫本。杜注：「言華氏不能復爲宋患。」救宋而除其害，諸侯之戍若荀吳等皆救宋者。出華氏，是宋害已除也。又何求？」乃固請出之，宋人從之。己巳，己巳，二十一日。宋華亥、向寧、華定、華貙、華登、皇奄傷、省臧、士平出奔楚。杜注：「華貙以下五子不書，非卿也。」宋公使公孫忌爲大司馬，杜注：「代華費遂。」邊卬爲大司徒，通志氏族略三云：「宋平公子禦戎（見昭二十年）字子邊，以王父字爲氏，孫卬爲司徒。」樂祁爲司城，杜注：「祁，子罕孫樂祁犂。」仲幾爲左師，杜注：「幾，仲江（見襄十四年）孫，代向寧。」通志氏族略四云：「幾字子然。」樂大心爲右師，杜注：「代華亥。」樂輓爲大司寇，杜注：「輓，子罕孫。」以靖國人。杜注：「終梓慎之言，三年而後弭。」

二二·三　王子朝、賓起有寵於景王，杜注：「子朝，景王之長庶子。賓起，子朝之傅。」漢書古今人表及五行志「朝」均作「鼂」，亦猶漢之朝錯亦作鼂錯。釋文云：「或云朝錯是王子朝之後。」王與賓孟説之，欲立之。杜注：「孟即起也。王語賓孟，欲立子朝爲大子。」説，同悦，杜注不確。劉獻公之庶子伯蚠事單穆公，杜注：「獻公，劉摯。伯蚠，劉狄。穆公，單旗。」蚠音汾。惡賓孟之爲人也，願殺之；又惡王子朝之言，以爲亂，願去之。杜注：「子朝有欲位之言，故劉蚠惡之。」賓孟適郊，見雄雞自斷其尾。問之，侍者曰：「自憚其犧也。」周禮地官牧人，祭祀共犧牲，以授充人繫之。鄭玄注：「犧牲，毛羽完具也。授充人者，當殊養之。」雄雞自斷其尾，或拔舊毛當改變者。侍者答以自憚養爲祭品，而自殘毀。遽歸告王，且曰：「雞其憚爲人用乎！用，用爲祭品，即十一年傳「用隱大子于岡山」、論語雍也「雖欲勿用」之「用」。無論殺人、殺禽獸以祭皆可曰「用」。人異於是。杜注：「雞犧雖見寵飾，然卒當見殺。若人見寵飾，則當貴盛，故言異於雞。」犧者實用人，實用人，實用于人也，猶言爲犧牲者實被人用。人犧實難，己犧何害？」爲人之犧實難，賓孟能貴之，賓孟能賤之也。爲己之犧，則無害，立子朝，子朝必立也。王引之述聞云：「人犧實難者，言唯他人爲犧是患也（人喻子猛，犧喻見寵）。」恐未必確。**王弗應。**杜注：「十五年大子壽卒，王立子猛，後復欲立子朝而未定。賓孟感雞，盛稱子朝，王心許之，故不應。」荀子解蔽篇云：「昔賓孟之蔽者，亂家是也。」楊倞注以此事當之。**夏四月，王田北山，使公卿皆從，將殺單子、劉子。**杜注：「北山，洛北芒也。王知單、劉不欲立子朝，欲因田獵先殺之。」**王有心疾，乙丑，崩于榮錡氏。**杜注：「河南鞏縣西有榮錡澗。」榮錡蓋周大夫姓名，氏謂其家。蓋心臟病急死。**戊辰，**戊辰，二十一日。**劉子摯卒，無子，**魏了翁讀書雜鈔謂「按傳，劉蚠爲劉子摯之庶子，未嘗無子。古人無適子者便謂之無子」，是也。**單子立劉蚠。五月庚辰，**庚辰，四日。**見王，**杜注：「見王猛。」景王死，猛即承嗣，但踰年未及改稱元年即死矣。**遂攻賓起，殺之，盟羣王子于單氏。**杜注：「王子猛次正，故單、劉立之，懼諸王子或黨子朝，故盟之。」

二二·四 **晉之取鼓也，**杜注：「在十五年。」**既獻而反鼓子焉。**謂獻捷于廟，獻後又使鼓子歸國爲君。**又叛於鮮虞。**鼓本屬鮮虞，與鮮虞同爲白狄。晉既勝而入鼓，故改屬晉。鼓子歸後，叛晉復屬鮮虞。**六月，荀吳略東陽，**略，巡行也。東陽猶南陽，其地甚廣，凡在太行山之東、河南北部、河北南部之屬晉者，皆晉東陽地。參見襄二十三年傳並注。**使師僞糴者負甲以息於昔陽之門外，**昔陽，今河北晉縣西，互詳十二年傳並注。**遂襲鼓，滅之，以鼓子鳶鞮歸，使涉佗守之。**杜注：「守鼓之地。」涉佗，晉大夫。」鼓之所在，昔人辯論紛紜，如顧炎武日知録卷三十一有昔陽，莊述祖、孫星衍春秋釋例輯本校語説又與顧不同，今從顧棟高大事表。

二二·五　**丁巳，**丁巳，十一日。**葬景王。王子朝因舊官、百工之喪職秩者與靈、景之族以作亂。**百工之工乃工匠之工，哀十七年傳「石圃因匠氏攻公」、二十五年傳「諸師比、公孫彌牟、公文要、司寇亥、司徒期因三匠與拳彌以作亂，皆執利兵，無者執斤」，王子朝因百工作亂，與衞事正相類。説詳俞樾平議。靈、景之族，靈王、景王之子孫也。**帥郊、要、餞之甲，**杜注：「三邑，周地。」郊即十二年傳「原伯絞奔郊」之郊。據水經河水四注，畛水出新安青要山，疑要即青要山，則其地當在今新安縣境。餞地不詳。**以逐劉子。**杜注：「逐伯蚠。」**壬戌，**壬戌，十六日。**劉子奔揚。**揚即僖十一年傳「揚、拒、泉、臯、伊、雒之戎」之揚，當距偃師縣不遠。説本江永考實。**單子逆悼王于莊宮以歸。**杜注：「悼王，子猛也。」莊宮在王城。歸，歸于單旗之家。**王子還夜取王以如莊宮。**杜注：「王子還，子朝黨也。不欲使單子得王猛，故取之。」**癸亥，**癸亥，十七日。**單子出。**杜注：「失王，故出奔。」**王子還與召莊公謀，**杜注：「莊公，召伯奂，子朝黨也。」**曰：「不殺單旗，不捷。**杜注：「旗，單子也。」**與之重盟，**前已盟羣王子于單氏，此爲再盟。**必來。背盟而克者多矣。」**此王子還之謀，欲以再盟召單旗，因殺之，故曰背盟。**從之。**召伯奂聽從之。**樊頃子曰：「非言也，必不克。」**杜注：「頃子，樊齊，單、劉黨。」馬宗璉補注謂樊在東都之畿内，頃子蓋樊仲山甫之後。詩小雅賓之初筵「匪言勿言」，鄭箋以「非所當説」解「匪言」，則言謂善言，猶人謂善人。遂奉王以追單子，杜注：「王子還奉王。」及領，領蓋轘轅山，一名嶍嶺。領借爲嶺。說詳洪亮吉詁。大盟而復。杜注：「欲重盟令單子、劉子復歸。」殺摯荒以說。杜注：「委罪於荒。」劉子如劉，自揚歸其采邑。劉，今河南偃師縣西南，緱氏西北。單子亡。蓋欒齊告以王子還之陰謀，故出逃。乙丑，乙丑，十九日。奔于平時。平時亦見襄三十年傳，釋例並闕，不知所在，要當離洛陽不遠。羣王子追之，單子殺還、姑、發、弱、鬷、延、定、稠，杜注：「八子，靈、景之族，因戰而殺之。」上文云「羣王子」，則此八人皆王子，故僅稱其名。子朝奔京。杜注：「其黨死故。」江永考實謂京非隱元年傳鄭邑之京。以傳文考之，當近前城，在伊水之南，洛陽之西南也。丙寅，丙寅，二十日。伐之。杜注：「單子伐京。」京人奔山。山疑即上傳「田北山」之北山，即邙山。劉子入于王城。杜注：「子朝奔京，故得入。」辛未，辛未，二十五日。鞏簡公敗績于京。乙亥，乙亥，二十九日。甘平公亦敗焉。杜注：「甘、鞏二公，周卿士。」甘即平公采邑，在今洛陽市南郊。

叔鞅至自京師，杜注：「葬景王還。」言王室之亂也。閔馬父曰：「子朝必不克。其所與者，天所廢也。」杜注：「閔馬父，閔子馬，魯大夫。天所廢，謂羣喪職秩者。」

單子欲告急於晉。因鞏、甘之敗。秋七月戊寅，戊寅，三日。以王如平時，遂如圃車，次于皇。杜注：「出次，以示急也。戊寅，七月三日。經書六月，誤。」江永考實云：「圃車，周地，當近鞏縣之皇。」皇，據彙纂，當在今鞏縣西南。劉子如劉。單子使王子處守于王城。杜注：「王子處，子猛黨。守王城，距子朝。」盟百工于平宮。杜注：「平宮，平王廟。」辛卯，辛卯，十六日。鄩肸伐皇。杜注：「鄩肸，子朝黨。」説文：「鄩，周邑。」京相璠土地名云：「今鞏洛渡北有鄩谷水，東入洛。又有鄩城，蓋周大夫鄩肸之舊邑。」段玉裁説文注云：「今河南鞏縣（此指鞏縣廢治，今鞏縣治已移至孝義鎮，在舊治西）西南五十八里有故鄩城。」大敗，獲鄩肸。壬辰，壬辰，十七日。焚諸王城之市。杜注：「焚鄩肸。」八月辛酉，辛酉，十六日。司徒醜以王師敗績于前城。杜注：「醜，悼王司徒。前城，子朝所得邑。」前城在今洛陽市東南三十里，伊水東岸，闕塞稍南。百工叛。杜注：「司徒醜敗故。」己巳，己巳，二十四日。伐單氏之宮，敗焉。杜注：「百工伐單氏，爲單氏所敗。」庚午，庚午，二十五日。反伐之。辛未，辛未，二十六日。伐東圉。東圉，在成周東，今偃師縣西南。冬十月丁巳，丁巳，十三日。晉籍談、荀躒帥九州之戎及焦、瑕、温、原之師，杜注：「九州戎，陸渾戎。十七年滅屬晉。州，鄉屬也。五州爲鄉。」又云：「焦、瑕、温、原，晉四邑。」焦，今河南陝縣西郊。瑕，今山西芮城縣南。詳僖三十年傳及文十三年傳並注。温，在今河南温縣西南，見隱三年傳並注。原，在今河南濟源縣西北，詳隱十一年傳並注。十五年傳謂荀躒如周，籍談爲介。左傳叙人，俱依國之大小、位之高卑爲先後次序，此叙籍談于荀躒之上，或談已爲卿。以納王于王城。杜注：「丁巳在十月，經書秋，誤。」庚申，庚申，十六日。單子、劉盆以王師敗績于郊，杜注：「爲子朝之黨所敗。」前城人敗陸渾于社。杜注：「前城子朝衆。社，周地。」彙纂云：「黄河西自偃師界入鞏縣，洛水入之。有五社渡，又爲五社津。光武遣耿弇等軍五社，備滎陽以東，即此。」則在今鞏縣東北。**十一月乙酉，**乙酉，十二日。**王子猛卒。**杜注：「乙酉在十一月，經書十月，誤。雖未即位，周人謚曰悼王。」史記周本紀云「子朝攻殺猛」，與傳異。**不成喪也。**杜注：「釋所以不稱『王崩』。」**己丑，**己丑，十六日。**敬王即位。**杜注：「敬王，王子猛母弟王子匄。」**館于子旅氏。**杜注：「子旅，周大夫。」**十二月庚戌，**庚戌，七日。**晉籍談、荀躒、賈辛、司馬督帥師軍于陰，**司馬督即司馬烏。杜注：「籍談所軍。」此賈辛與成十八年傳「右行賈辛」非一人。陰即二十三傳之平陰，在今河南孟津縣北，依黄河南岸。**于侯氏，**杜注：「荀躒所軍。」侯氏即今緱氏鎮。**于谿泉，**杜注：「賈辛所軍。鞏縣西南有明谿泉。」彙纂云：「水經注，洛水又東，明樂泉注之，水出南原下，五泉並導，故世謂之五道泉，即古明谿泉也。」則谿泉當今洛陽市東南。**次于社。**杜注：「司馬督所次。」**王師軍于氾，于解，次于任人。**此氾非僖二十四年「王出適鄭，處于氾」之氾，亦非僖三十年傳「秦軍氾南」之氾，因皆距洛陽遠。疑即成四年傳「取氾」之氾，在今鞏縣東北，詳成四年傳注。解，杜云「洛陽西南有大解、小解」。據續漢書郡國志，大解城在洛陽南，小解城在洛陽西南。任人當即洛陽附近地。**閏月，晉箕遺、樂徵、右行詭濟師取前城，**杜注：「三子，晉大夫。濟師，渡伊、洛。」晉師先渡洛，再渡伊，由西向東。**軍其東南。王師軍于京楚。**江永考實謂是近洛陽之地。**辛丑，**辛丑，二十九日。**伐京，毁其西南。**杜注：「京（本作「京楚」，今依段玉裁説删「楚」字），子朝所在。」顧炎武九經誤字云唐石經此文下有「子朝奔郊」，監本脱。

二十三年，壬午，公元前五一九年。周敬王元年、晉頃七年、齊景二十九年、衛靈十六年、蔡悼三年、鄭定十一年、曹悼五年、陳惠十一年、杞平十七年、宋元十三年、秦哀十八年、楚平十年、吴僚八年、許男斯四年。

經

二三·一　二十有三年春王正月，公羊無「有」字，當是誤脱。正月初六丁未冬至，建子。叔孫婼如晉。「婼」，公羊作「舍」。下同。「婼」與「舍」古音韻部爲平入對轉。杜注：「謝取邾師。」

二三·二　癸丑，癸丑，十二日。叔鞅卒。無傳。汪克寬纂疏云：「叔弓之子，輒之弟也。子詣嗣爲大夫。」

二三·三　晉人執我行人叔孫婼。杜注：「稱『行人』，譏晉執使人。」

二三·四　晉人圍郊。杜注：「討子朝也。郊，周邑。圍郊在叔鞅卒前，經書後，從赴。」

二三·五　夏六月，蔡侯東國卒于楚。無傳。

二三·六　秋七月，莒子庚輿來奔。

二三·七　戊辰，戊辰，二十九日。吴敗頓、胡、沈、蔡、陳、許之師于雞父。「父」，穀梁作「甫」。「父」

「甫」二字古本通。杜注：「雞父，楚地，安豐縣南有雞備亭。」西晉之安豐縣在今河南固始縣東，則雞父又在其南。**胡子髡、沈子逞滅，**「逞」，公羊作「楹」，穀梁作「盈」。杜注：「國雖存，君死曰滅。」胡國嬀姓，故城即今安徽阜陽市。定十五年楚滅之。**獲陳夏齧。**杜注：「大夫死、生通曰獲。」杜注本公羊傳。孔疏：「宣二年，鄭人獲華元，生獲也；哀十一年，獲齊國書，死獲也，故云大夫死、生通曰獲。」又引世本：「宣公生子夏，夏生御叔，叔生徵舒，舒生惠子晉，晉生御寇，寇生悼子齧。齧是徵舒曾孫。」程公說春秋分紀又謂悼子齧生夏區夫。

二三·八 **天王居于狄泉。**杜注：「敬王辟（避）子朝也。狄泉，今洛陽城內大倉西南池水也，時在城外。」孔疏云：「狄泉若在城內，宜云王居成周，知此時在城外也。今在城內者，土地名云，或曰，定元年城成周，乃遶之入城內也。」狄泉即僖二十九年經之翟泉，互詳彼注。池水今已堙。**尹氏立王子朝。**杜注：「尹氏，周世卿也。書尹氏立子朝，明非周人所欲立。」

二三·九 **八月乙未，**乙未，二十六日。**地震。**

二三·一〇 **冬，公如晉，至河，有疾，乃復。**「至河」下公羊、穀梁又有「公」字。

傳

二三·一 **二十三年春王正月壬寅朔，二師圍郊。**此文應與上年傳文「伐京，毀其西南」連讀。杜

注：「二師，王師、晉師也。」經僅書「晉人圍郊」，不書王師，蓋晉師爲主力。**癸卯，**癸卯，二日。**郊、鄩潰。**杜注：「河南鞏縣西南有地，名鄩中。郊、鄩二邑，皆子朝所得。」**丁未，**丁未，六日。**晉師在平陰，王師在澤邑。**史記周本紀謂敬王居澤，即此澤邑，亦即狄泉，王師隨敬王也。**王使告間，**病好轉曰間，論語子罕「病間」是也。此告間，告晉師以子朝之亂稍平，欲晉師撤回，謂已力足以勝子朝也。**庚戌，**庚戌，九日。**還。**杜注：「晉師還。」

二三・二　**邾人城翼，**杜注：「翼，邾邑。」翼即隱元年傳「及邾人、鄭人盟于翼」之翼，在今山東費縣西南九十里。**還，將自離姑。**杜注：「離姑，邾邑。從離姑，則道徑魯之武城。」離姑在翼之北，武城又在離姑之北。此時邾已遷都于繹，在今鄒縣東南二十五里，見文十三年傳並注。由翼經離姑，必過武城。武城屬魯，過隣國境必假道。**公孫鉏曰：「魯將御我。」**杜注：「鉏，邾大夫。」宣十四年傳華元曰：「過我而不假道，鄙我也。」古代有假道之禮，詳宣十四年傳注。邾兵過武城而不假道，武城人必抗禦之。御同禦。**欲自武城還，循山而南。**杜注：「至武城而還，依山南行，不欲過武城。」自翼至邾，須經今沂蒙山區。此公孫鉏之謀。**徐鉏、丘弱、茅地曰：**杜注：「三子，邾大夫。」**「道下，遇雨，將不出，是不歸也。」**杜注：「謂此山道下濕。」**遂自離姑。**杜注：「遂過武城。」**武城人塞其前，**杜注：「以兵塞其前道。」**斷其後之木而弗殊，**廣雅：「殊，斷也。」又云：「殊，絶也。」此謂砍伐樹木而不使斷絶。**邾師過之，乃推而蹷之，**蹷亦作蹶。推欲斷之樹木使仆倒。襄十九年傳「是謂蹷其本」，孔疏：「蹶者，倒也。」前有兵擋之，後有樹木阻之，邾師進退皆難。**遂取邾師，獲鉏、弱、地。**此皆去年事，追言之，以叙叔孫婼如晉之故。

邾人愬于晉，晉人來討。問罪也。魯實無罪，晉偏袒邾，聽其訴。**叔孫婼如晉，晉人執之。書曰「晉人執我行人叔孫婼」，言使人也。晉人使與邾大夫坐，**杜注：「坐訟曲直。」孔疏云：「周禮小司寇云：『命夫命婦不躬坐獄訟。』凡斷獄者，皆令競者坐而受其辭。」古代訴訟雙方互相辯論曰坐。辯論者亦曰坐，僖二十八年傳「鍼莊子爲坐」是也，互詳彼注。**叔孫曰：「列國之卿當小國之君，固周制也。邾又夷也。寡君之命介子服回在，**杜注：「子服回，魯大夫，爲叔孫之介副。」介亦奉君命，故云命介。**請使當之，不敢廢周制故也。」乃不果坐。**

韓宣子使邾人聚其衆，將以叔孫與之。叔孫聞之，去衆與兵而朝。無隨從，無武器，隻身朝晉君。杜注：「示欲以身死。」**士彌牟謂韓宣子曰：**杜注：「彌牟，士景伯。」**「子弗良圖，**言其計謀不善。**而以叔孫與其讎，叔孫必死之。魯亡叔孫，必亡邾。邾君亡國，將焉歸？**杜注：「時邾君在晉，若亡國，無所歸，將益晉憂。」**子雖悔之，何及？**已不及矣。**所謂盟主，討違命也。若皆相執，**魯執邾之三大夫，而晉又使邾執叔孫。**焉用盟主？」乃弗與。使各居一館。**孔疏云：「賈逵云：『使邾、魯大夫各居一館。』鄭衆云：『使叔孫、子服回各居一館。』」杜用鄭衆說，以下文推之，鄭衆義是。士伯聽其辭，而愬諸宣子，乃皆執之。杜注：「二子辭不屈，故士伯愬而執之。」士伯御叔孫，從者四人，過邾館以如吏。杜注：「欲使邾人見叔孫之屈辱。」先歸邾子。先使邾君返國。士伯曰：「以芻蕘之難，從者之病，將館子於都。」柴薪難以供給，侍者辛勞過甚，皆係託辭。杜注：「都，别都，謂箕也。」都即邑，散文相通。叔孫旦而立，期焉。杜注：「立，待命也。」期，待也，即待命。乃館諸箕。箕，今山西蒲縣東北，餘詳僖三十三年經注。舍子服昭伯於他邑。舍亦館也。即今隔離軟禁。

范獻子求貨於叔孫，使請冠焉。杜注：「以求冠爲辭。」取其冠法，不知范獻子冠之大小，故使人取范爲冠之模法。而與之兩冠，曰：「盡矣。」叔孫明知求冠是假，求財貨是真；僞爲不知，取獻子作冠之尺寸而爲兩冠以與之，且曰「盡矣」，以塞其口。爲叔孫故，申豐以貨如晉。杜注：「欲行貨以免叔孫。」叔孫曰：「見我，吾告女所行貨。」見，而不出。申豐往見叔孫，叔孫不令外出，不欲以賄免。吏人之與叔孫居於箕者，晉之吏人與叔孫同館者，即軟禁中看守叔孫者。請其吠狗，其狗善吠，故云吠狗。弗與。亦叔孫不欲行賄於小吏。及將歸，殺而與之食之。表示前之不與，非吝惜。叔孫所館者，雖一日，必葺其牆、屋，杜注：「葺，補治也。」屋謂屋頂，哀三年傳「蒙葺公屋」可證。去之如始至。杜注：「不以當去而有所毁壞。」叔孫明春始歸。

夏四月乙酉，乙酉，十四日。**單子取訾，**據明年傳「與之東訾」，則訾有東訾、西訾，皆在鞏縣。東訾在鞏縣舊城西南四十里。此僅言訾，下言牆人在新安，此疑是西訾。亦在今鞏縣西南。**劉子取牆人、直人。**杜注：「三邑，屬子朝者。」彙纂云：「今新安縣東北有白牆村，疑是其處。」直人當亦在新安縣境。**六月壬午，**壬午，十二日。**王子朝入于尹。**杜注：「自京入尹氏之邑。」孔疏：「前年子朝在京，王師雖毀其西南，不言克京。又今年二師圍郊，不言子朝在郊，故云自京入尹。」尹，江永考實據水經洛水注，疑尹以尹谿、尹谷得名，尹邑宜在宜陽縣境。然後魏之宜陽，在今治西五十里。尹邑或在今洛寧縣境。**癸未，**癸未，十三日。**尹圉誘劉佗殺之。**杜注：「尹圉，尹文公也。劉佗，劉蚠族，敬王黨。」**丙戌，**丙戌，十六日。**單子從阪道，劉子從尹道伐尹。**偃師東南有鄂里阪，鞏縣舊治東南有轘轅阪，宜陽東南有九曲阪。此阪疑鄂里阪或轘轅阪。尹道，入尹之道。陶鴻慶云：「廣雅釋詁：『阪，邪也。』阪道爲僻道。釋言：『尹，正也。』尹道爲正道也。」詳別疏。亦通。**單子先至而敗，劉子還。**杜注：「單子敗故。」**己丑，**己丑，十九日。**召伯奐、南宮極以成周人戍尹。**杜注：「二子，周卿士。奐，召莊公。」**庚寅，**庚寅，二十日。**單子、劉子、樊齊以王如劉。**杜注：「辟子朝，出居劉子邑。」樊齊即樊頃子，自此不再見傳。**甲午，**甲午，二十四日。**王子朝入于王城，次于左巷。**杜注：「近東城。」**秋七月戊申，**戊申，九日。**鄩羅納諸莊宮。**杜注：「鄩羅，周大夫，鄩肸之子。」**尹辛敗劉師于唐。**杜注：「尹辛，尹氏族。唐，周地。」據續漢書郡國志，唐在今洛陽市東。丙辰，丙辰，十七日。又敗諸鄩。甲子，甲子，二十五日。尹辛取西闈。彙纂引晉地道記，謂西闈在洛陽縣西南。然晉之洛陽縣在今洛陽市東北二十里，則西闈或未必在今洛陽市西南。丙寅，丙寅，二十七日。攻蒯，蒯在今洛陽市稍西北。蒯潰。杜注：「於是敬王居狄泉，尹氏立子朝。」此時劉師屢敗，尹師屢勝，敬王王位又不穩矣。

二三·四　莒子庚輿虐而好劍。庚輿，犂比公子，著丘公弟，見昭十四年傳，當立于昭十五年。苟鑄劍，必試諸人。殺人以試劍之利鈍。國人患之。又將叛齊。去年與齊盟。烏存帥國人以逐之。杜注：「烏存，莒大夫。」庚輿將出，聞烏存執殳而立於道左，懼將止死。杜注：「殳長丈二而無刃。」庚輿畏懼將被止而死之。苑羊牧之曰：「君過之！杜注：「牧之亦莒大夫。」烏存以力聞可矣，何必以弒君成名？」牧之諒其不致殺庚輿。遂來奔。庚輿在位九年，奔魯。齊人納郊公。杜注：「郊公，著丘公之子，十四年奔齊。」依禮，明年即位，改稱元年，在位三十八年。名狂。莒自襄三十一年展輿殺其父犂比公自立，經著丘公、庚輿、郊公，四世皆有內亂。魯、莒爭戰，自此不復見于經、傳。

二三·五　吳人伐州來，十三年傳楚平王猶云「州來在吳猶在楚」，而十九年楚人城州來，則不知何年楚又取之，經、傳失載。至哀二年，吳師入蔡，逼蔡遷于州來，乃爲蔡都。楚薳越帥師及諸侯之師奔命救州來。杜注：「令尹以疾從戎，故薳越攝其事。」令尹爲陽匄，字子瑕。薳越爲司馬。奔命，奉楚平王之命率師奔赴也。吳人禦諸鍾離。鍾離，今安徽鳳陽縣稍北而東，淮水南岸。子瑕卒，楚師熸。杜注：「子瑕即令尹，不起所疾也。吳、楚之間謂火滅爲熸。軍之重主喪亡，故其軍人無復氣勢。」襄二十六年傳「楚師大敗，王夷師熸」，定十年傳「衛侯伐邯鄲午於寒氏，城其西北而守之，宵熸」，熸未必僅吳、楚間語。吳公子光曰：「諸侯從於楚者衆，而皆小國也，畏楚而不獲已，是以來。吾聞之曰：『作事威克其愛，雖小，必濟。』杜注：「克，勝也。軍事尚威。」吳師比諸楚及諸侯之師自爲弱少，但用威，故云「雖小必濟」。胡、沈之君幼而狂，杜注：「狂，無常。」集韻：「狂，躁也。」此義較勝。陳大夫齧壯而頑，頑固不通權變。頓與許、蔡疾楚政。楚令尹死，其師熸。帥賤、多寵，政令不壹。七國同役而不同心，杜注：「七國，楚、頓、胡、沈、蔡、陳、許。」帥賤而不能整，無大威命，楚可敗也。若分師先以犯胡、沈與陳，必先奔。三國敗，諸侯之師乃搖心矣。諸侯乖亂，楚必大奔。請先者去備薄威，杜注：「示之以不整以誘之。」惠棟補注引尉繚子（攻權篇）曰：「兵有去備徹威而勝者，以其有法故。」後者敦陳整旅。」杜注：「敦，厚也。」吳子從之。戊辰晦，戰于雞父。杜注：「七月二十九日。違兵忌晦戰，擊楚所不意。」七月小，王韜春秋長曆考正以爲七月大，則戊辰非晦日，顯與傳違，誤。吳子以罪人三千先犯胡、沈與陳，杜注：「囚徒不習戰，以示不整。」三國爭之。爭獲得吳兵以爲俘。吳爲三軍以繫於後，中軍從王，杜注：「從吳王。」光帥右，掩餘帥左。杜注：「掩餘，吳王壽夢子。」吳之罪人或奔或止，三國亂，爭多獲，行陣不整。吳師擊之，吳師即吳之三軍。三國敗，獲胡、沈之君及陳大夫。舍胡、沈之囚使奔許與蔡、頓，曰：「吾君死矣！」師譟而從之，吳師大鳴鼓而從所釋囚以擊許與蔡、頓。孔子家語相魯篇「齊使萊人以兵鼓譟」，注云：「雷鼓曰譟。」若作呼喊義亦通。一切經音義引聲類云：「譟，羣呼煩擾也。」三國奔，杜注：「三國，許、蔡、頓。」楚師大奔。

書曰「胡子髡、沈子逞滅，獲陳夏齧」，君臣之辭也。杜注：「國君，社稷之主，與宗廟共其存亡者，故稱『滅』；大夫輕，故曰『獲』。獲，得也。」不言戰，楚未陳也。

二三·六 八月丁酉，丁酉，二十八日。南宮極震。杜注：「經書乙未地動，魯地也。丁酉南宮極震，周地亦震也。爲屋所壓而死。」南宮極見上傳。萇弘謂劉文公曰：「君其勉之！先君之力可濟也。杜注：「文公，劉蚠也。先君謂蚠之父獻公也。獻公亦欲立子猛，未及而卒。」此見去年傳。周之亡也，其三川震。杜注：「謂幽王時也。三川，涇、渭、洛水也。地動，川岸崩。」周語上：「幽王二年，西周三川皆震。」今西王之大臣亦震，天棄之矣。杜注：「子朝在王城，故謂西王。」東王必大克。」杜注：「敬王居狄泉，在王城之東，故曰東王。」王城本在洛陽西北，敬王此時居在洛陽城外。

二三·七 楚大子建之母在郹，杜注：「郹，郹陽也。平王娶秦女，廢太子建，故母歸其家。」郹陽在今河南新蔡縣境，互見十九年傳並注。召吳人而啓之。啓，開城門。冬十月甲申，甲申，十六日。吳大子諸樊入郹，此時吳王爲僚，其伯父爲諸樊，魯襄二十五年死，則僚之太子不得名諸樊。史記吳世家云：「吳使公子光伐楚，敗楚師，迎楚故太子建母於居巢以歸。」雖情節與傳有不同，而作公子光，較確。陸粲附注亦云。又可參俞樾曲園雜纂卷十八。**取楚夫人與其寶器以歸。楚司馬薳越追之，不及。將死，衆曰：「請遂伐吳以徼之。」**徼同儌，儌倖也。謂伐吳儌幸求勝。**薳越曰：「再敗君師，**救州來已一敗，此次若求儌幸，恐再敗。**死且有罪。亡君夫人，不可以莫之死也。」乃縊於薳澨。**說文：「澨，埤增水邊土，人所止者。」水經禹貢山水澤地所在注云：「文公十有六年，楚軍次于句澨以伐諸庸；宣公四年，楚令尹子越師于漳澨；定公四年，左司馬戌敗吳師于雍澨；昭公二十三年，司馬薳越縊于薳澨。服虔或謂之邑，又謂之地。京相璠、杜預亦云，水際及邊地名也。」據彙纂，薳澨在今湖北京山縣西百餘里漢水東岸。呂氏春秋、吳越春秋諸書，又有兩國邊邑爭桑相攻事，未見于傳。

二三·八 **公爲叔孫故如晉，及河，有疾，而復。**杜注：「此年春晉爲邾人執叔孫，故公如晉謝之。」

二三·九 **楚囊瓦爲令尹，**杜注：「囊瓦，子囊之孫子常也，代陽匄。」**城郢。**杜注：「楚用子囊遺言，已築郢城矣。今畏吳，復增脩以自固。」郢都即在江陵縣北十里之紀南城。漢書地理志云「南郡江陵，故楚郢都，楚文王自丹陽徙此，後九世平王城之」，即指此。**沈尹戌曰：「子常必亡郢。苟不能衞，城無益也。古者，天子守在四夷；**杜注：「德及遠。」會箋：「亦言其和柔四夷以爲諸夏之衞也。」**天子卑，守在諸侯。**杜注：「政卑損。」謂以諸侯禦四夷之侵。**諸侯守在四鄰；**杜注：「隣國爲之守。」**諸侯卑，守**

在四竟。杜注：「裁自完。」慎其四竟，結其四援，杜注：「結四隣之國爲援助。」民狎其野，杜注：「狎，安習也。」三務成功。杜注：「春、夏、秋三時之務。」民無内憂，而又無外懼，國焉用城？今吴是懼，謂懼吴也，賓語倒在動詞前，「是」爲助詞。而城於郢，守已小矣。卑之不獲，卑則守在四境，今僅城國都，故云「不獲」。能無亡乎？昔梁伯溝其公宮而民潰，事見僖十九年傳。民棄其上，不亡，何待？夫正其疆埸，修其土田，險其走集，杜注：「走集，邊竟之壘壁。」親其民人，明其伍候，杜注：「使民有部伍，相爲候望。」逸周書程典篇亦云：「固其四援，明其伍候。」信其鄰國，慎其官守，守其交禮，杜注：「交接之禮。」不僭不貪，哀五年傳「不僭不濫」與此同意。僭，差也。呂氏春秋權勳篇「虞公濫於寶與馬」，注：「濫，貪也。」不懦不耆，杜注：「懦，弱也。耆，强也。」完其守備，以待不虞，又何畏矣？詩曰：『無念爾祖，聿修厥德。』詩大雅文王。無念，念也。無，發語詞，無義。聿亦發語詞。句謂念爾祖，修其德。無亦監乎若敖、蚡冒至于武、文，杜注：「四君皆楚先君之賢者。」土不過同，杜注：「方百里爲一同，言未滿一圻。」慎其四竟，猶不城郢。今土數圻，杜注：「方千里爲圻。」而郢是城，不亦難乎？」杜注：「言守若是，難以爲安也。爲定四年吴入楚傳。」

二十四年，癸未，公元前五一八年。周敬王二年、晉頃八年、齊景三十年、衛靈十七年、蔡昭公申元年、鄭定十二年、曹悼六年、陳惠十二年、杞平十八年、宋元十四年、秦哀十九年、楚平十一年、吳僚九年、許男斯五年。

經

二四·一 二十有四年春王二月丙戌，正月十六日壬子冬至，建子。「二月」本作「三月」，今正。丙戌，二十日。仲孫貜卒。無傳。汪克寬纂疏云：「孟僖子也。子何忌，嗣爲大夫，是謂懿子。」

二四·二 婼至自晉。公羊作「叔孫舍至自晉」。據傳文，無「叔孫」二字是也。杜注：「喜得赦歸，故書至。」然會箋云：「內卿見執，必書其終，例也。杜云喜書，臆斷。」

二四·三 夏五月乙未朔，日有食之。公元前五一八年四月九日日環食，起于西伯利亞西部，略偏東，即向西北而入北冰洋，魯都不能見。諸家皆以爲入食限，僅推算得之。參朱文鑫歷代日食考及馮澂春秋日食集證。

二四·四 秋八月，大雩。

二四·五 丁酉，杞伯郁釐卒。杜注：「無傳。丁酉，九月五日，有日無月。」

二四·六 冬，吳滅巢。巢詳文十二年經並注。

二四·七 葬杞平公。無傳。

傳

二四·一 二十四年春王正月辛丑，辛丑，五日。召簡公、南宮嚚以甘桓公見王子朝。杜注：「簡公，召莊公之子召伯盈。嚚，南宮極之子。桓公，甘平公之子。」劉子謂萇弘曰：「甘氏又往矣。」對曰：「何害？同德度義。竹添光鴻會箋云：「度與宅通，猶在也。言所謂同德者，惟在於義耳。」文十八年傳「不度於善」，杜注：「度，居也。」即此義。大誓曰『紂有億兆夷人，夷爲語中助詞，無義。詩大雅瞻卬「蟊賊蟊疾，靡有夷屆。罪罟不收，靡有夷瘳」，兩「夷」字亦同。見詞詮。亦有離德；亦借爲奕，説文：「大也。」詩周頌豐年「豐年多黍多稌，亦有高廩」，亦即此義。或謂亦爲語首助詞，亦通。余有亂臣十人，同心同德』，杜注：「武王言：『我有治臣十人，雖少，同心也。』今大誓無此語。」論語泰伯引武王曰：「予有亂臣十人。」蓋亦本大誓。今僞古文泰誓爲僞中之僞。此周所以興也。君其務德，無患無人。」戊午，戊午，二十二日。王子朝入于鄔。鄔在今河南偃師縣南。又見隱十一年傳並注。

二四·二 晉士彌牟逆叔孫于箕。叔孫使梁其踁待于門内，杜注：「踁，叔孫家臣。」梁其踁曾隨叔孫豹使于晉，見昭元年傳。曰：「余左顧而欬，欬同咳，咳嗽。乃殺之。杜注：「疑士伯來殺己，故謀殺之。」右顧而笑，乃止。」叔孫見士伯。接見士彌牟。士伯曰：「寡君以爲盟主之故，是以久子。久子，久留子于晉也。不腆敝邑之禮，將致諸從者，將釋叔孫歸于魯，致以贈賄餞行之禮。從者實指叔孫。古人常言「執事」、「從者」、「左右」，意謂其下屬，不直指其人，亦表敬之方式。使彌牟逆吾子。」叔孫受禮而歸。二月，「婼至自晉」，尊晉也。此解經。杜注：「貶婼族（不稱叔孫），所以尊晉。婼行人，故不言罪己。」杜注未必合傳意，姑仍之。

二四·三　三月庚戌，庚戌，十五日。晉侯使士景伯涖問周故。杜注：「涖，臨也。就問子朝、敬王，知誰曲直也。」士伯立于乾祭，而問於介衆。杜注：「乾祭，王城北門。介，大也。」俞樾云：「古『立』『位』同字。小司寇職掌外朝之法以致萬民而詢焉。一曰詢國危，二曰詢國遷，三曰詢立君。士景伯蓋用此禮。」餘詳其茶香室經説。王引之述聞謂「介」當作「其」，不取。晉人乃辭王子朝，不納其使。杜注：「衆言子朝曲故。」

二四·四　夏五月乙未朔，日有食之。梓慎曰：「將水。」據杜注，日食是陰勝陽，水屬陰，故曰「將水」。昭子曰：「旱也。日過分而陽猶不克，克必甚，能無旱乎？據杜注，昭子以爲日已行過春分點，陽氣盛時，而猶不勝月，光爲月所蔽，是不勝陰，此時陽氣鬱積。待日復時，鬱積之陽氣必甚發，不能不旱。陽不克莫，莫，暮本字。已過其時爲暮，此與「日過分而陽猶不克」同意。將積聚也。」此兩句補充説明「克必甚」之故。

二四·五　六月壬申，壬申，八日。王子朝之師攻瑕及杏，皆潰。杜注：「瑕、杏，敬王邑。」瑕，未詳在今何處。高士奇地名攷略據洛陽記「禹州城北有杏山」，則杏在今禹縣北。兩邑皆潰敗。

二四·六　鄭伯如晉，子大叔相，見范獻子。獻子曰：「若王室何？」對曰：「老夫其國家不能恤，老夫，子大叔自指。子大叔（游吉）初見于襄二十二年傳，至此已歷三十三年，其年當在五十以上，故自稱老夫。敢及王室？抑人亦有言曰：『嫠不恤其緯，杜注：「嫠，寡婦也。織者常苦緯少，寡婦所宜憂。」而憂宗周之隕，爲將及焉。』杜注：「恐禍及己。」今王室實蠢蠢焉，杜注：「蠢蠢，動擾貌。」説文引作「惷」，云「亂也」。吾小國懼矣，然大國之憂也，吾儕何知焉？吾子其早圖之！詩曰：『缾之罄矣，惟罍之恥。』詩小雅蓼莪。缾、罍皆古代盛酒器，缾亦作瓶，器小；罍，器大，盛酒多。瓶中酒空，表示罍中酒不注入于瓶，故曰恥。此以瓶喻王室，以罍喻晉。晉雖諸侯，實强大。王室之不寧，晉之恥也。」獻子懼，而與宣子圖之。杜注：「宣子，韓起。」時執晉政。乃徵會於諸侯，期以明年。杜注：「爲明年會黃父傳。」

二四·七　秋八月，大雩，旱也。此年建子，秋八月，實夏正六月，秋收作物正需雨而旱，故作求雨之祭。杜注：「終如叔孫之言。」

二四·八　冬十月癸酉，癸酉，十一日。王子朝用成周之寶珪沈于河。「沈」字原無，今從金澤文庫本、史記周本紀正義引傳、漢書五行志及阮元校勘記增。杜注：「禱河求福。」黃河經成周（洛陽東四十里）及王城（洛陽）北境，故王子朝獻珪于河神以求福。**甲戌，**甲戌，十二日。**津人得諸河上。**以津人得之，則寶珪當沈于成周東北之盟津。**陰不佞以温人南侵，**杜注：「不佞，敬王大夫。晉以温兵助敬王，南侵子朝。」**拘得玉者，取其玉。將賣之，則爲石。**此當時人故神其説。**王定而獻之，**杜注：「不佞獻玉。」**與之東訾。**據王隱晉地道記，東訾在今鞏縣東。

二四·九

楚子爲舟師以略吴疆。杜注：「略，行也。行吴界，將侵之。」**沈尹戌曰：「此行也，楚必亡邑。不撫民而勞之，吴不動而速之，**速之謂使吴速出兵也。**吴踵楚，**踵謂追逐。**而疆埸無備，邑，能無亡乎？」**

越大夫胥犴勞王於豫章之汭，杜注：「汭，水曲。」宋翔鳳過庭録謂豫章之汭斷在當塗之地，秦以其地置鄣郡，漢改爲丹楊。春秋時，豫章與桐、巢俱在二百里内。互詳六年傳「師于豫章」注。安徽考古學會會刊第三期陳懷荃豫章考謂豫章之汭在合肥市南肥河流入巢湖北岸一帶。**越公子倉歸王乘舟。**歸讀爲饋，贈送也。**倉及壽夢帥師從王，**杜注：「壽夢，越大夫。」**王及圉陽而還。**杜注：「圉陽，楚地。」顧棟高大事表七之四謂圉陽應在今安徽巢縣南境。**吴人踵楚，而邊人不備，遂滅巢及鍾離而還。**鍾離，今安徽鳳陽縣東而稍北。又詳成十五年傳並注。

沈尹戌曰：「亡郢之始於此在矣。王一動而亡二姓之帥，「二」或作「壹」。杜注：

「二姓之帥，守巢、鍾離大夫。」幾如是而不及郢？此與十年傳「幾千人而不亡」句法相同。幾，幾次。詩曰『誰生厲階？至今爲梗』，詩大雅桑柔。厲，惡也。階所以升堂，以喻禍亂所由進，故杜注云「階，道」。此作名詞，隱三年傳「階之爲禍」則作動詞，其義相同。梗，病也。其王之謂乎！」杜注：「爲定四年吴入郢傳。」

二十五年，甲申，公元前五一七年。周敬王三年、晉頃九年、齊景三十一年、衛靈十八年、蔡昭二年、鄭定十三年、曹悼七年、陳惠十三年、杞悼公成元年、宋元十五年、秦哀二十年、楚平十二年、吴僚十年、許男斯六年。

經

二五·一　二十有五年春，正月二十七日戊午冬至，建子，有閏。叔孫婼如宋。

二五·二　夏，叔詣會晉趙鞅、宋樂大心、衛北宫喜、鄭游吉、曹人、邾人、滕人、薛人、小邾人于黄父。「詣」，公羊、穀梁作「倪」，後同。「大心」，公羊作「世心」，後同。黄父在今山西沁水縣西北，翼城縣東北，詳文十七年傳注。

二五·三　有鸜鵒來巢。鸜同鴝，音劬。鸜鵒即今之八哥，中國各地多有之，春秋記此，以爲昭公出走之先兆，蓋古代迷信。後人因作各種解釋，如考工記「鸜鵒不濟」，以爲魯在濟水之南，不應巢于魯也。公羊傳竟謂此鳥「宜穴」，穀梁傳亦謂「鸜鵒穴者而曰巢」，杜預合此二説而注云：「此鳥穴居，不在魯界，故曰『來巢』，非常，故書。」此杜注怪誕之甚者。

二五·四 **秋七月上辛，大雩；季辛，又雩。** 上辛，第一旬之辛日，即辛卯，三日。季辛，下旬之辛日，即辛亥，二十三日。

二五·五 **九月己亥，** 己亥，十二日。**公孫于齊，** 孫同遜。杜注：「諱奔，故曰孫，若自孫讓而去位者。」**次于陽州。** 「己亥」，穀梁作「乙亥」，九月戊子朔，不得有乙亥，乙乃己字形近誤。「陽州」，公羊作「楊州」，音同。陽州本魯邑，襄三十一年傳「齊子尾害閭丘嬰，使帥師以伐陽州」可證。此時已爲齊有，定八年傳「公侵齊，門于陽州」，尤爲明證。陽州，在今山東東平縣北境，蓋齊、魯交界邑。**齊侯唁公于野井。** 野井，今山東齊河縣東南，濟水東，今黄河東岸。

二五·六 **冬十月戊辰，** 戊辰，十一日。**叔孫婼卒。**

二五·七 **十有一月己亥，** 己亥，十三日。**宋公佐卒于曲棘。** 曲棘當在今河南蘭考縣東南，民權縣西北，爲由宋適晉之道。

二五·八 **十有二月，齊侯取鄆。** 杜注：「取鄆以居公也。」傳言十二月二十四日圍鄆，明年正月五日取之。經則終言之。

傳

二五·一　二十五年春，叔孫婼聘于宋，桐門右師見之。杜注：「右師，樂大心，居桐門。」地名考略云：「襄十年，楚及鄭圍宋，門于桐門。哀二十六年杜注：『桐門，北門。』」通志氏族略三云：「宋樂大心爲右師，食采桐門，因氏焉。」語，卑宋大夫而賤司城氏。杜注：「司城，樂氏之大宗也。卑、賤，謂其才德薄。」梁履繩補釋引周氏附論云：「襄九年樂喜爲司城。喜孫祁，祁孫茷世爲司城（見昭二十二年及哀二十六年傳）。此時祁居是官，蓋與大心有隙，故賤之，觀定九年祁子溷譖逐桐門右師可見。」昭子告其人曰：「右師其亡乎！君子貴其身，而後能及人，是以有禮。先自尊貴，然後能尊貴他人，於是爲有禮。今夫子卑其大夫而賤其宗，是賤其身也，昭子爲魯人，樂大心于他國人卑本國之大夫，又輕視其宗族，此即不自尊重也。能有禮乎？無禮，必亡。」

宋公享昭子，賦新宮。杜注：「逸詩。」江永羣經補義謂即今小雅斯干。昭子賦車轄。杜注：「詩小雅。周人思得賢女以配君子。昭子將爲季孫迎宋公女，故賦之。」「轄」，毛詩作「舝」，韓詩作「轄」。明日宴，飲酒，樂，宋公使昭子右坐，杜注：「坐宋公右以相近，言改禮坐。」依古代宴禮設坐，宋公坐于阼階上，面向西；昭子則坐于西階，面向南。如此，相隔較遠，不便交談，故杜云「改禮坐」，使昭子移坐于東階，坐于宋公之右，同向西。此本臨時偶然之舉動，不可以禮論之。俞樾平議駁杜及孔疏，非也。語相泣也。樂祁佐，杜注：「助宴禮。」退而告人曰：「今兹君與叔孫其皆死乎！吾聞之：『哀樂杜注：「可樂而哀。」而樂哀，杜注：「可哀而樂。」皆喪心也。』心之精爽，精爽猶言精明。是謂魂魄。魂魄去之，何以能久？」杜注：「爲此冬叔孫、宋公卒傳。」新書容經語下篇亦叙此事，而于宋元公與叔孫婼之死期不與春秋經、傳合，蓋賈誼誤記。

二五·二

季公若之姊爲小邾夫人，杜注：「平子庶姑，與公若同母，故曰公若姊。」生宋元夫人，則宋元夫人爲父之姊妹嫁于小邾君所生。生子，古代女亦謂子，故儀禮有「男子子」「女子子」之名。以妻季平子。昭子如宋聘，且逆之。季孫不親迎，而使叔孫代迎，蓋春秋時之變禮。公若從，謂曹氏勿與，魯將逐之。曹，小邾君之姓。曹氏即宋元夫人。古代姓與氏本有別，但散文亦可通。公若于宋元夫人爲舅，故告以不遣女嫁季平子，魯將逐平子。曹氏告公。公告樂祁。樂祁曰：「與之。如是，謂如魯君逐季平子。魯君必出。政在季氏三世矣，杜注：「文子、武子、平子。」平子之父悼子先武子死，未爲卿。魯君喪政四公矣。杜注：「宣、成、襄、昭。」論語季氏孔丘曰「禄之去公室五世矣」，此言當在定公時，故多一世。説本毛奇齡論語稽求篇。無民而能逞其志者，未之有也，國君是以鎮撫其民。詩曰：『人之云亡，心之憂矣。』詩大雅瞻卬。人謂人才、賢者。云，語中助詞，無義。詩本義蓋謂人才喪失爲心之憂慮。而樂祁之引此句，人指人民，即傳所謂民或民人，應上語「無民」意。魯君失民矣，焉得逞其志？靖以待命猶可，靖，安也，静也。命謂天命。動必憂。」杜注：「爲下公孫傳。」

二五·三 夏，會于黄父，謀王室也。杜注：「王室有子朝亂，謀定之。」趙簡子令諸侯之大夫輸王粟、具戍人，杜注：「簡子，趙鞅。」具備戍周敬王王朝之卒乘與率領者。曰：「明年將納王。」

子大叔見趙簡子，簡子問揖讓、周旋之禮焉。對曰：「是儀也，非禮也。」簡子曰：「敢問，何謂禮？」對曰：「吉也聞諸先大夫子産曰：『夫禮，天之經也，地之義也，民之行也。』孝經三才章襲此語，改「禮」爲「孝」。説詳梁履繩補釋及周中孚鄭堂札記卷四。天地之經，而民實則之。則天之明，杜注：「日、月、星辰，天之明也。」因地之性，杜注：「高下、剛柔，地之性也。」生其六氣，杜注：「謂陰陽、風雨、晦明。」用其五行。杜注：「金、木、水、火、土。」氣爲五味，杜注：「酸、鹹、辛、苦、甘。」發爲五色，杜注：「青、黄、赤、白、黑。」發，表現之義。章爲五聲。杜注：「宫、商、角、徵、羽。」淫則昏亂，民失其性。杜注：「滋味聲色，過則傷性。」淫，過也。是故爲禮以奉之：杜注：「制禮以奉其性。」爲六畜、杜注：「馬、牛、羊、雞、犬、豕。」五牲、十一年傳「五牲不相爲用」，杜注：「五牲，牛、羊、豕、犬、雞。」三犧，始養曰畜，將用曰牲，毛羽完具曰犧。三犧即牛、羊、豕也。蓋由六畜中遞爲減殺。説詳武億義證。杜注云「祭天、地、宗廟三者謂之犧」，蓋以牛、羊、豕用于祭天、祭地、祭宗廟，犬與雞不用也。無論大牢、少牢或特牲，皆不數犬、雞。**以奉五味；爲九文**、九種文彩：龍、山、華（花）蟲、火（爲半圓形似火）、宗彝（虎與蜼——長尾猴）此五者皆畫于衣上。藻（水草）、粉米（白米）、黼（考工記曰，白與黑謂之黼。僞孔安國尚書注：黼若斧形，謂刀白身黑）、黻（杜注：「若兩己相戾。」考工記曰，黑與青相次文）。黻實若兩弓相背亞。此四者繡于裳上。**六采**、六種彩色。杜注：「畫繢之事，雜用天地四方之色：青與白、赤與黑、玄與黄皆相次，謂之六色。」**五章**，杜注：「青與赤謂之文，赤與白謂之章，白與黑謂之黼，黑與青謂之黻，五色備謂之繡。」亦考工記文。**以奉五色；爲九歌、八風、七音、六律，以奉五聲。**杜注：「解見二十年。」**爲君臣上下，以則地義；**杜注：「君臣有尊卑，法地有高下。」**爲夫婦外内，以經二物；**外内即夫婦。二物謂陰陽，亦即剛柔。經，法也。**爲父子、兄弟、姑姊、甥舅、昏媾、姻亞，以象天明；**父之姊妹爲姑，姑與姊妹皆嫁給外姓爲親者。母之兄弟爲舅；謂我舅者，我謂之甥。昏媾即婚姻關係，婚媾爲同義詞，古人常連用，如易屯六二爻辭「匪寇，婚媾」。姻，説文：「婿家也。女之所因，故曰姻。」兩壻相謂曰亞，亦作婭，今曰連襟。杜注：「六親和睦，以事嚴父，若衆星之共（拱）辰極也。」**爲政事、庸力、行務，以從四時；**杜注：「在君爲政，在臣爲事；民功曰庸，治功曰力；行其德教，務其時要，禮之本也。」政與事有别，亦見論語子路。行爲日常工作，務爲一時措施。**爲刑罰威獄，使民畏忌，以類其震曜殺戮；**依杜注，震謂雷震，曜謂電曜，可以殺人。意謂古人作刑罰牢獄，是以雷電諸天象爲法而象之。爲温慈惠和，以效天之生殖長育。民有好惡、喜怒、哀樂，生于六氣，杜注：「此六者，皆稟陰陽、風雨、晦明之氣。」是故審則宜類，以制六志。杜注：「爲禮以制好惡、喜怒、哀樂六志，使不過節。」哀有哭泣，樂有歌舞，喜有施舍，怒有戰鬬；喜生於好，怒生於惡。是故審行信令，禍福賞罰，以制死生。審，慎也。統治者慎其所行。政令出，必使國人信之。晉語四：「信於令則時無廢功。」生，好物也；死，惡物也。好物、惡物猶言所喜好事、所厭惡事。惠棟補注引周書度訓云：「凡民之所好惡，生物是好，死物是惡。」惡亦厭惡之惡。好物，樂也；惡物，哀也。哀樂不失，意謂不失於禮。乃能協于天地之性，是以長久。」簡子曰：「甚哉，禮之大也！」對曰：「禮，上下之紀、天地之經緯也，天地之經緯猶言天經地義。民之所以生也，是以先王尚之。尚之猶言以之爲第一等事。故人之能自曲直以赴禮者，謂之成人。曲直赴禮，謂人有委屈其情以赴禮者，亦有本其情性以赴禮者。大，不亦宜乎！」簡子曰：「鞅也，請終身守此言也。」

宋樂大心曰：「我不輸粟。我於周爲客，杜注：「二王後爲賓客。」謂周王朝以賓客之禮待之。若之何使客？」使謂指使，令其輸粟也。晉士伯曰：「自踐土以來，踐土之盟見僖二十八年傳。此晉國始霸之盟。宋何役之不會，而何盟之不同？曰『同恤王室』，子焉得辟之？子奉君命，以會大事，大事謂救王室。而宋背盟，無乃不可乎？」右師不敢對，受牒而

退。牒，簡札。書宋輸粟具戍之事。**士伯告簡子曰：「宋右師必亡。奉君命以使，而欲背盟以干盟主，無不祥大焉。」**古人多言「不祥莫大焉」，改「莫」爲「無」，句法變。言再無凶惡之事大于此。亦可言不祥莫大焉。 杜注：「爲定十年宋樂大心出奔傳。」

二五·四 **「有鸜鵒來巢」，**鸜鵒，即八哥。**書所無也。**論衡遭虎篇云：「魯昭公且出，鸜鵒來巢。」王充云「魯昭公且出」，未知其所據。 **師己曰：「異哉！吾聞文、成之世，**「文成」本作「文武」，今從石經、宋本、岳本、史記宋世家、漢書五行志、論衡異虛篇、文選幽通賦注、史通雜説上篇及惠棟説訂正。此謂魯文公、宣公、成公之世，不言宣，舉其首尾耳。 杜注：「師己，魯大夫。」**童謡有之，曰：『鸜之鵒之，公出辱之。**鵒、辱爲韻，古音同在屋部。 **鸜鵒之羽，公在外野，往饋之馬。**會箋云：「與季平子每歲買饋之應。」羽、野、馬爲韻，古音同在模部。 **鸜鵒跦跦，公在乾侯，**杜注：「跦跦，跳行貌。」 乾侯，晉邑。二十八年經：「公如晉，次于乾侯。」在今河北成安縣東南。漢書地理志顔師古注：「乾音干，言其地水常涸也。」昭公死于乾侯，故以爲言。 **徵褰與襦。**杜注：「褰，袴。」徵，求也。襦，短衣也。會箋：「與平子每歲歸從者之衣履應。」跦、侯、襦爲韻，古音同在侯部。 **鸜鵒之巢，遠哉遥遥，裯父喪勞，**「裯父」本作「裯父」，今從石經、宋本、岳本、足利本、金澤文庫本及漢書五行志訂正。 裯，昭公名也。史記及漢書古今人表作「稠」。杜注：「死外，故喪勞。」 父亦作甫，男子之通號。 **宋父以驕。**杜注：「宋父，定公，代立，故以驕。」巢、遥、勞、驕爲韻，古音同在豪部。 **鸜鵒鸜鵒，往歌來哭。』**杜注：「昭公生出，歌；死還，哭。」鵒、哭爲韻，古音同在屋部。童謡有是。今鸜鵒來巢，其將及乎！」杜注：「將及禍也。」

二五·五 秋，書再雩，旱甚也。

二五·六 初，季公鳥娶妻於齊鮑文子，杜注：「公鳥，季公亥之兄，平子庶叔父。」生甲。洪亮吉詁云：「甲猶言某甲，失其名耳。」公鳥死，季公亥與公思展與公鳥之臣申夜姑相其室。杜注：「公亥即公若也。展，季氏族。相，治也。」三人共同經理其家道。及季姒與饔人檀通，杜注：「季姒，公鳥妻，鮑文子女。饔人，食官。」此乃季氏家臣之主飲食者，名檀。而懼，懼公亥等責討之。乃使其妾抶己，妾，婢女。抶音叱，扑打。以示秦遄之妻，杜注：「秦遄，魯大夫。妻，公鳥妹秦姬也。」曰：「公若欲使余，使即襄二十一年傳「美而不使」之使，使其視寢也。此蓋當時所用詞義。余不可而抶余。」又訴於公甫，杜氏世族譜云：「公父氏，公甫靖穆伯，季孫紇子。」穆伯見魯語下。程公説春秋分紀世譜六云：「公紇生三子，曰意如（平子），曰公甫靖（後爲公甫氏），曰公之（無後）。」曰：「展與夜姑將要余。」要謂要挾，要脅。脅迫之盟曰要盟，襄九年傳「且要盟無質」、公羊莊十三年傳「要盟可犯」並可證。此謂公思展、申夜姑將逼脅我以從公若與之通。皆誣辭。秦姬以告公之。公之名鞅，見通志氏族略三。公之與公甫告平子，平子拘展於卞，卞見僖十七年經並注，在今山東泗水縣東五十里。而執夜姑，將殺之。公若泣而哀之，曰：「殺是，是殺余也。」哀夜姑被冤，且己亦被冤。若殺夜姑，是證實本無之事爲有，於己亦不堪，故言「殺余」。將爲之請，平子使豎勿内，左右小吏皆可曰豎，僖二十八年傳「曹伯之豎侯獳貨筮史」，淮南子人間訓「豎陽穀奉酒而進之」可證。内同納，不使入内，平子不欲見之。日中不得請。有司逆命，杜注：「執夜姑之有司，欲迎受殺生之命。」公之使速殺之。故公若怨平子。

季、郈之雞鬭。古代鬭雞猶後代之鬭蟋蟀，下賭注争勝負。季氏介其雞，介其雞古有兩説，賈逵、服虔、杜預皆以介爲芥，謂擣芥子爲粉末，播散于雞翼，可以迷郈氏雞之目。鄭衆則云：「介，甲也，爲雞著甲。」據吕氏春秋察微篇注云「作小鎧著雞頭」，此説較長。郈氏爲之金距。説文：「距，雞距也。」漢書五行志「雌雞化爲雄，而不鳴不將無距」，注：「距，雞附足骨，鬭時所用刺之。」即雞跗蹠骨後方所生之尖突起部，中有硬骨質之髓，外被角質鞘，故可爲戰鬭之用。郈氏蓋于雞脚爪又加以薄金屬所爲假距。平子怒，季氏之雞敗。吕氏春秋察微篇載此事，作「魯季氏與郈氏鬭雞，郈氏介其雞，季氏爲之金距。季氏之雞不勝，季平子怒」云云，與傳略異，但有「季氏之雞不勝」句，文意較明。益宫於郈氏，杜注：「侵郈氏室以自益。」且讓之。杜注：「讓，責也。」故郈昭伯亦怨平子。王引之述聞謂前後「郈」字皆當作「后」，引潛夫論志氏姓、禮記檀弓鄭玄注及孔疏引世本爲證，雷學淇世本校輯云「厚與后、郈同」，此説是也，王氏説失之拘。

臧昭伯之從弟會爲讒於臧氏，賈逵曰：「昭伯，臧孫賜也。」魯世家索隱引世本：「臧會，臧頃伯也，宣叔許之孫，與昭伯賜爲從父昆弟也。」而逃於季氏。此事詳於傳末。臧氏執旃。旃，之焉之合音字。平子怒，拘臧氏老。將禘於襄公，萬者二人，其衆萬於季氏。沈欽韓補注云：「傳通言數事爲啓怨之由，不必定在當年。此禘即是祭，不必定爲大祭。蓋諸侯五廟，次及襄公之禰廟，而萬舞不足也。所以不足，緣季氏亦有私祭召其衆也。禮，君祭孟月，臣祭仲月。季氏與君同日祭，又矯用樂舞，論語（八佾）所謂『八佾舞于庭』，以私廢公，此大夫所以怨也。」萬見隱五年傳並注。「二人」，傳遜謂當作「二八」，有理而無據。臧孫曰：「此之謂不能庸先君之廟。」庸作動詞，功曰庸，疇功亦曰庸，意謂不能使昭公祭祀其父以報襄公之功。大夫遂怨平子。

公若獻弓於公爲，杜注：「公爲，昭公子務人。」且與之出射於外，而謀去季氏。公爲告公果、公賁。杜注：「果、賁皆公爲弟。」公果、公賁使侍人僚柤告公。僚柤當是昭公之侍者。釋文謂本亦作「寺人」。公寢，公就寢以告，恐旁人聞之。將以戈擊之，戈謂寢戈，寢時以防萬一者。乃走。公曰：「執之！」亦無命也。口雖云執僚柤，實無旨令。懼而不出，僚柤懼。數月不見。不見公。公不怒。此可以知昭公前此之擊以寢戈，乃佯怒也。又使言，公執戈以懼之，乃走。僅使之害怕而已，非欲殺之。又使言，公曰：「非小人之所及也。」僚柤侍者，昭公謂之小人。昭公前此懼之者，以僚柤位卑人微，無能有所爲也。公果自言，公果知公亦有此意，乃自告公。公以告臧孫，知臧、季有隙。臧孫以難。以爲難成事。告郈孫，公亦知郈、季交惡。郈孫以可，以爲逐季氏可爲。勸。慫慂昭公爲之。告子家懿伯。杜注：「子家羈，莊公之玄孫。」懿伯曰：「讒人以君徼幸，讒人指公若、郈孫之徒，讒毀季氏，以昭公行儌倖萬一之事。事若不克，君受其名，杜注：「受惡名。」不可爲也。舍民數世，自文公以來，政權不在公室，民心亦即不在公室，故云捨民。以求克事，克，成也。上文單言克。不可必也。今言無把握，質言難成，即上文「不可爲」。且政在焉，政權在是人。其難圖也。」公退之。杜注：「退，使去。」辭曰：「臣與聞命矣，言若洩，臣不獲死。」不獲死亦云不得死，不得好死。乃館於公宮。「宮」字各本無，今從金澤文庫本增。

叔孫昭子如闞，闞，魯邑，在今山東南旺湖中，詳桓十一年經並注。公居於長府。長府即論語先進之「長府」，藏財貨之府庫。九月戊戌，戊戌，十一日。伐季氏，殺公之于門，遂入之。平子登臺而請曰：梁履繩補釋引尚靜齋經説云：「此臺疑即定十二年所云武子之臺也。遇難者每登臺而請，乃知古人作游觀之具皆有深意。」「君不察臣之罪，使有司討臣以干戈，臣請待於沂上以察罪。」沂，水名，源出山東鄒縣東北，西經曲阜，與洙水合，入於泗水。詳論語譯注先進篇「浴乎沂」注。非小沂河。弗許。請囚于費，費，季氏采邑。使之往費，是放虎歸山也。弗許。請以五乘亡，弗許。五乘，其從者不多。子家子曰：「君其許之！去國，其餘衆可逐漸收拾，故子家羈以爲可許。政自之出久矣，隱民多取食焉，杜注：「隱，約，窮困。」即貧民之投靠季氏者。爲之徒者衆矣。日入慝作，弗可知也。杜注：「慝，奸惡也。」日冥，姦人將起，叛君助季氏，不可知。」衆怒不可蓄也，三請而不得許，季氏之衆必蓄怒。蓄而弗治，將蘊。衆積怒於心而弗予以妥善處理，怒氣將盛。廣雅釋詁：「蘊，盛也。」蘊蓄，盛怒之氣蓄積。民將生心。生叛變公室之心。生心，同求將合。與季氏同求叛君者將會合。君必悔之！」弗聽。郈孫曰：「必殺之。」

公使郈孫逆孟懿子。杜注：「懿子，仲孫何忌。」叔孫氏之司馬鬷戾言於其衆曰：王引之云：「言猶問也。曲禮『君言不宿於家』，注：『言謂有故所問也。』曾子問『召公言於周公』，正義：『言猶問也。』哀公問：『寡人願有言然，冕而親迎，不已重乎？』」說見讀漢書雜志。「若之何？」莫對。又曰：「我，家臣也，不敢知國。猶言不敢考慮及國事。凡有季氏與無，說文：「凡，最括而言也。」於我孰利？」皆曰：「無季氏，是無叔孫氏也。」鬷戾曰：「然則救諸！」諸，之乎之合音字。之指季氏。帥徒以往，陷西北隅以入。事亦見韓非子內儲說下。公徒釋甲執冰而踞，杜注：「言無戰心也。」冰即詩鄭風大叔于田之掤，十三年傳「奉壺飲冰」亦同，本是箭筒之蓋，可以臨時作飲器。遂逐之。孟氏使登西北隅，孟氏之西北隅，蓋公使郈孫迎孟孫助己，孟氏之家蓋在季氏東南，登西北角以望。以望季氏。探看形勢。見叔孫氏之旌，以告。知叔孫助季氏矣。孟氏執郈昭伯，殺之于南門之西，示與公決絶。遂伐公徒。孟懿子此時年僅十四，蓋其家臣爲之。子家子曰：「諸臣僞劫君者，而負罪以出，君止。表示昭公被他人逼使，伐季氏者出逃，而公仍留宮中。意如之事君也，不敢不改。」杜注：「意如，季平子名。」公曰：「余不忍也。」不能忍受季氏之僭越欺辱。與臧孫如墓謀，杜注：「辭先君，且謀奔所。」禮記檀弓下：「去國則哭于墓而後行。」遂行。

己亥，公孫于齊，次于陽州。齊侯將唁公于平陰，平陰已見襄十八年傳注，在今山東平陰縣東北三十五里。公先至于野井。昭公且越過平陰迎齊景。齊侯曰：「寡人之罪也。使有司待于平陰，爲近故也。」此齊侯致歉意之辭。謂本擬唁公于平陰，以其距陽州近，不意公竟先至野井候已。書曰「公孫于齊，次于陽州。齊侯唁公于野井」，禮也。將求於人，則先下之，禮之善物也。杜注：「物，事也。謂先往至野井。」齊侯曰：「自莒疆以西，請致千社，杜注：「二十五家爲社。千社，二萬五千家，欲以給公。」社，哀十五年傳謂之書社，蓋書每社之户籍于社簿也。至史記封禪書之里社，則民間私立之土地廟耳。以待君命。杜注：「待君伐季氏之命。」寡人將帥敝賦以從執事，唯命是聽。君之憂，寡人之憂也。」公喜。子家子曰：「天禄不再。既得千社，不能再君魯國。天若胙君，不過周公。周公即魯國之義，魯以周公受封也。以魯足矣。失魯而以千社爲臣，誰與之立？杜注：「爲齊臣。」受齊千社，是爲臣于齊矣，誰爲君復位？立與位古文同。且齊君無信，不如早之晉。」弗從。

臧昭伯率從者將盟，載書曰：「戮力壹心，好惡同之。信罪之有無，杜注：「信，明也。處者有罪，從者無罪。」繾綣從公，據毛詩大雅民勞孔疏，繾綣猶今言堅決。無通外内！」以公命示子家子。子家子曰：「如此，吾不可以盟。羈也不佞，不能與二三子同心，而以爲皆有罪。杜注：「從者陷君，留者逐君，皆有罪也。」或欲通外内，且欲去君。或猶言或者，言己可能欲與國内國外交談，且欲離君奔走。二三子好亡而惡定，焉可同也？謂爾等好逃亡而惡公復國定位，我則惡逃亡，而欲定君之位，如何可同好惡。陷君於難，罪孰大焉？通外内而去君，君將速入，弗通何爲？爲何不通。而何守焉？」逃亡寄居，無所守也。乃不與盟。

昭子自闞歸，見平子。平子稽顙，稽顙爲凶拜，此平子示己逐君之哀戚。曰：「子若我何？」昭子曰：「人誰不死？子以逐君成名，子孫不忘，不亦傷乎？悲傷。將若子何？」平子曰：「苟使意如得改事君，改變態度以事君。所謂生死而肉骨也。」生死，使死者復生。肉骨，使白骨長肉。昭子從公于齊，與公言。子家子命適公館者執之。執他人入魯公之館者，防洩密。公與昭子言於幄内，曰：「將安衆而納公。」杜注：「昭子請歸安衆。」公徒將殺昭子，不欲使昭公歸。伏諸道。伏兵于道，將殺昭子。左師展告公。杜注：「展，魯大夫。」公使昭子自鑄歸。鑄，今山東肥城縣南之鑄鄉。詳見襄二十三年傳並注。改道以避伏兵。平子有異志。杜注：「不欲復納公。」冬十月辛酉，辛酉，四日。昭子齊於其寢，齊同齋，齋戒。使祝宗祈死。戊辰，戊辰，十一日。卒。杜注：「恥爲平子所欺，因祈而自殺。」左師展將以公乘馬而歸，杜注、孔疏及陸德明釋文皆謂此爲騎馬，王應麟困學紀聞四亦言之。宋翔鳳過庭録卷九則云：「乘讀去聲，言以車一乘歸魯。」疑宋説較近事實。左傳凡五言乘馬，如六年傳云：「以其乘馬八匹私面。」公羊、穀梁亦各言乘馬，俱見隱元年傳，皆駕車馬。公徒執之。

二五·七 壬申，壬申，十五日。尹文公涉于鞏，焚東訾，弗克。杜注：「文公，子朝黨。於鞏縣涉洛水也。東訾，敬王邑。」

二五·八 十一月，宋元公將爲公故如晉，杜注：「請納公。」夢大子欒即位於廟，「欒」，宋世家作「頭曼」，漢書人表作「兜欒」。梁玉繩史記志疑謂「兜、頭古通，欒與曼聲相近。其所以或稱兜欒，或稱欒者，呼之有單複耳」。己與平公服而相之。杜注：「平公，元公父。」服，服朝服。旦，召六卿。公曰：「寡人不佞，不能事父兄，杜注：「父兄謂華、向。」以爲二三子憂，寡人之罪也。若以羣子之靈，獲保首領以没，唯是楄柎所以藉幹者，楄音駢，柎音附。楄柎，古時棺中墊屍體之木板，晏子春秋外篇作偏柎。亦謂之笭牀，王先謙釋名釋船疏證補以木船底上之櫬版譬之，甚恰當。幹，身體。幹，杜注：「骸骨也。」藉，即漢書董賢傳「嘗晝寢，偏藉上袖」之藉，謂身卧其上。請無及先君。」杜注：「欲自貶損。」元公雖僅言棺木，實指一切葬具。仲幾對曰：「君若以社稷之故，私降昵宴，羣臣弗敢知。杜注：「昵，近也。降昵宴謂損親近聲樂飲食之事。」羣臣弗敢知猶言臣等不敢與聞。若夫宋國之法，死生之度，制度。先君有命矣，有成文規定。羣臣以死守之，弗敢失隊。隊同墜。謂不敢違背。臣之失職，不守先君之命即失職也。常刑不赦。臣不忍其死，謂不能因失職而受常刑。君命祇辱。」杜注：「言命必不行。祇，適也。」宋公遂行。己亥，卒于曲棘。傳世器有宋公差戈，方濬益云：「宋公差者，宋元公也。春秋傳作『佐』，古今字。」詳綴遺齋彝器考釋卷三十。

二五・九　十二月庚辰，庚辰，二十四日。齊侯圍鄆。

二五・一〇　初，臧昭伯如晉，臧會竊其寶龜僂句，杜注：「僂句，龜所出地名。」會箋云：「僂句只是龜名。」以卜爲信與僭，杜注：「僭，不信也。」僭吉。臧氏老將如晉問，杜注：「問昭伯起居。」會請往。杜注：「代家老行。」昭伯問家故，杜注：「故，事也。」盡對。及内子與母弟叔孫，則不對。昭伯問及其妻與其同母弟，會不答，似有難言之隱者。再三問，不對。歸，及郊，昭伯歸魯，至于郊。會逆。問，又如初。杜注：「又不對。」至，至魯城。次於外而察之，昭伯心生疑惑，先宿于外以察其妻與母弟。皆無之。皆無可疑之事。執而戮之，執臧會而將殺之。逸，奔郈。臧會逃走，至郈。郈在今山東東平縣東南四十里。郈魴假使爲賈正焉。杜注：「魴假，郈邑大夫。賈正，掌貨物，使有常價，若市吏。」孔疏云：「賈正如周禮之賈師也。此郈邑大夫使爲郈市之賈正。郈在後爲叔孫私邑，此時尚爲公邑，故使賈正通計簿於季氏。」計於季氏，杜注：「送計簿於季氏。」賈正爲司徒屬官，據昭四年傳，季武子爲司徒，季氏當世襲此職，故臧會送其賬本于季氏。**臧氏使五人以戈楯伏諸桐汝之閭，**杜注：「桐汝，里名。」閭，里門也。**會出，**臧會自季氏家出。**逐之，反奔，執諸季氏中門之外。平子怒，曰：「何故以兵入吾門？」拘臧氏老。季、臧有惡。**互相有惡感也。**及昭伯從公，平子立臧會。**杜注：「立以爲臧氏後。」**會曰：「僂句不余欺也。」**

二五·一一 **楚子使薳射城州屈，復茄人焉；**杜注：「還復茄人於州屈。」據高士奇地名考略，州屈在今安徽省鳳陽縣西。茄音加，近淮水小邑。**城丘皇，遷訾人焉。**杜注：「移訾人於丘皇。」顧棟高大事表七之四謂丘皇在今河南信陽縣。**使熊相禖郭巢，季然郭卷。**杜注：「使二大夫爲巢、卷築郭也。」禖音梅。卷音權，今河南葉縣西南有建城故城，即其地。**子大叔聞之，曰：「楚王將死矣。使民不安其土，民必憂，憂將及王，弗能久矣。」**杜注：「爲明年楚子居卒傳。」

二十六年，乙酉，公元前五一六年。周敬王四年、晉頃十年、齊景三十二年、衞靈十九年、蔡昭三年、鄭定十四年、曹悼八年、陳惠十四年、杞悼一年、宋景公欒元年、秦哀二十一年、楚平十三年、吳僚十一年、許男斯七年。

經

二六·一　二十有六年春王正月，正月初八日癸亥冬至，建子。葬宋元公。

二六·二　三月，公至自齊，居于鄆。此西鄆，今山東鄆城縣東十六里。詳成四年「城鄆」經並注。

二六·三　夏，公圍成。杜注：「成，孟氏邑。不書齊師，帥賤衆少，重在公。」

二六·四　秋，公會齊侯、莒子、邾子、杞伯，盟于鄟陵。杜注：「鄟陵，地闕。」鄟音專。或謂鄟陵即鄟，鄟在今山東郯城縣東北，恐不合。

二六·五　公至自會，居于鄆。無傳。

二六·六　九月庚申，庚申，九日。楚子居卒。十三年傳云棄疾即位，名曰熊居。此單稱居，以熊爲楚君世代之名，故略之，猶楚靈王名熊虔，亦但稱虔。

二六·七　冬十月，天王入于成周。傳謂在十一月。尹氏、召伯、毛伯以王子朝奔楚。據傳，召伯實未奔，且迎敬王；奔者召氏之族耳。杜注因云「『召伯』當爲『召氏』」。傳謂王子朝先奔，王後入。

傳

二六·一　二十六年春王正月庚申，庚申，五日。齊侯取鄆。

二六·二 葬宋元公，如先君，禮也。去年傳叙宋元公請葬「無及先君」，宋臣不從。

二六·三 三月，公至自齊，處于鄆，言魯地也。「至自齊」，至爲至本國。又言「居」言「處」，皆明所居所處是本國之地。若在齊則云「次于陽州」；而在晉，則云「在乾侯」，所用動詞不同。但下年經言「居于鄆」，則齊地也。

二六·四 夏，齊侯將納公，命無受魯貨。申豐從女賈，杜注：「豐、賈二人皆季氏家臣。」以幣錦二兩，古代布帛，皆以古尺二丈爲一端，二端爲一兩。二兩類似今之二匹。錦爲有雜色花紋之厚重絲織物。饋贈品古皆可曰幣，此以錦爲幣。縳一如瑱，瑱即瑱圭之瑱，亦作鎮。謂此以二兩錦緊縛束爲一，狀如鎮圭，易于懷藏。鎮圭可參吴大澂古玉圖考。適齊師，謂子猶之人高齮：子猶，梁丘據，齊景公之寵臣。高齮，魯世家作高齕，王引之名字解詁謂高齕字齮。梁丘據之臣。不得見據，乃見高齮。「能貨子猶，爲高氏後，粟五千庾。」意謂爾能收買梁丘據，我將使汝爲高氏之宗主，致粟五千庾。據十年傳，高彊已奔魯，齮乃高氏族，僅爲梁丘氏家臣，故誘之以爲之設法繼高彊爲齊卿。齮音椅。程公説分紀世譜二謂爲高弱（見成十七年傳）子。庾，古代量名，據考工記，容量當時爲二斗四升，約合今日四升八合。五千庾約爲今日之二百四十石。「子猶」，魯世家作「子將」。高齮以錦示子猶，子猶欲之。齮曰：「魯人買之，百兩一布。布，列也。謂百匹爲一堆。以道之不通，先入幣財。」古人送禮，先以輕物，後以重物。此因在戰時，且有齊侯「無受魯貨」令，故以「道不通」爲言，先入二兩耳。子猶受之，言於齊侯曰：「羣臣不盡力于魯君者，非不能事君也。杜注：「欲行其説，故先示欲盡力納魯君。」然據有異焉。杜注：「異猶怪也。」宋元公爲魯君如晉，卒於曲棘；叔孫昭子求納其君，無疾而死。不知天之棄魯邪，抑魯君有罪於鬼神故及此也？也作邪用。君若待于曲棘，孔疏云：「土地名，齊地無曲棘。十年傳，桓子召子山而反棘焉，此即彼棘也。本無『曲』字，涉上『卒于曲棘』誤加『曲』耳。」棘見成四年傳並注。使羣臣從魯君以卜焉。試探戰争情況以測可勝與否，亦謂之卜。若可，師有濟也，君而繼之，而，乃也，始也。兹無敵矣。兹字義見昭元年傳注，則也，因此也。若其無成，君無辱焉。」謂若出師無成，不煩君親自統帥。齊侯從之，使公子鉏帥師從公。梁履繩補釋引江磐云：「鉏即景公子，哀五年奔魯，亦稱南郭且于（哀六年）。」

成大夫公孫朝謂平子曰：成本孟氏邑，今山東寧陽縣北，餘詳桓六年經並注。此役蓋以季氏爲主，且孟懿子年幼，故朝問季平子。「有都，以衞國也，都義詳莊二十八年傳「有宗廟先君之主曰都」注。請我受師。」杜注：「以成邑禦齊師。」許之。請納質，公孫朝爲孟氏臣，恐見疑，故請納質。弗許，曰：「信女，足矣。」謂相信汝，則足矣，何必納質。告於齊師曰：「孟氏，魯之敝室也。杜注：「敝，壞也。」用成已甚，弗能忍也，謂孟氏用成邑之民力與財貨太甚，民不能忍受。請息肩于齊。」杜注：「公孫朝詐齊師，言欲降，使來取成。」齊師圍成。成人伐齊師之飲馬于淄者，此淄水非臨淄之淄。清一統志謂此即今小汶河，胡渭禹貢錐指謂即柴汶水，皆是也。源出山東新泰縣東北龍堂山，經縣南，西至泰安縣東南，入大汶河。今已涸。**曰：「將以厭衆。」**杜注：「以厭衆心，不欲使知己降也。」**魯成備而後告曰：「不勝衆。」**杜注：「告齊言衆不欲降，己不能勝。」

師及齊師戰于炊鼻。江永考實謂炊鼻當在今寧陽縣境。**齊子淵捷從洩聲子，**潛夫論志氏姓：「子淵氏，姜姓也。」八年傳「子車來奔」杜注：「子車，頃公之孫捷也。」則子淵是其氏，捷爲其名，字子車。新序義勇篇叙「陳恒弑君，使勇士六人劫子淵棲」，「棲」蓋「捷」之形近誤字。此時已返齊。洩聲子，魯大夫，下文作野洩，蓋氏野，名洩，聲子，其謚號。**射之，中楯瓦，**盾爲當時防禦敵人兵刃矢石之具，中間有脊，謂之瓦。此子淵捷射洩聲子，中其盾。**繇朐汰輈，匕入者三寸。**繇同由。朐同軥，音鉤，段玉裁説文注謂即軛下曲之木。朱駿聲説文通訓定聲云：「軥端之衡，轅端之槅，皆名軛；以其下缺處爲軥，所以扼制牛馬領而稱也。」輈即車轅。以所見出土古戰車之殘損物及古代壁畫推之，春秋戰車，蓋單轅，轅端有横木，另有曲木以制兩服，曰軥。互詳襄十四年「射兩軥而還」注。汰，矢激也。匕，矢鏃也。此言子淵捷弓强力猛，其矢由軥而上馳于轅，直入聲子擋箭之盾脊三寸。**聲子射其馬，斬鞅，殪。**鞅音央，馬頸之革。此言聲子亦善射，其矢先斷鞅，尚殺馬。**改駕，**子淵捷兵車馬死，改駕他車以戰。**人以爲鬷戾也，而助之。**杜注：「人，魯人。鬷戾，叔孫氏司馬。」**子車曰：「齊人也。」**魯人誤認敵爲己兵，子車即子淵捷，實告之。**將擊子車，子車射之，殪。其御曰：「又之。」**杜注：「又欲使射餘人。」**子車曰：「衆可懼也，而不**

可怒也。」不欲再射，足見齊師無意于大敗季氏。子囊帶從野洩，叱之。杜注：「囊帶，齊大夫。野洩即聲子。」洩曰：「軍無私怒，報乃私也，將亢子。」杜注：「欲以公戰禦之，不欲私報其叱。」亢同抗，敵也。又叱之，杜注：「子囊復叱之。」亦叱之。杜注：「野洩亦叱也。言齊無戰心，但相叱。」冉豎射陳武子，中手，杜注：「冉豎，季氏臣。」陳武子，陳無宇子，名開，字子彊。無宇生三子，長曰開，次曰乞，即僖子（史記例作「釐子」）；季曰書，見十九年傳及哀十一年傳。書爲孫氏，孫武其後也。失弓而罵。手被矢鏃，弓自落失。以告平子，曰：「有君子白皙鬒鬚眉，甚口。」白皙言其膚色。釋文：「鬒，黑也。」説文作「㐱」，云：「稠髮也。」此言鬚眉黑且密。甚口，善罵。平子曰：「必子彊也，無乃亢諸？」對曰：「謂之君子，何敢亢之？」林雍羞爲顔鳴右，下。杜注：「皆魯人。羞爲右，故下車戰。」苑何忌取其耳。杜注：「何忌，齊大夫。不欲殺雍，但截其耳以辱之。」顔鳴去之。「之」指林雍。苑子之御曰：「視下！」顧。沈彤小疏云：「視下，句絶。顧者，記御者言時，既視苑子，又視林雍之足也。」苑子刜林雍，斷其足，刜音拂，廣雅：「斫也。」鑋而乘於他車以歸。鑋音卿。説文「鑋」下引作「躄」。杜注：「一足行。」顔鳴三入齊師，呼曰：「林雍乘！」杜注：「言魯人皆致力於季氏，不以私怨而相棄。」

二六·五　四月，單子如晉告急。五月戊午，戊午，五日。劉人敗王城之師于尸氏。二十三年王子朝入王城，尹氏立以爲王。尸氏在今河南偃師縣西，與下傳「遂次于尸」之尸是一地。**戊辰，**戊辰，十五日。**王城人、劉人戰于施谷，劉師敗績。**高士奇地名考略一謂施谷、萑谷皆大谷之支徑。大谷在洛陽市東，連亘至于今潁陽廢縣，長九十里。

二六・六 **秋，盟于鄟陵，謀納公也。**杜注：「齊侯謀。」

二六・七 **七月己巳，**己巳，十七日。**劉子以王出。**杜注：「師敗，懼而出。」孔疏：「蓋自劉而出也。」劉即劉子采邑，今河南偃師縣西南。**庚午，**庚午，十八日。**次于渠。**彙纂：「渠即周陽渠也。在今洛陽縣，劉澄之永初記言『城西有陽渠，周公制之』，是也。亦謂之九曲瀆。」**王城人焚劉。**杜注：「燒劉子邑。」**丙子，**丙子，二十四日。**王宿于褚氏。**褚氏，據續漢書郡國志，在今洛陽市東。**丁丑，**丁丑，二十五日。**王次于萑谷。**萑音丸。萑谷見上「施谷」注。**庚辰，**庚辰，二十八日。**王入于胥靡。**胥靡在今偃師縣東。亦見于襄十八年傳。**辛巳，**辛巳，二十九日。**王次于滑。**滑即今偃師縣南之緱氏鎮，詳莊十六年傳並注。**晉知躒、趙鞅帥師納王，使女寬守闕塞。**「女」，原作「汝」，今從釋文、杜注及金澤文庫本。「闕」本作「關」，從校勘記及金澤文庫本正。國語晉語九韋注：「叔寬，女齊之子叔褎也。」女寬即叔寬。闕塞即伊闕，亦即今洛陽市南三十里之龍門。

二六・八 **九月，楚平王卒。**陸賈新語無爲篇：「楚平王奢侈縱恣，不能制下、檢民以德。增駕百馬而行，欲令天下人餒。財富利明（此二字疑有誤）不可及。於是楚國逾奢，君臣無別。」令尹子常欲立子西，楚世家：「子西，平王之庶弟也。」服虔則云：「子西，平王之長庶宜申。」傳世有王子申盞，阮元積古齋鐘鼎彝器款識卷七斷爲子西所作器。曰：「大子壬弱，杜注：「壬，昭王也。」據十九年傳，正月其母至，即當年生壬，亦八歲耳，故曰弱，幼小也。哀六年經云「楚子軫卒」，楚王即位例改名，軫亦昭王即位後之改名。史記楚世家及十二諸侯年表「軫」作「珍」，伍子胥傳又作「軫」。其母非適也，王子建實聘之。見十九年傳。子西長而好善。立長則順，建善則治。王順、國治，可不務乎？」子西怒曰：「是亂國而惡君王也。杜注：「言王子建聘之，是彰君王之惡。」國有外援，不可瀆也；壬之母爲秦女，外援指秦。瀆，輕慢。王有適嗣，不可亂也。壬爲適嗣，子西爲庶，廢嫡立庶，當時謂之亂。敗親、速讎、親指其父平王。以平王娶兒媳所生之子而廢之，是毀敗其名，即上文「惡君王」之義。讎指秦，秦將來討，是召讎仇。亂嗣，不祥。此三者皆不祥之事。我受其名。杜注：「受惡名。」賂吾以天下，吾滋不從也，杜注：「滋，益也。」楚國何爲？必殺令尹！」令尹懼，乃立昭王。

二六・九　冬十月丙申，丙申，十六日。王起師于滑。辛丑，辛丑，二十一日。在郊，杜注：「郊，子朝邑。」遂次于尸。尸，即上傳之尸氏。十一月辛酉，辛酉，十一日。晉師克鞏。杜注：「知躒、趙鞅之師。」召伯盈逐王子朝，杜注：「伯盈本黨子朝，晉師克鞏，知子朝不成，更逐之而逆敬王。」召伯盈即召簡公。王子朝及召氏之族、毛伯得、尹氏固、南宮嚚奉周之典籍以奔楚。陰忌奔莒以叛。杜注：「陰忌，子朝黨。莒，周邑。」大事表云其地未詳。召伯逆王于尸，及劉子、單子盟。杜注：「召伯新還，故盟。」遂軍圉澤，據彙纂，圉澤即東圉之澤，今洛陽市東境。次于隄上。杜云：「隄上，周地。」癸酉，癸酉，二十三日。王入于成周。甲戌，甲戌，二十四日。盟于襄宮。杜注：「襄王之廟。」晉師使成公般戍周而還。原無「使」字，從校勘記及金澤文庫本增。杜注：「般，晉大夫。」十二月癸未，癸未，四日。王入于莊宮。杜注：「莊宮在王城。」

王子朝使告于諸侯曰：

昔武王克殷，成王靖四方，「武」原作「成」，從校勘記及金澤文庫本訂。謂平定武庚、管叔、蔡叔叛亂。康王息民，並建母弟，以蕃屏周，亦曰：「吾無專享文、武之功，杜注：「不敢專，故建母弟。」且爲後人之迷敗傾覆而溺入于難，則振救之。」至于夷王，王愆于厥身，杜注：「夷王，厲王父也。愆，惡疾也。」諸侯莫不並走其望，以祈王身。謂夷王身患惡疾，諸侯皆遍祭其國之名山大川，爲王祈禱。至于厲王，王心戾虐，萬民弗忍，居王于彘。弗忍，不堪其暴虐。國語周語上云：「厲王虐，國人謗王。邵公告王曰：『民不堪命矣。』王怒，得衞巫，使監謗者，以告，則殺之。國人莫敢言，道路以目。王喜。三年，乃流王於彘。」彘，今山西霍縣。諸侯釋位，以間王政。杜注以爲諸侯各去其位，參與王朝之政。周本紀云：「召公、周公二相行政，號曰共和。」索隱引汲冢紀年云：「共伯和干王位。」莊子讓王篇釋文引同。呂氏春秋開春論且謂共伯和修其行，好賢仁，周厲之難，天下來謁。則諸侯釋位者，本紀謂周公、召公，而十二諸侯年表謂「大臣共和行政」。俞樾羣經賸義有説。積微居金文説師𣪘跋再跋詳證共伯和攝政且稱王。宣王有志，而後效官。杜注：「宣王，厲王子。彘之亂，宣王尚少，召公虎取而長之。效，授也。」會箋：「周禮鄭注：『志，古文識。』有志謂長而有知識也。」沈欽韓補注：「效官，致天子之位于宣王也。」沈説較勝。至于幽王，天不弔周，王昏不若，用愆厥位。杜注：「幽王，宣王子。若，順也。愆，失也。」弔古淑字，淑，善也，謂天不佑周，使王昏亂不順，因失其位。幽王嬖愛褒姒，立其子伯服爲太子，而廢太子宜臼及其母申后，申侯怒，與繒、西戎犬戎攻幽王，殺幽王于驪山下，虜褒姒，盡取周室財貨而去。攜王奸命，諸侯替之，而建王嗣，用遷郟鄏——孔疏引汲冢書紀年云：「先是，申侯、魯侯及許文公立平王於申，以本大子，故稱天王。幽王既死，而虢公翰又立王子余臣於攜。周二王並立。二十一年，攜王爲晉文公（當作文侯）所殺。以本非適，故稱攜王。」替，廢也。郟鄏即今洛陽市。則是兄弟之能用力於王室也。至于惠王，天不靖周，生頹禍心，施于叔帶。惠、襄辟難，越去王都。杜注：「惠王，平王六世孫。頹，惠王庶叔也。莊十九年作亂，惠王適鄭。襄王，惠王子。叔帶，襄王弟。僖二十四年，叔帶作難，襄王處氾。」施，舊讀難易之易，延也。則有晉、鄭咸黜不端，杜注：「黜，去也。晉文殺叔帶，鄭厲殺子頹，爲王室去不端直之人。」依杜意，咸，皆也。孔疏又謂「諸本『咸』或作『減』」，則「減黜」爲同義詞連用。王引之述聞謂「減黜」爲滅絶之意。此説較勝。**以綏定王家。則是兄弟之能率先王之命也。在定王六年，**杜注：「定王，襄王孫。定王六年，魯宣八年。」**秦人降妖，曰：「周其有頿王，**説文：「頿，口上須也。」**亦克能修其職，諸侯服享，二世共職。**共，同恭。**王室其有間王位，諸侯不圖，而受其亂災。」**此王子朝用妖語爲己謀。王室中人間王位者先指王猛，今指敬王。諸侯不圖，自指晉、魯、宋、衞諸國。**至于靈王，生而有頿。**杜注：「靈王，定王孫。」**王甚神聖，無惡於諸侯。靈王、景王克終其世。**杜注：「景王，靈王子。」

今王室亂，單旗、劉狄剥亂天下，剥亦亂義。剥亂同義詞連用。**壹行不若，**杜注：「單旗，穆公也。劉狄，劉蚠也。壹，專也。」若，順也。**謂「先王何常之有，唯余心所命，其誰敢討之」，**「討」，原作「請」，今依阮元校勘記及金澤文庫本正。此王子朝述單旗、劉狄之意，謂立王即古昔亦無成法，今日唯我所立，人不敢討。**帥羣不弔之人，**不弔即不淑，不善，不祥。**以行亂于王室。侵欲無厭，規求無度，**孔疏云：「俗本作『規』，服、王、孫皆注云：『玩，貪也。』則此言貪求無限度。本或作『規』，謬也。」然規求亦通，謂謀求無限。**貫瀆鬼神，**楊樹達先生讀左傳云：「『瀆』

當讀爲『嬻』，説文：『嬻，媟嬻也。』」意謂習慣于侮慢鬼神。**慢棄刑法，倍奸齊盟，**倍同背。背奸即背而觸犯之。　齊盟不詳何所指，想當時王室或有盟約也。**傲很威儀，**其意蓋謂單、劉于子朝輕慢無視威儀。傲很詳文十八年傳注。**矯誣先王。**其意蓋謂「先王何常之有」即矯誣先王之命。**晉爲不道，是攝是贊，**攝、贊皆佐助之義。**思肆其罔極。**杜注：「肆，放也。」罔極，無準則，無限度也。詩小雅青蠅「讒人罔極，交亂四國」，此無準則之義。何人斯「有靦面目，視人罔極」、蓼莪「欲報之德，昊天罔極」，則無限度、無準則二義皆可。此謂欲放縱其無道無厭之欲也。**茲不穀震盪播越，竄在荆蠻，**杜注：「茲，此也。」竊疑「茲」爲「今」字之義。　不穀，王子朝自稱，詳僖四年傳「豈不穀是謂」注。**未有攸厎。**杜注：「厎，至也。攸，所也。」**若我一二兄弟甥舅獎順天法，無助狡猾，以從先王之命，**兄弟，指同姓諸侯，如上文稱鄭厲公、晉文公爲兄弟。　甥舅，異姓諸侯。　獎即僖二十八年傳「皆獎王室」之獎，成也。　荀子臣道篇云：「從命而利君謂之順。」　狡猾，自指單旗、劉蚠甚至敬王。**毋速天罰，**應上文「諸侯不圖，而受其亂災」。**赦圖不穀，**杜注：「赦其憂而圖其難。」**則所願也。敢盡布其腹心及先王之經，**先王之經即先王之命。**而諸侯實深圖之。**

昔先王之命曰：「王后無適，則擇立長。年鈞以德，德鈞以卜。」鈞同均。　襄三十一年傳穆叔曰：「大子死，有母弟則立之，無則立長。年鈞擇賢，義鈞則卜，古之道也。」公羊傳隱元年云：「立適以長不以賢，立子以貴不以長。」桓何以貴？母貴也。」王子朝不言母弟，僅言立長，以敬王爲王猛母弟，己則年長。王不立愛，公卿無私，國語晉語一晉獻公曰：「寡人聞之，立大子之道三，身鈞以年，年同以愛，愛疑決之以卜筮。」王子朝有寵景王，尚不言「立愛」，則晉獻之言，蓋爲奚齊言之，僅私意耳。古之制也。穆后及大子壽早夭即世，俱見十五年傳。蓋王子朝不以王猛爲太子也。即世即去世，詳成十三年傳「獻公即世」注。單、劉贊私立少，以間先王。間，犯也，違也。詳僖三十一年傳「間成王、周公之命祀」注。亦唯伯仲叔季圖之！亦，語首助詞，無義。杜注：「伯仲叔季，總謂諸侯。」

閔馬父聞子朝之辭，曰：「文辭以行禮也。子朝干景之命，景王雖愛王子朝，而已立王猛爲太子。遠晉之大，以專其志，謂心專欲爲王，無他思慮。無禮甚矣，文辭何爲？」杜注：「傳終王室亂。」

二六·一〇 齊有彗星，齊侯使禳之。以彗星有災禍，欲禳祭以消災也。晏子曰：「無益也，祇取誣焉。祇音支，適也，僅也。誣，欺也，罔也。天道不謟，釋文：「謟本又作『慆』。」音滔。杜注：「疑也。」蓋言天命不可疑。不貳其命，王引之云：「貳當作『貣』，説苑權謀篇引詩『皇皇上帝，其命不忒』是也。」貣即忒，差也。説詳述聞。若之何禳之？且天之有彗也，以除穢也。彗即今之掃帚。彗之形亦略似掃帚。世之掃帚以除穢物，晏子以爲天亦如此。君無穢德，又何禳焉？若德之穢，禳之何損？謂於其穢德無減損也。詩曰：『惟此文王，小心翼翼。翼翼，恭敬貌。昭事上帝，聿懷多福。聿，語首助詞，無義。懷，思也。懷多福即大雅假樂「干祿百福」之意，以德受福。厥德不回，以受方國。』回，違也。杜注：「言文王德不違天人，故四方之國歸往之。」詩見大雅大明。詩以翼、福、德爲韻。君無違德，方國將至，何患於彗？詩曰：『我無所監，夏后及商。用亂之故，民卒流亡。』杜注：「逸詩也。言追監夏、商之亡，皆以亂故。」監即大雅蕩「殷鑒不遠，在夏后之世」之「鑒」，以夏、商之亂亡爲鏡鑒。若德回亂，民將流亡，祝史之爲，無能補也。」公說，乃止。新序雜事四及論衡變虛篇全採此文，唯有數字不同。

二六·一一

齊侯與晏子坐于路寢。公歎曰：「美哉室！其誰有此乎？」杜注：「景公自知德不能久有國，故歎也。」言其死後誰有此也。晏子曰：「敢問何謂也？」公曰：「吾以爲在德。」對曰：「如君之言，其陳氏乎！陳氏雖無大德，而有施於民。豆、區、釜、鍾之數，豆、區、釜、鍾，均量器。其取之公也薄，杜注：「謂以公量收。」陳氏采邑采田，皆齊侯之賜，其收賦稅曰取之公，實則取之人民。其施之民也厚。杜注：「謂以私量貸。」互參昭三年傳。公厚斂焉，陳氏厚施焉，民歸之矣。詩曰：『雖無德與女，式歌且舞。』詩小雅車舝。式，當也。說詳丁聲樹式字說（歷史語言所集刊第六本第四分）。陳氏之施，民歌舞之矣。後世若少惰，陳氏而不亡，而猶如也，假設之詞。則國其國也已。」公曰：「善哉！是可若何？」對曰：「唯禮可以已之。已，止也，謂陳氏不代齊君。在禮，家施不及國，民不遷，農不移，工賈不變，杜注：「守常業。」士不濫，杜注：「不失職。」官不滔，杜注：「滔，慢也。」大夫不收公利。」杜注：「不作福。」公曰：「善哉！我不能矣。吾今而後知禮之可以爲國也。」對曰：「禮之可以爲國也久矣，與天地並。杜注：「有天地則禮義興。」君令、臣共，父慈、子孝，兄愛、弟敬，夫和、妻柔，姑慈、婦聽，禮也。婦謂兒媳。君令而不違，臣共而不貳；父慈而教，子孝而箴；兄愛而友，弟敬而順；夫和而義，妻柔而正；姑慈而從，婦聽而婉：禮之善物也。」賈誼新書禮篇作「君仁則不厲，臣忠則不貳；父慈則教，子孝則協；兄愛則友，弟敬則順；夫和則義，妻柔則正；姑慈則從，婦聽則婉」。公曰：「善哉，寡人今而後聞此禮之上也！」此十一字作一讀，謂聞此尊尚禮。對曰：「先王所稟於天地以爲其民也，是以先王上之。」杜注：「稟，受也。」句意與上文「禮之可以爲國也久矣，與天地並」同。

二十七年，丙戌，公元前五一五年。周敬王五年、晉頃十一年、齊景三十三年、衞靈二十年、蔡昭四年、鄭定十五年、曹悼九年、陳惠十五年、杞悼三年、宋景二年、秦哀二十二年、楚昭王軫元年、吳僚十二年、許男斯八年。

經

二七·一 二十有七年春，正月十九日戊辰冬至，實建亥。公如齊。杜注：「自鄆行。」

二七·二 公至自齊，居于鄆。

二七·三 夏四月，吴弑其君僚。

二七·四 楚殺其大夫郤宛。

二七·五 秋，晉士鞅、宋樂祁犂、衞北宫喜、曹人、邾人、滕人會于扈。此扈乃鄭國之扈，即文七年經「盟於扈」之扈，當在今河南原陽縣西約六十里。

二七·六 冬十月，曹伯午卒。無傳。

二七·七 邾快來奔。無傳。孔疏：「邾是小國，其臣見於經者甚少，唯此與襄二十三年『邾畀我來奔』，書者二次而已。釋例云：『魯之叔孫，父兄再命而書於經；晉之司空、亞旅，一命而經不書。推此，知諸侯大夫再命以上皆書於經，自一命以下，大夫及士，經皆稱人，名氏不得見，皆典策之正文也。』」

二七·八 公如齊。杜注：「自鄆行」。

二七·九 公至自齊，居于鄆。無傳。

傳

二七・一 二十七年春，公如齊。公至自齊，處于鄆，言在外也。據去年傳，「齊侯取鄆」，雖用以居昭公，而地屬齊，故云「在外」。

二七・二 吴子欲因楚喪而伐之，去年楚平王死。使公子掩餘、公子燭庸帥師圍潛，賈逵、杜預皆以掩餘、燭庸爲王僚母弟，杜氏世族譜又謂皆壽夢子。孔疏謂當是傳説，未必有正文。潛，彙纂謂在今安徽霍山縣東北三十里。使延州來季子聘于上國，杜注：「季子本封延陵，後復封州來，故曰延州來。」州來爲吴有，在昭二十三年，季子封州來，乃近年之事。上國，吴于中原諸國之稱。遂聘于晉，以觀諸侯。楚莠尹然、王尹麇帥師救潛，「王尹」原作「工尹」，據孔疏引服虔云「王尹主宫内之政」，則服本作「王尹」。阮元校勘記引孫志祖云：「下文别有『工尹壽』，此當作『王尹』。」今從纂圖本、閩本、監本、毛本改正。左司馬沈尹戌帥都君子與王馬之屬以濟師，都君子之「都」當即詩小雅都人士之「都」，亦即隱元年傳「大都不過參國之一」之「都」，都邑之通稱。君子即國語吴語「越王以其私卒君子六千人爲中軍」之「私卒君子」，史記越世家作「君子六千人」，則「都君子」爲親軍之稱號徵發自都邑者。王馬疑即周禮校人「掌王馬之政」之「王馬」。楚語下云：「國馬足以行軍，公馬足以稱賦。」似平日作戰僅用國馬。此「王馬」亦即楚語之「公馬」。韓非子解老篇云：「戎馬乏，則將馬出。」孫詒讓周禮校人正義謂「彼戎馬蓋即指國馬，將馬即指王馬、公馬也」。濟師見桓十一年傳，增援也。與吳師遇于窮，「窮」下唐石經旁增「谷」字，金澤文庫本亦有「谷」字。窮谷又見定七年傳，另是一地。窮在今安徽霍丘縣西南。令尹子常以舟師及沙汭而還。水經渠水注：「汴、沙到浚儀而分，汴東注，沙南流，至義城縣西南入於淮，謂之沙汭，楚東地也。」則沙汭在今安徽懷遠縣東北。左尹郤宛、工尹壽帥師至于潛，吳師不能退。楚在窮之師阻吳于前，至潛之師又截吳于後，楚師强，使吳師進退兩難。

吳公子光曰：「此時也，弗可失也。」孔疏引世本云：「夷昧生光。」又引服虔云：「夷昧生光而廢之。僚者，夷昧之庶兄。夷昧卒，僚代立，故光曰：『我，王嗣也。』」惠棟補注云：「服氏之說是也。襄公卅一年傳，吳屈狐庸曰：『若天所啓，其在今嗣君乎！有吳國者，必此君之子孫實終之。』注云：『嗣君爲夷昧。』則光，夷昧之子審矣。」此說亦與襄二十九年公羊傳合。史記吳世家說與此異，誤。杜注：「欲因其師徒在外，國不堪役，以弒王。」告鱄設諸曰：「上國有言曰：『不索，何獲？』上國指中原諸國。索，求也。謂己不索求，則無從獲王位。古音索、獲同在鐸部，爲韻。我，王嗣也，吾欲求之。事若克，季子雖至，不吾廢也。」鱄設諸，史記刺客列傳作「專諸」，「設」蓋語詞，猶孟子公孫丑上孟施舍之「施」，僖二十四年傳介之推之「之」。可參僖二十四年傳注。杜注：「至謂聘還。」鱄設諸曰：「王可弒也。母老、子弱，是無若我何？」杜注：「猶言我無若是何，欲以老弱託光。」杜注甚合上下文意，然此種句法，實罕見。若解爲母老子弱不能阻我，亦寓託孤意，亦通。光曰：「我，爾身也。」杜注：「言我身猶爾身。」

夏四月，光伏甲於堀室而享王。堀室亦作窟室，即今地下室。**王使甲坐於道及其門。**荀子正論篇曰：「庶士介而坐道。」楊倞注：「庶士，軍士也。被甲坐於道側以禦非常也。」説見惠棟補注。此則由路旁坐至公子光之門。**門、階、户、席，皆王親也，**從門至階，從階至户以至户内之席，皆王僚之親兵。**夾之以鈹。**鈹音帔。説文：「鈹，劍而刀裝者。」秦始皇陵秦俑坑出土銅鈹，見文物八二年三期。**羞者獻體改服於門外。**羞，進食也。獻爲呈見，獻體謂呈現其體，即赤身露體，然後改換服裝，再入門進食品。**執羞者坐行而入，**羞爲名詞，食品。執羞者即上文之羞者，同謂進食之人。坐行，即膝行。入，入王僚坐處以進食。**執鈹者夾承之，及體，以相授也。**孔疏云：「鈹之鋒刃及進羞者體也。」王之左右必以鈹夾承專諸以進，故言相授也。專諸前進，無時不被鈹承。**光僞足疾，入于堀室。**杜注：「恐難作，王黨殺己，素（豫先）辟之。」**鱄設諸寘劍於魚中以進，**杜注：「全魚炙。」**抽劍刺王，鈹交於胷，**杜注：「交鱄諸胷。」一面刺王，同時爲兩旁之鈹兵刺胸以死。胷即胸。**遂弒王。**事亦見史記吳世家、刺客列傳及吳越春秋王僚使公子光傳。金樓子雜記上載此事更爲怪誕。**闔廬以其子爲卿。**杜注：「闔廬，光也。以鱄諸子爲卿。」此蓋公子光即位後之事。一九六四及七九年俱發現吳王光劍。

季子至，曰：「苟先君無廢祀，民人無廢主，社稷有奉，國家無傾，乃吾君也，吾

誰敢怨？哀死事生，以待天命。哀死者，謂王僚。事生者，謂闔廬。非我生亂，立者從之，之指立者，即光。言余服從立爲君者。先人之道也。」復命哭墓，杜注：「復使命於僚墓。」復位而待。杜注：「復本位，待光命。」吳公子掩餘奔徐，公子燭庸奔鍾吾。杜注：「鍾吾，小國。」徐及鍾吾皆因此爲吳所滅，見三十年傳。鍾吾在今江蘇省宿遷縣東北。楚師聞吳亂而還。杜注：「言聞吳亂，明郤宛不取賂而還。」

二七·三　郤宛直而和，國人説之。正直而温和，故國人喜之。鄢將師爲右領，杜注：「右領，官名。」楚有右領之官亦見哀十七年傳。與費無極比而惡之。比即論語爲政「小人比而不周」之「比」，相勾結也。杜注：「惡郤宛。」令尹子常賄而信讒，賄，貪求賄賂。元年傳「鮒也賄」、二十八年傳「主以不賄聞」，皆此用法。無極譖郤宛焉，謂子常曰：「子惡欲飲子酒。」杜注：「子惡，郤宛。」又謂子惡：「令尹欲飲酒於子氏。」子氏，吕氏春秋慎行作「子之家」，乃用傳而易以當時語。吳越春秋闔閭内傳謂無忌（即無極）譖郤宛於平王，自應以傳爲信。子惡曰：「我，賤人也，不足以辱令尹。令尹將必來辱，爲惠已甚，吾無以酬之，若何？」杜注：「酬，報獻。」無極曰：「令尹好甲兵，子出之，吾擇焉。」杜注：「擇取以進子常。」取五甲五兵，五領甲，五種兵器。曰：「寘諸門。令尹至，必觀之，而從以酬之。」此無極語子惡之言。及饗日，帷諸門左。以布爲帷，帷五甲五兵。

無極謂令尹曰：「吾幾禍子。子惡將爲子不利，甲在門矣。子必無往！且此役也，杜注：「此春救潛之役。」吴可以得志。謂楚可以得志於吴。子惡取賂焉而還；又誤羣帥，使退其師，曰『乘亂不祥』。吴乘我喪，我乘其亂，不亦可乎？」令尹使視郤氏，則有甲焉。不往，召鄢將師而告之。將師退，遂令攻郤氏，且爇之。杜注：「爇，燒也。」與僖二十八年傳「爇僖負羈氏」之爇同義。子惡聞之，遂自殺也。國人弗爇，令曰：「不爇郤氏，與之同罪。」或取一編菅焉，或取一秉秆焉，菅，多年生草本植物，亦名白華，古人編之以蓋屋頂。秆同稈，禾莖。杜注：「秉，把也。」儀禮聘禮「四秉曰筥」，據鄭玄注，即四把禾謂之筥。國人投之，遂弗爇也。令尹炮之，此句有二解，孔疏引服虔云：「民不肯爇也，鄢將師稱令尹使女燔炮之。燔、炮、爇皆是燒也。」然「令尹炮之」四字爲句，上文無所承，於文法不得如服解。俞樾云：「尹即里尹，國人既不肯爇，鄢將師乃令閭胥里宰之屬舉火然之。」詳茶香室經説。盡滅郤氏之族、黨，殺陽令終與其弟完及佗，杜注：「令終，陽匄子。」與晉陳及其子弟。杜注：「晉陳，楚大夫，皆郤氏之黨。」晉陳之族呼於國曰：「鄢氏、費氏自以爲王，時昭王年僅七、八歲，故諸人得以王自居。專禍楚國，弱寡王室，蒙王與令尹以自利也，杜注：「蒙，欺也。」令尹盡信之矣，國將如何？」令尹病之。杜注：「爲下殺無極張本。」

二七·四 秋，會于扈，令戍周，且謀納公也。宋、衞皆利納公，固請之。范獻子取貨于季孫，謂司城子梁與北宮貞子曰：杜注：「子梁，宋樂祁也。貞子，衞北宮喜。」「季孫未知其罪，而君伐之。請囚、請亡，於是乎不獲，君又弗克，而自出也。夫豈無備而能出君乎？言若昭公是季氏逐出，季氏必早有準備。今季氏無備，此非季氏逐君，君自出耳。季氏之復，天救之也。請囚，請亡，尚不得許，而季氏仍不失其位勢，故曰復。休公徒之怒，杜注：「休，息也。」而啓叔孫氏之心。不然，豈其伐人而説甲執冰以游？叔孫氏懼禍之濫，濫即泛濫之濫，此借用詞，猶言禍之延及。而自同於季氏，天之道也。參二十五年傳。魯君守齊，三年而無成。楊樹達先生讀左傳：「漢書外戚傳云『數守大將軍光爲丁外人求侯』，顔注云：『守，求請之。』後漢書竇融傳云『融於是日往守萌』，李注云：『守猶求也。』」季氏甚得其民，淮夷與之，有十年之備，有齊、楚之援，杜注：「公雖在齊，言齊不致力。」有天之贊，有民之助，有堅守之心，有列國之權，言季氏之權勢若諸侯。而弗敢宣也，宣揚，公開。謂不自立爲君或別立君。楊樹達先生釋爲驕奢，亦通，詳讀左傳。事君如在國。當時諸侯出奔，即別立君；唯魯不然，而季孫意如猶每歲買馬，具從者之衣履而歸之於公，故范鞅以爲言。説見日知録卷二十七。故鞅以爲難。二子皆圖國者也，而欲納魯君，鞅之願也，請從二子以圍魯。無成，死之。」二子懼，皆辭。乃辭小國，而以難復。杜注：「以難納白晉君。」

二七·五 孟懿子、陽虎伐鄆，陽虎即論語陽貨之陽貨，季氏家臣。據昭十一年傳，孟懿子生，則此年尚不足十六歲，蓋陽虎爲主，孟懿子以卿位爲名耳。疑季氏聞扈之會，謀納昭公，而昭公居鄆，故先伐之。鄆人將戰。子家子曰：「天命不慆久矣，謂天命在季氏無可疑已久矣。慆、謟二字通用，疑也。二十六年傳作「天道不謟」，哀十七年傳作「天命不謟」，義同。使君亡者，必此衆也。此衆謂將戰之衆。天既禍之，而自福也，不亦難乎！子家羈以昭公之出歸於天命，實則當時形勢，昭公實處劣勢，其人又不足以有爲，觀其十九歲猶有童心，且屢不納子家羈之言，可以知之。既已如是，而求戰以僥倖，故云難也。猶有鬼神，此必敗也。猶，如果。烏呼！爲無望也夫！其死於此乎！」公使子家子如晉。公徒敗于且知。杜注：「且知，近鄆地。」

二七·六 楚郤宛之難，國言未已，國言，國人之謗言。進胙者莫不謗令尹。僖九年傳「王使宰孔賜齊侯胙」，胙爲祭廟肉，亦曰膰、燔。凡諸侯祭祀，祭後，必致祭肉於有關卿大夫，孟子告子下所謂「孔子爲魯司寇，不用，從而祭，燔肉不至，不稅冕而行」者也。此進胙者蓋即分致諸人之膰肉者。沈尹戌言於子常曰：「夫左尹與中廄尹，杜注：「左尹，郤宛也。中廄尹，陽令終。」莫知其罪，莫，無人也。例證見詞詮。而子殺之，以興謗讟，讟音獨，方言：「謗也。」至于今不已。戌也惑之：仁者殺人以掩謗，猶弗爲也。今吾子殺人以興謗，而弗圖，不圖謀補救之策。不亦異乎！異，怪也。言可怪也。夫無極，楚之讒人也，民莫不知。去朝吳，見十五年傳。出蔡侯朱，見二十一年傳。喪大子建，殺連尹奢，見二十年傳。屏王之耳目，屏，蔽也。使不聰明。耳不聰，目不明。不然，平王之温惠共儉，有過成、莊，無不及焉。所以不獲諸侯，邇無極也。「極」原作「及」，依金澤文庫本正。今又殺三不辜，以興大謗，杜注：「三不辜，郤氏、陽氏、晉陳氏。」幾及子矣。幾，幾乎，言其近也。子而不圖，將焉用之？謂有讒人如此，禍將及汝，汝如不謀對策，則何必用國相？論語季氏「危而不持，顛而不扶，則將焉用彼相矣」，句意與此類似。夫鄢將師矯子之命，以滅三族。三族，國之良也，原不重「三族」二字，於文意應有，今依金澤文庫本、日本石山寺藏本（楊守敬定爲六朝人手書；以其避「忠」字諱，實隋人寫本）、敦煌唐寫本（巴黎藏本二五四〇）增「三族」二字。而不愆位。杜注：「在位無愆過。」吳新有君，杜注：「光新立也。」疆場日駭。楚國若有大事，大事謂兵事，承上疆場日駭言。子其危哉！知者除讒以自安也，今子愛讒以自危也，甚矣，其惑也！上文「戌也惑之」，惑謂疑惑。此惑謂迷惑、昏亂。子常曰：「是瓦之罪，囊瓦字子常。敢不良圖！」良圖猶言善謀之。九月己未，十四日。子常殺費無極與鄢將師，盡滅其族，以説于國。「説」可有二解，一爲解説，將以前種種罪惡行爲歸罪於此二人；一同悦，使國人喜悦。謗言乃止。

二七·七 **冬，公如齊，齊侯請饗之。**杜注：「設饗禮。」**子家子曰：「朝夕立於其朝，又何饗焉，其飲酒也。」**古代享禮最隆重，諸侯間相聘問行之。今魯君在齊，猶寓公也，經常在齊之朝廷，齊景之漸不尊重魯昭可知。此請饗禮，僅以享名招其飲酒耳，故子家子先辭之，使名實相符，免受輕侮。**乃飲酒，使宰獻，而請安。**依古禮，諸侯相飲酒，身份相等，則自獻，即酌酒飲客。若君燕臣，則使宰向賓敬酒。今使宰獻，是齊侯以齊臣待魯昭。請安，古燕禮有安賓之儀節，此則是齊侯請自安，離席而去。**子仲之子曰重，爲齊侯夫人，曰：「請使重見。」**杜注：「子仲，魯公子慭也。十二年謀逐季氏，不能而奔齊。今行飲酒禮，而欲使重見，從宴媟也。」**子家子乃以君出。**杜注：「辟齊夫人。」

二七·八 **十二月，晉籍秦致諸侯之戍于周，魯人辭以難。**杜注：「經所以不書戍周。籍秦，籍談子。」墨子所染篇：「中行寅染於籍秦、高彊。」昭十五年傳孔疏引世本：「侯季子生籍游，游生談，談生秦。」

二十八年，丁亥，公元前五一四年。周敬王六年、晉頃十二年、齊景三十四年、衞靈二十一年、蔡昭五年、鄭定十六年、曹聲公野元年、陳惠十六年、杞悼四年、宋景三年、秦哀二十三年、楚昭二年、吳闔廬元年、許男斯九年。

經

二八·一 二十有八年春王三月，二月初一日癸酉冬至，建亥，有閏月。葬曹悼公。無傳。此歷時六月始葬。據隱元年傳及禮記禮器與雜記下，諸侯五月而葬。然多三月即葬者。六月始葬，則爲緩矣。

二八·二 公如晉，次于乾侯。乾音干。乾侯，在今河北成安縣東南十三里。

二八·三 夏四月丙戌，十四日。鄭伯寧卒。無傳。

二八·四 六月，葬鄭定公。無傳。如隱八年葬蔡宣公、桓十一年葬鄭莊公、十七年葬蔡桓侯、僖二十七年葬齊孝公、襄十六年葬晉悼公、昭十年葬晉平公、十二年葬鄭簡公、十六年葬晉昭公及此葬鄭定公，皆三月而葬者。固有五月而葬者。亦有遲至十一月始葬者，如僖十八年葬齊桓公，以國亂，孝公立而後得葬；甚有遲至二十二月者，如宣十二年葬陳靈公，歷三十一月，如昭十三年葬蔡靈公，皆以國亡復國然後葬。

二八·五 秋七月癸巳，二十三日。滕子寧卒。無傳。

二八·六 冬，葬滕悼公。無傳。

傳

二八·一 二十八年春，公如晉，將如乾侯。齊景輕視魯昭，不得已而如晉。子家子曰：「有求於人，而即其安，即其安有二解，一謂指在齊三年而安于齊；一謂先往乾侯。以晉人答語觀之，當以安于齊爲是。人孰矜之？矜，憐也，惜也。其造於竟。」其竟疑指由魯至晉、魯之邊境。造，適也，往也。弗聽，使請逆於晉。請晉人往迎至晉國都，此時魯昭已至晉界乾侯。晉人曰：「天禍魯國，君淹恤在外，君亦不使一个辱在寡人，一个謂使者。一个又見襄八年傳，一个人也。在，存問。隱十一年傳「君與滕侯辱在寡人」，即此義。然此處用當時慣語，而實際表示通知求援。而即安於甥舅，齊、魯常爲婚姻，故互爲甥舅，此指齊國。其亦使逆君？」其猶豈。言君既安於齊，豈亦使我逆君乎。使公復于竟，回至魯境。而後逆之。仍迎至乾侯，未至晉都也。史記年表書此事之年與經、傳合，唯于晉世家統言爲晉頃公九年事，欠確切。

二八·二

晉祁勝與鄔臧通室。杜注：「二子，祁盈家臣也。通室，易妻。」會箋：「通室，通共其室而無間隔也，尤見其淫縱。」祁盈將執之，杜注：「盈，祁午子。」訪於司馬叔游。杜注：「叔游，司馬叔侯之子。」叔游曰：「鄭書有之：襄三十年傳子產亦引鄭書，蓋鄭國先代之書也。『惡直醜正，實蕃有徒。』惡、醜同義，直、正同義，惡直即醜正，同義複語。言嫉害正直者，寔多有也。蕃，多也，盛也。僞古文尚書仲虺之誥採「實繁有徒」。徒，黨類也。無道立矣，子懼不免。言世亂無道之人在位，子當顧慮不免于禍害。詩曰：『民之多辟，無自立辟。』詩大雅板。辟，邪也。言民已多邪僻，毋再自陷於邪僻。姑已，若何？」暫且不執如何？盈曰：「祁氏私有討，國何有焉？」杜注：「言討家臣，無與國事。」遂執之。祁勝賂荀躒，荀躒爲之言於晉侯。晉侯執祁盈。以其不告而執人。祁盈之臣曰：「鈞將皆死，鈞，同也。玩句意，謂殺祁勝與否，同將與祁盈皆被殺。慭使吾君聞勝與臧之死也以爲快。」說文：「慭，甘也。」趙坦寶甓齋札記云：「慭與寧相近。」吾君，祁盈之臣謂盈。乃殺之。夏六月，晉殺祁盈及楊食我。杜注：「楊，叔向邑。食我，叔向子伯石也。」食我，祁盈之黨也，而助亂，故殺之，遂滅祁氏、羊舌氏。楊氏即羊舌氏，以叔向食邑於楊，故其子稱楊食我。論衡本性篇「楊食我」即作「羊舌食我」。

初，叔向欲娶於申公巫臣氏，娶巫臣與夏姬所生女。申公巫臣本是巫臣在楚時之稱，奔晉爲邢大夫，而仍舊稱，古人多有此類事。其母欲娶其黨。欲叔向娶其母家人。據昭三年孔疏引世族譜云「羊舌氏，晉之公族也」，潛夫論志氏姓亦云羊舌氏姬姓。其母，列女傳仁智傳作羊舌姬，論衡本性篇作叔姬，是叔向之父與同姓通婚。俞樾諸子平議疑羊舌氏非公族，不知當時同姓爲婚已非大禁，晉獻公娶驪姬，並不避姬字可證。魯昭公娶于吳，亦同姓爲婚，改稱吳孟子者，魯猶秉周禮故也。叔向曰：「吾母多而庶鮮，吾懲舅氏矣。」懲即「懲前毖後」之懲，謂以前事爲鑑戒也。其父多妾媵而庶子鮮少，故不欲娶舅氏家人。謂舅氏家女不生育也。其母曰：「子靈之妻殺三夫、子靈即巫臣，其妻即夏姬。成二年傳巫臣謂夏姬「夭子蠻，殺御叔」，則子蠻是其初嫁夫，御叔是其再嫁夫，巫臣則是其三嫁夫。一君、杜注：「陳靈公。」一子，杜注：「夏徵舒。」而亡一國、杜注：「陳也。」兩卿矣，杜注：「孔寧、儀行父。」可無懲乎？吾聞之：『甚美必有甚惡。』是鄭穆少妃姚子之子，子貉之妹也。「貉」，唐寫本作「貊」。杜注：「子貉，鄭靈公夷。」靈公于魯宣四年立，即爲公子歸生所殺。子貉早死，無後，而天鍾美於是，將必以是大有敗也。即甚美必有甚惡意。昔有仍氏生女，黰黑，有仍，古代諸侯。黰即鬒。詩鄘風君子偕老「鬒髮如雲」，言其髮稠密而烏黑也。而甚美，光可以鑑，謂其髮之光澤可以照人，故下文云玄妻。名曰玄妻。杜注：「以髮黑故。」樂正后夔取之，生伯封，實有豕心，貪惏無饜，惏音嵐，說文：「貪也。」忿纇無期，纇，亦作類，戾也。說文段注：「凡人之愆尤皆曰纇。」無期，期通綦，極也。謂之封豕。封，大也。封豕，大豬。有窮后羿滅之，夔是以不祀。且三代之亡、共子之廢，皆是物也，夏桀寵末喜，殷紂寵妲己，周幽寵褒姒，皆因之被滅亡。共子即晉太子申生，以晉獻公寵驪姬廢。是物即美色。女何以爲哉？言汝娶之何爲。夫有尤物，足以移人。尤物指特美之女。苟非德義，則必有禍。」德義謂有德有義之人。此謂若非德義之人娶之，必有禍殃。叔向懼，不敢取。平公强使取之，生伯石。伯石始生，子容之母走謁諸姑，杜注：「子容母，叔向嫂，伯華妻也。姑，叔向母。」謁，爾雅釋詁：「告也。」曰：「長叔姒生男。」長叔謂叔向，伯華之長弟。兄弟之妻爲娣姒，年長者爲姒，稚者爲娣，以婦之年齡言，不以兄弟之年言。夏姬女是弟婦，而其嫂稱之爲姒，明其年大于伯華之妻。姑視之。叔向母往視之，未及視。及堂，聞其聲而還，曰：「是豺狼之聲也。狼子野心。非是，莫喪羊舌氏矣。」遂弗視。昭三年傳叔向自謂無子，或此時伯石尚未生。杜注彼言「無賢子」，則伯石當生于襄公時。晉平立于魯襄十六年，若叔向娶夏姬女于此時，翌年生子，至昭三年，伯石不過十七歲耳。杜注未必確。

二八·三

秋，晉韓宣子卒，魏獻子爲政，杜注：「獻子，魏舒。」分祁氏之田以爲七縣，杜注：「七縣，鄔、祁、平陵、梗陽、塗水、馬首、盂也。」分羊舌氏之田以爲三縣。杜注：「銅鞮、平陽、楊氏。」司馬彌牟爲鄔大夫，邑長稱大夫。鄔在今山西介休縣東北二十七里。賈辛爲祁大夫，祁在今山西祁縣東南。亦見成八年傳並注。司馬烏爲平陵大夫，平陵在今山西文水縣東北二十里。魏戊爲梗陽大夫，梗陽在今山西太原市清徐縣。知徐吾爲塗水大夫，塗水在今山西榆次市西南二十里。韓固爲馬首大夫，杜注：「固，韓起孫。」馬首，今山西平定縣東南十五里。孟丙爲盂大夫，顧炎武補正、王念孫讀漢書雜志皆謂「孟丙」當作「盂丙」，然漢書古今人表及水經汾水注皆作「孟丙」，唯漢書地理志作「盂丙」，字形相近，易誤。盂，今山西盂縣。樂霄爲銅鞮大夫，銅鞮在今山西沁縣南，又見成九年傳注。趙朝爲平陽大夫，杜注：「朝，趙勝曾孫。」平陽，今山西臨汾市。僚安爲楊氏大夫。楊氏在今山西洪洞縣東南十八里，亦見襄二十九年傳。晉世家云：「晉之宗家祁傒孫、叔嚮子相惡於君，六卿欲弱公室，乃遂以法盡滅其族，而分其邑爲十縣，各令其子爲大夫，晉益弱，六卿皆大。」謂賈辛、司馬烏爲有力於王室，二十二年傳晉賈辛、司馬督帥師助敬王，則司馬烏即司馬督。**故舉之；謂知徐吾、趙朝、韓固、魏戊，餘子之不失職、能守業者也；**杜注：「卿之庶子爲餘子。」孔疏：「宣二年傳注云：『餘子，適子之母弟也；庶子，妾子。』彼餘子與庶子爲異，此無所對，故總謂庶子爲餘子也。」**其四人者，皆受縣而後見於魏子，以賢舉也。**杜注：「四人，司馬彌牟、孟丙、樂霄、僚安也。受縣而後見，言采衆而舉，不以私也。」

魏子謂成鱄：杜注：「鱄，晉大夫。」**「吾與戊也縣，人其以我爲黨乎？」對曰：「何也！戊之爲人也，遠不忘君，近不偪同；**杜注：「不偪同位。」**居利思義，**杜注：「不苟得。」**在約思純，**杜注：「無濫心。」**有守心而無淫行，**守謂保持當時禮義，淫行則謂過犯禮義。**雖與之縣，不亦可乎！昔武王克商，光有天下，**光、廣古音同，光借爲廣。尚書堯典序「光宅天下」，即此之「光有天下」。**其兄弟之國者十有五人，姬姓之國者四十人，皆舉親也。**孔疏：「由武王克商得封建諸國，歸功於武王耳。僖二十四年傳稱『周公弔二叔之不咸，故封建親戚以藩屏周』，亦以周公爲制禮之主，故歸功於周公耳。九年傳曰『文、武、成、康之封建母弟』，則康王之世尚有封國。宣王方始封鄭，非獨武王、周公封諸國也。」惠棟補注云：「荀子（儒效篇及君道篇）以爲天下立七十一國，姬姓獨居五十三人。」**夫舉無他，唯善所在，親疏一也。詩曰：『惟此文王，**詩大雅皇矣。今本毛詩作「維此王季」，陳啓源毛詩稽古篇、陳奐毛詩傳疏皆以傳作「文王」爲是。韓詩亦作「文王」。帝度其心。莫其德音，其德克明。莫，今毛詩作「貊」，静也。禮記樂記、韓詩外傳皆作「莫」，與左傳同。克明克類，克長克君。王此大國，毛詩及樂記引詩「國」均作「邦」。敦煌唐寫本殘卷亦作「邦」。克順克比。比于文王，其德靡悔。既受帝祉，説文：「祉，福也。」施于孫子。』施，延及也。孫子猶子孫。心能制義曰度，杜注：「帝度其心。」德正應和曰莫，杜注：「莫然清静。」莫然即漢書馮奉世傳「玄成等漠然莫有對者」之「漠然」，顔師古注：「漠然，無聲也。音莫。」照臨四方曰明，勤施無私曰類，杜注：「施而無私，物得其所，無失類也。」教誨不倦曰長，杜注：「教誨長人之道。」賞慶刑威曰君，杜注：「作威作福，君之職也。」慈和徧服曰順，杜注：「唯順，故天下徧服。」擇善而從之曰比，杜注：「比方善事，使相從也。」經緯天地曰文。杜注：「經緯相錯，故織成文。」九德不愆，作事無悔，杜注：「九德，上九曰也。皆無愆過，則動無悔吝。」故襲天禄，子孫賴之。杜注：「襲，受也。」主之舉也，近文德矣，所及其遠哉！」杜注：「舉魏戊等，勤施無私也。其四人者，擇善而從，故曰近文德，所及遠也。」然晉世家謂晉六卿以法盡滅祁氏、羊舌氏，「分其邑爲十縣，各令其子爲大夫。晉益弱，六卿皆大」。

賈辛將適其縣，見於魏子。魏子曰：「辛來！昔叔向適鄭，鬷蔑惡，杜注：「惡，貌醜。」欲觀叔向，從使之收器者，杜注：「從，隨也。隨使人應斂俎豆者。」而往，立於堂下，一言而善。叔向將飲酒，聞之，曰：『必鬷明也！』鬷明即鬷蔑，又稱然明，參襄二十五年傳並注。下，執其手以上，曰：『昔賈大夫惡，杜注：「賈國之大夫。惡亦醜也。」桓九年傳有賈伯，姬姓國，詳彼注。娶妻而美，三年不言不笑。御以如臯，杜注：「爲妻御之臯澤。」射雉，獲之，其妻始笑而言。賈大夫曰：「才之不可以已。我不能射，女遂不言不笑夫！」今子少不颺，杜注：「顔貌不揚顯。」子若無言，吾幾失子矣。言之不可以已也如是！』遂如故知。今女有力於王室，吾是以舉女。行乎！敬之哉！毋墮乃力！」杜注：「墮，損也。」晉語二韋注：「力，功也。」

仲尼聞魏子之舉也，以爲義，曰：「近不失親，杜注：「謂舉魏戊。」遠不失舉，舉其所當舉，或以功，或以賢。可謂義矣。」又聞其命賈辛也，以爲忠，「詩曰『永言配命，自求多福』，忠也。詩大雅文王。言，語中助詞，無義，詳詞詮。配，合也。命，天命。魏子之舉也義，其命也忠，其長有後於晉國乎！」

二八·四 冬，梗陽人有獄，魏戊不能斷，以獄上。杜注：「上魏子。」其大宗賂以女樂，杜注：「訟者之大宗。」大宗蓋宗子所在之宗，詩大雅板「大邦維屏，大宗維翰，懷德維寧，宗子維城」可證。魏子將受之。魏戊謂閻沒、女寬曰：事亦載晉語九，「女寬」作「叔寬」。韋注：「閻沒，閻明。叔寬，女齊之子叔襃，皆晉臣也。」二十六年傳「女寬守闕塞」，杜注亦云：「女寬，晉大夫。」定元年傳謂之女叔寬。閻沒戍周又見定六年傳。則二人爲晉大夫明矣。杜此注謂「二人，魏子之屬大夫」，未必確。「主以不賄聞於諸侯，若受梗陽人，賄莫甚焉。吾子必諫！」皆許諾。退朝，待於庭。杜注：「魏子朝君退，而待於魏子之庭。」蓋魏舒執政，或單人朝君；或雖同朝而晚歸，二人先退，待于魏子之庭。饋入，召之。杜注：「召二大夫食。」比置，比，及也。置，置食器、食品。三歎。既食，使坐。魏子曰：「吾聞諸伯叔，諺曰：『唯食忘憂。』禮記曲禮上「當食不歎」，與此意同。吾子置食之間三歎，何也？」同辭而對曰：「或賜二小人酒，不夕食。謂昨夕有人賜我二人酒，我二人因未晚餐，此時甚餓矣。饋之始至，恐其不足，是以歎。中置，中置，上菜之半也。自咎曰：『豈將軍食之而有不足？』杜注：「魏子中軍帥，故謂之將軍。」晉語四「鄭人以詹伯爲將軍」，吳語「十行一嬖大夫，十旌一將軍」，似春秋時已有「將軍」之官名。或謂「將軍」之官始于戰國，則禮記檀弓上「將軍文子之喪」，亦以戰國官名爲春秋官名乎？疑「將軍」于春秋雖非一定武職之官名，然獨將一軍者，俗稱爲「將軍」。此亦俗稱，衛有公孫彌牟，檀弓稱爲「將軍文子」，可見春秋末有「將軍」之稱。至戰國時乃更有上將軍、大將軍之名耳。參日知録卷廿四。是以再歎。及饋之畢，願以小人之腹爲君子之心，屬厭而已。」屬，適也。厭，足也。已，止也。獻子辭梗陽人。拒不受賄。

二十九年，戊子，公元前五一三年。周敬王七年、晉頃十三年、齊景三十五年、衛靈二十二年、蔡昭六年、鄭獻公蠆元年、曹聲二年、陳惠十七年、杞悼五年、宋景四年、秦哀二十四年、楚昭三年、吳闔廬二年、許男斯十年。

經

二九·一 **二十有九年春**，正月十二日己卯冬至，建子。**公至自乾侯，居于鄆。**據杜注，因魯昭雖至乾侯，晉國並不歡迎，又未能見晉頃公，失望而歸。**齊侯使高張來唁公。**杜注：「唁公至晉不見受。」高張，高偃子。」穀梁傳謂「唁公不得入于魯也」，昭公出，不入魯，齊侯已唁于野井，不必再唁。杜注較合情理。

二九·二 **公如晉，次于乾侯。**齊侯唁公，蓋議之去齊適晉仍不見受。公或者因此再適晉，仍不見受，留于乾侯而已。

二九·三 **夏四月庚子**，五日。**叔詣卒。**無傳。「詣」，公、穀並作「倪」。穀梁傳，季孫意如曰：「叔倪無病而死，是皆無公也，是天命也，非我罪也。」高士奇紀事本末云：「此言則叔詣殆忠於公者，亦叔孫昭子之流與？」

二九·四 **秋七月。**

二九·五 **冬十月，鄆潰。**無傳。杜注：「民逃其上曰潰。潰散叛公。」公羊傳以爲昭公使民爲鄆築外城而潰。穀梁傳亦云：「昭公出奔，民如釋重負。」

傳

二九·一　二十九年春，公至自乾侯，處于鄆。齊侯使高張來唁公，稱主君。稱昭公爲主君。魯世家云：「齊景公使人賜昭公書，自（「自」字當依年表删）稱主君。」據晉語八所載欒氏家臣辛俞之言，「三世事家（卿大夫），君之；再世以下，主之」，則春秋時卿大夫家臣稱卿大夫爲主爲君，今齊侯稱魯侯爲主君，故杜注謂「比公於大夫」，子家子云「齊卑君」，尤明證。戰國時有稱卿大夫爲主君者，如齊策一，齊王謂蘇秦「今主君以趙王之教詔之」，墨子貴義篇墨子稱穆賀爲主君是也。孫詒讓閒詁又引魯問篇，墨子稱魯君亦曰主君，秦策二欒羊對魏文侯、魏策魯君對梁惠王亦並稱主君，因云「則戰國時，主君之稱蓋通於上下」。並參困學紀聞卷六及注。子家子曰：「齊卑君矣，君祇辱焉。」公如乾侯。

二九·二　三月己卯，十三日。京師殺召伯盈、尹氏固及原伯魯之子。杜注：「皆子朝黨也。」原伯魯之子，蓋不書其名，杜注謂「終不説學」。原伯魯不説學，見十八年傳，與其子何關，杜注不足信。尹固之復也，杜注：「二十六年尹固與子朝俱奔楚，而道還。」有婦人遇之周郊，尤之，曰：「處則勸人爲禍，行則數日而反，是夫也，其過三歲乎？」其用法同豈，言其生存不能過三年也。

夏五月庚寅，二十五日。王子趙車入于鄻以叛，杜注：「趙車，子朝之餘黨也。」見王殺伯盈等，故叛。鄻，周邑。」鄻音輦。陰不佞敗之。

二九·三　平子每歲賈馬，具從者之衣屨，而歸之于乾侯。公執歸馬者，賣之，杜注：「賣其馬。」蓋執其人而賣其馬。乃不歸馬。歸同饋。衞侯來獻其乘馬，曰啓服，杜注：「啓服，馬名。」爾雅釋畜「馬前右足白，啓」，或此爲服馬（駕車之中二馬），故名啓服歟。塹而死。墮于塹（坑）而死。公將爲之櫝。杜注：「爲作棺也。」子家子曰：「從者病矣，請以食之。」乃以帷裹之。禮記檀弓下云：「敝帷不棄，爲埋馬也。」蓋古禮以敝帷裹馬。

公賜公衍羔裘，使獻龍輔於齊侯，說文：「瓏，禱旱玉，龍文。」沈欽韓以爲即此龍輔，詳補注。遂入羔裘。亦獻納羔裘于齊侯。齊侯喜，與之陽穀。杜注：「陽穀，齊邑。」公衍、公爲之生也，其母偕出。據禮記內則，古代貴族婦人將生子，出居于側室。側室又謂之產舍，大戴禮保傅篇謂之宴室。此同出居產舍也。公衍先生。公爲之母曰：「相與偕出，請相與偕告。」謂一同出居產舍，生子便一同向公報告。三日，公爲生。其母先以告，公爲爲兄。公私喜於陽穀，而思於魯，回憶及在魯國爲君公衍、公爲之事。曰：「務人爲此禍也。杜注：「務人，公爲也。始與公若謀逐季氏。」「務人」，哀十一年傳作「公叔務人」，禮記檀弓下作「公叔禺人」。且後生而爲兄，其誣也久矣。」

乃黜之，而以公衍爲大子。

二九·四　秋，龍見于絳郊。杜注：「絳，晉國都。」即今山西侯馬市。魏獻子問於蔡墨曰：杜注：「蔡墨，晉大史。」下文稱之蔡史墨，三十一年傳稱爲史墨。哀二十年傳有史黯，據杜注及晉語九、鄭語韋注，即史墨。吕氏春秋召類篇又作史默。説苑尊賢篇、宋書樂志並見其人。蓋其人姓蔡，官大史，墨其名，黯其字，默則同音假借。「吾聞之，蟲莫知於龍，知同智。以其不生得也，因人不能活捕之。謂之知，信乎？」對曰：「人實不知，非龍實知。古者畜龍，故國有豢龍氏，有御龍氏。」杜注：「豢、御，養也。」豢音患。獻子曰：「是二氏者，吾亦聞之，而不知其故，本無「不」字，今從校勘記及金澤文庫本增。是何謂也？」對曰：「昔有飂叔安，杜注：「飂，古國也。叔安，其君名。」飂音了，漢書地理志作「廖」，在今河南唐河縣南八十里。亦即蓼，見桓十一年傳並注。有裔子曰董父，杜注：「裔，遠也，玄孫之後爲裔。」即屈原離騷「帝高陽之苗裔」之「裔」。實甚好龍，能求其耆欲以飲食之，耆同嗜。龍多歸之，乃擾畜龍，擾，馴服之也。以服事帝舜，帝賜之姓曰董，氏曰豢龍，杜注：「豢龍，官名，官有世功，則以官氏。」封諸鬷川，鬷夷氏其後也。左傳謂豢龍鬷川爲一，豢龍爲氏，鬷川爲封地，而鄭語云「董姓鬷夷、豢龍，則夏滅之矣」，鬷夷、豢龍似是二。潛夫論志氏姓「鬷」並作「騣」，字體不同而已，「鬷」當作「鬷」。鬷川舊云在今山東定陶縣北二十里。故帝舜氏世有畜龍。據古代傳説，帝舜僅一世，即傳於夏禹，此云「世有畜龍」者，蓋自帝舜之後，夏孔甲之前，代代有馴畜之龍也。及有夏孔甲，擾于有帝，杜注：「孔甲，少康之後九世君也。其德能順於天。」孔疏引帝王世紀云：「少康子帝杼，杼子帝芬，芬子帝芒，芒子帝世，世子帝不降，不降弟帝扃，扃子帝廑也。至帝孔甲，孔甲，不降子。」杜以孔甲順於天，而周語下云「孔甲亂夏，四世而殞」，史記夏本紀亦謂「帝孔甲立，好方鬼神事，淫亂，夏后氏德衰，諸侯畔之」，與杜注義不同。擾可訓順，亦可訓亂，從下文「帝賜之」推之，杜説是。帝賜之乘龍，河、漢各二，易乾文言：「時乘六龍，以御天也。」坤上六爻辭：「龍戰於野，其血玄黄。」則此「乘龍」，駕車之龍。古有六馬之車，春秋時多駕四馬，此則駕四龍，黄河之龍二，漢水之龍二。江、淮、河、漢，古謂之四瀆，見爾雅釋水。各有雌雄。孔甲不能食，食，音寺，飼養也。即上文「能求其耆欲以飲食之」。而未獲豢龍氏。有陶唐氏既衰，其後有劉累，杜注：「陶唐，堯所治地。」陶唐氏蓋丹朱之後，以其所治地爲氏，餘詳襄二十四年傳注。學擾龍于豢龍氏，以事孔甲，能飲食之。夏后嘉之，賜氏曰御龍。杜注：「夏后，孔甲。」以更豕韋之後。豕韋爲祝融之後，見國語鄭語。以劉累代豕韋之後。詳襄二十四年傳注。龍一雌死，潛醢以食夏后。夏后饗之，饗之，食之也。既而使求之。夏后不知已所食爲已死之龍，以其美味，不久又求此種食物，不知其不可再得。或謂求之，非求所食之醢，而是求四匹駕車之龍，然於上文「夏后饗之」文義不接。懼而遷于魯縣，杜注：「不能致龍，故懼遷魯縣，自貶退也。」史記夏本紀亦載此事，作「懼而遷去」。魯縣在今河南魯山縣東北。范氏其後也。」獻子曰：「今何故無之？」對曰：

「夫物，物有其官，官修其方，杜注：「方，法術。」朝夕思之。一日失職，則死及之。杜注：「失職有罪。」失官不食。杜注：「不食禄。」官宿其業，杜注：「宿猶安也。」會箋云：「小爾雅廣詁曰：『宿，久也。』言官久於其職業也。下文曰『世不失職』，即官宿其業之義。」其物乃至。若泯棄之，物乃坻伏，杜注：「泯，滅也。」坻音旨，又音抵。坻伏，隱伏。說詳王引之述聞。鬱湮不育。劉師培古書疑義舉例補一云：「鬱湮即鬱伊之轉音，又轉爲鬱邑。不申之貌。」故有五行之官，是謂五官，實列受氏姓，封爲上公，杜注：「爵上公。」祀爲貴神。社稷五祀，是尊是奉。社爲地神，稷爲穀神，百穀生于土，社稷爲地神，說詳金鶚求古録禮說。五祀，見周禮春官大宗伯，以傳文觀之，即木、火、金、水、土五官之神，下文之句芒、祝融、蓐收、玄冥、后土。月令亦云。皆地祇。若五官之有功者，配食于此五祀。亦此金鶚說，參見孫詒讓周禮正義。至于禮記祭法、王制、吕氏春秋孟冬紀之五祀，說各不同。孟冬紀高誘注與月令同。餘則與此不同。木正曰句芒，杜注：「正，官長也。」火正曰祝融，金正曰蓐收，水正曰玄冥，土正曰后土。龍，水物也，水官棄矣，杜注：「棄，廢也。」故龍不生得。不然，周易有之：在乾☰之姤☴，杜注：「巽下乾上，姤。乾初九變。」傳不言九、六，但言所變卦與變卦。曰『潛龍勿用』；杜注：「乾初九爻辭。」其同人☲曰『見龍在田』；離下乾上爲同人卦，九二陽爻變爲陰爻，用乾九二爻辭。其大有☲曰『飛龍在天』；乾下離上爲大有，乾卦第五爻陽變陰，用乾九五爻辭。其夬䷪曰『亢龍有悔』，乾下兑上爲夬卦，乾第六爻陽變陰，用乾上九爻辭。亢龍，直龍，龍欲曲而不欲直，故有悔。說詳聞一多周易義證類纂。其坤䷁曰『見羣龍無首，吉』；坤下坤上爲坤，乾之六爻皆陽變陰，用乾用九爻辭。坤之剥䷖曰『龍戰于野』。坤下艮上爲剥卦，坤第六爻陰變陽，用坤上六爻辭。若不朝夕見，誰能物之？」史墨引周易言龍者，有潛伏之龍，有在田之龍，有飛天之龍，有直伸之龍，有無頭領之羣龍，有野戰之龍，證明龍古實有之，且經常見之，不然，誰能描寫如此細緻？物謂述其形。

獻子曰：「社稷五祀，誰氏之五官也？」誰氏即上古帝者曰氏，如下文少皞氏、烈山氏之類。此問何帝之五官也。對曰：「少皞氏有四叔，定四年傳「五叔無官」，杜注謂管叔、蔡叔等，皆稱叔，亦皆武王之弟。又云「三者皆叔也」，三叔指周公、康叔、唐叔。此四叔疑少皞氏之弟輩。曰重、曰該、曰修、曰熙，實能金、木及水。使重爲句芒，該爲蓐收，修及熙爲玄冥，世不失職，遂濟窮桑，此其三祀也。尸子仁意篇：「少昊金天氏，邑于窮桑。」帝王世紀云：「少昊邑于窮桑以登帝位，都曲阜，故或謂之窮桑帝。」顓頊氏有子曰犂，爲祝融；杜注：「犂爲火正。」共工氏有子曰句龍，爲后土，孔疏云：「祭法曰：『共工氏之霸九州也，其子曰后土，能平九州，故祀以爲社。』能平九州，是能平水土也。言共工有子，謂後世子耳。亦不知句龍之爲后土，在於何代。」此其二祀也。后土爲社；稷，田正也。有列山氏之子曰柱，爲稷，沈欽韓補注云：「祭法云：『厲山氏之有天下也，其子曰農，能殖百穀。』注：『厲山氏，炎帝也，起于厲山，或曰有烈山氏。』農即柱。」厲山在今湖北隨縣北四十里。自夏以上祀之。周棄亦爲稷，杜注：「棄，周之始祖，能播百穀，湯既勝夏，廢柱而以棄代之。」自商以來祀之。」顧頡剛、史念海中國疆域沿革史：「則知棄本商稷。」

二九·五　冬，晉趙鞅、荀寅帥師城汝濱，杜注：「趙鞅，趙武孫也。荀寅，中行荀吳之子。汝濱，晉所取陸渾地。」汝水出河南嵩縣東南天息山，東北流經汝陽、臨汝，又東南經郟縣、襄城與沙河（古溵水）合。遂賦晉國一鼓鐵，以鑄刑鼎，鼓爲衡名，亦爲量名。禮記曲禮上「獻米者操量鼓」；管子地數篇「武王立重泉之戍，令曰，民有百鼓之粟者不行」，注云「鼓，十二斛」，此鼓爲計容量之單位與器皿。孔子家語正論篇亦載此事，注云：「三十斤爲鈞，鈞四爲石，石四爲鼓。」則以鼓爲重量單位，當時之四百八十斤。小爾雅說同。許慎五經異義以四十斤爲斛，若如此，則十二斛亦四百八十斤，衡量與容量相合。倪倬讀左瑣言略明此而不敢肯定。著范宣子所爲刑書焉。

仲尼曰：「晉其亡乎！失其度矣。夫晉國將守唐叔之所受法度，以經緯其民，卿大夫以序守之，杜注：「序，位次也。」民是以能尊其貴，貴是以能守其業。貴賤不愆，所謂度也。文公是以作執秩之官，爲被廬之法，杜注：「僖二十七年文公蒐被廬，修唐叔之法。」以爲盟主。今棄是度也，而爲刑鼎，民在鼎矣，在讀爲察，謂民察鼎以知刑。何以尊貴？杜注：「棄禮徵書，故不尊貴。」貴何業之守？貴賤無序，何以爲國？且夫宣子之刑，夷之蒐也，晉國之亂制也，杜注：「范宣子所用刑，乃夷蒐之法也。夷蒐在文六年，一蒐而三易中軍帥，賈季、箕鄭之徒遂作亂，故曰亂制。」若之何以爲法？」蔡史墨曰：「范氏、中行氏其亡乎！杜注：「蔡史墨即蔡墨。」中行寅爲下卿，而干上令，擅作刑器，以爲國法，是法姦也。又加范氏焉，易之，亡也。杜注：「范宣子刑書，中既廢矣，今復興之，是成其咎。」依杜注意，易謂改變。范氏之法本廢，今中行寅復行之，是改易也。但范氏之法廢，經、傳未載，不知是否杜氏揣測之言。易之，謂范氏改易被廬之法。其及趙氏，趙孟與焉。趙孟謂趙鞅。然不得已，若德，可以免。」杜注：「鑄刑鼎本非趙鞅意，不得已而從之。若能修德可以免禍。爲定十三年荀寅、士吉射入朝歌以叛〔傳〕。」注文脱「傳」字，依文義增補。

三十年，己丑，公元前五一二年。周敬王八年、晉頃十四年、齊景三十六年、衞靈二十三年、蔡昭七年、鄭獻二年、曹聲三年、陳惠十八年、杞悼六年、宋景五年、秦哀二十五年、楚昭四年、吴闔廬三年、許男斯十一年。

經

三〇·一 三十年春王正月，正月二十三日甲申冬至，建子，有閏月。公在乾侯。杜注：「釋不朝正于廟。」

三〇·二 夏六月庚辰，二十二日。晉侯去疾卒。

三〇·三 秋八月，葬晉頃公。

三〇·四 冬十有二月，吳滅徐，徐子章羽奔楚。「章羽」，傳作「章禹」，公羊亦作「章禹」，「羽」「禹」古音同。漢書古今人表、五行志以及韓愈徐偃王廟碑並作「章禹」。

傳

三〇·一 三十年春王正月，公在乾侯，不先書鄆與乾侯，非公，且徵過也。杜注：「徵，明也。二十七年、二十八年公在鄆，二十九年公在乾侯，而經不釋朝正之禮者，所以非責公之妄，且明過謬猶可掩，故不顯書其所在，使若在國然。自是鄆人潰叛，齊、晉卑公，子家忠謀，終不能用，内外棄之，非復過誤所當掩塞，故每歲書公所在。」

三〇·二 夏六月，晉頃公卒。秋八月，葬。鄭游吉弔，且送葬。魏獻子使士景伯詰之，曰：「悼公之喪，子西弔，子蟜送葬。事見襄十五年傳。晉平公死，游吉弔，罕虎送葬，省略未言。今吾子無貳，於當時之禮，送葬重于弔喪，則弔喪者爲一人，送葬者其位必高于弔喪者。今游吉兼弔喪與送葬之使，故云「無貳」。何故？」對曰：「諸侯所以歸晉君，禮也。謂諸侯歸服晉君者，以晉有禮也。禮也者，小事大、大字小之謂。小國服事大國，大國撫愛小國。事大在共其時命，襄二十八年傳子產謂「小適大有五惡」，而「從其時命」爲一惡；此則以「共其時命」爲小事大之禮。左傳「時命」一詞，僅此二見，而義不同。僖七年傳管仲謂「守命共時之謂信」，此「共其時命」或即管仲之「守命共時」，謂承大國之命，恭于時事，弔喪送喪亦時事也。**字小在恤其所無。以敝邑居大國之間，共其職貢，與其備御不虞之患，**與讀爲參與之與。蓋同盟國，必同其戰備。御同禦。備御不虞之患，即被伐防備。**豈忘共命？**共命即共時命，言依時貢獻，又求其救助，共同攻戰，不致忘弔喪送葬之禮。**先王之制：諸侯之喪，士弔，大夫送葬；唯嘉好、聘享、三軍之事於是乎使卿。**嘉好謂朝會，見定四年傳。聘問必有享宴，故聘享連文。三軍指戰爭。**晉之喪事，敝邑之間，先君有所助執紼矣。**紼音弗，挽柩車之大繩，又作綍，音義相同。據周禮地官遂人及禮記喪大記、雜記等書篇，天子之葬，用六根大繩挽車，謂之六綍；鄭玄謂挽者蓋千人。諸侯葬用四綍，挽者五百人；大夫葬二綍，挽者三百人。送葬者一定執綍。敝邑之間謂國家閒暇，安定無事也，孟子公孫丑上「今國家閒暇」是也。傳雖未載，鄭國先君必有親自送晉君之葬者，故游吉言之。**若其不間，雖士、大夫有所不獲數矣。**日本石山寺藏本「獲」上有「禮」字，作「有所不禮獲數矣」。杜注云「不得如先王禮數」，以有「禮」者爲長。士弔，大夫送葬，言若國家在戰爭中，即士、大夫亦難派遣。**大國之惠，亦慶其加，**杜注：「慶，善也。」加謂加于禮例，如君自行，或上卿行。**而不討其乏，**乏，缺乏，即不備禮數，恤其所無也。**明厎其情，**厎音指，致也。明白致其誠心。情謂忠誠，情實。荀子禮論「文理繁，情用省」，楊倞注「情用謂忠誠」；禮記大學「無情者不得盡其辭」，鄭玄注云：

「情猶實也。」取備而已，備，具也，謂取其備具禮儀而已，不責其如禮數也。以爲禮也。靈王之喪，周靈王死于魯襄二十八年十二月，葬于二十九年。鄭使印段會葬，見二十九年傳。我先君簡公在楚，我先大夫印段實往——敝邑之少卿也。沈欽韓補注云：「少卿，下卿也。印段位在公孫段之下。」王吏不討，恤所無也。今大夫曰：『女盍從舊？』杜注：「盍，何不也。」舊有豐有省，不知所從。從其豐，則寡君幼弱，此時鄭獻公即位不足二年。是以不共。從其省，則吉在此矣。唯大夫圖之！」晉人不能詰。子產卒于魯昭二十一年，游吉繼之爲政，以上卿而弔喪送葬，而晉人乃欲鄭獻公自行。

三〇·三　吳子使徐人執掩餘，使鍾吾人執燭庸，杜注：「二十七年奔故。」二公子奔楚。楚子大封，而定其徙，杜注：「大封，與土田，定其所徙之居。」使監馬尹大心逆吳公子，使居養，杜注：「二子奔楚，楚使逆之於竟也。養即所封之邑。」養當在今河南沈丘縣今治南沈丘城之東，臨安徽界首縣界。莠尹然、左司馬沈尹戌城之，杜注：「城養。」取於城父與胡田以與之，城父即夷，其田蓋城父境内田之一部分耳，在養東北；胡即今阜陽市，胡田在養東南。將以害吳也。子西諫曰：「吳光新得國，而親其民，視民如子，辛苦同之，將用之也。若好吳邊疆，與吳、楚相交界處之吳人修好。使柔服焉，猶懼其至。至謂軍旅至。吾又彊其讎，以重怒之，杜注：「讎謂二公子。」重怒即僖十五年傳「不圖晉憂，重其怒也」之「重怒」，加重其怒。無乃不可乎！吳，周之冑裔也，說文：「冑，胤也。」冑裔同義，亦可曰裔冑，襄十四年傳「是四岳之裔冑也」可證。而棄在海濱，不與姬通，不與中原諸同姓之國如魯、衛、鄭、晉等來往。今而始大，而猶乃也。比于諸華。自比于文化發達之國，非蠻夷落後國。光又甚文，將自同於先王。文謂有知識。杜注：「先王謂大王、王季，亦自西戎，始比諸華。」不知天將以爲虐乎，使翦喪吳國而封大異姓乎，昭二十八年傳「封豕」，封，大也。封、大同義詞連用。其抑亦將卒以祚吳乎，其終不遠矣。謂不知天意何在，或者使闔廬爲暴虐于鄰國；或者使闔廬自滅亡其國，而使鄰國擴大土地；或者終福佑吳國而爲害鄰國，其結果不久可以知之。我盍姑億吾鬼神，杜注：「億，安也。」而寧吾族姓，以待其歸，等待其結果何如。將焉用自播揚焉？」杜注：「播揚猶勞動也。」王弗聽。楚昭王之母于魯昭十九年至楚，楚昭最早生于此年冬，此時僅十一歲。子西爲其庶長兄，王拒諫者。

三〇·四　吳子怒。冬十二月，吳子執鍾吾子。「鍾吾」，原作「鍾吳」，今從毛本及金澤文庫本。遂伐徐，防山以水之。杜注：「防壅山水以灌徐。」此蓋利用堤防以山水攻城最早記載。己卯，二十三日。滅徐。徐子章禹斷其髮，哀七年傳云「仲雍嗣之，斷髮文身，臝以爲飾」，十一年傳又云「吳髮短」，則徐子之斷髮，示從吳俗爲吳民也。攜其夫人以逆吳子。吳子唁而送之，使其邇臣從之，邇臣，親近之臣。遂奔楚。楚沈尹戌帥師救徐，弗及。遂城夷，使徐子處之。杜注：「夷，城父也。」

三〇·五 吴子問於伍員曰：「初而言伐楚，見二十年傳。余知其可也，而恐其使余往也，又惡人之有余之功也。人指吴王僚。今余將自有之矣。自有伐楚之功與利。伐楚何如？」問伐楚之戰略戰術。對曰：「楚執政衆而乖，莫適任患。乖謂互相違戾。無敢負擔責任者。若爲三師以肄焉，肄讀爲肆，即文十二年傳「若使輕者肆焉」之肆，突然襲擊而又退也。說本陸粲附注。一師至，至楚境内。彼必皆出。楚不明敵情，且無制訂戰略能負責之人，必全軍出而應戰，唯恐敗而任咎。彼出則歸，彼歸則出，楚必道敝。奔走于道路而疲敝。亟肄以罷之，亟，屢也。多方以誤之。用多種方法使楚軍失誤。既罷而後以三軍繼之，必大克之。」闔廬從之，楚於是乎始病。杜注：「爲定四年吴入楚傳。」

三十一年，庚寅，公元前五一一年。周敬王九年、晉定公午元年、齊景三十七年、衛靈二十四年、蔡昭八年、鄭獻三年、曹聲四年、陳惠十九年、杞悼七年、宋景六年、秦哀二十六年、楚昭五年、吴闔廬四年、許男斯十二年。

經

三一·一 三十有一年春王正月，正月初四己丑冬至，建子。公在乾侯。

三一·二 季孫意如會晉荀躒于適歷。「躒」，公羊、穀梁俱作「櫟」，後同。杜注：「適歷，晉地。」

三一·三 夏四月丁巳，三日。薛伯穀卒。杜注：「襄二十五年盟重丘。」

三一·四 晉侯使荀躒唁公于乾侯。

三一·五 秋，葬薛獻公。無傳。

三一·六 冬，黑肱以濫來奔。杜注：「黑肱，邾大夫。不書邾，史闕文。」濫，據杜注在晉之東海昌慮縣，則在今山東滕縣東南。

三一·七 十有二月辛亥朔，日有食之。此爲公元前五一一年十一月十四日之日全蝕。

傳

三一·一 三十一年春王正月，公在乾侯，言不能外内也。杜注：「公内不容於臣子，外不容於齊、晉，所以久在乾侯。」

三一·二　晉侯將以師納公。范獻子曰：「若召季孫而不來，則信不臣矣，然後伐之，若何？」晉人召季孫。獻子使私焉，使其代表本人言于季孫。曰：「子必來，我受其無咎。」會箋云：「受其無咎猶保其無咎也。尚書召誥曰『保受王威命明德』，儀禮士冠禮字辭曰『永受保之』，是受與保義相近。」季孫意如會晉荀躒于適歷。荀躒曰：「寡君使躒謂吾子：『何故出君？有君不事，周有常刑。子其圖之！』」季孫練冠、麻衣，跣行，練冠蓋喪服斬衰喪十三月服練時所着之冠。禮記閒傳「期而大祥，素縞麻衣」，麻衣即麻質之衣，古謂之布衣，無采飾。禮記問喪「親始死徒跣」，即赤足。季孫如此，表憂戚之深。伏而對曰：「事君，臣之所不得也，敢逃刑命？君若以臣爲有罪，請囚於費，待君之察也，亦唯君。若以先臣之故，不絕季氏，而賜之死。而賜之死與上文意不貫，服虔謂「言賜不使死」，固不確；杜注謂「雖賜以死，不絕其後」，勉强可通。然下無所承。此段疑有錯簡。姚鼐左傳補注謂當移「死且不朽」四字于「賜之死」下，陶鴻慶别疏則云「亦唯命」三字當在此下。若弗殺弗亡，君之惠也，死且不朽。若得從君而歸，則固臣之願也，敢有異心？」杜注：「君皆謂魯侯也。蓋季孫探言罪己輕重以答荀躒。」

夏四月，季孫從知伯如乾侯。知伯即荀躒，蓋偕往迎魯侯歸魯。子家子曰：「君與之歸。一慙之不忍，而終身慙乎？」公曰：「諾。」衆曰：「在一言矣，君必逐之！」衆人誤以爲魯昭一言可使晉逐季氏。**荀躒以晉侯之命唁公，且曰：「寡君使躒以君命討於意如，意如不敢逃死，君其入也！」公曰：「君惠顧先君之好，施及亡人，**施，延也。**將使歸糞除宗祧以事君，**說文：「糞，棄除也。」**則不能見夫人。己所能見夫人者，有如河！」**所，假設連詞，誓辭中用之。夫人指季孫，發誓不見之。**荀躒掩耳而走，曰：「寡君其罪之恐，敢與知魯國之難！臣請復於寡君。」退而謂季孫：「君怒未怠，**未怠猶言未鬆弛。**子姑歸祭。」**襄二十六年傳記子鮮代衞獻公之言云「苟反，政由甯氏，祭則寡人」，則國君主祭。故杜注謂「歸攝君事」。**子家子曰：「君以一乘入于魯師，**單車而入季孫之軍，以擺脱衆人。**季孫必與君歸。」公欲從之。衆從者脅公，不得歸。**

三一·三　**薛伯穀卒，同盟，故書。**杜注：「謂書名也。入春秋來，薛始書名，故發傳。經在荀躒唁公上，傳在下者，欲魯事相次。」莊三十一年經書「薛伯卒」，無其名。此後定十二年「薛伯定卒」、哀十年「薛伯夷卒」皆書名。自成二年魯即與薛同盟于蜀，由成二年至此年，歷七十九年，其間薛伯必有死亡者，何以經不書，則難索解人矣。

三一·四　**秋，吴人侵楚，伐夷，侵潛、六。**夷即楚安置徐子之城，見去年傳。潛見二十七年傳「帥師圍潛」注。六，今安徽六安縣北，詳文五年經「楚人滅六」注。**楚沈尹戌帥師救潛，吴師還。楚師遷**

潛於南岡而還。潛本在今安徽霍山縣南，南岡則在霍山縣北，蓋距沈較近也。吴師圍弦，弦在今河南息縣南，互見僖五年經「楚人滅弦」注。左司馬戌、右司馬稽帥師救弦，及豫章，吴師還。——始用子胥之謀也。子胥即伍員，謀見去年傳。吴世家、楚世家、伍子胥傳及吴越春秋並謂「取六與潛」或「拔六與潛」，然子胥謀在弱楚，不在取地，故説「取」或「拔」者不可信。

三一·五

冬，邾黑肱以濫來奔。賤而書名，重地故也。

君子曰：「名之不可不慎也如是：夫有所有名而不如其已。有所有名猶言有時有名，説詳王引之經義述聞。此謂有時雖有名尚不如無名。以地叛，雖賤，必書地，以名其人，終爲不義，弗可滅已。是故君子動則思禮，行則思義；不爲利回，回即違，違禮也。謂不爲利而違禮。不爲義疚。見義勇爲，不因不爲而内疚。或求名而不得，或欲蓋而名章，懲不義也。懲罰不義者。齊豹爲衞司寇，守嗣大夫，守嗣大夫即二十年傳之「承嗣大夫」，亦可單稱「嗣大夫」，見十六年傳，謂世襲而爲卿大夫者。作而不義，其書爲『盜』。二十年，衞齊豹殺衞侯之兄，經書「盜殺衞侯之兄縶」，此求名而不得者也。邾庶其、莒牟夷、邾黑肱以土地出，庶其見襄二十一年經並傳，牟夷見昭五年經並傳。此三人皆奔魯者。求食而已，不求其名。賤而必書。三人皆小國大夫，故曰賤。此欲蓋而名彰者。此二物者，所以懲肆而去貪也。杜注：「物，事也。肆，放也。齊豹書盜，懲肆也。

三叛人名，去貪也。」若艱難其身，杜注：「身爲艱難。」以險危大人，杜注：「大人，在位者。」險危同義，使其上危險。而有名章徹，杜注：「謂得勇名。」章徹同義，明也。周語中「其何事不徹」，華嚴經音義引賈逵曰：「徹，明也。」攻難之士將奔走之。杜注：「攻猶作也。奔走猶赴趣也。」若竊邑叛君以徼大利而無名，杜注：「謂不書其人名。」貪冒之民將寘力焉。貪冒即貪墨，與二十八年傳「貪惏無饜」之貪惏同義。寘猶致也。杜注謂「盡力」，乃解其意。是以春秋書齊豹曰『盜』，三叛人名，以懲不義，數惡無禮，其善志也。數，責也。善志謂善于記述。故曰，春秋之稱微而顯，晉語八韋注：「稱，述也。」謂叙述史事。杜注：「文微而義著。」婉而辨。杜注：「辭婉而旨別。」上之人能使昭明，善人勸焉，淫人懼焉，是以君子貴之。」互詳成十四年傳並注。上之人能使昭明，疑指作傳者使春秋之義明顯。

三一·六 十二月辛亥朔，日有食之。是夜也，古以過夜半爲翌日之晨，猶今言零時。其夢當在下半夜，故爲十二月朔之夜。趙簡子夢童子羸而轉以歌，羸，今作裸，赤身露體。沈欽韓補注云：「轉者，舞之節以應歌也。淮南齊俗訓『古者歌樂而無轉』，又修務訓『動容轉曲』。」旦占諸史墨，曰：「吾夢如是，今而日食，何也？」杜注：「簡子夢適與日食會，謂咎在己，故問之。」對曰：「六年及此月也，吳其入郢乎，終亦弗克。周禮春官占夢賈公彥疏引服虔左傳此注，用占夢之法釋此夢，據鄭志張逸問，鄭玄之説大致與服虔同，因其無此事理，杜預不取，是也。杜注：「史墨知夢非日食之應，故釋日食之咎，而不釋其夢。」吳入郢在定四年十一月，史墨言六年，謂經歷六年，實僅五年後也。史墨又云「及此月」，應爲建子之十二月，即亥月；而定四年傳則謂十一月庚辰吳入郢，杜以長曆推之，定四年閏十月，並閏月數之，定四年之戌月實亥月。**入郢必以庚辰，**古干支惟紀日，庚辰日也。**日月在辰尾。**杜注：「辰尾，龍尾也。周十二月，今之十月，日月合朔於辰尾而食。」史墨之意，此次日食，日行黄道正在東方蒼龍七宿之尾，禮記月令「孟冬之月（夏正十月）日在尾」是也。而龍尾爲大辰，爾雅釋天「大辰，房、心、尾也」是也。尾宿爲蒼龍之第六宿。庚辰之辰是紀日十二支之一，龍辰、辰尾是星名，雖同用「辰」字，所指不同，毫不相涉。而古人喜附會牽合以圓其説，此亦一例。**庚午之日，日始有謫。**庚午爲十月十九日，離辛亥四十一日。日始有謫，成瓘篛園日札謂「日有他災」，是也，疑指其他天象變化，與日食自無關係。史墨謂日食于十二月初一，而開始于十月十九，是亦古人附會之談。**火勝金，故弗克。」**火勝金，古人解釋多是以干支配五行言之，杜預亦謂「午，南方，楚之位也。午，火；庚，金也。日以庚午有變，故災在楚。楚之仇敵唯吳，故知入郢必吳。火勝金者，金爲火妃（配），食在辛亥，亥，水也。水數六，故六年也」，解釋亦不圓通。此皆不足深究，置之可也。定四年庚午，吳敗楚于柏舉；庚辰，吳入郢。申包胥哭于秦庭，秦師出，卒敗吳師。史墨所言似皆靈驗。

三十二年，辛卯，公元前五一〇年。周敬王十年、晉定二年、齊景三十八年、衞靈二十五年、蔡昭九年、鄭獻四年、曹聲五年、陳惠二十年、杞悼八年、宋景七年、秦哀二十七年、楚昭六年、吳闔廬五年、許男斯十三年。

經

三二・一 三十有二年春王正月，正月十四日甲午冬至，建子。公在乾侯。

三二・二 取闞。無傳。杜注：「公別居乾侯，遣人誘闞而取之，不用師徒。」公羊傳以闞爲邾國之邑，宋翔鳳過庭録謂即上年冬「黑肱以濫來奔」之「濫」。高士奇左傳紀事本末云：「是時昭公失國，取闞以自封，疑闞爲魯邑，非邾邑也。」桓十一年經「公會宋公于闞」，昭二十五年傳「叔孫昭子如闞」，疑即此「闞」，在今南旺湖中。

三二・三 夏，吴伐越。

三二・四 秋七月。

三二・五 冬，仲孫何忌會晉韓不信、齊高張、宋仲幾、衞世叔申、鄭國參、曹人、莒人、薛人、杞人、小邾人城成周。杜注：「世叔申，世叔儀孫也。國參，子産之子。」

三二・六 十有二月己未，十四日。公薨于乾侯。

傳

三二・一 三十二年春王正月，公在乾侯，言不能外内，又不能用其人也。杜注：「其人謂子家羈也。言公不能用其人，故於今猶在乾侯。」五年傳女叔齊言魯昭「今政令在家，不能取也；有子家羈，弗能用也」，則昭公不能用人久矣。

三二·二

夏，吴伐越，始用師於越也。史記越世家云：「允常之時，與吴王闔廬戰而相怨伐。」**史墨曰：「不及四十年，越其有吴乎！越得歲而吴伐之，必受其凶。」**歲，木星。盛百二左傳歲星超辰辨云：「歲星自有超辰，而春秋傳所言歲星，未嘗超辰也。」史墨何以言「不及四十年」，據杜預注，古人以爲預測一國之存亡，不能超過木星周行三遍，即三十六年，史墨稍加寬限，乃言「不及四十年」。其實哀二十二年越滅吴，自此年算起，歷三十八年。左傳預言皆後加，故「不及四十年」，並未言其根據，亦未見有根據。據周禮春官保章氏鄭玄注分星（分野）云：「今其存可言者，十二次之分也。星紀，吴、越也；玄枵，齊也；娵訾，衞也；降婁，魯也；大梁，趙也；實沈，晉也；鶉首，秦也；鶉火，周也；鶉尾，楚也；壽星，鄭也；大火，宋也；析木，燕也。」吴、越同屬星紀。吴、越兩國既同屬一次，則應禍福相同，何以此云「越得歲」而吴「必受其凶」？顧炎武日知録云：「吴、越雖同星紀，而所入星度不同，故歲獨在越。」集釋引錢岳源云：「漢志以後皆以斗爲吴分野，牛、女爲越分野。時歲星初入星紀，反是吴得歲矣。惟越絶書云：『越，南斗也；吴，牛、須女也。』然後越獨得歲。淮南子以須女爲吴，與越絶書正同。」錢綺亦云：「星紀之次，起斗十二度初，終女七度末。斗宿凡二十六度，餘去十一度，尚餘十五度；牛八度並女七度，亦十五度。是歲前半年歲星在斗宿，後半年在牛、女二宿。傳文云『夏吴伐越』，則其時歲星尚在斗宿。斗爲越分野，故史墨言越得歲。越絶書、淮南子與史墨之言合。」惟盛百二謂「夫史墨但云『越得歲』，不云歲在星紀。以爲在星紀者，特據分野斷之耳。是年果在星紀，則哀公十七年癸亥當在鶉尾，何以仍在鶉火乎？是知越得歲者，亦謂在析木。蓋析木本越分，以爲燕者，乃後人易之。徐圃臣天元曆理辨之詳矣。」

三二·三 秋八月，王使富辛與石張如晉，請城成周。杜注：「子朝之亂，其餘黨多在王城，敬王畏之，徙都成周。成周狹小，故請城之。」天子曰：「天降禍于周，俾我兄弟並有亂心，我兄弟當指王子朝之黨，如二十二年傳所云「靈、景之族」。王子宗室，小功以上皆稱兄弟。並，遍也。以爲伯父憂。杜注：「伯父謂晉侯。」我一二親暱甥舅不遑啓處，於今十年。不遑啓處當時常語，又見於詩小雅四牡、采薇，亦見于襄八年傳。啓即今之坐；處，居也，謂無暇安居。自王室亂至此十一年，云十年，舉成數。勤戍五年。二十七年十二月晉籍秦致諸侯戍周之兵于周，至周當在二十八年，至此五年。余一人無日忘之，杜注：「念諸侯勞。」閔閔焉如農夫之望歲，懼以待時。閔閔，憂愁貌。歲謂豐收。時謂收割之時。伯父若肆大惠，復二文之業，弛周室之憂，杜注：「肆，展放也。」二文，謂文侯仇、文公重耳。弛猶解也。」晉文侯助平王，有書文侯之命。文公助襄王，見僖二十八年傳。徼文、武之福，謂晉求文王、武王賜之福佑。以固盟主，宣昭令名，則余一人有大願矣。昔成王合諸侯城成周，以爲東都，崇文德焉。成王城成周，有書洛誥。論語季氏「故遠人不服，則修文德以來之」之「文德」與此同義，言非武功也。今我欲徼福假靈于成王，修成周之城，徼福與假靈義相近，謂求其福，廣雅：「靈，福也。」亦見哀二十四年傳。俾戍人無勤，諸侯用寧，諸侯之戍可以撤回，則諸侯可因此而安寧。蝥賊遠屏，洪頤煊經義叢鈔云：「蝥賊喻人。詩瞻卬『蝥賊蝥疾，靡有夷屆』，召旻『天降罪罟，蝥賊内訌』，成十三年傳『帥我蝥賊以來蕩搖我邊疆』，皆謂賊害之人。」屏，即禮記王制「屏之遠方」之「屏」，逐放也。晉之力也。其委諸伯父，使伯父實重圖之，俾我一人無徵怨于百姓，杜注：「徵，召也。」而伯父有榮施，施，惠也，功也。先王庸之。」庸，此作動詞，酬功也。謂先王將酬汝之功而福佑之。

范獻子謂魏獻子曰：「與其戍周，不如城之。天子實云，杜注：「云欲罷戍而城。」雖有後事，晉勿與知可也。從王命以紓諸侯，罷諸侯戍周之兵。晉國無憂，是之不務，而又焉從事？」魏獻子曰：「善。」使伯音對曰：杜注：「伯音，韓不信。」據定元年傳及杜注，不信爲韓起孫，謚簡子。「天子有命，敢不奉承以奔告於諸侯，遲速衰序，於是焉在。」杜注：「衰，差也。」遲速謂工作之時與進度，差序謂工作量及分配各國之等級。於是焉在，在於此也。杜注：「在周所命。」

冬十一月，晉魏舒、韓不信如京師，合諸侯之大夫于狄泉，狄泉即僖二十九年經之翟狄，詳彼注及昭二十三年經並注。尋盟，杜注：「尋平丘盟。」且令城成周。魏子南面。杜注：「居君位。」衛彪傒曰：杜注：「彪傒，衛大夫。」「魏子必有大咎。干位以令大事，非其任也。謂以卿而居君位，頒命於諸侯，非其位任。詩曰『敬天之怒，不敢戲豫；戲，遊戲也。豫亦遊也。孟子梁惠王下「吾王不遊，吾王不豫」可證。戲豫今言遊戲，猶輕嫚也。敬天之渝，不敢馳驅』，詩大雅板。今詩「不」作「無」。渝，變也。變謂改變常態，亦怒意。況敢干位以作大事乎？」大事謂爲天子興土功。魏舒明年未及返晉而死。

己丑，十四日。士彌牟營成周，此謂定設計方案。計丈數，杜注：「計所當城之丈數。」揣高卑，杜注：「度高曰揣。」度厚薄，仞溝洫，杜注：「度深曰仞。」物土方，議遠邇，杜注：「物，相也。相取土之方面、遠近之宜。」相，今言考察。量事期，杜注：「知事幾時畢。」計徒庸，杜注：「知用幾人功。」慮材用，杜注：「知費幾材用。」書餱糧，杜注：「知用幾糧食。」以令役於諸侯。屬役賦丈，隨國之大小，分囑出役若干，完成工程若干丈。書以授帥，杜注：「帥，諸侯之大夫。」而效諸劉子。杜注：「效，致也。」劉子，劉文公。韓簡子臨之，監督此工程。以爲成命。成命，定命，今曰既定方案。

三二·四　十二月，公疾，徧賜大夫，杜注：「從公者。」大夫不受。賜子家子雙琥、琥音虎，據周禮大宗伯及禮記禮器並注，琥爲禮神之玉器，又以爲酬幣。蓋以玉爲之，虎形。一環、一璧、輕服，據爾雅釋器，四周有玉部分與中間空孔其徑寬相同謂之環，四周徑寬倍于中間空孔則謂之璧。輕服，杜注：「細好之服。」受之。大夫皆受其賜。己未，公薨。子家子反賜於府人，府人蓋掌管魯侯貨藏之官。

曰：「吾不敢逆君命也。」大夫皆反其賜。書曰「公薨于乾侯」，言失其所也。失所謂出亡死于外地也。

趙簡子問於史墨曰：「季氏出其君，而民服焉，諸侯與之；君死於外而莫之或罪，何也？」「何」字各本無，今從金澤文庫本增。對曰：「物生有兩、有三、有五、有陪貳。故天有三辰，三辰，日、月、星。亦見桓二年傳「三辰旂旗」。地有五行，體有左右，杜注：「謂有兩。」各有妃耦，謂各人俱夫妻相爲配偶。王有公，諸侯有卿，皆有貳也。天生季氏，以貳魯侯，爲日久矣。民之服焉，不亦宜乎！魯君世從其失，從讀爲縱，失讀爲佚，佚與勤對。謂魯君代代縱其安逸。說詳王引之述聞。季氏世修其勤，民忘君矣。雖死於外，其誰矜之？矜，憐惜也。社稷無常奉，奉祀社稷者不一定某姓某氏之人。君臣無常位，自古以然。以同已。故詩曰：『高岸爲谷，深谷爲陵。』詩小雅十月之交。此言地尚有變易。三后之姓於今爲庶，三后，虞、夏、商。姓即四年傳「問其姓」之「姓」，子也，此謂子孫。庶，庶民。主所知也。「主」，原作「王」，今從校勘記及金澤文庫本訂。在易卦，雷乘乾曰大壯☳☰，杜注：「乾下震上，大壯。震在乾上，故曰『雷乘乾』。」天之道也。杜注：「乾爲天子，震爲諸侯，而在乾上。君臣易位，猶大臣强壯，若天上有雷。」昔成季友，桓之季也，季友爲桓公季子。文姜之愛子也。始震而卜，詩大雅生民「載震載夙」，震，娠也。

卜人謁之，謁，告也，告於桓公。事見閔二年傳。曰：『生有嘉聞，杜注：「嘉名聞於世。」其名曰友，爲公室輔。』及生，如卜人之言，有文在其手曰『友』，遂以名之。既而有大功於魯，杜注：「立僖公。」受費以爲上卿。至於文子、武子，杜注：「文子，行父；武子，宿。」世增其業，不廢舊績。「廢」原作「費」，校勘記云：「當作廢。」今從金澤文庫本訂正。魯文公薨，而東門遂殺適立庶，魯君於是乎失國，魯世家作「失國政」，蓋司馬遷增字以明其義。政在季氏，於此君也四公矣。閻若璩潛丘劄記云：「僖十六年季友卒而臧文仲執政，文十年臧孫辰卒而東門襄仲執政，宣八年仲遂卒而季文子執政。故成之世，文子曰相二君；襄之世，文子曰相三君。文子始見文六年，是文子初立猶未相也。」民不知君，何以得國？是以爲君慎器與名，不可以假人。」成二年傳引仲尼語云：「唯器與名，不可以假人。」此或古人語，故史墨及孔丘皆言之。

楊伯峻編著

春秋左傳注

（修訂本）

四 襄公

中華書局

春秋左傳注

襄公

據魯世家，名午。成公之子，定姒所生。

元年，己丑，公元前五七二年。周簡王十四年、晉悼二年、齊靈十年、衛獻五年、蔡景二十年、鄭成十三年、曹成六年、陳成二十七年、杞桓六十五年、宋平四年、秦景五年、楚共十九年、吴壽夢十四年、許靈二十年。

經

一·一 **元年春王正月，公即位。**無傳。正月十九日己巳冬至，此年建子，有閏。杜預據九年傳「會於沙隨之歲，寡君以生」云云，謂襄公即位之年四歲。

一·二 **仲孫蔑會晉欒黶、宋華元、衛甯殖、曹人、莒人、邾人、滕人、薛人圍宋彭城。**仲孫蔑見宣九年經並注。欒黶見成十六年經並注。華元見文七年及十六年傳並注。彭城見成十八年經並注。此事並參成十八年經、傳。

一·三 **夏，晉韓厥帥師伐鄭，**公羊「厥」作「屈」。**仲孫蔑會齊崔杼、曹人、邾人、杞人次于鄫。**公羊「鄫」作「合」。韓厥已詳宣十二年傳並注。崔杼已詳宣十年傳並注。鄫，杜注謂爲「鄭地，在陳留襄邑縣東南」，約在今河南睢縣東南四十里。

一·四 **秋，楚公子壬夫帥師侵宋。**壬夫，子反弟子辛。顔師古所見本「壬夫」作「王夫」，惠棟補注謂當依本字讀爲「王夫」，不可信，阮元校勘記已駁之。

一·五 **九月辛酉，天王崩。**無傳。辛酉，十五日。

一·六 **邾子來朝。**邾子，邾宣公。

一·七 **冬，衞侯使公孫剽來聘。**公孫剽，子叔黑背子。傳世器有衞子叔旡父匿，積微居金文説謂即公孫剽未爲君時所製器。剽是穆公之孫，定公弟之子。黑背見成十年傳並注。**晉侯使荀罃來聘。**此時天子已死，依舊禮，諸侯間應暫停聘問。杜預注以爲王雖死，而赴問未至，諸侯不聞，使者已行，計其時間約建子之十月初。荀罃即知罃。

傳

一・一 **元年春己亥，圍宋彭城。**杜注：「正月無己亥，日誤。」下段云「二月齊太子光爲質」云云，圍彭城恐仍是正月事，「己亥」疑「乙亥」之誤。乙亥，正月二十五日。**非宋地，追書也。**鄭、楚同伐彭城，納宋魚石等，見成十八年傳。此時彭城已爲魚石等所據，故云非宋地。但魚石是宋臣，故曰「追書」。**於是爲宋討魚石，故稱宋，且不登叛人也，**魚石叛宋逃至楚，見成十五年傳。叛人即指魚石等。登，成也。不登即不贊同，直言之爲反對。**謂之宋志。**隱元年傳云「謂之鄭志」，此云「謂之宋志」，皆是探討某些人之本心而言之，詳隱元年傳並注。孔疏謂言宋人志在取彭城，可信。**彭城降晉，**二十六年傳述聲子之言云「晉降彭城而歸諸宋，以魚石歸」，則彭城終歸於宋。**晉人以宋五大夫在彭城者歸，寘諸瓠丘。**五大夫，魚石、向爲人、鱗朱、向帶、魚府，俱詳成十五年、十八年傳。瓠丘即壺丘，今山西垣曲縣東南約五十里。**齊人不會彭城，晉人以爲討。**據年表「我不救鄭，晉伐我」，則晉出兵伐齊。**二月，齊大子光爲質於晉。**據齊世家，九年後，光始被立爲太子。此言「大子」，蓋追稱之。

一・二 **夏五月，晉韓厥、荀偃帥諸侯之師伐鄭，**據成十八年傳，當時韓厥爲政，自是中軍帥，荀偃不過副帥，故經僅書韓厥。**入其郛，**郛即郭，已詳隱五年傳注。公羊文十五年傳云：「郛者何？恢郭也。」似以較大之外城爲郛。考之左傳，郛與郭無別。**敗其徒兵於洧上。**洧水源出河南登封縣東陽城山，東流經密縣會溱水，東流爲雙洎河。東流經新鄭、長葛、洧川、鄢陵、扶溝諸縣入賈魯河。疑鄭國都在今新鄭縣西北，洧水經其西南，昭十九年傳云「龍鬬于時門之外洧淵」，俞樾謂時門即鄭都之西門，洧淵爲洧水所經處。**於是東諸侯之師次于鄫，**鄫已見經注。**以待晉師。晉師自鄭以鄫之師侵楚焦、夷及陳。**焦、夷二邑本皆陳地，詳見僖二十三年傳注。**晉侯、衛侯次于戚，**戚見文元年經注。**以爲之援。**爲侵陳之師作後援。

一·三　**秋，楚子辛救鄭，**子辛即公子壬夫。**侵宋呂、留。**呂、留，宋之二邑。呂在今徐州市東南約五十里，有呂留山，山下即呂留洪。留即張良封留侯之留，今沛縣東南，徐州市北。**鄭子然侵宋，**子然，鄭穆公子。又見成十年傳注。**取犬丘。**犬丘，今河南永城縣西北三十里。

一·四　**九月，邾子來朝，禮也。**

一·五　**冬，衛子叔、晉知武子來聘，**子叔即公孫剽。知武子即荀罃，俱詳經並注。**禮也。凡諸侯即位，小國朝之，**此指邾宣朝魯襄。**大國聘焉，**衛雖非大國，比於魯，亦可匹敵。晉此時雖早稱霸，仍是諸侯。**以繼好、結信、謀事、補闕，**杜注：「闕，猶過也。」**禮之大者也。**

二年，庚寅，公元前五七一年。周靈王元年、晉悼三年、齊靈十一年、衛獻六年、蔡景二十一年、鄭成十四年、曹成七年、陳成二十八年、杞桓六十六年、宋平五年、秦景六年、楚共二十年、吴壽夢十五年、許靈二十一年。

經

二·一 **二年春王正月，**正月朔乙亥冬至，建子。**葬簡王。**無傳。據隱元年傳「天子七月而葬」，此僅五月即葬，故杜注云「速」。

二·二 **鄭師伐宋。**

二·三 **夏五月庚寅，**庚寅，十八日。**夫人姜氏薨。**成公夫人姜氏。

二·四 **六月庚辰，**庚寅距庚辰五十日。杜注「庚辰，七月九日」，是也。**鄭伯睔卒。**睔音昆，成公之名。

二·五 **晉師、宋師、衛甯殖侵鄭。**晉、宋俱稱「師」，惟衛舉率師主將之名，古有二説。一謂晉、宋率師者名位不高，而甯殖則衛之卿。另一説謂魯成公二年，「衛侯速卒」，而當年楚師鄭師即侵衛。此次鄭喪，衛亦率師侵之，以牙還牙，故書其主帥名。

二·六 **秋七月，仲孫蔑會晉荀罃、宋華元、衛孫林父、曹人、邾人于戚。**孫林父見成七年傳並注。戚見文元年經並注。

二·七　己丑，己丑，十八日。葬我小君齊姜。杜注：「齊，謚也。」

二·八　叔孫豹如宋。叔孫豹詳成十六年傳並注。叔孫豹自成公十六年以後，即未見於經、傳。此時季文子雖當政，然已老耄，故盟會征伐，仲孫蔑專之。叔孫豹於是始參與魯政。

二·九　冬，仲孫蔑會晉荀罃、齊崔杼、宋華元、衛孫林父、曹人、邾人、滕人、薛人、小邾人于戚，遂城虎牢。虎牢見莊二十一年傳並注。傳世器有孫林父𣪘，補注於此。

二·一〇　楚殺其大夫公子申。公子申初見於成六年傳。

傳

二·一　二年春，鄭師侵宋，楚令也。杜注云：「以彭城故。」彭城本宋地，楚取之以納魚石等。去年晉、宋、魯、衛、曹、莒、邾、滕、薛等國降彭城，故今年楚令鄭侵宋。

二·二　齊侯伐萊，萊人使正輿子賂夙沙衛以索馬牛，皆百匹，正輿子，萊之賢大夫。荀子堯問篇云：「萊不用子馬而齊并之。」楊倞注：「或曰，正輿子字子馬。」夙沙衛屢見於襄十七、十八、十九年傳，曾爲齊之少傅，蓋齊靈公一時之幸臣。索，選擇。索馬牛，精選之馬牛。曲禮下云「大夫以索牛」，「索」字與此「索」同意。齊師乃還。夙沙衛受賂而言於齊侯。君子是以知齊靈公之爲「靈」也。襄十三年傳述楚共王臨死遺言，自請謚爲「靈」或「厲」，足見「靈」是惡謚。齊靈憑「在我而已」之威權，廢太子光而立牙，並使夙沙衛爲少傅，卒亂齊國。詳見襄公十九年傳文。中庸「文王之所以爲文」、莊子則陽篇「衛靈公之爲靈」，與此句法同。但周文王是生號，中庸作者誤以爲死謚。

二·三

夏，齊姜薨。初，穆姜使擇美檟，穆姜詳成九年、十一年、十六年傳並注。 檟音賈，楸也。楸音秋，木材細密，可供製器具及棺木。 美檟，又檟之美者。**以自爲櫬與頌琴，**櫬，近身之棺，猶後代以近身之衣曰櫬衣。 據宋聶崇義三禮圖，頌琴長七尺二寸，廣尺八寸，二十五弦。穆姜製此以殉葬。文獻通考俗樂部有頌琴，沈欽韓補注謂非古之頌琴，是也。**季文子取以葬。**穆姜於成十六年欲去季氏、孟氏而未成，其姘夫叔孫僑如又被逐，此時已無權勢。據九年傳，已被軟禁于東宮。

君子曰：「非禮也。禮無所逆。婦，養姑者也。虧姑以成婦，說文：「姑，夫母也。」古代稱丈夫之父母爲「舅姑」，今曰「公婆」。穆姜爲魯宣公夫人，成公之母；齊姜爲成公夫人。穆姜與齊姜爲婆媳。爾雅釋親「子之妻爲婦」，正此婦字之義。季孫奪穆姜之棺與頌琴以爲齊姜下葬用，故當時人云「虧姑以成婦」。**逆莫大焉。詩曰：『其惟哲人，**哲，智也。**告之話言，**話言，善言。詳文六年傳注。**順德之行。』**此「順」字與上文「逆」字相對。此詩大雅抑。**季孫於是爲不哲矣。且姜氏，君之妣也。**姜氏指穆姜。 妣，祖母。 君指襄公。**詩曰：『爲酒爲醴，烝畀祖妣，以洽百禮，降福孔偕。』」**詩爲詩周頌豐年之文。 酒、醴同類物。一夜釀成曰醴，甜酒亦曰醴。 烝，進也。畀，與也。烝畀猶言獻與。 春秋之世，以祖之匹配曰妣，易之爻辭、詩之雅頌以及兩周金文無不以「祖妣」連文。祖爲祖父，妣爲祖母。至爾雅釋親、尚書堯典始「考妣」連言，而曲禮下謂「生曰母，死曰妣」，乃後起之變義。楊樹達先生積微居小學述林有左傳姜氏君之妣解。　洽，協也，合也。　百禮，意謂所有禮義。　孔，甚也。今言很。　偕，遍也。

二·四　**齊侯使諸姜、宗婦來送葬，**諸姜，與齊同姓之女嫁于齊之大夫者。　宗婦，同姓大夫之婦，與莊二十四年傳「宗婦」同義。　禮記檀弓下云「婦人不越疆而弔人」。出國境弔喪尚且不可，出國境送葬自更不合當時之禮。　**召萊子。**萊國及此事俱詳宣七年經及注。　**萊子不會，故晏弱城東陽以偪之。**晏弱，見宣十七年傳並注，即晏桓子。　東陽，杜注謂「齊境上邑」，疑在今臨朐縣東。

二·五　**鄭成公疾，子駟請息肩於晉。**子駟即公子騑，餘詳成十年傳並注。　淮南子氾論篇高誘注云「肩，負擔之勤也」。　據杜注，其意謂鄭服於楚，楚國對鄭需求過甚，鄭不堪負擔，子駟因欲改服從晉國，以避免楚之役使與誅求，頗合情理。　**公曰：「楚君以鄭故，親集矢於其目，**成十六年晉、楚鄢陵之戰，楚共王爲晉呂錡射之中目。　**非異人任，寡人也。**鄭成公自謂楚君之傷目，非由他人而爲救己。　任，保也。　非異人任即非保異人之倒裝。　**若背之，是棄力與言，**據釋文，「棄力」之「力」，服虔本作「功」。　然晉語二云：「務施與力而不務德。」韋注云：「力，功也。」是作「力」亦通。　「言」指鄭、楚盟誓之語。　**其誰暱我？免寡人，**免，使動用法。　謂使我免于棄楚國之功與盟言之責。　**唯二三子。」**

秋七月庚辰，鄭伯睔卒。　於是子罕當國，子罕見成十年傳並注。　當國，杜注以爲「攝君事」，不確。公羊傳隱元年云：「段者何？鄭伯之弟也。何以不稱弟？當國也。其地何？當國也。」何休注云：「欲當國爲之君，故如其意，使如國君氏。」杜注似受何休影響。公羊凡九言「當國」，皆以爲君或欲奪君位而言。左氏義未必與公羊同。左傳於今年言「子罕當國」，於十年言「子駟當國」，又言「子孔當國」，十九年言「子展當國」，皆鄭事。二十七年言「慶封當國」，則齊事。杜于此注云，「當國，秉政」，得其實矣。子駟爲政，子國爲司馬。子國見成五年傳注。晉師侵鄭。諸大夫欲從晉。子駟曰：「官命未改。」左傳凡兩用「官命」，一在此，一在四年。子駟本是建議改服晉國者，因成公之言而止。此官命即指鄭成公之令。春秋之制，舊君死，新君于第二年始改元。且此時成公雖死，尚未下葬，嗣君不得發佈新令，故曰「官命未改」。

會于戚，謀鄭故也。商討使鄭服晉之辦法。孟獻子曰：孟獻子即魯卿仲孫蔑。「請城虎牢以偪鄭。」虎牢即北制，見隱五年傳並注。本屬鄭，爲鄭西北國境之險要。此時或已爲晉所奪取，故能爲之築城而戍守，藉以迫鄭屈服。知武子曰：「善。鄫之會，吾子聞崔子之言，今不來矣。鄫之會在元年。知罃雖未與會，而晉有韓厥、荀偃，故會議情況，知罃自能知之。仲孫蔑親自與會，齊則由崔杼代表。或崔杼于晉有不滿之言，故知罃言之。滕、薛、小邾之不至，皆齊故也。三小國近於齊，遠於晉，故唯齊之命是聽。寡君之憂不唯鄭。憂鄭之外更憂齊。若齊、鄭、楚相聯盟，則晉難以稱霸。故此時不能以全力使鄭屈服，因而贊同仲孫蔑之計。罃將復於寡君，而請於齊。以此報告晉悼公，並請齊國相會，以考驗齊國。得請而告，得齊國應允晉國之請求，而告諸侯共城虎牢。吾子之功也。若不得請，齊不肯城虎牢。事將在齊。事謂大事，指軍事。杜注：「將伐齊。」吾子之請，「請城虎牢」之「請」。諸侯之福也。意謂虎牢得築城，足以使鄭降服，楚不能争，可免戰争。豈唯寡君賴之。」賴，仗恃也，善也，利也。此三義皆可通。

二·六 穆叔聘于宋，通嗣君也。穆叔即叔孫豹，穆是其謚。嗣君指魯襄公。

二·七 冬，復會于戚，齊崔武子及滕、薛、小邾之大夫皆會，知武子之言故也。杜注：「武子言『事將在齊』，齊人懼，帥小國而會之。」遂城虎牢。鄭人乃成。

二·八 楚公子申爲右司馬，多受小國之賂，以偪子重子辛。子重見宣十二年傳並注。杜注：「逼奪其權勢。」楚人殺之，故書曰「楚殺其大夫公子申」。杜注：「言所以致國討之文。」

三年，辛卯，公元前五七〇年。周靈王二年、晉悼四年、齊靈十二年、衞獻七年、蔡景二十二年、鄭僖公髡頑元年、曹成八年、陳成二十九年、杞桓六十七年、宋平六年、秦景七年、楚共二十一年、吳壽夢十六年、許靈二十二年。

經

三·一 三年春，正月十二日庚辰冬至，建子。楚公子嬰齊帥師伐吴。彙纂云：「吴、楚争彊自此始。」

三·二 公子嬰齊即子重，詳宣十一年、成二年經、傳並注。

公如晉。

三·三 夏四月壬戌，壬戌，二十五日。公及晉侯盟于長樗。此時襄公僅六七歲，公卿挾之以與晉盟。長樗，疑是晉都郊區地名。

三·四 公至自晉。無傳。

三·五 六月，公會單子、晉侯、宋公、衞侯、鄭伯、莒子、邾子、齊世子光。己未，己未，二十三日。同盟于雞澤。雞澤詳傳注。

三·六 陳侯使袁僑如會。袁僑後至，詳傳文。

三·七 戊寅，六月無戊寅。戊寅爲七月十三日。此或有誤字。叔孫豹及諸侯之大夫及陳袁僑盟。

三·八 秋，公至自會。無傳。

三·九　冬，晉荀罃帥師伐許。

傳

三·一　三年春，楚子重伐吴，爲簡之師。杜注：「簡，選練。」蓋在出兵之前，先行演習而挑選軍吏、士卒。克鳩茲，鳩茲，吴邑，當在今安徽蕪湖市東南二十五里。至于衡山。衡山，亦吴地。高士奇地名考略則謂爲當塗縣東北六十里之横山。使鄧廖帥組甲三百、被練三千，馬融謂組甲是以組爲甲裏，公族所服。賈逵、服虔則以爲以組綴甲，車士服之。考之初學記二十二引周書云：「年不登，甲不纓組。」又燕策云：「身自削甲札，妻自組甲絣。」絣是用絲綿所織帶，以之穿組甲片而組甲，則謂之組甲，較之以繩索穿成者自爲牢固；即爲兵器所中，穿透後着肉亦無力。然太費工力，故年歲不豐，穿甲不用組絣。由此觀之，賈、服之説較馬説可信。馬融又謂被練是以練爲甲裏，卑者所服。賈逵則以爲以帛綴甲，步卒服之。考之吕氏春秋去尤篇：「邾之故法，爲甲裳以帛。公息忌謂邾君曰：『不若以組。凡甲之所以爲固者，以滿竅也。今竅滿矣，而任力者半耳。且組則不然，竅滿則盡任力矣。』」由此觀之，賈説有據。練是煮熟之生絲，柔軟潔白，用以穿甲片成甲衣，自較以組穿甲爲容易，但不如組帶之堅牢。「組甲三百」「被練三千」，或組甲是車士，被練是徒兵。毛奇齡經問謂：「組甲者，漆皮而紩之；被練者，絜練而組之。」亦與此説相近。以侵吴。吴人要而擊之，從中攔阻而攻擊之。獲鄧廖。其能免者，免，免於死及俘。組甲八十、被練三百而已。

子重歸，既飲至三日，據下文，楚師頗有俘獲，故飲至。飲至已見隱五年傳注。吳人伐楚，取駕。駕，今安徽無爲縣境，已見成十七年傳注。駕，良邑也；鄧廖，亦楚之良也。君子謂「子重於是役也，所獲不如所亡」。楚人以是咎子重。子重病之，遂遇心疾而卒。「疾」，阮刻本作「病」，依金澤文庫本訂正。古所謂心疾非今日之心臟病，而是今日之精神病。自古至清代中葉誤以爲心之作用爲腦之作用。來華之比利時人南懷仁著窮理學，謂記憶之功在腦，其書竟亦爲清廷焚毀，事見董含三岡識略。昭元年傳云「明淫心疾」，亦謂思慮過度而得腦病。

三·二 公如晉，始朝也。謂襄公始朝霸主。襄公至晉凡五次。夏，盟於長樗。孟獻子相。公稽首。稽首詳僖五年傳並注。知武子曰：「天子在，而君辱稽首，寡君懼矣。」此言魯侯于周王始稽首，晉悼公不敢受此大禮。孟獻子曰：「以敝邑介在東表，密邇仇讎，齊、楚以至初興起之吳，皆離魯近而離晉遠，尤以齊國於魯更近。寡君將君是望，敢不稽首？」降志辱身，求晉國之援救，此仲孫蔑所以使六歲兒童向同列之君叩頭之故。

三·三 晉爲鄭服故，鄭服晉在去年冬。且欲脩吳好，與吳國修好，蓋以吳漸强大，足以使楚陷於困境。將合諸侯。使士匄告于齊曰：士匄即成十六年傳之范匄，餘詳成十六年傳並注。「寡君使匄，以歲之不易，易，舊讀去聲，平也，治也。歲之不易謂近年來諸侯之間多有糾紛。不虞之不戒，糾紛既多，又對意外之事無所戒備。寡君願與一二兄弟相見，以謀不協。不協實暗指齊國，晉悼此次合諸侯，實欲加强聯盟。**請君臨之，使匄乞盟。」齊侯欲勿許，而難爲不協，乃盟於耏外。**耏音而，水名，即時水，詳莊九年經「乾時」注。耏外，即齊都臨淄西北郊近耏水處。

三·四　**祁奚請老，**祁奚詳成八年傳注，此時爲中軍尉。老謂告老。據晉語八韋注，祁奚于晉平公元年，當魯襄十六年，復爲公族大夫。**晉侯問嗣焉。**嗣謂接替祁奚職務之人。**稱解狐，其讎也，**解狐與祁奚有私人仇恨。**將立之而卒。**立同位，謂位置解狐，而解狐去世。此事戰國訖漢傳説頗多歧異。韓非子外儲説右下謂解狐薦其讎於趙簡主，一以爲相，一以爲上黨守。韓詩外傳九又以趙簡主爲魏文侯。均以祁奚薦讎之行歸於解狐。説苑則作「晉文公問咎犯」。惟吕氏春秋去私篇大體同於傳，而又誤以爲晉平公問。要當以左傳爲正。**又問焉。對曰：「午也可。」**杜注：「午，祁奚子。」此事亦見晉語七，並云：「公使祁午爲軍尉，殁平公，軍無秕政。」**於是羊舌職死矣，**據成十八年傳，「祁奚爲中軍尉，羊舌職佐之」。餘詳宣十五年、成十八年傳並注。　於是，於此時也。**晉侯曰：「孰可以代之？」**代，接代。**對曰：「赤也可。」**據下文，知赤是職之子，字伯華。**於是使祁午爲中軍尉，羊舌赤佐之。**杜注：「各代其父。」

君子謂祁奚「於是能舉善矣。吕氏春秋去私篇「君子」作「孔子」，史記晉世家、新序雜事一仍作「君子」。**稱其讎，不爲諂；**指舉解狐。**立其子，不爲比；**指薦其子。論語爲政：「君子周而不比。」**舉其偏，不爲黨。**偏，佐也。襄三十年傳：「司馬，令尹之偏。」羊舌職本祁奚之偏佐，今曰副職。職死，舉其子。商書曰『無偏無黨，王道蕩蕩』，此洪範文。蕩蕩，據白虎通義號篇，爲道德至大之貌。墨子兼愛下引作「周詩曰」，孫詒讓云：「古詩、書亦多互稱。」其祁奚之謂矣。解狐得舉，祁午得位，伯華得官，建一官而三物成，杜注：「一官，軍尉。物，事也。」三事即指得舉、得位、得官。能舉善也。夫唯善，故能舉其類。惟善人能推舉善人。「夫」字或屬上讀，「能舉善也夫」爲句，亦通。詩云『惟其有之，是以似之』，詩小雅裳裳者華句。「有」與「似」古音同在之咍部，押韻。毛傳、鄭箋皆解「似」爲「嗣」，似、嗣二字古音本同，可以通假。則詩意惟善人有此德，故其子能嗣續之。胡承珙毛詩後箋力主此說。魏源詩古微則以爲此二句詩意謂「似爲有諸內、形諸外之誼」，祁奚有此善德，故其舉人亦類似此善德。杜注：「唯有德之人能舉似己者。」魏源同此義。祁奚有焉。」大戴禮將軍文子篇另有論祁奚語。

三·五 六月，公會單頃公及諸侯。單頃公即經之單子。己未，同盟于雞澤。今河北邯鄲市東稍北舊有澤，即雞澤。曲梁故城又在其稍東北。雞丘則在雞澤稍南，離今肥鄉、成安兩縣皆不甚遠。或以雞澤即雞丘，恐不確。

晉侯使荀會逆吳子于淮上，荀會見成十八年傳並注。吳子，壽夢也。此會本欲脩好於吳，故使人迎之于境。淮上，疑今鳳台縣境，淮水北。吳子不至。

三·六 楚子辛爲令尹，侵欲於小國，孔疏：「多有所欲，求索無厭，侵害小國，故小國怨也。」陳成公使袁僑如會求成。陳亦背楚投晉。杜注：「袁僑，濤塗四世孫。」世族譜云：「謚桓子。」晉侯使和

組父告于諸侯。和組父僅此一見，官爵未詳。杜注：「告陳服。」**秋，叔孫豹及諸侯之大夫及陳袁僑盟，陳請服也。**

三·七　**晉侯之弟揚干亂行於曲梁，**此指雞澤之會。古代會盟，有兵車之會，有乘車之會。即乘車之會，亦有軍隊跟隨，定四年傳「君行師從」可證。既有軍隊，便成行列，成軍容。亂行者，擾亂軍行也。曲梁即在雞澤附近，已見上。**魏絳戮其僕。**其僕，爲揚干駕車者也。此時魏絳爲中軍司馬，主管晉軍軍法，詳成十八年傳。晉語五云：「趙宣子言韓獻子於靈公以爲司馬。河曲之役，趙孟使人以其乘車干行，獻子執而戮之。」足見凡犯軍列者，司馬必執法殺之。**晉侯怒，謂羊舌赤曰：「合諸侯，以爲榮也。揚干爲戮，何辱如之？**殺揚干之御車者，即等于辱揚干，俗所謂「打狗欺主」，故曰「揚干爲戮」。爲戮，受辱也。何辱如之，今言什麼侮辱比得上它。此辱又是晉悼自亦以爲受辱。**必殺魏絳，無失也！」**據襄十九年傳，軍尉職位高于司馬，羊舌赤新爲中軍尉佐，故晉悼得命而殺之。**對曰：「絳無貳志，**無貳志猶一心，言其愛國爲公之專。**事君不辟難，**辟同避。有難不逃避。**有罪不逃刑，其將來辭，**其，表示不肯定之副詞，較「或者」爲輕。來，來公所。辭，有所言説也。**何辱命焉？」**言不必晉侯遣殺之，將自來言。**言終，魏絳至，授僕人書，**周禮夏官太僕下有御僕，主管接受官吏之緊急奏事。在諸侯，太僕曰僕大夫，如成六年傳「韓獻子將新中軍且爲僕大夫」。但此僕人乃僕大夫之屬官，亦猶太僕下有御僕，接受官吏緊急奏事。説參趙坦寶甓齋札記。將伏劍。伏劍亦見僖十年傳，即負劍。「負」「伏」古音近，可通。墨子節葬下篇：「譬猶使人負劍而求其壽也。」凡抽劍自殺皆可曰負劍，又轉作伏劍。説參洪頤煊經義叢鈔。士魴、張老止之。士魴、張老俱見成十八年傳並注。士魴已爲卿，張老則爲候奄。公讀其書，曰：「日君乏使，日，昔日。指悼公新即位時。乏使，缺乏使唤者。使臣斯司馬。斯，司古音同，斯當讀爲司，主也。詳楊樹達先生讀左傳。臣聞『師衆以順爲武，師衆爲一詞，猶言師旅。順謂服從軍紀軍令。軍事有死無犯爲敬』。從事於軍旅，寧死而不觸犯軍紀爲敬。君合諸侯，臣敢不敬？猶言我豈敢不執行軍紀軍法。君師不武，此反言之。不武謂有違犯軍紀者。執事不敬，謂有關軍吏不敢執行軍法。罪莫大焉。臣懼其死，執事不敬爲最大罪，當死刑。以及揚干，無所逃罪。不能致訓，謂我不能先訓告衆人。至於用鉞，可見戮揚干之僕係用大斧。魯語上云：「大刑用甲兵，其次用斧鉞。」臣之罪重，敢有不從以怒君心？不從，謂不從刑戮。上文已言己之罪重，故此不從自可意會爲不從刑。怒，動詞使動用法。怒君心，使晉君心怒。此蓋魏絳預料晉悼將發怒，故先主動上書。請歸死於司寇。」司寇，國之司法官。公跣而出，古人入室脱屨或屨，出室穿屨或屨。晉悼恐魏絳自殺，赤足而出。曰：「寡人之言，親愛也；謂向羊舌赤所説之言。楊干爲其弟，故云「親愛也」。吾子之討，指殺楊干之僕。軍禮也。軍禮猶言軍法。寡人有弟，弗能教訓，使干大命，大命謂軍令。寡人之過也。

子無重寡人之過，重讀平聲，音蟲，再也。此答復「歸死於司寇」。魏絳若因此死，是已再犯過。敢以爲請。」請魏絳勿死。

晉侯以魏絳爲能以刑佐民矣，反役，自盟會之事返國。與之禮食，禮食謂公食大夫之禮。儀禮有公食大夫禮。以魏絳爲賓，晉君爲之特設禮食于廟。使佐新軍。九年傳云：「魏絳多功，以趙武爲賢，而爲之佐。」據晉語七，時趙武已將新軍（「將」，各本誤作「佐」，依王引之説訂正），魏絳佐之。司馬爲大夫，佐新軍則列卿矣。張老爲中軍司馬，代魏絳。據十九年傳，晉軍吏之次第爲軍尉、司馬、司空、輿尉、候奄。張老由候奄爲司馬，自是提升。士富爲候奄。杜注：「代張老。士富，士會別族。」士富僅此一見。晉語七作「使范獻子爲候奄」，韋注：「獻子，范文子之族昆弟士富也。」洪亮吉詁云：「則范氏有兩獻子。」

三·八　楚司馬公子何忌侵陳，公子何忌僅見于此。陳叛故也。陳請服晉見前。

三·九　許靈公事楚，不會于雞澤。冬，晉知武子帥師伐許。

四年，壬辰，公元前五六九年。周靈王三年、晉悼五年、齊靈十三年、衞獻八年、蔡景二十三年、鄭僖二年、曹成九年、陳成三十年、杞桓六十八年、宋平七年、秦景八年、楚共二十二年、吳壽夢十七年、許靈二十三年。

經

四·一 四年春王三月正月二十二日乙酉冬至，建子，有閏月。己酉，三月無己酉。陳侯午卒。

四·二 夏，叔孫豹如晉。

四·三 秋七月戊子，戊子，二十八日。夫人姒氏薨。「姒」，公羊作「弋」，蓋平入對轉通假。杜注以姒氏爲「成公妾，襄公母」，可信，但以姒氏爲杞女，則不知何據。何休公羊解詁以爲「莒女」，亦未必然。公羊傳襄五年又以爲鄫、魯爲舅甥，則姒氏又似鄫女。杞、鄫、莒皆姒姓，公羊說較早。

四·四 葬陳成公。無傳。五月而葬。

四·五 八月辛亥，辛亥，二十二日。葬我小君定姒。無傳。定，謚號。自死至葬僅二十三日。

四·六 冬，公如晉。

四·七 陳人圍頓。

傳

四·一 四年春，楚師爲陳叛故，猶在繁陽。繁陽，今河南新蔡縣北。猶在繁陽者，去年楚公子何忌率師侵陳，陳不服楚，楚師亦未退；繁陽離陳約二百餘里，可進可退也。韓獻子患之，韓厥早已于成十八年爲晉中軍帥，當政。言於朝曰：「文王帥殷之叛國以事紂，逸周書程典篇云：「文王合六州之侯，奉勤于商。」論語泰伯篇云：「三分天下有其二，以服事殷。」相傳當時天下分爲九州，文王得其六州，是三分有其二。唯知時也。今我易之，杜注：「晉力未能服楚，受陳爲非時。」難哉！」

四·二　三月，陳成公卒。楚人將伐陳，聞喪乃止。十九年傳云「晉士匄侵齊，及穀，聞喪而還，禮也」，可見當時以不伐喪爲禮。陳人不聽命。杜注：「不聽楚命。」臧武仲聞之，臧武仲見成十八年傳注。曰：「陳不服於楚，必亡。大國行禮焉，而不服；在大猶有咎，說文：「咎，災也。」呂氏春秋侈樂篇高誘注：「咎，殃也。」莊二十一年傳云：「鄭伯效尤，其亦將有咎。」即此義。而況小乎？」

夏，楚彭名侵陳，彭名已見宣十二年傳。陳無禮故也。

四·三　穆叔如晉，穆叔即叔孫豹。報知武子之聘也。荀罃聘魯在元年。晉侯享之，劉文淇舊注疏證云：「享禮今亡，其用樂僅見於此傳。」金奏肆夏之三，不拜。晉奏此樂，穆叔不答。金奏，以鐘鎛奏之，以鼓節之。肆夏，樂章名，其辭今亡。周禮春官鍾師謂「以鍾鼓奏九夏」，肆夏爲九夏之一。但據魯語下，肆夏之三爲肆夏、樊遏、渠。疑樊遏、渠即鍾師之韶夏、納夏。孔廣森經學卮言謂儀禮燕禮及大射禮以樂納賓，並奏肆夏，而此穆叔不敢者，彼只奏肆夏，此則奏肆夏之三。工歌文王之三，又不拜。杜注云：「工，樂人也。文王之三，文王、大明、緜。」杜注乃據魯語下。歌非徒歌，亦有音樂。歌鹿鳴之三，三拜。杜注云：「小雅之首鹿鳴、四牡、皇皇者華。」此亦據魯語下。三拜，每歌一曲，穆叔一拜謝。韓獻子使行人子員問之，行人見桓九年及宣十二年傳並注。據襄二十六年傳，晉國行人有數人，而子員爲最有才德。曰：「子以君命辱於敝邑，先君之禮，藉之以樂，杜注：「藉，薦也。」左傳昭十五年「薦彝器於王」，杜注：「薦，獻也。」禮記祭義「卿大夫有善薦於諸侯」，鄭玄注云：「薦，進也。」以辱吾子。吾子舍其大，大指肆夏之三及文王之三。而重拜其細。重，平聲。重拜，一再而三拜也。細指鹿鳴之三。敢問何禮也？」對曰：「三夏，天子所以享元侯也，肆夏之三是天子設盛讌以招待元侯所奏。杜注：「元侯，牧伯。」則諸侯之長曰元侯。使臣弗敢與聞。文王，兩君相見之樂也，使臣不敢及。「使」字各本皆無，唯詩大雅小雅譜正義及太平御覽五四二有之，今從王引之述聞說補。鹿鳴，君所以嘉寡君也，鹿鳴有「我有嘉賓」、「示我周行」等句。敢不拜嘉？拜謝晉君之嘉好魯君。四牡，君所以勞使臣也，四牡序云：「四牡，勞使臣之來也。有功而見知，則說（悦）矣。」詩有「豈不懷歸，王事靡盬」云云。敢不重拜？第二次乃拜謝晉君對自己之慰勞。皇皇者華，君教使臣曰：『必諮於周。』皇皇者華有「周爰咨諏」、「周爰咨謀」、「周爰咨度」、「周爰咨詢」等句。詩作「咨」，傳作「諮」，二字通用。魯語下云「忠信爲周」，詩毛傳用之，蓋古義如此。「必諮於周」，謂必諮詢于所謂忠信之人也。**臣聞之：『訪問於善爲咨，**善即善人，周即所謂忠信之人。**咨親爲詢，**上句「訪問於善」爲諮詢對象，此以下則諮詢內容。親謂親戚。**咨禮爲度，**杜注：「問禮宜。」**咨事爲諏，**皇皇者華「周爰咨諏」，毛傳：「咨事爲諏。」蓋用此傳文。「事」，魯語下作「才」，「才」與「事」古音同部。杜注：「問政事。」**咨難爲謀。』**魯語下作「咨事爲謀」，但説文云「慮難曰謀」，仍用左傳義。難可讀爲困難之難，亦可讀難易之難，兩義有相關聯處。**臣獲五善，敢不重拜？」**此釋所以三拜之故。

四·四　**秋，定姒薨。不殯于廟，**周朝實有于祖廟停棺待葬之禮，詳僖公八年傳並注。汪中經義知新記謂「殯宮皆謂之廟」云云，不可信。**無櫬，**孔疏據檀弓上「君即位而爲椑」之文，以爲定姒出嫁後當爲椑。椑即棺。但定姒爲成公賤妾，未必出嫁即爲棺。**不虞。**虞，祭禮。死者葬後，生者返殯宮祭祀而安死者之靈，謂之虞禮。虞禮必哭，又曰反哭。儀禮有士虞禮一篇。此傳反映襄公年幼，權在季孫行父，而行父並不以夫人之禮待定姒；或因齊姜已以成公夫人成喪，則定姒不應再如此。

匠慶謂季文子曰：古代匠多是木工。杜注：「匠慶，魯大匠。」莊子達生篇有梓慶，成玄英疏以爲即此匠慶。**「子爲正卿，而小君之喪不成，不終君也。**公羊隱元年傳云：「母以子貴。」定姒爲襄公生母，故匠謂之爲「小君」，並請以夫人之喪成之。終爲送終，論語學而篇「慎終追遠，民德歸厚矣」，足見當時于父母之喪，必盡致其情。不終君者，謂不使魯襄公終其生母之喪也。杜注謂「不終事君之道」，誤。**君長，**此時襄公尚不足八歲。**誰受其咎？」**杜注：「言襄公長將責季孫。」匠慶以此逼季孫。

初，季孫爲己樹六檟於蒲圃東門之外，蒲圃，場圃名。其地或較寬大，各方有門。東門爲蒲圃之東門。十九年公享晉六卿于蒲圃，定八年陽虎將享季氏于蒲圃，亦可見其地不小。匠慶請木，請爲定姒作棺之木。季孫曰：「略。」略，簡略。謂不必撰擇美木。杜注：「不以道取爲略。」沈欽韓補注且引漢律謂略爲盜竊。以魯之正卿葬國君夫人，而使人盜竊棺木，蓋無此理。匠慶用蒲圃之檟，季孫不御。杜注：「御，止也。」

君子曰：「志所謂『多行無禮，必自及也』，志蓋古書名。其是之謂乎！」此蓋責季孫之語。

四·五

冬，公如晉聽政。聽政有二義，一義爲治理國事，僖九年傳云「宋襄公即位，以公子目夷爲仁，使爲左師以聽政」，此治宋國之政也；一爲聽受別人之要求，此文是也。八年傳云：「公如晉，朝，且聽朝聘之數。」又云「會于邢丘，以命朝聘之數，使諸侯之大夫聽命」云云，尤爲可證。故杜此注云「受貢賦多少之政」。晉侯享公，公請屬鄫。魯襄請晉悼同意以鄫國爲魯之附庸。杜注云：「鄫，小國也，欲得使屬魯，如須句、顓臾之比，使助魯出貢賦。」杜又云：「公時年七歲，蓋相者爲之言。」鄫詳僖十四年經注，國土在今棗莊市東。晉侯不許。孟獻子曰：「以寡君之密邇於仇讎，而願固事君，固，純固。雖受近鄰壓迫，事晉之心不改。無失官命。官命，晉君之令。晉有徵發，供應無缺。鄫無賦於司馬，晉之司馬兼主管諸侯之賦。語謂晉不責賦於鄫。爲執事朝夕之命敝邑，朝夕命魯，足見晉對所服之國需索甚勤。敝邑褊小，無法滿足供應。闕而爲罪，杜注：「闕，不共（供）也。」寡君是以願借助焉。」大國剥削小國，小國又剥削更小之國。晉侯許之。

四·六　楚人使頓間陳而侵伐之，頓，近陳之小國，詳僖二十三年傳並注及二十五年傳。杜注：「間，伺間缺。」故陳人圍頓。

四·七　無終子嘉父使孟樂如晉，無終，山戎國名。疑本在今山西太原市東，後爲晉所併，遷至今河北淶源縣一帶，又奔于今薊縣治，最後被逼至張家口市北長城之外。此時則猶在山西。諸書所云蔚縣、玉田是無終故地，皆不確。參顧炎武日知録三十一、江永地理考實及王先謙漢書地理志補注及嘉慶一統志。嘉父，無終國主之名。春秋于文化較落後之國，其君例稱子。嘉父或爲山戎諸國之魁首。杜注：「孟樂，其使臣。」因魏莊子納虎豹之皮，以請和諸戎。魏莊子即魏絳。由此可見孟樂代表諸戎。晉侯曰：「戎狄無親而貪，不如伐之。」魏絳曰：「諸侯新服，陳新來和，將觀於我。將觀察我之行動。我德，則睦；睦，親也，厚也。我有德，則親我厚我。否，則攜貳。攜貳，當時常語，猶言背離。勞師於戎，而楚伐陳，必弗能救，是棄陳也。諸華必叛。諸華指中原諸文化較高之國。戎，禽獸也。當時中原諸國之文化已甚高，而落後諸國，或者尚在原始社會狀況，故目之爲禽獸。獲戎、失華，無乃不可乎！**夏訓有之曰：**杜注：「夏訓，夏書。」**『有窮后羿——』**」魏絳之語未竟，下文是晉悼突然插問。諸説左氏書，唯日人中井積德左傳雕題略得之。有窮，部落名，今河南洛陽市西。后，君也。即當時酋長。**公曰：「后羿何如？」對曰：「昔有夏之方衰也，后羿自鉏遷于窮石，**鉏，今河南滑縣東十五里。窮石，即窮谷，在洛陽市南。**因夏民以代夏政。**杜注：「禹孫大康淫放失國，夏人立其弟仲康。仲康亦微弱。仲康卒，子相立，羿遂代相，號曰有窮。」夏本紀正義引帝王紀（即帝王世紀，唐人避用「世」字）云：「帝羿有窮氏，未聞其先何姓。帝嚳以上，世掌射正。至嚳賜以彤弓、素矢，封之於鉏，爲帝司射。歷虞、夏。及夏之衰，自鉏遷于窮石，因夏民以代夏政。」**恃其射也，不脩民事，而淫于原獸，**夏本紀正義引帝王紀作「淫于田獸」，原獸、田獸同義。**棄武羅、伯因、熊髡、尨圉，**「伯因」，阮刻本作「伯困」，從校勘記改正。杜注：「四子皆羿之賢臣。」夏本紀正義引帝王紀云：「棄其良臣武羅、伯姻、熊髡、尨圉。」「尨圉」，潛夫論五德志篇及文選桓温薦譙秀表注引傳俱作「龍圉」。「尨」、「龍」通用。又廣韻云：「夏時有武羅國，其後氏焉。」疑武羅國即此武羅之國。**而用寒浞。寒浞，伯明氏之讒子弟也，**寒，部落名，今山東濰縣治即舊寒亭。寒浞以部落國家爲氏。伯明，寒國酋長名。**伯明后寒棄之，**伯明后寒猶言寒后伯明，寒國之君伯明。**夷羿收之，**杜注以夷爲羿之氏。帝王世紀謂「帝羿未聞其先何姓」，夷乃種族名。**信而使之，以爲己相。浞行媚于内，**杜注：「内，宫人。」下文「浞因羿室」云云，即是浞早與羿妻妾相通。**而施賂于外，愚弄其民，而虞羿于田。**虞同娱，謂使羿樂于田獵而不返。**樹之詐慝，以取其國**

家，羿篡夏后相之位，浞又詐取羿之位。外内咸服。羿猶不悛，杜注：「悛，改也。」小爾雅廣言云：「悛，覺也。」覺義較長。將歸自田，自田獵歸朝廷。家衆殺而亨之，家衆即原爲羿之家衆而被浞收買者。亨今作烹，煮也。夏本紀正義引帝王紀云：「寒浞殺羿於桃梧而烹之。」淮南子詮言訓則謂羿死於桃棓。孟子離婁下謂逢蒙殺羿。楚辭離騷云：「羿淫游以佚田兮，又好射夫封狐。國亂離其鮮終兮，浞又貪夫厥家。」天問亦云：「浞娶純狐，眩妻爰謀。何羿之射革，而交吞揆之？」以食其子，食，舊音嗣，使之食也。其子，羿之子。其子不忍食諸，「諸」作「之」用。死于窮門。杜注「殺之於國門」，則謂窮門爲窮國城門。然雷學淇介菴經説窮鉏鄩灌考謂窮門即窮石，在洛陽市南。靡奔有鬲氏。夏本紀正義引帝王紀云：「初，夏之遺臣曰靡，事羿。羿死，逃於有鬲氏。」有鬲氏，部落名，據續山東考古録，其地當在今山東德州市東南二十五里。鬲音革。浞因羿室，室謂妻妾。生澆及豷，澆即論語憲問「奡盪舟」之奡，亦即説文「豷」下之敖。澆音傲。豷音翳。恃其讒慝詐僞，而不德于民，使澆用師，滅斟灌及斟尋氏。水經巨洋水注、路史後紀十三俱引竹書紀年云「相居斟灌」，此浞所以必滅斟灌。斟灌、斟尋皆部落名。斟灌在今河南省范縣北觀城鎮，斟尋在偃師縣東北十三里。説詳雷學淇竹書紀年義證卷八。處澆于過，過，部落名，據杜注，在今山東省掖縣稍西北近海處。或疑在今太康縣東南。路史國名紀六謂夏之有過乃猗姓國，但隱十年左傳孔疏及急就篇注引世本氏姓篇及潛夫論志氏姓皆謂「過，任姓」。彝器有𢓊伯毁，唐蘭釋爲「過伯」，郭沫若云：「古有過國，此過伯或即其後。」見大系考釋。處豷于戈。戈亦部落國家。杜注：「戈在宋、鄭之間。」

靡自有鬲氏，收二國之燼，杜注：「燼，遺民。」以滅浞而立少康。御覽八二引帝王世紀云：「初，夏之殺帝相也，妃有仍氏女，曰后緡，方娠，逃出自竇，歸于有仍，生少康焉。」又云：「靡逃奔有鬲氏，收斟、尋二國餘燼，殺寒浞而立少康。」餘詳哀元年傳。少康滅澆于過，后杼滅豷于戈，杜注：「后杼，少康子。」太平御覽八十二引帝王世紀云：「帝寧，一號后予，或曰公孫曼，能率禹之功。在位十七年。」后杼又見魯語上。據哀元年傳，杼蓋二姚所生。夏本紀載禹後分封之國有戈氏。殷墟書契前編七・三四・二有卜辭云「令入戈」，葉玉森引此文證之。有窮由是遂亡，御覽八二引帝王世紀云：「寒浞有窮氏既篡羿位，復襲有窮之號。」失人故也。昔周辛甲之爲大史也，周本紀集解引劉向別録云：「辛甲，故殷之臣，事紂，蓋七十五諫，而不聽。去至周。召公與語，賢之，告文王。文王親自迎之，以爲公卿，封長子。」漢書藝文志道家有辛甲二十九篇，馬國翰有輯本。命百官，官箴王闕。尚書盤庚云：「猶胥顧于箴言。」箴乃誡諫之意。至逸周書所載夏、商之箴及呂氏春秋謹聽篇引周箴，皆未可信。闕，過失也。於虞人之箴曰：虞人，掌田獵之官。自此虞箴以後，箴便爲文體之一。『芒芒禹迹，畫爲九州，杜注：「芒芒，遠貌。畫，分也。」經啓九道。周禮遂人鄭注：「經，制分界也。」經啓，經略而開通。九道，九言其多。舊注以爲「九州之道」，似失之拘泥。民有寢、廟，生有寢，死有廟。獸有茂草；各有攸處，上古用「攸」，以後用「所」。德用不擾。德指人與獸之本質言。用，因也。擾，亂也。當時亦以禽獸爲生活資料，此箴只是謂田獵不能太多。在帝夷羿，冒于原獸，冒，貪也。忘其國恤，恤，憂也。而思其麀牡。麀音憂，牝鹿。牡，公獸。麀牡泛指禽獸。武不可重，田獵亦可謂武。重，平、去兩聲皆可讀，謂多、累次。用不恢于夏家。恢，廓也，大也。用，因也。意謂因此使國家滅亡。獸臣司原，敢告僕夫。』獸臣，主管禽獸之臣，即虞人之變稱。原即上文原獸之原，謂田獵。僕夫，疑三年傳文之僕人，不敢直言敢告君王，猶後人之言「左右」、「侍者」等。虞箴如是，可不懲乎？」懲即「懲前毖後」之懲。於是晉侯好田，故魏絳及之。

公曰：「然則莫如和戎乎？」對曰：「和戎有五利焉：戎狄荐居，荐，同薦，草也。莊子齊物論「麋鹿食薦」，尤可證。漢書終軍傳「北胡隨畜薦居」，即此「荐居」，謂逐水草而居。則當時所謂戎狄，基本上以游牧爲生。貴貨易土，貴與易爲反義詞，貴重，輕賤。重視財貨，輕視土地。土可賈焉，其土地可以買來。一也。邊鄙不聳，杜注：「聳，懼也。」既已和戎，戎不犯邊。民狎其野，杜注：「狎，習也。」習居其邊野而心安。穡人成功，穡人，疑爲當時管理邊鄙農田之人。二也。戎狄事晉，四鄰振動，諸侯威懷，我有威而懾服。三也。以德綏戎，綏，安撫。師徒不勤，師徒指將士。勤，勞也。甲兵不頓，甲兵泛指一切防禦與進攻武器。頓，壞也。四也。鑒于后羿，杜注：「以后羿爲鑒戒。」而用德度，德度，道德法則。遠至、邇安，遠國來朝，鄰近國家安于我。五也。君其圖之！」

公說，說同悅。使魏絳盟諸戎。諸戎，則不僅無終，凡游牧部落多至。修民事，田以時。晉語七亦叙此事，而無此詳盡。晉世家書于襄公三年，梁玉繩志疑已言之。

四·八

冬十月，邾人、莒人伐鄫，臧紇救鄫，臧紇即臧孫紇武仲。**侵邾，**爲救鄫而侵邾。**敗於狐駘。**此年魯已得晉同意以鄫爲附屬國，故邾、莒伐之，魯必救之。狐駘，今山東滕縣東南二十里之狐駘山，一九三三年曾作考古發掘，見燕京學報十四期學術界消息。蓋魯兵已深入邾境。禮記檀弓上「狐駘」作「臺駘」，鄭玄注：「臺當爲壺，字之誤也。」壺駘即狐駘。壺、狐音近通用。**國人逆喪者皆髽，**逆，迎也。魯兵敗回國，將士死亡者亦送回，其親屬以至有關官吏往迎喪。髽，據禮記喪服小記孔疏，本是婦人之喪服，有三種，一是麻髽，即用麻與髮各半相結；一是布髽，用古尺四寸寬布屈折纏髮于額上；一是露紒（音計，束髮也）髽，不用束髮之物，不用簪，僅用麻結髮。三種髽，各有用時。此處之髽，大概爲以麻結髮之髽。不僅婦人用之，所有迎喪者皆用之，因其易于取材，亦容易辦，可見迎喪者多，亦見魯軍死亡者多。**魯於是乎始髽。**禮記檀弓上云「魯婦人之髽而弔也，自敗於臺駘始也」，并非解釋此句。「國人逆喪者」不專指「婦人」，此其一；「迎喪」與「弔喪」不同，此其二。婦人髽爲常禮，而此時男子亦髽。其後文獻不記魯男子髽，或檀弓以爲魯婦人以髽相弔自狐駘之敗始。**國人誦之曰：**說文：「誦，諷也。」正字通云：「誦，怨辭也。」**「臧之狐裘，**狐裘爲貴重之皮服，臧孫爲大夫，當可御之。此役在魯之十月，夏正八月，非御狐裘之時，蓋以狐裘興起狐駘，此古代詩歌之比興手法。**敗我於狐駘。**敗，動詞使動用法。裘、駘古音同在之咍部平聲，押韻。**我君小子，**時襄公有生母定姒之喪，古人可稱君爲小子。詩大雅抑「實虹小子」、「於乎小子」，小子皆指周厲王。說詳沈欽韓左傳補注。杜注謂「襄公幼弱，故曰小子」，蓋臆說。**朱儒是使。**朱儒亦作侏儒，有二義：晉語四「侏儒不可使援」，韋昭注云：「侏儒，短者。」臧紇當矮小，故被稱爲朱儒。鄭語：「侏儒、戚施寔御在側。」韋注又云：「侏儒，優笑之人。」管子立政「國適有患，則優倡侏儒起而議國事矣」，韓非子八姦亦言「優笑侏儒，左右近習」，則侏儒爲君主之弄臣，爲人所賤視者。此一義于此不合，蓋臧氏世爲魯國之卿，非優倡可比。子、使爲韻，古音同之咍部上聲。**朱儒朱儒，使我敗於邾。」**邾小國，而魯大敗，故魯人以爲恥。

五年，癸巳，公元前五六八年。周靈王四年、晉悼六年、齊靈十四年、衛獻九年、蔡景二十四年、鄭僖三年、曹成十年、陳哀公溺元年、杞桓六十九年、宋平八年、秦景九年、楚共二十三年、吳壽夢十八年、許靈二十四年。

經

五·一　**五年春，**正月初四庚寅冬至，建子。**公至自晉。**

五·二　**夏，鄭伯使公子發來聘。**杜注云：「發，子產父。」

五·三　**叔孫豹、鄫世子巫如晉。**據杜注，因鄫已爲魯附屬國，其太子可比之于魯大夫，故與叔孫豹同書。

五·四　**仲孫蔑、衛孫林父會吳于善道。**「道」，公、穀作「稻」，音近可通。善道，今江蘇省盱眙縣北。

五·五　秋，大雩。

五·六　楚殺其大夫公子壬夫。

五·七　公會晉侯、宋公、陳侯、衞侯、鄭伯、曹伯、莒子、邾子、滕子、薛伯、齊世子光、吳人、鄫人于戚。

五·八　公至自會。無傳。

五·九　冬，戍陳。杜注：「諸侯在戚會，皆受命戍陳，各還國遣戍，不復有告命，故獨書魯戍。」

五·一〇　楚公子貞帥師伐陳。貞，莊王子子囊，後爲囊氏。

五·一一　公會晉侯、宋公、衞侯、鄭伯、曹伯、莒子、邾子、滕子、薛伯、齊世子光救陳。各本原無「莒子、邾子、滕子、薛伯」八字，而公、穀有之。臧壽恭春秋左氏古義據經典釋文不標三傳異同，謂左氏「傳寫譌奪」。臧説是也。今據金澤文庫本補。

五·一二　十有二月，公至自救陳。無傳。

五·一三　辛未，季孫行父卒。辛未，二十日。

傳

五·一　五年春，公至自晉。

五·二　王使王叔陳生愬戎于晉，杜注：「王叔，周卿士也。戎陵虣周室，故告愬於盟主。」晉人執之。士魴如京師，言王叔之貳於戎也。杜注：「王叔反有二心於戎，失奉使之義，故晉執之。」于鬯香草校書謂此是晉人誣王叔之辭，蓋晉於上年使魏絳盟戎，必不肯聽周討戎；執王叔，所以説戎。此言蓋臆測。

五·三　夏，鄭子國來聘，通嗣君也。子國即公子發，後爲國氏。嗣君謂鄭僖公，此時即位僅三年。

五·四　穆叔覿鄫大子于晉，以成屬鄫。叔孫豹率同鄫太子如晉，與晉國君卿作私人會晤，以完成使鄫屬于魯之手續。書曰「叔孫豹、鄫大子巫如晉」，言比諸魯大夫也。孔疏云：「魯大夫兩人同行，皆不言『及』。文十八年『公子遂、叔孫得臣如齊』、定六年『季孫斯、仲孫何忌如晉』其類皆是也。」此釋經于二人之間不加「及」字。

五·五　吳子使壽越如晉，吳子，名乘，字壽夢。壽越自是吳國大夫。風俗通及通志氏族略俱謂壽氏爲壽夢之後，此時壽夢與壽越同時存在，何得謂壽越爲壽夢之後？説參梁履繩左通補釋。辭不會于雞澤之故，辭兼有解釋與道歉二義。雞澤之會詳三年經、傳。且請聽諸侯之好。聽，聽從。晉人將爲之合諸侯，使魯、衛先會吴，且告會期。故孟獻子、孫文子會吴于善道。杜注：「二子皆受晉命而行。」

五·六　秋，大雩，旱也。建子之秋正是夏曆之夏，需雨而旱，故大舉求雨之禮。

五·七　楚人討陳叛故，陳叛楚見三年傳。句謂質問叛楚之因。曰：「由令尹子辛實侵欲焉。」此陳答楚之辭。乃殺之。殺子辛。書曰「楚殺其大夫公子壬夫」，貪也。

君子謂：「楚共王於是不刑。於是，對於此事。詩曰：『周道挺挺，周道，大路。挺挺，言其筆直。我心扃扃。扃扃，明察也。俞樾平議謂「扃扃猶耿耿，不安也」，因與「大路挺直」上文不貫，故不可信。于鬯校書則謂「扃扃猶信實」，雖可與下文「己則無信」相應，但于訓詁終無據。講事不令，杜注：「言謀事不善。」集人來定。』杜注：「當聚致賢人以定之。」此逸詩，不在今詩經中。己則無信，而殺人以逞，杜注謂「共王殺子反、公子申及壬夫，八年之中，戮殺三卿，欲以屬諸侯，故君子以爲不可」，難信。不亦難乎？夏書曰：『成允成功。』」此亦逸書，作僞古文尚書者盗入今大禹謨篇。杜注：「允，信也。言信成然後有成功。」

五·八　九月丙午，丙午，二十三日。盟於戚，會吴，且命戍陳也。晉爲盟主，自是晉命諸侯戍陳。穆叔以屬鄫爲不利，以明年莒滅鄫事推之，鄫屬于魯，魯必盡保衛之責，而力又不及。使鄫大夫聽命于會。鄫以獨立國身份參加盟會，直接在會中聽取盟主之命。

五·九　楚子囊爲令尹。楚已殺舊令尹壬夫，而以公子貞代之。子囊，公子貞之字。互詳成十五年傳注。范宣子曰：「我喪陳矣。言陳將不服我國。楚人討貳而立子囊，討貳即上章討陳叛故。必改行，改變子辛之行爲。而疾討陳。陳近於楚，陳今河南淮陽縣治，距楚近，距晉遠。民朝夕急，楚軍易來，陳國自時時急于兵患。能無往乎？往，往歸于楚。有陳，非吾事也；無之而後可。」言晉之國力不能長保陳國，唯放棄陳國然後可。

冬，諸侯戍陳。各以兵駐紮陳國防楚攻。子囊伐陳。十一月甲午，甲午，十二日。會于城棣以救之。城棣在今河南原陽縣治北。

五·一〇　季文子卒。大夫入斂，公在位。據禮記喪大記，大夫大斂，國君親自看視，于東序端設置君位，面向西。大斂在堂上，堂朝南，東西有牆，此牆頭古曰序端。宰庀家器爲葬備，宰，季氏家臣之首。庀音庇，具也。意爲以其家之器爲葬具。無衣帛之妾，無食粟之馬，無藏金玉，無重器備，器備，一切用具。無重，重，平聲，僅一具，無雙份。君子是以知季文子之忠於公室也：「相三君矣，季孫行父于文六年即見于經，可見其入仕之早。宣公八年襄仲死，季孫爲相，歷宣、成、襄三公，凡三十三年。而無私積，可不謂忠乎？」魯世家採此文。

六年，甲午，公元前五六七年。周靈王五年、晉悼七年、齊靈十五年、衛獻十年、蔡景二十五年、鄭僖四年、曹成十一年、陳哀二年、杞桓七十年、宋平九年、秦景十年、楚共二十四年、吳壽夢十九年、許靈二十五年。

經

六·一 六年春王三月，正月十四日乙未冬至，建子。壬午，壬午，二日。杞伯姑容卒。據孔疏引世本，姑容乃杞成公之弟。

六·二 夏，宋華弱來奔。「弱」，公羊作「溺」，而唐石經仍作「弱」。杜注：「華椒孫。」

六·三 秋，葬杞桓公。無傳。

六·四 滕子來朝。

六·五 莒人滅鄫。鄫詳僖十四年經並注。

六·六 冬，叔孫豹如邾。

六·七 季孫宿如晉。「宿」，國語作「夙」，孔疏引世本及檀弓鄭注亦俱作「夙」。説文，宿从㐁聲，㐁、夙又是異形而同字，故「宿」即「夙」。季孫宿，行父之子。魯國之卿，子孫相繼。宿繼父爲卿，然此時仲孫蔑當政。

六·八　十有二月，齊侯滅萊。萊國見宣七年經注。

傳

六·一　六年春，杞桓公卒。始赴以名，同盟故也。杞桓公立于僖公二十四年，在位七十年，唯曾于魯成公五年、七年、九年與魯同盟，襄公之世未見同盟，此同盟蓋指前一代言。杞自入春秋以來，其君主之死未嘗書名。杞成公死于僖公二十三年，亦書「杞子卒」。自此以後，杞君之卒與葬皆書于魯春秋。餘詳僖二十三年經注。

六·二　宋華弱與樂轡少相狎，據左傳桓元年孔疏引世本「華父督，戴公之孫，好父説之子」，又據禮記檀弓下孔疏引世本「戴公生樂甫術，術生石甫願繹」云云，是華、樂兩氏俱是宋戴公之後裔，世代爲宋國之卿大夫。狎，習也，過分親近，互相輕侮。長相優，杜注：「優，調戲也。」又相謗也。謗，誹謗，毁謗。子蕩怒，杜注：「子蕩，樂轡也。」以弓梏華弱于朝。用弓套入華弱頸項，而己執其弦。平公見之，曰：「司武而梏於朝，難以勝矣。」司武即司馬，武馬古同音，且宋國司馬之職掌武事。據成十五年傳，老佐爲司馬；又據成十八年傳，老佐以圍彭城之役死，其時華弱或代之。説本讀左傳。宋平公之意謂以國家主管軍事之長官而被人在朝廷中梏桎，而欲使其取勝他國，更不易矣。或以爲勝讀平聲，勝任也。遂逐之。夏，宋華弱來奔。

司城子罕曰：司城即司空。據檀弓下孔疏引世本，子罕爲戴公六世孫。此時當國。「同罪異罰，非刑也。專戮於朝，專爲專擅之專。戮，辱也。子蕩梏華弱於朝，是專戮。罪孰大焉？」孰，何也。亦逐子蕩。子蕩射子罕之門，曰：「幾日而不我從！」謂不久我亦將使汝被逐出國。子罕善之如初。謂宋之執政，雖心有是非，而欺弱畏惡，終不敢觸怒罪人。

六·三 秋，滕成公來朝，始朝公也。滕君於隱十一年、桓二年、文十二年朝魯以後，經、傳未嘗載再朝魯之事。由文十二年至此又四十八年，襄即位已六年。傳屢言「始朝公」，皆久不朝之意。

六·四 莒人滅鄫，鄫恃賂也。受賂者爲誰，傳未言。或曰賂魯，或曰賂莒，皆無據。此時鄫已脱離魯國之附屬關係，則明知魯不能救助之，又何必賂？戰國策魏策四云：「繒恃齊以悍越，齊和子亂而越人亡繒。」此蓋戰國策士一時之言，未足爲信史。公羊、穀梁造作「立異姓」之説，尤不足信。

六·五 冬，穆叔如邾，聘，且修平。四年曾與邾戰，魯敗于狐駘，爲救鄫之故。今鄫已亡于莒，故叔孫豹與邾修和好。魯聘邾，春秋經、傳僅此一條。

六·六 晉人以鄫故來討，曰：「何故亡鄫？」意謂鄫曾屬魯，莒滅鄫，而魯不救。其實魯之放棄鄫國，即自知無力保護鄫。季武子如晉見，且聽命。聽晉國之處置。

六·七 十一月，齊侯滅萊，萊恃謀也。杜注：「賂夙沙衞之謀也。事在二年。」於鄭子國之來聘也，子國聘魯在去年四月，傳謂「通嗣君」，或同時亦聘于齊。四月，晏弱城東

陽，晏弱已于二年城東陽偪萊，又于五年四月再城東陽。**而遂圍萊。甲寅，**去年四月丙辰朔，不得有甲寅。**堙之環城，**堙亦作垔，堆土爲山曰堙。句謂環萊城之四周皆築土山。孫子謀攻篇曰「距闉」，此古代攻城之一法。**傅於堞。**堞即陴，女牆。詳見宣十二年傳注。**及杞桓公卒之月，**此年三月。圍之歷一年之久。**乙未，**乙未，十五日。**王湫帥師及正輿子、棠人軍齊師，**王湫，齊國佐之黨。齊殺國佐，王湫奔萊，見成十八年傳。正輿子見二年傳注。棠，萊國之邑，疑在今山東平度縣東南。或以山東即墨縣南八十里之地當之，恐萊之國境不及此。**齊師大敗之。**敗王湫等。**丁未，**丁未，二十七日。**入萊。萊共公浮柔奔棠。**「共」，蓋萊亡後其遺民所予之謚，浮柔則其名。棠在東南。**正輿子、王湫奔莒，莒人殺之。四月，陳無宇獻萊宗器于襄宮。**陳無宇，敬仲玄孫，見史記田敬仲完世家。襄宮，杜注謂爲「齊襄公廟」，若然，襄公至靈公已八代，依舊禮，襄公廟應早已不存。且何故不獻于他廟而獨獻于襄公之廟？疑「襄」當作「惠」，文十一年傳之「齊襄公」，亦「齊惠公」之誤，詳彼注。惠公曾于魯宣七年及九年伐萊，故獻萊宗器于其廟。傳世有叔夷鐘，銘文云「錫釐僕三百又五十家」云云，釐即萊，「釐僕」指滅萊後之俘虜爲奴隸者。此鐘即製作于滅萊之後。郭沫若兩周金文辭大系考釋謂「蓋於是役，叔夷最有功」，則於傳無徵。**晏弱圍棠，十一月丙辰**十一月無丙辰，「十一月」當依經作「十二月」。丙辰，十二月十日。**而滅之。**棠僅萊之一邑，傳鄭重舉其月日而言「滅之」，自是因萊君在此，萊君爲之死。公羊謂「國滅君死之」，當是事實。**遷萊于郳。**遷萊民于郳，非遷萊君。郳，說文云「齊地」，則許慎不以此郳爲莊公五年之郳國。惜郳地今已無可考。高厚、崔杼定其田。定萊國之田。齊既滅萊，必分配其土地與齊君臣，先由高、崔實地考察，定出方案與疆界。杜注：「高厚，高固子。」崔杼詳宣十年傳注。

七年，乙未，公元前五六六年。周靈王六年、晉悼八年、齊靈十六年、衛獻十一年、蔡景二十六年、鄭僖五年、曹成十二年、陳哀三年、杞孝公匄元年、宋平十年、秦景十一年、楚共二十五年、吳壽夢二十年、許靈二十六年。

經

七·一 七年春，正月二十六日辛丑冬至，建子，此年有閏月。郯子來朝。郯國，己姓，或云嬴姓，故城在今山東郯城縣境。

七·二 夏四月，三卜郊，不從，乃免牲。卜郊、免牲俱詳僖三十一年傳並注。餘詳傳注。

七·三 小邾子來朝。

七·四 城費。

七·五 秋，季孫宿如衛。

七·六 八月，螽。無傳。杜注：「爲災，故書。」

七·七 冬十月，衛侯使孫林父來聘。壬戌，壬戌，二十一日。及孫林父盟。

七·八 楚公子貞帥師圍陳。圍國書大夫名自此始。

七·九 十有二月，公會晉侯、宋公、陳侯、衛侯、曹伯、莒子、邾子于鄬。「鄬」，穀梁作「隖」，音爲，又音蔿。杜注：「鄬，鄭地。」當在今河南魯山縣境。鄭伯髡頑如會，未見諸侯，丙戌，丙戌，十六日。卒于鄵。「頑」，公、穀作「原」，古音同，通假。「鄵」，公、穀作「操」，亦同音通假。杜注：「鄵，鄭地。」

七·一〇 陳侯逃歸。

傳

七·一 七年春，郯子來朝，始朝公也。

七·二 夏四月，三卜郊，不從，乃免牲。郊有二義，據孝經「昔者周公郊祀后稷以配天，宗祀文王於明堂以配上帝」，禮記郊特牲「萬物本乎天，人本乎祖，此所以配上帝也。郊之祭也，大報本反始也」，公羊傳宣三年「郊則曷爲必祭稷？王者必以其祖配」云云，則郊本爲祭天之禮。祭天應有陪同受祭之人，周之始祖爲后稷，因以后稷配饗。此本是原義。其後又以后稷爲始作農耕之人，人既祭祀上天，上天應有以酬答，於是產生祈求好收成之義。下文專就此義言。餘詳桓五年、僖三十一年傳並注。

孟獻子曰：「吾乃今而後知有卜、筮。卜、筮有別，此因卜而及筮。夫郊祀后稷，以祈農事也。是故啓蟄而郊，郊而後耕。啓蟄，古代節氣名。當時尚未具備二十四節氣。杜注謂「啓蟄，夏正建寅之月」。餘詳桓五年傳注。今既耕而卜郊，據夏小正「正月農及雪澤」，似古代耕田在今農曆正月。周正四月乃夏正二月，則已耕矣，故孟獻子如此説。宜其不從也。」卜用龜。孟獻子此語蓋贊美龜殼有神靈，卜郊過時，龜殼自然三次不同意。但據僖三十一年傳「禮不卜常祀」，卜郊已違其禮。卜法殷商時代常見，目前所得甲骨卜辭以萬計。筮法用周易始于西周。但春秋經有卜無筮，傳之筮多用周易。

七·三 南遺爲費宰。僖元年傳：「公賜季友汶陽之田及費。」自此費爲季氏私邑。宰，縣宰。叔仲昭伯爲隧正，叔仲昭伯，惠伯之孫，名帶。隧正，當即周禮之遂人，其職亦掌徒役。欲善季氏，而求媚於南遺。謂遺：「請城費，使南遺向季孫宿請求築費城。吾多與而役。」而同爾。其所徵調徒役，當即遂（郊外）之居民。故季氏城費。

七·四 小邾穆公來朝，亦始朝公也。「亦」接上文「郯子來朝，始朝公也」，與文十二年傳「亦始朝公也」用法同。

七·五 秋，季武子如衞，報子叔之聘，且辭緩報，非貳也。子叔聘魯襄在元年，六年後始答報，故加以説明並致歉意。辭與五年傳「辭不會于雞澤之故」用法同。

七·六 冬十月，晉韓獻子告老，告老致仕。公族穆子有廢疾，公族穆子名無忌，杜注：「韓厥長子，成十八年爲公族大夫。」廢同癈，説文：「癈，固病也。」或云久治不愈之病，或云殘廢之病。**將立之。**代韓厥爲卿。**辭曰：「詩曰：『豈不夙夜？謂行多露。』**兩句見國風召南行露。詩本意原是一女子與一男子相愛，男子强之，女子守禮，有所畏懼而不敢。謂，奈何。行，道路。女子答男子云，豈不想朝朝暮暮欲至你處，其奈道路露水太多何。原詩爲比喻，此則斷章取義，謂己有病而不能早夜從公。**又曰：『弗躬弗親，庶民弗信。』**兩句見小雅節南山。引此之意亦謂自身有疾，不能躬親辦事，則不能取信於衆。信古讀爲申，同韻。**無忌不才，讓，其可乎？請立起也。**無忌謚爲穆子，起爲其弟，謚爲宣子。**與田蘇游，而曰『好仁』。**杜注：「田蘇，晉賢人。蘇言起好仁。」**詩曰：『靖共爾位，好是正直。神之聽之，介爾景福。』**詩見小雅小明。「靖共爾位」即大雅韓奕之「虔共爾位」，謂忠實謹慎于職位。好是正人直人，即忠于職位之内容。「神之聽之」，上「之」字無義，即神聽之。介，助也。景，大也。**恤民爲德，**杜注云：「靖共其位，所以恤民。」俞樾茶香室經説謂左傳引詩本作「靖共爾德」，所以此句釋「德」字，誤。**正直爲正，**「正直」與下句「正曲」相對，但「正直」不易明白。既已直，何必正？杜注以「正己心」爲正直，以「正人曲」爲「正曲」，則是以己與人代原文之直及曲，雖此解本於詩毛傳，顯然勉强。疑正直者，本已有之直道而行也。**正曲爲直，參和爲仁。**參和，德、正、直三者和爲一體。**如是，則神聽之，介福降之。**介，大也。以介釋詩之「景」字，與本詩之「介」異義，而與詩小雅楚茨「報以介福」之介同義。**立之，不**

亦可乎？」

庚戌，庚戌，九日。使宣子朝，遂老。韓厥本將中軍，爲晉正卿，韓起不過繼承其卿位，非正卿。據九年傳，知罃代將中軍。晉侯謂韓無忌仁，使掌公族大夫。公族大夫不止一人，此則爲公族大夫之首席。

七·七 衞孫文子來聘，且拜武子之言，杜注：「緩報非貳之言。」而尋孫桓子之盟。桓子，即孫良夫，文子之父。其聘魯且盟在成三年。公登亦登。據儀禮聘禮，受聘國之君立于中庭，請貴賓入內。賓入後，三次揖，至階前。諸侯之階七級，登階後即上殿堂。故至階前，主客相讓。依禮，國君先登二級，然後賓登一級。臣應在後，相距君一級。今魯襄登階，孫林父亦隨之同登。叔孫穆子相，趨進，曰：「諸侯之會，寡君未嘗後衞君。魯君與衞君地位相等，故登階同行，則孫林父應視魯君如衞君。今吾子不後寡君，韓非子難四亦載此事，此句作「今子不後寡君一等」。叔孫之意謂，爾在本國，登階自後衞君；而至魯，反不後魯君。寡君未知所過。此外交辭令。寡君不知自己之過失何在，而被汝輕視。吾子其少安！」爾雅釋詁：「安，止也。」此欲其脚步稍停。孫子無辭，無所解釋。亦無悛容。悛，改悔。

穆叔曰：「孫子必亡。爲臣而君，與君相並行，若己亦是國君然。過而不悛，亡之本也。韓非子難四云：「孫子君於衞，而後不臣於魯。」則林父在衞，亦與衞君抗衡。據成七年及十四年傳，衞定公與孫林父關係至惡，而孫林父仗晉國支持，衞定公不得已而恢復其地位。此時又當定公之子獻公在位，其專横强霸更可知，韓非謂其「君於衞」，不爲無因。詩曰『退食自公，委蛇委蛇』，兩句見詩國風召南羔羊。「退食自公」即「自公退食」，從朝廷回家吃飯。委蛇舊讀逶移，從容自得貌。謂從者也。從，順從。句意謂從容自得，只有順從于君者可以如此。衡而委蛇，必折。」衡即横，謂强横、專横。此種人而從容自得，不思後患，必將毁折。

七·八　楚子囊圍陳，會于鄬以救之。簡叙經文。

七·九　鄭僖公之爲大子也，於成之十六年與子罕適晉，成，魯成公。魯成十六年，鄭成公十年。不禮焉。「焉」同「之」。不禮子罕。又與子豐適楚，亦不禮焉。子罕、子豐皆鄭穆公子，較僖公長二輩。及其元年朝于晉，鄭僖元年當魯襄之三年。子豐欲愬諸晉而廢之，子罕止之。及將會于鄬，子駟相，又不禮焉。侍者諫，不聽；又諫，殺之。殺進言之侍者。及鄵，子駟使賊夜弒僖公，鄭世家謂使厨人藥殺，以賊即厨人，殺用毒藥。而以瘧疾赴于諸侯。俞樾平議謂「瘧疾」古本止作「虐疾」，書金縢「遘厲虐疾」，猶言暴疾。弒之而以暴疾赴，於情事爲近。簡公生五年，僖公子。奉而立之。高士奇紀事本末云：「僖公之爲此行也，棄楚而從晉也，而子駟執官命未改之説於前此諸大夫請從晉之日，則知公欲棄楚，非子駟意也。及楚子囊伐鄭，子駟、子國、子耳欲從楚，子孔、子蟜、子展欲待晉，而子駟曰『請從楚，騑也受其咎』，然則子駟固未嘗一日忘楚也。僖公舍楚從晉，身卒見弒，此事勢相倚之必然者。」

七·一〇 陳人患楚。杜注：「楚圍陳故。」慶虎、慶寅謂楚人曰：「吾使公子黄往，而執之。」杜注：「二慶，陳執政大夫。公子黄，哀公弟。」楚人從之。執公子黄。二慶使告陳侯于會，曰：「楚人執公子黄矣。君若不來，羣臣不忍社稷宗廟，謂不忍國家之亡。懼有二圖。」意謂將改立從楚之君。陳侯逃歸。此會本欲救陳，陳侯自會逃歸，則可以不救矣。

八年，丙申，公元前五六五年。周靈王七年、晉悼九年、齊靈十七年、衛獻十二年、蔡景二十七年、鄭簡公嘉元年、曹成十三年、陳哀四年、杞孝二年、宋平十一年、秦景十二年、楚共二十六年、吳壽夢二十一年、許靈二十七年。

經

八·一 八年春王正月，正月初七丙午冬至，建子。公如晉。

八·二 夏，葬鄭僖公。無傳。

八·三 鄭人侵蔡，獲蔡公子燮。「燮」，穀梁作「濕」。下同。蓋音近而通。

八·四 季孫宿會晉侯、鄭伯、齊人、宋人、衛人、邾人于邢丘。邢丘詳宣六年傳注。

八·五　公至自晉。無傳。

八·六　莒人伐我東鄙。

八·七　秋九月，大雩。

八·八　冬，楚公子貞帥師伐鄭。

八·九　晉侯使士匄來聘。

傳

八·一　八年春，公如晉，去年十二月魯襄會諸侯于鄬，尚未歸魯，此自鄬至晉。朝，且聽朝聘之數。朝聘之數有二解。杜注意指朝聘所用貢獻財幣之數；而孔疏則引昭三年傳子大叔云「文、襄之霸也，令諸侯三歲而聘，五歲而朝」，並謂「自襄以後晉德少衰，諸侯朝聘無復定準」、「悼公此命還同文、襄」云云，則又指朝聘之次數言。然魯襄即位，尚未滿八年，且幼小，已三次朝于晉，十二年又一朝，亦未隔五年，杜注較確。

八·二　鄭羣公子以僖公之死也，謀子駟。謀殺子駟。子駟先之。先下手。夏四月庚辰，庚辰，十二日。辟殺子狐、子熙、子侯、子丁。辟，罪也。藉口有他罪而殺之。孫擊、孫惡出奔衛。杜注本賈逵説，謂二孫爲子狐之子。孔疏云：「未必有文可據。」

八·三　庚寅，庚寅，二十二日。鄭子國、子耳侵蔡，杜注：「子耳，子良之子。」獲蔡司馬公子燮。

鄭人皆喜，唯子產不順，子產，公孫僑，子國之子。晉語八稱之爲公孫成子，則謚成。然左傳以後屢見子產之名與字，獨不舉其謚，不知其故。不順，不隨從附和。荀子修身篇「以善和人者謂之順」，則不順者，不以爲善，因而不附和也。曰：「小國無文德，而有武功，禍莫大焉。楚人來討，蔡，楚之與國。侵蔡即向楚挑釁隙。能勿從乎？言不能抗禦楚軍。從之，晉師必至。晉、楚伐鄭，自今鄭國不四五年弗得寧矣。」言鄭國自此至少四五年内不得安寧。子國怒之曰：「爾何知！國有大命，而有正卿，杜注：「大命，起師行軍之命。」正卿指子駟，時專鄭政。童子言焉，童子謂未成人者，詩衞風芄蘭「童子佩觿」是也。子產死于魯昭二十年，距此四十四年，此時年少。將爲戮矣！」荀子臣道篇引逸詩云「國有大命，不可以告人，妨其躬身」，惠士奇補注詩意即子國怒言所本。沈欽韓補注引韓非子外儲説左下：「子產忠於鄭君，子國譙怒之曰：『夫介異于人臣，而獨忠（原引無「忠」字，依顧廣圻校補）于主。主賢明，能聽汝；不明，將不汝聽。聽與不聽，未可必知，而汝已離于羣臣。離于羣臣，則必危汝身矣。非徒危己也，又且危父矣。』」沈謂：「蓋即此傳怒子產之辭而傳聞之訛也。」

八·四　五月甲辰，甲辰，七日。會于邢丘，以命朝聘之數，使諸侯之大夫聽命。季孫宿、齊高厚、宋向戌、衞甯殖、邾大夫會之。鄭伯獻捷于會，故親聽命。鄭簡年五歲耳。大夫不書，不書高厚諸人之名。尊晉侯也。

八·五　莒人伐我東鄙，以疆鄫田。杜注：「莒既滅鄫，魯侵其西界，故伐魯東鄙，以正其封疆。」

八·六　秋九月，大雩，旱也。

八·七　冬，楚子囊伐鄭，討其侵蔡也。子駟、子國、子耳欲從楚，據二十二年傳，子駟嘗從鄭伯朝晉，晉侯不禮，故子駟欲從楚。子孔、子蟜、子展欲待晉。子孔，穆公子。子蟜，即公孫蠆，謚桓子，子游子。子展，即公孫舍之，謚桓子，子罕子。待晉，待晉國救援。子駟曰：「周詩有之曰：『俟河之清，人壽幾何？黄河自古混濁，文選思玄賦李善注引易傳謂「河千年一清」，自是傳説無稽。此言人生無多，難待河清。兆云詢多，職競作羅。』此逸詩。兆，卜也。云，語中助詞，無義。詢，爾雅釋詁云：「信也。」三百篇兩用「職競」，大雅桑柔「職競用力」、小雅十月之交「職競由人」，與此逸詩凡三。職，當也，詳詞詮。競，語詞，余另有説。此兩句詩意爲卜問實多，當是自作羅網而已。至哀二十三年傳「使肥與有職競焉」，競又一義。謀之多族，凡公孫之子賜氏，便成氏族。此僅謂與朝廷卿士多人謀之。民之多違，謀議太多，人多不從。事滋無成。滋，益也，謂事更難成功。子駟欲專斷。民急矣，楚軍攻戰甚盛。姑從楚，以紓吾民。紓，緩也。晉師至，吾又從之。敬共幣帛，共同供。以待來者，小國之道也。犧牲玉帛，待於二竟，竟同境。二境，楚來及晉來之鄭邊境。以待彊者而庇民焉。寇不爲害，民不罷病，罷，今作疲。不亦可乎？」

子展曰：「小所以事大，信也。小國無信，兵亂日至，亡無日矣。五會之信，杜注：「謂三年會雞澤，五年會戚，又會城棣，七年會鄬，八年會邢丘。」今將背之，雖楚救我，將安用之？親我無成，鄙我是欲，不可從也。成，終也。此數句謂我背五會之信，晉必伐我；楚縱救我，亦何所用。楚之親我將無好結果，反欲以我爲其邊鄙縣邑，不可從楚。此用王念孫説。不如待晉。晉君方明，四軍無闕，四軍，晉有中、上、下、新四軍。無闕謂乘卒甲兵完備。八卿和睦，孔疏據九年傳，八卿爲荀罃、士匄、荀偃、韓起、欒黶、士魴、趙武、魏絳，四軍之將佐。必不棄鄭。楚師遼遠，糧食將盡，必將速歸，何患焉？舍之聞之：舍之，子展名。杖莫如信。能仗恃者莫如守信。完守以老楚，完，堅固。堅固守備以使楚軍疲憊無士氣。杖信以待晉，晉必不棄鄭。不亦可乎？」

子駟曰：「詩云：『謀夫孔多，是用不集。孔，甚也。集，成就也。發言盈庭，誰敢執其咎？滿朝發言，誰敢受過？如匪行邁謀，是用不得于道。』匪，彼也。行邁爲同義詞連用，詩王風黍離「行邁靡靡」可證。道，道路。詩見小雅小旻。此二句意謂如同彼人且走且商于路人，故無所得。請從楚，騑也受其咎。」子駟本主張從晉，見二年傳；此次改變而從楚。據二十二年傳子産語，子駟曾于此年邢丘之會受辱，因而恨晉。

乃及楚平，使王子伯駢告于晉，宣六年傳有王子伯廖，亦鄭大夫。或謂伯駢乃伯廖之子，不知其據。曰：「君命敝邑：『修爾車賦，車賦一詞唯此一見，車賦猶言車乘。儆而師徒，儆，音義同警，戒備。以討亂略。』亂略一詞亦唯此一見，不以道取曰略，與亂義近。蔡人不從，敝邑之人不敢寧處，悉索敝賦，悉索同義詞連用，盡也。意謂收盡我國軍事力量。以討于蔡，獲司馬燮，獻于邢丘。今楚來討曰：『女何故稱兵于蔡？』稱，舉也。焚我郊保，保，今作堡，築土爲城，猶近代之土寨。郊保，郊外之小城堡。馮陵我城郭。馮陵，同義詞，猶言攻犯，侵略。敝邑之衆，夫婦男女，不遑啓處，以相救也。夫婦，已嫁娶者；男女，未嫁娶者，或鰥夫寡婦，意即全部居民。「不遑啓處」原爲詩四牡句。遑，閒暇。小跪曰啓，古人坐即席地而跪。句意爲無閒暇坐而互相救助。表示急迫。翦焉傾覆，翦焉，狀語。傾覆，沈陷貌。參見章炳麟左傳讀。無所控告。民死亡者，非其父兄，即其子弟。夫人愁痛，杜注：「夫人猶人人也。」王引之經傳釋詞云：「夫猶凡也，衆也。」不知所庇。民知窮困，而受盟于楚。孤也與其二三臣不能禁止，不敢不告。」

知武子使行人子員對之曰：知武子，中軍帥荀罃。「君有楚命，杜注：「見討之命。」亦不使一个行李告于寡君，「个」，原作「介」，今依釋文、石經、金澤文庫本、宋本等及錢綺左傳札記説正。行李，杜注：「行人也。」而即安于楚。意謂事先不通知即屈服於楚。君之所欲也，誰敢違君？寡君將帥諸侯以見于城下。唯君圖之。」

八·八　晉范宣子來聘，士匄也，時爲中軍佐。且拜公之辱，答拜魯襄春季朝晉。告將用師于鄭。

公享之。古代有享禮，有宴禮。享亦作饗，宴亦作燕。享禮酒醴酬酢，儀節繁複，恐難有賦詩之事。享終即宴，故宴亦可以謂之享。據下文士匄與季孫宿互相賦詩，知此亦宴禮。宣子賦摽有梅。摽，落也。摽有梅，召南之一篇，本意是男女婚姻及時。士匄賦此，寄意于望魯及時出兵。季武子曰：享燕中，季孫宿爲相。此時魯襄不過十一歲，不知禮，故由季孫應對。「誰敢哉？誰敢不及時。今譬於草木，宣子賦摽有梅，故季武子以草木爲喻。寡君在君，在，於也。君指晉君。君之臭味也。臭音嗅。臭味，氣味也。意謂魯君對于晉君，晉君爲花與果實，魯君只是其臭味，既以尊晉，又喻兩國情同一體。歡以承命，何時之有？」欣喜以承擔命令，無時間之遲速。武子賦角弓。角弓，小雅篇名。取意于「兄弟婚姻，無胥遠矣」。賓將出，武子賦彤弓。賓即士匄。彤弓亦在小雅。序云：「天子錫有功諸侯。」武子意在晉悼繼續晉文之霸業。宣子曰：「城濮之役，杜注：「在僖二十八年。」我先君文公獻功于衡雍，受彤弓于襄王，以爲子孫藏。匄也，先君守官之嗣也，據趙世家索隱及文十三年傳孔疏引世本，士匄之曾祖成伯缺，缺生會，于成公時爲卿，己則繼承隨武子會及士燮而爲晉卿。敢不承命？」杜注：「言己嗣其父祖爲先君守官，不敢廢命，欲匡晉君。」君子以爲知禮。

九年，丁酉，公元前五六四年。周靈王八年、晉悼十年、齊靈十八年、衞獻十三年、蔡景二十八年、鄭簡二年、曹成十四年、陳哀五年、杞孝三年、宋平十二年、秦景十三年、楚共二十七年、吳壽夢二十二年、許靈二十八年。

經

九·一　九年春，正月十八日辛亥冬至，建子。宋災。公羊作「宋火」，據公羊傳文，實應作「宋災」，蓋傳寫誤。

九·二　夏，季孫宿如晉。

九·三　五月辛酉，辛酉，二十九日。夫人姜氏薨。即穆姜，成公母。

九·四　秋八月癸未，癸未，二十三日。葬我小君穆姜。無傳。

九·五　冬，公會晉侯、宋公、衞侯、曹伯、莒子、邾子、滕子、薛伯、杞伯、小邾子、齊世子光伐鄭。十有二月己亥，杜注：「傳言『十一月己亥』，以長曆推之，十二月無己亥，經誤。」己亥，十一月十日。同盟于戲。戲即成十七年傳之戲童。戲童山在今河南登封縣嵩山北。

九·六　楚子伐鄭。

九·一

傳

九年春，宋災，宣十六年左傳云：「天火曰災。」天火者，不知火起之因，無以歸之，歸之于天。襄九年公羊傳則云：「大者曰災，小者曰火。」**樂喜爲司城以爲政，**樂喜即子罕。檀弓下正義引世本云：「傾生東鄉克，克生西鄉士曹，曹生子罕。」通志氏族略：「樂呂孫喜字子罕。」餘詳文十八年傳注。文七年及成十五年傳言宋六卿之次皆謂右師、左師、司馬、司徒、司城、司寇，則司城位次第五。右師雖最貴，賢則爲政，華元是也。子罕雖位次第五，以其賢而有才，故主持國政。**使伯氏司里。**此文凡言「使」，皆子罕使之。杜注：「伯氏，宋大夫。」司里非官名。里即里巷，城內居民點。司里者，管轄城內街巷。**火所未至，徹小屋，**小屋易撤，留出空地，可以隔火。**塗大屋，**大屋不易撤，且撤之損失大，故以泥土塗之，可使火不易燃。**陳畚、挶，**挶即梮，與輂同，音菊，舁土之器。畚音本，以草索爲之，可以盛糧，亦可以盛土。其器較大，甚至晉靈公用以盛死尸。梮或是以二木爲之，貫穿畚之兩耳，二人抬之以運土。陳，列也。將二物列成行，便于取用。**具綆、缶，**綆，汲水繩索。缶，汲水之盛器。**備水器，**水器，盛水之器，如盆、甕、罃之類皆是。**量輕重，**據杜注，估計各人力量大小，分配任務輕重。**蓄水潦，**蓄爲儲備。潦音老，又音勞，積水。蓄水潦者，備汲取也。**積土塗，**塗爲名詞，泥土。**巡丈城，**疑丈城爲一詞，即城郭四周。竹添光鴻會箋疑「丈」爲「大」

字之誤，高本漢注釋疑「丈」借爲「長」，皆無據。**繕守備，**修理防守之具，戒備因災生內患外寇。**表火道。**火道，火至之處及其趨向；表之使人趨或避。此類使伯氏主持。**使華臣具正徒，**華臣，華元之子，爲司徒。周禮，大司徒掌徒庶之政令；小司徒，凡國之大事致民。此皆司徒掌徒役之證。或是首都郊區中供常役之徒，據周禮小司徒「凡起徒役，毋過家一人」，此即正徒之義。**令隧正納郊保，**此文凡言「令」，是華臣等大官令其所屬。隧正，一遂之長，疑即周禮之遂人。國都城區之外曰郊，郊外曰隧，隧猶今之遠郊區。保爲隧內之小城堡。納郊保者，調集郊堡之徒卒送之于國都。**奔火所。**使所送郊保之徒役救火災。**使華閱討右官，官庀其司。**華閱亦華元子，嗣華元爲右師。右師有官屬。討，治也。庀音痞，治也，具也。句意謂子罕使華閱督促其官屬，各盡其責。**向戌討左，亦如之。**此亦是子罕使向戌督促左師之官屬各盡其職。向戌時爲左師。**使樂遄庀刑器，亦如之。**樂遄爲司寇，是刑官。具備刑具，于大火中必有爲非犯禁之人，所以刑之。亦如之，各盡其職責。**使皇鄖命校正出馬，**皇鄖，皇父充石之後（充石見文十一年傳並注），東鄉爲人之子，爲宋司馬，字椒。校正，司馬屬官，主馬，周禮謂之校人。**工正出車，**工正亦司馬屬官，昭四年傳可證。周禮掌車之官屬宗伯，與此不同。車，戰車。**備甲兵，**備甲仗武器。**庀武守。使西鉏吾庀府守，**賈逵、杜預俱以鉏吾爲太宰。府守，杜以爲是六官之典策，孔疏引劉炫說，以爲府庫守藏。劉說似較長。府庫所藏，不僅物資財幣，典策亦有藏所，劉義可包杜義。此庀字不與上同，庀同庇，保護。

令司宮、巷伯儆宮。司宮即周禮之內小臣，爲宮內奄人之長。昭五年傳載楚子欲以羊舌肸爲司宮，足見楚亦有司宮之官，若清代之總管太監。詩有巷伯，末云「寺人孟子」，可見巷伯亦奄人，蓋主管宮中巷寢門户。儆同警，戒備。蓋防止宮內之亂。**二師令四鄉正敬享，**二師，右師及左師。蓋宋都有四鄉，每鄉一鄉正，即鄉大夫。敬享，享，祀也。據周禮大祝，國有天災，徧祀社稷與一切應祭之神。此敬享自是祭祀羣神。**祝宗用馬于四墉，**祝宗見成十七年傳注。墉，城。用馬，殺馬以祭。據沈彤小疏，古代祈禳之事，皆以馬爲牲。用馬于四墉，此城隍神之濫觴。又詳梁履繩左通補釋卷十五。**祀盤庚于西門之外。**殷本紀、三代世表、漢書古今人表以及殷墟卜辭，皆謂盤庚爲陽甲弟，殷商十世之君，宋或以之爲遠祖。據水經，宋都四城門，東門、南門、北門皆見專名，唯西門無名。盤庚遷都于今河南安陽市安陽河兩岸之殷墟，宋都今商丘市，殷墟在其西北，故祀于西門之外。前人謂西方爲少陰，取其可以壓火，曲說不可信。

晉侯問於士弱曰：弱，士渥濁之子，謚曰莊子。**「吾聞之，宋災於是乎知有天道，**舊以「宋災」二字屬上讀，今改屬下。句意謂宋因災而知天道，非謂宋知天道而預知火災。說詳俞樾平議。蓋當時人有此語，晉侯聞之，不得其解，乃問士弱。**何故？」對曰：「古之火正，**火正爲官名，職掌祭火星，行火政。古代五行各有正，見昭二十九年傳。**或食於心，或食於味，**食，配食。公元前二千二百年左右，春耕開始時，大火星初昏東升。至商代，大火東升甚晚，春耕開始，鶉火，即柳、星、張三宿，正在南中天。詳鄭文光中國天文學源流第六〇頁。**以出內火。**禮記郊特牲：「季春出火，爲焚也。」周禮夏官司爟：「季春出火，民咸從之。季秋内火，民亦如之。」大戴禮記夏小正：「五月初昏大火中。」又云：「九月内火。」合而觀之，出内火有二義，一謂心宿二見與伏；一謂心宿二見，陶冶用火；伏，禁火，即月令「季春命工師、令百工咸理，季秋霜始降則百工休」。**是故味爲鶉火，心爲大火。**柳宿即鶉火，心宿即大火，爲夏夜亮星之一。大火實指此星。**陶唐氏之火正閼伯居商丘，**閼伯相傳爲高辛氏之苗裔，詳昭元年傳並注。劉心源奇觚室吉金文述卷五有商丘叔簠，蓋以地名爲氏。據顧棟高春秋大事表，今河南商丘市西南有商丘，周三百步，世稱閼臺。**祀大火，**祭大火星。**而火紀時焉。**以大火星爲辰，視其移動之迹而定時節。**相土因之，**相土爲殷商先祖，見詩商頌長發及世本。殷墟卜辭屢見祭土之貞卜，土即相土。**故商主大火。**殷商以大火爲祭祀主星。前人或以分野及星土説之，以左傳覈之，不足信。詳見黄宗羲南雷文案及王士禎居易録。**商人閲其禍敗之釁，**説文：「閲，察也。」釁，預兆。意謂商人考察而總結禍敗之預兆。**必始於火，是以日知其有天道也。」**日，往日。章炳麟讀「日」爲「實」，不可從。句意謂殷商僅是總結其禍敗多緣于火，因而過去自認已掌握自然規律（天道）。**公曰：「可必乎？」**晉悼公又問，此種歷史經驗總結可肯定乎。**對曰：「在道。**意謂不可一定，而在乎國家治亂之道。**國亂無象，不可知也。」**意謂國政紊亂，上天不示預兆，亦不可認識。

九·二　**夏，季武子如晉，報宣子之聘也。**酬謝晉國使范宣子來聘于魯。事見八年傳。

九·三　**穆姜薨於東宫。**穆姜，襄公祖母，欲去成公，立其姦夫僑如，見成十六年傳。因此被迫遷于東宫。東宮蓋別宮名，非太子之宮。始往而筮之，遇艮䷳之八。周易皆言「九」「六」，變者一爻，變爲他卦，則曰某（卦名）之某（卦名）。此筮艮卦五爻皆變，唯第二爻（從下數）不變，則成隨卦。不曰「艮之隨」，杜注謂此是用連山易或歸藏易。然此兩易已不可知，今世所傳歸藏易乃僞書，尤不足爲證。考左傳言「八」者僅此一見，國語言「八」者亦僅二見，皆以不變之爻言之。下文解卦，仍以周易解之，則杜注未必可信。史曰：「是謂艮之隨䷐。成隨卦，史仍周易語。隨，其出也。意謂隨卦乃隨人而行，有出走之象。君必速出！」姜曰：「亡！亡，應對否定之辭，不用、不要之義。謂不出。是於周易曰：『隨，元、亨、利、貞，無咎。』此隨卦卦辭。元，體之長也；元即「狄人歸其元」之「元」，首也。首爲身體之最高處。亨，嘉之會也；亨即享，凡嘉禮必有享。享有主有賓，故曰會。利，義之和也；宣十五年傳「信載義而行之爲利」，大戴禮四代篇「義，利之本也」，墨子經上及經説下均謂「義，利也」。大致古人義利之辨，行公利爲義，行私利爲利。利之和爲公利，故穆姜以爲義。貞，事之幹也。易乾文言：「貞固足以幹事。」易文言注云：「貞，信也。」賈子道術云：「言行抱一謂之貞。」幹同榦，本也，體也。體仁足以長人，嘉德足以合禮，合與洽通，詩小雅賓之初筵、周頌豐年及載芟皆有「以洽百禮」句，合禮即洽禮也。合洽二字本可通用。合與洽皆合和、調協之意。利物足以和義，利物猶有利于人，利人即義之總體表現，故云和義。貞固足以幹事。易蠱注謂堪其任曰幹。類篇謂幹訓能事，今俗猶有能幹之語。句意謂誠信堅强足以辦好事情。此八語皆見易乾文言，惟兩字有不同。穆姜非引文言，乃文言作者襲用穆姜語。然，故不可誣也，然字一讀，如此。「故」同「固」，一本作「固」。句意謂如此，本不可以誣妄。誣，妄也，欺也。是以雖隨無咎。若行此四德（元亨利貞），則不欺誣，雖遇隨卦，亦無咎殃。今我婦人，而與於亂。穆姜自言欲去季氏、孟氏，甚至欲廢魯成公，皆亂魯政。固在下位，古代男尊女卑，故穆姜自言在下位。而有不仁，有同又，而又不仁。不仁亦指逼成公事。不可謂元。元是一身之首，引伸之爲一國之首。穆姜自謂以在下位之婦人而欲亂魯，不可謂元。不靖國家，靖，安也，静也。亂魯則使國家不得安定。不可謂亨。國不安静，何能亨讌，故言不可。作而害身，不可謂利。穆姜實如此作爲，終被幽囚于東宮，故曰作而害身。棄位而姣，棄位猶言背棄本位。穆姜爲成公母，自應守太后之位，于古代道德，自稱未亡人，不加修飾。今穆姜私通宣伯，修飾爲美色，故曰棄位而姣。姣，美也，好也。不可謂貞。貞本是誠信之義，女子以古代所謂禮而自守亦曰貞。前後兩貞字義取雙關，不可拘泥。有四德者，隨而無咎。而，副詞，乃也。我皆無之，豈隨也哉？謂我無元亨利貞四德，不能「無咎」。易辭本義「元亨」爲一讀，猶言大吉；「利貞」爲一讀，謂有利於貞卜者。穆姜則分爲四義。我則取惡，能無咎乎？必有咎殃。必死於此，弗得出矣。」列女傳孽嬖傳亦述穆姜此事。

九·四　秦景公使士雃乞師于楚，秦本紀集解引世本謂景公名后伯車。傳世器有秦公鐘、秦公毁，乃秦景公作，詳趙明誠金石録及積微居金文説秦公毁再跋。「雃」本作「雃」，音牽。將以伐晉，楚子許之。子囊曰：「不可，當今吾不能與晉爭。晉君類能而使之，類，分類。人各有能，按其能力之大小同異而使用，故曰類能而使之。舉不失選，舉拔人才，各得其所。官不易方。昭二十九年傳云「官修其方」，方猶今言政策、政令。其卿讓於善，其大夫不失守，不失職守。其士競於教，競，彊也，今言努力。努力於教訓。其庶人力於農穡，庶人當爲農業生產者，晉語四「庶人食力」、周語上「庶民終于千畝」皆可證。商、工、皁、隸不知遷業。商賈技工以及皁隸，俱甘心世世代代爲之，無意于改變職業。皁隸，賤役。昭七年傳云：「士臣皁，皁臣輿，輿臣隸。」韓厥老矣，告老退休。知罃禀焉以爲政。禀，稟俗字，敬也，見方言。知罃將中軍。范匄少於中行偃而上之，謂中行偃使范匄高于己。王引之述聞謂「而」下脱「中行偃」三字，未嘗無理。使佐中軍。使范匄爲中軍副帥。韓起少於欒黶，而欒黶、士魴上之，「士魴」，金澤文庫本作「范魴」。王引之述聞謂「士魴」二字爲衍文，證據不足。蓋知罃將中軍，范匄佐之，中行偃則將上軍。欒黶宜爲上軍佐，欒黶讓，又使士魴；士魴亦讓，乃使韓起爲之。此文所以有「士魴」二字，王説誤。使佐上軍。魏絳多功，以趙武爲賢，而爲之佐。魏絳本應爲新軍帥，卒以趙武多才，乃使趙武爲新軍帥，魏絳爲佐。君明、臣忠，上讓、下競。君明總結類能使之，臣忠及上讓總結卿讓于善，下競總結其士庶人以及工商皁隸皆各盡其力不失職。當是時也，晉不可敵，事之而後可。君其圖之！」王曰：「吾既許之矣，楚共王已許士雃出兵。雖不及晉，謂楚不如晉，以子囊之言爲是。必將出師。」

秋，楚子師于武城，武城，楚地，今河南南陽市北。又見僖六年傳。以爲秦援。秦人侵晉。晉饑，弗能報也。明年晉報秦。

九・五

冬十月，諸侯伐鄭。此年六月，鄭曾朝楚，見二十二年傳，晉所以必伐鄭也。庚午，庚午，十一日。季武子、齊崔杼、宋皇鄖從荀罃、士匄門于鄟門，此魯、齊、宋之師隨晉中軍。鄟音專。鄟門，鄭城門名，高士奇地名考略云鄭東門。衛北宮括、曹人、邾人從荀偃、韓起門于師之梁，衛、曹、邾之兵從晉上軍。地名攷略謂師之梁爲鄭西門。師之梁亦見襄三十年及昭七年傳。滕人、薛人從欒黶、士魴門于北門，滕、薛人從晉下軍攻擊北門。杞人、郳人從趙武、魏絳斬行栗。郳即經之小邾。此文獨不敘經文之莒子，不知何故。趙武、魏絳爲新軍將佐。行栗者，道路兩旁所栽之栗樹。鄭風東門之墠云「東門之栗」，毛傳亦以爲道路上之栗，蓋鄭人當時喜種此。斬，伐之，或以開路，或以爲器材。甲戌，甲戌，十五日。師于氾。氾音凡，即東氾水，見僖三十年傳。今河南中牟縣西南。令於諸侯曰：「修器備，凡攻守之具皆曰器備。盛餱糧，盛音成。餱糧，乾糧。歸老幼，老者幼者無能作戰，故送還。居疾于虎牢，使疾病之人居于虎牢。虎牢即北制，見隱五年傳。肆眚，圍鄭。」肆，緩也；眚，過也。尚書舜典「眚災肆赦」，謂無意之錯誤可以赦免。

鄭人恐，乃行成。鄭人求和。中行獻子曰：「遂圍之，上文只命令圍鄭，苟偃欲竟圍鄭。以待楚人之救也，而與之戰。與楚戰。不然，無成。」必敗楚，鄭乃可終服晉。知武子曰：「知武子即中軍帥知罃。許之盟而還師，以敝楚人。鄭與晉盟，楚必伐鄭而疲敝，故曰敝楚人。吾三分四軍，晉有中、上、下、新四軍，而分爲三部，輪番作戰。與諸侯之鋭，晉軍加以各國戰鬬力强大之軍共同禦楚。以逆來者，逆，迎擊。來者指楚。於我未病，我三分兵力，作戰時有二分休整。楚不能矣。楚軍不能休整，必不能久。猶愈於戰。此種戰略，較之合圍鄭城，待楚軍來以決戰爲好。暴骨以逞，決戰必有死亡，故云暴骨。暴今作曝，曝露白骨。逞，快意也。不可以爭。意言爭勝不在於力戰，而在于智謀。大勞未艾。艾，止息也。言將有大勞在後，此刻仍須蓄力。君子勞心，小人勞力，此二語亦見魯語下，孟子滕文公上亦云「或勞心，或勞力」。先王之制也。」魯語下作「先王之訓也」，意同。諸侯皆不欲戰，乃許鄭成。十一月己亥，己亥，十一月十日。參見經注。同盟于戲，戲見經注。鄭服也。

將盟，鄭六卿，公子騑、字子駟。公子發、字子國。公子嘉、字子孔。公孫輒、字子耳。公孫蠆、字子蟜。公孫舍之字子展。及其大夫、門子，門子，卿之適子。皆從鄭伯。晉士莊子爲載書，士莊子即士弱。載書亦可以單曰載。周禮秋官司盟鄭玄注云：「載，盟辭也。」用牲爲坎，則加載書于牲上以埋之。不用牲亦曰載書，定十三年傳「載書在河」可證。曰：「自今日既盟之後，鄭國而不唯晉命是聽，「而」同「如」，如果。而或有異志者，有如此盟！」公子騑趨進曰：「天禍鄭國，使介居二大國之間，介，間也，界也。二大國，晉與楚。大國不加德音，而亂以要之，亂，兵亂。要，約言，指此載書。使其鬼神不獲歆其禋祀，説文：「歆，神食氣也。」禋音因，説文：「潔祀也。」其民人不獲享其土利，夫婦辛苦墊隘，墊隘猶委頓，羸弱之極也。又見成六年傳。無所厎告。厎音旨，致也。厎告，與尚書盤庚「凡爾衆其惟致告」同。自今日既盟之後，鄭國而不唯有禮與彊可以庇民者是從，而敢有異志者，亦如之！」亦如此盟。荀偃曰：「改載書！」欲改子駟之盟辭。據舍之之言，晉反對子駟之辭。公孫舍之曰：「昭大神要言焉。「昭」同「詔」。釋名云：「詔，照也。以此照示之，使昭然知所由也。」周禮司盟云：「北面詔明神。」説見章炳麟左傳讀。要，平聲，約也，即指盟約。若可改也，大國亦可叛也。」知武子謂獻子曰：「我實不德，而要人以盟，要，要挾。豈禮也哉？非禮，何以主盟？姑盟而退，修德、息師而來，息師謂休整軍隊。終必獲鄭，何必今日？我之不德，此假設句，猶言我若不德。參文言語法。民將棄我，豈唯鄭？若能休和，遠人將至，何恃於鄭？」乃盟而還。

九·六　晉人不得志於鄭，以上傳觀之，鄭盟辭謂「唯有禮與彊可以庇民者是從」，則不專服晉，故云晉不得

志。以諸侯復伐之。十二月癸亥，癸亥，五日。**門其三門。**攻擊鄭三面城門。據上傳，三門當爲東、西、北門。唯留南門不攻，蓋待楚兵。**閏月戊寅，**杜注：「此年不得有閏月戊寅。戊寅是十二月二十日。疑『閏月』當爲『門五日』。」可信。**濟于陰阪，**陰阪爲洧水濟渡口，水經洧水注謂「俗謂是濟爲參辰口」。當在今新鄭縣西而稍北，與超化鎮相近。**侵鄭。次於陰口而還。**陰口當在陰阪北，陰阪對岸處。水經洧水注所謂「口者，水口也」。**子孔曰：「晉師可擊也，師老而勞，且有歸志，必大克之。」子展曰：「不可。」**

九·七

公送晉侯，晉侯以公宴于河上，問公年。季武子對曰：「會于沙隨之歲，寡君以生。」沙隨之會在成公十六年。**晉侯曰：「十二年矣，**僅虛歲十二年，古所謂「歲初增年」。**是謂一終，一星終也。**「一星終」句乃解釋「是謂一終」。星指木星，古謂之歲星。古人劃周天爲十二次，以爲木星一年行一次，十二年滿一周天，故十二年爲一星終，而用之紀年。實則木星繞周天，即公轉周期，僅十一又百分之八六年。古人誤算，爲劉歆所發現，用超辰法糾正之，謂一百四十四年超辰一次，雖仍不精確，但已勝先秦、西漢。東漢順帝以後，即不用歲星紀年法。至祖沖之謂「歲星行天七匝，輒超一位」，木星行七周天，則八十四年。八十四年超一次，僅少百分之二年，其數較密。**國君十五而生子，冠而生子，禮也。**冠是由童子變爲成人之禮。古代天子、諸侯及大夫之冠禮，已不得其詳，今唯存士冠禮，在儀禮中。但必先行冠禮，目爲成人，始能結婚，則天子以至士相同，御覽七一八引白虎通云「男子幼娶必冠，女子幼嫁必笄」可證。國君冠之年，其說不一。晉悼公以爲十二歲可以冠，十五歲則生子。高誘注淮南氾論訓云：「國君十二歲而冠，冠而娶，十五生子，重國嗣也。」恐即受此文影響。尚書金縢鄭玄注亦云：「天子、諸侯十二而冠。」宋書禮志一引賈逵、服虔說，皆以爲人君禮十二而冠。唯荀子大略篇謂「天子、諸侯子十九而冠」，楊倞注謂「先於臣下一年」，又異于此。

君可以冠矣。大夫盍爲冠具？」盍，何不之合音字。冠具指行冠禮之用具。武子對曰：「君冠，必以祼享之禮行之，祼亦作灌，以配合香料煮成之酒倒之于地，使受祭者或賓客嗅到香氣。此是行隆重禮節前之序幕。享亦作饗，王國維觀堂集林卷一謂「諸侯冠禮之祼享，正當士冠禮之醴或醮」。祼享即具有祼之儀式之饗禮。餘詳士冠禮及楊寬古史新探。以金石之樂節之，節之，表示有節度。據大戴禮公冠篇及盧辯注，公冠時，饗時無樂，冠時仍有樂，即此「以金石之樂節之」也。以先君之祧處之。祧音挑，杜注謂諸侯以始祖之廟爲祧，其實凡廟皆可曰祧，顧炎武補正、徐養原頑石廬經說及俞樾皆曾論證，且駁王肅之誤說，可參看。今寡君在行，楊樹達先生讀左傳云：「行，道也。」未可具也，在路途中不能具備各種冠禮之具。請及兄弟之國而假備焉。」晉侯曰：「諾。」公還，及衛，冠于成公之廟，成公爲衛成公，於當時衛獻公爲曾祖。衛之始祖爲康叔，周武王同母少弟，不於康叔廟而於成公廟，足見祧義不一定爲始祖廟。假鍾磬焉，禮也。魯、衛同爲周室懿親，故上云「兄弟之國」。

九·八　楚子伐鄭。子駟將及楚平，不欲禦楚而欲與楚結盟。子孔、子蟜曰：「與大國盟，大國指晉。口血未乾而背之，與晉同盟必歃血，口血未乾言其不久。可乎？」子駟、子展曰：「吾盟

九·九

固云『唯彊是從』，今楚師至，晉不我救，則楚彊矣。盟誓之言，豈敢背之？且要盟無質，孔疏引服虔云：「質，誠也。」即信也。要挾之盟，固無誠信可言。故下文專言信。神弗臨也。臨，莅臨，降臨，來臨。所臨唯信，謂神之所降臨只有誠信之盟會。信者，言之瑞也，善之主也，是故臨之。說明「所臨唯信」。明神不蠲要盟，蠲音捐，潔也。意謂要挾之盟明神所棄。背之，可也。」乃及楚平。公子罷戎入盟，入鄭都内爲盟會。同盟于中分。杜注：「中分，鄭城中里名。」

楚莊夫人卒，楚莊王夫人，當時楚共王之母。王未能定鄭而歸。

晉侯歸，謀所以息民。計議休養生息之策。魏絳請施舍，見宣十二年傳注。輸積聚以貸。輸，委輸，今言轉運。積聚指財貨。出其財物借貸於民。自公以下，苟有積者，盡出之。國無滯積，財貨流通，利於生産。亦無困人；人無困難無告者。公無禁利，川澤山林之利與民共之。亦無貪民。民亦不貪求。祈以幣更，祈禱不用犧牲，以皮幣代之。皮爲狐貉之裘，幣爲繒帛之貨。禮記月令、吕氏春秋仲春紀俱謂「祀不用犧牲，用圭璧，更皮幣」，與此相類似。惠棟讀更爲梗，管子四時篇「謹禱弊梗」，王引之亦謂弊與幣同。梗，禱祭也。幣梗者，梗用幣也。詳其補注與述聞，但所舉證不與此同，不足信。賓以特牲，款待貴賓，只用一種牲畜。一牲曰特。器用不作，不作新器，只用舊物。車服從給。車馬服飾够用即可，不求多餘。行之期年，期同朞。期年，一週年。國乃有節。哀十六年傳「楚未節也」，越語「今越國亦節矣」，皆此節字之義。節字之義甚廣，禮節、法度固可曰節，操守亦可曰節。三駕而楚不能與爭。駕謂駕兵車。杜注：「三駕，三興師。謂十年師於牛首，十一年師於向，其秋觀兵於鄭東門。自後鄭遂服。」

十年，戊戌，公元前五六三年。周靈王九年、晉悼十一年、齊靈十九年、衛獻十四年、蔡景二十九年、鄭簡三年、曹成十五年、陳哀六年、杞孝四年、宋平十三年、秦景十四年、楚共二十八年、吳壽夢二十三年、許靈二十九年。

經

一〇·一 十年春，正月二十八日丙辰冬至，建子，有閏月。公會晉侯、宋公、衛侯、曹伯、莒子、邾子、滕子、薛伯、杞伯、小邾子、齊世子光會吳于柤。柤音查，楚地，今江蘇邳縣北而稍西之泇口。

一〇·二 夏五月甲午，甲午，八日。遂滅偪陽。此用「遂」字，可見與上文「會吳于柤」有關。僖四年經云：「侵蔡，蔡潰，遂伐楚。」齊志本在伐楚，侵蔡者，所以伐楚也，故曰「遂伐楚」。則晉志本在滅偪陽，會柤者，所以滅偪陽也，故曰「遂滅偪陽」。說見于鬯香草校書。偪音福，又音逼。穀梁「偪」作「傅」。國語鄭語云

「妘姓鄅、鄶、路、偪陽」，則偪陽爲妘姓小國。偪陽今邳縣西北，即山東嶧城（嶧縣廢治）南五十里，東南距相約五十里。

一〇·三 公至自會。無傳。

一〇·四 楚公子貞、鄭公孫輒帥師伐宋。

一〇·五 晉師伐秦。

一〇·六 秋，莒人伐我東鄙。

一〇·七 公會晉侯、宋公、衛侯、曹伯、莒子、邾子、齊世子光、滕子、薛伯、杞伯、小邾子伐鄭。杜注：「齊世子光先至於師，爲盟主所尊，故在滕上。」此本傳文。

一〇·八 冬，盜殺鄭公子騑、公子發、公孫輒。「騑」，公羊、穀梁俱作「斐」，同音通假。其人字子駟，正字當作「騑」。經文書「盜」，始于此條。

一〇·九 戍鄭虎牢。

一〇·一〇 楚公子貞帥師救鄭。

一〇·一一 公至自伐鄭。無傳。

傳

一〇・一 十年春，會于柤，柤見經注。會吴子壽夢也。據十二年經，知壽夢名乘。三月癸丑，癸丑，二十六日。齊高厚相大子光，以先會諸侯于鍾離，鍾離在今安徽鳳陽縣東而稍北二十五里，餘詳成十五年傳注。不敬。士莊子曰：「高子相大子以會諸侯，將社稷是衛，而皆不敬，高厚與太子光執事皆不嚴肅。棄社稷也，其將不免乎！」不免於禍。十九年齊殺高厚，二十五年光爲崔杼所殺。

夏四月戊午，戊午，初一。會于柤。

一〇・二 晉荀偃、士匄請伐偪陽，而封宋向戌焉。定八年傳「諸侯唯宋事晉」，而向戌爲宋之賢臣，故晉人欲滅偪陽爲其私邑。荀罃曰：「城小而固，勝之不武，弗勝爲笑。」固請。丙寅，丙寅，九日。圍之，弗克。不能攻克偪陽。孟氏之臣秦堇父輦重如役。孟氏之臣，魯孟孫之家奴。重，重車，軍行載器物，止則爲藩營。輦，以人力挽車。如役，至于所服役之地。偪陽人啓門，啓，開也。諸侯之士門焉。因其城門開，諸侯隊伍遂進攻。縣門發，縣同懸。縣門詳莊二十八年傳注。郰人紇抉之，郰，魯邑，今山東曲阜縣東南約四十餘里。郰人，郰邑大夫，即郰宰，今謂縣長。紇，即叔梁紇，孔丘之父。抉同擨，揭也，高舉也。謂以手舉縣門不使下。以出門者。使進攻入城之士卒得出。狄虒彌建大車之輪，狄虒彌，魯人。虒音斯。漢書古今人表作狄斯彌。大車，平地載重之車，其輪高古尺九尺，輪周則過二丈八尺，大于乘車。而蒙之以甲，以皮製之甲蒙大車之輪。以爲櫓。櫓、盾一物。櫓音魯，大盾，後人謂之彭排或旁排。釋名釋兵所謂「在旁排敵禦攻者」也。漢書劉屈氂傳以牛車爲櫓，事與狄虒彌相類。左執之，左手執櫓。右拔戟，右手以戟攻敵。以成一隊。據賈逵及杜預説，百人爲隊。淮南子高誘注則謂二百人爲隊。李衞公兵法引司馬法又謂五人爲伍，十伍爲隊。疑未能定。史記孫吳列傳言孫武以吴王寵姬二人各爲隊長，亦未言人數。此是衝鋒陷陣之步兵。孟獻子曰：「詩所謂『有力如虎』者也。」詩見邶風簡兮。主人縣布，主人謂偪陽守城將。縣同懸。堇父登之，及堞而絶之。堇父緣布登城，守城者俟堇父及牆垛，斷布而使堇父墜地。隊，同墜。則又縣之。堇父墜地，守城者又懸布。蘇而復上者三，堇父甦醒，又緣布而登，守城者又斷布，如此者三次。主人辭焉，守城者服其勇，向秦堇父辭謝。乃退。帶其斷以徇於軍三日。堇父以其斷布爲帶巡示各軍者三日。

諸侯之師久於偪陽，荀偃、士匄請於荀罃曰：「水潦將降，懼不能歸，請班師。」班，還也，旋也。哀二十四年傳云「役將班矣」，與此義同。知伯怒，知伯即荀罃，中軍帥。投之以机，机即几，古人屈膝席地而坐，老者尊者可以憑几。但几長三尺，當今近二尺；高二尺，當今一尺二三寸，未必可以投。章炳麟以爲机借爲機，古代大弓曰弩，發箭之器曰機，亦曰弩牙，則易于投擲。詳左傳讀。出於其間，机出于二人之間。曰：「女成二事，杜注：「二事，伐偪陽，封向戌。」而後告余。余恐亂命，以不女違。荀偃、士匄請伐偪陽，知罃初不許，固請乃從。若將帥之中各執己見，則爲亂命，知罃因而從之。女既勤君而興諸侯，勤君，使晉君勤勞。牽帥老夫以至於此，老夫，知罃自稱。魯宣公十二年晉、楚邲之戰，曾經參戰，其時必已成年。至此又歷三十四年，計其年當在五十以上，故自稱「老夫」。既無武守，武守猶言堅守武攻。而又欲易余罪，易，施也，延也。易余罪猶言歸罪于我。曰：『是實班師。不然，克矣。』此知罃假定荀偃歸罪之辭。余羸老也，也作矣用，參見詞詮。可重任乎？邲之戰被楚所俘，此爲主帥又戰而不勝，故曰重任。任，任罪，與成二年傳「後之人必有任是夫」之任同義。七日不克，必爾乎取之！」「爾乎」猶言「於爾」，謂必取爾首以謝不克之罪。五月庚寅，庚寅，四日。荀偃、士匄帥卒攻偪陽，親受矢、石，矢爲箭。石亦守城武器，由城上以擊攻者。墨子備城門所謂「二步積石，石重千鈞以上者五百枚」。甲午，甲午，八日。滅之。書曰「遂滅偪陽」，言自會也。自柤之會而逼借諸侯之師。

以與向戌。向戌辭曰：「君若猶辱鎮撫宋國，而以偪陽光啓寡君，光啓即廣啓，見積微居金文説番生𣪕蓋跋。廣啓猶言擴大疆土。光啓寡君即使寡君擴大土宇。羣臣安矣，其何貺如之！貺音況，賜也。言所受厚賜無與可比。若專賜臣，是臣興諸侯以自封也，其何罪大焉！言以偪陽賜己，是發動各國軍隊爲自己得封地，何罪大于此？敢以死請。」乃予宋公。

宋公享晉侯於楚丘，楚丘在今商丘市東北，山東曹縣東南，餘詳隱七年經注。請以桑林。桑林，本爲桑山之林，商湯曾於此處祈雨，呂氏春秋順民篇「湯乃以身禱於桑林」，帝王世紀「大旱七年，禱於桑林之社」是也。其後殷商以及宋國奉爲聖地，而立神以祀之，呂覽誠廉篇所謂「世爲長侯，守殷常祀，相奉桑林」者也。殷因有桑林之樂，此天子之樂，而宋沿用之。昭二十一傳又云宋有「桑林之門」，足證宋之重桑林。此宋請以桑林之樂舞於饗晉悼時用之，莊子養生主篇所謂「合於桑林之舞」者也。荀罃辭。荀罃辭讓，不敢當此。荀偃、士匄曰：「諸侯宋、魯，於是觀禮。諸侯之中，魯用周天子之禘禮，宋用殷商之王禮，故他國人往觀之。魯有禘樂，賓祭用之。魯用周王之禘樂，於享大賓及大祭時用之。餘詳孔疏。宋以桑林享君，不亦可乎？」賓能觀魯之禘樂，則晉侯亦能享宋之桑林。舞，舞桑林也。師題以旌夏。師爲樂隊之帥，率樂隊以入。旌夏，旌旗之一種，以雉羽綴於竿首，羽又染以五色。句謂樂師舉旌夏引樂人以入。樂師爲行首，猶人之初見額。題，額也，故云「題以」云云。晉侯懼而退入于房。杜注：「旌夏非常，卒見之，人心偶有所畏。」正室東西兩旁之室曰房。去旌，卒享而還。仍受桑林之樂舞，但去其太甚之旌夏。及著雍，杜注：「著雍，晉地。」大事表謂「蓋晉適齊、宋，河以內之地」云云。疾。晉侯病。卜，桑林見。龜卜疾病，兆見桑林之神。荀偃、士匄欲奔請禱焉，桑林神宇當在宋都，晉悼病時已入晉境，故二人欲奔回祈禱。荀罃不可，曰：「我辭禮矣，彼則以之。以，用也。我辭不用桑林，宋仍用之。猶有鬼神，於彼加之。」猶，假如。知罃似不信有鬼神，但亦不正面反駁。於彼加之，謂加禍殃於宋。晉侯有間，不禱而愈。以偪陽子歸，獻于武宮，武宮，晉武公廟，晉以爲太祖廟，故晉之大事必于武宮舉行。獻俘亦于太廟，小盂鼎載在周廟向王獻俘，虢季子白盤亦載獻馘，敔簋又載在周廟告擒，皆可爲旁證。謂之夷俘。偪陽，妘姓也。使周內史選其族嗣，納諸霍人，選其族嗣，不用偪陽子之近親，而奉妘姓之祀。霍人，晉邑，在今山西繁峙縣東郊，遠離其舊國，防其反叛。禮也。杜注：「善不滅姓，故曰禮也。」

師歸，孟獻子以秦堇父爲右。以堇父有勇力，故以爲車右。生秦丕茲，事仲尼。齊召南以爲秦丕茲即仲尼弟子列傳之秦商。孔子家語七十二弟子解云「秦商，魯人，字丕茲」云云。見左傳注疏考證。

一〇·三 六月，楚子囊、鄭子耳伐宋，師于訾毋。訾毋，宋地，當在今河南鹿邑縣南。庚午，庚午，十四日。圍宋，門于桐門。既合圍，又攻其桐門也。桐門，宋北門，亦見昭二十五年傳並注。

一〇·四 晉荀罃伐秦，報其侵也。杜注：「侵在九年。」

一〇·五 衞侯救宋，師于襄牛。襄牛，衞地，餘詳僖二十八年傳注。鄭子展曰：「必伐衞。不然，是不與楚也。得罪於晉，又得罪於楚，國將若之何？」子駟曰：「國病矣。」困難疲勞也。子展曰：「得罪於二大國，必亡。病，不猶愈於亡乎？」諸大夫皆以爲然。故鄭皇耳帥師侵衞，杜注：「皇耳，皇戌子。」楚令也。亦奉楚之命以侵衞，與成六年「晉命也」義同。

孫文子卜追之，孫文子即孫林父，時爲衞國執政。獻兆於定姜。定姜，衞定公妻，獻公之母。姜氏問繇。兆只是灼龜殼之裂紋，其兆各有繇辭。據周禮大卜，繇辭亦謂之頌。下三句即繇辭。曰：「兆如山陵，有夫出征，而喪其雄。」陵、雄爲韻，古音同在登部，今則雄變讀東韻矣。姜氏曰：「征者喪雄，禦寇之利也。大夫圖之！」衞人追之，孫蒯獲鄭皇耳于犬丘。孫蒯，林父子。犬丘見元年傳注。

一〇·六 秋七月，楚子囊、鄭子耳侵我西鄙。「侵」原作「伐」，今從石經、宋本、淳熙本、岳本、金澤文庫本訂正。此楚、鄭之師因伐宋之便而侵魯。還，圍蕭。蕭，宋邑，今安徽蕭縣北而稍西十五里。可參莊十二年傳注及宣十二年經注。八月丙寅，丙寅，十一日。克之。九月，子耳侵宋北鄙。

孟獻子曰：「鄭其有災乎！師競已甚。競，相争也。已，太也。周猶不堪競，周謂周王室。以天子之尊尚不堪屢用兵。況鄭乎！有災，其執政之三士乎！」杜注：「鄭簡公幼少，子駟、子國、子耳秉政，故知三士任其禍也。爲下盜殺三大夫傳。」

一〇・七　莒人間諸侯之有事也，間，今言鑽空子。有事，有兵事。時晉、楚相爭，齊、魯、宋等皆參與。故伐我東鄙。

一〇・八　諸侯伐鄭，齊崔杼使大子光先至于師，故長於滕。雞澤之盟、會戚、救陳、盟戲、會柤，齊世子光皆序于諸小國之下，惟此年伐鄭，則序于滕、薛、杞、小邾子之上。據周禮典命，諸侯之適子命於天子，攝其君，則下其君之禮一等；未受命，則以皮帛繼子男。齊世子光未命于天子，當繼子男之後。但晉悼公與楚爭霸，非得齊之力不可，故因世子光先至而進之。己酉，己酉，二十五日。師于牛首。牛首，鄭地，在今河南通許縣稍北。餘詳桓十四年傳注。

一〇・九　初，子駟與尉止有爭，水經渠水注引圈稱陳留風俗傳，謂陳留尉氏，鄭國之東鄙弊獄官名也，鄭大夫尉氏之邑，則尉氏乃以官名爲氏。尉氏縣在今河南開封市南而略西九十里。襄二十一年傳欒盈謂周行人，「將歸死於尉氏」，可證尉氏爲法官。將禦諸侯之師，即上文「諸侯伐鄭」之師。而黜其車。子駟減少尉止應帥之兵車。尉止獲，又與之争。尉止俘獲敵人，子駟又與之争功。子駟抑尉止曰：「爾車非禮也。」子駟壓抑尉止，既減損其應帥之兵車，而又罪之非禮。遂弗使獻。子駟因不使尉止獻俘獲。初，子駟爲田洫，田洫，田間溝洫，並田塍。田洫之制，詳于周禮考工記匠人，但未必通行于各國與各時。子駟爲田洫，或以興修水利爲名，或以整頓田界爲名，俱未詳。司氏、堵氏、侯氏、子師氏皆喪田焉。四氏損失田畝，疑爲子駟所强奪，不然，不得因此殺之。故五族聚羣不逞之人因公子之徒以作亂。

五族猶五氏姓，尉氏及喪田之四氏。逞，快也。不逞之人即不得快意之人，失意之人。公子之徒指八年子駟所辟殺子狐、子熙、子侯、子丁之族黨。因，憑藉。

於是子駟當國，於是，于此時也。當國謂專大政。其次爲聽政，則與聞政事而不能專。詳沈彤小疏。子國爲司馬，子耳爲司空，子孔爲司徒。冬十月戊辰，戊辰，十四日。尉止、司臣、侯晉、堵女父、子師僕帥賊以入，晨攻執政于西宮之朝，殺子駟、子國、子耳，昭四年傳鄭人謗子產謂子國死於路，則三人或被殺於道塗。劫鄭伯以如北宮。西宮、北宮，見僖二十年經注。子孔知之，故不死。子孔，公子嘉。書曰「盜」，言無大夫焉。杜注：「尉止等五人皆士也。大夫謂卿。」葉酉春秋究遺云：「以『盜殺』告，舊史遂承而書之。」

子西聞盜，不儆而出，杜注：「子西，公孫夏，子駟子。」儆，同警，戒備。尸而追盜。尸謂收斂尸骨，詳宣十二年傳注。盜入於北宮，乃歸，授甲，臣妾多逃，臣妾即其家之男女奴隸。器用多喪。如此，則不能授甲追盜矣。子產聞盜，子產之父子國亦被殺。爲門者，置守門之人，嚴禁出入。庀羣司，杜注：「具衆官。」閉府庫，慎閉藏，完守備，成列而後出，以其私族之兵列隊而出。兵車十七乘。杜注：「千二百七十五人。」尸而攻盜於北宮，先收其父之尸骨而後攻擊尉止等。子蟜帥國人助之，子蟜即公孫蠆。詳八年傳注。殺尉止、子師僕，盜衆盡死。盜衆似指「羣不逞之人。」侯晉奔晉，或以爲侯晉爲侯宣多之子，無據。堵女父、司臣、尉翩、司齊奔宋。杜注：「尉翩，尉止子。司齊，司臣子。」

子孔當國，杜注：「代子駟。」爲載書，以位序、聽政辟。此盟辭之主旨。辟，法也。杜注：「自羣卿諸司各守其職位，以受執政之法，不得與朝政。」蓋子孔欲專鄭國之政。大夫、諸司、門子弗順，大夫謂諸卿，諸司謂各主管部門，門子謂卿之適子。將誅之。杜注：「子孔欲誅不順者。」子産止之，請爲之焚書。杜注：「既止子孔，又勸令燒除載書。」子孔不可，曰：「爲書以定國，衆怒而焚之，是衆爲政也，國不亦難乎？」杜注：「難以至治。」子産曰：「衆怒難犯，專欲難成，合二難以安國，危之道也。不如焚書以安衆，子得所欲，當國政。衆亦得安，不亦可乎？專欲無成，犯衆興禍，子必從之！」乃焚書於倉門之外，高士奇地名考略謂倉門，鄭之東南門。杜注：「不於朝内燒，欲使遠近見所燒。」衆而後定。

一〇·一〇　諸侯之師城虎牢而戍之，虎牢，即隱五年傳之北制。今河南滎陽上街鎮。互詳隱元年傳注。晉師城梧及制，梧當在虎牢附近。制即虎牢，晉又爲小城，以屯兵及糧食武器。士魴、魏絳戍之。書曰「戍鄭虎牢」，非鄭地也，言將歸焉。虎牢本鄭要害之地，此時晉及諸侯之師已佔有之，俟鄭屈服而後歸之。鄭及晉平。

一〇·一二 楚子囊救鄭。十一月，諸侯之師還鄭而南，還同環，圍繞而行。釋文：「還，本亦作環。」至於陽陵。陽陵，鄭地，在今許昌市西北。楚師不退。知武子欲退，知武子，知罃。曰：「今我逃楚，楚必驕，驕則可與戰矣。」欒黶曰：「逃楚，晉之恥也。合諸侯以益恥，不如死。我將獨進。」師遂進。己亥，己亥，十六日。與楚師夾潁而軍。潁水詳宣十年傳注。

子蟜曰：「蟜」原作「矯」，今從四部叢刊本、金澤文庫本及顧炎武説訂正。「諸侯既有成行，成行謂退兵之準備已完成。必不戰矣。從之將退，不從亦退。從晉與否，晉及諸侯之師皆將退。退，楚必圍我。猶將退也，猶，今言同樣。詳見詞詮。不如從楚，亦以退之。」以從楚退楚軍。宵涉潁，「宵」原誤作「霄」，今從校勘記及金澤文庫本訂正。鄭在潁水之北，晉及諸侯之師亦在潁北，楚在潁南。與楚人盟。杜注云：「夜渡，畏晉知之。」欒黶欲伐鄭師，荀罃不可，曰：「我實不能禦楚，又不能庇鄭，「庇」原作「庀」。阮元校勘記云：「各本作『庇』。」金澤文庫本亦作「庇」，今從之。鄭何罪？言鄭與楚盟，由晉之不能庇鄭，不能罪鄭。不如致怨焉而還。致怨謂使鄭怨楚，蓋鄭服于楚，楚必誅求無厭。今伐其師，楚必救之。戰而不克，爲諸侯笑。克不可命，此時諸侯之師皆作歸計，晉亦決定還師，故云「克不可命」，猶言勝不可必。命，信也，有信心之謂。不如還也。」丁未，丁未，二十四日。諸侯之師還，侵鄭北鄙而歸。晉及諸侯之師回國多必經鄭之北鄙，而鄭師多在南境。楚人亦還。

一〇·一三　王叔陳生與伯輿争政，杜注：「二子，王卿士。」争政猶争權。伯輿參見成十一年傳並注。王右伯輿。右，助也。王叔陳生怒而出奔。及河，王復之，殺史狡以説焉。史狡當爲王叔陳生之所惡，故靈王殺之以悦王叔陳生。不入，遂處之。王叔不入周，遂居處河上。晉侯使士匄平王室，平，和也，謂調和兩造之争。王叔與伯輿訟焉。杜注：「争曲直。」王叔之宰與伯輿之大夫瑕禽坐獄於王庭，宰，家臣之長。大夫，伯輿所屬之大夫。坐獄，兩造對訟。亦單言曰坐，昭二十三年傳「邾人愬于晉，晉人使叔孫婼與邾大夫坐」是也。又可參僖二十八年傳並注。杜注：「周禮，命夫命婦不躬坐獄訟，故使宰與屬大夫對争曲直。」士匄聽之。王叔之宰曰：「篳門閨竇之人而皆陵其上，其難爲上矣。」杜注：「篳門，柴門。閨竇，小户，穿壁爲户，上鋭下方，狀如圭也。」言伯輿微賤之家。釋文：「閨本亦作圭。」據杜預注，其所據本似亦作「圭」。陵，駕陵。瑕禽曰：「昔平王東遷，吾七姓從王，牲用備具，王賴之，而賜之騂旄之盟，杜注：「平王徙時，大臣從者有七姓，伯輿之祖皆在其中，主爲王備犧牲，共祭祀。王恃其用，故與之盟，使世守其職。騂旄，赤牛也。舉騂旄者，言得重盟，不以犬雞。」牲用爲一詞，義猶犧牲，尚書微子「今殷民乃攘竊神祇之犧牷牲用以容，將食無災」可證。騂音辛，論語雍也：「犁牛之子騂且角。」注：「騂，赤也。」後又作牸。禮記檀弓謂周人尚赤，故犧牲用赤色牛。曰：『世世無失職。』盟辭當較長，此僅舉其要。若篳門閨竇，其能來東厎乎？厎，阮本作底，今依石經、宋本、岳本釋文訂正。此謂伯輿亦世家，非「篳門閨竇」之人。**且王何賴焉？** 此駁王叔之宰謂其爲「篳門閨竇之人」。底，止也，安也。「來東底」猶言來東而安止也。**今自王叔之相也，** 王叔相周，即把持周政權。**政以賄成，** 賄賂公行。**而刑放於寵。** 淮南子兵略注：「放，寄也。」刑寄於寵，即杜注「寵臣專刑，不任法」。阮芝生杜注拾遺謂「視寵之新故以爲刑之出入」，非。**官之師旅，** 師旅，一爲軍旅之義，一爲羣有司之名，見王引之述聞及成十八年傳注。**不勝其富，吾能無篳門閨竇乎？** 此又以其貧困歸于王叔爲政之貪污。**唯大國圖之！** 大國指晉。士匄乃代表晉國。**下而無直，則何謂正矣？」** 意言曲直不分上下，若在下位者雖有理而不能爲直，則不可謂正。正，平也。若讀爲政治之政，亦通。**范宣子曰：** 范宣子即士匄。**「天子所右，寡君亦右之；所左，亦左之。」** 杜注：「宣子知伯輿直，不欲自專，故推之於王。」右左猶言助與不助。**使王叔氏與伯輿合要，** 周禮秋官鄉士「異其死刑之罪而要之」，鄭注：「要之，爲其罪法之要辭。」尚書康誥之「要囚」、呂刑之「有要」，皆此義。合要，謂前此兩方相爭之罪狀、證辭等取而合之。**王叔氏不能舉其契。** 契即要辭之契券。蓋兩方相爭，周靈王助伯輿，其要辭亦必以王叔爲曲，王叔氏因不能舉出。**王叔奔晉。** 蓋士匄使之，爲王叔留退路。**不書，不告也。單靖公爲卿士以相王室。** 單靖公，據杜預世族譜，爲單頃公之子。頃公見三年傳。單靖公代王叔，則王叔不返周室矣。

十一年，己亥，公元前五六二年。周靈王十年、晉悼十二年、齊靈二十年、衞獻十五年、蔡景三十年、鄭簡四年、曹成十六年、陳哀七年、杞孝五年、宋平十四年、秦景十五年、楚共二十九年、吴壽夢二十四年、許靈三十年。

經

一一·一　十有一年春王正月，正月初十壬戌冬至，建子。作三軍。

一一·二　夏四月，四卜郊，不從，乃不郊。無傳。參僖三十一年經並注。

一一·三　鄭公孫舍之帥師侵宋。舍之，公子喜之子，字子展。

一一·四　公會晉侯、宋公、衞侯、曹伯、齊世子光、莒子、邾子、滕子、薛伯、杞伯、小邾子伐鄭。

一一·五　秋七月己未，己未，十日。同盟于亳城北。「亳」，公羊、穀梁俱作「京」，公羊疏且云：「左氏經作『亳城北』，服氏之經亦作『京城北』。」惠棟公羊古義云：「京，鄭地，在滎陽，隱元年傳謂之『京城大叔』是也。亳城無考，此傳寫之訛，當從公、穀是正。」臧壽恭左傳古義則謂「亳亦稱京」。然據續漢書郡國志，滎陽有薄亭，薄亭即亳亭。依文物參考資料一九五六年三期鄭州金水河南岸工地發現帶字戰國陶片及文物一九七七年一期鄭州商代城址發掘簡報、一九七八年二期鄒衡鄭州商城即湯都亳説，以地下實物證明杜注「亳城，鄭地」之不誤，則此亳城北，即商代遺址之北。

一一·六 公至自伐鄭。無傳。

一一·七 楚子、鄭伯伐宋。

一一·八 公會晉侯、宋公、衞侯、曹伯、齊世子光、莒子、邾子、滕子、薛伯、杞伯、小邾子伐鄭，會於蕭魚。

一一·九 公至自會。無傳。

一一·一〇 楚人執鄭行人良霄。杜注：「良霄，公孫輒子伯有也。」

一一·一一 冬，秦人伐晉。

傳

一一·一 十一年春，季武子將作三軍，前人據尚書費誓「魯人三郊三遂」，以爲魯國初年已有三軍，然論據不足。即伯禽曾作三軍，亦因「徐夷並興，東郊不開」，魯都曲阜大受威脅之故。其後是否繼續保持三軍，已無文獻可徵。據周禮軍伍之制，一萬二千五百人爲軍，杜注亦從此說。魯頌閟宮「公徒三萬」，若是三軍，則近四萬。舉成數應就大而不應縮小，似僖公之時亦二軍。又據哀十一年傳，孟孺子帥右師，冉求帥左師，則魯僅左右二師，二師即二軍。此是否即魯國之全部軍隊，亦難肯定。此謂「作三軍」，明非僅增加一軍而已，乃改組並重新編制，組成三軍。**告叔孫穆子曰：「請爲三軍，各征其軍。」**季氏欲作三軍，不向魯襄請示，而告叔孫，不僅由于魯襄僅十三四歲。若晉悼即位，亦僅十四歲，而大有成人所不敢作不敢言者。叔孫世爲司馬，掌軍政，不能不告之。各征其軍，前人皆無確實解釋。據下文，不過由三家各有一軍耳。**穆子曰：「政將及子，子必不能。」**此時季武子尚少，叔孫豹穆子爲政，叔孫意謂不久政權將及於爾。蓋季文子以五年死，死且六年，叔孫亦老矣。季氏世爲魯之上卿，叔孫不能不讓位於季氏。子必不能，叔孫恐季孫一人專政權、軍權，不能團結三家。**武子固請之。穆子曰：「然則盟諸？」**諸，之乎之合音字。叔孫欲取信於盟誓。**乃盟諸僖閎，**諸，之於之合音字。閎音宏，本意爲里巷之門，此僖閎是僖公廟之大門。**詛諸五父之衢。**詛，祭神使之加禍于不守盟誓者。互參隱十一年傳注。既盟又詛，足見三家之互有猜疑。五父之衢又見定六年、八年傳及檀弓、韓非子外儲説右上篇。據山東通志，五父之衢在曲阜縣東南五里。魯語下謂「季武子爲三軍，叔孫穆子曰不可」云云，與傳略異。

正月，作三軍，三分公室而各有其一。三分公室與作三軍相連，亦與下文相連，自是所言亦作三軍之事，前人有解爲三分魯公室之貨財或税收者，自是謬誤。若三分魯襄公之貨財，豈不成爲公然叛亂？若三分魯襄公之税收，則魯襄公何以爲魯襄公，如何生活？皆不合情理。蓋魯國之軍，本爲公室所有。今作三軍，以三軍改爲季孫、叔孫、孟孫三族所私有，各族各得一軍之指揮與編制之權，故云各有其一。其一者，其一軍也。**三子各毁其乘。**三氏本各有私家軍，今既得公室軍，則前此之私家軍無復存在之必要。且魯本無三軍，今作三軍，兵乘不足額，乃毁其私家軍以足之，而毁之之法又不同。**季氏使其乘之人，以其役邑入者無征，不入者倍征。**此以下僅就各毁其乘言。魯公室本二軍，改編爲三，三氏各有其一，其兵乘之來源，仍自魯之郊遂。不足之數，三氏各以原有之私乘補充。私乘之來源，則各自其私邑。季氏於其屬邑奴隸盡釋爲自由民。役邑即提供兵役之鄉邑，入爲入于季氏，爲季氏服軍服役，則免其家之税收。其不入於季氏者，則倍徵其税，以補充其豁免之數，且以奬勵從軍者，懲罰不從軍者。**孟氏使半爲臣，若子若弟。**若，或也。其入軍籍皆年青力壯，或自由民之子，或自由民之弟，而皆以奴隸待之，其父兄則爲自由民。前人説多誤，不録。**叔孫氏使盡爲臣，不然不舍。**叔孫氏則仍實行奴隸制，凡其私乘，本皆奴隸，今補入其軍中者亦皆奴隸。「不然不舍」僅就叔孫言之，謂不如此不改置。此乃左氏叙事之辭，杜注以爲盟詛之言，尤非。

一一·二

鄭人患晉、楚之故，鄭都在今新鄭縣，西北與周室鄰，南與蔡鄰，東與宋鄰，西南與楚鄰。欲稱霸中原，必先得鄭。當晉、秦争霸時，鄭爲晉、秦所争。今晉、楚争霸，又爲晉、楚所争。國境屢爲戰場，自襄公以來，幾至年年有戰事，故其大夫患之。鄭人，鄭卿大夫。**諸大夫曰：「不從晉，國幾亡。**幾音譏，今言幾乎，近也。**楚弱於晉，晉不吾疾也。**杜注：「疾，急也。」以九年傳知武子「何恃於鄭」之言證之，可通。若解疾爲怨恨，以荀罃（即知武子）「鄭何罪」之言證之，亦可通。**晉疾，楚將辟之。**辟同避，逃避也。**何爲而使晉師致死於我，**晉欲急得我，或極怨我，必致死力以攻我。**楚弗敢敵，而後可固與也。」**此鄭諸卿之謀，使楚不敢與晉敵，然後與晉固結。**子展曰：「與宋爲惡，諸侯必至，吾從之盟。**

楚師至，吾又從之，從楚。則晉怒甚矣。故意惹起晉怒。晉能驟來，驟，屢也，頻繁也。九年傳叙知武子之計，三分晉軍，輪番禦楚，晉不罷勞，楚則不能敵。此計已見效。楚將不能，吾乃固與晉。」此子展因諸大夫之謀而爲具體計策。大夫說之，說同悦。使疆埸之司惡於宋。使鄰宋國邊境官吏向宋挑釁。宋向戌侵鄭，大獲。此事不書于經，蓋在鄭子展計中。子展曰：「師而伐宋可矣。師，出師。若我伐宋，諸侯之伐我必疾，「之」字下、「伐」字上，金澤文庫本有一「師」字。疾，攻擊奮勇也。吾乃聽命焉，且告於楚。楚師至，吾乃與之盟，而重賂晉師，乃免矣。」免於年年遭兵患而亡國也。夏，鄭子展侵宋。此事經文必書，不然，無以説明諸侯伐鄭。

一一·三　四月，諸侯伐鄭。己亥，己亥，十九日。齊大子光、宋向戌先至于鄭，門于東門。經書齊世子光在于莒、邾、滕之上，即因此故，傳不再加説明。齊在鄭之東北，宋在鄭之東，故二國軍駐守於鄭東門。其莫，莫，暮本字。晉荀罃至于西郊，晉從鄭西方來，故先至西郊。東侵舊許。舊許有二説，一爲隱八年傳「以泰山之祊易許田」之許邑，一爲隱十一年經「鄭伯入許」之許國。許國於魯成公十五年遷於葉，地入于鄭，故稱舊許，在今許昌市東三十六里。主張後説者較多，其實二地亦相近。昭十二年傳楚靈王謂「昔我皇祖伯父昆吾舊許是宅」，此舊許亦是舊許國。衞孫林父侵其北鄙。衞在鄭之北，故進軍侵鄭北鄙。六月，諸侯會于北林，北林即棐，當在今新鄭縣北約四十里。又見宣元年傳並注。師于向。此向乃鄭地，與隱二年之向國及隱十一年傳周之向邑並不相同。據江永考實，在今河南尉氏縣西南四十里。**右還，次于瑣。**右還者，諸侯之師從向又西北行，逼近鄭國都也。瑣，鄭地，在新鄭縣北僅十餘里，與定七年、昭五年晉國、楚國之瑣地不同。**圍鄭，**鄭之各城皆有伐鄭之兵。**觀兵于南門，**于南門顯示軍力，向鄭與楚示威。**西濟于濟隧。**濟隧，水名，舊爲故黄河水道支流，今已堙，當在今原陽縣西。此蓋增兵或後續隊伍由濟隧來。**鄭人懼，乃行成。**

秋七月，同盟于亳。范宣子曰：「不慎，必失諸侯。姚鼐左傳補注云：「此有監於戲之盟，載書不慎，爲鄭所侮故也。」則不慎指盟辭。**諸侯道敝而無成，能無貳乎？」**杜注：「數伐鄭，皆罷(疲)於道路。」**乃盟。載書曰：「凡我同盟，毋蕴年，**説文：「年，穀熟也。」吕氏春秋任地篇高注：「年，穀也。」此謂毋積糧而不救鄰國之災。**毋壅利，**杜注：「專山川之利。」**毋保姦，**杜注：「藏罪人。」自是指庇護他國罪人。**毋留慝，**慝音忒，邪惡也。此謂邪惡者速去之。**救災患，**災患疑指自然災害。**恤禍亂，**禍亂則指權利鬭争。**同好惡，**善惡之標準統一，善者同好之，惡者同惡之。**奬王室。**杜注：「奬，助也。」**或間茲命，**間，犯也。**司慎、司盟，**儀禮覲禮疏云：「二司，天神。司慎，察不敬者；司盟，察盟者。」**名山、名川，**大山大川之神。**羣神、羣祀，**羣神，各種天神。羣祀，天神之外在于祀典者。**先王、先公，**杜注：「先王，諸侯之大祖，宋祖帝乙、鄭祖厲王之比也。先公，始封君。」**七姓、十二國之祖，**晉、魯、衞，曹，滕，姬姓；邾、小邾，曹姓；宋，子姓；齊，姜姓；莒，己姓；杞，姒姓；薛，任姓。十二國，此時鄭尚未與盟，故不數之。說本俞樾平議。服虔注則謂鄭與盟，晉主盟，不自數。明神殛之，殛音極，誅也。俾失其民，隊命亡氏，隊同墜，失落也。墜命猶言死其君主。氏，族氏。亡氏猶言滅族。然鄭樵通志氏族略序引此誓云：「氏所以别貴賤。貴者有氏，賤者有名無氏。今南方諸蠻此道猶存。以明亡氏則與奪爵失國同。」踣其國家。」踣音裴，斃也，滅也，亡也。

一一·四　楚子囊乞旅于秦。乞旅即乞師，求軍隊支援。秦右大夫詹帥師從楚子，將以伐鄭。將，去聲，率領。秦出少數軍隊以應付楚，並由楚王率領，因之經不言「秦」。鄭伯逆之。丙子，丙子，二十七日。伐宋。此固鄭子展之預謀。

一一·五　九月，諸侯悉師以復伐鄭，應「同好惡」之盟誓。鄭人使良霄、大宰石㚖如楚，㚖音與齪相近。大宰雖爲卿，有時執國之政權，有時則爲散卿。鄭之六卿，皆穆公之後，所謂七穆者。是時子孔以司徒當國，良霄爲正使，石㚖雖爲大宰，僅副使耳。告將服于晉，曰：「孤以社稷之故，不能懷君。君若能以玉帛綏晉，此云「以玉帛綏晉」，綏，安也，謂與晉和好也。餘詳僖五年傳「以德綏諸侯」。此句未完，其下文意本是我所最希望者。但鄭恐因此更觸楚共王之怒，故不言。不然，則武震以攝威之，文六年傳注云：「震，威也。」攝同懾，音折。王引之述聞云「凡懼謂之懾，使人懼亦謂之懾」，則攝威爲同義詞連用。孤之願也。」楚人執之。執良霄與石㚖二人。書曰「行人」，言使人也。行人詳宣十二年傳注。

諸侯之師觀兵于鄭東門。鄭人使王子伯駢行成。甲戌，甲戌，二十六日。晉趙武入盟鄭伯。冬十月丁亥，丁亥，九日。鄭子展出盟晉侯。十二月戊寅，戊寅，初一。會于蕭魚。蕭魚，據江永考實，當在許昌市。庚辰，庚辰，三日。赦鄭囚，皆禮而歸之；納斥候；斥候即偵察兵與巡邏兵。納，收回。即杜注所云「不相備也」。禁侵掠。則前此對鄭國有侵凌掠奪可知。晉侯使叔肸告于諸侯。肸音夕。叔肸即羊舌肸，字叔向，亦字叔譽，見禮記檀弓、逸周書太子晉解及唐書宰相世系表一下。傳世器有叔向父毁，吴闓生吉金文録卷三云：「此或即晉之叔向，未可知也。又有叔向父作敔姒尊敦（毁）。」所告者乃赦鄭囚、納斥候、禁侵掠三事。公使臧孫紇對曰：「凡我同盟，小國有罪，大國致討，苟有以藉手，據服虔注，少有所得皆可言藉手。成二年傳「若苟有以藉口而復於寡君」，亦言少有所得可以回報我君。鮮不赦宥，寡君聞命矣。」

鄭人賂晉侯以師悝、師觸、師蠲；悝音虧，蠲音捐。三人皆樂師。古代樂師各專一藝，論語微子有鼓方叔、播鼗武、擊磬襄可證。此三人服虔以爲鐘師、鎛師、磬師，或據後文推而言之。廣車、軘車淳十五乘，廣車，鄭玄謂爲横陳之車，與宣十二年楚之右廣左廣之廣同爲攻敵之車。軘音屯。軘車，服虔謂爲屯守之車。淳同純。古代投壺禮與射禮，一算爲奇，二算爲純。此淳亦耦義。意謂廣車與軘車相配爲一淳，各十五乘，合共三十乘。甲兵備，凡兵車百乘；杜注：「他兵車及廣、軘共百乘。」歌鐘二肆，此鐘爲懸列爲一排之鐘。據周禮小胥：「凡縣（同懸）鐘磬，半爲堵，全爲肆。」鄭玄注：「二八十六枚而在一虡（懸鐘磬之架）謂之堵，鐘一堵、磬一堵謂之肆。」但此文只言鐘，下文又言「及其鎛、磬」，則此二肆，磬不在列。且邵黛鐘銘云：「大鐘八肆，其竈四堵。」唐蘭因疑小胥本文當爲「全爲堵，半爲肆」。説詳燕京學報十四期古樂器小記。又考所出土之編鐘，肆、堵之數並不一定。容庚彝器通考樂器章謂如克鐘、邢人鐘、子璋鐘皆合兩鐘而成全文，則兩鐘爲一肆；虢叔編鐘合四鐘而成全文，則四鐘爲一肆；尸編鐘第一組合七鐘而成全文，則七鐘爲一肆云云。以銘文之長短爲肆，亦似可商。文物七四年十二期鄧少琴四川涪陵新出土的錯金編鐘謂信陽長臺關出土編鐘及洛陽出土之屬羌編鐘俱以十四枚爲一列。然一九七八年五、六月，在距隨縣（湖北省）城關西北五里擂鼓墩發掘一座戰國早期墓，其中有銅編鐘六十四件，包括鈕鐘十九件，甬鐘四十五件，分三層懸掛于鐘架。最大甬鐘通高一五四・四厘米，重二〇三・六公斤，形體與重量俱超出以往所出土編鐘。鐘架爲銅木結構，分上、中、下三層，呈曲尺形交叉沿中室西椁牆與南椁牆置放。西架長七・四八米，高二・六五米；南架長三・三五米，高二・七三米。木架梁滿飾彩繪花紋，兩端都套有浮雕或透雕之青銅套，起裝飾與加固作用。編鐘俱有錯金篆體銘文，總計二千八百餘字，多關音樂記載。鈕鐘銘文爲律名及階名，甬鐘正面隧、鼓部位（即鐘口沿上部正中及兩角部位）銘文爲階名，如宫、商、角、徵、羽等。反面各部位銘文可以連讀，記載曾國（鐘爲曾侯乙作）與楚、周、齊、晉等地律名與階名相互對應關係。經測音及結合銘文研究，初步結果表明，鈕鐘可能用以定調，甬鐘則擊以發出音階，配合以成樂曲；下層甬鐘在演奏中起烘託及和聲作用。出土編鐘與鐘架，未有如此完整者。詳見七八年九月三日光明日報第三版。以實物證明，似可論斷，音調音階完備能演奏而成樂曲者始得爲一肆。宋陳暘樂書謂古者編鐘大架二十四，中架十六，小架十四云云，或得其彷彿。鄭玄等所注，以出土實物證之，皆不甚切合。**及其鎛、磬，**鎛音博，據國語周語下伶州鳩之言，鎛爲小鐘。鄭玄注周禮春官鎛師序官及儀禮大射儀謂鎛如鐘而大。此云「及其鎛、磬」，乃指其用爲配歌鐘也。**女樂二八。**女樂謂能歌舞之美女。古樂舞八人爲一列，謂之佾。二八即二佾。晉語七謂鄭伯納女工妾三十人，女樂二八及賓鎛，輅車三十乘，與傳略異。

晉侯以樂之半賜魏絳，晉語七云：「公錫魏絳女樂一八，歌鍾一肆。」**曰：「子教寡人和諸戎狄以正諸華，八年之中，**自襄四年和戎至此八年。**九合諸侯，**五年會于戚，一；又會于城棣救陳，二；七年會于鄬，三；八年會于邢丘，四；九年盟于戲，五；十年會于柤，六；又戍鄭虎牢，七；十一年同盟于亳城北，八；又會于蕭魚，九。晉語七作「於今八年，七合諸侯」，孔疏引孔晁說：「不數救陳與戍鄭虎牢，餘爲七也。」劉師培古書疑義舉例補謂「九」爲虚數，誤。**如樂之和，無所不諧，**如音樂之和諧。**請與子樂之。」**樂音洛，快樂。**辭曰：「夫和戎狄，國之福也；八年之中，九合諸侯，諸侯無慝，**無慝謂皆順從。**君之靈也，**靈，威也。**二三子之勞也，**二三子指中軍帥佐以下之人。**臣何力之有焉？抑臣願君安其樂而思其終也。**抑，轉折連詞，然而。此時晉悼復霸之局已定，魏絳恐其驕怠，因作此言。**詩曰：『樂只君子，殿天子之邦。樂只君子，福禄攸同。**只，語中助詞。攸，所也。殿，鎮撫也。**便蕃左右，亦是帥從。』**詩見小雅采菽。毛詩「福禄」作「萬福」，「便蕃」作「平平」，韓詩作「便便」，皆得治之意。左右據下文及鄭玄箋，皆謂附近小國。亦是帥從即亦帥從是之倒裝。**夫樂**

以安德，樂，音樂也。義以處之，杜注：「處位以義。」禮以行之，杜注：「行教令。」信以守之，杜注：「守所行。」仁以厲之，厲同勵，勉也。杜注云：「厲風俗。」杜注之意可用，而「之」字皆代「德」。而後可以殿邦國、同福禄、來遠人，點明所引詩句。遠人即「左右」。所謂樂也。樂音洛，應晉悼「與子共樂之」。見姚鼐補注。書曰：『居安思危。』杜注：「逸書。」王鳴盛尚書後案謂僞古文周官「居寵思危」本此傳改「安」作「寵」。逸周書程典篇云：「於安思危，於始思終，於邇思備，於遠思近，於老思行。不備，無違嚴戒。」惠士奇補注引此。梁履繩左通補釋又云：「下傳云『思則有備，有備無患』，蓋括周書之義。」但程典作于何時，殊難斷定，左傳作者亦未必得見，梁説僅資參考。戰國策楚策四虞卿言「臣聞之春秋，於安思危，危則慮安」，亦不言周書。思則有備，有備無患。敢以此規。」規正，規諫，規勸。公曰：「子之教，敢不承命！抑微子，寡人無以待戎，不能濟河。夫賞，國之典也，藏在盟府，詳僖五年及二十六年傳注。不可廢也。子其受之！」其，命令副詞。魏絳於是乎始有金石之樂，禮也。從「始有」推之，知大夫祭祀之樂，必有功始賜。阮元積古齋鐘鼎彝器款識載楚良臣余義鐘，銘文後云：「得吉金鎛鋁，以鑄訴鐘，以追孝先祖，樂我父兄。」阮元云：「此鐘蓋兒所作以祀其祖余義者。」此亦足證士大夫祭祀有樂。説參王紹蘭經説卷四。

一一·六　秦庶長鮑、庶長武帥師伐晉以救鄭。庶長，秦爵名。商鞅作秦爵，分庶長爲四等，第十爵左庶長，十一爵右庶長，十七爵駟車庶長，十八爵大庶長。續漢志百官志五注引劉劭爵志云：「自左庶長已(以)上至大庶長皆卿大夫，皆軍將也。」史記秦紀于孝公用商鞅以前即屢見庶長之名，秦寧公當春秋初期，即有大庶長。秦孝公三年初見商鞅，拜之爲左庶長。則庶長及左庶長之名由來甚久，商鞅沿用，或略有變更。**鮑先入晉地，士魴禦之，**此時晉侯尚未返國，士魴居國爲留守。**少秦師而弗設備。**以秦軍爲少。**壬午，**壬午，五日。**武濟自輔氏，**輔氏，今陝西大荔縣東不足二十里。又詳宣十五年傳注。**與鮑交伐晉師。己丑，**己丑，十二日。**秦、晉戰於櫟，**晉世家索隱引釋例謂櫟在河北，地闕，是也。方輿紀要謂在臨潼縣北三十里，不可信。**晉師敗績，易秦故也。**易秦，輕視秦軍。年表及秦紀俱言秦敗晉於櫟，唯晉世家言「秦取我櫟」，梁玉繩志疑謂「疑『取』當作『敗』」。

十二年，庚子，公元前五六一年。周靈王十一年、晉悼十三年、齊靈二十一年、衛獻十六年、蔡景三十一年、鄭簡五年、曹成十七年、陳哀八年、杞孝六年、宋平十五年、秦景十六年、楚共三十年、吳壽夢二十五年、許靈三十一年。

經

一二·一 **十有二年春王二月，**二月，校勘記云：「石經、宋本、足利本『二』作『三』，不誤。」然金澤文庫本仍作「二」，今不改。正月二十一日丁卯冬至，建子，有閏。**莒人伐我東鄙，圍台。**書圍邑者自此始，詳宋高閌春秋集注。「台」，穀梁作「邰」。邰、台通。台在今山東費縣東南十二三里。

一二·二 季孫宿帥師救台，遂入鄆。「鄆」，公羊作「運」，音同。餘詳文十二年經並注。

一二·三 夏，晉侯使士魴來聘。公羊、穀梁作「士彭」，說見成十八年經注。

一二·四 秋九月，吳子乘卒。乘即壽夢。吳君書卒，以此爲始，蓋以其始與列國會同也。

一二·五 冬，楚公子貞帥師侵宋。

一二·六 公如晉。魯襄于晉悼無歲不會伐會盟。三年初朝，四年、八年及此年無事又朝，蓋未嘗有一年之安寧。

傳

一二·一 十二年春，莒人伐我東鄙，圍台。季武子救台，遂入鄆，皆詳經注。取其鐘以爲公盤。盤爲盛食器，僖二十三傳「乃饋盤飧」可證。又爲浴器，見禮記大學正義。

一二·二 夏，晉士魴來聘，且拜師。杜注：「謝前年伐鄭師。」

一二·三 秋，吳子壽夢卒，臨於周廟，禮也。周廟，杜注以爲周文王廟。吳祖泰伯，魯祖周公，魯或無泰伯之廟，故以文王廟爲周廟。禮記檀弓鄭注：「喪哭曰臨。」凡諸侯之喪，異姓臨於外，杜注云：「於城外向其國。」同姓於宗廟，宗廟即周廟。同宗於祖廟，祖廟，始封君之廟。同族於禰廟。杜注：「父廟也。同族謂高祖以下。」是故魯爲諸姬，臨於周廟；爲邢、凡、蔣、茅、胙、祭，臨於周公之廟。杜注：「即祖廟也。六國皆周公之支子，別封爲國，共祖周公。」

一二·四 冬，楚子囊、秦庶長無地伐宋，師于楊梁，呂氏春秋行論篇「宋殺文無畏於楊梁之隄」，即此。楊梁，今河南商丘縣東南三十里。以報晉之取鄭也。取鄭在去年。

一二·五 靈王求后于齊，齊侯問對於晏桓子。晏桓子，晏弱，見宣十四年傳注。桓子對曰：「先王之禮辭有之。天子求后於諸侯，諸侯對曰：『夫婦所生若而人，夫婦所生，謂己及嫡配所生。阮芝生杜注拾遺云：「若而人猶云若干人也。」妾婦之子若而人。』無女而有姊妹及姑姊妹，姊妹，同父所生。爾雅釋親：「父之姊妹爲姑。」其長于父者爲姑姊，少于父者爲姑妹，猶今之言大姑、小姑。則曰：『先守某公之遺女若而人。』」先守，猶言先君。若爲姊妹，則某公用其父之謚；若爲姑姊妹，則用其祖之謚。齊侯許婚。王使陰里結之。「結」，原作「逆」，今依校勘記訂正。杜注「陰里，周大夫」，固不誤，蓋王之使必周大夫也。據管子輕重丁篇，齊地有陰里，自另是一事；而章炳麟讀因謂「陰里當是齊大夫」，不可信。結，結言。淮南子泰族篇「待媒而結言」，後漢書崔駰傳「有婚禮結言」，俱可爲證。公羊桓三年：「古者不盟，結言而退。」蓋即口頭約定之意。

一二·六　公如晉朝，且拜士魴之辱，禮也。

一二·七　秦嬴歸于楚。據傳下文及杜注，秦嬴爲秦景公妹，楚共王夫人，嫁于楚者已久，此因返秦省其母，因又歸于楚。楚司馬子庚聘于秦，爲夫人寧，杜注：「子庚，莊王子午也。」婦女既嫁，返回母家省親曰寧。禮也。

十三年，辛丑，公元前五六〇年。周靈王十二年、晉悼十四年、齊靈二十二年、衞獻十七年、蔡景三十二年、鄭簡六年、曹成十八年、陳哀九年、杞孝七年、宋平十六年、秦景十七年、楚共三十一年、吴諸樊遏元年、許靈三十二年。

經

一三·一　十有三年春，正月初二壬申冬至，建子。公至自晉。

一三·二　夏，取邿。「邿」，公羊作「詩」。釋文：邿音詩。據説文，爲附庸國。據山東通志，在今濟寧市南五十里。傳世彝器有邿伯鼎、邿遣毁。又有寺季鼎、寺季毁。寺當即邿。邿伯鼎銘文云「邿伯肇作孟妊膳鼎」，則邿爲妊姓。孟妊蓋其女。

一三·三　秋九月庚辰，庚辰，十四日。楚子審卒。杜注：「共王也。」國語楚語上：「莊王使士亹傅太子箴。」韋注：「箴，恭王名。」但春秋及史記皆作「審」。審與箴古音同韻。

一三·四 **冬，城防。**此防爲東防，見隱九年經注。莊二十九年曾城之，今又城之。襄十七年齊師圍臧孫于防，二十三年臧孫自邾如防，以求後於魯，皆此防也。

傳

一三·一 **十三年春，公至自晉，孟獻子書勞于廟，禮也。**孟獻子即仲孫蔑。周禮夏官司勳謂「王功曰勳，事功曰勞」，此蓋分別言之。古訓詁通例，對文則異，散文則通。此言書勞即桓二年傳之策勳。餘詳桓二年傳並注。

一三·二 **夏，邿亂，分爲三。**國小而内不和，分裂爲三。**師救邿，**魯師救邿。不言魯，此固魯史。**遂取之。**寺季殷銘云「寺季故公作寶殷」云云。劉心源奇觚室吉金文述卷十六引阮元説：「寺，邿之省。邿季殆亡國寓公，故曰『故公』也。」**凡書取，言易也；**凡經書取國或取邑共十一事，魯取他國或他國之邑者七次；齊人取魯邑者，哀八年一次；他國互相伐取者三次。互詳宣九年傳並注。**用大師焉曰滅；**春秋書滅者三十一次，無一不是國，則邿雖小，亦一國也。餘詳文十五年傳注。**弗地曰入。**雖得其國，並不保有其地，有時用入字。互詳隱二年、文十五年傳並注。

一三·三 **荀罃、士魴卒，**晉軍將佐八人，今死二人。**晉侯蒐于綿上以治兵。**蒐，田獵並訓練軍隊。

治兵，檢閱。俱見隱五年傳並注。綿上在今山西翼城縣西，參僖二十四年傳注。使士匄將中軍，士匄本中軍佐，荀罃本中軍將，既死，依次士匄當遞補。辭曰：「伯游長。伯游，荀偃字。九年傳亦云「范匄少於中行偃而上之」。昔臣習於知伯，是以佐之，非能賢也。習於知伯猶言與知罃互相了解，能密切合作，因此荀罃爲帥，我佐之。「能賢」即「賢能」，詳隱三年傳注。今言賢能。請從伯游。」荀偃將中軍，王引之述聞引王念孫説，謂「荀偃」上當有「使」字。御覽兩引並有「使」字云云。其實此句乃叙已成事實，可不用使字。士匄佐之。使韓起將上軍，辭以趙武。又使欒黶，辭曰：「臣不如韓起，韓起願上趙武，君其聽之。」使趙武將上軍，韓起佐之；欒黶將下軍，魏絳佐之。趙武本爲新軍帥，于八卿之中，位第七；今則位第三。士匄、韓起、欒黶位皆如舊。魏絳超居第六代士魴。新軍無帥，晉侯難其人，使其什吏率其卒乘官屬，以從於下軍，禮也。襄二十五年傳云：「自六正、五吏、三十帥、三軍之大夫、百官之正長師旅及處守者皆有賂。」此什吏之吏，即五吏之吏。五吏者，軍尉、司馬、司空、輿尉、候奄也。每軍皆有此五吏，五吏又各有佐（副手），故此云什吏。什吏即十吏。説參左氏會箋。晉國之民是以大和，諸侯遂睦。遂睦者，因此皆服於晉也。

君子曰：「讓，禮之主也。范宣子讓，范宣子即士匄，讓中軍帥與荀偃。其下皆讓。欒黶爲汏，「汏」本作「汰」，今從阮元校勘記及金澤文庫本正。欒黶專横，見下年傳。弗敢違也。欒黶亦讓。晉國以平，平，和也。意即今之團結。數世賴之，刑善也夫！刑，法也。謂取法于善。賴，利也。一人刑善，百姓休和，尚書堯典：「九族既睦，平章百姓。」百姓謂百官族姓，與今日言百姓意義不同。可不務乎！務謂盡力于此。書曰：『一人有慶，慶，善也。兆民賴之，其寧惟永。』一人，原指天子，此引書者不拘原意，泛指在上者。謂在上者一人有善，在下者億萬人皆受其利，國家之安定可以久長。句見尚書呂刑。其是之謂乎！周之興也，其詩曰：『儀刑文王，萬邦作孚。』儀刑，同義動詞連用，猶言效法。孚，信也，謂萬邦因此信之。詩爲大雅文王之句。言刑善也。及其衰也，其詩曰：『大夫不均，我從事獨賢。』詩爲小雅北山之句。此句本意是諷刺周幽王役使不平，自己所作獨多。賢，多也。但引此詩者則讀賢爲賢能，解詩意爲自誇而不相讓。言不讓也。世之治也，君子尚能而讓其下，小人農力以事其上，王引之述聞謂「農力猶努力，語之轉耳」，甚確。沈彤小疏謂唐石經初刻作展，後改作農，並引陳少章説，云宋本農作展，當從之，不確。是以上下有禮，而讒慝黜遠，由不争也，謂之懿德。懿，美也。及其亂也，君子稱其功以加小人，稱，誇張。加，駕陵。小人伐其技以馮君子，伐與稱同義。馮即憑，與加同義。是以上下無禮，亂虐並生，由争善也，杜注：「争自善也。」謂之昏德。國家之敝，恒必由之。」

一三·四 楚子疾，告大夫曰：大夫謂卿。「不穀不德，少主社稷。據下文，楚共王年十歲即爲楚君。

生十年而喪先君，未及習師保之教訓而應受多福，先君，共王之父莊王。禮記文王世子謂：「三王教世子，大傅在前，少傅在後；入則有保，出則有師，是以教喻而德成也。」古官制有太子太師、少師、大傅、少傅、太保、少保諸官以教導太子。師保即統指此類官，亦可泛稱師傅、保傅。楚莊王曾使士亹教導共王，見楚語上，但此時共王年幼，未必真能習學古禮古訓，故自云未及習教訓。朱彬經傳考證謂「應讀爲膺」，是也。膺受同義詞連用。多福指君王之位。**是以不德，**以上解釋上文「不穀不德」，又起下文。**而亡師于鄢；**鄢陵之戰在成十六年。**以辱社稷，爲大夫憂，其弘多矣。**詩小雅節南山「喪亂弘多」，襄三十一年傳「譏慝弘多」，俱「弘多」連用。句意謂與晉戰而敗，國家受辱大，諸大夫爲憂實多。**若以大夫之靈，獲保首領以殁於地，**此當時套語，參隱三年傳並注。**唯是春秋窀穸之事、所以從先君於禰廟者，**「唯是」至此作一逗讀，意謂死後議謚。諸侯死後，有月祭，有四時之祭等，春秋指祭祀；窀穸指安葬。據禮記祭法，諸侯立五廟，即考廟（父廟）、王考廟（祖父廟）、皇考廟（曾祖廟）、顯考廟（高祖廟）、祖考廟（始封祖之廟）。禰音獮猴之獮，說文：「親廟也。」禮記曲禮下謂「生曰父，死曰考」。死後其主入廟謂之考廟，亦謂之禰廟。如楚共王在，其父莊王之廟爲禰廟。共王死，其子康王繼位，楚共王之廟便爲禰廟，莊王之廟便爲王考廟，此即是「從先君于禰廟」。以此上升，高祖主便依昭穆之次藏于始祖廟中。**請爲『靈』若『厲』。**謚號之起約在西周中葉以後。靈或厲皆惡謚。杜注：「欲受惡謚以歸先君也。」亂而不損曰靈，戮殺不辜曰厲。」若，或也。白虎通謚篇云：「所以臨葬而謚之何？因衆會欲顯揚之也。」楚語上叙此事亦云：「及葬，子囊議謚。」禮記檀弓下亦謂「公叔文子卒，其子戍請謚於君」云云，則知葬前便議謚。孔子家語謂「既死而議謚，謚定而卜葬，既葬而立廟」，僅得其大略。楚共謂「所以從先君於禰廟者」即指議謚而言。大夫擇焉。」靈或厲二謚中擇取其一。莫對。無人答對，示不同意。及五命，乃許。五次命令，大夫始許之。

秋，楚共王卒。子囊謀謚。大夫曰：「君有命矣。」謂命謚靈或謚厲。子囊曰：「君命以共，若之何毁之？子囊欲謚之共，仍以君命答大夫。赫赫楚國，而君臨之，撫有蠻夷，奄征南海，詩大雅皇矣「奄有四方」，毛傳：「奄，大也。」亦謂廣大有四方。以屬諸夏，而知其過，可不謂共乎？請謚之『共』。」大夫從之。此事亦見楚語上。

一三·五　吴侵楚，養由基奔命，子庚以師繼之。奔命謂急行軍中爲前鋒。子庚即公子午，時爲司馬。養叔曰：養叔即養由基。「吴乘我喪，謂我不能師也，吴乘楚共王死而侵楚，以爲楚已不能整軍抗敵。必易我而不戒。易，輕視。説文作傷，云「輕也」。不戒，不存戒備警惕之心。子爲三覆以待我，三覆，三批伏兵。我請誘之。」子庚從之。戰于庸浦，杜注：「庸浦，楚地。」當在今安徽無爲縣南長江北岸。大敗吴師，獲公子黨。

君子以吴爲不弔，弔與淑字古本一字，淑，善也；弔亦善也。詩曰：「不弔昊天，亂靡有定。」昊音皓。昊天即蒼天，上天。「不弔昊天」爲倒裝句，意謂上天不以汝爲善，因之國家禍亂無有安定。

詩見小雅節南山。

一三·六　冬，城防。書事，時也。於是將早城，臧武仲請俟畢農事，禮也。畢農事即時，即禮。

一三·七　鄭良霄、大宰石㚟猶在楚。兩人爲鄭國出使于楚被執，見十一年傳。石㚟言於子囊曰：「先王卜征五年，周禮春官太卜謂八事必卜，第一爲征。征，鄭衆解爲征伐，是；鄭玄解爲征行、巡守，非。然征伐於五年以前開始卜卦，似無此事理，他書亦無此記載。沈彤小疏謂「此蓋楚先王之故事，因楚子伐鄭不利，在不能修德，故援此立説」云云，似可通。而歲習其祥，「習」一本作「襲」。習與襲通用，重複也。祥，吉祥。歲習其祥，謂五年之中每年卜征都吉。祥習則行。每年吉兆重複於是行師。不習，有一年卜征不吉，即不習。則增修德而改卜。增修德，即今語更加修德。改卜，重新起卜。釋文謂「不習則增絶句」，恐非。今楚實不競，朱彬經傳考證云：「不競，言楚不能自强。」行人何罪？行人指良霄與自己。止鄭一卿，杜注：「一卿謂良霄。」止，留止。不言執，外交詞令。以除其偪，良霄爲人剛愎，足以偪鄭君臣。楚留之，是除其偪。使睦而疾楚，以固於晉，使鄭國內和睦而怨恨楚，則服晉之心堅固。焉用之？何益於楚？使歸而廢其使，「使」，阮刻本作「所」，今從杜注、釋文及金澤文庫本正。廢，棄也。意謂使良霄歸，鄭必有以位置之。怨其君以疾其大夫，以，與也。例見詞詮。意謂良霄歸，將怨鄭君，並恨鄭之諸卿。**而相牽引也，**於是則鄭不睦而互相牽掣。**不猶愈乎？」**論語鄭玄注：「愈猶勝也。」言此策强于止良霄不歸。**楚人歸之。**其後良霄果爲鄭國之患。

十四年，壬寅，公元前五五九年。周靈王十三年、晉悼十五年、齊靈二十三年、衞獻十八年、蔡景三十三年、鄭簡七年、曹成十九年、陳哀十年、杞孝八年、宋平十七年、秦景十八年、楚康王昭元年、吳諸樊二年、許靈三十三年。

經

一四·一 **十有四年春王正月，**正月十三日丁丑冬至，建子。**季孫宿、叔老會晉士匄、齊人、宋人、衞人、鄭公孫蠆、曹人、莒人、邾人、滕人、薛人、杞人、小邾人會吳于向。**「蠆」，公羊作「囆」，囆即蠆之或體。向，杜注以爲鄭地，則在今河南尉氏縣西南，鄢陵縣西北；江永考實及沈欽韓地名補注皆謂此向爲吳地，當在今安徽懷遠縣西四十里。參見隱二年經注。書「人」、書名見傳，「伐秦」經例同。

一四·二 **二月乙未朔，**是年建子，二月初一，當西曆一月十四日。**日有食之。**無傳。以今推測，爲日環蝕，經長江黃河間，魯能見之。

一四·三 **夏四月，叔孫豹會晉荀偃、齊人、宋人、衞北宮括、鄭公孫蠆、曹人、莒人、邾人、**

滕人、薛人、杞人、小邾人伐秦。秦、晉交兵，自魯僖公三十三年殽之役開始，經歷六十八年，此後春秋再不書晉、秦征伐。

一四·四　己未，己未，二十六日。衛侯出奔齊。公羊作「衛侯衎」。毛奇齡春秋簡書刊誤及趙坦異文箋皆據禮記曲禮下「諸侯失地，名」之例，以爲經文應有「衎」字。而臧壽恭古義據孔疏云：「失地書名，傳無其事。禮記之文，或據公羊之義，不可通于左氏。」蓋得之矣。二十年傳引衛甯殖之言曰「吾得罪於君，悔而無及也，名藏在諸侯之策，曰『孫林父、甯殖出其君』」云云，然則史策本作「衛孫林父、甯殖出其君」。甯殖又云：「君入則掩之。」則今作「衛侯出奔齊」者，蓋甯喜遵其父之遺囑，使衛侯衎復位，因而改史文乎。或云孔丘修春秋改之，不足信。

一四·五　莒人侵我東鄙。無傳。杜注：「報入鄆。」

一四·六　秋，楚公子貞帥師伐吴。

一四·七　冬，季孫宿會晉士匄、宋華閱、衛孫林父、鄭公孫蠆、莒人、邾人于戚。戚，孫林父采邑，今河南濮陽縣稍東而北十餘里。

傳

一四·一　十四年春，吴告敗于晉。吴爲楚所敗，見去年傳。晉、吴曾同盟，故吴告晉。會于向，向見經注。爲吴謀楚故也。杜注：「謀爲吴伐楚。」范宣子數吴之不德也，以退吴人。數，上聲，責也。此言會向共謀之結果。或諸侯多不欲伐楚，或晉亦以吴侵楚爲無理，因數吴不應乘楚喪而侵楚，此爲不道德之行爲，因以拒絶吴人。

執莒公子務婁，以其通楚使也。杜注：「莒貳於楚，故比年伐魯。」通楚使，言其使者往來楚國。

將執戎子駒支，杜注：「駒支，戎子名。」范宣子親數諸朝，在盟會之地亦佈置朝位。曰：「來！姜戎氏！昔秦人迫逐乃祖吾離于瓜州，瓜州，舊注皆以爲即今甘肅敦煌。顧頡剛則以爲在今秦嶺高峯之南北兩坡，詳史林雜識瓜州。瓜州之戎本有二姓，一爲姜姓，此戎是也；一爲允姓，昭九年傳「故允姓之姦居于瓜州」是也。杜注混而一之，不確。說詳全祖望經史問答及錢大昕十駕齋養新録。乃祖吾離被苫蓋、蒙荆棘以來歸我先君，苫音山，苫蓋是同義詞，此處義爲白茅所編遮身物。被同披。蒙，冒也。蒙荆棘義爲頭戴用荆棘所織之物。我先君惠公有不腆之田，腆，多也。與女剖分而食之。今諸侯之事我寡君不如昔者，蓋言語漏洩，則職女之由。職，當也。句意謂當由于你。蓋承接上文表原因之詞。例見詞詮。詰朝之事，爾無與焉。與，將執女。」對曰：「昔秦人負恃其衆，貪于土地，逐我諸戎。西戎尚是部落社會，駒支爲各部落之首，故自言諸戎。惠公蠲其大德，蠲音捐，明也。謂我諸戎是四嶽之裔胄也，杜注：「四嶽，堯時方伯，姜姓也。裔，遠也。

胄，後也。」其實裔胄爲同義詞。離騷「帝高陽之苗裔兮」，王逸注：「裔，胄也。」毋是翦棄。此倒裝句，即勿翦棄是。詩召南甘棠毛傳：「翦，去也。」翦棄義近連用。賜我南鄙之田，狐貍所居，豺狼所嗥。嗥音豪，咆嗥也。狐貍所居，豺狼所嗥，爲後置形容句，形容上文「田」者。我諸戎除翦其荆棘，驅其狐貍豺狼，以爲先君不侵不叛之臣，至于今不貳。昔文公與秦伐鄭，秦人竊與鄭盟，而舍戍焉，舍，置也。即僖三十年傳「秦伯説，與鄭人盟，使杞子、逢孫、楊孫戍之」之事。於是乎有殽之師。見僖三十三年傳。晉禦其上，戎亢其下，亢音抗，抵當也。秦師不復，即公羊「匹馬隻輪無反者」。我諸戎實然。意謂我諸戎實使秦師如此。譬如捕鹿，晉人角之，諸戎掎之，角謂執其角。掎音羈，或羈上聲，謂拖其後足。引申之，凡當面迎擊曰角，從後牽引曰掎。角即上文「禦其上」，掎即上文「亢其下」。後漢書袁紹傳伐許宣檄云「大軍泛黄河以角其前，荆州下宛、葉而掎其後」，即用傳義。説參焦循補疏。與晉踣之。踣，音義同仆。踣之，使之卧倒。戎何以不免？免，免于罪責。自是以來，是指殽之役。晉之百役，與我諸戎相繼于時，晉所有戰役，我諸戎無不按時與晉共同從事。相繼于時猶言未嘗間斷。以從執政，從，今言追隨。猶殽志也，言與支援殽之戰其心如一。豈敢離逷？逷同逖，遠也，違也。今官之師旅無乃實有所闕，官謂晉之執政。師旅見成十八年傳並注。官之師旅，即晉執政。不斥言，外交辭令。以攜諸侯，因而使諸侯攜貳。而罪我諸戎！我諸戎飲食衣服不

與華同，贄幣不通，謂與諸侯不相往來。**言語不達，**達亦通也。**何惡之能爲？不與於會，亦無瞢焉。」**瞢音夢，悶也，愧也，憂也。**賦青蠅而退。**青蠅見詩小雅。中有句云：「愷悌君子，無信讒言。」**宣子辭焉，**辭，謝也，今言道歉。**使即事於會，成愷悌也。**杜注：「成愷悌，不信讒也。不書者，戎爲晉屬，不得特達。」特達即獨立與會。

於是子叔齊子爲季武子介以會，子叔齊子即經之叔老。叔氏亦稱子叔氏，如昭二年傳叔弓曰子叔子，昭二十一年傳叔輒曰子叔。禮記檀弓下有子叔敬叔。齊子，杜注以爲叔老之字，顧炎武以爲是叔老之謚。或以叔老之父名嬰齊，其子不得以齊爲字。若不得以齊爲字，則亦不得以齊爲謚。嬰齊以二字爲名，禮記曲禮上、檀弓下並云「二名不偏諱」，是也。**自是晉人輕魯幣而益敬其使。**幣即幣帛，此代表一切獻禮。晉減輕魯國之獻禮。

一四·二　**吴子諸樊既除喪，將立季札。**吴子乘（壽夢）死于襄十二年秋九月，諸樊已于襄十三年正月即位，則讓位于季札在即位而除喪之後。春秋或行三年之喪，昭十五年傳「王一歲而有三年之喪二焉」，可爲明證。諸樊爲壽夢之長子。襄二十九年公羊傳云「謁也、餘祭也、夷昧也，與季札同母者四。季子弱而才，兄弟皆愛之，同欲立之以爲君。謁曰：『今若是迮而與季子國，季子猶不受也。請無與子而與弟，弟兄迭爲君而致國乎季子。』皆曰：『諾』」云云，則諸樊未嘗有除喪讓位之事。史記吴世家敘此事，一則以立季札，本壽夢之意，諸樊因父意而讓位；又全取此章傳文，其不以公羊傳爲然可知。公羊之謁，即左傳之遏，古音同相通。**季札辭**

曰：「曹宣公之卒也，諸侯與曹人不義曹君，將立子臧。曹宣公死于魯成十三年。曹君指曹成公負芻，殺太子而自立，亦見成十三年傳。子臧去之，遂弗爲也，以成曹君。事又見成十五、十六年傳。君子曰『能守節』。能守節本子臧語，亦見成十五年傳。君，義嗣也，諸樊爲死君適長子，當繼承，故云義嗣。誰敢奸君？奸，犯也。有國，非吾節也。子臧辭君之言云「爲君非吾節也」，與此義同。札雖不才，願附於子臧，以無失節。」固立之，棄其室而耕，乃舍之。杜注：「傳言季札之讓，且明吴兄弟相傳。」

一四·三　夏，諸侯之大夫從晉侯伐秦，以報櫟之役也。櫟役見十一年傳。晉侯待于竟，竟同境。使六卿帥諸侯之師以進。及涇，涇水有南北二源，二源會合後經陝西彬縣、涇陽、高陵入渭河。此涇水濟渡處當在涇陽縣南。不濟。杜注：「諸侯之師不肯渡也。」叔向見叔孫穆子，叔向即十一年傳之叔肸，詳彼注。叔孫穆子即魯之叔孫豹。穆子賦匏有苦葉，叔向退而具舟。匏有苦葉見詩邶風。魯語下云：「晉叔向見叔孫穆子曰：『諸侯謂秦不恭而討之，及涇而止，於秦何益？』穆子曰：『豹之業及匏有苦葉矣，不知其他。』叔向退，召舟虞與司馬，曰：『夫苦匏不材於人，共濟而已。魯叔孫賦匏有苦葉，必將涉矣。』」匏即瓠瓜，亦曰葫蘆，古人或寫作壺。不能食用，故叔向言「苦匏不材於人」；但浮渡深水時，可以作浮囊，免于沉溺，故叔向說「共濟而已」。鶡冠子學問篇「賤生於無所用，中流失船，一壺千金」，正取此義。魯人、莒人先濟。鄭子蟜見衞北宮懿子曰：「與人而不固，取惡莫甚焉，若社稷何？」

北宮懿子即北宮括。語意謂服從晉國而有他心，最使人厭惡，國家將奈之何也。懿子說。二子見諸侯之師而勸之濟。魯、莒已先濟，鄭、衛亦必濟，則諸侯之師乃齊，宋、曹、邾、滕、薛、杞及小邾。濟涇而次。秦人毒涇上流，師人多死。杜注：「飲毒水故。」鄭司馬子蟜帥鄭師以進，師皆從之，十九年子蟜死，晉侯請于周王賜以大路行葬，即因此之故。至于棫林，杜注：「棫林，秦地。」當在今涇陽縣涇水之西南。不獲成焉。杜注「秦不服」，則用兵言獲成者，敵國屈服也。荀偃令曰：「鷄鳴而駕，塞井夷竈，塞井夷竈，便於佈陣，説詳成十六年傳並注。唯余馬首是瞻。」欒黶曰：「晉國之命，未是有也。言晉國從來無此種命令。余馬首欲東。」秦兵在西，東則歸矣。乃歸。下軍從之。左史謂魏莊子曰：「不待中行伯乎？」中行伯即荀偃。莊子，魏絳。左史，官名。逸周書史記解「維正月，王在成周，昧爽，召三公、左史、戎夫」；文選思玄賦注引古文周書「周穆王問左史氏史豹、史良」；昭十二年傳有左史倚相。晉書職官志云：「著作郎，周左史之任也。」此左史蓋隨軍記述之官。前人解説多不明此。莊子曰：「夫子命從帥，夫子指荀偃。欒伯，吾帥也，欒黶，下軍帥。吾將從之。從帥，所以待夫子也。」左史之問「不待中行伯」，待謂等待，意謂中軍帥無退軍之令，擅自撤軍爲不宜。此「所以待」，待謂對待。同用一待字。伯游曰：「吾令實過，悔之何及，多遺秦禽。」多，祇也，適也。説詳王引之述聞。乃命大還。大還，全軍撤回。晉人謂之「遷延之役」。初則諸侯之師不濟涇，嗣則鄭師進而後進，至棫林因將帥不和而大撤退。遷延者，因循拖拉而無成就也。

欒鍼曰：「此役也，報櫟之敗也。役又無功，晉之恥也。吾有二位於戎路，欒鍼，欒黶弟，時爲戎右。戎路，將帥所乘之兵車，位次御者，故云在戎路之上，我居二位。杜注：「二位謂黶將下軍，鍼爲戎右。」敢不恥乎？」與士鞅馳秦師，死焉。士鞅，士匄之子。士鞅反。欒黶謂士匄曰：「余弟不欲往，而子召之。而同爾。下二「而」字同。余弟死，而子來，是而子殺余之弟也。余，代詞，可用作主語，亦可用於領位。毛公鼎銘云「告余先王若德」，不用「之」字。且「余之弟」，金文無此用法。參燕京學報第六期容庚周金文中所見代名詞釋例。此云「余之弟」，猶尚書康誥之「朕其弟」。弗逐，余亦將殺之。」士鞅奔秦。

於是齊崔杼、宋華閱、仲江會伐秦。不書，惰也。仲江，宋公孫師之子。齊、宋皆大國，經例應書卿之名，以其臨事惰慢，如不肯濟涇之類，故只書「人」。向之會亦書齊人、宋人，例同。衞北宮括不書於向，杜注：「亦惰。」書於伐秦，攝也。攝有整頓之義，亦有佐助之義，此處則兩義皆可通。沈欽韓補注主前義，俞樾平議主後義。

秦伯問於士鞅曰：「晉大夫其誰先亡？」對曰：「其欒氏乎！」秦伯曰：「以其汏乎？」對曰：「然。欒黶汏虐已甚，已甚，太甚。猶可以免，其在盈乎！」盈，黶之子。秦伯曰：「何故？」對曰：「武子之德在民，如周人之思召公焉，愛其甘棠，況其子乎？

杜注：「武子，欒書，黶之父也。召公奭聽訟，舍於甘棠之下，周人思之，不害其樹，而作勿伐之詩，在召南。」**欒黶死，盈之善未能及人，武子所施没矣，**經年稍久，惠澤難存。**而黶之怨實章，**章，彰明。**將於是乎在。」**其亡將在於此。**秦伯以爲知言，爲之請於晉而復之。**十六年春士鞅爲公族大夫，則其返國當在十六年前。晉滅欒氏見二十一年傳。

一四・四　**衛獻公戒孫文子、甯惠子食，**戒食，謂約期與之共食。**皆服而朝，**杜注：「服朝服待命於朝。」朝服爲玄冠（黑而帶赤色之禮帽）、緇布衣、素積以爲裳（以生絹作裙，在裙腰處摺疊），衣與帽同玄色。裳白色。**日旰不召，**旰音幹，日晚也。**而射鴻於囿。二子從之，**杜注：「從公於囿。」**不釋皮冠而與之言。**皮冠，以白鹿皮所製帽，田獵時戴之。君見臣，臣若朝服，依當時儀節，應脱去皮冠。昭十二年傳叙楚子見子革去皮冠可證。即羣臣相見，亦必脱皮冠或胄。成十六年傳「郤至見客免胄」是也。孫林父、甯殖着朝服，衛獻見之不脱皮冠，蓋故意辱之。呂氏春秋慎小篇「衛獻公戒孫林父、甯殖食，鴻集于囿，虞人以告。公如囿射鴻。二子待君，日晏，公不來至。來，不釋皮冠而見二子」云云，是二子未嘗從公于囿，與傳小異。**二子怒。孫文子如戚，**戚，孫氏采邑，今河南濮陽縣北。餘詳文元年經注。**孫蒯入使。**蒯，孫文子子。入朝請命也。**公飲之酒，使大師歌巧言之卒章。**大同太。大師，樂官之長。巧言，詩小雅篇名。其卒章（末章）云：「彼何人斯，居河之麋。無拳無勇，職爲亂階。」杜注：「公欲以喻文子，居河上而爲亂。」**大師辭。**大師知其必促使文子爲亂。**師曹請爲之。**師曹，大師所屬樂人。**初，公有嬖妾，使師曹誨**

之琴，師曹鞭之。公怒，鞭師曹三百。故師曹欲歌之，以怒孫子，以報公。報復受鞭之恨。公使歌之，遂誦之。歌與誦不同。歌必依樂譜，誦僅有抑揚頓挫而已。周禮大司樂鄭玄注「以聲節之曰誦」，以聲節之，只是指諷誦之腔調，非指樂譜，故晉語三韋注云：「不歌曰誦。」杜注云「恐孫蒯不解故」，則讀爲孟子告子下「誦堯之言」之「誦」，誦讀也。蒯懼，告文子。文子曰：「君忌我矣，弗先，必死。」不先動手，必死衞獻公之手。

并帑於戚而入，舊讀「并帑於戚」爲句，「而入」屬下，不确。此從于鬯香草校書。帑音奴，當廣指子弟臣僕一切家衆。衞自成公已遷都帝丘，即今濮陽縣西南二十許里之顓頊城。孫文子家衆本分二處，一在采邑戚，一在衞都帝丘。此時爲發動叛亂，將家衆聚於戚地，而後率領入帝丘。「而入」者，入都攻衞獻也。舊讀「而入見蘧伯玉」，不知蘧伯玉爲靈公臣，且與孔丘爲友。靈公爲獻公孫，魯昭公八年立，哀公二年死。自此年距衞靈之死六十七年矣。此時蘧伯玉年甚少，必不在高位，孫林父不必往見之也。見蘧伯玉，此係孫林父入都時偶然遇見伯玉，因伯玉見其率領兵衆，林父不得不與之言。伯玉名瑗，謚曰成子，蘧莊子無咎之子。曰：「君之暴虐，子所知也。大懼社稷之傾覆，將若之何？」對曰：「君制其國，臣敢奸之？奸，犯也。雖奸之，庸知愈乎？」庸，反問副詞，豈也。句意謂縱使廢舊君，立新君，豈知新君勝于舊君乎？遂行，從近關出。國界有關，衞四面皆鄰他國，蘧伯玉欲速出國境，以免禍亂，於是擇最近之國門出國。史記衞世家亦叙此事而較簡略。

公使子蟜、子伯、子皮與孫子盟于丘宮，子蟜三人皆衞之羣公子。丘宮當在衞都，孫氏之兵已迫臨公宮，故公不得不與孫氏求和解。杜注此數句多誤。孫子皆殺之。四月己未，子展奔齊，杜注：「子展，衞獻公弟。」蓋獻公欲奔齊，子展爲之先行。公如鄄。鄄音絹，今山東鄄城縣西北，餘詳莊十四年經注。使子行請於孫子，原無「請」字，今從金澤文庫本及阮氏校勘記增。據杜注，杜本亦有「請」字。孫子又殺之。杜注：「使往請和也。子行，羣公子。」公出奔齊，孫氏追之，敗公徒于河澤，「河澤」亦作「阿澤」，亦作「柯澤」，今山東陽穀縣東北，運河所經。鄄人執之。執衞獻公之敗兵。

初，尹公佗學射於庾公差，庾公差學射於公孫丁。二子追公，二子，佗與差。公孫丁御公。子魚曰：子魚，差之字。「射爲背師，不射爲戮，射爲禮乎？」射爲禮言在射與不射二者，射合於禮。杜注「禮射不求中」，非傳意。射兩軥而還。軥音劬，又音遘，又音鉤。古代車駕四馬，當中兩馬謂之兩服，轅端有横木曰衡，另有曲木縛于衡下，叉住兩服之頸曰軥。尹公佗曰：「子爲師，爲，去聲。意謂汝因公孫丁爲師而不射中。我則遠矣。」公孫丁是其師祖，關係較遠。乃反之。回車再追衞獻。公孫丁授公轡而射之，貫臂。丁射佗，矢穿透佗臂。孟子離婁下云：「鄭人使子濯孺子侵衞，衞使庾公之斯追之。子濯孺子疾作，庾公之斯至，曰：『夫子何爲不執弓？』曰：『今日我疾作，不可以執弓。』庾公之斯曰：『小子學射於尹公之佗，尹公之佗學射於夫子。我不忍以夫子之道反害夫子。雖然，今日之事，君事也，我不敢廢。』抽矢，叩輪，去其金，發乘矢而後反。」孔疏引此文云：「其姓名與此略同，行義與此正反，不應一人之身有此二行。孟子辯士之説，或當假爲之辭，此傳應是實也。」

子鮮從公。杜注：「子鮮，公母弟。」及竟，公使祝宗告亡，且告無罪。杜注：「告宗廟。」于鬯以爲祝宗亦從公行，故即爲壇于境而使之告神。詳香草校書。定姜曰：「無神，何告？若有，不可誣也。有罪，若何告無？舍大臣而與小臣謀，舍同捨。一罪也。先君有冢卿以爲師保，冢卿指孫林父、甯殖。爲卿佐即爲其師保，下傳文「有君而爲之貳使師保之」可證。而蔑之，蔑，輕視，鄙視。二罪也。余以巾櫛事先君，而暴妾使余，定姜爲定公嫡夫人，則爲獻公嫡母。雖非生母（獻公爲敬姒所生），亦當敬養。暴妾使余者，待余甚暴，若婢妾也。參成十四年傳及注足以知之。馬宗璉補注引詩燕燕「先君之思，以勗寡人」，魯詩説，言獻公無禮于定姜，定姜作詩，言獻公當思先君定公以孝於寡人」，亦可證。列女傳母儀傳全用此段文字。三罪也。告亡而已，無告無罪！」上「無」字爲表禁止副詞，勿也。下「無」字爲有無之無。

公使厚成叔弔于衞，檀弓上正義引世本：「孝公生惠伯革（鄭注「革」作「鞏」），其後爲厚氏。」「厚」亦作「后」，潛夫論志氏姓云「魯之公族有后氏」，檀弓上有后木可證。左傳亦作「郈」，如昭二十五年傳「郈氏爲之金距」。魯語亦作「郈」，如「文公欲弛郈敬子之宅」。厚、后、郈三字皆通。曰：「寡君使瘠，聞君不撫社稷，而越在他竟，瘠，厚成叔名。撫，有也。不有社稷，謂失君位。越，播越，流亡。説詳王引之述聞。若之何不弔？弔，恤也。今言憐恤。以同盟之故，使瘠敢私於執事，敢，表敬副詞。杜注：「執事，衞諸大夫。」曰：『有君不弔，弔同淑，善也。有臣不敏；杜注：「敏，達也。」有君不善良，有臣不達於事。君不赦宥，臣亦不帥職，君對臣不寬恕，臣亦不盡爲臣之職責。增淫發洩，增淫言積久也，説見章炳麟讀。自衞定公死，獻公初立，孫林父便盡置其重器于戚而厚交晉國之卿。衞獻與孫氏之嫌隙，至此幾已十八年。嫌怨既久，發洩便大，以至逐君。其若之何？』」衞人使大叔儀對，大同太。太叔儀謚文子。襄二十九年經作「世叔儀」。經作「世」，傳多作「大」。曰：「羣臣不佞，佞，才也。得罪於寡君。寡君不以即刑，不以羣臣就刑。而悼棄之，林堯叟句解謂悼爲傷悼。俞樾平議謂悼借爲卓；卓，遠也。遠棄羣臣，意即指流亡。章炳麟讀謂悼，逃也。上逃其下曰逃。皆可通。以爲君憂。君不忘先君之好，辱弔羣臣，弔羣臣之失君。又重恤之。又加以哀憐羣臣之不敏，未盡職。敢拜君命之辱，一謝弔失君。重拜大貺。」又謝哀憐羣臣。厚孫歸，復命，語臧武仲曰：「衞君其必歸乎！有大叔儀以守，大叔儀在衞國。有母弟鱄以出。鱄即子鮮，從獻公以出者。餘參成十四年傳。或撫其内，或營其外，國内有大叔儀爲之安撫，國外有子鮮爲之經營。能無歸乎！」

齊人以郲寄衞侯。郲即襄六年「齊侯滅萊」之萊國，詳宣七年經注。寄，寓也。諸侯失國，寓居他國，稱寄公。儀禮喪服傳所謂「寄公者何也？失地之君也」。亦曰寓公，禮記郊特牲「諸侯不臣寓公」是也。馬宗璉補注因云：「齊以郲寄衛侯，是以寓公之禮待衛獻公。」及其復也，衛獻公返國復位在十二年之後，此探後言之。以郲糧歸。杜注：「言其貪。」

右宰穀從而逃歸，右宰穀，衛大夫。衛人將殺之。辭曰：「余不説初矣。説同悦。初指從衛獻公。猶言我于從公之事亦我所不悦。余狐裘而羔袖。」此有兩解，皆可通。依杜預注意，狐貴重，以喻善；羔以喻惡。狐毛爲裘，小羊毛爲袖，「言一身盡善，唯少有惡，喻己雖從君出，其罪不多」。陶鴻慶別疏則謂「詩唐風『羔裘豹袪』，毛傳云：『本末不同，在位與民異心。』此云然者，亦謂身雖從君，而與君異心，猶裘之本末不同」。乃赦之。

衛人立公孫剽，剽音漂，去聲，又音瓢。杜注：「剽，穆公孫。」孫林父、甯殖相之，以聽命於諸侯。杜注：「聽盟會之命。」蓋諸侯與之盟，則認可矣。

衛侯在郲，臧紇如齊唁衛侯。紇，武仲名。唁音彦，説文：「弔生也。」衛侯與之言，虐。原不重「衛侯」，今依石經、淳熙本、岳本及金澤文庫本增，文意始順。退而告其人曰：其人，臧紇下屬。「衛侯其不得入矣。其，殆也。表示不肯定之副詞。其言糞土也。以糞土比喻「虐」。亡而不變，何以復國？」子展、子鮮聞之，見臧紇，與之言，道。道即順也。管子君臣篇云：「順理而不失之謂道。」説詳楊樹達先生讀左傳。臧孫説，臧孫即紇。謂其人曰：「衛君必入。夫二子者，或輓之，或推之，在前牽引曰輓，在後推進曰推。欲無入，得乎？」杜注：「爲二十六年衛侯歸傳。」

一四·五 師歸自伐秦。各國之師皆歸。下文獨言晉事。晉侯舍新軍，禮也。舍同捨，廢也。成國不過半天子之軍。杜注：「成國，大國。」呂氏春秋貴因篇高注：「成國，成千乘之國也。」周爲六軍，諸侯之大者，三軍可也。周禮夏官序云：「凡制軍，萬有二千五百人爲軍。王六軍，大國三軍，次國二軍，小國一軍。」

於是知朔生盈而死，史記趙世家索隱引世本云「逝遨生莊子首，首生武子罃，罃生莊子朔，朔生悼子盈」云云，則盈爲朔之子。杜預以盈爲朔之弟，誤。盈生六年而武子卒，武子，盈之祖知罃。知罃當政之末年，知朔已死，未及爲卿。彘裘亦幼，彘裘，士魴子。皆未可立也。新軍無帥，故舍之。十三年傳亦云「新軍無帥」，此又言其故。則晉之所謂無帥者，强宗世襲卿位，知氏、士氏皆强宗，而其嗣年弱小耳。

一四·六 師曠侍於晉侯。杜注：「師曠，晉樂大師子野。」晉侯曰：「衛人出其君，不亦甚乎？」對曰：「或者其君實甚。甚謂過度。良君將賞善而刑淫，養民如子，蓋之如天，容之如地；蓋覆民人如天之高大，容載民人如地之廣厚。民奉其君，愛之如父母，仰之如日月，敬之如神明，畏之如雷霆，其可出乎？其，用法同「豈」。夫君，神之主而民之望也。「而」本作

「也」，今從石經、宋本、淳熙本、岳本及金澤文庫本正。**若困民之主，**主，新序雜事篇、説苑君道篇皆作「困民之性」，「主」當爲「生」字之形近誤。「生」與「性」古本可通用。周語上云「匱神乏祀而困民之財」，與此二句意同。困民之生即困民之財。**匱神乏祀，**匱乏義同，意即鬼神失主祀者。**百姓絶望，社稷無主，將安用之？**何必用君。**弗去何爲？天生民而立之君，使司牧之，勿使失性。有君而爲之貳，**杜注：「貳，卿佐。」**使師保之，勿使過度。是故天子有公，諸侯有卿，卿置側室，大夫有貳宗，**數句義俱詳桓二年傳注。**士有朋友，**桓二年傳云「士有隸子弟」，似此「朋友」即指「隸子弟」。以桓二年傳「各有分親」及此下文「皆有親暱」推之，朋友一詞，非今朋友之義。或其同宗，或其同出師門（見劉寶楠論語學而「有朋自遠方來」正義）。**庶人、工、商、皁、隸、牧、圉皆有親暱，以相輔佐也。善則賞之，**賞非賞賜之賞，以輔佐之人不能對正主行賞也。杜注：「賞謂宣揚。」晉語九云：「夫事君者諫過而賞善。」賞亦同此。韋注謂賞善爲將順其美，亦通。**過則匡之，**匡，正。**患則救之，失則革之。**革，更改。**自王以下各有父兄子弟以補察其政。**杜注：「補其愆過，察其得失。」**史爲書，**杜注：「謂大史君舉則書。」**瞽爲詩，**瞽謂樂師。周禮春官序官鄭玄注：「凡樂之歌，必使瞽矇爲焉，命其賢知（智）者以爲大師、小師。」周語上之「瞽獻曲」，即此之「瞽爲詩」，瞽歌詩必奏曲也。**工誦箴諫，**孔疏：「儀禮通謂樂人爲工。」誦，或歌或讀。箴諫皆規勸匡正之辭。**大夫規誨，**規，正也。誨，教導，開導。此與周語上「近臣盡規」同意。**士傳言，**杜注：「士卑不得徑達，聞君過失，傳告大夫。」**庶人謗，**此亦猶尚書無逸「小人怨汝、詈汝」之意。周語上邵公曰「故天子聽政，使公卿至於列士獻詩，瞽獻曲，史獻書，師箴，瞍賦，矇誦，百工諫，庶人傳語，近臣盡規，親戚補察，瞽史教誨」云云，與師曠所言相近。**商旅于市，**商旅同義詞連用，易復卦「商旅不行」、周禮考工記「通四方之珍異以資之謂之商旅」、禮記月令「易關市，來商旅」皆可證。此句「商旅于市」，承上省一動詞，漢書賈山傳「庶人謗於道，商旅議於市」，增一「議」字以解此句，是也。杜注謂「旅，陳也，陳其貨物」云云，王引之述聞則讀旅爲臚，謂即傳言，皆誤以旅爲動詞。**百工獻藝。**百工，各種工匠。周禮考工記：「審曲面勢，以飭五材，以辨民器，謂之百工。」下文云「工執藝事以諫」，即此「獻藝」之義。**故夏書曰：『遒人以木鐸徇於路，**遒人，尚書僞孔傳云：「宣令之官。」遒音酋。徇音殉，巡行而宣令也。木鐸，金口木舌之鈴。金口金舌則爲金鐸。金鐸用于武事，木鐸用于文教。**官師相規，**官師，一官之長，其位不甚高。襄十五年傳「官師從單靖公」，禮記祭法「官師一廟」，漢書賈誼傳「官師小吏」，皆足證。説參宋王應麟困學紀聞卷二及王引之經義述聞。**工執藝事以諫。』**此爲逸書，作僞古文尚書者羼入今胤征篇。**正月孟春，於是乎有之，諫失常也。**蓋春秋以前天子諸侯有大臣及諫官，遇事可諫；至于在下位者以至百工等，唯正月遒人徇路，始得有進言機會。**天之愛民甚矣，豈其使一人肆於民上，以從其淫，**肆，放恣。從同縱。**而棄天地之性？必不然矣。」**棄天地之性即棄民。

一四·七　**秋，楚子爲庸浦之役故，**庸浦之役見去年傳並注。**子囊師于棠，以伐吳。**棠，今江蘇六合縣稍西而北二十五里。**吴人不出而還。**各本俱無「人」字，今依金澤文庫本增。**子囊殿，以吴爲不能而弗儆。吴人自皋舟之隘要而擊之。**杜注：「皋舟，吴險阸之道。」要，腰本字，此作動詞，截斷其腰。**楚人不能相救，吴人敗之，獲楚公子宜穀。**

一四·八　**王使劉定公賜齊侯命，**杜注：「將昏於齊故也。定公，劉夏。」**曰：「昔伯舅大公右我先王，**大同太，大公即吕尚，姓姜，故又稱之爲姜太公。詩伐木正義引「右我先王」作「佐我先王」，右即佐助。**股肱周室，師保萬民。世胙大師，**胙，報酬也。大師即太公，以周文王立吕尚爲師也。**以表東海。**表，表率之意，意謂爲東海諸國之表率也。與二十九年傳「表東海者其大公乎」之「表」同。**王室之不壞，緊伯舅是賴。**緊，發聲詞，無義，與隱元年傳「緊我獨無」之「緊」同。伯舅仍指大公。周王於異姓諸侯，無論其先後長幼，俱稱伯舅或舅氏。或以此伯舅指齊桓公，與上文不接，不足信。**今余命女環，**杜注：「環，齊靈公名。」**兹率舅氏之典，**兹借爲孳，孜孜不倦。説本吴闓生文史甄微。率，循也。典，常也，經也。異姓諸侯有佐助周室之常法。**纂乃祖考，**纂，繼也。**無忝乃舊。**忝，辱也。乃，對稱代詞領位。金文對稱代詞多用「乃」。舊即上文之祖考。管子牧民篇云「恭祖舊」，即此舊字之義。**敬之哉！無廢朕命！」**

一四·九　**晉侯問衛故於中行獻子。**故，事也。杜注：「問衛逐君當討否。獻子，荀偃。」**對曰：「不**

如因而定之。衞有君矣，杜注：「謂剽已立。」伐之，未可以得志，而勤諸侯。動諸侯之兵以伐衞，而衞已立君，未必能勝。史佚有言曰：『因重而撫之。』杜注：「重不可移，就撫安之。」重謂衞殤公已定位。仲虺有言曰：『亡者侮之，亂者取之。推亡、固存，國之道也。』杜注：「仲虺，湯左相。」虺音卉。荀偃語意在「固存」二字，即用古語申明「因而定之」。君其定衞以待時乎！」杜注：「待其昏亂之時乃伐之。」

冬，會于戚，謀定衞也。孫林父與會，即上傳所謂「以聽命於諸侯」。

一四·一〇 范宣子假羽毛於齊而弗歸，羽，鳥羽；毛又作旄，旄牛尾。羽及旄皆可用于舞，周禮樂師之羽舞旄舞可證；亦可作旗竿或儀仗之裝飾。孟子梁惠王下「見羽旄之美」是也。齊人始貳。

一四·一一 楚子囊還自伐吳，卒。呂氏春秋高義篇（說苑立節及渚宮舊事亦襲此文）謂「荊人與吳人將戰，荊師寡，吳師衆，將軍子囊不復於王而遁，遂伏劍而死」，與左傳不同。將死，遺言謂子庚：即公子午，繼子囊爲令尹。「必城郢！」據史記楚世家，楚文王元年始都郢。據世本，楚武王已都郢。莊十八年傳巴人「遂門於楚」，則其時已築城矣。故續漢郡國志劉昭注：「江陵縣北十餘里有紀南城，楚王所都。東南有郢城，子囊所城。」君子謂：「子囊忠。君薨，不忘增其名；詳十三年傳。將死，不忘衞社稷，可不謂忠乎？忠，民之望也。詩曰『行歸于周，鄭箋：「周，忠信也。」萬民所望』，小雅都人士之首章。忠也。」

十五年，癸卯，公元前五五八年。周靈王十四年、晉悼十六年、齊靈二十四年、衞獻十九年、殤公剽元年、蔡景三十四年、鄭簡八年、曹成二十年、陳哀十一年、杞孝九年、宋平十八年、秦景十九年、楚康二年、吴諸樊三年、許靈三十四年。

經

一五·一 十有五年春，正月二十四日癸未冬至，建子。宋公使向戌來聘。二月己亥，己亥，十一日。及向戌盟于劉。據孔疏，劉蓋魯都曲阜城外之近地。

一五·二 劉夏逆王后于齊。公羊以劉夏爲「天子之大夫」，穀梁則云「劉夏，士也」，左傳則稱「官師」，其非卿則可必。襄十四年傳稱其謚爲定公，或其後有升遷，死而賜謚乎。周制，天子娶妻不親迎，而使卿往迎，公監之。劉夏非卿，故古之説春秋者以爲譏。其實，春秋二百四十二年，周室歷十二王，而書逆王后者僅二次，一在桓八年，一即此。其餘十次何以不書，自不足究。

一五·三 夏，齊侯伐我北鄙，圍成。成，據山東通志，今山東寧陽縣東北九十里。亦作「郕」。公救成，至遇。遇，魯地，當在曲阜與寧陽之間。據下文帥師城成郛，則齊未得成，或魯出兵而圍解矣。

一五·四 季孫宿、叔孫豹帥師城成郛。齊兵或已毁其外城，故魯二卿帥師城之。郛，外城也。

一五·五 秋八月丁巳，日有食之。無傳。此年周正建子，無論據三統、四分以及大衍授時術推算，丁巳爲七月朔，杜注謂「八月無丁巳，丁巳七月一日也」，甚確。丁巳日食相當公曆五月三十一日之偏食，食甚時爲八時二十五分四秒。經書八月丁巳，馮澂謂「誤在多置一閏」，詳其所著春秋日食集證。然下月丙戌朔（王韜誤以爲丁亥朔）亦有偏食，中國不可見，仍從七月丁巳朔爲確。

一五·六 邾人伐我南鄙。

一五·七 冬十有一月癸亥，癸亥，九日。晉侯周卒。晉悼於魯成十八年即位，當時年已十四；即位整十六年，則死時三十歲耳。

傳

一五·一 十五年春，宋向戌來聘，且尋盟。杜注：「報二年豹之聘，尋十一年亳之盟。」見孟獻子，尤其室，杜注：「尤，責過也。」曰：「子有令聞而美其室，令聞，今言好名聲。聞，舊讀去聲。禮記檀弓上及韓非子外儲説左下有孟獻子節儉故事，新序刺奢篇有孟獻子養士故事，不知向戌所謂令聞即是指此否。非所望也。」對曰：「我在晉，吾兄爲之。毁之重勞，重讀輕重之重，言欲毁之，則又加重毁美室之勞。且不敢間。」方言：「間，非也。」不敢以兄之所爲爲非。

一五·二 官師從單靖公逆王后于齊。卿不行，非禮也。官師見上年傳注及此條經注。

一五·三 楚公子午爲令尹，説苑權謀篇有「楚公子午使於秦，秦囚之」事，在晉平公時。河南淅川下寺楚墓出王子午鼎，王子午即此公子午。公子罷戎爲右尹，蔿子馮爲大司馬，正義引世本謂蔿艾獵是孫叔敖之兄，馮是艾獵之子。公子櫜師爲右司馬，公子成爲左司馬，屈到爲莫敖，楚語上韋注云：「屈到，楚卿屈蕩子子夕也。」公子追舒爲箴尹，吕氏春秋高注云：「楚有箴尹之官，諫臣也。」杜注：「追舒，莊王子子南。」荆南萃古編有王孫遺者鐘，劉翔謂王孫遺者即此公子追舒。屈蕩爲連尹，養由基爲宫廄尹，以靖國人。

君子謂：「楚於是乎能官人。官人，國之急也。能官人，則民無覦心。覦音渝，覬覦也。謂能擇能而安排以適當官職，則他人不存非分之心。其實九人之中，五人爲公子；屈爲大姓，本楚同族，蔿亦舊令尹之從子，皆世族也。詩云『嗟我懷人，寘彼周行』，詩爲周南卷耳之句。原本爲婦女思念丈夫遠出之詩，謂卷耳之菜，採之又採，仍不滿一邪筐，蓋心歎所思之人，無心再採，於是將筐置于大道。左傳作者以己意解此詩，後人因之，如陳奂毛詩傳疏云「思君子，官賢人，置周之列位，皆本左氏説」云云。能官人也。王及公、侯、伯、子、男，甸、采、衞、大夫，各居其列，所謂周行也。」杜注：「言自王以下，諸侯大夫各任其職，則是詩人周行之志也。甸、采、衞，五服之名也。天子所居千里曰圻，其外曰侯服，次曰甸服，次曰男服，次曰采服，次曰衞服，五百里爲一服。不言侯男，略舉也。」

一五·四　鄭尉氏、司氏之亂，其餘盜在宋。亂見十年傳。鄭人以子西、伯有、子產之故，納賂于宋，子西之父子駟、伯有之父子耳、子產之父子國皆被尉氏、司氏等所殺。以馬四十乘，四匹爲乘。杜注：「百六十匹。」與師茷、師慧。師，樂師。茷、慧，其名。三月，公孫黑爲質焉。公孫黑，子駟子，字子皙。司城子罕以堵女父、尉翩、司齊與之，與鄭。良司臣而逸之，良，動詞意動用法，以司臣爲良。託諸季武子，託魯正卿保護司臣。武子寘諸卞。卞，在今山東泗水縣東五十里。鄭人醢之三人也。之三人，此三人也。之作指示形容詞用，詳詞詮。三人，堵女父、尉翩、司齊。

師慧過宋朝，朝，朝廷。將私焉。私，小便。其相曰：「朝也。」荀子成相：「如瞽無相，何倀倀。」盲人之扶持者亦曰相。慧曰：「無人焉。」相曰：「朝也，何故無人？」慧曰：「必無人焉。若猶有人，豈其以千乘之相易淫樂之矇？孔丘謂「鄭聲淫」，此謂「淫樂」，或鄭之樂曲固如此。千乘之相，杜注謂子產等。言宋不爲子產等人主動送回堵女父等人，而必待賂以矇人馬匹而後歸之，此即以「相」易「矇」之意。以，因也。必無人焉故也。」人謂人才、賢人。子罕聞之，固請而歸之。固請於宋公。

一五·五　夏，齊侯圍成，貳於晉故也。齊、魯皆晉之同盟，齊以范宣子借羽旄而不歸還之故，貳于晉，因而侵犯魯邑。於是乎城成郛。合經二文爲一傳。

一五·六　秋，邾人伐我南鄙，杜注：「亦貳於晉故。」使告于晉。晉將爲會以討邾、莒，杜注：「十二年、十四年，莒人伐魯，未之討也。」晉侯有疾，乃止。暫止不會，自亦不討。冬，晉悼公卒，遂不克會。

一五·七　鄭公孫夏如晉奔喪，子蟜送葬。據昭三十年傳鄭游吉之言：「先王之制，諸侯之喪，士弔，大夫送葬。唯嘉好、聘享、三軍之事，於是乎使卿」。實則諸侯於盟主，早已不行此先王之制。昭三年游吉又曾言「昔文、襄之霸也，其務不煩諸侯。君薨，大夫弔，卿共葬事」云云，又較先王之制超一級。今晉悼公死，鄭派公孫夏如晉奔喪，奔喪即往弔。公孫夏即子西，鄭卿也。又派子蟜送葬，送葬即共葬事。子蟜即鄭卿公孫蠆。

一五·八　宋人或得玉，獻諸子罕。子罕弗受。獻玉者曰：「以示玉人，杜注：「玉人，能治玉者。」玉人以爲寶也，故敢獻之。」子罕曰：「我以不貪爲寶，爾以玉爲寶。若以與我，皆喪寶也，不若人有其寶。」謂各人有各人之寶。稽首而告曰：「小人懷璧，不可以越鄉，杜注：「言必爲盜所害。」納此以請死也。」杜注：「請免死。」子罕寘諸其里，子罕所居之里。使玉人爲之攻之，杜注：「攻，治也。」富而後使復其所。服虔謂「賣玉得富」，復其所則謂送之回鄉里。淮南子精神訓用此事，高誘注引此文。

一五·九　十二月，鄭人奪堵狗之妻，而歸諸范氏。杜注：「堵狗，堵女父之族。狗娶於晉范氏。鄭人既誅女父，畏狗因范氏而作亂，故奪其妻歸范氏，先絶之。」

十六年，甲辰，公元前五五七年。周靈王十五年、晉平公彪元年、齊靈二十五年、衞獻二十年、殤二年、蔡景三十五年、鄭簡九年、曹成二十一年、陳哀十二年、杞孝十年、宋平十九年、秦景二十年、楚康三年、吴諸樊四年、許靈三十五年。

經

一六·一 **十有六年春王正月，**二月初五戊子冬至，實建亥，有閏月。**葬晉悼公。**

一六·二 **三月，公會晉侯、宋公、衞侯、鄭伯、曹伯、莒子、邾子、薛伯、杞伯、小邾子于湨梁。**齊侯不親來，僅派高厚來，高厚又逃盟，故無齊。湨音臭。湨梁，湨水之隄梁，爾雅釋地「梁莫大於湨梁」是也。湨水源出河南濟源縣西，東流經孟縣北，又東南入黄河。湨梁當亦在濟源縣西。**戊寅，**戊寅，二十六日。**大夫盟。**

一六·三 **晉人執莒子、邾子以歸。**

一六·四 **齊侯伐我北鄙。**無傳。

一六·五 **夏，公至自會。**無傳。

一六·六 五月甲子，甲子，十三日。地震。無傳。

一六·七 叔老會鄭伯、晉荀偃、衛甯殖、宋人伐許。

一六·八 秋，齊侯伐我北鄙，圍成。「成」或作「郕」，釋文亦作「郕」。今從石經、宋本、岳本作「成」。

一六·九 大雩。無傳。

一六·一〇 冬，叔孫豹如晉。

傳

一六·一 十六年春，葬晉悼公。平公即位，羊舌肹爲傅，肹即叔向。成十八年傳云士渥濁爲太傅，肹亦當是代士渥濁爲太傅。晉語七叙晉悼公以羊舌肹習於春秋，乃召叔向使傅太子彪。今彪嗣爲晉君，故以之爲太傅。太傅之官不常設，卿或大夫皆可爲之。宣十六年傳謂士會將中軍且爲太傅，則以中軍帥兼之。昭五年傳，楚靈王謂羊舌肹爲上大夫，則肹蓋以上大夫爲太傅。陽處父爲太傅，且能易中軍帥，見文六年傳。張君臣爲中軍司馬，杜注：「張老子，代其父。」祁奚、韓襄、欒盈、士鞅爲公族大夫，祁奚已于襄三年告老，而十三年後又爲公族大夫，二十一年傳救叔向。馬宗璉補注謂祁奚疑是祁午，恐誤。韓襄，韓無忌之子。韓無忌掌公族大夫見襄七年傳。通志氏族略五引世本云：「晉韓厥生無忌，無忌生襄，襄生子魚。」虞丘書爲乘馬御。廣韻丘字注謂虞丘爲複姓。通志氏族略三以虞丘爲晉邑，則書固以邑爲氏者。說見梁履繩左通補釋。改服、修官，脱喪服，穿吉服。修官，選賢能。俞樾平議謂「官與館古字通。修官即修館。會于溴梁，所在館舍先修理」云云，亦通。烝于曲沃。烝，祭祀之名。桓五年傳云：「閉蟄而烝。」警守而下，會于溴梁。警守，於國都佈置守備。下，沿黄河而下。溴梁詳經注。命歸侵田。以我故，執邾宣公、莒犂比公，見去年傳。莒君多以地名爲號，犂比亦地名。説詳張聰咸杜注辨證。且曰：「通齊、楚之使。」責罪邾、莒二君之使者往來於齊、楚之間。

晉侯與諸侯宴于温，温，今治西南，溴水所經。使諸大夫舞，曰：「歌詩必類。」王紹蘭云：「古人舞必歌詩，故墨子（公孟篇）曰『舞詩三百』。」詳經説四。楚辭九歌東君亦云「展詩兮會舞」，詩小雅車舝亦云「式歌且舞」，更足爲證。必類者，一則須與舞相配，而尤重表達本人思想。齊高厚之詩不類。荀偃怒，且曰：「諸侯有異志矣。」此由高厚所歌詩不類見出。使諸大夫盟高厚，高厚逃歸。於是叔孫豹、晉荀偃、宋向戌、衛甯殖、鄭公孫蠆、小邾之大夫盟，曰：「同討不庭。」不庭義詳隱十年傳注。此不庭係借用舊詞，實指不忠于盟主晉國而言，與成十二年傳不庭義近。

一六·二　許男請遷于晉。許本都今河南許昌市東三十六里之地，魯成十五年，許靈公爲逃避鄭國威脅，楚遷許國於葉，即今葉縣稍西而南三十里之葉縣舊城，從此許即爲楚附庸。此次許君請晉遷許，其意欲遠離楚而服從晉。諸侯遂遷許，實是將遷許而未成，故不言所遷之地。許大夫不可，晉人歸諸侯。使諸侯各自返國，唯以晉師伐許大夫。

鄭子蟜聞將伐許，遂相鄭伯以從諸侯之師。此下是補叙初動諸侯事。穆叔從公。齊子帥師會晉荀偃。書曰「會鄭伯」，爲夷故也。經云「叔老會鄭伯、晉荀偃、衞甯殖、宋人伐許」，春秋爲魯史，自必以魯爲主，故先書叔老。鄭伯爲君，荀偃固爲各軍主帥，但究屬晉臣，故列在鄭伯後。夷，平也。言如此序列，方得平也。

夏六月，次于棫林。棫林，許地，今河南葉縣東北。與十四年傳秦地棫林同名異地。庚寅，庚寅，九日。伐許，次于函氏。函氏亦許地，在今葉縣北。

一六·三 晉荀偃、欒黶帥師伐楚，以報宋楊梁之役。諸侯之師已歸，晉師獨進。楊梁之役見十二年傳。楚公子格帥師，及晉師戰于湛阪。湛音諶，又音暫。湛水源出今河南寶豐縣東南，東經葉縣，至襄城縣境入於北汝河。湛水之北山有長坂，即此湛阪，在今平頂山市北。楚師敗績。晉師遂侵方城之外，方城詳僖四年傳並注，本楚之北境。其後楚益擴張，方城之外又有屬楚者，晉師未入方城也。復伐許而還。許未遷之故。

一六·四 秋，齊侯圍成，「成」，各本俱作「郕」，其實成、郕一地，今從監本，以求一律。孟孺子速徼之。孟孺子，獻子之子，名速，謚莊子。徼音驍，遮攔而截擊也。齊侯曰：「是好勇，是，此人，指孟孺子。論語憲問「卞莊子之勇」，趙坦寶甓齋札記以爲「卞莊子即孟孺子」，不可信。去之以爲之名。」謂撤圍以成孟速勇猛名。據十八年傳，晏嬰謂齊靈公「固無勇」，則實膽怯而逃。速遂塞海陘而還。杜注僅云「海陘，魯隘道」。成在今山東寧陽縣北，已詳桓六年經注。成之北離齊境近，則海陘爲齊、魯間隘道。説文：「陘，山絶坎也。」段玉裁注謂「一山在兩川之間，故曰山絶坎」。所謂海陘者，以隘道有水耳。其地當成之北，大汶河與泗水之間。江永考實拘於海字，謂在諸城境，不確。

一六·五　冬，穆叔如晉聘，且言齊故。言齊再伐魯。晉人曰：「以寡君之未禘祀，禘祀，即致晉悼公之主於大廟之吉禘，詳閔二年傳並注、僖三十三年傳並注。與民之未息，杜注：「新伐許及楚。」不然，不敢忘。」穆叔曰：「以齊人之朝夕釋憾於敝邑之地，是以大請。敝邑之急，朝不及夕，引領西望曰：『庶幾乎！』杜注：「庶幾晉來救。」比執事之間，比，去聲，及也，等待也。恐無及也。」見中行獻子，賦圻父。圻音其。圻父，今作祈父，詩小雅篇名。杜注：「詩人責圻父爲王爪牙，不修其職，使百姓受困苦之憂，而無所止居。」獻子曰：「偃知罪矣，敢不從執事以同恤社稷，而使魯及此！」見范宣子，賦鴻鴈之卒章。杜注：「鴻鴈，詩小雅。卒章曰：『鴻鴈于飛，哀鳴嗸嗸。唯此哲人，謂我劬勞。』言魯憂困嗸嗸然，若鴻鴈之失所。大曰鴻，小曰鴈。」宣子曰：「匄在此，句，宣子名。敢使魯無鳩乎！」晉語九韋注：「鳩，安也。」

十七年，乙巳，公元前五五六年。周靈王十六年、晉平二年、齊靈二十六年、衞獻二十一年、殤三年、蔡景三十六年、鄭簡十年、曹成二十二年、陳哀十三年、杞孝十一年、宋平二十年、秦景二十一年、楚康四年、吳諸樊五年、許靈三十六年。

經

一七·一　十有七年春王二月庚午，是年正月十六日癸巳冬至，建子。庚午，二十三日。邾子牼卒。無傳。杜注：「宣公也。」公羊、穀梁「牼」俱作「瞯」。端方陶齋吉金録卷一有邾公牼鐘四器，足證左氏經正確。邾子於去年爲晉所執，此書卒，當死於本國，故孫復云「晉人尋赦之也」。

一七·二　宋人伐陳。

一七·三　夏，衞石買帥師伐曹。杜注：「買，石稷子。」

一七·四　秋，齊侯伐我北鄙，圍桃。「桃」，公羊作「洮」，同從兆聲。地在今山東汶上縣北而稍東約三十五里。高厚帥師伐我北鄙，圍防。「高厚」上公羊、穀梁有「齊」字。臧壽恭云：「經在『圍桃』下，蒙上文，故不繫齊，疑公、穀誤衍『齊』字。」

一七・五 九月，大雩。無傳。

一七・六 宋華臣出奔陳。傳謂華臣出奔在十一月，經書在秋，不審其故。

一七・七 冬，邾人伐我南鄙。

傳

一七・一 十七年春，宋莊朝伐陳，獲司徒卬，卑宋也。杜注：「司徒卬，陳大夫。」卑宋，陳輕視宋，故敗。

一七・二 衞孫蒯田于曹隧，曹隧，曹地。杜注：「越竟而獵。」孫蒯，林父之子。飲馬于重丘，重丘，古國名。逸周書史記解云：「績陽彊力四征，重丘遺之美女。」路史國名紀六引此傳以證之，是也。說見梁履繩補釋。重丘當今山東茌平縣西南約二十里。毁其瓶。玉篇：瓶，汲水器也。重丘人閉門而訽之，訽同詬，音構，詈駡也。曰：「親逐而君，而同爾。孫林父之逐衞獻公，緣于孫蒯之入使，故云親逐。事見十四年傳。說見楊樹達先生讀左傳。爾父爲厲。厲，惡也。說詳洪亮吉詁。是之不憂，而何以田爲？」

夏，衞石買、孫蒯伐曹，取重丘。孔疏云：「經書他國征伐，例書元帥而已。此經已書石買，縱蒯是卿，亦不書。」**曹人愬于晉。**杜注：「爲明年晉人執石買傳。」

一七·三 **齊人以其未得志于我故，**杜注謂去年圍成避孟孺子。**秋，齊侯伐我北鄙，圍桃。高厚圍臧紇于防。**齊分二軍，一由齊靈公自帥，圍桃；一由高厚帥領，圍防。防爲臧氏采邑。**師自陽關逆臧孫，至于旅松。**魯師自陽關出動迎接臧紇，至于旅松不進。陽關在今泰安縣偏東而南約六十里，旅松則距防不遠。防在今泗水縣西南二十八里，則陽關距防六十餘里。**郰叔紇、臧疇、臧賈帥甲三百，宵犯齊師，送之而復。**郰叔紇即孔丘之父。臧疇、臧賈，臧紇之兄弟。餘詳襄二十三年傳。郰叔紇等三人本在被圍之防城中，夜突圍護送臧紇至于旅松，又回至防城守衛。則防外有援師，內有守軍。**齊師去之。**

齊人獲臧堅，杜注：「堅，臧紇之族。」**齊侯使夙沙衛唁之，**唁，弔生也。**且曰「無死」。堅稽首曰：「拜命之辱。抑君賜不終，姑又使其刑臣禮於士。」**抑，轉折連詞，但，然而。賜不終即「曰無死」之變辭。前人說多不瞭。姑借爲故，故意。刑臣指夙沙衛，因其爲宦官。士，臧堅自謂。使奄宦命士，于當時爲非禮，士以爲恥。**以杙抉其傷而死。**杙音弋，小木樁，一端鋭而斜者。抉音決，挖也，剔也。傷，傷口，創口。

一七·四 **冬，邾人伐我南鄙，爲齊故也。**杜注：「齊未得志於魯，故邾助之。」吳闓生甄微云：「邾人伐我，經在華臣出奔後，而傳類於此，足證左氏之文不盡依經次序及時月先後也。」

一七・五　宋華閲卒，華臣弱皋比之室，據杜注，華臣，華閲之弟。皋比，華閲之子。弱，以爲弱而侵害之。使賊殺其宰華吳，其宰，皋比家之總管。據宋程公説春秋分紀世譜七，華督二子，曰家，曰季老（成十五年疏作「秀老」）。季老生鄭，鄭生喜，喜生吳。賊六人以鈹殺諸盧門合左師之後。鈹音帔，形似刀，而兩邊有刃，寶劍屬。諸，之於合音字，殺華吳於合左師屋後也。盧門，宋城門。合左師即向戌。其官爲左師，其采邑在合鄉，故稱爲合左師。合，當在今山東棗莊市與江蘇沛縣之間。左師懼，曰：「老夫無罪。」賊曰：「皋比私有討於吳。」此實謊言，假皋比之名，皋比乃主人也。遂幽其妻，幽，囚禁，關閉。其妻，華吳之妻。曰：「畀余而大璧。」畀，與也。宋公聞之，曰：「臣也不唯其宗室是暴，大亂宋國之政，言華臣不僅欺凌宗室，且大亂宋國之政令。必逐之。」左師曰：「臣也，亦卿也。大臣不順，順，和順。國之恥也。不如蓋之。」蓋，掩蓋。乃舍之。舍同捨。釋而不加罪。左師爲己短策，策，馬鞭。苟過華臣之門，必騁。騁音逞，快跑。孔疏：「助御者擊馬而馳，惡之甚也。必爲短策者，私助御者，不欲使人知也。」

十一月甲午，甲午，二十二日。國人逐瘈狗。瘈音計，又音制，説文及漢書五行志引俱作狾，古音同。瘈狗，狂犬，瘋狗。瘈狗入於華臣氏，國人從之。華臣懼，遂奔陳。杜注：「華臣心不自安，見逐狗而驚走。」

一七·六 **宋皇國父爲大宰，爲平公築臺，妨於農收。**「收」，本作「功」。杜注云「周十一月，今九月，收斂時」，則杜所據作「收」，今從石經、宋本、淳熙本、岳本、纂圖本、足利本以及釋文與金澤文庫本訂正。**子罕請俟農功之畢，公弗許。築者謳曰：「澤門之晳，實興我役。**晳、役爲韻，古音同在錫部。澤門之晳指皇國父。居於澤門，而面白晳，因以呼之。澤門即孟子盡心上之垤澤之門，宋東城南門也。**邑中之黔，實慰我心。」**黔、心爲韻，古音同在侵覃部。古謳歌多有韻。子罕居城內，其色黑，故時呼爲邑中之黔。**子罕聞之，親執扑，**扑，竹鞭。又見文十八年傳注。**以行築者，**行，巡行督察。**而抶其不勉者，**抶音秩，鞭打，笞擊。**曰：「吾儕小人皆有闔廬以辟燥濕寒暑。**闔本義爲木板門扇，此闔廬爲一詞，意即屋宇、房舍。辟同避。**今君爲一臺，而不速成，何以爲役？」謳者乃止。或問其故。**問子罕何以抶不勉者。**子罕曰：「宋國區區，**區區，小貌。**而有詛有祝，**實興我役，詛罵之辭。實慰我心，歌頌之辭。詛祝猶言毁譽。**禍之本也。」**晏子春秋內篇諫下及雜上皆採此事以爲晏嬰事。

一七·七 **齊晏桓子卒，**桓子即晏弱，晏嬰之父。**晏嬰麤縗斬，**晏嬰，史記有傳。麤，通作粗。麤縗斬，即粗布之斬衰。縗同衰。古代喪服，子爲父斬衰三年。杜注以麤爲三升布，鄭玄注禮記雜記則云：「麤縗斬者，其縷在齊（音咨）斬之間，謂縷如三升半而三升不緝也。斬衰以三升爲正，微細焉則屬於麤也。」古代之布，以麻爲主，即今之大麻或黃麻。雌雄異株。雄株曰枲，雌株曰苴（音疽）。苴不好，只用于喪服之斬衰、齊衰。布以八十縷爲一升，布幅寬二尺二寸（周尺，約合今四十四釐米），以三升，即二百四十縷織成，比之最細之布用三十升，即二千四百縷者，當極粗疏。鄭玄謂縷如三升半，意即縷數仍是三升，但縷之粗細可比三升半。斬即不緝，衣裳之邊不縫。齊衰則縫邊。**苴絰、帶、杖，**苴絰、苴帶、苴杖。絰音垤，指首絰，即服喪時戴于頭上用牝麻所織之物。苴帶，繫在腰上，象大帶。苴杖，竹杖。**菅屨，**菅音姦，多年生草本植物。菅屨即喪服着之草鞋。**食鬻，**鬻，今省作粥。未葬前孝子食粥。**居倚廬，**居喪時，臨時所搭草棚。倚木爲廬，在中門外東牆下，以草夾障，不塗泥，向北開户。既葬以後，再加高于内塗泥，向西開户。**寢苫、枕草。**苫音山，編禾稈爲席，孝子卧其上。以草爲枕。以上並是晏嬰所行之子喪父之禮。與儀禮士喪禮及喪服諸篇比較，僅麤縗斬與斬衰以及枕草與枕凷（同塊，土塊）不同。**其老曰：「非大夫之禮也。」**其老，晏氏之宰。昭十五年傳載叔向之言，一則曰「王一歲而有三年之喪二焉」，又曰「三年之喪，雖貴遂服，禮也」。禮記中庸載孔丘之言曰：「三年之喪達乎天子。父母之喪，無貴賤，一也。」孟子滕文公上載孟軻之言曰：「三年之喪，齊疏之服，飦粥之食，自天子達於庶人，三代共之。」似三年之喪，周代果有此事。然春秋已不實行，故晏嬰行之，而其老止之。**曰：「唯卿爲大夫。」**大夫之義，本有廣狹。廣義之大夫，卿亦可曰大夫。狹義之大夫，不包括卿。晏嬰「唯卿爲大夫」，不合此二義。沈欽韓補注云：「諸侯之卿當天子之大夫。晏子在齊非卿，故紿以是説。」而鄭玄注禮記雜記上引此傳文，則曰「此平仲之謙也」。晏子春秋雜篇上亦載此事，引孔丘之評曰：「晏子可謂能遠害矣，不以己之是駁人之非，遜辭以避咎，義也夫！」僞孔子家語亦載此事。杜注因之，亦云：「晏子惡直己以斥時失禮，故孫（遜）辭略答家老。」

十八年，丙午，公元前五五五年。周靈王十七年、晉平三年、齊靈二十七年、衛獻二十二年、殤四年、蔡景三十七年、鄭簡十一年、曹成二十三年、陳哀十四年、杞孝十二年、宋平二十一年、秦景二十二年、楚康五年、吴諸樊六年、許靈三十七年。

經

一八・一　十有八年春，正月二十七日戊戌冬至，建子。白狄來。杜注：「不言朝，不能行朝禮。」杜注乃取公羊義。

一八・二　夏，晉人執衛行人石買。杜注：「石買即是伐曹者，宜即懲治本罪；而晉因其爲行人之使執之，故書行人以罪晉。」

一八・三　秋，齊師伐我北鄙。「齊師」，穀梁作「齊侯」。杜注云：「不書齊侯，齊侯不入竟（境）。」則杜所據左氏春秋作「齊師」不誤。

一八・四　冬十月，公會晉侯、宋公、衛侯、鄭伯、曹伯、莒子、邾子、滕子、薛伯、杞伯、小邾子同圍齊。書「同圍」，春秋唯此一次，故杜注云：「齊數行不義，諸侯同心俱圍之。」合十二國，從晉諸侯無不至。

一八・五　曹伯負芻卒于師。無傳。杜注以爲葬禮當與僖四年之許男新臣同。詳僖四年傳。

一八・六 楚公子午帥師伐鄭。

傳

一八・一 十八年春，白狄始來。

一八・二 夏，晉人執衞行人石買于長子，長子在今山西長子縣西郊。執孫蒯于純留，純留，本留吁國，宣十六年晉滅之，謂之純留，亦曰屯留。今山西屯留縣南十里。爲曹故也。見去年傳。章炳麟左傳讀云：「劉子駿（歆）遂初賦曰：『哀衰周之失權兮，數辱而莫扶。執孫蒯於屯留兮，救王師於途。』據子駿説，似石買、孫蒯伐曹時，王師助曹，亦爲衞敗，曹人愬晉，晉爲救王師而執石、孫也。其事當據鐸、虞諸家所傳，乃左傳古説。」

一八・三 秋，齊侯伐我北鄙。中行獻子將伐齊，夢與厲公訟，弗勝。荀偃殺晉厲公，見成十七、十八年傳。公以戈擊之，首隊於前，戈爲勾兵，鈎敵人之頸，能斷其頭，故荀偃夢其頭墜於其前。隊同墜。跪而戴之，奉之以走，仍戴其頭而捧之，防其再墜落。見梗陽之巫皋。以上叙荀偃之夢。梗陽，晉邑，即今山西清徐縣治。皋，巫名。他日，見諸道，見巫皋於路途。與之言，同。荀偃告以夢，巫皋亦同時有此夢。巫曰：「今兹主必死。今兹，今年。晉語八云：「三世仕家君之，再世以下主之。」其意三代爲大夫家臣者，稱大夫爲君；一代或二代爲大夫家臣者則稱爲主。但就左傳而論，則不盡如此。

成公以前，於大夫俱稱君。襄公而後，則對大夫屢稱主。不僅家臣於大夫稱主，如此巫皋於荀偃，又如曲沃人於欒盈，成鱄、魏戊於魏舒，史墨、公孫尨於趙鞅，皆非家臣，亦皆稱主。甚至欒祁於士匄，父也，於欒黶，夫也，皆稱主。秦醫和於趙武，衞太子蒯聵於趙鞅，他國之人也。亦稱人爲主。即同列之人，亦有稱主者，如士匄於荀偃、趙鞅於荀躒是也。若有事於東方，則可以逞。」逞，得志。荀偃雖死明年二月，乃是周正，晉用夏正，周正之明年二月，實夏正當年之十二月，仍合「今茲主必死」之言。獻子許諾。

晉侯伐齊，將濟河，獻子以朱絲繫玉二瑴，瑴音覺，雙玉也，亦作玨。而禱曰：「齊環怙恃其險，負其衆庶，負，仗恃。衆庶謂人多。棄好背盟，陵虐神主。杜注：「神主，民也。」曾臣彪將率諸侯以討焉，曾臣猶陪臣。曾與陪皆有重（平聲）義。天子於神稱臣，諸侯爲天子之臣，故於神稱曾臣。諸侯於天子稱臣，諸侯之臣於天子則稱陪臣。其取義相同。張文虎螺江日記、吴闓生文史甄微同此説。彪，晉平公名。其官臣偃實先後之。官臣，據周禮大宗伯「六命賜官」鄭玄注，受天子命能自置官吏以治家邑者爲官臣。説詳張聰咸杜注辨證、徐孝寔左傳鄭義。杜注「守官之臣」，不確。詩大雅緜「予曰有先後」，毛傳：「相導前後曰先後。」先後猶贊佐。荀捷有功，捷即有功，詞語重複，蓋足成一語。無作神羞，杜注：「羞，恥也。」官臣偃無敢復濟。荀偃信巫皋之言，知必死，故云無敢復濟。唯爾有神裁之。」有，詞頭，無義。沈玉而濟。

冬十月，會于魯濟，濟水在魯者曰魯濟。尋湨梁之言，湨梁之盟在十六年。言指盟辭「同討不庭」。齊本與晉爲同盟，而近四年之間，六伐魯鄙，四圍魯邑，此即背叛盟言。同伐齊。齊侯禦諸平陰，平陰，今山東平陰縣東北三十五里。塹防門而守之，廣里。塹音欠，挖壕溝。防門在舊平陰南，亦在今平陰縣東北約三十二里。廣里，杜注以爲所挖壕溝，其寬一里。而水經注濟水篇引京相璠云：「平陰城南有長城，東至海，西至濟，河道所由，名防門，去平陰三里，齊侯塹防門即此也。防門北有光里，齊人言廣音與光同。」則以廣里爲地名，句應如此讀：「塹防門，而守之廣里。」但諸侯之師自魯濟向齊，則從南而北，而廣里在防門北，與諸侯之來向相反，且塹防門即所以禦諸平陰，故下文言入平陰，不言廣里，足以説明廣里非地，是以不取。夙沙衛曰：「不能戰，莫如守險。」杜注：「謂防門不足爲險。」管子輕重丁篇云：「長城之陽，魯也；長城之陰，齊也。」沈欽韓謂管子所指長城，即以泰山爲界。夙沙衛之意似宜固守泰山之險，而不當塹防門以爲據點。弗聽。諸侯之士門焉，門，攻防門。齊人多死。范宣子告析文子，杜注：「析文子，齊大夫子家。」曰：「吾知子，知，了解，相知。敢匿情乎？魯人、莒人皆請以車千乘自其鄉入，鄉同嚮，今作向。魯在齊都臨淄西南，莒在齊都東南。自其向入，則二國兵一往西北，一往東北，而並攻齊都。既許之矣。若入，二千乘之兵力攻入齊都。君必失國。國，國家。國都破，各國之兵皆入境，則國必亡。子盍圖之！」盍，何不之合音字。此蓋恐嚇之詞。子家以告公。公恐。晏嬰聞之，曰：「君固無勇，而又聞是，弗能久矣。」杜注解此爲「不能久敵晉」，疑晏嬰本意謂齊侯命不久于世。

齊侯登巫山以望晉師。巫山在今山東肥城縣西北六十里（即在平陰縣東北），一名孝堂山。晉人使司馬斥山澤之險，斥，開拓，排除。雖所不至，必旆而疏陳之。其險阻處，縱隊伍所不到者，亦建大旗，而疏爲之陣。使乘車者左實右僞，乘車之士三人，一居中，一在左，一爲戎右或車右。在左者實有人，在右者乃僞裝之人。以旆先，建大旗先行。輿曳柴而從之。使塵土飛揚，如大軍奔馳。僖二十八年城濮之戰，晉亦曾用此計以誘楚。齊侯見之，畏其衆也，乃脱歸。脱歸，謂離開齊軍脱身而歸。丙寅晦，十月小，晦，二十九日。言晦者，乘無月光而逃。齊師夜遁。師曠告晉侯曰：「鳥烏之聲樂，鳥烏祇是烏，猶禮記禮運之魚鮪祇是鮪。孫子行軍篇云：「鳥集者虚也（鳥或誤作烏）。」莊二十八年傳云「楚幕有烏」，下傳亦云「城上有烏」，皆古人以烏測敵營之法。齊師其遁。」邢伯告中行伯曰：杜注：「邢伯，晉大夫邢侯。中行伯，獻子。」「有班馬之聲，齊師其遁。」班馬，沈欽韓補注引易屯六二爻辭「乘馬班如」，謂即馬盤桓不進。惠棟補注及馮登府十三經詁答問謂班還二字古通，班馬即還馬。後説較長。叔向告晉侯曰：「城上有烏，齊師其遁。」城，當指平陰城。

十一月丁卯朔，入平陰，遂從齊師。夙沙衛連大車以塞隧而殿。連借爲輦，此作動詞，謂拉車也。隧，山中小路。莊子馬蹄篇「山無蹊隧」可證。殖綽、郭最曰：「子殿國師，齊之辱也。子姑先乎！」乃代之殿。衛殺馬於隘以塞道。據水經濟水注及元和郡縣志，今山東長清縣東南爲衛塞隘處，名隔馬山。晉州綽及之，追及。射殖綽，中肩，兩矢夾脰，脰音豆，頸項。州綽兩射，一中左肩，一中右肩，均近頸項，故云夾脰。曰：「止，將爲三軍獲；不止，將取其衷。」衷，中心。其意曰若不再奔逃，則爲我三軍所俘虜。若仍奔逃，則我再射，取汝中心。顧曰：「爲私誓。」個人與個人間之約言，故曰私誓。殖綽畏被殺也。州綽曰：「有如日！」乃弛弓而自後縛之。弛，弓解也。自後反縛殖綽之手。其右具丙亦舍兵而縛郭最，其右，州綽之車右。車右多用戈盾。舍兵，放下兵器。皆衿甲面縛，杜注：「衿甲，不解甲。」面縛，即自後縛之。坐于中軍之鼓下。

晉人欲逐歸者，魯、衛請攻險。己卯，己卯，十三日。荀偃、士匄以中軍克京茲。京茲在今平陰縣東南。京茲、郜、盧皆在泰山山脈，此攻險也。乙酉，乙酉，十九日。魏絳、欒盈以下軍克郜；郜音詩。清一統志：郜山在平陰縣西十二里。趙武、韓起以上軍圍盧，盧，今長清縣西南二十五里。又見隱三年傳。弗克。十二月戊戌，戊戌，二日。及秦周，呂氏春秋權勳篇：達子又帥其餘卒以軍于秦周。惠棟左傳補注引惠士奇說及梁玉繩呂子校補均以秦周爲近雍門之地，可信。諸侯之師已達齊都臨淄外圍。伐雍門之萩。萩即楸，亦作橚，晏子春秋外篇「景公登箐室而望，見人有斷雍門之橚者」，即此。爲落葉喬木，木料密緻，可作器具。雍門，戰國策齊策一及淮南子覽冥訓注並謂齊西門名。范鞅門于雍門，其御追喜以戈殺犬于門中；孟莊子斬其橁以爲公琴。橁音荀，木名，可爲琴，亦可爲車轅。亦作杶、櫄。見胡渭禹貢錐指七。　公指魯襄公。　惠士奇則謂公琴即二年傳之頌琴，頌與公古字通。　**己亥，**己亥，三日。　**焚雍門及西郭、南郭。**　**劉難、士弱率諸侯之師焚申池之竹木。**　劉難、士弱，晉大夫。　申池，在申門外。京相璠、杜預並言申門即齊城南面第一門。　晉書慕容德載記「諶庶老於申池」，即此池。　申池多竹木。　**壬寅，**壬寅，六日。　**焚東郭、北郭，范鞅門于揚門。**　據元人于欽齊乘，揚門爲齊城西北門。　**州綽門于東閭，**東閭，齊東門。　**左驂迫，**迫，窘也，促也。　謂由於兵車擁擠，道路不寬，左旁之馬被迫不能前。　**還于門中，**本作「東門中」，今從校勘記刪「東」字。　州綽之車在東門中盤旋。　**以枚數闔。**　二十一年傳云：「州綽曰：『東閭之役，臣左驂迫，還於門中，識其枚數。』」彼「枚」即此「枚」。　周禮考工記鳧氏：「鍾帶謂之篆，篆間謂之枚。」鄭衆云：「枚，鍾乳也。」焦循左傳補疏云：「門闔之上，以鐵釘布之，有如鍾乳，故亦名枚。　以枚數闔猶云數闔之枚。」後來城門宮門多以銅爲鍾乳。　闔，門扇。

齊侯駕，將走郵棠。　郵棠即六年傳之棠，疑在今山東平度縣東南。　詳彼注。　**大子與郭榮扣馬，**大子即太子光。　郭榮，齊大夫。　説文：扣，牽馬也。　廣雅釋詁：扣，持也。　王念孫疏證：「扣者，牽持之也。」　**曰：「師速而疾，略也。**　速者，諸侯之師行走快捷也，成十六年傳「其行速」可證。　疾者，攻擊奮勇也，見襄十一年傳。　略謂奪取物資。　**將退矣，**如此行爲，便無久戰取地之意。　**君何懼焉？　且社稷之主不可以輕，**輕爲持重之反。　輕謂輕動，逃走。　**輕則失衆。　君必待之！」將犯之。**　齊靈公將凌突甚至踐踏二人而前。小爾雅廣言：「犯，突也。」檀弓下「犯人之禾」，注：「躐也。」**大子抽劍斷鞅，**鞅音央，馬頸之革。太子砍斷馬鞅，則居中兩馬與衡離，不能持車矣。**乃止。甲辰，**甲辰，八日。**東侵及濰，**濰水源出山東莒縣西北濰山，伏流至箕屋山復見，東流至諸城縣東北，折而北流，經昌邑入海。及濰者，軍抵濰水西岸及北岸也。**南及沂。**沂音宜。沂水即大沂河，源出山東蒙陰縣北，沂源縣西，經沂水、沂南、臨沂至江蘇邳縣入廢黄河。及沂者，軍抵齊境之沂水流境也。餘詳哀二年「沂西田」經注。晉世家、齊世家載此事與傳有異。

一八·四

鄭子孔欲去諸大夫，將叛晉而起楚師以去之。鄭之從晉，自襄十一年蕭魚之會，歷時八載，無會不與，無役不從。**使告子庚，**子庚，楚令尹公子午。**子庚弗許。楚子聞之，使楊豚尹宜告子庚曰：**「楊」亦作「揚」，二字古通用。楊豚尹宜其人姓名，有數說。宋人林堯叟春秋左傳補注以揚豚爲邑名，顧炎武日知録四以揚豚尹爲官名，俱不足信。梁履繩補釋據説苑奉使篇「楚莊王欲伐晉，使豚尹觀焉」，因疑豚尹如周官冢人、羊人之屬，揚其氏，宜其名。但又據昭十七年正義引世本「穆王生王子揚，揚生尹，尹生匄（應作令尹匄）」而謂尹下並當有「宜」字，世本有脱文云云，又自生糾葛。章炳麟左傳讀據定六年傳「獻楊楯六十於簡子」，謂楊豚尹即楊楯尹，即主楊楯者。此亦附會之談。唯説苑奉使楚有豚尹之官爲有據，豚尹爲使者，其非冢人、羊人之屬可知。楊其氏，宜其名，亦可信。世本所云，另是一事。尹爲穆王孫，而此時楚康王則爲穆王曾孫，年代亦有差異。**「國人謂不穀主社稷而不出師，死不從禮。**杜注：「不能承先君之業，死將不得從先君之禮。」不穀即位，於今五年，師徒不出，人其以不穀爲自逸而忘先君之業矣。杜注：「謂己未嘗統師自出。」業，霸業。大夫圖之，其若之何？」子庚歎曰：「君王其謂午懷安乎！懷安即楚王之謂自逸，貪圖安逸也。吾以利社稷也。」見使者，稽首而對曰：「諸侯方睦於晉，臣請嘗之。嘗，試探。若可，君而繼之。而，乃也。例見詞詮。不可，收師而退，可以無害，君亦無辱。」君不自出，故無辱。

子庚帥師治兵於汾。戰國策楚策一「楚北有汾陘之塞」，即此汾。杜注謂西晉之襄城縣東北有汾丘城，當在今許昌市西南，潁水南岸。於是子蟜、伯有、子張從鄭伯伐齊，杜注：「子張，公孫黑肱。」子孔、子展、子西守。二子知子孔之謀，杜注：「二子，子展、子西。」完守入保。完有堅固義，孟子離婁上「城郭不完」可證，詳孟子譯注。完守者，加强守備也。入保者，入城堡固守也。子孔不敢會楚師。因國内有備故。

楚師伐鄭，次於魚陵。舊以魚陵爲魚齒山，魚齒山在今平頂山市西北，楚伐鄭，治兵於許昌市西南，而軍反退至魯山縣一帶，顧炎武補正引苑守己説疑之，是也。魚陵，未詳。右師城上棘，遂涉潁。上棘當在今禹縣南。杜注所謂「將涉潁，故於水邊權築小城，以爲進退之備」，水經潁水注謂「潁水又逕上棘城西，又屈逕其城南」是也。次于旃然。旃然水出滎陽縣南三十五里，即索水。蔿子馮、公子格率鋭師侵

費滑、胥靡、獻于、雍梁，蔿子馮即二十五年傳之薳子馮，蔿、薳二字通用。費滑，今偃師縣南之緱氏鎮，餘詳莊十六年經。胥靡在今偃師縣東。獻于，杜注謂鄭邑，而未詳其地。于鬯校書謂即成十七年傳之虛，則是晉邑，但以偃師縣境言之，或此時屬鄭亦未可知。姑録以存參。雍，江永考實謂即雍氏，在今禹縣東北。梁即漢之梁縣，本周之小邑，在今臨汝縣東。顧棟高大事表以雍梁爲一地，即三十年傳之雍梁，便在今禹縣東北。顧説較勝。**右回梅山，**梅山，今鄭州市西南，與新鄭縣接界。**侵鄭東北，至于蟲牢而反。**蟲牢，今封丘縣北。楚軍三路，左師次於魚陵，由令尹子庚率領。右師次於旃然，由十五年傳「楚公子午爲令尹，公子罷戎爲右尹，蔿子馮爲大司馬」推之，當由公子罷戎率領。蔿子馮則以大司馬帥鋭師，即此至於蟲牢而返者。**子庚門于純門，**純門，鄭國都外郭門，見莊二十八年傳並注。**信于城下而還，**信，住宿二夜，以鄭軍固守不出戰。**涉於魚齒之下。**杜注：「魚齒山之下有滍水，故言涉。」魚齒山在今平頂山市西北。滍水，今名沙河。**甚雨及之。**淮南子説林訓「甚霧之朝可以細書」，莊子天下篇「沐甚雨，櫛疾風」，則甚霧甚雨謂大霧大雨。**楚師多凍，役徒幾盡。**役徒，軍中服雜役之人。

晉人聞有楚師，師曠曰：「不害。吾驟歌北風，又歌南風，驟，數也，屢也。風指曲調，詩有國風，即各國之樂曲。北風南風猶今云北曲南曲。成九年傳鍾儀鼓琴操南音，范文子謂之「樂操土風」，即操楚曲調也。**南風不競，**競，强也。**多死聲。楚必無功。」**古人迷信，多以樂律卜出兵之吉凶，周禮大師所謂「大師執同律以聽軍聲而詔吉凶」是也。師曠歌風亦類此。**董叔曰：「天道多在西北。南師**

不時，必無功。」天道爲木星所行之道。此年木星在黄道帶經過娵訾，于十二支中爲亥，故云天道在西北，又云南師（即楚師）出征不合天時，而必無功。叔向曰：「在其君之德也。」杜注：「言天時、地利不如人和。」

十九年，丁未，公元前五五四年。周靈王十八年、晉平四年、齊靈二十八年、衞獻二十三年、蔡景三十八年、鄭簡十二年、曹武公滕元年、陳哀十五年、杞孝十三年、宋平二十二年、秦景二十三年、楚康六年、吴諸樊七年、許靈三十八年。

經

一九·一　十有九年春王正月，冬至在二月初九日甲辰，實建亥，有閏月。諸侯盟于祝柯。諸侯即去年圍齊之諸侯。「祝柯」，公羊作「祝阿」，柯、阿古音同從可聲，得相通。祝柯在今山東長清縣東北三十餘里。

一九·二　晉人執邾子。

一九·三　公至自伐齊。無傳。

取邾田，自漷水。漷音郭。漷水今源出滕縣東北一百里之述山山麓，流逕滕縣南，即南沙河，入運河。但據杜注，晉時漷水出今嶧城（廢嶧縣治）西北合鄉故城西南，經魯國，至今魚臺縣東北入泗水。此或古漷水流徑。

一九·四　季孫宿如晉。

一九·五　葬曹成公。無傳。

一九·六　夏，衞孫林父帥師伐齊。

一九·七　秋七月辛卯，辛卯，二十八日。齊侯環卒。「環」，公羊作「瑗」。瑗、環古音同在寒部，義亦相近，故得通假。史記從左、穀作「環」。

一九·八　晉士匄帥師侵齊，至穀，聞齊侯卒，乃還。穀，今東阿縣南之東阿鎮，餘詳莊七年經並注。杜注：「詳録所至及還者，善得禮。」

一九·九　八月丙辰，丙辰，二十三日。仲孫蔑卒。無傳。據論語公冶長正義引世本及杜氏世族譜，蔑爲慶父之曾孫。仲孫氏至蔑始書卒，其後仲孫速、仲孫羯、仲孫玃、仲孫何忌相繼執魯政，其死皆書卒。

一九·一〇　齊殺其大夫高厚。

一九·一一　鄭殺其大夫公子嘉。「嘉」，公羊作「喜」，趙坦異文箋云：「或字之譌。」

一九·一二　冬，葬齊靈公。無傳。

一九·一三　城西郛。杜注：「魯西郭。」

一九·一四　叔孫豹會晉士匄于柯。據清一統志，柯城在今河南内黄縣東北，與莊十三年之柯異地。

一九・一五　城武城。此近齊之武城，在今嘉祥縣界。詳顧棟高大事表列國地名考異引程啓生說。

傳

一九・一　十九年春，諸侯還自沂上，盟于督揚，督揚即祝柯，地見經並注。曰：「大毋侵小。」執邾悼公，以其伐我故。杜注：「伐魯在十七年。」遂次于泗上，即哀八年傳之泗上，在今曲阜縣東北，自泗水縣流入境。見大事表八上。疆我田。杜注：「正邾、魯之界也。泗，水名。」取邾田，自漷水歸之于我。蓋漷水以西之田，或本是魯田，而邾取之；或亦有本是邾田者。今劃定兩國疆土，以漷水爲界，凡漷水以西之田歸於魯，故經、傳皆云「取邾田」。晉侯先歸。公享晉六卿于蒲圃，蒲圃見四年傳並注。賜之三命之服；軍尉、司馬、司空、輿尉、候奄皆受一命之服；參見成二年「賜三帥先路三命之服，司馬、司空、輿帥、候正、亞旅皆受一命之服」傳並注。賄荀偃束錦、加璧、乘馬，錦，有彩色花紋之絲織品。一束十端，二端爲一匹。束錦，則錦五匹。以璧加於錦，故云加璧。乘馬，馬四匹。四可曰乘。先吴壽夢之鼎。僖三十三年傳述弦高「以乘韋先，牛十二犒師」，此云「先吴壽夢之鼎」，句法不同，蓋弦高以乘韋爲先，此則以束錦等爲先。先吴壽夢之鼎者，先於吴壽夢之鼎也。猶二十六年傳「鄭伯享子展，賜之先路三命之服，先八邑」，亦以先路三命之服先于八邑。皆以輕物爲先。前人注此多不明此句法。

荀偃癉疽，生瘍於頭。癉音單，又音旦。癉疽，疑即今之對口疽，亦名玉枕疽、腦後疽。發於枕骨下，與口相對。初起時如米粒，後漸堅硬，既麻且癢，腫痛異常。腫大者可如圓茄，色紫，不易治。瘍音陽，即指腦之癰疽。濟河，及著雍，病，目出。著雍已見十年傳注。病謂癉疽之疾加重。大夫先歸者皆反。士匄請見，弗内。士匄爲中軍佐，將領中位居第二。請後，使人問荀偃，立誰爲繼承人。曰：「鄭甥可。」鄭甥猶言鄭出。荀吳之母爲鄭國女子，故呼荀吳爲鄭甥。二月甲寅，甲寅，十九日。卒，而視，不可含。死後眼不閉而口閉。古代以珠玉米貝之類置於死者口中謂之含。本作唅。宣子盥而撫之，士匄自己盥洗然後撫尸。曰：「事吳敢不如事主！」猶言豈敢不如。猶視。欒懷子曰：杜注：「懷子，欒盈。」「其爲未卒事於齊故也乎？」伐齊之事未竟全功。乃復撫之曰：「主苟終，所不嗣事于齊者，有如河！」嗣事，繼續從事。乃瞑，受含。釋文引桓譚云：「荀偃病而目出，初死，其目未合，尸冷乃合，非其有所知也。」論衡死僞篇亦云：「荀偃之病，卒苦目出。目出則口噤，口噤則不可唅。宣子撫之早，故目不瞑，口不闓。少久氣衰，懷子撫之，故目瞑口受唅。此自荀偃之病，非死精神見恨於口目也。」桓、王之論固近事理，然未合傳意，傳則好言神鬼怪異之事。宣子出，曰：「吾淺之爲丈夫也。」杜注：「自恨以私待人。」此士匄自恨語，謂小視荀偃，未視之爲大丈夫。

一九·二 晉欒魴帥師從衞孫文子伐齊。此是經文「夏，衞孫林父帥師伐齊」之傳，依經文次序，應在「季武子如晉拜師」之後，而左傳列於此，或因欒盈有「嗣事於齊」之言而連及之。傳言「欒魴帥師從衞孫文子」，足證孫林父爲主將，故經文只書孫林父，欒魴僅欒氏族人耳。

一九·三 季武子如晉拜師，杜注：「謝討齊。」或亦謝「取邾田自漷水」。晉侯享之。范宣子爲政，以中軍佐升任中軍將。賦黍苗。黍苗，詩小雅篇名。首二句云：「芃芃黍苗，陰雨膏之。」季武子興，興，從坐中起。再拜稽首，曰：「小國之仰大國也，如百穀之仰膏雨焉。若常膏之，膏，澤也，潤也。膏雨之膏爲形容詞，此爲動詞。其天下輯睦，其，將也。豈唯敝邑？」豈僅我國受此惠澤。賦六月。六月亦在小雅，爲尹吉甫佐周宣王征伐之詩。以晉侯比尹吉甫。

一九·四 季武子以所得於齊之兵作林鐘而銘魯功焉。林鐘即周語下「景王鑄無射而爲之大林」之大林，鐘銘常省稱林。詳楊樹達先生積微居金文説楚公鐘跋。臧武仲謂季孫曰：「非禮也。夫銘，天子令德，令爲動詞，令德即銘德。參章炳麟左傳讀。諸侯言時計功，杜注：「舉得時，動有功，則可銘也。」大夫稱伐。蔡邕集銘論云：「晉魏顆獲秦杜回於輔氏，銘功於景鐘，所謂大夫稱伐者也。」今稱伐，則下等也；計功，則借人也；杜注：「借晉力也。」言時，則妨民多矣，何以爲銘？三者無一可爲銘者。且夫大伐小，取其所得，以作彝器，説文：「彝，宗廟常器也。」鐘鼎爲宗廟之常器。銘其功烈，烈亦功也。功烈，同義詞連用。以示子孫，昭明德而懲無禮也。今將借人之力以救其死，將，殆也。本是事實，而言用不肯定之詞，蓋婉轉其辭。若之何銘之？小國幸於大國，小國指魯，大國指齊。幸者，僥幸戰而獲勝。**而昭所獲焉以怒之，**鑄鐘銘功，足以激怒齊國。**亡之道也。」**

一九·五 **齊侯娶于魯，曰顏懿姬，無子。其姪鬷聲姬，生光，以爲大子。**據杜注，二女皆姬姓。懿姬母本姓顏，聲姬母本姓鬷，因以爲號。懿、聲皆死後之謚。兄弟之子女曰姪。古代上層人物娶婦，除婦爲嫡妻外，婦家又以其妹或姪女陪嫁，曰媵。**諸子仲子、戎子，**管子戒篇有中婦諸子，房玄齡注云：「中婦諸子，內官之號。」內官者，諸侯、天子姬妾之別名，居宮內，有官階，故云內官。史記秦紀有唐八子，穰侯傳有芈八子，漢書外戚傳及廣陵厲王傳亦有八子、七子，八子、七子皆諸子也。齊世家作仲姬、戎姬，此姬爲姬妾之義，非姓。戎子、仲子，子則是姓。**戎子嬖。仲子生牙，屬諸戎子。**屬同囑，囑託。謂使戎子養之如己子，即所以嬖愛戎子。**戎子請以爲大子，許之。**杜注：「齊侯許之。」**仲子曰：「不可。廢常，不祥；**常猶言經常實行之規定、法則。立後先立嫡妻所生之長子。若嫡妻無子，則立庶出之年齡最大者，曰立長。昭二十六年傳「昔先王之命曰，王后無適，則擇立長」可證。顏懿姬爲嫡妻，無子，而公子光最長，立爲太子，此即「常」也。**間諸侯，難。**間，觸犯。難，難成功。**光之立也，列於諸侯矣。**三年盟雞澤，五年會于戚，又救陳，九年伐鄭，同盟于戲，十年會吴於柤，十一年伐鄭，同盟於亳城北，會於蕭魚，太子光皆參與，故云「列於諸侯」。**今無故而廢之，**故讀爲論語微子「故舊無大故則不棄也」「大故」之故。大故謂大罪，惡逆。此故則亦罪惡義。**是專黜諸侯，**據齊世家集解引服虔説，謂光「數從諸侯征伐盟會」，則其爲太子，已爲諸侯公認。今廢之，是專擅而卑視諸侯。玉篇：黜，下也。**而以難犯不祥也。**以難成之事觸犯廢常之不祥。君必悔之。」公曰：「在我而已。」廢立由我，不顧諸侯。遂東大子光。徙太子光於東鄙。使高厚傅牙，以爲大子，夙沙衛爲少傅。高厚爲牙之大傅。齊侯疾，崔杼微逆光，説文：微，隱行也。疾病而立之。齊侯病危，崔杼復立光爲太子。光殺戎子，尸諸朝，陳戎子之尸於朝廷。非禮也。婦人無刑。無刑，孔疏引服虔注謂無專爲婦女訂立之刑條。古代五刑，唯宫刑男女有異，餘爲男子設。婦女有罪，比照男子刑爲之。杜注則云「無黥刖之刑」。雖有刑，不在朝市。

夏五月壬辰晦，經書七月，傳書五月，齊用夏正，經爲魯史，改從周正。壬辰爲二十九日。齊靈公卒。莊公即位。莊公即太子光。執公子牙於句瀆之丘。句瀆之丘又見於二十一年、二十八年、桓十二年、哀六年傳，當在齊境。參高士奇地名考略三。以夙沙衛易己，光以爲己之被廢由於夙沙衛。衛奔高唐以叛。據清一統志，高唐城在今禹城縣西南，即在今高唐縣東三十五里。

一九·六　晉士匄侵齊，及穀，見經注。聞喪而還，禮也。公羊傳謂「大其不伐喪也」。

一九·七　於四月丁未，丁未，十三日。鄭公孫蠆卒，赴於晉大夫。此章叙周王追賜公孫蠆以大路，不能不追叙其死，首句衹是「鄭公孫蠆卒於四月丁未」之倒裝。范宣子言於晉侯，以其善於伐秦也。見十四年傳，蠆見諸侯之師而勸之濟涇。六月，晉侯請於王，王追賜之大路，使以行，詩小雅采薇孔疏引鄭玄箴膏肓云：「卿以上所乘車皆曰大路。詩云『彼路斯何？君子之車』，此大夫之車稱路也。」杜謂天子所賜車亦總名曰大路。行，行葬。士以上之葬，柩車在前，道車、槀車序從，大夫以上更有遣車。周王賜車使以行，沈欽韓補注云「謂從柩車行也」。禮也。

一九·八　秋八月，齊崔杼殺高厚於灑藍，灑藍，高士奇地名考略引或説，謂在臨淄城外。而兼其室。室，貸財采邑也。書曰「齊殺其大夫」，從君於昏也。齊靈公廢太子光而改立公子牙，事屬昏庸。而高厚爲之傅牙，使爲太子，故曰從君於昏。

一九·九　鄭子孔之爲政也專，杜注：「專權。」國人患之，乃討西宮之難與純門之師。西宮之難見十年傳。純門之師見去年傳。子孔當罪，當罪，古代刑法術語。漢書刑法志「以其罪名當報之」，楊惲傳「廷尉當惲大逆無道」，陳湯傳「廷尉增壽當是」，史記張釋之馮唐列傳「廷尉當是」，皆可證。以其甲及子革、子良氏之甲守。杜注：「以自守也。」甲辰，甲辰，十一日。子展、子西率國人伐之，殺子孔，而分其室。書曰「鄭殺其大夫」，專也。

子然、子孔，宋子之子也；士子孔，圭嬀之子也。通志氏族略三云：「鄭公子嘉字子孔，又有公子志，謂之士子孔，並穆公之子。」杜注：「宋子、圭嬀皆鄭穆公妾。」圭嬀之班亞宋子，杜注：「亞，次也。」而相親也；二子孔亦相親也。「二」原作「士」，今從石經及宋本訂正。二子孔即公子嘉與公子志，同父異母兄弟。其母相親，其子亦相親。二十七年傳有二子石，以鄭之印段與公孫段俱字子石；昭三年傳有二宣子，以士匄、韓起俱謚宣而稱宣子。此亦同例。僖之四年，子然卒；鄭僖公四年相當魯襄公六年。簡之元年，士子孔卒。鄭簡公元年相當魯襄公八年。司徒孔實相子革、子良之室，司徒孔即子孔，當襄十年前子駟當國時爲司徒，故謂司徒孔。子革，子然之子，爲子孔之胞姪。子良，士子孔之子，亦爲子孔之姪。三室如一，子孔、子革、子良三家皆由子孔，故云如一。故及於難。故子革、子良之甲爲子孔守，亦及于禍。子革、子良出奔楚。子革爲右尹。爲楚國之右尹，見昭十二年、十三年傳。一稱鄭丹，一稱然丹。稱鄭丹者，稱其本國也；稱然丹者，以其父之字爲氏也。鄭人使子展當國，子西聽政，立子産爲卿。

一九·一〇　齊慶封圍高唐，因夙沙衛奔高唐以叛。弗克。冬十一月，齊侯圍之。見衛在城上，號之，號，叫。乃下。夙沙衛下城。問守備焉，以無備告。齊莊問衛以守備，衛告齊莊以無備。揖之，乃登。古人使人進及與人別皆揖。齊侯揖衛，衛自答禮，然後登城。衛雖下城與齊侯語，蓋隔護城河，故不畏。聞師將傅，衛聞齊師將緣城進攻。食高唐人。衛欲高唐人盡力，故爲盛膳以食之。殖綽、工僂會夜縋納師，殖綽已見十八年傳，此時蓋已返齊。工僂爲姓，會其名。莊十七年傳有工婁氏，本遂人，其後或爲齊人。襄三十一年傳有工僂灑，廣韻引作工婁灑。夜縋納師，乘夜以繩垂下而使齊師入城。醢衛于軍。

一九·一一 城西郛，懼齊也。

一九·一二 齊及晉平，盟于大隧。高士奇地名考略三引或説，大隧在今高唐縣。故穆叔會范宣子于柯。穆叔見叔向，賦載馳之四章。杜注云：「四章曰：『控於大邦，誰因誰極？』控，引也。取其欲引大國以自救助。」餘詳文十三年傳注。叔向曰：「肸敢不承命！」杜注：「叔向度齊未肯以盟服，故許救魯。」穆叔歸，曰：「齊猶未也，未止其侵伐。不可以不懼。」乃城武城。

一九·一三 衛石共子卒，共子，石買。悼子不哀。悼子，買之子石惡。孔成子曰：孔成子，衛卿孔烝鉏。「是謂蹷其本，杜注：「蹷猶拔也。」昭二十三年傳「推而蹷之」，是蹷有仆義，亦通。必不有其宗。」有，保有。二十八年，石惡出奔。

經

二十年，戊申，公元前五五三年。周靈王十九年、晉平五年、齊莊公光元年、衛獻二十四年、殤六年、蔡景三十九年、鄭簡十三年、曹武二年、陳哀十六年、杞孝十四年、宋平二十三年、秦景二十四年、楚康七年、吴諸樊八年、許靈三十九年。

禮記祭統正義引世本云：「孔莊叔達生得閭叔穀，穀生成叔烝鉏。」

二〇·一 二十年春王正月辛亥，正月十九日己酉冬至，建子。辛亥，二十一日。仲孫速會莒人盟于向。「速」，公羊作「遬」，後同。向在今莒縣南七十里。詳隱二年經並注。

二〇·二　夏六月庚申，庚申，三日。公會晉侯、齊侯、宋公、衞侯、鄭伯、曹伯、莒子、邾子、滕子、薛伯、杞伯、小邾子盟于澶淵。澶淵在今河南濮陽縣西北。姚鼐補注謂「此故衞地，是時已爲晉取」。

二〇·三　秋，公至自會。無傳。

二〇·四　仲孫速帥師伐邾。

二〇·五　蔡殺其大夫公子燮。燮，莊公子。穀梁作「濕」，詳八年經注。蔡公子履出奔楚。履，燮之同母弟。

二〇·六　陳侯之弟黄出奔楚。「黄」，公羊、穀梁並作「光」，後同。趙坦異文箋謂兩字古文形相似，音義亦相近。

二〇·七　叔老如齊。

二〇·八　冬十月丙辰朔，日有食之。無傳。此乃公曆八月三十一日之日環食。

二〇·九　季孫宿如宋。

傳

二〇・一 二十年春，及莒平。孟莊子會莒人盟于向，督揚之盟故也。督揚之盟在去年。莒數伐魯，二國又自相盟，結和好，自此後十五年不交兵。

二〇・二 夏，盟于澶淵，齊成故也。齊及晉平在去年。與盟之國已列於經文。

二〇・三 邾人驟至，驟，屢也。十五年及十七年俱曾伐魯。以諸侯之事弗能報也。魯因連年從事於參與諸侯之征伐盟會，不能報復。秋，孟莊子伐邾以報之。

二〇・四 蔡公子燮欲以蔡之晉，蔡人殺之。以蔡之晉猶言以蔡服晉。公子履，其母弟也，故出奔楚。杜注謂「與兄同謀故」，若真如此，則履當奔晉。或本未與聞，恐因兄弟之故受嫌受禍，故往楚以免嫌。

陳慶虎、慶寅畏公子黃之偪，二慶，陳國之卿。據潛夫論志氏姓，本嬀姓，慶其氏。世族譜謂慶虎爲桓公之五世孫。畏偪，畏黃偪奪其政權。愬諸楚曰：「與蔡司馬同謀。」蔡司馬即公子燮，曾爲蔡之司馬，參八年傳。楚人以爲討，公子黃出奔楚。杜注：「奔楚自理。」

初，蔡文侯欲事晉，曰：「先君與於踐土之盟，杜注：「先君，文侯父莊侯甲午也。踐土盟在僖二十八年。」晉不可棄，且兄弟也。」畏楚，不能行而卒。杜注：「宣十七年文侯卒。」楚人使蔡無常，使，役使徵發。無常，無一定限額、標準及時間、次數。公子燮求從先君以利蔡，不能而死。書曰「蔡殺其大夫公子燮」，言不與民同欲也；據蔡世家及他書推之，蔡莊之卒在魯文十五年初，其年六月晉郤缺伐蔡，十一月蔡侯及諸侯與晉盟於扈，則文侯矣。文侯之死至此年又已四十載。蔡近於楚而遠於晉，楚又日益强暴，其國之士大夫苟安於事楚，故公子燮欲變更而失敗。「陳侯之弟黄出奔楚」，言非其罪也。稱弟，罪陳侯任二慶。孔疏引釋例云：「兄而害弟者，稱弟以章兄罪。」故昭元年傳亦云：「書曰秦伯之弟鍼出奔晉，罪秦伯也。」公子黄將出奔，呼於國曰：「慶氏無道，求專陳國，暴蔑其君，暴蔑猶輕慢，説詳章炳麟左傳讀。而去其親，已爲陳侯之親。五年不滅，是無天也。」二十三年陳殺二慶。

二〇・五　齊子初聘于齊，禮也。齊子即經之叔老。此年莊公新即位，故曰初聘。去怨修好故曰禮。

二〇・六　冬，季武子如宋，報向戌之聘也。向戌聘魯在十五年。褚師段逆之以受享，褚師，官名，此以官爲氏。段字子石。武子受宋公之享。賦常棣之七章以卒。常棣，詩小雅篇名。王引之述聞云：「以猶與也。卒，卒章也。言賦常棣之七章與卒章也。卒下無章字者，蒙上而省。」七章云：「妻子好合，如鼓瑟琴。兄弟既翕，和樂且湛。」卒章云：「宜爾家室，樂爾妻帑。是究是圖，亶其然乎？」則季武子之意蓋以魯、宋婚姻之國，宜和睦相處，使各樂家室。宋人重賄之。歸，復命，公享之，賦魚麗之卒章。魚麗，詩小雅篇名。卒章云：「物其有矣，維其時矣。」喻公命之聘宋得時。**公賦南山有臺。**杜注：「南山有臺，詩小雅。取其『樂只君子，邦家之基』，『邦家之光』，喻武子奉使能爲國光輝。」**武子去所，**杜注：「去所，避席。」**曰：「臣不堪也。」**

一〇·七 **衞甯惠子疾，召悼子曰：**召借爲詔，告也。說詳楊樹達先生讀左傳。悼子，甯喜。**「吾得罪於君，悔而無及也。名藏在諸侯之策，曰『孫林父、甯殖出其君』。君入，則掩之。若能掩之，則吾子也。**謂汝能掩蓋此事，始爲我之子。**若不能，猶有鬼神，**猶，假設連詞，與若同。二假設句，用詞不同。**吾有餒而已，不來食矣。」**不來受祭，即不認其爲子。**悼子許諾，惠子遂卒。**杜注：「爲二十六年衞侯歸傳。」

二十一年，己酉，公元前五五二年。周靈王二十年、晉平六年、齊莊二年、衞獻二十五年、殤七年、蔡景四十年、鄭簡十四年、曹武三年、陳哀十七年、杞孝十五年、宋平二十四年、秦景二十五年、楚康八年、吳諸樊九年、許靈四十年。

經

二一·一 **二十有一年春王正月，**二月初一日甲寅冬至，實建亥，有閏月。**公如晉。**

二一·三 邾庶其以漆、閭丘來奔。漆在今山東鄒縣東北，閭丘又在漆東北十里。

二一·三 夏，公至自晉。無傳。

二一·四 秋，晉欒盈出奔楚。

二一·五 九月庚戌朔，日有食之。無傳。此公曆八月二十日之環食，西北至東南皆能見。

二一·六 冬十月庚辰朔，日有食之。無傳。此日不入食限，史官誤記，或司天者誤認。兩月比食雖有之，惟皆爲偏食，而非同一地所能迭見。若全食、環食之後，決無兩月連食之理。九月朔既是環食，十月絶不能再食。

二一·七 曹伯來朝。

二一·八 公會晉侯、齊侯、宋公、衛侯、鄭伯、曹伯、莒子、邾子于商任。杜注：「商任，地闕。」顧祖禹方輿紀要謂古任城在今河北任縣東南，其地近商墟，故謂之商任。顧棟高大事表則謂今安陽縣有衛商任地。

傳

二一·一 二十一年春，公如晉，拜師及取邾田也。伐齊及取邾田俱見十八年傳。

二一·二 邾庶其以漆、閭丘來奔，杜注：「庶其，邾大夫。」季武子以公姑姊妻之，姑姊猶今云姑母，詳十二年傳注。襄公之姑，則宣公之女，成公之姊妹。成公即位後十四年始娶妻，則立時甚幼小，其女兄弟未必年老。惟宣公之死距此已三十九年，成公女兄弟亦當在四十以上。杜分姑與姊爲二人，固誤；但謂爲寡婦，不爲無理。顧炎武引邵實説，謂姑姊爲魯之宗女於成公爲妹者，洪亮吉左傳詁則謂「蓋襄公之從姑或再從姑」，皆曲説。若非襄公之親姑，當時文例不得言「公姑姊」。**皆有賜於其從者。**

於是魯多盜。季孫謂臧武仲曰：「子盍詰盜？」盍，何不之合音字。詰，治也，禁也，止也。**武仲曰：「不可詰也。紇又不能。」**武仲謂己無能詰之。**季孫曰：「我有四封，**四方邊界。**而詰其盜，何故不可？子爲司寇，**司寇爲刑官。或據周禮謂侯國司寇之事司空兼之，其下有大夫，爲小司寇，不知今之周禮不必盡合當時官制。**將盜是務去，若之何不能？」武仲曰：「子召外盜而大禮焉，何以止吾盜？子爲正卿，而來外盜；使紇去之，**之指國内之盜。**將何以能？庶其竊邑於邾以來，子以姬氏妻之，而與之邑。**另與他邑，非指漆與閭丘。**其從者皆有賜焉。若大盜禮焉以君之姑姊與其大邑，**焉，用法同之。其大邑，姑姊之大邑。則大邑似陪嫁物。**其次皁牧輿馬，其小者衣裳劍帶，**其次、其小者謂與庶其之禮物之次者與小者。或以爲其次其小係指庶其之從者。從者有高卑，賜亦有大小。**是賞盜也。賞而去之，其或難焉。**其或，不肯定副詞，語較婉轉。**紇也聞之，在上位者洒濯其心，**洗心，使之合於儀法。**壹以待人，**待人以誠，則壹而不二三。**軌度其信，可明徵**

也，軌度作動詞，納之于軌範也。説文：「信，誠也。」明徵即僖二十七年傳「明徵其辭」之明徵。句意謂在上位者使其誠心合於法度，必表現于行動，可徵信於人。而後可以治人。夫上之所爲，民之歸也。上層人物之所爲，下層人物即從而效之，猶「上有好者，下必有甚焉者矣」（孟子滕文公上）。金澤文庫本「歸」上有「所」字。上所不爲，而民或爲之，是以加刑罰焉，而莫敢不懲。懲戒。若上之所爲，而民亦爲之，乃其所也，禮記哀公問鄭注：「所猶道也。」乃其所猶言勢所必然。又可禁乎？夏書曰『念茲在茲，釋茲在茲，名言茲在茲，允出茲在茲，所念而爲者在于此，所捨而不爲者在于此，所名（號令）所言者在于此，誠信所行者在于此。此皆指當時之軌範，以爲標準也。惟帝念功』，僅帝能録此成功。論語公冶長皇侃疏：「念，識録也。」以上爲逸書，僞古文羼入大禹謨篇。將謂由己壹也。信由己壹，而後功可念也。」誠由自己出于一致，而後功可以録。

庶其非卿也，以地來，雖賤，必書，重地也。

二一·三　齊侯使慶佐爲大夫，杜注：「慶佐，崔杼黨。」復討公子牙之黨，執公子買于句瀆之丘。公子鉏來奔。叔孫還奔燕。買、鉏、還，皆齊公族。

二一·四　夏，楚子庚卒。楚子使薳子馮爲令尹，訪於申叔豫。薳子馮訪問於申叔豫。與人商議曰訪。杜注：「叔豫，叔時孫。」叔豫曰：「國多寵而王弱，國不可爲也。」本意謂不可爲令尹，非謂不可爲國。但令尹乃國事之主持人，故云國不可爲。楊樹達先生讀左傳謂國字衍文，固于文爲順，但似乏的證。遂以疾辭。方暑，闕地，下冰而牀焉。住地下室，又置冰，而後置牀，寒氣特甚。重繭，繭謂新綿袍。重繭，兩層綿袍。衣裘，又着皮裘。鮮食而寢。鮮，少也。食少而卧。楚子使醫視之。復曰：「瘠則甚矣，而血氣未動。」醫回報謂子馮極瘦，但血氣正常，明其無病。乃使子南爲令尹。杜注：「子南，公子追舒也。爲二十二年殺追舒傳。」

二一·五

欒桓子娶於范宣子，桓子，欒黶。宣子，士匄。句謂娶士匄之女。生懷子。懷子，欒盈。范鞅以其亡也，怨欒氏，范鞅即士鞅。士鞅被欒黶所迫奔秦，見十四年傳。故與欒盈爲公族大夫而不相能。二人同爲公族大夫見十六年傳。不相能，猶言不相得，不能共處。桓子卒，欒祁與其老州賓通，欒祁，欒黶之妻，士匄之女，欒盈之母。范氏傳爲堯之後代，本祁姓。周時婦女舉姓不氏，故曰欒祁。老即室老，大夫家臣之長。幾亡室矣。欒氏之財貨幾全爲其宰州賓所佔。懷子患之。祁懼其討也，愬諸宣子曰：「盈將爲亂，以范氏爲死桓主而專政矣，此時范宣子將中軍，欒黶已死，故祁誣欒盈，謂盈以欒黶之死係出范氏毒手。曰：『吾父逐鞅也，不怒而以寵報之，吾父，盈謂黶。不怒謂士鞅返國而宣子不怒。寵報之謂爲公族大夫。又與吾同官而專之。同爲公族大夫而專任其事。吾父死而益富。范氏益富。死吾父而專於國，有死而已，吾蔑從之矣。』祁誣盈寧死而將作難。其謀如是，懼害於主，吾不敢不言。」范鞅爲之徵。徵，證也。懷子好施，施捨，與人以惠。士多歸之。宣子畏其多士也，信之。懷子爲下卿，下軍佐，位次第六。宣子使城著而遂逐之。高士奇地名考略疑著即著雍。著雍見十年傳並注。秋，欒盈出奔楚。宣子殺箕遺、黄淵、嘉父、司空靖、邴豫、董叔、邴師、申書、羊舌虎、叔羆，杜注：「十子皆晉大夫，欒盈之黨也。羊舌虎，叔向弟。」梁履繩補釋引孔氏世族譜補疑箕遺爲文七年傳之箕鄭之後，先食采邑于箕，遂以邑爲氏。昭二十二年另有一箕遺。通志氏族略三謂「邴豫食邑于邴，因以爲氏」。據晉語九，董叔亦范氏之壻，士鞅嘗辱之。高士奇姓名同異考于羊舌氏不列叔羆，入之雜人中。至唐書宰相世系表云「虎字叔羆」，直以爲一人，更誤。囚伯華、叔向、籍偃。此蓋古人連坐罪，秦律爲收帑。呂氏春秋開春論云：「欒盈有罪於晉，晉誅羊舌虎，叔嚮爲之奴而朡。」晉語八載此事，與此有異，可參看。晉語八又載范宣子與伯華、籍偃問答，是三人後皆被釋。

人謂叔向曰：「子離於罪，離同罹。其爲不知乎？」知同智。叔向曰：「與其死亡若何？比之于死亡如何，言雖受囚而勝于死亡。詩曰『優哉游哉，聊以卒歲』，知也。」詩爲逸詩。今詩小雅采菽卒章有云：「優哉游哉，亦是戾矣。」不但末句不同，詩義亦異。人以叔向不附范氏爲不智，叔向以優游卒歲，于各大家族之爭不介入爲智。叔向之被囚，僅因爲虎之兄耳。

欒王鮒見叔向，廣韻王字注謂「欒王」爲複姓，誤。下文襄二十三年傳稱其名爲王鮒，昭元年傳又稱爲欒桓子，則其氏欒可知。說詳梁履繩補釋。曰：「吾爲子請。」叔向弗應。出，欒王鮒出。不拜。叔向不拜。其人皆咎叔向。叔向曰：「必祁大夫。」杜注：「祁大夫，祁奚也。食邑於祁，因以爲氏。」句謂能救我者必祁大夫也。祁今山西祁縣東南。室老聞之，室老，羊舌氏家臣之長。曰：「欒王鮒言於君，無不行，求赦吾子，吾子不許。祁大夫所不能也，而曰必由之，何也？」叔向曰：「欒王鮒，從君者也，于君無不順從。何能行？祁大夫外舉不棄讎，内舉不失親，見三年傳。其獨遺我乎？其，用法同豈。詩曰：『有覺德行，四國順之。』詩爲大雅抑篇。毛傳云：「覺，直也。」其實有覺爲一詞，正直之貌，形容德行之正直。夫子覺者也。」夫子，對第三人之敬稱，此指祁奚。謂祁奚爲正直之人。

晉侯問叔向之罪於欒王鮒。對曰：「不棄其親，其有焉。」其親指羊舌虎。謂叔向不棄兄弟，可能同謀。此因叔向不應反而落井下石。於是祁奚老矣，祁奚請老在三年，十六年又出爲公族大夫，至此又六年，復告老家居。聞之，乘馹而見宣子，馹音日，傳車。當此時祁奚所居或距離晉都新絳遠，故乘傳，取其快速。曰：「詩曰：『惠我無疆，子孫保之。』詩周頌烈文。書曰：『聖有謩勳，明徵定保。』逸書文，僞古文篡入胤征。謩同謨，謀略。勳借爲訓，僞胤征即改作訓。句言有謀略、有訓誨者，當明信而安保之。夫謀而鮮過、惠訓不倦者，叔向有焉，社稷之固也，猶言國家之柱石。猶將十世宥之，宥之十代。以勸能者。今壹不免其身，以棄社稷，不亦惑乎？鯀殛而禹興；鯀治水無功，舜流放之，又用其子禹，卒成功。伊尹放大甲而相之，卒無怨色；伊尹本爲商湯之相。大甲，湯之孫，即位荒淫，伊尹逐之，居于桐宮三年，俟大甲改過而使之復位，已爲相，大甲終無怨色。管、蔡爲戮，周公右王。管叔、蔡叔、周公並爲兄弟，管、蔡叛周助殷之謀復國者，周公終殺管、蔡，平定叛亂，贊助成王。數句先言父子不相及，次言君臣不相怨，再言兄弟不相同。若之何其以虎也棄社稷？子爲善，誰敢不勉？多殺何爲？」宣子說，與之乘，祁奚乘傳車，不可以朝，故士匄與之乘。以言諸公而免之。向晉平公進言而赦免叔向。不見叔向而歸，祁奚已救叔向，不見之而歸，與欒王鮒未救叔向先市惠者正相反。叔向亦不告免焉而朝。叔向亦不向祁奚告己被赦而趨朝。呂氏春秋開春論亦叙祁奚往見范宣子以救叔向事，末僅言「宣子乃命吏出叔向」。說苑善說篇亦用呂覽文。

初，叔向之母妬叔虎之母美而不使，使侍寢也，由下文「使往侍寢」知之。亦單言使，昭二十五年傳「公若欲使余」與此義同。論衡言毒篇作「不使視寢」，蓋以己意增入。後人因于石經亦旁注「侍寢」二字，則不可信，說詳校勘記。其子皆諫其母。其母曰：「深山大澤，實生龍蛇。彼美，余懼其生龍蛇以禍女。女，敝族也。杜注：「敝，衰壞也。龍蛇喻奇怪。」國多大寵，杜注：「六卿專權。」不仁人間之，間，離間。謂於六卿中挑撥。不亦難乎？余何愛焉？」愛，惜也。使往視寢，生叔虎，美而有勇力，欒懷子嬖之，故羊舌氏之族及於難。

欒盈過於周，周西鄙掠之。杜注：「劫掠財物。」辭於行人曰：周禮秋官之屬有大行人、小行人。小行人受賓客之申訴。說詳宋程公說春秋分紀職官書一。「天子陪臣盈杜注：「諸侯之臣稱於天子曰陪臣。」得罪於王之守臣，禮記玉藻「諸侯之於天子曰某土之守臣某」，守臣謂爲王室守土之臣。此指晉侯。洪亮吉等謂諸侯之命卿亦可曰守臣，簡稱曰守，僖十二年傳「有天子之二守國高在」可證，則指士匄，不如前說爲長。將逃罪。罪重於郊甸，杜注：「重得罪於郊甸，謂爲郊甸所侵掠也。」郭外曰郊，郊外曰甸。」無所伏竄，敢布其死：杜注：「布，陳也。」布死，猶後代之冒死言。昔陪臣書能輸力於王室，輸力，可釋爲獻力、效力，亦可釋爲盡力。王施惠焉。欒書，盈之祖。書或曾爲王室盡力，王賞賜之。傳未載。其子黶不能保任其父之勞。說文廣雅並云，任，保也。保任，同義詞連用，猶言保守、保持、保全。周語上「亹亹怵惕，保任戒懼」。周禮大司徒「使之相保」，鄭注云：「保，任也。」亦可證保任同義。大君若不棄書之力，大君，杜注：「謂天王。」亡臣猶有所逃。若棄書之力，而思黶之罪，臣，戮餘也，逃亡之人幸免于被戮殺，故自云戮餘。將歸死於尉氏，漢書地理志尉氏下應劭注：「古獄官曰尉氏。」晉有軍尉，亦掌刑戮。漢以廷尉主刑名，秦蕙田五禮通考二一六謂「蓋因於此」。不敢還矣。敢布四體，杜注謂「布四體言無所隱」，或謂布四體言將受斧鉞。二説皆可通。唯大君命焉。」王曰：「尤而效之，杜注謂晉之逐盈，周王以爲非，己不能再效而掠奪之。尤本作訧，過也，罪也。此作動詞。其又甚焉。」其過更大。使司徒禁掠欒氏者，歸所取焉，沈欽韓補注云：「鄉遂都鄙皆司徒所掌。」使候出諸轘轅。候即候人。周禮夏官有候人，云：「若有方治，則帥而致于朝。及歸，送之于竟。」周語中亦云：「候人爲導。」詩曹風候人毛傳亦云：「候人，道路送迎賓客者。」轘轅，山名，在河南登封縣西北三十里，又跨鞏縣西南。險道也。

二一·六　冬，曹武公來朝，始見也。杜注：「即位三年，始來見公。」

二一·七　會於商任，與會諸侯已見於經，此不復叙。錮欒氏也。爲禁錮欒盈，使諸侯不得受之。齊侯、衛侯不敬。叔向曰：「二君者必不免。會朝，禮之經也；諸侯相會與朝于天子或霸主或大國爲禮之常。禮，政之輿也；政載禮而行。政，身之守也。杜注：「政存則身安。」禮記禮運「政者，君之所以藏身也」，亦此意。怠禮，失政；失政，不立，怠于禮則政治有失誤；政治有失，則難于立身。是以亂也。」杜注：「爲二十五年齊弒光、二十六年衛弒剽傳。」

二一·八　知起、中行喜、州綽、邢蒯出奔齊，四子，晉大夫。皆欒氏之黨也。欒王鮒謂范宣子曰：「盍反州綽、邢蒯？勇士也。」宣子曰：「彼欒氏之勇也，余何獲焉？」獲，得也。言余無所得也。王鮒曰：「子爲彼欒氏，乃亦子之勇也。」杜注：「言子待之如欒氏，亦爲子用也。」據後文，士匄未用此計。

齊莊公朝，指殖綽、郭最曰：「是寡人之雄也。」說文：「雄，鳥父也。」此蓋以雄鷄喻其勇，春秋時喜以鬬鷄博勝負。**州綽曰：「君以爲雄，誰敢不雄？**謂誰敢不以爲雄，雄下承上省之字。**然臣不敏，**不敏，謙詞，猶言不才。**平陰之役，先二子鳴。」**杜注：「十八年晉伐齊，及平陰，州綽獲殖綽、郭最，故自比於雞鬬勝而先鳴。」太平御覽九一八引尸子云：「戰如鬬雞，勝者先鳴。」**莊公爲勇爵，**爵，古代飲酒器，則勇爵所以觴勇士者也。杜注則謂「設爵位以命勇士」，沈欽韓、姚鼐均以爲猶如漢之武功爵。兩說未知孰是。**殖綽、郭最欲與焉。州綽曰：「東閭之役，臣左驂迫，還於門中，識其枚數，**見十八年傳。**其可以與於此乎？」公曰：「子爲晉君也。」對曰：「臣爲隸新，**言我初來爲汝之臣。**然二子者，譬於禽獸，臣食其肉而寢處其皮矣。」**禮記坊記鄭注：「古者殺牲，食其肉，坐其皮。」州綽于十八年射中殖綽，故爲此言也。

二十二年，庚戌，公元前五五一年。周靈王二十一年、晉平七年、齊莊三年、衞獻二十六年、殤八年、蔡景四十一年、鄭簡十五年、曹武四年、陳哀十八年、杞孝十六年、宋平二十五年、秦景二十六年、楚康九年、吳諸樊十年、許靈四十一年。

經

二二·一 二十有二年春王正月，正月十二日己未冬至，建子。公至自會。無傳。

二二·二 夏四月。

二二·三 秋七月辛酉，辛酉，十六日。叔老卒。無傳。杜注：「子叔齊子。」參十四年經、傳並注。

二二·四 冬，公會晉侯、齊侯、宋公、衞侯、鄭伯、曹伯、莒子、邾子、薛伯、杞伯、小邾子于沙隨。公羊、穀梁于「邾子」下有「滕子」二字，此或左氏誤脱。沙隨，宋地，在今河南寧陵縣西北，亦見成十六年經並注。

二二·五 公至自會。無傳。

二二·六 楚殺其大夫公子追舒。追舒即去年爲令尹之子南，莊王子。後爲子南氏。

傳

二二·一 二十二年春，臧武仲如晉。孔疏引服虔云：「武仲非卿，故不書。」洪亮吉詁證之云：「蓋魯即同大國之例三卿，此時季孫斯、叔孫豹、仲孫遬並爲卿，故服云然。」雨，過御叔。御叔在其邑，杜謂御叔爲魯御邑大夫。據清一統志，御邑在今山東鄆城縣東十二里，今名御屯。將飲酒，曰：「焉用聖人？周禮大司徒鄭玄注云：「聖，通而先識也。」莊子胠篋：「夫妄意室中之藏，聖也。」蓋武仲多智，論語憲問孔丘亦云「若臧武仲之知」。料事常中，故當時謂之聖人。孔子家語顏回篇回曰「武仲世稱聖人」，即本此。我將飲酒，而已雨行，何以聖爲？」或讀「我將飲酒而已」爲句，此從梁履繩補釋引張彝說。陶鴻慶別疏說同。己爲自己之己，非而已之已，石經可證。御叔謂我正準備飲酒，而他自己卻雨中來此，聰明何用？穆叔聞之，曰：「不可使也，詩小雅雨無正：「云不可使，得罪于天子。」孔疏云：「不稱己意爲不可使。」此不可使亦不稱己意之謂。而傲使人，武仲蓋奉使如晉，故稱使人。國之蠹也。」令倍其賦。御蓋御叔之私邑。據周禮司勳鄭注，采邑之收入，以三分之一上繳，受邑者食三之二。今倍其賦，則以三之二上繳矣。

二二·二 夏，晉人徵朝于鄭。杜注：「召鄭使朝。」鄭人使少正公孫僑對，少正即亞卿。十九年傳謂「鄭人使子展當國，子西聽政，立子產爲卿」，則子產位次第三，而亞於聽政。國君以下握大權者謂之大政，昭十五年傳可證。大政，漢書五行志作大正，政正二字本可通作。少正對大正而言。公孫僑即子產。曰：「在晉先君悼公九年，我寡君於是即位。晉悼九年即鄭簡元年。即位八月，而我先大夫子駟從寡君以朝于執事，是時鄭簡公僅六歲，五月獻捷于邢丘，蓋即往晉朝。經、傳不書，以非魯事，且又常禮也。執事，不敢斥言晉君之敬詞。執事不禮於寡君，此事未詳。寡君懼。因是行也，我二年六月朝于楚，經、傳亦未載。晉是以有戲之役。同盟于戲，見九年傳。楚人猶競，競，强也。而申禮於敝邑。晉數伐鄭，楚數救鄭，即所謂申禮。敝邑欲從執事，而懼爲大尤，尤同訧，過也，罪也。曰『晉其謂我不共有禮』，共同恭。有禮謂晉。不共有禮猶言不恭於有禮者。其實鄭分兩派，一派主從楚，一派主從晉。從楚者得勢，子産故飾辭以對。是以不敢攜貳於楚。我四年三月，先大夫子蟜又從寡君以觀釁於楚，此事經、傳亦未載。不曰朝，而曰觀釁，亦飾詞。觀釁，謂考察其有釁隙與否。晉於是乎有蕭魚之役。詳十一年傳。謂我敝邑，邇在晉國，譬諸草木，吾臭味也，而何敢差池？此實鄭人自謂，非晉告鄭。鄭人自議，鄭離晉近，且又同姓，晉爲草木，鄭爲氣味，事晉不敢差池。差池，不齊一。時而從楚，時而從晉，此即差池。自蕭魚之役，鄭實心服晉。楚亦不競，寡君盡其土實，土實，土地所生。重之以宗器，重，平聲。猶言加之以宗器。宗器，用於宗廟如鼎、簋、鐘、磬之屬禮樂之器。以受齊盟。齊同齋。齊盟詳成十一年傳注。遂帥羣臣隨于執事，以會歲終。周禮天官宰夫：「歲終，則令羣吏正歲會。」春秋尊事霸主，亦有此法。鄭簡從晉悼至晉會歲終，經、傳亦未載。貳於楚者，子侯、石盂，歸而討之。子侯、石盂蓋鄭之二大夫。杜注謂石盂即石臭，恐誤。石臭與良霄在魯襄十一年往楚，爲楚所執，石臭設計，始于十三年返鄭。十一年歲終，石臭猶在楚。湨梁之

明年，子蟜老矣，公孫夏從寡君以朝于君，溴梁之會與盟在十六年，其明年則十七年也。鄭朝晉，經、傳亦未載。　子駟、子蟜稱字，以其死矣；公孫夏以生則稱名。**見於嘗酎，**酎音胄，廣韻「三重釀酒」，即連釀三次之醇酒。漢書景帝紀「高廟酎」，謂以新釀醇酒祭高帝廟。此云嘗酎，嘗亦祭名，在夏正七月，詳桓五年傳並注。嘗酎，蓋嘗祭以酎也。**與執燔焉。**燔同膰，音煩，祭肉。　與音預，參預。　句謂曾助祭，祭後分得膰肉，亦見成十三年傳「祀有執膰」注。**間二年，聞君將靖東夏，**十八年鄭會諸侯圍齊，二十年六月鄭又會諸侯盟于澶淵。曰溴梁之明年，曰間二年，表明鄭幾乎爲晉奔走不暇。　圍齊與澶淵之盟皆晉欲服齊，齊在東，故曰靖東夏。**四月，又朝以聽事期。**澶淵盟在六月，鄭伯先二月往，聽會期也。**不朝之間，無歲不聘，無役不從。以大國政令之無常，**無常，無定準。**國家罷病，**病亦罷也，孟子公孫丑上「今日病矣」可證。罷病同義。**不虞荐至，**不虞謂憂患。漢書終軍傳注：「荐，屢也。」**無日不惕，**惕，懼也。**豈敢忘職？**職指朝于晉。

大國若安定之，其朝夕在庭，何辱命焉？辱命謂召鄭使朝。**若不恤其患，而以爲口實，**口實有二義。一爲口中之食物，如易頤卦卦辭「自求口實」，二十五傳「臣君者豈爲其口實」。一爲話柄、藉口，如楚語下「使無以寡君爲口實」及此是也。**其無乃不堪任命，而翦爲仇讎？**翦亦棄義，十四年傳「毋是翦棄」可證。**敝邑是懼，其敢忘君命？**「其」作「豈」用。**委諸執**

事，齊策「願委之于子」，委，付也。執事實重圖之。」呂氏春秋悔過篇高注：「重，深也。」重圖猶言深思。

二二·三　秋，欒盈自楚適齊。欒盈，晉世家及田敬仲世家俱作欒逞，盈、逞古同韻。晏平仲言於齊侯曰：「商任之會，受命於晉。受禁錮欒氏之命。今納欒氏，將安用之？小所以事大，信也。失信，不立。失信則難以立身立國。君其圖之。」弗聽。退告陳文子曰：陳文子名須無，田敬仲完世家謂爲陳完之曾孫。「君人執信，臣人執共。共同恭。忠、信、篤、敬，上下同之，天之道也。君自棄也，弗能久矣。」杜注：「爲二十五年齊弒其君光傳。」齊世家及田齊世家並言陳文子亦諫。

二二·四　九月，鄭公孫黑肱有疾，黑肱字子張。歸邑于公，召室老、宗人立段，室老即宰，家臣羣吏之長，見胡匡衷儀禮釋官。宗人亦稱宗老，由哀二十四年傳「使宗人釁夏獻其禮」、魯語下「公父文伯之母欲室文伯，饗其宗老，老請守龜卜室之族」觀之，宗人蓋掌宗室禮儀者。段，黑肱之子。説文作公孫碫。杜氏世族譜謂印段字子石，謚曰獻子。廣韻印字注云：「印段出自穆公子印，以王父字爲氏。」而使黜官、薄祭。沈欽韓補注云：「黜官者，減省其家臣，非謂黜段之受職也。」祭以特羊，祭謂四時之常祭。特羊，羊一隻。大夫常祭當如少牢饋食禮，此則從省。殷以少牢，殷，盛祭，即禮記曾子問「服除而後殷祭」。殷祭亦省稱殷，謂祫禘。本應用大牢，省爲少牢，羊、豕。參孔疏。足以共祀，盡歸其餘邑，曰：「吾聞之，生於亂世，貴而能貧，民無求焉，可以後亡。敬共事君與二三子。共同恭。二三子指諸大臣。欲段以敬與恭事之。生在敬戒，敬讀爲儆，説文：「儆，戒也。」今作警。不在富也。」己巳，己巳，二十五日。伯張卒。君子曰：「善戒。詩曰『慎爾侯度，用戒不虞』，詩爲大雅抑篇。「慎」，今詩作「謹」。侯度，公侯之法度。昭十二年傳「思我王度」，侯度與王度同例。鄭子張其有焉。」其，表示不肯定之副詞。

二二·五 冬，會于沙隨，復錮欒氏也。此會共有十二或十三國，晉士匄知欒盈在齊，故又會諸侯以禁錮之。

欒盈猶在齊。齊不受晉命。晏子曰：「禍將作矣。齊將伐晉，不可以不懼。」杜注：「爲明年齊伐晉傳。」

二二·六 楚觀起有寵於令尹子南，未益祿而有馬數十乘。荀子彊國篇云：「大功已立，士大夫益爵，官人益秩，庶人益祿。」此云未益祿，則觀起乃庶人之在官者（語見孟子萬章下及禮記王制）。尚書大傳云：「庶人木車單馬。」今觀起有馬數十乘，子南之勢焰可知。楚人患之，王將討焉。子南之子棄疾爲王御士，御士，侍御之人。禮記緇衣引葉（當作祭）公之顧命云「毋以嬖御士疾莊士大夫卿士」可證。互參僖二十四年傳注。王每見之，必泣。有淚無聲。棄疾曰：「君三泣臣矣，三次向我哭泣。敢問誰之罪也？」王曰：「令尹之不能，荀子勸學篇楊注、漢書百官公卿表顏注並云：「能，善也。」爾所知也。國將討焉，爾其居乎？」欲殺其父而留其子。居則不逃矣。對曰：「父戮子居，君焉用之？洩命重刑，臣亦不爲。」洩露楚君之命于父，其父或將抗命作亂，則其罰更重。王遂殺子南於朝，魯語上：「故大者陳之原野，小者致之市朝。」韋注云：「其死刑，大夫以上屍諸朝，士以下屍諸市。」轘觀起於四竟。轘音患，車裂也。分裂其體，徇于四境。

子南之臣謂棄疾：「請徙子尸於朝。」廣雅釋詁：「子，君也。」此指子南。子南之臣欲爲棄疾偷盜子南之尸于朝。曰：「君臣有禮，唯二三子。」二三子謂諸大臣。棄疾謂楚君或大臣將移尸，此有禮也，不欲他人犯命盜尸。三日，棄疾請尸。惠棟補注引周禮掌戮曰：「凡殺人者，踣諸市，肆之三日。」則陳尸不過三日。今已三日，故棄疾請尸。王許之。既葬，其徒曰：「行乎？」曰：「吾與殺吾父，行將焉入？」曰：「然則臣王乎？」爲王之臣。曰：「棄父事讎，吾弗忍也。」遂縊而死。

復使薳子馮爲令尹，公子齮爲司馬，屈建爲莫敖。楚語上韋注：「建，屈到之子子木也。」到見十五年。有寵於薳子者八人，皆無祿而多馬。他日朝，與申叔豫言，弗應而退。申叔不應而回走。從之，入於人中。薳子追隨之，申叔至於人羣中。又從之，遂歸。薳子又從之，申叔於是回家。退朝，見之，薳子退朝，至申叔家往見之。曰：「子三困我於朝，一困，弗應而退；二困，入於人中；三困，遂歸。吾懼，不敢不見。吾過，子姑告我，何疾我也？」疾，厭惡，嫌棄。對曰：「吾不免是懼，何敢告子？」吾懼不免于罪，何敢告子。曰：「何故？」對曰：「昔觀起有寵於子南，子南得罪，觀起車裂，何故不懼？」自御而歸，薳子馮親自駕車。不能當道。當道，車行正道。杜注：「薳子惶懼，意不在御。」至，謂八人者曰：「吾見申叔，夫子所謂生死而肉骨也。生死，使死者復生。肉骨，使白骨長肉。知我者如夫子則可；可留。不然，請止。」呂氏春秋下賢篇「亦可以止矣」，高注：「止，休也。」此「請止」乃絕交之婉辭。辭八人者，而後王安之。

二二·七

十二月，鄭游眅將歸晉，眅音販，亦作「販」。游眅，據杜氏世族譜，公孫蠆之子，字子明，謚曰昭子。未出竟，遭逆妻者，古代娶妻者必親往迎接。奪之，奪其妻。以館于邑。即在其邑留宿，不復行。丁巳，十二月無丁巳日。丁巳爲十一月十四日，疑上文十二月當作十一月。其夫攻子明，殺之，以其妻行。子展廢良而立大叔，良爲游眅之子。大叔即游吉，亦公孫蠆子，游眅之弟。大叔亦作世叔。曰：「國卿，君之貳也，民之主也，不可以苟。苟且，不慎重。請舍子明之類。」舍同捨。子明之類指良，蓋父子均爲邪惡。求亡妻者，使復其所。失妻者殺子明必逃亡，子展求之，使回鄉里。使游氏勿怨，曰：「無昭惡也。」怨則互相報復，游眅之惡昭彰。

二十三年，辛亥，公元前五五〇年。周靈王二十二年、晉平八年、齊莊四年、衞獻二十七年、殤九年、蔡景四十二年、鄭簡十六年、曹武五年、陳哀十九年、杞孝十七年、宋平二十六年、秦景二十七年、楚康十年、吴諸樊十一年、許靈四十二年。

經

二三·一 二十有三年春王二月癸酉朔，正月二十三日乙丑冬至，建子，有閏月。日有食之。無傳。此爲陽曆一月五日之環食，自新疆至福建皆能見之。

二三·二 三月己巳，己巳，二十八日。杞伯匄卒。

二三·三 夏，邾畀我來奔。無傳。公羊「畀」作「鼻」，畀、鼻古音同。

二三·四 葬杞孝公。無傳。

二三·五 陳殺其大夫慶虎及慶寅。

二三·六 陳侯之弟黄自楚歸于陳。

二三·七 晉欒盈復入于晉，入于曲沃。

二三·八 秋，齊侯伐衞，遂伐晉。

二三·九 八月，叔孫豹帥師救晉，次于雍榆。雍榆在今河南浚縣西南，滑縣西北。

二二·一〇 己卯，己卯，十日。仲孫速卒。

二二·一一 冬十月乙亥，乙亥，七日。臧孫紇出奔邾。

二二·一二 晉人殺欒盈。

二二·一三 齊侯襲莒。

傳

二三·一 二十三年春，杞孝公卒，晉悼夫人喪之。據成十八年傳「杞伯於是驟朝于晉而請爲婚」，其年杞桓公已老，晉悼年僅十四，或者以其少女爲晉悼夫人，杞孝之幼妹，晉平公之母。悼夫人服其兄喪，見下章「宣子墨縗冒絰」傳注。平公不徹樂，非禮也。禮，爲鄰國闕。闕即徹樂。鄰國有喪，諸侯亦不舉樂。杞孝公于晉平公雖爲舅甥，但于古禮，諸侯于朞年之喪不服，故以鄰國責之。

二三·二 陳侯如楚，杜注：「朝也。」公子黃愬二慶於楚，二慶，慶虎、慶寅。二慶譖公子黃，黃奔楚自明，見二十年傳。楚人召之。使慶樂往，二慶不敢自往。殺之。慶氏以陳叛。夏，屈建從陳侯圍陳。屈建爲楚莫敖，見去年傳。陳人城，築城以拒。版隊而殺人。古代築城，用兩板夾土，以杵打夯，所謂板築也。隊同墜。板落于城下，慶氏因殺築城之役人。役人相命，互相傳令。各殺其長，役夫之長。此役夫起義。遂殺慶虎、慶寅。楚人納公子黄。君子謂慶氏：「不義，不可肆也。肆，放縱。謂不可以放縱不義之心。肆亦可釋爲赦，與襄九年傳「肆眚」之肆同。故書曰：『惟命不于常。』」書康誥文。禮記大學引此句釋之云：「道善則得之，不善則失之矣。」

二三·三　晉將嫁女于吴，齊侯使析歸父媵之，使析歸父送媵妾。以藩載欒盈及其士，杜注：「藩，車之有障蔽者，使若媵妾在其中。」納諸曲沃。杜注：「欒盈邑也。」曲沃本武公起家之地，故莊二十八年傳云「曲沃，君之宗也」，武宫在焉，不應封于他人爲私邑。欒氏固爲靖侯之孫欒賓之後（參桓二年傳），亦不應私據曲沃。或者如晉世家所云「曲沃大於翼」，封于欒氏者只是其一部分土地，亦名曲沃；或者如張琦戰國策釋地所云桃林之塞一名曲沃。武宫之曲沃在今山西聞喜縣東；桃林塞之曲沃則在河南陝縣西南四十里，今之曲沃鎮。欒盈夜見胥午而告之。杜注：「胥午，守曲沃大夫。」對曰：「不可。不能舉事。天之所廢，誰能興之？子必不免。不免于死。吾非愛死也，愛，惜也。知不集也。」杜注：「集，成也。」知舉事不能成。盈曰：「雖然，因子而死，吾無悔矣。我實不天，子無咎焉。」言事不成，實由于我不爲天所祐，汝無過錯。許諾。胥午許之。伏之而觴曲沃人，胥午藏匿欒盈，而讌曲沃之衆士。樂作，午言曰：「今也得欒孺子何如？」欒孺子指盈，蓋欒黶之繼承人，故稱爲孺子，早已爲下軍佐，其年必不少也。禮記檀弓下舅犯亦稱重耳爲孺子，重耳以十七歲出亡，當魯僖五年；至九年晉獻公卒後，秦穆公始有意納重耳，其時重耳已二十餘，猶稱爲孺子，足見孺子非少小之稱。互參僖十五年「征繕以輔孺子」傳注。對曰：「得主而爲之死，猶不死也。」雖死猶生。皆歎，有泣者。爵行，猶言互相舉杯。又言。胥午又言。皆曰：「得主，何貳之有！」言有死無二。盈出，徧拜之。杜注：「謝衆之思己。」

四月，欒盈帥曲沃之甲，因魏獻子，以晝入絳。獻子，魏舒。絳，晉都，今山西侯馬市。初，欒盈佐魏莊子於下軍，莊子，魏絳，魏獻子父。獻子私焉，杜注：「私相親愛。」故因之。趙氏以原、屏之難怨欒氏，見成八年傳。趙莊姬譖原同、屏括于晉侯，而欒氏、郤氏爲之作證，原、屏因而被殺。韓、趙方睦。杜注：「韓起讓趙武，故和睦。」中行氏以伐秦之役怨欒氏，中行氏即荀氏之一支。伐秦之役見十四年傳。荀偃爲中軍帥，欒黶不肯聽命，因而大撤退。而固與范氏和親。杜注：「范宣子佐中行偃於中軍。」知悼子少，而聽於中行氏。悼子，知罃之子荀盈，時年十七。知氏、中行氏皆晉大夫逝遨之後（見趙世家索隱引世本），故知盈聽從中行吴。程鄭嬖於公。成十八年孔疏引世本謂程鄭爲荀氏別族。詳成十八年傳注。唯魏氏及七輿大夫與之。七輿大夫見僖十年傳注。此叙兩派力量。韓、趙、荀（知氏、中行氏皆荀氏）皆結成一派，欒氏甚孤立，唯魏氏及七輿大夫助之耳。

欒王鮒侍坐於范宣子。侍坐，宣子坐，欒王鮒亦坐侍。或告曰：「欒氏至矣。」以其白晝入絳，故人得知之。魏禧論此，以此爲欒盈失着關鍵。宣子懼。桓子曰：杜注：「桓子，欒王鮒。」「奉君以走固宮，固宮，晉侯之别宮。杜注謂其有臺觀守備，或然。必無害也。且欒氏多怨，子爲政，欒氏自外，自外來。子在位，其利多矣。在内與自外來不同，在位爲政與無權無勢不同，故云利多。既有利權，又執民柄，杜注：「賞罰爲民柄。」將何懼焉？欒氏所得，其唯魏氏乎，而可强取也。可用强力争取爲己用。夫克亂在權，子無懈矣！」

公有姻喪，即上文晉悼夫人喪其兄杞孝公。王鮒使宣子墨縗、冒、絰，縗，衰服；冒，冒巾；絰，腰絰。三者皆墨色。此婦人喪服，悼夫人服之，使宣子僞爲悼夫人之侍御，其服亦如晉悼夫人之服。説參沈欽韓補注。二婦人輦以如公，與二婦人乘輦，非二婦人挽輦。古無婦人推輦之事。奉公以如固宮。范鞅逆魏舒，則成列既乘，部隊已排列，兵車皆有人。將逆欒氏矣。將迎欒盈兵與會合。趨進，曰：「欒氏帥賊以入，鞅之父與二三子在君所矣，二三子，諸大臣。使鞅逆吾子。鞅請驂乘。」此范鞅對魏舒之言。持帶，帶即綏。車上之帶，挽以上車。遂超乘。杜注：「跳上獻子車。」右撫劍，此即强力劫之。左援帶，命驅之出。出，出於行列。僕請，僕，駕車者。請，問所往。鞅曰：「之公。」宣子逆諸階，迎獻子。執其手，賂之以曲沃。許以欒氏邑與之。

初，斐豹，隸也，著於丹書。杜注：「蓋犯罪没爲官奴，以丹書其罪。」丹書，以紅色書于簡牘。欒氏之力臣曰督戎，國人懼之。斐豹謂宣子曰：「苟焚丹書，我殺督戎。」宣子喜，曰：「而殺之，而同爾。所不請於君焚丹書者，有如日！」乃出豹而閉之。出豹于宮門而後關宮門。督戎從之。踰隱而待之，隱，短牆，矮牆。豹越入短牆，伏以待督戎。督戎踰入，豹自後擊而殺之。

范氏之徒在臺後，杜注：「公臺之後。」欒氏乘公門。杜注：「乘，登也。」宣子謂鞅曰：「矢及君屋，死之！」言欒氏之箭若及于晉侯之屋，汝則死之。鞅用劍以帥卒，欒氏退，攝車從之。沈欽韓補注：「范鞅既步戰以退欒氏之攻，復乘車以追逐欒氏也。攝車猶超乘。」遇欒樂，杜注：「欒，盈之族。」曰：「樂免之。死，將訟女於天。」范鞅謂欒樂，令其不戰，免之。之字無義。若戰，如我死，將訴汝于天。樂射之，不中；又注，杜注：「注，屬矢於弦也。」則乘槐本而覆。槐本，槐樹根之凸出土上者。欒樂車之一輪觸之，以不平衡而傾倒。或以戟鉤之，斷肘而死。欒魴傷。欒盈奔曲沃。晉人圍之。晉世家、齊世家以齊莊遣欒盈與下傳伐晉爲一事。晉語八載此事，與傳有不同。又有俞辛者，傳未載。

二三·四 秋，齊侯伐衛。先驅，杜注：「先驅，前鋒軍。」穀榮御王孫揮，召揚爲右；申驅，杜注：「申驅，次前軍。」成秩御莒恒，申鮮虞之傅摯爲右。杜注：「傅摯，申鮮虞之子。」曹開御戎，晏父戎爲右。此齊莊公之車。貳廣，上之登御邢公，盧蒲癸爲右；杜注：「貳廣，公副車。」啓，杜

注：「左翼曰啓。」牢成御襄罷師，狼蘧疏爲右；胠，杜注：「右翼曰胠。」商子車御侯朝，桓跳爲右；大殿，杜注：「大殿，後軍。」商子游御夏之御寇，崔如爲右；燭庸之越駟乘。桂馥札樸卷二謂「啓」即「胥」，山海經郭注「胥，肥腸也」。三者皆取名於身。「殿」即「屍」（今之「臀」字），「胠」即「胳」，腋下也。杜注：「四人共乘殿車也。」此言齊莊之兵力與部署。自衛將遂伐晉。伐衛爲次，以行軍必過衛。伐晉爲主，乃有如此之部署。

晏平仲曰：「君恃勇力，以伐盟主。澶淵、商任、沙隨之會，齊並奉晉爲盟主。若不濟，國之福也。不德而有功，憂必及君。」事亦見晏子春秋內篇問上。崔杼諫曰：「不可。臣聞之：『小國閒大國之敗而毀焉，閒，今俗語鑽空子。大國之敗，敗，壞也，指晉有欒氏之變。句謂齊趁晉有內亂，加以武力。必受其咎。』君其圖之。」弗聽。陳文子見崔武子，杜注：「武子，崔杼也。」曰：「將如君何？」武子曰：「吾言於君，君弗聽也。以爲盟主，以晉爲盟主。而利其難。羣臣若急，君於何有？何有於君，言有急則不顧君矣。子姑止之。」猶言子姑且罷休。之非賓語，例見文言語法。文子退，告其人曰：「崔子將死乎！謂君甚而又過之，謂君甚言指摘君主太狠；而又過之，謂急將殺君，其罪過於君之伐盟主。不得其死。謂不得善終。過君以義，猶自抑也，況以惡乎？」已行義超越君之行義，尚當自己抑制，何況己將行惡乎？

齊侯遂伐晉，取朝歌。朝歌，今河南淇縣。**爲二隊，入孟門，登大行。**二隊，二軍，亦可解爲二道，互參文十六年傳。孟門爲一道，大行爲一道。史記吳起傳「殷紂之國，左孟門，右太行」可證。孟門在今河南輝縣西，爲太行隘道。大行疑即述征記及元和郡縣志之太行陘，曹操苦寒行所謂「北上太行山，艱哉何巍巍。羊腸阪詰屈，車輪爲之摧」者也。在今河南沁陽縣西北三十里，爲太行山八陘之一。高士奇地名考略云：「當時齊輕兵深入，既取朝歌，則分兵爲二部，一入白陘，由朝歌而扼其險隘；一登太行，自河内以瞰其腹心。」**張武軍於熒庭，**熒庭即桓二年傳之陘庭，在今山西翼城縣東南七十五里，西距晉都不過百里。張武軍，杜注以爲築壘壁，疑誤。詳宣十二年傳並注。此亦收晉尸於熒庭而建表木。**戍郫邵，**郫邵即文六年傳之郫，今河南濟源縣西一百里之邵源鎮。地名考略云：「郫邵在太行之南界，接鄭、衞，戍之以防退襲。」**封少水，**少水即今沁水，出山西沁源縣北緜山諸谷，南流經安澤、沁水、陽城至焦作市南入舊黄河道。此封尸處疑在今沁水縣附近。封即封尸，又收晉軍之尸合埋于一坑，而築高堆也。**以報平陰之役，**平陰役見十八年傳。**乃還。趙勝帥東陽之師以追之，**東陽乃泛指晉屬太行山以東之地，大略有今河北邢台地區及邯鄲地區一帶地。趙勝即魯語下邯鄲勝，趙旃之子，謚傾子，食采邑于邯鄲，邯鄲午之父。**獲晏氂。**晏氂即魯語下之晏萊。晏嬰生二子，一曰氂，一曰圉。圉見哀六年傳。魯語下云：「子服惠伯見韓宣子曰：『昔欒氏之亂，齊人間晉之禍，伐取朝歌。我先君襄公不敢寧處，使叔孫豹悉帥敝賦，踦跂畢行，無有處人，以從軍吏，次於雍渝。與邯鄲勝擊齊之左，掎止晏萊焉。齊師退而後敢還。』」**八月，叔孫豹帥師救晉，次**

于雍榆，禮也。次于雍榆者，魯大軍駐于此，非不作戰也。晉趙勝追齊還師，魯亦夾擊，見上引魯語下文。

二三·五　**季武子無適子，**嫡妻未生子。**公彌長，而愛悼子，欲立之。**公彌即後文之公鉏。悼子名紇。二人皆姬妾之子。**訪於申豐曰：**申豐，季氏家臣。訪，問，商量。**「彌與紇，吾皆愛之，欲擇才焉而立之。」**古禮，無嫡則立長。此云擇才，乃欲立紇之藉口。**申豐趨退，歸，盡室將行。**申豐不欲參與此事，故不答而退，歸而擬全家他往。**他日，又訪焉。**又問申豐。**對曰：「其然，將具敝車而行。」**其，假設連詞，若也。言若如此，我將套我之車而出走。**乃止。**杜注：「止不立紇。」

訪於臧紇。臧紇曰：「飲我酒，吾爲子立之。」季氏飲大夫酒，臧紇爲客。杜注：「爲上賓。」**既獻，**向賓獻酒。**臧孫命北面重席，新尊絜之。**臧孫即臧紇。魯國于季、孟、叔、臧、郈五氏之嗣位者俱稱孫。北面，爲悼子設位，使之南向，尊之也。重席，二層席。古代席地坐，席之層次，依其位之高低。儀禮鄉飲酒禮云：「公三重，大夫再重。」則重席，大夫之坐。「尊」本作「樽」，今據經典釋文訂正，說詳阮元校勘記。新尊，新酒杯。絜，今作潔。既用新尊，又加洗滌。**召悼子，降，逆之。**臧孫使人召紇，紇來，臧孫起，下階而迎之入坐。**大夫皆起。**大夫即衆賓。上賓既起，衆賓自必起。臧紇如此對待季紇，則季紇之爲季武子之繼承人，爲諸大夫所公認矣。**及旅，**旅，旅酬也。即主人使相安賓，賓酬主人，主人酬介，介勸衆賓酒，衆賓按長幼尊卑互相敬酒，同時排定席次。可單稱旅，或單稱酬。酬或作醻，詩小雅小弁「如或𠷎之」是也。禮記中庸「旅酬下爲上，所以逮賤也」，即此旅酬。**而召公鉏，使與之齒。**旅酬所以逮賤，始召公鉏，且使公鉏與一班賓客齒列坐次，則視公鉏爲庶子。沈欽韓補注云：「鄉飲酒禮云，既旅則士不入，士入當旅酬，節也。旅而召公鉏，以士禮待之，明其不得嗣爵。」**季孫失色。**杜注：「恐公鉏不從。」或者亦以臧紇此舉爲太突然。

季氏以公鉏爲馬正，季武子所以撫慰公鉏。馬正即大夫家之司馬，所以爲大夫主其土地之軍賦。見周禮夏官家司馬注。**慍而不出。**怨而不爲。**閔子馬見之，**閔子馬即閔馬父。長沙馬王堆三號墓出土帛書春秋事語中有閔子辛，不知是此人否。**曰：「子無然。**無同毋，禁止之詞。然，如此。**禍福無門，唯人所召。**此蓋古時習語。荀子大略篇「禍與福鄰，莫知其門」，淮南子人間篇「夫禍之來也，人自生之；福之來也，人自成之。禍與福同門，利與害爲鄰」，文子微明篇亦有此語。其意相近。**爲人子者，患不孝，不患無所。**所猶言地位。**敬共父命，何常之有？**唯敬恭父親之命而已，事無一定，可以變化也。**若能孝敬，富倍季氏可也。**杜注：「父寵之，則可富。」俞樾因下文「禍倍下民」謂富當讀爲福，亦通。孔疏云：「悼子既爲適子，將承季氏之後，故謂悼子爲季氏。」**姦回不軌，**回，邪也，亂也。姦亦邪也，亂也。姦回同義詞連用。不軌，不合法度。**禍倍下民可也。」公鉏然之，敬共朝夕，**謂對其父朝夕問安視膳，參禮記文王世子。**恪居官次。**恪音客，本作愙，恭敬，謹慎。官次猶言官職，職位。**季孫**

喜，使飲己酒，而以具往，盡舍旃。季武子使公鉏在公鉏家請己飲食，而攜帶饗宴之器具往公鉏家，留不帶回。旃，之焉合音字。故公鉏氏富，又出爲公左宰。出仕于魯君，爲魯公之左宰。

孟孫惡臧孫，季孫愛之。孟氏之御騶豐點好羯也，御騶，養馬兼駕車之官，成十八年傳有乘馬御，六騶屬焉。豐點蓋姓豐名點。羯，孟莊子之庶子，孺子秩之弟，亦稱孝伯。曰：「從余言，必爲孟孫。」爲孟莊子之繼承人。再三云，羯從之。孟莊子疾，豐點謂公鉏：「苟立羯，請讎臧氏。」因臧孫使計捨公鉏而立悼子，故豐點以爲其報仇動之。公鉏謂季孫曰：「孺子秩固其所也。既稱孺子，則已定爲孟氏後。固其所，言本當爲孟氏繼承人。若羯立，廢秩而使羯立爲後。則季氏信有力於臧氏矣。」季孫本欲立悼子，臧氏僅助成之。至于孟氏，則已定秩爲後，若季氏廢之而立羯，其勢大于臧氏。弗應。季氏不允。己卯，孟孫卒。孟孫即經之仲孫速。孟、叔、季皆爲桓公之庶子，桓公之嫡長子同立爲莊公。莊公三弟，論長幼應爲孟、叔、季。但慶父亦稱共仲，其後便以仲爲氏。故經稱仲孫，傳稱孟孫，其實一也。公鉏奉羯立于户側。依古代喪禮，死者之尸尚在室，爲後者便在户側南面而立以待貴賓來弔，禮記檀弓上謂「司寇惠子之喪，文子退扶適子南面而立」是也。據曾子問似喪本無二孤。檀弓下又云：「大夫之喪，庶子不受弔。」羯既立户側受弔，則孺子秩非繼承人矣。季孫至，入，哭，而出，曰：「秩焉在？」公鉏曰：「羯在此矣。」季孫問秩，仍以秩爲孟氏後。公鉏答以羯，則以羯爲後。

季孫曰：「孺子長。」季孫仍稱秩爲孺子，則意未改。公鉏曰：「何長之有？唯其才也。此以季孫擇立悼子之語還報季孫。且夫子之命也。」矯死人之命。夫子指孟莊子。遂立羯。秩奔邾。不逃，則有被殺之危。

臧孫入哭，甚哀，多涕。出，其御曰：「孟孫之惡子也，而哀如是。季孫若死，其若之何？」臧孫曰：「季孫之愛我，疾疢也；疢音趁，疾疢亦作疢疾，如孟子盡心上「人之有德慧術知者，恒存乎疢疾」，疾疢同義詞。孟孫之惡我，藥石也。藥謂草木之可治病者。石謂如鐘乳、礬、磁石之類可用治病者，或謂古針砭用石，謂之砭石。美疢不如惡石。美疢，如孟子梁惠王下云「寡人有疾，寡人好勇」，「寡人好色」之好勇好色。或以爲指無痛苦之病。惡石，以石爲鍼，刺之常苦痛。夫石猶生我，能治病，使我生。疢之美，其毒滋多。滋多，益多，更多。孟孫死，吾亡無日矣。」無日猶言無多日。孟氏閉門，告於季孫曰：「臧氏將爲亂，不使我葬。」杜注：「欲爲公鉏讐臧氏。」季孫不信。臧孫聞之，戒。杜注：「爲備也。」冬十月，孟氏將辟，杜注：「辟，穿藏也。」即挖坑道。辟與闢通，此處專作開闢墓道解。藉除於臧氏。藉，借也。除即昭十二年及十八年傳之除徒，開闢葬道之役夫。臧孫使正夫助之，正夫，魯都三鄉中之正卒，即襄九年傳宋之正徒。臧孫任司寇，或亦兼掌此事。除於東門，在東門闢墓道。甲從己而視之。臧孫又使甲士跟隨自己視察正卒除道。孟氏又告季孫。季孫怒，臧孫以甲從己者，防孟氏之攻己，非欲攻人也。季孫先受「將爲亂」之譖而不信，此時又受譖，並知其有甲士，因信之而怒。命攻臧氏。乙亥，臧紇斬鹿門之關以出，奔邾。鹿門，魯都南城東門。邾在曲阜東南，出此門爲捷徑。說文：「關，以木横持門户也。」賈誼新書：「豫讓曰：我事中行，與帷而衣之，與關而枕之。」關爲横木，故可枕，今謂之門栓。增韻曰門牡者，以其套入門牝也。

初，臧宣叔娶于鑄，呂氏春秋慎大覽：「武王勝殷，命封黄帝之後於鑄。」傳世有鑄公簠，銘云：「鑄公乍(作)孟妊車母䑞(媵)簠。」又據晉語四，任姓爲黄帝之後，則鑄公簠即此鑄國之器。又有鑄子叔黑臣簠，出土于齊東縣廢治境，不知是此國所鑄否。盛昱鬱華館金文則云：「此器出青州，尤合。」「鑄」亦作「祝」，古音平入對轉通假。鑄在今山東肥城縣南大汶河北岸，顧棟高大事表謂寧陽縣西北有鑄城。郭沫若兩周金文辭大系考釋謂「鑄終受齊人之壓迫而滅國於此」。昭公二十五年，公使昭子自鑄歸，亦即此。生賈及爲而死。鑄國女死。繼室以其姪，穆姜之姨子也，李慈銘越縵堂日記云：「爾雅：『妻之姊妹同出爲姨。』至母之姊妹，則爾雅明言爲從母，儀禮喪服章皆同，未嘗有別稱。至劉熙(釋名)乃云母之姊妹爲姨，至晉杜預注左傳、孔疏云云，想當然語也。」證以莊十年傳「蔡侯曰吾姨也」，李說自確。但杜預以穆姜爲宣公夫人，不得有妻之姊妹，故改用劉熙說，以從母爲姨，而不知先秦無此稱也。穆姜之姨子即宣公之姨子，穆姜之姊妹，緣丈夫之稱亦稱之曰姨，即以莊十年傳「蔡侯曰吾姨也」爲證，呂氏春秋長攻篇則云：「蔡侯曰：『息夫人，吾妻之姨也。』」高誘注云：「妻之女弟爲姨。」「吾妻之姨」豈不與穆姜之姨子同義？穆姜之姨子，即穆姜妹之子。生紇，長於公宮。姜氏愛之，姜氏即穆姜。故立之。立紇爲宣叔嗣。臧賈、臧爲出在鑄。退歸舅氏家。齊召南左傳考證云：「十七年傳，臧賈帥甲三百宵犯齊師，送之而復。是賈亦嘗還魯，紇奔邾時，賈又在鑄耳。」臧武仲自邾使告臧賈，賈，武仲之嫡長兄。且致大蔡焉，漢書食貨志云：「元龜爲蔡。」大蔡，大龜。古以龜爲卜，龜益大，則以爲益神靈。曰：「紇不佞，不佞，不才。失守宗祧，不能祭祀宗廟也。敢告不弔。古弔字即淑字，不淑，不善也。紇之罪不及不祀，杜注：「言應有後。」子以大蔡納請，其可。」納大蔡而請立臧氏後嗣，將可行。賈曰：「是家之禍也，非子之過也。賈聞命矣。」再拜受龜，使爲以納請，賈使爲爲己納龜以請。遂自爲也。爲不爲其兄賈請，而爲己請。臧孫如防，杜注：「防，臧孫邑。」使來告曰：「紇非能害也，知不足也。知同智。言使甲士從己，正中公鉏之誣告。非敢私請。爲氏族請，非爲個人請。苟守先祀，守，保存。無廢二勳，無，不也。杜注：「二勳，文仲、宣叔。」敢不辟邑！」辟同避，謂離防他適。論語憲問：「臧武仲以防求爲後於魯，雖曰不要君，吾不信也。」乃立臧爲。臧紇致防而奔齊。其人曰：「其盟我乎？」其人，臧武仲奔齊所從之人。盟出奔者，見成十六年傳並注。臧孫曰：「無辭。」爲被逐者盟必數其罪，其罪若在廢長立少，則季孫所不敢言，故曰無辭。將盟臧氏，季孫召外史掌惡臣而問盟首焉。惡臣，逃亡在外之臣。顧棟高云：「據尚書酒誥，諸侯得有內史，則亦有外史也。」周禮有外史，而職掌不同。杜注、孔疏謂史官身在外，故曰外史，非官名。盟首，王引之述聞以爲盟道，會箋謂首猶辭也，皆可通。參章炳麟國故論衡小學篇。對曰：「盟東門氏也，曰『毋或如東門遂不聽公命，殺適立庶』。東門遂即襄仲。殺適子惡立宣公，見文十八年傳。盟叔孫氏也，曰『毋或如叔孫僑如欲廢國常，蕩覆公室』。」見成十六年傳並注。季孫曰：「臧孫之罪皆不及此。」孟椒曰：「盍以其犯門斬關？」季孫用之，乃盟臧氏，曰：「毋或如臧孫紇干國之紀，干，犯也。犯門斬關！」「毋」原作「無」，今從經典釋文正，詳阮元校勘記。臧孫聞之，曰：「國有人焉，人謂人才。誰居？居，疑問助詞，義同歟。其孟椒乎！」杜注：「孟椒，孟獻子之孫子服惠伯。」魯語下韋注：「惠伯，仲孫他之子子服椒也。」

二三・六　晉人克欒盈于曲沃，盡殺欒氏之族黨。欒魴出奔宋。書曰「晉人殺欒盈」，不言大夫，言自外也。杜注：「自外犯君而入，非復晉大夫。」

二三・七　齊侯還自晉，不入，杜注：「不入國。」遂襲莒。門于且于，杜注：「且于，莒邑。」當在山東莒縣境內。傷股而退。杜注：「齊侯傷。」明日，將復戰，期于壽舒。杜注：「壽舒，莒地。」亦當莒縣境。齊侯與其軍旅約于壽舒集中也。杞殖、華還載甲夜入且于之隧，杞殖、華還爲齊大夫。且于之隧爲在且于之狹路、隘道。宿於莒郊。明日，先遇莒子於蒲侯氏。杜注：「蒲侯氏，近莒之邑。」昭十四年傳有莒大夫茲夫，號蒲餘侯，疑蒲餘侯即蒲侯。莒子重賂之，使無死，曰：「請有盟。」二人率甲夜自險道入于莒郊外之邑，而遇莒子所帥之大軍，勢必戰而死。莒子欲使無戰，故請盟而退之。華周對曰：華周即華還。漢書古今人表作華州，說苑立節篇作華舟。「貪貨棄命，亦君所惡也。昏而受命，昨夕受齊侯命而來。日未中而棄之，今日尚未至正午而背命。何以事君？」言必欲戰。莒子親鼓之，從而伐之，獲杞梁。此獲是死獲，即杞梁戰死。梁是杞殖之字，以其妻云「殖之有罪」知之。莒人行成。說苑立節篇載杞梁、華周事與傳有異。

齊侯歸，遇杞梁之妻於郊，使弔之。辭曰：「殖之有罪，何辱命焉？殖之有罪，係以子句爲假設句。言殖若有罪，何敢辱君之弔喪。若免於罪，猶有先人之敝廬在，下妾不得與郊弔。」服虔讀爲「猶有先人之敝廬在下」，不取。檀弓下亦載此事，文亦作「則有先人之敝廬在」可證。杞梁之妻迎杞梁之柩，於郊野遇齊侯。古禮，唯所謂賤者受郊弔。杞梁乃大夫，故其妻辭弔。禮記檀弓下：「哀公使人弔蕢尚，遇諸道，辟於路，畫宮而受弔焉。曾子曰：『蕢尚不如杞梁之妻之知禮也。』」鄭注：「行弔禮於野，非。」但檀弓下又云：「君遇柩於路，必使人弔之。」則齊莊之使人弔亦合古禮，杞梁之妻之辭弔亦合古禮。孟子告子下言「華周、杞梁之妻善哭其夫」，說苑善說篇及列女傳貞順篇演爲「向城而哭，隅爲之崩，城爲之阤」，則又誇言之，非史實。齊侯弔諸其室。

二三·八

齊侯將爲臧紇田。杜注：「與之田邑。」臧孫聞之，見齊侯，與之言伐晉，杜注：「齊侯自道伐晉之功。」對曰：「多則多矣，周禮司勳「戰功曰多」，此謂戰功多也。說見劉履恂秋槎雜記。抑君似鼠。抑，轉折連詞，猶但也。夫鼠，晝伏夜動，不穴於寢廟，詩小雅巧言「奕奕寢廟」，則寢廟爲一詞，即宗廟。畏人故也。今君聞晉之亂而後作焉，杜注：「作，起兵也。」寧將事之，非鼠如何？」校勘記云：「如何即而何。」乃弗與田。杜注：「臧孫知齊侯將敗，不欲受其邑，故以比鼠，欲使怒而止。」

仲尼曰：「知之難也。有臧武仲之知，知同智。句亦見論語憲問。而不容於魯國，抑有由也，抑，語首助詞，無義。作不順而施不恕也。作事不順無適則立長之禮，施爲不恕被廢者之心。夏書曰『念茲在茲』，順事、恕施也。」

二十四年，壬子，公元前五四九年。周靈王二十三年、晉平九年、齊莊五年、衞獻二十八年、殤十年、蔡景四十三年、鄭簡十七年、曹武六年、陳哀二十年、杞文公益姑元年、宋平二十七年、秦景二十八年、楚康十一年、吳諸樊十二年、許靈四十三年。

經

二四·一　二十有四年春，正月初四庚午冬至，建子。叔孫豹如晉。

二四·二　仲孫羯帥師侵齊。

二四·三 夏，楚子伐吳。

二四·四 秋七月甲子朔，日有食之，既。無傳。既，盡也。于公曆爲六月十九日之全食，經書「既」，蓋由目驗。

二四·五 齊崔杼帥師伐莒。

二四·六 大水。無傳。

二四·七 八月癸巳朔，日有食之。無傳。七月朔既已全蝕，八月朔決無再蝕之理。或以爲史官之誤。鄒伯奇鄒徵君遺書謂「蓋文十一年八月日食，脱簡於此」。馮澂集證亦云：「當是文公十一年八月癸巳朔日食，脱簡於此。」

二四·八 公會晉侯、宋公、衞侯、鄭伯、曹伯、莒子、邾子、滕子、薛伯、杞伯、小邾子于夷儀。「夷儀」，公羊作「陳儀」。説見僖元年經注。

二四·九 冬，楚子、蔡侯、陳侯、許男伐鄭。

二四·一〇 公至自會。無傳。

二四·一一 陳鍼宜咎出奔楚。杜注：「陳鍼子八世孫。」

二四·一二 叔孫豹如京師。

二四・一三 **大饑。**無傳。穀梁傳以爲五穀皆無收成爲大饑。

傳

二四・一 **二十四年春，穆叔如晉，范宣子逆之，**沈欽韓補注：「聘禮，賓至近郊，君使卿朝服、用束帛勞。」**問焉，曰：「古人有言曰『死而不朽』，**晉語八亦載此事，韋注：「言身死而名不朽滅。」**何謂也？」穆叔未對。宣子曰：「昔匄之祖，自虞以上爲陶唐氏，**謂自虞以上，則陶唐氏於虞舜以後不復顯著。昭二十九年傳亦謂「及有夏孔甲、有陶唐氏既衰」云。或謂今山西清徐縣東南四十里有陶唐城，爲陶唐氏所居，蓋附會之談。**在夏爲御龍氏，**昭二十九年傳云：「及有夏孔甲、有陶唐氏既衰，其後有劉累，賜氏曰御龍。」據清一統志，今河南臨潁縣北十五里有御龍城，亦恐出附會。**在商爲豕韋氏，**昭二十九年傳云「賜氏曰御龍，以更豕韋之後」，此又云「在商爲豕韋氏」，杜預乃注「以更豕韋氏之後」云：「更，代也。以劉累代彭姓之豕韋。累尋遷魯縣，豕韋復國，至商而滅。累之後世復承其國爲豕韋氏。」唐書宰相世系表云「韋氏出自風姓。顓頊孫大彭爲夏諸侯，少康封其別孫元哲於豕韋，其地滑州韋城是也。豕韋、大彭迭爲商伯。周王赧時始失國，徙居彭城，以國爲氏」云云，蓋本諸漢書韋賢傳韋孟諷諫詩。國語、左傳雖曾言及豕韋，詩商頌長發「韋、顧既伐」，鄭箋以韋爲豕韋，則豕韋已爲商滅，國已不存，僅存氏姓而已。自後書傳未見國名豕韋者，韋孟謂「至於有周，歷世會同」，疑是自誇其祖，未必合於史實。相傳河南舊滑縣治（今治移道口鎮，在舊治稍西）東南五十里有韋鄉，即古豕韋國。在周爲唐杜氏，唐杜，杜注謂「二國名」，誤。實一國名，一曰杜，一曰唐杜，猶楚之稱荆楚。説詳孫詒讓籀高述林唐杜氏考。唐書宰相世系表十二上、通志氏族略二並謂杜氏亦曰唐杜氏，不從杜注。春秋前已絶滅。文六年傳「杜祁以君故」，足知杜國姓祁。彝器有杜伯鬲，銘云：「杜白（伯）乍（作）叔嫞隩鬲」，嫞即祁，説詳楊樹達先生金文説杜伯鬲跋。今陜西西安市東南，長安縣東北有杜陵，蓋即唐杜故國。晉主夏盟爲范氏，晉雖諸侯，實爲華夏盟主，故以與虞、夏、商、周並列。山東通志謂晉范武子采邑在范縣（今舊范縣治，新范縣已移治櫻桃園）東南三十里之范城，即故豢城，城墟如故，一塔孤存云。其是之謂乎！」穆叔曰：「以豹所聞，此之謂世禄，成八年傳，韓厥曰：「三代之令王皆數百年保天之禄。」非不朽也。魯有先大夫曰臧文仲，既没，其言立，杜注：「立謂不廢絶。」金澤文庫本「立」下有「於世」二字，與釋文所謂俗本同。其是之謂乎！豹聞之：『大上有立德，其次有立功，其次有立言。』謂立德爲最高，立功次之，立言又次之。僖二十四年傳「大上以德撫民，其次親親以相及也」，淮南子泰族訓「治身太上養神，其次養形」，諸「大上」「其次」都同此義。俞正燮癸巳存稿「太上」條云：「蓋太上者，於人爲至尊，於德爲至美，於事爲至當，於時爲至古。」未必可信。雖久不廢，此之謂不朽。若夫保姓受氏，以守宗祊，宗祊猶宗廟，周語中「今將大泯其宗祊」同。或以爲宗社，不確。世不絶祀，無國無之。禄之大者，不可謂不朽。」

二四・二 范宣子爲政，諸侯之幣重，晉爲霸主，諸侯往朝聘，例須納幣。此幣指一切貢獻品。鄭人病之。二月，鄭伯如晉，子産寓書於子西，以告宣子，子西，公孫夏，公子騑之子。寓，寄也，託也。據下文，知子西相鄭伯如晉，故子産託之致宣子以書。曰：

「子爲晉國，爲，治也。四鄰諸侯不聞令德，而聞重幣，僑也惑之。僑聞君子長國家者，非無賄之患，而無令名之難。難，患也。互文成義，説見王引之述聞。不患於無財貨，而患于無善名。夫諸侯之賄聚於公室，則諸侯貳。國君聚斂貨財，則内部分裂。若吾子賴之，賴，利也。以此爲己利。則晉國貳。范宣子因此亦聚斂貨財，則晉國内部亦分裂。諸侯貳，則晉國壞；諸侯國内有亂，晉爲盟主，亦將受害。晉國貳，則子之家壞，晉國内部分裂，則當道之臣受禍。何没没也！没没猶言昧昧，不明白，糊塗。將焉用賄？

夫令名，德之輿也；德，國家之基也。有基無壞，有基礎，則不致毁。無亦是務乎！無亦務是之倒裝句。無用法同不。務，專力。有德則樂，樂則能久。詩云『樂只君子，邦家之基』，只，語末助詞，無義。此倒裝句，言君子樂只也。詩見小雅南山有臺。有令德也夫！『上帝臨女，無貳爾心』，上帝監臨，須一心一德。詩爲大雅大明句。有令名也夫！恕思以明德，惠棟補注引周書程典「慎德必躬恕，恕以明德」，與此義同。所謂恕者，己所不欲勿施於人之謂。晉不欲納重幣於人，而欲人納重幣於己，則不恕矣。則令名載而行之，是以遠至邇安。遠方諸侯來朝，鄰近諸侯安心。毋寧使人謂子『子實生我』，毋寧即無寧；無寧，寧也。毋、無，語首助詞，無義。而謂『子浚我以生』乎？晉語九「浚民之膏澤」，與此浚字同義，今言剥削。象有齒以焚其身，孔疏引服虔云：「焚讀曰僨。僨，僵也。」賄也。」以象牙值錢。宣子說，乃輕幣。

是行也，鄭伯朝晉，爲重幣故，且請伐陳也。鄭伯稽首，宣子辭。辭不敢受重禮。子西相，曰：「以陳國之介恃大國，介，因也。介恃猶言仗恃。大國指楚。而陵虐於敝邑，寡君是以請請罪焉，原不重「請」字，今依釋文及校勘記並據金澤文庫本重「請」字。請請罪猶言請求請罪於陳，即請伐陳也。敢不稽首？」杜注：爲明年鄭入陳傳。

二四・三 孟孝伯侵齊，晉故也。去年齊伐晉，魯爲晉侵齊。

二四・四 夏，楚子爲舟師以伐吳，杜注：「舟師，水軍。」不爲軍政，杜注：「不設賞罰之差。」然宣十二年傳云「軍政不戒而備」，孔疏以軍之政教釋軍政。無功而還。

二四・五 齊侯既伐晉而懼，將欲見楚子。楚子使薳啓彊如齊聘，「彊」，本作「疆」，諸侯之臣不宜以開疆辟土之義爲名，似以作「彊」爲原本，故今仍作「彊」。以下同。且請期。杜注：「請會期。」齊社，疑此社爲軍社，即定四年傳「君以軍行，祓社釁鼓」之社。周禮小宗伯云：「若大師，則帥有司而立軍社。」此行軍立社也。若軍隊大檢閱，恐亦立社主而祭之，即此社也。**蒐軍實，**軍實指車徒以及軍器。蒐軍實，即大檢閱。**使客觀之。**客即薳啓彊。**陳文子曰：「齊將有寇。吾聞之，兵不戢，必取其族。」**杜注：「戢，藏也。族，類也。取其族，還自害也。」隱四年傳衆仲亦云「夫兵猶火也，弗戢，將自焚也」。

二四·六　**秋，齊侯聞將有晉師，**杜注：「夷儀之師。」**使陳無宇從薳啓彊如楚，辭，**杜注：「辭有晉師，未得相見。」**且乞師。崔杼帥師送之，遂伐莒，侵介根。**介根本莒舊都，在今山東高密縣東南四十里，即膠縣西南七里，並參隱二年經注。

二四·七　**會于夷儀，**夷儀，今河北邢臺市西。此晉地。至遷邢之夷儀，則在山東聊城縣西南十二里，參閔二年傳注。與會十二國見經。**將以伐齊。水，不克。**經云「大水」，則受災者不僅魯。不克，未能伐也。

二四·八　**冬，楚子伐鄭以救齊，**杜注：「以齊無宇乞師故也。」**門于東門，次于棘澤。**先攻鄭都東門，大軍駐於棘澤。棘澤今河南新鄭縣東南，近長葛。詳水經注洧水楊守敬疏。**諸侯還救鄭。晉侯使張骼、輔躒致楚師，**唐書宰相世系表二下謂周宣王卿士張仲之後事晉爲大夫，張侯（即解張，見成二年傳）生張老（見成十八年傳），老生趯（趯見昭三年傳），趯生骼。梁履繩補釋云：「晉有解張，字張侯，則因字以命氏無疑。唐表未可盡據。」致師即挑戰，詳宣十二年傳並注。**求御于鄭。**杜注：「欲得鄭人自御，知其地利故也。」**鄭人卜宛射犬，吉。**射犬，鄭公孫，以下文知之。食邑於宛，故曰宛射犬。宛在今許昌市西北。**子**

大叔戒之曰：「大國之人不可與也。」與，敵也，當也。不可與謂不可與之平行抗禮。對曰：「無有衆寡，其上一也。」言國之與國不在兵衆多少，我爲御，自在車左、車右之上，各國相同。大叔曰：「不然。部婁無松柏。」部婁，說文引作附婁，云：「小土山也。」文選魏都賦李善注又引作培塿。小土山不生大樹，仍言小國不可與大國平行。二子在幄，二子，張骼、輔躒。幄即昭十三年傳之幄幕，軍隊所用之帳篷、帳幕。坐射犬於外，使射犬坐於幕外。既食，而後食之。二子先食，食畢，而後使射犬食。使御廣車而行，廣車，攻敵之車，見十一年傳注。周禮春官車僕有廣車，即此廣車。己皆乘乘車。己，二子自己。乘車，其平日所乘之戰車，非單車挑戰之廣車。將及楚師，而後從之乘，將近楚兵營，而後捨己車，從射犬所駕之廣車登之。皆踞轉而鼓琴。二人皆蹲於轉上彈琴。轉，軫也。此軫爲車後橫木。說詳胡玉縉許廎學林。近，不告而馳之。已近楚兵營，射犬不告二人而馳車以入。皆取冑於櫜而冑，櫜音高，此謂盛甲冑之櫜。冑，頭盔。下冑字爲動詞，戴頭盔也。皆，亦僅指二人。入壘，皆下，搏人以投，與楚兵搏鬬，捕之以向其他楚營之兵投擲。收禽挾囚。禽同擒，所擒獲之楚兵。此與囚異詞同義。或收之，或挾於腋下。弗待而出。射犬又不待二人，獨自馳車出敵壘。皆超乘，二人皆跳上車。抽弓而射。弓本插於兵車兩旁，二人既上車，爲抗擊追兵，故抽弓以射。既免，已脫離險區。復踞轉而鼓琴，曰：「公孫！同乘，兄弟也，胡再不謀？」「胡」，阮刻本作「故」，今從校勘記及金澤文庫本訂。　同車作戰猶如兄弟，何故入馳、出壘兩次都不打招呼。**對曰：「曩者志入而已，今則怯也。」**曩者指「不告而馳」，心意專注於入敵人營壘，無暇及謀。今指「弗待而出」，心怯敵衆我寡，迫不及待。**皆笑，**二人知其爲託詞。**曰：「公孫之亟也！」**杜注：「亟，急也。言其性急，不能受屈。」

二四·九　**楚子自棘澤還，使薳啓彊帥師送陳無宇。**

吴人爲楚舟師之役故，召舒鳩人。舒鳩，楚屬國，今安徽舒城縣。方以智通雅卷十四謂在巢縣，不確。**舒鳩人叛楚。楚子師于荒浦，**荒浦，舒鳩地。方輿紀要謂黄陂河在舒城縣東南十五里，周八里許。黄陂即荒浦之音轉。**使沈尹壽與師祁犁讓之。**杜注：「二子，楚大夫。」廣韻「師」字注謂師祁爲複姓，通志氏族略五云師祁以官名爲氏。而梁履繩補釋則疑潘尪字師叔，其後以字爲氏，祁犁是其名。然漢有郎中師祁番，亦以師祁爲複姓。　讓，責備。**舒鳩子敬逆二子，而告無之，且請受盟。二子復命。王欲伐之。薳子曰：**杜注：「令尹薳子馮。」**「不可。彼告不叛，且請受盟，而又伐之，伐無罪也。姑歸息民，以待其卒。卒而不貳，吾又何求？若猶叛我，無辭，有庸。」**彼無辭，我伐之則有功矣。**乃還。**

二四·一〇　**陳人復討慶氏之黨，鍼宜咎出奔楚。**

二四·一一　**齊人城郟。**郟即郟鄏，詳宣三年傳並注。周語下云：「靈王二十二年，穀、洛鬭，將毁王宫。」則去年周王宮被毁。杜注云：「齊叛晉，欲求媚於天子，故爲王城之。」**穆叔如周聘，且賀城。王嘉其有禮也，賜之大路。**杜注：「大路，天子所賜車之總名。」

二四·三

晉侯嬖程鄭，使佐下軍。杜注：「代欒盈也。」**鄭行人公孫揮如晉聘，**杜注：「揮，子羽也。」**程鄭問焉，曰：「敢問降階何由？」**降階猶降級。**子羽不能對，歸以語然明。**杜注：「然明，鬷蔑。」**然明曰：「是將死矣。不然，將亡。**亡，出奔。**貴而知懼，懼而思降，乃得其階。**得其階猶言得其適合其才德之官秩。**下人而已，**欲得其階，以位讓人，在人下而已。**又何問焉？且夫既登而求降階者，知人也，**既登高位，自感難保，而求下降者，乃明智之人也。**不在程鄭。**程鄭以佞媚嬖幸得升卿位，非此種明智之人。**其有亡釁乎！**亡釁，逃亡之迹象。**不然，其有惑疾，**惑疾即迷惑之疾，謂心神不安，疑神疑鬼。與昭元年傳之惑疾異義。**將死而憂也。」**杜注：「爲明年程鄭卒張本。」

二十五年，癸丑，公元前五四八年。周靈王二十四年、晉平十年、齊莊六年、衛獻二十九年、殤十一年、蔡景四十四年、鄭簡十八年、曹武七年、陳哀二十一年、杞文二年、宋平二十八年、秦景二十九年、楚康十二年、吳諸樊十三年、許靈四十四年。

經

二五·一　二十有五年春，正月十五日乙亥冬至，建子。齊崔杼帥師伐我北鄙。

二五·二　夏五月乙亥，乙亥，十七日。齊崔杼弑其君光。

二五·三　公會晉侯、宋公、衞侯、鄭伯、曹伯、莒子、邾子、滕子、薛伯、杞伯、小邾子于夷儀。

二五·四　六月壬子，壬子，二十四日。鄭公孫舍之帥師入陳。

二五·五　秋八月己巳，諸侯同盟于重丘。傳云：「秋七月己巳，同盟於重丘。」杜注云：「己巳，七月十二日，經誤。」可信。　諸侯，會於夷儀之諸侯。　重丘，齊地，方輿紀要謂在今山東聊城縣東南五十里。清一統志謂在今德州市東北境。沈欽韓地名補注則以爲故城應在今河北吴橋縣境。或又以爲在山東巨野縣西南。

二五·六　公至自會。無傳。

二五·七　衞侯入于夷儀。

二五·八　楚屈建帥師滅舒鳩。杜注：「傳在衞侯入夷儀上，經在下，從告。」

二五·九　冬，鄭公孫夏帥師伐陳。「夏」，公羊作「蠆」。此公羊之誤，據左傳「十九年四月丁未，鄭公孫蠆卒」。

二五・一〇 十有二月，吳子遏伐楚，遏，諸樊也。公羊、穀梁作「謁」。門于巢，巢，今安徽巢縣東北五里之居巢故城址即古巢國。餘詳文十二年經注。卒。

傳

二五・一 二十五年春，齊崔杼帥師伐我北鄙，以報孝伯之師也。去年孟孝伯侵齊。公患之，使告于晉。孟公綽曰：杜注：「孟公綽，魯大夫。」孔丘曰：「孟公綽爲趙、魏老則優，不可以爲滕、薛大夫。」見論語憲問。「崔子將有大志，不在病我，必速歸，何患焉？言不必憂慮。其來也不寇，杜注：「不爲寇害。」使民不嚴，杜注：「欲得民心。」異於他日。」齊師徒歸。杜注：「徒，空也。」即「不在病我」。

二五・二 齊棠公之妻，東郭偃之姊也。杜注：「棠公，齊棠邑大夫。」棠，江永考實謂即十八年傳之郵棠，疑在今山東平度縣東南。大事表則以爲今之堂邑鎮（堂邑廢縣治）。列女傳孽嬖有東郭姜傳。東郭偃臣崔武子。爲崔杼之臣。棠公死，偃御武子以弔焉。見棠姜而美之，使偃取之。使偃爲己娶之。偃曰：「男女辨姓，辨，別也。即同姓不婚。今君出自丁，臣出自桓，不可。」丁，齊丁公，大公子。丁公子乙公，乙公子癸公，皆用干支，此時猶無謚法。孔疏以丁公爲謚，誤。桓即桓公小白。崔氏出自丁公，東郭氏出自桓公，同爲姜姓，故不可嫁娶。武子筮之，遇困䷮坎下兌上爲困卦。之大過䷛。巽下兌上爲大過。此第三爻之六三變九三，即陰爻變爲陽爻，坎卦變爲巽卦。史皆曰「吉」。史僅就困卦言之，兌爲少女，坎爲中男，以少女配中男，故吉。示陳文子，文子曰：「夫從風，坎爲中男，故曰夫。變而爲巽，巽爲風，故曰從風。風隕妻，兌仍在上，故曰風隕妻。不可娶也。且其繇曰：『困于石，據于蒺梨，今易作「蔾」。入于其宮，不見其妻，凶。』此困六三爻辭。宮、凶爲韻。因變在六三，筮用其繇。困于石，往不濟也；以困卦言之，坎又爲險，爲水，而爲石所困，雖往而不濟。據于蒺梨，所恃傷也；蒺梨果皮有尖刺，據而恃之必受傷。入于其宮，不見其妻，凶，無所歸也。」陳文子又就變卦及繇辭言之。崔子曰：「嫠也，何害？嫠音釐，寡婦也。先夫當之矣。」先夫謂棠公。意謂棠公已受其凶而死。遂取之。

莊公通焉，凡淫曰通。驟如崔氏，驟，屢也。以崔子之冠賜人。侍者曰：「不可。」公曰：「不爲崔子，其無冠乎？」其，用法同豈。言不用崔子之冠，豈無他冠可用乎。意在用崔子之冠與他冠無異。沈欽韓補注云：「言棠姜總不爲崔子之妻，何患於無冠賜人。今在崔子之宮，適可費崔子之冠。」崔子因是，杜注：「因是怒公。」又以其間伐晉也，杜注：「間晉之難而伐之。」見二十三年傳。曰：「晉必將報。」欲弑公以説于晉，而不獲間。間，空隙，機會。公鞭侍人賈舉，莊公近臣有二賈舉，一爲侍人賈舉，一爲死難者之賈舉。而又近之，乃爲崔子間公。爲崔子找殺莊公之機會。

夏五月，莒爲且于之役故，見去年傳。莒子朝于齊。甲戌，甲戌，十六日。饗諸北郭。崔子稱疾，不視事。杜注：「欲使公來。」乙亥，公問崔子，杜注：「問疾。」據下文「不能聽命」，則莊公未嘗見崔杼。遂從姜氏。姜入于室，與崔子自側户出。公拊楹而歌。拊，輕擊也。史記齊世家拊楹作擁柱，楹即柱。服虔云：「公以爲姜氏不知己在外，故歌以命之也。一曰，公自知見欺，恐不得出，故歌以自悔。」侍人賈舉止衆從者而入，閉門。閉莊公從者于門外。甲興，崔杼之甲兵起而攻莊公。韓非子姦劫弑臣作「崔子之徒賈舉率崔子之徒而攻公」。公登臺而請，齊世家作「請解」，謂請免于死也。弗許；請盟，弗許；請自刃於廟，弗許。此皆莊公緩兵之計，宜其爲所拒。戰國策楚策四亦載此事。皆曰：「君之臣杼疾病，疾甚也。不能聽命。杜注：「不能親聽公命。」近於公宫，崔子之居近於莊公之宫。陪臣干掫有淫者，崔杼之臣於莊公爲陪臣。干掫，即巡夜捕擊不法者。亦單稱掫，昭二十年傳：「賓將掫，主人辭。賓曰：『若不獲扞外役，是不有寡君也。』親執鐸，終夕，與於燎。」掫即扞外役，故連稱曰干掫。干掫有淫者即巡夜捕擊淫者。不知二命。」不知二命，唯知執行崔子之命，不知其他也。公踰牆，又射之，又字有二解。一曰甲興已射公，此再射之。俞樾平議謂又當讀有，則有射之即或射之也。

中股，反隊，隊同墜。反墜，仍跌於牆内。遂弒之。賈舉、州綽、邴師、公孫敖、封具、鐸父、襄伊、僂堙皆死。杜注：「八子皆齊勇力之臣爲公所嬖者，與公共死於崔子之宮。」州綽已見十八年及二十一年傳。祝佗父祭於高唐，杜注：「高唐有齊別廟也。」高唐今山東高唐縣東三十五里。至，復命，不說弁而死於崔氏。說同脱。弁，爵弁，祭服所戴。申蒯，侍漁者，梁履繩補釋云：「齊擅魚鹽之利，侍魚之官蓋監收魚税者。」初學記人部上引劉向新序云「申蒯漁於海」是也。今新序無此文。退，謂其宰曰：「爾以帑免，帑，蒯之妻子，託其宰保護之。杜注謂「帑，宰之妻子」，疑不確。我將死。」其宰曰：「免，是反子之義也。」杜注：「反死君之義。」與之皆死。皆借爲偕。崔氏殺鬷蔑于平陰。莊公之母曰鬷聲姬，此鬷蔑或其母黨，又守平陰，平陰爲臨淄外圍險邑，見十八年傳，故崔子殺之。史記齊世家叙崔杼殺莊公，未死一人，韓詩外傳則謂所殺十餘人，晏子春秋内篇雜上謂所殺十人，新序義勇、説苑立節皆叙申蒯（作邢蒯瞶）與其僕皆死事。

晏子立於崔氏之門外，祝佗父及申蒯之死或在晏子立門外之後，因八人之死而連類及之。至晏子，杜云「聞難而來」，是也。其人曰：「死乎？」其人，晏子之隨從，晏子春秋内篇雜上作「從者」可證。曰：「獨吾君也乎哉，吾死也？」此句當爲「吾死也，獨吾君也乎哉」，因着重非獨一人之君，故先言之。曰：「行乎？」曰：「吾罪也乎哉，吾亡也？」曰：「歸乎？」曰：「君死，安歸？

安，表處所之疑問代詞。安歸，歸于何處。君民者，爲民之君者。豈以陵民？豈用之駕陵於民上。社稷是主。主社稷者也。臣君者，豈爲其口實？臣於君者，豈爲俸禄？保養社稷也。社稷是養。故君爲社稷死，則死之；爲社稷亡，則亡之。若爲己死，而爲己亡，非其私暱，私暱，爲個人而暱愛之人。誰敢任之？敢與不敢，由於合理與不合理。不合理而死或亡，畏時人及後人議論，故云誰敢。且人有君而弒之，莊公之立，由於崔杼，故言「人有君」，人指崔杼。吾焉得死之？而焉得亡之？焉得，何能也。謂崔杼立之，又殺之，我何能爲之死爲之逃。將庸何歸？」劉淇助字辨略卷一云：「庸何，重言也。」門啓而入，枕尸股而哭。興，哭時仆地，哭畢而起。三踊而出。人謂崔子：「必殺之！」殺晏子。崔子曰：「民之望也，民心所嚮望之人。舍之，得民。」釋而不殺，我得民心。晏子春秋内篇雜上載此事與傳有不同者，蓋戰國傳説。

盧蒲癸奔晉，王何奔莒。杜注：「二子，莊公黨。爲二十八年殺慶舍張本。」

叔孫宣伯之在齊也，杜注：「宣伯，魯叔孫僑如，成十六年奔齊。」叔孫還納其女於靈公，杜注：「還，齊羣公子，納宣伯女於靈公。」景公母，後稱穆孟姬，見昭十年傳。嬖，生景公。景公爲莊公同父異母弟。丁丑，丁丑，十九日。崔杼立而相之，慶封爲左相，盟國人於大宫，大宫，太公廟。曰：「所不與崔、慶者——」讀盟辭未畢，晏嬰插言改之。晏子仰天歎曰：「嬰所不唯忠於君、利社稷者是與，有如上帝！」乃歃。淮南子精神篇云：「晏子與崔杼盟，臨死地而不易其義。」又云：「故晏子可迫以仁，而不可劫以兵。」高誘注云「晏子不從崔杼之盟，將見殺。晏子曰：『句戟何不句？直矛何不摧』」云云。辛巳，辛巳，二十三日。公與大夫及莒子盟。杜注：「莒子朝齊，遇崔杼作亂未去，故復與景公盟。」

大史書曰：「崔杼弒其君。」崔子殺之。其弟嗣書，而死者二人。太史之弟皆如此續書，因而死者又二人。其弟又書，乃舍之。南史氏聞大史盡死，執簡以往。仍書「崔杼弒其君」於簡，執之以往。聞既書矣，乃還。新序節士篇亦載此事。

閭丘嬰以帷縛其妻而載之，與申鮮虞乘而出，「縛」，各本作「縳」，金澤文庫本作「縛」。說文：「縛，束也。」「縳，白鮮色也。」音、義皆異，蓋形近易誤。今正作「縛」。沈欽韓補注云：「婦人乘車本有帷裳。氓詩『淇水湯湯，漸車帷裳』，所謂輜軿之蔽。今此倉卒逃難，非復常度，直以帷縛藏妻而置車中。」杜注：「二子，莊公近臣。」閭丘複姓，蓋以邑爲氏。鮮虞推而下之，杜注：「下嬰妻也。」曰：「君昏不能匡，危不能救，死不能死，而知匿其暱，杜注：「匿，藏也。暱，親也。」暱指其妻。其誰納之？」行及弇中，據方輿紀要，臨淄西南有弇中峪，界兩山間，至萊蕪縣，長三百里。將舍。舍，住宿。嬰曰：「崔、慶其追我。」鮮虞曰：「一與一，誰能懼我？」道狹，車不能並行，相鬬，只能一敵一，不足使我懼。與，敵也。遂舍，枕轡而寢，杜注：「恐失馬也。」食馬而食，先飼馬而後己食，備追者至，易逃也。駕而行。出弇中，謂嬰曰：「速驅之！崔、慶之衆，不可當也。」杜注：「道廣，衆得用，故不可當。」遂來奔。

崔氏側莊公于北郭。俞樾茶香室經説謂「側」與「堲」通。堲即禮記檀弓上「夏后氏堲周」之「堲周」，燒土爲甎，繞於棺之外。丁亥，丁亥，二十九日。葬諸士孫之里。杜注：「士孫，人姓，因名里。死十三日便葬，不待五月。」古代族人皆應葬於族墓，唯凶死者另葬，以示懲罰。周禮春官冢人「凡死於兵者不入兆域」；哀二年傳趙簡子誓曰：「若其有罪，絞縊以戮，桐棺三寸，不設屬辟，素車樸馬，無入於兆，下卿之罰也。」此葬莊公於士孫之里，亦是「不入兆域」之葬。互詳成十八年傳注。四翣，翣音霎，爲一種長柄扇形之物，古代本以羽毛爲之，葬時隨柩車持之兩旁而行，葬則置立於墓坑中。漢制，翣以木爲之，廣三尺，高三尺四寸，方，兩角高，柄長五尺，衣以白布，白布塗畫，有二垂，與先秦稍異。據禮記禮器，天子八翣，諸侯六翣，大夫四翣。此用四翣，貶從大夫。不蹕，據周禮大司寇及士師，大事、大喪必蹕。蹕音畢，禁止通行，清除道路，並警戒非常。此不蹕，則不以大喪待之。下車七乘，不以兵甲。下車，古有兩解。服虔云是遣車，即葬時載所奠祭之物，一併埋入墓穴中之木製車。杜預則以爲是送葬之車，齊舊依上公禮，本應九輛，今減爲七輛。本應用好車，今用粗惡之車，故云下車。以文義及古禮制論之，杜説長。蓋遣車諸侯本是七乘，今仍七乘，是無所降損。此傳本云崔杼不以人君禮葬莊公，故經亦不書葬莊公。遣車既無減損，又何必云？古代大出殯，有甲兵。葬國君，當備列軍陣。如漢葬霍光，尚且發動幾種軍隊以送葬。此不用甲兵，亦貶降之。若如服釋，則是無甲兵土俑。近於秦始皇墓旁發現土製兵馬俑坑，春秋未必有。呂氏春秋安死篇云：「齊未亡而莊公冢抇。」莊公未厚葬，不可信。

二五·三　**晉侯濟自泮，**胡渭禹貢錐指謂泮水源出泰山分水嶺，即北汶河。泰安州志謂之塹汶，在今泰安縣南。趙一清謂分水嶺一源兩分，半西南流，至界首村，北折入長清縣之中川，達於清河；半東南流，至桃花峪，因名泮水。詳梁履繩補釋。然按之地勢，此說可疑。下云會于夷儀，夷儀有三，無論聊城西南之夷儀，德州市北之夷儀，甚或邢臺市西之夷儀，皆在泰安西北，晉侯若先從泰安南濟，又折回而至夷儀會諸侯，恐無此理。**會于夷儀，伐齊，以報朝歌之役。**朝歌役見二十三年傳。**齊人以莊公說，**以殺莊公向晉解釋。說文：「說，說釋也。」**使隰鉏請成，**杜注：「隰鉏，隰朋之曾孫。」**慶封如師。男女以班。**男女以班即下章之陳侯使其衆男女別而纍，哀元年傳之蔡人男女以辨，以示降服也。**賂晉侯以宗器、樂器。**杜注：「宗器，祭祀之器。樂器，鐘磬之屬。」**自六正、五吏、三十帥、三軍之大夫、百官之正長、師旅及處守者皆有賂。**六正謂六卿，即三軍之將與佐。五吏疑爲軍尉、司馬、司空、輿尉、候奄，襄十九年傳皆受一命之服者也。三十帥，師帥也。據周禮夏官司馬，萬二千五百人爲軍，二千五百人爲師，師帥皆中大夫，則一軍五師。師帥或亦有正副，故三軍十五師而三十帥。三軍之大夫，則每軍之職掌其他軍務者。百官之正長，則晉國各部門之負責者，師旅則其官屬。說參王引之述聞。**晉侯許之。使叔向告於諸侯。公使子服惠伯對曰：「君舍有罪，以靖小國，君之惠也。寡君聞命矣。」**史記年表、晉世家俱言「晉伐齊至高唐」，與傳不同。

二五·四 晉侯使魏舒、宛没逆衛侯，衛衎（獻公）於襄十四年奔齊。逆，迎也。將使衛與之夷儀。夷儀本邢國地，僖元年經「邢遷於夷儀」是也。衛滅邢，而爲衛邑。今晉迫衛分此邑以居衎。夷儀，今山東聊城縣西南十二里，互參閔二年傳並注。崔子止其帑，以求五鹿。杜注：「崔杼欲得衛之五鹿，故留衛侯妻子於齊以質之。」五鹿，今河南濮陽縣南。

二五·五 初，陳侯會楚子伐鄭，在去年冬。當陳隧者，井堙、木刊，隧，道路。堙音因，塞也。刊，除也。陳軍經過之地，井被塞，樹木被伐。鄭人怨之。六月，鄭子展、子産帥車七百乘伐陳，宵突陳城，説文：「突，犬從穴中暫出也。」繫傳云：「犬匿於穴中伺人，人不意之，突然而出也。」此處突字即今突然進攻之義。遂入之。陳侯扶其大子偃師奔墓，遇司馬桓子，疑即襄三年傳之袁僑。曰：「載余！」曰：「將巡城。」遇賈獲，杜注：「賈獲，陳大夫。」載其母妻，下之，使其母與妻下車。而授公車。以車交與陳侯。公曰：「舍而母。」舍，安置。欲其母與之同乘。辭曰：「不祥。」杜注：「雖急，猶不欲男女無别。」與其妻扶其母以奔墓，亦免。陳侯及其太子既免，賈獲等亦免。

子展命師無入公宫，與子産親御諸門。御，猶主也，制也。謂親自控制公宫之門。或讀御爲禦，亦通。陳侯使司馬桓子賂以宗器。陳侯免，擁社，免音問，着喪服。擁，説文：「抱也。」同邕，載也。當以抱義爲長。社，社主。此表示國將亡而降服。**使其衆男女別而纍，以待於朝。**其衆謂百官及將佐，自囚待命。**子展執縶而見，再拜稽首，承飮而進獻。**此外臣於戰勝時見敵國君之禮，成二年韓厥見齊侯，亦執縶，再拜稽首，奉觴加璧以進。承飮即奉觴。**子美入，數俘而出。**杜注：「子美，子產也。」但數其所獲人數，不將以歸。**祝祓社，**此鄭國之祝祓陳國之社，因軍入國，恐觸怒其國之鬼神，而祓除不祥。史記周本紀叙武王斬紂之明日，「除道修社」，亦此意。**司徒致民，司馬致節，司空致地，乃還。**三司亦皆鄭官。陳自以爲國已亡，鄭則收其人民、兵馬，並駐其土地而又歸之，示無所犯。故司徒致其民，司馬致其兵符，即復其指揮權，司空歸其地，而後旋師。

二五·六　**秋七月己巳，**己巳，十二日。**同盟于重丘，齊成故也。**

二五·七　**趙文子爲政，**此時士匄已死，趙武代之。檀弓下「晉獻文子成室」云云，又云「文子曰武也得歌於斯」，則文子似複謚獻文，亦單稱文。**令薄諸侯之幣，**二十四年士匄已輕幣，此又輕之。薄即輕。**而重其禮。穆叔見之。謂穆叔曰：「自今以往，兵其少弭矣。**弭音米，止也。**齊崔、慶新得政，將求善於諸侯。武也知楚令尹。**杜注：「令尹，屈建。」**若敬行其禮，**晉自依禮而行。**道之以文辭，**荀子榮辱篇楊注：「道，語也。」此謂與楚來往，外交辭令必善。**以靖諸侯，兵可以弭。」**

二五·八　**楚薳子馮卒，屈建爲令尹，**屈建，據下文，知字子木。此重丘盟以前事，趙武所認識了解之令尹即此人。屈蕩爲莫敖。杜注：「代屈建。宣十二年邲之役，楚有屈蕩，爲左廣之右。世本：『屈蕩，屈建之祖父。』今此屈蕩與之同姓名。」舒鳩人卒叛楚，原以「楚」字屬下讀，今從洪亮吉詁改。令尹子木伐之，及離城，杜注「離城，舒鳩城」，則當在今舒城縣之西，爲楚軍至舒鳩所經之邑。洪亮吉詁謂即鍾離，不知鍾離在今安徽鳳陽縣東北二十里，遠在舒城東北，楚伐舒鳩，斷不至行軍至此。吳人救之。子木遽以右師先，遽，急也。杜注：「先至舒鳩。」子彊、息桓、子捷、子駢、子盂帥左師以退。吳人居其間七日。居楚右師與左師之間。子彊曰：「久將墊隘，墊隘猶羸弱，詳成六年傳注。隘乃禽也，士卒久居敵區，面臨敵人，身將孱弱，勢必被擒。隘即墊隘。不如速戰。請以其私卒誘之，私卒當是各將領之家兵，亦以參戰。簡師，陳以待我。子彊與息桓等四人謀，欲四人簡選精兵，佈列陣勢以等待之。我克則進，奔則亦視之，杜注：「視其形勢，而救助之。」乃可以免。免於成擒。不然，必爲吳禽。」從之。五人以其私卒先擊吳師，吳師奔；登山以望，見楚師不繼，楚本以私卒爲餌以誘吳軍。復逐之，吳逐私卒。傅諸其軍，傅，近也。近楚軍。簡師會之。楚所精選之兵與五人之私卒會攻吳師。吳師大敗。遂圍舒鳩，舒鳩潰。八月，楚滅舒鳩。杜注：「五子既敗吳師，遂前及子木，共圍滅舒鳩。」

二五·九 衞獻公入于夷儀。杜注：「爲下自夷儀與甯喜言張本。」

二五・一〇　**鄭子產獻捷于晉，**獻入陳之功。**戎服將事。**杜注：「戎服，軍旅之衣，異於朝服。」**晉人問陳之罪。**據下文，問者爲士弱。去年鄭曾請伐陳，晉人未許。**對曰：「昔虞閼父爲周陶正，**宋王應麟困學紀聞四云：「舜陶河濱，器不苦窳，周陶正猶以虞閼父爲之。」周禮考工記亦云：「有虞氏上陶。」陶正，主掌陶器之官。**以服事我先王。**先王指周武王。**我先王賴其利器用也，與其神明之後也，**賴，善也，此猶言嘉獎。神明指虞舜，與楚語上「若武丁之神明也」同義。閼父，舜後。**庸以元女大姬配胡公，**庸，承接連詞，乃也，例見詞詮。元女大姬，武王之長女，故謂之大姬。大同太。梁玉繩史記志疑十九云：「胡公是遏父（即閼父）之子，唐書世系表（即宰相世系表一下）謂武王以元女妻遏父，生胡公，妄也。」**而封諸陳，以備三恪。**禮記樂記云：「武王克殷，反商，未及下車，而封黃帝之後於薊，封帝堯之後於祝，封帝舜之後於陳。」禮記郊特牲孔疏引古春秋左氏説，周封黃帝、堯、舜之後謂之三恪。杜注以虞、夏、商之後爲三恪，孔疏爲之辯護，恐不合古人傳説。**則我周之自出，至于今是賴。**杜注：「言陳，周之甥，至今賴周德。」**桓公之亂，蔡人欲立其出，**杜注：「陳桓公鮑卒，於是陳亂，事在魯桓五年。蔡出，桓公之子厲公也。」**我先君莊公奉五父而立之，**杜注：「五父佗，桓公弟。殺大子免而代之，鄭莊公因就定其位。」**蔡人殺之，**杜注：「欲立其出故。」**我又與蔡人奉戴厲公。至於莊、宣，皆我之自立。**杜注：「陳莊公、宣公皆厲公子。」**夏氏之亂，成公播蕩，又我之自入，君所知也。**播蕩，流移失所。宣十年夏徵舒殺陳靈公，陳成公午之立在宣十一年，蓋自晉因鄭而入。今陳忘周之大德，蔑我大惠，蔑，棄也，滅也。棄我姻親，介恃楚衆，文六年傳「介人之寵」，杜注：「介，因也。」因與仗恃意義相近，介、恃義近詞連用。以馮陵我敝邑，不可億逞，億逞，滿足之意。見經義述聞及讀書雜志。我是以有往年之告。杜注：「謂鄭伯稽首告晉請伐陳。」未獲成命，杜注：「未得伐陳命。」則有我東門之役。去年陳從楚伐鄭東門。當陳隧者，井堙、木刊。敝邑大懼不競而恥大姬，大懼鄭國之削弱，而使大姬受辱於上天。不競，不强。天誘其衷，啓敝邑之心。開發我伐陳之心。陳知其罪，授手于我。授手即授首，孔子家語即作「授首」，謂罪人得其懲罰。說詳洪亮吉詁。用敢獻功。」晉人曰：「何故侵小？」鄭大陳小。侵，侵犯也。對曰：「先王之命，唯罪所在，各致其辟。辟，刑也。且昔天子之地一圻，圻音祈，又作畿，詩商頌玄鳥「邦畿千里」是也。一圻，方千里。列國一同，一同，方百里也。白虎通封公侯篇云：「諸侯封不過百里。」此與周禮地官大司徒「諸公之地，封疆方五百里。諸侯方四百里」云云者不同，當以左傳爲正。自是以衰。杜注：「衰，差降也。」孟子萬章下云：「天子之制，地方千里，公侯皆方百里，伯七十里，子、男五十里，凡四等。」七十、五十即是差降。今大國多數圻矣，若無侵小，何以至焉？」晉人曰：「何故戎服？」對曰：「我先君武、莊爲平、桓卿士。隱三年傳云：「鄭武公、莊公爲平王卿士。」鄭莊公以平王二十八年立，立二十三年平王没，又爲桓王卿士。城濮之役，在僖公二十八年。文公布命，晉文公。曰：『各復舊職。』」則鄭伯仍爲周王卿士。命我文公戎服輔王，以授楚捷——不敢廢王命故也。」此文句有省略。謂晉、楚城濮之役，鄭文公戎服授捷，我今亦戎服獻捷，由於不敢廢王命。士莊伯不能詰，杜注：「士莊伯，士弱也。」詰，詰問，詰責。復於趙文子。文子曰：「其辭順。順理成章。犯順，不祥。」乃受之。

冬十月，子展相鄭伯如晉，拜陳之功。杜注：「謝晉受其功。」子西復伐陳，陳及鄭平。

仲尼曰：「志有之：杜注：「志，古書。」『言以足志，文以足言。』不言，誰知其志？言之無文，行而不遠。晉爲伯，鄭入陳，非文辭不爲功。慎辭也。」

二五・一二

楚蔿掩爲司馬，「蔿掩」，漢書古今人表作「薳奄」，杜注：「蔿子馮之子。」子木使庀賦，數甲兵。庀音痞。治也。賦，據下文，既有田澤牧畜之稅收，亦有供軍用之軍賦。此賦既有采邑之上繳於公者及庶民之被徵發者，亦有國家之本身收入。數，計也，又閱也。即檢查計算。甲兵泛指一切武器。甲午，甲午，十月八日。蔿掩書土、田：據下文，書土田是總綱，下分九種言之，則土與田是二事。度山林，杜注：「度量山林之材，以共（供）國用。」鳩藪澤，鳩本作勼，聚也。澤，水所鍾也。水稀曰藪。山林藪澤之所出，如楚語下所云金、木、竹、箭、龜、珠、齒、角、皮、革、羽、毛，皆度量而聚集之。辨京陵，杜注：「辨，别也。

絶高曰京。大阜曰陵。」測量區别各種高地，以備種植與行軍。**表淳鹵**，淳音純，淳鹵，今日鹽鹼地。表，樹木爲標幟。**數疆潦**，疆當作彊。彊潦謂土性剛硬，受水則潦。說詳梁履繩補釋。亦計算之。凡鹽鹼及水淹地，自必輕其賦。**規偃豬**，偃同堰，亦作匽、隁，周禮宫人：「爲其井匽。」後漢書董卓傳：「立隁以爲捕魚。」周禮稻人「以豬畜水」，豬亦作瀦。尚書僞孔傳：「水所停曰瀦。」則堰豬猶如陂池，畜水以備灌溉者。與彊潦之爲流水不同，偃豬乃畜水。規，規畫也。**町原防**，町音挺。急就篇注：「町，一曰治田處也。」倉頡篇：「町，田區也。」此作動詞，謂畫分爲小塊田地。爾雅釋地：「可食者曰原。」防，亦隄防間可耕之地。原、防同義，俱謂隄防間之狹小耕地。**牧隰皋**，爾雅釋地：「下濕曰隰。」隰音習。漢書賈山傳注：「皋，水邊淤地也。」隰皋多水草，可以牧牛羊。**井衍沃**，杜注：「衍沃，平美之地。」則如周禮制以爲井田。六尺爲步，步百爲畞，畞百爲夫，九夫爲井。」則楚國此時猶行井田。**量入脩賦**，量公私一切收獲數而修定賦稅之法。**賦車、籍馬**，孔疏云：「賦與籍俱是稅也。稅民之財，使備車馬。」**賦車兵、徒兵、甲楯之數**。「徒兵」，各本作「徒卒」，今從石經、宋本訂正。洪亮吉詁同此。此兩兵字皆指兵器，車上之戰士與車下之徒卒所執兵器不同，故云車兵徒兵。甲楯爲防護之具。甲並盔（胄）言之。楯即盾，楯並干櫓言之。**既成，以授子木，禮也。**

二五・一三　**十二月，吳子諸樊伐楚，以報舟師之役。**舟師之役在去年夏。**門于巢。**今安徽巢縣東北五里。巢牛臣曰：「吴王勇而輕，若啓之，啓謂開城門，與隱元年傳「夫人將啓之」之啓同義。將親門。此門字謂入城門。我獲射之，必殪。杜注：「殪，死也。」是君也死，疆其少安。」「疆」，阮刻作「彊」，今從宋本、淳熙本及金澤文庫本訂正。疆謂楚鄰吴之邊界。從之。吴子門焉，牛臣隱於短牆以射之，短牆即二十三年傳「踰隱」之隱。卒。吴越春秋謂諸樊欲傳位季札，仰天求死云云，不足信。

二五·一三　楚子以滅舒鳩賞子木。辭曰：「先大夫蒍子之功也。」以與蒍掩。杜注：「往年楚子將伐舒鳩，蒍子馮請退師以須其叛，楚子從之，卒獲舒鳩。故子木辭賞，以與其子。」

二五·一四　晉程鄭卒，子産始知然明，去年然明預言程鄭將死。問爲政焉。對曰：「視民如子。見不仁者，誅之，如鷹鸇之逐鳥雀也。」謂誅殺不仁者，不能存小仁小慈。子産喜，以語子大叔，且曰：「他日吾見蔑之面而已，今吾見其心矣。」然明姓名鬷蔑，其面醜惡，見昭二十八傳，而其心則甚有見識。

子大叔問政於子産。子産曰：「政如農功，日夜思之，思其始而成其終，朝夕而行之。行無越思，行其已思者，其未思者不妄行。如農之有畔，畔音判，田塍。其過鮮矣。」

二五·一五　衛獻公自夷儀使與甯喜言，杜注：「求復國也。」甯喜許之。大叔文子聞之，杜注：「大叔儀也。」曰：「烏呼！詩所謂『我躬不説，遑恤我後』者，詩見邶風谷風及小雅小弁。「説」，今詩作「閱」，容也。「遑」，亦作「皇」，暇也。恤，説文：「憂也，收也。」又可作顧念解。詩意謂我身尚不能被容，何暇顧念我之後人乎。甯子可謂不恤其後矣。將可乎哉？殆必不可。殆，傳疑之詞；必，肯定之詞。二字連用，似不肯定，實肯定。君子之行，思其終也，想到結果。思其復也。想到能繼續再如此。書曰：『慎始而敬終，終以不困。』杜注：「逸書。」逸周書常訓篇云：「慎微以始而敬終，乃不困。」徐幹中論法象篇亦引書云：「慎始而敬，終以不困。」僞古文蔡仲之命剽竊此意而變其文云：「慎厥初，惟厥終，終以不困。」詩曰：『夙夜匪解，以事一人。』杜注：「一人以喻君。」文三年傳亦引此詩。夙夜猶言早晚、朝夕。解同懈，懈怠，懈惰。今甯子視君不如弈棋，其何以免乎？弈者舉棋不定，不勝其耦，耦即弈棋之對方。而況置君而弗定乎？必不免矣。九世之卿族，一舉而滅之，可哀也哉！」杜注：「甯氏出自衞武公，及喜九世也。」李慈銘越縵堂日記光緒壬午三月二十日有左傳九世之卿族解，較爲可信。其餘諸説，不數衞武公，不合杜注意。

二五·一六　會于夷儀之歲，杜注：「在二十四年。不直言會夷儀者，別二十五年夷儀會。」釋文云：「此傳本爲後年修成，當續前卷二十五年之傳，後簡編爛脱，後人傳寫，因以在此耳。」齊人城郟。郟即王城，故洛邑。其五月，秦、晉爲成，晉韓起如秦涖盟，秦伯車如晉涖盟。杜注：「伯車，秦伯之弟鍼也。」成而不結。杜注：「不結固也。傳爲後年修成起本，當繼前年之末，而特跳此者，傳寫失之。」俞樾左傳古本分年考曰：「此傳實當在『二十六年春』之上。蓋左氏作傳，本未嘗分每年爲一篇，後之編次者，因每年必欲以年冠首年上，不容更着一字，於是割置前年之末，而文義之不安者多矣。今以經文隔之，遂若孤懸卷首，無所繫屬，杜氏因以爲傳寫跳此。」俞説甚確，餘詳隱公元年經前傳之注。

二十六年，甲寅，公元前五四七年。周靈王二十五年、晉平十一年、齊景公杵臼元年、衛獻三十年（即後元元年）、殤十二年、蔡景四十五年、鄭簡十九年、曹武八年、陳哀二十二年、杞文三年、宋平二十九年、秦景三十年、楚康十三年、吴餘祭元年、許靈四十五年。

經

二六·一　**二十有六年春王二月辛卯，**正月二十五日庚辰冬至，建子。辛卯，七日。**衛甯喜弒其君剽。**

二六·二　**衛孫林父入于戚以叛。**書叛始於此。經書叛者六次，凡十二人：此其一；昭二十一年之宋華亥、向寧、華定，其二；定十一年之宋公之弟辰及仲佗、石彄、公子地，其三；定十三年之晉趙鞅，其四；又晉之荀寅及士吉射，其五；哀十四年之宋向魋，其六。

二六·三　**甲午，**甲午，二月十日。**衛侯衎復歸于衛。**經書復歸者四，皆書其名。僖二十八年衛侯鄭及衛元咺、曹伯襄以及此耳。成十八年傳：「凡去其國，復其位曰復歸。」

二六·四 夏，晉侯使荀吴來聘。荀吴，荀偃子，見十九年傳並注。

二六·五 公會晉人、鄭良霄、宋人、曹人于澶淵。

二六·六 秋，宋公殺其世子痤。穀梁「痤」作「座」。同從坐得聲。

二六·七 晉人執衛甯喜。

二六·八 八月壬午，壬午，朔日。許男甯卒于楚。

二六·九 冬，楚子、蔡侯、陳侯伐鄭。

二六·一〇 葬許靈公。

傳

二六·一 二十六年春，秦伯之弟鍼如晉修成，此文應與去年末章連讀。叔向命召行人子員。行人子朱曰："「朱也當御。」當御猶今之值班，值班則當奉職。晉語八作「朱也在此」。御，進也。三云，叔向不應。子朱怒，曰："「班爵同，猶今言職位級别相同。何以黜朱於朝？」黜，退也，不用之也。撫劍從之。撫，持也。從叔向以威之。叔向曰："「秦、晉不和久矣。今日之事，幸而集，杜注："「集，成也。」晉國賴之。不集，三軍暴骨。言戰争將起。子員道二國之言無私，無私，唯國家之利，無私心，無私見。子常易之。謂子朱道二國之言，常私改易。晉語八韋注云：「易，變也。」姦以事君者，吾所能御也。」御同禦，抗禦也。拂衣從之。拂衣，振衣。蓋將與鬥。人救之。說文：「救，止也。」平公曰：「晉其庶乎！杜注：「庶幾於治。」吾臣之所争者大。」師曠曰：「公室懼卑。臣不心競而力争，杜注：「謂二子不心競爲忠而撫劍拂衣。」不務德而争善，私欲已侈，能無卑乎！」晉語八叙此事大同小異。

二六·二

衛獻公使子鮮爲復，子鮮，獻公之母弟鱄。爲復，爲己謀復君位。辭。敬姒强命之。敬姒，獻公及子鮮之母。對曰：「君無信，臣懼不免。」敬姒曰：「雖然，以吾故也。」許諾。初，獻公使與甯喜言，甯喜曰：「必子鮮在。不然，必敗。」故公使子鮮。子鮮不獲命於敬姒，不獲命者，敬姒僅强使子鮮往，未告以其他也。以公命與甯喜言，曰：「苟反，反，返國也。政由甯氏，祭則寡人。」甯喜告蘧伯玉。伯玉曰：「瑗不得聞君之出，杜注：「十四年孫氏欲逐獻公，瑗走，從近關出。」敢聞其入？」不敢與聞其入。遂行，從近關出。論語衛靈公有孔丘之論，曰：「君子哉蘧伯玉！邦有道，則仕；邦無道，則可卷（捲）而懷之。」蘧瑗兩次從近關出國，或即孔丘所謂卷而懷之之事。告右宰穀。杜注：「衛大夫。」右宰蓋以官爲氏。呂氏春秋觀表篇有右宰穀臣觴郈成子事，右宰穀臣即此右宰穀，馬王堆三號墓出土帛書述甯喜事仍作右宰穀。右宰穀曰：「不可。獲罪於兩君，杜注：「前出獻公，今弒剽。」天下誰畜之？」杜注：「畜猶容也。」悼子曰：「吾受命於先人，不可以貳。」杜注：「悼子，甯喜也。受命在二十年。」馬王堆三號墓出土帛書春秋事語亦載此事，作「甯召子」，召、悼古音相同。穀曰：「我請使焉而觀之。」遂見公於夷儀。反，曰：「君淹恤在外十二年矣，淹者，淹留。恤，憂也。淹留憂患即避難之意。杜以久訓淹，則與「十二年矣」意複，不確。而無憂色，亦無寬言，猶夫人也。夫音扶，今言那。句謂仍是此等之人。若不已，已，止也，謂如果不停止復公計劃。死無日矣。」悼子曰：「子鮮在。」右宰穀曰：「子鮮在，何益？多而能亡，於我何爲？」言子鮮縱在，亦無補于我輩之被殺。彼至多不過出奔而已，於我輩能作何事乎。而，猶則也。詞詮有例證。悼子曰：「雖然，不可以已。」

孫文子在戚，孫嘉聘於齊，孫襄居守。戚本孫氏食邑，故林父在戚。嘉與襄，林父之二子。居守，留守在衞都之家。二月庚寅，庚寅，六日。甯喜、右宰穀伐孫氏，不克，伯國傷。杜注：「伯國，孫襄也。」甯子出舍於郊。杜注：「欲奔。」伯國死，孫氏夜哭。國人召甯子，甯子復攻孫氏，克之。辛卯，殺子叔及大子角。子叔即衞侯剽，衞世家及年表號之曰殤公，蓋追謚也。剽之父爲子叔黑背，此或以其父之號稱之爲子叔。其大子角亦被殺，竟無後。書曰「甯喜弒其君剽」，言罪之在甯氏也。孫林父以戚如晉。書曰「入于戚以叛」，罪孫氏也。臣之禄，君實有之。義則進，否則奉身而退。專禄以周旋，專禄指孫林父以戚自隨。戮也。言其罪可戮殺。

甲午，衞侯入。書曰「復歸」，國納之也。大夫逆於竟者，執其手而與之言；道逆者，自車揖之；逆於門者，頷之而已。門不知謂城門抑宮門。頷，説文引作顉，云「低頭也」，即今點頭。公至，使讓大叔文子曰：「寡人淹恤在外，二三子皆使寡人朝夕聞衞國之言，杜注：「二三子，諸大夫。」吾子獨不在寡人。杜注：「在，存問之。」古人有言曰：『非所怨，勿怨。』寡人怨矣。」引古人言不怨非所怨，意謂我今之怨則是應怨者也。對曰：「臣知罪矣。臣不佞，不能負羈紲以從扞牧圉，猶言從君避難。臣之罪一也。有出者，有居者，杜注：「出謂衎，居謂剽也。」臣不能貳，通外内之言以事君，臣之罪二也。有二罪，敢忘其死？」乃行，從近關出。公使止之。

二六·三　衞人侵戚東鄙，孫氏愬于晉，晉戍茅氏。戚在衞都帝丘（今濮陽縣西南）東北，相距約八十里。杜注謂茅氏即戚之東鄙。殖綽伐茅氏，杜注謂此殖綽即齊之勇士殖綽。州綽死於崔杼之殺齊莊，殖綽或出奔衞。殺晉戍三百人。孫蒯追之，弗敢擊。文子曰：「厲之不如。」厲，惡鬼。晉戍三百人被殺而死，古人以爲皆當爲厲。今汝不敢擊，尚不如厲。遂從衞師，敗之圉。蒯爲文子之子，爲父言所激，復追衞師，而敗之於圉。圉在今濮陽縣東。昭五年傳之圉乃鄭地，非此圉。雍鉏獲殖綽。杜注：「雍鉏，孫氏臣。」復愬于晉。孫氏復向晉控訴。自孫林父置重器於戚而甚善晉大夫，於此三十餘年，宜其以邑屬晉而依事之。

二六·四　鄭伯賞入陳之功，三月甲寅朔，享子展，賜之先路三命之服，先八邑；賜子產次路再命之服，先六邑。先路，木路，見成二年傳注。古代送禮，先送以輕物，此以路服爲邑先，詳十九年傳注。子產辭邑，曰：「自上以下，降殺以兩，「降」，原作「隆」，今從石經、宋本、金澤文庫本訂正。漢書韋玄成傳引亦作「降殺」。王莽傳中王莽襲此文云「自九以下，降殺以兩，至於一成」，謂九、七、五、三、一，各以二數遞減。禮也。臣之位在四，據二十七年傳，鄭卿之次序爲子展、伯有、子西、子產，則子產位在四。且子展之功也，臣不敢及賞禮，請辭邑。」公固予之，予同與。乃受三邑。公孫揮曰：「子產其將知政矣。國語三見知政。宋魏了翁讀書雜鈔云：「後世官制上知字始此。」讓不失禮。」

二六·五　晉人爲孫氏故，召諸侯，將以討衞也。夏，中行穆子來聘，中行穆子即經之荀吴。淮南子繆稱篇作中行繆伯，謂其「手搏虎」，高誘注云爲晉臣。召公也。杜注：「召公爲澶淵會。」

二六·六　楚子、秦人侵吴，及雩婁，雩婁在今河南商城縣東，安徽金寨縣北。聞吴有備而還。遂侵鄭。五月，至于城麇。麇音軍，又音羣。城麇，杜無注，未詳。鄭皇頡戍之，出，與楚師戰，敗。穿封戌囚皇頡，戌音恤。公子圍與之爭之，正於伯州犁。伯州犁曰：「請問於囚。」乃立囚。伯州犁曰：「所爭，君子也，其何不知？」謂皇頡爲君子，何所不明白，此暗示也。上其手，高舉其手向公子圍。曰：「夫子爲王子圍，圍爲楚共王之子，在楚自稱王子，春秋經傳則多改稱公子。寡君之貴介弟也。」介，大也。貴介即地位高貴。下其手，手向下，指穿封戌。曰：「此子爲穿封戌，方城外之縣尹也。誰獲子？」一上其手而稱夫子，一下其手而稱此子，相對之下，用意顯然。囚曰：「頡遇王子，弱焉。」弱，抗而不勝也。意即爲王子所獲。戌怒，抽戈逐王子圍，弗及。楚人以皇頡歸。

印堇父與皇頡戍城麇，楚人囚之，因印堇父。杜注：「印堇父，鄭大夫。」以獻於秦。鄭人取貨於印氏以請之，向印氏取財貨，請於秦以贖印堇父。子大叔爲令正，據杜注，乃主稿文件之官。以爲請。爲請贖之辭。子産曰：「不獲。不得獲堇父也。受楚之功，而取貨於鄭，不可謂國，秦不其然。出賣楚所獻之功而得鄭國之財，非國家所宜爲，秦不致如此。若曰『拜君之勤鄭國。微君之惠，楚師其猶在敝邑之城下』，其可。」鄭未嘗與秦師戰，秦雖出師，鄭反以爲惠，謂楚師之退實由於秦，則秦將感動而歸印堇父。弗從，遂行。秦人不予。以貨贖堇父，秦人不與。更幣，從子産，而後獲之。杜注：「更遣使執幣，用子産辭，乃得堇父。」

六月，公會晉趙武、宋向戌、鄭良霄、曹人于澶淵，以討衞，疆戚田。取衞西鄙懿氏六十以與孫氏。懿氏在戚西北，今濮陽縣西北五十七里。六十，服虔云六十邑，可信。昭五年傳「取東鄙三十邑以與南遺」可證。邑有大小，國自稱敝邑，則國也；詩商頌殷武「商邑翼翼」，則京師也；此其大者。周禮小司徒「四井爲邑」，里宰「掌比其邑之衆寡」，鄭注「邑猶里也」，則是居民點或鄙野聚落，此六十邑亦是也。

趙武不書，尊公也。經書「晉人」，不書「晉趙武」，蓋君不與臣平等，故曰尊公。向戌不書，後也。經書「宋人」，不書「宋向戌」。鄭先宋，不失所也。經先書「鄭良霄」，後書「宋人」。杜解「不失所」爲「如期至」。

於是衞侯會之。杜注：「晉將執之，不得與會，故不書。」晉人執甯喜、北宮遺，北宮遺，北宮括之子，謚曰成子。使女齊以先歸。高士奇左傳姓名同異考云：「女齊亦曰女叔侯，亦曰司馬侯。」（並見二十九年傳）使女齊領甯喜、北宮遺先回晉。衞侯如晉，晉人執而囚之於士弱氏。杜注：「士弱，晉主獄大夫。」氏，猶家也。

秋七月，齊侯、鄭伯爲衞侯故如晉，晉侯兼享之。晉侯賦嘉樂。嘉樂，詩大雅作假樂。杜注謂取其「嘉樂君子，顯顯令德，宜民宜人，受禄于天」，蓋嘉樂齊、鄭二君也。國景子相齊侯，杜注：

「景子，國弱。」賦蓼蕭。蓼蕭，詩小雅篇名。齊既爲衞侯而來，則賦蓼蕭取其「既見君子，孔燕豈弟，宜兄宜弟」諸句之意。晉、鄭兄弟之國也。**子展相鄭伯，賦緇衣。**緇衣在鄭風。蓋取義于「適子之館兮，還，予授子之粲兮」，望晉能見齊侯、鄭伯之親來，晉能許其求。**叔向命晉侯拜二君，**命猶告也。**曰：「寡君敢拜齊君之安我先君之宗祧也，敢拜鄭君之不貳也。」**二君賦詩，本在釋衞侯，叔向明知之，而晉侯不欲釋之，叔向乃故意誤會其意，且使晉君拜。解詩本無達詁，各取所求。孔疏引劉炫云：「蓼蕭首章云『既見君子，燕笑語兮，是以有譽處兮』，言晉侯有聲譽，常處位，是得宗廟安也。」又引沈氏云：「緇衣首章云『緇衣之宜兮，敝，予又改爲兮。適子之館兮，還，予授子之粲兮』，欲常進衣服，獻飲食，是其不二心也。」**國子使晏平仲私於叔向，**私與叔向語。**曰：「晉君宣其明德於諸侯，恤其患而補其闕，**恤，憂也，又救也。**正其違而治其煩，**違謂違禮，説參論語譯注。煩，考工記鄭注：「亂也。」成二年傳亦云「治煩」。**所以爲盟主也。今爲臣執君，若之何？」**杜注：「謂晉爲林父執衞侯。」**叔向告趙文子，文子以告晉侯。晉侯言衞侯之罪，使叔向告二君。國子賦轡之柔矣，**杜注：「逸詩，見周書，義取寬政以安諸侯，若柔轡之御剛馬。」逸周書大子晉篇引詩云：「馬之剛矣，轡之柔矣。馬亦不剛，轡亦不柔。志氣麃麃，取予不疑。」當即此詩。**子展賦將仲子兮，**杜注：「將仲子，詩鄭風。義取衆言可畏，衞侯雖別有罪，而衆人猶謂晉爲臣執君。」蓋詩有句云：「豈敢愛之，畏人之多言。仲可懷也，人之多言，亦可畏也。」**晉侯乃許歸衞侯。**

叔向曰："鄭七穆，據杜注及孔疏，鄭穆公十一子，子然、子孔、士子孔三族已亡，子羽不爲卿，所存而當政者七族，至于此時，則子展公孫舍之爲罕氏，子西公孫夏爲駟氏，子產公孫僑爲國氏，伯有良霄爲良氏，子大叔游吉爲游氏，伯石公孫段爲豐氏，子石印段爲印氏，故曰七穆。罕氏其後亡者也，子展儉而壹。"杜注："子展，鄭子罕之子。居身儉而用心壹。"

二六・八

初，宋芮司徒生女子，杜注："芮司徒，宋大夫。"通志氏族略二：芮氏，周同姓國，以國爲氏。其後有芮伯萬（桓三年），齊世家載齊景公妾有芮姬。赤而毛，棄諸堤下，共姬之妾取以入，杜注："共姬，宋伯姬也。"宋共公夫人。名之曰棄。長而美。平公入夕，杜注："平公，共姬子也。"入夕，即夕時入而問安。共姬與之食。公見棄也，而視之，尤。莊子徐無鬼篇："夫子，物之尤也。"蓋謂于人物之中，夫子爲絕。昭二十八年傳："夫有尤物，足以移人。"故後世多以極美之婦女爲尤物。此尤字亦絕美之意，古人詞省耳。姬納諸御，共姬乃送于平公爲御妾。嬖，生佐，杜注："佐，元公。"惡而婉。惡，面貌醜惡。婉，性情和順。大子痤美而很，美，貌美。很，今俗作狠，心狠毒。合左師畏而惡之。杜注："合左師，向戌。"寺人惠牆伊戾爲大子內師而無寵。杜注："惠牆，氏；伊戾，名。"內師，蓋太子宮內宦官之長，故爲寺人。秋，楚客聘於晉，過宋。大子知之，知，相識。請野享之，公使往。伊戾請從之。從太子往享客。公曰："夫不惡女乎？"夫，人稱代詞，彼也，指太子。夫音扶。女同汝。對曰：「小人之事君子也，惡之不敢遠，好之不敢近，敬以待命，敢有貳心乎？縱有共其外，莫共其內，共同供，供事，供奉。句謂即使太子有在外服務之人，而無人服務于內。臣請往也。」遣之。至，則欿，用牲，加書，徵之，此伊戾所詐爲。欿亦作坎，挖坑。用羊或牛，加盟書於牲上，僞作太子曾與楚客盟之跡，而己驗之。徵，驗也。而騁告公，騁，馳也。曰：「大子將爲亂，既與楚客盟矣。」公曰：「爲我子，子謂嗣子，與哀二十七年傳「惡而無勇，何以爲子」之「子」同。又何求？」對曰：「欲速。」杜注：「言欲速得公位。」公使視之，則信有焉。信，誠也。真有與楚客相盟之驗。問諸夫人與左師，杜注：「夫人，佐母棄也。」則皆曰：「固聞之。」廣雅釋詁：「固，鞏也。」此猶言確實聞之。公囚大子。大子曰：「唯佐也能免我。」召而使請，召佐而使之請于公。曰：「日中不來，吾知死矣。」左師聞之，聒而與之語。聒音括，絮語不休也。過期，過日中而未至痤處。乃縊而死。佐爲大子。公徐聞其無罪也，乃亨伊戾。亨同烹。

左師見夫人之步馬者，步馬今曰溜馬。漢書貢禹傳云「廄馬食粟，苦其大肥，氣盛怒至，乃日步作之」，即此步馬義。問之。對曰：「君夫人氏也。」左師曰：「誰爲君夫人？余胡弗知？」棄以御妾而至君夫人，其出身低微，左師卑之，且欲令其重己，因故作此問。圉人歸，圉人即步馬者。以告夫人。夫人使饋之錦與馬，先之以玉，曰：「君之妾棄使其獻。」左師改命曰「君夫人」，改命詞中之「君之妾棄」爲「君夫人」。而後再拜稽首受之。

二六・九 鄭伯歸自晉，使子西如晉聘，辭曰：「寡君來煩執事，懼不免於戾，戾，罪戾。杜注：「言自懼失敬於大國而得罪。」使夏謝不敏。」杜注：「夏，子西名。」君子曰：「善事大國。」

二六・一〇 初，楚伍參與蔡大師子朝友，程公説春秋分紀世族譜：「公子朝，文公子。」然則蔡景公弟也。其子伍舉與聲子相善也。聲子，子朝之子，即公孫歸生。伍舉，子胥祖父椒舉。伍舉娶於王子牟。王子牟曾爲申公，故下文又曰申公子牟。王子牟爲申公而亡，杜注：「獲罪出奔。」楚人曰：「伍舉實送之。」送，護送。伍舉奔鄭，將遂奔晉。聲子將如晉，遇之於鄭郊，班荆相與食，荆是草名，班荆，扯草而鋪於地，聊以代席，藉以爲坐。班，布也。布今俗作佈，即今鋪字。而言復故。故，事也。返回楚國之事。聲子曰：「子行也，吾必復子。」此是此年以前之事。國語楚語上且述椒舉（伍舉）納乘馬，聲子受之云云，餘則大體同傳。

及宋向戌將平晉、楚，聲子通使於晉，還如楚。晉、楚之和在明年，此是先作溝通工作，聲子亦參與。令尹子木與之語，問晉故焉，故，事也。且曰：「晉大夫與楚孰賢？」對曰：「晉卿不如楚，此一語先使子木高興。其大夫則賢，皆卿材也。如杞梓、皮革，自楚往也。雖楚有材，晉實用之。」子木曰：「夫獨無族、姻乎？」夫，彼也，指晉。族，同宗。姻，親戚。對曰：「雖有，而用楚材實多。歸生聞之：善爲國者，賞不僭而刑不濫。僭、濫，如僭越，泛濫，皆過差而不當之義，此謂不當賞而賞，不當罰而罰。賞僭，則懼及淫人；禮記坊記「刑以防淫」，呂氏春秋古樂篇「有正有淫矣」，淫，邪也。刑濫，則懼及善人。若不幸而過，寧僭，無濫。此數語亦見荀子致士篇，當本之左傳。與其失善，刑濫之過。寧其利淫。賞僭之失。無善人，則國從之。申明無濫之理。國無善人，國亦隨之受害。詩曰『人之云亡，邦國殄瘁』，詩大雅瞻卬句。云，語中助詞，無義，例見詞詮。詩毛傳云：「殄，盡也。瘁，病也。」殄、瘁蓋同義連用。周禮稻人鄭注：「殄，病也。」杜用毛傳義，誤。無善人之謂也。故夏書曰『與其殺不辜，寧失不經』，杜注：「逸書也。」漢書路温舒傳載其尚德緩刑書及説苑貴德篇俱引此二句，或皆轉引自左傳。作僞古文尚書者羼入大禹謨。不經即不守正法之人。懼失善也。商頌有之曰『不僭不濫，不敢怠皇。怠，懈怠。皇，詩作「遑」，暇也。此謂不敢偷閒。命于下國，封建厥福』，詩商頌殷武句。封，大也。此湯所以獲天福也。古之治民者，勸賞而畏刑，呂氏春秋爲欲篇「則是三者不足以勸」，高誘注：「勸，樂也。」杜注：「樂行賞而憚用刑。」勸乃歡之借字。然如字讀作勸勉解較宜。恤民不倦。恤，憂也。賞以春夏，刑以秋冬。是以將賞，爲之加膳，加膳則飫賜，賞人者加膳，加膳則肴多，可用其有餘賜下飽餐。飫音預，飽也。此以知其勸賞也。以行賞爲樂。將刑，爲之不舉，莊二十年傳：「夫司寇行戮，君爲之不舉。」舉爲豐富飲食，兼以樂助食。詳莊二十年傳注。不舉則徹樂，此以知其畏刑也。夙興夜寐，朝夕臨政，此以知其恤民也。三者，禮之大節也。有禮，無敗。今楚多淫刑，其大夫逃死於四方，而爲之謀主，以害楚國，不可救療，杜注：「療，治也。」治乃今治病之治。所謂不能也。杜注：「所謂楚人不能用其材也。」此蓋增字太多而爲訓，未必確。能借爲耐，忍也。不能即不相忍，因多淫刑耳。子儀之亂，析公奔晉，杜注：「在文十四年。」晉人寘諸戎車之殿，殿，杜注以爲後軍。然戎車當是晉侯之車，應在中軍，謀主不能在後軍，則戎車之殿，蓋晉侯戎車之後也。以爲謀主。繞角之役，見成六年傳。晉將遁矣，析公曰：『楚師輕窕，輕窕即輕佻，不厚重，不堅韌。易震蕩也。若多鼓鈞聲，杜注：「鈞同其聲。」以夜軍之，軍之，猶言全軍合攻之。楚師必遁。』晉人從之，楚師宵潰。晉遂侵蔡，襲沈，獲其君，獲沈子揖初，見成八年傳。敗申、息之師於桑隧，獲申麗而還。鄭於是不敢南面。不敢從楚。楚在鄭南，故云南面。楚失華夏，則析公之爲也。雍子之父兄譖雍子，君與大夫不善是也，不善是，杜注謂「不是其曲直」。按善有調解和適之義，禮記學記注：「善猶解也。」孟子盡心上注：「善猶濟也。」不善是即不能調解和濟之。雍子奔晉，晉人與之鄐，昭十四年傳「邢侯與雍子爭鄐田」，則鄐乃近邢之地。在今河南温縣附近。以爲謀主。彭城之役，晉、楚遇於靡角之谷。見成十八年傳。晉將遁矣，雍子發命於軍曰：『歸老幼，反孤疾，二人役，歸一人。老者幼者及孤兒病人，與兄弟二人同役者之一人皆回家。簡兵蒐乘，精選徒兵，檢閱車兵。秣馬蓐食，秣馬，餵馬使飽。蓐食，使兵士食飽。師陳焚次，軍隊擺列軍陣。焚燒所宿篷帳。明日將戰。』行歸者，歸者即老幼孤弱等。而逸楚囚。放鬆楚囚之看守，使之自逃逸，故意使楚知之。楚師宵潰，晉降彭城而歸諸宋，以魚石歸。見襄元年傳。楚失東夷，子辛死之，則雍子之爲也。子辛非以戰死，實于襄五年爲楚殺。子反與子靈爭夏姬，子靈即巫臣；曾爲申尹，故又謂之申公巫臣；氏屈，成二年傳又稱爲屈巫。襄三十一傳之屈狐庸，其子也。爭夏姬見成二年傳。而雍害其事，雍同壅。壅害，阻礙，破壞。子靈奔晉，晉人與之邢，邢即今河南温縣平皋故城。又見成二年經注。以爲謀主，扞禦北狄，通吳於晉，教吳叛楚，教之乘車、射御、驅侵，使其子狐庸爲吳行人焉。參成七年傳。吳於是伐巢、取駕、克棘、入州來，駕，今安徽無爲縣境，已見成十七年及襄三年傳注。州來，今安徽鳳臺縣，並詳成七年傳注。棘，今河南永城縣南。楚罷於奔命，至今爲患，則子靈之爲也。若敖之亂，伯賁之子賁皇奔晉，若敖之亂見宣四年傳。伯賁，宣四年傳作伯棼，古字通。晉人與之苗，苗，晉邑，據水經卷四瀑水注，當在今河南濟源縣西。詳楊守敬、熊會貞水經注疏。以爲謀主。鄢陵之役，見成十六年傳。楚晨壓晉軍而陳。晉將遁矣，苗賁皇曰：『楚師之良在其中軍王族而已，若塞井夷竈，成陳以當之，欒、范易行以誘之，欒，欒書，時將中軍。范，士燮，時佐中軍。欒、范易行，楚語上作「若易中下」，韋昭依左傳解之云：「中下，中軍之下也。」孔疏引鄭衆謂「易行，中軍與下軍易卒伍也」。臧琳經義雜記謂中下軍相易。然此諸説皆難通。成十六年傳云「欒、范以其族夾公行」，則欒、范易行者，不夾公行，而各以己之家兵先進，以誘楚之大軍。中行、二郤必克二穆，中行即荀偃，時佐上軍。二郤，郤錡、郤至也。錡時將上軍，至時佐新軍。二穆，楚之子重、子辛，子重爲左軍帥，子辛爲右軍帥。兩人皆出自楚穆王，故曰二穆。吾乃四萃於其王族，既敗其左右軍，則晉中、上、下、新四軍皆能集中攻擊楚之中軍王族。參成十六年傳。必大敗之。』晉人從之，楚師大敗，王夷、師熸。夷，傷也。晉呂錡射楚共王中目，即王傷也。熸音潛，火滅也，此喻楚師士氣不振。子反死之。鄭叛、吴興，楚失諸侯，則苗賁皇之爲也。」子木曰：「是皆然矣。」聲子曰：「今又有甚於此者。「者」字各本無。石經旁增「者」字。於文勢宜有，依金澤文庫本增。椒舉娶於申公子牟，子牟得戾而亡，戾，罪也。君大夫謂椒舉：楚君及其大夫也。『女實遣之。』懼而奔鄭，引領南望，曰：『庶幾赦余。』亦弗圖也。杜注：「言楚亦不以爲意。」今在晉矣。晉人將與之縣，以比叔向。明陸粲左傳附注謂「令其禄秩比叔向。叔向上大夫，蓋以上大夫處伍舉」。彼若謀害楚國，豈不爲患？」子木懼，言諸王，益其禄爵而復之。聲子使椒鳴逆之。椒鳴，伍舉之子，伍奢之弟。楚語上亦載此事，有同有異。

二六・一二　許靈公如楚，請伐鄭，鄭與許有宿怨，十六年鄭伯又自帥師從晉伐許。曰：「師不興，孤不歸矣。」八月，卒于楚。楚子曰：「不伐鄭，何以求諸侯？」

冬十月，楚子伐鄭，鄭人將禦之。子産曰：「晉、楚將平，諸侯將和，楚王是故昧於一來。昧，今言冒昧。不如使逞而歸，使楚快意而歸。乃易成也。夫小人之性，釁於勇、嗇於禍，以足其性而求名焉者，非國家之利也，釁即釁隙之釁，見有釁隙，則憑血氣之勇，應曰勇於釁，此倒其句，言曰釁於勇。嗇，貪也。小人惟恐不亂，詩大雅桑柔「民之貪亂」，周語下「自我先王厲、宣、幽、平而貪天禍」，故嗇於禍即貪禍之義。小人自指鄭人欲禦楚者，子産以爲無遠見，昧于大局。若何從之？」子展説，不禦寇。十二月乙酉，乙酉，五日。入南里，楚入南里。南里，今新鄭縣南五里蓋其故址。墮其城。涉於樂氏，樂氏亦在新鄭縣境，洧水濟渡口之名。從南渡向北。門于師之梁。師之梁，鄭城門。縣門發，鄭雖不禦寇，而内實有備。楚攻其城門，懸門因放下以堅守。獲九人焉。鄭人之在城門外者，以懸門下而不得入城，因爲楚獲。涉于氾而歸。氾即南氾，今河南襄城縣南一里。氾城下即汝水，從北向南涉汝水而歸。氾互詳僖二十四年傳注。而後葬許靈公。

二六・一三　衛人歸衛姬于晉，晉平公姬妾中，姬姓者四人，此其一也。乃釋衛侯。早數月晉雖許釋衛侯，猶未實行，至此獲女而後釋之。君子是以知平公之失政也。

二六·一三

晉韓宣子聘于周，王使請事。請事即問事。古代朝聘之禮，初入境，主人若是天子，則使士請事，問爲何而來。及朝聘禮畢，主人又使擯者（接待賓客者）請事於廟門之次。此乃擯者請事，説詳沈欽韓補注。對曰：「晉士起將歸時事於宰旅，天子高于諸侯，則天子之臣亦高于諸侯之臣。天子上士三命，中士再命，下士一命。故禮記曲禮下云：「列國之大夫入天子之國曰某士。」天子上士三命，三命，列國之上卿。故韓起于晉爲卿，于周稱士。杜注：「時事，四時貢職。宰旅，冢宰之下士，言獻職貢於宰旅，不敢斥尊者。」無他事矣。」王聞之，曰：「韓氏其昌阜於晉乎！風俗通山澤篇：「阜者，茂也。」周禮大宰「商賈阜通貨賄」，注：「阜，盛也。」昌阜猶言昌盛。辭不失舊。」

二六·一四

齊人城郲之歲，在二十四年。其夏，齊烏餘以廩丘奔晉，杜注：「烏餘，齊大夫。」烏蓋氏，餘爲名。昭二十一年齊有烏枝鳴，二十三年莒有烏存，皆氏烏也。詳梁履繩補釋。廩丘，據清一統志，在舊范縣（今范縣治已移舊治西櫻桃園）東南，范縣志云，在縣東南七十里義東堡。廩丘本衛邑，或齊取之以與烏餘，故烏餘得以之奔晉。襲衛羊角，取之；據山東通志，羊角城在鄆城縣西北，而與范縣接界，故范縣志亦載此城。遂襲我高魚。高魚在今鄆城縣北，羊角城東，鄄城縣東北。有大雨，自其竇入，竇，城之出水穴。亦作瀆，荀子修身「開其瀆」是也。大雨則開竇，烏餘率衆乘此而入城。介于其庫，入高魚之兵器庫，取其甲以介士卒。以登其城，克而取之。又取邑于宋。此皆二十四年事。於是范宣子卒，宣子即士匄，又謂之范匄。卒于二十五年。諸侯弗能治也。及趙文子爲政，乃卒治之。則今年之事。文子言於晉侯曰：「晉爲盟主，諸侯或相侵也，則討而使歸其地。今烏餘之邑，皆討類也，皆侵奪而來，在討伐之列。而貪之，是無以爲盟主也。請歸之。」公曰：「諾。孰可使也？」對曰：「胥梁帶能無用師。」據程公説春秋分紀世譜，胥甲父（見文十二年、宣元年傳）生胥午（見二十三年傳），午生胥梁帶。無用師詳下年傳。晉侯使往。此段須與下年首章連讀，因「二十七年春」隔開。

二十七年，乙卯，公元前五四六年。周靈王二十六年、晉平十二年、齊景二年、衞獻三十一年（後元二年）、蔡景四十六年、鄭簡二十年、曹武九年、陳哀二十三年、杞文四年、宋平三十年、秦景三十一年、楚康十四年、吳餘祭二年、許悼公買元年。

經

二七·一　二十有七年春，二月七日丙戌冬至，建亥，有閏月。齊侯使慶封來聘。

二七·二　夏，叔孫豹會晉趙武、楚屈建、蔡公孫歸生、衞石惡、陳孔奂、鄭良霄、許人、曹人于宋。「孔奂」，公羊作「孔瑗」，後同。奂、瑗古音同在寒部，音近相通。杜注：「案傳，會者十四國，齊、秦不交相見，邾、滕爲私屬，皆不與盟。宋爲主人，地於宋，則與盟可知。故經唯序九國大夫。楚先晉歃，而書先晉，貴信也。陳于晉會，常在衛上，孔奐非上卿，故在石惡下。」

二七·三 衛殺其大夫甯喜。

二七·四 衛侯之弟鱄出奔晉。「鱄」，穀梁作「專」。以其字子鮮，則正字當作「鱄」，「專」乃借字。

二七·五 秋七月辛巳，辛巳，五日。豹及諸侯之大夫盟于宋。

二七·六 冬十有二月乙亥朔，日有食之。「亥」本作「卯」，今從阮元校勘記及金澤文庫本訂正。餘詳傳注。

傳

二七·一 二十七年春，胥梁帶使諸喪邑者具車徒以受地，必周。管子樞言篇云：「周者，不出於口，不見于色。」説文：「周，密也。」使烏餘具車徒以受封。仍具車徒者，防其餘黨作亂也。烏餘以其衆出，杜注：「出受封也。」使諸侯僞效烏餘之封者，杜注：「效，致也。使齊、魯、宋僞若致邑封烏餘者。」而遂執之，盡獲之。杜注：「皆獲其徒衆。」皆取其邑，而歸諸侯。以廩丘歸齊，以羊角歸衛，以高魚歸魯。諸侯是以睦於晉。

二七·二 齊慶封來聘，其車美。孟孫謂叔孫曰：「慶季之車，不亦美乎！」慶季即慶封。禮記檀弓上「五十以伯仲」，蓋慶封行第最幼，故稱慶季。叔孫曰：「豹聞之：『服美不稱，必以惡終。』其人之衣着、車馬、裝飾不與其人相適應，必得惡果。此蓋古語。禮記表記云：「君子恥服其服而無其容。」又引詩曹風候人云：「彼記（詩原作其）之子，不稱其服。」又僖二十四年傳云：「君子曰，服之不衷，身之災也。詩曰：『彼己之子，不稱其服。』」美車何爲？」叔孫與慶封食，若今之便宴。不敬。爲賦相鼠，亦不知也。相鼠，詩鄘風。詩有云：「人而無儀，不死何爲？」「人而無止（恥），不死何俟？」「人而無禮，胡不遄死？」

二七·三　衞甯喜專，把持朝政。公患之，公孫免餘請殺之。杜注：「免餘，衞大夫。」公曰：「微甯子，不及此。吾與之言矣。「政由甯氏，祭則寡人」，此子鮮以公命告甯喜者。事未可知，殺之之事，未可必定成功。祇成惡名，止也。」不敢殺之。對曰：「臣殺之，君勿與知。」乃與公孫無地、公孫臣謀，使攻甯氏，弗克，皆死。無地及臣俱死。公曰：「臣也無罪，父子死余矣！」言父子爲余而死。杜注：「獻公出時，公孫臣之父爲孫氏所殺。」夏，免餘復攻甯氏，殺甯喜及右宰穀，尸諸朝。杜注以爲經文不書殺右宰穀，因穀非卿。呂氏春秋及孔叢子作「右宰穀臣」，有其託後於魯郈成子故事，可參看。石惡將會宋之盟，受命而出，衣其尸，枕之股而哭之。枕甯喜之尸而哭甯喜。欲斂以亡，衣其尸，已是小斂。則此斂是大斂。以尸入棺曰大斂，以棺入墓穴亦可曰斂。懼不免，畏不免于罪禍。且曰：「受命矣。」乃行。

子鮮曰：「逐我者出，孫林父逐獻公奔晉。納我者死。甯喜納獻公而被殺。賞罰無章，何以沮勸？沮，止也，止人爲惡。勸，勉也，勉人爲善。君失其信，而國無刑，不亦難乎？且鱄實使之。」使甯喜納獻公。遂出奔晉。公使止之，不可。及河，又使止之，止使者而盟於河。託於木門，託，寄寓而不仕也。杜注謂木門爲晉邑。太平寰宇記謂古木門城在今河北滄州市，然晉地未嘗至此，故不可信。顧棟高大事表謂在河北河間縣西北三里，較可信。至穀梁傳謂「出奔晉，織約邯鄲」，然據定十三年傳，邯鄲此時仍屬衛，非晉邑，故不可信。不鄉衛國而坐。公羊傳謂鱄與妻子盟，不履衛地，不食衛粟。穀梁傳謂「終身不言衛」。木門大夫勸之仕，不可，曰：「仕而廢其事，罪也；從之，即不廢其事。昭吾所以出也。意謂仕而能治事，則出奔之罪在衛君已彰明于世。將誰愬乎？謂無可告訴者。吾不可以立於人之朝矣。」終身不仕。公喪之如稅服終身。衛獻公死于二十九年夏，子鮮或死于其稍前。依古禮，天子諸侯絶旁期，于兄弟不服喪。但子鮮死，衛獻公仍爲之服喪，僅不服朞服，而服繐服。稅服即繐服，稅音退，亦可讀爲歲。繐音歲。繐服，布細而疏，如小功服之縷。則繐服不過小功五月，此云終身者，或不足五月，衛獻即死矣。

公與免餘邑六十，辭曰：「唯卿備百邑，古代村落有土城堡，故亦謂之邑，此言百邑，實則一百村莊而已。論語公治長、穀梁莊九年傳俱云「十室之邑」，足見其小。此亦是舊時規定，後來便成具文，唯需要時引用之。齊子仲姜鎛銘云：「侯氏錫之邑二百有九十有九邑」，則一次所賜已近三百邑。臣六十矣。我已有邑六十。下有上禄，亂也。免餘爲大夫，而有上卿之禄邑。臣弗敢聞。且甯子唯多邑，故死，臣懼死之速及也。」公固與之，受其半。以爲少師。公使爲卿，辭曰：「大叔儀不貳，廿六年傳載大叔儀之言曰「臣不能貳」。能贊大事，贊，佐也，助也。君其命之。」乃使文子爲卿。馬王堆三號墓出土帛書春秋事語亦載此事，末云：「伐甯召子（悼子）而僇之朝。公曰：『大叔儀（中六字模糊）不貳。』以爲卿。」

二七·四　宋向戌善於趙文子，又善於令尹子木，欲弭諸侯之兵以爲名。弭兵之意起自趙文子，見二十五年傳。醞釀已久，各國多知，見二十六年傳鄭子産之言。向戌欲成此事以得名譽。如晉，告趙孟。趙孟謀於諸大夫。韓宣子曰：「兵，民之殘也，殘害人民者。財用之蠹，耗費財用。説文：「蠹，木中蟲。」以後凡食物之害蟲曰蠹。昭三年傳「公聚朽蠹」可證。小國之大菑也。菑，同災。將或弭之，雖曰不可，兵未必能弭也。必將許之。弗許，楚將許之，以召諸侯，則我失爲盟主矣。」晉人許之。如楚，向戌至楚。楚亦許之。如齊，齊人難之。難之，不欲許弭兵。陳文子曰：「晉、楚許之，我焉得已？且人曰『弭兵』，而我弗許，則固攜吾民矣，使吾民對執政者攜貳。將焉用之？」齊人許之。告於秦，秦亦許之。皆告於小國，爲會於宋。

五月甲辰，甲辰，二十七日。晉趙武至於宋。丙午，丙午，二十九日。鄭良霄至。六月丁未朔，宋人享趙文子，叔向爲介。趙武爲主賓，叔向爲賓之副，謂之介。司馬置折俎，禮也。據周禮大司馬，司馬主管會同薦羞之事，此置折俎，故以司馬爲之。又宣十六年傳云：「王享有體薦，宴有折俎。公當享，卿當宴。」此是諸侯享卿，享法當用折俎。折俎，即將牲體解成一節一段，置于俎中。見孔疏及宣十六年傳並注。仲尼使舉是禮也，以爲多文辭。杜注：「宋向戌自美弭兵之意，敬逆趙武，趙武、叔向因享宴之會，展賓主之辭，故仲尼以爲多文辭。」釋文引沈云：「舉謂記録之也。」孔丘生于襄公二十一年（公羊、穀梁説）或二十二年（孔子世家），至此不過七歲耳。當是以後讀此時史料，見賓主文辭甚多。晉、楚皆怠於大出兵，不被侵伐者，宋凡六十五年，魯凡四十五年，衛凡四十七年，曹凡五十九年；然小戰仍有，如魯帥師取鄟，晉帥師敗狄，楚伐吳滅賴，不如文辭之全部弭兵也。戊申，戊申，二日。叔孫豹、齊慶封、陳須無、衛石惡至。甲寅，甲寅，八日。晉荀盈從趙武至。趙武已先至，荀盈甲寅隨之而來，從趙武者，趙武爲主也。丙辰，丙辰，十日。邾悼公至。壬戌，壬戌，十六日。楚公子黑肱先至，先至，先于令尹子木而至。成言於晉。與晉相約。丁卯，丁卯，二十一日。宋向戌如陳，阮刻本脱「向」字，今從校勘記及金澤文庫本增。從子木成言於楚。楚令尹子木在陳，向戌至陳，共同約定弭兵之會有關楚之諸言。戊辰，戊辰，二十二日。滕成公至。子木謂向戌，請晉、楚之從交相見也。晉、楚各有盟國，楚請晉之盟國朝楚，楚之盟國朝晉。庚午，庚午，二十四日。向戌復於趙孟。趙孟曰：「晉、楚、齊、秦，匹也，當時四大國，地位相匹敵。晉之不能於齊，猶楚之不能於秦也。晉不能指揮齊，楚亦不能指揮秦。楚君若能使秦君辱於敝邑，寡君敢不固請於齊？」趙孟以此難楚。壬申，壬申，二十六日。左師復言於子木，左師即向戌，左師其官。子木使馹謁諸王。馹音日，即傳車，亦單稱傳。與後代之驛相同，不過驛用馬而已。謁，告也。王曰：「釋齊、秦，他國請相見也。」杜注：「經所以不書齊、秦。」秋七月戊寅，戊寅，二日。左師至。杜注：「從陳還。」是夜也，趙孟及子皙盟，以齊言。子皙，楚公子黑肱。據杜注，以齊言者，統一盟辭，至盟時不得復訟争也。庚辰，庚辰，四日。子木至自陳。陳孔奐、蔡公孫歸生至。杜注：「二國大夫與子木俱至。」曹、許之大夫皆至。以藩爲軍。雖盟會，亦有軍旅。藩，即藩籬，籬笆編織爲牆。不爲壘塹，以示不相忌。晉、楚各處其偏。杜注：「晉處北，楚處南。」伯夙謂趙孟曰：伯夙，杜以爲即荀盈，孔疏引服虔云「伯夙，晉大夫」，則以爲非荀盈。王紹蘭經説云：「上云『晉荀盈從趙武至』，下云『晉荀盈遂如楚涖盟』，是杜據傳文知之。」「楚氛甚惡，懼難。」難，去聲，患難。晉語八云：「諸侯之大夫盟於宋，楚令尹子木欲襲晉軍，曰『若盡晉師而殺趙武，則晉可弱也』」云云，此或爲楚氛甚惡之解。趙孟曰：「吾左還，還與旋同，向左轉而行。入於宋，若我何？」辛巳，辛巳，五日。將盟於宋西門之外。楚人衷甲。甲在衣中。伯州犁曰：「合諸侯之師，以爲不信，無乃不可乎？夫諸侯望信於楚，是以來服。若不信，是棄其所以服諸侯也。」固請釋甲。子木曰：「晉、楚無信久矣，事利而已。唯行有利于我之事而已。苟得志焉，焉用有信？」大宰退，杜注：「大宰，伯州犁。」告人曰：「令尹將死矣，不及三年。謂三年之内必死。求逞志而棄信，志將逞乎？志以發言，言以出信，信以立志。志，意志，思想。有某種思想然後發於言論。既有某種言論，則須有合於言論之行爲，此謂之出信。言行相符，則其思想意志足以樹立。參以定之。言、信、志三者互相關聯，互信統一，然後能定。信亡，楚本與宋向戌及晉趙孟俱有成言。今廢成約而欲用武以快意求利，是無信也。何以及三？」志、言、信三者亡其信，則不能活到三年。趙孟患楚衷甲，以告叔向。叔向曰：「何害也？匹夫一爲不信，猶不可，單斃其死。單同殫，盡也。斃，踣也，向前倒也，今作仆。此言無信之人未有善終者。若合諸侯之卿，以爲不信，必不捷矣。捷，勝也，成功也。食言者不病，食言即不守信，與哀二十五年傳「是食言多矣」之食言同。不病蓋省文，言不足困人也。非子之患也。夫以信召人，而以僭濟之，僭，説文：「假也。」詩巧言鄭箋：「不信也。」易繫辭王弼注：「濟，利用也。」必莫之與也，必無人贊同之。安能害我？且吾因宋以守病，守病，守禦楚之病我。陸粲左傳附注及顧炎武左傳補正以「病」字屬下讀，不從。則夫能致死。夫指晉軍，夫猶言人人，與襄八年傳「夫人愁痛」之「夫人」義同。與宋致死，宋軍亦能盡死抗楚。雖倍楚可也，縱加一倍楚軍猶可抗拒。子何懼焉？

又不及是。叔向估計楚不敢攻晉，故云。曰弭兵以召諸侯，而稱兵以害我，杜注：「稱，舉也。」吾庸多矣，庸，用也。言楚背信棄諸侯，于我大有用。非所患也。」晉語八亦載此，且云「子木欲襲晉軍」。叔向語亦有不同。

季武子使謂叔孫以公命曰：「視邾、滕。」季孫以魯公之命，謂叔孫豹，以魯國比于邾、滕。邾、滕小國，其賦輕，季孫恐既屬晉又屬楚，貢獻于兩國，非國力所勝。既而齊人請邾，宋人請滕，皆不與盟。齊以邾爲其屬國，宋以滕爲其屬國。屬國不參與盟會。叔孫曰：「邾、滕，人之私也；私屬他國，非獨立國。我，列國也，何故視之？宋、衛，吾匹也。」魯國與宋、衛可以相等。宋、衛與盟，魯自當與盟。乃盟。故不書其族，經書「豹及諸侯之大夫」，不書叔孫豹。言違命也。

晉、楚爭先。杜注：「爭先歃血。」晉人曰：「晉固爲諸侯盟主，未有先晉者也。」楚人曰：「子言晉、楚匹也，若晉常先，是楚弱也。且晉、楚狎主諸侯之盟也久矣，杜注：「狎，更也。」孔疏：「陳、蔡、鄭、許乍南（服楚）乍北（服晉），成二年楚公子嬰齊爲蜀之盟，諸夏之國大夫皆在，是晉、楚更代主諸侯之盟實久也。」豈專在晉？」叔向謂趙孟曰：「諸侯歸晉之德只，只，語末助詞，無義。非歸其尸盟也。杜注：「尸，主也。」子務德，無爭先。且諸侯盟，小國固必有尸盟者，或以「小國」屬上讀，誤。據哀十七年傳，盟主先歃血，而執牛耳諸事，則他國之大夫執事。楚爲晉細，謂楚爲小國之尸盟者。不亦可乎？」乃先楚人。晉語八亦載此事，叔向之言與此有異。書先晉，晉有信也。參見晉語八。

壬午，壬午，六日。宋公兼享晉、楚之大夫，趙孟爲客，客爲上賓，如後代謙客坐首席者。子木與之言，弗能對；使叔向侍言焉，子木亦不能對也。

乙酉，乙酉，九日。宋公及諸侯之大夫盟于蒙門之外。宋都東北有蒙城，則蒙門爲宋都之東北門，出此門至蒙城者。子木問於趙孟曰：「范武子之德何如？」范武子，士會，以賢聞於各國。對曰：「夫子之家事治，言於晉國無隱情，其祝史陳信於鬼神無愧辭。」信，誠也。鬼即下文之人，人死曰鬼。子木歸以語王。王曰：「尚矣哉！尚，崇也，高也。能歆神、人，歆，欣喜。周語上「民歆而德之」，又「事神保民，莫弗欣喜」，即此義。杜注「享也」，亦通。宜其光輔五君以爲盟主也。」杜注：「五君謂文、襄、靈、成、景。」晉語八云「世及武子，佐文、襄爲諸侯，諸侯無二心。及爲卿以輔成、景，軍無敗政。及爲成帥（帥原作師，從王引之説改）居太傅」云云，可爲佐證。子木又語王曰：「宜晉之伯也，有叔向以佐其卿，楚無以當之，不可與爭。」

晉荀盈遂如楚涖盟。杜注：「重結晉、楚之好。」

二七·五 鄭伯享趙孟于垂隴，趙武等自宋返國經過鄭國境。垂隴，在今滎陽縣東北。子展、伯有、子西、子產、子大叔、二子石從。杜注：「二子石，印段、公孫段。」積微居金文說鄭子石鼎跋謂爲二子石之一所鑄。趙孟曰：「七子從君，以寵武也。請皆賦，以卒君貺，謂七人跟隨鄭君來宴我，是尊貴我，請七位皆賦詩以完成鄭君之賜。貺音況，賜也。武亦以觀七子之志。」杜注：「詩以言志。」子展賦草蟲。杜注：「草蟲，詩召南。曰：『未見君子，憂心忡忡。亦既見止，亦既覯止，我心則降。』以趙孟爲君子。」趙孟曰：「善哉，民之主也！抑武也，不足以當之。」趙武知子展賦草蟲之意在于憂國而信晉。抑，但也。但自以爲不足以當君子。伯有賦鶉之賁賁。詩鄘風，今本作鶉之奔奔。據詩序，此詩爲刺衞宣姜淫亂而作，故趙孟以爲「牀第之言」。而伯有賦此之意，實在「人之無良，我以爲君」兩句，故趙孟退而又云「誣其上而公怨之，以爲賓榮」。趙孟曰：「牀第之言不踰閾，第音滓，牀版。牀第之言即男女枕席之情話。閾音蜮，門坎。況在野乎？垂隴，鄭之一邑，故曰野。非使人之所得聞也。」使人，趙孟自指，言代表晉君與盟也。子西賦黍苗之四章。杜注：「黍苗，詩小雅。四章曰：『肅肅謝功，召伯營之。列列征師，召伯成之。』比趙孟於召伯。」趙孟曰：「寡君在，武何能焉？」謂營成之功在晉君，非我之能。子產賦隰桑。杜注：「隰桑，詩小雅。義取思見君子盡心以事之，曰，既見君子，其樂如何？」趙孟曰：「武請受其卒章。」杜注：「卒章曰：『心乎愛矣，遐不謂矣。中心藏之，何日忘之？』趙武欲子產之見規誨。」子大叔賦野有蔓草。杜注：「野有蔓草，詩鄭風。取其『邂逅相遇，適我願兮』。」蓋子大叔與趙孟乃初次相見，故云不意而會面。趙孟曰：「吾子之惠也。」印段賦蟋蟀。杜注：「蟋蟀，詩唐風。曰『無以大康，職思其居。好樂無荒，良士瞿瞿』，言瞿瞿然顧禮儀。」趙孟曰：「善哉，保家之主也！吾有望矣。」杜注：「能戒懼不荒，所以保家。」公孫段賦桑扈。以上五人俱稱其字，惟印段、公孫段稱名，蓋兩人皆字子石，稱字則無從分別矣。杜注：「桑扈，詩小雅。義取君子有禮文，故能受天之祜。」趙孟曰：「『匪交匪敖』，福將焉往？桑扈之最後兩句云：「彼交匪敖，萬福來求。」此作「匪」，「彼」與「匪」通。成十四年傳引此詩即作「彼交匪敖」。趙孟取此兩句義。若保是言也，欲辭福禄，得乎？」

卒享，文子告叔向曰：「伯有將爲戮矣。詩以言志，志誣其上而公怨之，以爲賓榮，其能久乎？伯有賦詩實在「人之無良，我以爲君」，故趙文子退而爲此言。幸而後亡。」謂若僥幸其後必逃亡。叔向曰：「然，已侈，已，太也。言伯有過於奢泰。所謂不及五稔者，夫子之謂矣。」五稔，五年。謂良霄五年之内必被殺。此以其行爲論之。文子曰：「其餘皆數世之主也。子展其後亡者也，在上不忘降。指其所賦草蟲「我心則降」。印氏其次也，樂而不荒。印段賦蟋蟀，有「好樂無荒」句。樂以安民，不淫以使之，後亡，不亦可乎！」

宋左師請賞，曰：「請免死之邑。」左師即向戌，有弭兵發起奔走之功，故請賞。免死有二解，杜注云「謙言免死之邑也」，會箋謂「此盟事體甚大，及將歃，嘖有煩言。若事破，向戌之罪不容於死。今也幸而成矣，故曰免死之邑」，此一解。沈欽韓補注謂「若後世封功臣有鐵券，身免三死，子孫免一死也」，此又一解。疑杜解較長。公與之邑六十，以示子罕。與邑必有文件，以文件示子罕也。子罕曰：「凡諸侯小國，晉、楚所以兵威之，畏而後上下慈和，慈和而後能安靖其國家，以事大國，所以存也。無威則驕，驕則亂生，亂生必滅，所以亡也。天生五材，杜注：「金、木、水、火、土也。」民並用之，並，徧也。廢一不可，誰能去兵？兵器用金與木，鑄造時用水火，且必載於土地，取於土地。兵之設久矣，原始人類即以石器爲兵。銅兵之起，今日所確知者，有商殷之兵甚多。所以威不軌而昭文德也。聖人以興，聖人以兵興。亂人以廢。亂人以兵廢。廢興、存亡、昏明之術，皆兵之由也，皆由兵。而子求去之，不亦誣乎！以誣道蔽諸侯，蔽，塞也，壅也，掩也。誣道一詞，猶言欺詐術。蔽謂使人不通明。或謂道蔽爲連讀，舉十一年傳「諸侯道蔽」爲例，不足信。罪莫大焉。縱無大討，而又求賞，無厭之甚也。」厭，滿足也。削而投之。古人書于竹簡或木札，誤書則以刀削去其字迹。此宋君以簡札示子罕，子罕則削去其字，而投簡札于地。左師辭邑。

向氏欲攻司城。子罕爲司城。左師曰：「我將亡，夫子存我，德莫大焉。又可攻乎？」君子曰：「『彼己之子，邦之司直』，詩鄭風羔裘句。己，今本作「其」。昔時均讀爲忌，語中助詞，無義。司直，毛傳云：「司，主也。」疏云：「一邦之人，主以爲直。」漢武帝時因置司直之官，佐丞相檢舉不奉法之官吏。樂喜之謂乎！樂喜即子罕。『何以恤我，我其收之』，杜注謂爲逸詩，實則周頌維天之命「假以溢我，我其收之」之變文。假即遐之借字，何也。遐之訓何，例見詞詮。恤，説文、廣韻引作「謐」，詩作「溢」，皆聲近相通，實皆爲「賜」之假字。詩意謂何以賜與我，我將接收之。向戌之謂乎！」杜注：「善向戌能知其過。」

二七·七　齊崔杼生成及彊而寡，小爾雅廣義：「凡無妻無夫通謂之寡。」墨子辭過篇云：「宮無拘女，故天下無寡夫。」此寡與鰥同義。娶東郭姜，東郭氏，姜姓。亦見二十五年傳。生明。東郭姜以孤入，孤爲其前夫棠公之子。曰棠無咎，杜注：「無咎，棠公之子。」與東郭偃相崔氏。杜注：「東郭偃，姜之弟。」崔成有疾而廢之，而立明。成請老于崔，崔，今山東濟陽縣東而稍北三十五里。崔子許之，偃與無咎弗予，曰：「崔，宗邑也，必在宗主。」杜注：「宗邑，宗廟所在。宗主謂崔明。」成與彊怒，將殺之，告慶封曰：「夫子之身，亦子所知也，唯無咎與偃是從，父兄莫得進矣。大恐害夫子，杜注：「夫子謂崔杼。」敢以告。」慶封曰：「子姑退。吾圖之。」告盧蒲嫳。杜注：「嫳，慶封屬大夫。封以成、彊之言告嫳。」嫳音瞥。盧蒲嫳曰：「彼，君之讎也。彼指崔杼，殺齊莊公者。天或者將棄彼矣。彼實家亂，子何病焉？崔之薄，慶之厚也。」他日又告。崔成、崔彊又告慶封。慶封曰：「苟利夫子，必去之。此僞言也。意謂假若有利于崔杼，必消滅東郭偃與棠無咎。難，吾助女。」若有危難，吾將來救助。

九月庚辰，庚辰，五日。崔成、崔彊殺東郭偃、棠無咎於崔氏之朝。古者諸侯及大夫皆有外朝及内朝，此蓋崔杼之外朝。崔子怒而出，其衆皆逃，求人使駕，不得。使圉人駕，圉人本職養馬，今使之套車。寺人御而出，御者亦逃，宦官爲御。且曰：「崔氏有福，止余猶可。」杜注：「恐滅家，禍不止其身。」遂見慶封。慶封曰：「崔、慶一也。杜注：「言如一家。」是何敢然？請爲子討之。」使盧蒲嫳帥甲以攻崔氏。崔氏堞其宫而守之。釋名釋宫室「城上垣或名堞，取其重疊之義也」，則堞有重疊之義。此堞其宫謂加築其宫牆也。説本洪亮吉詁。弗克，使國人助之，遂滅崔氏，殺成與彊，而盡俘其家，其妻縊。杜注：「妻，東郭姜。」嫳復命於崔子，且御而歸之。歸之，送其歸家。至，則無歸矣。乃縊。杜注：「終『入於其宫，不見其妻，凶』。」崔明夜辟諸大墓。辟同避。大墓，崔氏羣墓兆域。此言崔明所以未死。辛巳，辛巳，六日。崔明來奔。唐書宰相世系表二下云：「崔杼爲齊正卿，子明，奔魯，生良。」慶封當國。

二七·八

楚薳罷如晉涖盟，晉侯享之。將出，賦既醉。杜注：「既醉，詩大雅。曰『既醉以酒，既飽以德。君子萬年，介爾景福』，以美晉侯，比之太平君子也。」叔向曰：「薳氏之有後於楚國也，宜

哉！承君命，不忘敏。既醉既飽，謝享禮；萬年景福，頌晉侯；將出而賦此，甚得其時，所謂敏於事者也。**子蕩將知政矣。**子蕩即薳罷。不久爲楚令尹。**敏以事君，必能養民，政其焉往？**」杜注：「言政必歸之。」

二七·九　**崔氏之亂，**即二十五年殺齊莊公。**申鮮虞來奔，**亦見二十五年傳。**僕賃於野，**郊野有自由貧民可供雇傭。**以喪莊公。**爲齊莊公服喪。**冬，楚人召之，遂如楚，爲右尹。**

二七·一〇　**十一月乙亥朔，日有食之。**此是公曆十月十三日之日全蝕。經書「十二月乙亥朔」，江永羣經補義云：「經文傳寫訛耳。此年七月，經有辛巳，則乙亥朔，必是十一月矣。」王夫之春秋稗疏亦云：「十二月乙亥朔食，乃十一月。姜岌、大衍、授時皆同。」**辰在申，司曆過也，再失閏矣。**辰謂斗柄。斗柄指申，於周正爲九月。而日蝕傳書十一月，相差兩月，故左傳作者以爲當時主管曆法者有過誤，兩次應置閏而未置閏。吴守一春秋日食質疑云：「今以曆推之，建申、建酉之月，俱不入交，不食。非再失閏。」江永補義且云：「『辰在申，司曆過，再失閏矣』，此左氏之妄也。」

二十八年，丙辰，公元前五四五年。周靈王二十七年、晉平十三年、齊景三年、衞獻三十二年（後元三年）、蔡景四十七年、鄭簡二十一年、曹武十年、陳哀二十四年、杞文五年、宋平三十一年、秦景三十二年、楚康十五年、吴餘祭三年、許悼二年。

經

二八·一 二十有八年春，正月十八日辛卯冬至，建子。無冰。

二八·二 夏，衞石惡出奔晉。

二八·三 邾子來朝。

二八·四 秋八月，大雩。

二八·五 仲孫羯如晉。

二八·六 冬，齊慶封來奔。

二八·七 十有一月，公如楚。

二八·八 十有二月甲寅，甲寅，十六日。天王崩。周靈王。

二八·九 乙未，杜注：「十二月無乙未，日誤。」孔疏云：「甲寅之後四十二日始得乙未，則甲寅、乙未不得同月。經有十一月、十二月，月不容有誤，知日誤也。」王韜云：「或云當在閏月，然以曆法推之，此年歲終不得有閏。」楚子昭卒。杜注：「康王也」

傳

二八·一 **二十八年春，無冰。**此年建子，即以今農曆十一月、十二月及次年正月爲春，正當今日之冬。曲阜一帶應有冰，而無冰，此天氣之反常。**梓慎曰：**杜注：「梓慎，魯大夫。」**「今兹宋、鄭其饑乎！歲在星紀，而淫於玄枵。**歲即歲星，亦即木星。木星公轉周期爲十一又百分之八六年，而古人（三統曆以前）則誤以爲十二年。既誤以爲十二年，因分周天爲十二次。次者，日月所會之處。日月每年十二會，因分十二次，與十二宫相當，每次三十度（周天三百六十度）。中國古天文家，初則以歲星紀年，而又以十二支配之，十二支又謂之太歲，不知歲星公轉不足十二年，而十二支則固定不變。又以十二支配十二次，則其與客觀天象宜其不合。十二次之次序爲：降婁、大梁、實沈、鶉首、鶉火、鶉尾、壽星、大火、析木、星紀、玄枵、娵訾。據梓慎推算，此年之歲星應在星紀，而觀察所得，實在玄枵。淫者，過也。故云「淫于玄枵」。星紀與黄道十二宫之摩羯宫相當，在二十八宿中爲斗宿與牛宿。在十二支中爲丑。玄枵則與黄道十二宫之寶瓶宫相當，在二十八宿中爲女、虚、危三宿，在十二支中爲子。若歲星公轉以古人十二年一周天（繞太陽一周）計之，與實際木星速度相較，每一周天歲星超過百分之十四，則七周（八十四年）之後，超過百分之九十八年，約等于一次。三統曆作者始察覺其差誤，謂一百四十四年，歲星行天一百四十五次，誤差仍不小。祖冲之曆議謂歲星行天七帀，輒超一位，僅不足百分之二，則較密矣。歲星紀年，不能與天象相合，故自東漢順帝以後即廢而不行。**以有時菑，**菑通災。時災謂天時不正常之災。**陰不堪陽。**古人謂寒冷爲陰，温暖爲陽。應有冰而無冰，即應寒而暖，故曰陰不勝陽。**蛇乘龍，**古人以歲星爲木，木爲青龍。而次于玄枵，玄枵相當於女、虚、危三宿。虚、危古以爲蛇。龍行疾而失位，出虚、危宿下，龍在下而蛇在上，故曰蛇乘龍。**龍，宋、鄭之星也。**此古分野之説，以土地疆域配天上星宿。史記天官書云：「天則有列宿，地則有州域。」又云：「宋、鄭之疆，候在歲星。」即此「龍，宋、鄭之星」之意。**宋、鄭必饑。玄枵，虚中也。**玄枵有三宿，女、虚、危。虚宿在中。**枵，秏名也。**「秏」本作「耗」，今從宋本正。「耗」，俗體。正字通云：「凡物虚耗曰枵，人飢曰枵腹。」**土虚而民秏，不饑何爲？」**

二八·二

夏，齊侯、陳侯、蔡侯、北燕伯、杞伯、胡子、沈子、白狄朝于晉，宋之盟故也。北燕，即姬姓之燕，史記有燕召公世家。都薊，即今北京市。北京琉璃河西周墓出土大量青銅器，據銘文，足證北燕初封，其都在今琉璃河董家林古城。北燕伯據世家爲燕懿公。胡有二，一爲姬姓之國，韓非子説難篇鄭武公謂胡爲兄弟之國，哀八年傳齊侯殺胡姬是也，爲鄭武公所滅，故城當在今河南漯河市一帶。此胡子則爲歸姓國，三十一年傳胡女敬歸可證。故城在今安徽阜陽縣治。定十五年爲楚所滅。此當是歸姓之胡。宋之盟謂晉、楚之從交相見，故蔡侯等朝晉。

齊侯將行，慶封曰：「我不與盟，宋之盟，齊、秦未參加。**何爲於晉？」**於晉謂朝於晉。**陳文子曰：**論語公冶長謂崔杼殺齊莊公，陳文子捨棄家産，離開齊國，而左傳未載。此時當早已回齊。**「先**

事後賄，禮也。賄謂財貨，朝于晉必用不少財幣。陳文子蓋針對慶封惜財而言。其意謂以事晉爲先，而財幣則應在後打算。小事大，未獲事焉，謂宋之盟未參加。從之如志，之指晉。志謂晉國意圖。句謂順晉國意圖而往朝。禮也。雖不與盟，敢叛晉乎？重丘之盟，盟在二十五年。未可忘也。子其勸行！」

二八·三 衞人討甯氏之黨，故石惡出奔晉。衞人立其從子圃，從子，兄弟之子也。禮記檀弓上「兄弟之子猶子也」，故近人多稱從子爲猶子。今謂曰姪，從姑姪之稱。從子之名，自魏、晉以後始常見。以守石氏之祀，禮也。杜注：「石惡之先石碏有大功於衞國，惡之罪不及不祀，故曰禮。」石碏事見隱四年傳。

二八·四 邾悼公來朝，時事也。時事謂四時朝聘，經書此，表明與宋之盟無關。宋盟唯朝晉、楚。

二八·五 秋八月，大雩，旱也。

二八·六 蔡侯歸自晉，入于鄭。由晉（今侯馬市）回蔡（今河南上蔡縣西南），須經過鄭國國境。入于鄭，謂入鄭都，今新鄭縣。鄭伯享之，不敬。蔡侯不敬。子産曰：「蔡侯其不免乎！杜注：「不免禍。」日其過此也，日，往日，以前。過此，指往晉時經鄭。君使子展廷勞於東門之外，迋同往。勞，慰勞。而傲。吾曰猶將更之。更，改也。今還，受享而惰，乃其心也。君小國，爲小國之君。事大國，鄭大于蔡。而惰傲以爲己心，將得死乎？得死，善終。將得死乎，言豈將得死乎，謂不得善終。若以惡死，曰不得其死。襄二十三年傳之論崔杼、論語先進之論子路皆云「不得其死」。若不免，不免於被殺。必由其子。其爲君也，淫而不父。與兒媳通姦，非父所應爲，故云不父。僑聞之，如是者，恒有子禍。」杜注：「爲三十年蔡世子班弑其君傳。」

二八·七　孟孝伯如晉，告將爲宋之盟故如楚也。杜注：「魯、晉屬，故告晉而行。」

二八·八　蔡侯之如晉也，鄭伯使游吉如楚。及漢，漢，漢水。楚人還之，使游吉返回。曰：「宋之盟，君實親辱。君，鄭君。謂鄭伯親自參加宋之盟。今吾子來，寡君謂吾子姑還，吾將使馹奔問諸晉而以告。」杜注：「問鄭君應來朝否。」子大叔曰：「宋之盟，君命將利小國，而亦使安定其社稷，鎮撫其民人，以禮承天之休，杜注：「休，福禄也。」但金文中休字常作賜予解。此君之憲令，而小國之望也。杜注：「憲，法也。」寡君是故使吉奉其皮幣，古代朝聘，多用皮幣爲禮物，如孟子梁惠王下「事之以皮幣」是也。據孟子趙岐注皮爲狐貉之皮，幣爲繒帛之貨。周禮大宰有九貢，其中有幣貢，鄭玄注云：「幣貢，玉、馬、皮、帛也。」此乃幣之廣義。以歲之不易，三年傳云：「以歲之不易，不虞之不戒，寡君願與一二兄弟相見，以謀不協。」昭四年傳云：「以歲之不易，寡人願結驩於二三君。」皆首言「以歲之不易」，次言「相見」「結驩」。此首言「奉其皮幣」，次言「以歲之不易」者，楊樹達先生讀左傳以爲傳寫誤倒。杜解此歲之不易謂「歲有饑荒之難」。聘於下執事。不欲直言其君，謙辭曰執事。此又加下字，則謙之又謙矣。今執事有命曰：女何與政令之有？女指游吉，謂汝不足以與鄭之政令。必使而君棄而封守，而同爾。跋涉山川，山行曰跋，水行曰涉。蒙犯霜露，以逞君心。以快楚君之意。小國將君是望，敢不唯命是聽？無乃非盟載之言，載，載書，即盟書。盟載同義。以闕君德，而執事有不利焉，小國是懼。小國懼是之倒裝。不然，其何勞之敢憚？」言不敢畏任何勞苦，我君必來朝楚也。

子大叔歸，復命。告子展曰：「楚子將死矣。不修其政德，而貪昧於諸侯，貪昧與哀十一年傳「貪冒無厭」之「貪冒」同。言楚子貪諸侯之奉己也。以逞其願，欲久，得乎？不能久於人世。周易有之，在復䷗震下坤上。之頤䷚，震下艮上。曰『迷復，凶』，復卦變爲頤卦，只得第六爻陰爻變爲陽爻，故用復上六爻辭。其楚子之謂乎！欲復其願，復即復言之復，實踐也。說參見論語譯注「言可復也」注。而棄其本，杜注：「不修德。」高亨左傳國語的周易說通解云：「迷復是迷了路而才想回來，希望回到自己所喜愛的地方，然而忘掉原來路徑，結果是無處可歸。」以忘掉原路解棄其本，亦通。復歸無所，是謂迷復，能無凶乎？君其往也，送葬而歸，以快楚心。楚不幾十年，未能恤諸侯也，幾，近也，復上六爻辭又云：「至于十年不克征。」子大叔謂楚不近十年未能恤諸侯，蓋本此。未能恤諸侯，即未能爭霸，此當時習慣語。恤，憂也。吾乃休吾民矣。」裨竈曰：「今茲周王及楚子皆將死。歲棄其次，即不在星紀。而旅於明年之次，旅，行也。明年之次即玄枵。以害鳥、帑，周、楚惡之。」杜注：「歲星所在，其國有福。失次於北，禍衝在南。南爲朱鳥，鳥尾曰帑。鶉火、鶉尾，周、楚之分，故周王、楚子受其咎。俱論歲星過次，梓慎則曰宋、鄭饑，裨竈則曰周、楚王死，傳故備舉以示卜占唯人所在。」朱鳥即朱雀，南方井、鬼、柳、星、張、翼、軫七宿之總稱。鶉火在二十八宿中爲柳、星、張三宿，鶉尾爲翼宿與軫宿。

九月，鄭游吉如晉，告將朝于楚以從宋之盟。子產相鄭伯以如楚。舍不爲壇。古代國君至他國設壇以受郊勞。先清除野草，爲一坦坪，然後積土爲壇。坦坪亦曰場，亦曰墠，所謂除地爲場、除地爲墠也。壇在場内，尚書金縢「三壇同墠」可證。舍者，在郊爲帷宮，設旌門，受郊勞也。外僕言曰：「昔先大夫相先君適四國，外僕，官名，職主爲壇及舍者。先大夫、先君，泛指以前鄭國之君與大臣。四國，四方各國。未嘗不爲壇。自是至今亦皆循之。是指先大夫相先君之時。今子草舍，不除草而爲舍，謂草舍。無乃不可乎？」子產曰：「大適小，則爲壇；小適大，苟舍而已，大，大國。小，小國。焉用壇？僑聞之：大適小有五美：宥其罪戾，赦其過失，救其菑患，賞其德刑，刑，法也。有德可則，有刑可範。教其不及。此五美自非一國一時同時進行，而是擇其當爲者爲之。小國不困，懷服如歸，是故作壇以昭其功，宣告後人，無怠於德。小適大有五惡：説其罪戾，説，解説，解釋。大國自己文飾其罪過。請其不足，行其政事，杜注：「奉行大國之政。」共其職貢，共今作供。小國對大國有貢獻。從其時命。此以從其時命爲惡，則時命當與昭三十年傳「事大在共其時命」之「時命」異義，蓋謂不時之命亦從之。不然，則重其幣帛，幣帛爲廣義，泛指一切貢賦。以賀其福而弔其凶，無論大國有喜有禍，皆加重小國之貢賦。皆小國之禍也，焉用作壇以昭其禍？所以告子孫，無昭禍焉可也。」鄭伯被迫朝楚，故子產所行所言如此。

二八·九

齊慶封好田而耆酒，田，打獵。耆同嗜。與慶舍政，杜注：「舍，慶封子。」慶封當國，不自爲政，以付舍。」則以其內實遷于盧蒲嫳氏，杜注：「內實，寶物妻妾也，移而居嫳家。」易內而飲酒。內，妻妾也。數日，國遷朝焉。慶封雖以政付其子舍，但己仍任當國之名，諸大夫仍往就盧蒲嫳之家而朝。使諸亡人得賊者，以告而反之，亡人，避崔杼之難者。賊，孔疏謂是莊公之黨，誤。賊乃崔氏之黨。欲逃亡之人得崔氏之黨者，告于慶氏，以功除罪，令其返國。故反盧蒲癸。癸臣子之，子之，慶舍字。癸爲其臣。有寵，妻之。杜注：「子之以其女妻癸。」慶舍之士謂盧蒲癸曰：卿大夫之家臣，其長曰室老，曰宰，其餘皆可泛稱爲士。「男女辨姓，子不辟宗，何也？」古禮同姓不婚，故云男女辨姓。慶氏與盧蒲氏皆姜姓，同宗，故云不避宗。曰：「宗不余辟，此倒裝句，猶言宗不避余。因慶舍欲以女嫁之。余獨焉辟之？焉，疑問副詞，如何。賦詩斷章，余取所求焉，賦詩斷章，譬喻語。春秋外交常以賦詩表意，賦者與聽者各取所求，不顧本義，斷章取義也。惡識宗？」癸言王何而反之，言于慶舍，使王何返齊。二人皆嬖，使執寢戈而先後之。杜注：「寢戈，親近兵杖。」二人皆爲舍之近衞，或在舍先，或在舍後。

公膳日雙鷄，公膳爲一詞，即在公朝辦事用餐，由朝廷供給伙食。六朝謂之客食，唐朝謂之堂饌。每日雙鷄，蓋大夫之膳食。饔人竊更之以鶩。饔人，主割烹之事者。鶩音木，又音務，家鴨。野鴨曰鳧。御者知之，御者，進食之人。則去其肉，而以其洎饋。洎音暨，肉汁。子雅、子尾怒。杜注：「二子皆惠公孫。」呂氏春秋慎行篇高注云：「公孫竈，惠公之孫，公子欒堅之子子雅也。蠆，惠公之孫，公子高祈（當作祈高）之子子尾也。」慶封告盧蒲嫳。公膳之事，當國者有責，子雅、子尾故怒慶封，慶封知之以告盧蒲嫳。盧蒲嫳曰：「譬之如禽獸，吾寢處之矣。」古者殺獸，食其肉而寢其皮。使析歸父告晏平仲。慶氏欲與晏嬰共謀殺子雅、子尾。平仲曰：「嬰之衆不足用也，知無能謀也。知同智。言弗敢出，不敢洩密。有盟可也。」晏嬰不與慶封之謀，飾辭以謝之。又懼禍及於己，故曰言弗敢出。子家曰：「子之言云，杜以此子家爲析歸父，但下文又有子家，則是慶封。同一文中出現同名之人，依左傳體例，必加氏號以資分別，如鄭之二子石，後文即俱用名印段與公孫段。此文同一子家，當是同一人，皆慶封也。蓋析歸父以晏嬰之言告慶封，封答之也。云，如此。又焉用盟？」告北郭子車。杜注：「子車，齊大夫。」此亦慶封或封使析歸父告之。子車曰：「人各有以事君，非佐之所能也。」杜

注：「佐，子車名。」陳文子謂桓子曰：杜注：「桓子，文子之子無宇。」「禍將作矣，吾其何得？」對曰：「得慶氏之木百車於莊。」莊，臨淄城大街名。孟子滕文公下「引而置之莊、嶽之間」，即此莊。日知録引邵國寶云：「此陳氏父子爲隱語以相喻也。」木乃作屋之材，莊是京都之道，意謂慶氏必敗，我可得人得權。文子曰：「可慎守也已。」得之不可失也。

盧蒲癸、王何卜攻慶氏，示子之兆，子之，即慶舍。兆，龜之裂紋，由此裂紋以卜吉凶。曰：「或卜攻讎，敢獻其兆。」子之曰：「克，見血。」冬十月，慶封田于萊，萊，今山東昌邑縣東南，距臨淄約百五十里。陳無宇從。丙辰，丙辰，十七日。文子使召之，請曰：「無宇之母疾病，請歸。」慶季卜之，杜注：「季，慶封。」示之兆，曰：「死。」以兆示無宇，無宇曰死兆。奉龜而泣，無宇捧龜而假泣。無宇必欲歸，不惜僞言母將死。乃使歸。慶嗣聞之，杜注：「嗣，慶封之族。」曰：「禍將作矣。」聞陳無宇歸，知其必有禍。謂子家：「速歸，杜注：「子家，慶封字。」禍作必於嘗，杜注：「嘗，秋祭。」蓋齊用夏正，魯之冬，夏正之秋也。歸猶可及也。」子家弗聽，亦無悛志。悛，改過也。句謂無悔改之意。子息曰：子息，慶嗣字。「亡矣！幸而獲在吴、越。」陳無宇濟水，而戕舟發梁。自萊至臨淄，須渡濰水、瀰河、淄水。戕，破壞。發，即撤去，見讀左傳。梁，橋梁。

盧蒲姜謂癸曰：杜注：「姜，癸妻，慶舍女。」「有事而不告我，必不捷矣。」癸告之。姜曰：「夫子愎，杜注：「夫子謂慶舍。」愎音必，倔强。莫之止，將不出。我請止之。」癸曰：「諾。」十一月乙亥，乙亥，七日。嘗于大公之廟，慶舍涖事。涖臨祭事。句省「將」字，謂將涖事也。盧蒲姜告之，且止之，弗聽，曰：「誰敢者？」遂如公。至公所，即大公廟。麻嬰爲尸，古代祭祀，以活人代受祭者，曰尸。慶奊爲上獻。奊音瀉。上獻即上賓，在屬吏中遴選，儀禮有司徹「上賓洗爵以升」是也。亦曰賓長。詳沈欽韓補注。盧蒲癸、王何執寢戈，慶氏以其甲環公宫。杜注：「廟在宫内。」陳氏、鮑氏之圉人爲優。圉人，養馬者。優即俳優，演戲以及表演曲藝者。慶氏之馬善驚，善，荀子解蔽篇楊倞注：「猶喜也。」驚則跳躍奔馳。士皆釋甲、束馬，杜注：「束，絆之也。」蓋不使馬驚跳奔逸。而飲酒，且觀優，至於魚里。杜注：「魚里，里名。優在魚里，就觀之。」顧棟高大事表七之一云：「魚里當近在宫門之外。」山東通志謂陳文子故居在此，不知何據。欒、高、陳、鮑之徒介慶氏之甲。杜注：「欒，子雅；高，子尾；陳，陳須無；鮑，鮑國。」蓋慶氏之士既釋甲，四族之徒因取而着之。子尾抽桷，桷音角。博雅：「榱也。」擊扉三，扉，門扇。盧蒲癸自後刺子之，王何以戈擊之，解其左肩。擊墜其左肩。猶援廟桷，桷，方形椽子。動於甍。甍音萌，棟梁也。釋名謂爲屋脊。以俎、壺投，俎，盛肉器。壺，盛酒器。殺人而後死。杜注：「言其多力。」遂殺慶繩、麻嬰。

杜注：「慶繩，慶奭。」二人皆慶氏之黨。公懼，鮑國曰：「羣臣爲君故也。」杜注：「言欲尊公室，非爲亂。」陳須無以公歸，稅服而如內宮。稅，音義同脫。服，祭服。慶封歸，遇告亂者。丁亥，丁亥，十九日。伐西門，弗克。還伐北門，克之。入，伐內宮，入城，攻內宮，以陳、鮑諸人在內宮。弗克。反，陳于嶽，山東通志謂嶽里在臨淄南街，未必可信。里巷狹小，不足以列陣，嶽當亦是大街。孟子滕文公下「引而置之莊、嶽之間」，顧炎武日知録亦謂嶽是里名，則與「之間」二字不切合，恐誤。請戰，弗許，遂來奔。獻車於季武子，美澤可以鑑。車有木有銅，木有漆，既華麗，又光澤，可以照人。展莊叔見之，杜注：「魯大夫。」曰：「車甚澤，人必瘁，文選陸機嘆逝賦李善注云：「瘁猶毁也。」瘁即憔瘁之瘁。人謂他人。意謂慶氏之車如此華美，必聚斂特甚，受其害者心憔悴。或以人與車對文，人指慶氏，則以瘁爲毁壞之意。宜其亡也。」叔孫穆子食慶封，便宴也。慶封汜祭。古代飲食必先祭，論語鄉黨「雖疏食菜羹必祭」、「侍食於君，君祭，先飯」是也。祭食之禮，凌廷堪禮經釋例及孫詒讓周禮春官大祝「辨九祭」正義言之極詳。蓋汜祭猶大祝之周祭、曲禮之徧祭，叔孫宴慶封，非慶封所宜爲，封不知禮也。穆子不說，使工爲之誦茅鴟，杜注：「工，樂師。茅鴟，逸詩，刺不敬。」去年傳謂「叔孫與慶封食，不敬，爲賦相鼠，亦不知也」，今年慶封又失禮，故不賦而誦茅鴟。亦不知。既而齊人來讓，責備魯國接受慶封避難。奔吴。吴句餘予之朱方，杜注：「句餘，吴子夷末也。」朱方，吴邑。」服虔以句餘爲餘祭，孔疏云：「杜以爲夷末者，以慶封此年之末始來奔魯，齊人來讓，方更奔吴。明年五月而閽弒餘祭，計其間未得賜慶封以邑，故以句餘爲夷末也。」然慶封奔吳若在二十九年初，餘祭賜以邑，亦極可能，服虔較是。　朱方，今江蘇鎮江市東丹徒鎮南。　聚其族焉而居之，富於其舊。　較在齊時更富。吳世家謂吳王以女妻慶封。　子服惠伯謂叔孫曰：「天殆富淫人，慶封又富矣。」穆子曰：「善人富謂之賞，淫人富謂之殃。　此二語賞、殃爲韻，古音同在陽唐部，此是成語。　天其殃之也，其將聚而殲旃。」　殲滅，盡殺之也。　旃，之焉合音字。

二八·一〇　癸巳，癸巳，十一月二十五日。　天王崩。　未來赴，亦未書，禮也。

二八·一一　崔氏之亂，喪羣公子，故鉏在魯，叔孫還在燕，賈在句瀆之丘。　此二十一年齊莊公復討公子牙之黨之事。　齊莊之立由崔杼，故溯其源曰崔氏之亂。　二十一年傳云「執公子買于句瀆之丘」，此云賈，買、賈二字形近，阮元校勘記云：「未知孰是。」　及慶氏亡，皆召之，具其器用，而反其邑焉。　與晏子邶殿其鄙六十，　邶殿，今山東昌邑縣西北郊。「其」作「之」用，例見詞詮。　邶殿其鄙，邶殿之鄙也。　邶殿齊之大邑，其郊鄙亦廣。　六十，六十邑。　參去年傳注。　弗受。　子尾曰：「富，人之所欲也。　何獨弗欲？」對曰：「慶氏之邑足欲，故亡。　吾邑不足欲也，益之以邶殿，乃足欲。　足欲，亡無日矣。　在外，不得宰吾一邑。　言若逃亡在外，我連一邑都不能主宰之。　不受邶殿，非惡富也，恐失富也。　且夫富，如布帛之有幅焉。　說文：「幅，布帛廣也。」富與幅俱從畐得聲，故以相譬喻。爲之制度，使無遷也。古代布寬二尺二寸，帛寬二尺四寸，此即制度，不能增減。禮記王制：「幅廣狹不中量，不粥於市。」夫民，生厚而用利，生厚，謂生活享受欲豐厚。用利，謂器物財貨欲富饒。於是乎正德以幅之，端正道德以限制之。此幅字由布帛之幅引伸爲限制之義。使無黜嫚，黜，貶也，下也，退也。此用作不足之義。嫚，借爲漫，水滿而泛濫爲漫，此用爲過之之義。謂之幅利。限制其利。利過則爲敗。吾不敢貪多，所謂幅也。」與北郭佐邑六十，受之。與子雅邑，辭多受少。與子尾邑，受而稍致之。廣雅釋詁：「稍，盡也。」盡還之于景公。公以爲忠，故有寵。釋盧蒲嫳于北竟。盧蒲嫳，本慶封之黨。釋，放也，謂逐之于北邊。昭三年傳又謂齊侯田獵于莒，嫳見之，又逐之于北燕。

求崔杼之尸，將戮之，不得。叔孫穆子曰：「必得之。武王有亂臣十人，說文：「亂，治也。」亂臣，治理天下之臣。論語泰伯篇：「武王曰：『予有亂臣十人。』」鄭玄注：「十人謂文母、周公、大公、畢公、榮公、大顛、閎夭、散宜生、南宮括。」崔杼其有乎？「其」用法同「豈」，謂崔杼無之。不十人，不足以葬。」邵寶左觿云：「無則不足以葬，未葬則尸可得。」既，崔氏之臣曰：「與我其拱璧，拱璧，大璧。崔杼有大璧，其人欲得之。吾獻其柩。」於是得之。十二月乙亥朔，十一月有乙亥，丁亥，則十二月朔不得爲乙亥。「乙」乃「己」之形近誤。齊人遷莊公，遷葬也。殯于大寢。葬前先殯。説文：「殯，死（尸）在棺，將遷葬柩，賓遇之。」大寢即路寢，天子諸侯之正室也。以其棺尸崔杼於市。用崔杼之棺，曝崔杼之尸。國人猶知之，知，認識。皆曰「崔子也」。言其尸體尚未腐朽。

二八・三　爲宋之盟故，公及宋公、陳侯、鄭伯、許男如楚。公過鄭，鄭伯不在，杜注：「已在楚。」伯有迋勞於黄崖，異國之君過境而不入國都，則大夫出往勞之，上文「君使子展迋勞於東門之外」亦然。據水經注楊守敬疏，黄崖在今新鄭縣北。不敬。伯有不敬。穆叔曰：「伯有無戾於鄭，戾，罪也。鄭必有大咎。杜注：「伯有不受戮，必還爲鄭國害。」敬，民之主也，而棄之，何以承守？杜注：「言無以承先祖，守其家。」鄭人不討，必受其辜。辜猶殃也，禍也。濟澤之阿，渡口曰濟；水草之交曰澤；阿，水崖也。濟澤之阿猶言薄土。行潦之蘋、藻，行，道路。潦，積水。蘋，浮萍。藻，水草。寘諸宗室，杜注：「薦宗廟。」即用作祭品。季蘭尸之，敬也。此數句義與詩召南采蘋同。詩有句云：「于以（何處）采蘋？南澗之濱。于以采藻？于彼行潦。」又云：「于以奠之？宗室牖下。誰其尸之？有齊季女。」季蘭即詩之季女。俞樾平議謂季蘭即詩小雅車舝「思孌季女逝兮」之思孌季女，蘭借爲孌，似是而實非。汪之昌青學齋集季蘭尸之解謂季蘭實人名，尚可備一説。隱三年傳亦引此詩，唯此言敬，彼言忠信耳。敬可棄乎？」杜注：「爲三十年鄭殺良霄傳。」

及漢，楚康王卒。公欲反。叔仲昭伯曰：「我楚國之爲，豈爲一人？杜注：「昭伯，叔仲帶。」言我來乃爲楚國，非爲康王一人。行也！」子服惠伯曰：「君子有遠慮，小人從邇。飢寒之不恤，誰遑其後？誰暇顧及後果。此承上省動詞「恤」字。詩邶風谷風：「我躬不閱，遑恤我後？」則不省。下文「誰能恤楚」亦不省。不如姑歸也。」叔孫穆子曰：「叔仲子專之矣，杜注：「言足專用。」子服子，始學者也。」杜注：「言未識遠。」榮成伯曰：「遠圖者，忠也。」杜注：「成伯，榮駕鵞。」杜氏世族譜又云：「叔肸曾孫。」叔肸，宣公弟。公遂行。仍繼續往楚。宋向戌曰：「我一人之爲，非爲楚也。飢寒之不恤，誰能恤楚？恤楚爲宋患也。姑歸而息民，待其立君而爲之備。」宋公遂反。魯語下亦載此，敘昭伯之言甚詳，且有不同。

二八·一三 楚屈建卒，趙文子喪之如同盟，禮也。宋之盟，見二十七年傳。晉以趙武爲主，楚以屈建爲主，故如同盟。

二八·一四 王人來告喪，問崩日，以甲寅告，實死于癸巳。故書之，以徵過也。釋文：「徵，本或作懲。」讀徵爲懲，懲，罰也。

二十九年，丁巳，公元前五四四年。周景王貴元年、晉平十四年、齊景四年、衛獻三十三年、蔡景四十八年、鄭簡二十二年、曹武十一年、陳哀二十五年、杞文六年、宋平三十二年、秦景三十三年、楚郟敖麇元年、吳餘祭四年、許悼三年。

經

二九・一　二十有九年春王正月，正月二十九日丙申冬至，建子，有閏月。公在楚。

二九・二　夏五月，公至自楚。去年十一月魯襄公往楚，此年五月歸，凡歷七月。

二九・三　庚午，庚午，六月五日。此未書月，蓋史失之。衞侯衎卒。無傳。

二九・四　閽弒吳子餘祭。

二九・五　仲孫羯會晉荀盈、齊高止、宋華定、衞世叔儀、鄭公孫段、曹人、莒人、滕人、薛人、小邾人城杞。「儀」，公羊作「齊」。「莒人」下公、穀有「邾（公羊例作邾婁）人」。

二九・六　晉侯使士鞅來聘。

二九・七　杞子來盟。汪克寬春秋胡傳附録纂疏云：「杞自莊二十七年稱伯，至僖二十三年、二十七年兩稱子。自後並稱伯，惟此年來盟稱子，厥後終春秋稱伯。」

二九・八　吳子使札來聘。吳聘始于此。

二九・九　秋九月，葬衞獻公。無傳。

二九·一〇 **齊高止出奔北燕。** 北燕始見於春秋。

二九·一一 **冬，仲孫羯如晉。**

傳

二九·一 **二十九年春王正月，公在楚，釋不朝正于廟也。** 所以書「公在楚者」，蓋爲「不朝正于廟」作解釋。諸侯每月初一至祖廟，殺羊致祭，然後回朝聽政。前者謂之告朔、視朔或聽朔，後者謂之朝廟、朝享或朝正。告朔之禮大，但春秋中期以後，天子、諸侯均不親臨，僅殺羊而已，故「子貢欲去告朔之餼羊」（論語八佾）。此不言告朔，而言朝正，或者魯此時已不告朔矣。

楚人使公親襚， 襚音遂，爲死者穿衣。含、襚、賵、臨爲諸侯使臣弔鄰國之喪之禮，詳禮記雜記上。此時魯公至楚，楚人竟欲魯公親爲之。禮記檀弓下亦載此事，云「襄公朝于荆，康王卒。荆人曰：『必請襲。』」云云，鄭注：「欲使襄公衣之。」則襚即襲。但魯襄公去年十二月往楚，及漢，楚康王卒。據下文祓殯，則康王已大斂而停柩矣。殯後致襚，亦見雜記上，將送死者之衣服置于柩東。甚至有死已十年而後致襚者，文九年傳「秦人來歸僖公、成風之襚」是也，則僅受之而已。**公患之。穆叔曰：「祓殯而襚，則布幣也。」** 祓音拂，祓除不祥之祭。先行祓殯，而後致襚，與朝而布幣無異。布幣，即將朝聘之皮幣陳列之。**乃使巫以桃、茢先祓殯。** 以桃棒與苕帚先在柩上掃除不祥。茢音列，苕帚也。據禮記檀弓下「君臨臣喪，以巫祝桃茢執戈，惡之也」，則桃茢祓殯，乃君臨臣喪之禮。楚人弗禁，既而悔之。本欲視魯君爲臣，而反使魯君行臨臣喪之禮。

二九·二　二月癸卯，癸卯，六日。齊人葬莊公於北郭。杜注：「兵死不入兆域，故葬北郭。」

二九·三　夏四月，葬楚康王，公及陳侯、鄭伯、許男送葬，至於西門之外，諸侯之大夫皆至于墓。楚郟敖即位，杜注：「郟敖，康王子熊麇也。」王子圍爲令尹。杜注：「圍，康王弟。」鄭行人子羽曰：「是謂不宜，必代之昌。松柏之下，其草不殖。」此言王子圍强霸，而郟敖幼弱。圍爲松柏，郟敖僅其下之草而已。晉語九士茁亦云「松柏之地，其土不肥」，亦此義。杜注：「爲昭元年圍弒郟敖起本。」

二九·四　公還，及方城。季武子取卞，杜注：「取卞邑以自益。」卞今泗水縣東，洙水北岸。本魯公室邑，故魯語下載此事，謂襄公欲出楚師以伐魯，榮成伯力勸止之，乃歸。使公冶問，魯語下作「使季冶逆」。問爲問候，逆爲迎接。襄公未離楚境，且季武子亦難以知襄公還歸之日程，左傳較確。杜注以公冶爲「季氏屬大夫」，魯語下韋注則曰「季冶，魯大夫，季氏之族子冶也」。據下文，「致其邑於季氏」云云，則爲季氏屬大夫明矣。璽書追而與之，以印封書追與公冶，使之轉致襄公。璽，印章。蔡邕獨斷云：「古者尊卑共用之。」據韓非子外儲說左下，西門豹爲鄴令，魏文侯收其璽，是大夫之官印亦曰璽，即尊卑共用璽名。秦始皇始以天子之印曰璽，然據漢書百官表師古注引漢舊儀，諸侯王之印亦稱璽。古時無印泥，封識用印，先以泥封口，然後按印，近世有所發現，謂之封泥。清人吴式芬、陳介祺曾合輯封泥考略，可參看。據于省吾雙劍誃古器物圖録，載殷商銅璽摹本三，一爲「商[illegible]鉩（古璽字）」，一爲「商隼鉩」，一爲「商奇文鉩」。然此三璽，出自古董商，疑不可信。清徐堅西京職官印譜自序謂印「始於周，沿於秦，而法備于漢」。周禮秋官職金云「楬而璽之」，亦用璽之證也。曰：「聞守卞者將叛，臣帥徒以討之，既得之矣。敢告。」此璽書内容。蓋季武子欲得卞，乘襄公不在國内，借口卞大夫將叛而自取之。公冶致使而退，致使，問魯公安，亦交璽書。及舍，而後聞取卞。公冶固不知璽書内容，襄公拆閲而後傳聞於外，始知之。公曰：「欲之而言叛，祇見疏也。」此襄公忿怒語。意謂季武子欲之，無妨與我言之。借口卞叛而取之，徒疏遠我。公謂公冶曰：「吾可以入乎？」恐季氏於己有不利行爲。對曰：「君實有國，誰敢違君？」公冶估計國内無人敢拒襄公。公與公冶冕服。襄公知公冶不以季氏爲然。杜注：「以卿服玄冕賞之。」固辭，强之而後受。公欲無入。榮成伯賦式微，式微，詩邶風篇名。有云：「式微式微，胡不歸？」榮成伯勸之入國。式，語首詞。乃歸。五月，公至自楚。

公冶致其邑於季氏，退還季氏所與之邑，示不爲其臣。而終不入焉。杜注：「不入季孫家。」曰：「欺其君，何必使余？」公冶知季孫問公起居是假，致書告取卞是真。取卞是欺君，己受使亦見欺。季孫見之，則言季氏如他日；謂季氏與之相見，則一如既往與季孫言。不見，則終不言季氏。及疾，聚其臣，此臣謂爲公治服務之人。曰：「我死，必無以冕服斂，非德賞也。公治自恨爲季孫欺騙魯君，魯君賞之，則非以其有德，因不欲以所賞斂。且無使季氏葬我。」

二九·五 葬靈王，杜注：「不書，魯不會。」鄭上卿有事。時鄭伯猶在楚。鄭上卿子展守國不能離。子展使印段往。伯有曰：「弱，年少。不可。」子展曰：「與其莫往，莫，無人也，例見詞詮。弱，不猶愈乎？詩云：『王事靡盬，日知録三云：「凡交於大國，朝聘、會盟、征伐之事謂之王事，其國之事謂之政事。」靡，無也。盬，不堅固、不細緻也。不遑啓處。』句見詩小雅四牡。遑，暇也。啓，跪也。處，居也。古人以跪代坐。跪則以膝着地而直其身，處則以膝着地而臀下于足跟。此處跪處猶言安居。詩意謂從事王事應踏實細緻，則無暇安居。東西南北，誰敢寧處？堅事晉、楚，以蕃王室也。蕃通藩，古言蕃屏，扞衛也，保護也。王事無曠，曠，猶闕失也。何常之有？」言不如常例使上卿往。遂使印段如周。

二九·六 吴人伐越，獲俘焉，以爲閽，閽音昏，守門人。使守舟。吴子餘祭觀舟，閽以刀弑之。馬王堆三號墓出土帛書春秋事語云：「吴伐越，复（俘）其民，以歸，弗复（而又）刑之，使守其周（舟）。紀譆曰：『刑不咎，使守布周（舟），游其禍也。刑人恥刑而哀不辜，怨以司（伺）間，千萬必有辛矣。』吴子余蔡（餘祭）觀周（舟），閩（閽）人殺之。」

二九·七 鄭子展卒，子皮即位。杜注：「子皮代父爲上卿。」據三十年駟、良之争，子皮一言而決，又授子産政，昭元年傳叙鄭卿之位序，爲罕虎（子皮）、公孫僑（子産），則子産雖執政，子皮位仍在其上。於是鄭饑，而未及麥，民病。子皮以子展之命餼國人粟，户一鍾，以子展之命者，杜注以爲「在喪，故以父命」，孔疏以爲「蓋死日近，死時民已饑，故假其生時之遺命也」。鍾，合當時六石四斗，合今日則僅一石又十分之三耳。是以得鄭國之民，故罕氏常掌國政，以爲上卿。宋司城子罕聞之，曰：「鄰於善，近於善也。民之望也。」民人所仰望者。宋亦饑，請於平公，司城子罕請也。出公粟以貸；使大夫皆貸。司城氏貸而不書，不書，不書借約，即不求歸還。爲大夫之無者貸。子罕又爲大夫之無粟者，代之貸於民。宋無飢人。叔向聞之，曰：「鄭之罕，子展、子皮，罕氏。宋之樂，宋子罕，樂氏。其後亡者也，二者其皆得國乎！杜注：「得掌國政。」民之歸也。施而不德，樂氏加焉，以己粟爲他大夫貸，施而不爲己德。加猶勝也。其以宋升降乎！」以，與也。謂隨宋之盛衰而升降，與國同運也。

二九·八

晉平公，杞出也，晉悼公夫人爲杞國女。故治杞。杜注：「治，理其地，修其城。」據昭元年傳並杜注，杞遷都淳于，故城之。淳于，今山東安丘縣東北三十餘里。六月，知悼子合諸侯之大夫以城杞，孟孝伯會之，鄭子大叔與伯石往。子大叔見大叔文子，杜注：「文子，衛大叔儀。」與之語。文子曰：「甚乎其城杞也！」爲舅家脩城而動員諸侯，故曰「甚乎」。子大叔曰：「若之何哉！晉國不恤周宗之闕，沈欽韓補注云：「周宗言周室也。」而夏肄是屏，杞爲夏之後，故曰夏肄。肄，餘也。屏，即蕃屏，保護之義。此言晉不憂周室之衰弱而惟護助夏代剩餘之國。其棄諸姬，亦可知也已。周宗爲姬姓之本，周宗尚不憂而尊之，姬姓諸國之被晉所棄，自可知矣。魯、鄭、衞皆姬姓。諸姬是棄，其誰歸之？晉亦姬姓，同姓之國猶被抛擲，則他國更不歸之。吉也聞之，棄同、即異，即，就也。此言棄同姓之國，而親近異姓之國。是謂離德。詩曰：『協比其鄰，昏姻孔云。』詩小雅正月文。協比，親附。孔，甚也。云，毛傳：「旋也。」鄭箋：「猶友也。」鄰本意爲相近者，此指諸姬。詩謂親愛相近者，婚姻之人則將甚與周旋友好。餘詳僖二十二年傳注。晉不鄰矣，此鄰爲動詞，意晉不以同姓國爲同姓國矣。其誰云之？」誰與之周旋友好乎。

二九·九

齊高子容與宋司徒見知伯，女齊相禮。杜注：「子容，高止也。司徒，華定也。知伯，荀盈也。女齊，司馬侯也。」大臣接見外賓自有司儀節之人員，即相禮之事。賓出，司馬侯言於知伯曰：「二子皆將不免。子容專，專謂自以爲是而擅行之。司徒侈，奢侈。皆亡家之主也。」知伯曰：「何如？」對曰：「專則速及，及，及於禍。侈將以其力斃，有力反足以致斃。專則人實斃之，將及矣。」金澤文庫本作「侈將及矣」，與釋文所引誤本同。杜注：「爲此秋高止出奔燕、昭二十年華定出奔陳傳。」

二九·一〇 **范獻子來聘，拜城杞也。**杜注：「謝魯爲杞城。」**公享之，展莊叔執幣。**杜注：「公將以酬賓。」幣是束帛。在享禮中，主人勸賓飲酒，送之以束帛，名爲酬幣。據公食大夫禮，賓三飯之後，公受宰夫束帛以侑，則執幣是宰夫之事，莊叔或時爲宰夫歟？**射者三耦。**此因享而射。長由盉銘云「穆王才（在）下減应，穆王鄉豐（饗醴），即井（邢）白（伯）大祝射」，謂穆王享邢伯之後，即與邢伯射，可以爲證。二人爲耦。古代天子與諸侯射六耦，諸侯與諸侯射四耦，此諸侯與卿大夫射，則三耦。依古禮，三耦先射，每射四箭；詩齊風猗嗟「射則貫兮，四矢反兮」是也。然後主人與賓射。**公臣不足，**三耦有六人，此六人必須習于禮儀又善用弓矢者。時魯公室已卑，材能之士多在私門，故公室不能備六人。**取於家臣。家臣，展瑕、展王父爲一耦；**「王」本作「玉」，今從石經、金澤文庫本、宋本作「王」。此一耦或爲上耦。**公臣，公巫召伯、仲顏莊叔爲一耦，**此或爲次耦。據廣韻「公」字注及「仲」字注及通志氏族略四皆以公巫、仲顏爲複姓，路史高辛紀下又云公巫、仲顏皆公族，唯俞正燮癸巳存稿卷一謂「公巫，官也；召伯，氏也；仲，字也，一人也。顏，氏也；莊叔，謚字也，一人也」，今不取。**鄫鼓父、黨叔爲一耦。**此或爲下耦。

二九·一一 **晉侯使司馬女叔侯來治杞田，**女叔侯即女齊，官司馬，故上文又謂之司馬侯。治杞田，使魯歸還前所取杞田。**弗盡歸也。**所歸不多。**晉悼夫人慍曰：「齊也取貨，**晉悼夫人即平公母，杞國之女。慍，怒也，怨也。取貨，杜注謂受賄。然下文叔侯答辭不辯受賄事，杜注疑不確。取貨，仍是取杞田，田土亦貨也。**先君若有知也，不尚取之。」**尚，爾雅釋詁：「右也。」郝懿行義疏云：「詩抑云『肆皇天弗尚』，言天命不佑助也。」此不尚取之，謂女齊不盡歸田於杞。先君有知，不佑助也。公告叔侯。叔侯曰：「虞、虢、焦、滑、霍、楊、韓、魏，皆姬姓也，「楊」本作「揚」，今從石經初刻、金澤文庫本及段玉裁説（阮氏校勘記引）作「楊」。此八國皆先後爲晉所滅。虞、虢等六國俱已前見。焦，在今河南三門峽市東二里。據史記，周武王封神農之後於焦，此説不可信。蓋神農之名初見于易繫辭，史記封禪書言「古者封泰山禪梁父者七十二家，而夷吾所記者十有二焉，神農封泰山，禪」云云，亦託之管仲耳。焦爲姬姓國，左傳明言之，何得爲神農之後，且周武王時更不知有神農氏也。僖二十三年傳之焦爲陳邑，與此名同地異。楊國，一云周宣王子尚父，幽王時封爲楊侯；一云唐叔虞之後，至晉武公，遜于齊，生伯僑，歸周天子，封楊侯。晉滅之以爲羊舌氏之邑。顧棟高大事表五云：「今山西洪洞縣東南十八里有楊城。」晉是以大。若非侵小，將何所取？武、獻以下，兼國多矣，杜注：「武公、獻公，晉始盛之君。」誰得治之？杞，夏餘也，夏餘義同上文之夏肄。而即東夷。杜注：「行夷禮。」魯，周公之後也，而睦於晉。以杞封魯猶可，而何有焉？焉，於是也。何有於是即何有於杞，謂不當心目中有杞國在也。魯之於晉也，職貢不乏，玩好時至，公卿大夫相繼於朝，史不絶書，府無虚月。杜注：「無月不受魯貢。」如是可矣，何必瘠魯以肥杞？瘠，音積，説文作膌，云：「瘦也。」且先君而有知也，而，用法同如，假設之詞，如果，假如，假若。毋寧夫人，而焉用老臣？」服虔云：「毋寧，寧也。」句謂先君若有知，寧使夫人自爲之，何必用我爲之。寧使夫人自爲之者，古代婦女不外交，則意謂此事先君亦曰不當爲也。

二九・一二 杞文公來盟，杜注：「魯歸其田，故來盟。」書曰「子」，賤之也。杜注：「賤其用夷禮。」杞凡六次朝魯，自此以後不再朝。

二九・一三 吳公子札來聘，札，亦曰季札，吳王壽夢第四子。見叔孫穆子，說之。說同悅。謂穆子曰：「子其不得死乎！不得死即非壽終，而以惡死。好善而不能擇人。不能選擇其人者，無能知人之善惡也。吾聞君子務在擇人。吾子爲魯宗卿，而任其大政，不慎舉，不慎重舉拔人。何以堪之？禍必及子！」杜注：「爲昭四年豎牛作亂起本。」

請觀於周樂。魯受周室虞、夏、商、周四代之樂舞，故季札請觀之。古禮于所聘之國，本有請觀之禮，說詳俞樾平議。使工爲之歌周南、召南，歌有徒歌與弦歌。此弦歌也，即以各國之樂曲伴奏歌唱。周南、召南爲詩之首二篇。南有二解，一曰南爲樂名，詩小雅鼓鍾「以雅以南」可證。一曰言周公旦、召公奭之風化自北而南，從岐周被于江、漢，南方之國亦可謂南，左傳成公九年「南冠而縶者」可證。且二南俱屢言江、漢，則此說亦有理。殷商文化，據考古發掘，已至江西之清江，湖北之武漢，湖南之石門、寧鄉，甚至西南及于四川之劍川，則周初文化被及江、漢，更有可能。左傳僖二十八年言「漢陽諸姬」，漢水且有姬姓國，尤足以證周文化之廣被。曰：「美哉！始基之矣，猶未也，然勤而不怨矣。」基之，爲王業奠定基礎，猶未成功，而民雖勞而不怨。勤，勞也。參讀左傳。季札論詩論舞，既論其音樂，亦論其歌詞與舞象。此「美哉」，善其音樂也。「始基之」以下，則論其歌詞。爲之歌邶、鄘、衛，邶、鄘、衛，本三國，所謂三監，三監叛周，周公平定之，後併入于衛，故季札只言衛。邶在今河南湯陰縣東南約三十里。鄘在今河南新鄉市西南約三十里。衛國都城即今河南淇縣，故朝歌。此三國之地本是殷紂王畿。其地域與分合可參陳啓源毛詩稽古篇卷四及孫詒讓籀高述林卷一邶鄘衛攷、卷九康侯鼎拓本跋。曰：「美哉淵乎！憂而不困者也。淵，深也。康叔時遭管叔、蔡叔以殷叛。衛武公，康叔九世孫，遭幽王褒姒之難，自是憂。然而不爲之困，武公曾將兵助周平戎。吾聞衛康叔、武公之德如是，是其衛風乎！」康叔，周公弟。周初無謚，康非謚。康叔初食采邑于康，據括地志，故康城在今河南禹縣西北三十五里。後徙封衛。爲之歌王，王乃東周雒邑王城之樂曲。曰：「美哉！思而不懼，杜注：「宗周隕滅，故憂思。猶有先王之遺風，故不懼。」其周之東乎！」謂此殆周東遷以後之樂詩。爲之歌鄭，曰：「美哉！此論樂。其細已甚，此論詩辭，所言多男女間瑣碎之事，有關政治極少。已，太也。民弗堪也。風化如此，政情可見，故民不能忍受。是其先亡乎！」鄭亡於公元前三七六年，即周安王二十六年。韓哀侯元年滅鄭，韓徙都于鄭，故戰國韓亦稱鄭。爲之歌齊，曰：「美哉，泱泱乎！大風也哉！此論樂。表東海者，其大公乎！爲東海諸國之表率者可能是姜太公之國。國未可量也。」爲之歌豳，豳風今詩在秦風後，豳風前尚有魏、唐、陳、檜、曹諸風，魯歌詩次序不與今本同。豳，音彬，周之舊國，公劉所都，太王避狄遷之，孟子梁惠王下所謂「昔者太王居邠（即豳），邑于岐山之下居焉」是也。豳在今陝西彬縣東北二十餘里。曰：「美哉，蕩乎！蕩乎猶論語泰伯之「蕩蕩乎」，博大貌。樂而不淫，其周公之東乎！」杜注：「樂而不淫，言有節也。周公遭管、蔡之變，東征三年，爲成王陳后稷先公不敢荒淫，以成王業，故言其周公之東乎。」季札一言「其周之東乎」，一言「其周公之東乎」，意自不同，蓋王風爲東周作品，豳風則西周所作，故此周公之東杜解爲征東。**爲之歌秦，曰：「此之謂夏聲。**古指西方爲夏，吕氏春秋古樂篇「伶倫自大夏之西」，高誘注：「大夏，西方之山。」春秋時，陳公子少西字子夏，鄭公孫夏字子西，延至東晉時之赫連勃勃據内蒙之鄂爾多斯及陜西省等地，國號大夏，亦單稱夏，後魏以爲夏州，唐亦稱夏州。至宋時，趙元昊立國稱大夏，史稱西夏。則夏聲者，西方之聲也。**夫能夏則大，**方言：「夏，大也。自關而西，凡物之莊大者而愛偉之，謂之夏。」**大之至也，其周之舊乎！」**秦盡有周之舊地。**爲之歌魏，**魏，本姬姓國，在今山西芮城縣北，閔元年晉獻公滅之。**曰：「美哉，渢渢乎！**渢音馮，又音凡。漢書地理志：「美哉，渢渢乎！」師古注：「渢渢，浮貌也。」此亦論其樂曲。下數句似論詩辭。**大而婉，**大，粗也。魏風多刺詩，葛屨甚至明言「是以爲刺」，但其言較婉和，如汾沮洳、園有桃等。**險而易行，**險、易爲相對之詞，如易繫辭上「卦有小大，辭有險易」。當季札時，魏早爲晉魏氏之采邑，此言其政令習俗，雖艱難而行之甚易也。説文：「險，阻難也。」集韻：「艱難也。」杜注謂「險當爲儉，字之誤也」，不確。**以德輔此，則明主也。」**吴世家作「盟主」，沈濤銅熨斗齋隨筆謂左傳亦當作「盟主」，不可信。**爲之歌唐，**唐叔虞之初封，今山西太原市。**曰：「思深哉！其有陶唐氏之遺民乎！**「民」，石經及王念孫説作「風」，但下文云「非令德之後」，則作「民」是。堯本封陶，後徙于唐，則唐舊爲堯都，故云有「陶唐氏之遺民」。至劉子風俗篇謂「晉有唐、虞之遺風」，不僅言唐，且連及虞，顯然不足爲證。**不然，**

何其憂之遠也？「其」字本無，今從石經、唐風正義引、金澤文庫本增。非令德之後，誰能若是？」為之歌陳，陳國之地在今河南開封市以東，安徽亳縣以北。詩有宛丘，陳都宛丘，今河南淮陽縣。曰：「國無主，其能久乎！」哀公十七年傳云：「七月己卯，楚公孫朝帥師滅陳。」陳滅距此年不過六十五年。自鄶以下無譏焉。「鄶」亦作「檜」，鄶國相傳為祝融之後，周初封此，在今河南鄭州市南，為鄭武公所滅。鄶以下者，尚有曹風也。為之歌小雅，曰：「美哉！思而不貳，杜注：「思文、武之德，無貳叛之心。」竹添光鴻會箋云：「思只是哀思，非思文、武。」似較長。怨而不言，杜注：「有哀音。」其周德之衰乎？猶有先王之遺民焉。」先王當指周代文、武、成、康諸王。服虔謂周德之衰疑其為幽王、厲王之政。為之歌大雅，曰：「廣哉，熙熙乎！熙熙，和樂貌。曲而有直體，言其樂曲有抑揚頓挫高下之妙，而本體則直。其文王之德乎！」為之歌頌，曰：「至矣哉！直而不倨，說文：「直，正見也。」尚書洪範孔傳：「直，無私也。」倨，倨傲，不遜。曲而不屈，雖能委曲，而不屈折。邇而不偪，偪同逼，侵迫也。雖與君親近而不侵犯君。遠而不攜，雖相距甚遠，而于君于國不離貳。遷而不淫，淫，亂也（呂氏春秋古樂篇高注），傾邪也（禮記儒行鄭玄注）。雖經遷徙而不邪不亂。復而不厭，雖反復往來，而不厭倦。哀而不愁，杜注：「知命。」樂而不荒，杜注：「節之以禮。」用而不匱，用謂行其德，故杜注云「德弘大」。俞樾平議謂「用疑困字之誤」，不足信。廣而不宣，心寬廣而不自顯。施而不費，論語堯曰：「因民之所利而利之，斯不亦惠而不費乎？」施即施惠。取而不貪，杜注：「義然後取。」雖有所取，易於足欲。處而不底，處，不動。底，停滯也，止也。杜注：「守之以道。」行而不流。此與「處而不底」正相對。行動而不流蕩。杜注：「制之以義。」五聲和，宮、商、角、徵、羽五聲和諧。八風平。八風見于呂氏春秋有始篇，亦見淮南子地形訓與說文，其名雖異，皆謂八方之風。隱五年傳云「舞所以節八音而行八風」，則季札所謂八風平者，亦指樂曲協調耳。節有度，守有序，杜注：「八音克諧，節有度也。無相奪倫，守有序也。」此皆樂曲之節拍得其正，音階之調和得其體。盛德之所同也。」頌有周頌、魯頌、商頌。周頌爲周初作品，贊揚文、武、成諸王者；魯頌爲頌僖公之作，商頌爲頌宋襄公之作，皆宗廟之樂歌，詩大序所謂「美盛德之形容，以其成功告于神明」者也。季札只論頌之樂曲，不論三頌所頌之人德之高下，功之大小，故曰「盛德之所同」。

見舞象箾、南籥者，周頌維清序云：「奏象舞也。」「箾」同「簫」。舞象箾，蓋奏簫而爲象舞。詩邶風簡兮云：「左手執籥，右手秉翟。」則籥與翟（野鷄毛）皆舞時所用具。籥音樂，形似笛之樂器，孟子梁惠王下「管籥之音」可證。舞南籥，蓋奏南樂以配籥舞。曰：「美哉！猶有憾。」象箾、南籥皆頌文王之舞，故杜注云：「美哉，美其容也。文王恨不及己致太平。」見舞大武者，杜注：「武王樂。」曰：「美哉！周之盛也，其若此乎！」見舞韶濩者，濩音護。韶濩，周禮春官大司樂謂之大濩。鄭玄注：「殷湯樂。」曰：「聖人之弘也，而猶有慙德，慙同慚，慚愧之德，季札或以商湯伐桀爲以下犯上，故云

「猶有慙德」而表不滿。聖人之難也。」見舞大夏者，杜注：「禹之樂。」曰：「美哉！勤而不德，淮南子繆稱訓云「禹無廢功，無廢財，自視猶觖如也」，可解此「勤而不德」。不德，不自以爲德也。非禹，其誰能修之？」修之謂創此樂舞。呂氏春秋古樂篇云：「禹立，勤勞天下，日夜不懈。命皋陶作爲夏籥九成，以昭其功。」見舞韶箾者，「箾」同「簫」。韶箾亦作簫韶，尚書益稷「簫韶九成」是也。相傳爲虞舜之樂舞。曰：「德至矣哉，大矣！如天之無不幬也，幬音導，又音陶，覆蓋也。如地之無不載也。雖甚盛德，雖同唯，參見詞詮。其蔑以加於此矣，觀止矣。盡善盡美至于最大限度，故曰觀止。若有他樂，吾不敢請已。」姜宸英湛園札記云：「季札觀樂，使工歌之，初不知其所歌者何國之詩也。聞聲而後別之，故皆爲想像之辭，曰：『此其衞風乎！』『其周之東乎！』至于見舞，則便知其爲何代之樂，直據所見以贊之而已，不復有所擬議也。」

其出聘也，通嗣君也。嗣君，杜注以爲餘祭，賈逵、服虔皆以爲夷昧。此時餘祭立歷四年，季札出使前餘祭已被殺，夷昧新立，則賈、服之説較可信。故遂聘于齊，説晏平仲，説同悦。謂之曰：「子速納邑與政。杜注：「納，歸之公。」無邑無政，乃免於難。齊國之政將有所歸，未獲所歸，難未歇也。」歇，息也。故晏子因陳桓子以納政與邑，是以免於欒、高之難。欒、高之難見昭十年傳。

聘於鄭，見子産，如舊相識。與之縞帶，縞音稿，白色生絹。帶，大帶，亦曰紳。子産獻紵衣焉。紵音佇，麻也。麻所織之衣曰紵衣。鄭世家云「子産厚遇季子」，即此互相贈物乎。謂子産曰：「鄭之執政侈，執政指伯有。難將至矣，政必及子。子爲政，慎之以禮。不然，鄭國將敗。」

適衛，説蘧瑗、蘧伯玉，其人也，論語憲問所謂「欲寡其過而未能」，淮南子原道所謂「年五十而知四十九年非」。史狗、杜注：「史朝之子文子。」史鰌、鰌音秋。即史魚，其人又見定十三年傳、論語衛靈公、大戴禮保傅諸書。公子荆、論語子路載孔丘謂之善居室。禮記檀弓、論語憲問等書皆曾載其行事。公子朝，非昭二十年傳之公子朝。梁玉繩史記志疑疑爲「公孫朝」之誤。曰：「衛多君子，未有患也。」

自衛如晉，將宿於戚，戚爲孫文子之邑。季札蓋由吴（今蘇州市）先至曲阜，再至臨淄。由臨淄至今新鄭縣，北行至衛都帝丘，然後先北行經戚（今濮陽縣北而稍東），再西行適晉。吴世家作「將舍於宿」，誤。索隱强爲之解，不足信。聞鐘聲焉，曰：「異哉！吾聞之也，辯而不德，梁履繩補釋謂辯讀爲變，以臣逐君，非正也。既爲變亂，而又不德。必加於戮。夫子獲罪於君以在此，懼猶不足，而又何樂？夫子之在此也，猶燕之巢于幕上。幕即帳幕，隨時可撤。燕巢于其上，至爲危險。君又在殯，此時獻公卒而未葬。而可以樂乎？」遂去之。杜注：「不止宿。」文子聞之，終身不聽琴瑟。杜注：「聞義能改。」琴瑟，樂之小者；鐘鼓，樂之大者。此以小概大。

適晉，說趙文子、韓宣子、魏獻子，曰：「晉國其萃於三族乎！」杜注：「言晉國之政，將集於三家。」說叔向。將行，謂叔向曰：「吾子勉之！君侈而多良，良謂良臣。大夫皆富，政將在家。謂政權將由公室落于大夫。吾子好直，必思自免於難。」

二九·一四　秋九月，齊公孫蠆、公孫竈放其大夫高止於北燕。杜注：「蠆，子尾；竈，子雅。」放，逐之出國。孔疏引杜預釋例云：「放者，受罪黜免，宥之以遠也。」乙未，乙未，二日。出。書曰「出奔」，罪高止也。高止好以事自爲功，好興事，且每以其事爲己之功。且專，故難及之。

二九·一五　冬，孟孝伯如晉，報范叔也。杜注：「范叔，士鞅也。此年夏來聘。」

二九·一六　爲高氏之難故，高豎以盧叛。盧，高氏邑，在今山東長清縣西南，平陰縣東北。杜注：「豎，高止子。」十月庚寅，庚寅，二十七日。閭丘嬰帥師圍盧。閭丘嬰曾於二十五年逃至魯，二十八年慶氏使諸逃亡者返，嬰或者亦以此時返齊。高豎曰：「苟使高氏有後，請致邑。」杜注：「還邑於君。」齊人立敬仲之曾孫酀，杜注：「敬仲，高傒。」酀即後之高偃，酀、偃音近可通。孔疏兩引世本，一謂高止是敬仲玄孫之子，一謂高偃爲敬仲玄孫。但古人于孫以後之子孫，無論隔若干代，皆可稱曾孫，不必孫之子始得稱曾孫。詩小雅信南山「畇畇原隰，曾孫田之」，孔疏引鄭玄箋謂「自孫之子而下，事先祖皆稱曾孫」，是也。良敬仲也。杜注：「良猶賢也。」十一月乙卯，乙卯，二十三日。高豎致盧而出奔晉，晉人城緜而寘旃。緜即緜上，亦即介山，今山西介休縣東南。旃，之焉之合音字。

二九・一七

鄭伯有使公孫黑如楚，杜注：「黑，子晳。」辭曰：「楚、鄭方惡，而使余往，是殺余也。」伯有曰：「世行也。」子晳曰：「可則往，難則已，何世之有？」可往則往，有危難則止，無所謂代代爲使者。伯有將强使之。子晳怒，將伐伯有氏，大夫和之。兩族將用武，其他大夫調和之。十二月己巳，己巳，七日。鄭大夫盟於伯有氏。裨諶曰：古今人表作「卑湛」，論語憲問仍作「裨諶」。「是盟也，其與幾何？即「其幾何歟」之變句，言不能久。詩曰『君子屢盟，亂是用長』，小雅巧言句。桓十二年傳亦引此。今是長亂之道也，禍未歇也，必三年而後能紓。」紓音舒，解除也。然明曰：「政將焉往？」裨諶曰：「善之代不善，以好人代替壞人。天命也，其焉辟子產？辟同避。杜注：「言政必歸子產。」舉不踰等，則位班也。若依班次，子產應執政。擇善而舉，則世隆也。若擇善人，則子產爲世所重。天又除之，除之，爲子產清除道路。奪伯有魄，大戴禮少閒篇：「若夏商者，天奪之魄，不生德焉。」則爲人作惡，謂之天奪魄。此謂伯有將不得善終。子西即世，以班次論，伯有正執政，而其人將以惡死。其次爲子西，子西又已死。將焉辟之？鄭之執政，子産無所辭其責。天禍鄭久矣，其必使子産息之，乃猶可以戾。戾，定也。不然，將亡矣。」

三十年，戊午，公元前五四三年。周景王二年、晉平十五年、齊景五年、衞襄公惡元年、蔡景四十九年、鄭簡二十三年、曹武十二年、陳哀二十六年、杞文七年、宋平三十三年、秦景三十四年、楚郟敖二年、吴夷末元年、許悼四年。

經

三〇・一　三十年春王正月，正月初十日辛丑冬至，建子。楚子使薳罷來聘。罷音皮，公羊作「頗」，後同。

三〇・二　夏四月，蔡世子般弑其君固。般音班。

三〇・三　五月甲午，甲午，五日。宋災，宋伯姬卒。公羊、穀梁「伯姬」上無「宋」字。

三〇・四　天王殺其弟佞夫。「佞夫」，公羊作「年夫」。

三〇・五　王子瑕奔晉。

三〇・六　秋七月，叔弓如宋，葬宋共姬。穀梁「共姬」上無「宋」字。

三〇·七 鄭良霄出奔許，自許入于鄭，鄭人殺良霄。

三〇·八 冬十月，葬蔡景公。無傳。

三〇·九 晉人、齊人、宋人、衛人、鄭人、曹人、莒人、邾人、滕人、薛人、杞人、小邾人會于澶淵，宋災故。

傳

三〇·一 三十年春王正月，楚子使薳罷來聘，通嗣君也。杜注：「郟敖即位。」自文公九年楚使越椒聘魯，至此歷七十五年未嘗交聘。此年以後無論吴國、楚國俱不來聘矣。穆叔問王子圍之爲政何如。原無「圍」字，釋文一本有，杜預注本亦有，今從之增。杜注：「王子圍爲令尹。」對曰：「吾儕小人食而聽事，猶懼不給命，不給命，給，足也，謂不足完成使命也。而不免於戾，焉與知政？」固問焉，不告。穆叔告大夫曰：「楚令尹將有大事，謂將殺王而自立。子蕩將與焉助之，子蕩，薳罷之字。「助之」或屬下讀，今從會箋「將與焉助之」連讀，較長。匿其情矣。」

三〇·二 子産相鄭伯以如晉，叔向問鄭國之政焉。對曰：「吾得見與否，在此歲也。駟、良方争，駟氏，子皙；良氏，伯有。未知所成。成即「大夫和之」之和，今曰調停。若有所成，吾得

見，乃可知也。」叔向曰：「不既和矣乎？」對曰：「伯有侈而愎，驕泰奢侈而又倔强固執。**子晳好在人上，莫能相下也。雖其和也，猶相積惡也，惡至無日矣。」**言不久即將爆發。

三〇·三　**二月癸未，**「二月」原作「三月」，今從阮元校勘記及金澤文庫本訂正。癸未，二十二日。**晉悼夫人食輿人之城杞者，**輿人即城杞之役卒，與僖二十八年傳之輿人同義，而昭四年傳之輿人則爲賤吏。城杞在去年，此晉之築杞城之已歸者，晉悼夫人慰勞而食之。**絳縣人或年長矣，**或，有人也。此人不知姓名，惠棟補注以爲即孟子萬章下之亥唐，亦即太平御覽三七二所引韓子之唐亥，穿鑿附會，不足信。**無子而往，**因其無子，故往城杞。**與於食。有與疑年，**據周禮地官鄉大夫，國中自七尺以及六十，野自六尺以及六十有五，皆征之。而此人似過老，故疑其年齡。**使之年。**杜注：「使言其年。」**曰：「臣，小人也，不知紀年。臣生之歲，正月甲子朔，四百有四十五甲子矣，**六十日輪一次甲子，已歷四百四十五甲子。**其季於今三之一也。」**其季猶其末、其餘，四百四十五甲子，其最後之甲子到今日爲三分之一週甲，自甲子至癸未適二十日。**吏走問諸朝。**杜注：「皆不知，故問之。」**師曠曰：「魯叔仲惠伯會郤成子于承匡之歲也。**杜注：「在文十一年。」晉用夏正，文十一年寅月（正月）甲子朔，于周正則三月。**是歲也，狄伐魯，叔孫莊叔於是乎敗狄于鹹，獲長狄僑如及虺也、豹也，而皆以名其子。**文十一年傳僅言叔孫得臣（即莊叔）獲長狄僑如，以名宣伯。宣伯之弟有叔孫豹，則名虺者蓋叔仲昭伯而字帶。七十三年矣。」絳人生于公元前六一六年周正三月初一，至此年虛歲爲七十四，古人歲盡增年，七十三歲爲實數。史趙曰：「亥有二首六身，下二如身，是其日數也。」説文亥作[illegible]，李斯所書寫之碑，亥字旁[illegible]皆作丁字形，故諸家多説亥有二首者，即上兩筆之二，代表二萬。六身者，古人籌算，六或擺作⊥，或擺作丅，總之一横爲五，一豎（直）爲一，五加一爲六。[illegible]皆六之數字所構成。下二如身者，以上二置於下，若六身之身，則其形爲[illegible]，于舊算碼爲二六六六。此種説法，僅就小篆字形而言，似近穿鑿。王端履重論文齋筆録又引王紹蘭説，謂商鐘銘「吉日丁亥」之「亥」作「[illegible]」，正合二首六身云云，亦未必確。春秋戰國，各國字體本不甚統一，史趙或就晉國當時字體言之，今則不必强求其解矣。説此句者甚多，不具引。士文伯曰：「然則二萬六千六百有六旬也。」「六千」，阮刻本誤作「二千」，今從金澤文庫本、石經、淳熙本訂正。　老人自言歷四百四十五甲子，其末周甲僅歷三分之一，故實歷四百四十四个六十日又加二十日，共計二萬六千六百六十日。此言二萬六千六百，謂二萬六千六百日；又六旬，又六十日。趙孟問其縣大夫，問老人其縣大夫爲誰。則其屬也。即趙武之屬吏。召之而謝過焉，謝過，道歉。曰：「武不才，任君之大事，以晉國之多虞，虞，憂也。不能由吾子，杜注：「由，用也。」使吾子辱在泥塗久矣，武之罪也。敢謝不才。」遂仕之，使助爲政。辭以老。與之田，使爲君復陶，昭十二年傳「王皮冠，秦復陶」，杜注：「秦所遺羽衣也。」則復陶爲衣服名。杜注此云「復陶，主衣服之官」，或即由此推之。癸巳存稿一云：「使爲君者，使人傳君命也。復者，賜復之復；陶爲臯陶之繇，通陶爲繇。言增其田，以君命復其繇役，而仕之爲絳縣師。」下文「爲絳縣師」，則不能兼爲晉君主衣服之官。蓋縣師在郊，主衣官在公宫。俞説雖可通，然以「爲君」爲「使人傳君命」，增字爲訓，似迂曲。爲君復陶者，爲君辨理免役之事，因而爲絳縣師。**以爲絳縣師，**杜注：「縣師掌地域，辨其夫家人民。」**而廢其輿尉。**廢，今之撤職，免職。輿尉，即主持徵役者。因役孤老，故免之。

於是魯使者在晉，歸以語諸大夫。季武子曰：「晉未可媮也。媮音偷，薄也，此作輕視義。**有趙孟以爲大夫，**此大夫義與卿大夫之大夫有别，趙武實主晉國之政，則大夫猶上卿也。**有伯瑕以爲佐，**伯瑕，士匄字，即士文伯。**有史趙、師曠而咨度焉，**咨度猶今言顧問、諮詢。**有叔向、女齊以師保其君。**晉語七載司馬侯對晉悼公之問曰，羊舌肸習於春秋。乃召叔向使傅大子彪（晉平公），則叔向于平公爲太子時即爲其傅。晉語八又云：「叔向見司馬侯之子，撫而泣之，曰：『自此其父之死，吾蔑與比而事君矣。昔者，此其父始之，我終之；我始之，夫子終之，無不可。』」此足證叔向、女齊同爲師保。**其朝多君子，其庸可媮乎！**庸，豈也。**勉事之而後可。」**

三〇·四　**夏四月己亥，**四月不當有己亥日。**鄭伯及其大夫盟。**杜注：「駟、良爭故。」**君子是以知鄭難之不已也。**去年諸大夫盟，今年鄭君臣共盟，由難不已。

三〇·五　**蔡景侯爲大子般娶於楚，通焉。**二十八年傳子産已言之。**大子弒景侯。**

三〇·六　**初，王儋季卒，**杜注：「儋季，周靈王弟。」**其子括將見王，而歎。**杜注：「括除服見靈王，入朝而歎。」單公子愆期爲靈王御士，過諸廷，御士，侍御之士。諸，作「於」用，介詞，見詞詮。杜注：「愆期行過王廷。」聞其歎，而言曰：「烏乎！必有此夫！」烏乎即嗚呼。杜注：「欲有此朝廷之權。」入以告王，且曰：「必殺之！不慼而願大，慼，説文作慽，憂也。其父死，初脱除喪服，已無餘哀；而至朝廷，願望甚大。視躁而足高，視躁，言其處處張望。足高猶桓十三年傳「舉趾高，心不固矣」。心在他矣。不殺，必害。」王曰：「童子何知！」童子指單愆期。成十六年傳范文子謂其子曰「童子何知焉」，晉語五隨武子謂其子「爾童子」，童子皆謂年幼無知者。及靈王崩，儋括欲立王子佞夫。杜注：「佞夫，靈王子，景王弟。」佞夫弗知。戊子，戊子，二十八日。儋括圍蔿，蔿邑見隱十一年傳注。逐成愆。馮繼先春秋名號歸一圖上謂按釋例單公子愆期、成愆爲一人。而今本世族譜雜人内則愆期與成愆並列。杜注：「成愆，蔿邑大夫。」成愆奔平時。杜注：「平時，周邑。」當亦離洛陽不遠。五月癸巳，癸巳，四日。尹言多、劉毅、單蔑、甘過、鞏成殺佞夫。杜注：「五子，周大夫。」梁履繩補釋謂：「尹言多與劉、單同列，其爲尹氏世卿無疑。杜氏世族譜以尹言多爲雜人，豈因未詳其系耶？」萬氏氏族略則謂尹言多，武公之後，亦未知何據。括、瑕、廖奔晉。春秋只書「王子瑕奔晉」，不書儋括與廖，杜以爲括、廖賤。或以爲括是亂首，固應放逐，故書瑕而略括。書曰「天王殺其弟佞夫」，罪在王也。杜注：「佞夫不知故。」經書在「宋災」下，從赴。」

三〇・七 **或叫于宋大廟，**叫，大呼。 大廟即哀二十六年傳大尹殯公于大宮之大宮，當是微子之廟，春秋列國皆爲始封君立大廟也。**曰：「譆譆，出出。」**象聲之詞。**鳥鳴于亳社，**宋有亳社，蓋宋乃殷商之後。哀四年經「亳社災」，則魯之亳社。**如曰「譆譆」。甲午，宋大災。宋伯姬卒，待姆也。**杜注：「姆，女師。」公羊何休注：「禮，后夫人必有傅母，所以輔正其行，衞其身也。選老大夫爲傅，選老大夫妻爲母。」穀梁傳云：「伯姬之舍失火，左右曰：『夫人少辟火乎？』伯姬曰：『婦人之義，傅母不在，宵不下堂。』左右又曰：『夫人少辟火乎？』伯姬曰：『婦人之義，保母不在，宵不下堂。』遂逮乎火而死。」公羊傳云：「宋災，伯姬存焉。有司復曰：『火至矣，請出。』伯姬曰：『不可，吾聞之也，婦人夜出，不見傅母，不下堂。』傅至矣，母未至也，逮乎火而死。」**君子謂宋共姬：「女而不婦。女待人，婦義事也。」**未嫁曰女，已嫁曰婦。君子謂伯姬其行乃女道，非婦道。女應無保傅不下堂，婦則可以便宜行事，何必葬身火窟中。伯姬爲宋共公夫人，故又謂之宋共姬。其嫁于共公在成公九年，嫁六年而共公死，寡居三十四年，此時已六十左右。左氏舉當時人議論，不以共姬之行爲賢，與公羊、穀梁、淮南子泰族訓、列女傳等異。西漢張敞奏諫亦云「君母下堂則從傅母」，見漢書張敞傳，是亦用穀梁義。

三〇・八 **六月，鄭子產如陳涖盟，歸，復命。告大夫曰：「陳，亡國也，不可與也。**杜注：「不可與結好。」**聚禾粟，繕城郭，恃此二者，而不撫其民。其君弱植，**弱植猶言根基不固。哀公有廢疾。**公子侈，**謂公子留。**大子卑，**大子偃師。**大夫敖，**敖同傲，亦作傲。**政多門，**杜注：「政不由一人。」此四語參昭八年傳自知。以介於大國，杜注：「介，間也。」謂陳小而在大國之間。能無亡乎？不過十年矣。」杜注：「爲昭八年楚滅陳傳。」

三〇·九 秋七月，叔弓如宋，據世本、禮記檀弓下鄭玄注及杜預世族譜，叔弓爲叔老之子，魯宣公弟叔肸之曾孫，又稱子叔敬叔。葬共姬也。杜注：「傷伯姬之遇災，故使卿共葬。」據昭三年傳云：「國薨，大夫弔，卿共葬事；夫人，士弔，大夫送葬。」若按此禮，不當遣叔弓往宋，故杜預以爲此乃特例。

三〇·一〇 鄭伯有耆酒，爲窟室，窟室即今地下室。而夜飲酒，擊鐘焉。朝至，未已。羣卿大夫先朝伯有，猶齊之大夫朝慶封。朝者已至，伯有飲尚未止。朝者曰：「公焉在？」公謂伯有。伯有之家臣尊其主稱伯有爲公，朝者亦因其稱問焉。其人曰：「吾公在壑谷。」其人，被問之伯有家臣。壑谷指窟室。皆自朝布路而罷。杜注：「布路，分散。」言自伯有之朝分路散歸。既而朝，伯有及羣臣共朝鄭君。則又將使子皙如楚，歸而飲酒。庚子，庚子，十一日。子皙以駟氏之甲伐而焚之。伯有奔雍梁，雍梁，今新鄭縣西南四十五里，長葛縣西北約四十里。亦即十八年之雍梁，彼注在禹縣東北，實相同。醒而後知之。遂奔許。大夫聚謀。子皮曰：「仲虺之志云：杜注：「仲虺，湯左相。」『亂者取之，亡者侮之。推亡、固存，國之利也。』十四年傳「利」作「道」。罕、駟、豐同生，杜注：「罕，子皮；駟，子皙；豐，公孫段也。三家本同母兄弟。」伯有汏侈，汏，驕傲。故不免。」杜注：「三家同出，而伯有孤特，又汏侈，所以亡。」人謂子產就直助彊。杜注：「時謂子皙直，三家彊。」此四字蓋概括他人向子產之建議，非原語。子產曰：「豈爲我徒？杜注：「徒，黨也。言不以駟、良爲黨。」國之禍難，誰知所敝？「敝」原作「僘」，疑誤。今從金澤文庫本正。敝借爲弊，周禮大司馬鄭注：「弊，止也。」或主彊直，難乃不生。乃，寧也。謂患難豈不生乎。詳王引之經義述聞。姑成吾所。」成，定也。所，意也。謂我姑且成我之意。說見楊樹達古書疑義舉例續補卷二。辛丑，辛丑，十二日。子產斂伯有氏之死者而殯之，殯即論語鄉黨「於我殯」之殯，泛指停柩以及埋葬之事。不及謀而遂行。不及與諸大夫聚謀而即行。印段從之。以子產爲善而從之行。子皮止之。衆曰：「人不我順，人不順我，謂其收伯有氏死者之尸而葬之。何止焉？」子皮曰：「夫子禮於死者，況生者乎？」遂自止之。止子產。壬寅，壬寅，十三日。子產入。癸卯，癸卯，十四日。子石入。子石即印段。上言印段者，以鄭有兩子石。皆受盟于子皙氏。子皙之家。乙巳，乙巳，十六日。鄭伯及其大夫盟于大宮，大宮即太廟，始封君桓叔之廟。盟國人于師之梁之外。杜注：「師之梁，鄭城門。」

伯有聞鄭人之盟己也，怒；爲己而國人相盟誓，是共同抗己也。聞子皮之甲不與攻己也，喜，曰：「子皮與我矣。」誤以爲子皮助之。癸丑，癸丑，二十四日。晨，自墓門之瀆入，陳風有墓門，王逸云「蓋陳城門」，故杜注此亦云「鄭城門」。瀆借爲竇，出水穴。楊樹達先生讀左傳云。**因馬師頡介于襄庫，**杜注：「馬師頡，子羽孫。」借頡之助，取襄庫之甲而使己衆着之。**以伐舊北門。駟帶率國人以伐之。**杜注：「駟帶，子西之子，子晳之宗主。」**皆召子產。**杜注：「駟氏、伯有俱召。」**子產曰：「兄弟而及此，吾從天所與。」**良霄、駟帶並穆公曾孫，則兄弟輩；子產、子晳、伯石並穆公孫，亦兄弟輩。從天所與，從天助之而勝者。**伯有死於羊肆。**賣羊之街。**子產襚之，**衣其尸，小斂也。**枕之股而哭之，**枕之股，枕其股也。之作其用。以伯有股爲枕。**斂而殯諸伯有之臣在市側者，**斂，大斂，以尸入棺。殯，停棺。**既而葬諸斗城。**斗城在今河南廢陳留縣（今陳留鎮）南三十五里，通許縣東北。**子駟氏欲攻子產。**子駟氏即駟氏，猶叔弓、叔老亦稱子叔氏。駟氏召子產不往，而又葬伯有，故欲攻之。**子皮怒之，曰：「禮，國之幹也。**幹猶骨幹，支柱。**殺有禮，**有禮，有禮之人。**禍莫大焉。」乃止。**杜注：「斂葬伯有爲有禮。」

於是游吉如晉還，聞難，不入。復命于介。介，游吉之副手，使介入都代之復命。**八月甲子，**甲子，初六日。**奔晉。駟帶追之，及酸棗。**酸棗，今河南延津縣西南。**與子上盟，用兩珪質于河。**杜注：「子上，駟帶也。沈珪於河爲信也。」**使公孫肸入盟大夫。**公孫肸或即介。**己巳，**己巳，十一日。**復歸。**杜注：「游吉歸也。」

書曰「鄭人殺良霄」，不稱大夫，言自外入也。

於子蟜之卒也，杜注：「子蟜，公孫蠆。卒在十九年。」將葬，公孫揮與裨竈晨會事焉。早晨二人共同商辦喪事。過伯有氏，其門上生莠。莠音有，本草：「狗尾草也。」子羽曰：「其莠猶在乎？」杜注：「子羽，公孫揮。以莠喻伯有，伯有侈，知其不能久存。」於是歲在降婁，降婁亦名奎婁，十二星次之一，與黄道十二宫之白羊宫相當。降婁中而旦。禮記月令：「季夏旦奎中。」月令之季夏，於周正爲八月，於夏正爲六月。公孫蠆以襄十九年周正四月十三日死，當于七月葬，或以事緩至八月葬，正降婁（奎）在中天而天初明。裨竈指之，之，降婁。此時日將出，天尚暗，故可見婁宿三星。曰：「猶可以終歲，終歲，歲星（木星）繞日一周終也。以木星在降婁計，須經大梁、沈實、鶉首、鶉火、鶉尾、壽星、大火、析木、星紀、玄枵、娵訾再及于降婁，爲一歲終。意謂伯有尚可苟存于木星此次繞日一周。歲不及此次也已。」當子羽、裨竈論伯有，時在襄十九年，即木星次于降婁之年。裨竈又謂伯有不能再苟活于木星再次在于降婁。及其亡也，伯有被殺。歲在娵訾之口，二十八年木星在玄枵，則二十九年當在娵訾，三十年周正七月，即伯有死之年月，木星正過娵訾，而未及降婁，故云「歲在娵訾之口」。其明年乃及降婁。證實裨竈之預言。

僕展從伯有，與之皆死。杜注：「僕展，鄭大夫，伯有黨。」羽頡出奔晉，羽頡即馬師頡，馬師是其官，羽乃其氏，以其祖子羽爲氏。爲任大夫。任，晉邑，今河北任縣東南。雞澤之會，杜注：「在三年。」鄭樂成奔楚，遂適晉。羽頡因之，與之比而事趙文子，言伐鄭之説焉。進言伐鄭。以宋之盟故，不可。杜注：「宋盟約弭兵故。」子皮以公孫鉏爲馬師。杜注：「鉏，子罕之子，代羽頡。」

三〇·一二　楚公子圍殺大司馬蔿掩而取其室。蔿掩爲大司馬與其行政見于二十五年傳。申無宇曰：「王子必不免。杜注：「無宇，芋尹。」善人，國之主也。王子相楚國，將善是封殖，謂宜封殖（培養）善人。而虐之，是禍國也。且司馬，令尹之偏，杜注：「偏，佐也。」而王之四體也。王之手足。絶民之主，去身之偏，艾王之體，艾讀爲刈，斬除也。楊樹達先生説。以禍其國，無不祥大焉。句與「不祥莫大焉」同。何以得免？」杜注：「爲昭十三年楚弑靈王傳。」

三〇·一三　爲宋災故，諸侯之大夫會，以謀歸宋財。歸假借爲饋，閔二年傳「歸公乘馬」、「歸夫人魚軒」，論語陽貨「歸孔子豚」，又微子「齊人歸女樂」，歸皆饋贈義。冬十月，叔孫豹會晉趙武、齊公孫蠆、宋向戌、衞北宮佗、杜注：「佗，北宮括（原無「括」字，今從阮元校勘記及金澤文庫本增）之子。」鄭罕虎及小邾之大夫會于澶淵。此澶淵仍是濮陽縣西北之澶淵，見二十年經注。後漢書郡國志謂沛國杼秋有澶淵聚，劉昭注引此年之文，蓋誤以此澶淵爲宋地。既而無歸於宋，故不書其人。經不書與會者姓名，唯云某人，而傳則詳列其人。

君子曰：「信其不可不慎乎！澶淵之會，卿不書，與會者皆列國上卿。不信也。夫諸侯之上卿，會而不信，寵、名皆棄，寵指其執政之位，寵，榮也，尊也。名謂其氏族與名字。不信之不可也如是。詩曰『文王陟降，在帝左右』，詩大雅文王句。陟，登也，升也。謂文王或升或降，俱在天帝左右。信之謂也。又曰『淑慎爾止，無載爾僞』，杜注謂「逸詩也」，蓋詩無「無載爾僞」之句。然詩大雅抑云「淑慎爾止，不愆于儀」，或以爲所引即此詩，蓋因傳授有異。淑，善也。慎，謹也。止，舉止也。句謂好好慎重汝之舉動，不要表現汝之欺詐。載，行也，爲也。不信之謂也。」書曰「某人某人會于澶淵，宋災故」，尤之也。尤，説文作「訧」，云：「罪也。」經書會，從未説明所會何事，而此獨言「宋災故」，而實于宋災無補，故云罪之。不書魯大夫，諱之也。經未嘗書「魯人」，而叔孫豹實與會。

三〇·一三　鄭子皮授子產政。杜注：「伯有死，子皮知政，以子產賢，故讓之。」辭曰：「國小而偪，杜注：「偪近大國。」族大、寵多，不可爲也。」爲讀爲論語爲政「子奚不爲政」之爲。杜注：「爲猶治也。」子皮曰：「虎帥以聽，誰敢犯子？子善相之。國無小，小能事大，國乃寬。」吴語韋注：「寬，緩也。」寬緩即不逼急。

子產爲政，有事伯石，伯石即公孫段，字子石。言伯石者，所以別于印段。有事於伯石者，欲使之完成任務也。賂與之邑。與之邑以賂之。子大叔曰：「國皆其國也，奚獨賂焉？」焉作之用。謂國爲大衆之國，何爲獨賂之。子產曰：「無欲實難。皆得其欲，以從其事，而要其成。要，平聲，音邀，取也，求也。非我有成，其在人乎？其作豈用。言若非我有成，豈在他人。其意謂國事之成敗，在于主政者之用人。何愛於邑，邑將焉往？」愛，惜也。言邑不足惜，國家之臣得邑，仍在國家，不能携之他往。子大叔曰：「若四國何？」四國，四方之鄰國。子大叔懼他國之議論。子產曰：「非相違也，而相從也，四國何尤焉？言我與之邑，非羣臣互相分裂，而是相順從，四鄰無可罪我。鄭書有之曰：鄭書，鄭國史籍。『安定國家，必大焉先。』必大焉先，必先大之倒裝句。焉是語中助詞，用於倒裝，例見詞詮。大，大族。孟子離婁上云「爲政不難，不得罪於巨室」，即此意。姑先安大，以待其所歸。」姑且先安定大族，再看大族歸于何處。既伯石懼而歸邑，卒與之。伯有既死，使大史命伯石爲卿，辭。伯石不受。大史退，則請命焉。伯石請大史更命己。復命之，又辭。如是三，乃受策入拜。子產是以惡其爲人也，實欲得卿位，而三次僞辭。使次己位。杜注：「畏其作亂，故寵之。」

子產使都鄙有章，都有數義，說文：「有先君之舊宗廟曰都。」莊二十八年傳：「凡邑，有宗廟先君之主曰都，無曰邑。」此狹義也。公羊僖十六年傳何休注云：「人所聚曰都。」故隱元年左傳有「大都不過參國之一，中五之一，小九之一」之語，中都、小都未必有宗廟先君之主，猶孟子公孫丑下亦謂平陸爲都，平陸僅侯國小邑耳，此廣義之都也。此都、鄙對文，鄙即鄙野，則此都爲廣義，凡大夫之采邑，侯國之下邑皆可曰都。　章，孔子家語子貢問「上下有章」，注：「別也。」蓋都多大夫士與工商，鄙多田與農，因而有所不同。**上下有服；**服，事也，職也。上下各有任使。**田有封洫，**封，田界。　洫，水溝。説文謂廣四尺深四尺爲溝，廣八尺深八尺謂之洫，此洫亦包括溝，田間之水道，所以灌溉與排水者。何焯義門讀書記云：「十年子駟爲田洫，子産亦因子駟之故而修之。」但觀下文，子産之封洫，恐較子駟有所不同。**廬井有伍。**廬，廬舍。廬井一詞，爲田野之農舍。井田以九夫爲井，此則用水之井。耕田既改變疆界，又作大小水渠，則廬舍亦當另作佈置。　伍即下文「取我田疇而伍之」之伍，賦税也。**大人之忠儉者，**大人謂卿大夫。**從而與之；**與，親也，許也，舉也。謂親近、嘉許或舉拔之也。**泰侈者，因而斃之。**泰侈即上文「伯有汰侈」之汰侈。　斃，踣也，今言跌倒。謂罰而使之去職。

豐卷將祭，鄭穆公之子曰公子豐，則豐卷亦穆公之後，以豐爲氏者。杜預世族譜列豐卷入雜人，不知所據。**請田焉。**請允許其爲祭祖而田獵祭品。**弗許，**子産不許。**曰：「唯君用鮮，衆給而已。」**唯人君用新獵之獸以祭，衆人則視其有無，大致足够而已。**子張怒，**子張，豐卷字。**退而徵役。**徵召兵徒，欲攻子産。**子産奔晉，子皮止之，而逐豐卷。豐卷奔晉。子産請其田、里，**説文，里，居也。即住宅。詩鄭風將仲子「無踰我里」，毛傳：里，居也。杜注：「請於公，不没入。」**三年而復之，**三年後仍使豐卷返國。反其田、里及其入焉。並將豐卷之田宅及三年以來之總收入送還豐卷。孟子離婁下：「有故而去，則君使人導之出疆，又先於其所往。去三年不反，然後收其田里。」此或是古禮。

從政一年，輿人誦之，周禮大司樂「興道諷誦言語」，鄭注：「以聲節之曰誦。」曰：「取我衣冠而褚之，吕氏春秋樂成篇作「我有衣冠，而子産貯之」。褚即貯。楊寬古史新探謂貯是財物税，可取。取我田疇而伍之。一切經音義引倉頡篇云：「疇，耕地也。」樂成篇作「我有田疇，而子産賦之」。此「伍」字亦「賦」之借字，納田税也。昭四年又改作丘賦。孰殺子産，吾其與之。」其，將也。與，樂成篇高注：「猶助也。」褚、伍、與爲韻。及三年，又誦之，曰：「我有子弟，子産誨之；教誨也。我有田疇，子産殖之。殖，謂增加産量。子産而死，而，假設連詞，如也。誰其嗣之？」嗣，繼承。誨、殖、嗣爲韻。

三十一年，己未，公元前五四二年。周景王三年、晉平十六年、齊景六年、衛襄二年、蔡靈公般元年、鄭簡二十四年、曹武十三年、陳哀二十七年、杞文八年、宋平三十四年、秦景三十五年、楚郟敖三年、吴夷末二年、許悼五年。

經

三一·一 三十有一年春王正月。正月二十一日丁未冬至，建子。

三一·二 夏六月辛巳，辛巳，二十八日。公薨于楚宮。

三一·三 秋九月癸巳，癸巳，十一日。子野卒。

三一·四 己亥，己亥，十七日。仲孫羯卒。

三一·五 冬十月，滕子來會葬。

三一·六 癸酉，癸酉，二十一日。葬我君襄公。

三一·七 十有一月，莒人弒其君密州。校勘記云：「傳作買朱鉏。」段玉裁謂：「此左經曰『密州』，左傳以『買朱鉏』釋之，豈非通夷夏之語互訓之歟？」詳其經韻樓集密州說。

傳

三一·一 三十一年春王正月，穆叔至自會。杜注：「澶淵會還。」見孟孝伯，語之曰：「趙孟將死矣。其語偷，偷爲苟且偷安之偷，謂所言毫無遠慮。互參文十七年「齊君之語偷」傳注。不似民主。

趙孟爲晉之執政，而其言不似民人之主。且年未盈五十，杜注：「成二年，戰於鞌，趙朔已死，於是趙文子始生，至襄三十年會澶淵，年蓋四十七八，故言未盈五十。」而諄諄焉如八九十者，諄諄，語絮絮不休貌。弗能久矣。若趙孟死，爲政者其韓子乎！杜注：「韓子，韓起。」吾子盍與季孫言之，可以樹善，可以早與韓起結好。君子也。韓起爲君子人，自不忘魯之結好。晉君將失政矣，若不樹焉，樹即樹善。使早備魯，使韓子早爲魯作預備工作。既而政在大夫，韓子懦弱，大夫多貪，求欲無厭，齊、楚未足與也，齊、楚不足與交，則魯不得不事晉，將難以滿足晉大夫無厭之求。魯其懼哉！」魯將陷入可怕之困境。孝伯曰：「人生幾何，誰能無偷？朝不及夕，將安用樹？」穆叔出，而告人曰：「孟孫將死矣。吾語諸趙孟之偷也，而又甚焉。」又與季孫語晉故，故，事也。杜注：「如與孟孫言。」季孫不從。及趙文子卒，杜注：「在昭元年。」晉公室卑，政在侈家。侈家，與上文「大夫多貪，求欲無厭」相應。韓宣子爲政，不能圖諸侯。不能謀求爲諸侯霸主。魯不堪晉求，讒慝弘多，讒慝詳僖二十八年傳注。弘，亦多義。古人弘多亦常連言，如詩小雅節南山：「喪亂弘多。」是以有平丘之會。杜注：「平丘會在昭十三年，晉人執季孫意如。」

三一・二 齊子尾害閭丘嬰，害，患也，恐其爲害也。欲殺之，閭丘嬰事見二十五年傳。其時奔魯，或慶封反諸亡人，嬰亦歸齊。使帥師以伐陽州。陽州，此時爲魯邑，與齊境接界。定公八年，魯侵齊，門于陽州，則已爲齊有。在今山東東平縣北境。我問師故。杜注：「魯以師往，問齊何故伐我。」夏五月，子尾殺閭丘嬰，以説于我師。説，解釋。推脱爲閭丘嬰之罪。工僂灑、渻竈、孔虺、賈寅出奔莒。杜注：「四子，嬰之黨。」工僂是氏，灑是名，十九年有工僂會，莊十七年傳之工婁氏即工僂氏。渻音省，釋文謂徐本作「省」，昭二十二年傳宋有省臧。出羣公子。杜注：「爲昭十年欒、高之難復羣公子起本。」

三一·三　公作楚宮。杜注：「適楚，好其宮，歸而作之。」秦始皇本紀謂秦每破諸侯，圖畫其宮室而仿效之，作于咸陽北阪上。此是其先例。穆叔曰：「大誓云：『民之所欲，天必從之。』杜注：「今尚書大誓亦無此文，故諸儒疑之。」杜預所見大誓，乃西漢後得之大誓，馬融尚書傳序云：「其文似若淺露。」且云：「吾見書傳多矣，所引大誓而不在大誓者甚衆。」諸儒疑之者，馬融其一也。王肅亦云：「大誓近得，非其本經。」此又其一也。西漢後得之大誓已亡，東晉梅賾又獻古文尚書，其内有泰誓三篇，悉採記傳所引大誓，則更不足信矣。君欲楚也夫，故作其宮。若不復適楚，必死是宮也。」六月辛巳，公薨于楚宮。叔仲帶竊其拱璧，拱璧，襄公之大璧。以與御人，納諸其懷，而從取之，由是得罪。杜注：「得罪謂魯人薄之，故子孫不得志於魯。」立胡女敬歸之子子野，杜注：「胡，歸姓之國。敬歸，襄公妾。」次于季氏。秋九月癸巳，卒，毁也。杜注：「過哀毁瘠，以致滅性。」

三一·四　己亥，孟孝伯卒。

立敬歸之娣齊歸之子公子裯。裯音綢。穆叔不欲，曰：「大子死，有母弟，則立之；無，則立長。年鈞擇賢，義鈞則卜，鈞，同均。杜注：「義鈞謂賢等。」昭二十六年傳「年均以德，德均以卜」，足以證成杜解。古之道也。非適嗣，杜注：「言子野非適嗣。」何必娣之子？且是人也，居喪而不哀，在慼而有嘉容，慼，憂也。父母死曰在慼。有嘉容，容色喜悦。是謂不度。禮記祭統孔疏引孝經援神契云「天子之孝曰就，諸侯曰度」，則不度猶言不孝。不度之人，鮮不爲患。若果立之，必爲季氏憂。」武子不聽，卒立之。比及葬，三易衰，衰，孝服。衰衽如故衰。衽，衣襟。古代喪服衣襟較衣長，掩于裳際。三次換衣，所換新衣襟若舊衣襟，如未換者，可見嬉戲如兒童，衣服易體。於是昭公十九年矣，猶有童心，君子是以知其不能終也。杜注：「爲昭二十五年『公孫於齊』傳。」魯世家用傳而較簡。

三一·五 冬十月，滕成公來會葬，惰而多涕。杜注：「惰，不敬也。」子服惠伯曰：「滕君將死矣。怠於其位，謂惰。而哀已甚，已，太也。謂多涕。兆於死所矣，死所，謂葬。兆，將死之預兆。能無從乎？」杜注：「爲昭三年『滕子卒』傳。」

三一·六 癸酉，葬襄公。

公薨之月，子産相鄭伯以如晉，晉侯以我喪故，未之見也。子産使盡壞其館之垣而納車馬焉。館即賓館。僖三十三年傳謂之客館。士文伯讓之，士文伯即士匄，廣韻引世本：「司功氏，士匄弟佗爲晉司功，因官爲氏。」則士匄此時或亦爲司功，諸侯賓館是其所職掌。曰：「敝邑以政刑之不修，寇盜充斥，充斥，充滿也。常用于貶義。無若諸侯之屬辱在寡君者何，聘禮記鄭注：「在，存也，謂存問之。」辱，表敬副詞。辱在猶言朝聘。是以令吏人完客所館，此館爲動詞，所館即爲名詞。高其閈閎，閈音扞。閈閎皆門義。厚其牆垣，以無憂客使。今吾子壞之，雖從者能戒，戒，戒備，警戒，防寇盜也。其若異客何？以敝邑之爲盟主，繕完、葺牆，完借爲院。墨子大取：「其類在院（孫詒讓閒詁改院爲阬，誤）下之鼠。」廣雅釋宫云：「院，垣也。」以待賓客。若皆毁之，其何以共命？共命謂供給所求。寡君使匄請命。」杜注：「請問毁垣之命。」對曰：「以敝邑褊小，介於大國，誅求無時，杜注：「誅，責也。」責求即責其貢獻。是以不敢寧居，悉索敝賦，以來會時事。杜注：「隨時來朝會。」逢執事之不閒，不閒猶無暇。而未得見；又不獲聞命，未知見時。不敢輸幣，輸，送也。幣指禮物。謂送禮品于晉府庫。亦不敢暴露。日曬夜露。其輸之，其猶若也，假設連詞。則君之府實也，非薦陳之，不敢輸也。薦，進也。陳，設也。古代聘享之物，進陳于庭，即莊二十二年傳之「庭實」。其暴露之，則恐燥濕之不時而朽蠹，朽，物自腐朽。蠹則爲蟲所敗壞。以重敝邑之罪。僑聞文公之爲盟主也，杜注：「僑，子産名。文公，晉重耳。」宫室卑庳，庳音婢。卑庳同義。無觀臺榭，孔疏：「四方而高曰臺。臺上有屋曰榭。臺榭皆高可升之以觀望，言無觀望之臺榭也。」以崇大諸侯之館，館如公寢；孔疏：「言往前文公之客館如今日晉君之路寢也。」庫廄繕修，謂客館内之庫廄修理，可以藏幣帛、納車馬。司空以時平易道路，修理道路使之平坦曰平易。圬人以時塓館宮室；圬音烏。圬人，今之泥工。塓音覓，泥也，塗也。諸侯賓至，甸設庭燎，杜注：「庭燎，設火於庭。」周語中：「甸人積薪，火師監燎。」詩小雅庭燎「庭燎之光」，毛傳：「庭燎，大燭。」儀禮大射：「甸人執大燭於庭。」則庭燎有二説，一説燒柴於庭爲光，一説如今之大火把，用手執之於庭。甸即大射之甸人，亦即周禮天官之甸師。僕人巡宮，杜注：「巡宮行夜。」車馬有所，因馬廄已修繕。賓從有代，杜注：「代客役。」巾車脂轄，巾車有二義。一以爲巾爲動詞，周禮春官序官巾車鄭注云：「巾猶衣也。」則巾車以布覆蓋其車。一爲名詞，即周禮巾車之官。杜注謂「巾車，主車之官」，從後説，是也。哀三年傳云「校人乘馬，巾車脂轄」，校人爲官名，則巾車亦爲官名無疑。轄音匣，亦作舝，車軸頭上穿着之小鐵棍，管住車輪使不脱落者。脂，膏脂，此作動詞，上油。脂轄，使轄不生銹並使車輪轉動滑利。隸人、牧、圉各瞻其事；隸人疑即周禮夏官之隸僕，掌五寢之埽除糞洒之事。此諸侯之隸人，亦兼管客館之洒埽。牧，昭七年傳「牛有牧」，説文因云「養牛人也」。實則凡放飼牲畜皆可曰牧，孟子公孫丑下「今有受人牛羊而爲之牧者」可證。圉，昭七年傳「馬有圉」，圉即周禮夏官之圉人，掌養芻牧之事。瞻，説文：「視也。」此類人本各人之職責以接待賓客。百官之屬各展其物；杜注：「展，陳也，謂羣官各陳其物以待賓。」周語中「膳宰致饔，廪人獻餼」，乃膽事；「司馬陳芻，工人展車，百官以物至」，乃展物。此段可與周語中所引周之秩官參看。公不留賓，賓來則見，不使賓無故滯留。而亦無廢事；辦事能速，則賓主皆不致有廢事。憂樂同之，事則巡之；巡，撫也。有事則撫之。教其不知，而恤其不足。賓至如歸，無寧菑患；杜注：「言見遇如此，寧當復有菑患邪？無寧，寧也。」不畏寇盗，而亦不患燥濕。今銅鞮之宫數里，杜注：「銅鞮，晉離宫。」銅鞮宫在山西沁縣南二十五里。沁縣西南四十里有銅鞮山，一名紫金山。又有銅鞮水，出沁縣北，東南流逕襄垣縣，入濁漳水，今名濁漳西源。而諸侯舍於隸人，住於隸人之舍。門不容車，而不可踰越；門狹小不容車之入，車又不能踰牆而入，駁士文伯「高其閈閎」。盗賊公行，而天厲不戒。「天」原作「夭」，今從校勘記引陳樹華説及金澤文庫本正。杜注：「厲猶災也，言水潦無時。」據哀元年傳「天有菑癘」，杜注又云「癘，疾疫也」。杜之兩説自相矛盾，宜以後説爲是。厲即癘之借字。賓見無時，命不可知。命，晉君接見之命。若又勿壞，是無所藏幣以重罪也。敢請執事：請，請問。將何所命之？雖君之有魯喪，亦敝邑之憂也。若獲薦幣，杜注：薦，進也。修垣而行，君之惠也，敢憚勤勞！」文伯復命。趙文子曰：「信。杜注：「信如子産言。」我實不德，而以隸人之垣以贏諸侯，杜注：贏，受也。是吾罪也。」使士文伯謝不敏焉。晉侯見鄭伯，有加禮，杜注：「禮加敬。」厚其宴、好而歸之。厚其宴好即僖二十九年傳之

「加燕好」。燕謂燕禮，好謂好貨。燕同宴。乃築諸侯之館。叔向曰：「辭之不可以已也如是夫！子産有辭，諸侯賴之，賴，利也。謂諸侯亦得其利。若之何其釋辭也？釋，捨棄也。詩曰『辭之輯矣，民之協矣；辭之繹矣，民之莫矣』，杜注：「詩大雅。言辭輯睦，則民協同；辭説繹，則民安定。莫猶定也。」句見詩大雅板。今本「協」作「洽」，列女傳引同左傳。「繹」作「懌」，釋文、説文同左傳。則今本詩經蓋從另本。繹可解作條理暢達。懌則解作心悅誠服。其知之矣。」

三一·七 鄭子皮使印段如楚，以適晉告，禮也。杜注：「得事大國之禮。」傳謂印段適楚，告以如晉，宋之盟交相見也。故曰「得事大國之禮」。如晉事已見上傳。

三一·八 莒犂比公生去疾及展輿。杜注：「犂比，莒子密州之號。」既立展輿，杜注：「立以爲世子。」又廢之。犂比公虐，國人患之。十一月，展輿因國人以攻莒子，因讀如論語學而「因不失其親」之因，依也。弒之，乃立。杜注：「展輿立爲君。」去疾奔齊，齊出也。杜注：「母，齊女也。」展輿，吴出也。杜注：「爲明年奔吴傳。」書曰「莒人弒其君買朱鉏」，言罪之在也。買朱鉏即密州（參經注），買、密音近，「朱鉏」急讀音近於「州」，「州」緩讀音近「朱鉏」。

三一·九 吴子使屈狐庸聘于晉，杜注：「狐庸，巫臣之子也。成七年適吴爲行人。」可參成七年傳。通路也。杜注：「通吴、晉之路。」實則二十九年季札已適晉，此又令狐庸來，使吴、晉之間往來密也。趙文子問焉，曰：「延州來季子其果立乎？季子即季札，初封延陵，故檀弓下及史記屢稱之爲延陵季子，此稱延，省稱也。延陵今江蘇常州市。後加封州來，故此稱延州來季子。州來，今安徽鳳臺縣，本楚邑，成七年入吳，後又爲楚有，故昭四年然丹城州來。昭十三年吳滅州來，後又爲楚得。哀二年蔡遷于州來。巢隕諸樊，二十五年傳，諸樊死于攻巢。閽戕戴吳，戴吳即餘祭，爲閽人所殺，見二十九年傳。天似啓之，啓爲隱元年傳「夫人將啓之」之啓，意謂爲季子開爲君之門。何如？」對曰：「不立。是二王之命也，諸樊、餘祭之死，此爲二王之命。非啓季子也。若天所啓，其在今嗣君乎！杜注：「嗣君謂夷昧。」甚德而度。甚有品德，行有法度。德不失民，度不失事。民親而事有序，其天所啓也。有吳國者，必此君之子孫實終之。據吳世家，吳王僚爲餘昧之子，公子光（即吳王闔廬）爲諸樊之子，公子光殺王僚而自立，傳太子夫差而滅于越。果如此說，終吳國者乃諸樊之子孫，非餘昧之子孫，史遷蓋據誤說。吳世家索隱云「此文以〔光〕爲諸樊子，系本（即世本，唐人或諱世）以爲夷昧子也。」左傳昭二十七年孔疏引世本亦云「夷昧生光」，則光確爲夷昧之子，非諸樊之子。孔疏又引服虔云：「夷昧生光而廢之。僚者，夷昧之庶兄。夷昧卒，僚代立，故光曰我王嗣也。」服虔之說乃用公羊襄二十九年傳。李慈銘越縵堂日記亦云「闔閭爲夷昧子無疑」。則有吳國者，此君（夷昧）之子孫實終之也。季子，守節者也。雖有國，不立。」

三一·一〇　十二月，北宮文子相衞襄公以如楚，杜注：「文子，北宮佗也。襄公，獻公子。」獻公之卒與葬，傳俱不述，故杜注言之。宋之盟故也。晉、楚之從交相見。過鄭，印段迋勞于棐林，棐林即北林，今新鄭縣北約四十里。亦單稱棐。如聘禮而以勞辭。儀節如聘問之禮，而用郊勞之辭。文子入聘。杜注：「報印段。」子羽爲行人，據周禮，大行人掌大賓大客之禮儀，牢禮芻米饗食皆總之。馮簡子與子大叔逆客。杜注：「逆文子。」世本：「馮氏，歸姓，鄭大夫馮簡子之後。」事畢而出，文子出。言於衛侯曰：「鄭有禮，其數世之福也，其無大國之討乎！詩云：『誰能執熱，逝不以濯。』詩大雅桑柔。逝，語首助詞，無義。段玉裁經韻樓集詩執熱解云：「尋詩意，執熱猶觸熱、苦熱，濯謂浴也。濯訓滌，沐以濯髮，浴以濯身，洗以濯足，皆得云濯。此詩謂誰能苦熱而不澡浴以潔其體，以求涼快者乎？」禮之於政，如熱之有濯也。濯以救熱，何患之有？」

子產之從政也，擇能而使之；馮簡子能斷大事；上文亦言馮簡子，簡子類似謚，此人不復見，不知其名與字。子大叔美秀而文；美秀謂其外貌舉止。文謂習典章制度詩樂，子犯曰「吾不如衰之文也」，即此文。說苑政理篇作「善決而文」。公孫揮能知四國之爲，四國，四方諸侯。爲謂政令。而辨於其大夫之族姓、班位、貴賤、能否，族姓，姓氏也。昭三十年傳「而寧吾族姓」，尚書呂刑「敬之哉官伯族姓」，皆族姓連言。辨，荀子富國篇注：「明察也。」而又善爲辭令。裨諶能謀，謀於野則獲，謀於邑則否。獲，得也，謂得其當。否謂不得。鄭國將有諸侯之事，子產乃問四國之爲於子羽，且使多爲辭令；與裨諶乘以適野，使謀可否；而告馮簡子使斷之。事成，乃授子大叔使行之，以應對賓客，是以鮮有敗事。北宮文子所謂有禮也。說苑政理篇襲此文而小異。論語憲問則云：「爲命，裨諶草創之，世叔討論之，行人子羽修飾之，東里子產潤色之。」與傳不同。

三一·二　鄭人游于鄉校，杜注：「鄉之學校。」孟子滕文公上：「設爲庠、序、學、校以教之。」疑國學（今之大學）惟天子有之，諸侯惟庠、序、校而已。鄭之學則曰鄉校。孟子謂「夏曰校」，未必如此。以論執政。然明謂子產曰：「毁鄉校何如？」子產曰：「何爲？夫人朝夕退而游焉，以議執政之善否。其所善者，吾則行之；其所惡者，吾則改之，是吾師也。若之何毁之？我聞忠善以損怨，不聞作威以防怨。豈不遽止？作威防怨，怨可以急止。然猶防川。大決所犯，傷人必多，川若大決口，其所觸犯也大。吾不克救也。不如小決使道，道同導，引導使之流。不如吾聞而藥之也。」杜注：「以爲己藥石。」藥借爲𤻲，說文：治也。國語韋注云：「道，通也。」亦可。然明曰：「蔑也今而後知吾子之信可事也。小人實不才，若果行此，其鄭國實賴之，豈唯二三臣？」新序雜事四採傳而略變其字句。

仲尼聞是語也，曰：「以是觀之，人謂子產不仁，吾不信也。」孔丘此時僅十一歲，當是以後聞而論此。

三一·三

子皮欲使尹何爲邑。尹何，子皮屬臣。爲邑，家邑之宰。子産曰：「少，未知可否。」杜注：「尹何年少。」子皮曰：「愿，杜注：「愿，謹善也。」吾愛之，不吾叛也。使夫往而學焉，杜注：「夫謂尹何。」夫亦愈知治矣。」子産曰：「不可。人之愛人，求利之也。今吾子愛人則以政，杜注：「以政與之。」猶未能操刀而使割也，其傷實多。杜注：「多自傷也。」子之愛人，傷之而已，其誰敢求愛於子？子於鄭國，棟也。棟折榱崩，僑將厭焉，厭通壓。子産爲政，實由子皮。子皮若敗，子産亦必受其影響，故云我亦將被壓。敢不盡言？子有美錦，錦，有彩色花紋之綢緞。不使人學製焉。不使非縫工以美錦學裁製。而使學者製焉，其爲美錦不亦多乎？大官大邑之於美錦，實千萬美錦不足以比。大官、大邑，身之所庇也，邑宰是子皮氏之大官，子皮受其庇蔭。而使學者製焉，其爲美錦不亦多乎？

僑聞學而後入政，即論語子張「學而優則仕」之意。未聞以政學者也。論語先進：「子路使子羔爲費宰。子曰：『賊夫人之子。』」亦此意。若果行此，必有所害。譬如田獵，射御貫，則能獲禽，爾雅釋詁：「貫，習也。」今作慣，習慣，熟習也。禽同擒。亦可作名詞，説文：「禽，走獸總名。」爾雅則以鳥爲禽。此禽字鳥獸之通稱。若未嘗登車射御，則敗績厭覆是懼，何暇思獲？」若未曾登車而駕車獵獸，則唯恐車翻人壓，無心思及于得禽獸。子皮曰：「善哉！虎不敏。吾聞君子務知大者、遠者，小人務知小者、近者。我，小人也。衣服附在吾身，我知而慎之；不使以美錦學製。大官、大邑所以庇身也，我遠而慢之。杜注：「慢，易也。」隱三年公羊傳「慢葬也」，何休注：「慢，薄。」慢有輕視薄視之義。微子之言，吾不知也。他日我曰，子爲鄭國，我爲吾家，爲，治也。以庇焉，其可也。今而後知不足。自今請，雖吾家，聽子而行。」子産曰：「人心之不同如其面焉，吾豈敢謂子面如吾面乎？抑心所謂危，抑，轉折連詞，今言不過。亦以告也。」子皮以爲忠，故委政焉，子産是以能爲鄭國。

三一·一三

衛侯在楚，北宫文子見令尹圍之威儀，王念孫謂「威」字衍，儀謂容儀也。漢書五行志引此無「威」字。言於衛侯曰：「令尹似君矣，「似君」，孔疏云：「言令尹威儀已是國君之容矣。」俞樾茶香室經説力主此説，且謂孔本蓋作「已君矣」。然孔疏又引服虔本作「以君」，「以」「似」古書多混，魯語下「抑君也」韋注「似君也」，蓋韋據左傳亦作「似」。如史記高祖本紀「鄉者夫人嬰兒皆似君」，漢書高帝紀則作「鄉者夫人兒子皆以君」，易明夷彖辭「文王以之」、「箕子以之」，釋文云：「『以』，荀、向本皆作『似』。」皆可爲證。此亦當作「以」。以通已，史記留侯世家「殷事以畢」，謂已畢也。晉語四「其聞之者，吾以除之矣」，謂已除之也，即左僖二十三年傳「其聞之者，吾殺之矣」。莊子知北遊篇「扁然而萬物自古以固存」、「聖人以斷之矣」，謂已固存，已斷之也。其例證尚多，不備列。此「令尹已君矣」，誠如孔疏所釋「已是國君之容矣」。將有他志。儀節已同于楚王，則固非殺王以代之不可。雖獲其志，不能終也。詩云：『靡不有初，鮮克有終。』詩大雅蕩篇。終之實難，令尹其將不免。」公曰：「子何以知之？」對曰：「詩云：『敬愼威儀，惟民之則。』詩大雅抑篇。今本「惟」作「維」。令尹無威儀，民無則焉。民所不則，以在民上，不可以終。」公曰：「善哉！何謂威儀？」對曰：「有威而可畏謂之威，有儀而可象謂之儀。此儀字與上文「見令尹圍之儀」之儀內涵不同。令尹圍之儀指其陳設儀式等而言，詩及此儀則指其儀容舉止言語瞻視而言。君有君之威儀，其臣畏而愛之，則而象之，故能有其國家，令聞長世。臣有臣之威儀，其下畏而愛之，故能守其官職，保族宜家。順是以下皆如是，是以上下能相固也。衛詩曰『威儀棣棣，不可選也』，詩邶風柏舟。邶、鄘、衛皆可曰衛。棣棣，安和貌。選，算也，數也。言威儀之多，不可計數。言君臣、上下、父子、兄弟、內外、大小皆有威儀也。周詩曰『朋友攸攝，攝以威儀』，杜注：「詩大雅。攸，所也。攝，佐也。」句見大雅既醉篇。詩謂朋友之間所佐助者，以威儀也。言朋友之道必相教訓以威儀也。周書數文王之德，杜注：「逸書。」曰『大國畏其力，小國懷其德』，僞古文尚書竄入武成。言畏而愛之也。詩云『不識不知，順帝之則』，詩大雅皇矣。杜注：「又言文王行事無所斟酌，唯在則象上天。」言則而象之也。紂囚文王七年，今本竹書紀年謂紂之「二十三年囚西伯于羑里，二十九年釋西伯，諸侯逆西伯，歸于程」。賈誼新書亦云：「文王桎梏于羑里，七年而後得免。」然尚書大傳、史記周本紀及齊世家、淮南子等書所言皆不足七年，亦無諸侯從之之事。諸侯皆從之囚，紂於是乎懼而歸之，可謂愛之。文王伐崇，再駕而降爲臣，詳僖十九年傳並注。句應云降之爲臣，使崇侯降爲臣也。此省賓語。蠻夷帥服，可謂畏之。文王之功，天下誦而歌舞之，可謂則之。文王之行，至今爲法，可謂象之。有威儀也。故君子在位可畏，施舍可愛，昭十三年傳「施舍不倦」，與此施舍皆賜與之義。進退可度，度，說文：法制也。可度即可法，與可則同義。周旋可則，容止可觀，作事可法，德行可象，聲氣可樂；動作有文，言語有章，有章猶今言有條理。以臨其下，謂之有威儀也。」賈誼新書容經篇亦有此類語，蓋因傳文而略變。

楊伯峻編著

春秋左傳注

（修訂本）

三

宣公　成公

中華書局

春秋左傳注

宣公

名倭，文公子，母敬嬴。「倭」亦作「倭」，孔疏及穀梁楊疏引世本俱作「倭」。新序節士篇謂宣公爲文公弟，未知何據。

元年，癸丑，公元前六〇八年。周匡王五年、晉靈十三年、齊惠公元年、衞成二十七年、蔡文四年、鄭穆二十年、曹文十年、陳靈六年、杞桓二十九年、宋文三年、秦共公稻元年、楚莊六年、許昭十四年。

經

一·一 **元年春王正月，**正月十二日辛酉冬至，建子。**公即位。**無傳。

一·二 **公子遂如齊逆女。**文四年傳云：「逆婦姜于齊，卿不行，非禮也。」此則卿行，蓋與當時之禮合。惟文公之死僅及期年，宣公即急于婚娶，故後之論者多譏之，然在當時則未必以爲非禮。

一·三 **三月，遂以夫人婦姜至自齊。**稱「婦」者，有姑之辭，與文四年同。「婦姜」之稱與文四年經、傳同，亦猶隱八年傳之「婦嬀」。成十四年經、傳則書「婦姜氏」。有「氏」字與無「氏」字，皆當時慣稱，無義例可言。公羊、穀梁與孔疏所引服虔説，俱以無「氏」字爲貶，蓋妄説。杜注謂「不書『氏』，蓋闕文」，亦不確。説參沈欽韓補注。舊本此條與上「逆女」相連爲一條，今依傳意分之，獨立爲一條。

一·四 **夏，季孫行父如齊。**

一·五 **晉放其大夫胥甲父于衛。**説文云：「放，逐也。」杜注：「放者，受罪黜免，宥之以遠。」

一·六 **公會齊侯于平州。**平州，據杜注，當在今山東省萊蕪縣西。王夫之稗疏據水經汶水注，謂在今桓臺縣境，恐不確。

一·七 **公子遂如齊。**

一·八 **六月，齊人取濟西田。**僖三十一年傳云：「取濟西田，分曹地也。自洮以南，東傅于濟。」蓋濟西之田，本得之于晉，今則用以賂齊。年表云：「齊惠公元年，取魯濟西之田。」

一·九 **秋，邾子來朝。**無傳。邾于桓十五年一朝魯，歷莊、閔、僖、文之世，未見再書來朝。此來朝，蓋以宣公初立，朝新君也。

一·一〇 **楚子、鄭人侵陳，**楚國征伐而書「楚子」，自此始。**遂侵宋。晉趙盾率師救陳。**傳言「救陳、宋」，而經僅書「救陳」，不書「救宋」，杜注謂「經無『宋』字，蓋闕」。孔疏引服虔説，則以爲「趙盾既救陳，而楚師侵宋；趙盾欲救宋，而楚師解去」。**宋公、陳侯、衛侯、曹伯會晉師于棐林，**棐音斐。公羊作「斐」。方輿紀要謂棐林在今河南省新鄭縣東二十五里。然襄三十一年傳謂衛襄公如楚，「過鄭，印段迋勞于棐林」，則棐林宜在新鄭北三四十里處。**伐鄭。**孔疏：「晉本興師爲救陳、宋，但楚師已去，故四國之君往會晉師，與共伐鄭。言『于棐林』者，行會禮然後伐。桓十五年『公會宋公、衛侯、陳侯于袲，伐鄭』，亦行會禮乃伐，與此同也。」

一·一二 **冬，晉趙穿帥師侵崇。**「崇」，公羊作「柳」。毛奇齡春秋簡書刊誤云：「崇，秦之與國，公改『柳』，而曰『天子之邑』，則與策書晉將求成于秦而先侵崇以要其成爲不合矣。故爲作異，多見其陋劣耳。」毛説可從。趙坦異文箋謂「齊人讀『崇』爲『柳』」，公羊『崇』作『柳』，正齊人方音之轉」，「崇」、「柳」古音不同，無由相轉，趙説恐不然。殷商有崇國，崇侯虎是也，爲文王所滅，詩大雅文王有聲「既伐于崇，作邑于豐」，襄三十一年傳「文王伐崇，再駕而降爲臣」是也。此崇國當與文王所滅之崇國有别，江永考實謂爲别封，或是也。其地不能確指，舊崇國在今陝西省户縣東，此崇國未必仍在此。王夫之稗疏謂「此崇國必在渭北河湄，雖與秦，而地則近晉」，言頗有理。俞樾俞樓雜纂二十八謂在今河南省嵩縣。嵩離秦、晉俱較遠，恐不確。

一·一三 **晉人、宋人伐鄭。**

傳

一·一　元年春王正月，公子遂如齊逆女。尊君命也。此釋所以稱「公子遂」之故。杜注：「諸侯之卿，出入稱名氏，所以尊君命也。傳於此發者，與還文不同，故釋之。」

一·二　三月，遂以夫人婦姜至自齊。尊夫人也。此釋所以不稱「公子遂」而單稱「遂」之故。成十四年經云：「秋，叔孫僑如如齊逆女。」又云：「九月，僑如以夫人婦姜氏至自齊。」傳亦云：「秋，宣伯如齊逆女。稱族，尊君命也。」「九月，僑如以夫人婦姜氏至自齊。舍族，尊夫人也。」此不云「稱族」「舍族」者，杜注云：「公子，當時之寵號，非族也，故傳不言『舍族』。」

一·三　夏，季文子如齊，納賂以請會。杜注：「宣公簒立，未列於會，故以賂請之。」賂當即濟西田。

一·四　晉人討不用命者，放胥甲父于衞。不用命指文十二年河曲之役，趙穿與胥甲不肯薄秦師於險。趙穿以趙盾之側室及公壻故，未被討，然胥甲亦待七八年後始受討，不識其故。胥甲稱胥甲父，見僖十一年經注。而立胥克。杜注：「克，甲之子。」先辛奔齊。杜注：「辛，甲之屬大夫。」

一·五　會于平州，與齊侯會也。納賂請會，始有此會。以定公位。即得諸侯承認之意。

一·六　東門襄仲如齊拜成。杜注：「謝得會也。」

一·七　六月，齊人取濟西之田，爲立公故，以賂齊也。

一·八 宋人之弑昭公也，在文十六年。晉荀林父以諸侯之師伐宋，在文十七年。宋及晉平，宋文公受盟于晉。十七年傳云「猶立文公而還」，即此傳受盟之事。又會諸侯于扈，將爲魯討齊，在文十五年。此先叙十七年事而後叙十五年事者，蓋以宋事爲主也。皆取賂而還。傳明言之。受宋賂，文十七年傳未言，此旁出補叙之文。鄭穆公曰：「晉不足與也。」遂受盟于楚。陳共公之卒，卒在文十三年。楚人不禮焉。不禮，蓋謂楚不會喪、會葬。陳靈公受盟于晉。

秋，楚子侵陳，遂侵宋。年表云：「楚莊六年，伐宋、陳，以倍我服晉故。」又云：「宋文三年，楚、鄭伐我，以我倍楚故也。」晉趙盾帥師救陳、宋。張聰咸杜注辨證以經無「宋」字，因謂「宋」字當屬下讀，下句爲「宋會于棐林」，實不可信。蓋楚伐陳、宋，晉故救陳、宋；且會于棐林者四國，何能單言「宋」也？年表云：「晉靈十三年，趙盾救陳、宋。」是司馬遷亦以「救陳、宋」爲句。會于棐林，以伐鄭也。楚蔿賈救鄭，蔿賈已見僖二十七年及文十六年傳，以後又見四年傳。遇于北林，北林，鄭地，當在今河南省鄭州市東南，新鄭縣之北。囚晉解揚。解揚已見文八年傳。據宣十五年傳，解揚後已還晉。晉人乃還。

一·九 晉欲求成於秦。趙穿曰：「我侵崇，秦急崇，必救之。崇是秦之與國，晉侵之，秦必以爲急事而救之。吾以求成焉。」因此而求成也。冬，趙穿侵崇。秦弗與成。讀本云：「秦知穿謀，但救崇而不與晉成。」

一·一〇　**晉人伐鄭，以報北林之役。**杜注：「報囚解揚。」**於是晉侯侈，趙宣子爲政，驟諫而不入，**驟諫，屢諫也。謂屢諫而靈公不聽。晉世家云「趙盾、隨會前數諫，不聽」，蓋本此語。**故不競於楚。**不競有爭義，襄二十六年傳云「臣不心競而力爭」，莊子齊物論云「有分有辯，有競有爭」，競爭均同義可證。不競于楚，猶言不能與楚相爭也。杜謂「競，强也」，與下年傳「彼宗競於楚」競字同義，句法亦類似，亦通。杜注：「爲明年鄭伐宋張本。」

二年，甲寅，公元前六〇七年。周匡王六年、晉靈十四年、齊惠二年、衛成二十八年、蔡文五年、鄭穆二十一年、曹文十一年、陳靈七年、杞桓三十年、宋文四年、秦共二年、楚莊七年、許昭十五年。

經

二·一　**二年春王二月壬子，**正月二十三日丙寅冬至，建子。二月無壬子。**宋華元帥師及鄭公子歸生帥師，**全經唯此華元、歸生及哀二年趙鞅、罕達客主各言帥師。**戰于大棘。**大棘，此時爲宋地，方輿紀要云：「大棘城在歸德府寧陵縣西南七十里。」則當在今河南省睢縣南。**宋師敗績，獲宋華元。**彙纂曰：「求之全經，凡不書敗其師而書獲其君與將者二，戰韓與襄八年鄭『獲蔡公子燮』也。先書敗其師而後書獲其君與將者五，是役與莊十年荆敗蔡師，以蔡侯歸；僖元年魯敗莒師，獲莒拏；昭二十三年吳敗頓、胡、沈、蔡、陳、許之師，胡子、沈子滅，獲陳夏齧；哀十一年『齊師敗績，獲齊國書』也。」

二·二 秦師伐晉。

二·三 夏，晉人、宋人、衛人、陳人侵鄭。

二·四 秋九月乙丑，乙丑，二十六日。晉趙盾弑其君夷臯。「臯」，公羊作「獔」。獔從臯聲，自得通假。

二·五 冬十月乙亥，乙亥，六日。天王崩。無傳。天王，匡王也。周本紀云：「匡王六年，崩，弟瑜立，是爲定王。」

傳

二·一 二年春，鄭公子歸生命于楚伐宋，「命于楚」，各本均作「受命于楚」，唯金澤文庫本無「受」字，與釋文或本合。杜此注云：「受楚命也。」臧琳經義雜記云：「傳本無『受』字，故注云『受楚命』。若傳本作『受命于楚』，則文義已明，杜可無庸注矣。」洪亮吉詁亦云：「按杜注，不當有『受』字。」劉文淇疏證云：「按宋世家『文公四年春，鄭命楚伐宋』，亦無『受』字。」諸說是也。「命」即「受命」之義，十二年傳「皆命而往」義即「皆受命而往」，尤可證。今從金澤文庫本删正。宋華元、樂呂御之。御同禦。華元爲右師當政，已見文十六年傳。樂呂爲司寇，見文十八年傳。二月壬子，戰于大棘。宋師敗績。囚華元，獲樂呂，經云「獲華元」，傳云「囚華元」，以「囚」釋「獲」，蓋獲有生、死之異。僖十五年經、傳「獲晉侯」，生獲也；宣十二年傳「皆重獲在木下」，「射連尹襄老，獲之，遂載其尸」，則俱死獲。此以囚釋獲，謂生獲。然則「獲樂呂」，分别言之，蓋死獲可知。故樂呂以後不復見。經不書者，非主帥也。**及甲車四百六十乘，**甲車即兵車，以馬被甲，故名甲車，説詳武億義證。**俘二百五十人，馘百。**各本作「馘百人」，釋文謂或作「馘百」，作「馘百人」者，「人」字衍。釋文説是也。今從金澤文庫本删正。

狂狡輅鄭人，輅，迎戰之意，見僖十五年傳並注。**鄭人入于井。倒戟而出之，獲狂狡。**讀本云：「鄭人入井，狡乃倒授戟柄，接而出之，而鄭人反獲狂狡。」**君子曰：「失禮違命，宜其爲禽也。戎，昭果毅以聽之之謂禮。**大戴禮四代篇云：「是以祭祀昭有神明，燕食昭有慈愛，宗廟之事昭有義，率禮朝廷昭有五官，無廢甲胄之戒（惠棟云，當作戎）昭果毅以聽。」足見「戎昭果毅以聽之」乃古語。説本惠棟補注。杜注云：「聽謂常存於耳，著于心，想聞其政令。」此句意謂兵戎之事在于表明果毅精神，唯發揚果毅存念于心，行動于外，斯乃謂之禮。**殺敵爲果，致果爲毅。**孔疏云：「致此果敢乃名爲毅，言能彊毅以立功。」**易之，戮也。」**易之猶言反之。孔疏：「反易此道，則合刑戮也。」譏狂狡救敵人反被擒獲。

將戰，華元殺羊食士，其御羊斟不與。羊斟，宋世家作羊羹。肉汁謂之羹，亦謂之斟，故羊羹即羊斟也。錢大昕十駕齋養新録據淮南子繆稱篇「魯酒薄而邯鄲圍，羊羹不斟而宋國危」之文，謂此「斟」亦爲動詞，非人名。其説殊不足據，説詳王引之述聞。**及戰，曰：「疇昔之羊，子爲政；**禮記檀弓上云：

「予疇昔之夜，夢坐奠於兩楹之間。」鄭注云：「疇昔猶前日也。」亦作「誰昔」，詩陳風墓門「知而不已，誰昔然矣」，鄭玄箋云：「誰昔，昔也。」**今日之事，我爲政。」**呂氏春秋察微篇作「昨日之事，子爲制；今日之事，我爲制」。政作制者，陳樹華春秋內傳考證及洪亮吉詁均謂因秦始皇名改，或然。**與入鄭師，**呂氏春秋察微篇作「遂驅入於鄭師」。**故敗。君子謂羊斟「非人也，以其私憾，敗國殄民，**殄民當與下文「殘民」同意。**於是刑孰大焉？詩所謂『人之無良』者，**人之無良，今詩小雅角弓作「民之無良」。**其羊斟之謂乎！殘民以逞」。**殘害人民以快己意。

宋人以兵車百乘、文馬百駟以贖華元于鄭。文馬古有兩義，一謂馬之毛色有文彩者，一謂畫馬爲文。按之周本紀「求驪戎之文馬」、尚書大傳「散宜生之犬戎氏，取美馬駮身朱鬣雞目者」，自以前説爲是。説參沈欽韓補注並章炳麟讀。文馬百駟，宋世家譯作「文馬四百匹」。**半入，**所贖物僅入其半。**華元逃歸。**年表列「贖華元，亡歸」於明年。**立于門外，告而入。**杜注：「告宋城門而後入，言不苟。」**見叔牂，**杜注：「叔牂，羊斟也。卑賤得先歸。」孔疏引賈逵説，云「叔牂，宋守門大夫」，則以叔牂與羊斟爲兩人，按之上下文義，不可通。杜注謂叔牂因卑賤得先歸，亦無據。阮芝生拾遺云「疑其陷元于敵，即脱身而逃，不與元同獲」，較近情理。**曰：「子之馬然也？」**此係華元之語。有以爲叔牂之語者，于文于理俱不合，不可信。也讀爲邪，問詞。蓋華元知羊斟賣己，故婉其詞以詰之，謂：「子之馳入鄭師者，子之馬則然邪？」杜注云「華元見而慰之」，則以此句爲直陳語，誤。説詳楊樹達先生讀左傳。**對曰：「非馬也，其人也。」既**

合而來奔。杜注：「叔牂言畢，遂奔魯。合猶答也。」

宋城，華元爲植，巡功。植古有兩義，杜注云：「植，將主也。」周禮大司馬云：「大役，屬其植。」鄭衆注云：「植謂部曲將吏。」孫詒讓正義云：「大役人徒衆多，略依軍法部署，故亦有將吏。先鄭蓋以植爲部曲羣聚之名，莊子田子方篇云『列士壞植散羣』，即其義也。部曲羣聚謂之植，因以爲帥領將吏之稱。周書大匡篇云『伍有植』是也。」此一義也。鄭玄則以大司馬之植爲「築城楨」。蓋古人築牆有楨有榦。當牆兩端樹立兩木曰楨，當牆兩邊樹版以障土者曰榦，尚書費誓「峙乃楨榦」是也。此又一義也。周禮「屬其植」之「植」，或宜用鄭玄「築城楨」之義；至此文之植，當以杜注爲長。此言華元爲築城之主持者，巡行檢查工作。城者謳曰：「睅其目，睅音旱，說文云「大目也」。杜注：「出目。」蓋目大則多出，今謂之鼓。兩義可以相通。皤其腹，皤音婆，杜注：「大腹。」棄甲而復。目、復、腹古音同在覺部，爲韻。睅其目兩句狀華元之形貌。棄甲指其戰敗，復指其逃歸。于思于思，詩齊風盧令云：「其人美且偲。」釋文云：「偲，多鬚貌。」此思與偲同。于爲助語詞，無義。杜注云：「于思，多鬚之貌。」「于思」連文立訓，似未達一間。說見楊樹達先生讀左傳。孔疏引賈逵說，以「于思」爲白頭貌，不如杜義之確。棄甲復來。」思、來古音同在咍部，爲韻。復來指其巡功。使其驂乘謂之曰：「牛則有皮，犀兕尚多，犀皮皺襞極堅厚。兕，如野牛而青。古人製甲之材料有三種，即牛革、犀革、兕革，荀子儒效篇所謂「定三革」者是也。兕甲、犀甲較堅，周禮考工記函人所謂「犀甲壽百年，兕甲壽二百年」。孔疏云：「偏檢書傳，犀、兕二獸並出南方，非宋所有。假令波及宋國，必不能多。言『尚多』者，苟以答謳者耳。」武億義證云：「兕亦不盡出南方。詩小雅吉日『殪此大兕』，汲郡古文『夷王六年，王獵於社林，獲犀牛一以歸』，則東周畿内有之。國語『昔吾先君唐叔射兕於徒林，殪以爲大甲』，則晉地有之。管子小匡篇『入以兵甲犀脅二戟』，鹽鐵論『强齊勁鄭有犀、兕之甲』，是齊與鄭又並有此。犀多産於南，而皮自可貿易他方。物之所聚，宋亦得言多也。」**棄甲則那？」**那，奈何之合音，顧炎武日知録三十二云：「直言之曰『那』，長言之曰『奈何』，一也。」皮、多、那古音同在歌部爲韻。**役人曰：「從其有皮，**從同縱，讓步連詞。**丹漆若何？」**言縱令有皮，但丹漆難給，將若之何。**華元曰：「去之！夫其口衆我寡。」**此句舊有三讀，林堯叟句解、胡鳴玉訂譌雜録俱以「去之夫」三字爲句，並謂爲「去此役夫」之意。陳樹華考證亦以「去之夫」三字爲句，但謂「夫作助語辭爲允」。此一讀而二解也。章炳麟讀謂當以一「夫」字爲句，此又一讀也。今俱不從。阮元校勘記及陶鴻慶別疏則以「夫其口衆我寡」六字爲句，今從之。兩説俱以夫爲代詞，彼也。「夫其口衆」者，彼之口衆也。但若以夫爲語首詞，亦未嘗不可通。

二·二　**秦師伐晉，以報崇也，**元年，晉趙穿帥師侵崇。報崇猶言報晉侵崇之役。**遂圍焦。**焦在今河南省陝縣南，已見僖三十年傳並注。**夏，晉趙盾救焦，遂自陰地，**陰地，據杜注，其地甚廣，自河南省陝縣至嵩縣凡在黄河以南、秦嶺山脈以北者皆是。此廣義之陰地也。然亦有戍所，戍所亦名陰地，哀四年「蠻子赤奔晉陰地」，又「使謂陰地之命大夫士蔑」是也。今河南省盧氏縣東北，舊有陰地城，當是其地。此狹義之陰地也。此陰地所指之處，當是盧氏東北之陰地城。説參顧棟高大事表及江永考實。**及諸侯之師侵鄭，以**

報大棘之役。鄭敗宋師于大棘，在此年春。鄭世家謂「晉使趙穿以兵伐鄭」，梁玉繩志疑云：「穿當作盾。」**楚鬭椒救鄭，曰：「能欲諸侯，而惡其難乎？」**意謂欲得諸侯，不能厭惡艱困。**遂次于鄭，以待晉師。趙盾曰：「彼宗競於楚，**彼宗，鬭椒，若敖氏之族也。若敖氏自子文以來，世爲令尹。競，强也，强于楚，世爲楚之强者。**殆將斃矣。姑益其疾。」**杜注：「欲示弱以驕之。」爲四年楚滅若敖氏張本。」**乃去之。**

二·三　**晉靈公不君：**論語顏淵「父不父，子不子」，此則君不君。猶言在君位而言行不合爲君之道。呂氏春秋過理篇云「晉靈公無道」，不君與無道意同。**厚斂以彫牆；**潛夫論浮侈篇云：「晉靈公厚賦以雕牆。」厚斂即厚賦。杜注：「彫，畫也。」**從臺上彈人，而觀其辟丸也；**丸即彈，管子輕重丁云：「挾彈懷丸，游水上，彈翡燕小鳥。」輕重戊云：「衆鳥居其上，丁壯者胡丸操彈居其下，終日不歸。」則彈弓亦曰彈，彈之亦曰彈。其丸則多以土爲之，潛夫論浮侈篇「或取好土作丸，賣之」是也。公羊傳宣六：「靈公爲無道，使諸大夫皆内朝，然後處乎臺上，引彈而彈之，已趨而辟丸，是樂而已矣。」穀梁傳亦云：「靈公朝諸大夫而暴彈之，觀其辟丸也。」然則臺在宫内，所彈者爲大夫，疑不足信。元和郡縣志謂「晉靈公臺在絳州正平縣（正平故城在今新絳縣西南）西北三十一里」，恐係附會之談。**宰夫胹熊蹯不熟，**此宰夫即周禮天官之膳夫，蓋天子曰膳夫，諸侯曰宰夫（天子另有宰夫，亦見周禮天官，與此宰夫名同而實異），故莊十九年傳云周惠王「收膳夫之秩」，而此云宰夫。鄭亦有宰夫，見宣四年傳。膳夫亦稱膳宰，昭九年傳有「膳宰屠蒯」，儀禮燕禮云「膳宰具官饌于寢東」、禮記玉藻云「皆造於膳宰」、周禮云「膳宰監之」、「膳宰致饔」是也。宰夫掌君飲食膳羞。説參胡匡衷儀禮釋官。釋文云：「胹音而，煮也。」熊蹯即孟子告子上之熊掌，其味甚美，然難熟，互參文元年傳並注。**殺之，寘諸畚，**畚音本，説文云：「蒲器也。」杜注：「以草索爲之。」其質爲蒲或爲草索，蓋不相妨。畚可以盛糧，周禮夏官挈壺氏「挈畚以令糧」、列子黄帝篇「因假糧荷畚之子華之門」可證。亦可以盛土，襄九年傳「陳畚挶」、宣十一年傳「稱畚築」、列子湯問篇「箕畚運於渤海之尾」可證。此則借以盛死尸。**使婦人載以過朝。**詩周頌絲衣云：「絲衣其紑，載弁俅俅。」鄭玄箋云：「載猶戴也。」此載字義當同，謂戴其畚以過朝也。呂氏春秋過理篇云：「令婦人載而過朝以示威。」晉世家云：「使婦人持其屍出棄之，過朝。」則過朝之故有兩説。若爲示威，則趙盾、士季不容「見其手，問其故」始知之，晉世家之説似較近情理。公羊宣六年傳云：「趙盾已朝而出，與諸大夫立於朝。有人荷畚自閨而出者。趙盾曰：『彼何也？夫畚曷爲出乎閨？』呼之。不至，曰：『子，大夫也，欲視之，則就而視之。』趙盾就而視之，則赫然死人也。趙盾曰：『是何也？』曰：『膳宰也，熊蹯不熟，公怒，以斗摯而殺之，支解，將使我棄之。』」此亦可以爲證。「荷畚自閨而出者」，據金鶚求古録禮説闈考，閨是小寢之門，晉靈公殺膳宰在小寢中，使人以畚載尸出小寢門。諸侯有三小寢，門皆南向，東西小寢在路寢後兩旁，故於路門外之朝得見之。**趙盾、士季見其手，**死屍之手露于外。**問其故，而患之。將諫，士季曰：「諫而不入，**楊樹達先生讀左傳曰：「入與納同。」**則莫之繼也。**趙盾爲正卿，若諫而靈公不納，則再無人可以繼之。**會請先，**士季，隨會也。會自稱其名。**不入，則子繼之。」三進，及溜，而後**

視之，士會前進三次，最後及于階間之霤，晉靈始舉頭張目視之。前兩次之進，晉靈僞裝不見。三進者，始進爲入門，儀禮燕禮「小臣納卿大夫，卿大夫皆入門右，北面東上」是也。當卿大夫入門之後，依燕禮，「公降立於阼階之東南，南鄉，爾卿。卿西面北上，爾大夫。大夫皆少進」。不知此士會單身入朝之禮與此同否。然再進者，由門入庭可知也。入庭之後，然後升階當霤，則三進矣。管子中匡篇「管子反，入，倍屏而立，公不與言。少進中庭，公不與言。少進傳堂，公曰」云云，其事與此相類，可爲明證。説本沈欽韓補注。孔疏云：「溜謂簷下水溜之處。」沈欽韓又云：「溜即霤。有門内之霤。燕禮『賓所執脯以賜鍾人于門内霤』是也。有階間之霤，鄉飲酒禮『磬階間縮霤』是也。此及溜，及階間之溜也。」及階間之霤，即將入堂，正管子之「傳堂」，齊桓不得不與管仲言，此則晉靈不得不視隨會也。曰：「吾知所過矣，將改之。」稽首而對曰：「人誰無過，過而能改，善莫大焉。詩曰：『靡不有初，鮮克有終。』詩大雅蕩句。謂人多有始無終，鄭箋云：「民始皆庶幾於善道，後更化於惡俗。」此引詩意與之略同。夫如是，則能補過者鮮矣。君能有終，則社稷之固也，襄二十一年傳云：「夫謀而鮮過、惠訓不倦者，叔向有焉，社稷之固也，猶將十世宥之。」此「固」字當與彼同義。説文云：「固，四塞也。」則固猶今保障之意。楊樹達先生讀左傳云：「固當讀爲祜。爾雅釋詁云：『祜，福也。』襄二年傳云：『吾子之請，諸侯之福也，豈惟寡君賴之。』文義與此正同。」雖亦可通，但用之于襄二十一年傳文則不合，似以不改字爲妥。豈惟羣臣賴之。又曰：『袞職有闕，惟仲山甫補之』，詩大雅烝民句。袞，天子以及上公之禮服。職猶適也，與成十六年傳「識見不穀而趨」之識同義。後漢諸儒多以「衮職」連讀，鄭玄箋且謂「衮職者，不敢斥王之言也，王之職有闕」云云，實不合詩之本義。説詳楊樹達先生小學述林。仲山甫，周宣王時之賢臣樊侯，故亦稱樊仲甫，時爲卿士，輔佐宣王中興，烝民即尹吉甫讚美仲山甫之詩。補，補衣也。詩以衮衣之闕喻周王之過失，以能縫補衮衣之闕喻仲山甫能匡救君過。**能補過也。君能補過，衮不廢矣。」**言衮不失其爲衮。隨會似以衮喻晉之社稷，仲山甫喻晉靈公。仲山甫爲周天子卿士，晉侯則侯伯，亦可以相當。此句謂晉靈若能補過，則晉之社稷可以不壞。

猶不改。宣子驟諫，公患之，晉語五云：「靈公虐，趙宣子驟諫，公患之。」韋注：「患，疾也。」呂氏春秋過理篇云：「趙盾驟諫而不聽，公惡之。」患、疾、惡三義相近。**使鉏麑賊之。**鉏麑，呂氏春秋作「沮麛」，説苑立節篇作「鉏之彌」，古今人表作「鉏麛」。晉世家云「使鉏麑刺趙盾」，以刺釋賊。高誘呂氏春秋注亦云：「賊，殺也。」**晨往，寢門闢矣，盛服將朝。**朝衣朝冠皆已穿戴，將以往朝。**尚早，坐而假寐。**假寐，不解衣冠而睡。晉語五與左傳同。公羊傳云：「靈公心怍焉，欲殺之，於是使勇士某者往殺之。勇士入其大門，則無人門焉者；入其閨，則無人閨焉者；上其堂，則無人焉；俯而闚其户，方食魚飧。」與傳稍有異同。**麑退，歎而言曰：「不忘恭敬，**恭敬指早起盛服將朝之事。**民之主也。**惠棟補注云：「高誘曰：『大夫稱主，因曰民之主。』案昭五年傳晏子謂子罕『能用善人，民之主也』，亦謂大夫曰主。」此説雖不爲無理，恐仍失之拘。大夫稱主，只是狹義之主。非大夫亦可稱主，哀二十六年傳云：「若得其人，四方以爲主。」此主字則不可云大夫曰主也，此廣義之主。此主字當同。晉語五云：「夫不忘恭敬，社稷之鎮也。」「民之主」與

「社稷之鎮」，辭異而義同。賊民之主，不忠；棄君之命，不信。有一於此，不忠、不信之中，兩者必有其一。不如死也。」晉語五云：「賊國之鎮，不忠；受命而廢之，不信。享一名於此，不如死。」晉世家云：「殺忠臣，廢君命，罪一也。」唯呂氏春秋過理篇此數語與左傳大同。觸槐而死。晉語五云：「觸庭之槐而死。」呂氏春秋亦云：「乃觸廷槐而死。」廷、庭字通，是槐在庭中。然庭爲趙氏之庭，抑爲晉靈之外庭？韋昭晉語注云：「庭，外朝之庭也。周禮，王之外朝三槐，三公位焉；則諸侯之朝三槐，三卿位焉。」是説也，惠棟、馬宗璉、洪亮吉主之。惠棟云：「蓋當時麑退而觸靈公之廷槐者，歸死于君也。」杜注不用韋説，而云：「槐，趙盾庭槐也。」是説也，羅願爾雅翼、汪遠孫國語發正、吳曾祺國語補注主之。古者朝位固樹槐，私家之庭亦樹槐。晉語九謂范獻子執董叔而紡於廷之槐，則范氏之廷槐也。鉏麑已至盾家，何從復死於朝乎？杜注較爲合理。至趙坦寶甓齋札記謂「此當是道旁之槐」，顯與傳文不合。公羊傳云「遂刎頸而死」，與諸書異。

秋九月，晉侯飲趙盾酒，伏甲，將攻之。公羊傳接「遂刎頸而死」下云：「靈公聞之，怒，滋欲殺之甚。衆莫可使往者，於是伏甲于宮中，召趙盾而食之。」其右提彌明知之，趙盾之車右也。蓋臨時始察覺而得之，然後趨登以救之。若早知之，當早言之而爲其備。「提彌明」，公羊作「祁彌明」，左傳釋文謂「祁」又作「祇」。晉世家作「示眯明」，字音相去不遠，但誤與翳桑餓人合爲一人。趨登，曰：趨登，趨行而登上堂也。臧琳經義雜記云：「左傳所謂趨登者，登階而呼耳。」乃以公羊解左傳，不足信。「臣侍君宴，過三爵，非禮也。」古代君宴臣，其禮有二，一爲正燕禮，一爲小燕禮，即小飲酒禮。正燕禮，儀禮燕禮有詳細記述，脱屨升堂，行無算爵，非止三爵而已。惟小飲酒禮不過三爵，禮記玉藻所謂「君若賜之爵，則越席再拜稽首受。君子之飲酒也，受一爵而色洒如也，二爵而言言斯，禮已三爵而油油，以退」是也。此蓋小飲酒之禮，所宴者惟趙盾一人，故提彌明以「過三爵非禮」爲言，蓋促趙盾之速退。**遂扶以下。**釋文云：「扶，服虔注作『跣』，今杜注本往往有作『跣』者。」金澤文庫本亦作「跣」。「遂扶以下」與「遂跣以下」兩義不相同。遂扶以下者，提彌明言畢，於是扶持趙盾下堂。遂跣以下者，趙盾聞提彌明之言而悟，急迫不及着韈納屨，因赤足而下堂也。按之燕禮，賓及大夫皆脱屨升就席；禮記少儀亦云：「凡祭於室中，堂上無跣，燕則有之。」鄭注云：「燕則有跣爲歡也。」此脱屨之證也。哀二十五年傳述衞侯與諸大夫飲酒，褚師聲子韈而登席，衞侯因怒，是解韈之證也。跣，説文云：「足親地也。」孔疏主作「扶」，清人多主作「跣」。兩説皆可通。説參臧琳經義雜記、戴望謫麐堂文集。**公嗾夫獒焉，**嗾音漱，使犬也。方言云：「秦、晉之西鄙，自冀、隴而西，使犬曰哨。」段玉裁説文注云：「哨與嗾一聲之轉。」今言嗾使即由此義派生。獒，杜注：「猛犬也。」蓋據下文「雖猛何爲」爲義。爾雅釋畜云：「狗四尺爲獒。」説文云：「犬知人心可使者。」**明搏而殺之。**搏，鬬也。**盾曰：「棄人用犬，雖猛何爲！」鬬且出。**與伏甲且鬬且出也，此時伏甲當已起矣。劉淇助字辨略云：「且，兩務之辭，言方且如此，又復如彼也。」有用兩「且」字者，韓非子十過篇「且恐且喜」是也。左傳多僅用一且字，成十三年傳「狄應且憎」，亦謂狄且應且憎也。**提彌明死之。**公羊傳云：「趙盾之車右祁彌明者，國之力士也，仡然從乎趙盾而入，放乎堂下而立。趙盾已食，靈公謂盾曰：『吾聞子之劍，蓋利劍也。子以示我，吾將觀焉。』趙盾起，將進劍。祁彌明自下呼之曰：『盾！食飽則出，何故拔劍於君所？』趙盾知之，躇階而走。靈公有周狗，謂之獒，呼獒而屬之，獒亦躇階而從之。祁彌明逆而踆之，絶其頷。趙盾顧曰：『君之獒不若臣之獒也。』」多進劍一事。晉世家所叙蓋本左傳，唯以提彌明作示眯明，並以之爲晉宰夫，則與傳異。

初，宣子田于首山，首山即首陽山，亦即雷首山，在今山西省永濟縣東南。中條山即西起雷首迤邐而東者，胡渭禹貢錐指云：「雷首之脈爲中條，東盡於垣曲。」**舍于翳桑，**呂氏春秋報更篇云：「趙宣孟將上之絳，見骫桑之下有餓人。」淮南子人間訓云：「趙宣孟活饑人於委桑之下。」公羊傳云：「曰：『子某時所食，活我于暴桑下者也。』」晉世家云：「初，盾常田首山，見桑下有餓人。」俱以爲桑樹，故杜預此注云「翳桑，桑之多蔭翳者」。然江永考實則以翳桑當是首山間地名，王引之述聞亦云：「下文曰『翳桑之餓人也』，翳桑當是地名。僖二十三年傳曰『謀於桑下』，以此例之，若是翳桑樹下，則當曰『舍于翳桑下』、『翳桑下之餓人』。今是地名，故不言『下』也。且傳凡言『舍于』者，若成十五年『出舍于睢上』、襄二十六年『甯子出舍于郊』、哀十四年『成子出舍于庫』、僖二十九年『舍于昌衍之上』、成十六年『退舍于夫渠』、定八年『舍于五父之衢』、哀八年『舍于蠶室』、『舍于庚宗』，句末皆地名。」馬宗璉補注説同。王説是也。諸書自以爲桑樹之下，但非左氏本義，解左傳仍當依左氏文法。**見靈輒餓，問其病。曰：「不食三日矣。」**此靈輒答語。呂氏春秋報更篇云：「宣孟問之曰：『女何爲而餓若是？』對曰：『臣宦於絳，歸而糧絶，羞行乞而憎自取，故至於此。』」**食之，**趙盾與之食。**舍其半。**靈輒餘其半而另置之。**問之。**趙盾問其故。呂氏春秋報更篇云：「宣孟與脯二朐，拜受而弗敢食也。問其故。」**曰：「宦三年矣，**晉世家集解引服虔云：「宦，宦學仕也。」（各本「仕」作「士」，宋本作「事」，今依汲古閣本。）杜注云：「宦，學也。」禮記曲禮「宦學事師」，孔疏引熊氏云：「宦謂學仕宦之事。」則「宦三年矣」爲學仕宦之事三年矣，此一義也。俞樾茶香室經説云：「古者學而後入官，未聞別有仕宦之學。越語云『與范蠡入宦於吴』，注曰：『宦爲臣隸也。』靈輒所謂宦者，殆亦爲人臣隸，故失所而至窮餓如此。僖十七年傳曰『妾爲宦女焉』，杜注曰：『宦，事秦爲妾。』此傳宦字義與彼同。」俞説有理。**未知母之存否，今近焉，請以遺之。」**此靈輒答語。**使盡之，而爲之簞食與肉，**簞音單，古代盛飯食之圓形筐，故論語雍也、孟子離婁下俱言「一簞食」。**寘諸橐以與之。**橐詳僖二十八年傳注。**既而與爲公介，**杜注：「靈輒爲公甲士。」與讀去聲，參與也。**倒戟以禦公徒而免之。**倒戟猶言倒戈，晉世家云「反擊靈公之伏士」，以「反擊」釋「倒戟」，是也。與前傳「倒戟而出之」之「倒戟」有所不同。公徒即伏甲，以其爲徒兵（非車兵），故云「公徒」。免之，免趙盾於禍，晉世家云：「伏士不能進，而竟脱盾。」**問何故。**趙盾問其倒戟之故。**對曰：「翳桑之餓人也。」問其名居，**問其姓名與居處，蓋欲以答報之。**不告而退，**後人或疑靈輒既不自言其姓名，作傳者何由知之。不知其人既爲靈公衛士，趙盾于事後必能得其名。亦猶鉏麑爲靈公所使，必有人知其來歷，作史者必能得之也。公羊傳于鉏麑、靈輒俱不言姓氏，公羊自公羊，左氏自左氏。**遂自亡也。**杜注云：「輒亦去。」晉世家述此事，亦以爲亡者爲救趙盾之人，非趙盾。王引之述聞云：「此謂盾亡，非輒亡也。自『宣子田于首山』至『不告而退』，明盾得免之由。盾既免，遂出奔。出奔出於己意，不待君之放逐，故曰『自亡』。有亡乃有復，故下文言『宣子未出山而復』，而大史謂之『亡不越竟』也。」然案之「遂」字之文義，杜說較勝。呂氏春秋報更篇謂靈輒「還鬭而死」，與傳異。

乙丑，趙穿殺靈公於桃園。各本「殺」作「攻」，惟金澤文庫本作「煞」，煞即殺。王引之述聞詳論本作「殺」，孔子家語正論篇用左傳，亦作「趙穿殺靈公」，今據正。宣子未出山而復。山，杜注：「晉竟之山也。」王引之述聞云：「晉語：『陽處父如衛，反過甯，甯嬴從之，及山而還。』韋注曰：『山，河內溫山也。』傳曰『及溫而還』，然則『未出山』，亦謂未出溫山也。注未詳考。且是時晉境南至河，而山在其內。則出山尚未越境，不得以爲『晉境之山』也。」溫山在今河南省修武縣北五十里。晉語五韋注云：「桃園，園名。」晉世家云：「盾遂奔，未出晉境。乙丑，盾昆弟將軍趙穿襲殺靈公於桃園而迎趙盾，趙盾素貴，得民和；靈公少，侈，民不附，故爲弒易。盾復位。」大史書曰「趙盾弒其君」，以示於朝。宣子曰：「不然。」對曰：「子爲正卿，亡不越竟，竟同境。反不討賊，非子而誰？」公羊傳、穀梁傳及晉世家略同左傳。宣子曰：「嗚呼！詩曰：『我之懷矣，自詒伊慼。』」各本無「詩曰」二字，杜注云「逸詩也」，則杜所據本有「詩曰」二字，今從金澤文庫本增。杜注以此二句爲逸詩，今詩邶風雄雉有句云「我之懷矣，自詒伊阻」，與引詩僅一字之異，故王肅以爲此即引雄雉之詩。小雅小明云「心之憂矣，自詒伊戚」，戚即慼，下句與引詩合而上句異，恐非引小明。鄭箋云：「懷，安也。伊當作繄，繄猶是也。」毛傳云：「詒，遺也。」詩意謂我多所懷戀，不出境而復，自遺此憂也。其我之謂矣。」孔子曰：「董狐，董狐，即太史。古之良史也，書法不隱。杜注：「不隱盾之罪。」趙宣子，古之良大夫也，爲法受惡。王肅云：「爲書法受弒君之名。」**惜也，越竟乃免。」**晉世家「越竟」作「出疆」。沈欽韓補注云：「言倉皇出奔他國，義不再返，乃可逃弒君之名。」

宣子使趙穿逆公子黑臀于周而立之。晉世家云：「趙盾使趙穿迎襄公弟黑臀于周而立之，是爲成公。成公者，文公少子，其母周女也。」周語下云：「且吾聞成公之生也，其母夢神規其臀以墨曰『使有晉國』，故名之曰黑臀。」**壬申，**壬申，十月三日。**朝于武宮。**武宮，曲沃武公之廟也。晉侯每即位，必朝之，詳僖二十四年傳注。

二·四 **初，麗姬之亂，**「麗」，或作「驪」。麗、驪古今字。傳于他處均作「驪姬」，唯此作「麗姬」。**詛無畜羣公子，**詛，祭神使之加禍于某人之禮，已見隱十一年傳注。古有盟詛之法，盟大而詛小，然皆殺牲歃血，告誓明神，若有違背，神加其禍。襄十一年傳「季武子將作三軍，盟諸僖閎，詛諸五父之衢」，定六年傳「陽虎又盟公及三桓於周社，盟國人于亳社，詛于五父之衢」，皆先盟而後詛。詛者，使人無敢違也。晉語二韋注云：「羣公子，獻公之庶孽及先君之支庶也。」晉語二云：「驪姬既殺大子申生，又譖二公子曰：『重耳、夷吾與知共君之事。』公令閹楚刺重耳，重耳逃於狄。令賈華刺夷吾，夷吾逃於梁。盡逐羣公子，乃立奚齊。焉始爲令，國無公族焉。」「盡逐羣公子」，即「無畜羣公子」之事。「焉始爲令，國無公族」，公族爲官名，詳下。既不畜羣公子，自無公族之官。然則獻公、驪姬不僅當時不畜羣公子，且禁後世畜之。孔疏引服虔云「麗姬與獻公及諸大夫詛無畜羣公子，欲令其二子專國」，此説是也。孔疏云：「蓋爲奚齊、卓子以庶篡適，晉國創其爲亂，不用復畜公子。」則是非驪姬創爲此詛，而是晉人因驪姬之亂設此詛，與晉語不合，自不可信。僖十五年傳叙晉惠公入國，秦穆姬囑其「盡納羣公子」，而惠公「不納羣公子」。據文十六年傳，文公之子雍在秦，樂在陳；據本年傳，黑臀在周；據周語下，襄公之曾孫周在周，文、襄之公子俱在他國，則是自獻公、驪姬以迄惠、懷、文、襄、靈，晉國踵行此令而未改復。**自是晉無公族。**公族有二義，凡公之同姓子弟曰公族，此廣義之公族也。僖二十八年傳云：「原軫、郤溱以中軍公族橫擊之。」中軍公族者，中軍中由晉公室子弟所組成者也。文七年傳云：「公族，公室之枝葉也。」公族即指宋昭公欲去之羣公子，亦廣義之公族。公族大夫亦省曰公族，此狹義之公族。「自是晉無公族」者，晉自此以後無公族大夫之官也。杜注云：「無公子，故廢公族之官。」禮記文王世子云：「周公踐阼，庶子之正於公族者，教之以孝弟睦友子愛，明父子之義，長幼之序。」如其言可信，則公族之官周初已有，其職掌爲教訓同族子弟。詩魏風汾沮洳「殊異乎公族」，鄭箋云「公族，主君同姓昭穆也」，亦即此義。公族見於金文者，如中觶、毛公鼎、師酉毁、牧毁，皆西周器，義皆王室官名，則西周時猶有此官。晉本有此官，當以同姓爲之。獻公、驪姬之時，廢不復設，至此年復之，然以異姓爲之，因兼掌卿之子弟，成十八年傳所謂「韓無忌爲公族大夫，使訓卿之子弟」可證。孔疏引孔晁國語注云：「公族大夫掌公族及卿大夫子弟之官。」考之經、傳，其言可信。**及成公即位，乃宧卿之適而爲之田，**「適」下阮刻本有「子」字，「適」即「適子」，釋文標「之適」，而不標「之適子」，則「子」不當有。校勘記云：「宋本、岳本亦無。詩汾沮洳正義並引作『宧卿之適』，亦無『子』字。」金澤文庫本亦無「子」字，今據之删正。宧，仕也。授卿之嫡子以官職。爲之田，猶言與之田。襄二十三年傳云：「齊侯將爲臧紇田。臧孫聞之，見齊侯。與之言伐晉。對曰：『多則多矣，抑君似鼠。』乃弗與田。」上云「將爲之田」，下言「乃弗與田」，尤可證「爲之田」即「與之田」。説參俞樾平議。**以爲公族。**爲公族大夫也。**又宧其餘子，**周禮地官小司徒云：「凡國之大事，致民；大故，致餘子。」逸周書糴匡篇云：「成年，餘子務藝；儉年，餘子務穡；大荒，餘子倅運。」管子問篇云：「餘子父母存不養而出離者幾何人？餘子之勝甲兵有行伍者幾何人？」莊子秋水篇云：「壽陵餘子學行於邯鄲。」呂氏春秋報更篇云：「張儀，魏氏餘子也。」離俗篇云：「齊、晉相與戰，平阿之餘子亡戟得矛。」戰國策云：「燕、趙久相攻，餘子之力盡於溝壘。」說苑立節篇云：「佛肸用中牟畔，城北餘子田基獨後至。」統上觀之，「餘子」蓋對「適子」而言，凡支庶俱謂之「餘子」，亦猶孟子滕文公上所謂「餘夫」。而此文之「餘子」則與「庶子」有別，故杜注云：「餘子，嫡子之母弟也。」**亦爲餘子；**此「餘子」則是官名，杜注云：「亦治餘子之政。」**其庶子爲公行。**謂亦宧其庶子爲公行，此承上之省文也。杜注：「庶子，妾子也。掌率公戎行。」**晉於是有公族、餘子、公行。**詩魏風汾沮洳有公族、公路、公行，此則有公族、餘子、公行，則餘子即公路也。孔穎達疏以公行、公路爲一官，又以此餘子非公路，李黼平毛詩紬義、馬瑞辰毛詩傳箋通釋、胡承珙毛詩後箋、汪中春秋列國官名異同考、黃以周禮書通故俱駁之，是也。

趙盾請以括爲公族，趙括爲趙盾之異母弟，僖二十四年傳云：「文公妻趙衰，生原同、屏括、樓嬰。」括即屏括，亦即下文之屏季。盾請以括爲公族大夫。**曰：「君姬氏之愛子也。**君姬氏即趙姬，晉文公女，嫁于趙衰而生趙括者，於晉成公爲姊弟。趙括爲趙姬之中子，括之上當有兄趙同，不讓同而讓括者，以趙括爲其母之愛子也。稱「君姬氏」者，盾以嫡母視之也。**微君姬氏，則臣狄人也。」**趙衰先娶叔隗於狄，生盾，見僖二十三年傳。返國後，趙姬固請於趙衰迎接叔隗與盾歸晉，且以盾爲嫡子，詳僖二十四年傳。**公許**

之。冬，趙盾爲旄車之族，旄音毛。旄車之族，即餘子，亦即公路。詩汾沮洳鄭箋云：「公路，主君之軞車。」軞車即旄車，亦即諸侯所乘之戎路，亦曰戎車。名之爲旄車者，詩小雅出車云：「設此旐矣，建彼旄矣。」戎車有旄，故名旄車。沈欽韓補注、朱大韶春秋禮徵、黄以周禮書通故均以周禮夏官之「諸子」當此「旄車之族」，與鄭箋不同。趙盾本爲嫡子，宜爲公族大夫。今既以之讓于趙括，故以餘子自居而以正卿兼掌旄車之族，平日教訓卿之餘子，戰時則率之掌君之戎車。使屏季以其故族爲公族大夫。其指趙盾。故族，謂自趙夙以來之族屬也。趙盾本爲嫡子，爲大宗，於古禮有收族之誼，故統率之。今趙盾既以公族讓于趙括，故亦以其所統率之故族讓于趙括統之。杜注解「故族」爲「故官屬」，誤，説見沈欽韓補注。年表云：「趙氏賜公族。」晉世家云：「賜趙氏爲公族。」言「賜」者，蓋公族大夫本以同姓爲之，今晉以異姓爲之，故言「賜」也。讀本云：「趙氏欲使卿族强盛，乃請於成公，假公族之官以爲卿族。」

三年，乙卯，公元前六〇六年。周定王元年、晉成公黑臀元年、齊惠三年、衛成二十九年、蔡文六年、鄭穆二十二年、曹文十二年、陳靈八年、杞桓三十一年、宋文五年、秦共三年、楚莊八年、許昭十六年。

經

三·一　三年春王正月，二月初四辛未冬至，建亥。郊牛之口傷，郊，祈穀之祭也，見桓五年傳注。郊祭必先擇牛而卜之，吉則養之，然後卜郊祭之日。未卜日以前謂之牛，既卜日之後改曰牲，僖三十一年傳云「牛卜日曰牲」是也。此曰「郊牛」，是尚未卜日可知。**改卜牛。**口傷則不能再用，於是另擇他牛更卜之，吉，然後養之備用。公羊傳云：「養牲養二，卜。帝牲不吉，則扳稷牲而卜之。帝牲在于滌三月。於稷者，唯具是視。」若如其言，卜牛限于兩次，此之「改卜牛」，乃「扳稷牛而卜之」，恐未必合于左氏義。**牛死，乃不郊。**改卜之牛又死，於是不行郊祭。傳于此云「非禮」，似當再卜牛，不能廢郊。**猶三望。**魯之三望，祭東海、泰山與淮水也，詳僖三十一年傳注。

三·二 **葬匡王。**無傳。匡王死于去年十月，此之「葬匡王」，未著月，如承前文爲正月，則僅歷四月而葬。依當時之禮，天子七月而葬。即匡王葬于三月，亦不滿七月。

三·三 **楚子伐陸渾之戎。**穀梁作「陸渾戎」，公羊作「賁渾戎」，俱無「之」字。公羊「陸」作「賁」者，錢大昕潛研堂答問四云：「此轉寫之譌，本當作『畜』，即古文睦字。睦字從圥，圥讀爲六，故睦亦有陸音。」宋翔鳳過庭録說同。陸渾之戎見僖二十二年傳並注。

三·四 **夏，楚人侵鄭。**

三·五 **秋，赤狄侵齊。**無傳。狄自入春秋以來，俱只書「狄」。僖三十三年傳箕之役始見「白狄子」之稱，而「赤狄」之稱自此見。自此經凡赤狄四見、白狄三見。潞氏、甲氏、留吁、鐸辰，此赤狄也。其通言「狄」者，鍾文烝穀梁補注云：「以左傳、國語、呂氏春秋、杜氏後序引汲冢紀年考之，莊三十二年狄伐邢、僖三十三年晉人敗狄于箕，皆白狄也。閔二年狄入衞、僖二十四年狄伐鄭、文七年狄侵我西鄙，皆赤狄也。」顧棟高大事表三九據成三年傳「伐廧咎如，討赤狄之餘焉」，因謂「是年赤狄之種盡絶」。又云：「故中國直名白狄爲狄，不復別之。」未審確否。

三·六　**宋師圍曹。**亦見年表，與經合。

三·七　**冬十月丙戌，**丙戌，二十三日。**鄭伯蘭卒。**鄭穆公也，立於僖三十三年。鄭世家云：「二十二年，鄭繆公卒。子夷立，是爲靈公。」

三·八　**葬鄭穆公。**無傳。依當時之禮，諸侯五月而葬，此不及五月。

傳

三·一　**三年春，不郊，而望，皆非禮也。**杜注曰：「言牛雖傷、死，當更改卜取其吉者，郊不可廢也。」**望，郊之屬也。不郊，亦無望可也。**已見僖三十一年傳。杜注曰：「復發傳者，嫌牛死與卜不從異。」詳僖三十一年傳並注。

三·二　**晉侯伐鄭，及郔。**郔音延。朱梁補刊石經、宋本、金澤文庫本俱作「延」。沈欽韓補注、洪亮吉詁、嚴可均石經校文均謂延即延津，亦即隱元年傳之廩延，即今河南省滑縣。延津作「延」，則此亦當作「延」。江永考實則云：「十二年『楚子北師次于郔』，杜注：『鄭北地。』與此同一地也，近邲，在鄭州。」以地理考之，江説較合理，今從之作「郔」。**鄭及晉平，士會入盟。**杜注：「爲夏楚侵鄭傳。」

三·三 **楚子伐陸渾之戎，遂至於雒，**陸渾之戎在今河南省嵩縣及伊川縣境。雒指雒水，今作洛水，出陝西省洛南縣冢嶺山，東南流合丹水，東經河南省盧氏、洛寧，至宜陽受澗河，又經洛陽市納瀍水，偃師縣受伊河，至鞏縣東北洛口入於黄河。楚莊既至伊川，稍北行即抵洛陽市南之洛水旁也。**觀兵于周疆。**觀兵，陳兵示威也，詳僖四年傳注。周疆，周王室之境界内。楚世家云「觀兵於周郊」，以「郊」釋「疆」，亦謂周境内。**定王使王孫滿勞楚子。**勞謂慰勞。楚莊既至周郊，定王乃遣使勞之。王孫滿爲周大夫。僖三十三年傳云「王孫滿尚幼」，距此已二十一年。儀禮覲禮及周禮秋官大行人俱載有郊勞之禮。**楚子問鼎之大小、輕重焉。**杜注曰：「示欲偪周取天下。」鼎即九鼎，已見桓二年傳並注。周本紀謂「楚莊王伐陸渾之戎，次洛，使人問九鼎。」**對曰：「在德不在鼎。**即下文「德之休明，雖小，重也；其姦回昏亂，雖大，輕也」之概括語。意謂鼎之大小輕重在于君王之德，不在于鼎之本身。楚世家於此下尚有「莊王曰：『子無阻九鼎，楚國折鉤之喙，足以爲九鼎。』王孫滿曰：『嗚呼！君王其忘之乎』」數語，然後接下文。**昔夏之方有德也，遠方圖物，**圖畫遠方各種物象。廣雅釋詁：「圖，畫也。」**貢金九牧，**杜注：「使九州之牧貢金。」州長曰牧，禮記曲禮下云「九州之長入天子之國曰牧」是也。禮記王制「州有伯」，鄭注亦云：「殷之州長曰伯，虞、夏及周皆曰牧。」相傳夏時劃分天下爲九州，尚書禹貢可證。「貢金九牧」，猶言天下貢金。**鑄鼎象物，**古代於夏鑄鼎之人有兩説，一説爲禹，則「方有德」之時指禹之時；一説爲啓，則「方有德」之時指啓之時。墨子耕柱篇云：「昔者夏后開使蜚廉折金於山川，而陶鑄之于昆吾。九鼎既成，遷於三國。」夏后開即啓，此啓鑄九鼎之説也。楚世家叙此語云：「昔虞、夏之盛，遠方皆至，貢金九牧，鑄鼎象物。」「虞、夏之盛」，自指禹之時。後漢書明帝紀述永平六年詔曰：「昔禹收九牧之金，鑄鼎以象物。」亦以爲禹事。鑄鼎象物，以九州之貢金鑄鼎，且依所圖之物鑄以象之。然迄今考古所見，未有夏器，且鑄鼎象物，似亦爲夏初生産水平所不能。是則諸説云云，或皆古時傳説。**百物而爲之備，使民知神、姦。**百物猶言萬物。萬物皆鑄於鼎以備人民周知何物爲神、何物爲姦。畢沅山海經新校正序云：「山海經海内經四篇、海外經四篇，周、秦所述也。禹鑄鼎象物，使民知神、姦。按其文，有國名，有山川，有神靈奇怪之所際，是鼎所圖也。鼎亡於秦，故其先時人猶能説其圖以著於册。」沈欽韓補注亦云：「今山海經所説形狀物色，殆鼎之所象也。」洪亮吉詁亦云：「今山海經海内、大荒等篇，即後人録夏鼎之文也。」皆以今山海經有鼎象之文字記載，未必可信。吕氏春秋屢言鼎之物象，先識覽云：「周鼎著饕餮，有首無身，食人未咽，害及其身，以言報更也。」慎勢篇云：「周鼎著象，爲其理之通也。」離謂篇云：「周鼎著倕而齕其指，先王有以見大巧之不可爲也。」適威篇云：「周鼎有竊曲，狀甚長，上下皆曲，以見極之敗也。」所謂周鼎，當即此所謂夏鼎。又參孔廣森經學卮言鑄鼎象物。觀其大略，則所謂禹之鑄鼎，非獨使民知神、姦，且以之寓法戒，而傳文未言及寓法戒。如其言可信，則其所謂「以言」「以見」云云者，恐作吕覽者以意爲之也。**故民入川澤、山林，不逢不若。**若，順也。不若，不順，意指不利於己之物。後漢書明帝紀改作「不逢惡氣」，以「惡氣」釋「不若」。其實，「不若」即下文「螭魅罔兩」之類。惠棟補注據張衡東京賦及郭璞爾雅釋詁注引用左傳俱作「禁禦不若」，又據杜于下文「莫能逢之」始出注，因謂當從張衡、郭璞本作「禁禦不若」。其言有理。**螭魅罔兩，**螭魅已見文十八年傳注。罔兩，說文作蛧蜽，云：「山川之精物也。」魯語下云：「木石之怪曰夔蛧蜽。」則螭魅罔兩皆古人幻想中之怪物。**莫能逢之。**杜注：「逢，遇也。」**用能協于上下，以承天休。**杜注：「民無災害，則上下和而受天祐。」用，因也。休，賜也。此皆古代傳說，自不足爲信史。論衡儒增篇固已言之。**桀有昏德，鼎遷于商，**商湯討滅夏桀，故鼎遷于商朝。**載祀六百。**載音宰。載、祀皆年也。古人或稱載，或稱祀，或稱年，或稱歲，其實一也。爾雅釋天謂「夏曰歲，商曰祀，周曰年，唐、虞曰載」，亦不盡然。說參閻若璩尚書古文疏證七。「載祀六百」爲叙事語，載祀連言，複詞也，謂殷商有國六百年耳。武億義證謂載當爲記載之載，謂紀年六百與「卜世三十，卜年七百」句義同，不確。漢書律曆志「自伐桀至武王伐紂，六百二十九歲」，殷本紀集解引譙周古史考亦曰「殷凡三十一世，六百餘年」，故傳曰「殷載祀六百」。言六百年者，舉其成數也。至殷本紀集解引汲冢紀年謂「湯滅夏，以至於受，用歲四百九十六年也」，則未必可信。近人有爲殷曆譜者，謂自成湯元年（公元前一七一五年）至紂五十二年，亦即周武王即位之年，共六百二十九年，而殷年實應計至紂六十三年，即周武王十一年，是年滅紂，則爲六百四十年。**商紂暴虐，鼎遷於周。**武王伐紂而滅之，故九鼎又歸於周。逸周書世俘篇云：「甲子朝至接於商，則咸劉商王紂。」辛亥，薦俘殷王鼎。」此亦周遷殷鼎之一說。**德之休明，**猶言德若休明，此「之」用法可參看文言語法。休，美也；明，光明。休明猶言美善光明。**雖小，重也。**此言若君主有美德，九鼎雖小，亦重而不可遷。**其姦回昏亂，雖大，輕也。**君主之德若姦回昏亂，九鼎雖大，亦輕而可遷。**天祚明德，**祚，福也。**有所厎止。**

厎音旨，定也，至也。厎止意義相近，故同用，於此蓋固定之義。句謂上天賜福於明德之人，必有所固定，非隨時可變者。成王定鼎于郟鄏，郟鄏即桓七年傳之郟，周之王城，漢之河南，在今洛陽市。楚世家索隱云：「按周書，郟，雒北山名，音甲。」京相璠云：「郟，山名；鄏，地邑也。」太平寰宇記謂邙山即郟山之别名。沈欽韓補注云：「續志：『河南縣東城門名鼎門。』唐六典：『東都城南面三門，中曰定鼎。』韓愈送鄭十校理序：『席定鼎門門外。』是古人猶以成王定鼎之事名城門也。」卜世三十，卜年七百，漢書律曆志云：「周凡三十六王、八百六十七歲。」孔疏云：「過卜數也。」而竹添光鴻則云：「九鼎之定爲成王之二十年甲寅，九鼎之淪於泗，爲顯王之四十二年甲午。自定至淪，凡七百有一年，正合七百年之數。」王孫滿云「卜世」「卜年」，蓋卜有周一代所傳之世，所得之年，不能截頭去尾以求合七百之數。晉書裴楷傳載晉武帝初登祚，探策以卜世數多少，即取其意可證。前人謂左氏好預言，即此可以考左傳之著作年代，不爲無理。天所命也。周德雖衰，天命未改。鼎之輕重，未可問也。」楚世家用此文，並云「楚王乃歸」，周本紀亦云「王使王孫滿應設以辭，楚兵乃去」。傳不言楚王歸或兵去者，不言可知也。

三·四　夏，楚人侵鄭，鄭即晉故也。即，就也。鄭附於晉即上傳「鄭及晉平」。

三·五　宋文公即位三年，宋文公即位三年，即宋文之二年，蓋宋昭公被殺後，宋文便即位，翌年始改元。殺母弟須及昭公子，武氏之謀也。使戴、桓之族攻武氏於司馬子伯之館，盡逐武、穆之族。事在文十八年。互參彼年傳文。彼傳謂「戴、莊、桓之族」，此少莊族，蓋有省略。武、穆之族以曹

師伐宋。讀本云：「曹師伐宋，不知其年。傳追言之，以釋今伐曹也。」**秋，宋師圍曹，報武氏之亂也。**

三·六 **冬，鄭穆公卒。**

初，鄭文公有賤妾曰燕姞，鄭文元年，魯莊之二十二年。鄭世家列此事于鄭文之二十四年，即魯僖之十一年，不知何據。如其可信，則可假定鄭穆生于此年。鄭穆立于僖三十三年，時年二十二歲，即位二十二年而卒，則死時四十四歲。南燕爲姞姓，見隱五年傳注。燕姞爲南燕之女。**夢天使與己蘭，**天使爲一詞，天之使者也。與成五年傳「嬰夢天使」之「天使」同義。説詳俞正燮癸巳類稿及于鬯香草校書。鄭世家作「夢天與之蘭」，脱「使」字。孔疏謂「夢天者皆非天也」云云，乃誤解「使」爲動詞所致。**曰：「余爲伯儵。**「儵」，説文「姞」字下引作「鯈」。洪亮吉詁云：「儵即鯈，但移偏旁居上耳。」**余，而祖也。**伯儵爲南燕之祖。李貽德輯述云：「黄帝之子得姓者十二，姞其一也。伯儵當是受姞姓者。」**以是爲而子。**以蘭爲其子也。杜注謂「以蘭爲女子名」，恐非傳意。**以蘭有國香，**成十六年傳有「國士」，成二年有「國寶」，僖十年公羊傳有「國色」，此「國香」亦其類之詞，謂其香甲於一國也。章炳麟讀謂：「在一國中則蘭多矣，豈若『國士』之有一無二乎？」因云：「古文『國』字作『或』，本作『或香』，『或』借爲『郁』。郁爲香氣之正，故云『蘭有郁香』也。」蓋失之泥。**人服媚之如是。」**淮南子説山訓「君子服之」，高誘注云：「服，佩也。」杜注云：「媚，愛也。」「服媚之」者，佩而愛之也。章炳麟讀謂「服字若訓佩，則與媚字不相貫」，因云：「服當讀爲婦，婦有美好之義。婦爲美好，亦爲愛好，是則服媚二字同義也。」其説雖若可通，但舉證殊嫌穿鑿牽强，難以信從。**既而文公見之，與之蘭而御之。**蔡邕獨斷云：「御者，進也。凡衣服加於身，飲食進於口，妃妾接寢皆曰御。」鄭世家云：「以夢告文公，文公幸之，而予之草蘭爲符。」若如此言，是燕姞先告文公以夢，鄭文然後御之，恐與傳意不相符。傳蓋謂文公偶與蘭而幸之耳。**辭曰：**禮記檀弓上「使人辭於狐突曰」，鄭玄注云：「辭猶告也。」**「妾不才，幸而有子。將不信，**將可作假設連詞，假若之義。莊子在宥篇云：「天下將安其性命之情，之八者存可也，亡可也。天下將不安其性命之情，之八者乃始臠卷㑋囊而亂天下也。」將亦作若字用。**敢徵蘭乎？」**徵蘭，以蘭爲信物也。此句有二解，杜注云：「懼將不見信，故欲計所賜蘭爲懷子月數。」竹添光鴻箋云：「猶言妾以不才，今得進御於君，幸而吉夢有應，以生公子，人將不信，敢請以此所賜蘭爲徵乎？」此則燕姞對鄭文之言，無由言「人將不信」，杜注較可信。**公曰：「諾。」生穆公，名之曰蘭。**

文公報鄭子之妃曰陳嬀，桓十八年傳云：「祭仲逆鄭子於陳而立之。」莊十四年傳云：「傅瑕殺鄭子及其二子而納厲公。」據此，足知鄭子即是子儀，爲文公之叔父。子儀娶於陳，其妃曰陳嬀。詩邶風雄雉孔疏引服虔云：「淫親屬之妻曰報。漢律，淫季父之妻曰報。」晉書石勒載記下「又下書禁國人不聽報嫂」，報亦淫也。**生子華、子臧。子臧得罪而出。**僖二十四年傳云：「鄭子華之弟子臧出奔宋。」詳彼注。**誘子華而殺之南里，**見僖十六年傳。南里，鄭地，襄二十六年傳云「楚子伐鄭，入南里」可證。彙纂於襄二十六年云：「今新鄭縣南五里有地名南里。」**使盜殺子臧於陳、宋之間。**見僖二十四年傳。**又娶于**

江，生公子士。朝于楚，楚人酖之，及葉而死。葉，楚地，其古城在今河南省葉縣南三十里。惠棟補注引惠士奇説云：「楚滅江，惡其所出爲害，故酖之。」又娶于蘇，蘇本古國名，此疑即蘇忿生之蘇，亦即温，詳隱十一年傳並注。生子瑕、子俞彌。俞彌早卒。洩駕惡瑕，文公亦惡之，故不立也。僖三十一年傳云：「鄭洩駕惡公子瑕，鄭伯亦惡之，故公子瑕出奔楚。」鄭世家云：「初，鄭文公有三夫人，寵子五人，皆以罪蚤死。」三夫人者，報陳嬀、娶江、娶蘇是也。寵子五人者，子華、子臧、公子士、子瑕、子俞彌也。此五人子則是矣，寵則未也。且「皆蚤死」不確，蓋僖三十三年楚尚「將納公子瑕」也。公逐羣公子，公子蘭奔晉，從晉文公伐鄭。僖三十年傳云：「初，鄭公子蘭出奔晉，從於晉侯伐鄭，請無與圍鄭。許之，使待命于東。」鄭世家云：「公怒，溉逐羣公子。子蘭奔晉，從晉文公圍鄭。」石癸曰：「吾聞姬、姞耦，杜注：「姞姓宜爲姬配耦。」其子孫必蕃。蕃見僖二十三年傳並注。姞，吉人也，姞字從吉，亦可作「吉」。詩小雅都人士「謂之尹吉」，鄭箋云「吉讀爲姞。尹氏、姞氏，周室昏姻之舊姓也」，可證，故以此「吉人」訓「姞」。沈欽韓補注必謂此「姞」字「據『吉人』之字當爲『佶』」，恐失之拘。姞姓之「姞」皆作「姞」或「吉」，詩大雅韓奕「爲韓姞相攸」，亦作「姞」可證。后稷之元妃也。后稷元妃亦姞姓。周之興由后稷。今公子蘭，姞甥也，天或啓之，必將爲君，其後必蕃。先納之，可以亢寵。」亢有扞蔽保護之義，見僖二十八年傳注。亢寵猶言保護寵幸於不衰也。杜注：「亢，極也。」極寵者，使寵幸至於頂峰也。亦通。與孔將鉏、侯宣多納之，盟于大宮而立之，杜注：「大宮，鄭祖廟。」以與晉平。事在僖之三十年，互參彼傳。鄭世家云：「時蘭事晉文公甚謹，愛幸之，乃私于晉，以求入鄭爲太子。晉文公欲入蘭爲太子，以告鄭。鄭大夫石癸曰：『吾聞姞姓乃后稷之元妃，其後當有興者。子蘭母，其後也。且夫人子盡已死，餘庶子無如蘭賢。今圍急，晉以爲請，利孰大焉！』遂許晉，與盟，而卒立子蘭爲太子，晉兵乃罷去。」

穆公有疾，曰：「蘭死，吾其死乎！吾所以生也。」刈蘭而卒。刈蘭而卒，舊有三解。蘭之華實成，他人刈取之，穆公乃卒，一解也。沈欽韓補注云：「穆公欲試己之生死，因刈蘭，而果卒。」二解也。或有人誤刈蘭，因而穆公死，三解也。然穆公死于十月，是年據後人推算，實建亥，當夏正之七月，似非刈蘭之時，或可刈者，爲穆公特植之本也。　杜注：「傳言穆氏所以大興於鄭，天所啓也。」

四年，丙辰，公元前六〇五年。周定王二年、晉成二年、齊惠四年、衛成三十年、蔡文七年、鄭靈公夷元年、曹文十三年、陳靈九年、杞桓三十二年、宋文六年、秦共四年、楚莊九年、許昭十七年。

經

四·一　**四年春王正月，**二月十五日丙子冬至，建亥，有閏月。**公及齊侯平莒及郯。**莒與郯不和，魯宣及齊惠欲共調停之。莒見隱二年經注。郯音談，國名，據昭十七年傳，爲少皞之後，則爲己姓；然史記秦本紀贊云：「秦之先爲嬴姓，其後分封，以國爲姓，有徐氏、郯氏。」則郯似又出于伯益。漢書地理志謂爲「少昊後，盈姓」，盈即嬴。則于其所自出從左傳，姓則從史記也。楚世家頃襄王十八年有郯國，則郯國至戰國猶存。郯國故城當在今山東省郯城縣西南二十里。莒人不肯。公伐莒，取向。向即隱二年「莒人入向」之向，在今山東省莒縣南七十里。本爲國，莒人取之。今魯又取之于莒。然襄二十年經云「仲孫速會莒人盟于向」，杜注云：「向，莒邑。」似向仍屬于莒，或此年魯雖取之，而其後莒又有之。杜注謂「東海承縣東南有向城，遠，疑也」，則在今山東省棗莊市之東南。杜預自疑其遠，他人自不信之矣。說詳彙纂及江永考實。

四·二 秦伯稻卒。無傳。秦伯稻，左傳未舉其謚，據穀梁楊疏引世本及秦本紀，蓋秦共公。惟據年表，秦共公名和，秦本紀索隱則云「名猳」。又據傳，秦共公在位四年即死，而秦本紀云「共公立五年卒」，亦與傳異。

四·三 夏六月乙酉，乙酉，二十六日。鄭公子歸生弒其君夷。年表云：「鄭靈公夷元年，公子歸生以黿故殺靈公。」據十年傳，鄭君夷初謚「幽」，後改謚「靈」。

四·四 赤狄侵齊。無傳。赤狄已見三年經注。

四·五 秋，公如齊。無傳。

四·六 公至自齊。無傳。桓二年傳云「公至自唐，告于廟也」，則書「至」者，皆反行告廟也。此亦當然。

四·七 冬，楚子伐鄭。

傳

四·一 四年春，公及齊侯平莒及郯，莒人不肯。公伐莒，取向，非禮也。平國以禮，不以亂。調停諸侯間之不和，當以「禮」爲之，不當以「亂」爲之。隱四年傳衆仲之言云：「臣聞以德和民，不聞以亂。」彼以亂謂用兵伐鄭，此以亂則謂用兵伐莒也。伐而不治，亂也。以亂平亂，何治之有？無治，何以行禮？

四·二　楚人獻黿於鄭靈公。黿音元，說文：「大鼈也。」鼈今俗名脚魚，又名團魚。鄭靈公，穆公太子。穆公死于去年，今年則靈公元年。公子宋與子家將見。杜注：「宋，子公也。子家，歸生。」子公之食指動，食指，第二指也。古以大指爲巨指，儀禮大射儀「右巨指鉤弦」是也。以第二指爲食指，此是也；中指爲將指；第四指爲無名指，大射儀「設決朱極三」，鄭玄注「三者，食指、將指、無名指」及孟子告子上「今有無名之指」是也。小指亦曰小指，大射儀鄭注「小指短不用」是也。以示子家，曰：「他日我如此，必嘗異味。」及入，宰夫將解黿，莊子養生主云：「庖丁解牛。」彼「解牛」爲牛生而殺剥之，此則爲已熟而分解之，以便食用，故鄭世家云「及入，見靈公進黿羹」也。相視而笑。公問之，子家以告。及食大夫黿，王念孫據鈔本北堂書鈔酒食部三、初學記服食部、白帖十六等引文及下文「染指於鼎」云云，謂此句本作「及食大夫黿羹」，「黿」下有「羹」字。詳王引之述聞。召子公而弗與也。杜注：「欲使指動無效。」子公怒，染指於鼎，嘗之而出。公怒，欲殺子公。子公與子家謀先。杜注：「先公爲難。」子家曰：「畜老，牲畜既老。猶憚殺之，而況君乎？」反譖子家。杜注：「譖子家於公。」子家懼而從之。夏，弒靈公。史記鄭世家、説苑復恩篇俱載此事，而無反譖子家一節，蓋取傳文而略之。

書曰「鄭公子歸生弒其君夷」，權不足也。此解經僅書歸生之故。子公之位似高于子家，故言「權不足」。杜注云：「子家權不足以禦亂，懼譖而從弒君，故書以首惡。」章炳麟讀云：「權與拳通。詩小雅巧言『無拳無勇』，傳：『拳，力也。』則『權不足』猶言力不足或勇不足耳。」古書從無以「權」爲「拳」者，章説不可信。君子曰：「仁而不武，無能達也。」杜注：「初稱畜老，仁也；不討子公，是不武也。故不能自通於仁道，而陷弒君之罪。」朱彬經傳考證云：「達猶通也，行也。歸生聞宋之言，當以討賊爲義，因循不果，甘蹈弒君之罪，故初雖止其惡，而終不可行也。」説苑復恩篇亦載此事，而多用傳文，末云：「子夏曰：『春秋者，記君不君、臣不臣、父不父、子不子者也。此非一日之事也，有漸以至焉。』」子夏語與此之「君子曰」不同。韓非子難四篇云：「明君不懸怒，懸怒則臣懼罪，輕舉以行計，則人主危。故靈臺之飲，衛侯怒而不誅，故褚師作難；食黿之羹，鄭君怒而不誅，故子公殺君。」則又以法家角度論此事。凡弒君，稱君，君無道也；杜注：「稱君，謂唯書君名，而稱國以弒，言衆所共絶也。」稱臣，臣之罪也。孔疏引杜預釋例曰：「稱臣者，謂書弒者之名，以垂來世，終爲不義，而不可赦也。」

鄭人立子良。子良，穆公庶子，公子去疾。辭曰：「以賢，以賢猶言論賢，以賢而論。孟子萬章下云：「以位，則子，君也；我，臣也。以德，則子事我者也。」用法可參楊樹達先生詞詮。則去疾不足；以順，順謂長少。則公子堅長。」乃立襄公。襄公即公子堅。鄭世家云：「鄭人欲立靈公弟去疾，去疾讓曰：「必以賢，則去疾不肖；必以順，則公子堅長。」堅者，靈公庶弟，去疾之兄也。於是乃立子堅，是爲襄公。」鄭世家以襄公爲靈公庶弟，徐廣引年表則云「靈公庶兄」，未詳孰是。

襄公將去穆氏，杜注：「逐羣兄弟。」以穆氏爲穆公之諸子，襄公之衆兄弟，是也。鄭世家云：「襄公立，將盡去繆氏。繆氏者，殺靈公子公之族家也。」以穆氏僅爲子公之族家，恐不合傳旨。而舍子良。杜注：「以其讓己。」子良不可，曰：「穆氏宜存，則固願也。若將亡之，則亦皆亡，去疾何爲？」杜注：「何爲獨留。」似原語則有省略。乃舍之，皆爲大夫。以傳考之，穆公之子十三人，後以罕、駟、豐、游、印、國、良七族著，謂之「七穆」。

四·三　初，楚司馬子良生子越椒。子良，鬭伯比子，令尹子文之弟，司馬爲其官。子越椒即鬭椒，詳文九年傳並注。子文曰：「必殺之！是子也，熊虎之狀而豺狼之聲；之作其用，熊虎其狀、豺狼其聲猶言其狀如熊虎、其聲如豺狼。弗殺，必滅若敖氏矣。若敖爲楚武王之祖，詳僖二十八年傳注，其後人以若敖爲氏。諺曰：『狼子野心。』楚語下述葉公子高之言云：「人有言曰：『狼子野心。』」昭二十八年傳亦云：「及堂，聞其聲而還，曰：『是豺狼之聲也。狼子野心。』」則楚與晉皆傳此諺。是乃狼也，其可畜乎？」其作豈用。子良不可。子文以爲大慼。慼音戚，憂也。及將死，聚其族，曰：「椒也知政，乃速行矣，無及於難。」且泣曰：「鬼猶求食，禮記內則鄭注云：「猶，若也。」襄二十年傳云：「猶有鬼神，吾有餒而已，不來食矣。」昭二十七年傳云：「猶有鬼神，此必敗也。」又十二年傳云：「猶有闕也，筮雖吉，未也。」猶俱作假設連詞若字用。**若敖氏之鬼不其餒而！」**若敖氏之鬼，若敖家族之祖先也。論語爲政篇云：「非其鬼而祭之，諂也。」鬼亦指祖先。 餒，餓也。不其餒而，猶言不將饑餓乎，意謂子孫滅絶，無人祭祀之。 逸周書芮良夫篇云：「下民胥怨，不其亂而！」句法與此同。 後漢書黄瓊傳論云：「則武、宣之軌，豈其遠而！」句法亦頗相似。

及令尹子文卒，劉文淇疏證云：「子文之死，傳不著其年。據莊三十年傳，子文爲令尹。僖二十三年，乃授政子玉。其爲令尹凡二十八年。至是年已老壽，其死或在僖公末也。」**鬭般爲令尹，**般音班。古般、班多通用，故漢書叙傳記子文之事云「楚人謂虎班，其子以爲號」，師古注即云「子文之子鬭班，亦爲楚令尹」。莊二十八年及三十年傳有一鬭班，則另一人。 據僖二十三年傳，子文讓令尹于成得臣子玉。子玉死後，蔿吕臣繼之，見僖二十八年傳。其後子上又繼之，見僖三十三年及文元年傳。成大心又繼子上。成大心卒于文十二年，成嘉繼之。鬭般爲令尹，蓋繼成嘉也。**子越爲司馬。蔿賈爲工正，**蔿賈已見僖二十七年傳並注。 工正之官，各國多有，齊有工正，見莊二十二年傳；宋有工正，見襄九年傳；魯有工正，見昭四年傳。莊二十二年傳，杜注謂工正爲掌百工之官。楚又有工尹，見文十年，宣十二年，成十六年，昭十二、十九、二十七年，哀十八年傳。**譖子揚而殺之，**蔿賈爲子越椒譖鬭般于王而殺之。**子越爲令尹，**椒代鬭般。 楚世家云：「莊王九年，相若敖氏。」以子越爲令尹，即此年事。**己爲司馬。**蔿賈代鬭椒。**子越又惡之，**鬭椒又惡蔿賈。**乃以若敖氏之族，圄伯嬴於轑陽而殺之，**圄音語。杜注：「圄，囚也。伯嬴，蔿賈字。」

轑陽，杜注只云「楚邑」，未言所在。顧棟高春秋輿圖謂在今湖北省江陵縣境。沈欽韓地名補注則以潦河之陽當之。潦河之源有二，一出河南省南陽縣西馬峙坪，一出縣北曹峰山，南流合爲一，經鎮平縣東爲三灡河，又南流至新野縣界合湍水。**遂處烝野，**顧棟高春秋輿圖謂烝野亦在江陵縣境，沈欽韓地名補注謂即今河南省新野縣。**將攻王。王以三王之子爲質焉，**三王之子，楚文王、成王、穆王之子孫。**弗受。師于漳澨。**楚莊王師于漳澨也。杜注曰：「漳澨，漳水邊。」漳水源出今湖北省南漳縣西南之蓬萊洞山，東南流經鍾祥、當陽合沮水，又東南經江陵縣入于江。若上文之轑陽、烝野如顧棟高說在江陵境，則此漳澨亦當在江陵，疑在今之河溶鎮。若轑陽、烝野如沈欽韓說在河南省新野，則此漳澨當在荊門縣西，漳水東岸。沈說似較合理。

秋七月戊戌，戊戌，九日。**楚子與若敖氏戰于皐滸。**顧棟高春秋輿圖謂皐滸在湖北省枝江縣，沈欽韓地名補注謂在湖北省襄陽縣西，沈說似較確。**伯棼射王，**伯棼，鬭椒字，亦見僖二十八年傳並注。襄二十六年傳作伯賁。棼、賁古音同，相通。**汏輈，**汏音太，又音闥。杜此注云：「汏，過也。」昭二十六年傳「汏輈」，又注云：「汏，矢激。」合而觀之，則汏爲矢力强行激而過之義。輈音舟，車轅。**及鼓跗，**跗音膚。鼓跗猶今之鼓架。古之軍制，元帥親執旗鼓。楚莊今自將，亦親鼓，故鼓架在焉。**著於丁寧。**晉語五云：「戰以錞于、丁寧，儆其民也。」吳語云：「鳴鐘鼓丁寧。」韋注並云：「丁寧，謂鉦也。」鉦蓋丁寧之合聲。詩小雅采芑篇「鉦人伐鼓」，毛傳云：「鉦以静之，鼓以動之。」說文云：「鉦，鐃也。似鈴，柄中，上下通。」段玉裁注云：「鐲、鈴、鉦、鐃四者，相似而有不同。鉦似鈴而異于鈴者，鐲、鈴似鐘有柄，爲之舌以有聲。鉦則無舌。柄中者，柄半在上，半在下，稍稍寬其孔爲之抵拒，執柄搖之，使與體相擊爲聲。」綜合言之，丁寧乃軍中用器，鳴之以收軍者，其形似鈴而稍有不同。句言伯棼之箭力强而利，飛過車轅，穿過鼓架之足，而著於鉦。又射，汏輈，以貫笠轂。貫，穿也，通也。笠轂，笠之轂也。段玉裁又説簦字云：「笠而有柄，如蓋也，即今之雨繖。史記『躡屩擔簦』。案簦亦謂之笠，渾言不別也。」則簦亦可謂笠。士喪禮云「燕器杖笠翣」，説者謂笠即簦也。此笠亦即簦，亦即車上之蓋。杜注謂「兵車無蓋」，於古無據。古兵車宜有蓋，陰則禦雨，晴則蔽日。尤其此當暑時，更宜有蓋。蓋有弓，以便翕張，周禮考工記輈人「蓋弓二十有八」是也。車輪有輻，三十輻之所聚曰轂，則此二十八弓之所聚亦宜曰轂。然則笠轂者，車蓋弓骨之所聚也。説參錢綺左傳札記、孫詒讓周禮考工記輪人正義。錢綺又云：「笠所以蔽王，正當車之中央。傳言伯棼兩矢皆汏輈，輈在輿前，亦當車之中央，一矢稍下及鼓跗，一矢稍上貫笠轂，皆幾於中王，其勢甚危，故師懼而退。」此説甚合當時情勢。昔人多誤解笠轂之轂爲車輪之轂，故其説多誤。蓋伯棼與楚莊兩車迎面相逢，其矢直來，無由邪而及車轂也。師懼，退。王使巡師曰：洪亮吉詁云：「廣雅：徇，巡也。巡師即徇師也。」「吾先君文王克息，事見莊十四年傳並注。獲三矢焉，伯棼竊其二，盡於是矣。」謂良矢已盡，敵不足懼，以鼓舞士氣。鼓而進之，遂滅若敖氏。楚世家云：「莊王九年，相若敖氏。人或讒之王，恐誅，反攻王，王擊滅若敖氏之族。」謂鬬椒之攻王爲有讒懼誅，與左傳所叙有異。襄二十六年傳云：「若敖之亂，伯賁之子賁皇奔晉。」

初，若敖娶於䢵，據楚世家，楚先君若敖當西周之末、東周之初，與此若敖恐非一人。䢵即鄖，見桓十一年傳並注。程大中在山堂集鄖子國考謂鄖、邧爲兩國，恐不確。生鬭伯比。若敖卒，從其母畜於邧，畜，養也。淫於邧子之女，生子文焉。邧夫人使棄諸夢中。洪興祖楚辭招魂補注云：「楚謂草澤曰夢。」舊説夢即楚之雲夢澤，其澤跨長江南北，此夢必在江北。昭三年傳「王以田江南之夢」，言「江南之夢」，蓋用別於江北者。此皆單稱「夢」者。亦可單稱「雲」，定四年及五年傳「入于雲中」、「王遇盜於雲中」可證。合稱則爲「雲夢」，尚書禹貢「雲夢土作乂」是也。沈括夢溪筆談、金履祥尚書注俱謂江北爲雲，江南爲夢，説不可信。胡渭禹貢錐指云：「蓋雲夢跨川互隰，兼苞勢廣。東抵蘄州，西抵枝江；京山以南，青草以北，皆爲雲夢。」據今考察，古無跨江南北之雲夢，則傳所謂「雲」或「夢」者，僅不相連之沼澤耳。清一統志謂「雲夢縣北有於菟鄉，蓋棄令尹子文之處」，恐附會之談。虎乳之。邧子田，見之，懼而歸。夫人以告，阮刻本脱「夫人」二字，據各本補。邧子歸後必言其事，邧夫人遂以其女私通生子之事告之也。遂使收之。楚人謂乳穀，金澤文庫本「穀」作「轂」，蓋用本字。穀、轂此皆音構。説文云：「轂，乳也。」漢書叙傳如淳注云：「牛羊乳汁曰穀。」阮元積古齋鐘鼎彝器款識卷五云：「號叔尊銘：『號叔作叔殷轂尊朕。』轂，尊名，説文云：『乳也。』左宣四年傳『楚人謂乳穀』，當爲轂。彝器凡作乳形者，義取養人。此尊以轂爲名，必作乳形也。」謂虎於菟，於菟舊音烏塗。或作「烏䖘」，漢書叙傳又作「於檡」，字皆音同或音近，爲異字。故命之曰鬭穀於菟。王引之述聞云：「傳凡言『命之曰某』者，皆名也，未有連姓言之者。『鬭』字蓋涉他篇『鬭穀於菟』而衍。漢書叙傳『故名穀於擇』、論語公冶長篇皇疏『故名之曰轂於菟』，皆無『鬭』字。」其説是也。焦循補疏據史記義縱傳乳虎，證穀於菟爲小虎之義，恐不合傳意。以其女妻伯比。實爲令尹子文。鬭穀於菟爲令尹子文。杜注：「鬭氏始自子文爲令尹。」

其孫箴尹克黃使於齊，杜注：「箴尹，官名。」呂氏春秋勿躬篇高誘注云：「楚有箴尹之官，諫臣也。」箴尹亦作鍼尹，定四年之鍼尹固，亦即哀十六年之箴尹固。杜注又云：「克黃，子揚之子。」還及宋，聞亂。其人曰：其人，克黃之從者，與文六年傳及七年傳「其人曰」用法同。「不可以入矣。」箴尹曰：「棄君之命，獨誰受之？獨爲表語氣之副詞，常用於疑問句，無實義。襄二十六年傳「子木曰：『夫獨無族姻乎』」，二十八年傳「宗不余辟，余獨焉辟之」，孟子梁惠王上「今恩足以及禽獸，而功不至于百姓者，獨何與」，莊子逍遥遊「子獨不見狸狌乎」，獨字俱此用法，亦見詞詮。君，天也，天可逃乎？」遂歸，復命，而自拘於司敗。司敗，楚主司法之官，詳文十年傳注。王思子文之治楚國也，曰：「子文無後，何以勸善？」使復其所，使克黃復任箴尹之官。改命曰生。杜注：「易其名也。」惠士奇云：「劉向改命更生，本此。」說見惠棟補注。

四·四 冬，楚子伐鄭，鄭未服也。杜注：「前年楚侵鄭，不獲成，故曰『未服』。」

五年，丁巳，公元前六〇四年。周定王三年、晉成三年、齊惠五年、衞成三十一年、蔡文八年、鄭襄公堅元年、曹文十四年、陳靈十年、杞桓三十三年、宋文七年、秦桓公榮元年、楚莊十年、許昭十八年。

〔注〕秦桓公榮元年，史記年表謂爲秦共公五年，與傳異，今據傳。

經

五·一　五年春，正月二十五日辛巳冬至，建子。公如齊。

五·二　夏，公至自齊。

五·三　秋九月，齊高固來逆叔姬。「叔姬」，公羊、穀梁作「子叔姬」，「子叔姬」爲已嫁之稱。説詳文十二年經注。此時叔姬尚未成婚，故不當有「子」字；下經「冬，齊高固及子叔姬來」，其時則已成婚，故冠以「子」字，兩者異時，故異稱。公羊、穀梁有「子」字者誤。莊二十七年經「莒慶來逆叔姬」，文與此同，亦無「子」字，尤可證。張洽春秋集解云：「據『高固及子叔姬來』，當從公、穀有『子』字在『叔姬』上。」洪亮吉詁亦云云。是皆不知「子叔姬」之義而誤説。高固即十四年傳之高宣子。襄二十九年傳孔疏引世本云：「敬仲（高傒）生莊子，莊子生傾子，傾子生宣子。」莊子及傾子皆不見於左傳。

五·四　叔孫得臣卒。無傳。隱公元年傳云：「衆父卒，公不與小斂，故不書日。」此亦不書日，故杜注云：「不書日，公不與小斂。」此左氏義也。後漢書孔融傳引融議云：「春秋魯叔孫得臣卒，以不發揚襄仲之罪，貶不書日。」與公羊何休注義同，非左氏義。彙纂云：「仲遂（即襄仲）身爲逆者，其卒也且書其日，而況得臣乎？」其言有理。

五·五 冬，齊高固及子叔姬來。

五·六 楚人伐鄭。

傳

五·一 五年春，公如齊。高固使齊侯止公，止，留也。請叔姬焉。杜注：「留公強成婚。」

五·二 夏，公至自齊，書，過也。推傳之意，謂所以書「至」者，示過也。古史于人君有過，亦書其過。莊二十三年傳云「君舉必書，書而不法，後嗣何觀」、魯語上云「君作而順，則故之；逆，則亦書其逆也」、新書保傅篇云「天子有過，史必書之。史之義，不得書過則死，而宰收其膳」，皆可證也。此亦書其過。過者，杜注謂「公既見止，連婚於鄰國之臣」是也。桓二年傳謂告廟書至，此次之書「至」，自非告廟書至之例。果告廟與否，不能臆測。杜注謂「於廟行飲至之禮」，亦難必其如此也。

五·三 秋九月，齊高固來逆女，自爲也。故書曰「逆叔姬」，卿自逆也。阮刻本「卿」誤作「即」，從各本及校勘記訂正。當時諸侯娶婦，使卿出境迎迓，隱二年傳云「紀裂繻來逆女，卿爲君逆也」是也。餘詳莊二十四年經注。至卿大夫以下娶婦，必親迎。此則高固自來迎接其新婦，與莊二十七年經「莒慶來逆叔姬」同，故云「自爲也」、「卿自逆也」。

五·四 冬，來，此承上文，省主語，謂「齊高固及子叔姬來」也。反馬也。反馬之禮僅見于此，據孔疏引鄭玄箴膏肓，蓋古代士人娶婦，乘夫家之車，駕夫家之馬，故儀禮士婚禮不載反馬之事。至大夫以上者娶婦，則乘母家之車，駕母家之馬。既婚三月以後，夫家留其車而返其馬。鄭玄云「留車，妻之道也」者，蓋謂妻不敢自必能長久居于夫家，恐一旦被出，將乘此車以歸，杜注所謂「謙不敢自安」之義也。鄭又云「反馬，壻之義也」者，夫家示以後不致發生出婦之事也。杜注及孔疏謂反馬當遣使爲之，高固不宜親行，鄭玄無此義，傳更無此義。說參王紹蘭經說、劉文淇舊注疏證及于鬯香草校書。

五·五　**楚子伐鄭。**鄭世家云：「楚怒鄭受宋賂縱華元，伐鄭。」晉世家云：「成公三年，鄭伯初立，附晉而棄楚。楚怒，伐鄭。」俱叙及楚伐鄭之故。**陳及楚平。晉荀林父救鄭，伐陳。**史記年表及鄭世家全用左傳。

六年，戊午，公元前六〇三年。周定王四年、晉成四年、齊惠六年、衞成三十二年、蔡文九年、鄭襄二年、曹文十五年、陳靈十一年、杞桓三十四年、宋文八年、秦桓二年、楚莊十一年、許昭十九年。

經

六·一　**六年春，**二月初七丁亥冬至，建亥，有閏月。**晉趙盾、衞孫免侵陳。**劉文淇疏證云：「孫免，杜無注。免，止見此年經，當是衞大夫。」

六·二 夏四月。

六·三 秋八月，螽。無傳。

六·四 冬十月。

傳

六·一 六年春，晉、衞侵陳，陳即楚故也。劉文淇疏證云：「蒙上年傳『陳及楚平』而言。」年表于晉、衞、陳載此事年代皆與傳合。

六·二 夏，定王使子服求后于齊。杜注：「子服，周大夫。」

六·三 秋，赤狄伐晉，赤狄見三年經並注。圍懷及邢丘。韓詩外傳三云：「武王伐紂，到于邢丘，更名邢丘曰懷。」若如其言，則懷與邢丘爲一地而前後異名。但以傳文考之，恐不然。史記秦本紀云：「昭襄王四十一年夏，攻魏，取邢丘、懷。」則懷與邢丘爲兩地，至戰國時猶如此。懷已見隱十一年傳，在今河南省武陟縣西南，尚書禹貢所謂「覃懷厎績」者是也。邢丘即今河南省温縣東二十里之平皋故城，懷與邢丘僅相近。晉侯欲伐之。中行桓子曰：中行桓子即荀林父。「使疾其民，沈彤小疏云：「疾，害也。疾其民，謂重民賦役也。」俞樾平議云：「疾猶病也。疾其民猶言病其民也。」俞説更合理，不限于「重民賦役」。以盈其貫。盈貫猶言滿貫，今皆有此語。韓非子説林下云：「有與悍者鄰，欲賣宅而避之。人曰：『是其貫將滿矣，子姑待之。』答曰：『吾恐其以我滿貫也。』遂去之。」貫者，説文云：「錢貝之毌也。」毌者，説文云：「穿物持之也。從一横毌，毌象寶貨之形。」毌、貫宜爲一字，一僅象其形，一則加貝並會其意。故焦循補疏説此云：「貫爲錢貝之貫，如以繩貫錢，一一重之，至於盈滿。多一次戰，則多一次民疾，是爲『盈其貫』。」此及韓非子之貫，皆以錢貝之貫借喻罪惡之貫，僞古文尚書泰誓亦云「商罪貫盈」，故後代有「惡貫滿盈」之俗語。舊刑律例，凡贓私竊盜，計其所得之數罪已至死者亦曰滿貫。杜注謂「貫猶習也」，誤。**將可殪也。**將爲副詞，殆也。與文十七年傳「將不能」之將字用法同。莊子秋水篇云：「今爾出於崖涘，觀於大海，乃知爾醜，爾將可與語大理矣。」將字亦此義。互詳文十七年傳注。殪音翳，説文云：「死也。」詩小雅吉日「殪其大兕」，毛傳云：「殪，壹發而死。」則此處之殪乃一舉而絶滅之義。**周書曰『殪戎殷』，**尚書康誥：「天乃大命文王殪戎殷，誕受厥命。」爾雅釋詁云：「戎，大也。」殪戎殷者，滅絶大國殷也。周常稱殷爲「大國殷」或「大邦殷」，尚書召誥云「皇天上帝改厥元子，兹大國殷之命」、「天既遐終大邦殷之命」是也。亦稱「天邑商」，多士「肆予敢求爾于天邑商」是也。亦稱「大商」，詩大雅大明「諒彼武王，肆伐大商」是也。此之「戎殷」與「大商」、「大國殷」、「大邦殷」、「天邑商」同義。逸周書世俘云：「甲寅，謁戎殷于牧野。」亦稱殷爲「戎殷」。舊解戎爲兵戎，誤。**此類之謂也。」**意謂周文、武待紂之惡貫滿盈然後一舉滅之。我之待赤狄亦猶是也。杜注：「爲十五年晉滅狄傳。」

六·四　**冬，召桓公逆王后于齊。**天子娶婦不親迎，遣卿迎之，已詳桓八年經注，此召桓公代定王逆其后。杜注：「召桓公，王卿士。事不關魯，故不書。爲成二年王甥舅張本。」

六·五　**楚人伐鄭，取成而還。**杜注：「九年、十一年傳所稱厲之役，蓋在此。」沈欽韓注疏考證云：「九年傳曰：『楚子爲厲之役，故伐鄭。』杜注：『六年，楚伐鄭，取成於厲。既成，鄭伯逃歸。』十一年傳曰：『厲之役，鄭伯逃歸，自是楚未得志焉。』杜注：『蓋在六年。』此傳既曰『取成而還』，鄭伯又何至於逃歸乎？杜注前後皆言『蓋』，蓋者，疑辭也。」

六·六　**鄭公子曼滿與王子伯廖語，**杜注云：「二子，鄭大夫。」沈欽韓補注云：「王子似是周人，非鄭大夫，鄭無王子也。」惠士奇説同。周自有王子，楚自稱王，亦有王子；然列國亦有王子，文十一年傳齊有王子成父，襄八年及十一年傳鄭有王子伯駢，則此王子伯廖或亦是鄭大夫。俞樾平議謂此王子伯廖實爲楚大夫，無據。**欲爲卿。伯廖告人曰：「無德而貪，其在周易豐䷶之離䷝，**劉文淇疏證云：「傳言占筮，多援易文或繇詞。此口語，非占、筮比。然第舉『豐之離』，下『弗過』『間一歲』之文無所蒙承，疑有軼脱。」豐卦之第六爻由陰變陽，則爲離卦，故杜注舉豐卦上六爻辭云：「豐上六曰：『豐其屋，蔀其家，闚其户，闃其無人，三歲不覿，凶。』義取無德而大其屋，不過三歲，必滅亡。」豐其屋，猶言高大其屋。蔀，遮蔽陽光之意。蔀其家，猶言庭院架布棚或窗牖挂簾幕。屋宇雖高大，而門庭寂静，三年不見其人焉，故凶。**弗過之矣。」**杜注：「不過三年。」**間一歲，鄭人殺之。**據漢書五行志中之上師古注，間一歲者，中間隔一歲之謂。連前帶後，則歷時三年。

七年，己未，公元前六〇二年。周定王五年、晉成五年、齊惠七年、衛成三十三年、蔡文十年、鄭襄三年、曹文十六年、陳靈十二年、杞桓三十五年、宋文九年、秦桓三年、楚莊十二年、許昭二十年。

經

七·一　七年春，正月十八日壬辰冬至，建子。衞侯使孫良夫來盟。孫良夫即孫桓子。春秋書他國大夫「來盟」者凡五次，此及桓十四年「鄭伯使其弟語來盟」皆用「使」字。閔二年「齊高子來盟」、僖四年「楚屈完來盟于師」、文十五年「宋司馬華孫來盟」皆直書「來盟」而已。成三年傳云：「衞侯使孫良夫來聘，且尋盟。」尋盟，即尋此次之來盟也。

七·二　夏，公會齊侯伐萊。萊，國名。齊世家「萊侯來伐，與之爭營丘」者是也。其姓無考，或據襄二年傳「齊侯使諸姜宗婦來送葬，召萊子，萊子不會」之文，以爲萊亦姓姜。然孔疏云：「世族譜不知萊國之姓。齊侯召萊子者，不爲其姓姜也。以其比鄰小國，意陵蔑之，故召之，欲使從送諸姜宗婦來向魯耳。萊子以其輕侮，故不肯會。」則萊未必姓姜。晏子春秋內篇問上云「景公伐斄」，孫星衍以爲斄即萊，據襄六年傳「齊侯滅萊，遷萊于郳」之文，其時萊已早爲齊所滅。恐斄仍即萊，晏子春秋所言固小説，不足據爲史實。齊侯鎛鐘（亦作叔夷鐘）云「余賜女釐都衺劇」，釐亦即萊。郭伯𠭯毁作「逨」，亦萊國。或云萊國當在今山東省昌邑縣東南。杜注及通志氏族略以黄縣東南二十五里之故黄城當之，以其有萊山，因云云。三代吉金文存云釐伯鼎在今黄縣出土，杜説似較可信。

七·三　秋，公至自伐萊。無傳。

七·四　大旱。無傳。詳僖二十一年傳注。

七·五 冬，公會晉侯、宋公、衞侯、鄭伯、曹伯于黑壤。黑壤即黄父，見文十七年傳注。

傳

七·一 七年春，衞孫桓子來盟，始通。魯宣即位七年，衞始修好，故曰始通。且謀會晉也。即黑壤之會。

七·二 夏，公會齊侯伐萊，不與謀也。凡師出，與謀曰「及」，不與謀曰「會」。杜注云：「與謀者，謂同志之國相與講議利害，計成而行之，故以相連及爲文。若不獲已應命而出，則以外合爲文。皆據魯而言。」彙纂云：「左氏所謂『與謀』者，彼此同欲伐是國也，故曰『及』。所謂『不與謀』者，他國欲伐之，而我特以兵從之也，故曰『會』。萊在齊之東，魯在齊之西。魯於萊，中隔一齊，素無嫌隙，特以齊欲伐之，而魯往助之耳，故書曰『會』。」然此例也，考之經、傳，亦有未必然者。如隱十年傳云「公會齊侯、鄭伯于中丘。癸丑，盟于鄧，爲師期」，則魯與齊、鄭之伐宋，自可謂「與謀」矣，然經仍書「翬帥師會齊人、鄭人伐宋」。又如桓十六年傳亦云「會于曹，謀伐鄭也」，則魯與宋、衞、陳、蔡之伐鄭，亦「與謀」矣，然經仍書「公會宋公、衞侯、陳侯、蔡侯伐鄭」。此皆當書「及」而書「會」之例也。王皙春秋皇綱論、劉敞春秋權衡、葉夢得左傳讞、郝敬春秋非左、張應昌春秋屬辭辨例編俱于此例致疑，所言雖偏，要不爲無理。

七·三 赤狄侵晉，取向陰之禾。杜注：「此無『秋』字，蓋闕文。」杜以魯曆計之，夏無禾可取，必在秋，故謂傳文脱「秋」字。但此是晉事，晉用夏正，麥熟在夏至前，以晉曆計之，固不當有「秋」字，杜説可商。杜注又云：「晉用桓子謀，故縱狄。」向陰，杜無注。顧棟高大事表謂「即周之向邑」。周之向邑見隱十一年傳，在今河南省濟源縣南。江永考實説同。沈欽韓地名補注則引方輿紀要之向陽水當之。向陽水今已涸，其地今名向陽鎮，在今太原市西北。然傳云「向陰」，不云「向陽」，沈説恐不可信。

七·四　**鄭及晉平，公子宋之謀也，故相鄭伯以會。**公子宋爲鄭襄相禮以會諸侯。**冬，盟于黑壤。王叔桓公臨之，**杜注：「王叔桓公，周卿士。銜天子之命以監臨諸侯。」讀本云：「王叔桓公不書，但臨之，不與會盟也。」**以謀不睦。**

晉侯之立也，晉成迎立于魯宣二年。**公不朝焉，又不使大夫聘，**襄元年傳云：「凡諸侯即位，小國朝之，大國聘焉，以繼好結信，謀事補闕，禮之大者也。」此則魯于晉之不朝、不聘爲失禮。**晉人止公于會。盟于黃父，**黃父，晉地，見文十七年傳注。**公不與盟。**以晉侯囚禁之故。**以賂免。**魯賂晉，故宣公獲歸。**故黑壤之盟不書，**黑壤只書會，不書盟。**諱之也。**成十六年沙隨之會，晉侯不見成公，仍書於經；昭十三年平丘之盟，昭公不與盟，亦書於經。其所以不諱者，雖被擯，未被止也。被止則諱，故昭十六年傳亦云「王正月，公在晉。晉人止公。不書，諱之也」。

八年，庚申，公元前六〇一年。周定王六年、晉成六年、齊惠八年、衛成三十四年、蔡文十一年、鄭襄四年、曹文十七年、陳靈十三年、杞桓三十六年、宋文十年、秦桓四年、楚莊十三年、許昭二十一年。

經

八·一 **八年春，**正月二十九日丁酉冬至，建子，有閏月。**公至自會。**無傳。

八·二 **夏六月，公子遂如齊，至黄乃復。**無傳。黄，當爲由魯至齊中途之邑，下經云「仲遂卒于垂」，垂爲齊邑，則黄爲齊邑可知。隱元年之黄爲宋邑，桓八年之黄爲國，固皆非此黄。此黄當即桓十七年經之黄，在今淄川鎮東北，餘詳桓十七年經注。沈欽韓地名補注引山東通志謂「黄城在冠縣南」，然冠縣南之黄城，乃戰國時三晉之邑，趙世家所云「敬侯八年，拔魏黄城」者是也，距齊、魯之道甚遠，其誤自不必辨。孔疏云：「聘禮曰：『賓入竟而死，遂也。若賓死，未將命，則既殯于棺，造于朝，介將命。』哀十五年傳曰：『有朝聘而終以尸將事之禮。』是入所聘之竟，則當遂行。黄是齊境，遂以疾還，非禮也。」

八·三 **辛巳，**辛巳，十六日。**有事于大廟，**有事，禘祭也。昭十五年經云「有事于武宫」，傳云「禘于武公」，以此知有事即禘。禮記明堂位云：「季夏六月，以禘禮祀周公於大廟。」魯之禘並無定月，詳僖八年經注，此禘適在六月耳。**仲遂卒于垂。**公子遂稱仲遂，亦猶公子友稱季友，仲與季皆其行次。垂爲齊地，杜無注。或以隱八年之垂當之，誤。隱八年之垂爲衞邑，其地在今曹縣北，非魯、齊之中途邑。江永考實謂當在今山東省平陰縣境，亦未知是否。所以知爲齊邑者，春秋之例，卒于國内者不書地名。此書地名，爲齊邑可知。仲遂卒於何日，殊難肯定，蓋其卒地距魯都曲阜或不止一日之程。或仲遂先日卒，魯都辛巳日始聞之。若當日卒而當日聞之，則垂距曲阜只在百里以內。**壬午，**壬午，十七日。**猶繹。**猶者，可已之辭也。繹者，祭之明日又祭。正祭必有尸，以代受祭者。繹祭則以賓敬此尸。詳見孔疏。**萬入，去籥。**萬見隱五年傳並注。萬舞中有籥舞，籥者，古代樂器，吹之以節舞。其形似笛，說文云「三孔」，詩邶風簡兮毛傳云「六孔」，廣雅釋樂云「七孔」，蓋孔有多少不同。去籥者，公羊傳云「去其有聲者」是也。禮記檀弓下云：「仲遂卒于垂，壬午猶繹，萬入去籥。仲尼曰：『非禮也。卿卒不繹。』」以此言之，卿佐之喪，宜廢止繹祭。儀禮有司徹賈公彥疏引此並云：「卿佐卒輕于正祭，不合廢。但繹祭禮輕，宜廢而不廢。」其言或然。

八·四　**戊子，**戊子，二十三日。**夫人嬴氏薨。**無傳。「嬴」，公羊、穀梁並作「熊」。蓋古文「嬴」字形與「熊」近，前人誤釋爲「熊」而今文經從之也。說詳王國維觀堂集林卷十八及楊樹達先生積微居金文說庚嬴卣跋。嬴氏即宣公母敬嬴，爲文公次妃，見文十八年傳注。

八·五　**晉師、白狄伐秦。**白狄初見于僖三十三年傳，至此始見經。年表云「晉成公六年，與魯伐秦」，不云白狄，而云魯，蓋誤解傳文之故，詳傳注。

八·六　**楚人滅舒蓼。**「蓼」，穀梁作「鄝」，蓼、鄝同從翏聲，故得通用。舒蓼爲羣舒之一種，文十四年傳云「子孔、潘崇將襲羣舒，使公子燮與子儀守，而伐舒蓼」，即爲明證。杜於傳注謂舒、蓼爲二國，蓋偶疏。舒初被取于徐，見僖三年經；嗣被執于楚，見文十二年傳；蓼則于文五年已爲楚所滅，復安得舒與蓼而滅之？餘詳文十四年傳注。

八·七 **秋七月甲子，**甲子，晦日。**日有食之，既。**無傳。七月無日食，十月甲子朔有全食，自西北至江蘇俱可見，則「七月」之「七」字必爲「十」字之誤，古文「七」與「十」字形本相近易致誤也。年表亦作「七月，日蝕」，則自西漢已誤矣，或史記本不誤，而後人據誤本春秋改之。疑經文本僅「秋七月」三字，「日有食之」在「冬十月」下，文訛脱久矣。

八·八 **冬十月己丑，**己丑，二十六日。**葬我小君敬嬴。**「敬嬴」，公羊、穀梁作「頃熊」，不可從，說見文十八年傳注。**雨，不克葬。**克，能也。**庚寅，**庚寅，二十七日。**日中而克葬。**定十五年經云「丁巳，葬我君定公。雨，不克葬。戊午，日下昃，乃克葬」，與此句意同。此「而克葬」即「乃克葬」。古代以甲、丙、戊、庚、壬五奇日爲剛日，乙、丁、己、辛、癸五偶日爲柔日。春秋時，葬埋均以柔日，此因雨，改用明日，蓋不得已，非用剛日也。漢人便無此禁忌，高祖以丙寅，武帝以甲申，昭帝以壬申，元帝以丙戌，哀帝以壬寅，均以剛日下葬，說參日知録四。

八·九 **城平陽。**平陽，魯邑，即漢之東平陽，在今山東省新泰縣西北。哀二十七年傳之平陽則爲西平陽，與此非一地。

八·一〇 **楚師伐陳。**年表云：「陳靈公十三年，楚伐我。」

傳

八·一 **八年春，白狄及晉平。夏，會晉伐秦。**會晉伐秦者，白狄也。傳文承上「白狄及晉平」而省

「白狄」兩字，經書「晉師、白狄伐秦」可爲明證。司馬遷誤以「夏，會晉伐秦」爲獨立之傳，「會」上無主語，因誤以爲魯國史因己身稱而省略，故年表于晉成公六年書「與魯伐秦」，不言「白狄」而言「魯」。**晉人獲秦諜，**説文云：「諜，軍中反間也。」今曰間諜、偵察員。魏、晉以迄唐、宋以後，俱謂之細作。**殺諸絳市，六日而蘇。**蘇，死而更生也，俗又作甦。年表云：「晉成公六年，與魯伐秦，獲秦諜，殺之絳市，六日而蘇。」除以白狄爲魯外，餘皆與傳合。然秦本紀云：「桓公三年，晉敗我一將。」史記所謂之「桓公三年」，實爲桓公之四年，亦即此年，又以「敗一將」爲言。晉世家又云：「成公六年，伐秦，虜秦將赤。」「赤」不知是否其將之名，索隱則謂「赤即斥，謂斥候之人也」云云，又以此諜當秦將。

八·二　**有事于大廟，襄仲卒而繹，非禮也。**詳經注。

八·三　**楚爲衆舒叛，故伐舒蓼，**「故」字屬上句讀，亦可。**滅之。楚子疆之。**杜注：「正其界也。」**及滑汭，**杜注：「滑，水名。」春秋之滑水，今已不詳何在。彙纂謂「當在今江南廬州府東境」，則當在今合肥市、廬江縣之東，而在巢縣、無爲之間。沈欽韓地名補注謂「蓋今之丹陽湖」，亦未必有據。汭音芮，水之隈曲處。**盟吴、越而還。**吴、越始見。吴，姬姓，周太王之子太伯、仲雍之後。史記有吴世家。孔疏引譜云：「至壽夢而稱王。壽夢以上世數可知而不紀其年。壽夢元年，魯成公之六年也。夫差十五年，獲麟之歲也。二十三年，魯哀公之二十二年，而越滅吴。」吴國自稱爲「工𫿠」（者減鐘）、「攻敔」（吴王劍）、「攻吴」（吴王夫差鑑），亦稱爲「干」，詳劉寶楠愈愚録卷四干越、墨子兼愛中孫詒讓閒詁及郭沫若奴隸制時代吴王壽夢之戈。亦稱禺邗，傳世有禺邗王壺，即哀十三年黄池之會後所作。吴自稱王，彝器如此。吴語又稱「吴伯」「吴公」，春秋則稱「吴子」。吴初國于梅里，據高士奇地名考略，今江蘇省無錫縣東南三十里之梅李鄉，舊稱泰伯城者是其地。至諸樊始徙于吴，今之蘇州市。越，越器者汈鐘自稱作「戉」。周禮考工記、楚世家、漢書天文志並作「粤」，越世家索隱引紀年作「於粤」，定五年、十四年傳及公羊作「於越」。於，發聲詞。越世家稱「其先禹之苗裔而夏后帝少康之庶子也」云云，梁玉繩史記志疑卷二十二辨其不然，但范文瀾中國通史簡編云：「甲骨文有戉國，疑即越國。吴越春秋越王無余外傳載無余始受封及子孫興衰等事，似有所據。」越封於會稽，即今浙江省紹興縣，有浙江杭州市以南東至海之地。孔疏引譜云：「濱在南海，不與中國通。後二十餘世至於允常，魯定公五年始伐吴。允常卒，子句踐立，是爲越王。越王元年，魯定公之十四年也。魯哀公二十二年，句踐滅吴，霸中國，卒。春秋後七世，大爲楚所破，遂微弱矣。」終爲楚所滅。

八·四　**晉胥克有蠱疾，**蠱音古，説文云：「腹中蟲也。」段玉裁注云：「中蟲皆讀去聲。蠱食物也。腹中蟲者，謂腹内中蟲食之毒也。」昭元年傳述秦醫和視晉侯之疾云：「疾如蠱，非鬼非食，惑以喪志。」則古之所謂蠱疾者即食物中毒，或以爲鬼物所迷，其現象爲神經錯亂。俞樾平議謂此蠱字「當讀爲痼。痼，久病也。説文作痁，與蠱同音，故得通用」。雖亦可通，但仍以不破字爲妥。**郤缺爲政。**趙盾已死，郤缺代之爲政。**秋，廢胥克，使趙朔佐下軍。**杜注：「朔，盾之子，代胥克。爲成十七年胥童怨郤氏張本。」

八·五　**冬，葬敬嬴，旱，**七年經書「大旱」。**無麻，始用葛茀。**茀音弗，亦作紼、綍。引棺索也。於殯則已有之，繫於載柩之車（古曰輴車），以備火災，蓋有災則引柩以避火。及葬，則用之以下柩。據周禮地官遂人，天子葬用六綍。又據禮記喪服大記，君葬用四綍，大夫與士葬用二綍。禮記曲禮上云：「助葬必執綍。」故後世謂送葬爲執綍。麻爲大麻，雌雄異株，雄曰枲，亦曰牡麻，於花落後，拔而漚之，其皮可織夏布。雌曰苴麻，亦可織麻布，細者曰絺，粗者曰綌。始用葛茀者，言自此以後，綍不用麻而改用葛，與僖三十三年傳「晉於是乎始墨」同義。**雨，不克葬，禮也。禮，卜葬，先遠日，避不懷也。**卜葬者，卜葬日也。先遠日者，此月下旬先卜來月下旬，不吉則卜中旬，又不吉則卜上旬，由遠日而及近日。蓋古人以爲父母既葬，其哀漸奪，非孝子之所欲，由于不得已而爲，故卜葬期先遠日，表示不急于求葬，微申孝心耳。禮記曲禮上云「喪事先遠日」，亦即此意。辟不懷者，避免不懷念已死父母之心也，已葬則懷念之心漸衰矣。此舉卜葬期先遠日以證爲雨而止之合于禮。雨不克葬是否合理，古有兩說。左氏以爲禮，穀梁則云「葬既有日，不爲雨止。雨不克葬，喪不以制也」，則以爲非禮。然禮記王制云：「庶人縣封，葬不爲雨止。」推其文意，葬不爲雨止，僅庶人如此，天子、諸侯則不然。吕氏春秋開春論亦記魏惠王死，天大雨雪，羣臣諫請改日下葬一事，並謂自文王而已然。説參章炳麟讀卷八。

八·六　**城平陽，書，時也。**此條在冬十月葬敬嬴之後，前人以爲城平陽亦是十月。故趙鵬飛春秋經筌云：「左氏例，『水昏正而栽』（莊二十九年傳）。水昏正夏之十月，非周之十月也。今見書『十月』遂謂之『時』，是不識夏、周正朔之異也。」葉夢得左傳讞、郝敬春秋非左説與此同。此説似是而非。一則此條無月，雖接冬十月葬敬嬴之後，亦未必是十月。十一月、十二月亦未嘗不可。且是年有閏，曆家推言閏在五月，則十一月城平陽，亦未嘗不可書「時」。

八·七 陳及晉平。楚師伐陳，取成而還。杜注：「言晉、楚争强。」

九年，辛酉，公元前六〇〇年。周定王七年、晉成七年、齊惠九年、衞成三十五年、蔡文十二年、鄭襄五年、曹文十八年、陳靈十四年、杞桓三十七年、宋文十一年、秦桓五年、楚莊十四年、許昭二十二年。

經

九·一 九年春王正月，正月初十壬寅冬至，建子。公如齊。無傳。

九·二 公至自齊。無傳。

九·三 夏，仲孫蔑如京師。仲孫蔑，公孫敖之孫，文伯穀之子孟獻子。春秋書魯大夫如京師者凡七次，其五次皆有故而爲：僖三十年，公子遂如京師，答宰周公之聘也；文元年，叔孫得臣如京師，拜召伯之錫命也；八年，公孫敖如京師，弔襄王之喪也，然不至而復焉；九年，叔孫得臣如京師，葬襄王也；昭二十二年，叔鞅如京師，葬景王也。其因聘而往者，唯此仲孫蔑及襄二十四年之叔孫豹耳。而此兩次，王皆以爲有禮。

九·四 齊侯伐萊。無傳。李廉春秋諸傳會通云：「東萊有萊山，從齊之小國也。齊自七年會魯伐之，今年又自伐之，卒於襄六年而滅之矣。」

九·五　**秋，取根牟。**根牟，國名，宋葉夢得公羊傳讞謂根牟爲附庸之國，可從。地在今山東省沂水縣南。欒史寰宇記謂在安丘，誤。説詳江永考實。昭八年傳「大蒐于紅，自根牟至于商、衞」，即此所取根牟地。公羊傳謂根牟爲邾國之邑，顧棟高大事表三傳異同篇駁之云：「邾在魯南，根牟在魯東北，邾，小國也，邑豈能到此？」其言是也。

九·六　**八月，滕子卒。**隱七年傳云：「滕侯卒，不書名，未同盟也。」僖二十三年傳云：「凡諸侯同盟，死則赴以名，禮也。赴以名，則亦書之。不然則否。」則此不書名，蓋不同盟，又不赴以名之故。

九·七　**九月，晉侯、宋公、衞侯、鄭伯、曹伯會于扈。**扈，鄭地，已見文七年經並注。

九·八　**晉荀林父帥師伐陳。**年表云：「使桓子伐楚。以諸侯師伐陳、救鄭。」伐楚事不見經、傳。救鄭者爲郤缺，亦非荀林父。不知司馬遷何據。

九·九　**辛酉，**九月無辛酉。杜注謂「日誤」。**晉侯黑臀卒于扈。**扈本鄭邑，水經河水注引竹書紀年云「出公二十二年，河絶于扈」，似其後爲晉所有。公羊傳謂此時扈已爲晉邑，不可信。經例卒于國内不書地。此書地，足見扈此時尚未爲晉有。扈爲晉會諸侯之地，不言「卒于會」者，會已畢也。不書葬者，魯不會也。

九·一〇　**冬十月癸酉，**癸酉，十五日。**衞侯鄭卒。**無傳。衞侯鄭，衞成公也。以僖二十五年立。衞國之君，惠公及成公之卒不書葬，他若桓、宣、文、穆、定、獻、襄、靈皆書葬。

九·一一　**宋人圍滕。**

九·一二 楚子伐鄭。年表云：「楚莊十四年，伐鄭。」

九·一三 晉郤缺帥師救鄭。年表云：「楚莊王十四年，伐鄭。晉郤缺救鄭，敗我。」

九·一四 陳殺其大夫洩冶。「洩」，公羊、穀梁作「泄」。金澤文庫本亦作「泄」。餘詳隱元年傳注。

傳

九·一 九年春，王使來徵聘。王使爲一詞，周定王之使者也。徵聘者，示意魯遣使往周聘問也。徵聘，春秋未書。夏，孟獻子聘于周。「于」，阮刻本作「於」，今從唐石經、金澤文庫本及宋本。王以爲有禮，厚賄之。

九·二 秋，取根牟，言易也。襄十三年經「取邿」，傳云：「凡書取，言易也。」成六年經「取鄟」，傳亦云「言易也」。昭四年經「取鄫」，傳云：「取鄫，言易也。莒亂，著丘公立而不撫鄫。鄫叛而來，故曰取。凡克邑，不用師徒曰取。」綜合觀之，凡取邑或取國，取之甚易，則言「取」。然有用師徒者，亦有不用師徒者。此取根牟，非如鄫之叛其國而來，則用師徒者也。

九·三 滕昭公卒。杜注：「爲宋圍滕傳。」蓋亦以釋經之「滕子」即昭公也。

九·四 會于扈，討不睦也。七年黑壤之盟，所以謀不睦；此則會于扈，欲以討不睦。蓋此時晉、楚爭彊，諸侯之從楚者，即不睦于晉，故晉爲扈之會以討之。陳侯不會。去年陳與楚取成。晉荀林父以諸侯之師伐陳。經不書諸侯之師，杜注以爲諸侯之師別無將帥，統由荀林父率之。晉侯卒于扈，乃還。晉世家云：「七年，成公與楚莊王爭彊，會諸侯于扈。陳畏楚不會。晉使中行桓子伐陳。」

九·五　冬，宋人圍滕，因其喪也。滕有昭公之喪。

九·六　陳靈公與孔寧、儀行父通於夏姬，夏姬，鄭穆公之女，陳大夫御叔之妻，夏徵舒之母。稱夏姬、夏徵舒者，或御叔食采於夏也。或曰，徵舒之祖字子夏，以夏爲氏。孔寧、儀行父，杜注以爲「陳卿」，陳世家以爲大夫。據下傳文「公卿宣淫」，則似是卿。孔寧即十一年經之公孫寧。凡淫曰通，見桓十八年傳注。皆衷其衵服，衷，說文云「裏褻衣」。此作動詞用，猶襄二十七年傳「衷甲」之「衷」，謂着于內，故杜注云「懷也」。衵音日，說文云：「日日所常衣也。」故杜注云「近身衣」。「其衵服」，夏姬之汗衣也。三人皆着之。以戲于朝。洩冶諫曰：「公卿宣淫，民無效焉，「效」，阮刻本作「効」，俗字，今從補刊石經、金澤文庫本、宋本。宣，宣揚。民無效，民無所法效也。陳世家作「君臣淫亂，民何效焉」，意同。且聞不令。聞，去聲，名譽也。令，善也。詩大雅文王：「令聞不已。」此猶云且名聲甚惡。于鬯香草校書謂此倒句也，猶云「不令且聞」，謂「不善之聲且外聞於民」云云，恐不確。君其納之！」杜注：「納藏衵服。」公曰：「吾能改矣。」公告二子。二子請殺之，公弗禁，遂殺洩冶。穀梁傳、列女傳所記與傳略同。賈子新書雜事云：「陳靈公殺泄冶，而鄧元去陳，以族徙。」大戴禮記保傅篇亦云。鄧元事，左傳及其他現存古籍皆未見。

孔子曰：「詩云：『民之多辟，無自立辟。』詩大雅板句「多辟」之「辟」亦作「僻」，金澤文庫本亦作「僻」。仍當以「辟」爲正，説詳詩校勘記。多辟之辟，邪也；立辟之辟，法也。意謂民多邪僻矣，國瀕危亂矣，勿自立法度以危身也。張衡思玄賦云：「覽烝民之多僻兮，畏立辟以危身。」即用此意。**其洩冶之謂乎！」**孔子家語子路初見篇云：「子貢曰：『陳靈公宣婬于朝，泄冶正諫，君殺之，是與比干諫而死同，可謂仁乎？』子曰：『比干于紂，親則諸父，官則少師，忠報之心在于宗廟，而已固必以死争之，冀身死之，紂將悔寤。其本志情在于仁者也。洩冶之于靈公，位在大夫，無骨肉之親，懷寵不去，仕于亂朝，以區區之一身，欲正一國之婬昏，可謂狷矣。詩云「民之多辟，無自立辟」，其洩冶之謂乎？』」家語爲王肅所撰集，此語未必可信，或本左傳而附益之耳。即左傳所引孔丘語，後世亦頗有議而疑之者。

九·七　**楚子爲厲之役故，**杜注：「六年楚伐鄭，取成於厲。既成，鄭伯逃歸。事見十一年。」杜以厲之役即六年楚伐鄭之役，乃推測之辭，詳六年傳注。**伐鄭。**

九·八　**晉郤缺救鄭。鄭伯敗楚師于柳棼。**杜注：「柳棼，鄭地。」今地闕。晉世家云：「晉使中行桓子伐陳，因救鄭。與楚戰，敗楚師。」若如其言，則救鄭者爲荀林父，非郤缺；敗楚師者爲晉，非鄭。與傳異。年表云：「楚莊王十四年，伐鄭，晉郤缺救鄭，敗我。」又以救鄭者爲郤缺，與傳同。**國人皆喜，唯子良憂曰：**子良即公子去疾，見四年傳。**「是國之災也，吾死無日矣。」**杜注：「自是晉、楚交兵伐鄭，十二年卒有楚子入鄭之禍。」

十年，壬戌，公元前五九九年。周定王八年、晉景公獳元年、齊惠十年、衛穆公速元年、蔡文十三年、鄭襄六年、曹文十九年、陳靈十五年、杞桓三十八年、宋文十二年、秦桓六年、楚莊十五年、許昭二十三年。

經

一〇·一 **十年春**，正月二十一日戊申冬至，建子，有閏月。**公如齊。**

一〇·二 **公至自齊。**無傳。

一〇·三 **齊人歸我濟西田。**據元年傳，宣公初立，納濟西田賂齊以請會。此云「齊人歸我濟西田」，定十年經云「齊人來歸鄆、讙、龜陰田」，哀八年經云「齊人歸讙及闡」，三者變文而書，蓋無義例。杜云「不言來，公如齊，因受之」，用穀梁義，非經旨。若然，哀八年不書「來」，且不書「我」，非「公如齊，因受之」也，抑又何故邪？

一〇·四 **夏四月丙辰**，丙辰，朔日。**日有食之。**無傳。杜注：「不書朔，官失之。」此公元前五九九年三月六日環食。

一〇·五 **己巳**，己巳，十四日。**齊侯元卒。**齊世家云：「十年，惠公卒，子頃公無野立。」

一〇·六 齊崔氏出奔衛。穀梁傳云：「氏者，舉族而出之之辭也。」杜注用此義，云「見舉族出」，實非經旨。據傳，書氏者，蓋從告。

一〇·七 公如齊。

一〇·八 五月，公至自齊。無傳。

一〇·九 癸巳，癸巳，八日。陳夏徵舒弒其君平國。

一〇·一〇 六月，宋師伐滕。

一〇·一一 公孫歸父如齊。葬齊惠公。無傳。杜注：「歸父，襄仲之子。」傳又曰「子家」，蓋其字也。河北唐縣出土歸父敦即此人所作，詳文史二十二輯李家浩魯歸父敦小考。據經、傳所載，魯以卿會葬，惟襄王、景王，晉之襄、平、昭公，此年齊惠及宋平、滕成八見而已。

一〇·一二 晉人、宋人、衛人、曹人伐鄭。杜注：「鄭及楚平故。」

一〇·一三 秋，天王使王季子來聘。傳云「劉康公」，蓋食采于劉，謚康公也。公羊謂王季子爲天王之「母弟」，穀梁謂爲「王子」。杜注用公羊。然據十七年傳「凡大子之母弟，公在曰『公子』，不在曰『弟』」之例，若果是天王之母弟，當書「天王使其弟季子來聘」。今不然者，知公羊之說未必合左氏也。說本劉文淇疏證。如公羊說，王季子爲周匡王子；如穀梁說，則爲周定王子。

一〇·一四 公孫歸父帥師伐邾，取繹。「繹」，公羊作「蘱」，不知其故。杜注：「繹，邾邑。」孔疏云：「文十三年傳稱邾遷于繹，則繹爲邾之都矣。更別有繹邑，今魯伐取之，非取邾之都也。亦因繹山爲名，蓋近在邾都之旁耳。」餘見文十三年傳注。

一〇·一五 大水。無傳。

一〇·一六 季孫行父如齊。

一〇·一七 冬，公孫歸父如齊。

一〇·一八 齊侯使國佐來聘。春秋之例，舊君死，新君立，當年稱子，逾年稱爵。齊惠公死未逾年，此稱「齊侯」者，亦猶成四年鄭襄公死未逾年，經于鄭悼公稱「鄭伯」。杜注云「既葬成君，故稱君」，通之會盟則不然，通之他事，或然。互詳桓十三年經注及僖九年傳注。周語下「齊國佐見」，韋注云：「國佐，齊卿，國歸父之子，國武子也。」傳世器有國差𦉜，方濬益綴遺齋彝器考釋卷二十八謂「國差即齊國武子」。

一〇·一九 饑。無傳。杜注：「有水災，嘉穀不成。」

一〇·二〇 楚子伐鄭。

傳

一〇·一 十年春，公如齊。齊侯以我服故，歸濟西之田。杜注：「公比年朝齊故。」汪克寬纂疏云：「公至四朝齊矣。」

一〇・二

夏，齊惠公卒。崔杼有寵於惠公，經云「崔氏」，傳云「崔杼」，則崔氏即崔杼也。後人以襄二十五年崔杼殺齊莊公，距此五十一年，則崔杼此時當少，安得「高、國畏其偪」？因以爲疑。不知崔杼弱冠有寵，雖不當政，有寵即有權，高、國亦可畏之。唐書宰相世系表云：「崔氏出自姜姓，齊丁公伋嫡子季子讓國叔乙，食采於崔，遂爲崔氏。濟南東朝陽西北有崔氏城是也（崔氏城當在今山東省章丘縣西北）。季氏生穆伯，穆伯生沃，沃生野，八世孫夭（夭見僖二十八年傳）生杼，爲齊正卿。」**高、國畏其偪也，**齊之高氏、國氏世爲齊上卿，僖十二年傳管仲所謂「有天子之二守國、高在」是也。此高氏當是高固。（高固已見宣七年、十七年、成二年傳，宣十五年經，又稱高宣子，見宣十四年傳。）國氏當即國佐。**公卒而逐之，奔衛。**成十七年齊侯又使崔杼爲大夫，蓋又復國。

書曰「崔氏」，非其罪也；且告以族，不以名。據下文，則此告書云「崔氏之守臣」，不言「杼」。**凡諸侯之大夫違，**去國曰違，不論是奔或放。論語公治長「崔子弑齊君，陳文子有馬十乘，棄而違之」，係自動去國，此則僅指出奔或被放逐言，故杜注云：「違，奔放也。」**告於諸侯曰：「某氏之守臣某，**杜注：「上某氏者，姓；下某，名。」孔疏云：「若言崔氏之守臣杼也。」**失守宗廟，敢告。」所有玉帛之使者則告，**杜注：「玉帛之使謂聘。」孔疏云：「聘禮，執玉致命，執帛致享，故云『玉帛之使謂聘』也。下注云：『恩好不接，故亦不告。』又昭二十年，『曹公孫會自鄸出奔宋』。注云：『嘗有玉帛之使，來告，故書。』則杜意以爲奔者之身嘗有玉帛之使於彼國，已經相接，則告之。若奔者未嘗往聘，恩好不接，則不告。唯告奔者嘗聘之國，餘不告也。劉炫以爲玉帛之使謂國家有交好之國皆告，非指奔者之一身。」若以崔杼論，未見其使於魯，而亦來告，則劉炫之義較杜爲長。**不然，則否。**杜注：「恩好不接，故亦不告。」杜注所謂「恩好」，若指奔者私人之恩好，如上文孔疏所釋，則非傳旨。若指國家恩好，則與劉炫義不悖。

一〇·三 **公如齊奔喪。**何焯義門讀書記云：「德惠公之定其位，故奔喪。」古無諸侯奔諸侯喪之禮。

一〇·四 **陳靈公與孔寧、儀行父飲酒於夏氏。**周語中「民將築臺於夏氏」，韋注云：「夏氏，陳大夫夏徵舒家也。」詩陳風株林序云：「刺靈公也。淫乎夏姬，驅馳而往，朝夕不休息焉。」詩首章云：「胡爲乎株林？從夏南。匪適株林，從夏南。」毛傳云：「夏南，夏徵舒也。」則靈公之淫夏姬，不避徵舒。周語中云：「陳靈公與孔寧、儀行父南冠入夏氏。單子曰：『今陳侯不念胤續之常，棄其伉儷妃嬪，而帥其卿佐，以淫於夏氏，不亦嬻姓矣乎？棄衮冕而南冠以出，不亦簡彝乎？』」據此，則陳靈公南冠，蓋微行也。禮記禮運云：「諸侯非問病、弔喪而入諸臣之家，是謂君臣爲謔。」鄭注云：「陳靈公與孔寧、儀行父數如夏氏，以取弒焉。」**公謂行父曰：「徵舒似女。」對曰：「亦似君。」徵舒病之。**杜注：「靈公即位於今十五年，徵舒已爲卿，年大，無嫌是公子。蓋以夏姬淫放，故謂其子爲似以爲戲。」陳世家云：「十五年，靈公與二子飲於夏氏。公戲二子曰：『徵舒似汝。』二子曰：『亦似公。』徵舒怒。」司馬遷以靈公之言屬之二子，與傳專屬之行父一人者小異。**公出，自其廄射而殺之。**陳世家集解引左傳以「公出自其廄」爲句，不可從。武億經讀考異謂案之情事，此讀較密，亦誤。陳世家云：「靈公罷酒出，徵舒伏弩廄門射殺靈公。」則司馬遷以「公出」爲句，「自其廄射而殺之」爲句，是也。今從之。年表云：「夏徵舒以其母辱，殺靈公。」二子奔楚。陳世家云：「孔寧、儀行父皆奔楚，靈公太子午奔晉。徵舒自立爲陳侯。」

一〇・五 **滕人恃晉而不事宋，六月，宋師伐滕。**襄二十七年宋之盟，宋人請滕，叔孫豹謂滕爲宋之私；定元年成周之城，宋仲幾謂滕爲宋役，則滕之被逼於宋，其始終如此。

一〇・六 **鄭及楚平，**杜注：「前年（去年）敗楚師，恐楚深怨，故與之平。」**諸侯之師伐鄭，**經首書「晉人」，自以晉國爲主。**取成而還。**

一〇・七 **秋，劉康公來報聘。**杜注：「報孟獻子之聘。即王季子也。」劉即隱十一年傳「王取鄔、劉、蔿、邘之田于鄭」之劉，春秋之前爲鄭邑，至桓王時爲周邑。定王時，劉康公始食采於劉。在今河南省偃師縣南。襄十四年有劉定公。國語周語中有劉康公聘魯，歸而與周定王論魯諸大夫事。

一〇・八 **師伐邾，取繹。**杜注：「爲子家如齊傳」。

一〇・九 **季文子初聘于齊。**杜注：「齊侯初即位。」

一〇・一〇 **冬，子家如齊，伐邾故也。**杜注：「魯侵小，恐爲齊所討，故往謝。」

一〇・一一 **國武子來報聘。**報聘，蓋報季文子之聘。

一〇・一二 **楚子伐鄭。**蓋以鄭與晉成之故。**晉士會救鄭，逐楚師于潁北。**潁水出河南省登封縣西境潁谷，東南流，經禹縣、臨潁、西華而南與沙河合而東流。據顧棟高大事表八上，此潁北當在禹縣之北。成十六年諸侯師于潁上，襄十年晉師與楚夾潁而軍，亦禹縣之潁也。沈欽韓地名補注則謂此潁北在新鄭縣，恐不確。

諸侯之師戍鄭。

一〇・一三 **鄭子家卒。鄭人討幽公之亂，斲子家之棺，**子家弒鄭靈公事見四年經傳。斲棺，謂剖棺見尸也。三國魏志王凌傳云：「朝議咸以爲春秋之義，齊崔杼、鄭歸生皆加追戮，陳尸斲棺，載在方策，凌、愚罪宜如舊典。乃發凌、愚冢，剖棺暴尸於所近市三日。」晉書劉牢之傳云：「牢之喪歸丹徒，桓玄令斲棺斬首，暴尸于市。」魏書韓子熙傳謂元叉害清河王懌，子熙等上書，謂「成禍之末，良由劉騰。騰合斲棺斬骸，沈其五族」，遂剖騰棺。則魏、晉、六朝皆以斲棺爲剖棺。杜注謂「斲薄其棺，不使從卿禮」，乃臆説也。説本沈欽韓補注及劉文淇舊注疏證。**而逐其族。改葬幽公，謚之曰「靈」。**初謚爲「幽」，改謚爲「靈」。

十有一年，癸亥，公元前五九八年。周定王九年、晉景二年、齊頃公無野元年、衞穆二年、蔡文十四年、鄭襄七年、曹文二十年、陳成公午元年、杞桓三十九年、宋文十三年、秦桓七年、楚莊十六年、許昭二十四年。

經

一一・一 **十有一年春王正月。**正月初二癸丑冬至，建子。

一一·二 **夏，楚子、陳侯、鄭伯盟于辰陵。** 辰陵，穀梁作「夷陵」。臧壽恭古義謂「辰之作夷，蓋隸變致誤」，趙坦異文箋則謂「方音之轉」，猶僖元年經之「夷儀」，公羊作「陳儀」。此陳侯若謂是陳成公，則此時在晉，尚未爲侯，且不得離晉而與楚盟。疑是夏徵舒，則楚夏與之盟，而冬又討殺之，故讀本云「知討亂非其本志」。杜注：「辰陵，陳地。」據清一統志，在今河南省淮陽縣西六十里。洪亮吉詁謂當依穀梁作「夷陵」，即今湖北省宜昌縣，誤。

一一·三 **公孫歸父會齊人伐莒。** 無傳。

一一·四 **秋，晉侯會狄于欑函。** 杜注：「晉侯往會之，故以狄爲會主。欑函，狄地。」孔疏云：「晉侯會狄，是狄在彼地，晉往會之。故傳説晉大夫欲召狄，郤成子勸其勤，是晉侯自往，故以狄爲會主。成十五年『會吳于鍾離』，襄十年『會吳于相』，其意與此同。」杜以晉侯往會狄，故以欑函爲狄地，今不詳所在。沈欽韓地名補注謂欑函即隱十一年傳之「欑茅」，欑茅在今河南省修武縣，恐非晉、狄相會處。

一一·五 **冬十月，楚人殺陳夏徵舒。** 年表云：「楚莊王十六年，率諸侯誅陳夏徵舒，立陳靈公子午。」

一一·六 **丁亥，**丁亥，十一日。**楚子入陳。** 傳云：「遂入陳，殺夏徵舒。」揆之事理，必先入陳，然後得殺夏徵舒。然經先書「殺陳徵舒」後書「入陳」者，杜注云：「楚子先殺徵舒，而欲縣陳；後得申叔時諫，乃復封陳，不有其地，故書『入』在『殺夏徵舒』之後。」

一一·七 **納公孫寧、儀行父于陳。** 經書「納」者共六次，莊九年「納子糾」、文十四年「納捷菑」，争國者也；

僖二十五年「納頓子」、昭十二年「納北燕伯」，失國者也；哀二年「納衞世子蒯聵」，則又與其子相争者也；納大夫，惟有此耳。

傳

一一·一　十一年春，楚子伐鄭，及櫟。櫟即今之禹縣，餘見桓十五年經注。子良曰：子良即公子去疾，見宣四年傳。「晉、楚不務德而兵争，與其來者可也。晉、楚無信，我焉得有信？」乃從楚。夏，楚盟于辰陵，陳、鄭服也。

一一·二　楚左尹子重侵宋，子重即成二年經之公子嬰齊，楚莊王之弟，又稱令尹子重，又稱將軍子重，此時則爲左尹。王待諸郔。杜注以郔爲楚地，彙纂因云「當在河南省項城縣境」，則與三年及十二年之郔爲兩地。武億羣經義證則云：「子重侵宋，楚莊留爲聲援，必不遽返歸於楚境。疑郔地幅員廣被他邑，自鄭國城之北以逮廩延皆爲其地，故有『延』名。下文十二年傳『楚子北師次于郔』，注『郔，鄭北地』是也。蓋『待諸郔』者，郔之南境；『次于郔』者，郔之北境。一地而前後兩見，傳特以『楚子北』標之。杜氏不達其旨，注爲楚地，非也。」武説雖辯，而實非，且無證據。彙纂謂郔在項城縣境，以地望考之，頗合情理，然亦無的證。高士奇地名考略謂「是時楚子與陳、鄭盟于辰陵，當是近陳地」。總之，此郔當離陳、宋、鄭不遠。

一一·三　令尹蔿艾獵城沂，杜注以蔿艾獵即孫叔敖，亦即十二年傳之蔿敖；而孔疏引世本則謂「艾獵爲叔敖之兄」。兩説不同。後人主蔿艾獵、孫叔敖爲一人者，謂此年云「令尹蔿艾獵」，明年云「令尹孫叔敖」，比年之間，楚令尹不聞兩人。主爲兩人者，謂蔿敖字孫叔，敖既稱叔，宜有兄矣。兩説不詳孰是。可參閻若璩四書釋地、盧文弨鍾山札記與毛奇齡經問九及四書索解、孫星衍問字堂集孫叔敖名字考。沂，楚邑。彙纂謂當在今河南省正陽縣境，沈欽韓補注則以三國之流沂當之，則在今湖北省鄂城縣東二十里。兩地相距甚遠，以定五年傳「大敗夫槩王于沂」推之，前説較妥。**使封人慮事，**左傳隱元年有潁谷封人，桓十一年有祭封人，文十四年有蕭封人，昭十九年有郹陽封人，二十一年有吕封人，論語八佾篇有儀封人，諸封人皆是典守封疆之官。此封人不與彼同。周禮地官有封人：「凡封國，設其社稷之壝，封其四疆；造都邑之封域者亦如之。」則是並掌建築城郭。杜注：「封人，其時主築城者。」僅得其大意。慮事，顧炎武補正云：「慮，籌度也。」此謂籌度工事、估計工程工需之類。**以授司徒。**封人爲司徒之屬官，故其慮事畢，上於所司也。杜注：「司徒掌役。」**量功命日，**吕祖謙春秋左氏傳説云：「量功是量用功之多寡，命日是度其日子多少。」**分財用，**財通材。用，用具也。築城必分爲若干工程段，計其材料工具之多少而分與之，便于事也。**平板榦，**板，築城築牆時所用之夾牆板；榦，亦作幹，築牆時樹立兩頭之支柱。平板榦者，平其高低使所築城齊也。**稱畚築，**畚音本，盛土之器，詳二年傳注。築，築土之杵。稱畚築者，使運土之功與築土之功相稱，不使少于築土之功，因而停工待料，亦不使浮于築土之功也。**程土物，**土謂築城土，計城之丈尺而稽其土數，猶今計算土方。物謂材木，若干土方須用多少材木。程土物者，土方與材木皆先計算之，作爲程限，使之預備不致停工待料。**議遠邇，**杜

注：「均勞逸。」呂祖謙左氏傳說：「謂就近取水取土，如百步與五十步，去百步內取已爭一半。」兩説均可通。**略基趾，**略即隱五年傳「吾將略地焉」之略，案行邊境曰略。城郭基趾亦是城郊之界，故亦用略字。呂祖謙左氏傳説云：「先巡略基趾，闊狹、高下、方圜、曲直都安排之。」**具餱糧，**餱音侯，乾食也。詩大雅公劉：「乃裹餱糧。」呂祖謙左氏傳説云：「謂先辨其役夫之糧食。」**度有司。**築城之工程大，有各方面之主持人，謂之有司。審度人才，使其能力與其職務相稱，謂之度有司。**事三旬而成，**杜注：「十日爲旬。」**不愆于素。**杜注：「不過素所慮之期也。」傳言叔敖之能使民。哀元年傳「夫屯晝夜九日，如子西之素」，杜注亦云「子西本計爲壘當用九日而成」，則素謂原來計劃。廣雅釋詁：「素，本也。」

一一·四

晉郤成子求成于衆狄。郤成子即冀缺，亦即郤缺，已見文十三年傳。顧棟高大事表三十九云：「衆狄係白狄之種類，若鮮虞、肥、鼓之屬是也。」**衆狄疾赤狄之役，**衆狄苦爲赤狄所役使也。杜注：「赤狄潞氏最强，故服役衆狄。」**遂服于晉。秋，會于欑函，衆狄服也。**顧棟高大事表云：「晉侯親在會，蓋欲携赤狄之黨，以絶其援。至十五年遂滅潞氏。」

是行也，諸大夫欲召狄。郤成子曰：「吾聞之，非德，莫如勤，劉文淇舊注疏證云：「釋詁：『勤，勞也。』言無德以服遠，則當勞以服遠。」**非勤，何以求人？**言己不勤勞，則無以求人服我也。**能勤，有繼。**杜注：「勤則功繼之。」**其從之也。**從，就也。顧炎武補正云：「言往而會狄。」**詩曰：『文王既勤止。』**句見詩周頌賚。**文王猶勤，況寡德乎？」**寡德，寡德之人也。

冬，楚子爲陳夏氏亂故，伐陳。杜注：「十年，夏徵舒弒君。」今年夏楚莊猶以夏徵舒爲陳侯而與之盟，則此冬討徵舒，非僅因其殺君而已。或者夏徵舒殺靈公而自立，陳國必有不服者，自易生亂，楚亦因而討伐之。**謂陳人「無動！**動謂驚懼也。昭十八年傳：「將有大祥，民震動。」震動猶震驚也。陳世家作「謂陳曰：『無驚』」，以「驚」解「動」，是其證矣。孟子盡心下述武王伐殷云：「王曰：『無畏！寧爾也，非敵百姓也。』」文意與此相似。說詳王引之述聞。**將討於少西氏」。**少西氏意即夏徵舒。徵舒之祖字子夏，名少西，故以「少西氏」爲言。陳世家云：「楚莊王爲夏徵舒殺靈公，率諸侯伐陳。謂陳曰：『無驚！吾誅徵舒而已。』」「誅徵舒」與此「討少西氏」意同。**遂入陳，殺夏徵舒，轘諸栗門。**轘見桓十八年傳注。栗門，陳城門。**因縣陳。**杜注：「滅陳以爲楚縣。」據下文「諸侯縣公皆慶寡人」之語，則楚前此已立縣矣。楚世家云：「十六年，伐陳，殺夏徵舒。徵舒弒其君，故誅之也。已破陳，即縣之。」淮南子人間訓云：「陳夏徵舒弒其君，楚莊王伐之。陳人聽令。莊王以討有罪，遣卒戍陳。」「遣卒戍陳」即亦滅而有之之意。**陳侯在晉。**陳侯此時在晉也。陳侯即靈公太子午，陳成公。其奔晉事不見于經、傳。陳世家繫於徵舒殺靈公，孔寧、儀行父皆奔楚之下，蓋亦十年夏之事。襄二十五年傳鄭子產之言曰：「夏氏之亂，成公播蕩，又我之自入。」則成公入國當因鄭。

申叔時使於齊，陳世家集解引賈逵曰：「叔時，楚大夫。」**反，復命而退。王使讓之，曰：「夏徵舒爲不道，弒其君，寡人以諸侯討而戮之，**孔疏：「經無『諸侯』，而云『以諸侯討之』者，時有楚之屬國從行也。十二年邲之戰，經不書『唐』，而傳云『唐侯爲左拒』；昭十七年長岸之戰，經不書『隨』，而傳言『使隨人守舟』，明此時亦有諸侯，但爲楚私屬，不以告耳。」陳世家云：「率諸侯伐陳。」諸侯、縣公皆慶寡人，杜注：「楚縣大夫皆僭稱『公』。」王引之述聞云：「縣公猶言縣尹也，與公侯之公不同。如謂楚僭稱王，其臣僭稱公，則楚官之貴者無如令尹、司馬，何以令尹、司馬不稱公，而稱公者反在縣大夫乎？襄二十五年傳『齊棠公之妻，東郭偃之姊也』，杜注曰：『棠公，齊棠邑大夫。』齊之縣大夫亦稱公，則公爲縣大夫之通稱，非僭擬於公侯也。」王説是也。女獨不慶寡人，何故？」對曰：「猶可辭乎？」辭見僖四年傳注。王曰：「可哉！」曰：「夏徵舒弒其君，其罪大矣；討而戮之，君之義也。抑人亦有言曰：抑，轉折連詞，表輕度反轉，今語可譯爲「不過」。『牽牛以蹊人之田，蹊音溪，徑也。此作動詞用，謂牽牛從人田中走過以爲捷徑也。而奪之牛。』金澤文庫本作「而田主奪之牛」，多「田主」兩字。陳世家作「鄙語有之：『牽牛徑人田，田主奪之牛』」。楚世家文略同，作「田主取其牛」。淮南子人間訓且作「牽牛蹊人之田，田主殺其人而奪之牛」。除「殺其人」爲淮南子所增者外，俱云「田主奪之牛」，似傳文當有「田主」兩字。其實未必然。左氏文簡潔，「田主」不言可知，本不必有。奪之牛，奪其牛也。牽牛以蹊者，信有罪矣；而奪之牛，罰已重矣。已，太也。諸侯之從也，金澤文庫本作「從楚也」，「楚」字蓋抄者以意補之。曰討有罪也。今縣陳，貪其富也。以討召諸侯，而以貪歸之，歸，猶終也。無乃不可乎？」楚世家、陳世家及淮南子人間訓文意大略相同。**王曰：「善哉！吾未之聞也。」**劉文淇疏證云：「未之聞，謂楚臣無以此説進者。」**反之，可乎？」對曰：「吾儕小人所謂『取諸其懷而與之』也。」**杜注：「叔時謙言小人意淺，謂譬如取人物於其懷而還之，爲愈於不還。」吾儕小人，當時習慣語，又見襄十七年及三十年傳。昭元年傳云「吾儕偷食」，二十四年傳云「吾儕何知焉」，亦「吾儕」連用。「吾儕」猶今言「我們這一班」，不僅僅表多數，説詳文言語法。**乃復封陳。**陳世家云：「莊王曰：『善。』乃迎陳靈公太子午於晉而立之，復君陳如故，是爲成公。」楚世家云：「莊王乃復國陳後。」淮南子人間訓云：「王曰：『善。』乃罷陳之戍，立陳之後。諸侯聞之，皆朝於楚。」**鄉取一人焉以歸，謂之夏州。**劉文淇疏證云：「楚蓋俘陳之民，鄉各一人，於楚地別立夏州，以旌武功也。」江永考實云：「夏州蓋在北岸江、漢合流之間，其後漢水遂有夏名。」據清一統志，夏州蓋在今湖北省武漢市之漢陽北。**故書曰「楚子入陳。納公孫寧、儀行父于陳」，書有禮也。**陳世家亦載此事，末云：「孔子讀史記至楚復陳，曰：『賢哉楚莊王！輕千乘之國而重一言。』」孔子家語好生篇亦云：「孔子讀史至楚復陳，喟然嘆曰：『賢哉楚王！輕千乘之國，而重一言之信。匪申叔之信，不能達其義；匪莊王之賢，不能受其訓。』」楚莊不縣陳而復之，與孔丘「興滅國，繼絶世」（論語堯曰篇）之義合，故左氏傳謂之「有禮」。然納孔寧、儀行父，是否「有禮」，後人有疑之者，有辨之者，無當于考史，故不録。

一一·六　**厲之役，鄭伯逃歸，**杜注云：「蓋在六年。」「厲之役」不見經、傳，杜注以六年「楚人伐鄭，取成而還」當之，詳六年傳注。**自是楚未得志焉。**六年鄭雖與楚成，七年又及晉平，八年鄭伯又與晉及諸侯會于扈，九年鄭伯且敗楚師，十年鄭又雖及楚平，諸侯之師伐鄭，復取成而還；十一年又從楚。數年之間，晉、楚交兵，鄭皆不得已而與來者。**鄭既受盟于辰陵**，本年夏事。**又徼事于晉。**徼音驍，又音邀，求也。　此與下年傳「十二年春，楚子圍鄭」相銜接，此叙其原因。

十有二年，甲子，公元前五九七年。周定王十年、晉景三年、齊頃二年、衛穆三年、蔡文十五年、鄭襄八年、曹文二十一年、陳成二年、杞桓四十年、宋文十四年、秦桓八年、楚莊十七年、許昭二十五年。

經

一二·一　**十有二年春**，正月十三日戊午冬至，建子。**葬陳靈公。**無傳。　杜注：「賊討國復，二十一月然後得葬。」

一二·二　**楚子圍鄭。**傳云「克之，入自皇門，至于逵路」，實爲入而經用「圍」者，蓋以楚雖入而復退也。前人於此議論紛歧，皆未必有當。

一二·三　**夏六月乙卯**，六月無乙卯。**晉荀林父帥師及楚子戰于邲**，杜注：「邲，鄭地。」呂氏春秋至忠篇云：「荆興師，戰於兩棠，大勝晉。」賈子先醒篇云：「莊王圍宋，伐鄭，乃與晉人戰於兩棠，大克晉人。」孫人和左宧漫録兩棠考云：「兩棠即邲地也。」邲本爲水名，即汴河，汴河亦曰汴渠。其上游爲滎瀆，又曰南濟，首受黃河，在滎陽曰蒗蕩渠。兩棠即蒗蕩，文異音同。又曰石門渠，顧祖禹方輿紀要四十七河陰縣（河陰縣在鄭州北五十里，今已廢）云：「石門渠，在縣西二十里，滎瀆受河之處，晉、楚之戰，楚軍于邲，即是水也。」王夫之稗疏亦云：「傳稱楚子次于管，在今鄭州。晉師在敖、鄗之間，渡河而南，正在河陰，濱河之南岸，蓋鄭之北境也。」然則晉、楚交戰處必在今鄭州市之西北，滎陽縣之東北。自元和郡縣志以鄭州東六里之邲城當之，後世多沿其說，考之傳文，實不合。楊守敬春秋列國圖亦列邲於滎陽東北，可云有見。**晉師敗績。**

一二·四 **秋七月。**

一二·五 **冬十有二月戊寅，**戊寅，八日。**楚子滅蕭。**蕭已見莊十二年傳注。此年楚子滅蕭，襄十年傳楚圍蕭，定十一年「宋公之弟辰入于蕭以叛」，則此後復爲宋邑。至戰國時仍爲楚邑。

一二·六 **晉人、宋人、衞人、曹人同盟于清丘。**彙纂曰：「此大夫同盟之始。」杜注：「清丘，衞地。」當在今河南省濮陽縣東南七十里，即鄄城縣西南四十里。

一二·七 **宋師伐陳。衞人救陳。**

傳

一二·一 **十二年春，楚子圍鄭，**此當緊接上年傳文「鄭既受盟于辰陵，又徼事于晉」連讀。**旬有七日。鄭人卜行成，**欲向楚求和，問之于龜卜。**不吉；卜臨于大宮，**臨，哭也。大宮，太祖之廟也。諸侯之太祖廟多曰大宮，襄二十五年傳「盟國人於大宮」，齊太祖廟也。餘詳隱十一年傳注。**且巷出車，**御覽四八〇引賈逵注云：「巷出車，陳於街巷，示雖困不降，必欲戰也。」惠棟補注云：「下鄭復修城，則賈説良是。」杜注謂「出車於巷，示將見遷，不得安居」，不用賈説，恐不確。**吉。國人大臨，**大臨者，城中人皆哭。**守陴者皆哭。**陴，城上女牆也。亦曰陴倪，墨子備城門云「俾倪廣三尺，高二尺五寸」，是其制也。守城者必登城而守陴，故守陴即守城也。備城門又云：「守法，五十步，丈夫十人，丁女二十人，老小十人。計之，五十步四十人。」此亦當近之。守城將士不得哭于大宮，故哭于陴上。**楚子退師。鄭人修城。進復圍之，三月，克之。**三月可有二義，一爲季春三月，一爲歷時三閲月。此爲第二義。孔疏云：「知非季春克之者，下云『六月晉師救鄭，及河，聞鄭既及楚平，桓子欲還』，是將欲至河，鄭猶未敗，至河聞敗，猶欲還師；在國聞敗，師必不發。若是季春克之，不應比至六月而晉人不聞，以此知三月非季春也。」又云：「經、傳皆言『春圍鄭』，不知圍以何月爲始。圍經旬有七日，爲之退師，聞其修城，乃復更進，進圍三月方始克之，則從初以至於克，凡經一百二十許日，蓋以三月始圍至六月乃克也。」**入自皇門，**皇門，楚世家集解及御覽四八〇並引賈逵云「鄭城門」，公羊何休解詁則云「鄭郭門」。**至于逵路。**逵路見隱十一年傳「大逵」注。**鄭伯肉袒牽羊以逆，**楚世家集解引賈逵云：「肉袒牽羊，示服爲臣隸也。」李貽德輯述云：「肉袒牽羊示臣服者，古禮有之。史記宋微子世家『周武王克殷，微子乃持其祭器造於軍門，肉袒面縛，左牽羊，右把茅』是也。」賈子先醒篇云：「莊王圍宋伐鄭，鄭伯肉袒牽羊，奉簪而獻國。」章炳麟讀謂簪當讀爲識，識即志字，鄭國之國書與地圖之類也。**曰：**

「**孤不天**，金澤文庫本作「孤實不天」。杜注：「不爲天所佑。」不爲天佑與下句不能事君難聯接。不天者，不承奉天之旨意也。杜注不確。**不能事君，使君懷怒以及敝邑，孤之罪也，敢不唯命是聽？其俘諸江南，以實海濱，**意謂俘虜鄭伯置之江南之邊徼，亦猶越王句踐欲遷吴王夫差於甬東。江南即海濱，高士奇地名考略云：「楚初都丹陽，在枝江，居江南；後徙郢都，在荆州府，在江北；别都鄂，即武昌府，亦在江之南。自荆州以南，皆楚所謂江南也。楚遷權于那處，遷六小國于荆山，在江北；遷羅于枝江，遷許于華容，在江南，鄭欲自比于此屬耳。春秋時未知有南海，屈完對齊桓公云『寡人處南海』，不過漫爲侈大之辭，實非楚境。鄭請實海濱，亦自貶損以悦之也。」此言甚是。閻若璩潛丘劄記卷三分「俘諸江南」與「以實海濱」爲兩層，實不合傳意。鄭世家作「遷之江南」，楚世家作「賓之南海」，各取一句，足見司馬遷亦以兩句爲一義。**亦唯命；其翦以賜諸侯，**周禮秋官敍官鄭注云：「翦，斷滅之言也。」成二年傳云：「吾姑翦滅此而朝食。」昭三十年傳云：「使翦喪吴國而封大異姓乎？」翦滅、翦喪同義詞連用，足以證明鄭義。**使臣妾之，**謂滅亡鄭國，而分以賜諸侯，鄭國之人，其男爲臣，其女爲妾。臣妾義爲奴婢，見僖十七年傳注。**亦唯命。若惠顧前好，**杜注：「楚、鄭世有盟誓之好。」**徼福於厲、宣、桓、武，**徼福，求福也。厲、宣，周厲王、周宣王也。鄭桓公爲厲王之子，鄭之所自出；然鄭桓公之被封在宣王時，則宣王爲鄭之所自封。桓、武爲鄭桓公、鄭武公。鄭桓公爲鄭之始封祖，武公則桓公之子。句意謂楚若求鄭祖先之福佑。**不泯其社稷，**杜注：「泯猶滅也。」楚世家作「不絶其社稷」，義同。成二年傳亦云「不泯其社稷」。**使改事君，**改，更也，意猶重新事君。**夷於九縣，**禮記曲禮上云：「在醜夷不争。」鄭注云：「夷猶儕也。」孔疏云：「醜夷皆等類之名。」史記留侯世家云：「今諸將皆陛下故等夷。」等夷同義詞連用，則夷亦等義。夷於九縣，即等於九縣。九縣者，楚滅諸小國，皆以爲縣，莊十八年傳云「楚武王克權，使鬭緡尹之」，哀十七年傳云「實縣申、息」，上年傳云「因縣陳」，皆可證。鄭國土地較大，非僅楚之一縣，故云九縣。九可以用作虚數，汪中述學釋三九已詳言之，則九縣猶言諸縣耳。經典釋文、孔疏以及于鬯校書俱誤解九爲實數，舉某國某縣以實之，非傳旨。鄭世家作「若君王不忘厲、宣王，桓、武公，哀不忍絶其社稷，錫不毛之地，使復得改事君王」云云，「錫不毛之地」是遷之也，恐非鄭伯本意。上文言「不泯其社稷」，則願服楚爲屬國，如陳、蔡、唐、隨、許之類。説參阮芝生杜注拾遺。**君之惠也，孤之願也，非所敢望也。敢布腹心，**尚書盤庚下云：「今予其敷心腹腎腸，歷告爾百姓于朕志。」此之「布腹心」即盤庚之「敷心腹」，可見此種慣語由來已久。**君實圖之。」左右曰：「不可許也，得國無赦。」**左右，公羊以爲「將軍子重」，見下引文。鄭世家云：「楚羣臣曰：『自郢至此，士大夫已久勞矣，今得國舍之，何如？』」**王曰：「其君能下人，必能信用其民矣，庸可幾乎！」**僖十五年傳云「晉其庸可冀乎」，與此「庸可幾乎」義同，此言其後望無窮，互詳僖十五年傳注。楚世家改作「庸可絶乎」，恐非傳意。鄭世家云：「莊王曰：『所爲伐，伐不服也。今已服，尚何求乎？』」**退三十里而許之平。**楚世家云：「莊王自手旗，左右麾軍，引兵去三十里，而舍，遂許之平。」**潘尫入盟，**潘尫據下傳，字師叔，萬氏氏族略疑爲文元年潘崇之子，或然。**子良出質。**出質於楚。公羊傳叙此事與左傳有同有異，司馬遷叙此事則於左傳與公羊摻雜用之。

一二·二 **夏六月，晉師救鄭。荀林父將中軍，**八年傳云「郤缺爲政」，此時郤缺蓋已死，故荀林父代之。**先穀佐之；**先穀，晉世家謂「先軫子也」。齊召南考證云：「以傳考之，軫子先且居；且居子先克，文九年爲箕鄭等所殺，則此先穀當是軫之孫或曾孫，史記未可信也。」齊説有理。先穀清丘之盟又稱原穀者，以先軫等食采於原也。其本人則食采於彘，故又謂之彘子。彘在今山西省霍縣東北。文十二年河曲之戰，荀林父佐中軍，此則代荀林父。**士會將上軍，**杜注：「河曲之役，郤缺將上軍，宣八年代趙盾爲政，將中軍，士會代將上軍。」**郤克佐之；**郤克，郤缺之子郤獻子也。文十二年臾駢佐上軍，此則代臾駢。**趙朔將下軍，**文十二年欒盾將下軍，此代欒盾。**欒書佐之。**張應昌春秋屬辭辨例編云：「桓二年傳『晉封桓叔于曲沃，靖侯之孫欒賓傳之』，賓子成共叔，見桓三年傳；成子枝，見僖二十七年傳；枝子盾，見文十二年傳；書，盾之子武子也。」文十二年胥臣佐下軍，宣八年郤缺廢胥臣而使趙朔代之，此又代趙朔。**趙括、趙嬰齊爲中軍大夫，**趙括、趙嬰齊即僖二十四年之屏括、樓嬰，趙盾之異母弟。此人名嬰齊，古人之名單、複並行，故成四年、八年亦謂之趙嬰，僖二十四年亦謂之樓嬰，猶申公巫臣亦曰屈巫、欒祁犂亦曰欒祁也。**鞏朔、韓穿爲上軍大夫，**鞏朔已見文十七年傳並注。韓穿字與謚已無考。**荀首、趙同爲下軍大夫。**據趙世家索隱引世本，晉大夫逝遨生荀林父，又生荀首，故杜注謂「荀首，林父弟」。趙同即僖二十四年傳之原同，趙括、趙嬰齊之同母兄。**韓厥爲司馬。**韓世家索隱引世本云：「韓萬是曲沃桓叔之子。萬生賕伯，賕伯生定伯簡，簡生輿，輿生獻子厥。」則韓厥爲萬之玄孫。孔疏引世本脱去定伯簡一代，因謂「厥是萬之曾孫」，誤。司馬遷作韓世家不採世本出自桓叔之説，未審其故。晉語八叙韓宣子拜叔向之言「自桓叔以下嘉吾子之賜」，足證世本可信。僖公十五年叙韓簡之言行，亦足證孔疏所引世本脱去韓簡一代。成二年傳又言「韓厥夢子輿謂己」，更足證成世本之説。及河，聞鄭既及楚平，桓子欲還，桓子，中軍帥荀林父之謚。曰：「無及於鄭而勦民，無及於鄭者，鄭已降楚，救之已晚。勦音剿，説文云：「勞也。」焉用之？楚歸而動，意謂俟楚兵返後再動兵伐鄭，責其降楚。不後。」不後者，不爲不及也。隨武子曰：隨武子，士會也，詳僖二十八年傳注。「善。會聞用師，觀釁而動。釁即桓八年傳「讎有釁，不可失也」之釁。杜彼注云「釁，瑕隙也」是也；而此注云「釁，罪也」，分爲兩義，失之。德、刑、政、事、典、禮不易，不易謂合乎其道。易有改變之義，亦有違反之義，哀元年傳「吾先大夫子常易之」是也。不可敵也，不爲是征。猶言不征是。楚君討鄭，「君」，阮刻本作「軍」，今從金澤文庫本及校勘記改正。怒其貳而哀其卑。卑謂鄭襄公卑辭以求服。年表云「鄭襄公八年，楚圍我，我卑辭以解」，即用此義。叛而伐之，服而舍之，舍之，文選辨亡論李善注引作「赦之」，蓋用其意。德、刑成矣。伐叛，刑也；柔服，對已服者用柔德安撫之。德也，二者立矣。昔歲入陳，指殺夏徵舒之役。今兹入鄭，左傳凡十一言「今兹」，皆「今年」之義。吕氏春秋任地篇「今兹美禾，來兹美麥」，高注云：「兹，年也。」兹蓋借爲載，故有年義。民不罷勞，罷同疲。君無

怨讟，讟音獨，說文云：「痛怨也。」怨讟，同義詞連用。君無怨讟者，謂民對君無怨讟也，上句用「民」字，故下句改用「君」字。說文引作「民無怨讟」，蓋用其意。昭元年傳云「民無謗讟」，八年傳云「怨讟動於民」，皆與此句義同，尤可證。**政有經矣。**杜注：「經，常也。」此言爲政有常法。**荆尸而舉，**荆尸見莊四年傳注。**商、農、工、賈不敗其業，**此商、賈分言。周禮太宰「六曰商賈阜通貨賄」，鄭注云：「行曰商，處曰賈。」餘參孫詒讓正義。**而卒乘輯睦，**步兵曰卒，車兵曰乘。輯，和也。**事不奸矣。**杜注：「奸，犯也。」意謂各不相犯。**蔿敖爲宰，**杜注：「宰，令尹。蔿敖，孫叔敖。」孔疏云：「周禮六卿，大宰爲長，遂以宰爲上卿之號。楚臣令尹爲長，故從他國論之，謂令尹爲宰。楚國仍別有大宰之官，但位任卑耳，傳稱『大宰伯州犁』是也。」**擇楚國之令典；**令，善也；典，法也，禮也。令典謂禮法政令之善者。**軍行，右轅，左追蓐，**此有兩義。杜注孔疏謂左右爲步卒在兵車之左右者。蓋兵車一乘有兵卒七十二人，戰時當分左右，各三十六人。而在右之三十六人則挾轅而行（楚陣以轅爲主，挾轅實即挾車），左右又各十八人，以備不虞；在左之三十六人則令追求草蓐以爲歇宿之準備，此一義也。兵車步卒七十二人，戰國時法。據春秋時法，一車十人而已。竹添光鴻會箋本傅遜之說而引申之云：「左右與下『前茅』『中權』『後勁』對言，則亦謂左右軍，非車左右。蓋楚分其軍爲五部，而各有所任也。轅謂將車之轅，右轅，言右軍從將軍之轅所向而進退，下文云『令尹南轅及旆』，又云『改乘轅而北之』是也。」後說較合理。杜解「追蓐」爲「追求草蓐爲宿備」，吳闓生文史甄微云「『追蓐』疑當時之方言，說者望文釋之，未是」，雖未見確證，說亦有理。**前茅慮無，**茅，疑即公羊傳「鄭伯肉袒，左執茅旌」之茅旌，禮記雜記下云「御柩以茅」，亦謂以茅旌爲前導也。楚軍之前軍或以茅旌爲標幟，故云「前茅」。茅旌者，或云以茅爲之。王引之公羊述聞云：「茅爲草名，旌則旗章之屬，二者絶不相涉，何得稱茅以旌乎？茅當讀爲旄。蓋旌之飾，或以羽，或以旄。旄，牛尾。其用旄者，則謂之旄旌矣。」王説是也。古之軍制，前軍探道，以旌爲標幟告後軍，禮記曲禮上所謂「前有水，則載青旌；前有塵埃，則載鳴鳶；前有車騎，則載飛鴻；前有士師，則載虎皮；前有摯獸，則載貔貅」，鄭注云「載謂舉於旌首以警衆」者是也。通典引李衛公兵法云：「移營，先使候騎前行，持五色旍，見溝坑揭黄，衢路揭白，水澗揭黑，林木揭青，野火揭赤。以鼓五數應之，令相聞。」蓋亦師古人載旌之意。説參沈欽韓補注及劉文淇疏證。　慮無者，思慮所未必有之事，蓋備豫不虞之意。**中權，**杜注曰：「中軍制謀。」章炳麟讀謂「轅、追、蓐、茅慮無、權、勁，皆旌旗之表識」，不確。**後勁。**杜注：「後以精兵爲殿。」**百官象物而動，**章炳麟讀謂此「百官統指在軍中有職者」，按之上下文俱言軍事，有理。　物讀爲周禮大司馬「羣吏以旗物」、春官司常「大夫士建物，師都建旗」之「物」，本是旌旗之一種，此則借爲旌旗之通稱。杜注：「物猶類也。」孔疏云：「類謂旌旗畫物類也。百官尊卑不同，所建各有其物，象其所建之物而行動。」可謂得其意而失其訓。據此，則謂百官各建其旌旗，其旌旗表明其地位與職司，並依此而行動。**軍政不戒而備，**杜注：「戒，敕令。」孔疏云：「軍之政教不待約敕號令而自備辦。」**能用典矣。**葉適曰：「凡兵車宜備者皆備，軍行宜有者皆有，而士會以爲能用典，蓋非倉猝求索，臨事砌合也。」詳習學記言。**其君之舉也，**舉謂選拔人材。**内姓選於親，**内姓謂同姓，親謂支系之親近者。**外姓選於舊。**舊謂世臣。**舉不失德，**孔疏云：「所舉不失有德。」**賞不失勞。**孔疏云：「所賞不失有勞。」**老有加惠，**邵瑛劉炫規杜持平云：「此謂年老者有加增恩惠，賈山所謂『九十者一子不事，八十者二算不事』，又禮所謂執醬、執爵、祝餶、祝鯁也。」**旅有施舍。**旅即旅客，周禮地官遺人謂之羈旅。王引之述聞云：「古人言施舍者有二義，一爲免繇役，地官小司徒『凡征役之施舍』，鄉師『辨其可任者，與其施舍者』，注曰『施舍謂應復免不給繇役』是也。一爲布德惠，蓋古聲舍、予相近，施舍之言賜予也。宣十二年左傳『旅有施舍』，謂有所賜予使不乏困也。若地官遺人『野鄙之委積以待羈旅』，委人『以甸聚待羈旅』是也。成十八年傳『施舍已責』、襄九年傳『魏絳請施舍，輸積聚以貸』、三十一年傳『施舍可愛』、昭十三年傳『施舍寬民』、又『施舍不倦』、又十九年傳『王施舍不倦』、二十五年傳『喜有施舍』、周語『縣無施舍』、又『聖人之施舍也議之』、又『布憲施舍於百姓』、晉語『施舍分寡』、楚語『明施舍以道之忠』，皆謂賜予之也。」左傳之施舍皆賜予義。**君子小人，物有服章。**君子小人以位言，謂各有一定之衣服色彩，杜注所謂「尊卑別」者是也。**貴有常尊，**貴者有一定可尊之制度儀節，亦不得互相僭越。**賤有等威，**此句有兩解。馬宗璉補注云：「如『僚臣僕，僕臣臺』之類。」昭七年傳云：「士臣皁，皁臣輿，輿臣隸，隸臣僚，僚臣僕，僕臣臺。」是雖所謂賤者，亦各有其臣屬，是所謂等威也。此一解也。竹添光鴻會箋云：「威、畏通，言賤者有等之可畏，而不苟犯尊也。」此又一解也。後説較勝。**禮不逆矣。德立、刑行，政成、事時，典從、禮順，若之何敵之？見可而進，知難而退，軍之善政也。**劉文淇疏證云：「此疑出古兵家言。」吴子料敵云：「凡此不如敵人，避之勿疑。所謂『見可而進，知難而退』也。」「見可」八字或引自左傳，或直接引自古兵書。**兼弱攻昧，武之善經也。**沈欽韓補注云：「周書武稱解：『攻弱而襲不正，武之經也。』」子姑整軍而經武乎！ 姑，姑且。整軍謂「知難而退」，經武謂「兼弱攻昧」。 猶有弱而昧者，何必楚？ 仲虺有言曰，杜注：「仲虺，湯左相，薛之祖奚仲之後。」杜注本定元年傳文。『取亂侮亡』，兼弱也。 襄十四年傳，中行獻子曰：「仲虺有言曰：『亡者侮之，亂者取之。』推亡固存，國之道也。」又三十年傳，子皮曰：「仲虺之志云：『亂者取之，亡者侮之。』推亡固存，國之利也。」俱引仲虺語，意同而文字略異。尚書序云：「湯歸自夏，至於大坰，仲虺作誥。」是古尚書本有仲虺之誥，左傳所引或從之出。尚書疏引鄭玄注云「仲虺之誥亡」，今尚書仲虺之誥乃僞古文。說詳閻若璩尚書古文疏證及王鳴盛尚書後辨。 汋曰 汋爲詩周頌篇名，今本作「酌」，釋文云：「字亦作『汋』。」春秋繁露作「礿」。 『於鑠王師！ 於音烏，歎詞，此表贊美。此宜「於」字自爲一讀，以其四字爲句，故不點破。句法與周頌清廟「於穆清廟」、武「於皇武王」同。 鑠，美也。猶言「嗚呼！美哉王師」。 遵養時晦』，毛傳云：「遵，率；養，取；晦，昧也。」義本左傳。陳奐詩毛氏傳疏云：「遵訓率，率與䢦同。」䢦即今率領字，字亦作帥。 時，是也。句謂率領軍隊以攻取此昏昧者。杜注孔疏解養爲養育，謂養是闇昧之君，待惡積而後取之，其義雖通，但補文成義，難從。 耆昧也。 陳奐傳疏又云：「耆昧即攻昧。」 武曰： 武，周頌篇名。 『無競惟烈。』詩周頌烈文「無競維人」，毛傳云：「競，彊也。」毛傳云：「烈，業也。」鄭箋云：「無彊乎其克商之功業，言其彊也。」 撫弱耆昧，以務烈所，可也。」孔疏云：「士會言不須敵楚，兼撫餘諸侯弱者，致討諸侯昧者，以務武王烈業之所，可也。」 彘子曰： 彘子即先縠，詳上注。 「不可。晉所以霸，師武、臣力也。今失諸侯，不

可謂力；有敵而不從，不可謂武。由我失霸，晉自文公、襄公以來，久爲霸主。先穀恐由此失之。**不如死。且成師以出，聞敵强而退，非夫也。**杜注：「非丈夫。」禮記曲禮上「若夫，坐如尸」，鄭玄注云：「言若欲爲丈夫也。」哀十一年傳云「是謂我不成丈夫也」，與此「非夫也」意近。**命爲軍帥，**阮刻本誤作「命有軍帥」，今從各本及校勘記正。**而卒以非夫，**謂以非丈夫終。**唯羣子能，我弗爲也。」以中軍佐濟。**杜注：「佐，彘子所帥也。濟，渡河。」

知莊子曰：知音智，亦作「智」。知莊子即荀首，通志氏族略三謂「荀首别食智邑，又爲智氏」。**「此師殆哉！周易有之，在師䷆之臨䷒，**坎下坤上爲師卦，初爻由陰變陽，坎變爲兑，兑下坤上爲臨卦。**曰：『師出以律，否臧，凶。』**師卦初六爻辭。師出以律者，卦爲師卦，初六爲首爻，用師必先出師，故云「師出」。凡師出必以法制號令整齊之，故云「師出以律」。否臧者，猶云「不善」，下文云「執事順成爲臧，逆爲否」亦即此意。全句意謂凡出師必用法制號令，不如此，是與「執事順成」反其道而行之，則凶。**執事順成爲臧，**凡行事，順其道而行以有成則爲善。**逆爲否。**逆其道而潰敗則爲否。此釋爻辭之義。**衆散爲弱，**以下兩句釋卦象。師卦之變爲臨卦，由於坎卦變爲兑卦。晉語四云：「坎，衆也。」坎有衆象，坎卦一變，有衆散之象。兑爲少女，故爲柔弱。坎變爲兑，是衆散爲弱。**川壅爲澤。**杜注：「坎爲川，今變爲兑，兑爲澤，是川見壅。」流水壅塞淤積爲澤。**有律以如己也，**有法制號令者，以其能指揮三軍如一人，猶如自己指揮自己。故曰律。否臧，且律竭也。竭，盡也，窮也。意謂如執事不順成，則法制號令其用窮盡。杜謂「竭，敗也」，古訓無徵，且與下文「盈而以竭」義不相關，故不取。盈而以竭，此併卦象辭義論之，坎爲川，川水盈滿，哀九年傳「如川之滿不可遊也」是也，故曰「盈」，此卦象也。川壅爲澤，澤水易竭；又師出不以律，則律竭，兩竭字相應，故曰「盈而以竭」，此卦象及辭義也。夭且不整，夭讀如莊子逍遥遊「莫之夭閼者」之「夭」，夭閼乃阻塞之意。川壅爲澤，是水被阻塞也。衆散，是不整也。所以凶也。不行之謂臨，阮刻本「之謂」作「謂之」，誤，今從各本正。坎變爲兑，即川壅爲澤，乃成臨卦，澤水不流，故臨卦爲水不行所成。有帥而不從，彘子不從中軍帥之令，是有帥不從也，則軍中法制號令不行甚矣。臨孰甚焉？此之謂矣。杜注：「譬彘子之違命，亦不可行。」果遇，必敗，若遇敵，必失敗。彘子尸之，襄二十七年傳：「非歸其尸盟也。」杜注：「尸，主也。」此言彘子主此禍。雖免而歸，雖免於戰死而歸晉。必有大咎。」終必有禍害。杜注：「爲明年晉殺先縠傳。」韓獻子謂桓子曰：韓獻子即韓厥。「彘子以偏師陷，彘子僅率中軍佐渡河，故云偏師。子罪大矣。子爲元帥，師不用命，誰之罪也？失屬、亡師，杜注謂屬爲鄭，與下文「得屬」之屬同，則「失屬」者，彘子敗，必失鄭也，彘子以偏師陷，故云亡師。爲罪已重，已，太也。不如進也。事之不捷，國之大事，在祀與戎，此事則指戎事。此句爲假設句，下文云「若事之捷」，則有假設連詞「若」字。若字或有或無，義同，説見文言語法。惡有所分。與其專罪，專罪，謂元帥一人當此罪。

六人同之，不猶愈乎？」師遂濟。晉世家節取左傳，唯云「楚莊王圍鄭，鄭告急晉」。鄭於晉告急，乃必然之事，左傳因不言。鄭世家云：「晉聞楚之伐鄭，發兵救鄭。其來持兩端，故遲，比至河，楚兵已去。」持兩端故遲，左傳未載，公羊、穀梁亦無。

楚子北師次於郔。郔在今鄭州市北，詳三年傳注。**沈尹將中軍，**沈尹，古今頗有異説。一謂孫叔敖既爲令尹，當將中軍，則沈尹即孫叔敖。沈即寢，地即寢丘。據呂氏春秋孟冬紀、史記滑稽列傳，被封寢丘者爲孫叔敖之子，然據韓非子喻老篇「楚莊王既勝，狩於河雍，歸而賞孫叔敖。孫叔敖請漢間之地，沙石之處」云云，則孫叔敖于邲之戰後實受寢丘之封，故謂之沈尹。説參沈欽韓補注、吴闓生文史甄微。一謂孫叔敖與沈尹爲兩人。考之古籍及左傳，後説近是。墨子所染篇云：「齊桓染於管仲、鮑叔，晉文染於舅犯、高偃，楚莊染於孫叔、沈尹，吴闔閭染於伍員、文義，越句踐染於范蠡、大夫種。」管仲、鮑叔等皆兩人，則孫叔、沈尹亦爲兩人必矣。呂氏春秋當染篇亦有此語，作「荆莊王染於孫叔敖、沈尹蒸」，尊師篇又云「楚莊王師孫叔敖、沈尹巫」，察傳篇又云「楚莊聞孫叔敖於沈尹筮」，贊能篇又云「孫叔敖、沈尹莖相與友」，新序雜事五亦云「楚莊王學孫叔敖、沈尹竺」，則孫叔與沈尹爲同時之兩人，尤爲明顯。其名或作「蒸」，或作「巫」、「筮」、「莖」、「竺」，蓋字形皆相似，莫知其孰是。韓詩外傳二載有沈令尹進孫叔敖事，新序雜事一、列女傳賢明傳並有之，而沈令尹作虞丘子，是沈尹者，沈縣之大夫（呂氏春秋尊師篇高誘注），其姓爲虞丘，故又云虞丘子。沈爲楚國之縣，或以爲即沈國，然沈國春秋末期猶在，則楚此時不得有其全部土地，或文三年楚伐沈時曾得其部分土地以爲楚縣。左傳襄二十四年楚康王時有沈尹壽，昭四年靈王時有沈尹射，五年又有沈尹赤，十九年平王時有沈尹戌，哀十七年惠王時有沈尹朱，而哀十八年另有寢尹，則沈未必即寢丘，尤未必即孫叔敖之所封。説參李惇羣經識小及梁履繩補釋。**子重將左，**子重即公子嬰齊。**子反將右，**杜注：「子反，公子側。」**將飲馬於河而歸。**晉世家云：「楚已服鄭，欲飲馬于河爲名而去。」**聞晉師既濟，王欲還，嬖人伍參欲戰。**禮記緇衣云：「毋以嬖御人疾莊后，毋以嬖御士疾莊士大夫卿士。」鄭注云：「嬖御人，愛妾也；嬖御士，愛臣也。」然以左傳論之，愛妾、愛臣俱可統稱嬖人。隱三年傳「公子州吁，嬖人之子也」，昭七年傳「嬖人婤姶生孟縶」，俱愛妾也。晏子春秋内篇諫上有嬖人嬰子，亦愛妾也。此嬖人及成二年傳「頃公之嬖人盧蒲就魁門焉」，昭元年傳「荀吴之嬖人不肯即卒」，哀十六年傳「衛侯占夢嬖人求酒於大叔僖子」，則皆愛臣也。孟子梁惠王下有嬖人臧倉，亦愛臣也。嬖人亦曰嬖寵，僖二十四年傳「棄嬖寵而用三良」，愛臣也。昭三年傳「今嬖寵之喪」，愛妃也。又「燕簡公多嬖寵」，或男女皆有之。杜注：「參，伍奢之祖父也。」**令尹孫叔敖弗欲，**孫叔敖其人，先秦、兩漢古書所載傳説甚多，散見孟子、荀子、吕氏春秋、史記、説苑、新序、列女傳、論衡諸書，不備引。**曰：「昔歲入陳，今兹入鄭，不無事矣。**古「不」字可作「非」字用，左傳亦有此用法，此其例。又襄三十年傳「不既和矣乎」，義即非既和矣乎也。餘詳詞詮。**戰而不捷，參之肉其足食乎？」**古人狀痛恨其人特甚，輒曰食其肉猶不足，僖三十三年傳文嬴請三帥，曰「寡君若得而食之，不厭」，厭亦足也。**參曰：「若事之捷，孫叔爲無謀矣。**孫星衍問字堂集孫叔敖名字考謂「蔿賈蓋有二子，一爲蔿艾獵，一爲蔿敖，字叔敖。敖既稱叔，宜尚有兄矣」云云。**不捷，參之肉將在晉軍，可得食乎？」令尹南轅、反旆，**敵人在北，車當北轅，令尹迴車南向，故曰南轅。旆，軍前大旆。大旗亦反其向。**伍參言於王曰：「晉之從政者新，**從政者指荀林父。去年秋，其前任郤缺猶在，傳云「晉郤成子求成于衆狄」可證，則荀林父執政最多不過數月。困學紀聞注引閻若璩説謂「林父從政在本月」，則是揣測之詞。**未能行令。其佐先穀剛愎不仁，**愎，狠也，戾也。**未肯用命。其三帥者，專行不獲。**杜注：「欲專其所行而不得。」**聽而無上，**欲聽從而無可聽之上司。**衆誰適從？**適當讀如詩衛風伯兮「誰適爲容」之「適」，主也，專也。餘詳僖五年傳注。**此行也，晉師必敗。且君而逃臣，**楚莊，君也；荀林父等，晉臣也，故曰「君而逃臣」。**若社稷何？」**以君逃臣，有辱國家。僖二十八年傳云：「以君辟臣，辱也。」**王病之，告令尹改乘轅而北之，次于管以待之。**王次于管以待令尹。管在今河南省鄭州市，餘詳僖二十四年傳注。公羊傳云：「既則晉師之救鄭者至，曰請戰，莊王許諾。將軍子重諫曰：『晉，大國也，王師淹病矣，君請勿許也。』莊王曰：『弱者吾威之，彊者吾辟之，是以使寡人無以立乎天下。』令之還師，而逆晉寇。」韓詩外傳六、新序雜事四同，以欲戰者爲楚莊，不欲戰者爲子重，與傳異。

晉師在敖、鄗之間。敖、鄗爲二山名，俱在今河南省滎陽縣之北。**鄭皇戌使如晉師，**皇戌，鄭卿，又見成二、三、四、五年。**曰：「鄭之從楚，社稷之故也，未有貳心。**意謂鄭所以屈服于楚，由於挽救國家之滅亡之故，於晉實無二心，心猶在晉也。**楚師驟勝而驕，**驟勝猶言屢勝，楚莊王自滅庸以後，屢伐陳、宋，又伐陸渾戎而觀兵於周疆，又滅舒，去年又伐陳，今年又伐鄭，皆勝。**其師老矣，**自始圍鄭至今蓋已歷數月，故曰「老矣」。而不設備。子擊之，鄭師爲承，杜注：「承，繼也。」楚師必敗。」彘子曰：「敗楚、服鄭，於此在矣。必許之！」欒武子曰：欒武子，欒書也。「楚自克庸以來，克庸在文十六年。其君無日不討國人而訓之于民生之不易、禍至之無日、戒懼之不可以怠；此作一句讀。杜注：「討，治也。」于，以也。説詳楊樹達先生讀左傳。此謂以民生之不易、禍至之無日、戒懼之不可怠訓導國人也。易爲難易之易，謂民生艱難。在軍，無日不討軍實而申儆之于勝之不可保、紂之百克而卒無後，此亦宜作一句讀。謂以勝之不可保、紂之百克而卒無後申儆軍實也。軍實，此指軍中指揮員、戰士等。申儆，猶言再三告誡。荀子富國篇楊倞注云：「再令曰申。」説文云：「儆，戒也。」説文又云：「警，戒也。」儆、警疑爲一字之異形。史記律書云：「夏桀、殷紂，手搏豺狼，足追四馬，勇非微也；百戰克勝，諸侯懾服，權非輕也。」可證「紂之百克」之義。訓之以若敖、蚡冒篳路藍縷以啓山林。若敖，楚之先君，名熊儀，當周幽王之世，詳楚世家。蚡冒亦楚先君，見文十六年傳注。杜注云：「篳路，柴車。」孔疏云：「以荆竹織門謂之篳門，則篳路亦以荆竹編車，故謂篳路爲柴車。」藍縷，雙聲連緜詞，方言云：「楚謂凡人貧衣被醜敝爲藍縷。」杜注：「藍縷，敝衣。」啓，開闢。句言以楚先君乘柴車、着破衣開闢山林之事訓告士卒。箴之曰：『民生在勤，勤則不匱。』民生即上文「民生之不易」之民生，人民生活。禮記月令「則民不匱，上無乏用」，鄭注云：「匱亦乏也。」此匱義同。不可謂驕。此駁「楚師驟勝而驕」。先大夫子犯有言曰：『師直爲壯，曲爲老。』見僖二十八年傳。我則不德，而徼怨于楚。徼音邀，求也，要也。我曲楚直，不可謂老。此駁「其師老矣」。其君之戎分爲二廣，其君之戎謂楚王之親兵戎車也。廣，舊讀古曠切，音光去聲。句謂楚王親兵分爲左右兩部，每部皆名曰廣。廣有一卒，卒偏之兩。廣有一卒者，謂每部之車數有一卒耳。其數爲偏之兩，即兩偏，故又云卒偏之兩。據下文「楚子爲乘廣三十乘」，則一偏是十五乘，兩偏是三十乘。楚以三十乘爲一卒，以一卒爲一廣。此卒爲戰車之數，非指徒兵之數，昔人多以司馬法及周禮百人爲卒之説證之，使車、徒相混雜，因而糾纏不清，而其説又各不相同，莫衷一是，今皆不取。互詳成七年傳注。右廣初駕，初駕猶言先駕。數及日中，數者，數漏刻也。章炳麟讀謂數猶每也，言每及日中。雖能文從字順，然數之訓每，于古無徵。左則受之，以至于昏。下文云「右廣雞鳴而駕，日中而説；左則受之，日入而説」，與此文異義同。内官序當其夜，内官，王左右親近之臣。序，依次序也。白晝則有左右二廣輪流駕車以爲備戰，入夜則有親近之臣依次值班以爲保衞。以待不虞。不可謂無備。此駁「不設備」。子良，鄭之良也；師叔，楚之崇也。師叔即潘尫，爲楚人所尊崇者。師叔入盟，子良在楚，子良出質在楚。楚、鄭親矣。來勸我戰，我克則來，來服晉。不克遂往，往從楚。以我卜也！以我戰之勝負決其從晉或從楚，故云「以我卜」。鄭不可從。」趙括、趙同曰：「率師以來，唯敵是求。克敵、得屬，克敵謂能勝楚，得屬謂能得鄭爲從屬。又何俟？必從彘子！」知季曰：知季即知莊子荀首。

「原、屏，咎之徒也。」原，趙同；屏，趙括。詳見僖二十四年傳並注。　咎謂殃咎，其論彘子云「雖免而歸，必有大咎」是也。成八年趙同、趙括被殺。　徒借爲塗。老子云「生之徒十有三，死之徒十有三」，猶言生之道十分中有三分，死之道十分中有三分。又云「故堅强者死之徒，柔弱者生之徒」，猶言堅强爲死路，柔弱爲活路。此句猶云實行趙括、趙同之言乃自取殃咎之道。自杜注以後俱解徒爲黨徒，因謂咎指彘子，實非。趙莊子曰：莊子，趙朔也。「欒伯善哉！欒伯，即欒書也。吳闓生文史甄微云：「趙莊子，括、同之姪，故不敢咎括、同，乃善欒伯。」實其言，實猶言實踐，下傳云「卿不書，不實其言也」，可爲的證。杜注謂「實猶充也，言欒書之身行能充此言」，恐非。必長晉國。」杜讀長去聲，謂「長晉國」爲欒書當執晉國之政，恐不合傳旨。此蓋謂若行欒書之言，必能使晉國長久也。長爲長久之長。

楚少宰如晉師，少宰，官名。宋國亦有少宰，爲大宰之副，成十五年傳「向帶爲大宰，魚府爲少宰」是也。楚亦當然。曰：「寡君少遭閔凶，不能文。僖二十三年傳：「子犯曰：『吾不如衰之文也。』」此「不能文」蓋亦當時表謙虛之外交辭令，言其辭坦率無文飾也。聞二先君之出入此行也，二先君爲楚成王與穆王。成王爲穆王之父，莊王之祖。成王六年，即魯莊之二十八年，楚令尹子元伐鄭；穆王八年，即魯文之九年，楚穆師于狼淵以伐鄭，是二先君出入此行之事也。行，道也。出入此行猶言往來于此道，謂由楚至鄭之道。王紹蘭經説謂「聞二先君之出入爲句」，不可從。將鄭是訓定，此倒裝句，謂將訓定鄭也。豈敢求罪于晉？言楚先君之來此，欲以定鄭，非欲與晉相争，則我之來此亦然。二三子無淹久！」成二年傳

「無令輿師淹於君地」，杜注云：「淹，久也。」此「淹久」同義詞連用。杜注此謂「淹，留也」，不確。**隨季對曰：**隨季即士會、隨武子。**「昔平王命我先君文侯曰：『與鄭夾輔周室，毋廢王命！』」**文侯，晉文侯仇也。當周平王之世，與鄭武公共定周室，隱六年傳所謂「我周之東遷，晉、鄭焉依」是也，故平王令其「與鄭夾輔周室」。**今鄭不率，**率，循也。句謂今不率循王命。不率循王命者，不與晉親也。**寡君使羣臣問諸鄭，豈敢辱候人？**古有候人之官，詩曹風候人「彼候人兮，何戈與祋」、周語中「候人爲導」可證。據周禮夏官候人，其職掌爲「各掌其方之道治與其禁令；若有方治，則帥而致于朝；及歸，送之于竟」，則候人爲道路迎送賓客之吏。候人亦曰候，襄二十一年傳「使候出諸轘轅」、周語中「候不在疆」是也。則「豈敢辱候人」者，猶言不勞楚吏之迎送，意謂此事與楚不相涉。杜注謂「候人謂伺候望敵者」，則以晉語七之元候、成二年傳之候正、成十八年傳、襄三年傳、十九年傳之候奄當此候人，爲行軍主斥候之官，于文義亦可通，猶言不勞楚斥候之探聽，意謂不擬與楚交戰。然隨季之候人，實指少宰，謂不敢勞少宰之至晉軍。仍以前義爲勝，比少宰如候人。**敢拜君命之辱。」彘子以爲諂，使趙括從而更之，曰：**更，改也。改其對少宰之辭。**「行人失辭。**行人已見桓九年傳注。但行人之官，有專官，如襄二十六年傳有行人子員、行人子朱，皆專官也。亦有兼官，見于經者六，襄十一年、十八年、昭八年、二十三年、定六年、七年是也。並以被執見書，乃一時奉使，故書以行人，其在本國皆另有本職，行人乃其臨時兼職。此行人指隨季，其本職爲上軍帥，臨時接待楚少宰，與之應對，故以行人稱之。**寡君使羣臣遷大國之迹於鄭，**楚嘗至鄭，此言「遷其迹」，乃外交辭令，直言之爲把你軍趕出鄭國。**曰：『無辟敵！』**辟同避。**羣臣無所逃命。」**無所逃命，則非與楚戰不可。

楚子又使求成于晉，晉人許之，盟有日矣。已約定盟期。**楚許伯御樂伯，攝叔爲右，以致晉師。**楚之三師已見上文，樂伯等不在内，蓋其屬也。　古兵車，若非元帥，則御者在中，射者在左，戈、盾在右，故此許伯在中，樂伯以弓矢在左，攝叔以戈、盾在右。　致師者，古代將戰，先使勇力之士犯敵，杜注所謂「單車挑戰」也。周禮夏官環人云「掌致師」。逸周書克殷解云：「陳于牧野，帝辛從。武王使尚父與伯夫致師。」若其言可信，則致師之舉由來已久。　孔疏：「楚子既求成而又令挑戰，示其不欲崇和，以疑誤晉之羣帥。」**許伯曰：「吾聞致師者，御靡旌、摩壘而還。」**杜注云：「靡旌，驅疾也。」蓋疾驅車轅自稍偏，其旌旗必傾斜似披靡，故云靡旌。　杜注云：「摩，近也。」禮記樂記鄭注云：「摩猶迫也。」則摩壘者，迫近敵人之營壘也。　軍壁曰壘。**樂伯曰：「吾聞致師者，左射以菆，**左，車左，樂伯以弓矢在車左。　菆音鄒，杜注：「矢之善者。」孔疏云：「下云莊子『抽矢，菆，納諸厨子之房』，選好矢而留之，知菆是矢之善者。」**代御執轡，御下，兩馬、掉鞅而還。」**兩馬可有二解。杜注本服虔云：「兩，飾也。」飾者，據周禮地官封人「飾其牛牲」鄭注，謂刷治潔清之也。則兩馬爲刷拭馬毛之義，此一解也。俞樾平議則云：「兩，排比之也。一車有四馬，兩馬在中曰服，兩馬在邊曰驂，詩曰『兩服齊首』、『兩驂如手』，皆言其整齊也。是時車右入壘，而車在壘外留待之，故御者下車排比其馬，使兩驂兩服不致儳互不齊，亦示閒暇之意也。」此又一解也。後説合理。　杜注：「掉，正也。」掉鞅謂整理馬頸革。**攝叔曰：「吾聞致師者，右入壘，折馘、執**

俘而還。」右，車右，攝叔爲車右。先入壘，然後折馘執俘。折馘，殺死敵人而取其左耳；執俘，生俘敵人。皆行其所聞而復。晉人逐之，左右角之。晉人皆分三路，在中者逐之，鮑癸是也；另張兩角，從左右夾攻之。樂伯左射馬，而右射人，角不能進。矢一而已。樂伯之矢僅存其一。麋興於前，射麋，麗龜。麗，著也。龜指禽獸之背部。古之田獵者，其箭先着背以達于腋爲善射。北史斛律光傳云：「羨及光並工騎射，每日令出田還，即數所獲。光獲少，必麗龜達腋；羨獲雖多，非要害之所。光恒蒙賞，羨或被捶。人問其故，云：『明月（光之字）必背上着箭，豐樂（羨之字）隨處即下手，數雖多，去兄遠矣。』」則樂伯之射麋中龜，亦狀其善射也。晉鮑癸當其後，使攝叔奉麋獻焉，曰：「以歲之非時，獻禽之未至，獻禽即獻獸，說文云：「禽，走獸總名。」此時爲周正六月，即夏正之四月，周禮天官獸人云「夏獻麋」，則麋是夏季時物，惟當初夏，故云「非時」「未至」也。敢膳諸從者。」「膳諸從者」謂進之於從者以充膳也。儀禮公食大夫禮云：「宰夫膳稻於粱西。」鄭玄注云：「膳猶進也。」鮑癸止之，止其衆不復逐也。曰：「其左善射，其右有辭，善於辭令。君子也。」既免。既，盡也，謂樂伯、許伯、攝叔三人皆免于俘獲。

晉魏錡求公族未得，錡音蟻，又音奇。魏錡，下文又稱爲厨武子，成十六年傳又稱爲呂錡。杜注以爲魏犨之子，孔疏引世本以爲魏犨之孫。傳世器有郘鐘，王國維據其銘文「余畢公之孫，郘白（伯）之子」，定爲呂錡後人所作，見觀堂集林十八。公族，公族大夫，見宣二年傳。而怒，欲敗晉師。請致師，弗許。請使，許之。遂往，請戰而還。楚潘黨逐之，杜注據成十六年傳謂潘黨爲潘尪之子。及熒澤，熒澤即滎澤，尚書禹貢所謂「滎陂既瀦」者是也。自東漢以來，已塞爲平地，然當地人仍稱其地爲滎澤，其地當在河南省滎澤廢縣之南，今滎陽縣之東。參胡渭禹貢錐指。見六麋，射一麋以顧獻，魏錡見六麋，射其一以回車而獻于潘黨。曰：「子有軍事，獸人無乃不給於鮮？周禮天官有獸人，「掌罟田獸」，諸侯當亦有此官。給，足也。句謂因汝有軍事之故，獸人之官不能供給足够之鮮禽獸。敢獻於從者。」叔黨命去之。叔黨即潘黨。命部下離去不追。趙旃求卿未得，杜注：「旃，趙穿子。」且怒於失楚之致師者，樂伯等致晉師，晉逐而捨之。請挑戰，挑戰之義，昔人多謂與致師同。然詳考之，恐有兩解。晉語三云「公令韓簡挑戰」，僖十五年傳作「遂使請戰」，是挑戰之義同於請戰。此一解也。吳語云「今夕必挑戰，以廣民心」，據其下文，乃成師以出爲攻勢之義。楚策一云「兵不如者，無與挑戰；粟不如者，勿與持久」，此挑戰之義恐亦同於吳語。則挑戰之異于致師者，一則單車、單身以赴敵，一則成軍以出。此又一解也。趙旃之請挑戰，此兩解皆可通。至以挑戰同于致師，亦爲獨身赴敵，恐始于楚、漢之際。弗許。請召盟，許之，與魏錡皆命而往。皆命即皆受命之義，亦猶宣二年傳「命于楚」義即「受命于楚」也，石經「皆」與「命」之間旁注「受」字，蓋不識其義而然。郤獻子曰：杜注：「獻子，郤克。」「二憾往矣，二憾指魏錡與趙旃。弗備，必敗。」彘子曰：「鄭人勸戰，弗敢從也；楚人求成，弗能好也。師無成命，多備何爲？」士季曰：「備之善。若二子怒楚，怒楚，使楚怒之也。楚人乘我，周語中「乘人不義」，韋注云：「乘，陵也。」漢書陳湯傳「吏士喜，大呼乘之」，師古注云：「乘，逐也。」此乘字義與之相近，蓋凴陵掩殺之意。**喪師無日矣，不如備之。楚之無惡，除備而盟，何損於好？若以惡來，有備，不敗。且雖諸侯相見，軍衞不徹，警也。」彘子不可。**杜注：「不肯設備。」**士季使鞏朔、韓穿帥七覆于敖前，**七覆，伏兵七處。敖即上文「晉師在敖、鄗之間」之敖山，秦置倉其中，故後又曰敖倉。**故上軍不敗。趙嬰齊使其徒先具舟于河，故敗而先濟。**此由士季之主張設備，因插數語言及上、下軍之事並探後言其結果。

潘黨既逐魏錡，杜注：「言魏錡見逐而退。」**趙旃夜至於楚軍，**杜注：「二人雖俱受命，而行不相隨，趙旃在後至。」劉文淇舊注疏證云：「錡已逐，不得達命，故惟明旃至楚軍之事。杜注非也。」若二人偕行，潘黨無由只逐一人，且旃之至楚軍，亦不待夜，恐杜注不誤。**席於軍門之外，**趙旃自己布席坐于軍門外。**使其徒入之。**其徒則入于軍門。**楚子爲乘廣三十乘，分爲左右。**此句極易誤解爲楚子以三十乘分爲左右廣，每廣十五乘。杜注之誤，亦由于此。此句謂楚子分乘廣爲左右，每廣三十乘。不如此解，不足以解上文「卒偏之兩」及成七年傳「以兩之一卒適吳」諸句，並詳上注及成七年傳注。**右廣雞鳴而駕，**秦簡編年記有云「（昭王）卌五年十二月甲午雞鳴時喜產」，秦仍以雞鳴記時。**日中而說；**說舊音稅，舍也，意即今之卸車。**左則受之，日入而說。許偃御右廣，養由基爲右；**襄十三年傳稱養由基爲養叔，則其人姓養名由基字叔可知。昭三十年傳云「楚子使監馬尹大心逆吳公子，使居養」，則楚有養邑，由基或以邑爲氏。養由基善射，見成十六年傳。戰國策西周策云：「楚有養由基者，善射，去柳葉者百步而射之，百發百中。」

彭名御左廣，屈蕩爲右。杜注：「楚王更迭載之，故各有御、右。」屈蕩又見于襄十五年及二十五年傳。襄二十五年距此五十年，未審兩屈蕩是一人否。乙卯，王乘左廣以逐趙旃。趙旃夜至楚軍，或謂是乙卯前一日，即甲寅日之事，然則趙旃留于軍門外者一整夜矣，恐不合事理。且趙旃之徒入于楚軍門矣，楚軍亦留之過夜，待翌日而後戰乎？恐趙旃夜至於楚軍者，猶言夕至於楚軍；夜謂將夜之時，故楚王乘左廣以逐之，而潘黨亦猶能望見晉軘車之塵也。趙旃棄車而走林，跑入林中。屈蕩搏之，屈蕩爲右，下車與趙旃搏鬬。得其甲裳。周禮考工記函人云：「凡爲甲，必先爲容，然後制革。」淮南子兵略訓亦云：「割革爲甲。」則甲爲革制品。函人又云：「權其上旅與其下旅，而重若一。」旅即膂，膂以上謂之上旅，膂以下謂之下旅，即腰以下、腰以上也。上旅即衣，下旅即裳。古人制甲衣與甲裳，必使其輕重相同，故曰「重若一」。此甲裳即函人之下旅，漢書蘇林注所謂髀褌也。晉人懼二子之怒楚師也，使軘車逆之。軘音屯，說文云：「兵車也。」據襄十一年傳述鄭人賂晉侯之物，有廣車，有軘車，又另有兵車，則軘車乃兵車之一種。服虔以其字從屯，謂爲屯守之車，或然。潘黨望其塵，潘黨蓋以逐魏錡而猶在道。使騁而告曰：「晉師至矣！」楚人亦懼王之入晉軍也，遂出陳。孫叔曰：「進之！寧我薄人，薄，迫也。無人薄我。詩云『元戎十乘，以先啓行』，詩小雅六月。史記三王世家集解引韓嬰章句云：「元戎，大戎，謂兵車也。車有大戎十乘，謂車縵輪，馬被甲，衡扼之上盡有劍戟，名曰陷軍之車，所以冒突先啓敵家之行伍也。」如此言之，則元戎爲陷軍之車，以十乘先行，突犯敵軍。啓行者，打開敵人之行伍也。杜注解「啓行」爲

「開道」，亦可通。**先人也。**「先人」之「先」，舊讀去聲。先人者，進攻在敵人之先，即今爭取主動之意。**軍志曰『先人有奪人之心』，**杜注：「奪敵戰心。」**薄之也。」**王念孫據抄本北堂書鈔車部一、通典兵十五所引，謂「薄之也」本作「薄之可也」，爲總結上文之詞，説見王引之述聞，今不取。**遂疾進師，車馳、卒奔，乘晉軍。桓子不知所爲，鼓於軍中曰：「先濟者有賞！」中軍、下軍爭舟，**上文云「趙嬰齊使其徒先具舟于河，故敗而先濟」，趙嬰齊爲中軍大夫，恐先濟者僅爲其所率領之部，中軍之其他部分則仍未濟，故與下軍互爭舟。**舟中之指可掬也。**先乘舟者恐多乘，或恐敵人追至，或恐船重而舟沉，然後來者則攀船舷而欲上，故先乘者以刀斷攀者之指。舟中之指可掬，言其多也。晉世家云「晉軍敗，走河，爭渡，船中人指甚衆」，即述其義。掬音菊，説文有𦥑字，云「叉手也」，實爲掬之本字，像兩手相合捧物之形。亦作匊，詩唐風椒聊「蕃衍盈匊」、小雅采緑「不盈一匊」是也。又作掬，于後代因作量詞，佛國記「即以一掬土施佛」，「一掬土」猶言一捧土也。公羊傳云：「莊王鼓之，晉師大敗，晉衆之走者，舟中之指可掬矣。」韓詩外傳六、新序雜事四記述相同，唯文字較詳，不以莊王逐趙旃，而以莊王鼓軍，與傳略異。鄭世家云：「莊王聞，還擊晉。鄭反助楚，大破晉軍於河上。」晉世家亦云：「鄭新附楚，畏之，反助楚攻晉。」鄭助楚事爲傳所無。

晉師右移，蓋河在右，中軍、下軍皆崩而右就河也。**上軍未動。**設七覆于敖前，故不動。**工尹齊將右拒卒以逐下軍。**工尹爲官名，齊爲人名，楚大夫也。左拒、右拒，方形陣，已見桓五年傳。楚以右拒卒當晉下軍，似晉下軍在中軍左。**楚子使唐狡與蔡鳩居告唐惠侯曰：**孔疏曰：「此未戰之前告。經不書唐侯者，爲楚私屬，故不見也。」唐狡與蔡鳩居，杜注謂皆楚大夫。唐，春秋時國，楚世家「楚昭王滅唐」正義引世本謂爲「姬姓之國」。通志氏族略二則以唐爲祁姓，恐另是一唐國。彝器有唐子觶，文曰「唐子祖乙」。其地即今湖北省隨縣西北之唐縣鎮。**「不穀不德而貪，以遇大敵，不穀之罪也。然楚不克，君之羞也。敢藉君靈，**杜注：「藉猶假借也。」廣雅釋言云：「靈，福也。」哀二十四年傳云：「寡君欲徼福於周公，願乞靈於臧氏。」「乞靈」，與「徼福」爲互文。漢書董仲舒傳云：「受天之祜，享鬼神之靈。」「享靈」與「受祜」爲互文，俱可證成其義。**以濟楚師。」使潘黨率游闕四十乘，**杜注謂「游闕」爲「游車補闕者」，蓋此種車本可以在戰場巡游，何處需要，即投入補充。惠棟補注引齊語「戎車待游車之裂」以證此游闕，不確；齊語之游車爲君主游戲之車，非兵車也。周禮春官車僕有闕車，鄭玄注引此文游闕當之，即以游闕爲闕車。**從唐侯以爲左拒，以從上軍。駒伯曰：**杜注以駒伯即郤克，然成十七年傳又有駒伯，杜注又以爲即郤克子郤錡，若如此，則是克、錡父子同字駒伯也，恐不然。此駒伯當是郤錡，父子同在軍，春秋不乏其例，此年知莊子與知罃、逢大夫與其二子，鄢陵之戰，范文子與范匄皆是也。說見惠棟補注及洪亮吉詁。**「待諸乎？」**王引之述聞云：「待諸者，禦之也。魯語『帥大讎以憚小國，其誰云待之』，楚語『其獨何力以待之』，韋注並云：『待，禦也。』昭七年傳曰：『晉師必至，吾無以待之。』管子大匡篇曰：『鮑叔因此以作難，君必不能待也。』制分篇曰：『敵人雖衆，不能止待。』孫子九變篇曰：『用兵之法，無恃其不來，恃吾有以待也。』墨子七患篇曰：『桀無待湯之備，故放；紂無待武之備，故殺。』是待爲禦也。禦敵謂之待，故爲宮室以禦風雨亦謂之待。『重門擊柝以待暴客』，『上棟下宇以待風雨』，其義一也。」**隨季曰：「楚師方壯，**易大壯釋文引王肅注云：「壯，盛也。」此謂氣盛，今言鬬志昂揚。若萃於我，易萃卦彖辭云：「萃，聚也。」詩陳風墓門「有鴞萃止」，毛傳云：「萃，集也。」吾師必盡，不如收而去之。分謗、生民，杜注：「同奔爲分謗，不戰爲生民。」不亦可乎？」殿其卒而退，士會以上軍帥自爲其軍之後殿也。不敗。

王見右廣，將從之乘。屈蕩户之，「户」，阮刻本誤作「尸」，從校勘記及金澤文庫本正。漢書王嘉傳師古注引亦作「户」。杜注：「户，止也。」字亦作「扈」，昭十七年傳「扈民無淫」是也。説參顧炎武補正、惠棟補注。曰：「君以此始，亦必以終。」「以」下省代詞「此」字，文選宦者傳論李善注引作「必以此終」，晉書卷四十賈充等傳史臣曰亦作「必以此終」。自是楚之乘廣先左。

晉人或以廣隊不能進，言「或」者，非大隊，不過一二車乘耳。廣，兵車。隊，墜本字。句謂晉人有一二兵車，因墜于坑陷而不能進。楚人惎之脱扃。惎音忌，杜注：「教也。」扃，車前横木，所以約車上兵器者。句謂楚人教晉抽去車前横木以出坑。少進，馬還，還，盤旋不進。又惎之拔旆投衡，旆，大旗也。「拔旆投衡」，杜注以爲一事，謂拔旆投於衡上。衡即車輈，轅前横木戹馬頸者也。劉文淇舊注疏證引黄承吉説，則謂「是兩事，謂拔去旆，又拔去衡。投者，投之車外，與『拔旆』互文，拔者亦投，投者亦拔。去此兩物於車外，則車輕馬便，乃可得出」云云，似以後説較勝。乃出。顧曰：「吾不如大國之數奔也。」晉人車陷，楚人不俘獲之，反教以出陷之法。蓋説明楚之不欲窮追也。公羊傳云：「莊王曰：『嘻！吾兩君不相好，百姓何罪？』令之還師，而佚晉寇。」可與此事互證。晉人既脱，反嘲笑楚人，謂出陷之智不如楚人者，以不如楚人之常奔逃而有此經驗也。

趙旃以其良馬二濟其兄與叔父，劉文淇舊注疏證云：「此旃已過左廣奔還晉軍時事，故下云『以他馬反』也。」或用此證明春秋已有騎戰，其實不然。蓋以良馬二爲兩服駕車，非二人各跨一馬。以他馬反。遇敵不能去，棄車而走林。此第二次棄車走林。逢大夫與其二子乘，杜注：「逢，氏。」謂其二子無顧。杜注：「不欲見趙旃。」顧曰：「趙傁在後。」傁同叟。怒之，使下，指木曰：「尸女於是。」僖三十二年傳云：「必死是間，余收爾骨焉。」公羊傳作「爾即死，必於殽之嶔巖，吾將尸爾焉」，穀梁傳亦作「我將尸女於是」，吕氏春秋悔過篇亦云「爲吾尸女之易」，則「尸女」者，收女之尸骨也。授趙旃綏，綏，挽以上車之索。論語鄉黨篇「升車，必正立執綏」可證。逢大夫車不能容多人，故下其二子以使趙旃登車。以免。明日，以表尸之，依其所爲標誌而收其尸骨。皆重獲在木下。杜注：「兄弟累尸而死。」獲之言得也，謂其尸兩皆得之于其樹也。説見焦循補疏。

楚熊負羈囚知罃，杜注：「負羈，楚大夫。」趙世家索隱引世本云：「逝遨生莊子首，首生武子罃。」則知罃爲知莊子之子。據晉語七，知罃字子羽。知莊子以其族反之，楚語上韋注云：「族，部屬也。」杜則解「族」爲「家兵」。實則當時各級貴族均有其宗族成員及私屬人員組成之軍隊，對外作戰往往編入國家軍隊中以爲骨幹。知莊子之「族」，既爲「家兵」，亦爲「部屬」。説詳楊寬古史新探。厨武子御，杜注：「武子，魏錡。」蓋食邑於厨，故謂之厨武子。參僖十六年傳注。**下軍之士多從之。每射，抽矢，菆，納諸厨子之房。**此以「抽矢」爲一逗，昭二十一年傳「抽矢」、哀十一年傳「抽矢，策其馬」、孟子離婁下「抽矢，扣輪」，皆亦以「抽矢」兩字爲讀。古代射手之箭房在背，知莊子每射，必先自背抽矢，若得好箭（菆）則不以射，而納之於厨子之箭房，便于用時抽出之。**厨子怒曰：「非子之求，**非猶不也，句謂不求子。**而蒲之愛，**蒲即菆之原料，詩王風揚之水孔疏引陸璣毛詩草木鳥獸蟲魚疏云：「蒲柳有兩種，皮正青者曰小楊，其一種皮紅者曰大楊，其葉皆長廣於柳葉，皆可以爲箭幹。」宋葉隆禮契丹國志二十七云：「西樓有蒲，瀕水叢生，一榦，葉如柳，長不盈尋丈，用以作箭，不矯揉而堅。」亦足證蒲可以爲矢幹也。**董澤之蒲，可勝既乎？」**董澤在今山西省聞喜縣東北四十里。顧棟高大事表八上云：「中産楊柳，可以爲箭。」胡渭禹貢錐指七云：「古矢笴（音哿，矢幹也）之材有竹有木，竹二，揚之篠，荆之箘簵也；木二，荆之楛，冀之蒲也。」勝音升，盡也。既，廣雅釋詁作摡，云「取也」。王念孫疏證云：「玉篇，摡，許氣切，引召南『摽有梅，傾筐摡之』，今本作『塈』。毛傳：『摡，取也。』宣十二年傳：『董澤之蒲，可勝既乎？』既亦與摡通，言不可勝取也。」**知季曰：「不以人子，吾子其可得乎？**其，用法同豈。**吾不可以苟射故也。」射連尹襄老，**晉語七韋注云：「連尹，楚官名。」梁履繩補釋云：「史記淮陰侯傳楚官名有連敖，蓋即連尹之遺制。」洪亮吉詁則云：「連，楚地名，襄老當爲此地之尹，故以官稱之也。」然以襄十五年傳「公子追舒爲箴尹，屈蕩爲連尹，養由基爲宮廄尹，以靖國人」證之，連尹非地方官，乃朝官，梁説近是。高本漢本卜魯曼之説，謂連尹爲掌管車輛之官，亦推測之辭。**獲**

之，遂載其尸；射公子穀臣，據成二年傳，公子穀臣爲楚王之子。**因之。以二者還。**成三年傳云：「晉人歸楚公子穀臣與連尹襄老之尸于楚，以求知罃。於是荀首佐中軍矣，故楚人許之。」晉語七謂「邲之役，吕錡佐知莊子於下軍，獲楚公子穀臣與連尹襄老，以免子羽」，即此事也。

及昏，楚師軍於邲。晉之餘師不能軍，宵濟，亦終夜有聲。顧炎武補正云：「言其軍囂，無復部伍。」

丙辰，六月無乙卯，自亦無丙辰。以今推之，乙卯、丙辰蓋在七月十三、十四日。**楚重至於邲，**杜注：「重，輜重也。」孔疏云：「輜重，載物之車也。蔽前後以載物，謂之輜車；載物必重，謂之重車；人挽以行，謂之輦。輜、重、輦，一物也。襄十年傳稱『秦堇父輦重如役』，挽此車也。輜重載器物糧食常在軍後，故乙卯日戰，丙辰始至於邲也。」**遂次于衡雍。**韓非子喻老篇云：「楚莊王既勝，狩於河雍。」河雍即衡雍也，戰國時又曰垣雍，在河南省原武廢縣（今併入原陽縣）西北五里。黄河舊在其北二十二里。淮南子人間訓則云「楚莊王既勝晉於河雍之間」，以河雍爲兩地，恐非。餘詳僖二十八年傳注。**潘黨曰：「君盍築武軍而收晉尸以爲京觀？**盍，何不之合音字。漢書翟方進傳叙王莽攻破翟義後，夷族其三族，誅其種嗣，至皆同坑，築爲武軍封，方六丈，高六尺，建表木高丈六尺，書曰：「反虜逆賊鱷鯢在所。」此王莽、劉歆之「武軍」「京觀」，或與春秋時制相近。以此觀之，武軍、京觀蓋是一事，收晉尸而封土，即謂之武軍；建表木而書之，即謂京觀。杜注「武軍」云：「築軍營以章武功。」注「京觀」云：「積尸封土其上。」分之爲兩事，恐誤。顏師古翟方進傳注云：「京，高丘也；觀謂如闕形也。」京觀亦可單稱京。呂氏春秋不廣篇云：「齊攻廩丘，趙使孔青將死士而救之，與齊人戰，大敗之，齊將死，得車二千，得尸三萬，以爲二京。」淮南子覽冥訓云：「掘墳墓，揚人骸，大衝車，高重京。」皆可證。**臣聞克敵必示子孫，以無忘武功。」楚子曰：「非爾所知也。夫文，**杜注：「文，字。」段玉裁説文叙目注云：「周禮外史、禮記聘禮、論語子路篇皆言『名』，左傳『反正爲乏』、『止戈爲武』、『皿蟲爲蠱』皆言『文』，六經未有言『字』者。秦刻石『同書文字』，此言『字』之始也。」**止戈爲武。**甲骨武作武，象人持戈以行，毛公鼎作武，曾伯霥簠作武，春秋時人因賦予以哲學意義，所謂「戰以止戰」，亦猶「刑期無刑」、「殺以止殺」之意，而造字之初固未必能了此。**武王克商，作頌曰：『載戢干戈，載櫜弓矢。**此兩句及以下三句皆今周頌時邁文。依傳意，時邁爲武王克商後所作，然周語上祭公謀父則以爲周公所作，後漢書李固傳注引韓詩章句又以爲美成王所作，則西周初之詩，東周以後人已不能確定其作者矣。載，語首助詞，無義。鄭箋謂「載之言則也」，恐不確。戢，説文云：「藏兵也。」隱四年傳云：「夫兵，猶火也；弗戢，將自焚也。」戢訓斂，訓止，蓋其引申義。櫜音高，本名詞，弓衣也，昭元年傳「請垂櫜而入」可證。此作動詞，納弓于其衣内也，詩小雅彤弓「彤弓弨兮，受言櫜之」可證。**我求懿德，**鄭箋云：「懿，美也。」**肆于時夏，**鄭箋云：「肆，陳也。」毛傳云：「夏，大也。」據鄭箋，夏爲樂名，所以名夏者，「樂歌大者稱夏」，周禮春官鍾師有九夏是也。時，是也，此也。句謂我求此美德，因陳之于此夏樂之中。**允王保之。』**允爲語首助詞，無義。保之者，保此夏樂，即保此美德也。夏訓大，故下云「保大」。若解肆爲故，於時爲於是，夏爲大（俱見詞詮)，則此句爲故於是大，亦通。則「允王保之」宜解爲信能王天下而保有之。依下「保大」之義，此説較符傳義。**又作武，其卒章曰：『耆定爾功。』**句爲周頌武之末句。或即解「卒章」爲「末句」，恐未必然。古今詩之篇次不盡同，故下文以賚、桓俱屬武，則此句蓋本爲武之卒章也。耆，毛傳云：「致也。」杜注云：「言武王誅紂，致定其功。」**其三曰：『鋪時繹思，我徂維求定。』**句今在周頌賚篇。左傳以爲武之第三章，蓋古今詩之篇次不同。今詩「鋪」作「敷」，同音通用。詩云：「文王既勤止，我應受之。敷時繹思，我徂維求定。」應讀爲膺，當也，受也。敷，布也。繹，陳也。思，語末助詞，無義。徂，往也。謂文王既有勤勞之德，我接受之，佈陳此勤勞之德，我之往伐紂，惟求安定而已。鋪與繹皆佈陳之義，一再言之，重之也。**其六曰：『綏萬邦，屢豐年。』**句在今周頌桓篇。此作武之第六章，亦古今篇次不同之故。孔廣森經學卮言謂左傳所叙未必非周樂之正次。可參閱。綏，安也。萬邦能安之，其衆自和，故下文以「和衆」總結此義。**夫武，禁暴、戢兵、保大、定功、安民、和衆、豐財者也，**止戈爲武，禁暴也；戢干戈、櫜弓矢，戢兵也；肆于時夏，允王保之，保大也；耆定爾功，定功也；我徂求定，安民也；綏萬邦，和衆也；屢豐年，豐財也。**故使子孫無忘其章。**王念孫云：「凡功之顯著者謂之章。魯語曰：『今一言而辟境，其章大矣。』晉語曰：『以德紀民，其章大矣。』義與此章字同。『使子孫無忘其章』，即上文所云『示子孫以無忘武功』。」説見王引之述聞。**今我使二國暴骨，暴矣；觀兵以威諸侯，**觀兵見僖四年傳注。**兵不戢矣；暴而不戢，安能保大？猶有晉在，焉得定功？所違民欲猶多，民何安焉？無德而强争諸侯，**

强，上聲，勉强也。何以和衆？利人之幾，杜注：「幾，危也。」而安人之亂，以爲己榮，何以豐財？武有七德，我無一焉，何以示子孫？其爲先君宮，告成事而已，杜注：「祀先君，告戰勝。」孔疏云：「禮記曾子問稱『古者師行，必以遷廟主行，載于齊車，言必有尊也』。尚書甘誓云『用命賞于祖』，謂遷廟之祖主也。爲先君宮，爲此遷主作宮於此祀之。告成事，告戰勝也。禮大傳記（即禮記大傳）云『牧之野，武王之大事也，既事而奠於牧室』，亦是新作室而奠祭也。」劉文淇舊注疏證云：「據疏説，則楚以遷廟主行，諸侯五廟，若用左氏兄弟異昭穆義，當莊王得祀武王、文王、堵敖、成王、穆王。」武非吾功也。言此勝戰不足以爲武功也。古者明王伐不敬，成二年傳云：「蠻夷戎狄不式王命，淫湎毁常，王命伐之，則有獻捷，王親受而勞之，所以懲不敬、勸有功也。」於此可證所謂「不敬」之義。取其鯨鯢而封之，鯨亦作鱷。鯨、鯢皆是海中大魚。孔疏引裴淵廣州記云：「鯨鯢長百尺，雄曰鯨，雌曰鯢。」此以喻指大憝首惡耳。以爲大戮，於是乎有京觀以懲淫慝。淫慝即指不敬而言，非一般淫惡之義。成二年傳亦云「所以敬親暱、禁淫慝」，親暱與淫慝相對，親暱指用王命者，則淫慝亦義同上文「不敬」矣。今罪無所，杜注：「晉罪無所犯也。」下年傳云「罪無所歸」，此亦罪無所歸之義，省歸字，蓋當時習語，省字亦能明白。此言晉無大罪，我戰勝而無歸罪之人。杜注得其意而不曉其辭。而民皆盡忠以死君命，又可以爲京觀乎？」阮刻本「可以」作「何以」，今從石經、宋本及金澤文庫本等。王念孫、洪亮吉俱謂此「可以」即「何以」之義，甚是。此處「可」如字讀固通，若作「何」讀之，更順。祀于河，祭祀河神。作先君宮，作楚武諸王之廟。告成事而

還。說苑復恩謂楚莊王夜飲，有美人而絕纓者，莊王令飲者皆絕纓。此人于邲之戰，五次戰鬬，五次擊退敵人以報答莊王。

一二·三 **是役也，鄭石制實入楚師，**鄭石制之使楚師入鄭，竹添光鴻會箋引公羊傳「君之不令臣交易爲言，是以使寡人得見君之玉面」爲證，是以楚之圍鄭乃由石制召之也，恐與左氏不合。惠棟於上傳「三月克之」補注云「時鄭石制爲內閒，故楚得以克鄭」，與左氏文義較合。**將以分鄭，而立公子魚臣。**孔疏云：「石制引楚師入鄭，將以分鄭國，以半與楚，取半立公子魚臣爲鄭君，己欲擅其寵也。」**辛未，**辛未，以今推之，爲七月二十九日。**鄭殺僕叔及子服。**杜注：「僕叔，魚臣也。子服，石制也。」**君子曰：「史佚所謂『毋怙亂』者，**見僖十五年傳並注。**謂是類也。詩曰『亂離瘼矣，**句在小雅四月篇。亂離爲一詞。爾雅釋詁云：「瘼，病也。」此用作狀語，形容亂離之甚。文選潘岳關中詩李善注引韓詩作「亂離斯莫」，莫、瘼同，尤可證成此義。**爰其適歸』，**爰作焉用，何處也。適歸之適見僖五年傳注。**歸於怙亂者也夫！」**詩之原意謂當時天下昏亂太甚，何處可以歸宿乎？此引詩者則變其義而用之，言禍害之甚，歸罪于何人乎？歸罪于恃人之亂以爲己利者也夫。

一二·四 **鄭伯、許男如楚。**杜注：「爲十四年晉伐鄭傳。」

一二·五 **秋，晉師歸，桓子請死，**孔疏云：「檀弓云：『謀人之軍師，敗則死之；謀人之邦邑，危則亡之。』今桓子將軍，師敗，故請死。」**晉侯欲許之。士貞子諫曰：**杜注曰：「貞子，士渥濁。」**「不可。城濮之**

役，晉師三日穀，文公猶有憂色。左右曰：『有喜而憂，如有憂而喜乎？』今有喜却憂，若有憂却喜乎？ 公曰：『得臣猶在，憂未歇也。歇，竭也，盡也。困獸猶鬭，荀子哀公篇云：「獸窮則攫。」韓詩外傳二云：「獸窮則齧。」淮南子齊俗訓云：「獸窮則觸。」數語俱與此義相近。況國相乎？』及楚殺子玉，公喜而後可知也。杜注：「喜見於顏色。」曰：『莫余毒也已。』以上俱已見僖二十八年傳並注。是晉再克而楚再敗也，既勝其君，又殺其國相，是一則再克，一則再敗也。楚是以再世不競。再世，成王、穆王。不競，不强也。今天或者大警晉也，金澤文庫本「或者」下有「將」字。杜注：「警，戒也。」而又殺林父以重楚勝，其無乃久不競乎？言將久不競也。林父之事君也，進思盡忠，退思補過，「進思」兩句，今孝經事君章亦有之，乃作孝經者用左傳，非此引孝經。社稷之衛也，捍衛社稷之人。若之何殺之？夫其敗也，如日月之食焉，何損於明？」言其敗乃暫時現象。日月之食，古人常用以作喻，如論語子張篇云：「子貢曰：『君子之過也，如日月之食焉，過也，人皆見之；更也，人皆仰之。』」孟子公孫丑下亦有此語。晉侯使復其位。晉世家敘此事以士貞子爲隨會。說苑尊賢篇亦記此事用左傳，士貞子作士貞伯，惟誤晉景公爲昭公。

一二・六　冬，楚子伐蕭，宋華椒以蔡人救蕭。蕭人囚熊相宜僚及公子丙。梁履繩補釋云：「哀十六年有熊宜僚，故以『熊』爲氏，此『熊相』是氏，特名同爾。昭二十五年熊相禖即其後。」王曰：「勿殺，吾退。」蕭人殺之。王怒，遂圍蕭。蕭潰。顧炎武補正云：「下有『明日蕭潰』之文，此處宜衍。若此云『蕭潰』，下便不得言『遂傳於蕭』也。」顧説似是而實非。此段是總叙，下兩段補叙圍蕭過程中之二事，不得以此「蕭潰」爲衍文。説參于鬯校書。

申公巫臣曰：巫臣爲申縣之尹，故稱申公巫臣。蓋氏屈，故成二年傳又稱屈巫。據襄二十六年傳，字子靈。「師人多寒。」王巡三軍，拊而勉之，拊通撫，謂撫摩而慰勉之也。三軍之士皆如挾纊。纊音曠，今之絲綿也。遂傳於蕭。金澤文庫本句末有「城」字，與朱梁補刻石經合，宋以下各本俱無，疑不當有。傳見隱十一年傳注。

還無社與司馬卯言，號申叔展。杜注：「還無社，蕭大夫。司馬卯、申叔展，皆楚大夫也。無社素識叔展，故因卯呼之。」號，平聲，呼也。叔展曰：「有麥麴乎？」麥麴即今之酒母，用以釀酒者，蓋蒸麥以爲之，故曰麥麴。曰：「無。」「有山鞠窮乎？」山鞠窮即芎藭，今産于四川者曰川芎。越年生草，以其根入藥。曰：「無。」當時兩軍敵對，自不便正言，故爲隱語以喻之。麥麴與山鞠窮何所喻，古今説多紛歧。杜注本賈逵説，謂兩者所以禦濕，申叔展言此者，暗示還無社逃泥中以避也。而無社不解其意，答以「無」，故叔展復以「河魚腹疾奈何」開導之，無社始解。覈之上下之義，頗有理。餘如焦循補疏、張聰咸杜注辨證、俞樾平議各有説，悉無當于上下文義，故不録。「河魚腹疾奈何？」此叔展復問，意若曰，兩者禦濕之藥物俱無，若患潮濕之疾，將若之何？河魚腹疾蓋古時習語，以譬因水濕而得之病也。其意乃再三暗示之逃于低下處也。凡先秦書所用「河」字，無不指黃河。河魚，黄河之魚也。淮南子俶真訓云：「故河魚不得明目。」許慎注云：「河水濁，故不得明目。」**曰：「目於眢井而拯之。」**眢音冤，眢井，無水枯井也。此是無社答言，蓋已喻其意，故答以「汝見枯井即可拯救我」。**「若爲茅絰，哭井則己。」**此又叔展之言，蓋廢井必多，難以的知其處。汝可結茅爲絰，絰形似帶，置于井端以爲標幟。又恐無社錯認他人，更教之云，有向井哭者，則我自己也。説參孔疏。姚鼐補注謂「己」是「已」字，「哭井則已」，言我哭井則可以出耳。亦通。**明日，蕭潰。申叔視其井，則茅絰存焉，號而出之。**杜注：「號，哭也。」此「號」字與上「號申叔展」之號字義别。有聲無淚曰號，應上文「哭井則己」。元和郡縣志謂眢井在今安徽省蕭縣舊治（今治已移至龍城鎮）北二百步，蓋附會之談。

一二·七 **晉原縠、宋華椒、衛孔達、曹人同盟于清丘，曰：「恤病，討貳。」於是卿不書，**經皆書「人」，不書原縠等卿姓名。**不實其言也。**雖有盟約，然未實行。杜注：「宋伐陳，衛救之，不討貳也。楚伐宋，晉不救，不恤病也。」

一二·八 **宋爲盟故，伐陳。**陳此時附楚，宋依盟「討貳」之義，因伐陳，故下年傳引君子之言曰：「清丘之盟，惟宋可以免焉。」**衛人救之，**衛亦清丘盟之參與者，不助宋，反救陳，與「討貳」之約言有違。**孔達曰：「先君有約言焉。**先君指衛成公。衛成與陳共公有舊好，文元年晉襄伐衛，衛成告于陳共，陳共爲之謀，可證。故孔達以爲言，而欲背盟救陳。**若大國討，**大國指晉。**我則死之。」**杜注：「爲十四年衛殺孔達傳。」

十有三年，乙丑，公元前五九六年。周定王十一年、晉景四年、齊頃三年、衞穆四年、蔡文十六年、鄭襄九年、曹文二十二年、陳成三年、杞桓四十一年、宋文十五年、秦桓九年、楚莊十八年、許昭二十六年。

經

一三·一　十有三年春，正月二十四日癸亥冬至，建子，有閏月。齊師伐莒。「莒」，公羊作「衞」。汪克寬纂疏云：「證之經文，前後皆無齊、衞交怨之事，而於莒則四年平之不肯而魯伐之，十一年齊又伐之，則此爲『伐莒』無疑矣。」

一三·二　夏，楚子伐宋。

一三·三　秋，螽。無傳。杜注：「爲災，故書。」

一三·四　冬，晉殺其大夫先縠。

傳

一三·一　十三年春，齊師伐莒，莒恃晉而不事齊故也。戰國策齊策五云「莒恃越而滅」，「越」蓋「晉」之字誤。墨子非攻云：「東方有莒之國者，其爲國甚小，間於大國之間，不敬事於大國，大國亦弗之從而愛利，是以東者越人夾削其地，西者齊人兼而有之。」則莒不恃越明矣。

一三·二 夏，楚子伐宋，以其救蕭也。救蕭見去年傳。君子曰：「清丘之盟，唯宋可以免焉。」清丘之盟有晉、宋、衛，唯宋能「討貳」，而衛背盟以救陳，晉此次亦不來救宋，背「恤病」之約，故曰唯宋可以免於譏議，蓋責晉、衛也。說本邵寶左鰓。

一三·三 秋，赤狄伐晉，及清，杜注曰：「清，一名清原。」清原見僖三十一年傳注。先縠召之也。杜注：「邲戰不得志，故召狄欲爲變。」晉世家云：「景公四年，先縠以首計而敗晉軍河上，恐誅，乃奔翟，與翟謀伐晉。」與左傳不同。

一三·四 冬，晉人討邲之敗與清之師，歸罪於先縠而殺之，盡滅其族。晉世家云：先縠「與翟謀伐晉。晉覺，乃族縠」。不言邲之敗，恐不合當時情事。昭三年傳謂原氏降在皂隸，蓋支族亦衰矣。君子曰：「『惡之來也，荀子富國篇「故使或美或惡」楊倞注：「美謂褒寵，惡謂刑戮。」己則取之』，此蓋古有此語。其先縠之謂乎！」

一三·五 清丘之盟，晉以衛之救陳也，討焉。晉根據清丘之盟以責衛也。討，據下文，乃遣使責問，非加兵之謂。使人弗去，沈欽韓補注云：「晉使來責衛者不肯去，欲得其要領也。」曰：「罪無所歸，將加而師。」而同爾。意謂若不得罪首而懲罰之，則將以兵來。孔達曰：「苟利社稷，請以我說，猶言以我爲解也。罪我之由。猶言其罪由我。我則爲政，而亢大國之討，將以誰任？王念孫云：「亢，當也。言我寔掌衞國之政，而當晉之討，不得委罪於他人也。」説詳王引之述聞。**我則死之。」**此章當與下年傳「孔達縊而死」連讀，或本是一傳而爲後人割裂。

十有四年，丙寅，公元前五九五年。周定王十二年、晉景五年、齊頃四年、衞穆五年、蔡文十七年、鄭襄十年、曹文二十三年、陳成四年、杞桓四十二年、宋文十六年、秦桓十年、楚莊十九年、許昭二十七年。

經

一四·一　**十有四年春，**正月初六己巳冬至，建子。**衞殺其大夫孔達。**

一四·二　**夏五月壬申，**壬申，十一日。**曹伯壽卒。**無傳。曹世家云：「共公卒，子文公壽立。文公二十三年卒，子宣公彊立。」索隱云：「按左傳，宣公名廬。」

一四·三　**晉侯伐鄭。**

一四·四　**秋九月，楚子圍宋。**

一四·五　**葬曹文公。**無傳。

一四·六　**冬，公孫歸父會齊侯于穀。**

傳

一四·一

十四年春，孔達縊而死，衞人以説于晉而免。以此向晉解説而免于被伐。**遂告于諸侯曰：「寡君有不令之臣達，**不令猶言不善。成六年傳「雖克，不令」，十年傳「忠爲令德，非其人猶不可，況不令乎」，昭二十二年傳「寡君聞君有不令之臣爲君憂」，諸「令」字均當「善」解。**構我敝邑于大國，**詩小雅青蠅云：「讒人罔極，構我二人。」孔疏云：「構者，構合兩端，令二人彼此相嫌，交更惑亂。」此構字亦同其義。**既伏其罪矣。敢告。」**杜注：「諸侯殺大夫亦皆告。」**衞人以爲成勞，**成勞，猶言舊勳，當時慣語，齊子仲姜鎛銘「䡅叔有成勞于齊邦」可證。此舊勳即指孔達助衞成公復國。禮記祭統孔悝之鼎銘云：「乃祖莊叔，左右成公，成公乃命莊叔隨難于漢陽，即宮於宗周，奔走無射。」莊叔即孔達，見文元年傳注。隨難于漢陽，隨衞成奔楚也，見僖二十八年傳注。即宮于宗周，晉執衞成幽囚于京師，孔達亦往就之也，亦見僖二十八年傳注。奔走無射，言孔達爲衞成之事奔走不厭倦也。此即「成勞」也。説參馬宗璉補注。**復室其子，**室作爲動詞，除此外，左傳尚有三見，昭十九年「建可室矣。王爲之聘於秦」，定九年「齊侯伐晉夷儀。敝無存之父將室之，辭以與其弟，曰『此役也，不死，反必娶於高、國』」，哀十一年「衞人立遺，使室孔姞」是也。三「室」字俱作娶妻義，則此亦宜如此，杜注此云「復以女妻之」，孔疏謂「言衞侯以女妻之也」，可信。孔疏引劉炫謂「復室其子，謂復以孔達財物家室還其子」，後人多有從之者，不知其不合左氏用字法也。其子，據禮記祭統孔疏引世本，爲得閭叔穀。亦見文元年傳注。使復其位。杜注：「襲父禄位。」

一四·二　夏，晉侯伐鄭，爲邲故也。杜注：「晉敗於邲，鄭遂屬楚。」鄭世家云：「襄公十年，晉來伐鄭，以其反晉而親楚也。」晉世家云：「景公五年，伐鄭，爲助楚故也。」告於諸侯，蒐焉而還。杜注：「蒐，簡閱車馬。」中行桓子之謀也，曰：「示之以整，整謂隊伍整齊，軍紀嚴明，隱九年傳「戎輕而不整」、成十六年傳「過險而不整，不整喪列」俱可證。使謀而來。」使鄭自謀而來從晉也。鄭人懼，使子張代子良于楚。子張，據杜注爲穆公孫，蓋即襄二十二年傳之公孫黑肱也，亦曰伯張。子良于十二年爲質于楚。鄭伯如楚，謀晉故也。謀所以抵禦晉國者。鄭以子良爲有禮，杜注：「有讓國之禮。」子良讓國見四年傳。故召之。

一四·三　楚子使申舟聘于齊，申舟即文十年傳之文之無畏，詳彼注。曰：「無假道于宋。」無假道者，不請于宋而逕過其地也。楚莊禁其假道而欲其逕過宋國，正欲以挑釁。亦使公子馮聘于晉，不假道于鄭。申舟以孟諸之役惡宋，宋導楚穆王田于孟諸，申舟于宋公違命而抶其僕，見文十年傳。曰：「鄭昭、宋聾，昭謂眼明，聾則耳不聽，此猶言鄭解事，宋不解事。晉使不害，使于晉國者無危害。我則必死。」王曰：「殺女，我伐之。」言宋若殺汝，我必伐之。見犀而行。犀，申舟之子。引見于楚莊而後出使。引見其子者，欲以堅其「殺女，我伐之」之言耳，與下年傳「申犀稽首於王之馬前」一事相應。杜注謂

「以子託王」，不確。定六年傳載宋樂祁使晉，亦見其子而行，乃爲立後，其事與此同而意不同。**及宋，宋人止之。華元曰：「過我而不假道，鄙我也。**古代凡過他國之境必假道，故儀禮聘禮有「過邦假道」之禮。周語中云：「定王使單襄公聘於宋，遂假道於陳以聘於楚。」周雖微弱，尚存天子之名，陳尤小國，王使過小國亦必假道，則不假道而徑行，惟行于本國能如此，故華元以「鄙我」爲言。鄙我者，視我爲其邊鄙之邑縣也。僖三十年傳「越國以鄙遠」、襄八年傳「親我無成，鄙我是欲」、成十八年傳「大國無厭，鄙我猶憾」，諸「鄙」字用法俱同此。呂氏春秋行論篇云：「楚莊王使文無畏於齊，過於宋，不先假道，還反。華元言於宋昭公曰：『往不假道，來不假道，是以宋爲野鄙也。』」「以宋爲野鄙」者，以宋爲楚國之野鄙也，足以解釋此義。顧炎武補正解「鄙」爲鄙薄，非傳義。又呂氏春秋謂「往不假道，來不假道」，則殺文無畏在自齊返楚再過宋時，恐不與傳合。謂「華元言於宋昭公」，亦誤文公爲昭公。**鄙我，亡也。**昭十九年傳云：「是晉之縣鄙也，何國之爲？」十六年傳云：「吾且爲鄙邑，則失位矣。」語義與此近。**殺其使者，必伐我。伐我，亦亡也。亡一也。」乃殺之。**呂氏春秋行論篇云：「乃殺文無畏於楊梁之隄。」楊梁在今河南省商丘市東南。**楚子聞之，投袂而起。**淮南子主術訓云：「楚莊王傷文無畏之死於宋也，奮袂而起。」此「投袂」蓋即「奮袂」也。呂覽行論篇謂「莊王方削袂，聞之，曰：『嘻！』投袂而起」，則解「投袂」爲投棄其袂，恐非傳義。**屨及於窒皇，**窒皇即莊十九年傳之絰皇，路寢前之庭也。呂氏春秋行論篇作「屨及諸庭」，以「庭」解此「窒皇」，沈欽韓補注、武億義證皆用其説，是也。此時楚莊在路寢，古人在室内不穿鞋。屨，今之鞋。聞申舟被殺，怒而起，起而走，不及納屨。及者，送屨者追而及之也。説參邵寶左觿、桂馥札樸。**劍及於寢門之外，**追者追及于寢門之外始以劍進之。寢門在庭外。**車及于蒲胥之市。**「蒲胥之市」，吕覽作「蒲疏之市」，胥、疏字通。蒲胥，地名，而市在其中也，車駕始追及之于此。**秋九月，楚子圍宋。**宋世家云：「文公十六年，楚使過宋，宋有前仇，執楚使。九月，楚莊王圍宋。」不言「殺楚使」，而言「執楚使」，不但與傳異，亦與楚世家及年表言「殺楚使者」自相違異，蓋司馬遷有意存異。

一四·四 **冬，公孫歸父會齊侯于穀，**公孫歸父見十年經注。穀見莊七年經注。**見晏桓子，**杜注：「桓子，晏嬰父。」晏蓋以邑爲氏，今齊河縣西北二十五里之晏城蓋即其地，寰宇記謂之晏嬰城。**與之言魯，樂。**公孫歸父有寵於宣公，見十八年傳。樂謂樂此也。**桓子告高宣子曰：**杜注：「宣子，高固。」**「子家其亡乎！**子家，歸父字。亡謂逃奔。**懷於魯矣。**懷即僖二十四年傳「懷與安」之懷，此謂留戀其寵也。**懷必貪，貪必謀人。謀人，人亦謀己。一國謀之，何以不亡？」**杜注：「爲十八年歸父奔齊傳。」

一四·五 **孟獻子言於公曰：**孟獻子，仲孫蔑也。見文十五年傳。**「臣聞小國之免於大國也，聘而獻物，**孔疏曰：「臣聞小國之免罪於大國也，使卿往聘大國，而獻其玉帛皮幣之物。」**於是有庭實旅百；**金澤文庫本「於是」作「於是乎」。庭實旅百是小國往聘大國所獻之禮物，杜注謂「主人亦設籩豆百品實於庭以答賓」，誤。説詳沈欽韓補注及邵瑛持平。亦見莊二十二年傳注。**朝而獻功，**國君自往大國曰朝。獻功，獻其治國或征伐之功也。邵瑛持平謂「魯實無征伐之功可獻」，此蓋泛言之，不必專指魯。**於是有容貌采章，嘉淑而有加貨，**容貌、采章等亦均是小國所獻大國之物，杜注以爲大國報禮，其誤與上同。容貌采章者，蓋指玄纁璣組、羽毛齒革諸物，皆所以充衣服、旍旗之裝飾者。采章，物采、文章也。杜注亦誤。嘉淑謂美善之物。加貨，常額外禮物。加即加籩之加。**謀其不免也。誅而薦賄，則無及也。**杜注：「薦，進也。見責而往，則不足解罪。」**今楚在宋，君其圖之！」公說。**此當與下年傳「公孫歸父會楚子于宋」連讀，或本是一傳。

十有五年，丁卯，公元前五九四年。周定王十三年、晉景六年、齊頃五年、衞穆六年、蔡文十八年、鄭襄十一年、曹宣公廬元年、陳成五年、杞桓四十三年、宋文十七年、秦桓十一年、楚莊二十年、許昭二十八年。

經

一五·一 **十有五年春，**正月十六日甲戌冬至，建子，有閏月。**公孫歸父會楚子于宋。**

一五·二 **夏五月，宋人及楚人平。**孔疏曰：「傳載盟辭，則此平有盟。不書盟者，釋例曰：『宋人及楚人平，實盟書平，從赴辭也。』」

一五·三 **六月癸卯，**癸卯，十八日。**晉師滅赤狄潞氏，**潞，國名，赤狄之別種，曰潞氏者，蓋當時所謂夷狄之國，或尚在氏族社會，故其國名帶以氏字，如甲氏、皋落氏及此潞氏是也。其國當在今山西潞城縣東北四十里。西清續鑑甲編有路公鋪，不知是此潞氏器否。餘參文十一年傳並注。**以潞子嬰兒歸。**春秋于當時所謂夷狄之國皆以「子」稱之，杜注以「子」爲爵，非。

一五·四 **秦人伐晉。**

一五·五 **王札子殺召伯、毛伯。**

一五·六 **秋，螽。**無傳。

一五·七 **仲孫蔑會齊高固于無婁。**無傳。「無婁」，公羊作「牟婁」。牟婁見隱四年經，已爲莒邑，此時莒恃晉而不事齊，齊、魯固不得于其地相會。杜注謂「無婁，杞邑也」，雖不知所本，但不以爲即牟婁，從可知也。「無」與「牟」字可通，公羊作「牟婁」，自是由無之聲轉，然不得謂即隱四年之「牟婁」。無婁，不詳今地所在。

一五·八 **初税畝。**

一五·九 **冬，蝝生。**蝝音沿，據説文引董仲舒説及爾雅郭璞注，爲飛蝗之幼蟲，未有翅者。據漢書五行志引劉歆説，則以爲蚍蜉之有翼者，食穀爲災。據莊二十九年傳「凡物，不爲災，不書」之義例，此書必爲災。故前説未必可靠。

一五·一〇 **饑。**

傳

一五·一 十五年春，公孫歸父會楚子于宋。此當與去年傳末章連讀。

一五·二 宋人使樂嬰齊告急于晉，晉侯欲救之。伯宗曰：元和姓纂引世本云：「晉孫伯起生伯宗，因氏焉。」晉語五韋注云：「伯宗，晉大夫孫伯糾之子。」伯起、伯糾當是一人。「不可。古人有言曰：『雖鞭之長，不及馬腹。』此蓋譬言晉國雖强，亦不能與楚爭。天方授楚，隨季梁亦有此言，見桓六年傳。晉世家、鄭世家作「天方開楚」。未可與爭。雖晉之强，能違天乎？諺曰：『高下在心。』處理事務，或高之，或下之，唯由我心之裁度其宜。川澤納污，川澤之水亦容納污濁。山藪藏疾，山藪謂山林與藪澤也。禮記月令「山林藪澤」，孔疏云：「無水之處謂之藪。」山藪多草木，毒害者居之，故曰藏疾。瑾瑜匿瑕，瑾瑜，美玉也，雖其質甚美，而不無疵瑕藏匿其間。國君含垢，以上三句引出此句。含垢，杜注云：「忍垢恥。」老子云：「受國之垢，是謂社稷主。」意蓋謂國君宜以社稷之長遠利益爲重，不宜小不忍而危害社稷。天之道也。君其待之！」欲待楚衰而後從事。乃止。

使解揚如宋，使無降楚，鄭世家云：「乃求壯士，得霍人解揚，字子虎，誆楚，令宋毋降。」解揚早已爲晉大夫，見文八年傳；宣元年曾爲楚囚，此時則已歸晉，宜非一時求得之壯士，司馬遷蓋採異說。說苑奉使篇所述則本之史記。曰：「晉師悉起，將至矣。」鄭人囚而獻諸楚。鄭世家云：「過鄭，鄭與楚親，乃執解揚而獻楚。」楚子厚賂之，使反其言。使其言晉不來救。不許。三而許之。登諸樓車，樓車蓋即成十六年傳之巢車，蓋兵車之較高者，所以望敵。餘詳成十六年傳注。使呼宋人而告之。遂致其君命。鄭世家云：「遂負楚約而致其晉君命曰：『晉方悉國兵以救宋，宋雖急，慎毋降楚，晉兵今至矣。』」説苑奉使篇亦載此事。楚子將殺之，使與之言曰：「爾既許不穀，而反之，何故？非我無信，女則棄之。速即爾刑！」對曰：「臣聞之，君能制命爲義，臣能承命爲信，制定與發佈命令爲君主之事，以此爲當然，爲合理；接受並貫徹命令爲臣下之事，以此爲信守。承，奉行之。信載義而行之爲利。謀不失利，以衛社稷，民之主也。傳凡五言「民之主也」，皆指卿大夫，如宣二年指晉趙盾，昭五年指鄭罕虎，此則似解揚暗中自指。義無二信，杜注：「欲爲義者不行兩信。」信無二命。杜注：「欲行信者不受二命。」君之賂臣，不知命也。此謂楚莊不知「信無二命」之義，故賂解揚使改反其致命。竹添光鴻會箋解此語爲「君之以賂命臣者，臣不知其爲命也」，非傳旨。受命以出，有死無霣，寧有死而不能廢命。霣同隕，杜注：「廢隊也。」又可賂乎？臣之許君，以成命也。所以許君者，欲以完成君之使命也。死而成命，臣之禄也。説文云：「禄，福也。」寡君有信臣，杜注：「已不廢命。」下臣獲考死，杜注以「考」字絶句，「死」字屬下讀，誤。考死爲一詞，猶尚書洪範之「考終命」，此謂死得其所。說本沈欽韓補注、武億異讀、姚鼐補注。又何求？」楚子舍之以歸。鄭世家云：「楚王諸弟皆諫王赦之，於是赦解揚使歸。晉爵之爲上卿。」說苑奉使篇亦云。楚歸解揚由於有人進諫，亦見于晉世家。晉爵之爲上卿，恐無是事。若解揚果爲晉上卿，必再見于傳文，而嗣後則解揚不再見。

夏五月，楚師將去宋，自去秋九月楚子圍宋至今已歷九閱月，宋世家、楚世家俱誤謂「圍宋五月」。據公羊傳及宋世家俱謂楚軍糧盡，或然也。申犀稽首於王之馬前曰：「毋畏知死而不敢廢王命，王棄言焉。」杜注：「未服宋而去，故曰棄言。」參去年申舟聘齊傳。王不能答。申叔時僕，時申叔時爲王駕車也。曰：「築室，反耕者，劉文淇疏證云：「築室反耕，當是古人圍師久留之法。晉書石勒載記，勒遣李龍討徐龕，龕堅守不戰，於是築室反耕，列長圍以守之。慕容儁傳，慕容恪進圍廣固，諸將勸恪宜急攻之。恪曰：『彼我勢均，且有强援，當羈縻守之，以待其斃。』乃築室反耕，嚴固圍壘。禿髮傉檀傳，蒙遜圍樂都，三旬不克。築室反耕爲持久之計。皆用申叔時之策也。」宋必聽命。」從之。宋人懼，使華元夜入楚師，登子反之牀，起之，華元何以得夜入楚師且直登子反之牀，後人頗有猜測，兹皆不録。曰：「寡君使元以病告，曰：『敝邑易子而食，析骸以爨。無糧食，無燃料，困難已極。雖然，城下之盟，有以國斃，不能從也。寧與國俱亡，不能爲城下之盟。去我三十里，三十里爲一舍。唯命是聽。』」以上華元轉述宋公之言。子反懼，與之盟，孔疏引服虔云：「與華元私盟，許爲退師。」而告王。退三十里，宋及楚平。華元爲質。據成二年及五年傳，華元或不久即歸宋，而以公子圍龜代之。**盟曰：「我無爾詐，爾無我虞。」**虞，欺也。此謂兩不相欺也。説詳王念孫廣雅疏證。此役，楚國將帥尚有子重，見成七年傳。公羊傳云「莊王圍宋，軍有七日之糧爾，盡此不勝，將去而歸爾。於是使司馬子反乘堙而窺宋城，宋華元亦乘堙而出見之」云云，餘與傳所叙情事大同。韓詩外傳所述同，蓋本此。吕氏春秋行論篇云：「興師圍宋九月，宋人易子而食之，析骨而爨之。宋公肉袒、執犧、委服告病，曰：『大國若宥圖之，唯命是聽。』莊王曰：『情矣，宋公之言也！』乃爲却四十里，而舍於盧門之闔，所以爲成而歸也。」所述均與傳有異，蓋傳聞之紛歧。年表又謂鄭「佐楚伐宋」，傳亦不載，世家亦未言，恐僅指「執解揚」爲言也。自去年九月楚圍宋至此年楚宋構平，楚圍宋積九月，吕氏春秋慎勢篇及行論篇俱云「圍宋九月」是也。唯史記年表及宋世家、楚世家作「五月」，誤。

一五·三　**潞子嬰兒之夫人，晉景公之姊也。酆舒爲政而殺之，又傷潞子之目。晉侯將伐之。諸大夫皆曰：「不可。酆舒有三儁才，**儁音俊。孔疏云：「有三儁才，知其有才藝勝人者三事耳，不知三者何事也。」**不如待後之人。」**不如待潞國無俊才而後伐之。**伯宗曰：「必伐之。狄有五罪，儁才雖多，何補焉？不祀，一也。**不祀，謂不祀其祖先。**耆酒，二也。**耆同嗜。商紂好酒，古代以爲是被滅亡原因之一，故周初嚴禁嗜酒，尚書酒誥可證。**棄仲章而奪黎氏地，三也。**杜注以仲章爲潞之賢人。黎，説文作「𪒠」，本殷商古國，尚書之西伯戡黎，即此。吕氏春秋慎大覽云，武王命封帝堯之後於黎，亦即此。據清嘉慶一統志，黎國本在今山西省長治縣西南三十里黎侯嶺下，其後晉立黎侯，或徙于今黎城縣地。句以兩事合言，蓋仲章嘗諫其奪黎氏地，不用而廢之也。**虐我伯姬，四也。**惠棟補注云：「上云『酆舒爲政而殺之』，此云『虐』者，尚書呂刑『惟作五虐之刑』，墨子引作『五殺之刑』，論語『不教而殺謂之虐』，又十八年傳云『凡自内虐其君曰弒』，皆以『虐』爲『殺』也。」亦見錢大昕潛研堂文集。**傷其君目，五也。怙其儁才，**怙，恃也。**而不以茂德，**茂德，猶言美德、盛德。**兹益罪也。**兹，此也。猶言此乃增益其罪也。**後之人或者將敬奉德義以事神人，而申固其命，**申固其命，猶言强固其國家之命運。杜謂命爲政令，不確。**若之何待之？**意謂若其繼酆舒爲政者，或能敬奉其德義，又能祭祀鬼神，强固其國家，則不可以討伐之矣。**不討有罪，曰『將待後』，後有辭而討焉，**後有辭者，謂酆舒之後將有理，討之，晉無理。**毋乃不可乎？夫恃才與衆，亡之道也。商紂由之，**由，謂依其道而行之也。商紂相傳亦是恃才與衆者。**故滅。天反時爲災，**應寒而暑，應暑而寒，則爲災害。**地反物爲妖，**羣物失其常性，古人謂之爲妖怪。**民反德爲亂。**行事之準則爲德，若違反之，便生禍亂。**亂則妖災生。**謂天災地妖生于民亂。**故文，反正爲乏。**小篆正作[illegible]，乏作[illegible]，形似正字之反，故伯宗謂「反正爲乏」，説文亦引之解説「乏」字，其實造字之本意恐不如是。王紹蘭經説卷四以周禮春官射人鄭司農注解之，謂「所以受矢謂之正，所以禦矢謂之乏，其用相反」，於本傳之文不合。伯宗之意蓋謂酆舒反其正道而行之，必致匱乏。**盡在狄矣。」晉侯從之。六月癸卯，**癸卯，十八日。**晉荀林父敗赤狄于曲梁，**曲梁有二，襄三年傳有

「揚干亂行」之曲梁，在今河北省永年縣境，此曲梁則當在潞國附近，不得遠在河北，杜注誤合兩地爲一。劉昭後漢書郡國志注引上黨記謂曲梁在潞城西十里，是也。其地今名石梁，在潞城縣北四十里。而元和郡縣志謂在今山西沁縣稍西而南，舊斷梁城東北三十里。今不從此說。**辛亥，**辛亥，二十六日。經書「癸卯」，杜注以爲從赴。**滅潞。酆舒奔衛，衛人歸諸晉，晉人殺之。**

一五·四 **王孫蘇與召氏、毛氏爭政，**杜注：「三人皆王卿士。」**使王子捷殺召戴公及毛伯衛，**杜注：「王子捷即王札子。」**卒立召襄。**杜注：「襄，召戴公之子。」

一五·五 **秋七月，秦桓公伐晉，次于輔氏。**杜注：「輔氏，晉地。」據朝邑縣志，朝邑西北十三里有輔氏城，則在今陝西省大荔縣東不足二十里。朝邑縣今已廢，併入大荔縣。**壬午，**壬午，二十七日。**晉侯治兵于稷，**稷，晉地。今山西省稷山縣南五十里有稷山，山下有稷亭，相傳爲晉侯治兵處。**以略狄土，**方言：「略，强取也。」詳王念孫廣雅釋詁疏證。晉雖滅潞，其餘狄土未必服，故晉治兵以强取之。**立黎侯而還。**黎本舊國，見昭四年傳。潞奪黎氏地，晉復立之。據方輿紀要，山西黎侯城在今黎城縣東北十八里。**及雒，**雒，晉地。據方輿紀要，洛水自蒲城縣東南流，至朝邑鎮南，入於黃河。則雒蓋以洛水得名，在今大荔縣之東南。**魏顆敗秦師于輔氏，獲杜回，秦之力人也。**

初，魏武子有嬖妾，無子。杜注：「武子，魏犨，顆之父。」**武子疾，命顆曰：「必嫁是。」**

疾病，古人謂病危曰疾病。**則曰：「必以爲殉！」**以妻妾殉葬爲奴隸社會之遺俗，據考古發掘所見，甘肅武威皇娘娘臺及臨夏秦魏家齊家文化之氏族公墓中，即發現有男一女一或男一女二合葬墓。男仰身直肢，自爲死者，女則側屈肢附貼于男尸，自爲殉者。**及卒，顆嫁之，曰：「疾病則亂，**亂謂人之神智不清，故酒醉時亦曰亂，論語鄉黨篇「唯酒無量，不及亂」可證。**吾從其治也。」**治對亂而言，謂神智清醒時，列子楊朱篇「子奚不時其治也」，謂伺其醒時。**及輔氏之役，顆見老人結草以亢杜回。**廣雅釋詁：「亢，遮也。」此謂結草以遮攔其路。杜注謂「亢，禦也」，不確。**杜回躓而顛，**躓音致，又音質，謂行時足遇阻礙而觸之也。說文作疐，云：「礙不行也。」燕策云：「令妾酌藥酒而進之，妾佯躓而覆之。」列子說符云：「意之所屬著，其行，足躓株埳，頭抵植木，而不自知也。」諸躓字皆此義。顛，仆也。**故獲之。夜夢之曰：「余，而所嫁婦人之父也。**而同爾，對稱代詞。**爾用先人之治命，余是以報。」**晉語七云：「昔克潞之役，秦來圖敗晉功，魏顆以其身却退秦師於輔氏，親止杜回，其勳銘於景鍾。」此事雖涉迷信，固不可信，但亦可見當其時不以活人殉葬爲然，而仍有人殉之俗。一九六九年在侯馬喬村發現戰國殉人墓，足見戰國猶有人殉。

一五·六　**晉侯賞桓子狄臣千室，**狄臣，狄人之爲奴隸者。室爲其居住之處，故用作計算單位。此賞以奴隸，則其所耕土地宜一併賞之。**亦賞士伯以瓜衍之縣，**杜注：「士伯，士貞子。」士渥濁諫殺荀林父，見十二年傳。瓜衍之縣，彙纂謂即今山西省孝義縣北十里之瓜城。**曰：「吾獲狄土，子之功也。微**

子，吾喪伯氏矣。」伯氏謂荀林父，字伯，故稱之爲「伯氏」，猶下年傳周定王呼士會爲季氏也。意謂若無爾，則我損失荀林父矣。羊舌職說是賞也，杜注：「職，叔向父。」說，解說，闡明。曰：「周書所謂『庸庸祗祗』者，杜注：「周書，康誥。庸，用也。祗，敬也。言文王能用可用，敬可敬。」謂此物也夫。物，類也。昭元年傳「言以知物」、九年傳「事有其物」、晉語六「如草木之產也，各以其物」，韋、杜注並曰：「物，類也。」六年傳「周書曰『殪戎殷』，此類之謂也」，十二年傳「史佚所謂『毋怙亂』者，謂是類也」，文義與此同，改「物」爲「類」，尤其證也。說見王引之述聞。士伯庸中行伯，謂士伯以中行桓子爲可用。此庸字爲動詞意動用法。君信之，亦庸士伯，亦以士伯爲可用。此之謂明德矣。文王所以造周，不是過也。故詩曰『陳錫哉周』，句見大雅文王篇。周語上云：「大雅曰『陳錫載周』，是不布利而懼難乎？故能載周以至於今。」「哉」作「載」，古字通用。以「布利」解「陳錫」，陳，佈也；錫，賜也，謂佈其利而賜予也。傳亦以「能施」解「陳錫」。哉、載俱創始之義，傳亦以「造周」解「哉周」。皆與晉語引詩義合。能施也。率是道也，循是道而行之。其何不濟？」

一五·七　晉侯使趙同獻狄俘于周，不敬。劉康公曰：杜注：「劉康公，王季子也。」「不及十年，原叔必有大咎。杜注：「原叔，趙同也。」天奪之魄矣。」之作其用。昭二十五年傳云：「心之精爽，是謂魂魄。魂魄去之，何以能久？」蓋古人認爲人于軀殼之外，另有所謂「魂魄」。杜注：「爲成八年晉殺趙同傳。」

一五·八 **初稅畝，**從此以後，按田畝之多少徵稅。此是對古代制度之大改革，有其進步意義與作用。**非禮也。穀出不過藉，**魯語下云「先王制土，藉田以力」，即此藉字。藉，借也，借民力以耕田也。蓋自殷、周以來，行井田之制。井田制有私田，亦有公田。農奴于公田，有進行無償勞動之義務，即所謂藉法。其後生産力日漸發展，不得不逐漸破壞此束縛生産力之井田制。初稅畝者，即表明魯國正式宣佈廢除井田制，承認土地私有權，而一律取稅。**以豐財也。**

一五·九 **冬，蝝生，饑。幸之也。**蝝生爲災，且至於饑，何以「幸之」，實不可解。杜注謂「蝝未爲災，而書之者，幸其冬生，不爲物害」。此亦不可通。魯之冬，夏正之秋，何以「不爲物害」？且經、傳明言「饑」，則其爲害顯然。于鬯校書謂「幸」實「㚔」字，㚔音聶，説文云「所以驚人也」。凡從㚔之字，隸書皆從「幸」，如執、蟄、摯等是，故後人混「㚔」爲「幸」，而以僥幸、幸運解之，實誤。「㚔之」者，罪之也。罪之者，罪宣公之稅畝也。此用公羊義，未必合。穀梁傳云：「其曰蝝，非稅畝之災也。」則又駁斥公羊義者。然公羊傳亦云：「蝝生不書。此何以書，幸之也。」則公羊亦作「幸」。

十有六年，戊辰，公元前五九三年。周定王十四年、晉景七年、齊頃六年、衞穆七年、蔡文十九年、鄭襄十二年、曹宣二年、陳成六年、杞桓四十四年、宋文十八年、秦桓十二年、楚莊二十一年、許昭二十九年。

經

一六·一　十有六年春王正月，去年閏十二月二十七日己卯冬至，建丑。晉人滅赤狄甲氏及留吁。杜注：「甲氏、留吁，赤狄別種。晉既滅潞氏，今又並盡其餘黨。」甲氏，顧棟高大事表五以爲在今河北省雞澤縣境，不知其所據，未必可信。徐文靖管城碩記卷十一謂據水經注，今祁縣有侯甲，侯甲水發源于侯甲山，山在今武鄉縣。據此，甲氏或在今屯留北百里內外。留吁，晉滅之後，改爲純留，襄十八年傳晉人「執孫蒯于純留」是也，在今山西省屯留縣南十里。

一六·二　夏，成周宣榭火。「榭」，公羊作「謝」，字通。「火」，公羊、穀梁並作「災」。成周見隱三年傳注。宣榭，吕大臨考古圖所載周郙敦銘文有「王格于宣榭」，虢季子白盤銘文亦有「王各（格）周廟宣廚（榭）」，蓋字本作射，其後加偏旁作榭，指土臺上之廳堂式建築，用以習射講武者。楚語上云：「故先王之爲臺榭也，榭不過講軍實，臺不過望氛祥，故榭度於大卒之居，臺度於臨觀之高。」賈子禮篇云：「歲凶，穀不登，臺扉不塗，榭徹侯。」皆可以證成此義。公羊、穀梁俱謂宣榭爲藏樂器之所，非。謂之宣榭者，孔疏引服虔云「宣揚威武」之義，公羊以爲在宣王之廟中。然宣王廟恐不得在成周，公羊說非也。說參孫詒讓籀高述林卷七。鄦𣪘云：「正月初吉，王在周卲宮。丁亥，王各（格）于宣榭。」宣榭又在卲宮，則不必宣宮矣。郭沫若兩周金文辭大系考釋虢季子白盤跋論此尤詳。

一六·三　秋，郯伯姬來歸。

一六·四 **冬，大有年。** 無傳。穀梁傳云：「五穀大熟爲大有年。」卜辭之「㞢年」即「有年」。

傳

一六·一 **十六年春，晉士會帥師滅赤狄甲氏及留吁鐸辰。** 杜注：「鐸辰不書，留吁之屬。」若依杜注所云，鐸辰當在今山西省潞城縣、屯留縣附近。

三月，獻狄俘。 杜注：「獻于王也。」**晉侯請于王，戊申，** 戊申，二十七日。**以黻冕命士會將中軍，** 黻音弗，黻冕，古代禮服之一種。黻指衣而言，詩秦風終南云：「黻衣繡裳。」禮記禮器云：「天子龍衮，諸侯黼，大夫黻，士玄衣纁裳。」金鶚禮説云：「龍衮言衣，非言裳，則黼、黻皆言衣可知。」其言是也，詩終南「黻衣」與「繡裳」相對，且大戴禮記五帝德篇亦云「黄帝黼黻衣、大帶、黼裳」，晏子春秋諫上篇云「景公衣黼黻之衣、素繡之裳」，黼黻皆以衣言，尤爲明徵。黻衣，蓋其衣以青黑兩色繡爲亞字花紋，詳桓二年傳注。孔疏以黻爲韠，謂爲蔽膝（蔽膝之制亦見桓二年傳注），誤。劉履恂秋槎雜記因孔疏之誤而强作解人，實不必。冕，禮帽。此黻冕自是當時卿大夫之禮服，與論語泰伯言禹「惡衣服而致美乎黻冕」之爲祭服者，蓋有不同。**且爲大傅。** 據左傳，文六年陽處父爲大傅，成十八年士渥濁爲大傅，襄十六年羊舌肸爲大傅，蓋晉主禮刑之近官，此則以中軍帥兼之。**於是晉國之盜逃奔于秦。** 列子説符篇有郄雍視盜之故事，其末亦云：「於是用隨會知政，而羣盜奔秦焉。」**羊舌職曰：「吾聞之，『禹稱善人，** 稱，舉也，謂提拔而任之也。**不善**

人遠』，此之謂也夫。詩曰『戰戰兢兢，如臨深淵，如履薄冰』，句在詩小雅小旻篇。戰戰兢兢，恐懼戒慎之貌。如臨深淵，恐其墜也。如履薄冰，恐其陷也。善人在上也。其意謂善人在上，則人民皆恐懼戒慎，不敢妄爲。善人在上，則國無幸民。幸民謂僥幸於萬一之民。管子七法篇云：「朝無政，則賞罰不明。賞罰不明，則民幸生。賞罰明，則人不幸。人不幸，則勇士勸之。」又正篇云：「遏之以絶其志意，毋使民幸。」又明法解云：「行私惠而賞無功，則是使民偷幸而望於上也。」諸「幸」字皆此義，所不同者，羊舌職謂「無幸民」之關鍵在於「善人在上」，而管子則以爲在于「明法」耳。諺曰『民之多幸，國之不幸也』，是無善人之謂也。」

一六·二　夏，成周宣榭火，人火之也。凡火，人火曰火，天火曰災。經書魯國之災者六，桓十四年御廩災、僖二十年西宮災、成三年新宮災、定二年雉門及兩觀災、哀三年桓宮、僖宮災、四年亳社災是也。諸侯之災者五，莊二十年齊大災、襄九年及三十年宋災、昭九年陳災、十八年宋、衞、陳、鄭災是也。唯此年書「火」耳。

一六·三　秋，郯伯姬來歸，出也。郯伯姬蓋嫁于郯國之君而被棄並遣回娘家者。「諸侯出夫人」之禮，見禮記雜記下。

一六·四　爲毛、召之難故，毛、召之難見去年傳。王室復亂，王孫蘇奔晉。杜注：「毛、召之黨欲討蘇氏，故出奔。」晉人復之。

冬，晉侯使士會平王室，平，和也。調和周室諸卿士間之矛盾。周語中作「晉侯使隨會聘於周」，不如左傳之確。**定王享之。原襄公相禮。**杜注：「原襄公，周大夫。」相禮見桓十八年傳注。**殽烝。**古代祭祀、宴會，殺牲以置於俎（載牲之器）曰烝。烝者，升也，謂升之于俎也。若將整個牲體置於俎上，並不煮熟，曰全烝，唯祭天用之。若將半個牲體置於俎，曰房烝，亦曰體薦。若節解其牲體，連肉帶骨置之於俎，則曰殽烝，亦曰折俎。殽即肴，凡非穀物而可食者曰肴，此則殽對胾而言。骨有肉曰殽，猶今之排骨。純肉切之曰胾。殽烝，賓主可食，至全烝、房烝則只是虛設，不能食。**武季私問其故。**各本「武季」原作「武子」，唯宋慶元本及日本足利本作「武季」。杜此注云：「武，士會謚；季，其字。」是杜所據本作「武季」，今依之訂正。周語中作「范子私於原公」云云。范子即武季。**王聞之，召武子曰：「季氏！**據左傳，春秋時，周天子對諸侯卿大夫之稱謂有二。僖十二年傳周襄王稱管仲爲「舅氏」，其一也。其二則是稱其五十歲以後之字，伯、仲、叔、季，此於士會稱「季氏」、成二年於鞏朔稱「鞏伯」、昭十五年於荀躒稱「伯氏」、籍談稱「叔氏」，皆其例也。**而弗聞乎？**而同爾。**王享有體薦，**體薦即房烝，見上注。**宴有折俎。**折俎即殽烝，因折斷其骨節而後置之俎上，故亦曰折俎。享同饗，享與宴有時義同，此則意義有別。享有體薦者，設宴殺牲，徒具形式，而賓主並不飲食之，成十二年傳杜注所謂「設几而不倚，爵盈而不飲，肴乾而不食」是也。宴則以折俎，相與共食之。**公當享，**公謂諸侯。天子於諸侯則設享禮。**卿當宴。**天子招待諸侯之卿，則設宴禮。**王室之禮也。」武子歸而講求典禮，以修晉國之法。**周語中亦載此事，其文較繁。末云：「武子遂不敢對而退，歸乃講聚三代之典禮，於是乎修執秩以爲晉法。」

十有七年，己巳，公元前五九二年。周定王十五年、晉景八年、齊頃七年、衛穆八年、蔡文二十年、鄭襄十三年、曹宣三年、陳成七年、杞桓四十五年、宋文十九年、秦桓十三年、楚莊二十二年、許昭三十年。

經

一七·一　**十有七年春王正月庚子，**正月初八日甲申冬至，建子。庚子，二十四日。**許男錫我卒。**無傳。其子靈公寧嗣位。據成二年傳，許靈公之即位年幼弱。

一七·二　**丁未，**丁未爲二月二日，此未書月，恐史失之。**蔡侯申卒。**無傳。其子景侯固立。據成二年傳，其即位年亦甚少。

一七·三　**夏，葬許昭公。**無傳。

一七·四　**葬蔡文公。**無傳。

一七·五　**六月癸卯，日有食之。**無傳。六月乙巳朔，不當有癸卯，且是月無日食。惟五月乙亥朔確有日環食，曲阜可見一分以上，不知是否日月有誤。王韜則推算宣公七年六月癸卯朔有日食，而誤爲十七年，馮澂春秋日食集證亦云：「王韜之説是也。」疑錯簡。

一七·六　**己未，**王韜推得爲八月十六日，誤。當爲六月十五日，詳春秋長曆考正校注。**公會晉侯、衛侯、曹**

伯、郕子同盟于斷道。杜注：「斷道，晉地。」彙纂及大事表均以今山西省沁縣東北之斷梁城當之，未必確。沈欽韓補注則以斷道與傳之「卷楚」爲一地，而以在今河南省原陽縣西漢所置之卷縣當之，亦未必可據。以傳文「野王」、「原」、「温」諸地理推之，斷道、卷楚當在今濟源縣西南一帶。

一七·七 秋，公至自會。無傳。

一七·八 冬十有一月壬午，壬午，十一日。公弟叔肸卒。

傳

一七·一 十七年春，晉侯使郤克徵會于齊。郤克見十二年傳注。徵，召也。晉欲爲斷道之會，使郤克聘齊，使之參加也。齊頃公帷婦人使觀之。帷，以布帛圍之以自障。婦人即齊頃公之母蕭同叔子，故成二年鞌之戰後，晉欲以之爲質。郤子登，婦人笑於房。郤克乃跛子，故當其登階而蕭同叔子笑之。蕭同叔子，他書亦作蕭同姪子。房，說文云：「室在旁也。」段注云：「凡堂之内，中爲正室，左右爲房，所謂東房西房也。」公羊傳云：「晉郤克與臧孫許同時而聘于齊。蕭同姪子者，齊君之母也，踊于棓（登上跳板）而窺客，則客或跛或眇，於是使跛者迓跛者，使眇者迓眇者。」說苑敬慎篇亦云：「晉、魯往聘，以使者戲。」穀梁傳云：「季孫行父秃，晉郤克眇，衞孫良夫跛，曹公子手僂，同時而聘於齊。齊使秃者御秃者，使眇者御眇者，使跛者御跛者，使僂者御僂者。蕭同姪子處臺上而笑之，聞於客。」晉世家云：「使郤克於齊。齊頃公母從樓上觀而笑之。所以然者，郤克僂，而魯使蹇，衞使眇，故亦令人如之以導客。」**獻子怒，出而誓曰：「所不此報，無能涉河！」**所，用於盟誓中之假設連詞，若也。司馬遷以「出」爲出齊境，故晉世家云：「郤克怒，歸至河上，曰：『不報齊者，河伯視之！』」謂其誓於所謂河神也。公羊傳云：「二大夫出，相與踦閭（一人在門內，一人在門外）而語，移日然後相去。齊人皆曰：『患之起必自此始。』」穀梁所叙略同。皆與左傳異。**獻子先歸，使欒京廬待命于齊，曰：「不得齊事，無復命矣。」**郤克使命未完成而返國，故云「先歸」。欒京廬爲其副手（古謂之上介），則留于齊，必欲其使齊頃公往與會，然後回國復命。「不得齊事」者，不能完成來齊之使命也。杜注謂「使得齊之罪」，誤。

郤子至，至于晉國。**請伐齊。晉侯弗許。請以其私屬，**杜注：「私屬，家衆也。」謂請率其家族之兵車士衆往伐齊。**又弗許。**晉世家云：「至國，請君，欲伐齊。景公問知其故，曰：『子之怨，安足以煩國？』弗聽。」

齊侯使高固、晏弱、蔡朝、南郭偃會。高固，即高宣子，晏弱即晏桓子，俱見十四年傳並注。**及斂盂，**斂盂見僖二十八年傳注。**高固逃歸。**杜注：「聞郤克怒故。」**夏，會于斷道，討貳也。**貳，傳未言何國，是時宋已與楚平，鄭、陳、蔡亦皆附楚，貳或指諸國也。既徵會于齊，則原不以齊爲貳也。**盟于卷楚，**杜注謂「卷楚即斷道」，陳立公羊義疏則謂「似斷道與卷楚二地」，縱是二地，亦當相距不遠。**辭齊人。**拒絕齊人參與。**晉人執晏弱于野王，**野王，在今河南省沁陽縣治。**執蔡朝于原，**原見隱十一年傳注。

執南郭偃于温。温，亦見隱十一年傳注。苗賁皇使，苗賁皇，晉語五作「苗棼皇」，賁、棼古音同，得通假。據襄二十六年傳，苗賁皇爲楚鬭椒之子，宣四年楚滅若敖氏，逃奔晉國，晉以苗邑與之。苗在今河南省濟源縣西南。此謂苗賁皇此時正出使而過野王也。見晏桓子。歸，言於晉侯曰：「夫晏子何罪？昔者諸侯事吾先君，金澤文庫本「諸侯」下有「之」字。皆如不逮，論語季氏篇云：「見善如不及。」如不及與此如不逮同意。因其如不逮，故努力爲之，杜注「言汲汲也」，得其義矣。舉言羣臣不信，舉，皆也。諸侯皆有貳志。此謂諸侯皆言晉之羣臣不信之，因皆有貳心。苗賁皇當時不敢斥君，故言羣臣。齊君恐不得禮，不得禮猶言不見禮待，意即被辱。故不出，而使四子來。左右或沮之，沮，阻止也。齊君之近臣有人阻止之。曰：『君不出，必執吾使。』故高子及斂盂而逃。夫三子者曰：『若絶君好，寧歸死焉。』爲是犯難而來。吾若善逆彼以懷來者。若，應該之意，説詳俞樾平議。謂當盛情迎接，以使來晉國者懷戀思念。吾又執之，此句有省略，意謂吾不善逆之，而又執之。以信齊沮，以使齊國之阻止者其預料得證實。吾不既過矣乎？過，錯誤。過而不改，而又久之，久執之而不釋放。以成其悔，何利之有焉？使反者得辭，反者指高固。得辭，得其逃歸之理由。而害來者，以懼諸侯，以使諸侯懼怕晉國。將焉用之？」晉人緩之，放鬆其囚執。逸。十八年傳繒之盟言「蔡朝、南郭偃逃歸」，不及晏弱，知此時逃逸者唯晏弱一人耳。説詳武億義證。

秋八月，晉師還。惠棟補注引惠士奇云：「晉未嘗出師，而云『晉師還』者，豈斷道討貳之師歟？似有闕文。」然考定四年傳云「君行師從，卿行旅從」，則會盟可隨師旅。此或盟會之師旅還晉。

一七·二 范武子將老，范武子即晉中軍帥士會。初封隨，故曰隨武子；後改封范，故又曰范武子。以後其子孫終春秋之世均稱范。昔人多謂士會所封之范即孟子「自范之齊」之范，顧棟高大事表力主此説，且謂士會墓亦在山東省范縣（范縣今廢）東三里。然其地距晉遠，恐難置信。老，告老退休也。晉世家作「魏文子請老休」，誤。召文子曰：文子，士燮，武子之子。「燮乎！吾聞之，喜怒以類者鮮，類，法也。喜怒合乎禮法者，曰以類，不然，便爲不類，孔子家語五儀解「忿怒不類」可證。易者實多。易可解爲反易，謂反其道（「喜怒以類」）而行之者實多。亦可解爲輕易（去聲），謂輕易而喜怒者實多。詩曰：『君子如怒，亂庶遄沮。君子如祉，亂庶遄已。』句在小雅巧言篇。沮、已，皆止也。遄，速也。祉，喜也。意謂君子之怒或者喜，皆庶幾能速止亂也。怒、沮爲韻，古音同在模部。祉、已爲韻，古音同在咍部。君子之喜怒，以已亂也。弗已者，必益之。若不欲其止亂，則必增加其亂。參下引晉語文。郤子其或者欲已亂於齊乎。其，表將然之副詞。或者，表不肯定之副詞。不然，余懼其益之也。余將老，使郤子逞其志，逞，快也。逞其志，猶言使其心志快意，滿足其心願也。庶有豸乎。豸音止，解也。言患亂得解也。爾從二三子唯敬。」二三子指晉國諸卿大夫。乃請老。郤獻子爲政。晉語五云：「郤獻子聘於齊，齊頃公使婦人觀而笑之。郤獻子怒，歸請伐齊。范武子退自朝曰：『燮乎！吾聞之，干人之怒，必獲毒焉。夫郤子之怒甚矣，不逞於齊，必發諸晉國。不得政，何以逞怒？余將致政焉，以成其怒，勿以內易外也。爾勉從二三子以承君命，唯敬。』乃老。」

一七·三 **冬，公弟叔肸卒，公母弟也。** 穀梁傳謂叔肸于宣公之殺惡及視而自立（見文十八年傳），甚爲不平，故其人「織屨而食，終身不食宣公之食」。穀梁之爲此言，蓋據叔肸既是宣公母弟，而除其卒外，未嘗再見於經、傳，因而推測作此語，但未必是事實。元和姓纂引世本稱「惠伯叔肸」，且其子公孫嬰齊已爲卿，見于經，嬰齊生叔老子叔，子叔生叔弓，叔弓生輒及鞅，輒生詣，亦俱見于經，則其人有謚，其子孫世世爲卿可知矣，叔肸或非不仕。**凡大子之母弟，公在曰公子，不在曰弟。** 此是一通例。然母弟雖其父不存，亦有稱「公子」者，如莊二十五年、二十七年經兩書「公子友如陳」，季友爲莊公母弟，其時桓公已死。又如昭元年虢之會稱「陳公子招」，八年則書「陳侯之弟招殺陳世子偃師」，蓋因其事之不同，行文之便，或稱弟，或稱公子，固未必拘於書例也。**凡稱弟，皆母弟也。** 此又是一通例。考之全經，有雖母弟而不稱弟者，但無非母弟而稱弟者，則此例並無例外。以定十一年經爲例，辰是宋景公之母弟，故稱「弟辰」。他若公子地，則是辰之庶兄，故十年經稱「公子地」，而不稱「弟」，分別甚爲明顯。黃式三春秋釋謂「春秋書同母之兄弟，重宗法也」，可參看。

十有八年，庚午，公元前五九一年。周定王十六年、晉景九年、齊頃八年、衞穆九年、蔡景公固元年、鄭襄十四年、曹宣四年、陳成八年、杞桓四十六年、宋文二十年、秦桓十四年、楚莊二十三年、許靈公甯元年。

經

一八·一 十有八年春，正月二十日庚寅冬至，建子。晉侯、衞世子臧伐齊。

一八·二 公伐杞。無傳。

一八·三 夏四月。

一八·四 秋七月，邾人戕鄫子于鄫。「鄫」，穀梁作「繒」，餘詳僖十四年經注。杜注：「傳例曰『自外曰戕』，邾大夫就鄫殺鄫子。」

一八·五 甲戌，甲戌，七日。楚子旅卒。「旅」，穀梁作「呂」，史記作「侶」，音同通假。楚君之卒書于春秋者始于此。但終春秋，未嘗書楚君之葬。襄二十九年傳稱「葬楚康王，公及陳侯、鄭伯、許男送葬」，而經亦不書葬楚康王。公羊傳云：「何以不書葬？吳、楚之君不書葬，辟其號也。」禮記坊記亦云：「子云：『天無二日，土無二王，家無二主，尊無二上，示民有君臣之别也。春秋不稱楚、越之王喪，恐民之惑也。』」鄭注云：「楚、越之君僭號稱王，不稱其喪，謂不書葬也。」蓋書葬，必書「葬楚某王」，等於承認其王號，故不書以避之。實則考之彝銘自稱王者，不限於楚、吳、越。然經皆不書「王」，多書「子」。

一八·六 公孫歸父如晉。

一八·七 冬十月壬戌，壬戌，二十六日。公薨于路寢。

一八・八 歸父還自晉，至笙。「笙」，公羊、穀梁俱作「檉」，古音同假借。笙地無考，江永考實謂即莊九年傳之生竇，在今山東省曹縣東北，亦只推測之辭。羅泌路史國名紀注以笙與成二年傳之莘爲一地，亦不可信。遂奔齊。

傳

一八・一 十八年春，晉侯、衞大子臧伐齊，至于陽穀。陽穀見僖三年經注。年表云「齊頃公八年，晉伐敗我」。傳文無敗齊事，世家亦未言及，年表或別有所本。齊侯會晉侯盟于繒，繒地無考，然絶非鄫國之鄫。或近今山東陽穀縣。以公子彊爲質于晉。晉師還。蔡朝、南郭偃逃歸。杜注：「晉既與齊盟，守者解緩，故得逃。」

一八・二 夏，公使如楚乞師，欲以伐齊。朱梁補刻唐石經「欲」上有「將」字，蓋妄加，各本皆無。杜注云：「公不事齊，齊與晉盟，故懼而乞師于楚。」

一八・三 秋，邾人戕鄫子于鄫。凡自内虐其君曰弑，各本俱無「内」字，惟唐石經及金澤文庫本有。校勘記云：「周禮大司馬之職正義、李善魏都賦注引傳並有『内』字。」今據補。虐，殺也。見十五年傳注。自外曰戕。春秋無用「戕」者，唯此一次，傳則有襄三十一年「閽戕戴吴」一次，此蓋邾使人就鄫國暗殺之。説文云「戕，他國臣來弑君曰戕」，取左傳義，謂殺之于其國也。若殺之于其國外或他國明目張膽以殺另一國之君者則仍曰殺。如昭十一年「楚子虔誘蔡侯般殺之于申」、定四年「蔡公孫姓帥師滅沈，以沈子嘉歸，殺之」是也。

一八·四 **楚莊王卒，楚師不出。**此事緊接「公使如楚乞師」，爲「秋，邾人戕鄫子」所隔斷，左傳本有隔傳相接之例。俞樾平議及古書疑義舉例卷六謂以下二十一字爲錯簡，吳闓生左傳微亦移此二十一字與「欲以伐齊」相接。于文義則然，于傳例則未達一間。**既而用晉師，**此指成二年鞌之役。意謂魯本欲乞楚師伐齊，楚師不出，不久便用晉師伐齊。**楚於是乎有蜀之役。**蜀之役在成二年冬，詳彼傳。蜀，魯地，或以爲在今山東省泰安縣西，或以今汶上縣西之蜀山湖當之。據成二年傳，其地當與陽橋相近，則前説較確。周原六八號卜甲有「伐蜀」文，當非此蜀。

一八·五 **公孫歸父以襄仲之立公也，有寵，**襄仲殺惡及視而立宣公，見文十八年傳。歸父爲襄仲之子，故有寵。**欲去三桓，以張公室。與公謀，而聘于晉，欲以晉人去之。**欲借晉人之力。**冬，公薨。季文子言於朝曰：「使我殺適立庶以失大援者，仲也夫！」**歸罪於襄仲，將去公孫歸父。「殺適立庶」，襄仲之謀。「失大援」，「大援」不知誰指，若指齊，則宣公初立，事齊甚勤，齊亦援之甚力，近始有隙。杜注云：「南通於楚，既不能固，又不能堅事齊、晉，故云『失大援』。」義雖得通，然與「殺適立庶」關係不密。沈欽韓補注謂此爲「行父之詭詞欺衆」，義或然也。**臧宣叔怒曰：**臧宣叔即臧孫許，臧文仲辰之子，武仲紇之父。**「當其時不能治也，後之人何罪？**此揭露季孫行父之用心。季孫行父恨歸父之欲去三桓，因欲逐之，而不便明言，故託詞以罪其父。臧孫許則云：若謂襄仲失大援，則當其時須治之，其子無罪，不受責。**子欲去之，**點明季孫行父之陰謀。**許請去之。」**杜注謂臧孫許「時爲司寇，主行刑」，不知别有據，抑推測之辭。**遂逐東門氏。**襄仲之族號東門氏，見僖二十六年傳注。公羊成十五年傳云：「宣公死，成公幼。臧宣叔者，相也。君死不哭，聚諸大夫而問焉，曰：『昔者叔仲惠伯之事孰爲之？』諸大夫皆雜然曰：『仲氏也，其然乎？』於是遣歸父之家，然後哭君。」以逐東門氏爲臧孫許所倡議，與傳異。

子家還，子家，歸父之字。**及笙，**公羊謂歸父行至此，聞宣公死，己家被逐。**壇帷，**築土爲壇，除地爲墠（音善），然有時壇亦作墠用。或謂歸父不及築土，僅清除草穢作一場地爲行禮之用而已，公羊亦記此事，作「墠帷」，則此壇字宜讀作墠。然據禮記曲禮下「大夫士去國，踰竟，爲壇位，鄉國而哭」之儀，中途大夫士本可以設壇，何況歸父爲魯之上卿乎？此壇字仍當爲築土之壇。説參沈欽韓補注。帷，以布帛圍其壇。**復命於介。**據儀禮聘禮，使者出使，聞其君死，若已入所聘國之境，則仍須完成聘問之事。返國，在死君之停棺前向死君復命，聘禮所云「聘君若薨于後，入境則遂。歸，執圭，復命于殯」是也。但歸父此時始知季孫行父已逐其家，因不返國，在途中爲壇帷，設位，向其副手復命，欲其副手代之復命于死君。復命之儀節見聘禮。孔疏謂此則「介當南面，歸父於介前北面，執圭復命」，或然也。介，使者有上介，有衆介。上介爲副手，衆介爲助手。此上介也。**既復命，袒、括髮，**古代之袒，無論吉凶，皆袒左，解去左邊外衣，露出内衣。唯受刑則右肉袒。袒或裼，皆不露體。若露體，則云「肉袒」，或云「袒裼」。袒裼亦有二義，有露體者，詩鄭風大叔于田「袒裼暴虎」、孟子公孫丑上「雖袒裼裸裎於我側」是也。禮記內則「不有敬事，不敢袒裼」，則不露體者。括髮，以麻約束其髮也。古人加冠，必先束髮，或以錦束之，或以組束之，或以緇縞束之，同謂之纚（音蓰）。束髮後再加安髮之簪，謂之笄（音雞），然後加冠。初遭喪，先去冠。又二日去笄纚，於是以麻束髮。説詳黄以周禮書通故。又據聘禮，復命之後，「出，袒括髮」，此則不能返國，歸父亦依其儀行之。**即位哭，**歸父就自己之位而哭。**三踊而出。**踊音勇。聘禮又云：「入門右，即位踊。」古代遭喪，有擗踊之儀。擗猶椎胸，踊猶頓足。男踊女擗，表示哀痛之至。**遂奔齊。書曰「歸父還自晉」，善之也。**

春秋左傳注

成公

名黑肱，宣公子。公羊成公十五年傳謂「宣公死，成公幼」，以成公即位十四年後娶妻推之，此說可信。

元年，辛未，公元前五九〇年。周定王十七年、晉景十年、齊頃九年、衛穆十年、蔡景二年、鄭襄十五年、曹宣五年、陳成九年、杞桓四十七年、宋文二十一年、秦桓十五年、楚共王審元年、許靈二年。

經

一·一 元年春王正月，冬至在二月朔乙未，實建亥，此年有閏。公即位。無傳。

一·二 二月辛酉，辛酉，二十七日。葬我君宣公。無傳。

一·三 無冰。無傳。詩豳風七月云：「二之日鑿冰沖沖，三之日納于凌陰。」「二之日」即夏正十二月，周正二月。昭四年傳亦云：「古者日在北陸而藏冰。」「日在北陸」亦即周正二月。禮記月令：季冬之月，「冰方盛，水澤腹堅，命取冰」。季冬即周正二月。可見古代有在周正二月取冰、藏冰之禮。若天氣暖和，水澤不凍，則不能行此禮，故史書「無冰」。此年實建亥，但冬至在二月朔日，與建子相差不遠，寒暖無大異。餘詳桓十四年經注。

一·四　**三月，作丘甲。**詳傳注。

一·五　**夏，臧孫許及晉侯盟于赤棘。**臧孫許詳宣十八年傳並注。據十二年傳，赤棘，晉地，但不詳今地何在。

一·六　**秋，王師敗績于茅戎。**「茅」，公羊、穀梁俱作「貿」，蓋古同音假借。餘詳傳注。

一·七　**冬十月。**

傳

一·一　**元年春，晉侯使瑕嘉平戎於王，**瑕嘉即文十三年傳之詹嘉，詳彼注。文十七年「周甘歜敗戎於邥垂」，杜注謂此乃調和因邥垂之役所引起之仇怨。瑕嘉平戎，疑爲以前事。周師爲茅戎所敗，因不得不追敘其源。**單襄公如晉拜成。**單襄公，據周語中韋注，即周卿士單朝。又據周語下，其子爲單頃公。拜成，因晉調停有效而答謝。**劉康公徼戎，**劉康公，見宣十年經、傳並注。徼音驍。徼戎，乘戎因講和之際不設防備而欲僥倖敗戎也。集韻云「儌倖」，毛晃增韻謂後人混儌、徼爲一。考之洪武正韻，亦儌、徼相混。將遂伐之。叔服曰：叔服見文元年經注。「背盟而欺大國，大國指晉。此必敗。背盟，不祥；欺大國，不義；神、人弗助，神承不祥，人承不義。將何以勝？」不聽，遂伐茅戎。茅戎，杜注以爲「戎別種」。水經河水注云：「河北對茅城，故茅亭，茅戎邑也。」據清一統志，在今山西平陸縣西南。但王夫之稗疏則謂今之平陸縣爲晉地，在黃河之邊，是交通要道，不應爲華戎所雜處之地；且離成周遠，周不宜攻伐。此茅戎所在，當即隱十一年傳之欑茅，在今河南省修武縣。除此二説外，尚有據水經河水注「歷軹關西，逕苗亭」，以茅戎在今濟源縣西者。平陸之茅津離洛陽二百五十里，修武離洛陽二百十里，唯苗亭離洛陽最近，僅八九十里，且爲周邑，或是此處。至路史國名紀羅苹注謂茅戎在陳留，不知陳留於春秋爲鄭之留邑，且距洛陽三百六十里，既難以得罪周王，東周亦難以越鄭伐之。其不可信顯然。三月癸未，癸未，十九日。敗績於徐吾氏。據孔疏，徐吾氏爲茅戎内聚落之名，即交戰之處。據叔服語，蓋爲晉所敗，公羊傳亦云然。

一·二

爲齊難故，宣公即位，事齊極爲恭敬。然十七年斷道之盟，魯、晉諸國聯盟，以齊爲敵。十八年，魯又向楚國乞師，欲伐齊；楚未出師，故須防齊國之侵。作丘甲。周禮小司徒與服虔注引司馬法皆云「九夫爲井，四井爲邑，四邑爲丘，四丘爲甸」，則「丘」係地方基層組織之名。昭四年有「丘賦」，孫子作戰篇有「丘役」，莊子則陽篇有「丘里」，孟子盡心下有「丘民」，諸「丘」字均同此義。甲，古有兩義，一爲鎧甲，一爲甲士。穀梁傳明言此「甲」爲鎧甲。「作丘甲」，即使一丘之人均作鎧甲。左傳、公羊無此義。何休以穀梁釋公羊，未必合公羊本意，使一丘之人均作鎧甲，恐難行通。毛奇齡春秋傳與經問則謂「使每丘出甲若干勒」，然而增加裝備，不增士卒，備難之道亦不全。此「甲」字自以泛指甲士爲正確。甲士則有甲亦有人。「作丘甲」內容更屬異説紛紜。杜注以爲本爲每丘十六井，出戎馬一匹，牛三頭；每甸六十四井，出戰車一輛，戎馬四匹，牛十二頭，甲士三人，步卒七十二人。今魯則令一丘出一甸之賦，無端增加四倍。此説甚不合理。姑不論人民不勝負担，即以事實而論，魯本有二軍，若此時徵收軍賦四倍，即將擴充爲八軍，何以直至哀公十一年始「作三軍」？其後如胡安國春秋傳、孫覺春秋經解、顧炎武補正、萬斯大學春秋隨筆、龔元玠春秋客難、沈欽韓補注等書均於此説有所糾正，或者謂只增賦三分之一，或者謂只增賦四分之一，或者謂「但增加甲士而步卒如故」，然皆推測之辭，並無確證。今人對「作丘甲」亦各有己見。范文瀾中國通史簡編云「就是一丘出一定數量的軍賦，丘中人各按所耕田數分攤，不同於公田制農夫出同等的軍賦」，視之爲軍賦改革，且與宣公十五年「初稅畝」聯繫，較爲合理。餘説不備引。

一・三 **聞齊將出楚師，**意謂齊將率同楚師來伐。**夏，盟於赤棘。**據經，臧孫許去晉與晉侯盟。

一・四 **秋，王人來告敗。**據傳，周師敗績爲三月事，但經書「秋，王師敗績」。此條説明經書「秋」，蓋因周室通告諸侯在秋。

一・五 **冬，臧宣叔令脩賦、繕完、具守備，**脩賦是一事，即襄二十五年傳「量入脩賦」之「脩賦」，治理軍賦，亦即實施「作丘甲」之政令。繕完是一事，即襄三十一年傳「繕完葺牆」之「繕完」，修治城郭。可單言「繕」，襄三十年傳「繕城郭」可證；可單言「完」，隱元年傳「大叔完聚」，「完」即是「完城郭」。讀本以繕完爲繕甲兵、完城郭兩事亦通。總之爲防守之工作具備。曰：「齊、楚結好，我新與晉盟，晉、楚爭盟，齊師必至。雖晉人伐齊，楚必救之，是齊、楚同我也。意謂兩國同以我爲敵。知難而有備，難，去聲。乃可以逞。」逞，解也，謂憂患可以解開。見隱九年傳注。

二年，壬申，公元前五八九年。周定王十八年、晉景十一年、齊頃十年、衛穆十一年、蔡景三年、鄭襄十六年、曹宣六年、陳成十年、杞桓四十八年、宋文二十二年、秦桓十六年、楚共二年、許靈三年。

經

二·一 二年春，正月十二日庚子冬至，建子。齊侯伐我北鄙。

二·二 夏四月丙戌，丙戌，二十九日。衛孫良夫帥師及齊師戰于新築，新築，據傳，爲衛國地名，彙纂謂在今河北魏縣南。餘詳傳注。衛師敗績。

二·三 六月癸酉，癸酉，十七日。季孫行父、臧孫許、叔孫僑如、公孫嬰齊公孫嬰齊，叔肸之子，又稱仲嬰齊，謚聲伯。帥師會晉郤克、衛孫良夫、曹公子首及齊侯戰于鞌，「首」，公羊、穀梁作「手」，音同通用。鞌，音安。餘詳傳注。齊師敗績。

二·四 秋七月，齊侯使國佐如師。己酉，己酉，二十三日。及國佐盟于袁婁。「袁」，傳及穀梁並作「爰」，兩字古音近。餘詳傳注。

二·五 八月壬午，壬午，二十七日。宋公鮑卒。

二·六 庚寅，庚寅，九月五日。傳謂九月，此繫於「八月」之下，王韜謂「史官之誤」。衞侯速卒。「速」，公羊作「遬」，史記同，同音通假。

二·七 取汶陽田。杜注：「晉使齊還魯。」

二·八 冬，楚師、鄭師侵衞。

二·九 十有一月，公會楚公子嬰齊于蜀。公子嬰齊即子重，嘗爲將軍、左尹及令尹。此時已爲令尹。互詳宣十一年傳注。

二·一〇 丙申，丙申，十二日。公及楚人、秦人、宋人、陳人、衞人、鄭人、齊人、曹人、邾人、薛人、鄫人盟於蜀。

傳

二·一 二年春，齊侯伐我北鄙，圍龍。龍，在今山東泰安縣東南。「龍」，史記作「隆」。年表列「齊取我隆」於元年，與傳異。頃公之嬖人盧蒲就魁門焉。通志氏族略五云「盧蒲氏，姜姓，齊桓公之後」，不知何據。門謂攻城。龍人囚之。齊侯曰：「勿殺，吾與而盟，無入而封。」兩「而」字均同「爾」。封，境也。弗聽，殺而膊諸城上。膊音博，方言云：「暴也。」廣雅云：「張也。」則相當於今之暴露、陳列。「膊諸城上」與僖二十八年傳「尸諸城上」義同。齊侯親鼓，士陵城。三日，取龍。遂南侵，及巢丘。巢丘，當距龍不遠，或不離泰安縣境。

二·二

衞侯使孫良夫、石稷、甯相、向禽將侵齊，據杜注，孫良夫，孫林父之父。石稷，石碏四世孫。甯相，甯俞子。甯相之「相」舊讀去聲。向禽將，「禽將」當是名。或以「向禽」爲姓名，「將」字另讀，恐不確。衞世家云：「穆公十一年，孫良夫救魯伐齊。」司馬遷以此次衞國出軍爲救魯。與齊師遇。兩國軍隊相遇之地傳文未言，若齊軍由伐魯而直接回國，則不必繞道經衞之新築。彙纂則以爲相遇在新築，因云：「考其情事，蓋衞興侵齊之師尚在衞之封內，而齊既伐魯，遂乘勝而伐衞，兩軍遇於新築而戰爾。」此說難通。若齊果攻衞，衞將帥石稷不應主張退軍。下列二説似較合理：（一）相遇不在新築，而在齊、衞邊境。齊既遇衞向齊進軍，當逼使衞軍後退，而後跟踪之，以至於新築會戰。（二）相遇在新築，而新築不在魏縣南，而在齊、衞邊境。王夫之稗疏以爲新築在「齊、衞交界之境」，今山東惠民縣。然其依據錯誤，結論自不可信。且惠民縣偏北，齊、衞兩軍都不必經過其地。但「齊、衞交界之境」此一設想不可厚非。石子欲還。孫子曰：「不可。以師伐人，遇其師而還，將謂君何？猶言將何以向國君復命。若知不能，「不能」猶言「不能戰」。則如無出。如，應當也。句法與僖二十二年傳「若愛重傷，則如勿傷」一致。今既遇矣，不如戰也。」

夏，有……原文有闕脱。此段應爲叙述新築戰事。新築戰事在夏四月，故知「夏」字爲讀。

石成子曰：石成子，石稷。「師敗矣，子不少須，衆懼盡。須，等待。意謂孫良夫若不稍許等待，頂住敵人，而倉促後退，恐怕全軍將被殲滅。説本俞樾平議。章炳麟讀解「須」爲退，不確。子喪師徒，「喪師徒」指上文之「衆盡」。何以復命？」皆不對。孫良夫等人皆不答。實爲不肯稍停以禦敵。又曰：「子，國卿也。隕子，辱矣。隕，説文引作「抎」，云「有所失也」，作損失解。此語僅向孫良夫言。停止抵抗，自有被殺被俘之危，故以云「隕子，辱矣」。石稷見諸將帥俱不稍停，故又改口。子以衆退，我此乃止。」我止於此以禦齊師。我此乃止，我乃止此之變句。且告車來甚衆。且，連詞。與宣二年傳「闕且出」、成十三年傳「狄應且憎」之「且」字用法相同。車，指新築援軍之戰車。此叙石稷要求不停止抵抗，復謂援軍之戰車來者甚多，通告軍中以安人心。齊師乃止，次于鞫居。齊見衛軍停止後退，又將抵抗，又聞其援軍將至，故亦不再前進。鞫居，據後漢書郡國志，在今河南封丘縣。但封丘離新築、離衛都帝丘（今濮陽縣西南）較遠，且偏南，未必是齊國行軍目標，當以闕疑爲是。新築人仲叔于奚救孫桓子，桓子，孫良夫。新築人即新築大夫。桓子是以免。賈子審微篇云：「齊人攻衛，叔孫于奚率師逆之，大敗齊師。」叔孫于奚即仲叔于奚。齊師曾大敗，左傳不載。

既，衛人賞之以邑，「既」即「既而」。文元年傳：「楚子將以商臣爲太子，既又欲立王子職。」周語上：「榮公若用，周必敗。既，榮公爲卿士。」諸「既」字同此用法。賈子審微篇作「衛於是賞以温」。**辭，請曲縣、繁纓以朝。**「縣」同「懸」，指鐘、磬等樂器懸掛於架。古代，天子樂器，四面懸掛，象宮室四面有牆，謂之「宮縣」；諸侯去其南面樂器，三面懸掛，曰「軒縣」，亦曰「曲縣」。曲，古作𠚕，象四方而缺其一也；大夫僅左右兩面懸掛，曰「判縣」；士僅於東面或階間懸掛，曰「特縣」。仲叔于奚請「曲縣」，是以大夫而僭越用諸侯之禮。餘詳周禮春官小胥孫詒讓正義。繁音盤，說文作「緐」，馬鬣毛前裝飾，亦諸侯之禮。詳周禮春官巾車孫詒讓正義。**許之。**

仲尼聞之，曰：「惜也，不如多與之邑。唯器與名，器指「曲縣」、「繁纓」等器物，「名」指當時爵號。**不可以假人，君之所司也。**「器」、「名」皆人主掌握以指揮、統治臣民之具，不能假借於人。**名以出信，**有某種爵號，即賦予某種威信。**信以守器，**有某種威信，即能保持其所得器物。**器以藏禮，**制定各種器物，以示尊卑貴賤，體現當時之禮。**禮以行義，**義循禮而行。**義以生利，**行義然後能産生大衆之利。**利以平民，**平，治理，孟子離婁下「君子平其政」可證。亦可連言「平治」，如孟子公孫丑下「夫天未欲平治天下也」可證。**政之大節也。若以假人，與人政也。政亡，則國家從之，弗可止也已。」**孔子家語正論解載此事，與此大體相同。賈子審微篇載此事，略有差異。

二·三　孫桓子還於新築，不入，不入國都。遂如晉乞師。臧宣叔亦如晉乞師。皆主郤獻子。兩卿皆以郤克爲主人，蓋郤克爲晉中軍帥，主持政事；宣十七年郤克又曾爲齊頃公母所笑，發誓報仇。晉侯許之七百乘。郤子曰：「此城濮之賦也。城濮之戰，晉發兵車七百乘，見僖二十八年傳。有先君之明與先大夫之肅，故捷。先大夫或指曾爲本國卿大夫者本人之祖先，如禮記檀弓下趙武「是全要領以從先大夫於九京」；但一般用以泛指本國前輩之卿大夫，不必本人同族。此亦泛指，實指先軫、狐偃、欒枝諸人。馬宗璉補注謂「指郤縠」，然郤縠雖曾爲晉文公中軍帥，却死于城濮戰前，未嘗指揮城濮戰役，説不可信。肅，敏捷也。才具敏捷，則可以勝敵。肅非「敬肅」之義，説詳王引之述聞。克於先大夫，無能爲役，與先大夫相較，不足以爲其僕役。請八百乘。」許之。郤克將中軍，士燮佐上軍，「佐」，阮刻本作「將」。據四年傳，士燮亦佐上軍；據十三年傳，士燮至其時始將上軍，則此時只能佐上軍，故從石經、宋本、金澤文庫本訂正。説本校勘記。齊世家亦作「士燮將上軍」，乃司馬遷之疏誤。不言中軍佐與上軍帥，據下傳，中軍佐當爲荀首，上軍帥當爲荀庚。晉國各軍將、佐各有部隊，此次荀首、荀庚及其部隊均未出動。此役，較城濮之役兵車多一百輛。城濮之役，三軍將佐均出動，而此役三軍將、佐僅出動一半，可見晉國雖名爲三軍，每軍實力已大加擴充。欒書將下軍，宣十二年邲之戰，趙朔將下軍。此時趙朔或已死，故以當時下軍佐欒書升任。下軍佐亦未出動。下軍佐爲誰，無考。韓厥爲司馬，邲之戰，韓厥已爲司馬，此時仍爲司馬。以救魯、衞。臧宣叔逆晉師，且道之。道同導。導之，爲嚮導開路。季文子帥師會之。

及衞地，韓獻子將斬人，韓獻子即韓厥。晉國司馬職掌軍法，僖二十八年傳云「祁瞞奸命，司馬殺之」，晉語三述晉惠公令司馬説斬慶鄭，均可爲證。韓厥爲司馬斬人。郤獻子馳，將救之。至，則既斬之矣。郤子使速以徇，告其僕曰：「吾以分謗也。」晉語五文與此大同。韓非子難一篇亦載此事，且有評論。

師從齊師于莘。齊師伐魯、勝衞而歸，晉師追踪而至。莘有幾處。桓十六年之莘是衞地，在今山東莘縣北，莊十年之莘是蔡地，莊三十二年之莘是虢地，僖二十八年之有莘之墟又是古莘國。以地理考之，此莘當是桓十六年之莘，爲從衞至齊之要道。杜注于桓十六年傳云「衞地」，于此注則云「齊地」，則除上外，尚有齊之莘邑，恐不確。説本顧棟高大事表及沈欽韓地名補注。六月壬申，壬申，十六日。師至于靡笄之下。靡笄音雞。靡笄，山名，即今山東省濟南市千佛山。江永考實説在長清縣，不確。齊侯使請戰，曰：「子以君師辱於敝邑，不腆敝賦，詰朝請見。」不腆，見僖三十三年傳注。賦指軍賦，與上文「此城濮之賦也」「賦」字義同。詰朝，次日早晨。此齊侯約戰言辭，意謂「爾等率軍隊光臨敝地，敝邑軍隊不强，也請明朝見一高下」。對曰：「晉與魯、衞，兄弟也，晉與魯、衞同爲姬姓國，故云「兄弟」。來告曰：『大國朝夕釋憾於敝邑之地。』大國，指齊；「敝邑」，魯、衞自稱。魯、衞告晉之原文應是「齊國朝夕釋憾於敝邑之地」，與襄十六年傳穆叔之言相同。晉人對齊國轉述，齊國由第三者變爲第二者，故改「齊國」爲「大國」。説詳楊樹達先生讀左傳。寡君不忍，使羣臣請於大國，無令輿師淹於君地。言晉君不忍見齊之侵淩魯、衛，因使羣臣向齊國請求，但又不令晉軍久留於齊境，意謂可速戰一決勝負。「輿師」，輿，衆也，亦可作「師旗」，叔夷鐘「余命女政于朕三軍，肅成朕師旗之政德」可證。見積微居金文説。淹，久也，見僖三十三年傳注。能進不能退，君無所辱命。」此兩句是晉將帥之辭，謂「我等受命而來，只能前進，不能後退，既有明日相見之約，我等當不使齊君落空」。「君無所辱命」猶言不致辱君命，乃許戰之言。杜注謂「不復須君命」，誤。齊侯曰：「大夫之許，寡人之願也；若其不許，亦將見也。」齊侯言無論晉許戰與否，必一戰。齊高固入晉師，高固見宣十七年傳並注。桀石以投人，桀，舉也。説詳焦循補疏。禽之而乘其車，繫桑本焉，「桑本」，桑樹根。以桑樹根繫於車，示與其它兵車有別。以徇齊壘，曰：「欲勇者賈余餘勇！」賈，買也，與桓十年傳「其以賈害也」之「賈」字同義。杜注謂「賣也」，非。

癸酉，師陳于鞌。「鞌」同「鞍」。鞌即歷下，在今濟南市西偏。通典云在今平陰縣東，不可信。説詳彙纂。穀梁傳謂「鞌去國五百里」。顧炎武日知録云：「今之六十二里弱，遂當古之百里。鞌去國五百里，今自歷城至臨淄僅三百三十里。」邴夏御齊侯，文十八年有邴歜，襄二十五年有邴師，定十三年有邴意兹，皆齊人，以邴爲氏。逢丑父爲右。晉解張御郤克，文八年之解揚，襄三年之解狐，皆晉人，以解爲氏。鄭丘緩爲右。下文云「緩曰」，可知「緩」是名，「鄭丘」是氏。齊侯曰：「余姑翦滅此而朝食。」翦滅，同義詞連用，説詳宣十二年傳注。杜注「翦，盡也」，誤。「朝」爲「朝暮」之「朝」，章炳麟讀據齊世家作「會食」，因讀爲「朝會」之「朝」，恐與傳意不合。不介馬而馳之。介，甲也。「不介馬」謂馬不披甲。陶鴻慶別疏解爲不備副馬，誤。郤克傷於矢，流血及屨，未絶鼓音，曰：「余病矣！」齊世家謂「克欲還入壁」，或爲郤克當時本意。張侯曰：張侯即解張，張是其字，侯是其名。古人名字連言，先字後名。「自始合，合，交戰也。而矢貫余手及肘，齊世家用「我始入再傷」解此句，意謂張侯中兩箭，一箭貫手，一箭貫肘。余折以御。折，折斷箭桿，無暇拔出箭鏃。左輪朱殷，殷音煙，赤黑色。「朱殷」，今言「殷紅」。血流左邊車輪，染爲紅黑色。豈敢言病？荀子議兵篇云：「將死鼓，御死轡。」言各盡力於職責，即張侯不敢「言病」之理。吾子忍之！」緩曰：「自始合，苟有險，余必下推車，子豈識之？金澤文庫本句末有「乎」字。雖同在一車中，主將不知車右下推車，足見主將受傷甚重而又專心於擊鼓。章炳麟讀謂「子豈識之」爲「子其視之」，謂爲勉郤克使速敷藥愈傷，即起擊鼓。曲説不可信。然子病矣！」張侯曰：「師之耳目，在吾旗鼓，進退從之。孫子軍争篇引軍政曰「言不相聞，故爲金鼓；視不相見，故爲旌旗。夫金鼓、旌旗者，所以一人之耳目也。人既專一，則勇者不得獨進，怯者不得獨退，此用衆之法也」，可以爲此語作注解。此車一人殿之，殿，鎮守。可以集事。集，完成。若之何其以病敗君之大事也？擐甲執兵，擐音患，穿着。固即死也，即，就也。病未及死，吾子勉之！」左并轡，金澤文庫本「左」上有「乃」字。右援枹而鼓。枹音浮，鼓槌。亦作桴。張侯乃用左手一總把握繮繩，右手執鼓槌代郤克擊鼓。焦循補疏謂枹仍在郤克手，張侯不過牽引郤克之手助之擊鼓，曲説。馬逸不能止，師從之。齊師敗績。逐之，三周華不注。晉語五作「三周華不注之山」，是知華不注爲山名，地在今濟南市之東北。「不」舊音敷。據水經濟水注，此山「孤峰特拔」，故可繞行三圈。明陳繼儒書蕉引九域志云：「大明湖望華不注山，如在水中。」

韓厥夢子輿謂己曰：據杜注，子輿爲韓厥之父。「旦辟左右！」「旦」，阮刻本作「且」，今從石經、宋本、金澤文庫本改。説詳校勘記、十駕齋養新録及沈欽韓補注。「辟」同「避」。古代軍制：天子、諸侯親爲元帥，或其他人爲元帥，立於兵車之中，在鼓之下。若非元帥，則御者在中，本人在左。韓厥爲司馬，應在車左，主射。故中御而從齊侯。韓厥夢其父告之避開車之左右，故代御者立於中央執轡。邴夏曰：「射其御者，君子也。」謂韓厥之儀態如君子，請齊侯射之。公曰：「謂之君子而射之，非禮也。」射其左，越於車下。越，墜也。射其右，斃于車中。綦毋張喪車，綦毋音其無，姓。張，名。晉大夫。從韓厥曰：「請寓乘！」寓，寄也。請寄乘韓厥車。從左右，綦毋張上車欲立於車左與車右。皆肘之，韓厥皆以肘推之使退。使立於後。韓厥俛，定其右。俛同俯。韓厥身向下俯，使車右之尸不致墜下，故齊頃公與逢丑父易位而不能見。逢丑父與公易位。本是齊頃公居中，逢丑父居右。今逢丑父居中，齊頃公爲車右。韓厥未曾見此兩人，不能分辨其面貌。古代兵服，國君與將佐相同，僖五年傳「均服振振」是也。故易位即足以欺騙敵人。公羊傳謂「逢丑父面目與頃公相似，衣服與頃公相似」，乃是想當然之辭，不足爲據。將及華泉，華泉，華不注山下之泉。驂絓於木而止。金澤文庫本無「驂」字。據杜注，似杜預本亦無「驂」字。因各本均有，故不删。驂音參，左右兩旁之馬。絓音卦，礙也。兩驂爲樹木所阻。**丑父寢於轏中，**轏音棧，亦即棧車，竹木之車也。説見洪亮吉詁。**蛇出於其下，以肱擊之，傷而匿之，故不能推車而及。**逢丑父寢於轏車，擊蛇而傷肱，事在戰前；其所以隱瞞創傷，或乃恐其不能爲車右。此乃補叙，言丑父不能如鄭丘緩之推車，因此爲韓厥所追及。説參陶鴻慶别疏。**韓厥執縶馬前，**説文引作「執馽前」，「馽」即「縶」字，臧琳經義雜記與段玉裁注皆以「馬」字因「馽」而誤衍。胡玉縉許廎學林韓厥執縶馬前釋謂韓厥所執之縶，即齊侯絓馬之縶。恐未必確。軍帥見敵國君主，執縶爲當時之禮。詳下注文。**再拜稽首，奉觴加璧以進，**襄二十五年傳述鄭子展見陳侯戰敗，亦「執縶」、「再拜稽首」、進酒，可見當時通禮如此。此處多一「加璧」。**曰：「寡君使羣臣爲魯、衛請，曰：『無令輿師陷入君地。』下臣不幸，屬當戎行，**屬，適也。詳詞詮。戎行謂軍旅之士。陸機辨亡論云：「拔吕蒙於戎行，識潘濬於繫虜。」文選李善注引吴志曰：「吕蒙年十五六，隨鄧當擊賊，策見而奇之，引置左右。」此陸機之用左傳也。然唐玄宗送張説巡邊詩云：「三軍臨朔野，駟馬即戎行。」柳宗元爲裴中丞牒云：「莫不鼓舞戎行，虔恭師律。」又以戰車行道或戰場爲戎行。此二義於此亦可通。**無所逃隱。**謂已身當軍職，不能逃避服役。**且懼奔辟，**辟同避。**而忝兩君。**謂自己不能不努力作戰。忝，辱也。兩君，晉君與齊君。**臣辱戎士，**章炳麟讀以「臣辱戎士」連接「奔辟而忝兩君」爲義，改讀「臣」爲「牽」，甚牽强。今不從，改下屬爲義。**敢告不敏，**敢，表敬副詞，無義。不敏，當時慣用謙詞，左傳屢見。論語顏淵篇亦云「回雖不敏」。攝官承乏。」攝，代也。承乏亦謙詞，表示某事由於缺乏人手，只能由自己承當。此固當時辭令，實際意爲將執行任務，俘虜此假齊侯。丑父使公下，如華泉取飲。公羊傳云：「使頃公取飲，頃公操飲而至。曰：『革取清者！』頃公用是佚而不反。」依左傳，頃公僅由此下車而逸。丑父使齊頃公下車，即令之逃，豈頃公如此癡騃，真取飲而來？公羊之不可信如此。鄭周父御佐車，佐車，副車。宛茷爲右，茷音吠。載齊侯以免。韓厥獻丑父，郤獻子將戮之，呼曰：「自今無有代其君任患者，「自今」二字於文不順，自疑借爲卒，卒，終也。謂訖今無有代君任患者。有一於此，將爲戮乎？」郤子曰：「人不難以死免其君，我戮之，不祥。赦之，以勸事君者。」乃免之。公羊傳及説苑敬慎篇均載郤克戮逢丑父，與左傳、史記不同。

齊侯免，求丑父，三入三出。三入三出，第一次入、出晉師，第二次入、出狄卒，第三次入、出衞師。「狄卒」、「衞師」皆晉之友軍。于鬯香草校書云：「不得於晉軍，故改入於狄卒求之；不得於狄卒，故又改入於衞師求之也。」焦循補注從杜注謂三次俱入出晉軍；沈欽韓補注從劉炫説（孔疏引）謂「齊侯三入齊軍，又三出齊軍」，臧琳經義雜記亦主此説，均不確。每出，齊師以帥退。意謂齊侯每自敵軍出，齊軍均擁護之後退，免其傷亡。前人另有幾解。俞樾茶香室經説云：「齊侯既出其軍中，無如大敗之後，號令不行，其勢披靡不可復止，於是各擁其帥以退，而不復能顧其君矣。」解「出」爲「出齊軍」，其誤自明。杜注云：「齊侯輕出其衆，以帥厲退者。」解「帥退」爲督勵士卒不許後退，不合文義。焦循補注且於「每出齊師」爲句，尤誤。劉炫解爲「齊之將帥敗而怖懼，以師而退，不待齊侯」，則原文當作「齊帥以師退」，不當作「齊師以帥退」。齊國將帥自動不顧其君，當時自難以有此情事。其他曲説尚有，不備録。**入於狄卒，**狄人無車兵，僅有徒兵，所以謂之「狄卒」。**狄卒皆抽戈、楯冒之。**楯同盾。冒，覆也。狄卒皆抽戈與盾以護衛齊侯。**以入於衛師，衛師免之。**狄、衛雖是晉之友軍，但皆不肯加害齊侯，反保護之。**遂自徐關入。**徐關又見十七年傳，齊地，當在今山東省淄川鎮西。或云，在淄博市西南。**齊侯見保者，**保讀爲六年傳「衛人不保」之「保」，守衛之意。保者，杜注解爲所過城邑之保守者。淮南子説山訓云：「保者不敢畜噬狗。」高誘注亦以「保者」爲城郭保護者。**曰：「勉之！齊師敗矣！」辟女子。**辟音闢，辟除行人也。古代統治者出外，有前驅開道，使行人避開。周禮秋官士師所謂「王燕出入，則前驅而辟」、孟子離婁下「行辟人」，俱可以爲證。**女子曰：「君免乎？」曰：「免矣。」曰：「鋭司徒免乎？」**鋭是古代矛類兵器，尚書顧命：「一人冕執鋭。」「鋭司徒」或是主管此種兵器之官。**曰：「免矣。」曰：「苟君與吾父免矣，可若何？」乃奔。齊侯以爲有禮。**以其先問君，後問父。**既而問之，辟司徒之妻也。**辟音壁。辟司徒，杜注以爲「辟」乃「壁」之借字，因謂其爲「主壘壁者」。**予之石窌。**窌音溜。石窌，齊地，在今山東長清縣東南。春秋繁露竹林：「自是後頃公恐懼，不聽聲樂，不飲酒食肉，內愛百姓，問疾弔喪，外敬諸侯，從會與盟，卒終其身，家國安寧。」公羊傳、齊世家及説苑敬慎篇亦有類似記載。

晉師從齊師，入自丘輿。左傳凡三見「丘輿」，此丘輿，齊邑，據大事表，當在今山東益都縣西南；或云在今淄博市南。至三年傳之丘輿乃鄭邑，哀十四年傳之丘輿乃魯地。擊馬陘。「馬陘」，齊世家作「馬陵」。高士奇地名考略以爲「地有二名」，梁履繩補釋以爲「陘、陵聲近而訛」。實則「陵」乃誤字，梁玉繩史記志疑謂馬陵非齊地。據水經淄水注，即襄二十五年傳之「弇中」。據大事表，在今益都縣西南，當在丘輿北，即南燕慕容德所都之廣固。

齊侯使賓媚人賂以紀甗、玉磬與地。賓媚人即國佐，從經文「國佐如師」與公羊、穀梁兩傳俱可以知之。吳式芬攈古録三之一考國佐𦉜引許翰説，據銘文「國差立（涖）事歲」，認爲即國佐所爲器。差、佐古通用。則國佐曾主齊國之政。漢書古今人表列賓媚人於「中上」，列國佐於「中下」，判爲二人，郭沫若殷周青銅器銘文研究已指出其誤。甗音演，古代一種炊飪器。有陶土制者，見周禮考工記陶人。有青銅鑄者，其狀上體圓而兩耳似鼎，下體三款足似鬲，中設箄，有半環可持以開閉。箄上有十字穿或直綫穿四五。有上下兩體可分離者，亦有不可分者。詳容庚商周彝器通考食器。紀甗自爲銅器，或是齊滅紀時所得之器。孔疏推測爲玉製器，不可信。玉磬，杜注以爲亦是「滅紀所得」。據下文，紀甗和玉磬是賂郤克者，然杜預春秋經傳集解後序引竹書紀年云「齊國佐來獻玉磬、紀公之甗」，則獻於晉侯。土地是歸還魯、衛兩國者。「不可，則聽客之所爲」。此齊侯派遣賓媚人時之指示，「不可」上似省略一「曰」字。「客」指晉。意謂晉國若不允許，則任其所爲，我們決定作最後一戰。賓媚人致賂。晉人不可，晉人當是郤克。曰：「必以蕭同叔子爲質，而使齊之封内盡東其畝。」「封内」即境内。「畝」原是農田間高畦，今謂之「壟」。古人種地，依地勢與水勢，使畝間道路或東西向，或南北向，曰「南東其畝」（詩小雅信南山），或「衡縱其畝」（詩齊風南山）。古人多用南北行列，故詩經屢見「南畝」，如周頌載芟與良耜「俶載南畝」、小雅甫田「今適南畝」、「饁彼南畝」。晉在齊之西，若齊之壟畝多爲南北向，則溝渠與道路亦多南北向，於晉之往東向齊進軍，地形與道路有所不利，故晉以「盡東其畝」爲媾和條件之一。據商君書賞刑篇、吕氏春秋簡選篇、韓非子外儲説右上篇，晉文公伐衞，曾强令衞國「東其畝」（其事當在魯僖公二十八年，然左傳無此記載）。若此一記述可靠，晉强令戰敗國改變壟畝方向非僅一事。對曰：「蕭同叔子非他，寡君之母也。若以匹敵，則亦晉君之母也。吾子布大命於諸侯，「吾子」，當指郤克。而曰必質其母以爲信，其若王命何？言周室之命不如此，爾等將如何對待之。齊假借「王命」以對付晉。且是以不孝令也。以母氏作人質送往敵國，是爲不孝，爾即以「不孝」命令諸侯。詩曰：『孝子不匱，永錫爾類。』解見隱元年傳注。若以不孝令於諸侯，其無乃非德類也乎？古人常以「類」字置於「德」、「義」諸字之下，「德類」猶詩大雅蕩之「義類」，猶言「道德法則」。先王疆理天下，疆，畫分經界。理，分其地理。説詳程瑶田通藝録溝洫疆理小記。古人言農田水利，常用此二字。詩小雅信南山「我疆我理，南東其畝」，大雅緜「迺疆迺理，迺宣迺畝」，俱是其證。物土之宜，儀禮既夕禮「冢人物土」，鄭注：「物猶相（去聲）也，相其地可葬者乃營之。」昭三十二年傳「物土方」，杜注：「物，相也。」「物」可以用作動詞，義同「考察」。説參惠棟補注及馬宗璉補注。

而布其利。考察土地適應性而作有利于生産之佈置。故詩曰：『我疆我理，南東其畝。』詩小雅信南山句。解已見上注。今吾子疆理諸侯，而曰『盡東其畝』而已，唯吾子戎車是利，無顧土宜，無顧即不顧。其無乃非先王之命也乎？反先王則不義，何以爲盟主？其晉實有闕。闕，過失也。四王之王也，據莊三十二年、成十三年傳皆云「虞、夏、商、周」，則四王當爲舜、禹、湯、武（或文）。杜以爲「禹、湯、文、武」，則三代而四王也，未必合傳意。樹德而濟同欲焉；哀元年傳：「樹德莫如滋。」昭四年傳：「求逞於人不可，與人同欲盡濟。」可見「樹德」、「濟同欲」是當時常語。五伯之霸也，五伯，杜注以爲「夏伯昆吾，商伯大彭、豕韋，周伯齊桓、晉文」，與毛詩正義引服虔及應劭風俗通説同。釋文引或説則以爲「齊桓、晉文、宋襄、秦穆、楚莊」。杜注是。説詳劉文淇疏證。後説至戰國始有，如孟子告子下「五霸桓公爲盛」是其例。勤而撫之，以役王命。「王」「霸」對言，與戰國時「王」「霸」對言意義稍有不同。管子霸言篇云：「夫豐國之謂霸，兼正之國之謂王。」又云：「得天下之衆者王，得其半者霸。」與此義尚相近。至於孟子公孫丑上「以力假仁者霸，以德行仁者王」，此戰國時人之説也。春秋則以統一天下者爲「王」，能爲當時天下共主效力者爲「霸」。今吾子求合諸侯，以逞無疆之欲，無疆，猶言無止境。疆本疆界義，此用引申義。詩曰：『布政優優，百禄是遒。』句見詩商頌長發。「布」，今詩作「敷」，兩字古本通用。優優，和緩貌。遒音囚，聚也。「百禄是遒」爲「遒百禄」倒裝句。子實不優，不優，不優優之省略。而棄百祿，諸侯何害焉？不然，寡君之命使臣，則有辭矣。曰：『子以君師辱於敝邑，不腆敝賦，以犒從者。兩國戰鬥，言犒勞者，此當時外交辭令。畏君之震，震，威也。成十三年及昭元年傳皆有「畏君之威」一語，與此句同意。師徒橈敗。橈音撓。橈敗爲一詞，即失敗。吾子惠徼齊國之福，「惠」與「徼福」見僖四年傳注。不泯其社稷，見宣十二年傳注。使繼舊好，唯是先君之敝器、土地不敢愛。愛，愛惜。子又不許，請收合餘燼，燼音盡，物體燃燒後之殘餘，此喻殘兵敗將。背城借一。於自己城下決最後一戰。敝邑之幸，幸而戰勝。亦云從也；「云」字無義，見僖十五年傳注。況其不幸，敢不唯命是聽？』」魯、衛諫曰：諫郤克。「齊疾我矣。疾，怨恨。其死亡者，皆親暱也。子若不許，讎我必甚。唯子，則又何求？此「唯」字用法同「雖」。句意爲，縱是你，亦無可求者。「唯」作「雖」用，詞詮所舉例證甚多。子得其國寶，我亦得地，所致之「賂」，包含退交給魯、衛之侵地。而紓於難，紓，緩也。又見莊三十年傳注。其榮多矣。齊、晉亦唯天所授，「唯」作「因」字用，又見僖二年傳注。豈必晉？」晉人許之，對曰：「羣臣帥賦輿，賦輿，兵車。以爲魯、衛請。若苟有以藉口，若苟，同義詞連用，俱表假設。昭四年傳「君若苟無四方之虞」，與此同。而復於寡君，若少有所得，即有辭以答復吾君之命。君之惠也。敢不唯命是聽？」

禽鄭自師逆公。禽鄭，魯大夫。魯成公從魯國來與晉師相會，禽鄭從軍中往迎。

秋七月，晉師及齊國佐盟於爰婁。爰婁，據穀梁傳，距臨淄五十里，則在今山東臨淄鎮西。**使齊人歸我汶陽之田。**據僖元年傳，魯已將汶陽之田歸於季氏。齊取之，今又致於魯，或是季孫行父之意。俞樾賓萌集謂此「汶陽之田」非「魯故地」，而是「晉人使齊人割以謝魯者」，不可信。**公會晉師於上鄍。**上鄍，高士奇地名考略以爲是齊、衞兩國交界地，在今山東陽穀縣境。**賜三帥先路三命之服。**三帥，郤克、士燮與欒書。路亦作輅，古代天子、諸侯乘車曰路，卿大夫接受天子、諸侯所賜予之車亦曰路。故詩小雅采薇謂「彼路斯何？君子之車」。據尚書顧命及禮記郊特牲，路有三等：大路、先路及次路。據周禮春官巾車，路有五種：玉路、金路、象路、革路、木路。木路最樸素，已見桓二年傳大路注。革路是牛革輓之加漆之車。若再用玉石、青銅或象牙裝飾，即是玉路、金路、象路。左傳不言五路，不知兩者如何比擬。襄十九年傳述晉侯請於周王，追賜鄭公孫蠆以大路；二十六年傳云「鄭伯賞入陳之功，享子展，賜之先路三命之服，賜子產次路再命之服」，可見三等路都可由天子、諸侯賞予卿大夫。卿大夫若非接受此種賞賜，而乘自己之車，雖身爲上卿，亦不稱路，故昭四年傳有「冢卿無路」之語。古代於卿大夫有「三命」、「再命」、「一命」之別，命多則尊貴，車服亦隨之華麗。據左傳，卿大夫最高不過「三命」。互詳僖三十三年傳並注。**司馬、司空、輿帥、候正、亞旅皆受一命之服。**司馬爲韓厥。司空或爲主持軍事工程之官。王鳴盛尚書後案謂牧誓之司徒、司馬、司空等皆「軍中有職掌之人」，此文所言受一命之服者亦宜作此解。杜注謂「輿帥主兵車」，乃解「輿」爲車輿」，淮南兵略「夫論除謹（注：論除，論資除吏），動静時，吏卒辨，兵甲治，此司馬之官也（此句從王念孫説補）。正行伍，連什伯，明旗鼓，此尉之官也。見敵知難易，發斥不忘遺，此候之官也。隧路通，行輜治，賦丈均，處軍輯，井竈通，此司空之官也。收藏於後，遷舍不離，無淫輿，無遺輜，此輿之官也」，惠棟補注則云：「輿，衆也。輿帥，領其衆在軍之後者。」惠説本淮南兵略「收藏於後，遷舍不離，無淫輿，無遺輜，此輿之官也」，高誘注：「輿，衆也。候領輿衆在軍之後者。」當以淮南本文爲正。「候正」爲軍中主管偵探諜報者。十八年傳有候奄，顧棟高大事年表十云：「候奄當即候正，國語作元候。」亞旅已見文十五年傳注。此事可與襄十九年傳參看。

二·四

八月，宋文公卒，其子共公繼立。**始厚葬，用蜃、炭，**蜃音腎，大蚌蛤。「蜃炭」，杜注以爲一物，即用蜃燒成之灰。「蜃炭」一詞，亦見於周禮秋官赤髮氏，杜説非無根據。孔疏引劉炫説，則以爲「用蜃後用炭」，「蜃炭」爲蜃與炭二物，據下「車馬」爲兩物，劉説亦有理。「蜃」即用蜃燒成之灰，即生石灰，「炭」乃木炭。此二物置於墓穴，用以吸收潮濕。吕氏春秋節喪篇謂當時富人厚葬，「積石積炭以環其外」，可見棺椁外用炭，是當時上層階級之習俗。至於用蜃灰，則只見於周禮地官掌蜃，僅天子用之。此云「厚葬」，考之發掘實況，如長沙馬王堆二號漢墓，應是用炭。晉書石季龍載記下記石虎發掘春秋趙襄子墓，「初得炭，深丈餘」，足見蜃、炭爲二物。又漢書酷吏傳記商賈富人囤積埋葬之物，其中有木炭。三國志魏志文帝紀載曹丕終制，埋葬不用炭，亦可見漢、魏下葬皆用炭。**益車、馬，**古代天子、諸侯，用車馬隨葬。辛村西周墓中，發現另一專坑，有骨七十二架，車十二輛。西周末至春秋早期之上村嶺虢國墓，虢太子墓中有車十輛、馬二十匹，其他墓有車五輛、馬十匹者二，有小車馬坑（未發掘），並有車馬器者一，另有車馬器者三，蓋因等級而異。則以真車真馬隨葬，已得地下發掘爲確證。孔疏據禮記檀弓下「塗車、芻靈自古有之」，以爲隨葬車馬是泥土塑成之車、茅草束成之馬，恐不足信。**始用殉，**用活人殉葬，殷商最甚。光明日報一九五〇年三月十九日學術副刊有郭寶鈞記殷商殉人之史實一文，述一典型大墓，殉葬多達四百人。嗣後地下發掘所見亦比比皆是。但西周以後，由於生產力提高，於奴隸有剩餘勞動可以剥削，以活人殉葬風氣漸衰，但亦未能絶。此云「始用殉」，似宋文公以前宋國未嘗用殉。宋國地處中原，又爲殷人之後，何以至此時「始用殉」，文獻不足，尚有待於地下發掘之進一步證明。**重器備。**「重」舊讀平聲，杜注：「重猶多也。」「器備」指用品。襄五年傳「無藏金玉，無重器備」可以爲證。襄九年傳「修器備」，器備則指軍用物。各種用品，古代亦多用以隨葬。宋文公隨葬用品特多。**椁有四阿，**「四阿」本古代天子宫室宗廟建築形式，墓穴亦仿用此種形式，用之於椁上，故曰「椁有四阿」。「四阿」有幾解，以孫詒讓周禮考工記匠人「四阿重屋」正義最爲可信。就「椁有四阿」論，古代作爲外棺之椁與後代不同，蓋在棺四圍用長方木條堆積而成。據儀禮士喪禮，椁堆好後，上面再架坑木，横三縱二，然後加席蓋土，則士椁上平。天子之椁亦爲棺四圍累木，與棺材齊高，仍往上累，積累時方口逐漸縮緊，四面呈坡形，有如房屋「四阿」之制。累至一定高度，又於較小方口上加坑木茵席。**棺有翰、檜。**據杜注，翰是棺木旁裝飾，檜是棺木上裝飾，皆天子所用。究竟形狀與材料如何，已不可考。宋文公至明年二月始葬，距死時七閲月。依禮，天子七月而葬，諸侯五月。可見宋文公厚葬，僭用天子之禮。吕氏春秋安死篇云：「宋未亡而東冢揚。」高誘注以爲「東冢」即宋文公墓。如可信，宋文公墓終因厚葬而被盜發。

君子謂華元、樂舉「於是乎不臣。樂舉自是當時宋國執政大臣，但左傳僅此一見。臣，治煩去惑者也，易林歸妹之大有云：「依宵夜遊，與君相遭。除解煩惑，使心不憂。」旅之小遇亦云：「依宵夜遊，與大臣俱。除解煩惑，使我無憂。」兩用「除解煩惑」，即用此句。解「煩」爲「煩憂」，未必合本義。此煩應是亂義，周禮考工記弓人鄭注云：「煩，亂也。」因亂，所以治之。是以伏死而爭。今二子者，君生則縱其惑，「縱其惑」，不知何指。杜注謂指文公十八年殺同母弟須，或云指文公十六年殺宋昭公而自立，皆難足信。死又益其侈，是棄君於惡也，何臣之爲」？何臣之爲，爲何臣之倒裝。經傳釋詞卷二謂言何臣之有也，亦通。

二·五　九月，衛穆公卒，晉三子自役弔焉，「三」，阮刻本作「二」，誤。依石經、宋本、金澤文庫本等訂正。晉三子，晉軍帥郤克、士燮、欒書三人。哭於大門之外。據禮記雜記，鄰國官員奉命來弔，弔者應進門升堂哭弔。但此三人未奉晉君之命，於率軍隊返國復命途中，經衛國，順便弔唁，因之不能依常禮行之，只在大門之外哭弔。沈欽韓補注謂此爲臨葬前之弔；但衛穆公之葬不在此時，而在明年，其時三子早已回國，沈説不可信。衛人逆之，衛人亦在門外接待三人。婦人哭於門内。據禮記喪大記，婦人哭於堂。此「哭於門内」，亦因弔客「哭於大門之外」之故。送亦如之。遂常以葬。以後他國官員來弔，亦皆以於大門之外行禮爲常，直至下葬。

二·六　楚之討陳夏氏也，事見宣十一年傳。莊王欲納夏姬。申公巫臣曰：申公巫臣見宣十二年傳注。「不可。君召諸侯，以討罪也；今納夏姬，貪其色也。貪色爲淫，淫爲大罰。周書曰『明德慎罰』，文王所以造周也。此引尚書康誥而加以概括改寫。康誥原文云：「惟乃丕顯考文王克明德慎罰，不敢侮鰥寡，庸庸祗祗，威威顯民，用肇造我區夏。」「造周」即康誥「造區夏」。明德，務崇之之謂也；崇德。慎罰，務去之之謂也。去罰。若興諸侯，以取大罰，楚伐陳之役，楚莊王曾出動其屬國，故云「興諸侯」。「取大罰」應上文「淫爲大罰」。非慎之也。君其圖之！」王乃止。子反欲取之，子反見宣十二年傳並注。巫臣曰：「是不祥人也。是夭子蠻，子蠻，杜注謂爲鄭靈公之字，爲夏姬之兄。然據昭二十八年傳，夏姬之兄字子貉，子貉實鄭靈公字。子蠻非鄭靈公字。昭二十八年傳又謂夏姬殺三夫，由此推測，子蠻或是其最早之丈夫。互詳昭二十八年傳注。列女孽嬖傳用此文無此句。殺御叔，御叔是夏姬之次夫，亦即夏徵舒之父。據楚語上，爲陳公子夏之子。子蠻、御叔或皆短命早死，巫臣因歸罪於夏姬。弑靈侯，金澤文庫本「弑」作「殺」。靈侯即陳靈公，因夏姬而被殺。戮夏南，夏南即夏徵舒。出孔、儀，孔寧與儀行父因此曾逃奔楚國。喪陳國，陳曾爲楚所滅。以上數事見於宣十一、十二年傳。何不祥如是？人生實難，其有不獲死乎！古人謂不得善終爲「不得死」，如襄二十三年傳「不得其死」，論語先進「不得其死然」；亦曰「不獲死」，此句與昭二十五年傳「言若洩，臣不獲死」句法相同。句意若云，爲人於世實非易，子若娶夏姬，將有不得好死之惡。天下多美婦人，何必是？」子反乃止。王以予連尹襄老。襄老死於邲，不獲其尸。連尹襄老與其死，見于宣十二年傳並注。其子黑要烝焉。黑要，襄老之子。要，舊讀平聲。巫臣使道焉，曰：「歸，吾聘女。」道通導。「使道焉」，使人示意與夏姬，令其回鄭國母家，然後巫臣聘之爲妻。禮記內則：「聘則爲妻。」又使自鄭召之，曰：「尸可得也，必來逆之。」巫臣示意夏姬設法回鄭，復使鄭召夏姬歸。使人謂夏姬：爾若來，襄老之尸身可得。姬以告王。王問諸屈巫。屈巫即巫臣。對曰：「其信。知罃之父，成公之嬖也，晉成公爲當時晉君景公之父。而中行伯之季弟也，知罃之父即荀首，中行伯即荀林父。邲之役，知罃爲楚所囚。新佐中軍，而善鄭皇戌，甚愛此子。此子指知罃。其必因鄭而歸王子與襄老之尸以求之。王子即公子穀臣，爲荀首所獲，見宣十二年傳。鄭人懼於邲之役，而欲求媚於晉，其必許之。」王遣夏姬歸。將行，夏姬行去鄭。謂送者曰：「不得尸，吾不反矣。」夏姬受巫臣示意回鄭，等待巫臣來聘，求襄老尸僅一藉口耳。夏姬亦知巫臣及己不能再返楚，故「不反」是真，謂之「不得尸」則不真。巫臣聘諸鄭，聘夏姬爲妻。鄭伯許之。及共王即位，將爲陽橋之役，陽橋，魯地，在今山東泰安縣西北。陽橋之役見下。使屈巫聘於齊，且告師期。巫臣盡室以行。盡室，盡帶其家室與財產。亦見宣十二年傳並注。申叔跪從其父，申叔跪，杜注謂爲申叔時子。申叔時見宣十一年傳。將適郢，遇之，曰：「異哉！夫子有三軍之懼，夫子，第三人稱敬稱代詞。巫臣負有軍事使命而去齊，必戒懼從事，故云「三軍之懼」。而又有桑中之喜，桑中，衛國地名，當在河南淇縣境内。詩鄘風有桑中，爲民間男女幽會戀歌，有云：「云誰之思？美孟姜矣。期我乎桑中，要我乎上宫，送我乎淇之上矣。」此借用「桑中」一詞，暗指巫臣與夏姬私約。宜將竊妻以逃者也。」宜，殆也。參詞詮。及鄭，使介反幣，介，副使。使命畢，齊國所贈楚之禮品由副使帶回，已則不返國復命。巫臣應是完成使命後歸途中始「使介反幣」。新序雜事一云「申公巫臣廢使命，道亡，隨夏姬之晉」，則謂巫臣並未去齊出使即逃亡，不合傳意。使齊而又返鄭者，迎夏姬也。而以夏姬行。將奔齊。齊師新敗，鞌之戰敗於晉。曰：「吾不處不勝之國。」遂奔晉，而因郤至，據左傳成二年與十一年孔疏引世本，郤至是郤豹玄孫，郤克是郤豹曾孫，郤至則是郤克的族姪。此時晉國郤克當政。以臣於晉。晉人使爲邢大夫。邢，晉國邑名。梁履繩補釋以爲即宣六年傳之邢丘，即今河南温縣東北平臯故城；李貽德輯述以爲故邢國，則今河北邢臺市。梁説較妥。子反請以重幣錮之。錮，後漢以後曰「禁錮」，相當于近代之「永不録用」。新序雜事一作「令尹將徙其族」，與傳略異。王曰：「止！其自爲謀也則過矣，過，過失，過誤。其爲吾先君謀也則忠。忠，社稷之固也，所蓋多矣。蓋，覆也，此乃護衛之意。且彼若能利國家，於晉國有利。雖重幣，晉將可乎？晉國將不同意禁錮。若無益於晉，晉將棄之，何勞錮焉？」七年，楚殺盡巫臣之族，巫臣因此爲晉聯吴，並予吴以軍事指導，使之與楚爲敵。此章叙述此事原委。

二·七　晉師歸，范文子後入。范文子，士燮。武子曰：武子，士會，士燮之父。「無爲吾望爾也乎？」爲同謂。晉語五作「孌乎！女亦知吾望爾也乎」，可爲此句注解。對曰：「師有功，國人喜以逆之，先入，必屬耳目焉，屬音囑，聚也，注也。屬耳目，使衆人耳目集中於我。是代帥受名也，故不敢。」武子曰：「吾知免矣。」意謂范文子如此謙讓，可以免於禍害刑戮。

郤伯見，郤伯，郤克。伯，字。見舊音現，進見晉景公。公曰：「子之力也夫！」對曰：「君之訓也，二三子之力也，臣何力之有焉？」范叔見，范叔，即范文子。勞之如郤伯。勞，去聲。對曰：「庚所命也，庚，荀庚。據趙世家索隱引世本，荀庚，荀林父子，荀偃父。荀庚此時將上軍，未出動，而士燮爲上軍佐，應受命於上軍將。克之制也，郤克爲中軍帥，上軍受其節制。燮何力之有焉？」欒伯見，欒伯，欒書。公亦如之。對曰：「燮之詔也，士用命也，書何力之有焉？」晉語五作「書也受命於上軍，以命下軍之士，下軍之士用命，書也何力之有焉」，可作「燮之詔也」兩句注解。

二·八

宣公使求好于楚，宣公曾派使者去楚國，見宣公十八年傳。莊王卒，宣公薨，不克作好。兩「好」字俱讀去聲。公即位，受盟於晉，去年與晉有赤棘之盟。會晉伐齊。即今年鞌之戰。衞人不行使于楚，不去楚國聘問。而亦受盟於晉，從於伐齊。鞌之戰有衞軍。故楚令尹子重爲陽橋之役以救齊。子重見宣十一年傳注。將起師，子重曰：「君弱，據襄十三年傳，楚共王生十歲而莊王死，則今年共王僅十二三歲。羣臣不如先大夫，師衆而後可。詩曰：『濟濟多士，文王以寧。』句在詩大雅文王。「濟濟」，行止有威儀貌，亦可解爲人才衆多貌。寧，安也。夫文王猶用衆，況吾儕乎？且先君莊王屬之曰：屬，同囑。屬之，謂將共王囑託於我等。『無德以及遠方，莫如惠恤其民，而善用之。』」乃大户，清理户口。已責，已，止也。責，同債。免除人民對國家之拖欠。逮鰥，逮，及也。施舍至於年老鰥夫。救乏，救濟生活困難者。赦罪。以上措施爲「惠恤其民」。悉師，國家軍士盡起，爲此「用之」。王卒盡行。楚王護衛軍亦全部出動。彭名御戎，蔡景公爲左，許靈公爲右。共王雖不行，以「王卒盡行」，其戰車勢必同行。共王若乘車，即居於中間，御者在左，車右在右。今共王不行，御者即在中間，另以兩人分居左右。二君弱，皆强冠之。不到成年，却勉行冠禮。爲車左、車右，必在行冠禮以後。

冬，楚師侵衞，遂侵我師于蜀。蜀見宣十八年傳注。使臧孫往。臧孫即臧宣叔臧孫許。辭曰：「楚遠而久，楚出動軍隊，既遠離本國，且時間已久。固將退矣。無功而受名，臣不敢。」臧孫許以爲楚軍將自動撤退，若去交涉，必虚受退楚之名，以此拒絕使命。楚侵及陽橋，孟孫請往賂之以執斲、執鍼、織紝，孟孫，即孟獻子仲孫蔑。據杜注，執斲指木工，執鍼指女縫工，織紝指織布帛工。皆百人，公衡爲質，杜注：「公衡，成公子。」但成公此時未必有子，或爲宣公之子，成公之弟，杜注難信。說參沈欽韓補注。以請盟。楚人許平。

十一月，公及楚公子嬰齊、蔡侯、許男、秦右大夫説、宋華元、陳公孫寧、衞孫良夫、鄭公子去疾及齊國之大夫盟于蜀。說音悦。「右大夫」疑是秦國官名，襄十一年秦又有「右大夫詹」。說見沈淑春秋經玩。張自超春秋宗朱辨義云：「十二國盟蜀，秦大夫與焉。秦距魯遠，使約會而秦始至，不應若此其速，是必秦大夫亦從楚師矣。」所言不爲無理。杜注謂「齊國之大夫不書姓名，因其非卿」。經尚有曹、邾、薛、鄫四國參加盟會，傳不言，省略。卿不書，匱盟也。杜注：「匱，乏也。」晉語五云：「其言匱，非其實也。」韋注：「匱，乏也。」意謂此乃缺乏誠意之盟會。故明年魯、宋、衞諸國又會晉軍攻打鄭國。沈欽韓補注謂「匱，空也，言空有是盟也」；俞樾平議讀「匱」爲「讀」，「欺也」；章炳麟讀讀「匱」爲「潰」，「逃也」，皆强生曲解。於是乎畏晉而竊與楚盟，故曰「匱盟」。蔡侯、許男不書，乘楚車也，謂之失位。經文不書蔡、許兩國。以一國之君，而乘楚王之車，爲其左、右，故云「失位」。

君子曰：「位其不可不慎也乎！蔡、許之君，一失其位，不得列於諸侯，況其下乎！詩曰：『不解于位，民之攸塈。』句見詩大雅假樂。解同懈。塈，音暨，休息。義爲在位者不懈怠，百姓即得休息。其是之謂矣。」

楚師及宋，公衡逃歸。臧宣叔曰：「衡父不忍數年之不宴，衡父即公衡。宴，安也。以棄魯國，國將若之何？誰居？「居」，語末助詞，表疑問。見詞詮。後之人必有任是夫！

國棄矣。」意謂公衡抛棄國家，其後人必有因此受禍者。

是行也，晉辟楚，辟同避。畏其衆也。君子曰：「衆之不可以已也。阮刻本無「以」字，依石經、宋本、金澤文庫本增。大夫爲政，大夫用廣義，包括卿，實指楚國主帥子重。猶以衆克，況明君而善用其衆乎？大誓所謂商兆民離，周十人同者，大誓即泰誓，尚書篇名。今本泰誓是僞中之僞，説見閻若璩尚書古文疏證卷一。昭二十四年傳亦引大誓，作「紂有億兆夷人，亦有離德；余有亂臣十人，同心同德」，或爲原文，此「商兆民離，周十人同」八字則引者概括之辭。衆也。」

二・九

晉侯使鞏朔獻齊捷于周。獻捷，即獻俘。鞏朔已見文十七年傳注。王弗見，使單襄公辭焉，曰：「蠻夷戎狄，不式王命，式，用也。淫湎毁常，淫謂淫于女色。湎謂沈湎于酒。毁常，敗壞規矩法度。王命伐之，則有獻捷。宣十五年、十六年晉兩次獻狄俘于周即是其例。王親受而勞之，勞，去聲。所以懲不敬、勸有功也。伐即懲不敬，勞即勸有功。兄弟甥舅，兄弟指同姓諸侯。甥舅指異姓諸侯，以異姓諸侯間多有婚姻關係也。侵敗王略，杜注解略爲「經略法度」，惠棟補注與洪亮吉詁則解爲「封略土地」，杜説較妥。王命伐之，告事而已，不獻其功，所以敬親暱、禁淫慝也。命伐之即禁淫慝，告事而不獻功即敬親暱。莊三十一年傳云：「凡諸侯有四夷之功，則獻于王，王以警于夷，中國則否。」與此義可互證。今叔父克遂，叔父指晉景公。克，能也。遂讀爲淮南子精神訓「何往而不遂」之「遂」，順遂成功。不能以「今叔父克遂有功于齊」作一句讀。因「遂」作副詞，「克」是助動詞，助動詞在副詞上，古今無此句法。**有功于齊，而不使命卿鎮撫王室，所使來撫余一人，**自殷迄秦，天子自稱「余一人」、「予一人」或「我一人」。**而鞏伯實來，**而，沈欽韓補注讀作「爾」。然此語以晉景公爲對象，於鞏朔不當用爾，故此「而」字仍是轉折連詞。「實來」，見桓六年經注。**未有職司於王室，**據宣十二年傳，鞏朔當時爲上軍大夫，據明年傳，明年始爲卿，則當時尚非「命卿」。「命卿」，由周王室加以任命之卿。禮記王制：「大國三卿，皆命于天子；次國三卿，二卿命于天子。」可見「命卿」制度。鞏朔既非「命卿」，故曰「未有職司於王室」。意嫌晉侯所派使者身份不高。**又奸先王之禮。**不應獻捷而獻。**余雖欲於鞏伯，**欲猶好（去聲）也。意謂我雖愛好鞏伯。說詳王引之述聞。朱彬經傳考證謂「於猶厚也」，誤。**其敢廢舊典以忝叔父？**其，用法同豈。忝，辱也。言若廢舊例以受捷，是對晉侯之侮辱。**夫齊，甥舅之國也，**當時王后亦是齊女，見宣六年傳。**而大師之後也，**大師，齊國始祖呂尚。**寧不亦淫從其欲以怒叔父，**寧，反詰副詞，豈也。例證見詞詮。不，語詞，無義，此處不作否定副詞。從同縱。**抑豈不可諫誨？」**句義爲齊國既爲我婚姻之國，又是太公後代，晉往伐之，豈齊放縱私欲激怒晉國，抑齊國完全不可救藥？**士莊伯不能對。**士莊伯即鞏朔。**王使委於三吏，**三吏，據杜注，即三公。周書大匡「王乃召冢卿、三老、三吏」，孔晁注亦云「三吏，三卿也」。金文「事」與「吏」爲一字，詩小雅雨無正「三事大夫」、逸周書大匡之「三吏大夫」，疑即此「三吏」。周定王以接待鞏朔之事委之三吏。**禮之如侯伯克敵使大夫告慶**

之禮，不用獻捷禮，而用告慶禮。告慶禮內容已不得而知。降於卿禮一等。以鞏朔實大夫，非卿。王以鞏伯宴，以，與也。當時正式招待使者，先行享禮，禮終則宴，而於鞏朔則宴而不享。而私賄之。告慶之禮，或無贈賄，故此次贈鞏朔以禮品曰私賄。使相告之曰：相，去聲，贊禮者。「非禮也，勿籍！」謂此種接待不合於禮，囑其不記載於史册。

三年，癸酉，公元前五八八年。周定王十九年、晉景十二年、齊頃十一年、衞定公臧元年、蔡景四年、鄭襄十七年、曹宣七年、陳成十一年、杞桓四十九年、宋共公固元年、秦桓十七年、楚共三年、許靈四年。

經

三·一　三年春王正月，正月二十二日乙巳冬至，建子。公會晉侯、宋公、衞侯、曹伯伐鄭。宋、衞兩君稱爵，詳桓十三年經注。

三·二　辛亥，辛亥，二十八日。葬衞穆公。無傳。

三·三　二月，公至自伐鄭。無傳。

三·四　甲子，甲子，十二日。新宮災。公羊、穀梁兩傳皆謂新宮爲宣公廟，杜注從之。三日哭。無傳。

禮記檀弓下云：「有焚其先人之室，則三日哭」，故曰，新宮火，亦三日哭。」

三·五　乙亥，乙亥，二十三日。葬宋文公。無傳。參去年傳注。

三·六　夏，公如晉。

三·七　鄭公子去疾帥師伐許。

三·八　公至自晉。無傳。

三·九　秋，叔孫僑如帥師圍棘。棘，詳傳注。

三·一〇　大雩。無傳。

三·一一　晉郤克、衞孫良夫伐廧咎如。「廧」，公羊作「將」，穀梁作「牆」，音同通用。

三·一二　冬十有一月，晉侯使荀庚來聘。

三·一三　衞侯使孫良夫來聘。

三·一四　丙午，丙午，二十八日。及荀庚盟。

三·一五　丁未，丁未，二十九日。及孫良夫盟。

三·一六　鄭伐許。無傳。

傳

三·一 三年春，諸侯伐鄭，次于伯牛，伯牛自是鄭國西部地名，已難詳考當今何地。討邲之役也。邲之役在宣十二年。此一戰役中，鄭於晉有二心。遂東侵鄭。鄭公子偃帥師禦之，據杜注，公子偃爲鄭穆公子，亦即六年傳之子游。使東鄙覆諸鄤，覆，埋伏。鄤音瞞，據傳文，當是鄭國東部地。水經河水注有鄤水，與汜水相合，則在鄭之西北，恐是另一鄤。説本江永考實。傳世器有曼龔父簋，阮元積古齋鐘鼎彝器款識以爲即鄭曼伯之曼，亦即此鄤。方濬益綴遺齋彝器考釋則謂鄤仲鼎、毁，其文從自，當即此地，與曼爲姓者不同，阮説誤。敗諸丘輿。丘輿亦當在鄭國東部。皇戌如楚獻捷。

三·二 夏，公如晉，拜汶陽之田。去年晉使齊退回汶陽田與魯，於是魯成公往晉答謝。據經、傳，自文十三年魯朝晉後，至此年再朝晉，中歷二十七年未朝。

三·三 許恃楚而不事鄭，鄭子良伐許。

三·四 晉人歸楚公子穀臣與連尹襄老之尸于楚，以求知罃。於是荀首佐中軍矣，故楚人許之。以上俱可參見去年傳並宣十二年傳。王送知罃，曰：「子其怨我乎？」對曰：「二國治戎，治戎及十六年傳之治戎與僖二十三年傳「晉、楚治兵遇於中原」之「治兵」義同，實即交戰之意。臣不才，不勝其任，以爲俘馘。知罃實被「俘」，而未被「馘」，此「馘」字是連類而及之詞。執事不以釁鼓，釁鼓，見僖三十三年傳注。使歸即戮，君之惠也。臣實不才，又誰敢怨？」王曰：「然則德我乎？」對曰：「二國圖其社稷，而求紓其民，紓，緩。各懲其忿，懲，戒也。以相宥也。兩釋纍囚，以成其好。二國有好，臣不與及，其誰敢德？」王曰：「子歸，何以報我？」對曰：「臣不任受怨，君亦不任受德，無怨無德，不知所報。」王曰：「雖然，必告不穀。」對曰：「以君之靈，纍臣得歸骨於晉，寡君之以爲戮，死且不朽。若從君之惠而免之，以賜君之外臣首；當時卿大夫對外國國君自稱爲外臣，此知罃於楚君亦直稱其父之名。首其請於寡君，而以戮於宗，宗，宗廟。荀首不但是知罃之父，且是荀氏小宗宗子，于本族成員有殺戮之權，然先須得國君同意。亦死且不朽。若不獲命，杜注：「君不許戮。」而使嗣宗職，宗職，杜注：「嗣其祖宗之位職。」洪亮吉詁以爲荀首之父未嘗爲卿，不得言「嗣祖宗之位職」，因云：「宗職，父職也。」但此時荀首正佐中軍，未告老退休，洪説亦不可信。沈欽韓補注云：「宗職猶言宗子之事。下『次及於事』，乃是以次序而當晉之事。」較妥。次及於事，而帥偏師，以修封疆。雖遇執事，其弗敢違，其竭力致死，無有二心，以盡臣禮，所以報也。」王曰：「晉未可與爭。」重爲之禮而歸之。

三·五　秋，叔孫僑如圍棘，棘，江永考實據杜注以爲在今山東肥城縣南，沈欽韓地名補注據山東通志以爲在泰安縣西南境。水經汶水注謂棘亭在汶水北八十里，與此兩説皆可合。取汶陽之田。棘不服，故圍之。魯城邑不服或叛而圍之者，據經、傳所載，共七次，此第一次。其他爲昭十三年圍費，二十六年圍成，定六年圍鄆，十年圍郈（二次），十二年圍成。説本李廉春秋諸傳會通。

三·六　晉郤克、衛孫良夫伐廧咎如，廧咎如見僖二十三年傳注。討赤狄之餘焉。赤狄部落甚多，如潞氏、甲氏、留吁、鐸辰之屬，先後皆爲晉所滅，所餘唯廧咎如，故云「討赤狄之餘」。孔疏引劉炫説及惠棟補注，釋均如此。杜注謂「晉滅赤狄潞氏，其餘民散入廧咎如，故討之」，誤。廧咎如潰，上失民也。杜注：「此傳釋經之文，而經無『廧咎如潰』，蓋經闕此四字。」穀梁亦無此四字，杜注未必可信。

三·七　冬十一月，晉侯使荀庚來聘，且尋盟。庚，荀林父子。尋盟，尋元年赤棘之盟。衛侯使孫良夫來聘，且尋盟。尋宣七年之盟。公問諸臧宣叔曰：「中行伯之於晉也，其位在三；中行伯即荀庚。當時晉以郤克爲中軍帥，位第一；荀首爲中軍佐，位第二；荀庚爲上軍帥，位第三。杜注據下段答語推定「位在三」是下卿。孫子之於衛也，位爲上卿，將誰先？」對曰：「次國之上卿當大國之中，中，中卿。中當其下，下當其上大夫。次國之卿大夫較大國之卿大夫低一級。小國之上卿當大國之下卿，中當其上大夫，下當其下大夫。小國之卿大夫較大國之卿大夫低二級。**上下如是，古之制也。衞在晉，不得爲次國。**不得爲次國，則僅爲小國。**晉爲盟主，其將先之。」**依上述原則計算兩人等級，衞之上卿相當晉之下卿，則孫良夫與荀庚爲同級官員。但晉不但爲大國，且是盟主，所以荀庚仍當在先。**丙午，盟晉；丁未，盟衞，禮也。**據李廉會通計算，聘而遂盟，共五次，除此兩次外，尚有十一年及晉郤犨盟，襄七年及衞孫林父盟，十五年及宋向戌盟。

三·八 **十二月甲戌，**甲戌，二十六日。**晉作六軍。**年表、齊世家、晉世家「六軍」俱作「六卿」，恐係因下文「皆爲卿」而致誤。**韓厥、趙括、鞏朔、韓穿、荀騅、趙旃皆爲卿，**騅音錐。荀騅，據晉世家索隱，謚文子。晉原有三軍，此時增置新中、上、下三軍，共六軍。三軍原各有將、佐，計六卿；今增置新三軍，亦各有將、佐，增六人爲卿。六年傳云「韓獻子將新中軍」，杜預以此名次推算，以爲「韓厥爲新中軍，趙括佐之；鞏朔爲新上軍，韓穿佐之；荀騅爲新下軍，趙旃佐之」。晉世家「韓穿」誤作「趙穿」。**賞鞌之功也。**

三·九 **齊侯朝于晉，將授玉。**古代諸侯相朝見，有「授玉」「受玉」之禮，六年傳云「鄭伯如晉拜成，授玉于東楹之東」，定十五年傳云「邾隱公來朝，邾子執玉高，公受玉卑」，均可以爲證。晉世家云：「齊頃公如晉，欲上尊晉景公爲王，景公讓不敢。」年表與齊世家記載相同。司馬遷解「授玉」爲「尊爲王」，或是認「玉」字爲「王」字之故。說詳孔疏、惠棟補注、齊召南考證、沈欽韓補注。**郤克趨進曰：**郤克時爲上擯（主人方面行禮時首席輔助人員），在中庭，而兩君在堂上。欲乘授玉之際進言，必須抵阼階（東階）之西。由中庭進至阼階西，相距較遠，故必須趨進，否則難及。同時又以趨進示恭敬。說參陶鴻慶別疏。**「此行也，君爲婦人之笑辱**

也，指郤克爲齊頃公母所笑事，見宣十七年傳。寡君未之敢任。」郤克此語猶在發洩其被笑之怨。晉侯享齊侯。齊侯視韓厥。視，熟視。韓厥曰：「君知厥也乎？」知，認識。說詳楊樹達先生讀左傳。齊侯曰：「服改矣。」當鞌之戰中，皆着戎服，今着朝服。韓厥登，舉爵曰：「臣之不敢愛死，愛，惜也。爲兩君之在此堂也。」韓厥此語，意在補救郤克之洩怨。意謂兩君在堂上宴會和好，正是我在作戰中奮勇追逐之目的。

三·一〇　荀罃之在楚也，荀罃即知罃。鄭賈人有將寘諸褚中以出。褚，音煮，裝衣物所用之囊。鄭國商人擬盛知罃於褚中逃出楚國，正與公羊哀六年傳陳乞用巨囊載公子陽事相類似。說詳王引之述聞。既謀之，未行，而楚人歸之。賈人如晉，荀罃善視之，視，看待。如實出己。賈人曰：「吾無其功，敢有其實乎？吾小人，不可以厚誣君子。」廣雅釋詁：「誣，欺也。」禮記表記「受祿不誣」，注：「於事不信曰誣。」則亦欺罔之義。與此誣字用法同。遂適齊。

四年，甲戌，公元前五八七年。周定王二十年、晉景十三年、齊頃十二年、衞定二年、蔡景五年、鄭襄十八年、曹宣八年、陳成十二年、杞桓五十年、宋共二年、秦桓十八年、楚共四年、許靈五年。

經

四·一 四年春，二月初四辛亥冬至，實建亥，有閏。宋公使華元來聘。

四·二 三月壬申，三月無壬申，恐日月有誤。杜注謂「壬申，二月二十八日」，亦不確，實二月二十五日。鄭伯堅卒。無傳。

四·三 杞伯來朝。

四·四 夏四月甲寅，甲寅，八日。臧孫許卒。無傳。

四·五 公如晉。

四·六 葬鄭襄公。無傳。

四·七 秋，公至自晉。

四·八 冬，城鄆。無傳。鄆音運。魯有二鄆，東鄆已見文十二年經注。此則西鄆。十六年傳「公還，待于鄆」，即此西鄆。地近于齊，昭二十五、二十六、二十九以及定六、七、十年諸鄆，皆西鄆。在今山東鄆城縣東十六里。

四·九 鄭伯伐許。鄭襄公死未踰年，鄭悼公稱爵，見僖九年傳注。

傳

四·一　四年春，宋華元來聘，通嗣君也。嗣君指宋共公。據文元年傳「凡君即位，卿出並聘」之文，則此爲宋共公始聘於魯。又據經、傳所載，在此以前未見宋來聘。魯文十一年，公子遂去宋，不載宋國報聘。此以後，亦僅有八年華元來、襄十五年向戌來及昭十二年華定來三次。總計春秋二百四五十年間，魯、宋兩國往來通好，若是其少，未必合於情理，當是記載有闕。

四·二　杞伯來朝，歸叔姬故也。叔姬當爲魯公女嫁爲杞伯夫人者。杞伯欲出之，故先來朝。明年春，杞叔姬「來歸」，八年死。

四·三　夏，公如晉。晉侯見公，不敬。季文子曰：「晉侯必不免。詩曰：『敬之敬之！天惟顯思，命不易哉！』詩周頌敬之句。詳僖二十二年傳並注。夫晉侯之命在諸侯矣，晉景公爲諸侯霸主，諸侯向之或背之可以決定其命運。可不敬乎！」

四·四　秋，公至自晉，欲求成于楚而叛晉。因晉景公接見時不敬之故。季文子曰：「不可。晉雖無道，未可叛也。國大、臣睦，而邇於我，諸侯聽焉，未可以貳。史佚之志有之曰：史佚見僖十五年傳注。『非我族類，族類指種族。其心必異。』楚雖大，非吾族也，其肯字我乎？」字，愛也。公乃止。

四·五 冬十一月，鄭公孫申帥師疆許田。公孫申即十年、十四年傳之叔申。去年鄭曾侵許，掠奪田地，今年又帶領軍隊往定其經界，爲許人所敗。至十四年，鄭又伐許，許不得已將此次公孫申所劃界之田與鄭以求成。許人敗諸展陂。展陂當在今河南許昌市西北。鄭伯伐許，取鉏任、泠敦之田。任音壬。鉏任、泠敦當在今許昌縣境内。

晉欒書將中軍，代郤克。荀首佐之，士燮佐上軍，以救許伐鄭，取汜、祭。汜音凡，汜音祀，字本不同，以形近易訛。依杜注，字應作「汜」，與僖二十四年傳之「汜」不同，即水經汜水，白水經以後，均從巳作汜，其地在今河南舊汜水縣（縣今已廢，在今滎陽縣之西北，鞏縣之東北）。祭在今鄭州市北，或云在今中牟縣。汜、祭兩邑相距較遠，晉或先後取得之。年表與晉世家均只云「取汜」，不書取祭。

楚子反救鄭，鄭伯與許男訟焉，兩人在子反前争是非曲直。皇戌攝鄭伯之辭。攝，代也。皇戌代鄭悼公發言。子反不能決也，曰：「君若辱在寡君，在，存問也，亦見隱十一年傳注。辱在寡君，當時外交辭令，意欲使兩君朝楚。寡君與其二三臣共聽兩君之所欲，成其可知也。成，讀爲詩大雅緜「虞、芮質厥成」之成，有斷其是非，使兩得其當，息其争訟之意，説詳周禮地官調人孫詒讓正義。不然，側不足以知二國之成。」側，子反之名。明年鄭悼、許靈去楚訴訟。

四·六 晉趙嬰通于趙莊姬。趙嬰即僖二十四年傳之樓嬰，宣十二年傳之趙嬰齊，詳彼注。趙莊姬，趙朔之妻，趙朔謚「莊」，故亦稱莊姬。趙朔爲趙盾之子，宣十二年將下軍，此時當已死。趙嬰與趙莊姬是夫叔與姪媳通奸。趙世家云「趙朔妻成公姊」，則趙莊姬爲晉文公女。據僖二十四年傳，趙衰所妻乃文公女，若如司馬遷所言，趙朔亦娶文公女，則祖與孫各娶一姐一妹，不合情理。賈逵、服虔均以趙莊姬爲成公女，較爲合理。司馬遷或者誤採戰國時異説，梁玉繩史記志疑謂史記有誤字，亦未必然。新序節士篇亦謂「趙朔妻成公姊」，可見説或有自。　此句應與下年傳「原、屏放諸齊」連讀。

五年，乙亥，公元前五八六年。周定王二十一年、晉景十四年、齊頃十三年、衛定三年、蔡景六年、鄭悼公費元年、曹宣九年、陳成十三年、杞桓五十一年、宋共三年、秦桓十九年、楚共五年、許靈六年。

經

五·一　**五年春王正月，**正月十五日丙辰冬至，建子。**杞叔姬來歸。**去年傳云「杞伯來朝，歸叔姬故也」，故今年叔姬返魯。「諸侯出夫人」之禮，禮記雜記下有所記述。

五·二　**仲孫蔑如宋。**

五·三　**夏，叔孫僑如會晉荀首于穀。**「荀首」，公羊作「荀秀」，首、秀古音同韻部，可以通假。穀，齊地，見莊七年經注。

五·四　**梁山崩。**

五·五 秋，大水。無傳。

五·六 冬十有一月己酉，己酉，十二日。天王崩。

五·七 十有二月己丑，己丑，二十三日。公會晉侯、齊侯、宋公、衛侯、鄭伯、曹伯、邾子、杞伯同盟于蟲牢。蟲牢，鄭地，今河南省封丘縣北，亦見襄十八年及定八年傳。

傳

五·一 五年春，原、屏放諸齊。此句緊接上年傳「晉趙嬰通于趙莊姬」，謂趙同、趙括逐放趙嬰齊于齊國。原、屏見宣十二年傳並注。「作」指興起禍害。嬰曰：「我在，故欒氏不作。欒氏，指欒書等人。此時欒書將中軍，執晉國政。我亡，吾二昆其憂哉。昆，兄也，趙同、趙括爲趙嬰之兩兄。且人各有能、有不能，意謂我雖不能謹守規矩禮法，但能保護趙氏，而同、括則不能。舍我，何害？」弗聽。

嬰夢天使謂己：「祭余，余福女。」使問諸士貞伯。士貞伯即宣十二年之士貞子、成十八年之士渥濁。宣十五傳稱爲士伯，下文又簡稱爲貞伯。貞伯曰：「不識也。」不識，不知也。既而告其人曰：其人指趙嬰所遣問于士渥濁之使。士渥濁答以不識，旋即與使者私言，以己意告之。哀二十六年傳載衞出公使人問子貢「吾其入乎」，子貢答以「不識也」，而私於使者云「不識所由入也」，與此情況相同，或古人問對禮節有如此者。說本沈欽韓補注。**「神福仁而禍淫。淫而無罰，福也。祭，其得亡乎？」**杜注：「以得放遣爲福。」杜注誤。「其得亡乎」猶言「豈得無禍乎」，亡通無。**祭之，之明日而亡。**八年，趙同、趙括爲晉所殺，此傳先叙其原本。

五·二 **孟獻子如宋，報華元也。**去年宋華元來聘問，今年仲孫蔑答聘。

五·三 **夏，晉荀首如齊逆女，故宣伯餫諸穀。**宣伯即叔孫僑如，見文十一年傳。餫音運，爲在野行路之人餽送食物。

五·四 **梁山崩，**梁山有數處，詩大雅韓奕之梁山在今北京市房山縣東北，孟子梁惠王下之梁山當在今陝西乾縣西北，此梁山則當在今陝西韓城縣，離黃河不遠之處。本是古梁國名山，僖十九年秦滅梁；文十年晉又伐秦，取之，故爾雅釋山謂之「晉望」，意即晉國所祭名山。或云即山西離石縣東北呂梁山，但呂梁山離黃河百餘里，較遠。公羊、穀梁兩傳與韓詩外傳皆云因梁山崩而黃河壅塞，如其言可信，自非呂梁山矣。穀梁傳與韓詩外傳八又云河因晉侯用伯宗之言復流，則論衡感虛篇已云「此虛言也」。**晉侯以傳召伯宗。**傳，去聲，傳車。傳車爲古代驛站專用車輛，每抵一中途站換車、換馬、換御者，繼續前行，取其快速。伯宗，晉大夫。晉語五韋注以爲「孫伯糾之子」。穀梁傳作「伯尊」，王引之春秋名字解詁云「伯宗字尊」。**伯宗辟重，曰：「辟傳！」**「辟重」之「辟」音闢。重，重車，裝載貨物之車。形體較大，故晉語謂之「大車」。以人力拉行，穀梁與韓詩外傳又謂之「輦」。晉語五云「遇大車當道而覆，立而辟之，曰：避傳」，恐車覆事不可信。因車當道傾覆，一時避讓不及，不至要之避讓。唯車不覆，始能曰「辟傳」。孟子離婁下「行辟人可也」即此辟義。至于穀梁傳與韓詩外傳謂鞭打輦車人，更不可靠。「辟傳」之「辟」同「避」。「辟傳」，爲傳車讓路而避開。**重人曰：**重人，押送或挽行重車之人。**「待我，不如捷之速也。」**捷，走捷徑。**問其所。曰：「絳人也。」問絳事焉。曰：「梁山崩，將召伯宗謀之。」問將若之何。曰：「山有朽壤而崩，可若何？**古人不知地震山崩之理，但此人却能知梁山崩爲自然現象，不作「鬼神禍福」之預言，足爲一時有識者。此人自是當時下層人物。**國主山川，**國以山川爲主，周語上云「夫國必依山川」，亦此意。杜注云「主謂所主祭」，不合傳意。**故山崩川竭，君爲之不舉、**不舉，食不殺牲，菜殽不豐盛，不用音樂助食。「舉」義詳莊二十年傳注。**降服、**杜注云「損盛服」，即不着平常華麗衣服。據周禮春官司服「大裁素服」鄭玄注，「降服」爲「素服縞冠」，即着白色衣、戴白絹帽，穀梁傳作「君親素縞」是也。**乘縵、**縵有兩解。杜注謂「車無文」，即無彩飾之車，王念孫廣雅釋詁疏證「曼，無也」條下申言此説。周禮春官巾車云「卿乘夏縵」，沈欽韓補注謂縵即夏縵。王乘卿車，自我貶責之義。兩説皆可通。**徹樂、**周禮春官大司樂云：「四鎮五嶽崩，令去樂。」**出次，**離開平時居處。杜注：「舍於郊。」**祝幣，**陳列獻神之禮物。杜注：「陳玉帛。」**史辭以禮焉。**祝本是祭祀典司贊詞之官，亦司陳列獻神禮品，史讀祭神文辭以禮祭神。**其如此而已。雖伯宗，若之何？」伯宗請見之。**見舊讀去聲。「見之」，引重人謁見晉侯。**不可。遂以告，而從之。**以重人之言告晉侯，而晉侯從之。穀梁傳與韓詩外傳八皆云伯宗隱瞞受之重人事情，且引孔丘之言，責其「攘善」。

五·五 許靈公愬鄭伯于楚。事見去年傳。因爲子反之言，許靈公先作原告。六月，鄭悼公如楚訟，不勝，楚人執皇戌及子國。子國，鄭穆公之子公子發。鄭世家云：「悼公使弟睔於楚自訟。訟不直，楚因睔。」與左傳不同。司馬遷或另有所據。故鄭伯歸，使公子偃請成于晉。公子偃已見三年傳並注。秋八月，鄭伯及晉趙同盟于垂棘。垂棘，晉地。據沈欽韓地名補注，當在今山西潞城縣北。亦見僖二年傳。

五·六 宋公子圍龜爲質于楚而歸，杜注：「圍龜，文公子。」據下傳，字子靈。華元享之。宣十五年華元去楚爲質，成二年以前便返回宋國。此時圍龜從楚國爲質回來，杜注因此認爲圍龜之爲質，乃代華元。請鼓譟以出，鼓譟以復入，請求擂鼓呼叫以出入華元之門。曰：「習攻華氏。」宋公殺之。

五·七 冬，同盟于蟲牢，鄭服也。

諸侯謀復會，宋公使向爲人辭以子靈之難。宋共公不擬與會，以圍龜欲攻華氏而被殺事辭之。據十五年傳孔疏引世本「桓公生向父盻」云云，向爲人或是宋桓公後裔。

五·八 十一月己酉，定王崩。杜注：「經在蟲牢盟上，傳在下，月倒錯。衆家傳悉無此八字。或衍文。」竹添光鴻會箋則以爲定王不書葬，所以爲此傳者，蓋敘定王謚號，決非衍文。蟲牢之盟所以在前，由于子靈被殺在秋，由此順敘宋共因此辭會而及，不必依隨經序。說頗有理。

六年，丙子，公元前五八五年。周簡王元年、晉景十五年、齊頃十四年、衛定四年、蔡景七年、鄭悼二年、曹宣十年、陳成十四年、杞桓五十二年、宋共四年、秦桓二十年、楚共六年、吴壽夢元年、許靈七年。

經

六·一 六年春王正月，正月二十五日辛酉冬至，建子。公至自會。無傳。

六·二 二月辛巳，辛巳，十六日。立武宫。

六·三 取鄟。鄟，附庸小國，在今山東郯城縣東北三十餘里。公羊傳以爲「邾婁之邑」，春秋經取邑必繫所屬國，獨書某者，皆國也。説本汪克寬春秋胡傳附録纂疏。

六·四 衛孫良夫帥師侵宋。

六·五 夏六月，邾子來朝。無傳。

六·六 公孫嬰齊如晉。嬰齊已見二年經注。

六·七 壬申，壬申，九日。鄭伯費卒。

六·八 秋，仲孫蔑、叔孫僑如帥師侵宋。

六·九 楚公子嬰齊帥師伐鄭。

六・一〇　冬，季孫行父如晉。

六・一一　晉欒書帥師救鄭。「救」，公羊作「侵」。去年蟲牢之盟，鄭服于晉，故楚伐鄭而晉救鄭。明年楚又伐鄭，晉又率諸侯救鄭。則公羊作「侵鄭」之誤可知。説本汪克寬纂疏及趙坦異文箋。

傳

六・一　六年春，鄭伯如晉拜成，答謝去年垂棘與蟲牢兩次之盟。子游相，子游，公子偃字。古人名「偃」多字「游」，如鄭國駟偃字子游（昭十六年傳注），晉國荀偃字伯游（襄十三年傳），籍偃亦字子游（晉語七注），吴國言偃亦字子游（史記仲尼弟子列傳）。相，輔助鄭悼公行禮。授玉于東楹之東。古代堂上有東西兩大柱，曰東楹、西楹。兩楹之中曰「中堂」。如賓主身份相當，授受玉應在兩楹之間。如賓身份低於主人，授受玉在中堂與東楹之間，即在東楹之西。晉景公與鄭悼公皆一國之君，依當時常禮，應授受玉于兩楹之間。鄭悼縱以爲晉景爲霸主，不敢行平等身份之禮，亦當在中堂與東楹之間。今晉景安詳緩步，而鄭悼則快步又過謙，竟至東楹之東授玉，尤見自卑。參見沈欽韓補注與陶鴻慶别疏。士貞伯曰：「鄭伯其死乎！自棄也已。不自尊重謂之「自棄」。視流而行速，賈子容經云：「朝廷之見，端若平衡。」流則如流水，既不端正，亦不平衡，若東張西望。説本章炳麟讀。行速，見上注。不安其位，宜不能久。」宜，殆也。

六・二　二月，季文子以鞌之功立武宮，鞌之戰在二年。此武宮與昭十五年經之武宮不同。一爲魯武公之廟，經、傳之文明白可據。此據下文「立武由己」，不當解爲武公之廟，當爲表示武功之紀念建築。章炳麟春秋左氏疑義答問四謂在魯公所處之宮外，設兵欄，如司馬門，並有守衞屯兵。蓋揣測之辭。韓非子外儲説左上云「宋王與齊仇也，築武宮」，與此武宮意義相同。公羊傳釋爲「武公之宮」，固不可信（于鬯香草校書有説，可以參看），即杜注以宣十二年之武軍釋之，亦未必然。宣十二年邲之戰後，潘黨請楚莊築武軍，乃戰後收埋敵人尸首；而季孫行父築武宮，則在戰後四年，自非收埋敵尸。且武軍築於戰場，此武宮則可能建於魯國國內。**非禮也。聽於人以救其難，**鞌之戰是魯向晉請求出兵以救齊國入侵之難，戎事均聽從於晉人。**不可以立武。**立武，意即用紀念物以表揚武功。**立武由己，非由人也。**

六·三　**取鄟，**鄟音專，穀梁傳云「國也」，公羊傳則云「邾婁之邑」。鐵雲藏龜拾遺二一七云「于專」，惜前後字漫漶。小屯乙編八一一一云：「貞：乎乍圂于專，勿作圂于專？」此二「專」不知即此「鄟」不。若然，自是殷商以來小國。公羊説之不可信，可參看齊召南公羊注疏考證。鄟所在地，顧棟高大事表以爲在今山東郯城縣東北；畢沅晉書地理志新補正卷一則以爲即昭二十六年之鄟陵，當在今山東兗州一帶。**言易也。**詳宣九年傳注。

六·四　**三月，晉伯宗、夏陽説、衞孫良夫、甯相、鄭人、伊雒之戎、陸渾、蠻氏侵宋，**夏陽説，晉國大夫。夏陽或爲地名，即僖二年傳之下陽。夏陽説或以下陽爲采邑，因以爲氏。伊雒之戎見僖十一年傳注。陸渾即僖二十二年傳陸渾之戎，詳彼注。蠻氏，據杜注，即昭十六年戎蠻，當在今河南臨汝縣西南，汝陽縣東南，哀四年楚滅之。**以其辭會也。**宋共拒絶再會，見去年傳。**師于鍼。**鍼，衛邑，離當時衛都帝丘不遠，在今河南濮陽縣附近。僖二十八年傳衛有鍼莊子，或以鍼爲其采邑。**衛人不保。**衛有孫良夫、甯相率師參加聯軍，故聯軍駐紮在其郊外，不加守備。**説欲襲衛，曰：「雖不可入，多俘而歸，有罪不及死。」伯宗曰：「不可。衛唯信晉，故師在其郊而不設備。若襲之，是棄信也。雖多衛俘，而晉無信，何以求諸侯？」乃止。師還，**謂侵宋而還也。疑還經衛者，僅晉師。衛師自隨之還。其餘若鄭師等，則不必繞道於衛。**衛人登陴。**陴見宣十二年傳注。衛人仍未喪失警惕。

六·五　**晉人謀去故絳，**晉從此後遷都新田，亦稱新田爲絳，因稱故都絳爲故絳。絳詳隱五年傳注。**諸大夫皆曰：「必居郇、瑕氏之地，**郇已見僖二十四年傳注，瑕已見僖三十年傳注。郇在解池西北，瑕在解池南。面積甚大，不可能全部劃爲晉國都城，此云「居郇、瑕之地」，蓋擇其一部也。杜注以郇瑕爲古國，誤。方濬益綴遺齋彝器考釋卷九已駁之。**沃饒而近盬，**盬即鹽池，今曰解池。穆天子傳「至于盬」，説文「盬，河東鹽池」，均可以爲證。**國利君樂，不可失也。」韓獻子將新中軍，且爲僕大夫。**僕大夫，舊注皆以爲即周禮夏官大僕之官，掌管宮中之事。**公揖而入。**晉景公與其臣屬朝禮畢而退入路門内。按當時之禮，諸侯有三座大門及三朝，第一重門内爲外朝，第二重門内爲治朝，第三重門爲路門，門内爲燕朝。晉景公視朝，若非治朝，則爲外朝。錢綺札記謂討論遷都，應在外朝。公揖，揖羣臣，非揖韓厥一人。因當時之禮，人君視朝，徧揖羣臣而退。獻子從。韓厥既兼僕大夫，據周禮司士與大僕，羣臣退後，大僕尚須引導君王退朝。故晉景公進入内朝，他臣皆退散，唯韓厥隨入。顧炎武日知録二十七云：「僕大夫者，君之親臣，故獨令之從公而入寢庭。」此以親臣解之，未必合傳意。公立於寢庭，寢，路寢，亦曰正寢，人君一般在此理政，遇齋戒與疾病，亦居於此。寢庭，路寢外庭院。謂獻子曰：「何如？」對曰：「不可。郇、瑕氏土薄水淺，其惡易覯。惡，污穢骯髒之物，説詳顧炎武補正與武億義證。杜注解覯爲遇見。覯亦可釋爲構之借字，詩小雅四月「我日構禍」，成也，合也，結也。與下文「流其惡」正相對。易覯則民愁，民愁則墊隘，左傳凡三用「墊隘」一詞，均可解爲羸弱。其他爲襄九年「辛苦墊隘」與二十五年「久將墊隘」。杜注於三處解釋不同，不確。於是乎有沈溺重膇之疾。沈溺爲風濕病。重，即今「腫」字。膇音墜，足腫。不如新田，新田，今侯馬市，距故絳五十里。土厚水深，居之不疾，有汾、澮以流其惡，汾水流經新田西北。澮水流經新田，注入汾水。且民從教，百姓習慣於服從。十世之利也。夫山、澤、林、鹽，國之寶也。國饒，則民驕佚。魯語下公父文伯之母云：「昔聖王之處民也，擇瘠土而處之，勞其民而用之，故長王天下。夫民，勞則思，思則善心生；逸則淫，淫則忘善，忘善則惡心生。沃土之民不材，逸也。」可以與韓厥之言參看。此駁「沃饒」。近寶，公室乃貧。駁「近鹽」。國都接近利藪何以將使公室貧窮，不易理解。孔疏謂國都近寶，民皆將棄農就商，貧富兼併懸殊。貧者則無以供官府，富者又不能多徵，國家賦税將因之減少。不可謂樂。」公説，從之。夏四月丁丑，丁丑，十三日。晉遷于新田。若不以唐叔所封爲太原市，則晉前後四次遷都，均在平陽（今臨汾縣西南）四周一百五十里之内。翼在今翼城縣東南三十五里。曲沃在聞喜縣東北，距翼約一百五十里。故絳在今汾城南，新絳北，東距翼約一百里。新田即今侯馬市，去翼僅數十里耳。

六·六　六月，鄭悼公卒。此傳有二義。一爲經未書葬，無由表示其謚，故於此補出。二爲上傳士渥濁預言鄭伯將死，以此證其言之驗。經載「鄭伯費卒」在「公孫嬰齊如晉」之後，傳以「如晉」、「伐宋」連敘，故提前。

六·七　子叔聲伯如晉，子叔聲伯即公孫嬰齊。命伐宋。晉人令魯伐宋。三月，晉伯宗等嘗率諸侯之師侵宋，宋仍不從晉，故再令魯伐宋。

六·八　秋，孟獻子、叔孫宣伯侵宋，晉命也。

六·九　楚子重伐鄭，鄭從晉故也。

六·一〇　冬，季文子如晉，賀遷也。特使賀晉遷都。

六·一一　晉欒書救鄭，與楚師遇於繞角。繞角，據杜注爲「鄭地」，江永考實云「當是蔡地」，在今河南魯山縣東南。江説較可信。楚師還。據襄二十六年傳，晉曾用析公之謀，夜臨楚軍而楚師宵潰。晉師遂侵蔡。楚公子申、公子成以申、息之師救蔡，禦諸桑隧。桑隧在今河南確山縣東。趙同、趙括欲戰，請於武子，武子，欒書。武子將許之。知莊子、范文子、韓獻子諫曰：知莊子，荀首；

范文子，士燮；韓獻子，韓厥。「不可。吾來救鄭，楚師去我，吾遂至於此，此指蔡地。是遷戮也。侵蔡即「遷戮」。戮而不已，又怒楚師，戰必不克。雖克，不令。縱戰勝，亦非好事。令，善也。成師以出，宣十二年傳亦有此語。而敗楚之二縣，二縣謂申、息二縣之師。何榮之有焉？若不能敗，爲辱已甚，已，太也。不如還也。」乃遂還。

於是軍帥之欲戰者衆。「帥」，阮刻本作「師」，據釋文，當作「帥」，今從金澤文庫本及他本訂正。或謂欒武子曰：「聖人與衆同欲，是以濟事，子盍從衆？子爲大政，大政，即黿君鐘銘之「大正」，執政大臣也。説詳楊樹達先生金文餘説。此及昭七年傳之「子爲大政」義同于文七年、宣二年、襄四年及二十一年傳之「子爲正卿」。將酌於民者也。子之佐十一人，據孔疏引服虔説，十一人爲荀首佐中軍；荀庚將上軍，士燮佐之；郤錡將下軍，趙同佐之；韓厥將新中軍，趙括佐之；鞏朔將新上軍，韓穿佐之；荀騅將新下軍，趙旃佐之。除下軍將佐外均見三、四年傳。其不欲戰者，三人而已。欲戰者可謂衆矣。商書曰『三人占，從二人』，句在今周書洪範。原文爲「三人占，則從二人之言」，此節取大意。古代卜筮，詢之三人，如哀九年傳「占諸史趙、史墨、史龜」，各人判斷未必相同，從其二人相同者。衆故也。」武子曰：「善鈞從衆。鈞同均，善均等，始取多數之言。夫善，衆之主也。有善，衆則從之。三卿爲主，可謂衆矣。周語云：「三人爲衆。」可見「三人爲衆」，當時即有此語。從之，不亦可乎！」

七年，丁丑，公元前五八四年。周簡王二年、晉景十六年、齊頃十五年、衛定五年、蔡景八年、鄭成公睔元年、曹宣十一年、陳成十五年、杞桓五十三年、宋共五年、秦桓二十一年、楚共七年、吴壽夢二年、許靈八年。

經

七·一 **七年春王正月**，冬至在二月初七日丙寅，實建亥，且有閏月。**鼷鼠食郊牛角，改卜牛**。鼷音奚，鼠類之最小者。本草綱目獸部三李時珍集解引陳藏器云：「鼷鼠極細，卒不可見，食人及牛馬皮膚成瘡。」春秋載鼷鼠食郊牛者三次，此年及定十五年、哀元年。備郊祭之牛被鼷鼠所傷，乃改用它牛卜其吉凶。郊祭未卜日，謂之牛；卜得日，改曰牲，見僖三十一年並宣三年經傳及注。**鼷鼠又食其角，乃免牛**。無傳。免牛見僖三十一年經注。

七·二 **吴伐郯**。

七·三 **夏五月，曹伯來朝**。

七·四 **不郊，猶三望**。無傳。見僖三十一年傳注。

七·五 **秋，楚公子嬰齊帥師伐鄭**。

七·六 **公會晉侯、齊侯、宋公、衛侯、曹伯、莒子、邾子、杞伯救鄭。八月戊辰**，戊辰，十一日。**同盟于馬陵。**馬陵，見傳注。

七·七 **公至自會。**無傳。

七·八 **吴入州來。**吴見於經始於此。吴見宣八年傳注。州來，國名。詳王夫之稗疏及雷學淇介菴經説卷七，今安徽鳳臺縣。吴卓信漢書地理志補注謂成七年，吴入州來，至昭四年，然丹城州來以備吴；迭屬吴、楚。二十三年鷄父之戰，楚師大奔，州來遂爲吴所有，封季札於此，爲延州來。

七·九 **冬，大雩。**無傳。此因旱而雩，見桓五年傳並注。

七·一〇 **衛孫林父出奔晉。**

傳

七·一 **七年春，吴伐郯，**郯見宣四年經並注。**郯成。**郯與吴和，實爲郯服於吴。**季文子曰：「中國不振旅，**中國，當時華夏各國之總稱。振旅見僖二十八年傳注。此借用作對「蠻夷」無威之義。**蠻夷入伐，而莫之或恤。無弔者也夫！**甲骨及金文「叔」「弔」同是一字。叔，同淑，善也。「無弔者」，無善君也。善君指霸主。句意與昭十六年傳「無伯也夫」同。説參王引之述聞通説。**詩曰『不弔昊天，亂靡有定』，**句見詩小雅節南山。不弔，不淑，不善也。昊音浩，本意爲廣大無邊。昊天，猶言蒼天、上天。句意謂上天不仁，亂無有定。其此之謂乎！有上不弔，有上而不善。杜注：「上謂霸主。」其誰不受亂？吾亡無日矣。」君子曰：「知懼如是，斯不亡矣。」郯去魯不甚遠，吳在當時爲「蠻夷」，竟侵伐至郯，魯執政大臣自然恐懼。

七·二　鄭子良相成公以如晉，見，見，去聲。鄭成公即位不久，初次朝見霸主。且拜師。拜謝去年晉出師救鄭。

七·三　夏，曹宣公來朝。傳文於經文無所説明或補充，據孔疏，僅表示經文「曹伯」即「曹宣公」，即所謂「互見名號」。

七·四　秋，楚子重伐鄭，師于氾。氾音凡。氾有二，僖二十四年傳與此傳之氾是南氾，在河南襄城縣。僖三十年傳之氾是東氾，在河南中牟縣。南氾離楚較近。諸侯救鄭。鄭共仲、侯羽軍楚師，説文：「軍，圜圍也。」廣雅釋言：「軍，圍也。」今言包圍。囚鄖公鍾儀，鄖見桓十一年傳注。獻諸晉。

八月，同盟于馬陵，馬陵，杜注云「衞地」，在今河北大名縣東南。尋蟲牢之盟，且莒服故也。莒本屬齊，齊服晉，莒亦服晉。

晉人以鍾儀歸，囚諸軍府。軍府，據杜注，即軍用儲藏庫，亦用以囚禁戰俘。此句爲九年晉侯見鍾儀事作一伏筆。

七·五　楚圍宋之役，見宣十四、十五兩年傳。師還，子重請取於申、呂以爲賞田。申見隱元年傳注。　呂，古國名，姜姓，周穆王時所封，尚書有呂刑，即呂侯所作。西周彝器有呂齋，郭沫若兩周金文辭大系圖録考釋亦謂爲呂侯所作。彝器又有郘鍾、郘大叔斧，孫詒讓籀高述林郘鐘跋謂「郘」即「呂」，是也。鄭語云「申、呂方彊」，則當周幽王九年國勢尚盛，此時則早滅于楚。故城在今河南南陽市西。　子重欲得呂、申兩縣部份土地。古代本有賞田之制，周禮地官載師所謂「以官田、牛田、賞田、牧田任遠郊之地」可證。又謂之「賞地」，周禮夏官司勳所謂「掌六卿賞地之法以等其功」可證。　王許之。申公巫臣曰：「不可。此申、呂所以邑也，是以爲賦，因申、呂土地全爲公家所有，申、呂始能成邑，兵賦於是有所出。以御北方。「御」同「禦」。若取之，是無申、呂也，若取兩邑部份土地以賞私人，則申、呂不能成邑。晉、鄭必至于漢。」申、呂不能成邑，無以禦北方，故晉、鄭可至漢水。　王乃止。子重是以怨巫臣。子反欲取夏姬，巫臣止之，遂取以行，取同娶。　巫臣取夏姬而逃晉，事見二年傳。子反亦怨之。及共王即位，子重、子反殺巫臣之族子閻、子蕩及清尹弗忌及襄老之子黑要，子閻、子蕩與弗忌，據杜注，皆「巫臣之族」。　清尹，據章炳麟讀，非地方官而爲朝廷官。吴彝云「用作青尹寶尊彝」，不知即此「清尹」否。　此事當發生于楚共王即位二年以後，傳「及共王即位」意即當楚共王即位以後。而分其室。室，家財。子重取子閻之室，使沈尹與王子罷分子蕩之室，子反取黑要與清尹之室。巫臣自晉遺二子書，二子，子重、子反。晉世家云「巫臣怨，遺子反書」，省言子重。曰：「爾以讒慝貪惏事君，讒慝同義，見桓六年傳注。　惏，同婪，貪也。貪惏同義。而多殺不辜，余必使爾罷於奔命以死。」

巫臣請使於吳，晉侯許之。吳子壽夢説之。吳世家謂巫臣自晉使吳在壽夢二年，即此年。當年使吳，當年教之車戰，吳當年伐楚、入州來，使楚七次奔命，未必見效如此之快。或巫臣使吳在去年，司馬遷僅據傳文叙其大略。乃通吳於晉，以兩之一卒適吳，舍偏兩之一焉。兩之一卒是合兩偏成一卒之車，即兵車三十輛；舍偏兩之一是留其卒之一偏，即留十五輛於吳。説詳江永補義。互詳宣十二年傳注。與其射御，與吳以射手與御者。「其」作「之」用。教吳乘車，教之戰陳，教之叛楚。寘其子狐庸焉，使爲行人於吳。行人見桓九年及宣十二年傳注。吳始伐楚、伐巢、伐徐，巢見文十二年經注。徐見莊二十六年經注。子重奔命。救援巢與徐。此事當在今年，在馬陵之會以前。馬陵之會，吳入州來，子重自鄭奔命。子重、子反於是乎一歲七奔命。七次奉命奔馳以禦吳軍。蠻夷屬於楚者，吳盡取之，是以始大，通吳於上國。上國即中原諸國，吳世家作「吳於是始通於中國」。

七·六　衞定公惡孫林父。孫林父，孫良夫之子，謚「文」，又稱孫文子。冬，孫林父出奔晉。衞侯如晉，晉反戚焉。戚本孫氏采邑，孫林父奔晉，戚邑或隨孫氏至晉。今反之。戚見文元年經注。

八年，戊寅，公元前五八三年。周簡王三年、晉景十七年、齊頃十六年、衞定六年、蔡景九年、鄭成二

年、曹宣十二年、陳成十六年、杞桓五十四年、宋共六年、秦桓二十二年、楚共八年、吴壽夢三年、許靈九年。

經

八·一 八年春，正月十八日壬申冬至，建子。晉侯使韓穿來言汶陽之田，歸之于齊。

八·二 晉欒書帥師侵蔡。

八·三 公孫嬰齊如莒。

八·四 宋公使華元來聘。

八·五 夏，宋公使公孫壽來納幣。

八·六 晉殺其大夫趙同、趙括。

八·七 秋七月，天子使召伯來賜公命。「賜」，公羊、穀梁皆作「錫」。以莊元年、文元年經「錫命」推之，字或者本作「錫」。禮記曲禮孔疏引亦作「來錫公命」。

八·八 冬十月癸卯，癸卯，二十三日。杞叔姬卒。

八·九 晉侯使士燮來聘。

八·一〇　叔孫僑如會晉士燮、齊人、邾人伐郯。

八·一一　衞人來媵。

傳

八·一　八年春，晉侯使韓穿來言汶陽之田，歸之于齊。季文子餞之，餞，設酒食送行。私焉，私人交談。曰：「大國制義，以爲盟主，大國處理事務合理適宜，以此爲諸侯盟主。是以諸侯懷德畏討，無有貳心。謂汶陽之田，敝邑之舊也，而用師於齊，使歸諸敝邑。用師指鞌之戰。汶陽之田因鞌之戰逼齊還魯。今有二命，曰『歸諸齊』。信以行義，義以成命，小國所望而懷也。信不可知，義無所立，四方諸侯，其誰不解體？解體，涣散，瓦解。詩曰：『女也不爽，士貳其行。王引之詩述聞謂「貳」當爲「貣」誤字。「貣」即「忒」字。爽、忒同義互文。但自鄭玄以後「貣」皆誤作「貳」。詩原意爲女方毫無過失，始終如一；男方行爲則有過錯。季文子以「女」比魯，以「士」比晉。士也罔極，極，標準。二三其德。』句見衞風氓篇。七年之中，一與一奪，金澤文庫本作「而一與一奪」。自成二年至八年歷時七年。二三孰甚焉？士之二三，猶喪妃耦，妃同配。士對女無信無義，將失去嘉耦。而況霸主？霸主無信無義，所失豈止配耦？霸主將德是以，以，用。霸主必用德。而二三之，其何以長有諸侯乎？詩曰：『猶之未遠，是用大簡。』句見詩大雅板。今詩「簡」作「諫」。猶同猷，謀也。意謂謀略無遠見，故我極力來規勸。行父懼晉之不遠猶而失諸侯也，是以敢私言之。」公羊傳云：「鞌之戰，齊師大敗。齊侯歸，弔死視疾，七年不飲酒，不食肉。晉侯聞之，曰：『嘻！奈何使人之君七年不飲酒不食肉？請皆反其所取侵地。』」

八·二　晉欒書侵蔡，杜注以爲六年侵蔡未逞之故。遂侵楚，獲申驪。杜注：「申驪，楚大夫。」楚師之還也，杜注：「謂六年遇于繞角。」晉侵沈，獲沈子揖初，杜注以「自是」解「初」字，則以「沈子揖」爲句，「初」字屬下讀，文義難通。今從竹添光鴻會箋以「沈子揖初」爲讀。從知、范、韓也。意謂晉之得俘沈君，蓋由欒書從荀首等人之謀。君子曰：「從善如流，昭十三年傳亦有此語，可見爲當時常語。宜哉！詩曰：『愷悌君子，遐不作人？』句見詩大雅旱麓。「愷悌」，今詩作「豈弟」。遐不，何不也。意謂愷悌君子，何故不起用人材。求善也夫！作人，斯有功績矣。」是行也，鄭伯將會晉師，門于許東門，杜注：「過許，見其無備，因攻之。」大獲焉。

八·三　聲伯如莒，逆也。杜注：「自爲逆婦。」

八·四　宋華元來聘，聘共姬也。據明年傳，共姬爲穆姜所生，成公姊妹。其夫爲宋共公，以夫謚爲謚，故稱共姬。古代士人婚禮有六，見莊二十二年經注。在六禮之前，男方遣媒向女方表示通婚之意，士昏禮謂之

「下達」。孔疏謂華元來即士昏禮之「下達」。

八·五 **夏，宋公使公孫壽來納幣，禮也。**公孫壽見文十六年傳。納幣詳莊二十二年經注。

八·六 **晉趙莊姬爲趙嬰之亡故，**莊姬，晉成公女。趙嬰被逐在五年。**譖之于晉侯，**之，探下文指原同與屏括。**曰：「原、屏將爲亂。」欒、郤爲徵。**欒氏、郤氏爲莊姬之譖作證。**六月，晉討趙同、趙括。**晉世家云：「誅趙同、趙括，族滅之。」**武從姬氏畜于公宮。**金澤文庫本「武」上有「趙」字。趙武爲趙朔與莊姬所出，姬氏即莊姬。公宮，晉景公之宮。晉景公爲趙武之舅。趙武何以畜養於晉景公宮中？萬斯大學春秋隨筆謂趙世家所載屠岸賈滅趙氏事雖不可盡信，但云「治靈公之賊以致趙盾」，「合之左傳所載確爲可據。蓋當時因姬譖討同、括，遂並治弒靈一獄，追論趙盾，欲滅其家。武方幼稚，從母匿公宮幸免」。沈欽韓補注則以爲據宣二年傳，趙盾以趙括爲公族大夫，爲趙氏宗族之主。此時趙括被殺，趙氏宗族祭祀隨之廢棄，故後文韓厥有「無後」之語。以前趙武依趙括，括被殺，無所依歸，只得隨母在舅父家畜養。此兩説似均難足信。**以其田與祁奚。**田爲氏族之主要財産，趙氏被滅，唯趙武匿公宮而免，故田收于公，公賞于他人。祁奚，爲高梁伯之子。據呂氏春秋去私篇與開春篇高誘注，字黄羊。于省吾晉祁奚字黄羊解（文史第五輯）曾集十五家之説，並加按斷發揮，亦可備一説。襄二十一年傳又稱之「祁大夫」。祁是晉邑，故城在今山西祁縣東南。**韓厥言於晉侯曰：「成季之勳，**成季，趙衰，輔佐晉文公有功。**宣孟之忠，**宣孟，趙盾。晉語六述知武子之言，亦謂「宣子之忠，其可忘乎」，可見當時晉人皆以忠稱許趙盾。**而無後，爲善者其懼矣。三代之令王皆數百年保天之祿。夫豈無辟王？「辟」同「僻」，邪僻。賴前哲以免也。前哲即指其先代令王。周書曰『不敢侮鰥寡』，句見尚書康誥。所以明德也。」據十七年傳，韓厥小時爲趙盾所養，故爲趙氏進言。乃立武，而反其田焉。趙世家記載趙氏被滅與趙武復立，全採戰國傳説，與左傳、國語不相同，不足爲信史。據趙世家，韓厥勸晉景復立趙武，應在兩年後晉景患病時。但年表仍列「復趙武田邑」於此年。晉世家叙此事則本左傳。

八·七 秋，召桓公來賜公命。杜注：「召桓公，周卿士。」傳明經之召伯即召桓公。

八·八 晉侯使申公巫臣如吴，假道于莒。與渠丘公立於池上，渠丘公即十四年經之莒子朱。莒是當時夷國，國君無謚號，以地名爲號，如襄三十一年之犂比公、昭四年之著丘公、昭十四年之莒郊公、僖二十六年之丕平公。昭十九年有莒共公，共亦非謚，乃地名。渠丘，莒地，據清一統志，在今山東莒縣北。後漢書郡國志謂安丘縣有渠丘亭，或以爲即此渠丘，誤。説詳江永考實及沈欽韓地名補注。至于昭十一年「齊渠丘」則是齊地。池，護城河。曰：「城已惡。」已，太也。莒子曰：「辟陋在夷，其孰以我爲虞？」虞，望也。意謂無人覬覦此偏僻夷蠻之地。説本章炳麟讀。對曰：「夫狡焉思啓封疆以利社稷者，何國蔑有？唯然，故多大國矣。正因爲如此，故大國多。唯或思或縱也。大國侵伐小國以開拓封疆，小國或思慮而爲備，以是得存；或放縱而不爲備，以是而亡。勇夫重閉，重閉，内外門户層層關閉。此爲古代習語，又見於禮記月令、吕氏春秋節喪篇與淮南子泰族訓。況國乎？」明年楚伐莒，莒因城壞而潰，此作伏筆。

八·九　冬，杞叔姬卒。來歸自杞，故書。杜注：「愍其見出來歸，故書卒也。若更適大夫，則不復書卒。」

八·一〇　晉士燮來聘，言伐郯也，以其事吳故。事在七年。公賂之，請緩師。文子不可，文子即士燮。曰：「君命無貳，失信不立。不完成使命爲失信，則難以自立。禮無加貨，除規定禮物以外，不得再有餽贈。此拒絶受賂。事無二成。出師與緩師，二者只能取其一。此拒絶緩師。君後諸侯，是寡君不得事君也。」杜注：「欲與魯絶。」燮將復之。」復之，以此向晉侯復命。季孫懼，使宣伯帥師會伐郯。

八·一一　衞人來媵共姬，媵，遣女陪嫁。據禮，一國國君之女嫁與另一國君，他國送女陪嫁。公羊莊十九年傳云「諸侯娶一國，則二國往媵之」；但共姬出嫁，則有衞、晉、齊三國來媵。禮也。凡諸侯嫁女，同姓媵之，異姓則否。十年「齊人來媵」無傳，依此傳意，則是「非禮」。然俞正燮癸巳類稿三武王女得適齊侯之子義答何休皇甫謐云：「左傳記載事實，言同姓當媵，異姓不必。凡嫁皆媵，非謂不許媵。」

九年，己卯，公元前五八二年。周簡王四年、晉景十八年、齊頃十七年、衞定七年、蔡景十年、鄭成三年、曹宣十三年、陳成十七年、杞桓五十五年、宋共七年、秦桓二十三年、楚共九年、吳壽夢四年、許靈十年。

經

九·一 九年春王正月，正月二十九日丁丑冬至，建子。杞伯來逆叔姬之喪以歸。

九·二 公會晉侯、齊侯、宋公、衛侯、鄭伯、曹伯、莒子、杞伯，同盟于蒲。蒲見桓三年經傳。

九·三 公至自會。無傳。

九·四 二月，伯姬歸于宋。

九·五 夏，季孫行父如宋致女。致女見桓三年傳注。

九·六 晉人來媵。杜注：「媵伯姬也。」

九·七 秋七月丙子，七月無丙子日，疑有誤。杜注謂丙子六月一日，亦誤。齊侯無野卒。無傳。

九·八 晉人執鄭伯。

九·九 晉欒書帥師伐鄭。

九·一〇 冬十有一月，葬齊頃公。無傳。

九·一一 楚公子嬰齊帥師伐莒。庚申，庚申，十七日。莒潰。楚人入鄆。鄆見文十二年經傳。

九·一二　秦人、白狄伐晉。

九·一三　鄭人圍許。

九·一四　城中城。據穀梁傳，中城即内城。若然，則此中城即魯都曲阜之内城。杜注以此爲魯國城邑之名，云在「東海厚丘（各本誤作廩丘，今從金澤文庫本、南宋小字本正）縣西南」，即在今江蘇沭陽縣境，爲魯邊境所未達。杜注不可信。説詳江永考實。定六年「城中城」與此同。

傳

九·一　九年春，杞桓公來逆叔姬之喪，喪，死尸。請之也。穀梁傳謂「夫無逆出妻之喪而爲之也」。公羊傳謂杞桓公來逆叔姬之喪，蓋爲魯所脅迫。左傳則云因魯之請。是三傳同義。杞叔姬卒，爲杞故也。叔姬之死，由于爲杞所棄絶。逆叔姬，爲我也。杞之來逆喪，由我之請。

九·二　爲歸汶陽之田故，事見去年。諸侯貳於晉。晉人懼，會於蒲，以尋馬陵之盟。馬陵之盟在七年。季文子謂范文子曰：「德則不競，競，强也。意謂晉國逼令魯退汶陽之田與齊，乃缺乏信義之德。尋盟何爲？」范文子曰：「勤以撫之，殷勤安撫。寬以待之，待之寬大。堅彊以御之，「彊」，阮刻本誤作「疆」，今從石經、宋本及金澤文庫本訂正。堅强駕御。明神以要之，諸「之」字均指諸侯。明神要，指會盟。柔服而伐貳，德之次也。」雖不能强于德，如此作爲，亦爲次等。是行也，將始會吴，吴人不至。

九·三 二月，伯姬歸于宋。

九·四 楚人以重賂求鄭，鄭伯會楚公子成于鄧。鄧有二，一是蔡地，見桓二年經注；一是鄧國，見桓七年經注。鄧國於魯莊公十六年爲楚所滅，見莊六年傳。此疑是楚國之鄧。

九·五 夏，季文子如宋致女，復命，公享之。據儀禮燕禮賈疏引鄭玄目録，諸侯卿大夫出使外國歸來，國君因其有勤勞之功，設宴慰勞，公享之即此。説參馬宗璉補注。賦韓奕之五章。韓奕見詩經大雅。第五章大意謂蹶父屬意韓姞，娶之。韓姞出嫁，生活安樂，且有美譽。穆姜出于房，當時諸侯宫室制度，路寢之北，中間曰室，東西兩旁曰房。室北有牆壁，房北無牆壁，但有階。燕禮舉行在路寢，穆姜爲伯姬之母，此時在東房，有門户通于路寢。聞季孫行父所賦韓奕五章，即由東房出至路寢。再拜，曰：「大夫勤辱，不忘先君，先君指宣公，即穆姜之夫，伯姬之父。以及嗣君，嗣君指成公，伯姬之兄。施及未亡人，施，延也。未亡人，當時寡婦自稱之辭。先君猶有望也。敢拜大夫之重勤。」又賦緑衣之卒章而入。緑衣見詩經邶風，其最後一章之兩句「我思古人，實獲我心」，穆姜之意所在也。列女傳貞順篇亦録穆姜事，「穆」作「繆」，同。

九·六　晉人來媵，禮也。杜注：「同姓故。」

九·七　秋，鄭伯如晉，晉人討其貳於楚也，執諸銅鞮。鞮音題。據襄三十一年傳，銅鞮有晉侯别宮。又據昭二十八年傳，曾爲羊舌赤之食邑。鄭伯被執當在别宮。據嘉慶一統志，銅鞮在今山西沁縣南。

九·八　欒書伐鄭，鄭人使伯蠲行成，晉人殺之，非禮也。兵交，使在其間可也。後漢書來歙傳云：「古者列國交兵，使在其間，所以重兵貴和而不任戰也。」語蓋本此。

楚子重侵陳以救鄭。陳本服楚之國，或此時改而從晉。

九·九　晉侯觀于軍府，見鍾儀。鍾儀被囚於軍府見七年傳。問之曰：「南冠而縶者，誰也？」淮南子主術訓載楚文王喜戴獬冠，楚人效之。南冠或即獬冠。周語中云「陳靈公與孔寧、儀行父南冠以如夏氏」，則陳人亦戴此冠。據蔡邕獨斷、後漢書輿服志注以及孔疏引應劭漢官儀，秦滅楚後，以南冠賜近臣御史。國策秦策五云「不韋使楚服而見」，楚服謂楚人之服，則春秋、戰國楚人冠服異於他國。有司對曰：「鄭人所獻楚囚也。」使稅之。「稅」同「脱」，解除其縶縛拘禁。召而弔之。弔，慰問。再拜稽首。鍾儀向晉景再拜稽首，謝其弔也。問其族。吕氏春秋異寶篇「問其名族」，族，姓氏。然從下文答語觀之，此族字當不作姓氏解。隱八年傳云：「官有世功，則有官族。」族可以從官來，則此族字當是世官之義。對曰：「泠人也。」泠人，樂官，亦作「伶人」，周語下「鍾成，伶人告和」可證。亦可單稱「伶」，魯語下「今伶簫詠歌及鹿鳴之三」可證。公曰：「能樂乎？」對曰：「先人之職官也，敢有二事？」樂乃先父所掌管之職務，自己豈敢從事其他？使與之琴，操南音。南方各地樂調皆可謂之南音，呂氏春秋音初篇謂南音作於夏禹時塗山之女，自是古代傳説。公曰：「君王何如？」對曰：「非小人之所得知也。」固問之。對曰：「其爲大子也，師、保奉之，楚共王之爲太子時，其父莊王曾爲之選擇師傅，考慮教學内容，見于楚語上。古代帝王於太子，設傅、師、保諸官以教導撫育。禮記文王世子：「立大傅、少傅以養之，欲其知父子君臣之道也。師也者，教之以事而喻諸德者也。保也者，慎其身以輔翼之，而歸諸道者也。」以朝于嬰齊而夕于側也。早晨向令尹子重請教，晚間又訪問于司馬子反。不知其他。」公語范文子。文子曰：「楚囚，君子也。言稱先職，不背本也；樂操土風，土風，本鄉本土樂調，即南音。不忘舊也；稱大子，抑無私也；抑，發語詞。晉景公問楚君，答以楚君爲太子時之事，明楚君自幼而賢，以此表示其稱贊楚君非出阿諛之私。名其二卿，尊君也。禮，在君主前，他臣縱是己父，皆直呼其名。鍾儀直呼子重（名嬰齊）、子反（名側）之名，乃尊重晉君之表示。不背本，仁也；不忘舊，信也；無私，忠也；尊君，敏也。仁以接事，信以守之，忠以成之，敏以行之。此三「之」字皆指事。事雖大，必濟。君盍歸之，使合晉、楚之成。」公從之，重爲之禮，使歸求成。

九·一〇 冬十一月，楚子重自陳伐莒，圍渠丘。據清一統志，渠丘在今莒縣北。然楚伐莒，何以繞道由北而南？疑渠丘在莒縣東南。渠丘城惡，衆潰，奔莒。戊申，戊申，五日。楚入渠丘。莒人囚楚公子平。楚人曰：「勿殺，吾歸而俘。」莒人殺之。楚師圍莒。莒城亦惡。庚申，莒潰。楚遂入鄆，莒無備故也。

君子曰：「恃陋而不備，陋，應去年莒君「辟陋在夷」語。罪之大者也；備豫不虞，防範意外。善之大者也。莒恃其陋，而不修城郭，浹辰之間，浹即「汗流浹背」之浹，遍也。辰即從子到亥十二辰。此指由戊申到庚申，經歷地支一遍，故浹辰亦即十二日。而楚克其三都，三都，渠丘、莒與鄆。鄆在莒北，楚入鄆自當在庚申莒潰之後，蓋古人語言不能如後世之周密。無備也夫！詩曰：『雖有絲、麻，無棄菅、蒯；菅音姦，蒯音塊，上聲，皆多年生草本植物，古人用以編席、鞋、繩索。王引之述聞謂絲、麻、菅、蒯皆可以爲履，此則用履料作比喻。但按之淮南子說林訓「有榮華者，必有憔悴；有羅紈者，必有麻蒯」，羅紈並非鞋料，則王說未必可信。其意僅在上等、次等、下等料俱須儲備。雖有姬、姜，無棄蕉萃；古人相傳，黃帝姓姬，炎帝姓姜；當時則是周朝姓姬，齊國姓姜，姬、姜爲兩大姓。蕉萃即憔悴，面色枯槁貌。「姬姜」與「憔悴」相對文。古人多以姬、姜代美女，如詩陳風東門之池「彼美淑姬，可與晤歌」，衡門「豈其取妻，必齊之姜」。此謂不能因有美婦拋棄不美者。凡百君子，莫不代匱。』匱，缺少。代匱，或缺此，或缺彼。今詩無此文。杜注云「逸詩」。言備之不可以已也。」

九·一一 秦人、白狄伐晉，諸侯貳故也。因諸侯多對晉國有二心，故秦與白狄來伐。

九·一二 鄭人圍許，示晉不急君也。鄭成公爲晉拘留，鄭故意向晉表示，不以其君被執爲急務，尚有心力用兵圍許。是則公孫申謀之，公孫申見成四年傳並注。曰：「我出師以圍許，僞將改立君者，「僞」，各本俱作「爲」，金澤文庫本作「僞」，與釋文所引或本相合，今從之。句意爲僞裝將另立一君。而紓晉使，暫不遣使如晉。晉必歸君。」晉於明年送還鄭君。

九·一三 城中城，書，時也。

九·一四 十二月，楚子使公子辰如晉，據下年傳，公子辰字子商，官大宰。報鍾儀之使，請脩好、結成。年表「楚共王九年，冬，與晉成」，即此事。

十年，庚辰，公元前五八一年。周簡王五年、晉景十九年、齊靈公環元年、衞定八年、蔡景十一年、鄭成四年、曹宣十四年、陳成十八年、杞桓五十六年、宋共八年、秦桓二十四年、楚共十年、吳壽夢五年、許靈十一年。

經

一〇·一 十年春，二月初十壬午冬至，建亥，此年有閏。衞侯之弟黑背帥師侵鄭。

一〇·二 夏四月，五卜郊，不從，乃不郊。無傳。參僖三十一年經、傳。

一〇·三 五月，公會晉侯、齊侯、宋公、衛侯、曹伯伐鄭。此晉侯爲晉厲公。據傳，晉景公疾，晉人立太子爲君，會諸侯伐鄭。

一〇·四 齊人來媵。無傳。爲伯姬送陪嫁之女。八年、九年衞、晉先後來媵，傳皆云「禮也」。傳又云異姓不媵，則意爲齊人來媵，不合於禮。

一〇·五 丙午，據傳，丙午在六月，當爲六月六日。經無「六月」兩字，或當時史官失書。晉侯獳卒。獳音羺，又音耨，又音儒。

一〇·六 秋七月，公如晉。

一〇·七 冬十月。禮記中庸孔疏云：「成十年，不書『冬十月』，賈、服以爲不視朔登臺。」據此，賈逵本、服虔本俱無此條，故浦鏜、段玉裁、洪亮吉、臧壽恭等皆以此三字爲後人所加。公羊無此三字，而穀梁有。

傳

一〇·一 十年春，晉侯使糴茷如楚，糴茷，晉大夫。報大宰子商之使也。子商即公子辰，去年出使晉國。

一〇·二 衛子叔黑背侵鄭，子叔黑背，衞穆公子，衞定公弟。晉命也。

一〇・三 **鄭公子班聞叔申之謀。**叔申之謀見去年傳。**三月，子如立公子繻。**子如即公子班。鄭世家云：「鄭患晉國，公子如乃立成公庶兄繻。」則公子繻乃鄭襄公子，成公庶兄。但司馬遷以子如之立公子繻爲應付晉欒書圍鄭，左傳則以爲子如聞叔申「僞立君」之謀。兩説不同。**夏四月，鄭人殺繻，立髡頑，**據襄七年經、傳，髡頑是鄭成公太子鄭僖公。公羊、穀梁襄七年經皆作「髡原」，鄭世家作「惲」。鄭世家不記「立髡頑」，且述繻被殺在成公返國後，或所據不同。**子如奔許。欒武子曰：「鄭人立君，我執一人焉，何益？不如伐鄭而歸其君，以求成焉。」晉侯有疾，五月，晉立大子州蒲以爲君，**孔疏引應劭舊君諱議云「昔者周穆王名滿，晉厲公名州滿」，則漢末應劭所據左傳「州蒲」作「州滿」。晉世家作「壽曼」。「州」、「壽」，「滿」、「曼」，音近可通。故自唐劉知幾史通雜駁篇以後，學者率以爲今本「蒲」字爲「滿」字形近之誤。釋文亦云「或作州滿」。晉景公尚未死，太子即立爲君，顧炎武日知録卷十四謂此爲「内禪之始」。**而會諸侯伐鄭。鄭子罕賂以襄鐘，**「鐘」，阮刻本作「鍾」，今從石經、宋本、金澤文庫本。子罕，穆公之子，即十四年經之公子喜。古人名喜者多以罕爲字，如宋樂喜字子罕。襄鐘，鄭襄公廟之鐘。**子然盟于脩澤，**子然，穆公子，又見襄元年及十九年傳。脩澤，鄭地，在今河南原陽縣西南。**子駟爲質。**子駟即襄九年傳、十年經之公子騑，亦鄭穆公子。**辛巳，**辛巳，十一日。**鄭伯歸。**

一〇・四 **晉侯夢大厲，**惡鬼曰厲鬼，昭七年傳「其何厲鬼也」可證。亦省稱厲，襄十七年傳「爾父爲厲」可證。古人又以爲絶後之鬼常爲厲，故禮記祭法有「泰厲」、「公厲」，鄭注謂古代帝王絶後者爲泰厲，諸侯絶後者爲公厲。昭七年傳亦云「鬼有所歸，乃不爲厲」。被髮及地，被，披也。搏膺而踊，搏膺，搥胸。踊，跳。曰：「殺余孫，不義。殺余孫，當指八年晉侯殺趙同、趙括事。晉景公所夢見之惡鬼，應是趙氏祖先之幻影。此孫爲廣義，後代也。趙世家記此事，云「晉景公疾，卜之，大業之後不遂者爲崇」。以夢境爲卜兆，與左傳有所不同，但「大業之後」亦指趙氏祖先。余得請於帝矣！」請求上帝，得其允許，可以報仇。僖十年傳叙太子申生語亦云「余得請於帝矣，將以晉畀秦」。壞大門及寢門而入。公懼，入于室。室在寢後，有户相通。又壞户。公覺，召桑田巫。桑田見僖二年傳並注。本是虢邑，晉滅虢後，自隨之倂于晉。巫言如夢。公曰：「何如？」曰：「不食新矣。」新，新麥。謂死在嘗新前。公疾病，疾病連言，病重也。求醫于秦。秦伯使醫緩爲之。爲，診治。未至，公夢疾爲二豎子，豎子，兒童。曰：「彼，良醫也，懼傷我，焉逃之？」亦可讀爲：「懼傷我焉，逃之！」但不如「焉」字屬下讀。其一曰：「居肓之上，膏之下，肓音荒。古代醫學以心尖脂肪曰膏，心臟與隔膜之間曰肓，在肓上膏下爲藥力與針灸所不能及。劉文淇疏證謂當作「肓之下，膏之上」，今本「上」「下」兩字誤倒，不可信。若我何？」醫至，曰：「疾不可爲也，在肓之上，膏之下，攻之不可，達之不及，攻指灸，達指針。藥不至焉，不可爲也。」公曰：「良醫也。」與夢境符合。厚爲之禮而歸之。六月丙午，晉侯欲麥，晉侯欲麥，即嘗新。禮記月令與呂氏春秋孟夏紀俱載有嘗新之禮，可參看。使甸人獻麥，甸人，天子諸侯俱有此官，據禮記祭義，諸侯有藉田百畝，甸人主管藉田，並供給野物。亦即周禮天官之甸師。但周禮春官大祝及儀禮燕禮、大射儀、公食大夫禮、士喪禮以及禮記文王世子、喪大記以及周語中皆作甸人，可見本名甸人，周禮作者一時改爲甸師。**饋人爲之。**饋人，爲諸侯主持飲食之官，相當於周禮天官庖人，說本程公說春秋分紀。**召桑田巫，示而殺之。**示以所饋新麥，憒其預言「不食新」。**將食，張，**張，今作脹，肚子發脹。**如廁，陷而卒。**跌入糞坑而死。**小臣有晨夢負公以登天，**小臣，宦官，見僖四年傳注。**及日中，負晉侯出諸廁，遂以爲殉。**

一〇·五　**鄭伯討立君者，戊申，**戊申，八日。**殺叔申、叔禽。**杜注：「叔禽，叔申弟。」**君子曰：「忠爲令德，非其人猶不可，**「非其人」古有兩解，一指盡忠之人，此指叔申，意謂叔申不足以行忠德，見顧炎武補正引陸粲說。一指所忠之對象，此指鄭成公，謂鄭成公不能爲之效忠，見杜注。隋書張衡傳贊云：「夫忠爲令德，施非其人，尚或不可。」亦用杜注義。又如吕氏春秋至忠篇高誘注、後漢書竇融傳李賢注引左傳此語，皆此義，可見傳統如此。古書用「非其人」者甚多，有時指本人言，如易繫辭下「苟非其人，道不虛行」，孔子家語五帝德篇「予也非其人也」，皆是。有時亦指對方，孟子盡心下「好名之人，能讓千乘之國；苟非其人，簞食豆羹見於色」，荀子大略篇「非其人而教之，齎盜糧借賊兵也」，皆是。故從文法言，兩解俱可通。**況不令乎？」**杜注：「言申叔爲忠，不得其人，還害身。」

一〇·六　**秋，公如晉。晉人止公，使送葬。於是糴茷未反。**此時糴茷出使楚國尚未返晉，晉國于魯國從晉從楚有所懷疑，故止之不令返魯。參明年傳。

一〇·七　冬，葬晉景公。公送葬，諸侯莫在。魯人辱之，辱之，以此爲恥辱。故不書，經不僅不書魯成送葬，並依例應書「葬晉景公」亦不書。諱之也。

十有一年，辛巳，公元前五八〇年。周簡王六年、晉厲公州蒲元年、齊靈二年、衞定九年、蔡景十二年、鄭成五年、曹宣十五年、陳成十九年、杞桓五十七年、宋共九年、秦桓二十五年、楚共十一年、吴壽夢六年、許靈十二年。

經

一一·一　十有一年春王三月，正月二十一日丁亥冬至，建子。公至自晉。

一一·二　晉侯使郤犫來聘，己丑，己丑，二十四日。及郤犫盟。「郤犫」，公羊俱作「郤州」，與孔疏所引世本合。「州」「犫」音近得通，禮記樂記引世本之「武仲州」，即左傳之「魏犫」或「魏武子」。

一一·三　夏，季孫行父如晉。

一一·四　秋，叔孫僑如如齊。

一一·五　冬十月。

傳

一一·一 十一年春王三月，公至自晉。晉人以公爲貳於楚，據四年傳，魯成曾欲與楚交好而叛晉，或因此見疑。故止公。公請受盟，而後使歸。魯成自去年七月去晉，至此共歷時九閱月。

一一·二 郤犨來聘，據孔疏引世本，郤犨與郤克皆郤豹曾孫，兩人爲從祖兄弟。且涖盟。上傳謂魯成請接受盟誓，故晉厲派郤犨來與魯盟。

一一·三 聲伯之母不聘，聲伯即公孫嬰齊，見成二年經注。不聘，不行媒聘之禮。禮記內則云「聘則爲妻」，不聘則爲妾，故下文穆姜云「吾不以妾爲姒」。穆姜曰：穆姜，魯宣公夫人。聲伯之父叔肸與魯宣公爲胞兄弟，故穆姜與聲伯之母爲妯娌。「吾不以妾爲姒。」姒，據爾雅釋親，有二義。釋親云：「女子同出，謂先生爲姒，後生爲娣。」「同出」，同父所生也，孫炎、郭璞解爲「俱嫁事一夫」，誤。「姒娣」第一義相當于「姊妹」。據爾雅，「姊妹」爲兄弟對女兄弟之稱呼，「娣姒」則是女兄弟間相互之稱呼。其實，女兄弟間亦可稱「姊妹」，詩邶風泉水「遂及伯姊」可以爲證。男子於女兄亦可不稱「姊」而稱「姒」，列女仁智傳「魯公乘姒者，魯公乘子皮之姒也」可以爲證。由此義引申，釋親又云：「長婦謂稚婦爲娣婦，娣婦謂長婦爲姒婦。」此「姒」即「姒婦」之省稱。「娣姒」第二義即相當于「妯娌」。此處，穆姜爲兄妻，聲伯之母爲弟妻，而穆姜稱之爲「姒」，與昭二十八年傳叔向之嫂稱叔向之妻爲「姒」相同，故孔疏云，雖是弟妻，年長于兄妻，兄妻稱之爲「姒」。妯娌之間，年長者爲姒，年幼者爲娣。娣姒依妯娌本人年齡，不依其丈夫年齡。此説與「姒娣」之爲「姊妹」本義相合，甚有理。然邵晉涵爾雅正義、王念孫廣雅疏證、李貽德輯述、沈欽韓補注皆不主此説，强謂兄妻爲姒，弟妻爲娣，姒娣之别，依其夫之長幼，不依妯娌之長幼。邵晉涵謂「左傳之稱姒者，不過稱謂之間偶從其省」，李貽德、沈欽韓則云妯娌互相恭敬，可以互相稱姒。是皆不明姒娣本意。**生聲伯而出之，嫁於齊管于奚，生二子而寡，**據下文，二子是一男一女，古人於女兒亦可謂「子」。**以歸聲伯。聲伯以其外弟爲大夫，**外弟指其出母嫁于管于奚所生之子，亦即異父同母弟，與一般稱舅、姑、姨表兄弟爲「外兄弟」者不同。**而嫁其外妹於施孝叔。**杜注：「孝叔，魯惠公五世孫。」**郤犫來聘，求婦於聲伯。聲伯奪施氏婦以與之。婦人曰：「鳥獸猶不失儷，子將若何？」**子指其夫施孝叔。**曰：「吾不能死亡。」**孝叔恐得罪郤犫而被殺害或驅逐。**婦人遂行。生二子於郤氏。郤氏亡，**郤氏被滅在十七年，此乃探後終言之。**晉人歸之施氏。施氏逆諸河，沈其二子。婦人怒曰：「己不能庇其伉儷而亡之，**己，自己，指孝叔，與下文人字相對。**又不能字人之孤而殺之，**字，慈愛。**將何以終？」遂誓施氏。**杜注：「約誓不復爲之婦也。」

一一．四　**夏，季文子如晉報聘，且涖盟也。**

一一．五　**周公楚惡惠、襄之偪也，**僖三十年傳有周公閱，周公楚當是其後代。顧棟高大事表謂爲閱曾孫，未免言之太鑿。惠、襄指周惠王、周襄王之後裔族人。**且與伯與争政，**「伯與」本作「伯輿」，據釋文訂正。襄十年傳周室有伯輿，兩者相距十八年，或爲同一人。不勝，怒而出。及陽樊，陽樊即隱十一年傳之樊，又見於僖二十五年傳。詳隱十一年傳注。此時已爲晉邑。王使劉子復之，盟于鄄而入。鄄，周邑，不詳所在。三日復出，奔晉。

一一·六 秋，宣伯聘于齊，以脩前好。杜注：「寗以前之好。」

一一·七 晉郤至與周爭鄇田，鄇，温別邑，在今河南武陟縣西南。王命劉康公、單襄公訟諸晉。郤至曰：「温，吾故也，故不敢失。」温爲郤至采邑，故十六、十七年傳又稱郤至爲温季。郤至以爲温邑本爲郤氏所有，鄇爲温之別邑，自應歸其所有。劉子、單子曰：「昔周克商，使諸侯撫封，禮記文王世子鄭注云：「撫猶有也。」蘇忿生以温爲司寇，與檀伯達封于河。檀伯達因封于檀而爲氏，檀爲周邑，當在今河南濟源縣境。温與檀同在黄河北，且近于河，故云「封于河」。蘇氏即狄，又不能於狄而奔衛。見僖十年傳並注。襄王勞文公而賜之温，見僖二十五年傳。狐氏、陽氏先處之，狐溱爲温大夫，見僖二十五年傳。陽氏指陽處父，温嘗爲陽處父采邑，互見文六年傳注。而後及子。若治其故，則王官之邑也，子安得之？」晉侯使郤至勿敢爭。

一一·八 宋華元善於令尹子重，又善於欒武子，晉欒書。聞楚人既許晉糴茷成，晉糴茷去楚求成在去年春。而使歸復命矣。冬，華元如楚，遂如晉，合晉、楚之成。參見下年傳。

一一·九 秦、晉爲成，將會于令狐。令狐見僖二十四年傳並注。晉侯先至焉。秦伯不肯涉河，次于王城，王城，見僖十五年傳並注。使史顆盟晉侯于河東。史顆，秦大夫。令狐在黄河之東。晉郤犨盟秦伯于河西。王城在黄河之西。范文子曰：范文子，士燮。「是盟也何益？齊盟，所以質信也。「齊」同「齋」。詛楚文云：「昔我先君穆公及楚成王是勠力同心，兩邦以壹，絆以婚姻，袗以齊盟。」齊盟同此意。古人盟誓必先齋戒，故盟誓亦言「齋盟」。會所，信之始也。會所，約定盟會之處所。始之不從，其可質乎？」「可」，阮刻本作「何」，唐石經、金澤文庫本、宋本等均作「可」，今從之。其作豈用，可如字讀。秦伯歸而背晉成。

經

十有二年，壬午，公元前五七九年。周簡王七年、晉厲二年、齊靈三年、衞定十年、蔡景十三年、鄭成六年、曹宣十六年、陳成二十年、杞桓五十八年、宋共十年、秦桓二十六年、楚共十二年、吴壽夢七年、許靈十三年。

一二·一 十有二年春，二月三日癸巳冬至，建亥，有閏月。周公出奔晉。

一二·二 **夏，公會晉侯、衞侯于瑣澤。**「瑣澤」，公羊作「沙澤」。沙、瑣古聲部與韻部皆同，可通假。定七年經「盟于沙」，傳作「盟于瑣」，尤可證。瑣澤，彙纂據晉地道記，謂在今河北大名縣境。王夫之稗疏以爲今河北涉縣治。據傳當是晉地，王説較可信。

一二·三 **秋，晉人敗狄于交剛。**赤狄已被晉人全部滅亡，此狄當是白狄。交剛不詳所在，或以爲即今山西隰縣。

一二·四 **冬十月。**

傳

一二·一 **十二年春，王使以周公之難來告。書曰「周公出奔晉」，**周公楚奔晉在去年，經書在今年，蓋周于今年春來告。**凡自周無出，周公自出故也。**此句説明經書「出奔」之故。傳意蓋謂「普天之下，莫非王土」，故凡從周室外逃，不用「出」字。而此用「出」字，乃表示周公楚自己出逃。周王室之臣流亡見于經者凡三次，襄三十年「王子瑕奔晉」、昭二十六年「王子朝奔楚」，兩次均不書「出」，唯此次書「出」。杜注：「天子無外，故奔者不言『出』。周公爲王所復，而自絶於周，故書出以非之。」

一二·二 **宋華元克合晉、楚之成，**華元謀晉、楚言和見去年傳。**夏五月，晉士燮會楚公子罷、許偃。癸亥，**癸亥，四日。**盟于宋西門之外，曰：「凡晉、楚無相加戎，好惡同之，同恤菑**

危，菑同災。備救凶患。若有害楚，則晉伐之；在晉，楚亦如之。交贄往來，古代聘問，使者必携帶禮物，謂之「贄」。交贄往來即使者往來。道路無壅；謀其不協，而討不庭。不庭義見隱十年傳注。此「不庭」指背叛晉、楚之諸侯。有渝此盟，明神殛之，俾隊其師，隊同墜。無克胙國。」此誓詞亦見于僖二十八年傳。鄭伯如晉聽成，杜注：「聽，猶受也。晉、楚既成，鄭往受命。」會于瑣澤，據「鄭伯如晉」之文，瑣澤當是晉地。沈欽韓地名補注謂鄭地，蓋誤以瑣澤與襄十一年之瑣爲同一地。成故也。崔適春秋復始外篇疑即襄二十七年弭兵會之誤析。

一二·三　狄人間宋之盟以侵晉，而不設備。秋，晉人敗狄于交剛。

一二·四　晉郤至如楚聘，且涖盟。楚子享之，子反相，爲地室而縣焉。「縣」同「懸」。於地下室懸掛鐘鼓。地下室當在堂下。郤至將登，登，登堂。郤至由西階登堂。金奏作於下，金奏，金指鐘鎛（似鐘），奏九種夏樂，先擊鐘鎛，後擊鼓磬，謂之金奏。説參周禮春官鐘師孫詒讓正義。此金奏，應是奏九夏之一之肆夏。據襄四年傳，肆夏本是天子享元侯樂曲，春秋時諸侯相見亦用此樂曲。稍後，諸侯卿大夫亦有用此樂曲者，故禮記郊特牲云「大夫之奏肆夏也，由趙文子始也」。驚而走出。子反曰：「日云莫矣，云字無義，爲語中助詞。莫，暮本字，但此非昏暮義。禮記聘義：「聘射之禮，至大禮也。質明而始行事，日幾中而後禮成，非强有力者弗能行也。故强有力者將以行禮也，酒清人渴，而不敢飲也；肉乾人飢，而不敢食也；日莫人倦，齊莊正齊，而不敢解惰。」聘禮始於晨，終於午前，而言「日莫人倦」，可見「日莫」非指黃昏，而是指日將正中時。章炳麟讀引賈子脩政語下「旭旭然如日之始出，暯暯然如日之正中，暗暗然如日之已入」，謂此「日莫」之「莫」即「暯暯然」之「暯」，則「日云莫矣」，實爲日將正中。然剛迎賓行禮，不能日將正中。「日云莫矣」，僅表示時間已不早而已。寡君須矣，須，等待。吾子其入也！」賓曰：賓指郤至。「君不忘先君之好，施及下臣，貺之以大禮，貺，賜也。重之以備樂。備樂指金奏。如天之福，兩君相見，何以代此？以諸侯之樂享己，若晉、楚兩君相見，何以加之？下臣不敢。」子反曰：「如天之福，兩君相見，無亦唯是一矢以相加遺，無，語首助詞，無義。加遺，同義詞連用，詩邶風北門毛傳：「遺，加也。」意謂若晉、楚兩君，唯戰争始相見。焉用樂，寡君須矣，吾子其入也！」賓曰：「若讓之以一矢，讓讀爲饟，用酒食款待。説詳于鬯校書。禍之大者，其何福之爲？世之治也，諸侯閒於天子之事，閒讀爲閒暇之閒，閒於天子之事意謂完成周王朝使命後閒暇之時。此語不過外交辭令而已。則相朝也，於是乎有享、宴之禮。享以訓共儉，享禮雖設有酒食，並不吃喝，故云「訓恭儉」。互詳宣十六年及昭五年傳注。宴以示慈惠。宴禮則賓主俱飲酒吃食，故云「示慈惠」。共儉以行禮，而慈惠以布政。政以禮成，民是以息。百官承事，朝而不夕，白天謁見曰朝，晚上謁見曰夕，九年傳「朝于嬰齊而夕于側」可證。當時，晚上無事便不朝君。此公侯之所以扞城其民也。扞城即干城，此處用作動詞。故詩曰：『赳赳武夫，公侯干城。』句見詩周南兔罝。聞一多詩經新義謂干借爲閈，垣也，則干城爲同義詞連用。及其亂也，諸侯貪冒，冒，貪也。貪冒，同義詞連用。左傳計用「貪冒」三次。又見昭三十一年及哀十一年傳。侵欲不忌，不忌，無所顧忌。爭尋常以盡其民，八尺曰尋，一丈六尺曰常。尋常意謂尺寸之地。盡其民，驅使人民從事戰爭而致死亡。略其武夫，略，取也。以爲己腹心、股肱、爪牙。故詩曰：『赳赳武夫，公侯腹心。』句亦見兔罝篇。郤至將「公侯干城」與「公侯腹心」分爲兩截，有正反不同之義，此古人「斷章取義」，不必與詩原意相合。天下有道，則公侯能爲民干城，而制其腹心。亂則反之。今吾子之言，亂之道也，不可以爲法。然吾子，主也，當時國君享宴卿大夫，因地位不等，故國君不自己爲主人。子反爲相，代楚共王作主人，故郤至云「吾子，主也」。至敢不從？」遂入，卒事。歸以語范文子。文子曰：「無禮，必食言，吾死無日矣夫！」金澤文庫本作「吾死亡無日也夫」。「吾死無日」，預料晉、楚又將大戰。

冬，楚公子罷如晉聘，且涖盟。十二月，晉侯及楚公子罷盟于赤棘。赤棘已見元年經注。

十有三年，癸未，公元前五七八年。周簡王八年、晉厲三年、齊靈四年、衛定十一年、蔡景十四年、鄭成七年、曹宣十七年、陳成二十一年、杞桓五十九年、宋共十一年、秦桓二十七年、楚共十三年、吳壽夢八年、許靈十四年。

經

一三·一 十有三年春，正月十三日戊戌冬至，建子。晉侯使郤錡來乞師。郤錡，十七年傳又稱之爲駒伯。乞師見僖二十六年經注。

一三·二 三月，公如京師。

一三·三 夏五月，公自京師，杜注：「伐秦，道過京師，因朝王。」餘詳僖二十八年經注。石經作「公至自京師」，劉文淇疏證謂「至」字爲唐人所加，阮氏校勘記以爲衍文。遂會晉侯、齊侯、宋公、衞侯、鄭伯、曹伯、邾人、滕人伐秦。

一三·四 曹伯盧卒于師。「盧」，公羊、穀梁作「廬」，據左氏釋文，或本亦作「廬」。盧、廬通用。管蔡世家謂曹宣公名彊，與春秋不同。

一三·五 秋七月，公至自伐秦。無傳。

一三·六 冬，葬曹宣公。

傳

一三·一 十三年春，晉侯使郤錡來乞師，將事不敬。工作不嚴肅。孟獻子曰：「郤氏其亡乎！禮，身之幹也；敬，身之基也。孔疏云：「幹以樹木爲喻，基以牆屋爲喻。」郤子無基。且先君之嗣卿也，郤錡，郤克之子，郤克爲晉景上卿，郤錡又爲其子厲公之卿，故云「嗣卿」。受命以求師，將社稷是衞，而惰，棄君命也，不亡，何爲？」杜注：「爲十七年晉殺郤錡傳。」

一三·二　三月，公如京師。宣伯欲賜，宣伯，叔孫僑如。欲賜，欲得周王賞賜。請先使。作爲先遣人員出使周王朝。王以行人之禮禮焉。以對待普通外交官禮節招待之，不賞賜。孟獻子從。孟獻子即仲孫蔑，從魯成公爲上介以朝王。王以爲介而重賄之。孟獻子本是魯成公朝王上介，輔助魯成公行禮，不由周王任命，周語中云「及魯侯至，仲孫蔑爲介」，可以爲證。此「王以爲介」云云，蓋王因其爲上介，乃厚賜之。周簡王不賜宣伯而厚賜孟獻子，乃聽從王孫説之建議，事見周語中。

公及諸侯朝王，遂從劉康公、成肅公會晉侯伐秦。劉康公即宣十年經之王季子，見彼注。劉、成二人不書於經，因周王室未出兵之故。成子受脤于社，成子即成肅公。受脤于社見閔二年傳注。不敬。劉子曰：「吾聞之：民受天地之中以生，古人以爲天地有中和之氣，人得之而生。所謂命也。命謂生命。是以有動作禮義威儀之則，以定命也。能者養以之福，「養以之福」，漢書五行志、律曆志、漢酸棗令劉熊碑並如此，自唐石經後誤倒作「養之以福」，今各本皆沿此誤。金澤文庫本不誤，今從之乙正。「養以之福」意謂保持動作禮義威儀之則以致幸福，「之」作動詞，與下文「敗以取禍」正相對爲文，説參姚寬西溪叢話、顧炎武補正、阮元校勘記等。不能者敗以取禍。敗謂破壞動作禮義威儀之則。是故君子勤禮，小人盡力。勤禮莫如致敬，盡力莫如敦篤。敦篤，敦厚篤實。敬在養神，養神，供奉鬼神。説詳陶鴻慶別疏。篤在守業。篤實則在于各安本分。國之大事，在祀與戎。祀有執膰，膰，祭祀宗廟之肉，祭畢，分與有關人員。戎有受脤，神之大節也。執膰與受脤均爲與鬼神交際之大節。今成子惰，棄其命矣，其不反乎！」預料成肅公將死。

一三・三 夏四月戊午，戊午，五日。晉侯使呂相絶秦，呂相，魏錡之子魏相。魏錡亦稱呂錡，故魏相亦稱呂相。下文乃絶秦書，或由呂相執筆，或由呂相傳遞。其後秦作詛楚文，仿效此書。杜注云「蓋口宣己命」，恐不確。曰：

昔逮我獻公及穆公相好，逮本訓及，章炳麟讀謂此「逮」訓「及」不可通，「逮」當讀爲「隸」，古也。「昔逮」即「古昔」。此説可通。戮力同心，申之以盟誓，秦穆與晉獻曾有盟誓，然春秋三傳不載。重之以昏姻。晉獻公之女嫁與秦穆公爲夫人。天禍晉國，文公如齊，惠公如秦。文公重耳流亡各國，惠公夷吾先後流亡，曾至梁，然後至秦。此處僅舉齊、秦兩大國。無禄，無禄，今言不幸。獻公即世。即世，即越語下「先人就世」之就世，漢魏人謂之下世，去世也。獻公死于僖九年。穆公不忘舊德，俾我惠公用能奉祀于晉。秦納惠公入晉，見僖十五年傳。又不能成大勳，而爲韓之師。韓之役見僖十五年傳。亦悔于厥心，用集我文公，集，成就，成全。

「集我文公」指穆公護送重耳入國。見僖二十四年傳。詩大雅大明「天監在下，有命既集」，書文侯之命「惟時上帝集厥命于文王」，毛公鼎云「惟天將集厥命」，諸集字亦同義。是穆之成也。成，成就。文公躬擐甲冑，跋履山川，踰越險阻，征東之諸侯，虞、夏、商、周之胤而朝諸秦，此事春秋三傳與諸子皆不載。則亦既報舊德矣。舊德指納惠公、文公。鄭人怒君之疆埸，我文公帥諸侯及秦圍鄭。晉、秦圍鄭見僖三十年傳。晉文流亡，鄭文公不予招待，且背晉助楚，故圍鄭。書云由于鄭人侵犯秦境，或一時外交辭令，未必合當時事實。僖三十年傳叙述此事亦僅謂晉、秦兩國圍鄭，未及「文公率諸侯」。秦大夫不詢于我寡君，擅及鄭盟。與鄭盟者實秦穆公，書云「秦大夫」，措辭委婉。諸侯疾之，將致命于秦。據僖三十年傳，欲攻秦軍者實是狐偃。文公恐懼，綏靜諸侯，秦師克還無害，則是我有大造于西也。大造，大功勞。無禄，文公即世，穆爲不弔，不弔，不淑，不祥，與下文「君又不祥」之「不祥」同意，亦見成七年傳注。蔑死我君，惠棟補注、武億義證均謂當從釋文所引或本作「蔑我死君」，「死君」即僖三十三年傳「其爲死君乎」之「死君」，與下文「寡我襄公」正相對。案之文義，確較通順。但三國志魏文帝紀終制有「蔑死君父」語，即用左傳此句，足見曹丕所讀左傳已是「蔑死」連文。說參章炳麟讀。寡我襄公，迭我殽地，迭借爲軼，即隱九年傳「侵軼」、僖三十二年傳「過軼」之軼，突然進犯也。奸絶我好，奸絶，遏絶、斷絶。說見章炳麟讀。唐石經於「我好」之中旁注「同」字，其實「我好」即「我同好」，同盟友好國家也，實指鄭國。**伐我保城，**高士奇地名考略謂保城非地名，保即堡，小城也。「保城」，同義詞連用。**殄滅我費滑，**殄音忝，滅絶。殄滅，同義詞連用。秦滅滑見僖三十三年傳。費爲滑國都城，費滑即滑國。**散離我兄弟，**鄭、滑與晉同爲姬姓，兄弟之國。**撓亂我同盟，傾覆我國家。我襄公未忘君之舊勳，**納晉文公之功。**而懼社稷之隕，是以有殽之師。**殽之戰見僖三十三年傳。**猶願赦罪於穆公。**「赦」和「釋」同，釋，解也，説詳王引之述聞。「願赦罪於穆公」，示晉欲求得和解。**穆公弗聽，而即楚謀我。天誘其衷，**天誘其衷見僖二十八年傳注。**成王隕命，穆公是以不克逞志于我。**事詳文十四年傳並注。**穆、襄即世，康、靈即位。康公，我之自出，**秦康公爲晉之外甥。**又欲闕翦我公室，**據余蕭客古經解鉤沈所引宋本孔疏，闕翦爲損害之意。**傾覆我社稷，帥我蝥賊，**據爾雅釋蟲，蝥爲食苗根害蟲，賊爲食苗節害蟲，此比喻危害國家之人。**以來蕩搖我邊疆，**蝥賊指公子雍，此指秦康公送公子雍于晉，實則爲晉派人往迎。見文六、七年傳。**我是以有令狐之役。**令狐之役見文七年傳。**康猶不悛，**悛音圈，悔改。**入我河曲，伐我涑川，**涑音速。據方輿紀要，涑水城在今山西永濟縣東北，當即此涑川。杜注以涑川即涑水，涑水源流甚長，不止一城一邑，不足以解此句。**俘我王官，**俘，掠取人民以爲俘虜。王官見文三年傳注。秦康伐晉涑川，俘王官，不見於其他記載。翦我羈馬，我是以有河曲之戰。河曲之戰見文十二年傳。東道之不通，則是康公絶我好也。晉在秦東，秦、晉不再友好往來，則是由于康公之絶。

及君之嗣也，秦桓公嗣共公而立。我君景公引領西望曰：「庶撫我乎！」杜注：「望秦撫恤晉。」君亦不惠稱盟，杜注：「不肯稱晉望而共盟。」杜解稱爲符合，誤。稱，舉也。稱盟即爲盟會。利吾有狄難，魯宣十五年，晉正用師滅赤狄潞氏。入我河縣，劉文淇疏證謂河縣疑是河曲之變文。焚我箕、郜，箕見僖三十三年經注。郜，杜預未注。沈欽韓地名補注以爲在今浮山縣南，不確。或以爲在今浮山縣西。高士奇地名考略以爲是「濱河之邑」，疑當距箕不遠。芟夷我農功，秦人搶劫收割晉人莊稼。虔劉我邊垂，垂，陲本字，阮刻本作陲，今從石經、宋本及金澤文庫本等。虔劉，杜注「皆殺也」，即屠殺晉邊界人民之意。但尚書吕刑孔疏引鄭玄注，謂虔劉是騷擾之意。我是以有輔氏之聚。輔氏之聚即輔氏之戰。戰争要聚衆，故戰亦曰聚。此役見宣十五年傳。君亦悔禍之延，而欲徼福于先君獻、穆，晉獻公與秦穆公同好，已見前文。使伯車來命我景公曰：伯車，秦桓公子，名鍼，又稱后子。「吾與女同好棄惡，復脩舊德，以追念前勳。」言誓未就，景公即世，我寡君是以有令狐之會。此文稱「寡君」三次，「我君」一次，似是使臣口吻，然而稱「寡人」五次，又似是晉君口吻，此古人行文不嚴密處。馬宗璉補注將此文分爲兩截，謂前半截自「昔逮我先公」至「寡君不敢顧昏姻」爲吕相口吻，後半截自「君有二心於狄」至「實圖利之」爲吕相代晉厲公詰秦口吻，未必確。令狐之會見十一年傳。**君又不祥，**不祥與上文「不弔」意義相同。**背棄盟誓。白狄及君同州，**此「及」字作介詞，用法同與。詩大雅板云「我雖異事，及爾同寮」，周禮大宰云「及執事眂滌濯」，諸「及」字同此用法。同州，同在尚書禹貢之雍州。餘詳僖三十三年傳注。**君之仇讎，而我昏姻也。**阮刻本作「我之昏姻也」，今從校勘記及金澤文庫本删「之」字。**君來賜命曰：「吾與女伐狄。」寡君不敢顧昏姻，畏君之威，而受命于吏。**「受」當讀爲「授」。授、受二字，古金文皆作「受」。命于吏，準備共秦伐狄。**君有二心於狄，**有同又。**曰：「晉將伐女。」狄應且憎，**且，兩務之詞。狄一則接受，一則嫌惡。周語中云「其叔父實應且憎」，晉語八云「懼子之應且增（同憎）也」。王念孫云「應」字皆是接受義，説詳述聞。**是用告我。楚人惡君之二三其德也，亦來告我曰：「秦背令狐之盟，而來求盟于我：『昭告昊天上帝、秦三公、楚三王曰：**昊音浩，廣大無邊貌。秦三公：穆、康、共。楚三王：成、穆、莊。**「余雖與晉出入，**出入，往來也。**余唯利是視。」』」**此秦對楚之語，楚轉述於晉。**不穀惡其無成德，是用宣之，以懲不壹。」**此時晉、楚已和解，故楚用以告晉。**諸侯備聞此言，斯是用痛心疾首，暱就寡人。寡人帥以聽命，唯好是求。君若惠顧諸侯，矜哀**

寡人，而賜之盟，則寡人之願也，其承寧諸侯以退，承寧，止息也，安静也。與上文「綏静諸侯」義同。杜注云「承君之意以寧静諸侯」，分「承寧」爲二義，不確。説詳章炳麟讀。豈敢徼亂？君若不施大惠，寡人不佞，不佞，當時習語，十六年傳「諸臣不佞」、昭二十年傳「臣不佞」、魯語上「寡君不佞」皆可證。不佞，猶言不才，不敏。其不能以諸侯退矣。阮刻本無「以」字，今依石經、宋本、金澤文庫本增。敢盡布之執事，俾執事實圖利之。」

秦桓公既與晉厲公爲令狐之盟，而又召狄與楚，欲道以伐晉，據秦本紀，令狐之盟以後，秦桓公隨即背盟，與狄合謀擊晉。諸侯是以睦於晉。晉欒書將中軍，荀庚佐之；荀庚代荀首。士燮將上軍，代荀庚。郤錡佐之；代士燮。韓厥將下軍，代郤錡。荀罃佐之；代趙同。趙旃將新軍，代韓厥。郤至佐之。代趙括。三年晉作六軍，而此戰及鄢陵之戰晉僅有四軍，似新上軍、新下軍均已取消。説本齊召南注疏考證。郤毅御戎，據杜注，郤毅爲郤至之弟，十六年傳又稱步毅。欒鍼爲右。據杜注，欒鍼爲欒書之子。孟獻子曰：「晉帥乘和，帥，軍帥；乘，車上甲士。帥乘和言上下一致。師必有大功。」五月丁亥，丁亥，四日。晉師以諸侯之師及秦師戰于麻隧。麻隧，秦地，清一統志以爲在今陝西涇陽縣北，方輿紀要以爲在涇陽縣西南。疑一統志近是。秦師敗績，獲秦成差及不更女父。據漢書百官公卿表及續漢書百官志五劉昭注引劉劭爵制，不更僅是秦商鞅所定四級爵，士之最高級，不足爲大夫，爵位甚低，而左傳不但記其被獲，且書其名女父，或此春秋時之不更，與商鞅以後之不更名同實異，職位較高。劉劭爵制又云「不更者爲車右」，此不更或即車右。曹宣公卒于師。禮記檀弓下：「諸侯伐秦，曹桓公（「桓」當作「宣」）卒于會。諸侯請含，使之襲。」師遂濟涇，涇水流經涇陽縣南，然後入渭。據魯語下，當時諸侯軍隊俱不肯渡涇水，晉叔向見魯叔孫豹，魯軍始先渡河，各國軍隊乃隨之渡河。及侯麗而還。時秦都雍（今陝西鳳翔縣南），晉自東北向西南進軍，濟涇亦自東北向西南，侯麗當在涇水南岸。或以爲在今禮泉縣境。迓晉侯于新楚。新楚，秦地，當在陝西舊朝邑縣境（朝邑今已併入大荔縣）。

一三·四　成肅公卒于瑕。説明劉康公預言應驗。瑕，晉地，見僖三十年傳注。

六月丁卯夜，丁卯，十五日。鄭公子班自訾求入于大宮，公子班奔許已見十年傳。據杜注，訾爲鄭地，公子班由許入鄭，訾當在鄭南。高士奇地名考略、馬宗璉補注皆謂此訾即昭二十三年傳之訾，實周地，近鄭，今爲河南鞏縣訾店。然公子班自許至鄭，不必繞道至訾店，未必可信。昭十三年傳又有一訾，爲楚地。大宮，鄭祖廟。不能，殺子印、子羽，據杜注，子印、子羽皆鄭穆公子。此子羽非公孫揮（公孫揮字子羽，見襄、昭諸年傳）。反軍于市。己巳，己巳，十七日。子駟帥國人盟于大宮，子駟見十年傳注。遂從而盡焚之，金澤文庫本「從」下有「師」字。殺子如、子駹、孫叔、孫知。子如即公子班，已見十年傳並注。駹音龐。據杜注，子駹，子如之弟；孫叔，子如之子；孫知，子駹之子。

一三·五　曹人使公子負芻守，使公子欣時逆曹伯之喪。負芻、欣時皆曹宣公庶子。「欣時」，公羊成十六年傳與昭二十年傳皆作「喜時」，新序節士篇載此事，文用左傳，但名從公羊作「喜時」。**秋，負芻殺其大子而自立也。**其大子，宣公大子。**諸侯乃請討之。晉人以其役之勞，**其役，伐秦之役。**請俟他年。冬，葬曹宣公。既葬，子臧將亡，**子臧，欣時之字。**國人皆將從之。成公乃懼，**成公即負芻。**告罪，且請焉。**請子臧留而不出走。**乃反，而致其邑。**子臧返國而致采邑於成公。十五、十六年傳於此事續有所叙。

十有四年，甲申，公元前五七七年。周簡王九年、晉厲四年、齊靈五年、衞定十二年、蔡景十五年、鄭成八年、曹成公負芻元年、陳成二十二年、杞桓六十年、宋共十二年、秦桓二十八年、楚共十四年、吴壽夢九年、許靈十五年。

經

一四·一　**十有四年春王正月，**正月二十四日癸卯冬至，建子，有閏月。**莒子朱卒。**無傳。莒子朱即莒渠丘公（見八年傳），名季佗（見文十八年傳），自宣元年即位至今年在位共三十二年。死後，子密州繼承，稱犂比公。説參汪克寬纂疏。穀梁傳楊士勛疏云：「葬須稱謚，莒夷無謚，故不書葬也。」

一四·二　**夏，衞孫林父自晉歸于衞。**杜注：「晉納之，故曰歸。」

一四·三 秋，叔孫僑如如齊逆女。

一四·四 鄭公子喜帥師伐許。喜，穆公子，字子罕。

一四·五 九月，僑如以夫人婦姜氏至自齊。時宣公夫人穆姜尚在，新婦有姑，故稱「婦」，與文四年、宣元年兩經稱「婦」相同。

一四·六 冬十月庚寅，庚寅，十六日。衞侯臧卒。

一四·七 秦伯卒。無傳。秦伯即秦桓公。經未書名，高閌春秋集注云「史失其名」。但春秋此後於秦君之死，皆僅書「秦伯卒」，豈皆「史失其名」？

傳

一四·一 十四年春，衞侯如晉，晉侯强見孫林父焉。杜注：「林父以七年奔晉。强見，欲歸之。」强衞定公與林父相見。定公不可。夏，衞侯既歸，晉侯使郤犨送孫林父而見之。衞侯欲辭。定姜曰：杜注：「定姜，定公夫人。」「不可。是先君宗卿之嗣也，先君指定公之父衞穆公，宗卿指孫林父之父孫良夫。先君宗卿爲一詞，義即先君之宗卿。據孔疏引世本，孫氏出于衞武公，與衞君同宗，孫良夫又是當時衞國執政大臣，故曰「先君宗卿」。大國又以爲請。不許，將亡。如不同意，恐將見伐，衞國將亡。雖惡之，不猶愈於亡乎？君其忍之！安民而宥宗卿，此宗卿則是指孫林父本人，因曾承襲孫良夫執衛國之政。不亦可乎？」衛侯見而復之。恢復孫林父職位與采邑。

衛侯饗苦成叔，享燕之享左傳均作「享」，僅此處作「饗」。享，正字；饗，假借字，詳段玉裁說文解字注。苦成，晉國地名，在今山西運城縣東而稍北約二十二里。據王符潛夫論志氏姓與通志氏族略三，以苦爲邑名，郤犨采邑，故苦氏即郤氏。成爲郤犨謚，叔爲其字。郤犨雖被殺，但不妨有謚，與郤至謚昭子（見晉語八）相同。兩説未詳孰是。郤犨被稱爲苦成叔，亦見于魯語上與晉語六。甯惠子相。甯惠子，甯殖。苦成叔傲。甯子曰：「苦成叔家其亡乎！各本均作「苦成家」，無「叔」字，唐石經旁注「叔」字，藝文類聚三十六、初學記十四引均有「叔」字，魯語上「苦成叔家欲任兩國」，可見「苦成叔家」爲當時習慣稱謂，今依金澤文庫本增「叔」字。古之爲享食也，以觀威儀、省禍福也，故詩曰：『兕觵其觩，觵音肱，兕觵，古代用犀牛角製成之飲酒器，容量較大，罰酒時亦用之，昭元年傳又稱爲兕爵。觩音虯，「其觩」，獸角彎曲貌。旨酒思柔。思爲語中助詞，無義。例證見詞詮。彼交匪傲，「彼交匪傲」即襄二十七年傳之「匪交匪敖」，彼、匪古得通假。説詳臧琳經義雜記、胡承珙毛詩後箋。交疑爲驕之假借。周頌絲衣：「兕觥其觩，旨酒思柔。不吳不敖，胡考之休。」「觥」、「觵」爲本字，兩字通用。「不吳不敖」與此「匪交匪敖」義同。吳，謂自高自大；交，亦爲驕傲之意。萬福來求。』句見小雅桑扈。求，聚也。説詳王引之詩述聞。來，語中助詞，表示倒裝。萬福來求，聚集萬福也。今夫子傲，取禍之道也。」

一四·二 秋，宣伯如齊逆女。爲魯成公迎其夫人。稱族，尊君命也。釋經書「叔孫僑如」，參宣元年傳。

一四·三 八月，鄭子罕伐許，子罕，公子喜字。敗焉。杜注：「爲許所敗。」戊戌，戊戌，二十三日。鄭伯復伐許。庚子，庚子，二十五日。入其郛。郛，外城。許人平以叔申之封。許人用叔申之封與鄭國構和。叔申之封見四年傳並注。

一四·四 九月，僑如以夫人婦姜氏至自齊。舍族，不稱「叔孫」。尊夫人也。故君子曰：「春秋之稱，稱，言也，説也。此謂春秋之用詞造句。微而顯，言辭不多而意義顯豁。志而晦，記載史實而意義幽深。章炳麟讀解此三字爲「明而晦」，不確。婉而成章，表達婉轉屈曲，但順理成章。盡而不汙，杜注：「謂直言其事，盡其事實，無所汙曲。」焦循補疏解「汙」爲「紆」，蓋因杜注用「汙曲」字之故。懲惡而勸善，非聖人，誰能脩之？」

一四·五 衞侯有疾，使孔成子、甯惠子立敬姒之子衎以爲大子。孔成子，孔達之子孔烝鉏。敬姒，據下文有「夫人姜氏」一語，當是衞定公妾。衎音看。衎即衞獻公。冬十月，衞定公卒。夫人姜氏既哭而息，見大子之不哀也，不內酌飲，内同納。酌同勺。酌飲即定四年傳之「勺飲不入口」之「勺飲」，説見楊樹達先生讀左傳。據禮記喪大記，死者殯後，夫人世婦諸妻皆疏食水飲，勺飲當是指疏食水飲。説見沈欽韓補注。歎曰：「是夫也，將不唯衞國之敗，其必始於未亡人。古代寡婦自稱未亡人，已見莊二十八年傳注。烏呼！天禍衞國也夫！吾不獲鱄也使主社稷。」鱄音專。據襄十四年傳，鱄乃衎之母弟。大夫聞之，無不聳懼。聳借爲悚，説文：「悚，懼也。」孫文子自是不敢舍其重器於衞，重器，寶重之器。盡寘諸戚，戚本是孫氏采邑，孫林父逃亡晉國，晉國曾還之於衞君。孫林父返國復位，衞侯又與之。而甚善晉大夫。後事見襄十四年傳。

十有五年，乙酉，公元前五七六年。周簡王十年、晉厲五年、齊靈六年、衞獻公衎元年、蔡景十六年、鄭成九年、曹成二年、陳成二十三年、杞桓六十一年、宋共十三年、秦景公元年、楚共十五年、吴壽夢十年、許靈十六年。

經

一五・一　十有五年春王二月，正月初五日戊申冬至，建子。葬衞定公。無傳。

一五・二　三月乙巳，乙巳，三日。仲嬰齊卒。無傳。仲嬰齊，仲遂之子，公孫歸父之弟。仲遂之死見宣八年經，歸父奔齊見宣十八年經、傳。嬰齊爲其後，曰仲氏。孔疏引劉炫説云：「仲遂受賜爲仲氏，故其子孫稱仲氏。」

一五・三　癸丑，癸丑，十一日。公會晉侯、衞侯、鄭伯、曹伯、宋世子成、齊國佐、邾人同盟于

戚。宋國由太子成出席會盟。蓋宋共公時在病中，六月宋公卒。說見汪克寬纂疏。晉侯執曹伯歸于京
師。公羊作「歸之于京師」，「之」爲衍文，說詳阮元公羊傳校勘記。

一五·四 公至自會。無傳。

一五·五 夏六月，宋公固卒。「固」，年表及宋世家、漢書古今人表俱作「瑕」，固、瑕古音近，蓋可通用。

一五·六 楚子伐鄭。

一五·七 秋八月庚辰，庚辰，十日。葬宋共公。

一五·八 宋華元出奔晉。

一五·九 宋華元自晉歸于宋。

一五·一〇 宋殺其大夫山。

一五·一一 宋魚石出奔楚。魚石見傳注。

一五·一二 冬十有一月，叔孫僑如會晉士燮、齊高無咎、宋華元、衛孫林父、鄭公子鰌、邾人
會吳于鍾離。經用二「會」字，杜注謂吳是夷，以前未嘗與中原諸國往來，今始來通，故由晉率領諸侯大夫而會之，因用二「會」字。明王樵春秋輯傳則以爲諸侯大夫先約集相會而後會吳，春秋直書其事。鰌音秋。鍾離，路史以爲國名，餘詳傳注。

一五·一三 許遷于葉。

傳

一五·一 十五年春，會于戚，討曹成公也。十三年傳叙曹成公殺宣公太子而自立，諸侯請討之，晉請俟他年，至此而討之。執而歸諸京師。書曰「晉侯執曹伯」，不及其民也。曹成公之罪僅在殺宣公太子而自立爲君，害不及於百姓，故執者書「晉侯」，不書「晉人」。凡君不道於其民，諸侯討而執之，則曰「某人執某侯」，春秋於諸侯相執，一般書「某人執某侯」，未必被執者皆「不道於其民」，此一義例，或僅適用于僖二十八年「晉人執衞侯，歸之于京師」。説參竹添光鴻會箋引龜井昱説。不然則否。此釋經書「晉侯」之故。

諸侯將見子臧於王而立之。子臧詳十三年傳。子臧辭曰：「前志有之曰：前志，古書。『聖達節，最高道德爲能進能退，能上能下，而俱合于節義。次守節，次則不能積極對待，僅消極保守節義。下失節。』下等者唯名利是圖，無節義。新序節士篇亦有此文，作「下不失節」，洪亮吉詁以新序爲誤。爲君非吾節也。雖不能聖，敢失守乎？」遂逃，奔宋。

一五·二 夏六月，宋共公卒。此僅傳宋公之謚耳。

一五·三　楚將北師，杜注：「侵鄭、衛。」子囊曰：子囊，楚莊王子，共王弟公子貞。「新與晉盟而背之，晉、楚相盟見十二年傳。無乃不可乎？」子反曰：「敵利則進，敵情有利於我則進。何盟之有？」申叔時老矣，在申，杜注：「老歸本邑。」聞之，曰：「子反必不免。信以守禮，信用所以保持禮義。禮以庇身，禮義所以保護生存。信、禮之亡，欲免，得乎？」子反於明年鄢陵戰敗被殺。

楚子侵鄭，及暴隧。暴隧即文八年經之暴，詳彼注。遂侵衛，及首止。首止，衛地，見桓十八年傳注。鄭子罕侵楚，取新石。新石，楚邑，當在今河南葉縣境內。

欒武子欲報楚。欒武子，晉欒書，時爲中軍帥，欲報楚。韓獻子曰：韓獻子，韓厥。「無庸，使重其罪，民將叛之。背棄盟約，驅使人民從事侵略戰爭，故云「重其罪」。無民，孰戰？」失人民，誰爲之戰鬭？此爲明年鄢陵之役張本。

一五·四　秋八月，葬宋共公。於是華元爲右師，魚石爲左師，魚石，據杜注，爲公子目夷之曾孫。蕩澤爲司馬，孔疏引世本云：「公孫壽生大司馬虺，虺生司馬澤。」故杜注云「蕩澤，公孫壽之孫」。其人名山，宋世家作「唐山」，「唐」「蕩」音近通假。華喜爲司徒，孔疏引世本「華父督生世子家，家生季老，老生司徒鄭，鄭生司徒喜」，故杜注云「華父督之玄孫」。公孫師爲司城，孔疏引世本「莊公生右師戊，戊生司城師」，故杜注云「莊公孫」。**向爲人爲大司寇，鱗朱爲少司寇，**孔疏引世本「桓公生公子鱗，鱗生東鄉矔，矔生司徒文，文生大司寇子奏，奏生小司寇朱」，杜注謂鱗朱「鱗矔孫」，與世本不合。**向帶爲大宰，魚府爲少宰。蕩澤弱公室，殺公子肥。**蕩澤欲削弱公室，殺公子肥。宋世家作「殺太子肥」，似肥爲宋共公太子，應嗣位而尚未即位。**華元曰：「我爲右師，君臣之訓，師所司也。今公室卑，而不能正，吾罪大矣。不能治官，**官即孟子公孫丑下「官守」之義。不能治官，今言不能盡職。**敢賴寵乎？」**賴，利也。以得寵爲利。**乃出奔晉。**宋世家：「司馬唐山攻殺太子肥，欲殺華元，華元奔晉。」

二華，戴族也；華元、華喜皆宋戴公之後，故謂之戴族。族有兩義，一爲宗族之族，一爲氏族之族。此氏族之族，與僖七年傳「洩氏、孔氏、子人氏三族」之「族」義同。說詳沈彤小疏。**司城，莊族也；六官者皆桓族也。**魚石、蕩澤、向爲人、鱗朱、向帶、魚府皆出自宋桓公。**魚石將止華元。**阻止華元出奔。**魚府曰：「右師反，必討，是無桓氏也。」**桓氏與桓族同義。恐華元因討伐蕩澤，並連及桓氏。**魚石曰：「右師苟獲反，雖許之討，必不敢。且多大功，**杜注以爲華元大功，在乎宣十五年之劫子反以解宋圍與成十二年之謀求晉、楚之成。實則華元自文十六年爲右師執政以來，已三十餘年，魚石云「多大功」，或不止此，左傳未盡記載而已。**國人與之，不反，懼桓氏之無祀於宋也。**不使華元回國，恐國人羣起而攻以致消滅桓族。**右師討，猶有戌在。**戌，向戌。孔疏引世本：「桓公生向父盻，盻生司城訾守，守生小司寇鱣及合左師。」合左師即向戌。向戌亦桓族。魚石估計華元縱討伐蕩澤以及其他桓族，必不連及向戌。或向戌是華元黨羽，故事後華元使之爲左師。桓氏雖亡，必偏。」偏，一部份。魚石自止華元于河上。河，黄河。請討，華元請求討伐蕩澤。許之，魚石同意。乃反。據此，華元僅及黄河邊而返。但經、傳皆云「出奔晉」，經尚書「自晉歸于宋」，因之或謂蓋從其動機與政治靠山而立言，或又謂華元雖僅至黄河邊，已入晉國境，故書「奔晉」、「自晉」。兩説未詳孰是。使華喜、公孫師帥國人攻蕩氏，殺子山。書曰「宋殺其大夫山」，阮刻本脱「其」字，今依金澤文庫本及校勘記增。言背其族也。據杜注，蕩氏本宋公族，反欲削弱、危害公室，故書其名，不書其氏，以示其罪。則「背其族」之「族」乃「宗族」之義。

魚石、向爲人、鱗朱、向帶、魚府出舍於睢上，睢音雖。睢水本蒗蕩渠支津，舊自河南杞縣流經睢縣北，又東流經寧陵與商丘市南，又東經夏邑縣北，然後東南流。今上游僅睢縣附近有一支入惠濟河，餘皆湮塞。睢上，當是離宋都不遠之睢河邊。華元使止之，不可。冬十月，華元自止之，不可，乃反。五人不肯返，華元獨歸。魚府曰：「今不從，不得入矣。今不聽從華元，以後難入宋都矣。右師視速而言疾，有異志焉。金澤文庫本作「必有異志焉」。此謂並非真心挽留。若不我納，今將馳矣。」登丘而望之，則馳。五人登丘而望華元，華元疾驅車返，其並不歡迎五人返國之意被證實。騁而從之，五人亦驅車跟隨華元。則決睢澨、閉門登陴矣。睢澨，睢水堤防。華元使人決開其口，用水阻止對方。閉門登陴，亦防禦五人以武力進攻。左師、二司寇、二宰遂出奔楚。出奔者五人，經書魚石。華元使向戌爲左師，老佐爲司馬，杜注：「老佐，戴公五世孫。」樂裔爲司寇，以靖國人。

一五·五 晉三郤害伯宗，三郤，郤錡、郤犨與郤至。伯宗見宣十五年傳注。譖而殺之，及欒弗忌。據晉語五韋注，欒弗忌，伯宗黨羽。左傳謂因害伯宗而連及欒弗忌，晉語五云「欒弗忌之難，諸大夫害伯宗」，兩説不同。伯州犁奔楚。伯州犁，伯宗子。據晉語五，保護伯州犁逃楚者爲畢陽其人。伯州犁奔楚後爲太宰，見明年及昭元年諸傳。韓獻子曰：「郤氏其不免乎！善人，天地之紀也，韓厥以爲伯宗與欒弗忌皆善人。而驟絶之，驟，屢也。先後殺害兩人，故言驟。不亡，何待？」爲十七年晉殺三郤作預言。

初，伯宗每朝，其妻必戒之曰：「『盜憎主人，民惡其上。』意謂盜不能憎恨主人，百姓不能厭惡統治者。爾禄位不高，不能向執政進直言。此二語蓋當時俗諺，周語中單襄公引諺「獸惡其網，民惡其上」，説苑敬慎篇引金人銘「盗怨主人，民害其貴」，孔子家語觀周篇亦引金人銘，作「盗憎主人，民怨其上」，大致相同。子好直言，必及於難。」列女仁智傳據左傳與晉語五演繹成晉伯宗妻一章。

一五·六 十一月，會吴于鍾離，杜注：「鍾離，楚邑。」但諸侯與吴相會在楚境，殊爲可怪。杜注鍾離爲楚邑，本於昭四年左傳「楚箴尹宜咎城鍾離」以備吴。鍾離本是小國，據水經淮水注與史記伍子胥列傳索隱引世本，鍾離爲嬴姓國（通志氏族略三云姬姓，難以信從），此時是否被滅，不詳。且鍾離時在吴、楚兩國交界處，穀梁昭四年傳云「慶封封乎吴鍾離」，即使鍾離已滅，或爲吴、楚兩國所分有，則此鍾離當是吴邑。鍾離在今安徽鳳陽縣東稍北。始通吴也。

一五·七 許靈公畏偪于鄭，即以去年論，鄭兩次侵許，許終以「叔申之封」與鄭。請遷于楚。辛丑，辛丑，三日。楚公子申遷許于葉。舊葉城在今河南葉縣西南。許自遷徙後，其本土爲鄭所有，鄭人稱之爲「舊許」。此後，許爲楚附庸，晉會盟侵伐，許皆不從；楚有事，許則無役不從。

十有六年，丙戌，公元前五七五年。周簡王十一年、晉厲六年、齊靈七年、衛獻二年、蔡景十七年、鄭成十年、曹成三年、陳成二十四年、杞桓六十二年、宋平公成元年、秦景二年、楚共十六年、吴壽夢十一年、許靈十七年。

經

一六·一 十有六年春王正月，正月十七日甲寅冬至，建子。雨，木冰。無傳。木冰即氣象學之霧淞，於有霧寒冷天氣下凝聚於樹木枝葉白色鬆散而似雪者。俗稱樹挂。漢人謂之「木介」（見漢書五行志上），唐人謂之「樹介」、「樹架」、「樹稼」（見唐會要及舊唐書讓皇帝憲傳）。劉熙釋名釋天云「氛，粉也，潤氣著草木，因寒凍凝，色白若粉之形也」，即此。

一六·二 夏四月辛未，辛未，五日。滕子卒。春秋書滕君之死，不書名凡三次，隱七年「滕侯卒」、宣九年及今年「滕子卒」是也。說見宣九年經注。

一六·三 鄭公子喜帥師侵宋。

一六·四 六月丙寅朔，日有食之。無傳。公元前五七五年五月九日全食。

一六·五 晉侯使欒黶來乞師。黶音演。欒黶，欒書子。

一六·六 甲午晦，六月小，甲午爲二十九日。晉侯及楚子、鄭伯戰于鄢陵。鄢陵即隱元年傳之鄢。鄭滅鄢以後，初用原名，後改爲鄢陵，今河南鄢陵縣北。說參江永考實。水經渠水注云：「蔡澤陂水出鄢陵城西北，晉、楚相遇處也。陂東西五里，南北十里，下入淮陽扶溝。」楚子、鄭師敗績。

一六·七 楚殺其大夫公子側。參僖二十八年經「殺得臣」注。

一六·八 秋，公會晉侯、齊侯、衛侯、宋華元、邾人于沙隨，沙隨，宋地，古沙隨國，在今河南寧陵縣北。不見公。

一六·九 公至自會。無傳。

一六·一〇 公會尹子、晉侯、齊國佐、邾人伐鄭。

一六·一一 曹伯歸自京師。

一六・一二 九月，晉人執季孫行父，舍之于苕丘。苕音條。公羊「苕」作「招」，兩字同從「召」聲，得通假。苕丘，晉地，不詳今所在。

一六・一三 冬十月乙亥，乙亥，十二日。叔孫僑如出奔齊。

一六・一四 十有二月乙丑，乙丑，三日。季孫行父及晉郤犨盟于扈。扈，鄭地，見文七年經注。

一六・一五 公至自會。無傳。

一六・一六 乙酉，乙酉，二十三日。刺公子偃。刺見僖二十八年經注。

傳

一六・一 十六年春，楚子自武城使公子成以汝陰之田求成于鄭。武城見僖六年傳注。公子成已見成六年傳。顧棟高大事表七之四謂楚國土地止于汝水之南，「汝陰之田」當在今郟縣與葉縣之間。鄭叛晉，子駟從楚子盟于武城。子駟即公子騑，見十年傳並注。

一六・二 夏四月，滕文公卒。

一六・三 鄭子罕伐宋，宋將鉏、樂懼敗諸汋陂。杜注謂將鉏爲樂氏之族，孔疏云「不知所出」。樂懼，據孔疏引世本，爲戴公六世孫。汋陂，宋地，馬宗璉補注以爲即芍陂，爲今安徽壽縣南之安豐塘。但鄭軍伐宋，不應遠至安徽壽縣，其誤無疑。以下文汋陵推測，當在河南商丘（宋都）與寧陵之間。**退，**宋師退。**舍於夫渠，**夫渠當離汋陂不遠。**不儆。**不加警戒。**鄭人覆之，**以伏兵襲擊之。**敗諸汋陵，**據元和志，汋陵在今河南寧陵縣南。**獲將鉏、樂懼。宋恃勝也。**

一六·四 **衛侯伐鄭，至于鳴鴈，**鳴鴈在今河南杞縣北。**爲晉故也。**晉欲伐鄭，衛先出兵。

一六·五 **晉侯將伐鄭。范文子曰：**范文子，士燮。**「若逞吾願，諸侯皆叛，晉可以逞。**二「逞」字意義不同。上「逞」字，舊訓爲「快也」，實爲「快意」「滿足」之義。下「逞」字爲「緩」之假借字，緩也。說詳楊樹達先生讀左傳。此數句意爲，如我君願望得以滿足，諸侯皆將背叛晉國，晉國患難可以緩和。**若唯鄭叛，晉國之憂，可立俟也。」**此不欲伐鄭也。**欒武子曰：「不可以當吾世而失諸侯，必伐鄭。」乃興師。欒書將中軍，士燮佐之；**士燮代荀庚。晉語六云「欒武子將上軍，范文子將下軍」，與傳異。**郤錡將上軍，**杜注：「代士燮。」**荀偃佐之；**偃，荀庚子，代郤錡。**韓厥將下軍；郤至佐新軍。**據下傳，郤犨將新軍。**荀罃居守。**荀罃以下軍佐留國內。**郤犨如衛，遂如齊，皆乞師焉。欒黶來乞師。孟獻子曰：「晉有勝矣。」**各本無「晉」字，唐石經於「曰」字下旁增「晉」字，依文義以有「晉」字爲强，今據金澤文庫本增。**戊寅，**戊寅，十二日。**晉師起。**據經，欒黶六月始至魯，計郤犨至衛、至齊時亦相近，而晉師四月即起，無怪乎諸侯之師皆不及會戰。

鄭人聞有晉師，使告于楚，姚句耳與往。姚句耳非正式使者，僅隨行人員，故云「與往」。楚子救鄭。司馬將中軍，司馬，公子側子反。令尹將左，令尹，公子嬰齊子重，爲左軍帥。依楚國官次，令尹在司馬上。然司馬爲主軍政官，此所以子反將中軍歟？傳世器有王子嬰次盧，王國維定爲楚公子嬰齊所作。右尹子辛將右。子辛即襄元年、五年經之公子壬夫，將右軍。過申，子反入見申叔時，曰：「師其何如？」對曰：「德、刑、詳、義、禮、信，戰之器也。六種爲戰爭手段。德以施惠，刑以正邪，詳以事神，與淮南子氾論訓「祥於鬼神」同義，詳通祥。祥即事鬼神之應有態度，順也，善也。說見梁履繩補釋。義以建利，義爲利之本，有義，利始得建立。禮以順時，信以守物。物爲廣義，泛指一切事物。信實保持一切。民生厚而德正，人民生活豐厚，則道德端正。用利而事節，有利則用民，一切舉動依於國有利而行，則舉動合於節度。時順而物成，順時而動，不妨礙生產，則物產有所成。上下和睦，周旋不逆，求無不具，各知其極。如此則上下和睦，一切舉動順利，所求無不具備，人人皆知準則。極，準則也。故詩曰：『立我烝民，莫匪爾極。』句見周頌思文。詩意謂周祖先后稷，安置衆民，無人不合其準則。烝，衆也。是以神降之福，時無災害，民生敦厖，「民生敦厖」當與上文「民生厚」同義，敦，厚也。厖，方言：「豐也。」或讀「民生」爲「民性」，則句當解爲百姓敦厚老實，固通，但就上文義言，不如前說。因「時無災害」，故民生厚；因民生厚，故下文有「和同以聽」數語。「和同以聽」等語實即「德正」。和同以聽，共同一致，聽候政令。莫不盡力以從上命，致死以補其闕，闕，杜注云「戰死者」。顧炎武補正引陸粲説謂「軍國之事有所闕乏」。若依杜注，補當解爲補充、補足。若依陸説，補當解爲補給。據下文「補卒乘」，杜注較安。此戰之所由克也。今楚内棄其民，不施惠，無德。而外絶其好，不以義建利。瀆齊盟，瀆，褻瀆，輕慢，不尊敬。齊盟見十一年傳注。褻瀆齊盟即十五年傳「新與晉盟而背之」。古人盟誓，以爲必有鬼神監臨，瀆齊盟，意即不以詳事神。而食話言；不以信守物。奸時以動，正當春耕之時而用兵。而疲民以逞。只求快意，不惜疲民。武力爲刑，不用以正邪。民不知信，進退罪也。人民不知信用何在，進亦罪，退亦罪。人恤所厎，恤，憂也。厎，至也。其誰致死？子其勉之！吾不復見子矣。」申叔時預言楚必敗，子反必死。姚句耳先歸，子駟問焉。對曰：「其行速，過險而不整。過險阻之地行列不整齊。速則失志，動作太速，則考慮不周。不整，喪列。不整齊，則失去行列。志失、列喪，將何以戰？楚懼不可用也。」

五月，晉師濟河。聞楚師將至，范文子欲反，曰：「我僞逃楚，「僞」當作「爲」，如果，假若。説詳俞樾平議。可以紓憂。夫合諸侯，非吾所能也，以遺能者。我若羣臣輯睦以事君，金澤文庫本「若」下有「退」字。唐石經亦于「若」字下旁增「退」字。多矣。」多矣見桓五年傳注。石經于「矣」字下又旁增「又何求」三字。武子曰：「不可。」

六月，晉、楚遇於鄢陵。范文子不欲戰。晉語六載有范文子語，可參看。郤至曰：「韓之戰，惠公不振旅；振旅見僖二十八年傳注。不振旅即失敗。箕之役，先軫不反命；先軫死於箕之役，見僖三十三年傳。邲之師，荀伯不復從，邲之戰見宣十二年傳。荀伯，以上文「惠公」、「先軫」例之，自是指邲之戰晉軍元帥荀林父，或以爲指荀罃（説見沈欽韓補注），不可信。不復從也即失敗，恐是當時習語如此，不必深究。顧炎武日知録卷二十七謂「不復從事于楚」，俞樾平議謂爲「不復役」之誤，皆無據。皆晉之恥也。子亦見先君之事矣。今我辟楚，又益恥也。」晉語六以爲欒書所言，内容大同小異。文子曰：「吾先君之亟戰也，有故。亟，去聲，屢也。秦、狄、齊、楚皆彊，不盡力，子孫將弱。今三彊服矣，敵楚而已。陶鴻慶别疏讀作「敵，楚而已」，亦通。惟聖人能外内無患。自非聖人，自，假設連詞，若也，多用于否定句。自非，假若不是。外寧必有内憂，盍釋楚以爲外懼乎？」晉國大臣大多數主戰，唯士燮始終主退。士燮見厲公驕侈，羣臣不和，如戰而勝楚，内憂益滋，故欲釋楚以緩和國内矛盾，非懼戰敗也。

甲午晦，楚晨壓晉軍而陳。楚軍清早逼近晉軍營壘佈陣。軍吏患之。范匄趨進，曰：范匄，士燮之子士匄，謚宣子。時尚幼，班位不高，故快步向前，一則表示恭敬，一則便于進言。「塞井夷竈，陳於軍中，而疏行首。夷，平也。行首，即行道。疏行首，將行列間道路隔寬。説見王引之述聞。沈欽韓補注謂行首即吴語行頭，每行領隊者，不如王説。古人作戰，行列欲其疏闊，司馬法定爵篇所謂「凡陳行惟疏」、淮南子道應訓所謂「疏隊而擊之」，可以爲證。**晉、楚唯天所授，何患焉？」文子執戈逐之，**文子，其父士燮。**曰：「國之存亡，天也，童子何知焉？」欒書曰：「楚師輕窕，**輕窕即輕佻，堅韌之反。**固壘而待之，三日必退。**楚軍僅仗一時鋭氣，故欒書曰先不與戰。漢書周亞夫傳亦云「楚兵剽輕，難與争鋒」。**退而擊之，必獲勝焉。」**魯語六謂欒書主張俟齊、晉兩國軍至再戰，與傳不同。**郤至曰：「楚有六間，**間，去聲，間隙，空子。**不可失也。其二卿相惡，**二卿，子反、子重。兩人有仇隙，故戰敗後子重逼迫子反自殺。此一間。**王卒以舊，**以舊有二解，杜注云「罷老不代」，則「以舊」爲「太舊」。會箋云：「以，用也。舊，舊家也。」故下文云「舊不必良」。後説較好。此二間。**鄭陳而不整，**鄭軍雖有陣勢，却不整齊嚴肅。此三間。**蠻軍而不陳，**晉語六云：「南夷與楚來，而不與陳。」蠻即晉語六之夷。雖有軍隊，然無陣容。此四間。**陳不違晦，**此日爲月終，古代迷信，月終不宜佈陣作戰。故郤至謂楚軍結陣不避晦日爲一間。**在陳而嚻，**嚻同囂，吵鬧，喧嘩。士兵在陣中無紀律，不嚴肅。**合而加嚻。**陣合應静，而楚軍更加喧嘩。此六間。**各顧其後，莫有鬭心；**晉語六作「鄭將顧楚，楚將顧夷，莫有鬭心」，則左傳之「各」，乃指鄭、楚、蠻各軍。互相觀望依賴，而無鬭志。**舊不必良，**王卒皆舊家子弟，未必爲强兵。**以犯天忌，**犯天忌者指晦日用兵。**我必克之。」**此爲郤至主張速戰理由，與欒書之堅守三日戰略正相反。據晉語六，晉厲公採用郤至之謀。晉語六且云：「欒書是以怨郤至。」十七年傳亦云：「欒書怨郤至，以其不從己而敗楚師也。」

楚子登巢車，以望晉軍。巢車，説文引作「轈車」，兵車之一種，高如鳥巢，用以瞭望敵人。宣十五年傳亦曰「樓車」。李衞公兵法有巢車，車有八輪，上立高竿，竿上裝置轆轤，用繩索挽版屋上竿頭。版屋方四尺，高五尺，有十二孔，分佈四面。車可進可退，亦可環行，用以遠望。蓋後代巢車。春秋時之巢車形制已不詳。子重使大宰伯州犂侍于王後。伯州犂，晉國伯宗之子。伯宗被害後，逃來楚國，楚任之爲大宰。參見去年傳。王曰：「騁而左右，何也？」王問：晉國兵車向左右兩方馳騁，何爲？曰：「召軍吏也。」此伯州犂答語。「皆聚於中軍矣。」此又是楚共王之詢問，謂晉國軍吏皆聚集於中軍，何爲？曰：「合謀也。」共同謀議。「張幕矣。」帳幕張開，又何爲？曰：「虔卜於先君也。」古代行軍，必將先代君王主位載於車上同行。此乃在先君主位前誠心問卜。所載主位，禮記曾子問謂「遷廟主」，孫詒讓周禮小宗伯正義釋爲國君高祖之父與祖之主。但以春秋考之，魯國並無毁廟之制，故哀三年尚有桓宮與僖宮。晉國于此一戰役，所載先君之主究竟爲誰，不詳。「徹幕矣。」帳幕已徹除，又何爲？曰：「將發命也。」「甚囂，且塵上矣。」喧嘩，且塵土上揚，又何爲？曰：「將塞井夷竈而爲行也。」「皆乘矣，左右執兵而下矣。」皆已上車，車上左右又俱持武器下車。古代兵車，唯元帥之車元帥在中，御者在左。一般兵車御者在中，將帥在左。此之左右，當指一般兵車之將帥與車右。曰：「聽誓也。」對軍隊宣佈號令亦稱誓，尚書有甘誓、湯誓，閔二年傳「誓軍旅」皆可證。「戰乎？」曰：「未可知也。」「乘而左右皆下矣。」曰：「戰禱也。」戰前禱告鬼神。伯州犁以公卒告王。公卒，晉侯之卒。以上叙楚偵察晉軍，而伯州犁只以晉軍動作答楚，未設計謀。苗賁皇在晉侯之側，苗賁皇爲楚國鬭椒之子，逃奔晉國，見宣十七年傳注。此人熟悉楚國情況，故在晉侯之側。亦以王卒告。以楚共王之卒告晉侯。皆曰：「國士在，且厚，不可當也。」國士指伯州犁，以其有才，且熟悉晉國情況。孔疏引服虔説，謂「皆曰」之文在伯州犁、苗賁皇之下，因解爲「賁皇、州犁皆言曰，晉、楚之士皆在君側，且陳厚，不可當。以爲州犁言晉强，賁皇言楚强，故云皆曰也」。臧琳經義雜記亦主此説。但説與下文苗賁皇之言矛盾，不可信。孔疏亦駁之。苗賁皇言於晉侯曰：「楚之良，在其中軍王族而已。請分良以擊其左右，而三軍萃於王卒，必大敗之。」「三軍」當作「四軍」，指中、上、下、新四軍，説詳王引之述聞。襄二十六年傳聲子追叙此事云：「鄢陵之役，楚晨壓晉軍而陳，晉將遁矣。苗賁皇曰：『楚師之良在其中軍王族而已，若塞井夷竈，成陳以當之，欒、范易行以誘之，中行、二郤必克二穆。吾乃四萃於其王族，必大敗之。』晉人從之。」較此爲詳。公筮之。史曰：「吉。其卦遇復䷗，復卦震卦在下，坤卦在上。曰：繇辭曰。『南國踧，踧同蹙，音蹴，局迫也。亦可以解爲國土削小，如詩大雅召旻「今也日蹙百里」。射其元王，或人從「元」字斷句，「王」字屬下讀，不可從。中厥目。』杜注謂「此卜者辭」，但从「踧」、「目」押韻（古音同在覺部）與下文聯繫，當是繇辭，與僖十五年傳「千乘三去」等句相同，互詳彼注。國踧、王傷，不敗，何待？」公從之。從苗賁皇之謀與史之筮而戰。

有淖於前，淖音鬧，泥沼。晉軍營壘前有泥沼。乃皆左右相違於淖。大衆或左或右避開泥沼而行。步毅御晉厲公，欒鍼爲右。步毅、欒鍼俱見成十三年傳並注。彭名御楚共王，潘黨爲右。彭名、潘黨已見宣十二年傳。石首御鄭成公，唐苟爲右。欒、范以其族夾公行。族與宣十二年傳「知莊子以其族反之」之「族」字相同。詳宣十二年傳注。陷於淖。據下文，知是晉厲公戎車陷於泥沼中。欒書將載晉侯。鍼曰：「書退！欒鍼，欒書之子，依古代禮制，「君前臣名」（見禮記曲禮上），在國君前，羣臣之間，皆直呼其名，欒鍼於其父亦直呼其名。國有大任，焉得專之？大任，大事也。句意謂國家有大事，爾何能一人攬之？杜注、孔疏皆誤。且侵官，冒也；侵犯他人職權爲侵官，謂之冒犯。失官，慢也；若載晉侯於身爲元帥之車，必拋棄己責，此是怠慢。離局，局即禮記曲禮上「各司其局」之局。姦也。拋棄自己職責，必離開部屬，此爲姦。姦，亂也。有三罪焉，不可犯也。」乃掀公以出於淖。掀，舉出也。文曰「掀公」，實是將晉厲公戎車掀起，離開泥沼。

癸巳，癸巳爲甲午前一天。前敘甲午日事，此補敘前一日事。潘尫之黨與養由基蹲甲而射之，潘尫之黨意即潘尫之子潘黨。「潘尫之黨」語法與襄二十三年傳「申鮮虞之傅摯」相同。周亮工書影卷八云：「意必當時有同名者，故特舉其父以別之。」阮芝生說同。潘尫與養由基俱已見於宣十二年傳並注。蹲甲，以甲置於物上。徹七札焉。徹，穿透。七札，革甲内外厚薄複疊七層，見孫詒讓周禮考工記函人正義。當時革甲一般皆七層，呂氏春秋愛士篇叙晉惠公之車右以戈擊秦穆公，已破六札，唯一札未破；韓詩外傳八叙齊景公射穿七札，列女辯通傳謂晉平公亦射穿七札，皆可證。以示王，曰：「君有二臣如此，何憂於戰？」王怒曰：「大辱國！于鬯校書謂「大辱國」只是當時口頭駡人俗語，頗有理。若以兩人能射透革甲爲大辱國，則不可通，此處只是責備兩人因此誇口而已。詰朝爾射，死藝。」明朝作戰，爾若射，將死於藝。呂錡夢射月，呂錡，晉之魏錡，見宣十二年傳並注。中之，退入於泥。占之，曰：「姬姓，日也；異姓，月也，日月有内外之意。晉爲姬姓，故姬姓爲内，異姓爲外。説詳章炳麟讀。必楚王也。射而中之，退入於泥，亦必死矣。」及戰，射共王中目。王召養由基，與之兩矢，使射呂錡，中項，伏弢。弢音叨，弓套。呂錡被射中頸項，伏於弓套而死。以一矢復命。

郤至三遇楚子之卒，見楚子，必下，免胄而趨風。郤至遇見楚共王，必下車，脱下頭盔，向前快走，以表示恭敬。趨風是當時習語，亦見新序善謀篇。楚子使工尹襄問之以弓，工尹，官名；襄，其名。問，問訊，問好。但古代問好，必致送禮物以表示情意，詩鄭風女曰雞鳴「雜佩以問之」、哀十一年傳「使問弦多以琴」，皆可證。曰：「方事之殷也，事指戰事。有韎韋之跗注，君子也。韎音妹，赤黄色。韋，柔牛皮。跗音膚，脚背。注，屬也。據杜注，跗注是當時軍服，若今之褲，長至脚背。鄭玄雜問志則以爲淺紅色柔牛皮所製軍衣，沈欽韓補注力主此説。竹簡齊孫子有「末甲」，末即韎，「末甲」，韎韋之跗注也，則鄭玄説可信。胡培翬研六室雜著釋韎亦可參看。識見不穀而趨，無乃傷乎？」識，時間副詞，適也。此楚共王派遣工尹襄向郤至問訊時語。郤至見客，客即工尹襄。免胄承命，胄，頭盔。免胄，脱下頭盔。曰：「君之外臣至從寡君之戎事，以君之靈，間蒙甲胄，間，去聲，與莊十年傳「又何間焉」之「間」同義，參與也。説詳王引之述聞。不敢拜命。禮記曲禮上與少儀皆云「介者不拜」。言不敢拜受楚王勞問之命。敢告不寧，此句表示自己未受傷。寧讀爲憖，方言：「憖，傷也。」説詳劉文淇疏證。君命之辱。君命之辱即晉語六「拜君命之辱」，此言辱承慰問，實不敢當。餘見莊十一年傳注。爲事之故，金澤文庫本作「爲執事之故」，據周禮春官大祝注及杜注，「執」字衍。敢肅使者。」晉語六作「爲使者故，敢三肅之」，王念孫因謂「爲事之故」之「事」是指「楚子使人來問之事」，説詳述聞。肅，即肅拜，本古代婦女所行禮節，男子則以拜或頓首等以示恭敬。無論拜與頓首，都必須折腰。郤至雖脱頭盔，身仍有革甲。且古禮，甲胄之士不拜，故只行肅拜之禮，站立，身略俯折，兩手合攏，當心而稍下移。三肅使者而退。

晉韓厥從鄭伯，其御杜溷羅曰：「速從之？此問話。杜溷羅請示韓厥是否快追。其御屢顧，不在馬，可及也。」韓厥曰：「不可以再辱國君。」二年鞌之戰，韓厥已追及齊頃公。阮芝生杜注拾遺謂「再辱國君止就一戰而言。楚王喪目，是已辱也，故不可再辱鄭伯」，亦通。乃止。郤至從鄭伯，其右茀翰胡曰：「諜輅之，意謂别遣輕兵從間道迎擊。説見焦循補疏。余從之乘，而俘以下。」已則由後追去，跳上其車，活捉之下車。郤至曰：「傷國君有刑。」亦止。石首曰：「衞懿公唯不去其旗，是以敗於熒。」熒即熒澤。衞與狄戰於熒澤，衞師大敗，衞公不去其旗，因而被殺，見閔二年傳。乃内旌於弢中。唐苟謂石首曰：「子在君側，敗者壹大。壹，專一。大指鄭君。意謂戰敗之軍應一心保護其君。説詳陶鴻慶别疏。顧炎武亦云：「敗者壹大，恐君之不免也。」我不如子，子以君免，我請止。」乃死。止而抵御晉軍，因而戰死。

楚師薄於險，薄，迫也。楚軍於險阻之地爲晉軍所迫。叔山冉謂養由基曰：叔山爲氏，莊子德充符篇有叔山無趾可證。「雖君有命，楚共王曾責之「爾射，死藝」，是君有命禁止其射。爲國故，子必射。」乃射，再發，盡殪。射兩次，死兩人。叔山冉搏人以投，俘晉人以投晉軍。中車，折軾。晉師乃止。囚楚公子茷。公子茷，晉語六作王子發鈎。王引之名字解詁謂其人名鈎字發。發、茷古同聲，故左傳作茷。

欒鍼見子重之旌，請曰：「楚人謂夫旌，子重之麾也，欒鍼識子重之旗幟，蓋由楚軍被俘者所供。墨子旗幟篇云：「建旗其署，令皆明白知之，曰某子旗。」旗幟上書姓氏，自是戰國以後制度。彼其子重也。日臣之使於楚也，日，往日。子重問晉國之勇，臣對曰：『好以衆整。』曰：『又何如？』臣對曰：『好以暇。』今兩國治戎，行人不使，不可謂整；臨事而食言，不可謂暇。臨戰事而不履行昔日之言，不可謂之從容閒暇。請攝飲焉。」攝，代也。欒鍼爲晉厲公車右，不能離開，故請求派人代爲進酒子重。説見俞樾平議。公許之。使行人執榼承飲，榼音磕，盛酒之器。承，奉也。造于子重，造，至也。曰：「寡君乏使，使鍼御持矛，御，侍也。侍其側而持矛，意即爲車右。是以不得犒從者，使某攝飲。」代人進酒。某，其人自稱之名，蓋微者，故不書以某代之。子重曰：「夫子嘗與吾言於楚，夫子指欒鍼。必是故也。不亦識乎？」識，記也。不亦識乎，言其記憶力强。受而飲之，免使者而復鼓。旦而戰，見星未已。從晨戰至黄昏後尚未停止。

子反命軍吏察夷傷，夷，後代作痍，創傷也。夷傷同義。補卒乘，補充步兵與車兵。繕甲兵，展車馬，展，陳也。鷄鳴而食，唯命是聽。晉人患之。苗賁皇徇曰：「蒐乘、補卒，蒐，檢閲。劉文淇疏證引爾雅釋詁云「聚也」，亦通。秣馬、利兵，脩陳、固列，蓐食、申禱，蓐食見文七年傳注。申禱，再次祈禱求勝。明日復戰！」乃逸楚囚。故意放鬆楚囚使之逃逸，傳聞於楚。王聞之，召子反謀。穀陽豎獻飲於子反，子反醉而不能見。子反因此而死，其事楚語上、吕氏春秋權勳篇、韓非子十過篇與飾邪篇、淮南子人間訓、史記晉世家、楚世家、説苑敬慎篇俱有紀述，詳略有異。「穀陽豎」或作「豎穀陽」，或作「豎陽穀」。王曰：「天敗楚也夫！余不可以待。」乃宵遁。

晉入楚軍，三日穀。與僖二十八年城濮之役同。范文子立於戎馬之前，戎馬，晉厲公車馬。曰：「君幼，金澤文庫本作「君幼弱」，與釋文或本同。晉語六亦作「君幼弱」。諸臣不佞，何以及此？君其戒之！周書曰：『惟命不于常。』尚書康誥文。有德之謂。」

楚師還，及瑕，瑕即桓六年之瑕，説詳江永考實。瑕雖隨國之地，但隨國已極弱小，附庸于楚，只能聽任楚軍經過。王使謂子反曰：「先大夫之覆師徒者，君不在。先大夫指成得臣（子玉），晉、楚城濮之役，楚軍大敗，當時楚成王不在軍中。子無以爲過，不穀之罪也。」子反再拜稽首曰：「君賜臣死，死且不朽。臣之卒實奔，臣之罪也。」子重使謂子反曰：「使謂」，阮刻本誤作「復謂」，今依石經及各本訂正。「初隕師徒者，指子玉。而亦聞之矣。而同爾。盍圖之！」子重又逼子反自殺，即郤至所謂「二卿相惡」。對曰：「雖微先大夫有之，大夫命側，側敢不義？縱使先大夫子玉無自殺謝罪之事，爾命令我死，我豈敢貪生而自陷于不義。側亡君師，敢忘其死？」王使止之，弗及而卒。韓非子、吕氏春秋、淮南子皆謂楚共王「斬子反以爲戮」，説苑亦云「誅子反以爲戮」，楚世家則云「王怒，射殺子反」，皆與左傳略異。晉世家用左傳，云：「王怒，讓子反，子反死。」

戰之日，金澤文庫本作「戰之明日」。齊國佐、高無咎至于師，衛侯出于衛，公出于壞隤。戰之日，齊軍始至，衛、魯之君剛從國内動身。壞隤，顧棟高大事表説，當在曲阜縣境内。宣伯通於穆姜，宣伯，叔孫僑如。穆姜，成公母。穆同繆，列女孽嬖傳謂「聰慧而行亂，故謚曰繆」。欲去季、孟而取其室。季，季文子；孟，孟獻子。將行，穆姜送公，而使逐二子。公以晉難告，晉難即晉使魯出兵會同伐鄭。曰：「請反而聽命。」據下文，足知魯成公此語乃推託之辭。姜怒，公子偃、公子鉏趨過，金澤文庫本作「趨而過」。偃、鉏兩人爲成公庶弟。指之曰：「女不可，是皆君也。」謂可廢魯成公改立此兩人。公待於壞隤，申宮、儆備、申，古與司常互用，如莊子大宗師申徒狄，釋文謂崔本作「司徒狄」，史記留侯世家「以良爲申徒」，集解引徐廣謂「申徒即司徒」。申宮即司宮，意即守宮；儆備，即加强戒備。設守，設置各地之守衞。而後行，是以後。使孟獻子守于公宮。此即「申宮」。季文子隨從率兵去會晉伐鄭，孟獻子留守公宮，可見魯成無意于去此二人。

一六・六　秋，會于沙隨，謀伐鄭也。鄭尚未服晉。宣伯使告郤犨曰：「魯侯待于壞隤，以待勝者。」杜注：「觀晉、楚之勝負。」誣陷魯成。郤犨將新軍，且爲公族大夫，以主東諸侯。主持東方諸侯如齊、魯之屬招待接洽事務。取貨于宣伯，而訴公于晉侯。訴，與論語憲問「公伯寮愬子路於季孫」之「愬」同字，毁謗也。晉侯不見公。公羊傳以爲「公幼」，梁玉繩瞥記則謂此時成公年已三十餘，晉厲不接見魯公者，受讒言耳。

一六・七　曹人請于晉曰：「自我先君宣公即世，「世」，阮刻本誤作「位」，今依石經及各本訂正。曹宣公死于十三年。國人曰：『若之何？憂猶未弭。』憂指宣公死，太子被殺。弭，止也，息也。而又討我寡君，去年晉執曹成公。以亡曹國社稷之鎮公子，杜注：「謂子臧逃奔宋。」鎮，重也。

是大泯曹也，杜注：「泯，滅也。」先君無乃有罪乎？若有罪，則君列諸會矣。列諸會，列之於會；之，仍指先君曹宣公；會，指宣十七年斷道之會盟等。杜注誤以「之」指曹成公，則與文義、事理皆不合。說參會箋。君唯不遺德、刑，遺，失也。以伯諸侯，豈獨遺諸敝邑？謂晉君賞所當賞，罰所當罰，德與刑俱無過失，故稱霸諸侯，豈於我曹國偏有所失？敢私布之。」杜注：「爲曹伯歸不以名告傳。」

一六·八　七月，公會尹武公及諸侯伐鄭。尹武公即經尹子。將行，姜又命公如初。杜注：「復欲使公逐季、孟。」公又申守而行。申宮設守也。諸侯之師次于鄭西，我師次于督揚，杜注：「督揚，鄭東地。」蓋與襄十九年督揚非一地。不敢過鄭。子叔聲伯使叔孫豹請逆于晉師，子叔聲伯見六年傳並注。叔孫豹，僑如之弟。據下傳「召叔孫豹于齊而立之」與昭四年傳，叔孫豹久已在齊，此時或隨國佐在齊軍中。請逆于晉師，謂叔孫豹請於齊，代表魯國乞晉師往迎。爲食於鄭郊。聲伯在鄭郊爲晉軍準備飯食。師逆以至。聲伯四日不食以待之，食使者而後食。使者當是晉軍使者，杜注以爲是叔孫豹之副使，固誤。會箋以爲即叔孫豹，亦不確。

一六·九　諸侯遷于制田，諸侯之師遷于制田。據顧棟高大事表，制田在今河南新鄭縣東北。知武子佐下軍，知武子即荀罃，鄢陵之役留守晉國，此次出軍。以諸侯之師侵陳，至於鳴鹿。鳴鹿在今河南鹿邑縣西。遂侵蔡。晉之所以侵陳與蔡，蓋陳、蔡服于楚也。未反，諸侯遷于潁上。潁水出河南登封縣西，東南流經禹縣、臨潁等地而後入于淮。此潁上意即潁水之旁，當在今禹縣境。**戊午，**戊午，二十四日。**鄭子罕宵軍之，宋、齊、衞皆失軍。**鄭子罕發動夜襲，宋、齊、衞皆潰敗。失軍意猶不復成軍。服虔讀「軍」爲餫，解爲「失其軍糧」，固不可信；俞樾平議解爲「失其營壘」，亦不確。

一六·一〇 **曹人復請于晉。晉侯謂子臧：**子臧此時在宋，晉侯當遣使言之。**「反，吾歸而君。」子臧反，曹伯歸。**曹伯當自周歸，新序節士篇云：「晉乃言天子歸成公於曹。」**子臧盡致其邑與卿而不出。**不出，不出仕。

一六·一一 **宣伯使告郤犨曰：「魯之有季、孟，猶晉之有欒、范也，政令於是乎成。今其謀曰：『晉政多門，**晉國政令出自各大卿族，不能統一。**不可從也。寧事齊、楚，有亡而已，蔑從晉矣。』**蔑，不也。晉語二「吾有死而已，吾蔑從之矣」，吳語「天占既兆，人事又見，我蔑卜筮矣」，俱同此用法。**若欲得志於魯，請止行父而殺之，**季孫行父，季文子。**我斃蔑也，**仲孫蔑，孟獻子，時乃留守公宮。**而事晉，蔑有貳矣。**蔑，無也，與僖十年傳「蔑不濟矣」蔑字用法同。**魯不貳，小國必睦。**其它小國必服晉國。**不然，歸必叛矣。」**謂若不殺季孫行父，返魯必叛晉。**九月，晉人執季文子于苕丘。**公羊傳謂魯成公與晉厲公相會失時，晉人欲執魯成公，季孫行父歸責于己，因代公被執。與左傳不同。**公還，待于鄆，**鄆見四年經並注。**使子叔聲伯請季孫于晉。郤犨曰：「苟去仲孫蔑，而止季孫**

行父，吾與子國，親於公室。」郤犫欲强迫魯國以國政委之于聲伯，且親聲伯甚于魯公室。杜注解「親於公室」爲「親魯甚於晉公室」，誤，説詳沈欽韓補注。聲伯外妹嫁與郤犫，見十一年傳，故郤犫以利誘之。對曰：「僑如之情，子必聞之矣。僑如與穆姜通姦並欲奪季、孟之室等情。若去蔑與行父，是大棄魯國，而罪寡君也。若猶不棄，不棄魯國。而惠徼周公之福，使寡君得事晉君，不罪寡君。則夫二人者，魯國社稷之臣也。若朝亡之，魯必夕亡。以魯之密邇仇讎，仇讎指齊、楚諸國。亡而爲讎，治之何及？」意謂魯若亡而屬于齊、楚，晉欲補救亦不及矣。郤犫曰：「吾爲子請邑。」對曰：「嬰齊，魯之常隸也，嬰齊，聲伯之名。隸之地位，據昭七年傳，在當時甚低下，聲伯以隸自比，自是謙辭。定四年，衞靈公使祝佗從行，祝佗辭，亦云「且夫祝，社稷之常隸也」，與此相類。敢介大國以求厚焉？介，仗恃，依靠。杜注，「介，因也」，亦通。厚，厚禄，指邑。承寡君之命以請，若得所請，吾子之賜多矣，又何求？」魯語上云「子叔聲伯如晉，謝季文子（謝即請也）。郤犫欲予之邑，弗受也」。范文子謂欒武子曰：「季孫於魯，相二君矣。二君，指宣公和成公。妾不衣帛，馬不食粟，可不謂忠乎？信讒慝而棄忠良，若諸侯何？子叔嬰齊奉君命無私，杜注：「不受郤犫請邑。」謀國家不貳，杜注：「謂四日不食以堅事晉。」圖其身不忘其君。杜注：「辭邑、不食，皆先君而後身。」沈欽韓補注取杜注，謂三語乃總評聲伯，亦通。若虚其請，虚其請意即拒絶其請。是棄善人也。子其圖之！」乃許魯平，赦季孫。

冬十月，出叔孫僑如而盟之。出，逐出。周禮秋官司盟云「盟萬民之犯命者」，可見古代于所謂惡臣，有陳其罪惡以盟諸大夫之事。此因逐出僑如而與諸大夫盟。襄二十三年傳載其盟辭，云：「毋或如叔孫僑如欲廢國常，蕩覆公室！」僑如奔齊。十二月，季孫及郤犨盟于扈。歸，刺公子偃。公子偃與公子鉏兩人皆穆姜所指名代立者，而僅殺偃者，杜注以爲「偃與謀」。召叔孫豹于齊而立之。立之爲叔孫氏之後。

齊聲孟子通僑如，聲孟子，齊靈公之母，宋國女。僑如在齊，納女于齊靈公，見襄二十五年傳。使立於高、國之間。立，同位，説詳陶鴻慶別疏。高氏、國氏，齊國世襲上卿，並參僖十二年傳注。僑如曰：「不可以再罪。」奔衛，亦間於卿。

一六・一三　晉侯使郤至獻楚捷于周，與單襄公語，周語中亦載此事，云「郤至見邵桓公與之語，邵公以告單襄公」云云，與左傳異。驟稱其伐。屢誇己功。周語中載有郤至語。單子語諸大夫曰：「温季其亡乎！温季即郤至，參十一年傳並注。位於七人之下，郤至時僅是新軍佐，其上尚有欒書、士燮、郤錡、荀偃、韓厥、荀罃、郤犨等七人。而求掩其上。掩，蓋也。周語中謂至欲由新軍佐一躍而當政。怨之所聚，亂之本也。多怨而階亂，階字用法與隱三年傳「階之爲禍」相同。階亂，禍亂階梯。何以在位？夏書曰：『怨豈在明？不見是圖。』兩句本逸書，作僞者編入僞古文五子之歌。謂防止怨恨不僅在于明顯之仇恨，尚須圖謀不易見之細微怨恨。將慎其細也。今而明之，其可乎？」明年，郤至等即被殺。

十有七年，丁亥，公元前五七四年。周簡王十二年、晉厲七年、齊靈八年、衞獻三年、蔡景十八年、鄭成十一年、曹成四年、陳成二十五年、杞桓六十三年、宋平二年、秦景三年、楚共十七年、吴壽夢十二年、許靈十八年。

經

一七・一　十有七年春，正月二十七日己未冬至，建子，有閏。衞北宫括帥師侵鄭。「括」，公羊作「結」。杜注：「括，成公曾孫。」

一七・二　夏，公會尹子、單子、晉侯、齊侯、宋公、衞侯、曹伯、邾人伐鄭。

一七・三　六月乙酉，乙酉，二十六日。同盟于柯陵。淮南子人間訓云「晉厲公合諸侯於嘉陵」，嘉陵即柯陵。爾雅釋地云「陵莫大於加陵」，加陵亦即嘉陵。梁履繩補釋疑此柯陵即莊十四年鄭厲公所侵之大陵，不爲無據。大陵在今河南許昌市南，臨潁縣北三十里。沈欽韓地名補注謂在今河南内黄縣東北，不知内黄之柯城乃襄十九年之柯，非此柯陵。

一七·四　秋，公至自會。無傳。　金澤文庫本「秋」下有「八月」兩字。

一七·五　齊高無咎出奔莒。

一七·六　九月辛丑，辛丑，十三日。用郊。無傳。　參桓五年傳注。

一七·七　晉侯使荀罃來乞師。無傳。　杜注：「爲將伐鄭。」

一七·八　冬，公會單子、晉侯、宋公、衞侯、曹伯、齊人、邾人伐鄭。

一七·九　十有一月，公至自伐鄭。無傳。

一七·一〇　壬申，十一月無壬申。公孫嬰齊卒于貍脤。阮刻本脱「齊」字，據各本補。　脤，公羊作「軫」，穀梁作「蜃」，音近亦通。貍脤，不知今何地。貍音釐。

一七·一一　十有二月丁巳朔，日有食之。無傳。　此公元前五七四年十月二十二日之日全食。

一七·一二　邾子貜且卒。無傳。　邾定公也，在位四十年，子牼嗣立，爲宣公。

一七·一三　晉殺其大夫郤錡、郤犨、郤至。

一七·一四　楚人滅舒庸。舒庸見僖三年經注。

傳

一七·一 十七年春王正月，鄭子駟侵晉虛、滑。此虛與桓十二年之虛非一地，彼宋邑，此晉邑，據顧棟高大事表七之三，當在今河南偃師縣境。滑詳莊十六年、僖二十年及三十三年傳並注。衞北宮括救晉，侵鄭，至于高氏。高氏在今河南禹縣西南。夏五月，鄭大子髡頑、侯獳爲質於楚，侯獳，鄭大夫。曹國亦有侯獳，見僖二十八年傳。楚公子成、公子寅戍鄭。

一七·二 公會尹武公、單襄公及諸侯伐鄭，自戲童至于曲洧。戲童即襄九年之戲，在今河南鞏縣東南、登封縣嵩山東北。曲洧即今河南之洧川（舊爲縣，今已廢）。流經洧川西南再東南流之雙洎河即古時洧水。

一七·三 晉范文子反自鄢陵，去年自鄢陵之役還國。使其祝宗祈死，祝宗疑是祝史之長，卿大夫之家有祝史，襄二十七年傳可證；亦有祝宗，此傳與昭二十五年傳可證。曰：「君驕侈而克敵，是天益其疾也，難將作矣。愛我者唯祝我，古代詛咒亦可謂祝。尚書無逸「否則厥口詛祝」，詩大雅蕩「侯作侯祝」，祝皆詛咒。使我速死，無及於難，范氏之福也。」六月戊辰，士燮卒。戊辰，九日。晉語六謂晉厲公七年夏范文子卒，俱周正。昭二十五年傳云：「冬十月辛酉，昭子齊於其寢，使祝宗祈死。戊辰，卒。」兩事相類。杜注皆云兩人先祈死，後自裁。孔疏引劉炫說則以爲非自殺。或兩人皆因病而求死，故求死與死，其間相距，遠者將近一年，近者亦有七日。沈欽韓補注、焦循補疏皆駁杜注，是也。

一七·四 乙酉，同盟于柯陵，尋戚之盟也。杜注：「戚盟在十五年。」

一七·五 楚子重救鄭，師于首止。首止，見桓十八年傳並注。諸侯還。杜注：「畏楚强。」

一七·六 齊慶克通于聲孟子，據杜注，慶克爲慶封之父。聲孟子見去年傳注。與婦人蒙衣乘輦而入于閎。哀十五年傳述渾良夫與蒯聵「二人蒙衣而乘，寺人羅御，如孔氏。孔氏之老欒寧問之，稱姻妾以告」，可見蒙衣爲當時婦女外出之習俗。慶克亦男扮女裝，與一婦人同蒙衣而乘。輦，人力推挽之車。閎音宏，宮中夾道門，巷門。鮑牽見之，杜注：「鮑牽，鮑叔牙曾孫。」以告國武子。國武子見宣十年經注。武子召慶克而謂之。謂，告也。慶克久不出，杜注：「慚卧於家，夫人所以怪之。」而告夫人曰：夫人，聲孟子。「國子讁我。」杜注：「讁，譴責也。」夫人怒。國子相靈公以會，杜注：「會伐鄭。」高、鮑處守。高，高無咎；鮑，鮑牽。及還，將至，閉門而索客。靈公將返，關閉城門，檢查旅客，本警戒預防措施。孟子訴之曰：「高、鮑將不納君，而立公子角，角，頃公之子。國子知之。」知，與聞也。參僖四年傳注。秋七月壬寅，壬寅，十三日。刖鮑牽而逐高無咎。無咎奔莒。高弱以盧叛。弱，無咎之子。盧，高氏采邑，據方輿紀要，在今山東長清縣西南。齊人來召鮑國而立之。國，據杜注，爲牽之弟，謚文子。

初，鮑國去鮑氏而來爲施孝叔臣。施孝叔見十一年傳並注。施氏卜宰，卜立家宰。家宰爲卿大夫家總管。匡句須吉。廣韻匡字注引應劭風俗通義姓氏篇謂匡爲魯邑，句須爲其宰，因以匡爲氏。施氏之宰有百室之邑。與匡句須邑，使爲宰，以讓鮑國而致邑焉。不受宰與邑，讓於鮑國。施孝叔曰：「子實吉。」對曰：「能與忠良，吉孰大焉？」鮑國相施氏忠，故齊人取以爲鮑氏後。

仲尼曰：「鮑莊子之知不如葵，鮑莊子即鮑牽。葵猶能衞其足。」葵非向日葵，向日葵傳入中國甚晚也。古人常以葵爲食物，詩豳風七月「亨葵及菽」，周禮、儀禮均有「葵菹」（用葵葉所製酸菜）可以爲證。且向日葵葉不可食，此葵或是金錢紫花葵或秋葵。古代以葵爲蔬菜，不待其老便掐，而不傷其根，欲其再長嫩葉，故古詩云「採葵不傷根，傷根葵不生」。「不傷根」始合「衞其足」之意。説詳焦循補疏。王肅僞作孔子家語襲用此章而略變其文。

一七·七　冬，諸侯伐鄭。十月庚午，庚午，十二日。圍鄭。楚公子申救鄭，師于汝上。汝，汝水。十六年傳云「楚以汝陰之田求成于鄭」，齊語謂齊桓公「遂南征伐楚，濟汝，踰方城」，可見汝水爲楚、鄭交界綫。十一月，諸侯還。

一七·八　初，聲伯夢涉洹，洹水即今之安陽河。或與己瓊瑰食之，瑰音閨。瓊瑰與詩經「瓊琚」、「瓊瑶」、「瓊玖」相同，蓋一物，杜注分「瓊」、「瑰」爲二物，誤。瓊瑰是次于玉之美石所製之珠。説詳李貽德輯述。

泣而爲瓊瑰盈其懷，所泣之淚化爲石珠而滿其懷。從而歌之曰：「濟洹之水，贈我以瓊瑰。歸乎歸乎，瓊瑰盈吾懷乎！」夢中爲此歌。水、瑰、歸、懷爲韻，古音同在微部。懼不敢占也。古人死後，口含石珠。聲伯疑爲凶夢，不敢卜問。還自鄭，壬申，至于貍脤而占之，曰：「余恐死，故不敢占也。今衆繁而從余三年矣，無傷也。」聲伯最初以爲凶夢，今則從屬既多，且相隨三年，瓊瑰滿懷，可能應驗在此，又以認爲吉夢，因敢于占卜而又云無傷。說見陶鴻慶別疏。言之，之莫而卒。詩秦風渭陽孔疏引作「言之，至莫而卒」。「之莫」即「至暮」。

一七·九 齊侯使崔杼爲大夫，使慶克佐之，帥師圍盧。上傳云「高弱以盧叛」，故圍之。國佐從諸侯圍鄭，以難請而歸。以齊國之難請於諸侯而返國。遂如盧師，至圍盧之師中。殺慶克，以穀叛。穀見莊七年經注。齊侯與之盟于徐關而復之。徐關見二年傳並注。十二月，盧降。使國勝告難于晉，勝，國佐之子。待命于清。清，齊邑，在今山東聊城縣西（舊堂邑縣東南）。杜注：「齊欲討國佐，故留其子於外。」

一七·一〇 晉厲公侈，多外嬖。外嬖即下文胥童、夷羊五、長魚矯等人，杜注云「愛幸大夫」，甚是。晉世家云「厲公多外嬖姬」，以外嬖姬釋外嬖，不合傳意。反自鄢陵，欲盡去羣大夫，而立其左右。左右即外嬖，晉世家云「欲盡去羣大夫而立諸姬兄弟」，司馬遷既誤解外嬖爲姬，便不得不解左右爲諸姬兄弟。胥童以胥克之廢也，怨郤氏，郤缺廢胥克，見宣八年傳。童是胥克之子。胥童，晉語六作「胥之昧」，王引之名字解詁謂童是名，之昧是字。而嬖於厲公。郤錡奪夷陽五田，夷陽五，下文作「夷羊五」，晉語六亦作「夷羊五」，陽、羊同音假借。據下文，夷羊爲複姓。五亦嬖於厲公。郤犨與長魚矯爭田，廣韻魚字注以長魚爲複姓。執而梏之，與其父母妻子同一轅。同繫之車轅。既，矯亦嬖於厲公。欒書怨郤至，以其不從己而敗楚師也，鄢陵之戰，欒書主張固守後再出擊，郤至主張速戰，厲公用郤至之謀。見去年傳並注。欲廢之。使楚公子茷告公曰：「此戰也，郤至實召寡君，杜注：「鄢陵戰，晉因公子茷以歸。」以東師之未至也，東師，齊、魯、衛三國之軍。與軍帥之不具也，晉有四軍，將佐當有八人，但荀罃以下軍佐留守，郤犨以新軍將往各國乞師，故云「軍帥不具」。曰：『此必敗，吾因奉孫周以事君。』」此虛構郤至密使言於楚共王者，君指楚共王。孫周即晉悼公。晉世家云：「悼公周者，其大父捷，晉襄公少子也，不得立，號爲桓叔，桓叔最愛。桓叔生惠伯談，談生悼公周。」晉世家云謂欒書「乃使人間謝楚。楚來詐厲公」云云，與左傳不同。晉語六云「既戰，獲王子發鉤。欒書謂王子發鉤」云云，發鉤即公子茷。其餘與左傳合。公告欒書。書曰：「其有焉。不然，豈其死之不恤，恤，顧慮。而受敵使乎？杜注：「謂鄢陵戰時楚子問郤至以弓。」君盍嘗使諸周而察之？」杜注：「嘗，試也。」周指周王室。時孫周在周事單襄公，見周語下。晉自獻公以後，不畜羣公子，羣公子皆在外，詳宣二年傳注。郤至聘于周，晉厲公使郤至去周室獻鄢陵之捷。欒書使孫周見之。公使覘之，覘音攙，窺視。信。郤至與孫周相見。遂怨郤至。

厲公田，與婦人先殺而飲酒，後使大夫殺。殺指獵射禽獸。據禮記王制與詩小雅車攻毛傳，田獵時諸侯發矢殺禽獸後，應即由大夫獵射，婦人不應參與，僖二十二年傳「戎事不邇女器」亦可以爲證。郤至奉豕，寺人孟張奪之，郤至射而殺之。公曰：「季子欺余！」孟張蓋晉厲公之人，郤至不告而射殺之，故厲公曰「欺余」。欺猶今語欺負、輕視。

厲公將作難，胥童曰：「必先三郤。必先從郤錡、郤犨、郤至三人開刀。族大，多怨。族大與多怨，分言之。十一年傳所載郤犨强奪施孝叔妻，郤至與周爭鄇田，以及本傳所述奪田、爭田諸事，皆招多怨。去大族，不逼；公室不受逼迫。敵多怨，有庸。」杜注：「討多怨者，易有功。」公曰：「然。」郤氏聞之，郤錡欲攻公，曰：「雖死，君必危。」郤至曰：「人所以立，信、知、勇也。信不叛君，知不害民，勇不作亂。失兹三者，其誰與我？死而多怨，將安用之？杜注：「言俱死，無用多其怨咎。」君實有臣而殺之，其謂君何？其謂君何猶其奈君何。說見王引之釋詞。我之有罪，此假設分句，猶言我若有罪。說見文言語法。吾死後矣。若殺不辜，將失其民，欲安，得乎？杜注：「言不得安君位。」待命而已。受君之禄，是以聚黨。有黨而爭命，罪孰大焉？」後四句與僖二十三年傳重耳「保君父之命而享其生禄，於是乎得人。有人而校，罪莫大焉」義同。

壬午，壬午，二十六日。胥童、夷羊五帥甲八百將攻郤氏，長魚矯請無用衆，公使清沸魋助之。杜注：「沸魋，亦嬖人。」魋音頽。抽戈結衽，而僞訟者。長魚矯與清沸魋兩人各抽戈，衣襟相結，僞爲争訟者。三郤將謀於榭，榭，建于臺上之房屋。杜注云「講武堂」，非。矯以戈殺駒伯、苦成叔於其位。杜注：「位，所坐處也。」駒伯，郤錡；苦成叔，郤犨。温季曰：「逃威也。」威讀爲畏。畏，無罪被殺害也。説詳沈欽韓補注。郤至云吾欲逃於無罪而被殺。遂趨。矯及諸其車，以戈殺之。皆尸諸朝。杜注：「陳其尸於朝。」古代殺人，或陳尸於朝，或陳尸於市。論語鄭玄注與漢書刑法志應劭注皆以爲大夫以上尸諸朝，士以下尸諸市。然崔杼爲齊上卿，被殺後陳尸于市，見襄二十八年傳；公孫黑爲鄭國上大夫，被殺後陳尸于周氏之衢，見昭二年傳。梁履繩補釋云「於朝、於市，亦以罪之大小分」，或然。吕氏春秋驕恣篇云「乃使長魚矯殺郤犨、郤錡、郤至于朝而陳其尸」，與左傳略異。晉語六云三郤「皆自殺」，更與左傳違異。晉語六且謂晉厲接收三郤財産分與婦人。此實晉厲七年事，晉世家誤爲八年。

胥童以甲劫欒書、中行偃於朝。中行偃即荀偃。矯曰：「不殺二子，憂必及君。」晉世家以此爲胥童之言，晉語六則以爲長魚矯脅二人而言于公。韓非子内儲説下載此事，以爲是胥童、長魚矯兩人之辭。内容與左傳有異。公曰：「一朝而尸三卿，韓非子六微作「吾一朝而夷三卿」。余不忍益也。」對曰：「人將忍君。杜注：「人謂書與偃。」臣聞亂在外爲姦，在内爲軌。軌借爲宄，晉語六作「宄」。御姦以德，御軌以刑。不施而殺，不可謂德；臣逼而不討，不可謂刑。以數語觀之，「亂在外爲姦」之「外」，非國外，而是朝廷之外。其意若云：百姓造亂謂之「姦」，朝廷之臣造亂謂之「宄」。對付姦以德，對付宄以刑。對百姓，不先施惠施教即殺戮，不可以爲德；朝廷之臣其勢逼君，不加討伐，不可以謂刑。杜注以遠近解外內，未瞭傳旨。德、刑不立，姦、軌並至，臣請行。」杜注：「行，去也。」遂出奔狄。公使辭於二子曰：杜注：「辭謝書與偃。」「寡人有討於郤氏，郤氏既伏其辜矣，大夫無辱，杜注：「胥童劫而執之，故云辱也。」其復職位！」皆再拜稽首曰：「君討有罪，而免臣於死，君之惠也。二臣雖死，敢忘君德？」乃皆歸。公使胥童爲卿。

公遊于匠麗氏，據周語下、晉語六及傳，晉厲公在翼被殺，又葬于翼，則匠麗氏當在翼。故晉世家集解引賈逵注：「匠麗氏，晉外嬖大夫在翼者。」事亦見呂氏春秋禁塞篇及驕恣篇。欒書、中行偃遂執公焉。召士匄，士匄辭。召韓厥，韓厥辭，曰：「昔吾畜於趙氏，孟姬之讒，吾能違兵。孟姬讒殺趙同、趙括事見八年傳。當時晉侯、欒氏、郤氏皆攻滅趙氏，韓厥云獨我不肯以兵攻趙氏。「違兵」，不用兵也。古人有言曰『殺老牛莫之敢尸』，尸，主也。古人以爲牛耕田，因之雖疲老不能用，欲殺之，亦無人敢作主張。而況君乎？二三子不能事君，焉用厥也？」晉語六載此事，且云，中行偃欲攻韓厥，欒書認爲不可。

一七·一二　舒庸人以楚師之敗也，楚敗于鄢陵。道吳人圍巢，伐駕，圍釐、虺，巢見文十二年經並注。

駕又見于襄三年。據顧棟高大事表七之四，駕與釐皆當在今安徽無爲縣境。虺則在今安徽廬江縣境。遂恃吳而不設備。楚公子橐師襲舒庸，滅之。

一七·一三　閏月乙卯晦，月小，乙卯，二十九日。欒書、中行偃殺胥童。民不與郤氏，胥童道君爲亂，故皆書曰「晉殺其大夫」。

十有八年，戊子，公元前五七三年。周簡王十三年、晉悼公周元年、齊靈九年、衞獻四年、蔡景十九年、鄭成十二年、曹成五年、陳成二十六年、杞桓六十四年、宋平三年、秦景四年、楚共十八年、吳壽夢十三年、許靈十九年。

〔注〕晉悼公周元年，年表作晉厲八年，不確。晉用夏正，經、傳雖叙晉厲被殺于今年，然以夏正推之，于晉實在去年，故悼公當于今年改元。晉語七云「五年，無終子嘉父使孟樂因魏莊子納虎豹之皮以和諸戎」，晉悼公五年，魯襄公四年也。又云「十二年，公伐鄭，軍於蕭魚」，晉悼十二年，魯襄十一年也。襄二十二年傳載鄭公孫僑語晉人云「在晉先君悼公九年，我寡君於是即位」，晉悼九年爲鄭簡公元年，即魯襄八年也，皆可證今年是晉悼元年。説詳錢綺札記。

經

一八·一　十有八年春王正月，正月初九甲子冬至，建子。晉殺其大夫胥童。杜注：「傳在前年，經在今春，從告。」顧炎武日知録四則謂「此魯失閏，杜以爲從告，非也」。然傳明載去年閏十二月，非失閏可知。然以曆法言之，應閏二月耳。蓋晉用夏正，魯史改用周正，故相差也。

一八·二 庚申，庚申，五日。晉弒其君州蒲。「蒲」當作「滿」，説見十年傳注。

一八·三 齊殺其大夫國佐。杜注：「國武子也。」

一八·四 公如晉。

一八·五 夏，楚子、鄭伯伐宋。宋魚石復入于彭城。彭城，今江蘇徐州市。

一八·六 公至自晉。

一八·七 晉侯使士匄來聘。

一八·八 秋，杞伯來朝。

一八·九 八月，邾子來朝。

一八·一〇 築鹿囿。春秋三書「築囿」，此及昭九年「築郎囿」，定十三年「築蛇淵囿」。「郎」與「蛇淵」皆地名，則此「鹿」亦當爲地名，「鹿囿」恐非畜鹿之囿。

一八·一一 己丑，己丑，七日。公薨于路寢。

一八·一二 冬，楚人、鄭人侵宋。

一八·一三　晉侯使士魴來乞師。「魴」，公羊作「彭」，魴、彭古音相近，故得通假。魴音房。

一八·一四　十有二月，仲孫蔑會晉侯、宋公、衞侯、邾子、齊崔杼同盟于虚朾。據沈欽韓地名補注，虚朾即今山東泗水縣，則是魯地。元俞皋春秋集傳釋義大成以爲虚朾即虚。虚見桓十二年經並注，則宋地。以宋地較確，晉侯未必遠至魯境。

一八·一五　丁未，丁未，二十六日。葬我君成公。

傳

一八·一　十八年春王正月庚申，此魯曆，晉曆實在去年十二月。晉欒書、中行偃使程滑弒厲公，晉語六、吕氏春秋驕恣篇、淮南子人間訓皆謂欒書、荀偃幽囚晉厲于匠麗氏，三月而殺之。以左傳考之，晉厲公十七年十二月被執，中歷閏月，十八年正月被殺，正歷時三月。晉世家云「厲公囚六日死」，與諸書均不合。葬之于翼東門之外，以車一乘。晉厲公時正在翼，因之被執、被殺亦在翼。翼爲晉舊都，參見隱五年、桓二年傳注。至于葬，本應與晉之先君葬於絳，但周禮春官冢人云「凡死于兵者，不入兆域」，則古代於被殺之君，不葬之於族墓兆域中。因之晉厲死於翼，即葬於翼。襄二十五年傳述齊崔杼殺齊莊公而葬之，亦比當時一般禮儀有所減損，但尚用「下車七乘」。杜預注云「諸侯葬車七乘」，而晉厲公之葬僅一乘，故杜注云「不以君禮葬」。使荀罃、士魴逆周子于京師而立之，士魴，士會子，因其食邑於彘，故又稱彘季。晉語七稱之爲彘恭子，蓋謚恭。彘本先縠食邑，先縠被滅族後，今又改封士魴。彘見宣十二年傳注。周子即去年傳之孫周。生十四年矣。大夫逆于清原。清原見僖三十一年傳並注。周子曰：「孤始願不及此，雖及此，豈非天乎！歸之於天，示非羣臣推戴之力。抑人之求君，使出命也。立而不從，將安用君？二三子用我今日，否亦今日。十六年傳云「晉政多門」，悼公未即位，即表示將收回政權。共而從君，神之所福也。」杜注：「傳言其少有才，所以能自固。」對曰：「羣臣之願也，敢不唯命是聽。」庚午，庚午，十五日。盟而入，晉世家云：「刑雞與大夫盟而立之。」館于伯子同氏。伯子同，當是晉大夫。晉悼初入國，宿於伯子同家。辛巳，朝于武宮。辛巳爲二十六日，距庚午十一日。孔疏引服虔本作「辛未」，爲庚午之次日。臧琳經義雜記、李貽德輯述、錢綺札記皆以服本爲是。蓋僖二十四年晉文公亦於次日朝武宮。但晉語七、晉世家皆作「辛巳」，不作「辛未」，則服本未必確。武宮見僖二十四年傳並注。逐不臣者七人。不臣者有二解。一是引導厲公爲惡，而不依當時道德盡臣責者。一是厲公死黨，不臣屬新君者。杜注云「夷羊五之屬也」。周子有兄而無慧，杜注：「不慧，蓋世所謂白癡。」似杜所據本「無」作「不」。不能辨菽麥，故不可立。

一八·二

齊爲慶氏之難故，國佐殺慶克，見去年傳。甲申晦，王韜以爲三月晦，誤。正月小，丙辰朔，則是正月晦。王誤正月小爲正月大。齊侯使士華免以戈殺國佐于內宮之朝。據杜注與杜氏世族譜，「士」爲官名，「華免」爲人姓名。士爲掌刑之官，故使之殺國佐。內宮，杜注以爲夫人宮，但下文另有「夫人之宮」，或此內宮爲齊侯燕居之宮，朝則內宮前堂。齊侯令國佐至燕寢，因而使人殺之。**師逃于夫人之宮。**師，衆也，當指其時在「內宮之朝」其他人。諸人紛紛逃散，而進入夫人之宮。杜注解師爲軍隊，意謂防華免失敗，故先「伏兵內宮」，章炳麟因解逃爲藏匿，俱不可信。**書曰「齊殺其大夫國佐」，棄命、專殺、以穀叛故也。**棄命指拋棄會師伐鄭之命而先歸。三事皆見去年傳。周語下載單襄公預言國佐「立於淫亂之國，而好盡言以招人過」，終將被殺。與左傳之說不同。韓愈陽城論用國語此事，蓋文人之辭。**使清人殺國勝。**國勝此時「待命于清」，見去年傳。**國弱來奔。**弱，勝之弟。**王湫奔萊。**湫，國佐之黨。**慶封爲大夫，慶佐爲司寇。**齊國之大夫相當于諸侯之卿，非廣義之大夫。司寇尚非大夫，慶佐至襄二十一年始爲大夫。兩人皆慶克之子。**既，齊侯反國弱，使嗣國氏，禮也。**

一八·三　**二月乙酉朔，晉悼公即位于朝。**阮刻本作「晉侯悼公」，「侯」字衍，今據各本刪。據王韜長曆考正，二月丙戌朔，四月乙酉朔，因之以爲「二月乙酉」實是魯曆「四月朔，晉用夏正也」。但悼公如此遲遲就位，亦不可解，王說未必確。孔疏引晉語作「正月乙酉公即位」，錢綺札記以爲此「唐以前真本」。王引之國語述聞則以爲當作「十二月乙酉」，「正字即爲十二之合譌」。以事理論之，錢說較可信。晉正月乙酉朔，當即魯二月乙酉朔。（王韜以魯二月丙戌朔，恐不確，蓋誤正月小爲正月大。）夏正與周正本相差兩月，今相差一月者，魯于去年置有閏月，晉或于今年始置閏。左傳各事除極相關者並排外，多依魯曆爲先後。故悼公雖正月朔即位，於魯曆仍列於齊殺國佐後。**始命百官，**下文「使魏相爲卿」云云即「命百官」之事。**施舍、已責，**施舍，賜予也，詳宣十二年傳注。　已責，責同債，免除百姓對國家之拖欠。見二年傳注。逮鰥寡，施惠及于鰥夫寡婦。振廢滯，起用被廢黜或淹滯之舊日貴族。匡乏困，杜注：「匡亦救也。」救濟生活困難者。救災患，禁淫慝，薄賦斂，宥罪戾，節器用，時用民，杜注：「使民以時。」欲無犯時。不因私慾侵佔農時。晉文公初即位時亦如此，見呂氏春秋原亂篇，悼公則效而行之。使魏相、士魴、魏頡、趙武爲卿；魏相即十三年傳呂相，晉語七云「使呂宣子佐下軍」，則其人謚「宣」。魏頡，魏顆之子，晉語七稱之爲令狐文子，令狐其食邑，文子其謚也。佐新軍。趙武已見成八年傳。據晉語七，趙武爲卿在魏相死後，此蓋綜前後兩次任命言之。荀家、荀會、欒黶、韓無忌爲公族大夫，韓無忌，據晉語七並注，韓厥之長子，又稱公族穆子。公族其官，穆其謚，厲公被殺時已爲公族大夫，此或重新任命。晉語七云：「欒伯請公族大夫。公曰：荀家惇惠，荀會文敏，黶也果敢，無忌鎮靜，使茲四人者爲之。」使訓卿之子弟共儉孝弟。使士渥濁爲大傅，士渥濁即士貞伯，見五年傳注。使修范武子之法；范武子即士會，以中軍帥兼大傅，見宣十六年傳並注。右行辛爲司空，晉語七云：「知右行辛之能以數宣物定功也，使爲元司空。」韋注：「右行辛，晉大夫賈辛也。」僖十年傳有右行賈華，韋昭以右行辛爲賈華之後，故又稱賈辛，若此，則以先代之官爲氏。昭二十二年傳有賈辛，與此相距五十餘年，或爲另一人。使修士蔿之法。士蔿爲獻公司空，見莊二十六年傳。弁糾御戎，晉語七云：「知欒糾之能御以和於政也，使爲戎御。」弁糾即欒糾。校正屬焉，襄九年傳「使校正出馬」，則校正爲掌馬之官。哀三年傳魯亦有校正。周禮夏官有校人，職掌與校正相同，但統屬關係有異。

使訓諸御知義。御戎統率諸御。御戎爲駕御國君戎車之御，諸御則駕御一般兵車之御。校正屬于御戎，助御戎「訓諸御」。**荀賓爲右，**晉語七云：「知荀賓之有力而不暴也，使爲戎右。」**司士屬焉，**周禮夏官有司士，與此司士不同。此司士，孔疏以爲即周禮夏官之司右，會箋以爲「蓋六卿之右」。**使訓勇力之士時使。**車右必用勇力之士，此「勇力之士」蓋一般車右（兵車每乘各有車右）預備隊。「時使」者，至其時，選用之任車右也。**卿無共御，立軍尉以攝之。**卿指各軍將佐。蓋以前各軍將佐之御者都有定員定人，如閔二年傳「梁餘子養御罕夷」、成二年傳「解張御郤克」之類，此時則取消此定員定人，而立軍尉以兼代之。閔二年傳云「梁餘子養御罕夷，先丹木爲右，羊舌大夫爲尉」，則以前諸軍之御與尉各別，今則合併之。**祁奚爲中軍尉，**晉語七云：「公知祁奚之果而不淫也，使爲元尉。」元尉即中軍尉。據呂氏春秋去私篇並注，祁奚字黄羊。襄二十一年傳文稱之爲祁大夫。**羊舌職佐之，**晉語七云：「知羊舌職之聰敏肅給也，使佐之。」羊舌職，説苑善説篇作「羊殖」，云：「其三十也，爲晉中軍尉，勇以喜仁。」則其年此時不過三十，然宣十五年傳即已見羊舌職，距此歷二十三年，説苑不可信。**魏絳爲司馬，**晉語七云：「知魏絳之勇而不亂也，使爲元司馬。」司馬即元司馬，亦即中軍司馬。禮記樂記孔疏引世本云「州生莊子降」，州即魏犨，降即魏絳，謚爲莊子。**張老爲候奄。**晉語七云：「知張老之智而不詐也，使爲元候。」候奄即元候，亦即成二年傳之候正。據晉語八及其韋注，「老」是其名，字孟，故又稱「張孟」。**鐸遏寇爲上軍尉，**晉語七云：「知鐸遏寇之恭敬而信彊也，使爲輿尉。」輿尉當即上軍尉。襄二十五年傳齊有鐸父，以鐸爲姓；但據通志氏族略四，鐸遏寇以鐸遏爲複姓。**籍偃爲之司馬，**晉語七云：「知籍偃之惇帥舊職而恭給也，使爲輿司馬。」輿司馬當即上軍司馬。據昭十五年傳孔疏引世本「季子生籍游，游生談」，則籍偃即籍游，爲籍談之父。**使訓卒、乘，**卒，步兵；乘，車兵。**親以聽命。**親指步兵與車兵之間步調一致，宣十二年傳「卒乘輯睦」即此意。聽命，聽從上命。**程鄭爲乘馬御，**晉語七云：「知程鄭端而不淫，且好諫而不隱也，使爲贊僕。」贊僕當即乘馬御。據孔疏引世本，程鄭爲荀氏別族。晉語七韋注云：「程鄭，荀騅之曾孫（荀騅見成三年傳），程季之子。」**六騶屬焉，**杜注：「六騶，六閑之騶。」閑，馬廐。據周禮夏官校人及鄭注，天子十二閑，諸侯六閑，每閑有馬二百一十六匹。騶，官名，據禮記月令鄭注，即周禮夏官之趣馬，主管駕車與御車。孔疏據校人計算，六閑之騶有一百八人，由程鄭率領。**使訓羣騶知禮。凡六官之長，皆民譽也。**杜注以六官爲六卿，但此時晉有四軍八卿，襄八年傳可證，不得謂之六官，杜說不可信。說詳錢綺札記。六官猶言各部門。**舉不失職，**所提拔者俱稱其職務。**官不易方，**方，常也，即常規舊典。說見王引之述聞。**爵不踰德，**量其德行，授以爵位，不使超過。荀子君子篇亦云「古者爵不踰德」、「爵賞不踰德」。**師不陵正，旅不偪師，**正、師、旅皆一般官吏之名位，正大於師，師大於旅。正蓋各軍各部門之長。兩句即下不陵上之意。襄十年傳「官之師旅不勝其富」、十四年傳「今官之師旅無乃實有所闕」、二十五年傳「百官之正長師旅」，正與師、旅皆同此義。說詳王引之述聞。**民無謗言，**

所以復霸也。杜注：「此以上通言悼公所行，未必皆在即位之年。」

一八·四 公如晉，朝嗣君也。嗣君指晉悼公。

一八·五 夏六月，鄭伯侵宋，及曹門外。杜注：「曹門，宋城門也。」顧棟高大事表七之二謂由宋國去曹國必出此門，故謂之曹門。曹國在宋之西北，則曹門當是宋之西北門。遂會楚子伐宋，取朝郟。據彙纂，朝郟當在今河南夏邑縣。楚子辛、鄭皇辰侵城郜，子辛，即襄公元年經之公子壬夫，曾爲楚之右尹、令尹，于襄五年被殺。取幽丘。城郜、幽丘當在今安徽蕭縣。同伐彭城，此兵分兩支，鄭成、楚共爲一支，取宋朝郟；子辛、皇辰爲一支，取宋幽丘；然後兩支會同，同伐彭城。彭城即今江蘇徐州市。納宋魚石、向爲人、鱗朱、向帶、魚府焉，五人由宋逃奔楚國，見十五年傳。十五年經與本年經五人皆僅書魚石一人。以三百乘戍之而還。書曰「復入」。凡去其國，國逆而立之，曰「入」；復其位，曰「復歸」；諸侯納之，曰「歸」；以惡曰「復入」。四條釋春秋經書法條例，但考之春秋全經經文，甚不相合。孔疏雖企圖彌縫，但難以服人。後人如王晳春秋皇綱論、劉敞春秋權衡、孫覺春秋經解、蕭楚春秋辨疑、葉夢得左傳讞及春秋考統論、張自超春秋宗朱辨義、陳澧東塾讀書記均有辨駁。日人安井衡左傳輯釋疑原文作「國逆而立之曰歸……諸侯納之曰入」，「入」「歸」兩字互相譌誤。吳闓生左傳微則引其父吳汝綸説，謂「凡空釋經文無事實者皆後之經師所爲，非左氏之文」。諸説皆乏確證，存疑可也。宋人患之。此句緊接上文「以三百乘戍之而還」，「書曰復入」是插入語。**西鉏吾曰：「何也？**言不足以爲我憂也。**若楚人與吾同惡，以德於我，吾固事之也，不敢貳矣。**杜注：「惡謂魚石。」**大國無厭，鄙我猶憾。**杜注：「言己事之，則以我爲鄙邑，猶恨不足，此吾患也。」**不然，而收吾憎，使贊其政，**杜注：「謂不同惡魚石，而用之使佐政。」**以間吾釁，亦吾患也。**言魚石將受其利用，乘我間隙，亦我之患。**今將崇諸侯之姦而披其地，**崇與尚書牧誓「乃惟四方之多罪逋逃是崇是長」之「崇」同義，尊重之意。披，分也。崇姦指尊貴魚石諸人，披地指取宋之彭城以封魚石。宋世家云：「平公三年，楚共王拔宋之彭城，以封宋左師魚石。」**以塞夷庚。**夷，平也；庚與迒通，道也。夷庚，車馬往來之平道。説詳洪亮吉詁。彭城爲各國間往來之要道，今由楚國派兵駐紮，故云塞其通道。**逞姦而攜服，**逞姦，使姦人魚石等得快其意。攜服，使本來服楚之國因而攜貳。攜，離也。**毒諸侯而懼吳、晉，**此指「塞夷庚」，妨礙各國往來，尤其堵塞吳國、晉國間必經之路，故云爲諸侯之毒害而使吳、晉有所恐懼。**吾庸多矣，非吾憂也。**楚國如此作爲，足爲吾利，非吾憂患。**且事晉何爲？晉必恤之。」**杜注：「言宋常事晉何爲，顧有此患難？」

一八·六 **公至自晉。晉范宣子來聘，且拜朝也。**答謝魯成之朝晉悼。**君子謂晉於是乎有禮。**禮尚往來，小國君侯朝大國，大國以卿拜朝。

一八·七 **秋，杞桓公來朝，勞公，且問晉故。公以晉君語之。**杜注：「語其德政。」**杞伯於是驟**

一八·八　朝于晉而請爲昏。驟有疾速和頻數兩義，時杞桓公即位已六十四年，年甚老，未必能屢次遠行，此處作疾速解爲宜。

一八·九　七月，宋老佐、華喜圍彭城，老佐時爲司馬，見十五年傳。老佐卒焉。杜注：「言所以不克彭城。」

一八·一〇　八月，邾宣公來朝，即位而來見也。去年十二月經書「邾子貜且卒」，則邾宣公今年即位。

一八·一一　築鹿囿，書，不時也。周之八月，夏正之六月，農功正忙，非動土木功之時。

一八·一二　己丑，公薨于路寢，言道也。詳莊三十二年經注。

一八·一三　冬十一月，楚子重救彭城，伐宋。宋華元如晉告急。韓獻子爲政，此時欒書若非告老，即已死，韓厥代之爲中軍將。曰：「欲求得人，得人猶言得諸侯。必先勤之。勤，勞也。勤之，爲之勤勞。晉語二云：「秦人勤我矣。」韋注云：「勤我，助我也。」勤作助解亦可通。成霸、安彊，「彊」，石經、宋本、金澤文庫本都作「疆」，則「安疆」爲安定疆境之義。但楚只伐宋，非伐晉，不足以言安疆。仍當作「彊」。安讀爲按，抑止之義。安彊，即管子霸言篇「按强助弱」之「按强」，「彊」指楚國。説見章炳麟讀卷三。自宋始矣。」晉侯師于台谷以救宋。台谷，不詳今何地。高士奇地名考略五引或説，謂在今山西晉城縣境，未必可據。遇楚師于靡角之谷，楚師還。據襄二十六年傳，靡角之谷當在彭城附近。襄二十六年傳載晉以雍子爲謀主，楚師宵潰。

一八・一三 晉士魴來乞師。季文子問師數於臧武仲，臧武仲即臧孫紇，即臧宣叔臧孫許之子。問出多少軍隊。對曰：「伐鄭之役，知伯實來，知伯即荀罃，此事見去年經。下軍之佐也。今彘季亦佐下軍，如伐鄭可也。事大國，無失班爵而加敬焉，班爵見莊二十三年傳。此言以使者爵位高低決定出師多少，且有多無少。禮也。」從之。

一八・一四 十二月，孟獻子會于虛朾，謀救宋也。宋人辭諸侯而請師以圍彭城。孟獻子請于諸侯而先歸會葬。

一八・一五 丁未，葬我君成公，書，順也。據杜注，死於路寢，五月而葬，國家安靜，太子繼位，故云「書順」。莊公雖亦死於路寢，而子般被殺；宣公雖死於路寢，而歸父出奔，國內皆不如成公薨後安謐。

楊伯峻編著

春秋左傳注

（修訂本）

二

僖公　文公

中華書局

春秋左傳注

僖公

魯世家云「名申，莊公之少子」，又云「季友聞之，自陳與湣公弟申如邾」，則閔公之弟也。而漢書五行志則以僖爲閔之庶兄，説家亦皆因之，陸德明釋文、何休公羊注及疏並同此説，恐誤。母成風。史記、漢書「僖」例皆作「釐」，惟史記年表書「僖公薨」，或疑是後人所改。

元年，壬戌，公元前六五九年。周惠王十八年、齊桓二十七年、晉獻十八年、衞文公燬元年（未計戴公，蓋即位即死）、蔡穆十六年、鄭文十四年、曹昭三年、陳宣三十四年、杞惠十四年、宋桓二十三年、秦穆公任好元年、楚成十三年、許穆三十九年。

經

一·一 元年春王正月。去年十二月十八日癸巳冬至，則此年建丑，有閏月。

一·二 **齊師、宋師、曹師次于聶北，救邢。**「曹師」，各本作「曹伯」，今從唐石經及莊三年、襄二十三年正義所引訂正。據傳文「諸侯救邢」，則三國皆是其君親自率師，亦不應獨稱「曹伯」。穀梁亦云：「其不言曹伯，何也？以其不言齊侯，不可言曹伯也。」聶北，説文「喦」字下引作「喦北」，聶、喦古音同在泥母帖部。聶北當即今山東省博平廢治博平鎮。一統志謂聶城在今河北省清豐縣東北，方輿紀要謂在清豐縣北十里，於道路爲迂曲，恐不可信。山東省聊城亦有聶城，更相近。朱駿聲説文通訓定聲謂聶即昭二十年傳所謂「聊、攝以東」之「攝」，此言是也。

一·三 **夏六月，邢遷于夷儀。**夷儀見閔二年傳。公羊作「陳儀」，夷、陳古音微、真對轉，相近。説詳趙坦春秋異文箋。劉師培春秋左氏傳答問云：「春秋之例，自遷弗書（案：指晉遷新田、楚遷鄀、邾遷繹，經皆不書），經書所遷，均逼外勢者也。許四遷，三由楚命（容城弗見傳）；蔡遷迫於吴；邢、衛之遷迫於狄。」

一·四 **齊師、宋師、曹師城邢。**

一·五 **秋七月戊辰，**戊辰，二十六日。**夫人姜氏薨于夷，齊人以歸。**以歸即以尸歸，唐石經於「以」字下增刻「尸」字，乃後人增入，不足據。詳洪亮吉左傳詁及嚴可均唐石經校文。歸者，歸於魯。毛奇齡春秋傳謂歸於齊，不可信。史記年表云：「齊桓公二十七年，殺女弟魯莊公夫人，淫故。」姜氏爲齊所殺，下文傳亦言之。

一·六 **楚人伐鄭。**莊二十八年經楚尚稱荆，自此改稱楚，則楚之定號爲楚，當在莊二十八年以後，僖元年以前。初學記七引竹書紀年云「昭王十六年，伐楚荆」云云，似西周楚荆並稱。餘詳莊十年經注。

一·七 八月，公會齊侯、宋公、鄭伯、曹伯、邾人于檉。檉音赬。公羊作「朾」，古音通假。檉，杜注謂宋地，彙纂以爲陳地。其地當在今河南省淮陽縣西北。

一·八 九月，公敗邾師于偃。「偃」，公羊作「纓」，蓋古音同屬影母，一聲之轉。偃，邾地，當在今山東省費縣南。

一·九 冬十月壬午，壬午，十二日。公子友帥師敗莒師于酈，獲莒挐。「酈」，公羊作「犂」，穀梁作「麗」，三字通假。魯地。大夫被俘，生死皆曰獲。挐音如。監本、毛本作「拏」。説文有「挐」字，亦有「拏」字，音同義别，然古書多混用，今從唐石經、宋本、金澤文庫本、足利本、岳本作「挐」。莒挐，莒君之弟。

一·一〇 十有二月丁巳，丁巳，十八日。夫人氏之喪至自齊。杜注以爲「氏」字上應有「姜」字，不稱「姜」爲闕文。但「夫人氏」猶隱公三年之「君氏」，詩邶風凱風之「母氏」，並非闕文。杜注又云：「僖公請而葬之，故告於廟而書喪至也。」

傳

一·一 元年春，不稱即位，公出故也。孔疏：「去年八月閔公死，僖公出奔邾；九月，慶父出奔莒，公即歸魯」；言公出故者，公出而復歸，即位之禮有闕，爲往年公出奔之故，非言應即位之時公在外也。」劉文淇舊注疏證則云：「公出，謂公自陳立也。」公出復入，不書，諱之也。諱國惡，禮也。孔疏：「國内有亂，致令公出，不書公出復入，諱國亂也。國亂，國之惡事；諱國惡，是禮也。」

一·二 **諸侯救邢。**此是齊桓公、宋桓公、曹昭公親自率師，孔疏所謂「先儒以爲此役諸侯身行」者是也。**邢人潰，出奔師。**奔至諸侯之師。**師遂逐狄人，具邢器用而遷之，師無私焉。**諸侯之師於邢之器用財物無所私取。

一·三 **夏，**金澤文庫本作「夏六月」。**邢遷于夷儀，諸侯城之，救患也。**齊語云：「狄人攻邢，桓公築夷儀以封之。男女不淫，牛馬選具。」管子大匡篇云：「狄人伐邢，邢君出，致於齊，桓公築夷儀以封之，予車百乘，卒千人。」**凡侯伯，**鄭語韋注云：「侯伯，諸侯之伯。」此指齊桓，晉語四所謂「管仲賊桓公而卒以爲侯伯」者是也。**救患、分災、**諸侯有天災，分穀帛之屬以賑之。分讀如成二年傳「吾以分謗也」之分，分擔之意。高本漢左傳注釋説與此同。**討罪，**周禮大宗伯賈疏云：「諸侯無故相伐，是罪人也。霸者會諸侯共討之，是討罪也。」**禮也。**

一·四 **秋，楚人伐鄭，鄭即齊故也。**即，就也。與齊親。**盟于犖，**犖音洛。杜注：「犖即檉也，地有兩名。」**謀救鄭也。**救鄭之師不見經、傳，或是謀而未行，或是楚師自退，皆不可知。

一·五 **九月，公敗邾師于偃，虚丘之戍將歸者也。**虚丘，服虔以爲魯邑，杜預以爲邾地，疑不能明。此地當在今費縣界。服虔以爲魯有亂，邾使兵戍虚丘。魯與邾無怨，因兵將還，要而敗之，所以惡僖公也。杜預以爲邾人既送哀姜還，齊人殺之，因戍虚丘，欲以侵魯。公以義求齊，齊送姜氏之喪，邾人懼，乃歸，故公要而敗之。其實兩説皆想當然之辭。

一·六 **冬，莒人來求賂，**閔二年傳云：「以賂求共仲于莒，莒人歸之。」則莒還慶父，已得賂矣，而仍求賂者，或者貪得無厭，亦猶桓十三年之「宋多責賂於鄭」。于鬯香草校書以爲魯但許賂而未嘗與，莒故來求。説亦可通。**公子友敗諸酈，獲莒子之弟挐。**穀梁於此事有所叙述，然未必可信。**——非卿也，嘉獲之也。**此言莒挐非卿，而經書「獲莒挐」者，嘉獎季友獲之之功。**公賜季友汶陽之田及費。**水北曰陽，田在汶水之北，故曰汶陽之田。水經汶水注云：「蛇水西南流逕汶陽之田，齊所侵也。自汶之北，平暢極目，僖公以賜季友，又西南逕鑄城西。」張雲璈據此，以爲季友所得汶陽田在今泰安縣西南樓上村東北。詳梁履繩補釋。費故城在今山東省費縣西北二十里。

一·七 **夫人氏之喪至自齊。**喪，尸體。此時當已大殮。**君子以齊人之殺哀姜也爲已甚矣，女子，從人者也。**古人謂女子有三從之義，未嫁從父，既嫁從夫，夫死從子（見儀禮喪服傳），若已，太也。然，哀姜既嫁於魯，在夫家有罪，則非父母家所宜討。

二年，癸亥，公元前六五八年。周惠王十九年、齊桓二十八年、晉獻十九年、衛文二年、蔡穆十七年、鄭文十五年、曹昭四年、陳宣三十五年、杞惠十五年、宋桓二十四年、秦穆二年、楚成十四年、許穆四十年。

經

二·一　**二年春王正月，**去年閏十一月二十九日戊戌冬至，則此年正月實是寅月。**城楚丘。**元年城夷儀，而經書「城邢」者，以邢已遷夷儀也。此時衞尚廬於曹，先城而後徙，故不云城衞而云「城楚丘」。楚丘已見閔二年。

二·二　**夏五月辛巳，**辛巳，十四日。**葬我小君哀姜。**無傳。哀姜雖被殺於去年七月，然去年冬其喪始來，喪至五月而葬。

二·三　**虞師、晉師滅下陽。**晉始見經。「下陽」，公羊、穀梁作「夏陽」，下、夏同音。下陽，杜注云「虢邑」。據元和郡縣志，在當時陝州平陸縣東二十里。今平陸縣縣治又已西南移，則當今治東北三十五里。雷學淇竹書紀年義證云：「其實虢之宗廟社稷在下陽，不在上陽。經於此年書滅，即謂宗廟已覆，雖有孽餘，不可謂國矣。」然此説只能以之解紀年，與左傳所叙顯然不合。水經河水注、路史國名紀已注並引紀年云：「十九年，獻公會虞師伐虢，滅下陽。虢公醜奔衞。公命瑕公吕甥邑于虢都。」春秋後序引僅作「晉獻公會虞師伐虢，滅下陽」。以「虢公醜奔衞」（傳作奔京師）在五年，即晉獻公之二十二年也。

二·四　**秋九月，齊侯、宋公、江人、黄人盟于貫。**江，國名，嬴姓，故城當在今河南省息縣西南。顧棟高大事表云在正陽縣東南。文公四年爲楚所滅。黄見桓八年傳並注。江人、黄人，江、黄之君也。十二年傳云「黄人恃諸侯之睦于齊也，不共楚職」，所謂「黄人」即黄國之君。貫，宋地，當在今山東省曹縣南十里。

二·五 冬十月，不雨。傳在三年。

二·六 楚人侵鄭。

傳

二·一 二年春，諸侯城楚丘而封衛焉。孔疏：「封者，聚土之名也。天子之建諸侯，必分之土地，立其疆界，聚土爲封以記之，故建國謂之封國。衛是舊國，今云封者，以其君死國滅，更封建之，故云封也。」亦見史記年表及衛世家。不書所會，後也。此釋經語。元年城邢，云「齊師、宋師、曹師城邢」，此次城楚丘，亦以齊爲首，他國亦與焉，然經僅書「城楚丘」，不書其他諸侯者，諸侯已完成工程，而魯後至，諱其不及期，故以獨城爲文。文七年傳亦云：「公後至，故不書所會。」據詩鄘風定之方中，城楚丘在僖元年建亥之月，即夏正之十月，周正之十二月，魯以第二年往助之，雖不及與諸國主持者相會，然未必甚遲。

二·二 晉荀息請以屈産之乘與垂棘之璧假道於虞以伐虢。漢書地理志注引竹書紀年云：「武公滅荀以賜大夫原氏黯，是爲荀叔。」據僖九年傳，荀息即荀叔，黯或是其名，息其字，叔則是其行次，所謂「五十以伯仲」（禮記檀弓上）者也。餘詳雷學淇義證。屈即北屈，見莊二十八年傳並注。産爲動詞，屈産之乘，猶言北屈所産之馬。何休注公羊、趙岐注孟子俱以屈産爲地名，樂史太平寰宇記因附會謂今山西省石樓縣有屈産泉，此邑有駿馬，名馬飲此水者良。難於置信。垂棘，地名，亦見于成五年。沈欽韓地名補注以爲在今山西省潞城縣北。虞，在今山西省平陸縣東北（見桓十年傳注），是在晉南（晉此時都絳，絳今翼城縣東南）；虢又在虞之南，故晉師伐虢，必假道於虞。今平陸縣東北有虞坂者，即古之顛軨坂，爲中條山衝要途徑，太平寰宇記謂晉假虞之道即此路。又儀禮聘禮有過邦假道之禮，可參看。晉世家云：「十九年，獻公曰：『始吾先君莊伯、武公之誅晉亂，而虢常助晉伐我，又匿晉亡公子，果爲亂。弗誅，後遺子孫憂。』乃使荀息以屈産之乘假道於虞。」韓非子內儲說下六微述遺虞之物多「女樂六」。公曰：「是吾寶也。」對曰：「若得道於虞，猶外府也。」公羊、穀梁均有此文。穀梁蓋襲用呂氏春秋權勳篇及韓非子十過篇。公曰：「宮之奇存焉。」宮之奇，虞賢臣。春秋繁露滅國上篇有「虞公託其國於宮之奇，晉獻公患之」，説苑尊賢篇有「虞有宮之奇，晉獻公爲之終夜不寐」云云，蓋皆因此作誇張之言。對曰：「宮之奇之爲人也，懦而不能强諫。且少長於君，君暱之；少長於君可如林堯叟句解所云「宮之奇自少長養於公宮」，亦可解爲稍大于君。林解較長。雖諫，將不聽。」穀梁傳叙此較詳，可參看。乃使荀息假道於虞，曰：「冀爲不道，冀，國名。路史後紀十一以爲殷商傳說之後，未詳所本。今山西省河津縣東北有冀亭遺址，當是其國都。不久終爲晉所滅，以爲郤氏食邑。不道猶言殘暴。入自顛軨，顛軨即虞坂，詳上「假道」注。伐鄍三門。鄍，服虔以爲晉邑，杜預以爲虞邑，以地理及事理考之，杜預爲是。地在今平陸縣東北。三門，舊説俱以今之三門峽當之，然三門峽在黃河中，冀未必能伐之，亦未必肯伐之，此三門或非地名。伐鄍三門者，伐鄍邑之三門也，猶言圍攻。方輿紀要謂鄍城周四里，則其有城門可知。鄍在虞國西南約二十餘里。此言冀爲强暴，無故伐虞邑。**冀之既病，則亦唯君故。**唯，因也。成二年傳「齊、晉亦唯天所授」，唯字用法同此。冀之既病者，晉助虞伐冀已使冀受損傷也。則亦唯君故者，言我伐冀，非自爲也，爲虞復讎擊敵耳。晉因有惠於虞，故先提此事，以責其還報。説詳于鬯香草校書。**今虢爲不道，保於逆旅，**保即禮記月令「四鄙入保」之保，注謂「小城曰保」，即今之堡壘。此作動詞，謂于逆旅作碉樓，可瞭望，可固守。説本高本漢左傳注釋。逆旅，客舍也。虢國有在晉南部邊鄙盤踞旅舍以爲鈔掠者。**以侵敝邑之南鄙。**莊二十六年傳兩言虢人侵晉，不知與此是否一事。**敢請假道，以請罪于虢。」**請罪猶言問罪。**虞公許之，且請先伐虢。**虞請先伐，則此役也，晉雖爲主，虞實爲導。**宫之奇諫，不聽，遂起師。**虞起師也。**夏，晉里克、荀息帥師會虞師，伐虢，滅下陽。**水經河水注引竹書紀年云：「十九年，獻公會虞師伐虢，滅下陽。虢公醜奔衞。公會瑕公吕甥邑于虢都。」與左傳有異。王夫之稗疏曰：「滅者，必其國也。虢有三，滎澤之虢亭，東虢也；下陽在平陸縣大陽之南，濱河之北，北虢也；陝州之上陽，南虢也。東虢，虢叔所封。南、北二虢皆虢仲地。北虢爲其故都，逼近於虞，後或渡河南遷，而宗廟社稷故在下陽。晉後再舉伐虢，取南虢耳。」然據竹書紀年諸書，晉滅虢，似僅此一舉，而左傳則謂此後虢尚有敗戎之役，僖五年晉再舉而後全部吞併之。王夫之此説可與前引雷學淇説併觀，而較圓通。其所謂「北虢」「南虢」，即隱元年傳注之「西虢」。年表及晉世家俱用左傳。

先書虞，賄故也。此釋經「虞師、晉師滅下陽」。

二·三　秋，盟于貫，服江、黄也。杜注：「江、黄，楚與國也；始來服齊，故爲合諸侯。」郭沫若大系有曾侯簠，銘云「叔姬霝乍黄邦，曾侯乍叔姬、邛（江）嬭（芈）賸（媵）器鬻」云云，「江、黄」同時言。

二·四　齊寺人貂始漏師于多魚。寺人，宦官之爲宮中侍御者，周禮天官有寺人之官。貂，豎貂。國語、管子、吕氏春秋及説苑諸書「豎貂」並作「豎刁」。孔疏云：「漏師者，漏洩師之密謀也。云始者，言其終又甚焉。」多魚，高士奇地名考略以爲或在今河南省虞城縣界。

二·五　虢公敗戎於桑田。桑田即今河南省靈寶縣之稠桑驛。此時虢雖已亡其河北地，猶能敗戎於河之南。晉卜偃曰：「虢必亡矣。亡下陽不懼，下陽乃其宗廟社稷所在，被滅而不懼。而又有功，是天奪之鑒，之作其用。鑒，鏡也。天奪其鏡，無以自見其醜惡。而益其疾也。疾乃借用之詞，意猶罪惡。語又見成十七年傳。必易晉而不撫其民矣。易，去聲。易晉，輕視晉國。易爲動詞意動用法。不可以五稔。」稔音荏，本義爲穀熟。穀一年一熟，故引申有年歲之義。五稔，五年也。

二·六　冬，楚人伐鄭，鬬章囚鄭聃伯。鬬章，楚大夫。聃音南。

三年，甲子，公元前六五七年。周惠王二十年、齊桓二十九年、晉獻二十年、衛文三年、蔡穆十八年、鄭文十六年、曹昭五年、陳宣三十六年、杞惠十六年、宋桓二十五年、秦穆三年、楚成十五年、許穆四十一年。

經

三·一 三年春王正月，不雨。去年十二月十一日甲辰冬至，是年建丑。

三·二 夏四月不雨。

三·三 徐人取舒。無傳。徐見莊二十六年經並注。舒，國名，偃姓。說文作「郐」。舒，據文十二年傳孔疏引世本，有舒庸、舒蓼、舒鳩、舒龍、舒鮑、舒龔六名，恐皆同宗異國，統稱之曰羣舒，大致宗國在今安徽省舒城縣，而散居于舒城縣、廬江縣至巢縣一帶。徐越數百里而取舒，固不能有其地，故其後舒復見，文十二年傳言楚子孔執舒子平，疑自後滅於楚。說本顧棟高大事表。詩魯頌閟宮云「荆舒是懲」，鄭玄箋謂「僖公與齊桓公舉義兵，南艾荆及羣舒」。前人又據十七年傳，齊桓夫人有徐嬴，因謂此次徐之取舒，由齊桓之力，未必然。阮元積古齋鐘鼎彝器款識有「䢼王作彝」。鄒安周金文存有「䢼王之𥿄」。吴闓生吉金文録自序謂徐、舒同字，王孫遺諸鐘云「余弘龔㝬辟」，「㝬辟」即謂徐王，遺諸亦徐之王孫也云云。徐、舒明是兩國，吴氏謂「徐、舒同字」，蓋本洪亮吉，實誤。安徽舒城縣九里墩墓殘存一青銅鼓，蓋春秋末期所造，參安徽省考古學會會刊第五輯。

三·四 六月雨。

三·五 秋，齊侯、宋公、江人、黄人會于陽穀。據清一統志，陽穀故城在今山東省陽穀縣北三十里。齊語云：「嶽濱諸侯，莫敢不來服。而大朝諸侯於陽穀。」

三·六 **冬，公子友如齊涖盟。**穀梁作「公子季友」。僖十六年經亦書「公子季友卒」，杜注云「稱字者，貴之」，則友字季友，亦猶公子遂字仲遂，晉之羊舌肸字叔肸，字與名同，惟加一行次。涖盟見隱七年傳並注。經書涖盟自此始。全經凡四見。

三·七 **楚人伐鄭。**

傳

三·一 **三年春不雨，夏六月雨。自十月不雨至于五月。不曰旱，不爲災也。**後漢書黄瓊傳李賢注引春秋考異郵云：「僖公之時，雨澤不澍，比于九月。公大驚懼，率羣臣禱山川，以六過自讓，絀女謁，放下讒佞郭都等十三人，誅領人之吏受貨賂趙祝等九人，曰：『辜在寡人。方今天旱，野無生稼，寡人當死，百姓何謗？請以身塞無狀也。』」所記未必能全信，姑引以供參。又顧棟高大事表四十二之二云：「春秋兩書大旱，皆在夏、秋；三不雨，皆連秋言之。周之秋，今之夏，故爲災。此書六月雨，則正當孟夏（按：實當仲夏，今農曆五月），自宜不爲災也。」説亦可參。

三·二 **秋，會于陽穀，謀伐楚也。**穀梁傳云：「桓公委端搢笏而朝諸侯，諸侯皆諭乎桓公之志。」公羊傳云：「桓公曰：『無障谷，無貯粟，無易樹子，無以妾爲妻。』」據孟子告子下，此是葵丘之會事。彙纂曰：「陽穀之會，以爲謀伐楚者，左氏也。公、穀則皆無此意，然下與伐楚事相近，疑左氏説是。」

三·三 齊侯爲陽穀之會來尋盟。陽穀之會，魯未與，故桓公來尋盟。來尋盟者，使人來而求尋盟也。

冬，公子友如齊涖盟。

三·四 楚人伐鄭，鄭伯欲成。鄭文公欲與楚媾和。孔叔不可，曰：孔叔又見於僖七年。「齊方勤我，「勤」，金澤文庫本作「懃」。勤，勞也；勤我，爲我勤勞也。詳楊樹達先生讀左傳。棄德，不祥。」此勸其不服楚而服齊。

三·五 齊侯與蔡姬乘舟于囿，蔡姬，據史記爲蔡穆侯之女弟，齊桓公之夫人。十七年傳亦云「齊侯之夫人三，王姬、徐嬴、蔡姬」。囿，苑也；其中有池，故能乘舟。蕩公。蕩，搖也。公懼，變色；禁之，不可。公怒，歸之，未之絶也。「之絶」，毛本、監本誤倒作「絶之」，今從石經、宋本、金澤文庫本訂正。蔡人嫁之。此傳本與下年侵蔡事連爲一傳，爲後人割裂在此。蔡世家、齊世家及年表所述俱與傳同，韓非子外儲説左上作「怒而出之，乃且復召之」。乃且復召之，即未絶之也。長沙馬王堆三號漢墓出土帛書春秋事語載此事引有士説語云「今聽女辭而嫁之」，則再嫁出于蔡姬本人之意。

四年，乙丑，公元前六五六年。周惠王二十一年、齊桓三十年、晉獻二十一年、衞文四年、蔡穆十九年、鄭文十七年、曹昭六年、陳宣三十七年、杞惠十七年、宋桓二十六年、秦穆四年、楚成十六年、許穆四十二年。

經

四·一 **四年春王正月，**去年十二月二十一日己酉冬至，建丑，有閏。自此以前，建丑之年爲多。蓋古人以土圭測日影以定冬至，冬至之月既定，於是以其翌月爲明年正月，爲功較易。其後曆法較精，則建子之年漸多。

公會齊侯、宋公、陳侯、衛侯、鄭伯、許男、曹伯侵蔡。蔡潰，文十三年傳云：「民逃其上曰潰。」**遂伐楚，次于陘。**陘音邢，楚地。依杜注，當在今河南省郾城縣南。然蔡在今河南省上蔡縣，由蔡伐楚，何以反而北行，尤與傳文「師進，次于陘」之意不合，恐杜注不可信。王夫之稗疏曰「蘇秦説韓曰：『南有陘山。』則陘爲楚塞之山，其地應在應山之北」云云，理或然也。詳下文注。

四·二 **夏，許男新臣卒。**成十三年伐秦，曹伯盧卒于師；襄十八年圍齊，曹伯負芻卒于師。皆言「于師」，而此不言「于師」者，此經上文言許男與七國諸侯同次于陘，而下經書屈完來盟于師，上下俱言師，則許男之卒必于師，不言可知。

四·三 **楚屈完來盟于師，盟于召陵。**召陵，古今皆云在今河南省郾城縣東三十五里，然于地望亦不甚合。詳上注。然已難確定其地，姑依舊説。

四·四 **齊人執陳轅濤塗。**「轅」，公羊、穀梁並作「袁」，字通。穀梁傳云：「齊人者，齊侯也。」洪适隸釋載袁良碑云：「周之興，虞閼父典陶正，嗣滿爲陳侯。至玄孫濤塗立姓曰袁，魯僖公四年爲大夫。」杜世族譜謂轅濤塗即宣仲（轅宣仲見五年傳）。

四·五 **秋，及江人、黄人伐陳。**「及」上無主語，杜注用穀梁義，謂「魯受齊命討陳之罪，時齊不行，使魯爲主」。汪克寬春秋胡傳附録纂疏引高氏説謂「書及者，蒙上齊人執轅濤塗之文，乃齊及之，非魯及之也」。考史記齊世家云：「秋，齊伐陳。」是齊師實行，高氏之説可信。又詳沈欽韓補注與劉文淇舊注疏證。

四·六 **八月，公至自伐楚。**無傳。公還，告于廟也。

四·七 **葬許穆公。**竹添光鴻會箋謂許穆公即隱十一年之許叔，在位蓋四十二年。此説同于清姚彦渠春秋會要。然據杜氏世族譜，許叔爲桓公，名鄭。杜譜不知何據，今姑從姚説。

四·八 **冬十有二月，公孫茲帥師會齊人、宋人、衛人、鄭人、許人、曹人侵陳。**「茲」，公羊作「慈」，字通。公孫茲，叔牙之子叔孫戴伯。

傳

四·一 **四年春，齊侯以諸侯之師侵蔡。**此章應與上年傳文末章銜接。**蔡潰，遂伐楚。**戰國策西周策云：「桓公伐蔡也，號言伐楚，其實襲蔡。」韓非子外儲説左上則謂「桓公藏蔡怒而攻楚」，「舉兵爲天子伐楚，楚服，因還襲蔡」云云，此蓋説客及作者欲以證成其説之言，仍當以左傳爲信。**楚子使與師言曰：「君處北海，寡人處南海，**古人以中國之四周皆爲海，故爾雅釋地云「九夷、八狄、七戎、六蠻謂之四海」，禮記祭義亦有東海、西海、南海、北海之稱。荀子王制篇云：「北海則有走馬吠犬焉，南海則有羽、翮、齒、革、曾青、丹干焉。」注云：「海謂荒晦絶遠之地。」則此所謂北海、南海者，猶言極北、極南，不必以實地證之。舊注多誤，唯劉壽曾得其意，見劉文淇舊注疏證。並參宣十三年傳注。**唯是風馬牛不相及也，**牛馬牝牡相誘而相逐謂之風。尚書費誓：「馬牛其風。」風馬牛不相及者，謂齊、楚兩國相隔遥遠，縱使牛馬牝牡相逐，奔逸雖速而遠，亦不致互相侵入邊界。**不虞君之涉吾地也，何故？」**虞，度也。**管仲對曰：「昔召康公命我先君大公曰：**召康公，召公奭也。詳史記燕世家。大公即太公望，爲齊之始封君，故尊之曰大公，猶古公亶父爲大王，田齊之田和亦號爲大公。餘詳齊世家。**『五侯九伯，女實征之，以夾輔周室！』**五侯九伯，異説紛紜，較爲可信者有三。賈逵、服虔、杜預皆以爲五侯爲公、侯、伯、子、男五等諸侯。九伯爲九州之方伯，即各州諸侯之長，此一説也。黄以周禮書通故職官通故二謂爲近是。王引之述聞則以爲五侯九伯者，謂分居五服之侯，散列九州之伯，蓋當時解左傳者，皆不以侯爲諸侯，伯爲方伯也。此又一説也。俞樾平議釋侯、伯之義與王引之同，而謂五、九爲虚數，五侯舉中數，九伯舉終數，宣十二年傳「夷於九縣」，昭十二年傳「五大不在邊，五細不在庭」，凡言五、言九者，皆此類也。此又一説也。三説雖略有不同，其恉皆謂五侯九伯統言天下諸侯。西周成王時保卣銘云「乙卯，王令保及殷東或(國)五侯」云云，則「五侯」之稱早已有之。他如于鬯香草校書謂此不過叙述大公之功，其所征服者則十四國耳，侯國五，伯國九云云，則既無史證，又不合傳意。**賜我先君履，**履，所踐履之界，非指齊國疆土，乃指得以征伐之範圍。參桂馥札樸。唐蘭以「履」爲「踏勘」，另成一讀（見一九七六年文物五期五祀衞鼎注釋），疑不可從。**東至于海，**齊桓公之疆境不至海，齊語「東至於紀酅」可以爲證。**西至于河，**齊語述齊桓公正其封疆，西至于濟，則此「西至于河」，乃得以征伐之界。河即黄河。**南至于穆陵，**疑即今湖北省麻城縣北一百里與河南省光山縣、新縣接界之穆陵關（一作木陵關）。或以今山東省臨朐縣南一百里大峴山上之穆陵關（一名破車峴）當之，恐不合傳意，因其不至楚境也。**北至于無棣。**水經淇水注引京相璠曰「舊説無棣在遼西孤竹縣」，則當在今河北省盧龍縣一帶。或依酈道元説，以今河北省南皮、鹽山及山東省慶雲諸縣一帶之古無棣溝當之，恐是誤解履爲齊之疆境之故。凡此諸句，其意若曰，我先君大公實受命得專征伐，有權至楚國之境。**爾貢苞茅不入，王祭不共，無以縮酒，**「苞」，各本作「包」，金澤文庫本作「苞」。作「苞」者是也。詳阮元校勘記及説文「苞」字下段注，今訂正。「共」，金澤文庫本作「供」，餘詳校勘記。苞即包裹之包，茅即禹貢之菁茅，茅之有毛刺者。古人拔此茅而束之，故曰包茅。縮酒者，一則用所束之茅漉酒去滓；一則當祭神之時，束茅立之，以酒自上澆下，其糟則留在茅中，酒汁漸漸滲透下流，像神飲之也。參李惇羣經識小。「縮」，説文作「莤」，從酉、艸，酉即古「酒」字，則會意字。甲骨有[illegible]字，象手奉束於酉（酒）旁，王國維以爲即「莤」之初文。若可信，則縮酒之禮起自殷商。菁茅産於荆州，管子輕重篇所謂「江、淮之間，一茅三脊，名曰菁茅」者是也。爲楚應納貢物之一，而韓非子外儲説左上云「楚之菁茅不貢於天子三年矣」。菁茅又爲王祭所不可缺少之物，周禮天官甸師所謂「祭祀供蕭茅」者是也，故齊以此責楚。**寡人是徵。**猶言寡人徵是。徵，問罪也。齊世家改作「是以來責」。**昭王南征而不復，**

唐石經「征」字下旁增「没」字，吕氏春秋季夏紀高注引傳亦作「没而不復」。然據齊世家及漢書賈捐之傳，無「没」字者是也。詳劉文淇舊注疏證。周本紀云：「昭王南巡狩不返，卒於江上。」正義引帝王世紀云：「昭王德衰，南征，濟于漢，船人惡之，以膠船進王，王御船至中流，膠液船解，王及祭公俱没于水中而崩。其右辛游靡長臂且多力，游振得王，周人諱之。」帝王世紀所言船解王溺事，或本於左傳服虔注；所言辛游靡救王事，或本於吕氏春秋音初篇，而加以潤飾增補。初學記七引紀年云：「昭王十六年，伐楚荆，涉漢，遇大兕。」又云：「十九年，喪六師于漢。」御覽八七四引紀年云：「昭王末年，王南巡不反。」疑昭王兩次南征，十六年之南征，頗有所獲，𤞷駿毁銘云「𤞷駿(御)從王南征，伐楚荆，又(有)得」云云，過伯毁銘云「過伯從王伐反荆，孚(俘)金」云云，堊毁銘云「堊從王伐𠛱(荆)」云云，皆可證。至十九年再伐荆楚，則不復矣。**寡人是問。」對曰：「貢之不入，寡君之罪也，敢不共給？昭王之不復，君其問諸水濱！」**貢不入，罪小，故認改；昭王不復，罪大，故推諉。杜注云：「昭王時漢非楚境，故不受罪。」楚辭天問：「昭后成遊，南土爰底？」蓋指此。

師進，次于陘。戰國策蘇秦説楚謂「北有汾、陘」，説韓謂「南有陘山」，則陘在楚爲北塞，在韓爲南塞。

夏，楚子使屈完如師。屈完，楚之同族。如師，往齊師也。故下文述齊桓公與屈完共載。楚世家作「楚成王使將軍屈完以兵禦之」，齊世家作「楚王使屈完將兵扞齊」，左傳不言者，以爲此必然之舉，可以不言。章炳麟左傳讀因訓如師爲當師，當師者，抵禦齊師也，不合傳意。**師退，次于召陵。**

齊侯陳諸侯之師，與屈完乘而觀之。乘，去聲。共載也。**齊侯曰：「豈不穀是爲？**

左傳凡用「不穀」二十一次，其中十六次皆爲楚子自稱，曲禮下因之曰「其在東夷、北狄、西戎、南蠻，雖大曰子，於内自稱曰『不穀』」。其實不然。蓋不穀爲天子自貶之稱，故襄王避叔帶之難，自稱爲不穀，傳所謂「天子凶服降名，禮也」（僖二十四年）。王子朝立爲王出奔，亦自稱不穀（昭二十六年），亦由此故。楚子僭稱王，猶不敢襲用「余一人」之自稱，而從天子降名之例曰不穀，曲禮以爲蠻夷曰不穀，實誤。此齊桓公亦自稱不穀者，蓋以侯伯而爲王室討伐也。然亦僅此一稱而已，其餘中原諸侯以至所謂夷狄之君，無以不穀自稱者。老子「侯、王自謂孤、寡、不穀」，其意猶云「侯自謂孤、寡，王自謂不穀」，不穀實屬王言。豈不穀是爲者，意言諸侯興師，非爲我。**先君之好是繼，**欲其繼先君之友好。**與不穀同好如何？」對曰：「君惠徼福於敝邑之社稷，**惠，表敬副詞，無義。徼音驍，求也。徼福，當時常語，亦可云徼某某之福，如成十六年「徼周公之福」。亦可云「徼亂」（成十三年）、「徼禍」（昭三年）、「徼罪」（昭十六年）等。**辱收寡君，**辱，表敬副詞，無義。收與下文「綏諸侯」之「綏」字義同。秦策「内收百姓，循撫其心」尤可證其義。**寡君之願也。」齊侯曰：「以此衆戰，誰能禦之？以此攻城，何城不克？」對曰：「君若以德綏諸侯，誰敢不服？君若以力，楚國方城以爲城，**姚鼐補注云：「楚所指方城，據地甚遠，居淮之南，江、漢之北，西踰桐柏，東越光黄，止是一山，其間通南北道之大者，惟有義陽三關，故定四年傳之城口。淮南子曰，緜之以方城。凡申、息、陳、蔡，東及城父，傳皆謂之方城之外，然則方城連嶺可七八百里矣。」説方城者甚多，唯姚説最爲有據。水經潕水注引盛弘之云：「葉東界有故城，始犨縣，東至瀙水，逕（原作「達」，依趙一清校改）比陽界，南北聯，聯數百里，號爲方城，一謂之長城云。」注又云：「酈縣有故城一面，未詳里數，號爲長城，即此城之西隅，其間相去六百里。北面雖無基築，皆連山相接，而漢水流而南。故屈完答齊桓公云『楚國方城以爲城，漢水以爲池』。」又云：「郡國志曰『葉縣有長山曰方城』，指此城也。」依酈注諸説，以今地理度之，凡今之桐柏、大别諸山，楚統名之曰方城。洪亮吉左傳詁謂「方城」當作「萬城」，萬或作万，以字近而譌。然國語及戰國策諸書皆作「方城」，則未必各書皆誤，洪説殊不可信。**漢水以爲池，**王念孫據臧琳説，以「水」字爲衍文（見述聞），其實不確。**雖衆，**商頌殷武正義、周官大司馬正義、文選西征賦李善注、白帖五十三及五十八、太平御覽州郡部十四引此並作「雖君之衆」，蓋皆述傳文之意，非傳文本是四字句。**無所用之。」**

屈完及諸侯盟。齊世家、楚世家、年表俱載此事，而以齊世家爲詳，全用左傳義。

四·二　**陳轅濤塗謂鄭申侯曰：**申侯，鄭大夫，其説詳見下五年及七年傳。**「師出於陳、鄭之間，國必甚病。**病，困也。詩江漢正義云：「其意以齊侯所經之處多有徵發，陳、鄭兩國當其軍道，去既過之，來又過之，則民將困病。」**若出於東方，觀兵於東夷，循海而歸，其可也。」**觀兵即周語上之「先王耀德不觀兵」、吴語「寡君未敢觀兵身見」之「觀兵」，顯示兵力以威諸侯也。東夷，杜注謂指郯、莒、徐諸夷。循海而歸，沈欽韓謂按其道當沿淮河而下，由今之河南省潢川縣、安徽省六安縣東至安徽省泗縣、江蘇省東海縣而入山東省臨沂地區再回國，甚遼遠迂曲。**申侯曰：「善。」濤塗以告齊侯，**公羊傳云：「濤塗謂桓公曰：『君既服南夷矣，何不還師濱海而東，服東夷且歸？』」**許之。申侯見曰：**見，舊讀去聲，往謁見也。

「師老矣，僖三十三年傳：「師老費財。」注：「師久爲老。」**若出於東方而遇敵，懼不可用也。若出於陳、鄭之間，共其資糧、屝屨，**資糧，同義連綿詞，資亦糧也。僖三十三年傳云：「唯是脯資餼牽竭矣。」注：「資，糧也。」屝、屨皆古之粗履，孫愐引字書曰：「草曰屝，麻曰屨。」**其可也。」齊侯説，與之虎牢。**虎牢即今河南省鞏縣東之虎牢關，亦即隱元年傳之制，爲鄭之巖邑，鄭莊公所不肯與共叔段者。此齊桓公與申侯以虎牢，恐亦强迫鄭文公爲之。**執轅濤塗。**公羊傳謂「於是還師濱海而東，大陷於沛澤之中，顧而執濤塗」。陳世家云「陳大夫轅濤塗惡其過陳，詐齊令出東道。東道惡，桓公怒，執陳轅濤塗」，似用公羊。然齊世家云「過陳，陳袁濤塗詐齊，令出東方，覺」，則又用左傳。法言先知篇云「齊桓公欲徑陳，陳不果内，執轅濤塗」，與傳異。

四·三 **秋，伐陳，討不忠也。**以濤塗詐令諸侯之師出東道。

四·四 **許穆公卒于師，葬之以侯，**許爲男爵，而以侯禮葬之。**禮也。凡諸侯薨于朝、會，加一等；**朝、會，指相朝相會，莊二十三年傳「會以訓上下之則，朝以正班爵之義」是也。**死王事，加二等。**王事，此當指征伐。許男死于爲周王伐楚，亦王事也，故加二等。孟子萬章下云：「天子一位，公一位，侯一位，伯一位，子、男同一位，凡五等也。」以子、男而得侯禮，是加二等也。杜預據周禮春官典命「上公九命爲伯，侯、伯七命，子男五命」之文，謂「諸侯命有三等，公爲上等，侯、伯爲中等，子、男爲下等」，而許男「男而以侯，禮加一等」，恐不合傳意。周禮爲戰國時私人著作，不能盡用以釋左傳。且僖二十九年傳云「在禮，卿不會公、侯，會伯、子、男可也」，侯與伯截然分開，則周禮以侯、伯爲一等之説，明明不合傳意。即傳云「葬之以侯」，考之金文，並無五等諸侯之實，左傳作于戰國儒家別派，未必全可信。**於是有以衮斂。**斂以衮衣也。衮音滾，古代天子之禮服，上公亦著之而微不同，其制可參周禮春官司服孫詒讓正義。許男以侯禮葬，不得用衮衣，此謂公、侯之加等者，可以用衮衣斂尸，蓋通説禮制。

四·五

冬，叔孫戴伯帥師會諸侯之師侵陳。經書公孫茲，傳言叔孫戴伯，戴其謚號，叔孫乃其族氏。十六年經亦書「公孫茲卒」，是猶未得以叔孫爲族，文元年經始書「叔孫得臣如京師」，則叔孫之得族氏，自得臣始。此傳言叔孫，乃追書。然毛奇齡經問云：「禮又有以父之字爲氏者，而世又不知也。夫戴伯者，叔牙之子也。乃竟稱叔孫，則父氏也。哀二十五年，衛出公奪南氏之邑。夫南氏邑者，公孫彌牟之邑也。其稱南氏，則以彌牟之父公子郢之字子南也。然則子南，父字也。是以鄭子展之氏罕也曰罕氏，則以子展者子罕子也，父氏也。子皙稱駟氏，則以子皙爲子駟子也，父氏也。子產稱國氏，則以子國爲子產父也，父氏也。」蓋當時有以祖之字爲氏者，亦有以父之字爲氏者。**陳成，歸轅濤塗。**杜注：「陳服罪，故釋其大夫也。」

四·六

初，晉獻公欲以驪姬爲夫人，卜之，不吉；筮之，吉。先卜後筮，見閔二年傳並注。**公曰：「從筮。」卜人曰：**此卜人不知爲誰，晉有卜偃，不知是此人否。晉語一云：「獻公卜伐驪戎，史蘇占之。」僖十五年傳云：「晉獻公筮嫁伯姬於秦，史蘇占之。」禮記曲禮正義以爲此卜亦是史蘇，有此可能。**「筮短龜長，不如從長。**筮用蓍草，卜用龜。僖十五年傳晉韓簡云：「龜，象也；筮，數也。物生而後有象，象而後有滋，滋而後有數。」則當時人以先有象而後有數，而卜用象，筮用數，故以爲龜長於筮。杜預本此爲注。自是用當時人語解釋當時人語。而周禮春官占人正義引馬融注，以爲「筮史短，龜史長」（章炳麟左傳讀卷六有解說），高本漢左傳注釋又以周禮春官有「大卜，下大夫二人；卜師，上士四人；卜人，中士八人」，而筮僅有「筮人，中士二人」證之。**且其繇曰：**繇，卜卦之兆辭。古人自是重卜輕筮。所謂短長，謂靈驗也。**『專之渝，攘公之羭。**渝，變也。攘，盜竊也，奪也，與論語子路「其父攘羊」、孟子滕文公下「日攘其鄰之雞」諸「攘」字同。羭，牡羊也。此謂專心寵幸之則將生變，而奪去公之牡羊。牡羊自是借辭，指代申生等。（羭之字義從沈欽韓補注。杜注羭爲美，焦循補疏、高本漢注釋均從之，義亦可通。）渝、羭爲韻，古音同在侯部。**一薰一蕕，**薰，香草。沈括夢溪補筆談三云：「古之蘭蕙是也。唐人謂之鈴鈴香，亦謂之鈴子香，謂花倒懸枝間如小鈴也。」蕕音由，說文云：「水邊草也。」李時珍本草綱目隰草類下注云：「此草莖頗似薰而臭。」**十年尚猶有臭。』**十年，言其久也。「尚猶」同義虛詞連用，秦誓云：「雖則云然，尚猷詢茲黃髮。」尚猷即尚猶。秦策三云「天下之王尚猶尊之」，史記貨殖列傳云「萬乘之王、千乘之侯、百室之君尚猶患貧」，皆此類也。臭有兩義，凡氣味，不論香臭，皆可曰臭。禮記月令「其臭羶」、「其臭焦」、「其臭香」，易繫辭上「其臭如蘭」，諸「臭」字皆是此義。一是專指惡氣而言，荀子正名「香臭以鼻異」，孔子家語「鮑魚之肆不聞其臭」是也。此恐是指第二義。蕕、臭爲韻，古音同在幽部。侯、幽兩部亦可合韻，則渝、羭、蕕、臭四字爲韻。**必不可！」弗聽，立之。生奚齊，其娣生卓子。**莊二十八年傳亦有此二語。據傳意，卓子之生在此年以前，即晉獻公二十一年以前，而晉世家列卓子（作悼子）之生在晉獻二十五年，即後此四年，與傳乖異，不知其據。穀梁且謂奚齊、卓子皆驪姬所生。

及將立奚齊，立之爲太子也。**既與中大夫成謀，**韓非子外儲説左上云：「中大夫，晉重列也。」又左下云：「故晉國之法，上大夫二輿二乘，中大夫二輿一乘，下大夫專乘，此明等級也。」僖十五年傳云「晉侯許賂中大夫」。成謀猶言定計。**姬謂大子曰：「君夢齊姜，必速祭之！」**齊姜，申生之母。晉語一云：「驪姬以君命命申生曰：『今夕君夢齊姜，必速祠而歸福！』」呂氏春秋任數篇云：「孔子起曰：『今者夢見先君，食潔而後饋。』」家語在阨篇云：「孔子召顏回曰：『疇昔予夢見先人，豈或啓佑我哉？子炊而進飯，吾將進焉。』」然則古人夢見先人，皆以食享之。穀梁傳云：「麗姬又曰：『吾夜夢夫人趨而來，曰，吾苦飢。世子之宮已成，則何爲不使祠也？』」必欲以「吾苦飢」云云實之，蓋可不必。**大子祭于曲沃，**曲沃爲獻公祖廟所在，齊姜死後祔於祖姑，故其廟在曲沃。且太子亦在曲沃，見莊二十八年傳。説參李貽德賈服注輯述。**歸胙于公。**周禮夏官祭僕鄭玄注云：「臣有祭祀，必致祭肉于君，所謂歸胙也。」胙，祭之酒肉也。**公田，姬寘諸宮六日。**六日屬下，另爲一讀亦可。**公至，毒而獻之。**晉語二云：「公田，驪姬受福，乃寘鴆於酒，寘堇於肉。公至，召申生獻。」穀梁傳云：「君田而不在，麗姬以酖爲酒，藥脯以毒。」晉世家云：「獻公時出獵，置胙于宮中。驪姬使人置毒藥胙中，居二日，獻公從獵來還，宰人上胙獻公。」其説毒而獻之與傳同。然呂氏春秋上德篇云：「太子祠而膳於公，麗姬易之。」易之者，謂以有毒者改換其無毒者，與傳微異。**公祭之**

地，地墳。穀梁傳云：「君將食。麗姬跪曰：『食自外來者，不可不試也。』覆酒於地，而地賁。」晉世家云：「獻公欲饗之。驪姬從旁止之，曰：『胙所從來遠，宜試之。』祭地，地墳。」墳，謂土突起如墳也。**與犬，犬斃。與小臣，**小臣爲官名，與襄十四年傳「舍大臣而與小臣謀」之小臣義不同。甲骨文、金文多有之，成十年傳亦有小臣，大致皆爲王左右之近侍臣。以甲骨文、金文觀之，其地位甚高；然就左傳論之，則不過侍御之閹人而已。**小臣亦斃。**晉語二云：「公祭之地，地墳。申生恐而出。驪姬與犬肉，犬斃；飲小臣酒，亦斃。」左傳不言太子在場，以下文「太子奔新城」觀之，太子此時必在絳，但不知在場與否也。**姬泣曰：「賊由大子。」**穀梁傳云：「麗姬下堂而啼呼曰：『天乎天乎！國，子之國也；子何遲於爲君？』君喟然歎曰：『吾與女未有過切，是何與我之深也？』使人謂世子曰：『爾其圖之！』」晉世家載驪姬之言更爲惡毒。**大子奔新城。**新城即曲沃，蓋由新爲太子城之，故又名新城。鄭、宋、秦俱有新城，見僖六年經及文四年、十四年傳，恐皆以其城新築而得名。晉語二：「公命殺杜原款。申生奔新城。」**公殺其傅杜原款。**晉語二云：「杜原款將死，使小臣圉告于申生曰：『款也不才，寡知不敏，不能教導，以致于死，不能深知君之心度，棄寵求廣土而竄伏焉。小心狷介，不敢行也。是以言至而無所訟之也，故陷於大難，乃逮於讒。然款也不敢愛死，唯與讒人鈞是惡也。吾聞君子不去情，不反讒。讒行身死，可也，猶有令名焉。死不遷情，彊也；守情説父，孝也；殺身以成志，仁也；死不忘君，敬也。孺子勉之！死必遺愛。死民之思，不亦可乎！』申生許諾。」晉世家與傳合。

或謂大子：「或」，晉語二作「人」，亦未指名何人，餘詳下文注。**「子辭，**辭，説文云：「訟也。」此處可解作聲辯。宣十一年傳「楚王讓申叔時不賀縣陳。對曰：『猶可辭乎？』」辭字亦同此用法。其作名詞用者，如桓十年傳「詹父有辭」、宣十七年傳「使反者得辭」、成二年傳「寡君之命使臣則有辭矣」，諸「辭」字皆是。有辭、得辭猶言有理、得理。晉世家作：「或謂太子曰：『爲此藥者乃驪姬也，太子何不自辭明之？』」乃釋傳意。**君必辯焉。」**穀梁傳云：「世子之傅里克謂世子曰：『入自明！入自明，則可以生；不入自明，則不可以生。』」以「或」爲里克，且以里克爲世子之傅。然考之晉語二所載驪姬謀殺太子而使優施飲里克，里克因而中立事，穀梁傳所云，自難置信。禮記檀弓上云：「晉獻公將殺其世子申生。公子重耳謂之曰：『子蓋（盍）言子之志於公乎？』」則又以「或」爲重耳。説苑立節篇亦謂重耳。**大子曰：「君非姬氏，居不安，食不飽。我辭，姬必有罪。君老矣，吾又不樂。」**太子之意蓋謂我若聲辯，驪姬必死，而君又老矣，失去驪姬，必不樂。君不樂，吾亦不能樂也。舊注既未了，朱彬經傳考證解「不樂」爲「不樂爲嗣」。楊樹達先生讀左傳又解爲「己不能令君樂」，均不合傳意。檀弓上云：「世子曰：『不可，君安驪姬，是我傷公之心也。』」晉世家云：「太子曰：『吾君老矣，非驪姬，寢不安，食不甘，即辭之，君且怒之，不可。』」穀梁傳云：「世子曰：『吾君已老矣，已昏矣，吾若此而入自明，則驪姬必死。驪姬死，則吾君不安，所以使我君不安者，我不若自死。』」**曰：「子其行乎？」大子曰：「君實不察其罪，被此名也以出，**此名謂殺父之惡名。**人誰納我？」**檀弓上云：「曰：『然則蓋（盍）行乎？』世子曰：『不可；君謂我欲弑君也，天下豈有無父之國哉？吾何行如之？』」晉語二云：「人謂申生曰：『非子之罪，何不去乎？』申生曰：『不可。去而罪釋，必歸於君，是怨君也。章父之惡，取笑諸侯，吾誰鄉而入？內困於父母，外困於諸侯，是重困也。棄君、去罪，是逃死也。吾聞之：仁不怨君，智不重困，勇不逃死。若罪不釋，去而必重。去而罪重，不智；逃死而怨君，不仁；有罪不死，無勇。去而厚怨，惡不可重，死不可避，吾將伏以俟命。』」

十二月戊申，晉用夏正，據周正推之，當爲周正明年二月之二十七日。**縊于新城。**晉語二云：「申生乃雉經於新城之廟。將死，乃使猛足言於狐突曰：『申生有罪，不聽伯氏，以至於死。申生不敢愛其死。雖然，吾君老矣，國家多難，伯氏不出，奈吾君何？伯氏茍出而圖吾君，申生受賜以死。雖死何悔？』」檀弓上略同。左傳與國語皆謂申生自縊而死，而呂氏春秋上德篇、劉向説苑同謂「遂以劍死」，論衡感虚篇亦云「申生伏劍」，穀梁傳謂「刎脰而死」，殆傳聞之異。

姬遂譖二公子曰：「皆知之。」此「知」字與成十七年傳「國子知之」之「知」字同義，謂與聞其事。**重耳奔蒲，夷吾奔屈。**蒲、屈見莊二十八年傳並注。史通惑經篇引竹書紀年云：「重耳出奔。」晉世家云：「此時重耳、夷吾來朝，人或告驪姬曰：『二公子怨驪姬譖殺太子。』驪姬恐，因譖二公子：『申生之藥胙，二公子知之。』二子聞之，恐，重耳走蒲，夷吾走屈，保其城，自備守。」

五年，丙寅，公元前六五五年。周惠王二十二年、齊桓三十一年、晉獻二十二年、衛文五年、蔡穆二十年、鄭文十八年、曹昭七年、陳宣三十八年、杞惠十八年、宋桓二十七年、秦穆五年、楚成十七年、許僖公葉元年。

經

五·一　五年春，此年正月初三甲寅冬至，建子。晉侯殺其世子申生。杜注：「書春，從告。」顧棟高大事表四十八曰：「經書春，不書月數，蓋春二月也。晉用夏正（見杜預春秋後序），晉之十二月，爲周之春二月。晉以十二月告，魯史自用周正改書春耳。杜謂以晉人赴告之日書之，非也。」顧説甚是。傳云「晉侯使以殺大子申生之故來告」者，釋經殺之之故，告則書，不告則不書，非謂書春，因告之日在春也。杜預誤會傳意，因以致誤。襄三十年傳云：「書曰『天王殺其弟佞夫』，罪在王也。」此亦當同，罪在晉侯。

五·二　杞伯姬來朝其子。無傳。此從公羊傳讀。來朝其子者，使其子來朝於魯。桓九年經「曹伯使其世子射姑來朝」，則諸侯固有使其子相朝之義，此不過變其句法。毛奇齡春秋傳謂「禮，諸侯世子有相朝之義」，謂太子相朝，不謂朝外國之君，不知所據。伯姬爲杞成公夫人，莊二十五年出嫁，成公卒於僖之二十三年，考之世本（杞世家索隱引）及史記，成公死，其弟桓公姑容立，是伯姬子終未得立爲君，或由于早卒歟？伯姬之嫁距此十五年，其子此時最多不過十四歲。杜預以來字絶句，朝其子另爲一句，謂來爲來歸寧成風（僖公母），並帥其子，使其子朝魯。今不從者，伯姬未必爲成風所生，伯姬之父母俱不在，於古禮，義不得歸寧。

五·三　夏，公孫兹如牟。牟，魯之鄰國，見桓十五年經並注。曲禮下云「大夫私行出疆，必請」，故杜注謂「卿非君命不越竟，故奉公命聘於牟，因自爲逆」。

五·四　公及齊侯、宋公、陳侯、衛侯、鄭伯、許男、曹伯會王世子于首止。「首止」，公羊、穀梁作「首戴」。戴、止古音相近，或得通假。王世子者，惠王太子鄭也。春秋經書及某某會某某者，僅此一次，舊説俱以爲尊王世子故書會，理或然。首止，衛地，見桓十八年傳並注。

五·五 **秋八月，諸侯盟于首止。**夏會，秋盟，會、盟異月，僖九年之葵丘、襄二十七年之宋等是也；異月又異地者，襄二十五年之夏會于儀夷，秋八月同盟于重丘是也。會、盟異月必書地，以見其同地或異地，會、盟異月，其間有他事，則稱諸侯，如葵丘之會與盟，其中有「伯姬卒」，故九月戊辰又書「諸侯盟于葵丘」；若其間無他事，則不重書諸侯，如昭十三年會於平丘，又書「八月甲戌同盟于平丘」。此其間無他事而仍書諸侯者，以表示王世子之來與盟也。

五·六 **鄭伯逃歸不盟。**

五·七 **楚人滅弦，弦子奔黄。**弦，路史謂爲姬姓國，春秋傳説彙纂則云「或隗姓」。其故國當在今河南省潢川縣西北，息縣南。或云，即今河南光山縣西北之仙居鎮，漢之軑縣也。

五·八 **九月戊申朔，日有食之。**無傳。以今法推之，相當於公元前六五五年八月十九日之日全蝕。

五·九 **冬，晉人執虞公。**

傳

五·一 **五年春王正月辛亥朔，**朔日非辛亥，隋書律曆志據張胄玄謂壬子。新城新藏、王韜、何幼琦同。

日南至。日南至，今謂之冬至。古代二分、二至均不繫春、夏、秋、冬之時，莊二十九年傳「日至而畢」，昭二十年傳「春王二月己丑日南至」，易復卦象辭「先王以至日閉關」，禮記月令「日長至」、「日短至」，郊特牲「周之始郊日以至」，雜記「正月日至可以有事於上帝」，「七月日至可以有事於祖」，孟子離婁下「千歲之日至」，均只言至而不言夏至、冬至。莊二十九年傳「凡馬，日中而出，日中而入」，言中而不言春分、秋分；昭十七年傳「日過分而未至」，二十一年傳「二至二分日有食之不爲災」，並言分、至，亦不繫以四時。周之正月，今夏正之十一月。**公既視朔，**每年秋冬之交，天子頒明年之曆法於諸侯，曆法所記，重點在每月初一爲何日及有無閏月，謂之班朔，漢書律曆志「周道既衰，天子不能班朔」是也；王韜春秋曆雜考亦謂「周既東遷，王室微弱，天子未必頒曆，列國自爲推步」。諸侯於每月朔日，必以特羊告于廟，謂之告朔，論語八佾所謂「子貢欲去告朔之餼羊」、文六年傳「閏月不告朔，非禮也」是也。告朔之後，仍在太廟聽治一月之政事，謂之視朔，亦謂之聽朔，文十六年傳「公四不視朔」、禮記玉藻「諸侯皮弁聽朔于太廟」是也。杜注云：「視朔，親告朔也。」混告朔、視朔爲一，實誤。互詳文六年經注。後人以曆法推算，此年冬至應在甲寅，相差三日，説詳王韜春秋曆雜考。**遂登觀臺以望，而書，**觀，去聲。觀臺，孫詒讓周禮大宰正義謂即雉門兩觀之臺。以魯制言之，象魏也，闕也，觀也，三者蓋異名而同物。天子諸侯宮門皆築臺，臺上起屋，謂之臺門，臺門之兩旁特爲屋高出于門屋之上者，謂之雙闕，亦謂之兩觀，定二年「雉門及兩觀災」、「新作雉門及兩觀」是也。觀即因門臺爲之，故亦稱爲觀臺。觀乃樓類可登者也。然自來注左傳者不以觀臺爲兩觀之臺，而以爲在太廟中。以其可以望氣，故謂之觀臺，亦謂之靈臺，哀二十五年傳「衛侯爲靈臺於藉圃」是也。望，望雲物也；書，亦書雲物也，皆探下省。**禮也。凡分、**

至、啓、閉，分，春分、秋分；其日晝夜平分，故謂之分。至，夏至、冬至，其日晝極長或極短，其影極長或極短，至，極也，故謂之至。啓，立春、立夏；春生夏長，古人謂之陽氣用事，啓，開也，故謂之啓。閉，立秋、立冬；秋收冬藏，古人謂之陰氣用事，故謂之閉。**必書雲物，**雲物，古有兩義。太平御覽八引左傳舊注云：「雲，五雲也；物，風、氣、日、月、星、辰也。」是分雲、物爲二。然周禮春官保章氏云：「以五雲之事辨吉凶、水旱降豐荒之祲象。」鄭衆、鄭玄皆謂雲物即雲色。五雲之色者，青、白、赤、黑、黄五色也。杜注亦云：「雲物，氣色災變也。」其義亦同兩鄭，是以雲物爲一。蓋古禮，國君於二分二至及四立之日，必登臺以望天象（或日旁雲氣之色），占其吉凶而書之。**爲備故也。**恐有災荒凶札，早爲之備。

五·二

晉侯使以殺大子申生之故來告。

初，晉侯使士蔿爲二公子築蒲與屈，城曲沃在閔元年，則蒲、屈之築當在稍後，以下文三年尋師之言推之，或在僖三年。屈與蒲見莊二十八年傳注。**不慎，寘薪焉。**不謹慎而置木柴於其中。晉世家作「弗就」，自是太史公以意改之，章炳麟左傳讀因謂慎有成就義，殊牽强。**夷吾訴之。公使讓之。**讓，譴責也。**士蔿稽首而對曰：**稽首爲古代拜禮之一，臣對君行之。古人席地而坐，其坐有似今日之跪。其拜大致有三。既跪而拱手，頭俯至於手，與心平，謂之拜手，省謂之拜，荀子大略云「平衡曰拜」是也。周禮春官大祝亦謂之空首，以其手不至地，首懸空也。此爲常拜，通於尊卑，雖稽首、頓首，亦多先拜手也。既拜手而拱手下至於地，頭亦下至於地；拱手至地，手仍不分散，以全身論之，首低，腰高，尻更高，謂之稽首，荀子「下衡曰稽首」是也。此爲吉拜中最敬之禮。據燕禮、大射禮、覲禮，凡臣與君行禮，皆再拜稽首，尚書亦屢言「拜手稽首」。此不言拜手者，略也。既拜手而拱手下至於地，頭不徒下至地，且叩觸其額，謂之頓首，亦謂之稽顙，荀子云「至地曰稽顙」是也。稽顙爲居喪之凶禮，其拜至重，吉禮偶一用之，如穆嬴之頓首於趙宣子（文七年傳），申包胥九頓首於秦哀公（定四年傳），皆有重大請求而然也。可參段玉裁經韻樓集。**「臣聞之：『無喪而慼，**慼，慽或字，音戚，憂也。**憂必讎焉；**顧炎武補正曰：「讎，應也，如詩『無言不讎』之讎。」朱彬經傳考證謂當讀如詩「賈用不讎」之「讎」，誤。**無戎而城，讎必保焉。』**無兵患而築城，反足以資內部敵人爲保守之用。**寇讎之保，又何慎焉？守官廢命，不敬；**於理不應去築城，而身既在此官位，奉命而爲，如不往築，則是不敬君命。**固讎之保，不忠。**不得已而往築，若築之完固，是爲將來之仇敵築堅固之城池，於國爲不忠。**失忠與敬，何以事君？**以上明己所以不慎之用心，既不能廢命，又不能固築，則其置薪，乃有意爲之。**詩云：『懷德惟寧，宗子惟城。』**詩大雅板之七章。懷德乃是安寧，諷獻公之寵驪姬。宗子，羣宗之子，詳陳奐毛詩傳疏。或以爲王之嫡子者非，此指重耳、夷吾，非指太子申生。宗子即是城池，則何必另築城池也。**君其修德而固宗子，何城如之？三年將尋師焉，**小爾雅廣詁：「尋，用也。」**焉用慎？」退而賦曰：**此賦疑是自作詩。**「狐裘尨茸，**狐裘，大夫之服。尨茸，皮毛亂貌。史記晉世家作「蒙茸」，詩邶風旄丘亦云「狐裘蒙茸」。尨茸、蒙茸，其實一也。**一國三公，吾誰適從？」**三公或以爲指獻公與重耳、夷吾，或以爲指申生與重耳、夷吾，實不必的指。適，主也（詩伯兮毛傳），專也（韻會）。誰適從，謂口舌多，以誰爲主，我專聽從之。梁書武帝紀載高祖謂從舅張宏策之言曰「政出多門，亂其階矣。詩云：『一國三公，吾誰適從』」云云，得其義矣。昭十三年傳云：「共王無冢適，有寵子五人，無適立焉。」戰國策東周策云：「周共太子死，有五庶子，皆愛之，而無所適立也。」詩小雅四月云：「亂離瘼矣，爰其適歸？」彼言「適立」、「適歸」，此言「適從」，適字用法相同。詩衛風伯兮：「豈無膏沐，誰適爲容？」適字亦此用法。俱音的。晉世家叙此略異。

及難，難指申生之死與驪姬之譖。**公使寺人披伐蒲。**「披」，晉世家作「勃鞮」，「披」乃急言，「勃鞮」之合音也。晉語二「公令閹楚刺重耳」，韋昭注云：「楚謂伯楚，寺人披之字也。」二十四年傳云：「寺人披請見，公使讓之，曰：『蒲城之役，君命一宿，女即至。』」即指此事。**重耳曰：「君父之命不校。」**校猶言抵抗。大戴禮用兵篇「蜂蠆挾螫而生，見害而校，以衞厥身」，國策秦策「足以校於秦矣」，校字皆此義。高本漢注釋説同。**乃徇曰：**徇，行示也，宣令也，今言遍告。**「校者，吾讎也。」**二十三年傳云：「蒲城人欲戰。」**踰垣而走。披斬其袪。**袪音區，袖口也。二十四年傳「夫袪猶在」，則所剩之袪也。**遂出奔翟。**晉語二、晉世家俱載此事。

五·三　**夏，公孫茲如牟，娶焉。**杜注：「因聘而娶，故傳實其事。」

五·四　**會於首止，會王大子鄭，謀寧周也。**經書「王世子」，傳作「王大子」，亦猶申生經書「世子」，傳書「大子」。世、大古音極近，故通用，無論王或諸侯，其定爲嗣位者皆爲世子或太子，並無不同。白虎通謂「天子之子太子，諸侯之子世子」，此乃漢制，不足用以釋經。二十四年傳載襄王告難之辭曰：「不穀不德，得罪于母弟（「弟」當作「氏」）之寵子帶」，則襄王鄭亦惠后所生（周本紀謂「襄王母蚤死，後母曰惠后」，孔穎達疏已駁其誤）。惠后嫁于莊十八年，即惠王元年，距今二十二年，則王太子鄭此時二十歲左右。惠后寵少子帶，惠王有廢太子之意，故齊桓公作首止之會，尊王太子鄭以安定之。此會固非惠王之意，故惠王間鄭，使之逃盟。

五·五　陳轅宣仲怨鄭申侯之反己於召陵，轅宣仲即轅濤塗，事見四年。申侯本與濤塗有成約，背而賣之，故曰「反己」。故勸之城其賜邑，所賜之虎牢也。曰：「美城之，大名也，大名猶言名聲大，蓋霸主之所賜，因而誇示之。子孫不忘。吾助子請。」乃爲之請於諸侯而城之，美。遂譖諸鄭伯，曰：「美城其賜邑，將以叛也。」申侯由是得罪。鄭殺申侯見七年傳。

五·六　秋，諸侯盟。王使周公召鄭伯，杜注：「周公，宰孔也。」曰：「吾撫女以從楚，輔之以晉，可以少安。」首止之盟，所以定王世子之位，非惠王之意，惠王恨之，召鄭伯使之叛齊。楚、晉未與齊盟，故藉之以安鄭。鄭伯喜於王命，而懼其不朝於齊也，莊十七年，齊即因鄭之不朝而執鄭詹，至此二十二年矣，鄭伯猶未朝齊，故懼也。故逃歸不盟。孔叔止之，孔叔見三年傳。曰：「國君不可以輕，輕謂輕舉妄動。輕則失親；杜注云：「親，黨援也。」失親，患必至。病而乞盟，所喪多矣。君必悔之。」弗聽，逃其師而歸。定四年傳云：「君行，師從；卿行，旅從。」則鄭伯赴盟，有師隨之。鄭伯棄其師，隻身逃逸，故曰「逃其師」。離師潛逃，懼被截留也。

五·七

楚鬭穀於菟滅弦，鬭氏；穀於菟，名，楚語也。其所以命名之故，見宣四年傳。**弦子奔黄。於是江、黄、道、柏方睦於齊，**「柏」，阮刻本作「栢」，今從岳本、足利本及六經正誤訂正。二年經云：「齊侯、宋公、江人、黄人盟於貫。」傳云：「盟於貫，服江、黄也。」道，國名，其故城當在今河南省確山縣北，或云在息縣西南。柏，國名，其故城當在今河南省舞陽縣東南。**皆弦姻也。**說文：「姻，壻家也。」定十年傳云：「荀寅，范吉射之姻也。」杜注：「荀寅子娶吉射女。」**弦子恃之而不事楚，又不設備，故亡。**

五·八

晉侯復假道於虞以伐虢。初次假道在二年。**宫之奇諫曰：「虢，虞之表也；虢亡，虞必從之。晉不可啓，**啓，開也，謂使晉張其野心。**寇不可翫。**寇，兵也。周禮大宗伯：「以恤禮哀寇、亂。」注云：「兵作於外爲寇，作於内爲亂。」虞引晉兵伐虢，是寇也。翫，習也，狎也，輕侮之意。**一之謂甚，其可再乎？**其，用法同豈。**諺所謂『輔車相依，脣亡齒寒』者，**輔，車之一物。詩小雅正月「其車既載，乃棄爾輔」、「無棄爾輔，員于爾輻」者是也。輔，車兩旁之板。大車載物必用輔支持，故輔與車有相依之關係。杜注解輔爲面頰，是以輔爲酺，誤。玉篇引亦作「酺車相依」，蓋因杜注而誤。呂氏春秋權勳篇述宫之奇此言爲「虞之與虢也，若車之有輔也：車依輔，輔亦依車，虞、虢之勢是也」云云，韓非子十過篇亦同，足見先秦皆不以輔爲酺。淮南子人間訓亦述此事，而云「虞之與虢，若車之有輪，輪依於車，車亦依輪」云云，是西漢亦以車爲喻。說參段玉裁說文輔字注、王引之述聞。俞樾疑輔爲轉之或體，車下索也，未必然。脣亡齒寒，趙策、齊策皆云「脣亡則齒寒」，韓非子存韓篇、莊子胠篋篇、吕氏春秋權勳篇、淮南子説林篇作「脣竭則齒寒」，韓策作「脣揭者，則齒寒」。竭與揭皆反舉之意，此蓋當時俗語，各人所道微異耳。**其虞、虢之謂也。」公曰：「晉，吾宗也，豈害我哉？」對曰：「大伯、虞仲，大王之昭也；**昭、穆爲古代廟次及墓次，始祖居中，左昭右穆。周代以后稷爲始祖，后稷以後之第一代（后稷之子不窋）爲昭，第二代（后稷之孫鞠）爲穆。以後第三、五、七，馴至奇數之代皆爲昭，第四、六、八，馴至偶數之代皆爲穆。大王（古公亶父）爲后稷之第十二代孫，爲穆，其子則第十三代孫爲昭，因之大伯、虞仲（即仲雍）、季歷皆爲昭，故云「大王之昭也」。**大伯不從，是以不嗣。**晉世家述此事云：「太伯、虞仲，太王之子也。太伯亡去，是以不嗣。」以「亡去」解「不從」，則「不從」爲不跟隨在側之義。説詳顧炎武補正。崔述豐鎬考信録謂虞仲爲虞國之始封君，可信。**虢仲、虢叔，王季之穆也；**虢仲、虢叔爲王季（即季歷）之子，季歷爲后稷第十三代孫，爲昭，則虢仲、虢叔爲穆，故云「王季之穆」。據隱元年傳「制，巖邑也，虢叔死焉」之語，則虢叔爲東虢，此被伐之虢爲西虢，蓋虢仲之後代。一九五七年曾於河南省陝縣上村嶺發現虢國墓葬三，其中一大墓有銅器一百餘件，如虢季子鼎、虢文公子攸叔妃鼎、虢大子元徒戈等，蓋皆東虢初期之物，詳上村嶺虢國墓地。郭沫若兩周金文辭大系考釋謂：「虢仲之虢乃東虢，其分枝爲北虢。西虢，金文稱𩫖虢，有𩫖虢仲𣪘，出土於鳳翔可證。北虢，金文稱虢季氏，如虢季子白盤、虢季子組壺，其證也。」若據水經河水四注趙一清説，虢有四，東虢、西虢、南虢、北虢，則不止兩虢矣。雷學淇介菴經説卷七且言有五虢。劉心源奇觚室吉金文述虢叔簠釋文云：「仲後亦有虢叔，見左隱元年傳及鄭語。叔後又有虢叔，見莊公二十年及二十一年。」又詳劉體智小校經閣金石文字卷一。**爲文王卿**

士，勳在王室，藏於盟府。襄十一年傳亦云「夫賞，國之典也，藏在盟府，不可廢也」，則周室及諸侯皆有盟府，主功勳賞賜。蓋策勳之時，必有誓辭。僖二十六年傳又云：「昔周公、大公股肱周室，夾輔成王，成王勞之，而賜之盟，曰：『世世子孫，無相害也。』載在盟府，大師職之。」策勳之策兼其盟誓。並藏於盟府。前人多以周禮秋官司盟解盟府，不知司盟僅掌盟載之法，不與此合。周禮夏官有司勳，云「大功，司勳藏其貳」，亦未必合傳意。蓋周禮爲戰國晚期私人著作，以之解左傳，自有齟齬，不必强合。並參僖二十六年注。將虢是滅，將滅虢之倒裝句。何愛於虞？且虞能親於桓、莊乎？桓，曲沃桓叔也，詳桓二年傳。莊，曲沃莊伯也，桓叔之子。莊伯之子爲武公，武公之子爲獻公，則莊伯爲獻公之祖，桓叔爲其曾祖。虞之與晉，則不過同爲太伯之裔孫耳，相隔已若干代矣。其愛之也，之指桓、莊之族，此句引起下文，前人多不了。桓、莊之族何罪？桓、莊之族，兩人之子孫。此「族」字義又大於隱八年「請謚與族」之「族」。而以爲戮，不唯偪乎？唯，僅僅因爲也。兩族人多勢大。晉獻公行士蔿陰謀，盡殺羣公子，詳見莊二十三、二十四、二十五年傳。親以寵偪，桓、莊之族因其親近，且曾受寵，能加壓力于獻公。猶尚害之，猶尚亦猶四年傳之「尚猶」，皆同義虚詞連用。越語下：「彼將同其力，致其死，猶尚殆。」墨子節葬下：「故衣食者，人之生利也，然且猶尚有節。」吕氏春秋知接篇：「衞公子啓方事寡人十五年矣，其父死而不敢歸哭，猶尚可疑邪？」皆「猶尚」連用。況以國乎？」公曰：「吾享祀豐絜，神必據我。」據，依也。下文「惟德是依」、「神所馮依」，皆針對此「據」字而發，説詳王引之述聞。杜注「據猶安也」，不確。對曰：「臣聞之，鬼神非人實親，鬼神非親人之倒裝結構。惟德是依。故周書曰：『皇天無親，惟德是輔。』此逸書文，僞古文採入蔡仲之命。又曰：『黍稷非馨，明德惟馨。』黍稷爲古人祭祀常用之穀物，詩小雅楚茨爲祭祀之詩，亦云：「我黍與與，我稷翼翼。」明德，光明之德。禮記大學：「大學之道，在明明德。」馨，香之遠聞也。此亦逸書文，僞古文採入君陳。又曰：『民不易物，惟德繄物。』昭九年傳云：「文之伯也，豈能改物？」周語中亦云：「大物其未可改也。」此易物與改物同義，但物指祭物耳。意謂人不能改變祭物，僅有道德可以抵作祭物。僞古文採入旅獒，改作「人不易物，惟德其物」。詩秦風蒹葭「所謂伊人」，鄭玄箋云：「『伊』當作『繄』，猶是也。」經傳釋詞亦云「繄」「伊」二字同。唯此繄字，應是繫動詞。如是，則非德，民不和，神不享矣。神所馮依，馮同憑。將在德矣。若晉取虞，而明德以薦馨香，神其吐之乎？」其，用法同豈。弗聽，許晉使。使，去聲，使者也。宮之奇以其族行，以，率領之意。晉語二謂「以其孥適西山。三月，虞乃亡」。曰：「虞不臘矣。臘，祭名，因呼臘祭之月日爲臘月臘日。據禮記月令「孟冬臘門閭及先祖五祀」，則臘本在建亥之月，夏正之十月，周正之十二月。秦以後始改以亥月臘祭，故今以夏正之十二月爲臘月。臘祭本春秋時所已有，晏子春秋內篇諫下云：「景公令兵摶治，當臘、冰月之間而寒。」冰月亦見金文，吳式芬以爲即十一月，則晏子春秋之臘月仍是十月。韓非子五蠹篇云：「夫山居而谷汲者，膢臘而相遺以水。」膢在二月，臘亦恐在十月。虞亡于十月朔，左傳之臘亦是夏正十月。朱熹謂「秦時始有臘祭，左傳『虞不臘矣』，是秦時文字分明」，蓋不詳考之過。不臘，不能過臘祭也。在此行也，晉不更

舉矣。」晉不再舉兵。戰國策秦策一云：「晉獻公又欲伐虞，而憚宮之奇存。荀息曰：『周書有言，「美男破老」。』乃遺之美男，教之惡宮之奇，宮之奇諫而不聽，遂亡。」

八月甲午，晉用夏正，八月甲午，魯之十月十七日。**晉侯圍上陽。**上陽，南虢也，在今河南省陝縣南，詳二年經「滅下陽」注。**問於卜偃曰：「吾其濟乎？」對曰：「克之。」公曰：「何時？」對曰：「童謠云：『丙之晨，**丙即丙子，金澤文庫本作「丙子」，然晉語二亦無「子」字，則文庫本之「子」字乃後人所增。蓋謂童謠八句，餘七句皆四字句，此句亦宜四字，因依下文增之也。**龍尾伏辰，**龍尾即尾宿，爲蒼龍七宿之第六宿。有星九，均屬天蠍座。日月之會曰辰。龍尾伏辰者，龍尾伏於辰，日行在尾宿，其光爲日所奪，伏而不見也。**均服振振，**「均」，字或作「袀」。袀服，戎服也，黑色。漢書五行志引即作「袀服」。左思吴都賦云「六軍袀服」，即用傳義。古之戎服，君臣上下無別，故管子大匡篇亦謂之同甲。成二年鞌之戰，逢丑父與齊頃公易位，致使韓厥誤認其爲齊侯，足證。陳喬樅禮堂經説卷一謂「周禮司服『凡兵事韋弁服』，注云『以韎韋爲弁，又以爲衣服』。此王之戎服也。韋弁服自非天子，雖侯國之君亦與其臣同服」云云。振音真。振振，盛貌。**取虢之旂。**旂，今音祈。古音則在痕部，此與晨、辰、振、賁、焞、軍、奔爲韻。説文云：「旂，旗有衆鈴以令衆也。」取旂即獲勝，以哀二年傳「獲其蠭旗」、十三年傳「彌庸見姑蔑之旗」證之，戰勝以獲旗爲榮。説本俞樾平議。**鶉之賁賁，**鶉音純，鶉火也。據爾雅釋天，柳宿亦名鶉火；據星經，心宿亦有鶉火之名。此蓋指柳宿。柳宿爲朱鳥七宿之第三宿，有星八，均屬長蛇座。賁音奔，賁賁，狀柳宿形，詩鄘風亦有鶉之奔奔，則與此異義。天策焞焞，天策即傅說星。焞音暾，焞焞，無光耀貌，以其近日也。火中成軍，中即禮記月令「昏參中，旦尾中」之「中」，皆謂某星宿出現南方。火中即鶉火出現于南方。成軍，勒兵整旅。虢公其奔。』其，將也。其九月、十月之交乎！用夏正。漢書五行志謂「言天者以夏正」，其實晉人固用夏正。丙子旦，日在尾，月在策，是夜日月合朔於尾星，而月行較快，故旦而過在天策。鶉火中，必是時也。」

冬十二月丙子，朔，此用周正，晉用夏正，則十月初一。晉滅虢。虢公醜奔京師。竹書紀年云「虢公醜奔衛」，詳二年傳注。師還，館于虞，遂襲虞，滅之。執虞公及其大夫井伯，晉世家：「虜虞公及其大夫井伯、百里奚。」考孟子萬章上謂百里奚知虞公之不可諫而去之秦，則百里奚早已離虞。井伯與百里奚爲兩人，或以爲一人者，誤。詳閻若璩四書釋地又續及梁玉繩史記志疑四。以媵秦穆姬，秦穆姬，晉獻公女嫁於秦穆公者，互詳莊二十八年傳。以男女陪嫁曰媵。而修虞祀，虞祀者，天子命虞所祀祭之其境內山川之神。虞雖被滅，晉仍不廢其祭。且歸其職貢於王。韓非子十過篇云：「荀息牽馬操璧而報獻公。獻公説曰：『璧則猶是也，雖然，馬齒亦益長矣。』」公羊、穀梁、史記、新序等書皆有此言，唯左傳略之。

故書曰「晉人執虞公」，罪虞，且言易也。戰國策魏策三述魏謂趙王之言云：「昔者晉人欲亡虞，而先伐虢。伐虢者，亡虞之始也。故荀息以馬與璧假道於虞。宮之奇諫而不聽，卒假晉道。晉人伐虢，反而取虞，故春秋書之，以罪虞公。」魏之此言，即用左傳義。

六年，丁卯，公元前六五四年。周惠王二十三年、齊桓三十二年、晉獻二十三年、衛文六年、蔡穆二十一年、鄭文十九年、曹昭八年、陳宣三十九年、杞成公元年、宋桓二十八年、秦穆六年、楚成十八年、許僖二年。

經

六·一 六年春王正月。正月十三日己未冬至，建子。

六·二 夏，公會齊侯、宋公、陳侯、衛侯、曹伯伐鄭，圍新城。新城，據方輿紀要，在今河南省密縣東南三十里。楊守敬水經洧水注疏謂即今密縣。

六·三 秋，楚人圍許，傳云「楚子圍許以救鄭」，則此「楚人」即楚子。經自僖二十一年盂之會始書楚子，稱爵不稱人。諸侯遂救許。

六·四 冬，公至自伐鄭。無傳。

傳

六·一　六年春，晉侯使賈華伐屈。晉世家云：「二十二年，使人伐屈，屈城守，不可下。二十三年，獻公遂發賈華等伐屈，屈潰。」依太史公言，此爲第二次伐屈。說見劉文淇舊注疏證。賈華據僖十年傳爲右行大夫。夷吾不能守，盟而行。與屈人盟，約其以後相助。于鬯香草校書不得其解，謂此三字爲衍文，誤。將奔狄，郤芮曰：郤芮，僖十年亦謂冀芮，冀，其食邑也，故三十三年傳云：「復與之冀。」成二年疏引世本云：「郤豹生冀芮，芮生缺，缺生克。」郤亦其食邑，以邑爲氏。「後出同走，「走」，金澤文庫本作「奔」。罪也，所謂罪者，可以證實驪姬之誣辭二公子「皆知之」也。不如之梁。梁見桓九年傳「梁伯」注。僖十九年亡于秦。梁近秦而幸焉。」幸焉者，梁得秦之幸，可因以求入也。乃之梁。晉語二及晉世家皆載此事，大同于左傳。

六·二　夏，諸侯伐鄭，以其逃首止之盟故也。詳五年傳。圍新密，鄭所以不時城也。此句釋經之「新城」。新城即新密，經謂之新城，以鄭新築之者。不時謂非土功之時，鄭以非土功之時築城者，自是因己之逃盟，防諸侯之伐。說本顧炎武補正。

六·三　秋，楚子圍許以救鄭，上年傳，周王召鄭伯曰「吾撫女以從楚」，故楚救之。諸侯救許，金澤文庫本作「諸侯遂救許」。乃還。楚師以鄭圍自解而還也。

六·四 **冬，蔡穆侯將許僖公以見楚子於武城。**楚師退而屯於武城，許因蔡而降楚。武城，今河南省南陽市北。**許男面縛，**面縛或如殷墟出土人俑，女俑兩手縛於前，男俑兩手翦於後。此應從洪亮吉詁手反縛背之説。或謂即史記高祖本紀「秦王子嬰素車白馬，係頸以組」之「係頸以組」，則面爲顔面之面。**銜璧，**與哀十一年傳「陳子行命其徒具含玉」同意，古人死多含珠玉，此所以示不生。楊寬贄見禮新探則以爲璧用以爲贄，不確。楚王受璧，示許其生。**大夫衰絰，**先穿孝服，示其君將受死。**士輿櫬。**輿，舉而行之也。**楚子問諸逢伯。**逢伯，楚大夫。**對曰：「昔武王克殷，微子啓如是。**宋世家亦云：「微子開（漢景帝名啓，司馬遷避諱，改「啓」爲「開」）者，殷帝乙之首子而帝紂之庶兄也。周武王伐紂克殷，微子乃持其祭器造于軍門，肉袒面縛，左牽羊，右把茅（孔疏「微子手縛于後，又焉得牽羊把茅也。此皆馬遷之妄耳」），膝行而前以告。於是武王乃釋微子，復其位如故。」馬驌繹史據論語「微子去之」之文，謂「殷未亡時，微子已去矣，面縛之説，乃楚人以誑成王受許男之降耳」。但微子去紂與其降周，必不是同時事。微子雖去，仍可能以其國降，左傳之説與論語並非不能兩立。荀子議兵篇云：「以故順刃者生，蘇刃者死，犇命者貢。微子開封於宋，曹觸龍斷於軍。」成相篇又云：「武王怒，師牧野，紂卒易鄉，啓乃下。武王善之，封之於宋，立其祖。」是微子降周確有其事，非楚人誑語。説參章炳麟左傳讀。**武王親釋其縛，受其璧而祓之，**祓音拂，除凶惡之禮。孔疏曰：「襄二十九年稱『公臨楚喪，以桃茢先祓殯』，此亦當以桃列祓之。」**焚其櫬，禮而命之，使復其所。」**復其所，復微子之國也。微國本在紂之畿内，後又封武庚於畿内，乃改封於宋。説詳劉文淇舊注疏證。

楚子從之。年表謂「許君肉袒謝」，左傳未言肉袒。

七年，戊辰，公元前六五三年。周惠王二十四年、齊桓三十三年、晉獻二十四年、衞文七年、蔡穆二十二年、鄭文二十年、曹昭九年、陳宣四十年、杞成二年、宋桓二十九年、秦穆七年、楚成十九年、許僖三年。

經

七·一 七年春，正月二十五日乙丑冬至，建子，有閏。齊人伐鄭。

七·二 夏，小邾子來朝。無傳。小邾子即郳犂來，詳莊五年經、傳並注。此時已得王命，故來朝書爵。

七·三 鄭殺其大夫申侯。

七·四 秋七月，公會齊侯、宋公、陳世子款、鄭世子華盟于甯母。甯母當係魯地，在今山東省魚臺縣境。

七·五 曹伯班卒。無傳。「班」，公羊作「般」，兩字古本通假。

七·六 公子友如齊。無傳。杜注以爲「罷盟而聘」。

七·七 冬，葬曹昭公。無傳。

傳

七·一　七年春，齊人伐鄭。孔叔言於鄭伯曰：「諺有之曰：『心則不競，何憚於病？』則作假設連詞，若也；風俗通十反篇作「心苟不競」，尤可證。　競，强也；病指屈辱，意謂心志不强，何怕屈辱。周書樂遜傳載其上疏作「德則不競，何憚於病」。既不能强，又不能弱，所以斃也。國危矣，請下齊以救國。」下齊，下於齊也，猶言屈服於齊。公曰：「吾知其所由來矣，姑少待我。」對曰：「朝不及夕，何以待君？」朝不及夕狀情況危急，猶朝露之不及夕也。北周書賀拔岳傳云：「爾朱榮謀入匡朝廷，謂岳曰：『計將安出？』岳對曰：『古人云，朝謀不及夕，言發不俟駕，此之謂矣。』」雖用傳語，却自生新解，非傳文本意。

七·二　夏，鄭殺申侯以説于齊，説同悦，猶今言討好。且用陳轅濤塗之譖也。濤塗之譖見五年。

初，申侯，申出也，申見隱元年傳注。　傳凡言某出者，皆謂某女所生。説詳莊二十二年傳注。申侯或本非申氏，或雖申氏而娶於申國，申國固姜姓，不背古人同姓不婚之禮。前人不悟此理，顧炎武補正則謂「蓋楚女嫁於申所生」。若如顧説，則當云「楚出」，不當云「申出」。于鬯香草校書因謂「下申字涉上申字而誤，當云『申侯，楚出也』」云云，亦不確。有寵於楚文王。文王將死，楚文王死於莊十九年，見傳。與之璧，使行，曰：「唯我知女。女專利而不厭，專利猶言壟斷貨利。　厭，足也。予取予求，句省介詞，謂從我取從我求。不女疵瑕也。我不罪過汝。疵瑕，動詞意動用法。後之人將求多於女，後之人指楚之嗣君。求多於女，謂向女多求財貨。多即指予取予求之利。杜注謂「求多，以禮義大望責之」，固失之迂曲。章炳麟左傳讀謂「多借爲疷；多求於女，猶言吹毛求疵」，與傳文亦未必合。女必不免。不免於罪戾刑戮，傳文「免」字多此義。我死，女必速行，無適小國，將不女容焉。」既葬，出奔鄭，楚文王之死，正當鄭厲公自櫟入鄭之四年，則申侯之奔鄭，必在翌年，則當鄭厲公之二十七年。又有寵於厲公。子文聞其死也，子文即楚之鬬穀於菟。曰：「古人有言曰『知臣莫若君』，管子大匡篇云：「鮑叔曰：『先人有言曰，知子莫若父，知臣莫若君。』」齊世家云：「桓公問管仲曰：『羣臣誰可相者？』管仲曰：『知臣莫若君。』」晉語七祁奚之言曰：「人有言曰，擇臣莫若君，擇子莫若父。」戰國策趙策趙武靈王謂周紹曰：「選子莫若父，論臣莫若君。」語皆相似。申侯事又見呂氏春秋長見篇，與傳有異。弗可改也已。」謂知臣之語不可改易也。

七·三　秋，盟于甯母，謀鄭故也。

管仲言於齊侯曰：「臣聞之：招攜以禮，攜，離也；此指攜貳之國，謂鄭也。懷遠以德。德、禮不易，不易，不違也。無人不懷。」懷，思念也，歸也，至也。齊侯修禮於諸侯，諸侯官受方物。禹貢任土作貢，各貢其土地所生，方物指此。觀十一年、十二年傳之「黃人不歸楚貢」、「不共楚職」，則當時諸侯固供職貢於霸主。晉滅虞，亦歸其職貢於王，則諸侯猶有供職貢於王者。諸侯官受方物者，謂於諸侯之中，齊使官司受其所貢之土産，且以獻於天子。説本朱彬經傳考證。俞樾茶香室經説解物爲職事，謂「諸侯官受方物者，言諸侯官司各於齊受其方所當爲之職事」，似無據。若據晉語二「晉侯好示，輕致諸侯而重遣之，使至者勸而叛者慕」，則此句亦可解爲諸侯之有司接受齊國之方物，所謂「重遣之」也。二説不同，朱彬近是。

鄭伯使大子華聽命於會，言於齊侯曰：「洩氏、孔氏、子人氏三族，實違君命。洩氏，隱五年洩駕、僖二十年洩堵寇是也。孔氏，孔叔是也。子人氏，鄭厲公弟，桓十四年名語者是也。三族，三個氏族。説詳成十五年傳注。實違君命，指逃盟而從楚。君若去之以爲成，「君若」，各本作「若君」，今從唐石經、宋本、金澤文庫本乙正。意欲齊爲去其三族，鄭與齊言和也。我以鄭爲内臣，以鄭事齊，如封内之臣。君亦無所不利焉。」齊侯將許之。管仲曰：「君以禮與信屬諸侯，屬，會合也，與下文「合諸侯」之合同義。晉語二「三屬諸侯」，七「寡人屬諸侯」，韋注並云「會也」。而以姦終之，據下文，姦即違禮與信。姦，邪僻也。無乃不可乎？子父不奸之謂禮，金澤文庫本作「父子不干」。此指子華奸其父命，以作「子父」爲是。奸，犯也。守命共時之謂信。宣十五年傳云：「臣能承命爲信。」此守命與承命同義。共同恭，此句猶言見機行事以完成君命。亦可讀爲供，爲依時供給貢品。違此二者，姦莫大焉。」子華則不然，違背父命，勾結外援以謀私利。公曰：「諸侯有討於鄭，未捷；今苟有釁，杜注：「子華犯父命，是其釁隙。」從之，不亦可乎？」對曰：「君若綏之以德，加之以訓，辭，而帥諸侯以討鄭。舊讀「加之以訓辭」爲句，今從武億經讀考異，辭字自爲一句。意謂綏之以德，加之以訓，鄭仍不受，然後帥諸侯討伐之。鄭將覆亡之不暇，覆本蓋覆之義，覆亡，當時習語，意猶救亡。豈敢不懼？若揔其罪人以臨之，杜注：「揔，將領也。子華奸父之命即罪人。」臨即定二年傳「以師臨我」之省略語，西周策云「楚請道於二周之間以臨韓、魏」，高注云：「臨猶伐也。」鄭有辭矣，何懼？且夫合諸侯，以崇德也。會而列姦，會即上文之合諸侯。列，位也，多指君位，十五年傳「入而未定列」，定列猶定君位；昭四年傳「姬在列者」，言姬姓之在君位者。然則諸「列」字作名詞，此作動詞。姦即姦人，指子華。若許子華，是受子華爲内臣，奉子華爲鄭君，使姦人而在君位也，故云「列姦」。說本惠棟補注。何以示後嗣？夫諸侯之會，其德、刑、禮、義，無國不記。記姦之位，奉姦人在君位而記之，是「記姦之位」也。君盟替矣。杜注：「替，廢也。」作而不記，不記猶言不可記，說見顧炎武補正。非盛德也。君其勿許！鄭必受盟。夫子華既爲大子，而求介於大國以弱其國，文六年傳云：「介人之寵，非勇也。」兩「介」字同義，因也，藉也；謂子華求藉齊國之力削弱本國。亦必不免。鄭有叔詹、堵叔、師叔三良爲政，莊十七年有鄭詹，僖二十三年有叔詹，相距四十年，或仍爲一人。僖二十年有堵寇，即二十四年之堵俞彌，堵叔當即此人。楚潘尫字師叔，此師叔當亦是字，或即孔叔。未可間也。」此針對齊侯「今苟有釁」而發，有釁則可間，未可間，則實無釁。齊侯辭焉。不受子華之言。子華由是得罪於鄭。十六年，鄭殺子華。

七·四 冬，鄭伯使請盟于齊。

七·五 閏月，經、傳於歲尾書閏月者，閏十二月也。文元年傳謂「先王之正時也，歸餘於終」，故置閏多在歲末。然亦有歲中置閏者，昭二十年傳「閏月戊辰，殺宣姜」，是閏八月，其明證也。惠王崩。襄王惡大叔帶之難，惡，患也，畏也。説詳章炳麟左傳讀卷七。周本紀云：「惠王生叔帶，有寵於惠王，襄王畏之。」懼不立，不發喪，而告難于齊。襄王即王大子鄭，齊桓首止之會，所以定其位者，故此告難于齊。參五年經、傳並注。此節本與八年春洮之盟爲一傳，後人割裂分爲兩傳。

八年，己巳，公元前六五二年。周襄王元年、齊桓三十四年、晉獻二十五年、衛文八年、蔡穆二十三年、鄭文二十一年、曹共公襄元年、陳宣四十一年、杞成三年、宋桓三十年、秦穆八年、楚成二十年、許僖四年。

〔注〕「襄王元年」，年表作「惠王二十五年」，誤。以惠王去年閏十二月死，襄王今年應即位也。以春秋經書「天子崩」于今年，故史記以爲惠王在位二十五年，而以明年爲襄王元年，其實不確。考之國語，周語上云：「襄王三年而立晉侯，八年而隕于韓，十七年（各本作十六年，今從王引之説正）而晉人殺懷公。」又云：「襄王十七年立晉文公，二十一年以諸侯朝王於衡雍，遂爲踐土之盟。」周語中云：「襄王十三年，鄭人伐滑。」以春秋經及左傳覈之，襄王三年，魯僖之十年也；八年，魯僖之

十五年也；十三年，僖之二十年也；十七年，僖之二十四年也；二十一年，僖之二十八年也，無一不可以證明惠王之死在去年，襄王之元年在僖之八年，左傳必據周室直接史料爲之，乃如此之確鑿可信。史記曆書亦以襄王二十七年（魯文公元年）爲二十六年，其誤同。

經

八·一　**八年春王正月，**正月六日庚午冬至，建子。**公會王人、齊侯、宋公、衞侯、許男、曹伯、陳世子款盟于洮。**公羊於「世子款」下有「鄭世子華」四字。下文云「鄭伯乞盟」，則鄭未與盟可知；且據公羊何注「以不序也」之文，足證何休所據公羊本無此四字。洮，地名，其北屬魯，其南屬曹，三十一年傳「分曹地，自洮以南，東傅于濟，盡曹地也」者是也。此則曹地，據水經注，當在今山東省鄄城縣西南。**鄭伯乞盟。**公、穀分爲兩條，今依傳意併爲一條。

八·二　**夏，狄伐晉。**

八·三　**秋七月，禘于大廟，用致夫人。**禘，大祭也；三年之喪，二十五月而畢，然後禘祀，禘之本也，閔公二年之吉禘是也；此則三年之常禘，所以書者，以非禮致哀姜也。考之左傳，禘無定月，閔二年之吉禘在夏五月，文二年作僖公主在二月，大事于大廟在八月，宣八年有事于大廟在六月，昭十五年有事于武宮在二月，昭二十五年禘于襄公在春，定八年從祀先公在冬，由此足知禮記明堂位「季夏六月以禘禮祀周公于大廟」及雜記下

「七月而禘，獻子爲之也」之非，蓋此時獻子尚未出生。禮記正義引鄭玄答趙商云：「禮記之云，何必皆在春秋之例？」是鄭亦知禮記不與春秋合。　大廟，魯之始祖周公之廟。　夫人無姓氏，依傳文，乃哀姜。　致者，以其主致之于廟而列其昭穆。公羊傳解「致夫人」爲「以妾爲妻」，何休注云：「僖公本聘楚女爲嫡，齊女爲媵；齊先致其女，脅僖公使用爲嫡，故從父母辭言致。」穀梁傳解「致夫人」爲「立妾之辭」，劉向則謂「夫人，成風也。致之于大廟，立之以爲夫人」。然案之哀二十四年傳，魯哀公欲立公子荆之母爲夫人，使宗人釁夏獻其禮，而對曰「以妾爲夫人，則固無其禮也」，則左傳自與公、穀之説異。

八·四　**冬十有二月丁未，**丁未，十八日。若是去年閏月之丁未，則爲十二日。**天王崩。**杜注：「實以前年（去年）閏月崩，以今年十二月丁未告。」

傳

八·一　**八年春，盟于洮，謀王室也。**此傳本與去年「閏月惠王崩」云云爲一傳。**鄭伯乞盟，請服也。襄王定位而後發喪。**

八·二　**晉里克帥師，梁由靡御，**梁由靡姓梁，參閔二年傳「梁餘子養御罕夷」注。**虢射爲右，**射，舊音實。十四年杜注以虢射爲惠公舅，但惠公爲小戎子所生，虢射非戎人，則杜説無據。**以敗狄于采桑。**采桑，據一統志，在今山西省鄉寧縣西。以下文「狄伐晉，報采桑之役也，復期月」觀之，杜注謂此乃補敘去年之事，是也，故經文亦只書「狄伐晉」，而不書里克敗狄。晉世家云「二十五年，晉伐翟，翟以重耳故，亦擊晉於齧桑，晉兵解而去」，年表亦云「二十五年，伐翟，以重耳故」，俱列采桑之役於今年，恐史公讀左傳未審。俞樾茶香室經説亦謂此役必在今年二、三月間，然其解「復期月」三字終屬勉强，故仍不取。**梁由靡曰：「狄無恥，**不以逃走爲恥。**從之，必大克。」里克曰：「懼之而已，**「懼之」或本作「拒之」。**無速衆狄。」虢射曰：「期年狄必至，**期同朞，音姬，期年，一年也。**示之弱矣。」**此皆是追叙去年事。

夏，狄伐晉，報采桑之役也。復期月。期月即期年，此互文爲義。論語子路「苟有用我者，期月而已可也，三年有成」，期月亦一年。至中庸之「擇乎中庸而不期月守也」之期月，雖可解爲匝一月，終乏鑿證。復即論語學而「信近於義，言可復也」之「復」，實踐諸言曰復，其言效驗亦可曰復。此謂虢射期年必至之言應驗。

八·三　**秋，禘，而致哀姜焉，**合祭魯之先祖，以昭穆列哀姜之主於廟。**非禮也。凡夫人，不薨于寢，**夫人有正寢，亦有小寢，此寢當爲夫人之正寢；就諸侯言之，則其小寢也。**不殯于廟，**殯，停棺待葬也。周代禮制，人死，斂尸于棺，于西階掘一坎地停柩。春秋有殯廟之禮，僖三十二年傳云：「冬，晉文公卒。庚辰，將殯于曲沃。」曲沃爲晉宗廟所在，殯于廟，故往曲沃也。襄四年傳亦以定姒不殯于廟爲失禮，尤可證。後人拘泥於檀弓下「殷朝而殯于祖，周朝而遂葬」之文，因謂周人不殯于廟，或曲解此廟字爲殯宮而非祖廟，或曲解殯廟爲朝廟，蓋皆無據。**不赴于同，**同，同盟之國。凡君與夫人之死，必赴告同盟之國。**不祔于姑，**以其主祔於祖姑，餘詳隱三年傳注。**則弗致也。**哀姜經書薨（僖元年）書葬（二年）必已殯于廟，赴于同，祔于姑，唯被殺而死，非死于寢耳。必四者備具，然後致主于廟。

八·四 **冬，王人來告喪，難故也，是以緩。**惠王實死于去年，此解釋經書天王崩于今年冬之故。

八·五 **宋公疾，大子茲父固請曰：**茲父，襄公。**「目夷長且仁，君其立之！」**目夷，茲父庶兄。說苑以目夷爲後妻之子，則不得年長於太子，自不可信。**公命子魚。**子魚，目夷之字。**子魚辭，曰：「能以國讓，仁孰大焉？臣不及也，且又不順。」**不順，捨嫡而立庶。**遂走而退。**宋世家云：「三十年，桓公病，太子茲甫讓其庶兄目夷爲嗣。桓公義太子意，竟不聽。」年表亦云。「茲甫」即「茲父」。本與下年「春，宋桓公卒」云云爲一傳。

九年，庚午，公元前六五一年。周襄王二年、齊桓三十五年、晉獻二十六年、衛文九年、蔡穆二十四年、鄭文二十二年、曹共二年、陳宣四十二年、杞成四年、宋桓三十一年、秦穆九年、楚成二十一年、許僖五年。

經

九·一 **九年春王三月丁丑，**冬至在正月十六日乙亥，建子，有閏。丁丑，十九日。**宋公御說卒。**

「御」，公羊、穀梁作「禦」，字通。説音悦。

九·二　**夏，公會宰周公、齊侯、宋子、衛侯、鄭伯、許男、曹伯于葵丘。**宰周公即傳之宰孔，食邑於周，爲周王室之太宰，故稱宰周公。莊十六年傳、僖十年及二十四年傳俱有周公忌父，不知即此人否。葵丘，其地有四。莊八年傳「齊侯使連稱、管至父戍葵丘」，齊地也。據傳「齊侯不務德而勤遠略」之言，則此葵丘非齊地可知。水經汾水注引賈逵説，汾陰方澤中有方丘，即郊丘，則爲晉地。然據宰孔道逢晉獻公且勸其「無勤於行」，亦非晉地可知。全祖望經史問答主此説，考之不精也。水經泗水注又謂「黄溝自城南東逕葵丘下，春秋僖公九年齊桓公會諸侯于葵丘」，元和志謂在考城縣東南，考城縣志謂葵丘東南有盟臺，其地名盟臺鄉。則當在今河南省蘭考縣東。水經濁漳水注又引春秋古地名（當是土地名之訛）云「葵丘，今鄴西三臺是也」，則當在今河北省臨漳縣西。以上兩地皆在齊之西，均與傳合。楊守敬水經注疏主在考城説，是也。臨漳三臺則曹操銅爵臺遺址。

九·三　**秋七月乙酉，**乙酉，二十九日。即晦日。**伯姬卒。**無傳。左傳會箋云：「凡婦女之事，左氏多不傳，以其無關大義也。」公羊、穀梁皆以爲伯姬已許嫁而未適人，死則以成人之喪治之。

九·四　**九月戊辰，**戊辰，十三日。**諸侯盟于葵丘。**

九·五　**甲子，晉侯佹諸卒。**「甲子」，公羊作「甲戌」，蓋公羊誤。「佹諸」，公羊、穀梁、晉世家俱作「詭諸」，纂圖本、監本、閩本、毛本春秋左氏傳亦作「詭諸」。「佹」、「詭」字通。甲子無月，依傳，爲晉之九月；晉用夏正，則周正之十一月十日。經不書月者，孔疏云：「春秋之世，史失其守，赴告之文多違禮制。此甲子晉侯卒，蓋赴以日而不以月，魯史不復審問，書其來告之日，唯稱甲子而已。」

九·六 冬，晉里克殺其君之子奚齊。阮刻本「里克」作「里奚克」，「奚」字誤衍，于鬯香草校書謂古音「里」字曳長之曰「里奚」，然里字古屬咍部，奚字古屬支部，固不同韻，「里」字曳長之無由得「奚」音。今從校勘記删「奚」字。「殺」，公羊作「弒」，段玉裁經韻樓集春秋經殺弒二字辯別考謂此必當作「弒」，蓋未必然；奚齊非君，不得言弒。

傳

九·一 九年春，宋桓公卒。未葬而襄公會諸侯，故曰「子」。此釋經書「宋子」之故。凡在喪，王曰「小童」，小童之稱，於經、傳無徵。曲禮下云「天子未除喪曰予小子」，但徵之經籍，「予小子」乃天子通稱，未除喪與已除喪皆用之。周頌閔予小子：「閔予小子，遭家不造。」鄭箋云：「成王免喪，始朝于廟而作此詩也。」論語堯曰「予小子履」云云，尤非在喪之辭。至金縢云「公曰：體，王其罔害，予小子新命于三王」，則周公攝政亦用天子自稱之詞。公侯曰「子」。公侯包五等諸侯言之。春秋之例，舊君死，新君立，不論已葬未葬，當年稱子，踰年稱爵，已詳桓十三年經注。葉夢得亦知其例，故其春秋傳曰：「一年不可以二君，故未踰年之君不以爵見，內外皆稱子，子般、子野卒，宋襄公以『宋子』會葵丘，陳懷公以『陳子』會召陵是也。未踰年，雖既葬，內亦稱子不名，子赤卒稱『子卒』；外亦稱子，衞成公以『衞子』會盟于洮是也。曠年不可以無君，故踰年之君既葬稱爵，鄭厲公以『鄭伯』會武父是也。雖未葬，亦稱爵，衛惠公以『衛侯』會諸侯及魯戰，宋共公會諸侯伐鄭是也。」然此例通于會盟，非會盟亦有不然者，宣十年，齊惠公卒，既葬，經仍書「齊侯使國佐來聘」；成四年，鄭襄公卒，已葬，經仍書「鄭伯伐許」，皆未踰年，不稱子而稱爵。至定三年之於邾隱公，書「邾子」，「子」是爵，抑是在喪之稱，則曖昧難明。

九·二

夏，會于葵丘，尋盟，且修好，禮也。

王使宰孔賜齊侯胙，二十四年傳云：「宋，先代之後也，於周爲客，天子有事膰焉。」是二王之後禮得賜胙。今齊侯亦賜胙，故杜注謂「尊之比二王後」。胙即膰，祭廟肉。但許宗彥鑑止水齋集文武世室考云：「宗廟胙肉，止分同姓。此賜齊侯者，宗廟孝先，一王之私祭，惟同姓共此大宗者得以分胙。祖功宗德，天下之公祭，雖在異姓，被功德者同得賜胙也。史記周本紀顯王九年致文、武胙于秦孝公；三十五年致文、武胙于秦惠王及此傳皆爲祖宗之祭，故惟言『文、武』。」其實此致胙於齊桓，其後致胙於秦孝、惠，皆以其强大，足以令諸侯，非被功德。秦且滅周，於周又何功何德？**曰：「天子有事于文、武，**有事，有祭事也。成十三年傳：「國之大事，在祀與戎。」文、武，文王、武王。**使孔賜伯舅胙。」**天子謂同姓諸侯曰伯父或叔父，謂異姓諸侯爲伯舅。襄十四年傳云「王使劉定公賜齊侯命曰：『昔伯舅大公右我先王』」云云，是周王於齊屢稱伯舅。至於同姓諸侯，於魯、衛皆稱叔父，於晉自唐叔以迄文公、景公皆稱叔父，然昭九年、三十二年傳，於平公、定公反改稱伯父，且並惠公亦以伯父稱之，由此觀之，覲禮所謂「同姓大國則曰伯父，同姓小邦則曰叔父」，未必然也。**齊侯將下、拜。**下拜者，降于兩階之間，北面再拜稽首。下指降於階下，拜包括再拜稽首，此爲當時臣對君之禮。孔曰：「且有後命——天子使孔曰：『以伯舅耋老，耋老，同義連緜詞，老年也，不必七十、八十。齊襄公初立，齊桓公已成人，讀莊公八年傳可知。至此又四十六年，則齊桓實老矣。加勞，賜一級，無下拜！』」對曰：「天威不違顔咫尺，違，離也。顔，顔面。咫音紙。八寸曰咫，咫尺言其近。漢師丹奏曾引此語，見漢書師丹傳。小白、余敢貪天子之命，小白、余俱爲主語，同位。周語云「道而得神，是謂逢福；淫而得神，是謂貪福」，則貪亦受也。説詳章炳麟左傳讀。無下拜？——恐隕越于下，隕越，猶顛墜也。此謂若不下拜，恐隕越。于下者，諸侯對周王而言。以遺天子羞。敢不下拜？」下，拜；登，受。先降於兩階之間，再拜稽首，然後升堂，又再拜稽首，然後受賜。登即覲禮之「升堂拜」，此當時習慣，不言可知，故以「登受」二字概之。齊語、管子小匡篇及齊世家皆叙此事，且謂齊侯下拜出管仲之謀。

九·三 秋，齊侯盟諸侯于葵丘，曰：「凡我同盟之人，既盟之後，言歸于好。」言爲語首助詞。孟子告子下云：「葵丘之會，諸侯束牲載書而不歃血。初命曰：『誅不孝，無易樹子，無以妾爲妻。』再命曰：『尊賢、育才，以彰有德。』三命曰：『敬老、慈幼，無忘賓、旅。』四命曰：『士無世官，官事無攝。取士必得，無專殺大夫。』五命曰：『無曲防，無遏糴，無有封而不告。』曰：『凡我同盟之人，既盟之後，言歸于好。』」穀梁傳云：「葵丘之盟，陳牲而不殺，讀書，加于牲上，壹明天子之禁，曰：『毋雍泉，毋訖糴，毋易樹子，毋以妾爲妻，毋使婦人與國事。』」依傳，夏會秋盟，宰孔與會而未與盟，以其非諸侯也。而晉世家謂「夏，會諸侯于葵丘。秋，復會諸侯于葵丘」，兩次皆會，恐太史公誤。

宰孔先歸，遇晉侯，曰：「可無會也。齊侯不務德而勤遠略，略，詩魯頌譜「謀東略」，疏云：「是征伐爲略也。」勤遠略，即下文之北伐、南伐。故北伐山戎，在莊三十一年。南伐楚，在四年。西爲此會也。東略之不知，西則否矣。是否伐東方諸侯，則不知；若西伐晉，則不可能矣。其在亂乎！「在」，水經注引作「有」。朱彬經傳考證謂齊後果有五公子爭立之事。然此時管仲未死，易牙、豎刁等未得與政，宰孔無由知其兆。詳下文注。君務靖亂，杜注謂晉將有亂。此時申生已死，奚齊已立爲太子，國人不服，晉內亂之兆已萌，宰孔謂「其在亂」、「靖亂」，或當指此。無勤於行。」俞樾平議曰：「首止之盟，王使周公召鄭伯曰：『吾撫女以從楚，輔之以晉，可以稍安。』周公即宰孔，然則此數語即勸晉叛齊之意。」晉侯乃還。齊世家云：「秋，復會諸侯於葵丘，益有驕色。周使宰孔會。諸侯頗有叛者。晉侯病，後，遇宰孔。宰孔曰：『齊侯驕矣，第無行！』從之。」公羊傳「葵丘之會，桓公震而矜之，叛者九國」云云。秦策三及史記蔡澤傳均亦云「至葵丘之會，有驕矜之色，畔者九國」。晉語二、晉世家俱載宰孔之言，而未敘諸侯叛齊之事。

九·四

九月，此夏正九月，下文十月、十一月亦夏正，晉用夏正。晉獻公卒。韓非子難二謂獻公併國十七，服國三十八，戰十二勝。里克、丕鄭欲納文公，故以三公子之徒作亂。三公子指申生、重耳、夷吾。

初，獻公使荀息傅奚齊。此是獻公疾病以前事。公疾，召之，曰：「以是藐諸孤辱在大夫，藐，小弱也。諸讀爲者，相當於今口語之的。句法與周語中「羸者陽」同，說詳王引之述聞。全句意謂以此弱小孤兒付託于汝，只是一句，不宜分爲兩讀。其若之何？」稽首而對曰：「臣竭其股肱之力，加之以忠、貞。其濟，君之靈也；不濟，則以死繼之。」辱在，當時習語，與隱十一年「辱在寡人」辭同而意不同。公曰：「何謂忠、貞？」對曰：「公家之利，知無不爲，忠也；晉語二作「可以利公室，力有所能無不爲，忠也」。送往事居，耦俱無猜，貞也。」往指死者，居指新君。宋書徐羨之傳、謝晦傳俱援引此語作「送往事君」，蓋用其意；梁書武帝紀亦用此語，仍作「事居」，未必有誤字。耦指死者居者，謂兩者於我俱無猜疑。晉語二作「葬死者，養生者，死人復生不悔，生人不愧，貞也」。晉世家之「使死者復生，生者不慙」，蓋用晉語，亦即韓非子難三篇「死君復生，臣不愧而後爲貞」之意。

及里克將殺奚齊，先告荀息曰：「三怨將作，三怨，指三公子之徒。秦、晉輔之，晉指三怨外之晉人，于鬯香草校書謂「晉，本國也，不應與秦並數，疑當作齊」云云，但晉世家亦云「三怨將起，秦、晉輔之」，可見司馬遷所據本亦作「秦、晉」，則于說不可信。子將何如？」荀息曰：「將死之。」里克曰：「無益也。」晉語二作「子死，孺子立，死，不亦可乎？子死，孺子廢，焉用死哉」。荀叔曰：荀叔即荀息。「吾與先君言矣，不可以貳。貳猶言苟且。貳有偸義，故昭十三年傳云「晉政多門，貳偸之不暇」，貳偸連言，蓋同義也，偸，苟且也。竹添光鴻會箋謂貳，變也，亦通。王引之述聞謂貳爲貣（同忒）字之誤。不確。能欲復言而愛身乎？復言猶言實踐諾言。雖無益也，將焉辟之？辟同避。且人之欲善，誰不如我？我欲無貳，而能謂人已乎？」已，止也。不能止人，其意亦不欲止里克之效忠于重耳等人也。

冬十月，里克殺奚齊于次。晉世家作「喪次」，謂次即喪次也。沈欽韓補注引士喪禮注「次謂斬衰倚廬」。倚廬者，遭喪者所居，倚木爲之，以草夾障，不塗泥。書曰「殺其君之子」，未葬也。以獻公未葬釋經書「殺其君之子」之故。荀息將死之，人曰：「不如立卓子而輔之。」「卓子」，敦煌唐寫本殘卷作「公子卓」。荀息立公子卓以葬。十一月，里克殺公子卓于朝。晉語二云：「於是殺奚齊、卓子及驪姬。」列女傳孽嬖傳云：「奚齊立，里克殺之。卓子立，又殺之。乃戮驪姬，鞭而殺之。」是驪姬亦死矣。史記不書驪姬之被殺，梁玉繩志疑謂本左傳。荀息死之。

君子曰：「詩所謂『白圭之玷，尚可磨也；斯言之玷，不可爲也』，玷，玉之瑕疵。詩見大雅抑。荀息有焉。」晉語二作「君子曰：『不食其言矣』」。晉世家全本左傳。

九·五 齊侯以諸侯之師伐晉，及高梁而還，高梁，晉邑，當在今山西省臨汾市東北。討晉亂也。令不及魯，故不書。晉世家云：「齊桓公聞晉內亂，亦率諸侯如晉。秦兵與夷吾亦至晉，齊乃使隰朋會秦俱入夷吾，立爲晉君，是爲惠公。齊桓至晉之高梁而還歸。」齊世家言之略同。年表云「齊率我伐晉亂」，又與傳違。

九·六 晉郤芮使夷吾重賂秦以求入，曰：「人實有國，我何愛焉？言此時國非己所有，何愛而不以爲賂。**人而能民，土於何有？」**能民猶言得民，兄弟不相能，猶兄弟不相得也。尚書康誥「不能厥家人」，文十六年傳「不能其大夫」，昭十一年傳「不能其民」，三十一年傳「不能外内」，能皆此義。土於何有，何有於土之倒裝句，何有爲不難之詞，杜注「能得民，不患無土」，未得其恉。此蓋言先求入爲晉君，土地不足惜，得民爲要。爲「重賂」作辯解。**從之。**十五年傳云：「賂秦伯以河外列城五，東盡虢略，南及華山，内及解梁城。」晉語二亦云「且入河外列城五」，即上文之「重賂」。

齊隰朋帥師會秦師納晉惠公。潛夫論志氏姓云：「隰氏，姜姓。」晉語二及晉世家於夷吾之入國，有詳細叙述，大體可信，足以補充印證，文長不録。秦穆公使人弔重耳、夷吾，亦見禮記檀弓下，疑本之晉語。年表列此事於明年，蓋用周正。

秦伯謂郤芮曰：「公子誰恃？」晉語二作「公子誰恃於晉」，以郤芮答語觀之，秦穆亦是問在國内所恃何人。**對曰：「臣聞亡人無黨，有黨必有讎。夷吾弱不好弄，**弱，幼小也。**能鬭不過，**謂能鬭而不爲太甚。**長亦不改，不識其他。」**晉語二與此略同。此數語蓋謂夷吾安詳而無惡於國。**公謂公孫枝曰：**公孫枝，秦大夫，字子桑。李斯列傳引李斯上書云「昔繆公求士，來丕豹、公孫支於晉」，則公孫枝亦自晉入秦者。正義引括地志謂「公孫支，岐州人」，則公孫枝仍是秦人。**「夷吾其定乎？」對曰：「臣聞之，『唯則定國』。**行爲合乎準則始能定國也。吕氏春秋權勳篇亦引此語，謂爲逸詩。**詩曰『不識不知，順帝之則』，**詩大雅皇矣。此言其不假後天知識，而自然合於天帝之準則。鄭玄箋以「不識古，不知今」解「不識不知」，恐未必合詩旨。**文王之謂也。又曰『不僭不賊，鮮不爲則』，**詩大雅抑。僭，不信也；賊，傷害也。待人以信，不害他人，很少不可以爲他人之模範。**無好無惡，**好、惡皆讀去聲。**不忌不克之謂也。今其言多忌克，難哉！」**吴闓生文史甄微曰：「是時衆望在重耳，不在夷吾，故重賂以求入。秦伯知其無援，特立而用之，故有誰恃之問。郤芮亦明知其不及重耳，而强爲之詞，故曰詞多忌克也。」**公曰：「忌則多怨，又焉能克？是吾利也。」**此晉語二公子縶所謂「若求置晉君以成名於天下，則不如置不仁以猾其中，且可以進退」之意。

九·七　**宋襄公即位，以公子目夷爲仁，使爲左師以聽政，於是宋治。**宋世家云：「三十一年春，桓公卒，太子茲甫立，是爲襄公。以其庶兄目夷爲相。」年表「目夷相」亦列之明年。宋國官位輕重詳文七年傳注。宋用商正，以建丑之月爲歲首，九年魯建子，十年魯亦建丑，蓋當時曆法粗疏，各國自行其是，因此不同。**故魚氏世爲左師。**目夷字子魚，其後以魚爲氏。

十年，辛未，公元前六五〇年。周襄王三年、齊桓三十六年、晉惠公夷吾元年、衞文十年、蔡穆二十五年、鄭文二十三年、曹共三年、陳宣四十三年、杞成五年、宋襄公茲父元年、秦穆十年、楚成二十二年、許僖六年。

經

一〇·一 十年春王正月，冬至在去年閏十二月二十七日庚辰，建丑。公如齊。無傳。

一〇·二 狄滅温，温子奔衛。温見隱三年、十一年及莊十九年傳並注。

一〇·三 晉里克弑其君卓及其大夫荀息。「卓」，公羊作「卓子」，莊二十八年左傳亦云「其娣生卓子」，則或稱卓，或稱卓子，猶晉悼公名周，而成十八年傳又稱爲周子。殺卓傳在去年，經在今年者，蓋傳仍晉史用夏正，卓被殺於夏正之十一月。但此時各國曆法俱不精確，魯太史不知何據列于此年。此用「弑」，因卓子父死逾年爲君。但爲君僅數日。

一〇·四 夏，齊侯、許男伐北戎。無傳。北戎，山戎也。

一〇·五 晉殺其大夫里克。

一〇·六 秋七月。

一〇·七 冬，大雨雪。無傳。公羊作「大雨雹」。臧壽恭古義曰：「漢書五行志於雨雪類別出公羊經曰大雨雹，正以經文不同。」隱九年傳云：「平地尺爲大雪。」

傳

一〇・一 **十年春，狄滅温，蘇子無信也。**蘇子即經之温子。莊十九年傳蘇子亦稱蘇氏，可見蘇是氏，温則其國名。詳梁履繩補釋。**蘇子叛王即狄，**叛王事見莊十九年傳。**又不能於狄，**不能於狄，猶言與狄不相得也。**狄人伐之，王不救，故滅。**狄雖滅温，仍不能有其地，如楚滅蕭，不能有，而地入於宋。温仍爲周有，二十五年以賜晉，晉以狐溱爲温大夫；襄公以與陽處父，景公以與郤至，成十一年傳可證；昭三年傳，趙文子曰「温，吾縣也」。**蘇子奔衛。**

一〇・二 **夏四月，周公忌父、王子黨會齊隰朋立晉侯。**周公忌父疑即宰孔，王之卿士。王子黨，周大夫。晉世家：「四月，周襄王使周公忌父會齊、秦大夫共禮晉惠公。」劉文淇舊注疏證曰：「隰朋之納晉侯，事在九年，此不當再見，此或賜命，晉世家謂『禮晉侯』可證。」**晉侯殺里克以說。**以說，謂示討惡之義。説詳沈欽韓補注。晉世家云：「惠公以重耳在外，畏里克爲變，賜里克死。」**將殺里克，公使謂之曰：「微子，則不及此。**微，無也。但只用於無主語假設分句，義同於若無。三十年傳「微夫人之力，不及此」、二十八年傳「微楚之惠，不及此」、襄二十七年傳「微甯子，不及此」、昭十六年傳「微吴，吾不及此」，句法皆與此同。昭元年傳「微禹，吾其魚乎」，微字用法亦同。**雖然，子殺二君與一大夫，**「殺」，唐石經及阮刻本作「弑」，金澤文庫本作「殺」，校勘記云：「宋本、纂圖本作『殺』。」宋本是也。實舉其事，故曰殺二君與一大夫。

晉語三、晉世家述此語亦皆作「殺」，則作「弒」者爲後人所改。爲子君者，不亦難乎？」對曰：「不有廢也，君何以興？欲加之罪，其無辭乎？其作豈用。臣聞命矣。」伏劍而死。於是丕鄭聘於秦，杜注：「丕鄭，里克黨。」且謝緩賂，謂所許之賂緩與之，致歉意。其實不與。晉語三云：「惠公既即位，乃背秦賂，使丕鄭聘於秦，且謝之。」故不及。不及，不及此難也。解互見桓十八年傳注。

一〇·三 晉侯改葬共大子。共同恭。檀弓上叙申生之死，末云「是以爲恭世子也」，晉語二則云「是以謚爲共君」。晉語三云「惠公即位，出共世子而改葬之，臭達於外。國人誦之曰『貞之無報也，孰是人斯而有斯臭也』」云云，韋注云：「時申生葬不如禮，故改葬之。」蓋申生自殺，奚齊、卓子陸續被殺，國無安定之日，先乃草率埋葬之，至惠公定位，始改葬。

秋，狐突適下國，下國，曲沃新城也。晉昭侯嘗以曲沃封桓叔，桓叔國之三世。武公併晉國，始遷居絳。曲沃固舊都，先君宗廟所在，故謂之下國，猶言陪都也。説本孔疏。遇大子。大子即申生。大子使登，僕，登大子之車而爲其御，狐突，固申生之御也。晉世家作「申生與載」，蓋取其意，論衡死僞篇作「太子趨登僕車」，則王充誤解。而告之曰：「夷吾無禮，疑指惠公烝於賈君，詳十五年傳並注。余得請於帝矣，得請，得我之所請。將以晉畀秦，秦將祀余。」對曰：「臣聞之：『神不歆非類，説文：「歆，神食氣也。」論衡祀義篇云：「歆者，内氣也；言者，出氣也。」又云：「凡能歆者，口鼻通也。使鼻鼽不通，口鉗不開，則不能歆矣。」蓋享神之食物，鬼神實不能食，以爲神但嗅其氣而已，故曰歆。民不祀非族。』族、類同義。成四年傳云「非我族類，其心必異」。上句就神言之，非其族之祀，神不受；此句就人言之，非其類之鬼，人不祭。君祀無乃殄乎？晉世家作「君其祀毋乃絶乎」，以絶釋殄。且民何罪？失刑、乏祀，以晉畀秦，是晉亡於秦也，晉民無罪而亡其國，是太子之請失其刑也。太子以爲秦將祀余，而狐突謂秦固不祀太子；縱祀太子，太子亦未必能歆享其祀。太子之祀將殄絶，是乏祀也。君其圖之！」君曰：狐突謂太子爲君，左傳作者亦承用之以述事。「諾。吾將復請。七日，新城西偏將有巫者而見我焉。」晉世家七日作十日，七、十古文形近易誤。論衡死僞篇亦作七日。有巫者而見我，蓋謂己將憑附巫者而表現也。許之，遂不見。狐突許其七日後去新城西偏，申生之形象於是隱没。及期而往，告之曰：巫者告之也。「帝許我罰有罪矣，敝於韓。」有罪，有罪之人也，指夷吾。敝，杜注：「敗也。」金澤文庫本作「弊」。李貽德賈服注輯述曰：「說文，弊，頓仆也，與敗義近。」韓即韓原，括地志謂在今陝西省韓城縣西南。依十五年傳文觀之，韓當在河東，不當在河西，說詳江永考實。方輿紀要謂在今山西省芮城縣。

丕鄭之如秦也，言於秦伯曰：「呂甥、郤稱、冀芮實爲不從，呂甥亦稱瑕甥，亦併稱爲瑕呂飴甥，或稱陰飴甥，蓋呂（今山西省霍縣西）、瑕（今臨猗縣附近）、陰（今霍縣東南）皆其采邑，飴則其人之名；甥，蓋爲晉侯之外甥，故或配名以稱之，如魯富父終甥、宋公子穀甥，或單稱之，如鄧三甥之類是也。說參梁履繩補釋。十五年傳杜注謂蓋姓瑕呂名飴甥；顧炎武補正謂呂爲氏，皆可商。「呂甥」，晉世家作「呂省」，蓋異文。至郘鐘則爲魏氏器，說詳王國維觀堂集林郘鐘跋。大事表云：「冀本國名，地併于虞。虞亡歸晉，惠公與郤芮爲食邑，謂之冀芮。」互詳僖二年傳並注。據周語上「秦人殺子金、子公」，可知郤芮字子公。不從，指不與秦賂，秦本紀所謂「今背秦約而殺里克，皆呂甥、郤芮之計也」。**若重問以召之，**問，問遺也。古代問訊，問好必以禮品，詩鄭風女曰雞鳴「雜佩以問之」、成十六年傳「楚子使工尹襄問之以弓」、哀十一年傳「使問弦多以琴」是也。聘問曰問，聘問之禮品亦曰問，杜注云「問，聘問之幣」是也。重問，厚其禮物也。**臣出晉君，君納重耳，蔑不濟矣。」**蔑，無也。例證見詞詮。

冬，秦伯使泠至報、問，泠音靈。泠至，秦大夫。晉語韋注云：「報、問，報丕鄭之聘，且問遺呂甥之屬。」阮刻本於此另爲一傳，今依文義不另分。**且召三子。郤芮曰：「幣重而言甘，誘我也。」遂殺丕鄭、祁舉及七輿大夫，左行共華、右行賈華、叔堅、騅歂、纍虎、特宫、山祁，皆里、丕之黨也。**七輿大夫，沈欽韓補注以爲下軍之輿帥七人也，即左行共華等七人是。惠棟補注則以爲當作五輿大夫，爲官名，與共華等七人無涉。案二十八年傳云「晉侯作三行」，亦有左行、右行，則左行、右行乃步軍之帥，不得兼爲七輿大夫，沈説可商。七輿大夫又見襄二十三年傳，惠説亦不可信。據晉語三，丕鄭與秦使泠至偕行，故及於難。晉語三又叙共華之死，可參看。晉語二尚言賈華曾經受獻公之命刺夷吾。

丕豹奔秦，豹，鄭子。**言於秦伯曰：「晉侯背大主而忌小怨，**大主指秦，惠公之入，秦爲其主。小怨指里克、丕鄭之屬，非其黨也。**民弗與也。伐之，必出。」公曰：「失衆，焉能殺？**此答其「民弗與」，謂夷吾如果失衆，何能殺其大臣也。秦本紀作「百姓苟不便，何故能誅其大臣？能誅其大臣，此其謂也」。違禍，誰能出君？」謂處於晉者皆逃禍，無人能出其君也。晉語三亦敘此事，秦本紀且云：「不聽，而陰用豹。」

十有一年，壬申，公元前六四九年。周襄王四年、齊桓三十七年、晉惠二年、衞文十一年、蔡穆二十六年、鄭文二十四年、曹共四年、陳宣四十四年、杞成六年、宋襄二年、秦穆十一年、楚成二十三年、許僖七年。

經

一一・一　十有一年春，正月九日丙戌冬至，建子，有閏。晉殺其大夫丕鄭父。傳凡四言丕鄭，無「父」字，經稱丕鄭父者，亦猶文七年傳之箕鄭，九年經稱之爲箕鄭父（八年、九年傳亦稱箕鄭父），文十二年傳之胥甲，宣元年經、傳並稱之爲胥甲父，或配「父」字，或省「父」字，其實一也。阮氏校勘記及段玉裁左氏古經皆以經文「父」字爲衍文，未必確。傳在去年，經在今年者，傳從晉史用夏正，經用周正。又參傳注。

一一・二　夏，公及夫人姜氏會齊侯於陽穀。無傳。夫人姜氏當即聲姜，聲姜疑爲桓公之女而非妹。蓋齊桓之父齊僖死于魯桓十四年，至魯僖之立已三十八年，其女必不堪爲魯僖之匹配。陽穀見僖三年經並注。

一一・三　秋八月，大雩。無傳。

一一·四 冬，楚人伐黄。

傳

一一·一 十一年春，晉侯使以丕鄭之亂來告。杜注：「釋經書在今年。」此説可商，應從經注。

一一·二 天王使召武公、内史過賜晉侯命，金澤文庫本「召」作「邵」，召、邵字通。據周語上，召武公亦名過，韋注云：「邵公過，邵穆公之後邵武公也。」 賜命已見莊元年經並注。據杜注解「賜命」爲「諸侯即位，天子賜之命圭爲瑞」，然據周禮考工記玉人，命圭，諸侯自始封以來受諸天子，世世守之，無新君再賜之禮，杜注實誤。惠棟補注、沈欽韓補注皆駁之，是也。然沈欽韓謂賜命爲賜爵，以爲新君即位，必受天子爵命，方敢用其車服云云，此僅賜命之一。此賜晉惠命或亦如此。但亦有他種賜命。莊元年，周天子不賜新即位之莊公以爵命，反追命已死之桓公，則非繼位君之賜命矣。以毛公鼎、大克鼎及襄十四年、昭七年傳之辭命觀之，賜命只是一種寵命，表示倚畀之深耳。燕京學報三十二册有齊思和周代賜命禮考，可以參看。受玉惰。周語上「襄王使太宰文公及内史興賜晉文公命。晉侯端委以入。太宰以王命命冕服」，則賜命時致冕服，而此言受玉。沈欽韓補注：「其實致玉時即致冕服，致冕服前亦送玉，但所指各異，見一舉二，自可意會。」賜策命時必賜玉以爲信，説詳楊寬贊見禮新探。周語上作「執玉卑，拜不稽首」，蓋即「受玉惰」也。過歸，告王曰：「晉侯其無後乎！王賜之命，而惰於受瑞，瑞是玉之通稱。先自弃也已，「弃」，今作「棄」。其何繼之有？其有何繼也。無繼即無後也。禮，國之幹也；敬，禮之輿也。漢書五行志注師古曰：「無禮，則國不立，故謂之幹；無敬，則禮不行，故比之於輿。」不敬，則禮不行；禮不行，則上下昏，昏，亂也。何以長世？」周語上且言及呂、郤二人。晉世家：「惠公二年，周使召公過禮晉惠公，惠公禮倨，召公譏之。」史公謂「召公譏之」，蓋概括言之。晉惠公之子懷公二十四年被殺，未聞其有子，即有子，亦無位於晉。

一一·三　夏，揚、拒、泉、皐、伊、雒之戎同伐京師，揚、拒、泉、皐，四戎邑。揚即昭二十二年「劉子奔揚」之揚，去今河南省偃師縣不遠。杜注「今伊闕北有泉亭」，則泉當在今洛陽市西南。然鄭語云：「當成周者，北有潞、洛、泉、徐、蒲。」似泉在洛陽市北。彙纂本續漢書郡國志謂洛陽西南有前亭。前亭即泉亭。今姑從之。伊、雒之戎，戎居於伊水、雒水（今之伊河、洛河）之間者，文八年傳「遂會伊、雒之戎」，成六年「晉、衞、鄭與伊、雒之戎侵宋」是也；亦曰雒戎，文八年經「公子遂及雒戎盟于暴」是也。諸戎皆在洛陽市西南。入王城，焚東門，王子帶召之也。年表、周本紀、齊世家所載大體相同。秦、晉伐戎以救周。年表云：「秦穆公十一年，救王伐戎，戎去。」秋，晉侯平戎于王。平，和也。晉侯使戎與周室構和而實未成功，故明年又有齊使平戎之事。

一一·四　黄人不歸楚貢。據桓八年傳，黄素爲楚之與國；又據僖二年、三年、五年傳，黄此時正睦於齊，因恃齊而不供楚貢。冬，楚人伐黄。

十有二年，癸酉，公元前六四八年。周襄王五年、齊桓三十八年、晉惠三年、衛文十二年、蔡穆二十七年、鄭文二十五年、曹共五年、陳宣四十五年、杞成七年、宋襄三年、秦穆十二年、楚成二十四年、許僖八年。

經

一二·一 十有二年春王三月庚午，去年閏十二月二十日辛卯冬至，實建丑。日有食之。無傳。王韜春秋日食辨正謂「是年仍用商正建丑，日食在四月庚午朔（當紀元前六四八年四月六日），經乃誤四爲三」。諸家多以爲五月庚午朔日食，經誤「五」爲「三」，乃據周正建子推算，此年實建丑。其春秋朔閏日至考又云：「三月無日食。四月庚午朔，日有食之。史官不書朔，或以爲食晦。豈以今曆四月之朔，乃即春秋三月之晦歟？」據今法推算，此次爲日全食，食甚正當正午十二時十五分三十五秒。則當時人所目睹，不容有誤。

一二·二 夏，楚人滅黄。

一二·三 秋七月。

一二·四 冬十有二月丁丑，丁丑，十一日。陳侯杵臼卒。無傳。公羊作「處臼」，處、杵音近。史記陳世家云：「莊公七年卒，少弟杵臼立，是爲宣公。四十五年，宣公卒。」自宣公改元至此年正四十五年，故太史公云「四十五年，宣公卒」也。

傳

一二·一　十二年春，諸侯城衞楚丘之郛，郛即郭，外城。孔疏：「衞以二年遷於楚丘，諸侯爲之築其城，至此爲之築其郛。」懼狄難也。

一二·二　黄人恃諸侯之睦于齊也，不共楚職，職，貢也。莊子漁父篇「貢職不美」可證。曰：「自郢及我九百里，郢，楚都，在今湖北省江陵縣。黄在今河南省潢川縣。自江陵至潢川，今約七百里，古里較短，今七百里當古九百里，亦猶今自蘇州至山東省鄒縣約一千五百里，而哀七年傳邾子謂「吴二千里，不三月不至」也。説參閻若璩四書釋地。焉能害我？」夏，楚滅黄。穀梁傳云：「貫之盟，管仲曰：『江、黄遠齊而近楚，楚，爲利之國也，若伐而不能救，則無以宗諸侯矣。』桓公不聽，遂與之盟。管仲死，楚伐江滅黄，桓公不能救，故君子閔之也。」似管仲死在滅黄以前，其實不然。史記齊世家記管仲死於齊桓之四十一年，即魯僖之十五年，左傳雖無管仲卒年，然傳記是年管仲平戎于王，則管仲死于黄滅以後明矣。叔單鼎銘云「唯黄孫子系君叔單自作鼎」云云，阮元積古齋鐘鼎彝器款識卷四云：「『黄孫子系君』者，蓋黄滅後，子孫又續封，故稱『黄孫子』也。系者，繼也，續也。叔單爲始續封之君，故曰『系君』。可證春秋時小國絶而復續者多矣。」

一二·三　王以戎難故，討王子帶。秋，王子帶奔齊。周本紀云：「三年，叔帶與戎、翟謀伐襄王，襄王欲誅叔帶，叔帶犇齊。」年表同，則司馬遷併左傳兩年之事爲一年之事。

一二·四 **冬，齊侯使管夷吾平戎于王，使隰朋平戎于晉。**

王以上卿之禮饗管仲。宣十六年傳云：「晉侯使士會平王室，定王享之，原襄公相禮。殽烝。武季私問其故。王聞之，召武子曰：『季氏！而弗聞乎？王享有體薦，宴有折俎。公當享，卿當宴，王室之禮也。』」士會爲晉上卿。此云以上卿禮享管仲，當與享士會者同。**管仲辭曰：「臣，賤有司也。有天子之二守國、高在，**禮記王制云：「次國三卿，二卿命於天子，一卿命於君。」齊侯爵爲次國，二卿爲天子所命，則國氏、高氏也，爲上卿；管仲爲桓公所命，爲下卿。杜注云：「莊二十二年高傒始見經，僖二十八年國歸父乃見傳。歸父之父曰懿仲，高傒之子曰莊子。不知今當誰世。」總之，高、國二氏爲天子所命，世爲齊上卿，雖未必柄政，至定公九年，敝無存尚云「此役也，不死，反必娶於高、國」，其爲國人所羡如此。**若節春秋來承王命，**周語上云：「諸侯春秋受職於王，以臨其民。」楚語上云：「春秋相事，以還軫於諸侯。」吳語云：「春秋貢獻，不解於王府。」又云：「昔吳伯父不失春秋，必率諸侯以顧在余一人。」是皆以春秋爲朝聘之禮。節，賈逵云：「時也。」王肅云：「春秋聘享之節也。」依時節也。句謂若于春秋兩季朝聘之節，來接受王室之命。**何以禮焉？**謂若我受上卿之禮，如國、高二上卿來王朝，王將何以禮之。蓋加于上卿者，唯公侯矣。**陪臣敢辭。」**陪，重也，隔一層之臣子曰陪臣。諸侯臣於天子，列國之卿大夫臣於諸侯，故曲禮下云「列國之大夫入天子之國自稱曰陪臣某」，即此陪臣之義。大夫臣於諸侯，大夫之家臣臣於大夫，故家臣於諸侯亦曰陪臣，論語季氏「陪臣執國命」即此義。**王曰：「舅氏！**據齊語述管仲之言曰「昔我先王昭王、穆王世法文、武遠績以成名」，則管仲爲周同姓，而此周王稱之爲舅氏者，蓋以齊爲異姓諸侯，其臣雖爲同姓，亦衹謂之舅氏。說本閻若璩古文尚書疏證四。**余嘉乃勳！**古代對稱代詞乃字，一般用於領位。**應乃懿德，**應，受也。說詳惠棟補注及王引之述聞。**謂督不忘。**督借爲篤，厚也，言其甚不能忘也。杜注解督爲正，陶鴻慶别疏解督爲理，均不確。**往踐乃職，**管仲雖位爲下卿，然爲齊執政，職高而位卑，此云往踐乃職，仍勸其受上卿之禮也。**無逆朕命！」管仲受下卿之禮而還。**周本紀作「管仲卒受下卿之禮而還」。王念孫謂此「受」字上亦當有一「卒」字，自唐石經始脱「卒」字，而各本皆沿其誤。白帖五十九、太平御覽人事部六十四引此並作「卒受下卿之禮」。說詳王引之述聞。然金澤文庫本、敦煌初唐寫本殘卷俱無「卒」字。

君子曰：「管氏之世祀也宜哉！管仲列傳索隱引世本云：「莊仲山産敬仲夷吾，夷吾産武子鳴，鳴産桓子啓方，啓方産成子孺，孺産莊子盧，盧産悼子其夷，其夷産襄子武，武産景子耐涉，耐涉産微，凡十代。」見於傳者，成十一年有管于奚，讀本以爲管仲之後；哀十六年有管修，據後漢書陰興傳，爲管仲七世孫。**讓不忘其上。**其上指高、國。**詩曰：『愷悌君子，神所勞矣。』」**詩大雅旱麓之文。毛詩「愷悌」作「豈弟」；愷悌，樂易也。鄭玄箋云：「勞，勞來，猶言佑助。」舊讀去聲。

十有三年，甲戌，公元前六四七年。周襄王六年、齊桓三十九年、晉惠四年、衛文十三年、蔡穆二十八年、鄭文二十六年、曹共六年、陳穆公款元年、杞成八年、宋襄四年、秦穆十三年、楚成二十五年、許僖九年。

經

一三·一 **十有三年春，**冬至在正月朔丙申，建子，有閏。**狄侵衛。**杜注謂傳在去年春。

一三·二 **夏四月，葬陳宣公。**無傳。諸侯五月而葬。

一三·三 **公會齊侯、宋公、陳侯、衛侯、鄭伯、許男、曹伯于鹹。**鹹，衛地，在今河南省濮陽縣東南六十里，與文十一年「敗狄于鹹」之爲魯地者恐爲兩地。

一三·四 **秋九月，大雩。**無傳。

一三·五 **冬，公子友如齊。**無傳。

傳

一三·一 **十三年春，齊侯使仲孫湫聘于周，**仲孫湫已見閔元年經、傳。**且言王子帶。**去年王子帶奔齊，此時齊桓使仲孫湫言於襄王，欲襄王召回王子帶。**事畢，**聘問之事畢。**不與王言。**不言王子帶之事。**歸，復命曰：「未可。王怒未怠，**說文云：「怠，慢也。」周語韋注云：「怠，緩也。」「王怒未怠」，意謂

王之怒氣猶盛。其十年乎？不十年，王弗召也。」二十二年傳云：「王子帶自齊復歸于京師，王召之也。」果十年之後召之。年表及齊世家以仲孫未言爲襄王弗聽，與傳異。

一三·二 **夏，會于鹹，淮夷病杞故，**春秋左傳凡四言淮夷，或爲民族之名，昭二十七年傳「季氏甚得其民，淮夷與之」是也；或爲國名，昭四年會申、伐吳之淮夷是也。故其族所居之地恐亦甚分散，顧棟高大事表三十九謂淮夷當在今江蘇省淮安縣與漣水縣之間，恐不如是之狹仄也。王應麟詩地理考卷四謂淮夷之地不一，徐州有之，則在淮北；揚州有之，則在淮南，不止一種。其言甚是。卜辭有「隹夷」，又有「霍夷」、「北隹夷」，陳夢家隹夷考（禹貢五卷十期）謂即淮夷。**且謀王室也。**

一三·三 **秋，爲戎難故，諸侯戍周。齊仲孫湫致之。**致送戍卒也。春秋唯襄五年書戍陳，而桓六年戍齊及此戍與僖十六年戍周皆未書。

一三·四 **冬，晉薦饑，**爾雅釋言：「薦，再也。」釋天：「穀不熟爲饑，仍饑爲薦。」則薦饑者，連年失收也。杜注謂麥、禾皆不熟爲薦饑，誤。**使乞糴于秦。秦伯謂子桑：「與諸乎？」**子桑，秦大夫公孫枝。此「諸」字作「之」字用。**對曰：「重施而報，**重施，指既納夷吾，又糴之粟。**君將何求？重施而不報，其民必攜；**攜，離也。**攜而討焉，無衆，必敗。」謂百里：「與諸乎？」**秦本紀及晉世家同載此事，俱以百里即百里奚。百里爲氏，呂氏春秋不苟篇稱百里奚爲百里氏可證。古書多簡稱百里奚爲百里，荀子成相篇「子胥見殺百里徙」、楚辭惜往日「聞百里之爲虜」、鶡冠子備知篇「秦用百里」、世賢篇「百里醫秦」、易林隨之復「穆違百里」、升之坤「百里南行」皆可證。故或以百爲氏，里爲名者（于鬯香草校書），或以爲此百里乃百里孟明視者（梁履繩補釋），皆無據。**對曰：「天災流行，國家代有。**説文：「代，更也。」代有猶言各國更替有之。**救災、恤鄰，道也。行道，有福。」丕鄭之子豹在秦，請伐晉。秦伯曰：「其君是惡，**惡其君之倒裝句。**其民何罪？」秦於是乎輸粟于晉，**胡渭禹貢錐指十九歷舉當時運粟之事，而謂「計其道里並阻且長，有殼者難於轉漕，其所謂粟，當即是米也」。然不知米不能久存，過夏生蟲發霉，故倉儲均以粟。今發現之原始社會倉有粟殼姑不論，洛陽隋含嘉倉遺址亦存粟殼。且杵臼脱殼甚慢，運量不小，自費時日，不若帶殼分散人民自行脱殼之爲便也。胡説似是而非。**自雍及絳相繼，**雍，秦都，秦本紀云「德公元年，初居雍城大鄭宮」，時當魯莊公十七年，今陝西省鳳翔縣南七里有古雍城，秦德公所居大鄭宮城也。絳，晉都，今山西省翼城縣東南。自雍及絳，蓋沿渭河而東，至華陰轉黄河，又東入汾河轉澮河。**命之曰汎舟之役。**晉語三亦載此事，而云「是故氾舟於河，歸糴於晉」，韋注云：「氾，浮也。」説文「氾」「汎」異字，但有時通用。

十有四年，乙亥，公元前六四六年。周襄王七年、齊桓四十年、晉惠五年、衞文十四年、蔡穆二十九年、鄭文二十七年、曹共七年、陳穆二年、杞成九年、宋襄五年、秦穆十四年、楚成二十六年、許僖十年。

經

一四·一 **十有四年春，**冬至在去年閏十二月十二日辛丑，建丑。**諸侯城緣陵。**緣陵，在今山東省昌樂縣東南七十里。

一四·二 **夏六月，季姬及鄫子遇于防。**季姬，杜氏世族譜以爲莊公女，據公羊家言，則以爲僖公女。以傳文「來寧」觀之，當是僖公女，蓋歸寧父母。「鄫」，穀梁作「繒」，鄫、繒在古書多通用，周語中云「杞、繒由大姒」，周語下則云「杞、鄫猶在」，尤可證。鄫，國名，姒姓。襄六年滅于莒，昭四年魯取其地。後又屬齊，見吴世家。故城在今山東省嶧縣東八十里。一九七八至八一年山東臨朐縣泉頭村出土般殷鼎，銘云「上曾大子般殷」云云。戰國策魏策四云：「繒恃齊以捍越，齊和子亂，而越人亡繒。」即此鄫地，但已是戰國初事，恐非姒姓之鄫矣。由傳世彝器考之，古代有姒姓之鄫，亦有姬姓之鄫。曾侯簠銘云：「曾侯乍叔姬邛嫞賸（媵）器」，則爲姬姓之曾。他若曾伯陭壺、曾大保盆、曾子仲宣鼎、曾諸子鼎等，則難定其何屬。近年湖北省京山縣發掘曾侯墓，葬以九鼎。又一九七七年，隨縣亦發掘得大量曾國遺物，而此曾國，先秦古籍俱無絲毫記載，疑是楚所封附庸國。**使鄫子來朝。**

一四·三 **秋八月辛卯，**辛卯，五日。**沙鹿崩。**杜注以沙鹿爲山名，公羊傳以爲河上之邑，穀梁傳則以爲沙山之麓，杜説近是。地在今河北省大名縣東。

一四·四 狄侵鄭。無傳。

一四·五 冬，蔡侯肸卒。日月不具。顧棟高大事表闕文篇以爲修春秋之後之闕文，未必然。

傳

一四·一 十四年春，諸侯城緣陵而遷杞焉，舊説俱以緣陵爲杞邑，然管子大匡篇云「狄人伐（尹注云，謂入伐齊），齊車千乘，卒先致緣陵」，則緣陵本齊地。齊城之以封杞者，猶楚之遷許于葉，欲使在境内爲附庸耳。去年傳云「淮夷病杞」，則杞之遷由於淮夷之侵伐。管子大匡篇云：「宋不聽，果伐杞，桓公築緣陵以封之，予車百乘、卒千人。」霸形篇亦云：「宋伐杞，因命以車百乘、卒千人。」皆作宋伐杞。公羊傳則以爲徐、莒脅杞而桓公遷之。總之，城緣陵所以爲遷杞，是事實；杞受淮夷或徐、莒之威脅，則所言各異。説參章炳麟左傳讀。不書其人，有闕也。杜注云：「闕謂器用不具，城池未固而去，爲惠不終也。」毛奇齡春秋傳則以爲「闕」爲闕文，以經只言諸侯，不序諸國，蓋于諸國人氏偶未詳也。以文義言，毛説較長。

一四·二 鄫季姬來寧，公怒，止之，嚴可均唐石經校文謂石經只作「公怒之」，今各本衍「止」字。據穀梁傳范寧注引此文及敦煌初唐寫本殘卷俱無「止」字。以下年經「季姬歸于鄫」推之，應有「止」字。止，留之也，留之而不使歸也。以鄫子之不朝也。夏，遇于防，而使來朝。

一四·三 秋八月辛卯，沙鹿崩。晉卜偃曰：「朞年將有大咎，幾亡國。」卜偃之言驗于晉惠公韓原之役，而漢書五行志以爲驗于二十四年之晉懷公被殺於高梁。沙鹿崩而卜偃預言晉之吉凶，災害繫於所災所害，故杜注以沙鹿山在晉地。江永考實則以爲此時晉之東境未能至大名，當是衞地。章炳麟左傳讀則以爲名山不以封，沙鹿本周室所有，周衰，乃爲晉、衞所攘，衞多而晉少耳，晉地錯在衞地。孔疏引釋例云：「天人之際，或異而無感，或感而不可知。沙鹿崩因謂期年將有大咎，梁山崩則云山有朽壤而自崩。此皆聖賢之讜言，達者所宜先識。」杜預雖不明山崩川竭之理，然於古代迷信之説，似有所疑，孔疏尤爲通達。至漢書元后傳謂「沙鹿崩，崩後六百四十五年宜有聖女興」云云，顯係妄託。

一四·四　**冬，秦饑，使乞糴于晉，晉人弗與。**晉語三述此事云「秦饑，公令河上輸之粟」，則惠公本欲與之，以虢射之言而止。此云「晉人弗與」，似惠公本不欲與。晉世家、秦本紀皆載此事，俱謂晉君謀之羣臣，則調和兩者之説也。**慶鄭曰：**慶鄭，晉大夫。**「背施，無親；**背棄恩施，則失親己者。**幸災，不仁；**以他人之災爲己之幸，非仁愛之道。**貪愛，不祥；**貪所愛之貨利而不以與人，則禍殃將至。**怒鄰，不義。**使鄰國忿怒，不合道義。**四德皆失，何以守國？」虢射曰：**虢射，晉大夫。杜預據晉語三惠公稱之爲舅，乃注云：「虢射，惠公舅也。」不知諸侯謂異姓大夫爲舅，舅乃尊稱，惠公出自小戎子（莊二十八年傳），虢射不得爲其舅。參見李惇羣經識小。**「皮之不存，毛將安傅？」**新序雜事二云：「魏文侯出游，見路人反裘而負芻（古人着裘，毛在外；反裘則毛在内，皮在外）。文侯云：『胡爲反裘而負芻？』對曰：『臣愛其毛。』文侯曰：『若不知其裏盡而毛無恃邪？』」即此義。皮以喻所許秦城，毛以喻糴，言既背秦施，爲怨已深，雖與之糴，猶毛之無皮，無所傅着。**慶鄭曰：「弃信、背鄰，患孰恤之？無信，患作；失援，必斃。**

是則然矣。」虢射曰：「無損於怨，言與之糴，秦于背施之怨未必減損。而厚於寇，不如勿與。」慶鄭曰：「背施、幸災，民所弃也。近猶讎之，況怨敵乎？」怨敵謂秦，許賂而不與也。弗聽。惠公不聽。退曰：「君其悔是哉！」年表云：「惠公五年，秦饑，請粟，晉倍之。」晉世家、秦本紀且謂「晉發兵將伐秦」。梁玉繩志疑疑其誤。

十有五年，丙子，公元前六四五年。周襄王八年、齊桓四十一年、晉惠六年、衞文十五年、蔡莊公甲午元年、鄭文二十八年、曹共八年、陳穆三年、杞成十年、宋襄六年、秦穆十五年、楚成二十七年、許僖十一年。

經

一五·一 十有五年春王正月，去年十二月二十三日丁未冬至，建丑，有閏月。公如齊。無傳。

一五·二 楚人伐徐。徐，在今安徽省泗縣西北五十里。餘詳莊二十八年經、傳。

一五·三 三月，公會齊侯、宋公、陳侯、衞侯、鄭伯、許男、曹伯盟于牡丘，牡丘，據方輿紀要，即齊語桓公所築之牡丘，在今山東省聊城東北七十里。遂次于匡。據杜注，匡爲衞地，當在今河南省長垣縣西南十五里之匡城，然江永考實謂長垣之匡去徐甚遠，今河南省睢縣西三十里有匡城，屬宋，距泗稍近，次師或當在此。沈欽韓地名補注又據山東通志謂匡城在今山東省金鄉縣鳳凰山北。江説較合理。**公孫敖帥師及諸侯之大夫救徐。**公孫敖，慶父之子孟穆伯也。杜注：「諸侯既盟次匡，皆遣大夫將兵救徐。」原分爲三條，今併爲一。

一五·四 **夏五月，日有食之。**金澤文庫本「食」作「蝕」。餘詳傳注。

一五·五 **秋七月，齊師、曹師伐厲。**厲，國名，惠棟補注以爲即桓十三年傳之賴，在今湖北省隨縣之厲山店，此晉、宋以來之傳説。王夫之稗疏則以爲此又一厲，即今河南省鹿邑縣東老子所生之苦縣厲鄉。以地理考之，齊移救徐之師以伐厲，稗疏之説較合。魯大司徒匜銘云「魯大嗣（司）徒子仲白乍（作）其庶女蠣孟姬賸也（匜）」云云，郭沫若兩周金文辭大系考釋謂「蠣即厲之繁文。在此乃孟姬所適之國名」。

一五·六 **八月，螽。**無傳。螽音終。或作「蝩」。説文：「螽，蝗也。」據莊二十九年傳「凡物不爲災不書」，則此爲災也，故書。

一五·七 **九月，公至自會。**無傳。

一五·八 **季姬歸于鄫。**無傳。蓋以鄫子來朝也。

一五·九 **己卯晦，**晦是晦朔之晦。己卯，九月三十日。公羊、穀梁皆以晦爲冥，謂晝日闇冥也，非經旨。漢書五行志謂「劉歆以爲春秋及朔言朔，及晦言晦」，即駁公、穀之説者。**震夷伯之廟。**震，雷電擊之也。夷伯，據傳，當是展氏之祖。杜注謂夷爲謚，伯爲字，或然。但不知夷伯何名，爲何公之大夫。夷伯之廟當是展氏祖廟，高士奇左傳紀事本末疑爲無駭之廟，無據。昭十二年傳有游氏之廟，注謂是鄭大夫子太叔祖廟，正與此同。說見毛奇齡春秋傳。

一五・一〇 冬，宋人伐曹。

一五・一一 楚人敗徐于婁林。婁林在今安徽省泗縣東北。

一五・一二 十有一月壬戌，壬戌，十四日。晉侯及秦伯戰于韓，舊說韓在今陝西省韓城縣西南，然據傳「涉河，侯車敗」、「晉侯曰寇深矣」之文，其不在黃河之西可知。方輿紀要以爲今山西省芮城縣有韓亭，即秦、晉戰處；江永考實則以爲當在河津縣與萬榮縣之間。獲晉侯。公羊昭二十三年傳：「君生得曰獲，大夫生死皆曰獲。」御覽八七七引史記云：「〔晉惠公〕六年，秦穆公涉河伐晉。」又史通惑經篇引紀年云：「惠公見獲。」

傳

一五・一 十五年春，楚人伐徐，徐即諸夏故也。齊桓夫人有徐嬴，則徐此時與齊爲婚姻之國。僖三年經云「徐人取舒」，詩魯頌閟宮亦云「荊舒是懲」，則舒蓋楚之與國，而徐爲諸夏取之也。三月，盟于牡丘，尋葵丘之盟，葵丘之盟在九年。且救徐也。孟穆伯帥師及諸侯之師救徐，諸侯次于匡以待之。

一五・二 夏五月，日有食之。不書朔與日，官失之也。是月之日食，在四時四十一分。初虧固在夜中，復圓日尚未出，並無帶食，中原不可得見。見朱文鑫天文考古録。馮澂春秋日食集證則云：「是年在寅月甲申朔日食。周正建子，當在三月，經書五月者，經蓋誤三爲五。」然此年實建丑，馮説亦可商。

一五·三　**秋，伐厲，以救徐也。**

一五·四　**晉侯之入也，秦穆姬屬賈君焉，**賈君，杜注以爲晉獻公之次妃，按之莊二十八年傳，「晉獻公娶於賈，無子。烝於齊姜，生秦穆夫人及太子申生」，言娶于賈，則是正妃。然則賈妃爲惠公嫡母，何須穆姬之囑託？且賈妃此時年事必已甚高，與惠公相差必在二十至三十歲之間，惠公又何必烝之？唐固謂賈君爲太子申生之妃，覈之僖十年傳「夷吾無禮」之言，蓋爲近之，故惠棟補注、洪亮吉詁皆從之。章炳麟左傳讀以宋襄公夫人王姬及徵舒之母夏姬例賈妃，謂其老而復壯，尤爲曲説。**且曰「盡納羣公子」。**獻公之子九人，除申生、奚齊、卓子已死，夷吾立爲君外，尚有重耳等五人，即所謂羣公子。**晉侯烝於賈君，**賈君爲惠公嫡長嫂，故亦用烝字。**又不納羣公子，是以穆姬怨之。晉侯許賂中大夫，**晉語二云「夷吾退而私於公子縶曰『中大夫里克與我矣，吾命之以汾陽之田百萬；丕鄭與我矣，吾命之以負蔡之田七十萬』」，故杜注謂中大夫爲里、丕等。**既而皆背之。賂秦伯以河外列城五，東盡虢略，**今河南省靈寶縣治即舊虢略鎮。**南及華山，**華山爲秦、晉之界。**內及解梁城，**河外，指河西與河南，黄河自龍門至華陰，自北而南，晉都於絳，故以河西與河南爲外。包慎言河外考以河西爲外，杜注以河外爲河南，皆僅得其一偏。河外列城五，蓋首舉其數，而下仍叙其疆域，言五城之地東極於虢略，南至華山而止；不言西北者，西北爲秦地故也。晉世家言獻公之季，晉疆西有河西，與秦接境，亦足爲證。內者河內。內及解梁城，解梁城不在列城五之數，蓋包有餘邑。解梁城即今山西省永濟縣伍姓湖北之解城。僖三十年傳，鄭燭之武説秦伯曰「許君焦、瑕，朝濟而夕設版焉」，焦固爲五城之一，瑕則在河東，詳三十年傳注。故秦本紀述夷吾之言謂「誠得立，請割晉之河西八城與秦」，言八城，則併河外五城與河內解梁及瑕數之，餘邑已不得知其名矣。惟史公謂「河西八城」，似八城俱在河西者，蓋偶疏。**既而不與。**晉世家云，惠公夷吾元年，使邳鄭謝秦曰：「始夷吾以河西地許君。今幸得入立。大臣曰：『地者，先君之地。君亡在外，何以得擅許秦者？』寡人争之，弗能得。」**晉饑，秦輸之粟；**在十三年。**秦饑，晉閉之糴，**在十四年。**故秦伯伐晉。**晉語三云「（惠公）六年，秦歲定，帥師侵晉」，亦言秦先伐晉。惟秦本紀云「（繆公）十四年，秦饑，請粟於晉。晉君謀之羣臣。虢射曰：『因其饑伐之，可有大功。』晉君從之。十五年，興兵將攻秦。繆公發兵，使丕豹將，自往擊之」，晉世家亦云「惠公用虢射謀，不與秦粟，而發兵且伐秦，秦大怒，亦發兵伐晉」，似晉先將伐秦，然後秦伐晉。按之史事，秦請糴在去年冬，而韓之戰在今年冬（俱用周正），晉語所謂「秦歲定」然後舉兵，蓋得其實。若晉果用虢射之謀，「因其饑伐之」，必不待第二年秦收割以後。御覽八七七所引史記，實即晉之史記，今謂之竹書紀年，亦云「秦穆公涉河伐晉」，尤可證。

卜徒父筮之，卜徒父，秦之卜人，名徒父。據周禮春官大卜，掌三兆、三易、三夢之法，是古之筮亦兼掌於卜人。**吉：「涉河，侯車敗。」**此蓋筮詞，言晉侯之車敗也。顧炎武補正謂「涉河，侯車敗」非占詞，乃事實，當是秦伯之車敗，故穆公以爲不祥而詰之耳。按之全文，似不合。侯車，公侯之車也。顧棟高大事表、張聰咸辨證、吴闓生文史甄微俱讀侯爲候，或謂爲斥候之車，或謂爲中軍候奄之車，俱不確。**詰之。**細問何以吉。對曰：「乃大吉也。三敗，必獲晉君。其卦遇蠱䷑巽下，艮上，蠱。曰：『千乘三去，三去之餘，獲其雄狐。』此蓋其繇詞。今周易無其文，故杜注謂「此所言蓋卜筮書雜辭」，顧炎武補正則以爲與成十六年「南國蹙，射其元王，中厥目」，並是夏、商之占，如連山、歸藏之類，故上文只言「筮之」，而不言「以周易筮之」。去，舊有三義。一讀爲阹、胠，上林賦云「江河爲阹」，注云：「遮禽獸爲阹。」荀子榮辱篇云「鯈鉢者，浮陽之魚也，胠於沙而思水，則無逮矣」，俞樾說此云：「此言遮闌於沙而思水，則無及矣。」則千乘三去者，晉侯之軍三被遮攔也。說見章炳麟左傳讀。一謂去猶算法所謂除，千以三除，得零數一，故謂三去之餘，獲其雄狐。見沈欽韓補注引邵寶說。此兩說雖未嘗不可通，然不若石韞玉讀左卮言之說：「三去即三驅，其詞應於下文之『三敗及韓』，蓋晉人三敗，則秦人三驅之矣。」石說蓋本之顧棟高。蠱之外卦爲艮，九家易，艮爲狐，是其象爲狐。主五爻，五爲君位，是其象爲雄狐。說詳王紹蘭經說卷三。古人喜以雄狐喻君，詩齊風南山亦以雄狐喻齊襄公，說本惠棟補注。若襄十年傳以「雄」喻鄭帥皇耳，亦類此。禽曰雌雄，獸曰牝牡，對文則異，散文則通，此曰雄狐，猶尚書牧誓之牝雞，例詳顧炎武日知録卷三十二。夫狐蠱，所筮得蠱卦，狐蠱即雄狐之變辭。必其君也。蠱之貞，風也；其悔，山也。內卦爲貞，外卦爲悔。悔，說文作「𠧪」，云：「易卦之上體也。」蠱卦爲巽、艮兩卦所構成，巽爲內卦（下體）爲風，艮爲外卦爲山。歲云秋矣，下文云「九月」，則夏正九月也。「云」爲語中助詞，無義。成二年傳：「敝邑之幸，亦云從也。」十五年傳：「日云莫矣，寡君須矣。」晉語二：「內外無親，其誰云救之？」諸「云」字用法均同此。餘詳詞詮。我落其實，而取

其材，巽爲内卦，自秦言之，代表本國；艮爲外卦，代表敵國。秦爲風，晉爲山，風經山上，故附會有落實取材之象。**所以克也。實落、材亡，不敗，何待？」**「不敗何待」前人作一句讀，「不敗」實爲分句。

三敗及韓。韓見經注。此句乃是叙事。言晉軍三敗，秦師至于韓原也。卜右在及韓之後，則晉軍之三敗，僅邊境守軍之抵抗，晉侯未嘗親臨指揮。**晉侯謂慶鄭曰：「寇深矣，若之何？」對曰：「君實深之，**深爲使動用法，使敵深入。**可若何！」公曰：「不孫！」**孫同遜，説文作「愻」，不孫猶言其答語不敬。**卜右，慶鄭吉。弗使。**惡其不遜。**步揚御戎，**步揚，姬姓，晉公族郤氏之後。步揚食采於步，遂以爲氏。成十一年經正義引世本云：「郤豹生義，義生步揚，揚生州。」正義又云：「州即犨也。」故此杜注云：「步揚，郤犨之父。」**家僕徒爲右。**晉語三韋注云：「家僕徒，晉大夫。」于鬯香草校書謂家僕徒或即郤氏之家臣，望文生義，彼亦不自信其説。**乘小駟，鄭入也。**杜注：「鄭所獻馬名小駟。」入即納，貢獻，獻納。**慶鄭曰：「古者大事，**大事指戰争，成十三年傳云：「國之大事，在祀與戎。」**必乘其産。**必以本國所産之馬駕車。**生其水土，而知其人心；安其教訓，而服習其道；**服亦習也，服習，同義雙音詞。漢書鼂錯傳數用「服習」二字。「服習其道」謂嫺習其道路。或解道爲御馬之術，引孔子家語「雖有國之良馬，不以其道服乘之，則不可以取道里」爲證，則與「安其教訓」意義嫌重複。**唯所納之，無不如志。今乘異産，**異産，非本國所産。**以從戎事，及懼而變，**因不知人心，不安其教訓，不嫺習其道路，故臨戰而懼。變謂反乎正常狀態。**將與人易。**易與哀元年傳「子常易之」之易同，反也。與御者之意違反。**亂氣狡憤，**禮記樂記鄭玄注引作「血氣狡憤」，劉文淇疏證疑傳文本作「血氣」，「狡」本又作「交」，謂血與氣俱動也。孔疏解亂氣狡憤爲馬之亂氣狡戾而憤懣，此句言亂氣，下句言陰血，孔疏是，劉説不可信。**陰血周作，**血在身内，故云陰血。孔疏云：「陰血徧身而動作。」**張脈僨興，**脈即今之血管，張脈，血管之漲起者。僨即地墳之墳，沸起也。説參洪亮吉左傳詁。僨興，同義雙音詞。陰血周作，故青脈突起。**外彊中乾。**以上言馬。**進退不可，周旋不能，君必悔之。」弗聽。**

九月，晉侯逆秦師，使韓簡視師。韓世家索隱引世本云，「萬生賕伯（韓萬爲曲沃桓叔之子），賕伯生定伯簡」，故杜注云「韓簡，晉大夫韓萬之孫」。宣十二年傳孔疏亦引世本，缺定伯簡一代，誤。**復曰：「師少於我，鬭士倍我。」公曰：「何故？」對曰：「出因其資，**杜注：「謂奔梁求秦。」考之晉語二，夷吾奔梁亦由梁近於秦，可以求援之故。夷吾出奔，蓋因秦之資助。**入用其寵，**秦納之入國。**饑食其粟，三施而無報，**施，去聲，名詞，惠也。**是以來也。今又擊之，我怠、秦奮，倍猶未也。」公曰：「一夫不可狃，況國乎？」**晉語三敘惠公答韓簡之辭云：「公曰：『然，今我不擊，歸必狃。一夫不可狃，況國乎？』」則所狃者，乃指晉國之衆，故杜注云：「狃，忕也；言避秦則使忕來。」此乃答韓簡「我怠、秦奮」之言，杜注可商。所狃者疑指秦。玉篇：「狃，狎也。」惠公謂匹夫猶不可輕而狎侮，何況國君？秦君三次施惠於我，我不報之，是輕侮之也。國語未必與傳意合。**遂使請戰，**晉語三云：「公令韓簡挑戰。」此謂約戰。**曰：「寡人不佞，**佞，才也。**能合其衆而不能離也。**吳子治兵篇云：「其衆可合而不可離。」則古以能合其衆爲將才。**君若不還，無所逃命。」秦伯使公孫枝對曰：「君之未入，**此以詞組爲假設從句，參文言語法。**寡人懼之；入而未定列，**定列，定位，君位安定也。**猶吾憂也。苟列定矣，敢不承命。」**晉語三云：「穆公衡彫戈出見使者曰：『昔君之未入，寡人之憂也；君入而列未成，寡人未敢忘。今君既定而列成，君其整列，寡人將親見。』」據晉語，列爲師旅之行列，定列猶僖二十二年「宋人既成列」之成列。但單就左傳之文觀之，解定列爲君位之安定，似較圓通，不必强合國語。晉語謂秦穆親見使者，亦與左傳不同。**韓簡退曰：「吾幸而得囚。」**據此文，晉請戰之使者固是韓簡。以得囚爲幸，言戰則必敗，己或將戰死。

壬戌，壬戌，十四日。經用周正，故爲十一月壬戌；傳乃晉史用夏正，則九月也。**戰于韓原。晉戎馬還濘而止。**還，盤旋；濘，泥濘。小駟不調，陷泥濘中，盤旋不得出。**公號慶鄭。**向慶鄭呼號求救。**慶鄭曰：「愎諫、違卜，**愎音璧，周書謚法解：去諫曰愎。此指其不從勿用小駟之諫，違卜指不用其爲右。**固敗是求，又何逃焉？」遂去之。**晉語三云：「君揖大夫就車。君鼓而進之。晉師潰，戎馬濘而止。公號慶鄭曰：『載我！』慶鄭曰：『善忘而背德，又廢吉卜，何我之載？鄭之車不足以辱君避也。』」**梁由**

靡御韓簡，虢射爲右，輅秦伯，將止之。輅，迎也。謂迎戰。止，獲也。鄭以救公誤之，遂失秦伯。秦獲晉侯以歸。晉語三敘此事與傳同。晉世家則云：「惠公馬鷙不行，秦兵至，公窘，召慶鄭爲御。鄭曰：『不用卜，敗不亦當乎？』遂去。更用梁繇靡御，虢射爲右，輅秦繆公。繆公壯士冒敗晉軍，晉軍敗，遂失秦繆公，反獲晉公以歸。」與左傳、國語駁異，蓋參用呂氏春秋愛士篇之傳説故也，自當以左傳、國語爲可信。愛士篇云：「昔者秦繆公乘馬而車爲敗，右服失而埜人取之。繆公自往求之，見埜人方將食之於岐山之陽。繆公嘆曰：『食駿馬之肉，而不還飲酒，余恐其傷汝也。』於是徧飲而去。處一年，爲韓原之戰，晉人已環繆公之車矣，晉梁由靡已扣繆公之左驂矣，晉惠公之右路石奮杸（本作「投」，依王念孫説訂）而擊繆公之甲，中之者已六扎矣。埜人之嘗食馬肉於岐山之陽者三百餘人，畢力爲繆公疾鬭於車下，遂大克晉，反獲惠公以歸。」此事亦見韓詩外傳十、淮南子氾論訓、説苑復恩篇及金樓子説蕃篇。晉大夫反首拔舍從之。晉大夫蓋郤乞等，下文「晉侯使郤乞」可證。杜注：「反首，亂頭髮下垂也。」拔舍即周禮大司馬之茇舍，亦即襄二十八年傳之草舍。蓋行旅往來，雖有野舍，亦必除地爲壇，掌舍所謂壇壝宮也。軍行所久止之處，亦有軍舍，量人云「營軍之壘舍」是也。惟在道暫息，則除草而舍，不除地爲壇墠，以軍事尚嚴，不求安適。尉繚子武議篇云：「吳起與秦戰，舍不平隴畝，樸樕蓋之，以蔽霜露。」此即行軍草止之事，説詳孫詒讓周禮正義。此云拔舍者，拔草張軍用帳蓬也。此一解也。然姚範援鶉堂筆記謂「拔舍當謂拔起所舍止」，則句有動詞，其解較勝。則拔舍者，拔起帳蓬隨秦而西行也。秦伯使辭焉，曰：「二三子何其慼也！慼同慽，憂也。寡人之從晉君而西也，唐石經本作「從晉君而西也」，磨改去「晉」字。嚴可均校文曰：「此辭晉大夫，與上對請戰不同，若删『晉』字，似與晉君面語矣。改刻繆也，今各本脱『晉』。」嚴説是也。今依石經初刻增「晉」字。**亦晉之妖夢是踐，**亦，祇也。言祇踐履晉之妖夢。妖夢見十年傳。**豈敢以至？」**以，太也；至，甚也。説詳章炳麟左傳讀卷八。若謂「是踐」下省「不然」二字，則「豈敢以至」仍解爲豈敢至晉，然與下文不相應，不可從。**晉大夫三拜稽首曰：**古人但有再拜稽首，此之三拜稽首，定四年傳申包胥之九頓首以及楚語上之「椒舉降三拜」皆是變禮。爲將亡或已亡之國之人所行之禮。至後周宣帝詔諸應拜者皆以三拜成禮，拜始以三爲節而著爲令。説參顧炎武日知録二十八及汪師韓韓門綴學續篇。**「君履后土而戴皇天，皇天后土實聞君之言，羣臣敢在下風。」**此聞其不爲太甚之言而要約之也。戰國策楚策鮑彪注云：「將迎之際，必有風焉，不敢當立，故言下風。」

穆姬聞晉侯將至，秦本紀云：「於是繆公虜晉君以歸，令於國：『齊宿，吾將以晉君祠上帝。』」**以大子罃、弘與女簡璧登臺而履薪焉。**罃即秦康公。列女傳賢明傳云：「秦遂興兵與晉戰，獲晉君以歸。秦穆公曰：『掃除先人之廟，寡人將以晉君見。』穆姬聞之，乃與太子罃、公子宏與簡璧衰絰履薪以迎。」履薪蓋積薪其下而履之，示欲自焚。**使以免服衰絰逆，**免音問，喪禮去冠括髮也。用布寬一寸，從項中而前，交於額上，又卻向後繞於髻。遭喪之服，初死則有免，服成則衰絰。據列女傳，及下引秦本紀並晉世家「晉君姊爲繆公夫人，衰絰涕泣」之言，衰絰乃穆姬自著之，蓋謂惠公戰敗身虜，同於死亡，故爲之服喪也，然非傳旨。傳意蓋使使者持此服以迎穆公，如己及兒女皆死，穆公當即著之。杜注謂令行人服此服以迎秦伯，亦誤。　衰音崔，經音諜，皆喪服，詳三十三年傳注。　**且告曰：「上天降災，使我兩君匪以玉帛相見，**孔疏引作「使我兩君相見不以玉帛」。　玉，圭璋之屬；帛，束帛。皆諸侯會盟朝聘禮物。　**而以興戎。若晉君朝以入，則婢子夕以死；夕以入，則朝以死。唯君裁之！」**據陸德明釋文及孔疏，自「曰」以下至此四十二字古本皆無，因以爲乃後人妄增，洪亮吉詁且斷然删之。　然列女傳敘此事亦云：「且告穆公曰：『上天降災，使兩君匪以玉帛相見，乃以興戎。婢子娣姒不能相救，以辱君命。晉君朝以入，婢子夕以死。惟君其圖之。』」秦本紀亦隱括此文而爲之辭云：「夷吾姊亦爲繆公夫人，夫人聞之，乃衰經跣，曰：『妾兄弟不能相救，以辱君命。』」皆足證此四十二字非後人所增。沈欽韓補注曰：「孔、陸文本偶爾褫奪耳。」　禮記曲禮下云：「夫人自稱於其君曰小童，自世婦以下自稱曰婢子。」此當自稱小童，而亦稱婢子者，則婢子亦可爲婦人通用之謙稱。　**乃舍諸靈臺。**　此謂穆公聞其夫人之言，乃安排惠公居於靈臺。　列女傳亦云：「公懼，乃舍諸靈臺。」靈臺乃秦國之靈臺，未必是西周之靈臺。當時諸侯亦有靈臺，哀二十五年傳「衞侯爲靈臺于藉圃」可證。　此靈臺當在秦都郊外。

大夫請以入。　請以惠公入國都。　**公曰：「獲晉侯，以厚歸也；**以豐厚之獲歸。　**既而喪歸，焉用之？　大夫其何有焉？**　杜注云：「何有猶何得。」　**且晉人慼憂以重我，**　慼憂，同義雙音詞，此指反首拔舍。王引之述聞疑重當爲動，謂使我動心也。　**天地以要我。**　要，平聲，約束也。　**不圖晉憂，重其怒也；**　加重其憤怒。　**我食吾言，**　尚書湯誓云：「朕不食言。」蔡沈集傳云：「食言，言已出而反吞之也。」哀二十五年傳云：「孟武伯惡郭重曰：『何肥也？』公曰：『是食言多矣，能無肥乎？』」古以不履行諸言爲食言。**背天地也。重怒，難任；**任，當也。**背天，不祥，必歸晉君。」公子縶曰：**晉語二韋注云：「縶，秦公子子顯也。」**「不如殺之，無聚慝焉。」**晉語三云：「穆公歸，至於王城，合大夫而謀曰：『殺晉君，與逐出之，與以歸之，與復之，孰利？』公子縶曰：『殺之利。逐之恐搆諸侯；以歸，則國家多慝；復之，則君臣合作，恐爲君憂。不若殺之。』」**子桑曰：「歸之而質其大子，必得大成。**大成，大有利之構和。**晉未可滅，而殺其君，祇以成惡。且史佚有言曰：**史佚即尚書洛誥之「作册逸」，逸、佚古通。晉語「文王訪於莘、尹」，注謂尹即尹佚。逸周書世俘解：「武王降自東，乃俾史佚繇書。」淮南子道應訓云：「成王問政於尹佚。」則尹佚歷周文、武、成三代。左傳引史佚之言者五次，成公四年傳又引史佚之志，則史佚之言恐當時人均據史佚之志也。漢書藝文志有尹佚，注云：「周臣，在成、康時也。」此史佚爲人名。**『無始禍，**始禍猶言首禍，爲禍亂之倡導者。**無怙亂，**怙音户，恃也。恃人之亂以爲己利。**無重怒。』重怒，難任；陵人，不祥。」**晉語三云：「公孫枝曰：『不若以歸，以要晉國之成，復其君而質其適子，使子、父代處秦，國可以無害。』」**乃許晉平。**

晉侯使郤乞告瑕吕飴甥，郤乞，晉大夫。**且召之。**之指吕甥。**子金教之言曰：**子金，瑕吕飴甥之字。教郤乞，爲惠公謀也。**「朝國人而以君命賞。且告之曰：『孤雖歸，辱社稷矣，其卜貳圉也。』」**周禮大司徒云：「若國有大故，則致萬民於王門。」小司寇云：「掌外朝之政以致萬民而詢焉，一曰詢國危，二曰詢國遷，三曰詢立君。」此之國人即周禮之致萬民。此朝國人卜貳圉爲詢立君，十八年傳邢人、狄人伐衛，衛侯以國讓朝衆曰「苟能治之，燬請從焉」；定八年傳衛靈公朝國人問叛及哀元年傳陳懷公朝國人問欲與楚、欲與吴，俱詢國危也。　卜貳，卜日立其子圉爲君也。晉世家述此事云：「晉侯亦使吕省等報國人曰：『孤雖得歸，毋面目見社稷，卜日立子圉。』」是得其義。晉語一云：「夫太子，君之貳也。」即此貳字之義。禮記坊記亦云：「卜之日稱貳君。」晉語三云：「公在秦三月，聞秦將成，乃使郤乞告吕甥。吕甥教之言，令國人於朝曰：『君使乞告二三子曰，秦將歸寡人，寡人不足以辱社稷，二三子其改置以代圉也。』」所謂「改置以代圉」者，改置晉君以圉代之也。韋昭不明此意，注云：「欲令更命立他公子以代子圉，言父子避位，以感羣下。」王引之述聞據此，欲改傳文之「貳」爲「貣」，牽就韋注以合左傳，不悟傳文但謂惠公以復位爲辱社稷，與子圉何涉，而亦當謀代之乎？即韋注符合國語本意，亦國語自國語，左傳自左傳，不必牽合。說本楊樹達先生讀左傳。

衆皆哭，郤乞如吕甥之教而言於衆，衆於是哭。**晉於是乎作爰田。**晉語三云：「且賞以悦衆，衆皆哭，焉作轅田。」轅田即爰田。爰田，古今異解紛紜，大致有如下諸說。杜注云：「分公田之税應入公者，爰之於所賞之衆。」蓋謂以應入公家之税改以賞衆人。杜以税言，恐非爰田之義。晉語三注引賈逵云：「轅，易也，爲易田之法，賞衆以田。易，易疆界也。」孔疏又引服虔、孔晁云：「爰，易也，賞衆以田，易其疆畔。」是賈、服、孔晁同。然此數語意思不甚分明，故後人各有解釋。李貽德輯述説此曰「爰、轅皆假借字，本當作䞭。說文云：『䞭，䞭田易居也。』公羊宣十五年何注云：『司空謹別田之高下、善惡分爲三品，上田一歲一墾，中田二歲一墾，下田三歲一墾，肥饒不得獨樂，墝埆不得獨苦，故三年一換主易居，財均力平。』惠公之前，古制已廢，肥瘠不相換易；今受賞之後，民衆大和，復作爰田之制，使三年一易，財均力平」云云，則謂晉作爰田爲復古制。既是復古制，則不能言作。且周制是否每年換土遷居，昔人早已疑之。孫詒讓周禮大司徒正義謂此種「田廬改易，紛擾無已」，陳立公羊宣十五年義疏謂其「窒礙種種，恐非久計」，則李貽德之説不合傳旨，實極顯明。馬宗璉補注曰：「漢書食貨志云：『民受上田夫百畝，中田夫二百畝，下田夫三百畝。歲耕種者爲不易上田，休一歲者爲一易中田，休二歲者爲再易下田。三歲更耕之，自爰其處。』周制三年易田，晉自武公得國以後，爰田之制不均，或有得不易上田者，不復以中下之田相易。今晉惠欲加惠於國人，或以平昔易田之外，別加厚焉。」則僅解爰田爲賞田，嚴蔚亦曰：「爰田，即周官之賞田也。」李亞農西周與東周一七一頁説亦同此。但未必盡合於傳旨。姚鼐補注曰：「爰，於也。蓋周制定予民以私田，令自爰其處更耕之，上不奪其有也。晉制分國定以爲賞田，令其臣自爰其處世守之，上亦不奪其有也。故皆曰爰。」上不奪其有，不爲無見，然亦多臆測之辭，而乏實據。晉語三注又引或説云：「轅，車也，以田出車賦。」惠棟補注申之曰：「爰田者，猶哀公之用田賦也。賞衆是一時之事，爰田是當日田制改易之始，故特書之。」以爰田是當日田制改易之始，的爲有見；然謂同於哀公之用田賦，與賞衆無關，亦與上下文不合。晉語明云「賞以悦衆，焉作爰田」，傳下文亦云「而羣臣是憂，惠之至也」，足見爰田之作與賞衆有關，故惠説仍不可取。高亨周代地租制度考謂「作爰田可能是解放農奴，叫他們轉爲農民，取消公田，把土地都交給農民，放棄勞役地租，採用實物地租」云云，亦無確證。漢書地理志云：「孝公用商君，制轅田，開阡陌，東雄諸侯。」商君之制轅田，即晉惠之作爰田也。商君制轅田而後開阡陌，則此之作爰田亦必開阡陌，從可知也。昔人以爰田與古人之休耕强爲比附，故不得其正解。張文虎螺江日記續編云：「晉之作爰田，並非三歲一易之法。」俞樾茶香室經説亦云：「趄田易居，此乃古田三歲一易之制，與左傳轅田無涉。」其言皆是。蓋晉惠既以大量田土分賞衆人，自必變更舊日田土所有制，一也；所賞者衆，所得必分別疆界，又不能不開阡陌以益之，二也。商鞅「制轅田，開阡陌」，然後秦孝公得以「東雄諸侯」，則晉此之作爰田，其作用亦可知矣。**呂甥曰：「君亡之不恤，**恤，憂也。**而羣臣是憂，惠之至也，將若君何？」衆曰：「何爲而可？」對曰：「征繕以輔孺子。**凡財賦、軍賦均可曰征，故孟子盡心下謂「有布縷之征、粟米之征、力役之征」。凡修治均可曰繕，故隱元年傳、成十六年傳云「繕甲兵」，襄九年傳、昭十五年傳云「繕守備」，襄三十年傳云「繕城郭」。然單言繕，蓋繕甲兵。成元年傳云：「臧宣叔令修賦、繕完，具守備。」完謂完城郭，則繕必謂繕甲兵無疑，以下文守備另具也。下文云「甲兵益多」，即應此繕字。孺子指子圉，將立之也。考諸經、傳，天子而下以嫡長爲後者，或非嫡長而擬用之繼位者始得稱孺子。禮記檀弓下秦穆公欲立重耳，亦稱之爲孺子是也。**諸侯聞之，喪君有君，羣臣輯睦，**輯，和也。**甲兵益多。好我者勸，惡我者懼，庶有益乎！」衆說，晉於是乎作州兵。**作州兵，古今有數解。杜注：「五黨爲州，州，三千五百家也。因此又使州長各繕甲兵。」沈欽韓補注申之曰：「按周官，兵器本鄉師所掌，州共賓器而已，今更令作之也。」此謂作州兵爲擴大甲兵製造場所。惠棟補注：「州兵猶魯之作丘甲也。」洪亮吉詁曰：「作州兵蓋亦改易兵制，或使二千五百家略增兵額，故上云『甲兵益多』，非僅修繕兵甲而已。」今人蒙文通於孔子和今文學一文中，據周禮遂不出兵，謂「諸侯三郊三遂，管子謂統州者謂之遂，作州兵就是取消三郊服兵役的限制，擴大出于三遂」。李亞農於西周與東周一七〇頁謂爲「晉國在開始建立地方兵團」。以上四說，皆謂作州兵爲改革兵制。兵制改革，勢必擴充軍器之製造，則此説實包含前説，較爲合理。至於顧棟高大事表十四謂「此于軍制無所變更，第增一州長爲將耳，後日晉三軍皆立將佐本諸此」，其爲臆説顯然。晉語三述此與傳相同。

初，晉獻公筮嫁伯姬於秦，遇歸妹䷵兑下，震上，歸妹。**之睽䷥。**兑下，離上，睽。歸妹上六變爲上九（陰爻變爲陽爻）。**史蘇占之，**史蘇，晉卜筮之史。**曰：「不吉。其繇曰：『士刲羊，**刲音虧，説文云：「刺也。」廣雅釋言云：「屠也。」**亦無衁也；**衁音荒，血也。**女承筐，亦無貺也。**貺音況，賜也，與也。周易歸妹上六爻辭云：「女承筐，無實；士刲羊，無血。」以筐、羊爲韻，實、血爲韻，此則共以羊、衁、筐、貺爲韻。無貺，意猶無實，無實，故無所貺也。歸妹卦爻辭多言婚姻，此蓋亦言婚姻，且獻公此筮亦問婚姻。刲羊、承筐乃古代婚姻之禮，刲羊而無血，承筐而無實，故言不吉，易亦云「無攸利」。**西鄰責言，不可償也。**此句承上而言，説明晉女嫁于秦，不足以加强兩國關係，反使秦國多有責言，晉國無法應付。西鄰指秦。**歸妹之睽，猶無相也。』**杜注：「歸妹，女嫁之卦；睽，乖離之象，故曰無相。」相，助也。」此數句償、相亦與上數句同韻，則同爲繇辭。**震之離，亦離之震。**此句爲史蘇解釋語，此下文爲繇辭，以用韻知之。其繇辭既依震變爲離，又依離變震言之，故史蘇先作此解釋之語。**『爲雷爲火，**震爲雷，離爲火。**爲嬴敗姬。**嬴，秦國之姓。姬，晉國之姓。**車説其輹，**震爲車，兑爲毁折，見説卦，故謂「車脱其輹」。説，今作脱。輹音服，車下伏兔，輕車曰轐，大車曰輹，易大壯九四「壯于大輿之輹」可證。轐與輹異名而同實，俱在輿底軫下，爲半規形，與軸同銜，狀似伏兔，又與屐齒相類，亦謂之鉤心。説參徐灝説文解字注箋及王筠説文釋例。輹所以固輿于軸上，車脱輹，則輿不能固，失車之用。**火焚其旗，**離爲火，故謂「火焚」。**不利行師，**行師猶言出兵，易謙上六云「利用行師征邑國」，復上六云「用行師終有大敗」，皆可證。**敗于宗丘。**宗丘蓋即韓原之別名，杜氏春秋土地名云：「韓、韓原、宗丘，三名；故韓國。」説詳王引之述聞。數句以姬、旗、丘爲韻，古音同在之咍部。**歸妹睽孤，寇張之弧。**易睽上九云：「睽孤，見豕負塗，載鬼一車，先張之弧，後説之弧。」之作其用。弧音狐，木弓也。睽有睽違睽離之象，故易曰「睽孤」。歸妹爲嫁女，上古有搶奪婦女者，故曰「寇張之弧」。**姪其從姑，**古人以姑姪爲對文，儀禮喪服子夏傳「姪者何也？謂吾姑者，吾謂之姪」是也。戰國以後，姪又爲從子之異稱。呂氏春秋疑似篇云「梁北有黎邱部，有奇鬼焉，喜效人之子姪昆弟之狀」，史記武安侯傳云「往來侍酒，魏其跪起如子姪」是也。姪其從姑指子圉質于秦，秦爲穆姬所在之國，穆姬于子圉爲姑。凡卦變而之他曰從，姪從其姑，亦取震變爲離之義。震以陽爻爲主，而陽爻在下；離以陰爻爲主，而陰爻在中，離之陰爻高於震之陽爻一位，故震以男而爲姪，離以女而爲姑。説詳王引之述聞。**六年其逋，**逋音餔，逃亡也。子圉以十七年質於秦，二十二年逃歸，是六年也。**逃歸其國，**逃回至晉。**而棄其家，**桓十八年傳云：「女有家，男有室。」然室家亦通言，此棄其家猶言棄其妻，指棄懷嬴。**明年其死於高梁之虛。』」**此以孤、弧、逋、家爲韻。明年謂子圉逃歸之翌年，杜注謂「惠公死之明年」，誤在不知此文用夏正。據傳，子圉於二十二年逃回，而死於二十四年之二月，似死於逃回後第三年；實則周正二十四年之二月實夏正二十三年之十二月，其間僅隔一年。説詳閻若璩潛丘劄記。高梁見僖九年傳並注。杜注：「凡筮者，用周易，則其象可推。非此而往，則臨時占者，或取於象，或取於氣，或取於時日王（旺）相，以成其占。若盡附會爻象，則搆虛而不經。」杜預此言，雖未盡脱迷信，亦不無見地。據史蘇所言繇辭，未必盡用周易。且繇辭所述，無不與後日事實吻合，自非舊有之辭，而是後人附會追述者。及惠公在秦，曰：「先君若從史蘇之占，吾不及此夫！」韓簡侍，曰：「龜，象也；筮，數也。卜用龜，灼以出兆，視兆象而測吉凶，故曰龜象也。筮之用蓍，揲以爲卦，由蓍策之數而見禍福，故曰筮數也。物生而後有象，有物然後有形象。象而後有滋，金澤文庫本無兩「有」字。有形象然後其生長繁衍可得而言。滋而後有數。有生長繁衍，多少之數乃生焉。先君之敗德，及可數乎？杜注：「先君敗德非筮數所生。」乃得其意。洪亮吉詁云：「『及可數乎』猶言『數可及乎』，蓋倒字法也。」乃得其解。顧炎武補正云：「解以數爲象數之數，恐非。言先君之敗德，及今言之，豈可悉數乎。」以「及今言之」解「及」，增字爲訓，既可商；而解「數」爲計算，於文義雖可通，但與上文物、象、滋、數之意毫無聯繫，斷爲兩橛，恐非傳旨。至釋文以「先君之敗德及」爲句，俞樾平議從而爲之辭，謂「韓簡之意謂先君之敗德亟矣，不可勝數也」云云，尤不近理。史蘇是占，勿從何益？勿非否定詞，乃語首助詞，無義。王引之釋詞曰：「勿從，從也；言雖從史蘇之言，亦無益也。」詩曰：『下民之孽，匪降自天。僔沓背憎，職競由人。』」詩小雅十月之交句。「僔」，今詩作「噂」。詩意蓋謂下民之災禍，匪由天降，人相聚面語則雷同附合，相背則增疾毁謗，故皆當由人而生也。

一五·五 震夷伯之廟，罪之也，於是展氏有隱慝焉。杜注「隱惡，非法所得。尊貴，罪所不加」云云，不確。隱慝可有兩義，一謂人所不知之罪惡，一謂不可告人之罪惡。此仍是古人迷信，雷擊展氏廟，因謂其有隱慝。

一五·六　冬，宋人伐曹，討舊怨也。莊十四年曹與齊、陳伐宋，所謂舊怨蓋指此。

一五·七　楚敗徐于婁林，徐恃救也。恃齊及他國之救，故敗。

一五·八　十月，晉陰飴甥會秦伯，盟于王城。王城當在今陝西省大荔縣東。秦伯曰：「晉國和乎？」對曰：「不和。小人恥失其君而悼喪其親，失君指惠公被俘，喪親指將士戰死。鄭玄詩箋云：「悼猶哀傷也。」此悼喪同義。不憚征繕以立圉也，曰：『必報讎，寧事戎狄。』謂寧肯屈事戎狄之國而必報秦讎也。君子愛其君而知其罪，不憚征繕以待秦命，曰：『必報德，有死無二。』以此不和。」秦伯曰：「國謂君何？」謂惠公之前途將如何也。對曰：「小人慼，謂之不免；君子恕，以爲必歸。小人曰：『我毒秦，秦豈歸君？』君子曰：『我知罪矣，秦必歸君。貳而執之，服而舍之，德莫厚焉，刑莫威焉。服者懷德，貳者畏刑，此一役也，此役指韓戰之始終，包括伐晉與假想釋惠公言之。秦可以霸。納而不定，納惠公而不能使其君位安定。廢而不立，以德爲怨，秦不其然。』」晉語三作「君其不然」，與襄二十六年傳「秦其不然」、禮記檀弓上「其不然乎」句語同；此作「秦不其然」，蓋古代語法之遺存者。卜辭有「不其雨」、「不其遘大風」、「不其來」之句，盤庚「不其或稽」、召誥「不其延」、洛誥「敘弗其絶」，皆此句法。秦伯曰：「是吾心也。」改館晉侯，先拘之於靈臺，今改禮之於客館。饋七牢焉。以諸侯之禮待之，將歸之也。禮記禮器云：「諸侯七介七牢。」周禮秋官大行人云：「諸侯之禮，介七人，禮七牢。」是七牢爲諸侯之禮。牛一、羊一、豕一爲一牢。饔餼七牢，並有米禾芻薪，詳見周禮秋官掌客。

蛾析謂慶鄭曰：蛾同蟻。蛾析，晉大夫。「盍行乎？」對曰：「陷君於敗，謂惠公呼救而不救，又因使韓簡失秦伯。敗而不死，又使失刑，逃亡，則晉不得而罰之，是失刑也。非人臣也。臣而不臣，行將焉入？」十一月，晉侯歸。丁丑，丁丑，二十九日。殺慶鄭而後入。晉語三敘此事甚詳，可參閱。晉世家云：「晉侯至國，誅慶鄭，修政教。」

是歲，晉又饑，秦伯又餼之粟，曰：「吾怨其君，而矜其民。矜，哀憐之也。論語子張：「如得其情，則哀矜而勿喜。」且吾聞唐叔之封也，箕子曰：箕子，或言爲紂之諸父，或言爲紂之庶兄，未詳孰是。『其後必大。』晉其庸可冀乎？其、庸二字之用法俱同「豈」，此是同義虚詞連用。「其庸」連用亦猶昭十二年傳「豈其愛鼎」、荀子王制篇「豈渠得免夫累乎」、正論篇「是豈鉅知見侮之爲不辱哉」之「豈其」、「豈渠」、「豈鉅」連用也。冀讀如幾，宣十二年傳作「庸可幾乎」可證。幾，盡也。此言晉之後望無窮也。姑樹德焉，以待能者。」

於是秦始征晉河東，置官司焉。年表列此事于明年，傳蓋終言之。征即賦稅。河東是黄河之東，即傳所謂「東盡虢略，南及華山，內及解梁城」者，地當在今山西或河南兩省境內，至十七年又還晉。成十一年傳云「秦伯不肯涉河，次于王城，使史顆盟晉侯于河東，晉郤犨盟秦伯于河西」，則河東、河西以黄河爲界，實甚明顯。秦本紀云：「夷吾獻其河西地，是時秦地東至河。」或以河東即「河外列城五」，則仍在河西，恐非傳旨。

十有六年，丁丑，公元前六四四年。周襄王九年、齊桓四十二年、晉惠七年、衞文十六年、蔡莊二年、鄭文二十九年、曹共九年、陳穆四年、杞成十一年、宋襄七年、秦穆十六年、楚成二十八年、許僖十二年。

經

一六・一　十有六年春王正月戊申朔，冬至在正月初五壬子，建子。隕石于宋五。「隕」，公羊作「賈」，説文引作「碩」。是月，六鷁退飛，過宋都。「鷁」，穀梁作「鶂」，金澤文庫本亦作「鶂」，阮氏校勘記謂三傳經文皆作「鶂」，説文作「鶃」。司馬相如子虛賦云「浮文鷁，揚旌栧」，古代船頭畫鷁，當是水鳥，而能高飛。

一六・二　三月壬申，壬申，二十五日。公子季友卒。無傳。稱季友，杜注以爲「稱字者，貴之」；孔疏引劉炫説，則以季爲氏，云：「季友、仲遂皆生賜族，非字也。」劉炫説不可信。詳顧棟高大事表春秋大夫無生而賜氏論。

一六・三 夏四月丙申，丙申，二十日。鄫季姬卒。無傳。「鄫」，穀梁作「繒」。

一六・四 秋七月甲子，甲子，十九日。公孫兹卒。無傳。「兹」，公羊作「慈」。據四年經、傳，公孫兹即叔孫戴伯。

一六・五 冬十有二月，公會齊侯、宋公、陳侯、衛侯、鄭伯、許男、邢侯、曹伯于淮。杜注謂淮在「臨淮郡左右」，晉之臨淮郡治在今江蘇省盱眙縣。

傳

一六・一 十六年春，隕石于宋五，隕星也。年表云：「宋襄公七年，隕五石。」此用春秋不誤。然宋世家云「襄公七年，宋地霣星如雨，與雨偕下」，則是誤採莊公七年傳文入此年，蓋司馬遷之偶疏。史通惑經篇引竹書紀年亦作「隕石于宋五」。六鷁退飛，過宋都，風也。宋世家云：「六鶂退蜚，風疾也。」周内史叔興聘于宋，宋襄公問焉，此「焉」字作「之」字用。曰：「是何祥也？杜注：「祥，吉凶之先見者。」昭十八年傳云：「將有大祥，民震動，國幾亡。」書序云：「亳有祥，桑穀共生于朝。」祥字皆與此同義。中庸云：「國家將興，必有禎祥；國家將亡，必有妖孽。」禎祥乃是吉兆之義，此則統吉凶言之。吉凶焉在？」上句問主吉或主凶，此句問吉凶所在之境。對曰：「今兹魯多大喪，今兹，今年也。兹蓋借爲載。孟子滕文公下：「今茲未能。」呂氏春秋任地篇：「今茲美禾，來茲美麥。」諸「茲」字皆與此同義。季友、戴伯之卒，所謂多大喪也。**明年齊有亂，**指桓公卒，孝公奔宋諸事。**君將得諸侯而不終。」**指鹿上之盟與泓之役等事。**退而告人曰：「君失問。是陰陽之事，非吉凶所生也。**「生」或作「在」。謂隕石與六鷁退飛，其事由于宇宙中之陰陽之氣，不關人事吉凶。荀子天論篇亦云：「夫星之隊，木之鳴，是天地之變，陰陽之化，物之罕至者也。」**吉凶由人。吾不敢逆君故也。」**

一六·二　**夏，齊伐厲，不克，救徐而還。**十五年秋曾伐厲以救徐，此又伐厲以救徐也。今年楚或又伐徐，傳不書，蓋省文。

一六·三　**秋，狄侵晉，取狐、厨、受鐸，**狐厨，杜注以爲一邑。水經汾水注所謂平水「東逕狐谷亭北，春秋時狄侵晉取狐厨」者也。洪亮吉詁云：「狐即狐突食邑，厨即厨武子食邑。」是以狐、厨爲兩邑。其地當在今山西省襄陵舊治西（襄陵本置縣，今已併入襄汾縣，但襄汾縣治在汾水之東，此則在汾水之西）。受鐸地亦當在襄陵舊治附近。**涉汾，及昆都，**昆都，據方輿紀要，在臨汾縣南，此則在汾河之東。**因晉敗也。**

一六·四　**王以戎難告于齊。**戎自十一年伐京師以來常爲王室難。**齊徵諸侯而戍周。**今本石經無「而」字，嚴可均校文云：「各本『侯』下衍『而』。」然查石經每行十字，而此行僅九字，間隔稀疏，似書丹時本有「而」字。金澤文庫本亦有「而」字。齊世家云：「四十二年，戎伐周，周告急於齊，齊令諸侯各發卒戍周。」年表則多用左傳原文。

一六・五 **冬十一月乙卯，**乙卯，十二日。**鄭殺子華。**金澤文庫本作「鄭伯殺子華」。參見七年傳。據宣三年傳，殺之南里。

一六・六 **十二月，會于淮，謀鄫，**鄫爲淮夷所侵凌，謀所以救之。**且東略也。**九年傳述宰孔論齊桓之言曰：「東略之不知，西則否矣。」此東略二字所以明宰孔之言。**城鄫，役人病，**病謂困弊，杜注以遇厲氣解之，未審。**有夜登丘而呼曰：**有用法同或，有人也。定八年傳云：「陽越射之，不中。築者闔門。有自門間射陽越，殺之。」有字與此用法同。成十二年傳載晉楚盟辭之「有渝此盟」，與襄十一年亳盟載書「或間茲命」同意，亦足證「有」即「或」。金澤文庫本「呼」下有「者」字，蓋不知此「有」字之用法而妄增。**「齊有亂！」不果城而還。**

十有七年，戊寅，公元前六四三年。周襄王十年、齊桓四十三年、晉惠八年、衛文十七年、蔡莊三年、鄭文三十年、曹共十年、陳穆五年、杞成十二年、宋襄八年、秦穆十七年、楚成二十九年、許僖十三年。

經

一七・一 **十有七年春，**正月十五日丁巳冬至，建子，有閏。**齊人、徐人伐英氏。**英氏，國名，偃姓，夏本紀

「封皐陶之後於英」者。其地，洪亮吉詁以爲在今湖北省英山縣東北，或以爲在今安徽省金寨縣東南，而彙纂以爲在今六安縣。黄生義府竟謂英即偃，不可信。以齊人、徐人伐之，其國在安徽省金寨縣爲較可從。齊師難以遠至英山。楚世家及年表謂楚成王二十六年滅英。成王二十六年當魯僖公十四年，則英已于三年前被滅，不知此年齊何以得而伐之。楚世家集解引徐廣説，謂英一本作「黄」，似世家之滅英乃滅黄之誤，然年表各本無作「黄」者。豈成王滅英之後又復之耶？疑未能明。其後終爲楚所得。

一七・二　**夏，滅項。**項，國名，故城在今河南省項城縣境。左傳以爲魯滅之，公羊、穀梁以爲齊滅之。左傳叙此事首尾完具，當爲信史。魯、項相距千里，不知何故而從事兵戎，龔景瀚澹静齋文鈔滅項説嘗以爲疑。顧棟高大事表以爲「後爲楚地」，蓋地勢國力之必然，無論齊、魯，終不能越宋而保有項。

一七・三　**秋，夫人姜氏會齊侯于卞。**卞，魯邑，故城在今山東省泗水縣東五十里。

一七・四　**九月，公至自會。**

一七・五　**冬十有二月乙亥，**今本公羊脱「冬」字。乙亥，八日。**齊侯小白卒。**實卒于十月乙亥，赴以十二月，書從赴。

傳

一七・一　**十七年春，齊人爲徐伐英氏，以報婁林之役也。**楚敗徐于婁林在十五年，英氏蓋爲楚與國，或亦與于婁林之役，故伐以報之。英氏爲偃姓國，當在今安徽省金寨縣與霍山縣之間。一九七八年三月間，曾在霍山縣東十六里大沙埂公社黃泥塘發現鼎、壺、敦、盤等青銅器，或定爲春秋時英氏器。

一七·二 **夏，晉大子圉爲質於秦，秦歸河東而妻之。**秦征河東置官司在十五年。妻，去聲，以女嫁之也。惠公奔梁在僖六年春，即令子圉生于是年冬，此時亦不過十一歲耳，而秦伯妻之。**惠公之在梁也，**梁見桓九年傳注。**梁伯妻之。梁嬴孕，過期。**過十月而未產。**卜招父與其子卜之。**卜招父，梁大卜。晉世家作梁伯卜之，恐誤。**其子曰：「將生一男一女。」招曰：**馮繼先春秋名號歸一圖卷下以招即卜招父，是也。**「然。男爲人臣，女爲人妾。」**臣妾之本義爲奴婢，尚書費誓「臣妾逋逃」，易遯九三「畜臣妾」，呂氏春秋察微篇「魯國之法，贖人臣妾於諸侯者，皆取金於府」，淮南子齊俗訓亦有此語，皆用其始義，故鄭公子魚臣，以僕叔爲字。**故名男曰圉，女曰妾。**此古人迷信，名之以厭不祥。**及子圉西質，妾爲宦女焉。**宦音患。越語上云：「與范蠡入宦於吳。」韋注云：「宦爲臣隸。」

一七·三 **師滅項。**魯僖公在國外，帥兵伐項者，胡安國傳以爲季孫，誤。蓋其時季友已死，其子無佚，經、傳不載，似不當權，而季孫行父年齡幼小，決非此季孫。高士奇認爲此時公孫敖兵權在手，或是敖所爲，而僖公不知。**淮之會，**在去年冬十二月。**公有諸侯之事，未歸，而取項。齊人以爲討，而止公。**杜注：「内諱執，皆言止。」

一七·四　秋，聲姜以公故，聲姜，僖公夫人，齊女。會齊侯于卞。九月，公至。書曰「至自會」，猶有諸侯之事焉，猶有者，尚有而未畢也。且諱之也。不言被執，一則尚有諸侯之事，又諱之也。

一七·五　齊侯之夫人三，王姬、徐嬴、蔡姬，王姬娶於莊十一年。「徐嬴」，齊世家誤作「徐姬」。蔡姬又見三年傳並注。皆無子。齊侯好內，古或變言男女爲外內，如傳有外嬖與內嬖。內謂婦女，孔子家語曲禮子貢問云「好外者，士死之；好內者，女死之」，即此好內之義。韓策一云「公仲好內，率曰好士」，亦可證。多內寵，阮元校勘記引陳樹華説、洪亮吉詁均據漢書五行志注等書引文無「內」字，因謂「內寵」之「內」字爲衍文，然齊世家用此文亦作「多內寵」，足證「內」字原有。內嬖如夫人者六人：長衛姬，生武孟；衛姬有二，故分長少。齊世家云：「長衛姬，生無詭。」「無詭」，傳亦作「無虧」。無虧爲名，武孟其字也。少衛姬，生惠公；齊世家云：「少衛姬生惠公元。」下文叙諸姬，似以其子立君之先後，以孝、昭、懿爲序。惠公最後立而序在先者，以長、少兩衛姬於文不宜隔斷。鄭姬，生孝公；齊世家云：「鄭姬生孝公昭。」葛嬴，生昭公；葛見桓十五年經並注。齊世家云：「葛嬴，生昭公潘。」密姬，生懿公；密，本爲商時姞姓之國，見通志氏族略二引世本，詩大雅皇矣所謂「密人不恭，敢拒大邦」者是也。亦作「密須」，昭十五年傳所謂「密須之鼓與其大路，文所以大蒐也」者是也。爲文王所滅，以封姬姓，周語上所謂「恭王游於涇上，密康公從，而一年王滅密」者是也。故韋昭注云：「康公，密國之君，姬姓。」然此密國在今甘肅省靈臺縣西，與齊東西相距遥遠，且早亡於西周恭王，恐非此密姬之國。路史國名紀引史索云「密須，今河南密縣，與安定姬姓密別」，亦即此意。然亦不知其據。梁履繩補釋以爲此密爲周室族卿之采邑，即六年傳之新密，在今河南省密縣者，然此時密早已屬鄭，故沈欽韓補注云「未審密姬所來國」。齊世家云：「密姬，生懿公商人。」**宋華子，生公子雍。**據成十五年傳，宋國華氏出自宋戴公，故爲子姓。宋，其國；華，其氏；子，其姓。**公與管仲屬孝公於宋襄公，以爲大子。**韓非子難三篇云：「人有設桓公隱者曰：『一難，二難，三難，何也？』桓公不能射。管仲對曰：『一難也，近優而遠士；二難也，去其國而數之海；三難也，君老而晚置太子。』桓公曰：『善。』不擇日而廟禮太子。」沈欽韓補注云：「蓋即此事。」**雍巫有寵於衛共姬，**雍即周禮天官內雍、外雍之饔，主割烹之事者，巫爲其名，易牙則其字。傳文此舉雍巫、寺人貂，下云易牙、寺人貂，則明以雍巫、易牙爲一人。管子小稱篇有堂巫，即吕氏春秋之常之巫，則爲巫覡之巫，故云審於死生，能去苛病，與雍巫爲另一人，沈欽韓補注謂雍巫、堂巫、常之巫爲一人，而非易牙，蓋未細審傳文。衛共姬當即長衛姬。莊十一年桓公所娶王姬亦謚共姬，故此加衛字以別之也。**因寺人貂以薦羞於公，**薦羞同義連緜詞，周禮天官庖人云：「以共王之膳與其薦羞之物。」鄭注云：「薦亦進也。備品物曰薦，致滋味乃爲羞。」又宰夫云：「掌祭祀之戒具與其薦羞。」注云：「薦，脯醢也；羞，庶羞、内羞。」又籩人云：「凡祭祀，共其籩薦羞之實。」注云：「薦羞皆進也。未食未飲曰薦，既飲既食曰羞。」孫詒讓正義云：「三注各舉一隅爲釋，義並通也。」齊世家云：「雍巫有寵於衛共姬，因宦者豎刀以厚獻於桓公。」以「厚獻」釋「薦羞」，似嫌籠統而含混。雍巫職在割烹，故進所食之品物，非一般厚獻也。**亦有寵。**管子小稱篇云：「管仲攝衣冠起對曰：『臣願君之遠易牙、豎刁、堂巫、公子開方。夫易牙以調和事公。公曰，惟烝嬰兒之未嘗，於是烝其首子而獻其公。人情非不愛其子也，於子之不愛，將何有於公？公喜宫而妬，豎刁自刑而爲公治内。人情非不愛其身也，於身之不愛，將何有於公？公子開方事公十五年，不歸視其親。齊、衞之間，不容數日之行。臣聞之，務爲不久，蓋虚不長。其生不長者，其死必不終。』桓公曰：『善。』管仲死，已葬，公憎四子者，廢之官。逐堂巫，而苛病起矣；逐易牙，而味不至；逐豎刁，而宫中亂；逐公子開方，而朝不治。桓公曰：『嗟！聖人固有悖乎？』乃復四子者。」齊世家云：「管仲病，桓公問曰：『羣臣誰可相者？』管仲曰：『知臣莫如君。』公曰：『易牙如何？』對曰：『殺子以適君，非人情，不可。』公曰：『開方如何？』對曰：『倍親以適君，非人情，難近。』公曰：『豎刀如何？』對曰：『自宫以事君，非人情，難親。』管仲死，而桓公不用管仲言，卒近用三子，三子專權。」**公許之立武孟。管仲卒，**齊世家云：「四十一年，管仲、隰朋皆卒。」桓公四十一年，當魯僖之十五年，管仲卒於是年，核之國語，可信。晉語四云：「文公在狄十二年，狐偃曰：『齊侯長矣，管仲歿矣。』」晉文在狄十二年，當魯僖十六年，管仲卒已踰年，故狐偃云「管仲歿矣」。**五公子皆求立。**上述桓公子六人，孝公已立爲太子，則此五公子不數孝公。管子戒篇云「公薨，六子皆求立」，則並數孝公。**冬十月乙亥，**乙亥，七日。**齊桓公卒。**管子小稱篇又云：「處朞年，四子作難，圍公一室不得出。有一婦人遂從竇入，得至公所。公曰：『吾饑而欲食，渴而欲飲，不可得，其故何也？』婦人對曰：『易牙、豎刁、堂巫、公子開方四人分齊國，塗十日不通矣。』公曰：『嗟乎！聖人之言長乎哉！死者無知則已。若有知，吾何面目以見仲父於地下？』乃援素幭以裹首而絶。」桓公不得其死，其事甚傳於戰國，故莊子徐無鬼篇、管子戒篇、吕氏春秋貴公篇、知接篇、韓非子十過篇等篇俱載之。齊世家云「桓公病，五公子各樹黨争立」，此其所以不得其死也。**易牙入，與寺人貂因内寵以殺羣吏，**内寵，服虔以爲即「如夫人者六人」，杜注謂爲「内官之有權寵者」，服虔説較確。羣吏，服虔云：「諸大夫也。」**而立公子無虧。孝公奔宋。十二月乙亥，**乙亥，八日。**赴。辛巳，**辛巳，十四日。**夜殯。**自卒至殯計相去六十七日。齊世家云：「及桓公卒，遂相攻，以故宫中空，莫敢棺。桓公尸在牀上六十七日，尸蟲出于户。十二日乙亥，無詭立，乃棺赴。辛巳夜，斂殯。」所述與傳合。至管子戒篇所謂「公死七日不斂」，説苑權謀篇所謂「桓公死六十日，蟲出於户而不收」等等，日數皆未審確。沈欽韓補注曰：「按禮，殯於日出時，言夜殯，明其非常。」

十有八年，己卯，公元前六四二年。周襄王十一年、宋襄九年、齊孝公昭元年、晉惠九年、衛文十八年、蔡莊四年、鄭文三十一年、曹共十一年、陳穆六年、杞成十三年、秦穆十八年、楚成三十年、許僖十四年。

經

一八·一 **十有八年春王正月，**冬至在去年閏十二月二十六日壬戌，建丑。**宋公、曹伯、衛人、邾人伐齊。**公羊「宋公」下有「會」字，蓋衍文。杜注：「納孝公。」

一八·二 **夏，師救齊。**無傳。師，魯師也。

一八·三　五月戊寅，戊寅，十四日。宋師及齊師戰于甗。甗音險，又音言，又音彥。齊地，當在今山東省濟南市附近。齊師敗績。

一八·四　狄救齊。無傳。杜注：「救四公子之徒。」

一八·五　秋八月丁亥，以長曆推之，八月無丁亥，有誤。葬齊桓公。杜注：「十一月而葬，亂故。」

一八·六　冬，邢人、狄人伐衛。經於狄，或單言狄，或稱狄人，蓋由于行文之便。此經文及二十年「齊人、狄人盟于邢」、僖二十四年「蒲人、狄人余何有焉」，以狄與他國或他邑並舉，他國皆不單稱，則於狄亦不得不從同。若惟狄而已，則不稱人，此年「狄救齊」、二十一年「狄侵衛」是也。說本宋趙鵬飛春秋經筌及顧炎武日知録。

傳

一八·一　十八年春，宋襄公以諸侯伐齊。三月，齊人殺無虧。齊世家云：「無詭立三月死，無謚。」又云：「孝公元年三月，宋襄公率諸侯兵送齊太子昭而伐齊。齊人恐，殺其君無詭。」無詭即無虧。

一八·二　鄭伯始朝于楚。始朝者，前此未嘗朝也。齊桓初死，鄭即往朝楚。楚子賜之金，既而悔之，與之盟曰：「無以鑄兵！」故以鑄三鍾。周代鑄兵器，鑄鐘、鼎等彝器俱以銅。襄十九年傳云「季武子以所得於齊之兵作林鐘而銘魯功焉」，疐鼎銘云「孚戈，用作寶尊彝」，皆其事也。及至秦始皇二十六年，猶收天下兵，聚之咸陽，銷以爲鐘鐻。說參楊樹達先生積微居金文說疐鼎跋。

一八·三 齊人將立孝公，不勝四公子之徒，無虧已死，除孝公外，唯餘昭公潘、懿公商人、惠公元及公子雍耳，故曰四公子。遂與宋人戰。與宋人戰者，四公子之徒耳。夏五月，宋敗齊師于甗，立孝公而還。齊世家云：「齊人將立太子昭，四公子之徒攻太子，太子走宋，宋遂與齊人四公子戰。五月，宋敗齊四公子師，而立太子昭，是爲齊孝公。宋以桓公與管仲屬之太子，故來征之。」

秋八月，葬齊桓公。各本皆別爲一傳。案之傳例，若于春秋經文既無所補充，亦無所說明，例不爲其傳。今若別爲一傳，則不合例。傳例有併兩條經文合爲一傳者，莊二十三年經「秋，丹桓宮楹」，傳亦云「秋，丹桓宮之楹」，似亦無所說明或補充，然傳實與「二十有四年春王三月，刻桓宮桷」之經合爲一傳，故傳文云：「二十四年春，刻其桷，皆非禮也。」下一「皆」字，足知併丹楹言之。此「葬齊桓公」蓋與「立孝公而還」並爲一傳，於以見孝公立，齊國之亂定，桓公乃得葬耳。今依傳例併之。齊桓公墓在臨淄南牛山上，晉永嘉中爲人所發掘，詳齊世家集解及正義。

一八·四 冬，邢人、狄人伐衞，圍菟圃。菟音徒。菟圃，衞地，據高岱春秋地名攷補引或說，當在今河南省長垣縣境。衞侯以國讓父兄子弟。及朝衆，衆，國人。謂使國人共議於朝，詳十五年傳「朝國人而以君命賞」注。曰：「苟能治之，燬請從焉。」賈誼新書云：「衞侯朝于周，周行人問其名。答曰：『衞侯辟疆。』周行人還之，曰：『啓疆、辟疆，天子之號，諸侯弗得用。』衞侯更其名曰燬，然後受之。」如此說可信，則衞文初名辟疆，燬乃其更名。衆不可，而後師于訾婁。「後」，阮刻本作「從」，誤；于鬯香草校書强爲之說，謂從師爲從狄師，不可信。今從唐石經、金澤文庫本、宋本等本改正。訾音貲，訾婁在今河南省滑縣西南，與長垣縣接界。**狄師還。**狄師還，邢師亦必隨之還，杜注謂「邢留距衞」，恐不可信。說見顧炎武補正。

一八·五 **梁伯益其國而不能實也，**杜注「益其國」爲「多築城邑」，即下年傳之「好土功」與「亟城」。實者，徙民實之也，與魏志辛毗傳「帝欲徙冀州士家十萬實河南」之「實」同義。下年傳云「弗處」，謂不使民居之，即「不能實」。秦取之，然後使民居之。**命曰新里，**新里即秦之新城，當在今陝西省澄城縣東北二十里。**秦取之。**此與下「十九年春遂城而居之」本爲一傳，爲後人割裂分爲二。

十有九年，庚辰，公元前六四一年。周襄王十二年、宋襄十年、齊孝二年、晉惠十年、衞文十九年、蔡莊五年、鄭文三十二年、曹共十二年、陳穆七年、杞成十四年、秦穆十九年、楚成三十一年、許僖十五年。

經

一九·一 **十有九年春王三月，**正月初八戊辰冬至，建子，有閏。**宋人執滕子嬰齊。**春秋書執國君者十有三，惟此滕子嬰齊及哀四年「晉人執戎蠻子赤」書名。杜注：「書名及不書名，皆從赴。」

一九·二 **夏六月，宋公、曹人、邾人盟于曹南。**無傳。「宋公」，公羊作「宋人」。「盟于曹南」與襄十一年「同盟于亳城北」同例，范寧穀梁注云「曹南，曹之南鄙」，得其意矣。曹風候人云：「薈兮蔚兮，南山朝隮。」毛傳云：「南山，曹南山也。」曹南山在今山東省曹縣南，大事表以爲即此之曹南，理或然。杜注「曹雖與盟，而猶不服，不肯致餼，無地主之禮，故不以國地，而曰『曹南』」云云，則謂此盟本在曹之國都，以曹不盡地主之誼，故不曰曹，而曰曹南，於傳無徵。

一九·三　**鄫子會盟于邾。己酉，**己酉，二十一日。**邾人執鄫子，用之。**鄫子何以會盟于邾，公羊以爲「後會」，杜注亦云：「不及曹南之盟，諸侯既罷，鄫乃會之于邾。」穀梁則云：「微國之君因邾以求與之盟。人因己以求與之盟，己迎而執之。」「用之」者，謂殺之以祭于社也，書法與昭十一年「楚師滅蔡，執蔡世子有以歸，用之」同。「用」義與「用牲於社」之「用」同。公羊、穀梁解「用之」爲「扣其鼻以衈社」（公羊作「血社」，「血」蓋「衈」之壞字。「衈」，周禮夏官小子作「珥」，山海經東山經作「聃」，中山經則言「刉」，云「刉一牝羊獻血」，周禮秋官士師則「刉衈」連言，說文有「刉」字，無「衈」、「聃」諸字），則不主殺之，但取其血而已。此說恐不確。孟子梁惠王上言釁鐘，明謂「吾不忍見其觳觫而就死地」，則殺之可知。釁禮尚且殺牲，祭禮斷無不殺牲之理，周禮小子「掌珥于社稷」，鄭衆云「珥社稷，以牲頭祭也」，得其義矣。

一九·四　**秋，宋人圍曹。**各本連下條「衞人伐邢」爲一節，今依傳分爲二。

一九·五　**衞人伐邢。**傳文書伐邢在圍曹前，而經書在後，杜注：「從赴。」

一九·六　**冬，會陳人、蔡人、楚人、鄭人盟于齊。**公羊「會」上有「公」字。據傳文「修桓公之好」，齊當亦與盟。杜注：「地於齊，齊亦與盟。」似謂以國名爲地名，則盟地之國必與盟，以此爲例，蓋不盡然。僖二十七年經云：「公會諸侯盟于宋。」宣十五年經云：「公孫歸父會楚子于宋。」雖皆以國名爲地名，然宋正在被圍中，不得與盟。若二十年之「齊人、狄人盟于邢」。據傳「爲邢謀衛難」，邢必與盟可知，則與此同。故盟地之國，或與盟，或不與盟，無義例之可言。説參劉師培左氏傳答問。

一九・七 梁亡。

傳

一九・一 十九年春，遂城而居之。此本與上年傳「梁伯益其國而不能實也，命曰新里，秦取之」連爲一傳。

一九・二 宋人執滕宣公。經曰「滕子嬰齊」，傳曰「滕宣公」，所以存滕之世系也。無所補充、説明而爲傳者，爲下文子魚之言「一會而虐二國之君」張本。

一九・三 夏，宋公使邾文公用鄫子于次睢之社，欲以屬東夷。邾文公名蘧蒢，卒于魯文公十三年。杜注：「睢水受汴，東經陳留、梁、譙、沛、彭城縣入泗。此水次有妖神，東夷皆社祠之，蓋殺人而用祭。」依杜意，次睢之社當在睢水之旁，然而續漢書郡國志三注所引張華博物記，謂臨沂東界次睢有大叢社，民謂之食人社，即次睢之社，顧棟高大事表謂在今山東省臨沂縣境者，非睢水所經，與杜意不合。以地理考之，當在今江蘇省銅山縣附近。説參沈欽韓補注。昭十年傳云：「平子伐莒，取郠，獻俘，始用人於亳社。」僅謂祀亳社始用人，非謂祀社始用人也。昭十一年傳云：「楚子滅蔡，用隱太子于岡山。」論語雍也篇云：「犁牛之子騂且角，雖欲勿用，山川其舍諸？」殺人以祭，殺牲以祭，皆謂之用。　屬東夷，使東夷諸國來附己也。與下文「屬諸侯」之「屬」同意，即子魚所云「求霸」也。　社詳昭十一年傳注。**司馬子魚曰：**子魚，即目夷。僖九年傳爲左師，此時或又改爲司馬矣。**「古者六畜不相爲用，**六畜，馬、牛、羊、豕、犬、鷄。杜注：「六畜不相爲用，謂若祭馬先不用馬。」則杜意謂古人于六畜之祖皆有祭，祭牛之祖不用牛，祭馬之祖不用馬。然考之古籍，僅周禮夏官校人有「春祭馬祖」之文，此外不見有祭牛、羊等先祖之文，杜説未必可信。六畜不相爲用者，用馬之祭，不以牛、羊、豕、犬代之耳。至于孟子梁惠王上言梁王以羊易牛以釁鐘，蓋戰國時已不甚遵循舊禮矣。**小事不用大牲，**據禮記雜記下，廟成則釁之，釁用羊，門、夾室皆用雞。釁門與夾室僅用雞，所謂小事不用大牲也。**而況敢用人乎？祭祀以爲人也。民，神之主也。用人，其誰饗之？齊桓公存三亡國以屬諸侯，**三亡國，古有二説，齊語云：「桓公憂天下諸侯，魯有夫人、慶父之亂，二君弑死，國絶無嗣。桓公聞之，使高子存之。狄人攻邢，桓公築夷儀以封之。狄人攻衛，衛人出廬於曹，桓公城楚丘以封之。天下諸侯稱仁焉，是故諸侯歸之。」管子小匡篇文與此大同，是以魯、衛、邢爲三亡國。然大匡篇云：「宋不聽，果伐杞，桓公築緣陵以封之。明年，狄人伐邢。邢君出，致於齊，桓公築夷儀以封之。明年，狄人伐衛，衛君出，致於虚，桓公築楚丘以封之。」隰朋、賓胥無謂「三國所以亡者絶以小」，是以杞、邢、衛爲三亡國。春秋繁露王道篇亦云「桓公存邢、衛、杞」。然城緣陵以遷杞，實在魯僖之十四年，而在築楚丘之後，大匡篇以爲在前，與春秋不合，恐誤。晉語二於葵丘之會，述宰孔論齊桓之言云：「三屬諸侯，存亡國三。」葵丘之會在魯僖九年，在城緣陵之前，則是三亡國不應數杞，韋注國語、杜注左傳皆謂魯、衞、邢爲三亡國，蓋得其實。義士猶曰薄德，此蓋泛論齊桓，雖存三亡國，其德猶不厚也。杜注謂「欲因亂取魯，緩救邢、衞」，僅就存三亡國言之，非。今一會而虐二國之君，指執滕宣公與用鄫子。又用諸淫昏之鬼，諸，「之於」之合音詞。淫昏之鬼指次睢之社，杜注因謂之妖神，非所當祀。將以求霸，不亦難乎？得死爲幸。」得死猶言善終。哀十六年傳「得死乃非我」，亦此意。若不得善終，則曰不得其死，論語先進篇「若由也，不得其死然」可證。以宋襄得善終爲幸，恐宋國亡也。

一九·四　秋，衞人伐邢，以報菟圃之役。不伐狄而伐邢者，以邢方無道。杜注謂「邢不速退，所以獨見伐」，傳無此義。於是衞大旱，卜有事於山川，卜祭山川也。不吉。甯莊子曰：「昔周饑，克殷而年豐。周頌桓云：「綏萬邦，屢豐年。」孔穎達正義即引此傳文爲證。今邢方無道，諸侯無伯，齊桓已死，無霸主也。天其或者欲使衞討邢乎？」從之。師興而雨。

一九·五　宋人圍曹，討不服也。文十五年傳季文子謂齊侯「己則無禮，而討于有禮者，曰『汝何故行禮』」，可見「討」字本身並無褒貶之義。子魚言於宋公曰：「文王聞崇德亂而伐之，崇，崇侯虎也。尚書大傳云：「文王受命，五年伐耆，六年伐崇，七年而崩。」說苑指武篇云：「文王欲伐崇，先宣言曰：『余聞崇侯虎蔑侮父兄，不敬長老，聽獄不中，分財不均，百姓力盡不得衣食，予將來征之，唯爲民。』乃伐崇。」崇國在今陝西省户縣東五里。軍三旬而不降。說苑指武篇云：「宋圍曹，不拔。司馬子魚謂君曰：『文王伐崇，崇軍其城，三旬不降。』」似解傳文之「軍」爲崇軍，恐非傳旨。軍三旬而不降者，文王之軍攻之三旬而崇軍不降也，與下文之「因壘」，均指文王言。**退修教而復伐之，**金澤文庫本作「退而修教而復伐之」，多一「而」字。説苑指武篇作「退而修教復伐之」，「而」字在退字下。**因壘而降。**文十二年傳「請深壘固軍」，孔疏云：「壘，壁也。軍營所處，築土自衛，謂之爲壘。深者，高也。」因，依也，就也。因壘者，依前所築之壘，未曾修繕與增築，既示未嘗增兵，亦示決戰之速也，與上「軍三旬不降」爲對比。前人解「因壘而降」爲崇軍未戰而自降，説苑指武篇亦云：「令毋殺人，毋壞室，毋填井，毋伐樹木，毋動六畜。有不如令者，死無赦。崇人聞之，因請降。」然詩大雅皇矣云：「臨衝閑閑，崇墉言言。執訊連連，攸馘安安。」又云：「臨衝茀茀，崇墉仡仡，是伐是肆，是絶是忽。」則未嘗無戰鬭也。劉文淇舊注疏證謂皇矣所詠「當指伐崇未退以前事」，章炳麟左傳讀則謂「因壘」當讀作「闉壘」，通典云，於城外起土爲山，乘城而上，古謂之土山，今謂壘道是也。闉壘而降者，闉壘才就，以上敵城，而崇遂降也。恐皆不確。**詩曰：『刑于寡妻，**刑同型，法也，今言示範。寡，大也。嫡妻，近代言大太太，古則曰寡妻，猶大兄，尚書康誥曰寡兄；大命，尚書康王之誥曰寡命也。説參俞正燮癸巳類稿寡兄解。**至于兄弟，以御于家邦。』**詩大雅思齊文。晉語四云：「刑於大姒，比於諸弟。詩云：『刑于寡妻，至于兄弟，以御于家邦。』」寡妻指文王妃大姒。兄弟，同宗諸弟。御，治也。**今君德無乃猶有所闕，而以伐人，若之何？盍姑内省德乎！**説苑指武篇作「胡不退修德」，省德謂自察其德何如也，説苑作修德，則隨文易之，非訓詁也。而内作退者，内乃衲之假借，衲則退之或體，見於説文。墨子親士篇「君子進不敗其志，内究其精」，「内」亦「衲」之借字。上文言文王云退修教而後伐之，則此當以退勸宋公確然無疑義。説詳章炳麟左傳讀。無闕而後動。」

一九·六　陳穆公請脩好於諸侯，以無忘齊桓之德。陳世家云：「宣公卒，子款立，是爲穆公。」穆公卒于二十八年，經云「陳侯款卒」者是也，無傳。冬，盟于齊，脩桓公之好也。杜注：「宋襄暴虐，故思齊桓。」宋不與盟，所言似有理。

一九·七　梁亡，梁，國土即今陜西省韓城縣南之少梁城。不書其主，滅之者不書。自取之也。荀子富國篇云：「是以臣或弑其君，下或殺其上，粥其城，背其節而不死其事者，無他故焉，人主自取之也。」初，梁伯好土功，亟城而弗處。亟，去聲，屢也。民罷而弗堪，則曰「某寇將至」。乃溝公宫，於公宫外爲深溝也。曰：「秦將襲我。」民懼而潰，秦遂取梁。穀梁傳云：「梁亡，自亡也。湎於酒，淫於色，心昏耳目塞，上無正長之治，大臣背叛，民爲寇盜。梁亡，自亡也。如加力役焉，湎不足道也。」春秋繁露王道篇云：「梁内役民無已，其民不能堪。使民比地而伍，一家亡，五家殺刑。其民魚爛而亡，國中盡空。」與左傳有所不同。年表及晉世家俱用左傳，惟誤認梁伯「秦寇將至」之誑語爲民相驚之語耳。至秦本紀則謂秦滅梁在穆公二十年，相差一年。雷學淇竹書紀年義證三十云「亡在十九年之冬，而取在二十年」，則是調停之辭。梁，戰國時屬魏，梁惠王與秦戰，敗，遂又入秦，見魏世家。

二十年，辛巳，公元前六四〇年。周襄王十三年、宋襄十一年、齊孝三年、晉惠十一年、衛文二十年、蔡莊六年、鄭文三十三年、曹共十三年、陳穆八年、杞成十五年、秦穆二十年、楚成三十二年、許僖十六年。

經

二〇·一 **二十年春**，此年冬至在去年閏十二月十九日癸酉，建丑。**新作南門**。杜注：「魯城南門也。本名稷門，僖公更高大之，今猶不與諸門同，改名高門也。言新，以易舊；言作，以興事，皆更造之文也。」水經泗水云：「沂水北對稷門。」注云：「昔圉人犖有力，能投蓋於此門。春秋書春新作南門，其遺基猶在，地入丈餘矣。亦曰雩門，莊十年公子偃請擊宋師，竊從雩門蒙皐比而出者也。」孔子世家云：「陳女樂文馬於魯城南高門外。」此高門當即稷門，足爲杜注之證。

二〇·二 **夏，郜子來朝**。無傳。據隱十年、桓二年經、傳，郜已亡于宋，今猶有郜子來朝，公羊以爲「失地之君也」。然郜滅于隱十年以前，距此已七八十年，其君縱壽考，亦未必能來。俞樾俞樓雜纂卷二十八謂「郜子以耄耋大年來朝兄弟之國」，不知亡國多年之君，春秋例不書爵，故不能信。或以爲滅而復封，亦無據。沈欽韓補注謂郜有二城，高士奇地名考略謂桓二年郜大鼎之郜爲國，是爲北郜城；隱十年魯取郜之郜爲宋邑，是爲南郜城。齊召南公羊注疏考證且謂郜未嘗被滅，宋有郜鼎，安知非郜以賂乎？衆説紛紜，皆無確證，録以備考。

二〇·三 **五月乙巳**，乙巳，二十三日。**西宮災**。無傳。諸侯有東宮、西宮、北宮。莊十二年傳云「遇大宰督于東宮之西」，是諸侯之東宮也。哀十七年傳云「衛侯夢于北宮見人登昆吾之觀」，是諸侯之北宮也。此則西宮也。襄十年傳云「晨攻執政于西宮之朝」，則西宮亦君臣治事之所。穀梁以西宮爲閔公之廟，不可信。宣十六年傳云：「天火曰災。」

二〇·四　**鄭人入滑。**

二〇·五　**秋，齊人、狄人盟于邢。**

二〇·六　**楚人伐隨。**

傳

二〇·一　**二十年春，新作南門。書，不時也。**莊二十九年傳云：「凡土功，龍見而畢務，戒事也；火見而致用，水昏正而栽，日至而畢。」此已過冬至而興土功，故曰不時。**凡啓塞，從時。**據孔疏引服虔注，啓謂闔扇，塞謂鍵閉。從時者，禮記月令所謂以仲春之月修闔扇，孟冬之月修鍵閉也。闔扇指門，用木制者曰闔，用竹葦制者曰扇。闔扇所以開，故曰啓。鍵閉者，門有兩扇，每扇各直釘一短木，其上有孔，兩扇既合，然後用一橫木貫於兩孔中，加管鑰焉，所以閉之也。其貫門扇之橫木曰鍵，其受橫木者曰閉。鍵閉所以塞，故曰塞。鍵閉非鎖鑰。說詳李貽德輯述。杜注意謂門戶道橋謂之啓，城郭牆塹謂之塞，隨壞隨修爲從時。今僖公修飾城門，非開閉之急。

二〇・二 滑人叛鄭，而服於衞。夏，鄭公子士、洩堵寇帥師入滑。滑，國名，詳莊十六年經注，秦於僖三十三年滅之。此次鄭師入滑，不久又即衞，見二十四年傳。滑地近鄭，於鄭在所必爭。説詳顧棟高大事表四。杜注：「公子士，鄭文公子。洩堵寇，鄭大夫。」

二〇・三 秋，齊、狄盟于邢，爲邢謀衞難也。上年衞伐邢。於是衞方病邢。明年狄伐衞，蓋爲邢也。

二〇・四 隨以漢東諸侯叛楚。冬，楚鬭穀於菟帥師伐隨，取成而還。君子曰：「隨之見伐，不量力也。量力而動，其過鮮矣。善敗由己，善敗猶言成敗。周語上云：「口之宣言也，善敗於是乎興。」晉語九云：「朝夕誦善敗而納之。」楚語下云：「獻善敗于寡君。」諸善敗皆此義。説詳竹添光鴻會箋。而由人乎哉？詩曰：『豈不夙夜，謂行多露。』」詩召南行露。謂，奈何之義，例證見楊樹達先生詞詮。行，道也。詩意謂豈不欲清晨昏夜行走乎，奈路中露水多何。謂多露而不行，以喻有所畏則不動，量力而後動也。

二〇・五 宋襄公欲合諸侯。臧文仲聞之，曰：「以欲從人，則可；以人從欲，鮮濟。」以欲從人者，推己之所欲以從人，使人同得所欲也。以人從欲者，强迫他人以逞一己之欲也。昭四年傳云「求逞於人，不可；與人同欲，盡濟」，亦即此意。此數語當與下年「宋人爲鹿上之盟」爲一傳。

二十有一年，壬午，公元前六三九年。周襄王十四年、宋襄十二年、齊孝四年、晉惠十二年、衛文二十一年、蔡莊七年、鄭文三十四年、曹共十四年、陳穆九年、杞成十六年、秦穆二十一年、楚成三十三年、許僖十七年。

經

二一·一 二十有一年春，冬至在去年十二月二十九日戊寅，建丑。狄侵衞。無傳。杜注：「爲邢故。」

二一·二 宋人、齊人、楚人盟于鹿上。鹿上，宋地。據杜注則在今安徽省阜陽市南，距齊遠，距楚差近，江永考實謂「宋人既求諸侯于楚，必就其近楚之地」，因以此説爲是。據續漢書郡國志，則在山東省巨野縣西南曹縣東北，王夫之稗疏以爲宋之鹿上不得遠在阜陽，而主續漢志之説。方輿紀要同。以地理考之，王説較是。

二一·三 夏，大旱。禮記玉藻「至于八月不雨，君不舉」，鄭玄注云：「春秋之義，周之春夏無雨，未能成災。至其秋秀實之時而無雨，則雩。雩而得之，則書雩，喜祀有益也；雩而不得，則書旱，明災成也。」杜預用此義，注云：「雩不獲雨，故書旱。自夏及秋，五稼皆不收也。」以此言之，此書「夏大旱」，實則自夏及秋皆不雨，是否經義，可疑。至雩得雨曰雩，不得雨曰旱，乃穀梁（見僖十一年）義。按之全經，書「大雩」者自桓五年至哀十五年凡二十一次；書「不雨」者則莊三十一年、僖二年與三年、文二年、十年與十三年，自後不見；書「大旱」者，唯此及宣七年而已。義例何在，難知。

二一·四 秋，宋公、楚子、陳侯、蔡侯、鄭伯、許男、曹伯會于盂。「盂」，公羊作「霍」，穀梁作

「雩」。盂，宋地。據一統志，今河南省睢縣有盂亭，即是其地。經於楚君稱「楚子」始于此。其後間有稱「楚人」者，自宣九年以後，則全稱「楚子」矣。**執宋公以伐宋。**公羊傳云：「孰執之？楚子執之。曷爲不言楚子執之？不與夷狄之執中國也。」此公羊義。杜注：「不言楚執宋公者，宋無德而争盟，爲諸侯所疾，故總見衆國共執之文。」以下文釋宋公亦總諸侯言之，或合經旨。

二一·五 **冬，公伐邾。**無傳。

二一·六 **楚人使宜申來獻捷。**無傳。宜申即鬬宜申。不書氏，詳文九年經注。獻宋捷也。不言宋者，事不異年，承上文，從可知也。

二一·七 **十有二月癸丑，**癸丑，十日。**公會諸侯盟于薄，**盂之會，魯未與；薄之盟，魯與之。諸侯當即楚子、陳侯等。薄即亳，宋邑，在今河南省商丘市北，詳莊十二年「公子御説奔亳」注。**釋宋公。**

傳

二一·一 **二十一年春，宋人爲鹿上之盟，以求諸侯於楚。**齊桓卒于僖十七年，中國失霸主。十八年，鄭始朝楚；十九年，楚又與陳、蔡、鄭盟於齊，則此時楚已得諸侯矣。故宋襄欲繼齊桓之霸業，必求于楚而後可。**楚人許之。公子目夷曰：「小國争盟，禍也。宋其亡乎！幸而後敗。」**句與十五年傳「幸而得囚」相似，韓簡恐己戰死，此則恐宋國亡，戰敗而不亡即屬幸事。宋世家云：「襄公八年，齊桓公卒，宋欲爲盟會。十二年春，宋襄公爲鹿上之盟，以求諸侯于楚，楚人許之。公子目夷諫曰：『小國争盟，禍也。』不聽。」史公用左傳，而變目夷之言爲諫語。

二一·二　**夏，大旱。公欲焚巫、尪。**甲骨文屢見烄字，像人交股於火上，疑焚人求雨之俗起源甚早。禮記檀弓下云：「歲旱，穆公召縣子而問然，曰：『天久不雨，吾欲暴尪，而奚若？』曰：『天久不雨，而暴人之疾子，虐，毋乃不可與？』『然則吾欲暴巫，而奚若？』曰：『天則不雨，而望之愚婦人，於以求之，毋乃已疏乎？』」則以巫尪爲二。穆公欲暴巫、尪，僖公欲焚之，其實質則一。尪音汪，吕氏春秋盡數篇注云「突胸仰向疾也」，鄭玄檀弓注亦云「尪者面向天，覬天哀而雨之」。杜預本此而引申之云：「瘠病之人，其面上向，俗謂天哀其病，恐雨入其鼻，故爲之旱，是以公欲焚之。」國語楚語下云：「在男曰覡，在女曰巫。」荀子王制篇「知其吉凶妖祥，傴巫跛擊（覡）之事也」，正論篇「譬之是猶傴巫跛匡（尪）大自以爲有知也」，僅言巫尪自謂能前知。**臧文仲曰：「非旱備也。脩城郭、貶食、省用、務穡、勸分，此其務也。**修城郭，孔疏引服虔云：「國家凶荒，則無道之國乘而加兵，故修城郭爲守備也。」沈欽韓補注云：「民艱於食，故修土功，給其稍食，亦救荒之策，若宋史趙抃於越州下令修城，使民食其力是也。」貶食，省用者也，禮記曲禮下所謂「歲凶，年穀不登，君膳不祭肺，馬不食穀，馳道不除，祭事不縣；大夫不食粱，士飲酒不樂」是也。務穡者，杜注云：「穡，儉也。」則以穡爲嗇，論衡明雩篇及李善注册魏王九錫文亦作「務嗇」。然「務嗇」與「省用」意義相同，何必重言？論衡、文選注之作「務嗇」，乃以嗇爲穡，尚書湯誓之「舍我穡事」，史記殷本紀作「舍我嗇事」，亦猶是也。務嗇者，務稼穡之事，雖旱而不捨農，亦可以補救災荒。册魏王九錫文云「勸分務本」，「務本」即此「務穡」，亦可證此穡字之義。勸分者，勸其有儲積者分施之也。巫、尫何爲？天欲殺之，則如勿生；如，應當之義。說詳王引之釋詞。若能爲旱，焚之滋甚。」公從之。是歲也，饑而不害。不害，不傷害民也。或因採取臧文仲所言諸對策之故。

二一・三　秋，諸侯會宋公于盂。年表云：「襄公十二年，召楚盟。」子魚曰：子魚即目夷，詳僖九年傳注。「禍其在此乎！君欲已甚，已，太也。其何以堪之？」於是楚執宋公以伐宋。冬，會于薄以釋之。子魚曰：「禍猶未也，未足以懲君。」公羊傳云：「宋公與楚子期以乘車之會。公子目夷諫曰：『楚，夷國也，彊而無義，請君以兵車之會往。』宋公曰：『不可。吾與之約以乘車之會，自我爲之，自我墮之，曰：不可。』終以乘車之會往。楚人果伏兵車，執宋公，以伐宋。宋公謂公子目夷曰：『子歸守國矣！國，子之國也。吾不從子之言以至乎此。』公子目夷復曰：『君雖不言國，國，固臣之國也。』於是歸設守械而守國。楚人謂宋人曰：『子不與我國，吾將殺子君矣。』宋人應之曰：『吾賴社稷之神靈，吾國已有君矣。』楚人知雖殺宋公，猶不得宋國，於是釋宋公。宋公釋乎執，走之衞。公子目夷復曰：『國爲君守之，君何爲不入？』然後逆襄公歸。」然宋世家全用左傳。楚世家云：「三十三年，宋襄公欲爲盟會，召楚。楚王怒曰：『召我，我將好往襲辱之。』遂行，至盂，遂執辱宋公，已而歸之。」

二一・四　任、宿、須句、顓臾，風姓也，任國故城在今山東省濟寧市。秦嘉謨世本輯補、雷學淇竹書義證俱疑任即仍。宿見隱元年經並注。須句，句音劬。公羊作「須朐」。杜注「須句，在東平須昌縣西北」，則在今山東省東平縣東南。據水經濟水注，今東平縣西北亦有朐城，引京相璠云，須朐一國二城，蓋後遷都。在東平縣西北者是。潘祖蔭舊藏一器，銘作「□」，郭沫若解爲「須句」二字之合文，見金文餘釋之餘釋須句。顓臾故城在今山東省費縣西北八十里，即平邑縣東。論語季氏：「夫顓臾，昔者先王以爲東蒙主，且在邦域之中矣。」故顧棟高以爲魯之附庸。實司大皞與有濟之祀，司，主也。大皞又見昭十七年傳。相傳四國爲大皞之後，故主其祭祀。有濟即濟水，有爲詞頭，猶有虞、有夏之有，加字以成雙音節。以服事諸夏。服事諸夏，蓋服從中國之意。論語泰伯篇云「三分天下有其二，以服事殷」，兩服事義同。又據論語季氏篇，顓臾則主魯國東蒙之祭祀，爲魯社稷之臣。

邾人滅須句。須句子來奔，因成風也。據杜注，須句乃成風母家。成風，莊公之妾，僖公之母，見閔二年傳。成風爲之言於公曰：「崇明祀，明祀，大皞與濟水之祭祀也。保小寡，老子「小國寡民」即此「小寡」之義，指須句。周禮也；蠻夷猾夏，猾音滑，亂也。周禍也。若封須句，是崇皞、濟而脩祀、紓禍也。」皞即大皞，濟即濟水。「脩祀」，當作「脩禮」，脩禮承「周禮」，紓禍承「周禍」，因「禮」古文作「礼」，與祀字相似致誤。若作修祀，則與「崇皞、濟」意複。説詳俞樾平議。紓，解也。此節當與下年「春伐邾，取須句」連讀。

二十有二年，癸未，公元前六三八年。周襄王十五年、宋襄十三年、齊孝五年、晉惠十三年、衞文二十二年、蔡莊八年、鄭文三十五年、曹共十五年、陳穆十年、杞成十七年、秦穆二十二年、楚成三十四年、許僖十八年。

經

二二·一 二十有二年春，此年正月初十癸未冬至，建子。公伐邾，取須句。公羊作「公伐邾婁，取須朐」。「邾」，公羊例作「邾婁」。「須句」，亦例作「須朐」。

二二·二 夏，宋公、衞侯、許男、滕子伐鄭。

二二·三 秋八月丁未，丁未，八日。及邾人戰于升陘。升陘，魯地，不詳當今何地。

二二·四 冬十有一月己巳朔，宋公及楚人戰于泓，泓，水名，當在今河南省柘城縣北三十里。明一統志謂爲渙水支流。渙水即戰國策楚策「取睢、濊之間」之濊水，本爲澮河上流，今已湮矣。宋師敗績。莊十一年傳云：「大崩曰敗績。」

傳

二二·一 二十二年春，伐邾，取須句，反其君焉，禮也。禮也者，成風所謂「崇明祀，保小寡，周禮也」。杜注云「得恤寡小之禮」，即本此而言。劉文淇舊注疏證引僖元年傳「凡侯伯，救患、分災、討罪，禮也」以駁杜，恐失之拘。

二二·二　三月，鄭伯如楚。

二二·三　夏，宋公伐鄭。子魚曰：「所謂禍在此矣。」鄭自齊桓死後，即服事楚。鹿上之盟，鄭伯未與。宋求諸侯於楚，鄭始與于盂之盟。今年三月，鄭文公猶至楚朝，則鄭始終從楚。宋之伐鄭，即與楚争矣。

二二·四　初，平王之東遷也，周平王東遷雒邑，當魯孝公之二十五年，公元前七七〇年。是爲東周。辛有適伊川，辛有，周大夫。其次子適晉爲董史，見昭十五年傳。伊川，伊河所經之地，當今河南省嵩縣及伊川縣境。見被髮而祭于野者，曰：「不及百年，此其戎乎！其禮先亡矣。」被同披。論語憲問篇云「微管仲，吾其被髮左衽矣」，足證披髮爲當時所謂夷、狄之俗。祭於野，沈欽韓補注謂即周禮春官大祝之衍祭，男巫之望衍。然細讀衍祭、望衍之諸家注釋，恐非此野祭之義。祭於野疑即祭於墓。蔡邕、曹丕雖云「古不墓祭」，然徵之經、史，古實有墓祭之俗，閻若璩四書釋地已詳言之。或古者墓祭蓋即禮記曾子問之「望墓而爲壇以時祭」。今以野祭爲所謂夷、狄之俗者，或者此之墓祭不爲壇，或者非謂墓祭，乃謂披髮而祭墓耳。平王元年距此一百三十三年，而此言不及百年者，或辛有之言説于中葉。秋，秦、晉遷陸渾之戎于伊川。陸渾之戎蓋其本名，本居于瓜州，晉惠公始誘而遷之于伊川。昭九年傳云「先王居檮杌于四裔，以禦螭魅，故允姓之姦居于瓜州。伯父惠公歸自秦而誘以來，使偪我諸姬，入我郊甸」者是也。至僖十一年傳之伊雒之戎，或者爲其地之土著，或者爲先至其地者，以其事在遷陸渾之戎以前十一年也。説詳顧頡剛史林雜識瓜州。

二二·五 晉大子圉爲質於秦，將逃歸，謂嬴氏曰：「與子歸乎？」嬴氏即懷嬴，又見下年傳。晉世家云：「十三年，晉惠公病，內有數子。大子圉曰：『吾母家在梁，梁今秦滅之，我外輕於秦而內無援於國。君即不起，病大夫輕更立他公子。』乃謀與其妻俱亡歸。」秦本紀所述意同。史公或另有所據，而左傳略之。對曰：「子，晉大子，而辱於秦。子之欲歸，不亦宜乎？寡君之使婢子侍執巾櫛，禮記曲禮下云：「自世婦以下自稱曰婢子。」又詳十五年傳注。巾爲拭巾，櫛乃梳篦之總名。侍執巾櫛，當時謙語。以固子也。從子而歸，弃君命也。不敢從，亦不敢言。」遂逃歸。圉逃歸晉也。

二二·六 富辰言於王曰：富辰，周大夫。「請召大叔。大叔，王子帶也，十二年奔齊。詩曰：『協比其鄰，昏姻孔云。』詩小雅正月句。「協比」，今詩作「洽比」，義同。比，去聲，協比，協和親附也。孔，甚也。云，毛傳云「旋也」，鄭箋云「猶友也」。富辰引詩之意，謂先與左右鄰近之人團結親附，然後昏姻親戚得以甚爲友好。吾兄弟之不協，焉能怨諸侯之不睦？」不睦，謂不睦于周，猶言不服于周。與文七年傳「日衛不睦」之「不睦」義同。王說。說同悦。王子帶自齊復歸于京師，王召之也。終十三年傳仲孫湫之言，且爲二十四年襄王出居于鄭張本。

二二·七 邾人以須句故出師。公卑邾，卑猶輕視。不設備而禦之。「禦」，金澤文庫本作「御」。臧文仲曰：「國無小，不可易也。易，去聲，猶輕也。無備，雖衆，不可恃也。古人行文有上下互省之例，此言國無小，猶言無小與寡，國小則民寡，此省寡字；言雖衆，猶言雖大與衆，民衆則國大，此省大字。說本楊樹達先生所作曾星笠傳。**詩曰：『戰戰兢兢，**兢音矜，戰戰兢兢，恐懼之貌。**如臨深淵，如履薄冰。』**詩小雅小旻句。宣十六年傳羊舌職亦引此數語。呂氏春秋慎大篇云：「賢主愈大愈懼，愈彊愈恐。周書曰『若臨深淵，若履薄冰』，以言慎事也。」似周書亦有此語。**又曰：『敬之敬之！天惟顯思，命不易哉！』**詩周頌敬之句。顯，明也。思，語氣詞，無義。據下文「猶無不難也」之文，則文仲讀易爲難易之易。其意若謂，必須認真嚴肅以從事，天監臨在上而無不照，獲得與保守天命極不容易也。**先王之明德，猶無不難也，**應「命不易哉」。**無不懼也，**應「戰戰兢兢」。小旻爲刺詩，而文仲言「先王之明德」者，古人引詩多不顧本義，所謂賦詩斷章也。**況我小國乎！君其無謂邾小，蠭蠆有毒，**蠭，今作蜂。說文云：「蠭，飛蟲螫人者。」段注謂爲大黄蜂。蠆音瘥，毒蟲也。長尾爲蠆，短尾爲蠍。**而況國乎！」弗聽。**

八月丁未，公及邾師戰于升陘，我師敗績。邾人獲公冑，冑，今之頭盔。古代用皮製成，秦、漢以後改用鐵製，名爲兜鍪。**縣諸魚門。**魚門，邾之城門。禮記檀弓上云：「邾婁復之以矢，蓋自戰於升陘始也。」鄭注云：「戰於升陘，魯僖二十二年秋也。時師雖勝，死傷亦甚，無衣可以招魂。」

二二·八 **楚人伐宋以救鄭。宋公將戰，大司馬固諫曰：**宋世家正義引世本曰：「宋莊公孫名固，爲大司馬。」又據晉語四，公孫固之爲大司馬，正在此時，詳二十三年傳注，則此大司馬必公孫固也。僖十九年傳有「司馬子魚」，司馬即大司馬，詳後注。是則此時子魚已不爲司馬矣。宋世家以此爲子魚之言，顧炎武補正力主之，恐未確，説參惠棟及沈欽韓補注。韓非子外儲説左上作「右司馬購強」，「購強」即「固」之緩讀。固爲魚部字，強爲陽部字，古音可通。盧文弨以購強爲固之字，可商。參盧文弨鍾山札記及梁玉繩史記志疑。近人洪誠有大司馬固諫述評，載南京大學學報一九七〇年四期。**「天之弃商久矣，**商即宋，説詳顧炎武日知録及王國維觀堂集林説商。盛昱鬱華館金文商丘叔簠銘云：「商丘叔作其旅簠。」亦云：「商，宋也。」然其不曰宋而曰弃商者，亦以見「寡人雖亡國之餘」之意。説參閻若璩潛丘劄記四下。傳世有宋戴公戈，文曰「王商戴公」云云，阮元積古齋鐘鼎彝器款識謂足證宋之稱商，但此「商」應讀爲「賞」。詩之商頌，即宋頌。**君將興之，弗可赦也已。」**杜注：「言君興天所弃，必不可，不如赦楚勿與戰。」焦循補疏云：「爾雅，赦，舍也。推注，『弗可』句，『赦也』句，勿與戰三字解已字。」俞樾平議曰：「如杜解，當於『弗可』絶句，『赦也已』三字文不成義矣。此五字宜連讀，蓋即違天必有大咎之意。天固棄之，君必興之，是得罪於天也，故曰弗可赦也已。」俞説是。**弗聽。**

冬十一月己巳朔，宋公及楚人戰于泓。宋人既成列，楚人未既濟。既，盡也。渡泓水僅一部登陸，餘軍在渡河中。**司馬曰：**司馬即大司馬之省文。隱公三年傳謂「召大司馬孔父而屬殤公焉」，而桓二年傳言「孔父嘉爲司馬」；文八年傳先云「殺大司馬公子卬」，後云「司馬握節以死」，足以知宋有大司馬之官，簡稱司馬。杜注本僖十九年傳「司馬子魚曰」，因分大司馬、司馬爲二人，而以此司馬爲子魚，不確。

說本沈欽韓補注。「彼衆我寡，及其未既濟也，請擊之。」公曰：「不可。」既濟而未成列，又以告。公曰：「未可。」既陳而後擊之，宋師敗績。公羊傳云：「宋公與楚人期戰于泓之陽，楚人濟泓而來，有司復曰：『請迨其未畢濟而擊之。』宋公曰：『不可。吾聞之也，君子不厄人。吾雖喪國之餘，寡人不忍行也。』既濟，未畢陳。有司復曰：『請迨其未畢陳而擊之。』宋公曰：『不可。吾聞之也，君子不鼓不成列。』已陳，然後襄公鼓之，宋師大敗。」公傷股。楚世家云：「射傷宋襄公。」門官殲焉。門官，古今有數解。杜注云：「門官，守門者，師行則在君左右。」正義云：「周禮虎賁氏：『掌先後王而趨以卒伍。軍旅、會同亦如之。舍則守王閑；王在國，則守王宮；國有大故，則守王門。』此門官蓋亦天子虎賁氏之類。」此一義也。惠士奇禮說云：「門官，軍之帥也。向戌稱盧門合左師，華元亦居盧門，二旅皆卿，而爲軍帥，謂之門官。」此又一義也。沈欽韓補注云：「門官即門子也。卿大夫之子弟衞公，若唐之三衞矣。襄九年傳，大夫門子皆從鄭伯。」此又一義也。若門官是虎賁氏，其地位實不高，傳無庸書之，杜注恐難信。惠、沈兩說俱有理，沈說似尤勝。殲，盡也，盡被殲滅。

國人皆咎公。公曰：「君子不重傷，重，應讀平聲，已傷之後不再傷之。不禽二毛。禽同擒。二毛，有白髮間於黑髮者。穀梁文十一年傳云：「古者不重創，不禽二毛。」淮南子氾論訓云：「古之伐國，不殺黃口，不獲二毛，於古爲義，於今爲笑。」古之爲軍也，不以阻隘也。杜注：「不因阻隘以求勝。」以阻與隘爲同義詞平列連用。俞樾平議駁之，謂阻隘爲阻其隘，則是動賓結構。阻，扼也。不以阻隘，言不扼敵於險隘。俞說似長，下文「阻而鼓之」可證。寡人雖亡國之餘，亡國之餘者，宋乃殷商之後，殷商滅亡于周也。不鼓不成列。」不鼓，猶言不擊。不向未陣者發動攻擊。子魚曰：「君未知戰。勍敵之人，勍音擎，彊也。隘而不列，金澤文庫本作「不成列」，與文選李注所引合，蓋涉上文誤衍「成」字。天贊我也；贊，佐助也。言楚在險隘之地，不能擺開陣勢，此天之所以助我也。阻而鼓之，不亦可乎？猶有懼焉。我因其隘，扼而鳴鼓以攻擊之，何嘗不可。縱如此，猶懼不能取勝。且今之勍者，皆吾敵也。雖及胡耇，胡，壽也；耇音苟，亦壽也。「胡耇」猶詩周頌載芟之「胡考」，皆同義詞平列連言。杜注謂「胡耇，元老之稱」，似以胡爲修飾詞，不確。獲則取之，何有於二毛？何有，不顧之辭。昭元年「何有於諸游」、九年「何有於余一人」、晉語「何有於妻」，語句與此同。明恥、教戰，惠棟補注曰：「吴子曰：『凡制國治軍，必教之以禮，勵之以義，使有恥也。夫人有恥，在大足以戰，在小足以守矣。』周書曰：『明恥示教。』」則明恥是一事，教戰是一事。先有不受國恥之心，後教以戰術。求殺敵也。傷未及死，如何勿重？以其尚能害己也。若愛重傷，則如勿傷；愛其二毛，則如服焉。兩「愛」字皆憐惜義。兩「如」字皆應當之義，説詳釋詞。三軍以利用也，以利用者，利則用之，故當敵之未既濟、未成列，則當利用而攻之；不利於我者，則不用也。金鼓以聲氣也。莊十年傳云「夫戰，勇氣也」，此氣即勇氣；又云「一鼓作氣」，足見金鼓所以勵勇節氣者。金鼓以聲爲用而制其氣，故曰聲氣。利而用之，阻隘可也；於敵人之在險隘而阻擊之。聲盛致志，鼓聲大作曰聲盛。因鼓聲之大作而士氣高昂，曰致志。致志者，使鬭志高也。

鼓儳可也。」儳音讒，周語中「夫戎翟冒沒輕儳」，韋注云：「儳，進退上下無列也。」鼓儳者，因其未成列，鳴鼓而攻擊之。

二二·九　丙子晨，丙子，十一月八日。鄭文夫人羋氏、姜氏勞楚子於柯澤。金澤文庫本作「鄭文公夫人」，多一「公」字。　羋音弭，其字本作芈，與芊（音千）芉（音干）之從艸者有別。羋爲楚姓，羋氏則楚女也。　姜氏，齊女也。　勞，去聲，慰勞。　柯澤，鄭地。楚子使師縉示之俘馘。正義云：「書傳所言師曠、師曹、師觸之類皆是樂師，知此師縉亦樂師也。」章炳麟讀云：「大司樂云：『王師大獻，則會奏愷樂。』樂師云：『凡軍大獻，教愷歌，遂倡之。』是戰勝而歸，樂官有事，故使師縉以俘馘示焉。」　俘，所獲生囚也。馘音國，此指死獲。古代戰爭於所殺之敵，割其左耳以爲證，曰馘，字本作聝，經、傳多作馘。宣二年傳云：「俘二百五十人，馘百。」此俘馘之事也。參下二十八年傳注。　君子曰：「非禮也。婦人送迎不出門，此「門」字與魯語下「康子往焉，闔門與之言」之「門」字同義，指寢門。見兄弟不踰閾，閾音域，門限也。魯語下叙季康子與其從祖叔母言，皆不踰閾，孔丘以爲「別於男女之禮」。則男女相見，古人皆以不踰門限爲禮，不僅見兄弟如此。戎事不邇女器。」邇，近也。顧炎武補正引明傳遜左傳屬事曰：「戎事當嚴，不近女子所御之物，況使婦人至軍中，又示以俘馘乎？」

丁丑，丁丑，九日。楚子入饗于鄭，石經、宋本、金澤文庫本、足利本「饗」作「享」。饗、享兩字古書通用。　楚子入于鄭都，鄭文公饗之。九獻，庭實旅百，晉語四云「遂如楚，楚成王以君禮（原作「周禮」），依俞樾説改正）享之，九獻，庭實旅百」云云，則「九獻，庭實旅百」爲國君相饗燕之禮，國語韋注及此文杜注俱謂九獻爲上公之享禮，蓋本之周禮秋官大行人「上公之禮，饗禮九獻」之文，其實周禮未必與傳文合。九獻者，主酌獻賓，賓酢主人，主人酬賓爲獻，如此者九。庭實旅百亦見莊二十二年傳，然彼爲諸侯所以獻王，此則鄭伯所以享楚子。旅，陳也。庭實，陳于庭中之禮品，謂所陳凡百品。後漢書班固傳「於是庭實千品」，又十倍于此矣。**加籩豆六品。**於正禮之外復有所增添曰加。二十四年傳云「鄭伯從之，享宋公，有加」，二十九年傳云「介葛盧來，禮之加燕好」，昭六年傳「季孫宿如晉，晉侯享之，有加籩」，皆此意。昭六年傳又云：「武子退，使行人告曰：『小國之事大國也，得貺不過三獻。今豆有加，下臣勿堪。』」則加籩加豆是在三獻、九獻之外。加籩加豆之時必有加爵。周禮天官籩人云：「加籩之實，蔆、芡、栗、脯。」醢人云：「加豆之實，芹菹、兔醢，深蒲、醓醢，箈菹、雁醢，筍菹、魚醢。」想此亦當然。然周禮所言僅四品，此所加則六品，或饋食之籩豆、羞籩羞豆、四籩四豆，其實亦得爲加籩加豆也。**饗畢，夜出，文芈送于軍。取鄭二姬以歸。**謂楚成王取姬姓二女。鄭，姬姓。**叔詹曰：**莊十七年爲齊所執之鄭詹或即此人，然距此四十年矣。「詹」，宋世家作「瞻」，與公羊同。**「楚王其不没乎！爲禮卒於無別。**無別，男女無別也，指以俘馘示文芈、姜氏，文芈送至軍及取二姬諸事。**無別不可謂禮。將何以没？」**叔詹之言止此。宋世家云：「楚成王已救鄭，鄭享之；去而取鄭二姬以歸。叔瞻曰：『成王無禮，其不没乎？爲禮卒於無別，有以知其不遂霸也。』」並下叙述語亦以爲叔詹之言，蓋史公之疏。文元年楚成王爲其子商臣所殺。**諸侯是以知其不遂霸也。**二十八年，楚爲晉敗于城濮。周書太子晉篇「迻巡而退，其不能遂」，注：「遂，終也。」此不遂霸，今言不能完成霸業。

二十有三年，甲申，公元前六三七年。周襄王十六年、宋襄十四年、齊孝六年、晉惠十四年、衞文二十三年、蔡莊九年、鄭文三十六年、曹共十六年、陳穆十一年、杞成十八年、秦穆二十三年、楚成三十五年、許僖十九年。

經

二三·一 **二十有三年春，**正月二十一日戊子冬至，建子，有閏。**齊侯伐宋，圍緡。**緡音民，穀梁作「閔」。緡、閔古音相近，故可通假。緡，本古國名，昭四年傳「有緡叛之」是也。在今山東省金鄉縣東北二十五里，舊名緡城阜。闞駰十三州志云：「鄒衍曰：『余登緡城，以望宋都。』」故二十六年楚人伐宋，亦圍緡邑。

二三·二 **夏五月庚寅，**庚寅，二十五日。**宋公茲父卒。**公羊作「慈父」，宋世家作「慈甫」。慈與茲、父與甫，同音假借。

二三·三 **秋，楚人伐陳。**

二三·四 **冬十有一月，杞子卒。**春秋於杞，初稱侯，見桓二年；莊二十七年又稱伯，以後多稱伯，偶亦稱子，此及二十七年「杞子來朝」、襄二十九年「杞子來盟」是也。

傳

二三·一 二十三年春，齊侯伐宋，圍緡，以討其不與盟于齊也。十九年，陳穆公請修好於諸侯，以無忘齊桓之德，其實蓋以擯宋，宋故不與會。今討之者，亦乘宋有泓之敗，此特其藉口耳。

二三·二 夏五月，宋襄公卒，傷於泓故也。韓非子外儲説左上謂「公傷股，三日而死」，不可信。史記宋世家與年表俱用左傳。

二三·三 秋，楚成得臣帥師伐陳，成得臣，字子玉。討其貳於宋也。遂取焦、夷，焦、夷皆陳邑。焦當今安徽省亳縣，夷在亳縣東南七十里。杜注謂「夷一名城父」，其實城父不過夷之一邑耳。説詳昭九年傳注。城頓而還。頓，國名，姬姓，即今河南省項城縣稍西之南頓故城。顧棟高大事表引或曰「頓國本在今縣北三十里，頓子迫於陳而奔楚，自頓南徙，故曰南頓」，未審確否。子文以爲之功，「之」作「其」用，以爲其功也。使爲令尹。叔伯曰：「子若國何？」杜注：「叔伯，楚大夫薳呂臣也，以爲子玉不任令尹。」對曰：「吾以靖國也。夫有大功而無貴仕，其人能靖者與有幾？」言若其人有大功而無貴仕，能安國者不多也。與同歟，謂其人能靖者有幾歟，釋文從「與」字絶句固非，邵寶左觿謂「若曰『其有幾人能靖者與』」，近似而未的。馬氏文通謂「與」本在句末，倒在前，是也。

二三·四 九月，晉惠公卒。杜注：「經在明年，從赴。」實誤，詳明年經注。韓非子難二謂惠公淫衍暴亂云云，蓋言之過實。**懷公立，命無從亡人，**各本原無「立」字。王引之述聞謂：「懷公下脱一『立』字，則與上句不相承。太平御覽人事部五十九、治道部二兩引此文，皆作『懷公立，命無從亡人』。」今從金澤文庫本補「立」字。晉世家云：「十四年九月，惠公卒，太子圉立，是爲懷公。」亡人指公子重耳。**期，**約從重耳者之歸期。**期而不至，無赦。狐突之子毛及偃從重耳在秦，弗召。冬，懷公執狐突，曰：「子來則免。」**子即狐毛、狐偃。下「子」字同。**對曰：「子之能仕，父教之忠，古之制也。策名、委質，**策名，名字書於策上也。古者始仕，必先書其名於策。楊寬古史新探解爲「策命」、「錫命」，似乏的證。委質，質同贄，音至，莊二十四年所謂「男贄，大者玉帛，小者禽鳥」是也。委質之委與昏禮納采委雁之委同義，置也。呂氏春秋執一篇云「今日置質爲臣」，置質即委質。凡贄必相授受，唯臣之於君，則不親授，置之於庭，不敢送於君前也。楊寬謂「委贄就是質附給主人，不再收還」，亦有見地。説詳其贄見禮新探。杜解委質爲「屈膝」，誤。説參沈欽韓補注。孟子滕文公下孟軻謂孔丘「出疆必載質」，因無質（贄）即不能爲人臣。戰國猶行此禮，呂氏春秋執一篇「置質爲臣」、秦策四「梁王身抱質執璧，請爲陳侯臣」皆可證。但戰國雖委質，而不必死于其君，且隨時可以離開，執一篇所謂「今日釋璽辭官」可證。**貳乃辟也。**委質爲臣，如有二心，則爲罪戾。辟，罪也。晉語九云：「臣聞之，委質爲臣，無有二心；委質而策死，古之法也。」**今臣之子，名在重耳，有年數矣。若又召之，教之貳也。父教子貳，何以事君？刑之不濫，君之明也，臣之願也。淫刑以逞，**濫用其刑曰淫刑。**誰則無罪？臣聞命矣。」乃殺之。**晉世家亦載此事，有詳有略。

卜偃稱疾不出，曰：「周書有之：『乃大明，服。』尚書康誥文，言君大明，臣民乃服。己則不明，則，若也。而殺人以逞，不亦難乎？民不見德，而唯戮是聞，而唯聞殺戮。其何後之有？」杜注：「言懷公必無後於晉，爲二十四年殺懷公張本。」

二三·五 十一月，杞成公卒。杞世家脱成公一代。集解引世本云：「惠公（即杞世家之德公）立十八年，生成公及桓公。成公立十八年。」似此則成公當立於魯僖之六年。書曰「子」，杞，夷也。襄二十九年傳云：「杞，夏餘也，而即東夷。」蓋杞本非夷，以其用夷禮，因而夷之，二十七年傳亦云：「杞桓公來朝，用夷禮，故曰子。」不書名，未同盟也。隱七年傳：「滕侯卒，不書名，未同盟也。」凡諸侯同盟，死則赴以名，禮也。赴以名，則亦書之，未同盟之國，若其國君卒，赴以名，則亦書名。春秋記外諸侯之卒凡一百三十三，而不書名者十次而已，以盟會求之，經、傳未嘗見其同盟者五十二，而書名者，皆赴以名者也。不然則否，亦謂未同盟之國，若其赴不以名，則不書名。杞成公娶魯女，魯必知其名，而其卒不書名者，以其赴告不以名耳。杜注謂此句指「同盟而不以名告」者，誤。春秋於同盟諸侯之卒皆書名，沈欽韓補注謂「若已同盟，雖不赴名，策書固已悉之，書其名者無不審之患」者是也。並參顧炎武補正。辟不敏也。杜注：「敏猶審也。」避其不審，恐誤書也。

二三·六 晉公子重耳之及於難也，晉人伐諸蒲城。事見五年傳。蒲城人欲戰，重耳不可，

曰：「保君父之命而享其生禄，保，依靠，仗恃。生禄猶言養生之禄，沈彤小疏謂生有穀義，不確。**於是乎得人。有人而校，**校猶抵抗，詳五年傳注。**罪莫大焉。吾其奔也。」遂奔狄。**晉語二叙此較詳，以奔狄爲狐偃之謀。晉世家云：「狄，其母國也。是時重耳年四十三。」然據國語與左傳，是時重耳年十七，司馬遷説不足信。**從者狐偃、趙衰、顛頡、魏武子、司空季子。**狐偃，狐突之子，已見前。戰國策秦策五云「文公用中山盜而勝於城濮」，高誘注以咎犯（即狐偃）爲中山盜，則未聞也。趙衰，杜注云：「趙夙弟。」然趙世家及左傳宣二年正義引世本則以趙衰爲夙之孫，趙世家索隱引世本又謂「夙生成季衰」，則趙夙與衰又爲父子，諸家之説紛歧如此。當以父子之説爲近是，説詳閔元年傳注。魏武子，魏犨也。魏世家謂畢萬生武子，而索隱引世本云「畢萬生芒季，芒季生武仲州（即武子犨）」，世族譜亦謂魏犨是畢萬之孫，恐世家脱去一代。至樂記正義引世本謂「畢萬生芒，芒生季，季生武仲州」，以芒、季爲二人二代，或傳鈔之誤。總之，魏、趙二氏世系，傳寫多誤，於此略言之，期折中於一是。司空季子，司空是其官，季子是其字；胥，其氏；臣，其名；食邑於臼，故亦謂之胥臣，亦謂之臼季。晉世家云：「晉文公重耳自少好士，年十七，有賢士五人，曰趙衰，狐偃、咎犯，文公舅也，賈佗，先軫，魏武子。從此五士，其餘不名者數十人，至狄。」五人不數顛頡與司空季子，而代以賈佗、先軫，與傳不同。蓋從者不止五人，至水經涑水注引竹書紀年謂「狐毛與先軫禦秦」（詳下），則不但二人未從文公，且初時與爲敵。與傳更異。此五人，當時有名望者也。**狄人伐廧咎如，**廧音牆，咎音高。成三年傳謂廧咎如爲「赤狄之餘」，故杜注云：「廧咎如，赤狄之别種也。」竹添光鴻會箋據成十三年傳吕相絶秦言「白狄及君同州，君之仇讎而我昏姻也」，以昏姻指季隗，因謂廧咎如爲白狄，不知晉與狄通婚，不僅此也，説不足據。據讀史方輿紀要卷一，廧咎如約在今山西省太原市一帶。或云在河南安陽市西南。後説疑近是。**獲其二女，叔隗、季隗，**廧咎如，隗姓也。凡狄女稱隗氏，見於古金文者，如鄭同媿鼎、芮伯饮叔媿鼎、鄧公子敦，皆作「媿」，從女。**納諸公子。公子取季隗，生伯鯈、叔劉，**「鯈」一作「儵」，音籌。**以叔隗妻趙衰，生盾。**據傳，重耳娶少者，以其姊與趙衰，而晉世家謂「以長女妻重耳，以少女妻趙衰」，與左傳不同。**將適齊，謂季隗曰：「待我二十五年，不來而後嫁。」對曰：「我二十五年矣，又如是而嫁，則就木焉。**木謂棺槨。孟子公孫丑下「木若以美然」，木亦謂棺槨。楊樹達先生古書疑義舉例續補有以製物之質表物例，可參看。**請待子。」處狄十二年而行。**此句謂重耳居狄凡十二年，重耳於魯僖之五年至狄，十六年而行。據晉語與晉世家，適齊之謀起魯僖之十六年，即晉惠之七年。晉語四及晉世家叙此較繁。

過衞，衞文公不禮焉。衞世家謂文公「十六年，晉公子重耳過，無禮。」衞文公之十六年即魯僖之十六年，亦即重耳去狄之年。**出於五鹿，**言自五鹿出而東行。五鹿，衞地。五鹿有二，一在今河北省大名縣東，一在今河南省濮陽縣南三十里。顧棟高大事表主前説，沈欽韓地名補注則主後説。當以濮陽之説較可信。**乞食於野人，野人與之塊。**塊，土塊也。晉世家作「野人盛土器中進之」。蓋器者，公子乞食所用者也。**公子怒，欲鞭之。子犯曰：「天賜也。」稽首受而載之。**稽首爲古人最重之禮節，詳顧炎武日知録二十八。此拜天賜，故稽首。此稽首之前有拜，不言者，省文。晉語四、晉世家俱載此事，諸説大體相同，惟史記以子犯語爲趙衰語耳。

及齊，晉世家謂晉惠公欲使人殺重耳於狄，重耳聞之如齊。梁玉繩志疑云：「如齊求入，非爲惠公欲殺之故也。」其事在惠公七年，即魯僖十六年。**齊桓公妻之，有馬二十乘。**一乘四匹，二十乘，馬八十匹，因此乘有四義，孟子離婁下「發乘矢而後反」是也。**公子安之。從者以爲不可。將行，謀於桑下。**晉語四敍此事較傳稍詳。**蠶妾在其上，**中國養蠶織絲之術發明極早。一九二六年在山西夏縣西陰村新石器時代遺址中，即發現被切割之蠶繭，但此繭是野繭抑家繭，尚難斷定。然在浙江吴興錢山漾新石器時代遺址發現一批絲織品，其中有絹片、絲帶與絲線等，則足以肯定距今四千餘年前，中國已知養蠶繅絲之術。**以告姜氏。姜氏殺之，**姜氏，重耳妻。殺蠶妾以滅口，恐孝公知之也。**而謂公子曰：「子有四方之志，其聞之者，吾殺之矣。」公子曰：「無之。」姜曰：「行也！懷與安，實敗名。」**晉語五敍甯嬴從陽處父，及山而還。其妻曰：「子得所求而不從之，何其懷也？」懷謂留戀妻室，此懷字當與之同義。安，謂圖安逸而重遷。**公子不可。姜與子犯謀，醉而遣之。醒，以戈逐子犯。**晉語四敍此過於煩瑣。列女傳節採晉語之文，且曰：「晉人殺懷公而立公子重耳，是爲文公，迎齊姜以爲夫人。」

及曹，晉語四於及曹之前，尚有過衞一事，又分「五鹿乞食」與「衞文公不禮」爲兩年事，乞食五鹿在適齊前，衞文公不禮在去齊後。史記于衞世家既用左傳列衞文公無禮於十六年，復于年表魯僖之二十三年，亦即衞文之二十三年云「重耳從齊過，無禮」，亦因晉語之故。不知重耳由齊及曹，並不過衞，國語不可信。**曹共公**

聞其駢脅，曹共公，名襄。見曹世家。　駢脅，説文作骿脅，晉語同，骿、駢通用字。駢脅者，肋骨比迫若一骨然。欲觀其裸。駢脅非裸體不能見。浴，薄而觀之。侯重耳浴，設簾而窺之。　薄即晉語四之「微薄」，亦即帷薄，今之簾也。依杜注意謂迫近觀之，不確。説參沈欽韓補注。　釋文以「欲觀」爲一句，「其裸浴」爲句，不如一讀至裸字絶句。　至吕覽上德篇、淮南人間訓謂曹共公使重耳袒而捕池魚，黄氏日抄已云，恐無此理。淮南人間訓且言釐（僖）負羈止曹共公云云，亦與左傳異。史記所述蓋本此。見下文。僖負羈之妻曰：「吾觀晉公子之從者，皆足以相國。若以相，夫子必反其國。武億經讀考異以「若以相夫子」爲句，誤，今從杜預讀。　夫子，子，男子之美稱；夫音扶，指示詞，今言那。反其國，必得志於諸侯。得志於諸侯，而誅無禮，曹其首也。子盍蚤自貳焉！」蚤同早。　貳謂示貳心於重耳。乃饋盤飧，寘璧焉。杜注：「臣無竟（境）外之交，故用盤藏璧飧中，不欲令人見。」飧音孫，餔也。公子受飧反璧。晉語四載此事，且有曹伯語，左傳省之。　曹世家云：「共公十六年，初，晉公子重耳其亡過曹，曹君無禮，欲觀其駢脅。釐負羈諫，不聽，私善於重耳。」曹世家既著此事於共公之十六年，又著一「初」字，似重耳之過曹在共公十六年之前，然年表仍列此事於十六年，即魯僖二十三年，以重耳過宋之年推之，當在魯僖之二十二年。韓非子十過篇亦載此事，且誤入叔瞻事，不具録。　列女傳則述負羈妻，大體同于傳文。

及宋，宋襄公贈之以馬二十乘。晉語四及晉世家俱叙此而較繁。　宋世家云：「是年（宋襄十三年），晉公子重耳過宋，襄公以傷於楚，欲得晉援，厚禮重耳以馬二十乘。」重耳過宋當在魯僖之二十二年，即宋襄之十三年，宋世家之言可據。

及鄭，鄭文公亦不禮焉。叔詹諫曰：「臣聞天之所啓，啓，開也。引申爲贊助也。詳楊樹達先生積微居金文説番生毁蓋跋。人弗及也。晉公子有三焉，天其或者將建諸，「其」與「或者」皆表示不肯定之副詞，此處强調其語氣，故連用。諸，之乎合音。君其禮焉！男女同姓，其生不蕃。宣三年傳云：「吾聞姬、姞耦，其子孫必蕃。」蕃，蕃殖也，子孫昌盛之意。昭元年傳子產之言曰：「僑又聞之：『內官不及同姓，其生不殖。』」與此意同。晉公子，姬出也，重耳爲大戎狐姬之子，見莊二十八年傳。姬出，猶言姬姓女所生。詳莊二十二年傳注。而至於今，一也。離外之患，離同罹，遭受也。外指逃亡外國。離外之患者，遭逃亡于外國之憂患也。而天不靖晉國，「天」字下原衍「下」字，從校勘記删。靖，安也。殆將啓之，二也。有三士，足以上人，據晉語四，三士爲狐偃、趙衰及賈佗。而從之，三也。晉、鄭同儕，杜注：「儕，等也。」其過子弟固將禮焉，況天之所啓乎！」弗聽。晉語四載叔詹之諫詳于此。鄭世家及年表俱列此事於鄭文之三十六年，即魯僖之二十三年，可信。

及楚，楚子饗之，曰：「公子若反晉國，反同返。則何以報不穀？」對曰：「子、女、玉、帛，則君有之；子、女、玉、帛爲四，韋注晉語四以子女爲一，云「子女，美女也」，不可信。子女蓋指男女奴隸，此以「子女」與「玉帛」並列，猶師寰毁之「毆俘士、女、羊、牛」，以「士女」與「羊牛」並列。羽、毛、齒、革，則君地生焉。晉語四作「羽旄齒革」，韋注云：「羽，鳥羽，翡翠、孔雀之屬；毛，旄牛；齒，象牙；革，犀兕皮，皆生於楚。」此與隱五年傳之「皮革、齒牙、骨角、毛羽」意略同。其波及晉國者，君之餘也；波讀爲播，散也，言散及晉國者也。詳王引之述聞。其何以報君？」曰：「雖然，何以報我？」對曰：「若以君之靈，得反晉國。晉、楚治兵，治兵本爲教練軍隊或習武之義，見隱五年傳，此處爲外交辭令，避免戰爭字樣。晉語韋注云「治兵謂征伐」，僅得其大意。遇于中原，其辟君三舍。古者師行一宿爲一舍，莊三年傳「凡師一宿爲舍」是也；而師行每日三十里，故三十里亦爲一舍。晉語四韋注引司馬法云：「進退不過三舍，禮也。」若不獲命，不獲命亦當時辭令，猶言不得允許。韋注晉語四云「不得楚還師之命」，杜注此文云「不得楚止命也」，似皆失之拘。其左執鞭、弭，鞭，馬鞭，宣十五年傳「雖鞭之長，不及馬腹」可證。弭音米，爾雅釋器云：「弓，有緣者謂之弓，無緣者謂之弭。」此泛指弓言。右屬櫜、鞬，屬音燭，著也。櫜音高，盛箭矢之器。鞬音犍，盛弓之物。以與君周旋。」周旋可爲旋轉義，僖十五年「周旋不能」。又作應酬解。此引申作交戰義。子玉請殺之。楚子曰：「晉公子廣而儉，杜注：「志廣而體儉。」文而有禮。其從者肅而寬，杜注：「肅，敬也。」忠而能力。晉侯無親，晉侯，惠公。外內惡之。吾聞姬姓唐叔之後，其後衰者也，其將由晉公子乎！此謂晉之衰亡在最後，由晉公子爲君之故乎。天將興之，誰能廢之？違天，必有大咎。」乃送諸秦。

晉語四及楚世家述此互有同異。楚世家及年表俱載此事於楚成王三十五年，即此年。

秦伯納女五人，懷嬴與焉。懷嬴，晉懷公之妻嬴氏，即二十二年子圉與謀偕逃之嬴氏；嫁文公後爲辰嬴，見文六年傳。**奉匜沃盥，**奉，手持之也。匜，音移，古人洗手洗面之具，用以盛水。古人洗盥，一人持匜，灌水於洗盥者之手以洗之，下有槃，以盛盥訖之水。禮記內則云：「進盥，少者奉槃，長者奉水，請沃盥。」奉水即奉匜，以水盛匜中也。此懷嬴奉匜以注水，注水曰沃，而重耳盥之。馬宗璉補注以儀禮士昏禮說此事，依士昏禮，新郎入室，新婦之從者曰媵，爲新郎沃盥；新郎之從者曰御，爲新婦沃盥。此秦穆公以文嬴妻文公，懷嬴爲媵，故爲文公沃盥。則此爲初婚時事。按之晉語，或然。**既而揮之。**揮之者，重耳揮去手中餘水使乾。本待授巾使拭乾，內則「盥卒，授巾」是也。重耳不待巾而揮去餘水，非禮，故懷嬴怒。洪亮吉詁謂「蓋懷嬴不欲，故以手揮灑此水」，誤。**怒，**懷嬴怒。**曰：「秦、晉，匹也，何以卑我？」公子懼，降服而囚。**杜注：「去上服，自拘囚以謝之。」蓋懷嬴以秦言，謂「輕我」即輕秦。

他日，公享之。子犯曰：「吾不如衰之文也，文，有文辭也。**請使衰從。」公子賦河水。**杜注：「河水，逸詩，義取河水朝宗于海。海喻秦。」晉語四韋注云：「河當作沔，字相似誤也。其詩曰：『沔彼流水，朝宗于海。』言己反國，當朝事秦。」江永羣經補義曰：「此說是也。余謂『嗟我兄弟，邦人諸友，莫肯念亂，誰無父母』，亦欲以此感動秦伯，望其念亂而送己歸也。」左傳記賦詩者始於此，而終於定四年秦哀公之賦無衣。始於此，非前此無賦詩者，蓋不足記也。終於定四年者，蓋其時賦詩之風漸衰，後竟成絶響矣。**公賦**

六月。晉語四韋注云：「小雅六月道尹吉甫佐宣王征伐，復文、武之業。其詩云：『王于出征，以匡王國。』其二章曰：『以佐天子。』三章曰：『共武之服，以定王國。』此言重耳爲君，必霸諸侯，以匡佐天子。」趙衰曰：「重耳拜賜！」公子降，拜，稽首，降，降階至堂下。再拜而後稽首。見十五年傳注。公降一級而辭焉。秦穆公降階一等，依儀禮公食大夫禮及聘禮，賓與主人若地位不同，賓卑主尊，賓必降拜，主必降辭。辭者，辭其降拜，非辭其稽首。杜以爲「辭公子稽首」，誤。説詳沈欽韓補注。衰曰：「君稱所以佐天子者命重耳，重耳敢不拜？」自「晉公子重耳之及於難也」至此，當與「二十四年春王正月，秦伯納之」爲一傳。不然，「秦伯納之」一語爲無根。晉語四叙此極繁。晉重耳之亡，除國語與史記外，其它若韓非子（如外儲説、十過篇）、吕氏春秋（如務本篇、上德篇）、淮南子（如道應訓、人間訓）亦多所引述，略有同異，不具引。

二十有四年，乙酉，公元前六三六年。周襄王十七年、齊孝七年、晉文公重耳元年、衛文二十四年、蔡莊十年、鄭文三十七年、曹共十七年、陳穆十二年、杞桓公姑容元年、宋成公王臣元年、秦穆二十四年、楚成三十六年、許僖二十年。

經

二四·一 二十有四年春王正月。冬至在正月初三甲午，建子。

二四・二　**夏，狄伐鄭。**

二四・三　**秋七月。**

二四・四　**冬，天王出居于鄭。**杜注：「襄王也。天子以天下爲家，故所在稱居。」孔疏云：「出居實出奔也。出謂出畿内，居若移居然。」經用「出居」者唯此一次。其他若昭二十二年之「劉子、單子以王猛居于皇」，二十三年之「天王居于狄泉」，皆不用「出」字，蓋未遠離王畿。傳用「出居」者凡四次，則無此義。據傳，襄王出居鄭在秋，而此書「冬」者，或以告難在冬乎。

二四・五　**晉侯夷吾卒。**據傳，晉惠公卒於去年九月，而經記於此年「冬」者，杜注謂「文公定位而後告」，此説實無理，顧棟高大事表已駁之。顧炎武補正云「疑此錯簡，當在二十三年之冬」，是也。

傳

二四・一　**二十四年春王正月，秦伯納之。**此文緊接上年傳文而來，秦伯納之，納重耳也。**不書，不告入也。**晉文不告入，故魯史不書。

及河，子犯以璧授公子，晉語四作「子犯授公子載璧」，韋注云：「載，祀也。授，還也。」**曰：「臣負羈紲從君巡於天下，**下文豎頭須亦云「行者爲羈紲之僕」，襄二十六年傳，大叔文子亦云「臣不佞，不能負羈紲以從扞牧圉」，則「負羈紲」爲從行者之套語也。羈，馬絡頭也。紲音薛，亦作緤、緤。凡繫人與動物之索皆可曰紲，論語公冶長「雖在縲紲之中」，繫人者也；禮記少儀「犬則執緤」，繫犬者也；此則指馬繮而言。　不言流亡諸侯間，而言「巡於天下」，表敬之辭令。**臣之罪甚多矣，**王引之述聞謂「甚」爲「其」字之誤，不確。　謀離齊，重耳怒，以戈逐子犯，即一例。**臣猶知之，而況君乎？請由此亡。」**淮南子説山訓云：「文公棄荏席後黴黑，咎犯辭歸。」高誘注引傳此事證之。**公子曰：「所不與舅氏同心者，有如白水！」**所，假設連詞，若也，誓詞中用之尤多。　「有如」亦誓詞中常用語，文十三年傳「有如河」、襄二十五年傳「有如上帝」、定六年傳「有如先君」、哀十四年傳「有如陳宗」皆可證。亦作「有若」，定三年傳「有若大川」是也。「有如白水」即「有如河」，意謂河神鑒之，晉世家譯作「河伯視之」是也。哀十四年傳宋公之誓曰：「所難子者，上有天，下有先君！」亦即此意。**投其璧于河。**晉語四作「沈璧以質」，韋注云「因沈璧以自誓爲信」。　韓非子外儲説左上載此事而過詳，説苑復恩篇亦用韓非子。

濟河，圍令狐，令狐在今山西省臨猗縣西。**入桑泉，**桑泉在今臨猗縣臨晉鎮之東北。**取臼衰。**臼衰當在山西省舊解縣治今解州鎮之西北。晉語四云：「公子濟河，召令狐、臼衰、桑泉，皆降。」韋注：「召，召其長。」**二月甲午，**二月無甲午，此及以下六個干支紀日，據王韜推算，並差一月。王韜且云：「晉用夏正，傳書日月或有誤耳。」**晉師軍于廬柳。**杜注：「懷公遣軍距重耳。」據晉語四，率師者爲呂甥、郤芮。據竹書紀年，率師者爲狐毛、先軫。然狐毛已從重耳，以晉語爲可信。廬柳，據方輿紀要，臨猗縣北有廬柳城。**秦伯使公子縶如晉師。師退，軍于郇。**晉師退軍于郇也。郇音荀，據一統志，在今山西省臨猗縣西南。辛丑，狐偃及秦、晉之大夫盟于郇。水經河水注引竹書紀年：「十五年，秦穆公帥師送公子重耳。涉自河曲。」又涑水注引紀年：「圍令狐、桑泉、臼衰，皆降于秦師。狐毛與先軫禦秦，至於廬柳，乃謂秦穆公使公子縶來與師言，退舍，次于郇，盟于軍。」壬寅，公子入于晉師。晉語四云：「甲辰，秦伯還。」丙午，入于曲沃。丁未，朝于武宮。武宮者，曲沃武公之廟也。晉侯每即位，必朝之。宣二年傳「趙宣子使趙穿逆公子黑臀于周而立之；壬申，朝于武宮」，成十八年傳「晉欒書使逆周子于京師而立之。庚午，盟而入。辛巳，朝于武宮」可證。武宮在絳，蓋曲沃自武公始爲晉侯，而徙絳，故其廟在絳。晉語四作「丁未，入于絳，即位於武宮」尤爲明證。傳不言「入於絳」者，當本之當時晉史，晉史以當時人記當時事，不言可知。王引之述聞則謂此脱去「入於絳」三字，但晉世家叙此事全本傳文，亦無「入于絳」三字，則王說不確。戊申，使殺懷公于高梁。高梁見九年傳注。年表晉文公元年，誅子圉。自令狐等三邑降，懷公即奔高梁，見晉語四。不書，亦不告也。春秋於有世系之諸侯而不書其終者，唯衞戴公、晉懷公而已，蓋未及改元即死，不成君也。

呂、郤畏偪，將焚公宮而弒晉侯。寺人披請見。寺人披已見五年傳並注。公使讓之，且辭焉，曰：「蒲城之役，見五年傳。君命一宿，女即至。其後余從狄君以田渭濱，女爲惠公來求殺余，命女三宿，女中宿至。中宿，第二宿後第三日也，三宿則第四日矣。韓非子難三篇亦載此事，「渭濱」作「惠竇」，「女中宿至」作「而汝一宿」，與晉語四「若宿而至」合。雖有君命，何其速也？夫袪猶在。女其行乎！」晉語四、晉世家載此事，「寺人披」作「寺人勃鞮」，晉語四又稱「伯楚」，韋昭注謂其字。晉語二、列女傳則並作「閹楚」。對曰：「臣謂君之入也，其知之矣。杜注：「知君人之道。」若猶未也，又將及難。君命無二，古之制也。除君之惡，唯力是視。此猶竭盡己力而爲。蒲人、狄人，余何有焉？何有，古人習語，意義隨所施而異，此謂心目中無之也。下文「其無蒲、狄乎」，即此意之正面説法。「有」與「無」正相對照。俞樾平議解「何有」爲「何愛」，誤。今君即位，其無蒲、狄乎！齊桓公置射鉤，而使管仲相。管子小匡篇云：「公曰：『管夷吾親射寡人中鉤，殆於死，今乃用之，可乎？』」呂氏春秋貴卒篇云：「公子糾與公子小白皆歸，俱至，爭先入公家。管仲扜弓射公子小白，中鉤。」齊世家云：「小白自少好善大夫高傒。及雍林人殺無知，議立君，高、國先陰召小白於莒。魯聞無知死，亦發兵送公子糾，而使管仲別將兵遮莒道，射中小白帶鉤。」皆射鉤事也。鉤，革帶上之鉤，阮元積古齋鐘鼎彝器款識卷十有丙午神鉤。參商承祚長沙古物聞見記上楚革帶及文物一九八二年十期王仁湘古代帶鉤用途考實。其用在使帶環束，淮南説林篇「滿堂之坐，視鉤各異，於環帶一也」，又泰族篇「帶不厭新，鉤不厭故，處地宜也」。君若易之，易，改易也，改變之即反之。襄四年傳述韓獻子之言曰：「文王帥殷之叛國以事紂，唯知時也。今我易之，難哉！」哀十一年傳述伍子胥之言曰：「盤庚之誥曰：『其有顛越不共，則劓殄無遺育，無俾易種于茲邑。』是商所以興也。今君易之，將以求大，不亦難乎？」諸易字多同此義。句法亦大同。何辱命焉？行者甚衆，釋文云：「一本甚作其。」王引之述聞云：「甚當作其，言君若念舊惡，則行者其衆矣。其者將然之詞，此時當未有行者，不得言甚衆也。」王說是也。「行者其衆」乃針對文公「女其行乎」而言。豈唯刑臣？」晉語四敘此與傳同。公見之，以難告。三月，晉侯潛會秦伯于王城。王城，秦地。見十五年傳注。己丑晦，公宮火。瑕甥、郤芮不獲公，乃如河上，秦伯誘而殺之。晉侯逆夫人嬴氏以歸。晉語四韋注云：「賈侍中云：嬴氏，秦穆公女文嬴也。或云，夫人辰嬴。傳云『辰嬴賤，班在九人』，非夫人也，賈得之也。」秦伯送衞於晉三千人，實紀綱之僕。紀綱之僕猶言得力之僕。韓非子十過篇謂秦穆公「因起卒，革車五百乘，疇騎二千，步卒五萬，輔重耳入之于晉」，所言或過夸。

初，晉侯之豎頭須，守藏者也，豎，未成人而給事者之稱，其年當在十五以上十九以下，説參周禮天官序官内豎孫詒讓正義。「頭須」，韓詩外傳十及新序雜事五俱作「里鳧須」。藏，去聲。守藏，猶言保管財物。其出也，竊藏以逃，盡用以求納之。據下文「居者爲社稷之守」及「何必罪居者」之文，頭須蓋逃而返國。晉語四云：「文公之出也，豎頭須，守藏者也，不從。」晉語云「不從」，可證傳「居者」之義。韓詩外傳十則謂「晉文公重耳亡過曹，里鳧須從，因盜重耳資而亡」。盡用以求納之，杜注「求納文公」，是也。未成而留晉。及入，求見。公辭焉以沐。「焉」作「之」用，公辭之以沐，謂以沐髮爲藉口而拒之。謂僕人曰：僕人，晉語作「謁者」。僕人以其位言，謁者以其職言。「沐則心覆，晉語韋注云：「覆，反。沐低頭，故言心反也。」心覆則圖反，圖反，所圖謀者反於正常也。韓詩外傳十云：「鳧須曰：『臣聞沐者其心倒，心倒則其言悖。』」文異而義同。宜吾不得見也。居者爲社稷之守，行者爲羈紲之僕，其亦可也，何必罪居者？國君而讎匹夫，懼者其衆矣。」「其」，各本作「甚」。釋文云：「甚衆，或作其衆。」王念孫云：「晉語作『懼者衆矣』，則作『其衆』者是也。」見王引之述聞。今從金澤文庫本改正。僕人以告，公遽見之。杜注：「言棄小怨，所以能安衆。」韓詩外傳十又云：「及重耳反國，國中多不附重耳者，於是里鳧須造見曰：『臣能安晉國。』文公使人應之曰：『子當（借爲「尚」）何面目來見寡人欲安晉也？』鳧須仰首曰：『離國久，臣民多過君。君反國，而民皆自危。里鳧須又襲竭君之資避於深山，而君以餒。介子推割股，天下莫不聞。臣之爲賊亦大矣，罪至十族未足塞責。然君誠赦之罪，與驂乘游於國中，百姓見之，必知不念舊惡，人自安矣。』於是文公大悦，從其計。是以晉國大寧。」新序雜事五所述大同小異。雖難盡信，棄小怨而安衆心則可以知之。此猶漢高祖之封雍齒，見留侯世家。

狄人歸季隗于晉，而請其二子。據上年傳，二子者，伯儵、叔劉也；請之者，請留于狄也。文公妻趙衰，生原同、屏括、樓嬰。杜注以爲文公以其女妻趙衰。趙同、趙括、趙嬰齊各食邑於原、屏、樓三地，故傳謂之原同、屏括、樓嬰。原即趙衰爲原大夫之原，亦即隱十一年傳周桓王與鄭莊公十二邑之原，在今河南省濟源縣西北。屏地未詳。樓，據春秋地名考略四，在今山西省永和縣南十里。文公妻趙衰，不知在何年，既生三子，返國而趙姬請逆盾，則自在此年以前。此女亦不知何人所生，傳所言者，惟季隗生二子。若齊姜，縱生女，此時亦年小，不足嫁人。趙姬請逆盾與其母，趙姬，文公女妻於趙衰者。盾與其母，即叔隗及其所生子。子餘辭。子餘，趙衰字。姬曰：「得寵而忘舊，何以使人？必逆之！」固請，許之。來，以盾爲才，固請于公，以爲嫡子，而使其三子下之；以叔隗爲內子，禮記曾子問：「大夫內子有殷事，亦之君所。」鄭注：「內子，大夫妻也。」又雜記上：「內子以鞠衣褒衣素沙。」鄭注：「內子，卿之適妻也。」而己下之。沈欽韓補注曰：「以盾爲嫡子，固然。以叔隗爲內子，則姬氏之意特欲相推，而未必遂其事耳。宣二年趙盾稱趙姬爲君姬氏，則固以趙姬爲嫡母矣。」杜注謂趙姬請逆盾等事「皆非此年事，蓋因狄人歸季隗，遂終言叔隗」。趙世家云：「初，重耳在晉時，趙衰妻亦生趙同、趙括、趙嬰齊。趙衰既反晉，晉之妻固要迎翟妻，而以其子盾爲適嗣，晉妻三子皆下事之。」以「文公妻趙衰」爲重耳出亡前事，恐未必確。趙姬之言「得寵而忘舊」，明趙衰之得己在叔隗後。趙盾卒於魯宣七年八年之間，而成五年原同、屏括放嬰齊，成八年晉討趙同、趙括，似趙姬三子皆幼于盾。晉語四謂重耳年十七而亡，若然，其在晉時不得有及笄之女。史記謂重耳亡年四十三，故有此說。事亦見列女傳賢明傳。

晉侯賞從亡者，介之推不言祿，杜預以下文「推曰」不曰「之推曰」，乃以「之」字爲語助。文十年傳有文之無畏，而下文只稱無畏，淮南子主術訓作文無畏，則杜注不爲無理。論語雍也篇有孟之反，劉寶楠正義曰：「古人名多用之爲語助，若舟之僑、宮之奇、介之推、公罔之裘、庾公之斯、尹公之佗與此孟之反皆是。」介之推大戴禮作「介山之推」，史記晉世家作「介子推」。又介之推，杜注以爲「文公微臣」，而其割股以食文公，見韓詩外傳、漢書丙吉傳等。祿亦弗及。晉世家云：「文公修政，施惠百姓。賞從亡者及功臣，大者封邑，小者尊爵。未盡行賞，周襄王以弟帶難出居鄭地，來告急晉。晉初定，欲發兵，恐他亂起，是以賞從亡，未至隱者介子推。推亦不言祿，祿亦不及。」推曰：「獻公之子九人，唯君在矣。惠、懷無親，外內弃之。

天未絶晉，必將有主。主晉祀者，非君而誰？天實置之，而二三子以爲己力，不亦誣乎？竊人之財，猶謂之盜，況貪天之功以爲己力乎？釋名釋言語云：「貪，探也，探入他分也。」周語中云：「郤至佻天之功以爲己力。」韋注云：「佻，偷也。」語意皆與此同。説詳俞樾平議、劉文淇疏證。下義其罪，上賞其姦；上下相蒙，蒙，欺也。昭元年傳「又使圍蒙其先君」、八年傳「甚哉其相蒙也」、二十七年傳「蒙王與令尹」，皆以蒙爲欺。説見李貽德輯述。難與處矣。」孔疏云：「在下者以貪天之功爲立君之義，是下義其罪也；在上者以立君之勳賞盜天之罪，是上賞其姦也。居下者義其罪，是下欺上也；居上者賞其姦，是上欺下也。如此上下相欺蒙，難可與並居處矣。」其母曰：「盍亦求之？盍，「何不」之合音。以死，誰懟？」懟音隊，怨也。此謂如自己不求賞，因死，又怨誰。對曰：「尤而效之，罪又甚焉。尤，説文作「訧」，或亦作「郵」，罪也。然經、傳多作「尤」。此謂明知其爲錯誤而倣效之，罪宜加一等。襄二十一年傳云：「尤而效之，其又甚焉。」晉語四云：「夫郵而效之，郵又甚焉。效郵，非禮也。」蓋當時常用語也。且出怨言，不食其食。」「其食」，晉世家作「其禄」，史公蓋以禄釋食。不食其禄即上文之「難與處」。其母曰：「亦使知之，若何？」對曰：「言，身之文也。此謂言所以文身。身將隱，焉用文之？——是求顯也。」晉世家云：「身欲隱，安用文之？文之，是求顯也。」重「文之」二字，傳文則省之而突接。其母曰：「能如是乎？與女偕隱。」遂隱而死。晉侯求之不獲。以緜

上爲之田，緜上，晉蓋有兩緜上，在今山西省介休縣東南四十里介山之下而接靈石縣界者，爲介之推所隱處；在今翼城縣西者，爲襄公十三年晉侯治兵及定公六年趙簡子逆樂祁處。以緜上爲之田者，之作其用。顧炎武補正云：「乃以田禄其子。」武億義證云：「此虚封也，不必有人受之。外傳越語環會稽三百里者以爲范蠡地，曰，後世之孫有敢侵蠡之地者，使無終没于越國。皇天后土、四鄉地主證之！亦在蠡既去之後而市此以爲名，當時文公亦猶是也。」武説是也。晉世家云：「介子推從者憐之，乃懸書宮門曰：『龍欲上天，五蛇爲輔，龍已升雲，四蛇各入其宇。一蛇獨怨，終不見處所。』文公出，見其書，曰：『此介子推也。吾方憂王室，未圖其功。』使人召之，則亡。遂求所在，聞其入緜上山中，於是文公環緜上山中而封之，以爲介推田，號曰介山。」此事又見吕氏春秋介立篇、新序節士篇、水經汾水注等，新序且謂「求之不能得，以謂焚其山宜出。及焚其山，遂不出而焚死」。**曰：「以志吾過，且旌善人。」**晉世家作「以記吾過，且旌善人」，記即志也。周禮保章氏鄭注云：「志，古文識。識，記也。」説詳惠棟補注。旌，杜注云：「表也。」即今表揚之表。周語上載「襄王使太宰文公及内史興賜晉文公命」事，左傳未載。晉惠即位之第二年，周襄王曾賜命。則晉文即位，周襄亦必賜命。晉惠賜命所以書者，以其受玉惰也。

二四·二　**鄭之入滑也，滑人聽命。**杜注云：「入滑在二十年。」**師還，又即衞。鄭公子士、洩堵俞彌帥師伐滑。**公子士已見二十年傳。洩堵俞彌疑即洩堵寇。洪亮吉詁以爲洩是氏，堵俞彌是名；俞正燮癸巳存稿、章炳麟讀則以爲洩堵是氏，寇及俞彌是名，疑不能明。惟陳厚耀補春秋世族譜誤解杜注，別出「公子士洩」一人，則誤。並參李惇羣經識小。**王使伯服、游孫伯如鄭請滑。**「伯服」，鄭世家作「伯犕」，周本紀仍作「伯服」。杜注云：「二子，周大夫。」請滑者，爲滑請命，勸鄭不伐之。**鄭伯怨惠王之入而不與厲公爵也，**事見莊二十一年傳。據傳，爵爲酒器，曾與虢公者。鄭世家云：「鄭文公怨惠王之亡在櫟，而文公父厲公入之，而惠王不賜厲公爵祿。」以爵祿解爵，非傳意。**又怨襄王之與衛滑也。**滑之舍鄭而就衛，疑周襄王使之。**故不聽王命，而執二子。**周語中云：「襄王十三年鄭人伐滑，使游孫伯請滑，鄭人執之。」周語中作襄王十三年，蓋以此即僖公二十年事，與傳異。又周語言執游孫伯，周本紀、鄭世家均云「囚伯服」，兩書皆只言其一。**王怒，將以狄伐鄭。富辰諫曰：「不可。臣聞之：大上以德撫民，其次親親，以相及也。**襄二十四年傳謂「大上有立德，其次有立功，其次有立言」。大上、其次俱就其高下等次而言。餘參襄二十四年傳注。親親以相及者，謂先親其所親，然後由近及遠，所謂推恩以成義。**昔周公弔二叔之不咸，**弔，傷也。二叔，管叔、蔡叔。杜預本馬融之説，謂二叔爲「夏、殷之叔世」，誤。説詳王引之述聞及李貽德輯述。咸，終也。不咸謂不終也。説詳楊樹達先生積微居小學述林詩敦商之旅克咸厥功解。**故封建親戚以蕃屏周。**封建，分封土地建國家也。親戚古有數義，昭二十年傳「親戚爲戮，不可以莫之報也」，大戴禮記曾子疾病篇「親戚既没，雖欲孝，誰孝」，孟子盡心篇「人莫大焉亡親戚、君臣、上下」，親戚俱謂父母。然亦稱同家同族之人爲親戚，戰國策秦策一「富貴則親戚畏懼」，則蘇秦指其妻與嫂；此則指伯叔兄弟及子姪。至以親戚表婚姻關係，古亦有此義，如禮記曲禮上「兄弟親戚稱其慈也」，晉語四「愛親戚，明賢良」，楚語下「比爾兄弟親戚」，皆是。蕃屏，爲周室作藩籬屏障也。**管、蔡、郕、霍、魯、**

衞、毛、聃、郜、雍、曹、滕、畢、原、酆、郇，文之昭也。十六國，皆文王子。管，管蔡世家云：「武王已克殷紂，平天下，封功臣昆弟。於是封叔鮮於管。」又云：「管叔鮮作亂誅死，無後。」而依此傳文之意，則封管者爲周公，其時爲管、蔡不咸之後，似不相合。王引之述聞謂「此乃謂管叔之言語之偶疏，不必字字拘泥」。管在今河南省鄭州市，春秋前已絶封，屬檜，檜滅屬鄭。宣十二年傳之「楚子次管」，即此地。蔡，見隱四年經注。郕，見隱五年經注。霍，見閔元年傳注。毛，尚書顧命、穆天子傳五並古器如班𣪘、毛伯敦、毛公鼎皆稱毛公，周本紀、逸周書克殷解均有文王子毛叔鄭，當即毛之始封者。顧棟高大事表五以爲其封地在今河南省宜陽縣境。據毛公鼎，西周初葉毛公𢉩爲周王卿士，毛公鼎、毛伯敦蓋並出扶風，似可推知毛公采邑西周時在扶風，東遷後在洛陽附近。本年傳有毛伯，當即其後。毛非諸侯，乃其采邑。此及下者二十六分地，或在王畿外爲諸侯，或在王畿内爲采邑。雖在畿内，亦當封建，作蕃屏。説詳閻若璩尚書古文疏證五上。聃音南，管蔡世家云：「武王既崩，成王少，周公旦專王室，封季載於冉。」冉即聃。文十四年傳周有聃啓，或即其後。顧棟高大事表五則以爲季載國於那處，即莊公十八年傳「遷權於那處」之那處，今湖北省荆門縣東南之那口。然汪遠孫國語發正二、梁玉繩漢書人表考三、姚範援鶉堂筆記十二均謂文昭十六，季載最少，不應遠封荆楚。江永考實據國語周語中謂聃之亡由于鄭姬，鄭有聃伯，以爲當在開封境，或是也。沈家本史記瑣言、朱緒曾開有益齋讀書續志俱謂聃之亡在魯桓、莊之時。郜，見桓二年經注。雍，據通志氏族略二，爲文王第十三子雍伯受封之國，在今河南省修武縣西，沁陽縣東北。銅器有雝王戟、雝公緘鼎、雝伯原鼎、邕子良人甗，不知是此雍器否。畢，銅器有伯顕父𨽍鬲，銘云「伯顕父作畢姬𨽍鬲」，則畢爲姬姓無疑。地在今陝西省西安市與咸陽市西北，綿亘二三百里，横跨渭水南北。餘詳閔元年傳「畢萬」注。　原，莊十八年傳有原莊公，疑爲其後。今河南省濟源縣西北有原鄉，當即原國初封之地。亦即隱十一年之原。　酆，亦作「豐」，顧棟高大事表五云：「酆本商崇侯虎地。文王滅崇，作豐邑，武王封其弟爲酆侯。竹書紀年成王十九年黜酆侯，自是絶封。」顧所引「成王黜酆侯」，見今本竹書紀年，然亦不爲無據。後漢崔駰酒箴云：「豐侯沈酒，荷罌負缶。自僇于世，圖形戒後。」李尤銘云：「豐侯荒繆，醉亂迷逸。乃象其形，爲酒戒式。」則豐侯以好酒被黜。地在今陝西户縣東，咸陽市南。傳世器有豐鼎、豐兮尸毁等。　郇，詩曹風下泉「郇伯勞之」之郇伯，當即其後。地當在今山西省臨猗縣西南不遠之地。上傳云「軍于郇」，則早爲晉所滅矣。或云即桓九年傳之荀國。銅器有筍伯大父毁、筍伯毁、筍伯甗，即此國之器。　昭穆，見僖五年傳注。周以后稷爲太祖，而不窋以下一昭一穆。文王爲不窋下之第十四世，於世次爲穆，故其子爲昭。

邘、晉、應、韓，武之穆也。四國皆武王子。　邘，據唐書宰相世系表二下爲周武王第二子邘叔所封國。今河南省沁陽縣西北二十餘里，當即其封地。然王國維以大、小兩盂鼎皆出于陝西省郿縣禮村溝岸間，而大盂鼎銘紀王遣盂就國之事，在成王二十三祀；小盂鼎銘文紀盂伐鬼方獻俘受賜之事，在成王二十五祀，則兩鼎出土地當爲盂之封地，説詳觀堂集林鬼方昆夷玁狁考，亦可備一説。　應，銅器有應公鼎、應公尊、應侯毁，「應」作「雁」，應公觶作「廱」。通志氏族略二謂爲武王第四子所封國，故城當在今河南省魯山縣東三十餘里應鄉。傳世有應侯鐘。　韓，詩大雅韓奕詠韓侯受命，足見宣王時尚强大。其封本當在今河北省固安縣東南之韓寨營，説詳顧炎武日知録三。雷學淇竹書紀年義證亦謂韓之初封近燕，後遷韓城。江永羣經補義及孫作雲詩經與周代社會研究謂韓初建國於陝西省韓城，宣王時改封于北安，即今固安，正與雷説相反，不可信。春秋前爲晉所滅，詳桓三年傳「韓萬」注。武王於世次爲昭，故其子爲穆。**凡、蔣、邢、茅、胙、祭，周公之胤也。**胤，嗣也。凡，見隱七年經注。蔣，據通志氏族略二，爲周公第三子伯齡所封國。據杜注，今河南省固始縣東北有蔣集，當即其地。高士奇地名考略則據寰宇記今尉氏縣西六十里有蔣城，謂蔣國故封在此。據唐書宰相世系表十五下，在今河南信陽地區光山縣西五十里。以第一説較可信。傳世器有鬻兑毁、鬻子爵。邢，見隱四年傳注。茅，茅伯所封，故城當在今山東省金鄉縣茅鄉，後屬邾，哀七年傳「成子以茅叛」者是也。胙，據清一統志，故城在今河南省延津縣北故胙城東。祭，廣韻以爲周公第五子所封，餘見隱元年經「祭伯來」注。祭伯之祭與鄭國祭仲食邑之祭蓋爲兩地，此在今鄭州市之東北，祭仲之祭在中牟縣。漢書王莽傳謂「成王廣封周公庶子，六子皆有茅土」，是以此六子皆周公庶子。姬姓所封諸國，多在古黄土層，或沖積地帶，就當時農業生産而論，是最好或較好之土地。**召穆公思周德之不類，**召穆公，召公虎；據世本，爲召康公十六世孫。今陝西省岐山縣西南，舊有召亭，蓋其畿内采地；其後東遷，今山西省垣曲縣之召亭是也。詩大雅桑柔「貪人敗類」，毛傳云：「類，善也。」召穆公當周厲王周德衰微之時，故云不類。**故糾合宗族于成周而作詩，**糾，收也。此糾合連言。據下文，詩爲小雅常棣。然據周語中「周文公之詩曰」云云，則以爲周公旦所作，是周語、左傳之不同。杜預注傳，謂「召穆公特作此周公之樂歌」，蓋欲調和國語、左傳之説。古人言賦詩固有二義，自作詩曰賦，誦前人之詩亦可曰賦，若言作詩，則只能有自作之一義，是杜注之不可通者也。詩曰「凡今之人，莫如兄弟」，而周公則誅管、蔡二叔，是非周公之所作。説參楊樹達先生積微居金文説六年琱生毁（即召伯虎毁）跋。成周在西周本爲糾合諸侯發號施令之所。逸周書有王會篇云「成周之會」。

令彝銘云「隹（唯）十月初吉癸未，明公朝至于成周，𠙵（出）令」云云，尤可證。**曰：『常棣之華，鄂不韡韡。**常棣，今名小葉楊。屬楊柳科，落葉喬木，高達三十米。春時，先葉開花。 華即今花字。 鄂，今作萼。 不，同跗，萼足也，華下有鄂，鄂下有跗，管子地員篇「朱跗黄實」可證；亦作柎、柎，山海經西山經「圓葉而白柎」可證。 韡韡，或作韡韡，音韙韙，光明貌。**凡今之人，莫如兄弟。』**常棣，孔疏云：「言常棣之華與鄂拊韡韡然甚光明也。由華以覆鄂，鄂以承華，華鄂相承覆，故得韡韡然而光明也。華鄂相覆而光明，猶兄弟相順而榮顯，然則凡今時之人，恩親無如兄弟之最厚也。」**其四章曰：『兄弟鬩于牆，外禦其侮。』**鬩，今音同隙。說文云：「恒訟也。」周語中「兄弟讒鬩」，韋注云：「佷也。」此謂兄弟內雖不和，猶同心禦外侮。**如是，則兄弟雖有小忿，不廢懿親。**杜注云：「懿，美也。」章炳麟左傳讀則以爲懿親即因親。**今天子不忍小忿以棄鄭親，其若之何？**周語中云：「若是，則鬩乃內侮，而雖鬩不敗親也。」鄭在天子，兄弟也。」**庸勳、親親、暱近、尊賢，德之大者也。**庸，讀如尚書益稷「車服以庸」之庸，酬其功勞也。庸勳，正謂於有功勳者酬之。**即聾、從昧、與頑、用嚚，姦之大者也。**嚚，音銀，愚且惡也。**弃德、崇姦，禍之大者也。鄭有平、惠之勳，**杜注：「平王東遷，晉、鄭是依；惠王出奔，虢、鄭納之，是其勳也。」周語中云：「我周之東遷，晉、鄭是依。子頽之亂，又鄭之繇定。」此指庸勳。**又有厲、宣之親，**杜注云：「鄭始封之祖桓公友，周厲王之子，宣王之母弟。」此指親親。鄭世家作「宣王庶弟」，年表作「母弟」，與傳意合。**弃嬖寵而用三良，**杜注：「七年殺嬖臣申侯，十六年殺寵子子華也。三良，叔詹、堵叔、師叔。」顧炎武補正曰：「解引殺子華未當，古人只是大概言爾。此見鄭伯之賢，王當尊之。」嬖寵爲一詞，杜分言之，未當。餘詳宣十二年傳注。於諸姬爲近，杜注：「道近，當暱之。」竹添光鴻會箋：「以道路之近爲四德之一，竟覺不妥。近是親近之近，言桓公爲司徒，武、莊爲卿士，世親近於王，與晉、衞諸國疏於周室者不同也。」四德具矣。耳不聽五聲之和爲聾，目不別五色之章爲昧，心不則德義之經爲頑，口不道忠信之言爲嚚。狄皆則之，四姦具矣。周之有懿德也，猶曰『莫如兄弟』，故封建之。其懷柔天下也，猶懼有外侮；扞禦侮者，莫如親親，故以親屏周。召穆公亦云。今周德既衰，於是乎又渝周、召，渝，變也。以從諸姦，從姦謂將用狄師。無乃不可乎？民未忘禍，杜注：「前有子頹之亂，中有叔帶召狄，故曰民未忘禍。」王又興之，其若文、武何？」杜注：「言將廢文、武之功業。」王弗聽，使頹叔、桃子出狄師。杜注：「二子，周大夫。」

夏，狄伐鄭，取櫟。櫟，今河南省禹縣，餘詳桓十五年經注。鄭世家云：「王怒，與翟人伐鄭，弗克。」與傳文微異。

王德狄人，德猶今言感謝。將以其女爲后。富辰諫曰：「不可。臣聞之曰：『報者倦矣，施者未厭。』施惠者望報太奢，永無滿足，而受惠者報之已倦矣。狄固貪惏，惏，同婪，貪也。王又啓之。以狄女爲后，是開導啓發其報之無已。女德無極，婦怨無終，狄必爲患。」王又弗聽。

周語中亦載此事。

初，甘昭公有寵於惠后，甘昭公即惠王子、襄王弟王子帶，封於甘；昭，其謚。甘，在今河南省洛陽市南。餘詳五年傳首止之會注。惠后將立之，未及而卒。昭公奔齊，見十二年傳並注。王復之，見二十二年傳。又通於隗氏。隗氏即王所立狄后。王替隗氏。替，廢也。頽叔、桃子曰：「我實使狄，狄其怨我。」遂奉大叔以狄師攻王。王引之述聞：「下文始以狄師伐周，則此攻王者非『狄師』也，狄師二字蓋因下文而衍，當作『遂奉大叔以攻王』。蓋頽叔、桃子先奉大叔以攻王，欲以大叔代王也，因國人納王而弗克，故是年之秋又以狄師伐周立大叔耳。」王御士將禦之，御士，蓋王侍御之士。左傳凡四言御士。襄二十二年傳言楚子南之子弃疾爲楚王御士，三十年傳言單公子愆期爲靈王御士，則御士多以公卿大夫子弟爲之。互參襄二十二年傳注及王引之述聞。王曰：「先后其謂我何？先后，其母惠后也。寧使諸侯圖之。」王遂出，及坎欿，坎欿，當在今河南省鞏縣東南。國人納之。

秋，頽叔、桃子奉大叔以狄師伐周，大敗周師，獲周公忌父、原伯、毛伯、富辰。周語中云：「十七年（本作十八年，依王引之説訂正）王黜狄后。狄人來，誅殺譚伯。富辰曰：『昔吾驟諫王，王弗從，以及此難。若我不出，王其以我爲懟乎？』乃以其屬死之。」王出適鄭，處于氾。氾音凡，在今河南省襄城縣南，以周襄王嘗出居于此，故名襄城。大叔以隗氏居于温。温，今河南省温縣西南，又見隱十一年傳注。

二四·三 鄭子華之弟子臧出奔宋，宣三年傳云：「文公報鄭子之妃曰陳嬀，生子華、子臧，子臧得罪而出。」僖十六年鄭殺子華，子臧奔宋當亦在十六年。好聚鷸冠。鷸音聿，鳥名，爲涉禽類，即戰國策燕策「鷸蚌相持」之鷸，夏季繁殖北方，冬則南渡，說文云「鷸，知天將雨鳥也」，蓋指此。古以爲知天文者冠鷸冠。子臧不知天文，而聚鷸冠，故以爲不稱。所聚者爲此羽所飾之冠。又續漢書及晉書輿服志又以爲鷸冠即漢、晉時之建華冠。疑不能明。鄭伯聞而惡之，好聚鷸冠，何以爲鄭伯所惡，傳未之言。隋書張衡傳言隋煬帝「惡衡不損瘦，以爲不念咎」，若與此相比，則鄭伯之所以惡子臧者，蓋謂其得罪出奔，猶不自韜晦且好奇耳。使盜誘之。八月，盜殺之于陳、宋之間。

君子曰：「服之不衷，身之災也。詩曰：『彼己之子，不稱其服。』詩曹風候人句。己音記，禮記表記引詩作「記」，今詩作「其」。彼其之子即彼子，其、之皆虛詞以足句者，無義。稱，去聲。不稱其服與服之不衷義同。子臧之服，不稱也夫！釋文云：「之服，一本作『之及』。」王念孫曰：「作『及』者是也。及謂及於難，言子臧之所以及於難者，由服之不稱也。但言不稱而不言服者，蒙上文不稱其服而省也。」說詳述聞。王說是也。詩曰『自詒伊慼』，詩小雅小明句。詒，遺也。伊，是也，此也。慼，今詩作「戚」，憂也。言自遺此憂愁也。其子臧之謂矣。夏書曰『地平天成』，杜注：「夏書，逸書。地平其化，天成其施，上下相稱爲宜。」僞古文竊此四字入大禹謨。稱也。」

二四·四 宋及楚平，宋成公如楚。還，入於鄭。鄭伯將享之，問禮於皇武子。皇武子，杜注云

「鄭卿」。梁履繩補釋則疑爲宣十二年傳皇戌之謚。**對曰：「宋，先代之後也，**宋爲殷商之後。**於周爲客。天子有事，膰焉；**有事，祭祀也。成十三年傳云：「國之大事，在祀與戎。」僖九年傳「天子有事於文、武」，謂祭于文、武之宗廟。膰亦作燔，音煩，宗廟祭肉，生者曰脤，熟者曰燔。此膰字用爲動詞，致胙也。此「焉」作「於之」解。考之經、傳，周天子祀祖，于同姓諸侯致胙，于夏、商二王之後致胙，于異姓諸侯之有大功者亦致胙，僖九年賜齊桓公胙是也。**有喪，拜焉。**此謂周王若喪，宋君來弔喪，嗣王拜之，用敵禮也。其餘諸侯弔國喪，則不拜矣。**豐厚可也。」鄭伯從之，享宋公，有加，**有加，詳僖二十二年傳「加籩豆六品」注。**禮也。**

二四·五

冬，王使來告難，曰：「不穀不德，不穀詳四年傳注。**得罪于母弟之寵子帶，**「母弟」當從僖五年傳正義引作「母氏」，然金澤文庫本、唐石經俱已誤作「母弟」矣，宋本有脱「弟」字者，直以其不可通而删之耳。**鄙在鄭地汜，敢告叔父。」**鄙謂野居，天子離王都，故曰鄙居。天子稱同姓諸侯曰叔父或伯父，詳僖九年傳「伯舅」注。**臧文仲對曰：「天子蒙塵于外，敢不奔問官守？」**官守，王之羣臣；奔問官守，猶言奔問左右，恭敬之辭而已。**王使簡師父告于晉，使左鄢父告于秦。**二子，周大夫。獨於晉、秦遣特使者，十一年秦、晉伐戎以救周，此亦望其救助耳。于晉、秦特使書名，則于魯及他國，僅一般之使告難而已。

天子無出，曲禮下云：「天子不言出。」**書曰「天王出居于鄭」，辟母弟之難也。天子凶**

服、降名，凶服，傳未言；降名，指稱「不穀」。禮也。

二四·六　鄭伯與孔將鉏、石甲父、侯宣多省視官、具于汜，三子，鄭大夫。石甲父當即宣三年之石癸，說詳梁履繩補釋。官，官司，即王之工作人員；具，器用。此謂鄭伯率三人爲天子省視官司與器具。俞樾平議謂官具猶言公家器具，與下文私政相對，不確。而後聽其私政，禮也。戰國策趙策三云：「天子巡狩，諸侯辟舍，納筦鍵，攝衽抱几，視膳於堂下。天子已食，退而聽朝也。」賈誼新書禮篇云：「禮，天子適諸侯之宮，諸侯不敢自阼階。阼階者，主之階也。天子適諸侯，諸侯不敢有宮，不敢爲主人，禮也。」此皆謂天子巡狩，至于諸侯之國都，居于其宮之事，與此天子避難，與鄭伯異地異宮雖有不同，而其實質則大相似。

二四·七　衞人將伐邢，禮至曰：「不得其守，守即孟子公孫丑下「官守」之守，此指邢正卿國子。國不可得也。我請昆弟仕焉。」乃往，得仕。此與下年「春衞人伐邢」本爲一傳，爲後人割裂分爲二。

經

二十有五年，丙戌，公元前六三五年。周襄王十八年、晉文二年、齊孝八年、衞文二十五年、蔡莊十一年、鄭文三十八年、曹共十八年、陳穆十三年、杞桓二年、宋成二年、秦穆二十五年、楚成三十七年、許僖二十一年。

二五·一　二十有五年春王正月，正月十三日己亥冬至，建子，有閏。丙午，丙午，二十日。衞侯燬滅

邢。

二五·二 **夏四月癸酉，**癸酉，十九日。**衞侯燬卒。**無傳。

二五·三 **宋蕩伯姬來逆婦。**無傳。　據杜注及孔疏，蕩伯姬爲魯女之爲宋大夫蕩氏妻者。宋有蕩氏者，宋桓公生公子蕩，蕩生公孫壽，壽生蕩意諸，意諸之後人以蕩爲氏。然嚴蔚、朱駿聲則以蕩伯姬即公子蕩之妻。蕩伯姬來魯，自爲其子迎妻。　婦者，對姑之詞也。

二五·四 **宋殺其大夫。**無傳。　杜注：「其事則未聞。」此與莊二十六年經「曹殺其大夫」同。

二五·五 **秋，楚人圍陳，納頓子于頓。**杜注：「頓子（各本無『子』字，今依金澤文庫本增）迫於陳而出奔楚，故楚圍陳以納頓子。不言遂，明一事也。」穀梁謂「圍一事也，納一事也，而遂言之，蓋納頓子者陳也」。公羊傳亦謂「何以不言遂？兩之也」，顯與左氏義不同，故杜注云「明一事也」。頓見二十三年傳注。楚於二十三年城頓，或爲今年納頓子歟？高士奇地名考略謂頓之南徙在此年，亦無確證。

二五·六 **葬衞文公。**無傳。

二五·七 **冬十有二月癸亥，**癸亥，十二日。**公會衞子、莒慶盟于洮。**衞侯稱衞子者，以其父卒未踰年也，詳桓十三年經及僖九年傳注。　莒慶，莒大夫，已見莊二十七年經。　洮，杜注：「魯地。」江永考實云：「此洮爲魯之内地，東近莒，即莊二十七年公會杞伯姬于洮者也。」

傳

二五·一　二十五年春，衞人伐邢，二禮從國子巡城，二禮，禮至與其弟也。此傳本與上年末「衞人將伐邢」云云爲一傳。掖以赴外，掖，持人臂也。赴借爲仆。此謂二禮隨從國子，出其不意，左右夾持其臂，然後仆以投諸城外。赴如字讀赴外，謂挾持至城外，亦通。殺之。正月丙午，丙午，二十日。衞侯燬滅邢。同姓也，故名。公羊傳：「衞侯燬何以名？絶。曷爲絶之？滅同姓也。」穀梁傳：「燬之名何也？不正其伐本而滅同姓也。」則經書衞侯燬，三傳同義。曲禮下亦云：「諸侯滅同姓名。」然前人多以爲疑，如劉敞春秋權衡云：「晉滅虢，又滅虞；齊滅紀，楚滅夔，皆同姓也，何以皆不名耶？」不知晉滅虞、虢而不名者，罪虞、虢也；齊滅紀、楚滅夔而不名者，非周之同姓也。故孔廣森公羊通義云：「滅同姓名，唯謂滅周之同姓。若齊之於萊，楚之於夔，彼雖自爲同姓，而於王家則爲庶姓，罪猶差輕。」朱熹朱子語類大全卷八十三、毛奇齡春秋傳且謂「衞侯燬」「燬」字爲羡文，尤無謂也。禮至爲銘曰：金澤文庫本作「禮至自以爲銘曰」，多「自以」兩字。「余掖殺國子，莫余敢止。」子、止爲韻，古音同在之咍部。

二五·二　秦伯師於河上，將納王。年表云：「秦穆公二十五年，欲納王，軍河上。」狐偃言於晉侯曰：「求諸侯，莫如勤王。勤王者，爲王事勤勞也，此指納王。諸侯信之，且大義也。繼文之業，文謂晉文侯仇，平王東遷，晉文侯定天子，得平王錫命，尚書文侯之命是也。而信宣於諸侯，今爲可矣。」

晉語四叙此較繁。年表于晉文元年又云：「咎犯曰：『求霸莫如内王。』」亦以爲狐偃語，唯以爲語在前一年耳。

使卜偃卜之，曰：「吉。遇黄帝戰于阪泉之兆。」大戴禮五帝德篇謂「黄帝與赤帝戰於阪泉之野，三戰而得行其志」，而逸周書嘗麥篇則謂「蚩尤爲赤帝臣，逐帝，赤帝乃説於黄帝，執蚩尤」云云。晉語四云：「昔少典娶於有蟜氏，生黄帝、炎帝。黄帝以姬水成，炎帝以姜水成，成而異德，故黄帝爲姬，炎帝爲姜，二帝用師以相濟也。」五帝本紀云：「炎帝欲侵陵諸侯，諸侯咸歸軒轅，軒轅乃修德振兵，以與炎帝戰於阪泉之野。三戰，然後得其志。」古書言此事者頗有紛歧。梁玉繩史記志疑以爲阪泉三戰即涿鹿之戰，舉逸周書史記篇爲證，較爲可信。阪泉，在今河北省涿鹿縣東。公曰：「吾不堪也。」對曰：「周禮未改，今之王，古之帝也。」晉文公自以爲己當此兆，因謂黄帝指己，故云吾不堪。卜偃則答云，黄帝戰阪泉之兆乃指襄王與子帶之争（據晉語四，黄帝與炎帝本是同母兄弟，亦猶襄王與子帶爲同母兄弟）。周德雖衰，其命未改，其典章制度亦未改，周稱王猶古之稱帝，固相當也。公曰：「筮之！」古先卜後筮。筮之，遇大有䷍之睽䷥，曰：「吉。遇『公用享于天子』之卦。公用享于天子，易大有九三爻辭。大有之睽，九三變爲六三也。「享」，今易作「亨」。戰克而王饗，吉孰大焉？且是卦也，天爲澤以當日，天爲澤者，大有之下卦爲乾，乾爲天；變而爲兑，兑爲澤也。以當日者，離爲日，離卦未變，在大有，居乾之上；在睽，居兑之上，故云當日也。天子降心以逆公，以乾天之卦而在離火之下，故云天子降心以逆公也。不亦可乎？大有去睽而復，亦其所也。」本卦轉爲之卦，終要回到本卦。大有去睽，即大有變爲睽；睽終將復于大有。天子「富有四海」（禮記中庸），自是「大有」。復於大有，即天子復位。筮者以爲理所當然，故云「亦其所也」。

晉侯辭秦師而下。據此句，則納王之役，秦師未與，而秦本紀云「秦繆公將兵助晉文公入襄王，殺王弟帶」，恐是史公駁文。晉語四云「乃行賂於草中之戎與麗土之狄以啓東道」，則晉師之外，尚動員戎、狄。三月甲辰，甲辰，十九日。次于陽樊，陽樊即隱十一年傳蘇忿生田之樊，亦曰陽，在今河南省濟源縣東南。右師圍温，太叔及狄后居温。左師逆王。齊召南考證曰：「晉武公初滅翼，王命以一軍爲晉侯。至獻公始作上下二軍，惠公因之，與秦戰韓時，公與韓簡分將其一。至文公初猶是兩軍，此左師、右師是也。至二十七年蒐被廬始作三軍。」夏四月丁巳，丁巳，三日。王入于王城。取大叔于温，殺之于隰城。隰城即隱十一年傳之隰郕，當在今河南省武陟縣境。晉語四云：「（文公）二年春，公以二軍下，次於陽樊。右師取昭叔於温，殺之於隰城。左師迎王於鄭。王入於成周，遂定之於郟。」

戊午，戊午，四日。晉侯朝王。王享醴，命之宥。享醴、命宥詳莊十八年傳注。請隧，隧有二義。韋昭注晉語四以爲六隧。六隧即六遂，周天子有六鄉六遂，百里内分置六鄉，六鄉外置爲六遂。然諸侯亦有三遂，尚書費誓「魯人三郊三遂」是也。以左傳證之，襄七年叔仲昭伯爲隧正，則魯有遂矣；九年令隧正納郊保，則宋有遂矣。諸侯已有遂，何乃復請乎？若云晉文不以三遂爲足，而請六遂，參以周語中「晉文公既定襄王於郟，王勞之以地。辭，請隧焉。王不許，曰：『昔我先王之有天下也，規方千里以爲甸服，以供上帝、山川、百神之祀』」云云，似亦有據。然請六遂省曰請遂，於事理終難通。杜預用賈逵義，謂「闕地通路曰隧，王之葬禮也」。賈子審微篇叙此事云「文公辭南陽，即死，得以隧下」云云，亦解「隧」爲葬禮。其實隧葬與六遂，兩義一貫。説詳章炳麟左傳讀卷二。古代天子葬禮有隧，諸侯以下有羨道。隧有負土，即全係地下道；羨道無負土，雖是地道，猶露出地面。請隧者，晉文請天子允許於其死後得以天子禮葬己耳。蓋晉文先請隧葬，隧葬既得，則必置六遂供葬具也。**弗許，曰：「王章也。**章即典章制度之章，詩大雅假樂「率由舊章」、哀三年傳「舊章不可忘也」，諸章字皆此義，今曰章程，亦此義之引申。**未有代德，**逸周書芮良夫篇云：「以予小臣良夫觀天下有土之君，厥德不遠，罔有代德。」代德義同，謂取周室代有天下之德也。**而有二王，**以諸侯而用王之葬禮，是有二王也。**亦叔父之所惡也。」與之陽樊、温、原、欑茅之田。**原與欑茅俱見隱十一年傳注。晉語四云：「賜公南陽陽樊、温、原、州、陘、絺、組、欑茅之田。」傳不言「州、陘、絺、組」，或本不同，或有所略。金樓子説蕃篇作「賜晉河内、陽樊之地」，本晉世家。新序善謀篇用左傳。賈子審微篇亦云：「晉文公率師誅賊，定周國之亂，復襄王之位，於是襄王賞以南陽之地。文公辭南陽，即死，得以隧下。襄王弗聽，曰：『周國雖微，未之或代也。天子用隧，伯父用隧，是二天子也。以地爲少，余請益之。』文公乃退。」與傳稍異。**晉於是始啓南陽。**「啓」，阮刻本作「起」，今從校勘記訂正。呂氏春秋去私篇「南陽無令」，高誘注：「南陽，晉山陽河北之邑，今河内温、陽樊、州之屬皆是也。」水經清水注引馬融曰：「晉地自朝歌以南至軹爲南陽。」朝歌，今河南省淇縣治；軹，今濟源縣東南十三里軹城鎮，則南陽大約即河南省新鄉地區所轄境，亦陽樊諸邑所在地。其地在黄河之北、太行之南，故晉名之曰南陽。又見文元年傳並注。後漢書郡國志、晉書地理志謂後漢及晉之修武縣（今獲嘉縣）即晉文公所啓之南陽，不足信。　啓，開也，此開疆闢土義。

陽樊不服，圍之。蒼葛呼曰：「德以柔中國，刑以威四夷，兵者刑之一。此謂晉於陽樊宜柔以德，不宜威以兵，兵刑乃所以威四夷者也。**宜吾不敢服也。此，誰非王之親姻，**此指陽樊，謂在陽樊者，皆王之親姻也。晉語四所謂「陽人有夏、商之嗣典，有周室之師旅，樊仲之官守焉。其非官守，則皆王之父兄甥舅也」。**其俘之也？」**言豈能以爲俘虜乎。**乃出其民。**出者，放之令去也，取其土地而已。周語中、晉語四並載此事。周語中云：「晉侯聞之曰：『是君子之言也。』乃出陽民。」楚莊王有樊姬，則樊爲姬姓，故云「誰非王之親姻」。

二五·三　**秋，秦、晉伐鄀。**鄀音若，秦、楚界上小國，此時猶都商密，其地當在今河南省淅川縣之西南。其後遷鄀，則在今湖北省宜城縣東南九十里。考之古器銘，鄀有上鄀、下鄀之分。上鄀之鄀作「鄀」，下鄀之鄀作「蠚」或「蝔」，界限顯然。如鄀公敄人𣪘云「上鄀公敄人乍𨺅𣪘」，蠚公諴鼎云「下蠚雝公諴乍𨺅鼎」，蝔公諴簠云「蝔公諴作旅鈷」。商密爲下鄀，宜城東南爲上鄀。說詳郭沫若兩周金文辭大系考釋。文五年秦人入鄀，自是南徙爲楚附庸。定六年遷郢於鄀，則楚已滅之爲邑矣。陳樹華考正與洪亮吉詁俱謂晉文方啓南陽、圍樊、圍原，何暇會秦遠伐小國？傳中無一語及晉，可見晉字爲衍文。其實此時晉分兵助秦，亦無不可。杜注「不復言晉者，秦爲兵主」，未嘗不可通。**楚鬭克、屈禦寇以申、息之師戍商密。**鬭克，字子儀，時爲楚之申公；屈禦寇字子邊，時爲楚之息公。楚之地方長官皆稱公。楚國經營中國，常用申、息之師。僖二十八年城濮之敗，楚王謂子玉「若申、息之老何」可證；二十六年申公叔侯戍齊，宣十二年申公巫臣與伐蕭，成六年用申、息之師救蔡，亦可證。成七年傳所謂「申、呂所以邑，是以爲賦，以御北方」者也。戍商密即戍鄀，商密以國都言，鄀以國言。杜注誤。**秦人過析，**析，此時當是鄀之別邑，據大事表七之四，今內鄉縣、淅川縣之西北境皆析地。昭十八年，楚遷許于此。**隈入而係輿人，**隈，水曲也。蓋秦人過析，從丹水曲過師，以避戍兵之路也。説見沈欽韓地名補注。或讀爲「秦人過析隈」句，以「析隈」連讀，名勝志、方輿紀要且因有析隈山，不合傳意。據鄭玄周禮弓人「夫角之中，恒當弓之畏」注「玄謂讀爲秦師入隈之隈」，則鄭所見本「隈入」作「入隈」，尤宜以「秦人過析」爲句。　輿人，衆人也。或爲士兵，或爲役卒。係輿人者，秦人實未取析，而僞爲已取析者，縛係己之衆人僞爲析之俘虜也。**以圍商密，昏而傅焉。**傅，憑近城池。必昏乃傅者，不欲令商密人識破其詐僞。**宵，坎血加書，僞與子儀、子邊盟者。**掘地爲坎，殺牲於其上，取血以告神，歃血，加盟書其上。詳見隱元年經注。子儀、子邊實不知此事，更未與盟，故宵爲之，免被城中人識破。**商密人懼，曰：「秦取析矣！戍人反矣！」乃降秦師。秦師囚申公子儀、息公子邊以歸。**各本不重「秦師」二字，今依金澤文庫本、唐石經、宋本、淳熙本、岳本增。淮南子覽冥篇高誘注云：「楚僭號稱王，其守縣大夫皆稱公。」**楚令尹子玉追秦師，弗及。遂圍陳，納頓子于頓。**

二五·四

冬，晉侯圍原，命三日之糧。晉語四亦作「令以三日之糧」，而韓非子外儲説左上云「裹十日糧」，當是傳聞之異。原不降，命去之。諜出，諜，間諜。出，自圍城中出。曰：「原將降矣。」晉語四云：「諜出，曰：『原不過一二日矣。』」韓非子云：「士有從原中出者曰：『原三日即下矣。』」俱云「三日」。軍吏曰：「請待之。」公曰：「信，國之寶也，民之所庇也。得原失信，何以庇之？所亡滋多。」退一舍而原降。晉語四云：「及孟門而原請降。」古有孟門，襄二十三年「入孟門，登大行」是也，其地在太行山之東，蓋太行山隘道之名，即今河南省輝縣之白陘，離原不止一日三十里之程，且非晉師之歸途，恐不可信。魏策四云「原恃秦、翟以輕晉，秦、翟年穀大凶而晉亡原」，或指此事。遷原伯貫于冀。莊十八年傳有原莊公，即二十一年傳之原伯，蓋世守原氏采邑者。僖二十四年傳狄師所獲之原伯，或即此原伯貫之父。原伯貫遷冀後，仍稱原伯，其子孫見傳者，昭十二年有原伯絞，十八年有原伯魯。冀，在今山西省河津縣東北，詳二年傳注。趙衰爲原大夫，狐溱爲温大夫。杜注：「狐溱，狐毛之子。」據下傳「晉侯問原守於寺人勃鞮」，則原大夫即原守。晉謂縣宰爲大夫，昭二十八年傳有鄔大夫、祁大夫等尤可證。

二五·五　衛人平莒于我，元年，魯敗莒，獲莒挐，魯、莒相怨已久，衛從中調停之。十二月，盟于洮，修衛文公之好，且及莒平也。洮盟凡有二事，一是衛成公修魯僖與衛文之好，一是魯、莒因衛成公之調停而相盟。莒之涖盟者爲莒慶。

二五·六　晉侯問原守於寺人勃鞮，守，名詞，舊讀去聲。勃鞮即寺人披。對曰：「昔趙衰以壺飧從，徑，餒而弗食。」此謂趙衰爲晉文携帶飯食，隨之而行，有時晉文行大道，趙衰行小道，趙衰雖餓，亦弗食。韓非子外儲說左下云：「晉文公出亡，箕鄭挈壺飡而從，迷而失道，與公相失，饑而道泣，寢餓而不敢食。」雖誤以趙衰爲箕鄭，然所謂「迷而失道，與公相失」，足證左傳「徑」字一字爲句，獨行小路也。說參焦循補疏。武億經讀考異主杜注，謂從徑猶從行，以「徑」字屬上讀；王引之述聞申孔疏所引劉炫說，改「徑」爲「經」，謂經歷饑餒，以徑屬下讀，皆不確。**故使處原。**此二十八字宜在「衞人平莒于我」之上，本與「狐溱爲温大夫」相連，蓋所以說明趙衰爲原大夫之故，錯簡在此。說見王引之述聞。

二十有六年，丁亥，公元前六三四年。周襄王十九年、晉文三年、齊孝九年、衞成公鄭元年、蔡莊十二年、鄭文三十九年、曹共十九年、陳穆十四年、杞桓三年、宋成三年、秦穆二十六年、楚成三十八年、許僖二十二年。

經

二六·一 **二十有六年春王正月，**冬至在去年閏十二月二十四日甲辰，建丑。**己未，**己未，九日。**公會莒子、衞甯速盟于向。**「速」，公羊作「遬」，據說文，遬是速之籀文。甯速，衞大夫甯莊子。向，莒地，在今山東省莒縣南七十里，又見隱二年經並注。

二六·二 **齊人侵我西鄙，公追齊師，**前句稱齊人，後句稱齊師，蓋追以師言，於文爲協，無義例。桓十三年經云「及齊侯、宋公、衞侯、燕人戰，齊師、宋師、衞師、燕師敗績」，於南燕亦人、師異稱，敗績以師言爲協也。僖二十八年經云「及楚人戰於城濮，楚師敗績」，又三十三年經云「秦人入滑。晉人及姜戎敗秦師于殽」，於秦、楚亦人、師異稱，其例與此同。穀梁傳謂「其侵也曰人，其追也曰師，以公之弗及大之也」云云，不足採。**至酅，弗及。**「酅」，公羊、穀梁俱作「嶲」。酅音攜，齊地，今山東省東阿縣南有酅下聚，當即其地，與莊三年紀國之酅自別。「弗」，阮本作「不」，誤，今從校勘記訂正。

二六·三　**夏，齊人伐我北鄙。**國語齊語及管子小匡篇並云齊桓公「正其封疆，地南至於岱陰」，則齊、魯南北以泰山爲界。此所謂北鄙者，蓋泰山之南。

二六·四　**衞人伐齊。**

二六·五　**公子遂如楚乞師。**公子遂，傳曰東門襄仲，又曰襄仲、東門遂、仲遂、東門氏，莊公之子，魯之卿，禮記檀弓孔疏引世本「仲遂，莊公之子東門襄仲」是也。遂，其名；襄，其謚；仲則其字。「東門」義詳傳注。齊屢來侵犯，故往外求援。春秋凡五書「乞師」，此是魯乞師於外，其他四次則是晉向魯乞師，分見成十三、十六、十七、十八年。

二六·六　**秋，楚人滅夔，以夔子歸。**「夔」，公羊作「隗」，蓋通假字。亦作「歸」。彝器有歸芇伯毁，云歸芇伯，歸即夔，譙周古史考亦云「滅歸」也。夔，國名，與楚同姓。今湖北省秭歸縣東有夔子城，地名夔沱者，古夔國也。歸芇伯毁云「用作朕皇考武芇幾王障毁」，則稱「王」矣。禮記曲禮下所謂「其在東夷、北狄、西戎、南蠻，雖大曰子。自稱曰王老」是也。楚不書令尹成得臣之名，而書人，僖以前之通例如此。滅國以其君歸，書於經者，始于此。

二六·七 **冬，楚人伐宋，圍緡。**「緡」，穀梁作「閔」。緡音民，又音昏。宋邑，見二十三年經並注。**公以楚師伐齊，取穀。**穀，今山東省東阿縣舊治，見莊七年經並注。

二六·八 **公至自伐齊。**無傳。

傳

二六·一 **二十六年春王正月，公會莒茲丕公、甯莊子盟于向，**茲丕爲莒公之號。莒國之君無謚，而有號，文十八年有莒紀公，襄十六年及三十一年有莒犂比公，昭十四年有莒著丘公，此外尚有莒郊公、莒共公，皆其生號。**尋洮之盟也。**洮盟在去年。

二六·二 **齊師侵我西鄙，討是二盟也。**二盟，洮盟與向盟。齊孝公仍以霸主自居，不以魯與他國盟會爲然，竟以爲討。

二六·三 **夏，齊孝公伐我北鄙，衞人伐齊，洮之盟故也。**魯、衞相盟，有互救之義，衞人伐齊，即所以救魯。

公使展喜犒師，犒師者，以酒食餉饋齊師也。**使受命于展禽。**展禽名獲，字禽，或云食邑於柳下，或云居於柳下；據列女傳，其妻私謚以惠，故亦稱柳下惠；莊子盜跖篇及戰國策稱曰柳下季，季則其排行，五十以伯仲者也。魯語上云：「齊孝公來伐，臧文仲欲以辭告病焉，問於展禽。展禽使乙喜以膏沐犒師。」乙喜即展喜，展其氏（見隱八年傳），乙其字，喜其名也。古人名字連言者，皆先字後名，故晉解侯字張，而稱張侯；鄭公子騑字子駟，而楚語稱之爲駟騑也。説見王引之春秋名字解詁。**齊侯未入竟，**竟同境。**展喜從之，**出境從齊侯。**曰：「寡君聞君親舉玉趾，將辱於敝邑，使下臣犒執事。」**魯語上載展喜之辭則云：「寡君不佞，不能事疆場之司，使君盛怒，以暴露於敝邑之野，敢犒輿師。」此似齊侯已入境之辭，與傳不同。蓋國語之編纂者不知齊侯雖未入魯境，齊師固已先入矣，因而以爲敵人未入，展喜即往犒之，似不合情理，乃改作已入之詞，而不知其非史實也。**齊侯曰：「魯人恐乎？」對曰：「小人恐矣，君子則否。」齊侯曰：「室如縣罄，**縣同懸。罄同磬，他本亦作「磬」，魯語上即作「磬」。磬之懸掛，中高而兩旁下，其間空洞無物。百姓貧乏，室無所有，雖房舍高起，兩簷下垂，如古磬之懸掛者然也。程瑶田通藝録亦云：「室無資糧，故曰如縣罄也。」臧琳經義雜記謂當作「罄」，恐失之拘。**野無青草，何恃而不恐？」對曰：「恃先王之命。昔周公、大公股肱周室，夾輔成王。成王勞之，而賜之盟，曰：『世世子孫無相害也！』載在盟府，**載，盟約也，古謂之載書，亦省曰載。**大師職之。**杜注：「大公爲大師，兼主司盟之官。」是以大師專指齊大公。顧炎武補正則云：「太師，周之大師，主司盟之官。解云『太公爲太師』，非。」然考之古籍，並無太師職主盟約之記載。武億羣經義證、阮芝生拾遺謂大師當作大史，大史主藏載書，蓋周之定制。其説或然。 職，主也。 **桓公是以糾合諸侯，而謀其不協，彌縫其闕，而匡救其災，**成十八年傳「匡乏困，救災患」，杜注云：「匡亦救也。」**昭舊職也。及君即位，諸侯之望曰：『其率桓之功！』**「桓」，金澤文庫本作「桓公」。 率，循也。 **我敝邑用不敢保聚，**金澤文庫本作「用是不敢保聚」，唐石經「用」下亦旁增「是」字。 保聚，保城聚衆。 **曰：『豈其嗣世九年，而弃命廢職？其若先君何？君必不然。』恃此以不恐。」齊侯乃還。**魯語上云：「齊侯乃許爲平而還。」

二六·四 **東門襄仲、臧文仲如楚乞師。**東門襄仲即公子遂，稱「東門」者，據周禮大司馬「辨號名之用，帥以門名」，鄭玄注：「軍將皆命卿。古者軍將蓋爲營治於國門，故魯有東門襄仲，宋有桐門右師（昭二十五年傳），皆上卿爲軍將者也。」杜注則以爲「襄仲居東門，故以爲氏」。疑鄭玄説較是。 臧文仲即臧孫辰，見莊十一年傳並注。 文仲爲副使，故經未書。 **臧孫見子玉而道之伐齊、宋，**子玉，楚令尹成得臣。 道，引導。或云，勸説也。 **以其不臣也。**杜注：「言其不臣事周室，可以此罪責而伐之。」沈欽韓補注：「楚已僭號，豈復有尊周之心？此云不臣者，以齊、宋不肯尊事楚耳。」

二六·五 **夔子不祀祝融與鬻熊，**鬻音育。 據楚世家「楚之先祖出自帝顓頊高陽。高陽生稱，稱生卷章，卷章生重黎。重黎爲帝嚳高辛居火正，甚有功，能光融天下，帝嚳命曰祝融。帝誅重黎，而以其弟吴回爲重黎後，復居火正，爲祝融。吴回生陸終。陸終生子六人，六曰季連，羋姓，楚其後也。周文王之時，季連之苗裔曰鬻熊」

云云，是祝融與鬻熊皆楚之先祖，而夔爲楚之别封，依古禮，亦宜祀之也。全祖望經史問答謂任、宿、須句，風姓也，實修太皞之祀。夫太皞，天子也，而任、宿諸國以附庸之小侯各主其祀，然則祝、鬻二祭，夔亦當祀之。**楚人讓之。對曰：「我先王熊摯有疾，鬼神弗赦，**謂曾祈禱于鬼神，而其疾不愈，故云鬼神弗赦也。**而自竄于夔，**唐石經「竄」本作「寓」，復磨改作「竄」。楚世家謂「熊渠生子三人。當周夷王之時，王室微，諸侯或不朝，相伐。熊渠甚得江、漢間民和，乃立長子康爲句亶王，中子紅爲鄂王，少子執疵爲越章王。熊渠卒，子熊摯紅立。摯紅卒，其弟弒而代立，曰熊延」云云，則左傳之熊摯似即史記之摯紅。然摯紅爲熊渠之中子，曾繼立于楚，爲其弟所弒，則與傳異。索隱引譙周古史考云：「熊渠卒，子熊翔立；卒，長子摯有疾，少子熊延立。」正義引樂緯宋均注云：「熊渠嫡嗣曰熊摯，有惡疾，不得爲後，别居于夔，爲楚附庸，後王命曰夔子也。」無論熊摯爲熊渠之孫或嫡嗣，其有疾不得爲後，則與傳同。鄭語「羋姓夔、越，不足命也」，韋昭注亦云：「熊繹六世孫熊摯，有惡疾，楚人廢之，立其弟曰熊延，摯自棄於夔。其子孫有功，王命爲夔子。」據史記，熊摯宜當周厲王、周宣王之世。**吾是以失楚，又何祀焉？」秋，楚成得臣、鬬宜申帥師滅夔，**成得臣，令尹子玉；鬬宜申，司馬子西。**以夔子歸。**楚世家載此事於成王三十九年，依傳，則應在三十八年。

二六·六　**宋以其善於晉侯也，**晉文之出亡過宋，宋襄公贈馬二十乘，見二十三年傳。成十四年傳謂「孫文子甚善晉大夫」，文與此同。**叛楚即晉。**二十四年傳述「宋及楚平，宋成公如楚」，蓋宋從楚者近三年矣。年表云：「宋成公三年，倍楚，親晉。」**冬，楚令尹子玉、司馬子西帥師伐宋，圍緡。**

公以楚師伐齊，取穀。凡師，能左右之曰以。能左右之者，欲左則左，欲右則右，指揮客軍如己軍也。公羊桓十四年「宋人以齊人、衛人、蔡人、陳人伐鄭」，傳云：「以者何？行其意也。」亦即此義，可以互證。此僅指諸侯之借助于他國軍旅者言，其他言以而不言師者不在此例。寘桓公子雍於穀，易牙奉之以爲魯援。杜注云：「雍本與孝公争立，故使居穀以偪齊。」易牙見十七年傳並注。楚申公叔侯戍之。杜注云：「爲二十八年楚子使申叔去穀張本。」桓公之子七人，爲七大夫於楚。杜注：「言孝公不能撫公族。」楚世家云：「（成王）三十九年，魯僖公來請兵以伐齊，楚使申侯將兵伐齊，取穀，置齊桓公子雍焉。齊桓公七子皆奔楚，楚盡以爲上大夫。」楚成王三十九年，當魯僖二十七年，史公序列此事，恐遲誤一年。

二十有七年，戊子，公元前六三三年。周襄王二十年、晉文四年、齊孝十年、衛成二年、蔡莊十三年、鄭文四十年、曹共二十年、陳穆十五年、杞桓四年、宋成四年、秦穆二十七年、楚成三十九年、許僖二十三年。

經

二七·一 二十有七年春，正月初五日己酉冬至，建子。杞子來朝。

二七·二 夏六月庚寅，庚寅，十八日。齊侯昭卒。齊世家云：「十年，孝公卒。孝公弟潘因衛公子開方殺孝公子而立潘，是爲昭公。昭公，桓公子也，其母曰葛嬴。」此事經、傳未載。

二七·三 **秋八月乙未，**乙未，二十四日。**葬齊孝公。**無傳。諸侯五月而葬，此則三月葬。

二七·四 **乙巳，**乙巳，九月四日。疑經失書月。**公子遂帥師入杞。**杜注：「弗地曰入。」

二七·五 **冬，楚人、陳侯、蔡侯、鄭伯、許男圍宋。**傳云：「楚子及諸侯圍宋。」二十八年又云：「使子玉去宋。」似此，楚成嘗主圍宋，並與于諸侯之盟，不久即離去，而由子玉主兵，故年表云「（成王）三十九年使子玉伐宋」。此楚人或即指楚成，不曰楚子而曰楚人者，當時書法如此。自宣九年以後，楚子始不復稱人。

二七·六 **十有二月甲戌，**甲戌，五日。**公會諸侯，**諸侯者，楚子、陳侯、蔡侯、鄭伯、許男也。**盟于宋。**無傳。陳、蔡、鄭、許皆從楚者，魯則以去年乞師，且借其師伐齊之故，始與通和好也。此時宋方被圍，自不與盟。

傳

二七·一 **二十七年春，杞桓公來朝。用夷禮，故曰子。**杞本舊國，見隱四年經注。春秋多稱杞伯，即以杞桓公而言，文十二年、成四、五、七、九、十八年，俱書「杞伯」。偶書「杞子」，僖二十三年於杞成公稱「杞子」，襄二十九年于杞文公稱「杞子」及此是也。曲禮下云：「其在東夷、北狄、西戎、南蠻，雖大曰子。」**公卑杞，杞不共也。**共同恭。以其用夷禮，故目爲不恭而賤之。其實，五等爵本無定稱，前已詳言之。不但楚、吴、越皆競稱「王」，文化落後之小國亦有自稱「王」者，而春秋皆書曰「子」。

二七·二 夏，齊孝公卒。有齊怨，去年齊兩次伐魯。不廢喪紀，孔疏曰：「周禮小司徒：『掌喪紀之禁令。』庖人：『掌喪紀之庶羞。』樂記曰：『衰麻哭泣，所以節喪紀也。』言喪紀者多矣。喪紀者，喪事之總名。」諸侯之間所謂喪紀，自指弔生送死之事。禮也。

二七·三 秋，入杞，入而不有其地。責無禮也。此與桓二年傳「秋七月，杞侯來朝，不敬。杞侯歸，乃謀伐之。九月，入杞，討不敬也」同。

二七·四 楚子將圍宋，使子文治兵於睽，子文，前令尹。治兵，義詳莊八年傳注。睽，楚邑。不詳今所在。終朝而畢，不戮一人。終朝，自旦至食時。此言子文之寬簡。子玉復治兵於蔿，蔿，楚邑，今亦不詳所在。終日而畢，鞭七人，貫三人耳。貫耳，以箭穿耳也。說文有「聅」字，音徹，又音壇，又音拽，云：「軍法以矢貫耳也，從耳從矢。司馬法云：『小罪聅，中罪刖（王筠說文句讀謂刖似當作刵，斷耳也），大罪剄。』」兩漢猶有此刑，見漢書原涉傳及後漢書楊政傳。此則貫耳較鞭刑爲重。國老皆賀子文。孔疏曰：「王制云：『有虞氏養國老於上庠，養庶老於下庠。』然則國老者，國之卿大夫士之致仕者也。」孔丘於魯，亦被稱爲國老，見哀十一年傳。晉語五敘趙盾舉薦韓厥，甚稱其職，因使諸大夫賀己，曰：「吾舉厥而中，吾乃今知免於罪矣。」可見舉拔得人，爲之慶賀，古有此禮。子文飲之酒。蔿賈尚幼，蔿賈字伯嬴，孫叔敖之父，又見文十六年、宣元年及四年傳。後至，不賀。子文問之。對曰：「不知所賀。子之傳政於子玉，曰：『以靖國也。』二十三年傳叙子玉伐陳有功，子文使爲令尹。叔伯曰：「子若國何？」子文答「吾以靖國也」云云，此則舉子文之言以駁之。靖諸內而敗諸外，所獲幾何？子玉之敗，子之舉也。舉以敗國，將何賀焉？子玉剛而無禮，不可以治民，疑此治民指治軍言，下文「過三百乘」可證。楚之令尹，軍民兼治。過三百乘，杜注：「三百乘，二萬二千五百人。」此是以每乘七十五人計算所得，然未必如此。其不能以入矣。入謂全師入國。下年傳叙子玉既敗，王使謂之曰：「大夫若入，其若申、息之老何？」彼入字與此入字同。説見沈欽韓補注及竹添光鴻會箋。孔疏謂入爲「入前敵」，固非；章炳麟讀謂入讀爲捷，勝也，亦不必。苟入而賀，何後之有？」

冬，楚子及諸侯圍宋。宋公孫固如晉告急。公孫固，宋莊公之孫。先軫曰：閔二年傳有先丹木與先友，宋程公説春秋分紀世譜二謂先軫爲先丹木之子，不知其據。「報施、救患，宋襄公贈馬于晉文，所謂施也。今宋被圍，患也。取威、定霸，於是乎在矣。」即在於是矣也，此加重倒句。晉世家云：「先軫曰：『報施、定霸，於今在矣。』」僅取其意，非譯其文。狐偃曰：「楚始得曹，而新昏於衞，若伐曹、衞，楚必救之，則齊、宋免矣。」此兼叙齊事。去年楚使申叔侯戍穀以偪齊，楚若救曹、衞，亦必能紓齊患。晉世家叙此事只云「則宋免矣」，蓋史公省文。於是乎蒐于被廬，被廬，晉地，不詳今之所在。作三軍，閔元年晉獻公作二軍，今又加一軍。謀元帥。晉以中軍帥爲元帥。趙衰曰：「郤縠

可。臣亟聞其言矣，説禮、樂而敦詩、書。説同悅。禮記樂記「樂者敦和」，鄭注謂「敦和，樂貴同也」，是敦有貴意。蓋假爲惇，説文：「惇，厚也。」經、傳多以敦爲之。後漢書鄭興傳「杜林薦之曰：『竊見河南鄭興，執義堅固，敦悅詩、書』」，即用此義。俞樾平議讀爲詩閟宮（魯頌）「敦商之旅」之敦，治也，亦通。**詩、書，義之府也；禮、樂，德之則也；德、義，利之本也。夏書曰：『賦納以言，明試以功，車服以庸。』**三句在今尚書益稷。賦，今作敷，音近可以通假。賦爲敷之借字，徧也。謂不論尊卑遠近，如其言善，即徧加納取。杜注：「賦納以言，觀其志也。」試，今作庶，章炳麟云：「讀爲度。」杜注云：「明試以功，考其事也。」庸謂酬勞報功，春秋繁露制度篇引作「輿服以庸」，意同，謂以車馬衣服酬其功。蓋古者官階不同，車服亦異，賜以車服，所以表示尊貴寵榮。**君其試之！」**晉語四云：「文公問元帥於趙衰。對曰：『郤縠可，行年五十矣，守學彌惇。夫先王之法志，德義之府也。夫德義，生民之本也。能惇篤者，不忘百姓也。請使郤縠！』公從之。」**乃使郤縠將中軍，郤溱佐之。**晉語四韋注云：「郤溱，晉大夫郤至之先。或云溱即至，非也。」**使狐偃將上軍，讓於狐毛，而佐之。**毛，偃之兄，見二十三年傳。晉語四云：「公使原季爲卿。辭曰：『夫三德者，偃之出也。以德紀民，其章大矣，不可廢也。』使狐偃爲卿。辭曰：『毛之智賢於臣，其齒又長，毛也不在位，不敢聞命。』乃使狐毛將上軍，狐偃佐之。」晉世家云「使狐偃將上軍，狐毛佐之」，恐史公有誤。**命趙衰爲卿，讓於欒枝、先軫。**據晉語四韋注及晉世家集解引賈逵説，欒枝謚貞子，爲桓二年傳欒賓之孫，三年傳欒共叔之子。**使欒枝將下軍，**傳世有欒左軍戈，阮元謂左軍即下軍。方濬益且謂「欒氏世爲下軍將佐」，此戈其晉欒氏之物歟？詳綴遺齋彝器考釋卷三十。**先軫佐之。**晉語四云：「公使趙衰爲卿，辭曰：『欒枝貞慎，先軫有謀，胥臣多聞，皆可以爲輔佐，臣弗若也。』乃使欒枝將下軍，先軫佐之。」晉世家云：「命趙衰爲卿，欒枝將下軍，先軫佐之。」**荀林父御戎，**趙世家索隱引世本云：「晉大夫逝遨生桓伯林父。」太平御覽六四二引瑣語云：「晉冶氏女徒病，弃之。舞嚚之馬僮飲馬而見之，病徒曰：『吾良夢。』馬僮曰：『汝奚夢乎？』曰：『吾夢乘水如河汾，三馬當以舞。』僮告舞嚚。自往視之，曰：『當可活，吾買汝。』答曰：『既弃之矣，猶未死乎？』舞嚚曰：『未。』遂買之。至舞嚚氏而疾有間，而生荀林父。」似舞嚚即逝遨。二十八年傳稱荀林父將中行，故又以中行爲氏，文十三年傳因稱爲中行桓子。**魏犨爲右。**魏犨即魏武子，見二十三年傳注。　爲晉文公御戎車、爲車右也。

晉侯始入而教其民，晉文于二十四年入國。**二年，欲用之。子犯曰：「民未知義，未安其居。」於是乎出定襄王，**晉語四云：「襄王避昭叔之難，居於鄭地氾，使來告難。子犯曰：『民親而未知義也，君盍納王以教之義？』」**入務利民，民懷生矣。**晉語四云：「棄責（債）薄斂，施舍分寡，救乏振滯，匡困資無，輕關易道，通商寬農，懋穡勸分，省用足財，利器明德，以厚民性（生）。」諸所言蓋皆利民之事。俞樾平議曰：「懷，安也，言民安其生也。」**將用之。子犯曰：「民未知信，未宣其用。」於是乎伐原以示之信。**伐原在二十五年。**民易資者，**易爲交易之易，易資即買賣之事。**不求豐焉，明徵其辭。**明徵其辭，猶言明碼實價或不二價。**公曰：「可矣乎？」子犯曰：「民未知禮，未生其**

共。」共同恭，金澤文庫本作「恭」。**於是乎大蒐以示之禮，**蒐於被廬也。**作執秩以正其官。**昭二十九年傳云：「文公是以作執秩之官，爲被廬之法。」則執秩爲官名。然漢書刑法志注引應劭云「搜於被廬之地，作執秩以爲六官之法」，似以爲法名，官主爵秩，法當即周禮太宰所謂「以八法治官府」之法。**民聽不惑，**不惑即論語子罕「知者不惑」之「不惑」，明其道理，故不致迷惑也。**而後用之。出穀戍，釋宋圍，**俱見下年。**一戰而霸，文之教也。**一戰謂明年城濮之役。文之教，孔疏釋爲文德之教，然昭九年傳云「文之伯也」，文指文公，此似亦指文公。晉語四亦有此段，大同小異，不具録。呂氏春秋簡選篇：「晉文公造五兩之士五乘，鋭卒千人，先以接敵。諸侯莫之能難。反鄭之埤，東衞之畝，尊天子於衡雍。」

二十有八年，己丑，公元前六三二年。周襄王二十一年、晉文五年、齊昭公潘元年、衞成三年、蔡莊十四年、鄭文四十一年、曹共二十一年、陳穆十六年、杞桓五年、宋成五年、秦穆二十八年、楚成四十年、許僖二十四年。

經

二八·一 **二十有八年春，**正月十六日乙卯冬至，建子。**晉侯侵曹，晉侯伐衞。**

二八·二 **公子買戍衞，不卒戍，刺之。**據傳，公子買字子叢。不卒戍者，魯向楚解釋之辭，非事實。

刺者，殺也。晉語四「刺懷公于高梁」，周語上「晉人殺懷公」，足見刺與殺同義。然春秋於外大夫曰殺，惟於魯大夫曰刺，此及成十六年「刺公子偃」是也，故杜注云，「内殺大夫皆書刺」。説文云：「君殺大夫曰刺，刺，直傷也。」蓋亦取春秋之義。

二八·三　**楚人救衛。**

二八·四　**三月丙午，**丙午，八日。**晉侯入曹，執曹伯。畀宋人。**畀，音比，去聲，與也。據傳「執曹伯，分曹、衛之田以畀宋人」之文，則「執曹伯」與「畀宋人」爲兩事，當作兩句讀。「畀宋人」者，以田畀宋人也。公羊、穀梁以及杜注皆以六字作一句讀，遂解爲以曹伯與宋人，似誤解經旨。説見宋葉夢得春秋傳。

二八·五　**夏四月己巳，**己巳，二日。**晉侯、齊師、宋師、秦師及楚人戰于城濮，楚師敗績。**城濮已見莊二十七年經注。

二八·六　**楚殺其大夫得臣。**得臣不書族氏。自成二年而後，楚之大夫始具列氏族與名，如公子嬰齊、公子側是也。

二八·七　**衛侯出奔楚。**禮記祭統孔悝之鼎銘「乃祖莊叔，左右成公，成公乃命莊叔隨難于漢陽」，即此事。

二八·八　**五月癸丑，**癸丑，十六日。**公會晉侯、齊侯、宋公、蔡侯、鄭伯、衛子、莒子，盟於踐土。**定四年傳述踐土之盟載書，其班次爲晉、魯、衛、蔡、鄭、齊、宋、莒，以姬之同姓爲先；齊、宋雖大，異姓在後，隱十一年傳所謂「周之宗盟，異姓爲後」是也。經所書乃會之班次，以國强弱大小爲序，盟之班次則從略矣。衞稱子者，衞成公此時出居于外，其弟叔武奉盟，從未成君之禮也。踐土，鄭地，在今河南省原陽縣西南，武陟縣東南。杜注：「王子虎臨盟，不同歃，故不書。」

二八·九 **陳侯如會。** 無傳。陳本與楚，楚敗，懼而從晉，因赴會。不言與盟，恐未與盟也。八年經云「鄭伯乞盟」，此不書乞盟，或陳穆公未嘗乞盟。經書如會者三，此及襄三年雞澤之盟，陳侯使袁僑如會；襄七年，會于鄬，鄭伯髡頑如會。

二八·一〇 **公朝于王所。** 無傳。杜注：「王在踐土，非京師，故曰王所也。」蓋用公羊、穀梁義，未必爲左氏義。隱七年傳云「鄭公子忽在王所」，時公子忽爲質于周，則在京師也。詩小雅出車「自天子所」，吉日「天子之所」，儀禮覲禮「女順命于王所」，周禮考工記「不屬于王所」，則天子無論在京師與否皆得言所。詩鄭風大叔于田「獻于公所」，齊侯鎛鐘「有共于公所」，則公所者，諸侯之所在。孟子滕文公下亦言「使之居于王所」。凡王、公之所在曰王所、公所，恐無義例之可言。經書魯之朝王者三，今年二次，及成十三年如京師，且均是順便而朝王，非特意誠心。年表云：「二十八年，公如踐土會朝。」

二八·一一 **六月，衞侯鄭自楚復歸于衞。** 傳謂「衞侯聞楚師敗，懼，出奔楚，遂適陳」，則自陳復歸也；書曰自楚，蓋承上文「出奔楚」而言。成十八年傳云：「凡去其國，復歸其位曰復歸。」**衞元咺出奔晉。** 咺音萱。據元和姓纂，元咺其先食采邑於元，因以爲氏。元，今河北省元氏縣。

二八·一二 **陳侯款卒。** 無傳。陳穆公以十三年即位，十五年盟於牡丘，十九年盟於齊，二十一年盟于薄，二十七年盟于宋，魯與陳皆與盟，凡四同盟，故赴以名。詳杜注及孔疏。

二八·一三　秋，杞伯姬來。無傳。伯姬，莊公女，杞成公夫人，于莊二十五年歸杞，至是三十八年，已老矣。

二八·一四　公子遂如齊。無傳。

二八·一五　冬，公會晉侯、齊侯、宋公、蔡侯、鄭伯、陳子、莒子、邾子、秦人于温。穀梁無「齊侯」，當係脱文。「邾子」，阮刻本作「邾人」，今從唐石經、金澤文庫本、岳本及校勘記訂正。陳共公稱陳子者，陳穆公卒，立未踰年也。秦與諸侯會盟始于此，故班序最後，而稱人。

二八·一六　天王狩于河陽。「狩」，穀梁作「守」，守、狩字通。狩爲冬日田獵之名，有解爲巡守者，恐非。河陽在今河南省孟縣西三十五里。

二八·一七　壬申，壬申，十月七日。此史失書月，或殘闕所致。公朝于王所。傳謂「是會也，晉侯召王，以諸侯見，且使王狩」，則朝王者不獨魯。年表謂齊、晉、秦、衞、陳、蔡俱朝周王，蓋指此。

二八·一八　晉人執衞侯，歸之于京師。成十五年傳云：「凡君不道於其民，諸侯討而執之，則曰某人執某侯。」衞元咺自晉復歸于衞。

二八·一九　諸侯遂圍許。從楚諸國，鄭自子人九行成而從晉，衞以叔武受盟而從晉，陳以陳侯如會而從晉，獨許負固不至；襄王在踐土、河陽，相距不遠，亦不朝，因而伐之。

二八·二〇　曹伯襄復歸于曹，遂會諸侯圍許。

傳

二八・一

二十八年春，晉侯將伐曹，假道于衛。此用上年傳所述狐偃之謀。曹都今山東省定陶縣，衛都楚丘，今河南省滑縣東六十餘里。曹在衛之東，故晉假道。**衛人弗許。還，自南河濟，**「南河」，阮刻本作「河南」，今從唐石經、金澤文庫本訂正。古黄河東北流，如衛肯借路，則由衛境渡河，衛既不肯借路，則軍隊南還，由南河渡，再向東。南河即南津，亦謂之棘津、濟津、石濟津，在河南省淇縣之南，延津縣之北，河道今已湮。**侵曹，伐衛。**衛世家云：「成公三年，晉欲假道於衛救宋，成公不許。晉更從南河渡，救宋。」晉世家文同左傳。**正月戊申，**戊申，九日。**取五鹿。**二十三年傳謂晉文「出於五鹿，乞食於野人，野人與之塊」，今故取之以應其兆。商君書賞刑篇、吕氏春秋簡選篇、韓非子外儲説右上均謂文公此役「東衛之畝」，左傳未載。餘詳成二年傳注。**二月，晉郤縠卒。原軫將中軍，**原軫即先軫，原爲其食邑，晉人多以食邑爲氏。**胥臣佐下軍，上德也。**先軫以下軍佐躍爲中軍帥，故云尚德。上即尚。胥臣佐下軍，補先軫之空缺。晉語四云：「取五鹿，先軫之謀也。郤縠卒，使先軫代之。胥臣佐下軍。」**晉侯、齊侯盟于斂盂。**斂，舊音廉。斂盂，衛地，在今河南省濮陽縣東南。**衛侯請盟，晉人弗許。衛侯欲與楚，國人不欲，故出其君，以説于晉。**説同悦，討好之意，亦可如字讀，解説也。衛世家謂晉嘗「徵師於衛，衛大夫欲許，成公不肯」，此傳文所無。夫假道尚不見許，又何宜徵師，史公此説恐不可信。晉世家則與傳文同。**衛侯出居于襄牛。**襄牛，衛地。出居，未必出其國境，凡離其國都皆可謂出，不必出國始可謂出。桓三年傳，芮伯萬出居于魏，魏當時仍在芮之國境内；哀二十年傳，吴公子慶忌出居于艾，艾仍吴邑，皆可證。據江永考實謂襄牛當在今山東省范縣境，衛之東鄙。衛世家云：「大夫元咺攻成公，成公出奔。」徵之傳下文「衛侯使元咺奉叔武以受盟」云云，則元咺恐不致有攻成公之舉。

二八·二 **公子買戍衛，**衛，楚之婚姻也，魯與楚，故爲之戍衛。**楚人救衛，不克。公懼於晉，殺子叢以説焉。**子叢，公子買之字。**謂楚人曰：「不卒戍也。」**石經、金澤文庫本無「曰」字，亦通。杜注謂「詐告楚人，言子叢不終戍事而歸，故殺之」，似其所據本有「曰」字。

二八·三 **晉侯圍曹，門焉，**門，名詞作動詞用，攻城也。**多死。曹人尸諸城上，**陳晉軍死屍於城上。**晉侯患之。聽輿人之謀，稱「舍於墓」。**「謀」，金澤文庫本、敦煌初唐寫本殘卷皆作「誦」，與孔疏所稱或本合，今從孔疏作「謀」。「謀」下各本有「曰」字，惟金澤文庫本及敦煌殘卷無，與通典兵十五及太平御覽兵部四十五所引合，是也，今從之删。説參王引之述聞。稱，言也。舍於墓爲所言内容，亦即所謀。舍去聲。周禮春官墓大夫之職「令國人族葬」，周書大聚篇亦云：「墳墓相連，民乃有親。」古人多族葬，晉師擬宿營于曹人墓地，則曹人墳墓勢必有被發掘者。此墓沈欽韓補注謂即周禮春官墓大夫之邦墓，所葬皆曹之國人，曹軍之主力，故主力因恐發其祖墓而兇懼也。**師遷焉。**晉侯從輿人之計，師旅遷於曹人族葬之處。**曹人兇**

懼，說文「兇，擾恐也」，則兇懼爲同義詞平列，猶今言恐懼也。曹人恐晉師掘其墓地，故恐懼也。戰國田單守即墨，激怒燕師盡掘壟墓以勵敵愾，用意與此相反，而事則與此相類。**爲其所得者，棺而出之。因其兇也而攻之。**晉師因曹人之恐懼而攻曹城。**三月丙午，入曹，**戰國策魏策四云：「昔曹恃齊而輕晉，齊伐釐（萊）、莒，而晉人亡曹」，疑指此事。但齊伐萊伐莒于春秋無徵。**數之以其不用僖負羈，而乘軒者三百人也，**數之云云，數其罪也。僖負羈事見二十三年傳。乘軒者三百人，大夫以上乘軒車，又見閔二年傳注。明郝敬讀左傳日鈔卷三謂「曹蕞爾國，舉羣臣不能三百人，而況大夫？言三百者，極道其濫耳」。晉世家作「數之以其不用釐負羈而用美女乘軒者三百人也」，謂乘軒者爲美女，恐史公駁文。曹世家贊云「余尋曹共公之不用僖負羈，乃乘軒者三百人」，仍用左傳可證。詩曹風候人謂「彼其之子，三百赤芾」，「彼其之子，不稱其服」，序且云「刺近小人也。共公遠君子而好近小人焉」，則候人之詩即爲此而作。然晉語四載楚成王語已引詩「彼其之子，不遂其媾」句，豈此詩當時即已遠播于楚國乎？或晉語四之楚成王引詩語，爲後人所增飾者乎？抑或候人之詩早已有之，序不可信乎？蓋已不能明矣。**且曰獻狀。**獻狀，古有數解。唐顏師古匡謬正俗謂「我之來，獻骿脅容狀耳」，此近兒戲語，惠棟補注、于鬯香草校書皆已指其誤。晉語四云：「文公誅觀狀以伐鄭。」惠棟因謂「獻狀，謂觀狀也。先責其用人之過，然後誅觀狀之罪，以示非惡報也」。此說較有據。杜注云「言其無德居位者多，故責其功狀」，則與「且曰」兩字文義不貫，沈欽韓補注已言其非。于鬯謂「使獻與美女三百乘軒馳驅之狀」云云，亦難置信。**令無入僖負羈之宮，而免其族，報施也。**報饋盤飧置璧之惠。韓非子十過篇云：「又令人告釐負羈曰：『軍旅薄城，吾知子不違也，其表子之閭！寡人將以爲令，令軍勿敢犯。』曹人聞之，率其親戚而保釐負羈之閭者七百餘家。」魏犨、顛頡怒，曰：「勞之不圖，報於何有？」二人各有從亡之勞，見僖二十三年傳；而作三軍時，除狐毛、狐偃、趙衰外，若郤縠、郤溱、欒枝、先軫皆非從亡者，魏犨僅爲戎右，顛頡不言其官，則位又在其下矣。二人有不平之忿，因有勞之不圖語。「報於何有」猶言「何有於報」，倒語也。爇僖負羈氏。爇，音焫，又音芮，燒也。氏猶家也。昭二十七年傳「令尹欲飲酒於子氏」，呂氏春秋慎行篇作「令尹欲飲酒於子之家」可證。魏犨傷於胸。公欲殺之，而愛其材。愛，惜也。孟子梁惠王上「齊國雖褊小，吾何愛一牛」，義與此同。使問，問，饋遺以物。且視之。視察病情。病，將殺之。病謂傷甚，言若其傷甚重，則將殺之。魏犨束胸見使者，曰：「以君之靈，靈謂威靈。不有寧也！」杜注：「言不以病故自安寧。」劉炫謂寧爲傷，誤。距躍三百，曲踊三百。示猶可用。距躍、曲踊，皆跳躍之名，顧炎武補正引邵寶説謂距躍爲直跳，曲踊爲橫跳。劉文淇疏證謂直跳者，向上跳，今之跳高也；橫跳者，向前跳，今之跳遠也。或是。若以曲踊爲倒行，恐非。三百，古人不以爲數，因其受傷，未必能跳躍六百次也。若以三百爲虛數，言其跳躍次數之多，亦未嘗不可通。杜注：「百猶勱也。」三勱，孔疏謂「言每跳皆勉力爲之」，於文義扞格難通，自不可信。王引之述聞謂「百、陌古字通，陌者，橫越而前也」，則三百者，三次橫越使者之意。桂馥札樸謂廣韻「趏，越」，則「三百」猶三下。洪亮吉詁又謂「三百或當作三尺，古人跳躍之法如此耳」。劉文淇疏證則謂「百」即「陌」，「江、淮間俗語謂一箭地，與以陌計步同。梁書黄法氍傳距躍三丈，以丈計躍，猶云以陌計躍也」，則三百乃其跳躍遠近之長度。諸説俱無確證。**乃舍之。**捨而不殺也。**殺顛頡以徇于師，**使將士遍知之。商君書賞刑篇云：「晉文公將欲明刑，以親百姓，於是合諸侯大夫於侍千宮。顛頡後至，吏請其罪（「吏」字各本無，依太平御覽六三六、六四六增）。君曰『用事焉』。吏遂斬顛頡之脊以徇（「徇」，各本作「殉」，依御覽六四六改）。晉國之士稽焉皆懼，曰：『顛頡之有寵也，斷以徇（「徇」字依御覽六三六引改），況於我乎？』」韓非子外儲説右上篇與此大同。皆與傳異。**立舟之僑以爲戎右。**舟之僑見閔二年傳。立之爲右，以代魏犨，則魏犨免職矣。

宋人使門尹般如晉師告急。杜注：「門尹般，宋大夫。」晉語四「般」作「班」，古同音通假。馬宗璉補注謂「班，蓋宋卿掌門尹之任，如桐門右師之類，楚圍急，故使重臣如晉乞師」云云，以「門尹」比「桐門」，所比不相類。蓋桐門爲城門名，門尹則否。然以門尹般爲宋重臣，則頗合情理。哀二十六年傳宋有門尹得，似亦重臣。顧棟高大事表十謂「國語『敵國賓至，關尹以告，門尹除門』，周禮地官之屬有司門、司關，鄭司農以司關爲關尹，則門尹即周禮之司門也」，然司門官職卑。疑此門尹相當於莊十九年傳楚之大閽。**公曰：「宋人告急，舍之則絶，**捨之而不救，則將與晉絶。**告楚不許。**請楚釋宋圍，楚又不肯。晉語四云「宋人告急，舍之則宋絶，告楚則不許我」，文義較明。**我欲戰矣，齊、秦未可，若之何？」先軫曰：「使宋舍我而賂齊、秦，藉之告楚。**假借齊、秦，使之爲宋告于楚，欲楚釋宋之圍。**我執曹君，而分曹、衞之田以賜宋人。**以曹、衞田賜宋人者，一則所以怒楚，一則所以補償宋與齊、秦之賄賂。**楚愛曹、**

衛，必不許也。必不許齊、秦爲宋之請。**喜賂、怒頑，**齊、秦喜得宋之賂，而怒楚之頑固。晉語四云：「齊、秦不得其請，必屬怨焉。」**能無戰乎？」**此乃設計以激發齊、秦兩國參戰。**公說，執曹伯，分曹、衛之田以畀宋人。**晉世家云：「楚圍宋，宋復告急晉。文公欲救，則攻楚，爲楚嘗有德，不欲伐也。欲釋兵，宋又嘗有德於晉，患之。先軫曰：『執曹伯，分曹、衛地以與宋，楚急曹、衛，其勢宜釋宋。』於是文公從之。」與傳略有不同。衛世家、晉世家亦載此事而較略。

楚子入居于申，申在方城内，楚子由伐宋退居方城内，故曰入。申又見隱元年傳注。**使申叔去穀，**申叔即申公叔侯，二十六年戍穀。**使子玉去宋，曰：「無從晉師！晉侯在外，十九年矣，**晉文以僖五年出奔，在狄十二年，二十四年方入晉，以夏正數之，則整十九年。晉語四云「晉公子生十七而亡」，昭十三年傳亦云「先君文公生十七年有士五人」云云，則晉文出亡，時年十七；亡十九而返國，時年三十六；城濮之役，即位已四年，則年四十，死時才四十四。晉世家謂重耳出奔年四十三，凡十九歲而得入，時年六十二。閻若璩四書釋地三續謂史遷之說不若左傳、國語足信，其說是也。乃洪亮吉詁信史記不信左傳，其考據實誤。若如史記之說，重耳奔蒲，年四十三，而其年獻公滅虢，執井伯以媵秦穆姬，秦穆姬爲申生之姊，長於重耳者至少數年，豈五十歲左右始嫁耶？**而果得晉國。險阻艱難，備嘗之矣；民之情僞，盡知之矣。**情，實也；情僞猶今言真僞。**天假之年，**「之」作「其」用。言其十九年在外，流離轉徙，猶得生存，且獻公之子九人，惟彼一人在耳。**而除其害，**惠公死，懷公及呂、郤被殺。**天之所置，其可廢乎？**其作豈用。

軍志曰：『允當則歸。』軍志，古之兵書。「允當則歸」猶今言適可而止。又曰：『知難而退。』今吴子料敵篇襲用此語。又曰：『有德不可敵。』此三志者，晉之謂矣。」子玉使伯棼請戰，楚之鬬椒字伯棼，一字子越（文十六年、宣四年傳），鬬伯比之孫。曰：「非敢必有功也，願以間執讒慝之口。」間執猶塞也。莊子漁父篇：「好言人惡謂之讒。」荀子修身篇：「傷良曰讒。」爾雅釋訓「崇讒慝也」，釋文：「言隱慝其情以飾非。」古人「讒慝」連言，其意爲好言人過惡。讒慝之口指去年蔿賈之言，謂子玉過三百乘不能以入矣。王怒，少與之師，唯西廣、東宮與若敖之六卒實從之。廣，去聲。宣十二年傳言楚「其軍之戎，分爲二廣」，西廣當即二廣之一。文元年傳太子商臣以宮甲圍成王，則東宮有兵，此東宮當亦是太子之宮甲。若敖爲楚武王之祖，楚君之無謚者，皆以「敖」稱，而冠以所葬之地，昭十三年傳所謂「葬子干于訾，實訾敖」者是也。則若敖者，爲楚君之葬于若者，實亦子玉之祖也。敖即豪，猶今之酋長矣。若敖之六卒，疑爲若敖所初設之宗族親軍。卒爲車法，非徒法。一卒三十乘，六卒一百八十乘。詳江永羣經補義。杜注謂一卒爲百人，六卒則六百人，以徒法釋車，誤。楚語上云：「及城濮之役，唯子玉欲之，與王心違，故唯東宮與西廣寔來。」除子玉原將圍宋之軍外，此又以西廣、東宮及若敖之六卒益之。

子玉使宛春告於晉師曰：宛春，楚大夫，與吕氏春秋分職篇、新序刺奢篇諫衞靈公之宛春爲宋大夫者，自爲兩人。「請復衞侯而封曹，臣亦釋宋之圍。」子犯曰：「子玉無禮哉！君取一，臣取二，晉文爲君，僅得宋圍之釋；子玉爲臣，却得復衞、封曹兩事。不可失矣。」言時不可失，必與之戰也。先軫曰：「子與之！與，許也；許其所請也。定人之謂禮，楚一言而定三國，宋圍釋，曹、衞得復，是三國定也。我一言而亡之。我則無禮，何以戰乎？不許楚言，是棄宋也；救而棄之，謂諸侯何？無辭以對齊、秦諸國。楚有三施，我有三怨，宋、曹、衞三國皆將怨我。怨讎已多，已，太也。將何以戰？不如私許復曹、衞以攜之，攜，離也，離間曹、衞與楚之同盟。後云「曹、衞告絶於楚」即其事。晉世家「攜」作「誘」，蓋史公以己意變其文。執宛春以怒楚，既戰而後圖之。」公說。乃拘宛春於衞，且私許復曹、衞，曹、衞告絶於楚。

子玉怒，從晉師。從晉師者，撤宋之圍而從晉師也。晉語四云「子玉釋宋圍從晉師」，楚成令子玉無從晉師，子玉反之。晉師退。軍吏曰：「以君辟臣，辱也；且楚師老矣，楚師去年冬圍宋，至此已五六月，故言其疲憊。何故退？」子犯曰：「師直爲壯，曲爲老，豈在久乎？「乎」，阮刻本作「矣」，今從校勘記訂正。微楚之惠不及此，退三舍辟之，所以報也。實踐晉文對楚成之諸言，見二十三年傳。背惠食言，食言見十五年傳注。以亢其讎，亢，扞蔽之義，昭元年傳「吉不能亢身，焉能亢宗」，諸「亢」字義同。其讎指宋國，此謂楚伐宋而晉救之。說詳王引之述聞。我曲楚直，其衆素飽，素，向來。飽，謂士氣飽滿。不可謂老。我退而楚還，我將何求？若其不還，君退、臣犯，曲在彼矣。」退三舍。楚衆欲止，子玉不可。晉世家敘此以子犯語爲晉文公語，與傳及晉語四皆不合。

夏四月戊辰，戊辰，朔日。晉侯、宋公、齊國歸父、崔夭、秦小子慭次于城濮。國歸父、崔夭，齊之大夫。傳世有齊大宰盤，銘云「隹王八月丁亥，齊大宰𨘱父𦉢爲忌（己）盥盤」云云，郭沫若兩周金文辭大系考釋謂大宰𨘱父𦉢或即此國歸父。方濬益綴遺齋彝器考釋卷七説同。小子慭，秦穆公子。城濮，衛地，已見莊二十七年經注。楚師背酅而舍，酅音攜，丘陵險阻者；楚師憑險而軍也。晉侯患之。聽輿人之誦曰：「原田每每，舍其舊而新是謀。」每、謀爲韻，古音同在咍部。原田即説文之「𧺆田」。「原」、「𧺆」古韻同部，聲亦相近，得通用。今謂之休耕地，周禮大司徒謂之「一易之地」、「再易之地」。休耕時，草茂盛，用以爲緑肥，「每每」即形容草之盛出。去年已耕種者，今年即不再用，而用其先休耕者，故曰「舍其舊而新是謀」。杜注：「喻晉軍之美盛，若原田之草每每然，可以謀立新功，不足念舊惠。」雖得其意，猶未達一間。公疑焉。子犯曰：「戰也！戰而捷，必得諸侯。若其不捷，表裏山河，杜注云：「晉國外河而内山。」必無害也。」公曰：「若楚惠何？」欒貞子曰：欒貞子，欒枝。「漢陽諸姬，楚實盡之。水北曰陽，周、晉同姓之國在漢水之北者，楚皆滅之矣。楚世家謂楚武王三十五年伐隨，始開濮地而有之。文王六年伐蔡。楚彊，陵江、漢間小國，皆畏之。十一年，楚亦始大，成王時楚地千里云云，則皆吞併之事。思小惠而忘大恥，重耳出亡于楚，楚厚待之，小惠也；滅我同姓諸國，大恥也。不如戰也。」晉侯夢與楚子搏，兩人格鬭。楚子伏己而盬其腦，或本「己」作「已」，

「伏」字一讀，「已而」連讀，誤。當「伏己」連讀，楚子伏於晉侯自己身上也。　盬音古，咀嚼也。是以懼。子犯曰：「吉。我得天，晉侯仰卧，向上，故云得天。楚伏其罪，楚子伏，向下，故云伏其罪。陝西西安半坡遺址有公共墓地，埋葬本氏族死者。有仰身葬與俯身葬兩種。仰身葬有殉葬物，俯身葬則無。蓋仰身葬貴，俯身葬賤。故一則其葬「得天」，一則「伏其罪」。似可與子犯此言相印證。吾且柔之矣。」焦循補疏曰：「素問五藏別論：『腦、髓、骨、脈、膽、女子胞，此六者，地氣之所生也，皆藏于陰而象于地。』解精微論：『腦者，陰也。』陰柔，故子犯言吾且柔之。彼來盬我用齒，齒，剛也。我以腦承之，是有以柔其剛，故云柔之。」杜注云「腦所以柔物」。何樂士謂宜讀爲二十五年傳「德以柔中國」之柔。論衡異虚篇：「晉文公將與楚成王戰於城濮。彗星出楚，楚操其柄。以問咎犯。咎犯對曰：『以彗鬬，倒之者勝。』」左傳未載，王充蓋從它書得之。

子玉使鬬勃請戰，鬬勃，楚大夫。曰：「請與君之士戲，晉語九云：「少室周爲趙簡子之右，聞牛談有力，請與之戲，弗勝，致右焉。」韋注云：「戲，角力也。」此戲字亦即此義。說詳王引之述聞。君馮軾而觀之，馮同憑。古人乘車多站立，憑軾則較舒適而能持久。得臣與寓目焉。」晉侯使欒枝對曰：「寡君聞命矣。楚君之惠，未之敢忘，是以在此。此指退避三舍之地。爲大夫退，爲同謂，以爲楚軍已退也。其敢當君乎？其同豈。因子玉是臣，晉文是君，臣不敢與君抗，君退，臣亦當退，故謂大夫退也。既不獲命矣，楚軍竟未退，且跟踪而至，故云不獲命。二十三年傳晉文答楚成之語，亦云「其辟君三舍，若不獲命」云云。敢煩大夫，大夫指鬬勃。謂二三子：二三子指子玉、子西等。『戒

爾車乘，敬爾君事，詰朝將見。』」詰朝，明日之晨。

晉車七百乘，韅、靷、鞅、靽。韅音顯，駕車之馬有革直著於其腋下者。靷音引，然此當作靳，字之誤也。靳，駕車服馬當胸之革，亦謂之游環，詩秦風小戎「游環脅驅」是也。古以四馬駕車，兩馬在中曰服馬。左右兩旁之馬曰驂馬。驂馬之首當服馬之胸，服馬當胸之革爲靳，靳上有環，謂之靳轘，亦即游環，而驂馬之外轡貫之，則驂馬不得外出；服馬行，驂馬亦不得不行，故定九年傳云「吾從子如驂之有靳」。游環就服馬得其義，靳環則兼驂馬得其義。説參王引之述聞、段玉裁説文解字注、陳奐毛詩秦風小戎傳疏。鞅音央，上聲，又音央，駕車時馬頸之革。靽同絆，音半，縶馬足之繩。或據秦始皇陵銅車馬，謂絆即從馬後所牽之帶，經腹下繫胸前。韅、靳、鞅、靽，言其車馬之裝備齊全也。**晉侯登有莘之虚以觀師，**莘，舊國名，墨子尚賢中篇「伊摯，有莘氏之私臣」者是也；吕氏春秋本味篇作有侁氏，漢書人表及外戚傳叙並作有㜪氏，莘、侁、㜪字得相通。虚同墟。關於有莘之記載甚多，如大戴禮帝繫「鯀娶于有莘氏之子」，昭元年傳「商有姺、邳」，詩大雅大明「纘女維莘」，則夏、商、周皆有莘國（疑即部落）。至其地望所言亦不一，即以左傳論，莊十年經之莘爲蔡地，三十二年傳之莘爲虢地，成二年傳之莘則齊地，此則又一莘，古莘國之廢墟也。據春秋輿圖，有莘氏之虚在今山東省曹縣西北。**曰：「少長有禮，**少長謂軍士之長幼。當操練時，幼者敬長者，長者教幼者，故云有禮。**其可用也。」遂伐其木，以益其兵。**兵，兵器，如戈、矛之柄，俱須伐木以爲之。

己巳，晉師陳于莘北，莘北，當即城濮。**胥臣以下軍之佐當陳、蔡。**晉軍當以中軍當楚中軍，以上軍當楚左師，下軍之將佐則各有所當，欒枝以下軍將誘子玉，胥臣以下軍佐當陳、蔡之師。陳、蔡屬楚右師。**子玉以若敖之六卒將中軍，曰：「今日必無晉矣。」子西將左，子上將右。**子西，鬬宜申；子上，鬬勃。**胥臣蒙馬以虎皮，先犯陳、蔡。陳、蔡奔，楚右師潰。狐毛設二旆而退之。**劉書年劉貴陽經説曰：「設二旆，設前軍之兩隊也。莊二十八年傳『楚子元、鬬禦彊、鬬梧、耿之不比爲旆，鬬班、王孫游、王孫喜殿』，旆、殿對文，而曰爲旆，是旆必前軍。楚前軍名旆，晉制亦然。哀二年傳晉趙鞅禦鄭師於戚，陽虎曰：『吾軍少，以兵車之旆與罕、駟兵車先陳。』注：『旆，先驅車也。以先驅車益其軍以示衆。』蓋以兵車之先驅者爲一軍，故云兵車之旆，是晉前軍名旆之確證。又襄十八年傳，晉伐齊，『左實右僞以旆先，輿曳柴而從之』，此旆亦是前軍。張衡東京賦『殿未出乎城闕，旆已返乎郊畛』，薛綜注『旆，前軍；殿，後軍』，本左氏也。所以名旆者，以其載旆也。」旆本旌旗之旒，旌旗之有旒（飄帶）者曰旆。互詳昭十三年傳「建而不旆」注。劉説是，杜注以旆爲大旗，誤。退之，之指楚右師。蓋楚右師敗潰，必四處亂竄，狐毛將上軍，以當楚左師，今另設前軍二隊以防楚他師之竄入，楚右師之潰者亦被擊而他竄矣。**欒枝使輿曳柴而僞遁，**淮南子兵略訓云：「曳梢肆柴，揚塵起堨，所以營其目者，此善爲詐佯者也。」**楚師馳之，**當爲楚之左軍。**原軫、郤溱以中軍公族横擊之。**中軍之中有以公族爲之者，故云中軍公族。公族，詳宣二年傳注。**狐毛、狐偃以上軍夾攻子西，**晉上軍將佐各自帥其部屬從兩道攻子西，故曰夾攻。**楚左師潰。楚師敗績。**吕覽貴直：「城濮之戰，五敗荆人，圍衛取曹，拔石社，定天子之位。」此未叙「拔石社」、「五敗」亦未詳。**子玉收其卒而止，**其卒當爲若敖之六卒。**故不敗。**晉世家云：「晉焚楚軍，火數日不息。」或司馬遷本之韓詩外傳七。説苑君道篇亦有此語。

晉師三日館、穀，館，舍也。穀，食楚軍所積之糧，宣十二年傳云「城濮之役，晉師三日穀」是也。**及癸酉而還。**癸酉，六日。二日戰勝，三、四、五日館、穀，六日而返。**甲午，**甲午，二十七日。**至于衡雍，**杜注云鄭地。以宣十二年傳邲之戰楚次于衡雍證之，杜注可信。王夫之稗疏謂爲王畿，恐非。其地當今河南省原陽縣西，踐土東北。地本在黄河之南，自明天順中黄河自武陟徙入舊原武縣，遂在河北矣。互詳宣十二年傳注。**作王宫于踐土。**儀禮覲禮云：「諸侯覲于天子，爲宫方三百步，四門。」鄭注云：「宫謂壝土爲埒，以象牆壁也。」此亦當然。杜注：「襄王聞晉戰勝，自往勞之，故爲作宫。」不知所本。

鄉役之三月，城濮戰役前故曰鄉役。三月義有二，若爲三個月之義，城濮之役爲四月，則此爲一月，或二月；若非三個月之義，則爲役之前月，三月也。**鄭伯如楚致其師。**孔疏云：「致其師者，致其鄭國之師。許以佐楚也。戰時雖無鄭師，要本心佐楚，故既敗而懼。」鄭世家云：「四十一年，助楚擊晉。自晉文之過無禮，故背晉助楚。」晉世家云：「初，鄭助楚，楚敗，懼，使人請盟晉侯。」此俱以鄭助楚且以擊晉爲言，則太史公似以爲鄭實出兵。**爲楚師既敗而懼，使子人九行成于晉。**子人九當爲桓十四年鄭厲公弟語之後，詳彼傳注。**晉欒枝入盟鄭伯。五月丙午，**丙午，九日。**晉侯及鄭伯盟于衡雍。**

丁未，丁未，十日。**獻楚俘于王：駟介百乘，**駟介，駟馬被甲者，詩鄭風清人「駟介旁旁」者是也。古人戰車馬必被甲，成二年鞌之役，齊侯不介馬而馳晉軍，以特例而書。**徒兵千。**徒兵，步兵。**鄭伯傅王，用平禮也。**傅，相也。當行獻俘禮時，鄭文公爲周襄王之上相，亦猶周平王之於晉文侯仇，以鄭武公爲相。今尚書文侯之命當從書序爲周平王錫晉文侯之命，史記周本紀、晉世家及新序善謀篇以爲周襄王錫晉文公之命者，誤。鄭武公所以傅周平王者，時武公爲平王卿士也；今鄭文公所以傅襄王者，以晉文命其「各復舊職」也。襄二十五年傳子産答晉云「我先君武、莊爲平、桓卿士，城濮之役，文公布命曰『各復舊職』，命我文公戎服輔王，以授楚捷」，可爲的證。閻若璩四書釋地又續謂「蓋時能相禮者亦希，鄭伯素以知禮名，故用以相王，非合周制」云云，誤。**己酉，**己酉，十二日。**王享醴，命晉侯宥。**享醴及命宥，説詳莊十八年傳注。宥同侑。**王命尹氏及王子虎、内史叔興父策命晉侯爲侯伯，**周語上「襄王使太宰文公及内史興賜晉文公命」，雖是晉文公初立時事，然據韋注，太宰文公爲周卿士，即王子虎；文三年傳又稱之爲王叔文公。内史興當即叔興父，興爲其名，叔則其字也。阮元積古齋鐘鼎彝器款識卷七有鬲叔興父簋(盨)銘，並云：「鬲氏係出夏諸侯有鬲氏。左傳有内史叔興父，傳注未詳其氏，未知即係此人否。」策命者，以策書命之，下文云「受策以出」者是也。周禮大宗伯：「壹命受職，再命受服，三命受位，四命受器，五命賜則，六命賜官，七命賜國，八命作牧，九命作伯。」哀十三年傳云：「王合諸侯，則伯帥侯牧以見於王。」均可證伯即侯伯，爲諸侯之長。**賜之大輅之服、戎輅之服，**輅音路，或亦作路。禮記樂記云：「所謂大輅者，天子之車也，則所以贈諸侯也。」大輅乃天子車之總名，不但可以賜之諸侯，亦可以賜之國卿。周禮春官巾車謂王有五路，玉路、金路、象路、革路、木路是也。尚書顧命「大輅在賓階面」，則玉輅也。據巾車，金路以封同姓，則賜同姓諸侯或亦以金路，則此大輅，與定四年祝鮀所言先王分魯、衞、晉以大路，當爲金輅。至於襄十九年王追賜鄭公孫蠆之大路，二十四年王賜穆叔之大路，襄十九年孔疏引杜預釋例以爲革路或木路，孫詒讓周禮巾車正義則以爲與「左氏舊義不合」。戎輅，戎車也。二輅各有其服裝與配備，賜時一同頒賜，故云大輅之服、戎輅之服。齊語言周襄王於齊桓公「賞服大輅龍旗九旒渠門赤旂」，龍旗九旒等爲大輅之配備。沈欽韓補注謂「此大輅之服則金路衮冕，戎輅則革路韋弁服」，理或然也。據昭四年傳賜車服時，使三官書之，司徒書名，司馬與工正書服，司空書勳，此亦當然。

彤弓一、彤矢百，彤，説文云：「丹飾也。」段玉裁注云：「以丹拂拭而涂之。」彤弓、彤矢與下玈弓矢俱以所漆之色言之。**玈弓矢千，**金澤文庫本作「旅弓十，旅矢千」。「玈」作「旅」，「弓」下多「十旅」兩字。石經「弓」下亦旁增「十玈」兩字，後漢書袁紹傳注及御覽三四七引傳亦同，魏、晉以下「九錫文」亦同，但據詩小雅彤弓疏，服虔、杜預本、唐時定本、陸德明及孔穎達所據正本皆無「十玈」兩字，今從之。玈，正字當作黸，説文：「齊謂黑爲黸。」段注云：「經、傳或借盧爲之，或借旅爲之，皆同音假借也。旅弓旅矢，見尚書、左傳，俗字改爲玈。」同音盧。古代一弓百矢，故尚書文侯之命云「彤弓一、彤矢百，盧弓一、盧矢百」，此玈弓矢千，矢千，則弓十，不言十者，可推知，故文省也。亦有弓一矢五十者，荀子議兵篇「魏氏之武卒，以度取之，衣三屬之甲，操十二石之弩，負服矢五十个」是也。詩魯頌泮水云：「角弓其觩，束矢其搜。」毛傳亦謂「五十矢爲束」。**秬鬯一卣，**秬音巨，又音渠，黑黍也，今謂之黑小米。鬯，即用黑小米釀之並搗香草合煮所成之酒，其酒芬芳條暢，故名曰鬯，古人用以降神。卣音酉，古代盛酒之器，尚書文侯之命、詩大雅江漢俱言秬鬯一卣，洛誥言秬鬯二卣，則秬鬯固以卣計。禮記王制云「賜圭瓚然後爲鬯」，則賜秬鬯必賜圭瓚，故晉世家叙此事，秬鬯一卣下有珪瓚二字。圭瓚者，以玉爲柄用以挹鬯裸祭之勺。**虎賁三百人，**「虎賁」，古書亦或作「虎奔」，賁、奔古通，言其士之勇猛如虎之奔也。魯語下云：「天子有虎賁，習武訓也。」周禮夏官虎賁氏則謂「掌先後王而趨以卒伍，軍旅會同亦如之。舍則守王閑，王在國則守王宫，國有大故則守王門」云云。昭十五年傳周景王答晉籍談之言，「其後襄之二路、鏚鉞、秬鬯、彤弓、虎賁，文公受之，以有南陽之田，撫征東夏」云云，賜物除此所叙者外，當有鏚鉞。王制云「諸侯賜弓矢然後征，賜鈇鉞然後殺，賜圭瓚然後爲鬯」。鈇鉞即鏚鉞，兩者相證，則此必賜鏚鉞；不言者，省文也。**曰：「王謂叔父：**叔父指晉文公。餘詳僖九年傳「伯舅」注。**『敬服王命，以綏四國，**綏，安也。四國，四方諸侯也。**糾逖王慝。』」**杜注：「逖，遠也。有惡於王者，糾而遠之。」惠棟補注則曰：「魯頌『狄彼東南』，鄭箋云：『狄當爲剔。剔，治也。』此傳當訓爲治也。」則糾逖爲義近詞連用，是也。慝，惡也。**晉侯三辭，從命，曰：「重耳敢再拜稽首，奉揚天子之丕顯休、命。」**敢，表敬副詞，無義。奉揚義近詩大雅江漢「對揚王休」之對揚，亦作「答揚」，如尚書顧命「用答揚文武之光訓」。丕，大也。顯，明也。休，賜與之義，舊訓爲美，誤。江漢云「虎拜稽首，對揚王休」，答揚王賜也，與省卣之「省揚君之商（賞）」、守宫尊之「守宫對揚周師釐（賚）」同義。此句則謂奉揚天子之賞賜與策命，休命爲平列名詞。說參楊樹達先生積微居小學述林詩對揚王休解。**受策以出。**沈欽韓補注曰：「蔡邕獨斷：『策長二尺，下附篆書，起年月日，稱皇帝曰，以命諸侯王三公。』按古制大略也如此。」又曰：「覲禮：『諸公奉篋服，加命書于其上，升自西階，東面。大史是右。侯氏升，西面立，大史述命。侯氏降兩階之間，北面，再拜稽首。

升，成拜。大史加書于服上，侯氏受。』是尋常覲錫皆有命書。今命晉侯爲方伯，則有加策可知。凡辭，即內史讀之。」**出入三覲。**杜注謂「出入猶去來也。從來至去，凡三見王也」，則出入猶言前後。史記倉公傳云「使服藥出入二十日」，又云「出入五六日病已」，皆此義。三覲者，明邵寶左觿謂「始至而見，一覲也；享醴再策，二覲也；去而辭，三覲也」。享醴與受策非同時之事，邵説多誤。沈欽韓補注、劉文淇疏證俱駁之，是也。沈欽韓曰：「當獻楚俘之時，則覲禮裨冕墨車以朝，一也；受策之後，拜命于王，二也；聘禮食饗之後，拜禮于朝，三也。其三享即在始覲，又天子親饗，意在待賓，不主於覲，皆不與焉。受策又于館，不于朝也。」然受策若于館，則傳文「受策以出」之出字，毫無意義，沈説仍可商。竊疑獻楚俘，一覲也；王享，二覲也；受策，三覲也。前後三覲，自統始終言之，天子親饗，焉得不計算在内？然郭沫若兩周金文辭大系考釋據頌鼎銘「頌拜稽首，受令册佩，以出，反入（返納）堇章（瑾璋）」云：「蓋周世王臣受王册命之後，于天子有司有納瑾報璧之禮。召伯虎毁第二器言『典獻伯氏，則報璧琱生』，典即召伯所受之册命，琱生即師嫠毁之宰琱生，乃天子之宰，其塙證也。左傳『出入三覲』亦當讀爲『出納三瑾』。古金文凡瑾、覲、勤、謹均以堇爲之，左氏古文必亦作『堇』，後人因讀爲覲，更進而更易其字。」録之備一説。

衞侯聞楚師敗，懼，出奔楚，自襄牛出奔。**遂適陳，**衞世家云：「晉文公重耳伐衞，分其地予宋，討前過無禮及不救宋患也。衞成公遂出犇陳。」**使元咺奉叔武以受盟。**使叔武攝政。**癸亥，**癸亥，五月二十六日。**王子虎盟諸侯于王庭，要言曰：**要，平聲，約也。**「皆奬王室，**周語中「修舊德以奬王室」，韋注云：「奬，成也。」杜注則云：「奬，助也。」然于定四年傳「以奬天衷」又注云「奬，成也」，則當以成義爲確。無相害也！有渝此盟，渝，變也，背也。明神殛之，襄十一年同盟于亳，載書云：「或間茲命，司慎、司盟，名山、名川，羣神、羣祀，先王、先公，七姓十二國之祖，明神殛之。」杜注云：「二司，天神。羣祀，在祀典者。」則明神所包甚廣。下文衞國宛濮之盟，載書言「明神先君，是糾是殛」，此不言先君，以明神包括先君。殛，誅也。俾隊其師，隊同墜，隕也。金澤文庫本、敦煌初唐寫本殘卷皆作「墜」。無克祚國，及而玄孫，「而」，阮刻本作「其」，誤。今從石經、宋本、金澤文庫本、敦煌殘卷改正。爾雅釋親云：「曾孫之子爲玄孫。」曾孫有兩義，一爲孫之子，一爲遠孫之通稱，詩周頌維天之命「曾孫篤之」、哀二年傳「曾孫蒯聵敢昭告皇祖文王」是也。玄孫恐亦有兩義，一爲曾孫之子，一爲遠孫之通稱，此則第二義。穀梁桓二年傳楊疏云「玄孫者，以玄者，親之極至，來孫昆孫之等亦得通稱之」是也。無有老幼。」猶言不論老少，皆將被殛。君子謂是盟也信，謂晉於是役也，能以德攻。晉語四云：「果戰，楚衆大敗。君子曰：『善以德勸。』」

二八·四

初，楚子玉自爲瓊弁、玉纓，瓊弁，馬冠，在馬鬣毛前，其弁飾之以瓊玉，故謂之瓊弁；纓即馬鞅，馬頸之革，飾之以玉，故謂之玉纓。兩物漢人皆解爲馬飾，杜注解爲皮弁，則爲子玉所自戴者，不知何據。說參沈欽韓補注、張聰咸杜注辨證、李貽德輯述。未之服也。先戰，夢河神謂己曰：「畀余！余賜女孟諸之麋。」孟諸，宋之藪澤，即尚書禹貢之孟豬、周禮夏官職方氏之望諸，在今河南省商丘縣東北，接虞城縣界，以屢被黃河衝決，早已無存。麋同湄，水草之交曰麋。弗致也。大心與子西使榮黃諫，大心，子玉之子；子西，子玉之族。弗聽。榮季曰：榮季即榮黃，黃是其名，季則字。「死而利國，而猶假如之如。「利國」，金澤文庫本及敦煌殘卷俱作「國利」，恐誤倒。猶或爲之，況瓊玉乎？是糞土也。論語公冶長「糞土之牆，不可杇也」，則糞土爲古人恒語，猶朽土也。博物志謂土之三尺以上爲糞，以下爲地，蓋臆説。而可以濟師，而，用法同如，假設連詞。將何愛焉？」愛，惜也。弗聽。出，告二子曰：「非神敗令尹，敗，動詞使動用法，使之敗也。令尹其不勤民，不勤民謂不以民事爲重。實自敗也。」既敗，王使謂之曰：「大夫若入，其若申、息之老何？」申、息二邑子弟皆從子玉而死，言子玉何以對其父兄，與項羽無面目對江東父老義有相似處。子西、孫伯曰：孫伯即大心。「得臣將死。二臣止之，曰：『君其將以爲戮。』」二臣，子西、孫伯自謂。句意謂子玉本欲自殺謝罪，而我等阻止之，謂且俟君王之刑戮。及連穀而死。高士奇春秋地名考略曰：「楚子入居于申，杜注：『申在方城内，故曰入。』子玉敗，王使謂之曰：『大夫若入，其若申、息之老何？』蓋不欲其入方城也，然則連穀乃方城外地。」連穀，今地闕。杜注：「至連穀，王無赦命，故自殺也。」文十年傳云：「城濮之役，王思之，故使止子玉曰：『毋死！』不及，止子西，子西縊而縣絶，王使適至，遂止之。」然則楚成嘗兩次遣使，前使欲其死，後使止其死，止子玉而不及也。楚世家謂「成王怒，誅子玉」，晉世家則云「子玉自殺」，蓋成王前命實欲子玉死，自殺乃奉命耳。

晉侯聞之而後喜可知也，杜注：「喜見於顏色。」知猶見也。呂氏春秋自知篇「文侯不説，知於顏色」，見之於面容也；淮南子修務訓「奉一爵酒，不知於色」，不見於色也。説參梁履繩補釋。曰：「莫余毒也已。蔿呂臣實爲令尹，蔿呂臣即二十三年傳之叔伯。奉己而已，不在民矣。」杜注：「言其自守，無大志。」韓詩外傳七及晉世家敍此事甚詳。或訴元咺於衞侯曰：成十六年傳「而訴公于晉侯」，杜注：「訴，譖也。」「立叔武矣。」其子角從公，元咺之子元角也。公使殺之。咺不廢命，不廢衞侯之命。奉夷叔以入守。夷叔即叔武，夷爲其謚。

二八·五　六月，晉人復衞侯。衞侯本出居，又出奔，叔武受盟之後，晉人聽其返國。甯武子與衞人盟于宛濮，武子名俞，論語公冶長篇載孔丘嘗稱其人。哀二十七年傳云：「甯武子、孫莊子爲宛濮之盟而君入。」宛濮在今河南省長垣縣西南。曰：「天禍衞國，君臣不協，杜注：「衞侯欲與楚，國人不欲，故不和也。」俞樾平議曰：「管子大匡篇『桓公使鮑叔識君臣之有善者』，問篇『君臣有位而未有田者幾何人』，王念孫謂君臣即羣臣，此傳君臣亦即羣臣也。故下文皆以居者行者爲言，居者行者即所謂羣臣也。若以本義讀之，與下文不貫矣。」俞說亦可通。以及此憂也。今天誘其衷，天誘其衷，當時習語；左傳凡五見，餘四次分別見成十三、襄二十五、定四、哀十六年傳。吴語云：「天舍其衷，楚師敗績。」「天舍其衷」即「天誘其衷」，皆天心在我之意。使皆降心以相從也。降心猶今言放棄成見。不有居者，誰守社稷？不有行者，誰扞牧圉？養牛曰牧，養馬曰圉。扞者，保護捍衞之也。牧圉可爲牧牛馬之奴隸，亦可引申指外出諸侯所帶之財產。不協之故，用昭乞盟于爾大神以誘天衷。定四年傳：「以獎天衷。」天衷，天心之意。此謂乞天心向我也。**自今日以往，既盟之後，行者無保其力，**僖二十三年傳「保君父之命」，杜注云：「保猶恃也。」力謂功勞。蓋從衛成公出走者，自以隨侍有功，今衛成返國，可恃功而驕己輕人。**居者無懼其罪。有渝此盟，以相及也。**杜注：「以惡相及。」及本有及于禍害之義。王引之述聞曰：「及當爲反，字之誤也。相反謂相違，韋注周語曰：『反，違也。』」章炳麟讀曰：「王説雖是，終嫌改字。荀子儒效篇『周公屏成王而及武王』，楊倞注：『及，繼也。』公羊莊二年傳『一生一及』，注：『兄死弟繼曰及。』然則相及者，謂兄弟相及也。言有渝此盟，而以叔武及衛君者，則見糾殛也。」章説失之牽强，王説改字無據。**明神先君，是糾是殛。」**糾即上文「糾逖王慝」之糾，杜注：「糾，繩治之也。」此則糾、殛義近。是糾是殛即糾是殛是之倒裝。**國人聞此盟也，而後不貳。**

衛侯先期入，本與衛人約定日期，衛侯不到約期而先入，不信叔武也。**甯子先，**甯武子又先衛侯，蓋爲衛侯疏通。**長牂守門，以爲使也，**重甯武子爲公之使者。**與之乘而入。**與甯武子同乘一車而入。長牂不守，此衛侯所以能直入而殺叔武。**公子歂犬、華仲前驅，**歂音遄。二人爲衛侯之前驅。**叔孫將沐，**叔孫即叔武。**聞君至，喜，捉髮走出，**捉，握也。魯世家「然我一沐三捉髮，一飯三吐哺」，亦用捉髮字。**前驅射而殺之。公知其無罪也，枕之股而哭之。**首「之」字作「其」用，以叔武尸之股爲枕也。**歂犬走出，公使殺之。元咺出奔晉。**公羊傳云：「文公逐衛侯而立叔武，叔武辭立。

而他人立，則恐衛侯之不得反也。故於是己立，然後爲踐土之會，治，反衛侯。衛侯得反，曰：『叔武篡我。』元咺爭之曰：『叔武無罪。』終殺叔武。元咺走而出。」與左傳不同。

城濮之戰，晉中軍風于澤，晉中軍行於澤中而遇大風也。前人解「風」字爲尚書費誓「馬牛其風」之「風」，杜注謂「牛馬因風而走，皆失之」。孔疏引劉炫謂「放牛馬於澤，遺失大旆左旃，不失牛馬」。夫古籍用風爲牝牡相誘之義者，必連牛馬言之，費誓及僖四年傳「唯是風馬牛不相及也」俱可證。若單一「風」字，而解爲馬牛牝牡相誘，尚無此例，足知其誤。張聰咸辨證讀「風」爲論語「風乎舞雩」之「風」，謂此風於澤爲風涼於澤，亦不可從。亡大旆之左旃。劉書年經説云：「大旆之左旃，前軍之左旃也。」餘參前「二旆」注。前人以大旆爲旗名，因生種種誤解，俞樾茶香室經説謂「之字爲連及之詞，大旆之左旃，言大旆與左旃也」，説雖可通，終不若劉説之確。旃，用大赤色帛，不加畫飾之大旗，周禮司常「通帛爲旃」是也。祁瞞奸命，奸，犯也。奸命，犯軍令也。不知是因亡左旃而犯軍令，抑或亡左旃即犯軍令，傳意不明。司馬殺之，司馬職主軍法，見成二年傳注。以徇于諸侯，使茅茷代之。茷音吠，又音伐、音貝。師還。壬午，壬午，六月十六日。濟河。舟之僑先歸，士會攝右。文十三年孔疏及趙世家索隱俱引世本，謂「蒍生成伯缺，缺生武子會」，則士會，士蒍之孫，成伯之子，士季武子也。食采於隨、范，故文十三年曰隨會，昭二十年曰范會。季其字，武子其謚。隨即隱五年傳「翼侯奔隨」之隨，詳彼注。舟之僑本爲戎右，既先歸，故士會暫代其職。秋七月丙申，丙申，王韜排爲六月晦日，與傳顯然不合。疑晉用夏正，不得以周正推算。振旅，愷以入于晉，隱五年傳云「入而振旅」，公羊、穀梁莊八年傳並云「入曰振旅」，爾雅釋天亦云「入爲振旅」，皆以治兵而歸曰振旅，此則以作戰而歸曰振旅，蓋凡軍旅勝利歸來曰振旅。反之，如韓之役，晉惠公敗，故成十六年傳云「韓之戰，惠公不振旅」。 愷本作豈，説文云：「還師振旅樂也。」經傳皆作「愷」，俗又作「凱」。周禮大司馬云：「若師有功，則左執律，右秉鉞，以先，愷樂獻于社。」注引司馬法云：「得意則愷樂、愷歌，示喜也。」又春官大司樂云：「王師大獻，則令奏愷樂。」此亦戰勝還師而愷樂、愷歌。**獻俘、授馘，**俘爲生獲，馘本有生死兩説，禮記王制「以訊馘告」，注云：「訊馘，所生獲斷耳者。」此亦生獲也。詩大雅皇矣「攸馘安安」，傳云：「馘，獲也，不服者，殺而獻其左耳曰馘。」此死獲也。此授馘當是死獲。授與獻義雖不同，此處則相近。總之，統計生俘若干，殺死若干，以告于廟。杜注謂「授，數也」，心知其意而詁訓則非；俞樾謂「當讀爲受，獻俘授馘，文異而實同，自下言之謂之獻，自上言之謂之受矣」，不知傳用授受固分別謹嚴，且此是告廟慶功，無所謂自上自下也。**飲至、大賞，**「飲至」見隱五年傳並注。偏賞有功曰大賞。飲至、大賞，亦于廟中行之。晉世家云：「壬午，晉侯渡河北歸國，行賞，狐偃爲首。」**徵會、討貳。**徵召諸侯，冬將會于温也。有貳心者討之，即下文之執衞成公與討許。**殺舟之僑以徇于國，民於是大服。**

君子謂文公「其能刑矣，三罪而民服。殺三罪人而民服也。三罪謂顛頡、祁瞞、舟之僑。**詩云『惠此中國，以綏四方』，**詩大雅民勞文。**不失賞、刑之謂也」。**韓非子難一篇、呂氏春秋義賞篇、淮南子人間篇、史記晉世家、説苑權謀篇俱載晉文行賞事。

二八・七　冬，會于温，討不服也。杜注：「討衛、許。」執衛侯與討許，並見下傳。

二八・八　衛侯與元咺訟，想是元咺以殺叔武事訴于晉，故衛侯與之訟。甯武子爲輔，輔相衛侯，孔疏謂輔爲莊子，不可從。鍼莊子爲坐，鍼音斟。昭二十三年傳，邾人愬于晉，晉人使叔孫婼與邾大夫坐，杜注謂坐訟曲直，即此坐字，不過一作動詞，一作名詞而已。士榮爲大士。俞樾茶香室經説曰：「爲大士與爲輔爲坐，一律皆當時所爲，非舉其平日之官也。竊疑鍼莊子爲坐，不過代衛侯坐訟耳；至其往反辯論，與晉獄官對理，則皆士榮爲之；名之曰大士，蓋當時有此名目也。衛侯不勝，故士榮之罪獨重，鍼莊子爲坐者次之，甯武子爲輔者更次之。下文殺士榮、刖鍼莊子、免甯俞，正以此也。」俞所説雖屬揣測，頗合當時情理，舊注皆不了，故不復録。衛侯不勝。殺士榮，刖鍼莊子，謂甯俞忠而免之。執衛侯，歸之于京師，皆晉人之所爲也。寘諸深室。別爲囚室，其室幽深，故曰深室。荀子王霸篇云：「公侯失禮則幽。」晉文蓋用此禮。禮記祭統載孔悝鼎銘「即宫于宗周」，即指此事。衛世家不言成公被囚，但言「衛成公遂出犇陳，二歲，如周，求入，與晉文公會」云云，與傳異。甯子職納橐饘焉。饘，音旃，稠粥也。橐音託。囊與橐皆古代盛物之具，橐兩端有底，旁邊開口，物件盛滿以後，在中間舉起，所盛物便至兩端，可以擔，大者可以垂之於車，然不能盛粥。宣二年傳云「爲之簞食與肉，寘諸橐以與之」，飲食必先盛於簞，然後置于橐，足見橐不能直接盛飯，自更不能盛粥，顧炎武補正謂「橐可盛食」者恐誤。杜注以爲橐以盛衣，則橐饘代表衣食，不爲無理。後人舉宣二年傳以駁之，非也。元咺歸于衛，立公子瑕。杜注：「瑕謂公子適也。」年表：「衛成公三年，立公子瑕。」

二八·九

是會也，是會，温之會也。**晉侯召王，以諸侯見，且使王狩。**爾雅釋天云：「冬獵爲狩。」邵寶左觿謂「凡天子之出皆曰狩，猶今之幸，非田獵之守」，誤。晉世家云：「冬，晉侯會諸侯於温，欲率之朝周，力未能，恐其有畔者，乃使人言周襄王狩于河陽。壬申，遂率諸侯朝王於踐土。」**仲尼曰：「以臣召君，不可以訓。故書曰『天王狩于河陽』，言非其地也，且明德也。」**隱晉文召君之失，明其勤王之德。晉世家云：「孔子讀史記，至文公，曰：『諸侯無召王。』『王狩河陽』者，春秋諱之也。」周本紀云：「晉文公召襄王，襄王會之河陽、踐土，諸侯畢朝，書諱曰：『天王狩于河陽。』」孔子世家云：「踐土之會實召周天子，而春秋諱之曰『天王狩于河陽』，推此類以繩當世。」杜預後序引紀年作「周襄王會諸侯于河陽」。蓋晉史直紀其事。餘詳前言。

二八·一〇

壬申，公朝于王所。執衛侯，經在「公朝王所」下，而傳在「公朝」上，杜注謂「告執晚」，不確。蓋衛侯被執在先，而歸于京師則在諸侯畢朝，王亦已歸之後。傳敘衛侯與元咺事固應在先，而不得不終言歸于京師；經則以其囚于京師本在後，故後列之。

二八·一一

丁丑，丁丑，十月十二日。**諸侯圍許。**説苑敬慎篇云：「文公於是霸功立，期至意得，湯、武之心作，而忘其衆，一年用三師，且弗休息，遂進而圍許，兵亟弊，不能服，罷諸侯而歸。」若然，則圍許之役，無功而罷。

二八·一二

晉侯有疾，曹伯之豎侯獳貨筮史，豎，見二十四年傳注。獳音羺，又音耨，又音儒。貨，賄賂也。筮史，晉掌卜筮之官。**使曰以曹爲解：**爲解猶爲辭也。使因之説復曹伯。**「齊桓公爲會而**

封異姓，桓公封邢、衞，于齊爲異姓。阮芝生杜注拾遺則謂「凡云同姓異姓，皆從周而言。齊桓封異姓，當指城杞、救鄫、救徐」，亦可備一説。今君爲會而滅同姓。曹叔振鐸，文之昭也；叔振鐸，曹之始封君，文王之子也。先君唐叔，武之穆也。唐叔虞，晉之始封君，武王之子。昭穆詳五年傳注。且合諸侯而滅兄弟，滅兄弟之國也。非禮也；與衞偕命，私許復曹、衞。而不與偕復，非信也；同罪異罰，與衞同罪，衞已復而曹未復，故曰異罰。非刑也。禮以行義，信以守禮，刑以正邪。舍此三者，君將若之何？」此侯獳使筮史以曹爲解之辭，而筮史向晉文言之。晉世家作「曹伯臣或説晉侯」。公説，復曹伯，遂會諸侯于許。言晉文會諸侯。曹伯一復，不先回國，即會諸侯于許。

二八·一三　晉侯作三行以禦狄。據昭元年傳「彼徒我車，請皆卒，乃毁車以爲行」之文，則行爲步卒。又據僖十年傳「左行共華、右行賈華」之文，則文公前，晉早有兩行，此作三行，特增一行而已。其云作三行者，猶晉本一軍，獻公增之，則曰作二軍；文公又增之，則曰作三軍。説參梁履繩補釋與錢綺左傳札記。荀林父將中行，二行僅有左行、右行，猶二軍僅有上軍、下軍；文公增一軍，始有中軍；增一行，始有中行，其意實相同。屠擊將右行，先蔑將左行。晉世家云：「於是晉始作三行，荀林父將中行，先縠將右行，先蔑將左行。」屠擊作先縠，與傳不同。先蔑，公羊文七年作「先眜」，蔑、眜古音義同。出土侯馬盟書「先」作「⿰牜先」或「⿰⿰牜先阝」。

二十有九年，庚寅，公元前六三一年。周襄王二十二年、晉文六年、齊昭二年、衞成四年、蔡莊十五年、鄭文四十二年、曹共二十二年、陳共公朔元年、杞桓六年、宋成六年、秦穆二十九年、楚成四十一年、許僖二十五年。

經

二九·一 二十有九年春，正月二十七日庚申冬至，建子。介葛盧來。介，顧棟高大事表以爲東夷國，在今山東省膠縣西南七十里。恐不確。膠縣距齊近，距魯遠，何不朝齊而朝魯？且明年經云「介人侵蕭」，膠縣與蕭相距七百里以上，介一小國，何能作此遠征？疑介當在魯南蕭北之某地。葛盧，介君之名。章炳麟讀曰：「管子地數篇云『葛盧之山發而出水，金從之，蚩尤受而制之，以爲劍、鎧、矛、戟』，然則介君取山爲名。」此書介葛盧，與莊五年書郳犂來同例。書來，與襄十八年書白狄來同例。杜注以爲不能行朝禮，故不言朝，然傳明言來朝，恐未必然。

二九·二 公至自圍許。無傳。

二九·三 夏六月，會王人、晉人、宋人、齊人、陳人、蔡人、秦人盟于翟泉。公羊、穀梁作「公會」，「會」上有「公」字。左氏無，臧壽恭古義、趙坦異文箋均以爲脱文。然據杜注，其所據本已無「公」字。「翟泉」，公羊作「狄泉」。翟泉於周時本在王城外，平王東遷居王城，此時襄王仍居王城。迨至敬王立，東遷洛陽，且其時翟泉亦在洛陽城外。自後王城併入洛陽，洛陽又擴大，翟泉乃在洛陽城中，杜注云：「翟泉，今洛陽城内大倉西南池水也。」又互詳昭二十三年「天王居于狄泉」經注。

二九·四 秋，大雨雹。雨，動詞，去聲。

二九·五 冬，介葛盧來。

傳

二九·一 二十九年春，介葛盧來朝，原無「介」字，今從校勘記增。舍于昌衍之上。昌衍即昌平山，在今山東省曲阜縣東南五十里屈山之西，接鄒縣界。據一統志，則在曲阜東南八十里。據孔子世家正義引括地志，在泗水縣南六十里，與一統志所言極近。公在會，此時當會諸侯圍許，以經「公至自圍許」知之。餼之芻、米，芻爲乾草，可以飼牲，亦可供爨。據孔疏，此餼之當爲芻六十車，米二十車，或然。據周禮秋官掌客及儀禮聘禮，知供賓之牢、米、芻、禾皆有一定之制，且成比例。此特舉芻、米，則牲、禾自在其中。不言者，省文耳。禮也。

二九·二 夏，公會王子虎、晉狐偃、宋公孫固、齊國歸父、陳轅濤塗、秦小子憖盟于翟泉，經有蔡人，而傳於蔡無名氏，杜注以爲蔡所派遣者爲卑微之人，恐未必然。尋踐土之盟，且謀伐鄭也。卿不書，罪之也。以文義言，卿當指狐偃諸人，會盟曰「卿不書」始於此。前此盟書卿者，莊二十二年齊之高傒、僖四年楚之屈完、二十六年衛之甯速。踐土以前，卿書或不書，無所謂褒貶；踐土以後，卿稱人，始爲貶。

諸卿書人，則王官亦不得不稱王人；稱王人，非貶。**在禮，卿不會公侯，**王子虎爲周卿士，魯僖公親往，是公侯也。**會伯子男可也。**昭二十三年傳云「列國之卿當小國之君，固周制也」，則伯子男爲小國之君，公侯之卿可往會之。此是依傳解傳。考之史實，公侯伯子男五等既非事實，褒貶亦難懸揣。

二九·三 **秋，大雨雹，爲災也。**不爲災，則不書。

二九·四 **冬，介葛盧來，以未見公故，復來朝。禮之，加燕好。**杜注：「燕，燕禮也。好，好貨也。一歲再來，故加之。」燕亦作讌，亦作宴。昭五年傳「宴有好貨」，饗燕之禮贈餽禮品，即好貨也。加燕好者，饗宴時更盛于常禮。

介葛盧聞牛鳴，曰：「是生三犧，犧，宗廟之牲也。**皆用之矣。**用，殺以祭也。**其音云。」**云，如此也。**問之而信。**

三十年，辛卯，公元前六三〇年。周襄王二十三年、晉文七年、齊昭三年、衞成五年、蔡莊十六年、鄭文四十三年、曹共二十三年、陳共二年、杞桓七年、宋成七年、秦穆三十年、楚成四十二年、許僖二十六年。

經

三〇·一 三十年春王正月。冬至在二月八日乙丑，此年實建亥，有閏。

三〇·二 夏，狄侵齊。

三〇·三 秋，衛殺其大夫元咺及公子瑕。公子瑕立于二十八年冬，至此近二載，衛成出而復入，或衛人不以國君視之歟？ 衛侯鄭歸于衛。

三〇·四 晉人、秦人圍鄭。

三〇·五 介人侵蕭。無傳。蕭，宋邑，餘見莊十二年傳並注。

三〇·六 冬，天王使宰周公來聘。

三〇·七 公子遂如京師，遂如晉。杜注：「如京師，報宰周公。」據春秋所記，魯卿如京師者七次，如晉者二十八次，皆始於此。然傳言「初聘于晉」，而不言始如京師，足見魯卿如京師者實早有其事，特未載耳。

傳

三〇·一 三十年春，晉人侵鄭，以觀其可攻與否。狄間晉之有鄭虞也，間，猶言乘隙，今曰鑽空子。釋文謂「間，間厠之間」，是也。武億義證謂爲「間諜之間」，恐誤。虞，憂也。夏，狄侵齊。齊，晉與國。

三〇·二　晉侯使醫衍酖衞侯。衍，醫生之名。甯俞貨醫，使薄其酖，不死。衞世家云：「晉使人鴆衞成公，成公私於周主鴆，令薄，得不死。」公爲之請，納玉於王與晉侯，皆十瑴，瑴音覺，雙玉曰瑴，説文作「珏」。王許之。秋，乃釋衞侯。年表云：「晉文公七年，聽周歸衞成公。」魯語上記此事較詳，且有臧文仲之言。

衞侯使賂周歂、冶廑曰：廑音覲。「苟能納我，吾使爾爲卿。」周、冶殺元咺及子適、子儀。子適即公子瑕；子儀，瑕母弟。衞世家云：「已而周爲請晉文公，卒入之衞，而誅元咺，衞君瑕出犇。」與左傳不同。公入，祀先君，周、冶既服，將命，將受卿命也。禮記祭統謂「古者明君爵有德而禄有功，必賜爵禄於太廟，示不敢專也」，是周、冶受命必於衞之太廟。周歂先入，及門，遇疾而死。冶廑辭卿。杜注：「見周歂死而懼。」

三〇·三　九月甲午，甲午，十日。晉侯、秦伯圍鄭，以其無禮於晉，重耳流亡過鄭，鄭文公不禮之，見二十三年傳。且貳於楚也。鄭世家云：「〔文公〕四十一年，助楚擊晉。自晉文公之過無禮，故背晉助楚。四十三年晉文公與秦穆公共圍鄭，討其助楚攻晉者及文公過時之無禮也。」晉軍函陵，函陵在今河南省新鄭縣北十三里。洪亮吉詁云：「余出使兩過其地，狹長如土衖，且旋轉屈曲，若行書函中，與閿鄉函谷關無異，益信古人命名之諦也。」函有書函之義晚於此，洪說可商。**秦軍氾南。**氾音凡，水名，此指東氾水，在今中牟縣南，惟早湮涸。氾南與函陵相距近。

佚之狐言於鄭伯曰：佚之狐，鄭大夫。**「國危矣，若使燭之武見秦君，**燭之武，據水經洧水注「南歷燭城西，即鄭大夫燭之武邑也」之文，似以采邑爲氏。燭邑當在今新鄭縣西南，鄭地也。然推研其「臣之壯也，猶不如人」之言，在此以前未必能得采邑，水經注所言或係附會之談，或因此後嘗得邑而言之。若係此後嘗得燭邑，因而氏燭，則此時決不以燭爲氏可知。故通志氏族略三謂「燭之武不得氏，以其居於燭地，故言『燭之』」者，猶言介之推、佚之狐也。洪亮吉詁云「春秋時氏燭者不止一人，齊景公時有燭雛，見說苑；吳有燭庸，晉有燭過，見子華子」，則鄭樵之言亦不免臆測。**師必退。」公從之。辭曰：「臣之壯也，猶不如人；今老矣，無能爲也已。」公曰：「吾不能早用子，今急而求子，是寡人之過也。然鄭亡，**「然」上石經有「雖」字。但石經各行均十字，此行則十一字，可見書丹時本無，覆勘時增入。其他各本皆無。**子亦有不利焉。」許之。夜，縋而出。**以繩繫之垂而出城。**見秦伯曰：「秦、晉圍鄭，鄭既知亡矣。若亡鄭而有益於君，敢以煩執事。越國以鄙遠，君知其難也，**鄙遠，以遠地爲其邊鄙也。鄙字此種用法，早已見于甲骨，殷契粹編八〇一片云「大方伐□，鄙廿邑」。大方即大邦，爲殷人自稱，謂殷伐□奪其二十邑以爲邊鄙也。秦若得鄭以爲鄙邑，必須越過晉國而有之，是越國以遠地爲己鄙邑。越國鄙遠之事，春秋戰國多有之，可參俞正燮癸巳類稿卷三。隔國而有其地，猶後代之飛地。焉用亡鄭以陪鄰？阮刻本「陪」作「倍」，唐石經、金澤文庫本、宋本俱作「陪」。杜注「陪，益也」，亦作「倍」，校勘記引錢大昕云「從阜爲正」，今從之。亡鄭，秦既難以越國而有之，則鄭之亡，只爲晉增益土地耳；晉，秦之鄰國，故曰何用滅亡鄭國以厚鄰國。鄰之厚，君之薄也。以上說以亡鄭于秦之利害。若舍鄭以爲東道主，東道主，東道之主人也。秦有事于諸侯，必須向東行，多須經過鄭國國境，鄭可任招待之責，爲秦東道之主人。後世專以東道指主人，蓋誤會其義而用之。行李之往來，行李，古代專用司外交之官，行人之官也。亦作行理，昭十三年傳「行理之命無日不至」是也。說參顧炎武補正。共其乏困，「共」，金澤文庫本作「供」，釋文云：「共，本亦作供。」君亦無所害。又動之以利。且君嘗爲晉君賜矣，爲晉君賜，有賜于晉君也，指納晉惠公夷吾事，故下言「許君焦、瑕」。章炳麟讀謂「方言云：『賜施，欺謾之語也。』蓋長言爲賜施，短言爲賜」云云，則解此句爲被晉君所欺，恐誤。許君焦、瑕，焦本封國，姬姓，復爲晉邑，當在今河南省三門峽市西郊。十五年傳「河外列城五」之一。瑕，有數說，中國歷史地圖集謂在今山西省芮城縣南。江永考實疑即文十三年傳晉大夫詹嘉之邑，則在今河南省陝縣南四十里。戰國時屬魏。戰國策屢言焦、曲沃，知瑕即曲沃，靈寶縣東舊有曲沃鎮。朝濟而夕設版焉，早晨歸國，夕晚即築城以備秦，言背約之速。君之所知也。夫晉，何厭之有？既東封鄭，東封鄭猶言東略鄭，封、略皆作動詞用，言東向鄭國以開拓其封疆。又欲肆其西封。肆，放恣也。放恣其心力以向西拓其邊界。不闕秦，將焉取之？阮刻本作

「若不闕秦，將焉取之」，石經本作「不闕秦，焉取之」，後人旁增「若」、「將」二字。宋本亦無此二字。孔疏標起止亦無二字，岳氏相臺九經三傳沿革例云「諸本皆無，建上本有之」，則今本之有「若」字「將」字者皆出於建本。金澤文庫本無「若」字而有「將」字，與新序善謀篇同，今從之。敦煌六朝寫本殘卷並「將」字亦無之。　此言晉向西開拓，如不損害秦國，其土地將從何而取得。**闕秦以利晉，惟君圖之。」**此又曉以大害。**秦伯説，與鄭人盟，使杞子、逢孫、楊孫戍之，**杞子詳三十二年傳並注。廣韻孫字注云：「複姓，左傳秦大夫逢孫氏、秦下大夫楊孫氏。」則以逢孫、楊孫爲複姓。列子周穆王篇云「秦人逢氏有子，少而惠，及壯而有迷罔之疾，楊氏告其父」云云，列子固僞書，然云秦有逢氏、楊氏，或有所本，則逢孫、楊孫以逢、楊爲氏，亦通。**乃還。**　鄭世家云：「晉於是欲得叔詹爲僇。鄭文公恐，不敢謂叔詹言。詹聞，言於鄭君曰：『臣謂君，君不聽臣，晉卒爲患。然晉所以圍鄭，以詹；詹死而赦鄭國，詹之願也。』乃自殺。鄭人以詹尸與晉。晉文公曰：『必欲一見鄭君，辱之而去。』鄭人患之，乃使人私於秦曰：『破鄭益晉，非秦之利也。』秦兵罷。」此事亦見晉世家。晉討叔詹事，左傳不載，而晉語四亦有之，其結果爲「鄭人以詹予晉人，乃命弗殺，厚爲之禮而歸之，鄭人以詹爲將軍」，不但與史記自殺者不同，且左傳于僖七年即言「鄭有叔詹、堵叔、師叔三良爲政」，何至至三十年始以之爲將軍，其爲虛構，不足深辯。惟叔詹爲晉文所惡事，頗行于戰國，如韓非子十過篇即有之，不過誤以爲曹人耳。恐此事之流行與不可信，略同于曹沫劫盟。

子犯請擊之。公曰：「不可。微夫人之力不及此。阮刻本無「之」字，誤脱，今從石經、金澤文庫本、敦煌六朝寫本殘卷及宋本增。「及此」謂爲晉君而稱雄也，與二十八年「微楚之惠不及此」義同，句法亦同。新序善謀篇作「微夫人之力不能弊鄭」，蓋劉向以意改之。**因人之力而敝之，**「敝」，金澤文庫本及敦煌六朝寫本俱作「弊」，敗也。**不仁；失其所與，**所與謂秦，本爲晉之與國。**不知；以亂易整，**晉攻秦爲亂，秦、晉和爲整。**不武。吾其還也。」亦去之。**

初，鄭公子蘭出奔晉，宣三年傳云：「公逐羣公子，公子蘭奔晉。」**從於晉侯伐鄭，請無與圍鄭。許之，使待命于東。**東，晉東界也。御覽一四六引服虔注謂「待命於鄭東」者，誤。晉在鄭西，晉東則接鄭界，子蘭不欲參與圍攻本國，自不入鄭境，安得至鄭之東境乎？**鄭石甲父、侯宣多逆以爲大子，**石甲父，宣三年傳作石癸，癸當是名，甲父其字。宣三年傳又有孔將鉏參與其事。文十七年鄭子家與趙宣子書云：「寡君即位三年，敝邑以侯宣多之難，十一月，克滅侯宣多。」則侯宣多被殺于魯文之二年。**以求成于晉，晉人許之。**鄭世家云：「初，鄭文公有三夫人，寵子五人，皆以罪蚤死。公怒，溉逐羣公子。子蘭奔晉，從晉文公圍鄭。時蘭事晉文公甚謹，愛幸之。乃私於晉，以求入鄭爲太子。晉文公欲入蘭爲太子，以告鄭。鄭大夫石癸曰：『吾聞姞姓乃后稷之元妃，其後當有興者。子蘭母，其後也。且夫人子盡已死，餘庶子無如蘭賢。今圍急，晉以爲請，利孰大焉！』遂許晉，與盟，而卒立子蘭爲太子，晉兵乃罷去。」

三〇·四 **冬，王使周公閱來聘，饗有昌歜、白黑、形鹽。**昌歜之歜，據釋文，不音觸，而音蠶上聲。王引之述聞謂當作歜，傳寫致誤，或然。昌歜即周禮天官醢人、儀禮公食大夫禮之「昌本」，蓋以昌蒲根，切之四寸，醃以爲菜，古人又謂昌蒲菹。呂氏春秋遇合篇、韓非子難四篇及太平御覽九九九引説苑，俱謂文王好食昌蒲菹（説苑作「昌本菹」）。　白黑，白，熬稻；黑，熬黍。沈欽韓補注謂不但用稻、黍熬，且沃之以膏。　形鹽，鹽形似虎者。**辭曰：「國君，文足昭也，武可畏也，則有備物之饗，以象其德；薦五味，**昌歜有五味之和。**羞嘉穀，**薦、羞，皆進也。嘉穀指稻、黍。**鹽虎形，以獻其功。**章炳麟讀曰：「此獻與象同意。讀當如儀。周語云『上不象天而下不儀地』，是儀象同舉之證也。」**吾何以堪之？」**

三〇·五　**東門襄仲將聘于周，遂初聘于晉。**杜注：「自入春秋，魯始聘晉，故曰初。」竹添光鴻會箋曰：「朝曰始，聘曰初，初聘始朝皆就立君而言之。宣十年『季文子初聘于齊』，是年齊頃公立；襄二十年『齊子初聘于齊』，去年齊靈公卒，莊公立。今晉文公立七年矣，亦初聘也。杞伯、滕子來朝，皆在文十二年，傳並曰『始朝公也』；襄六年、七年『始朝公』三出，杜云入春秋始聘，恐失考。」此説固有理，然魯之於晉，不同於齊，初入春秋，魯、晉遠隔，莊、閔以前，春秋且未嘗有晉事，晉亦鮮與聞諸侯之事，文公以前，其無朝聘，可以理推，杜之云云，蓋得其實。

三十有一年，壬辰，公元前六二九年。周襄王二十四年、晉文八年、齊昭四年、衛成六年、蔡莊十七年、鄭文四十四年、曹共二十四年、陳共三年、杞桓八年、宋成八年、秦穆三十一年、楚成四十三年、許僖二十七年。

經

三一·一 三十有一年春，正月十九日庚午冬至，建子。取濟西田。公羊以爲曹所侵魯之故田，以傳觀之，未必然。濟西田，經凡三見，此取之自曹，宣元年以之賂齊，宣十年齊人又歸于魯。濟西詳莊十八年經、傳並注。

三一·二 公子遂如晉。

三一·三 夏四月，四卜郊，郊義詳桓五年傳注。此卜郊，據傳「禮不卜常祀」、「牲成而卜郊」之文，蓋非卜其牲與日，乃卜宜郊與否；不然，則傳文云云成爲無的之矢。禮記曲禮上云：「卜筮不過三。」公羊傳云：「三卜，禮也；四卜，非禮也。」然考之卜辭，有一事十數卜者。周初或以三次爲限，金縢「乃卜三龜」可證。然至春秋，卜郊有三、有四、甚至有五，襄七年夏四月「三卜郊不從」，此及襄十一年夏四月「四卜郊不從」，成十年經夏四月「五卜郊不從」是也，然則四卜非禮，亦未必爲春秋之實。不從，乃免牲。免牲者，爲郊所準備之犧牲，免而不殺也。禮記郊特牲謂「牲用騂，尚赤也；用犢，貴誠也」。牲爲赤毛之牛犢。穀梁傳云：「免牲者，爲之緇衣熏裳，有司玄端，奉送至于南郊。免牛亦然。」左傳未言，禮或同此。猶三望。尚書舜典云「望于山川」、「望秩于山川」，哀六年傳云「三代命祀，祭不越望，江、漢、睢、漳，楚之望也」，則望爲山川之祭，毫無可疑，故穀梁傳范甯注引鄭君曰：「望者，祭山川之名也。」魯之三望，鄭玄（亦見穀梁傳范寧注引）以爲東海、泰山及淮水，乃據尚書禹貢「海、岱及淮爲徐州」，魯在徐州，因爲此言，蓋是也。公羊以爲祭泰山、河、海者，鍾文烝穀梁補注云：「公羊高齊人，蓋據齊法，齊地在岱陰，又東至于海，西至于河也。」然則公羊以齊之三望爲魯之三望，自不可信。杜注謂「三望，分野之星、國中山川」，然望祭僅山川，無天神，故知其誤。其他望祭誤説尚有，不具辯。春秋書「猶三望」者三次，此年、宣三及成七年是也。

三一·四　**秋七月。**

三一·五　**冬，杞伯姬來求婦。**無傳。杜注：「自爲其子成昏。」

三一·六　**狄圍衞。十有二月，衞遷于帝丘。**帝丘，今河南省濮陽縣西南。明一統志又有帝丘城，云在滑縣（此指舊治，今已移治于其西之道口鎮）東北七十里土山村，即衞成公所遷，蓋其境相接也。則衞自楚丘遷帝丘，兩地相距不遠。

傳

三一·一　**三十一年春，取濟西田，分曹地也。**杜注：「二十八年晉文討曹分其地，竟界未定，至是乃以賜諸侯。」**使臧文仲往，宿於重館。**重，舊讀平聲，據國語魯語上韋注，爲魯地名，據一統志在今山東省魚臺縣西。館者，候館也。周禮地官遺人云：「凡國野之道，十里有廬，廬有飲食；三十里有宿，宿有路室，路室有委；五十里有市，市有候館，候館有積。」候館亦可單曰館，儀禮聘禮「及館」是也。則館之爲用，有室可以安頓行人，又有高明樓榭足供候望。**重館人告曰：**魯語上韋注謂「人，守館之隸也」，不知其據。**「晉新得諸侯，必親其共。**共同恭。魯語上云「晉文公解曹地以分諸侯，僖公使臧文仲往。宿於重館。重館人告曰：『晉始伯而欲固諸侯，故解有罪之地以分諸侯，諸侯莫不望分而欲親晉，皆將爭先，晉不以固班，亦必親先者』」云云，王念孫因謂此共字「當是先字之誤」。錢綺札記駁之曰：「先至則爲共，後至則爲不共，國語自作『先』字，不必與內傳同也。」錢駁甚是，金澤文庫本、敦煌寫本殘卷皆作「共」字。**不速行，將無及也。」從之。分曹地，自洮以南，**洮見八年經並注。**東傅于濟，盡曹地也。**據顧棟高大事表，魯所得當在今山東省東平、巨野及舊壽張諸地間。魯語上云：「獲地於諸侯爲多。反，既覆命，爲之請曰：『地之多也，重館人之力也。臣聞之曰：「善有章，雖賤，賞也。惡有釁，雖貴，罰也。」今一言而辟境，其章大矣，請賞之。』乃出而爵之。」可補左傳。

三一・二　**襄仲如晉，拜曹田也。**

三一・三　**夏四月，四卜郊，不從，乃免牲，**免牲即不郊，不郊，牲無用矣。**非禮也。**非禮者，謂郊爲魯之常祀，只宜卜牛、卜日，不宜卜可郊與否；今卜郊而不從，乃不郊，非禮也。**猶三望，亦非禮也。禮不卜常祀，**沈彤小疏曰：「常祀必以時祀，不更卜祀之吉凶。」郊，祭天之常祀。**而卜其牲、日。**先卜牲，後卜日。卜牲者，卜用此牛之吉凶，如宣三年「正月，郊牛之口傷，改卜牛」是也。卜日者，禮記郊特牲謂「郊之用辛」，證以成十七年經「九月辛丑用郊」，可信。又據「啓蟄而郊」傳文，魯郊宜在寅月，則當以丑月下辛卜寅月上辛。若不從，則又以於月之上旬卜。如此者數，此所以魯郊亦有在寅月後者。牛卜日曰牲。杜注曰：「既得吉日，則牛改名曰牲。」孔疏曰：「此言免牲，是已得吉日，牲既成矣。成七年乃免牛，是未得吉日，牲未成也。」牲成而卜郊，上怠、慢也。據杜注，怠謂怠於吉典，慢謂慢瀆龜策。此釋卜郊之非禮。望，郊之細也。細是細節。宣三年傳云：「望，郊之屬也。」細節與附屬之節同意。不郊，亦無望可也。此釋猶三望之非禮。

三一·四　秋，晉蒐于清原，清原在今山西省稷山縣東南二十餘里，據清一統志，亦曰晉原，長五十餘里。作五軍以禦狄。杜注：「二十八年晉作三行，今罷之，更爲上下新軍也。」此蓋又改三行之步兵爲車兵。趙衰爲卿。晉語四云：「以趙衰之故，蒐於清原，作五軍。使趙衰將新上軍，箕鄭佐之；胥嬰將新下軍，先都佐之。」

三一·五　冬，狄圍衞，衞遷于帝丘，卜曰三百年。孔疏曰：「案史記衞世家及年表，衞從此年以後歷十九君，積四百三十年。」

衞成公夢康叔曰：康叔，衞之始祖。「相奪予享。」相爲夏后帝啓之孫，帝中康之子，其所居當在帝丘，說參沈欽韓地名補注。公命祀相。甯武子不可，曰：「鬼神非其族類，不歆其祀。僖十年傳狐突亦曰：「神不歆非類，民不祀非族。」族類爲同義連緜詞。杞、鄫何事？杞、鄫爲夏代之後，宜祀之，今何事而不祀也。相之不享於此久矣，非衞之罪也，不可以閒成王、周公之命祀，閒借爲干，犯也，違也。襄十一年傳「或閒玆命」、昭二十六年傳「單、劉贊私立少，以閒先王」，諸「閒」字皆與此義同。魯語上云：「大懼殄周公、太公之命祀。」韋注云：「賈唐二君云，『周公爲太宰，太公爲太傅，皆掌命諸侯之國所當祀也』。」蓋諸侯之國所當祀者，由周王室命之；衞國之所當祀者，爲成王、周公所命，今祀相，在命祀之外者，故云犯成王、周公之命祀也。孔廣森經學卮言以此證尚書康誥爲周公代成王作，然于上文扞格難通。**請改祀命。**」杜注：「改祀相之命。」

三一·六 **鄭洩駕惡公子瑕，**洩駕，鄭大夫。隱五年亦有洩駕，距此九十年矣，自非一人。**鄭伯亦惡之，故公子瑕出奔楚。**杜注：「傳爲納瑕張本。」

三十有二年，癸巳，公元前六二八年。周襄王二十五年、晉文九年、齊昭五年、衞成七年、蔡莊十八年、鄭文四十五年、曹共二十五年、陳共四年、杞桓九年、宋成九年、秦穆三十二年、楚成四十四年、許僖二十八年。

經

三二·一 **三十有二年春王正月。**二月一日丙子冬至，建亥。

三二·二 **夏四月己丑，**己丑，十五日。**鄭伯捷卒。**無傳。「捷」，公羊作「接」，漢書古今人表從公羊亦作

「接」，接、捷字通。年表云：「四十五年，文公薨。」

三二·三　衛人侵狄。秋，衛人及狄盟。

三二·四　冬十有二月己卯，己卯，九日。晉侯重耳卒。

傳

三二·一　三十二年春，楚鬭章請平于晉，晉陽處父報之，清一統志謂山西太谷縣東十五里有故陽城，漢爲陽邑縣，爲晉大夫陽處父之邑，不知何據。文六年傳云「陽處父至自温」，成十一年傳云「襄王勞文公而賜之温，狐氏、陽氏先處之」，則陽處父之食邑在温。江永考實疑處父食邑先在陽，後在温，亦係揣測調和之辭。晉、楚始通。金澤文庫本、敦煌六朝寫本句末皆有「也」字。杜注：「晉、楚自春秋以來始交使命爲和同。」

三二·二　夏，狄有亂，衛人侵狄，狄請平焉。秋，衛人及狄盟。

三二·三　冬，晉文公卒。庚辰，庚辰，十二月十日。經文以己卯卒，庚辰是卒之明日。將殯于曲沃。晉文祖廟在曲沃，故殯於此。據左傳，春秋有殯廟之禮，詳八年傳注。元和郡縣志謂晉文公墓在絳縣東二十里，未審其據。出絳，柩有聲如牛。柩音舊，曲禮下云：「在牀曰尸，在棺曰柩。」卜偃使大夫拜，曰：「君命大事：大事，戎事也。成十三年傳云：「國之大事，在祀與戎。」將有西師過軼我，過謂經過。

軼，自後突出於前也，此當與隱九年傳「懼其侵軼我也」之「軼」字同義。過軼我者，秦兵襲鄭，必過晉之南境，秦過晉境而不假道也。**擊之，必大捷焉。」**杜注：「卜偃聞秦密謀，故因柩聲以正衆心。」説固合理，然左傳卜筮之辭，其應如響者多有，蓋左氏迷信而附會其説，固不必彊爲之解。

杞子自鄭使告于秦曰：「鄭人使我掌其北門之管，管，今之鑰匙也。周禮地官司門「掌授管鍵」，禮記月令「修鍵閉，慎管鑰」，皆可證其義。馬衡中國金石學概要上（凡將齋金石叢稿）云：「筦鑰之制，傳世極少。曾見一器，首屈如鉤，其柄節節相銜，可以伸縮。上有『雝庫籥重二斤一兩名百一』等字，形制與今迥殊。其用若何，尤不可解。」**若潛師以來，國可得也。」**三十年秦使杞子等三人戍鄭，鄭世家謂「鄭司城繒賀以鄭情賣之」，即指此事，晉世家亦云「鄭人或賣其國於秦」，秦本紀亦然。云鄭人，則非杞子可知，與傳異。**穆公訪諸蹇叔。**史記秦本紀云：「百里傒讓曰：『臣不及臣友蹇叔。』於是穆公使人厚幣迎蹇叔，以爲上大夫。」又李斯列傳載其諫逐客書云「迎蹇叔於宋」，正義引括地志云：「蹇叔，岐州人，時游宋，故迎之於宋。」史記秦本紀因云「繆公問蹇叔、百里傒」，公羊、穀梁俱云「百里子與蹇叔子諫」。考孟子萬章上云：「百里奚不諫，知虞公之不可諫而去之秦，年已七十矣。」晉滅虞在僖五年，距此二十七年，則百里奚年近百歲，或早死矣，故左傳無之。呂氏春秋悔過篇載此事亦不言百里奚。**蹇叔曰：「勞師以襲遠，非所聞也。**呂氏春秋悔過篇云：「蹇叔諫曰：『不可。臣聞之，襲國邑，以車不過百里，以人不過三十里，皆以其氣之趫與力之盛。至，是以犯敵能滅，去之能速。今行數千里，又絶諸侯之地以襲國，臣不知其可也。』」**師勞力竭，遠主備之，**

遠主指鄭國。**無乃不可乎？師之所爲，鄭必知之，**此句補充説明遠主備之，亦以引起下句。**勤而無所，**勤，勞也。所仍是處所之義。此謂鄭既知其來襲而有備，則無用武之地。**必有悖心。**士卒千里行軍而無所施其力，必有背犯之心。**且行千里，其誰不知？」公辭焉。**杜注：「辭不受其言。」竹添光鴻曰：「桓十三年『楚子辭焉』一例。」**召孟明、西乞、白乙，使出師于東門之外。**孟明，下年傳作百里孟明視，則百里是其姓氏，字孟明，名視也。秦本紀云：「使百里傒子孟明視、蹇叔子西乞術及白乙丙將兵。」以孟明視爲百里奚子，或然；以西乞、白乙爲蹇叔子，恐誤。呂氏春秋悔過篇以視爲蹇叔子，尤誤。下文云「蹇叔之子與師」，則僅參軍而已，未爲帥也。廣韻西字注云：「西乞，複姓，左傳秦帥西乞術。」白字注云：「白，姓，秦帥有白乙丙。」孔疏云：「術、丙必是名，西乞、白乙，或字，或氏，不可明也。」張文虎螺江日記續編亦以「秦三帥非蹇叔子」爲題論之。**蹇叔哭之，曰：「孟子！**唐石經初刻作「孟子」，後磨改作「孟兮」，釋文亦云「孟子本或作孟兮」，然各本皆作「孟子」，作「兮」者誤。**吾見師之出而不見其入也！」公使謂之曰：「爾何知？中壽，爾墓之木拱矣。」**中壽若干，其説不一。孔疏謂「上壽百二十歲，中壽百，下壽八十」，蓋本養生經（見文選孫楚征西官屬送於涉陽候作李善注引），恐其太長。莊子盜跖篇謂「人上壽百歲，中壽八十，下壽六十」，呂氏春秋安死篇謂「人之壽久之不過百，中壽不過六十」，淮南子原道訓則謂「凡人中壽七十歲」，論衡正説篇則謂「上壽九十，中壽八十，下壽七十」。洪亮吉詁云「此云中壽，當在八十以下、六十以上」，或是也。合手曰拱。句意謂使爾中壽，爾墓上之樹木早已成抱矣，言其老而不死，昏悖而不可用。易繫辭下謂「古之葬者不封不樹」，自指太古而言，白虎通崩薨篇引禮緯含文嘉云：「天子墳高三仞，樹以松；諸侯半之，樹以柏；大夫八尺，樹以欒；士四尺，樹以槐；庶人無墳，樹以楊柳。」**蹇叔之子與師，哭而送之，**公羊、穀梁及秦本紀俱謂百里奚及蹇叔兩人哭送其子，百里奚或已不在，辨已見前。呂氏春秋悔過篇云「蹇叔有子，曰申與視，與師偕行」，亦僅言蹇叔。**曰：「晉人禦師必於殽，**「殽」亦或作「崤」，崤山在今河南省洛寧縣西北六十里，西接陝縣界，東接澠池縣界。尚書秦誓序疏云：「崤山險阨，是晉之要道關塞也。從秦嚮鄭，路經晉之南境於南河之南崤關而東適鄭。禮，征伐朝聘，過人之國，必遣使假道。晉以秦不假道，故伐之。」**殽有二陵焉。**說文：「陵，大阜也。」其實，山、陵同義。二陵者，東崤山與西崤山也。元和郡縣志云：「自東崤至西崤三十五里，東崤長坂數里，峻阜絕澗，車不得方軌。西崤全是石坂十二里，險絕不異東崤。」**其南陵，夏后皋之墓也；**南陵，西崤山也。夏本紀云：「孔甲崩，子帝皋立。帝皋崩，子帝發立。帝發崩，子帝履癸立，是爲桀。」則夏后皋爲桀之祖父。**其北陵，文王之所辟風雨也。**北陵，東崤山也。**必死是間，余收爾骨焉！」秦師遂東。**此傳當與下年傳連讀。

三十有三年，甲午，公元前六二七年。周襄王二十六年、晉襄公驩元年、齊昭六年、衞成八年、蔡莊十九年、鄭穆公蘭元年、曹共二十六年、陳共五年、杞桓十年、宋成十年、秦穆三十三年、楚成四十五年、許僖二十九年。

經

三三·一 三十有三年春王二月，冬至在二月十二日辛巳，實建亥，有閏。秦人入滑。滑，國名，詳莊十六年、僖二十年傳並注。傳云滅滑而經書入滑者，秦雖滅之而不能有也。襄二十九年傳云：「虞、虢、焦、滑、霍、楊、韓、魏，皆姬姓也，晉是以大。若非侵小，將何所取？」然則滑被滅後即入于晉。

三三·二 齊侯使國歸父來聘。

三三·三 夏四月辛巳，辛巳，十三日。晉人及姜戎敗秦師于殽。姜戎，姜姓之戎也。居晉南鄙。襄十四年傳其後代戎子駒支自陳此役云：「晉禦其上，戎亢其下，秦師不復，我諸戎實然。譬如捕鹿，晉人角之，諸戎掎之，與晉踣之。」

三三·四 癸巳，癸巳，二十五日。葬晉文公。昭三年傳云：「昔文、襄之霸也，君薨，大夫弔，卿共葬事。」然則此爲魯卿送葬也。

三三·五 狄侵齊。齊世家云：「六年，翟侵齊。晉文公卒。秦兵敗于殽。」述此事于昭六年，不誤；然于晉文卒以前，則誤；于秦兵敗之前，又與經、傳異，恐史公之疏。

三三·六 公伐邾，取訾婁。「訾婁」，穀梁作「訾樓」，公羊作「叢」。婁、樓音同。叢從取聲，取、鄒古音同，則叢爲其合音也。十八年傳衞邑有訾婁，非此地。此訾婁當是邾地。

三三·七 **秋，公子遂帥師伐邾。**

三三·八 **晉人敗狄于箕。** 箕，彙纂據杜注謂在今山西省太谷縣東南三十五里，顧炎武補正疑晉襄公時此箕城未爲晉境。江永考實謂「此年狄伐晉，白狄也。白狄在西河，渡河而伐晉，箕地當近河。成十三年傳云秦『入我河縣，焚我箕、郜』，是近河有箕」，因考證箕當在今山西省蒲縣東北，舊有箕城是也。閻若璩又以箕在今山西榆社縣之箕城鎮。從卜辭及周初銅器銘文考之，榆社南之箕城鎮，恐是商及周初之箕，其字作「㠱」，非此箕也。江永説較可信。

三三·九 **冬十月，公如齊。**

三三·一〇 **十有二月，公至自齊。**

三三·一一 **乙巳，** 乙巳，十一日。 **公薨于小寢。** 小寢見莊三十二年經注。

三三·一二 **隕霜不殺草。** 無傳。 經凡書「隕霜」者二，此及定元年「冬十月隕霜殺菽」是也。此在冬十二月。此年實建亥，冬十二月，夏正之九月也，隕霜自不殺草；定元年之冬十月，夏正之八月也，不當隕霜，更不當殺菽。 **李梅實。** 當時誤以此時爲冬，不應結果而結果。韓非子内儲説上云：「魯哀公問於仲尼曰：『春秋之記曰，冬十二月，賈霜不殺菽。何爲記此？』仲尼對曰：『此言可以殺而不殺也。夫宜殺而不殺，桃李冬實。天失道，草木猶犯干之，而况於人君乎？』」此事亦難信。孔丘明知周正不合四季之正，故論語衞靈公載其主張「行夏之時」，何至謂「宜殺而不殺」？

三二・三 晉人、陳人、鄭人伐許。

傳

三三・一 三十三年春，秦師過周北門，阮刻本「秦」字上衍「晉」字，從校勘記删。江永考實曰：「門名乾祭，見昭二十四年。」左右免冑而下，古兵車，若非將帥，則御者在中，射者在左，戈盾勇力之士在右。若將帥之車，或天子諸侯親爲將帥，則在中央鼓下，御者在左，戈盾勇力在右，所謂戎右是也。此指一般兵車，故射者及持戈盾者皆下，御者不下，仍駕車而前行。呂氏春秋悔過篇王孫滿之言謂「過天子之城，宜橐甲乘兵，左右皆下，以爲天子禮」。免冑，則僅脱去頭盔，並不去其甲，亦未必束其兵，於當時之禮貌猶未全合。超乘者三百乘。呂氏春秋悔過篇作「超乘者五百乘」，但禮記喪服小記孔疏引仍作「三百乘」。國語周語中亦作「超乘者三百乘」。超乘者，畢沅呂氏春秋新校正云：「蓋既下而即躍以上車，示其有勇。」超，説文云：「跳也。」畢説可信。昭元年傳「超乘而出」，亦謂子南躍上車而出可證。王孫滿尚幼，通志氏族略四引英賢傳謂「周共王生圉，圉曾孫滿」。梁履繩補釋云：「共王，穆王之子。穆王名滿，其六世孫何得亦名滿？」則未必可信。觀之，言於王曰：「秦師輕而無禮，輕指超乘，謂其輕佻不莊重也；無禮指僅免冑而不卷甲束兵，過天子之門而不敬。必敗。輕則寡謀，無禮則脱。脱，簡易也，今曰脱略，疏略。入險而脱，險指殽山。又不能謀，能無敗乎？」

及滑，鄭商人弦高將市於周，吕氏春秋悔過篇謂「鄭賈人弦高、奚施將西市於周」，淮南子人間篇謂「鄭之弦高、蹇他」云云，除弦高以外，尚有其黨。秦本紀、晉世家則從左傳只有弦高。**遇之，以乘韋先，牛十二犒師，**乘韋，四張熟牛皮。孔疏曰：「乘車必駕四馬，因以乘爲四名。禮言乘矢謂四矢，此謂乘韋謂四韋也。」先者，古代致送禮物，均先以輕物爲引，而後致送重物，襄十九年傳「賄荀偃束錦加璧乘馬，先吳壽夢之鼎」，老子「雖有拱璧以先四馬」，皆可證也。**曰：「寡君聞吾子將步師出於敝邑，**步，行也。步師，猶今言行軍。**敢犒從者。不腆敝邑，**腆，厚也。不腆云云，當時客套慣語，文十二年傳「不腆敝器，不足辭也」、「不腆先君之敝器，使下臣致諸執事以爲瑞節」、成二年傳「不腆敝賦，詰朝請見」、「不腆敝賦，以犒從者」、襄十四年傳「我先君惠公有不腆之田，與女剖分而食之」等等皆可證。不但田賦及他物可謙言不腆，人亦可謙言不腆，昭三年傳「不腆先君之適以備内官」是也。不腆亦可言無腆，昭七年傳「鄭雖無腆」是也。**爲從者之淹，**淹，久也。成二年傳「無令輿師淹于君地」，久於君地也。故淹久亦可以同義詞連用，宣十二年傳「二三子無淹久」是也。**居則具一日之積，**積指以芻、米爲主之日食所需諸物，包括牛羊等肉食品，説詳周禮秋官大行人孫詒讓正義。杜注：「積，芻米菜薪。」**行則備一夕之衞。」且使遽告于鄭。**且，一面犒師，一面告鄭。杜注：「遽，傳車。」傳車猶後代驛馬，爲古代傳遞緊急公文之辦法，每隔若干里設驛站，接力换馬，務求奔馳迅速。然吕氏春秋説此事則云「遽使奚施歸告」，則此遽字解爲急、疾亦通。

鄭穆公使視客館，客館，杞子、逢孫、楊孫三人所居，鄭人以客禮待之也。**則束載、厲兵、秣馬**

矣。載指可載于車之物，什物皆已捆束，兵器皆已磨礪，馬匹亦已喂飽，以待秦師之來，甚至可爲内應。使皇武子辭焉，辭謂道歉，實則示已知其謀。曰：「吾子淹久於敝邑，唯是脯資、餼牽竭矣，乾肉曰脯。杜注：「資，糧也。」沈欽韓補注謂「脯資當爲斧資，（易）旅九四『旅于處，得其資斧』」。則解「脯資」爲錢財，雖言之成理，然據下文取其麋鹿，仍以解爲食品爲宜。餼，牲生曰餼；牽指牛羊可牽行之牲畜。「餼牽」爲同義詞連用。句意謂食物罄竭也。爲吾子之將行也，鄭之有原圃，猶秦之有具囿也，具囿，盧文弨鍾山札記、王引之述聞皆謂當從山井鼎七經考文所引宋本作「具圃」，楊守敬水經渠水注疏亦謂當作「具圃」。但自六朝卷子本（即金澤文庫本所據）、敦煌六朝寫本、唐石經以下諸本皆作「具囿」，故不從。原圃即鄭之圃田澤，水經渻水注云：「澤在中牟縣西，西限長城，東極官渡，北佩渠水，東西四十許里，南北二十（或作二百，今從王先謙合校本、楊守敬疏本）許里，中有沙岡，上下二十四浦，津流逕通，淵潭相接。」具囿即淮南子地形篇之陽紆澤，爾雅之楊陓，山海經作陽華之山，畢沅注謂「今名楊華藪，在陝西華陰縣東，南至潼關」。沈欽韓等以爲即周禮職方氏之弦蒲藪，則在今陝西省隴縣西，恐不確。吾子取其麋鹿，以閒敝邑，欲其自取，以令我等得閒暇，示意之辭。若何？」杞子奔齊，逢孫、楊孫奔宋。向東逃者，恐晉、鄭防西兵，懼己被截獲。

孟明曰：「鄭有備矣，此乃遥接弦高犒師之語。不可冀也。攻之不克，圍之不繼，無繼續支援之師。吾其還也。」滅滑而還。淮南子人間篇又有「鄭伯乃以存國之功賞弦高，弦高辭之」一段。

鄭賞弦高，自有可能，而弦高因徙東夷，未必然也。

三三·二　**齊國莊子來聘，自郊勞至于贈賄，**郊勞爲聘禮之始，贈賄爲聘禮之終，句猶言自始至終。郊勞者，使者至受聘國之近郊，受聘國君使卿朝服用束錦勞之。尚書牧誓僞孔傳云近郊三十里，服虔注昭二年左傳亦云近郊三十里，戰國策秦策云「郊迎三十里」，則郊勞當在離國都約三十里之處。贈賄者，聘事已畢，賓行，舍于郊，國君又使卿贈以禮物。詳儀禮聘禮。**禮成而加之以敏。**杜注：「敏，審當於事。」章炳麟讀曰：「釋訓：『踖踖，敏也。』詩小雅『執爨踖踖』，傳：『踖踖，爨竈有容也。』是敏即有容。禮成而加之以有容者，言非特成禮，其容儀又善也。」兩説皆可通。**臧文仲言於公曰：「國子爲政，齊猶有禮，君其朝焉！臣聞之：服於有禮，社稷之衞也。」**杜注：「爲公如齊傳。」吴闓生文史甄微曰：「秦人入滑與殽之戰，傳文實一篇。今本以此傳厠其間，則前後横裂。此傳或後人續增，或本在戰殽之後，而分傳者依經文次第，移置戰殽之前。」疑後説是。

三三·三　**晉原軫曰：「秦違蹇叔，而以貪勤民，天奉我也。**杜注：「奉，與也。」梁履繩補釋、劉文淇疏證俱謂「奉，助也」，亦通。**奉不可失，敵不可縱。縱敵，患生；違天，不祥。**天與不取，則爲違天。**必伐秦師！」欒枝曰：「未報秦施，而伐其師，其爲死君乎？」**死君謂文公。惠棟補注云：「君在殯，故稱死君。」爲，有也。易夬初九：「壯于前趾，往不勝，爲咎。」俞樾平議讀爲爲「有」，是也。孟子多以爲爲「有」，滕文公上「夫滕，壤地褊小，將爲君子焉，將爲野人焉」，謂將有君子，將有野人也。盡心下

「爲間不用」，有間不用也。欒枝蓋謂文公受秦惠，不爲之報，反伐秦師，是心目中無先君也。前人不明「爲」字之義，顧炎武補正、王引之述聞俱解此「死」字爲動詞，云「死君謂忘其先君」，則不知置「爲」字于何地，故不可信。　其作豈用。　**先軫曰：「秦不哀吾喪，而伐吾同姓，**滑，晉同姓。　**秦則無禮，何施之爲？**　言何足以爲施也，晉世家云「秦侮吾孤，伐吾同姓，何德之報」，與此意同。　王念孫謂「言何施之有」，見釋詞「爲」。　**吾聞之：『一日縱敵，數世之患也。』謀及子孫，可謂死君乎！」**言伐秦乃爲子孫謀，可以有辭以對先君。　**遂發命，**發起兵之令。　**遽興姜戎。**　國語周語上謂周宣王三十九年戰于千畝，王師敗績于姜氏之戎，當即此姜戎。可見姜戎雜處，有處于周室附近者，有處于晉國北境者，此即處于晉國北境姜氏之戎。　千畝與桓二年傳「以千畝之戰生」之千畝爲兩地，見彼注。　雷學淇竹書紀年義證卷二十六誤兩千畝爲一。　**子墨衰絰，**子，晉襄公。　其父文公未葬，故稱子。　衰音崔，字亦作縗，喪服，以麻布爲之。古有斬衰、齊衰之別。　斬衰以極粗生麻布爲之，衣旁及下際皆不縫緝。「齊衰」之齊音咨，齊衰以熟麻布爲之。齊，緝也，緝其邊，故曰齊衰。　絰音垤，戴于首者曰首絰，繫於腰者曰腰絰，皆以麻爲之，亦喪服也。　襄公此時居喪，宜喪服，而喪服爲白色，不宜從戎，故雖着衰絰之喪服，而染爲黑色，黑色固戎服之色也。　墨衰絰者，墨其衰與絰也。　**梁弘御戎，**桓三年傳晉亦有梁弘，早于此八十三年，自另是一人。　**萊駒爲右。**　通志氏族略二云：「萊氏以國爲氏，晉有大夫萊駒。」梁弘、萊駒爲晉襄公御戎車，爲車右。

夏四月辛巳，辛巳，十三日。　**敗秦師于殽，**此蓋乘秦師歸途經殽而截擊之，呂氏春秋悔過篇所謂

「遏秦師於殽而擊之」、公羊所謂「要之殽而擊之」、秦本紀所謂「遮秦兵於殽擊之」是也。**獲百里孟明視、西乞術、白乙丙以歸。**三帥被俘，則秦師盡殲矣，故公羊、穀梁俱云「匹馬隻輪無反者」（穀梁隻作倚），秦本紀云「無一人得脱者」，俱可信。論衡儒增篇以爲增其實，非。此役興姜戎，又參襄十四年傳。**遂墨以葬文公，**謂着黑色喪服以葬文公也。**晉於是始墨。**晉自此以後用黑色衰絰爲常，襄二十三年傳云「公有姻喪，王鮒使宣子墨縗冒絰」可證。沈欽韓補注謂「自後喪葬遇有兵戎盟會之事，遂援此以墨衰從事」，限墨衰于兵戎盟會，恐非傳旨。

文嬴請三帥，文嬴，晉文公夫人，秦穆公所妻者，爲襄公嫡母。三帥，孟明、西乞、白乙丙。**曰：「彼實構吾二君，**構謂進讒言以挑撥離間，與桓十六年傳「宣姜與公子朔構急子」之構同義。構吾二君又與詩小雅青蠅「構我二人」句法同，謂挑撥秦、晉二君之關係也。**寡君若得而食之，不厭，**不厭，不足也。言雖食肉猶不足，狀惡之之甚。秦本紀作「繆公之怨此三人入於骨髓」，詞不同而意同。互詳宣十二年傳注。**君何辱討焉？使歸就戮于秦，以逞寡君之志，**逞，快也。逞志，猶言快意。**若何？」公許之。先軫朝，問秦囚。公曰：「夫人請之，吾舍之矣。」先軫怒，曰：「武夫力而拘諸原，**原指戰場，謂以力拘之於戰場。**婦人暫而免諸國，**章炳麟讀曰：「暫借爲漸。書盤庚『暫遇姦宄』，王引之曰：『暫讀爲漸，漸，詐欺也。』莊子胠篋篇「知詐漸毒」、荀子不苟篇「小人知則攫盜而漸」、議兵篇「招近募選，隆勢詐，尚功利，是漸之也」、正論篇「上幽險則下漸詐矣」，是詐謂之漸。呂刑曰『民興胥漸』，漸亦詐也。』

此暫亦詐也。文嬴言皆詐語也。」吳闓生文史甄微説同。　免謂赦宥而釋放。**墮軍實而長寇讎，**墮，毁棄也。軍實指秦囚，鄭司農周禮天官獸人注云「珥焉者，取左耳以致功，若斬首折馘，故春秋傳曰『以數軍實』」，則軍實可指俘囚首馘。餘詳隱五年傳注。楊樹達先生積微居小學金石論叢有左傳軍實解，謂此軍實「亦指晉國之士卒爲言。先軫蓋謂殘傷晉國之士卒以得秦俘，今無故舍之以增寇讎之氣焰，故憤而言其亡無日也」，亦可備一解。**亡無日矣！」不顧而唾。**古代禮法，在尊長之前，不敢吐痰與擤鼻涕，禮記內則所謂「在父母舅姑之所不敢唾洟」是也。唾爲吐痰，洟爲擤出鼻涕。先軫不但唾于朝廷，且面向襄公，唾且不旋轉其頭，此極言其氣忿。**公使陽處父追之，**晉世家謂「軫乃追秦將」，以爲先軫自追之。**及諸河，則在舟中矣。釋左驂，**古代一車四馬駕之，在兩旁者曰驂，在左旁爲左驂。**以公命贈孟明。**誘其上岸受贈，因而執之。**孟明稽首曰：「君之惠，不以纍臣釁鼓，**纍，囚繫也。古代重要器物新成，必殺牲以祭，以血塗之，謂之釁。古代有以俘囚祭鼓者，昭五年傳「吳子使其弟蹶由犒師，楚人執之，將以釁鼓」可證。此言「釁鼓」，猶言殺戮，未必爲真祭鼓。成三年傳知罃之對楚王曰「二國治戎，臣不才，不勝其任，以爲俘馘，執事不以釁鼓，使歸即戮，君之惠也」，語與此同。**使歸就戮于秦，寡君之以爲戮，**此爲假設分句，猶言若以爲戮也。**死且不朽。**死且不朽亦當時慣語，亦見成三年、十六年、昭三十一年傳，猶言死猶不死耳。**若從君惠而免之，三年將拜君賜。」**孟明不中計。三年拜賜意猶三年將復仇也，文二年彭衙之役晉人因謂之拜賜之師。

秦伯素服郊次，素服，凶服也。據周禮大宗伯及注，古代凶禮以哀邦國之憂者有五，死亡、凶札、禍災、圍敗、寇亂是也。年不順成，天子素服，乘素車，食無樂，是凶札之服；水火爲害，君臣素服縞冠，是禍災之服；此則爲圍敗之服也。說詳顧炎武日知録五。郊次猶襄二十三年傳之官次。凡所居皆可曰次，喪寢曰次，儀禮士喪禮「主人入就次」是也。次謂倚廬。呂氏春秋悔過篇謂「繆公聞之，素服廟臨」，與傳異。鄉師而哭，鄉同今向字。此言鄉師，似晉所釋放者不止孟明等三帥，或其他俘虜亦併釋之隨同三帥而歸。不然，則傳以師代三帥，故秦本紀謂「三將至，繆公素服郊迎，嚮三人哭曰」云云。或疑殽之役，秦兵未盡被殲，亦有逃脱而歸者。縱使如是，亦未必與孟明等同歸，秦穆亦未必親迎也。曰：「孤違蹇叔，以辱二三子，孤之罪也。」不替孟明，曰：替，廢也。不廢孟明爲左氏記事之詞。各本無「曰」字，王念孫據文選西征賦注、白帖五十九，謂「孟明下有『曰』字，而今本脱之。上文穆公鄉師而哭，既罪己而不罪人矣，於是不廢孟明而復用之，且謂之曰，孤之過也，大夫何罪云云。大夫二字專指孟明而言，與上文統言二三子者不同」云云。說詳王引之述聞。王說甚是，金澤文庫本及敦煌六朝人寫本殘卷俱有「曰」字，今據增訂。「孤之過也，大夫何罪？且吾不以一眚掩大德。」眚音省，過也。尚書秦誓序云：「秦穆公伐鄭，晉襄公帥師敗諸崤，還歸作秦誓。」後人以此謂秦誓乃此時所作，然秦誓本文似不如書序所云。此事又見呂氏春秋悔過篇。

三三·四　狄侵齊，因晉喪也。

三三·五　公伐邾，取訾婁，以報升陘之役。升陘之役在二十二年。邾人不設備。秋，襄仲復伐郲。

三三・六　狄伐晉，及箕。八月戊子，戊子，二十二日。晉侯敗狄于箕。郤缺獲白狄子。白狄子，白狄之首領。白狄爲狄之別種。成十三年傳呂相絶秦云「白狄及君同州」，是與秦同在雍州也。僖二十四年傳晉文云「其後余從狄君以田渭濱」，則白狄之地南至渭水。江永考實謂「其地在西河之西」是也。今陝西省延安、安塞、延川、延長、宜川、黄龍以及清澗諸縣皆曰白狄之境。據左傳，狄爲隗姓。世本謂白狄釐姓，潛夫論謂白狄姮姓，王國維據秦有隗狀，漢有隗囂，魏有隗僖，謂赤、白二狄皆隗姓，是也。説詳其鬼方昆夷玁狁考。先軫曰：「匹夫逞志於君，指不顧而唾之事。而無討，敢不自討乎？」免冑入狄師，死焉。此當是獲白狄子以前事。狄人歸其元，元，首也。面如生。

初，臼季使，臼季即胥臣，臼其食邑，季其字也。臼即二十四年傳之臼衰。過冀，冀，見二年傳注。見冀缺耨，耨，鋤田除草也。其妻饁之，饁音竭，向田野饋食也。敬，相待如賓。與之歸，言諸文公曰：「敬，德之聚也。聚土成山，故周語云「山，土之聚也」，此則謂聚德成敬。能敬必有德。德以治民，君請用之！臣聞之：出門如賓，承事如祭，論語顔淵篇記孔子之言「出門如見大賓，使民如承大祭」，與此義同。仁之則也。」公曰：「其父有罪，可乎？」冀缺之父冀芮爲惠公之黨，二十四年欲害文公，爲秦穆公所誘殺。對曰：「舜之罪也殛鯀，鯀者，禹之父，尚書洪範云「鯀則殛死」，夏本紀云「於是堯聽四嶽，用鯀治水。九年而水不息，功用不成。舜登用，攝行天子之政，巡狩。行視鯀之治水無狀，乃殛鯀於羽山以死」是也。殛借爲極，極者，流放絶遠之義。殛死者，流放之以致死也。詳説文段注及徐灝説文解字注箋。其舉也興禹。管敬仲，桓之賊也，管仲嘗射齊桓公，中帶鉤，見二十四年傳注。實相以濟。相，去聲，使之爲相也。濟，成也。康誥曰：『父不慈，子不祗，祗，敬也。兄不友，弟不共，不相及也。』今尚書康誥無此文，但云「子弗祗服厥父事，大傷厥考心」云云，孔疏因謂傳是「直引康誥之意耳」。然康誥本文乃「刑茲無赦」之意，非罪不相及之意，孔説可商。惠棟補注謂「此康誥之脱文也」。後漢書章帝紀元和元年詔曰：「書云：『父不兹，子不祗，兄不友，弟不恭，不相及也。』」亦明言「書云」。昭二十年傳「在康誥曰，父子兄弟罪不相及」，則是此之節文。詩曰：『采葑采菲，采，採本字。葑，唐本草謂蔓菁，爲蕓薹之變種，大頭菜又此物之變種。劉禹錫嘉話録云：「諸葛亮所止，令兵士獨種蔓菁者，取其纔甲，可生啖，一也；葉舒可煮食，二也；久居則隨以滋長，三也；棄去不惜，四也；回而易尋而採，五也；冬有根可食，六也。比諸蔬其利甚溥，至今蜀人呼爲諸葛菜。」菲即今之蘿蔔。無以下體。』詩見邶風谷風篇。蕪菁之根可食，萊菔從古以其塊根供蔬食用，不以其爲下體而棄之。君取節焉可也。」取節猶言節取其善，勿因其爲罪人之子而棄之。文公以爲下軍大夫。此事又見晉語五，文意大同。反自箕，襄公以三命命先且居將中軍，春秋諸侯之卿，有「一命」、「再命」、「三命」之别，以命數多爲貴，車服之制亦隨之。杜注：「且居，先軫之子；其父死敵，故進之。」晉語四有蒲城伯，韋注引賈逵説，謂即先且居；文五年傳有霍伯，賈、杜皆云亦即先且居，蒲城與霍皆其食邑，伯則其字也。以再命命先茅之縣賞胥臣，杜

注：「先茅絶後，故取其縣以賞胥臣。」據此，則先茅亦晉之大夫也。曰：「舉郤缺，子之功也。」以一命命郤缺爲卿，復與之冀，亦未有軍行。杜注：「雖登卿位，未有軍列。」沈欽韓補注曰：「以五軍帥現有人故。」

三三·七 冬，公如齊朝，且弔有狄師也。反，薨于小寢，即安也。杜注誤會即安之文，認小寢爲夫人寢，非也。小寢，爲諸侯之燕寢，已詳莊三十二年經注。禮記玉藻云：「朝，辨色始入。君日出而視之，退適路寢聽政。使人視大夫，大夫退，然後適小寢釋服。」則小寢爲諸侯燕安之所，非夫人寢明矣。疾病當居路寢。魯僖病，未嘗移居路寢，即就小寢以死，故傳云即安也。

三三·八 晉、陳、鄭伐許，討其貳於楚也。

三三·九 楚令尹子上侵陳、蔡。陳、蔡成，遂伐鄭，將納公子瑕。公子瑕爲鄭文所惡而奔楚，見三十一年傳。門于桔柣之門，門，攻城也。桔柣之門爲鄭都遠郊之門，見莊二十八年傳並注。瑕覆于周氏之汪，覆，車傾覆也。汪，池之汙濁者。外僕髡屯禽之以獻。髡屯疑爲人名。杜注曰：「殺瑕以獻鄭伯。」蓋據下文葬鄶城而言，然傳無明文，若謂生擒而鄭伯殺之，亦未嘗不可。文夫人斂而葬之鄶城之下。文夫人，鄭文公之夫人也。宣三年傳云：「文公報鄭子之妃曰陳媯，生子華、子臧。又娶于江，生公子士。又娶于蘇，生子瑕、子俞彌。」則此所謂文夫人者，或子瑕之母，因斂而葬之也。「鄶」又作「檜」，本爲國，妘姓。鄭語「妘姓鄔、檜、路、偪陽」可證。據水經洧水注引紀年，則爲鄭桓公所滅；據漢書地理志注引臣瓚説及今本紀年，則爲鄭武公所滅，不知誰是。其地當在今河南省密縣東南三十里，新鄭縣西北三十里。貞松堂吉金圖補録上十五有會娟乍媵鬲，娟疑即㚸字，爲㚸姓，恐另一會國。

三三·一〇 晉陽處父侵蔡，楚子上救之，與晉師夾泜而軍。泜音雉。泜水即滍水，今名沙河。源出河南省魯山縣西吴大嶺，東流經縣南，又東經寶豐、葉縣、舞陽合于北沙河。後漢書光武紀「光武擊王尋、王邑，滍水盛溢，尋、邑大敗」者即此。此夾泜而軍處，疑在沙河下游，始接近蔡境。陽子患之，使謂子上曰：「吾聞之：『文不犯順，此蓋古語，當時人多喜言之，文十四年傳「宣子曰『辭順而弗從，不祥』」，襄二十五年傳「文子曰『其辭順，犯順不祥』」，皆此意。此言之者，蓋謂我之辭甚順，汝當聽而從我言。順即論語子路「名不正則言不順」之順，順理成章也。武不違敵。』違，避也。子若欲戰，則吾退舍，子濟而陳，遲速唯命。不然，紓我。紓，緩也。緩我者，楚軍退舍，使我得濟而陳也。老師費財，杜注曰：「師久爲老。」亦無益也。」乃駕以待。車駕馬以待楚師之進退。子上欲涉，大孫伯曰：大孫伯即二十八年傳之大心，文五年、十一年傳之成大心，子玉之子。「不可。晉人無信，半涉而薄我，薄，迫也。迫我謂以軍臨我，即擊我也。悔敗何及？既敗而悔，亦無及矣。不如紓之。」乃退舍。欲使晉軍渡。陽子宣言曰：「楚師遁矣。」遂歸。楚師亦歸。大子商臣譖子上曰：「受晉賂而辟之，楚之恥也。罪莫大焉。」王殺子上。楚成王欲立商臣爲太子，令尹子上嘗阻之，見文元年傳，商臣是以惡而譖之。

三三·一二 **葬僖公，緩作主，**此以三字爲句，杜預注以「緩」一字爲句，云：「文公元年經書四月葬僖公，僖公實以今年十一月薨，并閏，七月乃葬，故傳云緩。」說實誤。僖公之死在十二月乙巳，經、傳記述分明，杜氏據其長曆謂乙巳爲十一月十二日，經書十二月爲誤，此乃杜氏推算之誤，非經之誤，十二月卒，明年四月葬，其間並無閏月（傳云閏三月，實誤，詳後），正五月而葬，非緩也。姑不論此，若以「緩」字爲句，「作主」兩字一句，則作主爲「非禮」矣。祔而作主，固是古禮，何乃云「非禮」？則此句不可解矣。今從萬斯大隨筆、洪亮吉詁，以「緩作主」三字爲句。依禮，祔而作主，然僖公主作于文二年二月，過葬十月，故云緩作主。**非禮也。凡君薨，卒哭而祔，**卒哭者，卒，終也，止也，止無時之哭也。古禮，父母之喪，自初死至于卒哭，朝夕之間，哀至則哭，其哭無定時。葬後行虞祭，釋名釋喪制云：「既葬，還祭于殯宮曰虞，謂虞樂安神使還此也。」以諸侯論，五月而葬，行虞祭七次，葬之日初虞，用柔日（乙、丁、己、辛、癸五偶爲柔日），二、三、四、五、六虞亦用柔日，七虞用剛日（甲、丙、戊、庚、壬五奇日），則葬後之第十二日也。間一日行卒哭禮，亦用剛日，則葬後之第十四日也。至此以後，唯朝夕哭，他時不哭，故曰卒哭。祔者，以新死者之主附于主廟也。禮記檀弓下亦云：「周卒哭而祔。」**祔而作主，**公羊文二年傳謂喪主有二，「虞主用桑，練主用栗」。虞主爲虞祭之主，用桑木爲之；練主爲喪十三月小祥祭所立之主，用栗木爲之，而埋桑主，即以此練主藏于廟。但左氏不言二主，又不言虞主，只言祔而作主，則所以作主者，爲祔于祖廟也，當只一主，無二主。周語上云：「襄王使太宰文公及內史興賜晉文公命，命於武宮，設桑主。」則一主爲桑主，並不埋之。周社主則用栗，見論語八佾。**特祀於主，**特祀者，單向新死者祭祀也，蓋卒哭之後，尚有小祥、大祥（二十五月而大祥祭）、禫（二十七月之除服祭）諸祭，唯祭于新死者之主，故云特祀於主。據左傳，春秋殯于廟，主又祔于廟，則特祀之主在廟可知。漢人説經謂祔祭既了，主仍還立于寢，杜注因之，謂此特祀乃「特用喪禮祭祀於寢，不同之於宗廟」，然經、傳無此文，恐不可信。**烝、嘗、禘於廟。**謂遇烝、嘗及禘祭，則于廟中合羣祖共祭之。烝、嘗見桓五年傳並注。禘見僖八年經注。考之左傳，即在三年喪中，亦有烝、嘗、禘諸祭，襄十五年經書「冬十有一月癸亥，晉侯周卒」，十六年傳文又云「春，葬晉悼公。平公即位，烝於曲沃」，是葬後即烝也。後人拘于禮記王制「喪三年不祭」之文，謂此烝、嘗、禘乃三年喪畢後之祭，不知王制乃漢代儒生之作，不足以説春秋之禮制。孔疏引杜預釋例云：「禮記後儒所作，不正與春秋同。」此言甚有見地。餘詳孔疏。僖公之葬在文元年四月，作主在文二年二月，僖公篇末獨出此文，杜注謂「皆當次在經『葬僖公』下，今在此，簡編倒錯。」劉文淇疏證引讀本則謂「傳多附記之例，如閔公末年言成風事，又言邢、衞，皆非其年之事，知此是附記，非錯誤」，未詳孰是。杜氏釋例引賈逵説，末云「故上係此文於僖公篇」，如此，則縱簡編倒錯，自東漢已然矣。

春秋左傳注

文公

名興，僖公子，母聲姜。

元年，乙未，公元前六二六年。周襄王二十七年、晉襄二年、齊昭七年、衞成九年、蔡莊二十年、鄭穆二年、曹共二十七年、陳共六年、杞桓十一年、宋成十一年、秦穆三十四年、楚成四十六年、許僖三十年。

經

一・一 **元年春王正月，**正月二十三日丙戌冬至，建子，有閏月。**公即位。**無傳。依春秋禮制，先君死，無論葬與未葬，嗣君俱於翌年正月改元即位。公羊文九年傳「不可一日無君。緣終始之義，一年不二君，不可曠年無君」云云，足以説明當時禮制。

一·二　**二月癸亥，日有食之。**無傳。公羊於「癸亥」下衍「朔」字，當依王引之述聞説删，三傳並無異文。史官不書朔，當是以癸亥爲晦日而日食。宋史律曆志三、元史曆志二俱謂三月癸亥朔，入食限，是也；但宋史因疑此二月爲三月之誤，則非。朱文鑫春秋日食考云：「春秋日食三十七，書日與朔者二十七，書朔不書日者一，書日不書朔者七，不書日與朔者二。自隱公三年至宣公十七年，凡一百二十八年，記載日食十五，書朔者七，不書朔者八。自成公十六年至哀公十四年，凡九十四年，記載日食二十二，書朔者二十一，不書朔者一。由此觀之，宣公以前平均八年半書一日食，而不書朔者多；成公以後，平均約四年半書一日食，而不書朔者僅一，足證當時曆家已知日食之必在朔，而觀測所得，亦有合於天象，故後之記載較勝於前也。」此説頗有理，則此二月癸亥之日食，蓋當時曆法誤以三月之朔爲二月之晦，故不書朔，非字之誤。

一·三　**天王使叔服來會葬。**叔服，傳稱内史叔服，則内史爲其官。公羊何休注以叔服即王子虎，恐非。孔疏云：「四年風氏薨，五年王使榮叔歸含且賵，召昭公來會葬，傳曰禮也。夫人之喪，會葬爲禮，知諸侯之喪，天子使大夫會葬爲得也。」

一·四　**夏四月丁巳，**丁巳，二十六日。**葬我君僖公。**

一·五　**天王使毛伯來錫公命。**僖二十四年傳有毛伯，孔疏以爲「計是一人」。毛蓋其采邑，伯乃其家號，杜注云「毛，國；伯，爵」，恐不確。錫命見莊元年經並注、僖十一年傳並注。此乃嗣位諸侯天子之錫命，春秋經、傳載此者二：一，文元年錫魯文公命；二，僖十一年錫晉惠公命。金文中有伯晨鼎銘，即錫䡖侯嗣位之命。吳大澂、吳闓生等俱謂䡖侯即韓侯，可備一説。

一·六　**晉侯伐衛。**據傳，初是晉襄公親帥師，後從先且居之謀，改由先且居及胥臣帥師。杜注：「晉襄公先告諸侯而伐衛，雖大夫親伐，而稱晉侯，從告辭也。」

一·七　**叔孫得臣如京師。**禮記檀弓正義引世本云：「桓公生僖叔牙，牙生戴伯茲，茲生莊叔得臣，得臣生穆叔豹，豹生昭子婼，婼生成子不敢，不敢生武叔州仇。」雷學淇校輯世本云：「案春秋傳及世族譜，莊叔得臣生宣伯僑如及穆叔豹，豹生昭子婼及孟丙、中壬、竪牛，婼生成子不敢，不敢生武仲州仇，州仇生文子舒，是爲叔孫氏。其説與世本皆合。」

一·八　**衛人伐晉。**

一·九　**秋，公孫敖會晉侯於戚。**公孫敖，慶父之子，禮記檀弓孔疏引世本云「慶父生穆伯敖」是也。戚，衛邑，在今河南省濮陽縣北。顧棟高大事表七之二云：「蓋其地瀕河西，據中國之要樞，不獨衛之重地，亦晉、鄭、吴、楚之孔道也。」彙纂云：「此大夫專會諸侯之始。」

一·一〇　**冬十月丁未，**丁未，十八日。**楚世子商臣弒其君頵。**商臣，楚穆王也。頵音麇，公羊、穀梁俱作「髡」，漢書人表作「惲」，楚世家作「熊惲」。楚君之名多冠以「熊」字，楚世家可證，而左氏則省此「熊」字，單稱其名。哀六年傳「逆越女之子章，立之」，章即楚王熊章鐘之熊章，尤可證也。今傳世有楚王頵鐘，銘曰「楚王頵自作鈴鐘」，則頵乃其名之本字。

一·一一　**公孫敖如齊。**

傳

一・一 元年春，王使内史叔服來會葬。公孫敖聞其能相人也，見其二子焉。見，舊讀去聲，此謂引其二子出與叔服相見。與論語微子「止子路宿，殺雞爲黍而食之，見其二子焉」句法同。叔服曰：「穀也食子，難也收子。穀，文伯；難，惠叔。食子，奉祭祀供養也；收子，葬其身也。惠叔收葬，見十五年傳。文伯、惠叔又見七年傳。穀也豐下，豐下，頤頷豐滿也。必有後於魯國。」禮記檀弓孔疏引世本云：「慶父生穆伯敖，敖生文伯穀。」自文伯以下，其後嗣世爲魯卿，稱孟氏。穀先公孫敖而死，見十四年傳。其子孫實奉祭祀，即此「有後」也。

一・二 於是閏三月，非禮也。江永羣經補義曰：「古曆皆用平朔，謂日月皆平行，故朔日或失之先，或失之後，日食有不在朔者。文元年『二月癸亥日有食之』，姜岌、大衍、授時諸曆法皆推是三月癸亥朔入食限，經書『二月癸亥』，不言朔，蓋誤以癸亥爲二月晦，而以甲子爲三月朔也。三月甲子朔，則四月宜有丁巳，故經書『四月丁巳葬僖公』。是年本無閏三月，左氏以爲日食必在朔，二月爲癸亥朔，則四月無丁巳，意其間必有閏月，故憑空發傳云『於是閏三月，非禮也』。」先王之正時也，履端於始，舉正於中，歸餘於終。此三語舊説紛紜，今據江永羣經補義説解之。履端於始，始指冬至，謂步曆以冬至爲始也。故下云「序則不愆」。御覽二九引臧榮緒晉書熊遠議曰「履端元日」，又引庾闡揚都賦曰「歲惟元辰，陰陽代紀。履端、歸餘，三朝告始」。

以履端爲定歲首。舉正於中者，三代各有正朔，以正朔之月爲正月也。杜注云「舉中氣以正月」，非也。古代惟有啓、閉、分、至八節，偶見啓蟄（即驚蟄）等，二十四節氣其後始備。以冬至爲始，以閏餘爲終，故舉正朔之月爲中。雖周正建子，而在「履端於始」之前而言先王之正時，則通三代言之。沈彤小疏曰：「舉正於中謂曆象日景中星以紀分至在四仲月也。冬至在正北，則夏至在正南，春、秋分在正東正西可知，故指其所在之位而稱爲正也。」此説亦通。蓋古人推曆，有二法，一觀天象，二測日影。觀天象有時爲雲層所遮掩，不得正確；測日影有時亦遇陰、雨，難定長短，故最初不確者多。其後經驗積累，能知日月星宿周行之大致，再加以觀測之術驗之，則日益密合。孟子離婁下云：「苟求其故，千歲之日至，可坐而定也。」足見至戰國時，天文曆法之學已有可觀者矣。歸餘於終者，置閏月或三年或二年，常置於歲終也。今置於三月，故云非禮。然此蓋言先王之正時，以春秋經、傳日月互相推校，知閏不必在歲終。春秋經、傳紀閏月者九，除襄九年傳之閏月爲誤字外，僅八次。若昭二十年傳「閏月戊辰，殺宣姜」，傳文上有八月，下有十月，閏在其中，則不在年終明矣。其他如昭元年經書「六月丁巳，邾子華卒」，又下書「十一月己酉，楚子麇卒」。六月有丁巳，則十一月不得有己酉，中間應置一閏。又如昭二十八年經書「夏四月丙戌，鄭伯寧卒」，下文書「秋七月癸巳，滕子寧卒」。四月七月相距一百十餘日，四月有丙戌，七月安得有癸巳？其間必有一閏。凡若此者，不勝枚舉。古人閏月罕舉大事，故經、傳書閏月者稀，而不必在歲末，作傳者僅就古法發論耳。所謂古者，以今日出土卜辭考之，亦在殷代祖甲以前。據卜辭，武丁至祖甲，歲終置閏，名曰十三月。而帝乙、帝辛時代之卜辭，絶無十三月，集其卜旬之辭推算，皆年中置閏。西周初期亦年中置閏，王國維生霸死霸考、吴其昌金文疑年表已明確言之。周金文存著録之遣尊、受尊、牧𣪘，雖有

「十又三月」，實乃閏十二月之異稱，不得因此而疑以歲終置閏爲常。**履端於始，序則不愆；舉正於中，民則不惑；歸餘於終，事則不悖。**史記曆書亦載此語，字句略異。

一·三 **夏四月丁巳，葬僖公。**杜注：「傳皆不虛載經文，而此經孤見，知僖公末年傳宜在此下。」吳闓生文史甄微曰：「傳當在『必有後於魯國』之下，終『會葬』之文。後人引傳附經，拘於時月先後，因以『閏三月』傳文間厠其中。」傳無虛載經文之例，杜氏所見甚是；而此傳孤立，兩氏所言俱有理，未詳孰是。

一·四 **王使毛伯衞來賜公命。**「賜」，阮刻本作「錫」，今從唐石經、金澤文庫本、宋本。蓋經用古字，傳用今字。

衞當是毛伯之名，杜注以爲是毛伯之字，恐非。**叔孫得臣如周拜。**答謝賜命也。

一·五 **晉文公之季年，諸侯朝晉，衞成公不朝，使孔達侵鄭，**據哀十一年傳叙孔文子以孔姞妻太叔疾，是知孔氏爲姞姓，禮記正義謂爲異姓大夫是也。潛夫論志氏姓篇謂「孔氏，衞姬姓也」，其説誤。説見梁履繩補釋。禮記祭統正義引世本云：「孔莊叔達生得閭叔穀，穀生成叔烝鉏，鉏生頃叔羅，羅生昭叔起，起生文叔圉，圉生悝。」成叔烝鉏即孔成子，見成十四年傳。頃叔羅，世族譜作須叔羈，昭七年傳亦作「羈」，恐「羅」是誤字。文叔圉亦見昭七年傳，悝見哀十五年傳。**伐緜、訾及匡。**緜，不詳今何地，當與匡邑相近。訾疑即僖十八年傳之訾婁，本爲衞邑，後則屬鄭，故今衞又伐之。匡當即今河南省長垣縣西南十五里之匡城，亦即論語子罕「子畏於匡」之匡，八年傳所謂「晉侯使解揚歸匡、戚之田於衞」者。本爲衞邑，鄭奪之，衞今又伐之。水經沙水注云：「即扶溝之匡亭也，亭在匡城鄉，春秋『孔達侵鄭伐緜、訾及匡』，即此邑也。」杜注及一統志俱從之，不知扶溝今屬許昌地區，去衛遠，衛不能有其地，故此説不可信。説參江永考實。**晉襄公既祥，**古喪禮，父母之喪，自祔以後，十三月小祥。晉文以僖三十二年十二月卒，則三十三年十二月爲小祥。既祥者，小祥之祭已行之也。**使告於諸侯而伐衛，及南陽。**南陽見僖二十五年傳並注。其地甚大，不止爲晉所有，應劭所謂「爲魏、鄭、衛三國之地」者也。魏即分晉之地，應蓋本其後言之耳。**先且居曰：「效尤，禍也。**于鬯香草校書云：「禍當讀爲過。尤衛不朝而效之，未必即有禍，特過而已，故曰效尤過也。」亦通。**請君朝王，臣從師。」晉侯朝王於温。先且居、胥臣伐衛。五月辛酉朔，晉師圍戚。六月戊戌，**戊戌，八日。**取之，獲孫昭子。**戚世爲孫氏采邑，故取戚而獲孫昭子。杜氏世族譜云：「孫莊子紇，武公三世孫；孫昭子，武公四世孫。」

衛人使告於陳。陳共公曰：「更伐之，我辭之。」辭之者，爲之請和於晉也。二年傳「陳侯爲衛請成於晉，執孔達以説」，即其事也。**衛孔達帥師伐晉。君子以爲古。古者，越國而謀。**禮記檀弓上「杜橋之母之喪，宫中無相，以爲沽也」，鄭注云：「沽猶略也。」此古字當與沽通。國事不自主，越國而謀，是粗略之甚也。杜預、劉炫以古今字讀之，謂其「合古之道」，誤解甚矣。説參朱彬經傳考證。于鬯香草校書讀古爲固，解爲固陋、固蔽，不如朱説之確。

一·六 **秋，晉侯疆戚田，**杜注：「晉取衛田，正其疆界也。」**故公孫敖會之。**

一·七 **初，楚子將以商臣爲大子，訪諸令尹子上。**據傳文「初」字及下文「君之齒未也」之文，楚子之訪於子上，當在子上未爲令尹時。蓋僖二十八年夏，令尹子玉死，蔿吕臣爲令尹，而後子上始爲令尹，則子上之爲令尹，當在僖二十九年以後，去今不過數歲。成王之生當在莊十四年以前，至僖之二十九年，亦五十以上，不得云「君之齒未也」，故知訪諸子上，當更在其前。傳云「令尹子上」者，以最後官階言之。子上曰：「君之齒未也，言其年歲尚少。而又多愛，楚世家作「而又多内寵」，是以内寵解愛字。黜乃亂也。謂若立所生愛子，必黜商臣而易之，則禍亂生。楚國之舉，恒在少者。楚國以立少者爲常。舉，立也。昭十三年傳述叔向之言「芈姓有亂，必季實立，楚之常也」，與此同意。且是人也，蠭目而豺聲，蠭，即蜂。忍人也，不可立也。」弗聽。既，又欲立王子職，列女傳節義傳云：「職，商臣之庶弟也。」而黜大子商臣。商臣聞之而未察，賈子道術篇：「纖微皆審謂之察。」告其師潘崇曰：「若之何而察之？」潘崇曰：「享江芈而勿敬也。」杜注：「江芈，成王妹嫁於江。」但楚世家作「饗王之寵姬江芈而勿敬也」，以江芈爲成王寵姬，兩説不同。據秦本紀太史公贊及陳杞世家索隱引世本，江爲嬴姓。江芈若爲成王寵姬，則當稱爲江嬴，今稱爲江芈，明是芈姓。郭沫若大系有器銘「楚王媵江仲芈」語，則成王妹。從之。江芈怒曰：「呼！呼是嘆詞。禮記檀弓上：「曾子聞之，瞿然曰：『呼！』」皆表驚怪。亦作吁，説詳王引之述聞。役夫！役夫，賤者之稱。管子輕重己篇云：「處里爲下陳，處師爲下通，謂之役夫。」列子周穆王篇亦言：「有老役夫筋力竭矣，晝則呻呼而爲僕虜。」宜君王之欲殺女而立職也。」殺女，韓非子内儲説下篇作「廢女」，劉知幾史通言語篇引亦作「廢女」，列女傳節義傳載此事亦曰「大子知王之欲廢之也」，依上下文義，自以作廢爲順，下文潘崇問「能事諸乎」，則亦自以爲不至被殺。故王引之述聞謂「古字多以發爲廢，傳文蓋本作發，發殺形相近，因誤而爲殺。」然楚世家及年表俱作「殺」，則司馬遷所據本本作「殺」，未必爲誤字。陳樹華考正云：「江芈怒，故甚其辭，讀者正不必泥也。」或然。**告潘崇曰：「信矣。」潘崇曰：「能事諸乎？」**諸作之字用。**曰：「不能。」「能行乎？」**楚世家作「能亡去乎」，以亡去解行，是也。**曰：「不能。」「能行大事乎？」**杜注曰：「大事謂弒君。」昭元年傳「令尹將行大事」，杜注同。晉語一「吾欲作大事」，韋注：「大事，廢適立庶也。」齊策一「將軍可以爲大事乎」，蓋亦謂舉行軍事政變。**曰：「能。」**

冬十月，以宮甲圍成王。杜注曰：「太子宮甲，僖二十八年王以東宮卒從子玉，蓋取此宮甲。」韓非子內儲說下篇作「於是乃起宿營之甲而攻成王」。**王請食熊蹯而死。**熊蹯，熊掌也，難熟，宣二年傳「宰夫胹熊蹯不熟」可證。王請食之，蓋欲拖延時間以望外救。**弗聽。丁未，王縊。謚之曰「靈」，不瞑；曰「成」，乃瞑。**古禮，葬乃加謚，小斂則面不露，此見其目不合，則未斂即加以惡謚。孔疏引桓譚謂「尸冷乃瞑，非由謚之善惡」。

穆王立，以其爲大子之室與潘崇，孔疏曰：「商臣今既爲王，以其爲太子之時所居室內財物僕妾盡以與潘崇，非與其所居之宮室。」此説近是。楚語云：「施二帥而分其室。」韋注云：「室，家資也。」成七年傳：「子重、子反殺巫臣之族子閻、子蕩及清尹弗忌及襄老之子黑要，而分其室。子重取子閻之室，使沈尹與王子罷分子蕩之室，子反取黑要與清尹之室。」室恐指其一切財產而言，包括田地與奴隸；奴隸固以室計，周書所謂「一室之祿」、「千室之祿」是也。楚世家作「以其太子宮與潘崇」，年表亦謂「以其太子宅賜崇」，以宮宅解此「室」字，不確。**使爲大師，且掌環列之尹。**沈欽韓補注曰：「環列之尹若漢之衛尉矣。唐六典，十二尉大將軍掌統領宮庭警衛之法令，後人謂之環衛官。」楚世家云「使爲太師，掌國事」，年表云「爲相」，則俱是臆測之辭，蓋此時楚以成大心爲令尹，後又以成嘉繼之，見十二年傳，則潘崇非「爲相」「掌國事」明矣。穆王立於明年，傳蓋探後言之，故年表列此事於明年。

一·八

穆伯如齊，始聘焉，穆伯，公孫敖。**禮也。凡君即位，卿出并聘，**并之言普也，徧也。并聘謂向諸侯普偏聘問，說詳王引之述聞。周禮秋官大行人云：「凡諸侯之邦交，歲相問也，殷相聘也，世相朝也。」大戴禮朝事篇亦云：「使諸侯世相朝，交歲相問，殷相聘。」此乃世相朝也。鄭注大行人云：「父死子立曰世，凡君即位，大國朝焉，小國聘焉。」齊、魯敵國，文公繼僖而立，往齊始聘。襄元年傳云：「九月，邾子來朝，禮也。冬，衛子叔、晉知武子來聘，禮也。凡諸侯即位，小國朝之，大國聘焉，以繼好結信，謀事補闕，禮之大者也。」此蓋襄公繼成公初立，諸侯來朝聘也。邾國小於魯，故其君來朝，衛、晉與魯爲兄弟之國，故來聘也。文九年經云「曹伯襄卒」，十一年傳云「秋，曹文公來朝，即位而來見也」，亦是世相朝之禮。**踐修舊好，**踐當讀如纘，說文：「纘，繼也。」經典亦作「纂」，爾雅釋詁：「纂，繼也。」周語上「纂修其緒」，晉語九「纂修其身」，皆以纂修連文，纂修即繼修也。此踐修舊好，謂繼修舊好也。說詳俞樾平議。洪亮吉漢魏音謂踐讀爲翦，爾雅：「翦，勤也。」不如俞說之確。**要結外援，好事鄰國，以衛社稷，忠、信、卑讓之道也。忠，德之正也；信，德之固也；卑讓，德之基也。**

一·九 **殽之役，**在僖三十三年。**晉人既歸秦帥，**「帥」，阮刻本誤作「師」，今從唐石經、金澤文庫本訂正。**秦大夫及左右皆言於秦伯曰：「是敗也，孟明之罪也，必殺之。」秦伯曰：「是孤之罪也。周芮良夫之詩曰：**芮良夫，周厲王時卿士。據逸周書芮良夫篇，自稱「小臣良夫」，則良夫當是其名。餘詳桓三年傳并注。**『大風有隧，**隧之言迅疾也，有隧，形容其迅疾也。說詳王引之述聞。**貪人敗類。**毛傳云：「類，善也。」鄭箋云：「類，等夷也。」毛傳是，鄭誤。逸周書芮良夫篇爲可信之文獻，中云「后作類，后弗類，民不知后，惟其怨」，亦以類爲善。秦穆公下云「孤實貪以禍夫子」，即證實貪人敗壞良善之義。**聽言則對，誦言如醉。**鄭箋云：「對，答也。貪惡之人，見道聽之言，則應答之；見誦詩、書之言，則冥臥如醉。」**匪用其良，覆俾我悖。』**毛傳云：「覆，反也。」鄭箋云：「居上位而不用善，反使我爲悖逆之行。」隧、類、對、醉、悖諸字爲韻，古音同在没部。詩爲大雅桑柔之第十三章。詩序云：「桑柔，芮伯刺厲王也。」潛夫論遏利篇云：「昔周厲王好專利，芮良夫諫而不入，退賦桑柔之詩以諷。」其說與此同。**是貪故也，孤之謂矣。孤實貪以禍夫子，**夫子指孟明。子，男子之美稱；夫猶今言那，則夫子猶言那人也，但僅用於表敬。**夫子何罪？」復使爲政。**此段當與明年傳「二年春，秦孟明視帥師伐晉，以報殽之役」連讀，蓋先述其所以。其實秦伯復孟明之位，已在僖三十三年，非文元年事也。而年表亦於此年云「敗殽將亡歸，公復其官」，蓋據左傳此文，則司馬遷所據傳文似已列此章於文元年矣。

二年，丙申，公元前六二五年。周襄王二十八年、晉襄三年、齊昭八年、衛成十年、蔡莊二十一年、鄭穆三年、曹共二十八年、陳共七年、杞桓十二年、宋成十二年、秦穆三十五年、楚穆王商臣元年、許僖三十一年。

經

二·一　**二年春王二月甲子**，正月初四辛卯冬至，建子。甲子，七日。**晉侯及秦師戰於彭衙**，彭衙，秦邑，秦本紀云：「武公元年，伐彭戲氏。」正義謂彭戲「戎號也。蓋同州彭衙故城是也」。地即今陝西省白水縣東北四十里之彭衙堡，漢之衙縣故城。王國維鬼方昆夷玁狁考謂兮甲盤「王初格伐玁允於𡩜盧」，𡩜盧與彭衙爲對音，當是一地。**秦師敗績。**

二·二　**丁丑**，丁丑，二十日。**作僖公主。**主，死者之牌位。通典吉禮七引許慎五經異義云：「主之制，正方，穿中央，達四方。天子長尺二寸，諸侯長一尺，皆刻謚於背。」五經異義又謂「唯天子諸侯有主，卿大夫無主」，恐不然。禮記檀弓下謂「重，主道也。殷主綴重焉，周主重徹焉」，并非指天子、諸侯爲説。禮記坊記引孔丘之語云：「祭祀之有尸也，宗廟之有主也，示民有事也。以此坊民，民猶忘其親。」坊民云云，則非指天子、諸侯可知。大夫有主，尤數見於傳記。衛孔悝反祏於西圃，見哀十六年傳。大夫聞君之喪，攝主而往，見公羊昭十五年傳。何休公羊文二年傳注引士虞記云：「桑主不文，吉主背刻而謚之。」説文解字祏字下「一曰，大夫以石爲主」。魏收後魏書，王懌云「饋食設主，見於逸禮」，並其證。

二·三　三月乙巳，乙巳，十九日。及晉處父盟。杜注：「不地者，盟於晉都。」前此未有大夫盟魯者也，有之，自處父始。

二·四　夏六月，公孫敖會宋公、陳侯、鄭伯、晉士縠盟於垂隴。「士縠」，穀梁作「士穀」，縠、穀字通。「垂隴」，公羊、穀梁俱作「垂斂」，隴、斂蓋一聲之轉。斂，古音在侵部；隴，古音在東部，東、侵古亦可相通，詳顧炎武唐韻正。垂隴，鄭地。水經濟水注云：「又南會於滎澤，有垂隴城。」當在今河南省滎陽縣東北。此盟以晉爲主，前此未有大夫出主諸侯盟會者也，有之，自士縠始。經列士縠於諸侯下者，以其爲大夫也。

二·五　自十有二月不雨，至於秋七月。無傳。僖三年傳云：「春不雨，夏六月雨。自十月不雨至於五月，不曰旱，不爲災也。」此亦不曰旱，依義例推之，似亦不爲災，故杜注云：「周七月，今五月也，不雨足爲災，不書旱，五穀猶有收。」

二·六　八月丁卯，丁卯，十三日。大事於大廟，躋僖公。大事，吉禘也。大廟，周公之廟。餘詳傳注。

二·七　冬，晉人、宋人、陳人、鄭人伐秦。

二·八　公子遂如齊納幣。詳莊二十二年經注。

傳

二·一　二年春，秦孟明視帥師伐晉，以報殽之役。此章當連上年傳末章並讀。二月，晉侯禦之，先且居將中軍，趙衰佐之。趙衰代郤溱。王官無地御戎，王官，地名，見三年傳，其人或以采邑爲氏。代梁弘。狐鞫居爲右。狐鞫居即下文之續簡伯，六年傳又謂之續鞫居，續蓋其食邑，簡伯或其字。鞫音菊。甲子，及秦師戰於彭衙，彭衙爲秦地，下傳「取汪及彭衙而還」可證。而晉禦秦師之侵犯，不戰於晉而戰於秦，不可解，豈晉有意禦敵於國門之外，先涉敵境反客爲主耶？秦師敗績。秦本紀云：「繆公於是復使孟明視等將兵伐晉，戰於彭衙。秦不利，引兵歸。」不言敗績，與傳不同。晉人謂秦「拜賜之師」。僖三十三年傳，孟明對陽處父有「三年將拜君賜」之語，故晉以此譏之。

戰於殽也，晉梁弘御戎，萊駒爲右。戰之明日，晉襄公縛秦囚，使萊駒以戈斬之。囚呼，萊駒失戈，狼瞫取戈以斬囚，瞫音審。禽之以從公乘。擒萊駒而追襄公之車以從之也。遂以爲右。箕之役，箕之役在僖三十三年。先軫黜之，而立續簡伯。孔疏曰：「御與車右雖有常員，必臨戰更選定之。韓之戰，卜右，慶鄭吉，是其事也。自殽戰之後，狼瞫爲右。箕之役，將戰，選右，先軫黜之。」續簡伯自箕之役爲車右，此役仍爲車右。狼瞫怒。其友曰：「盍死之？」盍，何不之合音。瞫曰：「吾未獲死所。」其友曰：「吾與女爲難。」與，爲也，言我可替你發難。難，去聲，爲難，即發難共殺先軫。瞫曰：「周志有之：杜注：「周志，周書也。」古書多名爲志，楚語上云：「教之故志，使知興廢者而戒懼焉。」韋注云：「故志謂所記前世成敗之書。」文六年及成十五年傳之前志，恐即楚語之故志；成四年傳之史佚之志，則史佚之書也。襄四年、二十五年、昭元年、三年、十二年、哀十八年傳以及晉語九俱引志，僖二十八年、宣十二年、昭二十一年諸傳並引軍志，皆以志名書者也。太康十年汲令盧無忌齊太公呂望碑云「太康二年，縣之西偏，有盜發冢，而得竹策之書。其周志曰」云云，則汲冢書中有周志。朱希祖汲冢書考謂周志即周書，以所引一語見今周書大匡篇也。**『勇則害上，不登於明堂。』**此語今見逸周書大匡篇，作「勇如害上，則不登於明堂」。則亦可用爲假設連詞，「勇則害上」即「勇如害上」。明堂與大廟、大學同地。孫星衍古今宮室遺制考云：「明堂，蓋行禮之宮，禮畢則虚其位，故宗祀則曰清廟，齋宿則曰路寢，教士則曰大學，養老則曰庠，始自東則曰東序，習射則曰泮宮。大饗、獻馘諸大禮皆於此宮。」此説近是。又可參汪中述學明堂道釋、孫人和廟學明堂同地説（文史第二輯）。通典吉禮引高堂隆議云：「周志曰：『勇則害上，不登於明堂。』言有勇而無義，死不登堂而配食。」解登明堂爲享祀先祖，功臣配食，其義當甚。尚書洛誥云：「今王即命曰，記功，宗以功作元祀。」是周初有功臣配享之禮。盤庚上云：「茲予大享於先王，爾祖其從與享之。」則殷商早有功臣配享之禮。吕氏春秋慎大覽云「祖伊尹世世享商」，亦可證。周以功臣配享，或承殷之禮。周禮夏官司勳云：「凡有功者，銘書於王之大常，祭於大烝。」銘書於王之大常，記功也；祭於大烝，宗以功作元祀也。禮記祭統引衞孔悝之鼎銘云「勤大命施於烝彝鼎」，亦足證此禮猶行於春秋之世。杜注謂明堂「所以策功序德，故不義之士不得升之」，似解登明堂爲授爵禄之賜，恐非。**死而不義，非勇也。**若殺先軫，則己必死，是不義之死，非勇。**共用之謂勇。**共同恭。共用，死於國用也。**吾以勇求右，無勇而黜，亦其所也。**亦其所猶言得宜。意謂若發難殺先軫，是爲非勇，先軫黜我，乃其宜也。**謂上不我知，**上指先軫。

黜而宜，乃知我矣。子姑待之。」及彭衙，迄於彭衙之役。既陳，以其屬馳秦師，死焉。晉師從之，大敗秦師。

君子謂：「狼瞫於是乎君子。詩曰：『君子如怒，亂庶遄沮。』詩小雅巧言句。毛傳云：「遄，疾；沮，止也。」鄭箋云：「君子見讒人如怒責之，則此亂庶幾可疾止也。」此乃本義，傳引此僅就字面取義。又曰：『王赫斯怒，爰整其旅。』詩大雅皇矣句。公羊傳宣六年云：「則赫然死人也。」此用赫斯，彼用赫然，義雖不同而詞相類似。赫斯即赫然，怒貌。爰，用法同焉，於是也。王赫然怒，於是整其師旅。怒不作亂，而以從師，可謂君子矣。」

秦伯猶用孟明。秦本紀云：「繆公復益厚孟明等。」孟明增修國政，重施於民。趙成子言於諸大夫曰：趙成子，趙衰也。「秦師又至，將必辟之。懼而增德，不可當也。詩曰：『毋念爾祖，聿修厥德。』詩大雅文王句。今詩作「無念爾祖」，無、毋同。杜注：「毋念，念也。」毋與聿俱發聲詞，無義。言念其祖考而修其德也。孟明念之矣。念德不怠，其可敵乎？」其作豈用。杜注：「爲明年秦人伐晉傳。」推杜預之意，謂「秦伯猶用孟明」等六十四字，自成一傳。然以文義論之，似當與彭衙之役連爲一傳，探後言之，並爲下年王官之役張本。

二·二　丁丑，作僖公主。書，不時也。僖三十三年傳云「卒哭而祔，祔而作主」，則作主當於僖公葬後之第十四日。今過葬十月始作主，故三十三年傳云「緩作主」，此傳又云「書不時也」。

二·三 晉人以公不朝來討，公如晉。夏四月己巳，己巳，十三日。晉人使陽處父盟公以恥之。經書「三月乙巳及晉處父盟」，傳云「夏四月己巳晉人使陽處父盟公」，月日不同。杜注以爲經、傳必有一誤，讀本則以爲三月文公適晉，則盟在四月。書曰「及晉處父盟」，不言「陽」，去其氏族。以厭之也。厭當如論語憲問「夫子時然後言，人不厭其言」之厭，憎惡、厭棄之意。杜注謂「厭猶損也」，顧炎武補正引傅遜謂「厭，臨也，以尊臨卑，如漢人所云厭勝之耳」，皆不確。適晉不書，諱之也。

二·四 公未至，金澤文庫本作「公自晉未至」，多「自晉」二字，疑各本脱去。六月，穆伯會諸侯及晉司空士縠盟於垂隴，司空即大司空；士縠，士蔿子。莊二十六年傳，晉士蔿爲大司空，則士縠蓋繼父職。説參沈欽韓補注。晉討衛故也。元年，衛聽陳共公之謀，使孔達伐晉。書「士縠」，堪其事也。金澤文庫本作「書曰晉士縠」，多「曰晉」二字。堪其事者，能勝任其事也。其實，自文公以前，會盟侵伐，內大夫以名見，外大夫多稱人。若僖二十五年洮之盟，莒慶稱名；二十六年向之盟，衛寧速稱名，其例不過偶見耳。自此以後至宣公以前，霸國之大夫盟會書名，霸國之大夫及一國二國之大夫，如宋華元、鄭公子歸生、衛孫免，侵伐亦書名。至會伐、會盟而列序大夫名氏者無有也。自成二年戰於鞌，內大夫四人并列，而晉郤克、衛孫良夫、曹公子首皆列序焉；成十五年會吳於鍾離，而晉士燮、齊高無咎、宋華元、衛孫林父、鄭公子鰌皆列序焉。自是以後，不以名見而稱人者，惟曹、許、邾、莒、滕、薛、杞、鄫小國之大夫而已。此蓋記史者據形勢而漸變書法。陳侯爲衛請成於晉，此陳共公踐上年「我辭之」之言。執孔達以説。解説於晉。

二·五　**秋八月丁卯，大事於大廟，躋僖公，逆祀也。**躋僖公者，享祀之位升僖公於閔公之上也。閔公與僖公爲兄弟，魯世家謂閔爲兄，僖爲弟；漢書五行志則謂僖是閔之庶兄。無論誰爲兄誰爲弟，僖公入繼閔公，依當時禮制，閔公固當在上。魯語上記此事云：「夏父弗忌爲宗，烝，將躋僖公。宗有司曰：『非昭穆也。』曰：『我爲宗伯，明者爲昭，其次爲穆，何常之有？』有司曰：『夫宗廟之有昭穆也，以次世之長幼，而等冑之親疏也。夫祀，昭孝也。各致齊敬於其皇祖，昭孝之至也。故工、史書世，宗、祝書昭穆，猶恐其踰也。今將先明而後祖，自玄王以及主癸莫若湯；自稷以及王季莫若文、武。商、周之蒸也，未嘗躋湯與文、武爲踰也。魯未若商、周，而改其常，無乃不可乎？』弗聽，遂躋之。」據此，則躋僖公，不惟享祀之位次變，昭穆亦變。周禮春官冢人賈疏說此事云：「文二年秋八月，大事於大廟，躋僖公，謂以惠公當昭，隱公爲穆；桓公爲昭，莊公爲穆；閔公爲昭，僖公爲穆。今升僖公於閔公之上，爲昭，閔公爲穆，故云逆祀也。」揆之魯語宗有司之言，其義或然。而孔穎達本疏則謂「禮，父子異昭穆，兄弟昭穆同，故僖、閔不得爲父子，同爲穆耳。當閔在僖上，今升僖先閔，故云逆祀。二公位次之逆，非昭穆亂也」云云，恐不合魯語之義。後人於此，議論紛紜，要當以魯語爲斷。曾廉謂「天子諸侯由旁支入繼大統者，皆當定爲昭穆，雖諸父、諸祖父亦然。蓋親親、尊尊之義兩不相蒙，故服制天子絕旁期，無緣復叙親屬」云云，此語蓋得古昭穆之真諦。詳見瓥庵集卷七温嶠、賀循、陳貞明、張璁諸論及朱子九廟圖論七篇。**於是夏父弗忌爲宗伯，**於是，於此時也。夏父弗忌，禮記禮器作「夏父弗綦」，忌、綦古音近，自可通假。漢書古今人表作夏父不忌。魯語上有宗人夏父展。韋注云：「弗忌，魯大夫夏父展之後也。」宗伯，古代掌禮之官，亦即哀二十四年傳之宗人，魯語又省作宗。胡匡衷儀禮釋官謂魯無宗伯，疑此「宗伯」爲

「宗人」之誤字，然魯語上亦云「我爲宗伯」，則胡説未必然。**尊僖公，且明見曰：「吾見新鬼大，故鬼小。**新鬼，新死之鬼，指僖公；故鬼，其死已久之鬼，指閔公。**先大後小，順也。躋聖賢，**蓋以僖公爲聖賢。齊召南考證云：「魯人甚重僖公，魯頌之文鋪張揚厲，贊不容口，宜乎夏父弗忌之以爲聖賢也。」**明也。明、順，禮也。」**

君子以爲失禮：孔疏：「傳有評論，皆託之君子，此下盡『先姑』以來，皆是一君子之辭耳。僖公薨後始作魯頌，爲傳之時乃設此辭，非當時君子有此言也。」然按之魯語，此實係宗有司之言，孔説未必然。**「禮無不順。祀，國之大事也，而逆之，可謂禮乎？子雖齊聖，**齊聖，古人常用語，詩小雅小宛「人之齊聖」、文十八年傳「齊聖溫淵」可證。王引之詩經述聞云：「齊者，知慮之敏也。」則齊聖猶言聰明聖哲。俞樾平議謂「齊猶精明也，齊聖猶言明聖耳」，亦通。**不先父食久矣。**子不先父食，蓋譬喻語，猶言後立之君其合食之位不能在於其先立之君之上，以其下三證可以知之。杜注謂「臣繼君猶子繼父」，傳無此義。**故禹不先鯀，**鯀爲禹之父。**湯不先契，**契，湯十三世祖。**文、武不先不窋。**韋昭注國語周語上及此杜注俱謂不窋爲棄子，譙周（史記周本紀索隱引）及孔穎達（詩疏）俱駁之，汪遠孫國語發正、崔述豐鎬考信録言之尤詳，然古史渺茫，姑且置之。禹、湯以及文王、武王皆所謂「子雖齊聖」者，其合食之位固不能在其父與先祖之上。**宋祖帝乙，鄭祖厲王，猶上祖也。**宋以帝乙爲祖，鄭以厲王爲祖。帝乙，微子父；厲王，鄭桓公父。宋始封於微子，鄭始封於桓公，然而合食之時，微子猶不能先於帝乙，桓公猶不能先於厲王。始封之君猶且尊尚其父祖，故云「猶上祖也」。上同尚。杜注解猶字云：「二國不以帝乙、厲王不肖而猶尊尚之。」厲王可云不肖，而帝乙，據尚書多士「自成湯至於帝乙，罔不明德恤祀」，則帝乙未必不肖。杜注難從。**是以魯頌曰：『春秋匪解，享祀不忒，**解讀爲懈，懈怠也。忒，差誤也。春秋猶言四時。謂四時之祭祀無有懈怠差忒也。**皇皇后帝，皇祖后稷。』**詩魯頌閟宮句。皇皇后帝，謂天也。皇皇，叠字形容詞。襄七年傳：「夫郊祀后稷，以祈農事也。」此蓋言郊祀，祭上帝與后稷。**君子曰『禮』，謂其后稷親而先帝也。**君子爲評論魯頌之詩者，可能與上文君子爲同一人，亦可能爲別一人。下一君子同。**詩曰：『問我諸姑，遂及伯姊。』**詩邶風泉水句。父之姊妹稱姑。**君子曰『禮』，謂其姊親而先姑也。**」定八年經云：「從祀先公。」傳云：「冬十月，順祀先公而祈焉。辛卯，禘於僖公。」則此年所改僖閔昭穆之祀，至定八年又改回爲閔昭僖穆矣。君子此論或由此而發。

仲尼曰：「臧文仲，其不仁者三，不知者三。臧文仲見莊十一年傳注。**下展禽，**展禽，柳下惠也。論語衞靈公云：「臧文仲其竊位者與，知柳下惠之賢而不與立也。」下展禽者，使展禽屈居於下位也。**廢六關，**廢六關有兩解：杜注云「塞關、陽關之屬凡六，關所以禁絕末游，而廢之」，則以廢爲廢棄。此一解也。然孔子家語「廢」作「置」，王肅注云「六關，關名，魯本無此關，文仲置之以稅行者，故爲不仁」，則以廢爲置立。此又一解。兩義正相反。惠棟補注、洪亮吉詁均主後說，或近是。**妾織蒲，**妾織蒲席販賣，言其與民爭利。史記循吏公儀休傳云「見其家織布好，而疾出其家婦，燔其機，云『欲令農士工女安所讎其貨乎』」，其事與此相反，而觀點相同，於此亦可見古人之觀念。**三不仁也。作虛器，**作，家語作「設」。虛器指臧文仲私蓄大蔡之龜，作室以居之之事。論語公冶長云「臧文仲居蔡，山節藻棁，何如其知也」，即指此事。襄二十三年傳載臧武仲納大蔡，亦即居蔡之蔡，則蔡龜爲臧氏私家世守之物。**縱逆祀，**縱容夏父弗忌之主張也。禮記禮器云：「孔子曰：『臧文仲安知禮？夏父弗綦逆祀而弗止也。』」蓋臧文仲自莊公立於魯之朝廷，歷閔公、僖公以至文公，已爲四朝老臣，其言行足以左右當時，雖此時執政者爲公子遂，爲季孫行父，但文仲不據當時之禮以止之，斯孔丘所以獨責之歟？**祀爰居，**爰居，海鳥之名。爾雅釋鳥郭璞注云：「漢元帝時，琅琊有大鳥如馬駒，時人謂之爰居。」釋文引樊光云：「似鳳凰。」莊子至樂篇釋文引司馬彪云：「爰居，舉頭高八尺。」魯語上「海鳥曰爰居，止於魯東門之外三日，臧文仲使國人祭之。展禽曰：『今海鳥至，己不知而祀之，以爲國典，難以爲仁且知矣』」云云，即此事也。**三不知也。」**

二·六 **冬，晉先且居、宋公子成、陳轅選、鄭公子歸生伐秦，**宋公子成，據文七年傳杜注，爲宋莊公之子。陳轅選，讀本云轅濤塗之後，或然。鄭公子歸生，字子家，或云靈公之弟。**取汪及彭衙而還，**汪當近彭衙，方輿紀要謂白水縣有汪城，一曰汪在澄城縣。白水與澄城兩縣相鄰，今均屬陝西省。晉世家云「後三年，秦果使孟明伐晉，報殽之敗，取晉汪以歸」，與傳相反，恐誤。年表亦謂秦伐晉，但又謂晉勝而秦敗，似又與世家違異。**以報彭衙之役。卿不書，**晉先且居爲晉中軍帥，公子成等亦皆各國之卿，而經書「晉人、宋人、陳人、鄭人」，故云「卿不書」。雖自僖公以前，外大夫之侵伐，例稱「人」稱「師」，皆不書名，但自踐土以來，晉元帥率諸侯之卿伐國，以此役爲始。而明年陽處父伐楚，經書其名，則此役先且居等亦宜書名。**爲穆公故，尊秦也，謂之崇德。**襄八年晉侯會諸侯之大夫於邢丘，傳云「大夫不書，尊晉侯也」，與此義例有相同處。

二·七 **襄仲如齊納幣，禮也。凡君即位，好舅甥，修昏姻，娶元妃以奉粢盛，孝也。**齊與魯世爲昏姻，魯公屢娶齊女，齊與魯爲舅甥之國，遣使申好，故曰好舅甥。納幣固所以修昏姻也，故云修昏姻。此於文公爲初娶，故云娶元妃。古人謂娶妻所以助祭祀，故云奉粢盛。文公於此年納幣，至四年夏始逆女。僖公卒於前年十二月，至此及大祥，公羊傳謂「三年之內不圖婚」，後人因此議論紛紛，蓋以後代之禮議評前人，恐兩周之人并無此禮法，公羊乃漢人之著作。宣公固文公之子，繼文公即位。文公卒於二月，宣公次年即位，三月逆夫人，父死僅年餘即成婚，經、傳無譏，何況此之納幣也。**孝，禮之始也。**

三年，丁酉，公元前六二四年。周襄王二十九年、晉襄四年、齊昭九年、衛成十一年、蔡莊二十二年、鄭穆四年、曹共二十九年、陳共八年、杞桓十三年、宋成十三年、秦穆三十六年、楚穆二年、許僖三十二年。

經

三·一 **三年春王正月，**正月十五日丁酉冬至，建子，有閏月。**叔孫得臣會晉人、宋人、陳人、衛**

人、鄭人伐沈。沈，國名。傳世器有沈子毁，據銘文，知沈子實爲周公之曾孫，其父始封於沈，沈子繼其父封，然猶秉承其大宗周公，説詳中山大學文史研究所月刊三卷三期温廷敬沈子毁訂釋。其地在安徽省阜陽縣西北一百二十里之沈丘集，西北距河南省沈丘舊縣治三十里，約在今臨泉縣。今沈丘縣則已移於舊治北之槐店。沈潰。

三·二 夏五月，傳作夏四月乙亥。乙亥，二十四日也。經作夏五月，恐是經誤。王子虎卒。王子虎，傳作王叔文公，下傳有王叔桓公，爲其子，則以王叔爲氏，文其謚也。公羊、穀梁均謂王子虎即叔服。王子虎，周語上稱之爲太宰文公，則其官爲太宰；叔服，文元年傳稱爲内史叔服，則其官爲内史。且文十四年傳及成元年傳俱又引叔服之語，叔服非王子虎明矣，兩傳之言不可信。

三·三 秦人伐晉。

三·四 秋，楚人圍江。江見僖二年經並注。

三·五 雨螽於宋。

三·六 冬，公如晉。此書「公如晉」之始。十有二月己巳，己巳，二十二日。公及晉侯盟。

三·七 晉陽處父帥師伐楚以救江。公羊、穀梁俱無「以」字。淮南子説林訓云：「晉陽處父伐楚以救江，故解捽者不在於捌格，在於批扰。」章炳麟讀謂其所引乃左氏家説，或是也。春秋書帥師者百三十次，而僖公以前僅九次，且皆爲内大夫。文公、宣公以後，外大夫亦多書帥師，定公、哀公之間所書尤多，可見諸侯大夫之權日益增重，而史書體例因之有變。

傳

三·一 **三年春，莊叔會諸侯之師伐沈，**莊蓋叔孫得臣之謚，叔則其字也。**以其服於楚也。沈潰。凡民逃其上曰潰，在上曰逃。**僖五年經，「諸侯盟於首止，鄭伯逃歸」。襄七年鄬之會，經亦書「陳侯逃歸」，此在上曰逃之例。在上之逃，一人及其隨從而已；民逃其上，人數衆多，故不曰逃而曰潰。

三·二 **衞侯如陳，拜晉成也。**二年，陳共公爲衞請成於晉。拜晉成者，答謝其請晉與衞言和之力。

三·三 **夏四月乙亥，王叔文公卒，來赴，弔如同盟，**僖二十八年，王子虎與魯及其他諸侯盟於踐土，二十九年又同盟於翟泉，此所謂同盟也。然王子虎乃周室卿士，非諸侯，亦以同盟諸侯之禮弔之，故曰弔如同盟。**禮也。**

三·四 **秦伯伐晉，濟河焚舟，**猶如項羽鉅鹿之戰，沈舟破釜，示必死之決心。**取王官及郊，**秦本紀作「取王官及鄗」，郊與鄗古音同，字可通假，然亦可見司馬遷以郊爲地名，其地當近王官，與宣十二年傳「晉師在敖、鄗之間」、哀四年傳「齊國夏伐晉取鄗」兩鄗俱異。閻若璩四書釋地又續謂郊爲遠郊、近郊之郊，與昭二十三年晉人圍郊，郊爲周郊；定十二年衞伐曹，克郊，郊爲曹郊；哀十一年及齊師戰於郊，郊爲魯郊，諸郊字同，則讀「取王官」爲句，秦兵伐取王官也。又謂「及郊」爲句，秦兵至於晉都絳城之郊野也。然此次秦兵伐晉，先自西渡河而東，取王官，再自北而南，於茅津渡河。若取王官後至於晉郊，則自北而南以前，先須自南而東北行百數十里，然後又轉而南，恐非當時行軍之宜，故不取。　王官，據成十三年呂相絶秦書「伐我涑川，俘我王官」，王官當近涑水，即水經涑水注所謂「涑水又西逕王官城北」者是也，當在今山西省聞喜縣西。或以陝西省澄城縣之王官當之，誤。　**晉人不出。**用上年趙衰之言。**遂自茅津濟，**茅津即今山西省平陸縣之茅津渡，亦曰大陽渡者是。對岸爲河南陝縣，渡河而東，即至殽山。**封殽尸而還。**杜注解封爲「埋藏之」，秦本紀集解引賈逵説解爲「封識之」，劉文淇疏證引朱駿聲云：「殽敗在僖三十三年四月，封尸在文三年五月，閲三載之久，豈尚有可以埋藏之尸？惟表識其地而已。賈是，杜非。」朱説是也。秦本紀云：「三十六年，繆公復益厚孟明等，使將兵伐晉，渡河焚船，大敗晉人，取王官及鄗，以報殽之役。晉人皆城守不敢出。於是繆公乃自茅津渡河，封殽中尸，爲發喪，哭之三日。」秦本紀謂「大敗晉人」，與傳異。傳言「晉人不出」，則未嘗交戰可知。**遂霸西戎，**秦本紀云：「三十七年，秦用由余謀，伐戎王，益國十二，開地千里，遂霸西戎。」**用孟明也。**

君子是以知「秦穆之爲君也，阮刻本作「秦穆公」，衍一「公」字，今依校勘記、王引之述聞及唐石經、金澤文庫本、足利本删。**舉人之周也，**杜注：「周，備也，不偏以一惡棄其善。」秦本紀：「君子聞之，皆爲垂涕曰：『嗟乎！秦繆公之與人周也。』」**與人之壹也；**杜注：「壹，無二心。」蓋指其信任專一，數敗而仍用之。**孟明之臣也，**臣猶言盡其爲臣之心力。**其不解也，**解同懈，下「夙夜匪解」同。**能懼思也；**懼思即上年趙衰語「懼而增德」，「毋念爾祖，聿修厥德」之義，謂既敗而懼，懼而思，思而修德也。**子桑**

之忠也，子桑即公孫枝，見僖十三年傳。其知人也，能舉善也。杜注謂子桑爲舉孟明之人。然據吕氏春秋慎人篇及韓非子説林上，子桑爲舉百里奚之人，孟明乃百里奚之子，章炳麟讀謂「一舉而得賢二世，故此傳亦以孟明成功歸於子桑」。詩曰，『于以采蘩？于以，于何也，謂在何處。説詳楊樹達先生積微居小學金石論叢詩于以采蘩解。于沼、于沚。于以用之？公侯之事』，詩爲召南采蘩句。隱三年傳云：「風有采蘩、采蘋，雅有行葦、泂酌，昭忠信也。」此引詩亦與彼意近，謂秦穆能以忠信待人，故人能爲其用也。秦穆有焉。『夙夜匪解，以事一人』，詩大雅烝民句。本意以一人指周宣王，此則借以指秦穆公。孟明有焉。『詒厥孫謀，以燕翼子』，詩大雅文王有聲句。詒，遺也，遺其子孫以謀略也。燕，安也；翼，輔也，佐也，謂安而輔佐其子孫也。後漢書班彪傳引此詩，以得賢輔佐爲遺子孫謀之事，與此引詩，謂子桑能舉百里奚父子爲秦穆之輔，兩意相合。説本陳奂毛詩傳疏。子桑有焉」。秦本紀且引秦誓，傳所無。

三·五　秋，雨螽於宋，隊而死也。隊同墜。公羊傳云：「雨螽者何？死而隊也。」隊而死與死而墜，其義略同。穀梁傳以爲「災甚」，與兩傳異。吴闓生文史甄微曰：「此以『楚人圍江』與下『救江』類叙爲傳，故先釋『雨螽于宋』也。」

三·六　楚師圍江，晉先僕伐楚以救江。

冬，晉以江故告於周，王叔桓公、晉陽處父伐楚以救江，杜注：「桓公，周卿士，王叔文公之子。」經僅書晉陽處父，不書桓公者，亦猶踐土、黄池不書王子虎與單平公，劉康公、成肅公會諸侯伐秦，成桓公會晉侵鄭，亦皆不書也。**門於方城，**方城已見僖四年傳并注，此方城當指方城山之關口。或即定四年傳之城口，與文十六年傳之庸方城自不同。**遇息公子朱而還。**息公，息縣之尹，名子朱。杜注：「子朱，楚大夫，伐江之帥也，聞晉師起而江兵解，故晉亦還。」

三·七 **晉人懼其無禮於公也，請改盟。**去年使陽處父盟魯公以辱之，是謂無禮，今請改盟。**公如晉，及晉侯盟。晉侯饗公，賦菁菁者莪。**杜注：「菁菁者莪，詩小雅。取其『既見君子，樂且有儀。』」**莊叔以公降、拜。**莊叔，叔孫得臣，時相其禮。戰國策秦策：「泠向謂秦王曰：『向欲以齊事王。』」高誘注云：「以猶使也。」此以字亦當訓使。降、拜者，降階、再拜，杜注：「謝其以公比君子也。」**曰：「小國受命於大國，敢不慎儀？君貺之以大禮，**大禮謂饗禮。**何樂如之？抑小國之樂，**抑，語首詞，無義，參王引之經傳釋詞。**大國之惠也。」晉侯降，辭。**降階辭讓，不使魯公拜。**登，成拜。**兩人皆升階至堂上，然後完成拜禮。**公賦嘉樂。**杜注：「嘉樂，詩大雅。義取其『顯顯令德，宜民宜人，受禄于天』。」

四年，戊戌，公元前六二三年。周襄王三十年、晉襄五年、齊昭十年、衞成十二年、蔡莊二十三年、鄭穆五年、曹共三十年、陳共九年、杞桓十四年、宋成十四年、秦穆三十七年、楚穆三年、許僖三十三年。

經

四·一　四年春，去年閏十二月二十六日壬寅冬至，實建丑。公至自晉。無傳。

四·二　夏，逆婦姜於齊。杜注：「稱婦，有姑之辭。」并參宣元年、成十四年經注。春秋魯十二公，六公娶齊女，惟僖公之聲姜逆、至皆不書。公羊傳謂所娶爲齊大夫之女，穀梁傳謂公自逆，則皆臆説，毛奇齡春秋傳駁之是也。

四·三　狄侵齊。無傳。

四·四　秋，楚人滅江。文十五年傳云：「凡勝國曰滅之。」杜注云：「勝國，絶其社稷，有其土地。」襄十三年傳又云：「用大師焉曰滅。」此蓋文十五年傳義。

四·五　晉侯伐秦。

四·六　衞侯使甯俞來聘。

四·七　冬十有一月壬寅，壬寅，朔日。夫人風氏薨。據傳爲成風，僖公母也。雖非莊公元妃，然經書夫人，書薨，書葬，禮同夫人，此與宣八年之於宣公母敬嬴、襄四年之於襄公母定姒、昭十一年之於昭公母齊歸，禮例正同。説本毛奇齡春秋傳。

傳

四·一 **四年春，晉人歸孔達於衛，以爲衛之良也，故免之。** 二年傳，「陳侯爲衛請成於晉，執孔達以説」，至是，晉人歸之。

四·二 **夏，衛侯如晉拜。** 杜注：「謝歸孔達。」

四·三 **曹伯如晉會正。** 杜注：「會受貢賦之政也，傳言襄公能繼文之業，而諸侯服從。」讀正爲政，蓋當時小國諸侯有向霸主納貢賦之義務，因以定其額也。顧炎武補正云「會正即朝正也」，則讀正爲正月正歲之正。然晉雖行夏正，以周之三月爲正月，但曹伯夏季如晉，亦已過朝正之期，恐顧説不如杜。

四·四 **逆婦姜於齊，卿不行，非禮也。** 劉文淇疏證曰：「桓三年傳例，『凡公女嫁於敵國，姊妹，則上卿送之，以禮於先君；公子，則下卿送之。於大國，雖公子，亦上卿送之』。敵國上卿送女，則逆女當然，故傳以卿不行爲非禮。下文『貴聘賤逆』，則大夫行也。」**君子是以知出姜之不允於魯也，** 章炳麟讀曰：「允當借爲遂，終也，此謂出姜不終於魯，還復歸齊耳。允又與駿通，不駿於魯，亦謂子孫不長茂於魯也。」出姜之子被殺，己亦大歸，俱見十八年傳。**曰：「貴聘而賤逆之，** 杜注曰：「公子遂納幣，是貴聘也。」**君而卑之，** 君謂小君，國君之妻曰小君。不以國君夫人禮迎之，是卑之也。**立而廢之，** 立爲夫人，而不以其禮，猶廢之也。**棄信而壞其主，** 杜注：「主，内主也。」棄信謂貴聘賤逆，不依所聘時之禮行事。夫人，公宮内之主，而卑之、廢之，故曰「壞其主」。**在國必亂，在家必亡。**家謂卿大夫，古卿大夫多有采邑，故謂之家，論語季氏篇「有國有家」是也。**不允宜哉！詩曰『畏天之威，于時保之』，**詩周頌我將句。于時，於是也。杜注：「言畏天威，於是保福禄。」杜蓋用詩本義。而傳似斷章取義，證明「敬主」，則「之」字不當指福禄，而指内主，下文「敬主之謂」可證。**敬主之謂也。」**

四·五　**秋，晉侯伐秦，圍邧、新城，**邧音元。沈欽韓地名補注謂即魏世家之元里，則在今陝西省澄城縣南，大荔縣東北。新城即梁國之新里，彙纂謂今陝西省澄城縣東北二十里有古新城。俞樾平議謂新城疑即邧，非二邑，未必可信。**以報王官之役。**王官役在去年。

四·六　**楚人滅江，秦伯爲之降服，出次，不舉，過數。**降服，素服也。又詳成五年傳。出次，避開正寢不居也。不舉，去盛饌而徹樂也，詳莊二十年傳注。過數，謂過其禮數也。哀悼他國之被滅，有一定之禮數，哀十年傳云：「齊人弑悼公，赴于師，吳子三日哭於軍門之外。」此是哀悼他國君被殺之禮數。至於他國被滅，哀悼之禮數如何，雖不可知，據傳，秦穆公「降服，出次，不舉」，則過甚矣。哀二十年傳，越圍吳，吳被滅之勢已成，趙孟亦「降於喪食」而已。**大夫諫。公曰：「同盟滅，**秦、江爲同姓之國，或亦爲同盟之國。**雖不能救，敢不矜乎？**矜，哀憐也。**吾自懼也。」**

君子曰：「詩云『惟彼二國，其政不獲；惟此四國，爰究爰度』，詩大雅皇矣句。二國，毛傳云「殷、夏也」。不獲，杜注解爲「不得人心」，于省吾澤螺居讀詩札記（文史第一輯）謂「獲」即「雘」、

「護」，法度也，則不獲猶言不合法度。兩解皆可通，惟以詩上文「求民之莫（瘼）」言之，杜注更切。四國，四方國家。爰，用法同焉，於是也。傳文引詩之義，謂夏、殷之政不得人心，因被滅亡，四方諸侯以此爲鑑，於是推尋之，圖謀之也。秦穆之自懼亦是此意。**其秦穆之謂矣。」**「矣」，金澤文庫本作「乎」。

四·七 **衛甯武子來聘，公與之宴，爲賦湛露及彤弓。**湛露及彤弓均在詩小雅。傳言「爲賦」者，除此以外，尚有七年之「爲賦板之三章」、襄二十七年之「爲賦相鼠」、昭十二年之「爲賦蓼蕭」，皆所以着重表明所以賦此，皆有意爲之。**不辭，**不辭，猶言無所言辭也。或云不辭謝。**又不答賦。使行人私焉。**金澤文庫本作「公使行人私焉」，使上多一「公」字。行人見桓九年傳注。私者，以私人身份探問也。**對曰：「臣以爲肄業及之也。**說文：「業，大版也。」朱駿聲通訓定聲云：「又爲書册之版，禮記曲禮『請業則起』，注：『謂篇卷也。』」蓋古人書所學之文字於方版謂之業，師授生曰授業，生受之於師曰受業，習之曰肄業。禮記玉藻「父命呼，唯而不諾，手執業則投之，食在口則吐之」，業亦書册也。此乃飾詞。甯武子明知魯賦湛露及彤弓不合於禮，佯爲不知。論語公冶長云「子曰：『甯武子邦有道則知；邦無道則愚。其知可及也，其愚不可及也』」，即此可見一斑。**昔諸侯朝正於王，**襄二十九年傳云：「春王正月，公在楚，釋不朝正於廟也。」新正至祖廟賀正，謂之「朝正於廟」；則此「朝正於王」，謂以正月朝賀京師也。**王宴樂之，**設宴，自必奏樂。**於是乎賦湛露，則天子當陽，諸侯用命也。**湛露序云：「天子燕諸侯也。」首章云：「湛湛露斯，匪陽不晞。厭厭夜飲，不醉無歸。」顧炎武補正云：「湛露之詩只是燕樂之意，取此爲興耳。」毛傳云：

「湛湛，露茂盛貌。陽，日也。晞，乾也。露雖湛湛然，見陽則乾。」甯武子解此詩，又以陽喻天子，天子嚮明而治，謂之當陽。蓋日光常向南照射，天子則當陽光坐。故董子天辨在人篇亦云：「天下之尊卑，隨陽而序位，不當陽者，臣子是也；當陽者，君父是也。」至「諸侯用命」，詩句似本無此義，甯武子蓋以意增之。**諸侯敵王所愾，**愾，説文作「鎎」，云：「怒戰也。」據王念孫廣雅疏證，張揖所據本已作愾。愾、鎎固可通假，當是恨怒之義。王之所恨怒者，諸侯亦以之爲仇敵而伐之，故曰敵王所愾。**而獻其功，**莊三十一年傳云：「凡諸侯有四夷之功，則獻於王，王以警於夷；中國則否。」成二年傳亦云：「蠻夷戎狄，不式王命，淫湎毁常，王命伐之，則有獻捷。王親受而勞之，所以懲不敬、勸有功也。兄弟甥舅，侵敗王略，王命伐之，告事而已，不獻其功，所以敬親暱、禁淫慝也。」則此謂獻功，依周代之禮，謂獻四夷之功耳。**王於是乎賜之彤弓一、彤矢百、玈弓矢千，**金澤文庫本作「玈弓十玈矢千」，多「十玈」兩字，唐石經「弓」字下亦旁增「十玈」兩字，太平御覽五三九引此傳亦有此兩字，情況與僖二十八年傳相同。**以覺報宴。**杜注：「覺，明也。」然以明報宴，不可通。馮登府十三經詁答問云：「覺與校古相假，以覺報宴謂校諸侯之功報之以宴樂。」此蓋言賦彤弓之禮。彤弓序云：「天子賜有功諸侯也。」**今陪臣來繼舊好，**杜注：「方論天子之樂，故自稱陪臣。」陪臣義見僖十二年傳。**君辱貺之，**辱爲表敬副詞，無實義。貺謂賜之宴。**其敢干大禮以自取戾？」**干，犯也。大禮，謂天子享諸侯之禮。戾，罪也。其作豈用；若謂之語氣副詞，表傳疑，亦可。

冬，成風薨。杜注：「爲明年王使來含賵傳。」此當與下年傳文「五年春王正月，王使榮叔歸含且賵」連讀，不然，不合立傳之體例。

五年，己亥，公元前六二二年。周襄王三十一年、晉襄六年、齊昭十一年、衞成十三年、蔡莊二十四年、鄭穆六年、曹共三十一年、陳共十年、杞桓十五年、宋成十五年、秦穆三十八年、楚穆四年、許僖三十四年。

經

五·一 **五年春王正月，**正月初七丁未冬至，建子。**王使榮叔歸含且賵。**莊元年經周亦有榮叔來魯錫桓公命，與此相距七十一年，當非一人，疑此榮叔或其後也。榮氏世稱「叔」，其猶晉之趙盾、趙武、趙鞅、趙無恤世稱「趙孟」，荀罃、荀盈、荀躒、荀瑤世稱「智伯」，荀林父、荀庚、荀偃、荀吴世稱「中行伯」歟？　於死者以珠玉等物實於其口中，其事曰含，襄十九年傳「二月甲寅卒，而視，不可含」是也；其所實之物亦曰含，此「歸含」是也。說文作「琀」，云「送死口中玉也」。古亦作唅。朱駿聲通訓定聲謂「琀唅皆含之俗體」。所唅之物，古多異說，如說苑修文篇云：「口實曰唅，天子唅實以珠，諸侯以玉，大夫以璣，士以貝，庶人以穀實。」公羊此傳何休注云：「孝子所以實親口也，緣生以事死，不忍虚其口。天子以珠，諸侯以玉，大夫以碧（御覽禮儀部二十八引春秋說題辭作璧），士以貝，春秋之制也。文家加飯以稻米。」然以左傳考之，大夫亦用玉，成十七年傳「聲伯夢涉洹，或與己瓊瑰，食之」，哀十一年傳「陳子行命其徒具含玉」是也。莊子外物篇引詩云：「青青之麥，生於陵陂，生不布施，死何含珠爲？」呂氏春秋節喪篇云：「國彌大，家彌富，葬彌厚，含珠鱗施。」俱言死人含珠。然此珠或非蚌蛤之珠，惠士奇謂「珠者，玉之圜好如珠，即玉府之珠玉」；洪亮吉説珠謂「珠字從玉，皆以玉爲之，周禮玉府掌供王之服玉、佩玉、珠玉，若合諸侯，則供珠槃玉敦是也」。其説或然。致送死者以含玉，不必真置於死者口中，蓋遠道致送，死者入斂已久矣，故禮記雜記上云：「含者坐委於殯東南，有葦席；既葬，蒲席。」蓋謂含者坐委所含之物於殯之東南席上，未葬之前，有葦席承之；既葬以後，則以蒲席承之。賵見隱元年傳並注，但此賵字作動詞用，謂賵之，以且字必用於兩謂語之間知之。

五·二　**三月辛亥，**辛亥，十二日。**葬我小君成風。**無傳。

五·三　**王使召伯來會葬。**「召」，穀梁作「毛」，疑是誤字。據傳，召伯爲召昭公，召氏世爲天子卿，僖十一年傳有召武公，昭公或是其子。又召氏世稱伯，如莊二十七年傳有召伯廖，又宣十五年經之召伯，召戴公也；成八年經之召伯，召桓公也；昭二十二年傳之召伯奂，召莊公也；又二十六年經、傳之召伯盈，召簡公也。蓋自召康公稱召伯之後，即世襲此稱歟？互詳莊二十七年傳注。

五·四　**夏，公孫敖如晉。**無傳。

五·五　**秦人入鄀。**詳僖二十五年傳並注。

五·六　**秋，楚人滅六。**六，國名，據傳文，爲皋陶之後。其故城當在今安徽省六安縣北。彝器有录戜卣、录毁、录伯戜毁。據录戜卣銘，知因淮夷伐内國，周王曾命录伯戜與成周師氏戍于古𠂤，可知录國在淮水流域。郭沫若兩周金文辭大系考釋云：「录國，殆即『楚人滅六』之六。」

五·七 冬十月甲申，甲申，十八日。許男業卒。無傳。

傳

五·一 五年春，王使榮叔來含且賵，金澤文庫本作「來歸含且賵」，多一「歸」字，與經文一致。召昭公來會葬，禮也。孔疏引鄭玄箴膏肓云：「禮，天子於二王後之喪，含爲先，襚次之，賵次之，賻次之。於諸侯，含之，賵之，小君亦如之。於諸侯臣，襚之。諸侯相於，如天子於二王後。於卿大夫，如天子於諸侯。於士，如天子於諸侯臣。」此來含且賵，正與天子贈小君之禮合。使卿來會葬，亦是當時之禮，故傳云「禮也」。公羊傳與穀梁傳俱以爲含與賵是兩事，當遣兩人，今以榮叔一人兼此兩事，故書「且」，譏其非禮，不但非左氏義，亦不合經義。穀梁又謂「賵以早而含以晚」，夫賵所以助葬，今成風未葬，何言太早？含固不能及其初死未入斂以前，古人且有既葬而歸含者，故雜記上有「既葬蒲席」之文，何言太晚？足見其皆漢人妄說。

五·二 初，鄀叛楚即秦，又貳於楚。夏，秦人入鄀。文十五年傳謂「獲大城焉曰入之」，此蓋用其義。此時鄀蓋仍都商密，秦人入鄀，則取商密併入己國。鄀未亡，遷都今湖北省宜城縣東南，爲楚附庸。水經沔水云：「沔水又逕鄀縣故城南。」注云「古鄀子之國也，秦、楚之間自商密遷此爲楚附庸，楚滅之以爲邑」是也，故定六年楚令尹子西得遷郢於鄀，謂之鄢郢。

五·三 六人叛楚即東夷。秋，楚成大心、仲歸帥師滅六。據十年傳，仲歸字子家。古人名「歸」

者，多以「家」爲字，如宣四年經傳之鄭公子歸生、十四年傳之魯公孫歸父、襄二十八年傳之齊析歸父、昭元年經傳之蔡公孫歸生俱以「子家」爲字，見王引之春秋名字解詁。

五·四　**冬，楚公子燮滅蓼。**阮刻本脱「公」字，今從唐石經、金澤文庫本、宋本、岳本、足利本增。蓼音了，國名，但與桓十一年傳之蓼同名而異國。據傳，此蓼國爲庭堅之後，禮記坊記、淮南氾論訓俱云「陽侯殺蓼侯（坊記「蓼」作「繆」，王引之述聞謂聲相近而假借）而竊其夫人」，蓼即此蓼國。今河南省固始縣東北有蓼城岡，蓋即古蓼國。**臧文仲聞六與蓼滅，曰：「皋陶、庭堅不祀忽諸。**此八字宜作一句讀，昔人分爲兩讀，誤。此猶言皋陶、庭堅忽焉不祀，惟忽焉作忽諸，倒置句末，故前人多不得其解。于鬯香草校書謂「忽諸合音爲吁，蓋歎辭也。此當讀皋陶、庭堅不祀六字爲句，忽諸二字屬下文爲義」云云，亦不可信。瑞典漢學家高本漢左傳注釋引詩大雅皇矣「是絶是忽」、毛傳「忽，滅也」爲釋，則與「不祀」義重複，不取。文十八年傳，高陽氏才子八人有庭堅，杜注本班固漢書古今人表，謂「庭堅即皋陶字」，則以此皋陶庭堅爲一人，然此説實難置信。崔述夏考信録疑之，云：「典、謨之稱皋陶多矣，帝稱之，同朝之臣稱之，史臣稱之，皆以皋陶。乃至後世之詩人稱之，儒者稱之，亦同詞焉，從未有一人稱爲庭堅者，何所見而知庭堅之爲皋陶乎？」皋陶與庭堅宜爲兩人。雷學淇世本校輯云：「皋陶自出少昊，其後爲六，偃姓；庭堅乃出顓頊，其後爲蓼，姬姓。二國之姓，並詳見世本。」其説宜與傳意相會。然楚世家云：「穆王四年，滅六、蓼。六、蓼，皋陶之後。」雖未言皋陶、庭堅爲一人，但以六、蓼俱皋陶後。**德之不建，民之無援，哀哉！」**

五·五　**晉陽處父聘於衛，反過甯，**甯，晉邑，定元年傳叙魏獻子還卒於甯可證。其地當在今河南省獲嘉縣之西北、修武縣之東。**甯嬴從之。**甯嬴，賈逵、孔晁注國語，皆以爲掌逆旅之大夫，杜注左傳同之，而劉炫則以爲逆旅之主人。孔疏云：「若是逆旅之主，則身爲匹庶，是卑賤之人，猶如重館人告文仲，重丘人罵孫蒯，止應稱人而已，何得名氏見傳？杜以傳載名氏，故爲逆旅大夫。」晉語五云：「陽處父如衛，反，過甯，舍於逆旅甯嬴氏。嬴謂其妻曰：『吾求君子久矣，今乃得之。』舉而從之。」**及温而還。**晉語五云：「陽子道與之語，及山而還。」韋注云：「山，河内温山也。」温山在今河南修武縣北五十里。**其妻問之。嬴曰：「以剛。**以，太也。**商書曰：『沈漸剛克，高明柔克。』**句在洪範。洪範，今本尚書在周書，然左傳三引洪範，除此年外，尚有成六年、襄三年，皆曰商書，是古以洪範爲商書。沈漸，今尚書作「沈潛」，然史記宋世家亦作「沈漸」，漢書谷永傳「豈意將軍忘湛漸之義」，潛亦作漸。漸、潛古音近，字得通。此兩句古有兩解：一以沈潛、高明指人，宋世家集解引馬融云：「沈，陰也。潛，伏也。陰伏之謀，謂賊臣亂子非一朝一夕之漸，君親無將，將而誅。高明君子，亦以德懷也。」則以沈潛爲所謂亂臣賊子，高明爲所謂君子；於所謂亂臣賊子，當以剛克之；於所謂君子，當以柔克之。一以沈潛、高明指本性，杜注云：「沈漸猶滯溺也，高明猶亢爽也，言各當以剛柔勝己本性，乃能成全也。」詳繹傳文之義，杜注近之。**夫子壹之，**壹之謂陽處父本爲高明之性，又加以剛也。**其不没乎！天爲剛德，猶不干時，**洪範孔疏云：「是言天亦有柔德，不干四時之序也。」**況在人乎？且華而不實，**言過其行如花開而不結實。**怨之所聚也。**與晉語五「非其實也，怨之所聚也」同意。**犯而聚怨，**剛則犯人，己又華而不實，故云犯而聚怨。**不可以定身。余懼不獲其利而離其**

難，離同罹。**是以去之。」**杜注：「爲六年晉殺處父傳。」此章宜與下年「蒐于夷」章合看，「陽處父至自温」正應此章，此章非孤立之章節。

晉趙成子、欒貞子、霍伯、臼季皆卒。趙成子，趙衰；僖三十一年晉蒐于清原，晉語四云「使趙衰將新上軍」；文二年彭衙之役，傳云「先且居將中軍，趙衰佐之」，則趙衰先爲新上軍帥，繼爲中軍佐。欒貞子，欒枝，僖二十七年傳云「使欒枝將下軍」，則下軍帥也。霍伯，先且居，先軫之子，僖三十三年代其父將中軍。霍，蓋其采邑。霍詳閔元年傳並注。臼季即胥臣，見僖三十三年傳並注。僖二十八年傳云「胥臣佐下軍」，則下軍佐也。此句當與下年傳「六年春，晉蒐于夷」連讀。年表于此年云：「趙成子、欒貞子、霍伯、臼季皆卒」，全用傳文，且亦謂此文五年之事。晉語五韋注亦云「魯文五年，晉四卿卒」，可見司馬遷及韋昭所據左傳，此句實在文五年，自西漢以來，左傳面目即已如此。蓋文氣雖一貫，然編年爲史，不得不分列兩年。又晉世家「臼季」作「咎季子犯」，誤以「臼」爲「咎」，因誤胥臣爲子犯，與傳文違異。此與陽處父、甯嬴事及明年晉蒐于夷皆應相連。

六年，庚子，公元前六二一年。周襄王三十二年、晉襄七年、齊昭十二年、衞成十四年、蔡莊二十五年、鄭穆七年、曹共三十二年、陳共十一年、杞桓十六年、宋成十六年、秦穆三十九年、楚穆五年、許昭公錫我元年。

經

六·一 六年春，正月十八日壬子冬至，建子，有閏月。葬許僖公。無傳。

六·二 夏，季孫行父如陳。穀梁本年疏引世本云：「季友生仲無佚，佚生行父。」韋昭國語注亦云：「季文子，季友之孫，齊仲無佚之子。」則仲無佚即齊仲無佚，齊蓋其謚，檀弓孔疏引世本「無佚」作「無逸」，而誤分齊仲無逸爲二人二代，不可據。世族譜亦云：「文子行父者，桓公子成季友之孫也。」尚書洪範序孔疏云：「春秋之世有齊侯祿父、蔡侯考父、季孫行父，父亦是名，未必爲字。」則行父是名也。春秋以字入經文者，極罕見。見則傳多有説解，如隱元年傳「曰儀父，貴之也」。

六·三 秋，季孫行父如晉。

六·四 八月乙亥，乙亥，十四日。晉侯驩卒。「驩」，公羊作「讙」。周語下云「三而畀驩之孫」，作「驩」，與此同；晉語四云「吾欲使陽處父傳讙也」，作「讙」；晉世家作「歡」，諸字固可通假。

六·五 冬十月，公子遂如晉。

六·六 葬晉襄公。

六·七 晉殺其大夫陽處父。

六·八 晉狐射姑出奔狄。「射」，穀梁作「夜」。釋文云：「射音亦，一音夜。」射、夜古音同在鐸部，固可通假。狐射姑，狐偃之子。食邑於賈，字季，故一曰賈季。

六·九　**閏月不告月，猶朝于廟。** 傳云「閏月不告朔」，則「告月」即告朔。告朔者，每月以朔告神也。論語八佾篇云「子貢欲去告朔之餼羊」，是告朔用特羊。告朔之後，聽治此月朔之政事，謂之聽朔，禮記玉藻「天子聽朔於南門之外，閏月則闔門左扉，立于其中。諸侯皮弁以聽朔於大廟」是也。聽朔又謂之視朔，僖五年傳「公既視朔」、文十六年經傳「公四不視朔」是也。行此禮訖，然後祭於諸廟，謂之朝廟，此「猶朝于廟」是也。又謂之月祭，禮記祭法「皆月祭之」是也。其歲首則謂之朝正，襄二十九年傳「釋不朝正于廟」是也。先告朔，次視朔，然後朝廟，此三事同日行之。告朔、視朔皆于大廟，孫詒讓周禮春官太史正義分別甚明，可參看。又孔穎達本疏及禮記玉藻疏以周禮春官司尊彝之「朝享」爲朝廟，則不可從。朝享爲四時之間祀，非月祭也，亦詳孫詒讓周禮正義。齊召南考證云：「猶者，幸其僅存此朝廟之禮，是餼羊之意也。經意所譏，在不告朔耳。」

傳

六·一　**六年春，晉蒐于夷，** 夷見莊十六年傳並注。**舍二軍。** 僖三十一年，晉蒐于清原，作五軍以禦狄。五軍各有帥及佐，共十卿，先軫、郤溱、先且居、狐偃、欒枝、胥臣、趙衰、箕鄭、胥嬰、先都是也。三十三年箕之役，先軫死；去年趙衰、欒枝、先且居、胥臣死。據文八年傳「晉侯將登箕鄭、先都」之文，則郤溱、狐偃、胥嬰亦先死矣，十卿惟有箕鄭、先都二人在。此或蒐于夷以謀軍帥之故歟？舍二軍，則廢新上軍、新下軍，恢復晉文公四年三軍之舊制（見僖二十七年傳）。據七年傳，趙盾將中軍，先克佐之；箕鄭將上軍，荀林父佐之；先蔑將下軍，先都佐之。**使狐射姑將中軍，趙盾佐之。**據八年傳，晉襄公本擬使士縠、梁益耳將中軍，以先克之言而改任狐、趙。**陽處父至自温，**據成十一年傳，温爲陽處父之采邑。陽處父自衞返晉，過其采邑温而稍停焉，故甯嬴先從之，亦至温而還。**改蒐于董，**董，杜注「河東汾陰縣有董亭」，則當在今山西省萬榮縣榮河鎮東，然酈道元水經涑水注則以董即宣十二年傳之董澤，則在今聞喜縣東北四十里，兩説未詳孰是。楊守敬水經注疏據續漢志謂杜注「汾陰爲臨汾之誤」，「董澤、董亭爲一地」，姑録以備考。**易中軍。**公羊傳云：「君將使射姑將。陽處父諫曰：『射姑民衆不悦，不可使將。』於是廢將。」穀梁傳云：「晉將與狄戰，使狐夜姑爲將軍，趙盾佐之。陽處父曰：『不可，古者君之使臣也，使仁者佐賢者，不使賢者佐仁者。今趙盾賢，夜姑仁，其不可乎？』襄公曰：『諾。』謂夜姑曰：『吾始使盾佐女，今女佐盾矣。』夜姑曰：『敬諾。』」公、穀所云，與左傳異，自不可信。以下年傳文「侵官也」觀之，陽處父之改蒐，雖或先言於晉襄，究屬專斷。處父時爲太傅，故能以國老之身分爲此。**陽子，成季之屬也，**趙世家云：「趙衰卒，謚爲成季。」成蓋其謚，季則其字，亦猶趙盾謚宣，或稱宣子，成八年傳亦稱爲宣孟也。洪亮吉詁曰：「處父蓋嘗爲趙衰屬大夫。」説苑，師曠對晉平公曰：「『陽處父欲臣文公，因咎犯，三年不達；因趙衰，三日而達。』是處父由趙衰方得進用。」**故黨於趙氏，且謂趙盾能，曰：「使能，國之利也。」**即穀梁傳所謂「使仁者佐賢者」之意。**是以上之。宣子於是乎始爲國政，**晉素以中軍帥秉國政，趙盾今爲中軍帥，故云「爲國政」。晉世家云「趙盾代趙衰執政」，夫趙衰中軍佐耳，與中軍帥尚差一級。**制事典，**事典猶言辨事章程或條例，周禮太宰「六曰事典，以富邦國，以任百官，以生萬民」是也。　制，制定。**正法罪，**孔疏曰：「正法罪者，準所犯輕重，豫爲之法，使在後依用之也。」則若後代之制定刑罰律令。**辟獄刑，**阮刻本作「辟刑獄」，今從唐石經、金澤文庫本、宋本、岳本、足利本乙正。杜注：「辟猶理也。」孔疏：「辟獄刑謂有獄未決斷當時之罪，若昭十四年韓宣子命斷舊獄之類是也。」則辟獄刑若後代之清理訴訟積案。**董逋逃，**杜注：「董，督也。」孔疏：「董逋逃者，舊有逋逃負罪播越者，督察追捕之也。」**由質要，**由，用也。　質即周禮天官小宰「聽賣買以質劑」之質劑，鄭玄注云：「質劑謂兩書一札，同而別之，長曰質，短曰劑。」孫詒讓正義云：「質劑手書一札，前後文同而中別之，使各執其半札，唯札半別，而字全具不半別。　質劑，不徒賣買用之，旅師平頒興積，斂之民而散之民，亦憑質劑以爲信焉。」　要即小宰「聽出入以要會」之要會，賈疏云「歲計曰會，月計曰要」，謂簿書賬目也。　然則由質要者，蓋謂財物之出入，皆用契約、賬目以爲憑據定奪也。**治舊洿，**洿音烏。　治舊洿者，孔疏云：「法有不便於民，事有不利於國，是爲政之洿穢也，治理改正使絜清也。」沈欽韓補注謂爲治理停水，免民疾疫，似與上下諸事不類，恐非。**本秩禮，**孔疏：「本秩禮者，時有僭踰，貴賤相濫，本其次秩使如舊也。」**續常職，**據杜注，當即論語堯曰篇之「修廢官」。　孔疏云：「職有廢闕，任賢使能，令續故常也。」**出滯淹。**　當即昭十四年傳之「舉淹滯」，亦即論語堯曰篇之「舉逸民」。　孔疏云：「賢能之人沈滯田里，拔出而官爵之也。」　以上九事平列，或以爲不平列者，恐非。**既成，以授大傅陽子與大師賈佗，**陽子，陽處父。　宣十六年傳云：「晉侯請於王，以黻冕命士會將中軍，且爲大傅。」則太傅亦卿，唯不在軍行耳。　晉之太傅，蓋主禮刑，故宣十六年士會兼太傅，使修范武子之法；晉語八亦云「叔向爲太傅，實賦禄」，皆其證。晉語四，宋「公孫固言於襄公曰：『晉公子好善不厭，父事狐偃，師事趙衰，而長事賈佗。賈佗，公族也，而多識以恭敬』」。昭十三年傳云：「我先君文公生十七年，有士五人，有先大夫子餘、子犯以爲腹心，有魏犨、賈佗以爲股肱。」則賈佗乃晉文公之舊臣，嘗從重耳出亡，年幼于狐偃、趙衰。韋昭注晉語四誤合賈佗與賈季爲一人，全祖望經史問答四已駁之。**使行諸晉國，以爲常法。**

六·二 **臧文仲以陳、衛之睦也，欲求好於陳。夏，季文子聘于陳，且娶焉。**

六·三 **秦伯任好卒，**任音壬。任好，秦穆公之名。劉文淇疏證云：「年表：『秦繆公三十九年，繆公薨，葬，殉以人，從死者百七十人，君子譏之，故不言卒。』此左氏舊説經不書秦伯卒義。」**以子車氏之三子奄息、仲行、鍼虎爲殉，**杜注：「子車，秦大夫氏也。」詩秦風黃鳥「子車奄息」，孔疏云：「左傳作『子輿』。」孔穎達所據左傳「子車」蓋作「子輿」，秦本紀亦作「子輿」。奄息、仲行、鍼虎爲三人之名，鄭玄詩箋以「仲行」爲字，恐非，詳陳奐毛詩傳疏。秦本紀云：「三十九年，繆公卒，葬雍。從死者百七十七人，秦之良臣子輿氏三人名曰奄息、仲行、鍼虎亦在從死之中。」則殉者不止三人，不過此三人特其良者耳。秦本紀謂秦武公卒，「初以人從死」，其實，以人殉葬，上古已然，史遷之説誤。**皆秦之良也。國人哀之，爲之賦黃鳥。**詩秦風黃鳥序云：「黃鳥，哀三良也。國人刺穆公以人從死而作是詩也。」亦謂三良之死，乃穆公殺之，蓋遺命使然。而秦本紀正義引應劭云：「秦穆公與羣臣飲酒酣，公曰：『生共此樂，死共此哀。』於是奄息、仲行、鍼虎許諾。及公薨，皆從死，黃鳥詩所爲作也。」漢書匡衡傳載匡衡上疏亦云：「臣竊考國風之詩，秦穆貴信，而士多從死。」

鄭玄詩箋亦云：「三良自殺以從死。」三良自殺，與傳文及詩義皆不合。史記蒙恬傳載蒙毅之對云：「昔者秦穆公殺三良而死，罪百里奚而非其罪也，故立號曰繆。」則先秦皆謂三良被殺。自殺之説，或起于漢人。

君子曰：「秦穆之不爲盟主也宜哉！死而棄民。先王違世，違，離也。違世猶言死。**猶詒之法，**詒即詩大雅文王有聲「詒厥孫謀」之詒，與後文「遺後嗣」之「遺」同義。**而況奪之善人乎？**之作其用，奪其善人，謂奪去百姓之善人也。**詩曰：『人之云亡，邦國殄瘁。』**詩大雅瞻卬句。毛傳云：「殄，盡；瘁，病也。」鄭箋云：「賢人皆言奔亡，則天下邦國將盡困窮。」訓「云」爲「言」，訓「亡」爲「奔亡」，訓「殄」爲「盡」，皆不合詩義。人指善人、賢人。「人之云亡」句法與邶風雄雉「道之云遠」同。「之」「云」皆語中助詞，無實義。依傳義，亡乃死亡，非奔亡也。殄當讀爲周禮地官稻人「凡稼澤，夏以水殄草而芟荑之」之殄，鄭注云：「殄，病也。」魯語上云：「固民之殄病是待。」殄病連文，蓋同義詞連用，亦猶詩以「殄瘁」連文，亦同義詞連用。**無善人之謂。若之何奪之？古之王者知命之不長，**孔疏曰：「知命之不長，知其必將有死，不得長生久視，故制法度以遺後人，非獨爲當己之世設善法也。『並建聖哲』以下，即位便爲之，非臨死始爲此也。下云『衆隸賴之而後即命』，言其施行此事功成乃就死耳，非謂設此法以擬死也。」**是以並建聖哲，**並，普也，徧也。詳王引之述聞。聖哲泛指賢能。**樹之風聲，**爲其樹立風化聲教。**分之采物，**采物猶隱五年傳之「物采」，詳前。孔疏曰：「采物謂采章物色、旌旗衣服，尊卑不同，名位高下，各有品制，天子所有分而與之，故云『分之』，定四年傳稱『分魯公以大路大旂』之類皆是也。」**著之話言，**孔疏曰：

「爲作善言遺戒，著於竹帛，故言『著之』也。」話言，同義詞連用，一般用爲善言之義，故詩大雅抑「告之話言」，毛傳云：「話言，古之善言也。」**爲之律度**，律度猶言法度、法制，舊以鍾律度量解之，恐非傳意。**陳之藝極**，杜注：「藝，準也。極，中也。」藝極亦爲同義詞連用，猶言準則也。陳之藝極，猶言制定各種標準而公用之。杜注解「藝極」兩字之義甚是，惟言「貢獻多少之法」，僅限于貢獻言，恐失之拘。藝字義又可參王念孫廣雅釋詁疏證。**引之表儀**，王念孫曰：「立木以示人謂之表，又謂之儀。說文曰：『檥，榦也。從木，義聲。』經、傳通作儀。表儀與藝極義相近，皆所以喻法度也。管子形勢解篇曰：『法度者，萬民之儀表也；禮義者，尊卑之儀表也。』韓詩外傳曰：『智如泉源，可以爲表儀者，人師也。』或言『表儀』，或言『儀表』，其義一也。」詳王引之述聞。此謂以法度引導之。**予之法制**，此四句「律度」「藝極」「表儀」「法制」義皆相近，唯「爲」「陳」「引」「予」諸動詞不同。爲者，制定之也；陳者，公開之也；引者，引導之也；予者，使之用之也。**告之訓典**，杜注：「訓典，先王之書。」楚語上「教之訓典，使知族類」，又下「又有左史倚相能道訓典以叙百物」，晉語八「緝訓典」，訓典蓋典章制度之書。**教之防利**，防爲堤防之防，周禮地官稻人「以防止水」是也。防利猶襄二十八年傳之「幅利」，謂知足而不貪多也。**委之常秩**，杜注：「委，任也。常秩，官司之常職。」則謂任之以一定職務而責成之。竹添光鴻會箋云：「秩，禄廩也。此言使其禄廩有常。委，儒行篇『委之以貨財』之委。」則謂付之以俸禄。兩說皆可通。**道之禮則**，各本皆作「道之以禮則」，衍「以」字。唐石經本無「以」字，但爲俗儒旁增，不可從，今刪正。或以「道之以禮」絕句，「則」字屬下，亦不可通。此「道」謂教導之，與上「引」字有別。使毋失其土宜，周禮地官大司徒：「以土宜之法，辨十有二土之名物。」孫詒讓正義：「即辨各土人民、鳥獸、草木所宜之法也。」即因地制宜之意。衆隸賴之，而後即命。命謂天命，天命已終，而往就之，猶成十三年傳之「即世」，前文之「違世」，皆死之異稱。聖王同之。今縱無法以遺後嗣，而又收其良以死，難以在上矣。」君子是以知秦之不復東征也。此文上有「君子曰」，末又有「君子是以知秦之不復東征也」語，似兩「君子」爲不同之人。秦本紀云：「君子曰：『秦繆公廣地益國，東服彊晉，西霸戎夷，然不爲諸侯盟主，亦宜哉！死而棄民，收其良臣而從死。且先王崩，尚猶遺德垂法，況奪之善人良臣百姓所哀者乎？是以知秦不能復東征也。』」節取傳文，則併兩「君子」語爲一人語。十二諸侯年表作「君子譏之，故不言卒」。論衡無形篇云：「傳又言秦繆公有明德，上帝賜之十九年（福虛篇作九十年，誤。王充言蓋本之墨子明鬼篇，惟今本墨子又誤「秦」爲「鄭」），是又虛也。」

六·四　秋，季文子將聘於晉，使求遭喪之禮以行。季文子求遭喪之禮者，杜注謂「聞晉侯疾故」。孔疏引劉炫說，則以爲「聘使之法，自須造遭喪之禮而行，防其未然也，非是聞晉侯有疾」。依儀禮聘禮，遭喪之禮有五：一，主國君之喪；二，主國夫人、世子之喪；三，聘君之喪；四，私喪，即使者父母之喪；五，賓介之喪。又據禮記曾子問「君出疆，以三年之戒，以椑從」，人君出境有喪備，人臣出境亦可能預慮喪事。據下文「其人曰，將焉用之」之語，則未必聞晉侯之疾。劉炫說可從。參沈欽韓補注、劉文淇舊注疏證、閻若璩四書釋地又續等書。其人曰：杜注：「其人，從者。」「將焉用之？」文子曰：「備豫不虞，古之善教也。」晉語一「誠莫如豫」，韋注云：「豫，備也。」則備豫同義，成九年傳亦云：「備豫不虞，善之大者也。」分言之，則如隱五年傳所云「不備不虞，不可以師」。**求而無之，實難。**求而無之，謂臨事急而求之，則無有也。實處困境。**過求，何害？」**

六·五 **八月乙亥，晉襄公卒。**史記扁鵲列傳謂襄公縱淫。**靈公少，**此時當在襁褓中。**晉人以難故，**顧炎武補正云：「謂連年有秦、狄之師，楚伐與國。」**欲立長君。**立長君，則廢太子，故年表云：「趙盾爲太子少，欲更立君。」**趙孟曰：**趙孟即趙盾，自趙盾以後，趙氏世稱孟。文公傳之趙孟皆趙盾，襄公以及昭公元年傳之趙孟皆趙武，昭二十九年以後迄哀十年傳之趙孟則趙鞅，哀二十年傳以後之趙孟則趙無恤。**「立公子雍。好善而長，先君愛之，**先君指文公，以公子雍爲文公之子，襄公庶弟。**且近於秦。**公子雍仕秦，詳下文。秦本紀謂「襄公之弟名雍，秦出也」。公子雍之母爲杜祁，傳有明文，不得言秦出。**秦，舊好也。置善則固，事長則順，**昭二十六年傳，楚「令尹子常欲立子西，曰：『子西長而好善，立長則順，建善則治』」，語意與此相類。此言事長，彼言立長，意義亦近。俞樾平議謂「事猶立也」，强不同爲同，又可不必。**立愛則孝，結舊則安。爲難故，故欲立長君。有此四德者，難必抒矣。」**四德謂固、順、孝、安。抒同紓，孔疏引服虔本即作「紓」。説文云：「紓，緩也。」莊三十年傳「自毁其家，以紓楚國之難」，成二年傳「我亦得地而紓於難」，字皆作紓。參焦循補疏。**賈季曰：**賈季即狐射姑。晉世家正義引國語韋昭注謂賈季即賈佗，惠棟及全祖望已駁之，參黄丕烈國語札記。「不如立公子樂。劉文淇疏證曰：「晉世家『賈季曰，不如立其弟樂』，蒙公子雍爲文，則樂爲雍弟。」辰嬴嬖於二君，辰嬴即僖二十二年傳子圉之妻嬴氏，二十三年傳之懷嬴。謂之懷嬴者，當時猶晉懷公之妻也。後又嫁文公，故今改謂爲辰嬴，辰或其謚也。二君謂懷公、文公。立其子，民必安之。」趙孟曰：「辰嬴賤，班在九人，班，位次也，謂在文公妃妾中，其位次爲第九。晉世家作「班在九人下」，恐非傳意。俞正燮癸巳存稿晉夫人考此謂：「文嬴，嫡也；襄公之母偪姞在二，季隗在三，公子雍之母杜祁在四，辰嬴在九，此皆出于傳。其四人，以序推之，齊姜在五，秦女三人亦媵也，其在六、七、八歟？」其子何震之有？震，威也，成二年傳「畏君之震」，猶言「畏君之威」。且爲二君嬖，各本無「君」字，惟金澤文庫本有之，與晉世家合。上言「嬖於二君」，故此言「爲二君嬖」，今據增。淫也。爲先君子，不能求大，而出在小國，辟也。辟同僻，晉世家正作僻。僻，陋也。母淫子辟，無威；陳小而遠，無援；將何安焉？此反駁賈季「民必安之」。公子樂在陳，而説苑建本篇云「樂有寵於國，先君愛而仕之翟，翟足以爲援」，與傳不同，蓋傳聞之異。杜祁以君故，讓偪姞而上之；杜祁爲公子雍之母。杜，國；祁，姓。古彝器有杜伯鬲，銘云：「杜伯乍叔媾隮鬲。」郭沫若大系考釋釋「媾」爲「祁」。又涵芬樓影印宋本嘯堂集古録有所謂劉公鋪者，郭沫若金文餘釋之餘釋媾改釋銘文爲「襄公作杜祁隮鋪」，則劉公鋪爲晉襄爲杜祁所作器。杜國故址在今陝西省西安市故杜陵地。君指晉襄公。襄公爲偪姞之子，襄公既立爲太子，杜祁因讓偪姞而使居于己之上。偪，國名，姞姓，其地已不可考，章炳麟讀據潛夫論志氏姓「姞氏之別有密須氏」之文，謂「偪即密須氏之密」，可存參。以狄故，讓季隗而己次之，季隗見僖二十三年傳文公娶於狄者。狄爲晉之强鄰，杜祁讓季隗居己上，蓋有政治作用。故班在四。辰嬴班在九，趙盾以爲賤，則杜祁班在四，亦未必貴，此所以釋之，然則杜祁班本在二也，並以見杜祁之賢。先君是以愛其子，而仕諸秦，爲亞卿焉。公子雍爲秦亞卿，於此以見其賢。秦大而近，與上文「陳小而遠」正相對。足以爲援；母義子愛，與上文「母淫子辟」正相對。足以威民。與上「其子何震之有」相對，相成。立之，不亦可乎？」使先蔑、士會如秦逆公子雍。先蔑、士會俱見僖二十八年傳。賈季亦使召公子樂于陳，趙孟使殺諸郫。郫即襄二十三年傳之郫邵，晉邑，即今河南省濟源縣西一百里之邵源鎮。馬宗璉補注云：「郫邵乃晉河內適河東之隘道，公子樂來自陳，故使人殺之於此。」

六·六 賈季怨陽子之易其班也，本爲中軍帥，陽子改蒐易爲中軍佐，見前。而知其無援於晉也，九月，賈季使續鞫居殺陽處父。續鞫居即狐鞫居，狐氏之族也。又見二年傳。書曰「晉殺其大夫」，侵官也。杜注：「君已命帥，處父易之，故曰『侵官』。」

六·七 冬十月，襄仲如晉葬襄公。昭十六年傳云「冬十月，季平子如晉葬昭公」，與此句法同。昭三年傳云：「昔文、襄之霸也，其務不煩諸侯，君薨，大夫弔，卿共葬事。」故此襄仲如晉也。晉自襄公以後，皆三月而葬。

六·八　十一月丙寅，十一月無丙寅。晉殺續簡伯。續簡伯即續鞫居。賈季奔狄。宣子使臾駢送其帑。宣子即趙盾。十二年傳云：「趙氏新出其屬曰臾駢。」帑同孥，妻子也。

夷之蒐，賈季戮臾駢，廣雅釋詁云：「戮，辱也。」又云：「戮，罪也。」此處兩義皆可通。臾駢之人欲盡殺賈氏以報焉。御覽四二九引左傳舊注云：「人，臾駢從臣也。」臾駢曰：「不可。吾聞前志有之曰：『敵惠敵怨，不在後嗣，』杜注：「敵猶對也。若及子孫，則爲非對。非對則爲遷怒。」孔疏：「敵惠謂有惠於彼，不可望彼人之子報；敵怨謂有怨於彼，不可讎彼人之子。」忠之道也。』夫子禮於賈季，夫子，謂趙盾。我以其寵報私怨，無乃不可乎？介人之寵，杜注曰：「介，因也。」非勇也。損怨益仇，損怨者，欲滅除我之怨氣也，然而因盡殺賈氏，祇以增加他人對我之仇恨耳。非知也。以私害公，非忠也。釋此三者，釋，舍棄。三者，勇、知、忠也。何以事夫子？」盡具其帑與其器用財賄，金澤文庫本無下「其」字。親帥扞之，杜注曰：「扞，衛也。」親帥扞之者，恐其人之不從己而害賈氏也。送致諸竟。竟同境。

六·九　閏月不告朔，告朔，即經之「告月」，詳經注。非禮也。閏以正時，月繞地球一週，即恒星月之平均數爲二七·三二一六六日。但古人至漢代始得其近似值。西周以及今日，所謂陰曆，則以自初一（朔）至月底（晦）爲一月之日數，古謂之朔實，今謂之平朔月。古人測定其日數約爲二九·五三〇五八五日，與近世所測平朔月爲二九・五三〇五九略有差距。一平朔月既爲二十九天半强，故必分大月三十日，小月二十九日，始能得其合朔。日蝕必在朔，由詩小雅十月之交「朔日辛卯，日有食之」可以知之。若每年十二個月，則全年爲三百五十四日或三百五十五日。而地球繞太陽一週，則爲三六五・二四二一九日，此爲回歸年之日數，兩者相較，平均每年約差十日二十一時。分、至、啓、閉以及四時，必以地球繞日爲準，故必置閏以彌補差數，然後四時得正，故曰「閏以正時」。**時以作事，**隋書經籍志引作「時以序事」，蓋謂依節氣與物候而定生産勞動，詩豳風七月所謂「三之日于耜」、「四之日舉趾」、「春日載陽，有鳴倉庚。女執懿筐，遵彼微行，爰求柔桑」是也。**事以厚生，**生産勞動不失其時，始能衣食。**生民之道於是乎在矣。**生民之道即在於此。**不告閏朔，棄時政也，何以爲民？**爲民猶言治民。

七年，辛丑，公元前六二〇年。周襄王三十三年、晉靈公夷皋元年、齊昭十三年、衛成十五年、蔡莊二十六年、鄭穆八年、曹共三十三年、陳共十二年、杞桓十七年、宋成十七年、秦康公罃元年、楚穆六年、許昭二年。

經

七·一　**七年春，**去年閏十二月二十九日戊午冬至，實建丑。**公伐邾。**

七·二 三月甲戌，甲戌，十七日。取須句。須句，見僖二十一年傳。傳云：「邾人滅須句。」翌年傳又云：「伐邾，取須句，反其君焉。」則此之「取須句」亦與「伐邾」相連，故杜注云：「須句，魯之封内屬國也，僖公反其君之後，邾復滅之。書『取』，易也。例在襄十三年。」

七·三 遂城郚。無傳。郚音吾。此郚爲魯邑，與莊元年經「齊師遷紀郱、鄑、郚」之郚爲紀邑而爲齊所奪者不同。此郚當在今山東省泗水縣東南。

七·四 夏四月，宋公王臣卒。王臣，穀梁傳作「壬臣」，王、壬形近易訛。

七·五 宋人殺其大夫。

七·六 戊子，戊子，四月朔日。餘詳下注。晉人及秦人戰於令狐。令狐已見僖二十四年傳並注。晉先蔑奔秦。公羊作「晉先眛以師奔秦」，蔑、眛同音假借，見隱元年經注。「以師」二字或公羊涉其傳「以師外也」之衍文。公羊釋文云「眛，左氏作蔑」，而不言左氏無「以師」二字，則陸德明所據本無此二字可知。若當時以戊子爲朔，則當列於「宋公王臣卒」之前，或當時不以令狐之役在朔。

七·七 狄侵我西鄙。

七·八 秋八月，公會諸侯、晉大夫盟于扈。總言「諸侯」而不序，以魯文公後至之故。書「晉大夫」而不書趙盾之名，與莊九年「公及齊大夫盟于蔇」同義。其時齊無君，而魯欲納子糾，齊大夫子糾之黨故與公盟；此則晉靈公新立，而在繈褓中，不可主盟，必趙盾爲之。扈，鄭地，當在今河南省原陽縣西約六十里，與莊二十三年之扈恐是兩地。

七·九 冬，徐伐莒。

七·一〇 公孫敖如莒涖盟。

傳

七·一 七年春，公伐邾，間晉難也。間讀去聲。 間晉難者，晉國國內有立君之爭，得此空隙，因而用兵也。

七·二 三月甲戌，取須句，寘文公子焉，非禮也。此與僖二十二年傳「取須句，反其君焉，禮也」正相對。彼以歸其君、復其國爲「禮」，此則滅其國，而以他人爲守須句之大夫，故爲「非禮」。 「文公子」者，據杜注，爲邾文公之子，其時叛邾而在魯。

七·三 夏四月，宋成公卒。宋世家云：「十七年，成公卒。」此與傳合。 然年表云：「十七年，公孫固殺成公。」司馬遷自相違異，恐是兼採異聞。於是公子成爲右師，公孫友爲左師，杜注：「目夷子。」樂豫爲司馬，孔疏引世本云：「戴公生樂甫術（「術」當依唐書宰相世系表三下及通志氏族略三作「術」。名術，字樂甫，則相應），術生碩甫澤，澤生季甫，甫生子僕伊與樂豫。」杜注：「樂豫，戴公玄孫。」又十八年傳云：「使樂呂爲司寇。」孔疏引世本云：「戴公生樂甫術，術生碩甫澤，澤生夷甫須（「須」當依禮記檀弓下孔疏所引作「傾」，説詳王引之名字解詁），須生大司寇呂。」以世系言，樂豫、樂呂或同一人。**鱗矔爲司徒，**孔疏引世本云：「桓公生公鱗，鱗生東鄉矔。」杜注：「矔，桓公孫。」**公子蕩爲司城，**杜注：「桓公子也。」司城即司空，宋武公名司空，宋故改司空之官爲司城，桓六年傳「宋以武公廢司空」是也。**華御事爲司寇。**文十六年孔疏引世本云：「華督生世子家，家生華孫御事，事生華元右師。」則華御事乃華督之孫，華元之父。章炳麟讀云：「風俗通曰：『所姓，宋大夫華所事之後也，前漢之所忠、後漢之所輔皆出焉。』所、御聲通，然則所事即御事也。」宋以右師、左師、司馬、司徒、司城、司寇爲六卿，文十六年傳及成十五年傳所敘次序與此同，惟成十五年司寇分大司寇、少司寇，又有太宰、少宰耳。昭二十二年傳則以大司馬、大司徒、司城、左師、右師、大司寇爲序，哀二十六年傳又以右師、大司馬、司徒、左師、司城、大司寇爲序，蓋因時世之不同，六卿之輕重遂因之而移易。殤公以前，皆以大司馬執政，華督則以太宰執政。僖九年傳云：「以公子目夷爲仁，使爲左師以聽政。」則宋襄之世，左師居右師上。

昭公將去羣公子，宋世家云：「成公卒，成公弟禦殺太子及大司馬公孫固而自立爲君，宋人共殺君禦而立成公少子杵臼，是爲昭公。」年表云：「宋昭公杵臼，襄公之子。」一則以爲成公少子，一則以爲襄公之子，是司馬遷之存異説。然考之文十六年傳，宋昭公稱襄公夫人爲「君祖母」，則是成公之子，襄公之孫，無疑也。至宋世家所述成公弟禦殺太子事，不見左傳，公孫固之死亦與左傳不合，恐皆是司馬遷所採之異聞。昭公欲去之羣公子，自是公族中之一部份，而非全部之羣公子。不然，公孫固、公孫鄭不得被殺于公宮。據傳，「穆、襄之族率國人以攻公」，或謂所去之羣公子盡爲穆、襄之族，亦未必然。文八年傳云：「夫人因戴氏之族以殺襄公之孫孔叔、公孫鍾離及大司馬公子卬，皆昭公之黨也。」昭公黨羽中有襄公之孫，則不得盡去其族也明矣。觀下文「親之以德，皆股肱也，誰敢携貳」之諫，蓋昭公之欲去者，其不從己之公族也。至劉逢禄左傳考證據公羊「三世内娶」之文，謂「宋存殷道，袒免可通，昭公將去羣公子者，欲偏置其妃黨」云云，則純是妄説。**樂豫曰：「不可。公族，公室之枝葉也；若去之，則本根無所庇蔭矣。**「蔭」，阮刻本作「陰」，唐石經及各本作「廕」，今從金澤文庫本作「蔭」。**葛藟猶能庇其本根，**葛藟爲一物，鄭玄周南樛木箋以爲兩物者，恐誤。葛藟亦單名藟，亦名千歲藟、虆蕪（見名醫別録）、蓷虆（見詩毛氏傳疏）、苣瓜（見本草拾遺）、巨荒（見詩義疏），屬葡萄科，爲自生之蔓性植物。若葛覃之葛，則爲豆科之蔓生植物，與葛藟有別。**故君子以爲比，**此用詩王風葛藟義。其首章云：「緜緜葛藟，在河之滸，終遠兄弟，謂他人父。謂他人父，亦莫我顧。」序云：「葛藟，王族刺平王也。周室道衰，棄其九族焉。」**況國君乎？此諺所謂『庇焉而縱尋斧焉』者也。**孔子家語觀周篇引金人銘云：「毫末不扎，將尋斧柯。」晉書庾旉傳云：「芘焉而縱尋斧柯者也。」皆以尋爲動詞，則尋當訓用。縱者，章炳麟讀云：「詩鄭風大叔于田『抑縱送忌』，傳曰：『發矢曰縱。』由此引申，則凡發動兵器皆得曰縱。」如此則「縱」「用」兩詞因義近而連用。隋書高祖紀贊「縱其尋斧，翦伐本枝」，似以尋爲形容詞，蓋誤解此文，借尋爲覃，利也。**必不可。君其圖之！親之以德，皆股肱也，誰敢携貳？若之何去之？」不聽。穆、襄之族率國人以攻公，殺公孫固、公孫鄭于公宮。**公孫固即僖二十二年傳之「大司馬固」，此時已不爲司馬。**六卿和公室，樂豫舍司馬以讓公子卬。**杜

注：「卬，昭公弟。」據八年傳，卬爲昭公之黨。**昭公即位而葬。**依禮，新君於舊君殯前即位，次年再朝廟即位。此蓋昭公尚未改元，成公已應葬矣。昭公明年再改元即位。**書曰「宋人殺其大夫」，不稱名，衆也，且言非其罪也。**杜注：「不稱殺者及死者名。殺者衆，故名不可知；死者無罪，則例不稱名。」

七·四　**秦康公送公子雍于晉，曰：「文公之入也無衞，故有呂、郤之難。」**秦康公，秦穆公太子罃也，其母穆姬，晉獻公之女，晉文公、晉惠公之異母姊，故晉文公於秦康公爲舅。詩秦風渭陽云：「我送舅氏，曰至渭陽。」相傳爲康公送文公之詩，文公之入晉，康公所親見者也。呂、郤之難見僖二十四年傳。**乃多與之徒衞。**步卒曰徒，徒衞者，步卒而爲護衞。此非作戰，故不用車兵。

穆嬴日抱大子以啼于朝，禮記喪大記云：「始卒，主人啼，兄弟哭。」鄭注云：「悲哀有深淺也，若嬰兒中路失母，能勿啼乎？」則啼與哭有輕重深淺之別。晉世家云：「太子母繆嬴日夜抱太子以號泣於朝。」則以「號泣」二字解「啼」字。**曰：「先君何罪？其嗣亦何罪？舍適嗣不立，而外求君，將焉寘此？」**寘音義俱同置。此指所抱太子夷皋。**出朝，則抱以適趙氏，頓首於宣子，**禮記少儀：「婦人吉事，雖有君賜，肅拜。爲喪主，則不手拜。」鄭玄注：「肅拜，拜低頭也。手拜，手至地也。婦人以肅拜爲正，凶事乃手拜耳。爲喪主不手拜者，爲夫與長子當稽顙也。」據此，則繆嬴於宣子，若在喪次，當稽顙；若用吉拜，當肅拜，不當頓首，故少儀孔疏云：「左傳，穆嬴頓首於宣子之門者，有求於宣子，非禮之正也。」**曰：「先君奉此子也而屬諸子，**屬音囑，託付也。**曰：『此子也才，吾受子之賜；不才，吾唯子之**

怨。』吾唯子之怨，吾唯子是怨也，之字作是字用。此蓋襄公欲趙盾善于教訓輔導其子。**今君雖終，言猶在耳，而棄之，若何？」宣子與諸大夫皆患穆嬴，且畏偪，**晉世家云：「趙盾與諸大夫皆患繆嬴，且畏誅。」以「誅」釋「偪」。僖二十四年傳「呂、郤畏偪」，晉世家作「呂省、郤芮本不附文公，文公立，恐誅」，亦以誅釋偪。趙世家云：「趙盾患之，恐其宗與大夫襲誅之。」則所畏者穆嬴之黨也。御覽一四六引服虔注云：「畏他公子徒來相迫也。」李貽德輯述云：「他公子謂公子樂輩也。」與史記義異。**乃背先蔑而立靈公，以禦秦師。**晉世家云：「乃背所迎而立太子夷皋，是爲靈公。發兵以距秦送公子雍者。」則傳云「背先蔑」者，實背所迎之公子雍也。先蔑爲迎立之正使，終又以此奔秦，故云「背先蔑」。此時先蔑已先歸，故能爲下軍將。昔人曾懷疑此句「背先蔑」與下文「先蔑將下軍」矛盾，其實不然。**箕鄭居守。趙盾將中軍，先克佐之；**杜注：「克，先且居子，代狐射姑。」**荀林父佐上軍；**上軍將爲箕鄭，已居守，故佐獨行。**先蔑將下軍，**先蔑此時已先還晉，故將下軍。其將下軍者，迫不得已耳，故令狐之役之明日即奔秦，雖將下軍，或未嘗與秦戰。穀梁傳云：「輟戰而奔秦，以是爲逃軍也。」公羊傳云：「此晉先眛也。其稱人何？貶。曷爲貶？外也。其外奔何？以師外也。」則二傳亦以先蔑將軍爲説。于鬯香草校書謂「恐此將下軍者實先僕，非先蔑也。即由上下文言先蔑，故『僕』誤爲『蔑』耳」，證以二傳，足以知其不然。**先都佐之。步招御戎，戎津爲右。**此御戎與車右，蓋中軍帥之御與右。閔二年傳云：「狐突御戎，先友爲右。」此太子申生代公將上軍之御、右。又云：「梁餘子養御罕夷，先丹木爲右。」則罕夷爲下軍將，梁餘子養、先丹木爲其御、右。僖八年傳云：「晉里克帥師，梁由靡御，虢射爲右。」此里克之御、右。文十一年傳云：「侯叔夏御莊叔，緜房甥爲右。」此叔孫得臣之御、右。十二年傳云：「趙盾將中軍，范無恤御戎。」此趙盾之御。則書御、右，不必國君自將也。杜注誤以爲凡書御與右，皆國君之御、右，因謂「晉人始以逆雍出軍，卒然變計立靈公，故車右、戎御猶在職」。不知傳明言「背先蔑而立靈公以禦秦師」，則是先立靈公後出師，而出師專爲禦秦，非「卒然變計」，則此御、右非晉君之御右可知。**及堇陰。**堇音謹，一音靳。堇陰，晉地，當在今山西省臨猗縣東，與令狐相距不甚遠。**宣子曰：「我若受秦，秦則賓也；**言接受所護送之公子雍，則待秦當以賓禮。**不受，寇也。**若拒絶之，則當視爲敵寇。**既不受矣，而復緩師，秦將生心。**生心，謂將以武力强納公子雍。**先人有奪人之心，**先人者，争取主動之謂。争取主動，可以奪敵之戰心。**軍之善謀也。逐寇如追逃，軍之善政也。」**劉文淇舊注疏證云：「『先人有奪人之心』、『逐寇如追逃』，當出古軍志。」**訓卒，**訓卒即成十八年傳之「訓卒乘」，此不言乘而乘在其中。此爲臨戰之教訓士卒。**利兵，**利兵即僖三十三年傳之厲兵，以磨礪言曰厲，以鋭利言曰利，磨礪是方法，鋭利是目的，其實一也。或謂「古厲、利通用」，則未必然。**秣馬，蓐食，**方言：「蓐，厚也。」蓐食謂厚食。戰前必令士卒飽餐。商君書兵守篇云：「壯男之軍，使盛食厲兵，陳而待敵。壯女之軍，使盛食負壘，陳而待令。」史記項羽本紀云：「項羽大怒，曰：『旦日饗士卒，爲擊破沛公軍。』」洪亮吉詁、劉文淇舊注疏證俱謂蓐食爲夜食、早食，恐非。此從王念孫廣雅疏證、王引之經義述聞之説。**潛師夜起。戊子，敗秦師于令狐，至于刳首。**水經涑水注引闞駰曰：「令狐即猗氏也，刳首在西三十里。」則刳首仍當在河東晉境，當今臨猗縣西四十五里臨晉縣廢治處。清一統志謂在今陝西省合陽縣東南者，恐非。　晉師恐未嘗渡河追擊秦師。且後漢衞敬侯碑陰文云：「城惟解梁，地即郛首。山對靈足，谷當猗口。」郛首即此刳首，必不在合陽。

己丑，己丑，四月二日。先蔑奔秦，士會從之。杜注：「從郛首去也。」此亦足證明先蔑本在軍中，秦師既敗而奔，則先蔑未嘗禦秦可知。

先蔑之使也，荀林父止之，曰：「夫人、大子猶在，而外求君，此必不行。子以疾辭，若何？不然，將及。杜注：「禍將及己。」攝卿以往，攝即隱元年傳「不書即位，攝也」、僖二十八年傳「士會攝右」之攝，代理之意。攝卿，謂以大夫而暫代卿職。可也，何必子？同官爲寮，吾嘗同寮，僖二十八年，林父將中行，先蔑將左行，故云同寮。敢不盡心乎？」弗聽。爲賦板之三章，板，今在大雅。三章云：「我雖異事，及爾同寮。我即爾謀，聽我囂囂。我言維服，勿以爲笑。先民有言，詢于芻蕘。」義取同寮及他人爲謀，汝當聽之也。又弗聽。及亡，荀伯盡送其帑及其器用財賄於秦，曰：「爲同寮故也。」

士會在秦三年，不見士伯。士伯即先蔑。其人曰：其人，士會之從者。「能亡人於國，杜注：「言能與人俱亡於晉國。」不能見於此，焉用之？」杜注：「何用如此。」士季曰：「吾與之同罪，杜注曰：「俱有迎公子雍之罪。」非義之也，將何見焉？」士會素不義先蔑之爲人。及歸，遂不見。士會歸在十三年，傳乃探後言之。

七·五 狄侵我西鄙，公使告於晉。趙宣子使因賈季問酆舒，據宣十五年傳「酆舒爲政」之語。酆舒當是狄相，狄則赤狄潞氏。且讓之。責其侵魯。酆舒問於賈季曰：「趙衰、趙盾孰賢？」對曰：「趙衰，冬日之日也；趙盾，夏日之日也。」杜注曰：「冬日可愛，夏日可畏。」

七·六 秋八月，齊侯、宋公、衛侯、陳侯、鄭伯、許男、曹伯會晉趙盾盟于扈，晉侯立故也。阮刻本脱「陳侯」二字，據各本補。晉世家云：「秋，齊、宋、衛、鄭、曹、許君皆會趙盾，盟於扈，以靈公初立故也。」亦脱「陳」字。公後至，故不書所會。不書所會者，不具列諸國及卿大夫也。凡會諸侯，不書所會，後也。成十六年沙隨之會，公亦後至，然而仍書所會諸侯及卿大夫者，或以其咎不在公，故不在此例。後至，不書其國，辟不敏也。顧炎武補正曰：「公既不及於會，則不知班位之次序，故不書諸國，以避不敏。」僖二十三年傳亦言「辟不敏也」，兩義相同。

七·七 穆伯娶于莒，曰戴己，生文伯；其娣聲己生惠叔。穆伯即公孫敖，見元年經並注。文伯、惠叔，又見元年傳并注。戴己、聲己，戴、聲俱是其謚，則春秋時，卿之夫人亦有謚。戴己卒，又聘於莒，莒人以聲己辭，言聲己當繼戴己爲室，不必另聘。則爲襄仲聘焉。襄仲即公子遂，公孫敖之從父昆弟也，詳見僖二十六年經並注。

冬，徐伐莒，莒人來請盟，杜注：「見伐，故欲結援。」穆伯如莒涖盟，且爲仲逆。仲即襄仲，單言其字。爲之迎莒女也。及鄢陵，鄢陵，莒邑，據顧棟高大事表，當在今山東省臨沭縣境，與成十六年鄭地之鄢陵不同。登城見之，美，自爲娶之。仲請攻之，公將許之。叔仲惠伯諫，禮記檀弓孔疏引世本云：「桓公生僖叔牙，叔牙生武仲休，休生惠伯彭，彭生皮，爲叔仲氏。」杜注云：「惠伯，叔牙孫。」曰：「臣聞之：『兵作於内爲亂，於外爲寇。寇猶及人，外寇若來，雙方皆不免傷亡，故言及人。亂自及也。』内亂作，死傷皆是一家人。今臣作亂而君不禁，以啓寇讎，國有内亂，勢必使寇讎生心。若之何？」公止之。止仲遂之攻穆伯也。惠伯成之，成之謂和解之，使勿相怨。周禮地官調人云：「凡有鬬怒者成之。」此「成之」亦此義。使仲舍之，舍莒女不娶。公孫敖反之，使莒女返莒。復爲兄弟如初。從之。杜注：「爲明年公孫敖奔莒傳。」

七・八　晉郤缺言於趙宣子曰：郤缺見僖三十三年傳。「日衛不睦，日，往日也。不睦者，謂不睦於我，意即不服于晉。與僖二十二年傳之「不睦」用法同。故取其地。衛不朝晉，晉取衛地，俱見元年傳。今已睦矣，已睦猶言已歸服。可以歸之。歸還其侵地。叛而不討，何以示威？服而不柔，柔謂懷柔之，尚書舜典「柔遠能邇」，柔字同此義。何以示懷？示懷言示惠、示恩。呂氏春秋音律篇「以懷遠方」，注：「懷，柔也。」「示威」與「示懷」正相對照。非威非懷，非猶不也。尚書盤庚下「肆予沖人非廢厥謀」，不廢其謀也。又「非敢違卜」，不敢違卜也。荀子宥坐篇「芷蘭生於深林，非以無人而不芳」，孔子家語在阨篇「非」字正作「不」，尤可證。參楊樹達先生詞詮。何以示德？無德，何以主盟？子爲正卿，以主諸侯，年表云：「晉靈公夷皋元年，趙盾專政。」晉爲霸主，而趙盾專政，故云「爲正卿，主諸侯」。而不務德，將若之何？夏書曰：『戒之用休，休，美也，喜也，慶也。戒同誡。玉篇：「命也，告也。」以慶喜命之告之。董之用威，董，督也。以威刑督理之。勸之以九歌，離騷云：「啓九辯與九歌。」天問亦云：「啓棘賓商，九辯、九歌。」則九歌爲夏后啓之歌。據傳下文，九歌之内容爲「九功之德」，不知啓之九歌亦如此否。勿使壞。』以上爲夏書語，尚書僞古文作者採之與下文郤缺解釋語併以入大禹謨篇。九功之德皆可歌也，謂之九歌。郤缺釋「九歌」。六府、三事，謂之九功。又釋「九功」。水、火、金、木、土、穀，謂之六府。正德、利用、厚生，謂之三事。又釋「六府三事」。成十六年傳述申叔時之言曰：「民生厚而德正。」襄二十八年傳述晏嬰之言曰：「夫民生厚而用利，於是乎正德以幅之。」則「正德、利用、厚生」三者雖别而實相關連。義而行之，謂之德、禮。行之，行六府三事也。謂之德、禮者，謂之德亦謂之禮也。德、禮是兩詞，僖七年傳「德、禮不易」，德與禮亦是兩事。無禮不樂，無禮即無德，此只言「禮」。樂爲音樂之樂，亦爲快樂之樂。歌是音樂；不樂，猶言無可歌者。對霸主無可歌，則虐政肆行，亦無可樂矣。所由叛也。若吾子之德，此又只言德，可見德即禮。莫可歌也，其誰來之？杜注：「來猶歸也。」盍使睦者歌吾子乎？」宣子説之。此段當與下年傳「晉侯使解揚歸匡、戚之田于衛」連讀。

八年，壬寅，公元前六一九年。周襄王三十四年、晉靈二年、齊昭十四年、衞成十六年、蔡莊二十七年、鄭穆九年、曹共三十四年、陳共十三年、杞桓十八年、宋昭公杵臼元年、秦康二年、楚穆七年、許昭三年。

經

八·一 **八年春王正月。**正月初十癸亥冬至，建子。

八·二 **夏四月。**

八·三 **秋八月戊申，**戊申，二十八日。**天王崩。**年表謂襄王三十三年崩，周本紀則云：「三十二年，襄王崩。」實則襄王立三十四年乃死。

八·四 **冬十月壬午，**壬午，三日。**公子遂會晉趙盾盟于衡雍。**衡雍見僖二十八年傳並注。

八·五 **乙酉，**乙酉，六日。**公子遂會雒戎盟于暴。**「雒戎」，公羊作「伊雒戎」，金澤文庫本作「伊雒之戎」。釋文云：「本或作『伊雒之戎』，此後人妄取傳文加耳。」雒戎見僖十一年傳並注。暴即成十五年傳之暴隧，本爲周室暴辛公采地，後入於鄭，當在今河南省原陽縣西舊原武縣境。衡雍與暴相距不遠，故公子遂得于盟晉之後，又會雒戎也。

八·六　**公孫敖如京師，不至而復。** 公羊作「不至復」，無「而」字。陸淳纂例云：「還者，事畢；復者，未畢。」**丙戌，** 丙戌，七日。**奔莒。** 公孫敖於僖十五年帥師，計已成年，至此又二十七年，近六十矣，故六年後即死。

八·七　**螽。** 無傳。杜注：「爲災，故書。」餘詳桓五年經注。

八·八　**宋人殺其大夫司馬。宋司城來奔。** 於春秋，大夫書官，此爲特例。

傳

八·一　**八年春，晉侯使解揚歸匡、戚之田于衞，** 説苑奉使篇云：「霍人解揚字子虎，故後世言霍虎。」通志氏族略三云：「晉大夫解揚，解狐之族，其先食邑於解。」解揚又見宣元年及十五年傳。解即今山西省故解縣（解縣今已廢，併入運城縣）。匡、戚本衞邑，詳見文元年傳並注。**且復致公壻池之封，自申至於虎牢之竟。** 韓非子亡徵篇云：「公壻、公孫與民同門，暴慠其鄰者，可亡也。」公壻爲國君之壻，杜注或本此，因謂「公壻池，晉君女壻」，其實不然。十七年傳云：「晉鞏朔行成於鄭，趙穿、公壻池爲質焉。」則趙穿與公壻池爲兩人（朱駿聲謂「趙穿名池，一人也」，不可信）。又據十二年傳「趙有側室曰穿，晉君之壻也」文，趙穿實爲晉君女壻，反不曰「公壻」，何池獨曰「公壻」？公壻亦是氏。孔子家語七十二弟子解有公祖茲，論語憲問篇有公伯寮，公祖、公伯可以爲氏，則公壻何不可爲氏？說參于鬯香草校書。竹添光鴻會箋因定五年傳楚地有公壻之谿，便謂「蓋公壻池本楚人奔晉因地爲氏者」，亦僅猜測之辭。　公壻池之封者，公壻池所定之疆界，非封公壻池之采邑。成十四年傳云：「許人平以叔申之封。」叔申之封者，鄭公孫申所定許田之疆界也。此「公壻池之封」當與彼「叔申之封」同義。說本俞樾平議。　自申至於虎牢之竟即公壻池之封。　申，杜注：「鄭地。」據彙纂，則當在今河南省鞏縣東、滎陽西之汜水境。虎牢即今汜水西北之成皋故城，今名上街鎮，亦即汜水公社。自申至於虎牢之境致與誰，古有兩說。孔疏引服虔說，以爲致之于鄭；杜注則謂「並還衞」。沈欽韓補注云：「申與虎牢皆鄭地，衞之國于帝丘，在東郡濮陽（濮陽今屬河南省安陽地區），安得其境至虎牢？傳言歸衞地，遂並及鄭。不言鄭者，以申與虎牢易明也。」顧炎武補正、洪亮吉詁說同，此說是也。于鬯香草校書謂「蓋晉先取鄭地，自申至於虎牢之境，至是以鄭地致衞，此『鄙遠』之謂也」云云，其說雖巧，終恐不合當時情勢。

八·二　**夏，秦人伐晉，取武城，**武城，晉邑，當在今陝西省華縣東北十七里。**以報令狐之役。**令狐之役在去年。

八·三　**秋，襄王崩。**杜注：「爲公孫敖如周弔傳。」

八·四　**晉人以扈之盟來討。**去年扈盟，魯文後至。**冬，襄仲會晉趙孟盟于衡雍，報扈之盟也。**報猶補償也。**遂會伊雒之戎。書曰「公子遂」，珍之也。**襄仲會趙盾，必是啣魯文之命，然會伊雒之戎，是否奉命或專斷爲之，已不可考。杜注：「伊雒之戎將伐魯，公子遂不及復君，故專命與之盟。」不知何據，恐出臆測。　杜注又解「珍之」云：「珍，貴也。大夫出境，有可以安社稷、利國家者，專之可也。」「大夫出境」云云，乃公羊莊十九年傳文，蓋用公羊義釋左傳，不知合左傳本旨不。

八·五　穆伯如周弔喪，不至，不至周也。以幣奔莒，幣指穆伯所齎弔喪之禮物。從己氏焉。己氏即本爲襄仲聘，後竟自娶，旋又遣返之莒女。詳七年傳。

八·六　宋襄夫人，襄王之姊也，禮記檀弓上云：「宋襄公葬其夫人，醯醢百甕。」是宋襄有夫人死在其生前，而此時距宋襄之死已十八年，則此蓋其繼室。昭公不禮焉。宋襄爲昭公之祖，則其夫人爲昭公之祖母。夫人因戴氏之族，據杜注，宋之華、樂、皇三氏皆戴公之後，爲戴族。以殺襄公之孫孔叔、公孫鍾離及大司馬公子卬，皆昭公之黨也。司馬握節以死，節，符節，古人用以表信。杜注：「握之以死，示不廢命。」故書以官。司城蕩意諸來奔，杜注：「意諸，公子蕩之孫。」效節於府人而出。效，致也。還其節於府人而後出奔。府人亦見昭十八年及三十二年傳。周禮有大府、內府、外府、玉府、天府、泉府諸官。胡匡衷儀禮釋官云：「春秋諸國有府人而無大府、玉府、內府、外府之官，則諸侯府人兼彼數職可知矣。」公以其官逆之，昭七年傳，鄭之罕朔奔晉，晉韓起問子產如何安置罕朔，子產答以「卿違，從大夫之位，罪人以其罪降，古之制也」云云，則主國接受奔亡之臣，依其原官降位安置之。而此次魯文于蕩意諸則不然，仍依其原官接待之。皆復之。傳言「皆」，則不止一人，故杜注謂「司城官屬悉來奔，故言皆復」。此「皆復之」，謂魯文于意諸隨從官屬皆以原官待之，與十一年傳「襄仲聘于宋，且言司城蕩意諸而復之」恐是兩事，而杜注混爲一事，謂此即「請宋而復之」，核之文義似不確。亦書以官，皆貴之也。

八·七 **夷之蒐，晉侯將登箕鄭父、先都，而使士縠、梁益耳將中軍。**夷蒐見六年傳。登猶今言提升。僖三十一年清原之蒐，箕鄭父佐新上軍，先都佐新下軍，而欲登之，又非將中軍，故杜注謂「登之於上軍」。若然，七年令狐之役敘諸將佐，箕鄭已將上軍，惟先都佐下軍。箕鄭仍有怨恨者，孔疏謂「箕鄭雖得不退，及狐射姑出奔，箕鄭位次宜佐中軍，而先克代射姑，箕鄭守其故職，蓋以此而恨也」，劉文淇疏證則謂「先克之請退箕鄭、先都，傳無其說，或夷蒐時，箕鄭未即將上軍，令狐之戰乃登之，傳文不具」。兩説皆揣測之辭，未詳孰是或俱不是。士縠本爲司空。梁益耳者，後漢書梁統傳云：「梁統，字仲寧，安定烏氏人，晉大夫梁益耳即其先也。」注又引東觀漢記云：「其先與秦同祖，出於伯益，別封於梁。」梁履繩補釋云：「晉有梁氏，桓三年有梁弘，莊二十八年有梁五，僖三十三年有梁弘（疑別一人，非同族），昭三年有梁丙，定十三年有梁嬰父，特未詳所系。」使士縠、梁益耳將中軍者，使士縠爲中軍將，梁益耳佐之。佐亦統兵之人，故俱言將。**先克曰：「狐、趙之勳，不可廢也。」**杜注：「狐偃、趙衰有從亡之勳。」**從之。**故夷蒐使狐射姑將中軍，趙盾佐之。**先克奪蒯得田於堇陰。**先克時爲中軍佐，七年令狐之役，晉師先在堇陰，故杜注以爲「以軍事奪其田」，恐亦祇是推測之辭。**故箕鄭父、先都、士縠、梁益耳、蒯得作亂。**此章宜與明年傳「春王正月己酉使賊殺先克」連讀。

九年，癸卯，公元前六一八年。周頃王元年、晉靈三年、齊昭十五年、衛成十七年、蔡莊二十八年、鄭穆十年、曹共三十五年、陳共十四年、杞桓十九年、宋昭二年、秦康三年、楚穆八年、許昭四年。

經

九·一 **九年春，**正月二十一日戊辰冬至，建子，有閏月。**毛伯來求金。**杜注：「求金以共葬事。雖踰年而未葬，故不稱王使。」周天子使魯有所求者三，此及隱三年「武氏子來求賻」，俱不書「王使」，唯桓十五年之求車，書「天王使家父來求車」，則不稱「王使」，誠如傳所云「未葬也」。求金即求賻，求賻非禮，已見隱三年經注。宋高閌春秋集注謂「公孫敖既不至京師，魯遂不共天子之喪，故毛伯於是來求金也」，恐是想當然之辭。

九·二 **夫人姜氏如齊。**無傳。杜注：「歸寧。」蓋以出姜爲齊昭公之女，父母在乃歸寧也。齊昭爲齊桓之子，齊桓公死於僖十七年，距魯文之立已十八年，魯文娶其女，甚有可能。

九·三 **二月，叔孫得臣如京師。辛丑，**辛丑，二十四日。**葬襄王。**春秋書周王之葬者五，唯襄王、景王書使卿往會，他王不書，或史有闕略，或無人往，趙鵬飛春秋經筌謂「蓋使微者往」，皆已不可知。然依古禮，天子死，諸侯奔喪會葬。尚書顧命述成王之喪，「大保率西方諸侯入應門左，畢公率東方諸侯入應門右」，是周初天子之喪，諸侯畢至。隱元年傳云「天子七月而葬，同軌畢至」，是春秋猶存此禮文。昭三十年傳，鄭游吉之言曰：「靈王之喪，我先君簡公在楚，我先大夫印段實往，敝邑之少卿也。王吏不討，恤所無也。」然則鄭簡公若在，當自往。此禮制之述諸春秋人之口者也。惟考之春秋經、傳，周王之喪，諸侯無奔喪、會葬之事，故杜預亦云「天王喪、葬，諸侯例皆不往」。至禮記王制孔疏引許慎五經異義謂「左氏說，王喪，赴者至，諸侯既哭問故，遂服斬衰，使上卿弔，上卿會葬。經書『叔孫得臣如京師，葬襄王』，以爲得禮」；又通典亦引異義云：「左氏之說，諸侯藩衛之臣，不得棄其封守，諸侯千里之內奔喪，千里之外不奔，四方不可空虛，故遣大夫也。」其所謂「左氏說」，亦祇是後儒說左氏，未必合左氏本義。

九·四　**晉人殺其大夫先都。** 據傳在正月十八日，而經列在二月，杜注云「從告」，恐不確。疑是因魯用周正、晉用夏正之故。

九·五　**三月，夫人姜氏至自齊。** 無傳。孔疏引蘇氏云：「夫人歸寧書『至』，唯有此耳。」

九·六　**晉人殺其大夫士穀及箕鄭父。** 孔疏引賈逵云：「箕鄭稱『及』，非首謀。」賈蓋用穀梁義。穀梁傳云：「『鄭父，累也。』累者，牽累及之，是非首謀也。然左氏上年明云「故箕鄭父、先都、士縠、梁益耳、蒯得作亂」，箕鄭父赫然首舉，其被殺非牽累及之明甚，故杜注不從，而云「與先都同罪也」。「及」字有無，不爲義例。成八年「晉殺其大夫趙同、趙括」、十七年「晉殺其大夫郤錡、郤犨、郤至」、襄十年「盜殺鄭公子騑、公子發、公孫輒」、哀四年「蔡殺其大夫公孫姓、公孫霍」，皆無「及」字。春秋殺兩人而言「及」者，僖三十年「衛殺其大夫元咺及公子瑕」，公子瑕爲元咺所奉立之君，不可不言「及」，此外，僅此與襄二十三年「陳殺其大夫慶虎及慶寅」兩例耳，傳皆無說，故杜彼注云：「言『及』，史異辭，無義例。」箕鄭稱箕鄭父，見僖十一年經注。

九·七　**楚人伐鄭。** 傳云「楚子師於狼淵以伐鄭」，則楚師爲穆王自將可知。杜注謂「楚子不親伐」，故稱「人」，誤。春秋於宣五年以前，于楚子多稱爲楚人。

九·八　**公子遂會晉人、宋人、衞人、許人救鄭。**

九·九 **夏，狄侵齊。** 無傳。

九·一〇 **秋八月，曹伯襄卒。** 無傳。管蔡世家云：「共公襄立。三十五年，共公卒，子文公壽立。」

九·一一 **九月癸酉，** 九月無癸酉。**地震。** 無傳。昭二十三年經云：「八月乙未，地震。」傳云：「八月丁酉，南宮極震。」蓋乙未之地震在魯，丁酉爲乙未之第三日，其震在周。經只書「乙未地震」，不書丁酉之地震，可見春秋所書之地震皆自魯言之。說見孔廣森公羊通義。

九·一二 **冬，楚子使椒來聘。** 「椒」，穀梁作「萩」，蓋古音相近得通，如楚大夫椒舉（見襄二十六年及昭四年諸傳），漢書古今人表作楚湫舉。椒是其人之名，不書氏，杜注以爲「史略文」。僖二十八年經云「楚殺其大夫得臣」，僖二十一年經云「楚人使宜申來獻捷」，文十年經云「楚殺其大夫宜申」。得臣氏成，宜申氏鬬，皆不書氏；蓋春秋于楚之卿大夫，成公以前多不書氏。成二年以後，始備書氏與名。

九·一三 **秦人來歸僖公、成風之襚。** 「襚」，阮刻本作「隧」，今從金澤文庫本、宋本、岳本訂正。襚音遂，說文作「裞」，云：「贈終者衣被曰裞。」僖公、成風自是兩人，僖公與其母成風也。成風卒于文四年，僖公則卒已十年，秦人至此始來並贈以死者衣被，故曰「歸僖公、成風之襚」。隱元年經云「天王使宰咺來歸惠公、仲子之賵」，文例與此同。傳明言「惠公、仲子」爲兩人，則此「僖公、成風」自是兩人無疑。惠棟補注謂「母以子貴，故上經書『夫人風氏』；母以子氏，故此經書『僖公成風』」，以「僖公成風」爲成風一人，誤。

九·一四 **葬曹共公。** 無傳。

傳

九·一 九年春王正月己酉，己酉，二日。使賊殺先克。此承上年傳「故箕鄭父、先都、士縠、梁益耳、蒯得作亂」諸文句而來，不然，則誰「使賊殺先克」，主名無所得矣。乙丑，乙丑，十八日。晉人殺先都、梁益耳。

九·二 毛伯衛來求金，非禮也。杜注：「天子不私求財，故曰『非禮』。」年表云：「王使衛來求金以葬，非禮。」既用左傳，又以「求金」爲供襄王葬事，乃司馬遷之釋義。不書王命，未葬也。

九·三 二月，莊叔如周葬襄王。

九·四 三月甲戌，甲戌，二十八日。晉人殺箕鄭父、士縠、蒯得。晉殺大夫五人，經只書三人。梁益耳、蒯得不書者，非卿也。七年令狐之役，三軍將佐無士縠，但晉於將佐之外，别有散位從卿，如僖三十三年「以一命命郤缺爲卿」，亦未有軍行。況士縠官至司空，宜在卿位。説參孔疏。孔疏又云：「傳箕鄭先士縠，經士縠先箕鄭者，經以殺之先後，傳以位次序列。傳蒯得居下，知其以位次也。」

九·五 范山言於楚子曰：范山，楚大夫。范，楚邑，十年傳有「范巫矞似」，杜注「矞似，范邑之巫」可證，則范山蓋以邑爲氏。「晉君少，不在諸侯，謂其心志不在稱霸諸侯。北方可圖也。」楚子師于狼淵以伐鄭。狼淵當在今河南省許昌市西，太平寰宇記謂之狼溝，水經濮水注謂之狼陂，云：「陂南北二十里，東西十里，春秋左傳曰楚子伐鄭師于狼淵是也。」囚公子堅、公子尨及樂耳。杜注：「三子，鄭大夫。」鄭及楚平。

九·六　公子遂會晉趙盾、宋華耦、衞孔達、許大夫救鄭，據宋程公説春秋分紀世譜七，華御事（見文七年）生二子，曰耦，曰元。杜注：「華耦，華父督曾孫。」不及楚師。卿不書，經書「晉人、宋人、衞人」，不書趙盾、華耦、孔達諸卿。緩也，出師遲緩，以致救鄭而不及。以懲不恪。恪，敬也。不敬，謂執事不嚴肅認真，因而出師遲緩。

九·七　夏，楚侵陳，克壺丘，壺丘，陳邑，當在今河南省新蔡縣東南。以其服於晉也。年表云：「楚穆王八年，伐鄭，以其服晉。」然據傳，楚伐鄭，以范山之言；伐陳，以其服晉。司馬遷蓋用傳義而偶疏，或者年表「伐鄭」爲「伐陳」之誤。

九·八　秋，楚公子朱自東夷伐陳，公子朱即三年傳之息公子朱。陳人敗之，獲公子茷。茷音吠，又音貝，又音伐。公子茷當爲楚公子。顧炎武補正曰：「成十六年鄢陵之戰囚楚公子茷，距此四十四年，疑別是一人。」于鬯香草校書謂「陳人敗之」「陳人」二字蓋衍文，此爲楚敗陳，非陳敗楚，公子茷當爲陳公子，不當爲楚公子云云，未必可信。陳懼，乃及楚平。杜注：「以小勝大，故懼而請平也。」

九·九　冬，楚子越椒來聘，杜注：「子越椒，令尹子文從子。」子越椒，即鬭椒，字子越，亦字伯棼，連字與名言之，故曰子越椒，宣四年傳可證。説參錢綺左傳札記。若敖生鬬伯比，伯比生令尹子文及司馬子良，椒則子良之子。**執幣傲。叔仲惠伯曰：「是必滅若敖氏之宗。**宗，族也。與宣四年傳「若敖氏之鬼不其餒而」同意。**傲其先君，神弗福也。」**杜注：「十二年傳曰：『先君之敝器，使下臣致諸執事。』明奉使皆告廟，故言『傲其先君』也。爲宣四年楚滅若敖氏張本。」

九·一〇　**秦人來歸僖公、成風之襚，禮也。諸侯相弔賀也，雖不當事，**不當事猶言不及時。以弔禮言，據隱元年傳，贈死宜及尸，弔生宜及哀。此時僖公死及十年，成風死及六年，故以「不當事」爲言。**苟有禮焉，書也，以無忘舊好。**禮記檀弓上敍衞「將軍文子之喪，既除喪，而後越人來弔，主人深衣練冠待於廟，垂涕洟」云云，則服終來弔與受弔，古有是禮。

十年，甲辰，公元前六一七年。周頃王二年、晉靈四年、齊昭十六年、衞成十八年、蔡莊二十九年、鄭穆十一年、曹文公壽元年、陳共十五年、杞桓二十年、宋昭三年、秦康四年、楚穆九年、許昭五年。

經

一〇·一　**十年春王三月辛卯，**正月初二癸酉冬至，建子。辛卯，三月二十一日。**臧孫辰卒。**無傳。臧孫辰即臧文仲，莊二十八年即爲卿，出使於齊告糴，至此五十年，蓋老死。其子許嗣爲卿，爲宣叔。杜注：

「公與小斂，故書日。」

一〇·二 **夏，秦伐晉。**

一〇·三 **楚殺其大夫宜申。** 宜申不書氏族，詳上年經注。

一〇·四 **自正月不雨，至于秋七月。** 無傳。杜注：「義與二年同。」

一〇·五 **及蘇子盟于女栗。** 及蘇子盟者，未詳何人，疑是魯文公。杜注：「蘇子，周卿士。」僖十年狄滅温，蘇子奔衛。此蘇子復見者，狄雖滅其采邑，蘇氏固未亡也，周王蓋復立其支子。説詳王夫之稗疏。女栗，不詳何地。

一〇·六 **冬，狄侵宋。** 無傳。

一〇·七 **楚子、蔡侯次於厥貉。** 「厥貉」，公羊作「屈貉」，猶昭十一年左氏經之「厥慭」，公羊作「屈銀」。據傳，次于厥貉者，尚有陳侯、鄭伯。經不書者，孔疏引劉炫説，「以爲告文略」，理或然。杜注：「將伐宋而未行，故書『次』。」莊三年傳云：「凡師，一宿爲舍，再宿爲信，過信爲次。」厥貉，地名，杜注云「闕」，據彙纂説，則當在今河南省項城縣境。

傳

一〇·一 **十年春，晉人伐秦，取少梁。** 少梁即古梁國，見桓九年傳注，僖十九年亡于秦。

一〇·二 **夏，秦伯伐晉，取北徵。**北徵當爲晉邑。漢書地理志上「左馮翊徵」，師古注云：「徵即今之澄城縣是也，左傳所云『秦取北徵』謂此地耳。」年表索隱亦謂北徵「蓋今之澄城也」。俱以北徵即今陝西省澄城縣。然恐晉之疆域不至此，顔師古、司馬貞之言未必可信。杜注不言北徵所在，闕疑可也。唯晉世家謂「取晉之鄗」，「鄗」恐誤字。

一〇·三 **初，楚范巫矞似謂成王與子玉、子西曰：**范，楚邑。范邑之巫名矞似。北魏書陽固傳引陽固演賾賦云：「讖同命於三君兮，兆先見於矞姒。」矞似作矞姒。劉文琪疏證云：「似、姒異文，古之巫多女，疑陽氏所稱爲古本也。」矞音聿，又音玦。**「三君皆將强死。」**孔疏：「强，健也。無病而死，謂被殺也。」**城濮之役，王思之，故使止子玉曰：「毋死。」不及。**見僖二十八年傳並注。**止子西，子西縊而縣絶，**縣同懸。其所繫之繩斷，故得不死。**王使適至，遂止之，使爲商公。**商，據杜注，當在今陝西省商縣東南之商洛鎮，然當時楚之疆境恐不至此。江永考實謂是僖二十五年傳之商密，或是也。商密當在今河南省淅川縣西南，與下傳文「沿漢泝江」之地理亦合。**沿漢泝江，**沿，順流；順漢水而下。泝，逆流；然後向長江上游逆水而行。**將入郢。**郢，楚都，即今湖北省江陵縣北十里之紀南城。子西之入郢，蓋在爲商公之後。所以入郢者，顧炎武補正謂「欲入郢爲亂」，驗之下文，可信。**王在渚宮，**水經江水注云：「江陵縣城，楚船官地也。春秋之渚宮矣。」名勝志云：「渚宮，楚之别宫。梁元帝於渚宮故地修造臺榭。」宫當在今江陵縣治。**下，見之。懼，**子西入郢，本不欲使成王見之，不期而遇，故懼。**而辭曰：**辭讀爲論語季氏「必爲之辭」、宣十一年傳「猶可辭乎」之辭，以藉口而自解説也。説見陶鴻慶别疏。「臣免於死，謂自縊懸絶，王又止之。又有讒言，謂臣將逃，臣歸死於司敗也。」論語述而有「陳司敗」，定三年傳述唐人「自拘於司敗」，是知陳、楚、唐俱有司敗之官。此「歸死於司敗」，與襄三年傳「請歸死於司寇」文意同，足知陳、楚、唐之司敗即他國之司寇。子西托辭入郢請死。王使爲工尹，杜注：「掌百工之官。」宣四年傳「蔿賈爲工正」，似工尹即工正。宣十二年傳「工尹齊將右拒卒以逐下軍」、昭二十七年傳「工尹壽帥師至于潛」，則工尹亦可臨時統兵。又與子家謀弑穆王。「弑」，金澤文庫本作「煞」，即殺。穆王聞之，五月，殺鬭宜申及仲歸。仲歸即子家。子家被殺經不書者，杜注曰「非卿」。

一〇・四　秋七月，及蘇子盟于女栗，頃王立故也。

一〇・五　陳侯、鄭伯會楚子于息。冬，遂及蔡侯次于厥貉，將以伐宋。宋華御事曰：華御事時爲司寇，見七年傳並注。「楚欲弱我也，先爲之弱乎？弱即强弱之弱。强則抗拒之，弱則服之，故「弱我」，意謂使我服之；「先爲之弱」，意謂我先主動服之。何必使誘我？疑此誘字有逼迫之意。我實不能，民何罪？」謂我等實無能，以致楚見伐，楚軍若來，民當受災難，而民無罪也。乃逆楚子，勞且聽命。自往厥貉迎接楚穆，慰勞楚軍，且表示服從。遂道以田孟諸。引導之往孟諸田獵。孟諸即僖二十八年傳孟諸之麋，詳彼注。宋公爲右盂，鄭伯爲左盂。杜

注：「盂，田獵陳名。」盂，取迂曲之義，蓋圓陣也，或曰左右和，韓非子外儲説左上李悝與秦人戰，爲左和、右和是也。晉、宋人謂之左右甄，宋書禮志「先獵一日，遣屯布圍，領軍將軍一人督右甄，護軍將軍一人督左甄」是也。合言之曰「雙甄」，世説新語規箴篇「桓南郡好獵，每田狩，車騎甚盛，雙甄所指，不避陵壑」是也。説詳焦循補疏及沈欽韓補注。**期思公復遂爲右司馬，**期思，楚邑，荀子非相篇、吕氏春秋贊能篇俱言孫叔敖即期思之鄙人，其地即今河南省固始縣西北之期思鎮。楚之縣尹例稱公，復遂乃當時期思縣尹之名。**子朱及文之無畏爲左司馬，**子朱即上年伐陳之帥。文之無畏即宣十四年傳之申舟。吕氏春秋行論篇、淮南子主術訓俱稱爲文無畏，梁履繩補釋云：「文蓋以謚爲氏者；申，其食邑；舟，字也；之，語辭。」據宣十五年傳，其子犀言于楚王稱「無畏知死」云云，可知無畏是其名。萬氏氏族略謂文之無畏爲楚文王之後，故梁謂「以謚爲氏」。**命夙駕載燧。**夙駕，早駕也。燧，燧有木燧與金燧。木燧者，鑽木取火之具，論語陽貨「鑽燧改火」是也。金燧見禮記内則，周禮秋官司烜氏亦謂之夫燧，淮南子天文訓及覽冥訓又謂之陽燧，章鴻釗石雅考定爲回光窪鏡，則向日取火之具。左傳之燧恐仍是木燧。馬宗璉補注謂「蓋將焚林而田」是也。或謂將夜獵，既夙駕矣，又將繼之以夜，恐未必然。**宋公違命，無畏抶其僕以徇。**抶音秩，笞擊也。僕，宋公之御。徇即僖二十八年之「徇于師」，遍示衆人也。古之田獵即軍訓，故其制同。

或謂子舟曰：子舟即文之無畏。**「國君不可戮也。」**戮，辱也。**子舟曰：「當官而行，何彊之有？**意言我當其官守，行其職責，不爲强也。或人蓋評子舟辱諸侯，太剛强，子舟則答以有何强乎。

詩曰：『剛亦不吐，柔亦不茹。』詩大雅烝民句，原作「柔亦不茹，剛亦不吐」，此引句倒。定四年傳亦引此兩句，則不倒。方言：「茹，食也。」柔物不吞之，剛物不吐之，言「不侮矜寡，不畏彊禦」也。『毋縱詭隨，以謹罔極。』詩大雅民勞句。今詩「毋」作「無」，昭二十年傳引詩亦作「毋」，「縱」作「從」。詭隨爲疊韻連綿詞，不得分訓，謂譎詐欺謾之人也。說詳王引之經義述聞。罔極，今言無標準、無準則，謂言行放蕩醜惡也，與他章「無良」、「惽怓」、「醜厲」等同意。是亦非辟彊也。言詩意在不避强。敢愛死以亂官乎？」愛，惜也。不行其職責爲亂官。言不敢惜死以棄職守。杜注：「爲宣十四年宋人殺子舟張本。」

一〇·六　厥貉之會，麇子逃歸。麇，國名，據地理考實，今湖北省鄖縣即古麇國。御覽一六七引潁容春秋釋例謂「麏在當陽」，方輿紀要因謂麇城在當陽縣東南六十里，恐不可信。此兩句亦並下年傳「春，楚子伐麇」連讀，蓋本爲一傳，爲後人所割裂。

十有一年，乙巳，公元前六一六年。周頃王三年、晉靈五年、齊昭十七年、衛成十九年、蔡莊三十年、鄭穆十二年、曹文二年、陳共十六年、杞桓二十一年、宋昭四年、秦康五年、楚穆十年、許昭六年。

經

一一·一　十有一年春，正月十四日己卯冬至，建子。楚子伐麇。「麇」，公羊作「圈」，蓋音近得通假。

一一・二　夏，叔彭生會晉郤缺于承匡。「叔彭生」，各本均作「叔仲彭生」，衍「仲」字，今從唐石經、宋本正。漢書五行志、水經陰溝水注引亦均無「仲」字。此時尚未立叔仲氏，故但書「叔彭生」。十四年伐邾，三傳皆書「叔彭生」，尤可證。傳稱「叔仲惠伯」者，仲爲其字也。經文「仲」字蓋因傳文而誤衍。説參校勘記及錢綺札記。「承匡」，阮刻本作「承筐」，「筐」乃「匡」之或體，見説文，今依唐石經、金澤文庫本、宋本。襄三十年傳亦作「承匡」。承匡，宋地，當在今河南省睢縣西三十里。

一一・三　秋，曹伯來朝。

一一・四　公子遂如宋。

一一・五　狄侵齊。

一一・六　冬十月甲午，甲午，三日。叔孫得臣敗狄于鹹。鹹，魯地，沈欽韓地名補注謂即桓七年經之咸丘，在今山東省巨野縣南，大事表則謂在今曹縣境。總之，與僖十三年之鹹爲兩地。

傳

一一・一　十一年春，楚子伐麇。此接上文「厥貉之會，麇子逃歸」。成大心敗麇師於防渚。成大心，成得臣之子，字孫伯，見僖二十八年傳。防渚，麇地，即今湖北省房縣。潘崇復伐麇，潘崇見元年傳。至于錫穴。錫音羊。釋文云：「或作鍚。」校勘記云：「漢書地理志鍚縣屬漢中郡，應劭曰：『音陽。』師古曰：

『即春秋所謂錫穴。』而後漢書郡國志又云『沔陽有鐵，安陽有錫，春秋時曰錫穴』。」又似以作「鍚」爲當。錢綺札記云：「此字舊說互異，未能定其何從。然石經先於版本，班固、應劭又先於後漢志，陸氏釋文亦以『鍚』爲正字，『錫』爲或作字，則作『錫』者後出，當從石本。」錫穴當是麇國都城，清一統志謂在今陝西省白河縣東，方輿紀要謂在鄖縣西北百八十里，皆據水經漢水注，地望蓋同。楚軍雖至此，今年並未滅之，十六年傳云「庸人率羣蠻以叛楚，麇人率百濮聚于選」可證。此年楚滅庸，麇恐亦難獨存。

一一·二　**夏，叔仲惠伯會晉郤缺于承匡，**「匡」，阮刻本作「筐」，今從唐石經、金澤文庫本。**謀諸侯之從於楚者。**諸侯之從於楚者，有陳、鄭、宋諸國，見九年、十年傳。

一一·三　**秋，曹文公來朝，即位而來見也。**九年八月曹共公卒，文公當於去年即位。此時來魯朝，距其父之死已過二十三月。

一一·四　**襄仲聘于宋，且言司城蕩意諸而復之。**諸侯之卿出奔而復歸者，經或書或不書。成十四年書「衞孫林父自晉歸于衞」，十五年書「宋華元自晉歸于宋」，此書之者也；而蕩意諸之歸于宋則不書。傳言之者，爲十六年傳蕩意諸之死張本。**因賀楚師之不害也。**去年楚將伐宋，宋先聽命，未遭兵害。夏，叔仲惠伯會晉郤缺謀諸侯之從楚者，而襄仲反賀宋，其意可知矣。

一一·五　**鄋瞞侵齊，**鄋音搜，又音騷。鄋瞞，據傳下文「鄋瞞由是遂亡」之語，當是國名。說文云「鄋，北方長狄國也，在夏爲防風氏，在殷爲汪芒氏」云云，洪亮吉詁因謂鄋爲國號，瞞或其君之稱。不合傳旨。陶正靖春秋説謂「鄋瞞者，狄之種名，猶後世之部落云爾。僑如等則其酋長云爾」云云，其説可存。蓋春秋時所謂蠻夷戎狄，其文化較中原諸侯爲落後，其國實即部落，但杜注左氏皆謂之爲國云。據山海經大荒北經、孔子世家及説苑辨物篇，鄋瞞爲釐姓。魯語下及杜注作漆姓者，「漆」當爲「淶」字之誤也，説參王引之國語述聞及黄丕烈國語札記。鄋瞞國土，據方輿紀要謂在今山東省境。段玉裁説文注則據説文以「鄋」字厠涿郡北地之下，謂許慎之意其地在西北方，非在山東。疑不能明。**遂伐我。**孔疏引服虔云：「伐我不書，諱之。」然經書「敗狄于鹹」，即包括狄之見伐。**公卜使叔孫得臣追之，吉。侯叔夏御莊叔，**莊叔即得臣。**緜房甥爲右，富父終甥駟乘。**古代兵車一般乘三人，此則四人共乘，其第四人曰駟乘，職則爲車右之副手。**冬十月甲午，敗狄于鹹，獲長狄僑如。**「僑如」，金澤文庫本作「喬如」，魯世家亦作「喬如」。狄有赤狄、白狄與長狄，長狄爲狄之一種。魯語下云：「吳伐越，隳會稽，獲骨焉，節專車。吳子使來好聘。客執骨而問曰：『敢問骨何爲大？』仲尼曰：『丘聞之，昔禹致羣神於會稽之山，防風氏後至，禹殺而戮之，其骨節專車，此爲大矣。』客曰：『敢問誰守爲神？』仲尼曰：『山川之靈足以紀綱天下者，其守爲神。社稷之守者爲公侯，皆屬於王者。』客曰：『防風何守也？』仲尼曰：『汪芒氏之君也，守封、嵎之山者也，爲漆姓，在虞、夏、商爲汪芒氏，於周爲長狄，今爲大人。』客曰：『人長之極幾何？』仲尼曰：『僬僥氏長三尺，短之至也；長者不過十之，數之極也。』」此事頗怪誕，決非信史。後人據此因謂長狄之人極長大，穀梁傳竟謂「長狄也，弟兄三人，佚害中國，瓦石不能害。叔孫得臣，最善射者也。射其目，身横九畝。斷其首而載之，眉見於軾」，何休公羊注謂「蓋長百尺」，益不足爲信史。清人任泰質疑竟因以計算車高、人高及戈長以説明能摏長狄之喉，尤可笑。**富父終甥摏**

其喉以戈，殺之。 摏音春，杜注：「摏猶衝也。」此讀「摏其喉以戈」爲句，「殺之」爲句，蓋謂以戈衝其喉，然後殺之。禮記學記鄭玄注云「從讀如富父春戈之春」，是鄭玄亦從此讀。或曰，戈爲勾兵或啄兵，非刺兵，用以撞擊非其所宜。不知戈雖非刺兵，然古人言戈戟不盡分別，戟爲戈矛合體，刺、勾、啄三用之器，故戟有時亦謂之戈，襄二十八年傳云：「盧蒲癸、王何執寢戈，盧蒲癸自後刺子之，王何以戈擊之，解其左肩。」此寢戈蓋亦戟，不然，不能「自後刺」也。昭元年傳云：「子南知之，執戈逐之，及衝，擊之以戈。」此戈亦當是戟。若讀「摏其喉」句，「以戈殺之」句，則「殺之」始用「戈」，「摏其喉」者，不知其爲何種兵器矣。**埋其首於子駒之門。** 金澤文庫本作「子駒之北門」，衍「北」字。御覽三五一引傳「門」上亦衍「北」字。惠棟補注曰：「王符潛夫論，魯之公族有子駒氏，以人氏其門者，猶哀十一年黨氏之溝。」沈欽韓補注引山東通志曰：「魯郭門北面三門，最西爲子駒門。」則子駒之門爲魯北郭之西門，顧棟高大事表七之一則謂「西郭門曰子駒之門」。**以命宣伯。** 命，名之也。宣伯即叔孫得臣之子叔孫僑如，得臣既獲長狄僑如而殺之，因以「僑如」之名名其子，定八年傳所謂「待事而名之」也。襄三十年傳説此事云：「狄伐魯，叔孫莊叔於是乎敗狄于鹹，獲長狄僑如及虺也、豹也，而皆以名其子。」是得臣所獲者三人，而皆以名其三子。孔疏云：「此三子未必同年而生，或生訖待事，或事後始生，欲以章己功，取彼名而名之也。」以所獲敵人之名名己子，杜注謂「以旌其功」，可信。于鬯香草校書謂「實借敵人之名爲厭勝之具」，因曲解下文「皇父之二子死焉」句，臆説不足信。

初，宋武公之世，鄋瞞伐宋。 孔疏曰：「史記十二諸侯年表，宋武公即位十八年，以魯惠公二十一年卒，卒在春秋前二十六年，不知鄋瞞以何年伐宋也。」**司徒皇父帥師禦之。耏班御皇父充石，**皇父充石即司徒皇父。司徒，其官；皇父，其字；充石則其名也。杜注：「皇父，戴公子。」**公子穀甥爲右，司寇牛父駟乘，以敗狄于長丘，**張華博物志云：「陳留封丘有狄溝，春秋之長丘也。」則今河南省封丘縣南舊有白溝，今已湮，當爲長丘故址，于春秋爲宋邑。劉文淇疏證曰：「魯世家説宋敗狄事與傳同，年表以宋『敗長翟長丘』亦在魯文公十一年，誤。」**獲長狄緣斯。**杜注：「緣斯，僑如之先。」**皇父之二子死焉，**此二句舊有三解，俱見孔疏。馬融以爲皇父之二子在軍，爲敵所殺。名不見者，方道二子死，故得勝之。如令皆死，誰殺緣斯？此説於字面雖可通，但與上下文義無關聯，雖似是而實非。鄭衆以爲穀甥、牛父死耳，皇父不死。此説以「二子」指穀甥、牛父，但仍解「之」爲「的」，但穀甥、牛父實非皇父之子，即于文字亦嫌不順，故不可取。賈逵云：「皇父與穀甥、牛父三子皆死。」服虔云：「下言宋公以門賞耏班，班爲皇父御而有賞，三子不見賞，疑皆死，賈君近之。」則解「之」爲「與」，謂皇父與二子皆死，二子指穀甥、牛父，因與下文獨賞耏班連繫，此説是也。王引之經傳釋詞云：「之猶與也。書立政『惟有司之牧夫』，謂有司與牧夫也。考工記梓人『作其鱗之而』，謂作其鱗與而也。文十一年左傳『皇父之二子死焉』，言皇父與此二子皆死也。」**宋公於是以門賞耏班，使食其征，謂之耏門。**門謂城門，此耏班所食者爲城門之税，非關税也。周禮地官司門云：「幾出入不物者，正其貨賄。」鄭注云：「正讀爲征，征税也。」是城門有征也。司關云：「掌其治禁與其征廛。」是關卡之征也。昭二十年傳云：「偪介之關暴征其私。」亦關税也。司關又云：「國凶札，則無關門之征。」謂關之征、門之征俱免也。則門征、關征分別甚明。此言門而不及關，下文又言「謂之耏門」，則爲城門之征明甚。説詳江永周禮疑義舉要、王引之經義述聞。

晉之滅潞也，獲僑如之弟焚如。潞即宣十五年經之潞氏，詳彼注。據左傳，晉之滅潞在宣十五年。劉文淇疏證引朱駿聲云：「晉之滅潞，當亦在春秋前，非宣十五年之赤狄潞氏也。」此説不可信。蓋自魯隱元年迄今已一百餘年，若僑如之弟被俘于一百餘年前，其兄今始被殺，決無是理。此段蓋續前言之，與上文「初」字不接。齊襄公之二年，鄋瞞伐齊。齊王子成父獲其弟榮如。齊襄公之二年，魯桓公之十六年，下距宣十五年焚如之被獲一百零三年，亦決無是理。魯世家作「齊惠公二年」，齊世家及年表同，則魯宣公之二年，三兄弟之先後被獲，相距不甚遠，則合情理。此「齊襄公」之「襄」字，當從史記改作「惠」。阮芝生亦主此説。呂氏春秋勿躬篇及管子、説苑、新序諸書並有王子成父，韓非子外儲説左下又作公子城父，蓋齊襄公舊臣，齊桓公用之者。馬宗璉補注、梁履繩補釋俱以此王子成父當之，自不確。埋其首於周首之北門。周首，齊邑，當在今山東省東阿縣東。衛人獲其季弟簡如。杜注謂「伐齊退走，至衛見獲」，此説可信。魯世家集解引服虔説，謂「獲與僑如同時」，與上文義不接，恐非。鄋瞞由是遂亡。錢綺札記云：「傳蓋因得臣敗狄而終言之，若追叙前事，不當云『遂亡』也。」

一一·六　郕大子朱儒自安於夫鍾，杜注：「安，處也。夫鍾，郕邑。」郕見隱五年經並注，又見莊八年經傳。夫鍾，已見桓十一年經並注。國人弗徇。杜注：「徇，順也。」此章當與下年傳「春，郕伯卒」連讀，或本是一傳。

十有二年，丙午，公元前六一五年。周頃王四年、晉靈六年、齊昭十八年、衞成二十年、蔡莊三十一年、鄭穆十三年、曹文三年、陳共十七年、杞桓二十二年、宋昭五年、秦康六年、楚穆十一年、許昭七年。

經

一二·一 **十有二年春王正月**，正月二十四日甲申冬至，建子，有閏月。**郕伯來奔。**

一二·二 **杞伯來朝。**參見僖二十七年傳並注。

一二·三 **二月庚子**，庚子，十一日。**子叔姬卒。**書「子叔姬」者，明其已嫁也。十四年書「齊人執子叔姬」、宣五年書「齊高固及子叔姬來」可證。若未嫁之女，則不冠以「子」字，僖九年書「伯姬卒」，蓋未適人者也。由此以知傳文之確，而公羊謂「此未適人」、穀梁謂「許嫁以卒之」之非。

一二·四 **夏，楚人圍巢。**書序云：「巢伯來朝，芮伯作旅巢命。」則巢爲殷商舊國。一九七七年四月于陝西周原遺址所發現周初卜辭，其一一〇號卜甲云「征巢」，可爲實證。水經沔水注謂「巢，羣舒國也」，則爲偃姓。今安徽省巢縣東北五里有居巢故城址，當即古巢國。高士奇地名考略云：「成七年，吴始伐楚伐巢；十七年，舒庸道吴人圍巢；襄二十五年，吴子伐楚，門于巢；昭四年，薳啓疆城巢；五年，楚使沈尹射待命于巢；二十四年，吴滅巢。二十五年，楚使熊相禖郭巢，蓋巢已亡，而楚欲據其地也。史記，吴公子光六年大敗楚軍於豫章，取楚之居巢而還，自是巢入于吳矣。」

一二·五　**秋，滕子來朝。**

一二·六　**秦伯使術來聘。**「術」，公羊作「遂」，漢書五行志中之上同。術與遂，古音近，可通假。

一二·七　**冬十有二月戊午，**戊午，四日。**晉人、秦人戰于河曲。**河曲，晉地，當在今山西省永濟縣南，黄河自此折而東，故曰河曲。

一二·八　**季孫行父帥師城諸及鄆。**「鄆」音運，公羊作「運」，同音假借。春秋書城築者二十九次，惟此及襄十五年城成郛、哀三年城啓陽書「帥師」。諸，見莊二十九年經並注。魯有兩鄆，東爲東鄆，昭元年傳云：「莒、魯爭鄆，爲日久矣。」此時屬魯，故季孫帥師城之。必帥師者，備莒以兵來争也。穀梁傳謂「稱『帥師』，言有難也」，恐未必然。成九年楚伐莒，「莒潰，楚遂入鄆」，襄十二年，「莒人伐我東鄙，圍台，季武子救台，遂入鄆，取其鐘以爲公盤」，則其時鄆在莒矣。家鉉翁春秋詳説謂「鄆有三，莒之别邑亦曰鄆」，則成九年及襄十二年之鄆另是一鄆，恐不確。昭元年三月魯復取鄆。諸及鄆皆與莒相鄰。鄆當在今山東省沂水縣東北五十里。西鄆見成四年經並注。

傳

一二·一　**十二年春，郕伯卒，郕人立君。**此當承上年傳末章「郕大子朱儒自安于夫鍾，國人弗徇」連讀，則郕人之所以更立君者，由太子自安于他邑而國人不順之。大子以夫鍾與郕邽來奔。邽音圭。御覽一四六引服虔云：「郕邽亦邑名，一曰郕邦之寶圭，大子以其國寶與地夫鍾來奔也。」然則「郕邽」有兩解，杜預蓋以下文「不書地」云云，只言「地」，不言「寶」，故取服前説，而云「郕邽亦邑」，其實恐不確。高士奇地名考略云：「鄭穆公妾曰圭嬀，疑圭亦小國，郕併之而加邑爲邽，左傳繫之以郕曰郕邽，所以別於秦武所伐之邽也。」此説亦可疑。即據高説，郕果滅圭，必在此年之前，而「圭嬀」之稱則在此後，而見于襄十九年傳，則圭未必爲郕所滅。郕邽仍以解爲郕國之寶爲宜。邽即圭，疑本作圭，自杜注誤從「邑名」之解，而後世傳寫者遂加邑作「邽」。古者器物之貴者，恒以國繫，如尚書顧命稱越玉、夷玉，禮記明堂位稱崇鼎、貫鼎，傳稱紀甗、莒鼎，此「郕圭」亦其一例。説參王引之述聞、朱緒曾經説卷四及李貽德輯述。至楊寬古史新探疑爲郕國命珪，則乏確據。郕國之事此後再無記載，或不久即爲魯國所吞併。公以諸侯逆之，非禮也，郕太子實非君，而魯文以諸侯之禮接待之，故傳曰「非禮」。故書曰「郕伯來奔」。不書地，尊諸侯也。杜注：「既尊以爲諸侯，故不復見其竊邑之罪。」

一二·二　杞桓公來朝，始朝公也。杜注：「公即位始來朝。」且請絶叔姬而無絶昏，公許之。絶叔姬者，使叔姬大歸，脱離其婚姻關係也。無絶婚者，成五年經有「杞叔姬來歸」之文，是另一叔姬爲杞夫人也。杜注謂「立其娣以爲夫人」，如確，則成五年之叔姬爲此叔姬之娣。孔疏引釋例云：「杞桓公以僖二十三年即位，襄六年卒，凡在位七十一年。文、成之世，經書叔姬二人，一人卒，一人出，皆杞桓公夫人也。」據傳文推之，可信。陸淳春秋集傳辨疑引啖助説、家鉉翁春秋詳説以及顧棟高大事表子叔姬卒論皆疑此，無確證，蓋不足信。

二月，叔姬卒。不言「杞」，絶也。書「叔姬」，言非女也。非女者，謂其已嫁。

一二·三 楚令尹大孫伯卒，大孫伯即成大心。成嘉爲令尹。杜注：「若敖曾孫子孔。」程公説春秋分紀世譜七云：「得臣之後爲成氏，生二子，曰大心，曰嘉。」則成嘉亦子玉之子，孫伯之弟。羣舒叛楚，羣舒見僖三年經注。夏，子孔執舒子平及宗子，古人名「嘉」者多以「孔」爲字，如桓二年傳宋有孔父嘉，説詳王引之名字解詁。舒子平者，平爲舒子之名，春秋于所謂「蠻夷」之君多以「子」稱之。宗爲國名，宗子者，宗國之君也。宗國之地，杜注未言，顧棟高大事表謂在今安徽省舒城縣及廬江縣東之古龍舒城之間，雖無確證，羣舒之地固在今安徽省舒城以及廬江縣、巢縣一帶，宗國當亦在其間。遂圍巢。巢見經注。

一二·四 秋，滕昭公來朝，亦始朝公也。此承上「始朝公」言之，故用「亦」字。

一二·五 秦伯使西乞術來聘，且言將伐晉。襄仲辭玉，玉乃使者所齎之國寶，若圭、璋之屬以爲聘禮者。據儀禮聘禮「賓襲執圭，擯者入告，出，辭玉」之文，則使者至于所聘國廟門内之中庭，必舒其上服之衽以掩其中衣（即所謂襲），執圭；上擯乃入以告其君，然後出，辭不受圭。則辭玉爲聘禮中應有之儀節。杜注謂「不欲與秦爲好，故辭玉」，恐非傳旨。説本沈欽韓補注。襄仲辭玉，據聘禮，則時爲上擯。擯者，主國之君所使出招待賓客之人。擯有上擯、承擯、紹擯之别。聘禮云：「卿爲上擯，大夫爲承擯，士爲紹擯。」曰：「君不忘先君之好，照臨魯國，鎮撫其社稷，重之以大器，杜注：「大器，圭、璋也。」寡君敢辭玉。」對曰：「不腆敝器，杜注：「腆，厚也。」不足辭也。」主人三辭。主人指襄仲。賓答曰：「答」，阮刻本誤作「客」，依石經、金澤文庫本及校勘記改正。賓即西乞術。「寡君願徼福于周公、魯公以事君，徼音驍，要也，求也。周公，姬旦；魯公，其子伯禽。此當時常用辭令，如宣十二年傳「徼福於厲、宣、桓、武」，成十三年傳「而欲徼福於先君獻、穆」，昭三年傳「徼福於大公、丁公」，三十二年傳「徼文、武之福」，「今我欲徼福假靈于成王」，哀二十四年傳「寡君欲徼福於周公」，皆是也。不腆先君之敝器，杜注：「出聘必告廟，故稱先君之器。」或曰：「使臣所執圭，亦傳自先君，故以先君爲言。」使下臣致諸執事，以爲瑞節，杜注：「節，信也。」要結好命，要，約也。要結爲同義詞連用。好命謂友好之命。所以藉寡君之命，古人致送禮物必有藉，藉者，薦也，謂以物襯墊之也。執玉固有藉，然此乃言致玉者，用以藉寡君之命也，極言其意義重大，不得辭之。結二國之好，是以敢致之。」襄仲曰：「不有君子，其能國乎？國無陋矣。」楊樹達先生讀左傳曰：「『國無陋』與哀二年傳『國無小』義同。彼言鄭國雖小，而有善射者；此言秦國雖僻陋在夷，而有君子也。」厚賄之。杜注：「賄，贈送也。」依聘禮有還玉及賄禮，此不言還玉，或視爲當然而省略之。據傳文，「之」指西乞術，則厚賄爲厚贈使者，與聘禮之「重賄」爲報聘君者不同。說見胡培翬儀禮聘禮正義。

一二·六　秦爲令狐之役故，令狐之役在七年。冬，秦伯伐晉，取羈馬。羈馬，晉邑，據太平寰宇記，當在今山西省永濟縣南三十六里。但元和郡縣志云：「羈馬故城在同州郃陽縣東北二十六里。」則在今陝西省合陽縣東北，然此乃秦之羈馬故城，非晉之羈馬。下文云「薄諸河」，則是秦師已渡河，羈馬在河東，不在河西，決可知矣。合陽有羈馬者，江永考實云：「成十三年傳云『俘我王官，翦我羈馬』，蓋秦遷其民於河西，是以澄城亦有王官，郃陽亦有羈馬耳。」其言不爲無理。 **晉人禦之。趙盾將中軍，荀林父佐之。** 杜注：「林父代先克。」晉將帥之更易可參七、八、九年諸傳。 **郤缺將上軍，** 杜注：「代箕鄭。」郤缺見僖三十三年傳。 **臾駢佐之。** 杜注：「代林父。」臾駢亦見文六年傳。 **欒盾將下軍，** 杜注：「欒枝子，代先蔑。」**胥甲佐之。** 杜注：「胥臣子，代先都。」胥甲，宣元年經、傳皆稱胥甲父，則甲父其字也。 **范無恤御戎，** 杜注：「代步招。」 **以從秦師于河曲。**

臾駢曰：「秦不能久，請深壘固軍以待之。」 深，高也，說見莊二十六年傳注。 深壘，高其壁壘也。軍營所處，築土自衞，謂之壘也。 **從之。**

秦人欲戰。秦伯謂士會曰： 晉之士會七年奔秦，此時爲秦軍謀士。**「若何而戰？」** 意謂應採取如何措施，始可以打破晉「深壘固軍」之局面，而得誘使晉軍出戰。 **對曰：「趙氏新出其屬曰臾駢，必實爲此謀，將以老我師也。** 杜注：「臾駢，趙盾屬大夫，新出佐上軍。」**趙有側室曰穿，** 側室有二義，一爲官名，一爲支子，詳見桓二年傳注。 古書言趙氏世系者頗多歧異，以趙夙與趙衰之關係論，晉語謂爲兄弟，世本謂爲父子，史記謂爲祖孫，閔元年傳注已略論之。此既從惠棟補注之說，定之爲父子，則趙盾爲趙夙之孫。而杜預此注云：「穿，趙夙庶孫。」則於趙盾爲從父兄弟。 晉世家「盾昆弟將軍趙穿」，亦可證。 雷學淇校輯世本于此頗有考證，可參看。晉君之壻也，此時晉君爲靈公，年尚幼稚，不當有壻，自指晉襄。有寵而弱，有寵，謂趙盾寵之。杜注：「弱，年少也。」十四年「穀之子弱」，成二年「二君弱」，弱皆此義。不在軍事；尚書舜典：「在璿璣玉衡以齊七政。」注云：「在，察也。」故杜注云「又未常涉知軍事」，以「涉知」解「在」，可信。此與九年傳「不在諸侯」句法雖同，而字義不同。參焦循補疏。好勇而狂，狂，狂妄。且惡臾駢之佐上軍也。因惡臾駢，故秦軍獨掩上軍，故趙穿反對「薄諸河」之謀。若使輕者肆焉，隱九年傳云「使勇而無剛者嘗寇而速去之」，即此意。「輕者」即「勇而無剛者」。肆，詩大雅皇矣：「是伐是肆。」毛傳云：「肆，疾也。」鄭箋云：「肆，犯突也。」杜此注云：「肆，暫往而退也。」三義相近，可以互爲補充。其可。」秦伯以璧祈戰于河。杜注：「禱求勝。」

十二月戊午，秦軍掩晉上軍。掩即肆也。獨掩晉上軍者，臾駢在上軍，秦固以此激趙穿也。趙穿追之，杜注：「上軍不動，趙穿獨追。」不及。反，怒曰：「裹糧坐甲，坐甲有二解，孔疏：「甲，臨敵則被之於身；未戰，且坐之於地。」竹添光鴻會箋：「藉甲而坐之以待敵，使及敵至可亟擐也。」此皆以「坐甲」爲未着甲。惠棟補注云：「昭二十七年傳云，吳王使甲坐於道，故云『坐甲』。」沈欽韓補注云：「言被甲而坐，不時脱也。」此皆以「坐甲」爲已着甲。成二年傳云：「擐甲執兵，固即死也。」句義句法與此相近，亦以已着甲爲言，則後説較確。固敵是求。敵至不擊，將何俟焉？」軍吏曰：「將有待也。」上文云「請深壘固軍以待之」，兩待字相應。穿曰：「我不知謀，將獨出。」乃以其屬出。趙穿雖非軍帥，但以卿位而在軍中，必有其所統率之士卒。宣子曰：「秦獲穿也，此是假設句，恐趙穿之獨出而敗也。獲一卿矣。杜注云：「僖三十三年，晉侯以一命命郤缺爲卿，不在軍帥之數，然則晉自有散位從卿者。」是以趙穿實爲卿。沈欽韓補注云：「以趙穿爲公壻，其貴重如卿，故以見獲爲憂，趙穿此時非卿。」若穿非卿，盾不當如此言，沈駁恐非是。秦以勝歸，我何以報？」報，回報國人。乃皆出戰，交綏。俞樾平議曰：「綏與退古同聲，交綏即是交退，乃古文同聲假借之常例。」杜注：「司馬法曰：『逐奔不遠，從綏不及。逐奔不遠則難誘，從綏不及則難陷。』然則古名退軍爲綏。秦、晉志未能堅戰，短兵未致争而兩退，故曰交綏。」三國志武帝紀引司馬法「將軍死綏」，注引魏書曰：「綏，卻也。」

秦行人夜戒晉師曰：戒，告請也。「兩君之士皆未憖也，憖，肯也，願也。此言日中雙方退軍，兩國之士皆未快意，故請明日相戰。杜注謂「憖，缺也」，方言云「憖，傷也」，皆與此文義不協。說參段玉裁說文注。明日請相見也。」臾駢曰：「使者目動而言肆，杜注：「目動，心不安；言肆，聲放失常節。」懼我也，將遁矣。薄諸河，薄，迫也。必敗之。」胥甲、趙穿當軍門呼曰：軍門，營門也。古者當軍門，阻止晉軍出迫秦軍。「死傷未收而棄之，秦軍掩晉上軍以及皆出戰，雖未大戰，亦有死傷。古者軍非大敗，必收其死傷，此時晉軍未及收其死傷，聞使者言便擬出擊也。不惠也。不待期而薄人於險，秦約明日相見，而晉軍當夜出，故云「不待期」。迫秦軍於河，故云「於險」。無勇也。」乃止。宣元年晉討此役之不用命者，放胥甲，而于趙穿無討，蓋趙穿有寵故也。秦師夜遁。年表于秦、晉兩叙此事，皆與傳合。而秦本紀云：「六年，秦伐晉，取羈馬。戰于河曲，大敗晉軍。」晉世家云：「六年，秦康公伐晉，取羈馬。晉侯怒，使趙盾、趙穿、郤缺擊秦，大戰河曲，趙穿最有功。」又與傳文違異。説苑至公篇述此事，大體與傳同，唯趙穿誤作趙盾。

一二·七 城諸及鄆，書，時也。復侵晉，入瑕。瑕見僖三十年傳並注。

十有三年，丁未，公元前六一四年。周頃王五年、晉靈七年、齊昭十九年、衞成二十一年、蔡莊三十二年、鄭穆十四年、曹文四年、陳共十八年、杞桓二十三年、宋昭六年、秦康七年、楚穆十二年、許昭八年。

經

一三·一 十有三年春王正月。正月初五己丑冬至，建子。

一三·二 夏五月壬午，王韜云：「五月無壬午，在前月之晦。」或王氏誤推。杜氏無注，則其長曆五月有壬午。

陳侯朔卒。無傳。陳共公也。以僖二十九年即位。不書葬，蓋魯未會葬。

一三·三 邾子蘧蒢卒。蘧蒢音渠除。公羊、穀梁俱從竹作「籧篨」。説文艸部，蘧與蒢，是不同之兩物；而竹部，籧篨爲粗竹席，是一物。此蓋假物爲名，當以從竹者爲正。凡隸書從竹之字多變從艸，此作「蘧蒢」或由隸變。説參趙坦異文箋、臧壽恭古義。孔疏云：「蘧蒢，邾子瑣之子也。莊二十九年即位，僖元年與魯盟于犖。」

一三·四　**自正月不雨，至于秋七月。**無傳。杜注：「義與二年同。」

一三·五　**大室屋壞。**「大」，公羊作「世」。惠棟公羊古義云：「公羊皆以『世』爲『大』，如衞『大叔儀』爲『世叔齊』，宋『樂大心』爲『樂世心』。」大室，賈逵、服虔、杜預皆以爲「大廟之室」，其説是也。大廟者，周公之廟。大室者，大廟當中之室。尚書洛誥「王入大室祼」，昭十三年傳「埋璧於大室之庭」，禮記月令「天子居大廟大室」，皆可以爲證。公羊、穀梁謂爲世室，乃魯公伯禽之廟，不足據。大室之制爲二層，屋上有屋，古謂之重屋。此言「屋壞」，意謂其上之屋壞，非全壞也。

一三·六　**冬，公如晉。衞侯會公于沓。**公羊「會」下無「公」字，疑脱。杜注：「沓，地闕。」徐卓經義未詳説云：「魯都兖州，晉都平陽，鄭、衞相錯于晉、魯之間。魯公如晉，必歷鄭、衞之郊。鄭伯會公於棐，亦請平於晉，杜注：『棐，鄭地。』則衞侯會公于沓，請平于晉，沓當在衞地。」

一三·七　**狄侵衞。**無傳。

一三·八　**十有二月己丑，**十二月無己丑。包慎言春秋公羊傳曆譜疑爲「乙丑」之誤，則爲十六日。**公及晉侯盟。**

一三·九　**公還自晉，鄭伯會公于棐。**穀梁作「還自晉」，無上「公」字，蓋連「公及晉侯盟」爲文，承上而省。「棐」，公羊作「斐」，皆從非聲，故可通假。杜注：「棐，鄭地。」當即宣元年及襄三十一年傳之棐林，在今河南省新鄭縣東二十五里。

傳

一三·一 **十三年春，晉侯使詹嘉處瑕，**杜注：「詹嘉，晉大夫，賜其瑕邑。」成元年傳謂詹嘉爲瑕嘉，則瑕爲詹嘉之采邑，故杜注云「賜其瑕邑」。**以守桃林之塞。**桃林塞在今河南省靈寶縣閿鄉以西，接陝西潼關界。瑕在今山西省芮城南，與桃林隔河相對，故處瑕即可守桃林，以遏秦師之東向。顧炎武日知録三十一謂瑕胡音同，即漢書地理志之湖，爲今河南省閿鄉，閿鄉即今河南虢略鎮。沈欽韓地名補注亦謂瑕在河南陝縣西南。皆相距不遠。

一三·二 **晉人患秦之用士會也，夏，六卿相見於諸浮。**孔疏：「六卿在朝，旦夕聚集，而特云『相見於諸浮』者，將欲密謀，慮其漏泄，故出就外野，屏人私議。」諸浮當是城外之近地耳。**趙宣子曰：**宣子，趙盾。**「隨會在秦，**隨會即士會，詳僖二十八年傳注。**賈季在狄，**賈季奔狄，見六年傳。**難日至矣，若之何？」中行桓子曰：**杜注：「中行桓子，荀林父也。」僖二十八年始將中行，故以爲氏。**「請復賈季，能外事，**孔疏：「賈季本是狄人，能知外竟之事。」**且由舊勳。」**由，用也。舊勳指其父狐偃於文公有大功。**郤成子曰：**成子，郤缺。**「賈季亂，**亂指其好爲亂，如六年使人召公子樂欲立之。**且罪大，**

杜注：「殺陽處父故。」亦見六年傳。**不如隨會。能賤而有恥，柔而不犯；**能字爲助動詞，直貫兩句。邵寶左觿謂能字屬上讀，「不如隨會能」句絶，能言才也，恐誤。顧炎武補正駁之云：「以傳上文證之，『能外事』，兩『能』字並相比。」其説是也。俞樾平議又謂「能與耐古字通，能賤猶曰耐賤」云云，亦不可信。蓋士會本士蔿之孫，家本貴族，非素賤者，不得云其耐賤也。**其知足使也，**知同智。**且無罪。」**

乃使魏壽餘僞以魏叛者，魏見桓三年傳注。閔元年傳云：「晉侯作二軍，以滅魏。賜畢萬魏。」則魏壽餘乃畢萬之後。孔疏云：「魏犨者，萬之孫，爲魏之世適。壽餘爲魏邑之主，當是犨之近親。」**以誘士會。執其帑於晉，使夜逸。**魏壽餘僞欲以魏叛，故晉人僞執其妻子歸于晉，而復使之夜晚逃逸。**請自歸于秦，**魏壽餘逃而至秦，請于秦，率魏邑並其臣民歸附于秦。**秦伯許之。**杜注：「許受其邑。」馬王堆三號墓出土帛書春秋事語云「晉獻公欲得隨會也，魏州余請召之，乃令君羊（佯）囚己，斬桎堬（踰）□□□□□□曉朝曰：『魏州余來也台（殆）□□隨會也，君弗許也。』丕（州）余果與隨會出，曉朝鱛（贈）之以曰□吾鱛子。毋以秦□□人，吾謀實不用□□□□吏□王聞之（以下殘缺甚多）二子畏亓（其）後事，必謀危之。□□會果使諜毚（讒）之曰：『是知余事，將因我于晉。』秦大夫信之，君殺曉朝。」此段大體同於左傳，唯此非晉獻公時事。繞朝被讒殺，亦不見傳。**履士會之足於朝。**不便相語，暗中躡其足以示意。**秦伯師于河西，**秦、晉此時以黃河爲界。説詳顧棟高大事表八上。秦在黃河之西，率軍將取魏。**魏人在東。**魏在黃河東，故魏人在東。**壽餘曰：「請東人之能與夫二三有司言者，吾與之先。」**此即是誘士會計策之關鍵部分。「東人」即指晉國人，因晉在秦之東也。 二三有司謂魏邑之臣吏。 晉人在秦而能與魏吏之有關官吏相言語者，除士會外，恐難有他人。不明言士會者，恐啓秦之疑也。 與之先者，先渡黄河而去魏，即適晉也。 **使士會。**秦伯使士會。 **士會辭，曰：「晉人，虎狼也。若背其言，臣死，妻、子爲戮，無益於君，不可悔也。」**士會已知魏壽餘之意，但恐歸晉後，其妻、子爲秦殺戮，故作此言，示己無去意。 **秦伯曰：「若背其言，**若晉背其言。 **所不歸爾帑者，有如河！」**上文士會云「妻、子爲戮」，此言「歸爾帑」，足見帑即妻、子。以帑爲子非全義。 **乃行。** **繞朝贈之以策，**繞朝，秦大夫。 策有二義，一爲策書，即簡策之策；一爲馬檛，即鞭策之策。服虔主前一義，杜預主後一義。劉勰文心雕龍書化篇云：「春秋聘繁，書介彌盛。繞朝贈士會以策，子家與趙宣以書。」則用服義。 **曰：「子無謂秦無人，吾謀適不用也。」**據傳，則繞朝曾識破晉人之計，阻止士會之東，而秦康公不用之。韓非子説難篇云：「故繞朝之言當矣，其爲聖人於晉，而爲戮於秦也。」繞朝因此被戮。馬王堆三號墓出土帛書春秋事語云「君殺繞朝」，則韓非言非無據。 **既濟，**渡河而東。 **魏人譟而還。**魏人，壽餘等。 羣呼曰譟。譟而還，其計已售，喜得士會。**秦人歸其帑。**秦康公實踐諾言。 **其處者爲劉氏。**士會之子孫有未返晉而仍居秦者，以劉爲氏。 所以氏劉者，士會堯後，昭二十九年傳稱「陶唐氏既衰，其後有劉累」，則爲劉累之胤，故復累之姓也。 後漢書賈逵傳載賈逵上章帝奏云：「五經家皆無以證圖讖，明劉氏爲堯後者，而左氏獨有明文。」即指此句。 范曄論之曰：「賈逵能附會文致，最差貴顯。」孔穎達作疏，因疑「討尋上下，其文不類，深疑此句或非本旨。蓋插注此辭，將以媚於世」。此説一出，後人頗多附和。然此句必是本有，非東漢人所加，孔疏之説不可信也。第一，襄二十四年傳士匄之語、昭二十九年傳蔡墨之對，皆謂范氏爲堯後、劉累之裔，不必再藉此語爲佐證。第二，漢書眭弘傳載其説云「漢家堯後」，亦用左傳説。弘爲武帝、昭帝時人，則西漢左傳固有此文。第三，漢書高帝紀贊引劉向頌高祖云：「漢帝本系，出自唐帝。降及于周，在秦作劉。」其「在秦作劉」即用左傳此語，是劉向所見左傳已有此語。第四，漢書高帝紀贊又謂「及高祖即位，置祠祀官，則有秦、晉、梁、荆之巫」，注引應劭云：「先人所在之國，悉致祠巫祝，博求神靈之意也。」又引文穎云：「范氏世仕於晉，故祠祀有晉巫。范會支庶留秦爲劉氏，故有秦巫。」漢初即有晉、秦之巫以祀劉邦祖先，則此語尤非後人所增明矣。第五，漢書叙傳引班彪王命論云：「是故劉氏承堯之祚，氏族之世，著乎春秋。」師古注云：「謂士會歸晉，其處者爲劉氏。」班彪年輩早於賈逵，而用左傳此語，亦可證此語之本有矣。故班固高帝贊亦云「魯文公世奔秦，後歸於晉，其處者爲劉氏」。第六，定五年傳云：「夫槩王歸自立也，以與王戰而敗，奔楚，爲堂谿氏。」堂谿氏之後不顯，故無疑于此語。則「其處者爲劉氏」，亦猶「奔楚爲堂谿氏」也，何能疑其「討尋上下，其文不類」哉？

一三·三　邾文公卜遷于繹。繹音亦，邾邑，今山東省鄒縣東南有嶧山，嶧、繹字通。邾文公所遷當在嶧山之陽與郭山之北夾谷地帶。一九七二年夏于此地因大雨冲出一銅鼎，爲費敏父嫁女與邾之媵鼎。沈欽韓地名補注引山東通志謂邾城在鄒縣東南二十五里，邾文公所遷城周二十餘里，在嶧山之陽，俗誤爲紀王城。邾遷都後，境内又另有繹邑，宣十年公孫歸父帥師伐邾取繹，乃取其別邑，非取其國都。史曰：「利於民而不利於君。」邾子曰：「苟利於民，孤之利也。天生民而樹之君，詩周頌有瞽「崇牙樹羽」，毛傳云：

「樹羽，置羽也。」成二年傳「樹德而濟同欲焉」，杜注云：「樹，立也。」則樹有置立之義。樹之君，爲之置立君主也。以利之也。民既利矣，孤必與焉。」左右曰：「命可長也，君何弗爲？」邾子曰：「命在養民。左右所言之命爲壽命之義，邾文公所言之命爲命分之義，兩義似不同，故以生命之長短爲時也。死之短長，時也。金澤文庫本作「死生之短長」，「生」字疑是衍文。民苟利矣，遷也，吉莫如之！」遂遷于繹。

五月，邾文公卒。邾文自即位至此歲已五十一年，蓋老死。君子曰：「知命。」

一三·四 秋七月，大室之屋壞，書，不共也。大室見經注。杜注：「簡慢宗廟，使至傾頹，故書以見臣子不共。」共同恭。

一三·五 冬，公如晉朝，且尋盟。讀本云：「尋八年衡雍之盟。」衞侯會公于沓，請平于晉。魯文適晉經衞，衞成特會之，託其謀求和于晉。公還，鄭伯會公于棐，亦請平于晉。魯文自晉還，過鄭，鄭穆亦特會之，託其謀和于晉。魯文若許，必須反程之晉。公皆成之。晉皆許成，於是有明年六月新城之盟。此言「公皆成之」者，終言之也。

鄭伯與公宴于棐，此補叙「鄭伯會公于棐，亦請平于晉」事，宜跳過「公皆成之」一句看。子家賦鴻鴈。子家，鄭大夫公子歸生之字。鴻鴈，詩小雅篇名。傳言賦詩某篇，不言某章，皆指首章。鴻鴈之首章云：「鴻鴈于飛，肅肅其羽。之子于征，劬勞于野。爰及矜人，哀此鰥寡。」子家賦此者，鄭國以鰥寡自比，欲魯文憐惜之，爲之道路奔波，再度去晉，而請和也。「之子」「劬勞」云云，蓋指魯侯。**季文子曰：「寡君未免於此。」**言己亦鰥寡也，蓋推諉之辭。**文子賦四月。**四月亦詩小雅篇名。其首章云：「四月維夏，六月徂暑。先祖匪人，胡寧忍予？」孔疏云：「四月，大夫行役之怨詩也。大夫言己四月初夏而行，至六月徂暑矣。寒暑易節，尚不得歸。我之先祖非人乎？王者何當施忍於我，不使得祭祀也。文子言己思歸祭祀，不欲更復還晉。」顧炎武補正謂取四月「亂離瘼矣」「維以告哀」之意。然此非首章語句，自不可信。四月固非大夫行役之怨詩，然古人賦詩，斷章取義，不必拘泥。徐幹中論譴交篇、詩孔疏引王肅説，皆以此詩爲大夫行役過時刺怨而作，或即用傳意。**子家賦載馳之四章。**載馳，詩鄘風篇名，許穆夫人所作，見閔二年傳。傳凡兩言「載馳之四章」，不言卒章，則載馳之分章不止四也。今傳箋本分載馳爲五章，但此及襄十九年傳所賦之「載馳四章」，其取義皆在「控於大邦，誰因誰極」兩句，而傳箋則分在末章中，或所分章數雖是，而所分內容則可商。朱熹集傳因此改定載馳爲四章，「控于大邦」兩句雖在四章中，但亦是卒章，仍與傳義不相合。竹添光鴻會箋謂載馳本實五章，首章六句，次八句，次六句，次四句，卒四句，則「控于大邦」兩句在四章，又非卒章，或與傳義合。「控于大邦，誰因誰極」者，毛傳云：「控，引也。極，至也。」鄭箋云：「今衞侯之欲求援引之力，助於大國之諸侯，亦誰因乎？由誰至乎？」子家賦此，蓋謂鄭欲求援引于大國晉，望因魯而至也。**文子賦采薇之四章。**采薇，詩小雅篇名。義取「戎車既駕，四牡業業。豈敢定居？一月三捷」之「豈敢定居」，蓋許其不安居，折而復至晉，爲之謀成也。**鄭伯拜。**杜注：「謝公爲行。」**公答拜。**

十有四年，戊申，公元前六一三年。周頃王六年、晉靈八年、齊昭二十年、衞成二十二年、蔡莊三十三年、鄭穆十五年、曹文五年、陳靈公平國元年、杞桓二十四年、宋昭七年、秦康八年、楚莊王旅元年、許昭九年。

經

一四·一 **十有四年春王正月，**正月十六日甲午冬至，建子。**公至自晉。**無傳。杜注謂所以書者，告于廟也。

一四·二 **邾人伐我南鄙，叔彭生帥師伐邾。**叔彭生見十一年經注。

一四·三 **夏五月乙亥，**五月無乙亥，疑爲己亥之誤。五月丁丑朔，乙亥爲四月二十八日，己亥則爲五月二十三日。**齊侯潘卒。**齊昭公也。以僖二十八年即位，凡二十年，年表云「二十年，昭公卒」，與傳合。然齊世家云「十九年五月，昭公卒」，與傳及年表相差一年，梁玉繩史記志疑已疑之矣。

一四·四 **六月，公會宋公、陳侯、衞侯、鄭伯、許男、曹伯、晉趙盾。癸酉，**癸酉，二十七日。**同盟于新城。**杜注：「新城，宋地，在梁國穀熟縣西。」據此，則當在今河南省商丘市西南。然王夫之稗疏云：「僖六年，諸侯圍鄭新城。杜云：『新城，鄭新密，今滎陽密縣。』凡春秋書地，有名同而地異者，如郚、防、鄆、郚之類，必因其事迹，溯其形勢，而後可辨。今此同盟，宋、鄭皆與。且晉盟諸侯，多就近晉之地。安知非鄭之新城而爲宋之新城乎？」

一四・五 秋七月，有星孛入于北斗。孛音佩。昭十七年傳「冬，有星孛于大辰西及漢。申須曰：『彗所以除舊布新也』」云云，以「彗」釋「孛」。公羊傳亦云：「孛者何？彗星也。」足見孛即彗星。然昭二十六年傳「齊有彗星，齊侯使禳之。晏子曰『無益也』」云云，晏子春秋内篇諫上及史記齊世家俱載其事。齊世家云：「茀星將出，彗星何懼乎？」諫上云：「何暇在彗！茀又將見矣。」茀即孛。故穀梁傳云「孛之爲言猶茀也」。則孛、彗雖同類，而仍有不同，孛盛而彗弱也。故晉書天文志云：「孛亦彗屬，偏指曰彗，芒氣四出曰孛。」漢書文帝紀文穎注亦云：「孛、彗形象小異，孛星光芒短，其光四出，蓬蓬孛孛也。彗星光芒長，參參如埽彗。」孛雖彗，而經、傳皆用作動詞，哀十三經「有星孛于東方」、十四年經「有星孛」，尤可證。則此孛字之義，猶言彗星光芒蓬蓬孛孛而過，作爲彗星出現之術語矣。近代天文學家以此爲哈雷彗星，而此則是世界上哈雷彗星之最早記録。且查各國史志，記載彗星行道者，亦以此次爲最早。哈雷彗星平均每隔七十六年行近太陽一次，肉眼即可見。自此以後，凡逢哈雷彗星復見，我國古籍多有記載，自此次至清末二千餘年，出現並有記載者共三十一次。

一四・六 公至自會。無傳。

一四・七 晉人納捷菑于邾，「捷菑」，公羊傳作「接菑」，捷、接字通。捷菑爲其人之名，元和姓纂有捷姓，並引風俗通云：「邾公子捷菑之後，以王父字爲氏。」王引之名字解詁因謂邾公子菑字捷，菑其名，捷其字，恐不可據。弗克納。

一四・八 九月甲申，甲申，十日。公孫敖卒于齊。公子慶父、臧孫紇，春秋皆不書其卒，故穀梁傳云：「奔大夫不書卒。」公孫敖於八年奔莒，于例不當書其卒，而此書之者，杜注云：「既許復之，故從大夫例書卒。」

一四·九 **齊公子商人弑其君舍。** 春秋之例，故君死，新君踰年即位，始稱君。故僖九年書「晉里克殺其君之子奚齊」，十年則書「晉里克弑其君卓」，卓踰年始稱「君」，因書「弑」。此舍未踰年亦稱「君」書「弑」者，傳云「昭公卒，舍即位」，舍不待踰年便已即位，然仍不得改元，就君位于殯宫耳。

一四·一〇 **宋子哀來奔。** 據傳，其人氏高名哀，則子哀是其字。故杜注云：「大夫奔，例書名氏。貴之，故書字。」

一四·一一 **冬，單伯如齊。** 單伯爲周卿士，詳莊元年經注及萬斯大學春秋隨筆。莊元年距此已八十一年，此單伯與莊元年之單伯必非同一人，當是其子孫。

一四·一二 **齊人執單伯。**

一四·一三 **齊人執子叔姬。** 書「子叔姬」，明其已嫁，詳十二年經注。此子叔姬自非十二年已死之子叔姬。孔疏引服虔説，謂「子爲在室辭」，然傳亦稱「子叔姬」，則服説不可信。孔疏云：「不知是何公之女，魯是其父母家。」

傳

一四·一 **十四年春，頃王崩。** 周本紀云：「襄王崩，子頃王壬臣立。頃王六年，崩，子匡王班立。」**周公閱**

與王孫蘇爭政，周公閱見僖三十年經、傳，蓋爲太宰久矣。故不赴。年表云：「頃王崩，公卿爭政，故不赴。」凡崩、薨，不赴，則不書。禍、福，不告亦不書。禍、福泛指一切災禍、喜慶，杜注謂「奔亡，禍也；歸復，福也」，僅就奔亡歸復言之，恐失之狹。懲不敬也。懲不敬意與九年傳之「懲不恪」同，而變其詞。

一四·二　邾文公之卒也，在去年。公使弔焉，不敬。邾人來討，伐我南鄙，故惠伯伐邾。

一四·三　子叔姬妃齊昭公，阮刻本脱「妃」字，今從各本增。妃同配，釋文云：「本亦作配。」生舍。叔姬無寵，舍無威。齊世家云：「舍之母無寵於昭公，國人莫畏。」公子商人驟施於國。商人，桓公夫人密姬之子，見僖十七年傳。杜注：「驟，數也。」而多聚士，盡其家，金澤文庫本作「盡其家貲」，「貲」字蓋以文義爲後人所增。貸於公有司以繼之。「公有司」爲一詞，謂掌公室之財物者。杜注：「家財盡，從公及國之有司富者貸。」分公及有司爲二者，非。齊世家云：「昭公之弟商人以桓公死爭立而不得，陰交賢士，附愛百姓。百姓說。」夏五月，昭公卒，舍即位。此傳宜併下傳「商人弒舍」連讀。

一四·四　邾文公元妃齊姜，生定公；二妃晉姬，二妃猶次妃。生捷菑。文公卒，邾人立定公。禮記檀弓下云：「邾婁定公之時有弒其父者，有司以告，公瞿然失席。」鄭注云：「定公，貜且也，魯文十四年即位。」傳世有邾公釺鐘，郭沫若兩周金文辭大系考釋謂釺即邾定公，「釺」爲「鉏」之古字，又省爲「且」，「貜」

則其字。録之備一說。捷菑奔晉。此傳宜併下傳及趙盾納捷菑傳連讀之。

一四・五 六月，同盟于新城，從於楚者服，杜注：「從楚者，陳、鄭、宋。」且謀邾也。杜注：「謀納捷菑。」

一四・六 秋七月乙卯，七月無乙卯。齊世家作十月，古七、十兩字形近誤，依傳「秋」字，仍當作「七」。趙翼陔餘叢考謂經書九月，傳作七月。又管子立政篇正月令農始作；輕重篇令民九月種麥，則齊用夏正。夜，齊商人殺舍，「殺」，阮刻本作「弑」，校勘記云：「傳文直書其事，作『殺』是也。」今據改。齊世家云：「及昭公卒，子舍立，孤弱，即與衆十月即墓上弑齊君舍。」年表云：「昭公卒，弟商人殺太子自立。」而讓元。元即惠公，爲桓公少衛姬所生，商人之兄。亦見僖十七年傳。元曰：「爾求之久矣。我能事爾，爾不可使多蓄憾，將免我乎？意謂汝求爲齊君久矣，則汝當爲之。我能事汝，安心爲臣。我若受汝之讓，是使汝多蓄怨恨也。不可使汝多蓄怨恨，不然，能免我於被殺害乎？爾爲之！」此傳上承「子叔姬妃齊昭公」，下與「齊人定懿公」連，宜合併讀之。

一四・七 有星孛入于北斗。周内史叔服曰：叔服已見元年傳。「不出七年，宋、齊、晉之君皆將死亂。」杜注：「後三年宋弑昭公，五年齊弑懿公，七年晉弑靈公。」

一四・八 晉趙盾以諸侯之師八百乘納捷菑于邾。公羊傳云：「晉郤缺帥師，革車八百乘，以納接菑于邾婁。」穀梁傳云：「是郤克也，長轂五百乘。」是主帥有趙盾、郤缺、郤克之異，兵車有八百、五百之歧。郤克是郤缺之子。下十五年及宣九年，郤缺兩見，父猶在軍，子不可能爲主帥，克至宣十七年始代士會將中軍；且此時靈公尚少，趙盾將中軍主政，新城之盟，所以謀納捷菑，亦趙盾主盟，則帥師者宜爲趙盾明矣。年表云：「趙盾以車八百乘納捷菑。」司馬遷用左傳。唯晉世家不言「納捷菑」，僅言「平周亂，立匡王，」蓋有脱文。**邾人辭曰：「齊出貜且長。」**齊出猶言齊女所生，說見莊二十二年傳注。貜音矍，且音疽。**宣子曰：「辭順，**杜注：「立適以長，故曰『辭順』。」**而弗從，**「而」可讀爲「如」，作假設連詞。**不祥。」乃還。**

一四・九 **周公將與王孫蘇訟于晉，王叛王孫蘇，**王，匡王。叛，背其諾言也。劉向九歎云：「始結言於廟堂兮，信中途而叛之。」叛字用法同此。蓋匡王初許助王孫蘇，既而改助周公。**而使尹氏與聃啓訟周公于晉。**杜注：「尹氏，周卿士；聃啓，周大夫。」萬氏氏族略云：「聃啓，疑聃季之後。」訟周公，爲周公訴冤求理也。**趙宣子平王室而復之。**調停其間，使其和協，各復其位。年表云：「趙盾平王室。」

一四・一〇 **楚莊王立，**莊王，穆王子也。楚世家云：「穆王立，十二年卒。子莊王侶立。」則楚穆卒於去年，楚莊立於今年。春秋俱未書，蓋以其未來告也。**子孔、潘崇將襲羣舒，**子孔，時爲令尹，見十二年傳。潘崇見元年傳。羣舒見僖公三年經注。**使公子燮與子儀守，**楚語上云：「昔莊王方弱，申公子儀父爲師，王子燮爲傅，使師崇、子孔帥師以伐舒。」楚語之王子燮即此公子燮，子儀父即子儀，亦即鬬克，見僖二十五年傳。**而伐舒蓼。**據顧棟高大事表，今安徽省舒城縣爲古舒城，廬江縣東百二十里，有古龍舒城，舒蓼約略在此兩城間。二子作亂。城郢，擬拒子孔、潘崇之兵入郢也。而使賊殺子孔，不克而還。賊殺子孔，不得而返回郢城。八月，二子以楚子出。度其勢不能敵子孔，乃挾持莊王而離郢都。將如商密，商密當在今河南省淅川縣之西，亦見僖二十五年傳並注。廬戢梨及叔麇誘之，「梨」，阮刻本作「黎」，今從校勘記、敦煌六朝寫本及金澤文庫本訂正。廬，楚邑名，當在今湖北省南漳縣東五十里。徐元誥國語集解謂在今宜城縣，相距不甚遠。杜注：「戢梨，廬大夫；叔麇，其佐。」遂殺鬬克及公子燮。楚語上云：「燮及儀父施二帥而分其室。（韋注：「施罪於二帥。二帥，子孔、潘崇也。室，家資也。」）師還至，則以王如廬。廬戢黎殺二子而復王。」傳云「將如商密」，楚語云「如廬」。蓋將如商密，經廬，而爲戢黎所誘殺也。據襄二十六年傳，析公因此奔晉。成六年繞角之役，晉以析公爲謀主。

初，鬬克囚于秦，見僖二十五年傳。秦有殽之敗，見僖三十三年傳。而使歸求成。成而不得志，成十三年傳呂相絶秦云：「我襄公未忘君之舊勳，而懼社稷之隕，是以有殽之師。猶願赦罪于穆公。穆公弗聽，而即楚謀我。天誘其衷，成王隕命，穆公是以不克逞志於我。」即指此事。但此云秦、楚合謀之不得逞，乃由于楚王有人作梗，鬬克且因是爲亂，而呂相之辭僅謂由于楚成之死，蓋外交辭令使然。公子燮求令尹而不得，故二子作亂。

一四·一二　穆伯之從己氏也，見八年傳。魯人立文伯。文伯，穆伯之子穀，見七年傳。穆伯生二子於莒，而求復。復，返回魯國也。文伯以爲請。請於朝以求准。襄仲使無朝聽命。襄仲與穆伯之關係，見七年傳。　無朝聽命，禁止其使不得與聽政事。**復而不出。**穆伯雖復返魯國，然終未嘗外出。**三年而盡室以復適莒。**「三年」，阮刻本作「二年」，誤，從校勘記、敦煌六朝寫本及諸本訂正。　盡室，盡齎其家財也。**文伯疾，而請曰：「穀之子弱，**子謂孟獻子仲孫蔑，弱謂其年幼弱也。**請立難也。」許之。**杜注：「難，穀弟。」**文伯卒，立惠叔。穆伯請重賂以求復。惠叔以爲請，許之。將來，九月，卒于齊。告喪，**向魯赴告喪事。**請葬，**杜注：「請以卿禮葬。」沈欽韓補注云：「此請歸葬于魯。下傳『飾棺至堂阜』，知惟請歸葬，尚不及望卿禮也。」沈說是也。**弗許。**

一四·一二　**宋高哀爲蕭封人，以爲卿，**蕭，宋邑，見莊十二年傳並注。　封人，鎮守邊疆之地方官。　高哀由蕭邑大夫而升爲卿也。**不義宋公而出，遂來奔。書曰「宋子哀來奔」，貴之也。**諸侯之大夫來奔，未有不稱名者。惟八年于蕩意諸書官，此于高哀書字，故皆曰「貴之也」。

一四·一三　**齊人定懿公，**定其君位。**使來告難，**告舍被殺之難。**故書以「九月」。**杜注：「齊人不服，故三月而後定。」

齊公子元不順懿公之爲政也，終不曰「公」，曰「夫己氏」。己讀如詩王風揚之水之「彼其之子」之「其」，鄭箋云：「『其』或作『記』，或作『己』，讀聲相似。」夫己氏猶「彼其之子」，亦猶禮記檀弓上曾子稱子游爲「夫夫」，亦即今日之「那個人」。　說見顧炎武補正、沈欽韓補注。　孔廣森經學卮言、焦循補疏謂己爲甲乙丙丁戊己之己，商人于桓公子行六，故呼之爲夫己氏。　然商人行六，終是猜測之辭，孔、焦之說失之穿鑿。

一四·一四 襄仲使告于王，請以王寵求昭姬于齊，杜注：「昭姬，子叔姬。」曰：「殺其子，子指被商人所殺之舍。焉用其母？請受而罪之。」冬，單伯如齊請子叔姬，齊人執之。杜注：「恨魯恃王勢以求女故。」又執子叔姬。杜注：「欲以恥辱魯。」公羊、穀梁俱謂單伯淫于子叔姬，與傳不同。

十有五年，己酉，公元前六一二年。周匡王元年、晉靈九年、齊懿公商人元年、衞成二十三年、蔡莊三十四年、鄭穆十六年、曹文六年、陳靈二年、杞桓二十五年、宋昭八年、秦康九年、楚莊二年、許昭十年。

經

一五·一 **十有五年春**，正月二十八庚子冬至，建子，有閏月。**季孫行父如晉。**

一五·二 **三月，宋司馬華孫來盟。**華孫名耦，故傳稱「華耦」，華其氏也。稱「華孫」者，亦猶襄十四年傳之厚成叔，以厚爲氏，而稱爲「厚孫」也。外大夫來魯盟者四，桓十四年「鄭伯使其弟語來盟」、宣七年「衞侯使孫良夫來盟」，經皆用「使」字；閔二年「齊高子來盟」及此則不用「使」字。或書「使」或不書「使」，蓋無義例。雖不書「使」，亦由其君所使也。閔二年齊高子之來，乃奉齊桓之使，據齊語可知之。且僖四年書「楚屈完來盟于師」，傳明言云「楚子使屈完如師」，則亦是楚成所使矣，而經亦僅書「來盟」不書「使」。則華耦之來，亦必宋昭所使。後人因其不稱「使」，而猜測紛紜，無謂甚矣。

一五·三　夏，曹伯來朝。

一五·四　齊人歸公孫敖之喪。

一五·五　六月辛丑朔，日有食之。鼓、用牲于社。以今法推之，相當於公元前六一二年四月二十一日之日食。

一五·六　單伯至自齊。

一五·七　晉郤缺帥師伐蔡。戊申，戊申，六月八日。入蔡。

一五·八　秋，齊人侵我西鄙。阮刻本無「秋」字，今從敦煌六朝寫本、石經、金澤文庫本、宋本、淳熙本、岳本、足利本增。

一五·九　季孫行父如晉。

一五·一〇　冬十有一月，諸侯盟于扈。此亦總言「諸侯」而不序，與七年扈之盟同；而其所以則異，故傳兼釋之。扈見七年經並注。

一五·一一　十有二月，齊人來歸子叔姬。魯請子叔姬，齊人先執之，今又釋之，故書「齊人來歸」，與宣十六年書「郯伯姬來歸」者異。

一五·一二　齊侯侵我西鄙，遂伐曹，入其郛。年表云：「曹文公六年，齊人入我郛。」

傳

一五・一 十五年春，季文子如晉，爲單伯與子叔姬故也。欲因晉而請于齊。

一五・二 三月，宋華耦來盟，其官皆從之。出國聘盟，必有從行之人。定四年傳云「君行師從，卿行旅從」。據聘禮，使有上介、衆介；至所聘之國，誓于其境，則史讀書，司馬執策，賈人拭玉，有司展幣，然則聘問盟會之使，其隨從官及護衞甚多。春秋之時，或者多不能備具，然而華孫今獨能率其官屬以備衆介有司。書曰「宋司馬華孫」，稱其官，不直稱其名。貴之也。

公與之宴。辭曰：「君之先臣督得罪於宋殤公，名在諸侯之策。督，華督，華耦之曾祖，桓公二年殺其君殤公。桓二年經書云：「宋督弑其君與夷。」魯史如此，他國之史當同，故云「名在諸侯之策」。策，簡策也。臣承其祀，其敢辱君？其，用法同豈，豈敢辱君也。杜注：「耦自以罪人子孫，故不敢屈辱魯君對共宴會。」請承命於亞旅。」亞旅，官名，杜注曰：「上大夫也。」尚書牧誓「司徒、司馬、司空、亞旅、師氏」，亞旅列於三司之後，而在師氏之前。成二年傳「賜三帥先路三命之服，司馬、司空、輿帥、候正、亞旅皆受一命之服」，亞旅列於輿師、候正之後。孔疏曰：「華孫不敢當君，請受上大夫宴。」魯人以爲敏。魯人，魯國之人也。孔疏謂「魯鈍之人」，誤。說詳焦循補疏、桂馥札樸。

一五·三 **夏，曹伯來朝，禮也。諸侯五年再相朝，以修王命，古之制也。**十一年曹伯來朝，今年又來，故傳云云。諸侯五年再相朝，其他古書無徵，或春秋前曾行此制。

一五·四 **齊人或爲孟氏謀，**公孫敖，慶父之子，爲孟氏，故魯語上稱文伯穀爲孟文子。自孟獻子以後，傳常以孟氏稱之。**曰：「魯，爾親也，飾棺置諸堂阜，**古人于死人之棺木及其載柩之車，依天子、諸侯、大夫、士之不同，而有不同之裝飾，謂之飾棺。依禮記喪服大記，大夫之飾棺，其圍車之帷，邊緣畫爲雲氣；其上覆蓋以白布，曰荒，邊緣亦畫爲雲氣，謂之「畫帷、畫荒」。帷、荒之中央，又畫爲火三行，黻三行（黻見桓二年傳注），謂之「火三列、黻三列」。再於荒下以白色錦以爲屋，謂之「素錦褚」。帷、荒之間於其四角各以一紐連結之，共計四紐，二紐用紅色，二紐用黑色，謂之「纁紐二，玄紐二」。但此爲國中喪柩之制，齊人于公孫敖，未必用此。禮記雜記上有大夫死於道路之禮，云「以布爲輤而行」。輤者，載柩將殯之車飾也，蓋以白巾圍車也。公孫敖之飾棺或僅如此。堂阜見莊九年傳並注。**魯必取之。」從之。卞人以告。**杜注：「卞人，魯卞邑大夫。」孔疏：「治邑大夫例呼爲人。孔子父爲郰邑大夫，謂之郰人，知此『卞人』是卞邑大夫。其邑近堂阜，故見之而告魯君。」其後謂之縣宰，襄七年傳南遺爲費宰，定五年傳子洩爲費宰，論語先進子路使子羔爲費宰。定八年傳、哀十四年傳有成宰，定十年傳有郈宰，論語雍也有武城宰。卞已見僖十七年傳並注。**惠叔猶毁以爲請，**居喪悲哀過甚以致身體容顔有所損害謂之毁，故禮記檀弓下告誡人以「毁不危身」，喪服四制告誡人以「毁不滅性」。公孫敖卒於去年九月，至此年夏，亦已數月。此時其哀例當稍減，然據傳，惠叔爲孝子，於未葬之前，其哀毁猶初死時，故云「猶毁」。沈欽韓補注云：「喪服小記『久而不葬者，惟主喪者不除』。此猶毁者，未行卒哭變除之禮。」其説是也。惠叔哀毁且以歸葬請于朝。**立於朝以待命。**立于朝，不得允許不退。**許之。取而殯之。齊人送之。書曰「齊人歸公孫敖之喪」，爲孟氏，且國故也。**此釋所以書之之故。爲孟氏者，孟氏世爲魯卿，而公孫敖又孟氏之祖也。爲國者，孟氏，國之公族也。**葬視共仲。**共仲即其父慶父，詳閔二年傳。孟子萬章下：「天子之卿受地視侯。」趙岐注：「視，比也。」杜注：「制如慶父，皆以罪降。」**聲己不視，**聲己，公孫敖之次妻，惠叔之母，見七年傳並注。視者，視其柩也。**帷堂而哭。**古代于人初死，尸置堂中小斂，四周圍以帷幕，曰帷堂。禮記檀弓上云：「尸未設飾，故帷堂，小斂而徹帷。」據鄭玄注，蓋小斂時須動摇尸體，不欲使人共見，乃以帷幕遮之。則帷堂者，初喪之禮也。檀弓下又有帷殯。帷殯者，棺木殯于西階之上，然後帷之。其禮始于敬姜之哭公甫靖，此時尚無有。沈欽韓補注謂「帷堂帷殯，其事惟一」，誤。禮記雜記上鄭玄注云：「凡柩自外來者，正棺於兩楹之間。其殯必於兩楹之間者，以其死不於室，而自外來，留之於中，不忍遠也。」據此，公孫敖之喪亦自外來，其柩當置堂中，與死於室殯於西階者不同，而帷堂是以初喪之禮待之也。杜注云：「聲己怨敖從莒女，故帷堂。」檀弓下孔疏亦云：「聲己哭在堂下，怨恨穆伯，不欲見其堂，故帷堂。」若然，則聲己之帷堂，非古禮所當然，恐于禮意不合。**襄仲欲勿哭。**襄仲於公孫敖爲從父兄弟，于古禮制，服小功五月，則此時已除喪矣。然禮記喪服小記云：「爲兄弟，既除喪已，及其葬也，反服其服。」既反其服，則當哭也。説本馬宗璉補注。襄仲欲不哭者，杜注云：「怨敖取其妻。」**惠伯**

曰：惠伯，叔彭生，亦見七年傳並注。「喪，親之終也。意謂喪亡之事，治喪之禮，乃最後對待親人者。雖不能始，指公孫敖與仲爭莒女事。善終可也。謂宜于其喪禮善以待之。史佚有言曰：史佚見僖十五年傳並注。『兄弟致美。杜注：「各盡其美，義乃終。」救乏、賀善、弔災、祭敬、喪哀，情雖不同，毋絶其愛，親之道也。』救其匱乏，賀其喜慶，弔其災禍，與其祭而敬，逢其喪而哀，五事之情雖各不相同，不絶其愛則一，此對待親人之道也。子無失道，何怨於人？」襄仲說。帥兄弟以哭之。儀禮士喪禮云：「死於適室，親者在室，衆婦人户外北面，衆兄弟堂下北面。」是人初死，衆兄弟哭位在堂下北面也。又云：「入，及兄弟北面哭殯。」是兄弟哭殯之位亦北面也。然則襄仲帥兄弟之哭位宜在堂下北面。說參沈欽韓補注。

他年，此指以後若干年。其二子來，上年傳云：「穆伯生二子於莒。」即此二子。孟獻子愛之，獻子，文伯穀之子仲孫蔑，此時尚少，宜九年始見經，其當政自在惠叔死後。聞於國。國人皆知之。或譖之，進讒言於孟獻子，欲以陷害二子。曰：「將殺子。」獻子以告季文子。二子曰：「夫子以愛我聞，夫子指孟獻子。孟獻子於二子爲姪，行輩小于二子，然爲孟氏嫡嗣，且繼承卿位，或其年且長于二子，故二子以夫子稱之。我以將殺子聞，不亦遠於禮乎？遠禮不如死。」一人門於句鼆，一人門于戾丘，皆死。門作動詞，有二義。一爲攻門，僖二十八年傳「晉侯圍曹，門焉，多死」是也。一爲守門，哀四年傳「以兩矢門之，衆莫敢進」是也。此則宜爲後一義，蓋句鼆與戾丘俱爲魯邑，二子是魯人，非作亂，自無攻門之事。杜注：「句鼆、戾丘，魯邑。有寇攻門，二子禦之而死。」雖出猜測，或得其理。「鼆」又作「黽」，音黽。句鼆、戾丘，俱不詳今地所在。

一五·五　六月辛丑朔，日有食之。鼓、用牲于社，非禮也。日有食之，天子不舉，舉已見莊二十年傳並注。伐鼓于社；諸侯用幣于社，杜注：「社尊於諸侯，故請救而不敢責之。」伐鼓于朝，以昭事神、訓民、事君，杜注：「天子不舉，諸侯用幣，所以事神。尊卑異制，所以訓民。」訓謂教訓。朱彬經傳考證謂「訓猶順也」，亦通。示有等威，杜注：「等威，威儀之等差。」意謂因天子、諸侯貴賤不一，故威儀亦異，此亦以示之。古之道也。此所以釋「非禮」。非禮者，伐鼓當于朝，不當于社；于社當用幣，不當用牲，此「鼓、用牲于社」，乃用天子之禮故也。互詳莊二十五年傳並注。

一五·六　齊人許單伯請而赦之，使來致命。書曰「單伯至自齊」，貴之也。劉文淇疏證曰：「單伯，王臣，爲魯請子叔姬，適齊被執，得請而還，故書其至以貴之。」

一五·七　新城之盟，蔡人不與。新城之盟在十四年，從楚者陳、鄭、宋諸國皆服晉，唯蔡不與于盟會。晉郤缺以上軍、下軍伐蔡，杜注：「兼帥二軍。」中軍不動，故趙盾不行。曰：「君弱，不可以怠。」阮刻本脱「君」字，今從各本增。晉靈公于七年即位，時猶在抱，然今年即主諸侯盟會，則其年或已在十歲外。猶未成年，故曰「弱」。弱，幼小也。怠，懈怠。戊申，入蔡，以城下之盟而還。城下之盟已見桓十二年傳並注。凡勝國，曰滅之；惠士奇春秋説曰：「春秋書滅，非盡有其地，又有滅而仍存者。宣十二年

『楚子滅蕭』，蕭者，宋附庸，蕭滅于十二年，復見于定十一年『宋公之弟辰入于蕭以叛』，則是蕭仍爲附庸于宋，楚未嘗有其地也。昭十三年『吳滅州來』，昭二十三年傳稱吳人伐州來，楚薳越奔命救州來；然則楚之州來猶宋之蕭，雖滅而仍存也。」襄十三年傳復云：「用大師曰滅。」然則滅有兩義：「楚子滅蕭」，「吳滅州來」，用大師之例也。此勝國曰滅，乃杜注所云「絶其社稷，有其土地」之謂也。**獲大城焉，曰入之。**襄十三年傳又云：「弗地曰入。」則入亦有兩義，有入而取其地者，有入而不取其地者，說詳隱二年傳注。此郤缺入蔡，不有其地也。顧棟高大事表春秋入國滅國論所言雖不盡是，然亦可參考。

一五·八　**秋，齊人侵我西鄙，故季文子告于晉。**

一五·九　**冬十一月，晉侯、宋公、衞侯、蔡侯、陳侯、鄭伯、許男、曹伯盟于扈，**阮刻本無「陳侯」兩字，新城之盟有陳侯，陳侯亦當與會尋盟，今從石經、金澤文庫本、宋本、淳熙本等本增。**尋新城之盟，且謀伐齊也。**蓋以齊數伐魯，又嘗執王使，而季文子往告之故。**齊人賂晉侯，故不克而還。於是有齊難，**齊難即下傳之「侵我西鄙」。**是以公不會。書曰「諸侯盟于扈」，**經書「諸侯」，而不序列。**無能爲故也。**王念孫據僖十四年及文七年孔疏兩引此句皆無「故」字，因謂「故」字涉下文「王故也」而衍，說見王引之述聞。恐不可信。**凡諸侯會，公不與，不書，諱君惡也。**諸侯之會，魯公不與而書者，不一而足，而此云云者，蓋諸侯盟會，有魯公當與者，亦有不當與者。其不當與者，公不與，仍書之。其當與而不與者，則不書之。**與而不書，後也。**兼釋七年扈之盟。

一五·一〇 齊人來歸子叔姬，王故也。此釋齊所以歸子叔姬之故，因王命也。非釋經之書法。

一五·一一 齊侯侵我西鄙，謂諸侯不能也。杜注：「不能討己。」蓋晉受齊賂，見上傳。遂伐曹，入其郛，討其來朝也。此年夏來朝魯。

季文子曰：「齊侯其不免乎？己則無禮，杜注：「執王使而伐無罪。」而討於有禮者，曰：『女何故行禮？』孔疏曰：「言『曰』者，原齊侯之意而爲之辭也。責曹曰『女何故行禮』，謂責於朝魯也。」禮以順天，天之道也。己則反天，反天即反禮。而又以討人，難以免矣。詩曰：『胡不相畏？不畏于天。』詩小雅雨無正篇。鄭箋：「何爲上下不相畏乎？上下不相畏，是不畏于天。」君子之不虐幼賤，畏于天也。在周頌曰：『畏天之威，于時保之。』詩周頌我將篇。于時，於是也。見四年傳。「保之」之「之」，所指甚廣，杜注以「福禄」爲言，劉文淇疏證以「天命」爲言，俱無不可。不畏于天，將何能保？以亂取國，齊侯乃殺舍而自立，故云「以亂取國」。奉禮以守，猶懼不終；多行無禮，弗能在矣。」哀二十七年傳「多陵人者皆不在」，與此「在」字同義。爾雅釋詁：「在，終也。」終謂善終。杜注：「爲十八年齊弒商人傳。」

十有六年，庚戌，公元前六一一年。周匡王二年、晉靈十年、齊懿二年、衞成二十四年、蔡文公申元年、鄭穆十七年、曹文七年、陳靈三年、杞桓二十六年、宋昭九年、秦康十年、楚莊三年、許昭十一年。

經

一六·一　十有六年春，正月初九乙巳冬至，建子。季孫行父會齊侯于陽穀，陽穀見僖三年經並注。齊侯弗及盟。弗及盟者，不肯與之盟也。弗，例等於「不……之」，故杜注云：「及，與也。」

一六·二　夏五月，公四不視朔。諸侯于每月初一以特羊告廟，謂之告朔，亦謂之告月。告朔畢，因聽治此月之政，謂之視朔，亦謂之聽朔。又見六年經注。孔疏：「傳稱『正月，及齊平，公有疾，使季文子會齊侯』，則正月公初疾，不得視二月朔，至五月而四，故知不得視二月、三月、四月、五月朔也。」又云：「告朔謂告於祖廟，視朔謂聽治月政。視朔由公疾而廢，其告朔或有司告之，不必廢也。」孔説是也。論語八佾：「子貢欲去告朔之餼羊。子曰：『賜也，爾愛其羊，我愛其禮。』」公羊傳：「自是公無疾不視朔也。」後人據此遂謂告朔之禮廢于文公，其實非也。魯文僅此年二月至五月四次不視朔，六月以後仍視朔。若永不視朔，是不爲君矣，安有此理乎？告朔之禮，或自定、哀之間而漸廢，視朔之禮則不得廢。前人議論此事，多混告朔、視朔爲一，即江永鄉黨圖考亦不免此病。

一六·三　六月戊辰，戊辰，四日。公子遂及齊侯盟于郪丘。郪音西。公羊作「犀丘」，穀梁作「師丘」。郪、犀、師三字古音皆近，可通假。杜注：「郪丘，齊地。」顧棟高大事表謂在今山東省東阿縣境，江永考實駁之云：「是年公使公子遂納賂於齊侯，因及齊侯盟于郪丘，其地當近國都，豈遠至東阿而與之盟乎？」江説有理，則郪丘當在臨淄附近。沈欽韓地名補注以漢之新郪縣當之，則在今安徽省太和縣北，距齊都尤遠，自不可信。

一六·四 秋八月辛未，辛未，八日。夫人姜氏薨。杜注：「僖公夫人，文公母也。」

一六·五 毁泉臺。據公羊傳，泉臺即郎臺。餘詳莊三十一年經注。顧棟高大事表七之一謂即十八年經「公薨於臺下」之臺，非郎臺，似無據。

一六·六 楚人、秦人、巴人滅庸。巴見桓九年傳並注。庸，國名，據尚書牧誓，助周武王伐紂者有庸國之師，則立國已久。楚世家云：「當周夷王之時，熊渠甚得江、漢間民和，乃興師伐庸。」則庸爲屬楚之小國蓋自此始。據顧棟高大事表，今湖北省竹山縣東四十里有上庸故城，當即古庸國地。

一六·七 冬十有一月，宋人弒其君杵臼。「杵臼」，公羊作「處臼」，與僖十二年經「陳侯杵臼卒」同。

傳

一六·一 十六年春王正月，及齊平。公有疾，使季文子會齊侯于陽穀。請盟，齊侯不肯，曰：「請俟君間。」杜注曰：「間，疾瘳也。」齊懿公以與大夫盟爲失體，故不肯。

一六·二 夏五月，公四不視朔，疾也。公使襄仲納賂于齊侯，故盟于郪丘。

一六·三 有蛇自泉宮出，入于國，泉宮在郎，郎在曲阜南郊，爲近郊之邑。入于國者，入於魯都曲阜也。

如先君之數。杜注以爲魯自伯禽至僖公凡十七君，詳魯世家；蛇入于國者亦十七條，故云「如先君之數」。 秋八月辛未，聲姜薨。毁泉臺。杜注：「魯人以爲蛇妖所出而聲姜薨，故壞之。」梁玉繩瞥記云：「杜不數伯御也。其實當數伯御作十八君。文公在位十八年，時公有疾，先示兆，而公母聲姜適後三月而薨，遂以爲姜薨之象。夫蛇果爲姜出，何必如先君之數乎？如先君數者，告公十八年而終也。」以怪異之説爲真，亦失之拘。

一六·四 楚大饑，戎伐其西南，杜注：「戎，山夷也。」至于阜山，阜山，楚邑。據讀史方輿紀要，在今湖北省房縣南一百五十里。師于大林。蓋楚師于大林將以禦敵也。大林，楚邑，據彙纂，當在今湖北省荆門縣西北。又伐其東南，楚將禦敵，敵又逸至其東南。至於陽丘，陽丘，楚地，不詳所在。以侵訾枝。訾音貲。訾枝，楚邑，顧棟高大事表謂在今湖北省鍾祥縣境，沈欽韓地名補注謂當在今枝江縣。以「伐其東南」斷之，沈説近是。

庸人帥羣蠻以叛楚，羣蠻，高士奇地名考略本後漢書南蠻傳謂在今湖南沅陵縣、芷江縣一帶，不知其與庸相距甚遠也。疑此羣蠻是在湖北境内散居各處自成部落者，其與庸相近者，庸得而帥之。麇人率百濮聚於選，麇見十年傳並注。濮，種族名，尚書牧誓助武王伐紂之師有濮人，僞孔傳謂「濮在江、漢之南」，當即此。下文「百濮離居，將各走其邑」，故孔疏引杜氏釋例云：「濮夷無君長總統，各以邑落自聚，故稱『百濮』也。」蓋濮人部族非一，散處甚廣，此之百濮，當在今湖北省石首縣附近。禮記王制之「僰」，亦即「濮」。今雲南、四川之擺彝，擺亦古「濮」、「僰」之音轉。説參沈欽韓地名補注、高士奇地名考略。丙申父癸爵有「𩰫」字，乃地名，郭沫若金文續考季魯考謂疑即百濮之濮。録之以備一説。選，楚地，據彙纂，當在今湖北省枝江縣境。將伐楚。於是申、息之北門不啓。申見隱元年傳並注。息見隱十一年傳並注。申、息爲楚北境防中原諸國之要鎮，其北門不敢開，所以備中原諸侯也。

楚人謀徙於阪高。杜注僅謂阪高爲楚之險地，彙纂謂當在今湖北省襄陽縣西，洪亮吉詁、沈欽韓地名補注則均以今當陽縣東北二十里之長阪當之，或可信。蔿賈曰：「不可。我能往，寇亦能往，不如伐庸。夫麇與百濮，謂我饑不能師，故伐我也。若我出師，必懼而歸。百濮離居，離居猶散處。將各走其邑，誰暇謀人？」意謂楚若伐庸，百濮將自退。乃出師。旬有五日，百濮乃罷。百濮見楚出師，果如蔿賈之言，各自罷歸。

自廬以往，振廩同食。廬見十四年傳並注。楚由郢出師伐庸，必經廬，由郢至廬，尚自携糧。自廬出發以後，則開當地之倉廩散與將士食之。振讀如周書克殷篇「振鹿臺之財」之「振」，猶散也。杜注：「振，發也。」亦通。杜注曰：「同食，上下無異饌也。」次于句澨。杜注以句澨爲楚之西界，彙纂謂在今湖北省均縣廢治西。使廬戢梨侵庸，及庸方城。言庸之方城者，别于楚之方城也。高士奇地名考略云：「今竹山縣東四十五里有方城，山上平坦，四面險固，山南有城周十餘里，即春秋時『庸方城』也。」庸人逐之，囚子揚窗。杜注：「窗，戢梨官屬也。」子揚爲其字，窗爲其名，此亦猶文九年、宣四年之稱鬭椒爲「子越椒」。三宿而逸，曰：「庸師衆，羣蠻聚焉，不如復大師，復大師謂復起楚之大師。杜注謂「還復句澨師」，不確。夫句澨之師既爲伐庸而來，豈有不用之理？且下文有潘尫之言，則子揚此語，不僅爲廬戢梨言之，且爲楚之衆將帥言之。且起王卒，欲盡用楚衆。合而後進。」師叔曰：由宣十二年傳文，知師叔即楚大夫潘尫。「不可。姑又與之遇以驕之。彼驕我怒，而後可克，先君蚡冒所以服陘隰也。」楚世家云：「霄敖六年卒，子熊眴立，是爲蚡冒。蚡冒十七年卒。蚡冒弟熊通弑蚡冒子而代立，是爲楚武王。」然則蚡冒乃楚武王之兄，杜注云「楚武王父」，不知何據。梁玉繩史記志疑云：「韓子和氏篇謂『厲王薨，武王即位』，外儲説左上亦稱『楚厲王』，楚辭東方朔七諫云『遇厲、武之不察，羌兩足以畢斮』，是蚡冒謚厲王矣。」孔疏云：「言服陘隰，則陘隰本是他國，蚡冒始服之也。」顧棟高大事表云：「荆州府以東多山谿之險，因名。」又與之遇，七遇皆北，杜注：「軍走曰北。」北即背，轉身而逃。此佯敗北以驕敵也。唯裨、鯈、魚人實逐之。「鯈」，或作「儵」，同音儔，亦音由。杜注：「裨、鯈、魚，庸三邑。」馬宗璉補注云：「水經江水『又東逕魚復縣故城南』，酈元曰『故魚國也』，是魚乃羣蠻之一，非庸地。劉昭注巴郡魚復云『古庸國』，是猶沿元凱之誤。」馬説是。裨、鯈、魚恐俱是庸人所帥「羣蠻」之部落名，杜注不可信。裨、鯈所在之地，今已不得知。魚則當在今四川省奉節縣東五里。

庸人曰：「楚不足與戰矣。」遂不設備。楚子乘馹，馹音日，傳車也。會師于臨品，臨品，彙纂謂當在今湖北省均縣界。分爲二隊，杜注：「隊，部也。兩道攻之。」隊有隊伍之義，左傳亦有其義，襄十年「左執之，右拔戟，以成一隊」及二十三年「齊侯遂伐晉，取朝歌，爲二隊」是也。然隊亦有羨道之義，廣雅釋宫云：「羨，隊道也。」左傳則作「隧」，襄十八年「夙沙衛連大車以塞隧」及哀十三年「越子伐吴，爲二隧」是也。杜注云云，似此兩義皆用之。王念孫廣雅疏證則立後一義。**子越自石溪，子貝自仞以伐庸。**子越，鬬椒之字。石溪、仞，據彙纂，皆在今均縣界，爲入庸之道。**秦人、巴人從楚師。羣蠻從楚子盟，**杜注：「蠻見楚强故。」**遂滅庸。**楚世家云：「莊王即位三年，不出號令，日夜爲樂。令國中曰：『有敢諫者死無赦！』伍舉入諫。莊王左抱鄭姬，右抱越女，坐鐘鼓之間。伍舉曰：『願有進。』隱曰：『有鳥在於阜，三年不蜚不鳴，是何鳥也？』莊王曰：『三年不蜚，蜚將冲天；三年不鳴，鳴將驚人。舉退矣！吾知之矣。』居數月，淫益甚。大夫蘇從乃入諫。王曰：『若不聞令乎？』對曰：『殺身以明君，臣之願也。』於是乃罷淫樂，聽政，所誅者數百人，所進者數百人，任伍舉、蘇從以政。國人大悦。是歲滅庸。」

一六·五

宋公子鮑禮於國人，杜注：「鮑，昭公庶弟文公也。」宋世家或作「鮑革」，但年表仍作「鮑」，錢大昕史記考異謂「革」爲衍文，或是也。又詳下注。**宋饑，竭其粟而貸之。**貸有兩義，一爲施與之義，説文「貸，施也」、廣雅釋詁「貸，予也」是也。一爲借貸之義，十四年傳「貸於公有司以繼之」、昭三年傳「以家量貸而以公量收之」是也。此貸字兩義皆可通。王念孫廣雅疏證則引此文以證施予之義。**年自七十以上，無不饋詒也，**孔疏：「民年七十以上，無有不饋遺以飲食也。」專以飲食爲言，蓋因下文「羞珍異」之「羞」爲「致滋味」而言。**時加羞珍異。**杜注：「羞，進也。」孔疏：「珍異，謂非常美食。時加進珍異者，謂四時初出珍異之物也。」無日不數於六卿之門。數音朔，密也。孔疏：「無有一日不數數於六卿之門，言參請不絶也。」國之材人，無不事也；孔疏：「國之賢材之人無不事，公子皆事之也。」親自桓以下，無不恤也。杜注：「桓，鮑之曾祖。」孔疏：「其族親，自桓公以下子孫無不恤，公子皆賑恤之也。」公子鮑美而艷，襄夫人欲通之，八年傳云：「宋襄夫人，襄王之姊也。」襄王在位三十四年，此年距襄王之死又八年，距宋襄公之死且二十六年，以年度之，襄夫人當六十以上矣，此蓋補叙前事。而不可，公子鮑不肯。乃助之施。阮刻本作「夫人助之施」，今從唐石經、金澤文庫本及校勘記訂正。昭公無道，國人奉公子鮑以因夫人。

於是華元爲右師，華元，華督曾孫。詳七年傳注。宋六卿之輕重，亦詳七年傳注。公孫友爲左師，華耦爲司馬，杜注：「代公子卬。」公子卬死于八年，十五年經已書「宋司馬華孫來盟」，則其爲司馬蓋自八年始矣。鱗鱹爲司徒，鱹音貫，敦煌六朝寫本、石經及宋本作「矔」，音同。蕩意諸爲司城，蕩意諸自八年即已爲司城而奔魯，十一年又返國復位，俱見前傳。公子朝爲司寇。七年華御事爲司寇，則公子朝蓋代華御事。初，司城蕩卒，七年公子蕩爲司城，八年蕩意諸繼之，則公子蕩之卒，當在七、八年之間。公孫壽辭司城，壽爲蕩之子，父死，宜繼其位。請使意諸爲之。意諸，壽之子。壽辭位，而使其子爲之。既而告人曰：「君無道，吾官近，懼及焉。杜注：「禍及己。」棄官，則族無所庇。子，身之貳也，此身字當我字，或己字解，爾雅釋詁云：「身，我也。」韓非子五蠹篇云：「身死，莫之養也。」呂氏春秋應言篇云：「視印如身。」兩身字皆此義。漢書翟方進傳引王莽誥「不身自恤」，即用尚書大誥「不卬自恤」，變「卬」爲「身」，尤爲「我」義之確證。此句意謂兒子是本人之副貳。姑紓死焉。兒子代位代死，則己可以緩死。雖亡子，猶不亡族。」雖喪失兒子，本人存，族猶可保。

既，夫人將使公田孟諸而殺之。孟諸見僖二十八年傳並注。公知之，盡以寶行。蕩意諸曰：「盍適諸侯？」公曰：「不能其大夫至于君祖母以及國人，此十四字宜作一句讀。上文歷叙六卿，惟蕩意諸爲其黨，此所謂「不能其大夫」也。不能即不得，與諸人不睦。孔疏：「哀十六年傳，蒯聵告周云：『蒯聵得罪于君父君母。』謂母爲君母，則祖母爲君祖母矣。」昭公，成公之子，襄公之孫，故襄夫人是其祖母也。」沈欽韓補注云：「喪服，適母爲君母，則君祖母是適祖母之稱。」不能君祖母，亦見八年傳。上文云「國人奉公子鮑以因夫人」，故昭公自云「不能國人」也。諸侯誰納我？且既爲人君，而又爲人臣，適諸侯，是爲人臣也。不如死。」盡以其寶賜左右而使行。「而」，阮刻本作「以」，今從敦煌六朝寫本、唐石經、金澤文庫本及校勘記正。

夫人使謂司城去公。對曰：「臣之而逃其難，若後君何？」杜注：「言無以事後君。」

冬十一月甲寅，甲寅，二十二日。宋昭公將田孟諸，未至，夫人王姬使帥甸攻而殺之。夫人王姬即襄夫人，言王姬者，以其爲襄王之姊，周室之女也。帥甸爲官名，有三解。孔疏云：「周禮載師云：『以公邑之田任甸地。』帥甸者，甸地之帥，當是公邑之大夫也。」此一解也。沈欽韓補注則以周禮天官之甸師當之，云：「周禮甸師之官，其徒三百人。文王世子：『公族有罪，罄于甸人。』帥甸即此官也。」此又一解也。俞樾茶香室經説則云：「禮記祭義篇『五十不爲甸徒』，鄭注云：『四丘爲甸，甸六十四井也。以爲軍田出役之法。』正義曰：『五十不爲甸徒者，謂方八里之甸，徒謂步卒。軍法，八里出長轂一乘，步卒七十二人。謂之甸者，以供軍賦及田役之事。五十氣力始衰，不爲此甸役徒卒。』是甸役徒卒謂之甸徒，則帥此甸役徒卒者，宜謂之帥甸。」此又一解也。三解之中，沈説較爲可信。禮記檀弓疏引此文「帥甸」即作「甸師」，雖係誤文，亦可見古人已有解「帥甸」爲「甸師」者矣。宋世家云：「昭公出獵，夫人王姬使衛伯攻殺昭公杵臼。」梁玉繩史記志疑云：「衛伯豈帥甸之名乎？抑帥甸亦號衛伯乎？未知所出。」章炳麟讀力證衛伯即帥甸之又稱，但于帥甸之義，主第一義，然其説似迂曲。**蕩意諸死之。書曰「宋人弑其君杵臼」，君無道也。**宣四年傳云：「凡弑君稱君，君無道也。」

文公即位，宋世家云：「弟鮑革立，是爲文公。」鮑革即上文之公子鮑，史記索隱引徐廣云「一無『革』字」，年表亦無「革」字，漢書古今人表稱宋文公鮑，足見本無「革」字。**使母弟須爲司城。**杜注：「代意諸。」**華耦卒，而使蕩虺爲司馬。**杜注：「虺，意諸之弟。」文公即位當在明年，此蓋探後言之。

十有七年，辛亥，公元前六一〇年。周匡王三年、晉靈十一年、齊懿三年、衛成二十五年、蔡文二年、鄭穆十八年、曹文八年、陳靈四年、杞桓二十七年、宋文公鮑元年、秦康十一年、楚莊四年、許昭十二年。

經

一七·一 十有七年春，正月十九日庚戌冬至，建子。晉人、衞人、陳人、鄭人伐宋。衞與陳之班次，或衞在陳上，自隱公至莊公十四年，四十二年間，凡四會，如此；或陳在衞上，自莊十五年迄僖十七年，三十五年間，凡八會，如此。自此終於定四年（定四年以後，陳、衞不復並書），陳亦常在衞上。然亦間有衞在陳上者，如此及宣二年之「衞人、陳人」、襄二十七年之「衞石惡、陳孔奐」、昭元年之「衞齊惡、陳公子昭」、定四年之「衞侯、陳子」，蓋因時因事而異。

一七·二 夏四月癸亥，癸亥，四日。葬我小君聲姜。「聲姜」，公羊作「聖姜」。聲與聖音近得通假。

一七·三 齊侯伐我西鄙。傳云「齊侯伐我北鄙」，故杜注謂「『西』當爲『北』，蓋經誤」。而孔疏引服虔說，則謂齊兩次來伐，一伐西鄙，一伐北鄙；西鄙書，北鄙不書。據傳，四月葬聲姜，其前已有齊難，則齊之來伐，不止一次，服虔說或較是。六月癸未，癸未，二十五日。公及齊侯盟于穀。穀見莊七年經注。

一七·四 諸侯會于扈。

一七·五 秋，公至自穀。無傳。

一七·六 冬，公子遂如齊。

傳

一七·一 **十七年春，晉荀林父、衛孔達、陳公孫寧、鄭石楚伐宋，討曰：「何故弑君？」**金澤文庫本「弑」作「殺」。　據晉語五「宋人弑昭公，趙宣子請師於靈公以伐宋。乃使旁告於諸侯，治兵振旅，鳴鐘鼓以至於宋」云云，則趙盾倡其議，荀林父將其師。**猶立文公而還。**據宣元年傳，晉取宋賂，宋文公曾受盟于晉。宋世家云：「文公元年，晉率諸侯伐宋，責以弑君。聞文公定立乃去。」諸侯之師本以責殺昭公興師，然至宋時，文公已立定，不能改變，反定其位而還，故云「猶」。于鬯香草校書謂猶非副詞，乃圖謀之義，不可信。**卿不書，**經書「晉人、衛人、陳人、鄭人」，不書諸國將帥姓名。**失其所也。**本以討殺君者往，反立之而還，故云「失其所」。　所，處所，立足地，猶今言立場。

一七·二 **夏四月癸亥，葬聲姜。有齊難，是以緩。**聲姜死于上年八月，至此凡九月，依「五月而葬」之例，緩。

一七·三 **齊侯伐我北鄙，襄仲請盟。六月，盟于穀。**杜注：「晉不能救魯，故請服。」據經，爲魯文及齊懿盟。

一七·四 **晉侯蒐于黃父，**據宣七年傳，黃父一名黑壤。　其地即今山西省翼城縣東北六十五里之烏嶺，接沁水縣界。**遂復合諸侯于扈，**杜注：「傳不列諸國，而言『復合』，則如上十五年會扈之諸侯可知也。」昭四年傳謂「周武有孟津之誓，成有岐陽之蒐」，晉語八則云「昔成王盟諸侯於岐陽」，由此可推成王蒐於岐陽，與召諸侯會盟同時，故晉靈亦以黄父之蒐合諸侯。平宋也。年表云：「晉靈公十一年，率諸侯平宋。」公不與會，齊難故也。書曰「諸侯」，無功也。杜注：「刺欲平宋而復不能。」

於是晉侯不見鄭伯，以爲貳於楚也。鄭子家使執訊而與之書，以告趙宣子，子家即公子歸生，見十三年傳。杜注：「執訊，通訊問之官。」孔疏曰：「使執訊，使之行適晉也。與之書，與此執訊書，令持以告宣子。」此實子家與趙宣子之書，執訊往送之耳。曰：

寡君即位三年，鄭穆公于僖三十三年即位，其三年，則魯文二年也。召蔡侯而與之事君。九月，蔡侯入于敝邑以行。杜注：「行，朝晉也。」敝邑以侯宣多之難，鄭穆之立，侯宣多有力焉，見僖三十年及宣三年傳。杜注：「宣多既立穆公，恃寵專權。」寡君是以不得與蔡侯偕。十一月，克減侯宣多，減與咸古字通，減，絶也。説詳王引之述聞。而隨蔡侯以朝于執事。十二年六月，鄭穆之十二年，魯文十一年。歸生佐寡君之嫡夷，夷，鄭穆太子靈公也。以請陳侯于楚，而朝諸君。十四年七月，寡君又朝以蕆陳事。蕆音産，杜注：「敕也。」方言：「備也。」蕆有完成之義，蕆陳事者，完成陳國從服于晉之工作也，故下云「陳侯自敝邑往朝于君」。杜注以「敕成前好」解之，恐不確。十五年五月，陳侯自敝邑往朝于君。往年正月，燭之武往，朝夷也。燭之武見僖三十年傳。「朝」，動詞使動用法，謂使夷往朝于晉。八月，寡君又往朝。以陳、蔡之密邇於楚，而不敢貳焉，則敝邑之故也。謂鄭事晉殷勤，陳、蔡不敢專事楚。雖敝邑之事君，朱彬經傳考證云：「雖與惟同。」何以不免？在位之中，一朝于襄，而再見于君。君，晉靈公。孔疏曰：「一朝于襄，三年十一月也。再見於君，十四年七月、往年八月也。」夷與孤之二三臣相及於絳。禮記玉藻云：「小國之君曰孤，擯者亦曰孤。」此所以鄭子家亦稱其君曰孤也。説本姚鼐補注。二三臣，歸生自謂以及燭之武等。絳，晉都。相及於絳，言諸人不絶於道路。雖我小國，則蔑以過之矣。雖作唯用。言唯我小國之事晉，無以加之矣。今大國曰：「爾未逞吾志。」今晉國責我曰，汝鄭國尚未快我之意。敝邑有亡，無以加焉。然而我鄭國已竭盡其力矣，再相誅求，則我小國唯有被晉滅亡，不能再有所加矣。

古人有言曰：「畏首畏尾，身其餘幾？」淮南子説林訓云：「畏首畏尾，身凡有幾？」高誘注云：「畏始畏終，中身不畏，凡有幾何，言常畏也。」又曰：「鹿死不擇音。」音，古有二解。孔疏引服虔云：「鹿得美草，呦呦相呼；至於困迫將死，不暇復擇善音，急之至也。」此讀音如字。杜注：「音，所茠蔭之處。古字聲同，皆相假借。」此讀音爲蔭。莊子人間世篇云：「獸死不擇音，氣息茀然。」則先秦人實解音爲聲音。後漢書皇甫規傳載其上疏自訟云：「臣雖汙穢，廉潔無聞。今見覆没，恥痛實深。傳稱『鹿死不擇音』，謹冒昧略上。」亦以音爲聲音，則服説合本義。説參洪頤煊讀書叢録、章炳麟讀。小國之事大國也，德，則其人也；不德，則其鹿也，小國於大國，若大國德，則小國乃人也；若不德，則小國乃鹿也。鋌而走險，急何能擇？鋌音挺，杜注：「疾走貌。」此言小國若爲鹿，則將如鹿之急不擇路，赴險犯難矣。命之罔極，亦知亡矣，杜注：「言晉命無極。」此言晉對待鄭國之命，毫無準則，鄭國于此，亦知危亡矣。將悉敝賦以待於鯈。「鯈」亦作「儵」。杜注：「鯈，晉、鄭之境，言欲以兵距晉。」唯執事命之。

文公二年六月壬申，鄭文公二年六月壬申，當魯莊二十三年六月二十日。朝于齊。四年二月壬戌，魯莊二十五年二月無壬戌。爲齊侵蔡，亦獲成於楚。居大國之間，而從於强令，豈其罪也？强令，大國所加壓力之命令。沈欽韓補注云：「此追引鄭事。齊桓之時，鄭固從齊，而亦間成於楚。所以然者，介于兩大也，以救急也。齊于爾時未嘗見罪，晉胡爲苛求乎？」大國若弗圖，無所逃命。

晉鞏朔行成於鄭，鞏朔，晉大夫，成二年謂之鞏伯，又謂之士莊伯。趙穿、公壻池爲質焉。公壻池詳八年傳並注。

一七·五 秋，周甘歜敗戎于邥垂，歜音觸。甘歜，讀本云：「蓋王子帶之後。」邥音審。邥垂，據水經伊水注及清一統志，當在今河南省洛陽市南。乘其飲酒也。杜注：「爲成元年晉侯平戎于王張本。」

一七·六　冬十月，鄭大子夷、石楚爲質于晉。鄭太子夷及石楚俱已見前傳。

一七·七　襄仲如齊，拜穀之盟。復曰：回報魯君也。「臣聞齊人將食魯之麥。下年傳云「齊侯戒師期」，則此「將食魯之麥」者，謂將伐魯也。以臣觀之，將不能。此「將」字與昭五年傳「禮之本末，將於此乎在」之「將」字用法同，殆也，表示不肯定。又詳宣六年傳注。齊君之語偷。杜注：「偷猶苟且。」臧文仲有言曰：文仲爲臧孫辰之謚。禮記玉藻云：「士於君所言大夫，没矣，則稱謚若字。」孔疏云：「君前臣名，若彼大夫生，則士呼其名。若彼大夫已死没，而士於君前言，則稱彼謚。無謚，則稱字。不呼其名，敬貴故也。」襄仲，魯卿，於君前稱臧孫辰亦不名，則不僅士爲然也。『民主偷，必死。』」襄三十一年傳載穆叔之語云：「趙孟將死矣，其語偷，不似民主。」與此意同。

十有八年，壬子，公元前六〇九年。周匡王四年、晉靈十二年、齊懿四年、衞成二十六年、蔡文三年、鄭穆十九年、曹文九年、陳靈五年、杞桓二十八年、宋文二年、秦康十二年、楚莊五年、許昭十三年。

經

一八·一　十有八年春王二月丁丑，二月初一日乙卯冬至，建亥，有閏。丁丑，二十三日。公薨於臺下。讀本云：「薨于臺下，言非路寢。」此臺當是宮中之臺，或以爲泉臺。夫泉臺在郊邑，且已毁於十六年，故知其未必然。沈欽韓補注云：「臺下非寢疾之所，卒然而斃，或升高而隕，俱未可知。穀梁曰：『臺下非正也。』」

一八·二　秦伯罃卒。無傳。秦本紀云：「康公立十二年卒，子共公立。」據宣四年經，共公名稻。秦穆公之卒，經未書，秦君之卒至是始書。

一八·三　夏五月戊戌，戊戌，十五日。齊人弒其君商人。

一八·四　六月癸酉，癸酉，二十一日。葬我君文公。

一八·五　秋，公子遂、叔孫得臣如齊。二卿同爲使者而書于經者，此及定六年「季孫斯、仲孫何忌如晉」兩次而已。定六年傳云：「季桓子如晉，獻鄭俘也。陽虎强使孟懿子往報夫人之幣。」則兩人同往，各有使命，非一人爲正使，餘人爲介也，故杜此注云：「書二卿，以兩事行，非相爲介。」

一八·六　冬十月，子卒。子是文公太子惡。稱「子」者，僖九年傳云「凡在喪，公侯曰子」是也。詳彼注。稱「卒」不稱「弒」者，傳云：「諱之也。」太子惡之弟視亦被殺，因非太子，年又小，故經不書。

一八·七　夫人姜氏歸于齊。

一八·八　季孫行父如齊。無傳。

一八·九　莒弒其君庶其。

傳

一八·一　十八年春，齊侯戒師期，宣十二年傳：「軍政不戒而備。」杜注：「戒，敕令也。」戒師期，規定出師伐魯之期而命令下達也。而有疾。醫曰：「不及秋，將死。」醫謂齊侯之病不能到秋天便死。公聞之，卜，曰：「尚無及期！」公，魯文公。尚，表希冀祈請之副詞。惠伯令龜。令龜，即周禮春官大卜之「命龜」，臨卜，以所卜之事告龜。命龜有辭，儀禮士喪禮載卜葬命龜之辭曰：「哀子某，來日某，卜葬其父某甫，考降，無有近悔。」今存殷墟卜辭中亦有命龜之辭。卜楚丘占之，曰：「齊侯不及期，金澤文庫本「齊侯」下有「之」字。非疾也；君亦不聞。杜注：「言君先齊侯終。」令龜有咎。」杜注：「言令龜者亦有凶咎，見於卜兆。爲惠伯死張本。」二月丁丑，公薨。

一八·二　齊懿公之爲公子也，與邴歜之父争田，弗勝。邴音丙，歜音觸。齊世家云：「初，懿公爲公子時，與丙戎之父獵，争獲，不勝。」邴歜作丙戎，然衛世家又作邴歜，與左傳同。以田獵解田，然以左氏文義論之，争田恐仍是争奪田地之義，成十一年、十七年並昭九年傳俱有争田事可證。及即位，乃掘而刖之，掘謂掘其尸，刖謂斷其足，蓋其時邴歜之父已死。齊世家同。而使歜僕。僕，御也，爲之駕車也。納閻職之妻，而使職驂乘。驂乘，亦作「參乘」，又曰陪乘，此作動詞語，亦可作名詞，古乘車在車右之人也。古乘車之法，導者居左，御者居中，又有一人處車之右，是以戎車則稱車右，其餘則稱驂乘。驂者，三也，蓋取三人爲名義也。齊世家云：「庸職之妻好，公内之宫，使庸職驂乘。」説苑復恩篇云：「奪庸織之妻而使織爲參乘。」「閻職」俱作「庸織」，閻、庸蓋一聲之轉。楚語下云：「邴歜、閻職戕懿公於囿竹。」兩人姓名與左傳同。

夏五月，公游于申池。杜注：「齊南城西門名申門，齊城無池，唯此門左右有池，疑此則是。」襄十八年傳叙晉率諸侯之師伐齊，「焚申池之竹木」，「又焚東郭、北郭」，則申池爲齊都之城外之池無疑，當在今山東省淄博市西，杜注可信。齊世家集解引左思齊都賦注謂「申池，海濱齊藪也」，不可信。惠棟補注從之，誤。説參高士奇地名考略。**二人浴于池。歜以扑抶職。**杜注：「扑，箠也。」此則爲駕車擊馬之竹鞭。抶音秩，笞擊也。**職怒。歜曰：「人奪女妻而不怒，**左傳用「女」爲對稱代詞者凡百餘次，用爲領位者僅此一見耳。**一抶女，庸何傷？」**庸亦何也，庸何同義詞連用，亦猶庸安之爲同義詞連用。荀子宥坐篇「女庸安知吾不得之桑落之下」，是其證。説參王引之釋詞。**職曰：「與刖其父而弗能病者何如？」乃謀弑懿公，納諸竹中。**殺之而納其尸於竹林中也。齊世家及説苑復恩篇均載此事，與左氏大同小異，可互參。**歸，舍爵而行。**舍爵，見桓二年傳並注。定八年傳云：「子言辨舍爵於季氏之廟而出。」則舍爵者，謂告奠于廟也。此舍爵義當同。杜注僅以「飲酒」釋之，恐猶不足。説見沈欽韓補注。章炳麟讀引禮記玉藻「浴，晞身，乃屨，進飲」，謂「新浴本當飲酒，申池非飲酒處，故歸而飲酒也」。恐亦曲説。二人殺懿公後，仍敢歸告祖廟，然後逃亡者，杜注云：「言齊人惡懿公，二人無所畏。」**齊人立公子元。**齊世家云：「懿公之立，驕，民不附。齊人廢其子，而迎公子元於衞，立之，是爲惠公。惠公，桓公子也。其母衞女，曰少衞姬。避齊亂，故在衞。」

一八·三 六月，葬文公。傳無虛立之例，此于經無所補充、説明而立傳者，疑本與下傳不分，爲「拜葬」張本也。

一八·四 秋，襄仲、莊叔如齊，襄仲，公子遂；莊叔，得臣。惠公立故，金澤文庫本句末有「也」字。且拜葬也。杜注：「襄仲賀惠公立，莊叔謝齊來會葬。」

文公二妃。敬嬴生宣公。魯世家云：「文公有二妃。長妃齊女，爲哀姜，生子惡及視。次妃敬嬴，嬖愛，生子俀。」司馬遷所述，當本左傳，而今傳文「文公二妃」下，僅言「敬嬴生宣公」，文意不全，劉文淇疏證謂「『敬嬴』上似有奪句，傳於此宣明惡、視所出也」，其言有理，傳蓋本云「文公二妃，元妃齊姜，生惡及視；次妃敬嬴，生宣公」。此句若以爲無脱文，則可讀作「文公二妃敬嬴，生宣公」，二妃猶言次妃也。亦猶十四年傳之「邾文公元妃齊姜，生定公，二妃晉姬，生捷菑」。「敬嬴」，公羊宣八年作「頃熊」，則楚女矣，恐不足信。敬嬴嬖，而私事襄仲。謂敬嬴私與襄仲勾結也，魯世家謂「俀私事襄仲」，以私事襄仲者爲宣公，恐不合傳意。宣公長，而屬諸襄仲。敬嬴以宣公託之襄仲也。閔二年傳云：「成風聞成季之繇，乃事之，而屬僖公焉。」事、屬兩字之義與此同。襄仲欲立之，叔仲不可。叔仲，惠伯也，即叔彭生。仲見于齊侯而請之。金澤文庫本作「請立之」，「立」蓋衍文。齊侯新立，而欲親魯，許之。孔疏：「惡是齊甥，齊侯許廢惡者，惡以世適嗣立，不受齊恩。宣以非分得國，荷恩必厚。齊侯新立，欲親魯爲援，故許之。」

一八·五 冬十月，仲殺惡及視，出姜以文四年來魯，則惡最大不過十三四歲耳。公羊成十五年傳叔仲惠伯曰「老夫抱之」，則年極幼，未審可信否。而立宣公。書曰「子卒」，諱之也。不書「弑」或「殺」，而書「卒」，似其自死，故云諱之。公侯在喪稱子，見僖九年傳。公羊傳云：「『子卒』者孰謂？謂子赤也。」以「赤」是其名，與傳名惡者不同。視及惠伯之死皆不書，亦不得不諱之也。

仲以君命召惠伯，文公死，太子惡當立，則此「君」乃指惡，故杜注云「詐以子惡命」。其宰公冉務人止之，卿大夫家臣之長曰宰。公冉，複姓，見廣韻「公」字注。曰：「入必死。」叔仲曰：「死君命可也。」公冉務人曰：「若君命，可死；非君命，何聽？」弗聽，乃入，殺而埋之馬矢之中。沈欽韓補注曰：「說文：『菡，糞也。』韻會云：『通作矢。』莊子人間世篇：『夫愛馬者以筐盛矢。』音義：『矢或作屎。』」章炳麟讀謂馬矢或是宮旁小地名，不但無據，且與文義不合。長沙馬王堆三號墓出土帛書春秋事語云「東門襄（仲）殺而貍（埋）□路」，則未必爲馬矢中。公冉務人奉其帑以奔蔡，既而復叔仲氏。復立其子，其子爲叔仲氏也。禮記檀弓正義引世本云：「叔牙生武仲休，休生惠伯彭，彭生皮，爲叔仲氏。」

一八·六 夫人姜氏歸于齊，大歸也。姜氏即文四年之出姜，惡及視之母。其子被殺，固不得不大歸。詩邶風燕燕孔疏云：「言大歸者，不反之辭。以歸寧者有時而反，此即歸不復來，故謂之大歸也。」將行，哭而過市，曰：「天乎！仲爲不道，殺嫡立庶。」市人皆哭。魯人謂之哀姜。魯世家索隱云：「此哀非謚，蓋以哭而過市，國人哀之，謂之哀姜，故生稱哀。」亦謂出姜者，以其大歸也。劉文淇疏證云：「出亦非謚。夫人卒於齊，蓋不制謚。」昭三十二年傳述史墨對趙簡子之言曰：「魯文公薨，而東門遂殺嫡立庶，魯君於是乎失國，政在季氏。」司馬遷本之，魯世家因云：「魯由此公室卑，三桓强。」

一八·七　莒紀公生太子僕，阮刻本「公」下衍「子」字，據校勘記及各本删正。據經，莒紀公名庶其。杜注：「紀，號也。莒夷無謚，故有別號。」俞樾平議云：「紀乃莒邑名，紀公蓋以邑爲號。」又生季佗，季佗當即莒渠丘公。愛季佗而黜僕，周語中云：「王黜狄后。」晉語一云：「公將黜太子申生而立奚齊。」韋昭注並云：「黜，廢也。」且多行無禮於國。僕因國人以弒紀公，「弒」，金澤文庫本作「殺」。以其寶玉來奔，納諸宣公。公命與之邑，曰：「今日必授！」季文子使司寇出諸竟，逐之出魯國境界。曰：「今日必達！」達，魯語上作「通」，通、達同義，猶今言徹底執行也。公問其故。季文子使大史克對曰：詩魯頌駉序云：「季孫行父請命于周，而史克作是頌。」則大史克亦簡稱史克。魯語上作「里革」，韋注云：「里革，魯太史克也。」

先大夫臧文仲教行父事君之禮，季孫行父於宣公前稱臧孫辰而不名，說見十七年傳注。行父奉以周旋，弗敢失隊，隊同墜。曰：「見有禮於其君者，事之，如孝子之養父母也；見無禮於其君者，誅之，如鷹鸇之逐鳥雀也。」鷹與鸇，俱屬猛禽類，爲食肉鳥。漢翟方進奏曾引此言，見漢書翟方進傳。**先君周公制周禮曰**：周禮，據文，當是姬旦所著書名或篇名，今已亡其書矣。若以周官當之，則大誤。今之周官，雖其間不無兩周之遺辭舊義，然其書除考工記外，或成于戰國。**「則以觀德**，六年傳云「導之禮則」，此「則」字亦禮則之義。以禮則觀人之德。德有凶有吉，合則爲吉德，不合則爲凶德。**德以處事**，杜注：「處猶制也。」處即今區處、處理、處置之義，處事猶言辦事。魯語上云：「夫仁者講功而智者處物。」下云：「朝夕處事。」處字皆此義。孔疏云：「既有善德，乃能制斷事宜，故曰『德以處事』。」**事以度功**，度，舊讀入聲，量也。事以度功者，據其效果，評其功勞之有無與大小也。**功以食民。」**此句可有兩義。杜注：「食，養也。」釋文云：「食音嗣。」孔疏云：「民不自治，立君牧養，作事成功，所以養食下民，故曰『功以食民』也。」此一義也。竹添光鴻會箋云：「功成而後受邑受田，以食於民也。此『車服以庸』之義。晉語『公食貢，大夫食邑，士食田，庶人食力，工商食官，皁隸食職，官宰食加』，字法全同。杜訓食爲養，不確。」兩説皆可通，後説似較勝。**作誓命曰**：誓命似亦姬旦所作篇名，今亦亡。**「毁則爲賊**，毁棄禮則爲賊也，與孟子梁惠王下「賊仁者謂之賊」義相似。**掩賊爲藏**。杜注云：「掩，匿也。」孔疏云：「掩匿賊人是爲藏，言其藏罪人也。」黄生義府云：「藏乃臧之誤也。古『藏』『贓』字皆作『臧』，後人轉寫誤加艸耳。『掩賊爲臧』，言得賊之物而隱庇其人，猶今窩主之謂。」此説較孔説爲勝。朱駿聲亦謂藏即俗字之贓。**竊賄爲盜**，杜注：「賄，財也。」孔疏曰：「竊人財賄謂之爲盜。」**盜器爲姦**。十二年傳襄仲辭玉，以玉爲大器；此器字亦大器、重器（見成二及十四年傳）之謂。竊人一般財物爲盜，盜人寶物爲姦。依傳上下文義解之如此。魯語云「竊寶者爲宄，用宄之財者爲姦」，自與傳義不一，不能强異爲同。**主藏之名，**杜注：「以掩賊爲名。」**賴姦之用，**賴、利古多通用，周語中「先王豈有賴焉」，晉語二「君得其賴」，晉語二「反義則富不爲賴」，韋注並云：「賴，利也。」用即「盜器爲姦」之「器」也，左傳「器用」連文爲一詞者凡十五次，如隱五年「其材不足以備器用」，十一年「凡而器用財賄無實於許」是也。足見「用」爲「器」義，「器用」爲同義詞連用。賴姦之用者，以姦人所盜之大器爲利也。**爲大凶德，有常，無赦。**莊十四年及昭三十一年傳並云：「周有常刑。」昭二十五年傳又云：「常刑不赦。」哀三年傳且云：「則有常刑無赦。」然則此有常者，有常刑也，與哀三年傳同意。逸周書大匡解「有常不赦」，戰國策魏策四引憲之上篇「有常不赦」，常俱謂常刑。**在九刑不忘。」**依傳上下文義，誓命之言宜至此止。孔疏及周禮秋官司刑疏俱引賈逵、服虔說，謂九刑爲「正刑一，議刑八」。正刑一者，五刑墨、劓、剕、宮、大辟，其中之一也。議刑八者，周禮小司寇有八議，論親、故、賢、能、功、貴、勤、賓八者而附于刑罰也。夫五刑是一事，八議另是一事，合兩者爲九刑，近于不倫，孔疏既已駁之，孫詒讓周禮小司寇正義亦以爲未允。惠棟補注又謂「九刑謂刑書九篇」，引周書嘗麥解爲證。說亦未允。九刑者，九種刑罰之謂，昭六年傳，亦爲刑書之名。據漢書刑法志及尚書呂刑鄭注，墨、劓、刖、宮、大辟五刑加以流、贖、鞭、扑四刑也。忘讀爲妄。在九刑不忘者，于大凶德之人，依其情節之輕重，以九刑之一適當處之，亦不爲過度也。**行父還觀莒僕，**杜注云：「還猶周旋也。」則還觀爲偏觀、細審之意。莊子秋水篇云：「還虷蟹與科斗，莫吾能若也。」釋文云：「還音旋，顧視也。」章炳麟讀亦云：「還猶觀也。」若解還、觀爲同義詞連用，似較勝。莫可則也。孝敬、忠信爲吉德，盜賊、藏姦爲凶德。夫莒僕，則其孝敬，則弒君父矣；則其忠信，則竊寶玉矣。其人，則盜賊也；其器，則姦兆也。杜注：「兆，域也。」蓋謂莒僕所納之器，乃屬於姦人類。俞樾平議云：「兆當讀爲佻，國語周語曰『姦仁爲佻』，此姦佻之義也。」章炳麟讀云：「上句盜賊平列，則姦兆亦平列。姦即上文『盜器爲姦』之姦，兆讀周語『郤至佻天之功以爲己力』之佻，偷也。」俞、章之説較勝。保而利之，則主藏也。保而利之謂魯宣公保其人而利其器，是「掩賊爲藏」也。以訓則昏，民無則焉。意謂以此教訓人民，則爲迷亂，人民無所取法。作孝經者竊取此語改爲「以順則逆，民無則焉」，非傳意，不能强合。不度於善，杜注：「度，居也。」言如此行爲，不屬吉德之類。而皆在於凶德，是以去之。

昔高陽氏有才子八人，五帝本紀云：「帝顓頊高陽者，黄帝之孫而昌意之子也。」索隱引宋衷云：「顓頊，名；高陽，有天下號也。」又引張晏云：「高陽者，所興地名也。」才子之子，必非兒子之謂，蓋下文云「舜臣堯，舉八愷」，年代不相及也。故五帝本紀索隱引賈逵説「謂其後代子孫而稱爲子」，杜注本之，因云「八人，其苗裔」。蒼舒、隤敳、檮戭、大臨、尨降、庭堅、仲容、叔達，隤音魋，敳音皚，潛夫論五德志作「隤凱」。檮音儔，又音桃；戭音衍，潛夫論作「擣演」。敳、凱，戭、演皆異文。尨音厖。此八人已無可考，後人以其爲舜所舉，於是于舜典中求之，杜注云：「此即垂、益、禹、皋陶之倫。」孔疏申之云：「夏本紀稱禹是顓頊之後，秦本紀稱皋陶是顓頊之後，伯益則皋陶之子，垂之所出，舊説相傳，亦出顓頊，故云『此即垂、益、禹、皋陶之倫』也。不知誰爲禹，誰爲益，故云『之倫』『之屬』，不敢斥言也。」至水經洛水注載晉永平元年九山廟百蟲將軍顯靈碑謂隤敳即伯益，乃鑿空附會之談，不足據。説見梁玉繩史記志疑十九。　庭堅又見五年傳注。**齊、聖、廣、淵、明、允、篤、誠，**孔疏：「此並序八人，總言其德。或原其心，或據其行，一字爲一事，其義亦更相通。齊者，中也，率心由道，舉措皆中也。聖者，通也，博達衆務，庶事盡通也。廣者，寬也，器宇宏大，度量寬弘也。淵者，深也，知能周備，思慮深遠也。明者，達也，曉解事務，照見幽微也。允者，信也，終始不愆，言行相副也。篤者，厚也，志性良謹，交游款密也。誠者，實也，秉心純直，布行貞實也。」**天下之民謂之八愷。**杜注：「愷，和也。」**高辛氏有才子八人，**五帝本紀云：「帝嚳高辛者，黄帝之曾孫也。高辛於顓頊爲族子。」**伯奮、仲堪、叔獻、季仲、伯虎、仲熊、叔豹、季貍，**貍音釐。伯奮、伯虎，漢書古今人表「伯」俱作「柏」，伯、柏異文。人表有季熊，師古注以爲即季貍。仲熊，潛夫論五德志篇作仲雄。杜注：「此即稷、契、朱虎、熊羆之倫。」孔疏：「契後爲殷，稷後爲周，史記殷、周皆爲帝嚳之後也。此言伯虎、仲熊，尚書有朱虎、熊羆，二者其字相類，知『此即稷、契、朱虎、熊羆之倫』也。尚書更有夔、龍之徒，亦應有在元、愷之内者，但更無明證，名字又殊，不知與誰爲一，故不復言之。」山海經大荒東經謂「帝俊生中容」，又海内經謂「帝俊生季釐」，王國維殷卜辭中先公先王考固謂帝俊即帝嚳，中容、季釐即此仲熊、季貍。然古代傳説，諸書異詞，莫堪究詰，似不必深考，以上諸説姑録以備參。**忠、肅、共、懿、宣、慈、惠、和，**孔疏：「此亦總言其德，於義亦得相通。忠者，與人無隱，盡心奉上也。肅者，敬也，應機敏達，臨事恪勤也。共者，治身克謹，當官理治也。懿者，美也，保己精粹，立行純厚也。宣者，徧也，應受多方，知思周徧也。慈者，愛出於心，思被於物也。惠者，性多哀矜，好拯窮匱也。和者，體度寬簡，物無乖爭也。」**天下之民謂之八元。**易文言云：「元者，善之長也。」范文瀾中國通史簡編云：「八愷指以禹爲首的各族，八元指以契爲首的各族。契距離帝嚳既不只一世，堯、棄、摯年代相近，距離帝嚳當然也不只一世。如果確是同出帝嚳一系，應是同族的後裔，決不是同父兄弟。」**此十六族也，**不云「十六人」，而云「十六族」者，本以其氏族言也，故下云「世濟其美」。孔疏引劉炫云：「各有大功，皆賜氏族，故稱族。」**世濟其美，不隕其名。**孔疏：「世濟其美，後世承前世之美；不隕其名，不隊前世之美名。言其世有賢人，積善而至其身也。」金其源讀書管見云：「呂覽用民高注：『終一人之身爲世。』當以一身解世。」録備一説。**以至於堯，堯不能舉。**金澤文庫本「不」作「弗」。五帝本紀「不」作「未」。**舜臣堯，舉八愷，使主后土，**杜注：「后土，地官。」禹作司空，平水土，即主地之官。」**以揆百事，莫不時序，**杜注：「揆，度也。」據王引之尚書述聞，時序，猶承叙也。承叙者，承順也。閻若璩尚書古文疏證四云：「即孟子『使之主事而事治』之謂也。」**地平天成。**據僖二十四年傳，「地平天成」四字爲夏書文。**舉八元，使布五教于四方，**杜注：「契在八元之中。」孔疏云：「舜典云：『帝曰：契！百姓不親，五品不遜，汝作司徒，敬敷五教，在寬。』尚書契敷五教，此云『舉八元，使布五教』，以此故知『契在八元中』

也。」**父義、母慈、兄友、弟共、子孝，內平、外成。**杜注：「內，諸夏；外，夷狄。」竹添光鴻箋云：「此以一家言，則內謂家，外謂鄉黨。」

昔帝鴻氏有不才子，五帝本紀集解引賈逵云：「帝鴻，黄帝也。」李貽德輯述云：「大荒東經云：『帝俊生帝鴻。』帝俊，郭氏以爲帝舜也。畢氏沅據帝王世紀，定爲帝嚳，傳所云『帝鴻氏』，未審與山海經不合。賈云『黄帝』，不知何徵。古籍云亡，難以審定。」**掩義隱賊，**此句杜預無注，則讀「義」如字，意謂掩蔽仁義，包庇姦賊。俞樾平議及章炳麟讀俱謂「掩義」與「隱賊」同義，義與俄通，邪也。尚書立政「茲乃三宅無義民」，吕刑「鴟義姦宄」，據王引之述聞説，義皆當讀爲俄。**好行凶德，醜類惡物。**醜，類也。醜類，同義詞連用，此作動詞，惡物爲其賓語，言與惡物相比類也。説本沈欽韓補注。**頑嚚不友，是與比周，**僖二十四年傳云：「心不則德義之經爲頑，口不道忠信之言曰嚚。」此言頑嚚及于兄弟不友愛之人，渾敦則引之爲同類。**天下之民謂之渾敦。**五帝本紀作「渾沌」。左傳此文言「四凶」，尚書舜典有「四罪」，後之説此文者，則以此「四凶」當彼「四罪」，因以此渾敦當彼讙兜，故五帝本紀集解引賈逵云：「不才子，其苗裔讙兜也。」杜注：「渾敦，不開通之貌。」以渾敦爲叠韻連綿詞，頗爲有理。孔疏引服虔説以渾敦爲獸名，蓋本之山海經及神異經，不足信。

少皞氏有不才子，昭十七年傳云：「我高祖少皞摯之立也。」則少皞名摯。杜注：「少皞，金天氏之號，次黄帝。」「皞」亦作「皓」，亦作「昊」。五帝本紀索隱引皇甫謐及宋衷説，謂少昊即黄帝之子玄囂，按之左傳所叙世次，頗相合。**毁信**

廢忠，孔疏曰：「毁信者，謂信不足行，毁壞之也。廢忠者，謂忠爲無益，廢棄之也。」五帝本紀作「毁信惡忠」。**崇飾惡言；**周語中「容貌有崇」，楚語下「容貌之崇」，韋注並云：「崇，飾也。」則「崇飾」爲同義詞連用。**靖譖庸回，**尚書堯典言共工「静言庸違」，段玉裁尚書撰異謂「『静譖庸回』即『静言庸違』」，「靖譖」是否「静言」，尚有異説；「庸回」即「庸違」，決無問題。回、違古多通用也。據杜注與孔疏，靖譖者，安於讒譖之謂也。庸回者，信用回邪之謂也。回，邪也。**服讒蒐慝，**杜注：「服，行也。」則服讒者，施行讒言之謂也。蒐有二義，服虔與杜預俱謂「蒐，隱也」，蓋以蒐爲廋，廣雅及方言並云：「廋，隱也。」則蒐慝者，與「掩義藏賊」之意同，隱瞞爲惡之人之謂也。如讀蒐如字，則爾雅釋詁云「聚也」，聚積姦慝之人之謂也。**以誣盛德，**誣蔑盛德之人。**天下之民謂之窮奇。**舊以窮奇當尚書之共工。窮奇者，杜注：「其行窮，其好奇。」山海經西山經與海内北經及神異經俱有怪獸名窮奇，或言共工性似此獸，故以獸名名之，未必足信。**顓頊氏有不才子，**阮刻本脱「氏」字，今依各本增。顓頊即高陽，已見前。**不可教訓，不知話言；**話言謂善言，詳見六年傳並注。**告之則頑，**杜注：「德義不入心。」**舍之則嚚，**杜注：「不道忠信。」**傲很明德，**傲疑借爲嫯，説文：「嫯，侮傷也。」很，説文：「不聽從也。」傲很明德，猶言于明德輕侮而不聽從之。昭二十六年傳「傲很威儀」，亦無視威儀之義。**以亂天常，天下之民謂之檮杌。**檮音濤，杌音兀。五帝本紀集解引賈逵云：「檮杌，凶頑無疇匹之貌。」杜注同。則賈、杜謂所以謂之檮杌者，以其凶頑無疇匹也。孔疏引服虔説，則以神異經有獸曰檮杌，鯀性相似，故號之。賈逵、杜預俱謂檮杌即鯀，惟杜預之父杜恕考課疏云「殛鯀而放四凶」（見魏志杜恕傳），似別鯀於四凶之外，恐不合舜典本義。**此三族也，世濟其凶，增其惡名，**此兩句與上文八愷八元「世濟其美，不隕其名」正相對，則其意不過謂終身爲惡耳。**以至于堯，堯不能去。縉雲氏有不才子，**五帝本紀集解引賈逵云：「縉雲氏，姜姓也，炎帝之苗裔，當黄帝時，任縉雲之官也。」孔疏云：「昭十七年傳稱黄帝以雲名官，故知縉雲黄帝時官名。服虔云：『夏官爲縉雲氏。』」**貪于飲食，冒于貨賄，**冒亦貪也，哀十一年傳「貪冒無厭」、周語上「貪冒辟邪」、鄭語「而加之以貪冒」均貪冒連文可證。**侵欲崇侈，**昭八年傳云「宫室崇侈」，亦「崇侈」連文。**不可盈厭，**盈厭，同義詞連用，今言滿足。**聚斂積實，**説文：「積，聚也。」段玉裁注：「禾與粟皆得稱積。」杜注：「實，財也。」則「積實」猶財穀之意。**不知紀極，**紀極猶言限度也。紀極同義詞連用，周語上云：「若國亡，不過十年，數之紀也。」「數之紀」猶數之極也。**不分孤寡，**謂雖孤寡，亦不以財貨分之，與下文「不恤窮匱」同意。**不恤窮匱，天下之民以比三凶，**杜注曰：「非帝子孫，故别以比三凶。」**謂之饕餮。**饕餮音滔鐵。賈逵、服虔及杜注並云：「貪財爲饕，貪食爲餮。」王念孫云：「貪財貪食總謂饕餮。饕餮一聲之轉，不得分貪財爲饕、貪食爲餮也。」神異經亦有怪獸曰饕餮，山海經北山經有怪獸曰狍鴞，郭璞注亦以爲即左傳之饕餮。呂氏春秋先識覽云：「周鼎著饕餮，有首無身，食人未咽，害及其身。」則以饕餮爲獸，其來久矣。或以饕餮當尚書之三苗。**舜臣堯，賓于四門，**賓于四門，尚書舜典文。孔疏：「鄭玄以『賓』爲『擯』，謂舜爲上擯，以迎諸侯。」此一説也。杜注則讀「賓」如字，云：「闢四門，達四聰，以賓禮衆賢。」四門者，馬融謂爲四方之門，孫星衍尚書今古文注疏以明堂宮垣四方之門當之，此又一説也。**流四凶族，**杜注：「案四凶罪狀而流放之。」**渾敦、窮奇、檮杌、饕餮，投諸四裔，**裔，荒裔也。一曰裔土，周語上「流在裔土」、周語中「其流辟旅於裔土」、晉語四「以實裔土」是也。四裔者，四方之邊裔也。舜典云：「流共工于幽州，放驩兜于崇山，竄三苗于三危，殛鯀于羽山。」昔人以幽州爲北裔，並謂故老相傳，今北京市密雲縣東北，舜流共工所居城在焉。崇山爲南裔，通典及方輿勝覽謂即今湖南省大庸縣之崇山，清一統志則謂此非放讙兜處，放讙兜之崇山當在交、廣之間。三危爲西裔，其所在傳説不一，有謂在今甘肅省敦煌縣者，有謂在甘肅鳥鼠山之西者，有謂在甘肅省天水市者，有謂在甘肅省臨潭縣西南古疊州之西者，甚至有謂在今雲南省、在今四川省以及在今西藏者。羽山爲東裔，其説有二，一謂即今江蘇省東海縣、贛榆縣及山東省郯城縣間之羽山，一謂即今山東省蓬萊縣南之羽山。要之，舜流四凶，既是傳説，其四裔之地，今更難明，古有此説，兹略述之，不必拘執也。**以禦螭魅。**螭音癡，魅音媚。螭，説文云：「若龍而黃。」又有离字，云：「山神也。」魅，説文作「鬽」，云：「老精物也。」總之，螭魅，古人幻想中之怪物能爲人害者，宣三年傳王孫滿説九鼎云「鑄鼎象物，百物而爲之備，使民知神姦。故民入川澤山林，不逢不若。螭魅罔兩，莫能逢之」是也。以禦螭魅者，孔疏云：「是放之四方之遠處，螭魅若欲害人，則使此四者當彼螭魅之災，令代善人受害也。」**是以堯崩而天下如一，同心戴舜，以爲天子，以其舉十六相，去四凶也。故虞書數舜之功，曰「慎徽五典，五典克從」，**

此及以下各句俱見今舜典。僞孔傳云：「徽，美也。五典，五常之教，父義、母慈、兄友、弟恭、子孝。舜慎美篤行斯道，舉八元，使布之於四方，五教能從，無違命。」**無違教也。曰「納于百揆，百揆時序」，**百揆非官名，猶百事也，説詳閻若璩尚書古文疏證及孫星衍尚書今古文注疏。時序猶承順，説見前。此兩句猶言納之于各種事務之中，各種事務俱有條理而妥帖也。**無廢事也。**杜注：「此八愷之功。」**曰「賓于四門，四門穆穆」，**五帝本紀云：「賓於四門，四門穆穆，諸侯遠方賓客皆敬。」是以「賓客皆敬」釋「四門穆穆」。集解引馬融云：「四門，四方之門。諸侯羣臣朝者，舜賓迎之，皆有美德也。」是以「皆有美德」釋「四門穆穆」。**無凶人也。**

舜有大功二十而爲天子，大功二十謂舉十六相與去四凶。**今行父雖未獲一吉人，去一凶矣。於舜之功，二十之一也，庶幾免於戾乎！**戾，罪也。魯語上所叙與傳互有詳略，亦有同異。

一八·八　**宋武氏之族道昭公子，**金澤文庫本作「宋武、穆之族導昭公子」，釋文亦云：「本或作『武穆之族』者，取下文妄加也。」以宣三年傳「武氏之謀也」考之，倡議者爲武氏，而穆族實從之，故武、穆之族被逐出也。**將奉司城須以作亂。**杜注：「文公弒昭公，故武族欲因其子以作亂。」司城須，文公母弟，見十六年傳。**十二月，宋公殺母弟須及昭公子，使戴、莊、桓之族攻武氏於司馬子伯之館，**讀本曰：「戴族，皇、樂、華三氏。莊族，仲氏。桓族，向、魚、蕩、鱗四氏也。」杜注：「司馬子伯，華耦也。」據十六年傳，此時華耦已卒。**遂出武、穆之族。**宣三年傳作「盡出武、穆之族」，則武族穆族盡出之也。穆族並被逐出者，杜注云「黨於武氏故」。據宣三年傳，蓋出之於曹。**使公孫師爲司城。**代文公之弟須。杜注：「公孫師，莊公之孫。」**公子朝卒，**十六年傳云：「公子朝爲司寇。」**使樂呂爲司寇，**孔疏引世本云：「戴公生樂甫術，術生碩甫澤，澤生夷父須，須生大司寇呂。」則樂呂，戴公曾孫也。餘詳七年傳注。**以靖國人。**左傳凡數言「以靖國人」，分別見于成十五年、襄十五年、昭十三年及二十二年等處。宋世家云：「二年，昭公子因文公母弟須與武、繆、戴、莊、桓之族爲亂，文公盡誅之，出武、繆之族。」但據傳文，戴、莊、桓三族乃助文公攻武族者。